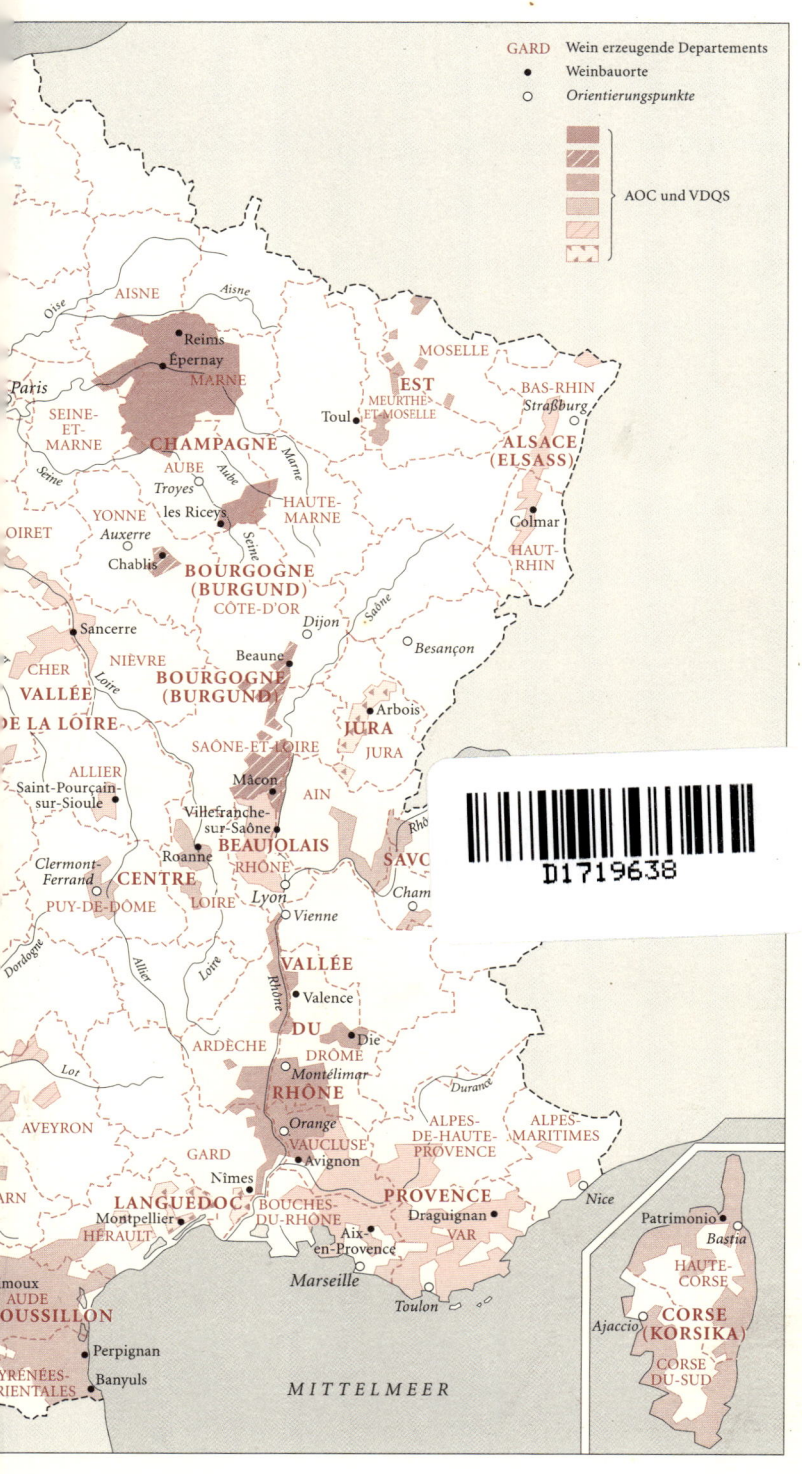

```
ULLI & DIRK MÜLLER
   PARKSTR.13
65812 BAD SODEN
  06196/24406
```

HACHETTE
WEINFÜHRER
FRANKREICH
1998

ULLI & DIRK MÜLLER
PARKSTR. 13
65812 BAD SODEN
06196\24406

HACHETTE
WEINFÜHRER FRANKREICH 1998

Deutsch von Günther Kirchberger

Hallwag Verlag Bern und Stuttgart

Die Originalausgabe ist 1997 unter dem Titel
Le Guide Hachette des Vins de France 1998
im Verlag Hachette Livre (Hachette Pratique), Paris, erschienen.

© 1997 Hachette Livre (Hachette Pratique), Paris

Für die deutschsprachige Ausgabe:
© 1997 Hallwag AG, Bern

Kartographie: Alain Mirande
Illustrationen: Véronique Chappée
Produktion: Gérard Piassale und Françoise Jolivot
Umschlaggestaltung: Robert Buchmüller

Satz: Hallwag AG, Bern (Seiten 1–72),
Hachette, Paris (Seiten 73–1184)
Fotolithos: Offset-Publicité
Druck: Maulde et Renou, Aisne
Einband: Arts Graphiques Modernes

ISBN 3-444-10494-4

Hallwag

INHALT

Symbole 6
Vorbemerkung 7

Aktuelle Situation des Weinbaus in Frankreich 1996 9
Der Wein 27
Der Weinführer des Verbrauchers 38
Speisen und Weine 65

DIE BESTEN WEINE FRANKREICHS

Alsace (Elsaß) und Ostfrankreich 73
Beaujolais und Lyonnais 132
Bordelais 175
Burgund (Bourgogne) 400
Champagne 506
Jura, Savoie und Bugey 663
Languedoc und Roussillon 686
Provence und Korsika 734
Südwestfrankreich (Sud-Ouest) 770
Tal der Loire und Mittelfrankreich 820
Tal der Rhône 965
Vins doux naturels (gespritete Weine) 1031
Vins de liqueur (Likörweine) 1050
Vins de pays (Landweine) 1060

DIE BESTEN WEINE DER SCHWEIZ

Schweizer Weine 1096

Index der Appellationen 1123
Index der Weinerzeuger 1126
Index der Weine 1147

SYMBOLE

IM WEINFÜHRER VERWENDETE SYMBOLE

Die Abbildung eines Etiketts zeigt an, daß es sich dabei um einen «Lieblingswein» handelt
* * * außergewöhnlicher Wein
* * bemerkenswerter Wein
* sehr gelungener Wein

1986 Jahrgang des verkosteten Weins

- □ «stiller» Weißwein
- ◨ «stiller» Roséwein
- ■ «stiller» Rotwein
- ○ weißer Schaumwein
- ◐ Rosé-Schaumwein
- ● roter Schaumwein

50 000, 12 000... durchschnittliche Flaschenzahl des verkosteten Weins
4 ha Anbaufläche des verkosteten Weins
- ẟ Ausbau im Gärbehälter
- ◍ Ausbau im Holzfaß
- ↓ Temperaturregelung
- ✆ Anschrift
- ☑ Verkauf beim Erzeuger
- ⊻ Besuchs- oder Probiermöglichkeit (n.V. = nach Vereinbarung)
- ✆ Name des Besitzers, sofern nicht mit dem Namen in der Anschrift identisch

k. A. keine näheren Angaben übermittelt

DIE PREISE

DIE PREISE (Durchschnittspreis pro Flasche im Zwölferkarton, portofrei innerhalb von Frankreich)

−30 F	70−100 F	150−200 F
30−50 F	100−150 F	+200 F
50−70 F		

Der rote Hintergrund zeigt ein gutes Verhältnis von Qualität und Preis an.

DIE JAHRGÄNGE   71 73 74 75 ⑯ 77 78 79 80 |81| 82 83

71 73	die Jahrgänge in Rot sind trinkreif
79 83	die Jahrgänge in Schwarz sind zum Einkellern bestimmt
|81|	die Jahrgänge in Schwarz zwischen zwei senkrechten Strichen sind trinkreif, können aber auch noch gelagert werden
73 79	die besten Jahrgänge sind halbfett gedruckt
⑯	der Spitzenjahrgang befindet sich in einem Kreis

Die Angabe der Jahrgänge bedeutet nicht, daß man die betreffenden Weine alle beim Erzeuger kaufen kann, sondern daß man sie in Weinfachhandlungen oder in Restaurants findet.

VORBEMERKUNG

Eine völlig neue Auswahl der Weine

In diesem Weinführer finden Sie die 8000 besten Weine Frankreichs und der Schweiz beschrieben, die alle 1997 verkostet wurden. Es handelt sich um eine völlig neue Auswahl, die sich auf den letzten auf Flaschen abgefüllten Jahrgang stützt. Diese Weine sind von 800 Experten im Rahmen von Blindproben des Hachette-Weinführers unter 22 500 Weinen aller Appellationen ausgewählt worden. Zusätzlich werden rund 1 000 Weine, die keinen eigenen Eintrag erhalten, zusammen mit einem anderen Wein desselben Erzeugers lobend erwähnt.

Ein objektiver Weinführer
Die Unabhängigkeit dieses Weinführers ist dadurch garantiert, daß niemand von den hier vertretenen Erzeugern, Weinhändlern oder Genossenschaften finanziell oder in Form von Werbeaufträgen an der Publikation beteiligt ist; vielmehr möchte dieses Buch ein Leitfaden für den Weinkauf im Dienste der Verbraucher sein. Die Noten der Weinproben, die für jeden aufgeführten Wein von null bis drei Sterne reichen, muß man innerhalb der jeweiligen Appellation vergleichen; es ist nämlich unmöglich, verschiedene Appellationen mit ein und demselben Maßstab zu beurteilen.

Eine Einteilung nach Sternen
Jeder Wein wird verhüllt präsentiert, damit die Flasche nicht zu erkennen ist, und von einer Jury beurteilt, die seine Farbe, seine geruchlichen und geschmacklichen Eigenschaften beschreibt und ihm eine Note zwischen 0 und 5 gibt.
0 fehlerhafter Wein; scheidet aus;
1 kleiner Wein, scheidet aus;
2 gelungener Wein, wird ohne Stern lobend erwähnt;
3 sehr gelungener Wein, **ein Stern;**
4 aufgrund seiner Struktur bemerkenswerter Wein, **zwei Sterne;**
5 außerordentlicher Wein, vorbildlich für die Appellation, **drei Sterne.**

Die Lieblingsweine
Die Weine, deren Etikett abgebildet ist, stellen die «Lieblingsweine» dar, die von den Juroren des Weinführers unabhängig ausgewählt worden sind; sie werden den Lesern besonders empfohlen.

Eine klare Lektüre
Der Aufbau dieses Buches ist sehr einfach.
- Ein Einleitungskapitel zeigt die aktuelle Situation des französischen Weinbaus, den Jahrgang 1996 und die wirtschaftlichen Angaben der Regionen auf.
- Der erste Abschnitt dieses Weinführers faßt die Faktoren zusammen, die notwendig sind, um die französischen Weine richtig beurteilen zu können: Herstellungsmethoden, Aufbau eines Weinkellers, Einkauf der Weine, Kombination von Speisen und Weinen usw.
- Die Weine sind im Anschluß daran aufgeführt:
• nach Regionen, alphabetisch angeordnet; danach drei Abschnitte für die Vins doux naturels, die Likörweine (Vins de liqueur) und die Vins de pays. Der letzte Abschnitt bietet eine Auswahl von 200 Schweizer Weinen.
• nach Appellationen, innerhalb jeder Region nach geographischen Gesichtspunkten präsentiert;
• in alphabetischer Reihenfolge innerhalb jeder Appellation.
- Drei Register am Ende des Buches ermöglichen es, die Appellationen, die Erzeuger und die Weine rasch aufzufinden.

- Die 48 Originalkarten, die für diese Ausgabe vollständig aktualisiert worden sind, geben eine Vorstellung von der geographischen Lage der Weinbaugebiete.

Die Gründe, warum manche Weine fehlen

Bekannte, manchmal sogar berühmte Weine können in dieser Ausgabe fehlen: entweder weil ihre Erzeuger sie nicht vorgestellt haben oder weil sie im Verlauf der Weinproben ausgeschieden sind. Bei einigen verkosteten und berücksichtigten Weinen steht «k.A.» (keine Angaben), wenn keine diesbezüglichen Angaben mitgeteilt worden sind.

Man muß sich übrigens nicht wundern, wenn bei Verschnittweinen (beispielsweise Nicht-jahrgangs-Champagner), bei Likörweinen oder bei einigen Vins doux naturels kein Jahrgang angegeben ist oder wenn die Angabe der Größe der Anbaufläche bei Weinen von Weinhändlern oder von Genossenschaften fehlt, die von verschiedenen Weingütern kommen.

Weinführer für den Käufer

Das Ziel dieses Weinführers ist es, **dem Verbraucher dabei zu helfen, daß er seine Weine nach seinem Geschmack aussuchen** und das beste Verhältnis zwischen Preis und Leistung (angezeigt durch ein Preissymbol in Rot) herausfinden kann; deshalb wurde alles unternommen, um die Lektüre leicht und praxisbezogen zu gestalten.

- Eine aufmerksame Lektüre der einleitenden Abschnitte (im allgemeinen Teil, für die einzelnen Regionen und für die jeweilige Appellation) ist unverzichtbar; einige Informationen, die auf eine Reihe von Weinen zutreffen, werden nicht für jeden Wein wiederholt. Die Ausgabe 1998 aktualisiert die Abschnitte «Was gibt es Neues?» der einzelnen Regionen innerhalb eines eigenen Kapitels.
- Das **Lesezeichen** liefert – gleichgültig, welche Seite man aufschlägt – den **Schlüssel zu den Symbolen.**
- Einige Weine, die aufgrund ihrer Qualität ausgewählt wurden, sind nicht sehr weit verbreitet. Der Herausgeber ist nicht dafür verantwortlich zu machen, daß sie beim Erzeuger nicht verfügbar sind; er fordert aber die Weinfreunde dazu auf, nach ihnen in Weinfachhandlungen, bei Weinhändlern oder auf den Weinkarten von Restaurants zu suchen.
- Ein Ratschlag zum Schluß: Die Weinprobe beim Erzeuger ist sehr oft kostenlos. Mißbrauchen Sie sie nicht; die Weinprobe bildet einen nicht unwesentlichen Kostenfaktor für den Erzeuger, der für Sie nicht seine alten Flaschen aufmachen kann.

Wichtig: der Preis der Weine

Die Preise (Durchschnittspreis pro Flasche, portofrei im Karton mit zwölf Flaschen), die in Form von «Preisspannen» angegeben sind, unterliegen der **Preisentwicklung** und gelten nur **unter Vorbehalt.** Die Preise für die Schweizer Weine sind ebenfalls in Französischen Franc angegeben.

Die Telefonnummern

Alle Telefonnummern haben in Frankreich zehn Ziffern: 8 Ziffern, denen jeweils zwei vorangehen: 01 für die Ile-de-France, 02 für den Nordwesten, 03 für den Nordosten, 04 für den Südosten, 05 für den Südwesten. Wer aus dem Ausland anruft, muß zuerst die Vorwahlnummer für Frankreich wählen, 0033, und dann die letzten neun Ziffern der zehnstelligen Telefonnummer des Erzeugers, d.h. ohne die erste Null. Für Anrufe aus dem Ausland in die Schweiz ist die Vorwahlnummer 0041 notwendig, nach der man sofort die regionale Vorwahl (ohne Null) wählen muß.

AKTUELLE SITUATION DES WEINBAUS IN FRANKREICH 1996

Für den französischen Wein wird 1996 ein großes Jahr bleiben, und das nicht nur wegen eines sehr vielversprechenden Jahrgangs in den meisten Weinbaugebieten. Die internationale Weinausstellung Vinexpo, die im Juni 1997 in Bordeaux zum neunten Mal abgehalten wurde, hat gezeigt, daß Frankreich auf einem Weltmarkt, der weiter expandiert, führend bleibt.

Andere Länder versuchen, sich ihren Marktanteil zu sichern, aber Frankreich bleibt Anreger der Erneuerung und zugleich Hüter der Traditionen. Das Vorbild. Die als Bedrohung angekündigte Konkurrenz erwies sich in Wirklichkeit als günstig, indem sie die französischen Weine auf einen Sockel erhob. Es ist tausendmal mehr wert, in einer künftig für den Wein erschlossenen Welt einen sicherlich umkämpften ersten Platz zu besetzen als auf einem Markt, dessen Verbraucher Spirituosen und alkoholfreie Getränke trinken, allein zu sein.

Ein Weltmarkt

Und so konnten die französischen Ausfuhren 1996 mengenmäßig um 13,1 % und dem Wert nach um 9,2 % steigen. Alle Regionen profitieren davon, vor allem die Gebiete, die Rotweine erzeugen. Bordeaux, der Hauptnutznießer, insbesondere im asiatischen Raum, steht an erster Stelle mit einer Steigerung um 14,4 % (wertmäßig) und einem Export von fast 2 Mio. hl für 5,17 Mrd. Franc. Der Absatz der burgundischen Weine erhöhte sich in geringerem Maße, aber die verfügbaren Mengen sind dort durch die Fläche des Anbaugebiets begrenzt. Dennoch erbrachten die 180 Mio. Flaschen 5 Mrd. FF Umsatz, davon 2,6 Mrd. im Export. Die Appellationen des Languedoc-Roussillon erlebten eine überraschende Steigerung, denn sie exportieren mehr als die Côtes du Rhône: 682 000 hl gegenüber 651 000 hl. Das Beaujolais, dessen schlechte Vorzeichen regelmäßig eine Stagnation vorhersagen, schaffte es erneut, seine Ausfuhrmengen um 5,07 % zu erhöhen, auf Kosten einer leichten Preissenkung, denn wertmäßig stiegen die Exporte nur um 1,93 %. Eine Ausnahme unter den Weißweinen bildet der Champagner, aber er wird ja vom Handel und von den Verbrauchern nicht als solcher angesehen. Seine Exporte sind mengenmäßig stabil geblieben, denn der Handel ist vorzugsweise damit beschäftigt, seinen durch die Krise von 1992/93 verlorenen Marktanteil zurückzugewinnen; der Wert der Ausfuhren hat sich um 4,5 % erhöht (auf 6,8 Mrd. FF, mehr als Bordeaux bei nur einem Drittel der Ausfuhrmenge). Lediglich die Weißweine bescheren finstere Mienen. Ihre Ausfuhren sind mengen- und wertmäßig annähernd gleich geblieben, worunter die spezialisierten Regionen wie Elsaß und das Loire-Tal leiden. Nicht vergessen darf man die Vins de pays, die die Bezeichnung einer Rebsorte verwenden dürfen und unter diesem Namen einen gewaltigen Erfolg feierten: +57,3 % mengen- und +59,5 % wertmäßig.

Der Weinmarkt ist in Zukunft ein Weltmarkt und kein regionaler Markt mehr. Die «atlantische» Zone exportiert künftig nach Asien, während die südliche Hemisphäre (Chile, Argentinien, Südafrika, Neuseeland, Australien) aufgrund der wachsenden Qualität ihrer Erzeugnisse und dank ihrer niedrigeren Produktionskosten überall vertreten ist.

DER PREISANSTIEG

Dennoch darf man sich nicht daran berauschen. Der hohe Druck, der auf den erstklassigen Appellationen lastet, und der Anstieg der Preise sind Ausdruck eines momentanen Ungleichgewichts. Europa ist noch strukturell ein Überschußgebiet; es destilliert Millionen von Hektolitern und subventioniert den Export weiterer Millionen von Hektolitern Tafelwein. Wenn Frankreich innerhalb eines Jahres seine Exporte bei den Vins de pays um 57% erhöhen konnte, so nicht nur deshalb, weil sie Erfolg haben.

Es geschieht vor allem deshalb, weil es riesige ungenutzte Produktionsreserven gibt: In einem Land, in dem der Verbrauch seit 50 Jahren unaufhörlich gesunken ist, während die Ertragssteigerung die Reduzierung der Anbauflächen ausgeglichen hat, fehlt es den Franzosen noch lange nicht an Wein. 1996 wurden 59,6 Mio. hl erzeugt, etwa so viel wie in den 60er Jahren, als jeder Franzose im Jahr über 100 l Wein trank. Dieser Durchschnitt ist heute auf rund 60 l gefallen! 1995 und 1996 hat man angeblich beobachtet, daß sich dieser tendenzielle Rückgang des Verbrauchs in Frankreich stabilisiert hat. Aber bei solchen Tendenzen muß man mehrere Jahre warten, bevor man sicher sein kann.

Die gegenwärtige Situation hat zumindest einen Vorteil für diejenigen, die der Meinung sind, daß die Grands crus in Zukunft zu teuer sind. Es gibt Tausende von Winzern in den großen Appellationen wie auch in den weniger bekannten, die noch vernünftige Preise verlangen. Sie zu entdecken bringt große Befriedigung, und das rechtfertigt die ganze Arbeit, die dieser Weinführer leistet.

Jean-Pierre Deroudille

WAS GIBT ES NEUES IM ELSASS?

Eine sehr ordentliche Note für den Jahrgang 1996. Er besitzt die Tugenden der Lagerfähigkeit und ein gutes Potential. Der Tokay-Pinot gris ist schwer und körperreich; er fällt wunderbar aus und verdient insgesamt unsere Liebeserklärung.

Ein gutes Durchschnittsjahr

Die Erntemenge fiel 1996 durchschnittlich aus: 1,17 Mio. hl, d. h. 8 % mehr als 1995, als die Trauben allerdings unter schlechten klimatischen Bedingungen litten. Diesmal war der Gesundheitszustand des Traubenguts praktisch perfekt. Dennoch hatte ein recht kalter Frühling den Knospenaustrieb bis Ende April verzögert; der Mai war unfreundlich. Aber der Juni war strahlend und traf wie gewohnt mit der Blüte zusammen; der Juli war sonnig und warm. Der August zeigte sich eher kalt, der September ebenso. Die Traubenlese begann schon in den ersten Oktobertagen. Der Jahrgang liefert einen Wein mit hohem Säuregehalt und sehr ordentlichem potentiellem Alkoholgehalt.

Rebsorten und Reblagen: die Sieger

Die Pinot-Sorten: insgesamt ein schöner Erfolg. Pinot Noir brachte recht farbintensive, ziemlich feste und konzentrierte Rotweine hervor, wenn der Ertrag vernünftig blieb. Die Pinot-blanc-Weine (Auxerrois) haben viel Frische und Charakter. Der Tokay-Pinot gris ist hinreißend; er ist strukturiert und fruchtig und besitzt den Gehalt und die Struktur eines großen trockenen Weißweins. Die Muscat-Weine hingegen zeigen sich oft sehr dünn. Die Gewürztraminer sind Opfer des Verrieselns geworden, so daß es nicht übermäßig viele gibt; die Qualität ist recht durchschnittlich. Die Rieslinge sind recht ordentlich, aber kein spektakulärer Erfolg. Da sich die Edelfäule nur in geringem Maße entwickelte, findet man wenig echte Sélections de grains nobles, auch wenn die angemeldete Menge ein wenig höher als 1995 lag. Die Vendanges tardives, mit 16 500 hl eine große Menge, sind uneinheitlich gelungen. Von den günstigsten Reblagen mit herausragenden 96ern nennen wir: Kirchberg de Barr, Zotzenberg, Muenchberg (Region Barr), Altenberg de Bergbieten, Bruderthal (Molsheim), Eichberg, Hengst und Pfersigberg (Eguisheim).

Der Markt hat Rückenwind

Kommerziell gesehen war 1996 ein gutes Jahr. In Frankreich ebenso wie im Ausland (dorthin wird über ein Viertel der Gesamtproduktion verkauft) hat sich der Absatz erhöht. Es kam auch zu Umstrukturierungen. So hat die Genossenschaftskellerei von Pfaffenheim (Geschäftsumsatz 55 Mio. FF) über die Holdinggesellschaft Fiparco die Kontrolle über das berühmte Handelshaus Dopff et Irion (52 Mio. FF Umsatz) übernommen. Nachdem Laugel von den Grands Chais de France geschluckt wurde, ist dies ein weiterer Hinweis auf eine Konzentration. Die Genossenschaftskellereien von Turckheim und Sigolsheim haben sich in La Divinal, die Genossenschaft von Obernai, eingegliedert. Gilbert Brandt, der frühere Direktor der Kellerei von Turckheim, übernimmt die Leitung dieser neuen Gruppe, deren Umsatz über 200 Mio. FF beträgt. Die Gruppe Tresch verkauft ihre Sparte für offene Weine (Firma Georges Corbet in Morey-Saint-Denis, Dep. Côte-d'Or) an die alten Geschäftsführer der Firma, Jean-Marie Laleure und Marie-Anick Tremblay-Corbet.

WAS GIBT ES NEUES IM BEAUJOLAIS?

Der Beaujolais, ein Opfer des Erfolgs des Beaujolais Nouveau, macht eine ziemlich schwere Wirtschaftskrise durch. Die Berufsverbände werden aktiv, um Lösungen für eine Rückkehr zur Expansion zu finden.

EIN FRISCHER, LEICHTER 96ER

Nach einem trockenen, kalten Winter begann der Knospenaustrieb der Reben im früh reifenden Gebiet um den 10. April 1996 herum und endete etwa am 20.–25. April im Gebiet mit später Reife. Ein normaler Zeitpunkt. Wenige Niederschläge und viel Sonnenschein im Juni. Die Blüte profitierte davon zwischen dem 3. und dem 20. Juni. Anfang Juli verschlechterte sich das Wetter. Der August war unfreundlich. Der Beginn der Traubenlese am 11. September kündigte bei Nordwind eine mengenmäßig reichliche Ernte an, die gute Qualitätsvoraussetzungen bietet: zufriedenstellender Gesundheitszustand der Trauben, Zuckerreichtum, hoher Säuregehalt. Während der 95er als robuste, lagerfähige Weine erscheinen, sind die 96er leichter und recht fein, mit lebhaften Tanninen, die von der Frische einer guten Säure unterstützt werden.

DIE WIRTSCHAFT VERÄNDERT SICH

Die weltweite Woge des Beaujolais Nouveau bleibt zwar beachtlich (1996 wurden 665 000 hl exportiert), doch zunehmend zeigt dieses Phänomen Nachteile. Die Öffentlichkeit sieht im Beaujolais einen Primeur-Wein und kauft im übrigen Jahr weniger davon. Viele Winzer haben finanzielle Probleme und behalten große Lagerbestände. Die Lösungen, um aus dieser Krise herauszukommen, führen über eine Rückkehr zum Lagenbegriff und über das Qualitätsstreben. Einige Crus (z. B. Régnié) haben Mühe, sich zu behaupten; die Möglichkeit, die Crus unter der AOC Bourgogne zu verkaufen, wird immer häufiger genutzt. Das wirft andere Probleme auf, denn Gamay ist nicht Pinot!

Das wirtschaftliche Ereignis 1996 war die Konkursanmeldung des Cellier des Samsons in Quincié (Rhône). Die Firma Paul Sapin, die ebenfalls den Betrieb einstellte, wurde von zwei früheren Leitern der Erzeugervereinigung übernommen, Thierry Coulon und Philippe L'Huillier. Die Firmengruppe Jean-Claude Boisset (Nuits-Saint-Georges) kaufte den Cellier des Samsons, dann die Firma Mommessin-Thorins vom deutschen Racke-Konzern. So konnte Boisset im Beaujolais in großem Umfang Fuß zu fassen; von Quincié aus, wohin er Mommessin-Thorin verlegt, will er einer der Hauptakteure werden.

Die Firma Louis Jadot (Beaune) kaufte das Château des Jacques in Romanèche-Thorins: die Anlagen, 27 ha des Cru Moulin-à-Vent und 9 ha Beaujolais blanc. Georges Duboeuf hat Erweiterungspläne für seinen Hameau du Vin in Romanèche-Thorin. Er ist rasch zu einer großen Attraktion geworden und hat 100 000 Besucher im Jahr.

Im Juni 1997 entschied das Handelsgericht in Villefranche-sur-Saône in einem Rechtsstreit zwischen den Firmen Quinson (Les Grands Chais de France) und Roland-Château in Montagny-lès-Beaune hinsichtlich des Modells einer vom «Pot lyonnais» angeregten Flasche. Die Richter kamen zu der Auffassung, das von Quinson 1994 angemeldete Modell sei weder neu noch eigenständig. Außerdem erklärten sie, Roland-Château habe keinen Fehler begangen, «als es sich von einem Gegenstand inspirieren ließ, der Gemeingut geworden sei». Ein Streit, der zweifellos weitergeht ...

Der Weinberg von Fleurie

WAS GIBT ES NEUES IM BORDELAIS?

Das Klima war 1996 im Bordelais bei den Temperaturen oder den Niederschlägen nicht außergewöhnlich, aber die Weine wurden sofort als sehr erfolgreich beschrieben. Der einmütige Wunsch der Weinbranche, die auf einen zweiten guten Jahrgang wartete, um den Markt nach dem ausgezeichneten 95er anzuheizen, ist nicht der einzige Grund, aber sie dürfte dieses Ziel auch erreicht haben.

EIN VIELVERSPRECHENDER 96ER

Das Jahr begann normal nach einem relativ milden und einem eher kalten Februar und März. Das Knospenaustrieb erfolgte somit nicht besonders früh, sondern im April. Dafür waren April und Mai ein wenig wärmer als sonst und begünstigten den Beginn der Blüte in den ersten Junitagen. Genau zu diesem Zeitpunkt trat eine Hitzewelle auf, denn die mittlere Temperatur im Juni lag zwei Grad über dem Durchschnitt (mittlere Temperatur der 30 Jahre von 1960 bis 1990); über 22 Stunden Sonnenschein machten es möglich, daß die Blüte unter optimalen Bedingungen ablief. Diese fand so früh wie 1995 statt, aber viel rascher und einheitlicher für sämtliche Rebsorten.

Der Juli war eher wärmer als sonst, aber nicht so stark wie in den Vergleichsjahren 1995, 1990 und 1989. Er hatte jedoch ebensoviel Sonnenschein wie 1995 und doppelt so hohe Niederschläge. Die Physiologie der Reben mußte davon profitieren; die Beerenreifung setzte am 10. August ein, d. h. genau zum selben Zeitpunkt wie 1995 und 1982. In diesem Stadium verlief die Entwicklung der Trauben normal: Säure- und Zuckergehalt entsprachen genau dem Durchschnitt der letzten 35 Jahre. Der Monat August brachte keine Überraschungen; die Temperatur war durchschnittlich, außerdem gab es reichliche Gewitterregen. Der September hingegen war rasch kühl (16,5 ° Durchschnittstemperatur, was im Bordelais nicht sehr häufig vorkommt), aber windig. Die Niederschläge gegen Ende des Monats waren hoch, aber die Bedrohung durch Graufäule, die bei feuchtem Wetter immer zu befürchten ist, bewahrheitete sich aufgrund der Frische und des Winds nicht so rasch Die Reifung der Trauben verlief deswegen langsam und ungleichmäßig je nach Rebsorte und Lage der Weinberge: Während die Wärme und der Sonnenschein im Juni für einheitliche Bedingungen bei der Blüte sorgten, findet man beim 96er Traubengut die üblichen Unterschiede.

Die Proben, die von der Önologischen Fakultät von Bordeaux kurz vor der Lese entnommen wurden, kamen einem großen Jahrgang wie 1982 sehr nahe: hoher Zuckergehalt, verbunden mit einer hohen Säure, und zusätzlich ein höheres Traubengewicht bei Merlot oder Cabernet Sauvignon, einer besonders gelungenen Rebsorte. Der 96er dürfte ein großer Jahrgang sein, vor allem bei den Médoc- und den Graves-Weinen.

Die weißen Trauben haben von dem kühlen September profitiert und und ihre Aromastoffe während einer langsamen Reifung bewahrt. Sie wurden vor den starken Niederschlägen gelesen, die ab 24. September fielen, und sind gehaltvoll, strukturiert und duftig zugleich. Wie gewohnt wurde die Lese mit den süßen Weinen beendet. Der Oktober war viel trockener als sonst und durchschnittlich warm. Bei den Winzern, die warten konnten, entwickelte sich der von der Feuchtigkeit Ende September geförderte Botrytispilz sehr langsam und erbrachte laut der Önologischen Fakultät eine «außergewöhnliche» Edelfäule. Sauternes und Barsac dürften alterungsfähige Weine von großer Feinheit und Konzentration liefern.

Insgesamt ist der 96er, ähnlich wie 1995, ein Jahrgang, der den Winzern aufgrund der etwas verregneten Lese und des kühlen Septembers einige Sorge bereitete, aber er wird volle, tanninreiche, lange lagerfähige Weine liefern. Der einzige Vorwurf, den man ihnen machen kann, liegt in einer gewissen Strenge, die auf den Tanninreichtum zurückgeht. Die reiche Ernte (über 6,4 Mio. hl) begünstigt nicht mehr nur die Rebflächen mit hohen Erträgen, sondern ist zu einem konstanten Faktor im Bordelais geworden, wo es die guten Winzer gelernt haben, den Rebschnitt zu meistern und oft schon im Monat Juli eine «grüne Lese» durchzuführen.

BESITZWECHSEL BEI DEN CHÂTEAUX

Nach einigen Jahren der Ruhe ist der Immobilienmarkt der Châteaux im Bordelais 1996 und 1997 wieder stark in Bewegung gekommen. Zweifellos gab der Bretone François Pinault 1993 mit dem Kauf von Château Latour in der tiefsten Depression das Wecksignal. Heute steigen die Preise für Bordeaux wieder; das Interesse erwacht erneut.

Château d'Yquem

Das größte Geschäft war 1997 zweifellos der Kauf von Gruaud-Larose, einem Second cru classé in der AOC Saint-Julien, den die Familie Merlaut im April für 400 Mio. FF erwarb. Die Gruppe, die sie mit Bernard Taillan und Ginestet kontrolliert, gehört zu den fünf größten französischen Unternehmen beim Weinhandel und erwirbt nach und nach sehr angesehene Châteaux. Gruaud-Larose, von seinem früheren Besitzer (Alcatel) vollständig renoviert, ist ein prächtiges Weingut. François Pinault hingegen hatte nicht den gleichen Erfolg mit Château Ausone. Dieser Premier grand cru (der einzige neben Cheval-Blanc) von Saint-Emilion entging ihm, als er von Erbschaftsproblemen zu profitieren hoffte und die Kontrolle übernehmen wollte. Alain Vauthier war es nämlich gelungen, im März 1997 die notwendige Summe zusammenzubringen, um die Mitglieder seiner Familie abzufinden, die zu einem Hektarpreis von 17 Mio. FF verkaufen wollten. In Saint-Emilion hatte die Familie Wertheimer, Erbe von Chanel und schon Besitzerin von Rauzan-Ségla in Margaux, im November mehr Glück mit Château Canon. Der Hektarpreis für die 18 ha dieses Premier grand cru classé war auf 6 Mio. FF gefallen. Ebenfalls in Saint-Emilion kaufte der auf Bordeaux-Importe spezialisierte belgische Händler Fourcroy ein bescheideneres, aber angesehenes Château, Franc-Mayne. Im Libournais erwarb Sylviane Garcin-Cathiard den Clos-l'Eglise. Die Schwester des Besitzers von Smith Haut-Lafitte erweiterte damit ihre Güter in der Gironde, denn sie besitzt bereits Haut-Bergey in Léognan.

Auf dem «linken Ufer» war der andere große Name, der den Besitzer wechselte, Château Malartic-Lagravière in Léognan. Dieser Cru classé des Graves (Weiß- und Rotwein), wurde von der Champagner-Gruppe Laurent-Perrier verkauft, die ihn erst ein paar Jahre vorher erworben hatte. Alfred Bonnie, der belgische Industrielle, der ihn erwarb, hat die Absicht, die Investitionen der Champagner-Firma fortzuführen.

Die große Sache wird 1997 vermutlich Château d'Yquem bleiben. Bernard Arnault, ein französischer Geschäftsmann, glaubte schon an einen Erfolg seiner Aktion. Er hatte sich bei den Mitgliedern der Familie die Kontrolle über die Mehrheit des Grundkapitals gesichert, aber nicht mit dem Widerstand von Graf Alexandre de Lur Saluces gerechnet, der das Weingut leitete. Letzterer, der nur etwas mehr als 10 % der Immobiliengesellschaft bürgerlichen Rechts besitzt, bestreitet nämlich, daß sein Bruder Eugène das Recht hat, über seine eigenen Anteile frei zu verfügen, die seiner Meinung nach zu einer Gesamthandsgemeinschaft gehören. Da es viele und bisweilen widersprüchliche Texte und Formeln gibt und die Kontrahenten reich und hartnäckig sind, kann der juristische Streit viele Jahre dauern, falls nicht eine Einigung erzielt wird. Doch Alexander de Lur Saluces stellte sich bislang taub gegenüber allen Appellen Bernard Arnaults.

BORDEAUX SPINNT!

Diese neuerliche Schwärmerei für den Bordeaux erinnert an die verrückten Jahre Ende des letzten Jahrzehnts: wildgewordene Preise der Grands crus, Beutezug der Investoren auf den Weingütern, explosionsartige Steigerung der Exporte. So hat man 1996 trotz

der düstersten Prognosen der Händler (wegen der Wiederaufnahme der französischen Atomversuche) mehr Bordeaux als je zuvor ins Ausland verkauft: 1,96 Mio. hl für 5,17 Mrd. FF, d.h. eine wertmäßige Steigerung um 14 %.
Die Vinexpo, die vom 16. bis zum 20. Juni 1997 in Bordeaux stattfand, bestätigte vollauf den ersten Rang des Weinbaugebiet der Gironde in der Welt. Das Interesse der Ausländer an dieser Ausstellung wächst: 13 500 ausländische Besucher (+26 %). Die Bordeaux-Exporte nach Südostasien haben sich 1996 um 50 % erhöht.
Dieser Erfolg wirkt sich unmittelbar auf die Preise aus. Eine Gepflogenheit im Bordelais, die alle anprangern, von der aber jeder zu profitieren versucht, sobald sich die Gelegenheit bietet. Ein zweiter vielversprechender Jahrgang nach 1995 brachte die Bombe endgültig zum Platzen. Die Preise beim Primeur-Kauf stiegen im Frühjahr 1996 ins Uferlose. «Das wird wie ein Soufflé in sich zusammenfallen», sagte Jean-Bernard Delmas von Château Haut-Brion voraus.
Inzwischen werden die Premiers grands crus classés zu über 400 FF für eine 1998 lieferbare Flasche verkauft. Und die Seconds crus classés, Crus bourgeois und einfachen Bordeaux ziehen nach. Wobei man auf die nächste Krise wartet, die jeder für unvermeidlich hält.

DIE REVISION DER KLASSIFIZIERUNG IN SAINT-EMILION

Da der Erlaß für die AOC Saint-Emilion grand cru eine Überprüfung ihrer Klassifizierung alle zehn Jahre vorsieht, kam der Weinbauverband nicht um eine Prüfung umhin. Aber man wußte im voraus, daß die neue Einstufung viel weniger schmerzhaft sein würde als die von 1985. Damals hatte ein strenger Zugang die Winzer entzweit, als einige Säulen der Appellation herabgestuft wurden; man wollte nicht soviel Unheil anrichten. Somit gab es kaum Überraschungen.
Château Beauséjour-Bécot, das 1985 als Premier grand cru classé bestraft wurde, findet in den Gotha von Saint-Emilion zurück. Wiedergutmachung für eine Ungerechtigkeit, sagten die Anhänger, Belohnung für die geleisteten Anstrengungen, erwiderten die anderen. Château Angélus, das der Familie de Bouard gehört, ist ebenfalls auf die oberste Stufe erhoben worden.
Auf die zweite Stufe der Grands crus classés rücken: Cadet-Bon, Grandes-Murailles (wie bereits vor 1985), la Couspande und Laroque. Zu einfachen Grands crus herabgestuft worden sind hingegen: le Châtelet, Croque-Michotte, Grand-Barrail-Lamarzelle-Figeac, Grand Corbin, Grand Corbin-Despagne, Mauvezin, Sansonnet, Trimoulet und La Madeleine.

WAS GIBT ES NEUES IN BURGUND?

Eine Rekordernte 1996. Und dennoch ist die Meinung in Frankreich und im Ausland einmütig: der 96er und der Jahrgang vorher bilden eines der schönsten Paare des Jahrhunderts. Die außergewöhnliche Qualität des Duos beeindruckt.

DAS JAHR DER REKORDE

Die 96er Ernte in Burgund erhöhte sich auf 1 473 630 hl, d. h. 10,3 % mehr als 1995 (1 336 247 hl); der Durchschnitt für 1992–96 steigt somit auf 1 316 013 hl. Mehr Weißweine (855 649 hl) als Rotweine (617 981 hl), und der Trend verstärkt sich. Die stärksten mengenmäßigen Veränderungen betreffen die Dorf-AOCs der Côte de Nuits beim Weißwein (+75%), ein schönes Beispiel für diesen Trend.

Die einzigen Rückgänge: die Chablis-Appellationen (-3,7 %) und die Mâcon-Rotweine (-3 %). Kein Problem bei der Blüte, aber ein schlechter Sommer, über den nach starken Niederschlägen Ende August schöner Sonnenschein im September hinwegtröstete. Eine günstige Auswirkung des Nordwindes führte dazu, daß das Traubengut vollkommen gesund war, mit einer hervorragenden Reife und einem hohen Zuckergehalt. Die

Weine sind bemerkenswert, sehr bukettreich und von zufriedenstellendem Säuregehalt, was ein Faktor für Lagerfähigkeit ist. Die Côte de Nuits schneidet gut ab, die Côte de Beaune bei den Weißweinen. Die Côte Chalonnaise und das Mâconnais erscheinen auf der Siegerliste, die im Chablis anders ausfällt. Die am sorgfältigsten hergestellten Cuvées sind Weine, die 20 bis 30 Jahre altern können. Insgesamt geht es mit Burgund, das in den letzten Jahren umstritten war, wieder deutlich bergauf. Bei der Versteigerung der Hospices de Beaune (deren Patin die französische Kosmonautin Claudie André-Deshays war) erzielte der 96er eine Erhöhung um 12 %, mit durchschnittlich 26 032 FF pro Faß (300 Flaschen) gegenüber 23 274 FF im Jahre 1995. Die Weißweine (+14,5%; Faß:

größte Weinbergbesitzer in der Côte d'Or. Die Domaine du Clos des Lambrays (Morey-Saint Denis) – das Quasi-Monopol über den Grand cru, 2 ha Rebflächen in Morey und Puligny-Montrachet, die Gebäude und ein Lagerbestand von 160 000 Flaschen – wurde von Günter Freund (Koblenz), der Nr. 1 der Plakatwerbung in Deutschland, für 44 Mio. FF erworben. Die mit Antonin Rodet verbundene Domaine J. Prieur vertreibt künftig die Weine der Domaine Goupil de Bouillé (Beaune). Louis Jadot kaufte das Château des Jacques in Romanèche-Thorins: die Anlagen, 27 ha des Cru Moulin-à-Vent und 9 ha Beaujolais blanc. Die Landwirtschaftliche Kreditanstalt (Grands-Crus-Investitionen) übernahm Château Santenay (Schweizer Gruppe Schenk): 90 ha in Mercurey, Aloxe-Corton,

Hospices de Beaune

33 596 FF) sind stärker gestiegen als die Rotweine (+12,6% ; Faß: 23 740 FF). Versteigerung der Hospices de Nuits-Saint-Georges: +16,5% (Rotweinfaß: 21 085 FF, gegenüber 18 105 FF im Vorjahr).
Im Export: 86,3 Mio. Flaschen (647 500 hl) wurden 1996 außerhalb von Frankreich verkauft, bei einem Umsatz von 2,5 Mrd. FF. Ein Rekord. 60 % der exportierten Weine sind Weißweine. Ihr Anteil erhöht sich weiter, während die Rotweine zurückgehen. Die besten Ergebnisse beim Weißwein betreffen Belgien (+17%), Deutschland (+15%) und Großbritannien (+7%).

DIE GROSSEN VERÄNDERUNGEN BEIM HANDEL

Die Firma Joseph Henriot (Bouchard Père et Fils, Beaune) erwarb die Domaine Ropiteau-Mignon (30 ha: Clos de Vougeot, Echézeaux, Meursault etc.) und wird so der

Clos de Vougeot etc. Henri de Villamont (Savigny-lès-Beaune, Schweizer Gruppe Schenk) schloß mit einer Genossenschaftsvereinigung der Côtes du Rhône, dem Cellier de l'Enclave des Papes (Valréas), einen Vertrag über den Vertrieb. Die Firma Moillard (Nuits-Saint-Georges) investierte in Rumänien in einen Gärkeller und die Vinifizierungsausrüstung: Es handelt sich dabei um das Anbaugebiet von Dealu Mare, 120 km von Bukarest entfernt (Merlot, Burgund Mare, Sangiovese, Pinot noir). 1996 wurden so 5 000 hl in diesem Land erworben.
Die Firma Louis Latour (Beaune) feiert ihr 200jähriges Bestehen. Bataillard (Rothenburg, bei Luzern) übernimmt die Kontrolle über François Protheau et Fils (Mercurey). Die Finanzierungsgruppe Worms et Cie (10% des Kapitals von Mouton-Rothschild) kaufte Antonin Rodet (Mercurey) der Champagner-Firma Laurent-Perrier ab. Die Grup-

pe Tresch verkaufte ihre Sparte für offene Weine an Corbet SA (Jean-Marie Laleure und Marie-Annick Tremblay-Corbet), die an die Stelle von Georges Corbet (Morey-Saint-Denis) tritt. Jean-Claude Boisset expandiert weiter und übernimmt von der Liegenschafts- und Konsignationskasse die Firma Louis Violland (Weinhandel und 29 ha in Corton-Charlemagne, Beaune etc.). Es übernimmt die Kontrolle von Varichon und Clerc (Seyssel) und erhöht dadurch zusammen mit Bouillot in Nuits-Saint-Georges und Chevalier in Charnay-lès-Mâcon seine Schaumweinproduktion (1,5 Mio. Flaschen). Boisset erwirbt von Racke (Deutschland) die Mehrheit bei Mommessin-Thorin und bildet so einen mächtigen Pol im Mâconnais-Beaujolais, zusammen mit einer weiteren Erwerbung, dem Cellier des Samsons (Quincié-en-Beaujolais).

Sieg über die falschen Chablis

Burgund erzielte einen Erfolg im Ausland: Dem Anwalt Hiroshi Yamamoto gelang es, die falschen Chablis-Weine aus Japan zu verbannen. Eine außergerichtliche Vereinbarung. Der auf den Bermudas errungene Sieg trägt Früchte, denn Burgund ist fest entschlossen, auf der ganzen Welt die Konkurrenz der falschen Chablis zu besiegen. Übrigens geht es gegen die Verwendung des Wortes «Burgunder» durch die deutschen und österreichischen Erzeuger vor.

Knapp abgelehnt wurde vom INAO das Gesuch der AOCs Mâcon-Clessé und Mâcon-Viré, als kommunale AOC Viré-Clessé anerkannt zu werden (der Handel stellte sich dagegen). Hingegen stufte das INAO 10 ha Brachland und Reblagen auf dem Hang als AOC Meursault ein: Die Parzellen werden von der Gemeinde an junge Winzer verpachtet werden. Zudem wurde die sehr baldige Anerkennung des Sauvignon de Saint-Bris als AOC angekündigt, unter einer Bezeichnung, die nicht an die Rebsorte erinnern soll.

Wichtige Termine: das turnusmäßig wechselnde Fest Saint-Vincent in Rully am 24. und 25. Januar 1998; La Saint-Vincent du Chablisien in Béru am 7. und 8. Februar 1998; die Veranstaltung Les Grands Jours de Bourgogne vom 22. bis zum 29. März 1998.

WAS GIBT ES NEUES IN DER CHAMPAGNE?

Ein sehr großer Jahrgang. Die außergewöhnlichen Qualitäten der Trauben 1996 lassen alle Hoffnungen zu, zumals es sich um lang lagerfähige Weine mit starkem Potential handelt. Aber wir sind hier in der Champagne, so daß man in jedem Fall bis zum Jahrhundertende warten muß, um die Korken knallen zu lassen.

Die Natur macht ihre Sache gut

Die Natur hat ihre Sache gut gemacht, stellte man Ende 1996 aufgrund einer großartigen Reife fest. Ein Frühling, der in den ersten Wochen recht mild, dann kühler war. Eine feuchte Periode, die einer großen Wärme voranging. Rückkehr der kühlen Tage. Dieses Auf und Ab störte jedoch nicht den Vegetationszyklus (Blüte am 20. Juni, Beginn der Reife Ende August), der von einem schönen trockenen und warmen Wetter profitierte. Dann folgte auf starke Regenfälle ein ziemlich trockenes und eher kühles Septemberwetter. Die Lese fand während der letzten Septemberwoche und während der ersten Oktobertage statt.

Die Trauben hatten einen hohen Zuckergehalt – wenig Mostanreicherung, bisweilen überhaupt keine notwendig – und eine ausgezeichnete Säure. Deshalb vergleicht man sie häufig mit dem 69er Lesegut, außer daß letzterer Jahrgang mengenmäßig nicht sehr hoch ausfiel, während die 96er Lese reichlich ist. Pinot noir ist in der Montagne de Reims (z. B. Verzenay oder Bouzy) und sogar in der Côte de Blancs wunderbar gelungen. Ebenso im Marne-Tal (Ay, Mareuil). Pinot Meunier bietet zumeist die gleiche Qualität. Der Chardonnay bleibt in der Regel ein wenig dahinter zurück, aber es sind verschwindend kleine Nuancen. Übereinstimmend ist man der Meinung, der 96er sei noch grandioser als die großen Jahrgänge 1988, 1989 und 1990.

Ein Verkaufsrekord

Mit 259,4 Mio. Flaschen, davon 160,6 Mio. in Frankreich, schlägt dieses Weinbaugebiet 1996 seine Verkaufszahlen von 1989 (249 Mio. Flaschen): +2,6 % gegenüber 1995. Aber die Lieferungen waren auf dem Höhepunkt der Krise auf 214 Mio. Flaschen gefallen. Der Champagner gewinnt somit seinen alten Schwung zurück. Der französische Markt ist stabil geblieben (+1,7 %), während die Exporte in die EU-Länder um 5 % gestiegen sind (62,4 Mio. Flaschen). Großbritannien (19 Mio. Flaschen) wird wieder größter Importeur von Champagner (in den drei Jahren vorher war dies Deutschland). Die USA (13,5 Mio. Flaschen) haben ebenfalls zu diesem Wiederaufschwung beigetragen. Hauptnutznießer sind die Genossenschaften und die Händler, die sich auf einen maßvollen Flaschenpreis für den Großhandel spezialisiert haben, während die traditionellen Firmen, die großen Marken und die Selbstvermarkter seit 1990 miterleben mußten, wie ihr Marktanteil um 7 bis 8 % zurückging. Dieser erhöhte sich bei den Genossenschaften um fast 6 % gegenüber 1996 in Frankreich und um fast 10 % weltweit.

1996 verkauften die Champagner-Häuser 183,7 Mio. Flaschen, die Genossenschaften 20,2 Mio. und die selbständigen Erzeuger 51,9 Mio. LVMH (Moët et Chandon, Mercier, Ruinart, Veuve Clicquot etc.) bleibt mit über 50 Mio. Flaschen an der Spitze.

Der Gesamtumsatz der Verkäufe lag 1996 bei 15,56 Mrd. FF, was jedoch 1,5 Mrd. FF weniger als 1989 ist. Das ist die Kehrseite der Medaille, aber auch die Rückkehr zu vernünftigeren Preisen. Man erwartet einige Schwierigkeiten, denn der Traubenpreis von 24 FF pro Kilo hat sich 1996 um 8,5 % gegenüber 1995 erhöht. Da es aber fast nicht möglich ist, die Verkaufspreise zu erhöhen, verringern sich die Gewinnspannen.

Veränderungen bei den Firmen

Die Firma de Venoge (1,2 Mio. Flaschen) wurde von Paribas an die Gruppe Rémy-Cointreau verkauft und bringt die Marke Princesse de France auf den Markt. Seagram (Perrier-Jouët, Mumm) verkauft Heidsieck-Monopole (1,2 Mio. Flaschen) an die Gruppe Vranken (Charles Lafitte etc.) sowie 130 ha Weinberge zugunsten der Champagne-Winzer mit Beteiligung der SAFER, wobei die Käufer ihre Trauben 18 Jahre lang an Vranken liefern müssen. Diese Art von Geschäft ist neu in der Champagne. Die Genossenschaft Palmer kauft die Anlagen von Heidsieck-Monopole in Reims. Boize Chanoine Champagne öffnet 10 % seines Kapitals und erzielt bei seinem zweiten Gang an die Börse 20 Mio. FF. Laurent-Perrier stößt seinen Besitz außerhalb der Champagne ab: Château Malartic-Lagravière (Grand cru classé des Graves, 30 ha), das an Alfred Bonnie verkauft wird, danach Antonin Rodet (Händler in Mercurey, Besitz oder Nut-

Das Rütteln der Flaschen in einem in den Kreidefelsen gegrabenen Keller

zung von 142 ha, davon 47 ha Grands crus und Premiers crus), der an Worms et Cie geht, das 10 % von Mouton-Rothschild besitzt. Laurent-Perrier verkauft die Bordeaux-Firma Dubos Frères et Cie an die Familie Cottin.

Zu den Neuheiten gehören der erste halbtrockene Rosé-Champagner (von Mercier eingeführt) und der «lautlose Korken» für die Flaschen von Cattier und Leclerc-Briant.

WAS GIBT ES NEUES IM JURA?

Die Franche-Comté verstärkt ihre Aktivitäten bei den AOCs, bei seinem Käse wie bei seinem Wein. Letztere haben von einem guten Jahrgang profitiert.

Der Jahrgang 1996 ist bestimmt der beste seit Beginn des Jahrzehnts; nur der 90er kann es mit ihm aufnehmen. Nach einem ziemlich raschen Entwicklungsbeginn war der Sommer nicht sehr warm, blieb aber von Regen verschont. Der September war ebenfalls kühl, aber weiterhin trocken. Der Nordwind förderte den Gesundheitszustand der Trauben. An wen geht die Siegespalme? Die Weißweine zeigen dank ihrer Feinheit und Konzentration sehr früh ihre Ambitionen. Die Frucht ist köstlich bei den Weinen, die von der Chardonnay-Rebe stammen. Der Savagnin besitzt die Struktur und die Säure, die für große lagerfähige Weine notwendig sind. Er wird großartige Vins jaunes liefern. Die Rotweine scheinen liebenswürdig und gut gebaut zu sein.

KURZMELDUNGEN AUS DEM JURA

Die Firma Henri Maire (Arbois) übernimmt zu 100 % die Kontrolle über die Firma Guichon (Chambéry), deren Aktienmehrheit bisher Val d'Orbieu hatte. Geschäftsumsatz: 88 Mio. FF 1995 bei über 10 Mio. Flaschen. Es handelt sich übrigens um die drittgrößte Firma dieses Anbaugebiets. Der Weinhandel von Jura (438 Mio. FF Umsatz 1995) verstärkt somit seine Position im Jura-Savoie-Gebiet.

Eine neue Tradition wurde geboren: Am 9. Februar 1997 fand in Poligny zum ersten Mal die «Percée du vin jaune» statt. Dieses Fest, das die Weine des Jura herausstellen soll, wird jährlich an einem turnusmäßig wechselnden Veranstaltungsort stattfinden.

WAS GIBT ES NEUES IN SAVOYEN?

Auf einem Markt, der nur 0,5% des Gesamtmarkts der französischen AOCs ausmacht, beharrt Savoyen auf seinem Streben nach Qualität.

EIN GELUNGENER 96ER

Die Natur zeigte sich 1996 recht heiter und großzügig. Endlich! Die Jahrgänge 1993 und 1994 waren nämlich schwierig gewesen. Der 95er war zwar von guter Qualität, litt aber unter schweren Gewittern. Die Reben entwickelten sich 1996 dank des schönen Wetters frühzeitig. Im Juli und August dagegen gab es ziemlich kühle Temperaturen und häufige Regenfälle, die dem Mehltau den Boden bereiteten. Nach einem nicht sehr warmen September fand die Lese im Oktober statt, deutlich später als im Jahr zuvor. Die Weine sind gut gelungen, von feiner Textur und bukettreich und können zumeist ein wenig altern. Auch wenn das Weinbaugebiet insgesamt noch Fortschritte machen muß, stellt man echte Bemühungen um Qualität fest: Die gewissenhaftesten Weingüter lesen heute ihre Trauben aus. Das allgemeine Niveau des Jacquères (weiß) ist durchschnittlich: ein Wein, den man unverzüglich trinken kann. Das von Bergeron und Altesse (weiß) ist höher; diese Weine sollten mehrere Jahre altern, um sich entfalten zu können. Die Mondeuse-Weine (rot) sind ordentlich und süffig.

UMSTRUKTURIERUNG

Die Firma Jean-Claude-Boisset (Nuits-Saint-Georges) übernimmt eine Mehrheitsbeteiligung an Varichon-et-Clerc (Seyssel, Ain), das seit vielen Jahren Vins de Savoie und Schaumweine in Seyssel und Nuits-Saint-Georges erzeugt (Umsatz: 25 Mio. FF).

WAS GIBT ES NEUES IM LANGUEDOC UND IM ROUSSILLON?

Im Languedoc-Roussillon ist es trotz den qualitativen Fortschritten in den letzten Jahren nicht gelungen, kommerzielle Schwierigkeiten zu verhindern.

Mit Ausnahme der Muscat-Weine des Roussillon ist der Jahrgang 1996 beim Weißwein kein großer Erfolg. Dafür sind viele Rotweine gelungen.

Die klimatischen Unabwägbarkeiten haben das Jahr 1996 belastet. Nach einem 95er Jahrgang, der unter dem Zeichen einer großen Trockenheit stand, gab es im Winter viele Regenfälle. Die Temperaturen sanken nach einem recht warmen Frühjahr im Mai und Juni Anfang Juli abrupt. Erst in der zweiten Julihälfte kehrte das schöne Wetter zurück. Der August war sehr kühl, mit Gewittern und Hagel. Glücklicherweise zeigte sich der September milder, mit einem rettenden Nordwind (Tramontane). Das Wachstum lag gegenüber 1995 eine Woche zurück, aber damals handelte es sich um ein Jahr mit früher Reife. Die Traubenlese begann ab dem 26. August im Rivesaltes-Gebiet. Die Gesamtmenge erhöhte sich auf 1,6 Mio. hl im Roussillon und auf 1,79 Mio. hl im Languedoc.

QUER DURCH DIE APPELLATIONEN

Trotz der Gewitter und des Hagels, des Echten und des Falschen Mehltaus präsentieren sich die Corbières- und Fitou-Weine gut, mit einem zarten, rassigen Charakter. In der AOC Minervois verringerte sich die Menge; die Qualität ist in allen drei Weinfarben passabel. Mouvédre hatte hier einen ausgezeichneten Einfluß. Die Faugères-Weine, die von besonders ausgelesenen Trauben stammen, kündigen sich weich und fruchtig an. Bei den Saint-Chinian-Weinen muß man ein wenig Abstand gewinnen. In dieser AOC haben die früh reifenden Rebsorten ähnlich wie bei den Coteaux du Languedoc die Lese gerettet. Die Ergebnisse sind insgesamt zufriedenstellend. Das Languedoc setzt seine bemerkenswerte Weiterentwicklung fort.

Syrah reifte sehr langsam. Die AOC Collioure bietet einen angenehmen, fruchtigen Wein, der aber nicht lagerfähig ist. Die Grenache-Lese wurde in der AOC Banyuls von Regen behindert. In den Aspres und den Albères litten Muscat à petits grains und Syrah unter Niederschlägen; man mußte die Trauben auslesen. Im Gebiet von Maury gedieh Grenache noir gut. Im Rivesaltes-Gebiet ist der Muscat frisch und fruchtig.

In den AOCs Côtes du Roussillon und Côtes du Roussillon-Villages trat 1996 die Bestimmung in Kraft, daß mindestens 20% Syrah und Mourvèdre verwendet werden müssen. Man verzeichnete ein Minus von 13 000 hl bei den Rot- und Roséweinen und einen Rückgang bei den weißen Côtes du Roussillon, zudem 7 500 hl in der AOC Côtes du Roussillon-Villages Caramany, deren neue Festlegung Cassagnes und Bélesta teilweise einbezieht, sowie 700 hl in der AOC Côtes du Roussillon-Villages Lesquerde (neue Appellationen). Die magische Grenze von 12 000 hl ist bei Collioure erreicht. Der Rosé bestätigt hier erneut seinen Durchbruch. Mit 45 000 hl Wein ist die 96er Ernte bei den Vins doux naturels sehr gering, ebenso beim Banyuls (27 000 hl). Beim Maury traten 1996 die veränderten Produktionsbedingungen (70 % Mindestanteil von Grenache noir, nicht mehr als 15 % Macabeu) in Kraft. Der Plan für die Reduzierung der Produktion von Rivesaltes wird weitergeführt: 40 000 hl weniger in dieser AOC und beim Grand Roussillon.

KURZMELDUNGEN

Die Gruppe Val d'Orbieu verkauft 50 % der Aktien von Bourdouil an La Martiniquaise (Vins doux naturels). Ein Jointventure-Unternehmen mit Penfolds (Australien) für eine gemeinsame Marke, La Pérouse.

WAS GIBT ES NEUES IN DER PROVENCE UND AUF KORSIKA?

Ein Jahr 1996 unter einem Regenschirm und mit Schal. Der Winter war sehr regnerisch, der Frühling ziemlich frisch, der Sommer ohne viel Sonnenschein, und im Herbst kamen die anhaltenden Niederschläge zurück. Zu wenig Wärme, Entwicklung von Echtem und Falschem Mehltau: Es kostete viele Anstrengungen, um einen passablen Jahrgang zu vorzuweisen. Die Produktion lag mengenmäßig leicht unter der von 1995: 820 000 hl etwa bei den Côtes de Provence.

ÜBERBLICK ÜBER DEN JAHRGANG

Bei den Rotweinen erscheint der 96er weich, leicht in der Farbe wie auch im Körper. Ein Wein, den man nicht sehr lang aufheben kann. Beim Weiß- und beim Roséwein Nerv und Grüngeschmack. Eine Reifung ist erforderlich, um diese anfängliche Kraft abzumildern. Die Säure ist ausreichend, insbesondere bei den Côtes de Provence. Durchschnittliche Ergebnisse bei den Coteaux Varois, interessante bei Palette, Coteaux d'Aix und Baux de Provence. Bandol schneidet sehr gut ab. Beim Cassis ist die Ernte bescheiden aufgrund des Winds im Mai, aber der Wein ist gehaltvoll und wohlschmeckend. Dafür erreichte Belle eine zufriedenstellende Menge. In den AOCs Les Baux und Coteau d'Aix en Provence wird der Ertrag immer besser kontrolliert, um einen ausreichend konzentrierten Wein zu erzeugen.

Die Versprechungen des Jahrgangs 1997 sind etwas durch Frühjahrsfröste enttäuscht worden, die einen Teil des Anbaugebiets der Côtes de Provence heimgesucht haben. Diese Appellation feierte ihren 20. Geburtstag.

KURZMELDUNGEN

Zwischen UNIVAR-Cellier de Saint-Louis (Vereinigung der Genossenschafts- und Privatkellereien des Var) und der SICA du Pay d'Aix et Arles (Vereinigung der im Dep. Bouches-du-Rhône in Privatkellereien vinifizierenden Erzeuger) wurde ein Vertrag abgeschlossen. Es handelt sich dabei um die größte Vereinigung in der Provence, mit Sitz in den Departements Var und Bouches-du-Rhône und einem Gesamtumsatz von 85 Mio. FF. Die Einlage für den Cellier de Saint-Louis ist nicht zu verachten: fünf Anbaugebiete der AOC Coteaux d'Aix-en-Provence (22 000 hl, 15 % der Produktion dieser Appellation).

Parallel dazu erwirbt der Cellier de Saint-Louis 50 % des Kapitals der SICA du Pays d'Aix et Arles und stellt die Geschäftsleitung. Die Côtes de Provence setzen immer stärker auf die Roséweine. Die Revidierung der Abgrenzung der Parzellen ist im Gang. Bei der Bestockung legt die Überarbeitung des Erlasses das Hauptgewicht auf die traditionellen Rebsorten. Gegenstand der Tagesordnung: Die von der AOC verlangten subregionalen Appellationen, die die AOC verlangt. Eine Untersuchungskommission des INAO ist am Werk.

KORSIKA

Nach den Einbußen bei den Ernten 1994 und 1995 kehrt man mit einer Produktion von 88 700 hl zum Normalwert zurück.
Der Winter 1996 war sehr regnerisch, aber das Frühjahr zeigte sich recht klassisch; bis Juni wechselten trockene und feuchte Perioden. Der Sommer war eher trocken, mit recht gemäßigten Temperaturen. Ab dem 15. August bis Anfang September kam es fast überall auf der Insel zu Gewittern. Sie setzten sich einige Wochen lang in den nördlichen Gebieten und um Ajaccio herum fort. Da in den nördlichen Gebieten und im Gebiet von Ajaccio kein großer Wassermangel herrschte, verlief die Reife wie gewohnt und ohne starke Konzentrierung. Trotz der Septemberregen war der Gesundheitszustand der Trauben gut. Im Südosten (Süden der Ebene, Porot-Vecchio, Fiagri, Sartène) ermöglichten trockenere Bedingungen einen 96er, der eine gute Konzentration besitzt, vor allem beim Rotwein (schöne Farbe).
Das Comité intersyndical des Vins de Corse ersetzt künftig das GIVIC und vereint alle Repräsentanten der AOCs und Vins de pays). Erster Vorsitzender: Charles Morazzini, Verbandspräsident der AOCs der Côte orientale.

WAS GIBT ES NEUES IN SÜDWESTFRANKREICH?

Die Appellationen des Südwestens, trotz gewaltiger Unterschiede bei den Lagen und der Bestockung in die gleiche Anbauzone eingestuft, genießen heute nicht alle den Wohlstand von Bordeaux, auch wenn sie große Fortschritte gemacht haben.

Im Béarn gehören die Appellationen Madiran und Jurançon zu denen, die eine Glückssträhne haben. Der Jahrgang profitierte von günstigen klimatischen Bedingungen. Die ein wenig später durchgeführte Lese auf des Hängen des Béarn nutzte die Wetterbesserung im Oktober. Die Jurançon-Weine profitieren außerdem von einem Jahr, das für süße und liebliche Weine günstig war.

In Gebiet der Landes verringerte der Hagel im August die Produktion von Tursan um ein gutes Viertel. Die mittlere Garonne mit den AOCs Côtes du Marmandais, Buzet und Duras hatte ziemlich ähnliche Bedingungen wie im Bordelais, mit einer vergleichbaren Bestockung und ähnlichen klimatischen Voraussetzungen, denn die maritimen Einflüsse erreichen eher dieses große Tal als das der Dordogne hinauf. In Buzet, wo die Genossenschaft den Fixpunkt der Appellation bildet, bedeutete der jähe Unfalltod ihres Verkaufsdirektors, Monsieur Hébrard, einen schweren Schock für alle Winzer. Er war einer der Hauptinitiatoren der Renaissance der AOC ab den 70er Jahren gewesen.

In Duras hatte die Genossenschaft Berticot (50% der Produktion) trotz bemerkenswerter qualitativer Arbeit finanzielle Schwierigkeiten. Qualität zahlt sich nicht immer aus in den Regionen, die ein wenig abseits liegen, so daß man über eine mögliche Annäherung an die Gironde-Genossenschaft von Landerrouat spricht, die auch Duras-Weine erzeugt, weil die beiden Appellationen an den Grenzen der beiden Departements Gironde und Lot-et-Garonne aneinanderstoßen.

BERGERAC: EIN AUS DEM WASSER GERETTETER JAHRGANG

Der Jahrgang 1996 war durch einen normalen Jahresbeginn gekennzeichnet: Knospenaustrieb zum üblichen Zeitpunkt, rasche Blüte mit einem äußerst warmen Juni, ein normaler Juli und dann reichliche Niederschläge im August. Der September verdüsterte sich nach einer sehr heiteren ersten Hälfte und wurde kühl und danach regnerisch. Da das Wetter bereits kontinentaler als im Bordelais ist, wirken sich hier ungünstige Witterungseinflüsse stärker und bedrohlicher aus. Genau das beunruhigte die Winzer, die ein wenig verwässerte, zu saure und bei den Rotweinen nicht sehr farbintensive Weine erwarteten.

Ein Jahr danach ist die Bilanz deutlich positiver. Die Säure hat sich nach der malolaktischen Gärung bei den Rotweinen und der Niederschlag von Weinsteinkristallen bei den Weißweinen verringert. Dafür bewahrt die übriggebliebene Frische das Aroma der Weißweine gut. Bei den Rotweinen war das Potential vorhanden, mit einem Aroma von roten Früchten und nicht zu aggressiven Tanninen, was sie von den Bordeaux-Weinen unterscheidet, die ein Mindestmaß an Alterung benötigen, um sich abzumildern.

Die süßen Weine haben von der Wetterbesserung ab Anfang Oktober profitiert, der immer noch kühl war, aber Sonnenschein hatte. Der CIVRB (Conseil interprofessionnel des Vins de la région de Bergerac) vermerkte deshalb, daß diese Weine zunächst untypisch gewesen seien, mit einem Aroma von trockenen Weißweinen, und am Ende ihres ersten Winters im Keller allmählich ihre Persönlichkeit wiedergefunden hätten. Sie sind säuerlich, aber von starker likörartiger Süße und werden gut altern.

Gegenüber 1995 ist die Ernte deutlich höher ausgefallen. Die Gesamtmenge der AOC-Weine ist von 555 287 hl auf 645 662 hl gestiegen, ein Steigerung um fast 20 %.

MANUELLE TRAUBENLESE IN MONBAZILLAC

In den Ernteanmeldungen sind neue Namen aufgetaucht: Côtes de Bergerac-Monbazillac und Bergerac-Monbazillac. Das ist das Ergebnis des «Picrocholine»-Krieges, der die Erzeuger von Monbazillac hinsichtlich der

Erntemaschine noch immer spaltet. Nach den letzten Nachrichten – aber die Situation bleibt im Fluß – war eine Einigung möglich. Jetzt wurde die Vereinbarung getroffen, die Maschine für die Erzeugung des allerheiligsten Monbazillac zu verbannen. Aber die Puristen wollen nicht zugestehen, daß man eine Maschine auf einer Monbazillac-Parzelle zulassen kann, sei es auch nur für die Lese von Côtes de Bergerac moelleux – unter dem Vorwand, die Kontrolle sei unmöglich.

Der CIVRB wählte im Juli 1997 einen Händler zu seinem Vorsitzenden. Als Generaldirektor von Producta, einer Tochterfirma der Union der Dordogne-Genossenschaften und mehrerer Erzeugervereinigungen der Gironde, entstammt er dennoch dem Genossenschaftswesen. Ein Mensch, der die Welt durchreist, um Wein zu verkaufen, und der sicherlich eine Annäherung von Bordeaux und Bergerac einleiten kann, von der im Périgord viele träumen. Im Gegensatz zu den anderen Appellationen im Südwesten, die Anspruch auf ihre eigene Persönlichkeit erheben, sieht sich Bergerac ohne Minderwertigkeitskomplexe als kleiner Bruder von Bordeaux, von dem es sich erst 1911 trennte. Es sähe sich gern in einer Art Föderation. Jetzt, wo der Preiswahnsinn sich des Weinbaugebiets der Gironde bemächtigt, kann der Bergerac seine Karte ausspielen.

GAILLAC PFLEGT SEINEN TYP

Gaillac, das andere große Weinbaugebiet im Südwesten, hat andere Ziele. Weit entfernt von Bordeaux, an den Grenzen der Gueynne und des oberen Languedoc, findet es allmählich seine Persönlichkeit wieder, nach harten Jahren der Tafelweinproduktion. Die Umstrukturierung des Anbaugebiets geht weiter; sie stützt sich auf 40 % der Rebflächen seit Anfang der 80er Jahre. Ab 1999 müssen bei der Bestockung mindestens 20 % Fer Servadou (oder Braucol) verwendet werden, um beim Rotwein Anspruch auf die AOC Gaillac zu haben. Diese traditionelle Rebsorte prägt hier stark den Wein. Duras, eine andere typische Rebsorte, soll ebenfalls ihren Platz haben. Die Trauben für den Gaillac-Primeur, einen echten Erfolg, müssen künftig mit der Hand gelesen werden. Der Erlaß ist beim INAO in Vorbereitung; er kann nicht für die 97er Lese gelten, aber 1998 dürfte dies der Fall sein. Es geht nämlich darum, den typischen Primeur-Charakter von Gaillac zu bewahren, der auf der Kohlensäuremaischung der Rebsorte Gamay beruht: Die maschinelle Lese führt unvermeidlich dazu, daß die Trauben gequetscht werden, was eine Kohlensäuremaischung verhindert (die Gärung muß im Inneren unversehrter Beeren stattfinden und die Trauben erst aufplatzen lassen).

Gaillac, das ein Klima halbwegs zwischen ozeanischem und mediterranem Languedoc-Klima besitzt, profitierte 1996 von besseren Bedingungen als seine Mitbrüder im Südwesten: früher Knospenaustrieb, frühere Lese (ab 10. September) trotz der Kühle des Sommers, was dennoch nicht verhindern konnte, daß die Lese Ende September bei Regen abgeschlossen wurde. Die Weißweine sind aromatisch, die Rotweine farbintensiv und kräftig; die süßen Weißweine zeugen von einem großen Jahr.

Im Gegensatz zu Bergerac erhöhte sich die Produktion nicht gegenüber dem Vorjahr: 30 000 hl Weißwein und 95 000 hl Rot- und Roséweine, davon 8 000 hl Primeur-Weine.

GROSSE ERNTE IN CAHORS

Die für die Ernte angemeldete Anbaufläche der AOCs ließ 1996 einen leichten Rückgang erkennen (von 4 212 auf 4 175 ha). Dennoch erhöhte sich die Menge von 214 000 hl auf 243 000 hl. Der mittlere Ertrag des Weinbaugebiets übersteigt somit 58 hl/ha! Das Jahr war also günstig für die Reben mit einem relativ warmen Sommer, der im sonst eher trockenen Quercy recht feucht ausfiel, und mit einer kühlen, verregneten Lese. Die Weine werden nicht sehr konzentriert sein, wie man es auch bei den Nachbarn des Oberlands sieht, sei es nun in Gaillacc oder in Fronton.

WAS GIBT ES NEUES AN DER LOIRE?

Der Jahrgang 1996, elegant, aromatisch und gut strukturiert, ist insgesamt besser als der 95er, der schon ein ausgezeichneter Jahrgang war. Nach vier miserablen Jahren 1991–94 knüpft das Weinbaugebiet wieder an gute Serien an.

DIE REGION NANTES

Nach Monaten der Krise war der 96er ein Hoffnungsträger. Die Rückkehr der Qualität hatte unmittelbare Auswirkungen auf die Menge. Ende April 1997 stieg der Verkauf um fast 40 %. Mit rund 660 000 hl beim Muscadet entspricht die Ernte 1996 dem Vorjahr. Die Lagerbestände bleiben jedoch zu hoch, auch wenn 83 000 hl frühere Jahrgänge destilliert wurden. Der Gros-Plant du Pays Nantais ging etwas zurück, zweifellos zugunsten der sortenreinen Weine, vor allem des Chardonnay. Der Wiederaufschwung der Verkäufe wird durch den Preisrückgang erleichtert, der gegenüber dem Vorjahr 25 % betrug. Diese Senkung betrifft jedoch nicht die Preise der «sur lie», was zeigt, daß es einen Markt für Kenner gibt. 1997 war der Rückgang der Preise spürbar. Außerdem ist eine Wiederbelebung des englischen Marktes festzustellen, der allein die Hälfte der Exporte ausmacht.

Die Qualität des 95ers und des 96ers erklärt sich nicht allein aus einem günstigen Klima. Die Anstrengungen der Berufsverbände (Beschränkung der Erträge, strengere Regelung des «sur lie») tragen ihre Früchte. Das INAO hat gerade eine Untersuchung bei mehreren hundert Erzeugern eingeleitet, um das Phänomen der Sondercuvées zu erfassen.

In diesem Jahr sind im Weinführer mehrere «im Eichenholzfaß ausgebaute» Cuvées vertreten. Das ist an sich ein gutes Zeichen. Das Holzfaß eignet sich nämlich nur in sehr guten Jahrgängen für den Muscadet; es erdrückt die Weine, die eine ungenügende Struktur haben.

Die Schwierigkeiten der vorangegangenen Jahre kommen immer noch in internen Spannungen und in einer Unbeständigkeit der Berufsvertretungen zum Ausdruck. So wurden bei der Wiederwahl des Verwaltungsrates des Muscadet-Verbands 80 % der Posten neu besetzt. Doch mit dem Rückgang der Preise verbessern sich auch die Verbindungen zwischen Erzeugern und Händlern.

Die Aktion «Muscadet Les Années Guinguettes» fand besondere Beachtung. In Le Pallet wurden einige zehn Barriquefässer mit Muscadet auf Lastkähne geladen und die Sèvre und dann die Loire hinaufgefahren und gelangten über den Kanal von Briare nach sechs Wochen zu den Ausflugslokalen im Einzugsgebiet von Paris; sie ahmten auf diese Weise die Reise nach, die im 19. Jh. die ersten Muscadet «sur lie» machten.

ANJOU-SAUMUR

Nach einem recht unfreundlichen Winter und Frühjahr war der Sommer trocken und warm; dann fielen Mitte September einige Niederschläge. Die Lese, die bei Trockenheit und voller Reife durchgeführt wurde, profitierte von dem schönen Wetter. Kurz gesagt: ein strahlender Jahrgang, beim Rotwein wie auch beim Weißwein. Tiefe, konzentrierte, oft zauberhafte Weine.

Bei den Coteaux de l'Aubance, Coteaux du Layon, Bonnezeaux und Quarts-de-Chaume ist der Jahrgang außergewöhnlich. Bis Dezember wurden die Trauben ausgelesen. Der natürliche Zuckergehalt ist sehr hoch. Ebenfalls bemerkenswert sind die Savennières-Weine. Saumur, Saumur-Champigny und Coteaux de Saumur verdienen sich eine Beförderung, so köstlich sind die Trauben. Sicherlich sind die Rotweine fest und tanninreich; sie müssen ein wenig altern. 96er oder 95er? Welcher der beiden Jahrgänge erhält die Siegespalme? Dieser Streit wird für lange Zeit Gesprächsstoff bieten.

TOURAINE

Der Jahrgang 1996 ist vom Himmel gesegnet. Ohne Fäulnis, mit vollkommen reifen Trauben, hohen Erträgen, die nicht der Qualität schaden – das Jahr wird im Gedächtnis haftenbleiben. Ein milder, trockener Frühling, ein warmer, sonnenreicher Sommer, leichte Regenfälle am Ende des Sommers, eine Traubenlese ab dem 20. September beim

Sauvignon und bis zum 20. Oktober beim Chenin. Die Ernte beträgt 730 000 hl. Die Rotweine sind schwer, tanninreich und lagerfähig. Die trockenen Weißweine haben eine bemerkenswerte Feinheit. Unterschiedlichere Ergebnisse beim lieblichen Wein. Wie man hier in Anspielung an den Besuch von Johannes Paul II. sagt, könnte der 96er durchaus der «Wein des Papstes» sein. Der Sauvignon ist wunderbar gelungen, mit einer sehr ausdrucksvollen Aromenpalette und einem Hauch von Fülle, die seine Tiefe kennzeichnet. Der Chenin erwacht sehr früh und präsentiert sich fein und zart. Der Cabernet ist dicht und tanninreich; man muß ihn ein wenig einkellern, damit er harmonisch verschmilzt. Der Gamay ist leicht; man kann ihn ohne Gewissensbisse «auf der Frucht» trinken. Beim Vouvray und beim Montlouis sind die trockenen und halbtrockenen Weine besser als die lieblichen. Sehr schönes Spektrum bei Chinon, Saint-Nicolas-de-Bourgueil und Bourgueil.

Das Comité interprofessionnel der Touraine-Weine startet ein über drei Jahre laufendes Entwicklungsvorhaben, dessen Ziel es ist, 600 000 hl AOC-Weine im Jahre 1999 zu verkaufen. Die AOCs machten 1996 bei einer Gesamtproduktion von 730 000 hl etwa 520 000 hl aus. Nach guten Fortschritten während der 80er Jahre unterbrach der Frost von 1991 diesen Schwung und hatte einen Verlust von 35 % Marktanteil zur Folge. 1993 machte es der Preissturz nach der reichen Ernte 1992 möglich, die Verkäufe wieder anzukurbeln. Seitdem versuchen die zehn AOCs des Weinbaugebiets, ihre Märkte zurückzuerobern, obwohl sie 1994 die Hälfte der Ernte durch Frost einbüßten, in Frankreich beim Großhandel, beim Export hauptsächlich in Großbritannien, den Benelux-Ländern und Japan (gegenwärtig werden lediglich 13% der Weine exportiert).

Die AOC Touraine leitete 1996 eine Untersuchung zum Potential ihrer Anbaugebiete und zur Übernahme der Rebsorten Gamay und Sauvignon ein. Die Schlußfolgerungen werden dem Verband im Jahre 2000 unterbreitet.

Eine Felsenkellerei im Tal der Loire

Die Erzeuger der Appellationen Touraine, Touraine-Azay-le-Rideau, Touraine-Amboise und Touraine-Mesland haben nach dem Vorbild des Minervois ein dreijähriges System eingeführt, wonach ein Erzeuger, der vorübergehend Vin de pays produzieren will, erst nach dem dritten Jahr wieder in die AOC zurückkehren darf.

Zum Schluß noch ein ausgeschilderter Weg: die im Februar eingeweihte Straße der Weinbaugebiete Touraine-Val de Loire (800 km).

Mittelfrankreich

Die Region hatte 1996 das gleiche Wetter wie anderswo, profitierte aber von einem sehr schönen Spätsommer, der es ermöglichte, in den AOCs Sancerre, Pouilly-Fumé, Menetou-Salon, Quincy und Reuilly die Trauben unter den besten Bedingungen zu ernten. Exzellenter natürlicher Zuckergehalt. Die Weißweine sind perfekt. Fast Überreife, aber was für eine Fülle und Dichte im Geschmack! Die Rotweine sind ebenfalls sehr gelungen. Guy Saget, Besitzer von 42 ha in Pouilly-sur-Loire sowie in Anjou, Touraine und Saumur-Champigny, faßt in der AOC Sancerre Fuß, indem er in Archambault-Les Caves de la Perrière (etwa 50 ha auf dem burgundischen Ufer des Flusses) kaufte. Er hat künftig 200 ha Reben zwischen Sancerre und Nantes.

WAS GIBT ES NEUES IM TAL DER RHONE?

Die nördlichen und die südlichen Appellationen der Rhône haben eine starke Persönlichkeit, nach der unsere Weinkoster suchten.

Die Gesamternte der Weine des Rhône-Tals erhöhte sich 1996 auf 2 761 036 hl (370 Mio. Flaschen) – ein Rekordniveau. Bei einigen Appellationen (Châteauneuf-du-Pape, Tavel, Vacqueyras) sank die Produktion zwar gegenüber 1995, doch bei den meisten ist sie gestiegen (diese Steigerung geht vor allem auf den nördlichen Abschnitt zurück, wo die Ernte 1995 mengenmäßig niedrig ausfiel): +26 % bei Côte-Rôtie, +34 % bei Cornas, +69 % bei Condrieu und sogar 74 % beim winzigen Château-Grillet. Die AOC Côtes du Rhône Villages verzeichnet ebenfalls einen Anstieg: +34 % und +26 % im Vergleich zum Durchschnitt der letzten fünf Jahre. Das zeigt, daß die Erzeuger diese Appellation besser nutzen möchten, die im französischen Großhandel um etwa 20 % zum Vorjahr angestiegen ist. Dieser Vertriebsweg betrifft 83 % der von den AOCs des Rhône-Tals verkauften Weine.

DIE KLIMATISCHEN ZUFÄLLE

Das Jahr war dennoch schwierig. Das Wetter war nämlich 1996 keineswegs schön. Viele Niederschläge, ständig Kühle, mäßiger Sonnenschein. Der Gesundheitszustand der Trauben war bisweilen mittelmäßig, die Lese oft beeinträchtigt. Im Süden gab es viele Verzögerungen bei der Reife. Die Weine sind somit sehr unterschiedlich in ihrer Konzentration und Entfaltung, mit sichtlichen Erfolgen in den Appellationen Côte-Rôtie, Cornas, Crozes-Hermitage und Gigondas. Lirac bestätigt begründete Ambitionen. Bei den Côtes du Rhône-Villages ist Cairanne im Aufwind. Die Weißweine haben zumeist eine hohe Säure, während die Rotweine recht robust sind (wenn sie nicht dünn sind) oder bezaubernd wie in der AOC Gigondas, manchmal auch weich und süffig wie in Cornas.

KURZMELDUNGEN

Die zur Schweizer Schenk-Gruppe gehörende burgundische Firma Henri de Villamont (Savigny-lès-Beaune) schloß einen Vertriebsvertrag mit dem Cellier de l'Enclave des Papes (Valréas), der zweitgrößten Genossenschaftsvereinigung der Côtes du Rhône (8 Mio. Flaschen 1995). Die Firma wird sich am Kapital der Enclave des Papes beteiligen. Die AOC Lirac hat gerade ihren 50., die Kellerei von Tavel ihren 60. Geburtstag gefeiert. Die Erzeuger der Côtes du Rhône, Côtes du Ventoux, Côtes du Luberon und Coteaux de Pierrevert schließen sich zu den Vignerons du Mistral zusammen.

DER WEIN

Definitionsgemäß ist der Wein «das Erzeugnis, das man ausschließlich durch die völlige oder teilweise alkoholische Gärung von (gekelterten) frischen Trauben oder Traubenmost erhält».

DIE VERSCHIEDENEN WEINTYPEN

Im Gegensatz zu den *Vins de table (Tafelweine)* und den *Vins de pays (Landweine)* sind die *Qualitätsweine bestimmten Anbaugebietes* (im Französischen *Vins de qualité produits dans une région déterminée,* abgekürzt VQPRD) Kontrollvorschriften unterworfen. In Frankreich entsprechen sie den *Appellations d'Origine Vins délimités de qualité supérieure* (bestimmte Weine gehobener Qualität mit Herkunftsbezeichnung, AOVQDS) und den *Vins d'appellations d'origine contrôlée* (Weine mit kontrollierter Herkunftsbezeichnung, AOC). Anmerken muß man noch, daß die jungen Rebstöcke bis zum Alter von vier Jahren (die zu leichte Weine liefern) von der Appellation ausgeschlossen sind.
___ Die *trockenen Weine (Vins secs)* und die *halbtrockenen, lieblichen* und *süßen Weine (Vins demi-secs, moelleux* und *doux)* sind durch einen unterschiedlichen Zuckergehalt gekennzeichnet. Die Produktion süßer Weine setzt sehr reife, zuckerreiche Trauben voraus; ein Teil dieses Zuckers wird durch die Gärung in Alkohol umgewandelt. Die Sauternes-Weine beispielsweise sind besonders zuckerreiche Weine; man erzeugt sie aus Trauben, deren Zuckeranteil die Edelfäule stark konzentriert hat. Man bezeichnet sie als «Grands vins liquoreux» (große süße Weine), eine Bezeichnung, die von der EU-Gesetzgebung nicht berücksichtigt wurde, um eine Verwechslungsmöglichkeit mit den Likörweinen auszuschließen.
___ Die *Schaumweine (Vins mousseux)* unterscheiden sich von den *Stillweinen (Vins tranquilles)* dadurch, daß beim Entkorken der Flasche Kohlensäure entweicht, die von einer zweiten Gärung herrührt (im Französischen als «Schaumbildung» bezeichnet). Beim Champagner-Verfahren *(méthode champenoise)* findet sie in der Flasche statt, in der der Wein endgültig bleibt. Wenn sie im Gärtank durchgeführt wird, spricht man von Charmat-Verfahren oder Großraumgärung. Die *Crémants* sind Schaumweine mit geringerem Kohlensäuredruck.
___ Die *imprägnierten Schaumweine (Vins mousseux gazéifiés)* setzen ebenfalls Kohlensäure frei, aber diese stammt ganz oder mindestens teilweise von zugesetztem Kohlendioxid. Die *Perlweine (Vins pétillants)* enthalten eine Kohlensäure, deren Druck zwischen 1 und 2,5 Bar beträgt. Ihr Alkoholgehalt ist geringer; er kann weniger als 7° betragen, muß aber in jedem Fall über 1° liegen.
___ Die *Likörweine (Vins de liqueur)* erhält man durch den Zusatz von geschmacksneutralem Alkohol, konzentriertem Traubenmost oder einer Mischung beider Erzeugnisse, der vor, während oder nach der alkoholischen Gärung hinzugefügt wird. Die Bezeichnung *«Mistella» (mistelle)* ist nicht in den europäischen Bestimmungen enthalten, die von «durch Alkoholzusatz abgestopptem frischem Traubenmost» spricht. Es handelt sich dabei um die Versetzung von Traubenmost mit Alkohol bzw. Branntwein (so daß die alkoholische Gärung abgebrochen wird); der Pineau des Charentes gehört in diese Kategorie.

DIE WEINREBE UND IHR ANBAU

Die Weinrebe gehört zur Gattung *Vitis*, von der es viele Spezies gibt. Traditionell wird der Wein aus verschiedenen Varietäten (Sorten) der Spezies *Vitis vinifera* erzeugt, die in Europa beheimatet ist. Aber es gibt weitere Spezies, die aus Amerika stammen. Einige liefern keine Früchte, andere bringen Beeren hervor, die eine sehr eigentümliche Eigenschaft besitzen, die man als «fuchsig» bezeichnet und die nicht sehr geschätzt ist. Aber diese sogenannten «amerikanischen Reben» besitzen eine höhere Widerstandsfähigkeit gegenüber Krankheiten als *Vitis vinifera*. In den 30er Jahren versuchte man, durch Kreuzung neue Sorten zu erzeugen, die so resistent gegenüber Krankheiten sind wie die amerikanischen Reben, aber Weine von derselben Qualität wie die von *Vitis vinifera* liefern; hinsichtlich der Qualität erwies sich dies als Fehlschlag.

Vitis vinifera ist anfällig für ein Insekt, das die Wurzeln befällt. Man weiß, welche Zerstörungen die Reblaus Ende des 19. Jahrhunderts anrichtete. Die Entwicklung eines Pfropfreisers von *Vitis vinifera* führte zu einem Rebstock, der die Eigenschaften der Spezies besitzt, dessen Wurzeln aber, die von einer amerikanischen Spezies als Unterlage stammen, gegenüber der Reblaus unempfindlich sind.

Die Spezies *Vitis vinifera* umfaßt zahlreiche Spielarten, die als *Rebsorten* bezeichnet werden. Jede Weinbauregion hat die am besten geeigneten Sorten ausgewählt, aber die wirtschaftlichen Bedingungen und die Entwicklung des Verbrauchergeschmacks können ebenfalls Einfluß darauf nehmen. Manche Weinbaugebiete erzeugen Weine, die von einer einzigen Rebsorte stammen (Pinot noir in Burgund, Riesling im Elsaß). In anderen Gebieten (Champagne,

ANBAUGEBIET	REBSORTEN	EIGENSCHAFTEN
Burgund (Rotweine)	Pinot noir	lagerfähige Qualitätsweine
Burgund (Weißweine)	Chardonnay	lagerfähige Qualitätsweine
Beaujolais	Gamay	Primeur-Weine und zum raschen Verbrauch bestimmte Weine
Rhône, Nordteil (Rotweine)	Syrah	große lagerfähige Qualitätsweine
Rhône, Nordteil (Weißweine)	Marsanne, Roussanne	große Weine, teilweise lagerfähig
Rhône, Nordteil (Weißweine)	Viognier	große lagerfähige Weine
Rhône, Südteil, Languedoc, Côtes de Provence	Grenache, Cinsaut etc.	üppige Weine von kurzer oder mittlerer Lagerfähigkeit
Elsaß (jede Rebsorte wird reinsortig vinifiziert und bezeichnet den aus ihr erzeugten Wein)	Riesling, Tokay-Pinot gris, Gewürztraminer, Sylvaner etc.	aromareiche Weine, die man mit Ausnahme der größten Weine rasch trinken sollte
Champagne	Pinot noir, Pinot meunier, Chardonnay	trinkreif ab dem Zeitpunkt des Einkaufs
Loire (Weißweine)	Sauvignon	aromatische Weine, die bald getrunken werden sollten
Loire (Weißweine)	Chenin	können lang reifen
Loire (Weißweine)	Melon (Muscadet)	sollten bald getrunken werden
Loire (Rotweine)	Cabernet franc (Breton)	kurz und lang lagerfähig
Bordeux (Rotweine), Bergerac und Südwestfrankreich	Cabernet Sauvignon, Cabernet franc, Merlot	große lagerfähige Weine
Bordeaux (Weißweine), Bergerac	Sémillon, Sauvignon	trockene Weine von kurzer oder langer Lagerfähigkeit
Montravel, Monbazillac, Duras etc.	Muscadelle	süße Weine von langer Lagerfähigkeit

Bordelais) sind die besten Weine das Ergebnis eines Verschnitts mehrerer Rebsorten, deren Eigenschaften sich ergänzen. Die Reben selbst bestehen aus Einzelpflanzen (Klone), die in ihren Eigenschaften (Ertrag, Reifung, Befall durch Viruskrankheiten) nicht identisch sind; deshalb strebte man schon immer nach der Auslese der besten Rebstöcke.

___ Die Anbaubedingungen der Reben haben entscheidende Auswirkungen auf die Qualität des Weins. Man kann ihren Ertrag erheblich verändern, indem man auf die Ertragfähigkeit, die Dichte der Pflanzen, die Wahl der Unterlage und den Rebschnitt Einfluß nimmt. Aber man weiß auch, daß man die Erträge nicht übermäßig erhöhen kann, ohne die Qualität zu beeinträchtigen. Die Qualität ist nicht gefährdet, wenn man eine große Menge durch die Verbindung günstiger natürlicher Faktoren erhält; einige große Jahrgänge sind auch Jahre mit reicher Ernte. Die Ertragssteigerung im Laufe der letzten Jahre ist nämlich vor allem mit der Verbesserung der Anbaubedingungen verbunden. Die Höchstgrenze, die nicht überschritten werden darf, hängt mit der Qualität des Erzeugnisses zusammen: Der Höchstertrag liegt bei etwa 60 hl/ha für die großen Rotweine, ein wenig höher für trockene Weißweine. Um gute Weine zu erzeugen, braucht man überdies Rebstöcke, die ein ausreichendes Alter besitzen (dreißig Jahre und mehr) und ihr Wurzelsystem vollständig ausgebildet haben.

___ Die Weinrebe ist eine für viele Krankheiten anfällige Pflanze: Echter und Falscher Mehltau, Schwarzfäule, Graufäule usw. Diese beeinträchtigen die Erntemenge und verleihen den Trauben den schlechten Geschmack, den man im Wein wiederfinden kann. Die Winzer verfügen über wirksame Mittel der Behandlung, mit denen sich die Gesamtqualität mit Sicherheit verbessern läßt.

WEINBAUGEBIET: ANPASSUNG DER REBSORTEN AN DEN BODEN UND DAS KLIMA

Im weitesten Sinne faßt der Begriff «Weinbaugebiet» zahlreiche Voraussetzungen biologischer (Wahl der Rebsorte), geographischer, klimatischer, geologischer und bodenmäßiger Natur zusammen. Hinzunehmen muß man noch menschliche, historische und kommerzielle Faktoren: Beispielsweise steht fest, daß die Existenz des Hafens von Bordeaux und sein wichtiger Handelsverkehr mit den Ländern im Norden die Winzer schon im 18. Jahrhundert dazu brachte, die Qualität ihrer Produktion zu verbessern.

___ Der Wein wird auf der nördlichen Erdhalbkugel zwischen dem 35. und dem 50. Breitengrad angebaut; er hat sich somit an sehr unterschiedliche Klimabedingungen angepaßt. Doch die nördlichen Anbaugebiete, die am kältesten sind, lassen nur den Anbau weißer Rebsorten zu, die frühzeitig reifen und deren Trauben vor dem Auftreten der Herbstfröste zur Reife gelangen können. In einem warmen Klima baut man spät reifende Rebsorten an, die hohe Erträge zulassen. Um guten Wein herzustellen, braucht man reife Trauben, aber es darf keine zu rasche und zu vollständige Reifung sein, die zu einem Verlust an Aromastoffen führt; man wählt deshalb Rebsorten, bei denen das richtige Maß an Reife erzielt wird. Ein Problem bei den großen Anbauzonen, die sich in klimatischer Hinsicht am Rand befinden, ist die Wechselhaftigkeit der klimatischen Bedingungen von einem Jahr zum anderen während der Reifungsperiode.

___ Zuviel Trockenheit oder zuviel Feuchtigkeit können ebenfalls dazwischenkommen. Der Boden des Weinbergs spielt dann eine wesentliche Rolle, um die Wasserversorgung der Pflanze zu regulieren: Er stellt im Frühjahr, während des Wachstums, Wasser zur Verfügung und absorbiert ein mögliches Übermaß, wenn es während der Reifung regnet. Kies- und Kalksteinböden sorgen besonders gut für eine solche Regulierung; aber man kennt auch berühmte Crus auf Sand- und sogar Lehmböden. Unter Umständen ergänzt eine künstliche Dränage die natürliche Regulierung. Dieses Phänomen erklärt, daß es sehr angesehene Crus auf Böden gibt, die verschieden aussehen, und daß sich dicht nebeneinander Lagen von unterschiedlicher Qualität befinden können, obwohl die Böden ähnlich erscheinen.

___ Man weiß auch, daß die Farbe oder die aromatischen und geschmacklichen Merkmale bei ein und derselben Rebsorte und unter denselben klimatischen Bedingungen je nach Beschaffenheit des Bodens und des Untergrundes Unterschiede zeigen können. So ist es von Bedeutung, ob die Reben von Böden stammen, die sich über Kalkstein, lehmig-kalkhaltigen Molassen, Lehm-, Sand- oder Kiessandablagerungen gebildet haben. Wenn sich der Lehmgehalt im Kiessand erhöht, führt dies zu Weinen, die auf Kosten der Feinheit säuerlicher, tanninhaltiger und körperreicher ausfallen; die Rebsorte Sauvignon blanc nimmt auf Kalkstein, Kies oder Mergel unterschiedlich intensive Geruchsnoten an. In jedem Fall ist die Weinrebe eine besonders anspruchslose Pflanze, die auf armen Böden wächst. Diese Armut ist übrigens ein Qualitätsfaktor der Weine, denn sie begünstigt begrenzte Erträge, die eine zu geringe Konzentration der Farb-, Aroma- und Geschmacksstoffe verhindern.

DER JAHRESABLAUF DER ARBEITEN IM WEINBERG

Der jährliche Rebschnitt, der die Produktion der Früchte regulieren soll, indem er ein übermäßiges Wachstum des Holzes verhindert, wird üblicherweise zwischen Dezember und März vorgenommen. Die Länge der Triebe, die man je nach der Stärke des Gewächses wählt, bestimmt unmittelbar die Größe der Ernte. Die Erdarbeiten im Frühjahr legen die Pflanze frei, indem man das Erdreich zur Mitte der Rebgasse schiebt und eine lockere Schicht aufhäuft, die möglichst trocken bleibt. Das Erdreich, das der Winzerpflug zwischen den einzelnen Rebstöcken nicht erfaßt, wird dann entfernt.

Je nach Bedarf werden die Bodenarbeiten während des gesamten Vegetationszyklus fortgeführt; sie verhindern unerwünschtes Wachstum, halten den Boden locker und sorgen dafür, daß kein Wasser durch Verdunstung verlorengeht. Immer häufiger greift man bei der

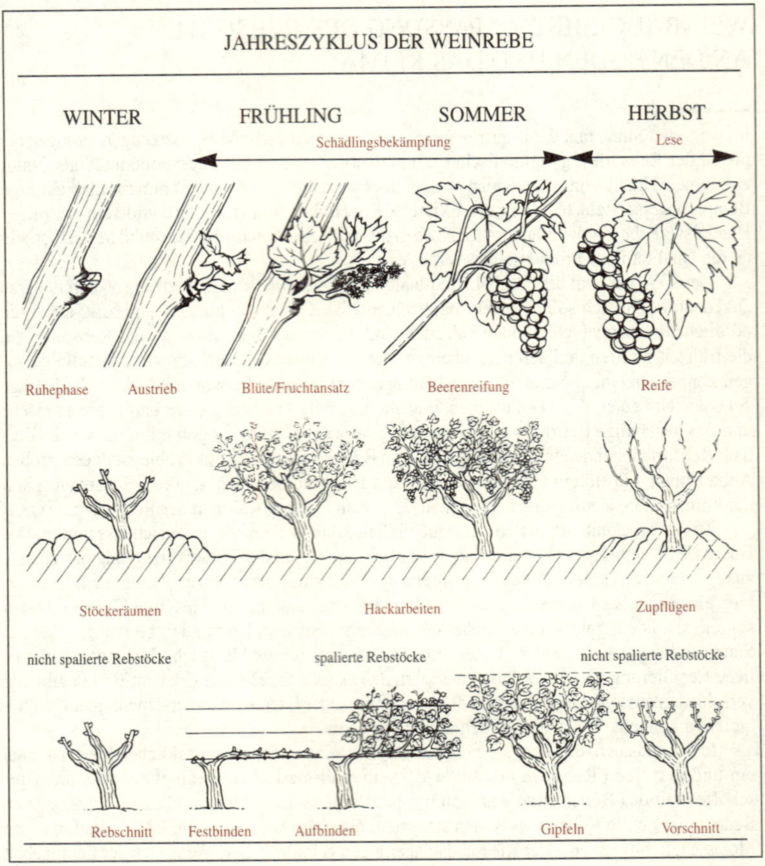

JAHRESZYKLUS DER WEINREBE

WINTER	FRÜHLING	SOMMER	HERBST
	← Schädlingsbekämpfung	→ ←	Lese
Ruhephase	Austrieb	Blüte/Fruchtansatz	Beerenreifung	Reife
Stöckeräumen		Hackarbeiten		Zupflügen
nicht spalierte Rebstöcke		spalierte Rebstöcke		nicht spalierte Rebstöcke
Rebschnitt	Festbinden	Aufbinden	Gipfeln	Vorschnitt

Arbeiten im Weinberg

WINZERKALENDER

JANUAR
Wenn der Rebschnitt von Dezember bis März durchgeführt wird, ist St. Vinzenz ein guter Zeitpunkt, weil sich dann entscheidet, ob der Winter vorbei ist oder noch einmal zurückkehrt.

JULI
Die Schädlingsbekämpfung wird fortgeführt, ebenso die Überwachung des Weins bei großen Temperaturschwankungen!

FEBRUAR
Der Wein zieht sich zusammen, wenn die Temperaturen sinken. Die Überwachung der Fässer für das Auffüllen geschieht regelmäßig das ganze Jahr über. Die malolaktische Gärung muß beendet sein.

AUGUST
Den Boden zu bearbeiten wäre für den Rebstock schädlich, aber man muß wachsam sein gegenüber dem möglichen Befall durch bestimmte Schädlinge. In den Gebieten mit früh reifenden Rebsorten bereitet man den Gärkeller vor.

MÄRZ
Man «häufelt». Man beendet den Rebschnitt («Früher Schnitt, später Schnitt, nichts ist besser als der Rebschnitt im März»). Man füllt die Weine, die jung getrunken werden sollen, auf Flaschen ab.

SEPTEMBER
Beobachtung der Reifung durch regelmäßige Abnahme von Trauben, um den Zeitpunkt für die Lese festzulegen; Lesebeginn im Mittelmeerraum.

APRIL
Vor der Reblauskrise trieb man Spalierstangen in den Boden. Heute spaliert man die Reben an Drahtrahmen außer in Hermitage, an der Côte Rôtie und in Condrieu.

OKTOBER
In den meisten Weinbaugebieten findet die Traubenlese statt; die Vinifizierung beginnt. Die lagerfähigen Weine werden in Fässer gefüllt, um sie darin auszubauen.

MAI
Überwachung und Schutzmaßnahmen gegen Frühjahrsfröste. Bodenarbeiten mit der Hacke.

NOVEMBER
Die Primeur-Weine werden auf Flaschen abgefüllt. Man überwacht die Entwicklung der neuen Weine. Der Vorschnitt beginnt.

JUNI
Man bindet die spalierten Reben auf und beginnt damit, die Triebe zu beschneiden. Der Fruchtansatz oder das Verrieseln entscheidet über die Erntemenge.

DEZEMBER
Die Temperatur der Weinkeller muß konstant gehalten werden, um sicherzustellen, daß die alkoholische und die malolaktische Gärung eintritt.

DER WEIN

Unkrautbekämpfung zu chemischen Mitteln; falls ausschließlich chemische Hilfsmittel eingesetzt werden, spritzt man sie zu Ende des Winters. Man verzichtet dabei vollständig auf den Einsatz des Pfluges; man spricht dann von Brache, die ein wichtiger Faktor in der Landwirtschaft ist.

Während der Wachstumsperiode führt man verschiedene Arbeiten durch, um die Versprossung der Pflanze zu beschränken: das Ausgeizen, die Entfernung überzähliger Jungtriebe; den Frühjahrs- oder Rückschnitt, das Verkürzen der Sprosse; die Laubauslichtung, die es den Trauben ermöglicht, mehr Sonnenlicht zu erhalten; das Aufbinden, um die Triebe innerhalb der spalierten Rebzeilen zu halten. Der Winzer muß den Rebstock auch vor Krankheiten schützen: Der Pflanzenschutzdienst verbreitet Informationen, mit deren Hilfe man absehen kann, ob es notwendig ist, chemische Mittel durch Stäuben oder Spritzen auszubringen.

Im Herbst schließlich, nach der Traubenlese, schiebt man das Erdreich in einer letzten Bodenarbeit zu den Rebstöcken zurück und schützt sie vor Winterfrösten. Die Anlage einer Abfließrinne in der Mitte der Rebgasse macht es möglich, abfließendes Regenwasser abzuleiten. Diese Arbeit wird unter Umständen mit dem Einbringen von Kunstdünger verbunden.

DIE TRAUBEN UND DIE LESE

Der Reifezustand der Trauben ist ein wesentlicher Faktor für die Qualität des Weins. Doch in ein und derselben Region sind die klimatischen Bedingungen von einem zum anderen Jahr unterschiedlich; dies führt zu Unterschieden in der Beschaffenheit der Trauben, die wiederum die Eigenschaften des jeweiligen Jahrgangs bestimmen. Eine gute Reife setzt warmes, trockenes Wetter voraus; der Zeitpunkt der Lese muß mit viel Fingerspitzengefühl festgelegt werden, abhängig von der Reifung und vom Gesundheitszustand der Trauben.

Immer stärker macht die Traubenlese von Hand einer maschinellen Lese Platz. Die mit Rüttelvorrichtungen ausgestatteten Erntemaschinen sorgen dafür, daß die Trauben auf ein Förderband fallen; ein Ventilator bläst den größten Teil der Blätter weg. Die rohe Behandlung der Beeren ist grundsätzlich nicht günstig für die Qualität, insbesondere bei Weißweinen; die angesehensten Crus werden sich deshalb als letzte einer solchen Lesemethode bedienen, trotz der beachtlichen Fortschritte, die bei der Konzeption und Funktionsweise dieser Vollernter erzielt worden sind. Wenn der Reifegrad bei der Lese zu hoch ist, kann man den zu niedrige Säure durch den Zusatz von Weinsäure ausgleichen. Ist der Reifegrad ungenügend, kann man hingegen die Säure verringern, indem man Calciumcarbonat (kohlensaurer Kalk) hinzugibt, zumal in letzterem Fall die Trauben mit zu geringem Zuckergehalt einen Wein mit niedrigem Alkoholgehalt liefern. Unter genau festgelegten Bedingungen darf der Most auch noch konzentriert werden; der Gesetzgeber erlaubt, daß der Zuckergehalt des Traubenmosts durch den Zusatz von Zucker erhöht wird; das ist die sogenannte Chaptalisierung oder Trockenzuckerung.

MIKROBIOLOGIE DES WEINS

Der entscheidende mikrobiologische Vorgang, der dafür verantwortlich ist, daß Wein entsteht, ist die alkoholische Gärung; das Wachstum einer bestimmten Hefeart *(Saccharomyces cerevisae)* unter Luftabschluß spaltet den Zucker in Alkohol und Kohlendioxid. Dabei kommen zahlreiche Nebenprodukte (Glyzerin, Bernsteinsäure, Ester etc.) zum Vorschein, die zum Aroma und zum Geschmack des Weins beitragen. Die Gärung entwickelt Wärmeenergie (Abwärme), die zu einer Erwärmung des Gärbehälters führt, so daß unter Umständen eine Kühlung notwendig ist.

Nach der alkoholischen Gärung kann bisweilen die malolaktische Gärung eintreten; unter der Einwirkung von Bakterien wird die Äpfelsäure in Milchsäure und Kohlendioxid gespalten. Als Folge davon nimmt die Azidität (Säuregehalt) ab, wodurch der Wein milder wird und sich das Aroma verfeinert; gleichzeitig gewinnt der Wein eine bessere Haltbarkeit für seine Lagerung. Die Rotweine werden bei dieser Nachgärung immer besser; bei Weißweinen ist der Vorteil weniger einheitlich. Aber Hefepilze und Milchsäurebakterien sind auf den Trauben vorhanden; sie wachsen und vermehren sich bei der Verarbeitung des Traubenguts im Weinkeller. Beim Einfüllen der Trauben in den Gärbehälter reicht zumeist die Impfung mit Hefepilzen aus; unter Umständen kann man Kulturhefe hinzugeben, die man in Form von Trockenhefe kaufen kann. Ob man den typischen Charakter der Weine durch die Verwendung selektierter Mikroorganismen verändern kann, ist nie unzweifelhaft bewiesen worden; die Qualität des Weins beruht immer auf der Traubenqualität, also auf natürlichen Faktoren (Reblage und Boden).

Die Hefepilze entwickeln sich stets vor den Bakterien, deren Wachstum einsetzt, wenn der Gärvorgang beendet ist. Falls die Gärung zum Stillstand kommt, bevor der gesamte Zucker in Alkohol umgewandelt worden ist, kann der restliche Zucker von den Bakterien gespalten werden, wobei Essigsäure (eine flüchtige Säure) entsteht. Es handelt sich dabei um einen schwerwiegenden Fehler, der als «Essigstich» bezeichnet wird. Ein vor kurzem entdecktes Verfahren macht es möglich, die giftigen Stoffe zu entfernen, die sich durch die Hefepilze selbst bilden. Bei der Lagerung bleiben immer noch Bakterienstämme erhalten, die schwerwiegende Fehler hervorrufen können: Zerfall bestimmter Bestandteile des Weins, Oxidation und Bildung der Essigsäure (der Vorgang, auf dem die Herstellung von Essig beruht). Bei der Sorgfalt, die man heute bei der Weinherstellung aufwendet, sind solche Risiken praktisch auszuschließen.

DIE VERSCHIEDENEN VINIFIZIERUNGSMETHODEN

Rotweinbereitung

In den meisten Fällen werden die Trauben zuerst entrappt; die Beeren werden danach gekeltert. Das Gemisch aus Traubenschalen, Kernen und Stielen wird in den Gärbottich gefüllt; vorher gibt man etwas Schwefeldioxid als Schutz gegen Oxidation und Verunreinigung durch Mikroben hinzu. Sobald die Gärung beginnt, treibt die Kohlensäure alle festen Bestandteile nach oben, die an der Oberfläche des Gärbehälters eine feste Masse bilden, den sog. «Tresterhut».

Im Gärbehälter findet die alkoholische Gärung gleichzeitig mit der Maischung der Stiele und Kerne im Saft statt. Die vollständige Vergärung des Zuckers dauert im allgemeinen fünf bis acht Tage; gefördert wird sie durch Luftzufuhr, die das Wachstum der Hefepilze erhöhen soll, und durch die Überwachung der Temperatur (bei etwa 30°C), um das Absterben der Hefepilze zu verhindern. Die Maischegärung ist im wesentlichen für die Farbe und die Tanninstruktur des Rotweins verantwortlich. Weine, die für eine lange Alterung bestimmt sind, müssen tanninreich sein und deshalb eine lange Maischung (zwei bis drei Wochen) bei 25 bis 30°C durchlaufen. Die Rotweine, die man jung trinkt, die Weine vom Primeur-Typ, müssen dagegen fruchtig und tanninarm sein; ihre Maischegärung ist auf ein paar Tage beschränkt.

Das Ablassen des Gärbehälters ist die Trennung des Traubenmosts, der als «Vorlaufwein» oder «großer Wein» bezeichnet wird, vom Trester. Durch Pressen liefert der Trester den «Scheitermost» oder Preßwein; ob man beide verschneidet, hängt von geschmacklichen Kriterien und Analysewerten ab. Vorlauf und Scheitermost werden in getrennten Behältern aufbewahrt, wo sie dann ihre Gärung abschließen: durch Auflösung des Restzuckers und malolaktische Gärung.

Diese Vinifizierungstechnik bildet die Grundmethode, aber es gibt andere Vinifizierungsverfahren, die in manchen Fällen von besonderem Vorteil sind (Thermovinifikation, d. h. Weinbereitung durch Erhitzen der Trauben oder des Mostes, kontinuierliche Vinifizierung oder Durchlaufgärung, Kohlensäuremaischung).

Roséweinbereitung

Die Clairets (leichte Rotweine), die Roséweine oder die «grauen» Weine (helle Rosés) sind unterschiedlich farbintensive Zwischenstufen zwischen Weiß- und Rotweinen. Man erhält sie durch verschieden lange Maischegärung von Trauben, die nur leicht rosa oder stark gefärbt sind. Zumeist erzeugt man sie durch unmittelbares Keltern dunkler Trauben oder durch Abstechen des Weins nach kurzer Maischung. Im letzteren Falle wird der Gärbehälter wie bei einer klassischen Rotweinbereitung gefüllt; nach ein paar Stunden zieht man einen Teil des Traubenmostes ab, der dann separat gärt. Der Gärbehälter wird erneut aufgefüllt, um Rotwein herzustellen.

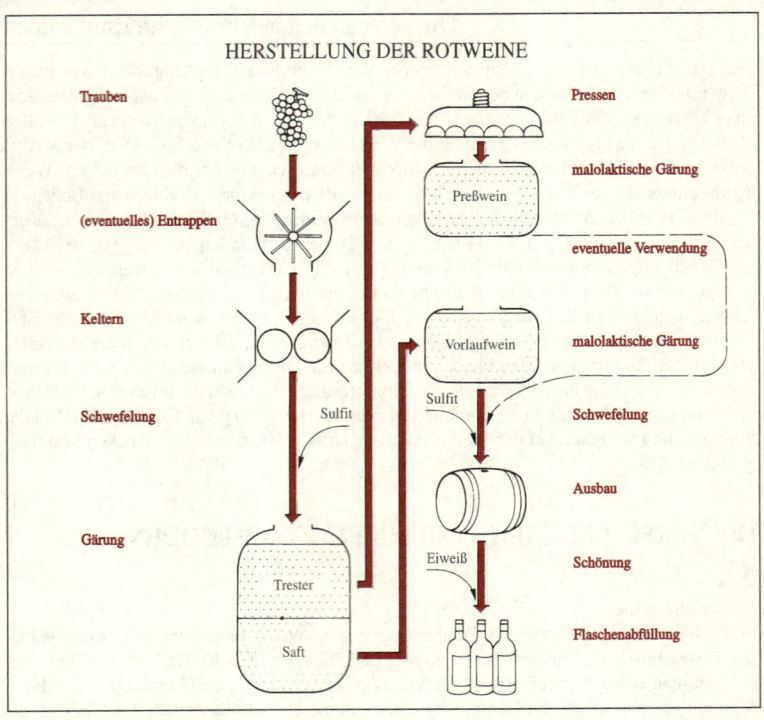

HERSTELLUNG DER ROTWEINE

- Trauben
- (eventuelles) Entrappen
- Keltern
- Schwefelung (Sulfit)
- Gärung
  - Trester
  - Saft
- Pressen → Preßwein → malolaktische Gärung
- eventuelle Verwendung
- Vorlaufwein → malolaktische Gärung
- Sulfit → Schwefelung
- Ausbau
- Eiweiß → Schönung
- Flaschenabfüllung

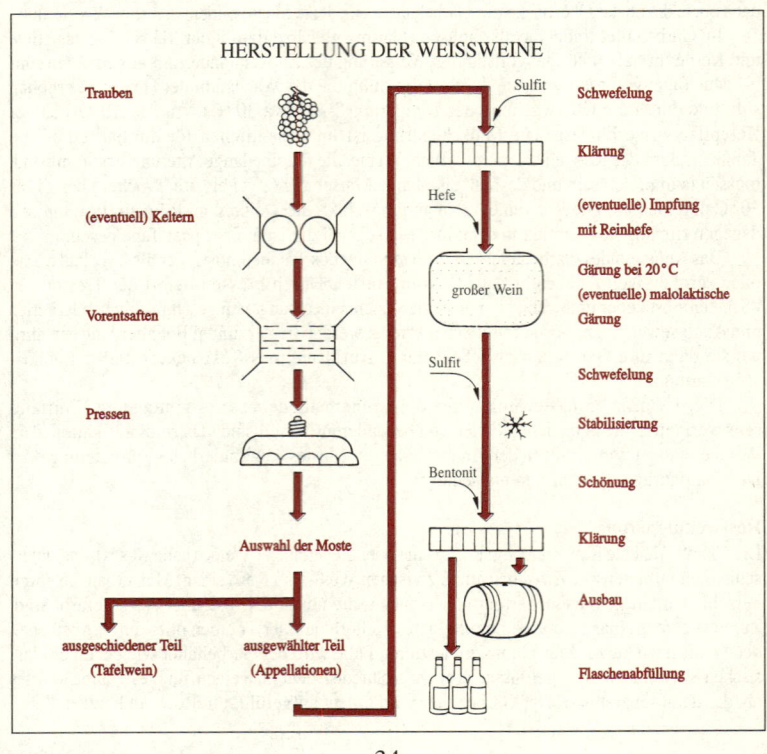

HERSTELLUNG DER WEISSWEINE

- Trauben
- (eventuell) Keltern
- Vorentsaften
- Pressen
- Auswahl der Moste
  - ausgeschiedener Teil (Tafelwein)
  - ausgewählter Teil (Appellationen)
- Sulfit → Schwefelung
- Klärung
- Hefe → (eventuelle) Impfung mit Reinhefe
- großer Wein → Gärung bei 20 °C (eventuelle) malolaktische Gärung
- Sulfit → Schwefelung
- Stabilisierung
- Bentonit → Schönung
- Klärung
- Ausbau
- Flaschenabfüllung

Der Ausbau der Weine

Weißweinbereitung
Beim Weißwein gibt es eine Vielzahl von Weintypen; jeder davon ist mit einer speziellen Vinifizierungsmethode und der geeigneten Qualität des Traubenguts verbunden. Zumeist ist Weißwein das Ergebnis der Vergärung von reinem Traubenmost; das Pressen geht somit der Gärung voraus. In manchen Fällen jedoch vermaischt man die Traubenschalen vor dem Gärvorgang, um ihre Aromastoffe herauszuziehen; man benötigt dafür vollkommen gesunde und reife Trauben, damit es zu keinen Geschmacks- (Bitterkeit) und Geruchsfehlern (unangenehmer Geruch) kommt. Der Traubensaft wird durch Keltern, Vorentsaften und Pressen gewonnen; der Scheitermost wird getrennt vergoren, denn er ist von schlechterer Qualität. Der weiße Traubenmost, der sehr anfällig für Oxidation ist, wird sofort durch den Zusatz von Schwefeldioxid geschützt. Schon bei der Saftextrahierung wird der Most vorgeklärt. Außerdem wird der Gärbehälter während des Gärvorgangs beständig bei einer Temperatur unter 20°C gehalten, was die Aromastoffe der Gärung bewahrt.

In vielen Fällen wird keine malolaktische Gärung angestrebt, weil Weißweine eine säuerliche Frische gut vertragen und diese Nachgärung zu einer Verringerung des sortentypischen Aromas führt. Die Weißweine, die sie dennoch durchlaufen, gewinnen Fett und Fülle, wenn sie in Fässern ausgebaut werden und für eine lange Alterung bestimmt sind (Burgund); außerdem stellt sie die biologische Stabilität der Weine in der Flasche sicher.

Die Herstellung süßer Weine setzt zuckerreiche Trauben voraus; ein Teil des Zuckers wird in Alkohol umgewandelt, aber die Gärung wird unterbrochen, bevor sie beendet ist, indem man Schwefeldioxid hinzufügt und die Hefe durch Abstechen oder Zentrifugieren entfernt oder den Wein pasteurisiert. Die Sauternes- und Barsacweine, die besonders alkohol- (13 bis 16°) und zuckerreich (50 bis 100 g/l) sind, erfordern somit sehr reife Trauben; diese Konzentration erhält man durch die «Edelfäule», die mit dem speziellen Wachstum eines Schimmelpilzes namens *Botrytis cinerea* auf der Traube verbunden ist; die von der Edelfäule befallenen Trauben müssen eigens ausgelesen werden.

DER AUSBAU DER WEINE — STABILISIERUNG — KLÄRUNG

Der Jungwein ist unfertig, trüb und reich an Kohlensäure; die Ausbauphase (Klärung, Stabilisierung, Verfeinerung der Qualität) begleitet ihn bis zur Abfüllung auf Flaschen. Sie dauert je nach Weintyp unterschiedlich lang: Die «Primeur-Weine» werden ein paar Wochen oder sogar schon ein paar Tage nach dem Ende der Vinifizierung auf Flaschen abgezogen; die großen lagerfähigen Weine werden zwei Jahre oder noch länger ausgebaut.

Die Klärung kann man durch einfaches Sichabsetzenlassen und Abstechen vom Geläger erreichen, wenn der Wein in Behältern mit kleinem Fassungsvermögen (Holzfässer) aufbewahrt wird. Auf die Zentrifugierung oder die Filtrierung muß man zurückgreifen, wenn sich der Wein in großen Gärtanks befindet (Asbest ist als Material vollständig verboten worden).

Aufgrund seiner komplexen Zusammensetzung kann der Wein Trübungen und Bodensatz hervorrufen; es handelt sich dabei um ganz natürliche Erscheinungen, die auf Mikroorganismen oder chemische Vorgänge zurückgehen. Diese Störungen sind besonders schwerwiegend, wenn sie in der Flasche auftreten; aus diesem Grund muß die Stabilisierung vor der Abfüllung stattfinden.

Durch Mikroorganismen verursachte Störungen (bakterieller Stich oder Nachgärung) kann man verhindern, indem man den Wein in einem vollen Behälter unter Luftabschluß aufbewahrt; durch regelmäßiges Auffüllen sorgt man dafür, daß die Behälter vollständig gefüllt sind, um einen Kontakt mit der Luft zu verhindern. Darüber hinaus ist Schwefeldioxid ein gebräuchliches Antiseptikum und Antioxidans. Seine Wirkung kann durch (antiseptisch wirkende) Sorbinsäure oder (oxidationshemmende) Ascorbinsäure ergänzt werden.

Die Behandlung der Weine ist unbedingt notwendig. Die dafür in Frage kommenden Mittel sind nicht sehr zahlreich; man kennt ihre Wirkungsweise gut, die nicht die Qualität beeinträchtigt, und ihre Unschädlichkeit ist bewiesen. Doch die Entwicklung geht in neuerer Zeit dahin, schon bei der Vinifizierung einzugreifen, um die abschließende Behandlung der Weine und die für sie erforderlichen Eingriffe möglichst zu beschränken.

Eine Ablagerung von Weinstein läßt sich vermeiden, indem man den Wein vor der Flaschenabfüllung einer Kältebehandlung unterzieht. Metaweinsäure, die eine Kristallbildung verhindert, wirkt sofort, aber ihr Schutz ist nicht unbegrenzt. Die Schönung besteht darin, dem Wein einen Eiweißstoff (Hühnereiweiß, Gelatine) hinzuzufügen; dieser flockt im Wein aus und fällt die Schwebeteilchen ebenso wie die Bestandteile aus, die später einmal eine Trübung bewirken könnten. Die Schönung der Rotweine (mit Eiweiß) ist ein altbekanntes Verfahren, das unverzichtbar ist, um übermäßig viele Farbstoffe zu beseitigen, die ausflocken und das Innere der Flasche überziehen würden. Gummiarabikum hat eine ähnliche Wirkung; es wird für Tafelweine verwendet, die bald nach der Flaschenabfüllung getrunken werden sollen. Die Ausflockung der Eiweißstoffe, die von Natur aus in Weißweinen vorhanden sind (Eiweißausfällung), wird verhindert, indem man die Stoffe durch Bindung an einen kolloiden Ton, nämlich Bentonit, ausscheidet. Ein zu hoher Gehalt an bestimmten Metallen (Eisen und Kupfer) bewirkt ebenfalls Trübungen; man kann diese Metalle mit Hilfe von Kaliumferrocyanid (Blutlaugensalz) entfernen.

Der Ausbau beinhaltet auch eine Phase der Reifung. Dabei wird zunächst die im Übermaß vorhandene Kohlensäure entfernt, die von der Gärung herrührt. Ihre Regulierung hängt vom Stil ab: Sie verleiht den trockenen Weißweinen und den jungen Weinen Frische; dagegen macht sie die lagerfähigen Weine, vor allem die großen Rotweine, hart. Eine maßvolle Zufuhr von Sauerstoff sorgt auch dafür, daß sich die Tannine von jungen Rotweinen umwandeln; sie ist unverzichtbar für ihre spätere Flaschenreifung.

Das Eichenholzfaß verleiht den Weinen ein Vanillearoma, das mit den Aromen der Frucht perfekt harmoniert, vor allem wenn das Holz neu ist; Allier-Eiche (aus dem Wald von Tronçais) eignet sich besser als Limousin-Eiche. Das Holz muß gespalten werden und drei Jahre lang an der Luft trocknen, bevor es verwendet wird. Dieser Ausbautyp ist Tradition bei den großen Weinen, aber er ist sehr aufwendig (Kaufpreis der Fässer, Handarbeit, Weinschwund durch Verdunstung). Außerdem können die Fässer, wenn sie etwas älter sind, die Ursache für Verunreinigungen mit Mikroorganismen sein und dem Wein mehr Fehler als Qualitäten verleihen.

ABFÜLLUNG – ALTERUNG IN FLASCHEN

Der Begriff «Alterung» bezeichnet speziell die langsame Umwandlung des Weins, der unter Abschluß vom Luftsauerstoff in der Flasche aufbewahrt ist. Die Flaschenabfüllung verlangt viel Sorgfalt und Sauberkeit; es muß nämlich verhindert werden, daß der vollständig geklärte Wein bei diesem Vorgang verunreinigt wird. Außerdem muß man Vorkehrungen treffen, damit der angegebene Flascheninhalt (75 cl bei 20°C) gewährleistet ist. Kork bleibt das bevorzugte Material für Flaschenverschlüsse; dank seiner Biegsamkeit garantiert er einen guten luftdichten Abschluß. Dieses Material zerfällt jedoch; empfehlenswert ist es, die Korken alle 25 Jahre auszuwechseln. Überdies gibt es zwei Gefahren bei Korkverschlüssen: schadhafte Korken, die den Wein durchsickern lassen, und «Korkgeschmack».

In der Flasche finden viele sehr komplexe Umwandlungsprozesse statt. Zuerst tritt eine Veränderung der Farbe ein, die vor allem bei den Rotweinen zu erkennen ist. Das lebhafte Rot der jungen Weine entwickelt sich zu eher gelben Farbtönen hin, die eine an Ziegelsteine erinnernde Farbe («Ziegelrot») bewirken. Bei sehr alten Rotweinen ist der rote Farbton völlig verschwunden; Gelb und Kastanienbraun sind hier die dominierenden Farben. Diese Umwandlungsprozesse sind verantwortlich dafür, daß sich Farbstoffe in sehr alten Weinen am Boden absetzen. Sie wirken sich auf den Geschmack der Tannine aus, indem sie zu einer Milderung der Gesamtstruktur des Weins führen.

Im Laufe der Flaschenreifung entwickelt sich auch das Aroma, wobei das für einen alten Wein eigentümliche «Bukett» zum Vorschein kommt; es handelt sich um komplexe Umwandlungsprozesse, deren chemische Grundlagen ungeklärt bleiben (es kommt nicht zu Veresterungen).

QUALITÄTSKONTROLLE

Ein guter Wein ist nicht zwangsläufig ein großer Wein; wenn man von einem «Qualitätswein» spricht, bezieht man sich auf die Hierarchie, die von den Tafelweinen über alle möglichen Zwischenstufen bis zu den Grands crus geht. Hinter diesen beiden Ideen steht die Unterscheidung zwischen den «natürlichen» und den «menschlichen» Qualitätsfaktoren. Letztere sind unverzichtbar, um einen «guten Wein» zu erhalten; aber ein «großer Wein» erfordert zusätzlich besondere, anspruchsvolle Voraussetzungen der Umgebung (Boden, Klima) . . .

___ Die chemische Analyse macht es zwar möglich, bestimmte Fehler des Weins aufzudecken und nachzuweisen, aber ihre Grenzen bei der Bestimmung der Qualität sind durchaus bekannt. Letztlich ist die Weinprobe das Hauptkriterium für die Beurteilung der Qualität. Seit 20 Jahren hat man beträchtliche Fortschritte bei den Methoden der Sinnenprüfung gemacht, die es ermöglichen, die subjektiven Aspekte immer besser zu meistern; sie berücksichtigen die neuen Erkenntnisse auf dem Gebiet der physiologischen Grundlagen des Geruchs und des Geschmacks und der praktischen Bedingungen der Verkostung. Das Geschmacksgutachten wird immer wichtiger bei der Qualitätskontrolle, wenn es gilt, Weine mit kontrollierter Herkunftsbezeichnung zuzulassen, oder im Rahmen von richterlichen Gutachten.

___ Die vorgeschriebene Qualitätskontrolle des Weins hat sich nämlich seit langer Zeit durchgesetzt. Das Gesetz vom 1. August 1905 über die Redlichkeit von Handelsgeschäften bildet die erste offizielle Verlautbarung. Aber die Reglementierung ist nach und nach verbessert worden in dem Maße, wie man neue Einsichten in die Zusammensetzung des Weins und seine Umwandlungsprozesse gewonnen hat. Auf der Grundlage der chemischen Analyse legt die Gesetzgebung eine Art Mindestqualität fest, um die Hauptfehler zu vermeiden. Sie regt überdies an, dieses Mindestniveau mit Hilfe der Technik zu verbessern. Die Abteilung für Verbraucherschutz und Verhinderung betrügerischer Machenschaften trägt die Verantwortung dafür, daß die auf diese Weise aufgestellten Normen der Analyse überprüft werden.

___ Diese Maßnahmen werden durch die Maßnahmen des INAO (Institut national des appellations d'origine) ergänzt, das nach Rücksprache mit den beteiligten Verbänden die Aufgabe hat, die Produktionsbedingungen festzulegen und ihre Kontrolle sicherzustellen: Anbaufläche, Rebsorten, Anpflanzung und Rebschnitt, Anbaumethoden, Vinifizierungsmethoden, Zustand des Mostes und des Weins, Ertrag. Diese Organisation garantiert auch den Schutz der AOC-Weine in Frankreich und im Ausland.

___ In jeder Region wirken außerdem die Weinbauverbände am Schutz der Interessen der ihnen angehörenden Winzer mit, insbesondere im Rahmen der verschiedenen Appellationen. Diese Maßnahmen werden oft durch beratende Gremien und Kommissionen der Fachverbände koordiniert, die die Vertreter der verschiedenen Verbände und des Handels sowie verschiedene Persönlichkeiten der Branche und der Verwaltung vereinigen.

Pascal Ribérau-Gayon

DER WEINFÜHRER DES VERBRAUCHERS

Einen Wein zu kaufen ist die einfachste Sache der Welt, ihn ganz bewußt auszuwählen die schwierigste. Wenn man die Gesamtproduktion der Weine berücksichtigt, gibt es einige hunderttausend verschiedene Weine, mit denen der Weinfreund konfrontiert ist.

Allein Frankreich erzeugt mehrere zehntausend Weine, die alle einen speziellen Charakter und besondere Merkmale haben. Was sie neben ihrer Farbe erkennbar unterscheidet, ist das Etikett. Das erklärt auch, warum es so wichtig ist und warum die Behörden und die Institutionen der Weinbranche bedacht sind, seine Verwendung und sein Erscheinungsbild durch Vorschriften zu regeln. Und warum es für den Käufer notwendig ist, seine Geheimnisse zu ergründen.

DAS ETIKETT

___ Das Etikett erfüllt mehrere Aufgaben. Zunächst einmal zeigt es – gesetzlich vorgeschrieben – an, wer im Falle eines Rechtsstreits für den Wein verantwortlich ist. Das kann ein Weinhändler oder ein Erzeuger sein. In manchen Fällen werden diese Informationen durch Angaben oben auf der Kapsel über dem Korken bestätigt.

___ Die zweite Funktion des Etiketts ist äußerst wichtig; sie legt die Kategorie fest, zu der der Wein gehört: Vin de Table (Tafelwein), Vin de Pays (Landwein), Appellation d'Origine Vin Délimité de Qualité Supérieure (Herkunftsbezeichnung für Wein gehobener Qualität) oder Appellation d'Origine Contrôlée (kontrollierte Herkunftsbezeichnung) bzw. für die beiden letzten die Abkürzungen AOVDQS und AOC, wobei diese in der Terminologie der EU dem «Qualitätswein bestimmter Anbaugebiete» (französisch abgekürzt VQPRD) gleichgestellt sind.

Appellation d'Origine Contrôlée

Dies ist die oberste Klasse, die aller großen Weine. Auf dem Etikett vorgeschrieben ist in Frankreich die Angabe

XXXX
appellation contrôlée
oder appellation XXXX contrôlée

Diese Angabe bezeichnet ausdrücklich eine Region, eine Gruppe von Gemeinden, eine Gemeinde oder sogar manchmal eine Reblage (oder Einzellage), in der sich der Weinberg befindet. Als selbstverständlich wird dabei vorausgesetzt, daß ein Wein, wenn er Anrecht auf die AOC haben will, «nach den örtlichen, gesetzlichen und gleichbleibenden Gepflogenheiten» hergestellt worden sein muß, d.h. von edlen, amtlich zugelassenen Rebsorten stammen muß, die in ausgewählten Lagen angepflanzt werden, und daß er nach den regionalen Traditionen vinifiziert worden sein muß. Der Hektarertrag und der Alkoholgehalt sind gesetzlich festgelegt. Die Weine werden jedes Jahr von einer Degustationskommission zugelassen.

Das Etikett

Diese nationalen Vorschriften werden durch die institutionalisierte Anwendung örtlicher Gebräuche ergänzt. So ist im Elsaß die regionale Appellation praktisch immer mit der Angabe der Rebsorte verbunden; in Burgund dürfen nur die Premiers crus in derselben Schriftgröße wie die kommunale Appellation angegeben werden, während die nicht als Premier cru eingestuften Einzellagen höchstens halb so groß wie die Appellation erscheinen dürfen. Außerdem findet man auf den Etiketten der Grands crus nicht die Herkunftsgemeinde, weil die Grands crus eine eigene Appellation besitzen.

WIE LIEST MAN EIN ETIKETT?

Anhand des Etiketts muß es möglich sein, daß man den Wein identifiziert und erkennt, wer dafür gesetzlich verantwortlich ist. Als letzter ist der Flaschenabfüller an der Herstellung des Weins beteiligt: Sein Name muß obligatorisch auf dem Etikett erscheinen. Jede Bezeichnung einer Kategorie zwingt zu speziellen Etikettierungsvorschriften. Die erste Aufgabe des Etiketts besteht darin, den Verbraucher darüber zu informieren und ihm anzuzeigen, zu welcher der vier folgenden Kategorien der Wein gehört: Tafelwein (Herkunftsangabe, Alkoholgehalt, Name und Adresse des Abfüllers sind vorgeschrieben, die Jahrgangsangabe ist untersagt), Vin de Pays, AOVDQS und AOC.

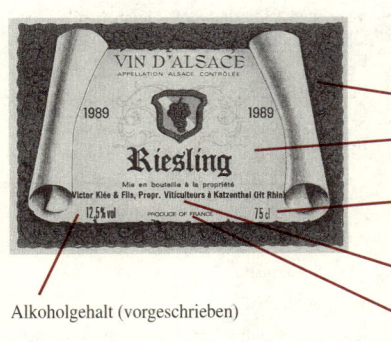

AOC Alsace
grüne Steuermarke (Kapsel)
Bezeichnung der Kategorie (vorgeschrieben)
Angabe der Rebsorte (nur bei reinsortigen Weinen erlaubt)
Flascheninhalt (vorgeschrieben)
alle Angaben vorgeschrieben
für den Export in bestimmte Länder erforderlich
Alkoholgehalt (vorgeschrieben)

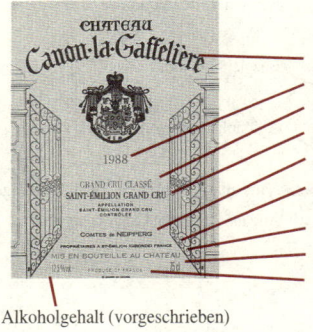

AOC Bordelais
grüne Steuermarke
einer Marke gleichgestellt (freiwillig)
Jahrgang (freiwillig)
Klassifizierung (freiwillig)
Bezeichnung der Kategorie (vorgeschrieben)
Name und Adresse des Abfüllers (vorgeschrieben)
der (freiwillig angegebene) Begriff «propriétaire» legt den Status des Weinbaubetriebs fest
freigestellt
Flascheninhalt (vorgeschrieben)
für den Export in bestimmte Länder erforderlich
Alkoholgehalt (vorgeschrieben)

Das Etikett

AOC Bourgogne

grüne Steuermarke

Jahrgang, oft auf einem Halsetikett angegeben (vorgeschrieben)

Name der Reblage (freiwillig); dieselbe Schriftgröße wie bei der Appellation zeigt an, daß es sich um einen Premier cru handelt

Bezeichnung der Kategorie (vorgeschrieben)

Alkoholgehalt (vorgeschrieben)

Name und Adresse des Abfüllers (vorgeschrieben); zeigt außerdem die Flaschenfüllung auf dem Gut (Erzeugerabfüllung) an und daß es sich um keinen Händlerwein handelt

Flascheninhalt (vorgeschrieben)

für den Export in bestimmte Länder bestimmt

AOC Champagne

grüne Steuermarke

ohne große Bedeutung (freiwillig)

vorgeschrieben

jeder Champagner ist als AOC eingestuft: Die Angabe erscheint nicht; dies ist die einzige Ausnahme von der Regel, daß die Kategorienbezeichnung genannt sein muß

Marke und Anschrift (vorgeschrieben, stillschweigend ist darunter zu verstehen «auf Flaschen abgefüllt von ...»

Flascheninhalt (vorgeschrieben)

Weintyp, Dosage (vorgeschrieben)

Status des Herstellers und Nummer im Berufsregister

AOVDQS

grüne Steuermarke

Jahrgang (freiwillig)

Rebsorte (freiwillig; nur bei reinsortigen Weinen erlaubt)

Name der Appellation (vorgeschrieben)

Bezeichnung der Kategorie (vorgeschrieben)

Alkoholgehalt (vorgeschrieben)

Name und Anschrift des Abfüllers (vorgeschrieben)

Angabe «auf dem Gut» (freiwillig)

vorgeschriebene Vignette

Flascheninhalt (vorgeschrieben)

Kontrollnummer (in Frankreich vorgeschrieben)

Jahrgang und Flaschenabfüllung

Vin de Pays

blaue Steuermarke

Tafelweine sind an dieselben Bestimmungen gebunden. Der Bezeichnung «vin de pays» muß die Angabe eines geographischen Gebiets folgen (vorgeschrieben)

«auf dem Gut» (freiwillig)

geographisches Gebiet (vorgeschrieben)

Name und Anschrift des Abfüllers (vorgeschrieben)

Flascheninhalt (vorgeschrieben)

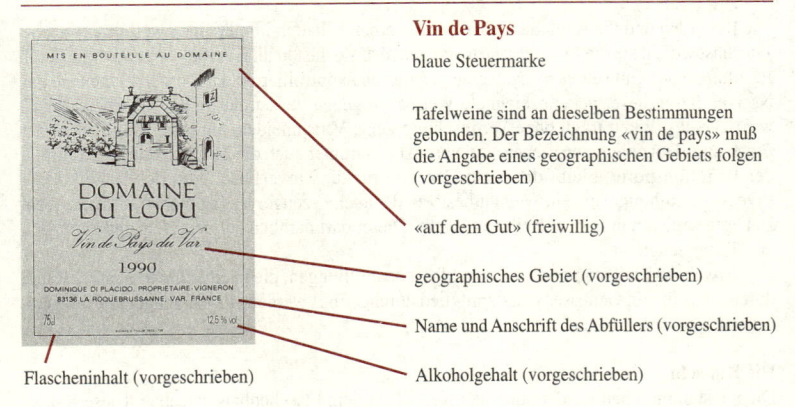

Alkoholgehalt (vorgeschrieben)

Appellation d'Origine Vin Délimité de Qualité Supérieure

Diese Kategorie, das «Vorzimmer» zur vorangehenden Klasse, ist erkennbar denselben Vorschriften unterworfen. Die AOVDQS-Weine erhalten ihr Gütezeichen nach einer Weinprobe. Das Etikett trägt die vorgeschriebene Angabe «Appellation d'Origine Vin Délimité de Qualité Supérieure» (Herkunftsbezeichnung bestimmter Weine gehobener Qualität) und eine AOVDQS-Vignette. Es sind keine lagerfähigen Weine, aber einige sollte man einkellern.

Vin de Pays

Das Etikett der Landweine gibt die geographische Herkunft des Weins genau an. Man liest somit: Vin de Pays de ... (gefolgt von einer Gebietsangabe).

___ Die Weine stammen von unterschiedlich edlen Rebsorten, die gesetzlich festgelegt sind und die in einem ziemlich großen, aber dennoch abgegrenzten Gebiet angebaut werden. Außerdem werden ihr Alkoholgehalt, ihre Säure und ihre flüchtige Säure überprüft. Diese frischen, fruchtigen, süffigen Weine trinkt man jung; es ist nutzlos, wenn nicht sogar schädlich, sie einzukellern.

___ Weitere Hinweise und Informationen können die Etiketten ergänzen. Sie sind nicht vorgeschrieben wie die vorangehenden Angaben, sind aber dennoch gesetzlichen Regelungen unterworfen. Die Begriffe «clos» (Weinberg), «château» (Weingut, eigentlich Schloß) und «cru classé» (klassifiziertes Gewächs) beispielsweise dürfen nicht verwendet werden, wenn sie nicht einer alten Gewohnheit und der Realität entsprechen. Was die Etiketten dadurch an Phantasie verlieren, gewinnen sie an Wahrheit; der Käufer wird sich darüber nicht beschweren, weil sie ja immer glaubwürdiger werden.

Jahrgang und Flaschenabfüllung

Zwei nicht vorgeschriebene, aber sehr wichtige Angaben erregen die Aufmerksamkeit des Weinliebhabers: der Jahrgang, entweder auf dem Etikett (das ist der bessere Fall) oder auf einem Halsetikett im oberen Bereich der Flasche, und die genaue Angabe des Orts der Flaschenabfüllung.

___ Der anspruchsvolle Weinfreund duldet nur Erzeugerabfüllungen: angezeigt durch «mis en bouteilles au (oder du) domaine, à (oder de) la propriété oder au (oder du) château, wobei jeweils das Weingut gemeint ist. Jede andere Angabe, d.h. jede Bezeichnung, die keine unbedingte und enge Beziehung zwischen dem genauen Ort, wo der Wein vinifiziert worden ist, und dem Ort, wo er auf Flaschen abgefüllt wurde, ist belanglos. Die Formulierungen «mis en bouteilles (abgefüllt) dans la région de production (im Anbaugebiet), par nos soins (unter unserer Aufsicht), dans nos chais (in unseren Weinlagern), par XX» (durch ..., wobei XX für einen Zwischenhändler steht), bieten – so genau sie auch sein mögen – nicht die Herkunftsgarantie, die die Angabe «mise à la propriété» sicherstellt.

WEINFÜHRER DES VERBRAUCHERS

Wie kauft man?

Die Behörden und die Ausschüsse der Berufsverbände hatten immer eine zweifache Absicht: Zunächst wollen sie die Erzeuger dazu anregen, daß sie die Qualität verbessern und diese durch Erteilung eines Gütezeichens nach einer Weinprobe kontrollieren; dann unternehmen sie das Nötige, damit dieser gekennzeichnete Wein auch genau der ist, der in der Flasche verkauft wird, die das Etikett trägt, ohne Vermischung, ohne Verschneiden, ohne die Möglichkeit der Ersetzung. Trotz aller getroffenen Vorkehrungen, darunter auch die Möglichkeit der Kontrolle der Weintransporte, bleibt die beste Garantie für die Unverfälschtheit des Produkts die Erzeugerabfüllung; denn ein Weingutbesitzer, der auch Erzeuger ist, hat nicht das Recht, Wein zu kaufen, um ihn in seinem Keller zu lagern. Dieser darf nämlich nur den Wein enthalten, den er selbst erzeugt.

___ Erwähnen muß man noch, daß die Flaschenabfüllungen, die in einer Genossenschaft und durch diese für ein Genossenschaftsmitglied durchgeführt werden, als «Erzeugerabfüllungen» bezeichnet werden können.

Die Kapseln
Die meisten Flaschen werden mit einer Kapsel auf dem Flaschenhals versehen. Diese Kapsel trägt manchmal eine Steuervignette, mit andern Worten den Beweis dafür, daß die Gebühren für die Transportberechtigung abgeführt worden sind. Wenn die Flaschen nicht auf diese Weise «versteuert» sind, braucht man eine Quittung (oder einen Zollpassierschein), der vom nächsten Finanzamt ausgestellt wird (siehe dazu den Abschnitt «Der Transport des Weins» Seite 48).

___ Anhand dieser Vignette kann man den Status des Erzeugers (Weingutbesitzer oder Händler) und das Anbaugebiet feststellen. Die Kapseln können eine Steuermarke tragen und individuell gestaltet sein; dies muß nicht der Fall sein, aber in der Regel gilt beides.

Der Korkbrand
Die Erzeuger von Qualitätsweinen hatten das Bedürfnis, ihr Etikett zu bestätigen, indem sie Brandzeichen für den Korken verwendeten. Ein Etikett kann sich ablösen, während der Korken erhalten bleibt; deshalb sind die Herkunft des Weins und der Jahrgang dort eingebrannt. Dies ist auch eine Möglichkeit, eventuelle Betrüger abzuschrecken, die sich nicht mehr damit begnügen können, einfach Etiketten zu ersetzen. Beachten Sie, daß bei den Schaumweinen mit Appellation die Angabe der Appellation auf dem Korken vorgeschrieben ist.

WIE KAUFT MAN, BEI WEM KAUFT MAN?

Die Vertriebswege des Weins sind kompliziert und vielfältig, vom kürzesten bis zum mühsamsten, wobei jeder seine Vor- und Nachteile hat.
Andererseits gibt es verschiedene Formen des Verkaufs, je nachdem, wie (offen oder in Flaschen) und wann (Primeur-Einkauf) der Wein gekauft wird.

Weine zum Trinken, Weine zum Einkellern
Der Kauf von Weinen zum Trinken unterscheidet sich vom Kauf von Weinen, die eingekellert werden sollen. Da man dabei jeweils ein anderes Ziel verfolgt, muß auch die Wahl der Weine gegensätzlich sein. Die Weine, die für den sofortigen Verbrauch bestimmt sind, werden trinkreife Weine sein, d.h. Primeurweine, Landweine, kleine oder mittlere Weine, Weine aus einem leichten Jahrgang mit rascher Entwicklung, oder es handelt sich um große Weine auf ihrem Höhepunkt, die aber im Handel fast oder überhaupt nicht mehr zu finden sind.

___ In allen Fällen, noch offensichtlicher bei den großen Weinen, ist eine Ruhezeit von zwei Tagen bis zwei Wochen zwischen dem Einkauf, also dem Transport, und dem Verbrauch notwendig. Alte Flaschen bewegt man überaus vorsichtig, senkrecht und ohne anzustoßen, damit jedes Aufwirbeln des Depots vermieden wird.

___ Die Weine zum Einkellern kauft man jung, in der Absicht, sie altern zu lassen. Man sucht immer die größtmöglichen Weine in großen Jahrgängen aus. Es sollten stets Weine sein, die nicht bloß altern können, sondern vielmehr mit den Jahren besser werden.

Wie kauft man?

Der Kauf von offenem Wein
Wein, der nicht auf Flaschen abgefüllt ist, wird als «offener» Wein bezeichnet. Wenn man Wein «im Faß» kauft, bezieht sich das auf Holzfässer, während der «offene» Wein in Behältern aus allen möglichen Materialien transportiert werden kann, vom stählernen Kesselwagen, der 220 hl faßt, über Glasballons bis zum Kunststoffkanister mit 5 l Inhalt.

___ Offenen Wein verkaufen Genossenschaften, manche Erzeuger, einige Weinhändler und sogar Einzelhändler. Dieses Wein bezeichnet man als «verkauft bei Abfüllung». Eine solche Verkaufsweise betrifft die einfachen Weine und die Weine von mittlerer Qualität. Es kommt selten vor, daß man einen Wein von hoher Qualität offen kauft. In manchen Regionen ist diese Form der Vermarktung verboten; das gilt etwa für die Crus classés von Bordeaux.

___ Man muß den Weinliebhaber darauf hinweisen, daß – sogar wenn ein Winzer behaupten sollte, der offen verkaufte Wein sei identisch mit dem Wein, den er in Flaschen verkauft – dies nicht ganz richtig ist; er sucht immer die besten Fässer für den Wein aus, den er selbst auf Flaschen abzieht.

___ Der Kauf von offenem Wein ermöglicht jedoch eine Ersparnis in der Größenordnung von 25 %, denn es ist üblich, für einen Liter Wein höchstens den Preis zu zahlen, der für eine Flasche (mit 0,75 l Inhalt) berechnet wird.

___ Der Käufer spart auch bei den Transportkosten, aber er muß Korken und Flaschen kaufen, wenn er keine hat. Wenn man den Wein im Faß kauft, muß man auch die (nicht sehr hohen) Kosten für das Zurückschicken des Fasses einberechnen.

Hier die am häufigsten verwendeten Fässer:

- Barrique bordelaise (Bordeaux-Barrique)	225 Liter
- Pièce bourguignonne (burgundisches Stückfaß)	228 Liter
- Pièce mâconnaise (Mâcon-Stückfaß)	216 Liter
- Pièce de Chablis (Chablis-Stückfaß)	132 Liter
- Pièce champenoise (Champagne-Stückfaß)	205 Liter

___ Die Flaschenabfüllung ist eine angenehme Tätigkeit, wenn man sie zu mehreren durchführt; sie wirft keine großen Probleme auf, was auch immer behauptet wird – vorausgesetzt, man hält sich an einige weiter hinten beschriebene Grundregeln.

Der Kauf in Flaschen
Wein in Flaschen kann man beim Winzer, bei der Genossenschaft, beim Händler oder an irgendeiner Stelle im üblichen Vertriebsnetz kaufen.

___ Wo soll der Weinfreund einkaufen, um das beste Geschäft zu machen? Beim Erzeuger, wenn es um Weine geht, die kaum oder überhaupt nicht im Handel zu finden sind, und davon gibt es sehr viele. Direkt bei den Genossenschaften, um bei kleinen Mengen die immer höher werdenden Lieferkosten zu vermeiden. In allen anderen Fällen ist es nicht ganz so einfach, wie es erscheinen mag. Man muß sich ins Gedächtnis rufen, daß die Erzeuger und die Händler verpflichtet sind, mit ihren Vertreibern in keinen unlauteren Wettbewerb zu treten, d.h. Flaschen nicht billiger als sie verkaufen dürfen. So bieten viele Châteaux im Bordelais, die sich in geringem Maße auf den Einzelhandel stützen, ihre Weine sogar zu einem höheren Preis an, als sie bei den Einzelhändlern kosten, um die Käufer abzuhalten, die trotzdem bei ihnen Wein erwerben wollen, entweder aus Unwissenheit oder aus unerklärlichen Gründen . . . Zumal die Wiederverkäufer aufgrund ihrer hohen Bestellmengen viel interessantere Einkaufspreise eingeräumt bekommen, als sie der Einzelkunde erhält, der nur eine Kiste kauft.

___ Somit kann man einen allgemeinen Grundsatz aufstellen: Die Weine von bekannten Gütern und Châteaux, die in großem Umfang vertrieben werden, kauft man nicht vor Ort, außer es handelt sich um seltene Jahrgänge oder Sondercuvées.

Der Primeur-Einkauf
Diese seit ein paar Jahren von der Weinbranche in Bordeaux entwickelte Verkaufsweise war in den 80er Jahren ein schöner Erfolg. Übrigens sollte man lieber von Subskriptionsverkäufen oder -käufen sprechen. Das Prinzip ist einfach: Man erwirbt einen Wein, bevor er ausgebaut

Wie kauft man?

und auf Flaschen abgefüllt worden ist, und zwar zu einem sehr viel niedrigeren Preis, als er später kostet, wenn er lieferbar ist.

___ Die Subskriptionsmöglichkeit steht für eine begrenzte Zeit und für eine beschränkte Menge offen, zumeist im Frühjahr und zu Beginn des Sommers nach der Lese. Der Käufer zahlt die Hälfte des bei der Bestellung vereinbarten Preises und verpflichtet sich, den Rest bei Lieferung der Flaschen zu begleichen, d.h. zwölf bis fünfzehn Monate später. So kommt der Erzeuger rasch an neues Kapital, und der Käufer kann ein gutes Geschäft machen, wenn die Weinpreise steigen. Dies war 1974/75 bis Ende der 80er Jahre der Fall. Diese Form des Geschäftsabschlusses hat Ähnlichkeit mit den Transaktionen, die man an der Börse als Termingeschäfte bezeichnet.

___ Was geschieht, wenn die Weinpreise zwischen dem Zeitpunkt der Subskription und dem der Lieferung fallen (Überproduktion, Krise etc.)? Die Subskribenten bezahlen ihre Flaschen teurer als die Käufer, die nicht subskribiert haben. Das ist schon vorgekommen, und es wird wieder geschehen. Bei solchen Spekulationen haben sich Großhändler zugrunde gerichtet, die sich mit Weinen eindecken wollten. Dabei war ihr Vertrag um so riskanter, über je mehr Jahre er galt.

___ Wenn alles gut geht, ist der Primeur-Verkauf sicherlich die einzige Möglichkeit, einen Wein unter seinem Kurswert (20 bis 40%) zu erwerben. Die Primeur-Verkäufe werden direkt von den Erzeugern organisiert, aber sie werden auch von Handelsfirmen und Weinverkaufsclubs praktiziert.

Einkauf beim Erzeuger

Neben den weiter oben beschriebenen Möglichkeiten bringt der Besuch beim Erzeuger – unverzichtbar, wenn sein Wein nicht (oder kaum) vertrieben wird – dem Weinfreund eine Befriedigung, die von ganz anderer Art ist als der Abschluß eines guten Kaufs. Durch den Besuch bei Erzeugern, die wahre Väter ihres Weins sind, können die Weinliebhaber verstehen lernen, was eine Reblage und ihr besonderer Charakter sind, begreifen, worin die Kunst der Weinbereitung besteht, erfahren, wie man Trauben optimal nutzt, und schließlich die engen Beziehungen erfassen, die zwischen einem Winzer und seinem Wein, d.h. zwischen einem Schöpfer und seiner Schöpfung, bestehen. Auf diese Weise lernt man, wie man «gut trinkt» und wie man «besser trinkt». Der regelmäßige Besuch bei Winzern ist durch nichts zu ersetzen.

Einkauf in der Genossenschaftskellerei

Die Qualität der Weine, die Genossenschaften liefern, steigt beständig. Diese Einrichtungen sind ausgerüstet, um offene Weine und Flaschenweine problemlos zu verkaufen, zu Preisen, die ein wenig unter denen liegen, die andere Vertriebswege bei gleicher Qualität verlangen.

___ Das Prinzip der Weinbaugenossenschaften ist leicht zu begreifen: Die Mitglieder bringen ihre Trauben, und die Fachkräfte – darunter in der Regel ein Önologe – haben die Aufgabe, die Trauben zu keltern und zu vinifizieren, in manchen Appellationen auch die Weine auszubauen und zu verkaufen.

___ Wenn die Genossenschaften mehrere Weintypen erzeugen, können sie die besten Trauben nutzen (indem sie ausgelesen werden) oder ein bestimmtes Anbaugebiet durch getrennte Vinifizierung zur Geltung bringen. Prämien für edle Rebsorten und besonders reife Trauben und die Möglichkeit, Weine nach der speziellen Qualität jeder Traubenlieferung herzustellen und zu verkaufen, erschließen den besten Genossenschaften den Bereich der Qualitätsweine, sogar der lagerfähigen Weine. Die anderen liefern weiterhin Tafel- und Landweine, bei denen es nichts bringt, wenn man sie länger einkellert.

Einkauf beim Weinhändler

Der Weinhändler kauft definitionsgemäß Weine auf, um sie wieder zu verkaufen. Darüber hinaus ist er oft selbst Besitzer von Weinbergen. Er kann dann als Erzeuger fungieren und seine eigene Produktion verkaufen; er kann den Wein selbständiger Erzeuger verkaufen, wobei er nur für den Transfer sorgt (das ist der Fall bei den Weinhändlern in Bordeaux, die in ihrem Katalog Weine haben, die auf dem Gut abgefüllt worden sind), und er kann selbst mit einer Erzeugergruppe einen Vertrag über den Alleinvertrieb ihrer Weine abschließen. Er kann *négociant-éleveur* sein, d. h. die Weine in seinen Kellern ausbauen, indem er Weine der gleichen Appellation, die von verschiedenen Erzeugern stammen, verschneidet. Er wird dann zum

Wie kauft man?

Schöpfer des Erzeugnisses in zweifachem Sinne: durch die Wahl seiner Ankäufe und durch den von ihm vorgenommenen Verschnitt. Die Weinhändler haben ihren Sitz in den großen Anbauzonen, aber natürlich hindert einen burgundischen Händler nichts daran, Wein aus Bordeaux zu verkaufen, und umgekehrt. Ein Weinhändler ist dadurch gekennzeichnet, daß er Weine vertreibt, also den Einzelhandel beliefert, mit dem er nicht in Konkurrenz treten darf, indem er seine Weine selbst zu billigeren Preisen verkauft.

Einkauf bei Weinfachhändlern und Einzelhändlern
Das ist die bequemste und schnellste Form des Einkaufs, auch die sicherste, wenn es sich um einen qualifizierten Fachhändler handelt. Seit ein paar Jahren gibt es viele Geschäfte, die sich auf den Verkauf hochwertiger Weine spezialisiert haben. Was ist ein guter Weinfachhändler? Einer, der die Weine unter guten Bedingungen lagern kann, aber auch einer, der originelle Weine von Erzeugern, die ihren Beruf lieben, auszuwählen versteht. Außerdem kann der gute Einzelhändler oder der gute Fachhändler den Käufer beraten, ihm Weine empfehlen, die dieser nicht kennt, und ihn anregen, Weine und Speisen aufeinander abzustimmen, damit beide besser zur Geltung kommen.

Die Verbrauchermärkte
Man muß zwei grundsätzlich verschiedene Arten von Verbrauchermärkten unterscheiden: diejenigen, die Weine in derselben Form verkaufen, wie sie Konservendosen, Mineralwasser und Bastelzubehör verkaufen, und die ziemlich seltenen, die ihre Weinabteilungen von einem Fachmann betreuen lassen, der die Lieferung, Lagerung und Präsentation der Flaschen nach seinen besten Kräften überwacht.
____ Man sollte sich daran erinnern, daß Wein weder Hitze noch Licht oder Lärm verträgt. Nun, in den Verbrauchermärkten ist er diesen dreifachen Prüfungen ausgeliefert. Ein rascher Warenumschlag verringert die Auswirkungen, aber wenn man weiß, daß ein Champagner bereits innerhalb von ein paar Stunden einen «Lichtgeschmack» einfangen kann, wird man vorsichtig . . . Für den Weinliebhaber empfiehlt es sich, daß er die Situation im Einzelfall abschätzt, insbesondere wenn es um den Kauf von Flaschen geht, die eingekellert werden sollen.

Die Weinclubs
Sehr viele Flaschen, die in Kartons oder Kisten geliefert werden, kommen direkt zum Weinfreund; zu verdanken ist dies der Aktivität von Einkaufsclubs, die ihren Mitgliedern eine Reihe von Vorteilen bieten, angefangen bei der Versorgung mit seriösen, informativen Übersichten. Die vorgestellten Weine werden von Önologen und bekannten, kompetenten Persönlichkeiten ausgewählt. Die Auswahl ist ziemlich groß und umfaßt manchmal wenig verbreitete Weine. Man muß jedoch an dieser Stelle auch anmerken, daß viele «Clubs» Weinhändler sind.

Die Versteigerungen
Versteigerungen, die beim Wein immer häufiger in Mode kommen, werden von Auktionatoren veranstaltet, die von einem Experten unterstützt werden. Besonders wichtig ist dabei, daß man die Herkunft der Flaschen kennt. Wenn sie aus einem großen Restaurant oder aus dem gut bestückten Keller eines Weinliebhabers kommen, der sie abgetreten hat (Erneuerung eines Kellers, Erbschaft etc.), sind sie mit großer Wahrscheinlichkeit in hervorragendem Zustand. Wenn sie aus verschiedenen kleinen Partien zusammengefaßt worden sind, beweist nichts, ob sie unter zufriedenstellenden Bedingungen gelagert worden sind.
____ Lediglich die Farbe des Weins kann dem Käufer Aufschluß geben. Der erfahrene Weinfreund wird nie höher bieten, wenn Flaschen angeboten werden, deren Flüssigkeitsstand zu tief ist, wenn die Farbe der Weißweine in eine relativ dunkle Bronzefarbe übergeht oder wenn die Farbe von Rotweinen erkennbar «verbraucht» erscheint.
____ Selten kann man einen guten Fang bei den großen Appellationen machen, die insbesondere Restaurantbesitzer interessieren, um das Angebot ihrer Weinkarte aufzufüllen; die bei den Profis weniger gefragten kleineren Appellationen sind manchmal sehr erschwinglich.

Die Flaschen und die Gläser

Bordeaux   Champagner   Burgunder   Elsaß

Côtes du Rhône   «Clavelin» (Jura)   Provence

Burgunder   Bordeaux   Champagner   Elsaß   «INAO»

Die Gläserserie «Les impitoyables»

Rotweine   Schaumweine   Weißweine   junge Rot- und Roséweine   alte Rotweine

Transport des Weins

Die Weinversteigerung der Hospices de Beaune und ähnliche Veranstaltungen
Die bei solchen Veranstaltungen für wohltätige Zwecke verkauften Weine lagern in Stückfässern und müssen zwölf bis vierzehn Monate ausgebaut werden. Sie sind deshalb berufsmäßigen Einkäufern von Wein vorbehalten.

Der Transport des Weins
Sobald das Problem der Weinwahl gelöst ist und man weiß, daß man sie erwerben und unter guten Bedingungen (siehe weiter unten) aufbewahren kann, muß man sie transportieren. Der Transport hochwertiger Weine erfordert einige Vorkehrungen und unterliegt einer strengen gesetzlichen Regelung.

___ Ob man den Wein nun selbst im Auto befördert oder sich dafür eines Spediteurs bedient, der größte Teil des Sommers und der tiefe Winter sind für den Weintransport nicht günstig. Man muß den Wein vor extremen Temperaturen schützen, vor allem vor zu hohen Temperaturen, die den Wein nicht vorübergehend, sondern endgültig beeinträchtigen, gleichgültig, wie lang (sogar Jahre!) man ihn danach ruhen läßt und um was für einen Wein (Farbe, Typ, Herkunft) es sich handelt.

___ Wenn man zu Hause ankommt, bringt man die Flaschen sofort im Keller unter. Hat man den Wein «offen» erworben, wird man die Behälter dort hinbringen, wo der Wein auf Flaschen abgefüllt wird, im Keller, wenn es der Platz erlaubt, damit man sie nicht mehr umstellen muß. Die Plastikkanister werden in 80 cm Höhe (Tischhöhe), die Fässer in 30 cm Höhe abgestellt, damit man den Wein bis zum letzten Tropfen abziehen kann, ohne seine Lage zu verändern, was von entscheidender Bedeutung ist.

Gesetzliche Regelung des Transports von Weinen in Frankreich
Der Transport alkoholischer Getränke unterliegt besonderen Rechtsvorschriften und ist steuerlichen Abgaben unterworfen, deren Entrichtung ein Begleitdokument belegt; dieses kann zwei Formen haben: entweder die *Steuermarke* auf der Kapsel, die auf jeder Flasche oben angebracht ist, oder ein *Zollpassierschein*, den die Finanzbehörde in der Nähe der Verkaufsstelle oder der Winzer ausstellt, wenn er über einen Quittungsblock verfügt. Bei offenem Wein muß man immer eine solche Bescheinigung mitführen.

___ Auf diesem Dokument erscheinen der Name des Verkäufers und das Anbaugebiet, die Menge und die Zahl der Behälter, der Empfänger, die Transportweise und ihre Dauer. Wenn die Beförderung länger dauert als vorgesehen, muß man die Gültigkeitsdauer des Zollpassierscheins vom nächstmöglichen Finanzamt berichtigen lassen.

___ Der Transport von Wein ohne Zollpassierschein gilt als Steuerhinterziehung und wird als solche bestraft. Es empfiehlt sich, solche Steuerdokumente aufzuheben, denn im Falle eines Umzugs, also eines neuerlichen Weintransports, dienen sie zur Ausstellung eines neuen Zollpassierscheins.

___ Die Höhe der Steuer richtet sich nach der Weinmenge und der Einstufung des Weins durch die Behörden, beschränkt auf zwei Kategorien: Tafelwein und Appellationswein.

Der Export des Weins
Der Wein unterliegt wie alles, was in Frankreich erzeugt oder hergestellt wird, einer Reihe von Steuern. Wenn diese Erzeugnisse oder Gegenstände exportiert werden, kann man sich von der Steuer befreien oder sie sich rückerstatten lassen. Im Falle des Weins betrifft diese Steuerbefreiung die Mehrwertsteuer (TVA) und die Transportsteuer (aber nicht die steuerähnliche Abgabe, die für den nationalen Fonds zur Entwicklung der Landwirtschaft bestimmt ist). Wenn ein Reisender die Steuerbefreiung für die Ausfuhr in Anspruch nehmen will, muß er für den Wein, den er kauft, seine Transportgenehmigung (Nr. 8102 in Grün für die Appellationsweine, Nr. 8101 in Blau für die Tafelweine) mitführen; das Zollbüro, das die Ausfuhr der Waren bestätigt, zahlt die Steuer zurück. Falls die Flaschen Kapseln mit Steuermarken tragen, ist die Rückerstattung der Steuern unmöglich; es empfiehlt sich, beim Kauf dem Verkäufer genau zu erläutern, daß man seinen Wein ausführen und in den Genuß einer Steuerbefreiung kommen möchte. Es ist ratsam, sich über die Einfuhrbestimmungen für Weine und Spirituosen im

Bestimmungsland zu informieren, weil jedes Land seine eigene gesetzliche Regelung besitzt, die von der Zollgebühr bis zu mengenmäßigen Beschränkungen, ja sogar bis zum völligen Einfuhrverbot reicht.

WIE MAN SEINEN WEIN AUFBEWAHRT

Der Aufbau eines guten Weinkellers ist eine knifflige Aufgabe; zu den beschriebenen Grundsätzen kommen nämlich ganz spezielle Anforderungen hinzu ... Es empfiehlt sich, daß man versucht, Weine zu erkaufen, die denselben Verwendungszweck und denselben Stil haben, die sich aber nicht gleich entwickeln, damit sie nicht alle ihre beste Qualität zur selben Zeit erreichen. Man wird sich also bemühen, Weine zu finden, deren Höhepunkt möglichst lang dauert, damit man nicht gezwungen ist, alle innerhalb kurzer Zeit zu trinken. Man wird auch möglichst unterschiedliche Weine auswählen, damit man nicht immer die gleichen Weine trinken muß, so gut sie auch sein mögen, und damit man den richtigen Wein für jede Lebenslage und für jedes Gericht hat. Zwei Faktoren, die die Anwendung all dieser Grundsätze mitprägen, kann man nicht umgehen: das Budget, über das man verfügt, und die Aufnahmefähigkeit seines Kellers.

___ Ein guter Keller ist ein geschlossener, dunkler Ort, der vor Erschütterungen und Lärm geschützt ist, frei von jeglichen Gerüchen und gegen Zugluft abgeschirmt, aber dennoch belüftet, weder zu trocken noch zu feucht, mit einer Luftfeuchtigkeit von 75 % und vor allem mit einer gleichbleibenden Temperatur, die möglichst nahe bei 11°C liegen sollte.

___ Die Keller in der Stadt haben selten solche Eigenschaften. Bevor man Wein einkellert, muß man deshalb versuchen, den Keller zu verbessern: für ein wenig Luftzufuhr sorgen oder im Gegenteil ein zu zugiges Kellerfenster abdichten, die Luft befeuchten, indem man ein Wasserbecken aufstellt, das ein wenig Holzkohle enthält, oder die Luftfeuchtigkeit vermindern, indem man Kies aufschüttet und die Entlüftung verstärkt. Man muß versuchen, die Temperatur durch Isolierplatten konstant zu halten, und unter Umständen die Regale auf Gummiblöcke stellen, um Erschütterungen auszugleichen. Wenn sich eine Heizung in der Nähe befindet oder wenn sich Heizölgerüche verbreiten, braucht man allerdings wirklich nicht viel zu erwarten.

___ Es kann auch sein, daß man keinen Keller besitzt oder der Keller unbrauchbar ist. Zwei Lösungen sind möglich: Man kauft einen Wein-Klimaschrank, d.h. eine Vorrichtung zum Lagern von Wein, die 50 bis 500 Flaschen faßt und deren Temperatur und Luftfeuchtigkeit automatisch aufrechterhalten werden, oder man richtet in seiner Wohnung in einem hinteren Winkel eine Lagermöglichkeit ein, deren Temperatur sich nicht sprunghaft verändert und nach Möglichkeit nicht über 16°C steigt. Denn man muß bedenken: Je höher die Temperatur ist, desto schneller entwickelt sich ein Wein. Vor einem weitverbreiteten Irrtum muß man sich hüten: daß ein Wein, der seinen Höhepunkt unter schlechten Lagerbedingungen rasch erreicht, es mit dem Qualitätsniveau aufnehmen kann, das er in einem guten, kühlen Keller bei langsamer Entwicklung erreicht hätte. Man wird also die Finger davon lassen, sehr große Weine mit langsamer Entwicklung in einem Keller oder an einem Ort altern zu lassen, die zu warm sind. Weinfreunde sollten ihre Einkäufe und den Plan, Weine einzukellern, den besonderen Bedingungen anpassen, die ihre Räumlichkeiten bieten.

Ein guter Weinkeller: seine Ausstattung

Die Erfahrung zeigt, daß ein Keller immer zu klein ist. Man muß die Flaschen rationell anordnen. Das Flaschenregal mit ein oder zwei Böden bietet sehr viele Vorteile; es ist nicht sehr teuer, läßt sich sofort aufstellen und ermöglicht einen leichten Zugriff auf alle eingekellerten Flaschen. Leider nimmt es im Verhältnis zur Zahl der Flaschen, die man darin aufbewahren kann, viel Platz ein. Wenn man Platz sparen will, gibt es eine einzige Methode: Man muß die Flaschen übereinander stapeln. Um die Stapel zu trennen, damit man an die verschiedenen Weine herankommt, muß man Gefächer aus Hohlblocksteinen bauen oder sich bauen lassen, was überhaupt nicht kompliziert ist; diese können 24, 36 oder 48 Flaschen in zwei Lagen enthalten.

Die Flaschenabfüllung

___ Wenn es der Keller zuläßt und wenn Holz darin nicht fault, kann man Regale aus Brettern aufstellen. Man muß die Regale dann im Auge behalten, denn es können sich dort Insekten einnisten, die die Korken befallen.
___ Zwei Geräte vervollständigen die Kellerausstattung: ein Maximum-Minimum-Thermometer und ein Hygrometer. Durch regelmäßiges Ablesen der Werte kann man Fehler entdecken und abstellen und bestimmen, in welchem Maße sich die Weine bei der Alterung im Keller verbessern können.

Die Flaschenabfüllung

Wenn der Wein, der in Flaschen abgefüllt werden soll, im Plastikbehälter transportiert wird, muß man ihn sehr rasch auf Flaschen abziehen; wenn man ihn im Faß befördert hat, muß man ihn unbedingt zwei Wochen lang zur Ruhe kommen lassen, bevor man ihn auf Flaschen abfüllt. Diese theoretische Angabe muß man den Wetterbedingungen anpassen, die an dem für die Flaschenabfüllung festgesetzten Tag herrschen. Es empfiehlt sich, mildes Wetter zu wählen, einen Tag mit Hochdruck, an dem es weder regnet noch ein Gewitter gibt. In der Praxis wird der Weinliebhaber einen Kompromiß zwischen diesen Grundregeln und seinen persönlichen Zwängen eingehen. Keine Kompromisse sind dagegen beim Material möglich, das er benötigt. Zunächst einmal braucht man Flaschen, die für den Weintyp geeignet sind. Ohne puristisch zu sein, nimmt man Bordeaux-Flaschen für alle Weine aus Südwestfrankreich und vielleicht aus Südfrankreich und Burgunder-Flaschen für die Weine aus Südostfrankreich, dem Beaujolais und Burgund; dabei weiß man auch, daß es andere Flaschen gibt, die einigen Appellationen vorbehalten sind.
___ Wenn man die Flaschen stapelt, muß man darauf achten, daß es bei den Bordeaux- und den Burgunder-Flaschen relativ leichte Ausführungen (Flaschen mit flachem Boden) und schwere Ausführungen gibt. Neben dem Gewicht unterscheiden sich diese beiden Flaschenkategorien in der Höhe und im Durchmesser.
___ Alle sind gleichermaßen geeignet, den Wein zu schützen, aber die leichtesten sind für eine lange Lagerung weniger geeignet, wenn man die Flaschen stapelt. Zudem können die letztgenannten platzen, wenn sie zu voll sind und man den Korken kräftig hineindrückt.
___ In der Regel ist es besser, wenn man schwere Flaschen verwendet. Es ist fast ungehörig, einen großen Wein in eine leichte Flasche abzufüllen, ebenso wie man sich hüten wird, Rotwein in weißen, d.h. farblosen Flaschen zu lagern. Üblicherweise sind letztere bestimmten Weißweinen vorbehalten, damit man – angeblich – «ihr Kleid sehen» kann. Da Weißweine besonders lichtempfindlich sind, sollte man diese Unsitte verbieten. Diese Lichtempfindlichkeit ist so groß, daß Champagner-Häuser, die Weine in weißen (farblosen) Flaschen anbieten, ihren Champagner immer durch eine lichtundurchlässige Papierumhüllung oder eine Kartonpackung schützen.
___ Was für einen Flaschentyp man auch wählt, man muß sich vor der Flaschenabfüllung vergewissern, daß man ausreichend viele Flaschen und Korken besitzt, denn wenn der Abfüllvorgang einmal eingeleitet ist, muß man ihn rasch zu Ende bringen. Man kann das Faß oder den Kanister nicht halbleer stehenlassen; dies würde zu einer Oxidation des restlichen Weins führen und könnte ihm sogar einen Essigstich verleihen, der ihn ungenießbar machen würde. Achten muß man auch auf eine strenge Sauberkeit der Flaschen, die richtig ausgespült und getrocknet worden sein müssen.

Die Korken

Trotz zahlreicher Forschungsbemühungen bleibt Kork das einzige Material, das sich zum Verschließen der Flaschen eignet. Die Korken sind nicht alle gleich; sie unterscheiden sich im Durchmesser und in der Qualität.
___ In jedem Fall soll der Korken 6 mm dicker als der Flaschenhals sein.
___ Je besser der Wein ist, desto länger sollte der Korken sein; er ist für eine lange Lagerung notwendig und ehrt außerdem den Wein und die Personen, die ihn trinken.
___ Die Qualität des Korks ist schwieriger festzustellen. Er muß etwa zehn Jahre alt sein, damit er die erwünschte Geschmeidigkeit besitzt. Gute Korken haben keine oder nur wenige von den kleinen Rissen, die manchmal mit Korkpulver abgedichtet werden; in diesem Fall sind

die Korken «aufgebessert». Es besteht auch die Möglichkeit, Korken mit Korkbrand zu kaufen, die den Jahrgang des auf Flaschen abgefüllten Weins tragen, oder solche Angaben aufbrennen zu lassen.

___ Bevor man die Korken verwendet, werden sie vorbereitet. Man kann sie mehrere Stunden vor dem Gebrauch in kaltes Wasser legen oder besser zehn Minuten in sehr heißes (nicht kochendes) Wasser tauchen oder noch besser mit Dampf erhitzen, z.B. in einem Dampfkochtopf.

Der Wein in der Flasche

Die Füllmaschine ist die ideale Vorrichtung zum Auffüllen der Flasche. Füllmaschinen, die nach dem Ansaugprinzip funktionieren und einen Schieber haben, der durch den Kontakt mit der Flasche betätigt wird, werden in Verbrauchermärkten zu sehr niedrigen Preisen verkauft. Man achtet darauf, daß der Wein entlang der Innenwandung der Flasche hinunterläuft, die man leicht schief hält; auf diese Weise beschränkt man das Durcheinanderwirbeln und die Oxidation. Dieses behutsame Vorgehen ist bei Weißweinen noch nötiger. In keinem Fall darf sich an der Oberfläche der Flüssigkeit Schaum bilden. Die Flaschen werden möglichst weit aufgefüllt, damit der Korken mit dem Wein in Kontakt steht (bei aufrecht stehender Flasche). Der vorbereitete Korken (siehe oben) wird mit Hilfe einer Handkorkmaschine hineingedrückt, die ihn seitlich zusammenpreßt, bevor er hineingeschoben wird. Für diesen Zweck gibt es ein breites Angebot an Geräten in allen Preisklassen.

___ Man sollte noch darauf hinweisen, daß es sinnvoll ist, den Korken, bevor man ihn in den Flaschenhals drückt, in kaltes Wasser taucht, um ihn zu reinigen und abzukühlen. Die vollen, verkorkten Flaschen werden waagerecht gelagert, damit sie ebenso wie die Korken trocknen.

Das Etikett

Man bereitet Tapetenkleister oder ein Gemisch aus Wasser und Mehl vor, oder man befeuchtet – was noch einfacher geht – die Etiketten mit Milch, um sie auf die Flasche zu kleben, etwa 3 cm über der Flaschenbasis.

___ Die Perfektionisten unter den Weinliebhabern umhüllen den Flaschenhals mit vorgeformten Kapseln, die man mit einem kleinen Handgerät darüber stülpt, oder man versiegelt die Flaschen mit Wachs, indem man sie in flüssiges, farbiges Wachs taucht, das man beim Korkenhändler kauft.

Der Wein im Keller

Die Anordnung der Flaschen im Keller ist ein Geduldsspiel, denn der Weinfreund verfügt nie über so viel Platz, wie er es sich wünscht. Soweit es möglich ist, wird man die folgenden Grundregeln beachten: die Weißweine nahe dem Boden, die Rotweine darüber, die lagerfähigen Wein in den hinteren Reihen (oder Gefächern), die am wenigsten zugänglich sind, die Flaschen mit den trinkreifen Weinen ganz vorn.

___ Die im Karton gelieferten Flaschen dürfen nicht in dieser Art Verpackung bleiben, im Gegensatz zu den Holzkisten gelieferten. Wer vorhat, seinen Wein wieder zu verkaufen, wird ihn in der Kiste lassen; die anderen werden aus zwei Gründen darauf verzichten: Kisten nehmen viel Platz weg und sind die Lieblingsbeute von Kellerdiebstählen. In jedem Fall kann man Kisten und Flaschen mit Hilfe eines Kennzeichnungssystems (z. B. mit Buchstaben und Ziffern) markieren. Diese Vermerke werden im nützlichsten Hilfsmittel des Weinkellers benutzt, dem Kellerbuch.

Das Kellerbuch

Es ist das Gedächtnis, der Führer und der «Friedensrichter» des Weinfreundes. Man muß darin die folgenden Informationen finden: Datum des Eingangs, Zahl der Flaschen jedes Cru, genaue Bezeichnung, Preis, voraussichtlicher Höhepunkt, Lage im Keller und unter Umständen Name des idealen dazu passenden Gerichtes und ein Verkostungskommentar.

___ Die Buchhandlungen verkaufen teure Kellerbücher; wenn man kein solches hat, erfüllt ein Schnellhefter den gleichen Zweck.

Beispiele von Weinkellern

WEINKELLER MIT 50 FLASCHEN (4000 FRANC)

25 Flaschen Bordeaux	17 Rotweine (Graves, Saint-Emilion, Médoc, Pomerol, Fronsac) 8 Weißweine: 5 trockene (Graves) 3 süße (Sauternes-Barsac)
20 Flaschen Burgunder	12 Rotweine (Crus der Côte de Nuits, Crus der Côte de Beaune) 8 Weißweine (Chablis, Meursault, Puligny)
10 Flaschen Rhônetal	7 Rotweine (Côte Rôtie, Hermitage, Châteauneuf-du-Pape) 3 Weißweine (Hermitage, Condrieu)

WEINKELLER MIT 150 FLASCHEN (RUND 12 000 FRANC)

Anbaugebiet		Rotweine	Weißweine
40 Bordeaux-Weine	30 Rotweine 10 Weißweine	Fronsac Pomerol Saint-Emilion Graves Médoc (Crus classés Crus bourgeois)	5 große trockene Weine 5 { Sainte-Croix-du-Mont { Sauternes-Barsac
30 Burgunder	15 Rotweine 15 Weißweine	Crus der Côte de Nuits Crus der Côte de Beaune Weine der Côte chalonnaise	Chablis Meursault Puligny-Montrachet
25 Rhône-Weine	19 Rotweine 6 Weißweine	Côte Rôtie Hermitage rot Cornas Saint-Joseph Châteauneuf-du-Pape Gigondas Côtes du Rhône-Villages	Condrieu Hermitage weiß Châteauneuf-du-Pape weiß
15 Loire-Weine	8 Rotweine 7 Weißweine	Bourgueil Chinon Saumur-Champigny	Pouilly Fumé Vouvray Coteaux du Layon
10 Südwest-Weine	7 Rotweine 3 Weißweine	Madiran Cahors	Jurançon (trocken und süß)
8 Südost-Weine	6 Rotweine 2 Weißweine	Bandol Palette rot	Cassis Palette weiß
7 Elsaß-Weine	(Weißweine)		Gewürztraminer Riesling Tokay
5 Jura-Weine	(Weißweine)		Vins jaunes Côtes du Jura-Arbois
10 Champagner und Schaumweine (damit man einige zur Verfügung hat; diese Weine werden nicht besser, wenn sie altern)			Crémant de { Loire { Bourgogne { Alsace Verschiedene Champagnertypen

WEINKELLER MIT 300 FLASCHEN

Die Anlage eines solchen Weinkellers erfordert eine Investition von rund 20 000 Franc. Man verdoppelt die Zahlen des Weinkellers mit 150 Flaschen, wobei man bedenken muß, daß die Langlebigkeit der Weine um so größer sein muß, je mehr man Flaschen einkellert – was leider (in der Regel) dazu zwingt, daß man teure Weine kaufen muß.

Die Kunst des Trinkens

Drei Kellervorschläge
Jeder stattet seinen Weinkeller nach seinem persönlichen Geschmack aus. Die beschriebenen Zusammenstellungen sind nur als Vorschläge gedacht. Ihr Leitfaden ist die angestrebte Vielfalt. Die Primeur-Weine, die Weine, die nicht an Qualität gewinnen, wenn man sie einkellert, tauchen in diesen Vorschlägen nicht auf. Je begrenzter die Flaschenzahl ist, desto stärker muß man darauf achten, die Vorräte aufzufüllen. Die in Klammern angegebenen Werte zeigen selbstverständlich nur die Größenordnung an.

DIE KUNST DES TRINKENS

Trinken ist zwar eine körperliche Notwendigkeit, doch Weintrinken ist ein Genuß... Dieser Genuß kann je nach Wein, nach den Bedingungen der Verkostung und nach der Feinfühligkeit des Weinkosters mehr oder weniger intensiv sein.

Die Weinprobe
Es gibt mehrere Arten der Weinprobe, angepaßt an den besonderen Zweck: technische, analytische, vergleichende, dreifache Weinprobe usw., die bei den professionellen Weinverkostern Verwendung findet. Der Weinliebhaber betreibt die hedonistische Weinprobe, die es ihm erlaubt, aus einem Wein das Wesentliche herauszuholen, aber auch darüber zu reden, indem sie dazu beiträgt, die Schärfe seines Geruchs- und Geschmackssinns weiterzuentwickeln.
⸻ Für die Weinprobe und für den Weingenuß überhaupt ist von großer Bedeutung, wo und wie sie ablaufen. Die Räume müssen angenehm sein, recht hell (Naturlicht oder eine dem Tageslicht vergleichbare Beleuchtung, die nicht die Farben verfälscht), vorzugsweise mit hellen Farben, frei von allen aufdringlichen Gerüchen wie etwa Parfüm, Rauch (Tabak- oder Kaminrauch), Küchengerüchen oder Blumendüften usw. Die Temperatur soll mäßig warm sein (18 bis 20°C).
⸻ Die Wahl des passenden Glases ist äußerst wichtig. Es muß farblos sein, damit das Kleid des Weins gut zu erkennen ist, außerdem möglichst fein. Seine Form sollte die einer Tulpenblüte sein, d.h., das Glas sollte sich nicht nach oben erweitern, wie es oft der Fall ist, sondern sich im Gegenteil leicht verengen. Der Körper des Glases muß vom Fuß durch einen Stiel getrennt sein. Diese Form verhindert, daß sich der Wein erwärmt, wenn man mit der Hand das Glas (an seinem Fuß) hält, und macht es leichter, den Wein zu schwenken – wodurch man seine Anreicherung mit Sauerstoff (und sogar seine Oxidierung) verstärkt und ihn dazu bringt, sein Bukett zu entfalten.
⸻ Die Form des Glases ist so wichtig und hat so großen Einfluß auf die geruchliche und geschmackliche Beurteilung des Weins, daß die AFNOR (Association française de normalisation), die französische Normenvereinigung, und die Internationale Standardisierungsorganisation (ISO) nach Untersuchungen ein Glas ausgesucht haben, das dem Verkoster und dem Verbraucher die beste Effizienz garantiert. Dieser Glastyp, der im allgemeinen «INAO-Glas» genannt wird, ist nicht den Profis vorbehalten. Er wird in einigen Fachhandlungen verkauft. Hinweisen sollte man außerdem auf die Serie der «Impitoyables», eine Schutzmarke für Gläser mit Originalformen, die von manchen Weinkostern geschätzt werden.

Technik der Weinprobe
Die Weinprobe wendet sich an den Gesichts-, den Geruchs-, den Geschmacks- und den Tastsinn – bei letzterem natürlich nicht über die Vermittlung der Finger, sondern des Mundes, der empfindlich ist für die «mechanischen» Wirkungen des Weins: Temperatur, Dichte, gelöste Kohlensäure.

DAS AUGE

Mit dem Auge nimmt der Weintrinker einen ersten Kontakt mit dem Wein auf. Die Prüfung des Kleides (Gesamtheit der visuellen Merkmale), das übrigens durch die Rebsorte geprägt ist, von der der Wein stammt, ist sehr informativ. Es ist eine erste Probe. Gleichgültig, welche Farbe und Schattierung der Wein hat, er muß klar sein, ohne Trübungen. Streifen oder Schleier

Die Weinprobe

weisen auf Fehler hin; einen solchen Wein sollte man zurückgeben. Erlaubt sind lediglich kleine Bitartratkristalle, weil sie unlöslich sind: Weinstein, eine Ausfällung, von der Weine betroffen sind, die Opfer eines Kälteschocks geworden sind. Ihre Qualität wird dadurch nicht beeinträchtigt. Die Klarheit prüft man, indem man das Glas zwischen das Auge und eine Lichtquelle hält, die sich möglichst in derselben Höhe befindet. Die Transparenz (bei einem Rotwein) bestimmt man dadurch, daß man den Wein über einem weißen Untergrund prüft, einer Tischdecke oder einem Blatt Papier. Zu dieser Prüfung gehört, daß man sich Glas schief hält. Die Oberfläche wird dabei elliptisch; ihre Beobachtung gibt Aufschluß über das Alter des Weins und seinen Erhaltungszustand; danach überprüft man die Farbnuance des Kleides. Alle jungen Weine müssen durchsichtig sein, was bei erstklassigen alten Weinen nicht immer der Fall ist.

Wein	Farbton des Kleides	Folgerung
Weißwein	fast farblos	sehr jung, gegen Oxidation gut geschützt; moderne Vinifizierung im Gärbehälter
	sehr helles Gelb mit grünen Reflexen	jung bis sehr jung, im Gärbehälter vinifiziert und ausgebaut
	strohgelb, goldgelb	Reife; möglicherweise im Holzfaß ausgebaut
	kupfergolden, bronzegolden	schon alt
	bernsteinfarben bis schwarz	oxidiert, zu alt
Rosé	verfärbtes Weiß, blaßrosa mit rosaroten Reflexen	Rosé ohne Maischung und junger «grauer Wein»
	lachsrosa bis klares Hellrot	junger, fruchtiger Rosé, der trinkreif ist
	rosa mit gelbem Ton bis zwiebelschalenfarben	beginnt für einen Rosé alt zu werden
Rotwein	bläulichrot	sehr jung; gute Färbung der Gamay-Primeur-Weine und der Beaujolais Nouveaux (6 bis 18 Monate alt)
	klares Rot (kirschrot)	weder jung noch entwickelt; der Höhepunkt für Weine, die weder Primeur- noch lagerfähige Weine sind (2 bis 3 Jahre alt)
	rot mit orangeroten Rändern	Reife eines Weines mit kurzer Lagerfähigkeit; Beginn der Alterung (3 bis 7 Jahre alt)
	rotbraun bis braun	nur die großen Weine erreichen ihren Höhepunkt in einem solchen Kleid; bei den anderen Weinen ist es zu spät

___ Die visuelle Prüfung interessiert sich außerdem für das Funkeln oder den Glanz des Weins. Ein Wein, der Glanz hat, ist fröhlich, lebhaft; ein matter Wein ist vermutlich trostlos.
Diese visuelle Inspektion endet bei der Intensität der Farbe, wobei man sich hüten muß, diese mit dem Farbton zu verwechseln.
___ Die Intensität der Farbe von Rotweinen ist am leichtesten zu erkennen; sie sagt am meisten aus.
___ Das Auge entdeckt auch noch die «Kirchenfenster» oder «Tränen», Schlieren, die der Wein auf der Innenwand des Glases bildet, wenn man ihn in eine Drehbewegung versetzt, um das Bukett des Weins einzuatmen (siehe nachstehend). Sie geben Aufschluß über den Alkoholgehalt: Cognac produziert immer solche Tränen, Landweine selten.

Die Weinprobe

Wein	Ursachen	Folgerung
zu helle Farbe	Mangel an Extraktion regenreiches Jahr zu hoher Ertrag junge Rebstöcke Trauben von ungenügender Reife verfaulte Trauben zu kurze Gärdauer Gärung bei niedriger Temperatur	leichte, nur kurz lagerfähige Weine Weine aus einem kleinen Jahrgang
dunkle Farbe	gute Extraktion geringer Ertrag alte Rebstöcke gelungene Vinifizierung	gute oder große Weine schöne Zukunft

Beispiele der Weinsprache, die sich auf die visuelle Prüfung beziehen:

Farbtöne: purpurrot, granatrot, rubinrot, violett, kirschrot, hochrot
Intensität: leicht, kräftig, dunkel, tief, intensiv
Glanz: stumpf, matt, trist, glänzend, brillant
Klarheit:
Transparenz: } undurchsichtig, trüb, verschleiert, kristallklar, glanzhell

DIE NASE

Die Geruchsprüfung ist die zweite Probe, die der verkostete Wein durchlaufen muß. Bestimmte schlechte Gerüche sind Gründe für einen Ausschluß des Weines, wie etwa die flüchtige Säure (Essigstich, Essig) oder Korkgeruch; doch in den meisten Fällen sorgt das Bukett des Weins – die Gesamtheit der Gerüche, die aus dem Glas aufsteigen – immer wieder für neue Entdeckungen.

Die aromatischen Bestandteile des Buketts kommen nach dem Grad ihrer Flüchtigkeit zum Vorschein. Es handelt sich dabei um eine Art Verdunstung des Weins; deshalb ist die Temperatur, mit der der Wein serviert wird, so wichtig. Wenn er zu kalt ist, entwickelt sich kein Bukett; wenn er zu warm ist, geht die Verdunstung zu rasch vor sich, und es kommt zu chemischen Verbindungen, Oxidation, Zerstörung der äußerst flüchtigen Düfte und Extraktion von schweren, ungewöhnlichen Aromastoffen.

Das Bukett des Weins vereint somit eine Reihe von Gerüchen, die in ständiger Bewegung sind; sie zeigen sich nacheinander, je nachdem, wie der Wein wärmer wird und stärker oxidiert. Deshalb ist wichtig, wie man das Glas hält und bewegt. Zunächst atmet man ein, was aus dem nicht bewegten Glas aufsteigt; dann versetzt man den Wein in eine Drehbewegung: Die Luft wirkt auf den Wein ein, und andere Düfte kommen zum Vorschein.

Die Qualität eines Weins hängt von der Stärke und der Komplexität des Buketts ab. Die kleinen Weine bieten nur wenig – oder überhaupt kein – Bukett, das dann zu einfach und einförmig ist und sich mit einem einzigen Wort beschreiben läßt. Die großen Weine hingegen sind durch ein reichhaltiges, tiefes Bukett gekennzeichnet, dessen Komplexität sich ständig erneuert.

Es gibt unbegrenzt viele Ausdrücke, die sich auf das Bukett beziehen, weil man ausschließlich Vergleiche verwendet. Man hat verschiedene Systeme einer Klassifizierung der Gerüche vorgeschlagen; der Einfachheit halber berücksichtigen wir nur die Gerüche, die ein

Die Weinprobe

blumiges, fruchtiges, pflanzliches (oder grasiges), würziges, balsamisches, animalisches, holziges, empyreumatisches (mit Bezug auf Feuer) oder chemisches Merkmal bieten.

Beispiele für Ausdrücke, die sich auf die Geruchsprüfung beziehen:

Blüten: Veilchen, Lindenblüten, Jasmin, Holunder, Akazie, Iris, Pfingstrose.
Früchte: Himbeeren, schwarze und rote Johannisbeeren, Süß- und Sauerkirschen, Aprikosen, Äpfel, Bananen, Backpflaumen.
Pflanzen: Gras, Farn, Moos, Unterholz, feuchte Erde, Kreide, verschiedene Pilze.
Gewürze: alle Gewürze von Pfeffer über Gewürznelken und Muskatnuß bis zu Ingwer.
Balsamische Gerüche: Harz, Kiefer, Terpentin.
Tiergeruch: Fleisch, abgehangenes Fleisch, Wildbret, Raubtiergeruch, Moschus, Fell.
Empyreumatische Gerüche: Verbranntes, Geröstetes, getoastetes Brot, Tabak, Heu, alle Arten von Röstgeruch (Kaffee etc.).

DER MUND

Nachdem der Wein die beiden Prüfungen des Auges und der Nase siegreich bestanden hat, durchläuft er eine letzte Prüfung «im Mund».

___ Man nimmt einen kleinen Schluck Wein und behält ihn im Mund. Dann saugt man ein wenig Luft ein, damit sie sich in der Mundhöhle verteilen kann. Wenn sie fehlt, ist der Wein einfach müde. Im Mund erwärmt sich der Wein; er verbreitet neue Aromastoffe, die man retronasal, d.h. über den Rachenbereich in der Nase wahrnimmt. Die Geschmacksknospen der Zunge sind nämlich nur für vier grundlegende Geschmacksempfindungen empfänglich: bitter, sauer, süß und salzig. Dies erklärt auch, warum jemand, der erkältet ist, einen Wein (oder ein anderes Getränk oder eine Speise) nicht schmecken kann; denn die retronasale Wahrnehmung funktioniert dann nicht.

___ Außer für die vier oben beschriebenen Geschmackseindrücke ist der Mund empfänglich für die Temperatur des Weins, seine Viskosität, das Vorhandensein – oder Fehlen – von Kohlensäure und die Adstringenz (eine taktile Wirkung, fehlende Gleitwirkung des Speichels und Zusammenziehen der Muskeln unter der Einwirkung der Tannine).

___ Im Mund offenbaren sich die Ausgewogenheit und die Harmonie oder – im Gegenteil – der Charakter schlecht gebauter Weine, die man nicht kaufen darf.

Weiß- und Roséweine sind durch eine gute Ausgewogenheit zwischen Säure und Milde gekennzeichnet.

Bei zuviel Säure ist der Wein aggressiv, bei zuwenig ist er flach.
Bei zuviel Milde ist der Wein schwer und dick; bei zuwenig ist er dünn und eintönig.

Bei Rotweinen beruht die Ausgewogenheit auf der Säure, der Milde und den Tanninen.

Zuviel Säure:	zu nerviger, oft magerer Wein
zuviel Gerbsäure:	harter, adstringierender Wein
zuviel Milde (selten):	schwerer Wein
Mangel an Säure:	fader Wein
Mangel an Gerbsäure:	unförmiger Wein ohne Gerüst
Mangel an Milde:	Wein, der trocknet

Ein guter Wein befindet sich in einem Gleichgewicht zwischen diesen drei Komponenten. Sie unterstützen seinen aromatischen Reichtum; ein großer Wein unterscheidet sich von einem guten Wein durch seinen gewissenhaften und starken, dabei aber verschmolzenen Bau und sein Volumen in der Komplexität des Aromas.

Beispiele für Ausdrücke, die sich auf den Wein im Mund beziehen:

Kritisch: unförmig, fad, platt, dünn, wäßrig, beschränkt, durchsichtig, arm, schwer, massig, grob, dick, unausgewogen.
Lobend: strukturiert, gutgebaut, kräftig gebaut, ausgewogen, korpulent, vollständig, elegant, fein, charaktervoll, gehaltvoll.

Nach dieser Analyse im Mund wird der Wein hinuntergeschluckt. Der Weinfreund konzentriert sich dann darauf, seine aromatische Nachhaltigkeit, die auch als «Länge im Mund» bezeichnet wird, zu bestimmen. Diese Einschätzung wird in «Caudalien» ausgedrückt: eine wissenschaftliche Maßeinheit, die ganz einfach eine Sekunde lang ist. Je länger ein Wein ist, desto schätzenswerter ist er. Diese geschmackliche Länge macht es möglich, eine Hierarchie der Weine aufzustellen, vom kleinsten bis zum größten.
___ Diese Maßeinheit in Sekunden ist sehr einfach und zugleich sehr kompliziert, sie berücksichtigt nur seine aromatische Länge und läßt die Elemente der Struktur des Weins (Säure, bitterer Geschmack, Zucker und Alkohol) außer acht, die nicht als solche wahrgenommen werden dürfen.

Das Erkennen eines Weins

Die Weinprobe ist wie das Weintrinken bewertend. Es handelt sich darum, einen Wein vollständig zu erfassen und zu bestimmen, ob er groß, mittel oder klein ist. Sehr oft geht es darum, ob er seinem Typ entspricht; aber man muß auch genau erkennen, woher er kommt.
___ Die identifizierende Weinprobe, d.h. die wiedererkennende Weinprobe, ist ein Sport, ein Gesellschaftsspiel; aber sie ist ein Spiel, das man nicht spielen kann, wenn man nicht ein Mindestmaß an Information hat. Man kann eine Rebsorte erkennen, beispielsweise einen Cabernet Sauvignon. Aber ist es ein Cabernet Sauvignon aus Italien, dem Languedoc, Kalifornien, Chile, Argentinien, Australien oder Südafrika? Beschränkt man sich auf Frankreich, so ist es möglich, die großen Weinbaugebiete zu identifizieren; aber wenn man es genauer wissen will, tauchen verzwickte Probleme auf. Würde man sechs Weingläser aufstellen und erläutern, daß es sich dabei um die sechs Appellationen des Médoc (Listrac, Moulis, Margaux, Saint-Julien, Pauillac, Saint-Estèphe) handelt, wie viele würde man dann fehlerfrei erkennen?
___ Eine klassische Erfahrung, die jeder neu machen kann, beweist die Schwierigkeit der Weinprobe: Der Verkoster probiert mit verbundenen Augen in zufälliger Reihenfolge nicht sehr tanninreiche Rotweine und Weißweine ohne viel Aroma, vorzugsweise faßgereifte. Er muß lediglich den Weißwein vom Rotwein (oder umgekehrt) unterscheiden: Es kommt sehr selten vor, daß er sich dabei nicht irrt! Paradoxerweise ist es viel einfacher, einen sehr typischen Wein wiederzuerkennen, an den man noch die Erinnerung im Kopf und im Mund hat. Aber wie hoch ist die Wahrscheinlichkeit, daß der vorgestellte Wein genau jener ist?

Weinprobe für den Kauf

Wenn man in ein Weinbaugebiet fährt und vorhat, Wein zu kaufen, muß man ihn auswählen, also probieren. Es geht also darum, eine beurteilende und vergleichende Weinprobe zu machen. Die Weinprobe, die zwei oder drei Weine miteinander vergleicht, ist einfach; komplizierter wird sie, wenn der Preis der Weine eine Rolle spielt. Bei einem festen Budget – und das sind leider alle Budgets – verbieten sich einige Einkäufe von selbst. Diese Weinprobe wird noch komplizierter, falls man einbezieht, zu welchem Zweck man die Weine kauft und zu welchen Speisen sie passen. Es grenzt schon an Zauberei, vorauszuahnen, was man in zehn Jahren essen wird, und dem entsprechend heute den für diese Gelegenheit erforderlichen Wein einzukaufen. Die vergleichende Weinprobe, die im Prinzip einfach und leicht ist, wird extrem heikel, denn der Käufer muß Vermutungen über die Entwicklung verschiedener Weine anstellen und abschätzen, wann sie ihre beste Qualität erreichen. Die Winzer selbst irren sich manchmal, wenn sie versuchen, sich die Zukunft ihres Weins auszumalen. Es gab einige darunter, die ihren eigenen Wein zurückkauften, den sie zu Schleuderpreisen abgegeben hatten, weil sie irrtümlich angenommen hatten, der Wein würde nicht besser werden . . .

Das Servieren der Weine

___ Ein paar Grundregeln können dennoch Anhaltspunkte für die Beurteilung liefern. Damit Weine besser werden, müssen sie solide gebaut sein. Sie müssen einen ausreichenden Alkoholgehalt besitzen und haben ihn auch wirklich immer: Die Chaptalisierung (der gesetzlich geregelte Zusatz von Zucker) trägt dazu bei, falls es erforderlich ist. Man muß somit auch auf die Säure und die Tannine achten. Ein zu weicher Wein, der jedoch sehr angenehm sein kann und dessen Säuregehalt gering, sogar zu gering ist, wird empfindlich sein; eine lange Lebensdauer ist dann nicht sichergestellt. Ein tanninarmer Wein hat kaum größere Zukunftsaussichten. Im ersten Fall haben die Trauben zuviel Sonnenschein und Wärme erfahren, im zweiten Fall mußten sie unter mangelnder Reife, Befall durch Fäule oder auch unter einer ungeeigneten Vinifizierung leiden.

___ Säure und Gerbsäure, diese beiden Bestandteile des Weins, kann man messen: Die Säure wird im Gegenwert zur Schwefelsäure bestimmt, in Gramm pro Liter, sofern man nicht lieber den pH-Wert wählt; die Gerbsäure berechnet man nach dem Folain-Index, aber es handelt sich dabei um eine Laborbestimmung.

___ Die Zukunft eines Weins, der nicht mindestens 3 Gramm Säure enthält, ist nicht gesichert; nicht ganz so exakt kann man den Grenzwert der Gerbsäure angeben, unterhalb dessen eine lange Lagerung problematisch ist. Dennoch ist die Kenntnis dieser Indexzahl nützlich, denn sehr reife, milde, umhüllte Tannine werden manchmal bei der Weinprobe unterschätzt, weil sie sich nicht immer deutlich zeigen.

___ In allen Fällen wird man den Wein unter guten Bedingungen probieren, ohne sich von der Atmosphäre des Winzerkellers beeinflussen zu lassen. Man muß vermeiden, ihn nach einer Mahlzeit zu probieren, nach dem Genuß von Alkohol, Kaffee, Schokolade oder Pfefferminzbonbons, oder nachdem man geraucht hat. Falls der Winzer Nüsse anbietet, sollte man mißtrauisch sein! Denn sie verbessern den Geschmack aller Weine. Mißtrauen ist auch bei Käse angebracht, der die Sensibilität des Gaumens verändert; allerhöchstens kann man, wenn man darauf Wert legt, ein Stück trockenes Brot essen.

Einübung der Weinprobe

Wie jede andere Technik läßt sich auch die Weinprobe erlernen. Man kann sie zu Hause durchführen, indem man einige der obigen Bedingungen befolgt. Man kann auch, falls man begeisterter Weinliebhaber ist, praktische Übungen besuchen, die immer zahlreicher werden. Man kann sich auch in Einführungskurse einschreiben, die von verschiedenen privaten Organisationen angeboten werden, die sehr vielfältige Aktivitäten entwickeln: Erlernen der Weinprobe, Erlernen der Abstimmung von Speisen und Weinen, Erkundung der großen französischen oder ausländischen Anbaugebiete durch Weinproben, Untersuchung des Einflusses der Rebsorten, der Jahrgänge, der Böden, Auswirkungen der Vinifizierungsmethoden, kommentierte Weinproben im Beisein des Erzeugers usw.

Das Servieren der Weine

Im Restaurant ist das Servieren des Weins die Aufgabe des Weinkellners. Zu Hause wird der Hausherr zum Weinkellner und muß auch dessen Fähigkeiten besitzen. Viele Fertigkeiten sind notwendig, angefangen bei der Auswahl der Flaschen, die am besten zu den Gerichten der jeweiligen Mahlzeit passen und ihre beste Qualität erreicht haben.

___ Bei der Abstimmung der Weine auf das Essen spielt natürlich der jeweilige Geschmack eine Rolle; jahrhundertelange Erfahrung in diesem Bereich macht es dennoch möglich, allgemeine Grundregeln aufzustellen und sogar genau vorauszusagen, welche Weine und Gerichte hervorragend miteinander harmonieren und welche Kombinationen sich nicht miteinander vertragen.

___ Die Weine entwickeln sich sehr ungleich. Den Weinliebhaber, der den besten Wein will, interessiert allein ihr Höhepunkt. Je nach Appellation und somit Rebsorte, je nach Boden und Vinifizierung kann dieser in einem Zeitraum eintreten, der zwischen einem und zwanzig Jahren liegt. Entsprechend dem auf der Flasche angegebenen Jahrgang kann sich der Wein zwei- bis dreimal rascher entwickeln. Man kann jedoch Durchschnittswerte aufstellen, die als Anhaltspunkt dienen und die man unter Berücksichtigung seines Weinkellers und der Informationen in den Jahrgangstabellen modifiziert.

Das Servieren der Weine

Höhepunkt (in Jahren)

Appellation oder Region	Weißwein	Rotwein	Appellation oder Region	Weißwein	Rotwein
Elsaß	Jahr nach der Lese		Loire	5–10	5–12
Alsace Grand Cru	1–4		Loire, lieblich, süß	10–15	
Alsace Vendanges tardives	8–12		Périgord	2–3	3–4
Jura	4	8	Périgord, süß	8–8	
Jura Rosé	6		Bordeaux	2–3	6–8
Vin Jaune	20		große Bordeaux-Weine	8–10	10–15
Savoie	1–2	2–4	Bordeaux, süße Weine	10–15	
Burgund	5	7	Jurançon, trocken	2–4	
großer Burgunder	8–10	10–15	Jurançon, lieblich, süß	6–10	
Mâcon	2–3	1–2	Madiran		8–12
Beaujolais	Jahr nach der Lese		Cahors		5–10
Beaujolais-Crus		1–4	Gaillac	3	5
nördliches Rhône-Tal	2–3	4–5	Languedoc	1–2	2–4
(Côte-Rôtie, Hermitage etc.)	(8)	(8–15)	Côtes de Provence	1–2	2–4
südliches Rhône-Tal	2	4–8	Korsika	1–2	2–4

Anmerkung:
- Man darf den Höhepunkt bei der Entwicklung eines Weines nicht mit der maximalen Alterungsfähigkeit verwechseln.
- Ein warmer Keller oder ein Keller mit schwankender Temperatur beschleunigt die Entwicklung der Weine.

Regeln für das Servieren

Bei der Behandlung der Flasche darf man sich nicht Nachlässigkeiten zu schulden kommen lassen, von dem Augenblick, wenn man sie aus dem Keller holt, bis zu dem Moment, wenn man den Wein ins Glas gießt. Je älter ein Wein ist, desto mehr Sorgfalt erfordert er. Man zieht die Flasche aus dem betreffenden Stapel und richtet sie langsam auf, ehe man sie in den Raum trägt, wo sie getrunken wird, falls man sie zum Ausschenken nicht direkt in ein Dekantierkörbchen legt.

___ Die anspruchslosesten Weine serviert man ohne großen Aufwand. Bei sehr empfindlichen, also sehr alten Weinen schenkt man sie aus der Flasche aus; diese hat man liebevoll so in das Körbchen gelegt, wie sie vorher im Weinregal lag.

___ Die jüngeren oder jungen Weine, die robusten Weine werden dekantiert, entweder damit sie belüftet werden, weil sie noch etwas Kohlensäure enthalten, ein Andenken an ihre Gärung, oder damit eine für den Trinkgenuß günstige Oxidation eingeleitet wird, oder um den klaren Wein von den Ablagerungen zu trennen, die sich am Flaschenboden angesammelt haben. In diesem Fall füllt man den Wein mit aller Behutsamkeit um. Man gießt ihn zu diesem Zweck vor einer Lichtquelle, traditionell einer Kerze (eine Gewohnheit, die aus der Zeit vor der Erfindung des elektrischen Lichts stammt und keinen besonderen Vorteil mit sich bringt) in eine Karaffe um, so daß der trübe Wein und die Feststoffe in der Flasche zurückbleiben.

Wann entkorkt man, wann serviert man?

Professor Peynaud vertritt die Ansicht, es sei nutzlos, den Korken lange bevor man den Wein trinkt, zu entfernen, weil die Oberfläche, die mit der Luft in Kontakt kommt (Flaschenhals und Flasche), zu klein sei. Dennoch faßt die untenstehende Tabelle übliche Erfahrungswerte zusammen, die den Wein zwar nicht immer in allen Fällen verbessern, ihm auf der andern Seite aber auch nie schaden.

Das Servieren der Weine

aromatische Weißweine Primeur-Wein Alltagsweine Roséweine	rot + weiß	entkorken, sofort trinken
weiße Loire-Weine süße Weißweine		entkorken, eine Stunde warten Flasche senkrecht
junge Rotweine Rotweine auf ihrem Höhepunkt		eine halbe bis zwei Stunden dekantieren, bevor man sie trinkt
empfindliche alte Rotweine		im Flaschenkorb entkorken und sofort servieren; eventuell dekantieren und sofort trinken

Entkorken

Die Kapsel muß unterhalb des Flaschenrings oder in der Mitte abgeschnitten werden. Der Wein darf nicht mit dem Metall der Kapsel in Berührung kommen. Wenn der Flaschenhals mit Wachs versiegelt ist, versetzt man der Flasche leicht Stöße, damit das Wachs abspringt. Noch besser ist es, zu versuchen, das Wachs mit einem Messer im oberen Bereich des Flaschenhalses abzulösen; diese Methode hat nämlich den Vorteil, daß man die Flasche und den Wein keinen Erschütterungen aussetzt.

Zum Herausziehen des Korken eignet sich allein ein Korkenzieher, der eine spiralige Schraubenform hat (bei einem Korkenzieher, der Blattfedern besitzt, ist die Handhabung schwierig). Theoretisch sollte der Korken nicht durchstoßen werden. Wenn man ihn herausgezogen hat, riecht man daran: Er darf keinen störenden Geruch aufweisen und auch nicht nach Korken riechen (sog. Korkgeruch). Dann probiert man den Wein, um sich nochmals zu vergewissern, bevor man ihn den Gästen einschenkt.

Bei welcher Temperatur?

Man kann einen Wein umbringen, wenn man ihn mit der falschen Temperatur serviert, oder im Gegenteil seine Wirkung steigern, wenn man ihn mit der richtigen Temperatur auf den Tisch bringt. Da der Wein selten die richtige Temperatur hat, empfiehlt sich ein Thermometer, ein Taschenthermometer, wenn man ins Restaurant geht, oder eines, das man in die Flasche steckt, wenn man zu Hause ist. Die Serviertemperatur eines Weins hängt von seiner Appellation (d.h. von seinem Typ), von seinem Alter und zu einem geringen Teil von der Umgebungstemperatur ab. Nicht vergessen darf man dabei, daß sich der Wein im Glas erwärmt.

große rote Bordaux-Weine	16–17 °C
große rote Burgunder	15–16 °C
erstklassige Rotweine, große Rotweine vor ihrem Höhepunkt	14–16 °C
große trockene Weißweine	14–16 °C
leichte, fruchtige, junge Rotweine	11–12 °C
Roséweine, Primeur-Weine	10–12 °C
trockene Weißweine, rote Landweine	10–12 °C
kleine Weißweine, weiße Landweine	8–10 °C
Champagner, Schaumweine	7–8 °C
süße Weine	6 °C

Diese Temperaturen muß man um ein oder zwei Grad erhöhen, wenn der Wein alt ist.

Weine, die man zum Aperitif trinkt, serviert man zumeist etwas kühler, Weine zum Essen trinkt man leicht temperiert. Ebenso berücksichtigt man die Umgebungstemperatur: In einem trockenen Klima erscheint ein Wein, den man mit 11 °C trinkt, eiskalt, weshalb man ihn lieber mit 13 oder sogar 14 °C servieren sollte.

Man sollte sich aber hüten, einen Wein mit mehr als 20 °C zu servieren, denn bei höheren Temperaturen verändern physikalisch-chemische Prozesse, die von der Umgebung unabhängig sind, die Qualitäten des Weins und den zu erwartenden Genuß.

Die Gläser
Jeder Region ihr eigenes Glas. In der Praxis wird man sich, ohne in einen übertriebenen Purismus zu verfallen, entweder mit einem Universalglas (von der Form eines Degustationsglases) oder mit den zwei gebräuchlichsten begnügen, dem Bordeaux- und dem Burgunderglas. Was für ein Glas man auch wählt, man füllt es nicht zu voll, zwischen einem Drittel und der Hälfte.

Im Restaurant
Im Restaurant kümmert sich der Weinkellner um die Flasche, riecht am Korken, läßt aber den Wein den Gast probieren, der ihn bestellt hat. Vorher sollte er Weine empfohlen haben, die zu den jeweiligen Speisen passen.

Es ist aufschlußreich, die Weinkarte zu studieren, nicht etwa weil sie die Geheimnisse des Weinkellers enthüllt, was ja ihre Aufgabe ist, sondern weil man dadurch abschätzen kann, wie groß die Kompetenz des Weinkellners, des Kellermeisters oder des Lokalbesitzers ist. Eine richtige Weinkarte muß für jeden Wein unbedingt die folgenden Informationen angeben: Appellation, Jahrgang, Ort der Flaschenabfüllung, Name des Weinhändlers oder des Weingutbesitzers, der ihn erzeugt hat und für ihn verantwortlich ist. Die letzte Information wird aus was für Gründen auch immer sehr oft weggelassen.

Eine schöne Weinkarte muß eine breite Auswahl bieten, hinsichtlich der Anzahl der aufgeführten Appellationen ebenso wie bei der Vielfalt und der Qualität der Jahrgänge (viele Restaurantbesitzer haben die unangenehme Angewohnheit, immer die kleinen Jahrgänge anzubieten!). Eine kluge Weinkarte muß dem Stil und den Spezialitäten der Küche besonders angepaßt sein oder auch die Weine der Region großzügig berücksichtigen.

Manchmal wird die «Cuvée des Patrons» angeboten; es ist nämlich möglich, einen angenehmen Wein zu kaufen, der keine AOC besitzt, aber es wird nie ein großer Wein sein.

Weinlokale
Von jeher gab es «Weinlokale» oder «Weinkneipen», die erstklassige Weine im Glas verkauften, sehr oft Erzeugerabfüllungen, die der Lokalbesitzer während eines Besuchs in den jeweiligen Anbaugebieten selbst ausgesucht hatte. Dort servierte man den Gästen auch Wurst- und Käseteller.
In den 70er Jahren entwickelte sich eine neue Generation von Weinlokalen, die häufig als «Wine bar» bezeichnet werden. Die Erfindung eines Apparats, der Wein in offenen Flaschen durch eine Gasschicht (Stickstoff) schützt, des sog. *Cruover*, machte es diesen Lokalen möglich, ihren Gästen sehr große Weine aus angesehenen Jahrgängen anzubieten. Parallel dazu ergänzte ein kleineres Angebot von Gerichten ihre Weinkarte.

DIE JAHRGÄNGE

Alle Qualitätsweine sind Jahrgangsweine. Lediglich ein paar Weine und bestimmte Champagner, deren besondere Herstellungsweise (Verschnitt mehrerer Jahrgänge) dies rechtfertigt, bilden eine Ausnahme von dieser Regel.

Was soll man somit von einer Flasche ohne Jahrgangsangabe halten? Zwei Möglichkeiten sind denkbar: Entweder kann man den Jahrgang nicht nennen, weil er einen scheußlichen Ruf innerhalb der Appellation besitzt, oder er kann nicht mit einem Jahrgang bezeichnet werden, weil er das Ergebnis des Verschnitts von «Weinen mehrerer Jahrgänge» ist, wie die in der Weinbranche geläufige Bezeichnung dafür lautet. Die Qualität des Erzeugnisses hängt dann vom Talent desjenigen ab, der den Wein zusammengestellt hat. Im allgemeinen ist der verschnittene Wein besser als jeder seiner Bestandteile, aber es ist nicht ratsam, eine solche Flasche altern zu lassen.
Der Wein, der einen großen Jahrgang trägt, ist konzentriert und ausgewogen. Er stammt in der Regel, aber nicht zwangsläufig aus einer (mengenmäßig) kleinen Ernte, deren Trauben frühzeitig gelesen worden sind.

Die Jahrgänge

___ In jedem Fall entstehen die großen Jahrgänge nur aus vollkommen gesunden Trauben, die keinerlei Fäulnis aufweisen dürfen. Um einen großen Jahrgang zu erhalten, spielt das Wetter, das zu Beginn des Wachstumszyklus herrscht, keine große Rolle; man kann sogar behaupten, daß manches Mißgeschick, wie etwa Frost oder Verrieseln (wenn die Beeren vor der Reife abfallen), günstig ist, weil es die Zahl der Trauben pro Rebstock vermindert, was den Ertrag reduziert. Dagegen ist der Zeitraum vom 15. August bis zur Lese (Ende September) von entscheidender Bedeutung: Möglichst viel Wärme und Sonnenschein sind somit notwendig. 1961 bleibt bis auf weiteres der «Jahrhundertjahrgang», ein beispielhaftes Jahr: Alles spielte sich so ab, wie es sein mußte. Die Jahre 1963, 1965 und 1968 waren dagegen katastrophal, weil Kälte und Regen zusammenkamen, daher auch mangelhafte Reife und hoher Ertrag (die Trauben sogen sich mit Wasser voll). Regen und Wärme sind nicht viel besser, denn das lauwarme Wasser begünstigt die Fäulnis. Mit dieser Klippe sah sich ein potentiell großer Jahrgang 1976 in Südwestfrankreich konfrontiert: Die Fortschritte bei den Schutzmaßnahmen für die Trauben, die insbesondere den Sauerwurm (Raupe des Einbindigen Traubenwicklers) bekämpfen und der Entwicklung der Fäulnis vorbeugen sollen, ermöglichen hochwertige Ernten, die früher stark gefährdet gewesen wären. Diese Behandlungsmethoden erlauben es auch, verhältnismäßig unbesorgt abzuwarten, selbst wenn die meteorologischen Voraussetzungen vorübergehend nicht ermutigend sind, daß die Trauben vollständig reif werden – ein großer Gewinn hinsichtlich der Qualität. Ab 1978 kann man ausgezeichnete Jahrgänge mit spät gelesenen Trauben feststellen.

___ Es ist üblich, die Qualität der Jahrgänge in Bewertungstabellen zusammenzufassen. Diese Noten stellen nur Durchschnittswerte dar; sie berücksichtigen weder die mikroklimatischen Bedingungen noch die heroischen Anstrengungen, die Trauben bei der Lese auszusortieren, oder die leidenschaftliche Selektion der Weine im Gärbehälter. So beweist etwa der Graves-Wein der Domaine de Chevalier 1965 – ansonsten ein grauenhafter Jahrgang –, daß man einen großen Wein in einem mit 0 bewerteten Jahr herstellen kann.

Vorschläge für eine Bewertung (von 0 bis 20)

	Bordeaux R	Bordeaux B Süßweine	Bordeaux B sec	Burgund R	Burgund B	Champagne	Loire	Rhône	Elsaß
1900	19	19	17	13		17			
1901	11	14							
1902									
1903	14	7	11						
1904	15	17		16			19	18	
1905	14	12							
1906	16	16		19	18				
1907	12	10		15					
1908	13	16							
1909	10	7							
1910									
1911	14	14		19	19	20	19	19	
1912	10	11							
1913	7	7							
1914	13	15				18			
1915		16		16	15	15	12	15	
1916	15	15		13	11	12	11	10	

(Elsaß: Deutsches Elsaß)

Die Jahrgänge

	Bordeaux R	Bordeaux B Süßweine	Bordeaux B sec	Burgund R	Burgund B	Champagne	Loire	Rhône	Elsaß
1917	14	16		11	11	13	12	9	
1918	16	12		13	12	12	11	14	
1919	15	10		18	18	15	18	15	15
1920	17	16		13	14	14	11	13	10
1921	16	20		16	20	20	20	13	20
1922	9	11		9	16	4	7	6	4
1923	12	13		16	18	17	18	18	14
1924	15	16		13	14	11	14	17	11
1925	6	11		6	5	3	4	8	6
1926	16	17		16	16	15	13	13	14
1927	7	14		7	5	5	3	4	
1928	19	17		18	20	20	17	17	17
1929	20	20		20	19	19	18	19	18
1930							3	4	3
1931	2	2		2	3		3	5	3
1932				2	3	3	3	3	7
1933	11	9		16	18	16	17	17	15
1934	17	17		17	18	17	16	17	16
1935	7	12		13	16	10	15	5	14
1936	7	11		9	10	9	12	13	9
1937	16	20		18	18	18	16	17	17
1938	8	12		14	10	10	12	8	9
1939	11	16		9	9	9	10	8	3
1940	13	12		12	8	8	11	5	10
1941	12	10		9	12	10	7	5	5
1942	12	16		14	12	16	11	14	14
1943	15	17		17	16	17	13	17	16
1944	13	11	12	10	10		6	8	4
1945	20	20	18	20	18	20	19	18	20
1946	14	9	10	10	13	10	12	17	9
1947	18	20	18	18	18	18	20	18	17
1948	16	16	16	10	14	11	12		15
1949	19	20	18	20	18	17	16	17	19
1950	13	18	16	11	19	16	14	15	14
1951	8	6	6	7	6	7	7	8	8
1952	16	16	16	16	18	16	15	16	14
1953	19	17	16	18	17	17	18	14	18
1954	10			14	11	15	9	13	9
1955	16	19	18	15	18	19	16	15	17
1956	5						9	12	9
1957	10	15		14	15		13	16	13
1958	11	14		10	9		12	14	12

Die Jahrgänge

	Bordeaux R	Bordeaux B Süßweine	Bordeaux B sec	Burgund R	Burgund B	Champagne	Loire	Rhône	Elsaß
1959	19	20	18	19	17	17	19	15	20
1960	11	10	10	10	7	14	9	12	12
1961	20	15	16	18	17	16	16	18	19
1962	16	16	16	17	19	17	15	16	14
1963					10				
1964	16	9	13	16	17	18	16	14	18
1965		12					8		
1966	17	15	16	18	18	17	15	16	12
1967	14	18	16	15	16		13	15	14
1968									
1969	10	13	12	19	18	16	15	16	16
1970	17	17	18	15	15	17	15	15	14
1971	16	17	19	18	20	16	17	15	18
1972	10		9	11	13		9	14	9
1973	13	12		12	16	16	16	13	16
1974	11	14		12	13	8	11	12	13
1975	18	17	18		11	18	15	10	15
1976	15	19	16	18	15	15	18	16	19
1977	12	7	14	11	12	9	11	11	12
1978	17	14	17	19	17	16	17	19	15
1979	16	18	18	15	16	15	14	16	16
1980	13	17	18	12	12	14	13	15	10
1981	16	16	17	14	15	15	15	14	17
1982	18	14	16	14	16	16	14	13	15
1983	17	17	16	15	16	15	12	16	20
1984	13	13	12	13	14	5	10	11	15
1985	18	15	14	17	17	17	16	16	19
1986	17	17	12	12	15	9	13	10	10
1987	13	11	16	12	11	10	13	8	13
1988	16	19	18	16	14	15	16	18	17
1989	18	19	18	16	18	16	20	16	16
1990	18	20	17	18	16	19	17	17	18
1991	13	14	13	14	15	11	12	13	13
1992	12	10	14	15	17	12	14	12	13
1993	13	8	15	14	13	12	13	13	13
1994	16	14	17	14	16	12	14	14	12
1995	17	18	17	14	16	16	17	16	12
1996	17	18	16	17	18	19	17	14	12

Die fett umrandeten Kästchen zeigen die Weine an, die eingekellert werden sollten.

Die Süßweine der Loire sind im Jahrgang 1990 mit 20 bewertet.

Wein in der Küche – Der Weinessig

Welche Jahrgänge soll man jetzt trinken?
Die Weine entwickeln sich unterschiedlich, je nachdem, ob sie in einem unfreundlichen oder in einem sonnenreichen Jahr erzeugt worden sind, aber auch je nach Appellation, ihrer hierarchischen Stellung innerhalb dieser Appellation, ihrer Vinifizierung und ihrem Ausbau. Ihre Reifung hängt auch von dem Keller ab, in dem sie lagern.

Die Bewertungstabelle der Jahrgänge bezieht sich auf gutgebaute Weine jüngerer und somit verfügbarer Jahrgänge, wenn sie richtig gelagert worden sind. Sie bezieht sich weder auf außergewöhnliche Weine noch auf alte, legendäre Jahrgänge, die immer ausgezeichnet sind (1961 beispielsweise); sie findet man in der allgemeinen zusammenfassenden Tabelle.

WEIN IN DER KÜCHE

Die Küche zum Wein ist keine heutige Erfindung. Schon der römische Feinschmecker Apicius erwähnt ein Rezept für Ferkel in Weinsauce (es handelte sich um einen Strohwein). Warum soll man Wein in der Küche verwenden? Wegen des Geschmacks, den er mitbringt, und wegen der verdauungsfördernden Wirkung, die er den Gerichten dank des Glyzerins und der Tannine verleiht. Der Alkohol, den manche als Übel betrachten, ist fast völlig aus der Küche verschwunden.

Man könnte eine Geschichte der Kochkunst anhand des Weins nachzeichnen: Die Marinaden wurden erfunden, um Fleischstücke aufzubewahren; heute hält man daran fest, weil sie Geschmacksstoffe liefern. Aus dem Garen, also dem Einkochen der Marinaden, entstanden die Saucen. Manchmal kocht man das Fleisch mit der Marinade; außerdem hat man Ragouts, Schmorgerichte und mit Wein versetzte Garsude sowie pochierte Eier in Rotweinsauce erfunden.

Einige Ratschläge
- nie alte Weine zum Kochen verschwenden. Das ist teuer, nutzlos und sogar schädlich.
- nie einfache Tischweine oder zu leichte Weine zum Kochen verwenden; wenn sie einkochen, konzentriert sich nur ihr Mangel an Geschmack.
- zum Gericht den Wein trinken, den man zum Kochen verwendet hat, oder einen Wein aus dem selben Anbaugebiet.

DER WEINESSIG

Der Wein ist der Freund des Menschen, der Essig der Feind des Weins. Muß man daraus folgern, daß der Essig der Feind des Menschen ist? Nein, Weine und Essige spielen jeder ihren Part im Orchester der Geschmacksempfindungen, die der Mensch genießt. Es wäre bedauerlich, hochwertige Weine, die abgestanden oder oxidiert sind, einfach wegzuschütten. Für sie ist das Essiggefäß bestimmt. Ein Essiggefäß für den Hausgebrauch ist ein 3 bis 5 Liter fassender Behälter, der aus Holz oder besser aus glasiertem Ton besteht und in der Regel einen Hahn besitzt. Die Säure des Essigs ist ein Zusatz, ein Entwickler. Er ist ein Kontrapunkt, kein Solist. Um sein Feuer zu dämpfen, hat der Feinschmecker den aromatisierten Essig erfunden. Zahlreiche starke Geschmacksnuancen vereinigen sich zu einer vielgestaltigen Harmonie: Knoblauch, Schalotten, kleine Zwiebeln, Estragon, Senfkörner, Pfefferkörner, Gewürznelken, Holunderblätter, Kapuzinerkresse, Rosenblätter, Lorbeerblätter, Thymianzweige, Dreifinger-Steinbrech usw.

Ratschläge
- nie ein Essiggefäß in einen Keller stellen.
- jedes Mal die sog. «Essigmutter» (eine zähflüssige Masse) entfernen, wenn sie sich im Essiggefäß entwickelt.
- das Essiggefäß an einen temperierten Ort (20° C) stellen.
- das Essiggefäß nie luftdicht verschließen, weil die Luft dazu beiträgt, daß sich die Essigsäurebakterien entwickeln, die den Alkohol des Weins in Essigsäure umwandeln.
- die Aromastoffe nie in das Essiggefäß legen. Man muß den Essig dem Essiggefäß entnehmen und den aromatisierten Essig in einem anderen Gefäß aufbewahren.
- in das Essiggefäß nie Wein einfüllen, dessen Ursprung man nicht kennt.

SPEISEN UND WEINE

Nichts ist schwieriger, als «den» idealen Wein zu finden, der ein Gericht begleiten soll. Kann es überhaupt einen idealen Wein geben? Im Kapitel über die Verbindung von Speisen und Weinen hat die Monogamie keinen Platz; man muß die extreme Vielfalt der französischen Weine ausnutzen und eigene Erfahrungen machen: Ein guter Weinkeller macht es möglich, durch Ausprobieren schrittweise der Wahrheit näherzukommen . . .

VORSPEISEN

ANCHOÏADE (SARDELLENPASTE)
- Côtes du Roussillon (Rosé)
- Coteaux d'Aix-en-Provence (Rosé)
- Alsace Sylvaner

ARTISCHOCKEN MIT PILZEN UND SCHINKEN GEFÜLLT
- Coteaux d'Aix-en-Provence (Rosé)
- Rosé de Loire
- Bordeaux (Rosé)

AVOCADO
- Champagner
- Bugey (weiß)
- Bordeaux sec

FROSCHSCHENKEL
Corbières (weiß)
- Entre-Deux-Mers
- Touraine Sauvignon

NIZZAER SALAT (KARTOFFELN, BOHNEN, TOMATEN, SARDELLENFILETS, OLIVEN UND KAPERN)
- Alsace Sylvaner
- Côtes du Rhône (rot)
- Coteaux d'Aix-en-Provence (Rosé)

(ROTE) PAPRIKASCHOTEN GEBRATEN, MIT SAUCE VINAIGRETTE
- Clairette de Bellegarde
- Muscadet
- Mâcon Lugny (weiß)

SOJAKEIMESALAT
- Alsace Tokay
- Clairette du Languedoc
- Muscadet

SPARGEL MIT SCHAUMSAUCE
- Alsace Muscat

STOPFLEBER AU NATUREL
- Barsac
- Corton-Charlemagne
- Listrac
- Banyuls Rimage

STOPFLEBER GEBRATEN
- Jurançon
- Graves (rot)
- Condrieu

STOPFLEBER IM HEFETEIG
- Alsace Tokay Sélection de grains nobles
- Montrachet
- Pécharmant

WEINBERGSCHNECKEN
- Bourgogne Aligoté
- Alsace Riesling
- Touraine Sauvignon

WURSTGERICHTE

BAYONNER SCHINKEN
- Côtes du Rhône-Villages
- Bordeaux Clairet
- Corbières (Rosé)

GEFLÜGELLEBERTERRINE
- Meursault-Charmes
- Saint-Nicolas de Bourgueil
- Morgon

GRIEBEN
- Touraine Cabernet
- Beaujolais-Villages
- Rosé de Loire

HASENPASTETE
- Côtes de Duras (rot)
- Saumur-Champigny
- Moulin-à-Vent

RILLETTES (IM EIGENEN SCHMALZ EINGEMACHTES FLEISCH)
- Bourgogne (rot)
- Alsace Pinot noir
- Touraine Gamay

SCHINKEN, GEKOCHTER
- Alsace Tokay
- Côtes du Rhône
- Côtes du Roussillon (Rosé)

SCHINKEN IN PETERSILIENASPIK
- Chassagne Montrachet (weiß)
- Coteaux du Tricastin (rot)
- Beaujolais (rot)

WILDSCHWEINSCHINKEN GERÄUCHERT
- Côtes de Saint-Mont (rot)
- Bandol (rot)
- Sancerre (weiß)

WURST
- Côtes du Rhône-Villages
- Beaujolais
- Côtes du Roussillon (Rosé)

SCHALEN- UND KRUSTENTIERE

AUSTERN IN CHAMPAGNERSAUCE
- Bourgogne Hautes-Côtes de Nuits (weiß)
- Coteaux Champenois (weiß)
- Roussette de Savoie

BOUZIGUES-MIESMUSCHELN ROH
- Coteaux du Languedoc weiß
- Muscadet de Sèvre-et-Maine
- Coteaux d'Aix-en-Provence (weiß)

HUMMER GEGRILLT
- Hermitage (weiß)
- Pouilly-Fuissé
- Savennières

HUMMERSCHEIBEN MIT SAUCE AMÉRICAINE
- Arbois (gelber Wein)
- Juliénas

JAKOBSMUSCHELNSPIESSCHEN
- Graves (weiß)
- Alsace Sylvaner
- Beaujolais-Villages (rot)

KALMARE GEFÜLLT
- Mâcon-Villages
- Premières Côtes de Bordeaux
- Gaillac (rot)

KRABBENCOCKTAIL
- Jurançon sec
- Fiefs Vendéens (weiß)
- Bordeaux sec Sauvignon

KREBSE IN SUD
- Sancerre (weiß)
- Côtes du Rhône (weiß)
- Gaillac (weiß)

KRUSTEN- UND SCHALENTIERE MIT MAYONNAISE
- Bourgogne (weiß)
- Alsace Riesling
- Haut-Poitou Sauvignon

LANGUSTE MIT MAYONNAISE
- Patrimonio (weiß)
- Alsace Riesling
- Savoie Apremont

MARENNES-AUSTERN
- Muscadet
- Bourgogne Aligoté
- Alsace Sylvaner
- Chablis
- Beaujolais Primeur (rot)

MEERESFRÜCHTEPLATTE
- Chablis
- Muscadet
- Alsace Sylvaner

Fisch

MIESMUSCHELN IN WEISSWEINSUD
- Bourgogne (weiß)
- Alsace Pinot
- Bordeaux sec Sauvignon

MUSCHELPFANNE MIT SPINAT
- Muscadet
- Bourgogne Aligoté Bouzeron
- Coteaux Champenois (weiß)

SALAT AUS SCHALENTIEREN UND GURKEN
- Graves (weiß)
- Muscadet
- Alsace Klevner

SCAMPI IN COGNACSAUCE
- Chablis premier cru
- Graves (weiß)
- Muscadet de Sèvre-et-Maine

VENUSMUSCHELN GEFÜLLT
- Graves (weiß)
- Montagny
- Anjou (weiß)

VENUSMUSCHELN ÜBERBACKEN
- Pacherenc du Vic-Bilh
- Rully (weiß)
- Beaujolais (weiß)

ZUCHTMUSCHELN IN WEISSWEIN SUD MIT SCHALOTTEN, GEBRATEN
- Saint-Véran
- Bergerac sec
- Haut-Poitou Chardonnay

FISCH

AAL ANGEDÜNSTET, MIT PETERSILIENWÜRZMISCHUNG
- Corbières (Rosé)
- Gros Plant du Nantais
- Blaye (weiß)

ALSE MIT SAUERAMPFER
- Anjou (weiß)
- Rosé de Loire
- Haut-Poitou Chardonnay

BARQUETTES GIRONDINES (MIT GEWÜRZTEM FISCH GEFÜLLTE BLÄTTERTEIGSCHIFFCHEN)
- Bâtard-Montrachet
- Graves Supérieurs
- Quincy

BOUILLABAISSE
- Côtes du Roussillon (weiß)
- Coteaux d'Aix-en-Provence (Rosé)
- Muscadet des Coteaux de la Loire

BOURRIDE (PROVENZALISCHE FISCHSUPPE MIT GEMÜSE)
- Coteaux d'Aix-en-Provence (Rosé)
- Rosé de Loire
- Bordeaux (Rosé)

BRANDADE (STOCKFISCHPÜREE)
- Haut-Poitou (Rosé)
- Bandol (Rosé)
- Corbières (Rosé)

FISCHAUFLAUF MIT SAUCE NANTUA (MIT KREBSBUTTER UND KREBSSCHWÄNZEN)
- Bâtard-Montrachet
- Crozes-Hermitage (weiß)
- Bergerac sec

FISCHRAGOUT
- Saint-Aubin (weiß)
- Saumur sec (weiß)
- Crozes-Hermitage (weiß)

FORELLE MIT MANDELN
- Chassagne-Montrachet (weiß)
- Alsace Klevner
- Côtes du Roussillon

FRITIERTE KLEINE FISCHE
- Beaujolais (weiß)
- Béarn (weiß)
- Fief Vendéens (weiß)

GLATTBUTT MIT WEISSWEINSAUCE
- Graves (weiß)
- Puligny-Montrachet
- Coteaux du Languedoc (weiß)

GRAVETTES D'ARCACHON (KLEINE AUSTERN) MIT BORDELAISER SAUCE (ROTWEIN, SCHALOTTEN, RINDERMARKSCHEIBEN)
- Graves (weiß)
- Bordeaux sec
- Jurançon sec

HECHTKLÖSSCHEN MIT LYONER SAUCE (WEISSWEIN, ZWIEBELN UND SCHMELZKARTOFFELN)
- Montrachet
- Pouilly-Vinzelles
- Beaujolais-Villages (rot)

JUNGMAKRELEN IN WEISSWEINSAUCE
- Alsace Sylvaner
- Haut-Poitou Sauvignon
- Quincy

KARPFEN GEFÜLLT
- Montagny
- Touraine Azay-le-Rideau (weiß)
- Alsace Pinot

LACHS GEBRATEN, IN GROSSEN SCHEIBEN
- Chassagne-Montrachet (weiß)
- Cahors
- Côtes du Rhône (Rosé)

LACHSROGEN
- Haut-Poitou (Rosé)
- Graves (rot)
- Côtes du Rhône (rot)

MATROSENGERICHT (PIKANTES FISCHRAGOUT) AUS DEM ILL
- Chablis premier cru
- Arbois (weiß)
- Alsace Riesling

MERLAN EN COLÈRE (GEBRATEN, MIT FISCH IM MAUL, DAZU PETERSILIE UND ZITRONENVIERTEL)
- Alsace Gutedel
- Entre-Deux-Mers
- Seyssel

NEUNAUGE MIT BORDELAISER SAUCE
- Graves (rot)
- Bergerac (rot)
- Bordeaux (Rosé)

POCHOUSE (FISCHSUPPE AUS SÜSSWASSERFISCHEN)
- Meursault
- L'Etoile
- Mâcon-Villages

RÄUCHERLACHS
- Puligny-Montrachet premier cru
- Pouilly-Fumé
- Bordeaux sec Sauvignon

(KLEINE) ROTBARBEN GEBRATEN
- Chassagne-Montrachet (weiß)
- Hermitage (weiß)
- Bergerac

ROUILLE SÈTOISE (FISCHGERICHT MIT SCHARFER KNOBLAUCH-MAYONNAISE)
- Clairette du Languedoc
- Côtes du Roussillon (Rosé)
- Rosé de Loire

SARDINEN GEBRATEN
- Clairette de Bellegarde
- Jurançon sec
- Bourgogne Aligoté

SEELACHS KALT, MIT MAYONNAISE
- Pouilly-Fuissé
- Savoie
- Chignin
- Bergeron
- Alsace Klevner

SEETEUFEL, SCHWANZSTÜCK
- Mâcon-Villages
- Châteauneuf-du-Pape (weiß)
- Bandol (Rosé)

SEEZUNGENFILET NACH HAUSFRAUENART
- Graves (weiß)
- Chablis grand cru
- Sancerre (weiß)

SEEZUNGE NACH MÜLLERINART
- Meursault (weiß)
- Alsace Riesling
- Entre-Deux-Mers

STEINBUTT MIT SAUCE HOLLANDAISE
- Graves (weiß)
- Saumur (weiß)
- Hermitage (weiß)

STEINBUTTFLEISCH IN BLÄTTERTEIG
- Chevalier-Montrachet
- Crozes-Hermitage (weiß)

STOCKFISCH IN KNOBLAUCHMAYONNAISE
- Coteaux-d'Aix-en-Provence (Rosé)
- Bordeaux (Rosé)
- Haut-Poitou (Rosé)

Rotes und weißes Fleisch

STOCKFISCH VOM GRILL
- Gros Plant du Pays Nantais
- Rosé de Loire
- Coteaux d'Aix-en-Provence (Rosé)

TASCHENKREBS GEFÜLLT
- Premières Côtes de Bordeaux (weiß)
- Bourgogne (weiß)
- Muscadet

TEIGPASTETE MIT LACHS GEFÜLLT
- Pouilly-Vinzelles
- Graves (weiß)
- Rosé de Loire

(ROTER) THUNFISCH MIT ZWIEBELN
- Coteaux d'Aix (weiß)
- Coteaux du Languedoc (weiß)
- Côtes de Duras Sauvignon

(WEISSER) THUNFISCH À LA BASQUE (MIT PAPRIKASCHOTEN, TOMATEN, KNOBLAUCH)
- Graves (weiß)
- Pacherenc de Vic-Bilh
- Gaillac (weiß)

WOLFSBARSCH GEBRATEN
- Auxey-Duresses (weiß)
- Bellet (weiß)
- Bergerac sec

ZANDER IN BUTTERSAUCE
- Muscadet
- Saumur (weiß)
- Saint-Joseph (weiß)

ROTES UND WEISSES FLEISCH

Lamm

BARON (RÜCKEN IN EINEM STÜCK) IM OFEN GEBACKEN
- Haut-Médoc
- Savoie-Mondeuse
- Minervois

LAMMKARREE MARLY
- Saint-Julien
- Ajaccio
- Coteaux du Lyonnais

LAMMSCHULTER IM OFEN GEBRATEN
- Hermitage (rot)
- Côtes de Bourg (rot)
- Moulin-à-Vent

LAMMFILET IM TEIGMANTEL
- Pomerol
- Mercurey
- Coteaux du Tricastin

LAMMRAGOUT MIT THYMIAN
- Châteauneuf du Pape (rot)
- Saint-Chinian
- Fleurie

LAMMRAGOUT PROVENZALISCH
- Gigondas
- Côtes de Provence (rot)
- Bourgogne Passetoutgrain (rot)

LAMMSATTEL MIT KRÄUTERN
- Vin de Corse (rot)
- Côtes du Rhône (rot)
- Coteaux du Giennois (rot)

Rind

BŒUF BOURGUIGNON (IN ROTWEIN GESCHMORTES RINDERRAGOUT)
- Rully (rot)
- Saumur (rot)
- Côtes du Marmandais (rot)

CHÂTEAUBRIAND (DOPPELTES FILETSTÜCK GEBRATEN)
- Margaux
- Alsace Pinot
- Coteaux du Tricastin

SCHMORBRATEN MIT GEMÜSE
- Buzet (rot)
- Côtes du Vivarais (rot)
- Arbois (rot)

ENTRECOTE BORDELAISE (ZWISCHENRIPPENSTÜCK MIT BORDELAISER SAUCE UND RINDERMARKSCHEIBEN)
- Saint-Julien
- Saint-Joseph (rot)
- Côtes du Roussillon-Villages

RINDERFILET MIT KROKETTEN
- Côte Rôtie
- Gigondas
- Graves (rot)

FONDUE BOURGUIGNONNE (FLEISCHFONDUE)
- Bordeaux (rot)
- Côtes du Ventoux (rot)
- Bourgogne (Rosé)

GARDIANE
- Lirac (rot)
- Côtes du Lubéron (rot)
- Costières du Gard (rot)

POT-AU-FEU (EINTOPF)
- Anjou (rot)
- Bordeaux (rot)
- Beaujolais (rot)

ROASTBEEF WARM
- Moulis
- Aloxe-Corton
- Côtes du Rhône (rot)

ROASTBEEF KALT
- Madiran
- Beaune (rot)
- Cahors

STEAK NACH HAUSHOFMEISTER-ART (MIT KRÄUTERBUTTER)
- Bergerac (rot)
- Arbois (Rosé)
- Chénas

TOURNEDOS (LENDENSCHNITTE) MIT BEARNER SAUCE (AUS ESSIG, ESTRAGON, PFEFFER, SCHALOTTEN, EIGELB UND WEISSWEIN)
- Listrac
- Saint-Aubin (rot)
- Touraine Amboise (rot)

Hammel

HAMMELBRUST GEFÜLLT
- Côtes du Jura (rot)
- Graves (rot)
- Haut-Poitou Gamay

HAMMELCURRY
- Montagne Saint-Emilion
- Alsace Tokay
- Côtes du Rhône

HAMMELSCHMORBRATEN
- Patrimonio (rot)
- Côtes du Rhône-Villages (rot)
- Morgon

KARBONADE (GEBRATENES ODER GESCHMORTES FLEISCH IN SCHEIBEN)
- Graves de Vayres (rot)
- Fitou
- Crozes-Hermitage (rot)

KEULE KALT, MIT MAYONNAISE
- Saint-Aubin (weiß)
- Bordeaux (rot)
- Entre-Deux-Mers

KEULE MIT BINDFADEN UMSCHNÜRT
- Morey-Saint-Denis
- Saint-Emilion
- Côte de Provence (rot)

NAVARIN (HAMMELRAGOUT MIT WEISSEN RÜBEN, KAROTTEN, ZWIEBELN UND KARTOFFELN)
- Anjou (rot)
- Bordeaux Côtes-de-Francs (rot)
- Bourgogne Marsannay (rot)

SPEISEN UND WEINE

Geflügel, Kaninchen

Schwein

ANDOUILLETTE (GEKRÖSE-WÜRSTCHEN) GEBRATEN
- Coteaux Champenois (weiß)
- Petit Chablis
- Beaujolais (rot)

ANDOUILLETTE IN SAHNESAUCE
- Touraine (weiß)
- Bourgogne (weiß)
- Saint-Joseph (weiß)

BAECKEOFFE (ELSÄSSISCHER EINTOPF AUS DEM BÄCKEROFEN)
- Alsace Riesling
- Alsace Sylvaner

CASSOULET (GASCOGNISCHER EINTOPF AUS DER KASSEROLLE)
- Côtes du Frontonnais (rot)
- Minervois (rot)
- Bergerac (rot)

CHOUCROUTE (ELSÄSSISCHE SCHLACHTPLATTE AUF SAUERKRAUTBETT)
- Alsace Riesling
- Alsace Sylvaner

CONFIT (IM EIGENEN SCHMALZ EINGELEGTES FLEISCH)
- Tursan (rot)
- Corbières (rot)
- Cahors

FLEISCH VOM SCHULTERBLATT IN SAUVIGNONSAUCE
- Bergerac sec
- Menetou-Salon
- Bordeaux (Rosé)

KOHLROULADE GEFÜLLT
- Côtes du Rhône (rot)
- Touraine Gamay
- Bordeaux sec Sauvignon

POTÉE (EINTOPF)
- Côtes du Lubéron
- Côte de Brouilly
- Bourgogne Aligoté

SCHWEINEBRATEN KALT
- Bourgogne (weiß)
- Lirac (rot)
- Bordeaux sec

SCHWEINEBRATEN MIT SAUCE
- Rully (weiß)
- Côte de Brouilly
- Minervois (Rosé)

SCHWEINEKOTELETT KURZ GEBRATEN
- Bourgogne (weiß)
- Côtes d'Auvergne (rot)
- Bordeaux Clairet

(GROBE) SCHWEINSWURST GEBRATEN
- Saint-Joseph oder Bergerac (rot)
- Côtes du Frontonnais (Rosé)

SPANFERKEL IN ASPIK
- Graves de Vayres (weiß)
- Costières du Gard (Rosé)
- Beaujolais-Villages (rot)

Kalb

BLANQUETTE AUF ALTE ART (KALBSRAGOUT MIT WEISSWEINSAUCE, ZWIEBELN UND CHAMPIGNONS)
- Arbois (weiß)
- Alsace grand cru Riesling
- Côtes de Provence (Rosé)

KALBSBRIES MIT SCAMPI
- Graves (weiß)
- Alsace Tokay
- Bordeaux (Rosé)

KALBSKOTELETT GEBRATEN
- Côtes du Rhône (rot)
- Anjou (weiß)
- Bourgogne (rot)

KALBLEBER PANIERT
- Médoc
- Coteaux d'Aix-en-Provence (rot)
- Haut-Poitou (Rosé)

KALBSLENDE ORLOW (MIT SELLERIE, GEFÜLLTEM KOPFSALAT, KARTOFFELN UND BRATENSAFT)
- Chassagne-Montrachet (weiß)
- Chiroubles
- Lirac (Rosé)

KALBSNIEREN MIT MARKSCHEIBEN
- Saint-Emilion
- Saumur-Champigny
- Coteaux d'Aix-en-Provence (Rosé)

KALBSNUSS GESCHMORT
- Mâcon-Villages (weiß)
- Côtes de Duras (rot)
- Brouilly

KALBSRAGOUT MARENGO (MIT KLEINGESCHNITTENEN TOMATEN)
- Côtes de Duras Merlot
- Alsace Klevner
- Coteaux du Tricastin (Rosé)

KALBSROULADEN
- Anjou Gamay
- Minervois (Rosé)
- Costières du Gard (weiß)

KALBSSCHNITZEL PANIERT
- Côtes du Jura (weiß)
- Corbières (weiß)
- Côtes du Ventoux (rot)

NIEREN IN GELBEM WEIN SAUTIERT
- Arbois (weiß)
- Gaillac Vin de voile
- Bourgogne Aligoté

NIERENSPIESSCHEN
- Cornas
- Beaujolais-Villages
- Coteaux du Languedoc (Rosé)

GEFLÜGEL, KANINCHEN

BARBARIE-ENTE MIT OLIVEN
- Savoie-Mondeuse (rot)
- Canon-Fronsac
- Anjou Cabernet (rot)

COQ AU VIN ROUGE (HÄHNCHENTEILE IN ROTWEIN, MIT GEMÜSE)
- Ladoix
- Côte de Beaune
- Châteauneuf-du-Pape (rot)

ENTE GEFÜLLT
- Saint-Emilion grand cru
- Bandol (rot)
- Buzet (rot)

ENTE MIT ORANGEN
- Côtes du Jura (gelber Wein)
- Cahors
- Graves (rot)

ENTE MIT PFIRSICHEN
- Banyuls
- Chinon (rot)
- Graves (rot)

ENTE MIT WEISSEN RÜBCHEN
- Puisseguin Saint-Emilion
- Saumur-Champigny
- Coteaux d'Aix-en-Provence (rot)

ENTENHERZEN AM SPIESS
- Saint-Georges-Saint-Emilion
- Chinon
- Côtes du Rhône-Villages

GANS GEFÜLLT
- Anjou Cabernet (rot)
- Côtes du Marmandais (rot)
- Beaujolais-Villages

HÄHNCHEN À LA BASQUE (PAPRIKASCHOTEN, TOMATEN, KNOBLAUCH)
- Côtes de Duras Sauvignon
- Bordeaux sec
- Coteaux du Languedoc (Rosé)

HÄHNCHEN IN RIESLING
- Alsace grand cru Riesling
- Touraine Sauvignon
- Côtes du Rhône (Rosé)

HÄHNCHEN SAUTIERT MIT MORCHELN
- Savigny-lès-Beaune (rot)
- Arbois (weiß)
- Sancerre (weiß)

HÄHNCHENCURRY
- Montagne Saint-Emilion
- Alsace Tokay
- Côtes du Rhône

JUNGTAUBEN NACH FRÜHLINGSART (MIT JUNGEM GEMÜSE)
- Crozes-Hermitage (rot)
- Bordeaux (rot)
- Touraine Gamay

JUNGTRUTHAHN AM SPIESS
- Monthélie
- Graves (weiß)
- Châteaumeillant (Rosé)

KANINCHENBRATEN MIT SENFSAUCE
- Sancerre (rot)
- Tavel
- Côtes de Provence (weiß)

Wild – Gemüse

KANINCHENFRIKASSEE
- Touraine (Rosé)
- Côtes de Blaye (weiß)
- Beaujolais-Villages (rot)

KAPAUN GEBRATEN
- Bourgogne (weiß)
- Touraine-Mesland
- Côtes du Rhône (Rosé)

MAGRET (ENTENBRUSTFILET IN SCHEIBEN) MIT GRÜNER PFEFFERSAUCE
- Saint-Joseph (rot)
- Bourgueil (rot)
- Bergerac (rot)

PERLHÜHNCHEN IN ARMAGNAC
- Saint-Estèphe
- Chassagne-Montrachet (rot)
- Fleurie

POULARDE IN HALBTRAUER (MIT SCHWARZ-WEISSER GARNITUR)
- Chevalier-Montrachet
- Arbois (weiß)
- Juliénas

POULARDE IN SALZKRUSTE
- Listrac
- Mâcon-Villages (weiß)
- Côtes du Rhône (rot)

PUTE MIT MARONEN
- Saint-Joseph (rot)
- Sancerre (rot)
- Meursault (weiß)

PUTENSCHNITZEL MIT ROQUEFORT
- Côtes du Jura (weiß)
- Bourgogne Aligoté
- Coteaux d'Aix-en-Provence (Rosé)

STUBENKÜKEN AUS DER WANTZENAU
- Côtes de Toul (grauer Wein)
- Alsace Gutedel
- Beaujolais

WILD

AMSELN AUF KORSISCHE ART
- Ajaccio (rot)
- Côtes de Provence (rot)
- Coteaux du Languedoc (rot)

DROSSELN MIT WACHOLDERBEEREN
- Echézeaux
- Coteaux du Tricastin (rot)
- Chénas

FASAN IN AUFLAUFFORM MIT KLEINGESCHNITTENEM GEMÜSE
- Moulis
- Pommard
- Saint-Nicolas de Bourgueil

HASE AUF KÖNIGLICHE ART (MIT TRÜFFELN)
- Saint-Joseph (rot)
- Volnay
- Pécharmant

HASENPFEFFER
- Canon-Fronsac
- Bonnes-Mares
- Minervois (rot)

HASENRÜCKEN MIT WACHOLDER
- Chambolle Musigny
- Savoie-Mondeuse
- Saint-Chinian

JUNGKANINCHEN GEBRATEN
- Auxey-Duresses (rot)
- Puisseguin Saint-Emilion
- Crozes-Hermitage (rot)

JUNGREBHUHN GEBRATEN
- Haut-Médoc
- Vosne-Romanée
- Bourgueil

JUNGWILDENTE GEBRATEN
- Saint-Emilion grand cru
- Côte Rôtie
- Faugères

NACHTIGALLENSPIESSCHEN
- Pernand-Vergelesses (rot)
- Pomerol
- Côtes du Ventoux (rot)

REBHUHN AUF KATALANISCHE ART
- Maury
- Côtes du Roussillon (rot)
- Beaujolais-Villages

REBHUHN MIT KOHLGEMÜSE
- Bourgogne Irancy
- Arbois (Rosé)
- Cornas

REHKOTELETTS MIT LINSEN UND SPECK
- Lalande-de-Pomerol
- Côtes de Beaune (rot)
- Crozes-Hermitage (rot)

REHSCHLEGEL MIT PFEFFERSAUCE
- Hermitage (rot)
- Corton (rot)
- Côtes du Roussillon (rot)

RINGELTAUBENRAGOUT
- Saint-Julien
- Côte de Nuits-Villages
- Patrimonio

WALDSCHNEPFE FLAMBIERT
- Pauillac
- Musigny
- Hermitage

WILDENTENRAGOUT
- Côte Rôtie
- Chinon (rot)
- Bordeaux Supérieur

WILDSCHWEINFILET MIT BORDELAISER SAUCE
- Pomerol
- Bandol
- Gigondas

WILDSCHWEINKEULE MIT WILDSAUCE
- Chambertin
- Montagne Saint-Emilion
- Corbières (rot)

WILDSCHWEINSCHINKEN, GEKOCHTER
- Fronsac
- Châteauneuf-du-Pape (rot)
- Moulin-à-Vent

GEMÜSE

AUBERGINENBEIGNETS
- Bourgogne (rot)
- Beaujolais (rot)
- Bordeaux sec

GEMÜSESTREIFEN SAUTIERT MIT FEINGEHACKTER PETERSILIE UND KNOBLAUCH
- Beaune (weiß)
- Alsace Tokay
- Coteaux du Giennois (rot)

GRÜNE ERBSEN
- Saint-Romain (weiß)
- Côtes du Jura (weiß)
- Touraine Sauvignon

KARTOFFELGRATIN
- Bordeaux Côtes de Castillon
- Châteauneuf-du-Pape (weiß)
- Alsace Riesling

PAPRIKASCHOTEN GEFÜLLT
- Mâcon-Villages
- Côtes du Rhône (Rosé)
- Alsace Tokay

PILZE
- Beaune (weiß)
- Alsace Tokay
- Coteaux du Giennois (rot)

SELLERIE GESCHMORT
- Côtes du Ventoux (rot)
- Alsace Pinot noir
- Touraine Sauvignon

TEIGWAREN
- Côtes du Rhône (rot)
- Coteaux d'Aix (Rosé)

ZUCKERERBSEN
- Graves (weiß)
- Côtes du Rhône (rot)
- Alsace Riesling

SPEISEN UND WEINE

Käse

KÄSE

aus Kuhmilch

BEAUFORT (*HARTKÄSE*)
- Arbois (gelber Wein)
- Meursault
- Vin de Savoie
- Chignin
- Bergeron

BLEU D'AUVERGNE (*EDELPILZKÄSE*)
- Côtes de Bergerac moelleux
- Beaujolais
- Côtes de Bergerac (weiß)

BLEU DE BRESSE (*BLAUSCHIMMELKÄSE*)
- Côtes du Jura (weiß)
- Mâcon (rot)
- Côtes de Bergerac (weiß)

BRIE (*WEICHKÄSE*)
- Beaune (rot)
- Alsace Pinot noir
- Coteaux du Languedoc (rot)

CAMEMBERT (*WEICHKÄSE*)
- Bandol (rot)
- Côtes du Roussillon-Villages
- Beaujolais-Villages

CANTAL (*HALBFESTER SCHNITTKÄSE*)
- Coteaux du Vivarais (rot)
- Côtes de Provence (Rosé)
- Lirac (weiß)

CARRÉ DE L'EST (*WEICHKÄSE*)
- Saint-Joseph (rot)
- Coteaux d'Aix-en-Provence (rot)
- Brouilly

CHAOURCE (*WEICHKÄSE*)
- Montagne Saint-Emilion
- Cadillac
- Chénas

CÎTEAUX
- Aloxe-Corton
- Coteaux Champenois (rot)
- Fleurie

COMTÉ (*HARTKÄSE*)
- Château-Chalon, Graves Weiß.
- Côtes du Lubéron (weiß)

EDAMER (*SCHNITTKÄSE*)
- Pauillac
- Fixin
- Costières du Gard (rot)

EPOISSES (*WEICHKÄSE*)
- Savigny
- Côtes du Jura (rot)
- Côte de Brouilly

FOURME D'AMBERT (*BERGKÄSE*)
- L'Etoile (gelber Wein)
- Cérons
- Banyuls Rimage

FRISCHKÄSE
- Cahors
- Côtes du Roussillon (Rosé)
- Côtes du Rhône (weiß)

GOUDA (*SCHNITTKÄSE*)
- Saint-Estèphe
- Chinon
- Coteaux du Tricastin

LIVAROT (*WEICHKÄSE*)
- Bonnezeaux
- Sainte-Croix-du-Mont
- Alsace Gewurztraminer

MAROILLES (*WEICHKÄSE*)
- Jurançon
- Alsace Gewurztraminer Vendanges tardives

MIMOLETTE (*SCHNITTKÄSE*)
- Graves (rot)
- Santenay
- Côtés du Ventoux (rot)

MORBIER (*WEICHKÄSE*)
- Gevrey-Chambertin
- Madiran
- Côtés du Ventoux (rot)

MUNSTER (*WEICHKÄSE*)
- Coteaux du Layon-Villages
- Loupiac
- Alsace Gewurztraminer

PONT-L'EVÊQUE (*WEICHKÄSE*)
- Côtes de Saint-Mont
- Bourgueil
- Nuits-Saint-Georges

RACLETTE
- Vin de Savoie
- Apremont
- Côtes de Duras Sauvignon
- Juliénas

REBLOCHON (*BUTTERKÄSE*)
- Mercurey
- Lirac (rot)
- Touraine Gamay

RIGOTTE (*MILDER KÄSE*)
- Bourgogne Hautes-Côtes de Nuits (rot)
- Côtes du Forez
- Saint-Amour

SAINT-MARCELLIN (*WEICHKÄSE*)
- Faugères
- Tursan (rot)
- Chiroubles

SAINT-NECTAIRE (*SCHNITTKÄSE*)
- Fronsac
- Bourgogne (rot)
- Mâcon-Villages (weiß)

SCHMELZKÄSE
- Alsace Riesling
- Haut-Poitou Sauvignon
- Côtes du Rhône-Villages

VACHERIN (*HALBWEICHKÄSE*)
- Corton
- Premières Côtes de Bordeaux
- Barsac

aus Schafmilch

EISBARECH
- Lalande-de-Pomerol
- Cornas
- Marcillac

KORSISCHER SCHAFKÄSE
- Bourgogne Irancy
- Ajaccio
- Côtes du Roussilloon (rot)

LARUNS
- Bordeaux Côtes de Castillon
- Gaillac (rot)
- Côtes de Provence (rot)

ROQUEFORT (*BLAUSCHIMMELKÄSE*)
- Côtes du Jura (gelber Wein)
- Sauternes
- Muscat de Rivesaltes

aus Ziegenmilch

CABÉCOU
- Bourgogne (weiß)
- Tavel
- Gaillac (weiß)

CROTTIN DE CHAVIGNOL (*WEICHKÄSE*)
- Sancerre (weiß)
- Bordeaux sec
- Côte Roannaise

FRISCHKÄSE
- Champagner
- Montlouis demi-sec
- Crémant d'Alsace

KORSISCHER ZIEGENKÄSE
- Patrimonio (weiß)
- Cassis (weiß)
- Costières du Gard (weiß)

PELARDON
- Condrieu
- Roussette de Savoie
- Coteaux du Lyonnais (rot)

SAINTE-MAURE (*WEICHKÄSE*)
- Rivesaltes (weiß)
- Alsace Tokay
- Cheverny Gamay

SELLES-SUR-CHER (*WEICHKÄSE*)
- Coteaux de l'Aubance
- Cheverny
- Romorantin
- Sancerre (Rosé)

VALENCAY (*FESTER WEICHKÄSE*)
- Vouvray moelleux
- Haut-Poitou (Rosé)
- Valençay Gamay

NACHSPEISEN

APFELKUCHEN (GESTÜRZT)
- Pineau des Charentes
- Arbois Vin de Paille
- Jurançon

BRIOCHE (HEFEBROT)
- Rivesaltes (rot)
- Muscat de Beaumes-de-Venise
- Alsace Vendanges tardives

BÛCHE DE NOËL (GEFÜLLTE BISKUITROLLE)
- Champagner halbtrocken
- Clairette de Die Tradition

ERDBEEREN
- Muscat de Rivesaltes
- Maury

FAR BRETON (SÜSSER FLADEN MIT DÖRROBST)
- Pineau des Charentes
- Anjou Coteaux de la Loire
- Cadillac

GEWÜRZTE CREME
- Coteaux du Layon-Villages
- Sauternes
- Muscat de Saint-Jean de Minervois

GUGELHUPF
- Quarts de Chaume
- Alsace Vendanges tardives
- Muscat de Mireval

ILE FLOTTANTE (EISCHNEEBALLEN IN VANILLECREME)
- Loupiac
- Rivesaltes (weiß)
- Muscat de Rivesaltes

OBSTSALAT
- Sainte-Croix-du-Mont
- Rivesaltes (weiß)
- Muscat de Rivesaltes

PITHIVIERS (BLÄTTERTEIGKUCHEN)
- Maury
- Bonnezeaux
- Muscat de Lunel

SCHOKOLADENKUCHEN
- Banyuls grand cru
- Pineau des Charentes Rosé

VANILLEEIS MIT HIMBEERPÜREE
- Loupiac
- Coteaux du Layon

ZITRONENKUCHEN
- Alsace sélection de grains nobles
- Cérons
- Rivesaltes (weiß)

ALSACE (ELSASS) UND OSTFRANKREICH

Alsace (Elsaß)

Der größte Teil des elsässischen Weinbaugebiets liegt auf den Hügeln, die dem Massiv der Vogesen vorgelagert sind und in die Rheinebene hineinreichen. Die Vogesen, die sich zwischen dem Elsaß und dem übrigen Frankreich als Bergwand auftürmen, sind für das spezielle Klima dieser Region verantwortlich ; sie fangen nämlich den Großteil der Niederschläge ab, die vom Atlantik her kommen. Deswegen ist die durchschnittliche jährliche Niederschlagsmenge im Gebiet von Colmar mit weniger als 500 mm die niedrigste in Frankreich ! Im Sommer hemmt diese Bergkette den kühlenden Einfluß der atlantischen Winde ; doch ausschlaggebend für die geographische Verteilung und die Qualität der Anbaugebiete sind die unterschiedlichen mikroklimatischen Bedingungen, die durch die vielen Windungen der Oberflächengestalt entstehen.

Ein anderes Kennzeichen dieses Weinbaugebiets ist die große Vielfalt seiner Böden. In einer erdgeschichtlichen Epoche, die von den Geologen als jüngere Vergangenheit angesehen wird, obwohl sie rund 50 Millionen Jahre zurückliegt, bildeten die Vogesen und der Schwarzwald eine Einheit, entstanden durch eine Reihe von tektonischen Vorgängen (Überflutungen, Erosionen, Faltungen usw.). Vom Tertiär an begann der mittlere Teil nachzugeben, bis sich - aber erst viel später - eine Tiefebene bildete. Aufgrund dieses Absinkens treten nahezu alle Bodenschichten, die sich im Laufe der verschiedenen geologischen Perioden angehäuft haben, in der Bruchzone zutage. Insbesondere in diesem Gebiet befinden sich auch die Weinberge. Deshalb sind die meisten Weinbauorte durch mindestens vier oder fünf verschiedene Bodentypen gekennzeichnet.

Die Geschichte des elsässischen Weinbaus reicht bis in die graue Vorzeit zurück. Zweifellos haben schon die vorgeschichtlichen Bewohner die Reben genutzt, doch erst in der Zeit der römischen Eroberung scheint man damit begonnen zu haben, Wein wirklich anzubauen. Im 5. Jh. führte das Eindringen der Germanen vorübergehend zu einem Verfall des Weinbaus, aber schriftliche Zeugnisse verraten uns, daß die Weinberge recht bald wieder an Bedeutung gewannen, wobei die Bistümer, Abteien und Klöster eine entscheidende Rolle spielten. Dokumente aus der Zeit vor 900 verzeichneten bereits über 160 Orte, an denen Rebbau betrieben wurde.

Das Weinbaugebiet breitete sich bis zum 16. Jh. ununterbrochen weiter aus und erreichte damals seine größte Ausdehnung. Die prachtvollen Häuser im Renaissancestil, die man noch in etlichen Weinbauorten findet, zeugen erkennbar vom Wohlstand jener Zeit, als bereits große Mengen elsässischer Weine in alle europäischen Länder exportiert wurden. Aber der Dreißigjährige Krieg, eine Zeit, in der Verwüstung und Plünderung, Hunger und Pest herrschten, hatte verheerende Auswirkungen auf den Weinbau wie auch auf die übrige Wirtschaft dieser Region.

Alsace (Elsaß)

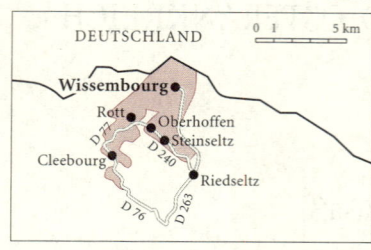

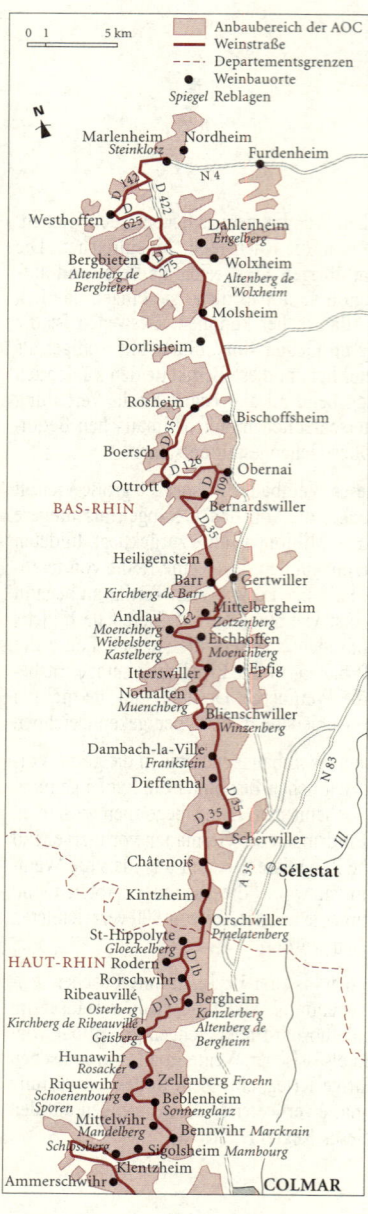

Nachdem wieder Frieden im Lande eingekehrt war, erlebte der Weinbau allmählich einen neuerlichen Aufschwung, doch die Ausdehnung der Weinberge wurde in erster Linie mit Hilfe anspruchsloser Rebsorten erreicht. Ein königlicher Erlaß des Jahres 1731 suchte dieser Situation ein Ende zu bereiten, jedoch ohne großen Erfolg. Dieser Trend verstärkte sich nach der Französischen Revolution sogar noch, so daß sich die Anbaufläche von 23 000 ha im Jahre 1808 auf 30 000 ha im Jahre 1828 vergrößerte. Es kam zu einer Überproduktion, deren Auswirkungen sich noch zusätzlich verschärften, weil die Ausfuhren fast völlig wegfielen und der Weinverbrauch zugunsten des Biers zurückging. In der Folgezeit kamen noch weitere Probleme hinzu : die Konkurrenz durch die südfranzösischen Weine, die vom Bau der Eisenbahn profitierten, sowie das Auftreten und die Ausbreitung von Pilzkrankheiten, der »Traubenwürmer« und der Reblaus. Das hatte ab 1902 eine Verringerung der Anbaufläche zur Folge, die bis 1948 anhielt ; damals schrumpfte das Anbaugebiet auf 9 500 ha, von denen 7 500 ha als Appellation Alsace eingestuft waren.

Der wirtschaftliche Aufschwung nach dem Krieg und die Anstrengungen der Weinbranche hatten einen günstigen Einfluß auf die Entwicklung des elsässischen Weinbaugebiets, das gegenwärtig auf einer Anbaufläche von etwa 14 400 ha durchschnittlich 1 170 000 hl pro Jahr produzieren kann. Der elsässische Wein wird in Frankreich und im Ausland verkauft, wobei die Exporte über ein Viertel des Gesamtumsatzes ausmachen. Diese Entwicklung war die gemeinsame Leistung der verschiedenen Zweige der Weinbranche, die hinsichtlich der Weinmenge nahezu gleiche Marktanteile haben. Es handelt sich dabei um die Winzer, die selbst Wein herstellen, die Genossenschaften und die Weinhändler, die oft auch selbst Erzeuger sind ; letztere kaufen große Mengen bei Winzern auf, die ihre Trauben nicht selbst verarbeiten.

Das ganze Jahr über gibt es in verschiedenen Orten entlang der »Weinstraße« zahlreiche Veranstaltungen, die sich um den Wein drehen. Diese Weinstraße gehört zu den wichtigsten touristischen und kulturellen Attraktionen des Elsaß. Den Höhepunkt dieser Weinfeste bildet zweifellos die alljährliche elsässische Weinmesse, die im August in Colmar stattfindet ; vorher werden noch Weinfeste in Guebwiller, Ammerschwihr, Ribeauvillé, Barr und Molsheim veranstaltet. Hinweisen muß man aber ebenso auf die besonders angesehene Veranstaltung der Confrérie Saint-Etienne, die im 14. Jh. entstand und 1947 erneuert wurde.

Der Hauptvorteil der elsässischen Weine liegt in der optimalen Entwicklung der Aromastoffe der Trauben begründet, die in Gebieten mit gemäßigt kühlem Klima oft besser verläuft, weil sich die Reifung dort langsam vollzieht und lang dauert. Wie ihr Charakter im einzelnen ausfällt, ist natürlich von der Rebsorte abhängig. Eine Besonderheit dieser Region ist es auch, daß die Weine nach der Rebsorte bezeichnet werden, aus der sie erzeugt worden sind, während die übrigen französischen AOC-Weine im allgemeinen den Namen der Region oder eines stärker eingegrenzten geographischen Ursprungsgebiets tragen, wo sie entstanden sind.

Die im Laufe des Oktobers gelesenen Trauben werden möglichst schnell zur Kellerei transportiert, wo sie gekeltert, bisweilen auch entrappt und danach ausgepreßt werden. Der Most, der aus der Traubenpresse läuft, enthält den »Trub«, den man so rasch wie möglich durch Absitzenlassen oder durch Zentrifugieren entfernen muß. Der geklärte Most beginnt dann zu gären - eine Phase, in deren Verlauf man ganz besonders darauf achten muß, daß sich die Temperatur nicht zu stark erhöht. Danach muß der Winzer den jungen, trüben Wein einer Reihe von Behandlungsmaßnahmen unterziehen : Abstich, Auffüllen, maßvolle Schwefelung und Schönung. Der Ausbau im Gärbehälter oder im Faß setzt sich dann bis zum Mai fort, dem Monat, in dem der Wein schließlich auf Flaschen abgezogen wird. Diese Vorgehensweise betrifft die Moste, aus denen trockene Weißweine hergestellt werden, d. h. über 90 % der elsässischen Weinproduktion.

Alsace Klevener de Heiligenstein

Alsace »Vendanges tardives« (Spätlesen) und Alsace »Sélections Grains Nobles« (Beerenauslesen) sind Weine, die aus überreifen Trauben erzeugt werden; sie sind erst seit 1984 offizielle Bezeichnungen. Diese Weine unterliegen extrem strengen Produktionsbedingungen; beim Zuckergehalt der Trauben sind es sogar die höchsten vorgeschriebenen Werte überhaupt. Es handelt sich erkennbar um Weine von außergewöhnlichem Rang, die man nicht in jedem Jahr erhält und deren Herstellungskosten sehr hoch sind. Nur die Rebsorten Gewürztraminer, Pinot gris, Riesling und - seltener - Muscat dürfen diese speziellen Bezeichnungen tragen.

In der Vorstellung der Verbraucher muß der elsässische Wein jung getrunken werden, was zum großen Teil für den Sylvaner, den Chasselas, den Pinot blanc und den Edelzwicker zutrifft. Aber diese Jugendlichkeit verfliegt nicht von heute auf morgen; Riesling, Gewürztraminer und Pinot gris sollte man deshalb oft erst mit zwei Jahren trinken. In Wirklichkeit gibt es aber keine feste Regel in dieser Hinsicht. Manche große Weine, die in Jahrgängen großer Traubenreife erzeugt werden, halten sich viel länger, manchmal sogar Jahrzehnte.

Die Appellation Alsace, die in insgesamt 110 örtlichen Anbaugebieten benutzt werden darf, ist an die Verwendung der folgenden Rebsorten gebunden: Gewürztraminer, (Rhein-)Riesling, Pinot gris, Muscat (blanc und rose à petits grains), Muscat Ottonel, (echter) Pinot blanc, Auxerrois blanc, Pinot noir, Sylvaner blanc und Chasselas (blanc und rose).

Alsace Klevener de Heiligenstein

Der Klevener von Heiligenstein ist nichts anderes als der alte Traminer (bzw. Savagnin rose), den man im Elsaß schon seit Jahrhunderten kennt.

Er wird allmählich in der gesamten Region durch seine würzige Spielart, den »Gewürztraminer«, abgelöst, doch in Heiligenstein und fünf Nachbargemeinden ist er erhalten geblieben. Gegenwärtig ist man dabei, sein Anbaugebiet festzulegen.

Wegen seiner Seltenheit und Eleganz stellt er eine Besonderheit dar. Seine Weine sind nämlich sehr kräftig gebaut und zugleich zurückhaltend aromatisch.

DIETRICH 1995*

| | 0,37 ha | 3 800 | ⓘ 30-50F |

Robert Dietrich, Winzer und Weinhändler in Wettolsheim, ist bestrebt, seinen Kunden die ganze Bandbreite der elsässischen Weine zu bieten. Und es ist ihm auch gelungen, den berühmten Klevener de Heiligenstein ausfindig machen, den jeder Weinfreund probieren sollte. Dieser im Geruch durch seinen Irisduft und seine pfeffrigen Noten sehr intensive Wein ist im Geschmack bemerkenswert ausgewogen, frisch und nachhaltig zugleich.

🕿 Robert Dietrich, RN 83, CD1 Bis, Entrée nord Eguisheim, 68920 Wettolsheim, Tel. 03.89.41.46.75, Fax 03.89.23.59.27 ✓
☿ Mo-Fr 8h-11h30 13h-18h; Sa, So n. V.

ANDRE DOCK 1995

| | 1,5 ha | 7 000 | ▪ 30-50F |

Die Docks stammen vom berühmten Ehret Wantz ab, der den alten, heute unter dem Namen Klevener de Heiligenstein bekannten Traminer vorstellte, und haben einen 9 ha großen Weinbaubetrieb. Ihr blumig und würzig duftender Klevener ist recht typisch. Nach einer recht lebhaften Ansprache am Gaumen zeigt er sich ausgewogen und klingt mit einer stärker abgerundeten Note aus.

🕿 André et Christian Dock, 20, rue Principale, 67140 Heiligenstein, Tel. 03.88.08.02.69, Fax 03.88.08.19.72 ✓ ☿ n.V.

Alsace Sylvaner

Woher der Sylvaner kommt, ist sehr ungewiß, doch sein bevorzugtes Anbaugebiet war schon von jeher auf Deutschland und das französische Departement Bas-Rhin (Unterelsaß) begrenzt. Im Elsaß ist er eine äußerst vorteilhafte Rebsorte, weil er ertragreich und in der Produktion regelmäßig ist.

Alsace Sylvaner

Sein Wein ist von bemerkenswerter Frische, ziemlich säuerlich und besitzt eine unaufdringliche Fruchtigkeit. Tatsächlich findet man zwei Typen von Sylvanern, die im Handel angeboten werden : Der erste, der bei weitem der bessere ist, stammt aus Anbaugebieten mit guter Lage, die selten zur Überproduktion neigen. Der zweite wird von Weintrinkern geschätzt, die einen anspruchslosen Weintyp mögen, der gefällig und durstlöschend ist. Der Sylvaner paßt gut zu Schlachtplatte mit Sauerkraut, kalten und warmen Vorspeisen sowie zu Meeresfrüchten, ganz besonders zu Austern.

BOECKEL Mittelbergheim 1995*

	1 ha	4 000		30-50 F

Ist es noch notwendig, ein seit 150 Jahren bestehendes Haus vorzustellen, das über seinem Weinhandel nicht den Weinbau vernachlässigt hat, auf den sich seine Tradition gründet ? Dieser Sylvaner mit dem intensiven Blütenduft ist durch Stärke gekennzeichnet. Diese zeigt sich in einer leicht alkoholischen Note, die sich mit dem Aroma von Früchten und Gewürzen vermischt. Dieser Stoff findet sich im Geschmack wieder, der gut strukturiert und nachhaltig ist.
↪ Emile Boeckel, 2, rue de la Montagne, 67140 Mittelbergheim, Tel. 03.88.08.91.91, Fax 03.88.08.91.88 ✓ ⊺ n.V.

ALBERT BOXLER 1995

	0,4 ha	2 500	30-50 F

Niedermorschwihr wird von einem merkwürdigen, schraubenartig verdrehten Kirchturm überragt. Es ist ein typisches Winzerdorf, in dem Wetteifer und Lebensfreude regieren. Dieser im Geruch noch diskrete Sylvaner läßt ein feines Zitrusaroma erkennen. Er besitzt eine recht lebhafte Ansprache, die ein wenig Kohlensäure verstärkt, und klingt mit einer runderen Note aus.
↪ EARL Albert Boxler, 78, rue des Trois-Epis, 68230 Niedermorschwihr, Tel. 03.89.27.11.32, Fax 03.89.27.11.32 ✓ ⊺ n.V.

DIRLER Cuvée Vieilles vignes 1995**

	0,53 ha	4 000		30-50 F

Jean-Pierre Dirler, der dieses wunderschöne, über 7 ha große Weingut seit 1974 führt, ist ein alter Bekannter im Hachette-Weinführer, was sein großes Können beweist ! Dieser Sylvaner, der von einem Sandsteinboden stammt, ist bemerkenswert. Im Geruch intensiv und fein zugleich. Im Geschmack zeigt er, daß er aus großartigen Trauben erzeugt worden ist. Struktur und Restzucker vertragen sich gut. Das Aroma entwickelt eine langer Nachhaltigkeit von reifen Pfirsichen zu Lakritze.
↪ Jean-Pierre Dirler, 13, rue d'Issenheim, 68500 Bergholtz, Tel. 03.89.76.91.00, Fax 03.89.76.85.97 ⊺ n.V.

G. DOLDER Mittelbergheim 1995

	6,5 ha	k. A.		30-50 F

Gérard Dolder lebt in einem Weinbauort, der nichts von seinem alten Zauber eingebüßt hat. Er findet seine Wurzeln nicht nur in der Geschichte, sondern auch in einem Anbaugebiet, in dem er ein über 6 ha Weingut bestellt. Dieser im Geruch sehr typische Sylvaner bietet ein intensives Aroma, das pflanzliche und blumige Noten vereint. Der süffige, recht sanft schmeckende Wein ist im Abgang ziemlich kräftig.
↪ Gérard Dolder, 29, rue de la Montagne, 67140 Mittelbergheim, Tel. 03.88.08.02.94 ✓ ⊺ n.V.

PIERRE FRICK Bergweingarten 1995***

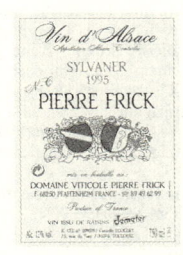

	0,6 ha	5 200		30-50 F

Die Fricks, seit 1970 Verfechter biologischer Anbaumethoden und seit 1981 Anhänger biodynamischer Methoden, überlassen nichts dem Zufall. Bei ihnen wird die Natur respektiert, aber auch völlig gezähmt ! Dieser von einem Lehm- und Kalksteinboden stammende Sylvaner beweist es. Im Geruch sehr komplex, leicht rauchig. Zweifellos ein Wein von großer Reife. Nach einer schönen Ansprache am Gaumen zeigt er sich kräftig und ausgewogen zugleich und ist von seltener Nachhaltigkeit.
↪ Pierre Frick, 5, rue de Baer, 68250 Pfaffenheim, Tel. 03.89.49.62.99, Fax 03.89.49.73.78 ✓ ⊺ n.V.

ARMAND GILG
Z de Mittelbergheim 1995*

	1,69 ha	15 733		30-50 F

Der Gründer dieser Familie kam im 16. Jh. aus Österreich. Auch wenn die Gilgs in einem Gebäude aus dem Jahre 1572 wohnen, verkörpern sie die Idee, wonach sich die Tradition ebenso wie der Fortschritt im Fortgang bestimmen sollte. Dieser von einem Lehm- und Kalksteinboden kommende Sylvaner ist sicherlich ein lagerfähiger Wein. Sein blumiges Aroma, das durch eine balsamische Note verstärkt wird, verleiht ihm einen sehr rassigen Duft. Er besitzt die Struktur von der Rebsorte und gleichzeitig die Kraft des Bodens.
↪ GAEC Armand Gilg et Fils, 2-4, rue Rotland, 67140 Mittelbergheim, Tel. 03.88.08.92.76, Fax 03.88.08.25.91 ✓ ⊺ n.V.

Alsace Pinot oder Klevner

BERNARD ET DANIEL HAEGI
Mittelbergheim 1995

	1 ha	7 000	

Mittelbergheim gehört zum exklusiven Club der »schönsten Dörfer Frankreichs«. Und dies verdankt es seiner Geschichte als Weinbauort und der Hingabe von Winzergenerationen wie den Haegis. Obwohl dieser Sylvaner von einem lehmig-kalkhaltigen Boden stammt, ist er im Duft sehr ausdrucksvoll. Im Geschmack ziemlich ausgewogen. Er ist leicht und schon jetzt gefällig.
☙ GAEC Bernard et Daniel Haegi, 33, rue de la Montagne, 67140 Mittelbergheim,
Tel. 03.88.08.95.80 ✓ ⊥ n.V.

PIERRE KOCH ET FILS Zellberg 1995**

	0,5 ha	5 000	

Die Anbaugebiete von Mittelbergheim sind allgemein anerkannt. Die Kochs, die Weinberge in mehreren Dörfern in der Umgebung besitzen, haben diesen hier für ihren Sylvaner gewählt. Er kommt von einem Kalksteinboden und bringt die gesamte Rassigkeit der Rebsorte zum Ausdruck. Im Geruch durch Blüten- und Zitrusnoten geprägt, zeigt er sich im Geschmack vollkommen ausgewogen. Ein frischer, feiner und nachhaltiger Wein.
☙ Dom. Pierre Koch et Fils, 2, rte du Vin, 67680 Nothalten, Tel. 03.88.92.42.30, Fax 03.88.92.62.91 ✓ ⊥ Mo-Sa 9h-12h 13h00-18h ; So n. V.

LAUGEL Cuvée Jubilaire 1995

	k. A.	60 000	

Das 1899 von Michel Laugel gegründete Haus Laugel hat es verstanden, unter die größten Handelsfirmen der Region aufzusteigen und sich dort zu halten ! Dieser durch seinen Mergel-Kalkstein-Boden geprägte Sylvaner ist trotz einiger Zitrusnoten im Geruch noch zurückhaltend. Lebhaft und fruchtig im Geschmack, ein klassischer, gefälliger Wein.
☙ Michel Laugel, 102, rue du Gal-de-Gaulle, 67520 Marlenheim, Tel. 03.88.87.52.20, Fax 03.88.87.79.87 ✓ ⊥ tägl. 8h-12h 13h30-19h

DOM. SCHLUMBERGER 1995**

	16,87 ha	30 000	

Die Domaines Schlumberger, die 1810 von Nicolas Schlumberger gegründet und zwischen 1920 und 1935 von Ernest Schlumberger erweitert wurden, sind heute das bedeutendste Weingut des elsässischen Anbaugebiets, der Größe nach (145 ha) ebenso wie hinsichtlich des Ansehens ... Dieser Sylvaner kommt von einem sandigen Boden und zeigt im Duft eine schöne Entwicklung. Er ist komplex und elegant und enthüllt im Geschmack eine bemerkenswerte Fülle, in der sich der reiche Stoff zeigt. Seine lange Nachhaltigkeit beschließt eine reizvolle Verkostung.
☙ Domaines Schlumberger, 100, rue Théodore-Deck, 68501 Guebwiller Cedex,
Tel. 03.89.74.27.00, Fax 03.89.74.85.75 ✓ ⊥ n.V.

Alsace Pinot oder Klevner

Der Wein dieser Appellation, der zwei Bezeichnungen trägt (die zweite ist ein alter elsässischer Name), kann von mehreren Rebsorten stammen : vom echten Pinot blanc und vom Auxerrois blanc. Es sind zwei recht anspruchslose Sorten, die in Lagen von mittlerer Höhe bemerkenswerte Ergebnisse liefern können, denn ihre Weine vereinen auf angenehme Weise Frische, Körper und Geschmeidigkeit. Die Anbaufläche hat sich innerhalb von zehn Jahren fast verdoppelt ; ihr Anteil an der gesamten Rebfläche ist von 10 auf 18 % angestiegen.

Unter den elsässischen Weinen vertritt der Pinot blanc die gute Mitte ; nicht selten sticht er sogar manche Rieslinge aus. Gastronomisch gesehen paßt er zu allen Gerichten außer zu Käse und Nachspeisen.

DOM. CLAUDE BLEGER
Coteaux du Haut-Kœnigsbourg 1995**

	0,34 ha	3 800	

Claude Bléger, der hier seit 1978 Wein anbaut, folgt einer langen Reihe von Winzern nach. Alle waren mit ihrem Dorf verbunden, das von der majestätischen Silhouette der Burg Haut-Kœnigsbourg überragt wird. Und sie hingen auch an ihren Weinen, wie dieser großartige Pinot zeigt, der von einem sandigen Boden stammt. Er ist im Geruch sehr entfaltet und zeigt eine recht typische Fruchtigkeit. Im Geschmack ist er bemerkenswert ausgewogen, leicht honigartig. Ein kraftvoller, nachhaltiger Wein.
☙ Claude Bléger, 23, Grand-Rue, 67600 Orschwiller, Tel. 03.88.92.32.56, Fax 03.88.82.59.95 ✓ ⊥ tägl. 8h-12h 13h-20h ; Gruppen n.V.

CAVE DE CLEEBOURG Auxerrois 1995*

	34 ha	65 000	

Der nicht weit von der deutschen Grenze entfernte Bezirk Cléebourg bildet eine Weinbauinsel, die sich um die Genossenschaftskellerei konzentriert. Diese vereinigt die Produktion von 165 ha. Dieser fein und blumig duftende Pinot scheint von der Rebsorte Auxerrois geprägt zu sein. Diese Vermutung wird zur Gewißheit im Geschmack, der relativ sanft in der Ansprache, ausgewogen und vor allem sehr nachhaltig ist. Ein idealer Wein zu weißem Fleisch.
☙ Cave vinicole de Cléebourg, rte du Vin, 67160 Cléebourg, Tel. 03.88.94.50.33, Fax 03.88.94.57.08 ✓ ⊥ tägl. 8h-12h 13h30-18h

Alsace Pinot oder Klevner

ANDRE DUSSOURT
Auxerrois Réserve particulière 1995*

| | 0,35 ha | 3 400 | 🍷 30-50 F |

Die Familie Dussourt, die seit dem 18. Jh. in Blienschwiller lebte, ließ sich 1964 in Scherwiller nieder und erwarb die Domaine Bléger. Vergärung und Ausbau finden in Holzfässern statt, die sich in Kellern aus dem 18. Jh. befinden. Dieser von einem Kiesboden stammende Pinot ist in der Nase sehr interessant wegen seiner Noten von gebrannten Mandeln und sogar von Röstgeruch. Ein sehr typischer, angenehmer Wein. Seine genau richtige Ausgewogenheit verleiht ihm eine schöne Harmonie.

André Dussourt, 2, rue de Dambach, 67750 Scherwiller, Tel. 03.88.92.10.27, Fax 03.88.82.70.47 Mo-Sa 8h-12h 13h30-19h

JEAN-PAUL ECKLE 1995

| | 0,75 ha | 5 000 | 🍷 30-50 F |

Ein prächtiger Bergfried, der letzte Überrest von Burg Wineck (12. Jh.), überragt Katzenthal und scheint über diesen alten Winzerort zu wachen. Dieser Pinot kommt von einem sandigen Boden und zeigt schon eine gewisse Entwicklung. Im Geruch leicht buttrig und rauchig, bietet er im Geschmack eine ziemlich abgerundete Struktur. Ein sanfter und gleichzeitig intensiver Wein.

Jean-Paul Ecklé et Fils, 29, Grand-Rue, 68230 Katzenthal, Tel. 03.89.27.09.41, Fax 03.89.80.86.18 n.V.

EINHART Westerberg 1995

| | 1,5 ha | 8 000 | 🍷 -30 F |

An den Einharts, die seit Anfang des Jahrhunderts Winzer in Rosenwiller sind, kommt man in diesem Weinführer nicht vorbei. Man muß sich nur die Auszeichnungen ansehen, die sie seit mehreren Jahren erhalten. Geprägt durch seine Herkunft von einem Lehm- und Kalksteinboden, ist dieser Pinot jugendlich geblieben. Er gibt sich im Geruch relativ zurückhaltend und ist im Geschmack durch eine kluge Ausgewogenheit zwischen Lebhaftigkeit und Restzucker gekennzeichnet. Die Alterung wird ihm die harmonische Verschmolzenheit verschaffen, die ihm noch fehlt.

Nicolas Einhart, 15, rue Principale, 67560 Rosenwiller, Tel. 03.88.50.41.90, Fax 03.88.50.29.27 n.V.

W. GISSELBRECHT 1995

| | 3 ha | 18 000 | 30-50 F |

Die 1937 gegründete Firma Willy Gisselbrecht, die zu den wichtigsten Namen des örtlichen Weinhandels zählt, besitzt auch selbst 17 ha Weinberge. Getreu seiner Herkunft von einem Granitboden ist dieser Wein im Duft schon stark entfaltet. Ein Haselnußaroma unterstreicht seinen typischen Charakter. Im Geschmack recht konzentriert, ein lebhafter, nachhaltiger Wein.

Willy Gisselbrecht et Fils, 5, rte du Vin, 67650 Dambach-la-Ville, Tel. 03.88.92.41.02, Fax 03.88.92.45.50 tägl. 8h-12h 14h-18h

HENRI GROSS 1995*

| | 0,4 ha | k. A. | -30 F |

Anfang der 50er Jahre war Henri Gross einer der Vorreiter der Erzeugerabfüllung. 1990 entschlossen sich sein Sohn und seine Schwiegertochter, die Leitung des Betriebs zu übernehmen. Dieser Pinot kommt von einem sandigen Boden und mischt im Duft das fruchtige Aroma der Rebsorte mit dem Aroma überreifer Trauben. Er ist im Geschmack sehr konzentriert und zeigt sich fett, üppig und gleichzeitig sehr elegant mit seinen Röst- und Rauchnoten, die sich im Abgang bemerkbar machen. Großartiges Traubengut!

Henri Gross et Fils, 11, rue du Nord, 68420 Gueberschwihr, Tel. 03.89.49.24.49, Fax 03.89.49.33.58 n.V.

HENRI GSELL 1995*

| | 0,28 ha | 4 000 | 🍷 30-50 F |

Man muß Eguisheim und seine Schlösser besuchen und die Befestigungsanlagen besichtigen, wo sich Winzerhäuser wie dieses hier befinden, dessen Name im Weinführer oft genannt wird. Dieser Pinot erreicht eine bemerkenswerte Ausdruckskraft. Die Reife des Traubenguts ist daran nicht unbeteiligt. Er ist im Duft sehr voll und zeigt sich kraftvoll und fett, bewahrt dabei aber Ausgewogenheit und eine gute Nachhaltigkeit. Er paßt ebenso gut zu Vorspeisen wie zu weißem Fleisch oder Fisch.

Henri Gsell, 22, rue du Rempart-Sud, 68420 Eguisheim, Tel. 03.89.41.96.40 n.V.

DOM. ROGER JUNG ET FILS 1995*

| | 0,5 ha | 5 000 | 30-50 F |

Der hier seit 1961 ansässige Roger Jung bewirtschaftet heute ein 12 ha großes Weingut im berühmten Weinbauort Riquewihr. Er hat die Genugtuung, daß er seit ein paar Jahren mit seinen beiden Söhnen Rémy und Jacques zusammenarbeitet. Sein von einem Mergelboden stammender Pinot ist durch überreife Trauben gekennzeichnet. Er duftet konzentriert und üppig und zeigt im Geschmack eine große Harmonie. Die Fülle und die Geschmeidigkeit, die mit der Überreife zusammenhängen, werden durch eine exzellente Ausgewogenheit ausgeglichen. Ein sehr nachhaltiger Wein!

Dom. Roger Jung et Fils, 23, rue de la 1re-Armée, 68340 Riquewihr, Tel. 03.89.47.92.17, Fax 03.89.47.87.63 n.V.

KLEE FRERES 1995**

| | k. A. | k. A. | 🍷 30-50 F |

Die drei Söhne von Victor Klée nehmen die Herausforderung glanzvoll an mit diesem Pinot, der von überreifen Trauben stammt. Er verbindet im Geruch rauchige und blumige Noten mit Honigduft. Schöne Ansprache am Gaumen. Ein alkoholreicher, intensiver Wein von so bemerkenswerter Nachhaltigkeit, daß er es mit einem Pinot gris aufnehmen kann!

Klée Frères, 18, Grand-Rue, 68230 Katzenthal, Tel. 03.89.47.17.90 n.V.

Alsace Pinot oder Klevner

KUMPF ET MEYER
Cuvée particulière 1995★★★

| ☐ | 0,5 ha | 4 000 | 🍷♨ -30F |

Sophie Kumpf, die hier seit 1992 lebt, ist eine der seltenen Winzerinnen der Region. Ihr Aufstieg geht rasant vonstatten. Um sich davon zu überzeugen, muß man nur diesen außergewöhnlichen Pinot probieren. Im Geruch elegant und intensiv. Er ist durch eine seltene Harmonie gekennzeichnet. Seine Intensität wird nämlich durch eine Lebhaftigkeit verstärkt, die ihn zu einem sehr rassigen, lagerfähigen Wein macht. Man trinkt ihn zu weißem Fleisch oder zu *baeckaoffa* (im Bäckerofen zubereiteter Eintopf).
🕮 Sophie Kumpf, 5, rue Charles-Mistler, 67120 Molsheim, Tel. 03.88.38.14.84 ✓ ⊤ tägl. 8h-18h

LOBERGER Vieilles vignes 1995

| ☐ | 0,26 ha | 2 000 | 🍷♨ -30F |

Die Lobergers, die seit 1617 Winzer in Bergholtz sind, haben ihre traditionelle Vinifizierung im Eichenholzfaß durch eine Anlage zur Wärmeregulierung verbessert. Dieser Pinot stammt von alten Rebstöcken und besitzt eine überraschende Konzentration. Er duftet sehr intensiv und enthüllt im Geschmack ein gutes Gerüst, wobei die Fülle durch etwas Kohlensäure ausgeglichen wird. Für eine lange Alterung gerüstet.
🕮 Dom. Joseph Loberger, 10, rue de Bergholtz-Zell, 68500 Bergholtz, Tel. 03.89.76.88.03, Fax 03.89.74.16.89 ⊤ n.V.

ANDRE RIEFFEL Vieilles vignes 1995★

| ☐ | 0,4 ha | 3 000 | 🍷♨ 30-50F |

Mittelbergheim, das ganz nahe bei Barr liegt, verdient keinen Umweg. Nicht nur das Dorf ist großartig, sondern man trifft hier auch begeisterte Erzeuger wie André Rieffel. Seiner Herkunft von einem lehmig-kalkhaltigen Boden entsprechend ist dieser Pinot im Geruch noch zurückhaltend, aber sehr elegant. Eine gute Säure sowie ein wenig Restzucker machen ihn zu einem langen, harmonischen Tropfen. Ein vielversprechender Wein !
🕮 André Rieffel, 11, rue Principale, 67140 Mittelbergheim, Tel. 03.88.08.95.48, Fax 03.88.08.28.94 ✓ ⊤ n.V.

DOM. RUNNER 1995★

| ☐ | 0,7 ha | 5 500 | 🍷 30-50F |

Die Runners, die in einem Haus aus dem Jahre 1605 wohnen, besitzen heute ein 12 ha großes Weingut und bemühen sich, die gesamte Bandbreite der elsässischen Weine zu erzeugen. Dieser Pinot erscheint im Geruch sehr typisch mit Rauch- und Holznoten. In der Ansprache eher nervig, enthüllt er im Geschmack schönen Stoff und klingt mit einem langen Abgang aus. Man kann ihn zu Geflügel und Fisch empfehlen.
🕮 EARL François Runner et Fils, 1, rue de la Liberté, 68250 Pfaffenheim, Tel. 03.89.49.62.89, Fax 03.89.49.73.69 ✓ ⊤ tägl. 8h-12h 13h-19h ; Gruppen n.V.

SALZMANN 1995★★

| ☐ | k. A. | k. A. | 🍷♨ 30-50F |

Die Familie Salzmann ist tief in der Geschichte verwurzelt, wie die großartige Kapelle beweist, die auf ihrem Gut steht. Sie bestellt einen Weinberg in perfekter Lage, der über dem Geburtsort von Albert Schweitzer aufragt. Unterstützt von seinem Granitboden, verbindet dieser in der Nase sehr intensive Pinot den Duft der Traubensorte mit dem Geruch von Überreife. Die Komplexität findet sich im Geschmack wieder, der füllig, geschmeidig und vor allem sehr lang ist. Ein Wein voller Harmonie, der von großer Rasse ist !
🕮 Salzmann-Thomann, Dom. de l'Oberhof, 68240 Kaysersberg, Tel. 03.89.47.10.26, Fax 03.89.78.13.08 ✓ ⊤ n.V.

SCHEIDECKER 1995

| ☐ | 1 ha | 6 000 | 🍷 -30F |

Mittelwihr, ein zauberhafter Weinbauort, der auch wegen seines berühmten »Mandelbergs« bekannt ist, besitzt beeindruckend viele Weinbaubetriebe. Sie sind wie der von Philippe Scheidecker in ihren Ausmaßen überschaubar geblieben. Dieser Pinot blanc stammt von einem Lehm- und Kalksteinboden. Er ist dennoch im Geruch schon ausdrucksvoll, erscheint aber noch sehr jugendlich. Die Lebhaftigkeit und der Restzucker dürften sich im Laufe der Alterung vereinigen.
🕮 Philippe Scheidecker-Zimmerlin, 13, rue des Merles, 68630 Mittelwihr, Tel. 03.89.49.01.29, Fax 03.89.49.06.63 ✓ ⊤ n.V.

DOM. SCHLUMBERGER 1995★

| ☐ | 17,2 ha | k. A. | ■ 30-50F |

Das berühmte Etikett der Domaines Schlumberger zeugt davon, daß diese Firma an den elsässischen Weinbautraditionen festhält. Ihre Weißweine, die in großen Fässern vergoren und im Gärbottich ausgebaut werden, sind berühmt. Entsprechend seiner Herkunft von einem sandigen Boden wird dieser elegante Pinot im Duft von einem Blütenaroma beherrscht. Im Geschmack wird seine natürliche Lebhaftigkeit durch ein wenig Kohlensäure verstärkt. Dank seiner Nachhaltigkeit kann man ihn zu allen Gelegenheiten trinken.
🕮 Domaines Schlumberger, 100, rue Théodore-Deck, 68501 Guebwiller Cedex, Tel. 03.89.74.27.00, Fax 03.89.74.85.75 ✓ ⊤ n.V.

ALBERT SELTZ Auxerrois 1995★

| ☐ | k. A. | 1 800 | ■ 30-50F |

Die Familie von Albert Seltz baut seit 1576 Wein an. Seine Vorfahren haben ihm ihren Perfektionismus vererbt : Er weiß, daß guter Wein

Alsace Pinot oder Klevner

im Weinberg entsteht. Dieser Pinot, der von einem Lehm- und Kalksteinboden stammt, zeigt im Geruch eine schöne Reife. Sie wird durch Noten von Honig und Tiergeruch verstärkt, die auf die Überreife der Trauben zurückgehen. Das führt im Geschmack zu einer gewissen Geschmeidigkeit und sogar Rundheit. Ein untypischer Wein von großer Stärke !
🍷 Albert Seltz, 21, rue Principale,
67140 Mittelbergheim, Tel. 03.88.08.91.77,
Fax 03.88.08.52.72 ✓ ⊺ n.V.

JEAN-PAUL ET DENIS SPECHT 1995*

| ☐ | 0,45 ha | 2 100 | ▮ -30 F |

Jean-Paul und Denis Specht, die hier seit 1978 leben, vereinen seit fast zwanzig Jahren unermüdlich ihre Begabungen. Dieser sehr intensiv duftende Pinot zeigt sehr rasch seinen gesamten Ehrgeiz. Der Geschmack enttäuscht nicht : sehr fleischig und wohlausgewogen. Ein aus guten Trauben erzeugter Wein, der eine traditionelle Mahlzeit begleiten kann.
🍷 GAEC Jean-Paul et Denis Specht, 2, rue des Eglises, 68630 Mittelwihr, Tel. 03.89.47.90.85,
Fax 03.89.49.04.22 ✓ ⊺ n.V.

ANDRE THOMAS ET FILS 1995*

| ☐ | k. A. | k. A. | ⦿ 30-50 F |

André und François Thomas, unermüdliche Verteidiger des Ammerschwihr, führen heute ein 6 ha großes Weingut. Dieser Pinot ist im Duft schon sehr entfaltet und ausdrucksvoll. Die ganze Reife der Trauben scheint im Geschmack durch, der gleichzeitig frisch, relativ fest und von schöner Nachhaltigkeit ist.
🍷 André Thomas et Fils, 3, rue des Seigneurs,
68770 Ammerschwihr, Tel. 03.89.47.16.60,
Fax 03.89.47.37.22 ✓ ⊺ n.V.

CAVE DE TURCKHEIM
Rotenberg 1995**

| ☐ | 2 ha | 13 000 | ▮⌘ 30-50 F |

Die 1956 gegründete Genossenschaftskellerei von Turckheim nimmt einen der vordersten Ränge ein, ihrer Größe nach (320 ha Rebfläche) ebenso wie hinsichtlich ihres Ansehens. Sie präsentiert hier einen Pinot mit entfaltetem, recht typischem Duft. Im Geschmack kann er die Reife, die im Stoff und im Gerüst zum Ausdruck kommen, mit der Frische verbinden, die ihn zu einem geschätzten Begleiter für Ihre Mahlzeit macht. Schöne Harmonie !
🍷 Cave de Turckheim, 16, rue des Tuileries,
68230 Turckheim, Tel. 03.89.27.06.25,
Fax 03.89.27.35.33 ✓ ⊺ tägl. 8h-12h 14h-18h

LAURENT VOGT Klevner du Horn 1995

| ☐ | 0,75 ha | 5 000 | ⦿ -30 F |

Laurent Vogt bewirtschaftet voller Fleiß mehr als 8 ha in Wolxheim, im Schutze des Horn. Dieser intensiv duftende Pinot entfaltet ein schon leicht rauchiges Vanillearoma. Ein im Geschmack ziemlich nerviger, perfekt strukturierter Wein.
🍷 Laurent Vogt, 4, rue des Vignerons,
67120 Wolxheim, Tel. 03.88.38.50.41,
Fax 03.88.38.50.41 ✓ ⊺ n.V.

ANDRE WANTZ 1995*

| ☐ | 1 ha | 3 000 | ▮ 30-50 F |

Die Familie Wantz ist seit 1575 mit ihrem zauberhaften Dorf verbunden. Heute bewirtschaftet sie hier 10 ha, die sich gleichmäßig auf die verschiedenen Anbaugebiete der Gegend verteilen. Dieser von einem Lehm- und Kalksteinboden stammende Pinot wird noch von seinem Gärungsaroma beherrscht. Er zeigt am Gaumen eine schöne Ansprache und entfaltet einen Geschmack von frischen Früchten, der durch eine gute Länge gekennzeichnet ist.
🍷 André Wantz, 1, rue Neuve,
67140 Mittelbergheim, Tel. 03.88.08.00.41,
Fax 03.88.08.46.32 ✓ ⊺ n.V.

A. WITTMANN ET FILS 1995*

| ☐ | 16,3 ha | 1 260 | ⦿ -30 F |

Die Wittmanns wohnen in Mittelbergheim seit Generationen in einem prächtigen Renaissancehaus. Sie besitzen Vinifizierungsanlagen, die 1985 modernisiert wurden. Dieser im Geruch sehr gefällige und recht typische Pinot zeigt im Geschmack eine schöne Präsenz. Er ist elegant, harmonisch und kraftvoll zugleich und dürfte zu einer bäuerlichen kalten Brotzeit oder auch zu gefüllten Blätterteigkuchen angenehm schmecken.
🍷 EARL A. Wittmann et Fils, 7-9, rue Principale, 67140 Mittelbergheim,
Tel. 03.88.08.95.79, Fax 03.88.08.53.81 ✓ ⊺ n.V.

WUNSCH ET MANN 1995*

| ☐ | 2,45 ha | 15 000 | ▮ 30-50 F |

Diese beiden Familien, von denen jede auf eine lange Weinbautradition zurückschauen kann, haben sich 1948 zusammengeschlossen und die Firma Wunsch et Mann gegründet, die einen Weinhandel aufgebaut, aber darüber nicht ihren Ursprung vergessen hat ; denn sie bewirtschaftet immer noch 15 ha eigene Rebflächen. Sie präsentiert uns einen sehr typischen Pinot. Er ist im Duft sehr intensiv und ausdrucksvoll, während er im Geschmack sehr ausgewogen erscheint und nachhaltig genug ist, um sich im Laufe der Alterung zu verfeinern.
🍷 Wunsch et Mann, 2, rue des Clefs,
68920 Wettolsheim, Tel. 03.89.22.91.25,
Fax 03.89.80.05.21 ✓ ⊺ Mo-Sa 8h-12h 13h30-18h30
🍷 Famille Mann

ZEYSSOLFF 1995

| ☐ | 1,5 ha | 15 000 | ⦿⌘ -30 F |

Die Zeyssolffs, die seit mehr als 200 Jahren Winzer in Gertwiller sind, haben ihren 7 ha großen Weingut einen Weinhandel hinzugefügt. Entsprechend seiner Herkunft von einem Lehm- und Kalksteinboden ist dieser Pinot noch relativ zurückhaltend im Geruch. Der ausgewogene, nachhaltige Wein, der im Geschmack sehr lebhaft ist, paßt hervorragend zu kalten und warmen Vorspeisen und - warum auch nicht - zu gekochtem Fisch.
🍷 SARL Zeyssolff, 156, rte de Strasbourg,
67140 Gertwiller, Tel. 03.88.08.90.08,
Fax 03.88.08.91.60 ✓ ⊺ n.V.

Alsace Riesling

Der Riesling ist die rheinische Rebsorte schlechthin ; das Rheintal ist auch tatsächlich seine Wiege. Er stellt eine für diese Region spät reifende Sorte dar, die in der Produktion regelmäßig ist und eine gute Qualität liefert. Mit 3 294 ha (1996) nimmt er fast 22 % der Anbaufläche ein.

Der elsässische Riesling ist ein trockener Wein, was ihn insgesamt von seinem deutschen Gegenstück unterscheidet. Seine Vorzüge liegen im harmonischen Verhältnis zwischen seinem feinen Bukett und seiner zarten Fruchtigkeit, zwischen seinem Körper und seiner ziemlich ausgeprägten, aber äußerst feinen Säure. Damit er diese Spitzenqualität erreicht, muß er jedoch aus einer guten Lage kommen.

Der Riesling hat Ableger in vielen anderen Weinbauländern, doch dort ist die Bezeichnung »Riesling« nicht immer vertrauenswürdig, außer man spricht ausdrücklich von »Rheinriesling«. Etwa zehn andere Rebsorten in aller Welt heißen so ! Vom gastronomischen Standpunkt paßt der Riesling ganz besonders zu Fisch, Meeresfrüchten und selbstverständlich zu einer Schlachtplatte im Sauerkrautbett oder zu »Coq au riesling« (in Riesling gedünstete Hähnchenstücke).

AMBERG 1995**

☐ 9 ha   3 600   ■ 30-50F

Das Dorf Epfig, das inmitten von Weinbergen auf einer Kuppe liegt, kann man nicht übersehen. Yves Amberg pflegt hier seine beiden Leidenschaften : Er ist seit 1988 Winzer und Brenner. Dieser Riesling, der von einem sandigen Boden stammt, ist sehr ätherisch. Er duftet intensiv und entfaltet ein besonders elegantes Blütenaroma. Die geschmackliche Ansprache enttäuscht nicht. Dieser Wein zeigt sich von großer Nachhaltigkeit.

☎ Yves Amberg, 19, rue Fronholz, 67680 Epfig, Tel. 03.88.85.51.28, Fax 03.88.85.51.28 ✓ ⊤ n.V.

AMBERG Damgraben Vieilles vignes 1995**

☐   k. A.   4 800   ■ 30-50F

Dieser Riesling stammt von alten Rebstöcken, die auf einem sandigen Boden wachsen. Er ist besonders bemerkenswert. Intensiv im Duft, wird er von Zitrusnoten (Zitronen und Pampelmusen) beherrscht. Im Geschmack ist er perfekt strukturiert, frisch und nachhaltig. Ein Wein von großer Rasse, der seine volle Entfaltung erreicht hat.

☎ Yves Amberg, 19, rue Fronholz, 67680 Epfig, Tel. 03.88.85.51.28, Fax 03.88.85.51.28 ✓ ⊤ n.V.

LEON BAUR Elisabeth Stumpf 1995*

☐   1 ha   8 000   ■ ♦ 30-50F

Der mittelalterliche Ort Eguisheim besitzt als besondere Attraktion mehrere konzentrisch angelegte Stadtmauern, die von den Wohnhäusern gebildet werden. Eines davon ist das Gebäude von Jean-Louis Baur, das aus dem Jahre 1738 stammt. Dieser Riesling, der von einem Lehm- und Kalksteinboden kommt, ist im Geruch schon stark entfaltet und bietet Mango- und Pfirsichnoten, die sich mit einer mineralischen Note vermischen. Er ist am Gaumen sehr präsent und besitzt eine Struktur, die dem Hauch von Restzucker gut widersteht. Ein langer, rassiger Wein, den man zu Fisch mit Sauce trinkt.

☎ Jean-Louis Baur, 22, rue du Rempart-Nord, 68420 Eguisheim, Tel. 03.89.41.79.13, Fax 03.89.41.93.72 ✓ ⊤ n.V.

BERNARD BECHT
Finkenberg Vendanges tardives 1994

☐   k. A.   1 200   ■ ♦ 70-100F

Die lehmig-kalkhaltigen Böden von Dorlisheim eignen sich hervorragend für die Erzeugung von Spätleseweinen, die eine lange Reifung der Trauben am Rebstock voraussetzen. Bernard Becht hat sie mit diesem Riesling optimal genutzt. Er besitzt eine schöne gelbe Farbe mit goldigen Reflexen und bietet einen intensiven, fruchtigen Duft, der durch ein Aroma von Überreife und Zitrusnoten geprägt ist. Die Ansprache ist klar, die Rundheit harmonisch. Die Kraft verstärkt die sensorischen Eigenschaften dieses 94ers.

☎ Bernard Becht, 84, Grand-Rue, 67120 Dorlisheim, Tel. 03.88.38.20.37, Fax 03.88.38.88.00 ✓ ⊤ n.V.

HENRI BLEGER 1995*

☐   0,6 ha   5 700   ■ ♦ 30-50F

Im Herzen der befestigten Altstadt von Saint-Hippolyte führt Henri Bléger eine Tradition fort, die ebenso alt ist wie der prächtige Keller von 1562, der seine besten Weine enthält. Dieser Riesling stammt von einem Lehm- und Kalksteinboden und entfaltet im Geruch ein sehr elegantes, fruchtiges Aroma. Die Ansprache im Geschmack ist lebhaft und klar. Ein rassiger Wein, der für den Jahrgang völlig typisch ist. Paßt hervorragend zu Sauerkrautplatte wie auch zu Fisch.

☎ Henri Bléger, A l'Arbre Vert, 2, rue Saint-Fulrade, 68590 Saint-Hippolyte, Tel. 03.89.73.00.08, Fax 03.89.73.05.93 ✓ ⊤ n.V.

BOECKEL Brandluft 1995*

☐   2,1 ha   7 000   ⓤ 30-50F

Die Boeckels leben in Mittelbergheim, das mit seinen Gebäuden aus dem 16. und 17. Jh. eines der schönsten Dörfer von Frankreich ist. Seit Jahrhunderten verbinden sie erfolgreich die Erzeugung von Wein mit dem Handel mit Weinen. Ihr Riesling, der von einem Lehm- und Kalksteinboden kommt, ist im Duft sehr ausdrucksvoll mit seinen Zitrusnoten, die ein Hauch von mineralischem Geruch verstärkt. Die Frucht

Alsace Riesling

ist noch spürbar im Geschmack, der ein wenig rund, aber vor allem recht nachhaltig erscheint.
• Emile Boeckel, 2, rue de la Montagne, 67140 Mittelbergheim, Tel. 03.88.08.91.91, Fax 03.88.08.91.88 n.V.

PAUL BUECHER
Réserve personnelle 1995*

	3 ha	25 000		30-50 F

Die Ursprünge dieses Guts in Familienbesitz reichen ins 17. Jh. zurück. Henri und Jean-Marc Buecher bewirtschaften heute mit 25 ha, die sich auf mehrere Gemeinden in der Umgebung von Colmar verteilen. Dieser im Duft sehr konzentrierte Riesling ist erkennbar das Ergebnis von sehr reifem Traubengut. Nach einer klaren, lebhaften Ansprache zeigt sich der Stoff im Geschmack. Ein 95er von beachtlicher Nachhaltigkeit.
• Paul Buecher et Fils, 15, rue Sainte-Gertrude, 68920 Wettolsheim, Tel. 03.89.80.64.73, Fax 03.89.80.58.62 n.V.

BUTTERLIN 1995**

	1,2 ha	3 000		30-50 F

Wettolsheim, das ganz nahe bei Colmar liegt, hat seine Winzerseele bewahren können, wie die Qualität der Produktion von Jean Butterlin zeigt. Dieser Riesling ist im Duft sehr konzentriert und entfaltet ein Aroma von kandierten Früchten und Blumen. Er schmeckt trocken und sehr ausgewogen und ist sehr lang. Ein lagerfähiger Wein, der die feinsten Gerichte begleiten kann.
• Jean Butterlin, 27, rue Herzog, 68920 Wettolsheim, Tel. 03.89.80.60.85, Fax 03.89.80.58.61 n.V.

CLOS DES CHARTREUX
Finkenberg 1995*

	k. A.	k. A.		30-50 F

Robert Klingenfus, der seit 1981 Wein anbaut, gehört zu einer in Molsheim wohlbekannten Winzerfamilie. Er bewirtschaftet 16 ha in dem Ort, den Ettore Bugatti bekannt machte. Dieser von einem Mergel- und Kalksteinboden stammende Riesling ist sehr elegant mit seinen blumigen, leicht überreifen Noten. Er ist im Geschmack sehr lebhaft und zeigt sich vollkommen ausgewogen, für eine lange Lagerfähigkeit gerüstet.
• Robert Klingenfus, 60, rue de Saverne, 67120 Molsheim, Tel. 03.88.38.07.06, Fax 03.88.49.32.47 n.V.

EBLIN-FUCHS Zellenberg 1995*

	1 ha	7 000		30-50 F

Christian und Joseph Eblin führen ein 8 ha großes Weingut und hängen sehr an ihrem alten Keller, der ausschließlich Eichenholzfässer enthält. Dieser Riesling kommt von einem Lehm- und Kalksteinboden und entfaltet ein sehr elegantes Aroma, in dem man reife Birnen und ein paar mineralische Noten erkennt. Im Geschmack eher füllig. Dieser fleischige, nachhaltige 95er ist lagerfähig.
• Christian et Joseph Eblin, 75, rte du Vin, Schlossreben, 68340 Zellenberg, Tel. 03.89.47.91.14 n.V.

FERNAND ENGEL ET FILS
Kugelberg de Rorschwihr 1995*

	k. A.	4 400		30-50 F

Die GAEC Engel befindet sich im zauberhaften Dorf Rorschwihr und gehört mit seinen 32 ha Rebfläche zu den größten Weinbaubetrieben im Elsaß. Dieser elegant duftende Riesling wird durch Noten von weißen Blüten und Zitronen beherrscht. Im Geschmack füllig und seidig. Er ist ausgewogen und nachhaltig. Sehr originell. Es mangelt ihm nicht an Persönlichkeit.
• GAEC Fernand Engel et Fils, 1, rte du Vin, 68590 Rorschwihr, Tel. 03.89.73.77.27, Fax 03.89.73.63.70 n.V.

DOM. MICHEL FONNE 1995*

	0,4 ha	2 800		30-50 F

Michel Fonné, ein Önologe, hat 1989 die Domaine René Barth übernommen. Er bewirtschaftet heute 5 ha in Bennwihr. Dieser auf einem Lehm- und Kalksteinboden erzeugte Riesling entfaltet einen sehr komplexen Duft von Zitronen und exotischen Früchten. Im Geschmack lebhaft und strukturiert. Ein eleganter Wein, der im Abgang eine leicht milde Note zeigt.
• Michel Fonné, 24, rue du Gal-de-Gaulle, 68630 Bennwihr, Tel. 03.89.47.92.69, Fax 03.89.49.04.86 n.V.

JOSEPH FRITSCH 1995

	0,65 ha	3 600		30-50 F

Joseph Fritsch, der den Betrieb seit 1977 leitet, wird Sie in einem Keller aus dem Jahre 1703 empfangen, der mitten im Dorf liegt. Aber seine Weine stellt er in einer viel zweckmäßigeren Anlage her, die sich mitten im Weinberg befindet. Dieser Riesling ist durch seine Herkunft von einem Kiesboden geprägt. Er ist schon sehr entwickelt, wie die Dominanz der mineralischen Noten im Geruch zeigt. Im Geschmack füllig und wohlausgewogen. Er erweist sich als sehr nachhaltig.
• EARL Joseph Fritsch, 31, Grand-Rue, 68240 Kientzheim, Tel. 03.89.78.24.27, Fax 03.89.78.24.27 n.V.

JEAN GEILER Steinweg 1995*

	23,61 ha	25 000		30-50 F

Die 1926 gegründete Genossenschaftskellerei von Ingersheim kann sich rühmen, daß sie die Produktion von fast 300 ha Winzern vereinigt und das größte Eichenholzfaß besitzt, das im gesamten Rheintal in Gebrauch ist (es faßt 354 hl). Dieser Riesling stammt von einem Kiesboden und entfaltet im Duft die für die Rebsorte typische Fruchtigkeit. Nach einer recht klaren Ansprache am Gaumen, die durch etwas Kohlensäure verstärkt wird, zeigt sich dieser 95er sehr harmonisch.
• Cave d'Ingersheim Jean Geiler, 45, rue de la République, 68040 Ingersheim, Tel. 03.89.27.05.96, Fax 03.89.27.51.24 tägl. 10h-12h 14h-18h ; Gruppen n. V.

Alsace Riesling

MAISON LOUIS GISSELBRECHT
1995*

☐   1,5 ha   12 000   🍾 50-70F

Dambach-la-Ville hätte auch Dambach-les-Vignes heißen können. Die meisten Einwohner führen nämlich wie die Gisselbrechts die lange Weinbautradition dieses Orts fort. Dieser von einem Schlickboden stammende Riesling ist sehr ausdrucksvoll im Duft mit seinem Blütenaroma (Akazien) und seinen rauchigen Noten. Ein langer, gut strukturierter Wein mit echter geschmacklicher Präsenz.
☙ SA Maison Louis Gisselbrecht, 11, rue de la Gare, 67650 Dambach-la-Ville,
Tel. 03.88.92.41.24, Fax 03.88.92.61.01 ▨ ⚭ n.V.

HENRI GSELL 1995**

☐   0,71 ha   2 500   🍾 30-50F

Dieser nicht ganz 10 ha große Weinbaubetrieb hat seinen Sitz mitten im historischen Eguisheim. Henri Gsell, ein junger Winzer, stellt hier Weine von bemerkenswerter Qualität her, wie etwa diesen Riesling, der von einem lehmig-kalkhaltigen Boden kommt und dennoch im Geruch sehr füllig ist. Er ist durch ein blumiges Aroma mit leichter Muskatnote gekennzeichnet und besitzt eine ausgezeichnete geschmackliche Ausgewogenheit und eine lange Nachhaltigkeit. Ein Wein, der sehr gut zu Fisch und Krebstieren paßt.
☙ Henri Gsell, 22, rue du Rempart-Sud,
68420 Eguisheim, Tel. 03.89.41.96.40 ▨ ⚭ n.V.

JOSEPH GSELL 1995*

☐   1 ha   7 000   30-50F

Orschwihr, der erste bedeutende Weinbauort, wenn man sich dem elsässischen Weinbaugebiet von Süden her nähert, besitzt viele Weinbaubetriebe. Wie etwa den von Joseph Gsell, der hier seit 1978 lebt und heute 8 ha Weinberge bestellt. Er präsentiert hier einen im Geruch eleganten und komplexen Riesling, der blumige und mineralische Düfte mischt. Im Geschmack frisch und von schöner Länge. Er ist das Ergebnis von sehr reifen Trauben. Ein Wein, den man vor allem zu gekochtem Fisch empfehlen kann.
☙ Joseph Gsell, 26, Grand-Rue,
68500 Orschwihr, Tel. 03.89.76.95.11,
Fax 03.89.76.20.54 ▨ ⚭ Mo-Sa 8h-19h

HAEFFELIN Cuvée Impériale 1995

☐   1 ha   8 000   🍾 -30F

Die Haeffelin bewirtschaften ein 14 ha großes Gut, dessen Rebflächen nicht nur in Wettolsheim, sondern auch auf den Granithängen des Munstertales liegen. Und genau dieser Ursprung findet sich im Duft dieses 95ers wieder, den das Aroma von weißen Blüten und Zitronen prägt. Recht lebhafte Ansprache am Gaumen. Ein runder, wohlausgewogener Wein, der sich angenehm trinkt. Sein Preis macht ihn zum billigsten unter den 975 vorgestellten Weinen.
☙ GAEC Henri Haeffelin, 13, rue d'Eguisheim, clos Saint-Guingallois, 68920 Wettolsheim,
Tel. 03.89.80.76.81, Fax 03.89.79.67.05
▨ ⚭ Mo-Sa 8h-12h 13h-19h ; So 10h-12h

ANDRE HARTMANN
Armoirie Hartmann 1995***

☐   0,76 ha   4 200   🍾 30-50F

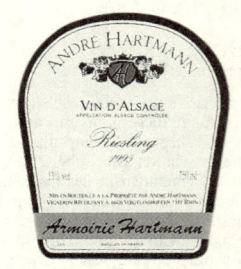

Die Hartmanns, die seit Generationen in Voegtlinshoffen als Winzer leben, sind entschiedene Verfechter des typischen Charakters der elsässischen Weine. Sie beweisen es durch diesen 95er, den die Jury zu einem ihrer Lieblingsweine wählte. Der auf einem Mergel- und Kalksteinboden erzeugte Riesling ist von großer Reife und sehr verführerisch durch sein Mango- und Ananasaroma. Sein Geschmack erweist sich als sehr kräftig gebaut, wobei etwas Restzucker bemerkenswert harmonisch mit dem Säuregerüst verschmilzt. Ein lang lagerfähiger Wein. »Ein Vorbild«, notierte ein Juror.
☙ André Hartmann et Fils, 11, rue Roger-Frémeaux, 68420 Voegtlinshoffen,
Tel. 03.89.49.38.34, Fax 03.89.49.26.18 ▨
⚭ Mo-Sa 9h30-12h 13h30-18h ; So n.V.

EMILE HERZOG 1995**

☐   0,16 ha   1 100   🍾 30-50F

Emile Herzog übte lang seinen Beruf als Diplomlandwirt in der Landwirtschaftsabteilung des Departements aus, ohne darüber den Familienbetrieb zu vergesssen, den er noch immer mit großer Sorgfalt leitet. Dieser Riesling stammt von einem Schlick- und Kiesboden und ist ganz einfach bemerkenswert ! Sehr komplex im Duft, mit Akazienblüten- und Honignoten. Im Geschmack zeigt er sich intensiv und zugleich äußerst harmonisch. Ein großer, lagerfähiger Wein, der nur ganz knapp die Wahl zum Lieblingswein verloren hat.
☙ Emile Herzog, 28, rue du Florimont,
68230 Turckheim, Tel. 03.89.27.08.79 ▨ ⚭ n.V.

HUGEL 1995*

☐   k. A.   k. A.   50-70F

Diese Firma in Familienbesitz, die 1639 in Riquewihr gegründet wurde, wird heute von fünf Nachkommen geleitet, die in der elften und zwölften Generation angehören. Ihre Weine kann man in mehr als 80 Ländern kaufen. Dieser überaus strahlende gelbgrüne 95er bietet einen typischen Akazienblütenduft mit einer leicht mineralischen Note. Er ist sicherlich noch zurückhaltend, zeigt aber viel Feinheit, Klarheit und Eleganz. Er verbindet eine Nervigkeit ohne jegliche Aggressivität mit einer honigartigen Fruchtigkeit und ist ausgewogen und angenehm zu trinken. Mit einer Zitronennote klingt er aus. Paßt gut zu Krebstieren, Meeresfrüchten und gebratenem Fisch.

Alsace Riesling

DOM. JUX Cuvée Prestige 1995*

| ☐ | k. A. | 2 100 | 📖♦ 70-100 F |

Die 110 ha große Domaine Jux ist in zusammenhängendes Weingut, das vollständig auf dem berühmten Kiesboden der Harth von Colmar liegt, und gehört heute zur Wolfberger-Gruppe. Dieser Riesling ist recht typisch für den Jahrgang : intensive Goldfarbe, sehr aromatisch im Duft und besonders fruchtig im Geschmack. Er ist ausgewogen und harmonisch.

☛ Dom. Jux, 5, rue de la Fecht, 68000 Colmar, Tel. 03.89.79.13.76, Fax 03.89.79.62.93 ☑ ✗ n.V.

ROBERT KARCHER
Harth Cuvée Pierre et Gilles 1995*

| ☐ | 2,17 ha | 9 000 | 🍷♦ 30-50 F |

Das alte Gehöft aus dem Jahre 1602, Sitz des Weinbaubetriebs, befindet sich mitten in der Altstadt von Colmar. Georges Karcher hat das Gut 1991 übernommen ; er wird Sie in einem sehr sympathischen Probierkeller empfangen. Dieser Riesling kommt von einem Kiesboden. Der intensive Duft bietet ein Aroma von weißen Blüten, das sich mit exotischen Früchten vermischt. Im Geschmack ist er sehr präsent und besitzt eine exzellente Ausgewogenheit, die durch eine angenehme Lebhaftigkeit verstärkt wird. Dieser Jahrgang feiert die Geburt der Zwillinge von Georges Karcher.

☛ Dom. Robert Karcher et Fils, 11, rue de l'Ours, 68000 Colmar, Tel. 03.89.41.14.42, Fax 03.89.24.45.05 ☑ ✗ tägl. 8h-12h 14h-19h ; Gruppen n. V.

HENRI KLEE Cuvée Particulière 1995**

| ☐ | 1 ha | k. A. | 📖♦ 30-50 F |

Philippe Klée, der an der Fachoberschule für Weinbau in Rouffach ausgebildet wurde und sich hier 1985 niederließ, ist der Erbe von acht Winzergenerationen. Dieser Riesling wird seinen Erwartungen gerecht. Er ist sehr elegant im Duft mit seinem Honig-, Quitten- und Akazienblütenaroma und enthüllt im Geschmack einen großartigen Stoff, der durch einen Hauch von Überreife verstärkt wird. Ein langer, harmonischer Wein, der stark genug ist, um den Jahren zu trotzen. Zur Wahl zum Lieblingswein fehlte nur eine Stimme. Dieser 95er wird Sie entzücken.

☛ EARL Henri Klée et Fils, 11, Grand-Rue, 68230 Katzenthal, Tel. 03.89.27.03.81, Fax 03.89.27.28.17 ☑ ✗ n.V.

KLEIN-BRAND 1995

| ☐ | 1,7 ha | 14 000 | 🍷♦ 30-50 F |

Früher der Mischkultur verschrieben wie so manche Betriebe in dieser Region, hat sich die GAEC Klein-Brand 1952 auf den Weinbau spezialisiert und besitzt heute 14 ha Rebfläche. Dieser Riesling ist im Duft ziemlich elegant mit seinem Anis- und Lindenblütenaroma und bietet am Gaumen eine klare Ansprache. Säure und Zucker vertragen sich gut und hinterlassen einen harmonischen Gesamteindruck.

☛ Klein-Brand, 96, rue de la Vallée, 68570 Soultzmatt, Tel. 03.89.47.00.08, Fax 03.89.47.65.53 ☑ ✗ Mo-Sa 8h-12h 13h30-18h

KUEHN Kaefferkopf 1995*

| ☐ | 0,5 ha | k. A. | 🍷♦ 30-50 F |

Das Haus Kuehn, das neben seinem Weinhandel weiter das alte Weingut bewirtschaftet, wurde 1678 gegründet. Dieser noch jugendliche Riesling kommt von einem Lehm- und Kalksteinboden und entfaltet im Duft ein Aroma exotischer Früchte. Im Geschmack recht lebhaft. Ein leichter, harmonischer Wein, der zu Meeresfrüchten passen dürfte.

☛ SA Kuehn, 3, Grand-Rue, 68770 Ammerschwihr, Tel. 03.89.78.23.16, Fax 03.89.47.18.32 ☑ ✗ n.V.

KUGELBERG 1995*

| ☐ | 0,28 ha | 2 250 | 📖♦ 30-50 F |

Orschwiller ist ein zauberhaftes Dorf auf den Hängen, die von der Burg Haut-Kœnigsbourg überragt werden. Seine Genossenschaftskellerei vereinigt 130 ha Rebflächen. Dieser frische, fruchtige 95er ist im Geschmack durch eine ziemlich lebhafte Ansprache und eine recht kräftige Struktur gekennzeichnet. Er gehört zu den lagerfähigen Weinen, deren Rätsel nur die Riesling-Rebe kennt.

☛ Cave vinicole d'Orschwiller, rte du Vin, 67600 Orschwiller, Tel. 03.88.92.09.87, Fax 03.88.82.30.92 ☑ ✗ n.V.

LAUGEL Cuvée Jubilaire 1995*

| ☐ | k. A. | 40 000 | 📖♦ -30 F |

Dieses 1889 von Michel Laugel gegründete Handelshaus hat es verstanden, eine sehr aktive Partnerschaft mit seinen Traubenlieferanten aufzubauen, die sich alle zwischen Marlenheim und Molsheim befinden. Die Cuvée Jubilaire ist sehr ausdrucksvoll mit ihrem Aroma von Zitrusfrüchten und exotischen Früchten. Der im Geschmack gut strukturierte Riesling ist von vorbildlicher Lebhaftigkeit, nur ein wenig füllig, und von angenehmer Länge.

☛ Michel Laugel, 102, rue du Gal-de-Gaulle, 67520 Marlenheim, Tel. 03.88.87.52.20, Fax 03.88.87.79.87 ☑ ✗ tägl. 8h-12h 13h30-19h

LES FAITIERES 1995**

| ☐ | 2,5 ha | 12 000 | 📖♦ 30-50 F |

Es wäre schade gewesen, bei diesem zweiten Vorschlag der Genossenschaftskellerei von Orschwiller nicht innezuhalten. Dieser Riesling besitzt im Geruch eine große Feinheit ; er ist durch ein Pfirsicharoma gekennzeichnet, das sich auch am Gaumen entfaltet. Er ist im Geschmack sehr ausgewogen und bietet eine bemerkenswerte aromatische Nachhaltigkeit. Ein Juror, der zu dem Schluß gekommen ist, daß dieser 95er die Region sehr gut repräsentiert, empfiehlt ihn natürlich zur Sauerkrautplatte !

☛ Cave vinicole d'Orschwiller, rte du Vin, 67600 Orschwiller, Tel. 03.88.92.09.87, Fax 03.88.82.30.92 ☑ ✗ n.V.

ALSACE

Alsace Riesling

JEAN-PAUL MAULER 1995*

☐   0,55 ha   2 500   ⑾ 30-50F

Der Weinbaubetrieb von Jean-Paul Mauler verbindet Tradition und Modernität in einem Keller, der zur einen Hälfte alte Eichenholzfässer und zur anderen Hälfte Edelstahltanks enthält. Diesem intensiv duftenden, vom Aroma reifer Trauben geprägten Riesling mangelt es nicht an Charakter. Nervig, aber ohne Grüngeschmack, trocken und rassig. Er ist für die besten Fischgerichte oder Meeresfrüchte bestimmt.
▶ EARL Jean-Paul Mauler, 3, pl. des Cigognes, 68630 Mittelwihr,
Tel. 03.89.47.93.23 ☑ Ⳇ n.V.

DOM. MITTNACHT FRERES
Clos Wilhelmine 1995*

☐   k. A.   1 500   ⓘ 50-70F

Die GAEC Mittnacht ist in Hunawihr ansässig, das durch seine Wehrkirche aus dem 15. Jh., aber auch durch die Qualität seines Anbaugebiets berühmt ist, und bestellt hier diesen Weinberg, dessen Kalksteinuntergrund fast zutage tritt. Der mäßige Ertrag dieses Bodens findet sich im Aroma dieses Rieslings, in dem Muskatgeruch dominiert. Die im Geschmack deutlich spürbare Struktur zeigt einen langen, sehr sortentypischen Wein an.
▶ Dom. Mittnacht Frères, 27, rte de Ribeauvillé, 68150 Hunawihr,
Tel. 03.89.73.62.01, Fax 03.89.73.38.10 ☑
Ⳇ Mo-Sa 10h-12h 14h-19h ; 24. Dez.-5. Jan. geschlossen

CHARLES MULLER ET FILS
Steinacker de Traenheim 1995*

☐   0,46 ha   4 000   ⑾ ♦ 30-50F

Die Familie Muller, die organische Anbaumethoden verwendet, d. h. ohne Unkrautvertilgungs- und Schädlingsbekämpfungsmittel arbeitet und keinen künstlichen Dünger benutzt, besitzt heute einen 10 ha großen Weinbaubetrieb. Dieser Riesling kommt von einem Lehm- und Kalksteinboden und hat noch die ganze Zukunft vor sich. Er duftet fein und fruchtig und enthüllt im Geschmack ein Vanille- und Zitrusaroma, das ihn ein wenig rund, aber sehr harmonisch macht.
▶ Charles Muller et Fils, 89c, rte du Vin, 67310 Traenheim, Tel. 03.88.50.38.04, Fax 03.88.50.58.54 ☑ Ⳇ n.V.

CAVE D'OBERNAI 1995

☐   k. A.   50 000   ⓘ ♦ 30-50F

Diese große, 1950 entstandene Kellerei ist das Ergebnis einer Genossenschaftsvereinigung, was sie heute zu einem der größten Erzeuger im elsässischen Weinbaugebiet macht. Dieser Riesling ist recht typisch im Duft mit einem Aroma, in dem sich blumige (Akazienblüten) und fruchtige (Zitrusfrüchte) vermischen. Im Geschmack zeigt er sich sehr lebhaft. Ein lagerfähiger Wein im Einklang mit dem Jahrgang.
▶ Cave vinicole d'Obernai, 30, rue du Gal-Leclerc, 67210 Obernai, Tel. 03.88.47.60.20, Fax 03.88.47.60.22 ☑ Ⳇ n.V.

PIERRE ET JEAN-PIERRE RIETSCH
Brandluft 1995

☐   0,7 ha   5 000   ⓘ ⑾ ♦ 30-50F

Wenn man durch Mittelbergheim kommt, macht man zunächst eine Reise in die Geschichte. So bleibt die GAEC Rietsch trotz ihrer 11 ha Rebflächen in einem Gebäude aus dem Jahre 1576. Dieser Riesling stammt zwar von einem Lehm- und Kalksteinboden, aber er ist jugendlich geblieben mit seinem Gärungsaroma, das weiterhin eine leichte Zitronennote beherrscht. Im Geschmack sehr lebhaft. Dieser 95er ist kräftig genug für Fisch- oder Krebsgerichte.
▶ Pierre et Jean-Pierre Rietsch, 32, rue Principale, 67140 Mittelbergheim,
Tel. 03.88.08.00.64, Fax 03.88.08.40.91 ☑ Ⳇ n.V.

ROLLY GASSMANN
Kappelweg de Rorschwihr 1995*

☐   0,26 ha   2 000   ⑾ 50-70F

Muß man das Haus Rolly-Gassmann noch eigens vorstellen, das mit seinen 28 ha Weinbergen seine Weine in der ganzen Welt vertreibt und regelmäßig in diesem Weinführer ausgezeichnet wird ? Dieser von einem Lehm- und Kalksteinboden stammende Riesling ist besonders entfaltet im Geruch, in dem man neben dem Aroma von Dörrobst auch Unterholzaroma findet. Schöne Ansprache am Gaumen. Ein komplexer Wein, der mit einem sehr milden Abgang ausklingt. Man muß ihn zwei bis drei Jahre lagern, damit die Ausgewogenheit zwischen Säure und Zucker zustande kommt.
▶ Rolly Gassmann, 2, rue de l'Eglise, 68590 Rorschwihr, Tel. 03.89.73.63.28, Fax 03.89.73.33.06 ☑ Ⳇ n.V.

RUHLMANN-DIRRINGER
Cuvée Réservée 1995*

☐   1,5 ha   12 500   ⑾ ♦ 30-50F

Dambach-la-Ville hat es verstanden, ein wunderbares Erbe zu bewahren, vor allem dieses Gebäude aus dem Jahre 1578, das den Grafen von Mullenheim gehörte. Hier hat die Domaine Ruhlmann-Dirringer ihren Sitz. Die Ausdruckskraft dieses Rieslings wird durch seine Herkunft von einem Granitboden verstärkt. Intensiver Duft, in dem Zitrusfrüchte dominieren, begleitet von mineralischen Noten. Nach einer schönen Ansprache am Gaumen erweist sich dieser ausgewogene und rassige 95er als nachhaltig.
▶ Ruhlmann-Dirringer, 3, imp. de Mullenheim, 67650 Dambach-la-Ville,
Tel. 03.88.92.40.28, Fax 03.88.92.48.05 ☑
Ⳇ Mo-Sa 9h-11h30 13h-18h30

DOM. RUNNER 1995

☐   0,8 ha   7 000   ⑾ ♦ 30-50F

Diese alte Winzerfamilie konnte in ihrem Handwerk zu großer Meisterschaft bringen. Man findet sie nämlich regelmäßig in verschiedenen Abschnitten dieses Weinführers. Dieser Riesling, der von einem Lehm- und Kalksteinboden stammt, ist im Duft durch mineralische und Zitronennoten geprägt. Im Geschmack trocken und wohlausgewogen. Er zeigt die ganze Rasse der Rebsorte.

Alsace Riesling

⌐EARL François Runner et Fils, 1, rue de la Liberté, 68250 Pfaffenheim, Tel. 03.89.49.62.89, Fax 03.89.49.73.69 ☑ ℐ tägl. 8h-12h 13h-19h ; Gruppen n.V.

CLOS SAINTE ODILE 1995*

| ☐ | k. A. | 10 000 | ⦁⦁ ♦ | 30-50 F |

Dieser rund 4 ha große Clos umfaßt vier Terrassen mit sehr guter Lage. Dieser im Duft von einem Zitrus- und Ananasaroma beherrschte 95er bringt im Geschmack die ganze Lebhaftigkeit der Riesling-Rebe zum Ausdruck. Frisch und ausgewogen. Er dürfte gut zu gebratenem Fisch passen.
⌐Sté vinicole Sainte Odile, 3, rue de la Gare, 67210 Obernai, Tel. 03.88.95.50.23, Fax 03.88.47.60.22 ☑ ℐ n.V.

SCHAEFFER-WOERLY
Breitstein 1995***

| ☐ | 0,54 ha | 4 300 | ⦁⦁ | 30-50 F |

Diese alte Winzerfamilie wohnt mitten in Dambach-la-Ville, in einem überaus malerischen Haus. Im Weinkeller steht eine herrliche Traubenpresse aus dem 18. Jh. Ebenso großartig ist dieser Riesling. Sein Ursprung von einem Granitboden verstärkt den fruchtigen, leicht mineralischen Ausdruck seines Aromas. Aber die Offenbarung kommt im Geschmack : füllig, strukturiert und sehr lang. Ein Wein von großer Harmonie, den man vor allem zu den feinsten Fischgerichten servieren sollte. Ein begeisterter Juror gestand, daß er, nachdem er ihn verkostet hatte, sich nicht zurückhalten konnte, ihn nochmals zu probieren !
⌐Schaeffer-Woerly, 3, pl. du Marché, 67650 Dambach-la-Ville, Tel. 03.88.92.40.81, Fax 03.88.92.49.87 ☑ ℐ Mo-Sa 9h-18h ; So n.V.

E. SCHAEFLE 1995

| ☐ | 0,8 ha | 6 000 | ⦁⦁ ♦ | 30-50 F |

Pfaffenheim, berühmt durch seine Wallfahrt zum Schauenberg und seine Kirche, in der ein Chor aus dem 12. Jh. einem modernen Glockenturm gegenübersteht, schafft eine Harmonie zwischen Wein und göttlichem. Dieser Riesling, im Duft sehr intensiv mit einem Aroma von Honig und kandierten Früchten, erscheint im Geschmack trocken und wohlausgewogen.
⌐Vins Schaeflé, 1, rue de la Tuilerie, 68250 Pfaffenheim, Tel. 03.89.49.51.43, Fax 03.00.00.00.00 ☑ ℐ n.V.
⌐Schmitt

PAUL SCHWACH
Haguenau de Bergheim Cuvée Sélectionnée 1995*

| ☐ | 1,1 ha | 6 000 | ▮ | 30-50 F |

Dieser 1921 enstandene, 10 ha große Weinbaubetrieb war einer der Pioniere des Direktverkaufs und befriedigte seit 1945 unablässig die Wünsche seiner Kundschaft. Sehr ausdrucksvoller Duft mit einem Aroma von Zitrusfrüchten und exotischen Früchten. Dieser Riesling zeigt sich im Geschmack füllig und kraftvoll, wobei der Eindruck von Fülle durch ein wenig Restzucker verstärkt wird.
⌐EARL Paul Schwach, 30-32, rte de Bergheim, 68150 Ribeauvillé, Tel. 03.89.73.62.73, Fax 03.89.73.37.99 ☑ ℐ tägl. 8h-12h 13h30-19h ; Gruppen n.V.

ALBERT SELTZ Brandluft 1995

| ☐ | k. A. | 2 500 | | 50-70 F |

Albert Seltz folgt dreizehn Winzergenerationen nach, von denen er sein schönes Können geerbt hat. Ist er nicht zu einer markanten Gestalt dieses Weinführers geworden ? Dieser Riesling ist schon recht entwickelt : im Geruch ziemlich entfaltet mit seinen fruchtigen und mineralischen Noten. Im Geschmack ausgewogen. Ein leichter, sehr angenehmer Wein.
⌐Albert Seltz, 21, rue Principale, 67140 Mittelbergheim, Tel. 03.88.08.91.77, Fax 03.88.08.52.72 ☑ ℐ n.V.

LOUIS SIPP Réserve Personnelle 1995

| ☐ | 5 ha | 18 000 | ▮ ⦁⦁ ♦ | 50-70 F |

Das 1850 gegründete Haus Louis Sipp besitzt neben seinem Weinhandel ein großes Weingut, dessen 32 ha sehr gute Lagen haben. Dieser von einem Lehm- und Kalkboden stammende Riesling ist jugendlich geblieben, auch wenn er sich eher mineralisch als fruchtig zeigt. Im Geschmack kommen Zitrusnoten zum Vorschein. Er ist ausgewogen und harmonisch. Ein bis zwei Jahre lagern.
⌐Louis Sipp Grands Vins d'Alsace, 5, Grand-Rue, 68150 Ribeauvillé, Tel. 03.89.73.60.01, Fax 03.89.73.31.46 ☑ ℐ n.V.

PAUL SPANNAGEL 1995*

| ☐ | 0,5 ha | 5 000 | ▮ ♦ | 30-50 F |

Das Dorf Katzenthal, das von Weinbergen umgeben ist und von den Ruinen der Burg Wineck überragt wird, beherbergt Winzer aus Überzeugung, wie Paul Spannagel. Dieser Riesling von einem Kiesboden duftet intensiv und angenehm mit seinem Aroma reifer Früchte. Im Geschmack ist er durch eine schöne Lebhaftigkeit ausgezeichnet. Das schließt nicht aus, der von langer Nachhaltigkeit ist. Zwei bis drei Jahre altern lassen.
⌐Paul Spannagel et Fils, 1, Grand-Rue, 68230 Katzenthal, Tel. 03.89.27.01.70, Fax 03.89.27.45.93 ☑ ℐ n.V.

PIERRE SPARR
Altenbourg Vendanges tardives 1994*

| ☐ | k. A. | 14 000 | ⦁⦁ | 150-200 F |

Pierre Sparr hat sich auf eine Qualitätspolitik festgelegt, deren Resultate den Lesern des

ALSACE

Alsace Riesling

Hachette-Weinführers nicht entgangen sind. Dieser Riesling mit der intensiven goldgelben Farbe zeugt von einer schönen aromatischen Eleganz mit einer Zitronennote, die die Feinheit der Frucht noch verstärkt. Der Geschmack, sanft, füllig und von zarter Harmonie, klingt mit einer Frische aus, die diesem großen Wein ein langes Leben garantiert.

🍇 Maison Pierre Sparr et ses Fils, 2, rue de la 1ʳᵉ-Armée, 68240 Sigolsheim, Tel. 03.89.78.24.22, Fax 03.89.47.32.62 ✓ ✗ n.V.

SPITZ ET FILS Waldweg 1995*

| | 1,07 ha | 4 600 | ⦿ | 30-50 F |

Dominique Spitz hat den Familienbetrieb 1983 übernommen und nach und nach erweitert (heute umfaßt er 10 ha). Von unserem Weinführer seit 1989 ausgewählt und manchmal auf die oberste Stufe des Siegerpodestes gestellt - man kann auf ihn setzen. Er bevorzugt weiterhin charaktervolle Weine, wie diesen Riesling, der im Duft von Noten exotischer Früchte beherrscht und im Geschmack durch eine schöne Frische geprägt wird. Dieser 95er hat Biß, Nachhaltigkeit und Charme, kurz gesagt : viel Rasse.

🍇 Spitz et Fils, 2, rte du Vin, 67650 Blienschwiller, Tel. 03.88.92.61.20, Fax 03.88.92.61.26 ✓ ✗ n.V.

BERNARD STAEHLE Rotenberg 1995**

| | k. A. | k. A. | ⦿ | 30-50 F |

Das unweit von Colmar gelegene Wintzenheim wird von großartigen Hängen überragt, auf denen Bernard Staehlé heute 6 ha bestellt. Dieser Riesling kommt von einem Lehm- und Kalksteinboden. Er duftet sehr intensiv und wird von einem fruchtigen Aroma beherrscht. Der Wein hat eine schöne Reife und ist im Geschmack hervorragend strukturiert, nachhaltig und für eine lange Lagerfähigkeit gerüstet. Man sollte ihn zu Krebsen probieren.

🍇 Bernard Staehlé, 15, rue Clemenceau, 68920 Wintzenheim, Tel. 03.89.27.39.02, Fax 03.89.27.59.37 ✓ ✗ n.V.

DOM. CHARLES STOEFFLER
Muhlforst 1995

| | 0,5 ha | 3 500 | ⦿ | 30-50 F |

Vincent Stoeffler und seine Ehefrau, beide Önologen, bewirtschaften ein 10 ha großes Weingut, dessen Rebflächen sich auf die beiden Lagen von Barr und Ribeauvillé verteilen. Sie achten dabei auf die Tradition. Dieser Riesling kommt von einem Mergel- und Kalksteinboden. Im Duft ist er durch ein Aroma von weißen Blüten und Zitrusfrüchten geprägt. Er ist im Geschmack recht lebhaft und klingt mit einem Hauch von Restzucker aus, der zum harmonischen Gesamteindruck beiträgt.

🍇 Dom. Charles Stoeffler, 4, rue des Jardins, 67140 Barr, Tel. 03.88.08.52.50, Fax 03.88.08.17.09 ✓ ✗ n.V.

JEAN WACH 1995*

| | 1,7 ha | 10 000 | ⦿ | 30-50 F |

Andlau, das vor kurzem sein tausendjähriges Bestehen feierte, schmiegt sich an den Fuß wunderschöner Hänge - wie ein Juwel in sein Schmuckkästchen. Jean Wach bewirtschaftet hier über 8 ha. Dieser im Duft sehr ausdrucksvolle und elegante Riesling besitzt im Geschmack die für die Rebsorte typische Ausgewogenheit. Man kann ihn deshalb ebenso zu Sauerkrautplatte wie zu Coq au vin oder auch zu Meeresfrüchten empfehlen.

🍇 Jean Wach, 16A, rue du Mal-Foch, 67140 Andlau, Tel. 03.88.08.09.73, Fax 03.88.08.09.73 ✓ ✗ n.V.

CH. WAGENBOURG 1995

| | 1 ha | 7 500 | ⦿ | 30-50 F |

Die »Wagenbourg«, die man als Zeichnung von Lacaque auf dem Etikett sieht, ist die einzige unversehrt gebliebene der sieben Burgen, die einst das Vallée Noble abriegelten. Jacky Klein hat 1995 den Familienbetrieb übernommen. Durch seinen Ursprung von einem Lehm- und Kalkboden geprägt, ist dieser Riesling jung geblieben. Er ist leicht, zeigt sich aber im Geschmack wohlausgewogen.

🍇 EARL Joseph et Jacky Klein, Ch. Wagenbourg, 68570 Soultzmatt, Tel. 03.89.47.01.41, Fax 03.89.47.65.61 ✓ ✗ n.V.

BERNADETTE WELTY ET FILS 1995*

| | 0,98 ha | 4 500 | ⦿ | 30-50 F |

Der Weinbaubetrieb Welty, der seinen Sitz in einem alten Zehnthof aus dem Jahre 1576 hat, besitzt in Zukunft fast 7 ha Weinberge, die sich auf vier umliegende Gemeinden verteilen. Er präsentiert einen Riesling, der im Geruch (mineralische Noten und Aroma kandierter Früchte) ebenso intensiv ist wie im Geschmack. Die recht kräftige Ansprache kündigt eine Struktur an, die sich in ein bis zwei Jahren zeigen dürfte und einen großen, lagerfähigen Wein abgeben wird.

🍇 Bernadette Welty et Fils, 15, Grand-Rue, 68500 Orschwihr, Tel. 03.89.76.95.21, Fax 03.89.76.95.21 ✓ ✗ n.V.

CUVEE EMILE WILLM 1995**

| | k. A. | 20 000 | ⦿ | 50-70 F |

Das Haus Willm hat sich in Barr lange Zeit durch seine beiden Handelstätigkeiten hervorgetan : den Handel mit elsässischen Weinen und mit Weinbergschnecken. Vor ein paar Jahren ist es in den Besitz der Wolfberger-Gruppe übergegangen und hat sich wieder auf den Weinhandel und sein eigenes Weingut konzentriert. Es bietet einen noch jugendlichen Riesling mit einem zurückhaltenden, aber sehr vielversprechenden Zitronenaroma. Seine geschmackliche Struktur ist von großer Harmonie.

🍇 Alsace Willm, 32, rue du Dr-Sultzer, 67140 Barr, Tel. 03.88.08.19.11, Fax 03.88.08.56.21 ✓ ✗ n.V.

BERNARD WURTZ Les Amandiers 1995

| | 0,3 ha | 2 800 | ⦿ | -30 F |

Man stößt in diesem Weinführer auch an anderer Stelle auf Bernard Wurtz, d. h., Qualität ist bei ihm keine leere Versprechung. Dieser Riesling, der von einem Lehm- und Kalksteinboden stammt, ist im Geruch sehr fruchtig, intensiv und im Geschmack gut strukturiert. Er bietet die für die Rebsorte typische Harmonie.

🍇 Bernard Wurtz, 12, rue du Château, 68630 Mittelwihr, Tel. 03.89.47.93.24 ✓ ✗ n.V.

W. WURTZ Cuvée Maryline 1995

| ☐ | 0,15 ha | 1000 | 🍷 | 30-50 F |

Mittelwihr liegt nicht weit von Colmar entfernt und besitzt ein günstiges Mikroklima, wie der berühmte »Mandelberg« beweist. Seine Winzer, wie etwa Willy Wurtz, können somit hier ihr Talent entfalten. Dieser im Geruch noch diskrete Riesling ist jugendlich geblieben. Dennoch ist er elegant und rassig und zeigt im Geschmack eine schöne Harmonie zwischen Rundheit und Lebhaftigkeit. Er wird die Freunde lagerfähiger Weine nicht enttäuschen.

📞 GAEC Willy Wurtz et Fils, 6, rue du Bouxhof, 68630 Mittelwihr, Tel. 03.89.47.93.16, Fax 03.89.47.89.01 ✓ 🍷 tägl. 9h-19h

FERNAND ZIEGLER
Clos Saint Ulrich 1995*

| ☐ | 1,28 ha | 3 540 | 🍷 | 30-50 F |

Die Zieglers sind seit 1634 Winzer in Hunawihr. Fernand hat seine erste Flasche 1963 verkauft. Mit 6 ha Rebfläche ist sein Gut überschaubar geblieben, so daß er die notwendige Zeit für die Qualität seiner Erzeugnisse aufwenden kann. Dieser Riesling ist im Duft sehr komplex mit seinem Pfirsicharoma und zeigt im Geschmack seine Intensität. Ausgewogen und sehr nachhaltig. Ein perfekt strukturierter Wein, den man schon jetzt trinken oder noch ein paar Jahre aufheben kann.

📞 GAEC Fernand Ziegler et Fils, 7, rue des Vosges, 68150 Hunawihr, Tel. 03.89.73.64.42, Fax 03.89.73.71.38 ✓ 🍷 Mo-Sa 8h-12h 13h30-19h ; So n. V.

FERNAND ZIEGLER
Muhlforst Vieilles vignes 1995**

| ☐ | 0,15 ha | 1 648 | 🍷 | 50-70 F |

Dieser Riesling kommt aus einer in Hunawihr wohlbekannten Reblage mit lehmigkalkhaltigem Boden. Im Geruch ist er elegant mit seinem fruchtigen Aroma (Zitrusfrüchte und Ananas) und seinen mineralischen Noten. Er entlädt sich im Geschmack, wo er sich lebhaft, ausgewogen und fleischig zugleich zeigt, mit einem Wort : bezaubernd. (Flaschen mit 50 cl Inhalt.)

📞 GAEC Fernand Ziegler et Fils, 7, rue des Vosges, 68150 Hunawihr, Tel. 03.89.73.64.42, Fax 03.89.73.71.38 ✓ 🍷 Mo-Sa 8h-12h 13h30-19h ; So n.V.

DOM. PAUL ZINCK
Cuvée Particulière 1995*

| ☐ | 1,3 ha | 10 000 | 🍷 | 30-50 F |

Paul Zinck, der seit 1970 in dem berühmten mittelalterlichen Weinbauort Eguisheim lebt, hat mehrere Eisen im Feuer. Zu seinem 8 ha großen Weingut ist vor kurzem ein Restaurant mit Probierkeller namens »Au Vieux Porche« hinzugekommen. Sie können dort diesen Riesling probieren, dessen sehr reicher Duft durch Noten von Zitrusfrüchten und Dörrobst geprägt ist. Im Geschmack recht lebhaft. Ein nachhaltiger und dabei feiner Wein.

📞 SARL Paul Zinck, 18, rue des Trois-Châteaux, 68420 Eguisheim, Tel. 03.89.41.19.11, Fax 03.89.24.12.85 ✓ 🍷 n.V.

Alsace Muscat

Zwei Spielarten der Muscat-Rebe werden verwendet, um daraus diesen trockenen, aromatischen Wein herzustellen, bei dem man den Eindruck hat, in frische Trauben zu beißen. Die erste, die schon immer Muscat d'Alsace genannt wird, ist keine andere als die besser unter ihrem Namen Muscat de Frontignan bekannte Rebsorte. Da sie spät reift, baut man sie nur in den besten Lagen an. Die andere, Muscat Ottonel, reift früher und ist deshalb auch weiter verbreitet. Die beiden Rebsorten nehmen zusammen 340 ha ein, d. h. 2,4 % der Anbaufläche. Der Muscat d'Alsace muß als Besonderheit gelten : ein erstaunlicher, lieblicher Wein, den man als Aperitif oder bei Empfängen, beispielsweise zu Gugelhupf oder elsässischen Brezeln, trinkt.

JOSEPH BINNER Kaefferkopf 1995*

| ☐ | 0,25 ha | 1 200 | | +200 F |

Joseph Binner ist immer auf der Suche nach Neuem und hat keine Zeit, sich auf seinem 6 ha großen Gut zu langweilen. Er hat diesen Muscat durch Aussortieren der Trauben erzeugt. Und natürlich macht sich die Überreife schon im Duft bemerkbar, der sehr intensiv ist, geprägt durch ein Aroma von geröstetem Brot und kandierten Früchten. Der Leser wird erkannt haben, daß es sich um einen trockenen Muscat handelt, aber dieser Wein ist sehr gelungen. Die Üppigkeit kommt im Geschmack zum Vorschein, der sich sehr alkoholreich und likörartig zeigt. Ein sehr großer Tropfen, den man zu Nachspeisen trinken sollte.

📞 Joseph Binner, 2, rue des Romains, 68770 Ammerschwihr, Tel. 03.89.78.23.20, Fax 03.89.78.23.20 ✓ 🍷 tägl. 9h-12h 14h-18h

RENE FLEITH ESCHARD 1995

| ☐ | 0,35 ha | 2 800 | | 30-50 F |

René Fleith liebt bei der Arbeit die Bequemlichkeit. Aus diesem Grund hat er seinen neuen Keller 1970 außerhalb des Dorfs gebaut. Er bewirtschaftet heute 9 ha. Die Ausdruckskraft dieses Muscat wird durch seinen Ursprung von einem Kiesboden verstärkt. Er ist im Geruch sehr intensiv, gekennzeichnet durch Noten von Knospen schwarzer Johannisbeeren. Im Geschmack wohlausgewogen. Er bietet einen sehr langen Abgang.

📞 René Fleith Eschard, lieu-dit Lange Matten, 68040 Ingersheim, Tel. 03.89.27.24.19, Fax 03.89.27.56.79 ✓ 🍷 n.V.

LEON HEITZMANN 1995*

| ☐ | 0,46 ha | 4 500 | 🍷 | 30-50 F |

Die Weine von Léon Heitzmann, der diesen Weinbaubetrieb seit 1987 führt, sind verschiede-

Alsace Gewurztraminer

nen Ausgaben unseres Weinführers schon mehrmals zum Lieblingswein gewählt worden. Man kann ihm somit voll vertrauen. Dieser im Duft sehr fruchtige 95er wird sicherlich von der Rebsorte Muscat Ottonel beherrscht. Im Geschmack ausgewogen und harmonisch. Ein Aperitifwein von großer Eleganz.
🕭 Léon Heitzmann, 2, Grand-Rue, 68770 Ammerschwihr, Tel. 03.89.47.10.64, Fax 03.89.78.27.76 ◫ ⌇ Mo-Sa 8h-12h 13h-18h

MEISTERMANN 1995

| ☐ | 0,15 ha | 2 000 | 🍷 | 30-50 F |

Der 4 ha große Weinbaubetrieb wird seit 1989 von Michel Meistermann geführt, der die traditionelle Vinifizierung beibehält. Dieser von einem Lehm- und Kalksteinboden stammende Muscat ist im Geruch durch intensive Röstnoten gekennzeichnet. Im Geschmack rund und alkoholreich. Ein Dessertwein von schönen Trauben.
🕭 Michel Meistermann, 37, rue de l'Eglise, 68250 Pfaffenheim, Tel. 03.89.49.60.61 ◫ ⌇ n.V.

JOS. MOELLINGER ET FILS
Rosenberg 1995

| ☐ | 0,4 ha | 4 000 | 🍷 | 30-50 F |

Mit ihren 13 ha ist die GAEC Moellinger, die immer noch sehr auf Qualität bedacht ist, einer der größten Weinbaubetriebe in Wettolsheim. Dieser durch seinen Lehm- und Kalksteinboden geprägte Muscat ist jugendlich geblieben. Im Duft fein und zurückhaltend, ist er intensiver im Geschmack, der die ideale Ausgewogenheit für Spargel bietet.
🕭 Jos. Moellinger et Fils, 6, rue de la 5e D.-B., 68920 Wettolsheim, Tel. 03.89.80.62.02, Fax 03.89.80.04.94 ◫ ⌇ Mo-Sa 8h-12h 13h30-19h ; So n. V. ; im Okt. geschlossen

DOM. PAUL ZINCK Cuvée Prestige 1995

| ☐ | 0,58 ha | 4 000 | 🍷 | 30-50 F |

Man erkennt hier rasch den Profi. Daß Paul Zinck in diesen Weinführer aufgenommen worden ist, verdankt er in keiner Weise dem Zufall. Dieser Muscat ist durch seinen Ursprung von einem Kalksteinboden geprägt und bleibt im Geruch relativ diskret. Im Geschmack dagegen enthüllt sich eine große Intensität. Beherrscht vom Aroma der Rebsorte Muscat d'Alsace. Ein lebhafter, wohlausgewogener Wein.
🕭 SARL Paul Zinck, 18, rue des Trois-Châteaux, 68420 Eguisheim, Tel. 03.89.41.19.11, Fax 03.89.24.12.85 ◫ ⌇ n.V.

Alsace Gewurztraminer

Die Rebsorte, aus der dieser Wein gewonnen wird, ist eine besonders aromatische Spielart aus der Familie der Traminer-Reben. In 1551 veröffentlichte Abhandlung bezeichnete sie schon als typisch elsässische Rebsorte. Dieser unverfälschte Charakter, der sich im Laufe der Jahrhunderte immer stärker herausgebildet hat, ist zweifellos darauf zurückzuführen, daß der Gewürztraminer in diesem Anbaugebiet eine optimale Qualität erzielt. Das hat ihm in der Welt des Weinbaus ein einzigartiges Ansehen eingebracht.

Sein Wein ist körperreich, kräftig gebaut, zumeist trocken, aber manchmal lieblich und durch ein wunderbares Bukett gekennzeichnet, das je nach Lage und Jahrgang unterschiedlich intensiv ausfällt. Der Gewürztraminer ist eine früh reifende Rebsorte mit geringen und unregelmäßigen Erträgen, deren Trauben viel Zucker enthalten. Er nimmt etwa 2 526 ha ein, d. h. fast 17,6 % der gesamten elsässischen Anbaufläche. Oft serviert man ihn als Aperitif, bei Empfängen oder zu Nachspeisen, aber er paßt auch, insbesondere wenn er intensiv schmeckt, zu Käsesorten mit herzhaftem Geschmack, wie etwa Roquefort und Munster.

LUCIEN ALBRECHT
Cuvée Martine Albrecht 1995*

| ☐ | k. A. | k. A. | 🍷 | 50-70 F |

Die Domaine Lucien Albrecht, unweit von dem unter Naturschutz stehenden Bollenberg gelegen, ist heute eines der bedeutendsten Weingüter des Elsaß, nicht nur der Größe nach, sondern auch hinsichtlich ihres Ansehens. Durch einen Hauch von Überreife verstärkt, zeigt sich dieser Gewürztraminer im Duft sehr komplex. Intensiv auch im Geschmack. Er ist harmonisch und lang genug, um allen Gerichten sowie den kräftigsten Käsesorten standzuhalten.
🕭 Lucien Albrecht, 9, Grand-Rue, 68500 Orschwihr, Tel. 03.89.76.95.18, Fax 03.89.76.20.22 ◫ ⌇ Mo-Sa 8h-19h

DOM. ALLIMANT LAUGNER
Sélection de grains nobles 1994*

| ☐ | 0,3 ha | 400 | 🍷 | 100-150 F |

Dieser Weinbaubetrieb befindet sich in Orschwiller, einem ausgezeichneten Ausgangspunkt für Ausflüge ins mittlere Elsaß (Sélestat, Colmar, Haut-Kœnigsbourg usw.). Er bietet einen schönen Wein mit einer intensiven goldenen Farbe und einem komplexen, würzigen Aroma, das getoastetes Brot mit exotischen Früchten verbindet. Der kräftige, harmonische Geschmack klingt mit Fülle aus.
🕭 Allimant-Laugner, 10-12, Grand-Rue, 67600 Orschwiller, Tel. 03.88.92.06.52, Fax 03.88.82.76.38 ◫ ⌇ Mo-Sa 8h-12h 13h-18h ; So n. V.

FREDERIC ARBOGAST Geierstein 1995*

| ☐ | 0,8 ha | 5 500 | 🍷 | 30-50 F |

Frédéric Arbogast erinnert gern daran, daß auf dem 12 ha großen Gut, das er heute bewirtschaftet, vor ihm schon mehrere Generationen

Alsace Gewurztraminer

arbeiteten. Dieser Gewürztraminer kommt von einem lehmig-kalkhaltigen Boden und ist im Geruch schon sehr entfaltet. Blumige Noten beherrschen seinen eleganten Duft. Im Geschmack zeigt er sich generös, ausgewogen und nachhaltig. Ein ausgezeichneter Aperitif.
🍇 Frédéric Arbogast, 135, pl. de l'Eglise, 67310 Westhoffen, Tel. 03.88.50.30.51 ✓ 🍷 tägl. 8h-12h 14h-19h

LAURENT BANNWARTH
Vendanges tardives 1994*

| ☐ | 0,5 ha | 3 500 | 🍾 | 70-100 F |

Wenn man von Belfort in Richtung Colmar fährt, kann man hinter Rouffach ein schillerndes Rebenmeer bewundern, das von typischen Weinbaudörfern wie Obermorschwihr durchsetzt ist. Man kann hier einen Halt einlegen und diesen hübschen Gewürztraminer probieren : goldene Farbe im Glas, intensives, an Rosen und verschiedene Gewürze erinnnerndes Aroma mit einer Note kandierter Früchte, milde, feine Ansprache. Er empfiehlt sich mit einem Rosenstrauß. Ein großer Wein (in Flaschen mit 50 cl Inhalt).
🍇 Laurent Bannwarth et Fils, 9, rte du Vin, 68420 Obermorschwihr, Tel. 03.89.49.30.87, Fax 03.89.49.29.02 ✓ 🍷 n. V.

BAUMANN ZIRGEL
Vendanges tardives 1994*

| ☐ | 0,4 ha | k. A. | 🍾♦ | 100-150 F |

Das 1944/95 fast völlig zerstörte Mittelwihr floriert heute wieder dank der Willensstärke seiner Winzer und dank der außergewöhnlichen Lage seiner Weinberge. Dieser goldgelbe Wein, der nach überreifen Früchten duftet, beeindruckt im Geschmack durch sein Volumen, seine Reichhaltigkeit und seine Fülle. Seine Harmonie wird sich mit der Zeit vervollkommnen. Altern lassen.
🍇 Baumann-Zirgel, 5, rue du Vignoble, 68630 Mittelwihr, Tel. 03.89.47.90.40, Fax 03.89.49.04.89 ✓ 🍷 Mo-Sa 8h-12h 13h30-19h ; So n.V.

DOM. BAUMANN-ZIRGEL
Vieilles vignes 1995

| ☐ | k. A. | k. A. | 🍾♦ | 50-70 F |

Dieser Gewürztraminer, der von einem lehmig-kalkhaltigen Boden stammt, wird im Duft durch blumige und würzige Noten dominiert. Im Geschmack füllig und körperreich. Dieser trockene, feurige Wein kann exotische Küche ein wenig stärker zur Geltung bringen.
🍇 Baumann-Zirgel, 5, rue du Vignoble, 68630 Mittelwihr, Tel. 03.89.47.90.40, Fax 03.89.49.04.89 ✓ 🍷 Mo-Sa 8h-12h 13h30-19h ; So n. V.
🍇 Jean-Jacques Zirgel

PIERRE BECHT
Vendanges tardives 1994**

| ☐ | 0,6 ha | 2 500 | ⟨⟩ | 100-150 F |

Dorlisheim liegt in der Nähe von Molsheim und besitzt Weinberge mit Südostlage, die sich für die Erzeugung von Weinen von großer Reife eignen. Dieser hier ist ganz gold gehüllt und macht großen Eindruck mit seinem freigebigen Duft nach kandierten und exotischen Früchten.

Der Geschmack ist außerordentlich. Alkoholreich, füllig, harmonisch und delikat. Er bietet außerdem eine schöne Frische.
🍇 Pierre Becht, 26, fg des Vosges, 67120 Dorlisheim, Tel. 03.88.38.18.22, Fax 03.88.38.87.81 ✓ 🍷 Mo-Sa 9h-11h30 14h-18h ; So n. V.

DOM. JEAN-PIERRE BECHTOLD
Sélection de grains nobles 1994*

| ☐ | k. A. | 1 100 | 150-200 F |

Ein bekannter Winzer, dessen Weine wegen ihrer Originalität und ihres typischen Charakters gesucht sind. Dieser goldgelbe Wein bietet einen sehr feinen, aber noch diskreten Duft von Dörrobst. Er verbindet Kraft, Reichhaltigkeit und Komplexität des Aromas. Schöne geschmackliche Länge. Er wird in zwei bis drei Jahren trinkreif sein. (Flaschen mit 50 cl Inhalt.)
🍇 Dom. Jean-Pierre Bechtold, 49, rue Principale, 67310 Dahlenheim, Tel. 03.88.50.66.57, Fax 03.88.50.67.34 ✓ 🍷 n.V.

CECILE BERNHARD-REIBEL
Hahnenberg 1995**

| ☐ | 0,5 ha | 3 000 | 🍾♦ | 30-50 F |

Dieses 10 ha große Weingut ist durch die Verbindung zweier alter Winzerfamilien entstanden. Geführt wird es voller Engagement von Cécile Bernhard-Reibel, die gern die Ausdruckskraft des Bodens betont. Entsprechend seinem Granitboden ist dieser Gewürztraminer sehr ätherisch mit seinem Rosenduft. Ein ausgewogener, nachhaltiger Wein, der auch ohne Essen schmeckt, so daß er sich eher als Aperitif eignet.
🍇 Cécile Bernhard-Reibel, 20, rue de Lorraine, 67730 Châtenois, Tel. 03.88.82.04.21, Fax 03.88.82.59.65 ✓ 🍷 n.V.

LEON BOESCH ET FILS
Sélection de grains nobles 1994*

| ☐ | 0,4 ha | k. A. | ⟨⟩♦ | +200 F |

Durch seine Tatkraft und sein Qualitätsstreben konnte sich das Haus Boesch unter die berühmten Namen des elsässischen Weins einreihen. Es ist regelmäßig in unserem Weinführer vertreten. Dieser Gewürztraminer entfaltet einen frischen, aber feinen Duft, der eine Struktur von ausgezeichneter Haltung voraussagen läßt. Komplex, fett, alkoholreich. Er bietet einen langen, recht harmonischen Abgang, in dem man Ananas, Mangos und Honig findet.
🍇 Léon Boesch et Fils, 4, rue du Bois, 68570 Soultzmatt, Tel. 03.89.47.01.83, Fax 03.89.47.64.95 ✓ 🍷 n.V.

DOM. DU BOUXHOF
Clos du Bouxhof Réserve 1995*

| ☐ | 0,21 ha | 1 800 | 🍾⟨⟩ | 50-70 F |

Die unter Denkmalschutz stehende Domaine du Bouxhof kann dank ihrer Dokumente eine 800jährige Geschichte belegen. Die GAEC Edel, die hier ihren Sitz hat, könnte nicht von dieser langen Tradition abweichen. Dieser Gewürztraminer kommt von einem Lehm- und Kalksteinboden und erscheint wie ein großer Klassiker. Er ist im Duft elegant und blumig, entfaltet im Geschmack würzige Noten und klingt in einem sehr langen Abgang aus.

Alsace Gewurztraminer

🔎 François Edel et Fils, Dom. du Bouxhof, 68630 Mittelwihr, Tel. 03.89.47.90.34, Fax 03.89.47.84.82 ✓ ⚊ tägl. 8h-19h

CAMILLE BRAUN
Vendanges tardives 1994

| ☐ | 0,63 ha | 4 500 | 🍷 | 70-100 F |

Diese Winzerfamilie lebt seit 1693 in Orschwihr. Sie bewirtschaftet hier ein Weingut mit unterschiedlichen Böden. Der Wein zeigt eine strohgelbe Farbe und ist im Geruch noch ein wenig diskret, aber schon recht würzig. Seine Struktur und seine Feinheit brachten die Jury dazu, ihn zu berücksichtigen. Sie sagt ihm eine schöne Zukunft voraus.

🔎 Vignobles Camille Braun et Fils, 16, Grand-Rue, 68500 Orschwihr, Tel. 03.89.76.95.20, Fax 03.89.74.35.03 ✓ ⚊ n.V.

DOM. BURGHART-SPETTEL
Réserve 1995**

| ☐ | 0,35 ha | 1 900 | 🍷 | 30-50 F |

Die Burghart-Spettels, Winzer aus ganzem Herzen, bewirtschaften über 7 ha, die sich auf verschiedene Gemeinden in der Umgebung verteilen. Es ist ihr Stil, die Vielfalt der Böden herauszustellen. Dieser Gewürztraminer von einem sandigen Boden erscheint im Duft sehr elegant mit seinem an exotische Früchte und Orangenschalen erinnerndem Aroma. Er stammt von großartigen Trauben und ist intensiv und kräftig gebaut. Er wird noch vom Restzucker beherrscht, dürfte sich aber mit dem Alter ausgleichen und einen schönen Tropfen abgeben.

🔎 Dom. Burghart-Spettel, 9, rte du Vin, 68630 Mittelwihr, Tel. 03.89.47.93.19, Fax 03.89.49.07.62 ✓ ⚊ n.V.

DOPFF ET IRION
Sélection de grains nobles 1994

| ☐ | k. A. | 9 600 | 🍷 | +200 F |

Die Firma Dopff et Irion muß man nicht mehr eigens vorstellen. Sie wurde im 16. Jh. gegründet und hat es verstanden, höchstes Niveau zu erreichen. Sie überquert die Meßlatte mit diesem 94er, der eine intensive strohgelbe Farbe besitzt und einen kräftigen, komplexen Duft von Dörrobst entfaltet. Der Geschmack zeigt eine schöne Reichhaltigkeit und eine gute Länge. Jedoch muß sich noch die Harmonie einstellen.

🔎 Dopff et Irion, Au Château, 68340 Riquewihr, Tel. 03.89.47.92.51, Fax 03.89.47.98.90 ✓ ⚊ tägl. 10h-19h ; Gruppen n. V. ; 15. Nov.-1. April geschlossen

DOM. EHRHART ET FILS
Vendanges tardives 1994*

| ☐ | 0,4 ha | k. A. | 🍷 | 70-100 F |

Das Weingut liegt in Wettolsheim, einem großen Weinbauort, der sich einige Kilometer westlich von Colmar befindet. Der goldgelbe Wein ist beim ersten Riechen zurückhaltend und entfaltet sich an der Luft. Ausgewogenheit und Fülle sind seine Hauptqualitäten. Sein durch eine leicht mineralische Note geprägter Abgang enthüllt eine gute Länge.

🔎 André Ehrhart et Fils, 68, rue Herzog, 68920 Wettolsheim, Tel. 03.89.80.66.16, Fax 03.89.79.44.20 ✓ ⚊ tägl. 8h-12h 14h-18h

FERNAND ENGEL ET FILS
Kugelberg de Rorschwihr 1995*

| ☐ | 1 ha | 7 700 | 30-50 F |

Diese 32 ha große GAEC, die hinsichtlich der Vinifizierungstechnik und der Beachtung des Anbaugebiets an der Spitze steht, hat eine im Elsaß beneidete Stellung. Sie präsentiert hier einen Gewürztraminer, der würzig und zugleich durch ein Überreifearoma geprägt ist. Dieser Wein ist im Geschmack sehr füllig und zeigt schon eine gewisse Entwicklung. Aber seine Struktur und seine Länge sind Garanten für seine Langlebigkeit.

🔎 GAEC Fernand Engel et Fils, 1, rte du Vin, 68590 Rorschwihr, Tel. 03.89.73.77.27, Fax 03.89.73.63.70 ✓ ⚊ n.V.

MICHEL FAHRER 1995

| ☐ | 0,5 ha | 3 500 | 🍷 | 30-50 F |

Michel Fahrer ist stolz darauf, die ganze Bandbreite der elsässischen Weine zu erzeugen. Mit seinen 6 ha bleibt der Weinbaubetrieb überschaubar. Dieser von einem Lehm- und Kalksteinboden stammende Gewürztraminer ist sehr jung geblieben. Im Duft angenehm und typisch, im Geschmack ausgewogen und nachhaltig. Er paßt als Aperitif ebenso wie zu Käse (Munster) oder zu Nachspeisen.

🔎 Michel Fahrer, 15, rte du Vin, 67600 Orschwiller, Tel. 03.88.92.90.23, Fax 03.88.82.22.45 ✓ ⚊ n.V.

RENE FLECK Vendanges tardives 1994*

| ☐ | 0,2 ha | 1 300 | 🍷 | 100-150 F |

Das mitten im Vallée Noble gelegene Soultzmatt, das eine Kirche mit einem hübschen romanischen Turm besitzt, ist einen Besuch wert. Sie können hier diesen 94er mit den intensiven goldgelben Reflexen probieren. Sein Aroma, das an kandierte Früchte erinnert und sehr stark von Quitten geprägt wird, ist von großer Feinheit. Im Geschmack ist dieser Wein füllig und würzig. Seine gute Länge läßt eine schöne Zukunft voraussagen.

🔎 EARL René Fleck, 27, rte d'Orschwihr, 68570 Soultzmatt, Tel. 03.89.47.01.20, Fax 03.89.47.09.24 ✓ ⚊ n.V.

DOM. HENRI FLORENCE ET FILS
Kaefferkopf 1995*

| ☐ | 0,45 ha | 5 000 | 🍷 | 50-70 F |

Ammerschwihr, ein Dorf mit langer Weinbautradition, das auch die Confrérie Saint-Etienne hervorgebracht hat, besitzt viele Winzer, die wie Henri Florence um keinen Preis der Welt ihren Kaefferkopf aufgeben würden. Dieser recht würzige 95er zeigt sich im Duft füllig und komplex. Das verdankt er sicherlich seinem Granitboden. Im Geschmack ausgewogen und harmonisch. Ein langer, rassiger Wein.

🔎 GAEC Henri Florence et Fils, 1, rue des Merles, 68770 Ammerschwihr, Tel. 03.89.78.26.32 ✓ ⚊ n.V.

Alsace Gewurztraminer

ROBERT FREUDENREICH
Sélection de grains nobles 1994★★★

| ☐ | 0,47 ha | 1 200 | ⃝ | +200 F |

Das Dorf Pfaffenheim, das zwischen Colmar und Rouffach liegt, ist für seinen Tokay-Pinot gris und seinen Gewurztraminer bekannt. Letztere Rebsorte hat in diesem 94er einen ausgezeichneten Botschafter gefunden : intensive goldene Farbe, komplexer Duft nach Früchten (Quitten, Mandeln, Zitronen) und Blumen (Rosen). Der Geschmack, geschmeidig, voll, füllig und reichhaltig, bietet eine vollkommene Ausgewogenheit. Ganz einfach ein Juwel. (Flaschen mit 50 cl Inhalt.)
↱ Robert Freudenreich et Fils, 31, rue de l'Eglise, 68250 Pfaffenheim, Tel. 03.89.49.60.88, Fax 03.89.49.69.36 ☑ ⏳ n.V.

LOUIS FREYBURGER ET FILS
Goldesch de Bergheim 1995★

| ☐ | k. A. | 10 000 | | 50-70 F |

Bergheim hat sein einstiges Aussehen bewahren können. Die von berühmten Weinbergen umgebene Stadt beherbergt viele Winzer, die - wie etwa Louis Freyburger - den Ruf der elsässischen Weine auch weiterhin recht hoch halten werden. Dieser im Duft elegante und würzige Gewurztraminer wird durch eine leichte Überreife verstärkt. Sie zeigt sich vor allem im Geschmack, der likörig süß wirkt, aber kräftig genug gebaut ist, um seine Ausgewogenheit zu bewahren.
↱ Louis Freyburger et Fils, 1, rue du Maire-Witzig, 68750 Bergheim, Tel. 03.89.73.63.82, Fax 03.89.73.37.72 ☑ ⏳ Mo-Sa 9h-11h45 13h30-18h ; Gruppen n. V.

JEAN-MARIE HAAG
Cuvée "Z" Vallée Noble 1995

| ☐ | 0,36 ha | 1 400 | ⃝ | 30-50 F |

Das Vallée Noble wurde früher einmal von sieben Burgen verteidigt. Heute geschieht dies durch das Ansehen seiner Weine. Dieser durch seinen Boden (Muschelkalk) geprägte 95er ist durch Eleganz gekennzeichnet. Er ist im Duft sehr würzig und zeigt sich im Geschmack leicht und wohlausgewogen.
↱ Jean-Marie Haag, 17, rue des Chèvres, 68570 Soultzmatt, Tel. 03.89.47.02.38, Fax 03.89.47.64.79 ☑ ⏳ Mo-Sa 9h-12h 14h-18h ; So n.V.

HAEFFELIN Cuvée Arnaud 1995★

| ☐ | 0,45 ha | 2 000 | | 50-70 F |

Henri Haeffelin entstammt einem alten Winzergeschlecht, das seine Anfänge bis 1640 zurückverfolgen kann. Er ist in unserem Weinführer mehrmals vertreten. 1984 hat er den Clos Saint-Guingalois angelegt. Dieser Gewurztraminer ist im Geruch sehr entfaltet mit seinem Holzton und seinen Veilchennoten. Auch im Geschmack ist er sehr präsent. Kräftig und ausgewogen. Er kann es mit den typischsten Käsesorten und Nachspeisen aufnehmen.
↱ GAEC Henri Haeffelin, 13, rue d'Eguisheim, clos Saint-Guingalois, 68920 Wettolsheim, Tel. 03.89.80.76.81, Fax 03.89.79.67.05 ☑ ⏳ Mo-Sa 8h-12h 13h-19h ; So 10h-12h

HAULLER 1995

| ☐ | k. A. | k. A. | | 30-50 F |

Die Haullers, die seit 1830 Wein anbauen, sind in der Zwischenzeit Weinhändler geworden, vernachlässigen darüber aber keineswegs ihre Ursprünge und bewirtschaften weiterhin 20 ha. Dieser durch seinen Granitboden geprägte 95er ist im Duft fein und sehr blumig. Im Geschmack recht sanfter Gewurztraminer, der im Einklang mit dem Jahrgang steht.
↱ J. Hauller et Fils, 3, rue de la Gare, 67650 Dambach-la-Ville, Tel. 03.88.92.40.21, Fax 03.88.92.45.41 ☑ ⏳ n.V.

HUGEL Vendanges tardives 1994★★★

| ☐ | k. A. | k. A. | | 150-200 F |

Die Hugels besitzen ein Weingut mit 25 ha in den besten Lagen, bestockt mit den großartigsten elsässischen Rebsorten. Sie sind auch Weinhändler und kaufen Trauben auf, die von noch einmal 108 ha stammen. Diese Familie ist auch verantwortlich für die Wiedergeburt der Vendanges tardives und Sélections de grains nobles und hat die besonders strenge Regelung angeregt, die ihre Herstellung bestimmt. Dieser 94er zeigt ein sehr tiefes, funkelndes Goldgelb und verführt durch ein Bukett, das an kandierte Früchte, exotische Früchte (Mangos) und diverse Gewürze denken läßt. Lieblich, zart, bezaubernd, reich an komplexen Aromen. Ein außerordentlicher Wein, der perfekt gebaut ist, von großer Ausgewogenheit und mit jenem Hauch von Lebhaftigkeit, der ihn mindestens zehn Jahre lang auf seinem Höhepunkt halten dürfte.
↱ Hugel et Fils, 3, rue de la 1re-Armée, 68340 Riquewihr, Tel. 03.89.47.92.15, Fax 03.89.49.00.10 ⏳ n.V.

HUMBRECHT 1995★★

| ☐ | 1,3 ha | 6 500 | | 30-50 F |

Ähnlich wie ihr Dorf können die Erzeuger von Gueberschwihr einen tief verwurzelten Stammbaum vorweisen ! Der Stammbaum der Humbrechts reicht bis 1619 zurück. Claude schloß sich 1989 seinem Vater an. Dieser Gewurztraminer ist im Duft sehr komplex mit seinen Rosen- und Gewürznoten und zeigt sich im Geschmack füllig und kraftvoll. Ein Wein von schöner Ausdruckskraft, den man zu allen Gelegenheiten trinken kann !
↱ Claude et Georges Humbrecht, 31, rue de Pfaffenheim, 68420 Gueberschwihr, Tel. 03.89.49.31.51, Fax 03.89.49.31.51 ☑ ⏳ n.V.

DOM. KEHREN - DENIS MEYER
Vendanges tardives 1994★★★

| ☐ | k. A. | 900 | ⃝ | 100-150 F |

Alsace Gewurztraminer

Nach dem 92er Pinot gris »Sélection de grains nobles« erntet Denis Meyer mit diesem Gewürztraminer erneut überschwengliches Lob. Dieser 94er enthüllt alle Qualitäten, die man von einem Vendanges-tardives-Wein erwartet: Harmonie im Aussehen mit Farbnuancen zwischen Grün und Gold, Komplexität des Geruchs, der Noten kandierter Früchte mit feinen Düften vereint, fülliger, reichhaltiger, fetter Geschmack von perfekter Struktur. Außergewöhnlich und von sehr großer Zukunft.

Denis Meyer, 2, rte du Vin,
68420 Voegtlinshoffen, Tel. 03.89.49.38.00,
Fax 03.89.49.26.52 n.V.

CAVE DE KIENTZHEIM-KAYSERSBERG
Réserve 1995**

	3 ha	15 000		50-70 F

Diese 1957 gegründete Genossenschaftskellerei, die bemüht ist, ihren zahlreichen Mitgliedern Verantwortung zu übertragen, befindet sich in der Nähe des Weinmuseums und des Schlosses der Confrérie Saint-Etienne. Ihr Gewürztraminer kommt von Kalksteinböden und ist im Duft sehr komplex mit seinem Aroma von Pfirsichen und kandierten Früchten. Er besitzt eine schöne geschmackliche Ansprache, die rasch einer gut verschmolzenen Rundheit Platz macht. Ein kraftvoller, vielversprechender 95er.

Cave vinicole de Kientzheim-Kaysersberg,
rue des Vieux-Moulins, 68240 Kientzheim,
Tel. 03.89.47.13.19, Fax 03.89.47.34.38 n.V.

DOM. DE LA TOUR 1995*

	0,72 ha	4 700		30-50 F

Ja doch, das ist er nochmals! Monsieur Straub ist sichtlich von dem großartigen Gewölbekeller inspiriert worden, der seine verschiedenen Cuvées birgt. Die Herkunft dieses Gewürztraminers von einem Lehmboden wird nicht im Duft erkennbar: würzig, blumig und sehr typisch. Ein ausgewogener Wein von guter Konstitution, der viele exotische Gerichte oder Käse begleiten kann.

Joseph Straub Fils, 21, rte du Vin,
67650 Blienschwiller, Tel. 03.88.92.48.72,
Fax 03.88.92.62.90 Mo-Sa 8h-12h 14h-18h;
So n. V.

DOM. DE L'ECOLE
Côte de Rouffach 1995

	1,4 ha	5 844		30-50 F

Die Fachoberschule für Weinbau in Rouffach kann sich zwar rühmen, Generationen von elsässischen Erzeugern ausgebildet zu haben, aber sie zögert nicht, sich mit der Produktion ihres Gutes auch selbst in die Arena zu wagen. Entsprechend dem Kalksteinboden, von dem er kommt, braucht dieser Gewürztraminer noch ein wenig Zeit, um sein Aroma von weißen Blüten und Früchten voll zu entfalten. Seien Sie beruhigt: Er besitzt die notwendige Struktur, um den Jahren zu trotzen.

Lycée agricole et viticole de Rouffach,
8, Aux Remparts, 68250 Rouffach,
Tel. 03.89.78.73.00, Fax 03.89.78.73.01 n.V.

FRANCOIS LEHMANN
Vendanges tardives 1994*

	0,16 ha	900		100-150 F

Wer kennt nicht Riquewihr, diesen für die Gegend typischen, wunderbar erhaltenen Marktflecken? Es ist auch ein Weinbauort mit angesehenen Lagen. François Lehmann erzeugt hier diesen strohgelben Wein von großer Klasse. Das Aroma ist eher durch Rosen geprägt, mit stärker kandierten Noten. Der volle, elegante Geschmack besitzt großen Reichtum und zeigt genug Fülle, die den Abgang begleitet.

François Lehmann, 12, rue Jacques-Preiss,
68340 Riquewihr, Tel. 03.89.47.95.16,
Fax 03.89.47.87.93 n.V.

GERARD METZ
Vieilles vignes Cuvée Prestige 1995

	0,7 ha	5 000		30-50 F

Itterswiller, ein besonders gastliches Dorf, beherbergt vor allem den Weinbaubetrieb Gérard Metz, der von Eric Casimir geleitet wird und heute über 10 ha umfaßt. Dieser Gewürztraminer kommt von einem Lehm- und Sandsteinboden und entfaltet nach ein paar Augenblicken seine berühmten würzigen Noten. Im körperreichen, trockenen Geschmack läßt er danach ein paar pfeffrige Noten erkennen. Ein großer Klassiker.

Gérard Metz et Successeurs, 23, rte du Vin,
67140 Itterswiller, Tel. 03.88.57.80.25,
Fax 03.88.57.81.42 n.V.

Eric Casimir

RENE MEYER Vendanges tardives 1994*

	0,45 ha	3 100		70-100 F

Bei diesem Winzer, der auch ein Restaurant besitzt, werden Sie herausfinden, daß der elsässische Wein nicht nur zu traditionellen, regionaltypischen Gerichten, sondern auch zu den feinsten Gerichten paßt. Dieser goldgelbe 94er mit den bernsteinfarbenen Reflexen entfaltet sich nach und nach mit einem charakteristischen Aroma von Aprikosen, Walnüssen und exotischen Früchten. Im Geschmack enthüllt er neben vollkommener Rundheit Reichhaltigkeit, Ausgewogenheit, ein konzentriertes Aroma und eine schöne Länge. (Flaschen mit 50 cl Inhalt.)

René Meyer et Fils, 14, Grand-Rue,
68230 Katzenthal, Tel. 03.89.27.04.67,
Fax 03.89.27.24.50 n.V.

XAVIER MEYER
Sélection de grains nobles 1994

	0,3 ha	1 500		100-150 F

Ein Weinberg in Hanglage, auf dem der Gewürztraminer auf einem lehmig-kalkhaltigen Boden angepflanzt ist. Die Trauben wurden am 12. November 1994 gelesen. Sie liefern einen Wein von schöner Intensität im Aussehen, der einen kräftigen Duft von kandierten Früchten und Rosen entfaltet. Der Geschmack ist von guter Harmonie mit seiner leichten Frische. Er ist fullig und kraftvoll und klingt mit einer Note sehr reifer Trauben aus. (Flaschen mit 50 cl Inhalt.)

Xavier Meyer, 56, rue Principale,
67560 Rosenwiller, Tel. 03.88.50.22.91,
Fax 03.88.50.26.75 Mo-Sa 9h-19h

Alsace Gewurztraminer

MEYER-FONNE Kaefferkopf 1995*

☐ 0,3 ha 1000 70-100 F

Das Weingut Meyer-Fonné liegt am Fuße eines wunderschönen Hangs, der von den Ruinen des Schlosses Wineck überragt wird, und umfaßt heute 9 ha. Dieser Gewürztraminer ist sehr intensiv mit seinem würzigen Aroma und seinen Noten von exotischen Früchten. Er ist durch eine sehr milde Ansprache im Geschmack gekennzeichnet. Ein gehaltvoller, nachhaltiger 95er, der hervorragend als Aperitif wie auch zum Nachtisch paßt.

☙ Meyer-Fonné, 24, Grand-Rue, 68230 Katzenthal, Tel. 03.89.27.16.50, Fax 03.89.27.34.17 ✓ ⊥ n.V.

DOM. DU MOULIN DE DUSENBACH
Kaefferkopfs Cuvée "Exceptionnelle" 1995*

☐ 0,75 ha k. A. 50-70 F

Bernard Schwach hat seinen Sitz in der Mühle von Dusenbach, oberhalb von Ribeauvillé. Dort kümmert er sich um die Produktion seiner 20 ha Weinberge. Dieser Gewürztraminer, der vom kieselhaltigen Boden des Kaefferkopfs stammt, zeigt schon eine schöne Konzentration im Aussehen. Er duftet intensiv, geprägt durch würzige Noten und Unterholznuancen, die die Überreife der Trauben verraten. Im Geschmack sehr generös. Er ist warm und lang zugleich und wird von der Rundheit beherrscht.

☙ Bernard Schwach, 25, rte de Sainte-Marie-aux-Mines, 68150 Ribeauvillé, Tel. 03.89.73.72.18, Fax 03.89.73.30.34 ✓ ⊥ n.V.

CHARLES MULLER ET FILS
Sélection de grains nobles 1994*

☐ 0,4 ha 1 500 150-200 F

Diese Winzer wohnen in Traenheim, einem Weinbauort unweit von Straßburg. Sie haben die Aufmerksamkeit der Jury mit diesem strahlend goldgelben 94er erregt. Der sehr ausdrucksvolle Duft erinnert an exotische Früchte (Ananas, Mangos) und Dörrobst. Der Geschmack enthüllt Fülle und Kraft. Dieser ausgewogene Wein von guter Länge kann altern, ist aber schon heute ansprechend. (Flaschen mit 50 cl Inhalt.)

☙ Charles Muller et Fils, 89c, rte du Vin, 67310 Traenheim, Tel. 03.88.50.38.04, Fax 03.88.50.58.54 ✓ ⊥ n.V.

NARTZ 1995*

☐ 0,47 ha 5 000 30-50 F

Der Weinbaubetrieb von Michel Nartz in Dambach-la-Ville ist auch ein außergewöhnlich gastfreundlicher Ort. Zu verdanken ist dies einem Probierkeller, verbunden mit Gästezimmern, die in einem unter Denkmalschutz stehenden Haus aus dem 17. Jh. eingerichtet wurden. Dieser elegante und sehr blumige Gewürztraminer kann nicht verleugnen, daß er von einem Granitboden stammt. Im Geschmack wohlausgewogen. Er ist nicht zu intensiv und besitzt eine gute Harmonie.

☙ Michel Nartz, 12, pl. du Marché, 67650 Dambach-la-Ville, Tel. 03.88.92.41.11, Fax 03.88.92.63.01 ✓ ⊥ n.V.

RUHLMANN Cuvée Antoine 1995

☐ 0,45 ha 2 500 50-70 F

Der Stammbaum der Familie reicht bis 1688 zurück. Das Weingut Ruhlmann umfaßt heute 12 ha, deren Trauben aus Achtung vor den Reblagen mit der Hand gepflückt werden. Dieser von einem lehmig-kalkhaltigen Boden stammende Gewürztraminer zeigt eine gewisse Entwicklung, die mit der Überreife zusammenhängt. Er duftet ziemlich intensiv und bietet im Geschmack eine gute Ausgewogenheit zwischen Säure, Alkohol und Zucker.

☙ SARL Ruhlmann-Schutz, 34, rue du Mal-Foch, 67650 Dambach-la-Ville, Tel. 03.88.92.41.86, Fax 03.88.92.61.81 ✓ ⊥ tägl. 8h30-12h 13h-19h ; Gruppen n.V.

SCHERER Holzweg 1995*

☐ k. A. 5 000 50-70 F

Seit 1750 nimmt die Familie Scherer in Husseren-les-Châteaux eine beneidenswerte Stellung ein. Ihre Professionalität wurde deshalb von Matignon erwähnt ! Dieser Gewürztraminer kommt von einem Lehm- und Kalksteinboden und zeigt sich im Geruch intensiv und komplex mit seinen würzigen und blumigen Noten. Im Geschmack gut strukturiert. Dieser ausgewogene, nachhaltige Wein erlaubt eine breite gastronomische Verwendung.

☙ Vignoble A. Scherer, 12, rte du Vin, B.P. 4, 68420 Husseren-les-Châteaux, Tel. 03.89.49.30.33, Fax 03.89.49.27.48 ✓ ⊥ n.V.

PAUL SCHNEIDER
Vendanges tardives 1994*

☐ 0,5 ha 2 000 100-150 F

Wie so viele Winzer in Eguisheim wohnt Paul Schneider auf einem geschichtsträchtigen Anwesen. Sein Sitz befindet sich im alten Zehnthof des Domprobstes der Kathedrale von Straßburg. In einem gelbes, golden schimmerndes Gewand gehüllt, zeigt sich dieser 94er eines solchen Gebäudes würdig. Seine Vorzüge ? Ein Duft nach kandierten Früchten, der durch eine leicht pfeffrige Note geprägt ist, eine schöne Ausdruckskraft im Geschmack mit Rundheit, natürlich milder Süße und viel Eleganz.

☙ Paul Schneider et Fils, 1, rue de l'Hôpital, 68420 Eguisheim, Tel. 03.89.41.50.07, Fax 03.89.41.30.57 ✓ ⊥ Mo-Sa 8h30-11h30 13h30-18h30 ; So n. V.

ANDRE SCHNEIDER ET FILS
Vendanges tardives 1994

☐ k. A. 1 800 100-150 F

Die Familie Schneider, die vom Küferhandwerk zum Weinbau wechselte, präsentiert eine Spätlese von schöner goldgelber Farbe, die im Geruch Röstnoten und ein leicht kandiertes Aroma bietet. Ein kraftvoller 94er von schon reizvoller Ausgewogenheit und guter Länge, den man jedoch noch lagern kann. (Flaschen mit 50 cl Inhalt.)

☙ André Schneider et Fils, 3, pl. Charles-de-Gaulle, 68420 Eguisheim, Tel. 03.89.41.37.27 ✓ ⊥ n.V.

Alsace Gewurztraminer

ALBERT SCHOECH Letzenberg 1995***

☐ 8,66 ha 50 000 ▪⚓ 30-50 F

Ammerschwihr ist durch seine lange Weinbautradition geprägt. Ist der Ort nicht die Wiege der Confrérie Saint-Etienne ? Beherbergt er nicht zahlreiche Betriebe, die - wie etwa Albert Schoech - begeistert ihrem Handwerk nachgehen ? Dieser von einem lehmig-kalkhaltigen Boden stammende Gewürztraminer ist würzig und durch Zitrusnoten geprägt. Er zeigt eine schöne Entwicklung. Im Geschmack füllig und kraftvoll. Das Ergebnis von großartigem Traubengut. Ein Wein von außergewöhnlicher Harmonie.
🕿 Albert Schoech, pl. du Vieux-Marché, 68770 Ammerschwihr, Tel. 03.89.78.23.17, Fax 03.89.27.51.24

MICHEL SCHOEPFER 1995*

☐ 0,35 ha 3 000 ◗◗ 30-50 F

Seit dem 17. Jh. im Dienste des Weins. Diese Winzer wohnen im ehemaligen Zehnthof des Augustinerkonvents von Marbach. Ihr Gewürztraminer kommt von einem Kalksteinboden und zeigt im Geruch einen sehr schönen Ausdruck mit Noten von kandierten und exotischen Früchten. Ein wenig Kohlensäure belebt die geschmackliche Ansprache. Der Abgang ist lang und geschmeidig.
🕿 Michel Schoepfer, 43, Grand-Rue, 68420 Eguisheim, Tel. 03.89.41.09.06, Fax 03.89.23.08.50 ☑ ✕ n. V.

FRANÇOIS SCHWACH ET FILS
Vendanges tardives 1994**

☐ 1,2 ha 6 400 ▪⚓ 100-150 F

Zwei Gründe, um in Hunawihr Halt zu machen : seine Wehrkirche (14.-16. Jh.), die das Dorf überragt, und dieser Gewürztraminer mit den goldenen Reflexen. Sein tiefer Duft mit den würzigen Noten, seine Feinheit, seine Harmonie und eine angenehme mineralische Note im Abgang machen ihn zu einem bemerkenswerten Wein.
🕿 SCEA François Schwach et Fils, 28, rte de Ribeauvillé, 68150 Hunawihr, Tel. 03.89.73.62.15, Fax 03.89.73.37.84 ☑ ✕ Mo-Sa 8h30-18h30 ; So n. V.

SIFFERT Vendanges tardives 1994**

☐ 0,25 ha 1 200 ◗◗ 70-100 F

Das Dorf Orschwiller liegt einige Kilometer südwestlich von Sélestat, zu Füßen von Burg Haut-Kœnigsbourg. Seine Reben gedeihen gut auf Granitböden, die die Wärme der Sonnenstrahlen speichern. Dieser goldgelbe 94er mit den grünen Reflexen enthüllt eine komplexen Duft kandierter Früchte. Im Geschmack ist er von sehr großer Fülle. Er macht vor allem auch Harmonie auf sich aufmerksam. Seine recht eindrucksvolle Länge trägt dazu bei, ihn zu einem bemerkenswerten Wein zu machen. (Flaschen mit 50 cl Inhalt.)
🕿 EARL Dom. Siffert, Maurice Siffert, 67600 Orschwiller, Tel. 03.88.92.02.77, Fax 03.88.82.70.02 ☑ ✕ Mo-Sa 9h-12h 13h30-19h ; So n. V. ; 15. Jan.-15. Febr. geschlossen

PIERRE SPERRY FILS Pflintz 1995

☐ 0,4 ha 3 000 ◗◗ 30-50 F

Zahlreiche Generationen haben ihre Begeisterung an Jean-Pierre Sperry weitervererbt, der das Gut seit 1985 leitet und nicht gezögert hat, seit damals zahlreiche Funktionen in den Berufsverbänden zu übernehmen. Dieser Gewürztraminer ist durch seinen Ursprung von einem Lehm- und Kalksteinboden geprägt und braucht einen kurzen Augenblick, bevor er sich öffnet. Im Geschmack ist er körperreich und ein wenig sanft. Er ist das Ergebnis von schönem Traubengut.
🕿 Pierre Sperry Fils, 3a, rte du Vin, 67650 Blienschwiller, Tel. 03.88.92.41.29, Fax 03.88.92.62.38 ☑ ✕ n.V.

ANDRE THOMAS ET FILS
Vendanges tardives 1994**

☐ k. A. k. A. ◗◗⚓ 100-150 F

Dieser Weinbaubetrieb befindet sich in Ammerschwihr, der größten Weinbaugemeinde des Departements Haut-Rhin. Seine Gewürztraminer-Spätlese hat die Jury begeistert. Intensive goldene Farbe, sehr komplexer Duft mit einem Aroma von reifen Früchten, die von der Sonne gebraten worden sind. Dieser Wein zeichnet durch seine Fülle, seine Eleganz und seine schon vollkommene Harmonie aus. »Ein Glücksgefühl und sogar mehr - ein Augenblick des Genusses«, um die Worte eines Verkosters aufzugreifen.
🕿 André Thomas et Fils, 3, rue des Seigneurs, 68770 Ammerschwihr, Tel. 03.89.47.16.60, Fax 03.89.47.37.22 ☑ ✕ n.V.

ANDRE THOMAS ET FILS
Vieilles vignes 1995**

☐ k. A. k. A. ◗◗⚓ 50-70 F

Das Haus Thomas hat einen Wahlspruch, den viele Erzeuger bedenken sollten : »Der Wein entsteht im Weinberg und nicht im Keller.« Es steht ja wohl fest, daß der Wein seine Qualitäten nur aus den Trauben ziehen kann, aus denen er erzeugt wird. Sehr intensiv im Duft mit einem Noten von Dörrobst und Gewürzen. Dieser 95er gewinnt seinen zusätzlichen Adel aus der Überreife. Auch wenn die Ansprache im Geschmack rund ist, hat er eine gute Frische bewahrt. Die aromatische Nachhaltigkeit ist bemerkenswert. Ein unverfälschter, lagerfähiger Wein.
🕿 André Thomas et Fils, 3, rue des Seigneurs, 68770 Ammerschwihr, Tel. 03.89.47.16.60, Fax 03.89.47.37.22 ☑ ✕ n.V.

JEAN WACH 1995

☐ 1,3 ha 6 000 ▪ 30-50 F

Jean Wach bewirtschaftet über 8 ha in Andlau. Dieser fein und blumig duftende Gewürztraminer zeigt sich im Geschmack sehr trocken. Er ist kraftvoll und lang und dürfte gut zu pikanten Gerichten passen.
🕿 Jean Wach, 16A, rue du Mal-Foch, 67140 Andlau, Tel. 03.88.08.09.73, Fax 03.88.08.09.73 ☑ ✕ n.V.

Alsace Gewurztraminer

WACKENTHALER Kaefferkopf 1995*

☐ 0,7 ha 3 000 ⅲ 30-50 F

Das Gut hat Eingang auf dem berühmten Kaefferkopf gefunden. Sein Gewürztraminer ist intensiv im Geruch : Er verbindet Rosinennoten mit blumigen Noten von großer Eleganz. Im Geschmack sehr präsent. Er ist rund, ohne vom Restzucker erdrückt zu werden. Dieser gutgebaute 95er ist sehr harmonisch.
☛ EARL François Wackenthaler, 8, rue du Kaefferkopf, 68770 Ammerschwihr,
Tel. 03.89.78.23.76, Fax 03.89.47.15.48 ☑
🍴 Mo-Sa 10h-19h ; So n. V.

CH. WAGENBOURG
Vendanges tardives 1994

☐ 0,5 ha 1 700 🍶 70-100 F

Château de Wagenbourg, das 1905 vom Urgroßvater erworben wurde, ist der Sitz dieses Familienbetriebs. Schöne goldgelbe Farbe, im Geruch typisch und elegant fruchtig (kandierte Früchte). Dieser Wein enthüllt viel Kraft und Nachhaltigkeit. Wenn er ein wenig altert, kann er seine Harmonie vervollkommnen.
☛ EARL Joseph et Jacky Klein,
Ch. Wagenbourg, 68570 Soultzmatt,
Tel. 03.89.47.01.41, Fax 03.89.47.65.61 ☑ 🍴 n.V.

JEAN-PAUL WASSLER
Vendanges tardives 1994

☐ 0,2 ha 1 200 🍶 100-150 F

Die Winzer von Blienschwiller, einem etwa 10 km südlich von Barr gelegenen Dorf, organisieren in jedem Sommer eine Veranstaltung, auf der sie den Besuchern ihr Handwerk vorstellen. Einer von ihnen, J.-P. Wassler, hat diesen sympathischen Wein vorgeschlagen. Dieser goldgelbe 94er bietet einen noch zurückhaltenden Duft mit ein paar Zitrusnoten. Er ist würzig und enthüllt einen angenehmen Geschmack von guter Ausgewogenheit. (Flaschen mit 50 cl Inhalt.)
☛ Jean-Paul Wassler, 2bis, rte d'Epfig,
67650 Blienschwiller, Tel. 03.88.92.41.53,
Fax 03.88.92.63.11 ☑ 🍴 Mo-Sa 8h-12h 13h-18h ; So n.V.

DOM. WEINBACH
Vendanges tardives 1994**

☐ k. A. k. A. +200 F

Die Domaine Weinbach muß man nicht mehr vorstellen. Colette Faller und ihre Töchter führen das Gut und drücken Weinen von seltener Eleganz ihre Handschrift auf. Wie beispielsweise diesem Gewürztraminer, der von einem Mergel- und Kalksteinboden kommt. Goldgelb mit fast kupferfarbenen Reflexen. Er verströmt einen Duft von kandierten Früchten und Rosinen, unter den sich würzige Noten mischen. Der Geschmack ist konzentriert, füllig und von köstlicher Harmonie und klingt mit einer Note aus, die an kandierte Früchte und ein wenig an exotische Früchte erinnert und wunderbar zu ihm paßt. Ein sehr großer Wein.
☛ Colette Faller et ses Filles, Dom. Weinbach, clos des Capucins, 68240 Kaysersberg,
Tel. 03.89.47.13.21, Fax 03.89.47.38.18 ☑ 🍴 n.V.

JEAN WEINGAND 1995**

☐ 1,8 ha 15 000 ⅲ🍶 30-50 F

Die Domaine Jean Weingand wurde 1990 von Jacques und Jean-Marie Cattin übernommen und ihrer Handelsfirma einverleibt, damit sie Weine von großer Klasse erzeugt und vertreibt. Das Ziel ist erreicht mit diesem Gewürztraminer. Sehr ausdrucksvoll im Duft mit seinem Pfirsich- und Aprikosenaroma. Im Geschmack zeigt er ein schönes Gerüst, das den vor allem im Abgang wahrnehmbaren Hauch von Restzucker gut ausgleicht. Ein stattlicher, vielversprechender 95er !
☛ Jean Weingand, 19, rue Roger-Frémeaux, 68420 Voegtlinshoffen, Tel. 03.89.49.30.21, Fax 03.89.49.26.02 ☑ 🍴 n.V.

JEAN-MICHEL WELTY 1995

☐ 1,42 ha 10 000 🍶 30-50 F

Der Sitz des Guts befindet sich in einem alten Zehnthof aus dem Jahre 1576. Der Keller ist den Umweg wert : Er hat nämlich sein damaliges Aussehen bewahrt. Dieser Gewürztraminer stammt von einem lehmig-kalkhaltigen Boden und duftet ziemlich intensiv nach Gewürzen und Blüten. Im Geschmack ist er gut strukturiert. Ein recht sanfter Wein, der gut zu exotischer Küche wie auch zu Käse paßt.
☛ Jean-Michel Welty, 22-24, Grand-Rue, 68500 Orschwihr, Tel. 03.89.76.09.03, Fax 03.89.76.16.80 🍴 n.V.

CAVE DE WESTHALTEN
Bollenberg 1995

☐ 3,85 ha 25 000 🍶 30-50 F

Die 1955 gegründete Genossenschaftskellerei von Westhalten umfaßt heute 235 ha, die sich im berühmten, schon von den Römern erwähnten Vallée Noble befinden. Dieser durch seinen Schlick- und Kalksteinboden geprägte Gewürztraminer ist im Geruch noch diskret, aber es mangelt ihm nicht an Charme. Im Geschmack ist er füllig und gut strukturiert, das Ergebnis von schönen Trauben. Ein sehr vielversprechender Wein.
☛ Cave de Westhalten, 52, rte de Soultzmatt, 68250 Westhalten, Tel. 03.89.78.09.10, Fax 03.89.47.63.77 ☑ 🍴 n.V.

ZIMMERMANN Cuvée Alphonse 1995*

☐ 0,5 ha 3 000 ⅲ 50-70 F

Dieses Gut zu Füßen der Burg Haut-Kœnigsbourg hat eine mehr als 300jährige Geschichte. Jean-Pierre und Vincent Zimmermann bewirtschaften heute 14 ha. Ihr Gewürztraminer kommt von einem lehmig-kalkhaltigen

ALSACE

Boden und entfaltet im Geruch würzige und blumige Noten von mittlerer Intensität. Im Geschmack recht typisch. Ein warmer, ausgewogener und nachhaltiger, mit einem Wort : harmonischer Wein.

GAEC A. Zimmermann Fils, 3, Grand-Rue, 67600 Orschwiller, Tel. 03.88.92.08.49, Fax 03.88.82.14.05 n.V.

Alsace Tokay-Pinot gris

Die einheimische Bezeichnung »Tokay d'Alsace« (Tokajer aus dem Elsaß), wie man hier den Pinot gris seit vier Jahrhunderten nennt, ist erstaunlich, weil diese Rebsorte nie im östlichen Ungarn angebaut worden ist ... Doch der Sage nach wurde die Tokay-Rebe aus diesem östlichen Land von General Lazarus von Schwendi mitgebracht, der im Elsaß große Weingüter besaß. Ihr Ursprungsgebiet scheint allerdings - wie bei allen Reben aus der Pinot-Familie, das ehemalige Herzogtum Burgund zu sein.

Pinot gris nimmt mit 3 294 ha nur 9,1 % der elsässischen Anbaufläche ein, kann aber einen berauschenden, sehr körperreichen Wein hervorbringen, der voller Vornehmheit ist und bei Fleischgerichten an die Stelle eines Rotweins treten kann. Wenn er so prächtig wie 1983, 1989 und 1990 - außergewöhnliche Jahrgänge - ausfällt, gehört er zu den besten Weinen, die man zu Stopfleber trinkt.

J.-B. ADAM Cuvée Jean Baptiste 1995*
| | k. A. | 10 000 | 70-100 F |

Seit 1614 haben vierzehn Winzergenerationen den guten Ruf des Hauses geformt. Ein Etikett des Kaefferkopf 1834, das heute im Musée de la Vigne in Kientzheim aufbewahrt wird, ist ein großartiges Zeugnis dafür ! Entsprechend seiner Herkunft von einem Lehm- und Kalksteinboden ist dieser Tokay noch sehr jugendlich im Duft. Dennoch entfaltet er bereits sehr vielversprechende Zitrus- und Honignoten. Der im Geschmack elegante und harmonische, strukturierte Wein ist für eine lange Lagerung gerüstet.

Jean-Baptiste Adam, 5, rue de l'Aigle, 68770 Ammerschwihr, Tel. 03.89.78.23.21, Fax 03.89.47.35.91 n.V.

J.-B. ADAM Vendanges tardives 1994
| | k. A. | k. A. | 100-150 F |

Ganz jugendlich ist dieser Wein : leicht goldenes Gelb, Duft von schöner Feinheit, der sich noch öffnen muß. Im Geschmack reich und kräftig, elegant fruchtig (vor allem kandierte Früchte), konzentriert. Er wird sich mit der Zeit noch entfalten.

Jean-Baptiste Adam, 5, rue de l'Aigle, 68770 Ammerschwihr, Tel. 03.89.78.23.21, Fax 03.89.47.35.91 n.V.

DOM. PIERRE ADAM Katzenstegel 1995
| | 0,6 ha | k. A. | 50-70 F |

Pierre Adam hat den heutigen Betrieb in den 60er Jahren gegründet. Sein Sohn Rémy hat 1993 die Verantwortung für die Vinifizierung der 9 ha übernommen. Getreu seinem Granitboden ist dieser Tokay im Geruch offen und zugleich recht typisch. Im Geschmack ist er ebenfalls sehr ausdrucksvoll. Ein ausgewogener und recht nachhaltiger Wein.

Dom. Pierre Adam, 8, rue du Lt-Louis-Mourier, 68770 Ammerschwihr, Tel. 03.89.78.23.07, Fax 03.89.47.39.68 tägl. 8h-20h

FRANÇOIS BAUR PETIT-FILS
Herrenweg Cuvée Prestige 1995*
| | 1,09 ha | 7 400 | 100-150 F |

Pierre Baur wohnt im Herzen des mittelalterlichen Orts Turckheim, in einem überaus malerischen Gebäude aus dem 16. Jh. Er hängt sehr an den Traditionen, wie etwa an seinen über hundert Jahre alten Eichenholzfässern. Dieser Tokay, der vom Kiesboden der Reblage Herrenweg stammt, zeigt im Duft eine große Feinheit und verbindet blumige und würzige Nuancen mit Noten von Überreife. Er ist im Geschmack gehaltvoll und kräftig gebaut und wird die Freunde lieblicher Weine begeistern. Sie werden nicht müde werden, ihn als Aperitif oder zum Nachtisch zu trinken.

François Baur Petit-Fils, 3, Grand-Rue, 68230 Turckheim, Tel. 03.89.27.06.62, Fax 03.89.27.47.21 n.V.

PIERRE BERNHARD
Vendanges tardives 1994*
| | 0,2 ha | 1000 | 70-100 F |

Cécile Bernhard konnte sich einen Platz unter den großen Namen der elsässischen Weine sichern. Intensive goldgelbe Farbe, ein Aroma voller Feinheit, das kandierte Früchte und Zitrusfrüchte vereint, zarter Geschmack von harmonischer Sanftheit und Vollmundigkeit, langer Abgang und eine gute Lebhaftigkeit - das sind die Hauptqualitäten dieses überaus gelungenen Weins, der noch gewinnt, wenn man ihn etwas altern läßt.

Cécile Bernhard-Reibel, 20, rue de Lorraine, 67730 Châtenois, Tel. 03.88.82.04.21, Fax 03.88.82.59.65 n.V.

JOSEPH BINNER 1995***
| | 0,86 ha | 4 000 | +200 F |

Joseph Binner, der einen 6 ha großen Weinbaubetrieb in der berühmten Gemeinde Ammerschwihr hat, überläßt alles der Natur. Er ist immer dabei, Neuerungen einzuführen, und hat sich entschlossen, die Trauben für diesen Tokay durch Auslesen zu ernten. Das Ergebnis ist großartig ! Im Aussehen, im Geruch und im Geschmack ist das Schlüsselwort Stärke ! Dieser im Duft durch Honignoten geprägte 95er bietet

Alsace Tokay-Pinot gris

im Geschmack eine fehlerlose Rundheit. Sicherlich ist dies ein Wein mit den schönsten Zukunftsaussichten, aber man kann ihn schon jetzt zu Stopfleber genießen.

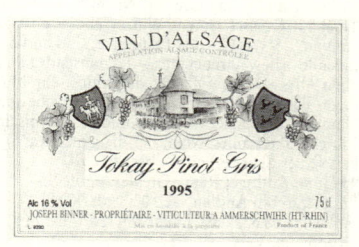

🍇 Joseph Binner, 2, rue des Romains,
68770 Ammerschwihr, Tel. 03.89.78.23.20,
Fax 03.89.78.23.20 ✓ 🍷 tägl. 9h-12h 14h-18h

BOTT FRERES Réserve personnelle 1995

| | 1 ha | 7 500 | 🍾 | 50-70 F |

Die 1836 gegründete Firma Bott gehört zu den Handelshäusern, die hier ihren Sitz haben. Das hindert sie aber nicht daran, ihre Weinbauwurzeln zu bewahren, denn sie präsentiert einen Tokay, der von ihrem eigenen Gut stammt. Dieser 95er kommt von einem Lehmboden und wird noch von einem sehr alkoholischen Gärungsaroma beherrscht, zu dem ein Hauch von Tannenhonig hinzukommt. Im Geschmack wohlausgewogen und elegant. Ein leichter, süffiger Wein.
🍇 Bott Frères, 13, av. du Gal-de-Gaulle,
68150 Ribeauvillé, Tel. 03.89.73.22.50,
Fax 03.89.73.22.59 ✓ 🍷 tägl. 9h-12h 14h-18h ;
Gruppen n. V.

PAUL BUECHER ET FILS
Réserve personnelle 1995**

| | 2,5 ha | 20 000 | 🍾 | 30-50 F |

Die Domaine Buecher, die seit 300 Jahren in Familienbesitz ist, hat sich auf die besten Lagen in der Umgebung von Colmar ausgedehnt. Ihr Wahlspruch ist bedenkenswert: »Qualität ist kein Zufall.« Und an Qualitäten mangelt es diesem Tokay nicht! Er besitzt sogar den gesamten typischen Charakter seiner Appellation. Er ist sehr intensiv im Duft und zeigt sich im Geschmack kraftvoll und füllig. Seine Nachhaltigkeit entspricht der Qualität der Trauben. Ein Erfolg!
🍇 Paul Buecher et Fils, 15, rue Sainte-Gertrude, 68920 Wettolsheim, Tel. 03.89.80.64.73,
Fax 03.89.80.58.62 ✓ 🍷 n.V.

DOM. BURGHART-SPETTEL
Réserve 1995**

| | 0,39 ha | 3 000 | 🍾 | 30-50 F |

Ein Produkt des gesunden Wettbewerbs, der in Mittelwihr herrscht. Burghart-Spettel ist nicht nur ein alter Bekannter des Weinführers geworden, sondern sammelt darin auch die guten Noten. Bemerkenswert - dieser Tokay-Pinot gris ist es in mehr als nur einer Hinsicht! Verführerisch für das Auge durch seine intensive goldgelbe Farbe. Im Geruch entfaltet er ein Aroma von Überreife, das würzige Noten und kandierte Früchte mit dem traditionellen Räuchergeruch der Rebsorte vermischt. Die Explosion findet im Geschmack statt, der sich füllig, komplex und sehr nachhaltig zeigt.
🍇 Dom. Burghart-Spettel, 9, rte du Vin,
68630 Mittelwihr, Tel. 03.89.47.93.19,
Fax 03.89.49.07.62 ✓ 🍷 n.V.

BUTTERLIN 1995*

| | 0,6 ha | 4 000 | 🍾 | 30-50 F |

Wettolsheim, ein kleiner, sehr dynamischer Weinbauort unweit von Colmar, hat nichts von seinem einstigen Charme verloren. Es verdankt ihn der Begeisterung seiner Winzer, zu denen die Butterlins gehören. Dieser Tokay kommt von einem lehmig-kalkhaltigen Boden und ist im Duft schon intensiv. Er stammt von schönen Trauben und bewahrt einen gewissen Zuckerreichtum, der durch das Säuregerüst ausgeglichen wird. Ein im Geschmack sehr langer Wein, der sich zu Stopfleber oder Wild entfalten dürfte.
🍇 Jean Butterlin, 27, rue Herzog,
68920 Wettolsheim, Tel. 03.89.80.60.85,
Fax 03.89.80.58.61 ✓ 🍷 n.V.

THEO CATTIN ET FILS
Cuvée de l'Ours Noir 1995*

| | 0,65 ha | 6 500 | 🍾 | 30-50 F |

Dieser Betrieb mit der langen Tradition hat heute fast 20 ha im zauberhaften Dorf Voegtlinshoffen. Sein von einem Muschelkalkboden stammender Tokay ist sehr originell. Er ist im Duft sehr fruchtig und zeigt sich im Geschmack kraftvoll und intensiv. Ein komplexer Wein ohne übermäßige Rundheit.
🍇 Théo Cattin et Fils, 35, rue Roger-Frémeaux,
68420 Voegtlinshoffen, Tel. 03.89.49.30.43,
Fax 03.89.49.28.80 ✓ 🍷 n.V.

ANCIENNE COUR DES CHEVALIERS DE MALTE
Clos Schwendi 1995**

| | 1,6 ha | 1000 | 🍾 | 30-50 F |

Wo könnte man den Tokay besser feiern als in diesem alten Gehöft der Malteserritter, das dem berühmten Baron Lazarus von Schwendi gehörte? Dieser im Duft sehr elegante 95er ist durch die schöne Lebhaftigkeit gekennzeichnet, die ihn zu einem langen, harmonischen Wein macht, der zu weißem Fleisch ebenso gut paßt wie zu Fisch.
🍇 EARL André Blanck et Fils, 5, rue Philippe-Aimé-de-Golbéry, 68240 Kientzheim,
Tel. 03.89.78.24.72, Fax 03.89.47.17.07 ✓
🍷 Mo-Sa 8h-19h

ANDRE DOCK 1995

| | 0,3 ha | 2 500 | 🍾 | 30-50 F |

Dieser von einem Schlickboden stammende Tokay ist durch seinen Ursprung geprägt: Er ist noch zurückhaltend im Geruch. Dennoch schmeckt er frisch und ziemlich leicht und zeigt seine Eleganz und Harmonie.
🍇 André et Christian Dock, 20, rue Principale,
67140 Heiligenstein, Tel. 03.88.08.02.69,
Fax 03.88.08.19.72 ✓ 🍷 n.V.

ALSACE

Alsace Tokay-Pinot gris

EBLIN-FUCHS 1995*

| | 0,6 ha | 3 500 | ⏻⚡ | 30-50 F |

Die Familien Eblin und Fuchs, die sich 1956 vereinigt haben, sind nicht nur im Anbaugebiet, sondern auch in der Geschichte tief verwurzelt. Die Eblins haben sich hier 1294 niedergelassen, während die Familie Fuchs seit 1615 in Zellenberg Wein anbaut. Dieser Tokay, der von einem Muschelkalkboden stammt, entfaltet ein recht originelles Aroma, das pflanzliche Noten, reife Früchte und Haselnüsse vermischt. Nach einer guten Ansprache am Gaumen zeigt dieser 95er einen recht ausgeprägten und sehr nachhaltigen Körper.

☛ Christian et Joseph Eblin, 75, rte du Vin, Schlossreben, 68340 Zellenberg, Tel. 03.89.47.91.14 ✓ ✗ n.V.

FRANÇOIS FLESCH Réserve 1995**

| | 0,3 ha | 1000 | ⚑⏻ | 30-50 F |

François Flesch teilt die Leidenschaft seiner Ahnen für den Weinbau. Er konnte die Jury mit diesem Pinot gris verführen, der von einem lehmig-kalkhaltigen Boden stammt. Im Geruch ist er schon sehr ausdrucksvoll mit seinen rauchigen und blumigen Noten. Der Geschmack ist von bemerkenswerter Fülle und bietet einen Hauch von Restzucker, der durch das Gerüst gut ausgeglichen wird. Der an Aprikosen erinnernde Abgang ist besonders reizvoll.

☛ François Flesch, rue du Stade, 68250 Pfaffenheim, Tel. 03.89.49.66.36, Fax 03.89.49.74.71 ✓ ✗ Mo-Sa 8h-12h 13h30-19h ; So n. V.

FREY-SOHLER Rittersberg 1995*

| | 1 ha | 8 000 | 30-50 F |

Das Haus Frey-Sohler, das seit Generationen einen Sitz in Scherwiller hat, nimmt heute mit seinen 25 ha Weinbergen, zu denen ein Weinhandel hinzukommt, im Elsaß eine bedeutende Stellung ein. Dieser Pinot gris wird durch seinen Ursprung von einem Granitboden geprägt. Im Duft zeigt er Räucher- und Unterholznoten, die sich mit leicht mineralischen Note vermischen. Nach einer klaren Ansprache, die er einer schönen Säure verdankt, bleibt dieser trockene, nachhaltige 95er im Stil traditionell.

☛ Frey-Sohler, 72, rue de l'Ortenbourg, 67750 Scherwiller, Tel. 03.88.92.10.13, Fax 03.88.82.57.11 ✓ ✗ n.V.
☛ Marthe Sohler

PIERRE FRICK 1995*

| | 0,6 ha | 5 000 | ⏻⚡ | 50-70 F |

Pierre Frick, seit 1970 ein Vorreiter biologischer, genauer gesagt biodynamischer Anbaumethoden, hat heute ein 10 ha großes Gut. Dieser Tokay, der im Duft sehr intensiv ist mit seinem Aroma reifer Früchte, zeigt auch im Geschmack eine schöne Ausdruckskraft. Er ist füllig und recht typisch und zeichnet sich durch eine gute Harmonie ohne zuviel Restzucker aus.

☛ Pierre Frick, 5, rue de Baer, 68250 Pfaffenheim, Tel. 03.89.49.62.99, Fax 03.89.49.73.78 ✓ ✗ n.V.

ANDRE ET REMY GRESSER
Andlau Brandhof 1995*

| | 0,4 ha | 3 000 | ⚑⏻⚡ | 30-50 F |

André und Rémy Gresser, Nachkommen von Thiébaut Gresser, einem Winzer und Probst in Andlau, der das Gut 1520 gründete, sind hervorragende »Beweihräucherer« des tausend Jahre alten Orts. Dieser intensiv duftende, sehr blumige Tokay bietet eine schöne Ansprache am Gaumen. Er schmeckt lebhaft und recht typisch. Ein charaktervoller Wein, der die ganze Rassigkeit seines Schieferbodens besitzt.

☛ Dom. André et Rémy Gresser, 2, rue de l'Ecole, 67140 Andlau, Tel. 03.88.08.95.88, Fax 03.88.08.55.99 ✓ ✗ tägl. 9h-12h 14h-19h ; Gruppen n. V.

JEAN-PAUL HARTWEG 1995*

| | 0,2 ha | k. A. | ⏻ | 50-70 F |

Jean-Paul Hartweg, der seit 1972 in Beblenheim lebt, führt sein 8 ha großes Gut mit großer Hingabe und Strebsamkeit. Dieser Tokay stammt von einem Mergel- und Kalksteinboden und zeigt im Duft Noten von Überreife. Im Geschmack ist er sehr konzentriert. Seine leichte Rundheit gleicht eine Säurestruktur aus, die in den kommenden Jahren eine ausgezeichnete Haltung vorhersagen läßt.

☛ Jean-Paul Hartweg, 39, rue Jean-Macé, 68980 Beblenheim, Tel. 03.89.47.94.79, Fax 03.89.49.00.83 ✓ ✗ n.V.

HORCHER 1995

| | 0,5 ha | 4 000 | ⏻ | 30-50 F |

Das Haus Horcher wurde 1930 in der berühmten Stadt der Mandelbäume gegründet. Es ist heute im Besitz der vierten Generation. Entsprechend seiner Herkunft von einem Lehm- und Kalksteinboden ist dieser Tokay im Geruch ziemlich verschlossen. Dennoch läßt er ein sehr elegantes Aroma von weißen Blüten und reifen Früchten erkennen. Im Geschmack sehr lebhaft. Ein langer, typischer Wein.

☛ Ernest Horcher et Fils, 6, rue du Vignoble, 68630 Mittelwihr, Tel. 03.89.47.93.26, Fax 03.89.49.04.92 ✓ ✗ n.V.

JEAN HUTTARD 1995**

| | 0,5 ha | 1 900 | ⚑⚡ | 30-50 F |

Jean Huttard, Sohn und Enkel eines Winzers, bewirtschaftet 8 ha in dem Dorf Zellenberg, das sich auf einem Felsvorsprung erhebt und an den Bug eines riesigen Schiffes erinnert. Dieser Tokay ist schön, wie ihn nur diese freigebige Gegend liefern kann. Sehr reichhaltig und ausdrucksvoll im Geruch, in dem sich das Räucheraroma der Rebsorte mit den Unterholznoten der Überreife streitet. Er enthüllt seine ganze Stärke im Geschmack mit dem langen, sehr harmonischen Abgang.

☛ Jean Huttard, 10, rte du Vin, 68340 Zellenberg, Tel. 03.89.47.90.49, Fax 03.89.47.90.32 ✓ ✗ n.V.

JOSMEYER L'Exception 1995*

| | 2 ha | 6 000 | ⏻ | 100-150 F |

Jean Meyer ist ein Künstler. Bisweilen ein Dichter und Feinschmecker, manchmal sogar ein

Alsace Tokay-Pinot gris

großer Koch, versteht er es doch immer, seine Weine mit dem idealen Gericht zu verbinden. Dieser von seinem Granitboden geprägte Tokay ist stark entfaltet im Geruch, in dem sich Unterholznoten mit Honigduft vermischen. Der gesamte Stoff offenbart sich im Geschmack : vollkommen ausgewogen trotz seines Restzukkers. Dieser füllige, berauschende Wein dürfte wunderbar zu Federwild oder auch zu einer Nachspeise mit Maronen passen.
- Josmeyer, 76, rue Clemenceau, 68920 Wintzenheim, Tel. 03.89.27.91.90, Fax 03.89.27.91.99 ☑ ☨ n.V.
- Jean Meyer

CAVE DE KIENTZHEIM-KAYSERSBERG
Réserve Cuvée 71 1995*

| ☐ | 2 ha | 15 000 | ▪ ♦ | 50-70 F |

Die Genossenschaftskellerei hat ihren Sitz in Kientzheim, einem der Kleinodien der elsässischen Winzerarchitektur und Heimat des berühmten Barons von Schwendi, und vereinigt die meisten Erzeuger von Kientzheim und Kaysersberg. Dieser von einem Lehm- und Kalksteinboden kommende Tokay ist schon sehr gefällig im Geruch, in dem sich Unterholznoten mit einem Aroma von reifen Früchten und Quitten vermischen. Er stammt von schönen Trauben und bietet im Geschmack einen Hauch von Restzucker, der die Harmonie nicht zerstört.
- Cave vinicole de Kientzheim-Kaysersberg, rue des Vieux-Moulins, 68240 Kientzheim, Tel. 03.89.47.13.19, Fax 03.89.47.34.38 ☑ ☨ n.V.

DOM. DE LA TOUR 1995

| ☐ | 0,6 ha | 4 000 | ▯ | 30-50 F |

Das Weingut von Jean-François Straub, das in unserem Weinführer oft vertreten ist, geht auf das 16. Jh. zurück. Sein Tokay stammt von einem Granitboden. Der angenehme Duft ist durch fruchtige und pflanzliche Noten geprägt. Im Geschmack sehr trocken. Ein ausgewogener und vollkommen sortentypischer Wein.
- Joseph Straub Fils, 21, rte du Vin, 67650 Blienschwiller, Tel. 03.88.92.48.72, Fax 03.88.92.62.90 ☑ ☨ Mo-Sa 8h-12h 14h-18h ; So n. V.

JEROME LORENTZ ET FILS
Cuvée des Templiers 1995*

| ☐ | k. A. | 18 000 | | 50-70 F |

Man weiß nicht mehr ganz genau, ob Bergheim sein Ansehen nur der Familie Lorentz verdankt. Hingegen weiß man, daß die 1836 gegründete Firma Jérôme Lorentz eine vollkommene Synergie zwischen ihrem Weingut und ihrem Weinhandel aufrechterhält. Dieser Tokay, der von einem lehmig-kalkhaltigen Boden stammt, bezeugt es. Er ist im Geruch sehr intensiv und verbindet fruchtige Noten (Quitten) mit Nuancen von Tiergeruch. Im Geschmack ist er kräftig und körperreich ; sein Zuckerreichtum dürfte mit der Zeit mit dem Gerüst verschmelzen.
- Jérôme Lorentz, 1, rue des Vignerons, 68750 Bergheim, Tel. 03.89.73.22.22, Fax 03.89.73.30.49 ☑ ☨ tägl. 8h-12h 14h-18h30

MADER 1995

| ☐ | 1 ha | 7 000 | ▪ | 30-50 F |

Hunawihr ist bekannt für seine Wehrkirche, seinen Storchenpark, aber vor allem für sein Weinbaugebiet und seine Winzer. Dieser von einem Schlick- und Lehmboden kommende Pinot Gris wird im Geruch durch ein Zitrusaroma geprägt. Er schmeckt noch jugendlich und klingt mit einem sehr gehaltvollen Abgang aus, der ihn vielversprechend macht.
- Jean-Luc Mader, 13, Grand-Rue, 68150 Hunawihr, Tel. 03.89.73.80.32, Fax 03.00.00.00.00 ☑ ☨ n.V.

FREDERIC MALLO ET FILS
Réserve particulière 1995*

| ☐ | 0,35 ha | 2 800 | ▯ ♦ | 30-50 F |

Dominique Mallo hat den Betrieb 1991 übernommen. Frédéric, sein Großvater, war zu seiner Zeit in Hunawihr ein Pionier des Verkaufs in Flaschen. Sein Enkel ähnelt ihm ! Dieser Tokay kommt von einem Lehm- und Kalksteinboden und entfaltet im Geruch schon den sortentypischen Duft. Im Geschmack bestätigt sich die Intensität, was ihn aber nicht daran hindert, ein Vorbild an Ausgewogenheit und Harmonie zu sein. Die Zukunft gehört ihm.
- EARL Frédéric Mallo et Fils, 2, rue Saint-Jacques, 68150 Hunawihr, Tel. 03.89.73.61.41, Fax 03.89.73.68.46 ☑ ☨ n.V.

JEAN-PAUL MAULER
Cuvée Alexandra 1995*

| ☐ | 0,35 ha | 1 000 | ▯ | 50-70 F |

Jean-Paul Mauler kann Tradition und Moderne verbinden : Sein Keller enthält je zur Hälfte Eichenholzfässer und Stahltanks. Dieser Tokay kommt von einem Lehm- und Kalksteinboden und entfaltet im Geruch bereits ein Aroma von reifen Früchten und Dörrobst, das deutlich spürbar und harmonisch verschmolzen ist. Die Lebhaftigkeit, die er in der Ansprache zeigt, wird rasch durch den Restzucker ausgeglichen, der den Stoff enthüllt und den Abgang verlängert.
- EARL Jean-Paul Mauler, 3, pl. des Cigognes, 68630 Mittelwihr, Tel. 03.89.47.93.23 ☑ ☨ n.V.

MEISTERMANN Cuvée Prestige 1995

| ☐ | 0,45 ha | 4 000 | ▯ | 30-50 F |

Dieser junge Winzer leitet das Gut seit 1989. Er hat die traditionellen Herstellungsmethoden und die großen Eichenholzfässer beibehalten. Sein Tokay wird durch den Ursprung von einem Lehm- und Kalksteinboden geprägt und ist im Geruch noch zurückhaltend. Im Geschmack zeigt er sich von schöner Ausdruckskraft und ist nervig und süffig. Man sollte diesen 95er zu Pasteten oder zu hellem Fleisch probieren.
- Michel Meistermann, 37, rue de l'Eglise, 68250 Pfaffenheim, Tel. 03.89.49.60.61 ☑ ☨ n.V.

GILBERT MEYER Cuvée Prestige 1995**

| ☐ | 0,37 ha | 2 000 | ▯ | 30-50 F |

Gilbert Meyer wohnt in dem wunderschönen Dorf Voegtlinshoffen, das die Rheinebene überragt und sich mit Leib und Seele dem Zauber des Weins verschrieben hat. Sein Weinbaubetrieb ist

Alsace Tokay-Pinot gris

in der Größe überschaubar geblieben. Die ganze Sorgfalt, die er auf diesen Wein verwendet hat, ermöglicht es uns, einen Tokay von bemerkenswerter Eleganz und Tiefe zu genießen. Dieser sehr intensiv, vorwiegend blumig duftende 95er bietet eine schöne Ansprache am Gaumen und eine harmonische Vereinigung zwischen der Struktur und dem Hauch von Restzucker.

🍇 Gilbert Meyer, 5, rue du Schavenberg, 68420 Voegtlinshoffen, Tel. 03.89.49.36.65 ◪ 🍷 n. V.

ERNEST MEYER ET FILS
Vieilles vignes 1995*

| ☐ | 0,3 ha | 2 500 | 🍾 | 30-50 F |

Die Meyers haben sich 1960 an den Direktverkauf gewagt. Sie bewirtschaften heute fast 10 ha. Da dieser Tokay von einem lehmigkalkhaltigen Boden stammt, ist er noch jugendlich. Er ist sehr elegant im Geruch, der blumige und fruchtige Noten mischt, und zeigt eine schöne Ansprache am Gaumen. Ein harmonischer, recht fleischiger und nachhaltiger Wein. Warum sollte man ihn nicht zu Federwild probieren?

🍇 Ernest Meyer et Fils, 4, rue des Trois-Châteaux, 68420 Eguisheim, Tel. 03.89.24.53.66, Fax 03.89.41.66.46 ◪ 🍷 n. V.

LES VIGNERONS DE PFAFFENHEIM ET GUEBERSCHWIHR Grande Réserve 1995*

| ☐ | 1,5 ha | 17 000 | 🍾 | 50-70 F |

Die 1957 gegründete Genossenschaftskellerei von Pfaffenheim hat 1968 mit der Genossenschaftskellerei von Gueberschwihr fusioniert. Sie vereinigen insgesamt 235 ha Rebflächen in besonders guten Lagen. Fein und fruchtig im Duft und sogar schon recht füllig. Diesem Tokay mangelt es nicht an Temperament im Geschmack, wo er sich als trocken und komplex zugleich erweist. Ein vielversprechender Wein, der für Fisch, weißes Fleisch oder Käse (wie etwa Comté) bestimmt ist.

🍇 CVPG Pfaffenheim, 5, rue du Chai, B.P. 33, 68250 Pfaffenheim, Tel. 03.89.78.08.08, Fax 03.89.49.71.65 ◪ 🍷 tägl. 8h-12h 14h-18h

R. RABOLD ET FILS
Cuvée Bacchus 1995*

| ☐ | 4,25 ha | 19 000 | 🍾 | 30-50 F |

Die Rabolts, die seit 1724 in dem bezaubernden Weinbauort Orschwihr leben, haben 14 ha. Ihr Tokay kommt von einem Lehm- und Kalksteinboden. Es mangelt ihm nicht an Charme. Im Geruch ist er sehr fein mit seinem Aroma, in dem sich Quitten und Unterholz vermischen. Er entfaltet eine unwiderstehliche Stärke im Geschmack, der sich füllig und lang zeigt; lieblicher Charakter und Struktur gleichen sich harmonisch aus.

🍇 R. Rabold et Fils, 6-8, rue du Val-du-Pâtre, 68500 Orschwihr, Tel. 03.89.74.10.18, Fax 03.89.76.40.69 ◪ 🍷 n. V.

PIERRE ET JEAN-PIERRE RIETSCH
1995*

| ☐ | 2 ha | 2 900 | 🍾 | 30-50 F |

Die Familie Rietsch lebt in einem Haus aus dem Jahre 1576 und bleibt der Weinbautradition treu, die den ganzen Charme und das Ansehen von Mittelbergheim ausmacht. Hinter einer strahlend goldgelben Farbe entfaltet dieser Pinot einen sehr intensiven Duft, in dem sich kandierte Früchte und weiße Blüten vermischen. Noten von Unterholz und Pilzen vervollständigen dieses Aroma am Gaumen. Im Geschmack trocken und perfekt strukturiert. Dieser nachhaltige Wein paßt ebenso gut zu Vorspeisen wie zu weißem Fleisch.

🍇 Pierre et Jean-Pierre Rietsch, 32, rue Principale, 67140 Mittelbergheim, Tel. 03.88.08.00.64, Fax 03.88.08.40.91 ◪ 🍷 n. V.

ROLLY GASSMANN Réserve 1995**

| ☐ | 1,5 ha | 7 000 | 🍾 | 100-150 F |

Das Haus Rolly Gassmann, das 28 ha Rebflächen besitzt, ist in der ganzen Welt berühmt und wird in unserem Weinführer regelmäßig durch die Wahl zum Lieblingswein ausgezeichnet. Es ist zu einem Erzeuger geworden, an dem man nicht vorbeikommt. Dieser Tokay riecht sehr ausdrucksvoll mit seinen blumigen und rauchigen Noten. Im Geschmack erscheint er zuerst sehr rund und bleibt dank des Reichtums der Trauben sehr harmonisch. Ein vielversprechender Wein, der die feinsten Speisen zur Geltung bringen kann.

🍇 Rolly Gassmann, 2, rue de l'Eglise, 68590 Rorschwihr, Tel. 03.89.73.63.28, Fax 03.89.73.33.06 ◪ 🍷 n. V.

RUHLMANN
Sélection de grains nobles 1994*

| ☐ | 0,5 ha | 2 000 | 🍾 | 150-200 F |

Dieser Wein stammt von 20 Jahre alten Rebstöcken, die auf einem Schieferboden wachsen. Die Trauben sind am 6. Dezember 1994 gelesen worden. Diese intensiv goldgelbe Cuvée ist im Duft noch diskret, aber von großer Feinheit und entfaltet im Geschmack eine gute aromatische Intensität und eine schöne Länge. Wegen ihres verschlossenen Charakters sollte sie noch ein wenig altern. (Flaschen mit 37,5 cl Inhalt.)

🍇 SARL Ruhlmann-Schutz, 34, rue du Mal-Foch, 67650 Dambach-la-Ville, Tel. 03.88.92.41.86, Fax 03.88.92.61.81 ◪ 🍷 tägl. 8h30-12h 13h-19h ; Gruppen n. V.

CLOS SAINTE ODILE 1995*

| ☐ | k. A. | 5 000 | 🍾 | 30-50 F |

Die Einwohner von Obernai haben diesen Weinberg einst der hl. Odile, der Schutzpatronin des Elsaß, geweiht. Heute im Schoß der Union Divinal, kümmert sich J.-P. Bergeret um ihn. Dieser Tokay stammt von einem Lehm- und Kalksteinboden und bietet einen schönen Ausdruck im Duft, in dem sich kandierte Früchte und getrocknete Aprikosen vermischen. Nach einer guten Ansprache am Gaumen zeigt sich dieser 95er füllig und nachhaltig, völlig typisch für die Rebsorte und sehr vielfältig verwendbar im Hinblick auf gastronomische Zwecke.

Alsace Tokay-Pinot gris

🍇 Sté vinicole Sainte Odile, 3, rue de la Gare, 67210 Obernai, Tel. 03.88.95.50.23, Fax 03.88.47.60.22 ☑ ⵕ n.V.

SAULNIER 1995

| | 0,25 ha | 1 000 | ▮ | 30-50 F |

Marco Saulnier hat seine Laufbahn als Mitglied der Landwirtschaftskammer begonnen. 1992 hat er sich entschlossen, seine Kenntnisse praktisch zu verwerten, indem er seinen eigenen Weinbaubetrieb aufbaute. Er erweist sich als handwerklicher Winzer. Sein Tokay, geprägt durch den Ursprung von einem Lehm- und Kalksteinboden, befindet sich noch in seiner jugendlichen Phase. Er ist im Geruch relativ verschlossen und zeigt im Geschmack eine hervorragende Ausgewogenheit. Klar und elegant. Man sollte ihn zu Truthahn oder zu Fisch in Rahmsauce probieren.

🍇 Marco Saulnier, rte de Saint-Marc, 68420 Gueberschwihr, Tel. 03.89.44.51.41, Fax 03.89.44.51.41 ☑ ⵕ n.V.

SCHIRMER Vallée Noble 1995

| | 0,3 ha | 3 000 | ⬤ | 30-50 F |

Soultzmatt ist ein reizender Weinbauort am Grunde des Vallée Noble und wird vom großartigen Hügel des Zinnkoepflé überragt. Hier gibt es viele Winzer, wie etwa Lucien Schirmer und seinen Sohn. Dieser Pinot gris kommt von einem Mergel- und Sandsteinboden und bietet einen unaufdringlichen Duft, der von eleganten Blütennoten beherrscht wird. Ein reintöniger Wein, dessen ein wenig imposanter Stoff dennoch wohlausgewogen ist. Man sollte ihn ohne weitere Lagerung trinken.

🍇 Maison Lucien Schirmer et Fils, 22, rue de la Vallée, 68570 Soultzmatt, Tel. 03.89.47.03.82, Fax 03.89.47.02.33 ☑ ⵕ n.V.

EMILE SCHWARTZ ET FILS 1995**

| | 0,3 ha | 2 000 | ⬤ | 30-50 F |

Emile Schwartz bewirtschaftet zusammen mit seinem Sohn 7 ha, die sich auf die berühmten Hänge von Husseren und Eguisheim verteilen. Sie wohnen in Husseren, dem höchstgelegenen Weinbauort des Elsaß, der eine unbehinderte Aussicht über die Rheinebene hat. Dieser Tokay stammt von einem Lehm- und Kalksteinboden und ist noch sehr jugendlich, wie sein Aroma (Früchte und eine pflanzliche Note) bezeugt. Nach einer guten Ansprache im Geschmack erweist er sich als ausgewogen und nachhaltig, voller Verheißungen.

🍇 EARL Emile Schwartz et Fils, 3, rue Principale, 68420 Husseren-les-Châteaux, Tel. 03.89.49.30.61, Fax 03.89.49.27.27 ☑ ⵕ Mo-Sa 8h-12h 14h-19h ; 1.-15. Sept. geschlossen

SELIG Cuvée Prestige 1995**

| | 0,33 ha | 2 000 | ⬤ | 50-70 F |

Jean-Michel Selig wohnt in einem Gebäude aus dem Jahre 1618, dessen Säulenvorbau unter Denkmalschutz steht. Er bewirtschaftet heute fast 10 ha. Sein Tokay kommt von einem Mergel- und Kalksteinboden und enthüllt im Duft eine große Intensität. Seine Jodnote verrät eine sehr starke Überreife, die sich im Geschmack entlädt : füllig und lieblich, von seltener Nachhaltigkeit.

🍇 SARL Jean-Michel Selig, 4, rue Kilian, 68340 Riquewihr, Tel. 03.89.47.96.24 ☑ ⵕ n.V.

J. SIEGLER Vieilles vignes 1995

| | 0,4 ha | 2 200 | ⬤ | 50-70 F |

Das Dorf Mittelwihr ist wegen seines berühmten »Mandelbergs« bekannt, aber berühmt ist es vor allem durch die Zahl der Winzer, die - wie die Sieglers - hier ihren Sitz haben. Entsprechend seinem Ursprung von einem Lehm- und Kalksteinboden ist dieser Tokay im Duft noch ein wenig verschlossen. Im Geschmack trocken und wohlausgewogen, ein nachhaltiger Wein, der sich mit der Zeit entfalten wird.

🍇 EARL Jean Siegler Père et Fils, 26-28, rue des Merles, 68630 Mittelwihr, Tel. 03.89.47.90.70, Fax 03.89.49.01.78 ☑ ⵕ tägl. 8h-12h 14h-19h

STRAUB 1995**

| | 0,4 ha | 3 000 | ⬤ | 30-50 F |

Jean-Marie Straub, Winzer aus ganzer Seele, übte eine Funktion als Vertreter der jungen Winzer aus. Er empfängt seine Gäste in einem Gebäude aus dem Jahre 1715, dessen Gewölbekeller vollständig restauriert worden ist. Sein Pinot gris kommt von einem Granitboden und zeigt im Geruch eine extreme Komplexität und eine große Originalität, wobei sich das Aroma der Überreife mit Aprikosen- und Anisnoten vermischt. Die Eleganz findet sich im Geschmack wieder. Der sehr lange Abgang entwickelt sich mit bemerkenswerter Harmonie.

🍇 Jean-Marie Straub, 126, rte du Vin, 67650 Blienschwiller, Tel. 03.88.92.40.42, Fax 03.88.92.40.42 ☑ ⵕ n.V.

JEAN WEINGAND 1995*

| | 1,2 ha | 12 000 | ⬤ | 30-50 F |

Das Weingut Jean Weingand, das einem Cousin gehörte, wurde 1990 von Jacques und Marie-Cattin übernommen und ihrer Handelsfirma einverleibt. Dieser durch Überreife geprägte Tokay entfaltet im Duft ein Aroma von Quitten und Dörrobst, das sich mit dem Räucheraroma der Rebsorte vermischt. Der Restzucker wird im Geschmack durch die Struktur gut ausgeglichen. Dieser sehr lange 95er bietet eine schöne Harmonie.

🍇 Jean Weingand, 19, rue Roger-Frémeaux, 68420 Voegtlinshoffen, Tel. 03.89.49.30.21, Fax 03.89.49.26.02 ☑ ⵕ n.V.

ALSACE

BERNARD WURTZ Cuvée Tradition 1995

| | 0,4 ha | 3 000 | | 30-50 F |

Jean-Michel Wurtz führt dieses alte Familiengut seit 1988. Ein Jahrgang, der es ihm ermöglichte, in den Hachette-Weinführer 1991 aufgenommen zu werden. Dieser Pinot gris stammt von einem Lehm- und Kalksteinboden und ist noch jugendlich geblieben. Er ist im Geruch zurückhaltend und zeigt eine schöne Ansprache am Gaumen. Ein frischer Wein, der sich den Prüfungen der Zeit stellen kann.
➥ Bernard Wurtz, 12, rue du Château, 68630 Mittelwihr, Tel. 03.89.47.93.24 ✓ ⊥ n.V.

DOM. P. ZINCK Cuvée particulière 1995

| | 1,5 ha | 8 000 | | 30-50 F |

Paul Zinck wohnt seit 1965 in dem berühmten mittelalterlichen Ort Eguisheim, der Wiege des elsässischen Weinbaus, und bewirtschaftet heute über 8 ha, die sich auf berühmte Hänge mit Mergel- und Kalksteinböden verteilen. Dieser im Duft ebenso wie im Geschmack recht typische Tokay ist jugendlich geblieben. Er ist im Geschmack sehr trocken und kräftig und wird mit der Zeit viel an Harmonie gewinnen.
➥ SARL Paul Zinck, 18, rue des Trois-Châteaux, 68420 Eguisheim, Tel. 03.89.41.19.11, Fax 03.89.24.12.85 ✓ ⊥ n.V.

Alsace Pinot noir

Das Elsaß ist vor allem für seine Weißweine berühmt. Aber ist noch bekannt, daß die Rotweine hier im Mittelalter einen beachtlichen Raum einnahmen ? Nachdem der Pinot noir (die beste rote Traubensorte der nördlichen Regionen) fast verschwunden war, nimmt er heute mit 1 225 ha etwa 8,5 % der Rebfläche ein.

Man kennt in erster Linie den Rosétyp, einen angenehmen, trockenen, fruchtigen Wein, der wie andere Rosés zu zahlreichen Gerichten paßt. Dennoch kann man eine Tendenz zur Herstellung eines richtigen Pinot-noir-Rotweins beobachten : eine sehr vielversprechende Entwicklung.

PIERRE ARNOLD Rouge d'Alsace 1995★★

| | 0,2 ha | 2 000 | | 30-50 F |

Dieses Weingut, dessen Ursprünge bis 1711 zurückreichen, begünstigt die Qualität und die Reblagen. Es präsentiert einen Pinot noir mit burgundischen Nuancen. Eine kräftige Farbe, ein sehr intensives Aroma, ein schönes Gerüst, eine gute Ausgewogenheit und Holznoten ergeben einen generösen Wein.
➥ Pierre Arnold, 16, rue de la Paix, 67650 Dambach-la-Ville, Tel. 03.88.92.41.70, Fax 03.88.92.62.95 ✓ ⊥ n.V.

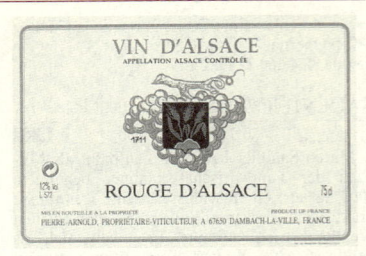

YVETTE ET MICHEL BECK-HARTWEG 1995★★

| | 0,28 ha | 2 700 | | 30-50 F |

Dieses Gut hat seinen Sitz in einem traditionellen Fachwerkhaus, das in der Zeit der Französischen Revolution errichtet wurde. Der Weinkeller befindet sich unweit der Befestigungsanlagen der Altstadt. Ebenso typisch ist dieser rubinrote Pinot. Er ist recht frisch und bietet ein Aroma von roten Früchten, das sich im ausgewogenen, warmen Geschmack fortsetzt. Ein schöner, wirklich elsässischer Wein.
➥ Yvette et Michel Beck-Hartweg, 5, rue Clemenceau, 67650 Dambach-la-Ville, Tel. 03.88.92.40.20, Fax 03.88.92.63.44 ✓ ⊥ n.V.

DOM. PAUL BLANCK "F" 1995★★

| | 1,2 ha | 3 200 | | 100-150 F |

Das über 30 ha große Gut wird von den Brüdern Marcel und Bernard Blanck und ihren Söhnen bewirtschaftet. Seit vielen Jahren beteiligen sich diese Winzer an der Werbung für das elsässische Weinbaugebiet. Ihr Pinot noir wird einen ausgezeichneten Botschafter abgeben. Intensive rubinrote Farbe. Ein Wein mit Cassisnoten. Er ist wohlausgewogen, besitzt feine Tannine und zeichnet sich durch eine bemerkenswerte Fruchtigkeit aus, die den Abgang umhüllt.
➥ Dom. Paul Blanck Anc. Comtes de Lupfen, 32, Grand-Rue, 68240 Kientzheim, Tel. 03.89.78.23.56, Fax 03.89.47.16.45 ✓
⊥ Mo-Sa 10h-12h 13h30-18h

HENRI BLEGER
Rouge de Saint Hippolyte 1995★

| | 0,7 ha | 6 600 | | 30-50 F |

Ein Renaissancehaus und ein Keller aus dem Jahre 1562, wo die Weine in traditionellen Eichenholzfässern ausgebaut werden. Das Holz hat diesen Pinot geprägt und dominiert ein wenig die Fruchtigkeit. Die geschmackliche Nachhaltigkeit weist auf einen guten Gesamteindruck für 1998 hin.
➥ Henri Bléger, A l'Arbre Vert, 2, rue Saint-Fulrade, 68590 Saint-Hippolyte, Tel. 03.89.73.00.08, Fax 03.89.73.05.93 ✓ ⊥ n.V.

Alsace Pinot noir

CHRISTIAN DOLDER
Rouge de Mittelbergheim 1995*

■ k. A. k. A. ■ 30-50 F

Diese Familie, die seit fast 200 Jahren ihr Leben dem Wein widmet, hat 1952 einen Weinbaubetrieb wiederaufgebaut. Sie bewirtschaftet heute 6,5 ha. Ihr Pinot noir zeigt zwar eine recht intensive Farbe, aber das Aroma hat sich noch nicht vollständig entfaltet. Der Geschmack enthüllt schönen Stoff und ein gutes Gerüst.
•┐Christian Dolder, 4, rue Neuve,
67140 Mittelbergheim, Tel. 03.88.08.96.08,
Fax 03.88.08.50.23 ☑ ☓ n.V.

DAVID ERMEL Coteaux du Helfant 1995

■ 0,6 ha 5 000 ■ ♦ 30-50 F

Der Keller dieser Winzer befindet sich ein paar Schritte von der Wehrkirche und vom Storchenpark von Hunawihr entfernt. Sie präsentieren einen Pinot noir, dessen hübsches Rubinrot ins Granatrote spielt. Er duftet intensiv nach frischen roten Früchten. Dieser 95er ist reintönig, ausgewogen und ohne Schwere.
•┐David Ermel, 30, rte de Ribeauvillé,
68150 Hunawihr, Tel. 03.89.73.61.71,
Fax 03.89.73.32.56 ☑ ☓ n.V.

RENE FLEITH ESCHARD 1995**

■ 0,4 ha 3 500 ■ 30-50 F

Dieser fast vor den Toren von Colmar gelegene Weinbaubetrieb hat 1974 einen neuen Keller erhalten und wurde vor ein paar Jahren vergrößert. Er umfaßt heute etwa 9 ha. Auch wenn das Etikett ganz in Pastellfarben gehalten ist, zeigt dieser Pinot noir eine intensive rote Farbe. Sein Aroma ist kräftig und komplex : »Es macht Lust, ihn zu kosten«, gestand ein Juror. Crescendo im Geschmack. Gut strukturiert, kräftig gebaut, ziemlich füllig. Er bietet einen warmen Abgang.
•┐René Fleith Eschard, lieu-dit Lange Matten,
68040 Ingersheim, Tel. 03.89.27.24.19,
Fax 03.89.27.56.79 ☑ ☓ n. V.

CHARLES FREY Cuvée Thiébaud 1995*

◪ 1 ha 7 000 ⦀♦ 30-50 F

Die seit dem 17. Jh. in Dambach-la-Ville lebende Familie Frey präsentiert einen Pinot noir von kirschroter Farbe, der recht typisch, ausgewogen und aromatisch ist.
•┐Charles et Dominique Frey, 4, rue des Ours,
67650 Dambach-la-Ville, Tel. 03.88.92.41.04,
Fax 03.88.92.62.23 ☑ ☓ n.V.

DOM. FRITSCH
Rouge de Marlenheim Cuvée Tradition 1995*

■ 0,7 ha 2 000 ■ 50-70 F

Marlenheim ist die Pforte zur »Straße der elsässischen Weine« ; die Informationsstelle ermöglicht es, ein Weinbaugebiet anhand seiner Rebsorten kennenzulernen. Dieser Pinot noir gibt sich zunächst verschlossen, dann sehr fruchtig. Gut strukturiert, gehaltvoll und vollständig. Er wird durch seidige Tannine unterstützt.
•┐EARL Romain Fritsch, 49, rue du Gal-de-Gaulle, 67520 Marlenheim, Tel. 03.88.87.51.23,
Fax 03.88.87.59.44 ☑ ☓ tägl. 8h-19h

FRITZ-SCHMITT Rouge d'Ottrott 1995**

■ 2,3 ha 23 000 ⦀ 30-50 F

Bernard Schmitt, der dieses Weingut seit 1992 leitet, wohnt in Ottrott, einem Dorf, das wegen seiner Burgen aus dem 12. und 13. Jh. und wegen seines Rotweins berühmt ist. Letzterer wächst seit dem Mittelalter am Fuße des Mont Sainte-Odile. Dieser 95er ist bemerkenswert. Er erinnert während der gesamten Weinprobe an Kirschen, von der Farbe bis zum Aroma, das an frische Kirschen denken läßt. Der diskrete Holzton, die gute Struktur und die Ausgewogenheit tragen zu einer herrlichen Harmonie bei.
•┐EARL Fritz-Schmitt, 1, rue des Châteaux,
67530 Ottrott, Tel. 03.88.95.98.06,
Fax 03.88.95.98.06 ☑ ☓ n.V.
•┐Bernard Schmitt

JOSEPH GRUSS ET FILS
Rouge d'Alsace 1995

■ 0,3 ha 2 000 ⦀♦ 50-70 F

Bernard Gruss wohnt im ehemaligen Sitz der Corporation des Gourmets. Er bewirtschaftet etwa 13 ha und fördert die Tradition. Sein »Rouge d'Alsace« verführt durch seine strahlende, intensive Farbe, sein komplexes Aroma, das eine Holznote enthält, und seinen ausgewogenen, typischen, harmonisch verschmolzenen Geschmack.
•┐Joseph Gruss et Fils, 25, Grand-Rue,
68420 Eguisheim, Tel. 03.89.41.28.78,
Fax 03.89.41.76.66 ☑ ☓ n.V.

JEAN-MARIE HAAG Vallée Noble 1995*

■ 0,4 ha 4 000 ■♦ 30-50 F

Jean-Marie Haag, der dieses Gut seit 1988 leitet, verkörpert die dritte Winzergeneration. Dieser Pinot noir ist das Ergebnis einer traditionellen Vinifizierung ohne Verwendung neuer Eichenholzfässer. Er zeichnet sich durch eine recht kräftige Farbe und eine angenehme Fruchtigkeit aus. Der Geschmack ist rund, fruchtig, frisch und elegant.
•┐Jean-Marie Haag, 17, rue des Chèvres,
68570 Soultzmatt, Tel. 03.89.47.02.38,
Fax 03.89.47.64.79 ☑ ☓ Mo-Sa 9h-12h 14h-18h ;
So n. V.

HUBER ET BLEGER
Rouge de Saint-Hippolyte 1995*

■ 0,8 ha 7 000 ■♦ 30-50 F

Dieses über 15 ha große Gut wird seit 1977 von den Brüdern Claude und Marc Huber geführt. Die technischen Fortschritte, die auf

Alsace Pinot noir

dem Weingut und im Keller eingezogen sind, haben sich auf die Qualität der Weine günstig ausgewirkt. Dieser »Rouge de Saint-Hippolyte« präsentiert sich in einer fast schwarzen Robe und bietet einen kräftigen Duft mit Veilchennoten, der einen sehr dichten Stoff ankündigt. Er schmeckt angenehm, muß sich aber verfeinern. Altern lassen.

↱ SCEA Huber et Bléger, 6, rte du Vin, 68590 Saint-Hippolyte, Tel. 03.89.73.01.12, Fax 03.89.73.00.81 ✓ Ⲧ n.V.

JEAN HUTTARD Rubis d'Alsace 1995

| ■ | 0,6 ha | 3 200 | ■ ♦ | 30-50F |

Das Dorf Zellenberg bietet schöne Aussichtspunkte mit Blick auf das Weinbaugebiet und das Oberrheinische Tiefland. Der Weinbaupfad und der Rundweg mit den historischen Sehenswürdigkeiten ermöglichen hübsche Spaziergänge, bevor man diesen Keller entdeckt ... Man kann dort diesen »Rubis d'Alsace« mit dem kräftigen Aroma probieren. Im Geschmack macht er durch schönen Stoff und markante Tannine auf sich aufmerksam. Lagern.

↱ Jean Huttard, 10, rte du Vin, 68340 Zellenberg, Tel. 03.89.47.90.49, Fax 03.89.47.90.32 ✓ Ⲧ n.V.

DOM. JUX
Rouge d'Alsace Cuvée Prestige 1995

| ■ | 1 ha | 3 500 | ■ ♦ | 50-70F |

Dieses Weingut umfaßt rund 100 ha vor den Toren von Colmar auf sandigen und steinigen Böden. Ein einziger Hektar ist für diese Cuvée reserviert. Etwas blasse rubinrote Farbe, voller Frische und Leichtigkeit, im Duft ebenso wie im Geschmack. Die Harmonie ist recht angenehm.

↱ Dom. Jux, 5, chem. de la Fecht, 68000 Colmar, Tel. 03.89.79.13.76, Fax 03.89.79.62.93 ✓ Ⲧ n.V.

ROBERT KARCHER
Harth Cuvée du Commandeur 1995*

| ◢ | 0,75 ha | 5 000 | ■ ♦ | 30-50F |

Dieses 1953 von Robert Karcher aufgebaute Gut wird seit 1991 von seinem Sohn Georges geleitet. Der Keller liegt wenige Schritte vom historischen Zentrum Colmars entfernt. Diese Cuvée von der Harth kündigt mit ihrer intensiven Farbe einen schönen Stoff an. Ihr Aroma ist sehr interessant : Noten von wilden Brombeeren. Ihre noch ein wenig lebhaften Tannine dürften ihr eine gute Lagerfähigkeit garantieren.

↱ Dom. Robert Karcher et Fils, 11, rue de l'Ours, 68000 Colmar, Tel. 03.89.41.14.42, Fax 03.89.24.45.05 ✓ Ⲧ tägl. 8h-12h 14h-19h ; Gruppen n. V.

GEORGES KLEIN
Rouge de Saint-Hippolyte 1995

| ■ | 1 ha | 10 000 | ♦ | 30-50F |

Dieser 1956 entstandene, 9 ha große Familienbetrieb wird heute von Auguste und Véronique Klein geführt. Seit mehreren Jahren sorgen sie dafür, daß sich das Gut technisch und qualitativ weiterentwickelt. Dieser Pinot mit der ein wenig leichten roten Farbe ist zunächst zurückhaltend, entfaltet sich dann aber mit Johannisbeer- und Himbeernoten. Die frische Ansprache verleiht ihm trotz des Holztons einen jugendlichen Charakter. Er ist trinkreif.

↱ Georges Klein, 10, rte du Vin, 68590 Saint-Hippolyte, Tel. 03.89.73.00.28, Fax 03.89.73.06.28 ✓ Ⲧ n.V.

KLEIN AUX VIEUX REMPARTS
Langenberg Rouge de Saint-Hippolyte 1995*

| ■ | 8,5 ha | 2 500 | ♦ | 50-70F |

Dieser »Rouge de Saint-Hippolyte« wird von Winzern hergestellt, die auch Önologen sind. Er schneidet gut ab dank seiner Reichhaltigkeit, auch wenn er ein wenig von den Tanninen dominiert wird. Seine Länge macht ihn zu einem sehr vielversprechenden Wein. Man sollte ihn ein bis zwei Jahre aufheben.

↱ Françoise et Jean-Marie Klein, rte du Haut-Kœnigsbourg, 68590 Saint-Hippolyte, Tel. 03.89.73.00.41, Fax 03.89.73.04.94 ✓ Ⲧ n.V.

KOEBERLE KREYER
Pinot noir de Rodern 1995*

| ■ | 0,6 ha | 5 300 | ♦ | 30-50F |

Seit 1760 ist dieser Familienbetrieb auf dem Boden von vier Gemeinden entstanden, aber in Rodern regiert die Pinot-noir-Rebe. Dieser Pinot hat eine schöne kirschrote Farbe und bietet einen fruchtigen Duft mit einigen Noten »gekochter Wein«. Im Geschmack zeigt er sich jugendlich, fruchtig und leicht holzbetont. Ein genußvoller Wein, den man nicht mehr altern lassen muß.

↱ GAEC Koeberlé Kreyer, 28, rue du Pinot-Noir, 68590 Rodern, Tel. 03.89.73.00.55, Fax 03.89.73.00.55 ✓ Ⲧ n.V.

MARZOLF 1995

| ■ | 0,41 ha | 3 500 | ♦ | 30-50F |

Gueberschwihr besitzt einen Kirchturm aus dem 12. Jh., der den Umweg wert ist. Die Marzolfs bauen hier seit 1844 Wein an. Ihr Pinot noir ist in ein recht klares Rot gehüllt. Fruchtiger Duft, sanfte Ansprache. Seine Ausgewogenheit und sein Gerüst verleihen ihm etwas Nachhaltigkeit.

↱ GAEC Marzolf, 9, rte de Rouffach, 68420 Gueberschwihr, Tel. 03.89.49.31.02, Fax 03.89.49.20.84 ✓ Ⲧ n.V.

GERARD METZ
Rouge d'Itterswiller Cuvée Prestige 1995*

| ■ | 0,5 ha | 4 300 | ♦ | 30-50F |

Das 1930 entstandene Gut umfaßt mehr als 10 ha in Itterswiller, einem Dorf, das stets mit Blumen geschmückt ist. Dieser tiefrote Pinot noir bietet ein intensives Aroma, das fruchtig und leicht holzig ist. Ausgewogen und nachhaltig. Im Abgang ist er durch die Tannine geprägt. Ein vielversprechender 95er.

↱ Gérard Metz et Successeurs, 23, rte du Vin, 67140 Itterswiller, Tel. 03.88.57.80.25, Fax 03.88.57.81.42 ✓ Ⲧ n.V.
↱ Eric Casimir

DOM. MULLER KOEBERLE
Geissberg Clos des Aubépines 1995*

| | 5,04 ha | 20 000 | ■ ♦ | 30-50F |

Am Eingang zu diesem Weingut entdeckt der Besucher eine Eiche, in die eine Szene der Traubenlese geschnitzt ist. Im Keller kann man diesen

»Rouge de Saint-Hippolyte« probieren, der sehr holzbetont, voll, ausgewogen und von schöner Länge ist. Seine volle Reife erreicht dieser Pinot noir 1998.
🡒 Dom. Muller-Koeberlé, 22, rte du Vin, 68590 Saint-Hippolyte, Tel. 03.89.73.00.37, Fax 03.89.73.05.85 ✓ ⚲ n.V.

RUHLMANN-DIRRINGER
Cuvée réservée 1995*

| ■ | 0,5 ha | 5 000 | ◐ | 30-50F |

Diese Familie wohnt seit vier Generationen in einem alten Gebäude der Grafen von Mullenheim und bewirtschaftet etwas mehr als 11 ha. Der alte Keller stammt von 1578. Diese »Cuvée réservée« mit der kräftigen roten Farbe ist noch ein wenig verschlossen. Im Geschmack dagegen zeigt sie schönen Stoff und einen Holzton.
🡒 Ruhlmann-Dirringer, 3, imp. de Mullenheim, 67650 Dambach-la-Ville, Tel. 03.88.92.40.28, Fax 03.88.92.48.05 ✓ ⚲ Mo-Sa 9h-11h30 13h-18h30

EMILE SCHWARTZ ET FILS 1995

| ◢ | 0,7 ha | 5 000 | ◐ | 30-50F |

Husseren-les-Châteaux wird von drei Bergfrieden aus dem 11. und 12. Jh. überragt. Zu seinen Füßen erstreckt sich ein Rebenmeer bis zur Oberrheinischen Tiefebene. Emile und Christian Schwartz bewirtschaften hier etwa 7 ha. Dieser lebhaft rote Wein muß sich allmählich öffnen. Im Geschmack zeigt er sich fruchtig, mit verschmolzenen Tanninen und genügend Stoff.
🡒 EARL Emile Schwartz et Fils, 3, rue Principale, 68420 Husseren-les-Châteaux, Tel. 03.89.49.30.61, Fax 03.89.49.27.27 ✓
⚲ Mo-Sa 8h-12h 14h-19h ; 1.-15. Sept. geschlossen

ANTOINE STOFFEL 1995*

| ■ | 0,64 ha | 6 400 | ◐ ⚇ | 30-50F |

Eguisheim, wo im Jahre 1002 Papst Leo IX. geboren wurde, hat mit seinen Gebäuden und mit seiner ringförmigen Anlage seinen mittelalterlichen Charakter bewahrt. Antoine Stoffel bewirtschaftet hier fast 6 ha. Sein Pinot noir ist durch eine fast hochrote Farbe gekennzeichnet. Das sehr typische Aroma enthält Nuancen von Kirschwasser und Blättern von Himbeersträuchern sowie Holznoten. Im Geschmack ist er ausgewogen, sanft und weinig. Er verdient, daß man ihn ein wenig warten läßt.
🡒 Antoine Stoffel, 21, rue de Colmar, 68420 Eguisheim, Tel. 03.89.41.32.03, Fax 03.89.24.92.07 ✓ ⚲ Mo-Sa 8h-12h 14h-17h30

CUVEE EMILE WILLM 1995**

| ◢ | k. A. | 15 000 | ◐ ⚇ | 50-70F |

Diese Firma, deren Anfänge im Jahre 1896 liegen, fördert seit langer Zeit Weine von großer Ausdruckskraft. Dieser hier stammt von einem Lehm- und Kalksteinhang und ist im Faß ausgebaut worden. Er ist rubinrot und bietet einen komplexen Duft : schwarze Johannisbeeren, Kirschen und ein paar Röstnoten. Er zeigt sich kraftvoll und ausgewogen. Seine Tannine sind gut verschmolzen.

🡒 Alsace Willm, 32, rue du Dr-Sultzer, 67140 Barr, Tel. 03.88.08.19.11, Fax 03.88.08.56.21 ✓ ⚲ n.V.

Alsace grand cru

Um die besten Lagen des Weinbaugebiets höher einzustufen, führte ein Erlaß 1975 die Appellation »Alsace grand cru« ein, die mit einer Reihe strengerer Bestimmungen hinsichtlich des Ertrages und des Zuckergehalts verbunden und auf die Rebsorten Gewürztraminer, Pinot gris, Riesling und Muscat beschränkt ist. Die festgelegten Anbaugebiete bringen die - neben den Weinen, die das Siegel der Confrérie Saint-Etienne tragen, und einigen berühmten Cuvées - allerbesten elsässischen Weine hervor.

Im Jahre 1983 legte ein Erlaß eine erste Gruppe von Lagen fest, die in diese Appellation aufgenommen wurde ; er wurde durch einen Erlaß vom 17. Dezember 1992 aufgehoben und ersetzt. Das elsässische Weinbaugebiet besitzt somit offiziell 50 Grands crus, die sich auf 47 Gemeinden verteilen (im Erlaß 46, weil man Rouffach vergessen hatte !) und deren Größe zwischen 3,23 ha und 80,28 ha beträgt. Grundlage für die Abgrenzung war die geologische Einheitlichkeit, die die Grands crus haben sollten. Ihre Produktion bleibt bescheiden : 37 431 hl im Jahre 1996, d. h. 3,2 % der elsässischen AOC-Produktion.

Die neuen Bestimmungen, die schon seit der Traubenlese 1987 gelten, betreffen die Anhebung des natürlichen Mindestalkoholgehalts von 11 ° auf 12 ° beim Gewürztraminer und Tokay-Pinot gris sowie die Verpflichtung, auf den Etiketten und in allen Papieren künftig zusammen mit der Rebsorte und dem Jahrgang den Namen der Reblage anzugeben.

Der Erlaß von 1992 beendete somit eine Übergangsphase hinsichtlich der Festlegung der Bestimmungen für die Appellation Alsace grand cru.

Der Kaefferkopf, der seit langer Zeit berühmt ist und sich zum Schluß um die Zulassung zur AOC Alsace grand cru beworben hatte, bleibt von dieser neuen Heraufstufung ausgeschlossen, aber 1997 wurde eine erneute Untersuchung eingeleitet.

Alsace grand cru Altenberg de Bergbieten

LA CAVE DU ROI DAGOBERT
Riesling 1995**

| ☐ | k. A. | 21 000 | ■ ♦ | 30-50 F |

Dieser Riesling stammt aus einer Lage mit Lehm- und Mergelböden, die reich an Kieselsteinen sind und eine gute Südostausrichtung besitzen. Er zeigt sofort seine Eleganz mit Noten von leichter Überreife und einer mineralischen Nuance. Im Geschmack dominiert noch die Rundheit, aber sie läßt bereits einen schönen, ein wenig an Zitronen erinnernden Abgang erkennen.

☛ Cave du Roi Dagobert, 1, rte de Scharrachbergheim, 67310 Traenheim, Tel. 03.88.50.69.00, Fax 03.88.50.69.09 ☑ ☥ tägl. 9h-12h 14h-18h ; Gruppen n. V.

Alsace grand cru Altenberg de Bergheim

DOM. MARCEL DEISS
Gewurztraminer Sélection grains nobles 1994**

| ☐ | 2 ha | 4 000 | ◐ ♦ | +200 F |

Der unter seinen Kollegen als vorbildlich geltende Jean-Michel Deiss ist im Hachette-Weinführer regelmäßig vertreten. Dieser goldfarbene 94er fällt durch sein intensives Aroma von kandierten Früchten, Pfirsichen und Passionsfrüchten auf, zu denen eine Zitronennote hinzukommt. Er besitzt einen Geschmack von fast verwirrender Komplexität: Zitrusfrüchte und kandierte Früchte finden sich darin harmonisch vereint. Ein Juror stellte sich die Frage : »Ist es der Boden oder die Handschrift des Weinmachers ?« Die traditionelle Vinifizierung, der elfmonatige Ausbau auf der Hefe und Meisterschaft des Menschen haben diesen charaktervollen Wein hergestellt.

☛ Dom. Marcel Deiss, 15, rte du Vin, 68750 Bergheim, Tel. 03.89.73.63.37, Fax 03.89.73.32.67 ☑ ☥ n.V.
☛ Jean-Michel Deiss

LORENTZ Riesling 1995**

| ☐ | 3 ha | 15 000 | | 70-100 F |

Der seit dem 12. Jh. bekannte Altenberg liegt südlich vom Grasberg. Die sehr steinigen, nicht sehr tiefen Mergel- und Kalksteinböden liefern kräftige Weine, für die dieser Riesling ein gutes Beispiel ist. Sein Duft ist lebhaft und würzig und enthält einige Quittennoten. Im Geschmack zeigt er sich gehaltvoll, aromatisch und von guter Länge. Er sollte noch weiter reifen.

☛ Gustave Lorentz, 35, Grand-Rue, 68750 Bergheim, Tel. 03.89.73.22.22, Fax 03.89.73.30.49 ☑ ☥ n.V.
☛ Charles Lorentz

LORENTZ Gewurztraminer 1995**

| ☐ | 4 ha | 20 000 | ♦ | 70-100 F |

Dieser Gewürztraminer bietet einen hübschen, frischen Duft, der von mittlerer Intensität, aber delikat ist. Nach einer klaren Ansprache zeigt er sich rund, ausgewogen und nachhaltig. Ein vornehmer Grand cru !

☛ Gustave Lorentz, 35, Grand-Rue, 68750 Bergheim, Tel. 03.89.73.22.22, Fax 03.89.73.30.49 ☑ ☥ n.V.

DOM. JEAN-MARTIN SPIELMANN
Gewurztraminer Vendanges tardives 1994*

| ☐ | 0,4 ha | 1 500 | ■ | 100-150 F |

Ein Wein von großer Originalität, der von einem der sonnenreichsten Hänge des Weinbaugebiets kommt. Dank des hohen Kalksteingehalts verleiht dieser Boden den Weinen Harmonie und Langlebigkeit. Harmonisch ist der 94er bereits in jeder Hinsicht : intensive goldgelbe Farbe, kräftiger Rosenduft mit Pflaumennote, gehaltvoller, fülliger, komplexer Geschmack von großer Nachhaltigkeit.

☛ Dom. Spielmann, 2, rte de Thannenkirch, 68750 Bergheim, Tel. 03.89.73.35.95, Fax 03.89.73.22.49 ☑ ☥ n.V.

Alsace grand cru Brand

ALBERT BOXLER Riesling 1995**

| ☐ | 0,5 ha | 2 000 | | 70-100 F |

Durch Verwitterung hat der zweiglimmrige Granit des Brand einen grobkörnigen, nicht sehr tiefen Sandboden gebildet, der für den Riesling sehr günstig ist. Hier ein sehr ausdrucksvoller, angenehmer Vertreter mit Noten von Zitrusfrüchten und exotischen Früchten. Ein ausgewogener, vollständiger, gehaltvoller und nachhaltiger 95er, der die für die Rebsorte typische Frische bietet.

☛ EARL Albert Boxler, 78, rue des Trois-Epis, 68230 Niedermorschwihr, Tel. 03.89.27.11.32, Fax 03.89.27.11.32 ☑ ☥ n.V.

DOPFF AU MOULIN
Gewurztraminer 1995**

| ☐ | 3,3 ha | 10 500 | ◐ ♦ | 70-100 F |

Diese Firma in Familienbesitz, die seit 1634 im Dienste des Weins steht, führt ihre Qualitätspolitik unter der Leitung von Pierre-Etienne Dopff fort. Ihre Anstrengungen sind deutlich zu erkennen. Die Jury begrüßt freudig diesen Gewurztraminer mit dem komplexen Duft, unter dessen blumigen Noten sich eine Lakritznote mischt. Ein ausgewogener, geschmeidiger und gehaltvoller Wein.

SA Dopff Au Moulin, 2, av. Jacques-Preiss, 68340 Riquewihr, Tel. 03.89.49.09.69, Fax 03.89.47.83.61 ☑ ⊥ n.V.

FRANÇOIS BAUR
Riesling Cuvée Thomas Vieilles vignes 1995***

| ☐ | 0,5 ha | 2 800 | ⦅⦆ 70-100 F |

Der »Brand« soll seinen Namen von einem sagenhaften Kampf zwischen der Sonne, dem Tagesgestirn, und einem Drachen haben. Dieser Boden mit Quarzsand hat eine erhabene Cuvée hervorgebracht: funkelnd wie die Sonne, mit reifem, komplexem, intensivem Aroma. Die Noten der Überreife umhüllen den Gaumen. Die Harmonie ist vollkommen. Ein lagerfähiger Wein, den man sehr lang genießen kann.
• François Baur Petit-Fils, 3, Grand-Rue, 68230 Turckheim, Tel. 03.89.27.06.62, Fax 03.89.27.47.21 ☑ ⊥ n.V.

DOM. LANGEHALD
Gewurztraminer Cuvée Prestige 1995**

| ☐ | 0,78 ha | 4 700 | ⦅⦆ 70-100 F |

Pierre Baur präsentiert hier eine bemerkenswerte Cuvée, die den Stempel des Granitbodens trägt, von dem sie stammt. Sie verführt durch einen frischen Rosenduft, der sich am Gaumen mit Harmonie und Nachhaltigkeit fortsetzt. Im Laufe der kommenden Jahre dürfte sie an Ausdruckskraft gewinnen.
• François Baur Petit-Fils, 3, Grand-Rue, 68230 Turckheim, Tel. 03.89.27.06.62, Fax 03.89.27.47.21 ☑ ⊥ n.V.

Alsace grand cru Bruderthal

ANTOINE ET ROBERT KLINGENFUS
Tokay-pinot gris Sélection de grains nobles 1994*

| ☐ | k. A. | 800 | ▮ ⌄ +200 F |

Molsheim, berühmt geworden durch E. Bugatti, ist auch ein Weinbauort, in dem jedes Jahr am 1. Mai eine Weinmesse veranstaltet wird. Dieser 94er zeigt ein schönes Aussehen und entfaltet ein intensives Aroma kandierter Quitten. Im Geschmack herrscht vollkommene Harmonie zwischen milder Süße, Säure und Fülle. Vielversprechender Abgang.

• Robert Klingenfus, 60, rue de Saverne, 67120 Molsheim, Tel. 03.88.38.07.06, Fax 03.88.49.32.47 ☑ ⊥ n.V.

Alsace grand cru Eichberg

LEON BAUR Riesling Cuvée Bricka 1995

| ☐ | 0,5 ha | 4 000 | ▮ ⌄ 50-70 F |

Dieser goldgelbe Riesling kündigt sich durch einen intensiven, fruchtigen Duft an. Im Geschmack erscheint die Fruchtigkeit ein wenig rustikal, aber die Ausgewogenheit und der Abgang sind gut.
• Jean-Louis Baur, 22, rue du Rempart-Nord, 68420 Eguisheim, Tel. 03.89.41.79.13, Fax 03.89.41.93.72 ☑ ⊥ n.V.

ALBERT HERTZ Riesling 1995**

| ☐ | 0,3 ha | 2 100 | ⦅⦆ ⌄ 30-50 F |

Diese Reblage, die sich zu Füßen der drei Burgen befindet, besitzt ein trockenes, warmes Mikroklima. Die an Sandsteingeröll reichen Lehm- und Kieselböden bringen üppige Weine hervor. Dieser hier hat die Jury durch seinen sehr komplexen Duft verführt, in dem Früchte dominieren, ebenso durch seine Struktur und seine aromatische Feinheit, die sich im Abgang bemerkbar macht.
• Albert Hertz, 3, rue du Riesling, 68420 Eguisheim, Tel. 03.89.41.30.32, Fax 03.89.23.99.23 ☑ ⊥ n.V.

PAUL SCHNEIDER Riesling 1995

| ☐ | 0,2 ha | 1 700 | ⦅⦆ ⌄ 50-70 F |

Dieser fruchtige Riesling kommt aus einer seit dem Mittelalter bekannten Reblage. Er enthüllt einen schönen typischen Charakter mit leichter Struktur.
• Paul Schneider et Fils, 1, rue de l'Hôpital, 68420 Eguisheim, Tel. 03.89.41.50.07, Fax 03.89.41.30.57 ☑ ⊥ Mo-Sa 8h30-11h30 13h30-18h30 ; So n. V.

MAURICE WEHRLE
Tokay-pinot gris 1995*

| ☐ | 0,3 ha | 2 500 | ▮ ⌄ 30-50 F |

Dieses 1974 entstandene Weingut fördert den Tokay Grand cru, der von einem Boden mit Kalkstein-Mergel-Gemenge kommt. Dieser hier ist goldgelb und bietet ein komplexes Aroma. Er ist wohlausgewogen, durch die Überreife der Trauben geprägt.
• Maurice Wehrlé, 21, rue des Vignerons, 68420 Husseren-les-Châteaux, Tel. 03.89.49.30.79, Fax 03.89.49.29.60 ☑ ⊥ n.V.

Alsace grand cru Engelberg

DOM. JEAN-PIERRE BECHTOLD
Gewurztraminer V. tardives Cuvée Lucie 1994

| ☐ | k. A. | 4 400 | 🔹 | 70-100 F |

Das südwestlich von Straßburg liegende Dahlenheim ist durch ziemlich schwere Böden gekennzeichnet, die sich besonders für den Gewürztraminer eignen. Dieser hier hat eine strahlende gelbe Farbe und zeichnet sich durch ein feines, elegantes Zitrusaroma aus. Die Säure, die sich im Geschmack zeigt, garantiert seine Langlebigkeit. Der Abgang ist von guter Fülle. Man muß jedoch noch warten, bis sich die Ausgewogenheit einstellt. Beachten Sie das bezaubernde bukolische Etikett. (Flaschen mit 50 cl Inhalt.)

🔹 Dom. Jean-Pierre Bechtold, 49, rue Principale, 67310 Dahlenheim,
Tel. 03.88.50.66.57, Fax 03.88.50.67.34 ✓ ⏳ n.V.

Alsace grand cru Florimont

JUSTIN BOXLER Riesling 1995★★

| ☐ | 0,15 ha | 1 000 | 🔹 | 30-50 F |

Ein Riesling von intensiver Farbe, den sein feiner Duft mit leicht überreifen Noten und seine gute, ein wenig runde Struktur sehr harmonisch machen.

🔹 GAEC Justin Boxler, 15, rue des Trois-Epis, 68770 Niedermorschwihr, Tel. 03.89.27.11.07, Fax 03.89.27.01.44 ✓ ⏳ n.V.

KUEHN Riesling 1995★

| ☐ | k. A. | k. A. | 🔹 | 50-70 F |

Dieser Riesling ist einschmeichelnd. Er wird von einer Fruchtigkeit beherrscht, die zuerst subtil ist, dann intensiver wird und schließlich den Gaumen umhüllt. Ein sehr angenehmer Wein von mittlerer Nachhaltigkeit.

🔹 SA Kuehn, 3, Grand-Rue, 68770 Ammerschwihr, Tel. 03.89.78.23.16, Fax 03.89.47.18.32 ✓ ⏳ n.V.

RENE MEYER Gewurztraminer 1995★★

| ☐ | 0,32 ha | 3 200 | 🔹 | 50-70 F |

Auf diesem Mergel- und Kalksteinboden in Südostlage haben die Erzeuger seit langer Zeit den Gewurztraminer bevorzugt. Dieser hier ist typisch für die Weine vom Florimont: Im Geruch vermischt er würzige und blumige Düfte mit Noten von Überreife. Er ist füllig, aber ohne Schwere und besitzt einen besonders eleganten Abgang.

🔹 Dom. René Meyer et Fils, 14, Grand-Rue, 68230 Katzenthal, Tel. 03.89.27.04.67, Fax 03.89.27.24.50 ✓ ⏳ n.V.

Alsace grand cru Engelberg

WOLFBERGER Riesling 1995★★★

| ☐ | 0,6 ha | 2 720 | 🔹 | 50-70 F |

Der Florimont überragt Ingersheim. Seine Weine sind füllig und von guter Lagerfähigkeit. Dieser junge Riesling, der im Duft von feiner Fruchtigkeit ist, läßt eine schöne Komplexität des Aromas voraussahnen. Im Mund explodiert er wie die Blüte im Frühjahr. Der herrliche 95er verbindet kräftigen Bau und Feinheit und bringt das Können einer großen Kellerei zum Ausdruck. Man sollte auch nicht den 95er Crémant dieses Hauses versäumen, der einen Stern erhalten hat.

🔹 Wolfberger, 6, Grand-Rue, 68420 Eguisheim, Tel. 03.89.22.20.20, Fax 03.89.23.47.09 ✓ ⏳ n.V.

Alsace grand cru Frankstein

JEAN-CLAUDE BECK Muscat 1995

| ☐ | k. A. | k. A. | 🔹 | 70-100 F |

Nachdem Sie die Kapelle Saint-Sébastien und ihren Schnitzaltar bewundert haben, können Sie einen Weinbaubetrieb kennenlernen, der sich durch die Zartheit seiner Weine auszeichnet. Dieser hier besitzt eine überaus strahlende, kräftige gelbe Farbe und bietet einen intensiven Duft, der Früchte und Blumen vereint. Sanfte Ansprache und gute Lebhaftigkeit im Abgang. Er hinterläßt einen angenehmen Eindruck von Rundheit und erweist sich als ziemlich lang. Man beachte, daß die Jury den Muscat erkannt, aber die Lage nicht herausgefunden hat!

🔹 Jean-Claude Beck, 16, rue Irma-Mersiol, 67650 Dambach-la-Ville, Tel. 03.88.92.47.29, Fax 03.88.92.61.18 ✓ ⏳ n.V.

JEAN-CLAUDE BECK Pinot gris 1995★

| ☐ | k. A. | k. A. | 🔹 | 70-100 F |

Für diesen Winzer ist das Natürliche vorrangig. Er bevorzugt die langsame Gärung und die Reifung auf der Hefe bis zur Flaschenabfüllung... Das Ergebnis? Ein schöner Wein von strahlend goldgelber Farbe, mit einem Quitten- und Honigaroma, das sich im Geschmack mit einer Note von Überreife fortsetzt, die dazu tendiert, den Bodencharakter zu überdecken. Man muß ihn ein bis zwei Jahre altern lassen.

🔹 Jean-Claude Beck, 16, rue Irma-Mersiol, 67650 Dambach-la-Ville, Tel. 03.88.92.47.29, Fax 03.88.92.61.18 ✓ ⏳ n.V.

GUY MERSIOL Riesling 1995

| ☐ | 0,45 ha | 3 500 | 🔹 | 50-70 F |

Schon im Mittelalter war der Frankstein, ein Grand cru mit einem Quarzsandboden, bei den Abteien und Bischöfen der Region begehrt. Die edlen Rebsorten, insbesondere der Riesling, fallen hier ausdrucksstark und typisch aus. Dieser 95er hätte länger sein können, aber er erregte die Aufmerksamkeit der Jury durch seine Noten von weißen Blüten, seine schöne Ansprache und seine Gesamtharmonie.

🕭 Guy Mersiol, 13, rte du Vin,
67650 Dambach-la-Ville, Tel. 03.88.92.40.43,
Fax 03.88.92.48.73 ✓ ⊥ Mo-Sa 8h-12h 13h-19h ;
So n. V.

GUY MERSIOL Tokay-pinot gris 1995

| | 0,24 ha | 2 000 | ■ ♦ 50-70 F |

Dieser Pinot gris ist zunächst zurückhaltend und entfaltet dann ein sortentypisches Aroma, wobei er enthüllt, von welchem Boden er stammt. Reintönig im Geschmack. Seine Fruchtigkeit und Ausgewogenheit machen ihn angenehm. Im Laufe der kommenden Monate wird er an Harmonie gewinnen.

🕭 Guy Mersiol, 13, rte du Vin,
67650 Dambach-la-Ville, Tel. 03.88.92.40.43,
Fax 03.88.92.48.73 ✓ ⊥ Mo-Sa 8h-12h 13h-19h ;
So n. V.

SCHAEFFER-WOERLY Riesling 1995

| | 0,44 ha | 3 000 | ◨ 50-70 F |

Der Granitboden begünstigt einen zarten und zugleich rassigen Ausdruck. Dieser Riesling ist im Duft sehr fein. Seine Ansprache zeigt sich klar und fruchtig, mit einem leicht lieblichen Charakter. Dieser 95er dürfte nach ein paar Jahren Flaschenreifung an Nachhaltigkeit gewinnen.

🕭 Schaeffer-Woerly, 3, pl. du Marché,
67650 Dambach-la-Ville, Tel. 03.88.92.40.81,
Fax 03.88.92.49.87 ✓ ⊥ Mo-Sa 9h-18h ; So n. V.

Alsace grand cru Froehn

SCHEIDECKER Muscat 1995*

| | 0,15 ha | 1000 | ◨ 30-50 F |

Zellenberg, das wunderschön auf einem Bergkamm gelegen ist, überragt das Anbaugebiet. Unter seinen Reblagen nimmt der Froehn eine besonderen Platz ein. Die Familie Scheidecker-Zimmerlin konnte hier die Muscat-Rebe heimisch machen. Dieser 95er ist vorbildlich. Blaßgelbe Farbe mit grünen Reflexen. Er zeichnet sich durch einen eleganten, reichhaltigen und komplexen Duft aus, der eine intensive Fruchtigkeit zum Ausdruck bringt. Er ist lebhaft und warm zugleich und erweckt den Eindruck, als würde man in eine Traube beißen, was einen großen Wein enthüllt. Er wird sich einmal perfekt dazu eignen, den Appetit anzuregen.

🕭 Philippe Scheidecker-Zimmerlin, 13, rue des Merles, 68630 Mittelwihr, Tel. 03.89.49.01.29,
Fax 03.89.49.06.63 ✓ ⊥ n.V.

Alsace grand cru Furstentum

DOM. BOTT-GEYL
Gewurztraminer 1995***

| | 0,5 ha | 2 000 | ■ ♦ 50-70 F |

Dieses Weingut hatte Glück bei der Vinifizierung seiner Gewürztraminer aus Grand-cru-Lagen : Wahl des Sonnenglanz zum Lieblingswein und drei Sterne für diesen blaßgoldenen Wein. Der Geruchseindruck ist voller Frische und reizt die Neugier durch seine Noten von Jasmin, weißen Blüten und Rosen, die man im Geschmack wiederfindet, begleitet von Gewürzen und Honignoten. Das Ganze ist harmonisch verschmolzen, der Abgang bemerkenswert.

🕭 Dom. Bott-Geyl, 1, rue du Petit-Château,
68980 Beblenheim, Tel. 03.89.47.90.04,
Fax 03.89.47.97.33 ✓ ⊥ n.V.
🕭 Jean-Christophe Bott

DOM. WEINBACH
Gewurztraminer Cuvée Laurence 1995*

| | 0,85 ha | k. A. | 150-200 F |

Dieses Anbaugebiet liegt ganz nach Süden und besitzt einen steinigen Mergel- und Kalksteinboden. Der sehr steile Hang begünstigt hier die Überreife. Man findet diese Eigenschaft in dem Gewürztraminer : goldgelbe Farbe, komplexe aromatische Nuancen, fetter, kräftig gebauter Geschmack, in dem sich Noten von Früchten - sehr reife, gekochte, exotische - und Gewürzen vermischen. Ein schöner Wein, der mit der Zeit an Harmonie gewinnen wird.

🕭 Colette Faller et ses Filles, Dom. Weinbach, clos des Capucins, 68240 Kaysersberg,
Tel. 03.89.47.13.21, Fax 03.89.47.38.18 ✓ ⊥ n.V.

Alsace grand cru Geisberg

DOM. ROBERT FALLER ET FILS
Riesling 1995*

| | 1,3 ha | 5 000 | ◨ 70-100 F |

Die steinigen Lehmböden des Geisberg befinden sich auf einem Dolomit- und Mergeluntergrund, was diesen Grand cru zu einer besonders guten Lage für den Riesling macht. Dieser hier enthüllt seine Herkunft durch seinen bodentypischen Ausdruck, rauchige Noten, die mit mineralischen Nuancen verbunden sind. Ausgewogen, mit einer angenehm jugendlichen Frische. Er hat Charakter, Intensität und einen guten Abgang.

🕭 Robert Faller et Fils, 36, Grand-Rue,
68150 Ribeauvillé, Tel. 03.89.73.60.47,
Fax 03.89.73.34.80 ✓ ⊥ n.V.

Alsace grand cru Goldert

HENRI GROSS Gewurztraminer 1995**

| ☐ | 0,37 ha | k. A. | 🔲 30-50 F |

Könnte der Name dieser außergewöhnlichen Lage mit der Farbe ihrer Weine zusammenhängen, beispielsweise wie mit der Farbe dieses Gewürztraminers, auf dem goldene Reflexe tanzen ? Ein 95er mit fruchtigen und blumigen Noten, der Fülle und Frische in schöner Ausgewogenheit vereint.

🍷 Henri Gross et Fils, 11, rue du Nord, 68420 Gueberschwihr, Tel. 03.89.49.24.49, Fax 03.89.49.33.58 ✓ 🍸 n.V.

HENRI GROSS Riesling 1995*

| ☐ | 0,15 ha | k. A. | 🔲 30-50 F |

Der Goldert, der auf oolithischem Kalkstein und Gemengen aus dem Tertiär liegt, war schon im 18. Jh. berühmt, sogar jenseits der Grenzen. Der Bodencharakter zeigt sich noch nicht in diesem Riesling. Am Anfang zurückhaltend, entfaltet er sich nach und nach mit blumigen Noten. Nach einer schönen Ansprache wird er durch den Zucker geprägt, der sich integrieren muß.

🍷 Henri Gross et Fils, 11, rue du Nord, 68420 Gueberschwihr, Tel. 03.89.49.24.49, Fax 03.89.49.33.58 ✓ 🍸 n.V.

BERNARD HUMBRECHT
Gewurztraminer 1995*

| ☐ | 1 ha | 2 500 | 🔲 50-70 F |

Der Goldert, ein Grand cru mit Südostlage und lehmig-kalkhaltigem Boden, ist besonders günstig für den Gewürztraminer. Dieser hier enthüllt einen kräftigen, fruchtigen und sehr würzigen Duft. Im Geschmack ist die Struktur feiner, ohne übermäßige Rundheit.

🍷 Jean-Bernard Humbrecht, 10, pl. de la Mairie, 68420 Gueberschwihr, Tel. 03.89.49.31.42, Fax 03.89.49.20.62 ✓ 🍸 n.V.

DOM. JOSEPH CATTIN
Tokay-pinot gris 1995*

| ☐ | 1,5 ha | k. A. | 🔲 70-100 F |

Seit 1978 verwenden die beiden Brüder Jacques und Jean-Marie Cattin ihre ganze Energie auf das Familiengut. Sie haben seine Anbaufläche vergrößert, wobei sie gute Reblagen bevorzugten. Dieser Pinot gris verführt durch seine goldgelbe Farbe ebenso wie durch sein intensives Aroma, in dem einige Röstnoten zum Vorschein kommen. Der strukturierte, ausgewogene Geschmack bestätigt den schönen Erfolg.

🍷 Joseph Cattin, 18, rue Roger-Frémeaux, 68420 Voegtlinshoffen, Tel. 03.89.49.30.21, Fax 03.89.49.26.02 ✓ 🍸 n.V.

THEO CATTIN ET FILS
Tokay-pinot gris 1995*

| ☐ | 0,61 ha | 5 000 | 🔲 50-70 F |

Jean-Bernard Cattin besitzt ein 17 ha großes Gut und präsentiert diesen Pinot gris mit den altgoldenen Reflexen, der im Geruch sehr entfaltet ist : Die Noten von Eingemachtem, mit einem Hauch von Zimt, sind recht angenehm. Im Geschmack überrascht dieser 95er durch seine extreme Sanftheit.

🍷 Théo Cattin et Fils, 35, rue Roger-Frémeaux, 68420 Voegtlinshoffen, Tel. 03.89.49.30.43, Fax 03.89.49.28.80 ✓ 🍸 n. V.

DOM. KEHREN Tokay-pinot gris 1995

| ☐ | k. A. | 1 250 | 🔲 50-70 F |

Dieser Tokay stammt aus einem Grand cru, der bereits im 16. Jh. erwähnt wurde und sich auf einem an Kieselsteinen reichen Mergel-Kalkstein-Boden befindet. Er ist ein wenig überraschend aufgrund seiner jugendlichen Merkmale : hellgelbe Farbe, blumig-fruchtiger Ausdruck im Geruch, Noten von kandierten Früchten im Geschmack. Man sollte ihn ein bis zwei Jahre aufheben, damit seine Struktur, die noch vom Restzucker geprägt ist, harmonischer wird.

🍷 Denis Meyer, 2, rte du Vin, 68420 Voegtlinshoffen, Tel. 03.89.49.38.00, Fax 03.89.49.26.52 ✓ 🍸 n.V.

Alsace grand cru Hatschbourg

A. L. BAUR
Gewurztraminer Sélection grains nobles 1994*

| ☐ | 0,35 ha | 2 900 | 🔲 100-150 F |

Dieser Gewürztraminer kommt aus einer sehr großen Mergel-Kalkstein-Lage mit großen Kieselsteinen an der Oberfläche, was sehr günstig für die Überreife ist. Deshalb ist dieser 94er ein schöner Erfolg. Intensive Goldfarbe, getrocknete Früchte im Duft. Im Geschmack enthüllt er Reichhaltigkeit, Kraft und Konzentration. Er klingt mit einem Aroma aus, das an stark kandierte Früchte und Feigen sowie eine Mandelnote erinnert. (Flaschen mit 50 cl Inhalt.)

🍷 A. L. Baur, 4, rue Roger-Frémeaux, 68420 Voegtlinshoffen, Tel. 03.89.49.30.97, Fax 03.89.49.21.37 ✓ 🍸 n.V.

Alsace grand cru Hengst

HUBERT KRICK Gewurztraminer 1995*

| ☐ | 0,76 ha | 5 300 | 🔲 50-70 F |

Eine Reblage mit Lehm- und Kalksteinboden, die schon im 9. Jh. erwähnt wurde. Heute fördert man hier den Gewürztraminer. Dieser hier schimmert goldgelb und verführt durch sein würziges Aroma. Der Geschmackseindruck findet keine einmütige Zustimmung : Manche hätten ihn gern ausgewogener gehabt. Dieser jugendliche Wein scheint den wilden Charakter zu zeigen, den man dem Gewächsen vom Hengst zuschreibt. Weist nicht schon der Name dieses Grand cru darauf hin ?

🍷 EARL Hubert Krick, 93-95, rue Clemenceau, 68920 Wintzenheim, Tel. 03.89.27.00.01, Fax 03.89.27.54.75 ✓ 🍸 n.V.

Alsace grand cru Kirchberg de Barr

ALBERT MANN Tokay-pinot gris 1995★★★
☐ 0,32 ha 2 000 🏺♦ 70-100 F

📞 Dom. Spielmann, 2, rte de Thannenkirch, 68750 Bergheim, Tel. 03.89.73.35.95, Fax 03.89.73.22.49 ✓ ⊥ n.V.

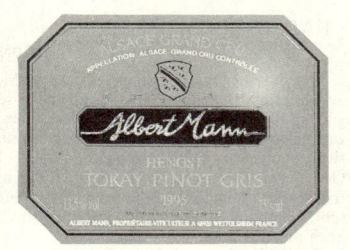

1984 sind die beiden Brüder Jacky und Maurice Barthelmé auf das Weingut Albert Mann gekommen, das heute mehr als 19 ha umfaßt und zahlreiche Parzellen in fünf Grands crus besitzt. Der Boden des Hengst besteht aus Gemengen aus dem Oligozän sowie Mergel und Kalkstein, die dem Wein schöne Eigenschaften verleihen, wie dieser Tokay bezeugt. Er ist außergewöhnlich aufgrund seines Aromas, seines Gerüsts und seiner Nachhaltigkeit. Die Frische seiner Jugend und seine Harmonie geben ihm viel Charme.
📞 Dom. Albert Mann, 13, rue du Château, 68920 Wettolsheim, Tel. 03.89.80.62.00, Fax 03.89.80.34.23 ✓ ⊥ n.V.
📞 Barthelmé

JOS. MOELLINGER ET FILS
Gewurztraminer 1995
☐ 0,45 ha 3 500 ⊞♦ 30-50 F

Dieser blaßgoldene Gewürztraminer zeigt sich im Geruch frisch und entfaltet Rosen- und Gewürznoten. Der erfrischende, typische Geschmack enthüllt ein gewisses Potential.
📞 Jos. Moellinger et Fils, 6, rue de la 5e D.-B., 68920 Wettolsheim, Tel. 03.89.80.62.02, Fax 03.89.80.04.94 ✓ ⊥ Mo-Sa 8h-12h 13h30-19h ; So n. V. ; im Okt. geschlossen

Alsace grand cru Kanzlerberg

DOM. JEAN-MARTIN SPIELMANN
Riesling Vendanges tardives 1994★
☐ 0,3 ha 2 000 🏺 100-150 F

Sylvie Spielmann hat das Glück, daß sich ein großer Teil ihres Weinguts in dem einzigen Anbaugebiet mit Mergel-Gipsstein-Boden befindet, das es im Elsaß gibt. Deshalb bieten ihre Weine originelle Geschmacksmerkmale, vor allem nach einer gewissen Zeit der Flaschenreifung. Dieser hier, grün mit goldenen Reflexen, zeichnet sich durch einen intensiven, komplexen Duft aus, der mineralisch und zitronenartig zugleich ist. Im Geschmack ermöglicht seine Lebhaftigkeit eine gute Entfaltung des Aromas und garantiert eine gute Langlebigkeit.

Alsace grand cru Kastelberg

MARC KREYDENWEISS
Riesling 1995★★
☐ 1 ha 3 000 ⊞♦ 100-150 F

Der Kastelberg ist durch seinen Schieferboden gekennzeichnet, der dem Riesling recht eigentümliche Merkmale verleiht. Dieser hier besitzt eine gelbe Farbe mit goldgelben Reflexen und kündigt sich durch einen intensiven, ausdrucksvollen und komplexen Duft an, der durch mineralische Noten geprägt ist. Der Gesschmack ist bemerkenswert : gute Ansprache, dichte Textur, gut umhüllte Säure. Der schöne Abgang verlangt ein Ausrufezeichen !
📞 Marc Kreydenweiss, 12, rue Deharbe, 67140 Andlau, Tel. 03.88.08.95.83, Fax 03.88.08.41.16 ✓ ⊥ n.V.

Alsace grand cru Kirchberg de Barr

CHARLES STOEFFLER
Gewurztraminer 1995★
☐ 0,6 ha 3 000 ⊞♦ 50-70 F

Dieser über 200 Jahre bekannte Grand cru mit Mergel- und Kalksteinboden liefert in der Regel gehaltvolle Weine, die altern müssen. Dieser hier ist sehr vielversprechend : Sein Aroma ist fruchtig und füllig. Seine Entfaltung am Gaumen bringt einen schönen Stoff zum Ausdruck, wobei sich Fülle und Kraft in guter Ausgewogenheit verbinden.
📞 Dom. Charles Stoeffler, 4, rue des Jardins, 67140 Barr, Tel. 03.88.08.52.50, Fax 03.88.08.17.09 ✓ ⊥ n.V.

CHARLES STOEFFLER Riesling 1995★
☐ 0,6 ha 4 000 ⊞♦ 50-70 F

Der Kirchberg, der das Städtchen Barr überragt, verdankt seinen Namen der Kapelle, die dort oben errichtet wurde. Sein Mergel- und Kalksteinboden trägt zum fruchtig-würzigen Ausdruck der Weine bei. Dieser Riesling entfaltet Noten von Zitrusfrüchten, Quitten, Eingemachtem und Honig. Nach einer feinen Ansprache enthüllt er ein gutes Gerüst. Ein wenig Wärme schadet seiner Harmonie nicht.
📞 Dom. Charles Stoeffler, 4, rue des Jardins, 67140 Barr, Tel. 03.88.08.52.50, Fax 03.88.08.17.09 ✓ ⊥ n.V.
📞 Vincent Stoeffler

Alsace grand cru Mambourg

PIERRE SPARR
Gewurztraminer Vendanges tardives 1994

| ☐ | 2,4 ha | 6 000 | ⫿⫿ | 150-200 F |

Ein angenehmer Wein, erzeugt von einem alten Bekannten unseres Weinführers : strohgelbe Farbe, Geruchseindruck von guter Intensität, durch Zitrusfrüchte (vor allem Mandarinen) geprägt, feiner, ausgewogener Geschmack, der etwas leicht, aber dennoch nachhaltig ist.
🍇 Maison Pierre Sparr et ses Fils, 2, rue de la 1re-Armée, 68240 Sigolsheim,
Tel. 03.89.78.24.22, Fax 03.89.47.32.62 ✓ ⊤ n.V.

MARC TEMPE Riesling 1995*

| ☐ | 0,22 ha | 1 200 | ⫿⫿ | 70-100 F |

Eine Reblage oberhalb des Dorfs Sigolsheim, mit Mergel- und Kalksteinböden, die ganz nach Süden ausgerichtet sind. Sie ist seit dem 8. Jh. berühmt. Dieser Riesling scheint das jahrhundertealte Ansehen zu rechtfertigen. Das Aroma reifer Früchte, das mit ein paar pflanzlichen Noten verbunden ist, geht einer klaren, gefälligen Ansprache voraus. Seine Fülle und sein rassiger Stoff enthüllen ein großes Alterungspotential.
🍇 Marc Tempé, 16-24, rue du Schlossberg, 68340 Zellenberg, Tel. 03.89.47.85.22, Fax 03.89.47.85.22 ✓ ⊤ n.V.

Alsace grand cru Mandelberg

JEAN-PAUL HARTWEG Riesling 1995**

| ☐ | 0,45 ha | 1 500 | ⫿⫿ | 70-100 F |

Feinheit und Komplexität begegnen sich in diesem Wein mit den fruchtigen Nuancen. Dieser Riesling zeigt zwar Merkmale von Überreife, hat aber seine Lebhaftigkeit sehr wohl bewahrt. Der Abgang ist lang und gefällig.
🍇 Jean-Paul Hartweg, 39, rue Jean-Macé, 68980 Beblenheim, Tel. 03.89.47.94.79, Fax 03.89.49.00.83 ✓ ⊤ n.V.

E. HORCHER ET FILS
Gewurztraminer 1995*

| ☐ | 0,27 ha | 2 200 | ⫿⫿ 🍷 | 50-70 F |

Der Mandelberg hat seinen Namen von den Mandelbäumen, die am Südhang des Hügels wachsen und die ersten Blüten im Frühjahr darstellen. Die Weine aus diesem Grand cru entfalten ein intensives Aroma. Das ist bei diesem Gewürztraminer der Fall, insbesondere im Geruch, wo Gewürznoten ein wenig die Fruchtigkeit dominieren. Der Geschmack ist fleischig und harmonisch verschmolzen, muß sich aber noch entfalten.

🍇 Ernest Horcher et Fils, 6, rue du Vignoble, 68630 Mittelwihr, Tel. 03.89.47.93.26, Fax 03.89.49.04.92 ✓ ⊤ n.V.

CHARLES NOLL Gewurztraminer 1995

| ☐ | 0,1 ha | 600 | ⫿⫿ | 50-70 F |

Wegen seiner Südsüdostlage und seines Mergel-Kalkstein-Bodens ist der Mandelberg sehr günstig für den Gewürztraminer. Dieser hier ist zunächst diskret und fein und wird dann intensiver, wobei er würzige Noten entfaltet. Im Geschmack ist er wohlausgewogen, füllig und frisch. Die aromatische Kontinuität ist interessant, aber die Persönlichkeit dieses Weins ist noch nicht deutlich erkennbar.
🍇 EARL Charles Noll, 2, rue de l'Ecole, 68630 Mittelwihr, Tel. 03.89.47.93.21 ✓ ⊤ n.V.

CHARLES NOLL Riesling 1995*

| ☐ | 0,16 ha | 1000 | ⫿⫿ | 30-50 F |

Dieser stark durch Zitrusfrüchte und vor allem Zitronen geprägte Riesling hat eine lebhafte Ansprache und einen frischen Geschmack. Er besitzt keine große Komplexität, ist aber dennoch sehr gefällig und nachhaltig.
🍇 EARL Charles Noll, 2, rue de l'Ecole, 68630 Mittelwihr, Tel. 03.89.47.93.21 ✓ ⊤ n.V.

CAVE VINICOLE DE RIBEAUVILLE
Riesling 1995**

| ☐ | 22 ha | 1 500 | 🍷 | 50-70 F |

Ganz fein enthüllt dieser Riesling seine Noten von getrockneten Früchten, unter denen man sogar Mandeln findet - vom Mandelberg ? Im Geschmack stört die Lebhaftigkeit nicht die Ausgewogenheit und ist am Abgang beteiligt. »Ein großer Wein mit klassischem Charakter als Zugabe«, schrieb ein von ihm verführter Juror.
🍇 Cave vinicole de Ribeauvillé, 2, rte de Colmar, 68150 Ribeauvillé, Tel. 03.89.73.61.80, Fax 03.89.73.31.21 ✓ ⊤ n.V.

W. WURTZ Riesling 1995*

| ☐ | 0,22 ha | 2 000 | ⫿⫿ 🍷 | 30-50 F |

Diese Lage mit Mergel- und Kalksteinböden begünstigt den fruchtigen Ausdruck des Rieslings. In diesem hier sind die Früchte spürbar, reife und eingemachte, im Geruch ebenso wie im Geschmack, geprägt durch Zitrusfrüchte. Neben seiner aromatischen Komplexität würdigte die Jury seine frische, klare Ansprache, seine Struktur und seine Feinheit.
🍇 GAEC Willy Wurtz et Fils, 6, rue du Bouxhof, 68630 Mittelwihr, Tel. 03.89.47.93.16, Fax 03.89.47.89.01 ✓ ⊤ tägl. 9h-19h

ZIEGLER-MAULER
Gewurztraminer Les Amandiers 1995*

| ☐ | 0,16 ha | 800 | 🍷 | 50-70 F |

Der Mandelberg wurde wahrscheinlich schon in galloromanischer Zeit genutzt. Die meisten elsässischen Abteien besaßen hier Parzellen. Die Weine, die von hier stammen, sind berühmt für ihre lange Lagerfähigkeit. Dieser hier ist fruchtig, mit Noten von Überreife, und enthüllt guten Stoff. In der Ansprache füllig, klingt er mit einer würzigen Note aus, die sich bald stärker entfalten wird.

•┐ GAEC Jean-Jacques Ziegler-Mauler et Fils,
2, rue des Merles, 68630 Mittelwihr,
Tel. 03.89.47.90.37, Fax 03.89.47.98.27 ☑ ɪ n.V.

Alsace grand cru Marckrain

BENNWIHR Gewurztraminer 1995

| ☐ | k. A. | 27 263 | ∎♦ 50-70F |

Der Gewürztraminer regiert auf diesem Mergel- und Kalksteinboden. Dieser hier, fruchtig, von schöner Intensität, ist geschmeidig und frisch. Er wirkt noch jung und erscheint ein wenig unausgeglichen aufgrund des Restzuckers. Geduld !
•┐ Les Caves de Bennwihr, 3, rue du Gal-de-Gaulle, 68630 Bennwihr, Tel. 03.89.49.09.29, Fax 03.89.49.09.20 ☑ ɪ n.V.

Alsace grand cru Moenchberg

MARC KREYDENWEISS
Tokay-pinot gris 1995*

| ☐ | k. A. | k. A. | ⑾ 100-150F |

Diese Reblage reicht in die römische Zeit zurück. Das Weingut, das biodynamische Anbaumethoden verwendet, hat einen sehr ausdrucksvollen Pinot gris vorgestellt. Noten von Quitten und Honig, exotische Geschmacksnuancen und eine gute Struktur ergeben einen harmonischen Gesamteindruck. Trinkreif.
•┐ Marc Kreydenweiss, 12, rue Deharbe, 67140 Andlau, Tel. 03.88.08.95.83, Fax 03.88.08.41.16 ☑ ɪ n.V.

JEAN WACH Riesling 1995*

| ☐ | 0,75 ha | 5 000 | ∎ 30-50F |

Dieses lehmig-schlickige Anbaugebiet mit Kalksteinanteil wird vor allem durch sein Mikroklima begünstigt, das aus einer Südlage in einem geschützten Tal resultiert. Es hat einen für diesen Boden typischen Riesling hervorgebracht : intensive Fruchtigkeit, Ausgewogenheit, Nachhaltigkeit und eine rustikale Note, die ihm Charakter verleiht.
•┐ Jean Wach, 16A, rue du Mal-Foch, 67140 Andlau, Tel. 03.88.08.09.73, Fax 03.88.08.09.73 ☑ ɪ n.V.

Alsace grand cru Muenchberg

GERARD METZ Riesling 1995**

| ☐ | 0,33 ha | 2 500 | ⑾ 30-50F |

Diese Reblage ist seit dem 12. Jh. dem Weinbau geweiht. Die steinigen und sandigen Böden und das Mikroklima des kleinen Tals ermöglichen es dem Riesling, eine starke Ausdruckskraft zu gewinnen. Dieser hier verführt durch seinen ausgewogenen Geschmack mit dem harmonisch verschmolzenen Aroma, das fruchtig, blumig und mineralisch ist, und durch seinen bemerkenswert eleganten Abgang. Ein Wein ganz in Feinheit.
•┐ Gérard Metz et Successeurs, 23, rte du Vin, 67140 Itterswiller, Tel. 03.88.57.80.25, Fax 03.88.57.81.42 ☑ ɪ n.V.
•┐ Eric Casimir

Alsace grand cru Ollwiller

VIEIL ARMAND Tokay-pinot gris 1995**

| ☐ | k. A. | 4 400 | ∎♦ 50-70F |

Dieser Pinot gris stammt aus einer Reblage mit sandig-lehmigen Böden und einem besonders trockenen Mikroklima, das der von den höchsten Gipfeln der Vogesen gebildeten Bergwand zu verdanken ist. Er zeigt deutlich seinen Ursprung durch seinen frischen, ein wenig exotischen Duft, durch seinen Anflug von Lebhaftigkeit und durch seine Eleganz. Er kann ein paar Jahre lagern.
•┐ Cave vinicole du Vieil-Armand, 68360 Soultz-Wuenheim, Tel. 03.89.76.73.75, Fax 03.89.76.70.75 ☑ ɪ n.V.

Alsace grand cru Osterberg

SIPP-MACK
Tokay-pinot gris Sélection grains nobles 1994**

| ☐ | 0,25 ha | 2 000 | ∎ 100-150F |

Diese Winzerfamilie, die seit neun Generationen in Hunawihr lebt, hat die Jury mit ihrem strohgelb-goldenen Wein erobert. Er entfaltet ein Aroma von großer Komplexität : kandierte Früchte und Haselnüsse, dazu ein Hauch von Blüten. Die Ansprache ist klar, füllig und harmonisch ausgewogen. Der lange, zarte Abgang läßt eine gute Lagerfähigkeit voraussagen. (Flaschen mit 50 cl Inhalt).
•┐ Dom. Sipp-Mack, 1, rue des Vosges, 68150 Hunawihr, Tel. 03.89.73.61.88, Fax 03.89.73.36.70 ☑ ɪ n.V.

Alsace grand cru Pfersigberg

DOM. BARMES BUECHER
Gewurztraminer Vendange tardive 1994*

| | 0,2 ha | 900 | | 150-200 F |

Dank der Verbindung zweier Winzerfamilien verfügt dieses Gut über eine große Vielfalt an Anbaugebieten, so daß es originelle Weine erzeugen kann. Dieser hier hat eine strahlend strohgelbe Farbe und entfaltet ein intensives Aroma von getrockneten Früchten, Korinthen, zu denen ein Hauch von Exotik hinzukommt. Der Geschmack ist gehaltvoll und konzentriert, stark geprägt durch kandierte Früchte sowie eine blumige Note, die ihm eine interessante Harmonie verleiht. Ein großer Wein, der die ganze Zukunft vor sich hat. (Flaschen mit 50 cl Inhalt.)
🖃 Dom. Barmès-Buecher, 30, rue Sainte-Gertrude, 68920 Wettolsheim, Tel. 03.89.80.62.92, Fax 03.89.79.30.80 Ⓥ ✗ n.V.

ALBERT HERTZ Riesling 1995

| | 0,2 ha | 1 800 | | 50-70 F |

Die bernsteingelben Farbnuancen dieses Rieslings weisen auf die Überreife hin, die der Rest der Weinprobe enthüllt. Ein etwas schwerer, untypischer 95er, der aber gehaltvoll und komplex ist.
🖃 Albert Hertz, 3, rue du Riesling, 68420 Eguisheim, Tel. 03.89.41.30.32, Fax 03.89.23.99.23 Ⓥ ✗ n.V.

KUENTZ-BAS Riesling 1995*

| | 0,8 ha | 6 000 | | 70-100 F |

Dieser Riesling kommt vom Pfersigberg, dem »Berg der Pfirsichbäume«, einer schon im 16. Jh. berühmten Reblage, die 1927, bei der ersten Weinmesse in Colmar, eine Renaissance erlebte. Auch wenn sein Aroma fein und sogar diskret ist, so läßt dieser 95er doch fruchtige Noten erkennen, die nachhaltiger werden. Die Fruchtigkeit entfaltet sich im Mund und integriert sich in eine gute Ausgewogenheit. Der lange Abgang ist angenehm.
🖃 Kuentz-Bas, 14, rte du Vin, 68420 Husseren-les-Châteaux, Tel. 03.89.49.30.24, Fax 03.89.49.23.39 Ⓥ ✗ n.V.

BRUNO SORG
Riesling Vieilles vignes 1995*

| | 0,3 ha | 1 200 | | 50-70 F |

Die Verbindung fruchtiger Noten und würziger Nuancen gibt diesem Riesling eine schöne Dimension. Die Ansprache ist sanft und warm ; die Fruchtigkeit und der Körper verleihen diesem 95er eine gute Präsenz. Angenehmer Abgang.
🖃 Bruno Sorg, 8, rue Mgr-Stumpf, 68420 Eguisheim, Tel. 03.89.41.80.85, Fax 03.89.41.22.64 ✗ n.V.

WOLFBERGER Gewurztraminer 1995*

| | 2 ha | 8 200 | | 50-70 F |

Der schon im 16. Jh. erwähnte Pfersigberg ist durch mergelig-kalkhaltige Böden über Kalksteingeröll von unterschiedlicher Größe gekennzeichnet. Ein hervorragendes Anbaugebiet für Gewürztraminer. Dieser hier zeigt Noten von Überreife, eine gute Struktur und Ausgewogenheit.
🖃 Wolfberger, 6, Grand-Rue, 68420 Eguisheim, Tel. 03.89.22.20.20, Fax 03.89.23.47.09 Ⓥ ✗ n.V.

Alsace grand cru Pfingstberg

CAMILLE BRAUN Riesling 1995

| | 0,53 ha | 2 000 | | 50-70 F |

Dieser 95er kommt von einem Hügel, der das Dorf und das kleine Tal von Orschwihr überragt. Die Sandstein- und Kalksteinböden sind terrassiert und liegen nach Südosten. Zu dem beim Riesling zumeist vorhandenen blumigen Aroma kommen hier noch angenehme mineralische Noten hinzu. Der Abgang, der einen Bitterton zeigt, wird zwar nicht der prächtigen Ansprache gerecht, aber der Geschmackseindruck bleibt angenehm.
🖃 Vignobles Camille Braun et Fils, 16, Grand-Rue, 68500 Orschwihr, Tel. 03.89.76.95.20, Fax 03.89.74.35.03 Ⓥ ✗ n.V.

FRANÇOIS BRAUN ET SES FILS
Gewurztraminer 1995*

| | 0,32 ha | 2 300 | | 50-70 F |

Der Pfingstberg wurde erstmals im Jahre 1299 erwähnt. Diese nach Südosten ausgerichtete Reblage mit ihrem Lehm- und Sandsteinboden begünstigt ein Blütenaroma. Der blumige Duft, begleitet von einer Minzenote, ist bei diesem goldgelben Gewürztraminer besonders intensiv. Im Geschmack zeigt sich dieser Wein ausgewogen, füllig und lang.
🖃 EARL François Braun et Fils, 19, Grand-Rue, 68500 Orschwihr, Tel. 03.89.76.95.13, Fax 03.89.76.10.97 Ⓥ ✗ Mo-Sa 8h-12h 13h30-18h

Alsace grand cru Praelatenberg

DOM. ENGEL Gewurztraminer 1995*

| | 1,7 ha | 10 000 | | 30-50 F |

Der »Praelatenberg« gehörte zur altehrwürdigen Abtei Ebermunster, die Ende des 7. Jh. gegründet wurde. Sein kieselhaltiger, aus Gneis entstandener Boden verleiht den Cuvées Feinheit und Eleganz. Diese hier vereint Nuancen von frischen Früchten, würzige Noten und exotische Düfte. Der frische, runde, recht nachhaltige Geschmack ist sehr angenehm.

Alsace grand cru Rosacker

❧ Dom. Christian et Hubert Engel, 1, rte des Vins, 67600 Orschwiller, Tel. 03.88.92.01.83, Fax 03.88.82.25.09 ◼ ⊺ n.V.

SIFFERT Riesling 1995*

| ☐ | k. A. | k. A. | ◀▶ | 50-70 F |

Dieser 95er kommt von einem schweren, sehr steinigen Kieselboden, der für den Riesling günstig ist. Er besitzt eine hellgelbe Farbe und kündigt sich durch einen recht fruchtigen Duft an, der durch Noten von kandierten Früchten geprägt ist. Seine Ausgewogenheit und seine Struktur machen ihn ansprechend. Er bietet einen etwas runden, aber gefälligen Abgang.

❧ EARL Dom. Siffert, Maurice Siffert, 67600 Orschwiller, Tel. 03.88.92.02.77, Fax 03.88.82.70.02
◼ ⊺ Mo-Sa 9h-12h 13h30-19h ;
So n. V. ; 15. Jan.-15. Febr. geschlossen

Alsace grand cru Rangen de Thann

CLOS SAINT-THEOBALD
Tokay-pinot gris 1995***

| ☐ | 1,5 ha | 4 000 | | 100-150 F |

Eine schon 1580 von Montaigne erwähnte Reblage. Sie befindet sich auf einem atemberaubend steilen Hang und zeichnet sich durch einen dunklen, steinigen Boden aus, der auf Kieselgestein und basischem Lavagestein liegt. Sie hat diesen goldgelben Tokay hervorgebracht, dessen komplexer Duft von mineralischen Noten beherrscht wird. Fülle, Konzentration, Fett, Kraft, Geschmeidigkeit - alles ist da. Ein großer, lagerfähiger Wein, den man im Jahre 2010 trinken kann.

❧ Dom. Schoffit, 66-68, Nonnenholzweg, 68000 Colmar, Tel. 03.89.24.41.14, Fax 03.89.41.40.52 ◼ ⊺ n.V.

CLOS SAINT-THEOBALD
Gewurztraminer 1995***

| ☐ | 0,48 ha | 1 500 | | 100-150 F |

Der Rangen de Thann ist der südlichste und steilste Grand cru des Elsaß. Eine außergewöhnliche Lage, wie dieser Wein beweist, der von einer anderen Jury als Lieblingswein vorgeschlagen wurde. Dieser goldgelbe Gewürztraminer betört durch die Komplexität seiner aromatischen Bandbreite, bei der sich Noten von weißen Blüten, Gewürzen und kandierten Früchten sowie mineralische Nuancen vermischen. Er ist gut strukturiert und zeigt sich gleichzeitig fein, elegant, rassig und kraftvoll. Er wird im Laufe der kommenden vier bis fünf Jahre an Reife gewinnen.

❧ Dom. Schoffit, 66-68, Nonnenholzweg, 68000 Colmar, Tel. 03.89.24.41.14, Fax 03.89.41.40.52 ◼ ⊺ n.V.

CLOS SAINT-THEOBALD
Gewurztraminer Sélection grains nobles 1994**

| ☐ | 0,39 ha | 1 400 | | +200 F |

Er besitzt eine tiefe goldene Farbe und zeichnet sich durch einen intensiven Duft nach frischen Früchten aus, in dem zarte Noten von Passionsfrüchten hervortreten. Seine Länge ist außerordentlich. Der fette, füllige Geschmack mit dem konzentrierten Aroma kandierter Früchte kennzeichnet eine bemerkenswerte Cuvée (Flaschen mit 50 cl Inhalt.)

❧ Dom. Schoffit, 66-68, Nonnenholzweg, 68000 Colmar, Tel. 03.89.24.41.14, Fax 03.89.41.40.52 ◼ ⊺ n.V.

DOM. ZIND-HUMBRECHT
Riesling 1995**

| ☐ | k. A. | k. A. | | 150-200 F |

Léonard und Olivier Humbrecht besitzen ein etwa 40 ha großes Weingut, dessen Weinberge sich in den angesehensten Lagen des Elsaß befinden. Sie haben es verstanden, die Weinfreunde in der ganzen Welt zu verführen. Dieser 95er zeichnet sich schon im Aussehen aus : Er hat eine sehr kräftige goldgelbe Farbe und zeigt eine dicke, ölige Oberfläche. Der Duft entfaltet mineralische Noten, die für dieses Anbaugebiet typisch sind. Darauf folgt ein kräftiger, sehr lebhafter Geschmack von herrlicher Ausgewogenheit. Trotz der großen Reife der Trauben handelt es sich um einen vollkommen trockenen Wein, was ihn aber nicht daran hindert, viel Fülle zu enthüllen. Seine Lebenserwartung entspricht der Länge seines Abgangs : Sein Höhepunkt dürfte nicht vor etwa zehn Jahren einsetzen.

❧ Dom. Zind-Humbrecht, 4, rte de Colmar, 68230 Turckheim, Tel. 03.89.27.02.05 ⊺ n.V.

Alsace grand cru Rosacker

DAVID ERMEL Riesling 1995*

| ☐ | 0,6 ha | 3 700 | | 30-50 F |

Dieser Riesling bietet ein intensives Aroma, das zuerst blumig, dann mineralisch ist, vermischt mit Zitrusfrüchten. Er ist zwar trocken, zeigt sich dennoch eine gewisse Sanftheit, die ihm einen süffigen Charakter verleiht.

❧ David Ermel, 30, rte de Ribeauvillé, 68150 Hunawihr, Tel. 03.89.73.61.71, Fax 03.89.73.32.56 ◼ ⊺ n.V.

Alsace grand cru Saering

CAVE VINICOLE DE HUNAWIHR
Gewurztraminer 1995★★★

| | 0,5 ha | 2 000 | ■▲ | 30-50F |

Ein Anbaugebiet, dessen Südostlage und lehmig-kalkhaltige Böden über einem Mergeluntergrund das blumige Aroma begünstigen. Sein Name erinnert auch an wilde Rosen. Dieser Gewürztraminer duftet nach Rosen und Honig. Er hat die Jury durch seine Ausgewogenheit und seine aromatische Komplexität bezaubert, die sich in einem Geschmack von großer Feinheit und schöner Nachhaltigkeit äußert.
📞 Cave vinicole de Hunawihr, 48, rte de Ribeauvillé, 68150 Hunawihr,
Tel. 03.89.73.61.67, Fax 03.89.73.33.95 ☑ ⊥ tägl. 8h-12h 14h-18h

CAVE VINICOLE DE HUNAWIHR
Riesling 1995

| | 4 ha | 24 000 | ■▲ | 30-50F |

Diese Reblage befindet sich nördlich von Hunawihr. Ihr lehmig-kalkhaltiger Boden, der Kalkstein- und Dolomitgeröll enthält, verleiht dem Riesling ein oft fruchtiges Aroma und mineralische Noten, die sich nach ein paar Jahren offenbaren. Dieser 95er ist ausdrucksvoll, blumig und fruchtig. Seine Ansprache ist lebhaft. Im Abgang bemerkt man einen Bitterton und bereits mineralische Noten.
📞 Cave vinicole de Hunawihr, 48, rte de Ribeauvillé, 68150 Hunawihr,
Tel. 03.89.73.61.67, Fax 03.89.73.33.95 ☑ ⊥ tägl. 8h-12h 14h-18h

MADER Riesling 1995

| | 0,5 ha | 2 000 | ■ | 30-50F |

Das blumige Aroma dieses Rieslings, das zunächst zurückhaltend ist und an der Luft ausdrucksvoller wird, enthält eine mineralische Note. Im Geschmack verführt dieser 95er durch seinen typischen Charakter, seine Ausgewogenheit und seinen vom Boden geprägten Abgang.
📞 Jean-Luc Mader, 13, Grand-Rue, 68150 Hunawihr, Tel. 03.89.73.80.32, Fax 03.00.00.00.00 ☑ ⊥ n.V.

MALLO Riesling Vieilles vignes 1995★

| | 0,4 ha | 2 000 | ❙❙❙ | 50-70F |

Dieser Grand cru mit dem intensiv fruchtigen Duft enthüllt einen schönen Stoff. Er ist gut strukturiert und bietet ein Pampelmusen- und Zitronenaroma von guter Nachhaltigkeit. Man sollte warten, bis sich der Bodencharakter (Lehm und Kalkstein) stärker bemerkbar macht.
📞 EARL Frédéric Mallo et Fils, 2, rue Saint-Jacques, 68150 Hunawihr, Tel. 03.89.73.61.41, Fax 03.89.73.68.46 ☑ ⊥ n.V.

DOM. MITTNACHT FRERES
Riesling 1995★

| | 0,8 ha | 4 500 | ❙❙❙▲ | 50-70F |

Dieser Riesling kündigt sich mit pflanzlichen und blumigen Noten an, die fein und zart sind. Er ist recht typisch und zeigt sich im Geschmack trocken und frisch. Der Abgang ist durch Lebhaftigkeit geprägt - ein Zeichen von Jugendlichkeit.
📞 Dom. Mittnacht Frères, 27, rte de Ribeauvillé, 68150 Hunawihr,
Tel. 03.89.73.62.01, Fax 03.89.73.38.10
☑ ⊥ Mo-Sa 10h-12h 14h-19h ; 24. Dez.-5. Jan. geschlossen

SIPP-MACK Riesling 1995★

| | 0,6 ha | 3 500 | ■❙❙❙ | 50-70F |

Dieser goldgelbe Riesling verbindet pflanzliche Gerüche mit einer Note von Überreife, die ihm Intensität und Komplexität verleiht. Der Geschmack verführt durch seine Ausgewogenheit, sein fruchtiges Aroma und seine recht angenehme Nachhaltigkeit. Ein echtes Spiegelbild des Bodens.
📞 Dom. Sipp-Mack, 1, rue des Vosges, 68150 Hunawihr, Tel. 03.89.73.61.88, Fax 03.89.73.36.70 ☑ ⊥ n.V.

ALBERT WINTER Tokay-pinot gris 1995★

| | 0,15 ha | 1000 | ❙❙❙ | 50-70F |

Der Grand cru Rosacker mit seinen Mergel- und Kalksteinböden befindet sich nördlich von Hunawihr ; er liegt nach Südosten. Er hat einen Pinot gris hervorgebracht, der noch seine Jugendlichkeit zeigt : leichte Farbe, frisches, zurückhaltendes Aroma und eine Ausgewogenheit, die sich noch einstellen muß. Aber er ist schon »ein Wein voller Leben«, um die Worte eines Verkosters aufzugreifen.
📞 Albert Winter, 17, rue Sainte-Hune, 68150 Hunawihr, Tel. 03.89.73.62.95, Fax 03.89.73.62.95 ☑ ⊥ n.V.

ALBERT WINTER Riesling 1995

| | 0,3 ha | 2 000 | ❙❙❙ | 50-70F |

Diese Riesling besitzt alle Merkmale der Jugend : eine helle Farbe mit grünen Nuancen, einen feinen, angenehmen Duft, eine klare Lebhaftigkeit im Geschmack und ein zartes, aber diskretes Aroma.
📞 Albert Winter, 17, rue Sainte-Hune, 68150 Hunawihr, Tel. 03.89.73.62.95, Fax 03.89.73.62.95 ☑ ⊥ n.V.

Alsace grand cru Saering

LOBERGER Gewurztraminer 1995★

| | 0,15 ha | 800 | ▲ | 50-70F |

Dieses mergelig-sandige, kiesreiche Anbaugebiet, das nach Südosten liegt, ist günstig für einen fruchtigen Ausdruck der Weine. Man findet ihn in dieser Cuvée wieder, aber der Charakter der Rebsorte dominiert recht deutlich.
📞 Dom. Joseph Loberger, 10, rue de Bergholtz-Zell, 68500 Bergholtz, Tel. 03.89.76.88.03, Fax 03.89.74.16.89 ☑ ⊥ n.V.

Alsace grand cru Schlossberg

JOSEPH FRITSCH Riesling 1995

| | 0,2 ha | 1 600 | 🍷 | 30-50 F |

Dieses sandig-lehmige Anbaugebiet verdankt seine Eigenschaften in erster Linie seiner Südlage und seinem Granituntergrund. Ein blumig-mineralischer Duft verrät deutlich den Ursprung dieses typischen, ausgewogenen Riesling. Sollte noch altern.

🍇 EARL Joseph Fritsch, 31, Grand-Rue, 68240 Kientzheim, Tel. 03.89.78.24.27, Fax 03.89.78.24.27 ✉ 🍷 n.V.

DOM. WEINBACH
Riesling Cuvée Sainte-Catherine 1995*

| | 1 ha | k. A. | 150-200 F |

Diese strohgelbe Cuvée zeigt ein Aroma von Überreife und mineralische Noten, die typisch sind für den Granitboden des Schlossbergs. Seine geschmackliche Komplexität weist ebenfalls auf seinen Ursprung hin. Dieser Riesling wird seine volle Entfaltung erst in ein paar Jahren erreichen.

🍇 Colette Faller et ses Filles, Dom. Weinbach, clos des Capucins, 68240 Kaysersberg, Tel. 03.89.47.13.21, Fax 03.89.47.38.18 ✉ 🍷 n.V.

ZIEGLER-MAULER
Riesling Les Murets 1995*

| | 0,27 ha | 1 500 | 🍷 | 50-70 F |

Der Name dieser Cuvée (»Die Mäuerchen«) bezieht sich auf die terrassierten Rebzeilen des Schlossberg. Schon 1928 haben die Winzer über erste Vorschriften für die Produktion dieser Reblage entschieden. Dieser sehr feine Riesling enthüllt ein schönes blumiges Aroma, das von einer mineralischen Note begleitet wird. Gut strukturiert, klar in der Ansprache. Er hat schon seine Reife erreicht.

🍇 GAEC Jean-Jacques Ziegler-Mauler et Fils, 2, rue des Merles, 68630 Mittelwihr, Tel. 03.89.47.90.37, Fax 03.89.47.98.27 ✉ 🍷 n.V.

Alsace grand cru Schoenenbourg

DOPFF AU MOULIN Riesling 1995*

| | 8,8 ha | 21 000 | 🍷 | 50-70 F |

Voltaire besaß einige Morgen in diesem Grand cru, dessen guter Ruf bis in das frühe Mittelalter zurückreicht. Dieser fruchtige und zart mineralische Riesling ist im Geruch sehr einschmeichelnd. Der Geschmack verbindet Feinheit, Kraft und Nachhaltigkeit. Ein ausgezeichneter Wein für die Gastronomie.

🍇 SA Dopff Au Moulin, 2, av. Jacques-Preiss, 68340 Riquewihr, Tel. 03.89.49.09.69, Fax 03.89.47.83.61 ✉ 🍷 n.V.

Alsace grand cru Sommerberg

CH. DE RIQUEWIHR Riesling 1995*

| | k. A. | 12 000 | 🍷 | 70-100 F |

Dieser Riesling bietet einen leicht blumigen Zitrusduft. Nach einer schönen Ansprache zeigt er sich recht rund. Der sehr fruchtige Abgang ist angenehm. Der Boden kommt hier in der Reichhaltigkeit zum Ausdruck; die mineralischen Nuancen werden erst später nachfolgen.

🍇 Dopff et Irion, Au Château, 68340 Riquewihr, Tel. 03.89.47.92.51, Fax 03.89.47.98.90 ✉ 🍷 tägl. 10h-19h; Gruppen n. V.; 15. Nov.-1. April geschlossen

FRANÇOIS SCHWACH ET FILS
Riesling 1995*

| | 0,9 ha | 800 | 🍷 | 100-150 F |

Dieser Grand Cru nimmt den Südhang des Hügels ein, der Riquewihr überragt. Er befindet sich auf Mergel- und Dolomitböden, die Sandstein- und Kalksteinschotter enthalten. Hier regiert der Riesling. Dieser hier verführt durch einen fruchtigen Duft mit exotischen Nuancen und durch einen vollen, langen Geschmack. In zwei bis drei Jahren dürfte er an harmonischer Verschmolzenheit gewinnen.

🍇 SCEA François Schwach et Fils, 28, rte de Ribeauvillé, 68150 Hunawihr, Tel. 03.89.73.62.15, Fax 03.89.73.37.84 ✉ 🍷 Mo-Sa 8h30-18h30; So n. V.

MARC TEMPÉ Tokay-pinot gris 1995*

| | 0,2 ha | 1 100 | 🍷 | 70-100 F |

»Der Schoenenbourg, wo der edelste Wein dieses Landes wächst ...« Dieser Tokay kommt von einem Mergel- und Kalksteinboden und straft die obige Bewertung aus dem 17. Jh. nicht Lügen. Dieser 95er mit den fruchtigen Noten äußert sich im Geschmack durch seine Komplexität und Nachhaltigkeit. Man sagt ihm eine schöne Zukunft voraus.

🍇 Marc Tempé, 16-24, rue du Schlossberg, 68340 Zellenberg, Tel. 03.89.47.85.22, Fax 03.89.47.85.22 ✉ 🍷 n.V.

Alsace grand cru Sommerberg

ALBERT BOXLER Riesling 1995**

| | 0,5 ha | 2 000 | 70-100 F |

Der Sommerberg verdankt seinen Namen der Trockenheit dieses Anbaugebiets, in dem sich die volle Südlage mit einem sehr steilen Quarzsandboden verbündet. Solche Voraussetzungen sind besonders günstig für die Überreife, die sich bei diesem 95er im Aroma zeigt. Die bodentypischen Noten kommen noch nicht zum Vorschein. Dieser sehr kräftig gebaute, rassige Riesling wird seine volle Entfaltung erst um das Jahr 2000 erreichen.

🍇 EARL Albert Boxler, 78, rue des Trois-Epis, 68230 Niedermorschwihr, Tel. 03.89.27.11.32, Fax 03.89.27.11.32 ✉ 🍷 n.V.

Alsace grand cru Sonnenglanz

GERARD WEINZORN
Riesling Cuvée particulière 1995

| ☐ | 0,25 ha | k. A. | ■ | 50-70 F |

Am Fuße des Sommerberg ragen der merkwürdig verdrehte Kirchturm von Niedermorschwihr und viele alte Häuser auf, wie etwa das Renaissancehaus der Weinzorns. Die schon im 17. Jh bekannte Lage ist besonders günstig für den Riesling. Dieser hier, zart blumig und ein wenig mineralisch, ist im Geschmack sehr sanft, voll und angenehm. Die mineralische Note entdeckt man in einem nachhaltigen Abgang wieder.
●┐EARL Gérard Weinzorn et Fils, 133, rue des Trois-Epis, 68230 Niedermorschwihr,
Tel. 03.89.27.18.02, Fax 03.89.27.04.23 ▼ ⊥ n.V.

GERARD WEINZORN
Tokay-pinot gris 1995*

| ☐ | 0,5 ha | k. A. | ■ | 30-50 F |

Dieser Tokay bringt dieselbe Unverfälschtheit wie das Haus der Weinzorns zum Ausdruck : durch sein typisches Aroma, das den Stempel des Bodens trägt, durch seine bemerkenswerte Ausgewogenheit und seinen langen, warmen geschmacklichen Ausklang.
●┐EARL Gérard Weinzorn et Fils, 133, rue des Trois-Epis, 68230 Niedermorschwihr,
Tel. 03.89.27.18.02, Fax 03.89.27.04.23 ▼ ⊥ n.V.

Alsace grand cru Sonnenglanz

BARON DE HOEN Tokay-pinot gris 1995

| ☐ | 1,5 ha | 18 300 | ■ ♦ | 30-50 F |

Diese Genossenschaftskellerei, die die Produktion von 250 ha vinifiziert, kann die Traubenqualität außergewöhnlicher Parzellen zur Geltung bringen, wie dieser Wein mit der gelben, golden schimmernden Farbe zeigt. Er ist zwar noch zurückhaltend im Geruch, läßt aber schon Blüten- und Honignoten erkennen. Gut strukturiert, von hübscher Lieblichkeit. Er beweist es in einem intensiven, langen Abgang. (Flaschen mit 50 cl Inhalt.)
●┐Cave vinicole de Beblenheim, 14, rue de Hoen, 68980 Beblenheim, Tel. 03.89.47.90.02, Fax 03.89.47.86.85 ▼ ⊥ n.V.

DOM. BOTT-GEYL
Gewurztraminer Vieilles vignes 1995***

| ☐ | 1,5 ha | 4 500 | ■ ♦ | 70-100 F |

Jean-Christophe Bott hat das Familiengut vor knapp fünf Jahren übernommen. Bei der Qualität ist die Kontinuität sichergestellt. Beweis dafür ist dieser Gewurztraminer, der von einem Mergel- und Kalksteinboden kommt. Der sehr feine Geruch ist von erstaunlicher Komplexität und bietet Honig- und Blütennoten sowie Nuancen von kandierten Früchten. Der Geschmack ist fleischig, rund, harmonisch verschmolzen, kraftvoll und nachhaltig. Was für ein Reichtum !

●┐Dom. Bott-Geyl, 1, rue du Petit-Château, 68980 Beblenheim, Tel. 03.89.47.90.04, Fax 03.89.47.97.33 ▼ ⊥ n.V.
●┐Jean-Christophe Bott

Alsace grand cru Spiegel

DIRLER Riesling 1995*

| ☐ | 0,37 ha | 2 700 | ⅲ ♦ | 50-70 F |

Die Weine vom Spiegel sind durch einen sandigen Sandsteinboden geprägt und zeichnen sich durch ihre Feinheit und ihre Rasse aus. Im Geruch ergänzen mineralische Noten die frische Fruchtigkeit. Der ausgewogene Geschmack ist bemerkenswert und bietet eine leichte Rundheit. Zur Gesamtharmonie kommt die Nachhaltigkeit hinzu.
●┐Jean-Pierre Dirler, 13, rue d'Issenheim, 68500 Bergholtz, Tel. 03.89.76.91.00, Fax 03.89.76.85.97 ▼ ⊥ n.V.

Alsace grand cru Sporen

DOPFF AU MOULIN
Gewurztraminer 1995

| ☐ | 1,15 ha | 7 800 | ■ ♦ | 70-100 F |

Die tiefen Lehm- und Mergelböden des Sporen liefern oft komplexe, lagerfähige Weine. Dieser Gewürztraminer erscheint wegen seiner Jugend noch streng, aber die Verkostung enthüllt einen guten Stoff.
●┐SA Dopff Au Moulin, 2, av. Jacques-Preiss, 68340 Riquewihr, Tel. 03.89.49.09.69, Fax 03.89.47.83.61 ▼ ⊥ n.V.

E. HORCHER ET FILS
Gewurztraminer 1995*

| ☐ | 0,13 ha | 1000 | ⅲ ♦ | 50-70 F |

Der im 15. Jh. erwähnte Sporen hat seit mehreren Jahrhunderten den Weinen seinen Namen gegeben. Sie sind berühmt für ihre Feinheit, ihre Rasse und ihre Eleganz. Dieser in Weißgold gehüllte 95er duftet blumig. Er ist wohlausgewogen, kraftvoll, ohne Schwere, mit einem femininen Charakter.

☛ Ernest Horcher et Fils, 6, rue du Vignoble, 68630 Mittelwihr, Tel. 03.89.47.93.26, Fax 03.89.49.04.92 ⚫ ⚭ n.V.

SCHEIDECKER Riesling 1995**

| ☐ | 0,28 ha | 2 100 | 🍶 | 30-50 F |

Der Sporen erweist sich seines alten Ansehens würdig mit diesem Riesling, dessen Geruchseindruck aromatisch, frisch, ein klein wenig männlich ist. Der überaus gefällige Geschmack erscheint ausgewogen und lebhaft zugleich und bietet eine Zitronennote. Ein bezaubernder Wein, den Sie an Ihren Tisch einladen sollten.
☛ Philippe Scheidecker-Zimmerlin, 13, rue des Merles, 68630 Mittelwihr, Tel. 03.89.49.01.29, Fax 03.89.49.06.63 ⚫ ⚭ n.V.

Alsace grand cru Steinert

PIERRE FRICK Muscat 1995*

| ☐ | 0,2 ha | 1 700 | 🍶 | 50-70 F |

Pierre Frick war im Elsaß einer der Vorreiter des biologischen Anbaus (schon 1970) und später des biodynamischen Anbaus (seit 1981). Dieser intensiv gelbe Muscat bietet eine aromatische Palette von großer Feinheit : komplex, intensiv, würzig, mit Noten gebrannter Mandeln. Der füllige, nachhaltige, gehaltvolle und zarte Geschmack enthüllt eine Lebhaftigkeit, die eine gute Lagerung geradezu empfiehlt.
☛ Pierre Frick, 5, rue de Baer, 68250 Pfaffenheim, Tel. 03.89.49.62.99, Fax 03.89.49.73.78 ⚫ ⚭ n.V.

ROGER HEYBERGER
Gewurztraminer 1995

| ☐ | k. A. | 2 000 | 🍶 | 50-70 F |

Die seit dem 12. Jh. bekannten Weine vom Steinert entfalten mit der Zeit ihr Aroma. Dieser junge Gewurztraminer zeigt sich frisch und lebhaft, durch Gewürze geprägt. Er ist recht typisch.
☛ Roger Heyberger et Fils, 5, rue Principale, 68420 Obermorschwihr, Tel. 03.89.49.30.01, Fax 03.89.49.22.28 ⚫ ⚭ Mo-Sa 8h-11h45 14h-18h30

R. KUENTZ Tokay-pinot gris 1995**

| ☐ | 0,27 ha | 1 500 | 🍶 | 50-70 F |

Der Steinert, eine Lage mit steinigem, kalkhaltigem Boden, genießt ein altes Ansehen, denn schon im 13. Jh. besaßen die Bischöfe von Basel und Straßburg Parzellen in diesem Grand cru. Dieser Wein stammt aus einer kleinen Parzelle. Er funkelt im Glas und entfaltet freigebig ein Aroma von Überreife. Im Geschmack zeigt er sich üppig, körperreich und von bemerkenswerter Länge.
☛ Romain Kuentz, 22-24, rue du Fossé, 68250 Pfaffenheim, Tel. 03.89.49.61.90, Fax 03.89.49.77.17 ⚫ ⚭ n.V.

Alsace grand cru Steingrübler

LES VIGNERONS DE PFAFFENHEIM ET GUEBERSCHWIHR
Gewurztraminer 1995**

| ☐ | 0,59 ha | 3 500 | 🍶 | 50-70 F |

Der Steinert verdankt seinen Namen dem Steingeröll, das den Kalksteinboden dieser Lage kennzeichnet. Dieser Gewurztraminer besitzt eine einschmeichelnde goldgelbe Farbe mit im Geruch schon sehr komplex. Seine Struktur, seine Harmonie und seine Nachhaltigkeit machen ihn zu einem schönen Wein, der noch reifen kann.
☛ CVPG Pfaffenheim, 5, rue du Chai, B.P. 33, 68250 Pfaffenheim, Tel. 03.89.78.08.08, Fax 03.89.49.71.65 ⚫ ⚭ tägl. 8h-12h 14h-18h

LES VIGNERONS DE PFAFFENHEIM ET GUEBERSCHWIHR Riesling 1995*

| ☐ | 0,77 ha | 6 300 | 🍶 | 50-70 F |

Ein 95er von einem lehmig-kalkhaltigen, an Geröll reichen Boden in der steilsten Anbauzone von Pfaffenheim (viele Parzellen sind terrassiert). Ein überreifer Charakter verleiht diesem Riesling viel Ausdruckskraft und eine sanfte, seidige Ansprache. Die Frische zeigt sich nach und nach und trägt zur Ausgewogenheit dieses fruchtigen, angenehmen Weins bei.
☛ CVPG Pfaffenheim, 5, rue du Chai, B.P. 33, 68250 Pfaffenheim, Tel. 03.89.78.08.08, Fax 03.89.49.71.65 ⚫ ⚭ tägl. 8h-12h 14h-18h

RIEFLE Riesling 1995

| ☐ | 0,4 ha | 2 400 | 🍶 | 50-70 F |

Dieser Riesling mit den Noten von reifen Früchten zeichnet sich im Geschmack durch seine Kraft und seine Lebhaftigkeit aus. Am Gaumen entfaltet er ein Aroma von eingemachten und gekochten Früchten. Die Ausgewogenheit ist interessant, trotz einer leichten Härte im Abgang. Dieser Wein wird in zwei bis drei Jahren harmonischer.
☛ Dom. Joseph Rieflé, 11, pl. de la Mairie, 68250 Pfaffenheim, Tel. 03.89.78.52.21, Fax 03.89.49.50.98 ⚫ ⚭ n.V.

Alsace grand cru Steingrübler

STENTZ-BUECHER Riesling 1995

| ☐ | 0,38 ha | 2 400 | 🍶 | 50-70 F |

Diese Lage, deren Boden im wesentlichen aus Mergel und Kalkstein besteht und sehr steinig ist, war schon im 15. Jh. berühmt, zweifellos wegen des aromatischen Reichtums ihrer Weine ! Dieser Riesling bietet eine Palette sehr interessanter Nuancen : zunächst Noten von Blüten und Zitrusfrüchten, dann ein wenig Gewürze und schließlich ein diskreter mineralischer Hauch. Sein Abgang ist zwar ein wenig kurz, aber der Geschmackseindruck bleibt ausgewogen und angenehm.

•┐ Stentz-Buecher, 21, rue Kleb,
68920 Wettolsheim, Tel. 03.89.80.68.09,
Fax 03.89.79.60.53 ✓ ⏳ n.V.

Alsace grand cru Vorbourg

FRANÇOIS BRAUN
Tokay-pinot gris 1995**

| | 0,4 ha | 3 100 | ⏳ | 50-70 F |

Dieser Grand cru liegt auf der Höhe von Rouffach und ist durch sein Gemenge aus Sandstein und oolithischem Kalkstein gekennzeichnet. Er hat einen bezaubernden Wein hervorgebracht, der durch seinen reichhaltigen Duft mit rauchigen und leicht pfeffrigen Noten und durch seine Geschmeidigkeit verführt. Seine aromatische Nachhaltigkeit läßt eine gute Zukunft vorhersagen.
•┐ EARL François Braun et Fils, 19, Grand-Rue, 68500 Orschwihr, Tel. 03.89.76.95.13, Fax 03.89.76.10.97 ✓ ⏳ Mo-Sa 8h-12h 13h30-18h

HUNOLD Gewurztraminer 1995*

| | 0,57 ha | 4 000 | ⏳ | 30-50 F |

Dieser Weinbaubetrieb liegt unweit der Befestigungsanlagen der Altstadt von Rouffach, die von Château d'Isenbourg und vom Grand cru Vorbourg überragt wird. Diese Lage mit dem Mergel- und Kalksteinboden ist durch die frühe Reife und sogar Überreife der Trauben gekennzeichnet. Der 95er mit dem würzigen Duft und Noten von Überreife spiegelt somit gut sein Anbaugebiet wider. Er ist füllig, rassig und von guter Länge.
•┐ Bruno Hunold , 29, rue aux Quatre-Vents, 68250 Rouffach, Tel. 03.89.49.60.57, Fax 03.89.49.67.66 ✓ ⏳ n.V.

HUNOLD Pinot gris 1995*

| | 0,29 ha | 2 000 | ⏳ | 30-50 F |

Dieser ausdrucksvolle, feine Pinot bietet eine charakteristische rauchige Note. Auch wenn man ihn aufgrund seiner Rundheit und Ausgewogenheit schon trinken kann, wird er nach drei oder vier Jahren Lagerung an Ausdruckskraft gewinnen.
•┐ Bruno Hunold, 29, rue aux Quatre-Vents, 68250 Rouffach, Tel. 03.89.49.60.57, Fax 03.89.49.67.66 ✓ ⏳ n. V.

CLOS SAINT-LANDELIN
Muscat Vendanges tardives 1994**

| | 0,5 ha | 1000 | ⏳ | +200 F |

Ein Vorfahr von René Muré, der aus der Schweiz stammte, ließ sich 1648 in Rouffach nieder. Das heute 16 ha große Weingut präsentiert einen ganz und gar außerordentlichen 94er. Es ist nämlich selten, daß der Muscat dieses Stadium der Überreife und vor allem so erfolgreich erreicht. Bemerkenswert aufgrund seiner moschusartigen Frische im Geruch, seiner zarten Struktur im Geschmack und seines sortentypi-

schen Charakters. Er klingt mit einer süßen Fülle von ungewöhnlicher Intensität aus. Ein Wein von sehr großer Klasse. (Flaschen mit 50 cl Inhalt.)
•┐ René Muré, Clos Saint-Landelin, rte du Vin, 68250 Rouffach, Tel. 03.89.78.58.00, Fax 03.89.78.58.01 ✓ ⏳ Mo-Sa 8h-12h 14h-18h

Alsace grand cru Wineck-Schlossberg

JEAN-PAUL ECKLÉ Riesling 1995

| | 0,21 ha | 1 600 | ⏳ | 30-50 F |

Dieser im Glas blaßgelbe Riesling entfaltet sich in der Nase nach und nach und läßt die mineralischen Noten des Bodens erkennen. Er ist ausgewogen und braucht nur pfeffrigen Noten zu reifen.
•┐ Jean-Paul Ecklé et Fils, 29, Grand-Rue, 68230 Katzenthal, Tel. 03.89.27.09.41, Fax 03.89.80.86.18 ✓ ⏳ n.V.

HENRI KLEE Riesling 1995*

| | 0,5 ha | k. A. | ⏳ | 70-100 F |

Das intensive Aroma dieses Riesling ist das Ergebnis von guten, überreifen Trauben. Der Geschmack zeigt sich sanft, komplex und gehaltvoll, typisch für Granitböden.
•┐ EARL Henri Klée et Fils, 11, Grand-Rue, 68230 Katzenthal, Tel. 03.89.27.03.81, Fax 03.89.27.28.17 ✓ ⏳ n.V.

KLUR-STOECKLE Gewurztraminer 1995*

| | 0,5 ha | 4 500 | ⏳ | 50-70 F |

Burg Wineck überragt diese Reblage seit dem 13. Jh. Die Granitböden und das Mikroklima dieses kleinen Tals begünstigen den blumigen Ausdruck. Man findet ihn in diesem Wein, dessen Rosenduft sich mit pfeffrigen Noten vermischt. Die Merkmale der Überreife machen sich im Geschmack durch die Fülle und einen warmen Abgang bemerkbar.
•┐ Klur-Stoecklé, 9, Grand-Rue, 68230 Katzenthal, Tel. 03.89.27.24.61, Fax 03.89.27.33.61 ✓ ⏳ n.V.

KLUR-STOECKLE Riesling 1995*

| | 2 ha | 12 000 | ⏳ | 30-50 F |

Die von Burg Wineck überragten Parzellen des Schlossberg besitzen eine geschützte Süd- und Südostlage. Das Anbaugebiet des Schlossberg kommt vor allem in seinen Granitböden zum Ausdruck, deren Stempel man in diesem Riesling findet. Blumige und mineralische Noten sind miteinander vermischt. Dieser 95er läßt einen rassigen Charakter erkennen, der sich nur noch entfalten muß.
•┐ Klur-Stoecklé, 9, Grand-Rue, 68230 Katzenthal, Tel. 03.89.27.24.61, Fax 03.89.27.33.61 ✓ ⏳ n.V.

DOM. DE LA SINNE Riesling 1995

| | 0,38 ha | 3 015 | ⏳ | 30-50 F |

Dieser Riesling überrascht durch seinen Duft von Akazienblüten mit einigen Zitrusnoten. Im

Geschmack bleibt er relativ verschlossen. Er dürfte sich in ein bis zwei Jahren entfalten.
☛ Jérôme Geschickt et Fils, 1, pl. de la Sinne, 68770 Ammerschwihr, Tel. 03.89.47.12.54, Fax 03.89.47.34.76 ✓ ⟁ n.V.

MEYER-FONNE Riesling 1995

	0,5 ha	3 000	⬤	50-70F

Der Duft dieses Riesling entfaltet sich nach und nach mit blumigen und mineralischen Noten. Im Geschmack erweckt die Verbindung von guter Frische und ein wenig Sanftheit einen Eindruck von Ausgewogenheit. Dieser Wein ist schon von guter Nachhaltigkeit und wird zweifellos an Komplexität gewinnen.
☛ Meyer-Fonné, 24, Grand-Rue, 68230 Katzenthal, Tel. 03.89.27.16.50, Fax 03.89.27.34.17 ✓ ⟁ n.V.

ALBERT SCHOECH Riesling 1995

	2,11 ha	16 000	⬤	50-70F

Das Aroma der Rebsorte, bereichert um eine entwickelte Note, beherrscht diesen ziemlich runden und warmen Riesling.
☛ Albert Schoech, pl. du Vieux-Marché, 68770 Ammerschwihr, Tel. 03.89.78.23.17, Fax 03.89.27.51.24

PAUL SPANNAGEL Riesling 1995*

	0,59 ha	3 000	30-50F

Dieser zunächst ein wenig verschlossene Riesling entfaltet nach und nach Noten von feinen Gewürzen und zeigt ein leicht rauchiges Aroma. Er ist ausgewogen und nachhaltig und dürfte an Komplexität gewinnen. Lagern.
☛ Paul Spannagel et Fils, 1, Grand-Rue, 68230 Katzenthal, Tel. 03.89.27.01.70, Fax 03.89.27.45.93 ✓ ⟁ n.V.

VINCENT SPANNAGEL Riesling 1995**

	0,6 ha	3 400	50-70F

Diese Lage besitzt ein für die Übereife günstiges Mikroklima. Ihr strahlend goldgelber Riesling vereint auf glückliche Weise alle Merkmale davon, zusammen mit Noten von kandierten Früchten und Akazienhonig, die sich im Geschmack fortsetzen, und einer zarten Süße, die bis zum Abgang spürbar ist und zur Harmonie beiträgt.
☛ Vincent Spannagel, 82, rue du Vignoble, 68230 Katzenthal, Tel. 03.89.27.52.13, Fax 03.89.27.56.48 ✓ ⟁ n.V.

Alsace grand cru Winzenberg

FRANÇOIS MEYER Riesling 1995

	0,4 ha	2 000	⬤	30-50F

Das steile Anbaugebiet des Winzenberg überragt das Dorf Blienschwiller. Es ist besonders sonnenreich und besitzt einen zweiglimmrigen Granitboden, so daß es den blumigen Charakter der Weine begünstigt. Dieser hier zeigt Noten von Akazienblüten, die auch im Geschmack hervortreten. Er ist wohlausgewogen und ziemlich nachhaltig.
☛ François Meyer, 55, rte du Vin, 67650 Blienschwiller, Tel. 03.88.92.45.67, Fax 03.88.92.45.67 ✓ ⟁ n.V.

FRANÇOIS MEYER Gewurztraminer 1995

	0,22 ha	1 200	⬤	50-70F

Der Winzenberg begünstigt dank seiner Steilheit und seiner Südsüdostlage in Verbindung mit einem Granitboden die aromatische Feinheit. Obwohl dieser Gewürztraminier im Geruch ein wenig zurückhaltend ist, kann er an Ausdruckskraft gewinnen. Er zeigt sich wohlausgewogen.
☛ François Meyer, 55, rte du Vin, 67650 Blienschwiller, Tel. 03.88.92.45.67, Fax 03.88.92.45.67 ✓ ⟁ n.V.

Alsace grand cru Zinnkoepflé

LEON BOESCH ET FILS
Tokay-pinot gris 1995*

	0,38 ha	2 000	⬤	50-70F

Bei Léon und Gérard Boesch weist die aus Stroh geflochtene Kellertür auf den Fortbestand der traditionellen Praktiken hin, die den Weinen Persönlichkeit verleihen. Dieser angenehm goldfarbene Tokay entfaltet eine Fruchtigkeit mit exotischen Noten. Er ist wohlausgewogen und rund und kann gut altern.
☛ Léon Boesch et Fils, 4, rue du Bois, 68570 Soultzmatt, Tel. 03.89.47.01.83, Fax 03.89.47.64.95 ✓ ⟁ n.V.

LEON BOESCH ET FILS Riesling 1995

	k. A.	2 000	⬤	50-70F

Die Grands crus vom Zinnkoepflé sind in ihrer Jugend recht angenehm und werden mit der Zeit noch besser. Man muß sie oft ein wenig altern lassen. Das gilt auch für diesen Riesling mit dem Zitrusaroma, das von blumigen und bodentypischen Noten begleitet wird. Im Geschmack beweist er eine Ausgewogenheit und Feinheit, die oft die Eigenart von Weinen ist, die von leichten, steinigen Böden stammen. Er muß jedoch intensiver werden.
☛ Léon Boesch et Fils, 4, rue du Bois, 68570 Soultzmatt, Tel. 03.89.47.01.83, Fax 03.89.47.64.95 ✓ ⟁ n.V.

ALSACE

Alsace grand cru Zotzenberg

DIRINGER Gewurztraminer 1995*

| | k. A. | 4 300 | 🍷 | 50-70 F |

Die steilen Hänge des Zinnkoepflé überragen das Vallée Noble. Das sehr trockene Mikroklima dieser Lage und sein Muschelkalkboden sind besonders günstig für den Gewurztraminer. Dieser hier ist im Geruch fein. Der fruchtig-blumige Geschmack verbindet Ausgewogenheit und Eleganz.

☎ GAEC Diringer, 18, rue de Rouffach, 68250 Westhalten, Tel. 03.89.47.01.06, Fax 03.89.47.62.64 ☑ ⚹ n.V.

DIRINGER Riesling 1995**

| | 0,5 ha | 2 400 | 🍷 | 50-70 F |

Dieser blaßgoldene 95er bietet einen intensiven Duft, in dem sich Noten von Bodengeruch mit dem Aroma von Zitrusfrüchten vermischen. Der schöne Ausdruck setzt sich im Geschmack fort. Der trockene Charakter dieses Riesling erhöht den sortentypischen Charakter und verleiht dem Wein die Dimenson eines Grand cru.

☎ GAEC Diringer, 18, rue de Rouffach, 68250 Westhalten, Tel. 03.89.47.01.06, Fax 03.89.47.62.64 ☑ ⚹ n.V.

RAYMOND ET MARTIN KLEIN
Gewurztraminer Vendanges tardives 1994**

| | 2 ha | 3 000 | 🍷 | 70-100 F |

Soultzmatt, ein dynamisches und reizvolles Dorf, hat es verstanden, sich dem Fremdenverkehr zu öffnen. Es liegt am Fuße des Zinnkoepflé, einer Grand-cru-Lage, die originelle Weine hervorbringt. Raymond Klein und Sohn Martin bewirtschaften hier etwa 3 ha. Wir denken an den 93er Gewurztraminer zurück, den die Jury zu einem Lieblingswein wählte. Der 94er ist nicht aus der Art geschlagen : goldgelbe Farbe, fein blumig im Duft (Veilchen und Rosen). Dieser Wein ist sanft, gehaltvoll, harmonisch, von großer Länge und sehr fein. Er muß noch altern.

☎ GAEC Raymond et Martin Klein, 61, rue de la Vallée, 68570 Soultzmatt, Tel. 03.89.47.01.76, Fax 03.89.47.64.53 ☑ ⚹ tägl. 9h-12h 14h-19h

RAYMOND ET MARTIN KLEIN
Tokay-pinot gris 1995*

| | 0,36 ha | 2 500 | 🍷 | 50-70 F |

Dieser Tokay trägt den Stempel seines Kalksteinbodens mit dem warmen, trockenen Mikroklima. Helle Farbe, zurückhaltend im Geruch. Er enthüllt im Geschmack eine angenehme Fruchtigkeit.

☎ GAEC Raymond et Martin Klein, 61, rue de la Vallée, 68570 Soultzmatt, Tel. 03.89.47.01.76, Fax 03.89.47.64.53 ☑ ⚹ tägl. 9h-12h 14h-19h

ERIC ROMINGER
Gewurztraminer Les Sinneles 1995**

| | 0,8 ha | k. A. | 🍷 | 50-70 F |

In diesem Weinberg wachsen die Rebstöcke bis zu einer Höhe von mehr als 400 m. Die seit Urzeiten bekannte Reblage hat ihren Namen von der Sonne, die man hier in einem Kult verehrte. Sollten die Strahlen des Tagesgestirns nicht in diesen Gewurztraminer geflossen sein ? Der 95er bietet würzige und fruchtige Noten und enthüllt Kraft und eine schöne Ausgewogenheit zwischen Fett und Säure. Ein harmonischer Wein, »gleichzeitig verführerisch und seriös«, um die Worte eines Jurymitglieds aufzugreifen.

☎ Eric Rominger, 6, rue de l'Eglise, 68500 Bergholtz, Tel. 03.89.76.14.71, Fax 03.89.74.81.44 ☑ ⚹ Mo-Sa 10h-11h30 13h-18h ; So n. V.

ERIC ROMINGER Riesling 1995

| | 0,8 ha | k. A. | 🍷 | 50-70 F |

Auf dem Zinnkoepflé begünstigen der Muschelkalkboden und die Südlage den aromatischen Reichtum und die Struktur der Weine. Dieser hier verführt durch einen Duft, der Blütennoten mit vollreifen Zitrusfrüchten vereint. Nach einer schönen Ansprache wird er von einer Rundheit beherrscht, die nicht den Bodencharakter überdeckt. In ein bis zwei Jahren wird er an harmonischer Verschmolzenheit gewinnen.

☎ Eric Rominger, 6, rue de l'Eglise, 68500 Bergholtz, Tel. 03.89.76.14.71, Fax 03.89.74.81.44 ☑ ⚹ Mo-Sa 10h-11h30 13h-18h ; So n. V.

Alsace grand cru Zotzenberg

ARMAND GILG Riesling 1995*

| | 1,43 ha | 8 400 | 🍷 | 50-70 F |

Auch wenn diese Mergel- und Kalkstein-Lage ihr Ansehen dem Sylvaner verdankt, finden die edlen Rebsorten hier einen feinen Ausdruck. Mit seinem frischen Aroma erweckt dieser Riesling den Eindruck, als würde man in Trauben beißen. Eine blumige Note ergänzt den Geruch. Im Geschmack bewirkt der gut verschmolzene Stoff einen gefälligen Abgang.

☎ GAEC Armand Gilg et Fils, 2-4, rue Rotland, 67140 Mittelbergheim, Tel. 03.88.08.92.76, Fax 03.88.08.25.91 ☑ ⚹ n.V.

RIEFFEL Riesling 1995

| | 0,26 ha | 2 000 | | 30-50 F |

Dieser feine, fruchtige Riesling mit den Zitrusnoten bleibt bei der Frucht und bietet eine gute, sortentypische Ansprache. Er besitzt eine leichte Struktur und ist harmonisch.

🍇 André Rieffel, 11, rue Principale,
67140 Mittelbergheim, Tel. 03.88.08.95.48,
Fax 03.88.08.28.94 ✅ ⏳ n.V.

DOM. JEAN-MARC WANTZ
Riesling 1995★

| ☐ | 0,25 ha | 2 000 | 🍷 | 30-50 F |

Dieser Riesling mit dem komplexen, blumigen Duft, der exotische Noten enthält, zeigt sich strukturiert und harmonisch. Er dürfte sich in drei bis vier Jahren entfalten.
🍇 Jean-Marc Wantz, 3, rue des Vosges,
67140 Mittelbergheim, Tel. 03.88.08.91.43,
Fax 03.88.08.58.74 ✅ ⏳ n.V.

Crémant d'Alsace

Die Schaffung dieser Appellation im Jahre 1976 hat der Produktion von Schaumweinen, die nach der traditionellen Methode der Flaschengärung hergestellt werden, zu neuem Aufschwung verholfen, nachdem sie lange Zeit sehr beschränkt war. Die Rebsorten, aus denen dieser immer beliebter werdende Schaumwein zusammengestellt werden darf, sind Pinot blanc, Auxerrois, Pinot gris, Pinot noir, Riesling und Chardonnay. 1996 wurden 141 339 hl Crémant d'Alsace produziert; das sind 12,1 % der elsässischen AOC-Produktion.

DOM. ALLIMANT-LAUGNER 1994

| ○ | 1,5 ha | 15 000 | 🍷🥂 | 30-50 F |

Hubert Laugner gehört zu den jungen, begeisterten Winzern. Sein fast 11 ha großer Weinbaubetrieb befindet sich zu Füßen der Burg Haut-Kœnigsbourg. Dieser zunächst zurückhaltende Wein zeigt sich gefällig aufgrund seiner Fruchtigkeit, die Quittennoten enthält, und seiner guten Gesamtharmonie.
🍇 Allimant-Laugner, 10-12, Grand-Rue,
67600 Orschwiller, Tel. 03.88.92.06.52,
Fax 03.88.82.76.38 ✅ ⏳ Mo-Sa 8h-12h 13h-18h ; So n. V.

BARON DE HOEN Blanc de noirs 1994★★

| ○ | 5 ha | 26 000 | | 30-50 F |

Diese Genossenschaftskellerei im Zentrum von Beblenheim war eine der ersten, die Crémant herstellte. Der Pinot noir meldet sich in diesem hier auf hübsche Weise zu Wort. Graugoldene Farbe, reiches, typisches Aroma, angenehme Fruchtigkeit im Geschmack. Ein genußvoller Wein.
🍇 Cave vinicole de Beblenheim, 14, rue de Hoen, 68980 Beblenheim, Tel. 03.89.47.90.02, Fax 03.89.47.86.85 ✅ ⏳ n.V.

BERNARD BECHT 1994★

| ○ | k. A. | 5 000 | 🍷🥂 | 30-50 F |

Eine romanische Kirche, ein Brunnen und Renaissancehäuser machen den Reiz des Dorfes Dorlisheim aus. Eine weitere Attraktion ist dieser Crémant mit dem schönen Aussehen und dem typischen, ausdrucksvollen Duft. Füllig, ausgewogen und angenehm nachhaltig.
🍇 Bernard Becht, 84, Grand-Rue,
67120 Dorlisheim, Tel. 03.88.38.20.37,
Fax 03.88.38.88.00 ✅ ⏳ n.V.

EMILE BEYER 1994

| ○ | 2 ha | 12 000 | | 30-50 F |

Dieses altehrwürdige Haus, das unweit des Schlosses von Eguisheim steht, war früher einmal ein Hotel ; es beherbergte im Jahre 1675 Turenne. Hier präsentiert es einen sehr jugendlichen Crémant : Sein ausdrucksvolles Aroma, seine blumigen und fruchtigen Noten, seine Eleganz und sein angenehmer Abgang machen ihn würdig, in unserem Weinführer zu erscheinen.
🍇 Maison Emile Beyer, 7, pl. du Château,
68420 Eguisheim, Tel. 03.89.41.40.45,
Fax 03.89.41.64.21 ✅ ⏳ tägl. 8h-12h 14h-18h ; Gruppen n. V.

CLEROTSTEIN 1994★

| ○ | 26 ha | 34 000 | 🍷🥂 | 30-50 F |

Diese Genossenschaftskellerei, die sich im äußersten Norden des elsässischen Weinbaugebiets befindet, vereinigt die Produktion von etwa 165 ha, die überwiegend mit Tokay-Pinot gris bestockt sind. Diese Cuvée enthüllt den Reichtum dieser Rebsorte, zusammen mit einem fruchtigen Aroma und einer guten Ausgewogenheit zwischen angenehmer Frische und rassigem Charakter.
🍇 Cave vinicole de Cléebourg, rte du Vin,
67160 Cléebourg, Tel. 03.88.94.50.33,
Fax 03.88.94.57.08 ✅ ⏳ tägl. 8h-12h 13h30-18h

ANDRE DOCK 1994★

| ○ | 0,5 ha | 5 000 | 🍷 | 30-50 F |

Das Dorf Heiligenstein, das am Fuße des Mont Sainte-Odile liegt, bietet die Möglichkeit zu schönen Spaziergängen zwischen Rebflächen und Wäldern. Diese Winzerfamilie arbeitet hier seit mehreren Generationen. Ihr Crémant hat die Jury verführt : mit einem anhaltenden Perlen, das die helle Robe krönt, einem feinfruchtigen Aroma, einer nervigen Ansprache und danach einem Gerüst, das ihm eine gute Harmonie verleiht.
🍇 André et Christian Dock, 20, rue Principale, 67140 Heiligenstein, Tel. 03.88.08.02.69, Fax 03.88.08.19.72 ✅ ⏳ n.V.

CHRISTIAN DOLDER 1994

| ○ | 0,7 ha | 8 100 | 🍷 | 30-50 F |

Ein junger, 1952 entstandener Weinbaubetrieb, aber eine Familie, die sich seit 200 Jahren dem Wein widmet. Sie präsentiert einen Crémant mit einem frischen, recht feinen Aroma, das man im Geschmack wiederfindet. Der fruchtige, elegante Abgang wurde gewürdigt.

Crémant d'Alsace

🖂 Christian Dolder, 4, rue Neuve,
67140 Mittelbergheim, Tel. 03.88.08.96.08,
Fax 03.88.08.50.23 ☑ ⊥ n.V.

FERNAND ENGEL ET FILS 1994*

| ○ | 0,6 ha | 5 080 | 30-50 F |

Dieser über 30 ha große Familienbetrieb gehört zu den größten elsässischen Weingütern. Sein Crémant bringt gut die Chardonnay-Traube zum Ausdruck, aus der er hergestellt worden ist. Er ist durch ein feines, blumiges und sogar leicht moschusartiges Aroma gekennzeichnet. Dieser Ausdruck kehrt in schöner Harmonie im Geschmack wieder.
🖂 GAEC Fernand Engel et Fils, 1, rte du Vin, 68590 Rorschwihr, Tel. 03.89.73.77.27, Fax 03.89.73.63.70 ☑ ⊥ n.V.

JOSEPH FREUDENREICH 1994*

| ◐ | 0,5 ha | 5 000 | 🍴 | 30-50 F |

Dieser unweit vom Schloß von Eguisheim gelegene ehemalige Zehnthof war Eigentum des Konvents von Unterlinden (heute Museum) in Colmar. Marc Freudenreich hat einen sortentypischen Rosé-Crémant erzeugt, mit schillernd roten Farbnuancen, angenehm, frisch und fruchtig.
🖂 Joseph Freudenreich et Fils, 3, cour Unterlinden, 68420 Eguisheim, Tel. 03.89.41.36.87, Fax 03.89.41.67.12 ☑ ⊥ tägl. 8h-12h 13h30-19h ; Gruppen n. V.

LOUIS FREYBURGER ET FILS
Blanc de blancs 1994*

| ○ | k. A. | 15 000 | 30-50 F |

Ein Weinbaubetrieb, der seit 1972 von André Freyburger geführt wird. Sein Crémant überrascht angenehm durch seinen ausdrucksvollen, reichhaltigen Duft. Der Geschmack bietet die gleiche Intensität und erregt die Aufmerksamkeit durch seine Harmonie und seinen typischen Charakter.
🖂 Louis Freyburger et Fils, 1, rue du Maire-Witzig, 68750 Bergheim, Tel. 03.89.73.63.82, Fax 03.89.73.37.72 ☑ ⊥ Mo-Sa 9h-11h45 13h30-18h ; Gruppen n. V.

ARMAND GILG 1994*

| ○ | 2,43 ha | 28 000 | 🍴 | 30-50 F |

Diese Winzerfamilie, die seit dem 16. Jh. in dem hübschen Ort Mittelbergheim lebt, war recht erfolgreich mit ihrem Crémant. Sein Aroma ist fein, ein wenig zurückhaltend. Die Jury hat seine Ausgewogenheit, Frische und Länge geschätzt.
🖂 GAEC Armand Gilg et Fils, 2-4, rue Rotland, 67140 Mittelbergheim, Tel. 03.88.08.92.76, Fax 03.88.08.25.91 ☑ ⊥ n.V.

JOSEPH GSELL 1994**

| ○ | 1,1 ha | 9 000 | 30-50 F |

Das Fest des Crémant ist ein markantes Ereignis in Orschwihr, der Gemeinde, in der dieser gute Winzer lebt. Sein Crémant fiel auf. Eine gelbe Farbe kündigt ein sehr angenehmes Zitrusaroma an, das ein bemerkenswerter Schaum betont. Der wohlausgewogene Geschmack enthüllt guten Stoff.

🖂 Joseph Gsell, 26, Grand-Rue,
68500 Orschwihr, Tel. 03.89.76.95.11,
Fax 03.89.76.20.54 ☑ ⊥ Mo-Sa 8h-19h

BERNARD ET DANIEL HAEGI 1995*

| ○ | 1 ha | 6 300 | 30-50 F |

Das hübsche Dorf Mittelbergheim ragt aus einem Rebenmeer hervor, das sich bis zum Tiefland erstreckt. Dort bewirtschaftet die Familie Haegi fast 8 ha. Sie präsentieren einen etwas hellen Crémant mit feinen, fruchtigen Nuancen und einer lebhaften, angenehmen Ansprache. Seine Ausgewogenheit und sein Aroma machen ihn zu einem »schönen Herbstwein«, um die Formulierung eines Verkosters aufzugreifen.
🖂 GAEC Bernard et Daniel Haegi, 33, rue de la Montagne, 67140 Mittelbergheim, Tel. 03.88.08.95.80 ☑ ⊥ n.V.

HAULLER Cuvée Saint Sébastien 1994*

| ○ | k. A. | k. A. | 🍴 | 30-50 F |

Dieser 1830 gegründete Betrieb wird seit 1977 von René Hauller geleitet. Der Name dieser Cuvée bezieht sich auf die Kapelle oberhalb der Stadt. Dieser blaßgelbe, leicht fruchtige Crémant ist von guter Ausgewogenheit, typisch und trinkreif - trotz der Bitternote im Abgang.
🖂 J. Hauller et Fils, 3, rue de la Gare, 67650 Dambach-la-Ville, Tel. 03.88.92.40.21, Fax 03.88.92.45.41 ☑ ⊥ n.V.

HEBINGER 1994

| ○ | 0,75 ha | 8 500 | 🍴 | 30-50 F |

Ein Ort, in dem jedes Haus geschichtsträchtig ist. Dieses hier reicht ins Jahr 1740 zurück und wird in unserem Weinführer häufig erwähnt. Es präsentiert einen Crémant mit leichter Fruchtigkeit. Er muß sich noch entfalten, aber er ist frisch und typisch.
🖂 Jean-Victor Hebinger et Fils, 14, Grand-Rue, 68420 Eguisheim, Tel. 03.89.41.19.90, Fax 03.89.41.15.61 ☑ ⊥ n.V.

VICTOR HERTZ 1994**

| ○ | 0,34 ha | 4 000 | 🍴 | 30-50 F |

Victor Hertz bewirtschaftet seine Weinberge in drei Gemeinden am Rande des Beckens von Colmar : in Herrlisheim, Wettolsheim und Wintzenheim. Er bietet hier einen bemerkenswerten Crémant mit einer gelben, goldgelb schimmernden Farbe. Der Duft ist von schöner Fruchtigkeit, genau wie der Geschmack, der ausgewogen und von angenehmer Nachhaltigkeit ist.
🖂 SCEA Victor Hertz, 8, rue Saint-Michel, 68420 Herrlisheim, Tel. 03.89.49.31.67, Fax 03.89.49.22.84 ☑ ⊥ n.V.

DOM. JUX 1995*

| ○ | k. A. | 20 000 | 🍴 | 30-50 F |

Dieses Gut vor den Toren von Colmar gehört zur Wolfberger-Gruppe, die beim Crémant d'Alsace führend ist. Übrigens hat der Crémant von Wolfberger ebenfalls einen Stern erhalten. Der Crémant der Domaine Jux ist im Geruch noch diskret, aber von guter Feinheit. Er ist angenehm wegen seines feinen Schaums und seiner fruchtigen Harmonie im Geschmack.

Crémant d'Alsace

🍷 Dom. Jux, 5, chem. de la Fecht, 68000 Colmar, Tel. 03.89.79.13.76, Fax 03.89.79.62.93 ✔ 🍷 n.V.

J.-CH. ET D. KIEFFER
Blanc de noirs 1994★★

| | 0,6 ha | 6 000 | 🍾 | 30-50 F |

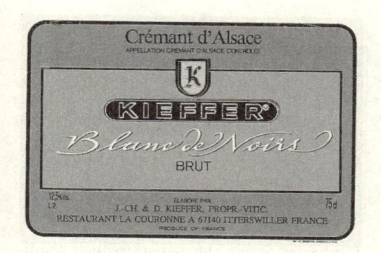

Diese seit 1737 mit dem Weinbau verbundene Familie präsentiert einen sehr verführerischen Crémant : feines Perlen und blaßgoldene Farbe. Dieser Blanc de Noirs kündigt sich mit Eleganz und Feinheit an. Er ist im Geschmack von guter Ausgewogenheit, mit einem komplexen Aroma, das sich in Noten frischer und kandierter Früchte äußert. Die Jury spendete Beifall.

🍷 Jean-Charles et Damien Kieffer, 7, rte de Vin, 67140 Itterswiller, Tel. 03.88.85.59.80, Fax 03.88.57.81.44 ✔ 🍷 n.V.

KOBUS 1994★

| | k. A. | 80 000 | 🍾🥂 | 30-50 F |

Das an touristischen Attraktionen reiche Obernai besitzt eine interessante Genossenschaftskellerei, die 1950 entstand und heute etwa 900 Mitglieder zählt. Die Jury hat diesen blaßgelben Crémant mit der feinen Fruchtigkeit gewürdigt. Er ist von guter Ausgewogenheit, ziemlich geschmeidig, kraftvoll und von angenehmer Nachhaltigkeit.

🍷 Cave vinicole d'Obernai, 30, rue du Gal-Leclerc, 67210 Obernai, Tel. 03.88.47.60.20, Fax 03.88.47.60.22 ✔ 🍷 n.V.

JEAN-CLAUDE KOESTEL 1994★

| | 0,6 ha | 5 000 | 🍾🥂 | 30-50 F |

Das Dorf Ergersheim ist bekannt wegen seiner Wallfahrt zum Altbronn und wegen seiner Kapelle Saint-Michel, die sich zwischen den Weinbergen erhebt. Dieser junge Winzer bewirtschaftet hier fast 8 ha. Sein Crémant mit der frischen Fruchtigkeit, die zuerst leicht ist und dann intensiver wird, zeigt sich typisch, von guter Ausgewogenheit und süffig.

🍷 Jean-Claude Koestel, 68, rue de Wolxheim, 67120 Ergersheim, Tel. 03.88.38.25.23, Fax 03.88.49.82.74 ✔ 🍷 n.V.

DOM. DE LA TOUR 1994★★

| | 0,8 ha | 7 000 | 🍾 | 30-50 F |

Ein uralter Keller mit Pfeilern aus rosa Sandstein, der ausschließlich Eichenholzfässer enthält. Die Blütezeit des Gebäudes reicht bis zum Jahr 1510 zurück. Ein auffälliger Crémant, der durch seine leuchtende Farbe mit den grünen Reflexen und seinen frischen, klaren Ausdruck mit den blumigen und fruchtigen Nuancen auf sich aufmerksam macht. Dieser im Geschmack wohlausgewogene 94er ist ausgezeichnet gebaut, elegant und harmonisch.

🍷 Joseph Straub Fils, 21, rte du Vin, 67650 Blienschwiller, Tel. 03.88.92.48.72, Fax 03.88.92.62.90 ✔ 🍷 Mo-Sa 8h-12h 14h-18h ; So n. V.

MARZOLF 1994

| | 0,9 ha | 3 000 | | 30-50 F |

Das Dorf Gueberschwihr, das für sein traditionelles Freundschaftsfest bekannt ist, wird von einem wunderschönen, dreistöckigen romanischen Kirchenturm überragt. Hier ein sanft schmeckender Crémant ohne übermäßige Persönlichkeit. Wegen seines recht klaren fruchtigen Ausdrucks und seiner Ausgewogenheit verdient er dennoch eine lobende Erwähnung.

🍷 GAEC Marzolf, 9, rte de Rouffach, 68420 Gueberschwihr, Tel. 03.89.49.31.02, Fax 03.89.49.20.84 ✔ 🍷 n.V.

CAVE DU ROI DAGOBERT 1994★

| | k. A. | 16 000 | | 30-50 F |

Eine sehr dynamische Kellerei, deren Name an die Merowinger erinnert, die in dieser Gegend den Weinbau verbreiteten. Sie präsentiert einen Crémant von intensiver rosa Farbe, der zunächst diskret, dann füllig ist. Sein Johannisbeeraroma und seine Reichhaltigkeit hinterlassen einen guten Eindruck.

🍷 Cave du Roi Dagobert, 1, rte de Scharrachbergheim, 67310 Traenheim, Tel. 03.88.50.69.00, Fax 03.88.50.69.09 ✔ 🍷 tägl. 9h-12h 14h-18h ; Gruppen n. V.

G. RUHLMANN 1995★

| | 1 ha | 10 000 | 🍾🥂 | 30-50 F |

Das Dorf Scherwiller, das zu Füßen der Burgen Ortenbourg und Ramstein liegt, besitzt etliche Fachwerkhäuser aus dem 18. Jh. Dort bewirtschaften die Ruhlmanns, Vater und Sohn, voller Sorgfalt über 10 ha. Die Eleganz ihres Crémant enthüllt sich in seinem Aroma frischer Früchte, das sich im Geschmack bis zum bemerkenswerten Abgang fortsetzt. Ein schöner Aperitif.

🍷 Gilbert Ruhlmann Sté de Fait, 31, rue de l'Ortenbourg, 67750 Scherwiller, Tel. 03.88.92.03.21, Fax 03.88.82.30.19 ✔ 🍷 n.V.

MICHEL SCHERB 1994

| | 0,83 ha | 9 000 | 🍷 | 30-50 F |

Gueberschwihr, das am Fuße einer Felswand aus rosa Sandstein liegt und ein reiches architektonisches Erbe besitzt, läßt niemanden unberührt. Dies gilt ebenso für diesen überaus feinen Crémant, der ein zartes Aroma, eine diskrete Fruchtigkeit und blumige Nuancen bietet.

🍷 Michel Scherb, 18, rue Haute, 68420 Gueberschwihr, Tel. 03.89.49.26.82, Fax 03.89.49.39.06 ✔ 🍷 n.V.

PIERRE SCHILLE 1994★

| | 0,52 ha | 6 000 | 🍾🥂 | 30-50 F |

Diese Winzer, alte Bekannte in unserem Weinführer, haben erst nach 1960 mit der Vermarktung ihrer Weine begonnen. Der Sohn Christophe arbeitet hier seit 1990 und hat im Laufe der

Crémant d'Alsace

letzten Jahre den Keller renoviert. Dieser Crémant ist sehr gelungen. Sein Aroma ist zwar diskret, aber er zeichnet sich durch eine schöne Frische im Geschmack aus. Ausgewogener Gesamteindruck ohne jegliche Schwere.
• Pierre Schillé et Fils, 14, rue du Stade, 68420 Sigolsheim, Tel. 03.89.47.10.67, Fax 03.89.47.39.12 n.V.

ANDRE SCHNEIDER ET FILS 1994

0,45 ha   4 500   30-50 F

Ein von einer Winzer- und Küferfamilie hergestellter Crémant. Es ist ein ausdrucksvoller Wein mit einem leichten Holzton, der von guter Ausgewogenheit ist.
• André Schneider et Fils, 3, pl. Charles-de-Gaulle, 68420 Eguisheim, Tel. 03.89.41.37.27 n.V.

MAURICE SCHUELLER 1994*

0,45 ha   5 500   30-50 F

Eine Familie, die seit dem Dreißigjährigen Krieg Wein anbaut. Ein Keller mit einer bemerkenswerten Renaissancetreppe und ein hübscher Crémant mit feinem Schaum und einer aromatischen Feinheit, die typisch für den Pinot blanc ist.
• EARL Maurice Schueller, 17, rue Basse, 68420 Gueberschwihr, Tel. 03.89.49.31.80, Fax 03.89.49.26.60 n.V.

SCHWARTZ 1994*

0,8 ha   8 000   30-50 F

Itterswiller, das von einer alten Römerstraße durchquert wird und besonders viel Blumenschmuck aufweist, ist eine gastronomische Station an der Weinstraße. Die Familie Schwartz, Vater und Sohn, trägt aktiv zum Ansehen dieses Anbaugebiets bei. Zeuge dafür ist dieser Crémant. Trotz einer als etwas übermäßig beurteilten Dosage zeigt er sich strahlend und ausdrucksvoll, kraftvoll, rassig und stoffreich. Es mangelt ihm nicht an Charakter.
• Justin et Luc Schwartz, rte Romaine, 67140 Itterswiller, Tel. 03.88.85.51.59, Fax 03.88.85.59.16 n.V.

FRANÇOIS DE SIGOLD 1995*

7,12 ha   77 000   30-50 F

Diese nach 1945 errichtete Kellerei vereinigt heute fast 200 Winzer. Sie präsentiert eine schöne Cuvée, die den Riesling mit Fruchtigkeit und Feinheit zum Ausdruck bringt. Im Geschmack ergänzen sich Frische und Ausgewogenheit im Abgang. Ein hübscher Wein, der noch lagern kann.
• La Cave de Sigolsheim, 11-15, rue Saint-Jacques, 68240 Sigolsheim, Tel. 03.89.78.10.10, Fax 03.89.78.21.93 tägl. 9h-12h 14h-17h

BRUNO SORG 1995*

1,35 ha   13 000   30-50 F

Dieser leidenschaftliche Verfechter eines maßvollen Einsatzes der Technik und Verteidiger der Qualität empfängt Sie in einem Probierkeller, der sich ganz nahe bei der Kirche, mitten in Eguisheim, befindet. Dieser Crémant ist von guter aromatischer Präsenz weit und lebhaft. Er bleibt sehr vielversprechend.
• Bruno Sorg, 8, rue Mgr-Stumpf, 68420 Eguisheim, Tel. 03.89.41.80.85, Fax 03.89.41.22.64 n.V.

PIERRE SPARR
Brut Réserve Blanc de noirs 1994**

k. A.   6 800   50-70 F

Die beiden Sterne, die diesen Crémant würdigen, bestätigen ein weiteres Mal die Meisterschaft dieses großen Hauses von Erzeugern und Händlern, das die Strenge der Methoden und die Reblagen fördert. Durch einen feinen, anhaltenden Schaum hindurch weist die altgoldene, fast rosarote Farbe auf einen Blanc de Noirs hin. Das Aroma von roten Früchten ist frisch und elegant. Die Harmonie, der Reichtum und die Frische im Geschmack ergeben einen bemerkenswerten Wein.
• Maison Pierre Sparr et ses Fils, 2, rue de la 1re -Armée, 68240 Sigolsheim, Tel. 03.89.78.24.22, Fax 03.89.47.32.62 n.V.

SPITZ ET FILS
Fronholz Blanc de noirs 1994

0,54 ha   5 000   30-50 F

Dominique Spitz hat diesem Gut, dessen Ursprung auf das Jahr 1881 zurückgeht, neuen Auftrieb gegeben. Diese Tatkraft spiegelt sich in der graphischen Gestaltung des Etiketts dieses Crémant wider. Dieser Wein ist im Geruch etwas weinig und erinnert nachdrücklich an die Pinot-noir-Trauben, aus denen er hergestellt worden ist. Er bietet erstklassigen Stoff und eine gute geschmackliche Ausgewogenheit, auf die im Abgang eine gewisse Schwere folgt.
• Spitz et Fils, 2, rte du Vin, 67650 Blienschwiller, Tel. 03.88.92.61.20, Fax 03.88.92.61.26 n.V.

ANTOINE STOFFEL 1994*

0,65 ha   6 500   30-50 F

Ein Crémant mit einem typischen, recht fruchtigen Duft und einer guten Ansprache, angenehm und nachhaltig. Gute Arbeit.
• Antoine Stoffel, 21, rue de Colmar, 68420 Eguisheim, Tel. 03.89.41.32.03, Fax 03.89.24.92.07 Mo-Sa 8h-12h 14h-17h30

CAVE DU VIEIL ARMAND
Cuvée du Vieil Armand 1995*

13 ha   100 000   30-50 F

Diese Genossenschaftskellerei befindet sich am Fuße des Vieil-Armand, eines im Ersten Weltkrieg umkämpften Berges. Sie hat die Crémant-Produktion auf eine Anbaufläche von etwa

13 ha beschränkt. Dieser Wein enthüllt seinen typischen Charakter durch seine sehr angenehme Ansprache, seine Frische und seine geschmackliche Fülle.

🍇 Cave vinicole du Vieil-Armand,
68360 Soultz-Wuenheim, Tel. 03.89.76.73.75,
Fax 03.89.76.70.75 ▩ ⏳ n.V.

LAURENT VOGT 1994*

| ○ | 0,8 ha | k. A. | ∎ 30-50 F |

Dieser feine, vornehme Crémant duftet blumig und im Geschmack gut strukturiert und von großer Nachhaltigkeit.

🍇 Laurent Vogt, 4, rue des Vignerons,
67120 Wolxheim, Tel. 03.88.38.50.41,
Fax 03.88.38.50.41 ▩ ⏳ n.V.

PIERRE-PAUL ZINK 1994*

| ○ | 0,67 ha | 8 000 | ⏸ 🍷 | 30-50 F |

Die Familie Zink hat vor 15 Jahren mit der Herstellung von Crémants begonnen. Dieser 94er ist angenehm und zeichnet sich durch seine aromatische Feinheit mit blumigen Noten aus. Seine Lebhaftigkeit hindert ihn nicht daran, Eleganz zu bezeugen.

🍇 Pierre-Paul Zink, 27, rue de la Lauch,
68250 Pfaffenheim, Tel. 03.89.49.60.87,
Fax 03.89.49.73.05 ⏳ n.V.

Die ostfranzösischen Weine

Die Anbaugebiete der Côtes de Toul und der Mosel bleiben die beiden letzten Zeugnisse des früher einmal blühenden lothringischen Weinbaus. Blühend, was die Größe des lothringischen Weinbaugebiets betrifft (1890 über 30 000 ha), wie auch hinsichtlich seines Rufes. Ihren Höhepunkt hatten die beiden Anbaugebiete Ende des 19. Jh. Danach kamen leider mehrere Faktoren zusammen, die zu ihrem Niedergang führten: die Reblauskrise, die eine Verwendung geringwertigerer Hybriden zur Folge hatte, die wirtschaftliche Krise des Weinbaus im Jahre 1907, die Nähe der Schlachtfelder im Ersten Weltkrieg und die Industrialisierung der Region, die eine starke Landflucht nach sich zog. Erst 1951 erkannten die Behörden den eigenständigen Charakter dieser Anbaugebiete offiziell an und legten die AOVDQS Côtes de Toul und Vins de Moselle fest, wodurch sie diese Weine endgültig unter die großen französischen Weine einreihten.

Côtes de Toul AOVDQS

Das westlich von Toul und des charakteristischen Bogens der Mosel gelegene Weinbaugebiet befindet sich auf dem Boden von acht Gemeinden; diese verteilen sich entlang einem Hang, der durch die Erosion von Sedimentschichten aus dem Pariser Becken entstanden ist. Man stößt hier auf Böden aus der Juraformation, die aus Lehm der Oxford-Stufe sowie aus beachtlichen Mengen von Kalksteingeröll bestehen, sehr gut entwässert sind und nach Süden oder Südosten liegen.

Das semikontinentale Klima, das im Sommer höhere Temperaturen bewirkt, ist günstig für die Reben. Doch häufig gibt es Fröste im Frühjahr.

Die Gamay-Rebe dominiert noch immer, obwohl sie zugunsten von Pinot noir deutlich zurückgeht. Der Verschnitt dieser beiden Rebsorten erzeugt typische *Vins gris*, »graue Weine«, d. h. sehr helle Roséweine, die man durch unmittelbares Keltern der Trauben erhält. Wenn die Pinot-noir-Rebe allein als Rotwein vinifiziert wird, liefert sie körperreiche, angenehme Weine. Der aus dieser Gegend stammende Auxerrois, der sich beständig auf dem Vormarsch befindet, erzeugt zarte Weißweine.

Moselle AOVDQS

Die Rebfläche umfaßt gegenwärtig fast 100 ha, die bisweilen mehr als 6 000 hl produzieren.

Eine ab Toul hervorragend ausgeschilderte »Wein- und Mirabellenstraße« durchquert das Weinbaugebiet.

VINCENT GORNY
Vin gris Cuvée Tradition 1996**

| | 2 ha | 13 000 | | -30 F |

Dieser »graue Wein«, der von einem 14 Jahre alten Weinberg stammt, besitzt eine schöne, typische Farbe. Der Geruchseindruck ist angenehm. Der ebenfalls typische Geschmack, rund und gefällig, steht ihm in nichts nach. Ein guter, trinkreifer Toul-Wein. Die »Cuvée médaillée« erhält dieselbe Note, obwohl die Reben, die sie hervorgebracht haben, jünger sind. Alles an ihr ist gelungen : die Farbe, der entfaltete Duft, der angenehme Geschmack und die Nachhaltigkeit. Ein schöner Doppeltreffer !
↱ Vincent Gorny, 22, Grand-Rue, 54200 Lucey, Tel. 03.83.63.81.87, Fax 03.83.63.80.41 ☑ ⍭ Mo-Sa 9h-12h 13h30-19h

LAROPPE Pinot noir 1996***

| ■ | 2 ha | 12 000 | | 30-50 F |

Alles läuft für die Laroppes günstig : ihr »Grauer«, der ausschließlich aus Gamay-Trauben des Jahrgangs 1996 hergestellt worden ist, erhält zwei Sterne. Aber was sollte man über diesen Rotwein sagen ? Ein Pinot noir in seiner ganzen Schönheit. Seine klare, strahlende Granatfarbe, sein angenehmer, typischer, ausdrucksvoller Duft, seine dynamische Ansprache und sein Gerüst zeugen von einem reichhaltigen Stoff, der die Jury verführt hat. Dieser Wein ist schon gefällig, kann aber auch lagern.
↱ Marcel et Michel Laroppe, 253, rue de la République, 54200 Bruley, Tel. 03.83.43.11.04, Fax 03.83.43.36.92 ☑

LAROPPE Auxerrois 1996**

| ☐ | 2 ha | 12 000 | | 30-50 F |

Das ist der schönste Auxerrois des Jahres ! Sein hübsche, strahlende blaßgelbe Farbe und sein sehr typischer Duft bieten viel Feinheit. Der Geschmack zeigt sich angenehm, fein, sehr ausgewogen und von bemerkenswerter Länge.
↱ Marcel et Michel Laroppe, 253, rue de la République, 54200 Bruley, Tel. 03.83.43.11.04, Fax 03.83.43.36.92 ☑

ANDRE ET ROLAND LELIEVRE
Vin gris 1996

| ◢ | 10,18 ha | 22 000 | | 30-50 F |

Die Familie Lelièvre kann sich rühmen, die gut gelegenen Weinberge zu besitzen, die vor der Französischen Revolution von den Bischöfen von Toul genutzt wurden. Einer ihrer Weine war schon ein Lieblingswein im Hachette-Weinführer. Dieser 96er »graue Wein« zeigt sich in einer etwas blassen, aber strahlenden Farbe. Der Duft ist zwar diskret, aber im Geschmack erweist sich der Wein als angenehm und recht typisch. Man sollte ihn in diesem Herbst zu einer lothringischen Fleischpastete trinken.
↱ André et Roland Lelièvre, 1, rue de la Gare, 54200 Lucey, Tel. 03.83.63.81.36, Fax 03.83.63.84.45 ☑ ⍭ Mo-Sa 8h-19h ; So 14h-18h30

LES VIGNERONS DU TOULOIS
Pinot noir 1996**

| ■ | | k. A. | 8 400 | | -30 F |

Die Kellerei des Toulois ist die kleinste Genossenschaftskellerei Frankreichs ! Aber sie wirkt daran mit, daß die Weine ihrer Region Anerkennung finden, wie dieser herrliche Wein beweist. Er ist aus Pinot noir von einem lehmig-kalkhaltigen Boden hergestellt. Seine hübsche, lebhaft rote Farbe und sein angenehmer, leicht würziger Duft, der voller Charme ist, kündigen seine sehr gute Ausgewogenheit im Geschmack an, der ein wenig tanninreich und von schöner Länge ist. Vielversprechend.
↱ Les Vignerons du Toulois, 43, pl. de la Mairie, 54113 Mont-le-Vignoble, Tel. 03.83.62.59.93, Fax 03.83.62.59.93 ☑ ⍭ Di-So 14h-18h

LES VIGNERONS DU TOULOIS
Auxerrois 1996*

| ☐ | | k. A. | 3 700 | | -30 F |

Hübsche, strahlende Farbe. Der Geruchsdruck ist typisch : frisch, mit einem feinen, unaufdringlichen Blütenaroma. Der Geschmack enthüllt einen Hauch von Kohlensäure, der sich verflüchtigt. Die Gesamtharmonie macht ihn zu einem schönen Wein, den man schon jetzt in der Laube trinken kann.
↱ Les Vignerons du Toulois, 43, pl. de la Mairie, 54113 Mont-le-Vignoble, Tel. 03.83.62.59.93, Fax 03.83.62.59.93 ☑ ⍭ Di-So 14h-18h

Moselle AOVDQS

Das Weinbaugebiet liegt auf den Hängen des Moseltals ; diese sind aus den Sedimentschichten entstanden, die den Westrand des Pariser Beckens bilden. Die ausgewiesene Anbaufläche konzentriert sich um zwei Schwerpunkte : der erste südlich und westlich von Metz, der zweite in der Gegend von Sierck-les-Bains. Der Weinbau ist von den Anbaumethoden im sehr nahen Luxemburg beeinflußt, wo die Rebstöcke in Hoch- und Weitraumkultur erzogen werden und trockene, fruchtige Weine dominieren. In der Produktionsmenge bleibt diese AOVDQS sehr bescheiden. Einer weiteren Ausdehnung steht die extreme Zerstückelung der Region entgegen.

Die Festlegung der Parzellen wurde in den 19 Gemeinden der Appellation durchgeführt. Außerdem wurde eine neue Rebsorte eingeführt, die Müller-Thurgau-Rebe, die in den Dörfern nahe der luxemburgischen Grenze eine wichtige Rolle spielt. Der Höchstertrag liegt künftig bei 60 hl/ha.

CLAUDE GAUTHIER
Cuvée Georges de La Tour 1996

| | 0,48 ha | k. A. | 30-50F |

Das Bild *Der Falschspieler mit dem Karo-As* von Georges de La Tour schmückt das Etikett dieses Weins, der die Aufmerksamkeit der Jury durch seine intensive, dunkle Farbe erregt hat. Der schöne, gefällige Duft zeigt Noten von roten Früchten. Der tanninreiche, noch ein wenig strenge Geschmack muß sich entwickeln. Dennoch besitzt dieser Wein ein interessantes Potential.

Claude Gauthier, 23, rue Principale, 57590 Manhoué, Tel. 03.87.05.41.41, Fax 03.87.05.41.91 n.V.

CENTRE DE LAQUENEXY
Pinot noir 1996*

| | 0,18 ha | 1 400 | -30F |

Seit fast einem Jahrhundert ist dieses Weinbauzentrum eine Versuchsstätte. 1996 präsentiert es einen Pinot noir mit intensiver Farbe, einem schönen Rot. Der kräftige Duft ist durch die Rebsorte geprägt, wie es das Aroma roter Früchte zeigt. Gute Nachhaltigkeit im Geschmack.

CDEF de Laquenexy, 4, rue Bourger-et-Perrin, 57530 Laquenexy, Tel. 03.87.64.40.13, Fax 03.87.64.49.64 n.V.

J. MANSION-WELFERINGER
Pinot gris 1996*

| | 0,26 ha | 1000 | -30F |

Monsieur Mansion ist Schaffner bei der SNCF, der Staatlichen französischen Eisenbahngesellschaft, er hat das Familiengut nicht aufgegeben, wo er sich seit 1972 bemüht, gute Weine zu erzeugen. Dieser 96er wird ihn in dieser Anstrengung bestärken. Hinter der schönen strohgelben Farbe zeigt sich der Duft relativ zurückhaltend, aber der Geschmack enthüllt potentielle Qualitäten. Man stellt darin gekochte Backpflaumen und rauchige Noten fest.

Joseph Mansion, 1, rue du Pressoir, 57480 Contz-les-Bains, Tel. 03.82.83.84.91 n.V.

MICHEL MAURICE Auxerrois 1996*

| | 0,67 ha | 4 700 | -30F |

Dem Haus Maurice gelingen oft sehr schöne Auxerrois-Weine, denn das Klima und der lothringische Boden sind ihrer Qualität nicht abträglich. Das Talent des Erzeugers ermöglicht es, aus dieser Rebsorte das Optimale herauszuholen. Blaßgelbe Farbe mit grünen Reflexen. Dieser 96er bietet im Geruch Pfirsich- und Aprikosennoten und eine große Feinheit. Im Geschmack zeigen sich eine sehr gute Ausgewogenheit und eine beachtliche Länge.

Michel Maurice, 1-3, pl. Foch, 57130 Ancy-sur-Moselle, Tel. 03.87.30.90.07 n.V.

MICHEL MAURICE Pinot gris 1996**

| | 0,15 ha | 900 | -30F |

Schöne, strahlende grüne Reflexe kündigen einen bemerkenswerten Genuß an. Das exotische Aroma entfaltet sich wirklich lang, in der Nase ebenso wie im Mund. Dieser ausgewogene Wein, der eine angenehme Lebhaftigkeit besitzt, plädiert für die Mosel.

Michel Maurice, 1-3, pl. Foch, 57130 Ancy-sur-Moselle, Tel. 03.87.30.90.07 n.V.

MICHEL MAURICE Pinot-Gamay 1996*

| | 0,47 ha | 5 300 | -30F |

Dem hellen Lachsrot mangelt es zwar vielleicht an Intensität, aber der Duft enthüllt kräftige exotische Noten, wie sie für diesen Weintyp eigentümlich sind. Der gefällige Geschmack bietet ein Mango- und Kiwiaroma. Schöne Länge im Abgang.

Michel Maurice, 1-3, pl. Foch, 57130 Ancy-sur-Moselle, Tel. 03.87.30.90.07 n.V.

JEANNE SIMON-HOLLERICH
Auxerrois 1996

| | 0,2 ha | 2 000 | -30F |

Neun Monate Ausbau im Barrique haben diesen sehr blassen Weißwein mit dem pflanzlichen Geruch hervorgebracht. Der Geschmack bleibt zurückhaltend, zeigt aber eine schöne Ausgewogenheit.

Mme Jeanne Simon-Hollerich, 16, rue du Pressoir, 57480 Contz-les-Bains, Tel. 03.82.83.74.81, Fax 03.82.83.69.70 n.V.

JEANNE SIMON-HOLLERICH
Pinot blanc 1996

| | 0,4 ha | 3 000 | -30F |

Blaßgelbe Farbe mit grünlichen Reflexen. Dieser Pinot blanc zeigte sich im März 1997 im Geruch sehr zurückhaltend. Der Geschmack war noch verschlossen. Doch seine Lebhaftigkeit verbirgt ein gutes Potential. Man kann ihn schon in diesem Herbst servieren.

Mme Jeanne Simon-Hollerich, 16, rue du Pressoir, 57480 Contz-les-Bains, Tel. 03.82.83.74.81, Fax 03.82.83.69.70 n.V.

BEAUJOLAIS UND LYONNAIS

Beaujolais

Das Beaujolais ist zwar offiziell - dem Gesetz nach - mit dem Weinbaugebiet Burgund verbunden, aber es besitzt dennoch einen eigenständigen Charakter, der sich längst eingebürgert hat. Er wird überdies durch die tatkräftige Werbung für seine Weine betont, die eifrig von all denen betrieben wird, die den Beaujolais in der ganzen Welt berühmt gemacht haben. Wer könnte somit nicht wissen, daß jedes Jahr am dritten Donnerstag im November der »neue« Beaujolais eintrifft ? Schon vom Anbaugebiet her unterscheidet sich die Landschaft von den Weinbergen des berühmten Nachbarn. Hier gibt es kein gerades, fast regelmäßiges Band von Hängen, sondern ein Wechselspiel von Hügeln und Tälern, so daß zahlreiche sonnenbeschienene Hänge entstehen. Auch die Häuser, bei denen Hohlziegel an die Stelle von Flachziegeln treten, wirken bereits südfranzösisch.

Das Beaujolais, der äußerste Süden von Burgund und schon die Pforte zu Südfrankreich, umfaßt 22 500 ha in 96 Gemeinden der Departements Saône-et-Loire und Rhône. Es mißt von Norden nach Süden 50 km ; seine durchschnittliche Breite beträgt etwa 15 km, wobei der nördliche Teil schmäler und der südliche Teil breiter ist. Im Norden besteht keine klare Abgrenzung zum Mâconnais. Im Osten dagegen bildet die Tiefebene der Saône, wo die Flußschleifen des majestätischen Stroms in der Sonne funkeln, eine deutliche Grenze. Julius Cäsar sagte von der Saône, sie fließe so langsam, daß das Auge fast nicht unterscheiden könne, in welche Richtung sie sich bewege. Im Westen bilden die Berge des Beaujolais die ersten Ausläufer des Zentralmassivs, deren höchste Erhebung, der Mont Saint-Rigaux (1012 m), wie ein Grenzstein zwischen dem Gebiet der Saône und dem Gebiet der Loire erscheint. Im Süden schließlich folgt das Weinbaugebiet von Lyon ; es reicht bis zu der Großstadt, die - wie jedermann weiß - von drei »Flüssen« gespeist wird : der Rhône, der Saône und dem - Beaujolais !

Mit Sicherheit verdanken die Weine des Beaujolais viel der Stadt Lyon, deren Weinlokale, die berühmten »*bouchons*«, sie von jeher versorgen. Dort fanden sie offenkundig einen sehr guten Absatzmarkt, als das Weinbaugebiet im 18. Jh. aufblühte. Zwei Jahrhunderte vorher war Villefranche-sur-Saône als Gebietshauptstadt an die Stelle von Beaujeu getreten, von dem die Region ihren Namen hatte. Die Herren von Beaujeu hatten geschickt und klug für die Expansion und den Wohlstand ihrer Güter gesorgt, darin angespornt durch das mächtige Beispiel ihrer berühmten Nachbarn, der Grafen von Mâcon und Le Forez, der Äbte von Cluny und der Erzbischöfe von Lyon. Die Aufnahme des Beaujolais in den Geltungsbereich der fünf königlichen Großpachten, die für die Transporte nach Paris (die lange Zeit über den Kanal von

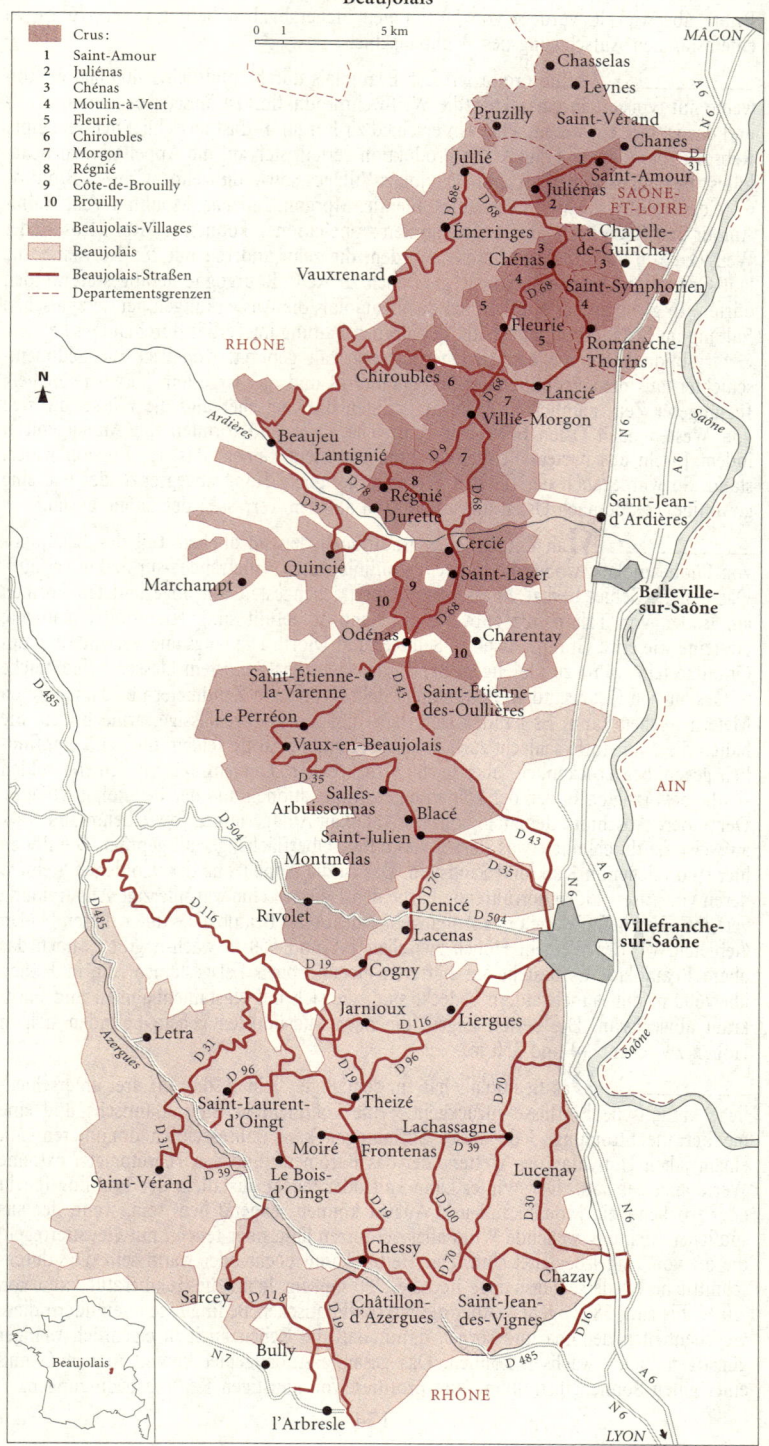

Beaujolais

Briare abgewickelt wurden) von bestimmten Steuerabgaben befreit waren, führte zu einem raschen Aufschwung des Weinbaugebiets.

Heute produziert das Beaujolais durchschnittlich 1 400 000 hl Rotweine mit typisiertem Charakter (die Weißweinproduktion ist äußerst begrenzt), aber - und das ist hier ein wesentlicher Unterschied zu Burgund - fast ausschließlich von einer Rebsorte, der Gamay-Traube. Die Produktion verteilt sich auf die Appellationen Beaujolais, Beaujolais Supérieur und Beaujolais-Villages sowie die zehn »Crus« : Brouilly, Côte de Brouilly, Chénas, Chiroubles, Fleurie, Morgon, Juliénas, Moulin-à-Vent, Saint-Amour und Régnié. Die drei erstgenannten Appellationen können für Rot-, Rosé- oder Weißweine in Anspruch genommen werden, die zehn anderen nur für Rotweine, die laut Gesetz mit Ausnahme von Régnié auch zu AOC Bourgogne herabgestuft werden dürfen. In geologischer Hinsicht hat das Beaujolais die Auswirkungen der herzynischen Faltung im Erdaltertum und später der alpinen Faltung im Tertiär durchlaufen. Letztere Gebirgsbildung hat die heutige Oberflächengestalt geprägt, wobei sie die Sedimentschichten aus dem Erdmittelalter auseinanderriß und das Urgestein hervortreten ließ. In jüngerer Zeit, nämlich im Quartär, schufen die Gletscher und die Flüsse, die sich von Westen nach Osten bewegten, zahlreiche Täler und formten die Anbaugebiete, indem Inseln aus hartem Felsgestein zum Vorschein kamen, das der Erosion widerstand. So wurde auch der für den Weinbau geeignete Hang abgegrenzt, der wie eine gewaltige Treppe nach Osten hin abfällt und auf den Terrassen der Saône ausläuft.

Man unterscheidet traditionell den nördlichen Teil des Beaujolais von Südbeaujolais, wobei die fiktive Trennlinie durch Villefranche-sur-Saône verläuft. Das erstere Gebiet besitzt eine sanftere Oberflächengestalt mit abgerundeten Formen am Boden von Tälern, die teilweise mit Sand aufgefüllt sind. Hier findet man alte Gesteine wie etwa Granit, Porphyr, Schiefer und Diorit. Die langsame Verwitterung des Granitgesteins führt zu kieseligem Sand oder lachsrosa Sandstein, dessen Schichtdicke in Gestalt von Quarzsand an bestimmten Stellen von zehn Zentimetern bis zu mehreren Metern reichen kann. Es handelt sich dabei um saure, durchlässige, arme Böden. Sie halten die Nährstoffe schlecht zurück, weil organische Stoffe fehlen, und sind empfindlich gegenüber Trockenheit, aber leicht zu bearbeiten. Gemeinsam mit Schiefer bilden sie die bevorzugten Böden der kommunalen Appellationen und der Beaujolais-Villages. Der andere Abschnitt, der einen höheren Anteil an Ablagerungen sowie Lehm und Kalk aufweist, ist durch eine etwas stärker zerklüftete Oberflächengestalt geprägt. Die Böden hier sind reicher an Kalk und Sandstein. Das ist die Anbauzone der »goldenen Steine«, deren von Eisenoxiden herrührende Farbe den Häusern eine warmherzige Ausstrahlung verleiht. Hier befindet sich das Anbaugebiet der AOC Beaujolais. Außer diesen beiden Gebieten, wo der Wein in Höhen zwischen 190 und 550 m wächst, gibt es noch das obere Beaujolais. Es besteht aus härteren metamorphen Felsgesteinen, die in Höhen über 600 m mit Nadelwäldern bedeckt sind, die sich mit Kastanienbäumen und Farnkraut abwechseln. Die besten Lagen, die nach Südsüdosten gehen, befinden sich in Höhen zwischen 190 und 350 m.

Das Beaujolais hat ein gemäßigtes Klima, das auf drei unterschiedliche klimatische Einflüsse zurückgeht : eine kontinentale, eine atlantische und eine mediterrane Strömung. Jede dieser Strömungen kann jahreszeitlich dominieren, mit einem jähen Umschlag des Wetters, der das Barometer und das Thermometer extreme Werte anzeigen läßt. Der Winter kann kalt oder feucht ausfallen, der Frühling feucht oder trocken ; die Monate Juli und August können sengend heiß sein, wenn der aus südlicher Richtung wehende Wind alles verdorren läßt, oder feucht, mit Gewitterregen, die oft von Hagel begleitet sind. Der Herbst kann feucht oder warm sein. Die durchschnittliche Niederschlagsmenge liegt bei 750 mm im Jahr ; die Temperatur kann von -20 °C bis zu +38 °C gehen. Aber die mikroklimatischen Bedingungen verändern diese Gegebenheiten deutlich und sorgen dafür, daß die Reben auch in eigentlich weniger günstigen Lagen wachsen können. Das gesamte Anbaugebiet kommt in den Genuß einer guten Sonneneinstrahlung und profitiert von günstigen Reifungsbedingungen.

Der Rebsortenbestand im Beaujolais ist überaus gleichförmig, denn 99 % der Rebfläche sind mit der Traubensorte Gamay noir à jus blanc bestockt. Diese wird in der Umgangssprache manchmal auch »Gamay beaujolais« genannt. Von der Côte d'Or wurde sie durch einen Erlaß Philipps des Kühnen verbannt, der sie im Jahre 1395 als ein »höchst unredliches Gewächs« bezeichnete (ganz bestimmt im Vergleich zur Pinot-Rebe). Dennoch hat sie sich auf eine Vielzahl von Böden eingestellt und gedeiht unter sehr unterschiedlichen klimatischen Bedingungen. In Frankreich nimmt sie nahezu 33 000 ha Rebfläche ein. Die an die Böden im Beaujolais bemerkenswert gut angepaßte Rebsorte muß in den ersten zehn Jahren wegen ihres herunterhängenden Wuchses unterstützt werden, damit sie sich richtig ausbilden kann. Das erklärt die Parzellen mit Rebpfählen, die man im Norden der Region sehen kann. Gamay ist recht empfindlich gegenüber Frühjahrsfrösten wie auch gegenüber den hauptsächlichen Rebenschädlingen und Rebkrankheiten. Der Knospenaustrieb kann früh (Ende März) erfolgen, aber zumeist beobachtet man ihn im Laufe der zweiten Aprilwoche. Heißt es nicht : »Wenn der Rebstock an Georgi scheint, ist er nicht in Verzug« ? Die Blüte tritt in den ersten beiden Juniwochen ein, während die Lese Mitte September beginnt.

Die anderen Rebsorten, die zur Appellation Beaujolais berechtigen, sind Pinot noir und Pinot gris bei den Rot- und Roséweinen sowie Chardonnay und Aligoté bei den Weißweinen. Die Möglichkeit, in den Rebflächen, die Rotweine hervorbringen, maximal 15 % Chardonnay, Aligoté oder Gamay blanc anzupflanzen, besteht zwar gesetzlich weiterhin, wird aber praktisch nicht länger genutzt. Zwei Formen des Rebschnitts werden verwendet : ein kurzer Gobelet-Schnitt für alle Appellationen und ein Rebschnitt mit Pfahlerziehung (auch einfacher Guyot-Schnitt genannt) für die Appellation Beaujolais. Die Höchsterträge liegen gegenwärtig bei 66 hl/ha für die AOC Beaujolais, bei 60 hl/ha für die Beaujolais-Villages und bei 58 hl/ha für die Crus.

Alle Rotweine werden im Beaujolais nach demselben Prinzip hergestellt : Die Trauben werden nicht zerquetscht und gären nur kurz auf der Maische (je nach Weintyp drei bis sieben Tage). Diese Vinifizierungsmethode verbindet die klassische alkoholische Gärung bei 10 bis 20 % des Mostes, der beim Einfüllen der Trauben in den Gärbehälter freigesetzt wird, mit der interzellularen Vergärung, die dafür sorgt, daß die in den Trauben enthaltene Apfelsäure zu einem erheblichen Teil abgebaut wird und spezielle Aromastoffe zum Vorschein kommen. Sie verleiht den Beaujolais-Weinen eine besondere Konstitution und ein charakteristisches Aroma, die je nach Anbaugebiet verstärkt oder ergänzt werden. Das erklärt auch die Probleme, die von den Winzern gemeistert werden müssen, um bei ihren önologischen Eingriffen nichts falsch zu machen ; wie sich die Ausgangsmenge des Mostes im Verhältnis zur Gesamtmenge entwickelt, ist nämlich dem Zufall unterworfen. Um es vereinfacht auszudrücken : Die Weine aus dem Beaujolais sind trocken, nicht sehr tanninreich, geschmeidig, frisch und sehr aromatisch ; sie haben einen Alkoholgehalt zwischen 12° und 13° und eine Gesamtsäure von 3,5 g/l (angegeben im Gegenwert zu H_2SO_4).

Eine Eigenheit des Weinbaugebiets Beaujolais, die aus der Vergangenheit übernommen worden ist, sich aber hartnäckig hält, ist die Halbpacht : Die Lese und bestimmte Ausgaben werden je zur Hälfte zwischen dem Winzer, der den Weinberg bearbeitet, und dem Besitzer der Rebfläche aufgeteilt, wobei letzterer die Anbauflächen, die Gebäude, den Gärkeller mit den Vinifizierungsgeräten, die Materialien für die Behandlung der Weine und die Pflanzen zur Verfügung stellt. Der Winzer oder Halbpächter, der die Werkzeuge für den Anbau besitzt, besorgt die Arbeitskräfte, übernimmt die für die Traubenlese notwendigen Kosten und kümmert sich um den Zustand der Reben. Die Halbpachtverträge, die an Martini in Kraft treten, betreffen zahlreiche Weinbauern ; 46 % der Anbaufläche werden in dieser Form bewirtschaftet und stehen in Konkurrenz mit der unmittelbaren Nutzung (45 %). Die übrigen 9 % sind vollständig verpachtet. Nicht selten findet man Weinbauern, die ein paar Parzellen besitzen und gleichzeitig Halbpächter sind. Die für das Beaujolais-Gebiet typischen landwirtschaftlichen Betriebe sind 5 bis 8 ha groß, wobei fünf bis sechs Hektar mit Reben bestockt sind. Am kleinsten sind sie in der Anbauzone der Crus, wo die Halbpacht vorherrscht, am größten im Süden, wo die Mischkultur allgegenwärtig ist. 19 Genossenschaftskellereien erzeugen 30 % der Produktion. Lokale Weinerzeuger und -händler machen unter sich 85 % der Verkäufe aus. Diese in »Stück« berechneten Verkäufe, wobei jedes Stückfaß 216 l entspricht, werden das ganze Jahr über abgewickelt; doch bestimmend für die Wirtschaft der Region sind die ersten Monate des Geschäftsjahres, wenn die Primeur-Weine auf den Markt kommen. Fast 50 % der Produktion gehen ins Ausland, in erster Linie in die Schweiz, nach Deutschland, Belgien, Luxemburg, Großbritannien, in die USA, in die Niederlande, nach Dänemark und Kanada.

Nur die Appellationen Beaujolais, Beaujolais Supérieur und Beaujolais-Villages eröffnen bei den Rotweinen die Möglichkeit zu der Bezeichnung »Primeur-Wein« oder »Nouveau« (neuer Wein). Diese Weine, die ursprünglich von den Granitsandböden einiger Anbauzonen der Beaujolais-Villages stammten, werden mittels einer kurzen Maischegärung hergestellt, die etwa vier Tage dauert und den zarten, süffigen Charakter des Weins, eine nicht zu kräftige Farbe und ein an reife Bananen erinnerndes Fruchtaroma begünstigt. Besondere Vorschriften legen die Normen für die chemische Analyse und den Zeitpunkt fest, wann der Wein in den Handel gelangen darf. Schon Mitte November stehen die Primeur-Weine bereit und können in der ganzen Welt getrunken werden. Die Produktionsmenge dieses Weintyps ist von 13 000 hl im Jahre 1956 auf 100 000 hl im Jahre 1970 gestiegen und weiter auf 200 000 hl im Jahre 1976, 400 000 hl 1982, 500 000 hl 1985 und mehr als 600 000 hl 1990. Im Jahre 1996 waren es 655 000 hl. Ab 15. Dezember werden die »Crus« verkauft, nachdem sie die chemische Analyse und die Verkostung durchlaufen haben. Die Beaujolais-Weine sind für keine lange Lagerung bestimmt; aber selbst wenn man sie in den meisten Fällen innerhalb der ersten beiden Jahre nach der Lese trinkt, gibt es sehr schöne Weine, die zehn Jahre altern können. Der Reiz dieser Weine beruht auf der Frische und Feinheit des Duftes, der an bestimmte Blumen (Pfingstrosen, Rosen, Veilchen und Iris) und auch Früchte (Aprikosen, Kirschen, Pfirsiche und rote Beerenfrüchte) erinnert.

Beaujolais und Beaujolais Supérieur

Die Appellation Beaujolais macht fast die Hälfte der Produktion aus. 10 060 ha, die sich überwiegend südlich von Villefranche befinden, liefern durchschnittlich 660 000 hl, darunter 9 500 hl Weißweine. Letztere werden aus Chardonnay-Trauben hergestellt, die zu einem Viertel im Kanton La Chapelle-de-Guinchay, einer Übergangszone zwischen den kieselhaltigen Böden der Crus und den Kalksteinböden des Mâconnais, wachsen. In der Anbauzone der »goldenen Steine«, östlich von Le Bois-d'Oingt und südlich von Villefranche, findet man Rotweine mit einem mehr fruchtigen als blumigen Aroma, die im Geruch bisweilen pflanzliche Noten zeigen; die farbintensiven, robusten, ein wenig rustikalen Weine halten sich recht gut. Im oberen Abschnitt des Azergues-Tals, im Westen der Region, trifft man auf kristallines Gestein, das den Weinen einen mineralischen Geschmack verleiht, weshalb man sie ein wenig später trinkt. Die höher gelegenen Anbaugebiete schließlich liefern lebhafte Weine von leichterer Farbe, die auch in heißen Jahren frischer ausfallen. Die neun Genossenschaftskellereien, die in diesem Sektor entstanden sind, haben erheblich dazu beigetragen, die Vinifizierungstechnik und die Wirtschaft dieses Gebiets, aus dem fast 75 % der Primeur-Weine kommen, voranzutreiben.

Die Appellation Beaujolais Supérieur besitzt kein spezielles abgegrenztes Anbaugebiet. Sie darf für Weine in Anspruch genommen werden, deren Moste zum Zeitpunkt der Lese einen potentiellen Alkoholgehalt besitzen, der 0,5 ° höher als der Alkoholgehalt der Appellation Beaujolais ist. Jedes Jahr werden etwa 10 000 hl so eingestuft, hauptsächlich im Anbaugebiet der AOC Beaujolais.

Beaujolais

Die Weingüter liegen verstreut; man kann dort die traditionelle Bauweise der Winzerhäuser bewundern. Die Außentreppe führt zu einem Balkon mit Vordach und zu den Wohnräumen, die sich über dem ebenerdigen Keller befinden. Ende des 18. Jh. errichtete man große Gärkeller außerhalb des Hauptgebäudes. Der Weinkeller von Lacenas, ein Nebengebäude des Schlosses von Montauzan, das 6 km von Villefranche entfernt ist, beherbergt die Weinbruderschaft der Compagnons du Beaujolais; sie wurde 1947 gegründet, um die Beaujolais-Weine auf den Tisch zu bringen, und hat heute auch internationale Gäste. Eine andere Confrérie, die Grappilleurs des Pierres Dorées, spielt seit 1968 eine wichtige Rolle bei den vielen Veranstaltungen im Beaujolais. Wenn man einen »pot« Beaujolais trinkt, das bauchige Fläschchen, das 46 cl Fassungsvermögen hat und auf den Tischen der Weinlokale steht, tut man dies zu gebratenen Fleischstückchen in Schmalz, Kutteln, Blutwurst, Brühwürsten, Schnittwurst und Schweinernem oder zu überbackenen Lyoner Klößchen. Die Primeur-Weine passen zu Karden mit Rindermark oder zu einem Kartoffelgratin mit Zwiebeln.

Beaujolais

CAVE DU BEAU VALLON
Au pays despierres dorées 1996***

■ k. A. 50 000

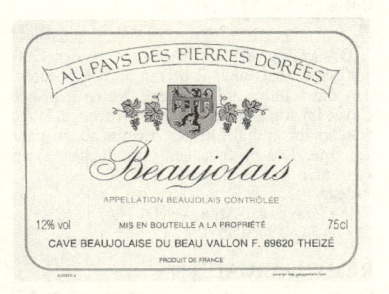

Die Hauptjury des Beaujolais kürte diesen reintönigen Rotwein mit dem intensiven Duft von Früchten zu einem ihrer Lieblingsweine. Jugendlichkeit und Offenherzigkeit kennzeichnen diesen eleganten, harmonischen Wein. Er ist typisch und erfrischend und verbindet Fröhlichkeit mit Lebhaftigkeit. Der Weißwein derselben Kellerei wurde von einer anderen Jury als sehr gelungen beurteilt.
Cave du Beau Vallon, Le Beau Vallon, 69620 Theizé, Tel. 04.74.71.48.00, Fax 04.74.71.84.46 n. V.

BELVEDERE DES PIERRES DOREES 1995

□ 2,5 ha 7 000

Eine blaßgelbe Farbe läßt diesen 95er eher leicht erscheinen. Dennoch erweist er sich als stoffreich, mit Frucht- und Röstnoten. Gutgebaut und recht lang. Trinkreif.
Cave coop. Beaujolaise, Le Gonnet, 69620 Saint-Laurent-d'Oingt, Tel. 04.74.71.20.51, Fax 04.74.71.23.46 n. V.

CLAUDE BERNARDIN 1996

■ 3 ha 23 500

Die gamaytypische Farbe, ein violettes Rot, paßt perfekt zu dieser Cuvée mit dem alkoholischen, aber eleganten Duft. Der gute Geschmackseindruck enthüllt Fett, verschmolzene Tannine und Frische. Dieser harmonische Wein ist trinkreif.
Claude Bernardin, Le Genetay, 69480 Lucenay, Tel. 04.74.67.02.59, Fax 04.74.62.00.19 n. V.

DOM. DU BERTHIER 1996**

■ 12 ha 50 000

Das dunkle Granatrot dieses Weins paßt perfekt zum alkoholischen Geruch und zum Duft roter Beeren, unter die sich Gewürze mischen. Die runde Ansprache bestätigt seinen Körper, seine reiche Struktur und seine recht lange Fruchtigkeit. Ein harmonischer Beaujolais für jede Gelegenheit.
Joanny Pecot, Le Berthier, 69620 Saint-Laurent-d'Oingt, Tel. 04.74.71.64.79, Fax 04.74.71.86.01 n. V.

ALAIN ET MIREILLE BESSY 1996*

■ 2 ha 3 000

Die rubinrote Farbe betont den klaren Duft roter und schwarzer Johannisbeeren. Robust, fruchtig und von guter Länge. Dieser Wein läßt seine Stärke deutlich spüren. Ein typischer Beaujolais, den man das ganze Jahr über trinken kann.
Alain et Mireille Bessy, Corsel, 69640 Cogny, Tel. 04.74.67.39.85 n. V.

DENIS CARRON
Vignoble des Coteaux de Saint-Abram 1996

■ 5 ha 20 000

Der intensive Duft weist auf eine alkoholreiche, fleischige Cuvée hin. In einem komplexen Aroma kommt eine Cassisnote zum Vorschein, die vorübergehend mit einem Hauch von Herbheit verbunden ist. Gut strukturiert, aromatisch. Dieser Wein kann ein bis zwei Jahre lagern.
Denis et Colette Carron, chem. de Saint-Abram, 69620 Frontenas, Tel. 04.74.71.70.31, Fax 04.74.71.86.30 n. V.

Beaujolais

MICHEL CARRON
Coteaux de Terre Noire 1996

| ■ | 1,5 ha | 10 000 | � | -30 F |

Dieser intensiv und strahlend rote 96er entfaltet einen eleganten Duft von roten Johannisbeeren und Kirschen. Rund, mit schöner, fruchtiger, leicht säuerlicher Ansprache. Ein hübscher, recht süffiger Beaujolais. Er kann ein Jahr lagern und paßt dann perfekt zu einem kernigen Essen. Die weiße Cuvée dieses Erzeugers ist ebenfalls lobend erwähnt worden.

☛ Michel Carron, Terre-Noire, 69620 Moiré, Tel. 04.74.71.62.02, Fax 04.74.71.62.02 ✓ ⊺ tägl. 8h-20h

LUCIEN ET JEAN-MARC CHARMET
Cuvée la Ronze 1996**

| ■ | 3 ha | 20 000 | ∎♦ | 30-50 F |

Dieser 96er mit der lebhaften rubinroten Farbe entfaltet sich rasch mit Noten roter Früchte. Er zeigt im Geschmack viel Rundheit, Struktur und Fruchtigkeit. Lang und ausgewogen. Er wird das ganze Jahr über schmecken.

☛ Vignoble Charmet, La Ronze, 69620 Le Breuil, Tel. 04.74.71.64.83, Fax 04.78.43.90.31 ✓ ⊺ n. V.

JACQUES CHARMETANT 1996*

| ■ | 2,34 ha | 7 000 | ♦ | -30 F |

Bei seiner ersten Vinifizierung als Winzer hat es Jacques Charmetant verstanden, die Gerüche und den Stoff des Bodens zum Ausdruck zu bringen. Seine Cuvée besitzt eine klare, reintönige Farbe und geizt nicht mit Gewürz- und Lakritzedüften. Seine Stärke beruht auf einem muskulösen Gerüst, das gut im Fleisch steht und keine übertriebene Fruchtigkeit aufweist. Typisch und seriös.

☛ Jacques Charmetant, pl. du 11-Novembre, 69480 Pommiers, Tel. 04.74.65.12.34 ✓ ⊺ n. V.

DOM. CHASSELAY 1996

| ■ | 2 ha | 10 000 | ∎♦ | -30 F |

Violettes Rot, leicht blumig und alkoholisch im Geruch. Ein recht typischer Wein. Er ist frisch und rund und hinterläßt im Abgang einen guten Eindruck. Für den sofortigen Genuß bestimmt.

☛ Jean-Gilles Chasselay, La Roche, 69380 Châtillon-d'Azergues, Tel. 04.78.47.93.73, Fax 04.78.43.94.41 ✓ ⊺ n. V.

DOMINIQUE CHERMETTE
Cuvée Vieilles vignes 1996

| ■ | 2 ha | 15 000 | ∎♦ | 30-50 F |

Diese dunkelrote Cuvée entfaltet einen recht intensiven Duft von wilden Brombeeren und schwarzen Johannisbeeren. Der fleischige, nicht sehr säuerliche Geschmack, der elegante Tannine bietet, ist wohlausgewogen. Trinkreif.

☛ Dominique Chermette, Le Barnigat, 69620 Saint-Laurent-d'Oingt, Tel. 04.74.71.20.05 ✓ ⊺ n. V.

DOM. CLEMENT Cuvée Prestige 1996

| ■ | 2 ha | 12 000 | ⓘⓘⓘ | 30-50 F |

Wenn man ein Wort finden müßte, um diesen dunkelrubinroten Wein zu beschreiben, wäre es »Himbeere«. Nach einer guten Ansprache machen sich die Tannine bemerkbar, verbunden mit einem Hauch von Säuerlichkeit. Lang, recht fruchtig - Himbeeren. Trinkreif.

☛ Dom. Clément Père et Fils, la Colline, 69480 Lachassagne, Tel. 04.74.67.00.30, Fax 04.74.60.21.53 ✓ ⊺ n. V.
☛ Gérard Clément

ROLAND CORNU 1996***

| ■ | 1 ha | 9 000 | ♦ | -30 F |

VIN DE FRANCE
Récolte 1996   Récolte 1996
Beaujolais
APPELLATION BEAUJOLAIS CONTRÔLÉE
MIS EN BOUTEILLE À LA PROPRIÉTÉ
12% vol   Roland CORNU   75 cl
VIGNERON-RÉCOLTANT "AU MAS" - 69490 SARCEY - FRANCE - Tél. 04.74.26.86.25

Diese Cuvée hält das Banner der *Association des vins du Sud-Beaujolais* hoch, zu der Roland Cornu gehört. In ein schönes, lebhaftes Purpurrot gehüllt, erinnert dieser Wein an eine frisch gepflückte Traube, die ihren Duft am Gaumen entfaltet. Rassig und nachhaltig, von großer Reinheit im Geruchseindruck. Ein Rat : Man sollte diesen harmonischen, typischen Beaujolais unverzüglich trinken.

☛ Roland Cornu, allée du Mas, 69490 Sarcey, Tel. 04.74.26.86.25, Fax 04.74.26.85.11 ✓ ⊺ n. V.

DOM. COTEAU BELLE-VUE 1996

| ■ | 8,7 ha | 10 000 | ∎♦ | 30-50 F |

An diesem 96er schätzt man seinen Körper, seinen Alkoholreichtum und seine Stärke. Sehr vollständig. Ein für die Lagerung (ein bis zwei Jahre) geschaffener Beaujolais.

☛ Dupeuble Père et Fils, 69620 Le Breuil, Tel. 04.74.71.68.40, Fax 04.74.71.64.22 ✓ ⊺ n. V.

DOM. DES CRETES
Cuvée des Varennes 1996

| ■ | 2 ha | 14 000 | 30-50 F |

Das kräftige Granatrot erinnert an den Duft von schwarzen Johannisbeeren und Himbeeren, den diese durch alkoholische Noten geprägte Cuvée im Abgang entfaltet. Der fruchtige, lange Geschmack enthüllt in der Ansprache ein paar Tannine. Diesen frischen, jugendlichen Wein kann man jetzt trinken.

☛ Jean-François Brondel, rte des Crêtes, 69480 Graves-sur-Anse, Tel. 04.74.67.11.62, Fax 04.74.60.24.30 ✓ ⊺ n. V.

REMY DARGAUD 1996

| ■ | 1 ha | 5 000 | ∎ | -30 F |

Das ins Violette gehende Rot ist verführerisch, ebenso der zarte Duft von Blumen und Früchten. Ein gut strukturierter Wein, dessen Frische und reicher Stoff im Geschmack für einen recht langen Genuß sorgen.

Beaujolais

✪ Rémy Dargaud, 30, rte de Villié-Morgon, Cidex 1109 bis, 69220 Cercié-en-Beaujolais, Tel. 04.74.66.81.65 ☑ ☒ n. V.

BRUNO DEBIZE 1995

☐ 0,36 ha 1 800 30-50 F

Dieser strahlende, klare Weißwein verströmt einen angenehmen Blütenduft. Er erweckt einen Eindruck von Sanftheit, Ausgewogenheit und Fleischigkeit, aber der ziemlich kurze Abgang rät dazu, ihn schon jetzt zu trinken.

✪ Bruno Debize, Apinost, 69210 Bully, Tel. 04.74.01.03.62 ☑ ☒ tägl. 8h.-19h.

JEAN DESCROIX Cuvée du Clos 1996

■ k. A. 5 000 -30 F

Diese lebhaft rote Cuvée besitzt einen angenehmen Blütenduft, der sich mit Noten kandierter Früchte vermischt. Schlicht und fruchtig, mit einem Hauch von Vanille. Er ist ausgewogen, klingt aber ein wenig schnell aus. Trinkreif.

✪ Jean Descroix, Bennevent, 69640 Denicé, Tel. 04.74.67.30.74, Fax 04.74.67.30.74 ☑ ☒ n. V.

JACQUES FERRAND 1996*

■ 0,6 ha 4 500 30-50 F

Eine leichte Cuvée, die aber mit ihrer hellroten, sehr lebhaften Farbe, ihrem recht zurückhaltenden Erdbeerduft und ihrem sehr angenehmen, ausgewogenen, fruchtigen Geschmack ausdrucksstark ist. Ein hübscher, typischer Wein, der trinkreif ist.

✪ Jacques Ferrand, Porrières, 69380 Saint-Jean-des-Vignes, Tel. 04.78.43.72.03 ☑ ☒ n. V.

DOM. DU FOURCON 1996

☐ 0,7 ha 8 000 -30 F

Dieser klare Wein mit der gelbgrünen Farbe entfaltet einen sehr angenehmen Blütenduft. Die »wache« Ansprache macht sanften Empfindungen Platz. Das Blütenaroma hält recht lang an. Man kann diesen noch jugendlichen Wein schon probieren, aber er hat noch nicht alles gezeigt, was in ihm steckt !

✪ Dom. du Fourcon, 69620 Saint-Laurent-d'Oingt, Tel. 04.74.71.66.08, Fax 04.74.71.66.08 ☑ ☒ n. V.

✪ Cloutrier

CH. GAILLARD 1996

■ 5 ha 8 000 30-50 F

Ins Violette gehendes Granatrot. Diese Cuvée enthüllt einen diskreten Duft roter Früchte. Sie ist strukturiert und frisch und gleitet recht lang über die Zunge. Trinkreif. Die gleiche Wertung erreichte auch der Beaujolais-Villages, den eine andere Jury verkostete.

✪ Pierre Montagne, 71570 Leynes, Tel. 04.74.06.10.10, Fax 04.74.66.13.77 ☑ ☒ n. V.

PIERRE GERMAIN 1996

■ 6,85 ha 8 000 -30 F

Eine lebhaft rote Cuvée vom Primeurtyp, mit alkoholischem Geruch und Noten roter Beerenfrüchte. Der frische Geschmack bleibt von den Tanninen geprägt. In der Nase einschmeichelnd, aber von mittlerer Länge. Jetzt trinken.

✪ Pierre Germain, Les Verdelières, 69380 Charnay, Tel. 04.78.43.93.44 ☑ ☒ n. V.

DOM. DES JARENTES Tradition 1996**

■ k. A. 8 000 -30 F

Dieser klare Beaujolais hinterläßt am Glas schöne Tränen. Der recht entfaltete Duft von roten Früchten verlängert sich im Geschmack. Sehr gut strukturiert und nachhaltig. Diesen eleganten, feinen Wein kann man das ganze Jahr trinken.

✪ Georges Subrin, 1370 rte de Charnay, Saint-Pierre, 69480 Morancé, Tel. 04.78.43.67.69, Fax 04.78.43.67.69 ☑ ☒ n. V.

DOM. DE JASSERON
Cuvée spéciale 1996*

■ 7,25 ha k. A. -30 F

Diese klare Cuvée mit dem Kardinalsgewand zeigt sich besonders fruchtig und kräftig. Die gute Ansprache, der es nicht an Lebhaftigkeit mangelt, enthüllt ihren Alkoholreichtum und ihre schöne Struktur. Dieser solide gebaute Wein kann noch mindestens ein Jahr lagern. Der Brouilly vom selben Weingut fand eine lobende Erwähnung.

✪ Georges Barjot, Grille-Midi, 69220 Saint-Jean-d'Ardières, Tel. 04.74.66.47.34 ☑ ☒ n. V.

ALAIN JOLY Nuit d'Apolline 1996

◢ 0,25 ha k. A. -30 F

Dieser Rosé mit der kräftigen Farbe ist kein Überläufer aus dem Burgund, sondern stammt von den wenigen Hektar Pinot noir, die im Beaujolais auf Böden zugelassen sind, wo Lehm und Kalk dominieren. Der recht ausgeprägte Bananenduft ist eher traditionell. Dieser lebhafte, fruchtige Wein hinterläßt einen guten Eindruck, wenn man ihn jetzt trinkt.

✪ Alain Joly, imp. Audenis, 69480 Pommiers, Tel. 04.74.68.70.50 ☑ ☒ n. V.

JEAN JOYET
Coteaux de La Roche Vieilles vignes 1996*

■ 1 ha 8 000 30-50 F

Diese Cuvée »Vieilles vignes« stammt von Granithängen, die nach Südsüdosten liegen. Sie ist von vollkommener Klarheit und bietet einen eleganten, fruchtigen Duft mit Pflaumennoten. Sie füllt den Mund gut aus. Ein strukturierter Wein mit angenehm langen Noten roter Johannisbeeren, der schon trinkreif ist, aber in den beiden kommenden Jahren noch besser werden kann.

✪ Jean Joyet, La Roche, 69620 Létra, Tel. 04.74.71.32.77, Fax 04.74.71.32.77 ☑ ☒ n. V.

DOM. DE LA CHAMBARDE 1996

■ 6 ha 25 000 30-50 F

Der an schwarze Johannisbeeren und Brombeeren erinnernde Duft dieses hellroten 96ers ist recht entfaltet. Er hätte mehr Fett vertragen, zeigt sich aber strukturiert, fruchtig und von schöner Länge. Trinkreif.

Beaujolais

🍷 Robert et Dali Peigneaux, Dom. de la Chambarde, 69620 Létra, Tel. 04.74.71.32.43, Fax 04.74.71.37.09 ⬛ 🍷 n. V.

LES PETITS-FILS DE BENOIT LAFONT 1995

| ☐ | k. A. | k. A. | 30-50 F |

Ein Wein von klarer, strahlender Goldfarbe. Ein recht deutlicher Blütenduft, eine klare Ansprache mit ein angenehmes Aroma ergeben einen ausgewogenen, frischen Gesamteindruck, auch wenn sich der Abgang als leicht und flüchtig erweist.

🍷 Les Petits-Fils de Benoît Lafont, Le Trève, 69460 Le Perréon, Tel. 04.74.02.10.00 ⬛ 🍷 n. V.

DOM. DE LA GRANGE BOURBON
Clos du Gaillard 1996*

| ⬛ | 2,3 ha | 20 000 | ⬛ ⬛ -30 F |

Diese tiefrote Cuvée mit den schönen violetten Reflexen entfaltet sich in Himbeer- und Brombeerdüften. Ihr Fleisch und ihr Gerüst verschmelzen harmonisch im Mund. Lang, ausgewogen, aromatisch und typisch. Sie ist trinkreif, besitzt aber noch Reserven (ein bis zwei Jahre).

🍷 Françoise et Benoît Chastel, La Grange-Bourbon, 69220 Charentay, Tel. 04.74.66.86.60, Fax 04.74.66.73.23 ⬛ 🍷 n. V.

DOM. DE LA GRENOUILLERE 1996**

| ⬛ | 2,5 ha | 17 000 | ⬛ ⬛ -30 F |

Auf Granithängen hat das Weingut La Grenouillère diese lebhaft rote Cuvée erzeugt, von der ein eleganter Himbeerduft ausgeht. Sein Körper, der von großer Feinheit ist, seine exzellente Gesamtharmonie und seine schöne Länge machen diesen zart gebauten 96er zu einem sehr angenehmen Wein, den man jetzt probieren sollte.

🍷 Charles Bréchard, La Grenouillère, 69620 Chamelet, Tel. 04.74.71.34.13, Fax 04.74.71.36.22 ⬛ 🍷 n. V.

DOM. DE LA ROCHE 1996

| ⬛ | 3 ha | 2 000 | ⬛ ⬛ -30 F |

Die rubinrote Farbe mit den violetten Reflexen ist elegant, ebenso der Duft von roten Früchten und frischen Trauben. Der lange Geschmack, fruchtig, tanninreich und gut strukturiert, ist vielversprechend. Dieser Wein kann noch zwei bis drei Jahre altern.

🍷 Alain Démule, La Roche, 69430 Quincié-en-Beaujolais, Tel. 04.74.04.31.37 ⬛ 🍷 n. V.

COTE DE LA VEINNERIE 1996

| ⬛ | k. A. | 4 000 | ⬛ -30 F |

Dieser klare, rubinrote 96er enthüllt nach und nach seinen fruchtigen Traubenduft. Die Stärke der Tannine und der Frucht prägt vollständig den Geschmack. Dieser ausgezeichnete, rauhe, aber unverfälschte Beaujolais ist alterungsfähig (mindestens zwei Jahre).

🍷 GFA de Pouilly-le-Châtel, 69640 Denicé, Tel. 04.74.67.41.01 ⬛ 🍷 n. V.

CAVE DES VIGNERONS DE LIERGUES Réserve particulière 1995*

| ☐ | 2 ha | 10 000 | ⬛ ⬛ ⬛ -30 F |

Dieser kristallklare, blaßgelbe 95er Weißwein wurde für die Kellerei von Liergues zusammen mit einem roten Beaujolais-Villages bewertet. Der als sehr gelungen beurteilte Wein stammt vom Kalksteinhang von Chailler. Das Holzfaß hat nicht den Duft verfälscht, der intensiv, aber wohldosiert ist und eine elegante Haselnußnote enthält. Der gutgebaute Wein ist trinkreif, kann aber noch zwei bis drei Jahre lagern.

🍷 Cave des Vignerons de Liergues, 69400 Liergues, Tel. 04.74.65.86.03, Fax 04.74.62.81.20 ⬛ 🍷 Mo-Sa 8h-12h 14h-18h

DOM. MANOIR DU CARRA 1996

| ⬛ | 1,5 ha | 5 000 | ⬛ ⬛ -30 F |

Ein kräftiges Rot mit hübschen violetten Reflexen umhüllt diesen Wein, der sehr intensiv nach schwarzen Johannisbeeren duftet. Sehr fruchtig, mit einem Hauch von Säuerlichkeit und schönen, verschmolzenen Tanninen. Es fehlt ihm nur ein wenig an Länge. Der Beaujolais-Villages dieses Guts wurde ebenfalls lobend erwähnt.

🍷 Sambardier, Dom. Manoir du Carra, 69640 Denicé, Tel. 04.74.67.38.24, Fax 04.74.67.40.61 ⬛ 🍷 n. V.

RENE MARCHAND 1996

| ⬛ | 1 ha | 8 000 | ⬛ -30 F |

Diese originelle Cuvée, deren Farbe an schwarze Johannisbeeren erinnert, bietet einen recht intensiven Duft von eingemachten roten Früchten und Haselnüssen. Der charaktervolle Wein ist sehr konzentriert und robust, zeigt aber dennoch eine schöne Rundheit. Körperreich und ziemlich lang. Er entfaltet ein überaus geschätztes Backpflaumenaroma.

🍷 René Marchand, Les Meules, 69640 Cogny, Tel. 04.74.67.33.25 ⬛ 🍷 tägl. 8h-12h 13h-19h30

JEAN-MARC MATHIEU 1996**

| ⬛ | 0,5 ha | 3 500 | -30 F |

Diese tiefrubinrote Cuvée ist zu Recht einer der Lieblingsweine der Hauptjury. Ein Hauch von Blüten vereinigt sich mit dem intensiven Duft von roten Früchten, insbesondere dem sehr feinen Duft schwarzer Johannisbeeren. Von der Ansprache bis zum Abgang gibt es keinen Schwachpunkt. Gut, rund, ausgewogen, fruchtig. Gute Länge. Dank seiner schönen Tanninstruktur ein echter »Beaujolais für alle Jahreszeiten«. Man kann ihn zwei Jahre aufheben.

Beaujolais

❧ Jean-Marc Mathieu, Les Etuiles,
69460 Blacé, Tel. 04.74.67.42.79 ☑ ⌶

DOM. DES MAYAUDES 1995

☐   1,35 ha   2 500   ▮⌇ 30-50 F

Die schöne strohgelbe Farbe begleitet voller Eleganz einen einschmeichelnden, feinen Blütenduft. Im Geschmack zurückhaltend : ein noch immer jugendlicher 95er. Mit mehr Fülle und Kraft hätte er einen Stern erhalten.
❧ Dom. des Mayaudes, La Collonge,
69480 Lachassagne, Tel. 04.74.67.15.85,
Fax 04.74.67.00.67 ☑ ⌶ n. V.
❧ J.-P. Rivière

DOM. DE MILHOMME 1996

▮   k. A.   40 000   ▮ -30 F

Ein erfrischender, leckerer Wein, der angenehm nach roten Früchten und Blumen duftet. Der Inbegriff eines Beaujolais : leicht und fruchtig, im ersten Jahr nach der Lese zu trinken.
❧ Robert et Bernard Perrin, Le Milhomme,
69620 Ternand, Tel. 04.74.71.33.13,
Fax 04.74.71.30.87 ☑ ⌶ n. V.

DOM. H. MONTERNOT ET FILS 1996

☐   0,35 ha   2 700   ▮⌇ 30-50 F

Ein subtiler Duft von Blüten und Äpfeln verleiht dieser klaren grüngoldenen Cuvée Tiefe. Sie wirkt zunächst kräftig und zeigt sich zum Schluß sanft und durstlöschend. Man kann sie schon jetzt trinken.
❧ GAEC J. et B. Monternot, Les Places,
69460 Blacé, Tel. 04.74.67.56.48,
Fax 04.74.60.51.13 ☑ ⌶ n. V.

DOM. DES PAMPRES D'OR 1996

◪   0,25 ha   1 800   ▮ 30-50 F

Dieses Gut, ein Weinbaubetrieb mit Ferienwohnungen, hat einen Rosé erzeugt, dessen Farbe klar, aber nicht sehr intensiv ist. Ein leichter, fruchtiger Duft ergänzt angenehm seinen ersten Eindruck. Die Lebhaftigkeit der Ansprache macht einem ausgewogenen Wein Platz, der schon trinkreif ist.
❧ EARL Paul et Nicole Perras, Dom. des Pampres d'Or, Le Guérin, 69210 Nuelles,
Tel. 04.74.01.42.85 ☑ ⌶ n. V.

DOM. DU PETIT GLEIZE 1996

☐   0,37 ha   2 800   ▮⌇ 30-50 F

Dieser strahlend strohgelbe 96er zeigt sich in der Nase diskret. Er ist fruchtig und lebhaft, bleibt aber leicht. Nicht für die Lagerung gedacht.
❧ Jean-Michel Goujat, Dom. du Petit-Gleize,
69400 Gleizé, Tel. 04.74.67.36.66,
Fax 04.74.67.38.00 ☑ ⌶ n. V.

DOMINIQUE PIRON
Les Vignes de Rochenoire 1995*

☐   k. A.   7 000   ▮⌇ 30-50 F

Die erste Weißweinvinifizierung von Dominique Piron ist ein Erfolg. Blumiger Duft mit ein wenig Röstgeruch. Dieser hinreißende goldgrüne 95er vermag auch im Geschmack zu bezaubern. Er ist voller Sanftheit, zeigt Frische und gleitet harmonisch über die Zunge. Seine Jugend und seine ausgezeichnete Ausgewogenheit sind die Garantien für eine gute Lagerfähigkeit und eine interessante aromatische Entwicklung.
❧ Dominique Piron, Morgon, 69910 Villié-Morgon, Tel. 04.74.69.10.20, Fax 04.74.69.16.65
☑ ⌶ n. V.

DOM. DE ROTISSON 1996**

☐   4 ha   10 000   ⌇ 30-50 F

Die weiße Cuvée dieses Weinguts ist erneut gewählt worden : jugendlich durch ihre hellgelbe Farbe, ausdrucksvoll und ein wenig exotisch im Duft, mit Noten von Zitronen und Sternfrüchten, im Geschmack geschmeidig, voller Lebhaftigkeit und Frucht und lang. Harmonisch und erstaunlich. Zweifellos kann man sie noch in zwei Jahren trinken.
❧ Jean-Paul Peillon, 69210 Saint-Germain-sur-l'Arbresle, Tel. 04.74.01.23.08,
Fax 04.74.01.55.41 ☑ ⌶ n. V.

ROUDON MERE ET FILS
Cuvée Vieilles vignes 1996

▮   0,5 ha   3 500   ▮ -30 F

Diese Cuvée besitzt eine nicht sehr intensive rote Farbe, enthüllt aber dennoch ein ausgezeichnetes Aroma vollreifer Trauben. Der seidige, fruchtige und rund Wein erweist sich als sehr nachhaltig.
❧ GAEC du Charverron, Le Farginet,
69620 Létra, Tel. 04.74.71.33.97 ☑ ⌶ n. V.

DOM. VIDONNEL 1995**

☐   2 ha   13 000   ▮⌇ 30-50 F

Die Hauptjury hat die Gesamtausgewogenheit dieses strahlend blaßgelben 95ers gewürdigt, der grün und golden schimmert. Der sehr feine, recht entfaltete Blütenduft ist eng mit dem Fleisch verbunden. Die Geschmeidigkeit und die Rundheit schließen Frische nicht aus. Diesen nachhaltigen, von Anfang bis Ende gefälligen Wein kann man zwei bis drei Jahre lang trinken. Der rote Beaujolais desselben Weinguts wurde von einer anderen Jury lobend erwähnt.

⌁Guy Vignat, Le Bourg, 69480 Morancé,
Tel. 04.78.43.64.34, Fax 04.78.43.77.31
◼ ⏱ n. V.

CLOS DES VIEUX MARRONNIERS
1996

| ◼ | 5 ha | 8 000 | 🍴 | -30 F |

Die Lebhaftigkeit der Farbe paßt zu diesem säuerlichen, sehr frischen Wein, der nach Blumen, Himbeeren und Kirschen duftet. Schöner Abgang. Jetzt trinken.

⌁EARL J.-L. et G. Large, Le Bourg, 69380 Charnay, Tel. 04.78.47.95.28, Fax 04.78.47.95.28 ◼ ⏱ n. V.

VIVIER-MERLE FRERES 1996*

| ◢ | 0,3 ha | 2 500 | 🍴 | -30 F |

Während der rote Beaujolais des Guts nur lobend erwähnt wurde, verdient dieser Rosé einen Stern : Seine sehr schöne, klare Farbe harmoniert mit einem Traubenduft von großer Feinheit. Ein gut strukturierter, aromatischer und frischer Wein, der lagern kann.

⌁GAEC Vivier-Merle Frères, Le Matiron, 69620 Saint-Vérand, Tel. 04.74.71.73.06, Fax 04.74.71.80.75 ◼ ⏱ n. V.

Beaujolais Supérieur

CUVIER DE LA MARTINIERE 1996★★

| ◼ | 32 ha | 42 000 | 🍴 | 30-50 F |

Mit 550 ha Rebfläche ist die Kellerei von Bully die größte Genossenschaft des Beaujolais. Sie präsentiert eine bemerkenswerte Cuvée, deren kräftiges Rubinrot violette Reflexe zeigt. Dieser 96er entfaltet einen feinen, klaren Duft von roten Früchten. Auf die sehr feine Ansprache folgt ein Eindruck von Rundheit und Fruchtigkeit. Harmonisch, prachtvoll wie Seide. Ein fröhlicher Wein, den man schon jetzt trinken kann.

⌁Cave coop. de Bully, 69210 Bully, Tel. 04.74.01.27.77, Fax 04.74.01.14.53 ◼ ⏱ n. V.

DOM. DE LA VIEILLE FOREST 1996

| ◼ | k. A. | 7 000 | -30 F |

Die dunkelrote Farbe weist auf den Alkoholreichtum und die Kraft dieses 96ers hin, dessen Aroma an frisches Traubengut denken läßt. Er zeigt sich solide strukturiert.

⌁Indivision Pion, La Forest, 69640 Denicé, Tel. 04.74.67.32.55

DOM. DE L'ECLAIR
Cuvée Vieilles vignes 1996

| ◼ | 2 ha | 17 000 | 🍴 | 30-50 F |

Diese hellrote Cuvée, hat etwas Lebhaftigkeit bewahrt. Der Geruchseindruck, rote Früchte und alkoholische Noten, ist von mittlerer Stärke. Ihre gute Gesamtstruktur und ihr schöner Stoff sind vielversprechend.

⌁SCI de Montauzan, Ch. de Montauzan, 69640 Lacenas, Tel. 04.74.68.28.83, Fax 04.74.62.90.58 ◼ ⏱ n. V.

Beaujolais-Villages

Man entschied sich für die Bezeichnung »*Villages*« (Dörfer), um die Vielzahl von Ortsnamen zu ersetzen, die der Appellation Beaujolais hinzugefügt werden durften, wenn man Weine unterscheiden wollte, die als besser galten. Fast alle Erzeuger haben sich für die Möglichkeit Beaujolais-Villages entschieden.

Insgesamt 37 Gemeinden, darunter acht im Kanton La Chapelle-de-Guinchay, haben Anrecht auf die Appellation Beaujolais, gefolgt vom Ortsnamen, oder einfach auf die Appellation Beaujolais-Villages. Letztere Bezeichnung wird seit 1950 am häufigsten verwendet, weil sie die Vermarktung erleichtert. Die 6 100 ha, die sich fast vollständig in der Anbauzone der Beaujolais-Weine befinden, und die Rebfläche der Crus erzeugten 1996 etwa 363 290 hl Rotweine und 3 900 hl Weißweine.

Die Weine dieser Appellation ähneln denen der Crus und unterliegen denselben Anbaubestimmungen (Gobelet-Schnitt, um 0,5 ° höherer potentieller Alkoholgehalt des Traubenmostes als bei den einfachen Beaujolais-Weinen). Sie stammen von Granitsandböden, sind fruchtig und süffig und zeigen eine schöne, lebhaft rote Farbe. Bei den Primeur-Weinen bilden sie die unnachahmlichen Spitzencuvées. In den höher gelegenen Anbaugebieten mit Granitböden bringen sie die Lebhaftigkeit mit, die erforderlich ist, um Weine herzustellen, die man das ganze Jahr lang trinken kann. Zwischen diesen extremen Weintypen sind alle Nuancen vertreten, Weine, die Feinheit, Aroma und Körper verbinden und zum Hochgenuß der Gäste zu den vielfältigsten Gerichten passen : Hecht in Rahmsauce, Pasteten und Filetstücke vom Charolaisrind harmonieren gut mit einem Beaujolais-Villages voller Finesse.

Beaujolais-Villages

CAVE DES VIGNERONS DE BEL-AIR
1996**

■　　　　　8 ha　　30 000　　　30-50F

Fehlerfreier Durchgang für diese Kellerei : eine lobende Erwähnung für einen 96er Morgon und die Wahl zum Lieblingswein für diesen Beaujolais-Villages ! Der kraftvolle, dunkelrote Wein macht sehr schnell auf sich aufmerksam mit einem Duft von überreifen roten Früchten, unter die sich schwarze Johannisbeeren und Wacholder mischen. Geschmeidig, fleischig und strukturiert. Er ist komplex, harmonisch und aromatisch zugleich. Kann noch zwei Jahre lagern und paßt dann zu rotem Fleisch.
☞ Cave des Vignerons de Bel-Air, rte de Beaujeu, 69220 Saint-Jean-d'Ardières, Tel. 04.74.66.35.91, Fax 04.74.69.62.53
✓ ⵎ n. V.

CH. DE BLACERET-ROY Prestige 1996

■　　　　4 ha　　k. A.　　■ ♦　-30F

Eine schöne Cuvée von kräftiger rubinroter Farbe, mit einem hochfeinen, pfeffrigen Duft. Sein Körper ist von einem Steinobstaroma umgeben. Gute Tanninstruktur. Dieser 96er ist vielversprechend. Man kann ihn ein bis zwei Jahre aufheben.
☞ Thierry Canard, Ch. de Blaceret-Roy, 69460 Saint-Etienne-des-Ouillières, Tel. 04.74.03.45.42, Fax 04.74.03.52.10
✓ ⵎ n. V.

DOM. DE BOISCHAMPT 1996*

■　　　　k. A.　　k. A.　　■　30-50F

Diese schöne dunkelgranatrote Cuvée bietet eine Duftpalette von Brombeeren und schwarzen Johannisbeeren, zu denen eine würzige Note hinzukommt. Der sanfte 96er, dessen Körper von schönen Tanninen unterstützt wird, ist typisch und »wach« im Geschmack und zeigt einige Kakaonoten. Kann ein bis zwei Jahre altern.
☞ Pierre Dupond, 329, rue de Thizy, 69653 Villefranche-sur-Saône, Tel. 04.74.65.24.32, Fax 04.74.68.04.14

JEAN-LOUIS CHANAY 1996

■　　　5,7 ha　　6 000　　■ ♦　-30F

Diese lebhaft rote Cuvée bietet einen schönen Duft, der an rote Früchte und Trauben erinnert. Sie verbindet Feinheit und gute Struktur und verführt durch die Frische ihres Körpers. Trinkreif.
☞ Jean-Louis Chanay, Le Trêve, 69460 Saint-Etienne-des-Ouillières, Tel. 04.74.03.43.65, Fax 04.74.03.30.27 ✓ ⵎ n. V.

CH. DU CHATELARD Lancié 1996

■　　　　3 ha　　20 000　　■　30-50F

Zwei Cuvées dieses Weinguts wurden lobend erwähnt : ein weißer 96er Beaujolais und dieser Beaujolais-Villages, der in ein schönes, ins Violette spielendes Rot gehüllt ist. Sein Duft, der an Kirschwasser, Fruchtlikör und saure Drops erinnert, bleibt zurückhaltend, aber der durch die spürbaren Tannine geprägte Geschmack zeigt ein gutes Potential. Dieser Wein muß noch ein paar Monate altern, damit er sich entfaltet.
☞ Robert Grossot, Ch. du Chatelard, 69220 Lancié, Tel. 04.74.04.12.99, Fax 04.74.69.86.17 ✓ ⵎ n. V.

DOM. DE COLETTE 1996

■　　　　4,5 ha　　k. A.　　　30-50F

Zwei Weine dieses Guts fanden eine lobende Erwähnung : der Régnié und dieser Beaujolais-Villages. Diese rubinrote Cuvée entfaltet einen Duft von Waldfrüchten. Damit verbunden ist ein Geruch von in Alkohol eingelegten Kirschen, der sich im Geschmack fortsetzt. Frisch, mit diskreten Tanninen. Ein impulsiver, trinkreifer Wein. Erinnert sei noch daran, daß der sehr schöne 95er im letzten Jahr zu den Lieblingsweinen der Jury gehörte.
☞ EARL Jacky Gauthier, Colette, 69430 Lantignié, Tel. 04.74.69.25.73, Fax 04.74.69.25.14 ✓ ⵎ n. V.

DOM. CROIX CHARNAY 1996

■　　　　1 ha　　2 000　　■ ♦　30-50F

Diese lebhaft rote Cuvée, die nach roten Beerenfrüchten und Geröstetem duftet, hat viel von ihrem ursprünglichen Biß bewahrt. Sehr aromatisch und von guter Gesamtharmonie. Sie kann noch lagern.
☞ Jérôme Lacondemine, Le Charnay, 69430 Beaujeu, Tel. 04.74.69.29.80, Fax 04.74.04.30.69 ⵎ n. V.
☞ Maillot

GERARD DUCROUX 1996

■　　　　k. A.　　5 000　　■　-30F

Ein Wein mit einem schönen, ins Violette spielenden Rubinrot, aber einem etwas zurückhaltenden Duft. Im Geschmack wird er besser. Frisch, ausgewogen, von guter aromatischer Intensität. Kann noch zwei Jahre altern.
☞ Gérard Ducroux, Saint-Joseph-en-Beaujolais, 69910 Villié-Morgon, Tel. 04.74.69.90.14 ✓ ⵎ n. V.

GILLES ET NEL DUCROUX
Lantignié 1996

■　　　6,3 ha　　3 000　　■ ⵎ ♦　30-50F

Alle Weine des Guts wurden lobend erwähnt : der Régnié und dieser lebhaft rote Beaujolais-Villages, der recht verhalten duftet. Eine fleischige, ausgewogene Cuvée, die leichte Tannine bietet. Besonders gewürdigt wurde ihre Ansprache.
☞ Gilles et Nel Ducroux, Fontalognier, 69430 Lantignié, Tel. 04.74.69.21.62, Fax 04.74.69.28.88 ✓ ⵎ tägl. 9h-12h 13h30-19h ; 15.-25. August geschlossen

BEAUJOLAIS

Beaujolais-Villages

DOM. DES FORTIERES 1996

| ■ | 3,3 ha | 5 000 | ■ ↓ -30F |

Dieser 96er mit der leichten rubinroten Farbe entfaltet sich in einem komplexen Duft von Pfingstrosen, roten Früchten und Gewürzen. »Wach«, fruchtig, mit Körper. Er besitzt eine gute Ausgewogenheit, die eine mittlere Alterungsfähigkeit (ein bis zwei Jahre) ermöglicht. Der 96er Beaujolais dieses Guts wurde ebenfalls lobend erwähnt.
✆ Daniel Texier, Les Fortières, 69460 Blacé, Tel. 04.74.67.58.57, Fax 04.74.67.58.57
☑ ⊺ n. V.

DOM. DES FOURQUIERES 1996

| ■ | 10 ha | 20 000 | 30-50F |

Der recht intensive Duft von roten Früchten dieser strahlend rubinroten Cuvée enthält exotische Nuancen, die an Tee und Mokka erinnern. Die gute Ansprache ist voller Frische und Fruchtigkeit. Dieser leckere, ziemlich leichte Wein wird der ideale Begleiter für eine Wurst mit Butter sein.
✆ Daniel Basset, Le Fourque, 69460 Saint-Etienne-la-Varenne, Tel. 04.74.03.48.79, Fax 04.74.03.31.14 ☑ ⊺ n. V.

DOM. DE FRANC-PIERRE 1996*

| ■ | 2 ha | 14 000 | ■ ↓ -30F |

Diese Cuvée trägt ein hübsches Kleid von klarer rubinroter Farbe. Der recht kräftige Duft ist weinig. Rund, mit einem schönen Gerüst, das ein Kirsch- und Johannisbeeraroma begleitet. Dieser 96er kann im Laufe der kommenden beiden Jahre getrunken werden. Der Fleurie derselben Kellerei wurde lobend erwähnt.
✆ Cave Prod. des Grands Vins de Fleurie, 69820 Fleurie, Tel. 04.74.04.11.70, Fax 04.74.69.84.73 ☑ ⊺ n. V.

GABRIEL GAUTHIER 1996**

| ■ | 6 ha | 6 000 | ■ -30F |

Ein schöner »Villages« : klares Rubinrot und zarter Duft von roten Johannisbeeren und Himbeeren, mit blumigen Noten und Gewürznoten. Sehr fein, harmonisch, von guter Länge und typisch. Dieser Wein bereitet schon heute großes Vergnügen, wird aber auch in den kommenden beiden Jahren schmecken. Der 95er Juliénas desselben Erzeugers ist als sehr gelungen beurteilt worden.
✆ Gabriel Gauthier, Les Chanoriers, 69840 Jullié, Tel. 04.74.04.43.31 ☑ ⊺ n. V.

GERARD ET JEAN-PAUL GAUTHIER 1996**

| ■ | 16 ha | 20 000 | ■ ↓ -30F |

Man hat Freude daran, das intensive Rubinrot dieses 96ers zu bewundern, dessen eleganter und komplexer Duft an schwarze Johannisbeeren und kandierte Früchte erinnert. Die Ansprache enthüllt Rundheit und Fruchtigkeit und läßt nicht nach. Dieser harmonisch strukturierte Wein füllt den Mund lang aus. Ein sehr typischer Beaujolais-Villages, den man sich ein Jahr lang schmecken lassen kann.

✆ GAEC de La Merlatière, Gérard et Jean-Paul Gauthier, 69220 Lancié, Tel. 04.74.04.13.29, Fax 04.74.69.86.84
☑ ⊺ n. V.

GERARD GENTY 1996*

| ■ | 8 ha | 6 000 | ■ ↓ -30F |

Dieser dunkelgranatrote 96er duftet nach Erdbeeren und roten Johannisbeeren. Der liebliche, sanfte Geschmack verströmt eine Fruchtigkeit, die im Abgang anhält. Appetitanregend, süffig. Dieser Wein paßt perfekt zu Bauernbrot und rohem Schinken.
✆ Gérard Genty, Vaugervan, 69430 Lantignié, Tel. 04.74.69.23.56, Fax 04.74.69.23.56
☑ ⊺ n. V.

DOM. DU GRANIT BLEU
Le Perréon 1996

| ■ | 5 ha | 20 000 | ■ ↓ -30F |

Dieser Wein macht sich in der Nase bemerkbar mit einem an rote Johannisbeeren und sehr reife Himbeeren erinnernden Duft. Sehr sanft und lecker, mit einem reichen, fruchtigen Aroma. Trinkreif.
✆ Jocelyne et Jean Favre, Dom. du Granit Bleu, Brouilly-Le Perrin, 69460 Le Perréon, Tel. 04.74.03.20.90, Fax 04.74.03.20.90
☑ ⊺ n. V.

DOM. DU GRANIT DORE 1996**

| ■ | 2,5 ha | 7 000 | ⑪ -30F |

Voller Erfolg für dieses Weingut : Nicht nur der 96er Juliénas ist lobend erwähnt worden, sondern auch diese Cuvée wurde zu einem der Lieblingsweine gewählt ! Die purpurrote Farbe und der fruchtige, homogene Duft werden weit übertroffen vom Geschmack, der vollkommen ausgewogen und fein ist. Geschmeidigkeit, Gerüst und Frucht sind auf ideale Weise miteinander verbunden. Ein großer Augenblick, der sich vier bis fünf Jahre fortsetzen kann.
✆ Georges Rollet, La Pouge, 69840 Jullié, Tel. 04.74.04.44.81, Fax 04.74.04.49.12
☑ ⊺ n. V.

DOM. DE LA CERISAIE 1996

| ■ | 2,3 ha | 5 000 | ■ -30F |

Diese Cuvée mit der klaren rubinroten Farbe entfaltet einen frischen, alkoholischen Duft. Dem sanften und gleichzeitig lebhaften Geschmack mangelt es nicht an Körper. Trinkreif.

Beaujolais-Villages

•⌐ Gérard Besson, En Bossu, 71570 Chânes,
Tel. 03.85.33.83.27, Fax 03.85.33.86.87
☑ ⊥ n. V.

DOM. DE LA CROIX SAUNIER
Sélection Vieilles vignes 1996

| ■ | 3 ha | 10 000 | ⦿ | 30-50F |

Die strahlende Farbe, ein ins Violette gehendes Rot, ist prächtig, ebenso der Duft, der an Pfingstrosen, Iris und frische Trauben erinnert. Ein sanfter, schlank gebauter Wein voller Jugendlichkeit.
•⌐ Jean Dulac et Fils, GAEC du dom. de la Croix Saunier, 69460 Vaux-en-Beaujolais, Tel. 04.74.03.22.46 ☑ ⊥ n. V.

DOM. DE LA MADONE 1996

| ■ | 18 ha | 120 000 | ■ | -30F |

Dieser dunkelrubinrote 96er überrascht durch seinen intensiven Duft von sehr reifen schwarzen Johannisberen und Himbeerkonfitüre, zu denen eine Lakritzenote hinzukommt. Die schöne Ansprache enthüllt Rundheit, Ausgewogenheit und einen reichen Stoff, der sich gerade entwickelt. Ein harmonischer Wein. Trinkreif.
•⌐ SCEA Dom. de la Madone, Le Bourg, 69460 Le Perréon, Tel. 04.74.03.21.85, Fax 04.74.03.27.19 ☑ ⊥ n. V.
•⌐ Bererd et Fils

DOM. DE LA ROCHE THULON 1996

| ■ | 1 ha | 2 000 | ■ ↓ | -30F |

Dieser hübsche Wein mit dem ins Violette spielenden Rubinrot verführt durch seinen sehr runden, aber überhaupt nicht schweren Geschmack. Leicht fruchtig und ziemlich lang. Trinkreif.
•⌐ Pascal Nigay, Thulon, 69430 Lantignié, Tel. 04.74.69.23.14, Fax 04.74.69.26.85
☑ ⊥ n. V.

CH. DE LEYNES
Leynes Vieilles vignes 1996*

| ■ | 2 ha | 10 000 | ⦿ ↓ | -30F |

Eine recht originelle Cuvée : Der komplexe Duft erinnert nicht nur an Kirschen, sondern auch an Kiwis. Im Geschmack macht sich die kräftige Weinigkeit bemerkbar, die mit einer langen, harmonischen Struktur verbunden ist. Dieser sehr schöne 96er ist im Holzfaß ausgebaut worden. Drei oder vier Jahre Lagerzeit liegen in seiner Reichweite.
•⌐ Jean Bernard, 71570 Leynes, Tel. 03.85.35.11.59, Fax 03.85.35.13.94
☑ ⊥ n. V.

DOM. DE L'OISILLON 1996*

| ■ | 2,1 ha | 6 000 | | -30F |

Diese klare Cuvée mit der intensiven roten Farbe bietet einen verhalten fruchtigen Duft mit Cassisnoten. Nach einer runden, fleischigen Ansprache machen sich die Tannine bemerkbar und führen zu einem strengeren Abgang. Ein Wein voller Persönlichkeit, der lagerfähig ist (zwei Jahre).
•⌐ Michel Canard, Le Bourg, 69820 Vauxrenard, Tel. 04.74.69.90.51
☑ ⊥ n. V.

DOM. LONGERE 1996

| ■ | 1 ha | 8 000 | ■ ↓ | -30F |

Ein 96er mit einer sehr schönen, kräftigen Purpurfarbe und einem intensiven Duft von Erdbeeren und kandierten Früchten. Gut strukturiert und von guter Länge. Er wirkt noch immer sehr jugendlich, noch nicht von seiner ursprünglichen Hülle befreit. Sehr vielversprechend.
•⌐ Jean-Luc et Régine Longère, Le Duchamp, 69460 Le Perréon, Tel. 04.74.03.27.63, Fax 04.74.03.27.63 ☑ ⊥ n. V.

DOM. DE L'OREE DU BOIS
Le Perréon 1996

| ■ | 5 ha | 5 000 | | -30F |

Diese kraftvolle Cuvée in Purpurrot entfaltet einen intensiven Duft von in Alkohol eingelegten roten Früchten. Sehr rund und fleischig. Der Geschmack erntet Beifall. Ein zarter, »erwachter« 96er, den man im Laufe des Jahres trinkt.
•⌐ Marie-Odette Bererd, Le Bourg, 69460 Le Perréon, Tel. 04.74.03.21.85, Fax 04.74.03.27.19 ☑ ⊥ n. V.

DOM. DU MARRONNIER ROSE
1996**

| ■ | 2 ha | 5 000 | ■ ↓ | -30F |

Ein sehr klarer Duft von Früchten und Veilchen geht von dieser intensiv roten Cuvée aus. Sein reicher Stoff und seine Rundheit verführen sofort. Dieser gut strukturierte, sehr milde 96er nimmt den Gaumen lang für sich ein und zeigt über einem alkoholischen Aroma seine exzellente Ausgewogenheit. Ein Wein von großer Klasse. Er ist trinkreif, kann aber noch ein Jahr lagern.
•⌐ Sylvain et Nathalie Dory, Le Bourg, 69820 Vauxrenard, Tel. 04.74.69.90.80
☑ ⊥ n. V.

CHRISTOPHE PARIS 1996

| ■ | k. A. | 2 000 | ■ | -30F |

Diese granatrote Cuvée verströmt einen kräftigen Duft von vollreifen roten Früchten und Gewürzen. Die etwas markante Ansprache enthüllt eine Tanninstruktur und eine Lebhaftigkeit, die im Augenblick die Fruchtigkeit überdecken. Dieser 96er wird sich in ein paar Monaten entfalten.
•⌐ Christophe Paris, La Tallebarde, 69460 Saint-Etienne-des-Oullières, Tel. 04.74.03.52.25, Fax 04.74.03.52.25
☑ ⊥ n. V.

DOM. DU PENLOIS Lancié 1996*

| ■ | 10,77 ha | 30 000 | ■ ↓ | -30F |

Diese sehr schöne Cuvée mit der strahlend purpurroten Farbe bietet einen intensiven, angenehmen Duft von Früchten. Auf die runde, alkoholreiche Ansprache folgt ein sehr entfaltetes Aroma roter Früchte. Etwas mehr Nerv wäre wünschenswert gewesen, aber der Geschmack zeigt sich wenig und harmonisch. Ein Wein, den man kurze Zeit lagern kann.
•⌐ SCEA Besson Père et Fils, Dom. du Penlois, Cidex 558, 69220 Lancié, Tel. 04.74.04.13.35, Fax 04.74.69.82.07 ☑ ⊥ n. V.

Beaujolais-Villages

DOM. DES PERELLES 1996**

■ 3 ha   4 000   -30 F

In seinem hübschen rubinroten Kleid entfaltet dieser Wein einen Duft, der über Himbeeren an frische Trauben erinnert. Mit seiner schönen Rundheit füllt er den Mund vollständig und harmonisch aus. Vollkommen, klar und von guter Länge. Er klingt elegant aus. Man kann ihn jetzt genießen.
⌐ GAEC Larochette, Les Pérelles,
71570 Chânes, Tel. 03.85.37.41.47,
Fax 03.85.37.15.25 ☑ ⓣ n. V.

JACQUES ET MARIE-THERESE PERRAUD 1996**

■ 2,65 ha   1000   ■ ♦ -30 F

Diese dunkelrote Cuvée wurde unter die Lieblingsweine gewählt. Sie duftet intensiv nach schwarzen Johannisbeeren und Konfitüre. Sehr rund, sehr füllig. Sie zeigt viel Finesse. Alkoholreich und komplex mit einem Gewürzaroma. Sie ist trinkreif, kann aber noch lagern. Der Moulin-à-Vent dieses Erzeugers wurde von einer anderen Jury lobend erwähnt.
⌐ Jacques et Marie-Thérèse Perraud, Forétal,
69820 Vauxrenard, Tel. 04.74.69.90.45
☑ ⓣ n. V.

DOM. PERRIER 1996

■ 8,5 ha   20 000   ■ ♦ 30-50 F

Ein lebhaft roter 96er, der nach frischen Trauben duftet. Die Ansprache ist sanft, mit einem recht feinen Aroma von roten Früchten. Der Abgang ist strenger. Schlicht und umgänglich. Ein Wein für jetzt.
⌐ Marlyse et Gérard Perrier, Le Saule,
69430 Lantignié, Tel. 04.74.04.88.93 ☑ ⓣ n. V.

JEAN-CHARLES PIVOT 1996

■ 12 ha   k. A.   ■ ♦ 30-50 F

Bereits die an vollreife Kirschen erinnernde Farbe wirkt erfrischend, ebenso der recht intensive, fruchtige Duft. Der Geschmack ist von guter Länge und entfaltet ein Aroma von frischen Trauben. Ein harmonischer Wein, den man in seinem ersten Jahr trinkt.
⌐ Jean-Charles Pivot, Montmay,
69430 Quincié-en-Beaujolais,
Tel. 04.74.04.30.32, Fax 04.74.69.00.70
☑ ⓣ tägl. 8h-19h

DANIEL RAMPON 1996

◢ 0,2 ha   2 000   ■ 30-50 F

Das hübsche Pastellrosa der klaren Farbe bleibt recht intensiv. Man muß ein wenig warten, bis man die Fruchtigkeit entdeckt. Ein ausgewogener, gutgebauter, reintöniger und seriöser 96er, den man in diesem Winter probieren kann.
⌐ Daniel Rampon, Les Marcellins,
69910 Villié-Morgon, Tel. 04.74.69.11.02,
Fax 04.74.69.15.88 ☑ ⓣ n. V.

DOM. DE ROCHEBRUNE 1996

■ k. A.   5 000   ■ ♦ -30 F

Dieser an schwarze und rote Johannisbeeren erinnernde 96er ist in ein klares, strahlendes Rubinrot gehüllt. Er zeigt sich sanft, ziemlich rund und voller Frische. Er bietet eine harmonische Struktur.
⌐ Xavier Dumont, Le Pont Mathivet,
69460 Saint-Etienne-des-Oullières,
Tel. 04.74.03.46.41 ☑ ⓣ n. V.

DOM. DE ROCHE-GUILLON 1996*

■ 1 ha   2 000   ■ -30 F

Eine lobende Erwähnung für den Fleurie des Guts und ein Stern für diesen Beaujolais-Villages, dessen schöne rote Farbe violette Reflexe zeigt. Sein fruchtiger Duft ist recht diskret und enthält Vanillenoten. Die gute Ansprache, rund und fleischig, beweist Lebhaftigkeit. Ein Wein, dem es nicht an Stoff mangelt. Sollte ein paar Monate altern.
⌐ Bruno Coperet, Roche-Guillon,
69820 Fleurie, Tel. 04.74.69.85.34,
Fax 04.74.04.10.25 ☑ ⓣ n. V.

DOM. DES RONZE 1996

■ 13 ha   20 000   ■ ♦ -30 F

Eine rubinrote Cuvée, die verhalten nach roten Johannisbeeren und Pfirsichen duftet. Sie ist von liebenswürdiger Rundheit und dürfte sich in den kommenden Monaten entfalten. Beim »Beauj'Arley«, dem jährlichen Treffen der Harley-Davidson-Fans im Juli, wird sie trinkreif sein.
⌐ Dom. des Ronze, 69430 Régnié-Durette,
Tel. 04.74.04.87.46, Fax 04.74.04.89.73
☑ ⓣ n. V.
⌐ Frédéric Sornin

CLAUDE ET BERNARD ROUX 1996

■ 5 ha   2 000   -30 F

Dieser strahlend granatrote 96er bietet einen leichten Vanille- und Röstduft. Er ist frisch und besitzt eine gute Ausgewogenheit, unterstützt von einem Holzton. Trinkreif. Der Régnié des Guts wurde ebenfalls lobend erwähnt.
⌐ Claude et Bernard Roux, La Haute Ronze,
69430 Régnié-Durette, Tel. 04.74.69.22.58,
Fax 04.74.04.89.36 ☑ ⓣ n. V.
⌐ Héritiers Vernay

DOM. DE SERMEZY 1996

■ k. A.   10 000   ■ ♦ -30 F

Intensives, strahlendes Rot wie bei einer vollreifen Kirsche. Dieser 96er entfaltet einen Duft von Kernen, mit dem sich blumige Düfte vermi-

Brouilly

schen. Im Geschmack ist er lebhaft und gefällig und bietet ein Weichselaroma. Trinkreif.
🕿 Patrice Chevrier, Sermezy, 69220 Charentay, Tel. 04.74.66.81.77, Fax 04.74.66.86.55
☑ ⅄ n. V.

DOM. DES TERRES DESSUS 1996

| ■ | 7 ha | 12 000 | ■ | -30 F |

Der schöne Kirschduft dieser ins Violette spielenden roten Cuvée verlängert sich im Geschmack, der ziemlich lang deutlich spürbare Tannine umhüllt. Dieser eher nervige 96er sollte zwei Jahre altern.
🕿 Jean Floch, Dom. des Terres Dessus, 69220 Lancié, Tel. 04.74.04.13.85, Fax 04.74.69.86.72 ☑ ⅄ n. V.

DOM. TOMATIS Les Trois Voûtes 1996*

| ■ | 1 ha | 8 150 | ■ ♦ | 30-50 F |

Das nicht weit vom berühmten Kloster Salles-Arbuissonnas entfernte Gut präsentiert eine sehr schöne Cuvée von klarem Granatrot. Ihr intensiver Kirsch- und Pflaumenduft betont die Frische des ausgewogenen Geschmacks, der schöne, recht fein Tannine enthüllt. Dieser schon sehr angenehme 96er wird mindestens ein Jahr lang den Durst von so manchem Weinfreund löschen.
🕿 Franck Large et Suzanne Tomatis, Le Bourg, 69460 Salles-Arbuissonnas-en-Beaujolais, Tel. 04.74.60.51.00, Fax 04.74.60.51.00
☑ ⅄ n. V.

CH. DE VAUX 1996

| ■ | 10 ha | 20 000 | ■ ♦ | -30 F |

Das strahlende Rubinrot harmoniert mit dem zarten Duft von Blumen und Früchten. Dem sehr feinen Duft mangelt es nicht an Rundheit und Lebhaftigkeit. Dieser 96er ist trinkreif.
🕿 Jacques et Marie-Ange de Vermont, Le Bourg, 69460 Vaux-en-Beaujolais, Tel. 04.74.03.20.03, Fax 04.74.03.24.10
☑ ⅄ n. V.

Brouilly und Côte de Brouilly

Am letzten Samstag im August sind im gesamten Anbaugebiet Gesang und Musik zu hören. Die Traubenlese hat noch nicht begonnen, und dennoch erklimmen zahlreiche Menschen, die in Körben etwas zum Essen mitführen, die 484 m des Hügels von Brouilly. Sie steigen zum Gipfel hinauf, wo sich eine Kapelle erhebt. In ihrem Schatten reicht man Brot, Wein und Salz! Von dort überblicken die Pilger das Beaujolais, das Mâconnais, die Dombes und den Mont-d'Or. Zwei Schwesterappellationen haben sich die Abgrenzung der nebeneinander liegenden Anbaugebiete streitig gemacht: Brouilly und Côte de Brouilly.

Das Weinbaugebiet der AOC Côte de Brouilly, das auf den Hängen des Hügels entstanden ist, liegt auf Granitgestein und sehr hartem blaugrünem Schiefer, der als Grüne Hornblende oder Diorit bezeichnet wird. Dieser Berg dürfte auf vulkanische Tätigkeit im Erdaltertum zurückgehen, aber der Sage nach ist er entstanden, als hier ein Riese, der das Bett der Saône ausgehoben hatte, seine Kiepe entleerte ... Die Weinproduktion (17 600 hl bei 304 ha) verteilt sich auf vier Gemeinden: Odenas, Saint-Lager, Cercié und Quincié. Die Appellation Brouilly selbst umfaßt rund um den Hügel 1 243 ha, die zu seinen Füßen liegen und 72 000 hl erzeugen. Außer den bereits erwähnten Orten reicht sie in das Gebiet von Saint-Etienne-la-Varenne und Charentay hinein. Auf dem Boden von Cercié befindet sich die wohlbekannte Lage »Pisse Vieille«.

Brouilly

BARONNE DU CHATELARD 1995

| ■ | k. A. | 10 000 | ■ ♦ | 30-50 F |

Die hellrote Farbe dieser Cuvée ist durch ein paar gelbrote Reflexe gekennzeichnet. Ihr an Unterholz und rote Beerenfrüchte erinnernder Duft zeigt Finesse. Dieser Wein enthüllt Frische und eine gute Tanninstruktur. Trinkreif.
🕿 SARL Françoise Grossot Sélection, Ch. du Chatelard, 69220 Lancié, Tel. 04.74.04.12.99, Fax 04.74.69.86.17 ☑ ⅄ n. V.

CH. BEILLARD 1996*

| ■ | 15 ha | 60 000 | ■ ♦ | 30-50 F |

Das intensive Rubinrot enthält violette Farbnuancen. Diese Cuvée entfaltet einen Blütenduft, der mit Pfirsichdüften verbunden ist. Die runde, klare Ansprache setzt sich ungeschwächt fort und enthüllt einen Geschmack, der durch seine Struktur, seine Kraft und seinen »wachen« Abgang verführt. Sein feiner Charakter lädt dazu ein, diesen Wein jetzt zu probieren.
🕿 GFA des Beillard, 69220 Saint-Lager

DOM. BERTRAND 1995**

| ■ | 4 ha | k. A. | | 30-50 F |

Die dunkelrote Farbe hat recht intensive violette Reflexe bewahrt. Die weinige Nase verströmt einen Geruch vollreifer Früchte. Der füllige, fleischige Geschmack mit dem Aroma kandierter Früchte zeigt sich sehr ausgewogen

BEAUJOLAIS

Brouilly

und von schöner Länge. Dieser bemerkenswerte 95er ist trinkreif, kann aber noch ein Jahr altern.
➥ Jean-Pierre et Maryse Bertrand, Bonnège, 69220 Charentay, Tel. 04.74.66.85.96, Fax 04.74.66.72.46 ☑ ⊥ n. V.

CH. DU BLUIZARD 1995*

■　　　　8,3 ha　　60 000　　◨♦ 30-50F

Diese klare, strahlend rubinrote Cuvée entfaltet einen Blüten- und Gewürzduft, der sich mit einem Holzton vermischt. Auch wenn sie solide gebaut ist, beeindruckt sie im Geschmack mit einem langen, angenehmen Vanille- und Kirscharoma. Dieser sehr schöne Wein ist für eine zwei- bis dreijährige Lagerung geschaffen.
➥ SCE Dom. Saint-Charles, Le Bluizard, 69460 Saint-Etienne-la-Varenne, Tel. 04.74.03.30.90, Fax 04.74.03.30.80
☑ ⊥ n. V.
➥ Jean de Saint-Charles

CONDEMINE Pisse Vieille 1996**

■　　　　4,5 ha　　10 000　　▣◨ 30-50F

Diese 96er Cuvée zeigt ein dunkles Granatrot mit intensiven violetten Reflexen und bietet einen reichen Duft, der an Obstsalat erinnert. Sie ist sehr rund und enthüllt eine bemerkenswerte Fülle mit sehr feine Tannine. Man beißt ohne Unterlaß in Fleisch. Sehr harmonisch mit einem frischen Abgang. Kann zwei Jahre altern.
➥ GAEC Condemine, Les Bruyères, 69220 Cercié, Tel. 04.74.66.82.84, Fax 04.74.66.82.84 ☑ ⊥ n. V.

DOM. CRET DES GARANCHES 1996

■　　　9 ha　　65 000　　▣◨♦ 30-50F

Dieser 96er mit dem klaren Rubinrot entfaltet sich mit Cassisnoten. Die Ansprache ist voller Lebhaftigkeit und entwickelt sich in Richtung Rundheit. Ein sehr feiner Wein von passabler Länge, den man jetzt trinken sollte.
➥ Yvonne Dufaitre, Dom. Crêt des Garanches, 69460 Odenas, Tel. 04.74.03.41.46, Fax 04.74.03.51.65 ☑ ⊥ n. V.

JOSEPH DROUHIN 1995*

■　　　k. A.　　k. A.　　▣ 50-70F

Zwei Weine dieser Firma haben einen Stern verdient : der Moulin-à-Vent und dieser 95er Brouilly. Er hat sich sehr gut gehalten, wie seine schönen violetten Reflexe zeigen. In der Nase entfaltet sich ein komplexer Duft von reifen Früchten und Unterholz, der auf angenehme Weise mit Ledernoten vermischt ist. Der Körper und die sehr feinen Tannine, zu denen Kirschwasser hinzukommt, sind harmonisch verbunden und klingen genußvoll aus.
➥ Joseph Drouhin, 7, rue d'Enfer, 21200 Beaune, Tel. 03.80.24.68.88, Fax 03.80.22.43.14 ⊥ n. V.

LOUIS GAGET 1996*

■　　　5,85 ha　　20 000　　▣◨♦ 30-50F

Die rubinrote Farbe könnte klarer sein, aber der an Walderdbeeren und schwarze Johannisbeeren erinnernde Duft wurde besonders gewürdigt. »Wach« und sehr rund. Im Mund entfaltet diese Cuvée ein lang anhaltendes Aroma von roten Früchten. Sie ist harmonisch und zeigt im Abgang ihre Stärke. Süffig und frisch. Kann noch zwei Jahre lagern.
➥ Louis Gaget, Les Fossés, 69460 Odenas, Tel. 04.74.03.43.43, Fax 04.74.03.45.83
☑ ⊥ n. V.

DOM. DES GAROCHES 1996

■　　　5,42 ha　　5 000　　▣◨♦ 30-50F

Eine intensiv rote Cuvée mit einem Duft von schwarzen Johannisbeeren, unter den sich ein Holzton mischt. Sie vereint Rundheit und Lebhaftigkeit und hinterläßt im Mund ein Backpflaumenaroma. Wohlausgewogen. Muß sich noch verfeinern.
➥ Pierre-Louis Dufaitre, Dom. des Garoches, Garanches, 69460 Odenas, Tel. 04.74.03.40.16, Fax 04.74.03.40.16 ☑ ⊥ n. V.

GOBET Pisse Vieille 1995

■　　　k. A.　　20 000　　▣ 30-50F

Klare, strahlend hellrubinrote Farbe. Nach und nach entdeckt man einen Kirsch- und Mandelgeruch, aber auch eine Melonennote ! Das Gerüst beherrscht den Körper dieses Weins, der noch altern muß, damit er zeigt, was in ihm steckt.
➥ Gobet, 69840 Juliénas, Tel. 04.74.06.78.00, Fax 04.74.06.78.01 ⊥ n. V.
➥ A. V. F.

DANIEL GUILLET 1996*

■　　　1,25 ha　　5 000　　◨♦ 30-50F

Diese Cuvée besitzt eine recht lebhafte hellrote Farbe und entfaltet mit einem Geruchen, in denen Holz und rauchige Noten dominieren. Sie ist sehr rund und fleischig und enthüllt im Geschmack ein klassisches Aroma von Waldbeeren. Sehr ausgewogen und süffig. Trinkreif.
➥ Daniel Guillet, Les Lions, 69460 Odenas, Tel. 04.74.03.48.06, Fax 04.74.03.48.06
☑ ⊥ n. V.

BERNARD JOMAIN 1995

■　　　4,5 ha　　3 500　　◨♦ 30-50F

Hellrot mit goldgelben Reflexen. Diese Cuvée entfaltet einen intensiven Duft von Früchten, Gewürzen und Geröstetem. Ihr reicher Stoff bringt den Boden zum Ausdruck. Zufriedenstellende Länge. Dieser Wein ist trinkreif.
➥ Bernard Jomain, Les Clous, La Chaize, 69460 Odenas, Tel. 04.74.03.47.60, Fax 04.74.03.47.60 ☑ ⊥ n. V.
➥ Ch. de La Chaize

DOM. DE LA FONT-CURE 1995*

■　　　k. A.　　k. A.　　30-50F

Dieser in ein sehr klares Rot gehüllte Wein zeigt sich angenehm fruchtig. Man findet darin schwarze Johannisbeeren, aber auch einen Holzton. Die sehr gute Ansprache verlängert den Geruchseindruck. Das Aroma reifer Früchte entfaltet sich um eine harmonische Struktur herum. Man kann diesen appetitlichen, runden, seidigen und typischen Wein zwei bis drei Jahre lang genießen.
➥ Françoise Gouillon, Saburin, 69430 Quincié-en-Beaujolais, Tel. 04.74.04.36.33, Fax 04.74.04.36.33 ☑ ⊥ n. V.

Brouilly

JEAN-MARC LAFOREST 1996*

■   5,8 ha   35 000   ■ ♦   30-50 F

Die schöne Ansprache dieses jungen granatroten Brouilly mit dem frischen Duft roter Früchte weist auf einen körperreichen Geschmack hin, der füllig und ausgewogen ist und samtige Tannine enthält. Ein typischer Wein für die kommenden zwei Jahre.

☛ Jean-Marc Laforest, Chez le Bois, 69430 Régnié-Durette, Tel. 04.74.04.35.03, Fax 04.74.69.01.67 ☑ ⊥ n. V.

DOM. DE LA PISSEVIEILLE
Pisse Vieille 1996

■   4 ha   15 000   ■ ♦   30-50 F

Dieser 96er mit der kräftigen roten Farbe duftet intensiv nach Himbeeren und Bananen und enthüllt einen frischen, runden und ausgewogenen Geschmack. Man kann ihn schon jetzt auf den Tisch bringen.

☛ Gaillard, 69220 Cercié, Tel. 04.74.09.60.00

LE JARDIN DES RAVATYS 1996**

■   k. A.   k. A.   30-50 F

Neben einem passablen Côte de Brouilly hat sich das Gut, das dem Institut Pasteur gehört, durch diese exzellente Cuvée ausgezeichnet. Die lebhafte rote Farbe mit den violetten Reflexen ist klar und brillant. Ihr intensiver Duft erinnert an eingemachte Früchte mit einem Hauch von schwarzen Johannisbeeren. Der sehr gute Geschmack wird vom Aroma des Geruchseindrucks beherrscht, vermischt mit Honig. Ein sehr feiner, vollkommen ausgewogener und nachhaltiger Wein, den man schon jetzt ohne Gewissensbisse trinken kann, denn die Erlöse aus dem Verkauf der Ravatys-Weine gehen in die medizinische Forschung.

☛ Institut Pasteur, Les Ravatys, 69220 Saint-Lager, Tel. 04.74.66.47.81, Fax 04.74.69.61.38 ⊥ n. V.

ALAIN MICHAUD 1996

■   k. A.   20 000   ◐ ♦   30-50 F

Dieser dunkelrote 96er entfaltet sich mit einem Duft von schwarzen Johannisbeeren und frischem Heu. Ein alkoholreicher, lebhafter Wein, der ein schönes Gerüst besitzt, für eine zweijährige Alterung geschaffen.

☛ Alain Michaud, Beauvoir, Cidex 1145, 69220 Saint-Lager, Tel. 04.74.66.84.29, Fax 04.74.66.71.91 ☑ ⊥ n. V.

MARC MICHAUD 1995*

■   5,5 ha   6 000   ◐   30-50 F

Das hübsche, lebhafte Rot dieses 95ers läßt an Erdbeeren und rote Johannisbeeren denken. Der Geruch erinnert an Unterholz. Reicher Stoff und eine sehr schöne Stuktur, die durch eine gute Säure unterstützt wird, machen ihn zu einem lagerfähigen Wein.

☛ Marc Michaud, Jasseron, 69220 Saint-Jean-d'Ardières, Tel. 04.74.66.50.97 ☑ ⊥ n. V.

THIERRY MORIN Cuvée Prestige 1995

■   0,42 ha   3 200   ■ ◐   30-50 F

Eine rote Farbe von vollkommener Brillanz, ein recht entfalteter Duft, der an rote Früchte und Gewürze erinnert und eine Vanillenote enthält, und ein warmer und zugleich lebhafter Geschmack, in dem man das Holzfaß spürt, ergeben einen harmonischen, feinen Gesamteindruck. Mittlere Lagerfähigkeit.

☛ Thierry Morin, Le Fouilloux, 69220 Saint-Lager, Tel. 04.74.66.88.32, Fax 04.74.66.88.32 ☑ ⊥ n. V.

DOM. DU MOULIN FAVRE 1996

■   k. A.   10 000   ◐ ♦   30-50 F

In ihrer rubinroten Livree entfaltet diese Cuvée einen Himbeer-, Erdbeer- und Blütenduft. Auf die recht fruchtige Ansprache folgen eine Empfindung von Rundheit und ein an Steinobst erinnerndes Aroma. Ein zarter, schelmischer Wein, den man jetzt trinken kann.

☛ Yvonne Vernus, allée des Vignerons, 69460 Odenas, Tel. 04.74.03.43.50, Fax 04.74.03.40.76 ☑ ⊥ n. V.

DOM. DE PIERREFAIT 1996

■   7 ha   50 000   ■ ♦   30-50 F

Kräftiges Rot mit schönen, strahlenden Reflexen. Nach und nach bietet dieser Wein einen Duft von roten Früchten und frischen Trauben. Er zeigt sich trotz der Kohlensäure füllig und rund. Seine Fruchtigkeit und seine Stärke deuten auf eine zweijährige Lagerfähigkeit hin.

☛ Claude Echallier, 69460 Odenas, Tel. 04.74.06.10.10, Fax 04.74.66.13.77 ☑ ⊥ n. V.

DOM. RUET 1996

■   7 ha   50 000   ■ ♦   30-50 F

Diese granatrote Cuvée bewahrt mit ihrem Duft von schwarzen Johannisbeeren eine große Jugendlichkeit. Sie ist nicht übermäßig lang, vereint jedoch auf angenehme Weise Frische, Rundheit und Fruchtigkeit.

☛ Dom. Ruet Père et Fils, Voujon, 69220 Cercié-en-Beaujolais, Tel. 04.74.66.85.00, Fax 04.74.66.89.64 ☑ ⊥ n. V.

DOM. DE SAINT-ENNEMOND 1996**

■   6 ha   30 000   ■ ♦   30-50 F

Granatrote Farbe, schöne Noten von Brombeeren, Erdbeeren und Gewürzen. Dieser Brouilly zeigt sich bereits in der Ansprache offenherzig. Seine feinen, samtigen Tannine, die mit dem Körper und der Fruchtigkeit verschmelzen, ergeben einen füllig, langen Geschmack. Ein typischer, gut gebauter Wein, der zwei Jahre altern kann. Das Weingut bietet drei Gästezimmer; es hat sich auch mit einem Beaujolais-Villages ausgezeichnet, der von einer anderen Jury lobend erwähnt wurde.

☛ Christian et Marie Béréziat, Saint-Ennemond, 69220 Cercié-en-Beaujolais, Tel. 04.74.69.67.17, Fax 04.74.69.67.29 ☑ ⊥ n. V.

DOM. J. TATOUX Garanche 1996*

■   3 ha   7 000   ◐ ♦   30-50 F

Ein rubinroter Wein, der intensiv nach Himbeeren und schwarzen Johannisbeeren duftet. Die fleischige, aromatische Ansprache enthüllt den Alkoholreichtum und die Stärke dieses

96ers, der frisch bleibt. Recht lang und gut strukturiert. Er kann zwei Jahre lagern.
☛ Jean Tatoux, 69220 Charentay, Tel. 04.74.06.10.10, Fax 04.74.66.13.77
☑ ⵏ n. V.

DOM. DES TUILERIES 1995

■　　17,26 ha　　60 000　　⑪♨　30-50 F

Dieses Gut hat zwei lobende Erwähnungen erhalten : für den Beaujolais und diesen hellroten Brouilly, der angenehm nach Gewürzen, Dörrobst und Blumen duftet. Süffig, lecker, fruchtig und sanft. Ein trinkreifer Wein.
☛ GFA Grenot-Seneclauze, Briante, Cidex 1139, 69220 Saint-Lager, Tel. 04.78.25.37.11, Fax 04.78.25.97.99 ☑ ⵏ n. V.

GEORGES VIORNERY 1995

■　　5,2 ha　　7 000　　■　30-50 F

Dieser 95er hat die Farbe und den Duft einer Burlatkirsche. Der Geschmack läßt ein paar Tannine erkennen. Dieser gut gebaute Wein kann noch lagern (ein bis zwei Jahre).
☛ Georges Viornery, Brouilly, 69460 Odenas, Tel. 04.74.03.41.44, Fax 04.74.03.41.44
☑ ⵏ tägl. 8h-20h

Côte de Brouilly

AIMEE-CLAUDE BONNETAIN 1996*

■　　1 ha　　k. A.　　■　30-50 F

Dieser dunkelrote 96er bietet einen intensiven, komplexen Duft von vollreifen Früchten und Walderdbeeren. Am Gaumen hinterlassen seine Fruchtigkeit und seine Stärke einen runden, eleganten Geschmack mit schönem Abgang. Ein schon trinkreifer Wein, den man noch aufheben kann (ein bis zwei Jahre).
☛ Aimée-Claude Bonnetain, Chardignon, 69220 Saint-Lager, Tel. 04.74.66.82.12 ☑ ⵏ n. V.

DOM. DU CHATEAU DE LA VALETTE 1996**

■　　0,75 ha　　3 000　　■　30-50 F

Dieses Gut hat sich hervorgetan mit einem Brouilly, das einen Stern erhielt, und mit diesem bemerkenswerten 96er. Tiefes Purpurrot und frischer Duft von Trauben, Brombeeren und Erdbeeren. Er ist voller Fleisch, Fett und Rundheit und besitzt einen geschmeidigen Geschmack. Ein sehr harmonischer, weicher und verführerischer Wein, der noch drei bis vier Jahre altern kann.
☛ Jean-Pierre Crespin, Le Bourg, 69220 Charentay, Tel. 04.74.66.81.96, Fax 04.74.66.71.72 ☑ ⵏ n. V.

DOM. DES FEUILLEES
Cuvée des Pêchers 1996

■　　3 ha　　12 000　　⑪　30-50 F

Lebhaftes Rot mit schönen granatroten Reflexen. Dieser 96er bietet einen frischen Duft von Früchten und Blumen. Unsere sehr heikle Jury hätte ihn gern fleischiger gehabt, aber dennoch ist er aromatisch und harmonisch.

Côte de Brouilly

☛ Gilbert Thivend, 69460 Odenas, Tel. 04.74.03.45.13, Fax 04.74.03.31.02 ☑ ⵏ tägl. 10h-13h 14h-19h ; 15.-31. Aug. geschlossen

DOM. DES FOURNELLES 1996

■　　8 ha　　k. A.　　■⑪　30-50 F

Zu der dunkelroten Farbe kommt ein intensiver Duft hinzu, der an Blumen und Gewürze, aber auch an saure Drops erinnert ! Noch sehr jugendlich, durch die Fruchtigkeit ebenso wie durch seinen Stoff. Diesem 96er mangelt es nicht an Ausgewogenheit. Man sollte ihn ein Jahr altern lassen. Es sei noch daran erinnert, daß der 94er von Alain Bernillon vor zwei Jahren zu den Lieblingsweinen der Jury gehörte !
☛ Alain Bernillon, Godefroy, 69220 Saint-Lager, Tel. 04.74.66.81.68, Fax 04.74.66.70.76
☑ ⵏ n. V.

DOM. DE LA CROIX SAINT CYPRIEN 1996

■　　k. A.　　20 000　　■♨　30-50 F

Ein frischer Duft roter Früchte geht von diesem intensiv rubinroten Wein aus. Der runde, füllige Geschmack, der angenehm fruchtig ausklingt, hat sich noch nicht verausgabt. Zwei Jahre aufheben.
☛ Dom. de La Croix Saint Cyprien, Le Pont des Samsons, 69430 Quincié-en-Beaujolais, Tel. 04.74.69.09.20, Fax 04.74.69.09.29

DOM. DE LA PIERRE BLEUE 1996

■　　4 ha　　28 000　　■♨　30-50 F

Zwei lobende Erwähnungen für dieses Gut : für den Beaujolais und diese purpurrote Cuvée, die sich nach und nach mit einem Heidelbeerduft und alkoholischen Noten entfaltet. Im Geschmack beeindruckt sein schöner Stoff lang anhaltend. Dieser dank seines vielversprechenden Gerüsts für die Lagerung vinifizierte 96er muß mindestens ein Jahr altern.
☛ EARL Olivier Ravier, Dom. des Sables d'Or, 69220 Belleville-sur-Saône, Tel. 04.74.66.12.66, Fax 04.74.66.57.50 ☑ ⵏ n. V.

DOM. LES ROCHES BLEUES 1995*

■　　2,65 ha　　13 000　　⑪♨　30-50 F

Die granatrote Farbe bewahrt schöne violette Reflexe. Ein intensiver Brombeer- und Unterholzgeruch begleitet einen kräftigen, runden, fülligen und ausgewogenen Geschmack. Der Abgang ist angenehm mit seiner Lakritznote. Ein typisierter Wein, der trinkreif ist, aber zwei Jahre lagern kann.
☛ Dominique Lacondemine, Dom. Les Roches Bleues, 69460 Odenas, Tel. 04.74.03.43.11, Fax 04.74.03.50.06 ☑ ⵏ n. V.

DOM. DU PETIT PRESSOIR 1996

■　　4 ha　　15 000　　■♨　30-50 F

Die konzentrierte, fast blaue Farbe steht im Gegensatz zum subtilen Duft, der an rote Früchte und Blüten erinnert. Der aromatische, wohlausgewogene Geschmack mit den Lakritznoten zeigt sich eher fest. Dieser 96er kann zwei Jahre altern.

⚲ Daniel Mathon, Chardignon, 69220 Saint-Lager, Tel. 04.74.66.86.48, Fax 04.74.66.70.42 ☑ ⚲ n. V.

JACKY PIRET Vieilles vignes 1995

| ■ | 1 ha | 7 000 | ■ | 30-50 F |

Zwei Weine dieses Guts wurden von unseren Juroren berücksichtigt : ein Régnié und diese Cuvée »Vieilles vignes«, die eine purpurrote Farbe mit schönen bläulichen Reflexen besitzt und einen leichten, pfeffrigen Duft bietet. Die Ansprache enthüllt viel Stoff, aber der eher tanninreiche Abgang muß sich noch verfeinern.
⚲ Jacky Piret, La Combe, 69220 Belleville, Tel. 04.74.66.30.13 ☑ ⚲ n. V.

CELLIER DES SAINT-ETIENNE 1996

| ■ | 5 ha | 25 000 | ■ ⚲ | 30-50 F |

Diese dunkelrote Cuvée mit den schönen violetten Reflexen bietet einen reichen Duft von Pfingstrosen, Iris und Rosen. Seine gute Struktur und sein reicher Stoff brauchen noch etwas Zeit, um vollständig zu verschmelzen.
⚲ Cellier des Saint-Etienne, rte du Beaujolais, 69460 Saint-Etienne-des-Oullières, Tel. 04.74.03.43.69, Fax 04.74.03.48.29 ☑ ⚲ n. V.

CH. THIVIN 1995**

| ■ | 8,5 ha | 50 000 | ❚❚ ⚲ | 30-50 F |

Ein Erfolg für dieses Gut, dessen 96er Brouilly ebenfalls als bemerkenswert beurteilt wurde. Diese purpurrote Cuvée mit den sehr kräftigen Reflexen verströmt einen komplexen Duft von Weichseln in Alkohol, Erdbeerkonfitüre und Unterholz. Der füllige Kirschwassergeschmack weist auf die schöne Struktur dieses rassigen Weins mit dem typischen, mineralischen Charakter hin. Er ist sehr gut gebaut, ausgewogen und markant und kann zwei bis fünf Jahre altern.
⚲ Claude-Vincent Geoffray, Ch. Thivin, 69460 Odenas, Tel. 04.74.03.47.53, Fax 04.74.03.52.87 ☑ ⚲ n. V.

BERNADETTE ET GILLES VINCENT 1996

| ■ | 2,5 ha | 10 000 | | 30-50 F |

Ein purpurroter 96er, dessen diskrete Nase einen mineralischen Bodengeruch bietet. Er ist sanft und lang und zeigt sich gut strukturiert mit eleganten Tanninen. Trinkreif.
⚲ Gilles Vincent, Les Grand'Croix, 69220 Saint-Lager, Tel. 04.74.66.82.05 ☑ ⚲ n. V.

Chénas

In der Sage heißt es, daß dieser Ort einst von einem riesigen Eichenwald bedeckt war. Als ein Holzfäller feststellte, daß hier Reben wuchsen, die einzweifellos göttlicher - Vogel auf höchst natürliche Weise gesetzt hatte, soll er begonnen haben, den Wald zu roden, um das edle Gewächs anzupflanzen. Jene Rebe, die heute Gamay noir à jus blanc heißt ...

Eine der kleinsten Beaujolais-Appellationen, die 285 ha im Grenzgebiet zwischen den Departements Rhône und Saône-et-Loire umfaßt. Sie liefert 16 450 hl, die in den Gemeinden Chénas und La Chapelle-de-Guinchay erzeugt werden. Die Chénas-Weine, die von steilen Granithängen kommen, sind farbintensiv und kraftvoll, aber ohne übermäßige Aggressivität und entfalten ein blumiges Aroma, das an Rosen und Veilchen denken läßt. Sie erinnern an die Weine der Appellation Moulin-à-Vent, die den größten Teil der Weinberge in dieser Gemeinde einnimmt. Die Chénas-Weine, die von Rebflächen des schlickhaltigeren und flacheren Anbaugebiets im Ostteil stammen, bieten ein zarteres Gerüst. Diese Appellation, die im Verhältnis zu den anderen Beaujolais-Crus zu Unrecht als arme Verwandte verkannt wird, leidet unter ihrer kleinen Produktionsmenge. Die Genossenschaftskellerei des Château de Chénas vinifiziert 45 % der Trauben der Appellation ; in ihrem Gewölbekeller befinden sich schöne Eichenholzfässer, die aus dem 17. Jh. stammen.

DOM. DE BEL AIR Les Bucherats 1995**

| ■ | k. A. | k. A. | | 30-50 F |

Die sehr dunkle rote Farbe läßt einige ziegelrote Reflexe erkennen. Der Geruchseindruck ist durch den Duft von sehr reifen Früchten und Pfingstrosen sowie balsamische Noten geprägt. Die zweite Ansprache enthüllt weichere Noten und ein prächtiges Gerüst mit zarten Tanninen. Ein bemerkenswerter Wein, der sanft, harmonisch und lang ist. Man kann ihn vier Jahre lang genießen.
⚲ SARL Dom. de Bel Air, Bel Air, 69430 Lantignié, Tel. 04.74.04.82.08, Fax 04.74.04.89.33 ☑ ⚲ n. V.

MICHEL BENON ET FILS 1996*

| ■ | 3,2 ha | 10 000 | ■ | 30-50 F |

Von diesem Weingut sind ein Juliénas und dieser Chénas mit der sehr dunklen rubinroten Farbe berücksichtigt worden. Dieser Wein verführt durch einen herrlichen, reichhaltigen Duft von roten Früchten und Unterholz, der einen fleischigen, fülligen, harmonischen Geschmack von guter Weinigkeit begleitet. Er ist ausgewogen und zeigt viel Finesse. Kann in den kommenden drei Jahren getrunken werden.
⚲ GAEC Michel Benon et Fils, Les Blémonts, 71570 La Chapelle-de-Guinchay, Tel. 03.85.36.71.99 ☑ ⚲ n. V.

Chénas

FRANCK BESSONE 1995*
■   3,11 ha   2 000   ■ 30-50F

Die klare Farbe dieses 95ers ist durch einige ziegelrote Reflexe geprägt. Ein an verblühte Blumen und Unterholz erinnernder Duft bildet einen schönen ersten Geruchseindruck. Die klare Ansprache ist markant, aber nicht aggressiv. Sehr gut strukturiert, mit würzigen Noten. Dieser Wein besitzt Fülle und Nachhaltigkeit. Recht typisch. Sollte in den kommenden beiden Jahren getrunken werden.
🍷 Franck Bessone, Les Darroux, 71570 La Chapelle-de-Guinchay, Tel. 03.85.36.79.77 ✓ ⊥ n. V.

BERNARD BROYER 1995*
■   3,5 ha   5 000   ⦁⦁⦁ 30-50F

Dieser 95er mit der klaren Granatfarbe entfaltet einen mineralischen Geruch und Noten von schwarzen Johannisbeeren, Brombeeren und Pfingstrosen, die sich im Mund fortsetzen. Er besitzt ein von einem noch jugendlichen Körper umgebenes Gerüst und bewahrt Sanftheit und Harmonie. Sein reicher, vielversprechender Stoff macht ihn zu einem Wein, den man in den kommenden vier Jahren trinken kann. Nicht weit vom zweiten Stern entfernt.
🍷 Bernard Broyer, Les Bucherats, 69840 Juliénas, Tel. 04.74.04.46.75, Fax 04.74.04.45.18 ✓ ⊥ tägl. 9h-20h

CH. DE CHENAS 1995
■   70 ha   50 000   ■ 30-50F

Dieser strahlend rubinrote 95er ist im Geruchseindruck eher zurückhaltend. Er bietet einen feinen Unterholz- und Blütenduft und bleibt sehr jugendlich. Der Geschmack enthüllt ein gutes Gerüst, das Vanille- und Kirschwassernoten enthält. Typisch, aber mit flüchtigem Abgang. Dieser Wein ist trinkreif. Paßt zu einer Andouillette (Gekrösewürstchen).
🍷 Cave Ch. de Chénas, Les Michelons, 69840 Chénas, Tel. 04.74.04.48.19, Fax 04.74.04.47.48 ✓ ⊥ tägl. 8h-12h 14h-18h30

DOM. DE CHENEPIERRE
Sélection Vieilles vignes 1995*
■   2,8 ha   10 000   ⦁⦁⦁ 30-50F

Der feine, sehr harmonische Duft dieses 95ers mit der klaren Granatfarbe erinnert an schwarze Johannisbeeren, aber auch an Wildbret. Ein von Anfang bis Ende einschmeichelnder Wein, an dem die Jury die Sanftheit, die Ausgewogenheit und die Länge schätzte. Elegant und vornehm mit seinem Aroma, das an Kerne denken läßt. Kann in den kommenden zwei Jahren getrunken werden.
🍷 Gérard Lapierre, Les Deschamps, 69840 Chénas, Tel. 03.85.36.70.74, Fax 03.85.33.85.73 ✓ ⊥ n. V.

DOM. DES DARROUX 1996**
■   3 ha   15 000   ■ -30F

Diese granatrote Cuvée wirkt intensiv und lebhaft. Ein feiner Duft von vollreifen Erdbeeren und Kirschen ist mit klaren Blütennoten vermischt. Die Ansprache enthüllt Rundheit mit viel Ausgewogenheit zwischen den geschmeidigen Tanninen und dem Körper. Ihr reicher, durch Röstnoten betonter Stoff verleiht ihr einen sehr typischen Charakter. Rassig und elegant. Dieser sehr schöne Wein kann drei bis fünf Jahre altern.
🍷 Pascal Colvray, 71570 La Chapelle-de-Guinchay, Tel. 03.85.36.74.81, Fax 03.85.33.85.06 ✓ ⊥ tägl. 8h-20h

AMEDEE DEGRANGE 1995*
■   0,11 ha   900   ■ 30-50F

Die Jury hat von diesem Erzeuger einen Moulin-à-Vent (ohne Stern lobend erwähnt) und diesen verführerischen Chénas berücksichtigt. Seine sehr jugendliche dunkelrubinrote Farbe harmoniert mit einem Duft vollreifer Erdbeeren. Sanft und ausgewogen. Dieser sehr schöne Wein mit dem Geschmack von Gewürzen und Kernen scheint auf seinem Höhepunkt zu sein. Er ist harmonisch und nachhaltig. Trinkreif.
🍷 Amédée Degrange, Les Vérillats, 69840 Chénas, Tel. 04.74.04.48.48, Fax 04.74.04.46.35 ✓ ⊥ Mo-Sa 8h-12h 14h-19h; So n. V.

HUBERT LAPIERRE 1996
■   4,1 ha   25 000   ■ ⦁⦁⦁ ♦ 30-50F

Der zurückhaltende Duft dieser intensiv rubinroten Cuvée erinnert an Himbeeren und Kirschen. Sie ist noch sehr jung und zeigt sich nervig und kräftig gebaut. Dieser angenehme, typische 96er sollte im Laufe des Jahres getrunken werden, vorzugsweise zu hellem Fleisch.
🍷 Hubert Lapierre, Les Gandelins, 71570 La Chapelle-de-Guinchay, Tel. 03.85.36.74.89, Fax 03.85.36.79.69 ✓ ⊥ tägl. 9h-12h 13h30-18h

DOM. DU MAUPAS 1995
■   0,8 ha   6 000   ■ ⦁⦁⦁ 30-50F

Schade, daß sein Abgang trotz seiner guten Nachhaltigkeit ein wenig streng ist, denn der Rest ist sehr schön, von der herrlichen granatroten Farbe über den Duft von roten Früchten, begleitet von blumigen Noten, bis zum Körper, der Geschmeidigkeit und Rückgrat vereint, angekündigt durch eine klare Ansprache.
🍷 Henri et Jacques Lespinasse, La Bottière, 69840 Juliénas, Tel. 03.85.36.75.86, Fax 03.85.33.86.70 ✓ ⊥ n. V.

DANIEL PASSOT 1996
■   1,85 ha   7 000   30-50F

Dieser intensiv granatrote 96er entfaltet einen Duft von Pfingstrosen, Iris und verblühten Rosen über einem Leder- und Rauchgeruch. Obwohl er etwas Kohlensäure zu enthalten scheint, bleibt die Ansprache rund und alkoholreich. Er schmeckt leicht hohl, aber danach tritt seine schöne Struktur hervor, die eine gute Entwicklung voraussagen läßt.
🍷 Daniel Passot, Les Journets, 71570 La Chapelle-de-Guinchay, Tel. 03.85.36.75.35, Fax 03.85.33.83.72 ✓ ⊥ n. V.

DOM. GILBERT PICOLET
Vieilles vignes Vieilli en fût de chêne 1995*
■   k. A.   k. A.   ⦁⦁⦁ 30-50F

Dieser 95er bietet eine intensive rote Farbe und duftet nach vollreifen Kirschen. Er ist stoffreich, besitzt aber dennoch viel Finesse. Sein

Aroma von gekochten Pflaumen umhüllt sanfte Tannine. Ausgewogen und geschmeidig. Sollte im Laufe des nächsten Jahres getrunken werden.
🍇 Gilbert Picolet, Les Seignaux, 69840 Chénas, Tel. 04.74.04.48.65, Fax 04.74.04.40.94
☑ ☥ n. V.

DOM. DE ROCHE NOIRE 1996

| ■ | 0,4 ha | 3 000 | 🍷 30-50 F |

Diese rotviolette Cuvée bietet einen leichten Duft, der an Himbeeren, Walderdbeeren, Veilchen und Leder erinnert und sich im Mund fortsetzt. Frisch, zart und ausgewogen. Sie gleitet sanft und leicht über die Zunge. Trinkreif.
🍇 Patrick Balvay, Le Vieux Bourg, 69840 Chénas, Tel. 04.74.04.49.08, Fax 04.74.04.49.81 ☑ ☥ tägl. 8h-19h

DOM. DES ROSIERS 1996

| ■ | 2 ha | 6 500 | 🍷🍾 30-50 F |

Diese dunkelrote Cuvée entfaltet sich mit einem Duft, der an kandierte rote Früchte erinnert und eine Note von Tiergeruch enthält. Sie zeigt sich alkoholreich und bietet ein schönes Gerüst. Strukturiert, aber nicht zu fest. Schöne Zukunftsaussichten.
🍇 Gérard Charvet, Dom. des Rosiers, 69840 Chénas, Tel. 04.74.04.48.62, Fax 04.74.04.49.80 ☑ ☥ tägl. 8h-20h

DOM. DE TREMONT
Les Gandelins 1996*

| ■ | 2 ha | 10 000 | 🍷 30-50 F |

Diese dunkelrote Cuvée entfaltet einen Duft, der von mittlerer Intensität, aber originell ist und an Pfingstrosen und Moschus erinnert, vermischt mit Noten von reifen Früchten. Ihre Tannine machen sich sofort bemerkbar. Sie vereint Alkoholreichtum und Lebhaftigkeit. Es mangelt ihr nicht an Körper. Da sie zu jung ist, um sie heute vollständig würdigen zu können, sollte sie ein bis zwei Jahre altern. Paßt zu Coq au vin.
🍇 Daniel et Françoise Bouchacourt, Les Jean-Loron, 71570 La Chapelle-de-Guinchay, Tel. 03.85.36.77.49, Fax 03.85.33.87.20
☑ ☥ n. V.

Chiroubles

Der »höchste« Cru des Beaujolais. Auf 364 ha, die sich in fast 400 m Höhe in einer einzigen Gemeinde befinden, in einem Talkessel mit leichten, mageren Granitsandböden, erzeugt er 21 100 hl von der Rebsorte Gamay noir à jus blanc. Der Chiroubles ist ein eleganter, feiner Wein, der tanninarm, süffig und bezaubernd ist und an Veilchen erinnert. Er ist rasch trinkreif und besitzt manchmal ein wenig den Charakter eines Fleurie oder eines Morgon, der Weine aus den Nachbar-Crus. Zu allen Tageszeiten paßt er zu Fleisch- und Wurstgerichten. Wenn man sich davon selbst überzeugen möchte, braucht man nur die Straße zu nehmen, die hinter dem Dorf zum Fût d'Avenas führt. Auf dem Gipfel dieser 700 m hohen Erhebung, die den Ort überragt, befindet sich ein »Probierstübchen«.

Jedes Jahr im April feiert Chiroubles einen seiner Söhne, den berühmten Rebsortenkundler Victor Pulliat, der hier 1827 geboren wurde. Seine Arbeiten, die sich dem Reifegrad und der Veredelung der Rebsorten widmeten, sind auf der ganzen Welt bekannt. Für seine Beobachtungen züchtete er auf seinem Weingut Tempéré über 2000 Rebsorten! Chiroubles hat eine Genossenschaftskellerei, die die Trauben von 3000 hl des Anbaugebiets vinifiziert.

DOM. CHEYSSON 1996

| ■ | 3 ha | k. A. | 🍷 30-50 F |

Diese rubinrote Cuvée erinnert im Duft an Sauerkirschen und Veilchen. Sie enthüllt eine gute Struktur, vielversprechende Tannine und ein angenehm blumig-fruchtiges Aroma.
🍇 Dom. Emile Cheysson, Clos Les Farges, 69115 Chiroubles, Tel. 04.74.04.22.02, Fax 04.74.69.14.16 ☑ ☥ Mo-Fr 8h-12h 13h30-18h30 ; Sa, So n. V.

MAISON DES VIGNERONS DE CHIROUBLES
Cuvée Vidame de Rocsain 1996*

| ■ | 4 ha | 30 000 | 🍷 30-50 F |

Dieser karminrote Chiroubles bietet schöne, dunkle Reflexe. Sein Duft erinnert an frische Kirschen und rote Johannisbeeren. Der runde, ausgewogene und frische Wein paßt gut zu Fleisch- und Wurstgerichten. Ein trinkreifer 96er, der ein bis zwei Jahre lagern kann. Die Maison des Vignerons hat sich auch mit einem Morgon ausgezeichnet, der von einer anderen Jury lobend erwähnt wurde.
🍇 Maison des Vignerons de Chiroubles, Le Bourg, 69115 Chiroubles, Tel. 04.74.69.14.94, Fax 04.74.69.12.59 ☑ ☥ n. V.

DOM. DU COTEAU DE BEL AIR 1995

| ■ | 2 ha | 3 000 | 🍾 30-50 F |

Dieser 95er mit der klaren rubinroten Farbe läßt einen guten Duft von Himbeeren und reifen Früchten erkennen. Die fruchtige Ansprache besitzt zwar nicht den erhofften Körper und Stoff, aber dennoch erweist sich der Wein als ausgewogen und angenehm. Er paßt zu gegrilltem Fleisch.
🍇 Jean-Marie Appert, Bel Air, 69115 Chiroubles, Tel. 04.74.04.23.77 ☑ ☥ n. V.

Chiroubles

DOM. DU CRET DES BRUYERES
1996*

| | 2,5 ha | 5 000 | | 30-50 F |

Intensive Farbe. Ein Duft von vollreifen exotischen Früchten, der sich mit Resedaduft vermischt, begleitet einen runden, sanften und jugendlichen Geschmack. Ein guter Repräsentant der Appellation, der bezaubernd und süffig ist. Trinkreif.
• GFA Desplace Frères, Aux Bruyères, 69430 Régnié-Durette, Tel. 04.74.04.37.13, Fax 04.74.04.30.55 ⛊ ⚐ n. V.

DOM. DE FONTRIANTE 1996*

| | 3,5 ha | 7 000 | | 30-50 F |

Die rubinrote Farbe dieses 96ers zeigt schöne, strahlende Reflexe. Sie weisen auf den an Erdbeeren und Himbeeren erinnernden Duft hin. Nach einer samtigen, milden Ansprache klingt dieser Wein ohne Herbheit aus. Sein gutes Potential ist eine Zukunftsgarantie. Sollte ein bis zwei Jahre altern.
• Jacky Passot, Fontriante, 69910 Villié-Morgon, Tel. 04.74.69.10.03, Fax 04.74.69.14.29 ⛊ ⚐ n. V.

LA CHAPELLE DES BOIS 1996*

| | k. A. | 12 000 | | 30-50 F |

Diese Cuvée mit der klaren hellroten Farbe hinterläßt schöne Tränen im Glas. Der kräftige Duft, der an Rosen und Kirschen erinnert, ist reizvoll. Der gute Eindruck der Ansprache wird nicht Lügen gestraft. Dieser körper- und aromareiche Wein enthüllt einen rassigen, eleganten Geschmack. Er ist lagerfähig (drei bis vier Jahre). Man empfiehlt uns, ihn zu einem Coq au vin oder zu einer Andouillette zu trinken.
• P. Ferraud et Fils, 31, rue du Mal-Foch, 69220 Belleville, Tel. 04.74.06.47.60, Fax 04.74.66.05.50 ⛊ ⚐ n. V.

DOM. DE LA COMBE AU LOUP 1995*

| | 5 ha | 35 000 | | 30-50 F |

Diese strahlend rubinrote Cuvée bietet einen guten Duft von schwarzen Früchten und Unterholz. Sie ist kraftvoll, alkoholreich und wohlausgewogen und bewahrt viel Feinheit. Lang anhaltend, mit sanften, sehr vornehmen Tanninen. Man kann sie schon jetzt zu einem Wildkaninchen trinken, aber sie läßt sich noch drei bis vier Jahre lagern. Der Régnié desselben Erzeugers wurde von einer anderen Jury ebenfalls als sehr gelungen beurteilt. Erinnert sei noch daran, daß der bemerkenswerte 94er im letzten Jahr einer der Lieblingsweine der Jury war.
• Méziat Père et Fils, Dom. de la Combe au Loup, Le Bourg, 69115 Chiroubles, Tel. 04.74.04.24.02, Fax 04.74.69.14.07 ⛊ ⚐ Mo-Sa 8h-12h 14h-19h

DOM. DE LA GROSSE PIERRE 1995*

| | 8 ha | 45 000 | | 30-50 F |

Dieser dunkelrote Wein ist recht duftig. Seine gefällige Frische und sein in der Ansprache erscheinendes Aroma werden danach durch ein paar rauhere Eindrücke beeinträchtigt. Dieser typische, stoffreiche Chiroubles muß sich noch ein paar Monate lang verfeinern.
• Alain Passot, La Grosse Pierre, 69115 Chiroubles, Tel. 04.74.69.12.17, Fax 04.74.69.13.52 ⛊ ⚐ n. V.

DOM. DE LA ROCASSIERE 1996**

| | 8 ha | 4 500 | | 30-50 F |

[Étiquette: CRU DU BEAUJOLAIS 1996 — Domaine de la Rocassière — Chiroubles — APPELLATION CHIROUBLES CONTRÔLÉE — Claire et Yves LAPLACE, "Javernand" 69115 CHIROUBLES — Tél 74 69 12 23 — MIS EN BOUTEILLE AU DOMAINE — PRODUIT DE FRANCE — 13% vol. — 75cl]

Dieser 96er ist reich gekleidet mit seiner dunkelroten, durch hübsche Reflexe aufgehellten Farbe. Sein kräftiger, angenehmer Duft erinnert an schwarze Johannisbeeren, Heidelbeeren und Kirschen, aber auch an vollreife Trauben. Sein Körper und viel Rundheit kommen schon in der Ansprache zum Vorschein. Das Gerüst macht sich nach und nach bemerkbar. Der körperreiche Wein, der jedoch frisch bleibt, wird im Laufe des Jahres noch an Feinheit gewinnen. Man kann diesem vollkommen typischen Chiroubles nicht widerstehen!
• Yves Laplace, Javernand, 69115 Chiroubles, Tel. 04.74.69.12.23, Fax 04.74.69.12.23 ⛊ ⚐ n. V.

DOM. MARQUIS DES PONTHEUX
Vieilles vignes Elevé en fût de chêne 1995**

| | 7 ha | 12 000 | | 30-50 F |

Leichte gelbrote Reflexe säumen die granatrote Robe dieses Chiroubles, der nach vollreifen Trauben, Erdbeeren, roten Johannisbeeren und Himbeeren duftet. Sein reicher Stoff macht sich im Geschmack bemerkbar. Körperreich und fruchtig, mit einer guten Struktur und Tanninen, die im Abgang sanft sind. Dieser 95er ist schon trinkreif, kann aber noch zwei bis drei Jahre lagern.
• Pierre Méziat, Les Pontheux, 69115 Chiroubles, Tel. 04.74.69.13.00, Fax 04.74.04.21.62 ⛊ ⚐ n. V.

DOM. BERNARD PAUL MELINAND
1995**

| | 2 ha | 8 000 | | 30-50 F |

Dieser 96er mit der klaren Granatfarbe entfaltet einen komplexen Brombeer- und Kirschwasserduft mit einer an Thymian erinnernden Note. Nach einer kräftigen, aber vornehmen Ansprache zeigt er sich füllig und aromatisch und hält lang an. Dieser ausgezeichnete, sehr harmonische Wein kann zwei bis drei Jahre lagern.
• Bernard Mélinand, Le Verdy, 69115 Chiroubles, Tel. 04.74.04.23.15 ⛊ ⚐ n. V.

BERNARD METRAT 1995

| | 1 ha | 4 200 | | 30-50 F |

Das klare Rubinrot dieses 95ers ist sehr jung geblieben. Sein Duft erinnert an vollreife

Chiroubles

Früchte, Veilchen und Gewürze. Sein Körper zeigt ein Vanillearoma, das sich mit einer frischen Mentholnote vermischt. Seidig und strukturiert. Dieser Wein ist trinkreif.
☛ Bernard Métrat, Le Brie, 69820 Fleurie, Tel. 04.74.69.84.26, Fax 04.74.69.84.49
V I n. V.

ANDRE MEZIAT 1995

| | 7 ha | 30 000 | | 30-50 F |

Von diesem Erzeuger sind ein Morgon und diese Cuvée lobend erwähnt worden. Der dunkelrote Wein besitzt einen komplexen Pfingstrosen- und Irisduft mit ein paar mineralischen Noten. Im Geschmack zeigt sich sehr rasch seine Vollmundigkeit. Ein körperreicher Wein, dem es jedoch heute an Geschmeidigkeit mangelt. Er muß sich noch verfeinern. Sollte sechs bis zwölf Monate altern.
☛ André et Monique Méziat, Le Bourg, 69115 Chiroubles, Tel. 04.74.04.23.12, Fax 04.74.69.12.65 V I Mo-Sa 8h-12h30 13h30-20h ; So n. V.

DOM. DU PETIT PUITS 1996*

| | 6 ha | 22 000 | | 30-50 F |

Diese Cuvée mit der klaren rubinroten Farbe zeichnet sich durch einen gefälligen Duft aus, der an rote Früchte erinnert und balsamische Noten von Kiefernharz enthält. Man könnte den ziemlich langen, geschmeidigen und recht typischen Wein schon jetzt zu gebratenem Geflügel trinken.
☛ Gilles Méziat, 69115 Chiroubles, Tel. 04.74.69.15.90, Fax 04.74.69.14.74
V I n. V.

BERNARD PICHET 1995

| | 4 ha | 13 000 | | 30-50 F |

Dieser Wein, dessen rubinrote Farbe ziemlich kräftig ist, entfaltet einen schönen Himbeer- und Erdbeerduft. Nach einem ersten fleischigen Geschmackseindruck, der ein Weichselaroma enthüllt, zeigt sich sein Abgang etwas tanninreicher, obwohl er einen angenehmen Charakter bewahrt. Der 95er ist schon jetzt gefällig, kann aber ein paar Jahre lagern. Der Morgon des Guts wurde ebenfalls lobend erwähnt.
☛ Bernard Pichet, Le Pont, 69115 Chiroubles, Tel. 04.74.69.11.27, Fax 04.74.69.14.22
V I n. V.

DOM. DU POULLET 1996

| | 5 ha | 4 000 | | 30-50 F |

Diese Cuvée mit der klaren Purpurfarbe zeichnet sich durch einen komplexen Duft von roten und schwarzen Früchten aus, unter den sich Noten von Maiglöckchen mischen. Sehr aromatisch, mit noch spürbaren Tanninen. Er zeigt eine gute Ausgewogenheit. Ein typischer Wein, den man jetzt trinken oder noch lagern kann.
☛ Arthur Geoffroy, Le pré Jourdan, 69910 Villié-Morgon, Tel. 04.74.04.23.57, Fax 04.74.69.13.45 V I n. V.

DOM. DE PRE-NESME
Cuvée Vieilles vignes 1995*

| | 4 ha | 4 000 | | 30-50 F |

Das klare Rubinrot dieses 95ers ist von einem frischen, intensiven Duft roter Früchte umgeben. Nicht überraschend : Die körperreiche, fruchtige Ansprache bestätigt die ersten Eindrücke. Recht lang, aromatisch, harmonisch und lecker. Diesen Wein kann man drei bis vier Jahre lang genießen.
☛ André Dépré, Le Moulin, 69115 Chiroubles, Tel. 04.74.69.11.18, Fax 04.74.69.12.84 V I tägl. 9h-12h 14h-18h ; 5.-20. Aug. geschlossen

CH. DE RAOUSSET 1995**

| | 4 ha | 11 000 | | 30-50 F |

Es gibt zwei Erzeuger, die unter dem Namen Château Raousse sehr unterschiedliche Weine vorstellen. Dieser hier, der von Rémy Passot erzeugt wurde, trägt ein klares und strahlendes rubinrotes Kleid und bietet einen angenehmen, frischen und säuerlichen Duft von roten Früchten. Schon in der Ansprache enthüllt er Stärke und Ausgewogenheit. Er ist alkoholreich, geschmeidig und vollmundig und besitzt Finesse und Länge. Harmonisch, körperreich und typisch. Man kann ihn in den kommenden drei bis vier Jahren trinken. Der Morgon wurde von der Jury, die ihm einen Stern zuerkannt hat, als sehr gelungen beurteilt.
☛ SCEA des héritiers du Comte de Raousset, Les Prés, 69115 Chiroubles, Tel. 04.74.69.16.19, Fax 04.74.04.21.93 V I n. V.

CH. DE RAOUSSET 1995

| | 20 ha | 17 000 | | 30-50 F |

Der Fleury wurde zwar ebenfalls von unserer Jury berücksichtigt, aber wir haben diesem Chiroubles den Vorzug gegeben. Die dunkelrubinrote Farbe bietet schöne violette Reflexe. Der typische Duft erinnert an Pfingstrosen und Veilchen. Er zeigt sich wohlausgewogen und besitzt Körper und ein intensives, fruchtiges Aroma.
☛ Ch. de Raousset, Les Prés, 69115 Chiroubles, Tel. 04.74.04.24.71, Fax 04.74.69.12.68
V I Mo-Sa 8 h-19 h ; So n. V.

CHRISTOPHE SAVOYE 1996

| | 5 ha | 5 000 | | 30-50 F |

Diese intensiv granatrote Cuvée entfaltet einen eleganten Duft von Pfingstrosen, Gewürzen, Pfirsichen und roten Johannisbeeren. Ein etwas feinerer Körper kompensiert nicht den Biß der noch jugendlichen Tannine. Sie bewahrt dennoch eine gute Ausgewogenheit und klingt mit fruchtigen Noten aus. Trinkreif.
☛ Christophe Savoye, Le Bourg, 69115 Chiroubles, Tel. 04.74.69.11.24, Fax 04.74.04.22.11 V I n. V.

RENE SAVOYE 1996

| | k. A. | 18 000 | | 30-50 F |

Diese Cuvée ist intensiv rubinrot und entfaltet einen guten Himbeer- und Unterholzduft. Er enthält etwas Kohlensäure. Dieser Wein zeigt sich recht lebhaft, aber angenehm. Mittlere Länge. Man kann ihn jetzt trinken.
☛ René Savoye, Le Bourg, 69115 Chiroubles, Tel. 04.74.04.23.47, Fax 04.74.04.22.11
V I n. V.

DOM. RENE SAVOYE 1996

| | 3,4 ha | 21 000 | | 30-50 F |

Der bemerkenswerte 95er hatte unsere Jury im letzten Jahr verführt. Die hellgelbe Cuvée aus

BEAUJOLAIS

dem Jahrgang 1996 entfaltet einen Duft von roten Früchten. Die Ansprache ist klar. Danach erweist sich der Geschmack als leicht. Zufriedenstellende Länge. Dieser Wein ist gut gebaut und angenehm zu trinken.
🕭 Dom. René Savoye, 69115 Chiroubles,
Tel. 04.74.06.10.10, Fax 04.74.66.13.77
☑ ⊻ n. V.

Fleurie

Eine Kapelle, die auf dem Gipfel einer vollständig mit Gamay noir à jus blanc bepflanzten Kuppe steht, scheint über das Weinbaugebiet zu wachen : Die Madonna von Fleurie ist das Wahrzeichen des nach Brouilly und Morgon drittgrößten Beaujolais-Cru. Die 840 ha der Appellation reichen nicht über die Grenzen der Gemeinde hinaus. Auf recht einheitlichen Böden erzeugt man hier einen Wein, dem die grobkörnige Granit einen feinen, reizvollen Charakter verleiht. Die Produktion liegt bei 48 000 hl. Manche Weintrinker mögen ihn gekühlt, andere temperiert, aber alle lieben - dem Vorbild der Familie Chabert folgend, die dieses berühmte Gericht kreiert hat - *Andouillette beaujolaise*, mit Fleurie zubereitete Gekrösewürstchen. Es ist ein Wein, der ähnlich wie eine Frühlingslandschaft voller Verheißungen und Licht ist, mit einem Aroma, das an Iris und Veilchen erinnert.

Mitten im Dorf befinden sich zwei Probierkeller (der eine in der Nähe des Rathauses, der andere in der Genossenschaftskellerei, die eine der größten ist und 30 % der Produktion des Cru erzeugt), die das gesamte Sortiment an Weinen mit so klingenden Lagennamen wie *la Rochette, la Chapelle-des-Bois, les Roches, Grille-Midi, la Joie-du-Palais* im Angebot haben.

FABIEN BAILLAIS
Elevé en fût de chêne 1995**

| ■ | 1,9 ha | 2 000 | ⦀⦀ | 30-50 F |

Herrliche, imposante Farbe : tiefes, strahlendes Purpurrot. Ein Blütenduft, der sich über recht intensiven Vanille- und Ledernoten entfaltet. Eine schöne, kräftige, blumige Ansprache, die rasch von einem Holzton beherrscht wird, verbindet sich angenehm mit seinem Körper. Ein sehr ausgewogener, konzentrierter, langer Wein, der lagerfähig ist (zwei bis fünf Jahre). Er wird die Liebhaber von Eichenholzaroma begeistern. Aber der Wein dahinter ist prima !
🕭 Fabien Baillais, Les Garants, 69820 Fleurie, Tel. 04.74.04.13.52 ☑ ⊻ n. V.
🕭 Yvonne Gonnet

DOM. BERROD Les Roches du Vivier 1995

| ■ | 8,35 ha | 30 000 | ■ | 30-50 F |

Die leichte rote Farbe, die voller Lebhaftigkeit ist, verleiht diesem 95er mit dem zarten Blütenduft ein schönes Aussehen. Die Struktur erweist sich als leicht, aber ausgewogen und besitzt gute Tannine. Ein nachhaltiger Wein, der noch lagern kann.
🕭 Dom. Berrod, Les Roches du Vivier,
69820 Fleurie, Tel. 04.74.04.13.63,
Fax 04.74.69.86.19 ☑ ⊻ n. V.

CH. DU BOURG Cuvée Réserve 1995

| ■ | 2 ha | 8 000 | ■ | 30-50 F |

Dieser dunkelrote Wein nimmt sich die Zeit, seinen sehr feinen, fruchtigen Duft zu entfalten, der ein paar animalische Noten enthält. Der erste Geschmackseindruck ist gut. Dann machen sich die Tannine bemerkbar : Sie müssen sich abrunden. Dieser 95er hat genügend Reserven, daß Sie ihn ein Jahr einkellern
🕭 GAEC Georges Matray et Fils, Le Bourg, 69820 Fleurie, Tel. 04.74.69.81.15,
Fax 04.74.69.86.80 ☑ ⊻ n. V.

DOM. DES CHAFFANGEONS 1995**

| ■ | k. A. | 7 000 | ■⦀⦀ | 30-50 F |

Die intensive purpurrote Farbe dieses 95ers bleibt lebhaft. Der kräftige Duft von Blüten, Gewürzen und Unterholz ist harmonisch und bewahrt seine Feinheit. Dieser noch jugendliche Wein besitzt reichen, sanften Stoff, der sich im Geschmack lang entfaltet. Aromatisch, immer noch frisch und von guter Nachhaltigkeit. Er ist trinkreif, kann aber noch mehr schenken, wenn man ihn zwei bis drei Jahre altern läßt.
🕭 Robert Depardon et Michel Perrier, GFA des Chaffangeons, 69820 Fleurie,
Tel. 04.74.04.11.20, Fax 04.74.69.80.51
☑ ⊻ n. V.

DOM. CHAINTREUIL
La Madone Cuvée Vieilles vignes 1996

| ■ | 3 ha | 15 000 | ⦀⦀ | 30-50 F |

Diese lebhafte mittelrote Cuvée entfaltet einen feinen, angenehmen Duft von Trauben und roten Früchten, die sich schon in der Ansprache zeigen. Der Geschmack gefällt sehr durch seine Geschmeidigkeit und Rundheit, die dazu reizt, ihn im Laufe des Jahres zu trinken.
🕭 SCEA Dom. Chaintreuil, La Chapelle-des-Bois, 69820 Fleurie, Tel. 04.74.04.11.35, Fax 04.74.04.10.40 ☑ ⊻ n. V.

MICHEL CHIGNARD Les Moriers 1995*

| ■ | 8 ha | 30 000 | ■⦀ | 30-50 F |

Das tiefe Rot harmoniert mit dem schönen Blütenduft, der sich schon in der Ansprache bemerkbar macht, und den sehr feinen Vanillenoten. Dieselben aromatischen Noten verstärken sich im Geschmack und halten lang an. Dieser Wein besitzt eine gute Ausgewogenheit und ein

Fleurie

interessantes Potential. Er kann im Laufe der nächsten beiden Jahre noch besser werden.
✍ Michel Chignard, Le Point du Jour, 69820 Fleurie, Tel. 04.74.04.11.87, Fax 04.74.69.81.97 ☑ ☒ n. V.

DESVIGNES AINE ET FILS 1996

| | k. A. | 5 000 | 30-50 F |

Die rote Farbe zeigt ein paar violette Reflexe. Der Geruchseindruck verführt besonders mit einem Duft von Früchten und Blumen. Sehr angenehm und wohlausgewogen. Dieser Wein ist trinkreif.
✍ Maison Desvignes, rue Guillemet-Desvignes, 71570 Pontanevaux, Tel. 03.85.36.72.32, Fax 03.85.36.74.02 ☑ ☒ n. V.

DOM. LAURENT DUMAS ET FILS 1995

| | 1 ha | 5 000 | 30-50 F |

Alles an diesem klaren, strahlenden Wein ist Feinheit, vom Geruchseindruck mit den diskreten, eleganten Unterholznoten bis zum ausgewogenen Geschmack, der gut verschmolzene, aromatische Tannine enthält. Ohne Lagerung trinken.
✍ Dom. Laurent Dumas, 69820 Fleurie, Tel. 04.74.04.14.29, Fax 04.74.69.82.39 ☑ ☒ n. V.

MICHEL GUIGNIER 1995

| | 1 ha | k. A. | 30-50 F |

Dieser in ein strahlendes Purpurrot gehüllte 95er besitzt einen ausdrucksstarken Duft mit nachhaltigen blumigen und würzigen Nuancen. Seine Ansprache zeigt Fülle. Dann macht sich der Wein im Mund breit, bevor die unvollständig verschmolzenen Tannine im Abgang wieder zum Vorschein kommen. Er muß noch ein bis zwei Jahre altern.
✍ Michel Guignier, Faudon, 69820 Vauxrenard, Tel. 04.74.69.91.52, Fax 04.74.69.91.59 ☑ ☒ n. V.

DOM. DE LA CHAPELLE DES BOIS 1995

| | 0,8 ha | 1000 | 30-50 F |

Die strahlende dunkelrubinrote Farbe läßt ein paar ziegelrote Reflexe erkennen. Der recht intensive Duft erinnert an kandierte Früchte, Brombeeren und Gewürze. Reintönig, fruchtig und ausgewogen. Dieser Wein hält lang an. Aufgrund seiner Harmonie und Sanftheit sollte man ihn schon jetzt trinken.
✍ Chantal Appert-Coudert, Le Colombier, 69820 Fleurie, Tel. 04.74.69.86.07 ☑ ☒ n. V.

CLOS DE LA CHAPELLE DES BOIS 1995*

| | 10 ha | 50 000 | 30-50 F |

Ein 95er mit einer lebhaften roten Farbe, die strahlend, aber nicht sehr kräftig ist. Der zurückhaltende Geruch entfaltet sich mit einem Duft von roten und kandierten Früchten. Die feste, lebhafte Ansprache enthüllt ein paar Tannine. Dieser recht volle und alkoholreiche Wein besitzt eine gute Ausgewogenheit und dürfte sich verfeinern.

✍ Fernand Verpoix, La Chapelle-des-Bois, 69820 Fleurie, Tel. 04.74.04.10.95, Fax 04.74.69.86.43 ☑ ☒ n. V.

DOM. DE LA GRAND'COUR 1996

| | 5 ha | 30 000 | 30-50 F |

Zwei lohnende Erwähnungen für dieses Weingut : für den Brouilly und diesen granatroten Fleurie mit dem ziemlich reichhaltigen, intensiven Duft von reifen und kandierten Früchten. Der fette, fleischige Geschmack enthüllt schöne Tannine.
✍ SCEA J.-G et J.-L. Dutraive, Dom. de la Grand'Cour, 69820 Fleurie, Tel. 04.74.69.81.16, Fax 04.74.69.84.16 ☑ ☒ n. V.
✍ Jean Dutraive

DOM. DE LA TREILLE 1996**

| | 2,4 ha | 3 000 | 30-50 F |

Die sehr schöne granatrote Farbe bringt den intensiven Duft zur Geltung, in dem sich Erdbeeren und rote Johannisbeeren mit sauren Drops vermischen. Schon in der Ansprache füllen der Körper und die Fruchtigkeit, die mit verschmolzenen Tanninen verbunden sind, lang anhaltend und kraftvoll den Mund aus. Dieser typische Wein, der einen gut integrierten Holzton enthält, ist trinkreif, kann aber noch lagern.
✍ EARL Jean-Paul und Hervé Gauthier, Les Frébouches, 69220 Lancié, Tel. 04.74.04.11.03, Fax 04.74.69.84.13 ☑ ☒ n. V.

BERNARD LAVIS Les Moriers 1996*

| | 6,1 ha | 5 000 | 30-50 F |

Diese schön rotviolette Cuvée bietet einen komplexen, frischen Duft, der an Himbeeren, Pfirsiche und Kerne erinnert und Holznoten enthält. Seine Jugend kommt heute lebhaft zum Ausdruck, aber seine ausgewogene Struktur macht ihn zu einem vielversprechenden Wein.
✍ Bernard Lavis, Les Moriers, 69820 Fleurie, Tel. 04.74.69.81.91 ☑ ☒ n. V.
✍ GFA du Beau

DOM. LES ROCHES DES GARANTS
La Roilette Elevé en fût de chêne 1995

| | 0,4 ha | 3 000 | 50-70 F |

Die fast schwarze Farbe läßt ein paar violette Reflexe durchscheinen. Vanillenoten vermischen sich im Duft mit roten Früchten. Dieser volle, füllige Wein bleibt vom Holz beherrscht. Er wird die Liebhaber von Holzgeschmack begeistern, wenn das Eichenholz einmal zuläßt, daß die Traube in richtigen Gleichgewicht zum Ausdruck kommt.
✍ Jean-Paul Champagnon, La Treille, 69820 Fleurie, Tel. 04.74.04.15.62, Fax 04.74.69.82.60 ☑ ☒ n. V.

DOM. DES MARRANS 1995**

| | 10 ha | 5 800 | 30-50 F |

Ein klarer, dunkler 95er, in dessen feinem, jugendlichem Duft sich rote Früchte mit Pfingstrosennoten vermischen. Nach einer klaren, zarten Ansprache entfalten sich im samtigen Geschmack recht runde Tannine und eine anhaltende Fruchtigkeit. Dieser sehr harmonische Wein ist trinkreif, kann aber ebenso zwei Jahre lagern.

BEAUJOLAIS

Juliénas

🍇 Jean-Jacques et Liliane Melinand, Les Marrans, 69820 Fleurie, Tel. 04.74.04.13.21, Fax 04.74.69.82.45 ☑ ♈ n. V.

MOMMESSIN 1996**

| ■ | k. A. | k. A. | ■ ♨ | 30-50 F |

Ein eleganter, an Rosen und Früchten erinnernder Duft geht von dieser purpurvioletten Cuvée aus. Die sehr generöse Ansprache ist in ein fruchtiges Aroma eingebettet. Danach macht sich im Geschmack der reiche, geschmeidige Stoff bemerkbar. Dieser sehr schöne Wein ist lagerfähig (zwei Jahre).

🍇 Mommessin, La Grange-Saint-Pierre, 71850 Charnay-lès-Mâcon, Tel. 03.85.32.81.00, Fax 03.85.29.28.74 ♈ n. V.

CLOS DES MORIERS Moriers 1996**

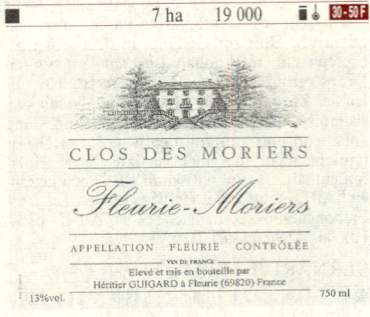

| ■ | 7 ha | 19 000 | ■ ♨ | 30-50 F |

Dieser 96er trägt ein bemerkenswertes Kleid von dunkler Purpurfarbe und entfaltet sich in einem Bukett von wilden Rosen und Veilchen und in eleganten Noten schwarzer Johannisbeeren. Körperreich, voller Sanftheit, mit harmonisch entwickelten »Muskeln« : Er hört nicht auf, den Gaumen zu begeistern. Ein sehr schöner Wein, der viel Charme besitzt. Er ist trinkreif, kann aber zwei Jahre lagern.

🍇 Héritiers Guigard, 69820 Fleurie, Tel. 04.74.09.60.00

DOM. DE PONCIE Fond du Clos 1995

| ■ | 3,4 ha | 11 800 | ◫ | 30-50 F |

Dieser 95er mit der klaren dunkelroten Farbe bietet einen zarten Duft von getrockneten Blumen und Lakritze. Die klare Ansprache enthüllt ein gutes Tanningerüst. Diesem Wein mangelt es nicht an Länge. Er dürfte eine schöne Zukunft vor sich haben.

🍇 René Tranchand, Dom. de Poncié, 69820 Fleurie, Tel. 04.74.69.80.20, Fax 04.74.69.89.97 ☑ ♈ Mo-Sa 8h-20h ; So n. V.

REINE PEDAUQUE
Cuvée Etiennette Courtieux 1996

| ■ | k. A. | k. A. | ■ ♨ | 30-50 F |

Diese Cuvée entfaltet sich mit einem Duft von roten Früchten und sauren Drops. Fein und seidig. Man kann ihn schon jetzt genießen.

🍇 Reine Pédauque, Le Village, 21420 Aloxe-Corton, Tel. 03.80.25.00.00, Fax 03.80.26.42.00 ♈ tägl. 9h-11h30 14h-17h30 ; im Jan. geschlossen

DOM. DE ROCHE COMBE 1996

| ■ | k. A. | 4 000 | ■ ♨ | 50-70 F |

Diese intensiv rote Cuvée mit violetten Reflexen ist durch einen recht entfalteten, hochfeinen Blütenduft geprägt. Die Ansprache ist sanft und angenehm, aber die Tannine kommen rasch zum Vorschein und machen den Abgang strenger. Der Beaujolais-Villages derselben Firma ist ebenfalls lobend erwähnt worden.

🍇 Les vins Gabriel Aligne, La Chevalière, 69430 Beaujeu, Tel. 04.74.04.84.36, Fax 04.74.69.29.87 ♈ n. V.

ANDRE VAISSE Grille-Midi 1996

| ■ | 4 ha | 65 000 | ■ ♨ | 50-70 F |

Ein Wein von intensiver roter Farbe, der aber im Geruch sehr zurückhaltend ist. Die angenehme Ansprache und der runde Gesamteindruck im Geschmack lassen nicht einige jugendliche Tannine vergessen. Recht nachhaltig, wohlausgewogen. Dieser Wein muß sich noch ein paar Monate lang verfeinern.

🍇 André Vaisse, 69820 Fleurie, Tel. 04.74.06.10.10, Fax 04.74.66.13.77 ☑ ♈ n. V.

VINS ET VIGNOBLES
La Chapelle des Bois 1995

| ■ | 8 ha | k. A. | ■ | 50-70 F |

An dieser mittelroten Cuvée schätzt man ihren intensiven, feinen Duft von Früchten. Angenehm, ungekünstelt. Sie hinterläßt im Geschmack einen guten Eindruck. Trinkreif.

🍇 Vins et Vignobles, 265, rue du Beaujolais, 69830 Saint-Georges-de-Reneins, Tel. 04.74.67.67.68, Fax 04.74.67.71.63

Juliénas

Dieser Cru ist der Etymologie nach »kaiserlich« ; der Name Juliénas soll nämlich auf Julius Cäsar zurückgehen, ebenso der Name von Jullié, einer der vier Gemeinden, die das Anbaugebiet der Appellation bilden (die beiden anderen Orte sind Emeringes und Pruzilly, wobei der letztgenannte im Departement Saône-et-Loire liegt). Die 597 ha, die mit Gamay noir à jus blanc bestockt sind und sich im Westen auf Granitböden und im Osten auf Sedimentböden mit alten Anschwemmungen verteilen, ermöglichen die Produktion von 34 600 hl. Die Weine sind kräftig gebaut und reich an Farbstoffen. Man kann sie im Frühjahr trinken, nachdem sie ein paar Monate gereift sind. Mit ihrem munteren, schelmischen Charakter passen sie zu den Fresken, die den Probierkeller

Juliénas

der ehemaligen Kirche mitten im Dorf schmücken. In dieser zweckentfremdeten Kapelle wird jedes Jahr Mitte November der Prix Victor-Peyret an einen Künstler, Maler, Schriftsteller oder Journalisten vergeben, der die Weine des Cru am besten »erfaßt« hat. Er bekommt 104 Flaschen : zwei für jedes Wochenende. Die Genossenschaftskellerei, die sich in den Gemäuern der ehemaligen Prioratskirche des Schlosses von Le Bois de la Salle befindet, stellt 30 % der Weine der Appellation her.

DOM. DES AMPHORES 1996

k. A.   5 500

Diese granatrote Cuvée entfaltet einen intensiven Duft, in dem sich rote Früchte mit einer würzigen Note verbinden. Nach einer markanten, charaktervollen Ansprache wird der Geschmack runder und klingt mit einem harmonischeren Abgang aus. Dieser recht wohlausgewogene Wein ist trinkreif.

↱ Pascal Gonnachon, La Ville, 71570 Saint-Amour-Bellevue, Tel. 03.85.37.42.44, Fax 03.85.37.43.01 n. V.

LA CAVE DU BOIS DE LA SALLE 1995

158 ha   25 000

Dieser strahlend granatrote Juliénas bietet einen eleganten Duft von Rosen und Früchten. Der erste Geschmackseindruck zeigt sich zwar sanft, fruchtig und würzig, aber danach machen sich Tannine bemerkbar, die fast von keinem Fleisch bedeckt sind. Dennoch kann man diesen gutgebauten Wein im Laufe des Jahres trinken. Der Beaujolais-Villages dieser Kellerei wurde von einer anderen Jury als sehr gelungen beurteilt.

↱ La Cave du Bois de La Salle, 69840 Juliénas, Tel. 04.74.04.41.66, Fax 04.74.04.47.05 n. V.

DOM. BOTTIERE-PAVILLON 1996

5 ha   16 000

Eine Cuvée wie geschaffen, um den Durst zu löschen ! Ihre bläulichrote Farbe und ihr Himbeer- und Erdbeerduft werden nämlich doch kein starkes Gerüst unterstützt. Ausgewogen, voller Charme. Sie ist trinkreif.

↱ GFA des Bouchacourt, 69840 Juliénas, Tel. 04.74.09.60.00

DOM. DU CLOS DU FIEF 1996*

7 ha   30 000

Die Farbe und der Duft dieser Cuvée erinnern an Weichseln und vollreife Trauben. Die gute Ansprache enthüllt eine schöne Struktur. Diese beruht auf sehr eleganten Tanninen, die sich nach und nach bemerkbar machen. Nachhaltig, klar und typisch. Man kann diesen Wein zwei bis vier Jahre aufheben.

↱ Michel Tête, Les Gonnards, 69840 Juliénas, Tel. 04.74.04.41.62, Fax 04.74.04.47.09 Mo-Sa 8h-19h ; 14.-25. Aug. geschlossen

THIERRY DESCOMBES
Coteau des Vignes 1996*

3 ha   8 500

Purpurrote Farbe, eleganter Duft schwarzer Johannisbeeren, unter die sich Pfingstrosen-, Iris- und Pfeffernoten mischen. Eine klare, »wache« Ansprache. Ein Juliénas mit einem Körper, der harmonisch, aber ein wenig grazil ist, so daß man ihn im ersten Jahr trinken sollte.

↱ Thierry Descombes, Les Vignes, 69840 Jullié, Tel. 04.74.04.42.03 n. V.

CH. D'ENVAUX 1996*

5 ha   10 000

Die dunkelrote Farbe ist ansprechend. Diese Cuvée entfaltet einen nachhaltigen Duft von vollreifen Erdbeeren und Himbeeren, die man in der sehr schönen Ansprache wiederfindet. Die deutlich spürbaren Tannine sind nicht aggressiv. Dieser lange, harmonische Wein, Ausdruck eines erstklassigen Anbaugebiets, kann als Vorbild dienen.

↱ Yves de Coligny, Vaux, 69840 Juliénas, Tel. 04.74.04.45.48 n. V.

JOCELYNE GELIN-GONARD 1995*

3 ha   12 000

Die intensive Farbe harmoniert mit dem einschmeichelnden, aber vornehmen Duft von roten Früchten und Gewürzen. Sein schöner Stoff und insbesondere seine Tannine, die in fruchtiges Aroma gehüllt sind, setzen sich lang anhaltend im Geschmack fort. Man kann diesen sehr gelungenen Wein in den kommenden zwei Jahren trinken.

↱ Jocelyne Gelin-Gonard, GFA du Vignard, Vaux, 69840 Juliénas, Tel. 04.74.04.45.20, Fax 04.74.04.45.69 tägl. 9h-12h 14h-19h

DOM. DE GRY-SABLON 1996*

k. A.   9 000

Die fast violette Granatfarbe weist auf einen kraftvollen Wein hin. Irrtum - der komplexe Blüten- und Brombeerduft enthält eine alkoholische Note, aber auch ein schwereres Aroma mit einem Hauch von Kakaobohnen. Ebenso ist der reichhaltige, grobe Stoff jedoch gut strukturiert. Lang anhaltend, mit guten Reserven und Frische. Dieser 96er kann zwei bis drei Jahre lagern.

↱ EARL Albert et Dominique Morel, Les Chavannes, 69840 Emerings, Tel. 04.74.04.45.35, Fax 04.74.04.42.66 n. V.

DOM. JUILLARD 1996

k. A.   16 000

Dieser Juliénas mit der kräftigen roten Farbe entfaltet sich mit einem fruchtigen Duft von großer Feinheit. Die Ansprache enthält ein schönes Gerüst, das dominiert, aber nicht aggressiv ist. Der ausgewogene und schnörkellose Wein ist trinkreif. Der Régnié dieses Handelshauses wurde von einer anderen Jury ebenfalls lobend erwähnt.

↱ Collin-Bourisset Vins Fins, av. de la Gare, 71680 Crèches-sur-Saône, Tel. 03.85.36.57.25, Fax 03.85.37.15.38 n. V.

BEAUJOLAIS

Juliénas

CH. DE JULIENAS 1995

■   33 ha   30 000   ⊞♨ 30-50F

Dieser klare purpurrote 95er bietet einen komplexen Gewürzduft mit Holznoten. Sein Tanningerüst beherrscht den Geschmack, dem es nicht an Frucht mangelt, der aber milder werden muß, damit er sich entfaltet. Dieser vielversprechende Wein muß altern.
☛ F. et T. Condemine, Ch. de Juliénas, 69840 Juliénas, Tel. 04.74.04.41.43, Fax 04.74.04.42.38 ☑ ⊻ n. V.

CH. DE LA BOTTIERE 1995*

■   8 ha   20 000   ▮⊞ 30-50F

Dieser klare, rubinrote 95er entführt uns in eine Welt, die vom Duft wilder Brombeeren und roter Beerenfrüchte erfüllt ist. Sein reicher Stoff und seine feinen Tannine verleihen ihm Ausgewogenheit, Eleganz und Nachhaltigkeit. Kann sich noch weiterentwickeln. Man sollte ihn in den kommenden zwei Jahren trinken.
☛ Jacques Perrachon, La Bottière, 69840 Juliénas, Tel. 03.85.36.75.42, Fax 03.85.33.86.36 ☑ ⊻ n. V.

DOM. DE LA CONSEILLERE 1995*

■   k. A.   3 000   ▮ 30-50F

Die intensive Purpurfarbe und der Duft von Kirschen, schwarzen Johannisbeeren und Pfingstrosen dieses 95ers haben die Kraft der Jugend. Der zarte, runde Geschmack, der sanfte Tannine besitzt, enthüllt Feinheit und Harmonie. Dieser in einem jugendlichen Stil gehaltene Wein scheint trinkreif zu sein. (Verkauf über den Weinhandel.)
☛ GFA Durand, Les Gonnards, 69840 Juliénas

DOM. DE LA COTE DE CHEVENAL 1996*

■   1,2 ha   5 000   ▮♨ 30-50F

Die kräftige, klare rote Farbe harmoniert wunderbar mit dem eleganten, reintönigen Duft von roten Früchten. Dieser sanfte, fruchtige, ausgewogene und sehr angenehme Wein, der im Geschmack lang ist, paßt zu Geflügel in Sauce. Der 96er Beaujolais-Villages desselben Weinguts wurde von einer anderen Jury berücksichtigt, erhielt aber keinen Stern.
☛ GAEC Jean-François et Pierre Bergeron, 69840 Emeringes, Tel. 04.74.04.42.90, Fax 04.74.04.46.09 ☑ ⊻ n. V.

DOM. DE LA MILLERANCHE 1995

■   5 ha   12 000   ▮♨ 30-50F

Dieser 95er mit der leichten roten Farbe verströmt einen angenehmen, hochfeinen Duft, der an Gewürze und verblühte Rosen erinnert. Sehr rund, mit fetten, harmonisch verschmolzenen Tanninen. Er verdient, schon jetzt eine ganze Mahlzeit zu begleiten.
☛ Fernand Corsin, Le Bourg, 69840 Jullié, Tel. 04.74.04.40.64, Fax 04.74.04.49.36
☑ ⊻ n. V.

DOM. LE COTOYON
Elevé en fût de chêne 1995

■   k. A.   5 000   ▮⊞ 30-50F

Ein 95er, dessen dunkelrote Farbe nicht gealtert ist. Der angenehme Duft von Erdbeerkonfitüre und Unterholz kündigt einen typisierten Wein an. Der holzbetonte Charakter dieses Juliénas kommt sehr schnell im Geschmack zum Vorschein. Warm, mit einem Vanillearoma und Aprikosennoten. Er wird die Freunde faßgereifter Weine zufriedenstellen. Man kann ihn schon jetzt zu rotem Fleisch mit Sauce trinken.
☛ Frédéric Bénat, 71570 Pruzilly, Tel. 03.85.35.12.90, Fax 03.85.35.12.90
☑ ⊻ n. V.

DOM. JEAN-PIERRE MARGERAND 1996**

■   k. A.   k. A.   ▮ 30-50F

Dieser dunkelgranatrote 96er läßt einen hochfeinen Heidelbeer- und Brombeerduft erkennen. Sein fülliger Körper, den ein ausgezeichnetes Gerüst bildet, verspricht eine sehr schöne Zukunft. Er ist solide gebaut, bietet aber gleichzeitig viel Eleganz. Kann drei bis fünf Jahre lagern.
☛ Jean-Pierre Margerand, Les Crots, 69840 Juliénas, Tel. 04.74.04.40.86, Fax 04.74.04.46.54 ☑ ⊻ n. V.

DOM. MATRAY
Vieilles vignes Elevé en fût de chêne 1995*

■   5 ha   20 000   ▮⊞ 30-50F

Die an schwarze Kirschen erinnernde Farbe wird harmonisch von einem Duft begleitet, in dem sich Blumen und Früchten innig mit Vanillenoten vereinen. Alkoholreich und aromatisch. Auf die klare Ansprache folgt ein tanninbetonter Eindruck, zusammen mit einem guten Holzgeschmack, der aber die Trauben respektiert. Dieser intensiv schmeckende Juliénas ist trinkreif, kann aber noch lagern.
☛ GAEC Daniel et Lilian Matray, Les Paquelets, 69840 Juliénas, Tel. 04.74.04.45.57, Fax 04.74.04.47.63 ☑ ⊻ Mo-Sa 8h-21h

DOM. M.-L. MONNET 1996*

■   4,6 ha   30 000   ▮♨ 30-50F

Dieser dunkelrote 96er, der ein Aroma von sehr reifen Früchten und Gewürzen entfaltet, zeigt sich klar, sanft und rund. Gut strukturiert mit harmonisch verschmolzenen Tanninen und füllig. Er bietet eine ausgezeichnete Ausgewogenheit. Sein an Kirschen erinnernder Abgang bleibt frisch. Ein konzentrierter, einschmeichelnder Wein, den man in den kommenden zwei Jahren trinken sollte.
☛ Marie-Louise Monnet, 69840 Juliénas, Tel. 04.74.06.10.10, Fax 04.74.66.13.77
☑ ⊻ n. V.

DOM. DES MOUILLES 1995

■   k. A.   12 000   30-50F

Diese klare, rubinrote Cuvée bietet einen schönen Duft vollreifer roter Früchte. Auf die klare Ansprache folgt ein Aroma von durchschnittlicher Nachhaltigkeit, das mit milden Tan-

ninen verbunden ist. Dieser wohlausgewogene, angenehme 95er kann zwei bis drei Jahre halten.
🕿 Jacques Dépagneux, Les Chers, 69840 Juliénas, Tel. 04.74.06.78.00, Fax 04.74.06.78.01 ☑ ϒ n. V.

DOM. DU MOULIN BERGER 1996

| ■ | 4 ha | 7 000 | ⅲ | 30-50 F |

Diese klare violette Cuvée entfaltet einen frischen Duft von roten Früchten. Nach einer klaren Ansprache spürt man Sanftheit und Weichheit. Ausgewogen, nachhaltig und angenehm. Ein Juliénas, der für den raschen Verbrauch bestimmt ist.
🕿 Michel Laplace, Le Moulin Berger, 71570 Saint-Amour-Bellevue, Tel. 03.85.37.41.57, Fax 03.85.37.44.75 ☑ ϒ n. V.

JEAN-FRANÇOIS PERRAUD 1996**

| ■ | 6,8 ha | 5 000 | ■ | 30-50 F |

CRU DU BEAUJOLAIS
Juliénas
Appellation Juliénas Contrôlée
Jean-François PERRAUD, Viticulteur
« Les Chanoriers » 69840 JULLIÉ Tél. 74 04 49 09
Mis en bouteille à la Propriété
75 cl   Produit de France   13%vol

Die Oberjury hat diesen sehr dunkelroten 96er, der einen überraschenden, aber angenehmen Peffer-, Zimt- und Rosmarinduft entfaltet, einstimmig zu einem ihrer Lieblingsweine gekürt. Auf eine »wache« Ansprache, lebhaft und fest, folgt ein zarter Eindruck. Der Wein scheint die Geschmacksknospen zu liebkosen, bleibt aber gleichzeitig männlich und elegant. Lang, typisch und verführerisch. Ein Juliénas, den man ohne Zögern schon jetzt trinken kann, der aber lagerfähig ist.
🕿 Jean-François Perraud, Les Chanoriers, 69840 Jullié, Tel. 04.74.04.49.09, Fax 04.74.04.49.09

BERNARD SANTE 1995*

| ■ | 2 ha | k. A. | ■ ♦ | 30-50 F |

Die dunkelrote Farbe dieses 95ers hat viel Klarheit bewahrt. Der Geruch entfaltet sich mit einem Duft, der an Brombeeren und Gewürze sowie leicht an Unterholz erinnert. Die sehr schöne Ansprache enthüllt ein gut entwickeltes Gerüst, zu dem sich Rundheit gesellt. Ausgewogen, lang anhaltend und sanft bleibend. Ein sehr gelungener Wein für jetzt, den man jedoch auch in den nächsten zwei bis drei Jahren trinken kann.
🕿 Bernard Santé, Les Blémonts, 71570 La Chapelle-de-Guinchay, Tel. 03.85.33.82.81, Fax 03.85.33.84.46 ☑ ϒ n. V.

DANIEL SPAY 1995

| ■ | 0,28 ha | 2 090 | ■ | -30 F |

Dieser 95er mit der leichten, strahlenden Farbe duftet sehr blumig und würzig. Der elegante Geschmack zeigt sich frisch und elegant. Ein recht typischer Juliénas, der trinkreif ist.
🕿 Daniel Spay, Le Fief, 69840 Juliénas, Tel. 04.74.04.47.02 ☑ ϒ n. V.

Morgon

Der nach Brouilly zweitgrößte Beaujolais-Cru befindet sich innerhalb einer einzigen Gemeinde. Seine 1 110 ha Rebfläche, die als AOC eingestuft sind, liefern durchschnittlich 64 000 hl von einem robusten, generösen, fruchtigen Wein, der an Kirschen, Kirschwasser und Aprikosen erinnert. Diese Eigenheiten sind auf die Böden zurückzuführen, die durch die Verwitterung des vorwiegend basischen Schiefers entstanden sind und Eisen- und Manganoxide enthalten. Diese Böden, die von den Winzern mit dem Ausdruck »modrige Erde« bezeichnet werden, verleihen den Weinen besondere Eigenschaften, so daß man auch davon spricht, die Weine von Morgon würden »morgonnieren« ... Diese Voraussetzung ist günstig für die Herstellung eines lagerfähigen Weins, der wie ein Burgunder wirken kann, aus der Rebsorte Gamay noir à jus blanc. Er paßt perfekt zu Coq au vin. Unweit der alten Römerstraße, die Lyon mit Autun verband, ist das Anbaugebiet des Py-Hügels, das sich in 300 m Höhe auf dieser perfekt geformten Kuppe befindet, eine besonders typische Lage.

Die Gemeinde Villié-Morgon kann sich mit vollem Recht etwas darauf einbilden, daß sie sich als erste um den Empfang der Freunde des Beaujolais-Weins gekümmert hat : Ihr in den Kellern des Schlosses von Fontcrenne eingerichteter Probierkeller kann mehrere hundert Personen aufnehmen. Dieser privilegierte, modern eingerichtete Raum macht die Besucher und Vereine glücklich, die auf der Suche nach einer »Winzeratmosphäre« sind ...

Morgon

DOM. AUCŒUR
Cuvée Jean-Claude Aucœur 1995*

| ■ | 3 ha | 22 000 | ■ ↓ | 30-50 F |

Dieser 95er macht seine Aufwartung in einem sehr schönen purpurroten Gewand und bietet einen zarten, fruchtigen Duft. Der fleischige, gut strukturierte und lange Geschmack entfaltet sich auch mit Backpflaumennoten. Im Abgang findet man den Geschmack des neuen Weins.
●┑ Noël Aucœur, Le Rochaud, 69910 Villié-Morgon, Tel. 04.74.04.22.10, Fax 04.74.69.16.82 ✓ ⊥ n. V.

DOM. PATRICK BOULAND
Sélection Vieilles vignes 1996

| ■ | 1,7 ha | 5 000 | ■ ⑾ | 30-50 F |

Das schöne, lebhaft granatrote Kleid verströmt einen angenehm blumigen Duft (Veilchen). Dieser sanfte, feine Wein ist sehr gefällig und kann im Laufe des Jahres getrunken werden.
●┑ Patrick Bouland, Les Rochauds, 69910 Villié-Morgon, Tel. 04.74.69.16.20, Fax 04.74.69.13.55 ✓ ⊥ n. V.

RAYMOND BOULAND 1995

| ■ | 6 ha | 8 000 | ■ | 30-50 F |

Eine granatrote Farbe mit leichten violetten Reflexen, ein leichter Kirschwasser- und Kirschduft und eine etwas körperreiche Struktur mit im Abgang spürbaren Tanninen ergeben einen recht harmonischen Gesamteindruck. Trinkreif.
●┑ Raymond Bouland, Corcelette, 69910 Villié-Morgon, Tel. 04.74.04.22.25, Fax 04.74.04.22.25 ✓ ⊥ n. V.

NOEL BULLIAT
Cuvée Vieilles vignes 1995*

| ■ | 0,7 ha | 3 000 | ■ | 30-50 F |

Die dunkelrote Farbe zeigt einige gelbrote Reflexe. Der recht deutliche Duft erinnert an kandierte Früchte. Alkoholreich und gut strukturiert. Dieser fruchtige, ein wenig rustikale Wein ist repräsentativ für seine Appellation und harmonisch. Er kann zwei bis drei Jahre altern.
●┑ Noël Bulliat, Le Colombier, 69910 Villié-Morgon, Tel. 04.74.69.13.51, Fax 04.74.69.14.09 ✓ ⊥ n. V.

JEAN-MARC BURGAUD 1995

| ■ | k. A. | 5 000 | ■ ⑾ ↓ | 30-50 F |

Dieser 95er mit der kräftigen rubinroten Farbe enthüllt einen frischen, leichten Kirschwasserduft. Er ist recht fein, aber gut strukturiert und hat viel Jugendlichkeit bewahrt. Von mittlerer Länge (unsere Jury ist, wie Sie wissen, anspruchsvoll), aber dennoch gefällig.
●┑ Jean-Marc Burgaud, Morgon, 69910 Villié-Morgon, Tel. 04.74.69.16.10, Fax 04.74.69.16.10 ✓ ⊥ n. V.

DOM. CALOT Cuvée Tradition 1995

| ■ | 8 ha | 24 000 | ■ ⑾ ↓ | 30-50 F |

Das schöne, tiefe Rot ist mit einem fruchtigen Duft verbunden, unter den sich pflanzliche Noten mischen. Die gute Ansprache enthüllt Lakritze, Pfeffer, aber auch Tannine, die nicht verschmolzen sind : Dieser typisierte Wein muß sich noch im Keller verfeinern. Er wird Sie in ein bis zwei Jahren verführen.
●┑ SCEA François et Jean Calot, Le Bourg, 69910 Villié-Morgon, Tel. 04.74.04.20.55, Fax 04.74.69.12.93 ✓ ⊥ n. V.
●┑ GFA Corcelette

DOM. DU CALVAIRE DE ROCHE GRES 1996*

| ■ | k. A. | k. A. | 30-50 F |

Diese intensiv rubinrote, bläulich schimmernde Cuvée entfaltet sich mit einem hochfeinen Duft von roten Früchten, in dem Weichseln hervortreten. Sie füllt den Mund harmonisch und rund aus, voller Charme und Frische. Dieser aromatische, ausgewogene Wein ist sehr angenehm. Im Laufe des Jahres trinken.
●┑ Didier Desvignes, Saint-Joseph-en-Beaujolais, 69910 Villié-Morgon, Tel. 04.74.69.92.29, Fax 04.74.69.91.23 ✓ ⊥ n. V.

LUDOVIC CHARVET 1995

| ■ | 0,83 ha | 4 000 | ■ | 30-50 F |

Ein 95er mit einer leichten rubinroten Farbe und dem angenehmen Duft roter Früchte. Wohlausgewogen und fein. Im Geschmack entfaltet er ein hübsches, fruchtiges Aroma. Harmonisch und zart. Trinkreif.
●┑ Ludovic Charvet, Bel Air, 69115 Chiroubles, Tel. 04.74.04.22.78, Fax 04.74.69.16.43 ✓ ⊥ tägl. 8h-19h

ARMAND CHATELET
Les Micouds 1995*

| ■ | k. A. | 25 000 | ■ | 30-50 F |

Das ins Granatrote gehende Rubinrot ist ein gutes Vorzeichen. Ein unverfälschter, »seriöser«, nachhaltiger Duft vom fruchtigen Typ entfaltet sich spontan. Die Qualität der dichten Tannine, die die Fruchtigkeit dominieren, sorgt für eine ausgezeichnete Struktur. Der im Charakter bemerkenswert typische Wein ist trinkreif, kann aber noch lagern.
●┑ Armand et Richard Chatelet, Les Marcellins, 69910 Villié-Morgon, Tel. 04.74.04.21.08, Fax 04.74.69.16.48 ✓ ⊥ n. V.

CYRILLE CHAVY 1996

| ■ | 1,5 ha | k. A. | ■ | 30-50 F |

Diese intensiv rubinrote Cuvée bietet einen angenehmen, fülligen Kirschwasserduft. Sie ist elegant und fruchtig, mit leichten Tanninen, und entfaltet sich im Mund. Ein trinkreifer Wein, der aber noch ein bis zwei Jahre altern kann.
●┑ Cyrille Chavy, Le Chazelay, 69430 Régnié-Durette, Tel. 04.74.69.24.34, Fax 04.74.69.20.00 ⊥ tägl. 8h-20h
●┑ André Marmonier

DOM. CHAVY 1996

| ■ | 2 ha | 10 000 | ■ ↓ | 30-50 F |

Ein lebhaft roter 96er mit dem diskreten, aber klaren Duft von Kirschen. Fruchtig und harmonisch strukturiert. Im Laufe des Jahres trinken.
●┑ Georges Chavy, 69910 Villié-Morgon, Tel. 04.74.09.60.00

Morgon

ANTOINE CLEMENT Côte du Py 1995

■ k. A. k. A. ⬛ 30-50 F

Dieser 95er besitzt eine schöne, klare rubinrote Farbe und enthüllt einen recht feinen Duft von vollreifen Früchten. Seine gute Struktur und sein mit einem noch strengen Abgang verbundenes Aroma machen ihn zwei Jahre lagerfähig. Wenn man sich daran erinnert, daß der 93er und der 94er jeweils Lieblingsweine der Jury waren, muß man um die Zukunft dieses 95ers nicht besorgt sein.

🖃 SARL Antoine Clément, Bois-Franc, Cidex 417, 69400 Liergues, Tel. 04.74.68.28.83, Fax 04.74.62.90.58 ☑ ⚇ n. V.

DOM. DU COTEAU DES LYS 1995

■ 4 ha 20 000 ⬛ 30-50 F

Hübsche granatrote Farbe und ein Duft von vollreifen Früchten und Gewürzen, der sich nach und nach entfaltet. Ein »erwachter« Morgon, der auch einen schönen Körper bietet. Er zeigt sich ausgewogen.

🖃 Maurice Passot, Corcelette, 69910 Villié-Morgon, Tel. 04.74.04.20.27, Fax 04.74.69.15.57 ☑ ⚇ n. V.

LOUIS-CLAUDE DESVIGNES
Côte du Py 1995*

■ 1 ha 6 000 ⬛ 30-50 F

Kräftige rote Farbe. Dieser 95er duftet nach schwarzen Johannisbeeren und roten Früchten. In seinem reichhaltigen Stoff tauchen noch junge Tannine auf. Der gut strukturierte Wein hat noch nicht seine volle Entfaltung erreicht, verspricht aber viel. Zwei Jahre aufheben.

🖃 Louis-Claude Desvignes, La Voûte, Le Bourg, 69910 Villié-Morgon, Tel. 04.74.04.23.35, Fax 04.74.69.14.93 ☑ ⚇ n. V.

DOM. DONZEL 1995

■ 2 ha 8 000 ⬛ 30-50 F

Von diesem klaren granatroten 95er geht ein komplexer Duft aus, der an Leder, Bittermandeln und rote Früchte erinnert. Er läßt zwar noch seine Tannine erkennen, ist aber fruchtig und bleibt ausgewogen. Ein wenig altern lassen.

🖃 Bernard Donzel, Fondlong, 69910 Villié-Morgon, Tel. 04.74.04.20.56, Fax 04.74.69.14.52 ☑ ⚇ n. V.

MADAME JACQUES DUCROUX
1996*

■ k. A. 7 000 ⬛ 30-50 F

Diese Cuvée besitzt eine schöne rubinrote Farbe mit violetten Reflexen und macht mit einem kräftigen, intensiven Kirschwasserduft auf sich aufmerksam. Sein Morgon-Charaker zeigt sich im Geschmack dank einer eleganten Tanninstruktur, die mit einem Pfirsich- und Kirscharoma von großer Nachhaltigkeit verbunden ist. Ein sehr harmonischer, typischer Wein, den man drei bis fünf Jahre aufheben kann.

🖃 Mme Jacques Ducroux, Saint-Joseph-en-Beaujolais, 69910 Villié-Morgon, Tel. 04.74.69.90.74 ☑ ⚇ n. V.

MAURICE GAGET Côte du Py 1995

■ 4,2 ha 20 000 ⬛ 30-50 F

Ein 95er, der nach Sauerkirschen und kandierten Früchten duftet und eine recht intensive rote Farbe besitzt. Er ist wohlausgewogen und bleibt im Geschmack angenehm und lang anhaltend. Der schon trinkreife Wein kann noch ein bis zwei Jahre lagern.

🖃 Maurice Gaget, Le Py, 69910 Villié-Morgon, Tel. 04.74.04.20.75, Fax 04.74.04.21.54 ☑ ⚇ n. V.

GEORGES ET ALAIN GAUTHIER
Tradition 1995*

■ 1,5 ha 8 000 ⬛ 30-50 F

Dieser dunkelrote 95er entfaltet einen feinen, zarten Duft von roten Füchten, vermischt mit Kakaonoten, die sich im Geschmack zusammen mit einem Lakritzearoma fortsetzen. Sein schöner Stoff, seine Kraft und seine Ausgewogenheit erinnern an Samt. Ein sehr langer Wein, den man noch zwei bis drei Jahre genießen kann.

🖃 Alain et Georges Gauthier, EARL des Rochauds, La Roche Pilée, 69910 Villié-Morgon, Tel. 04.74.69.15.87, Fax 04.74.69.15.87 ☑ ⚇ n. V.

HOSPICES DE BEAUJEU Le Py 1995

■ 4 ha 7 000 ⬛ 30-50 F

1996 feierte die älteste Weinauktion der Welt ihren 200. Geburtstag! Ihre Erlöse kommen der Krankenpflege im Hospiz von Beaujeu zugute. Diese lebhaft rote Cuvée hat ein jugendliches Strahlen bewahrt. Seine im Geruch zurückhaltende Fruchtigkeit, die pflanzliche Noten enthält, kommt im Geschmack zusammen mit gut verschmolzenen Tanninen zum Vorschein. Dieser 95er sollte im Laufe des Jahres getrunken werden.

🖃 Hospices de Beaujeu, La Grange Charton, 69430 Régnié-Durette, Tel. 04.74.04.31.05, Fax 04.74.04.36.23 ☑ ⚇ n. V.

DOM. JAMBON 1995

■ k. A. k. A. ⬛ 50-70 F

Diese lebhaft rote Cuvée entfaltet einen für den Ausbau im Holzfaß charakteristischen Duft. Der Geschmack wird noch vom Eichenholz beherrscht, aber seine Ausgewogenheit ist vielversprechend. Doch wegen ihrer Feinheit sollte man sie nicht zu lang aufheben.

🖃 Naigeon-Chauveau, B.P. 7, rue de la Croix-des-Champs, 21220 Gevrey-Chambertin, Tel. 03.80.34.30.30, Fax 03.80.51.88.99 ☑ ⚇ n. V.

JANNY 1995*

■ 10 ha 50 000 ⬛ 30-50 F

Die rubinrote Farbe dieses 95ers hat viel Lebhaftigkeit bewahrt. Sein fruchtiger Duft ist typisch für einen Morgon. Körperreich und voller Frucht. Dieser sanfte, harmonische Wein trinkt sich jetzt sehr angenehm.

🖃 SARL Janny, La Codemine, 71260 Péronne, Tel. 03.85.36.97.03, Fax 03.85.36.96.58 ☑ ⚇ n. V.

Morgon

DOM. DE JAVERNIERE 1995**

■　　　　2 ha　　15 000　　🍷 30-50F

Füllig und generös, ein blumig-alkoholischer Duft prägt diesen 95er mit der intensiven Farbe. Sein reicher, guter Stoff, der sehr wohlgeordnet ist, entfaltet sich lang anhaltend im Geschmack. Sehr harmonisch und typisch. Dieser Wein kann drei bis vier Jahre altern.

🍇 Noël Lacoque, Javernière, 69910 Villié-Morgon, Tel. 04.74.04.24.26, Fax 04.74.69.11.01
✉ 🍷 n. V.

DOM. DE LA BECHE
Vieilles vignes 1996*

■　　　　2 ha　　10 000　　-30F

Die rotviolette Farbe dieses 96ers läßt an die vollreifen roten Früchte denken, deren Duft die Nase umschmeichelt, insbesondere an schwarze Johannisbeeren. Seine Fruchtigkeit füllt sofort den Mund aus. Der kraftvolle, fleischige und lang anhaltende 96er wird von Anfang bis Ende von einem wirklich angenehmen Cassisaroma beherrscht. Sein Preis macht ihn ebenfalls sympathisch.

🍇 Olivier Depardon, Dom. de La Bêche, 69910 Villié-Morgon, Tel. 04.74.69.15.89, Fax 04.74.04.21.88 ✉ 🍷 n. V.

DOM. DE LA BECHE 1995

■　　　　6,2 ha　　8 000　　🍷 30-50F

Der Régnié des Guts hat die gleiche Bewertung wie diese dunkelrote Morgon erhalten, dessen recht kräftiger und komplexer Duft an Blumen und rote Beerenfrüchte erinnert. Die angenehme Ansprache macht schnell Tanninen Platz, die noch nicht verschmolzen sind, aber Qualität besitzen und im Abgang die Oberhand behalten. Ein bis zwei Jahre lagern.

🍇 Maurice Depardon, Dom. de La Bêche, 69910 Villié-Morgon, Tel. 04.74.04.24.47, Fax 04.74.69.15.29 ✉ 🍷 n. V.

DOM. DE LA CHAPONNE 1995*

■　　　　6 ha　　k. A.　　30-50F

Dieser 95er mit der dunkelroten, fast violetten Farbe bietet einen kräftigen Duft von vollreifen roten Früchten und Unterholz. Seine Fruchtigkeit und sein recht fleischiger Körper füllen sofort den Mund aus. Er zeigt zwar keine große Länge, vereint aber Kraft und Feinheit. Ein sehr schöner Morgon.

🍇 Laurent Guillet, Morgon-le-Bas, 69910 Villié-Morgon, Tel. 04.74.69.15.73
✉ 🍷 n. V.
🍇 Gauthier

DOM. DE LA FOUDRIERE 1995

■　　　　2,5 ha　　3 500　　30-50F

Dieser mittelrubinrote 95er entfaltet einen kräftigen, fülligen Duft. Trotz ein wenig strenger Tannine bleibt er harmonisch und zeigt sich gut strukturiert und lang.

🍇 Etienne Jambon, Morgon, 69910 Villié-Morgon, Tel. 04.74.69.11.52 ✉ 🍷 n. V.

ANDRE LAISSUS 1996*

■　　　　2 ha　　k. A.　　🍷 -30F

Während die sehr schöne Granatfarbe ein wenig matt ist (es handelt sich um einen sehr jung verkosteten 96er), besticht der Geruchseindruck durch einen recht entfalteten und sehr angenehmen Duft von roten Früchten. Dieser Wein, der mit einem mineralischen Aroma und Weichselnoten »morgonniert«, wie man es sich nur wünschen kann, entfaltet sich im Mund lang anhaltend. Wohlausgewogen, mit einer klaren Struktur. Er kann drei bis vier Jahre lagern.

🍇 André Laissus, La Grange Charton, 69430 Régnié-Durette, Tel. 04.74.04.38.06, Fax 04.74.04.37.75 ✉ 🍷 n. V.

DOM. LE TERRAIN ROUGE 1996*

■　　　　3,82 ha　　8 000　　⦿ 30-50F

Die schöne Farbe dieses 96ers besitzt Strahlkraft. Der angenehm dosierte Duft von roten Beerenfrüchten begleitet einen strukturierten, frischen und langen Geschmack. Dieser rassige Wein, der den Boden gut zum Ausdruck bringt, kann zwei bis drei Jahre altern.

🍇 Louis Genillon, 69910 Villié-Morgon, Tel. 04.74.06.10.10, Fax 04.74.66.13.77
✉ 🍷 n. V.

DOM. DE LEYRE-LOUP Corcelette 1996

■　　　　6,24 ha　　24 000　　🍷 30-50F

Das intensive, fast violette Rubinrot ist besonders klar. Der Geruchseindruck entfaltet sich mit einem fruchtigen Duft, der pflanzliche Noten enthält. Die klare Ansprache ist ebenfalls durch die Jugendlichkeit geprägt. Dann entwickelt sich der Wein, der noch immer lebhaft, aber rund und komplett ist.

🍇 Jacques et Christophe Lanson, 20, rue de l'Oratoire, 69300 Caluire, Tel. 04.78.29.24.10, Fax 04.78.28.00.57

DOM. DE LYS 1996

■　　　　k. A.　　k. A.　　30-50F

Das schöne Rubinrot begleitet einen feinen, zarten Duft von Blumen und Früchten. Sein Aroma und seine harmonische, aber leichte Konstitution machen ihn zu einem hübschen Wein, den man zu Geflügel oder gegen den Durst trinken kann. Der Beaujolais-Villages des Guts wurde ebenfalls als gelungen beurteilt.

🍇 Jacques Charlet, 71570 La Chapelle-de-Guinchay, Tel. 03.85.36.82.41

CAVEAU DE MORGON 1995*

■　　　　k. A.　　25 800　　🍷 30-50F

Die purpurrote Farbe hält, ohne nachzulassen, länger als der Geruch an, der sich mit einem fruchtigen Duft entfaltet und eine zarte Vanillenote enthält. Der füllige, fleischige Geschmack, der viel Rundheit und Frucht bietet, erntet endgültig Beifall. Dieser typische, gefällige Morgon ist trinkreif, kann aber noch zwei Jahre lagern.

🍇 Caveau de Morgon, Le Bourg, 69910 Villié-Morgon, Tel. 04.74.04.20.99, Fax 04.74.04.20.25
✉ 🍷 tägl. 9h-12h 14h-19h

Morgon

DOM. DU PETIT-PEROU 1995*

| | 1,21 ha | 5 000 | |

Die intensive granatrote Farbe dieses 95ers hat viel Brillanz. Sein fruchtig-blumiger Duft ist von großer Qualität. Er setzt sich im Mund mit Frische fort. Kräftig gebaut, mit schöner Ausgewogenheit. Der ausgezeichnete, typisierte Wein besitzt eine mittlere Lagerfähigkeit.

Laurent Thévenet, rte de Fleurie, 69910 Villié-Morgon, Tel. 04.74.69.13.23, Fax 04.74.69.12.05 n. V.

DOM. DES PILLETS
Les Charmes Cuvée Vieilles vignes 1995*

| | 8 ha | 30 000 | |

Die sehr schöne rubinrote Farbe dieses 95ers mit ihren granatfarbenen Nuancen kündigt einen großen Klassiker an. Die Reinheit des reichen, harmonischen Dufts vom fruchtigen Typ ist superb. Kraftvoller, harmonischer Körper, mit Tanninen von großer Einheitlichkeit. Dieser unverfälschte, recht typische Wein kann mehrere Jahre lagern.

Gérard Brisson, Les Pillets, 69910 Villié-Morgon, Tel. 04.74.04.21.60, Fax 04.74.69.15.28 tägl. ohne So 9h-12h 13h30-19h30 ; Sa n. V.

GFA Les Pillets

CH. DE PIZAY 1996

| | 19 ha | 100 000 | |

Zwei lobende Erwähnungen für dieses Gut : für den weißen Beaujolais und für diese Cuvée mit dem klaren, strahlenden Dunkelpurpurrot. Sie verführt durch ihren recht intensiven Duft, der an Erdbeeren, Kirschen und gekochtes Obst erinnert. Auf eine fleischige Ansprache folgen Tannine, die noch ein wenig sie Fruchtigkeit fesseln. Dieser hübsche Wein kann zwei Jahre altern. Dann wird er verführen.

SCEA Dom. Château de Pizay, 69220 Saint-Jean-d'Ardières, Tel. 04.74.66.26.10, Fax 04.74.69.60.66 Mo-Sa 8h-12h 14h-18h

DOM. DU POINT DU JOUR 1996**

| | 5,98 ha | 4 100 | |

Eine dunkelrote Cuvée mit komplexem, recht intensivem Blütenduft. Die klare, fruchtige Ansprache enthüllt nicht nur eine schöne Struktur, sondern auch für den Boden typische mineralische Noten. Dieser charaktervolle, ausgewogene und feine Wein ist ein Erfolg. Er kann zwei bis vier Jahre halten. Ein Fleurie desselben Guts hat eine lobende Erwähnung verdient.

Jocelyne Depardon, Point du Jour, 69820 Fleurie, Tel. 04.74.69.82.93, Fax 04.74.69.82.87 n. V.

CH. PRINCESSE LIEVEN
Côte du Py Cuvée Vieilles vignes 1995

| | 3,6 ha | 27 000 | |

Das intensive Rot strahlt wie eine schöne, vollreife Kirsche. Der erste Geruchseindruck fängt mineralische Noten und einen Ledergeruch ein, zu denen ein sehr feiner, fruchtiger Duft hinzukommt. Körperreich, aber auch noch junge Tannine. Dieser 95er bleibt ausgewogen und sehr angenehm. Kann mindestens zwei Jahre lagern.

Lieven, Ch. de Bellevue, 69910 Villié-Morgon, Tel. 04.74.04.24.95, Fax 04.74.69.13.46 n. V.

MICHEL RAMPON ET FILS 1995

| | 3 ha | 11 000 | |

Dieser 95er mit dem angenehmen, gut entfalteten Duft von kandierten roten Früchten zeigt in seinem schönen Rot ein paar orangerote Reflexe. Ein runder, ausgewogener und feiner Wein, der die Meßlatte mühelos überquert hat.

GAEC Michel Rampon et Fils, La Tour Bourdon, 69430 Régnié-Durette, Tel. 04.74.04.32.15, Fax 04.74.69.00.81 n. V.

DOM. DE ROCHE SAINT-JEAN 1995

| | 2,26 ha | 7 500 | |

Dieser intensiv rote 95er mit dem fruchtigen Duft zeigt ein paar orangefarbene Reflexe. Auf die sehr gute, reiche Ansprache folgen rustikalere Eindrücke : tanninreich, sehr stark strukturiert und ziemlich lang. Dieser Wein muß sich im Keller verfeinern.

SCEA Bernard Mathon, Bellevue, dom. de Roche-Saint-Jean, 69910 Villié-Morgon, Tel. 04.74.04.23.92, Fax 04.74.04.23.92 Mo-Fr 8h-19h ; Sa, So n. V. ; 10.-20. Aug. geschlossen

PIERRE SAVOYE Côte du Py 1996

| | 1,5 ha | 11 000 | |

Das kräftige Granatrot begleitet einen angenehmen Kirschwassergeruch. Nach einer fleischigen, fruchtigen Ansprache kommt die Wärme des Alkohols zum Vorschein. Diesen gut strukturierten, aromatischen Wein kann man noch in zwei Jahren trinken. Paßt zu einem Entrecote mit Petersilie.

Pierre Savoye, Les Micouds, 69910 Villié-Morgon, Tel. 04.74.04.21.92, Fax 04.74.04.26.04 Mo-Fr 8h30-11h30 14h-18h ; Sa, So n. V.

DOM. DES SOUCHONS 1995*

| | k. A. | 65 000 | |

Die noch lebhafte Granatfarbe harmoniert mit dem ersten Geruchseindruck, der an Paprika erinnert und sich in Richtung rote Früchte entwickelt. Sehr ausgewogen, mit feinen Tanninen und einem Aroma, das an den Duft erinnert. Dieser generöse, ein wenig wilde, aber charaktervolle Wein sollte im Laufe des Jahres getrunken werden.

Serge Condemine-Pillet, Morgon-le-Bas, 69910 Villié-Morgon, Tel. 04.74.69.14.45, Fax 04.74.69.15.43 n. V.

JACQUES TRICHARD Les Charmes 1996

| | 6,3 ha | k. A. | |

Das intensive Rot spielt ins Violette, ein Zeichen von extremer Jugendlichkeit. Der Duft von roten Früchten und Pfeffer ist zurückhaltend, aber angenehm. Auch wenn dieser 96er ein wenig strenge Tannine bietet, besitzt er doch ein starkes Alterungspotential.

Jacques Trichard, Les Charmes, 69910 Villié-Morgon, Tel. 04.74.04.20.35, Fax 04.74.69.13.49 n. V.

BEAUJOLAIS

Moulin-à-Vent

Der »Herr« unter den Beaujolais-Crus hat seine 665 ha in den Gemeinden Chénas, im Departement Rhône gelegen, und Romanèche-Thorins, im Departement Saône-et-Loire. Wahrzeichen der Appellation ist die ehrwürdige Windmühle, die still stumm auf einer sanft geformten, 240 m hohen Kuppe mit reinem Granitsand erhebt, in der Reblage Les Thorins. Erzeugt werden hier 38 500 hl aus der Rebsorte Gamay noir à jus blanc. Die nicht sehr tiefen Böden, die reich sind an Mineralen wie etwa Mangan, verleihen den Weinen eine tiefrote Farbe, ein an Iris erinnerndes Aroma, Bukett und Körper, so daß man sie manchmal mit ihren burgundischen Cousins von der Côte d'Or vergleicht. Nach einem alten Brauch trägt man den Wein aus jedem Jahrgang zu den Taufsteinen, zuerst nach Romanèche-Thorins (Ende Oktober), danach in alle Dörfer und Anfang Dezember schließlich in den Hauptort.

Auch wenn man den Moulin-à-Vent schon in den ersten Monaten trinken kann, verträgt er problemlos eine mehrjährige Alterung. Dieser »Fürst« war einer der ersten Crus, der im Jahre 1936 als AOC anerkannt wurde. Zwei Probierkeller machen es möglich, daß man ihn verkostet, der eine zu Füßen der Windmühle, der andere am Rand der Route nationale. Hier wie auch anderswo trinkt man den Moulin-à-Vent mit vollem Genuß zu allen Gerichten, zu denen man üblicherweise Rotwein trinkt.

DOM. FRANCOIS BERGERON 1995**

| 0,4 ha | 3 300 | 30-50 F |

Diese schöne dunkelrote Cuvée mit dem komplexen Duft von Backpflaumen und Brombeeren, unter die sich Lakritzenoten mischen, gehört zu den Lieblingsweinen der Jury. Sie entfaltet sich lang anhaltend im Geschmack und enthüllt dabei Rundheit und Kraft. Die deutlich spürbaren Tannine treten zurück und machen der Fruchtigkeit Platz. Dieser sehr harmonische und typische Wein kann mindestens drei bis vier Jahre lagern.

Dom. François Bergeron, Les Bruyères des Thorins, 71570 Romanèche-Thorins, Tel. 03.85.35.50.57

CH. BONNET Vieilles vignes 1996**

| 1,8 ha | 13 000 | 30-50 F |

Das klare, strahlende, intensive Rubinrot paßt zum komplexen Duft von Früchten und Blumen (Veilchen), die sich im Geschmack fortsetzen. Die herrliche Ausgewogenheit zwischen dem Körper, den verschmolzenen Tanninen und dem Aroma zeichnet sich durch außergewöhnliche Jugendlichkeit aus. Diesen alkoholreichen, sanften und fruchtigen Wein kann man mindestens fünf Jahre aufheben.

Pierre Perrachon, Ch. Bonnet, 71570 La Chapelle-de-Guinchay, Tel. 03.85.36.70.41, Fax 03.85.36.77.27
n. V.

MICHEL BRUGNE Le Vivier 1996*

| 1,2 ha | 7 200 | 50-70 F |

Dieser Wein mit dem klaren Rubinrot bietet einen diskreten Unterholz- und Brombeerduft. Er ist wohlausgewogen und hinterläßt einen seidigen, frischen Eindruck. Ein hübscher 96er für das kommende Jahr.

Michel Brugne, 69820 Fleurie, Tel. 04.74.06.10.10, Fax 04.74.66.13.77
n. V.

GEORGES DUBŒUF 1995**

| k. A. | 18 000 | 30-50 F |

Zwei Cuvées dieses Handelshauses wurden als bemerkenswert beurteilt : der Fleurie und dieser Moulin-à-Vent, den die Jury zu einem ihrer Lieblingsweine wählte. Das lebhafte Rot schimmert kupferfarben. Der recht entfaltete Duft erinnert an rote Früchte und Vanille. Der Geschmack bleibt lang geprägt durch Tannine und ein Aroma, das dem der großen Burgunder ähnlich ist ! Fleischig, sehr ausgewogen. Dieser schöne Wein kann noch lagern. Man sollte ihn in den kommenden fünf Jahren trinken.

Moulin-à-Vent

🍷SA Les vins Georges Dubœuf, La Gare, B.P. 12, 71570 Romanèche-Thorins, Tel. 03.85.35.34.20, Fax 03.85.35.34.25 ☑ 🍷 n. V.

DOM. GAY-COPERET 1996

| ■ | 4,5 ha | 6 000 | 🍷 30-50 F |

Dieser recht lebhaft rote 96er bietet einen komplexen Duft, in dem rote Früchte, Kerne und Walnüsse hervortreten. Man muß ihn noch altern lassen, damit man seine geschmackliche Stärke und sein Aroma genießen kann. In ein bis zwei Jahren kann man ihn trinken.

🍷Catherine et Maurice Gay, Les Vérillats, 69840 Chénas, Tel. 04.74.04.48.86, Fax 04.74.04.42.74 ☑ 🍷 n. V.

HOSPICES DE ROMANECHE-THORINS 1995

| ■ | 7 ha | 44 000 | 🍷🍷 50-70 F |

Eine lebhaft rote Cuvée, die nach Pfeffer und Unterholz riecht. Recht fleischig, lang anhaltend und sehr aromatisch im Geschmack. Sie scheint trinkreif zu sein.

🍷Hospices civils de Romanèche-Thorins, 71570 Romanèche-Thorins, Tel. 03.85.36.57.25, Fax 03.85.37.15.38 🍷 n. V.

DOM. DE LA ROCHELLE 1995**

| ■ | 8 ha | k. A. | 🍷🍷♦ 30-50 F |

Das klare, strahlende, tiefe Rubinrot dieses 95ers hat seine ganze Jugendlichkeit bewahrt. Der wohldosierte Duft erinnert an Gewürze und rote Früchte. Dieser elegant strukturierte Wein hält im Geschmack lang an und hinterläßt einen seidigen Eindruck und ein Aroma von Früchten. Frisch, jung, klar und vornehm. Er kann fünf Jahre lagern.

🍷SCI Dom. de La Rochelle, Tour du Bief, 69840 Chénas, Tel. 04.74.66.47.81, Fax 04.74.69.61.38 ☑ 🍷 n. V.
🍷Famille de Sparre

LA TOUR BLONDEAU 1995

| | k. A. | k. A. | 🍷 50-70 F |

Ein dunkelroter 95er mit schönen kupferfarbenen Reflexen. Der Duft gekochten Obstes vermischt sich mit Pfeffer- und Vanillenoten. Die recht runden Tannine sind sofort spürbar. Angenehm und leicht zu trinken. Kann ein Jahr lagern. Ein Morgon von diesem zur Gruppe Bouchard et Fils gehörenden Handelshauses wurde von einer anderen Jury ebenfalls lobend erwähnt.

🍷La Tour Blondeau, 15, rue du Château, 21200 Beaune, Tel. 03.80.24.80.24, Fax 03.80.24.97.56 🍷 n. V.

LE VIEUX DOMAINE 1995*

| ■ | 9 ha | 7 000 | 🍷♦ 30-50 F |

Zwei sehr gelungene Weine dieses Guts : der 95er Chénas und dieser Moulin-à-Vent. Seine kräftige rote Farbe harmoniert mit einem fruchtigen Duft, der Vanillenoten enthält. Sehr gut strukturiert, mit einem guten Gerüst. Er verführt auch durch einen Holzgeschmack, der sich mit einem Aroma sehr reifer Früchte vermischt. Gutgebaut und angenehm. Er ist für eine zwei- bis dreijährige Lagerung vinifiziert und ausgebaut worden.

🍷EARL M.-C. et D. Joseph, Le Vieux-Bourg, 69840 Chénas, Tel. 04.74.04.48.08, Fax 04.74.04.47.36 ☑ 🍷 n. V.

DOM. DU MATINAL 1996*

| ■ | 4 ha | 8 000 | 🍷🍷 30-50 F |

Diese dunkelrote 96er entfaltet sich langsam mit einem fruchtigen Duft. Nach einer Ansprache, die vom Kirsch- und Kirschwasseraroma beherrscht wird, enthüllt er seine Stärke und seine schöne Struktur. Ein noch jugendlicher Wein, der ein bis zwei Jahre lagern kann.

🍷EARL Simone et Guy Braillon, Le Bourg, 69840 Chénas, Tel. 04.74.04.48.31, Fax 04.74.04.47.64 ☑ 🍷 n. V.

BERNARD ET VERONIQUE MEZIAT 1995**

| ■ | 8,5 ha | k. A. | 🍷 30-50 F |

Die rote Farbe dieses 95er Moulin-à-Vent mit den schönen violetten Reflexen ist jugendlich geblieben, ebenso wie der intensive, frische Duft von roten Früchten. Dieser sehr runde Wein, der viel Körper zeigt, füllt den Gaumen völlig aus. Erst im Abgang kommt eine Tanninnote zum Vorschein. Der sehr schöne Wein kann eine drei- bis vierjährige Lagerung vertragen. Der Chénas wurde von einer anderen Jury lobend erwähnt.

🍷Bernard et Véronique Méziat, Les Pinchons, 69840 Chénas, Tel. 04.74.04.48.81, Fax 04.74.04.49.22 ☑ 🍷 n. V.

CH. DU MOULIN-A-VENT
Cuvée exceptionnelle 1995*

| ■ | 30 ha | k. A. | 🍷🍷♦ 50-70 F |

Diese Cuvée mit der intensiven dunkelroten, fast violetten Farbe zeichnet sich durch einen Geruchseindruck aus, der an geröstetes Brot, Rauch und schwarze Früchte erinnert, mit einer blumigen Note vermischt. Das allgegenwärtige Holz harmoniert mit dem Körper und dem Aroma frischer Früchte. Man sollte diesen Wein zu Perlhuhn mit Weintrauben trinken.

🍷Ch. du Moulin-à-Vent, 71570 Romanèche-Thorins, Tel. 03.85.35.50.68, Fax 03.85.35.20.06 ☑ 🍷 n. V.
🍷Flornoy Bloud

DOM. BENOIT TRICHARD
Mortperay 1995

| ■ | 6,2 ha | 25 000 | 🍷♦ 30-50 F |

Dieser strahlende dunkelrote 95er entfaltet einen Duft von Gewürzen und kandierten Früchten. Seine gute Rundheit und Struktur und sein an kandierte Früchte erinnerndes Aroma machen ihn zu einem Wein, der sich leicht trinkt. Für den sofortigen Genuß bestimmt.

🍷Dom. Benoît Trichard, Le Vieux-Bourg, 69460 Odenas, Tel. 04.74.03.40.87, Fax 04.74.03.52.02 ☑ 🍷 n. V.

DOM. DES VIGNES DU TREMBLAY 1995**

| ■ | 3,5 ha | 18 000 | 🍷 50-70 F |

Das intensive Rot ist sehr jung geblieben. Der Duft entfaltet sich nach und nach mit Noten von

BEAUJOLAIS

Lakritze und roten Früchten. Die recht spürbaren Tannine sind in das Fleisch eingebettet. Recht männlich, aber gut strukturiert. Dieser Wein zeigt sich elegant und vielversprechend. Kann vier bis fünf Jahre altern.
◗ Paul et Eric Janin, La Chanillière, 71570 Romanèche-Thorins, Tel. 03.85.35.52.80, Fax 03.85.35.21.77 ◩ ⊥ n. V.

Régnié

Der jüngste Beaujolais-Cru, 1988 offiziell anerkannt, liegt zwischen dem Cru Morgon im Norden und dem Cru Brouilly im Süden und bekräftigt so die fortlaufenden Grenzen zwischen den zehn kommunalen Appellationen des Beaujolais.

Mit Ausnahme von 5,93 ha in der Nachbargemeinde Lantigné befinden sich die 746 ha der Appellation vollständig im Gebiet der Gemeinde Régnié-Durette. Ähnlich wie beim älteren Nachbarn Morgon hat man nur den Namen einer der beiden zusammengewachsenen Gemeinden als Bezeichnung für die Appellation gewählt. 1996 waren nur 542 ha als AOC Régnié eingestuft.

Die Gemarkung erstreckt sich von Nordwesten nach Südosten und ist zum großen Teil der Morgen- und Mittagssonne ausgesetzt, so daß das Weinbaugebiet in einer Höhe zwischen 300 und 500 m liegen kann.

Zumeist wächst die einzige Rebsorte der Appellation, Gamay noir à jus blanc, auf einem sandig-steinigen Untergrund; die Rebflächen befinden sich nämlich auf dem Granitmassiv von Fleurie. Aber es gibt auch ein paar Abschnitte, wo der Boden leicht lehmig ist.

Die Erziehungsart der Reben und die Vinifizierungsweise sind dieselben wie in den anderen kommunalen Appellationen. Eine Ausnahme in den Vorschriften besagt jedoch, daß die AOC Bourgogne nicht in Anspruch genommen werden darf.

Im »Probierkeller der beiden Kirchtürme«, nahe bei der Kirche, deren origineller Bau den Wein symbolisiert,

können die Weinfreunde ein paar Proben der hier erzeugten 31 400 hl trinken. Die fleischigen, sanften, ausgewogenen, eleganten Weine, deren entfaltetes Aroma an rote Johannisbeeren, Himbeeren und Blumen erinnert, werden von manchen als fröhlich und feminin bezeichnet.

JEAN BARONNAT 1995*

| ■ | k. A. | k. A. | ■ ♦ | 30-50 F |

Diese intensiv rote Cuvée hinterläßt am Glas schöne Tränen. Ihr Gewürz- und Blütenduft ist sehr angenehm. Die sehr gute Ansprache enthüllt ihre Reife und eine trotz eines etwas warmen Abgangs ausgewogene Struktur. Der trinkreife 95er besitzt eine gute Länge und bleibt homogen. Vom selben Erzeuger hat eine andere Jury den Beaujolais-Villages lobend erwähnt.
◗ Jean Baronnat, Les Bruyères, rte de Lacenas, 69400 Gleizé, Tel. 04.74.68.59.20, Fax 04.74.62.19.21 ◩ ⊥ n. V.

DOM. DES BRAVES 1996*

| ■ | 7 ha | 30 000 | ■ ♦ | -30 F |

Dieser violettrote 96er hinterläßt am Glas schöne Tränen. Sein Duft von schwarzen Johannisbeeren ist intensiv und fein. Sehr kräftig gebaut, trotz eines gewissen Mangels an Lebhaftigkeit. Er zeigt sich füllig und rund. Der sehr angenehme Wein kann mindestens zwei Jahre altern.
◗ Paul Cinquin, Les Braves, 69430 Régnié-Durette, Tel. 04.74.04.31.11, Fax 04.74.04.32.17 ◩ ⊥ n. V.

DOM. DES BRAVES 1996*

| ■ | 4 ha | 9 000 | ■ ♦ | -30 F |

Die andere Domaine des Braves stellt einen klaren rubinroten Wein vor, der intensiv nach Kirschen und Leder riecht. Wohlausgewogen. Er läßt keine Lebhaftigkeit vermissen und verführt durch seine Feinheit, Fruchtigkeit und Länge. Man kann ihn in den nächsten beiden Jahren trinken.
◗ Franck Cinquin, Les Braves, 69430 Régnié-Durette, Tel. 04.74.04.38.73, Fax 04.74.04.38.73 ◩ ⊥ n. V.

DOM. BURNOT-LATOUR 1996

| ■ | 8,5 ha | 13 000 | ■ | -30 F |

Diese granatrote Cuvée entfaltet einen intensiven Duft von roten Früchten. Die sehr angenehme, fruchtige Ansprache macht einem tanninbetonten Eindruck Platz. Ein kräftig gebauter 96er, der sich noch einige Zeit im Keller verfeinern muß.
◗ Christian Chambon, Lachat, 69430 Régnié-Durette, Tel. 04.74.69.26.56, Fax 04.74.69.20.99 ◩ ⊥ n. V.
◗ Hospices de Beaujeu

DOM. DES BUYATS 1996

| ■ | 1,1 ha | 6 000 | ◉ ♦ | 30-50 F |

Diese Cuvée mit der strahlend rubinroten Farbe bietet einen intensiven Kirsch- und Himbeerduft. Nach einer fleischigen Ansprache zeigt sich der Geschmack ausgewogen. Der Gesamt-

Régnié

eindruck bleibt verführerisch durch sein Aroma roter Früchte.
➤ Pierre Coillard, Les Buillats, 69430 Régnié-Durette, Tel. 04.74.04.35.37, Fax 04.74.69.02.93
☑ ⵏ n. V.

FRANCK CHAVY 1995★★★

| ■ | k. A. | k. A. | ■ ♦ | 30-50 F |

Ein tiefes Rubinrot schmückt diesen Wein mit dem komplexen Duft von verblühten Rosen, Pfingstrosen und Pfeffer, zu denen Noten von Lakritze und frischen Erdbeeren hinzukommen. Dank einer herrlichen Ausgewogenheit zwischen dem Körper und den verschmolzenen Tanninen wirkt er samtig, was ihm Charme, Eleganz und typischen Charakter verleiht. Trinkreif.
➤ Franck Chavy, Le Chazelay, 69430 Régnié-Durette, Tel. 04.74.69.24.34, Fax 04.74.69.20.00
☑ ⵏ n. V.

DOM. DE COLONAT 1995★★★

| ■ | 1 ha | 4 000 | ■ ♦ | -30 F |

Die Domaine de Colonat war im Jahrgang 1995 besonders erfolgreich mit einem Morgon (ein Stern) und diesem Régnié, einem Lieblingswein der Oberjury. Seine strahlende Granatfarbe ist verlockend. Sein kräftiger, komplexer Duft von vollreifen roten Früchten kündigt einen weinigen, fleischigen Geschmack an. Dieser Wein besitzt ein schönes Gerüst und einen lang anhaltenden Geschmack, der Fruchtigkeit, Komplexität und Finesse enthüllt. Ein prächtiger Wein, ausgewogen und typisch. Man kann ihn schon trinken, aber er vermag auch zwei bis drei Jahre zu lagern.
➤ Bernard Collonge, Saint-Joseph-en-Beaujolais, 69910 Villié-Morgon, Tel. 04.74.69.91.43, Fax 04.74.69.92.47
☑ ⵏ n. V.

GILLES COPERET 1995

| ■ | 2,2 ha | 10 000 | ■ | 30-50 F |

Ein Régnié mit einer klaren Farbe, der nach kandierten, in Alkohol eingelegten Früchten riecht. Weinig, mit leichtem Gerüst. Trinkreif.
➤ Gilles Coperet, Les Chastys, 69430 Régnié-Durette, Tel. 04.74.04.38.08, Fax 04.74.69.01.33
☑ ⵏ n. V.

DOM. DU COTEAU DE VALLIERES 1996★★★

| ■ | 4,96 ha | 4 000 | ■ | 30-50 F |

Die purpurrote Farbe mit den violetten Reflexen ist von außergewöhnlicher Intensität und läßt den Alkoholreichtum und die Kraft dieses 96ers erahnen, der sich nach und nach mit einem Duft von Heidelbeeren, Brombeeren und roten Früchten entfaltet. Im Geschmack intensiv, fleischig, generös und spürbar. Ein wirklich rassiger Wein. Diesen prächtigen Repräsentanten der Appellation kann man schon jetzt trinken.
➤ Lucien Grandjean, Les Vergers, 69430 Lantignié, Tel. 04.74.69.24.92 ☑ ⵏ n. V.

DOM. DE CROIX DE CHEVRE 1995★

| ■ | 2 ha | 2 000 | ■ ⵏ ♦ | 30-50 F |

Dieser rotviolette 95er entfaltet nach und nach Noten von vollreifen Früchten. Er zeigt sich zwar weinig und hat keinen Mangel an Fleisch, aber sein Gerüst dominiert noch die deutlich vorhandene Fruchtigkeit. Er hat einen ländlichen Charakter bewahrt, ist aber vielversprechend. Ein bis zwei Jahre lagern.
➤ Bernard Striffling, La Ronze, 69430 Régnié-Durette, Tel. 04.74.69.20.16, Fax 04.74.04.84.79
☑ ⵏ n. V.

FRANÇOIS ET MONIQUE DESIGAUD 1995

| ■ | 4 ha | 4 000 | ■ | 30-50 F |

Die Farbe dieses Régnié ist ein wenig hell, aber der fruchtige Duft ist recht präsent. Nach einer guten Ansprache zeigt sich diese 95er im Geschmack gefällig, aber etwas leicht. Trinkreif.
➤ François et Monique Desigaud, Les Fûts, 69430 Régnié-Durette, Tel. 04.74.69.92.68
☑ ⵏ n. V.

DOMINIQUE JAMBON 1996

| ■ | 4 ha | 5 000 | ■ | 30-50 F |

Im Geruch ebenso wie im Geschmack ist diese intensiv rote Cuvée durch schwarze Johannisbeeren geprägt. Wohlausgewogen, mit feinen Tanninen. Sie wird den Liebhabern aromatischer Weine gefallen.
➤ Dominique Jambon, Arnas, 69430 Lantignié, Tel. 04.74.04.80.59 ☑ ⵏ n. V.

GERARD ET JEANINE LAGNEAU 1996★★

| ■ | 3 ha | 8 000 | ⵏ | -30 F |

Dieser 96er besitzt eine herrliche Granatfarbe und bietet einen feinen, nachhaltigen Duft von Himbeeren und roten Johannisbeeren. Körper und Frucht sind harmonisch mit einer eleganten Struktur verbunden. Ein typisierter, umgänglicher Wein, den man im Laufe des Jahres trinken sollte.
➤ Gérard et Jeanine Lagneau, Huire, 69430 Quincié-en-Beaujolais, Tel. 04.74.69.20.70, Fax 04.74.04.89.44
☑ ⵏ n. V.

DOM. DE LA GRANGE CHARTON 1995

| ■ | k. A. | k. A. | ■ ♦ | -30 F |

Dieser 95er mit der tiefen Purpurfarbe bietet einen intensiven, komplexen, fruchtigen Duft. Nach einer angenehmen Ansprache zeigt sich dieser Wein gut strukturiert und recht körperreich. Trinkreif.

BEAUJOLAIS

Régnié

☛ Maison Thorin, La Grange Saint-Pierre, B.P. 504, 71009 Mâcon Cedex, Tel. 03.85.32.81.49, Fax 03.85.29.28.74 ⊥ n. V.

MARCELLE ET JEAN-LOUIS LAPUTE 1995

	k. A.	8 000	

Dieser 95er mit dem noch jugendlichen Rubinrot duftet diskret nach roten Früchten. Nach einer fleischigen, aromatischen Ansprache zeigt er sich leicht, aber ausgewogen. Man kann ihn ab diesem Winter trinken.
☛ Marcelle und Jean-Louis Lapute, La Roche, 69430 Régnié-Durette, Tel. 04.74.04.31.79 ⊻ ⊥ n. V.

DOM. PASSOT LES RAMPAUX
Les Côtes 1995*

	1,8 ha	7 000		30-50 F

Der Blütenduft, der nicht aufhört, sich zu entfalten, ist ebenso einschmeichelnd wie das strahlende Rubinrot. Die feinen, verschmolzenen Tannine, die Fruchtigkeit und die Lebhaftigkeit gefallen sehr. Ein ausgewogener, typischer und reifer Wein. Trinkfertig.
☛ Rémy Passot, Les Prés, 69115 Chiroubles, Tel. 04.74.69.16.19, Fax 04.74.69.01.51 ⊻ ⊥ n. V.

DOM. TANO PECHARD 1996*

	3 ha	20 000		30-50 F

Ein Régnié ganz in Rubinrot ! Der komplexe Duft, in dem Zimt hervortritt, ist von großer Feinheit. Sein schöner Stoff, der mit einem Aroma roter Früchte verschmolzen ist, gleitet lang durch den Mund. Sehr ausgewogen, lecker und typisch. Dieser 96er findet einmütige Zustimmung.
☛ Patrick Péchard, Aux Bruyères, 69430 Régnié-Durette, Tel. 04.74.04.38.89, Fax 04.74.04.33.35 ⊻ ⊥ n. V.

CAVE DE PONCHON 1995

	1,2 ha	6 000	30-50 F

Ein 95er mit einer leichten ziegelroten Farbe. Der Duft ist recht intensiv und komplex ; man findet darin sehr reife Erdbeeren, kandierte Früchte und Feigen. Dieser aromatische Régnié besitzt eine feine Struktur und hinterläßt einen guten geschmacklichen Eindruck. Trinkreif.
☛ Florent Dufour, Ponchon, 69430 Régnié, Tel. 04.74.04.35.46, Fax 04.74.66.71.58 ⊻ ⊥ n. V.

JEAN-PAUL RAMPON 1996*

	4 ha	10 000		30-50 F

Eine intensiv rubinrote Cuvée. Die roten Früchte des Dufts findet man in der Ansprache wieder. Lebhaft, mit Weinigkeit. Sie zeigt sich frisch und ausgewogen. Man kann sie im kommenden Jahr genießen.
☛ Jean-Paul Rampon, Les Rampaux, 69430 Régnié-Durette, Tel. 04.74.04.36.32, Fax 04.74.69.00.50 ⊻ ⊥ n. V.

JOEL ROCHETTE 1996**

	2,13 ha	15 000			30-50 F

Doppelerfolg für dieses Gut, dem die Jury zwei Sterne für einen Beaujolais-Villages und für diesen Régnié zuerkannt hat. Er besitzt eine kräftige rubinrote Farbe und duftet nach roten Früchten, aber auch nach Pfingstrosen und Reseda. Sein von noch jungen, aber vollmundigen Tanninen begleiteter Körper ist sehr vielversprechend. Ein langer, typischer, kräftig gebauter und strukturierter Wein, den man in den beiden nächsten Jahren trinken sollte.
☛ Joël Rochette, Le Chalet, 69430 Régnié-Durette, Tel. 04.74.04.35.78, Fax 04.74.04.31.62 ⊻ ⊥ n. V.

DOM. DE THULON 1996*

	5 ha	15 000		30-50 F

Ein hübsches Kirschrot umhüllt diesen 96er, der nach vollreifen Früchten sowie roten und schwarzen Johannisbeeren duftet. Aromatisch im Geschmack, rund, mit sanften Tanninen. Im Abgang enthüllt er noch eine schöne Lebhaftigkeit. Man kann ihn im Laufe des Jahres trinken. Der Chiroubles dieses Guts wurde von einer anderen Jury lobend erwähnt.
☛ Annie und René Jambon, Thulon, 69430 Lantignié, Tel. 04.74.04.80.29, Fax 04.74.69.29.50 ⊻ ⊥ n. V.

BERNARD ET MARIE-CLAIRE TRICHARD 1995**

	k. A.	5 000		30-50 F

Die klare purpurrote Farbe und der fruchtige Duft dieses 95ers haben viel Frische und Jugend bewahrt. Im angenehmen Geschmack kommen ein eleganter Körper und gleichzeitig ein schönes Aroma zum Ausdruck. Dieser kraftvolle und zugleich vornehme Wein ist noch lange nicht am Ende, aber man kann ihn auch schon jetzt trinken.
☛ Bernard Trichard, Haute Plaigne, 69430 Régnié-Durette, Tel. 04.74.04.39.52, Fax 04.74.04.39.52 ⊻ ⊥ n. V.

DOM. DES TROIS TERROIRS 1995

	0,65 ha	4 000		30-50 F

Die rubinrote Farbe ist klar und deutlich, ebenso der fruchtige, aber diskrete Geruchseindruck. Die Ansprache ist durch leichte Tannine geprägt, die das Aroma des Buketts begleiten. Recht lang und ausgewogen. Dieser Wein sollte noch ein paar Monate reifen.
☛ Hubert Perraud, Les Labourons, 69820 Fleurie, Tel. 04.74.04.14.82, Fax 04.74.69.82.08 ⊻ ⊥ n. V.

CH. DES VERGERS 1996**

	k. A.	k. A.	30-50 F

Vertrieben von Nicolas, dem berühmten Kellermeister, der zahlreiche Verkaufsstellen besitzt. Diese lebhaft rote Cuvée mit den schönen Reflexen entfaltet einen intensiven, freigebigen Duft von roten Früchten, zu dem blumige Noten hinzukommen. Die sehr füllige Ansprache ist eines Cru würdig. Die harmonische Struktur hat die Juroren begeistert. Der Wein besitzt einen lang anhaltenden Geschmack, bewahrt jedoch dabei

Frische. Er ist trinkreif, kann aber noch zwei Jahre lagern. Hinweisen sollte man auch auf den von dieser Vertriebskette präsentierten Chiroubles, den eine andere Jury lobend erwähnt hat.
⌑ E. Loron et Fils, 71570 Pontanevaux, Tel. 03.85.36.81.20, Fax 03.85.33.83.19

DOM. DES VERGERS 1996*

| ■ | k. A. | k. A. | ▮ 30-50 F |

Diese Cuvée mit der strahlenden tiefroten Farbe entfaltet einen recht intensiven, aber feinen Gewürz- und Blütenduft. Ihre schöne, körperreiche Ansprache wird von Rundheit und Ausgewogenheit begleitet. Den recht langen, gutgebauten Wein kann man zwei Jahre lang genießen.
⌑ Les Vins Henry Fessy, Bel Air, 69220 Saint-Jean-d'Ardières, Tel. 04.74.66.00.16, Fax 04.74.69.61.67

Saint-Amour

Die 318 ha Rebfläche der Appellation, die sich vollständig im Departement Saône-et-Loire befinden, erzeugen 18 200 hl. Die kalkarmen Lehm- und Kieselböden bilden zusammen mit Sandstein und Granitschotter eine Übergangszone zwischen den Böden im Süden, die ausschließlich Urgestein enthalten, und den benachbarten Kalksteinböden im Norden, wo die Appellationen Saint-Véran und Mâcon liegen. Bei der Vinifizierung gibt es zwei Tendenzen, um die Qualitäten der Rebsorte Gamay noir à jus blanc zur Entfaltung zu bringen: Die eine favorisiert eine lange Maischegärung, die die Beaujolais-Traditionen wahrt und den von Granitböden stammenden Weinen den Körper und die Farbe verleiht, die für lagerfähige Weine notwendig sind. Die andere befürwortet eine Herstellung im Primeur-Stil und liefert Weine, die früher trinkreif sind, um die Neugier der Weinliebhaber zu befriedigen. Saint-Amour sollte man zu Weinbergschnecken, fritierten kleinen Fischen, Froschschenkeln, Pilzen und Poularde in Rahmsauce trinken.

Die Appellation hat Anklang bei vielen ausländischen Weintrinkern gefunden, so daß ein großer Teil der Produktion ins Ausland geht. Der Besucher kann den Saint-Amour in einem Probierkeller kennenlernen, der 1965 in der Reblage »le Plâtre-Durand« errichtet wurde, bevor er seinen Weg fortsetzt zur Kirche und zum Rathaus, die auf dem Gipfel einer 309 m hohen Kuppe die Region überblicken. Eine kleine Statue, die in einem Winkel der Kirche steht, erinnert an die Bekehrung des römischen Soldaten, von dem der Ort seinen Namen hat; sie läßt die Fresken vergessen, die sich in einem Haus im Weiler Les Thévenins befanden, heute aber leider nicht mehr existieren. Diese Bilder hätten das fröhliche Treiben bezeugt, das während der Französischen Revolution in diesem »Haus der Jungfrauen« herrschte, und würden ebenfalls den Namen dieses Dorfs erklären ...

DENIS ET HELENE BARBELET 1996

| ■ | 5,94 ha | 30 000 | ▮ ♦ 30-50 F |

Die kräftige rote Farbe und der gut entfaltete Früchte- und Pfefferduft bringt schon ein gutes Potential zum Ausdruck. Dieser überhaupt nicht aggressive 96er enthüllt ein Kirschwasser- und Pfingstrosenaroma. Ausgewogen und seidig. Dieser Wein ist trinkreif, kann aber ein bis zwei Jahre altern.
⌑ Denis et Hélène Barbelet, Les Billards, 71570 Saint-Amour-Bellevue, Tel. 03.85.36.51.36, Fax 03.85.37.19.74
☑ ⊥ n. V.

CH. DE BELLEVERNE 1995*

| ■ | 2,5 ha | 12 000 | ▮ ♦ 50-70 F |

Die violetten Reflexe der klaren rubinroten Farbe zeugen von der Jugendlichkeit dieses 95ers, der einen etwas schüchternen Brombeer- und Himbeerduft bietet. Seine harmonische Struktur und sein schon verschmolzenes Gerüst verstärken seine generelle Sanftheit. Ein angenehmer Wein, den man schon trinken kann.
⌑ Sylvie Bataillard, Ch. de Belleverne, 71570 La Chapelle-de-Guinchay, Tel. 03.85.36.71.06, Fax 03.85.33.86.41
☑ ⊥ Mo-Sa 8h-19h; So 8h-12h

DOM. DES BILLARDS 1996

| ■ | k. A. | k. A. | ▮ 30-50 F |

Eine vielversprechende Cuvée, die alles besitzt, um ein großer Wein zu werden: eine rubinrote Farbe mit violetten Reflexen, einen Erdbeer- und Brombeerduft, der sich nach und nach entfaltet, Lebhaftigkeit, ein solides Tanningerüst und Fleisch. Sehr aromatisch, lang, angenehm. Sie muß sich noch abrunden und kann zwei bis drei Jahre altern.
⌑ SCEA des Billards, 71570 La Chapelle-de-Guinchay, Tel. 03.85.36.81.20, Fax 03.85.33.83.19

DOM. DES CHAMPS GRILLES 1996

| ■ | 2 ha | 15 000 | ▮ 30-50 F |

Dieser strahlend rubinrote 96er bleibt im Geruch zurückhaltend. Die schöne Ansprache, der es nicht an Lebhaftigkeit mangelt, macht einer kräftigen, aber eleganten Tanninstruktur

Saint-Amour

Platz. Gutgebaut, seriös. Dieser Wein ist bereits trinkreif.
↷ Jean-Guy Révillon, Aux Poulets, 71570 Saint-Amour-Bellevue, Tel. 03.85.37.14.76, Fax 03.85.37.14.34
☑ ⏃ n. V.

DOM. DES DARREZES
Côte de Besset 1995*

| ■ | 1,26 ha | 9 000 | ■⏃ | 30-50 F |

Das intensive Rot ist mit leichten gelbroten Reflexen durchsetzt. Der fruchtige Duft ist mit einigen leichten Vanillenoten vermischt. Im Geschmack kommen die Stärke, der generöse Charakter und der Körper dieses 95ers zum Ausdruck. Sehr gut strukturiert. Er kann zwei bis drei Jahre lagern.
↷ Madeleine et Jacques Janin, Dom. des Darrèzes, 71570 Saint-Amour-Bellevue, Tel. 03.85.37.12.96, Fax 03.85.37.47.88
☑ ⏃ n. V.

DOM. DES DUC 1996**

| ■ | 9,5 ha | 53 000 | ■⏃ | 30-50 F |

Ein weiteres Mal haben die Jurys diesen Saint-Amour ausgezeichnet und den Juliénas desselben Guts lobend erwähnt. Das tiefrote Kleid ist ein »Ozean der Meditation«. Alles an diesem Wein ist Konzentration, Stärke, Jugendlichkeit. Der Duft von roten Beerenfrüchten, eingebettet in reifere Gerüche, begleitet seidige Tannine. An der Luft entfaltet sich dieser 96er und zeigt seinen Alkoholreichtum und seine Rundheit. Dieser Wein zeugt von einer seriösen Vinifizierung und kann mindestens drei Jahre altern.
↷ Dom. des Duc, La Piat, 71570 Saint-Amour-Bellevue, Tel. 03.85.37.10.08, Fax 03.85.36.55.75
☑ ⏃ Mo-Sa 8h-12h 14h-19h ; So n. V.

RAYMOND DURAND En Paradis 1995*

| ■ | 2,5 ha | 10 000 | ■ | 30-50 F |

Erneut präsentiert Raymond Durand eine ausgezeichnete Cuvée von tiefrubinroter Farbe, die sich kraftvoll, harmonisch und typisch zeigt. Der Duft von roten Früchten, der sich mit einigen Backpflaumennoten vermischt, betont die schöne Tanninstruktur dieses lang anhaltenden, körperreichen 95ers.
↷ Raymond Durand, En Paradis, 71570 Saint-Amour-Bellevue, Tel. 03.85.36.52.97, Fax 03.85.36.52.50 ☑ ⏃ tägl. 8h-12h 13h30-19h

MICHEL JUILLARD 1996

| ■ | 2 ha | 12 000 | ■⏃ | 30-50 F |

Ein kräftiger Duft frischer Früchte geht von diesem soliden 96er aus, der eine intensive rote Farbe besitzt. Er ist rund und bietet einen Hauch von Lebhaftigkeit sowie eine zufriedenstellende Länge. Er scheint für den sofortigen Genuß bestimmt zu sein.
↷ EARL Michel Juillard, Les Bruyères, rte de Saint-Amour, 71570 Chânes, Tel. 03.85.36.53.29, Fax 03.85.37.19.02 ⏃ n. V.

DOM. DE L'ANCIEN RELAIS
Clos de La Brosse 1995*

| ■ | 1,1 ha | 8 000 | ■ | 30-50 F |

Ausgebaut worden ist dieser sehr jugendliche 95er in einem Keller aus dem Jahre 1399. Er besitzt eine purpurrote Farbe und einen originellen Geruch, der an Gewürze, Feuerstein und Früchte erinnert. Das Tanningerüst dominiert nicht den fleischigen, reichen, »erwachten« Körper. Gut strukturiert, ausgewogen und einschmeichelnd. Dieser Wein kann ein bis zwei Jahre lagern, vielleicht noch länger.
↷ EARL André Poitevin, Les Chamonards, 71570 Saint-Amour-Bellevue, Tel. 03.85.37.16.05, Fax 03.85.37.40.87
☑ ⏃ n. V.

JEAN-JACQUES ET SYLVAINE MARTIN 1995**

| ■ | 0,5 ha | 3 000 | ■ | 30-50 F |

Dieser strahlend rote 95er, der noch voller Versprechungen steckt, entfaltet sich nach und nach mit einem Duft, der an ein Kompott aus roten Beerenfrüchten denken läßt. Seine reiche Struktur entfaltet sich im Geschmack und enthüllt Stärke, Rundheit und Fruchtigkeit. Dieser perfekt vinifizierte, ausgewogene Wein kann zwei Jahre lagern. Der weiße Beaujolais des Guts ist trinkreif; die Jury hat ihn lobend erwähnt (ohne Stern).
↷ Jean-Jacques Martin, Les Verchères, 71570 Chânes, Tel. 03.85.37.42.27, Fax 03.85.37.47.43 ☑ ⏃ n. V.

GUY PATISSIER Les Poulets 1996*

| ■ | 2,5 ha | 13 000 | ⏃⏃ | 50-70 F |

Die klare Farbe dieses 96ers ist geschmackvoll, ebenso die an schwarze Johannisbeeren und Brombeeren erinnernden Duftnoten. Ein sanfter, runder und fruchtiger Wein, dessen eleganter Abgang Beifall erntet. Sehr harmonisch. Man solle ihn jung genießen, weil er so bezaubernd sei, rät ein Verkoster.
↷ Guy Patissier, 71570 Saint-Amour-Bellevue, Tel. 04.74.06.10.10, Fax 04.74.66.13.77
☑ ⏃ n. V.

DOM. DES PIERRES 1996*

| ■ | 6 ha | 40 000 | ■⏃ | 30-50 F |

Die tiefrote Farbe bewahrt viel Lebhaftigkeit. Die komplexe Duftpalette erinnert an Blumen, Himbeeren und Brombeeren. Die reichhaltige Komposition bleibt elegant. Ein harmonischer, vornehmer Wein. Bestimmt wird er in zwei Jahren immer noch schmecken.
↷ Georges Trichard, rte de Juliénas, 71570 La Chapelle-de-Guinchay, Tel. 03.85.36.70.70, Fax 03.85.33.82.31
☑ ⏃ n. V.

DOM. DES RAVINETS
Cuvée Vieilles vignes 1996

| ■ | k. A. | 10 000 | ■ | 30-50 F |

Ein 96er mit einem klaren, brillanten Rubinrot, der sich im Geruch diskret gibt. Nach einer schönen Ansprache würdigte die Jury seine ausgewogene Struktur und seinen aromatischen Abgang.
↷ Georges Spay, Les Ravinets, 71570 Saint-Amour-Bellevue, Tel. 03.85.37.14.58, Fax 03.85.37.41.20 ☑ ⏃ tägl. 8h-18h

Das Lyonnais

Das Anbaugebiet, in dem die Weine der Appellation Coteaux du Lyonnais erzeugt werden, liegt am Ostrand des Zentralmassivs und wird im Osten von der Rhône und der Saône, im Westen von den Bergen des Lyonnais, im Norden vom Beaujolais-Weinbaugebiet und im Süden vom Weinbaugebiet der Côtes-du-Rhône begrenzt. Es ist seit der Römerzeit das historische Weinbaugebiet von Lyon und erlebte Ende des 16. Jh. eine Blütezeit, als der Klerus und reiche Bürger den Anbau der Reben förderten und unterstützten. 1836 waren im Grundbuch 13 500 ha Rebfläche eingetragen. Die Reblauskrise und die Ausbreitung des Lyoner Ballungsraums haben die Anbauzone auf 260 ha verringert; diese verteilen sich auf 49 Gemeinden, die im Westen um die Großstadt Lyon herum liegen, vom Mont d'Or im Norden bis zum Tal des Gier im Süden.

Diese 40 km lange und 30 km breite Anbauzone ist von Südwesten nach Nordosten durch ein Relief gegliedert, das dafür verantwortlich ist, daß sich 250 m hoch gelegene Täler mit Hügeln abwechseln, die 500 m Höhe erreichen. Es gibt eine Vielzahl von Böden; man findet hier Granit, metamorphes Gestein, Ablagerungen, Schlick, Schwemmland und Löß. Der durchlässige, leichte Aufbau und die geringe Schichtdicke mancher dieser Böden sind das gemeinsame Merkmal dieses Weinbaugebiets, in dem altes Gestein vorherrscht.

Coteaux du Lyonnais

Hier sind die drei klimatischen Hauptströmungen des Beaujolais vertreten, wobei jedoch der Einfluß des Mittelmeers am stärksten ist. Dennoch begrenzt die Oberflächengestalt, die für die Einflüsse des ozeanischen und des kontinentalen Klimas offener ist, den Rebbau auf Höhen unter 500 m und schließt Nordlagen aus. Die besten Reblagen befinden sich auf der Höhe der Hochfläche. Der Rebsortenbestand dieses Anbaugebiets beruht im wesentlichen auf Gamay noir à jus blanc, einer Rebsorte, die nach der im Beaujolais gebräuchlichen Methode vinifiziert wird und sehr reizvolle, bei der Kundschaft in Lyon äußerst gefragte Weine liefert. Die anderen in der Appellation zugelassenen Rebsorten sind bei den Weißweinen Chardonnay und Aligoté. Die verlangte Mindestdichte bei der Bestockung beträgt 6 000 Rebstöcke pro Hektar; als Rebschnitt sind der Gobelet- oder Cordon-Schnitt und der Guyot-Schnitt erlaubt. Der Grundertrag liegt bei 60 hl/ha, wobei für die Rotweine 10° und 13° als Mindest- bzw. Höchstalkoholgehalt und für Weißweine 9,5° und 12,5° vorgeschrieben sind. Im Durchschnitt werden 15 000 hl Rotwein und 400 hl Weißwein erzeugt. Die Genossenschaftskellerei in Sain-Bel, die drei Viertel davon produziert, erweist sich als treibende Kraft in dieser durch Mischkultur geprägten Region, wo der Obstbau eine wichtige Rolle spielt.

Die Weine der 1984 als AOC anerkannten Coteaux du Lyonnais sind fruchtig, süffig und duftig und passen als angenehmes und einfaches Getränk zu allen Schweinefleisch- und Wurstgerich-

BEAUJOLAIS

Coteaux du Lyonnais

ten aus Lyon, wie etwa Würstchen, Brühwürsten, Schwanzstück vom Schwein, Schweinsfüßen, Schweinshachsen und Eisbein sowie zu Ziegenkäse.

DOM. DE BAPTISTE 1996

| ■ | 3,5 ha | k. A. | ■ ♦ -30F |

Von diesem Wein mit der dunkelroten, fast schwarzen Farbe geht viel Kraft aus. Er verströmt einen intensiven, komplexen Duft von roten Früchten. Seine runde, fleischige Ansprache macht festen Tanninen Platz. Sein frischerer Abgang ist willkommen. Seine Fruchtigkeit, seine Länge und seine ausgezeichnete Struktur machen ihn zu einem lagerfähigen Wein (mindestens ein Jahr lang).
↘ Bouteille Frères, 69380 Saint-Jean-des-Vignes, Tel. 04.78.43.73.27, Fax 04.78.43.08.94 ☑ ℐ n. V.

DOM. DU CLOS SAINT-MARC 1996*

| ■ | 15 ha | 90 000 | ■ ♦ -30F |

Dieser etwas matte dunkelrote 96er, der intensiv nach roten Früchten und Geröstetem duftet, stellt die gesamte Produktion dieser Winzer dar. Auf die feste, aber gelungene Ansprache folgen angenehm verschmolzene Tannine und Fett, danach aromatische Noten, die an den Geruchseindruck erinnern. Ein Wein, der aufgrund seiner schönen Struktur, seines Fleisches und seiner Eleganz dazu einlädt, daß man ihn schon jetzt trinkt.
↘ Dom. du Clos Saint-Marc, rte des Fontaines, 69440 Taluyers, Tel. 04.78.48.26.78, Fax 04.78.48.77.91 ☑ ℐ n. V.

CHANTAL CONDAMIN 1996*

| ■ | 1 ha | 8 000 | ■ -30F |

Dieser dunkelrote 96er mit den schönen violetten Reflexen ist schnörkellos, aber klassisch. Der kräftige Geruch ist gamaytypisch, bereichert um eine mineralische Note. Die runde, sanfte Ansprache ist nicht sehr kräftig. Der Geschmack jedoch ist überaus ausgewogen, lecker und aromatisch. Ein hübscher Vertreter seiner Appellation. Er stillt gut den Durst und ist trinkreif.
↘ Chantal Condamin, rte du Bâtard, 69440 Taluyers, Tel. 04.78.48.24.41 ☑ ℐ n. V.

ETIENNE DESCOTES ET FILS 1996

| ■ | 10 ha | 10 000 | ■ -30F |

Klares, strahlendes Johannisbeerrot. Dieser Wein, der einen eleganten Duft frischer Früchte verströmt, vermittelt Fröhlichkeit. Er ist von zufriedenstellender Nachhaltigkeit und zeigt sich klar und erfrischend.
↘ GAEC Etienne Descotes et Fils, rue des Grès, 69390 Millery, Tel. 04.78.46.18.38, Fax 04.72.30.70.68 ☑ ℐ n. V.

DOM. DE LA PETITE GALLEE
Cuvée Vieilles vignes 1996*

| ■ | 2 ha | 9 000 | ⦀■ -30F |

Dieses Gut, dessen Reben zu den am frühesten reifenden in der Appellation gehören, wurde von einer anderen Jury für ihren Weißwein lobend erwähnt. Die kräftige rote Farbe dieses 96ers ist verführerisch, ebenso der elegante, an rote Beerenfrüchte und Trauben erinnernde Duft. Die klare, erfrischende Ansprache verleiht dieser lang anhaltenden, ausgewogenen Cuvée einen einladenden Charakter. Man sollte den seidigen, nachhaltigen Wein jetzt genießen.
↘ GAEC Robert et Patrice Thollet, La Petite Gallée, 69390 Millery, Tel. 04.78.46.24.30, Fax 04.72.30.73.48 ☑ ℐ n. V.

DOM. DE PETIT FROMENTIN
Vieilles vignes 1996*

| ■ | 2 ha | 12 000 | ■ ♦ -30F |

Auf den Hängen des Mont d'Or, wo schon zu Zeiten der Römer Reben wuchsen, hat die Familie ein Weingut wiederaufgebaut. Es hat sich dieses Jahr mit einem Weißwein ausgezeichnet, der eine lobende Erwähnung fand, sowie mit diesem Rotwein, der ein tiefes Rubinrot mit violetten Reflexen und einen reichhaltigen Duft von Früchten bietet. Seine etwas feste Ansprache enthüllt eine gute Tanninstruktur, die die Fruchtigkeit nicht dominiert. Dieser Wein, der sich noch entfaltet, kann ein bis zwei Jahre altern.
↘ André et Franck Decrenisse, Le Petit Fromentin, 69380 Chasselay, Tel. 04.78.47.35.11, Fax 04.78.47.35.11 ☑ ℐ n. V.

DOM. DE PRAPIN 1996*

| ■ | 3,5 ha | 28 000 | ■ ♦ -30F |

Die lange, natürliche Gärung der Trauben ist besonders gut gelungen : Das schöne, strahlende Purpurrot und die Eleganz und Nachhaltigkeit des Kirschwasser- und Mirabelledufts finden einmütige Zustimmung. Die feste Ansprache zeugt von deutlich spürbaren Tanninen, die im Abgang zugunsten des Aromas, der Frische und der Sanftheit zurücktreten. Harmonischer Gesamteindruck. Jetzt trinken.
↘ Henri Jullian, Prapin, 69440 Taluyers, Tel. 04.78.48.24.84 ☑ ℐ tägl. 8h30-20h

CAVE DE SAIN-BEL
Cuvée Benoît Maillard 1996*

| ■ | k. A. | 135 000 | ■ ♦ -30F |

Eine kluge Auswahl des Bodens und eine sorgfältige Vinifizierung sind keine leeren Worte, wenn man Erfolg haben will. Diese tiefrote Cuvée mit den sehr jugendlichen violetten Reflexen ist der Beweis dafür. Eine würzige Note vermischt sich mit dem Duft von Früchten und Blumen, der einen fülligen, klaren und sanften Geschmack begleitet. Strukturiert und zugleich kraftvoll. Der ausgewogene und harmonische Wein ist trinkreif.
↘ Cave de Vignerons réunis à Sain-Bel, R.N. 89, 69210 Sain-Bel, Tel. 04.74.01.11.33, Fax 04.74.01.10.27 ☑ ℐ Mo-Sa 8h30-12h 14h-18h ; So 14h-18h

BORDELAIS

In der ganzen Welt ist Bordeaux gleichbedeutend mit Wein. Doch wer heute Bordeaux besucht, hat Probleme, in einer Stadt, in der es nicht mehr die schönen am Hafen aufgestapelten Fässerreihen gibt und die großen Lagerkeller der Weinhändler in die Industriegebiete am Stadtrand ausgelagert worden sind, Spuren der Weinproduktion zu finden. Und die kleinen Kellerkneipen, in die man am Vormittag ging, um dort ein Glas Süßwein zu trinken, sind ebenfalls fast alle verschwunden. Andere Zeiten, andere Sitten.

Das ist allerdings in der langen Weinbaugeschichte von Bordeaux nicht die erste Widersprüchlichkeit. Man bedenke etwa, daß der Wein hier schon bekannt war, bevor Reben angebaut wurden. In der ersten Hälfte des 1. Jh. v. Chr. (noch bevor die römischen Legionen in Aquitanien einmarschiert waren) begannen nämlich Händler aus Kampanien, den Bewohnern von Burdigala (wie Bordeaux damals hieß) Wein zu verkaufen. Somit haben die Aquitanier in gewisser Weise über den Wein die ersten Erfahrungen mit den römischen Sitten gemacht ... In der Folgezeit, im 1. Jh. unserer Zeitrechnung, tauchte der Weinbau selbst auf. Dieser scheint sich aber erst ab dem 12. Jh. etwas ausgebreitet zu haben: Die Vermählung von Eleonore von Aquitanien mit Heinrich Plantagenet, dem späteren englischen König Heinrich II., förderte die Ausfuhr der »clarets« auf die Britischen Inseln. Der neue Wein wurde vor Weihnachten auf dem Seeweg befördert. Man konnte damals Weine nicht lagern; nach einem Jahr waren sie weniger geschätzt, weil sie teilweise verdorben waren.

Gegen Ende des 17. Jh. erhielten die »Clarets« Konkurrenz, als neue Getränke (Tee, Kaffee, Schokolade) eingeführt wurden und die gehaltvolleren Weine von der Iberischen Halbinsel hinzukamen. Zudem hatten die Kriege, die König Ludwig XIV. führte, wirtschaftliche Vergeltungsmaßnahmen gegen die französischen Weine zur Folge. Die feine englische Gesellschaft hielt jedoch dem Geschmack der »Clarets« weiterhin die Treue. Deswegen versuchten einige Londoner Weinhändler zu Beginn des 18. Jh. einen neuen Stil von feineren Weinen zu entwickeln, die »new French clarets«, die sie jung aufkauften und selbst ausbauten. Um ihre Gewinnspanne zu erhöhen, kamen sie auf die Idee, diese Weine in Flaschen zu verkaufen. Die Flaschen wurden verkorkt und versiegelt und garantierten so die Herkunft des Weins. Die Beziehung zwischen Reblage, Château und großem Wein, die sich dabei unmerklich entwickelte, markierte das Aufkommen der Qualität. Von da an wurden die Weine entsprechend ihrer Qualität beurteilt, gewürdigt und bezahlt. Das ermutigte die Winzer dazu, daß sie sich bemühten, die Reblagen auszuwählen, die Erträge zu beschränken und die Weine im Holzfaß auszubauen; parallel dazu begannen sie, die Weine durch Zusatz von Schwefeldioxid gegen Oxidation zu schützen, so daß sie altern konnten, und sie durch Schönung und Abstechen zu klären. Am Ende des 18. Jh. hatte sich die Hierarchie der Crus von Bordeaux herausgebildet. Trotz der Französischen Revolution und der Napoleonischen Kriege, die den Zugang zu den englischen Märkten vorübergehend versperrten, wuchs das Ansehen der großen Weine von Bordeaux im 19. Jh. unaufhörlich

Bordelais

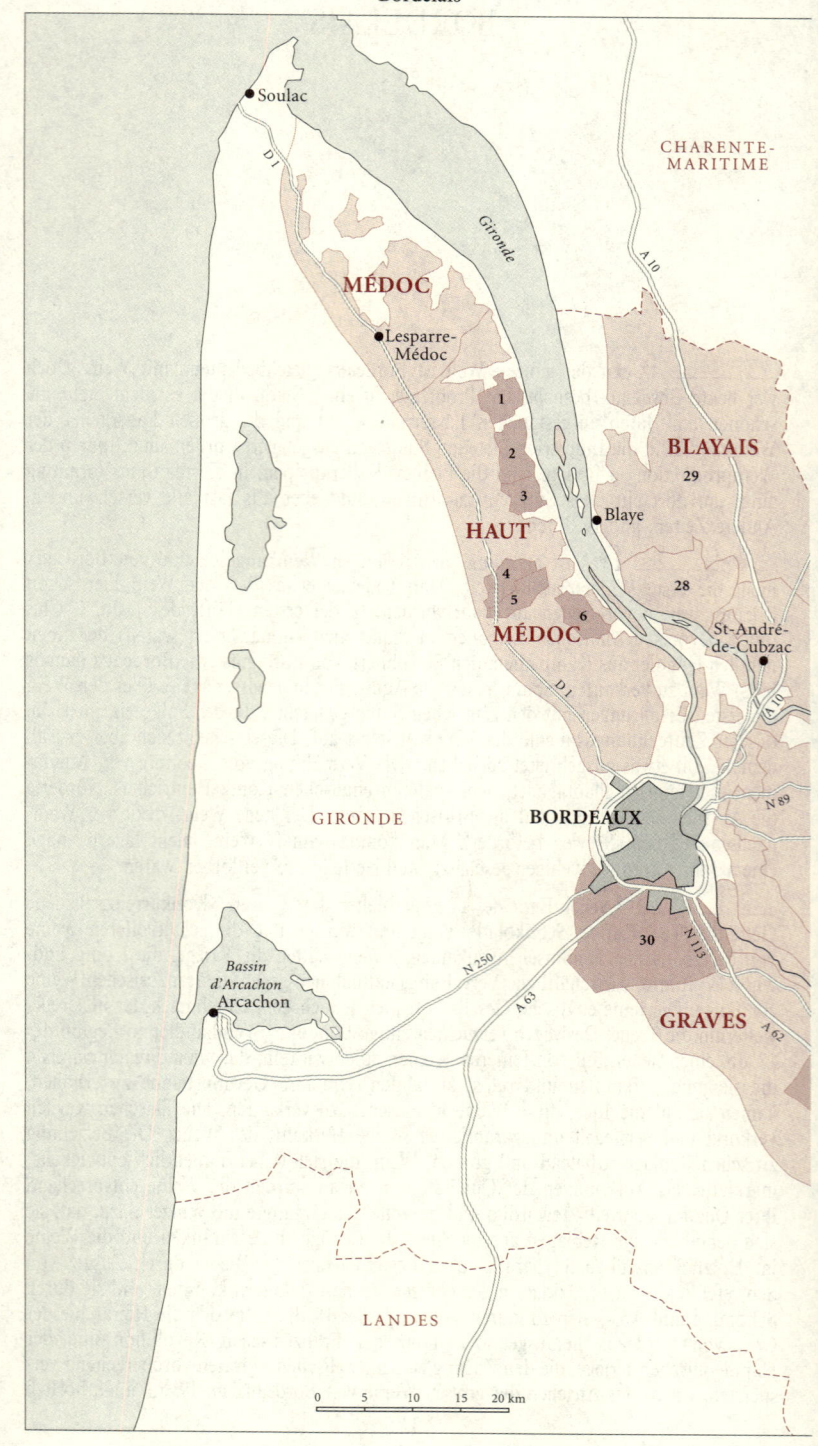

CHARENTE-MARITIME

Soulac

MÉDOC

Lesparre-Médoc

Gironde

1

2

3

HAUT

Blaye

BLAYAIS

29

4
5 6

MÉDOC

28

St-André-de-Cubzac

GIRONDE

BORDEAUX

Bassin d'Arcachon
Arcachon

30

GRAVES

LANDES

0 5 10 15 20 km

	Kommunale AOC
	Bordeaux

1	Saint-Estèphe
2	Pauillac
3	Saint-Julien
4	Listrac-Médoc
5	Moulis-en-Médoc
6	Margaux
7	Cérons
8	Barsac
9	Sauternes
10	Sainte-Croix-du-Mont
11	Loupiac
12	Cadillac
13	Premières Côtes de Bordeaux
14	Côtes de Bordeaux-Saint-Macaire
15	Sainte-Foy-Bordeaux
16	Graves-de-Vayres
17	Saint-Émilion
18	Lussac-Saint-Émilion
19	Montagne-Saint-Émilion
20	Puisseguin-Saint-Émilion
21	Saint-Georges-Saint-Émilion
22	Côtes de Castillon
23	Bordeaux Côtes de Francs
24	Lalande de Pomerol
25	Pomerol
26	Fronsac
27	Canon-Fronsac
28	Côtes de Bourg
29	Blaye, 1ères Côtes de Blaye
30	Pessac-Léognan
---	Departementsgrenzen

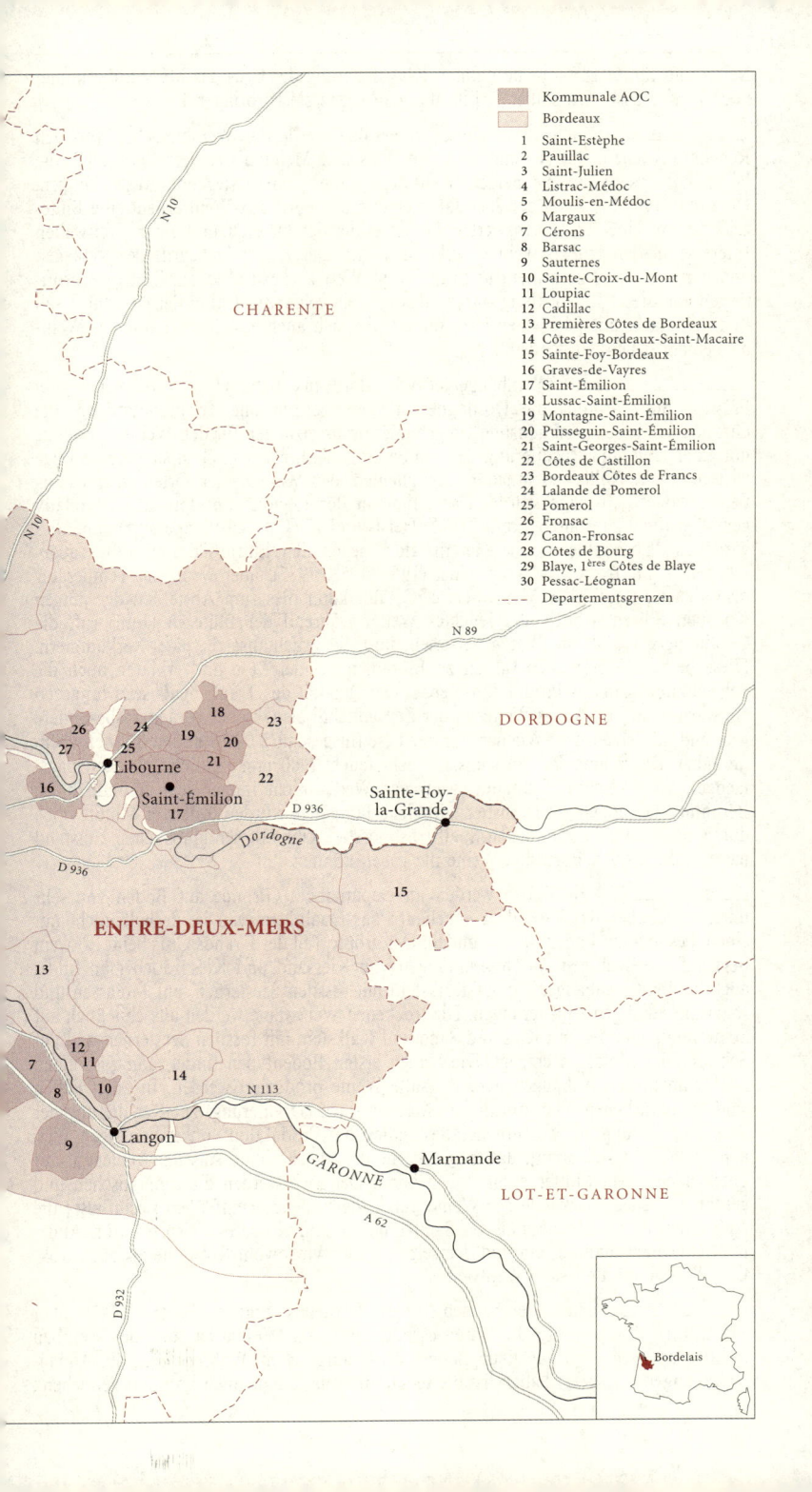

CHARENTE

DORDOGNE

Libourne

Saint-Émilion

Sainte-Foy-la-Grande

ENTRE-DEUX-MERS

Langon

Marmande

LOT-ET-GARONNE

Bordelais

weiter und führte 1855 zur berühmten Klassifizierung der Crus des Médoc, die immer noch in Kraft ist - trotz aller Kritik, die man gegen sie vorbringen kann.

Nach dieser günstigen Periode wurde das Weinbaugebiet von den Rebenkrankheiten, der Reblaus und dem Falschen Mehltau tief getroffen; auch die Wirtschaftskrisen und die beiden Weltkriege hatten schwerwiegende Auswirkungen. Doch von 1960 bis Ende der 80er Jahre erlebte der Bordeaux-Wein erneut eine Blütezeit, die mit einer bemerkenswerten Verbesserung der Qualität und einem weltweiten Interesse an den großen Weinen verbunden war. Der Hierarchiebegriff der Reblagen und der Crus fand zu seinem ursprünglichen Wert zurück; aber die Rotweine profitierten von dieser Entwicklung stärker als die Weißweine. Zu Beginn der 90er Jahre sah sich der Markt mit Problemen konfrontiert, die sich auch auf die Struktur des Weinbaugebiets auswirken werden.

Das Weinbaugebiet von Bordeaux befindet sich rund um drei Flüsse : die Garonne, die Dordogne und ihre gemeinsame Trichtermündung, die Gironde. Diese schaffen günstige Umgebungsvoraussetzungen für den Weinbau (Hänge mit guter Lage und Regulierung der Temperatur). Außerdem spielten sie eine wichtige wirtschaftliche Rolle, indem sie es ermöglichten, den Wein zu den Orten zu transportieren, wo er getrunken wurde. Das Klima in der Region von Bordeaux ist relativ gemäßigt (im Jahresdurchschnitt 7,5 °C Tiefst- und 17 °C Höchsttemperatur); überdies wird das Anbaugebiet durch Kiefernwälder gegen den Einfluß des Atlantiks abgeschirmt. Winterfröste sind sehr selten (1956, 1958, 1985), aber wenn die Temperatur bisweilen im April oder Mai unter -2 °C fällt, kann dies zum Absterben der jungen Knospen führen. Kaltes und feuchtes Wetter während der Blütezeit (Juni) ruft die Gefahr hervor, daß die Blüten verrieseln und die Fruchtansätze später verkümmern. Diese beiden Widrigkeiten führen zu Einbußen bei der Lese und erklären auch die Schwankungen in der Produktionsmenge. Die Qualität des Traubenguts setzt hingegen ein warmes und trockenes Wetter in der Zeit von Juli bis Oktober voraus, insbesondere während der letzten vier Wochen vor der Lese (insgesamt 2 008 Stunden Sonnenschein im Jahr). Das Klima im Bordelais ist recht feucht (900 mm jährliche Niederschlagsmenge), vor allem im Frühjahr, wenn das Wetter nicht immer sehr freundlich ist. Berühmt sind jedoch die Herbste; zahlreiche Jahrgänge wurden in letzter Minute noch durch einen außergewöhnlichen Spätherbst gerettet. Ohne diesen glücklichen Umstand hätte es die großen Bordeaux-Weine nie geben können.

Die Reben werden im Departement Gironde auf Böden von sehr unterschiedlicher Beschaffenheit angebaut; das Qualitätsniveau ist deshalb nicht mit einem besonderen Bodentyp verbunden. Der größte Teil der Grands Crus beim Rotwein liegt auf kieselhaltigen Anschwemmungen von Kiessand und Kies; doch man findet auch berühmte Anbaugebiete auf Kalkstein mit fossilen Seesternen, auf Molassen und sogar auf lehmigen Ablagerungen. Die trockenen Weißweine werden ausschließlich auf Schwemmlandböden mit Kies und Sand, auf Kalkstein mit fossilen Seesternen und auf Schlick oder Molassen erzeugt. Die beiden ersten Bodentypen findet man zusammen mit Lehm in den Anbaugebieten, wo süße Weine produziert werden. In allen Fällen sind die natürlichen oder künstlichen Mechanismen (Dränierung) zur Regulierung der Wasserversorgung ein wesentlicher Bestandteil der Produktion von erstklassigen Weinen. Es erweist sich somit, daß es Crus, die das gleiche hohe Ansehen genießen, auf unterschiedlichem Muttergestein geben kann. Dennoch werden die aromatischen und geschmacklichen Merkmale der Weine durch die Bodenbeschaffenheit beeinflußt; die Anbaugebiete des Médoc und von Saint-Emilion sind ein gutes Beispiel dafür. Andererseits erzeugt man auf ein und demselben Bodentyp sowohl Rotweine als auch trockene Weißweine und süße Weißweine.

Das Weinbaugebiet des Bordelais umfaßt heute (1997) über 115 000 ha; Ende des 19. Jh. waren es noch mehr als 150 000 ha, aber der Weinbau auf den am wenigsten günstigen Böden wurde aufgegeben. Während sich die Anbaubedingungen verbessert haben, ist die Gesamtproduktion ziemlich konstant geblieben;

sie liegt gegenwärtig bei über 6 Millionen hl, wobei sich der Anteil der AOC-Weine in den letzten Jahren deutlich erhöhte (von den 6 570 000 hl Wein, die 1996 in der Gironde produziert wurden, waren 6 413 570 hl AOC-Weine; 1961 machten die Tafelweine noch 34 % der Weinproduktion in der Gironde aus). Parallel dazu kann man eine Konzentrierung der Weinbaubetriebe beobachten, während die durchschnittliche Anbaufläche der Güter bei 7 ha liegt; natürlich hatte dies auch eine Verringerung der Zahl der Erzeuger zur Folge (von 22 200 im Jahre 1983 auf 16 000 im Jahre 1992, 13 358 im Jahre 1993 und 12 852 im Jahre 1996).

Die Bordeaux-Weine wurden schon immer aus mehreren Rebsorten erzeugt, die einander ergänzende Eigenschaften besitzen. Beim Rotwein sind Cabernet Sauvignon und Cabernet franc sowie Merlot die Hauptrebsorten (90 % der Anbaufläche). Erstere geben den Weinen ihre Tanninstruktur, aber sie brauchen mehrere Jahre, um ihre beste Qualität zu erreichen. Zudem ist Cabernet Sauvignon eine spät reifende Rebsorte, die recht widerstandsfähig gegenüber Fäulnis ist, aber manchmal Schwierigkeiten mit der Reifung hat. Merlot liefert einen weicheren Wein, der sich schneller entwickelt; die Rebe reift früher und besser, ist aber anfällig für Verrieseln, Frost und Fäulnis. Über einen längeren Zeitraum hinweg erbringt die Kombination der beiden Rebsorten, deren Anteil je nach Boden- und Weintyp unterschiedlich ist, die besten Ergebnisse. Bei den Weißweinen ist die wichtigste Rebsorte der Sémillon (52 %), der in manchen Anbauzonen durch Colombard (11 %) und vor allem durch Sauvignon (die gegenwärtig verstärkt angebaut wird) und Muscadelle (15 %) ergänzt wird; diese Rebsorten besitzen ein eigentümliches, sehr feines Aroma. Die Rebsorte Ugni Blanc befindet sich im Augenblick auf dem Rückzug.

Die Reben werden in spalierten Reihen erzogen, wobei die Pflanzdichte der Rebstöcke pro Hektar sehr unterschiedlich ist. Sie erreicht 10 000 Stöcke pro Hektar in den Grands crus des Médoc und des Graves; in den klassischen Anbaugebieten des Entre-Deux-Mers liegt sie bei 4 000, während sie in den Anbaugebieten mit sogenannter Hoch- und Weitraumerziehung auf weniger als 2 500 Stöcke sinkt. Die hohe Dichte macht es möglich, den Ertrag des einzelnen Stocks zu verringern, was für die Reife günstig ist. Dagegen bedingt sie höhere Kosten bei der Anpflanzung und der

Médoc - Graves - Saint-Émilion - Pomerol - Fronsac

Jahrgänge	Trinken	Lagern	Trinken oder Lagern
außergewöhnlich	45 47 61 70 75		82 85
sehr gut	49 53 55 59 62 64 66 67 71* 76 79	88 89 90 93 94 95	78 81 83 86
gut	50 73 74 77 80 84	91	87 92

* Beim Pomerol ist dieser Jahrgang außergewöhnlich.
– Die Weine der Bordeaux-Appellationen und die Côtes-de-Bordeaux-Weine (Rotweine) müssen in den kommenden 5 bis 6 Jahren getrunken werden. Einige von ihnen können sogar 10 Jahre altern.

Vins blancs secs des Graves

Jahrgänge	Trinken	Lagern	Trinken oder Lagern
außergewöhnlich	78 81 82 83		
sehr gut	76 85 87 92	95 96	88 93 94
gut	79 80 84 86		90 89

– Die anderen trockenen Bordeaux-Weine sollte man vorzugsweise in den nächstein zwei Jahren trinken.

Weiße Süßweine

Jahrgänge	Trinken	Lagern	Trinken oder Lagern
außergewöhnlich	47 67 70 71 75 76	88 89 90 95	83
sehr gut	49 59 62	86	81 82
gut	50 55 77 80 91	94	78 79 84 85 87

– Obwohl man die Süßweine auch jung trinken kann (als Aperitif, um ihre Fruchtigkeit zu genießen), erreichen sie ihre besonderen Qualitäten erst nach einer langen Alterung.

Pflege der Reben und erschwert den Kampf gegen die Fäulnis. Die Rebe verlangt das ganze Jahr über eine gewissenhafte Pflege. 1855 wurde an der naturwissenschaftlichen Fakultät der Universität von Bordeaux die »Bordelaiser Brühe« (Kupferkalksulfat) erfunden, um damit den Falschen Mehltau zu bekämpfen. Sie ist seitdem in der ganzen Welt bekanntgeworden und wird noch immer benutzt, obwohl die Winzer heute über eine große Zahl von chemischen Stoffen verfügen, die sie im Interesse der Natur und niemals gegen sie einsetzen.

Bordeaux hat keinen Mangel an Spitzenjahrgängen. Erwähnen wir bei den Rotweinen die 90er, 82er, 75er, 61er oder 59er, aber auch die 89er, 88er, 85er, 83er, 81er, 79er, 78er, 76er, 70er und 66er, ohne daß wir aus den Jahren vorher die berühmten Jahrgänge 1955, 1949, 1947, 1945, 1929 und 1928 vergessen wollen. Man stellt dabei fest, daß die erstklassigen Jahrgänge in jüngerer Zeit zugenommen haben und im gleichen Maße die minderwertigen Jahrgänge zurückgegangen sind. Vielleicht hat das Anbaugebiet von günstigen klimatischen Bedingungen profitiert; doch in erster Linie muß man darin das Ergebnis der Anstrengungen der Winzer sehen, die sich auf Errungenschaften der wissenschaftlichen Forschung stützen, um die Voraussetzungen für den Anbau der Reben und der Vinifizierung zu verbessern. Der Weinbau im Gebiet von Bordeaux hat außergewöhnliche Reblagen zur Verfügung, aber er kann diese auch durch die ausgeklügeltste Technologie, die es überhaupt geben kann, zur Geltung bringen. Somit kann man versichern, daß es im Departement Gironde keine schlechten Jahrgänge mehr geben wird.

Im Falle der trockenen Weißweine ist der Qualitätsbegriff der Jahrgänge zwar weniger ausgeprägt, doch bei den süßen Weinen gewinnt er wieder seine ganze Bedeutung; für sie spielen nämlich die Bedingungen, unter denen sich die Edelfäule entwickelt, eine wesentliche Rolle (siehe dazu die allgemeine Einführung »Der Wein« sowie die verschiedenen Texte der entsprechenden Weine).

Eine Erzeugerabfüllung gibt es bei den Grands crus schon seit langem; doch viele von ihnen füllen erst seit zehn bis fünfzehn Jahren ihren gesamten Wein auf dem Gut ab. Bei den anderen Weinen (den Grund- oder genauer gesagt regionalen Appellationen) kümmerte sich der Winzer traditionell um den Anbau der Reben und die Verarbeitung der Trauben zu Wein, während der Weinhändler danach nicht nur den Vertrieb der Weine, sondern auch ihren Ausbau, d. h. ihren Verschnitt übernahm, um die Qualität bis zur Flaschenabfüllung zu vereinheitlichen. Die Situation verändert sich allmählich; man kann sogar behaupten, daß die große Mehrheit der AOC-Weine heute von den Erzeugern ausgebaut wird und bei ihnen reift und lagert. Die Fortschritte der Önologie erlauben es jetzt, regelmäßig Weine herzustellen, die ohne weitere Behandlung trinkbar sind. Selbstverständlich versuchen die Winzer deshalb, den Wert ihres Weins zu steigern, indem sie ihn selbst auf Flaschen abziehen. Die Genossenschaftskellereien haben bei dieser Entwicklung dadurch eine Rolle gespielt, daß sie Vereinigungen gründeten, die die Ausstattung und den Verkauf der Weine sicherstellten. Der Weinhandel behält immer noch eine wichtige Funktion auf der Ebene des Vertriebs, insbesondere beim Export, weil er seit langem über gut ausgebaute Vertriebsnetze verfügt. Dennoch ist es leicht möglich, daß in Zukunft auch die Markenweine der Weinhändler beim Einzelhandel wieder auf Abnehmer stoßen.

Die Vermarktung der riesigen Weinproduktion von Bordeaux unterliegt selbstverständlich den Zufälligkeiten des Verlaufs der wirtschaftlichen Konjunktur und hängt von der Menge und der Qualität der Lese ab. In letzter Zeit konnte der *Conseil interprofessionnel des vins de Bordeaux*, das aus Vertretern der Fachverbände bestehende Beratungsgremium der Bordeaux-Weine, eine wichtige Rolle beim Verkauf spielen: durch den Aufbau regelmäßiger Lagerbestände, die Bereitstellung von Qualitätsreserven und finanzielle Maßnahmen zur Regulierung des Marktes. Vor kurzem meldete er das Modell einer Flasche mit Gravur an, die dem Mißbrauch der berühmten Bordeaux-Flasche entgegenwirken soll und ausschließlich den AOC-Weinen aus dem Bordelais vorbehalten ist.

Die Weinbauverbände stellen ebenfalls den Schutz der verschiedenen kontrollierten Herkunftsbezeichnungen sicher, indem sie die Kriterien der Qualität festlegen. Sie führen unter der Aufsicht des INAO jedes Jahr Weinproben durch, die bei allen erzeugten Weinen über die Zulassung entscheiden; diese Sinnesprüfungen können zum Verlust des Anspruchs auf die Appellation führen, wenn die Qualität als ungenügend beurteilt wird.

Die Weinbruderschaften (u. a. Jurade de Saint-Emilion, Commanderie du Bontemps du Médoc et des Graves, Connétablie de Guyenne) organisieren regelmäßig Veranstaltungen mit folkloristischem Charakter& 226, deren Ziel die Information über die Bordeaux-Weine ist; koordiniert werden ihre Aktivitäten innerhalb des *Grand Conseil du Vin de Bordeaux*.

All diese Werbe-, Verkaufs- und Produktionsmaßnahmen beweisen es: Der Bordeaux-Wein ist heute ein Wirtschaftsgut, das gewissenhaft verwaltet wird. Der Wert der Produktion beläuft sich auf etliche Milliarden Francs, davon drei Milliarden im Export. Ihre Bedeutung für das Leben der Region steht ebenfalls fest, denn schätzungsweise ist einer von sechs Einwohnern der Gironde direkt oder indirekt von der Weinbranche abhängig. Doch ob es sich nun um einen Rotwein, einen trockenen Weißwein oder einen süßen Wein handelt, in diesem Landstrich der Gascogne, zu der die Gegend um Bordelais gehört, ist der Wein nicht nur ein Wirtschaftsfaktor. Er ist auch und in erster Linie ein Kulturgut. Denn hinter jedem Weinetikett verbergen sich teils Châteaux mit traumhafter Architektur, teils schlichte Bauernhäuser, stets aber Weinberge und Weinkeller, wo Menschen arbeiten, die mit ihrem Können ihre Traditionen und ihre Erinnerungen einbringen.

Die regionalen Bordeaux-Appellationen

Während die Leser die kommunalen Appellationen ziemlich leicht einordnen können, fällt es ihnen oft schwerer, sich eine genaue Vorstellung davon zu machen, was die Appellation Bordeaux darstellt. Dennoch läßt sie sich anscheinend recht einfach definieren: Anspruch auf diese Appellation haben alle Qualitätsweine, die in der abgegrenzten Anbauzone des Departements Gironde erzeugt werden, mit Ausnahme der Weine, die aus der sandigen Zone im Westen und Süden stammen (der Heidelandschaft, die seit dem 19. Jh. den Kiefernwäldern vorbehalten ist). Oder mit anderen Worten: Alle für den Weinbau geeigneten Anbaugebiete der Gironde haben Anrecht auf diese Appellation. Und alle Weine, die hier erzeugt werden, dürfen sie verwenden, unter der Voraussetzung, daß sie den recht strengen Vorschriften entsprechen, die für ihre Zulassung festgelegt sind (Wahl der Rebsorten, Höchsterträge usw.). Doch hinter dieser Einfachheit steckt eine große Vielfalt. Eine Vielfalt zunächst bei den Weintypen. Es empfiehlt sich nämlich, eher von Bordeaux-Appellationen als von einer einzigen Appellation Bordeaux zu sprechen. Diese umfassen Rotweine, aber auch Rosés und Clairets, Weißweine (trockene und süße Weine) und Schaumweine (weiß oder rosé). Dann eine Vielfalt hinsichtlich der Herkunft, denn unter Bordeaux-Weinen versteht man mehrere Weintypen: Für die einen handelt es sich um Weine, die in Gebieten der Gironde erzeugt werden, die allein auf die Appellation Bordeaux Anrecht haben, wie etwa die sogenannten Palus-Bereiche (spezielle Schwemmlandböden) in der Nähe von Flüssen oder einige Anbauzonen des Libournais (die Gemeinden Saint-André-de-Cubzac, Guîtres, Coutras etc.); für die anderen handelt es sich um Weine aus Regionen, die Anspruch auf eine eigene Appellation haben (Médoc, Saint-Emilion, Pomerol etc.). In gewissen Fällen erklärt sich die Verwendung der regionalen Appellation dann aus der Tatsache, daß die örtliche Appellation im Handel nicht sehr bekannt ist (wie etwa Bordeaux Côtes-de-Francs, Bordeaux Haut-

Benauge, Bordeaux Sainte-Foy oder Bordeaux Saint-Macaire); die spezielle Appellation ist letztlich nur eine Ergänzung der regionalen Appellation. Deshalb begnügen sich solche Erzeuger lieber mit dem Image der Marke Bordeaux. Aber es kommt auch vor, daß man Bordeaux-Weine findet, die von einem Gut stammen, das sich im Anbaugebiet einer angesehenen Appellation befindet - was die Neugier mancher Weinliebhaber wecken kann. Doch auch hierfür läßt sich leicht eine Erklärung finden: Traditionell erzeugen viele Weingüter in der Gironde mehrere Weintypen (insbesondere Rot- und Weißweine); nun gilt jedoch in vielen Fällen (Médoc, Saint-Emilion, Entre-Deux-Mers oder Sauternes) die spezifische Appellation nur für einen einzigen Weintyp. Die anderen Weine werden somit als Bordeaux oder Bordeaux Supérieur verkauft.

Auch wenn sie nicht so berühmt sind wie die Grands crus, bilden all diese Bordeaux-Weine dennoch die mengenmäßig größte Appellation des Departements Gironde: 2 895 000 hl Rotweine und 587 000 hl Weißweine (1996).

Angesichts der großen Produktionsmenge und der beeindruckenden Größe der Anbaufläche (58 000 ha) könnte man auf den Gedanken kommen, daß zwischen zwei Bordeaux-Weinen kaum eine Ähnlichkeit besteht. Dennoch gibt es, selbst wenn man eine Vielfalt der Merkmale findet, auch Gemeinsamkeiten, die den verschiedenen regionalen Appellationen ihren einheitlichen Charakter verleihen. So sind die roten Bordeaux ausgewogene, harmonische und zarte Weine; sie sollten in der Regel fruchtig sein, dürfen aber nicht zu körperreich sein, damit man sie jung trinken kann. Die roten Bordeaux Supérieurs haben den Anspruch, vollständigere Weine zu sein. Sie verwenden bessere Trauben und werden so vinifiziert, daß sie eine gewisse Alterungsfähigkeit besitzen. Alles in allem bilden sie eine Auslese aus den Bordeaux-Weinen.

Die Clairet- und Roséweine der Appellation Bordeaux werden durch eine kurze Maischegärung roter Trauben hergestellt; die Clairets haben eine etwas kräftigere Farbe. Sie sind frisch und fruchtig, aber ihre Produktionsmenge bleibt sehr beschränkt.

Die weißen Bordeaux sind trockene, nervige und fruchtige Weine. Ihre Qualität hat sich in jüngster Zeit durch die Fortschritte verbessert, die bei den Vinifizierungsmethoden erzielt wurden; aber diese Appellation hat noch nicht den Ruf, den sie eigentlich verdienen würde. Das erklärt auch, warum einige Weine zu Tafelweinen herabgestuft werden; da der Preisunterschied manchmal recht gering ist, kann es nämlich in kommerzieller Hinsicht vorteilhafter sein, einen Wein als Tafelwein und nicht als Bordeaux Blanc zu verkaufen. Die weißen Bordeaux Supérieurs, die eine Auslese bilden, sind lieblich und geschmeidig; ihre Produktionsmenge ist begrenzt.

Es gibt auch noch die Appellationen Bordeaux mousseux blanc, Bordeaux mousseux rosé und Crémant de Bordeaux. Die Grundweine müssen im Anbaugebiet der Appellation Bordeaux erzeugt werden. Die zweite Gärung (Kohlensäureentwicklung) muß sich in der Flasche vollziehen, und zwar innerhalb der Region Bordeaux.

Bordeaux

AGNEAU ROUGE 1995

■ k. A. k. A. 30-50F

Der kleine Bruder des großen Mouton Cadet. Dieser Wein ist von keiner großen Stärke, aber seine Feinheit und eine gewisse Komplexität machen ihn durchaus angenehm.
Baron Philippe de Rothschild SA,
33250 Pauillac, Tel. 05.56.73.20.20,
Fax 05.56.73.20.44 n. V.

CH. ALEXANDRE 1995

■ k. A. k. A. -30F

Dank seiner guten Tanninstruktur kann sich dieser noch ein wenig rustikale Wein im Laufe der kommenden zwei bis drei Jahre verfeinern und einen einfachen, aber gutgebauten Bordeaux abgeben.
Vignobles Pernette, 33760 Escoussans,
Tel. 05.56.23.45.27, Fax 05.56.23.64.32 n. V.

CH. BARBAZAN 1995*

■ 18 ha 130 000 -30F

Ein Ort, der Pierre Loti am Herzen lag. Der französische Schriftsteller kam gern hierher, um von der Höhe der Hänge das Tal der Dordogne

Bordeaux

zu bewundern. Dieser tief granatrote 95er ist eine gute Einladung zu einer Reise. Er bietet einen diskreten Himbeer- und Backpflaumenduft. Nach einer sanften Ansprache zeigt sich dieser füllige, kräftig gebaute Wein im Abgang warm.
- Union de producteurs de Juillac et Flaujagues, 33350 Flaujagues,
Tel. 05.57.40.08.06, Fax 05.57.40.06.10
Di-Fr 8h30-12h30 14h-18h
- Huguette Bayle

BARON DE LUZE
Elevé en fût de chêne 1995**

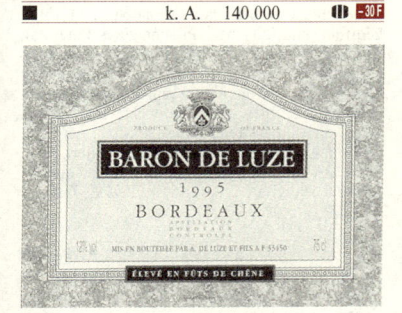

	k. A.	140 000	-30 F

Der Weinhandel, der selbst Weine ausbaut, ehrt hier seine Marke. Denn dies ist ein perfekt hergestellter Verschnitt, der eine anspruchsvolle Jury verführt hat. Die granatrote Farbe ist tief. Der sehr feine, zunächst verschlossene Duft öffnet sich zu reichen Noten von reifen Früchten mit einer animalischen Nuance und einem verschmolzenen Holzton. Die Ansprache enthüllt sofort einen gutgebauten, stattlichen Wein : Die Puppe dürfte sich in ein paar Jahren in einen schönen Schmetterling verwandeln.
- A. de Luze et Fils, Dom. du Ribet, 33450 Saint-Loubès, Tel. 05.57.97.07.20, Fax 05.57.97.07.27

BARON D'ESTIAC
La Closerie d'Estiac 1995

	8 ha	66 000	-30 F

Auch wenn sich dieser 95er in der Ansprache ein wenig lebhaft zeigt, bleibt er doch gefällig aufgrund eines aromatischen Ausdrucks und seiner allgemeinen Entwicklung. La Closerie, eine weitere Marke der Genossenschaft, ist im selben Jahrgang von der Hachette-Jury ebenfalls berücksichtigt worden.
- Univitis, 33220 Sainte-Foy-la-Grande,
Tel. 05.57.56.02.02, Fax 05.57.56.02.22
Di-Sa 8h30-12h30 14h-18h

CH. DE BEAUREGARD-DUCOURT
1995

	42 ha	275 000	-30 F

Dieser Bordeaux, der seine Persönlichkeit durch sein Bukett bestätigt, hätte gern etwas mehr Fülle zeigen können, aber der Gesamteindruck bleibt kräftig gebaut, wohlausgewogen und angenehm. Ein Verkoster meinte, »daß er einem Bordeaux der 80er Jahre ähnelt«. Der 95er Château Briot desselben Erzeugers hat ebenfalls eine lobende Erwähnung erhalten.

- SCEA Vignobles Ducourt, 33760 Ladaux, Tel. 05.57.34.54.00, Fax 05.56.23.48.78 n. V.

BEAU-RIVAGE 1995**

	k. A.	k. A.	-30 F

Beaux-Rivage, eine Marke des ausgezeichneten Weinhändlers Borie-Manoux, bestätigt dieses Jahr erneut seine Qualität. Selbst wenn sein Granatrot leicht ziegelrot verfärbt ist, bleibt dieser Wein doch jugendlich aufgrund seines intensiven Dufts nach reifen, leicht kandierten roten Früchten. Rund und ausgewogen - dieser hübsche Bordeaux ist trinkreif, kann aber auch lagern.
- Borie Manoux, 86, cours Balguerie-Stuttenberg, 33082 Bordeaux Cedex,
Tel. 05.56.00.00.70, Fax 05.57.87.60.30

CH. BEAUSEJOUR 1995*

	3 ha	24 000	-30 F

Yvon Mau feiert zahlreiche Erfolge. Dieser Cru zeigt eine klare Farbe : das Rot von Bigarreau-Kirschen. Der recht intensive, sehr stark durch rote Früchte geprägte Duft ist leicht balsamisch. Der sehr sanfte Geschmack bietet im Abgang eine gute Länge.
- SA Yvon Mau, rue André-Dupuy-Chauvin ; B.P. 1, 33190 Gironde-sur-Dropt,
Tel. 05.56.61.54.54, Fax 05.56.61.54.61

CH. BEL AIR MOULARD 1995*

	10 ha	30 000	30-50 F

Elisabeth Garzaro bewirtschaftet heute 80 ha Reben. Sie war erfolgreich mit diesem 95er von strahlender rubinroter Farbe. Der recht diskrete Duft bietet ein wenig animalische Noten. Im Geschmack sichert der schöne Stoff eine gute Ausgewogenheit. Der Abgang ist angenehm.
- Elisabeth Garzaro, Ch. Le Prieur, 33750 Baron, Tel. 05.56.30.16.16, Fax 05.56.30.12.63 n. V.

CH. BEL AIR PERPONCHER 1995***

	5 ha	40 000	30-50 F

Das Gut stammt aus dem 16. Jh. Die Jury krönte diesen prächtigen 95er einstimmig. Seine sehr schöne, tiefe Farbe mit den violetten Reflexen, sein intensiver, einschmeichelnder Duft mit den Noten von Blumen (Veilchen) und Harz sowie dem verschmolzenen Holzton (Röstkaffee) und seine außergewöhnliche Harmonie im Geschmack, zu der feine, konzentrierte Tannine und ineinander übergehende Empfindungen beitragen, könnten als Vorbild für sehr viele Crus dienen.

BORDELAIS

Bordeaux

🕿 GFA de Perponcher, Ch. Bel Air,
33420 Naujan et Postiac, Tel. 05.57.84.55.08,
Fax 05.57.84.57.31 ⏰ n. V.

CH. BELLE-GARDE
Cuvée élevée en fût de chêne 1995**

■ 4 ha 27 000 ⏺ 30-50F

Dieser 95er, eine numerierte Cuvée von einem 26 ha großen Gut, läßt den Merlot mit 80 % im Verschnitt dominieren. Die purpurrote Farbe ist prächtig, ebenso wie der komplexe Duft, der animalische Noten, Holznuancen und rote Früchte vereint. Der im Geschmack voluminöse, strukturierte Wein besitzt fast seidige Tannine, die sich zu einem angenehmen Abgang entfalten.
🕿 Eric Duffau, Monplaisir, 33420 Génissac, Tel. 05.57.24.49.12, Fax 05.57.24.41.28 ✅
⏰ Mo-Sa 8h-12h 14h-19h ; 25. Aug.-8. Sept. geschlossen

DOM. DES BERRYS
Elevé en fut de chêne 1995

■ 9 ha 9 000 ■ ⏺ -30F

Dieser im Barriquefaß ausgebaute Wein besitzt eine recht ordentliche Struktur mit feinen, sanften Tanninen. Der Gesamtausdruck ist wohlausgewogen ; die roten Früchte vertragen sich gut mit dem Holz.
🕿 Georges Pedeboscq, 29, rue Numa-Ducros, 33190 La Réole, Tel. 05.56.61.02.17 ✅

BLASON TIMBERLAY
Vieilli en fût de chêne 1995*

■ k. A. 500 000 ⏺ 30-50F

Diese von Robert Giraud präsentierte Cuvée hat alles, um die Aufmerksamkeit des Weinfreundes zu erregen : ein Bukett mit den feinen Noten von roten Früchten, Ausgewogenheit, gut verschmolzene Tannine und eine alles andere als kleine Produktionsmenge. Ein hübscher Tropfen, den man vor dem Sommer 1998 trinken sollte.
🕿 SA Robert Giraud, Dom. de Loiseau, 33240 Saint-André-de-Cubzac, Tel. 05.57.43.01.44, Fax 05.57.43.08.75

CH. BONNET
Réserve Vieilli en fût de chêne 1995*

■ k. A. k. A. ■⏺🍷 30-50F

André Lurton, der 1997 das 100-Jahr-Jubiläum des Kaufes dieses Guts durch seine Familie feierte, präsentiert hier seine numerierte Spitzencuvée. Der 95er hat eine schöne, kräftige, strahlende Farbe und entfaltet ein recht intensives Bukett (Früchte und Röstgeruch) und einen ausgewogenen Geschmack. Dank seiner Struktur kann er drei Jahre altern. Der von derselben Mannschaft hergestellte Château Grossombre hat eine lobende Erwähnung erhalten.
🕿 SCEA Vignobles André Lurton, Ch. Bonnet, 33420 Grézillac, Tel. 05.57.25.58.58, Fax 05.57.74.98.59 ✅ ⏰ n. V.

DOM. DE BOUILLEROT 1995*

■ 0,75 ha 5 000 ■🍷 -30F

Das 1874 entstandene Gut wurde 1935 vom Großvater des heutigen Besitzers erworben. Sein 95er hat eine tiefe rubinrote Farbe, Der intensive, animalische Duft bietet Noten von Unterholz und roten Früchten. Nach einer guten, lieblichen Ansprache zeigt sich der Wein im Geschmack kräftig gebaut, fleischig und lang.
🕿 Thierry Bos, Lieu-dit Lacombe, 33190 Gironde-sur-Dropt, Tel. 05.56.71.46.04, Fax 05.56.71.46.04 ✅ ⏰ n. V.

CH. BOURDICOTTE 1995**

■ 19,16 ha k. A. ■ -30F

Dieser Cru, der auch beim weißen Bordeaux gut vertreten ist, bietet uns einen bemerkenswerten 95er. Dieser Wein weist durch eine schöne granatrote Farbe mit lebhaftem Schimmer auf seine Jugend hin. Er hat sich noch nicht völlig geöffnet, enthüllt aber ein sehr gutes Potenital, durch sein Bukett, das Lakritze mit reifen roten Früchten verbindet, ebenso wie durch seinen Geschmack, in dem man einen erstklassigen, soliden, eleganten Stoff entdeckt. Im Abgang noch ein wenig streng. Diese Flasche verdient, daß man sie zwei bis drei Jahre einkellert.
🕿 SCEA Rolet Jarbin, Dom. de Bourdicotte, 33790 Cazaugitat, Tel. 05.56.61.32.55 ✅ ⏰ n. V.

CH. DE BRANDEY 1995

■ 33 ha 50 000 ■⏺🍷 -30F

Dieser sanfte, leichte Wein kommt von einem Gut, das seine Anbaufläche innerhalb von zehn Jahren verdreifacht hat. Die Zartheit seines fruchtigen (schwarze Johannisbeeren und Heidelbeeren) und blumigen aromatischen Ausdrucks bekommt ihm gut.
🕿 GAEC Vignobles Chevillard, Ch. de Brandey, 33350 Ruch, Tel. 05.57.40.54.18, Fax 05.57.40.54.18 ✅ ⏰ n. V.

CH. BRION DE LALANDE 1995*

■ 3 ha k. A. ⏺ -30F

Es ist nicht unbedingt notwendig, länger zu warten, um in den Genuß der sehr realen Qualitäten dieses hübschen Weins zu kommen. Er bezaubert durch sein feines, komplexes Bukett (Leder, Gewürze und rote Früchte mit Röstnoten) und wird durch runde, verschmolzene Tannine unterstützt.
🕿 Ph. Roux, Brion, 33480 Baron, Tel. 05.57.88.78.52, Fax 05.57.88.78.52 ✅ ⏰ n. V.

CH. DU BRU Tradition 1995*

■ k. A. 30 000 ■🍷 30-50F

Dieser gut gelungene 95er besitzt die Gabe, sich in einem schönen granatroten Kleid zu präsentieren. Das Bukett verbindet zarte Düfte von Früchten und Gekochtem mit blumigen Noten. Im Geschmack entdeckt man eine gute Struktur mit noch jungen, aber vielversprechenden Tanninen. Ein gut gemachter Wein.
🕿 SCEA du Bru, Ch. du Bru, 33220 Saint-Avit-Saint-Nazaire, Tel. 05.57.46.12.71, Fax 05.57.46.10.64 ✅ ⏰ n. V.
🕿 Guy Duchant

CH. CABLANC
Vieilli en barrique de chêne 1995***

■ k. A. 8 400 ⏺ 30-50F

Château Cablanc hat 1992 einen Vinifizierungskeller gebaut und danach die Genossenschaft von Saint-Pey verlassen. Es hat eine Abfallbeseitigungsanlage eingerichtet, die von

Bordeaux

allen Behörden besichtigt wird ! Wenn man sich mit seinem 95er befaßt, kann man bereits einen ganzen Roman schreiben : dunkelgrantrote Farbe, die einige ziegelrote Reflexe zeigt, recht zurückhaltender Duft von kandierten Früchten, von Röstgeruch und Vanille begleitet. Dieser Wein entlädt sich im Mund mit einer aromatischen Palette von großer Komplexität : zuerst rote Früchte, dann Gewürze und Röstaroma vom Holz. Er entwickelt sich voller Fülle über einer schönen Struktur aus reifen Tanninen. Ein herrlicher Wein, den man einige Jahre aufheben kann - aber die erfahrenen Weinfreunde können ihn in seiner Jugend genießen.

➼ Jean-Lou Debart, Ch. Cablanc, 33350 Saint-Pey-de-Castets, Tel. 05.57.40.52.20, Fax 05.57.40.72.65 ✓ ⚜ n. V.

CH. CADET GRANGE BRULEE 1995

| ■ | 2 ha | 2 000 | ■ ♨ -30 F |

Eine kleine, aber erstklassige Produktion. Dieser charaktervolle Wein ist rund und in seinem aromatischen Ausdruck warm (gekochte Früchte, Nüsse und Zimt.
➼ Vignobles Landeau, dom. Grange-Brûlée, 33440 Saint-Vincent-de-Paul,
Tel. 05.56.77.03.64, Fax 05.56.77.11.17 ✓ ⚜ tägl. 9h-19h ; Fr, Sa n. V.

DOM. DU CALVAIRE 1995**

| ■ | 15 ha | 40 000 | ■ 30-50 F |

Ein und dieselbe Familie baut hier um Saint-Emilion herum seit dem 16. Jh. Wein an. Ihr Bordeaux kündigt sich durch eine grantrote Farbe mit violeten Reflexen an. Der reichhaltige, komplexe Duft mischt schwarze Johannisbeeren, Zwetschgen und Gewürze mit Noten von Tiergeruch. Dieser üppige, fleischige Wein zeigt eine schöne Länge, was Langlebigkeit garantiert.
➼ Serge Coudroy, Chouteau, 33570 Lussac, Tel. 05.57.74.67.73, Fax 05.57.74.56.05 ✓ ⚜ n. V.

CALVET RESERVE DES BARONS 1995

| ■ | k. A. | 250 000 | ■ ⦿ ♨ -30 F |

Auch wenn das Etikett nicht gerade sehr modern ist (die Firma wurde 1818 gegründet), so erregt doch der Inhalt dieser Flasche die Aufmerksamkeit aufgrund einer guten Ausgewogenheit zwischen Frucht und Holz. »Normale Farbe«, d. h. Bordeauxrot.
➼ Calvet SA, 75, cours du Médoc, B.P. 11, 33028 Bordeaux Cedex, Tel. 05.56.43.59.00, Fax 05.56.43.17.78

CH. DE CAMARSAC
Sélection Elevée en barrique 1995*

| ■ | 56 ha | 60 000 | ⦿ 30-50 F |

Auf diesem Gut lebte der »schwarze Prinz«, der Gouverneur von Aquitanien, als die Provinz englisch war. Einmal war es von dem Konnetabel Du Guesclin besetzt. Bérénice Lurton leitet es seit 1992. Ihr Bordeaux hat eine klare rubinrote Farbe mit violetten Reflexen und bietet einen recht intensiven Duft nach roten Früchten und Kernen. Er ist sanft und harmonisch und verbindet nachhaltige Tannine und fruchtige Aromen (Kirschen, Erdbeeren). Eine günstige Entwicklung ist zu erwarten.
➼ Sté Fermière du Ch. de Camarsac, 33750 Camarsac, Tel. 05.56.30.11.02, Fax 05.56.30.12.92 ✓ ⚜ n. V.

CH. DE CAPPES 1995*

| ■ | 11 ha | 30 000 | ■ ♨ -30 F |

In zwei bis drei Jahren kann er alle Gerichte begleiten. Heute sind die Tannine des Weins spürbar, aber alles spricht dafür, ihn auszuwählen : sein schönes, tiefes Granatrot mit dem purpurvioletten Schimmer, sein intensiver Duft nach schwarzen Johannisbeeren und Brombeeren, seine fruchtige Ausgewogenheit und sein harmonischer Abgang.
➼ GAEC Boulin et Fils, Ch. de Cappes, 33490 Saint-André-du-Bois, Tel. 05.56.76.40.88, Fax 05.56.76.46.15 ✓ ⚜ n. V.

CH. CAZEAU 1995

| ■ | 150 ha | 1 220 000 | ■ ♨ -30 F |

Dieser aufgrund seiner Produktionsmenge interessante Wein ist schlicht, aber klar und wohlausgewogen, mit einer beachtlichen Tanninunterstützung.
➼ SCI des Dom. de Cazeau et Perey, Gornac, 33540 Sauveterre-de-Guyenne,
Tel. 05.56.71.50.76, Fax 05.56.71.87.70 ✓
➼ Anne-Marie et Michel Martin

CH. DES CHAPELAINS 1995*

| ■ | 6,7 ha | 50 000 | ■ -30 F |

Die Farbe dieses 95ers ist dunkel und kündigt perfekt den kräftigen, vorwiegend fruchtigen Duft (Backpflaumen) an. Ein runder, ein wenig monolithischer Wein, der aber dank seiner Ausgewogenheit und seiner Nachhaltigkeit bezaubernd ist.
➼ Pierre Charlot, Ch. des Chapelains, 33220 Saint-André-et-Appelles,
Tel. 05.57.41.21.74, Fax 05.57.41.27.42 ✓ ⚜ tägl. 8h-12h 14h-18h (20. Dez.-1. April n. V.)

CH. CHAVRIGNAC 1995**

| ■ | 15 ha | 90 000 | ■ ♨ 30-50 F |

Daß dieses Gut seit 1964 biologische Anbaumethoden verwendet, hindert es offensichtlich nicht daran, guten Wein herzustellen ! Die Fruchtigkeit dominiert in diesem 95er, im Duft ebenso wie im Geschmack, wo er den Dialog zwischen Rundheit und Gerüst abschließt. Das schon vorhandene Vergnügen kann nicht warten.

BORDELAIS

Bordeaux

•┐EARLVignobles Bouron Latour,
Chavrignac, 33190 Fossés et Baleyssac,
Tel. 05.56.61.70.50, Fax 05.56.61.72.70 ◐ ⊤ n. V.

COMTE DE GILLAC Prestige 1995

| ■ | k. A. | 100 000 | ▪ ◐ ▬30F |

Dieser in Flaschen mit 75 cl und mit 50 cl Inhalt angebotene 95er Bordeaux erhebt keine übermäßigen Ansprüche, sondern zeigt sich aufgrund seiner Sanftheit und seiner Fruchtigkeit angenehm im Umgang. Beachten Sie die diskreten, gut gemeisterten Holzton und den hübschen, fruchtigen Abgang. Man kann ihn schon in diesem Winter trinken.

•┐Hommes et Terroirs, 93, rue de l'Abbé-de-l'Epée, 33000 Bordeaux, Tel. 05.56.01.25.74, Fax 05.56.48.18.32 ◐

CH. COULAC Vieilli en fût de chêne 1995

| ■ | 5,2 ha | 9 000 | ▪ ◐ ♦ ▬30F |

Leicht, aber gefällig, mit einem hübschen Aroma von roten Früchten und Backpflaumen. Dieser 95er gibt das kommende Jahr über einen guten Wein für die täglichen Mahlzeiten ab.

•┐Pierrette Despujols, Ch. de l'Emigré, 33720 Cérons, Tel. 05.56.27.01.64, Fax 05.56.27.13.70 ◐ ⊤ n. V.

CH. CRABITAN-BELLEVUE
Cuvée Spéciale 1995*

| ■ | 6 ha | 11 000 | ◐ 30-50F |

60 % Merlot und 40 % Cabernet Sauvignon haben diesen guten Bordeaux hervorgebracht, dessen schöne tiefrubinrote Farbe mit den malvenfarbenen Reflexen ein Zeichen für seine Jugend ist. Die Noten von Vanille und Konfitüre aus roten Früchten, die Rundheit und die Länge tragen zum Charme dieses sehr feinen 95ers bei. Hübscher Abgang mit reifen Früchten.

•┐GFA Bernard Solane et Fils, Ch. Crabitan-Bellevue, 33410 Sainte-Croix-du-Mont, Tel. 05.56.62.01.53, Fax 05.56.76.72.09 ◐ ⊤ tägl. 8h-12h 14h-18h

CROIX SAINT-MARTIN 1995*

| ■ | k. A. | k. A. | ▪ ◐ ▬30F |

Dieser 95er, dessen leichte rote Farbe rubinrote Schattierungen zeigt, ist ein hübscher Erfolg für Kressmann, einen Händler der Gruppe CVBG in Parempuyre. Der fruchtige Duft ist noch durch einen feinen, fruchtigen Holzton geprägt. Im Geschmack bietet die sehr zarte Struktur einen sanften Hintergrund. Der Stoff ist spürbar und diskret, ebenso wie das Vanillearoma. Für das Vergnügen des Augenblicks.

•┐Kressmann, 35, rue de Bordeaux, 33290 Parempuyre, Tel. 05.56.35.53.00, Fax 05.56.35.53.29 ◐ ⊤ n. V.

PRESTIGE DUBROCA
Elevé en fût de chêne 1995*

| ■ | 20 ha | 140 000 | ◐ ▬30F |

Eine andere Marke der Grands Vins de Gironde (De Luze etc.). Dieser mehr als lobenswerte 95er hat eine dichte granatrote Farbe und einen noch ein wenig verschlossenen Duft, in dem man ein Aroma von reifen Früchten (gekochte Backpflaumen) erkennt, begleitet von einer leichten Note Tiergeruch. Im Geschmack zeigt sich dieser Wein strukturiert und ziemlich fest. Im Abgang gesellt sich seine Frische (Mentholnote) zu einer schönen Fülle verschmolzener Tannine.

•┐GVG Louis Dubroca, Dom. du Ribet, B.P. 59, 33450 Saint-Loubès, Tel. 05.57.97.07.20, Fax 05.57.97.07.27 ⊤ n. V.

CH. DUCLA 1995*

| ■ | 34 ha | k. A. | ▪ ◐ ♦ ▬30F |

Dieser Cru, der dem Händler Yvon Mau gehört, hat einen sehr gelungenen 95er sowie einen Zweitwein, Château La Forêt Saint-Hilaire, erzeugt : dunkelgranatrote Farbe mit violetten Reflexen, recht intensiver Duft, der gekochte Äpfel, Kompott aus gekochten Früchten und würzige Noten verbindet. Die sehr zarte Struktur besteht aus feinen Tanninen. Der Abgang ist ein wenig pfeffrig. Ein Wein voller Zartheit.

•┐Yvon Mau SA, B.P. 1, 33190 Gironde-sur-Dropt, Tel. 05.56.71.02.27, Fax 05.56.61.09.02

CH. FONFROIDE 1995*

| ■ | 29 ha | 250 000 | ▪ ♦ ▬30F |

Sehr tiefe, dunkle Granatfarbe. Der ein wenig verschlossene Duft verbirgt einen aromatischen Ausdruck, der sich blumig und fruchtig zeigt. Dieser sehr ausgewogene Wein entwickelt sich mit viel Rundheit. Sein Abgang ist angenehm.

•┐Maison Ginestet SA, 19, av. de Fontenille, 33360 Carignan-de-Bordeaux, Tel. 05.56.68.81.82, Fax 05.56.20.96.99

CH. DE FONTENILLE 1995*

| ■ | 17 ha | 112 000 | ▪ ◐ 30-50F |

Das Gut befindet sich in der Nähe der Abtei Sauve Majeure, die eine Station auf dem Jakobsweg nach Santiago de Compostela war. Dieser 95er zeichnet sich durch eine purpurrote, violett schimmernde Farbe und einen etwas verschlossenen Duft mit fruchtigem, angenehmem Aroma aus. Die Ansprache ist klar, der Geschmack ausgewogen. Ein guter Wein mit runden, nachhaltigen Tanninen.

•┐SC Ch. de Fontenille, 33670 La Sauve, Tel. 05.56.23.03.26, Fax 05.56.23.30.03 ◐ ⊤ tägl. 8h-12h 14h-18h
•┐Stéphane Defraine

CH. FONT-VIDAL 1995*

| ■ | 8 ha | 60 000 | ▪ ♦ ▬30F |

Das Château, das auf ein altes befestigtes Gehöft zurückgeht, erhebt sich auf einem Felsen über der Dordogne. Dieser purpurrote 95er mit den granatroten Reflexen zeigt seine Jugend. Sein Duft ist ein wenig verschlossen und enthält Noten von gekochten Früchten und Schokolade. Im Geschmack findet man das Aroma von roten Früchten wieder. Die recht spürbaren, verschmolzenen Tannine bilden eine gute Struktur. Ein harmonischer, klarer Wein.

•┐Pascale Poncet, Ch. Font-Vidal, 33890 Juilliac, Tel. 05.57.40.55.58, Fax 05.57.40.58.39 ◐ ⊤ n. V.

Bordeaux

CH. FRAPPE-PEYROT
Vieilli en barrique 1995*

■ 3 ha 15 000 ⅡD -30F

Dieser 95er kommt aus einem Anbaugebiet mit *boulbénes* (Schwemmland aus Sand und feinem Schlick) und lehmig-kalkhaltigen Böden. Er kombiniert zu gleichen Teilen Merlot und Cabernet-Sorten. Die dunkelgranatrote Farbe verrät seine Jugend, während der Duft vor allem in Röst- und Vanillenoten zum Ausdruck kommt. Dieser ein wenig schwere, fleischige Wein bietet eine gute Konzentration ; es mangelt ihm nicht an Länge.
•⁊ Jean-Yves Arnaud, La Croix,
33410 Gabarnac, Tel. 05.56.20.23.52,
Fax 05.56.20.23.52 ◪ ⊥ n. V.

CH. DE FRIMONT 1995

■ 8,7 ha 11 000 ▮ -30F

Auch wenn dieser Wein in seiner geschmacklichen Entfaltung eine gewisse Strenge beweist, zeigt er doch, daß er sich abrunden kann, denn sein Stoff erlaubt eine kurze Alterung.
•⁊ J.F. Degregorio, Frimont, 33190 Gironde-sur-Dropt, Tel. 05.56.61.23.89,
Fax 05.56.61.23.89 ◪ ⊥ n. V.

CH. GAUVRY Elevé en fût de chêne 1995

■ k. A. 33 000 ▮ⅡD♦ -30F

Dieser Wein ist deutlich durch seinen Ausbau im Barriquefaß geprägt. Der Stoff ist geschmeidig und leicht, reicht aber aus, damit das Ganze verschmelzen kann.
•⁊ Prodiffu, 33790 Landerrouat,
Tel. 05.57.61.33.73, Fax 05.57.61.40.57 ⊥ Mo-Fr 8h30-17h
•⁊ Serge Degrenier

CLARET GILBEY 1995

■ 2,9 ha 12 000 ▮♦ 30-50F

Dieser gut gemachte Wein ist ziemlich gehaltvoll und kräftig, durch seine Struktur ebenso wie durch seinen aromatischen Ausdruck. Ein sympathischer Bordeaux, wie es die *clarets* früher einmal gewesen sein müssen.
•⁊ IDV France, Ch. Loudenne, 33340 Saint-Yzans-de-Médoc, Tel. 05.56.73.17.80,
Fax 05.56.09.02.87 ◪ ⊥ Mo-Fr 9h30-12h30 14h-17h30 ; Sa, So u. feiertags n. V.
•⁊ W. et A. Gilbey

GINESTET 1995*

■ k. A. 600 000 ▮♦ -30F

Dieser Wein, die Spitzenmarke des Hauses Ginestet, besitzt in seinem Tanninreichtum das ganze Ungestüm der Jugend. Ein erstklassiges Aroma (rote Früchte, Röstgeruch und Gewürze) bereichern ihn. Man darf eine schöne Entwicklung in den kommenden drei bis vier Jahren erwarten.
•⁊ Maison Ginestet SA, 19, av. de Fontenille, 33360 Carignan-de-Bordeaux,
Tel. 05.56.68.81.82, Fax 05.56.20.96.99

CH. GIRUNDIA 1995**

■ 3 ha 25 000 ▮♦ -30F

Segonzac, ein Gut im Gebiet von Blaye, bietet seinen Bordeaux unter einer Marke an, die es für den Jahrgang 1994 eintragen ließ. Der 95er trägt ein schönes, dunkles Kleid von intensivem Granatrot mit violetten Reflexen. Der ziemlich kräftige animalische Geruchseindruck, der Nuancen roter Früchte enthält, ist zart vom Duft von Hyazinthen durchsetzt. Dieser fleischige, kraftvolle Wein ist durch sehr reife Tannine geprägt. Ein außergewöhnlicher Wein, der Geduld erfordert.
•⁊ SCEA Ch. Segonzac, Lieu-dit Segonzac n°39, 33390 Saint-Genès-de-Blaye,
Tel. 05.57.42.18.16, Fax 05.57.42.24.80 ◪ ⊥ n. V.
•⁊ Marmet-Champion

CH. GRAND CLAUSET 1995*

■ 5 ha 25 000 ▮ -30F

Sicherlich zeigt er sich ein wenig wild in seinem aromatischen Ausdruck, bevor er sich zu Noten von Unterholz, schwarzen Johannisbeeren und dann von gekochten Früchten und Gewürzen entfaltet. Aber es ist ein gut hergestellter Wein, der dank seiner guten Struktur gut altern kann.
•⁊ SCEA P. Carteyron, Ch. Penin,
33420 Génissac, Tel. 05.57.24.46.98,
Fax 05.57.24.41.99 ◪ ⊥ Mo-Fr 9h30-12h 14h30-18h30 ; Sa 9h-12h ; 20.-30. Aug. geschlossen

CH. GRAND-JEAN 1995*

■ 5 ha 35 000 ⅡD -30F

Eine gute Lage, lehmig-kalkhaltige Böden und 70 % Cabernet Sauvignon haben diesen ausgewogenen, aber noch verschlossenen Wein hervorgebracht. Er dürfte sich öffnen und in den nächsten beiden Jahren günstig entwickeln können. Der Holzton scheint gut integriert zu sein.
•⁊ Michel Dulon, Ch. Grand-Jean,
33760 Soulignac, Tel. 05.56.23.69.16,
Fax 05.57.34.41.29 ◪ ⊥ n. V.

DOM. DES GRANDS ORMES 1995*

■ 10 ha 50 000 ▮♦ -30F

Dieses am Rand der Dordogne gelegene Gut präsentiert einen 95er mit einer schönen rubinrot schimmernden Granatfarbe. Der komplexe Duft läßt Noten von Gewürzen und Kokosnuß erkennen. Ein bezaubernder, eleganter Wein, der von verschmolzenen Tanninen umhüllt ist.
•⁊ SCEA des Vignobles Daniel Mouty, Ch. du Barry, 33350 Sainte-Terre, Tel. 05.57.84.55.88,
Fax 05.57.74.92.99 ◪ ⊥ Mo-Sa 8h-17h ; Aug. geschlossen

CH. DE GUERIN 1995*

■ 3 ha 30 000 ▮ 30-50F

Ein Weingut in der Nähe von Castillon-la-Bataille ; in diesem reinen Lehmboden wurde eine Kanonenkugel gefunden, die vom Ende des Hundertjährigen Kriegs stammt. Dieser 95er ist friedlicher ; er bietet eine hübsche rubinrote Farbe und einen ausdrucksvollen Duft nach reifen roten Früchten (Kirschen, Himbeeren). Der sanfte, runde Wein besitzt eine schöne Ausgewogenheit. Der Genuß verlangt, daß man ihn schon jetzt trinkt.
•⁊ Léon Jaumain, Clos de Guérin,
33540 Castelvieil, Tel. 05.56.61.97.58 ◪ ⊥ n. V.

BORDELAIS

Bordeaux

CH. GUIBON 1995*

■ k. A. k. A. ■ ♦ -30F

Einer der Crus von André Lurton, der in Daignac liegt. Unter einem tiefen, dunklen Granatrot verströmt dieser 95er einen fruchtigen Duft mit einer leicht pflanzlichen Note. Die Ansprache ist freigebig ; dann entfaltet sich der Geschmack über einer fein, aber festen Tanninstruktur, die im Abgang ein wenig streng ist. Dieser Wein ist für eine kürzere Lagerung (zwei Jahre) bestimmt. Wenn man ihn jung trinkt, kann er würzige Gerichte begleiten.
☙ Vignobles André Lurton, 33420 Grézillac, Tel. 05.57.25.58.58, Fax 05.57.74.98.59 ✓ ⟁ n. V.

CH. HAUT-CASTENET 1995**

■ 7,74 ha 64 000 ■ ❙❙ ♦ -30F

Dieser 95er, der in der Linie des 94ers steht, ist sehr verführerisch mit seiner schönen, tiefen granatroten Farbe und seinem komplexen Duft, der Früchtegelee, Röstgeruch und Noten von Tiergeruch verbindet. Der füllige Geschmack, der rund und zugleich kraftvoll ist, stützt sich auf eine wohlausgewogene Struktur. Ein eleganter Wein von beachtlicher Länge, den man lagern kann.
☙ François Greffier, Castenet, 33790 Auriolles, Tel. 05.56.61.40.67, Fax 05.56.61.38.82 ✓ ⟁ n. V.

CH. HAUTE BRANDE 1995*

■ 25 ha 80 000 ■ ♦ -30F

Bei diesem Cru im Entre-Deux-Mers dominiert in hohem Maße der Merlot (70 %). Die Farbe dieses 95ers ist ein klares Karminrot. Der deutlich wahrnehmbare, angenehme Duft bietet eine vielfältige Palette. Im Geschmack verleihen sanfte Tannine der Struktur, die sich vor allem durch ihre Länge bemerkbar macht, Milde. Ein schöner Erfolg, den ein wenig Geduld belohnen kann.
☙ GAEC Haute Brande, 33580 Rimons, Tel. 05.56.61.60.55, Fax 05.56.61.89.07 ✓
⟁ Mo-Sa 8h-12h 14h-18h
☙ R. Boudigue et Fils

CH. HAUT-GARRIGA
Sélection du Propriétaire 1995*

■ 30 ha 100 000 ■ ♦ -30F

Diese numerierte Cuvée, die leicht, aber wohlausgewogen ist, kann ihre liebenswürdige Persönlichkeit durch ihr sich entwickelndes Bukett mit den Noten von Früchten und Unterholz zeigen.
☙ EARL Vignobles C. Barreau et Fils, Garriga, 33420 Grézillac, Tel. 05.57.74.90.06, Fax 05.57.74.96.63 ✓ ⟁ Mo-Sa 8h-12h 14h-18h

CH. HAUT-GUERIN 1995

■ 35 ha 190 000 ■ -30F

Dieser Wein zeigt eine schöne Präsenz im Geschmack mit soliden Tanninen ebenso wie im Bukett, das von frischen pflanzlichen Noten bis zu Nuancen von Lakritze und Anis (Fenchel) reicht.
☙ SCEA des vignobles Marc Caminade, Ch. Haut-Guérin, 33420 Génissac, Tel. 05.57.24.48.37, Fax 05.57.24.40.58 ✓ ⟁ n. V.

CH. HAUT-LA PEREYRE 1995*

■ 8,5 ha 60 000 ■ ♦ -30F

Dieser Wein soll eine ganze Mahlzeit begleiten und besitzt alles, um seine Aufgabe gut zu erfüllen : eine hübsche Farbe, ein recht intensives, komplexes Bukett (Unterholz, Humus), eine runde, fleischige Struktur mit deutlich spürbaren Tanninen.
☙ Jacques Cailleux, 33760 Escoussans, Tel. 05.56.23.63.23, Fax 05.56.23.64.21 ✓ ⟁ n. V.

CH. HAUT-MAZIERES 1995**

■ 18 ha 150 000 ❙❙ 30-50F

Die Kellerei von Rauzan und dieser Winzer, die schon für den letzten Jahrgang von unserem Weinführer gut benotet wurden, bestätigen ihr Können mit diesem 95er. Die dunkelrubinrote Farbe, die violette Reflexe zeigt, und das entfaltete Bukett, das Fruchtigkeit (schwarze Johannisbeeren, Himbeeren) und Holznoten (Vanille) verbindet, sind bemerkenswert. Die Ausgewogenheit im Geschmack zwischen der Vollmundigkeit, der Frucht und einem fast nicht spürbaren Holzton ist fast vollkommen. Ein schöner Wein.
☙ Union de producteurs de Rauzan, 33420 Rauzan, Tel. 05.57.84.13.22, Fax 05.57.84.12.67 ✓ ⟁ n. V.
☙ Christian Vazelle

IMPERIAL 1995**

■ k. A. 200 000 ■ ❙❙ ♦ -30F

Den Handelshäusern vor Ort lag immer sehr viel daran, einen Bordeaux zu präsentieren. Dieser hier ist das Ergebnis einer Auslese von Weinen, die von lehmig-kalkhaltigen Böden im Entre-Deux-Mers und im Norden der Gironde stammen. Die Farbe ist kräftig ; der Duft wird von einer Fruchtigkeit beherrscht, die man auch im Geschmack findet, der Rundheit und Gerüst harmonisch verbindet. Dieselbe Note erhält die Cuvée, die nicht im Barriquefaß ausgebaut worden ist ; sie trägt nur den Namen der Marke Hanappier-Peyrelongue.
☙ Hanappier-Peyrelongue, 75, cours du Médoc, 33300 Bordeaux, Tel. 05.56.43.59.00, Fax 05.56.43.17.78

CH. JACQUET 1995*

■ k. A. k. A. ■ ♦ -30F

Intensives Granatrot mit purpurvioletter Oberfläche. Dieser Wein ist im Geruchseindruck noch verschlossen, während der Geschmack schon sanft und mild ist, mit verschmolzenen

Bordeaux

Tanninen von schöner Länge. Die Struktur ist vorhanden : »Es ist ein sehr bordeauxtypischer Bordeaux«, meinte ein Verkoster.
☙ Cheval Quancard, rue Barbère,
33440 Ambarès, Tel. 05.56.33.80.60,
Fax 05.56.33.80.70 ⚑ n. V.

CH. JOUMES-FILLON 1995

■   30 ha   20 000   ■ ♦ -30F

Diese Familie rühmt sich, daß sie diese Weinberge seit dem 15. Jh. besitzt. Bestimmt ein Rekord. Ihr leichter, aber runder, wohlausgewogener und freigebiger Wein zeigt sich beim 95er aufgrund seiner fruchtigen Seite angenehm.
☙ Ch. Joumes-Fillon, Famille Joumes,
33540 Saint-Laurent-du-Bois,
Tel. 05.56.76.41.84, Fax 05.56.76.45.32 ✓ ⚑ n. V.

CH. JULIEN 1995*

■   5,8 ha   12 000   ■ ♦ 30-50F

Dieser Bordeaux ist von guter Provenienz : ein kleiner Weinberg, der die Reben von Château Mayne Blanc (Lussac) ergänzt. Er ist fein duftig und wohlausgewogen und besitzt Rundheit und Vollmundigkeit sowie Tannine, die ohne Aggressivität spürbar sind. Dank seiner Struktur kann er in den kommenden zwei bis drei Jahren verschmelzen.
☙ Jean Boncheau, Ch. Mayne-Blanc,
33570 Lussac, Tel. 05.57.74.60.56,
Fax 05.57.74.51.77 ✓ ⚑ tägl. 8h-12h 14h-20h ; Febr. geschlossen

CH. LA BARDONNE 1995*

■   4,3 ha   28 000   ■ -30F

Dieses Gut liegt in der Gemeinde Lapouyade. Merlot und Cabernet Sauvignon sind zu gleichen Teilen in dem Verschnitt enthalten. Dieser sanfte, leichte Wein setzt auf die Feinheit seines Aromas, um den Gaumen des Verkosters zu umschmeicheln. Einkellern.
☙ Vignobles Alain Faure, Ch. Belair-Coubet,
33710 Saint-Ciers-de-Canesse,
Tel. 05.57.64.90.06, Fax 05.57.64.90.61 ✓ ⚑ n. V.

CH. LA BOTTE Elevé en fût de chêne 1995*

■   10 ha   30 000   ■ ⅱ ♦ 30-50F

Der wohldosierte Barriqueausbau hat die Ausgewogenheit dieses Weins nicht gestört. Sein Gerüst zeigt, es sich bis zwei Jahre günstig entwickeln und dann seinen warmen Charakter bestätigen kann.
☙ René Blanchard, B.P. 3, 33920 Saint-Savin,
Tel. 05.57.58.90.03, Fax 05.57.58.97.89 ✓ ⚑ n. V.

DOM. DE LA CAILLEBOSSE
Elevé en fut de chêne 1995

■   3,78 ha   15 000   ⅱ -30F

Dieser mit seiner klaren, kräftigen Farbe angenehm anzusehende Wein ist in seinem Bukett diskreter. Der Geschmack enthüllt eine gute Präsenz der Tannine und eine Länge, die den Weinfreund dazu einladen, ein wenig zu warten, bevor er diese Flasche öffnet.
☙ Michel Lascaux, Dom. de La Caillebosse,
33910 Saint-Martin-du-Bois,
Tel. 05.57.49.41.77 ✓ ⚑ n. V.

CH. DE LA COUR D'ARGENT 1995*

■   18 ha   144 000   ■ ⅱ ♦ 30-50F

Dieses auf den südlichen Stufen von Saint-Emilion gelegene Gut befindet sich seit 1883 im Besitz derselben Familie. Die Farbe dieses 95ers ist sehr tief und lebhaft. Das intensive Aroma konzentriert sich um rote Früchte und Gewürze. Die Ansprache ist sehr kräftig. Der reichhaltige Stoff ist durch das Holz geprägt, aber dieser Holzton behindert nicht die Geschmeidigkeit der fast seidigen Tannine.
☙ SCEA des Vignobles Denis Barraud, Ch. Haut-Renaissance, 33330 Saint-Sulpice-de-Faleyrens, Tel. 05.57.84.54.73,
Fax 05.57.84.57.05 ✓ ⚑ Mo-Fr 8h-12h 14h-18h

LA COUR PAVILLON 1995

■   k. A.   250 000   30-50F

Diese 1960 von Gilbey de Loudenne geschaffene Marke wird in 30 Ländern vertrieben. Auch wenn der Abgang dieses 95ers ein wenig rustikal ist, verwischt das nicht den Eindruck von Sanftheit, den die Entfaltung des Buketts und des Geschmacks hinterläßt.
☙ SARL Pierre Montagnac, 17, rue Ségalier,
33000 Bordeaux, Tel. 05.56.24.00.75,
Fax 05.56.98.99.82 ✓

CH. LA FREYNELLE 1995*

■   8 ha   60 000   30-50F

Ein Weinabenteuer, das im 18. Jh. seinen Anfang genommen hat. Nach sieben Winzergenerationen hat eine Frau die Leitung dieses Familienbesitzes übernommen. Der 94er wurde schon in der letzten Ausgabe des Weinführers ausgezeichnet. Der 95er besitzt eine schöne, tiefe, lebhaft rote Farbe. Sein intensiver, komplexer Duft besteht aus überreifen Früchten mit harmonischem Holzton. Im Geschmack ist der Wein füllig und wohlausgewogen, begleitet von verschmolzenen Holznoten. Der Abgang ist warm.
☙ Vignobles Ph. Barthe, Peyrefus,
33420 Daignac, Tel. 05.57.84.55.90,
Fax 05.57.74.96.57 ✓ ⚑ n. V.

CH. LA GABORIE 1995

■   k. A.   k. A.   ■ ⅱ ♦ 30-50F

Diese Wein scheint nicht für eine lange Lagerung bestimmt zu sein, aber er ist gegenwärtig reizvoll aufgrund seines angenehmen, fruchtig-blumigen Buketts und seiner Gesamtausgewogenheit.
☙ Jean-Hubert Laville, 33540 Saint-Sulpice-de-Pommiers, Tel. 05.56.71.53.56,
Fax 05.56.71.89.42 ✓ ⚑ n. V.

CH. DE LAGE 1995

■   33 ha   220 000   ■ ♦ -30F

Dieser Wein kommt aus einem Cru bei Sauveterre-de-Guyenne und wird von Calvet vertrieben. Er ist leicht, sanft und fruchtig und wird den Freunden klassischer Bordeaux-Weine gefallen.
☙ Calvet SA, 75, cours du Médoc, B.P. 11,
33028 Bordeaux Cedex, Tel. 05.56.43.59.00,
Fax 05.56.43.17.78

BORDELAIS

Bordeaux

CH. LA GOURDINE 1995*

■ k. A. 40 000 -30F

Dieser Wein hinterläßt mit einem hochfeinen, fruchtigen Bukett, einer sanften Ansprache und einer runden Struktur die Erinnerung an eine angenehme Verkostung.

🕿 GVG Louis Dubroca, Dom. du Ribet, B.P. 59, 33450 Saint-Loubès, Tel. 05.57.97.07.20, Fax 05.57.97.07.27 ◼ ⚊ n. V.

🕿 J.-L. Luro

LA GRANDE CHAPELLE 1995

■ k. A. 270 000 ■♦ 30-50F

Dieser von einem Weinhändler aus Libourne vorgestellte Wein hat eine strahlende Farbe, ein fruchtiges Bukett und einen runden, ausgewogenen Geschmack. Er gehört zum guten Durchschnitt der Appellation Bordeaux.

🕿 SA Antoine Moueix et Fils, Ch. Taillefer, 33500 Libourne, Tel. 05.57.55.30.20, Fax 05.57.25.22.14 ⚊ n. V.

DOM. LA GRAVE 1995*

■ 5,32 ha 24 000 ▥ 30-50F

Ein klassischer Wein, von dem die Verkoster nur das Allerbeste gesagt haben : ein etwas verschlossener Geruchseindruck mit Noten von gekochten Früchten und Konfitüre sowie leichtem Vanillearoma, eine gute Ansprache, dann ein körperreicher, strukturierter Geschmack, in dem die Tannine nicht verschmolzen sind, sondern einen echten Charakter enthüllen.

🕿 SCA du Dom. La Grave, de Landiras, 33720 Landiras, Tel. 05.56.62.44.70, Fax 05.56.62.43.78 ◼ ⚊ n. V.

CH. LAGRAVE PARAN 1995*

■ 3,7 ha 25 000 ■♦ 30-50F

40 % Merlot in diesem granatroten, rubinrot schimmernden 95er. Der ziemlich verschlossene Duft bietet ein paar würzige Noten, wenn man den Wein im Glas schwenkt. Der Geschmack ist fein, elegant und köstlich, mit Fülle und schöner Länge. Ein Wein zum Genießen.

🕿 EARL Lafon, Ch. Lagrave Paran, le Bourg, 33490 Saint-André-du-Bois, Tel. 05.56.76.40.45 ◼

CH. LA MIRANDELLE 1995*

■ 8,66 ha 50 000 ■♦ -30F

Eine hübsche rubinrote Farbe, die ziemlich intensiv ist und violette Reflexe zeigt, ein diskreter Blütenduft mit einer Kakaonote, eine gute, sanfte, füllige Ansprache und verschmelzende Tannine von schöner Stärke komponieren diesen Wein.

🕿 Cellier de La Bastide, Cave coop. vinicole, 33540 Sauveterre-de-Guyenne, Tel. 05.56.61.55.21, Fax 05.56.71.60.11 ◼ ⚊ Mo-Sa 9h-12h15 13h30-18h15

🕿 Yves Moncontier

CH. LA PRIOULETTE 1995*

■ 4 ha 20 000 ■♦ 30-50F

Das Gut ist stolz darauf, Nachbar von Malagar, dem berühmten Familienbesitz von François Mauriac, zu sein. Sein 95er verführt durch eine intensive granatrote Farbe mit violetten Reflexen und einen kräftigen Duft nach reifen Früchten, den eine Zitrusnote (Orangen) begleiten. Der sanfte Wein entwickelt sich füllig und bietet eine harmonische Ausgewogenheit zwischen den Tanninen und dem Körper. Der Abgang ist weich.

🕿 SC du Ch. La Prioulette, 33490 Saint-Maixant, Tel. 05.56.62.01.97, Fax 05.56.76.70.79 ◼ ⚊ n. V.

🕿 Bord

CH. LA ROSE DU PIN 1995*

■ 33 ha 210 000 ■♦ -30F

Die bordeauxrote Farbe ist sehr klassisch. Der zurückhaltende Geruchseindruck bietet nach und nach Noten von reifen Früchten. Diese Fruchtigkeit dominiert im Geschmack über ein wenig nervigen Tanninen, die die Lebhaftigkeit des Abgangs unterstreichen.

🕿 SCEA Vignobles Ducourt, 33760 Ladaux, Tel. 05.57.34.54.00, Fax 05.56.23.48.78 ◼ ⚊ n. V.

CH. LARROQUE

Vieilli en fût de chêne 1995

■ 56 ha 200 000 ▥ 30-50F

Dieser Wein wird von einer Familie präsentiert, die im Bordelais wohlbekannt ist. Er hat den Einfluß des Holzfasses gut integriert und gefällt aufgrund seiner Frische.

🕿 Boyer de la Giroday, 33760 Ladaux, Tel. 05.57.34.54.00, Fax 05.56.23.48.78 ⚊ n. V.

CH. LAURENT VIDEAU 1995**

■ 8 ha 70 000 ▥ 30-50F

Die Besitzer können ihr Gut bis 780 zurückverfolgen. Bravo ! Aber es genügt, wenn man zu diesem 95er gratulieren, der eine schöne kirschrote Farbe mit rubinroten Reflexen und einen kräftigen Duft besitzt. Die Noten von reifen Früchten, die er verströmt, sind mit dem Holzton verschmolzen, der ein feines Vanillearoma zeigt. Ein im Geschmack voluminöser Wein, der kräftig gebaut, dicht und sehr wohlschmeckend ist.

🕿 SC du Ch. de Seguin, 33360 Lignan-de-Bordeaux, Tel. 05.57.97.19.81, Fax 05.57.97.19.82 ◼ ⚊ n. V.

🕿 Carl Frères

CH. LE BORY ROLLET 1995

■ 14,8 ha 60 000 ■♦ 30-50F

Dieser Wein kommt von einem Weinberg, der zu dem großen Anbaugebiet der Domaines Rollet gehört. Er ist noch ein wenig rustikal, aber sein solider Stoff dürfte es ihm erlauben, sich in den nächsten drei bis vier Jahren zu verfeinern.

🕿 Jean-Pierre Rollet, Pinasse, 33890 Juillac, Tel. 05.57.47.15.13, Fax 05.57.47.10.50 ◼ ⚊ n. V.

CH. LE MAYNE 1995

■ 12 ha 96 000 ■♦ -30F

Das Bukett bleibt zwar ein wenig diskret, aber der Geschmack enthüllt einen insgesamt gutgebauten, freigebigen Wein.

🕿 SCEA Ch. Le Mayne, 33220 Saint-Quentin-de-Caplong, Tel. 05.57.41.00.05, Fax 05.53.83.82.14 ◼ ⚊ Mo-Fr 8h-12h 14h-18h

Bordeaux

CH. LE MOULIN DU ROULET 1995*

| 10,5 ha | 20 000 | | 30-50 F |

Der Weinberg erklimmt die Hänge eines lehmig-kalkhaltigen Hügels, der etwa 100 m hoch ist. Die sehr kräftige Farbe dieses 95ers, ein schönes, intensives Purpurrot, kündigt das sich bildende Bukett an, das rote Früchte und Schokoladen- und Mentholnoten verbindet. Der ausgewogene, komplexe und ziemlich kräftige Geschmack ist angenehm.
• Catherine et Patrick Bonnamy, Moulin du Roulet, 33350 Sainte-Radegonde,
Tel. 05.57.40.58.51, Fax 05.57.40.58.51 n. V.

CH. LES ARROMANS 1995*

| 16,5 ha | 125 000 | | -30 F |

Dieser zu 90 % aus Merlot erzeugte Wein ist einfach, sanft und farbintensiv, zwischen Kirsch- und Granatrot. Er trinkt sich angenehm, wenn er jung ist.
• Jean et Sylvette Duffau, Les Arromans, 33420 Moulon, Tel. 05.57.84.50.87,
Fax 05.57.84.52.84 n. V.

CH. LE SENS 1995

| 3 ha | 10 000 | | -30 F |

Obwohl dieser Wein in seinem aromatischen Ausdruck schlicht ist, gefällt er aufgrund seiner Lebhaftigkeit und seiner Rundheit. Ein klassischer Wein.
• Courrèges, SCEA Dom. du Sens, 31, chem. des Vignes, 33880 Saint-Caprais-de-Bordeaux,
Tel. 05.56.21.32.87, Fax 05.56.21.37.18 n. V.

CH. LE SEPE 1995

| k. A. | 10 000 | | 30-50 F |

Ohne irgendwelche Gipfel zu erreichen, ist dieser Wein einfach und ehrlich, mit Rundheit, Fülle und einer guten Ausgewogenheit, die von den Tanninen respektiert wird.
• Marie-Christine Selves, 33350 Sainte-Radegonde, Tel. 05.57.40.56.54,
Fax 05.57.40.56.54

CH. LESTRILLE 1995*

| 12 ha | 100 000 | | 30-50 F |

Kräftige dunkelrubinrote Farbe. Recht intensiver Kirsch- und Himbeerduft. Dank seiner runden und zugleich fruchtigen Tannine bietet dieser Wein eine ansprechende Ausgewogenheit.
• Jean-Louis Roumage, Lestrille, 33750 Saint-Germain-du-Puch, Tel. 05.57.24.51.02,
Fax 05.57.24.04.58 tägl. 8h-12h30 14h-18h30

LES TROIS CLOCHERS 1995

| 8 ha | 45 000 | | 30-50 F |

Diesen von der Périgord-Genossenschaft in Le Fleix hergestellten Bordeaux muß man jung trinken, um in den vollen Genuß seines Buketts mit den feinen Noten von reifen Früchten zu kommen.
• Union vinicole Bergerac-Le Fleix, 24130 Le Fleix, Tel. 05.53.24.64.32, Fax 05.53.24.65.46
 n. V.

CH. LES VIEILLES TUILERIES 1995*

| 20 ha | 10 000 | | -30 F |

Das Gut geht auf das Jahr 1690 zurück. Mehr als drei Jahrhunderte später bietet dieser tief purpurrote Wein einen recht kräftigen, komplexen Duft (Früchte und Gewürze). Er ist im Geschmack reich an gutem Stoff, ausgewogen, fleischig und fruchtig und besitzt eine sehr gute Länge.
• SCEA des Vignobles Menguin, 194, Gouas, 33760 Arbis, Tel. 05.56.23.61.70,
Fax 05.56.23.49.79 n. V.

LE VALLON HANAPPIER 1995

| k. A. | 200 000 | | -30 F |

Dieser Bordeaux, eine Marke der Firma Hanappier, ist im Abgang ein wenig streng, aber das ist der Preis für eine körperreiche, kräftig gebaute Konstitution. Mindestens drei Jahre altern lassen.
• Hanappier-Peyrelongue, 75, cours du Médoc, 33300 Bordeaux, Tel. 05.56.43.59.00,
Fax 05.56.43.17.78

CH. LION BEAULIEU 1995*

| 6,5 ha | 50 000 | | 30-50 F |

Eine sehr schöne, tiefe, lebhaft rote Farbe und ein intensiver Duft nach roten Früchten kündigen diesen runden, seidigen Wein an, der aufgrund seiner Länge angenehm ist.
• GFA de Lyon, 33420 Naujan et Postiac,
Tel. 05.57.84.55.08, Fax 05.57.84.57.31 n. V.

CH. DE LUCQUES 1995

| 27 ha | 55 000 | | 30-50 F |

Dieser Wein aus dem Anbaugebiet der süßen Weißweine besitzt eine echte bordeauxrote Farbe und eine leichte Struktur, zeigt sich aber aufgrund seiner Sanftheit und seiner fruchtigen Seite (Kirsche, Preiselbeeren, Schlehen ...) bezaubernd.
• SA des Vignobles Boyer, Ch. du Cros, 33410 Loupiac, Tel. 05.56.62.99.31,
Fax 05.56.62.12.59 Mo-Fr 8h-12h 14h-18h ; Sa, So n. V.

CH. DE LYNE 1995**

| 7 ha | 55 000 | | 30-50 F |

Denis Barraud hat ein Weingut in Saint-Emilion. Er führt eine lange Familientradition fort, die nach Qualität strebt. Der Weinführer räumt ihm oft breiten Platz ein. Betrachten Sie die schöne, dunkle, sehr tiefe Farbe dieses 95ers mit dem intensiven, nachhaltigen Duft nach reifen Früchten (schwarze Johannisbeeren, Brombeeren). Kräftig, rund und fleischig, mit milden Tanninen und einem verschmolzenen Holzton, der Röst-, Vanille- und Gewürznoten enthält. Dieser Bordeaux rechtfertigt vollauf den guten Ruf seines Schöpfers.
• SCEA des Vignobles Denis Barraud, Ch. Haut-Renaissance, 33330 Saint-Sulpice-de-Faleyrens, Tel. 05.57.84.54.73,
Fax 05.57.84.57.05 Mo-Fr 8h-12h 14h-18h

BORDELAIS

Bordeaux

CH. MAHON-LAVILLE 1995

■ 1,71 ha 7 500 ■ ♦ -30F

Dieser sehr tanninreiche, aber ein wenig rustikale Wein wird keine einmütige Zustimmung finden, aber er wird den Liebhabern traditioneller Weine gefallen, und die Feinheit seines Buketts (Haselnüsse, Früchte, Konfitüre) wird ihm glühende Anhänger einbringen.
☛ Jean-Christophe Barbe, Ch. Laville, 33210 Preignac, Tel. 05.56.63.28.14, Fax 05.56.63.16.28 ✓ ⊺ Mo-Fr 8h-12h30 13h30-18h30

MAITRE D'ESTOURNEL 1995*

■ k. A. k. A. ◉ 30-50F

Die Handschrift eines großen Cru im Médoc gibt den Ton an bei diesem Bordeaux, dessen karminrote Farbe sofort verführt. Der feine, elegante und sehr würzige Duft bietet rote Früchte (Kirschen, Weichseln) über Noten von Tiergeruch und Trüffeln. Der Geschmack ist von schöner Rundheit und stützt sich auf eine spürbare, aber nicht aufdringliche Gerbsäure. Langer Abgang mit Lakritzearoma.
☛ Domaines Prats, 33180 Saint-Estèphe, Tel. 05.56.73.15.50, Fax 05.56.59.72.59 ✓
☛ Bruno Prats

MARQUIS DE LUGON 1995

■ k. A. 25 000 ■ ♦ -30F

Eine Marke der Erzeugervereinigung von Lugon. Dieser Wein ist noch streng, aber seine Komplexität und seine Struktur, die eine recht spürbare Gerbsäure unterstützt, scheinen Garanten für eine harmonische Entwicklung innerhalb von ein paar Jahren zu sein.
☛ Union de Producteurs de Lugon, 6, av. Louis-Pasteur, 33240 Lugon, Tel. 05.57.55.00.88, Fax 05.57.84.83.16 ✓ ⊺ Mo-Sa 8h30-12h30 14h-18h

CH. MERLIN FRONTENAC 1995

■ 2 ha 12 000 ■ ♦ 30-50F

Sanft in der Ansprache, aber ein wenig »rauh« in der Folge. Dieser Wein, der wirkt, als wäre er direkt aus dem Bett gesprungen, dürfte gut zu rustikalen, kräftigen Gerichten passen, mit denen er es dank der Intensität seines Buketts aufnehmen kann.
☛ SA La Croix Merlin, 2, rte de Guibert, 33760 Frontenac, Tel. 05.56.23.98.49, Fax 05.56.23.97.22 ✓ ⊺ n. V.

CH. MESTE JEAN
Elevé en fût de chêne 1995**

■ 3,2 ha 18 000 ◉ 30-50F

Dieses Gut umfaßt heute 33 ha und widmet dem Bordeaux drei Cuvées. Diese Marke hat sofort verführt : durch seine intensive Farbe zwischen Himbeer- und Granatrot und seinen Duft, der zunächst verschlossen, dann fruchtig (rote Johannisbeeren, Brombeeren) ist. Dieser im Geschmack stattliche, fleischige und geschmeidige Wein überläßt es den verschmolzenen Tanninen, eine angenehme Länge sicherzustellen.
☛ Jacques Cailleux, 33760 Escoussans, Tel. 05.56.23.63.23, Fax 05.56.23.64.21 ✓ ⊺ n. V.

CH. MONDION 1995

■ 3 ha 10 000 ■ ♦ -30F

Keine Entladung, weder im Bukett noch im Geschmack, aber eine gute Ausgewogenheit bei diesem Wein, der Leichtigkeit und Feinheit verbindet.
☛ CBVO, 5, rue Laharpe, 33110 Le Bouscat, Tel. 05.56.42.15.72, Fax 05.56.02.55.85
☛ Vignobles Landeau

CH. MOULIN DE RAYMOND 1995

■ 12 ha 90 000 ■ ♦ 30-50F

Der Alkohol ist zwar im Geschmack noch sehr spürbar, aber dieser lebhafte, kräftig gebaute Wein entfaltet ein angenehmes, fruchtiges Bukett.
☛ Alain et Hervé Faye, SCEA du Ch. Laville, 33450 Saint-Sulpice-et-Cameyrac, Tel. 05.56.30.84.19, Fax 05.56.30.81.45 ✓ ⊺ n. V.

CH. MYLORD 1995*

■ 28 ha 100 000 ■ ♦ -30F

Ein 1763 entstandenes Château. 60 % Merlot in einem klassischen Verschnitt sorgen für die tiefe rubinrote Farbe mit den orangeroten Reflexen und den animalischen Noten, die von einer Pflaumennuance begleitet werden. Im Geschmack enthüllt dieser 95er nach einer sanften Ansprache eine Struktur mit feinen Tanninen und einem Aroma von kleinen roten Früchten. Ein eleganter Wein.
☛ SCEA ch. Mylord, 33420 Grézillac, Tel. 05.57.84.52.19, Fax 05.57.74.93.95 ✓ ⊺ n. V.
☛ Michel et Alain Large

CH. PASQUET 1995*

■ k. A. k. A. ■ ◉ ♦ -30F

Dieses Château befindet sich auf dem Gipfel eines Hügels, von dem man eine herrliche Aussicht auf das obere Benauge hat. Dieser 95er hat eine schöne Erscheinung : Farbe von schwarzen Kirschen und ein Duft, in dem sich reife Früchte und diskrete Vanillenoten ausgleichen. Der ein wenig lebhafte Geschmack stützt sich auf noch junge Tannine, aber die Ausgewogenheit ist gut und der Abgang angenehm.
☛ Vignobles Pernette, 33760 Escoussans, Tel. 05.56.23.45.27, Fax 05.56.23.64.32 ✓ ⊺ n. V.

CLOS DE PELIGON 1995*

■ 7 ha 40 000 ■ ◉ -30F

Traubenlese mit der Hand, Entrappung der Beeren, neun Monate im Gärbehälter, zehn Monate im Barriquefaß - dieser Wein erfährt eine gute Behandlung. Seine strahlende granatrote Farbe, sein ein wenig verschlossener Geruchseindruck, in dem man vor allem reife Früchte sowie ein paar Noten von Zedernholz und zum Schluß leicht pfeffriglakritzartigen Nuancen entdeckt, bestätigen die Richtigkeit dieser aufmerksamen Behandlung. Der Geschmack zeigt sich recht konzentriert ; die noch verdeckte Frucht wird sich mit der Zeit enthüllen, wie die schöne Struktur verspricht.
☛ EARL Vignobles Reynaud, 13, rte de Libourne, 33450 Saint-Loubès, Tel. 05.56.20.47.52 ✓ ⊺ n. V.

Bordeaux

CH. PETIT FREYLON 1995
■　　　k. A.　　20 000　　■ ♦ -30F

Dieser Wein, der ein wenig durch seine Festigkeit überrascht, hat eine schöne blutrote Farbe und ein zurückhaltendes Bukett, bietet aber dennoch eine gute Entfaltung im Geschmack.
🍇 EARL Vignobles Lagrange, Ch. Petit-Freylon, 33760 Saint-Genis-du-Bois, Tel. 05.56.71.54.79, Fax 05.56.71.59.90 ⓥ ⵎ n. V.

PICOT BELLEVUE 1995*
■　　k. A.　　k. A.　　-30F

Dieser Wein mit der schönen karminroten Farbe bietet einen etwas verschlossenen Geruchseindruck, in dem man Noten von Gewürzen, gekochten Früchten und einer pflanzlichen Nuance entdeckt. Im Geschmack ist er ziemlich füllig und fruchtig, mit Lakritzenuancen. Die spürbaren, aber reifen Tannine müssen sich verfeinern. Ein wenig Geduld.
🍇 Cheval Quancard, rue Barbère, 33440 Ambarès, Tel. 05.56.33.80.60, Fax 05.56.33.80.70 ⵎ n. V.

CH. POMIROL LE PIN 1995
■　　8,7 ha　　40 000　　■ ♦ -30F

Dieser sanfte, leichte, rötliche Wein gewinnt seinen Charme aus der Feinheit seines Buketts, in dem zu den Früchten zarte Blütennoten hinzukommen.
🍇 SCEA Ch. Pomirol le Pin, 23, Liloy sud, 33490 Verdelais, Tel. 05.56.62.02.58, Fax 05.56.62.02.58 ⓥ ⵎ n. V.
🍇 Quenehen - Rigout - Collineau

CH. POUCHAUD-LARQUEY 1995*
■　　12 ha　　45 000　　■ ♦ -30F

Dieses Château, das seit 1984 biologische Anbaumethoden verwendet, ist in der letzten Ausgabe des Weinführers für seinen 94er ausgezeichnet worden. Die dunkelgranatrote Farbe des 95ers kündigt den intensiven Duft kandierter roter Früchte an. Die gleiche Note für den 95er Château des Seigneurs de Pommyers.
🍇 Piva Père et Fils, Ch. Pouchaud-Larquey, 33190 Morizès, Tel. 05.56.71.44.97, Fax 05.56.71.44.97 ⵎ n. V.

CH. RAUZAN DESPAGNE 1995**
■　　5 ha　　40 000　　■ ♦ 30-50F

Wein wird hier nicht erst seit gestern angebaut, denn die Reben befinden sich an einem Ort, der schon im 16. Jh. bepflanzt war. Der seit 1990 von seinem gegenwärtigen Besitzer bewirtschaftete Weinberg brilliert hier : Der 95er ist der dritte Jahrgang hintereinander, der von unseren Juroren zum Wahl zum Lieblingswein vorgeschlagen wurde. Aber letztlich haben die drei Sterne desselben Erzeugers (Bel Air Perponcher) gesiegt. Seine sehr schöne rote Farbe ist tief, während der Duft durch seine Noten von konzentrierten roten Früchten verführt. Seine bemerkenswerte Ausgewogenheit im Geschmack ergibt eine gelungene Verbindung zwischen Rundheit und Struktur. Samt und Charme, kurz gesagt : Vergnügen.
🍇 GFA de Landeron, 33420 Naujan-et-Postiac, Tel. 05.57.84.55.08, Fax 05.57.84.57.31 ⵎ n. V.

R. RAUZAN RESERVE 1995**
■　　15 ha　　117 000　　■ ⓘ ♦ 30-50F

Hier eine »genussvolle Réserve«, die vorbehaltlos von unseren Verkostern gewürdigt wurde, die sich von der tiefen granatroten Farbe und dem Duft nach Pfeffer, Lakritze, Vanille und roten Früchten mit leichter Mentholnote erobern ließen. Der harmonische Geschmack bietet einen sehr schönen aromatischen Ausdruck und elegante, verschmolzene Tannine. Ein Wein voller Charme und Zukunft.
🍇 Union de producteurs de Rauzan, 33420 Rauzan, Tel. 05.57.84.13.22, Fax 05.57.84.12.67 ⓥ ⵎ n. V.

CH. ROC LA LONGUERE 1995*
■　　19 ha　　100 000　　■ ♦ -30F

Dieser Wein ist auf einem Familiengut im Herzen des Entre-Deux-Mers erzeugt worden. Er ist bukettreich und kräftig gebaut und versteht es, seine Persönlichkeit durch seine Vollmundigkeit und Tannine zu zeigen, die ihm ein gutes Entwicklungspotential verleihen.
🍇 SCEA Cazade, Saint-Léger-de-Vignague, 33540 Sauveterre-de-Guyenne, Tel. 05.56.71.50.60, Fax 05.56.71.61.58 ⓥ ⵎ n. V.

CH. SAINT-ANTOINE
Vieilli en fût de chêne 1995*
■　　20 ha　　120 000　　ⓘ ♦ 30-50F

Dieser Wein, der von einem mit Merlot (55 %) und Cabernet-Sorten (45 %) bestockten Gut kommt, beweist einen echten Sinn für Ausgewogenheit. Sein runder, sanfter Körper hat den Beitrag des Holzes gut verdaut, ebenso wie das fruchtig-würzige Bukett. Der gutgebaute Gesamteindruck verspricht eine günstige Entwicklung während einer kürzeren Lagerung.
🍇 Vignobles Aubert, Ch. La Couspaude, 33330 Saint-Emilion, Tel. 05.57.40.15.76, Fax 05.57.40.10.14 ⓥ ⵎ n. V.

CH. DE SEIZE 1995*
■　　10 ha　　50 000　　■ ♦ -30F

Dieser recht überraschende Wein vereint eine sehr kräftige, tanninhaltige und körperreiche Struktur mit einer gewissen Rustikalität. Auch wenn sein Bukett die einmütige Zustimmung der Hachette-Jury fand, hat der Geschmack die Juroren gespalten : Einige meinten, daß die Extraktion zu stark gewesen sei, während andere der Ansicht waren, sie hätten einen potentiell großen Wein vor sich. Ein Wein, den man nicht vor vier bis fünf Jahren servieren darf, ideal für den Weinfreund, der keine Angst hat, auf etwas zu wetten.
🍇 SGVG Mähler-Besse, 49, rue Camille-Godard, 33026 Bordeaux Cedex, Tel. 05.56.56.04.30, Fax 05.56.56.04.59 ⓥ ⵎ n. V.

CH. SENAILHAC 1995*
■　　55 ha　　200 000　　■ -30F

Das Gut Senailhac umfaßt 140 ha in einem Stück, von denen 54 ha mit Reben bepflanzt sind. Das auf einer Erhebung inmitten der Rebflächen erbaute Château stammt aus dem frühen 18. Jh. Dieser 95er ist gelungen, aufgrund seiner strahlenden dunkelroten Farbe ebenso wie auf-

BORDELAIS

Bordeaux

grund seines Dufs mit dem lebhaften, fruchtigen Aroma. Der sehr ausgewogene Geschmack ist ebenfalls nicht übel. Die Frucht hält an.
◆┐ SCA du Ch. Sénailhac, 33370 Tresses, Tel. 05.57.34.13.14, Fax 05.57.34.05.60 ⓥ Ⓣ tägl. 8h-12h 13h30-17h30
◆┐ Margnat

SIRIUS 1995*

| ■ | 24 ha | 160 000 | ⅠⅡ | 30-50F |

Eine Marke, die von der Firma Sichel hergestellt und von Pierre Coste in Langon vertrieben wird. Dieser tief rubinrote 95er, der 55 % Merlot enthält, bietet einen diskreten, feinen Duft von kleinen roten Früchten und eine gewisse Fülle im Geschmack, mit einem recht tanninreichen Abgang. Dank seines Körpers kann er sich gut entwickeln.
◆┐ Sté Sichel, 19, quai de Bacalan, 33300 Bordeaux, Tel. 05.56.11.16.60, Fax 05.56.50.54.21

CH. TERTRE DE CASCARD 1995

| ■ | 5,07 ha | 40 000 | ■ ⌘ | -30F |

Ein je zur Hälfte mit Merlot und Cabernet-Sorten bestocktes Gut für einen Wein, der aufgrund seines Überreifearomas untypisch, aber wegen seines Stoffs interessant ist.
◆┐ SCEA Tobler et Fils, Ch. La Michelière, Lieu-dit Le Bourdieu, 33240 Saint-Romain-la-Virvée, Tel. 05.57.58.16.39, Fax 05.57.58.15.16 ⓥ Ⓣ n. V.

CH. TOUR DE BIGORRE 1995*

| ■ | 33,48 ha | 288 000 | ■ ⌘ | -30F |

Klare, strahlende Farbe zwischen Blut- und Granatrot. Ausdrucksvoller, fruchtiger Duft mit Gewürz- und Lakriznoten. Im Geschmack ist dieser Wein ein wenig verschlossen, aber er zeigt sich rund und füllig aufgrund seiner fast seidigen Tannine. Die Struktur ist vorhanden. Er gefällt heute und auch morgen.
◆┐ GAEC de Bigorre, Bigorre, 33540 Mauriac, Tel. 05.56.71.52.44, Fax 05.56.71.52.44

CH. TOUR DE MIRAMBEAU 1995**

| ■ | 10 ha | 80 000 | ■ ⌘ | 30-50F |

Dieser Cru, ein Bruder von Bel Air Perponcher, dessen Wein in diesem Jahr Lieblingswein ist, bietet mit dem sehr vielversprechenden 95er einen großen Wein. Sein interessantes Bukett verbindet kandierte Früchte und Blumen.
◆┐ SCEA des Vignobles Despagne, 33420 Naujan-et-Postiac, Tel. 05.57.84.55.08, Fax 05.57.84.57.31 Ⓣ n. V.

CH. TOUR SERVAN 1995*

| ■ | 16 ha | 100 000 | ■ ⌘ | -30F |

Dieser Wein, der von einem Cru in Saint-Hilaire-du-Bois erzeugt und von der Firma Calvet vertrieben wird, ist sanft, körperreich und ausgewogen, mit einem sich entfaltenden Bukett mit hübschen Noten von roten Früchten.
◆┐ Calvet SA, 75, cours du Médoc, B.P. 11, 33028 Bordeaux Cedex, Tel. 05.56.43.59.00, Fax 05.56.43.17.78
◆┐ Mayer

CH. TURCAUD 1995*

| ■ | 18 ha | k. A. | ■ ⅠⅡ ⌘ | 30-50F |

Dieses auf einem Boden mit Kieseln und Kiessand liegende Gut ist überwiegend mit Cabernet-Reben bepflanzt, was in diesem Teil des Bordelais bemerkenswert ist. Dieser purpurrote 95er mit den violetten Reflexen bietet einen etwas zurückhaltenden Duft von gekochten und kandierten Früchten sowie Gewürzen. Im Geschmack entwickelt sich dieser Wein zu einer Struktur von reifen, verschmolzenen Tanninen hin, mit einem Aroma von Steinfrüchten und Gewürzen. Schöner Abgang.
◆┐ EARL Vignobles Robert, Ch. Turcaud, 33670 La Sauve-Majeure, Tel. 05.56.23.04.41, Fax 05.56.23.35.85 Ⓣ n. V.

CH. DE VAURE 1995

| ■ | 21 ha | 100 000 | ■ | -30F |

Dieser Wein hätte mehr Komplexität zeigen können, aber er besitzt einen Bau und ein Bukett (rote Früchte, Gewürze), die ihn interessant machen und es ihm ermöglichen dürften, sich gut zu entwickeln.
◆┐ Producteurs réunis Chais de Vaure, 33350 Ruch, Tel. 05.57.40.54.09, Fax 05.57.40.70.22 ⓥ Ⓣ Mo-Sa 8h30-12h30 14h-18h

CH. VIEILLE TOUR 1995

| ■ | 12 ha | 20 000 | ■ ⌘ | -30F |

Unterholz, schwarze Johannisbeeren, Karamel, aber auch Fülle, Ausgewogenheit, Länge ...
◆┐ Arlette Gouin, 1, Lapradiasse, 33410 Laroque, Tel. 05.56.62.61.21, Fax 05.56.76.94.18 ⓥ Ⓣ n. V.

CH. VIGNOL 1995*

| ■ | 25 ha | 120 000 | ■ ⌘ | -30F |

Dieser im Aussehen angenehme Wein, der nach frischen roten Früchten duftet, ist recht typisch aufgrund seiner Tannine, die spürbar, aber sanft sind, und seiner Ausgewogenheit. Er ist dank seiner Rundheit schon gefällig und wird zweifellos in zwei bis drei Jahren sehr interessant sein.
◆┐ Bernard et Dominique Doublet, Ch. Vignol, 33750 Saint-Quentin-de-Baron, Tel. 05.57.24.12.93, Fax 05.57.24.12.83 ⓥ Ⓣ n. V.

CLOS VIROLLE 1995

| ■ | 2,5 ha | 12 000 | ■ ⌘ | 30-50F |

Der Bordeaux dieses Erzeugers in Fronsac. Die solide Tanninstruktur seines 95ers hält, was die tiefe Farbe zwischen Violett und Granatrot verspricht. Dieser noch ein wenig strenge Wein muß zwei bis drei Jahre altern.
◆┐ Michel Ponty, Les Chais du Port, 33126 Fronsac, Tel. 05.57.51.29.57, Fax 05.57.74.08.47 ⓥ Ⓣ n. V.

Bordeaux Clairet

CLAIRET DE BALLAN 1996*

| | 0,5 ha | 4 200 | ■ ♦ -30F |

Die Puristen werden die für einen Clairet ein wenig leichte Farbe bedauern. Aber dies ist kein Grund, um die Frische und die Fruchtigkeit dieses sympathischen Weins mit dem nachhaltigen Abgang zu verschmähen.
•🖅 Vignobles Chaigne et Fils, Ch. Ballan-Larquette, 33540 Saint-Laurent-du-Bois, Tel. 05.56.76.46.02, Fax 05.56.76.40.90 ☑ ⏧ n. V.

CH. DU BROUSTARET 1996*

| | 0,4 ha | 2 900 | ■ -30F |

Dieser aufgrund seiner Farbe recht typische Clairet ist in seiner aromatischen Entfaltung ein wenig zurückhaltend. Aber dank seiner Feinheit, seiner Ausgewogenheit und seiner leichten, jedoch recht spürbaren Tannine können Sie ihn reifen lassen.
•🖅 SCEA Guillot de Suduiraut, Ch. du Broustaret, 33410 Rions, Tel. 05.56.76.93.15, Fax 05.56.76.93.73 ☑ ⏧ n. V.
•🖅 Brunet

CH. LA CROIX D'ANTONNE 1996*

| | 2 ha | 6 000 | ■ ♦ -30F |

Ein hübsches fruchtiges Bukett mit frühlingshaften Düften (Erdbeeren, Himbeeren) und einer Note von blühenden Orangenbäumen. Eine solide Struktur, die füllig, fleischig und elegant ist und durch gute, wohlausgewogene Tannine unterstützt wird. Dieser Wein besitzt alle notwendigen Qualitäten, um einen angenehmen Augenblick im Freundeskreis zu begleiten.
•🖅 Bernard Bouchon, Le Mongeat, 33420 Génissac, Tel. 05.57.24.47.55, Fax 05.57.24.41.21

CH. LA GONTRIE 1996

| | 1,5 ha | 12 000 | ■ ♦ -30F |

Dieser weder zu rosarote noch zu rote Wein hat das richtige Gespür für Nuancen, der für einen Clairet angemessen ist. Das Bukett ist ein wenig diskret, aber sympathisch aufgrund seiner hübschen Blütennoten. Im Geschmack entdeckt man eine schöne Ausgewogenheit und Frische.
•🖅 Jean-Louis Rives, Ch. La Gontrie, 33880 Saint-Caprais, Tel. 05.56.21.34.21, Fax 05.56.21.30.15 ☑ ⏧ n. V.

CH. LA LANDE DE TALEYRAN 1996**

| | k. A. | k. A. | -30F |

Dieser im Herzen der Appellation, direkt gegenüber der *Maison de la qualité*, erzeugte Wein macht den Bordeaux Clairets Ehre. Er kündigt sofort seinen typischen Charakter durch eine lebhaft rote Farbe an. Darauf folgen ein ebenso kräftiges wie vollkommenes Bukett mit schönen Noten von englischen Fruchtdrops und ein sanfter, fülliger, gut strukturierter Geschmack, der aromatisch (Bananen) und wohlausgewogen ist. Ein schönes Beispiel für einen leichten Rotwein, den man zu weißem Fleisch servieren kann.

•🖅 GAEC La Lande de Taleyran, Bourg de Beychac et Cailleau, 33750 Saint-Germain-du-Puch, Tel. 05.56.72.98.93, Fax 05.56.72.81.94 ☑ ⏧ n. V.
•🖅 Ph. Archambaud et J. Burliga

CH. DE L'ESPLANADE 1996**

| | k. A. | k. A. | -30F |

Dieser Wein kommt von den Hängen der Garonne, dem Lieblingsanbaugebiet der Clairets. Er ist recht typisch mit einem Bukett von Himbeeren und englischen Fruchtdrops und einem lebhaften, sanften, fruchtigen, stattlichen Geschmack.
•🖅 Patrick Bayle, Ch. Plaisance, 33550 Capian, Tel. 05.56.72.15.06, Fax 05.56.72.13.40 ☑ ⏧ n. V.

CH. LE TREBUCHET De Berger 1996**

| | 1 ha | 7 000 | ■ ♦ -30F |

Dieser Wein hat eine schöne Farbe mit granatroter Schattierung und zeigt seine Persönlichkeit durch eine aromatische Note von Erdbeerkonfitüre. Er wird sich ziemlich rasch entwickeln, aber er wird dennoch besonders angenehm sein, um damit die schönen Herbstwochenenden zu feiern.
•🖅 Bernard Berger, Le Trébuchet, 33190 Les Esseintes, Tel. 05.56.71.42.28, Fax 05.56.71.30.16 ☑ ⏧ Mo-Sa 8h-12h 14h-18h

CH. MALROME 1996

| | 20 ha | 4 300 | ⏧⏧ 30-50F |

Dieser aufgrund seines Ausbaus im Holzfaß ein wenig überraschende Wein ist interessant wegen seines blumigen, vanilleartigen Dufts und des seidigen Charakters seines Geschmacks mit dem Erdbeeraroma und einer verschmolzenen Holznote.
•🖅 SCEA Malromé, 33490 Saint-André-du-Bois, Tel. 05.56.76.44.92, Fax 05.56.76.46.18 ☑ ⏧ n. V.
•🖅 Ph. Decroix

JEAN MEDEVILLE ET FILS 1996

| | 6 ha | 40 000 | ■ ♦ -30F |

Auch wenn dieser Wein nicht den Namen eines Cru trägt, ist er durchaus ein Cru, denn er wird aus dem Traubengut von Weinbergen erzeugt, die diesem Händler selbst gehören. Das Ergebnis ist nicht außergewöhnlich, aber recht ordentlich, mit einem angenehmen, fruchtigen Bukett und einem guten Körper.
•🖅 SCEA Jean Médeville et Fils, Ch. Fayau, 33410 Cadillac, Tel. 05.57.98.08.08, Fax 05.56.62.18.22 ☑ ⏧ tägl. 8h30-12h 14h-18h

Bordeaux sec

CH. PENIN 1996*

| ◢ | k. A. | 30 000 | ■ -30F |

Wie gewohnt bietet uns Patrick Carteyron einen schönen Clairet. Dieser 96er ist recht typisch aufgrund seiner Farbe, und er ist es auch aufgrund seines Buketts (Erdbeeren und Himbeeren) und seines Baus : sanft, fleischig, füllig und lang.
☛ SCEA P. Carteyron, Ch. Penin,
33420 Génissac, Tel. 05.57.24.46.98,
Fax 05.57.24.41.99 Ⓥ ℐ Mo-Fr 9h30-12h 14h30-18h30 ; Sa 9h-12h ; 20.-30. Aug. geschlossen

CH. PREVOST 1996*

| ◢ | k. A. | 60 000 | ■♦ -30F |

Dieser Clairet, der zur breiten Palette der von Elisabeth Garzaro erzeugten Weine gehört. verbindet ein Bukett, das ansprechende Erdbeernoten enthält, mit einem Geschmack, der aufgrund seiner Frische, seiner Fruchtigkeit und seines Körpers angenehm ist.
☛ Elisabeth Garzaro, Ch. Le Prieur,
33750 Baron, Tel. 05.56.30.16.16,
Fax 05.56.30.12.63 ℐ n. V.

Bordeaux sec

BEAU-MAYNE 1996*

| ☐ | k. A. | k. A. | ■♦ -30F |

Die für ihre Weißweine berühmte Firma Dourthe rechtfertigt ihr Ansehen mit diesem 96er. Er ist gut gebaut : füllig, rund und frisch. Aber seine Persönlichkeit zeigt er noch mehr durch seinen aromatischen Ausdruck mit einer schönen Komplexität (englische Fruchtdrops und Blumen), die sich bei der Belüftung entfaltet. Die Cuvée du Centenaire Sauvignon, die ausschließlich von Kressmann, einer anderen Firma des CVBG, vertrieben wird und deren hinreißendes Etikett eine Grafik von Barthélémy Gueret wiedergibt, hat ebenfalls einen Stern erhalten, der Nr. 1 von Dourthe eine lobende Erwähnung.
☛ Dourthe, 35, rue de Bordeaux,
33290 Parempuyre, Tel. 05.56.35.53.00,
Fax 05.56.35.53.29 Ⓥ ℐ n. V.

CH. BEL AIR 1996**

| ☐ | k. A. | k. A. | ■♦ 30-50F |

Wer Jean-Louis Despagne kennt, wird nicht erstaunt sein über die Qualität dieses Weins. Er ist vielversprechend aufgrund seiner hübschen gelben Farbe mit den goldenen Reflexen und seines intensiven, komplexen Buketts (Mangos, Passionsfrüchte, Akazienblüten und diskreter Holzton) und entfaltet eine schöne Struktur. Dieser sanfte, rund aromatische Wein von guter Fülle ist schon angenehm, aber er kann sich während der kommenden zwei bis drei Jahre günstig entwickeln.
☛ GFA de Perponcher, Ch. Bel Air,
33420 Naujan et Postiac, Tel. 05.57.84.55.08,
Fax 05.57.84.57.31 ℐ n. V.

BLASON TIMBERLAY Sauvignon 1996*

| ☐ | k. A. | 250 000 | ■ -30F |

Dieser Markenwein stammt aus Weinbergen, die mit Sauvignon bepflanzt sind. Er ist sehr angenehm, insbesondere aufgrund seines feinen, komplexen Buketts. Er versteht es, seine fruchtigen und muskatähnlichen Noten auszuspielen, um die Aufmerksamkeit des Verkosters zu erregen.
☛ SA Robert Giraud, Dom. de Loiseau,
33240 Saint-André-de-Cubzac,
Tel. 05.57.43.01.44, Fax 05.57.43.08.75

CHAI DE BORDES 1996*

| ☐ | k. A. | k. A. | ■ -30F |

Dieser von der Firma Cheval Quancard in Ambarès vorgestellte trockene Bordeaux hat eine gute Haltung. Der füllige, lebhafte, ausgewogene Geschmack löst auf angenehme Weise ein ausdrucksstarkes Bukett (Pampelmusen, Passionsfrüchte, Buchsbaum) ab. Der Cellier de Bordes, eine andere Marke desselben Händlers, hat ebenfalls einen Stern erhalten.
☛ Cheval Quancard, rue Barbère,
33440 Ambarès, Tel. 05.56.33.80.60,
Fax 05.56.33.80.70 ℐ n. V.

CH. BOURDICOTTE 1996*

| ☐ | 9,95 ha | 100 000 | ■♦ 30-50F |

Dieser Wein kommt aus dem Entre-Deux-Mers, einem Gebiet, das auf Weißwein spezialisiert ist. Er zeigt sich seiner Herkunft gewachsen. Klare Farbe mit funkelnden Reflexen, Bukett mit den harmonischen Nuancen von exotischen Früchten und Zitrusfrüchten - die Erscheinung ist gelungen. Der frische, sanfte, lebhafte, füllige Geschmack ist aromatisch und gut strukturiert. Der im Holzfaß ausgebaute Château Moulin de Bourdicotte hat ebenfalls einen Stern erhalten. Er ist gut gemacht.
☛ SCEA Rolet Jarbin, Dom. de Bourdicotte,
33790 Cazaugitat, Tel. 05.56.61.32.55 Ⓥ ℐ n. V.

CALVET RESERVE 1996

| ☐ | k. A. | k. A. | ■♦ -30F |

Eine für den Export bestimmte Marke. Dieser Wein ist angenehm aufgrund seiner Frische, seiner Rundheit, seines fülligen und aromatischen Charakters sowie seiner Präsenz.
☛ Calvet SA, 75, cours du Médoc, B.P. 11,
33028 Bordeaux Cedex, Tel. 05.56.43.59.00,
Fax 05.56.43.17.78

CLOS DES CAPUCINS 1996*

| ☐ | 6 ha | 46 000 | ■♦ -30F |

Ein Cru, der dem Handelshaus Médeville in Cadillac gehört. Dieser in seinem aromatischen Ausdruck stark durch 95 % Sauvignon beeinflußte 96er ist ein wenig lebhaft, ohne daß das aber seine Ausgewogenheit stören würde. Frisch und leicht, ein hübscher Wein von guter Haltung.

Bordeaux sec

➥ SCEA Jean Médeville et Fils, Ch. Fayau, 33410 Cadillac, Tel. 05.57.98.08.08, Fax 05.56.62.18.22 ■ ⊥ tägl. 8h30-12h 14h-18h

CH. DU CHARRON 1996*

| ☐ | 7,87 ha | 50 660 | ■ ♦ -30F |

Dieser Cru, der im Besitz von Gérard Césard ist, wird in der Genossenschaftskellerei von Rauzan vinifiziert. Eine Entscheidung, die dieser 96er vollauf rechtfertigt. Er zeugt in seiner aromatischen Entfaltung (Blüten) im Bukett ebenso wie im Geschmack von echter Eleganz. Die Struktur ist angenehm, ohne daß sie soviel Feinheit bieten würde.
➥ Union de producteurs de Rauzan, 33420 Rauzan, Tel. 05.57.84.13.22, Fax 05.57.84.12.67 ■ ⊥ n. V.

CORDIER Collection privée 1996

| ☐ | k. A. | k. A. | ■ -30F |

Die Fetischmarke von Cordier, die man in allen Regalen der Supermärkte findet. Dieser Wein ist diskret, aber gefällig aufgrund seines Buketts (Bananen und Pampelmusen) wie auch seines lebhaften, frischen Geschmacks.
➥ Domaines Cordier, 53, rue du Dehez, 33290 Blanquefort, Tel. 05.56.95.53.00, Fax 05.56.95.53.01

CH. DU CROS 1995

| ☐ | k. A. | k. A. | ■ -30F |

Obwohl sich dieses Gut vor allem den süßen Weinen (Loupiac) zuwendet, bietet es weitere Weintypen, darunter diesen schlichten, aber gutgebauten 95er mit einem Bukett, das auf glückliche Weise den Beitrag des Holzes mit den Früchten vereint.
➥ SA des Vignobles Boyer, Ch. du Cros, 33410 Loupiac, Tel. 05.56.62.99.31, Fax 05.56.62.12.59 ⊥ Mo-Fr 8h-12h 14h-18h ; Sa, So n. V.

CH. DALIOT 1996

| ☐ | 10 ha | 45 000 | ■ ♦ -30F |

Der Sauvignon, der 60 % der Bestockung ausmacht, läßt im Bukett dieses 96ers durch eine Buchsbaumnote seinen Einfluß deutlich spüren. Der sanfte, lebhafte, ausgewogene Geschmack ist in seiner Schlichtheit gefällig. Der 96er Château Le Relais de Cheval Blanc hat ebenfalls eine lobende Erwähnung erhalten.
➥ Dulong Frères et Fils, 29, rue Jules-Guesde, B.P. 133, 33270 Floirac, Tel. 05.56.86.51.15, Fax 05.56.40.84.97

CH. DOISY-DAENE 1995**

| ☐ | k. A. | k. A. | ■ 70-100F |

Dieser aus Barsac kommende 95er ist unter den besten Vorzeichen geboren. Er konnte davon profitieren, wie seine aromatische Intensität und seine Ausgewogenheit zwischen Fülle und Lebhaftigkeit zeigen. Ein Wein von großer Klasse.

➥ EARL P. et D. Dubourdieu, Ch. Doisy-Daëne, 33720 Barsac, Tel. 05.56.27.15.84, Fax 05.56.27.18.99 ■ ⊥ n. V.

DUBROCA PRESTIGE
Cuvée spéciale 1996*

| ☐ | k. A. | 30 000 | ■ ♦ -30F |

Dieser Markenwein, eine »Sondercuvée«, wie ihr Name anzeigt, zeichnet sich durch ihre Eleganz aus. Ob es nun im Bukett (wo sich exotische Früchte entladen) oder im Geschmack ist - man spürt hin zum Abgang ein Streben nach Feinheit und Harmonie. Der Fleur de Luze, eine Sondercuvée von De Luze, einer anderen Firma des GVG, hat ebenfalls einen Stern erhalten.
➥ GVG Louis Dubroca, Dom. du Ribet, B.P. 59, 33450 Saint-Loubès, Tel. 05.57.97.07.20, Fax 05.57.97.07.27 ⊥ n. V.

CUVEE D'ALBAN DULONG 1996*

| ☐ | k. A. | 30 000 | ■ -30F |

Dieser Wein, eine Marke des Weinhändlers Dulong, hat eine schöne hellgelbe Farbe und läßt ein zartes Bukett mit sehr ansprechenden Noten von exotischen Früchten und Faßholz erkennen. Im Geschmack trägt der Holzton, der ebenfalls spürbar und gut verschmolzen ist, zum sanften, wohlausgewogenen Gesamteindruck bei.
➥ Dulong Frères et Fils, 29, rue Jules-Guesde, B.P. 133, 33270 Floirac, Tel. 05.56.86.51.15, Fax 05.56.40.84.97 ■

MAITRE D'ESTOURNEL 1996**

| ☐ | k. A. | k. A. | ■ 30-50F |

Wenn dieser Wein durch seinen Namen seine Verwandtschaft mit dem berühmten Cru classé in Saint-Estèphe zeigt, so erweist er sich aufgrund seiner Qualität dessen würdig. Er ist wirklich klassisch mit seiner blaßgelben, golden funkelnden Farbe und entfaltet ein üppiges Bukett, in dem die Buchsbaumnoten den Einfluß des Sauvignon verraten. Im Geschmack enthüllt sich ein guter Körper : füllig, rund, stattlich, lang und wohlausgewogen.
➥ SA Dom. Prats, Cos d'Estournel, 33180 Saint-Estèphe, Tel. 05.56.73.15.50, Fax 05.56.59.72.59 ■

CH. FRERE 1996

| ☐ | 1 ha | 4 200 | ■ ■ ♦ -30F |

Obwohl dieses große Gut auf die Premières Côtes de Bordeaux spezialisiert ist, besitzt es eine

BORDELAIS

Bordeaux sec

kleine Produktion trockener Weißweine. Sein nicht sehr intensiver, aber in seinem aromatischen Ausdruck recht komplexer 96er ist gefällig aufgrund seiner Fülle und seiner Frische. Der Château Saint-Pierre la Mitre, der nicht im Barriquefaß ausgebaut worden ist, wurde ebenfalls berücksichtigt. Er ist frisch und bietet in einem angenehmen Bukett Buchsbaum, Honig und Blüten.
◦┐SCA Ch. de Haux, 33550 Haux,
Tel. 05.56.23.35.07, Fax 05.56.23.25.29 ☑ ⍑ n. V.

BLANC DE GRAND RENOUIL 1996**

| | 0,65 ha | 4 200 | ⑾ | 70-100F |

Dieser Wein kommt von einem winzigen Weinberg und wird in recht geringer Stückzahl erzeugt. Aber er ist wirklich interessant. Die Farbe ist zwar nicht überschwenglich, aber das Bukett hält hübsche Überraschungen bereit : Mandarinen, kandierte Orangen, Vanille. Seine Eleganz findet man im Geschmack wieder, in dem man einen guten Stoff, Komplexität und eine schöne Ausgewogenheit entdeckt. Diese sehr gelungene Cuvée muß zwei Jahre lagern.
◦┐Michel Ponty, Les Chais du Port,
33126 Fronsac, Tel. 05.57.51.29.57,
Fax 05.57.74.08.47 ☑ ⍑ n. V.

GRANGENEUVE Sauvignon 1996**

| | 26 ha | 13 000 | ■↓ | -30F |

Dieser von der Kellerei von Romagne präsentierte Wein hinterläßt beim Verkoster eine angenehme Empfindung von Feinheit und Harmonie. Diese entsteht durch die Aufeinanderfolge einer sehr klaren Farbe, eines kräftigen, komplexen und verführerischen Buketts (Pfirsiche, Zitronen, Passionsfrüchte), eines stattlichen Geschmacks und eines langen, aromatischen Abgangs.
◦┐Cave coop. de Grangeneuve,
33760 Romagne, Tel. 05.57.97.09.40,
Fax 05.57.97.09.41 ☑ ⍑ Di-Sa 8h-12h 14h-17h

CH. GREYSAC 1996***

| | 2 ha | 5 200 | ⑾ | 30-50F |

Wie viele Weißweine aus dem Médoc zeigt dieser hier, daß ein erstklassiges Anbaugebiet und eine gewissenhafte Vinifizierung (Vergärung im Barriquefaß und Ausbau auf der Hefe) hatte. Das durch die Sauvignon-Rebe geprägte Bukett ist kräftig und komplex. Der runde, füllige, stattliche, ausgewogene Geschmack verbindet Reichhaltigkeit und Feinheit.
◦┐Dom. Codem SA, Ch. Greysac,
33340 Bégadan, Tel. 05.56.73.26.56,
Fax 05.56.73.26.58 ☑ ⍑ n. V.

CH. HAUT-GARRIGA 1996*

| | 10 ha | 10 000 | ■↓ | -30F |

Diese numerierte Cuvée, eine Auslese des Besitzers, kann ihre Lebhaftigkeit zeigen, ohne aggressiv zu wirken. Das Blütenbukett erinnert an Ginster und Buchsbaum und erweckt einen gefälligen Eindruck, den man im Geschmack wiederfindet. Ein sehr gelungener Wein.
◦┐EARL Vignobles C. Barreau et Fils, Garriga, 33420 Grézillac, Tel. 05.57.74.90.06,
Fax 05.57.74.96.63 ☑ ⍑ Mo-Sa 8h-12h 14h-18h

CH. HAUT REYGNAC 1996**

| | k. A. | 10 000 | ■↓ | -30F |

Die Vignobles Menguin, die auch Entre-Deux-Mers-Weine erzeugen, zeigen hier ihr Können mit einem sehr typischen Wein. Das Bukett steht aufgrund des Einflusses des Sémillon in der Bordeaux-Tradition, während sich im Geschmack ein köstlicher Gesamteindruck enthüllt, den seine Sanftheit, seine Rundheit und seine Frische überaus ansprechend machen.
◦┐SCEA des Vignobles Menguin, 194, Gouas, 33760 Arbis, Tel. 05.56.23.61.70,
Fax 05.56.23.49.79 ☑ ⍑ n. V.

CELLIER DE LA BASTIDE
Sauvignon 1996*

| | k. A. | 20 000 | ■↓ | -30F |

Dieser Wein, eine Marke der Genossenschaft von Sauveterre, enthüllt seine Feinheit im Bukett, das sich bei der Belüftung zu Noten von Pampelmusen öffnet. Nach einer sehr sanften Ansprache betont der Geschmack die Eleganz und hinterläßt beim Verkoster die Erinnerung an einen ausgewogenen, harmonischen Gesamteindruck.
◦┐Cellier de La Bastide, Cave coop. vinicole, 33540 Sauveterre-de-Guyenne,
Tel. 05.56.61.55.21, Fax 05.56.71.60.11 ☑
⍑ Mo-Sa 9h-12h15 13h30-18h15

CH. LABATUT-BOUCHARD
Sauvignon 1996*

| | 7 ha | k. A. | ■↓ | -30F |

Dieser Wein kommt aus dem Gebiet der Premières Côtes. Er ist ein wenig zurückhaltend in seinem aromatischen Ausdruck, aber es mangelt ihm nicht an Reizen, insbesondere aufgrund der Ausgewogenheit zwischen der Fülle, der Rundheit und der Frische.
◦┐SCEA des Vignobles Bouchard, Ch. Labatut-Bouchard, 33490 Saint-Maixant,
Tel. 05.56.62.02.44, Fax 05.56.62.09.46 ☑
⍑ Mo-Fr 9h-12h30 13h30-19h ; Sa, So n. V.

CH. DE LABORDE 1996**

| | 13 ha | 25 000 | ■↓ | -30F |

Ein schöner Erfolg beim 96er für die Kellerei von Espiet mit einem Wein, der seinen guten Ruf bestärkt - erneut Wahl zum Lieblingswein. Sauvignon (100 %) verpflichtet : Das Bukett ist sehr ausdrucksstark. Der in der Ansprache lebhafte Geschmack entwickelt sich dann zu einer frischen, fülligen, vollen aromatischen Entfaltung hin, mit Zitronennoten, die an bestimmte Düfte des Buketts erinnern.

Bordeaux sec

Château de Laborde, BORDEAUX, 1996

🕭 Union de producteurs Baron d'Espiet, Lieudit Fourcade, 33420 Espiet, Tel. 05.57.24.24.08, Fax 05.57.24.18.91 ☑ ⏺ n. V.
🕭 Alain Duc

LABOTTIERE 1996*

| ☐ | k. A. | k. A. | 🍾 🍷 -30F |

Obwohl dieses Etikett den Namen eines echten Schlosses trägt, das unter Denkmalschutz steht und sich in der Stadt Bordeaux befindet, gehört es zu einem Markenwein. Dennoch ähnelt es dem Gebäude aufgrund seines Sinns für Ausgewogenheit. Im Bukett findet man Früchte und Blüten neben Zitrusfrüchten und Vanille, während sich im Geschmack das Volumen und die Fülle gut mit der Lebhaftigkeit vertragen, so daß ein harmonischer Gesamteindruck entsteht.
🕭 Ets D. Cordier, 53, rue du Dehez, 33290 Blanquefort, Tel. 05.56.95.53.00, Fax 05.56.95.53.01

LABUZAN Sauvignon 1996*

| ☐ | k. A. | 45 000 | -30F |

Auf dem Etikett steht Dominique Labuzan, Händler. Es handelt sich nämlich um die Marke eines Weinhändlers aus Saint-André de Cubzac, André Quancard-André. Dieser bukettreiche Wein (exotische Früchte, Mangos und Zitronen) entfaltet sich angenehm im Geschmack, wo er sich voll, füllig und fein zeigt.
🕭 André Quancard-André, rue de la Cabeyre, 33240 Saint-André-de-Cubzac, Tel. 05.57.33.42.42, Fax 05.57.33.01.71

CH. LA GONTRIE 1996

| ☐ | 2 ha | 6 800 | 🍾 🍷 -30F |

Auch wenn es diesem Wein ein wenig an Fülle mangelt, ist er interessant aufgrund seiner aromatischen Entfaltung, die sehr wirkungsvoll Zitrusfrüchte und Blumen (Veilchen) verbindet.
🕭 Jean-Louis Rives, Ch. La Gontrie, 33880 Saint-Caprais, Tel. 05.56.21.34.21, Fax 05.56.21.30.15 ☑ ⏺ n. V.

CH. LA MONGIE 1996*

| ☐ | 9 ha | k. A. | 🍾 🍷 -30F |

Dieser Wein bringt seine Persönlichkeit zwar nicht sehr stark zum Ausdruck, aber er schmeckt angenehm, wenn man ihn jung trinkt, weil man dann voll von seiner Fülle, seiner Rundheit und seiner fruchtigen Seite profitiert.
🕭 GFA de La Mongie, La Mongie, 33240 Vérac, Tel. 05.57.84.37.08, Fax 05.57.74.38.12 ☑ ⏺ n. V.
🕭 P. et C. Blouin

CH. LAMOTHE VINCENT 1996**

| ☐ | k. A. | 40 000 | 🍾 🍷 -30F |

Dieser im Herzen des Entre-Deux-Mers erzeugte Wein zeigt sich in seinem Aussehen ein wenig diskret. Doch dann entfaltet er ein freigebiges Bukett, das recht typisch im Sauvignon-Stil ist, und einen sanften, köstlichen Geschmack, der in der gleichen aromatischen Linie wie das Bukett steht.
🕭 SC Vignobles JBC Vincent, 33760 Montignac, Tel. 05.56.23.96.55, Fax 05.56.23.97.72 ☑ ⏺ n. V.

CH. LA TUQUE 1996*

| ☐ | k. A. | 85 000 | 🍾 🍷 -30F |

Ein Gut, dessen Trauben seit 1993 von Calvet vinifiziert werden. Dieser Cru präsentiert einen 95er mit einem etwas diskreten Bukett, der sich aber im Geschmack fein und elegant entwickelt, mit Rundheit, Frische, Fülle und einem eleganten Blütenaroma.
🕭 Calvet SA, 75, cours du Médoc, B.P. 11, 33028 Bordeaux Cedex, Tel. 05.56.43.59.00, Fax 05.56.43.17.78

DOM. DE LAUBERTRIE 1996*

| ☐ | 6 ha | 9 000 | 🍾 🍷 -30F |

Dieser 96er, die Frucht einer langen Tradition der Produktion von trockenem Weißwein, duftet blumig und fruchtig zugleich (Buchsbaum und weißfleischige Pfirsiche) und ist frisch und wohlausgewogen. Er ist gefällig und trinkt sich leicht.
🕭 Bernard Pontallier, Laubertrie, 33240 Salignac, Tel. 05.57.43.24.73, Fax 05.57.43.49.25 ☑ ⏺ n. V.

CH. DE L'AUBRADE 1996

| ☐ | 5 ha | k. A. | 🍾 🍷 -30F |

Die Lobes, die seit langer Zeit im Entre-Deux-Mers leben, bieten hier einen sanften, leichten Wein, der eine gute Ausgewogenheit finden und einen angenehmen Blütenduft entfalten kann.
🕭 EARL Jean-Pierre et Paulette Lobre, Ch. de l'Aubrade, 33580 Rimons, Tel. 05.56.71.55.10, Fax 05.56.71.61.94 ☑ ⏺ n. V.

CH. LE GRAND MOULIN
Sauvignon 1996*

| ☐ | 2 ha | 16 000 | 🍾 🍷 -30F |

Dieser Wein stammt aus einem kleinen, mit Sauvignon bepflanzten Weinberg und ist dadurch in seinem Bukett geprägt, in dem auf blumige und fruchtige Noten stößt. Die füllige, lebhafte, lange Struktur erweckt einen angenehmen Gesamteindruck. Er wird sich vielseitig bei Tisch wie auch außerhalb der Mahlzeiten verwenden lassen.
🕭 GAEC du Grand Moulin, La Champagne, 33820 Saint-Aubin-de-Blaye, Tel. 05.57.32.62.06, Fax 05.57.32.73.73 ☑ ⏺ tägl. 9h-12h 14h-19h

CH. DE L'ENCLOS Sauvignon 1996

| ☐ | 1,5 ha | 10 000 | 🍾 🍷 -30F |

Dieser in der Kellerei von Blasimon hergestellte Wein ist einfach und leicht, aber von guter Haltung, mit einem angenehmen aromatischen Ausdruck und einer gefälligen Gesamtausgewogenheit.

BORDELAIS

Bordeaux sec

•┐ Coop. de Blasimon, 33540 Blasimon,
Tel. 05.56.71.55.28, Fax 05.57.71.59.32 ✓ ⊥ n. V.
•┐ Farges et Fils

CH. LION BEAULIEU 1996

| ☐ | k. A. | k. A. | 🍴 | 30-50F |

Auch wenn sich dieser Wein im Abgang Ende März ein wenig hart zeigte, versteht er es doch, verführerisch zu bleiben mit einem frischen, frühlingshaften Aroma, Länge und einer guten allgemeinen Ausgewogenheit. Er dürfte sich bis zum Herbst gut entwickelt haben.

•┐ GFA de Lyon, 33420 Naujan et Postiac,
Tel. 05.57.84.55.08, Fax 05.57.84.57.31 ⊥ n. V.

MICHEL LYNCH 1996*

| ☐ | k. A. | 150 000 | 🍴 | 50-70F |

Der weiße Bordeaux von Jean-Michel Cazes (Lynch Bages). Er ist zurückhaltend in seinem aromatischen Ausdruck und gewinnt an Fülle im Geschmack, wo er sich frisch, lebhaft und wohlausgewogen zeigt.

•┐ Compagnie Médocaine des Grands Crus, ZI 7, rue Descartes, 33290 Blanquefort,
Tel. 05.56.95.54.95, Fax 05.56.95.54.85

CH. MALAGAR 1996*

| ☐ | 7,5 ha | 49 000 | 🍷 | -30F |

Dieser Wein kommt von dem alten Gut von François Mauriac, das heute von Cordier bewirtschaftet wird. Er ist im Barriquefaß ausgebaut worden und verbindet elegant die Trauben und das Eichenholz. Er zeigt sich angenehm aufgrund seiner Sanftheit und seiner Ausgewogenheit.

•┐ Domaines Cordier, 53, rue du Dehez, 33290 Blanquefort, Tel. 05.56.95.53.00, Fax 05.56.95.53.01 ⊥ n. V.

CH. MALROME 1996*

| ☐ | 20 ha | 5 000 | 🍷 | 30-50F |

Ein Gut, das Toulouse-Lautrec gehörte. Dieser Wein zeichnet sich durch seine Ausgewogenheit aus, die schon im Bukett erscheint, wo das nie aufdringliche Holz seine Präsenz zeigt, dabei aber Rücksicht auf die fruchtigen Noten nimmt und einen liebenswürdigen Gesamteindruck erweckt. Man findet sie im Geschmack wieder, der Frische mit Fülle und Rundheit verbindet.

•┐ SCEA Malromé, 33490 Saint-André-du-Bois, Tel. 05.56.76.44.92, Fax 05.56.76.46.18 ✓ ⊥ n. V.

MARQUIS DE CHASSE 1996

| ☐ | k. A. | 400 000 | 🍴 | -30F |

Dieser Wein, eine Marke des Hauses Ginestet, hat ein sehr sauvignontypisches Bukett und ist in seiner Schlichtheit gefällig.

•┐ Maison Ginestet SA, 19, av. de Fontenille, 33360 Carignan-de-Bordeaux,
Tel. 05.56.68.81.82, Fax 05.56.20.96.99

CH. MAYNE LE PRIEURE 1996**

| ☐ | k. A. | 40 000 | 🍴 | -30F |

Dieser Wein wird von einem der ältesten Handelshäuser in Bordeaux angeboten. Er ist in seinem Bukett ebenso wie der geschmacklichen Entfaltung von guter Haltung. Bei beiden findet man viel Eleganz, vor allem Anmut dank des blumigen Aromas. Der Château Le Pin Franc vom selben Erzeuger, der aber mehr Sauvignon enthält (60 %), hat ebenfalls zwei Sterne erhalten. Die beiden Marken werden beim Essen sehr gut zu einer Platte Meeresfrüchte passen.

•┐ Calvet SA, 75, cours du Médoc, B.P. 11, 33028 Bordeaux Cedex, Tel. 05.56.43.59.00, Fax 05.56.43.17.78

CH. MEMOIRES Sauvignon 1996**

| ☐ | 2,5 ha | 18 000 | 🍴 | -30F |

Dieser Cru ist vor allem für seine süßen Weine bekannt, aber er versteht sich auch auf trockene Weine. Dieser 96er beweist es. Feines Bukett mit Noten von englischen Fruchtdrops und Zitrusfrüchten. Er bewahrt seine ganze Eleganz im Geschmack, wo er sich füllig, wohlausgewogen und von guter Nachhaltigkeit zeigt.

•┐ SCEA Vignobles Ménard, Ch. Mémoires, 33490 Saint-Maixant, Tel. 05.56.62.06.43, Fax 05.56.62.04.32 ✓ ⊥ n. V.

CH. METHEE 1996**

| ☐ | k. A. | 50 000 | 🍴 | -30F |

Dieser Wein kommt von einem Gut, das seine Trauben in der Cave des Hauts de Gironde vinifizieren läßt. Er macht beiden Partnern Ehre. Er ist sehr ausgewogen und versteht es, während der gesamten Verkostung verführerisch zu bleiben. Ob es nun im Bukett ist, an dem man seine Komplexität und Feinheit (Zitrusfrüchte und Blüten) bewundert, oder im Geschmack, der durch eine schöne Struktur unterstützt wird.

•┐ Cave des Hauts de Gironde, La Cafourche, 33860 Marcillac, Tel. 05.57.32.48.33, Fax 05.57.32.49.63 ⊥ Mo-Sa 8h30-12h 14h-18h

CH. MONIER-LA FRAISSE 1996*

| ☐ | 8 ha | 50 000 | 🍴 | -30F |

Dieser Wein stammt von einem Gut, das in der Kellerei von Sauveterre seine Trauben vinifizieren läßt, und trägt in seinem sehr ausdrucksstarken Bukett stolz die Farben des Sauvignon (mit 70 % in der Mehrheit). Der frische, volle, runde, wohlausgewogene Geschmack folgt auf angenehme Weise nach und erweckt einen für den Jahrgang typischen Gesamteindruck.

•┐ Cellier de La Bastide, Cave coop. vinicole, 33540 Sauveterre-de-Guyenne,
Tel. 05.56.61.55.21, Fax 05.56.71.60.11 ✓
⊥ Mo-Sa 9h-12h15 13h30-18h15

CH. MOTTE MAUCOURT
Sauvignon 1996*

| ☐ | 5 ha | 28 000 | 🍷 | -30F |

Wie sein Name annehmen läßt, kommt dieser Wein von einem Weinberg, der einen alten Erdhügel (»motte«) - zweifellos in der Feudalzeit als Fundament für eine Turmhügelburg genutzt - umgibt. Er besitzt eine hübsche Farbe mit gelbgrünen Reflexen und entfaltet ein Bukett mit einschmeichelnden, fruchtigen Noten und einen frischen, wohlausgewogenen Geschmack.

•┐ GAEC Ch. Motte Maucourt, Au Canton, 33760 Saint-Génis-du-Bois, Tel. 05.56.71.54.77, Fax 05.56.71.64.23 ✓ ⊥ tägl. 8h-12h30 14h-19h
•┐ Villeneuve

200

Bordeaux sec

CH. MOULIN DE FERRAND 1996

| ☐ | k. A. | 25 000 | 🍴♨ -30F |

Obwohl dieser Wein leicht gebaut ist, zeigt er sich angenehm aufgrund seines Buketts mit den Noten von reifen Früchten ebenso wie aufgrund seiner Sanftheit und seiner Frische.
• EARL Boissonneau, Lorette, 33190 Saint-Michel-de-Lapujade, Fax .05.56.61.71 ⌘ n. V.

CH. MOULIN DE PONCET 1996

| ☐ | 5 ha | 40 000 | 🍴♨ 30-50F |

Dieser Wein ist zwar kein Athlet, aber er zeigt sich gefällig, nicht nur wegen der Sanftheit und der Frische seiner Entfaltung, sondern auch wegen der Qualität seines Buketts, in dem Sémillon und Sauvignon in gleicher Weise zum Ausdruck kommen.
• Vignobles Ph. Barthe, Peyrefus, 33420 Daignac, Tel. 05.57.84.55.90, Fax 05.57.74.96.57 ✓ ⌘ n. V.

CH. DE MOUSSEYRON 1996

| ☐ | 4 ha | 12 000 | 🍴♨ -30F |

Ein sympathischer Name für einen Wein, der dies nicht weniger ist mit einem diskreten, aber komplexen Bukett (Lindenblüten, Honig, Aprikosen) und einer ausgewogenen Struktur.
• SCEA Jacques Larriaut, Lieu-dit Jean Redon, 33490 Saint-Pierre-d'Aurillac, Tel. 05.56.76.44.53, Fax 05.56.76.44.04 ✓ ⌘ n. V.

CH. PASCAUD 1996

| ☐ | 0,5 ha | 2 400 | 🍷 30-50F |

Eine kleine, im Barriquefaß ausgebaute Produktion. Dieser Wein ist ein wenig vom Holz geprägt, aber das Ganze bleibt ausgewogen und besitzt eine gute aromatische Feinheit.
• SCEA Vignobles Avril, B.P. 12, 33133 Galgon, Tel. 05.57.84.32.11, Fax 05.57.74.38.62 ✓ ⌘ n. V.

PAVILLON BLANC 1995***

| ☐ | 12 ha | k. A. | 🍷 150-200F |

Der Weißwein von Château Margaux, d. h. dieser Wein ist von großer Herkunft. Niemand wird daran zweifeln, wenn er seine schöne blaßgoldene Farbe, sein Bukett mit den feinen Noten von Geißblatt und grünen Zitronen oder seinen Geschmack erlebt hat. Er hat eine prächtige Ansprache und entfaltet einen vielfältigen Geschmack, der fruchtig, frisch, füllig und geschmeidig ist, ehe er sich zu einem würzigen Abgang öffnet und die Erinnerung an einen äußerst wohlschmeckenden Gesamteindruck hinterläßt.
• SC du Ch. Margaux, 33460 Margaux, Tel. 05.57.88.83.83, Fax 05.57.88.83.32

CH. PETIT MOULIN
Cuvée signature 1996*

| ☐ | 25 ha | 100 000 | 🍴♨ -30F |

Dieser Wein, eine Spitzencuvée, betont die Feinheit, im Bukett ebenso wie im Geschmack. Er ist füllig, rund, sanft und lang und zeigt sich sehr präsent, ohne jedoch aggressiv zu werden. Seine Feinheit und seine Eleganz findet man in der Hauptcuvée wieder, die ebenfalls einen Stern erhalten hat.

• SCEA Vignobles Signé, Ch. Petit Moulin, 33760 Arbis, Tel. 05.56.23.93.22, Fax 05.56.23.45.75 ✓

CH. DE PIC 1996*

| ☐ | 2 ha | 12 000 | 🍴♨ -30F |

Dieser auch in der Appellation Premières Côtes de Bordeaux (Rotwein) vertretene Cru bietet hier einen angenehmen, gut gemachten Wein mit einem feinen Bukett und einer guten Entfaltung im Geschmack.
• Masson Regnault, Ch. de Pic, 33550 Le Tourne, Tel. 05.56.67.07.51, Fax 05.56.67.21.22 ✓ ⌘ n. V.

CH. PIERRAIL Cuvée Prestige 1995*

| ☐ | 15 ha | 12 000 | 🍷 50-70F |

Eine Soncercuvée, die im Eichenholzfaß vinifiziert und ausgebaut worden ist. Man sollte diesen 95er jetzt trinken, damit er nicht seine Eleganz und seine Harmonie einbüßt. Seine Feinheit kommt schon in dem Bukett zum Vorschein, bevor sie sich im Geschmack bestätigt, wo er eine gute Präsenz zeigt. Die Hauptcuvée (ein 96er) hat eine lobende Erwähnung erhalten.
• Alice et Jacques Demonchaux, Ch. Pierrail, 33220 Margueron, Tel. 05.57.41.21.75, Fax 05.57.41.23.77 ✓ ⌘ n. V.

CH. PONCET 1996

| ☐ | 21 ha | 160 000 | 🍴♨ -30F |

Auch wenn es diesem Wein ein wenig an Fülle mangelt, kann er doch aufgrund seiner aromatischen Feinheit die Aufmerksamkeit erregen.
• Jean-Luc David, Ch. Poncet, 33410 Omet, Tel. 05.56.62.97.30, Fax 05.56.62.66.96 ✓ ⌘ n. V.

QUINTET Sauvignon 1996

| ☐ | k. A. | 120 000 | 🍴 -30F |

Neben seinen großen Crus bietet das Cave des Hauts de Gironde, die sich im Gebiet von Blaye befindet, diesen einfachen Markenwein, der aber dank seiner Ausgewogenheit und seiner Haltung im Geschmack ganz im Stil der trockenen Bordeaux-Weine gehalten ist.
• Cave des Hauts de Gironde, La Cafourche, 33860 Marcillac, Tel. 05.57.32.48.33, Fax 05.57.32.49.63 ✓ ⌘ Mo-Sa 8h30-12h 14h-18h

GEMME DE RAYNE VIGNEAU 1996*

| ☐ | 78,28 ha | 6 667 | 🍷 100-150F |

Ein berühmter Name für diesen trockenen Weißwein. Seine Farbe, zwischen Strohgelb und Blaßgold, ruft seine Herkunft in Erinnerung. Das warme, komplexe Bukett erinnert an Aprikosen und Pfirsiche, mit Toast- und Röstnoten. Der frische, fruchtige Geschmack integriert den Beitrag des Holzes vollkommen. Sein Bruder mit dem Namen Sec de Rayne-Vigneau hat eine lobende Erwähnung erhalten.
• SC du Ch. de Rayne Vigneau, 17, cours de la Martinique, B.P. 90, 33027 Bordeaux Cedex, Tel. 05.56.01.30.10, Fax 05.56.79.23.57 ⌘ Mo-Fr 9h-12h 14h-17h ; 31. Juli-15. Okt. geschlossen

BORDELAIS

Bordeaux sec

DOM. DE RICAUD 1996*

| ☐ | 2,25 ha | 18 000 | 🍷👤 | -30F |

Auch wenn sich dieser Wein nur bescheiden unter dem Namen des Guts präsentiert, zeigt er doch aufgrund seiner Qualitäten schöne Ambitionen. Er zeigt eine gute Haltung : Er beginnt mit einer überaus ansprechenden Farbe und setzt sich in einem frischen, zarten Bukett fort. Im Geschmack findet man die Frische wieder, die eine sehr gute Ausgewogenheit und eine interessante Zug zur Geltung bringen.
- Vignobles Chaigne et Fils, Ch. Ballan-Larquette, 33540 Saint-Laurent-du-Bois, Tel. 05.56.76.46.02, Fax 05.56.76.40.90 ☑ ☥ n. V.

CH. ROC DE CAYLA Sauvignon 1996*

| ☐ | 1,5 ha | 10 000 | 🍷👤 | 30-50F |

Dieser im Entre-Deux-Mers erzeugte Wein ist von guter Provenienz und schöner Bauweise. Mit seiner blaßgelben, grün funkelnden Farbe bietet er einen angenehmen Anblick. Er entfaltet ein Bukett, das ebenso deutlich wahrnehmbar wie sortentypisch ist. Der frische, runde Geschmack, der eine gute Ausgewogenheit besitzt, bleibt im selben Stil, mit einem aromatischen Ausdruck von echter Feinheit.
- Jean-Marie Lanoue, Ch. Roc de Cayla, 33760 Soulignac, Tel. 05.56.23.91.13, Fax 05.57.34.40.44 ☑ ☥ n. V.

CH. DES ROCS Sauvignon 1996

| ☐ | 6 ha | 24 000 | 🍷👤 | -30F |

Dieser Wein kommt aus einem vollständig mit Sauvignon bestockten Weinberg und trägt den Stempel davon in seinem Bukett. Sein Abgang zeigt zwar einen Hauch von Bitterkeit, aber der Gesamteindruck ist aufgrund seiner Ausgewogenheit gefällig.
- SCEA Vignobles Michel Bergey, Ch. Damis, 33490 Sainte-Foy-la-Longue, Tel. 05.56.76.41.42, Fax 05.56.76.46.42 ☑ ☥ n. V.

CH. ROQUEFORT
Cuvée Spéciale en barrique 1996**

| ☐ | k. A. | 15 000 | 🍷 | 30-50F |

Dieser Cru, ein Paradies für Archäologen und Liebhaber des Ungewöhnlichen, kann auch die Aufmerksamkeit des Weinfreundes erregen, mit Weinen wie dieser im Holzfaß ausgebauten Cuvée, über die ein Verkoster schrieb : »Es handelt sich um ein seltenes, außergewöhnliches, sehr anziehendes Erzeugnis.« Der Wein kündigt sich durch ein komplexes Bukett (Pampelmusen, Pfirsiche, Aprikosen, reife Früchte und Vanille) an und entfaltet sich angenehm im Geschmack, wo der Holzton unaufdringlich bleibt. Die Hauptcuvée hat eine lobende Erwähnung erhalten.
- SCE du Ch. de Roquefort, 33760 Lugasson, Tel. 05.56.23.97.48, Fax 05.56.23.51.44 ☑ ☥ n. V.
- Jean Bellanger

COMTE DE SANSAC 1996**

| ☐ | 8 ha | 66 000 | 🍷👤 | -30F |

Dieser von Univitis, der Genossenschaft von Sainte-Foy, vorgestellte Wein ist ausdrucksvoll mit einem Bukett, das intensive Noten von Blüten und exotischen Früchten zeigt. Er ist originell aufgrund seiner Verbindung von Fülle und Lebhaftigkeit und wird von einer soliden Struktur getragen. Der Geschmack erweckt einen angenehmen Gesamteindruck. Man kann ihn ein bis zwei Jahre aufheben.
- Univitis, 33220 Sainte-Foy-la-Grande, Tel. 05.57.56.02.02, Fax 05.57.56.02.22 ☥ Di-Sa 8h30-12h30 14h-18h

CH. DE SOURS 1996*

| ☐ | 10 ha | 43 000 | 🍷🍷 | 30-50F |

Dieser Wein wird von Esme Johnstone präsentiert, der als Gründer des »Majestic Wine« bekannt ist. Er integriert auf glückliche Weise den Beitrag des Holzfasses und beweist das unbestreitbare Können seines Schöpfers. Die Vanille kommt zu den Muskatnoten hinzu und trägt zu einem sehr klassigen Bukett bei, das mit einem runden, lebhaften Geschmack harmoniert. Dieser entfaltet sich harmonisch und öffnet sich zu einem langen Abgang.
- SCEA du Ch. de Sours, 33750 Saint-Quentin-de-Baron, Tel. 05.57.24.10.81, Fax 05.57.24.10.83 ☑ ☥ n. V.

CH. THIEULEY 1996*

| ☐ | 25 ha | 170 000 | 🍷👤 | 30-50F |

Thieuley ist einer der Crus, die das Ansehen der Weißweine aus der Region Entre-Deux-Mers begründet haben. Sein 96er entfaltet ein feines, intensives Bukett und ist sehr angenehm im Geschmack, der einen sanften, fruchtigen, frischen und sehr spürbaren Gesamteindruck bietet.
- Sté des vignobles Francis Courselle, Ch. Thieuley, 33670 La Sauve, Tel. 05.56.23.00.01, Fax 05.56.23.00.01 ☑ ☥ n. V.

CH. TOUR DE MIRAMBEAU
Cuvée Passion 1995**

| ☐ | k. A. | k. A. | 👤 | 30-50F |

Diese Sondercuvée, die vom selben Erzeuger wie der Château Bel Air, aber aus dem Jahrgang 1995 stammt, ist im Holzfaß ausgebaut worden und hat auf die Jury einen ausgezeichneten Eindruck gemacht, aufgrund seiner aromatischen Intensität ebenso wie aufgrund seiner sehr guten Struktur, die sanft, rund und füllig ist. Ein sehr hübscher Wein, den man ein bis zwei Jahre aufheben kann. Château Rauzan Despagne erhält beim trockenen Bordeaux 1996 ebenfalls zwei Sterne.
- SCEA des Vignobles Despagne, 33420 Naujan-et-Postiac, Tel. 05.57.84.55.08, Fax 05.57.84.57.31 ☥ n. V.

CH. TURCAUD Cuvée barrique 1996*

| ☐ | k. A. | 7 000 | 🍷🍷 | 30-50F |

Dieser Cru, eine sichere »Bank«, bleibt seinem Qualitätsanspruch treu mit dieser hübschen, im Barriquefaß ausgebauten Cuvée. Einem sehr ausdrucksvollen, holzbetonten Bukett (Toastbrot, Röstgeruch, Vanille ...) fügt sie eine schöne Ansprache, guten Stoff und einen langen Abgang hinzu, die es zulassen, daß man diese Flasche noch ein bis zwei Jahre lang aufhebt.
- EARL Vignobles Robert, Ch. Turcaud, 33670 La Sauve-Majeure, Tel. 05.56.23.04.41, Fax 05.56.23.35.85 ☑ ☥ n. V.

Bordeaux rosé

TUTIAC 1996*

□ · k. A. 20 000

Dieser Wein, eine Marke der Cave des Hauts de Gironde, bestätigt seine starke Persönlichkeit durch ein intensives Bukett, in dem ein sehr deutlicher Buchsbaumduft unzweideutig den Sauvignon-Charakter des Rebsortenbestandes anzeigt. Im Geschmack behauptet er sich : Seine Frische, seine Struktur und seine Eleganz machen ihn sehr angenehm.

Cave des Hauts de Gironde, La Cafourche, 33860 Marcillac, Tel. 05.57.32.48.33, Fax 05.57.32.49.63 Mo-Sa 8h30-12h 14h-18h

CH. VIEUX L'ESTAGE Sauvignon 1996

□ 3 ha 30 000

Dieser gut gemachte und für die 96er recht typische Wein ist eher lebhaft. Ein wenig intimistisch, aber sympathisch in seinem aromatischen Ausdruck (Blüten und Pampelmusen). Er hinterläßt die Erinnerung an einen frischen, gefälligen Gesamteindruck.

Nicole Dupuy et Benoît Maulun, Dom. des Cailloux, 33760 Romagne, Tel. 05.56.23.60.17, Fax 05.56.23.32.05 n. V.

Bordeaux rosé

BARON D'ESPIET 1996*

1,8 ha 15 000

Eine kleine, aber erstklassige Produktion. In diesem aus Cabernet franc erzeugten Wein entdeckt man zahlreiche Aromen (englische Fruchtdrops, Litschis, Lakritze) und einen hübschen, runden, frischen Körper.

Union de producteurs Baron d'Espiet, Lieudit Fourcade, 33420 Espiet, Tel. 05.57.24.24.08, Fax 05.57.24.18.91 n. V.

CH. BONNET 1996**

k. A. k. A.

Der Rosé ist vielleicht weniger berühmt als die Weiß- und Rotweine von Bonnet, reiht sich aber durch seine aromatischen Noten (Erdbeeren, Himbeeren) in die Qualitätstradition des Cru ein. Ausgewogen und sanft, recht typischer Gesamteindruck. Der Château Grossombre vom selben Erzeuger hat einen Stern erhalten.

SCEA Vignobles André Lurton, Ch. Bonnet, 33420 Grézillac, Tel. 05.57.25.58.58, Fax 05.57.74.98.59 n. V.

CELLIER DE BORDES 1996**

k. A. k. A.

Dieser von der Firma Cheval Quancard in Ambarès präsentierte Rosé hat alles, was man von einem Wein dieses Typs erwarten kann : Sanftheit, Frische, eine gute Ausgewogenheit und eine Duft nach roten Früchten (Himbeeren, rote Johannisbeeren) und englischen Fruchtdrops. Ein hübscher Wein, den man als Aperitif oder an einem schönen Tag im Spätherbst trinken kann, um sich an den Sommer zu erinnern.

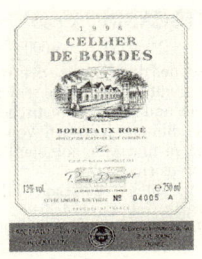

Cheval Quancard, rue Barbère, 33440 Ambarès, Tel. 05.56.33.80.60, Fax 05.56.33.80.70 n. V.

LE ROSE DE CLARKE 1996*

134 ha k. A.

Ein Saignée-Rosé (nach kurzer Maischung durch Abstechen hergestellt), der von den Trauben der Weinberge rund um Château Clarke (Listrac) stammt - er ist von guter Abstammung. Er hat eine kräftige Farbe und ist aromatisch, frisch, ausgewogen und lang. Er zeigt sich während der gesamten Verkostung seiner Herkunft würdig.

Cie vin. Barons E. et B. de Rothschild, Ch. Clarke, 33480 Listrac-Médoc, Tel. 05.56.58.38.00, Fax 05.56.58.26.46

COMTE DE RUDEL 1996*

k. A. 90 000

Dieser von der Kellerei von Rauzan hergestellte Wein bleibt die ganze Weinprobe über gefällig. Er ist bukettreich, frisch, lebhaft und sanft und bewahrt durchgängig seine Eleganz mit einem recht typischen Noten (Erdbeeren, Himbeeren, Blumen, saure Fruchtdrops ...).

Union de producteurs de Rauzan, 33420 Rauzan, Tel. 05.57.84.13.22, Fax 05.57.84.12.67 n. V.

CH. CRABITAN-BELLEVUE 1996*

0,6 ha 3 300

Ein Gut von beachtlicher Größe, aber eine ziemlich geringe Produktion - dieser Rosé hat ein diskretes Bukett, aber einen ausdrucksvolleren Geschmack. Frisch und ausgewogen, ein sehr redlicher Wein.

GFA Bernard Solane et Fils, Ch. Crabitan-Bellevue, 33410 Sainte-Croix-du-Mont, Tel. 05.56.62.01.53, Fax 05.56.76.72.09 tägl. 8h-12h 14h-18h

DOM. DES DEUX LIONS 1996*

2,47 ha 20 000

Dieser Rosé, dessen Farbe sich fast an der Grenze zum Clairet befindet, ist frisch und elegant (Aroma von Fruchtsalat mit Noten von geröstetem Kaffee). Es ist ein Wein mit genug Charakter, um ihn zu Grillgerichten oder zu weißem Fleisch zu servieren.

Pierrette Despujols, Ch. de l'Emigré, 33720 Cérons, Tel. 05.56.27.01.64, Fax 05.56.27.13.70 n. V.

BORDELAIS

Bordeaux rosé

CH. HAUT-GARRIGA 1996*

| | 5 ha | 35 000 | | -30 F |

Der Rosé, der das Angebot der Weine dieses Cru ergänzt, reiht sich aufgrund seiner Sanftheit, seiner Frische und seiner aromatischen Komplexität (weiße Blüten, Knospen von schwarzen Johannisbeeren und Mentholnoten) in den Stil dieses Weintyps ein.
- EARL Vignobles C. Barreau et Fils, Garriga, 33420 Grézillac, Tel. 05.57.74.90.06, Fax 05.57.74.96.63 Mo-Sa 8h-12h 14h-18h

CH. LA CROIX DU MOULIN 1996*

| | 3,8 ha | 30 000 | | -30 F |

Dieser von der Firma Quancard in Saint-André de Cubzac vorgestellte Wein stammt von einem Gut in Frontenac und kündigt sich durch ein hübsches, helles Himbeerrot an. Er besitzt ein diskretes Bukett und entfaltet einen fruchtigen, recht köstlichen Geschmack.
- André Quancard-André, rue de la Cabeyre, 33240 Saint-André-de-Cubzac, Tel. 05.57.33.42.42, Fax 05.57.33.01.71
- Y. Garras

CH. LAMOTHE VINCENT
Cuvée Sélection 1996*

| | 8,41 ha | 66 000 | | -30 F |

Dieser wirklich klassische Rosé, eine Sondercuvée, hat sich für Frische und Fruchtigkeit entschieden. Diese Wahl verleiht dem Bukett (rote Früchte und Zitrusfrüchte) seinen Charme. Die volle, elegante Entfaltung im Geschmack hinterläßt einen harmonischen Eindruck.
- SC Vignobles JBC Vincent, 33760 Montignac, Tel. 05.56.23.96.55, Fax 05.56.23.97.72 n. V.

LA ROSEE SAINT-MARTIN 1996**

| | k. A. | k. A. | | -30 F |

Ein hübscher Name für diese Marke und bei diesem 96er ein echter Wein zum Genießen. Kirschen, Zitronengras, Himbeeren, saure Drops und Blüten : Das Bukett gönnt sich den Luxus, Komplexität und Intensität mit der Feinheit zu verbinden. Im Geschmack trägt alles dazu bei, ihn harmonisch zu machen : seine fruchtigen und säuerlichen Noten, seine Fülle und seine Ausgewogenheit.
- Kressmann, 35, rue de Bordeaux, 33290 Parempuyre, Tel. 05.56.35.53.00, Fax 05.56.35.53.29 n. V.

CH. DE LA VIEILLE TOUR 1996**

| | k. A. | 12 000 | | 30-50 F |

Ein schöner Erfolg - dieser Wein präsentiert sich taktvoll in einem rosaroten Kleid mit lachsroten Reflexen und versteht es, die Wertschätzung des Verkosters auch danach zu behalten. Er ist zart duftig und offenbart sich voll im Geschmack mit einer Entfaltung, die aufgrund seiner Frische und Lebhaftigkeit sehr angenehm ist.
- Vignobles Boissonneau, Cathelicq, 33190 Saint-Michel-de-Lapujade, Tel. 05.56.61.72.14, Fax 05.56.61.71.01 n. V.

CH. LES GRANDS THIBAUDS 1996*

| | 1 ha | 6 600 | | -30 F |

Dieser gut gelungene Rosé, der in der Ansprache sanft, rund, frisch und aromatisch (Bananen, exotische Früchte, schwarze Johannisbeeren) ist, wird an den letzten schönen Oktobertagen einen sehr angenehmen Wein für ein Essen im Freundeskreis abgeben.
- Daniel Plantey, Les Grands Thibauds, 33240 Saint-Laurent-d'Arce, Tel. 05.57.43.08.37 n. V.

CH. PANCHILLE 1996*

| | 1 ha | 8 000 | | -30 F |

Dieser aufgrund seiner Vinifizierungsmethoden klassische Wein ist es auch wegen seiner Erscheinung sowie seines Verhaltens während der gesamten Verkostung. In einem runden, intensiven Geschmack findet man rote Früchte und Hyazinthen.
- Pascal Sirat, Panchille, 33500 Arveyres, Tel. 05.57.51.57.39, Fax 05.57.51.57.39 n. V.

CH. POMIROL LE PIN 1996*

| | 0,65 ha | 4 500 | | -30 F |

Ein Rosé, der durch Keltern seiner Cabernet-Sauvignon-Trauben (80 %) und durch kurze Maischung seiner Cabernet-franc-Trauben hergestellt worden ist. Dieser Wein ist ein wenig diskret aufgrund seines Buketts, aber angenehm wegen seiner Entwicklung im Geschmack, der sich zu einem langen Abgang entfaltet.
- SCEA Ch. Pomirol le Pin, 23, Liloy sud, 33490 Verdelais, Tel. 05.56.62.02.58, Fax 05.56.62.02.58 n. V.
- Quenehen-Rigout-Collineau

CH. DE RICAUD 1996*

| | 3,47 ha | 28 000 | | 30-50 F |

Dieser Wein mit dem bezaubernden Etikett stammt aus einem Weinberg, der zu einem schönen, 120 ha großen Gut gehört. Er ist kraftvoll, rund und lang. Er zeigt eine schöne Fülle und entfaltet ein Bukett mit reichen, fruchtigen Noten, die man im Geschmack wiederfindet.
- Ch. de Ricaud, 33410 Loupiac, Tel. 05.56.62.66.16, Fax 05.56.76.93.30 n. V.
- Alain Thiénot

CH. SAINTE-MARIE 1996

| | k. A. | 10 000 | | -30 F |

Dieser schlichte, aber gut gemachte Rosé weiß, wie man angenehm wirkt : Er ist in der Ansprache frisch und im Bukett zart und entwickelt sich im Geschmack mit Rundheit und Eleganz.
- Gilles Dupuch, SCEA Hauts de Ste-Marie, 51, rte de Bordeaux, 33760 Targon, Tel. 05.56.23.00.71, Fax 05.56.23.34.61 n. V.

CH. DE SOURS 1996*

| | 14 ha | 80 000 | | 30-50 F |

Dieser frische, perlende, runde Wein zeigt, daß es ihm nicht an Persönlichkeit mangelt, weder durch seine Fülle noch durch seinen angenehmen aromatischen Ausdruck mit den Noten von roten Früchten, Honig und Gewürzen.

•⌐ SCEA du Ch. de Sours, 33750 Saint-Quentin-de-Baron, Tel. 05.57.24.10.81, Fax 05.57.24.10.83 ☑ ⊥ n. V.
•⌐ E. Johnstone

Bordeaux Supérieur

CH. BARBE D'OR 1995

■   25 ha   150 000   ■ ♦ 30-50 F

Die tiefe purpurrote Farbe kündigt den ein wenig verschlossenen Geruchseindruck an, der animalische Noten enthüllt. Im Geschmack ist dieser Wein ausgewogen und leicht alkoholisch, mit einem langen, angenehmen Abgang.
•⌐ Isabelle et Patrice Chaland, 33790 Saint-Antoine-du-Queyret, Tel. 05.57.40.50.36, Fax 05.57.40.57.71 ☑ ⊥ n. V.

CH. BARON BERTIN 1995*

■   12 ha   25 000   ❙❙❙ 50-70 F

Das Winzerabenteuer, das diese Familie zu Beginn des Jahrhunderts mit 4 ha begann, führte sie dazu, daß sie in Zukunft 80 ha bewirtschaftet. Diskreter Geruchseindruck, der einige Unterholznoten erkennen läßt. Gute Struktur eines runden, ausgewogenen Weins mit einem noch leicht adstringierenden Abgang.
•⌐ Elisabeth Garzaro, Ch. Le Prieur, 33750 Baron, Tel. 05.56.30.16.16, Fax 05.56.30.12.63 ☑ ⊥ n. V.

CH. DE BARRE 1995

■   10 ha   80 000   ■ ♦ 30-50 F

Das heutige Weingut entstand 1918, aber das Château war mit der Seigneurie des Schlosses Vayres verbunden, das Heinrich IV. gehörte. Dieser 95er mit der schönen bordeauxroten, granatrot schimmernden Farbe besitzt ein Aroma von reifen Trauben, die sich mit Haselnuß- und Butternoten vermischen. Im Geschmack zeigt er sich warm, wohlausgewogen und fleischig.
•⌐ SCEA Yvette Cazenave-Mahé, Ch. de Barre, 33500 Arveyres, Tel. 05.57.24.80.26, Fax 05.57.24.84.54 ☑ ⊥ n. V.

DOM. DE BEYCHEVELLE 1995**

■   2,3 ha   16 000   ❙❙❙ 30-50 F

Dieses 20 km nördlich von Bordeaux an der Straße nach Bourg gelegene Gut verfügt über einen guten Boden und bietet einen bemerkenswerten 95er, dem die Verbindung von Faß und Wein gelungen ist. Das zeigt der zart vanilleartige Duft, der reife Früchte vereint. Der mit dem Holz gut vermählte Stoff ist deutlich zu spüren, der Abgang lang. Abwarten, bis er sich stärker offenbart.
•⌐ SCEA du Dom. de Beychevelle, 33240 Saint-André-de-Cubzac, Tel. 05.57.43.54.30, Fax 05.57.43.54.30 ☑ ⊥ n. V.

CH. BIRE 1995*

■   10 ha   60 000   ■ ♦ 30-50 F

Die früheren Besitzer des Guts ließen am Rand der Gironde zwei chinesische Pagoden errichten. Sie sind auf dem Etikett abgebildet. Dieser 1994 von Mähler-Besse übernommene Cru ist erneuert worden. Die ersten Früchte wurden mit diesem 95er geerntet, der eine sehr schöne Farbe besitzt. Wenn man den Wein im Glas schwenkt, zeigt er Noten von roten Früchten. Die Ausgewogenheit ist vollkommen ; sehr feine Tannine begleiten einen schönen Körper. Der Abgang ist zart.
•⌐ SGVG Mähler-Besse, 49, rue Camille-Godard, 33026 Bordeaux Cedex, Tel. 05.56.56.04.30, Fax 05.56.56.04.59 ⊥ n. V.

CH. BLANCHET Cuvée Traditionnelle 1995

■   4,2 ha   15 000   ■ 30-50 F

Dieses auf einem lehmig-kalkhaltigen Boden liegende Gut hat eine glanzvolle Vergangenheit erlebt. Es wurde 1987 wiederhergestellt. Sein 95er hat die Jury gespalten, denn er war noch verschlossen, mit sehr deutlich spürbaren Tanninen von den Trauben. Es ist wie bei der Wette von Pascal : Wird er sich öffnen ?
•⌐ Yves Broquin, Ch. Blanchet, 33790 Massugas, Tel. 05.56.61.40.19, Fax 05.56.61.31.40 ☑ ⊥ n. V.

CH. BRANDE-BERGERE 1995*

■   5,63 ha   10 000   ■ ♦ -30 F

Von dem Gut hat man eine über 30 km weite Sicht, das Tal der Dronne entlang bis zum Hügel von Fronsac. Es gibt nur 30 % Merlot in diesem 95er, dessen purpurrote Farbe ziegelrote Reflexe zeigt. Im Duft machen sich gekochte Früchte, Backwaren und Mandeln bemerkbar. Im Geschmack zeigt sich der Wein nach einer festen Ansprache vornehm und trotz eines etwas strengen Abgangs ziemlich rund. Zwei Jahre aufheben.
•⌐ Patrick Doussoux, Brande-Bergère, 33230 Les Eglisottes, Tel. 05.57.69.36.00 ☑ ⊥ n. V.

CH. BRIDOIRE 1995*

■   4,1 ha   26 000   ■ ♦ 30-50 F

Dieses Gut, das seit mehreren Generationen in Familienbesitz ist, befindet sich auf einem lehmig-kieselhaltigen Boden und enthält 50 % Merlot und 50 % Cabernet. Dieser von der Firma Pierre Coste in Langon (Gruppe Sichel) vertriebene 95er präsentiert sich in einem tiefroten Kleid mit violetten Reflexen und mit einem ziemlich intensiven Duft nach roten Früchten (Kirschen) und kandierten Früchten. Die runde Ansprache ist fast mild. Danach entwickelt sich der Geschmack mit viel Fülle auf imposanten Tanninen. Ein schöner Wein, der ein wenig altern muß.
•⌐ Greffier, 33790 Soussac, Tel. 05.56.63.50.52

CH. BRIDOIRE BELLEVUE 1995*

■   17 ha   100 000   ■ ♦ -30 F

Das Gut, das in der Nähe der Abtei Sainte-Ferme und des mittelalterlichen Landhauses Montségur liegt, erzeugt auf lehmig-kalkhaltigen Böden Rotweine aus Merlot. Dieser intensiv rubinrote, violett funkelnde 95er besitzt einen zurückhaltenden Duft. Im Geschmack beruht seine schöne Struktur auf einem schönen, verschmolzenen, ausgewogenen Stoff. Der klare

Bordeaux Supérieur

Abgang ist fruchtig. Bringen Sie ihn in zwei Jahren auf den Tisch.
🕿 Marthe Greffier, Ch. Launay, 33790 Soussac, Tel. 05.56.61.31.44, Fax 05.56.61.39.76 ✓ ⊥ n. V.

CH. DE BRONDEAU 1995

| ■ | 10 ha | 60 000 | ■ ⅲ ♦ | 30-50 F |

Dieser 95er besteht zu 70 % aus Merlot und kommt aus dem Gebiet von Libourne, von einem lehmig-schlickigen Boden. Er ist sehr bordeauxtypisch ! Auch wenn seine rubinrote Farbe schon ziegelrote Reflexe besitzt, muß dieser Wein noch ein wenig lagern. Sein intensiver, würziger Duft nach gekochten Früchten (Quitten, Feigen, Datteln) und sein kräftiger Geschmack zeigen spürbare, noch ein wenig strenge Tannine.
🕿 GFA Ch. de Brondeau, Arveyres, B.P. 79, 33502 Libourne Cedex, Tel. 05.57.51.62.17, Fax 05.57.51.28.28

CH. BROWN-LAMARTINE 1995**

| ■ | k. A. | k. A. | ■ ⅲ ♦ | 30-50 F |

Der Apfel fällt nicht weit vom Stamm ! Wenn man in seiner nächsten »Familie« einen Cru classé von Margaux hat, kann das einen Bordeaux Supérieur im Médoc auf ein paar schöne Gedanken bringen. Die Farbe ist schon prächtig : ein dunkles, tiefes Granatrot. Der intensive, holzbetonte Duft bietet schöne Noten von reifen Früchten (schwarze Johannisbeeren, Brombeeren), Geröstetem und Wachs. Er besitzt die ganze Ausgewogenheit eines kräftigen, tanninreichen Weins mit harmonischem Holzton. Ein wenig Geduld wird belohnt werden. Ein Juror hat ihn für die Wahl zum Lieblingswein vorgeschlagen !
🕿 Jean-Michel Cazes, Ch. Cantenac-Brown, 33460 Margaux, Tel. 05.57.88.81.81, Fax 05.57.88.81.90 ⊥ n. V.
🕿 Axa Millésimes

CH. BRUN-DESPAGNE
Cuvée Héritage 1995

| ■ | 4 ha | 20 000 | ⅲ | 30-50 F |

Der Geruchseindruck ist durch das Barriquefaß geprägt, aber der füllige, reichhaltige Geschmack scheint ein sehr schönes Potential zu haben. Der wohlschmeckende Abgang ist erstklassig. Schöne purpurrote Farbe. Kräftiger, holzbetonter Duft mit Ledernoten.
🕿 GFA du Ch. Brun-Despagne, Les Hospices de la Madeleine, 33330 Saint-Emilion, Tel. 05.57.55.51.60, Fax 05.57.55.51.61 ✓ ⊥ n. V.
🕿 G. Querre

CH. CAP DE MERLE 1995*

| ■ | 9,5 ha | 50 000 | ■ ♦ | -30 F |

Dieses Gut, das Bestandteil eines großen Weinbaubetriebs am Rande von Saint-Emilion ist und auf die 90er Jahre des letzten Jahrhunderts zurückgeht, liegt auf einem Lehm- und Kiessandboden und enthält 70 % Merlot sowie 30 % Cabernet-Sorten. Dieser 95er mit der Farbe schwarzer Johannisbeeren besitzt einen kräftigen Duft mit fruchtigen Noten. Er ist sanft und zart, mit feiner Textur, und entfaltet im Geschmack ein fruchtiges Aroma (schwarze Johannisbeeren, Orangen), das im Abgang sehr lang ist.

🕿 Vignobles J. Bessou, Ch. Durand-Laplagne, 33570 Puisseguin, Tel. 05.57.74.63.07, Fax 05.57.74.59.58 ✓ ⊥ n. V.

CH. CASTENET-GREFFIER 1995*

| ■ | k. A. | k. A. | ■ ⅲ ♦ | 30-50 F |

Ein regelmäßig ausgewähltes Gut. Dieser 95er ist elegant, in seiner Erscheinung (intensive granatrote Farbe und feiner Duft nach Unterholz, Tabak und Vanille) ebenso wie im Geschmack, wo er sich intensiv, lang und kraftvoll zeigt, mit Noten von Früchtegelee. Ein hübscher Wein.
🕿 François Greffier, Castenet, 33790 Auriolles, Tel. 05.56.61.40.67, Fax 05.56.61.38.82 ✓ ⊥ n. V.

CH. DE CAZENOVE 1995**

| ■ | 4 ha | 17 000 | ■ ⅲ ♦ | 30-50 F |

Dieses Gut liegt auf den Abhängen von Macau im Médoc. Es befindet sich neben Château Dauzac, einem Cru classé. Dieser 95er, dessen Farbe eine große Tiefe und violette Reflexe zeigt, ist bemerkenswert, im Duft, der diskret röst- und vanilleartig und dann - wenn der Wein im Glas geschwenkt wird - fruchtig ist, ebenso wie im Geschmack, wo er sich voll, rund und füllig zeigt und sich über reifen und lang anhaltenden Tanninen entwickelt. Er ist bereits mehr als gefällig, wird aber das Jahr 2000 lang überdauern.
🕿 Mme de Cazenove, La Maqueline, 33460 Macau, Tel. 05.57.88.79.98, Fax 05.57.88.79.98 ✓ ⊥ n. V.

CHEVALIERS DE BELLEVUE 1995*

| ■ | k. A. | 15 000 | | 30-50 F |

Ein rubinroter 95er, der fruchtig und blumig ist (schwarze Johannisbeeren und Veilchen). Im Geschmack ist er sanft und wohlausgewogen, mit einem leicht tanninhaltigen Abgang.
🕿 Chevaliers de Bellevue, Le Bourg, 33240 Saint-Germain-la-Rivière, Tel. 05.57.84.81.47, Fax 05.57.84.41.50 ✓ ⊥ n. V.

CLOS DU PETIT MALANDE 1995

| ■ | 2 ha | 6 000 | ■ | -30 F |

Ein kleines Gut (2 ha), das sich im Süden der Dordogne befindet und als »clos« bezeichnet wird, was in Bordeaux ziemlich selten ist. Dieser granatrote 95er ist ein wenig verschlossen und enthüllt sich bei der Belüftung mit Noten von Pflaumen und roten Früchten. Er besitzt eine gewisse Rundheit mit verschmolzenen Tanninen. Ein liebenswürdiger Wein.
🕿 Garitey, Clos du Petit Malande, 33240 Asques, Tel. 05.57.43.00.86, Fax 05.57.58.11.83 ✓ ⊥ n. V.

CH. CLOS RENON 1995**

| ■ | 19 ha | 130 000 | ■ ♦ | 30-50 F |

Dieser Weinberg, der am linken Ufer der Garonne liegt, an der Grenze des Kiessandgebietes, war schon im 17. Jh. bekannt. Dieser 95er kommt von Böden mit Anschwemmungen und Kiessand und kombiniert 70 % Merlot mit Cabernet. Die Jury würdigte die schöne purpurrote Farbe und den angenehmen, vornehmen Duft mit den fruchtigen Noten (Steinfrüchte). Der Geschmack entwickelt sich voller Rundheit über die Fülle und dem Fett, mit noch festen

Bordeaux Supérieur

Tanninen. Sein Abgang, der kandierte Früchte und Gewürze (Rosenpfeffer) enthüllt, ist sehr elegant.

●┐ EARL Dom. de La Mette, Ch. Clos Renon, 33640 Portets, Tel. 05.56.67.18.18, Fax 05.56.67.53.66 ✔ ✗ n. V.

CH. COMBRAY 1995*

| ■ | 30 ha | 240 000 | ■ -30F |

Dieser Wein besitzt eine schöne, tiefe granatrote Farbe und einen intensiven Duft, der von schwarzen Früchten dominiert wird. Klar und wohlausgewogen trotz der Tannine, die sich deutlich bemerkbar machen. Der Geschmack ist vielversprechend.
●┐ Maison Ginestet SA, 19, av. de Fontenille, 33360 Carignan-de-Bordeaux, Tel. 05.56.68.81.82, Fax 05.56.20.96.99

CH. DE CORNEMPS 1995*

| ■ | 25 ha | 100 000 | ■ ❙❙ ♦ -30F |

Dieser Cru im Gebiet von Libourne, in der Nähe von Lussac, war erfolgreich mit diesem 95er, dessen rubinrote Farbe einige orangerote Reflexe zeigt. Sein Duft ist kräftig (reife Früchte, dann leicht exotische Früchte, Gewürze und Vanille). Füllig und voluminös, aber noch verschlossen, mit ein wenig strengen Tanninen. Ein Wein, der ein paar Jahre lagern muß.
●┐ Henri-Louis Fagard, Cornemps, 33570 Petit-Palais, Tel. 05.57.69.73.19, Fax 05.57.69.73.75 ✔ ✗ Mo-Sa 8h-12h 14h-19h

CH. CROIX DE BARILLE 1995

| ■ | 10 ha | 50 000 | ❙❙ 30-50F |

Dieses Gut, das seit den 20er Jahren des 18. Jh. besteht, liegt am Rande des Anbaubereichs von Saint-Emilion, auf einem Kiessandboden. Dieser tiefe granatrote 95er enthüllt sich erst, wenn man den Wein im Glas schwenkt. Dann kommen Vanille, Muskatnuß und rote Früchte in Alkohol zum Vorschein. Die Struktur wird noch vom Holzton beherrscht. Aufheben.
●┐ SCEA des Vignobles Daniel Mouty, Ch. du Barry, 33350 Sainte-Terre, Tel. 05.57.84.55.88, Fax 05.57.74.92.99 ✔ ✗ Mo-Sa 8h-17h ; Aug. geschlossen

CH. CROIX DE CALENS 1995*

| ■ | 6 ha | 40 000 | ■ ♦ 30-50F |

Dieses am Randes des Graves-Gebiets liegende Gut ist überwiegend mit Cabernet-Sorten bepflanzt, wie seine sehr tiefe granatrote Farbe ankündigt. Dieser ist ein wenig verschlossen, aber wenn man das Glas schwenkt, entfaltet sich das komplexe Aroma von Unterholz und roten Früchten. Ein runder, wohlausgewogener Wein.
●┐ EARL Vignobles Albert Yung, Ch. Haut-Calens, 33640 Beautiran, Tel. 05.56.67.05.25, Fax 05.56.67.24.91 ✔ ✗ n. V.

CH. CROIX DE METHEE 1995

| ■ | 5,29 ha | 40 000 | ■ -30F |

Die sehr tiefe Farbe besitzt rubinrote Reflexe. Der entfaltete Duft ist eher blumig. Der Geschmack ist süffig und ausgewogen.
●┐ Cave de Bourg-Tauriac, 12, Pont-du-Moron, 33710 Tauriac, Tel. 05.57.68.41.12, Fax 05.57.68.36.31 ✗ Mo-Sa 8h-12h 14h-18h

CH. DAMASE 1995*

| ■ | k. A. | k. A. | ❙❙ 30-50F |

Ein 25 Jahre alter Weinberg, der sich auf einem lehmig-kieselhaltigen Boden befindet und vorwiegend mit Merlot bepflanzt ist. Der 95er hat 18 Monate im Barriquefaß verbracht. Er ist natürlich noch ein wenig verschlossen, aber man nimmt schon Noten von reifen Früchten und Tabak wahr. Die Ansprache ist rund. Der Wein zeigt sich füllig und ziemlich konzentriert ; erstklassige Tannine verleihen ihm Ausgewogenheit.
●┐ Xavier Milhade, Ch. Damase, 33910 Savignac-de-l'Isle, Tel. 05.57.51.86.84, Fax 05.57.84.31.27
●┐ GFA Vignobles Jean Milhade

CH. DE FAISE 1995**

| ■ | 15 ha | 80 000 | ❙❙ -30F |

Dieses Gut im Gebiet von Libourne liegt auf dem ehemaligen Grund der Abtei Faise, eines Zisterzienserklosters aus dem 12. Jh. Es erzeugt einen bemerkenswerten 95er, dessen purpurrote Farbe granatrote Reflexe zeigt. Der reichhaltige, komplexe Duft bietet reife Früchte und einen harmonischen Holzton, der an Kakao und Gewürze (Zimt) erinnert. Dieser runde, stattliche und ausgewogene Wein ist bereits sehr bezaubernd, kann aber mindestens vier Jahre altern.
●┐ Vignobles Daniel Devaud, Ch. de Faise, 33570 Les Artigues-de-Lussac, Tel. 05.57.24.33.48, Fax 05.57.24.34.17 ✔ ✗ n. V.

CH. GAILLARTEAU 1995

| ■ | k. A. | 8 000 | ❙❙ 30-50F |

Das Gut hat die Besonderheit, daß es zu 60 % mit Cabernet Sauvignon und zu 40 % mit Merlot bepflanzt ist, obwohl es sich auf einem lehmig-kalkhaltigen Boden befindet. Sein 95er ist noch sehr verschlossen und enthüllt, wenn man den Wein im Glas schwenkt, einige diskrete fruchtige Noten (Quitten). Wenn sich seine Tannine besänftigt haben, dürfte er sich stärker offenbaren.
●┐ GFA Ch. Gaillarteau, 33410 Mourens, Tel. 05.56.61.98.21, Fax 05.56.61.99.06 ✔ ✗ n. V.
●┐ E. Videau

CH. GAURY BALETTE 1995

| ■ | 12 ha | 40 000 | ■ ♦ 30-50F |

Rubinrot mit ziegelrotem Farbton. Dieser 95er mit dem subtilen, blumigen Duft (Holunder, Rosen) ist rund und angenehm. Man kann ihn zum Vergnügen trinken.

Bordeaux Supérieur

🍷 Bernard Yon, Ch. Gaury Balette,
33540 Mauriac, Tel. 05.57.40.52.82,
Fax 05.57.40.51.71 ▣ 𝕐 n. V.

CH. GRAND JEAN 1995★★

| ■ | 3 ha | 24 000 | 🍷 | -30F |

Es gibt nur 25 % Merlot in diesem Wein, der von einem lehmig-kalkhaltigen Boden stammt. Er hat einen sehr schönen Bau, beherrscht vom Charme eines eleganten Körpers, der seine nachhaltige Frucht bietet.

🍷 Michel Dulon, Ch. Grand-Jean,
33760 Soulignac, Tel. 05.56.23.69.16,
Fax 05.57.34.41.29 ▣ 𝕐 n. V.

CH. DU GRAND PUCH 1995

| ■ | 30 ha | 200 000 | 🍷🍷 | -30F |

Dieser in Saint-Germain du Puch auf lehmig-kalkhaltigen Hängen erzeugte 95er, in dem Merlot dominiert, trägt ein rubinrotes Kleid mit ziegelroten Reflexen. Der diskrete Duft läßt rote Früchte erkennen. Er ist tanninreich und kräftig, so daß man ihn ein wenig altern lassen muß, bevor man ihn zu rotem Fleisch serviert.

🍷 Calvet SA, 75, cours du Médoc, B.P. 11,
33028 Bordeaux Cedex, Tel. 05.56.43.59.00,
Fax 05.56.43.17.78
🍷 Weber

CH. GRAND VILLAGE 1995★★

| ■ | 7 ha | 45 000 | 🍷🍷 | 30-50F |

Die heutigen Besitzer sind die unmittelbaren Nachkommen von Reedern aus Bordeaux, die dieses Gut im 16. Jh. bewirtschafteten. Dieser aus dem Kanton Fronsac stammende 95er bietet eine prächtige Farbe und ein diskretes Bukett mit dem Aroma von reifen Früchten (Feigen, Quitten) und einer leichten Vanillenote. Von großer Harmonie, mit einer runden und zart holzigen Struktur. Dieser Wein wird verführen.

🍷 Sylvie et Jacques Guinaudeau, Grand Village, 33240 Mouillac, Tel. 05.57.84.44.03,
Fax 05.57.84.83.31 ▣ 𝕐 n. V.

CH. GUILLAUME BLANC
Elevé en fût de chêne 1995

| ■ | 20 ha | 120 000 | 🍷 | -30F |

Im 18. Jh. war Guillaume Blanc ein Jurat (hoher Gemeindebeamter) der Stadt Sainte-Foy-la-Grande und Besitzer dieses Weinbergs. Schon auf den ersten Blick erscheint dieser 95er jung. Die Nase verrät wenig (Noten von Portwein und Gekochtem). Der Geschmack ist im selben Stil gehalten, konzentriert.

🍷 SCEA Ch. Guillaume, Lieu-dit Guillaume-Blanc, 33220 Saint-Philippe-du-Seignal,
Tel. 05.57.46.09.93, Fax 05.57.46.42.76 ▣ 𝕐 n. V.
🍷 Guiraud

CH. HAUT CANTONNET 1995★★★

| ■ | 5,5 ha | 6 000 | 🍷 | 30-50F |

Jean-Paul Rigal, Erzeuger im Gebiet von Bergerac, bietet einen schönen Bordeaux Supérieur, bei dem die Cabernet-Sorten 60 % des Rebsatzes ausmachen. Alles daran verführt : die großartige, tiefe Farbe, die ins Tintenschwarze geht, der sehr angenehme Duft, der Früchte (gekochte und kandierte) und Gewürze verbindet und Röstnoten enthüllt, wenn man den Wein im Glas schwenkt. Im Geschmack zeigt sich die Gerbsäure jung, voll und lang anhaltend ; nichts ist übertrieben, und alles trägt zur Harmonie bei, in der die reifen Früchte regieren. Prächtig und voller Verheißungen.

🍷 EARL Vignobles Jean-Paul Rigal, Le Cantonnet, 24240 Razac-de-Saussignac,
Tel. 05.53.27.88.63, Fax 05.53.23.77.11 ▣ 𝕐 n. V.

CH. HAUTE BRANDE
Spécial fût de chêne 1994★

| ■ | 15 ha | 35 000 | 🍷 | -30F |

Der Bordeaux Supérieur dieses Guts. Ziemlich leichte, strahlende Farbe. Intensiver Duft von reifen roten Früchten und Gewürzen mit leicht holzigen Noten. Der Geschmackseindruck, in dem der Holzton dominiert, ist noch verschlossen und streng. Dank seines deutlich spürbaren Stoffs kann er verschmelzen. Gute Ausgewogenheit.

🍷 GAEC Haute Brande, 33580 Rimons,
Tel. 05.56.61.60.55, Fax 05.56.61.89.07 𝕐 Mo-Sa 8h-12h 14h-18h
🍷 R. Boudigue et Fils

CH. HAUT-MEILLAC 1995

| ■ | 6,5 ha | 31 000 | 🍷🍷 | -30F |

Der Weinberg, der auf lehmig-kieselhaltigen Hängen im Süden des Isle-Tals, auf dem rechten Ufer der Dordogne, angelegt ist, umgibt eine romanische Kirche aus dem 12. Jh. Dieser 95er könnte Ähnlichkeit mit der Kirche haben : hübsche klare Farbe mit violetten Reflexen, Duft mit dem Aroma von jungem Wein, fruchtig mit Noten von Korinthen, sanfter, frischer Geschmack mit unaufdringlichen Tanninen, die angenehm nach Trauben schmecken.

🍷 Jean-Paul Grelaud, 21, Meillac,
33660 Gours, Tel. 05.57.49.75.08,
Fax 05.57.49.64.13 ▣ 𝕐 n. V.

CH. HAUT METHEE 1995★

| ■ | 7 ha | 57 000 | 🍷🍷 | -30F |

Ein Cru in Cézac, bei dem der Cabernet Sauvignon mit 60 % dominiert. Die sehr kräftige rote Farbe, der Himbeerduft und der kräftig gebaute Geschmack, der dem Ausdruck seiner Frucht freien Lauf läßt, sind die Trümpfe dieses gelungenen 95ers.

🍷 André Quancard-André, rue de la Cabeyre, 33240 Saint-André-de-Cubzac,
Tel. 05.57.33.42.42, Fax 05.57.33.01.71
🍷 Massé

Bordeaux Supérieur

CH. HAUT NADEAU 1995*

■ 4 ha   30 000   ■ ⦁▯ ⚖ 30-50F

90 % Merlot, der auf einem lehmig-kieselhaltigen Boden angepflanzt ist, ergeben diesen schönen Wein von intensiver rubinroter Farbe. Der Duft mit den fruchtigen Noten, die durch Holznuancen unterstützt werden, ist recht komplex. Im Geschmack füllig, mit Noten von Gewürzen und reifen Früchten. Ein gelungener 95er.
❧ SCEA Ch. Haut Nadeau, 3, chem. d'Estévenadeau, 33760 Targon,
Tel. 05.56.20.44.07, Fax 05.56.20.44.07 ☑
❧ Audouit

CH. HAUT-PEYREDOULLE 1995

■ 5 ha   25 000   ■ ⚖ 30-50F

Das Gut wurde 1974 Teil der Vignobles Marinier. Dieser überwiegend aus Merlot erzeugte 95er, der eine tiefe Farbe besitzt, entfaltet Noten von Erdbeeren, Weihrauch und Menthol. Ein sehr fruchtiger, angenehmer Wein, den man bereits servieren kann.
❧ Vignobles Louis Marinier, Dom. Florimond-La-Brède, 33390 Berson, Tel. 05.57.64.39.07, Fax 05.57.64.23.27 ☑ ⚒ Mo-Fr 8h-12h30 14h-18h ; Sa, So n. V.

CH. HAUT-TOUTIFAUT 1995

■ 20 ha   30 000   ■ ⚖ 30-50F

Der Weinberg ist auf dem Boden einer alten Komturei der Johanniter angelegt worden, die im 13. Jh. gegründet wurde und von der nichts übriggeblieben ist. Die Cabernet-Sorten dominieren auf dem lehmig-kalkhaltigen Boden. Intensives Purpurrot mit karminroten Reflexen. Dieser 95er bietet einen zarten Duft nach schwarzen Johannisbeeren. Er ist sanft und fleischig und zeigt über erstklassigen Tanninen eine gute Ausgewogenheit.
❧ Claude Comin, Ch. Haut-Toutifaut, 33790 Saint-Antoine-du-Queyret,
Tel. 05.56.61.31.98, Fax 05.56.61.34.22 ☑ ⚒ n. V.

MOULIN D'ISSAN 1995**

■ 12 ha   70 000   ■ ⦁▯ ⚖ 30-50F

Sein Médoc-Ursprung kommt in den 50 % Cabernet Sauvignon des Rebsatzes zum Ausdruck. Der Weinberg gehört zum Anbaugebiet von Château d'Issan, einem Cru classé in Margaux. Dieser 95er besitzt eine sehr schöne, dunkle, intensive Farbe mit granatrotem Schimmer und bietet einen etwas verschlossenen Duft, in dem sich Aromen von Früchten und ein verschmolzener, leicht röstartiger Holzton harmonisch vermischen. Die Harmonie bleibt im Geschmack erhalten und verleiht dem noch festen Körper Eleganz.
❧ Ch. d'Issan, Sté fermière viticole de Cantenac, 33460 Cantenac, Tel. 05.57.88.35.91, Fax 05.57.88.74.24 ☑ ⚒ n. V.
❧ Mme Cruse

CH. JEANGUET-LA-MIANE 1995

■ 10 ha   10 000   -30F

Ein junger Weinberg (1989), der auf einem lehmigen Boden angelegt worden ist und 70 % Merlot und 30 % Cabernet Sauvignon enthält. Sein 95er steht ganz in der Qualität des Jahrgangs : kraftvoll und lagerfähig. Auch wenn er ein wenig schnell ausklingt, gefällt er doch aufgrund seines intensiven Dufts (reife Früchte : Kirschen, schwarze Johannisbeeren, Erdbeerkonfitüre), seiner runden Ansprache, seiner Fülle im Geschmack und einer gewissen Eleganz.
❧ SCEA Borderie-Plaire, Jeanguet, 33230 Les Peintures, Tel. 05.57.49.12.10,
Fax 05.57.49.24.47 ☑ ⚒ n. V.

CH. DES JOUALLES 1995*

■ 25 ha   180 000   ■ -30F

Dieses Château, das sich im Herzen des Weinbaugebiets von Bordeaux, zwischen Garonne und Dordogne, auf lehmig-kalkhaltigen Böden mit Kalksteinsockel befindet, trägt den Namen einer alten, heute verschwundenen Anbaumethode, bei der man zwischen den Rebzeilen genug Platz frei ließ, um dort einjährige Pflanzen anzubauen. Der Geruchseindruck ist zwar zunächst verschlossen, enthüllt aber dann Noten von reifen Früchten. Dieser konzentrierte und ziemlich füllige Wein bietet eine gute Ausgewogenheit, in der erneut ein Aroma von reifen Früchten zum Ausdruck kommt. Langer Abgang, der auf die Trauben Rücksicht nimmt.
❧ SC des Vignobles Freylon, Lassègue, 33330 Saint-Hippolyte, Tel. 05.57.24.72.83, Fax 05.57.74.48.88 ☑

CH. LABATUT Cuvée Prestige 1995*

■ k. A.   k. A.   ■ -30F

Das Château, das Hänge mit Lehm- und Kalksteinböden überragt, geht in seinem Ursprung auf das 13. Jh. zurück und war im 16. Jh. Eigentum der Herren von Duras. Ein sehr gelungener 95er, wie die tiefe Farbe mit den violetten Reflexen bezeugt. Der Duft nach reifen Früchten ist diskret. Dieser runde, kräftige, gut strukturierte Wein dürfte Anfang 1998 trinkreif sein.
❧ GFA Leclerc, Ch. Lagnet, 33350 Doulezon, Tel. 05.57.40.51.84, Fax 05.57.40.55.48 ☑ ⚒ n. V.

CH. LA CAPELLE
Cuvée spéciale Elevé en fût de chêne 1995**

■ 25 ha   9 000   ⦁▯ 30-50F

Der Urgroßvater des heutigen Besitzers war Landarbeiter auf diesem Gut. Der Großvater war Verwalter ; der Vater kaufte es. Das in diesem Weinführer oft berücksichtigte Château erwirbt seinen zweiten Stern ; zum Lieblingswein fehlte ihm nur eine Stimme. Ein großartiges Familienunternehmen. Und dieser 95er ? Tiefe Farbe von dunklem Granatrot. Feiner, vornehmer Duft mit Noten von Gewürzen und Vanille. In der Ansprache runder Geschmack, der sich mit Fülle und Volumen entfaltet. Schöne, konzentrierte Tannine weisen auf einen prächtigen Wein hin.
❧ GAEC J.-R. Feyzeau et Fils, Ch. La Capelle, 33500 Arveyres, Tel. 05.57.51.09.35,
Fax 05.57.51.86.27 ☑ ⚒ tägl. 9h-18h

CH. LA CHAPELLE MAILLARD 1995

■ 5 ha   35 000   ■ ⚖ -30F

Die tiefe Farbe besitzt granatrote Reflexe. Dieser Wein hat keinen großen Umfang, aber er ist gut gemacht. Die Tannine sind vorhanden, die Frucht ebenso.

209   BORDELAIS

Bordeaux Supérieur

✆ Jean-Luc Devert, 33220 Saint-Quentin-de-Caplong, Tel. 05.57.41.26.13, Fax 05.57.41.25.99 ✓ ✗ Mo-Sa 9h-12h 14h-18h

CH. LA COMMANDERIE DE QUEYRET 1995

| ■ | 2 ha | 10 000 | ⓘ | 30-50F |

Angehörige des geistlichen Ordens der Malteserritter gründeten an diesem Ort im 13. Jh. eine Komturei. Die Farbe dieses 95ers ist prächtig, ebenso wie das intensive, komplexe Bukett (Vanille, Zedernholz, Harz, Gewürznelken). Nach einer etwas feurigen Ansprache mit spürbaren Tanninen enthüllt sich dieser Wein als wohlschmeckend, aber ein wenig rustikal im Abgang.
✆ Claude Comin, La Commanderie, 33790 Saint-Antoine-du-Queyret, Tel. 05.56.61.31.98, Fax 05.56.61.34.22 ✓ n. V.

CH. LA CROIX D'ANTONNE 1995

| ■ | 7 ha | 20 000 | ■ ♦ | -30F |

Der Frost von 1991 suchte dieses Gut heim. »Aber die Begeisterung bleibt erhalten«, schrieb der Winzer. Hier ein gut gemachter Wein, auch wenn seine Struktur recht voluminös ist. Die Frucht ist im Geschmack recht entfaltet. Er besitzt ein gutes, fruchtiges Aroma und zeigt sich harmonisch. Der 95er Haut-Mongeat in dieser AOC erhält die gleiche Note.
✆ Bernard Bouchon, Le Mongeat, 33420 Génissac, Tel. 05.57.24.47.55, Fax 05.57.24.41.21

CH. DE LA GRANDE CHAPELLE 1995

| ■ | 5,1 ha | 35 000 | ⓘ | 30-50F |

Ein 95er mit einer ziemlich leichten und dennoch angenehm roten Farbe. Der Duft läßt ein paar fruchtige Nuancen erkennen. Im Geschmack dominiert das Faß.
✆ EARL des Vignobles Liotard, La Grande Chapelle, 33240 Lugon et l'Ile du Carney, Tel. 05.57.84.41.52, Fax 05.57.84.45.02 ✓ ✗ n. V.
✆ Gérald Liotard

CH. LA GRAVE 1995

| ■ | 8 ha | 45 000 | ■ ⓘ | 30-50F |

Seit dem 18. Jh. gehört das Château der Familie Decazes, die seinerzeit einen Minister unter König Ludwig XVIII. in ihren Reihen hatte. Eine dunkle granatrote Farbe umhüllt diesen 95er mit dem komplexen Duft von schwarzen Johannisbeeren und Brotkruste. Da dieser Wein ein sehr deutlich spürbares, ein wenig strenges Gerüst besitzt, erfordert er ein paar Jahre Geduld.
✆ Louis Decazes, Ch. La Grave, 33910 Bonzac, Tel. 05.57.84.40.10, Fax 05.57.84.41.06 ✓ ✗ n. V.

CH. LAGRAVE PARAN 1995

| ■ | 1 ha | 5 200 | ■ ⓘ ♦ | 30-50F |

Das auf einem lehmig-kieselhaltigen Boden mit hohem Kiessandanteil angelegte Gut enthält 70 % Cabernet, was in diesem Teil des Weinbaugebiets von Bordeaux ziemlich selten ist. Vanille und Kokosnuß verraten das Vorhandensein des Fasses, aber der runde Geschmack läßt eine gute Entwicklung vorhersagen.

✆ EARL Lafon, Ch. Lagrave Paran, le Bourg, 33490 Saint-André-du-Bois, Tel. 05.56.76.40.45 ✓

CH. LAMARCHE Lutet 1995

| ■ | 4 ha | 24 000 | ⓘ | 30-50F |

Der Weinberg vom Lamarche liegt am Fuße des berühmten Hügels von Canon Fronsac. Dieser lebhaft rote 95er zeigt einen Duft von gekochten und kandierten Früchten. Diese findet man im Geschmack wieder, wo sie trotz noch junger Tannine eine hübsche Sanftheit ergänzen.
✆ SCEA Ch. Lamarche, Ch. Lamarche Canon, 33126 Fronsac, Tel. 05.57.42.66.66, Fax 05.57.69.36.20 ✓ ✗ n. V.

L'AME DU TERROIR 1995*

| | 100 ha | 750 000 | ■ | -30F |

Eine Marke der Vertriebsfirma Cora, die von den Caves de la Brèche in Pineuilh auf Flaschen abgefüllt wird. Dieser 95er ist ein Erfolg, und man sollte sich ihn schon auf 750 000 Tischen vorstellen ! Schöne, sehr tiefe Farbe, ein lebhaftes Rot mit violettem Schimmer. Er ist fruchtig : Kirschen, schwarze Johannisbeeren, Brombeeren. Im Geschmack entwickelt er sich voller Kraft, wobei die Tannine für einen vollen, lang anhaltenden Abgang sorgen.
✆ SA Guiraud-Raymond-Marbot, ZAE de l'Arbalestrier, B.P. 43, 33220 Pineuilh, Tel. 05.57.46.09.93, Fax 05.57.46.42.76 ✗ n. V.

CH. LA MONGIE 1995

| | k. A. | 50 000 | ■ ♦ | -30F |

Ein diskreter, sanfter, eleganter Wein, der eher fruchtig und schon heute angenehm ist.
✆ GFA de la Mongie, La Mongie, 33240 Vérac, Tel. 05.57.84.37.08, Fax 05.57.74.38.12 ✓ ✗ n. V.

CH. DE LA NAUZE 1995**

| | k. A. | 6 000 | ⓘ | -30F |

Ein Gut im Süden der Appellation Saint-Emilion. Es präsentiert einen 95er, in dem Merlot mit 70 % dominiert. Dieser Wein mit der schönen, tiefen rubinroten Farbe bietet reife Früchte, Gewürze, Tabak und Lakritze. Der geschmeidige Geschmack stützt sich in einer schönen Ausgewogenheit auf die Frucht. Langer Abgang. Es wäre schade, ihn früher als in zwei Jahren zu öffnen.
✆ Xavier Dangin, Micouleau, 33330 Vignonet, Tel. 05.57.84.53.01, Fax 05.57.84.53.83 ✓ ✗ n. V.
✆ Elies

CH. LANDEREAU 1995**

| | 35 ha | 180 000 | ■ ⓘ ♦ | 30-50F |

Dieses Gut, auf dem die Cabernet-Sorten überwiegen, bietet einen 95er mit einer reichen granatroten Farbe und einem intensiven, leicht vanilleartigen Duft. Der Geschmack ist füllig und voller Rundheit, die ihm eine verschmolzene, fast samtige und anhaltende Vollmundigkeit verleiht. Man kann ihn zum Vergnügen trinken oder für einen anderen Genuß aufheben.
✆ SC Vignobles Baylet, Ch. Landereau, 33670 Sadirac, Tel. 05.56.30.64.28, Fax 05.56.30.63.90 ✓ ✗ Mo-Fr 8h-12h 14h-17h
✆ Michel Baylet

Bordeaux Supérieur

CH. LA SALARGUE 1995

■　　　11,4 ha　　80 000　　■ ♦ 30-50 F

Die Keller wurden im letzten Jahrhundert südlich der Dordogne errichtet ; die Barriquefässer konnten auf diese Weise direkt auf die Lastkähne geladen werden. Dieser 95er ist ziemlich rustikal, aber das hat Charme. Der Duft ist entfaltet.
☙ SCEA Vignoble Bruno Le Roy, La Salargue, 33420 Moulon, Tel. 05.57.24.48.44, Fax 05.57.24.42.38 ✓ ⏳ n. V.

CH. LATOUR-LAGUENS 1995

■　　　22 ha　　120 000　　■ ◼ 30-50 F

Eine lange Geschichte, ein gutes Anbaugebiet und eine ausgewogene Bestockung - Latour-Laguens hat gute Trümpfe. Dieser rubinrote, violett funkelnde 95er bietet einen feinen, blumigen und ziemlich intensiven Duft von roten Früchten (Himbeeren). Er ist füllig, wohlschmeckend, ziemlich tanninhaltig, vanilleartig und recht fein und hat eine gute Länge.
☙ EARL Latour-Laguens, Ch. Latour, 33540 Saint-Martin-du-Puy, Tel. 05.56.71.53.15, Fax 05.56.71.60.86 ✓ ⏳ n. V.

CH. LA VERRIERE 1995*

■　　　25 ha　　90 000　　■ ◼ ♦ 30-50 F

Die tiefe purpurrote Farbe zeigt strahlende Reflexe. Dieser 95er bietet einige Noten von schwarzen Johannisbeeren. Im Geschmack besitzt dieser Wein ein gutes Gerüst mit viel Rundheit und spürbaren, verschmolzenen Tanninen. Ein schöne Harmonie.
☙ André et Jean-Paul Bessette, GAEC La Verrière, 33790 Landerrouat, Tel. 05.56.61.36.91, Fax 05.56.61.41.12 ✓ ⏳ n. V.

CH. DE LA VIEILLE TOUR
Réserve Tradition Elevé en fût de chêne 1995*

■　　　k. A.　　20 000　　◼ 30-50 F

Ein schönes, 46 ha großes Gut und dieser 95er, der diskret, aber elegant ist, mit einem fruchtigen und vanilleartigen Aroma. Er ist im Geschmack wohlausgewogen und hat viel Fleisch und Rundheit.
☙ Vignobles Boissonneau, Cathelicq, 33190 Saint-Michel-de-Lapujade, Tel. 05.56.61.72.14, Fax 05.56.61.71.01 ✓ ⏳ n. V.

CH. LAVILLE 1995*

■　　　14 ha　　100 000　　■ ◼ ♦ 30-50 F

Der Weinberg wurde nach dem Frost von 1956 wiederhergestellt, wobei man die beste Anpassung an den Unterboden anstrebte, der hauptsächlich aus festem Kiessand besteht. Dieser purpurrote 95er bietet einen kräftigen Duft mit Noten von gekochten Früchten, Vanille und Gewürzen. Er ist sanft und entwickelt sich mit Volumen und Körper, wobei er die würzigen Noten beibehält.
☙ Alain et Hervé Faye, SCEA du Ch. Laville, 33450 Saint-Sulpice-et-Cameyrac, Tel. 05.56.30.84.19, Fax 05.56.30.81.45 ✓ ⏳ n. V.

CH. LE BOCAGE 1995*

■　　　k. A.　　k. A.　　◼ 30-50 F

Dieses Gut, das auf dem rechten Ufer der Dordogne, an der Grenze zum Gebiet von Fronsac, liegt, ist ausschließlich mit Merlot bepflanzt. Dieser 95er hat eine schöne, strahlende rubinrote Farbe und öffnet sich zu würzigen Noten, die mit Tabak und reifen Trauben vermischt sind und im Geschmack um eine sehr runde Ausgewogenheit herum anhalten.
☙ EARL Vignobles Robert Giraud, Ch. Le Bocage, 33240 Cadillac-en-Fronsadais, Tel. 05.57.43.01.44, Fax 05.57.43.08.75

CH. LE GARDERA 1995

■　　　23 ha　　143 000　　◼ 30-50 F

Dieses Château, das sich auf den steilen Hängen der Garonne-Ufer befindet, gehört seit 1951 zu den Domaines Cordier. Dieser Wein, in dem Merlot dominiert, hat eine schöne tiefrote Farbe und bietet einen feinen, delikaten Duft nach reifen Früchten und getrockneten Blumen. Er ist ganz leicht und läßt sich angenehm trinken.
☙ Domaines Cordier, 53, rue du Dehez, 33290 Blanquefort, Tel. 05.56.95.53.00, Fax 05.56.95.53.01 ✓ ⏳ n. V.

CH. LE GRAND VERDUS
Cuvée réservée 1995**

■　　　2 ha　　12 000　　◼ 50-70 F

Dieser um 1580 auf den Hängen des rechten Garonne-Ufers angelegte Weinberg ist ein prächtiges Landhaus aus dem 16. Jh. In den letzten Jahren (die Jahrgänge 1989, 1990 und 1993) dreimal zum Lieblingswein gewählt - Le Grand Verdus ist beim Bordeaux Supérieur eine »sichere Bank«, wie dieser 95er bestätigt, dessen tiefe Farbe rubinrote und violette Nuancen bietet. Der feine Vanilleduft enthält rauchige Noten. Aber vor allem im Geschmack zeigt er seine Harmonie : Er ist rund und wohlschmeckend und entfaltet sich über einer bemerkenswerten Struktur reifer Tannine. Der füllige, freigebige Abgang kennzeichnet einen schönen Wein.
☙ Ph. et A. Legrix de La Salle, Ch. Le Grand Verdus, 33670 Sadirac, Tel. 05.56.30.64.22, Fax 05.56.23.71.37 ✓ ⏳ n. V.

CH. LE PEUY-SAINCRIT
Montalon 1995*

■　　　3 ha　　18 000　　■ ◼ ♦ 30-50 F

Der Weinberg liegt unweit von Saint-André de Cubzac auf einem steinigen Hang, der mit einer dünnen lehmig-kalkhaltigen Schicht bedeckt ist und die Dordogne überragt. Dieser lebhafte rote 95er ist des eleganten Etiketts würdig. Sein an gekochte Früchte, Konfitüre und Gewürze (Zimt) erinnerndes Bukett und sein fleischiger Geschmack mit dem fülligen, langen Abgang, dessen Aroma von gekochten Früchten eine animalische Note enthält, machen ihn zu einem Wein, den man schon servieren, aber auch noch aufheben kann.
☙ Vignobles B. Germain, Ch. Le Peuy-Saincrit, 33240 Saint-André-de-Cubzac, Tel. 05.57.42.66.66, Fax 05.57.64.36.20 ✓ ⏳ Mo-Sa 8h-12h 14h-18h

CH. L'ESCART 1995

■　　　13 ha　　100 000　　◼ 30-50 F

Während der Geruchseindruck das Barriquefaß zum Ausdruck bringt, enthüllt der Geschmack einen kräftigen Körper, Vollmun-

BORDELAIS

Bordeaux Supérieur

digkeit und Weinigkeit. Die Farbe ist fast schwarz, aber klar.
- SCEA Ch. L'Escart, 33450 Saint-Loubès, Tel. 05.56.77.53.19, Fax 05.56.77.68.59 ▨ ⊺ n. V.
- Gérard Laurent

CH. LES CHARMILLES 1995*

| ■ | 2 ha | 10 000 | ■ ♦ | 30-50 F |

Ein kleines Gut im Schwemmlandgebiet von Macau im Médoc. Dieser 95er versteht es, sich mit einer hübschen granatroten Farbe und einem feinen, würzigen Duft zu präsentieren, der sich mit Noten von roten Früchten entfaltet. Seine sanften Tannine verleihen dem Ganzen Eleganz.
- SCEA Ch. Haut Breton Larigaudière, 33460 Soussans, Tel. 05.57.88.94.17, Fax 05.57.88.39.14 ▨ ⊺ n. V.
- De Schepper

CH. LES CHENES DU MAGNAN 1995

| ■ | 2 ha | 12 000 | ■ ♦ | 30-50 F |

Er besitzt ziegelrote Reflexe, einen Duft von roten Früchten und echte Freimütigkeit : ein spontaner Wein.
- Philippe Lopez, Le Magnan, 33350 Castillon-la-Bataille, Tel. 05.57.40.50.78, Fax 05.57.40.52.12 ▨ ⊺ n. V.

CH. LES GRANDS THIBAUDS 1995

| ■ | 1,6 ha | 13 000 | ■ ♦ | 30-50 F |

Dieser 1966 auf einem lehmig-kalkhaltigen Boden angelegte Weinberg, der sich auf dem rechten Ufer der Dordogne, in der Nähe der Côtes de Bourg, befindet, ist je zur Hälfte mit Merlot und Cabernet Sauvignon bepflanzt. Mit einer diskreten Note von gekochten Backpflaumen zeigt sich dieser 95er frisch und lebhaft. Er ist kräftig gebaut, körperreich und ein wenig rustikal, aber sein Abgang erweist sich als füllig und nachhaltig.
- Daniel Plantey, Les Grands Thibauds, 33240 Saint-Laurent-d'Arce, Tel. 05.57.43.08.37 ▨ ⊺ n. V.

CH. LESPARRE 1995*

| ■ | 100 ha | 400 000 | ■ ♦ | 30-50 F |

Ein großes Gut, das 1986 von der aus der Champagne stammenden Familie von Michel Gonet übernommen worden ist. Sein 95er hat alle Trümpfe : Farbe von schwarzen Kirschen, kräftiger, komplexer Duft, in dem gekochte Früchte und eine animalische Note dominieren. Der ausgewogene Geschmack mit der sanften Ansprache entwickelt sich zu kräftigen Tanninen hin. Ihre Jugend macht diesen Wein im Abgang ein wenig verschlossen und streng. Man muß ihn ein paar Jahre altern lassen, damit er seine volle Entfaltung findet.
- SARL Michel Gonet et Fils, Ch. Lesparre, 33750 Beychac-et-Caillau, Tel. 05.57.24.51.23, Fax 05.57.24.03.99 ▨ ⊺ n. V.

CH. LESTRILLE CAPMARTIN
Elevé en fût de chêne 1995**

| ■ | 8 ha | 65 000 | ■ ▥ ♦ | 30-50 F |

90 % Merlot gehen in die Komposition dieses 95ers von Château Lestrille Capmartin ein, das schon im letzten Jahr mit seiner 94er Cuvée Prestige einen Lieblingswein hatte. Hier ist der Wein ebenfalls im Barriquefaß ausgebaut worden. Die Farbe ist sehr dunkel und schimmert granatrot. Der Duft entfaltet eine gute Fruchtigkeit, die mit Vanille und einer erstaunlichen Note Bienenwachs verbunden ist. Im Geschmack zeigt sich der Wein nach einer klaren Ansprache schlicht ; seine schöne Struktur bietet die Harmonie einer komplexen Entfaltung und eines angenehmen Abgangs. Das ist vielleicht ein vollkommener Wein !

- Jean-Louis Roumage, Lestrille, 33750 Saint-Germain-du-Puch, Tel. 05.57.24.51.02, Fax 05.57.24.04.58 ▨ ⊺ tägl. 8h-12h30 14h-18h30

CH. L'HOSTE-BLANC 1995**

| ■ | 10 ha | 12 000 | ▥ | 30-50 F |

Merlot und Cabernet Sauvignon teilen sich den Verschnitt dieses 18 Monate lang im Barriquefaß ausgebauten Weins. Der Jahrgang ließ es zu : schöne karminrote Farbe, komplexer und zugleich eleganter Duft, in dem Backpflaumen, Birnen, Zimt und Trüffeln harmonieren. Im Geschmack verstärkten Rundheit und Fülle der prächtige Konzentration, in der Noten von Karamel und gekochten Früchten auftauchen. Ein schöner Wein, den man mit Geduld genießen sollte.
- SC Vignobles Baylet, Ch. Landereau, 33670 Sadirac, Tel. 05.56.30.64.28, Fax 05.56.30.63.90 ▨ ⊺ Mo-Fr 8h-12h 14h-17h
- Michel Baylet

DOM. DE L'ILE MARGAUX 1995**

| ■ | 14 ha | 100 000 | ▥ | 30-50 F |

Wie sein Name andeutet, liegt dieses Gut auf einer Insel in der Gironde, gegenüber von Château Margaux. Der Boden besteht aus Anschwemmungen, worauf die 10 % Petit Verdot - Überreste einer Vergangenheit, in diese Rebsorte in den Schwemmlandgebieten dominierte - hinweisen. Bezaubernde granatrote Farbe

Bordeaux Supérieur

und ein ausdrucksvolles Bukett von reifen Trauben, mit denen der diskret pfeffrig-vanilleartige Holzton harmonisch verbunden ist. Dieser reichhaltige, konzentrierte Wein mit den verschmolzenen Tanninen ist trotz seiner Stärke ausgewogen. Ein sehr schöner Erfolg, der das unmittelbare Vergnügen einer vielversprechenden Lagerung zuläßt.
- SCEA Ile Margaux, 33460 Margaux, Tel. 05.57.88.35.19, Fax 05.57.88.35.87 ☑ ☤ n. V.
- Nègre

CH. MAJUREAU-SERCILLAN
Elevé en fût de chêne 1995*

| ■ | 6 ha | 38 000 | ⏽ | 30-50 F |

Ein klassischer Wein, in seiner Zusammenstellung (60 % Merlot) ebenso wie in seinem Ausbau. Die Farbe ist tief; der Duft erinnert an reife Kirschen. Ein fülliger, ausgewogener Wein, den man ein wenig aufheben sollte.
- Alain Vironneau, Le Majureau, 33240 Salignac, Tel. 05.57.43.00.25, Fax 05.57.43.91.34 ☑ ☤ n. V.

CH. MALROME
Vieilli en fût de chêne 1995*

| ■ | 20 ha | 81 000 | ⏽ | 30-50 F |

1901 erlangte Malromé traurige Berühmtheit, als dort der Maler Henri de Toulouse-Lautrec starb : Das Château gehörte seiner Mutter ; er kam dorthin, um sich im Sommer zu erholen, und hatte dort auch ein Atelier ... Eine herrliche Lage über der Garonne. Dieses Château erzeugt heute schöne Weine, wie etwa diesen 95er mit der schönen kirschroten Farbe, die rubinrote Reflexe zeigt. Der sehr angenehme Duft mischt rote Früchte, Schlehen und Zimt. Dieser hübsche, einschmeichelnde Wein ist ziemlich rund und stützt sich auf ein Gerüst aus reifen, einfachen Tanninen. Er klingt mit einer Karamelnote aus.
- SCEA Malromé, 33490 Saint-André-du-Bois, Tel. 05.56.76.44.92, Fax 05.56.76.46.18 ☑ ☤ n. V.
- Ph. Decroix

CH. MARAC 1995*

| ■ | k. A. | 60 000 | ■ ☤ | -30 F |

Ein Weinbau, der ausschließlich darauf ausgerichtet ist, bei den Trauben nach Qualität zu streben, wird hier seit zwanzig Jahren für eine besseren Dialog zwischen Anbaugebiet und Rebsorte eingesetzt, der für erstklassige Weine so unverzichtbar ist. Die Methode ist überzeugend : Dieser 95er hat eine tiefrote Farbe, die an schwarze Kirschen erinnert, und ist noch ein wenig verschlossen, bietet aber Noten von reifen Früchten. Die imposante Tanninstruktur erfordert ein wenig Geduld in der Flasche.
- Alain Bonville, Marac, 33350 Pujols, Tel. 05.57.40.53.21, Fax 05.57.74.90.13 ☑ ☤ n. V.

MARQUIS D'ABEYLIE
Elevé en fût de chêne 1995*

| ■ | 8 ha | 66 000 | ⏽ | -30 F |

Eine Marke der Genossenschaftsvereinigung Univitis. Dieser 95er hat durch seine intensive dunkelrote Farbe und seinen Duft verführt, dessen dominierender Ledergeruch von einem Holzton abgelöst wird. Im Geschmack enthüllt dieser Wein nach einer angenehmen Ansprache einen gefälligen, ansprechenden Körper, der rund und sehr ausgewogen ist, mit hübschen Tanninen. Sie können ihn trinken oder aufheben - wie es Ihnen gefällt.
- Univitis, 33220 Sainte-Foy-la-Grande, Tel. 05.57.56.02.02, Fax 05.57.56.02.22 ☑ ☤ Di-Sa 8h30-12h30 14h-18h

CH. MILARY 1994*

| ■ | k. A. | k. A. | | 30-50 F |

Manche Erzeugernamen sind verkaufsfördernde Trümpfe, andere sind Garantien. Das ist der Fall bei Moueix, dessen Namen dieser genußvolle Wein trägt. Er stützt sich auf Tannine von großer Feinheit und auf ein frisches Bukett und wird in den beiden Jahren nach Erscheinen des Weinführers sehr angenehm sein.
- Ets Jean-Pierre Moueix, 54, quai du Priourat, 33500 Libourne

DOM. DE MONREPOS 1995

| ■ | 4 ha | k. A. | ⏽ | -30 F |

Dieses Gut liegt auf dem Boden der alten Zisterzienserabtei Faise, die 1137 von der Gräfin von Castillon gegründet wurde. Dieser 95er stützt sich noch auf ein wenig strenge Tannine, die aber vielversprechend sind, denn die Ausgewogenheit ist solide.
- Vignobles Daniel Devaud, Ch. de Faise, 33570 Les Artigues-de-Lussac, Tel. 05.57.24.33.48, Fax 05.57.24.34.17 ☑ ☤ n. V.

CH. MOULIN DES COMBES 1995*

| ■ | 6,5 ha | 48 000 | ■ ☤ | -30 F |

Die Farbe und das Bukett sind gelungen. Der Geschmack folgt im selben Ton von Erdbeeren und schwarzen Johannisbeeren und ist wohlausgewogen. Dieser Cru gehört dem gleichen Besitzer wie La Croix du Moulin, der dieselbe Note erhält.
- André Quancard-André, rue de la Cabeyre, 33240 Saint-André-de-Cubzac, Tel. 05.57.33.42.42, Fax 05.57.33.01.71
- Garras

CH. MOUTTE BLANC 1995**

| ■ | 1,7 ha | 10 000 | ⏽ | 30-50 F |

Moutte Blanc, dessen 90er Lieblingswein war, konnte nicht an diesem schönen Jahrgang vorbeigehen. Dieses 1876 entstandene Gut in Familienbesitz hat Reben, die fast 60 Jahre alt sind ; außerdem wird man die außergewöhnliche Bedeutung von Petit Verdot feststellen, der hier einen Anteil von 30 % am Rebsortenbestand hat. Die intensive, dunkle Farbe ist wegen der Tiefe fast schwarz. Der ein wenig hermetisch verschlossene Geruchseindruck läßt ein paar fruchtige Noten (Walderbeeren) erkennen. Im Geschmack beeinträchtigt der herrliche, konzentrierte, reichhaltige Stoff nicht die feinen Tannine, weil sie reif sind. Aussicht auf einen sehr schönen Wein, dem nur eine Stimme fehlte, um die Leistung in der 93er Ausgabe unseres Weinführers zu wiederholen.
- Josette et Guy Dejean-de Bortoli, 33, av. de la Coste, 33460 Macau, Tel. 05.57.88.42.36, Fax 05.57.88.42.36 ☑ ☤ n. V.

BORDELAIS

Bordeaux Supérieur

CH. NARDIQUE LA GRAVIERE 1995*

■ 6,68 ha 42 000 ◐ 30-50 F

Dieser auf einem Kiessandboden angelegte Weinberg enthält ebensoviel Merlot wie Cabernet, was in diesem Teil des Bordelais eher selten ist. Tiefrote Farbe mit kirschroten Reflexen. Dieser 95er ist voller Jugendlichkeit, im Duft (Früchte mit Noten von frischen Trauben) ebenso wie im Geschmack, in dem sich nach einer runden, fülligen Ansprache eine ausgeprägte Gerbsäure bemerkbar macht, die in ein paar Jahren verschmelzen dürfte.
✍ EARL Vignobles Thérèse, Ch. Nardique La Gravière, 33670 Saint-Genès-de-Lombaud, Tel. 05.56.23.01.37, Fax 05.56.23.25.89 ✔
🕰 Mo-Sa 9h-12h 15h-18h ; 15. Aug.-1. Sept. geschlossen

CH. DE PARENCHERE 1995**

■ k. A. k. A. ■◐♦ 30-50 F

Parenchère war vor der Französischen Revolution Bestandteil der Krondomäne. Man kann hier auf einem lehmig-kalkhaltigen Boden die Besonderheit feststellen, daß bei der Bestockung Cabernet dominiert. Wunderbar sind die tiefe Farbe, ein Rubinrot mit purpurrotem Schimmer, und der kräftige, konzentrierte Duft, in dem Noten von schwarzen Johannisbeeren und Holznuancen (Vanille, Röstkaffee) vorherrschen. Im Geschmack stützt sich dieser vollständige, runde, füllige, aromatische Wein auf ein noch ausgeprägtes, aber feines Tanningerüst. Dieser sehr reichhaltige 95er muß noch ein paar Jahre altern, damit das Vergnügen vollkommener ist.
✍ Jean Gazaniol, Ch. de Parenchère, 33220 Ligueux, Tel. 05.57.46.04.17, Fax 05.57.46.42.80 ✔ 🕰 n. V.

CH. PASCAUD
Vieilli en fût de chêne 1995**

■ 2 ha 10 000 ◐ 30-50 F

Das anfangs (1875) mit weißen Rebsorten bepflanzte Gut wurde nach dem Hagel von 1956 mit roten Rebsorten neu bestockt. Vor zwei Jahren wählten wir zum Lieblingswein für den 93er. Château Pascaud war bemerkenswert erfolgreich mit diesem 95er, der in einem leicht entwickelten Stil gehalten ist und Teer- und Holznoten bietet. Im Geschmack hält sich der Holzton zurück und begünstigt dadurch eine gute Rundheit.
✍ SCEA Vignobles Avril, B.P. 12, 33133 Galgon, Tel. 05.57.84.32.11, Fax 05.57.74.38.62 ✔ 🕰 n. V.

CH. PENIN 1995**

■ 20 ha 130 000 ■ 30-50 F

Dieses Château, das in unserem Weinführer regelmäßig erwähnt wird und oft mit der Wahl zum Lieblingswein ausgezeichnet worden ist, wie etwa für die 94er Cuvée Sélection, befindet sich auf dem linken Ufer der Dordogne, auf einem Kiessandboden. Die Jury mochte in diesem Jahr einen sehr ausgewogenen Wein ohne Raffinessen : Die Farbe ist intensiv kirschrot ; der Duft entfaltet eine schöne Fruchtigkeit. Der runde Geschmack, der einen gewissen Charme besitzt, zeigt Konzentration, Fülle und einen ziemlich nachhaltigen Abgang. Ein schöner, ehrlicher 95er, in dem der Boden zu Wort kommt.
✍ SCEA P. Carteyron, Ch. Penin, 33420 Génissac, Tel. 05.57.24.46.98, Fax 05.57.24.41.99 ✔ 🕰 Mo-Fr 9h30-12h 14h30-18h30 ; Sa 9h-12h ; 20.-30. Aug. geschlossen

CH. PEYNAUD 1995*

■ k. A. 32 000 ■♦ 50-70 F

Der im Entre-Deux-Mers gelegene Weinbaubetrieb umfaßt 30 ha. Régis Chaigne, der an der Ecole Centrale (Technische Hochschule) in Lyon die Ausbildung zum Ingenieur absolvierte, unterstützt seinen Vater auf diesem Gut. Ihr 95er besitzt eine schöne rubinrote Farbe mit ziegelroten Reflexen und ein Aroma von reifen Früchten, Gewürzen und dunklem Tabak. Er ist noch recht tanninreich und erfordert eine Alterung von zwei Jahren, damit er seine Fruchtigkeit besser zum Ausdruck bringen kann.
✍ Vignobles Chaigne et Fils, Ch. Ballan-Larquette, 33540 Saint-Laurent-du-Bois, Tel. 05.56.76.46.02, Fax 05.56.76.40.90 🕰 n. V.

LES GRAVES DE CH. PICON 1995*

■ 6,75 ha 53 000 ■◐♦ 30-50 F

Dieser Wein kommt von einem großen Weinberg, der auf einem lehmig-kalkhaltigen Boden angelegt worden ist ; von dem Kiessand, den der Boden enthält, hat das Château seinen Namen. Fein und elegant, würzig (Cayennepfeffer), an Vanille und Geröstetes erinnernd, im Geschmack konzentriert ; dieser Wein ist sehr vielversprechend. Dennoch wird die Frucht in diesem Alter noch vom Holzton dominiert, selbst wenn er erstklassig ist. Abwarten, bis er verschmilzt.
✍ SCEA Ch. Picon, Eynesse, 33220 Sainte-Foy-la-Grande, Tel. 05.57.41.01.91, Fax 05.57.41.01.02 ✔ 🕰 n. V.

CH. PLAISANCE 1995**

■ 8 ha k. A. ◐ 30-50 F

Dieses Château aus dem 18. Jh. befindet sich im Süden der Halbinsel Médoc. Das Gut, das ein wunderschönes, in neoklassizistischem Stil errichtetes Bordeaux-Lustschlößchen enthält, wurde 1991 wiederhergestellt. Eine sehr schöne, dunkle, tiefe Farbe mit violetten Reflexen charakterisiert diesen herrlichen 95er mit dem intensiven Duft, dessen Holzton an Kakao, Gewürznelken, Vanille, Zedernholz und Edelhölzer erinnert. Im Geschmack zeigt sich dieser Wein voluminös, opulent sogar und tanninhaltig, mit einem noch ein wenig zurückhaltenden Aroma von Vanille und roten Früchten. Der bemerkens-

Bordeaux Supérieur

werte Abgang kennzeichnet einen großen Wein. Château Lescalle vom selben Erzeuger erhält die gleiche Note.
- SC Ch. Plaisance, 33460 Macau, Tel. 05.57.88.07.64, Fax 05.57.88.07.00 ☑ ⏃ n. V.
- Chollet

CH. PONCHARAC 1995

| ■ | 6 ha | 76 000 | -30 F |

Ein im Château vinifizierter und von Yvon Mau abgefüllter Wein, der noch jung ist und seine Tannine abrunden muß.
- SA Yvon Mau, rue André-Dupuy-Chauvin, B.P. 1, 33190 Gironde-sur-Dropt, Tel. 05.56.61.54.54, Fax 05.56.61.54.61

CH. PUYCARPIN
Vieilli en fût de chêne 1995

| ■ | k. A. | 79 000 | ⏃ -30 F |

Tiefrote Farbe mit violetten Reflexen. Dieser 95er ist kräftig und erinnert an Tiergeruch, mit Nuancen von roten Früchten und gerösteten Mandeln. Der füllige Wein entfaltet sich voller Milde, trotz eines noch ein wenig harten Abgangs. Ein Wein zum Einlagern.
- SCA du Ch. Puycarpin, Dom. du Ribet, 33450 Saint-Loubès, Tel. 05.57.97.07.20, Fax 05.57.97.07.27 ⏃ n. V.

CH. PUYFAVEREAU 1995*

| ■ | 10 ha | 60 000 | ■ ⏃ ♦ -30 F |

Ein Weinberg, der an der Grenze des Anbaubereichs Saint-Emilion auf einem lehmigschlickigen Boden angelegt worden ist. Dieser 95er besitzt eine schöne, intensive und jugendliche Farbe und bietet einen kräftigen, komplexen Duft, in dem sehr reife Früchte dominieren. Nach einer sehr runden Ansprache bestätigt der Wein durch seinen füllligen, fruchtigen Charakter eine große Reife. Schöne Ausgewogenheit zwischen Rundheit und Konzentration.
- SCE Le Pottier, Favereau, 33660 Saint-Sauveur-de-Puynormand, Tel. 05.57.69.72.83, Fax 05.57.69.62.84 ☑ ⏃ n. V.

CH. PUY LABORDE 1995

| ■ | 10 ha | 60 000 | ■ ♦ -30 F |

Seit Anfang des 19. Jh. bewirtschaftet ein und dieselbe Familie dieses Gut, das in der Nähe des befestigten mittelalterlichen Dorfs Montségur wunderschön gelegen ist. Dieser 95er mit der granatroten Farbe läßt im Duft ein paar Noten von roten Früchten und eine pflanzliche Nuance erkennen. Im Geschmack ist er rund und ein wenig aromatischer; seine schöne Struktur entwickelt sich zu einem eleganten Abgang hin.
- SA La Guyennoise, B.P. 17, 33540 Sauveterre-de-Guyenne, Tel. 05.56.71.50.76, Fax 05.56.71.87.70
- SCEA Trabut-Cussac

CH. QUINSAC-BELLEVUE 1995*

| ■ | 10 ha | 80 000 | ■ -30 F |

Ein Gut in Beychac-et-Caillau, der Hauptstadt der Bordeaux-Appellationen! Dieser zu 60 % aus Merlot erzeugte Wein ist gelungen aufgrund seines Aromas von roten Früchten, das eine leicht pflanzliche Note enthält. Das Gerüst ist zwar noch ein wenig eckig, aber einige Jahre werden es abrunden und die Frucht zu Wort kommen lassen.
- André Quancard-André, rue de la Cabeyre, 33240 Saint-André-de-Cubzac, Tel. 05.57.33.42.42, Fax 05.57.33.01.71
- Landreau

CH. DE RABOUCHET 1995*

| ■ | 17,51 ha | 80 000 | ■ ⏃ ♦ -30 F |

Dieses 3 km von Sainte-Foy-la-Grande entfernt liegende Château bietet einen hübschen 95er mit einer schönen, klaren Farbe. Im zurückhaltenden Duft dominieren Brombeeren und Tabak. Im Geschmack ist der Wein ziemlich füllig, mit einer sehr guten Entwicklung und sogar Stärke im Abgang.
- Société Agricole Fournier, Ch. de Rabouchet, 33220 Pineuilh, Tel. 05.57.46.46.81, Fax 05.57.46.17.19 ☑ ⏃ n. V.

CH. RECOUGNE 1995*

| ■ | 57 ha | 300 000 | ■ ♦ 30-50 F |

Der Name des Châteaus, Recougne, soll angeblich *terra recognita* bedeuten: »anerkannter Boden«, anerkannt für seine Fähigkeit, große Weine hervorzubringen. Das ist unbestreitbar bei diesem 95er mit der bordeauxtypischen Farbe, dessen sich entwickelndes Bukett Rosinen und Backpflaumen bietet. Im Geschmack rund und fleischig, mit einer klaren Ansprache und einem nachhaltigen Abgang. Ein harmonischer Wein. Der Zweitwein von Recougne, Montcabrier, wird ebenfalls nicht enttäuschen.
- SCEV Les Vignobles Jean Milhade, 6, Daupin, 33133 Galgon, Tel. 05.57.74.30.04, Fax 05.57.84.31.27

CH. ROC MEYNARD 1995*

| ■ | 17 ha | 40 000 | ■ ♦ -30 F |

90 % Merlot gehen in die Komposition dieses Cru ein, dessen Keller 1994 renoviert wurden. Dieser 95er mit der schönen rubinroten, violett funkelnden Farbe, der voller roter Früchte ist (Walderdbeeren, Himbeeren), erweckt einen Eindruck von Frische und Eleganz. Schöne Ausgewogenheit im Abgang.
- Hermouet, Clos du Roy, 33141 Saillans, Tel. 05.57.74.38.88, Fax 05.57.74.33.47 ☑ ⏃ n. V.

CH. ROQUES-MAURIAC
Cuvée Hélène 1995***

| ■ | k. A. | k. A. | ⏃ 30-50 F |

Château des Leclerc, das eine gute Lage auf ganz nach Süden gehenden steinigen Hängen besitzt, ließ bei diesem 95er zu, daß der für die Reife der Trauben sehr günstige lehmigkalkhaltige Boden zum Ausdruck kommt. Diese zu zwei Dritteln aus Cabernet-Trauben erzeugte Cuvée hat eine intensive granatrote Farbe und zeigt im Duft über einem Untergrund aus Vanille, Röstgeruch und Kakao blumige Noten (Hyazinthen, Maiglöckchen). Die wohlschmeckende Ansprache kündigt einen fleischigen, dichten Wein mit ausgewogener, verschmolzener Gerbsäure an. Ein sehr schöner Wein, der seiner Appellation Ehre macht.
- GFA Leclerc, Ch. Lagnet, 33350 Douleyon, Tel. 05.57.40.51.84, Fax 05.57.40.55.48 ☑ ⏃ n. V.

Bordeaux Supérieur

CH. SABLIERE FONGRAVE 1995*

| ■ | k. A. | 100 000 | -30 F |

Der Kalksteinhügel, auf dem der Weinberg angelegt worden ist, enthält fossile Austern, die den wissenschaftlichen Namen *ostrea gomacensis* tragen. Dieser 95er mit der ziegelrot schimmernden granatroten Farbe bietet einen feinen, blumigen Duft mit Noten von roten Früchten. Der Geschmack ist sofort sehr sanft, was Fülle und Länge nicht ausschließt. Ein gefälliger, trinkreifer Wein.

☛ SCEA Pierre Perromat, Ch. Fongrave, 33540 Gornac, Tel. 05.56.61.97.64, Fax 05.56.61.95.67 ☑ ⊥ n. V.

CH. SAINTE MARIE 1995**

| ■ | 18 ha | 28 000 | ⊞ | 30-50 F |

Wahl zum Lieblingswein für den 94er. Gilles Dupuch, den man jedes Jahr unter den von unserem Weinführer ausgewählten Erzeugern findet, präsentiert einen neuen Jahrgang mit einer schönen, intensiven granatroten Farbe und rubinroten Reflexen. Der fruchtige Duft, der Gewürz- und Vanillenuancen enthält, kündigt einen Geschmack an, der Volumen, Charakter und Körper besitzt. Dieser kräftige 95er wird mit der Zeit verschmelzen.

☛ Gilles Dupuch, SCEA Hauts de Ste-Marie, 51, rte de Bordeaux, 33760 Targon, Tel. 05.56.23.00.71, Fax 05.56.23.34.61 ☑ ⊥ n. V.

CH. SAINT-IGNAN 1995*

| ■ | 15 ha | 40 000 | ⊞ | -30 F |

Dieser Wein aus dem Gebiet von Bourg hat eine tiefe rubinrote Farbe mit granatroten Reflexen und ein recht intensives Aroma von roten Früchten und Konfitüre. Er ist sanft und elegant und verfügt über ein gutes Gerüst. Er besitzt Haltung und Länge.

☛ Feillon Frères, Ch. Les Rocques, 33710 Saint-Seurin-de-Bourg, Tel. 05.57.68.42.82, Fax 05.57.68.36.25 ☑ ⊥ Mo-Sa 9h-12h 14h-18h ; So n. V.

CH. SAINT-JACQUES 1995*

| ■ | 13 ha | k. A. | ⊞ | 30-50 F |

Dieser Weinberg, ein Teil von Château Siran (Margaux), ist auf Anschwemmungen der Gironde angelegt worden. Der 95er ist sehr gelungen, wie die schöne, dunkle Farbe mit granatroten Nuancen und der feine, diskrete Duft von roten Früchten (schwarze Johannisbeeren) mit Ledernoten zeigen. Das Tanningerüst läßt noch nicht zu, daß er im Geschmack zum Ausdruck kommt, bürgt aber für eine gute Entwicklung.

☛ SC Ch. Siran, 33460 Labarde, Tel. 05.57.88.34.04, Fax 05.57.88.70.05 ☑ ⊥ tägl. 10h-12h30 13h30-18h
☛ Alain Miailhe

CH. SAINT-VINCENT 1995*

| ■ | 29,5 ha | 219 600 | ⊞ | -30 F |

Hier ein Name, der für ein Weingut wie geschaffen ist. Sollte der hl. Vinzenz, der Schutzpatron der Winzer, selbst zum Gelingen dieses 95ers beigetragen haben ? Kräftig, komplex, angenehm durch sein Aroma von reifen Früchten, schwarzen Johannisbeeren und Vanille - ein Wein voller Charme, Fülle und Struktur. Ein paar Jahre Wartezeit werden den Rest erledigen, der sehr genußvoll sein wird.

☛ Philippe Dumas, Saint-Vincent-de-Paul, 33240 Saint-Gervais, Tel. 05.57.94.00.20, Fax 05.57.43.45.72 ⊥ n. V.

CH. SAUVETAT 1995

| ■ | k. A. | 500 | -30 F |

Eine schöne, intensive granatrote Farbe. Ein erwachsendes, frisches, mentholartiges Bukett. Ein solider, klassischer Wein mit schönem, rundem, ausgewogenem Geschmack.

☛ Fonchereau, 33450 Montussan, Tel. 05.56.72.86.70, Fax 05.56.72.44.91 ⊥ n. V.

CH. DE SEGUIN Cuvée Prestige 1995*

| ■ | 15 ha | 126 000 | ⊞ | 50-70 F |

Das Gut war schon in karolingischer Zeit bestockt ; das heutige Château stammt aus dem 80er Jahren des 18. Jh. Das Ende des 20. Jh. bleibt nichts schuldig mit diesem Wein, der eine schöne Struktur besitzt und ausgewogen und zart holzbetont ist. Er hat einen intensiven Duft nach Haselnüssen und gerösteten Mandeln und eine prächtige, dunkle Farbe.

☛ SC du Ch. de Seguin, 33360 Lignan-de-Bordeaux, Tel. 05.57.97.19.81, Fax 05.57.97.19.82 ☑ ⊥ n. V.
☛ Carl Frères

CH. DE TERREFORT-QUANCARD 1995**

| ■ | 60,59 ha | 421 000 | ⊞ | 30-50 F |

Das auf das frühe 18. Jh. zurückgehende Château de Terrefort liegt auf lehmig-kalkhaltigen Hängen über dem Tal der Dordogne, das von der von Eiffel errichteten Brücke von Cubzac überspannt wird. Dieser 95er hat eine sehr schöne granatrote Farbe mit purpurvioletten Reflexen. Der noch verschlossene Duft öffnet sich zu Vanille- und Röstnoten und weinigen Nuancen. Die geschmackliche Fülle ist durch den Holzton (Kakao) geprägt, zeigt aber eine gute Harmonie. Im Abgang entlädt er sich : Die Schönheit wird eine Frucht der Geduld sein.

☛ SCA du Ch. de Terrefort-Quancard, B.P. 50, 33240 Cubzac-les-Ponts, Tel. 05.57.43.00.53, Fax 05.57.43.59.87 ☑ ⊥ Mo-Fr 8h-17h30

CH. TERTRE CABARON 1995

| ■ | 4 ha | 9 000 | ⊞ | 30-50 F |

Sehr schöne, kräftige, strahlende Farbe. Diskreter, dann würziger Duft (Muskatnuß) mit Lakritze- und Mentholnoten. Hübsche Harmonie im Geschmack, auch wenn ihm mehr Fülle gutgetan hätte. Milder Abgang. Das ist formgerecht das Resümee der Weinprobe.

☛ GAEC Dom. de Bastorre, 33540 Saint-Brice, Tel. 05.56.71.54.19, Fax 05.56.71.50.29 ☑ ⊥ n. V.

CH. TIMBERLAY 1995*

| ■ | 100 ha | 700 000 | ⊞ | 30-50 F |

Der Ursprung dieses Guts geht auf das 14. Jh. zurück, als Aquitanien englisch war. Dieser 95er hat die zwölf Monate, die er im Barriquefaß verbracht hat, verdient : Rote Früchte dominieren über die holzig-würzige Note. Der sehr sanfte

Crémant de Bordeaux

Wein hat eine schöne Farbe und ist klar und voll, mit einem langen Lakritzeabgang. Er wird während der nächsten beiden Jahre gefallen.
☛ EARL Vignobles Robert Giraud, Ch. Timberlay, 33240 Saint-André-de-Cubzac, Tel. 05.57.43.01.44, Fax 05.57.43.08.75

CH. TOUR SAINT PAUL 1995

| ■ | 15,5 ha | 100 000 | ■ ♦ | -30F |

Dieses Gut, das auf einem Lehmboden zu zwei Dritteln mit Merlot bepflanzt ist, befindet sich seit 1959 im Besitz derselben Familie. Sein 95er ist harmonisch aufgrund seines Dufts nach Walderdbeeren. Er ist fleischig und besitzt sehr deutlich spürbare Tannine. Er muß lagern.
☛ SCEA Pierre Yung et Fils, 33360 Quinsac, Tel. 05.56.20.86.47, Fax 05.56.20.82.50 ☑

DOM. DE VIAUT 1995*

| ■ | 20 ha | 170 000 | ■ ◐ ♦ | 30-50F |

Ein 60 ha großes Gut mit ausgewogener Bestockung. Dieser 95er mit der herrlichen, tiefen dunkelgranatroten Farbe, die violett funkelt, bietet einen Duft, der Noten von schwarzen Früchten (Brombeeren), Kokosnuß, Vanille und Röstkaffee enthält. Der Geschmack ist frisch, mit runden, beinahe seidigen Tanninen. Hübscher, aromatischer, langer Abgang.
☛ Boudat Cigana, Ch. de Viaut, 33410 Mourens, Tel. 05.56.61.98.13, Fax 05.56.61.99.46 ☑ ⚊ n. V.

VICOMTE DE MORLY 1995

| ■ | k. A. | k. A. | ■ ♦ | 30-50F |

Das Etikett zeigt das Palais de Rohan in Bordeaux. Aber es handelt sich um eine Marke der ausgezeichneten Firma Sichel. Ihr 95er ist fein und leicht blumig (Flieder), danach rote Früchte. Ein sanfter, verführerischer, fast femininer Wein.
☛ Sté Sichel, 19, quai de Bacalan, 33300 Bordeaux, Tel. 05.56.11.16.60, Fax 05.56.50.54.21

CH. VIEUX CARREFOUR 1995

| ■ | 10,5 ha | 40 000 | ■ | -30F |

Dieses Château, das auf dem rechten Ufer der Dordogne, im Norden des Gebiets von Fronsac, liegt, bietet einen 95er mit einer hübschen rubinroten Farbe, die karminrote Schattierungen zeigt. Der entwickelte Duft verbindet Blumen, Haselnüsse und Erdbeerkonfitüre. Im Geschmack ist dieser sehr feine Wein recht elegant.
☛ François Gabard, Le Carrefour, 33133 Galgon, Tel. 05.57.84.30.77, Fax 05.57.84.35.73 ☑ ⚊ n. V.

CH. VIGNOL 1995*

| ■ | 5 ha | 20 000 | ■ ♦ | -30F |

Ein romantisches Gebäude im Stil von Louisiana, das durch Reisen über den Atlantik angeregt wurde. Die Doublets, die auch Weinberge im Graves-Gebiet besitzen, präsentieren diesen fruchtigen (schwarze Johannisbeeren) Bordeaux Supérieur, der eine tiefe granatrote Farbe besitzt. Im Geschmack sind die Tannine spürbar und erstklassig ; der Abgang ist lang. Ein Wein, den man einige Zeit aufheben muß.
☛ Bernard et Dominique Doublet, Ch. Vignol, 33750 Saint-Quentin-de-Baron, Tel. 05.57.24.12.93, Fax 05.57.24.12.83 ☑ ⚊ n. V.

CH. VILLEPREUX 1995*

| ■ | k. A. | 200 000 | | -30F |

Die Bestockung dieses auf einem lehmig-kalkhaltigen Boden angelegten Guts enthält zur Hälfte Cabernet-Sorten, was beachtlich ist. Sehr dunkle, sehr tiefe Farbe : wie Tinte ? Der Duft entfaltet Noten von schwarzen Johannisbeeren, Pflaumen und Kirschen. Gehaltvoll im Geschmack, mit einer kräftigen Ansprache und einem nachhaltigen Abgang, der würzige Noten enthält. Ein schöner Wein, der sich mit der Zeit noch entwickeln wird.
☛ Maison Ginestet SA, 19, av. de Fontenille, 33360 Carignan-de-Bordeaux, Tel. 05.56.68.81.82, Fax 05.56.20.96.99
☛ Laurent

CH. VRAI CAILLOU 1995

| ■ | 40 ha | 250 000 | ■ ♦ | 30-50F |

Der Duft ist zwar nicht sehr intensiv mit seinen Noten von kandierten Früchten, Backpflaumen und Anis, aber dieser Wein ist rund und bezaubernd, köstlich im Geschmack, mit einem noch spürbaren Tanningerüst.
☛ Michel Pommier, Ch. Vrai Caillou, 33790 Soussac, Tel. 05.56.61.31.56, Fax 05.56.61.33.52 ☑ ⚊ Mo-Fr 8h-18h ; Sa, So n. V.

Crémant de Bordeaux

Der 1990 eingeführte Crémant de Bordeaux wird nach den sehr strengen Vorschriften hergestellt, die für alle Crémant-Appellationen gelten, aus traditionellen Rebsorten des Bordelais. Die Crémants sind zumeist weiß (5 170 hl im Jahre 1996), aber es gibt auch Rosés (332 hl 1995 und nur 79 hl 1996).

REMY BREQUE Cuvée Prestige

| ○ | k. A. | k. A. | 30-50F |

Auch wenn diese lebhafte, feine Cuvée in ihrem aromatischen Ausdruck zurückhaltend bleibt, wird sie bei allen Gelegenheiten leicht zu trinken sein. Der Crémant brut ordinaire ist von der Hachette-Jury ebenfalls berücksichtigt worden.
☛ SARL caves Rémy Breque, 8, rue du Cdt-Cousteau, 33240 Saint-Gervais, Tel. 05.57.43.10.42, Fax 05.57.43.91.61 ☑ ⚊ tägl. 8h-20h
☛ Bonnefis

Blayais und Bourgeais

BROUETTE PETIT-FILS
Blanc de blancs Tradition*

| ○ | k. A. | k. A. | 🍾 | 30-50F |

Diese Firma in Bourg, ein Spezialist für Crémant, bietet hier einen zurückhaltenden Wein, der aber aufgrund der Feinheit des Buketts und der guten Qualität des lebhaften, ausgewogenen Geschmacks angenehm ist.

📞 Brouette Petit-Fils, Caves du Pain de Sucre, 33710 Bourg, Tel. 05.57.68.42.09 ☑ ⅎ n. V.

CHEVALIERS DE BELLEVUE 1995

| ○ | k. A. | 4 000 | 30-50F |

Vor die Wahl zwischen Stärke und Feinheit gestellt, hat sich dieser Wein deutlich für die zweite Möglichkeit entschieden. Leicht, lebhaft, durstlöschend und elegant - gefälliger Gesamteindruck, süffig.

📞 Chevaliers de Bellevue, Le Bourg,
33240 Saint-Germain-la-Rivière,
Tel. 05.57.84.81.47, Fax 05.57.84.41.50 ☑ ⅎ n. V.

LATEYRON 1995*

| ○ | k. A. | 22 000 | 30-50F |

Dieser leichte, aber gut strukturierte und wohlausgewogene Wein ist angenehm aufgrund der Feinheit seines blumigen Aromas und seiner echten Lebhaftigkeit, die ihm eine schöne Frische verleihen.

📞 SA Lateyron, Ch. Tour Calon,
33570 Montagne, Tel. 05.57.74.62.05,
Fax 05.57.74.58.58 ☑ ⅎ n. V.

LES CORDELIERS Blanc de blancs M 11

| ○ | k. A. | k. A. | 30-50F |

Einer der traditionellen Spezialisten für Schaumweine in der Gironde. Diese diskrete, feine, fruchtige Sondercuvée »M 11« mit den Honignoten ist ausgewogen und gefällig, ebenso wie die in einer Champagnerflasche abgefüllte Cuvée »R 1«, die ebenfalls eine lobende Erwähnung erhalten hat.

📞 Les Cordeliers, 104, cours Saint-Louis,
33300 Bordeaux, Tel. 05.56.39.24.05,
Fax 05.56.39.94.42 ☑ tägl. 9h-12h 14h-19h
📞 Vergé

LISENNES*

| ○ | 4 ha | 3 000 | 🍾 | 30-50F |

Dieser Crémant, der sich durch feine Bläschen ankündigt, ist ganz im Bordeaux-Stil gehalten und zeigt sich ansprechend aufgrund der Eleganz des fruchtigen Buketts und aufgrund eines Geschmacks, den seine wohlbedachte Dosage harmonisch macht.

📞 Jean-Pierre Soubie, Ch. de Lisennes,
33370 Tresses, Tel. 05.57.34.13.03,
Fax 05.57.34.05.36 ☑ ⅎ n. V.

SEIGNEUR DES ORMES 1995

| ○ | 13,21 ha | 20 000 | 🍾 | 30-50F |

Schlicht, aber lebhaft, fein und wohlausgewogen. Dieser Wein zeigt sich angenehm, insbesonders in seiner Entfaltung im Geschmack, wo sein sémillontypischer Charakter zum Vorschein kommt.

Crémant de Bordeaux

📞 Union de producteurs Baron d'Espiet, Lieudit Fourcade, 33420 Espiet, Tel. 05.57.24.24.08, Fax 05.57.24.18.91 ☑ ⅎ n. V.

Blayais und Bourgeais

Blayais und Bourgeais sind zwei kleine Gebiete, die sich an der Grenze der Gironde zum Departement Charente-Maritime befinden und die man immer wieder gern aufsucht. Vielleicht wegen ihrer geschichtsträchtigen Stätten, der Höhle Pair-Non-Pair (mit ihren prähistorischen Wandmalereien, die fast so bedeutend wie die von Lascaux sind), der Zitadellen von Blaye und von Bourg, der kleinen Schlösser und der anderen alten Jagdschlößchen. Aber noch mehr deshalb, weil diese sehr hügelige Region eine anheimelnde Atmosphäre verbreitet; diese Stimmung geht auf die vielen Täler zurück und steht im Gegensatz zu dem fast maritimen Horizont an den Ufern des Ästuars der Gironde. Es ist nicht nur das Land des Störs und des Kaviars, sondern auch ein Weinbaugebiet, in dem der Weinbau schon seit galloromanischer Zeit zu seinem besonderen Zauber beiträgt. Lange Zeit wurde hier viel Weißwein erzeugt; bis Anfang des 20. Jh. verwendete man ihn zum Brennen von Cognac. Diese alte Sitte wurde vor kurzem durch die Einführung des Fine de Bordeaux wiederbelebt; es handelt sich dabei um einen Branntwein, der im Charenter Brennkolben destilliert wird. Aber heute ist die Weißweinproduktion sehr deutlich rückläufig, denn die Rotweine spielen eine wirtschaftlich viel größere Rolle.

Blaye, Premières Côtes de Blaye, Côtes de Blaye, Bourg, Bourgeais, Côtes de Bourg, Rot- und Weißweine - es fällt manchmal ein wenig schwer, sich in den Appellationen dieser Region zurechtzufinden. Man kann jedoch zwei große Gruppen unterscheiden : die Weine von Blaye mit recht unterschiedlichen Böden und die von Bourg, deren Böden geologisch einheitlicher sind.

Blayais und Bourgeais

Côtes de Blaye und Premières Côtes de Blaye

Im - nunmehr nur noch moralischen - Schutz der Zitadelle von Blaye, die von dem berühmten Festungsbaumeister Vauban errichtet wurde, erstreckt sich das Weinbaugebiet von Blaye auf rund 4 600 ha, die mit roten und weißen Rebsorten bestockt sind. Die Appellationen Blaye und Blayais werden immer seltener verwendet, weil die Winzer lieber Weine aus edleren Rebsorten erzeugen, die Anspruch auf die Appellationen Côtes de Blaye und Premières Côtes de Blaye haben. Die roten Premières Côtes de Blaye (248 285 hl 1996) sind ziemlich farbintensive Weine, die einen angenehm rustikalen Charakter haben und Stärke und Fruchtigkeit besitzen. Die Weißweine (9 235 hl 1996) sind aromatisch. Die weißen Côtes de Blaye (5 762 hl 1996) sind zumeist trockene Weine von leichter Farbe, die man zu Beginn einer Mahlzeit auf den Tisch bringt, während die roten Premières Côtes vorzugsweise zu Fleisch oder Käse passen.

Côtes de Blaye

DOM. BARREAU LA GRAVE 1996

☐	4 ha	k. A.	■ ♦ -30 F

Dieser auch bei den roten Premières Côtes vertretene Cru bietet hier einen Wein, der durch einen ziemlich unreifen, tanninhaltigen Abgang etwas enttäuscht, aber er ist aromatisch, mit Noten von sehr reifen Früchten, und gut gebaut, mit einem runden, fülligen Geschmack.
☎ Patrick Pouvreau, La Grave, 33620 Saint-Mariens, Tel. 05.57.68.13.20, Fax 05.57.68.18.07 ☑ ☥ n. V.

DOM. DE LA NOUZILLETTE 1996**

☐	4 ha	12 000	■ -30 F

Dieser Cru, der früher einmal vollständig Weißweinen geweiht war, ist dem allgemeinen Trend gefolgt und hat sich den Rotweinen geöffnet, wobei er aber durchaus darauf achtet, einen Teil Weißweine zu bewahren und der AOC Côtes de Blaye treu zu bleiben. Niemand wird das bedauern, wenn er diesen sehr hübschen 96er probiert. Gefällige gelbe Farbe. Ein Verführer, der nicht zögert, eine reiche Sammlung von Düften (Zitronen und andere Zitrusfrüchte, Zitronengras, reife Ananas) zu entfalten, bevor er einen fülligen, gut strukturierten Geschmack enthüllt, der sich zu einem schönen Abgang öffnet.

Premières Côtes de Blaye

☎ GAEC du Moulin Borgne, 5, le Moulin Borgne, 33620 Marcenais, Tel. 05.57.68.70.25, Fax 05.57.68.09.12 ☑ ☥ tägl. 9h-20h
☎ Catherinaud

Premières Côtes de Blaye

CH. ANGLADE-BELLEVUE
Cuvée Prestige Elevée en fût de chêne 1995***

■	k. A.	k. A.	◐ 30-50 F

Dieser Wein, eine im Eichenholzfaß ausgebaute Cuvée Prestige, bietet ein schönes Schaufenster für diesen Cru. Wie es sich für einen Botschafter gehört, trägt er ein elegantes Galagewand, dessen dunkelrubinrote Farbe einen erstklassigen Gesamteindruck ankündigt. Das frische, komplexe, intensive Bukett ist im selben Stil gehalten, ebenso der Geschmack. Er ist gehaltvoll, füllig und sehr ausgewogen und führt reibungslos zu einem langen, harmonischen Finale.
☎ EARL Mège Frères, Aux Lamberts, 33920 Générac, Tel. 05.57.64.73.28, Fax 05.57.64.53.90 ☥ n. V.

DOM. BARREAU-LA GRAVE 1995*

■	4 ha	k. A.	-30 F

Dieser mittels biologischer Anbaumethoden erzeugte Wein erweckt beim Verkoster Vertrauen aufgrund der Intensität seiner rubinroten Farbe und seines Buketts mit dem Duft nach vollreifen roten Früchten. Der runde, kräftige, verschmolzene Geschmack, der wohlausgewogen und von guter Länge ist, bürgt für die Entwicklung dieser Cuvée.
☎ Patrick Pouvreau, La Grave, 33620 Saint-Mariens, Tel. 05.57.68.13.20, Fax 05.57.68.18.07 ☑ ☥ n. V.

CH. BEL AIR LA ROYERE 1995**

■	1 ha	3 500	◐ 70-100 F

Ein schönes Debüt in unserem Weinführer für diese Cuvée, die sicherlich begrenzt ist (drei Barriquefässer), aber eine starke Persönlichkeit besitzt. Die fast schwarze Farbe weist auf einen schönen Stoff hin. Darauf folgt ein erstklassiges Bukett, das ebenso kräftig wie komplex ist (Toastbort, reife Früchte, Teer, Gewürze) und dazu einlädt, diese Flasche zu lagern, zumal sie ein sehr schönes Potential besitzt. Der ebenso

BORDELAIS

Blayais und Bourgeais — Premières Côtes de Blaye

ausdrucksvolle und gut strukturierte 95er Château Les Ricards hat einen Stern erhalten. Ein Gut, das man im Auge behalten sollte.

EARL Chevrier-Loriaud, Les Ricards, 33390 Cars, Tel. 05.57.42.91.34, Fax 05.57.42.91.34 ☑ ☉ n. V.

CH. BEL ENCLOS 1994*

| 5 ha | 40 000 | ▇ ◫ ♦ -30 F |

Dieser aus Saint-Mariens stammende, für die Appellation recht typische Wein ist in seiner geschmacklichen Entfaltung kräftig und sanft zugleich. Er wird perfekt zu Fleisch mit starkem Eigengeschmack (Wild) oder zu einem würzigen Käse passen.

André Quancard-André, rue de la Cabeyre, 33240 Saint-André-de-Cubzac, Tel. 05.57.33.42.42, Fax 05.57.33.01.71

B. Denéchaud

CH. BERTHENON 1995

| 25 ha | 80 000 | ▇ ♦ 30-50 F |

Obwohl dieser Wein von einem etwas zurückhaltenden Stoff getragen wird, kann er die Aufmerksamkeit durch seine aromatische Entfaltung erregen, in der sich feine, aber intensive Noten von Tiergeruch mit dem Duft reifer Früchte verbinden.

GFA Henri Ponz, Ch. Berthenon, 33390 Saint-Paul-de-Blaye, Tel. 05.57.42.52.24, Fax 05.57.42.52.24 ☑ ☉ Mo-Fr 8h-12h 14h-19h30 ; Sa, So n. V.

CH. CANTELOUP 1995

| k. A. | 30 000 | ◫ 30-50 F |

Dieser Cru, eine 1992 durch eine Vereinigung mehrerer Güter entstandene GAEC, beginnt

Blayais und Bourgeais

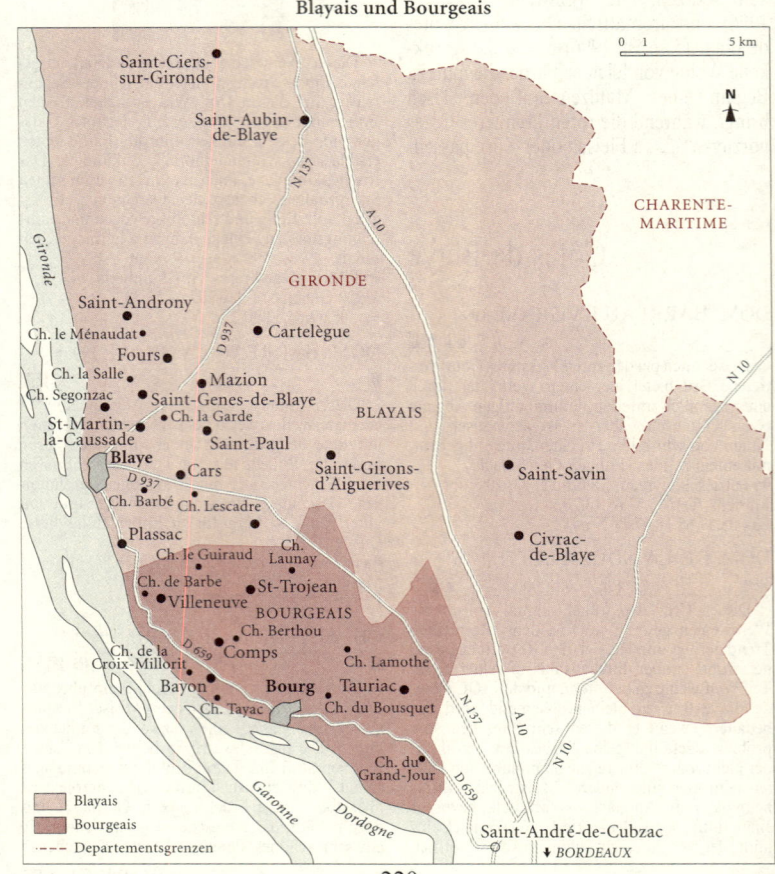

Blayais und Bourgeais

Premières Côtes de Blaye

seine Karriere auf glückliche Weise mit diesem Wein von tiefer Farbe, der sicherlich im Abgang ein wenig pflanzlich ist, aber sich auf ein entfaltetes Bukett und eine solide Entwicklung der Tannine stützen kann.
🕿 Eric et Michel Vezain, Canteloup, 33390 Fours, Tel. 05.57.42.13.16, Fax 05.57.42.13.16 ☑

CH. CHANTE ALOUETTE
Elevé en fût de chêne 1994*

| ■ | 23 ha | 100 000 | ≣❚❙⚓ | 30-50 F |

Obwohl diese im Barriquefaß ausgebaute Cuvée aus einem Gebiet stammt, das früher einmal reich an Kapitänen und Reedern war, besitzt er nicht die Rauheit der Seeleute. Schwarze Johannisbeeren, Haselnüsse, verblühte Rosen - sein Bukett setzt auf Zartheit, ebenso wie seine Struktur, die feine, aber frische und elegante Tannine unterstützen. Doch ein köstlicher Hauch von Rauch verleiht dem Ganzen eine leicht maritime Note. Die im Gärtank ausgebaute Version, der 95er La Roseraie, ist ebenfalls berücksichtigt worden, aber ohne Stern.
🕿 SCEA Lorteaud et Filles, Ch. Chante Alouette, 33390 Plassac, Tel. 05.57.42.16.38, Fax 05.57.42.85.66 ☑ ⌶ n. V.

CH. CHARRON Acacia 1996*

| ☐ | 4 ha | 20 000 | ≣❚❙⚓ | 30-50 F |

Dieser Wein, der in diesem Jahr von den Côtes de Blaye zu den Premières Côtes übergewechselt ist, zeigt sich seiner Aufwertung würdig aufgrund der Eleganz und der Feinheit seines Buketts. Seine lebhafte, milde Entwicklung, die von einem erstklassigen Holzton unterstützt wird, führt reibungslos zu einem hübschen Abgang mit Pampelmusen. Der rote 95er Château Charron les Gruppes ist ebenfalls ausgewählt worden, aber ohne Stern.
🕿 SCEA Vignobles Bernard Germain, Ch. Charron, 33390 Saint-Martin-Lacaussade, Tel. 05.57.42.66.66, Fax 05.57.64.36.20 ☑ ⌶ Mo-Fr 8h-12h 14h-18h

CH. CRUSQUET-DE LAGARCIE 1995**

| ■ | 20 ha | 80 000 | ❚❙ | 30-50 F |

Auf diesen Cru kann man setzen ; er beweist eine gute Regelmäßigkeit, die sich ein weiteres Mal mit diesem gelungenen Jahrgang bestätigt. Dieser Wein präsentiert sich in einem ansprechenden Kleid von lebhafter rubinroter Farbe und bezaubert durch sein ausdrucksvolles, vornehmes Bukett. Im Geschmack bewahrt er seinen Reiz, indem sich zusammengeschmolzene, seidige Tannine entfaltet, die sich zu einem langen, reichhaltigen Abgang öffnen. Der Château Le Cone Taillasson de Lagarcie, ein weiterer Wein dieses Guts, das 1902 in den Besitz der Familie de Lagarcie gekommen ist, hat ebenfalls zwei Sterne erhalten. Ein bemerkenswerter Jahrgang !
🕿 GFA des vignobles Ph. de Lagarcie, Le Crusquet, 33390 Cars, Tel. 05.57.42.15.21, Fax 05.57.42.90.87 ☑ ⌶ Mo-Fr 9h-12h 14h-18h

CH. FONTARABIE 1995*

| ■ | 13 ha | 87 000 | ≣❚❙⚓ | -30 F |

1995, das Jahr, in dem die gegenwärtigen Besitzer diesen Cru erworben haben, ist auch ein sympathischer Jahrgang, der es versteht, mit seinem Aroma, einer gelungenen Vereinigung von Holz, reifen Früchten und Gewürzen, beliebt zu machen. Im Geschmack dominiert der Holzton über die Frucht, dürfte aber verschmelzen.
🕿 Vignobles Alain Faure, Ch. Belair-Coubet, 33710 Saint-Ciers-de-Canesse, Tel. 05.57.64.90.06, Fax 05.57.64.90.61 ☑ ⌶ n. V.

CH. FREDIGNAC 1995

| ■ | 8 ha | k. A. | ❙⚓ | -30 F |

Dieser ziemlich kräftige Wein, der von echter Rustikalität ist, wirkt ein wenig altmodisch. Das klare, recht intensive Bukett kann sich mit Noten von schwarzen Früchten und Konfitüre ausdrücken und erweckt einen ausgewogenen, gut gemachten Gesamteindruck.
🕿 Michel L'Amouller, 7, rue Emile-Frouard, 33390 Saint-Martin-Lacaussade, Tel. 05.57.42.24.93, Fax 05.57.42.00.64 ☑ ⌶ n. V.

CH. GARDUT HAUT-CLUZEAU
Vieilli en fût de chêne 1995*

| ■ | 5 ha | 30 000 | ❚❙ | 30-50 F |

Die Gemeinde Cars gehört zu den angesehensten im Gebiet von Blayais. Die Verkostung dieses Weins erklärt den guten Ruf : eine schöne granatrote Farbe, ein Bukett, in dem sich Vanille-, Blüten- und Schokoladennoten vereinen, ein Geschmack, der sich auf recht glatte Tannine stützt - alles weist auf eine gewissenhafte Arbeit hin. Der Château du Grand Barrail vom selben Erzeuger ist ebenfalls ausgewählt worden, aber ohne Stern.
🕿 Denis Lafon, Bracaille, 33390 Cars, Tel. 05.57.42.33.04, Fax 05.57.42.08.92 ☑ ⌶ n. V.

CH. GOBLANGEY
Elevé en fût de chêne 1995*

| ■ | 9 ha | 30 000 | ≣❚❙⚓ | -30 F |

Obwohl dieser Wein von der letzten Modernisierung der Anlagen des Cru (1996 durchgeführt) erzeugt worden ist, zeigt er sich sehr gut gearbeitet mit einem eleganten, komplexen Bukett (rote Früchte und kandierte Früchte, Leder, Gewürze), auf das ein solider Geschmack folgt, dessen Holzton noch verschmelzen muß. Aber das Potential des Ganzen wird es Ihnen erlauben, ihn altern zu lassen, wenn Sie Ihre Weine unter guten Bedingungen aufbewahren.
🕿 Michel Planteur, 33390 Saint-Paul-de-Blaye, Tel. 05.57.42.88.54, Fax 05.57.42.17.42 ☑ ⌶ n. V.

CH. GRAULET Vieilli en fût neuf 1995*

| ■ | 5 ha | 20 000 | ❚❙ | 30-50 F |

Dieses Gut, das schwedischen Industriellen gehört, präsentiert eine Cuvée, die ihrer Produktionsmenge nach, nicht aber aufgrund ihrer Persönlichkeit klein ist. Ihre Stärke, die man schon bei der visuellen Prüfung bemerkt, findet man im Bukett (Röstgeruch) und im Geschmack wieder, an dem man die ziemlich füllige Struktur und die Entwicklung schätzt, die sich inmitten

BORDELAIS

Blayais und Bourgeais / Premières Côtes de Blaye

schöner Noten von sehr reifen Früchten vollzieht.

🕿 SCEA du Ch. Graulet, Bracaille 1, 33390 Cars, Tel. 05.57.42.33.04, Fax 05.57.42.08.92 ✓ ⏰ tägl. 8h-18h30
🕿 Riesterer

CH. HAUT DU PEYRAT 1995

| ■ | 10 ha | 80 000 | ■ ◨ ♂ | 30-50 F |

Obwohl dieser 95er zu einer numerierten Sondercuvée gehört, erreicht er nicht das gleiche Niveau wie die sehr schönen 94er und 92er desselben Cru. Doch seine Ausgewogenheit, seine Rundheit und sein Bukett mit den diskreten Noten von Vanille und reifen Früchten machen ihn sehr sympathisch.

🕿 Muriel et Patrick Revaire, Gardut, 33390 Cars, Tel. 05.57.42.20.35, Fax 05.57.42.12.84 ✓ ⏰ n. V.

CH. HAUT GRELOT
Coteau de Methez 1995★★

| ■ | 1,6 ha | 9 000 | ◨ | 30-50 F |

Dieser 95er entstammt der im Barriquefaß ausgebauten numerierten Cuvée und erinnert ein wenig an die gelungenen 91er des Cru. Wie dieser bietet er eine große aromatische Komplexität (rote Früchte, Gewürze, Vanille und Geröstetes), schöne Tannine und eine echte Harmonie im Geschmack. Altern lassen.

🕿 Joël Bonneau, Haut Grelot, 33820 Saint-Ciers-sur-Gironde, Tel. 05.57.32.65.98, Fax 05.57.32.49.63 ⏰ Mo-Sa 8h-12h30 14h-19h

CH. HAUT LOUILLEAU 1996

| ☐ | k. A. | 25 000 | ■ | -30 F |

Dieser Wein kommt von einem Gut, das seine Trauben in der Cave des Hauts de Gironde vinifizieren läßt. Er ist fein und elegant ; sein aromatischer Charakter wird sehr stark von der Sauvignon-Rebe beeinflußt, die im Rebsatz dominiert (blumige Noten, Nuancen von Ginster).

🕿 Cave des Hauts de Gironde, La Cafourche, 33860 Marcillac, Tel. 05.57.32.48.33, Fax 05.57.32.49.63 ⏰ Mo-Sa 8h30-12h 14h-18h
🕿 M. Perroteau

CH. HAUT-MENEAU La Clie 1995★

| ■ | k. A. | 3·000 | ■ ◨ | 30-50 F |

Dieser Wein, eine kleine Sondercuvée, hat nicht die einmütige Zustimmung der Jury gefunden, weil sich einige Verkoster von dem sehr hartnäckigen Charakter von Überreife gestört fühlten, während ihn andere im Gegenteil als sehr vielversprechend beurteilten. Der füllige Geschmack entspricht dem ersten Eindruck, den die tiefe Farbe hinterläßt.

🕿 Jean-Paul Bravard, SCE Ch. Haut-Ménau, 51, le Bourg, 33390 Saint-Paul-de-Blaye, Tel. 05.57.42.15.67 ⏰ n. V.

CLOS DE LA BARONNERIE
Cuvée Barrique 1995

| ■ | 4 ha | 6 500 | ◨ | 30-50 F |

Dieser Wein, eine im Holzfaß ausgebaute Cuvée, besitzt einen altmodischen Charme mit seinem Bukett, das ein wenig pflanzliche Noten enthält, und einem Geschmack, dessen hübsche, kleine Fruchtigkeit ganz schlicht ist : ein Erzeugnis mit wirklich klassischem Charakter.

🕿 Daniel Plantey, Les Grands Thibauds, 33240 Saint-Laurent-d'Arce, Tel. 05.57.43.08.37 ✓ ⏰ n. V.

CH. LA BRAULTERIE DE PEYRAUD
Cuvée Prestige 1995

| ■ | 2 ha | 13 000 | ◨ | 30-50 F |

Dieser im neuen Eichenholzfaß ausgebaute Wein zeigt im Abgang einen Hauch von Rustikalität, aber diese ist angenehm und harmoniert mit seinem aromatischen Eindruck, der Noten von Tiergeruch und Phenol bietet.

🕿 SCA La Braulterie-Morisset, Les Graves, 33390 Berson, Tel. 05.57.64.39.51, Fax 05.57.64.23.60 ✓ ⏰ Mo-Sa 9h-18h30

CH. LACAUSSADE SAINT MARTIN
Trois Moulins 1995★

| ■ | 16 ha | 15 000 | ■ ◨ ♂ | 30-50 F |

Dieser im Holzfaß ausgebaute Wein, der sich mit einem entschlossen modernen, gelungenen Etikett präsentiert und damit sein Bemühen um Kommunikation beweist, zeigt, daß die Arbeit im Weinberg und im Keller nicht vernachlässigt worden ist. Ein sehr ausdrucksvolles Bukett, das aber noch vom Holz und von reichhaltigen Tanninen beherrscht wird, enthüllen das Potential, das es erlaubt, ihn einige Jahre aufzuheben. Der weiße 96er hat ebenfalls einen Stern erhalten.

🕿 SCEA Ch. Labrousse, Ch. Lacaussade-Saint-Martin, 33390 Saint-Martin-Lacaussade, Tel. 05.57.42.66.66, Fax 05.57.64.36.20 ✓ ⏰ n. V.
🕿 Jacques Chardat

CH. LA CROIX SAINT-JACQUES
Vin vieilli en fût de chêne 1995

| ■ | 1,3 ha | 6 000 | ◨ | 30-50 F |

Eine Cuvée von ausgewählten Parzellen auf den 15 ha des mit roten Rebsorten bepflanzten Weinbergs des Guts. Dieser 95er wird noch vom Holz dominiert, aber man erahnt ein komplexes, freigebiges aromatisches Potential.

🕿 Jacques Collard, Segonzac, 33390 Saint-Genès-de-Blaye, Tel. 05.57.42.16.83 ✓ ⏰ n. V.

DOM. DE LA NOUZILLETTE
Vieilli en fût de chêne neuf 1994★

| ■ | 2 ha | 12 500 | ◨ | 30-50 F |

Dieser Wein, der vom selben Erzeuger wie der Côtes de Blaye stammt, bietet ebenfalls ein sehr ausdrucksvolles Bukett mit feinen Noten von Holz, reifen Früchten und Menthol. Der sanfte, elegante Geschmack, der von verschmolzenen Tanninen getragen wird, ist angenehm.

🕿 GAEC du Moulin Borgne, 5, le Moulin Borgne, 33620 Marcenais, Tel. 05.57.68.70.25, Fax 05.57.68.09.12 ✓ ⏰ tägl. 9h-20h
🕿 Catherinaud

CH. LA RAZ CAMAN 1994★

| ■ | 15 ha | 50 000 | ◨ | 30-50 F |

Der gut gemeisterte Ausbau im Barriquefaß hat die Tanninstruktur dieses Weins verstärkt, ohne ihn zu ersticken. Das Ergebnis ist eine Cuvée von schöner, dunkler rubinroter Farbe,

Blayais und Bourgeais

die angenehm duftig und solide gebaut ist, mit Fülle, Stoff und einer echten Harmonie.
✆ Jean-François Pommeraud, Ch. La Raz Caman, 33390 Anglade, Tel. 05.57.64.41.82, Fax 05.57.64.41.77 ☑ ☡ n. V.

CH. LA RIVALERIE 1995

| | 32 ha | 150 000 | 🍴♨ | 30-50 F |

Auch wenn man in diesem Wein einen gewissen Mangel an Fülle bedauern kann, machen ihn seine recht aromatische Farbe, sein aromatischer Ausdruck mit den feinen, fruchtigen Noten und sein runder Bau angenehm.
✆ SCEA La Rivalerie, 33390 Saint-Paul-de-Blaye, Tel. 05.57.42.18.84, Fax 05.57.42.14.27 ☑ ☡ Mo-Fr 8h-12h 14h-18h

CH. LA ROSE BELLEVUE
Elevé en fût de chêne 1995*

| | 2 ha | 16 000 | ◨ | 30-50 F |

Dieser Wein, eine Spitzencuvée, kündigt sich durch eine schöne Farbe und ein Bukett an, in dem sich der wohldosierte Beitrag des Ausbaus im Eichenholzfaß auf zarte Weise mit den Menthol- und Gewürznoten verbindet, während sich im Geschmack eine gute Ausgewogenheit zwischen der Rundheit und dem tanninreichen Stoff einstellt.
✆ EARL vignobles Eymas et Fils, 5, Les Mouriers, 33820 Saint-Palais, Tel. 05.57.32.66.54, Fax 05.57.32.78.78 ☑ ☡ n. V.

CH. DE LA SALLE 1995*

| | 9 ha | 7 500 | 🍴♨ | 30-50 F |

Nachdem die Bonnins im letzten Jahr mit ihrem weißen 95er einen hübschen Einstand im Weinführer feierten, gelingt ihnen auch das Debüt ihres Rotweins : eine schöne Farbe, ein fruchtiges (Bigarreau-Kirschen) und blumiges (Pfingstrosen) Bukett, das durch leichte Ledernuancen ergänzt wird, ein runder Geschmack und ein tanninhaltiger Abgang, der acht Caudalien lang ist. Der weiße 96er hat einen großen klassischen Charakter und ist dem Beispiel des 95ers gefolgt, indem er einen Stern errringt.
✆ SCEA ch. de La Salle, 33390 Saint-Genès-de-Blaye, Tel. 05.57.42.12.15, Fax 05.57.42.12.15 ☑ ☡ Mo-Fr 8h-12h 14h-18h ; Sa, So n. V.

CH. LE GRAND MOULIN
Cuvée Elégance 1996

| | 0,5 ha | 4 200 | ◨ | 30-50 F |

Diese vollständig aus Sauvignon erzeugte Cuvée kompensiert die relative Einfachheit ihrer Entfaltung im Geschmack durch ihre Sanftheit ebenso wie durch die Intensität und die Feinheit ihres aromatischen Ausdrucks.
✆ GAEC du Grand Moulin, La Champagne, 33820 Saint-Aubin-de-Blaye, Tel. 05.57.32.62.06, Fax 05.57.32.73.73 ☑ ☡ tägl. 9h-12h 14h-19h
✆ Jean-François Réaud

CH. LE GRAND TRIE 1995*

| | 24 ha | 50 000 | 🍴 | 30-50 F |

Der Cru, ein Gut in Familienbesitz, präsentiert mit diesem Jahrgang einen Wein, der die Verkostung friedlich und positiv durchläuft : eine schöne bordeauxrote Farbe, ein Bukett mit intensiven animalischen und würzigen Noten und ein Geschmack mit kräftigen Tanninen.
✆ Jany Haure, 43, Les Augirons, 33820 Saint-Ciers-sur-Gironde, Tel. 05.57.32.63.10, Fax 05.57.32.95.34 ☑ ☡ n. V.

Premières Côtes de Blaye

CH. LE MENAUDAT
Vieilli en fût de chêne 1995**

| | 15 ha | 2 700 | ◨ | 30-50 F |

Diese Cuvée wird zwar nur in geringer Menge erzeugt, ist aber dennoch sehr interessant. Sie besitzt eine schöne, dunkle und intensive Farbe und entfaltet einen komplexen Duft mit kräftigen Röstnoten und zarten, fruchtigen Nuancen. Der gehaltvolle, füllige Geschmack, der von einem schönen Stoff getragen wird, besitzt ein gutes Potential, der ermöglicht, daß das Ganze verschmilzt. Die in größerer Stückzahl (33 000 Flaschen) hergestellte normale Cuvée ist wegen ihrer guten Ausgewogenheit und seines Buketts mit der schönen Konzentration der Früchte ebenfalls mit einem Stern ausgewählt worden
✆ Madame Edouard Cruse, Le Paysan, 33730 Préchac, Tel. 05.56.65.20.08, Fax 05.57.64.40.29 ☑ ☡ n. V.

CH. LES BERTRANDS
Cuvée Vieilles Vignes 1995*

| | 10 ha | 60 000 | 🍴♨ | 30-50 F |

Dieser Wein stammt aus einem Weinberg, der zu einem schönen, 75 ha großen Gut gehört. Es mangelt ihm nicht an Vorzügen : Entsprechend seiner schönen rubinroten Farbe entfaltet sein Bukett angenehme Düfte von gekochten Pflaumen und Gewürzen, während der Geschmack eine recht spürbare Gerbsäure, Volumen, Rundheit und einen ausgezeichneten Abgang enthüllt.
✆ EARL Vignobles Dubois et Fils, Ch. Les Bertrands, 33860 Reignac, Tel. 05.57.32.40.27, Fax 05.57.32.41.36 ☑ ☡ tägl. 9h-12h30 14h30-18h

CH. LES BILLAUDS
Elevé en fût de chêne 1995*

| | 3 ha | 22 000 | ◨ | 30-50 F |

Diesem noch ein wenig verschlossenen Wein gelingt es nicht, sich auszudrücken. Doch die Verkostung bestätigt die Versprechen, die das intensive Rubinrot macht. Der Reichtum, die Geschmeidigkeit und die Komplexität des Buketts kommen schon zum Vorschein. Der ebenso geschmeidige Geschmack ist in derselben Linie, mit einem Gerüst, einer Fülle und einer Länge, die eine gute Entwicklung innerhalb der kommenden zwei bis drei Jahre vorhersehen lassen.
✆ Jean-Claude Plisson, 5, Les Billauds, 33860 Marcillac, Tel. 05.57.32.77.57, Fax 05.57.32.95.27 ☑ ☡ n. V.

CH. L'ESCADRE 1995

| | 32 ha | 150 000 | 🍴◨♨ | 30-50 F |

Dieser Cru, das Flaggschiff unter den Weinbergen von Carreau, bietet hier einen gut gemachten Wein. Trotz einer leicht alkoholischen Note im Abgang hinterläßt er die Erinnerung an eine schöne Entwicklung mit hübschen aromatischen Noten von reifen Früchten und Röstgeruch und mit einer gewissen Fülle.

BORDELAIS

Blayais und Bourgeais

•┐ Georges Carreau et Fils, Ch. Les Petits
Arnauds, 33390 Cars, Tel. 05.57.42.36.57,
Fax 05.57.42.14.02 ◼ ✝ Mo-Fr 9h-12h 14h-19h ;
Sa n. V.

CH. LES CANELLES 1996*

| | 0,2 ha | 1000 | | 30 F |

Die Produktionsmenge kann den Verbraucher hier nur dazu ermahnen, mäßig zu trinken. Was diesen 96er nur noch köstlicher macht : seinen Duft nach Zitrusfrüchten, Mandarinen und reifen Ananas oder seine Entwicklung im Geschmack, die einen feinen, fülligen und ausgewogenen Gesamteindruck enthüllt, mit einer reizvollen Zitronennote, die sehr gelegen kommt.
•┐ Didier Maurin-Jollis, Le Grand-Pierre,
33390 Berson, Tel. 05.57.64.20.57,
Fax 05.57.64.20.57 ◼ ✝ n. V.

CH. LES DONATS 1995**

| | 1,7 ha | 13 000 | | 30-50 F |

Ein kleiner Weinberg, aber eine hübsche Reblage. Dieser 95er ist dadurch geprägt. Intensive dunkelrubinrote Farbe, harmonisches Bukett (reife Früchte) und eine gefällige, runde Struktur - ein echter »natürlicher« Wein.
•┐ SCEV Marsaux-Donze, Ch. Martinat,
33710 Lansac, Tel. 05.57.68.34.98,
Fax 05.57.68.35.39 ◼ ✝ n. V.

CH. LES GRAVES 1995*

| | k. A. | 44 000 | | 30-50 F |

Die reifen Früchte bilden ein komplexes, intensives Bukett. Im Geschmack, wo sich ein schöner Körper entwickelt, findet man ein Aroma von reifen Früchten wieder, die mit dem seidigen Charakter der Tannine harmonieren. Ein sehr hübscher, »gut gemachter« Wein.
•┐ SCEA Pauvif, 33920 Saint-Vivien-de-Blaye,
Tel. 05.57.42.47.37, Fax 05.57.42.55.89 ◼ ✝ n. V.

CH. LES MOINES 1995*

| | 24 ha | 100 000 | | 30 F |

Dieser tiefrubinrote Wein bietet einen recht intensiven Duft von kleinen roten Früchten. Nach einer guten Ansprache zeigt er sich fleischig und füllig und von einer guten Komplexität.
•┐ Alain Carreau, Les Moines, 33390 Blaye,
Tel. 05.57.42.12.91 ◼ ✝ tägl. 9h-18h

CH. LOUMEDE
Elevé en fût de chêne 1995*

| | 5 ha | 34 500 | | 30-50 F |

85 86 88 89 ⑨⓪ **91 92**

Dieser noch sehr junge Wein steckt immer noch in der Pubertät, so fest ist der Stoff, den er besitzt. Sein Bukett, das von großer Stärke ist, und sein intensives Kleid, das eine vielversprechende fast schwarze Farbe besitzt, dürften es ihm erlauben, sich innerhalb von ein paar Jahren gut zu entwickeln.
•┐ SCE de Loumède, Ch. Loumède, B.P. 4,
33390 Blaye, Tel. 05.57.42.16.39,
Fax 05.57.42.25.30 ◼ ✝ tägl. 8h-20h
•┐ Raynaud et Fils

Premières Côtes de Blaye

CH. MAINE GAZIN Livenne 1995

| | 8 ha | 35 000 | | 30-50 F |

Diese ausschließlich aus Merlot erzeugte Cuvée scheint noch nicht ihre Ausgewogenheit gefunden zu haben. Aber man spürt, daß sie eine echte Persönlichkeit (aromatische Noten von Geröstetem und Rauch) und ein gutes Tanninpotential besitzt.
•┐ Sylvie Laffargue, Ch. Maine Gazin,
33390 Plassac, Tel. 05.57.42.80.10,
Fax 05.57.42.08.32 ◼ ✝ n. V.

CH. MAINE-TIGREAU 1995

| | 13,5 ha | 45 000 | | 30-50 F |

Obwohl dieser Wein von keiner sehr großen Fülle ist, besitzt er eine gute Gesamtstruktur, die genug Gelegenheit läßt, den Charme seines aromatischen Ausdrucks mit den wohlschmeckenden Noten von reifen Früchten und Gewürzen zu genießen.
•┐ Ch. Tigreau, Le Sablon, 33390 Saint-Paul-de-Blaye, Tel. 05.57.42.04.28, Fax 05.57.42.86.40 ◼ ✝ n. V.
•┐ D. et J.-P. Auduberteau

CH. DES MATARDS
Cuvée Nathan Elevé en fût de chêne 1995**

| | 4 ha | 19 000 | | 30-50 F |

Die Wein hat eine besondere Gabe, sich zu präsentieren. Seine dunkle granatrote Farbe ist ebenso beeindruckend wie sein Bukett, das Kirschwasser, Röstgeruch und Kaffee harmonisch vereint. Der Geschmack ist im selben Stil gehalten, mit schönem Stoff und einer komplexen aromatischen Entfaltung. Der Abgang, der das Ganze krönt, weist auf ein beachtliches Lagerpotential hin.
•┐ Terrigeol et Fils, Le Pas d'Ozelle, 27, av. du
Pont-de-la-Grace, 33820 Saint-
Ciers-sur-Gironde, Tel. 05.57.32.61.96,
Fax 05.57.32.79.21 ◼ ✝ n. V.

CH. MAYNE-GUYON 1995

| | 4,2 ha | 30 000 | | 30-50 F |

Ohne daß er große Ansprüche erheben würde, schafft es dieser Wein, reizvoll zu erscheinen : aufgrund der Ausgewogenheit seiner Konstitution und der Persönlichkeit seines Buketts, in dem sich sehr ausgeprägte Röstnoten entfalten.
•┐ SARL ch. Mayne-Guyon, Lieu-dit
Mazerolle, 33390 Cars, Tel. 05.57.42.09.59 ◼
✝ n. V.

CH. MONDESIR-GAZIN Prestige 1995*

| | 4 ha | 25 000 | | 50-70 F |

Der Ausbau im Barriquefaß hat das Bukett dieses Weins geprägt, aber der wohldosierte Holzton nimmt Rücksicht auf seinen Duft nach reifen Früchten. Der von deutlich spürbaren Tanninen unterstützte Geschmack zeigt eine gute Ausgewogenheit, die ein erstklassiger Abgang beschließt.
•┐ Marc Pasquet, Ch. Mondésir-Gazin,
33390 Plassac, Tel. 05.57.42.29.80,
Fax 05.57.42.84.86 ◼ ✝ n. V.

Blayais und Bourgeais

Premières Côtes de Blaye

CH. MONTFOLLET 1995

■ | k. A. | 25 000 | ■ ♣ -30F

Dieser von der Cave du Blayais hergestellte Wein ist in seiner Entfaltung der Tannine noch ein wenig eckig. Aber diese dürfte ihm seine Entwicklung garantieren, ebenso wie sein Volumen und seine aromatische Komplexität (mit ausgeprägten würzigen Noten).
• Cave coop. du Blayais, Le Piquet, 33390 Cars, Tel. 05.57.42.13.15, Fax 05.57.42.84.92 ☑ ☥ n. V.
• GFA Raimond

CH. MORNON 1995

■ | k. A. | 7 200 | ◉ 30-50F

Dieser Wein, der zu einer kleinen numerierten Cuvée gehört, ist zwar kein Athlet, aber interessant aufgrund seines Baus, der durch überhaupt nicht aggressive Tannine unterstützt wird, und aufgrund seines Buketts mit den diskreten Menthol- und Gewürznelkennoten.
• Serge Birot, Mornon, 33390 Eyrans, Tel. 05.57.64.71.62, Fax 05.57.64.64.24 ☑ ☥ n. V.

CH. PARDAILLAN 1994

■ | 13 ha | 50 000 | ◉ 30-50F

Diesen einfachen, aber gut gemachten Wein sollte man jung trinken, um ganz in den Genuß seines liebenswürdigen Charakters zu kommen, der seinen Ausdruck in einem sehr frischen Bukett und einer fruchtigen Entwicklung im Geschmack findet.
• SA des Vignobles Bayle-Carreau, Ch. Barbé, Cars, 33390 Blaye, Tel. 05.57.64.32.43, Fax 05.57.64.22.74 ☑ ☥ n. V.
• Mme Jourdan

CH. PINET LA HOUSSAIE 1996

☐ | 2 ha | 6 666 | ■ ♣ -30F

Dieser Wein, den man ohne Lagerung genießen muß, durchläuft während der Verkostung eine kleine pflanzliche Passage, aber diese wird rasch von der Frische und dem sehr ausgeprägten Zitrusaroma verdrängt.
• EARL vignobles David, Loumède, 33390 Berson, Tel. 05.57.64.31.94, Fax 05.57.64.25.85 ☑ ☥ n. V.

CH. REBOUQUET LA ROQUETTE
Cuvée Passion 1995

■ | 0,5 ha | 3 600 | ◉ 50-70F

Diese kleine Spitzencuvée, die das Ergebnis einer strengen Auslese ist, kündigt sich durch eine schöne Farbe zwischen Rubin- und Purpurrot und ein Bukett mit hübschen Noten von kandierten Früchten an - Zeichen für eine schöne Reife. Der ausgewogene, gutgebaute Geschmack zeigt im Abgang einen soliden, tanninreichen Stoff.
• Jean-Francis Braud, Le Rebouquet, 33390 Berson, Tel. 05.57.42.82.49, Fax 05.57.42.08.07 ☑ ☥ n. V.

CH. ROLAND LA GARDE
Prestige 1995*

■ | 5 ha | 25 000 | ■ ◉ 30-50F

Selbst wenn Sie der Überlieferung nicht glauben können, wonach sich Roland, der Neffe Karls des Großen, und seine Gefährten (seine »Garde«) in dieser Gegend aufgehalten haben sollen, werden Sie schnell von den Qualitäten dieser Sondercuvée überzeugt sein. Ihr Bukett muß sich nur noch öffnen ; der reichhaltige Stoff wird von einem erstklassigen Holzton unterstützt.
• SCEA Ch. Roland La Garde, 8, La Garde, 33390 Saint-Seurin-de-Cursac, Tel. 05.57.42.32.29, Fax 05.57.42.01.86 ☑
☥ Mo-Sa 8h-20h
• Bruno Martin

DOM. DES ROSIERS 1995*

■ | 11,5 ha | 50 000 | ■ -30F

Eine schöne granatrote Farbe, ein Bukett mit Noten von Wildbret und Backpflaumen, eine eckige Ansprache und ein gutgebauter Geschmack mit beachtlicher Fülle und Fruchtigkeit. Diesem Wein mangelt es nur ein wenig an Feinheit. In zwei bis drei Jahren wird er köstlich sein.
• Christian Blanchet, Dom. des Rosiers, 33820 Saint-Ciers-sur-Gironde, Tel. 05.57.32.75.97, Fax 05.57.32.78.37 ☑ ☥ n. V.

CH. SAINT-CLERC 1995*

■ | 7 ha | 35 000 | ■ ◉ ♣ 30-50F

Obwohl im Abgang eine leichte Trockenheit zu spüren ist, die auf die Tannine zurückgeht, scheint dieser Wein gut gestartet zu sein, um sich sehr günstig zu entwickeln. Er kann sich dabei auf die Eleganz des Buketts und auf einen guten Stoff stützen, der rund, geschmeidig und fleischig ist.
• GAEC Arnaud, Chapeau, 33920 Civrac-de-Blaye, Tel. 05.57.68.61.37, Fax 05.57.68.11.18 ☑
☥ tägl. 9h-12h 15h-19h

CH. SIFFLE MERLE Sauvignon 1996

☐ | 1,7 ha | 7 000 | ■ -30F

Dieser einfache, aber klare und gut gemachte Wein zieht seine Anmut aus seinem Bukett mit den Buchsbaumnoten und aus der Sanftheit seines Geschmacks, die ihn zu Meeresfrüchten sehr angenehm machen.
• EARL James Cot et Fils, Le Merle, 33860 Marcillac, Tel. 05.57.64.46.97, Fax 05.57.64.44.36 ☑ ☥ n. V.
• Franck Cot

CH. TAYAT 1995

■ | 10 ha | 80 000 | ■ ♣ 30-50F

Obwohl dieser Wein wegen der Tannine - über die ein strenger Juror schrieb, »daß sie ein wenig allein sind« - im Augenblick etwas unausgewogen erscheint, ist er gut gemacht, mit einem erstklassigen aromatischen Ausdruck (kandierte Früchte). Der sanfte, feine, blumige 96er Weißwein ist von der Jury ebenfalls ausgewählt worden.
• GAEC Favereaud Père et Fils, Tayat, 33620 Cézac, Tel. 05.57.68.62.10, Fax 05.57.68.15.07 ☑ ☥ n. V.

CH. DES TOURTES 1996

☐ | 10 ha | 40 000 | ■ ♣ -30F

Dieser in seinem aromatischen Ausdruck stark durch die Sauvignon-Traube geprägte Wein hat

Blayais und Bourgeais — Côtes de Bourg

eine Farbe zwischen Gelb und Weiß und bietet im Geschmack eine gute Struktur, die nervig und zugleich füllig ist.
☛ Philippe Raguenot, Le Bourg, n° 30, 33820 Saint-Caprais-de-Blaye, Tel. 05.57.32.65.15, Fax 05.57.32.99.38 ☑
☒ Mo-Sa 9h-12h30 14h-19h ; Ende Aug. geschlossen

EXCELLENCE DE TUTIAC
Vieilli en fût de chêne 1996*

| ☐ | k. A. | 30 000 | ⑪ -30F |

Die Cave des Hauts de Gironde hat bei Weißweinen einen guten Ruf. Dem widerspricht auch nicht dieser Wein, der durch die Stärke seines Buketts, das von Vanille und Röstgeruch geprägt ist, auf sich aufmerksam macht. Im Geschmack ist die Vanille in der Ansprache immer noch vorhanden, bevor sie anmutig von butterigen Noten abgelöst wird. Der Duc (ein 95er Rotwein) und die Duchesse des Jouberts (ein 96er Weißwein) - die Genossenschaft hat nichts gegen Adelstitel - haben ebenfalls erfolgreich die Prüfung der Hachette-Weinprobe bestanden, ohne einen Stern zu erhalten.
☛ Cave des Hauts de Gironde, La Cafourche, 33860 Marcillac, Tel. 05.57.32.48.33, Fax 05.57.32.49.63 ☑ ☒ Mo-Sa 8h30-12h 14h-18h

Côtes de Bourg

Die AOC umfaßt rund 3 600 ha. Die Rotweine (210 698 hl 1996), die überwiegend aus der Rebsorte Merlot hergestellt werden, zeichnen sich durch eine schöne Farbe und ein recht typisches Aroma von roten Früchten aus. Sie sind ziemlich tanninhaltig, so daß man sie in sehr vielen Fällen einige Zeit anstehen lassen kann. Die in geringerer Menge erzeugten Weißweine (885 hl 1996) sind im allgemeinen trocken und haben ein ziemlich typisches Bukett.

CH. BELAIR-COUBET 1995*

| ■ | 25 ha | 112 500 | ⦁⦁ -30F |

Dieser Cru verdient nicht nur wegen seiner Aussicht auf die Gironde Beachtung, sondern auch wegen seines Weins : aufgrund seiner Farbe, Rubinrot mit granatroten Reflexen, seines eleganten, komplexen Buketts oder dank seines schönen Gerüsts, dessen reichhaltige Tannine gut umhüllt sind. Der 95er Château du Bois de Tau hat ebenfalls eine lobende Erwähnung erhalten.
☛ Vignobles Alain Faure, Ch. Belair-Coubet, 33710 Saint-Ciers-de-Canesse, Tel. 05.57.64.90.06, Fax 05.57.64.90.61 ☒ n. V.

CH. BRULESECAILLE 1995

| ■ | 16 ha | 80 000 | ⑪ 30-50F |

Dieser im Barriquefaß ausgebaute Wein ist noch vom Holz geprägt, insbesondere im Abgang, aber das Ganze bleibt gut umhüllt und besitzt einen guten, für die Côtes de Bourg recht typischen Bau. Um Sterne zu gewinnen, braucht er ein paar Jahre Alterung.
☛ Jacques Rodet, 33710 Tauriac, Tel. 05.57.68.40.31, Fax 05.57.68.21.27 ☑ ☒ n. V.
☛ GFA Rodet-Recquet

CH. BUJAN 1995

| ■ | 8 ha | 51 000 | ▮⑪⦁ 30-50F |

Dieser zu zwei Dritteln im Holzfaß ausgebaute 95er versteht es, sich in Erinnerung zu bringen : durch die ausgeprägte Vanillenote, von der schon komplexes Bukett bereichert wird. Im Geschmack bleiben die Tannine ein wenig streng, aber das Gerüst und das Volumen zeigen, daß dieser Wein innerhalb von zwei bis drei Jahren harmonisch verschmelzen kann.
☛ Pascal Méli, Ch. Bujan, 33710 Gauriac, Tel. 05.57.64.86.56, Fax 05.57.64.93.96 ☑
☒ Mo-Sa 9h-12h 14h-19h

CH. CAMPONAC 1994*

| ■ | k. A. | 12 000 | ▮⑪⦁ -30F |

Dieser in der Qualität regelmäßige Cru bleibt seiner Tradition mit diesem 94er treu. Er ist angenehm duftig (rote Früchte) und harmonisch aufgrund seiner Entfaltung im Geschmack, die eine gefällige Fruchtigkeit und elegante Tannine enthüllt.
☛ Rios, Ch. Camponac, 33710 Bourg-sur-Gironde, Tel. 05.57.68.40.26, Fax 05.57.68.33.83 ☑ ☒ n. V.

CH. CASTEL LA ROSE Sélection 1995

| ■ | 4 ha | 28 000 | ⑪ 30-50F |

Dieser Wein, eine im Holzfaß ausgebaute Spitzencuvée, ist ein wenig streng im Abgang, aber das Ganze bleibt angenehm und gutgebaut, mit einer guten Ansprache und einem Bukett, das sich nach der Belüftung zu einem reichen, fruchtigen Duft öffnet.
☛ GAEC Rémy Castel et Fils, 33710 Villeneuve, Tel. 05.57.64.86.61, Fax 05.57.64.90.07 ☑ ☒ n. V.

CH. CLOS DU NOTAIRE 1995*

| ■ | 15 ha | 75 000 | ▮⑪⦁ 30-50F |

Die Spaziergänger werden das achtseitige Oratorium im Gedächtnis behalten, das mitten im Weinberg steht. Aber sie werden auch nicht die Keller vergessen, um diesen hübschen 95er zu probieren. Sein bezauberndes Bukett (rote Früchte), das von guter Komplexität ist, rechtfertigt ebenso wie sein runder, stattlicher, wohlausgewogener Geschmack den Halt. Seine gut verschmolzenen Tannine werden auf glückliche Weise mit rotem Fleisch harmonieren.
☛ Roland Charbonnier, Ch. Clos du Notaire, 33710 Bourg-sur-Gironde, Tel. 05.57.68.44.36, Fax 05.57.68.32.87 ☑ ☒ n. V.

Blayais und Bourgeais

Côtes de Bourg

CH. COLBERT Cuvée classique 1995**
■   k. A.   100 000   ■ ♦   -30 F

Dieser Cru ist berühmt für seine Architektur, die in ihrem vollkommenen Eklektizismus fast an Disney-Land erinnert. Er wird auch durch seine klassische 95er Cuvée die Aufmerksamkeit erregen. Die Eleganz seiner Erscheinung kommt in einer granatroten Farbe zum Ausdruck, die auf angenehme Weise von einer reichhaltigen aromatischen Palette begleitet wird. Im Geschmack bewahrt sie seine Feinheit, die mit einem schönen Stoff harmoniert, der samtige Tannine besitzt, so daß ein erstklassiger Gesamteindruck entsteht.

◆┐ Ch. Colbert, 1, La Bertine, 33710 Comps, Tel. 05.57.64.95.04, Fax 05.57.64.88.41 ☑ ㆜ tägl. 8h-20h
◆┐ Duwer

CH. COTES DE BELLEVUE 1995*
■   12 ha   80 000   ■ ♦   -30 F

Dieser Wein wird für Calvet vinifiziert, der ihn vertreibt. Er bleibt während der gesamten Verkostung angenehm, die eine schöne rote Farbe mit rubinroten Reflexen enthüllt, dann ein Bukett, in dem die Ledernoten zu den Früchten hinzukommen, und schließlich einen Geschmack, in dem die Tannine zu spüren sind, ohne daß sie das Ganze daran hindern würden, gut zu verschmelzen.

◆┐ Calvet SA, 75, cours du Médoc, B.P. 11, 33028 Bordeaux Cedex, Tel. 05.56.43.59.00, Fax 05.56.43.17.78

CH. COUBET 1994
■   k. A.   6 000   ■ ◗ ♦   -30 F

Ein Cru, bei dem jeder bedacht ist, den Traditionen treu zu bleiben, die Michel Migné 1996 übernommen hat. Dieser Wein ist somit der seines Vaters Jean-Pierre. Entsprechend seiner leichten roten Farbe ist dieser 94er, den man jung trinken sollte, sehr sympathisch aufgrund seiner Sanftheit, seiner Rundheit und seiner aromatischen Seite.

◆┐ Michel Migné, Ch. Coubet, 33710 Villeneuve, Tel. 05.57.64.91.04 ☑ ㆜ n. V.

CH. FALFAS 1994*
■   22 ha   115 000   ◗   30-50 F

Dieser Wein kommt von einem Weinberg, der mittels biologischer Anbaumethoden bewirtschaftet wird. Er ist ein wenig überraschend wegen der Lebhaftigkeit seines Abgangs, aber der Gesamteindruck ist füllig und harmonisch, mit einer guten aromatischen Intensität, die auf die Verbindung von roten Früchten und Unterholz zurückgeht.

◆┐ John et Véronique Cochran, Ch. Falfas, 33710 Bayon, Tel. 05.57.64.80.41, Fax 05.57.64.93.24 ☑ ㆜ n. V.

CH. FOUGAS MALDOROR 1995**
■   2 ha   10 000   ◗   50-70 F

Diese Sondercuvée wurde 1993 geschaffen, um die Eigenständigkeit des Bodens (sandige Ablagerungen) zum Ausdruck zu bringen. Dieser Wein erledigt dies glanzvoll : Er präsentiert sich mit einer schönen granatroten Farbe und einem Bukett, das Noten von Vanille und Brotkruste vereint. Er bietet eine lebhafte Ansprache im Geschmack, in dem er nach und nach seine Stärke und seine Eleganz enthüllt. Der Abgang, der das Ganze krönt, ist ebenso lang wie sinnlich.

◆┐ Jean-Yves Béchet, Ch. Fougas, 33710 Lansac, Tel. 05.57.68.42.15, Fax 05.57.68.28.59 ☑ ㆜ Mo-Fr 9h-12h 14h-19h

CH. GRAND LAUNAY
Réserve Lion noir 1995
■   3 ha   13 000   ◗   50-70 F

Dieser Wein ist eine im Barriquefaß ausgebaute Spitzencuvée. Seine Tannine machen ihn ein wenig streng, aber er erweist sich als gutgebaut und von guter aromatischer Komplexität (getrocknete und kandierte Früchte). Er wird gut zu einem Entenconfit passen. Die Hauptcuvée (100 000 Flaschen zu weniger als 50 Franc) hat ebenfalls eine lobende Erwähnung erhalten.

◆┐ Michel Cosyns, Ch. Grand Launay, 33710 Teuillac, Tel. 05.57.64.39.03, Fax 05.57.64.22.32 ☑ ㆜ n. V.

CH. GRAVETTES-SAMONAC
Tradition 1995
■   20 ha   120 000   ■ ♦   30-50 F

Dieser Wein ist zwar kein Athlet, aber er besitzt eine gute Struktur, die sein empyreumatisches Aroma hervortreten läßt. Der Gesamteindruck ist rund, zart und ausgewogen.

◆┐ Gérard Giresse, Ch. Gravettes-Samonac, 33710 Samonac, Tel. 05.57.68.21.16, Fax 05.57.68.36.43 ☑ ㆜ n. V.

CH. GUERRY
Vin élevé en fût de chêne 1995*
■   k. A.   140 000   ◗   30-50 F

Der Weinhändler Bertrand de Rivoyre ist auch seit langer Zeit Weingutsbesitzer. Er präsentiert hier einen sehr gelungenen 95er. Ein recht typischer »Côtes« - er besitzt eine solide Struktur, die sich noch entwickeln muß, auch wenn ihn sein Aroma von Früchten und getoastetem Brot schon jetzt gefällig machen.

◆┐ SC du Ch. Guerry, 33710 Tauriac, Tel. 05.57.68.20.78, Fax 05.57.68.41.31 ☑ ㆜ n. V.

CH. GUIRAUD-CHEVAL-BLANC 1995*
■   14 ha   66 664   ■   -30 F

Dieser Wein, ein Neuling im Weinführer, wird von der Firma De Luze verkauft. Er feierte einen sympathischen Einstand mit einer hübschen kirschroten Farbe, die bläulichrote Reflexe zeigt, und einem köstlichen Bukett, das sich bei der Belüftung zu Noten von Konfitüre öffnet. Der

Blayais und Bourgeais / Côtes de Bourg

gutgebaute Geschmack mit den spürbaren Tanninen ist aufgrund der Wiederkehr seines Aromas dem Bukett ähnlich.
☙ A. de Luze et Fils, Dom. du Ribet, 33450 Saint-Loubès, Tel. 05.57.97.07.20, Fax 05.57.97.07.27
☙ Deliaune

CH. HAUT-GRAVIER
Elevé en fût de chêne 1994*

| ■ | 11 ha | 35 000 | ⦿ | 30-50 F |

Dieser Wein, eine im Barriquefaß ausgebaute Cuvée, hat traditionell eine verschwenderische Behandlung durch die Genossenschaftskellerei Pugnac mit diesem Etikett erfahren, wie seine sehr dunkle Farbe, sein Bukett mit den Röst- und Toastnoten, seine kräftigen, aber ausgewogenen Tannine und sein aromatischer Abgang zeigen.
☙ Union de producteurs de Pugnac, Bellevue, 33710 Pugnac, Tel. 05.57.68.81.01, Fax 05.57.68.83.17 ✓ ⚇ n. V.
☙ Petit

CH. HAUT-GUIRAUD 1995*

| ■ | 10 ha | 25 000 | ⦿ | 30-50 F |

Diese im Barriquefaß ausgebaute Cuvée steht in der Qualitätstradition des Cru. Sie besitzt eine tiefe Farbe und entfaltet ein Bukett mit den intensiven Noten von gerösteten Mandeln und einen eleganten Körper, der sich auf seidige Tannine stützt.
☙ EARL Bonnet et Fils, Ch. Haut-Guiraud, 33710 Saint-Ciers-de-Canesse, Tel. 05.57.64.91.39, Fax 05.57.64.88.05 ✓ ⚇ n. V.

CH. HAUT-MACO
Cuvée Jean Bernard 1994

| ■ | k. A. | 40 178 | ⦿ | 50-70 F |

Dieser Wein, eine Spitzencuvée, ist im Abgang ein wenig streng, bleibt aber dennoch aufgrund der Eleganz seines Buketts mit den Holz- und Röstnoten ausgewogen und angenehm. Die ziemlich ähnliche 95er Hauptcuvée (180 000 Flaschen) hat ebenfalls Berücksichtigung gefunden.
☙ SCEA Mallet Frères, Ch. Haut-Macô, 33710 Tauriac, Tel. 05.57.68.81.26, Fax 05.57.68.91.97 ✓ ⚇ n. V.

CH. HAUT-MONDESIR 1994**

| ■ | k. A. | 6 000 | ⦿ | 50-70 F |

Dieser besonders gelungene 94er, der vom selben Erzeuger wie der Château Mondésir Gazin (Premières Côtes de Blaye) stammt, bringt seine Persönlichkeit auf intensive Weise durch sein Bukett zum Ausdruck, in dem rote Früchte und Mokka zusammenkommen. Im Geschmack findet man die gleichen aromatischen Merkmale wieder, während sich die Tannine sehr präsent, aber wohlausgewogen zeigen.
☙ Marc Pasquet, Ch. Mondésir-Gazin, 33390 Plassac, Tel. 05.57.42.29.80, Fax 05.57.42.84.86 ✓ ⚇ n. V.

CH. HAUT-MOUSSEAU 1995**

| ■ | k. A. | 180 000 | ⦿ | 30-50 F |

Dieser vom selben Erzeuger wie der Château Terrefort stammende Wein hat nicht vor, mit ihm zu konkurrieren. Aber er beweist - ohne dessen ganze Harmonie zu besitzen - eine große Eleganz, aufgrund seines feinen Aromas von roten Früchten und gerösteten Mandeln ebenso wie aufgrund seiner gut verschmolzenen Tannine. Ein sehr schöner, schon angenehmer Wein, der ein gutes Potential hat, und ein Erzeuger, den man sich unbedingt merken muß.
☙ Dominique Briolais, 1, Ch. Haut-Mousseau, 33710 Teuillac, Tel. 05.57.64.34.38, Fax 05.57.64.31.73 ✓ ⚇ n. V.

CH. LABADIE
Vieilli en fût de chêne 1994**

| ■ | 5 ha | 30 000 | ⦿ | 30-50 F |

Ein schönes Debüt im Weinführer für diesen Wein, den seine Farbe, so dunkel wie Tinte, sein Bukett mit den kräftigen Noten von kandierten Orangen, Erdbeeren und roten Früchten und seine Rundheit harmonisch machen. Ein Cru, den wir mit Interesse im Auge behalten werden.
☙ Huguette Dupuy, 1, Les Richards, 33710 Mombrier, Tel. 05.57.64.36.65, Fax 05.57.64.23.85 ✓ ⚇ n. V.

CH. DE LA BRUNETTE 1995

| ■ | 3 ha | 20 000 | ▮ | -30 F |

Ein sympathischer Name für einen Wein, der dies nicht weniger ist. Seine Tannine sind zwar nicht sehr kräftig, aber sie reichen aus, um ein Aroma gut zu unterstützen, dessen Feinheit und Eleganz es übernommen haben, diesen Wein schon jetzt sehr angenehm zu machen.
☙ SCEA Lagarde Père et Fils, Dom. de La Brunette, 33710 Prignac-et-Marcamps, Tel. 05.57.43.58.23, Fax 05.57.43.01.21 ✓ ⚇ n. V.

CH. DE LA GRAVE 1994

| ■ | 40 ha | 150 000 | ⦿ | 30-50 F |

Ein echtes Landhaus, wie man es liebt, ein Wein, den das Holz noch ein wenig unausgewogen macht, der aber gutgebaut ist. Er ist warm in seinem aromatischen Ausdruck, in dem alkoholische Noten den Duft von roten Früchten durchziehen.
☙ Bassereau, Ch. de La Grave, 33710 Bourg-sur-Gironde, Tel. 05.57.68.41.49, Fax 05.57.68.49.26 ✓ ⚇ n. V.

CH. LA TENOTTE 1995

| ■ | 5,17 ha | 10 000 | ▮ ⦿ | 30-50 F |

Dieser 95er stammt aus einem Weinberg und einem Keller, die beiderseits der Gemeindegrenzen von Mombrier und Samonac liegen. Mit einem fruchtigen Aroma und unaufdringlichen, gut verschmolzenen Tanninen ist er der Inbegriff eines leichten, gefälligen Weins.
☙ Michel Elie, 14, rue du Marché, 33390 Blaye, Tel. 05.57.42.12.39, Fax 05.57.42.12.49 ✓ ⚇ n. V.

CH. LA TUILIERE 1995

| ■ | 9 ha | k. A. | ⦿ | 30-50 F |

Auch wenn dieser Wein noch ein wenig zu stark vom Holz geprägt ist, verfügt er über eine gute Struktur und einen potentiell interessanten aromatischen Ausdruck, die es ihm erlauben werden, harmonisch zu verschmelzen. Der noch sehr junge Wein sollte mindestens drei Jahre altern.

Blayais und Bourgeais — Côtes de Bourg

🕿 Les Vignobles Philippe Estournet, Ch. La Tuilière, 33710 Saint-Ciers-de-Canesse, Tel. 05.57.64.80.90, Fax 05.57.64.89.97 ✅ 🍷 n. V.

CH. LE PIAT Vieilli en fût de chêne 1995

| ■ | 9,5 ha | 76 000 | 🍷 | 30-50 F |

Dieser von der Kellerei von Tauriac hergestellte Wein ist schlicht, aber leicht zu trinken, klar und gefällig, mit gut verschmolzenen Tanninen und einem Bukett, das durch Holznoten gewürzt wird.

🕿 Cave de Bourg-Tauriac, 12, Pont-du-Moron, 33710 Tauriac, Tel. 05.57.68.41.12, Fax 05.57.68.36.31 ✅ Mo-Sa 8h-12h 14h-18h

CH. LES GRANDS THIBAUDS
Réserve du Château Elevé en fût de chêne 1995**

| ■ | 2 ha | 10 600 | 🍷 | 30-50 F |

Dieser Wein, eine im Holzfaß ausgebaute numerierte Cuvée, hat von der sorgfältigen Behandlung profitiert, die ihm in reichem Maße zuteil wurde. Seine Erscheinung, eine schöne granatrote Farbe, kündigt angenehme Folgeeindrücke an. Das Bukett wie auch der Geschmack halten tatsächlich ihre Versprechen. Ersteres, das noch im Entstehen begriffen ist, mit einer Präsenz, die sich bei der Belüftung bemerkbar macht, letzterer durch Rundheit, Fülle, eine gute Ausgewogenheit und gut verschmolzene Tannine, die Stärke und Feinheit verbinden. Die bescheidenere, aber angenehme Hauptcuvée, die ohne Stern berücksichtigt worden ist, erlaubt es, den Höhepunkt der Réserve (in zwei bis drei Jahren) abzuwarten.

🕿 Daniel Plantey, Les Grands Thibauds, 33240 Saint-Laurent-d'Arce, Tel. 05.57.43.08.37 ✅ 🍷 n. V.

LES MOULINS DU HAUT-LANSAC 1995*

| ■ | 150 ha | 80 000 | 🍷 | 30-50 F |

Eine Marke der Kellerei von Lansac. Dieser 95er ist ein unverfälschtes Erzeugnis, ungeschminkt und unretuschiert. Sein von roten Früchten dominiertes Bukett weist auf die Jugend des Weins hin ; es zeigt durch den Primär- und den Gärcharakter des Aromas seine Möglichkeiten. Im Geschmack findet man nach einer kraftvollen Ansprache die gleichen Merkmale wieder, die sich mit der Qualität der Struktur verbinden, um eine sehr günstige Entwicklung innerhalb der kommenden vier bis fünf Jahre anzukündigen.

🕿 Les Vignerons de la Cave de Lansac, La Croix, 33710 Lansac, Tel. 05.57.68.41.01, Fax 05.57.68.21.09 ✅ 🍷 Di-Fr 8h-12h 14h-18h ; Sa 8h-12h ; Mo 14h-18h

CH. LE TERTRE DE LEYLE 1995

| ■ | k. A. | 8 000 | 🍷 | 30-50 F |

Diese Cuvée ist in ziemlich geringer Stückzahl hergestellt und im Barriquefaß ausgebaut worden. Sie ist sehr stark durch das Holz geprägt, aber dank seines Stoffs und seines Buketts dürfte sie verschmelzen können.

🕿 G. Grandillon, Le Bourg, 33710 Teuillac, Tel. 05.57.64.39.31, Fax 05.57.64.24.18 ✅ 🍷 tägl. 8h-12h 14h-18h

CH. MARTINAT
Vieilli en fût de chêne 1995*

| ■ | 3 ha | 12 500 | 🍷 | 30-50 F |

Dieser 95er, eine im Barriquefaß ausgebaute Cuvée, hat Potential. Er besitzt eine schöne rubinrote Farbe und läßt ein erwachendes Bukett, das sich schon mit echter Feinheit ankündigt, und eine kräftig gebaute, wohlschmeckende Gesamtstruktur erkennen, die reich an erstklassigen Tanninen ist.

🕿 SCEV Marsaux-Donze, Ch. Martinat, 33710 Lansac, Tel. 05.57.68.34.98, Fax 05.57.68.35.39 ✅ 🍷 n. V.

CH. MERCIER 1995**

| ■ | 21 ha | 50 000 | 🍷 | 30-50 F |

Dreizehn Generationen haben ein starkes Band zwischen dieser Familie und diesem Cru geschaffen. Die enge Bindung läßt sich an diesem sehr hübschen Wein ablesen. Die Intensität seiner Farbe, ein fast schwarzes Granatrot, findet sich im Bukett wieder mit Noten von Früchten, Gewürzen und Vanille. Der dichte, kräftig gebaute Geschmack ist im gleichen Stil gehalten und bietet recht spürbare Tannine. Dieser schöne Wein, der Reichhaltigkeit und Feinheit verbindet, besitzt ein echtes Potential. Der lebhafte, zarte Weißwein, ein 96er, hat eine lobende Erwähnung erhalten.

🕿 Philippe Chéty, Ch. Mercier, 33710 Saint-Trojan, Tel. 05.57.64.92.34, Fax 05.57.64.82.37 ✅ 🍷 n. V.

CH. MONTAIGUT
"M" Vieilles vignes 1995

| ■ | 5 ha | 33 000 | 🍷 | 30-50 F |

Dieses Gut hat einen Ausblick auf die Gironde und das Médoc. Mit seinen 32 ha hat es eine große Produktion. Dieser Côtes de Bourg stammt von Rebstöcken, die ein Vierteljahrhundert alt sind. Er ist noch ein wenig jung, aber seine Tannine, sein Bukett und seine tiefe rubinrote, bläulichrot schimmernde Farbe sind vielversprechend.

🕿 François de Pardieu, 2, Nodeau, 33710 Saint-Ciers-de-Canesse, Tel. 05.57.64.92.49, Fax 05.57.64.94.20 ✅ 🍷 Mo-Fr 8h-12h 14h-18h ; Sa, So n. V.

CH. MOULIN DES GRAVES
Cuvée particulière 1996**

| ☐ | k. A. | 15 000 | 🍷 | 30-50 F |

Einer der letzten Cru des Bordelais, die an der Tradition der weißen Côtes de Bourg festhalten. Mit Erfolg, wie dieser Jahrgang mit vielen anderen beweist. Nachdem er sich durch eine schöne pampelmusengelbe Farbe und durch ein intensives Bukett mit einem Gäraroma angekündigt hat, enthüllt er durch seinen Zitruscharakter eine erstklassige Vinifizierung. Er hinterläßt eine sehr angenehme Erinnerung an einen frischen, fülligen, eleganten Gesamteindruck.

🕿 Jean Bost, 33710 Teuillac, Tel. 05.57.64.30.58, Fax 05.57.64.20.59 ✅ 🍷 n. V.

Blayais und Bourgeais — Côtes de Bourg

CH. DU MOULIN VIEUX
Sélection du Propriétaire 1994

■ 16 ha 10 000 ◉ 30-50 F

Dieser Wein, eine numerierte, im Barriquefaß ausgebaute Sondercuvée, wird von einem leichten Stoff getragen. Das Holz ist ziemlich spürbar, aber das Ganze bleibt aufgrund seiner Gesamttextur und seines fruchtigen Aromas mit animalischen Noten gefällig.

☙ Jean-Pierre Gorphe, Ch. du Moulin-Vieux, 33710 Tauriac, Tel. 05.57.68.26.21, Fax 05.57.68.29.75 ☑ ⊤ n. V.

CH. NODOZ 1995**

■ 15 ha 90 000 ◉ 30-50 F

Dieser im Holzfaß ausgebaute Wein hat hübsche Vanillenoten bewahrt, die mit den roten Früchten des Buketts harmonieren. Im Geschmack findet man die gleiche Eleganz mit einem würzigen Aroma wieder. Die sehr kräftigen Tannine bringen sich in Erinnerung, müssen aber nur verschmelzen, was ihnen der solide Bau dieses Weins problemlos erlauben wird. Ein schönes Beispiel für einen echten lagerfähigen Wein. Der sehr ähnliche Château Galau vom selben Erzeuger hat ebenfalls zwei Sterne erhalten. Ein großartiges Ergebnis und ein ausgezeichnetes Preis-Leistungs-Verhältnis für diese beiden Crus.

☙ Magdeleine, Ch. Nodoz, 33710 Tauriac, Tel. 05.57.68.41.03, Fax 05.57.68.37.34 ☑ ⊤ Mo-Sa 8h-19h ; So 9h-12h

CH. RELAIS DE LA POSTE 1995*

■ 12 ha 72 000 ◉ 30-50 F

Ein logischer Name für eine ehemalige Umspannstelle für Postkutschenpferde, die um 1750 errichtet wurde. Dieser Wein mit dem diskreten, aber feinen Bukett offenbart sich völlig. Sein schöner Stoff und sein solides Potential ermöglichen es ihm, sich innerhalb der kommenden zwei bis drei Jahre günstig zu entwickeln.

☙ SCEA Vignobles Drode, Relais de la Poste, 33710 Teuillac, Tel. 05.57.64.37.95, Fax 05.57.68.92.02 ☑ ⊤ tägl. 8h-20h

CH. REPIMPLET 1994

■ k. A. 13 500 ◉ 30-50 F

Dieser teilweise im Barriquefaß (sechs von achtzehn Monaten) ausgebaute Wein mit den schönen Tanninen ist im Abgang nicht sehr imposant, aber sein Bukett (Schokolade, Vanille, rote Früchte und Röstgeruch) verdient, daß man sich für ihn interessiert.

☙ Michèle et Patrick Touret, Ch. Repimplet, 33710 Saint-Ciers-de-Canesse, Tel. 05.57.64.31.78, Fax 05.57.64.31.78 ☑ ⊤ n. V.

CH. DE ROUSSELET
Elevé en fût de chêne 1994

■ 2,5 ha 20 000 ◉ 30-50 F

Dieser im Aussehen ansprechende Wein ist in seiner geschmacklichen Entfaltung einfacher. Aber sein Ausdruck bleibt die ganze Zeit über erstklassig, mit einer gut bemessenen Unterstützung durch den Holzton.

☙ EARL du Ch. de Rousselet, 5, Rousselet, 33710 Saint-Trojan, Tel. 05.57.64.32.18, Fax 05.57.64.32.18 ☑ ⊤ n. V.
☙ Francis Sou

CH. ROUSSET 1995**

■ 20 ha 85 000 ◉ 30-50 F

Ein Château, das alle Stile vereint, vom 16. bis zum 19. Jh., und ein Wein, der ebenfalls stolz wirkt. Er ist im Geschmack sehr präsent, mit ein wenig rauhen, aber robusten Tanninen, und sollte nach einer Wartezeit von vier bis fünf Jahren zu einem kräftigen Käse getrunken werden. Denn nicht nur seine Struktur, sondern auch sein fruchtiges, röstartiges und würziges Aroma erlauben es ihm, sich günstig zu entwickeln. »Es ist ein Wein für diejenigen, die Weine von früher mögen !« Die im Holzfaß ausgebaute Cuvée Réserve aus dem Jahrgang 1994 hat eine lobende Erwähnung erhalten.

☙ M. et Mme Jean Teisseire, Ch. Rousset, 33710 Samonac, Tel. 05.57.68.46.34, Fax 05.57.68.36.18 ☑ ⊤ n. V.

CH. SAMONAC 1995*

■ 12 ha 60 000 ◉ -30 F

Getreu ihrer Qualitätstradition präsentieren die Latouches hier einen Wein mit einem bezaubernden, intensiven Bukett, das schöne Leder- und Röstnoten enthält. Der stattliche, füllige Geschmack, der durch recht spürbare Tannine unterstützt wird, besitzt große Qualitäten und eine Ausgewogenheit, die es ihm erlauben werden, der Alterung zu trotzen. Der im Faß ausgebaute Château Macay ist für den gleichen Jahrgang lobend erwähnt worden.

☙ Eric et Bernard Latouche, Ch. Macay, 33710 Samonac, Tel. 05.57.68.41.50, Fax 05.57.68.35.23 ☑ ⊤ Mo-Sa 8h-12h 13h-18h ; So n. V.

CH. DE TASTE 1995*

■ 15 ha 81 500 ◉ 30-50 F

Der erste Jahrgang, der sich mit dem neuen Etikett des Cru präsentiert, während das alte dem Vertrieb durch den Handel (Kressmann) vorbehalten ist. Dieser Wein bietet aufgrund seiner rubinroten Farbe mit den strahlenden Reflexen ebenfalls einen schönen Anblick. Das schlichte, aber angenehme Bukett erinnert unterschwellig an reife Früchte. In der Ansprache tritt der alkoholische Charakter des Weins zusammen mit einer gewissen milden Süße deutlich hervor. Würzige Tannine umkleiden den Gaumen, was dazu reizt, diese gefällige Flasche vor dem Jahr 2000 aufzumachen.

☙ Jean-Paul Martin, Ch. de Taste, 33710 Lansac, Tel. 05.57.68.40.34 ☑ ⊤ n. V.

CH. TERREFORT-BELLEGRAVE
1995***

■ 3 ha 20 000 ◉ 30-50 F

Ein kleines Gut, das mit diesem bemerkenswerten 95er einen aufsehenerregenden Schritt getan hat. Schon Château de Haut-Mousseau, der andere Cru der Briolais, hatte in den letzten Jahren einen schönen Fortschritt gezeigt, aber hier nimmt der Erfolg eine andere Dimension an. Die kräftigen, runden Tannine, die zur glei-

Libournais

chen Zeit seidig und wohlschmeckend sind, harmonieren mit einem Aroma von großer Komplexität (Vanille, reife Früchte), so daß ein harmonischer Gesamteindruck entsteht. Vier bis fünf Jahre lagern.

🍷 Dominique Briolais, 1, Ch. Haut-Mousseau, 33710 Teuillac, Tel. 05.57.64.34.38, Fax 05.57.64.31.73 ☑ ⏲ n. V.

CH. TOUR DES GRAVES
Vieilli en fût de chêne 1994★★

| ■ | 1 ha | 7 000 | 🍾🍷 | 30-50 F |

Diese im Barriquefaß ausgebaute numerierte Cuvée, die von nach Süden liegenden Hängen mit Lehm- und Kiessandböden stammt, macht ihrem Erzeuger Ehre. Sie beeindruckt durch ihre fast schwarze Farbe und beweist ihre Persönlichkeit durch ihr Bukett mit den feinen, köstlichen Noten von Röstgeruch, Kaffee, Vanille und Toastbrot. Der von erstklassigen Tanninen getragene Geschmack entfaltet sich zu einem harmonischen, nachhaltigen Abgang.

🍷 GAEC Arnaud Frères, Le Poteau, 33710 Teuillac, Tel. 05.57.64.32.02, Fax 05.57.64.23.94 ☑ ⏲ tägl. 8h-12h 14h-19h

CH. TOUR DES GRAVES
Sauvignon 1996★

| ☐ | 2,3 ha | 16 000 | 🍷 | -30 F |

Daß dieser Wein vollständig aus Sauvignon hergestellt ist, bemerkt man an seinem aromatischen Ausdruck mit den spürbaren Buchsbaumnoten. Elegant und klassisch im Bordeaux-Stil. Man sollte ihn ziemlich jung trinken, um ganz in den Genuß seines Gärungsaromas zu kommen.

🍷 GAEC Arnaud Frères, Le Poteau, 33710 Teuillac, Tel. 05.57.64.32.02, Fax 05.57.64.23.94 ☑ ⏲ tägl. 8h-12h 14h-19h

Libournais

Selbst wenn es keine Appellation »Libourne« gibt, ist das Libournais durchaus eine Realität. Mit der Stadt Libourne als Zentrum und der Dordogne als Verkehrsachse hat es einen im Verhältnis zur restlichen Gironde sehr eigenständigen Charakter, weil es weniger unmittelbar von der Hauptstadt der Region abhängt. Übrigens stellt man nicht selten das Libournais dem Bordelais im eigentlichen Sinne gegenüber, indem man beispielsweise auf die nicht so protzige Architektur der »Weinschlösser« oder die Stellung der Weinhändler aus dem Departement Corrèze in Libourne verweist. Aber am stärksten unterscheidet sich das Libournais vermutlich durch die Konzentration des Weinbaugebiets, das bereits am Stadtrand beginnt und mehrere Gemeinden mit so berühmten Appellationen wie etwa Fronsac, Pomerol und Saint-Emilion fast vollständig einbezieht. Es ist in eine Vielzahl von kleinen oder mittleren Gütern aufgesplittert. Die großen Weingüter wie im Médoc oder die großen, für die Aquitaine typischen Rebflächen scheinen hier fast einer anderen Welt anzugehören.

Seinen eigenständigen Charakter zeigt das Weinbaugebiet auch durch seine Bestockung. Darin dominiert die Merlot-Rebe, die den Weinen Feinheit und Fruchtigkeit verleiht und es ihnen ermöglicht, gut zu altern, selbst wenn sie keine so lange Lagerfähigkeit haben wie die Weine aus Appellationen, in denen hauptsächlich Cabernet Sauvignon angebaut wird. Dafür kann man sie ein wenig früher trinken. Sie passen zu vielen Gerichten (rotes und weißes Fleisch, Käse, aber auch bestimmte Fische, wie etwa Neunauge).

Canon-Fronsac und Fronsac

Das Gebiet von Fronsac, das von der Dordogne und der Isle begrenzt wird, bietet schöne, stark zerklüftete Landschaften mit zwei Anhöhen oder Hügeln, die 60 bzw. 75 m hoch sind; von dort hat man eine wunderschöne Aussicht. Als strategisch gut gelegener Ort spielte diese Region eine wichtige Rolle, insbesondere im Mittelalter und während der Zeit der Fronde (oppositionelle Bewegung gegen das absolutistische Königtum) von Bordeaux; bereits in der Zeit von Karl dem Großen war hier eine mächtige Festung errichtet worden. Diese Burg besteht heute zwar nicht mehr, aber dafür besitzt das Fronsadais schöne Kirchen und viele Schlösser. Das sehr alte Weinbaugebiet (1 138 ha im Jahre 1994) bringt in sechs Gemeinden Weine mit individuellem Charakter hervor, die vollständig und körperreich, dabei aber auch fein und vornehm sind. Alle Gemeinden können die Appellation Fronsac (41 493 hl 1994, der verkostete Jahrgang, und 46 297 hl 1996) in Anspruch nehmen, aber lediglich Fronsac und Saint-Michel-de-Fronsac haben für die Weine, die auf ihren Hängen (lehmig-kalkhaltige Böden auf einer Muschelkalkschicht) erzeugt werden, Anrecht auf die Appellation Canon-Fronsac (14 975 hl 1994 und 17 014 hl 1996).

Canon-Fronsac

CH. BARRABAQUE 1994

| 4 ha | 20 000 | 30-50 F |

85 86 88 89 |90| 91| 92| 94|

Die Rückkehr von Château Barrabaque in unseren Weinführer, mit diesem 94er, der eine strahlende rubinrote Farbe und ein entfaltetes Aroma von roten Früchten und einem vanilleartigen Holzton hat. Seine umhüllte Tanninstruktur ist ausgewogen. Ein klassischer, gut ausgebauter Wein, den man innerhalb der nächsten fünf Jahre trinken muß.

⌬ SCEA Noël Père et Fils, Ch. Barrabaque, 33126 Fronsac, Tel. 05.57.55.09.09, Fax 05.57.55.09.00 ✓ ⌘ n. V.

CH. BARRABAQUE Prestige 1994*

| 4 ha | 20 000 | 50-70 F |

Diese Spitzencuvée ist eine Auslese von alten Rebstöcken, die auf einem lehmig-kieselhaltigen Boden wachsen, fünfzehn Monate im Barriquefaß ausgebaut. Die intensive Farbe zeigt ein hübsches Purpurrot. Das Röstaroma überdeckt nicht die vollreife Fruchtigkeit; die seidigen Tannine treten mit großer Harmonie und unbestreitbar typischem Charakter hervor. Ein moderner Wein, den man schon trinken oder ein paar Jahre aufheben kann.

⌬ SCEA Noël Père et Fils, Ch. Barrabaque, 33126 Fronsac, Tel. 05.57.55.09.09, Fax 05.57.55.09.00 ✓ ⌘ n. V.

CH. BELLOY 1994

| 6,85 ha | k. A. | 50-70 F |

Mit dem 94er präsentiert dieses Château, dessen Geschichte ins 18. Jh. zurückreicht, einen typischen Wein mit dem konzentrierten Aroma von Kirschen und Blüten und fülligen Tanninen, die voller Fleisch und Weinigkeit sind. Doch eine abschließende Bitterkeit bringt diesen Wein noch ein wenig aus dem Gleichgewicht, aber er dürfte innerhalb von zwei bis drei Jahren an Harmonie gewinnen.

⌬ S.A. Travers, B.P. 1, 33126 Fronsac, Tel. 05.57.24.98.05, Fax 05.57.24.97.79 ✓ ⌘ n. V.
⌬ GFA Bardibel

CH. CANON 1994*

| 8,78 ha | k. A. | 70-100 F |

(82) 83 **86** |88| |89| |90| 92 94

Daß dieser Wein von einem kleinen Gut kommt, bereitet ihm keine Komplexe. Er besitzt eine an Bigarreau-Kirschen erinnernde Farbe und ein Bukett, das hübsche Noten von kleinen roten Früchten und Gewürzen enthält, und kann die Aufmerksamkeit durch seinen Geschmackseindruck auf sich ziehen. Dieser ist fleischig und knusprig und verbindet auf angenehme Weise den Geschmack von gerösteten Mandeln und

---

Libournais

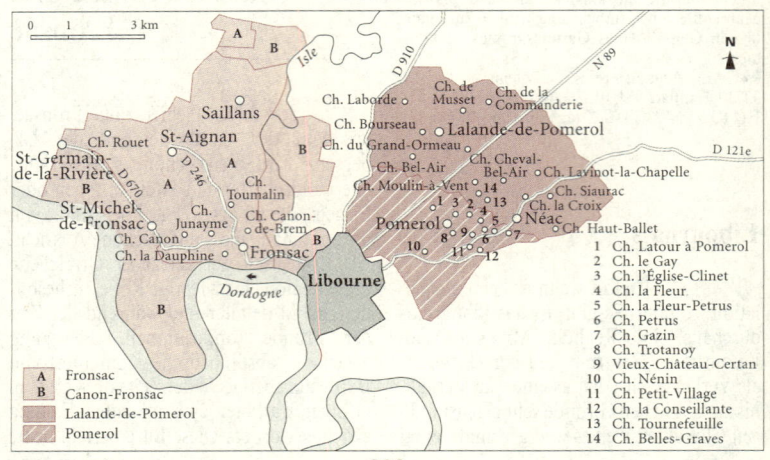

Map legend:
- A Fronsac
- B Canon-Fronsac
- Lalande-de-Pomerol
- Pomerol

1 Ch. Latour à Pomerol
2 Ch. le Gay
3 Ch. l'Église-Clinet
4 Ch. la Fleur
5 Ch. la Fleur-Petrus
6 Ch. Petrus
7 Ch. Gazin
8 Ch. Trotanoy
9 Vieux-Château-Certan
10 Ch. Nénin
11 Ch. Petit-Village
12 Ch. la Conseillante
13 Ch. Tournefeuille
14 Ch. Belles-Graves

Libournais — Canon-Fronsac

reichhaltigen Tanninen. Der 94er Château Canon de Brem vom selben Händler erhält einen Stern, ebenso der 94er Château Charlemagne, die sich beide mit dichten Tanninen entwickeln.

🌱 Ets Jean-Pierre Moueix, 54, quai du Priourat, 33500 Libourne

CH. CANON DE MOUEIX 1994**

■   4,5 ha   k. A.   70-100 F
(82) 86 87 88 |90| 92 94

Dieser Cru besitzt einen schönen Weinberg in Hanglage und erinnert durch diesen bemerkenswerten 94er an seine Qualität. Seine Farbe, ein schönes Granatrot mit hochroten Reflexen, zeigt deutlich seinen Charakter an. Das Bukett betont seine Persönlichkeit mit einer sehr deutlichen Ledernote, die köstliche Düfte von Konfitüre und gekochten Erdbeeren ergänzen. Dann enthüllt der Geschmack einen runden und zugleich tanninreichen Gesamteindruck mit einem eleganten aromatischen Ausdruck, in dem das Röstaroma einen großen Platz einnimmt.

🌱 Ets Jean-Pierre Moueix, 54, quai du Priourat, 33500 Libourne

CH. CAPET BEGAUD 1994

■   4 ha   12 000   30-50 F

Dieser Cru, der sich auf einem Sandstein- und Lehmboden befindet, bietet einen 94er mit einem zarten Bukett von Leder, Gewürzen und kleinen roten Früchten. Dieser in der Ansprache sanfte Wein entwickelt sich kraftvoll, wobei er im geschmacklichen Ausklang sogar eine gewisse Rustikalität betont. Man sollte ihn den kommenden zwei bis fünf Jahren trinken.

🌱 Alain Roux, Ch. Coustolle, 33126 Fronsac, Tel. 05.57.51.31.25, Fax 05.57.74.00.32 ☑ ⊥ n. V.

CH. CASSAGNE HAUT-CANON
La Truffière 1994*

■   k. A.   15 000   50-70 F
86 87 |88| 89 90 91 |92| 93 94

Wie ihr Name andeutet, stammt diese Cuvée von Rebstöcken, die auf einem Gelände wachsen, wo mitten im Weinberg früher Trüffeln wuchsen. Der 93er war im letzten Jahr Lieblingswein. Beim 94er enthüllt der Wein ein Aroma von reifen Früchten und Geröstetem, wobei der Holzton vom Ausbau im Geschmack sehr ausgeprägt ist. Aufgrund seiner kräftigen Tannine muß man zwei bis drei Jahre aufheben, damit er eine bessere Ausgewogenheit erreichen kann.

🌱 Jean-Jacques Dubois, Ch. Cassagne Haut-Canon, 33126 Saint-Michel-de-Fronsac, Tel. 05.57.51.63.98, Fax 05.57.51.62.20 ☑ ⊥ n. V.

CH. COUSTOLLE 1994

■   20 ha   30 000   30-50 F

Dieser 94er präsentiert sich mit einem schönen, klaren Karminrot mit einem eleganten Unterholzbukett. Im Geschmack treten die fruchtigen Noten über sehr spürbaren, aber gut umhüllten Tanninen hervor. Ein ziemlich leichter Wein, den man in seiner Jugend genießen muß.

🌱 Alain Roux, Ch. Coustolle, 33126 Fronsac, Tel. 05.57.51.31.25, Fax 05.57.74.00.32 ☑ ⊥ n. V.

CH. GRAND RENOUIL 1994

■   4,9 ha   12 000   70-100 F
|85| |86| 87 88 89 (90) 91 92 93 94

Dieser ausschließlich mit der Rebsorte Merlot bestockte Cru präsentiert einen 94er mit einem intensiven Bukett, das Harz, getoastetes Brot und Menthol verbindet. Er besitzt eine wohlschmeckende, ausgewogene, wenn auch am Ende des Geschmackseindrucks noch zu stark vom Barriquefaß geprägte Struktur. Ein Wein, den man in zwei bis drei Jahren trinken kann.

🌱 Michel Ponty, Les Chais du Port, 33126 Fronsac, Tel. 05.57.51.29.57, Fax 05.57.74.08.47 ☑ ⊥ n. V.
🌱 GFA J. Ponty

CH. HAUT-MAZERIS 1994

■   5,97 ha   40 000   30-50 F

Dieses Gut, das sich auf den höchsten Hügeln des Gebiets von Fronsac befindet, läßt uns einen reintönigen 94er probieren, der schon angenehm ist, aufgrund seines entfalteten Buketts von Unterholz und Früchten ebenso wie aufgrund seines sanften, ausgewogenen Geschmacks. Ein Wein, den man innerhalb von ein bis zwei Jahren genießen kann.

🌱 André Bleynie et M.-C. Ubald-Bocquet, Ch. Haut-Mazeris, 33126 Saint-Michel-de-Fronsac, Tel. 05.57.24.98.14 ☑ ⊥ n. V.

CH. LA FLEUR CAILLEAU 1994

■   3,6 ha   10 000   50-70 F
82 85 86 88 **89** |90| |91| |92| 93 94

Dieser 94er stammt überwiegend von Merlot-Reben, die gemäß den Prinzipien der Biodynamik angebaut werden. Er besitzt einen angenehmen, fruchtig-vanilleartigen Duft. Seine Struktur zeigt sich im Geschmack sanft und gut umhüllt, aber sein Abgang benötigt eine zwei- bis dreijährige Alterung, damit er zu besserer Harmonie gelangt.

🌱 Paul Barre, Ch. La Grave, 33126 Fronsac, Tel. 05.57.51.31.11, Fax 05.57.25.08.61 ☑ ⊥ n. V.

CH. LAMARCHE CANON
Candelaire 1994*

■   4,5 ha   30 000   50-70 F

Diese Sondercuvée stammt von sehr alten Rebstöcken (60 Jahre). Dieser 94er zeugt von einer verschwenderischen Behandlung. Die kräftige rubinrote Farbe, der intensive Duft nach Vanille, Zimt und Kaffee und die stattliche, tanninreiche Struktur kennzeichnen einen reichhaltigen Wein, der sich harmonisch entwickelt. Er ist von seltener Eleganz. Man kann ihn in drei bis acht Jahren genießen.

🌱 SCEA Ch. Lamarche-Canon, 33126 Fronsac, Tel. 05.57.64.23.67, Fax 05.57.64.36.20 ☑ ⊥ n. V.

CH. LA ROCHE GABY 1994

■   9,5 ha   56 000   30-50 F

Dieser früher unter dem Namen Château du Gaby bekannte Cru erfährt die beste Pflege, wie dieser 94er mit dem zarten Duft von schwarzen Johannisbeeren und Sauerkirschen bezeugt. Seine Tanninstruktur zeigt sich füllig und freigebig. Der ein wenig strenge Abgang muß harmonisch werden : Eine mindestens zwei- bis dreijährige Lagerung ist angeraten.

Libournais — Fronsac

⊶ Marie-Madeleine Frouin, Ch. La Roche Gaby, 33126 Fronsac, Tel. 05.57.51.24.97, Fax 05.57.25.18.99 ◩ ⊤ n. V.

CH. MAZERIS 1994

| | k. A. | 50 000 | 30-50 F |

|92| 94

Dieses Gut gehört seit dem 18. Jahrhundert der gleichen Familie. Es führt die Tradition fort mit diesem 94er, der eine strahlende purpurrote Farbe und ein noch diskretes Bukett besitzt. Besser kommt er im Geschmack zum Ausdruck, dessen kräftige Tannine noch milder werden müssen. Man kann ihn vertrauensvoll lagern und dann in drei bis vier Jahren öffnen.

⊶ Patrick de Cournuaud, Ch. Mazeris, 33126 St-Michel-de-Fronsac, Tel. 05.57.24.96.93, Fax 05.57.24.98.25 ◩ ⊤ Mo-Sa 8h-19h

CH. MAZERIS La Part des Anges 1994*

| | 1 ha | 2 000 | 50-70 F |

»Der Anteil der Engel« - ein hübscher Name, den diese für den Jahrgang 1994 geschaffene Cuvée trägt. Er bezieht sich auf den Wein, der während der Reifung in den Kellern in den Fässern verdunstet. Aber dieser Wein hier ist sehr real: Sein komplexes Aroma erinnert an Brombeeren, Himbeeren und Vanille. Seine Struktur im Geschmack ist vollkommen ausgewogen zwischen vollreifen Tanninen und einem gut gemeisterten Holzton. In zwei bis fünf Jahren ein wahrer Genuß.

⊶ Patrick de Cournuaud, Ch. Mazeris, 33126 St-Michel-de-Fronsac, Tel. 05.57.24.96.93, Fax 05.57.24.98.25 ◩ ⊤ Mo-Sa 8h-19h

CH. MOULIN PEY-LABRIE 1994**

| | 6,66 ha | 30 000 | 70-100 F |

|88| 89 90 |91| 92 93 94

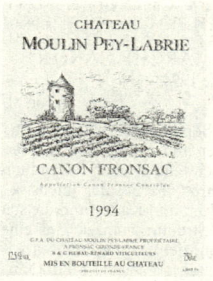

Château Moulin Pey-Labrie verdankt seinen Namen einer sehr alten Mühle, die im Herzen des Anbaugebiets steht und im Augenblick restauriert wird. Dieser 94er ist ebenso wie der 92er von der Oberjury des Hachettes-Weinführers zum Lieblingswein gewählt worden. Die Farbe ist dunkel und strahlend. Das komplexe Aroma erinnert an kandierte Früchte, Gewürze, Vanille und Kakao. Man findet sie im Geschmack wieder, mit deutlich spürbaren Tanninen, die sich mit viel Feinheit, Ausgewogenheit und Nachhaltigkeit entwickeln. Ein großes Vergnügen, das man in seinem wahren Wert in zwei bis fünf Jahren genießen kann.

⊶ B. et G. Hubau, Ch. Moulin Pey-Labrie, 33126 Fronsac, Tel. 05.57.51.14.37, Fax 05.57.51.53.45 ◩ ⊤ n. V.

CH. ROULLET 1994*

| | 2,61 ha | 6 000 | 50-70 F |

Dieser in kleiner Stückzahl produzierte 94er besteht zu 64 % aus Merlot. Er präsentiert sich perfekt mit seiner tiefen granatroten Farbe und seinem eleganten Aroma von Leder, Geröstetem und roten Früchten. Die volle, runde Ansprache im Mund entwickelt sich mit viel Wohlgeschmack und Länge. Ein für seine Appellation sehr klassischer Wein, den man in drei bis acht Jahren trinken kann.

⊶ SCEA Dorneau et Fils, Ch. La Croix, 33126 Fronsac, Tel. 05.57.51.31.28, Fax 05.57.74.08.88 ◩ ⊤ Mo-Sa 8h-12h 13h-19h

CH. TOUMALIN 1994*

| | 7,5 ha | 45 000 | 50-70 F |

Die Familie d'Arfeuille, die einen Cru classé in Saint-Emilion (la Serre) und Château La Pointe Pomerol besitzt, präsentiert hier einen interessanten Wein mit einem hochfeinen Bukett von reifen Früchten und Gewürzen, das von Röstnoten begleitet wird. Die fülligen und zugleich kräftigen Tannine entwickeln sich im Geschmack mit Rundheit und einem eleganten Haselnußaroma. Eine klassische Cuvée der Appellation, die in zwei bis drei Jahren trinkreif ist.

⊶ Françoise d'Arfeuille, Ch. Toumalin, 33126 Fronsac, Tel. 05.57.51.02.11, Fax 05.57.51.42.33 ◩ ⊤ n. V.

CH. VRAI-CANON-BOUCHE 1994

| | 10 ha | 45 000 | 30-50 F |

Dieser auf dem Hügel von Canon gelegene Cru präsentiert beim 94er einen Wein, der Ihr Interesse weckt: aufgrund seines sich entwickelnden Buketts von Früchten ebenso wie aufgrund seiner Tannine, die dicht und aromatisch (Gewürze) sind. Schade, daß der geschmackliche Ausklang noch ein wenig rauh ist: Das dürfte sich im Verlauf einer zwei- bis dreijährigen Lagerung abmildern.

⊶ Françoise Roux, Ch. Lagüe, 33126 Fronsac, Tel. 05.57.51.24.68, Fax 05.57.25.98.67 ◩ ⊤ Mo-Fr 9h-12h 14h-18h

Fronsac

CH. ARNAUTON 1994

| | 23 ha | 145 000 | 30-50 F |

Dieser 94er zeichnet sich dank eines recht entfalteten Buketts von Kernen und vollreifen roten Früchten und dank einer gehaltvollen, harmonischen Tanninstruktur aus, auch wenn letztere am Ende des Geschmackseindrucks noch ein wenig streng ist. Ein Wein, der in zwei bis drei Jahren angenehm schmecken wird.

Libournais Fronsac

•⌐ SC du Ch. Arnauton, 33126 Fronsac,
Tel. 05.57.51.31.32, Fax 05.57.25.33.25 ⓋⓉ n. V.
•⌐ Jean-Pierre Herail

CH. BARRAIL CHEVROL 1994**

| | 3 ha | 20 000 | | 30-50F |

Nur 3 ha für dieses Château, das sich auf einem lehmig-kalkhaltigen Boden befindet. Beim 94er verdient der Wein die Aufmerksamkeit aufgrund der Qualität seines fruchtigen Aromas (Sauerkirschen) und seiner tanninreichen Struktur, die füllig, freigebig und kräftig zugleich ist. Der Abgang ist harmonisch und rassig, für Fronsac repräsentativ. Eine Flasche, die man schon jetzt öffnen kann, für einen Genuß, der ein paar Jahre anhält.

•⌐ SA Yvon Mau, rue André-Dupuy-Chauvin, B.P. 1, 33190 Gironde-sur-Dropt, Tel. 05.56.61.54.54, Fax 05.56.61.54.61

CH. DE CARLES 1994

| | 16,6 ha | 65 000 | | 30-50F |

|81| |82| |83| |⑧⑤| |86| |87| 88 89 90 91 92 **93** 94

Karl der Große soll an der Stelle dieses Châteaus sein Lager aufgeschlagen haben. Das Gut präsentiert einen 94er mit einer rubinroten Farbe und einem Aroma von Leder, Rauch und roten Früchten. Die im Geschmack milden Tannine sind sehr ausgeprägt, aber dennoch ausgewogen. Man spürt zum Schluß eine leichte Bitterkeit, aber dieser Wein dürfte sich innerhalb von zwei bis drei Jahren abrunden.

•⌐ SCEV du Ch. de Carles, rte de Galgon, 33141 Saillans, Tel. 05.57.84.32.03, Fax 05.57.84.31.91 ⓋⓉ n. V.

CLOS DU ROY Cuvée Arthur 1994*

| | 2 ha | 10 000 | | 50-70F |

Diese Cuvée Arthur stammt von einer Auslese, die erstmals für den 94er im Eichenholzfaß ausgebaut worden ist. Die purpurrote Farbe hat karminrote Reflexe. Der kräftige Duft von reifen Früchten verbindet sich angenehm mit Vanille- und Röstnoten. Die freigebigen, füllgen Tannine entwickeln sich im Geschmack voller Komplexität. Die Schlußharmonie ist fast vollkommen. Ein charaktervoller Wein, den man in zwei bis acht Jahren trinken sollte.

•⌐ Hermouet, Clos du Roy, 33141 Saillans, Tel. 05.57.74.38.88, Fax 05.57.74.33.47 ⓋⓉ n. V.

CH. COUTREAU 1994**

| | 17,13 ha | 13 718 | | 30-50F |

Dank seiner modernen Anlagen und eines schönen Anbaugebiets mit lehmig-kalkhaltigem Boden kann dieser Cru beim 94er einen bemerkenswerten Wein präsentieren. Die rubinrote Farbe funkelt intensiv. Das entstehende Bukett ist toastartig, würzig und noch fruchtig, während die Tannine stattlich, kraftvoll und harmonisch sind; sie sind holzbetont und treten am Ende des Geschmackseindrucks noch ein wenig hervor. Man muß vier bis fünf Jahre warten, bis man des ausgewogenen, angenehm für zu trinkenden Wein erhält. Beachten Sie auch, daß dieser Wein mit La Vieille Cure um die Wahl zum Lieblingswein konkurrierte! Beide gehören denselben Besitzern.

•⌐ SNC Ch. La Vieille Cure, Coutreau, 33141 Saillans, Tel. 05.57.84.32.05, Fax 05.57.74.31.05 ⓋⓉ n. V.

CH. DALEM 1994

| | 10 ha | k. A. | | 50-70F |

82 |⑧⑤| |86| 88 89 90 91 92 ⑨③ 94

Dalem war in den letzten Jahr Lieblingswein. Dieser 94er, der fast ausschließlich aus der Rebsorte Merlot hergestellt worden ist, besitzt eine schöne Prunkfarbe und ein diskretes Bukett von Vanille und Minze und volle, füllige, freigebige Tannine, die sich noch mit einer gewissen Härte entwickeln (die siebzehn Monate im Barriquefaß sind nicht unbeteiligt daran), denn nach zwei bis drei Jahren Lagerung verschwinden dürfte.

•⌐ Michel Rullier, Ch. Dalem, 33141 Saillans, Tel. 05.57.84.34.18, Fax 05.57.74.39.85 ⓋⓉ n. V.

CH. FONTENIL 1994*

| | k. A. | k. A. | | 50-70F |

|88| |89| |⑨⓪| 92 93 |94|

Dieser Cru gehört Dany und Michel Rolland, Önologen mit internationalem Rang, die in Pomerol ein Weingut besitzen. Er präsentiert beim 94er einen sehr hübschen Wein mit einem Aroma von Vanille, schwarzen Früchten und Pflaumen und mit einer umhüllten, vollreifen Tanninstruktur, die im Abgang besonders nachhaltig und aromatisch ist. Ein klassischer Wein, den ein Verkoster als »schöne Stilübung« bezeichnet hat. Man kann ihn trinken oder zwei bis fünf Jahre altern lassen.

•⌐ Michel et Dany Rolland, 15, cours des Girondins, 33500 Libourne, Tel. 05.57.51.10.94, Fax 05.57.25.05.54 Ⓥ

HAUT CARLES 1994*

| | 2 ha | 10 000 | | 50-70F |

Diese Soncercuvée von Château de Carles hat von den gesamten modernen Methoden profitiert, die im Weinberg und im Keller verwendet werden; außerdem wurde sie achtzehn Monate lang im Barriquefaß ausgebaut. Das Ergebnis wird den unternommenen Anstrengungen gerecht mit diesem 94er, der eine schwarze Farbe und einen intensiven, im Augenblick ein wenig beherrschenden Duft nach Gerötetem, Kaffee und Vanille besitzt. Im Geschmack ist die Struktur rund, bezaubernd, fruchtig, jedoch nicht sehr füllig. Dieser moderne Wein kann die Weinfreunde zufriedenstellen - in zwei bis fünf Jahren.

•⌐ SCEV du Ch. de Carles, rte de Galgon, 33141 Saillans, Tel. 05.57.84.32.03, Fax 05.57.84.31.91 ⓋⓉ n. V.
•⌐ GFA Ch. de Carles

CH. HAUT LARIVEAU 1994*

| | 7,9 ha | 30 000 | | 50-70F |

|89| 90 91 92 **93** 94

Dieser Cru, der sich auf den Ruinen eines alten Landsitzes aus dem 12. Jh. befindet, erzeugt einen reinsortigen Merlot. Die rubinrote Farbe ist schillernd. Das Bukett entfaltet Tabak-, Menthol- und Gewürznoten. Die Tannine bringen ihre fruchtige Note mit, mit viel Konzentration und Reife. Ein für Fronsac repräsentativer 94er, den man in zwei bis drei Jahren genießen kann.

Libournais — Fronsac

•⇥ B. et G. Hubau, Ch. Haut Lariveau,
33126 Saint-Michel-de-Fronsac,
Tel. 05.57.51.14.37, Fax 05.57.51.53.45 ◪ ⊥ n. V.

CH. HERVE-LAROQUE 1994

| ■ | k. A. | 30 000 | ⦀ | 50-70F |

Der Zweitwein von Château Moulin Haut-Laroque. Dieser 94er hat eine schöne lebhaft rote Farbe und einen intensiven Duft nach roten Früchten und Veilchen. Er ist in der Ansprache verführerisch und entwickelt sich mit Feinheit und Frische, so daß er sich schon heute angenehm trinken läßt.

•⇥ Jean-Noël Hervé, Le Moulin, 33141 Saillans,
Tel. 05.57.84.32.07, Fax 05.57.84.31.84 ⊥ n. V.

CH. LA CROIX-LAROQUE 1994

| ■ | 12 ha | 60 000 | ⦀ | 30-50F |

Das Besondere an diesem Gut ist, daß es seit acht Jahren jedes Jahr im Februar das Querfeldeinrennen von Fronsac veranstaltet. Es erzeugt auch diesen typischen Wein mit dem sich bildenden Bukett von getrockneten Blumen und mit den festen, kräftigen Tanninen, die sich in zwei bis vier Jahren abrunden dürften.

•⇥ Guy Morin, Ch. La Croix-Laroque,
33126 Fronsac, Tel. 05.57.51.24.33,
Fax 05.57.51.64.23 ◪ ⊥ tägl. 8h-20h

CH. LA DAUPHINE 1994*

| ■ | 8,17 ha | k. A. | ⦀ | 50-70F |

|79| |82| |83| **|85|** |86| |88| **|89|** |90| |92| **|94|**

Dieser Cru, der auf einem lehmig-kalkhaltigen Boden des Hangs westlich des Orts liegt, präsentiert hier einen Wein, den man innerhalb der kommenden drei bis vier Jahre trinken sollte. Dann bringen sein frisches Bukett von reifen Früchten, sein gutgebauter Körper und sein Leder- und Rosinenaroma ihre Persönlichkeit am besten zum Ausdruck.

•⇥ Ets Jean-Pierre Moueix, 54, quai du Priourat, 33500 Libourne

CH. LA GRAVE 1994**

| ■ | 4,21 ha | 10 000 | ⦀ | 30-50F |

Dieser Cru verwendet seit einigen Jahren biologisch-dynamische Anbaumethoden, und der Erfolg ist da mit diesem 94er, der eine tiefe Farbe und ein kräftiges Aroma von Unterholz und reifen Früchten sowie diskreten Holznoten besitzt. Im Geschmack sind die Tannine bezaubernd, füllig und im Abgang besonders fruchtig. Mit Sicherheit geht viel Ausgewogenheit und Harmonie von diesem Wein aus, der nach einer drei- bis achtjährigen Lagerung voll zum Ausdruck kommen wird.

•⇥ Paul Barre, Ch. La Grave, 33126 Fronsac,
Tel. 05.57.51.31.11, Fax 05.57.25.08.61 ◪ ⊥ n. V.

CH. LAGUE 1994

| ■ | 7,9 ha | 30 000 | ▮⦀ | 30-50F |

Dieses Gut, das Herzog Richelieu gehörte, präsentiert einen für die AOC klassischen 94er. Das entstehende Bukett erinnert an Gewürze, Leder und schwarze Johannisbeeren. Die sanften, »süffigen« Tannine entwickeln sich noch mit einer gewissen Härte, die innerhalb von zwei bis vier Jahren verfliegen dürfte.

•⇥ Françoise Roux, Ch. Lagüe, 33126 Fronsac,
Tel. 05.57.51.24.68, Fax 05.57.25.98.67 ◪
⊥ Mo-Fr 9h-12h 14h-18h

CH. DE LA HUSTE 1994

| ■ | 5 ha | 24 000 | ▮⦀⚭ | 50-70F |

|81| |82| |85| |86| |88| |89| 90 |91| **|92|** |93| |94|

Dieses alte Gut in Familienbesitz präsentiert beim 94er einen Wein mit eleganter Farbe, einem diskreten Bukett von Gewürzen und einer für die AOC typischen Tanninstruktur, die im Abgang ein wenig streng ist. Ein noch herber Wein, der drei bis vier Jahre lagern muß.

•⇥ Michel Rullier, Ch. de la Huste, le Bourg,
33141 Saillans, Tel. 05.57.84.34.18,
Fax 05.57.74.39.85 ◪ ⊥ n. V.

CH. LAROCHE PIPEAU
Elevé en fût de chêne 1994

| ■ | 4 ha | 24 000 | ⦀ | 50-70F |

Die Grimas leiten dieses Gut seit 1990. Dieser 94er, der in einem Steinbruch in Barriquefässern reift, hat eine tiefe Farbe mit malvenfarbenen Reflexen, ein intensives Aroma von roten Früchten und feste, kräftige Tannine, die am Ende des Geschmackseindrucks ein wenig streng sind. Die Ausgewogenheit dürfte er nach einer zwei- bis dreijährigen Alterung in der Flasche erreichen.

•⇥ Jean Grima, Ch. Laroche Pipeau, 33126 La Rivière, Tel. 05.57.24.90.69,
Fax 05.57.24.90.61 ◪ ⊥ Di, Do, Fr-So 10h-12h 14h-20h

CH. LA ROUSSELLE 1994*

| ■ | 3,31 ha | 17 000 | ⦀ | 50-70F |

|88| 89 **90** |91| |92| **93** 94

Château La Rousselle verfügt seit ein paar Jahren über die modernsten Techniken, die im Dienste eines für die Appellation sehr klassischen Anbaugebiets mit Kalksteinboden stehen. Beim 94er präsentiert sich der Wein mit einer purpurroten Farbe und einem intensiven Duft nach schwarzen Johannisbeeren, Pfeffer und Vanille. Seine runde Tanninstruktur ist voll und verschmolzen und zeigt einen erstklassigen Holzgeschmack. Ein Wein, der sein gesamtes Potential in zwei bis drei Jahren zum Ausdruck bringen wird.

•⇥ Jacques et Viviane Davau, Ch. La Rousselle,
33126 La Rivière, Tel. 05.57.24.96.73,
Fax 05.57.24.91.05 ◪ ⊥ tägl. 9h-12h 14h-19h

CH. LA VIEILLE CROIX
Cuvée DM 1994*

| ■ | 12 ha | 10 000 | ⦀ | 30-50F |

Man erahnt, daß dieser Wein mit viel Sorgfalt und Gewissenhaftigkeit hergestellt worden ist, wenn man die strahlende kirschrote Farbe und das komplexe Aroma von Vanille, Kakao, schwarzen Johannisbeeren und Blüten entdeckt. Die sanften, von einem hübschen Holzton gut umhüllten Tannine entwickeln sich und zeigen dabei viel Milde und eine gewisse Frische. Ein sehr angenehmer Wein, den man in zwei bis fünf Jahren trinken sollte.

•⇥ SCEA de La Vieille Croix, La Croix,
33141 Saillans, Tel. 05.57.74.30.50,
Fax 05.57.84.30.96 ◪ ⊥ tägl. 9h-12h 14h-19h

Libournais — Fronsac

CH. LA VIEILLE CURE 1994**

■ 17,13 ha   39 199   ❙❙ 70-100 F
79 81 82 83 85 86 |88| **89 90** 91 |92| **93 94**

Die amerikanischen Besitzer dieses sehr schönen Guts sind beim Fronsac an Ehrungen gewöhnt und erhalten dieses Mal die Auszeichnung, daß ihr 94er von der Jury einstimmig zum Lieblingswein gewählt worden ist. Die Farbe ist tief und strahlend. Der intensive Duft ist noch von einem röstartigen Holzton und rauchigen Noten geprägt. Die stattliche, umfangreiche Tanninstruktur entwickelt sich mit viel Harmonie und Länge. Es handelt sich sicherlich um einen charaktervollen Wein, der durch eine vier- bis zehnjährige Alterung milder werden muß.
- SNC Ch. La Vieille Cure, Coutreau, 33141 Saillans, Tel. 05.57.84.32.05, Fax 05.57.74.31.05 ☑ ⚤ n. V.

CH. L'ESCARDERIE 1994*

■ 5,1 ha   9 600   ⚤ 30-50 F

Dieses kleine Gut, das auf einem sandigen und lehmig-kalkhaltigen Boden liegt, präsentiert uns einen kräftigen, für Fronsac typischen Wein. Die granatrote Farbe ist klar. Der Duft erinnert an Kirschen, Veilchen und Wild. Die reifen, freigebigen Tannine lassen eine große Zukunft voraussagen. Man kann diese Flasche unbesorgt drei bis sieben Jahre lagern, bevor man sie entkorkt.
- Patrice de Taffin, Ch. L'Escarderie, 33240 Saint-Germain-la-Rivière, Tel. 05.57.84.35.25 ☑ ⚤ tägl. 9h-19h

CH. LES ROCHES DE FERRAND 1994**

■ 3 ha   20 000   ⚤❙❙♦ 30-50 F
81 82 **83** 84 85 86 87 88 |89| |90| 91 92 **93** |94|

Dieser Cru hat eine ideale Lage auf einem lehmig-kalkhaltigen Boden, der zu 90 % mit Merlot-Reben bestockt ist, die über 30 Jahre alt sind. Der 94er präsentiert sich im Augenblick sehr gut : zinnoberrote Reflexe. Der komplexe aromatische Ausdruck erinnert an rote Johannisbeeren, Leder und kandierte Früchte. Im Geschmack voller Charme - ein Wein mit seidigen, umhüllten Tanninen, die im Abgang sehr harmonisch sind. Man kann diesen eleganten Wein rasch trinken oder ein paar Jahre aufheben.
- Rémy Rousselot, Ch. Les Roches de Ferrand, 33126 Saint-Aignan, Tel. 05.57.24.95.16, Fax 05.57.24.91.44 ☑ ⚤ n. V.

CH. MAGONDEAU 1994*

■ k. A.   20 000   ⚤ 30-50 F
93 94

Dieser ausschließlich im Gärtank ausgebaute Wein ist durch ein komplexes Aroma von Früchten (schwarze Johannisbeeren, Himbeeren), Gewürzen und Unterholz geprägt. Die fülligen, warmen Tannine sind ausgewogen und hinterlassen am Ende des Geschmacks eine Empfindung von Frische und Harmonie. Ein lagerfähiger Wein, den man in drei bis acht Jahren trinken kann.
- SCEV Ch. Magondeau, 1, le Port-de-Saillans, 33141 Saillans, Tel. 05.57.84.32.02, Fax 05.57.84.39.51 ☑ ⚤ n. V.
- Goujon

CH. MAGONDEAU BEAU-SITE 1994

■ k. A.   25 000   ⚤ 30-50 F
81 83 |85| |88| **89 90** |91| |92| **93 94**

Dieser recht typische 94er hat eine dunkelrote Farbe, ein elegantes Aroma von schwarzen Johannisbeeren, Gewürzen und Kakao und eine stattliche, harmonische Tanninstruktur, die jedoch im Abgang eine im Augenblick ein wenig störende Bitterkeit zeigt. Diese dürfte in zwei bis drei Jahren verschwinden.
- SCEV Ch. Magondeau, 1, le Port-de-Saillans, 33141 Saillans, Tel. 05.57.84.32.02, Fax 05.57.84.39.51 ☑ ⚤ n. V.

CH. MOULIN HAUT-LAROQUE 1994**

■ 13 ha   25 000   ⚤ 70-100 F
78 79 81 82 83 |85| |86| |88| (89) **90 91 92 93 94**

Die Flaschenabfüllung auf dem Château hat hier 1890 begonnen - Beweis für große Erfahrung und offenkundiges Können. Dieser 94er steht in der Linie seiner Vorgänger : kräftige granatrote Farbe, intensives Bukett von Kaffee-Extrakt, reifen Früchten und Rauch und dichte, samtige, fette Tannine, die sich mit Ausgewogenheit und Harmonie entwickeln. Ein rassiger Wein, der sich in drei bis acht Jahren vollständig entfalten wird. Teuer ? Ja, aber er gehört zur Familie der großen Weine von Bordeaux. Er kann die besten Speisen begleiten.
- Jean-Noël Hervé, Cardenau, 33141 Saillans, Tel. 05.57.84.32.07, Fax 05.57.84.31.84 ☑ ⚤ n. V.

CH. PLAIN-POINT
Cuvée Prestige L'idée Terroir 1994

■ 16 ha   65 000   ⚤ 50-70 F

Diese alte Burg aus dem Mittelalter hat Spuren ihrer glorreichen Vergangenheit bewahren können und ist den Umweg wert. Ihr schillernder Wein bietet ein elegantes Bukett von roten Früchten, Vanille und Pflaumen. Er ist in der Ansprache kräftig und entwickelt sich harmonisch, jedoch mit einer gewissen Härte im Abgang, die auf das Holz zurückgeht. In zwei bis drei Jahren dürfte sie verschwinden.
- Michel Aroldi, Saint-Aignan, 33126 Fronsac, Tel. 05.57.24.96.55, Fax 05.57.24.91.64 ☑ ⚤ Mo-Fr 9h-18h ; Sa n. V.

BORDELAIS

Libournais

CH. RENARD MONDESIR 1994*

■   3 ha   15 000   ■ ❙❙ ❘ 50-70F
|93| 94

Dieses wunderbar auf den Hängen von La Rivière gelegene Château aus dem 18. Jh. wählt in guten Jahren eine Sondercuvée aus, die Mondésir heißt und von alten Rebstöcken stammt. Die purpurrote Farbe ist strahlend ; das intensive Bukett wird von einem Holzton, Tabak und Gewürzen beherrscht. Die sanften, harmonischen Tannine sind reif, elegant und im Abgang nachhaltig. Ein guter, typischer Wein, den man in zwei bis drei Jahren trinken kann.
☛ Xavier Chassagnoux, Ch. Renard, 33126 La Rivière, Tel. 05.57.24.96.37, Fax 05.57.24.90.18 ✉ ⚹ n. V.

CH. REYNAUD 1994

■   1,86 ha   6 500   ■ 30-50F

Ein Wein, der beim 94er eine lobende Erwähnung verdient : wegen seines zarten Aromas von roten Johannisbeeren und Himbeeren, das man im Geschmack zusammen mit ausgewogenen, harmonischen, schon gut verschmolzenen Tanninen wiederfindet. Ein schon jetzt angenehm zu trinkender Wein, den man noch zwei bis drei Jahre lang genießen kann.
☛ Marie-Christine Aguerre, 1, Lariveau, 33126 Saint-Michel-de-Fronsac, Tel. 05.57.24.95.81 ✉ ⚹ tägl. 10h-20h

CH. ROUET 1994**

■   12 ha   36 000   ■ ❙❙ 50-70F
93 **94**

Durchschnittlich 35 Jahre alte Rebstöcke, die auf einem lehmig-kalkhaltigen Boden wachsen, haben diesen 94er mit der tiefen, violett schimmernden Farbe hervorgebracht. Das elegante Gewürz- und Unterholzaroma ist mit Röstnoten verschmolzen. Die Tanninstruktur ist wohlschmeckend, kräftig und im Abgang sehr konzentriert. Dieser typische, rassige Wein wird in vier bis sechs Jahren bemerkenswert sein.
☛ Patrick Danglade, Ch. Rouet, 33240 Saint-Germain-la-Rivière, Tel. 05.57.84.40.24, Fax 05.56.48.14.10 ✉ ⚹ n. V.

CH. ROUMAGNAC LA MARECHALE 1994*

■   4,93 ha   22 000   ■ ❙❙ ❘ 30-50F

Dieses Château befindet sich auf dem Gipfel eines Hügels, von dem aus man eine großartige Aussicht auf das Tal der Dordogne hat. Es zeichnet sich durch seinen 94er mit dem intensiven, komplexen Duft nach schwarzen Johannisbeeren, Leder und Vanille aus. Die in der Ansprache sanften Tannine entwickeln sich geschmeidig und mit einer guten Ausgewogenheit im Abgang. Ein für Fronsac typischer Wein, den man in zwei bis fünf Jahren trinken kann.
☛ SCEA Pierre Dumeynieu, ch. Roumagnac, 33126 La Rivière, Tel. 05.57.24.98.48, Fax 05.57.24.90.44 ✉ ⚹ n. V.

CH. SAINT-VINCENT 1994

■   8 ha   50 000   ■ 30-50F

Dieser 94er, der im Ausdruck seines Aromas noch zurückhaltend ist, besitzt sanfte, freimütige Tannine, die leicht würzig und fruchtig sind. Er ist schon trinkreif und kann drei bis vier Jahre lagern.
☛ Francis Chevalier, Lieu-dit Vincent, 33126 Saint-Aignan, Tel. 05.57.24.97.61, Fax 05.57.24.97.61 ✉ ⚹ n. V.

CH. VILLARS 1994**

■   20 ha   62 000   ❙❙ 50-70F
78 79 80 **81 82 83** |85| |86| 87 88 |89| 90 91 92 |93| **94**

Dieser Cru gehört zu den Weingütern, an denen man aufgrund einer in jeder Phase gewissenhaften Vinifizierungstechnik in der Appellation Fronsac nicht vorbeikommt. Beim 94er präsentiert sich der Wein mit einer strahlenden kirschroten Farbe, einem entfalteten Bukett von Lakritze und getoastetem Brot und einer kräftigen, fleischigen und vollkommen ausgewogenen Tanninstruktur, vor allem am Ende des Geschmacks, wo sich die Eleganz bestätigt. Diesen vielversprechenden Wein muß man zwei Jahre im Keller liegenlassen, aber er dürfte zehn Jahre lang gefällig sein.
☛ Jean-Claude Gaudrie, Villars, 33141 Saillans, Tel. 05.57.84.32.17, Fax 05.57.84.31.25 ✉ ⚹ n. V.

Pomerol

Mit rund 800 ha ist Pomerol eine der kleinsten Appellationen der Gironde und in architektonischer Hinsicht eine der bescheidensten.

Die im 19. Jh. aufgekommene Mode der in einem eklektizistischen Baustil errichteten »Weinschlösser« scheint die Bewohner von Pomerol nicht verführt zu haben, die ihren ländlichen oder bürgerlichen Wohnhäusern treu geblieben sind. Trotzdem besitzt die Appellation zweifellos den »Ahnherrn« aller Weinschlösser der Gironde, Château de Sales (17. Jh.), und eines der zauberhaftesten Bauwerke des 18. Jh., Château Beauregard, das die Guggenheims auf ihrem New Yorker Anwesen auf Long Island nachgebaut haben.

Diese Bescheidenheit im Baustil paßt zu einer AOC, zu deren eigentümlichem Charakter es gehört, daß sie eine Art »dörfliche Republik« bildet, in der jeder Bewohner versucht, die Harmonie und den Zusammenhalt der Gemeinschaft zu bewahren - ein Bemühen, das erklärt, warum die Erzeuger hinsichtlich

Libournais — Pomerol

der Berechtigung einer Klassifizierung der Crus immer zurückhaltend geblieben sind.

Die Qualität und der besondere Charakter der Reblagen hätten eine offizielle Anerkennung des Werts der Weine der Appellation gerechtfertigt. Wie alle berühmten Anbaugebiete ist auch das von Pomerol durch die Tätigkeit eines Flusses entstanden, nämlich der Isle, die begonnen hat, die Kalksteintafel abzutragen und hier wahllos Kiesschichten abzulagern, mit denen sie sich im Verlauf ihrer Erosionstätigkeit beladen hatte. Das Ergebnis ist ein kompliziertes Durcheinander von Kiessand oder Kiesgeröll, die aus dem Zentralmassiv stammen. Die Komplexität der Lagen erscheint unentwirrbar ; man kann jedoch vier große Einheiten unterscheiden : im Süden, in Richtung Libourne, eine sandige Zone ; bei Saint-Emilion Kiessand auf Sand oder Lehm (ein Boden, der dem auf der Hochfläche von Figeac ähnelt) ; im Zentrum der AOC Kiessand auf Lehm oder manchmal (Petrus) auch unter dem Lehm ; im Nordosten und Nordwesten schließlich feinerer Kiessand mit größerem Sandanteil.

Trotz dieser Vielfalt zeigen die Pomerol-Weine eine ähnliche Struktur. Sie sind sehr bukettreich und verbinden Rundheit und Sanftheit mit einer echten Stärke, die es ihnen erlaubt, lang zu altern, wobei man sie jedoch auch schon ziemlich jung trinken kann. Dieser Charakter eröffnet ihnen eine breite Palette von Gerichten, zu denen sie passen ; man kann sie ebenso zu verfeinerten Gerichten wie auch zu sehr einfachen Gerichten trinken. 1996 haben die 784 ha der Appellation 37 736 hl erzeugt.

CH. BEAUREGARD 1994**

■ 12 ha 58 000 ⦙⦙ 100-150 F
75 78 81 (82) 83 |85| |88| 89 |90| |92| 93 94

Dieses elegante kleine Landhaus beherrscht einen großen Weinberg, der 1990 von der Französischen Bodenkreditanstalt gekauft wurde. Der sehr gute Boden, der aus einer oberen Schicht Kiessand, Lehm und Sand über einem eisenhaltigen Untergrund besteht, ist typisch für die Appellation. Die Vinifizierung hat seine Merkmale verschärft. Das Ergebnis ist ein Pomerol, dessen bordeauxrote Farbe prächtig ist. Das kräftige Bukett erinnert zwar an Holz, Vanille, Kakao und Röstgeruch, aber der Wein ist sehr spürbar im Geschmack, wo er einen schönen Stoff enthüllt. Aus erstklassigen Tanninen aufgebaut, klingt er lang mit einer Note Faßholz aus. In vier bis fünf Jahren wird das ein bemerkenswerter Wein sein, und er wird lang leben.
☎ SCEA Ch. Beauregard, 33500 Pomerol, Tel. 05.57.51.13.36, Fax 05.57.25.09.55 ▧ ▼ n. V.

LE BENJAMIN DE BEAUREGARD 1994

■ 5 ha 31 000 ⦙⦙ 70-100 F
|90| |91| |92| 93 |94|

Dieser Pomerol, der Zweitwein von Beauregard, stammt von den jüngsten Reben und den sandigsten Böden ; er erfährt die gleiche gewissenhafte Behandlung wie der Erstwein, besitzt aber nicht dessen reichhaltigen Stoff. Das Ergebnis ist ein sehr ausdrucksvoller Wein. Er besitzt eine hübsche rubinrote Farbe mit karminrotem Schimmer und ein komplexes Bukett, das blumig, vanilleartig und sehr holzbetont ist. Im Geschmack zeigt sich dieser 94er warm und vom Holz dominiert ; er dürfte sich in den nächsten Jahren voller Feinheit entwickeln.
☎ SCEA Ch. Beauregard, 33500 Pomerol, Tel. 05.57.51.13.36, Fax 05.57.25.09.55 ▧ ▼ n. V.

CH. BELLEGRAVE 1994*

■ 7 ha 40 000 ⦙⦙ 100-150 F
87 88 |89| |91| 92 93 |94|

Die sehr verführerische rubinrote Farbe ist intensiv und lebhaft, voller Jugendlichkeit. Das entstehende, komplexe Bukett verbindet das Aroma von roten Früchten mit den vanilleartigen, lakritzeartigen und würzigen Düften eines schönen Holztons. Dieser Wein ist sanft, rund und ausgewogen, mit seidigen, zarten Tanninen. Man kann ihn ziemlich bald trinken oder drei bis fünf Jahre aufheben.
☎ Jean-Marie Bouldy, lieu-dit René, 33500 Pomerol, Tel. 05.57.51.20.47, Fax 05.57.51.23.14 ▧ ▼ tägl. 8h-12h30 14h-19h

CH. BONALGUE 1994*

■ 5,5 ha 28 000 ⦙⦙ 100-150 F

Dieser Cru, der sich auf sandig-kiesigen, mit Lehm vermischten Böden befindet, verfügt über eine in Pomerol klassische Bestockung : 85 % Merlot und 15 % Cabernet franc. Er präsentiert einen sehr dunklen 94er von purpurroter Farbe mit purpurvioletten Reflexen. Das komplexe, intensive Bukett ist sehr würzig und verbindet das Aroma von roten Früchten mit der Vanillenote eines guten Holztons. Die Verkostung ist seidig und samtig, mit verschmolzenen, zarten Tanninen. Schöne Länge im Geschmack, die eines großen lagerfähigen Weins würdig ist.
☎ Pierre Bourotte S.A., 16, rue Faidherbe, 33500 Libourne, Tel. 05.57.51.62.17, Fax 05.57.51.28.28 ▧ ▼ n. V.

CH. BOURGNEUF-VAYRON 1994*

■ 9 ha 45 000 ▮⦙⦙ 100-150 F
|89| 90 91 93 94

Dieses zusammenhängende Weingut liegt auf einem lehmigen und lehmig-kiesigen Boden. Der Wein, den es erzeugt, wird von unseren Experten regelmäßig ausgewählt. Das gilt auch für diesen 94er, an dem Merlot mit 90 % beteiligt ist. Er besitzt eine dichte purpurrote Farbe und einen Duft nach sehr reifen Merlot-Trauben, schwar-

Libournais — Pomerol

zen Früchten (Brombeeren) und Leder. Konzentriert, fleischig, füllig und kräftig gebaut - ein guter lagerfähiger Wein.

Xavier Vayron, Ch. Bourgneuf-Vayron, 1, le Bourg-Neuf, 33500 Pomerol, Tel. 05.57.51.42.03, Fax 05.57.25.01.40 n. V.

CH. CANTELAUZE 1994**

| | 0,8 ha | 4 000 | | 100-150 F |

Dieser ganz kleine Cru, der nicht einmal einen Hektar umfaßt, wurde 1989 auf der Hochfläche von Pomerol von Jean-Noël Boidron aus Parzellen geschaffen, die er in anderen Crus erworben hatte. Das neue Etikett, bunt und originell, stellt Szenen einer mittelalterlichen Traubenlese dar. Der 94er ist ein Wein von großem Charakter. Die granatrote Farbe ist dunkel. Das intensive, komplexe Bukett verbindet reife Früchte, Vanille und Kakao mit Noten von getoastetem Brot. Der kraftvolle, dichte, kräftig gebaute Geschmack bleibt rund und samtig, mit viel Volumen und Länge.

Jean-Noël Boidron, 6, place Joffre, 33500 Libourne, Tel. 05.57.51.64.88, Fax 05.57.51.56.30 n. V.

CH. CERTAN DE MAY DE CERTAN 1994

| | 5 ha | 25 000 | | +200 F |

Dieses Weingut, ein Besitz von Madame Barreau-Badar, liegt auf einem lehmig-kiesigen Boden und ist fast 50 Jahre alt. Der Wein bietet eine hübsche dunkelrubinrote Farbe und ein Aroma von Konfitüre und Leder. Im Geschmack ist er sanft, fruchtig und warm, mit einem noch dominierenden Holzton. Er dürfte sich in den nächsten Jahren gut entwickeln.

EARL ch. Certan de May de Certan, Ch. Certan, 33500 Pomerol, Tel. 05.57.51.41.53, Fax 05.57.51.88.51 n. V.

CH. CERTAN-GIRAUD 1994**

| | 7,5 ha | 50 900 | | 100-150 F |

81 |82| |83| |85| 86 89 90 |91| 93 94

Dieser 7 ha große Cru besteht zu vier Fünfteln aus Merlot und zu einem Fünftel aus Cabernet, die auf Lehmböden wachsen. Mit seiner noch lebhaften rubinroten Farbe und seinem ausdrucksvollen Bukett, das ein Aroma von reifen Früchten, Geröstetem und Vanille entfaltet, ist dieser 94er ein sehr schöner Wein. Nach einer sanften Ansprache entwickelt er sich langsam mit reifen, umhüllten Tanninen bis zu einem nachhaltigen, elegant holzbetonten Abgang. Suchen Sie ihn bei den besten Weinfachhändlern, denn er wird vom Handel verkauft.

SC des Dom. Giraud, 1, Grand-Corbin, 33330 Saint-Emilion, Tel. 05.57.74.48.94, Fax 05.57.74.47.18

CLOS DES AMANDIERS 1994**

| | k. A. | 5 000 | | 70-100 F |

Die Garzaros, die seit vier Generationen Winzer im Entre-Deux-Mers sind, haben 1987 in Pomerol Parzellen erworben. Diese befinden sich auf sandigen Böden und sind zu 90 % mit Merlot bepflanzt. Der Clos des Amandiers wird als Zweitwein angeboten ; er ist dennoch als bemerkenswert beurteilt worden. Vielleicht hat der Ausbau im neuen Holzfaß etwas damit zu tun. Jedenfalls ist seine Farbe dunkel. Sein Bukett ist elegant und komplex zugleich : gutes Holz, Butter, sehr reife Früchte. Im Geschmack sanft und füllig, mit einem Hefebrot- und Kakaoaroma - dieser 94er ist kraftvoll und elegant zugleich. Sehr pomeroltypisch.

Pierre-Etienne Garzaro, Dom. de Bertin, 33750 Baron, Tel. 05.56.30.16.16, Fax 05.56.30.12.63 n. V.

CLOS DU CLOCHER 1994

| | 5 ha | 20 000 | | 100-150 F |

81 82 |83| 84 |85| |86| 87 |88| |89| |90| 92 93 94

Dieser Cru ist mit 80 % Merlot und 20 % Cabernet franc bestockt, die auf lehmig-kiesigen Böden wachsen, und beweist eine schöne Konstanz in der Qualität seiner Erzeugnisse im Laufe der Jahrgänge. Der 94er besitzt eine sehr tiefe purpurrote Farbe mit schwarzen Reflexen und scheint noch in seiner Schale eingeschlossen zu sein. Das erwachende Bukett bringt vor allem vollreife rote Früchte zum Ausdruck. Die Verkostung enthüllt feste Tannine, die ein wenig Geduld erfordern, um sich voll auszudrücken.

GFA Clos du Clocher, 41, rue des Quatre-Frères-Robert, 33500 Libourne, Tel. 05.57.51.62.17, Fax 05.57.51.28.28 n. V.

CH. DELTOUR 1994

| | 1,75 ha | 9 000 | | 50-70 F |

Ein kleiner Cru in René, der zwischen den Straßen nach Paris und Périgueux liegt und sich auf Böden mit Kies und Kiessand befindet, zu 80 % mit Merlot bestockt. Die Parzellen sind unter dem Namen Deltour, einer Verschmelzung der beiden Namen der Eltern, zusammengefaßt worden. Der Wein hat eine hübsche Farbe mit purpurvioletter Schattierung. Er ist noch ein wenig verschlossen im Duft ; wenn man den Wein im Glas schwenkt, kommen Noten von roten Früchten und wildwachsenden Beeren zum Vorschein. Der Geschmack ist ebenfalls sehr fruchtig, dann holzbetont und klingt mit Noten von kandierten Früchten und sehr reifen Merlot-Trauben aus.

Jeanne Thouraud, lieu-dit René n° 12, 33500 Pomerol, Tel. 05.57.51.47.98, Fax 05.57.25.99.23 n. V.

CH. ELISEE 1994*

| | 2 ha | 10 000 | | 70-100 F |

Château Elisée wurde von unseren Verkostern beim 90er und beim 91er gewürdigt. Der 94er ist ebenfalls sehr gelungen. Zwei Wörter tauchen auf den Degustationszetteln immer wieder auf : zart und fein. Die Farbe ist hell, das Bukett vanilleartig, der Geschmack warm, rund und gefällig, mit Noten von kandierten Früchten und verschmolzenen Tanninen. Dieser Wein dürfte ziemlich bald gut zu trinken sein.

Pierre-Etienne Garzaro, Dom. de Bertin, 33750 Baron, Tel. 05.56.30.16.16, Fax 05.56.30.12.63 n. V.

Libournais — Pomerol

CH. FERRAND 1994*

■   12,17 ha   66 000   ◨ 50-70 F
88 |90| |92| 94

Ein 12 ha großer Weinberg, der mit 60 % Cabernet franc und 40 % Merlot eine originelle Bestockung bietet, auf Sand und eisenhaltigem Untergrund angepflanzt. Er bietet einen 94er mit einer klaren, lebhaften roten Farbe. Dieser Wein ist im Duft sehr elegant und zart : frisch, leicht mentholartig und würzig. Stattlich und füllig, mit reifen, ausgewogenen Tanninen - ein feiner, rassiger Pomerol, der lagerfähig ist. Hinweisen sollte man auf das ausgezeichnete Preis-Leistungs-Verhältnis.

⚑ SCE du Ch. Ferrand, Pomerol, 33500 Libourne, Tel. 05.57.51.21.67, Fax 05.57.25.01.41 ✓ ⚐ Mo-Fr 8h-12h 13h30-17h30
⚑ H. Gasparoux

CH. FEYTIT-CLINET 1994*

■   4,45 ha   k. A.   ◨ 100-150 F
76 81 |(82)| |83| |85| |86| |88| |89| 90 |92| 94

Der von einem bescheidenen, aber zauberhaften Château beherrschte Cru besitzt einen lehmig-schlickigen Boden. Der rote Faden der Verkostung seines 94ers scheint der sehr reife Charakter zu sein, der den fruchtigen Duft des Buketts ebenso wie die Tannine kennzeichnet, die im Geschmack einen kräftigen Eindruck erwecken.

⚑ Ets Jean-Pierre Moueix, 54, quai du Priourat, 33500 Libourne
⚑ Chassevie

CH. FONTMARTY 1994*

■   k. A.   20 000   ◨ 70-100 F

Einer der vielen Crus des Vignobles Bernard Moueix, der je zur Hälfte aus Merlot und Cabernet franc hergestellt wird. Dieser 94er besitzt ein hübsches Potential und eine gewisse Eleganz. Er hat eine lebhafte, strahlende rubinrote Farbe und ist trotz frischer Menthol- und Lakritzenoten noch ein wenig verschlossen. Im Geschmack ist er zunächst sanft und rund und entwickelt sich dann mit etwas festen Tanninen, die recht schnell milder werden dürften.

⚑ SC Vignoble Bernard Moueix, ch. Taillefer, 33500 Libourne, Tel. 05.57.55.30.20, Fax 05.57.25.22.14 ✓ ⚐ n. V.

CH. GAZIN 1994*

■   24 ha   65 000   ◨ 150-200 F
70 75 76 78 79 80 81 |82| 83 84 85 |86| 87 |88| |89| |(90)| |91| |92| 93 94

Passend zu Pomerol ist Gazin mit der Geschichte der Tempelritter verbunden. Heute ist sein 24 ha großes Anbaugebiet ein Klassiker der Appellation, der im Weinführer regelmäßig erwähnt wird. Der sehr gelungene 94er wird noch ein wenig vom Holzton seines Ausbaus beherrscht, mit Röst- und Toastnoten im Geruchseindruck, bietet aber auch ein Aroma reifer Früchte. Er ist im Geschmack tanninreich und kräftig, bemerkenswert ausgewogen und zu einer schönen Lagerung fähig.

⚑ GFA Ch. Gazin, Le Gazin, 33500 Pomerol, Tel. 05.57.51.07.05, Fax 05.57.51.69.96 ✓ ⚐ n. V.

L'HOSPITALET DE GAZIN 1994

■   24 ha   20 000   ◨ 70-100 F

Dieser Cru, der Zweitwein von Château Gazin, präsentiert einen sehr farbintensiven Pomerol mit einem schönen, dunklen, tiefen Kleid von rubinroter Farbe mit purpurroten Reflexen. Im Duft ist dieser 94er fruchtig, mit einem Aroma von kandierten schwarzen Kirschen, und bietet auch einen Veilchenduft und frische, pfeffrige Noten, die den Cabernet in Erinnerung rufen. Im Geschmack kräftig und gut strukturiert : ein Wein, den man ein wenig aufheben muß, damit sich die noch festen Tannine völlig entfalten.

⚑ GFA Ch. Gazin, Le Gazin, 33500 Pomerol, Tel. 05.57.51.07.05, Fax 05.57.51.69.96 ✓ ⚐ n. V.

CH. GOMBAUDE-GUILLOT 1994*

■   6,85 ha   30 000   ◨ 100-150 F
|89| |90| 91 93 94

Das 7 ha große Gut, das auf der Hochfläche von Pomerol liegt, befindet sich auf Kiessand mit lehmigem Unterboden. Es entstand im 19. Jh. und sah drei Winzergenerationen aufeinander folgen. Claire Laval, ein Diplomlandwirt, leitet es seit 1983. Der aus 85 % Merlot und 15 % Cabernet franc zusammengesetzte 94er zeigt eine herrliche granatrote Farbe, die dunkel und intensiv ist. Das warme, hochfeine Bukett bietet holzige Noten von Karamel, Kaffee und Vanille ; wenn man den Wein im Glas schwenkt, kommen Gerüche von Leder und Wildbret hinzu. Dieser körperreiche, sanfte Wein entwickelt sich gut im Geschmack und enthüllt feste Tannine und eine leichte Säuerlichkeit im Abgang. Ein paar Jahre aufheben. Der Zweitwein, Cadet de Gombaude, wurde lobend erwähnt. Man muß ihn ebenfalls einkellern.

⚑ Claire Laval, 3, Les Grandes Vignes, 33500 Pomerol, Tel. 05.57.51.17.40, Fax 05.57.51.16.89 ✓ ⚐ n. V.

CH. GRAND CASSAT 1994**

■   0,3 ha   1 500   ▮◨ 70-100 F

Jean-Claude Giraud hat diesen winzigen Cru 1994 geschaffen. 1 500 Flaschen auf dreißig Ar aus Merlot erzeugt, der auf einem lehmigsandigen Boden angepflanzt ist. Für eine Premiere bemerkenswert ! Der Wein hat eine schöne, dunkle granatrote Farbe und ein sehr interessantes Bukett : Kakao, Kerne, Kirschen, Daubenholz. Füllig und wohlausgewogen aufgrund guter Tannine von den Trauben und vom Holz - ein echter lagerfähiger Pomerol.

⚑ Jean-Claude Giraud, 17, rue des Dagueys, 33500 Libourne, Tel. 05.57.74.00.41 ✓ ⚐ n. V.

CH. GRAND MOULINET 1994*

■   3 ha   10 000   ▮◨ 70-100 F

Dieser zu 90 % aus Merlot bestehende Cru präsentiert einen 94er von intensiver, kräftiger granatroter Farbe. Das fruchtige Aroma des Dufts wird von würzigen und pfeffrigen Noten sowie einer Moschusnuance begleitet. Nach einer sanften, milden Ansprache entwickelt sich der Geschmack mit festen, aber gut eingehüllten Tanninen mit Fülle und Volumen und läßt eine gute Entwicklung vorhersagen.

◆┐ Ollet-Fourreau, Ch. Haut-Surget,
33500 Néac, Tel. 05.57.51.28.68,
Fax 05.57.51.91.79 ▨ ¥ n. V.

CH. GRANDS SILLONS GABACHOT
1994

| ■ | 4 ha | 18 000 | 📄 🍷 ♦ | 70-100 F |

Die aus Corrèze stammenden Janoueix haben sich Ende des 19. Jh. im Libournais niedergelassen. Heute besitzt die Familie mehrere Weinberge. Dieser hier besteht aus 60 Jahre alten Reben, die auf alten Sandböden und eisenhaltigem Untergrund wachsen. Der Wein hat eine hübsche rubinrote Farbe, die einige Entwicklungsreflexe zeigt, und einen Duft nach getrockneten Früchten (Mandeln, Haselnüsse). Er ist sanft, körperreich und warm. Man kann ihn du nächsten Jahre über trinken.

◆┐ François Janoueix, 20, quai du Priourat,
B.P. 135, 33500 Libourne, Tel. 05.57.55.55.44,
Fax 05.57.51.83.70 ▨ ¥ n. V.

CH. GRANGE-NEUVE 1994**

| ■ | k. A. | k. A. | 🍷 | 70-100 F |

90 |91| |92| 93 **94**

Ein schönes, 7 ha großes Gut in Familienbesitz, das Parzelle für Parzelle aufgebaut worden ist und auf kieseligen Böden liegt, die sich auf einer kompakten, als »Eisendreck« (mit Sand verbackenes Eisen) genannten Schicht befinden. Dieser reinsortig aus Merlot erzeugte 94er hat eine purpurrote Farbe mit schwarzen Reflexen und entfaltet im Duft ein Aroma von vollreifen Früchten und Gewürzen. Im Geschmackseindruck sehr ausgewogen, mit verschmolzenen Tanninen und einem feinen Holzgeschmack. Dieser Wein ist lagerfähig, aber warum soll man warten, wenn man einen sofortigen Genuß haben kann ?

◆┐ SCE Gros et Fils, Grange-Neuve,
33500 Pomerol, Tel. 05.57.51.23.03,
Fax 05.57.25.36.14 ▨ ¥ n. V.

CH. GUILLOT 1994

| ■ | 4,7 ha | 28 000 | 🍷 | 100-150 F |

Dieser 94er hat eine hübsche granatrote Farbe, die ein wenig ins Karminrote spielt. Das entstehende Bukett beginnen einen vanilleartigen Holzgeruch und einen Duft nach Humus und Unterholz zu entfalten. Der gehaltvolle Geschmack bietet zum Schluß ein leicht vanilleartiges Aroma.

◆┐ J.L.G. Luquot, 152, av. de l'Epinette,
33500 Libourne, Tel. 05.57.51.18.95,
Fax 05.57.25.10.59 ▨ ¥ n. V.

CH. GUILLOT CLAUZEL 1994*

| ■ | 1,1 ha | 5 000 | 🍷 | 150-200 F |

Pomerol, eine Ausnahme im Bordelais, besitzt viele kleine Crus. Dieser hier hat sich trotzdem entschlossen, eine Qualitätspolitik zu verfolgen, indem er einen Zweitwein geschaffen hat, um dem »großen Wein« seine beste Bedeutung zu geben. Die Auslese ist somit bis zum Äußersten vorangetrieben worden. Der erste hat eine schöne dunkelrubinrote Farbe und ein sehr komplexes Bukett : zuerst holzbetont, Vanille, Kakao, Röstgeruch, dann Wildnoten. Dieser recht voluminöse 94er besitzt Fleisch und eine elegante Struktur, die von einem pfeffrigen Holzgeschmack begleitet werden.

◆┐ SCEA Consorts Clauzel, Ch. Guillot-Clauzel, 33500 Pomerol, Tel. 05.57.51.14.09,
Fax 05.57.51.57.66 ▨ ¥ n. V.

CH. HAUT FERRAND 1994*

| ■ | 4 ha | 20 000 | 🍷 | 70-100 F |

82 **83** 85 86 88 |91| |92| |93| 94

Dieser 94er ist das Ergebnis einer ausgewogenen Bestockung (zwei Fünftel Cabernet und drei Fünftel Merlot) und präsentiert sich wunderbar in einem schönen Kleid von dichtem, dunklem Granatrot. Das noch diskrete Bukett erinnert an rote Früchte. Im Geschmack körperreich und wohlausgewogen, mit eleganten, rassigen Tanninen. Dieser Wein besitzt eine gute Lagerfähigkeit.

◆┐ SCE du Ch. Ferrand, Pomerol,
33500 Libourne, Tel. 05.57.51.21.67,
Fax 05.57.25.01.41 ▨ ¥ Mo-Fr 8h-12h
13h30-17h30

◆┐ H. Gasparoux

CH. HAUT-MAILLET 1994*

| ■ | 5 ha | 26 000 | 🍷 | 100-150 F |

86 |88| |90| |92| 94

Haut-Maillet, das eine Enklave in den größten Crus von Pomerol an der Grenze zur Appellation Saint-Emilion bildet, ist ein 5 ha großes Gut, dessen Weinberg zu 60 % mit Merlot und zu 40 % mit Cabernet franc bestockt ist und sich auf alten Sandböden und Kiessand befindet. Die purpurrote Farbe dieses 94ers ist tief. Das entfaltete Bukett erinnert an Gewürze und Kaffee. Dieser zart nach Holz schmeckende Wein bietet eine schöne Länge im Mund und ein hübsches Alterungspotential.

◆┐ Jean-Pierre Estager, 33-41, rue de Montaudon, 33500 Libourne,
Tel. 05.57.51.04.09, Fax 05.57.25.13.38 ▨ ¥ n. V.

◆┐ Delteil

CH. HAUT-TROPCHAUD
Elevé en fût de chêne 1994

| ■ | 2,1 ha | 10 000 | 🍷 | 100-150 F |

|88| 90 |93| 94

Dieser Cru, der vollständig mit alten Rebstöcken auf Kiessand, Lehm und eisenhaltigem Untergrund bestockt ist, liegt 40 m hoch, auf dem höchsten Punkt der Appellation, der Hochfläche von Tropchaud. Die Farbe seines 94ers ist sehr dicht : ein schönes, dunkles, kräftiges Purpurrot. Im Geruchseindruck ist er ausdrucksvoll, noch vom Holz des Ausbaus geprägt, mit vielen Röstaromen und Vanilledüften. Fleischig und mit einer guten Tanninstruktur ausgestattet - er ist gerüstet, um den Jahren zu trotzen.

◆┐ Michel Coudroy, Maison-Neuve,
33570 Montagne, Tel. 05.57.74.62.23,
Fax 05.57.74.64.18 ▨ ¥ n. V.

CH. LA CABANNE 1994*

| ■ | 10 ha | 52 000 | 🍷 | 100-150 F |

83 84 |85| **86** |89| |90| 91 |92| 94

Dieser 10 ha große Cru liegt im Herzen von Pomerol, an einem Ort, wo man seit der gallo-

Libournais — Pomerol

romanischen Zeit Wein anbaut. Seinen Namen verdankt er den einzeln stehenden Hütten (»cabanes«), die im 14. Jh. den Leibeigenen und den Teilpächtern als Unterkunft dienten. Der durch einen sehr hohen Merlot-Anteil geprägte Wein hat eine lebhafte, intensive rubinrote Farbe und entfaltet ein Aroma von Früchten und Gewürzen. Da er im Geschmack eine schöne Tanninstruktur besitzt, die fest und kräftig ist, verfügt er über ein gutes Alterungspotential.
↪ Jean-Pierre Estager, 33-41, rue de Montaudon, 33500 Libourne, Tel. 05.57.51.04.09, Fax 05.57.25.13.38 ✓ ⚊ n. V.

CH. LA CROIX 1994

■ 9 ha 44 000 ⏺ 100-150 F
|89| |90| 92 94

Dieses alte, großartige 10 ha große Gut gehörte einst Jean de Sèze, dem Anwalt von Ludwig XVI. Heute ist es einer der vielen Crus der Firma Joseph Janoueix. Mit 60 % Merlot, 20 % Cabernet franc und 20 % Cabernet Sauvignon besitzt es eine ausgewogene Bestockung und präsentiert einen rassigen 94er mit einer dunklen granatroten Farbe und einem zarten, feinen Bukett, das an reife Früchte, Gewürze und Lakritze erinnert. Dieser im Geschmack elegante, subtile Wein gleicht einen leichten Mangel an Stärke durch eine große Vornehmheit aus.
↪ SC Joseph Janoueix, 119, av. Gallieni, 33500 Libourne, Tel. 05.57.51.41.86, Fax 05.57.51.76.83 ✓ ⚊ n. V.

CH. LA CROIX SAINT-GEORGES 1994*

3,5 ha 20 500 ⏺ 100-150 F
75 78 81 |(82)| |83| |85| |86| |88| 89 |90| 92 93 94

Das »Sankt-Georgs-Kreuz«, das ist natürlich das der Hospitaliter, das auf dem Etikett abgebildet ist. Dieser durch 95 % Merlot und einen schönen Ausbau im Eichenholzfaß geprägte 94er ist sehr farbintensiv und entfaltet im Duft ein Aroma von reifen und kandierten Früchten, Vanille und getoastetem Brot. Im Geschmack ist er sehr ausgewogen, fleischig, füllig und harmonisch. Wer junge Weine mag, kann ihn schon jetzt trinken, aber man kann ihn auch mehrere Jahre aufheben.
↪ SC Joseph Janoueix, 119, av. Gallieni, 33500 Libourne, Tel. 05.57.51.41.86, Fax 05.57.51.76.83 ✓ ⚊ n. V.

CH. LA CROIX TAILLEFER 1994*

■ 2 ha 12 000 ▪ ⏺ 70-100 F

Dieser kleine Cru (2 ha), der auf der Hochfläche im Norden von Pomerol liegt, besitzt alte Merlot-Rebstöcke, die auf Kiessandböden mit eisenhaltigem Unterboden angepflanzt sind. Er präsentiert einen sehr gelungenen 94er von dunklem, intensivem Granatrot. Dieser im Geruchseindruck noch diskrete Wein enthüllt in erster Linie ein gutes frisches, fruchtiges Aroma. Der Geschmack ist in der Ansprache sanft und rund und entwickelt sich über einer reichhaltigen, festen Tanninstruktur, die ein paar Jahre Alterung verlangt.
↪ SARL La Croix Taillefer, B.P. 4, 33500 Pomerol, Tel. 05.57.51.70.53, Fax 05.57.74.15.39 ✓ ⚊ n. V.

CH. LA CROIX-TOULIFAUT 1994*

■ 1,77 ha 10 600 ⏺ 100-150 F
75 78 79 81 82 83 85 86 |88| |89| |90| |92| |93| 94

Auch wenn das Etikett des Weins eine Szene aus einer Weinlese darstellt, hat dieser Cru seinen Namen wegen der Nähe eines schönen, alten Steinkreuzes, vor dem die Pilger auf dem Jakobsweg nach Santiago de Compostela andächtig verharrten. Dieser Wein verführt mit seiner intensiven purpurroten Farbe. Das kräftige, komplexe Bukett erinnert an sehr reife schwarze Früchte, verbunden mit einem Röst- und Vanillegeruch von gutem, angesengtem Holz. Dieser im Geschmack seidige und fleischige, ausgewogene und harmonische Wein, ein reinsortiger Merlot, wird rasch trinkreif sein, kann sich aber auch lang halten.
↪ Jean-François Janoueix, 37, rue Pline-Parmentier, B.P. 192, 33503 Libourne Cedex, Tel. 05.57.51.41.86, Fax 05.57.51.76.83 ✓ ⚊ n. V.

CH. LAFLEUR 1994**

■ 3 ha 12 000 ⏺ +200 F
|85| 86 |88| 89 90 92 (93) 94

Dieser 3 ha große Cru, dessen 93er im letzten Jahr Lieblingswein war, zeigt sich in der Qualität regelmäßig und bietet einen schönen 94er. Dieser Wein hat eine sehr dunkle, tiefe Farbe und ist noch ein wenig verschlossen im Duft, in dem im Augenblick ein Ledergeruch dominiert, vermischt mit blumigen und weinigen Noten. Er besitzt im Geschmack eine gute Fülle und enthüllt seidige, elegante, im Abgang sehr lange Tannine. Er ist alterungsfähig.
↪ Sylvie et Jacques Guinaudeau, Grand Village, 33240 Mouillac, Tel. 05.57.84.44.03, Fax 05.57.84.83.31 ⚊ n. V.
↪ Marie Robin

PENSEES DE LAFLEUR 1994*

■ 1 ha 3 000 ⏺ 150-200 F

Dieser 1987 geschaffene Cru ist der Zweitwein von Château Lafleur. Er erfährt die gleiche sorgfältige Behandlung wie sein älterer Bruder und ist ihm oft sehr ähnlich. Die 3 000 Flaschen dieses 94ers sind sehr gelungen und vielversprechend. Die dunkle, intensive Farbe, granatrot mit purpurvioletten Reflexen, weist auf eine schöne Konzentration hin. Das feine, komplexe Bukett zeigt sich fruchtig und würzig. Dieser im Geschmack ausgewogene und lange Wein ist in der Ansprache sanft und fleischig und verfügt über feine, elegante Tannine.
↪ Sylvie et Jacques Guinaudeau, Grand Village, 33240 Mouillac, Tel. 05.57.84.44.03, Fax 05.57.84.83.31 ⚊ n. V.

CH. LA FLEUR PETRUS 1994**

■ 12,07 ha k. A. ⏺ 150-200 F
81 |82| |83| |85| |86| |88| |89| 90 92 94

Der Apfel fällt weit vom Stamm. Dieser Cru, ein Nachbar von Petrus, der von der gleichen Mannschaft bewirtschaftet wird, enttäuscht nicht. Sein feines, intensives Bukett zeigt sich in zarten Röstnoten und milden Nuancen von kleinen roten Früchten. Der Geschmack, der in der Ansprache dichte, cremige Tannine zeigt, bleibt in der gleichen Tonalität und entfaltet einen

Libournais / Pomerol

schönen, vanilleartigen Ausdruck. Der elegante, zarte, harmonische Gesamteindruck enthüllt eine mit viel Fingerspitzengefühl und maßvoll durchgeführte Extraktion.
⚜ Ets Jean-Pierre Moueix, 54, quai du Priourat, 33500 Libourne

CH. LA GANNE 1994

| ■ | 3,5 ha | 12 000 | ⅽ⅃⅃ | 70-100 F |

Dieser von 35 Jahre alten Rebstöcken stammende Wein hat eine schöne, tiefe rubinrote Farbe. Im Geruchseindruck ist er noch ein wenig verschlossen und bietet, wenn man den Wein im Glas schwenkt, ein Aroma von kandierten Früchten. Er ist üppig im Geschmack und zeigt Stärke und zugleich Eleganz. Die Tannine vom Holz, die im Abgang noch sehr deutlich spürbar sind, dürften verschmelzen.
⚜ Michel Dubois, 224, av. Foch, 33500 Libourne, Tel. 05.57.51.18.24, Fax 05.57.51.62.20 ☑ ⅄ n. V.

CH. LAGRANGE 1994*

| | k. A. | k. A. | ⅽ⅃⅃ | 100-150 F |

80 |81| |82| |83| **85** |86| |87| |88| 89 **90 92** 93 **94**

Ein für Pomerol typisches Anbaugebiet und ein Wein, der sich zu präsentieren versteht : mit einer schönen, kräftigen roten Farbe. Das Bukett folgt mit hübschen Röst- und Toastnoten nach, während sich im Geschmack angenehme Empfindungen aus cremigen Tanninen entfalten. Der wohlausgewogene Gesamteindruck ist günstig dank des fruchtigen Aromas, das die ganze Verkostung hindurch anhält.
⚜ Ets Jean-Pierre Moueix, 54, quai du Priourat, 33500 Libourne

CH. LA GRAVE TRIGANT DE BOISSET 1994**

| | k. A. | k. A. | ⅽ⅃⅃ | 100-150 F |

75 76 |81| |82| |83| |85| |86| **87** |88| ⑨⓪ **92 94**

Dieser Cru, ein persönlicher Besitz von Christian Moueix, muß hervorragend sein. Mit diesem überaus gelungenen Wein ist er seiner Verpflichtung mehr als ehrenhaft nachgekommen. Das Bukett überrascht durch seine Frische (fruchtige Nuancen von Himbeeren, dann Lakritze), während im Geschmack auf eine milde Ansprache elegante, seidige Tannine nachfolgen und zu einem ebenso gefälligen wie einheitlichen Gesamteindruck führen. Er verdient eine Lagerung von drei bis fünf Jahren.
⚜ Christian Moueix, Ch. La Grave Trigant de Boisset, 33500 Pomerol

LA GRAVETTE DE CERTAN 1994*

| ■ | k. A. | 20 000 | ⅽ⅃⅃ | 100-150 F |

Es handelt sich um den Zweitwein von Vieux Château Certan, das der Familie Thienpont gehört. Er wird jedes Jahr zum Zeitpunkt des Verschneidens ausgewählt und kann somit je nach Jahrgang die Zusammenstellung verändern. Der 90er hatte uns beeindruckt ; das ist erneut der Fall bei diesem 94er mit der schönen, jungen, dunklen Farbe. Sein feminines, blumigvanilleartiges Aroma ist verführerisch. Man entdeckt in ihm viel Geschmack : Backpflaumen, Sauerkirschen und Kakao, mit denen sich die guten Holztannine vermischen. Unzweifelhaft ein sinnlicher Wein.
⚜ SC du Vieux Château Certan, 33500 Pomerol, Tel. 05.57.51.17.33, Fax 05.57.25.35.08 ⅄ n. V.
⚜ Thienpont

CH. LA LOUBIERE 1994

| ■ | 2,45 ha | 15 000 | ▮ ⅽ⅃⅃ | 70-100 F |

Das auf der Hochfläche nördlich von Pomerol gelegene Gut besteht im wesentlichen aus alten Merlot-Rebstöcken, die auf Kiessand und eisenhaltigem Unterboden wachsen. Der feine, elegante 94er hat eine karminrote Farbe mit entwickelten Noten und ist im Geruchseindruck ein wenig würzig. Im Geschmack ist er körperreich und fest, bleibt dabei aber harmonisch, mit einem feinen Holzton. Dieser Wein wird bald angenehm zu trinken sein.
⚜ Marie-Claude Rivière, 82, rue Montesquieu, 33500 Libourne, Tel. 05.57.51.70.53, Fax 05.57.74.15.39 ☑ ⅄ n. V.

CH. LA PATACHE 1994*

| ■ | 4 ha | 23 000 | ▮ ⅽ⅃⅃ | 50-70 F |

30 Jahre alte Rebstöcke, 80 % Merlot noir, 20 % Cabernet franc, die auf einem schönen Kiessandboden angepflanzt sind, haben einen 94er von schönem, intensivem Rubinrot geliefert. Der Geruchseindruck ist noch frisch ; wenn man den Wein im Glas schwenkt, verströmt dieser Wein einen Leder- und Holzgeruch. Er ist im Geschmack dicht und geschmeidig und bietet ein mineralisch-holzbetontes Aroma im Mund. Ein eleganter Pomerol.
⚜ SARL La Diligence, B.P. 78, 33330 Saint-Emilion, Tel. 05.57.55.38.00, Fax 05.57.55.38.01 ☑ ⅄ n. V.

CH. LA POINTE 1994*

| | 22 ha | 125 000 | ⅽ⅃⅃ | 100-150 F |

|89| **93** 94

La Pointe war einer der ersten Weinbaubetriebe von Pomerol, die auf die Bezeichnung »Château« Anspruch hatten ; dies verdankte es seinem Gebäude im Directoirestil. Die Reben sind durchschnittlich 35 Jahre alt. Der sehr farbintensive karminrote 94er ist im Duft fein und rassig. Er ist rund und füllig, besitzt gut verschmolzene Tannine und zeigt eine schöne Ausgewogenheit zwischen den Trauben und dem Holzfaß.
⚜ SCE Ch. La Pointe-Pomerol, M. d'Arfeuille, 33500 Pomerol, Tel. 05.57.51.02.11, Fax 05.57.51.42.33 ☑ ⅄ n. V.

CH. LA RENAISSANCE 1994

| ■ | 3 ha | 25 000 | | 50-70 F |

Die leichte, strahlende rubinrote Farbe zeigt Reflexe einer Entwicklung. Im Geruchseindruck frisch und lebhaft, mit Leder- und Tabaknoten, entfaltet dieser 94er im Geschmack ein wenig feste Tannine. Er muß zwei bis drei Jahre lagern.
⚜ François de Lavaux, Ch. Martinet, 33500 Libourne, Tel. 05.57.24.80.69, Fax 05.57.24.80.69 ☑ ⅄ n. V.

Libournais   Pomerol

CH. LA ROSE FIGEAC 1994*

■ 5 ha 24 000 ❙❙❙ 150-200 F
82 ⑧⑤❘ 86 88 ❘89❘ ❘90❘ ❘92❘ 93 94

Dieser 5 ha große Cru ist überwiegend mit alten Merlot-Reben bestockt, die auf Kiessand und alten Sandböden angepflanzt sind, und gehört zu den beständigen und zuverlässigen Weingütern der Appellation. Er hatte mit dem 85er und dem 93er Lieblingsweine und bietet einen sehr gelungenen 94er mit einer schönen, intensiven granatroten Farbe. Im Geruchseindruck ist er kräftig und schwer und verbindet das Aroma reifer und kandierter roter Früchte mit dem Duft von Karamel und Vanille, der von seinem Ausbau im neuen Eichenholzfaß herrührt. Der Geschmack enthüllt intensive, wohlausgewogene Tannine mit viel Umfang und Fülle.
⌐ SCEA Despagne-Rapin, Ch. La Rose Figeac, 33570 Montagne, Tel. 05.57.74.62.18 ■ ⌐ n. V.

CH. LATOUR A POMEROL 1994**

■ k. A.   k. A.   ❙❙❙ 150-200 F
61 64 66 67 70 71 75 ⑦⑥ 80 81 ❘82❘ ❘83❘ ❘85❘ ❘86❘ ❘87❘ 88 89 90 ❘92❘ ⑨③ 94

Ein kleines Weingut, aber ein kräftiger, wuchtiger Wein, der ganz seiner dunklen rubinroten Farbe entspricht. Das sich noch entwickelnde Bukett ist schon gefällig aufgrund seiner Feinheit und seiner Frische und kündigt sich vielversprechend an. Die milde Ansprache harmoniert mit einem Geschmack, der auf köstliche Weise Früchte und vollreife Tannine vermählen kann. Eine schöne Struktur, ein ausgeprägter Geschmack und Persönlichkeit - eine hübsche Flasche, die man in den Keller legen sollte.
⌐ Ets Jean-Pierre Moueix, 54, quai du Priourat, 33500 Libourne
⌐ Mme Lacoste-Loubat

CLOS DE LA VIEILLE EGLISE 1994*

■ 1,5 ha 9 500 ❙❙❙ 100-150 F
❘92❘ 93 94

Dieser nur eineinhalb Hektar große Clos wird von Jean-Louis Trocard geleitet, der ein schönes, modernes Etikett anfertigen ließ. Sein 94er hat einen hohen Anteil an Merlot, der auf lehmhaltigem Kiessand wächst. Er besitzt eine dunkle, tiefe granatrote Farbe und zeigt sich im Duft schon komplex : Das Aroma von kandierten schwarzen Johannisbeeren verbindet sich wunderbar mit der Vanille eines feinen, eleganten Holztons. Dieser in der Ansprache füllige, kräftige Wein hat eine schöne Tanninstruktur und kann eine lange Lagerung vertragen.
⌐ Jean-Louis Trocard, 2, Les Petits Jays Ouest, 33570 Les Artigues-de-Lussac, Tel. 05.57.24.31.16, Fax 05.57.24.33.87 ■ ⌐ Mo-Fr 8h-12h30 14h-18h

CH. LE BON PASTEUR 1994**

■ 7 ha 39 000 ❙❙❙ 100-150 F
78 79 80 81 ⑧②❘ ❘83❘ 84 ❘85❘ ❘86❘ 88 89 90 ❘92❘ 93 94

Michel Rolland, dessen 92er und 93er in den letzten beiden Jahren zum Lieblingswein gewählt wurden, präsentiert dieses Jahr einen 94er von schöner Erscheinung, der eine intensive, tiefe purpurrote Farbe hat. Das durch sehr reife und kandierte Früchte (Kirschen) geprägte Bukett bietet auch blumige Nuancen von Veilchen und einen guten, eleganten Holzton, der Röst-, Gewürz- und Vanillenoten enthält. Der in der Ansprache reichhaltige, fleischige und dichte Geschmack entfaltet ein mit Tanninen, die im Abgang ein wenig fest sind, und lädt dazu ein, diese Flasche drei bis fünf Jahre altern zu lassen.
⌐ SCEA Fermière des Dom. Rolland, Maillet, 33500 Pomerol, Tel. 05.57.51.10.94, Fax 05.57.25.05.54 ■ ⌐ n. V.

CH. LE CAILLOU 1994

■ 7 ha 33 000 ■❙❙❙⌐ 70-100 F

Hier reifen die Weine zu zwei Dritteln im Eichenholzfaß und zu einem Drittel in einem Gärbehälter aus Zement und werden alle drei Monate umgefüllt. Dieser 94er mit der klaren, recht kräftigen granatroten Farbe ist im Duft lebhaft und frisch, mit einem fruchtigen und leicht würzigen Aroma, und im Geschmack wohlausgewogen. Die im Abgang ein wenig festen Tannine raten dazu, ihn drei bis vier Jahre altern zu lassen.
⌐ Ch. Le Caillou, 33500 Pomerol, Tel. 05.57.51.06.10, Fax 05.57.51.74.95 ■ ⌐ n. V.
⌐ André Giraud

CH. LE CARILLON 1994

■ 1 ha 5 000 ■❙❙❙ 70-100 F

Ein nur einen Hektar großer Weinberg, der auf einem Schlickboden mit hohem Kiessandanteil ausschließlich mit Merlot noir bepflanzt ist. Es gibt viel Jugend in diesem Wein mit der dunkelpurpurroten Farbe und dem erwachenden Bukett, das vom Aroma roter Früchte beherrscht wird. Im Geschmack ist er wohlausgewogen, sanft, rund und füllig. Man kann ihn in den kommenden zwei bis drei Jahren genießen.
⌐ Louis Grelot, ch. le Carillon, 33500 Pomerol, Tel. 05.57.84.56.61 ■ ⌐ n. V.

CH. LE GAY 1994

■ k. A.   k. A.   ❙❙❙ 70-100 F

Dieser von der Firma Moueix vertriebene Wein hat eine klare, dunkle Farbe und ist im Abgang ein wenig mineralisch, was nicht den guten Eindruck beeinträchtigt, den die Frische seines Buketts und seine gute Entfaltung der Tannine hinterlassen.
⌐ Ets Jean-Pierre Moueix, 54, quai du Priourat, 33500 Libourne
⌐ Robin

CH. L'EGLISE-CLINET 1994*

■ 4,5 ha 20 000 ❙❙❙ +200 F
89 ⑨⓪❘ 91 ❘92❘ 93 94

Die etwa 40 Jahre alten Rebstöcke, die auf einem lehmig-kiesigen Boden angepflanzt sind, bestehen zu 80 % aus Merlot. Der 94er hat eine schöne, dunkle Farbe. Er ist im Geruchseindruck noch sehr holzbetont und hat karamelisierten Noten. In der Ansprache ist er sanft und entwickelt sich über Tanninen, die sehr stark vom Faß geprägt sind (Vanille, Kokosnuß, Kaffee). Aber das fruchtige Rückaroma ist erstklassig und verspricht eine gute Entwicklung nach ein paar Jahren Lagerung.

Libournais — Pomerol

🔸Denis Durantou, L'Eglise-Clinet,
33500 Pomerol, Tel. 05.57.25.99.00,
Fax 05.57.25.21.96 ⚜ n. V.

CH. MARSOLE 1994

| ■ | k. A. | 9 600 | ■ ⏳ ♦ | 50-70 F |

Dieser dunkle, farbintensive 94er ist im Geruchseindruck noch zurückhaltend, aber dennoch leicht fruchtig und frisch. Er ist in der Ansprache sanft und rund und entwickelt sich mit ein wenig festen Tanninen. Er wird besser, wenn man ihn drei bis vier Jahre lagert.

🔸SA Yvon Mau, rue André-Dupuy-Chauvin ; B.P. 1, 33190 Gironde-sur-Dropt,
Tel. 05.56.61.54.54, Fax 05.56.61.54.61
🔸 Gérard Despagne

CH. MAZEYRES 1994**

| ■ | 14 ha | 70 200 | ■ ⏳ ♦ | 70-100 F |

Dieser 1988 gekaufte Cru nimmt einen großen Aufschwung. Seine Erneuerung trägt ihre Früchte mit diesem 94er, den unsere - dennoch sehr anspruchsvollen - Verkoster sehr schätzen. Die rubinrote Farbe ist noch jugendlich, ebenso wie das mentholartige Bukett, das von einem erstklassigen Holzton beherrscht wird. Stattlich und kräftig gebaut, mit nachhaltigen Tanninen vom Faßholz. Ein ausgezeichneter lagerfähiger Pomerol, den man mindestens fünf Jahre altern lassen muß.

🔸SC Ch. Mazeyres-Pomerol, 56, av. Georges-Pompidou, 33500 Libourne, Tel. 05.57.51.00.48, Fax 05.57.25.22.56 ⚜ n. V.

CH. MONTVIEL 1994*

| ■ | 5 ha | 25 000 | ⏳ | 100-150 F |

|88|89|**90**|l91l|l93l|94|

Ein sehr gelungener 94er mit einer schönen, dunklen bordeauxroten Farbe. Das feine und zugleich ausdrucksvolle Bukett verbindet ein fruchtiges Aroma mit den würzigen Noten eines eleganten Holztons. Im Geschmack kräftig, fleischig und tanninhaltig. Dieser Wein besitzt eine ausgezeichnete Lagerfähigkeit.

🔸SCA Ch. Montviel, 1, rue du Grand-Moulinet, 33500 Pomerol, Tel. 05.57.51.87.92, Fax 05.00.00.00.00 ⚜ n. V.
🔸 Yves et Catherine Péré-Vergé

CH. MOULINET 1994*

| ■ | 18 ha | 75 000 | ⏳ | 100-150 F |

Dieses große, sehr alte Gut in Pomerol befand sich am Übergang der Johanniter. Ein Stein mit dem Malteserkreuz im Schloßpark zeugt noch davon. Dieser leicht entwickelte, bezaubernde 94er bietet ein mildes, warmes Bukett mit einem Lebkuchen- und Vanillearoma. Er ist im Geschmack fleischig und ausgewogen und besitzt eine schöne, gut umhüllte Tanninstruktur. Ein Wein mit guter Lagerfähigkeit.

🔸SC Dom. viticoles Armand Moueix, Ch. Fonplégade, 33330 Saint-Emilion,
Tel. 05.57.74.43.11, Fax 05.57.74.44.67 ✓ ⚜ tägl. 11h-19h ; Gruppen n. V.
🔸 GFA du dom. de Moulinet

CH. MOULINET-LASSERRE 1994**

| ■ | 5 ha | 25 000 | ⏳ | 70-100 F |

|l89l|90|l91l|l92l|l93l|94|

Dieser 5 ha große Weinberg, der auf Sand und Kiessand mit eisenhaltigem Unterboden angelegt worden ist, enthält 70 % Merlot, 20 % Cabernet franc und 10 % Côt rouge, eine in Pomerol seltene Rebsorte. Sein 94er hat eine hübsche, dunkle, intensive granatrote Farbe und entfaltet in der Nase ein Aroma von kandierten roten Früchten, das mit einem animalischen Geruch von Wildbret vermischt ist. Der reichhaltige, fleischige Geschmack bietet eine schöne Tanninstruktur und viel Weinigkeit. Ein bemerkenswerter Wein zum Einkellern.

🔸Jean-Marie Garde, ch. Moulinet-Lasserre, 33500 Pomerol, Tel. 05.57.51.10.41, Fax 05.57.51.16.28 ✓ ⚜ n. V.

CH. NENIN 1994

| ■ | k. A. | 90 000 | ⏳ | 100-150 F |

|83|85|86|88|90|l91l|93|l94l|

Ein Château aus dem Zweiten Kaiserreich, das von einem herrlichen Park umgeben ist. Der Wein hat eine hübsche purpurrote, leicht karminrote Farbe. Sein Bukett ist noch fruchtig (rote Früchte, Kerne, getrocknete Früchte), mit Vanille- und Schokoladenoten. Sein Charakter ist sanft, liebenswürdig, fast feminin. Er dürfte ziemlich bald gut zu trinken sein.

🔸SCA du Ch. Nenin, 33500 Pomerol,
Tel. 05.57.51.00.01, Fax 05.57.51.77.47 ✓
⚜ Mo-Fr 8h-12h 14h-18h

CH. PETIT VILLAGE 1994*

| ■ | 11 ha | 54 000 | ⏳ | +200 F |

|82|83|86|l88l|l89l|**90 92 93** 94|

Dieser 11 ha große Cru gehört seit 1989 AXA Millésimes und wird von Jean-Michel Cazes geleitet. Der auf lehmig-kiesigen Böden angelegte Weinberg ist dreißig Jahre alt und zu 80 % mit Merlot und zu je 10 % mit Cabernet franc und 10 % Cabernet Sauvignon bestockt. Dieser 94er mit der schönen, lebhaften und dunklen granatroten Farbe erscheint noch sehr jugendlich mit seinem Aroma von kandierten roten Früchten, das durch elegante Holznoten gewürzt wird. Er ist körperreich und rund und entfaltet im Geschmack gute, recht verschmolzene Tannine. Der ein wenig feste Abgang legt nahe, ihn drei bis fünf Jahre aufzuheben.

🔸Jean-Michel Cazes, ch. Petit Village, 33500 Pomerol, Tel. 05.57.51.21.08, Fax 05.57.51.87.31 ✓ ⚜ n. V.
🔸 AXA Millésimes

Libournais — Pomerol

PETRUS 1994 ★★★

k. A. k. A. +200 F
61 67 71 74 75 |76| |77| |78| |79| |81| |82| |83| 85 86 87 |(88)| (89) 90 |92| 93 |94|

Petrus, der vor ganz genau 50 Jahren, anläßlich der Hochzeit der Thronfolgerin Elisabeth am englischen Königshof eingeführt wurde, ist seitdem zu einem weltweiten Mythos geworden. Und die Wirklichkeit wird der Legende gerecht. Farbe von schwarzen Bigarreau-Kirschen, angenehm komplexes Bukett (Cachou, Zimt, Gewürze und Himbeeren) - die Erscheinung ist tadellos. Sanfte Ansprache, seidige Tannine, harmonische Entfaltung, in der sich eine wunderbare Vereinigung von Holz und Frucht zeigt - der Geschmack entwickelt sich geradlinig. Dieser herrliche Wein, in dem Stärke und Eleganz zusammenkommen, verdient es, daß man ihn - um des Genusses willen - in drei Jahren serviert. Er wird langlebig sein.
🕿 SC du Ch. Petrus, 33500 Pomerol

CH. PRIEURS DE LA COMMANDERIE 1994

3,29 ha 15 240 100-150 F
|86| |88| (89) |90| |91| (93) 94

Ein kleines Gut, das seit 1984 Clément Fayat gehört. Dieser echte 94er präsentiert sich in einem hübschen Kleid von purpurroter, leicht karminroter Farbe. Er ist im Duft noch fruchtig und mentholartig, mit einem stark an Toastbrot erinnernden Holzton, und zeigt sich im Geschmack strukturiert und holzbetont. Er dürfte sich in den kommenden zwei bis vier Jahren verfeinern.
🕿 Vignobles Clément Fayat, Ch. La Dominique, 33330 Saint-Emilion, Tel. 05.57.51.31.36, Fax 05.57.51.63.04

CH. RATOUIN Cuvée Rémi 1994

0,3 ha 2 000 100-150 F

Bei dieser Cuvée Rémi handelt es sich um eine Premiere für C. Ratouin, der alte Merlot-Reben ausgewählt und den Wein vollständig im neuen Barriquefaß ausgebaut hat. Der Wein ist in jeder Beziehung konzentriert: Seine Farbe ist sehr dunkel. Das sich bildende Bukett enthüllt Noten von Blumen (Iris, Veilchen) und gerösteten Mandeln. Der kräftige Geschmack läßt an einen reichen Bauern im Sonntagsgewand denken; er ist wuchtig und unverfälscht. Die Eleganz wird mit dem Alter kommen.

🕿 SCEA Ch. Ratouin, René, 33500 Pomerol, Tel. 05.57.51.47.92, Fax 05.57.51.47.92 n. V.

CH. ROCHER-BONREGARD 1994

2,58 ha 14 000 50-70 F

Dieser Wein ist zart und klar. Der Geruchseindruck bietet Noten von Tabak, gegrilltem Fleisch und Leder. Der gehaltvolle Geschmack ist ein wenig streng, zeigt aber Feinheit.
🕿 Jean-Pierre Tournier, 194, rte de Saint-Emilion, 33500 Tailhas, Tel. 05.56.51.36.49, Fax 05.57.51.98.70 n. V.

CH. ROUGET 1994 ★★

k. A. 30 000 100-150 F

Dieses Gebäude aus dem 18. Jh. beherrscht im Herzen von Pomerol einen 17 ha großen Weinberg, der zu 85 % aus Merlot und zu 15 % aus Cabernet franc besteht. Dieser 94er hat unsere Verkoster durch die Eleganz seines Holztons und den Reichtum seines Stoffs verführt. Die dunkle granatrote Farbe ist intensiv und kräftig. Das komplexe, feine Bukett, das sich gerade bildet, bietet Vanille, getoastetes Brot und frischere Noten von Gewürzen und Lakritze. Dieser runde, fleischige Wein, der eine bemerkenswerte, gut umhüllte Struktur besitzt, kann lang altern, aber warum warten?
🕿 Sté des Grands Vins de Pomerol, SGVP, 33500 Pomerol, Tel. 05.57.51.05.85, Fax 05.57.51.05.85 n. V.

CLOS SAINT-ANDRE 1994 ★★

0,6 ha 4 000 100-150 F

Die erste Ernte für Daniel Mouty, der diesen winzigen Clos (60 Ar) kurz vor der Traubenlese 1994 übernommen hat. Der Weinberg befindet sich auf einem Boden mit feinem Kiessand, in dem Lehm zutage tritt, und ist zu 100 % mit 40 Jahre alten Merlot-Reben bestockt. Das Ergebnis ist bemerkenswert mit einer hübschen, noch jugendlichen bordeauxroten Farbe und einem schon sehr ausdrucksvollen Bukett (guter Holzton, der an Vanille, Toastbrot und Schokolade erinnert, und immer noch sehr merlottypische Trauben). Die schöne, kräftig gebaute, kraftvolle Struktur und das recht nachhaltige Aroma von Trauben und Holz machen ihn zu einem guten lagerfähigen Pomerol.
🕿 Daniel Mouty, SCEA des Vignobles Ch. du Barry, 33350 Sainte-Terre, Tel. 05.57.84.55.88, Fax 05.57.74.92.99 Mo-Sa 8h-17h

Libournais — Pomerol

CLOS SAINTE-ANNE 1994*

■   9 ha   k. A.   ⅲ 70-100F

Dieser auf sandig-kiesigen Böden angelegte Cru der Firma Antoine Moueix enthält 50 % Merlot und 50 % Cabernet Sauvignon, eine für die Appellation Pomerol originelle Bestockung. Dieser 94er mit dem leicht entwickelten Granatrot ist im Duft durch die Cabernet-Rebe geprägt mit einem tierischen Geruch, der an Leder und Fell erinnert. Er ist in der Ansprache sanft und entwickelt sich dann über festen Tanninen, die mehrere Jahre brauchen, um milder zu werden.
•┐ SA Antoine Moueix et Fils, Ch. Taillefer, 33500 Libourne, Tel. 05.57.55.30.20, Fax 05.57.25.22.14 ☑ ⵏ n. V.
•┐ Armand Moueix

CH. SAINT-PIERRE 1994*

■   3 ha   24 000   ■ 50-70F

Dieser kleine Weinberg, der sich neben der Kirche von Pomerol befindet, ist zu zwei Dritteln mit Merlot und zu einem Drittel mit Cabernet bestockt. Die Farbe seines 94ers ist lebhaft und strahlend. Das Bukett entfaltet fruchtige und blumige Düfte (Himbeeren, Veilchen). Diese im Geschmack sanfte, runde und zarte Cuvée zeigt eine gewisse Eleganz und gibt einen sehr gefälligen Wein ab.
•┐ François de Lavaux, Ch. Saint-Pierre, 33500 Libourne, Tel. 05.57.24.80.69, Fax 05.57.24.80.69 ☑

CH. DE SALES 1994

■   47,5 ha   k. A.   ■ⅲ♦ 70-100F
⑦⑤ 76 82 **83** |85| |86| |88| |89| 90 |92| |94|

Mit den Châteaux Sales und Chantalouette, die 90 ha umfassen, besitzt die Erbengemeinschaft de Laage das größte und zugleich eines der ältesten Weingüter von Pomerol. Es ist seit 1464 ununterbrochen in Familienbesitz geblieben ! Die 530. Ernte hat Bruno de Lambert durchgeführt, der einen für sein Anbaugebiet und seinen Jahrgang recht repräsentativen Pomerol erhalten hat. Die Farbe beginnt karminrote Reflexe anzunehmen. Das Bukett ist zart fruchtig. Im Geschmack sanft und rund, mit einem Aroma von kleinen roten Früchten. Dieser Wein dürfte recht bald trinkreif sein.
•┐ Bruno de Lambert, Ch. de Sales, 33500 Pomerol, Tel. 05.57.51.04.92, Fax 05.57.25.23.91 ☑ ⵏ n. V.

CH. TAILLEFER 1994*

■   12 ha   60 000   ⅲ 100-150F

Dieser hübsche 12 ha große Cru unweit von Libourne hat drei Viertel Merlot und ein Viertel Cabernet franc kombiniert, die auf Sand und Kiessand wachsen, um diesen klassischen Wein herzustellen. Die dunkle granatrote Farbe ist intensiv und sehr kräftig. Das reichhaltige, komplexe Bukett ist durch den Ausbau im neuen Holzfaß geprägt und bietet ein Röstaroma von warmem Brot und einen Geruch von Kakao und Geröstetem. Dieser sanfte, runde 94er besitzt eine schöne Struktur und ein großes Potential.
•┐ SC Vignoble Bernard Moueix, Ch. Taillefer, 33500 Libourne, Tel. 05.57.55.30.20, Fax 05.57.25.22.14 ☑ ⵏ n. V.

CH. THIBEAUD-MAILLET 1994*

■   1 ha   6 000   ⅲ 70-100F
88 |89| |90| **92** 93 94

Dieser kleine Cru (1 ha), der sich in der Reblage Maillet befindet, verdankt seinen Namen der Familie Thibeaud, die ihn im letzten Jahrhundert angelegt hat. Er präsentiert einen sehr gelungenen 94er von rubinroter Farbe, der im lebhaften Geruchseindruck holzbetont ist, mit Vanille- und Röstnoten, die mit einem Aroma von reifen und kandierten Früchten vermischt sind. Im Geschmack füllig und kräftig, mit einer starken Tanninstruktur. Dieser Wein ist für eine lange Alterung gerüstet.
•┐ Roger et Andrée Duroux, Ch. Thibeaud-Maillet, 33500 Pomerol, Tel. 05.57.51.82.68, Fax 05.57.51.58.43 ☑ ⵏ tägl. 9h-12h 13h-20h ; 8.-15. März geschlossen

CH. TOUR ROBERT 1994*

■   1,2 ha   6 000   ⅲ 70-100F

Dieser sehr gelungene 94er präsentiert sich in einem echten bordeauxroten Kleid. Sein Bukett bietet Noten von Leder, Wild und Wildbret. Im Geschmack körperreich, an Fleisch erinnernd, gut strukturiert. Ein charaktervoller Pomerol, der lagern kann.
•┐ Dominique Leymarie, 11, chem. de Grangeneuve, 33500 Libourne, Tel. 06.09.73.12.78, Fax 06.57.51.99.94 ☑ ⵏ n. V.

CH. TRISTAN 1994*

■   2,5 ha   13 000   ■ⅲ♦ 70-100F
81 83 85 |86| |88| |89| **|90|** |91| |92| 93 94

Dieser kleine Cru liegt auf Kiessand, Lehm und eisenhaltigem Unterboden. Der Weinberg ist zur Hälfte mit Merlot bestockt ; Cabernet franc und Cabernet Sauvignon machen die andere Hälfte aus. Die dunkle, intensive Farbe weist auf die Konzentration dieses im Duft fruchtigen, würzigen und leicht holzigen Weins hin. Dieser 94er enthüllt im Geschmack eine schöne Tanninstruktur und einen bemerkenswerten Stoff, die es ihm ermöglichen werden, lang zu altern.
•┐ SCE Cascarret, La Patache, 33500 Pomerol, Tel. 05.57.51.04.54, Fax 05.57.51.24.22 ☑ ⵏ n. V.

CH. TROTANOY 1994***

■   k. A.   k. A.   ⅲ +200F
79 80 |⑧②| |83| **84** |85| 86 |87| **88 89 90** 92 94

Der bei Trockenheit harte und nach Regen glitschige Boden von Trotanoy macht es dem Winzer nicht leicht. Aber was für ein Ergebnis ! Mokka, Röstgeruch, rote Früchte, reife und kandierte Früchte - das Bukett findet Gefallen daran, Aromen zu vereinigen, wobei es die Nuancen betont. Im Geschmack ist alles geschmeidig, kraftvoll, reichhaltig und rassig. Dieser Wein stützt sich auf schöne Tannine und ähnelt seinem genialen Cousin, Petrus, indem er die vollkommene Ausgewogenheit zwischen Stärke und Eleganz findet.
•┐ Ets Jean-Pierre Moueix, 54, quai du Priourat, 33500 Libourne

Libournais

VIEUX CHATEAU CERTAN 1994**

■ 13,5 ha 42 000 ◀▶ +200 F
64 66 |75| 76 77 78 79 80 81 |82| |83| |85| ⑧⑥ |88|
|89| 90 92 |93| 94

Man muß dieses reizvolle kleine Landhaus in Pomerol nicht mehr eigens vorstellen ; hier vinifiziert die Familie, die das Gut leitet, jeden Jahrgang erfolgreich. Der zu 75 % mit Merlot und zu 25 % mit Cabernet franc bestockte Weinberg liegt auf einem lehmig-kiesigen Boden. Der Wein besitzt eine schöne, tiefe Farbe. Er verströmt einen sehr reifen Merlotduft (Gewürze, Wild) und einen erstklassigen Holzgeruch. Dicht, üppig und lang, mit einem fruchtigen und lakritzeartigen Geschmack, von bemerkenswerter Stärke. Er hat eine gute Lagerfähigkeit und wird einmal zu charaktervollen Gerichten (Wild ...) passen.
●┐ SC du Vieux Château Certan,
33500 Pomerol, Tel. 05.57.51.17.33,
Fax 05.57.25.35.08 ⊥ n. V.
●┐ Thienpont

CH. VRAY CROIX DE GAY 1994*

■ 3,66 ha 18 000 ◀▶ 70-100 F
|90| 93 94

Dieser Cru ist mit Château Siaurac verbunden, das der Familie von Olivier Guichard gehört. Sein 94er, der von einem Kiessandboden stammt, ist sehr gelungen : Er hat Glanz in der Farbe, Charakter im Duft (Vanille, Kaffee und einige wilde Noten). Der für seine Appellation typische Wein besitzt einen ziemlich gehaltvollen Geschmack mit Vollmundigkeit und einer gewissen Stärke. Er ist warm und nicht ohne Eleganz.
●┐ SCE Baronne Guichard, Ch. Siaurac,
33500 Néac, Tel. 05.57.51.64.58,
Fax 05.57.51.41.56 ▨

Lalande de Pomerol

Ähnlich wie Pomerol, dessen Nachbar es ist, wurde dieses Weinbaugebiet von den Johannitern geschaffen (denen wir auch die schöne Kirche von Lalande verdanken, die aus dem 12. Jh. stammt). Es erzeugt aus den klassischen Rebsorten von Bordeaux farbintensive Rotweine, die kräftig und bukettreich sind. Sie genießen einen guten Ruf, wobei es die besten von ihnen mit den Pomerol- und Saint-Emilion-Weinen aufnehmen können. Unsere Verkostung betraf den 94er Jahrgang (54 207 hl) ; 1996 wurden auf einer angemeldeten Anbaufläche von 1 106 ha 57 047 hl erzeugt.

Lalande de Pomerol

CH. DES ANNEREAUX 1994

■ k. A. 100 000 ◀▶ 30-50 F

Dieser 94er besitzt eine tiefe Farbe mit orangeroten Reflexen und bietet ein duftiges, schon entwickeltes Bukett von reifen Früchten und Leder. Die in der Ansprache sanften, wohlschmeckenden Tannine stützen sich stärker auf einen Holzgeschmack, der im Abgang sehr deutlich spürbar ist. Dennoch ist dieser recht typische Wein schon jetzt trinkreif.
●┐ GFA du Ch. des Annereaux, 6, Daupin,
33133 Galgon, Tel. 05.57.74.30.04,
Fax 05.57.84.31.27

CH. DE BEL-AIR 1994*

■ 14,5 ha 96 000 ■◀▶⚜ 70-100 F

Dieser Cru, der eine günstige Lage auf einer Hochfläche aus angeschwemmtem Kiessand besitzt, präsentiert einen 94er mit einer dunklen, violett schimmernden Farbe und einem Aroma von roten Früchten, Feigen und Lakritze. Er ist in der Ansprache sanft und geradlinig und entwickelt sich kraftvoll, sogar »aggressiv« im positiven Sinne des Worts. Ein Wein, der seine Ausgewogenheit in drei bis vier Jahren erreicht.
●┐ SA Les Vignobles Jean-Pierre Musset, Ch. de Bel-Air, 33500 Lalande-de-Pomerol,
Tel. 05.57.51.40.07, Fax 05.57.74.17.43 ▨ ⊥ n. V.

CH. BOUQUET DE VIOLETTES 1994*

■ 2,71 ha 7 200 ◀▶ 70-100 F

»Veilchenstrauß« - ein hübscher Name für diesen winzigen Cru, der sich auf dem Kiessand von Néac befindet. Beim 94er bietet der in eine tiefe, schillernde Farbe gehüllte Wein einen komplexen Duft nach Vanille, Backpflaumen und Schokolade und reife, fette Tannine, die im Abgang sehr ausdrucksvoll sind. Diese charaktervolle Wein muß noch im Verlauf einer drei- bis fünfjährigen Alterung ausgeglichener werden.
●┐ Jean-Jacques Chollet, La Chapelle,
50210 Camprond, Tel. 02.33.45.19.61,
Fax 02.33.45.35.54 ▨ ⊥ n. V.

CH. BOURSEAU 1994*

■ 10 ha k. A. ■◀▶⚜ 50-70 F

Château Bourseau besitzt ein Anbaugebiet mit lehmig-kiesigen und Kiessandböden. Es zeichnet sich beim 94er durch seine Feinheit und seine Eleganz aus. Der komplexe Duft erinnert an Blumen, Röstgeruch und Menthol. Die frischen, zart holzigen Tannine sind bereits sehr harmonisch. Ein rassiger Wein, den man schon jetzt genießen oder ein paar Jahre aufheben kann.
●┐ Mme Véronique Gaboriaud, Ch. Bourseau,
33500 Lalande-de-Pomerol, Tel. 05.57.51.52.39,
Fax 05.57.51.70.19 ▨ ⊥ tägl. 9h-18h

CH. DE CHAMBRUN 1994

■ 1,46 ha 9 000 ◀▶ 150-200 F

Dieser winzige Cru (1,5 ha) genießt eine sehr sorgfältige Behandlung in allen Stadien seiner Erzeugung, wie dieser 94er beweist. Sein Bukett ist durch seinen Ausbau im Holzfaß geprägt (Kakao, Vanille) ; die umhüllten, eleganten Tannine sind im Abgang sehr holzbetont. Zwei bis

drei Jahre altern lassen, damit sich die Harmonie vollendet.
- Jean-Philippe Janoueix, 47, rue de Catusseau, 33500 Pomerol, Tel. 05.57.51.06.60, Fax 05.57.51.76.83 ⬛ 🍷 n. V.

CH. CHANGROLLE 1994

| | k. A. | 42 000 | 30-50 F |

Dieser von dem Händler Yvon Mau abgefüllte 94er verdient eine lobende Erwähnung wegen seiner aromatischen Frische (Sauerkirschen, Vanille, Leder) und der Eleganz seiner umhüllten Tannine. Der ein wenig harte geschmackliche Ausklang muß sich mit einer zwei- bis dreijährigen Lagerung ausgleichen.
- SA Yvon Mau, rue André-Dupuy-Chauvin, B.P. 1, 33190 Gironde-sur-Dropt, Tel. 05.56.61.54.54, Fax 05.56.61.54.61

CH. CHATAIN PINEAU 1994*

| | 5,45 ha | 25 000 | 30-50 F |

Dieses auf einer lehmig-sandigen Kuppe gelegene Gut erfährt eine gewissenhafte Pflege, wie dieser 94er mit der dunklen, leicht orangeroten Farbe und dem zart blumigen Bukett bezeugt. Seine sanften, warmen Tannine sind im Abgang sehr zart. Ein hübscher, charaktervoller Wein, den man innerhalb der nächsten zwei bis drei Jahre genießen kann.
- René Micheau-Maillou, Dom. de la Vieille Eglise, 33330 Saint-Hippolyte, Tel. 05.57.24.61.99, Fax 05.57.24.61.99 ⬛ 🍷 n. V.
- GFA Chatain

CH. DU GRAND CHAMBELLAN 1994

| | 7 ha | 51 000 | 50-70 F |

Dieses Château präsentiert einen 94er mit einem intensiven Aroma von roten Früchten und Gewürzen, das jedoch eine pflanzliche Note (Efeu) enthält. Im Geschmack klingen die fülligen, schon entwickelten Tannine ein wenig schnell aus. Ein Wein, den man jung - auf seiner Frucht - trinken sollte.
- SCEA du Ch. de Viaud, 33500 Lalande-de-Pomerol, Tel. 05.57.51.17.86, Fax 05.57.51.79.77 ⬛ 🍷 n. V.

CH. GRAND ORMEAU
Réserve du Commandeur 1994**

| | k. A. | 5 500 | 100-150 F |

Die Réserve du Commandeur stellt eine strenge Auslese von Château Grand Ormeau dar, das sich ohnehin schon auf dem Spitzenniveau der Appellation befindet. Diese Cuvée verdient unbestritten die Wahl zum Lieblingswein durch die Oberjury von Lalande : kräftige purpurrote Farbe, reichhaltiger, komplexer Duft nach reifen Früchten, Kaffee und Kakao und sanfte, füllige, freigebige Tannine, die im Abgang besonders voluminös und ausgewogen sind. Ein perfekter Cocktail für einen sehr großen Wein, den man nach einer drei- bis siebenjährigen Alterung im Keller trinken sollte.
- Ch. Grand Ormeau, 33500 Lalande-de-Pomerol, Tel. 05.57.25.30.20, Fax 05.57.25.22.80 ⬛ 🍷 n. V.
- Beton

CH. HAUT-CHAIGNEAU
Cuvée Prestige 1994*

| | 10 ha | 60 000 | 70-100 F |

Diese Cuvée Prestige ist fast ausschließlich aus Trauben der Rebsorte Cabernet franc (70 %) ausgewählt worden, was in dieser Appellation ziemlich selten ist. Die schwarze Farbe hat bläulichrote Reflexe. Das intensive, fruchtige Aroma (schwarze Johannisbeeren) wird durch Moschus- und Gewürznoten ergänzt. Die frische, milde Tanninstruktur entwickelt sich mit einer gewissen Nachhaltigkeit. Ein Wein zum Genießen, den man schon jetzt trinken oder vier bis fünf Jahre aufheben kann.
- André Chatonnet, Chaigneau, 33500 Néac, Tel. 05.57.51.31.31, Fax 05.57.25.08.93 ⬛ 🍷 n. V.

CH. HAUT-SURGET 1994**

| | 22 ha | 100 000 | 50-70 F |

Dieses in der Gemeinde Néac gelegene Gut erzeugt regelmäßig sehr schöne Weine. Das ist auch der Fall bei diesem 94er mit der kräftigen purpurroten Farbe und dem komplexen Aroma von reifen Früchten und angesengtem Holz. Im Geschmack macht die runde, füllige Ansprache einer Empfindung von Stärke und Harmonie Platz, vor allem im Abgang. Ein sehr hübscher Wein, den man noch drei bis fünf Jahre im Keller reifen lassen sollte, der aber sicherlich viel länger altern kann.
- Ollet-Fourreau, Ch. Haut-Surget, 33500 Néac, Tel. 05.57.51.28.68, Fax 05.57.51.91.79 ⬛ 🍷 n. V.

CH. LABORDE 1994

| | 18 ha | 25 000 | 50-70 F |

Dieser 94er, dessen granatrote Farbe orangerote Reflexe zeigt, verdient eine lobende Erwähnung für sein erwachendes Bukett von getrockneten Früchten und Blumen und für seine sanfte, ausgewogene Tanninstruktur, die am Ende des Geschmackseindrucks noch ein wenig streng ist. Man kann ihn in zwei bis drei Jahren öffnen.
- J.M. Trocard, Laborde, 33500 Lalande-de-Pomerol, Tel. 05.57.74.30.52, Fax 05.57.74.39.96 ⬛ 🍷 n. V.

CH. LA BORDERIE-MONDESIR 1994**

| | 2,1 ha | 12 500 | 50-70 F |

Dieses auf Kiessand gelegene Château hat eine Bestockung, die genau ausgewogen ist zwischen Merlot und Cabernet Sauvignon. Beim 94er ist der hier erzeugte Wein bemerkenswert. Die tiefe, strahlende Farbe ist fast schwarz. Die

Libournais   Lalande de Pomerol

milden, fülligen Tannine entwickeln sich im Geschmack mit viel Stärke und Ausgewogenheit. Eine Flasche, die man drei bis fünf Jahre in seinem Keller reifen lassen sollte, um sie in Bestform zu genießen.
🍷 Vignobles Jean-Marie Rousseau, Petit-Sorillon, 33230 Abzac, Tel. 05.57.49.06.10, Fax 05.57.49.38.96 ☑ 🍷 n. V.

CH. LA CROIX BELLEVUE 1994

| | 8 ha | 50 000 | 🍾 | 70-100 F |

Dieser zu 70 % aus der Rebsorte Cabernet Sauvignon erzeugte 94er ist durch einen Duft nach roten Früchten, Menthol und Lakritze und eine fleischige, harmonische, wenn auch ein wenig kurze Tanninstruktur geprägt. Ein gefälliger Wein, der in zwei bis drei Jahren trinkreif ist.
🍷 SC Dom. viticoles Armand Moueix, Ch. Fonplégade, 33330 Saint-Emilion, Tel. 05.57.74.43.11, Fax 05.57.74.44.67 ☑ 🍷 tägl. 11h-19h ; Gruppen n. V.
🍷 GFA du Dom. de Moulinet

CH. LA CROIX BLANCHE 1994

| | 3,5 ha | 20 000 | 🍾 | 50-70 F |

Diesem Familiengut ist ein 94er gelungen, der Noten von roten Früchten und Gewürzen (Muskatnuß) bietet und füllige, wohlschmeckende Tannine mit einem langen, aromatischen Abgang entfaltet. Ein typischer Wein, den man in zwei bis fünf Jahren trinken sollte.
🍷 Maurice Vigier, Ch. Rêve d'Or, 33500 Pomerol, Tel. 05.57.51.11.92, Fax 05.57.51.87.70 ☑ 🍷 n. V.

CH. LA CROIX CHAIGNEAU 1994*

| | 10 ha | 60 000 | 🍾🍾 | 50-70 F |

Dieser 94er stammt von einem für die Region klassischen lehmig-kieseligen Boden. Er besitzt eine purpurrote Farbe und zeichnet sich vor allem durch die Eleganz seines Dufts nach roten Früchten, Gewürzen und Geröstetem aus. Ein im Geschmack sanfter und ausgewogener Wein, der voller Rundheit und vollkommen gelungen ist. Man kann ihn innerhalb der nächsten zwei bis drei Jahre genießen.
🍷 André Chatonnet, Chaigneau, 33500 Néac, Tel. 05.57.51.31.31, Fax 05.57.25.08.93 🍷 n. V.

CH. LA CROIX DES MOINES 1994*

| | 7 ha | 43 000 | 🍾🍾 | 50-70 F |

Dieser auf einem hübschen Kiessandboden gelegene Cru trägt sein schönen Namen, der mit diesem 94er aufgewertet wird. Er bietet Noten von vollreifen roten Früchten und einen vanilleartigen Holzton. Im Geschmack sind die frischen und zugleich kräftigen Tannine im Abgang gut verschmolzen und elegant. Ein Wein, den man schon jetzt genießen kann, der aber bei einer zwei- bis dreijährigen Lagerung noch besser wird.
🍷 Jean-Louis Trocard, 2, Les Petits Jays Ouest, 33570 Les Artigues-de-Lussac, Tel. 05.57.24.31.16, Fax 05.57.24.33.87 ☑ 🍷 tägl. ohne Sa, So 8h-12h30 14h-18h

CH. LA CROIX DU MOULIN 1994*

| | 9 ha | 60 000 | 🍾 | 50-70 F |

Mit seinem zwischen Merlot und Cabernet-Sorten ausgeglichenen Rebsatz bietet dieser 94er eine schillernde purpurrote Farbe und ein entfaltetes Bukett von Früchten (Kirschen) und Gewürzen, das von harzigen Noten begleitet wird. Nach einer fleischigen Ansprache entwickeln sich die Tannine kraftvoll und harmonisch. Ein Wein, den man in zwei und drei Jahren vollkommen würdigen kann.
🍷 A. Moueix et Fils, av. du Général-de-Gaulle, Port-du-Noyer, 33500 Arveyres-Libourne, Tel. 05.57.55.30.20, Fax 05.57.25.22.14 ☑ 🍷 n. V.

CH. LA FAURIE MAISON NEUVE 1994*

| | 4 ha | 23 000 | 🍾 | 50-70 F |

Dieser 94er, der von einem Kiessandboden stammt, hat eine intensive, tiefe Farbe und einen komplexen Duft nach schwarzen Johannisbeeren, Vanille, Kakao und Eukalyptus. Seine konzentrierte, runde Tanninstruktur ist im Abgang noch stark durch einen dominierenden Holzton geprägt. Das alles muß verschmelzen im Verlauf einer drei- bis sechsjährigen Lagerung im Keller harmonisch werden.
🍷 Michel Coudroy, Maison-Neuve, 33570 Montagne, Tel. 05.57.74.62.23, Fax 05.57.74.64.18 ☑ 🍷 n. V.

CH. LA FLEUR SAINT GEORGES 1994

| | 17 ha | 120 000 | 🍾 | 50-70 F |

Dieser Cru, der seit 1991 den AGF gehört, präsentiert beim 94er einen Wein mit einem eleganten, frischen Bukett von Konfitüre, Leder und Holzgeruch. Im Geschmack sind die Tannine köstlich, scheinen aber schon ein wenig entwickelt zu sein. Ein Wein, den man wahrscheinlich in den kommenden zwei bis fünf Jahren trinken sollte.
🍷 SC Ch. La Fleur Saint-Georges, B.P. 7, 33500 Pomerol, Tel. 05.56.59.41.72, Fax 05.56.59.93.22 ☑ 🍷 n. V.
🍷 AGF

CH. LA GRAVIERE 1994*

| | 5 ha | 28 000 | 🍾🍾 | 50-70 F |

Wie sein Name andeutet, befindet sich dieses Château auf einem schönen Kiessandboden. Es präsentiert einen 94er mit einer dunklen rubinroten Farbe, einem zarten Bukett von reifen Früchten und Unterholz und einer festen, kräftigen Struktur, die sicherlich ein wenig streng ist, aber eine schöne Zukunft vorhersagen läßt. Man sollte ihn drei bis fünf Jahre in seinem Keller liegenlassen.
🍷 SCE Cascarret, La Patache, 33500 Pomerol, Tel. 05.57.51.04.54, Fax 05.57.51.24.22 ☑ 🍷 n. V.

CH. DE LA MARECHAUDE 1994

| | 5 ha | 20 000 | 🍾🍾 | 50-70 F |

Dieser 94er kommt aus Parzellen, die auf einem lehmig-kiesigen Boden liegen. Gekennzeichnet ist er durch ein erwachendes Bukett von Früchten und Kaffee und im Geschmack durch eine füllige und ziemlich kräftige Struktur, die

Libournais / Lalande de Pomerol

aber im Abgang noch ein wenig streng ist. In zwei Jahren trinkreif.
- Norbert Egreteau, clos du Pèlerin, 1, Grand-Garrouilh, 33500 Pomerol, Tel. 05.57.74.03.66, Fax 05.57.25.06.17 V

CH. LE MANOIR 1994*

| | 2,2 ha | 10 000 | ▮ ◉ | 50-70 F |

Ein klassischer Rebsatz auf der Grundlage von Merlot (80 %) für diesen hübschen 94er mit der reintönigen, intensiven Farbe und dem recht fruchtigen Aroma : Erdbeeren, Himbeeren, Backpflaumen. Im Geschmack ist der Stoff dicht und elegant und hinterläßt einen nachhaltigen aromatischen Eindruck mit Vanillenote. Ein harmonischer Wein, den man innerhalb der nächsten zwei bis drei Jahre trinken sollte.
- Jean-Claude Giraud, 17, rue des Dagueys, 33500 Libourne, Tel. 05.57.74.00.41 V Ⱦ n. V.

CH. MONCETS 1994

| | 18 ha | 120 000 | ▮ ◉ | 50-70 F |

Dieses schöne Gut aus dem 18. Jh. erzeugt regelmäßig gute Weine, wie etwa diesen 94er mit dem zart holzigen Blütenduft und den runden, aromatischen Tanninen. Der im Augenblick ein wenig strenge Abgang dürfte bei einer zwei- bis vierjährigen Alterung verschmelzen.
- L.G. et E. de Jerphanion, Ch. Moncets, 33500 Néac, Tel. 05.57.51.19.33, Fax 05.57.51.56.24 V Ⱦ n. V.

DOM. DE MUSSET 1994

| | 10 ha | 60 000 | ◉ | 70-100 F |

Dieser an die Ehrungen durch unseren Weinführer gewöhnte Cru tritt beim 94er nicht auf der Stelle, aber der Wein, den er vorstellt, verdient eine lobende Erwähnung aufgrund der Qualität seines Aromas von schwarzen und roten Früchten und aufgrund seiner ausdrucksvollen, vanilleartigen Holznoten. Im Geschmack ist er sanft und elegant, zu wenig korpulent, um in die höhere Gruppe eingestuft zu werden. Man kann ihn trinken oder zwei bis vier Jahre aufheben.
- Vignobles Aubert, Ch. La Couspaude, 33330 Saint-Emilion, Tel. 05.57.40.15.76, Fax 05.57.40.10.14 V Ⱦ n. V.

CH. PERRON 1994

| | 15 ha | 80 000 | ◉ | 70-100 F |

Dieses hübsche, aus dem 17. Jh. stammende Gut präsentiert beim 94er einen Wein mit einer klaren rubinroten Farbe, einem entstehenden Bukett, das noch diskret ist, und Tanninen, die in der Ansprache lebhaft sind und sich füllig und kraftvoll entwickeln. Eine Flasche, die man in drei bis vier Jahren öffnen kann.
- Michel-Pierre Massonie, Ch. Perron, B.P. 88, 33503 Libourne Cedex, Tel. 05.57.51.40.29, Fax 05.57.51.13.37 V Ⱦ n. V.

DOM. PONT DE GUESTRES 1994*

| | 1,7 ha | 10 000 | ▮ ◉ ♦ | 50-70 F |

Dieser 94er stammt zu 100 % von Merlot-Reben, die auf einem sandig-kiesigen Boden angepflanzt sind. Er zeichnet sich durch eine tiefe Farbe, ein warmes Aroma von Früchten und getoastetem Brot und eine fleischige, kräftige, samtige Struktur aus. Ein charaktervoller, für die Appellation typischer Wein, den man in rund zwei bis drei Jahren genießen kann.
- Rémy Rousselot, Ch. Les Roches de Ferrand, 33126 Saint-Aignan, Tel. 05.57.24.95.16, Fax 05.57.24.91.44 V Ⱦ n. V.

CH. DE ROQUEBRUNE 1994

| | 4 ha | 2 000 | ▮ ◉ | 70-100 F |

Dieser zart blumige 94er verdient Beachtung wegen seiner Originalität und seiner Frische im Geschmack, in dem die liebenswürdigen, runden Tannnine schon jetzt für einen echten Genuß sorgen.
- Claude Guinjard, Les Galvesses Cidex 6, B.P. 10, 33500 Lalande-de-Pomerol, Tel. 05.57.51.44.54, Fax 05.57.51.44.54 V Ⱦ n. V.

DOM. DES SABINES 1994**

| | 1,4 ha | 8 000 | ◉ | 50-70 F |

Dieser nicht einmal 1,5 ha große Cru besitzt eine ideale Lage auf einem Kiessandboden, der hier zur Geltung kommt. Dieser 94er mit der intensiven granatroten Farbe besitzt ein kräftiges Aroma von reifen Früchten, Tabak und Leder. Die sanfte, fleischige Ansprache bietet einer kräftigen, ausgewogenen Struktur Platz, die sehr elegant und im Abgang frisch ist. Der Wein bietet unzweifelhaft ein großes Potential und wird sich in drei bis acht Jahren entfalten.
- SCEA Ch. Ratouin, René, 33500 Pomerol, Tel. 05.57.51.47.92, Fax 05.57.51.47.92 V Ⱦ n. V.

CH. SAINT-JEAN DE LAVAUD 1994

| | 0,98 ha | 5 000 | ▮ ◉ ♦ | 30-50 F |

Dieser knapp 1 ha große Mini-Cru ist beim 94er Jahrgang von Isabelle Motte übernommen worden. Die intensive rubinrote Farbe und der harmonisch fruchtige Duft sind verführerisch. Im Geschmack ist der Wein rund und ausgewogen, mit einem vanilleartigen, aber noch ein wenig strengen Abgang. Man sollte ihn innerhalb von zwei bis drei Jahren trinken.
- Isabelle Motte, Ch. Vieux Maillet, 33500 Pomerol, Tel. 05.57.51.04.67, Fax 05.57.51.04.67 V Ⱦ n. V.

CH. SERGANT 1994

| | k. A. | 100 000 | ◉ | 30-50 F |

Mit seinem diskret pfeffrigen und holzigen Aroma verdient dieser verführerische 94er Aufmerksamkeit. Seine sanfte, ausgewogene Tanninstruktur läßt ein echtes Vergnügen für den Weinfreund voraussagen, der nicht die Möglichkeiten hat, ihn allzu lang aufzuheben.
- SCEV Les Vignobles Jean Milhade, 6, Daupin, 33133 Galgon, Tel. 05.57.74.30.04, Fax 05.57.84.31.27 V

CLOS DES TEMPLIERS 1994

| | 11 ha | 65 000 | ▮ ◉ | 50-70 F |

Dieser hauptsächlich aus Cabernet-Trauben hergestellte 94er besitzt einen diskreten, fruchtigen Duft und runde, aromatische Tannine. Ein angenehmer Wein, den man schon jetzt trinken kann.
- SCEA ch. de Bourgueneuf, Bourgueneuf, 33500 Pomerol, Tel. 05.57.51.16.73, Fax 05.57.25.16.89 V Ⱦ n. V.
- M. Meyer

Libournais — Saint-Emilion

CH. TOUR DE MARCHESSEAU 1994*

| 6 ha | 40 000 | 50-70 F |

Dieser Cru gehört Jean-Louis Trocard, einer engagierten Persönlichkeit der Weinbranche von Bordeaux. Er bietet einen 94er von guter Erscheinung, mit einer strahlenden purpurroten Farbe und einem intensiven, fruchtigen (schwarze Johannisbeeren) und vanilleartigen Aroma. Im Geschmack rund und ausgewogen, ein moderner, sehr gut gemachter Wein mit langer Nachhaltigkeit. Ein Wein, den man in rund zwei Jahren genießen kann.

Jean-Louis Trocard, 2, Les Petits Jays Ouest, 33570 Les Artigues-de-Lussac, Tel. 05.57.24.31.16, Fax 05.57.24.33.87 Mo-Fr 8h-12h30 14h-18h

CH. TOURNEFEUILLE 1994

| 14 ha | 60 000 | 70-100 F |

Dieser auf einem lehmig-kiesigen Vorsprung gelegene Cru präsentiert beim 94er einen Wein mit einem diskreten, aber harmonischen Bukett von Gewürzen (Gewürznelken) und Holzgeruch. Seine sanften, verschmolzenen Tannine zeigen sich im Abgang ein wenig fest ! Eine Flasche, die man in den kommenden drei bis vier Jahren trinken sollte.

GFA Sautarel, Ch. Tournefeuille, 33500 Néac, Tel. 05.57.51.18.61, Fax 05.57.51.00.04 n. V.

CH. DE VIAUD 1994*

| 9 ha | 51 000 | 70-100 F |

Dieses aus dem 18. Jh. stammende Gut erzeugt regelmäßig Weine von großer Qualität. Dies ist erneut der Fall bei diesem 94er mit der klaren violetten Farbe und dem hochfeinen Bukett von frischen Früchten, Leder und Rauch. Im Geschmack entwickeln sich die köstlichen Tannine füllig und harmonisch. Ein erstklassiger Wein, den man in drei bis fünf Jahren genießen kann.

SCEA du Ch. de Viaud, 33500 Lalande-de-Pomerol, Tel. 05.57.51.17.86, Fax 05.57.51.79.77 n. V.

LES DAMES DE VIAUD 1994**

| 3 ha | 5 000 | 30-50 F |

Einmal ist keinmal : Dieser Zweitwein von Château de Viaud wird noch besser benotet als sein älterer Bruder. Die Jury hat nämlich seinen intensiven Duft mit rotfleischigen Früchten (schwarze Johannisbeeren, Heidelbeeren, Kirschen) und die Eleganz seiner fleischigen, frischen Tannine mit Mentholaroma geschätzt. Der sehr aromatische, nachhaltige Abgang bringt die Schlußnote von Harmonie und Ausgewogenheit. Ein Wein, den man jung genießen oder fünf bis zehn Jahre lassen kann.

SCEA du Ch. de Viaud, 33500 Lalande-de-Pomerol, Tel. 05.57.51.17.86, Fax 05.57.51.79.77 n. V.

CH. VIEUX CHEVROL 1994

| 20 ha | 110 000 | 50-70 F |

Dieser Wein präsentiert beim 94er eine purpurrote Farbe mit rubinroten Reflexen, einen eleganten Duft nach Leder und roten Früchten und eine sanfte, ausgewogene Tanninstruktur, die ihn schon jetzt anziehend macht.

Champseix, Vieux Chevrol, 33500 Néac, Tel. 05.57.51.09.80, Fax 05.57.25.35.05 n. V.

VIEUX CLOS CHAMBRUN 1994**

| 2,71 ha | 1 800 | 100-150 F |

Nach der Wahl zum Lieblingswein im letzten Jahr bestätigt dieser Cru sein Können mit diesem bemerkenswerten 94er. Die granatrote Farbe mit den leicht ziegelroten Reflexen ist strahlend. Das kräftige, frische Aroma erinnert an schwarze Johannisbeeren, Himbeeren und getoastetes Brot. Die kräftigen, milden Tannine sind sorgfältig von einem erstklassigen Holzgeschmack umhüllt, der dennoch ein wenig im Abgang dominiert. Ein Wein von großer Klasse, der noch im Verlauf einer vier- bis zehnjährigen Alterung im Keller ausgeglichener werden muß.

Jean-Jacques Chollet, La Chapelle, 50210 Camprond, Tel. 02.33.45.19.61, Fax 02.33.45.35.54 n. V.

CH. VIEUX DUCHE 1994

| k. A. | k. A. | 30-50 F |

Dieser 94er hat eine schon entwickelte orangerote Farbe, einen eleganten, bukettreichen Duft und eine harmonische, typische, wenn auch im Abgang ein wenig leichte Struktur. Ein Wein, den man innerhalb der kommenden zwei bis fünf Jahre trinken sollte.

Cheval Quancard, rue Barbère, 33440 Ambarès, Tel. 05.56.33.80.60, Fax 05.56.33.80.70 n. V.

Saint-Emilion und Saint-Emilion grand cru

Saint-Emilion, das auf den Hängen eines Hügels über dem Tal der Dordogne liegt, ist ein bezaubernder, friedlicher Weinbauort (3 300 Einwohner). Doch es ist auch ein geschichtsträchtiger Ort. Als Station auf dem Jakobsweg nach Santiago de Compostela, befestigte Stadt im Hundertjährigen Krieg und später Zufluchtsort für die Girondisten, als ihre Deputierten aus dem Konvent verbannt wurden, besitzt sie zahlreiche Zeugnisse, die an ihre Vergangenheit erinnern. Der Sage nach geht der Weinbau auf die römische Epoche zurück ; damals sollen hier Legionäre die ersten Reben angepflanzt haben. Aber seinen richtigen Anfang nahm das Anbaugebiet, zumindest als es eine gewisse Ausdehnung hatte, erst im 13. Jh. Wie auch immer - Saint-Emilion ist heute der Mittelpunkt eines der berühmtesten

Saint-Emilion

Libournais

Weinbaugebiete der Welt. Dieses verteilt sich auf neun Gemeinden und enthält eine Vielzahl von Böden. Rund um Saint-Emilion liefern das Kalksteinplateau und ein lehmig-kalkhaltiger Hang (von dem zahlreiche Crus classés stammen) Weine von schöner Farbe, die körperreich und kräftig gebaut sind. An den Grenzen zu Pomerol bringt der Kiessandboden Weine hervor, die sich durch ihre große Feinheit auszeichnen (dieses Gebiet weist ebenfalls zahlreiche Grands crus auf). Aber den größten Teil der Appellation Saint-Emilion bilden die Böden, die aus sandigen Anschwemmungen bestehen und zur Dordogne hin abfallen; sie erzeugen gute Weine. Bei den Rebsorten kann man ein deutliches Übergewicht der Merlot-Rebe feststellen, die durch Cabernet franc, der in dieser Gegend auch Bouchet genannt wird, und in geringerem Maße durch Cabernet Sauvignon ergänzt wird.

Eine der Besonderheiten von Saint-Emilion ist seine Klassifizierung. Sie ist ziemlich jung (sie stammt erst von 1955) und wird regelmäßig und systematisch revidiert (die erste Überprüfung wurde 1958 durchgeführt, die bislang letzte 1996). Die Appellation Saint-Emilion können alle Weine in Anspruch nehmen, die in der Gemeinde Saint-Emilion sowie in acht weiteren Gemeinden in der Umgebung erzeugt werden. Die zweite Appellation, Saint-Emilion grand cru, ist somit mit keinem festgelegten Anbaugebiet, sondern mit einer Auslese der Weine verbunden; diese müssen anspruchsvolleren Qualitätskriterien genügen, die durch eine Weinprobe bestätigt werden. Die Weine müssen eine zweite Weinprobe durchlaufen, bevor sie auf Flaschen abgefüllt werden. Unter den Weinen der Appellation Saint-Emilion grand cru werden die Châteaux ausgewählt, die klassifiziert werden. 1986 wurden 74 von ihnen klassifiziert, davon elf als Premiers grands crus. Diese teilen sich in zwei Gruppen auf: A für zwei von ihnen (Ausone und Cheval Blanc) und B für die elf übrigen. Anmerken muß man, daß die Union des producteurs de Saint-Emilion zweifellos die größte französische Winzergenossenschaft ist, die sich in der Anbauzone einer großen Appellation befindet. 1996 waren 2 196 ha als AOC Saint-Emilion und 3 244 ha als Grand cru deklariert. 1994 (der verkostete Jahrgang) lag die Gesamtproduktion bei 297 870 hl, davon 170 000 hl als Grand cru. 1994 umfaßte die Anbaufläche 5 486 ha, von denen 3 439 ha als Grand cru eingestuft waren. Etwas mehr als 12 % werden von den Crus classés erzeugt, während die elf Premiers crus 2,8 % ausmachten.

Die Weinprobe des Hachette-Weinführers galt innerhalb der Appellation Saint-Emilion grand cru nicht pauschal für alle Weine. Eine Kommission hat die Weine der Appellation Saint-Emilion grand cru classé (ohne Unterscheidung der Premiers crus classés) ausgewählt; eine andere Kommission hat die Weine der Appellation Saint-Emilion grand cru verkostet. Die vergebenen Sterne entsprechen somit diesen beiden Kriterien.

Gebiet von Saint-Émilion

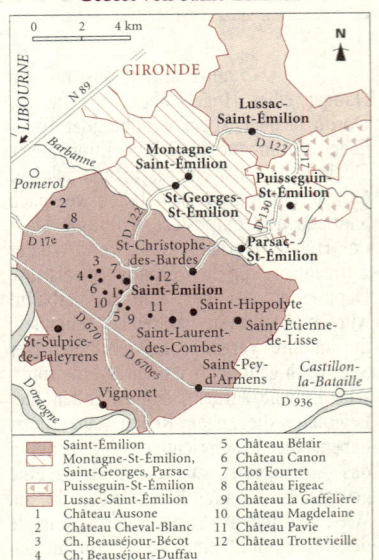

Saint-Émilion
Montagne-St-Émilion, Saint-Georges, Parsac
Puisseguin-St-Émilion
Lussac-Saint-Émilion

1 Château Ausone
2 Château Cheval-Blanc
3 Ch. Beauséjour-Bécot
4 Ch. Beauséjour-Duffau
5 Château Bélair
6 Château Canon
7 Clos Fourtet
8 Château Figeac
9 Château la Gaffelière
10 Château Magdelaine
11 Château Pavie
12 Château Trottevieille

Saint-Emilion

CH. BARBEROUSSE 1994*

7 ha   45 000   30-50 F

Dieser Cru repräsentiert ein Drittel der Weinberge, die von der Familie Puyol im Gebiet von Saint-Emilion bewirtschaftet werden. Merlot ist mit 70 % auf Kiesel- und Kiessandböden vertreten. Das gilt auch für den 94er. Er hat eine schöne, dichte purpurrote Farbe und ein tiefes,

Libournais — Saint-Emilion

nachhaltiges Bukett mit fruchtigen, mentholartigen Nuancen. Seine sehr gute Ausgewogenheit im Geschmack stützt sich auf einen runden Bau und kräftige Tannine, die ihm eine gute Lagerung garantieren.

☛ GAEC Jean Puyol et Fils, Ch. Barberousse, 33330 Saint-Emilion, Tel. 05.57.24.74.24, Fax 05.57.24.62.77 ☑ ⌘ n. V.

CH. BELLECOMBE 1994

| | 1 ha | k. A. | 🍷🍷🍷 | 30-50 F |

Dieser sehr kleine Weinberg in Vignonet besteht zu 90 % aus Merlot noir, der auf Sandboden mit eisenhaltigem Unterboden angepflanzt ist. Sein sehr ausdrucksvoller 94er hat eine hübsche rubinrote Farbe. Das sehr komplexe Bukett vereint fruchtige Noten (schwarze Johannisbeeren), einen vanilleartigen Holzton und eine sehr ausgeprägte Butternote. Im Geschmack verbinden sich die Rundheit der Merlot-Traube und das Gerüst des Eichenholzes. Ein in kleiner Menge erzeugter, aber charaktervoller Wein.

☛ Jean-Marc Carteyron, 22, allée de la Palombière, 33610 Cestas, Tel. 05.56.78.10.26, Fax 05.56.78.10.26 ☑ ⌘ n. V.

CLOS BELLE ROSE 1994*

| | 0,9 ha | 2 000 | 🍷🍷 | 50-70 F |

Dieser kleine Weinberg, der nicht einmal einen Hektar umfaßt, trotzt der Urbanisierung mitten in der Stadt Libourne. François Faurie, der während der Woche als Fotograf und am Sonntag als Winzer arbeitet, pflegt seinen Besitz und erledigt alles selbst, vom Rebschnitt bis zur Flaschenabfüllung. Nach einem 90er, der zum Lieblingswein gewählt wurde, und einem sehr gelungenen 93er ist er mit dem 94er erneut ausgewählt worden, der einen Stern erhält. Die dunkle, dichte Farbe, Kirschrot mit karminroten Reflexen, und das subtile Bukett mit den Holznoten sind elegant. Die Tannine von reifen Trauben vereinigen sich auf angenehme Weise mit den feinen, vanilleartigen Tanninen vom Ausbau im Holzfaß. Die gute Struktur bürgt für die Zukunft.

☛ François Faurie, Dom. de la Jalousie, 23, rue Pierre-Benoît, 33500 Libourne, Tel. 05.57.74.15.57 ☑ ⌘ n. V.

CH. BOIS CARDINAL 1994

| | 10 ha | 4 500 | 🍷🍷 | 30-50 F |

Der Zweitwein von Château Fleur Cardinale (Saint-Emilion grand cru) hat seinen ersten Auftritt in unserem Weinführer mit diesem 94er, dessen granat- bis karminrote Farbe schon entwickelte Reflexe zeigt. Das entstehende Bukett erinnert an Früchte in Alkohol mit frischeren Unterholznoten. Im Geschmack ist er recht ausgewogen, besitzt aber noch feste Tannine. Er braucht zwei bis drei Jahre, um sich zu entfalten.

☛ Claude et Alain Asséo, Ch. Fleur Cardinale, 33330 Saint-Etienne-de-Lisse, Tel. 05.57.40.14.05, Fax 05.57.40.28.62 ⌘ n. V.

CH. BOIS GROULEY 1994

| | k. A. | 15 000 | 🍷 | 30-50 F |

Dieses Gut in Familienbesitz, das sich auf den sandig-kiesigen Böden von Saint-Sulpice befindet, erzeugt einen für diese Böden recht typischen Wein. Die hübsche, dunkle Farbe erinnert an Bigarreau-Kirschen. Duft nach reifen Trauben, Gewürzen und Leder. Im Geschmack voll und kräftig gebaut. Man kann schon anfangen, diesen 94er zu trinken, aber er ist zu einer mehrjährigen Lagerung fähig.

☛ Louis Lusseau, 276, Bois Grouley, 33330 Saint-Sulpice-de-Faleyrens, Tel. 05.57.24.74.03 ☑ ⌘ n. V.

CHEVAL NOIR 1994

| | 5 ha | k. A. | 🍷🍷🍷 | 50-70 F |

Seit 1937 erzeugt die Firma Mähler-Besse unter dieser Marke einen ehrlichen, seriösen Saint-Emilion. Das gilt auch für diesen 94er, der seiner Appellation und seinem Jahrgang gut entspricht. Die rubin- bis granatrote Farbe beginnt sich ein wenig zu entwickeln. Das sich bildende Bukett zeigt Noten von roten Früchten und Brombeeren, mit leichten Holznoten. Der sanfte Geschmack mit den fein holzbetonten Tanninen besitzt eine schöne Länge. Dieser schon gefällige Wein kann einige Jahre lagern.

☛ SARL Ch. Cheval Noir, 49, rue Camille Godard, 33026 Bordeaux, Tel. 05.56.56.04.30, Fax 05.56.56.04.59 ⌘ n. V.

CLOS PETIT MAUVINON 1994

| | 1,5 ha | 6 000 | | 30-50 F |

Die Frauen regieren Petit Mauvinon seit drei Generationen. Bernadette Castells bewirtschaftet diesen kleinen Weinberg, der sich auf einem Boden mit Anschwemmungen über einer Kalksteinschicht befindet. Im 94er zeigt er ein leicht karminrotes Kirschrot und ist im Duft noch fruchtig und würzig. Im Geschmack zeigt er sich sanft, mit einem leichten Bittermandelaroma. Gut strukturiert durch schon samtige Tannine. Er dürfte recht bald trinkreif sein.

☛ Bernadette Castells, Clos Petit Mauvinon, 33330 Saint-Sulpice-de-Faleyrens, Tel. 05.57.24.75.89, Fax 05.57.24.66.40 ☑ ⌘ n. V.

CH. COTE PUYBLANQUET 1994

| | 11 ha | 50 000 | 🍷 | 30-50 F |

Dieser Weinberg besitzt eine schöne Lage auf den lehmig-kalkhaltigen Böden über dem Dorf Saint-Etienne-de-Lisse. Der Wein hat eine rubinbis purpurrote Farbe. Das erwachende Bukett bietet Noten von roten Früchten, Efeu und Heu. Im Geschmack findet man das Aroma des Geruchseindrucks wieder, zusammen mit schon sanften Tanninen. Dieser 94er dürfte recht bald trinkreif sein.

☛ Christian Bertoni, Puyblanquet, 33330 Saint-Etienne-de-Lisse, Tel. 05.57.40.18.35, Fax 05.57.40.19.04 ⌘ n. V.

LA GRANDE CUVEE DE DOURTHE 1994

| | k. A. | k. A. | 🍷🍷 | 50-70 F |

Diese Grande Cuvée ist eine Auslese von Weinen des Anbaugebiets, die von der Firma Dourthe, einem großen Handelsunternehmen im Bordelais, vorgenommen, ausgebaut und abgefüllt wird. Dieser Wein hat eine hübsche, lebhafte, strahlende kirschrote Farbe. Er ist fein holzbetont und duftet nach getoastetem Brot und

KLASSIFIZIERUNG 1996 DER GRANDS CRUS VON SAINT-EMILION

SAINT-ÉMILION, PREMIERS GRANDS CRUS CLASSES

A Château Ausone
  Château Cheval-Blanc

B Château Angelus
  Château Beau-Séjour (Bécot)
  Château Beauséjour
  (Duffau-Lagarrosse)

Château Belair
Château Canon
Château Clos Fourtet
Château Figeac
Château La Gaffelière
Château Magdelaine
Château Pavie
Château Trottevieille

SAINT-EMILION, GRANDS CRUS CLASSES

Château Balestard La Tonnelle
Château Bellevue
Château Bergat
Château Berliquet
Château Cadet-Bon
Château Cadet-Piolat
Château Canon-La Gaffelière
Château Cap de Mourlin
Château Chauvin
   Clos des Jacobins
   Clos de L'Oratoire
   Clos Saint-Martin
Château Corbin
Château Corbin-Michotte
Château Couvent des Jacobins
Château Curé Bon La Madeleine
Château Dassault
Château Faurie de Souchard
Château Fonplégade
Château Fonroque
Château Franc-Mayne
Château Grandes Murailles
Château Grand Mayne
Château Grand Pontet
Château Guadet Saint-Julien
Château Haut Corbin
Château Haut Sarpe
Château La Clotte
Château La Clusière

Château La Couspaude
Château La Dominique
Château La Marzelle
Château Laniote
Château Larcis-Ducasse
Château Larmande
Château Laroque
Château Laroze
Château L'Arrosée
Château La Serre
Château La Tour du Pin-Figeac
   (Giraud-Belivier)
Château La Tour du Pin-Figeac
   (Moueix)
Château La Tour-Figeac
Château Le Prieuré
Château Matras
Château Moulin du Cadet
Château Pavie-Decesse
Château Pavie-Macquin
Château Petit-Faurie-de-Soutard
Château Ripeau
Château Saint-Georges Côte Pavie
Château Soutard
Château Tertre Daugay
Château Troplong-Mondot
Château Villemaurine
Château Yon-Figeac

Libournais / Saint-Emilion

Gewürzen. Mit seiner klaren Ansprache und seinen runden, harmonischen Tanninen bildet er einen zauberhaften, gefälligen Wein, den man schon jetzt trinken kann. Aus der gleichen Familie gewinnt die Firma Kressmann eine 94er Kressmann Grande Réserve Saint-Emilion, die die gleiche Note erhält.
- Dourthe, 35, rue de Bordeaux,
33290 Parempuyre, Tel. 05.56.35.53.00,
Fax 05.56.35.53.29 ☑ ☒ n. V.

CH. FRANC LE MAINE 1994

| 11,73 ha | 86 100 | 50-70 F |

Die leichte, strahlende Farbe, ein Karminrot mit scharlachroten Reflexen, zeigt die Entwicklung dieses Weins an, der für die Kieselböden der Appellation charakteristisch ist. Das Bukett ist intensiv und enthält Noten von überreifen Früchten und Gewürzen. Dieser im Geschmack sehr sanfte 94er gleicht einen Mangel an Struktur durch sanfte, angenehme Tannine aus, die es erlauben, daß man ihn unverzüglich trinkt.
- UDP de Saint-Emilion, Haut-Gravet,
B.P. 27, 33330 Saint-Emilion,
Tel. 05.57.24.70.71, Fax 05.57.24.65.18 ☒ Mo-Sa 8h-12h 14h-18h
- SCE Franc Le Maine

CH. FRANC PINEUILH 1994*

| 1,38 ha | 10 000 | 30-50 F |

Dieser auf lehmig-kalkhaltigen Böden angelegte Weinberg hat 80 % Merlot und 20 % Cabernet kombiniert, um diesen sehr gelungenen 94er zu erzeugen. Die purpurrote Farbe ist sehr gelungen. Das schon komplexe Bukett wird von einem sehr weinigen Aroma roter Früchte (Kirschen) und Leder- und Tabaknoten beherrscht. Der recht stattliche Geschmack besitzt verschmolzene, samtige Tannine, viel Fülle und Geschmeidigkeit und einen langen, nachhaltigen Abgang. Ein vielversprechender Wein, der schon viel Vergnügen bereiten kann.
- EARL Vignobles Jean-Paul Deson,
33330 Saint-Christophe-des-Bardes,
Tel. 05.57.24.77.40, Fax 05.57.74.46.34 ☑ ☒ n. V.

DOM. DES GOURDINS 1994*

| 1,7 ha | 10 000 | 50-70 F |

Dieser knapp eindreiviertel Hektar große Cru gehört zu den zahlreichen Weinbergen der Vignobles J.-P. Estager im Libournais. Er befindet sich auf Sandböden, die sich auf eisenhaltigem Kiessand ausbreiten. Sein 94er hat eine hübsche, dichte, kräftige rubinrote Farbe und kommt in der Nase mit einem Röstgeruch und würzigen und röstartigen Gerüchen zum Ausdruck, die von einer Ledernote begleitet werden, wenn man das Glas schwenkt. Im Geschmack rund, kräftig, ausgewogen und nachhaltig mit seinem Aroma von reifen Früchten und gutem Holz. Man kann ihn bald trinken oder zwei bis drei Jahre aufheben.
- Jean-Pierre Estager, 33-41, rue de Montaudon, 33500 Libourne,
Tel. 05.57.51.04.09, Fax 05.57.25.13.38 ☑ ☒ n. V.
- Héritiers Coudreau

CH. GRAND BERT 1994

| 8 ha | 45 000 | 30-50 F |

Die Familie Lavigne bewirtschaftet mehrere Crus im Libournais. Dieser hier liegt in Saint-Sulpice-de-Faleyrens und besteht zu 80 % aus Merlot und zu 20 % aus Bouchet (Cabernet franc), die auf sandig-kiesigen Böden angepflanzt sind. Das Ergebnis ist ein Wein mit dunkler Farbe. Er ist im Duft wie auch im Geschmack fruchtig. Sein Gerüst besteht aus noch jungen Tanninen, die sich aber gut entwickeln dürften.
- SCEA Lavigne, Lieu-dit Tuillac,
33350 Saint-Philippe-d'Aiguilhe,
Tel. 05.57.40.60.09, Fax 05.57.40.66.67 ☑ ☒ n. V.

CH. HAUTES VERGNES 1994

| 5,77 ha | 8 400 | 30-50 F |

Dieses Gut in Familienbesitz liegt südwestlich von Saint-Emilion, nahe bei dem Menhir von Pierrefitte. Der Weinberg ist zu 60 % mit Merlot und zu 40 % mit Bouchet bestockt, die auf sandig-kiesigen Böden wachsen. Das ergibt einen angenehmen, typischen 94er. Seine rubin- bis granatrote Farbe zeigt einige Reflexe von Entwicklung. Das Bukett ist noch fruchtig und würzig, von der Cabernet-Traube geprägt. Der sanfte Geschmack bietet ein Aroma von roten Früchten und feine Tannine. Dieser schon gefällige Wein dürfte sich in den nächsten Jahren gut entwickeln.
- Michel Nicoulaud, Ch. Hautes Vergnes,
33330 Saint-Emilion, Tel. 05.57.74.03.04,
Fax 05.57.74.03.04 ☑

CH. HAUT GROS CAILLOU 1994*

| k. A. | 50 000 | 50-70 F |

Das Vorhandensein von großen Kieselsteinen im sandigen Boden, der Spuren von Lehm und Kalk enthält, hat dem Cru seinen Namen gegeben. Geprägt durch 80 % Merlot, der auf warmen Böden wächst, entfaltet dieser Wein mit dem kräftigen, ziemlich lebhaften Granatrot ein weiniges Bukett von sehr reifen roten Früchten, mit Kaffee- und Ledernoten. Im Geschmack ist er kräftig und warm und enthüllt verschmolzene, seidige Tannine und einen leicht würzigen Abgang. Ein bezaubernder Wein, den man zwei bis drei Jahre lagern sollte.
- SCEA Haut Gros Caillou, 33330 Saint-Sulpice-de-Faleyrens, Tel. 05.56.62.66.16,
Fax 05.56.76.93.30 ☑ ☒ n. V.
- A. Thiénot et J. François

CH. HAUT-RENAISSANCE 1994**

| 3 ha | 20 000 | 30-50 F |

SAINT-ÉMILION
Château
Haut-Renaissance
APPELLATION SAINT-ÉMILION CONTRÔLÉE
1994
S.C.E.A. des Vignobles Denis Barroud
St Sulpice de Faleyrens - Gironde - France
ALC. 12,5% BY VOL.   750ML
MIS EN BOUTEILLE AU CHÂTEAU
PRODUCE OF FRANCE

Libournais — Saint-Emilion

Dieser in unserem Weinführer sehr regelmäßig erwähnte Cru hat einen bemerkenswerten 94er erzeugt, der unsere Verkoster verführt hat. Er entstammt einer Auslese von Merlot-Trauben, die auf einem lehmig-kalkhaltigen Boden wachsen, und ist im Barriquefaß ausgebaut worden. Er besitzt eine schöne, dunkelrubinrote Farbe. Sein noch jugendliches Bukett ist intensiv und komplex, sehr merlottypisch. Dieser gleichzeitig kräftige, runde, elegante und wohlschmeckende Wein zeigt feine Tannine, die ihm eine schöne Zukunft garantieren. Ein Wein von großer Harmonie.
• SCEA des Vignobles Denis Barraud, Ch. Haut-Renaissance, 33330 Saint-Sulpice-de-Faleyrens, Tel. 05.57.84.54.73, Fax 05.57.84.57.05 ◼ ⏐ Mo-Fr 8h-12h 14h-18h

LE SECOND DE HAUT SARPE 1994

| 1,86 ha | 13 500 | 70-100 F |

Dieser 94er, der Zweitwein des Grand cru classé Château Haut-Sarpe, wird noch vom Holzton des Ausbaus beherrscht. Die strahlende, lebhafte Farbe ist von mittlerer Intensität. Das Bukett ist kräftig, mit Vanille- und Karamelnoten, die mit würzigen Gerüchen und einem Sauerkirschenaroma vermischt sind. Der Geschmack ist zuerst sanft und seidig und entwickelt sich dann lang mit Tanninen, die vom Holz herrühren und ein schönes Gerüst sicherstellen. Man muß warten, bis der Holzton mit dem Wein verschmilzt.
• Sté d'Exploitation du Ch. Haut-Sarpe, B.P. 192, 33506 Libourne Cedex, Tel. 05.57.51.41.86, Fax 05.57.51.76.83 ◼ ⏐ n. V.

CH. HAUT-VEYRAC 1994

| 7 ha | 33 300 | 30-50 F |

Dieser auf lehmig-kalkhaltigen Böden gelegene Cru hat sich verändert, denn die Rebsorten Cabernet franc (Bouchet), Cabernet Sauvignon und Malbec (Côt) machen heute fast die Hälfte der Bestockung aus. Das ergibt einen Wein, der eine hübsche kirschrote Farbe, feine Noten von roten Früchten im Duft und schon seidige Tannine im Geschmack bietet. Er dürfte recht bald gut zu trinken sein. Dieser Wein wird von der Firma A. De Luze verkauft.
• A. de Luze et Fils, Dom. du Ribet, 33450 Saint-Loubès, Tel. 05.57.97.07.20, Fax 05.57.97.07.27
• Claverie

CH. JUPILLE CARILLON 1994

| 7,36 ha | 6 000 | 30-50 F |

Auf diesem Gut, das auf braunen sandig-kiesigen Böden liegt, dominiert Merlot mit 80 % gegenüber 20 % Bouchet (Cabernet franc). Der 94er wurde von unseren Verkostern als in seinem Jahrgang gut gelungen beurteilt. Seine Farbe ist hell, leicht entwickelt. Wenn man das Glas schwenkt, entfaltet er mentholartige, fruchtige und tierische Gerüche. Er ist im Geschmack gut strukturiert, mit noch fruchtigen Aromen, und dürfte recht bald trinkreif sein.
• SCEA des Vignobles Visage, Jupille, 33330 Saint-Sulpice-de-Faleyrens, Tel. 05.57.24.62.92, Fax 05.57.24.69.40 ◼ ⏐ n. V.

CH. LA FLEUR GARDEROSE 1994

| 2,4 ha | 17 000 | 30-50 F |

Dieser kleine Cru bietet eine für die Appellation klassische Bestockung : 70 % Merlot, auf lehmig-kiesigen Böden angepflanzt. Dieser 94er mit der schönen, lebhaften rubinroten Farbe erscheint noch sehr jugendlich. Das diskrete Bukett ist dennoch warm und verbindet tierische Noten mit dem Aroma von roten Früchten. Dieser im Geschmack ausgewogene, sanfte Wein wird bald trinkreif sein.
• GAEC Pueyo Frères, 15, av. de Gourrinat, 33500 Libourne, Tel. 05.57.51.71.12, Fax 05.57.51.82.88 ◼ ⏐ n. V.

CH. LA SABLIERE 1994*

| k. A. | 20 000 | 50-70 F |

Dieser Wein, der zu drei Vierteln aus Merlot und zu einem Viertel aus Cabernet hergestellt worden ist, erzeugt auf Kiesel- und Kiessandböden, ist eine Auslese des Hauses Sichel in Frankreich von der Firma Coste in Langon vertrieben wird. Er besitzt eine hübsche rubinrote Farbe und ist im Duft entfaltet, mit eleganten Blütennoten. Im Geschmack ist er zuerst sanft und füllig und verfügt über feine, verschmolzene Tannine, die für eine schöne Ausgewogenheit sorgen. Man kann ihn bald trinken.
• Robert Avezou, 33330 Saint-Emilion, Tel. 05.56.63.50.52

CLOS LE BREGNET 1994*

| 7,17 ha | k. A. | 30-50 F |

Dieser 94er präsentiert sich gut mit einer dunklen, tiefen Farbe, die granatrote Reflexe zeigt. Er entfaltet ein harmonisches, komplexes Bukett, das ein Aroma von sehr reifen Früchten (Backpflaumen) mit Zimt-, Kaffee- und Lederdüften verbindet. Im Geschmack ist er kräftig, weinig und füllig und enthüllt eine schöne Konzentration mit sehr reifen Tanninen von großer Länge.
• Jean-Michel et Arlette Coureau, Le Brégnet, 33330 Saint-Sulpice-de-Faleyrens, Tel. 05.57.24.76.43 ◼ ⏐ Mo-Sa 8h-20h

CH. LE SABLE 1994

| k. A. | 20 000 | 50-70 F |

Wie sein Name andeutet, befindet sich dieser Weinberg, der 80 % Merlot und 20 % Bouchet enthält, auf den Sandböden von Saint-Laurent-des-Combes, südöstlich von Saint-Emilion. Das Ergebnis ist ein liebenswürdiger 94er mit einer Farbe, die einige Reflexe von Entwicklung zeigt, und einem feinen, fruchtigen Bukett (pürierte Erdbeeren). Er ist im Geschmack gut gebaut, elegant und zugleich typisch. Ein besonderer Stil.
• Yves et Jean-Jacques Viaud, SARL La Cave de Larchevesque, Au Sable, 33330 Saint-Laurent-des-Combes, Tel. 05.57.24.67.78, Fax 05.57.24.71.31 ◼ ⏐ n. V.

CH. LES FOUGERES 1994

| 7,19 ha | 38 133 | 50-70 F |

Der Weinberg gehört Michel Valadier. Er liegt in Saint-Hippolyte und besteht zu fast 80 % aus Merlot, der auf kiesigen Böden wächst. Hergestellt und vertrieben wird der Wein von der

Libournais — Saint-Emilion

Genossenschaft von Saint-Emilion. Wir haben seine hübsche granatrote Farbe mit den Entwicklungsreflexen, sein Bukett mit den Leder- und Gewürznoten und seinen geschmeidigen, warmen Körper geschätzt. Dieser schon gefällige 94er dürfte sich in den allernächsten Jahren gut entwickeln.

• UDP de Saint-Emilion, Haut-Gravet, B.P. 27, 33330 Saint-Emilion, Tel. 05.57.24.70.71, Fax 05.57.24.65.18 Mo-Sa 8h-12h 14h-18h
• Michel Valadier

CH. LES VIEUX MAURINS 1994

| | 8 ha | 50 000 | | 30-50 F |

Dieser seit ein paar Jahren von unseren Experten regelmäßig berücksichtigte Cru bestätigt seine Qualität mit einem sehr gelungenen 94er, der die gesamte Produktion dieses Guts in Familienbesitz darstellt. Sein Steckbrief? Eine schöne, intensiv purpurrote Farbe mit einigen granatroten Reflexen. Ein erwachendes Bukett, das noch fruchtig (Himbeeren) ist, und ein sanfter, fleischiger, warmer Geschmack, dessen feine, elegante Tannine sich in den nächsten Jahren gut entwickeln dürften.

• Michel et Jocelyne Goudal, Les Vieux-Maurins, 33330 Saint-Sulpice-de-Faleyrens, Tel. 05.57.24.62.96, Fax 05.57.24.65.03 n. V.

CH. MOULIN DES GRAVES 1994*

| | 9,87 ha | 74 000 | | 50-70 F |

Mit 80 % Merlot sowie 10 % Cabernet franc und 10 % Cabernet Sauvignon, die auf eisenhaltigen Sand- und Kiesböden angepflanzt sind, hat dieser Cru einen für den Jahrgang in der Appellation typischen 94er erzeugt. Das schon ausdrucksvolle Bukett verbindet den Duft von reifen Früchten mit Röst- und Gewürznuancen von gutem Holz und Lakritze- und Mentholnoten. Dieser im Geschmack runde, sanfte Wein ist bald trinkreif.

• Jean-Frédéric Musset, Hautes Graves d'Arthus, 33330 Vignonet, Tel. 05.57.84.53.15, Fax 05.57.84.53.15 n. V.

CH. PATARABET Vieilli en fût 1994*

| | 7,32 ha | 50 000 | | 50-70 F |

Dieser auf Sand, Kiessand und eisenhaltigem Unterboden angelegte Cru, der zu 70 % Merlot und 30 % Cabernet franc besteht, zeugt in der Qualität seiner Weine von einer sehr schönen Regelmäßigkeit. Zeuge dafür ist dieser 94er mit einer hübschen purpurroten Farbe, die leicht entwickelte Reflexe zeigt, einem zart holzigen Bukett und dem Aroma von kleinen roten Steinfrüchten. Der Geschmack ist noch ein wenig von einem sehr guten Holzton geprägt, aber die Konzentration dieses Weins dürfte es ihm ermöglichen, sich in den kommenden Jahren gut zu entwickeln.

• SCE du Ch. Patarabet, 33330 Saint-Emilion, Tel. 05.57.24.74.73 tägl. 8h-12h 14h-19h

CH. PEREY-GROULEY 1994*

| | 4,08 ha | 25 000 | | 30-50 F |

Dieser Weinberg, der sich seit vier Generationen in Familienbesitz befindet, ist zu 80 % mit Merlot bestockt und liegt auf den Sand- und Kiessandböden von Saint-Sulpice. Der Wein hat eine schöne, klare rubinrote Farbe. Sein schon intensives, komplexes Bukett bietet eine schöne Folge von tierischen Noten, vanilleartigen Holznuancen und Kernaromen. Der gut strukturierte Geschmack wird von Tanninen beherrscht, die vom Holz herrühren und noch fest, aber für die Zukunft interessant sind.

• EARL Vignobles F. et A. Xans, Ch. Perey-Grouley, 33330 Saint-Sulpice-de-Faleyrens, Tel. 05.57.24.73.17, Fax 05.57.24.63.61 n. V.

CH. PETIT BOUQUEY 1994

| | 7,51 ha | 40 000 | | 50-70 F |

Der zu 80 % mit Merlot bestockte Weinberg in Familienbesitz liegt auf den Kiesel- und Kiessandböden von Saint-Hippolyte. Der Wein wird von der Genossenschaft von Saint-Emilion hergestellt und verkauft. Ein gelungener 94er, dessen hübsche Farbe rubinrote und granatrote Reflexe zeigt. Das sich bildende Bukett ist noch fruchtig und mentholartig. Dieser Wein ist im Mund ausgewogen. Dank seines frischen, zarten Geschmacks wird er recht bald angenehm zu trinken sein.

• UDP de Saint-Emilion, Haut-Gravet, B.P. 27, 33330 Saint-Emilion, Tel. 05.57.24.70.71, Fax 05.57.24.65.18 Mo-Sa 8h-12h 14h-18h
• Pierre Bordron et Fils

DOM. DU SABLE 1994*

| | 1,1 ha | 6 000 | | 30-50 F |

Wie sein Name anzeigt, befindet sich dieser Cru auf sandigen Böden. Seine über 40 Jahre alten Rebstöcke bestehen aus 80 % Merlot und 20 % Cabernet franc. Der Wein besitzt eine schöne purpurrote Farbe mit Entwicklungsreflexen und ein geöffnetes, elegantes Bukett von roten Früchten, getrockneten Aprikosen und getoastetem Brot. Er ist in der Ansprache sanft und füllig und entfaltet im Geschmack reife, volle, harmonische Tannine. Subtiler, bezaubernder Gesamteindruck. Man kann ihn schon jetzt oder innerhalb der nächsten zwei bis drei Jahre trinken.

• Joël Appollot, Troquart, 33570 Montagne, Tel. 05.57.74.61.62, Fax 05.57.74.45.33 n. V.
• F. Tourriol

CH. TOINET-FOMBRAUGE 1994*

| | 6,53 ha | 6 000 | | 30-50 F |

Dieser 94er bietet eine kräftige, dunkle Farbe mit granatroten Reflexen. Im Geruchseindruck ist er sehr ausdrucksvoll und entfaltet einen Duft nach Unterholz, Trüffeln und Leder sowie würzige Noten. Im Geschmack ist die Ansprache weinig und füllig. Die reifen, runden, samtigen Tannine, die sehr elegant sind, garantieren einen langen, seidigen Abgang. Ein schöner Wein, der zwei bis drei Jahre lagern sollte.

• Bernard Sierra, Toinet-Fombrauge, 33330 Saint-Christophe-des-Bardes, Tel. 05.57.24.77.70, Fax 05.57.24.76.49 tägl. 9h-12h 15h-19h

Libournais

Saint-Emilion grand cru

CH. TONNERET 1994*

■ 3,2 ha 7 300 ■ ❙❙ 30-50 F

Dieses kleine Gut, das sich seit 1933 im Besitz der Familie befindet, ist überwiegend mit alten Merlot-Reben bestockt, die auf lehmig-kalkhaltigen und kieselhaltigen Böden wachsen. Die Arbeiten im Weinberg und die Vinifizierung sind traditionell, mit Ausbau in Barriquefässern, von denen ein Viertel neue Fässer sind. Nach einem 93er, den wir als bemerkenswert beurteilt haben, bestätigt dieser Cru seine Qualität durch einen sehr gelungenen 94er mit einer dunklen rubinroten Farbe und einem schon ausdrucksvollen Bukett (reife Trauben und angesengtes Holz). Die Ansprache ist sanft und rund, das Fleisch zart; die Tannine verleihen eine gute Lagerfähigkeit.

⌐ Jackie Gresta, Tonneret, 33330 Saint-Christophe-des-Bardes, Tel. 05.57.24.60.01 ✓
✠ n. V.

CH. VIEUX CASTEL-ROBIN 1994

■ 7 ha 45 000 ■ ♦ 30-50 F

Das Gut gehört der Familie Gaury. Es befindet sich auf dem lehmig-kalkhaltigen Böden von Saint-Christophe-des-Bardes und ist zu 75 % mit Merlot, zu 15 % mit Cabernet-Sorten und zu 10 % mit Malbec bestockt. Der Wein wird von der Firma Yvon Mau, einem in der Gironde wohlbekannten Weinhändler, verkauft. Er hat die Aufmerksamkeit unserer Jury durch seine noch jugendliche purpurrote Farbe und seine Noten von roten Früchten und Tabak im Duft erregt. Sein Geschmack ist fruchtig. Sein für einen 94er noch ein wenig festes Tanningerüst dürfte sich gut entwickeln.

⌐ SA Yvon Mau, rue André-Dupuy-Chauvin, B.P. 1, 33190 Gironde-sur-Dropt,
Tel. 05.56.61.54.54, Fax 05.56.61.54.61
⌐ Gaury et Fils

CH. VIEUX LABARTHE 1994

■ 9,07 ha 66 400 ■ ♦ 50-70 F

Dieser Wein ist aus 70 % Merlot und 30 % Cabernet franc zusammengestellt worden, die auf Kiesel- und kieselig-kiesigen Böden wachsen. Das entstehende Bukett, das fein und fruchtig ist, bereitet gut auf einen ausgewogenen Geschmack vor, der eine gute, im Abgang noch ein wenig feste Struktur enthüllt.

⌐ UDP de Saint-Emilion, Haut-Gravet, B.P. 27, 33330 Saint-Emilion,
Tel. 05.57.24.70.71, Fax 05.57.24.65.18 ✠ Mo-Sa 8h-12h 14h-18h
⌐ GAEC ch. Vieux Labarthe

Saint-Emilion grand cru

CH. AUSONE 1994*

■ 1er gd cru A 6 ha k. A. ■ ❙❙ ♦ +200 F
|61| |64| |66| |75| |76| |78| |79| |80| |81| ⑧② |83| |85| |86| |87| |88| ⑧⑨ |90| |92| |93| |94|

Einer der letzten gemeinsamen Jahrgänge, denn 1997 verkaufte die Familie Vauthier den gesamten Cru an Madame Dubois-Challon, als aufgrund der Angebote einer sehr mächtigen Gruppe drohte, daß sie die Leitung des Châteaus, das seit mehr als 250 Jahren im Besitz ihrer Familie ist, verlieren würde. Kommen wir auf den Wein von 1994 zurück. Ein charaktervoller Wein, der aufgrund seiner sehr dunklen granatroten Farbe klassisch ist, aber durch das Bukett überrascht, das Backpflaumen, Leder sowie mineralische und lakritzeartige Noten mischt. Der körperreiche und zugleich samtige Geschmack klingt mit festen, zart holzigen Tanninen aus. Der Verkoster, der diesen Wein benotete, schrieb : »Ich sagte heute : ein Stern, aber in zehn Jahren wird er vielleicht zwei davon verdienen.« Das ist oft die Regel bei Ausone, aber wie soll man das bei einer Blindprobe wissen?

⌐ Indivision Ch. Ausone, Ch. Ausone, 33330 Saint-Emilion, Tel. 05.57.24.70.26,
Fax 05.57.74.47.39 ✠ n. V.
⌐ Dubois-Challon et Vauthier

CH. BAGNOLS 1994*

■ 8 ha 50 000 ■ ❙❙ 50-70 F
|89| 90 92 |93| 94

Die Familie Lafaye bewirtschaftet mehrere Crus, von denen dieser hier überwiegend mit Merlot (75 %) bestockt ist und sich auf einem lehmig-kalkhaltigen Boden befindet. Ein schönes, reintöniges Rubinrot erregt das Interesse an diesem 94er. Die Folgeeindrücke enttäuschen nicht : Das entstehende Bukett ist schon komplex ; es besteht aus schwarzen Früchten und Gewürzen mit einem Hauch von Menthol. Der Geschmack zeigt sich kraftvoll und ausgeprägt. Die noch ein wenig festen Tannine werden diesem rassigen Wein eine gute Entwicklung sichern.

⌐ Vignobles Lafaye Père et Fils, Ch. Viramon, 33330 Saint-Etienne-de-Lisse,
Tel. 05.57.40.18.28, Fax 05.57.40.02.70 ✓ ✠ n. V.

CH. BALESTARD LA TONNELLE 1994**

■ Gd cru clas. 10,6 ha 64 000 ■ ❙❙ 100-150 F
|83| |85| |86| |88| |89| |90| 92 94

Dieser Cru, der schon von François Villon im 15. Jh. erwähnt wurde, hat seinen Namen »Balestard« von einem Domherrn des Kapitels von Saint-Emilion ; »la Tonnelle« bezieht sich auf einen Turm, der noch immer mitten auf dem Gut steht. Dieses erzeugt einen bemerkenswerten 94er. Er besitzt eine schöne, dunkle bordeauxrote Farbe und entfaltet im Duft ein noch fruchtiges Aroma. Im Geschmack rund und füllig, strukturiert durch lakritzeartige Tannine, die ihm eine gute Alterung ermöglichen dürften. Er ist sehr vielversprechend.

⌐ SCEA Capdemourlin, Ch. Roudier, 33570 Montagne, Tel. 05.57.74.62.06,
Fax 05.57.74.59.34 ✓ ✠ n. V.

CH. BEARD 1994

■ 7,75 ha 49 000 ❙❙ 50-70 F

Dieser 1858 entstandene Cru, der auf lehmig-kalkhaltigen und sandigen Böden liegt, besitzt eine traditionelle Bestockung. Das Ergebnis ist ein Wein mit einer dunklen, klaren Farbe, die einige orangerote Reflexe zeigt. Im Geruchsein-

Libournais — Saint-Emilion grand cru

druck ist er noch zurückhaltend, aber dennoch frisch und fruchtig. Sanft und ausgewogen im Geschmack. Er wird innerhalb kurzer Zeit angenehm zu trinken sein.
↪ SCEA Héritiers Goudichaud, Ch. Béard, 33330 Saint-Laurent-des-Combes, Tel. 05.57.24.72.96, Fax 05.57.24.61.88 ◼ ⊤ n. V.

CH. BEAUSEJOUR 1994*

■ 1er gd cru B   7 ha   23 000   ⦿ 150-200F
|74| |75| |76| |78| |79| |80| |81| |82| |83| |85| |86| |87| (88) |89| (90) |91| |92| |93| 94

Ein 7 ha großes Gut, das zu 55 % mit Merlot und zu 45 % mit Cabernet bepflanzt ist und die westlich von Saint-Emilion gelegenen Hänge einnimmt. Die Verbindung eines bemerkenswerten Bodens (Lehm und Kalkstein mit fossilen Seesternen), einer außergewöhnlichen Lage und einer gewissenhaften Arbeit ergibt einen großen Wein. Der 94er erweist sich nicht unwürdig: schöne granatrote Farbe mit karminrotem Schimmer, erwachendes, schon komplexes Bukett (blumig, fruchtig, mit Wildbretnoten und vanilleartigem Holzton), sehr solider Geschmack. Ein noch strenger Wein, der aber ein beachtliches Alterungspotential hat.
↪ SC Ch. Beauséjour, Héritiers Duffau-Lagarrosse, 33330 Saint-Emilion, Tel. 05.57.24.71.61, Fax 05.57.74.48.40 ◼ ⊤ n. V.

CH. BEAU-SEJOUR BECOT 1994**

■ Gd cru clas. 16,52 ha   74 000   ⦿ 150-200F
|70| |71| |75| |78| |79| |81| |82| |83| |85| (86) |87| |88| |89| |90| |91| |92| |93| 94

Beau-Séjour Bécot hat gerade eine große Schlacht gewonnen, indem es in der 1996 erlassenen Klassifizierung von Saint-Emilion einen Rang als Premier cru classé B wiedererlangte. Auch wenn dieser 94er kein Anrecht auf diese Auszeichnung hat, rechtfertigt er vollauf diese Rückkehr, denn er ist ein bemerkenswerter Erfolg. Das dunkle, tiefe Rubinrot hat schöne violette Reflexe. Das ausdrucksvolle, komplexe Bukett entfaltet ein Röstaroma mit Vanille- und Kakaonuancen und dann, wenn man das Glas schwenkt, Noten von Wild. Der im Geschmack runde, samtige Wein besitzt eine Tanninstruktur, die eine lange Lagerung vorhersehen läßt.
↪ G. et D. Bécot, Ch. Beau-Séjour Bécot, 33330 Saint-Emilion, Tel. 05.57.74.46.87, Fax 05.57.24.66.88 ◼ ⊤ n. V.

CH. BELREGARD FIGEAC 1994**

■   1,76 ha   11 500   ⦿ 50-70F

Die Pueyos, die seit vier Generationen Winzer sind, bewirtschaften diesen kleinen Cru. Ihr Wein wird im Weinführer zwar oft berücksichtigt, aber der 94er ist besser gelungen als die letzten Jahrgänge. Die Jury schätzte seine dunkle, jugendliche Farbe, seinen intensiven, komplexen Duft, der noch sehr fruchtig ist, und seinen runden, seidigen Geschmack, der durch feine, holzige Tannine strukturiert wird und im Abgang ein Vanillearoma zeigt. Ein ausgewogener, vielversprechender Wein.
↪ GAEC Pueyo Frères, 15, av. de Gourrinat, 33500 Libourne, Tel. 05.57.51.71.12, Fax 05.57.51.82.88 ◼ ⊤ n. V.

CH. BERLIQUET 1994*

■ Gd cru clas.   8 ha   46 518   ⦿ 100-150F
|89| |91| 92 93 94

Dieser sehr alte, nach Südwesten liegende Cru befindet sich auf der Hochfläche von Saint-Martin und oben auf den Hängen. Er ist zu zwei Dritteln mit Merlot bestockt, ergänzt durch Cabernet-Reben und auf lehmig-kalkhaltigen und alten Sandböden angepflanzt. Er bietet uns einen sehr gelungenen 94er von tiefer, kräftiger rubinroter Farbe. Das ausdrucksvolle, elegante Bukett ist durch schwarze Früchte (schwarze Johannisbeeren und Brombeeren) geprägt; wenn man den Wein im Glas schwenkt, kommen Röstnoten zum Vorschein. Der in der Ansprache runde, fleischige Geschmack entwickelt sich dann mit dichten, sanften Tanninen, die im Abgang noch ein wenig fest sind, aber eine lange Alterung verdienen.
↪ SCEA du ch. Berliquet, Berliquet, 33330 Saint-Emilion, Tel. 05.57.24.70.48, Fax 05.57.24.70.24 ◼ ⊤ n. V.
↪ Patrick de Lesquen

CH. BERNATEAU 1994*

■   12 ha   k. A.   ⦿ 50-70F

Dieses hübsche, 16,5 ha große Gut befindet sich auf dem lehmig-kalkhaltigen Hang von Saint-Etienne-de-Lisse. Die Rebsorte Merlot macht hier über 80 % der Bestockung aus. Dieser 94er ist sehr gelungen: gewinnende Erscheinung, rubin- oder kirschrote Farbe, fruchtiger, an Gebratenes erinnernder Geruchseindruck, Aroma von reifen Früchten (schwarze Johannisbeeren, Erdbeeren) mit feinem Holzton, sanfter, warmer, zarter Geschmack. Seine noch ein wenig feste Tanninstruktur dürfte es ihm ermöglichen, in den kommenden fünf Jahren gut zu altern.
↪ Régis Lavau, Ch. Bernateau, 33330 Saint-Etienne-de-Lisse, Tel. 05.57.40.18.19, Fax 05.57.40.27.31 ◼ ⊤ n. V.

CH. CADET-BON 1994**

■   6,4 ha   26 000   ⦿ 100-150F
90 |92| 93 94

Dieser Cru nimmt einen Teil des lehmig-kalkhaltigen Hügels Le Cadet, nördlich von Saint-Emilion, ein. Er ist in der Klassifizierung von 1996 zu einem Grand cru classé hochgestuft worden. Der 94er wurde als bemerkenswert beurteilt mit seinem hübschen, dunklen Bordeauxrot und seinem noch sehr fruchtigen, an Sauerkirschen erinnernden Bukett, auf das ein vornehmer Holzton folgt. Der Geschmack besitzt eine feine Ansprache und entfaltet dann eine schöne Fülle und ein fruchtiges und vanilleartiges Aroma, bevor er mit erstklassigen Tanninen vom Holz ausklingt. Ein vielversprechender Wein.
↪ Sté Loriene, 1, Le Cadet, 33330 Saint-Emilion, Tel. 05.57.74.43.20, Fax 05.57.24.66.41 ◼ ⊤ n. V.

CH. CADET-PEYCHEZ 1994

■   1,2 ha   6 000   ⦿ 50-70F

Ein kleiner Weinberg (etwas mehr als ein Hektar), dessen Besitzer Faurie de Souchard, einen Crand cru classé haben. Der 94er kündigt sich durch eine hübsche purpurrote Farbe mit leicht

Libournais — Saint-Emilion grand cru

ziegelroten Reflexen an. Der interessante, feine, komplexe Duft verbindet kandierte Früchte und Gewürze. Der sanfte, verschmolzene Geschmack zeigt Feinheit. Ein trinkreifer Wein.
↱ Françoise Sciard, Ch. Faurie de Souchard, 33330 Saint-Emilion, Tel. 05.57.74.43.80, Fax 05.57.74.43.96 ☑ ☓ Mo, Di, Do, Fr 9h-16h
↱ GFA Jabiol-Sciard

CH. DE CANDALE 1994**

| ■ | k. A. | 28 000 | ⅡⅠ | 50-70F |

Der Weinberg befindet sich auf dem Boden der alten Burgvogtei der Grafen von Candale, die im Mittelalter sehr mächtig waren. Der Wein, der im zweiten Jahr hintereinander zwei Sterne erhält, enthüllt das gute Qualitätspotential des Cru. Die Farbe ist gefällig, ein dunkles Bordeauxrot. Der Duft zeigt sich schon reichhaltig und rassig, mit einem Aroma von gekochten Früchten (Backpflaumen) und schwarzen Johannisbeeren sowie leichtem Holzton. Der sanfte, füllige, warme Geschmack ist fruchtig und wird durch feine, vanilleartige Tannine vom Faßholz strukturiert. Ein 94er, der kräftig und zart zugleich ist.
↱ M.-L. Dugos, Ch. de Candale, 33330 Saint-Laurent-des-Combes, Tel. 05.57.24.72.97, Fax 05.57.24.68.31 ☑ ☓ tägl. 8h-12h30 14h-19h
↱ Jean Dugos

CH. CANON 1994*

| ■ 1er gd cru B | 17 ha | 70 000 | ⅡⅠ | 150-200F |

89 90 94

Einer der letzten Jahrgänge, die von Eric Fournier hergestellt worden sind, der dieses Gut 1996 an die Familie Wertheimer, Besitzer der Firma Chanel, verkaufte. 17 ha, die zu 55 % mit Merlot und zu 45 % mit Bouchet auf einem lehmig-kalkhaltigen Boden bestockt sind, haben einen sehr gelungenen 94er geliefert: schöne, kräftige rubinrote Farbe und schon ausdrucksvolles Bukett mit reifen Früchten, Vanille, balsamischen Noten und verschmolzenem Holzton. Dieser durch elegante, feine Tannine strukturierte Wein bietet einen warmen Geschmack.
↱ SC ch. Canon, B.P. 22, 33330 Saint-Emilion, Tel. 05.57.24.70.79, Fax 05.57.24.68.00 ☓ n. V.

CH. CAP DE MOURLIN 1994*

| ■ Gd cru clas. | 13,36 ha | 70 000 | ■ ⅡⅠ | 70-100F |

81 ⑧② 83 85 |86| |88| |89| |90| |91| |92| 93 94

Seit 1982 hat die Familie Capdemourlin die Einheit dieses Weinguts wiederhergestellt, das sie seit fünf Jahrhunderten besitzt. Die 30 Jahre alten Rebstöcke sind oben auf lehmig-kalkhaltigen Böden und unten auf Sand über einem Ortssteinboden angepflanzt. Er hat eine dunkle Farbe und ist im Duft konzentriert und noch ein wenig verschlossen; wenn man das Glas schwenkt, machen sich Noten von kandierten Früchten (Merlot-Trauben, Sauerkirschen) bemerkbar, gefolgt von einem Hauch von Tiergeruch. Im Geschmack ist er rund, voll und kräftig gebaut und zeigt eine gute Ausgewogenheit zwischen dem Wein und dem Holz. Sein vanilleartiger Abgang muß verschmelzen.
↱ SCEA Capdemourlin, Ch. Roudier, 33570 Montagne, Tel. 05.57.74.62.06, Fax 05.57.74.59.34 ☑ ☓ n. V.

CH. CAPET DUVERGER 1994

| ■ | 7,67 ha | 40 000 | ■ ♦ | 50-70F |

Ein 94er mit einer leichten, strahlenden karminroten Farbe. Im Duft blumig, mit Noten von gerösteten Haselnüssen. Dank der Rundheit seiner Tannine ist dieser Wein sanft und angenehm. Er ist schon trinkreif.
↱ UDP de Saint-Emilion, Haut-Gravet, B.P. 27, 33330 Saint-Emilion, Tel. 05.57.24.70.71, Fax 05.57.24.65.18 ☓ Mo-Sa 8h-12h 14h-18h
↱ EARL Héritiers Duverger

CH. CARTEAU COTES DAUGAY 1994*

| ■ | 12,3 ha | 70 000 | ■ ⅡⅠ ♦ | 50-70F |

82 83 86 |88| |89| |90| 91 |92| |93| 94

Ein hübsches, rund 13 ha großes Gut, das auf den ersten Hängen von Saint-Emilion liegt, wenn man von Libourne her kommt. Es gehört der Familie Bertrand, die bestrebt ist, die Weinbautraditionen zu bewahren, während sie gleichzeitig das Beste von den neuen Techniken übernimmt. Sein 92er erregte Aufsehen. Der 94er zeigt eine schöne, dunkle, lebhafte rote Farbe und enthüllt ein komplexes Bukett, das Holznoten von getoastetem Brot und ein Aroma reifer Früchte verbindet. In der Ansprache ist er sanft und rund und entwickelt sich auf warme Weise, bietet einen gut strukturierten Abgang, der von den Tanninen des Holzfasses angenehm unterstützt wird.
↱ Jacques Bertrand, Ch. Carteau, côtes Daugay, 33330 Saint-Emilion, Tel. 05.57.24.73.94, Fax 05.57.24.69.07 ☑ ☓ n. V.

CH. DU CAUZE 1994

| ■ | 20 ha | 120 000 | ⅡⅠ | 50-70F |

85 88 89 90 |92| 93 94

Ein schönes Weingut (24 ha) auf lehmig-kalkhaltigem Boden. Merlot macht 90 % der Bestockung aus. Der Wein wird von unseren Experten regelmäßig ausgewählt. Dieser 94er mit der hübschen rubin- bis kirschroten Farbe bietet ein rassiges Bukett, das fruchtig und holzbetont ist. Im Geschmack ist er ausgewogen und fein, strukturiert durch noch ein wenig feste Tannine, die sich in den nächsten vier bis fünf Jahren gut entwickeln dürften.
↱ Famille Laporte-Bayard, 33330 Saint-Emilion, Tel. 05.57.74.62.47, Fax 05.57.74.59.12 ☑ ☓ n. V.

CH. CHAMPION 1994

| ■ | 7 ha | 25 000 | ■ ⅡⅠ ♦ | 50-70F |

85 86 88 |90| |92| 93 |94|

Die Bourrigauds erzeugen einen Château-Vieux-Grand-Faurie, der von der Jury lobend erwähnt wurde, und diesen Champion. Dieser 94er, der von einem lehmig-kalkhaltigen Boden stammt, kündigt sich durch ein schönes, kräftiges Bordeauxrot an. Das Bukett ist noch fruchtig; wenn man den Wein im Glas schwenkt, zeigen sich Holznoten. Die Fruchtigkeit und den Holzton findet man in einem ausgewogenen Geschmack wieder, der verschmolzene Tannine besitzt. Er ist schon jetzt gefälliger Wein, den man während der kommenden Jahre servieren kann.

Libournais   Saint-Emilion grand cru

•┐SCEA Bourrigaud et Fils, Ch. Champion,
33330 Saint-Christophe-des-Bardes,
Tel. 05.57.74.43.98, Fax 05.57.74.41.07 ◼ ⊺ tägl.
9h-11h 15h-19h

DOM. CHANTE ALOUETTE CORMEIL 1994*

| ◼ | 9 ha | 35 000 | ⬛ | 50-70 F |

⑧² **83 85 86** |88| |89| 90 91 93 94

Einer der beiden Crus von Yves Delol. Dieser hier liegt auf sandigen Böschungen mit eisenhaltigem Untergrund. Er hat einen 94er hervorgebracht, der eine strahlende rubin- bis karminrote Farbe besitzt und im Duft noch fruchtig (Erdbeeren) und zart holzig ist. Er ist in der Ansprache sanft und warm und bietet Tannine, die schon liebenswürdig sind. Diesem Wein mangelt es nicht an Feinheit. Typisch für einen Jahrgang und seine Appellation.

•┐EARL vignobles Yves Delol, Ch. Gueyrosse,
33500 Libourne, Tel. 05.57.51.02.63,
Fax 05.57.51.93.39 ◼ ⊺ n. V.

CH. CHAUVIN 1994*

| ◼ Gd cru clas. 11,79 ha | 45 000 | ⬛ ⬛ | 100-150 F |

Dieser Cru befindet sich mitten auf dem sandigen Erosionshang. In der dunklen, tiefen granatroten Farbe dieses 94ers findet man viel Jugendlichkeit. Das konzentrierte, weinige Bukett enthüllt ein Aroma von roten Früchten, das mit einem Röst- und Vanillegeruch vermischt ist. Dieser im Geschmack sehr spürbare, gehaltvolle und kräftige Wein ist noch ein wenig streng und fest, aber sein Alterungspotential ist gewaltig.

•┐Héritiers Ondet, Ch. Chauvin, 33330 Saint-Emilion. Tel. 05.57.24.76.25,
Fax 05.57.74.41.34 ◼ ⊺ n. V.

CH. CHEVAL BLANC 1994**

| ◼ 1er gd cru A | k. A. | k. A. | ⬛ | +200 F |

61 64 66 69 |70| **71** 72 73 74 |75| **76** 77 |78| |79|
80 |81| |82| **83 85 86** |87| **88 89** ⑨⁰ |92| **93 94**

Dieser Premier grand cru classé A ist immer bemerkenswert. Übrigens wurde er im letzten Jahr mit der Goldenen Weintraube von Hachette ausgezeichnet. Diese unvergleichliche Qualität geht sicherlich auf seine besondere Reblage zurück, die aus Kiessand besteht, vermischt mit Sand und Lehm über einem eisenhaltigen Unterboden - wie bei seinen unmittelbaren Nachbarn in Pomerol. Sie beruht vielleicht auch auf dem hohen Anteil an Cabernet franc in der Bestok-

kung. Man spürt auch die Gewissenhaftigkeit der Menschen, die diesen großen Wein herstellen. Der 94er hat alles, um zu verführen : eine dunkle Farbe, ein konzentriertes, elegantes Bukett und einen warmen, fleischigen, gehaltvollen Geschmack, der mit sehr feinen Tanninen von den Trauben und dem Faßholz ausklingt. Zusätzlich eine sehr starke Persönlichkeit.

•┐SC du Cheval Blanc, Ch. Cheval Blanc,
33330 Saint-Emilion, Tel. 05.57.55.55.55,
Fax 05.57.24.55.50 ⊺ n. V.

CH. CLOS DE SARPE 1994

| ◼ | 3,06 ha | 74 500 | ⬛ | 70-100 F |

Dieser 94er verlockt durch eine hübsche Erscheinung : dunkle, klare granatrote Farbe, reichhaltiges, feines Bukett, das frische, würzige Noten bietet. Er ist sanft und rund und entfaltet fette, verschmolzene Tannine, die bis zum Abgang deutlich zu spüren sind und eine gute Lagerung sicherstellen dürften.

•┐SCA Beyney, Ch. Clos de Sarpe,
33330 Saint-Christophe-des-Bardes,
Tel. 05.57.24.72.39, Fax 05.57.74.47.54 ◼ ⊺ n. V.

CH. CLOS DES JACOBINS 1994*

| ◼ Gd cru clas. | 8,43 ha | 55 000 | ⬛ ⬛ | 100-150 F |

75 76 78 79 80 **82 83** 84 |85| **86 87** |88| |89| |90|
|91| |92| |93| 94

Dieser Cru, der seit 1964 Eigentum der Domaines Cordier ist, befindet sich auf Böden äolischen Ursprungs, die sich vor etwa 600 000 Jahren während der Mindel-Eiszeit abgelagert haben. Dieser durch 85 % Merlot noir geprägte 94er besitzt eine hinreißende, überaus strahlende rubinrote Farbe. Er ist im Geruchseindruck fein und komplex und verströmt einen zart holzigen Duft mit Röst- und Rauchnoten, würzigen und milden Gerüchen und fruchtigen Aromen. Sanft, elegant und harmonisch - diesen fleischigen, ausgewogenen Wein kann man in vier bis fünf Jahren genießen.

•┐Domaines Cordier, 53, rue du Dehez,
33290 Blanquefort, Tel. 05.56.95.53.00,
Fax 05.56.95.53.01 ◼

CLOS FOURTET 1994**

| ◼ 1er gd cru B | 20 ha | 50 000 | ⬛ | 100-150 F |

70 71 73 74 |75| **76** |78| |79| 80 **81** 82 |83| **85** |86|
|87| |88| |89| **90 91 92 93 94**

Dieser »Clos«, der etwa 50 m von der Kirche von Saint-Emilion entfernt liegt, ist wirklich von einer Steinmauer umgeben. Er befindet sich an

263   BORDELAIS

Libournais — Saint-Emilion grand cru

der Stelle eines alten befestigten Römerlagers - daher auch sein Name »Fourtet«. Er gehört den drei Brüdern Lurton und ihrer Schwester, einer im Weinbaugebiet von Bordeaux berühmten Familie. Der sehr seriöse Wein dieses Cru wird im Weinführer regelmäßig berücksichtigt. Wie der 91er wurde auch der 94er der Wahl zum Lieblingswein für würdig erachtet: Seine schöne, sehr dunkle bordeauxrote Farbe, sein konzentriertes Bukett mit Noten von Kernen und vanilleartigem Holzton und sein eleganter und zugleich kräftig gebauter Geschmack mit den rassigen Tanninen ergeben einen bemerkenswerten Wein, der lagerfähig ist. Ein zugänglicher großer Wein.
⌁ Clos Fourtet, 33330 Saint-Emilion, Tel. 05.57.24.70.90, Fax 05.57.74.46.52 ⌁ n. V.
• Lurton Frères et Mme Noël

CH. CORBIN 1994

■ Gd cru clas. 12,66 ha 81 000 ⌁ 70-100 F
64 66 75 78 79 81 (82) |83| |85| |86| 87 |88| |89| |90| |91| 92 93 94

Ein schönes Weingut, das seit 1924 im Besitz der Familie Giraud ist. Der Weinberg ist zu 72 % mit Merlot und zu 28 % mit Cabernet franc bestockt. Der Wein hat eine hübsche rubinrote Farbe mit karminrotem Schimmer und ein Bukett, das durch das Barriquefaß gekennzeichnet ist (Röst-, Gewürz- und Karamelnoten). Der Geschmack erinnert ebenfalls an Geröstetes (Kaffee, Kakao) und Holz. Bei alledem fehlt nicht die Feinheit. Die schon bezaubernden Tannine vom Holzfaß dürften es möglich machen, daß man diesen 94er in den nächsten Jahren trinkt.
⌁ SC des Dom. Giraud, 1, Grand-Corbin, 33330 Saint-Emilion, Tel. 05.57.74.48.94, Fax 05.57.74.47.18

CH. CORBIN MICHOTTE 1994

■ Gd cru clas. 6,8 ha 40 000 ⌁ 100-150 F
81 82 83 |85| 86 87 |88| |89| |90| |91| |92| 93 94

Dieses Schloß, das während der englischen Besatzung dem »schwarzen Prinzen« gehörte und danach verfiel, wurde 1959 von J.-N. Boidron gekauft, der an der Universität Önologie lehrt. Die dichte kirschrote Farbe mit den purpurroten Reflexen und das kräftige Bukett von reifen Früchten, das mit Röstnoten von gutem Holz vermischt ist, weisen auf die schöne Reife dieses 94ers hin. Der füllige, runde Geschmack ist harmonisch, so daß man diesen Wein in zwei Jahren trinken kann.
⌁ Jean-Noël Boidron, Ch. Corbin Michotte, 33330 Saint-Emilion, Tel. 05.57.51.64.88, Fax 05.57.51.56.30 ⌁ n. V.

CH. CORMEIL-FIGEAC 1994*

■ 10 ha 50 000 ⌁ 70-100 F
82 83 |86| 88 |89| |90| 91 92 94

Dieser Weinberg wurde in uralter Zeit angelegt! Der 94er verlockt das Auge durch seine strahlende, elegante Farbe. In der Nase entfaltet er ein ehrliches, fruchtiges Aroma, das mit feinen Holznoten vermischt ist. Im Mund enthüllt er einen angenehmen, rassigen Untergrund, der ihn zu einem hübschen vielversprechenden Wein macht.
⌁ SCEA Cormeil-Figeac-Magnan, B.P. 49, 33330 Saint-Emilion, Tel. 05.57.24.70.53, Fax 05.57.24.68.20 ⌁ n. V.

CH. COUDERT-PELLETAN
Vieilli en fût de chêne neuf 1994

■ 3 ha 20 000 ⌁ 50-70 F
86 |88| |92| 93 94

Dieser auf den lehmig-kalkhaltigen Hängen von Saint-Christophe-des-Bardes liegende Cru gehört zu einem großen Gut (56 ha), das auch einen weiteren Saint-Emilion und einen Côtes de Castillon erzeugt. Dieser dunkle, leicht entwickelte 94er besitzt einen weinigen Duft, der von Vanille-, Gewürz- und Pfeffernoten begleitet wird. Da er über eine gute Struktur verfügt, muß er noch ein wenig altern.
⌁ GAEC Jean Lavau et Fils, Ch. Coudert-Pelletan, 33330 Saint-Christophe-des-Bardes, Tel. 05.57.24.77.30, Fax 05.57.24.66.24 ⌁ Mo-Fr 8h-12h 14h-18h; Sa, So. n. V.

CH. CRUZEAU 1994

■ 4,4 ha 26 000 ⌁ 50-70 F

Das Château mit den spitzen Türmchen wurde im 16. Jh. von Amanieu de Labat erbaut, der Richter von Libourne war. Dieser 94er besitzt eine schöne Erscheinung und entfaltet ein weiniges, würziges Bukett. Er ist sanft und rund und entwickelt sich dank guter Tannine auf angenehme Weise. Ein schon jetzt gefälliger Wein.
⌁ J.L.G. Luquot, 152, av. de l'Epinette, 33500 Libourne, Tel. 05.57.51.18.95, Fax 05.57.25.10.59 ⌁ n. V.

CH. CURE-BON 1994

■ Gd cru clas. 4,2 ha 15 000 ⌁ 100-150 F
92 93 94

Dieser südlich der Stadt liegende Weinberg ist sieben Jahrhunderte lang im Besitz der Familie Bon geblieben. 1992 wurde er Marceline und Bernard Gans überlassen. Die Bestockung besteht aus 70 % Merlot und 30 % Cabernet franc, die auf Kalkstein mit fossilen Seesternen wachsen. Der Wein hat eine hübsche, lebhafte bordeauxrote Farbe. Er ist noch fruchtig, himbeerartig und öffnet sich zu röstartigen Holznoten. Im Geschmack zeigt er sich warm und elegant, mit einer Palette fruchtiger und holziger Aromen, die es erlauben, ihn bald zu trinken.
⌁ Sté Loriene, 1, Le Cadet, 33330 Saint-Emilion, Tel. 05.57.74.43.20, Fax 05.57.24.66.41 ⌁ n. V.

CH. DARIUS 1994*

■ 6,6 ha 42 000 ⌁ 50-70 F

Dieser 7 ha große Weinberg weist die Besonderheit auf, daß er zu gleichen Teilen mit Merlot und Bouchet bestockt ist, die auf Sandböden mit eisenhaltigem Unterboden wachsen. Unsere Verkoster haben die tiefe rubinrote Farbe dieses 94ers geschätzt, seine aromatische Palette, die zunächst blumig (Pfingstrosen), dann fruchtig (Backpflaumen) und würzig ist, und seinen körperreichen, runden Geschmack, der auf glückliche Weise die Fruchtigkeit mit einem zart integrierten Holzton vereint. Die Tannine sind noch ein wenig fest, aber vielversprechend.

Libournais — Saint-Emilion grand cru

⌐ GFA des Pommiers, 33330 Saint-Laurent-des-Combes, Tel. 05.56.61.31.56, Fax 05.56.61.33.52 ☑ ⵏ n. V.

CH. DASSAULT 1994*

■ Gd cru clas. 23 ha 90 000 ⅠⅠ 100-150 F
81 I82I **83 84 86 87** I88I I89I I90I 92 94

Dieser 1969 klassifizierte Cru besteht zu zwei Dritteln aus Merlot und zu einem Drittel aus Cabernet-Sorten, die auf sandigen und kalkhaltigen Böden angepflanzt sind. Nach einem bemerkenswerten Erfolg beim 92er, der Lieblingswein war, hier ein 94er von recht kräftiger rubinroter Farbe, der in seinem Bukett Tiergerüche von Leder, blumige Düfte (Veilchen) und würzige und holzige Noten verbindet. Dieser im Geschmack reichhaltige und stattliche Wein besitzt eine kräftige Tanninstruktur und muß fünf bis zehn Jahre altern, damit er sich völlig entfaltet.

⌐ SARL ch. Dassault, 33330 Saint-Emilion, Tel. 05.57.24.71.30, Fax 05.57.74.40.33 ☑ ⵏ n. V.

CH. DESTIEUX 1994

■ 13,5 ha 50 000 ⅠⅠ 70-100 F
81 82 83 85 86 I(88)I I89I I90I 92 I93I 94

Ein schöner 13-ha-Weinberg, der ganz nach Süden liegt und auf die Dordogne blickt. Merlot dominiert auf einem lehmig-kalkhaltigen Boden die Bestockung (66 %). Der 94er präsentiert sich in einem hübschen, intensiven, noch jugendlichen Rubinrot. Der ausdrucksvolle Duft vereint schwarze Früchte mit einem feinen, an Vanille und Lakritze erinnernden Holzgeruch. Nach einer sanften, runden Ansprache entdeckt man ein wenig feste Tannine, die eine gute Fülle sichern. Den zarten Holzton findet man in einem warmen Geschmack wieder. Ein Wein von beachtlicher Lagerfähigkeit.

⌐ Dauriac, Ch. Destieux, 33330 Saint-Emilion, Tel. 05.57.40.25.05, Fax 05.57.40.37.42 ☑ ⵏ n. V.

CH. FAUGERES 1994**

■ 22 ha 110 000 ⅠⅠ 70-100 F

Wein und Kino haben sich schon immer gut vertragen. Konnte man sich vorstellen, daß man die Übernahme des Guts vor zehn Jahren mit einem solchen Wein und dazu in einem nicht sehr einfachen Jahrgang feiern würde ? Dieser 94er mit der dunklen, intensiven, tiefen Farbe hat unsere Verkoster durch die Qualität seines Traubenguts und seines Ausbaus verführt. Das komplexe, kräftige Bukett verbindet das Aroma von roten Früchten (vor allem schwarze Johannisbeeren) mit einem eleganten Holzgeruch (Toastbrot, Vanille). Der Geschmack ist füllig und sehr lang, mit reichhaltigen, konzentrierten und schon verschmolzenen Tanninen. Ein bemerkenswerter Wein, der eine schöne Lagerung verdient.

⌐ GFA Corinne et Péby Guisez, Ch. Faugères, 33330 Saint-Etienne-de-Lisse, Tel. 05.57.40.34.99, Fax 05.57.40.34.99 ☑ ⵏ n. V.

CH. FAURIE DE SOUCHARD 1994**

■ Gd cru clas. 10,63 ha 53 000 ■ ⅠⅠ ⚭ 70-100 F
82 83 85 86 I88I I89I I90I I92I I93I **94**

Einer der ältesten Crus der Gemeinde, denn er erinnert an eine Schlacht, die hier während des Hundertjährigen Krieges stattfand. Beim 94er ist hier der Wein bemerkenswert und hat die Juroren durch seine schöne Farbe, ein »klassisches Bordeauxrot«, und die Feinheit seines sich bildenden Buketts - fruchtig und holzig, an Vanille, Toastbrot und Trüffeln erinnernd - verführt. Seine Eleganz, seine Rasse und sein Körper machen ihn zu einem großen lagerfähigen Wein, der bereits bezaubernd ist.

⌐ Françoise Sciard, Ch. Faurie de Souchard, 33330 Saint-Emilion, Tel. 05.57.74.43.80, Fax 05.57.74.43.96 ☑ ⵏ Mo, Di, Do, Fr 9h-16h
⌐ GFA Jabiol-Sciard

CH. DE FERRAND 1994*

■ 30 ha 180 000 ⅠⅠ 50-70 F
82 83 85 86 I88I I90I 94

Dieser Cru besitzt ein elegantes Château, das unter Ludwig XIV. umgebaut wurde; seit 1978 gehört es den Erben von Baron Bich. Die Jury schätzte diesen 94er mit dem fruchtigen und würzigen Duft, der von angenehmen Holznoten begleitet wird. Der sanfte, elegante Geschmack besitzt eine gute Struktur. Dieser Wein muß ein wenig altern, damit sich sein etwas strenger Abgang verfeinern kann.

⌐ Bich, Ch. de Ferrand, 33330 Saint-Hippolyte, Tel. 05.57.74.47.11, Fax 05.57.24.69.08 ☑ ⵏ n. V.

CH. FERRAND LARTIGUE 1994*

■ 3 ha 11 000 ⅠⅠ 100-150 F

Dieser 94er ist durch einen hohen Anteil an Merlot-Trauben geprägt, die von alten Reben stammen, die auf einem sandigen Boden wachsen. Er ist sehr gelungen. Mit seiner intensiven rubinroten Farbe, die purpurviolette Reflexe hat, seinem Bukett, das im Aroma von reifen Früchten mit gut verschmolzenen Holznoten verbindet, und seiner ausgewogenen Struktur, die dichte, runde Tannine aufweist, bildet er einen

Libournais / Saint-Emilion grand cru

schönen Wein, den man schon jetzt trinken oder zwei bis drei Jahre altern lassen kann.
🕿 Pierre et Michelle Ferrand, 33330 Saint-Emilion, Tel. 05.57.74.46.19, Fax 05.57.74.46.19 ▣

CH. FIGEAC 1994**

| ■ | 1er gd cru B | 37,5 ha | 95 000 | ⦿ | 150-200 F |

62 64 66 ⑦ 71 74 75 76 77 |78| 79 80 |81| |82| |83| |85| |86| 87 88 89 90 |92| 93 94

Figeac, ein großes Gut, besitzt ein echtes Schloß, das an der Stelle eines römischen Landguts namens »Figeacus« errichtet wurde. Dieser Ortsname wurde mehreren alten Familien hinterlassen (Decazes de Figeac, Carle de Figeac). Das seit dem 18. Jh. wohlbegründete Ansehen dieses Cru brachte ihm eine Fülle von berühmten Besuchern ein. Ist bekannt, daß Figeac 1940 der Sitz der Botschaft von Haiti wurde und daß sich die französische Schauspielerin Darrieux, die Frau des Botschafters, hier aufhielt ? Über diesen Anekdoten darf man nicht den Wein vergessen, denn er ist die Mühe wert : Die Farbe ist herrlich ; das intensive, komplexe Bukett verbindet Blumen (Veilchen), Früchte (schwarze Johannisbeeren) und Noten von Lakritze und Wild. Beruht eine solche Qualität auf dem Boden oder auf der ein wenig untypischen Bestockung des Cru, bei der die Cabernet-Sorten mit einem Anteil von 70 % dominieren ? In jedem Fall haben wir es mit einem sehr schönen, lagerfähigen Wein zu tun.
🕿 Thierry Manoncourt, Ch. Figeac, 33330 Saint-Emilion, Tel. 05.57.24.72.26, Fax 05.57.74.45.74 ⊺ n. V.

CH. FLEUR CARDINALE 1994**

| ■ | | 10 ha | 43 000 | ⦿ | 70-100 F |

82 83 85 |86| |88| |89| ⑨⓪ |91| |92| 93 94

Dieser wunderschöne, 10 ha große Cru gehört der Familie Asséo, die von der Textilindustrie herkommt und sich seit den 80er Jahren für den Wein begeistert hat. Dieser 94er ist bemerkenswert. Die Farbe ist rubinrot. Das sehr ausdrucksvolle, würzige, leicht an Fleisch erinnernde Bukett ist noch vom Ausbau im Holzfaß geprägt. Dieser im Geschmack sehr reichhaltige Wein besitzt einen dichten Stoff mit verschmolzenen, sanften Tanninen, die im Abgang sehr lang sind. Man wird ihn drei bis fünf Jahre aufheben, um ihn ganz zu genießen.
🕿 Claude et Alain Asséo, Ch. Fleur Cardinale, 33330 Saint-Etienne-de-Lisse, Tel. 05.57.40.14.05, Fax 05.57.40.28.62 ▣ ⊺ n. V.

CH. FLEUR DE LISSE
Vieilles vignes Elevé en fût de chêne 1994*

| ■ | | 1 ha | 6 600 | ⦿ | 50-70 F |

Dieser kleine Weinberg, der sich in guter Lage ganz nach Süden am Fuße und am Hang des lehmig-kalkhaltigen Hügels von Saint-Etienne-de-Lisse befindet, weist eine traditionelle Bestockung auf. Er bietet einen 94er von tiefer, kräftiger rubinroter Farbe. Der Duft verbindet rote Früchte und würzige Nuancen. Der Eindruck am Gaumen ist wohlschmeckend und harmonisch. Ein ausgewogener, gefälliger Wein von schöner Eleganz.

🕿 Xavier Minville, 33330 Saint-Etienne-de-Lisse, Tel. 05.57.40.18.46, Fax 05.57.40.35.74 ▣ ⊺ n. V.

CH. FONPLEGADE 1994

| ■ | Gd cru clas. | 14,6 ha | 65 000 | ⦿ | 100-150 F |

64 70 75 78 79 81 82 83 |85| 86 90 92 93 94

In Fonplegade kann man die Furchen im Fels sehen, die die Römer gezogen haben. Das beweist das hohe Alter dieses geschichtsträchtigen Cru, zu deren Besitzern auch der Herzog von Morny gehörte. Beim 94er ist der Wein im Aussehen einschmeichelnd mit einigen auf Entwicklung hinweisenden Reflexen in seiner rubinroten Farbe und im Duft fruchtig und blumig mit ein paar Holznoten. Er besitzt eine gute, noch ein wenig feste und im Abgang strenge Textur. Man sollte ihn drei bis fünf Jahre altern lassen.
🕿 SC Dom. viticoles Armand Moueix, Ch. Fonplégade, 33330 Saint-Emilion, Tel. 05.57.74.43.11, Fax 05.57.74.44.67 ▣ ⊺ tägl. 11h-19h ; Gruppen n. V.

CH. FRANC GRACE-DIEU 1994

| ■ | | 8,5 ha | 35 000 | ▪⦿♦ | 50-70 F |

Dieser Weinberg gehörte im 17. Jh. der Familie Guadet, zu deren Mitgliedern ein Jahrhundert später, während der Französischen Revolution, eine bemerkenswerte Gestalt der girondistischen Bewegung gehörte. Heute erzeugt man hier einen charaktervollen Wein. Dieser 94er mit der noch lebhaften rubinroten Farbe bietet ein blumig-fruchtiges Bukett. Der Geschmack ist warm, strukturiert durch Tannine, die noch ein wenig streng sind und ihm eine gute Entwicklung ermöglichen dürften.
🕿 SEV Fournier, ch. Franc-Grace-Dieu, 33330 Saint-Emilion, Tel. 05.57.24.66.18 ▣ ⊺ n. V.
🕿 Gire-Siloret

CH. FRANC JAUGUE BLANC 1994

| ■ | | 10,19 ha | 66 400 | ▪♦ | 50-70 F |

Merlot (85 %) dominiert die Bestockung dieses auf kieseligen und Kiesel- und Kiesböden angelegten Cru. Die Vinifizierung und der Verkauf werden von der Union de Producteurs übernommen. Seine Entwicklung ist ziemlich schnell, wie seine rubinrote Farbe mit den lachsroten Reflexen zeigt. Sein hochfeines Bukett erinnert zuerst an rote Früchte (Johannisbeeren) und zeigt sich dann würzig und mineralisch (Feuerstein). Der Geschmack mit den feinen, zarten Tanninen zeichnet sich durch seine Sanftheit aus.
🕿 UDP de Saint-Emilion, Haut-Gravet, B.P. 27, 33330 Saint-Emilion, Tel. 05.57.24.70.71, Fax 05.57.24.65.18 ▣ ⊺ Mo-Sa 8h-12h 14h-18h
🕿 Michel Borde

CH. FRANC PIPEAU DESCOMBES 1994*

| ■ | | 5,3 ha | 30 000 | ▪⦿♦ | 50-70 F |

81 83 85 86 |88| |89| ⑨⓪ 91 |92| 93 |94|

Dieser im Weinführer zumeist vertretene Cru beweist eine schöne Regelmäßigkeit. Der 94er ist sehr gelungen mit seiner dunklen, leicht entwickelten Farbe und seinem ausdrucksvollen

Libournais — Saint-Emilion grand cru

Bukett, das Vanille- und Gewürzgeruche enthüllt, vermischt mit einem Aroma schwarzer Früchte (Johannisbeeren). Im Geschmack körperreich, aber sanft : Er ist schon sehr gefällig.
→ Jacqueline Bertrand-Descombes, Franc Pipeau, 33330 Saint-Hippolyte,
Tel. 05.57.24.73.94, Fax 05.57.24.69.07 ▨ ♈ n. V.

CH. GAILLARD 1994*

| | 11 ha | 60 000 | ◐ | 50-70 F |

Die 40 Jahre alten Rebstöcke haben diesen 94er geliefert, der eine schöne bordeauxrote Farbe besitzt. Er bietet ein schon komplexes Bukett, das Backpflaumen, Leder und Röstnoten vereint. Der Geschmack ist elegant und ausgewogen. Die Tannine, die anfangen, samtig zu wirken, dürften es ermöglichen, daß man diesen Wein ziemlich bald trinkt.
→ Jean-Jacques Nouvel, Fontfleurie,
33330 Saint-Emilion, Tel. 05.57.24.72.05,
Fax 05.57.74.40.03 ▨ ♈ n. V.

CUVEE GALIUS 1994*

| | 20 ha | 71 000 | ▮ ◐ ♦ | 70-100 F |

Erneut eine gute Note für die Cuvée Galius, eine Auslese der Kellerei von Saint-Emilion. Sie stammt von über 40 Jahre alten Rebstöcken. Dieser 94er, dessen hübsches Purpurrot leicht bernsteinfarben ist, bietet ein wenig würzige und etwas balsamische Düfte. Er ist im Geschmack fein und elegant und enthüllt schon seidige Tannine, die es zulassen dürften, daß man ihn recht bald mit Vergnügen trinkt.
→ UDP de Saint-Emilion, Haut-Gravet,
B.P. 27, 33330 Saint-Emilion,
Tel. 05.57.24.70.71, Fax 05.57.24.65.18 ▨
♈ Mo-Sa 8h-12h 14h-18h

CH. GESSAN 1994

| | 11 ha | 74 700 | ▮ | 30-50 F |

Ein etwa 12 ha großes Gut, das rund um den »canton« (Kreuzung) von Bert liegt. Die Besitzer, die es 1980 kauften, stammen aus der Champagne. Dieser Wein kommt von einem sandig-kiesigen Boden und bietet eine hübsche, frische Farbe. Das Bukett ist noch fruchtig (rote Früchte), mit an Fleisch erinnernden, würzigen und balsamischen Nuancen. Der in der Ansprache sanfte Geschmack ist ebenfalls fruchtig (Sauerkirschen), würzig und kakaoartig. Dank der schon milden Tannine kann man diese Flasche ziemlich bald öffnen. Warum nicht zu einer Ente ?
→ SEV Gonzalès, Vignoble Canton de Bert, Ch. Gessan, 33330 Saint-Sulpice-de-Faleyrens, Tel. 03.23.38.09.19, Fax 03.23.39.96.60 ▨ ♈ n. V.
→ GFA de Gessan

CH. GODEAU 1994*

| | 4 ha | 26 000 | ◐ | 50-70 F |

Dieses 4 ha große Gut, das zu 80 % mit Merlot bestockt ist, nimmt die lehmig-kalkhaltigen Hänge von Saint-Laurent-des-Combes ein. Es erscheint in unserem Weinführer mit diesem sehr verführerischen 94er. Die tiefe, kräftige purpurrote Farbe schimmert purpurviolett. Das schon intensive Bukett verbindet frische rote Früchte mit einem wohldosierten Holzton mit Vanille- und Lakritzegeruch. Dieser sanfte, runde Wein besitzt eine schöne Tanninstruktur, die im Abgang noch ein wenig fest ist. Er dürfte innerhalb der nächsten vier bis fünf Jahre geschmeidig werden.
→ SCEA du ch. Godeau, 33330 Saint-Laurent-des-Combes, Tel. 05.57.24.72.64,
Fax 05.57.24.65.89 ▨ ♈ n. V.

CH. GRAND BERT 1994*

| | 3 ha | 16 000 | ▮ ◐ | 30-50 F |

Der Sitz des Weinbaubetriebs befindet sich in Château Grand Tuillac in den Côtes de Castillon. Die Merlot-Rebe (90 %) dominiert in diesem 94er, der von einem Kiessand- und Sandboden kommt. Er hat eine schöne, dunkle rubinrote Farbe. Das schon intensive Bukett verbindet schwarze Früchte (Brombeeren, Johannisbeeren) mit pfeffrigen Noten. Die Fruchtigkeit findet man in einem kräftigen, aber ausgewogenen Geschmack wieder, der durch gute Tannine strukturiert wird, die diesem Wein eine gute Entwicklung ermöglichen dürften.
→ SCEA Lavigne, Lieu-dit Tuillac,
33350 Saint-Philippe-d'Aiguilhe,
Tel. 05.57.40.60.09, Fax 05.57.40.66.67 ▨ ♈ n. V.

CH. GRAND CORBIN 1994*

| ▮ Gd cru clas. | 13,27 ha | 90 000 | ◐ | 70-100 F |

64 66 70 71 75 78 79 81 82 **83** 85 86 |88| |89| |90| 92 93 94

Ein hübsches Weingut, das zu 68 % mit Merlot und zu 32 % mit Cabernet-Reben bestockt ist, angepflanzt auf lehmig-kieseligen Böden. Der Wein hat eine intensive dunkelgranatrote Farbe. Das tiefe Bukett bietet fruchtige (schwarze Johannisbeeren), holzige und trüffelartige Düfte. Dieser im Geschmack konzentrierte, kräftig gebaute 94er besitzt viel Stoff (Trauben und Faßholz). Mindestens fünf Jahre aufheben.
→ Sté Familiale Alain Giraud, 5, Grand Corbin, 33330 Saint-Emilion,
Tel. 05.57.24.70.62, Fax 05.57.74.47.18 ▨ ♈ n. V.
→ GFA Giraud

CH. GRAND-CORBIN-DESPAGNE 1994

| ▮ Gd cru clas. | 20 ha | 100 000 | ▮ ◐ ♦ | 70-100 F |

90 93 94

Die Despagnes gehören zum Erbe von Saint-Emilion, so lange spielen sie eine Rolle in der Geschichte der Stadt. Ihr Anbaugebiet ist ziemlich vielfältig ; Merlot dominiert in der Bestockung mit 75 %. Der 94er funkelt in seinem rubinroten Kleid mit den purpurroten Reflexen. Der noch fruchtige Duft zeigt auch Noten von Haselnüssen und Eichenholz. Strukturiert durch ein wenig strenge Tannine vom Holz, die sich in den kommenden Jahren verfeinern dürften, ist dies ein Wein, den man in den Keller legen muß, bis er eine gute Ausgewogenheit erreicht, weil im Augenblick das Faßholz über die Trauben dominiert.
→ Consorts Despagne, Ch. Grand-Corbin-Despagne, 33330 Saint-Emilion,
Tel. 05.57.51.08.38, Fax 05.57.51.29.18 ▨ ♈ n. V.

Libournais — Saint-Emilion grand cru

CH. GRANDE ROUCHONNE 1994

■ 3 ha 20 000 ⏸ 50-70F

Dieser 94er, der von einem Sand- und Kiessandboden kommt, hat eine hübsche Farbe, die einige zigelrote Reflexe zeigt, und bietet ein erwachendes, zartes Bukett, das durch eine Kakaonote geprägt ist. Der Geschmack zeigt sich warm und umfangreich, mit noch ein wenig strengen Tanninen, die sich aber gut entwickeln dürften. Der 94er Château Franc Lartigue vom selben Erzeuger erhält die gleiche Note.
☛ Vignobles Marcel Petit, Ch. Pillebois, 33350 Saint-Magne-de-Castillon, Tel. 05.57.40.33.03, Fax 05.57.40.06.05 ▼

CH. GRAND FAURIE LA ROSE 1994

■ 3,9 ha 24 000 ▮⏸ 50-70F

Ende des 18. Jh. gehörte dieser Cru zu einem großen Weinberg. Er gehört seit 1895 der Familie der heutigen Besitzer. Sein 94er hat eine hübsche, klare, funkelnde rubinrote Farbe und verströmt einen Duft von vollreifen Früchten und Konfitüre aus roten Früchten, begleitet von Vanillenuancen und tierischen Noten. Sanft und rund ; er ist angenehm und wird rasch trinkreif sein.
☛ SCEA dom. du Grand Faurie, La Rose 3, 33330 Saint-Emilion, Tel. 05.56.85.89.90, Fax 05.56.44.21.23 ▼ ☂ n. V.
☛ N. et P. Soyer

CH. GRAND LARTIGUE 1994**

■ 7,03 ha 48 000 ▮⏸♦ 50-70F

Rebstöcke von beachtlichem Alter, eine ausgewogene Bestockung, sandig-kiesige Böden und das Können dieser Winzer haben es ermöglicht, dem Weinfreund einen konzentrierten, vielversprechenden 94er zu bieten. Die dunkle rubinrote Farbe ist noch sehr jugendlich. Das elegante Bukett verbindet ein Aroma von roten Früchten mit einem harmonischen Holzton. Der Geschmack, der in der Ansprache sanft, fleischig und rund ist, entfaltet reife, wohlschmeckende, ausgewogene Tannine, die eine gute Lagerung sicherstellen.
☛ Daudier de Cassini, Lartigue, 33330 Saint-Emilion, Tel. 57.24.73.83, Fax 57.74.46.93 ▼

CH. GRAND MAYNE 1994*

■ Gd cru clas. 17 ha 84 000 ⏸ 150-200F

75 **78** **81** 82 83 |85||86||87| |88||89||90||91||92| 93 94

Mayne kommt von »manoir« (Landhaus). Dieses Haus wurde unter der Herrschaft von König Heinrich IV. errichtet. Die Lagerkeller und der Gärkeller, die 1981 renoviert wurden, stammen aus dem 18. Jh. Dieser Wein hat eine schöne rubinrote Farbe. Er ist im Duft zart und verbindet ein wenig röstartige und rauchige Holznoten mit einem Aroma von reifen roten Früchten. Im Geschmack ist er gehaltvoll, reichhaltig und konzentriert. Er hat eine gute Weinigkeit und sollte drei bis fünf Jahre reifen.
☛ Jean-Pierre Nony, 1, Le Grand-Mayne, 33330 Saint-Emilion, Tel. 05.57.74.42.50, Fax 05.57.24.68.34 ▼ ☂ n. V.

CH. GRAND-PONTET 1994*

■ Gd cru clas. 14 ha 72 000 ▮⏸♦ 100-150F

81 **82** **83** **85** **86** **87** 88 |89| |90| |91| |92| 93 94

Dieses schöne, 14 ha große Gut liegt auf der Hochfläche westlich von Saint-Emilion, nahe dem Stift und der Kirche Saint-Martin de Mazerat. Es wurde 1980 der Firma Barton et Guestier durch eine Gesellschaft abgekauft, die drei Familien vereinigt. Ihr 94er hat eine dunkle, intensive rubinrote Farbe mit purpurroten Reflexen und zeigt sich im Geruchseindruck schon ausdrucksvoll. Man findet darin ein süßes Aroma von kandierten Erdbeeren, das mit den rauchigen Nuancen des Holztons vermischt ist. Dieser Wein besitzt einen schönen, tanninhaltigen Stoff, der im Geschmack kräftig und fest ist, und bringt die Kraft seines kalkhaltigen Bodens zum Ausdruck. Er braucht eine fünf- bis zehnjährige Alterung, um sich zu entfalten.
☛ Sté Fermière du Ch. Grand-Pontet, 33330 Saint-Emilion, Tel. 05.57.74.46.88, Fax 05.57.24.66.88 ▼ ☂ n. V.

CH. GRANDS CHAMPS 1994

■ 1,9 ha 13 000 ⏸ 50-70F

Dieser kleine Cru (weniger als 2 ha) liegt neben den Côtes de Castillon, im Osten der Appellation. Sein 94er kündigt sich durch ein dunkles, kräftiges Rubinrot an, das Entwicklungsschimmer andeutet. Dieser zunächst runde und sanfte Wein enthüllt dann eine schöne, noch ein wenig feste Tanninstruktur. Ein paar Jahre Alterung dürften es ihm erlauben, geschmeidig zu werden.
☛ SCEA ch. Grands-Champs, Lacarès, 33350 Saint-Magne-Castillon, Tel. 05.57.40.07.59, Fax 05.57.40.07.59 ▼ ☂ Mo-Sa 9h-12h 14h-18h
☛ Jean Blanc

CH. GRAVES DE PEYROUTAS 1994

■ 2 ha 12 000 ⏸ 50-70F

90 |92| 94

Dieser zu 90 % aus Merlot erzeugte Cru kommt von einem kiesigen Boden, wie sein Name andeutet (»peyroutas« bedeutet steiniger Weg). Die Farbe dieses 94ers ist intensiv und dunkel. Das noch verschlossene Bukett kündigt eine gute Konzentration an, die man im Geschmack entdeckt, in dem sich noch sehr feste Tannine lang ausdrücken. Schöner Stoff, aber dieser Wein sollte ein wenig altern.
☛ GFA ch. Querly, 3, Grave, 33330 Vignonet, Tel. 05.57.84.56.07, Fax 05.57.84.54.82 ▼ ☂ n. V.

CH. GUEYROSSE 1994

■ 4,6 ha 18 000 ⏸ 50-70F

|90| **92** |93| 94

Dieser Cru in Libourne gehörte zur alten Appellation »Sables Saint-Emilion«. Seit 1987 befindet er sich in der Appellation Saint-Emilion grand cru. Der 94er hat eine hübsche rubin- bis granatrote Farbe und einen fruchtig-holzigen Duft. Ein sanfter, warmer Wein mit einem fruchtigen (schwarze Johannisbeeren), vanille- und röstartigen Aroma. Dank seiner schon liebenswürdigen Tannine dürfte er sich ziemlich rasch entwickeln können.

Libournais — Saint-Emilion grand cru

🍇 EARL vignobles Yves Delol, Ch. Gueyrosse, 33500 Libourne, Tel. 05.57.51.02.63, Fax 05.57.51.93.39 ✓ ⚹ n. V.

CH. GUEYROT 1994

■ 6 ha k. A. 🔶🍷🥄 50-70 F

Ein etwa 8 ha großer Weinbaubetrieb. Die leichte, strahlende Farbe dieses 94ers hat zinnober- und ziegelrote Reflexe. Das weinige Bukett ist ziemlich schlicht, aber ansprechend. Im Geschmack ist er sanft und warm. Man kann diesen Wein schon jetzt trinken.

🍇 De La Tour du Fayet Frères, Ch. Gueyrot, 33330 Saint-Emilion, Tel. 05.57.24.72.08, Fax 05.57.24.67.51 ✓ ⚹ n. V.

CH. HAUT-BADETTE 1994*

■ 1,7 ha 11 000 🍷 70-100 F

Der Name Badette erschien bereit auf einer Karte, die 1763 von Pierre de Beleyme, einem Geographen König Ludwigs XV., entworfen wurde. Heute ist der 94er sehr gefällig, mit seiner kräftigen rubinroten, ziegelrot schimmernden Farbe, seinem sich entfaltenden Bukett, das aus Backpflaumen, Vanille und Mandeln besteht, und seinem voluminösen, warmen Geschmack. Er enthüllt eine gute Vereinigung von Trauben und Barrique und zeichnet sich bereits durch eine große Feinheit aus.

🍇 Jean-François Janoueix, 37, rue Pline-Parmentier, B.P. 192, 33506 Libourne Cedex, Tel. 05.57.51.41.86, Fax 05.57.51.76.83 ✓ ⚹ n. V.

CH. HAUT-CADET

Réserve Elevé en barrique de chêne 1994

■ 8 ha 50 000 🍷 70-100 F
|⑧⑨|'90|'92|'93|'94|

Dieser 8 ha große Cru, der auf einem lehmig-kalkhaltigen Boden liegt, gehört einer von Roger Geens geleiteten Firma, die mehrere Weingüter in der Region besitzt. Die Produktion wird hauptsächlich nach Belgien exportiert. Der 94er hat eine hübsche karminrote Farbe mit lachsroten Reflexen. Im Duft ist er schon ausdrucksvoll, mit roten Früchten, Gewürzen und mineralischen Noten sowie Leder, wenn man den Wein im Glas schwenkt. Er ist in der Ansprache sanft und ausgewogen und enthüllt im Geschmack ein Aroma von Kernen und reife Tannine. Man kann ihn ziemlich bald trinken.

🍇 SCEA Vignobles Rocher-Cap-de-Rive, Ch. Rocher Bellevue, 33550 Saint-Magne-de-Castillon, Tel. 05.57.40.08.88, Fax 05.57.40.19.93 ✓ n. V.

CH. HAUT-CORBIN 1994*

■ Gd cru clas. 6,01 ha 39 600 🔶🍷🥄 100-150 F
|'80 **'81** ⑧② **'83** '84 '85 '86 '87 |'88| '90 |'91| '92| **'93** '94|

Die 40 Jahre alten Rebstöcke sind auf Sandböden angepflanzt, die sich auf einem lehmig-kalkhaltigen Unterboden befinden. Dieser Cru ist durch die 25 % Cabernet Sauvignon geprägt, die zusammen mit 65 % Merlot und 10 % Cabernet franc die Bestockung bilden. Das Kleid hat eine hübsche, dunkle, dichte granatrote Farbe und zeigt jugendliche, funkelnde Reflexe. Das sehr frische Bukett bietet ein Aroma von kleinen roten Früchten, einen Ledergeruch und Menthol-

noten. Dieser im Geschmack stark strukturierte 94er mit den rassigen, festen und noch ein wenig verschlossenen Tanninen verdient eine zehnjährige Alterung.

🍇 SC Ch. Haut-Corbin, 33330 Saint-Emilion, Tel. 05.57.51.95.54, Fax 05.57.51.90.93 ✓ ⚹ n. V.

CH. HAUT-LAVALLADE 1994*

■ 8 ha 30 000 70-100 F

Ein Mitte des 19. Jh. entstandener Familienbetrieb. Er umfaßt heute etwa 12 ha. Der 94er verlockt das Auge durch eine schillernde rubinbis granatrote Farbe. Er umschmeichelt die Nase durch eine schöne komplexes Bukett, in dem Gewürz-, Vanille-, Tier- und Holznoten aufeinander folgen. Der warme Geschmack, der Fülle und Struktur besitzt, bietet ein fruchtiges, pfeffriges Aroma. Die Harmonie dürfte bald vollkommen sein.

🍇 SARL Chagneau JPMD, 1, Haut-Lavallade, 33330 Saint-Christophe-des-Bardes, Tel. 05.57.24.77.47, Fax 05.57.74.43.25 ✓ ⚹ Mo-Fr 8h-12h 14h-19h ; Sa, So n. V.

CH. HAUT-MAZERAT 1994*

■ 6 ha 40 000 🔶🍷🥄 70-100 F

Dieser Cru befindet sich auf lehmig-kalkhaltigen Böden. Merlot macht 70 % der Bestockung aus. Ein bescheidener Weinbaubetrieb, aber ein sehr gelungener 94er : hübsche rubinrote, leicht karminrote Farbe, schon intensives Bukett, das kandierte Früchte und Lebkuchen verbindet, schöner Geschmack, der gleichzeitig körperreich und fleischig, füllig und stattlich ist, dabei aber elegant bleibt und gute, zart holzige Tannine enthält. Dieser schon angenehme Wein kann lagern.

🍇 EARL Christian Gouteyron, Mazerat, 33330 Saint-Emilion, Tel. 05.57.24.71.15, Fax 05.57.24.67.28 ✓ ⚹ n. V.

CH. HAUT-PLANTEY 1994*

■ 9,4 ha 60 000 🍷 70-100 F
|'86 |'88| '89| '90 '93 '94|

Dieser 94er besitzt eine intensive, strahlende granatrote Farbe und entfaltet ein komplexes, kräftiges Bukett, das in Wildbretaroma, pfeffrige und würzige Noten, einen Geruch von Brotkruste und frische, mentholartige Nuancen bietet. Er enthüllt eine schöne Konzentration mit verschmolzenen, reichhaltigen, feinen Tanninen und kann ein paar Jahre lagern, so daß man ihn voll würdigen kann.

🍇 Michel Boutet, B.P. 70, 33330 Saint-Emilion, Tel. 05.57.24.70.86, Fax 05.57.24.68.30 ✓ ⚹ n. V.

CH. HAUT-PONTET 1994

■ 4 ha 26 019 🍷 70-100 F

Ein sehr hübsches Gut vor den Toren von Saint-Emilion, das 1993 von Jean-Léon Daspet erworben wurde. Es ist hauptsächlich mit Merlot bepflanzt, der auf äolischen Sanden aus der Mindel-Eiszeit wächst, die sich vor 600 000 Jahren auf Kalksteinformationen abgelagert haben. Dieser 94er hat eine kräftige granatrote Farbe und ist im Geruchseindruck durch einen kräftigen Holzton geprägt. Er ist fleischig und füllig, besitzt eine gute Struktur und dürfte recht ordentlich altern.

269 BORDELAIS

Libournais

🕭 Jean-Léon Daspet, GFA Ch. Haut-Pontet, 33330 Saint-Emilion, Tel. 05.57.43.17.82, Fax 05.57.43.22.74 ☑ ⊥ n. V.

CH. HAUT-POURRET 1994

| ■ | 2,65 ha | 17 500 | ▮ ⓘ | 30-50 F |

|89| |90| |93| |94|

Ein 94er, der aus 65 % Merlot, 25 % Cabernet franc und 10 % Cabernet Sauvignon besteht und von lehmig-kalkhaltigen Böden stammt. Ein jugendlicher, gefälliger Wein : Die purpurrote Farbe ist dunkel und intensiv. Der entfaltete Duft bietet rote Früchte mit Noten, die ein wenig an Firngeruch erinnern. Dank seines sanften, fülligen Geschmacks und seiner eleganten, harmonischen Tannine kann man diesen gutgebauten Saint-Emilion grand cru schon jetzt trinken.

🕭 Mourgout-Lepoutre, Ch. Haut-Pourret, 33330 Saint-Emilion, Tel. 05.57.74.46.76 ☑ ⊥ n. V.

CH. HAUT ROCHER 1994*

| ■ | 8 ha | 37 000 | ▮ ⓘ ♦ | 50-70 F |

89 ⑨⓪ 91 |93| 94

Dieser Cru, der eine gute Lage an der Flanke eines lehmig-kalkhaltigen Hangs von Saint-Etienne-de-Lisse besitzt, gehört seit mehreren Jahrhunderten der Familie von Jean de Monteil. Er bietet einen sehr gelungenen 94er : schöne, dunkle rubinrote Farbe und intensives Bukett, das würzige und holzige Düfte mit einem Aroma von schwarzen Früchten mischt. Dieser sanfte, runde Wein verführt durch verschmolzene, einschmeichelnde Tannine von schöner Länge, die ihn ein wenig lagerfähig machen.

🕭 Jean de Monteil, Ch. Haut-Rocher, 33330 Saint-Etienne-de-Lisse, Tel. 05.57.40.18.09, Fax 05.57.40.08.23 ☑ ⊥ n. V.

CH. HAUT-SARPE 1994*

| ■ Gd cru clas. | 9,48 ha | 58 000 | ⓘ | 100-150 F |

81 82 83 85 86 87 88 89 90 92 |93| 94

Im Sommer ist dieses schöne Château, das im 19. Jh. als Nachbau des Trianon errichtet wurde, am künstlerischen und kulturellen Leben von Saint-Emilion beteiligt. Die etwa 40 Jahre alten Reben (zu drei Vierteln Merlot) sind auf der lehmig-kalkhaltigen Hochfläche angepflanzt. Beim 94er haben sie einen sehr gelungenen Wein erzeugt, der eine lebhafte rubinrote Farbe hat und nach schwarzen Beeren duftet, begleitet von Vanille- und Röstnoten. Der elegante, harmonische Geschmack besitzt gute Tannine, die nicht zu stark zu spüren sind, und einen langen Abgang.

🕭 SE du Ch. Haut Sarpe SA, Ch. Haut-Sarpe, B.P. 192, 33506 Libourne Cedex, Tel. 05.57.51.41.86, Fax 05.57.51.76.83 ☑ ⊥ n. V.

CH. HAUT-SEGOTTES 1994

| ■ | 7,8 ha | k. A. | ▮ ⓘ | 50-70 F |

82 85 86 |87| |88| |89| 90 |92| 93 94

Dieses Gut kann man als »sichere Bank« in der Appellation betrachten. Der 94er hat eine schöne, strahlende rubinrote Farbe und erscheint im Duft und im Geschmack zart holzig. Er ist in der Ansprache sanft und zeigt sich wohlausgewogen, mit reifen Tanninen, die sich zu einem eleganten Abgang hin entwickeln.

🕭 Danielle André, Ch. Haut-Segottes, 33330 Saint-Emilion, Tel. 05.57.24.60.98, Fax 05.57.74.47.29 ☑ ⊥ tägl. 9h-19h

Saint-Emilion grand cru

CH. JEAN VOISIN
Cuvée Amédée Chassagnoux 1994*

| ■ | 5 ha | 25 000 | ▮ ⓘ ♦ | 70-100 F |

Man erinnert sich oft an die drei Sterne für den 93er. Dieser sehr farbintensive, dunkle und klare 94er verströmt ein intensives, reichhaltiges Bukett, das Röstgeruch mit Gewürz- und Vanillenoten verbindet. Die soliden, kräftigen Tannine dürften eine gute Lagerung garantieren.

🕭 SCEA du Ch. Jean Voisin, 33330 Saint-Emilion, Tel. 05.57.24.70.40 ☑ ⊥ n. V.
🕭 GFA Chassagnoux

CH. JUGUET 1994

| ■ | 10 ha | 50 000 | ⓘ | 30-50 F |

Dieser 94er zeigt eine klare, lebhafte rubinrote Farbe. Das leicht würzige Bukett ist komplex. Dieser sanfte, ausgewogene Wein dürfte bald trinkreif sein.

🕭 SCEA Landrodie Père et Fille, 33330 Saint-Pey-d'Armens, Tel. 05.57.24.74.10, Fax 05.57.24.66.33 ☑ ⊥ tägl. 8h-12h 14h-19h

CH. LA BONNELLE 1994

| ■ | 8 ha | 60 000 | ▮ ⓘ ♦ | 50-70 F |

Dieser 94er hat eine hübsche rubinrote Farbe, die klar und strahlend ist. Der noch zurückhaltende Geruchseindruck bietet ein Aroma von Früchten und Kernen, das mit Holznoten vermischt ist. Der in der Ansprache warme Wein ist recht gehaltvoll, aber der ein wenig strenge Abgang legt nahe, ihn drei bis fünf Jahre zu lagern.

🕭 SCEA des Vignobles Sulzer, La Bonnelle, 33330 Saint-Pey-d'Armens, Tel. 05.57.47.15.12, Fax 05.57.47.16.83 ☑ ⊥ n. V.

CH. LA CLOTTE 1994**

| ■ Gd cru clas. | 3,67 ha | 13 000 | ⓘ | 70-100 F |

Dieses Gut, das sich entlang der Befestigungsmauer der Altstadt erstreckt, kam 1747 in den Besitz der Familie de Grailly, die es an den Urgroßvater der heutigen Besitzer verkaufte. Dieser 94er ist ganz einfach bemerkenswert. Er hat eine sehr dunkle, fast schwarze Farbe und ist im Duft schon komplex aufgrund seiner Noten von roten Früchten (Merlot-Trauben, Sauerkirschen) und seines Tier- und Röstgeruchs. Im Geschmack füllig und kräftig, aber elegant, mit einem schönen Lakritzeabgang. Ein sehr vielversprechender Wein, den man fünf bis zehn Jahre aufheben kann, wobei man ihn regelmäßig probieren sollte.

🕭 SCEA du Ch. La Clotte, 33330 Saint-Emilion, Tel. 05.57.24.66.85, Fax 05.57.24.66.85 ☑ ⊥ n. V.
🕭 Chailleau

Libournais

CH. LA CLUSIERE 1994
■ Gd cru clas.   3,5 ha   17 000   (||) 70-100 F
81 82 83 |85| |86| 87 |88| |89| |90| 92 **93** 94

Die 30 Jahre alten Rebstöcke (70 % Merlot und 30 % Cabernet), die auf einem lehmig-kalkhaltigen Boden wachsen, wurden 1953 von der Familie Valette gekauft. Sie liefern einen eleganten Wein, der eine noch frische Farbe und ein schon ausdrucksvolles Bukett zeigt : rote Früchte, Vanille, Geröstetes. Dieser wohlausgewogene 94er besitzt noch ein wenig dominierende Tannine vom Holz, die sich ziemlich bald verfeinern dürften.
•┐ Consorts Valette SCA, Ch. La Clusière, 33330 Saint-Emilion, Tel. 05.57.55.43.43, Fax 05.57.24.63.99 ⏁ n. V.

CH. LA COMMANDERIE 1994*
■   5,35 ha   35 600   (||) 50-70 F
82 83 |85| |88| |89| |90| |91| |92| |93| |94|

Seitdem dieser Cru, der wie der Clos des Jacobins unter der Leitung von Georges Pauli vinifiziert wird, 1989 von den Domaines Cordier erworben wurde, wird er regelmäßig im Weinführer erwähnt. Dieser durch einen hohen Merlot-Anteil geprägte 94er hat eine schöne, kräftige rubinrote Farbe und verströmt einen holzbetonten, mentholartigen Duft, der mit einem Aroma von kandierten roten Früchten und Kakao vermischt ist. Er ist sanft, rund und sehr harmonisch und zeigt sich zart und seidig. Trinkreif.
•┐ Domaines Cordier, 53, rue du Dehez, 33290 Blanquefort, Tel. 05.56.95.53.00, Fax 05.56.95.53.01 ⏁ n. V.

CH. LA COUSPAUDE 1994*
■   7,01 ha   36 000   (||) 100-150 F
82 83 85 86 88 |89| 90 |91| |92| **93** 94

Dieser vor den Toren von Saint-Emilion gelegene Weinberg, der vollständig von Mauern umschlossen ist, besitzt schöne Gewölbekeller. Ausstellungen von Gemälden und Skulpturen haben das Gut bei den Liebhabern der bildenden Künste bekannt gemacht ; die zahlreichen Erwähnungen im Weinführer werden den Weinfreunden nicht entgangen sein. Dieser 94er ist sehr gelungen : intensive, strahlende rubinrote Farbe mit karminrotem Schimmer, kräftiges, ausdrucksvolles Bukett, das an vollreife Trauben erinnert und feine Holznoten entfaltet. Sanft, ausgewogen und harmonisch - ein Wein, bei dem die Feinheit den Charakter nicht ausschließt. Cru classé im 1996.
•┐ Vignobles Aubert, Ch. La Couspaude, 33330 Saint-Emilion, Tel. 05.57.40.15.76, Fax 05.57.40.10.14 ✉ ⏁ n. V.

CH. LA CROIX CARDINAL
Vieilli en fût de chêne 1994*
■   4 ha   26 500   ▮↓ 50-70 F

Ein auf lehmig-kalkhaltigen Böden angelegter Weinberg, der der Familie Laporte gehört. Die Weine werden von Yvon Mau, einem großen Weinhändler in der Gironde, vertrieben. Dieser 94er ist sehr gelungen: die rubinrote Farbe zeigt einige karminrote Reflexe. Der Duft ist fein, mit einem Aroma von gekochten Früchten. Dieser Wein ist sanft und warm, besitzt aber dennoch guten Stoff und Tannine. Zart und wohlausgewogen : Er ist sehr gefällig.
•┐ SA Yvon Mau, rue André-Dupuy-Chauvin, B.P. 1, 33190 Gironde-sur-Dropt, Tel. 05.56.61.54.54, Fax 05.56.61.54.61
•┐ Laporte

Saint-Emilion grand cru

CH. LA DOMINIQUE 1994*
■ Gd cru clas.   17 ha   102 000   (||) 150-200 F
81 ⑧② 83 85 |86| 87 88 |89| 90 |91| |92| **93** 94

Ein schönes Gebäude aus dem 19. Jh., das seinen Namen der Ile de la Dominique verdankt. Man kann sich auf diesen Cru, der 1969 von Clément Fayat erworben wurde, in der Appellation fest verlassen - dem widerspricht auch nicht dieser sehr gelungene 94er. Die intensive, tief purpurrote Farbe weist auf eine schöne Konzentration hin. Das kräftige, komplexe Bukett entfaltet Gewürze, Kaffee, reife schwarze Johannisbeeren und den Röstgeruch von gutem Holz. Im Geschmack füllig und fleischig, mit guten Tanninen. Man kann diesen wohlschmeckenden, bezaubernden Wein in fünf Jahren trinken, aber er wird noch besser, wenn man ihn länger altern läßt.
•┐ Vignobles Clément Fayat, Ch. La Dominique, 33330 Saint-Emilion, Tel. 05.57.51.31.36, Fax 05.57.51.63.04 ✉ ⏁ n. V.

CH. LA FLEUR 1994**
■   5,43 ha   k. A.   (||) 70-100 F
83 86 |88| |89| 90 |92| |93| 94

Dieser von der Firma Moueix vertriebene Wein wird dem Ansehen des berühmten Hauses gerecht. Er hat die Gabe, sich zu präsentieren, mit einer kräftigen roten Farbe und einem Bukett, das reife rote Früchte, Pflaumenkompott und Erdbeerkonfitüre verbindet. Nach einer gefälligen, fast cremigen Ansprache entfaltet sich der Geschmack harmonisch, mit einer schönen Präsenz und viel Eleganz. Der sehr homogene Gesamteindruck zeugt von einer gut durchgeführten Extraktion.
•┐ Christian Moueix, 43, quai du Priourat, 33500 Libourne
•┐ Mme Lacoste

CH. LA FLEUR CRAVIGNAC 1994*
■   7,53 ha   40 000   (||) 50-70 F

Ein sehr alter Cru, der im 18. Jh. einem Anwalt im Parlament gehörte. Sein Wein wird im Restaurant der Nationalversammlung serviert. Der 94er zeigt eine schöne, intensive rubinrote Farbe mit violetten Reflexen. Das Bukett öffnet sich zu einem Aroma von Kirschen in Akohol und einem Duft nach Blumen und getrockneten Früchten. Der Geschmack ist füllig, sanft und geschmeidig, mit reifen, kräftigen und langen Tanninen, die sich innerhalb von zwei bis drei Jahren optimal entfalten dürften.
•┐ SCEA Ch. Cravignac, 33330 Saint-Emilion, Tel. 05.57.74.44.01, Fax 05.57.84.56.70 ✉ ⏁ n. V.
•┐ L. et A. Beaupertuis

CLOS LA FLEUR FIGEAC 1994*
■   k. A.   15 000   ▮ (||) 70-100 F

Dieser 94er, der Zweitwein von Château la Tour du Pin Figeac (Cru classé), ist sehr gut

Libournais / Saint-Emilion grand cru

gelungen. Er stammt zu 30 % von der Rebsorte Cabernet franc und zu 70 % von der Merlot-Rebe, die auf Kiessand und alten Sanden angepflanzt ist und von einem gut durchgeführten Ausbau profitiert. Die dunkelrote Farbe ist lebhaft und tief. Das intensive Bukett, das an schwarze Früchte erinnert, ist angenehm holzbetont. Der Geschmack enthüllt runde, samtige und elegante Tannine, die diesen Wein für kürzere Zeit lagerfähig machen.

🍇 Vignobles Jean-Michel Moueix, Ch. la Tour du Pin Figeac, 33330 Saint-Emilion, Tel. 05.57.74.18.44, Fax 05.57.51.52.87 ✓ ❦ n. V.

CH. LA FLEUR PEREY
Cuvée Prestige Vieillie en fût de chêne 1994

| ■ | 3,9 ha | 8 000 | ⚭ | 50-70 F |

Dieser Familienbetrieb hat sich innerhalb von vier Generationen vergrößert - er umfaßt rund 12 ha - und sich auf den Weinbau spezialisiert. Der Grand cru besteht zu 80 % aus Merlot, der auf Kiessand und Sand wächst. Dieser 94er mit der anziehenden Farbe, einem recht intensiven Kirschrot, dürfte ziemlich bald trinkreif sein. Im Duft ist er fein und bietet leicht würzige Noten von roten Früchten. Der Geschmack zeigt sich sanft, mit schon gefälligen Tanninen.

🍇 EARL Vignobles F. et A. Xans, Ch. Perey-Grouley, 33330 Saint-Sulpice-de-Faleyrens, Tel. 05.57.24.73.17, Fax 05.57.24.63.61 ✓ ❦ n. V.

CH. LA FLEUR PICON 1994

| ■ | 5,6 ha | 25 000 | | 30-50 F |

86 88 |89| 92 |93| 94

Dieser Wein hat eine hübsche, ziemlich intensive granatrote Farbe. Er zeigt sich gefällig im Geruchseindruck, der noch von den roten Früchten beherrscht wird, mit einer Holznote und - wenn man den Wein im Glas schwenkt - einem Hauch von Leder. Er ist in der Ansprache sanft, wohlausgewogen und nachhaltig. Innerhalb von zwei bis drei Jahren dürfte er angenehm schmecken.

🍇 Christian Lassègues, La Fleur Picon, 33330 Saint-Emilion, Tel. 05.57.24.70.60, Fax 05.57.24.68.67 ✓ ❦ n. V.

CH. LA FLEUR POURRET 1994***

| ■ | 3,16 ha | 16 000 | ⚭ | 70-100 F |

Dieser ein wenig über 3 ha große Cru gehört der Gruppe AXA Millésimes. Die Cabernet-Reben haben hier den gleichen Anteil wie der Merlot, angepflanzt auf einem sandigen Boden mit eisenhaltigem Untergrund. Unsere Verkoster haben diesen 94er zum Lieblingswein gewählt. Die Farbe ? Intensiv purpurrot. Das Bukett ? Kräftig und komplex, aus schwarzen Früchten, Wild sowie würzigen und holzigen Noten bestehend. Im Geschmack Fülle, Volumen und ein Aroma von Sauerkirschen und Faßholz. Ein großer lagerfähiger Wein, der aber schon eine ausgezeichnete Harmonie enthüllt.

🍇 SCA Ch. Petit-Village, Catusseau, 33500 Pomerol, Tel. 05.57.51.21.08, Fax 05.57.51.87.31 ✓

🍇 Axa Millésimes

CH. LA GAFFELIERE 1994**

| ■ 1er gd cru B | 21 ha | 110 000 | ⚭ | 100-150 F |

75 78 79 80 81 |(82)| |83| 84 |85| |86| 87 88 |89| 90 91 |92| |93| 94

Dieser Cru wurzelt tief im Weinbau der Antike : Das Gut enthält die Überreste einer galloromanischen Villa (Landgut) aus dem 4. Jh. mit einem wunderschönen Mosaik, das einen Rebstock darstellt. Es gehört seit Jahrhunderten der Familie Malet Roquefort. Der 94er ist großartig mit seiner schönen purpurroten Farbe und seinem intensiven Bukett, das reife rote Früchte, Leder, Lakritze, Gewürze und getoastetes Brot verbindet. Der Geschmack ist genauso bemerkenswert : Er ist warm und rund, enthüllt eine gute Ausgewogenheit zwischen Trauben und Holz und besitzt elegante, samtige, wohlschmeckende Tannine.

🍇 M. de Malet Roquefort, 1, La Gaffelière-Ouest, 33330 Saint-Emilion, Tel. 05.57.24.72.15, Fax 05.57.24.65.24 ✓ ❦ n. V.

CH. LA GARELLE 1994

| ■ | k. A. | 56 000 | ⬚⚭ | 50-70 F |

Dieses Gut liegt auf sandig-kiesigen Böden. Das Ergebnis ist ein Wein mit einer lebhaften, leichten und strahlenden rubinroten Farbe. Das komplexe, feine Bukett betont rote Früchte und reife Trauben. Der in der Ansprache sanfte Geschmack entwickelt sich mit noch sehr deutlich spürbaren Tanninen.

🍇 Jean-Luc Marette, Ch. La Garelle, 33330 Saint-Emilion, Tel. 05.57.24.61.98, Fax 05.57.24.75.22 ✓ ❦ n. V.

CH. LA GRACE DIEU LES MENUTS 1994

| ■ | 13,35 ha | 79 000 | ⚭ | 70-100 F |

86 88 |89| 91 93 |94|

Ein 94er, dessen rubinrote Farbe granatrote und bernsteinfarbene Reflexe zeigt. Er entfaltet ein offenes, elegantes Bukett, das im Aroma von Erdbeeren und Himbeeren mit einem Vanille- und Holzgeruch verbindet. Rund und sanft - ein ansprechender Wein, der schon jetzt angenehm zu trinken ist.

🍇 Vignobles Pilotte-Audier SCEA, La Grâce-Dieu, 33330 Saint-Emilion, Tel. 05.57.24.73.10, Fax 05.57.24.73.10 ✓ ❦ n. V.

CH. LA GRAVE FIGEAC 1994

| ■ | 6,38 ha | 28 000 | ⬚⚭ | 70-100 F |

Der 93er wurde zum Lieblingswein gewählt. Jean-Pierre Clauzel, der dieses Gut erst seit drei Jahren leitet, erhält eine lobende Erwähnung für diesen Wein mit dem klassischen Rebsatz. Die hübsche, intensive rubinrote Farbe zeigt einige

auf Entwicklung hinweisende Reflexe. Das Bukett ist fein und holzbetont, mit Röst- und Vanillenote. Der warme Geschmack enthält ein wenig feste Tannine, die aber recht bald verschmelzen dürften.
➥ Jean-Pierre Clauzel, La Grave-Figeac, 1, Cheval-Blanc-Ouest, 33330 Saint-Emilion, Tel. 05.57.51.38.47, Fax 05.57.74.17.18 ◫ ⏳ tägl. 9h-19h

CLOS LA MADELEINE 1994

| ◼ Gd cru clas. | 2 ha | 9 000 | ◼ ◫ ♦ 100-150F |

Ein kleiner Cru classé (2 ha) auf lehmigkalkhaltigen Böden, der je zur Hälfte mit Merlot und Cabernet franc bestockt ist. Das Ergebnis ist ein Wein mit einer dunklen rubinroten Farbe, dessen feines, subtiles Bukett den Holzgeruch von Vanille und Gewürzen mit einem Aroma reifer roter Früchte harmonisch vereint. Dieser elegante, ausgewogene und lange 94er, der im Geschmack dank runder und seidiger Tannine gut verschmolzen ist, dürfte innerhalb von drei bis fünf Jahren seine optimale Qualität erreicht haben.
➥ SA Clos La Madeleine, B.P. 78, 33330 Saint-Emilion, Tel. 05.57.55.38.00, Fax 05.57.55.38.01 ◫ ⏳ n. V.

CH. LAMARTRE 1994

| ◼ | 11,58 ha | 50 335 | ◼ ♦ 50-70F |

Ein Gut in Saint-Etienne-de-Lisse. Die Bestockung besteht zu mehr als 80 % aus Merlot, der auf kieseligen und lehmig-kieselhaltigen Böden angepflanzt ist. Die Vinifizierung und den Verkauf übernimmt die Erzeugervereinigung (UDP) von Saint-Emilion. Dieser 94er hat eine hübsche rubinrote Farbe mit karminrotem Schimmer und ein sich entfaltendes würziges Bukett mit einer Unterholznote (Humus). Warme Ansprache, feine, würzige Tannine. Dieser Wein dürfte bald trinkreif sein.
➥ UDP de Saint-Emilion, Haut-Gravet, B.P. 27, 33330 Saint-Emilion, Tel. 05.57.24.70.71, Fax 05.57.24.65.18 ◫ ⏳ Mo-Sa 8h-12h 14h-18h
➥ SCE Ch. Lamartre

CH. LAMARZELLE CORMEY 1994

| ◼ | 5 ha | 24 000 | ◼ 50-70F |

Der von einer Lehmader gebildete Boden befindet sich auf alten Sanden und ist ausschließlich mit Merlot bepflanzt. Er hat beim 94er einen Wein von hübscher, lebhafter rubinroter Farbe hervorgebracht. Ein erwachendes Bukett bietet noch Fruchtigkeit (schwarze Johannisbeeren und andere schwarze Früchte) sowie einen vorzeitigen Holzton. Der Geschmack ist wohlausgewogen. Dank ihrer Feinheit kann man diese Flasche recht bald öffnen.
➥ SCEA Cormeil-Figeac-Magnan, B.P. 49, 33330 Saint-Emilion, Tel. 05.57.24.70.53, Fax 05.57.24.68.20 ◫ ⏳ n. V.

CH. DE LA NAUVE 1994**

| ◼ | 4 ha | 25 000 | ◫ 50-70F |

86 88 89 |90| 91 |92| |93| **94**

Dieser 94er, der überwiegend aus Merlot (90 %) erzeugt worden ist und von einem sandiglehmigen Boden stammt, zeigt eine hübsche, dunkle und tiefe, sehr bordeauxtypische Farbe. Im Geruchseindruck ist er fein und komplex und bietet ein Aroma von kleinen Früchten (Heidelbeeren und Kirschen), das mit einem Vanilleduft verbunden ist. Er ist zunächst körperreich und sanft und entfaltet dann einen bemerkenswerten Körper mit verschmolzenen Tanninen von sehr guter Qualität. Seine Länge im Geschmack garantiert eine schöne Lagerung.
➥ SCEA du ch. de La Nauve, La Nauve, 33330 Saint-Laurent-des-Combes, Tel. 05.57.24.71.89, Fax 05.57.74.46.61 ◫ ⏳ n. V.
➥ Richard Veyry

CH. LANIOTE 1994*

| ◼ Gd cru clas. | 5,13 ha | 32 000 | ◫ 70-100F |

Arnaud und Florence de la Filolie, die Eigentümer von Laniote, besitzen in der Stadt die Höhle, wo der Mönch Emilion im 8. Jh. lebte, die Dreifaltigkeitskapelle und die Katakomben. Sie bleiben mit dem Weinbau verbunden, wie dieser 94er zeigt, dessen dunkle, tiefe rote Farbe mit den schwarzen Reflexen auf die Jugend und Konzentration hinweist. Das Bukett erinnert an vollreife Merlot-Trauben und kandierte rote Früchte ; wenn man den Wein im Glas schwenkt, kommen einige Noten Tiergeruch zum Vorschein. Dicht, kräftig gebaut und tanninreich, im Abgang noch ein wenig fest und streng. Dieser Wein enthüllt ein sehr gutes Alterungspotential.
➥ Arnaud de La Filolie, Ch. Laniote, 33330 Saint-Emilion, Tel. 05.57.24.70.80, Fax 05.57.24.60.11 ◫ ⏳ tägl. 9h-19h ; Gruppen n. V.

CH. LAPLAGNOTTE BELLEVUE 1994*

| ◼ | 5,6 ha | 34 000 | ◼ ◫ 50-70F |

Dieser aufgrund seiner Bestockung traditionelle Cru liegt 3 km von Saint-Emilion entfernt. Sein 94er kündigt sich durch eine klare, dunkle, ein wenig entwickelte Farbe an. Der feine, angenehme Duft bietet ein würziges Aroma und leichte Holznoten. Im Geschmack ist er dank seiner verschmolzenen, fülligen Tannine sanft und gefällig. Man kann diesen Wein bald genießen.
➥ De Labarre Fourcaud-Laussac, Ch. Laplagnotte-Bellevue, 33330 Saint-Christophe-des-Bardes, Tel. 05.57.24.78.67, Fax 05.57.24.63.62 ◫ ⏳ n. V.

L. DU CLOS LARCIS 1994

| ◼ | 1 ha | 6 000 | ◫ 100-150F |

|89| |90| |91| 92 |93| 94

Dieser nur einen Hektar große Cru, der zwischen Pavie und Larcis-Ducasse an der Flanke des Hangs liegt und ausschließlich mit Merlot bestockt ist, besitzt eine sehr kleine Produktion. Trotz einer gewissen Entwicklung in seiner strahlenden Farbe muß dieser Wein ein wenig verschmelzen ; er muß drei bis fünf Jahre altern, um seinen vollen Charakter zu entfalten. Das weinige Bukett zeichnet sich durch seine aromatische Frische mit Menthol- und Pfeffernoten aus. Der füllige, sanfte Geschmack enthüllt reife Tannine und ein sehr angenehmes Aroma.
➥ SCA Vignobles R. Giraud, B.P. 31, Dom. de l'Oiseau, 33240 Saint-André-de-Cubzac, Tel. 05.57.43.01.44, Fax 05.57.43.08.75 ◫

Libournais — Saint-Emilion grand cru

CH. LARCIS DUCASSE 1994
■ Gd cru clas.　10,9 ha　60 000　◫ 100-150F
82 83 84 **85 86** 87 |88| |91| 93 94

Dieser 1750 entstandene Cru gehört seit einem Jahrhundert der Familie der heutigen Besitzerin. Dieser 94er ist zu zwei Dritteln und Merlot und zu einem Drittel aus Cabernet-Reben erzeugt worden, die auf Mergel- und lehmig-kalkhaltigen Böden wachsen. Er verrät in seiner funkelnden, strahlenden rubinroten Farbe ein paar Anzeichen von Enwicklung. Im Duft ist er fein und sanft und bietet ein süßes Aroma von Backpflaumen, Karamel und Vanille. Er ist im Geschmack zart und liebenswürdig und gleicht einen gewissen Mangel an Stärke durch viel Eleganz aus. Bald trinkreif.
↬ Mme Gratiot-Alphandéry, Ch. Larcis Ducasse, 33330 Saint-Emilion,
Tel. 05.57.24.70.84, Fax 05.57.24.64.00 ☑ ⊥ n. V.

CH. LARMANDE 1994**
■ Gd cru clas.　19 ha　110 000　◫♦ 100-150F
76 81 82 83 |85| |86| 87 |⑧⑧| |89| 90 92 93 94

Zum zweiten Mal hintereinander Wahl zum Lieblingswein für diesen Cru mit den vielfältigen Böden, die Lehm, Sand und eisenhaltigen Untergrund vermengen. Das Gut gehört seit 1990 der Firma La Mondiale. Marc Dworkin und Michel Rolland haben ihr gesamtes Können aufgewendet, um diesen bemerkenswerten 94er herzustellen und auszubauen. Das tiefe, intensive Dunkelrubinrot zeigt purpurrote Reflexe. Das komplexe, elegante Bukett erinnert an kleine rote Früchte und Vanille mit Röstnoten. Der in der Ansprache sanfte und füllige Geschmack entwickelt sich mit reifen, kraftvollen Tanninen, die gut umhüllt sind, und entfaltet im Abgang eine Vielzahl harmonischer Aromen.
↬ SCE Ch. Larmande, 33330 Saint-Emilion, Tel. 05.57.24.71.41, Fax 05.57.74.42.80 ☑ ⊥ n. V.
↬ La Mondiale

CH. LAROQUE 1994
■　　27 ha　140 000　◫♦ 70-100F
|89| |90| 91 |92| |93| 94

Ein echtes Schloß von erhabener klassischer Architektur. Aus der Feudalzeit ist nur ein runder Turm übriggeblieben. Dieses elegante, strahlend weiße Bauwerk beherrscht das größte Weingut der AOC, das auf den lehmig-kalkhaltigen Böden von Saint-Christophe-des-Bardes liegt. Die dunkle, intensive Farbe dieses 94ers, ein violett schimmerndes Purpurrot, weist auf die große Jugend dieses noch verschlossenen Weins hin. Er ist weinig und duftet nach überreifen Früchten. Die ein wenig rustikale Struktur, die er besitzt, dürfte in den nächsten Jahren gut entwickeln. Cru classé im 1996.
↬ SCA Famille Beaumartin, Ch. Laroque, 33330 Saint-Christophe-des-Bardes, Tel. 05.57.24.77.28, Fax 05.57.24.63.65 ☑ ⊥ n. V.

CH. LA ROSE COTES ROL 1994
■　　9,31 ha　40 000　■◫ 50-70F

Dieses Weingut ist schrittweise auf den sandigen Abhängen der Hochfläche im Norden der Stadt erweitert worden. Es besitzt einen Felsenkeller, in dem sein Wein in Flaschen reift. Der 94er hat eine kräftige, lebhafte rote Farbe und entfaltet ein feines Bukett, das durch würzige, leicht röstartige Noten geprägt ist. Er zeigt sich sanft und körperreich dank fleischiger Tannine, die eine gute Lagerung garantieren dürften.
↬ Yves Mirande, SCEA Vignobles Mirande, La Rose Côtes Rol, 33330 Saint-Emilion, Tel. 05.57.24.71.28, Fax 05.57.74.40.42 ☑ ⊥ tägl. 9h-19h30 ; Gruppen n. V.

CH. LA ROSE-POURRET 1994*
■　　8 ha　k. A.　■◫♦ 50-70F

Ein reizvoller, zarter, femininer 94er mit einer hübschen Farbe, die an Rubine oder Kirschen erinnert, und einem diskreten, aber feinen Duft. Der in der Ansprache seidige Geschmack bietet ein Aroma reifer Pflaumen. Der Geschmack wird noch von den Tanninen des Holzfasses beherrscht, die innerhalb der kommenden vier bis fünf Jahre verschmelzen dürften.
↬ SCEA ch. La Rose Pourret, 33330 Saint-Emilion, Tel. 05.57.24.71.13, Fax 05.57.74.43.93 ☑ ⊥ n. V.
↬ B. et B. Warion

CH. LA ROSE TRIMOULET 1994*
■　　k. A.　k. A.　■◫ 50-70F
⑧② 85 86 **88** |89| 90 |92| 93 94

Ein Wein, der im Weinführer regelmäßig Berücksichtigung findet. Seinen Namen verdankt er einem Fräulein Trimoulet, das 1836 das Gut an die Vorfahren des heutigen Besitzers verkaufte. Die auf eisenhaltigen Kieselböden angepflanzten Reben haben diesen sehr gelungenen 94er geliefert : Die Farbe ist dunkel ; das intensive Bukett mischt schwarze Früchte, Backpflaumen und Holz- und Gewürznuancen mit ein paar Noten von Tiergeruch. Der Geschmack ist noch recht fruchtig, durch schwarze Johannisbeeren geprägt. Kraft, Körper und Länge.
↬ Jean-Claude Brisson, Trimoulet, 33330 Saint-Emilion, Tel. 05.57.24.73.24, Fax 05.57.24.67.08 ☑ ⊥ n. V.

CH. LAROZE 1994
■ Gd cru clas.　25 ha　95 000　◫ 100-150F
85 86 87 |88| |89| |90| 91 **92** 93 94

Das große Weingut der Familie Meslin entstand 1882 ; es besteht aus 59 % Merlot noir und 41 % Cabernet-Reben, die auf kieselhaltigen Böden angepflanzt sind. Der Wein besitzt eine ansprechende rubin- bis granatrote Farbe. Er ist im Duft zart, mit einem Aroma von schwarzen Früchten und Bigarreau-Kirschen, das von

einem an Toastbrot erinnernden Holzton begleitet wird, und zeigt sich im Geschmack fein, kräftig gebaut und holzbetont. Die ein wenig strengen Tannine dürften sich in den nächsten Jahren verfeinern.
- Guy Meslin, Ch. Laroze, 33330 Saint-Emilion, Tel. 05.57.24.79.79, Fax 05.57.24.79.80 ■ ▼ n. V.

CH. LA TOUR DU PIN FIGEAC
Moueix 1994*

| Gd cru clas. | k. A. | 48 000 | 100-150 F |

81 82 **85 86** 87 88 |90| |92| 93 94

Dieser 9 ha große Cru, der zu 70 % mit Merlot und zu 30 % mit Cabernet franc bestockt ist, liegt auf Kiessand und alten Sanden. Er wurde im letzten Jahrhundert von Château Figeac abgetrennt und von der Familie Moueix gekauft, in deren Besitz er sich noch immer befindet. Dieser 94er hat eine dunkle, tiefe granatrote Farbe. Das sehr komplexe, kräftige Bukett erinnert an Leder und Gewürze, bietet aber auch fleischartige, blumige und holzige Noten. Der Geschmack ist reichhaltig und intensiv, mit einer rassigen Struktur und Weinigkeit. Ein schöner Wein zum Lagern.
- Vignobles Jean-Michel Moueix, Ch. la Tour du Pin Figeac, 33330 Saint-Emilion, Tel. 05.57.74.18.44, Fax 05.57.51.52.87 ■ ▼ n. V.

CH. LA TOUR FIGEAC 1994

| Gd cru clas. 13,63 ha | 42 000 | 100-150 F |

Dieser 1879 von Château Figeac abgetrennte Cru verdankt seinen Namen einem Turm, der noch Ende des 18. Jh. auf seinem Gelände bestand. 60 % Merlot und 40 % Cabernet franc sowie Böden, die zu einem Drittel aus Kiessand und zu zwei Dritteln aus alten Sanden bestehen, haben diesen Wein hervorgebracht, dessen schöne rubinrote Farbe eine reife Reflexe von Entwicklung zeigt. Das diskrete, zart holzige Bukett erinnert an rote Früchte und Gewürze. Die frischen, noch ein wenig strengen Tannine raten zu ein wenig Geduld.
- SC Ch. La Tour Figeac, B.P. 007, 33330 Saint-Emilion, Tel. 05.57.51.77.62, Fax 05.57.25.36.92 ▼ n. V.
- Famille Rettenmaier

CH. LA VOUTE 1994**

| 1,19 ha | 7 500 | 50-70 F |

Das Gut wurde 1993 von Michel Moreau gekauft, der auch Erzeuger in Montagne Saint-Emilion ist. Die Bestockung besteht ausschließlich aus Merlot, angepflanzt auf braunem Lehm. Schade, daß die Produktionsmenge klein ist, denn dieser Wein hat alles : eine schöne, lebhafte rubinrote Farbe, ein sehr eindrucksvolles Bukett, das schwarze Johannisbeeren, Himbeeren und auf den Ausbau im neuen Eichenholz zurückgehende Röst-, Vanille- und Lakritzenoten verbindet. Das Aroma des Geruchseindrucks setzt sich in einem fülligen Geschmack fort, der Frucht- und Toastnoten enthält. Ein noch ein wenig vom Holz geprägter Wein, der aber ein interessantes Lagerpotential besitzt.
- Michel Moreau, Ch. d'Arvouet, 33570 Montagne, Tel. 05.57.74.56.60, Fax 05.51.74.02.44 ■ ▼ n. V.

CH. LE CASTELOT 1994

| ■ 7 ha | 42 000 | 70-100 F |

Dieser Cru hat seinen Namen von einem kleinen Schloß, castelot im Gascognischen, das unter der Herrschaft von Heinrich IV. erbaut wurde. Sein 94er besitzt eine hübsche rubinrote, leicht ziegelrote Farbe. Das angenehme Bukett verbindet Blüten-, Menthol- und Röstnoten mit Ledernuancen. Der Geschmack zeigt sich sanft und harmonisch, mit gut verschmolzenen Tanninen. Diesen Wein dürfte man recht bald trinken können.
- Jean-François Janoueix, 37, rue Pline-Parmentier, B.P. 192, 33506 Libourne Cedex, Tel. 05.57.51.41.86, Fax 05.57.51.76.83 ■ ▼ n. V.

CH. LE JURAT 1994**

| ■ 7,58 ha | 49 500 | 70-100 F |

82 83 **85 86** |88| |89| 90 |91| 93 94

Dieser in der Nähe von Pomerol gelegene Cru gehört der Familie de Haut-Corbin. Mit diesem 94er erntet er allgemein Beifall. Unsere Verkoster haben die Rassigkeit dieses Weins betont. Er besitzt eine sehr dunkle bordeauxrote Farbe und ein konzentriertes, kräftiges Bukett, das noch sehr fruchtig (kandierte Früchte) ist und sich ein wenig animalisch (Leder) und zart holzig zeigt, wenn man das Glas schwenkt. Der fleischige, füllige Geschmack, der von schon verschmolzenen Tanninen strukturiert wird, klingt mit Holznoten aus. Was für eine Harmonie !
- SC Ch. Le Jurat, 33330 Saint-Emilion, Tel. 05.57.51.95.54, Fax 05.57.51.90.93 ■ ▼ n. V.

CH. LES GRANDES MURAILLES 1994

| ■ 1,7 ha | 12 000 | 70-100 F |

Dieser vor den Toren des mittelalterlichen Städtchens liegende 2 ha große Weinberg erstreckt sich zu »Füßen der großen Mauern«, die das Wahrzeichen von Saint-Emilion sind und Überreste eines ins 12. Jh. zurückreichenden Dominikanerkonvents darstellen. Dieser schon entwickelte 94er bietet einen intensiven aromatischen Ausdruck, der von getoastetem Brot und verbranntem Holz beherrscht wird. Im Geschmack gleicht er eine etwas leichte Struktur durch eine Vielzahl bezaubernder Aromen aus. Man kann ihn schon jetzt genießen.
- SCI Les Grandes Murailles, 33330 Saint-Emilion, Tel. 05.57.24.71.09, Fax 05.57.24.69.72 ■ ▼ n. V.
- G. Reiffers

Libournais

Saint-Emilion grand cru

CH. LES GRAVIERES
Cuvée Prestige Vieilli en fût de chêne 1994***

| ■ | 3 ha | 18 000 | ⫷ 50-70 F |

|89| |90| |91| |92| |93| (94)

Seit vier Jahren kennt man das Talent von Denis Barraud, sein Bemühen um die Qualität der Trauben, den Scharfsinn seiner Vinifizierung, die vom Önologischen Zentrum in Grézillac so perfekt beraten wird. Der Beweis ? Viermal hintereinander Wahl zum Lieblingswein ! Das dunkle Purpurrot dieses 94ers zeigt purpurviolette Reflexe. Das intensive Bukett bietet ein Aroma von gutem Holz über einem Duft nach reifen Früchten. Dieser Wein ist im Geschmack füllig und kräftig und enthüllt eine vollendete Ausgewogenheit, die die guten Tannine von den reifen Trauben mit den eleganten, feinen Tanninen vom Barriquefaß verbindet. Ein außergewöhnlicher Wein mit einem sehr guten Preis-Leistungs-Verhältnis.
☛ SCEA des Vignobles Denis Barraud, Ch. Haut-Renaissance, 33330 Saint-Sulpice-de-Faleyrens, Tel. 05.57.84.54.73, Fax 05.57.84.57.05 ☑ ⏂ Mo-Fr 8h-12h 14h-18h

CH. L'HERMITAGE-LESCOURS
1994**

| ■ | 3,5 ha | 23 000 | ⫷ 50-70 F |

|90| |91| 92 |93| 94

Daniel Quentin hat diesen Cru 1990 geerbt. Er ließ die Keller renovieren und läßt sich von seinem Sohn, einem Önologen, bei der Vinifizierungstechnik und von seiner Tochter beim Verkauf helfen. Seitdem wird sein Wein in unserem Weinführer regelmäßig erwähnt. Dieser 94er stellt einen beachtlichen Fortschritt dar. Die Jury betonte gern seine schöne, dunkle bordeauxrote Farbe und sein schon ausdrucksvolles Bukett, das aus kleinen schwarzen Früchten sowie mentholartigen, mineralischen und holzigen Noten besteht. Der Geschmack ist nicht wenig verführerisch mit seiner Fülle, seiner Eleganz und seinen nachhaltigen schokoladeartigen Tanninen. Er enthüllt eine gute Ausgewogenheit zwischen den Trauben und dem Holz und ein interessantes Lagerungspotential.
☛ Daniel Quentin, 51, rue Pline-Parmentier, 33500 Libourne, Tel. 05.57.24.63.23, Fax 05.57.74.15.15 ☑ ⏂ n. V.

CH. LUSSEAU 1994**

| ■ | 0,42 ha | 2 800 | ⫷ 70-100 F |

1993 kaufte Laurent Lusseau seinem Onkel diesen winzigen Cru ab, der seinem Großvater gehört hatte. Die Bestockung ist traditionell (70 % Merlot) ; die etwa 40 Jahre alten Rebstöcke sind auf sandig-kiesigen Böden angepflanzt. Der Winzer hat daraus einen sehr hübschen Wein herausgeholt. Schöne, dunkle rubinrote Farbe. Im Duft wird das Aroma von reifen Früchten rasch von einem intensiven Holzton dominiert, der aber von guter Qualität ist. Elegant und ausgewogen, mit guten Tanninen vom Faß. Ein harmonischer, lagerfähiger Wein.
☛ Laurent Lusseau, 287 Perey-Nord, 33330 Saint-Sulpice-de-Faleyrens, Tel. 05.57.74.46.54, Fax 05.57.74.41.29 ☑ ⏂ n. V.

CH. MAGDELAINE 1994**

| ■ 1er gd cru B | k. A. | k. A. | 150-200 F |

|70| 71 73 74 |75| 76 77 |78| 79 80 |82| (83) |85| 86 |87| 88 89 90 |92| 93 94

Ein sehr großer Wein. Hinter einem Boden und einer Lage, die außergewöhnlich sind, spürt man die ganze Gewissenhaftigkeit der Arbeit der Mannschaft von Christian Moueix. Wie beim 90er haben unsere Verkoster nicht gezögert, den 94er zum Lieblingswein zu wählen, was angesichts des heiklen Jahrgangs noch verdienstvoller ist. Der Wein ist in jeder Phase der Verkostung bemerkenswert. Schöne, dunkle rubinrote Farbe. Das sich entfaltende, tiefe Bukett ist schon komplex : blumig, fruchtig, menthol- und vanilleartig. Der Geschmack ist elegant und fein, strukturiert durch zart holzige Tannine. Er besitzt ein hohes Entwicklungspotential. Ein sehr schöner Wein.
☛ Ets Jean-Pierre Moueix, 54, quai du Priourat, 33500 Libourne

CH. MAGNAN 1994

| ■ | 10 ha | 50 000 | ⫷ 50-70 F |

|82| 85 |86| 88 (89) 91 |92| 94

Dieses schöne 10 ha große Gut besitzt eine ausgewogene Bestockung mit alten Sandböden. Der lebhaft rote, schwarz schimmernde 94er verdient, daß man ihn ein wenig lagert : Die Tannine sind noch fest und müssen geschmeidig werden. Die Jury würdigte das Aroma von roten Früchten in Alkohol und den Toastgeruch von gutem Holz, die in der Nase und im Geschmack vorhanden sind.
☛ SCEA Cormeil-Figeac-Magnan, B.P. 49, 33330 Saint-Emilion, Tel. 05.57.24.70.53, Fax 05.57.24.68.20 ☑ ⏂ n. V.

CH. MAGNAN LA GAFFELIERE 1994

| ■ | 8 ha | 45 000 | ⫶ 50-70 F |

|81| 82 83 85 88 89 |91| 92 |93| 94

Dieser sehr alte Cru (18. Jh.) liegt auf sandigkiesigen Böden mit 85 % Merlot und 15 % Bouchet. Er präsentiert einen 94er mit einer klaren Farbe, die recht lebhafte kirschrote Reflexe zeigt. Der kräftige Duft entfaltet sich noch nicht völlig. Der im Geschmack runde, sanfte Wein besitzt

Libournais — Saint-Emilion grand cru

eine ausgewogene Struktur und angenehme Tannine.
- SA Clos la Madeleine, B.P. 78, 33330 Saint-Emilion, Tel. 05.57.55.38.00, Fax 05.57.55.38.01 ✓ ♈ n. V.

CH. MARQUIS DE LA CROIX LANDOL 1994*

| ■ | 1,5 ha | 10 000 | ⅡⅠ | 70-100 F |

Diese 1988 geschaffene Spitzencuvée von Château de Cantin stammt von den besten Parzellen und wird im neuen Barriquefaß ausgebaut. Dieser zu 50 % aus Merlot hergestellte 94er hat eine elegante, strahlende Farbe und entfaltet ein ausdrucksvolles, komplexes Bukett, das Holz- und Gewürznoten mit einem fruchtigen Aroma vermischt. Der Geschmack ist harmonisch, mit verschmolzenen, zarten Tanninen, und enthüllt eine gelungene Verbindung zwischen den Trauben und dem Holz.
- Huilizen, Ch. de Cantin, 33330 Saint-Christophe-des-Bardes, Tel. 05.57.24.65.73, Fax 05.57.24.65.82 ✓ ♈ n. V.
- S.C. Ch. de Cantin

DOM. DE MARTIALIS 1994*

| ■ | k. A. | 20 000 | ⅡⅠ | 50-70 F |

Dieser Zweitwein des Clos Fourtet besteht überwiegend aus Cabernet franc, während Merlot nur mit 30 % beteiligt ist. Er hat eine dunkle, tiefe, noch sehr jugendliche Farbe und entfaltet ein kräftiges, leicht rauchiges Bukett mit zarten Holznoten. Im Geschmack ist er samtig und dicht und verfügt über gute, ausgewogene Tannine, die ihm eine schöne Zukunft sicherstellen werden.
- Clos Fourtet, 33330 Saint-Emilion, Tel. 05.57.24.70.90, Fax 05.57.74.46.52 ♈ n. V.
- Lurton Frères

CH. MATRAS 1994*

| ■ Gd cru clas. | 8,83 ha | k. A. | ▮ⅡⅠ♦ | 70-100 F |
| 83 | 85 | 86 | |90| |92| |93| 94

Dieser Cru, früher im Besitz des Grafen von Carles, weist eine originelle Bestockung auf : 30 % Merlot, 30 % Cabernet franc (Bouchet), 30 % Cabernet Sauvignon und 10 % Malbec. Er bietet uns einen 94er voller Jugendlichkeit, der eine schöne, strahlende rubinrote Farbe hat und im Duft viele fruchtige und blumige Aromen entfaltet, die mit Holz- und Lakritzenoten vermischt sind. Die Tannine sind noch fest, aber der Wein ist warm und entwickelt im Geschmack viele Aromen roter Früchte. Man sollte ihn fünf bis zehn Jahre altern lassen.
- Véronique Gaboriaud-Bernard, Ch. Bourseau, 33500 Lalande-de-Pomerol, Tel. 05.57.51.52.39, Fax 05.57.51.70.19 ✓ ♈ n. V.
- GFA Ch. Matras

CH. MAUVEZIN 1994*

| ■ Gd cru clas. | 3,5 ha | 15 000 | ⅡⅠ | 100-150 F |

Dieser auf Kalkstein mit fossilen Seesternen angelegte, 3,5 ha große Cru ist mit einem großen Gut (18 ha) verbunden, das der Familie Cassat gehört ; diese interessiert sich für die modernsten Techniken, achtet dabei aber auf Tradition. Die Bestockung besteht fast zu gleichen Teilen aus Merlot- und Cabernet-Reben. Der Wein hat eine schöne, dunkle, jugendliche Farbe, ein holzbetontes, würziges Bukett und Fülle und Rundheit im Geschmack, wo das Aroma an Schokolade erinnert. Im Abgang sind die Tannine fest. Er hat eine gewisse Eleganz.
- GFA P. Cassat et Fils, B.P. 44, 33330 Saint-Emilion, Tel. 05.57.24.72.36, Fax 05.57.74.48.54 ✓ ♈ n. V.

LES PLANTES DU MAYNE 1994*

| ■ | k. A. | 15 000 | ⅡⅠ | 70-100 F |

Der Zweitwein von Château Grand Mayne, einem Grand cru classé. Er erfährt die gleiche Behandlung und einen Ausbau in den Barriquefässern, die für seinen großen Bruder verwendet worden sind. Das Ergebnis ist ein interessanter 94er : schöne, sehr dunkle Farbe, noch recht fruchtiger Duft (schwarze Johannisbeeren, Backpflaumen) mit Holz- und Gewürznoten und Wildnoten, runder, fleischiger Geschmack mit guten Tanninen im Abgang. Gelungene Ausgewogenheit zwischen den Trauben und dem Holz. Feinheit. Zukunft.
- Jean-Pierre Nony, 1, Le Grand-Mayne, 33330 Saint-Emilion, Tel. 05.57.74.42.50, Fax 05.57.24.68.34 ✓ ♈ n. V.

CH. MILON 1994

| ■ | 20 ha | 30 000 | ⅡⅠ | 50-70 F |
| 86 | |88| |90| 92 | |94|

Ein schönes, 20 ha großes Weingut auf Ortstein und alten Sanden. Die Rebstöcke sind im Durchschnitt 30 Jahre alt. Die Jury hat diesen 94er berücksichtigt, dessen strahlende Farbe einige orangerote Reflexe zeigt. Der Duft ist noch diskret, fruchtig und fein. Der Geschmack ist sanft und wohlausgewogen. Ein gefälliger, redlicher Wein, den man in den kommenden zwei bis drei Jahren trinken kann.
- Bouyer, Milon, 33330 Saint-Christophe-des-Bardes, Tel. 05.57.24.77.18, Fax 05.57.24.64.20 ✓ ♈ n. V.

CH. MONBOUSQUET 1994**

| ■ | 31 ha | 70 000 | ⅡⅠ | 100-150 F |

Dieser Cru, dessen Produktion zu 70 % exportiert wird, setzt seine qualitative Weiterentwicklung fort. Nehmen Sie diesen 94er mit der sehr dunklen bordeauxroten Farbe. Er zeichnet sich durch seine Konzentration aus, im Duft ebenso wie im Geschmack. Seine aromatische Palette verbindet gekochte Früchte (Backpflaumen) und Menthol-, Holz- und Röstnoten (Kaffee). Der sehr kräftig gebaute Geschmack enthüllt erstklassige Tannine, die ein paar Jahre brauchen, um ausgeglichener zu werden. Ein lang lagerfähiger Wein.
- SA ch. Monbousquet, 42, av. Saint-Emilion, 33330 Saint-Sulpice-de-Faleyrens, Tel. 05.57.24.67.19, Fax 05.57.74.41.29 ✓ ♈ n. V.
- Gérard Perse

CH. MONLOT CAPET 1994**

| ■ | 7 ha | 45 000 | ⅡⅠ | 70-100 F |
| |90| |92| **93** **94**

»Dieser Cru gehörte zur Seigneurie des Adelsgeschlechts Capet«, ließen uns seine Besitzer wissen, ohne uns über die möglichen Verbindungen

Libournais Saint-Emilion grand cru

dieser Capets mit der königlichen Familie aufzuklären. Widmen wir uns lieber der Entdeckung dieses Weins, denn er ist den Aufwand wert. Hier ein bemerkenswerter 94er, der in der Linie des 93ers steht. Rubinrote Farbe mit purpurroten Reflexen. Das Bukett entfaltet gekochte und kandierte rote Früchte, begleitet von Röst- und Toastnoten von gutem Holz. Der Geschmack enthüllt einen prächtigen Stoff mit fleischigen, reifen, sanften, lang anhaltenden Tanninen. Ein ausgezeichneter Wein, der schon voller Charme ist, sich aber innerhalb von drei bis vier Jahren entfalten dürfte.

🍇 Bernard Rivals, Ch. Monlot Capet, 33330 Saint-Hippolyte, Tel. 05.57.24.62.32, Fax 05.57.24.62.33 ☑ ⚲ Mo-Fr 9h-12h30 14h-18h

CH. MONTLABERT 1994

| ■ | 9 ha | 60 000 | 🍷 ⦿ | 50-70 F |

Dieses Gut geht auf das Ende des 17. Jh. zurück. Herr Decaze-Montlabert war damals sein Besitzer. Auch wenn Merlot in der Bestokkung dominiert, haben die Cabernet-Sorten einen beträchtlichen Anteil (46 %). Dieser Wein, der von einem Kiesel- und lehmig-kieseligen Boden stammt, ist schon gefällig : eine hübsche Farbe, die schon einige Entwicklungsnoten zeigt, ein bezaubernder Duft, der blumige (Veilchen, Iris), fruchtige (Heidelbeeren, schwarze Johannisbeeren) und dann würzige Noten verbindet, und ein sanfter, fruchtiger Geschmack mit schon liebenswürdigen Tanninen. Ein Wein, den man ohne Wartezeit trinken kann, beispielsweise zu Geflügel.

🍇 SC Ch. Montlabert, 33330 Saint-Emilion, Tel. 05.57.74.46.18, Fax 05.57.74.44.32 ☑ ⚲ n. V.

CH. MOULIN DU CADET 1994

| ■ Gd cru clas. | k. A. | k. A. | 100-150 F |

81 82 85 |86| |88| 89 |90| |92| 94

Dieser auf der Hochfläche gelegene Cru präsentiert einen 94er mit einer intensiven, strahlenden purpurroten Farbe. Im Geruchseindruck ist er kräftig und entfaltet ein fruchtiges Aroma und Tier- und Röstnoten. Im Geschmack körperreich, warm und kräftig gebaut. Dieser Wein kann drei bis fünf Jahre altern.

🍇 SC du Ch. Moulin du Cadet, 33330 Saint-Emilion

CH. MOULIN SAINT-GEORGES 1994

| ■ | 7 ha | 40 000 | ⦿ | 70-100 F |

86 |88| |89| |⓮| |91| 93 94

Dieser Cru, der am südlichen Ortseingang von Saint-Emilion, am Fuße des Hangs, liegt, gehört der Familie Vauthier seit Anfang des Jahrhunderts. Seine Weine werden im Weinführer regelmäßig erwähnt (erinnern wir an die Jahrgänge 1986 und 1990, die beide zu Lieblingsweinen gewählt wurden). Der 94er hat eine schöne dunkelrote Farbe und ist im Duft sehr angenehm mit einem Aroma von reifen Früchten, das mit Röstnoten von gutem Holz vermischt ist. Er ist in der Ansprache rund und sanft und entfaltet danach ein wenig feste Tannine, die geschmeidiger werden müssen.

🍇 Famille Vauthier, Moulin Saint-Georges, 33330 Saint-Emilion, Tel. 05.57.24.70.26, Fax 05.57.74.47.39 ☑ ⚲ tägl. 8h-12h30 13h30-19h

CH. MOULIN-VILLET 1994*

| ■ | 2 ha | 13 000 | 🍷 ⦿ ♦ | 30-50 F |

Er stammt von jungen Rebstöcken (90 % Merlot), die auf dem lehmig-kalkhaltigen Boden von Saint-Etienne-de-Lisse wachsen, im Ostteil der Appellation. Der 94er ist sehr angenehm : jugendlich wirkende, dunkle granatrote Farbe, sich entfaltendes, zart holzbetontes Bukett, frischer, dichter Geschmack mit ziemlich festen Tanninen von guter Reife.

🍇 Eric Lenormand, Ch. Haut-Villet, 33330 Saint-Etienne-de-Lisse, Tel. 05.57.47.97.60, Fax 05.57.47.92.94 ☑ ⚲ tägl. 10h-12h 14h-19h

🍇 GFA du Ch. Haut-Villet

CH. MUSSET-CHEVALIER 1994*

| ■ | 12 ha | 93 600 | 🍷 ⦿ ♦ | 30-50 F |

Dieser auf lehmig-kalkhaltigen und sandigen Böden angelegte Cru ist zur Hälfte mit Merlot und Cabernet-Reben bestockt. Der 94er hat eine lebhafte, kräftige rubinrote Farbe und verbindet rote Früchte (Erdbeeren) und Noten von Tiergeruch, die an Wild erinnern. Im Geschmack entdeckt man viel Fülle und Fett sowie sanfte, feine, elegante Tannine, die eine gute Lagerung sichern werden.

🍇 SC du Ch. Musset-Chevalier, Saint-Pey-d'Armens, 33240 Saint-Gervais, Tel. 05.57.94.00.20, Fax 05.57.43.45.72 ⚲ n. V.

🍇 Raivico SA

CH. ORISSE DU CASSE 1994

| ■ | 2 ha | 12 000 | 🍷 ⦿ ♦ | 70-100 F |

|85| |86| |88| |89| |92| |94|

Danielle und Richard Dubois, die beide Önologen sind, haben den Familienbetrieb 1985 übernommen. Diese durch einen hohen Merlot-Anteil und einen gut durchgeführten Ausbau im Barriquefaß geprägte Cuvée ist eine der Speerspitzen ihrer Produktion. Der 94er hat eine schöne, lebhafte rote Farbe und ist im Duft fruchtig und holzbetont. Im Geschmack ist er harmonisch und gut strukturiert, mit angenehmen Tanninen. Man kann ihn bald trinken oder ein paar Jahre altern lassen.

🍇 Danielle et Richard Dubois, Ch. Bertinat Lartigue, 33330 Saint-Sulpice-de-Faleyrens, Tel. 05.57.24.72.75, Fax 05.57.74.45.43 ☑ ⚲ n. V.

CH. DU PARADIS 1994

| ■ | 16 ha | k. A. | 🍷 ♦ | 70-100 F |

Dieser von einem Kiesel- und Kiessand kommende 94er besitzt eine reizvolle, dunkle, strahlende Farbe mit orangeroten Reflexen. Im Geruchseindruck ist er fein und blumig. Er ist im Geschmack sanft und gut gebaut und muß ein wenig altern, damit seine etwas festen Tannine reifen können.

🍇 Vignobles Raby-Saugeon, Ch. du Paradis, 33330 Vignonet, Tel. 05.57.84.53.27, Fax 05.57.84.61.16 ☑ ⚲ n. V.

Libournais / Saint-Emilion grand cru

CH. PARAN JUSTICE 1994

■ 11,02 ha 53 210 ■ ♦ 50-70 F

Dieser in Saint-Etienne-de-Lisse liegende Weinberg besteht aus alten Rebstöcken auf lehmig-kieseligen Böden. Der 94er zeigt eine hübsche rubinrote Farbe mit Reflexen, die auf eine Entwicklung hinweisen. Diskretes, aber feines Bukett, runde, warme Ansprache, wohlausgewogene Struktur. Dieser Wein dürfte bald trinkreif sein.

🕭 UDP de Saint-Emilion, Haut-Gravet, B.P. 27, 33330 Saint-Emilion, Tel. 05.57.24.70.71, Fax 05.57.24.65.18 ✠ Mo-Sa 8h-12h 14h-18h
🕭 Marie Boutros-Toni

CH. DE PASQUETTE 1994

■ 3 ha 15 000 ■ ❶ 50-70 F
|89| 92 |93| |94|

Dieser kleine Weinberg liegt am Fuße des Hangs nach Süden. Sein 94er zeigt eine hübsche, leichte Farbe mit granatroten Reflexen. Der hochfeine Duft erinnert an kandierte Früchte. Der Geschmack ist sanft und zart. Man kann diesen schon feinen und eleganten Wein recht bald trinken.

🕭 Jabiol, B.P. 24, 33330 Saint-Emilion, Tel. 05.57.74.47.69, Fax 05.57.74.47.69 ☑ ✠ n. V.

CH. PAVIE 1994**

■ 1er gd cru B 35 ha 187 000 ❶ +200 F
70 71 75 76 |78| 79 80 81 |82| |83| 85 86 87 |88| 89 ⑨⓪ |91| |92| |93| |94|

Unsere Verkoster kannten nicht den Reichtum und den einander ergänzenden Charakter der Parzellen, von denen er kommt, aber sie erkannten einen großen Wein in diesem 94er, der sehr jung und dennoch beeindruckend ist. Die dunkle, eher dunkelrubinrote Farbe kündigt die Eleganz des Buketts an, das zuerst fruchtig, dann mentholartig und schließlich aufgrund des Faßholzes toastartig ist. Der kräftig gebaute, solide Geschmack verbindet auf perfekte Weise die Tannine der Trauben mit denen vom Eichenholz. Sehr gute Lagerfähigkeit für den Jahrgang.

🕭 Consorts Valette SCA, Ch. Pavie, 33330 Saint-Emilion, Tel. 05.57.55.43.43, Fax 05.57.24.63.99 ✠ n. V.

CH. PAVIE DECESSE 1994*

■ Gd cru clas. 8,7 ha 59 000 ❶ 100-150 F
75 76 78 79 81 |82| |83| |85| |86| 87 88 ⑧⑨ 90 92 93 94

Dieser im 18. Jh. geschaffene Cru wurde mit dem Jahrgang 1971 der Bruder von Château Pavie. Er besitzt eine ausgewogene Bestockung : 60 % Merlot, 25 % Cabernet franc und 15 % Cabernet Sauvignon. Daraus resultiert ein 94er, der mit seiner schönen purpurvioletten Farbe sehr jugendlich wirkt. Er ist im Geruchseindruck kräftig, mit einem Aroma von schwarzen Früchten, Gewürzen und Vanille. Dieser gut strukturierte Wein braucht ein paar Jahre Alterung, um sich vollständig zu entfalten.

🕭 SCA Ch. Pavie Decesse, 33330 Saint-Emilion, Tel. 05.57.55.43.44, Fax 05.57.24.63.99 ✠ n. V.
🕭 Valette

CH. PAVIE MACQUIN 1994

■ Gd cru clas. 14,5 ha 60 000 ❶ 150-200 F
83 85 86 |88| |89| |90| |91| |92| 93 94

Der mit der Geschichte der Reblaus verbundene Albert Macquin verbreitete die Verwendung der Rebunterlage. Dieser Cru präsentiert einen 94er von sehr intensiver purpurroter Farbe, der sehr fruchtig und noch ein wenig in seiner Schale eingeschlossen ist. Viel Vollmundigkeit und kräftige, feste Tannine im Geschmack bekräftigen die Notwendigkeit, mehrere Jahre zu warten, damit man erlebt, wie sich dieser Wein entfaltet.

🕭 Ch. Pavie Macquin, 33330 Saint-Emilion, Tel. 05.57.24.74.23, Fax 05.57.24.63.78 ☑ ✠ n. V.
🕭 Corre

CH. PAVILLON FIGEAC 1994

■ 6,38 ha 12 000 ■ ❶ ♦ 50-70 F

Der erste Auftritt des Zweitwein von »la Grave Figeac«. Die hübsche rubinrote Farbe zeigt einige Reflexe von Entwicklung. Das Bukett besteht aus Röstnoten und kandierten Früchten. Der Geschmack ist durch gute Tannine strukturiert, die sich recht bald verfeinern dürften.

🕭 Jean-Pierre Clauzel, La Grave-Figeac, 1, Cheval-Blanc-Ouest, 33330 Saint-Emilion, Tel. 05.57.51.38.47, Fax 05.57.74.17.18 ☑ ✠ tägl. 9h-19h

CH. PETIT CLOS FIGEAC 1994

■ 4 ha k. A. ❶ 50-70 F

Ein 94er mit einer intensiven purpurroten Farbe und einem kräftigen Bukett, das von einem Aroma kleiner roter Früchte beherrscht wird, vermischt mit Holznoten. Er ist im Geschmack körperreich und kräftig gebaut und muß zwei bis drei Jahre altern, um sich zu entfalten.

🕭 SCE Vignobles Albert Janoueix, 43, av. Foch, 33500 Libourne, Tel. 05.57.51.27.97, Fax 05.57.51.02.74 ☑ ✠ n. V.
🕭 Guy et Michel Janoueix

CH. PETIT-FAURIE-DE-SOUTARD 1994

■ Gd cru clas. 7,62 ha 46 000 ■ ❶ 70-100 F
82 83 85 86 88 |89| |90| 91 92 |93| |94|

1850 wurde dieser Weinberg von Soutard abgetrennt. Er gehört heute Madame Jacques Capdemourlin. Er liegt auf der Hochfläche, nahe dem mittelalterlichen Städtchen, auf lehmig-kalkhaltigen und sandigen Böden über Ortsteinboden und ist zu 60 % mit Merlot und zu 40 % mit Cabernet-Reben bestockt. Dieser 94er ist fein und zart in seinem hübschen rubinroten Kleid mit den orangeroten Reflexen. Das Bukett öffnet sich zu Noten von reifen Früchten, auf die ein Wildbratengeruch folgt. Dank der sehr samtigen Tannine, die dieser im Geschmack sanfte Wein besitzt, kann man ihn recht bald trinken.

🕭 SCE Vignoble Aberlen, Petit-Faurie-de-Soutard, 33330 Saint-Emilion, Tel. 05.57.74.62.06, Fax 05.57.74.59.34 ☑ ✠ n. V.
🕭 Mme Capdemourlin

Libournais — Saint-Emilion grand cru

CH. PETIT-FIGEAC 1994*

■ 3 ha 20 000 ⅢⅡ 70-100 F

Der überwiegend mit Merlot (60 %) sowie Cabernet franc bestockte Weinberg ist auf lehmig-kieselhaltigen Böden angelegt. Die Jury wurde verführt von diesem Wein mit einer sehr dunklen Farbe und dem intensiven Duft, der vollreife schwarze Früchte, Gewürze, Eichenholz und Leder verbindet. Nach einer runden, kräftigen Ansprache zeigt der Geschmack Fülle und Körper. Die Tannine vom Holz werden eine gute Entwicklung garantieren.
❧ SCA Ch. Petit-Village, Catusseau,
33500 Pomerol, Tel. 05.57.51.21.08,
Fax 05.57.51.87.31 ◩

DOM. DE PEYRELONGUE 1994

■ 8 ha 48 000 ⅢⅡ 70-100 F

81 82 83 85 86 (88) |89| |90| |92| 93 94

Ein Gut in Familienbesitz, das einen Cru classé und mehrere Grands crus umfaßt. Dieser dunkle, klare 94er duftet elegant und fruchtig und zeigt sich im Geschmack ausgewogen, mit deutlich spürbaren, noch ein wenig festen Tanninen. Zwei bis drei Jahre aufheben.
❧ GFA P. Cassat et Fils, B.P. 44, 33330 Saint-Emilion, Tel. 05.57.24.72.36,
Fax 05.57.74.48.54 ◩ ⟂ n. V.

CH. PINEY 1994*

■ 9,72 ha 37 333 ⅱ ♦ 50-70 F

86 |88| 89 |92| |93| 94

Dieser Cru zeichnet sich durch ein beachtliches Alter (durchschnittlich 45 Jahre) und einen ziemlich hohen Cabernet-Anteil (45 %) aus. Dunkles Rubinrot im Glas, mit einem leicht karminroten Rand - der 94er ist ein charaktervoller Wein. Nach einer Note reifer Früchte zeigt sich der Duft eher würzig und animalisch (Fell). Der Geschmack ist körperreich und strukturiert. Deutlich spürbare Tannine machen diesen Wein lagerfähig.
❧ UDP de Saint-Emilion, Haut-Gravet,
B.P. 27, 33330 Saint-Emilion,
Tel. 05.57.24.70.71, Fax 05.57.24.65.18 ⟂ Mo-Sa 8h-12h 14h-18h
❧ SCE Ch. Piney

CH. PIPEAU 1994

■ 35 ha 180 000 ⅢⅡ 50-70 F

(82) 83 85 86 |88| |89| 92 |93| 94

Dieser große Weinberg (35 ha) liegt auf vielfältigen Böden, die teilweise Lehm und Sand und teilweise Sand und Kiessand vermengen. Sein zu 80 % aus Merlot erzeugter 94er zeigt eine schöne, dunkle, intensiv rubinrote Farbe. Der Duft bietet ein gutes fruchtiges Aroma. Der Geschmack ist zuerst sanft und elegant und enthüllt dann ein wenig feste Tannine, bewahrt aber im Abgang einen angenehmen Wohlgeschmack und Frucht.
❧ GAEC Mestreguilhem, Ch. Pipeau,
33330 Saint-Laurent-des-Combes,
Tel. 05.57.24.72.95, Fax 05.57.24.71.25 ◩
⟂ Mo-Fr 9h-18h ; Sa 9h30-12h

CH. PLAISANCE 1994*

■ 8 ha 40 000 ⅢⅡ 50-70 F

92 93 94

Ein 12 ha großer Familienbetrieb, der 1886 gegründet wurde. Die auf Kiessand und Sand angepflanzten Reben haben ein beachtliches Alter (etwa 40 Jahre). Dieser 94er verlockt das Auge durch eine intensive bordeauxrote Farbe. Das sich entfaltende Bukett, das kräftig und zugleich fein ist, bietet Noten von Kernen über einem Vanilleuntergrund. Der sanfte, gehaltvolle Geschmack enthüllt eine gute Entwicklung der Tannine. Ein erstklassiger Wein zum Einlagern, der für seinen Jahrgang typisch ist.
❧ Didier Dubois, SCEA du Ch. Plaisance,
33330 Saint-Sulpice-de-Faleyrens,
Tel. 05.57.24.78.85, Fax 05.57.74.44.94 ◩ ⟂ n. V.

CH. PONTET-FUMET 1994

■ 13 ha 50 000 ⅱ ⅢⅡ ♦ 50-70 F

86 |88| |89| |92| 93 94

Ein sehr hübscher Wein mit einer dunklen, intensiven rubinroten Farbe. Das ein wenig empyreumatische Bukett entfaltet rote Früchte und Gewürze. Dieser kräftige, tanninreiche 94er muß mehrere Jahre altern, um sich zu entfalten.
❧ SCEA des Vignobles Bardet, 14, la Cale,
33330 Vignonet, Tel. 05.57.84.53.16,
Fax 05.57.74.93.47 ◩ ⟂ n. V.
❧ Philippe Bardet

CH. PRIEURE-LESCOURS 1994

■ 3,62 ha 21 000 ⅱ ⅢⅡ 50-70 F

Dieser 94er mit der schönen, dunklen, leicht entwickelten Farbe entfaltet ein hochfeines Bukett, das Aromen von roten Früchten und Gewürzen verbindet. Ausgewogen, mit sanften, verschmolzenen Tanninen. Ein gefälliger, trinkreifer Wein.
❧ SCA Prieuré-Lescours, La Chapelle-de-Lescours, 33330 Saint-Sulpice-de-Faleyrens,
Tel. 05.57.51.13.85, Fax 05.57.25.93.36 ◩ ⟂ n. V.
❧ M. et Mme Sinsout

CH. QUERCY 1994*

■ 4 ha 15 000 ⅢⅡ 70-100 F

88 89 |90| 92 93 94

Der Name dieses Cru scheint mit den Eichen (lateinisch *quercus*) verbunden zu sein, die auf dem Gut wachsen. Die Reben, 80 % Merlot und 20 % Cabernet-Sorten, sind auf Kies- und sandig-schlickigen Böden angepflanzt. Der Wein hat eine hübsche, an Bigarreau-Kirschen erinnernde Farbe. Das erwachende Bukett erfordert, daß man das Glas ein wenig schwenkt, damit es blumige (Maiglöckchen) und holzige Aromen entfaltet, zum Schluß mit Noten von Tiergeruch vermischt. Der sehr kräftig gebaute Geschmack klingt mit Holznoten aus. Ein lagerfähiger Wein.
❧ GFA Ch. Quercy, 3, Grave, 33330 Vignonet,
Tel. 05.57.84.56.07, Fax 05.57.84.54.82 ◩ ⟂ n. V.
❧ Apelbaum-Pidoux

Libournais / Saint-Emilion grand cru

CH. RIPEAU 1994

| ■ Gd cru clas. | 15,5 ha | 90 000 | ▪️🍷🧊 70-100 F |

76 78 79 81 |82| |83| |85| 86 87 88 **89** |90| 91 92 93 94

Das schöne Weingut wurde 1917 vom Urgroßvater von Françoise de Wilde gekauft, der es seit 1976 bewirtschaftet. Der Weinberg ist zu 60 % mit Merlot und 40 % mit Cabernet-Reben bestockt. Der Boden besteht aus Sand und Kiessand über einem lehmig-eisenhaltigen Unterboden. Der Wein hat eine hübsche, lebhafte rubinrote Farbe und ein schon intensives, blumigfruchtiges Bukett (sehr reife rote Früchte). Er ist im Geschmack kräftig gebaut und robust und besitzt strenge, kräftige Tannine, die ein wenig altern müssen. Sie sind Garanten für ein schönes Potential.
🍷 Françoise de Wilde, Ch. Ripeau, 33330 Saint-Emilion, Tel. 05.57.74.41.41, Fax 05.57.74.41.57 ✅ ⏳ n. V.

CH. ROC DE BOISSEAUX 1994**

| ■ | 5,9 ha | 38 000 | ▪️🍷🧊 50-70 F |

|92| 93 94

Dieser Cru, der 1989 von der Familie Clowez erworben wurde, erhält im dritten Jahr hintereinander zwei Sterne. Dieser im Geruchseindruck noch ein wenig verschlossene 94er kündigt sich durch eine dunkle, tiefe Farbe an. Im Augenblick kommt er dank eines kräftigen Körpers und einer beträchtlichen Fülle vor allem im Geschmack zum Ausdruck. Die Tannine sind im Abgang ein wenig fest, dürften aber innerhalb der kommenden zwei bis drei Jahre geschmeidig werden. Ein rassiger, verheißungsvoller Wein.
🍷 SCEA du Ch. Roc de Boisseaux, Trapeau, 33330 Saint-Sulpice-de-Faleyrens, Tel. 05.57.88.07.64, Fax 05.57.88.07.00 ✅ ⏳ n. V.
🍷 Mme Clowez

CH. DU ROCHER 1994*

| ■ | 15 ha | 85 000 | ▪️🍷🧊 50-70 F |

Eine alte Familie, die seit dem 15. Jh. im Gebiet von Saint-Emilion lebt, und ein Weingut, das auf das 17. Jh. zurückgeht. Dieser 94er hat eine schöne Erscheinung und entfaltet ein komplexes, rassiges, elegantes Bukett. Der in der Ansprache seidige Geschmack wird durch deutlich spürbare, aber überhaupt nicht aggressive Tannine strukturiert. Ein sehr gelungener Wein, die Frucht von erstklassigem Traubengut und eines gut durchgeführten Ausbaus.
🍷 SCEA Baron de Montfort, Ch. du Rocher, 33330 Saint-Etienne-de-Lisse, Tel. 05.57.40.18.20, Fax 05.57.40.37.26 ✅ ⏳ n. V.

CH. ROCHER BELLEVUE FIGEAC 1994

| ■ | 7,5 ha | 42 000 | 🍷 50-70 F |

|88| |89| 91 |92| 93 |94|

Ein 94er, der in seiner Farbe Anzeichen einer Entwicklung verrät. Mit seinem fruchtigen, eleganten Bukett und seinem runden, sanften, ausgewogenen Geschmack, der verschmolzene Tannine enthält, ein eleganter, angenehmer Wein, der trinkreif ist.

🍷 SC du Ch. Rocher Bellevue Figeac, 14, rue d'Aviau, 33000 Bordeaux, Tel. 05.56.81.19.69, Fax 05.56.81.19.69 ⏳ n. V.

CH. ROL DE FOMBRAUGE 1994

| ■ | 5,5 ha | 38 000 | 🍷 70-100 F |

|88| |89| 90 91 92 |93| 94

Dieser Cru wird im Weinführer regelmäßig erwähnt. Sein Weinberg ist zu 70 % mit Merlot bestockt, der auf lehmig-kalkhaltigen Böden wächst. Der 94er kündigt sich durch ein strahlendes Kirschrot an. Sein schöner Duft verbindet reife Früchte, Vanille und Sandelholz. Der fleischige, ausgewogene Geschmack, der durch erstklassige Tannine gut strukturiert wird, bietet ein würzig-holziges Aroma.
🍷 SCA Ch. Rol de Fombrauge, 10, rue de l'Hospice, 76260 Eu, Tel. 02.35.86.59.49, Fax 02.35.86.59.49 ✅ ⏳ n. V.
🍷 Delloye

CH. ROLLAND-MAILLET 1994*

| ■ | 3,35 ha | k. A. | ▪️🍷🧊 50-70 F |

|82| 85 |86| 89 90 |93| 94

Ein Gut in Familienbesitz, das sich an den Grenzen zur Appellation Pomerol befindet, in der Anbauzone Corbin auf einem lehmigkieselhaltigen und lehmig-kiesigen Boden. Der Weinberg hat diesen Wein mit der hübschen bordeaux- oder kirschroten Farbe hervorgebracht. Das Bukett ist schon ausdrucksvoll und bietet Noten von gekochten Früchten und Vanille- und Röstnuancen. Der Geschmack zeigt sich fein, lecker und warm. Die Tannine vom Holz sind noch ein wenig fest, dürften diesem 94er aber eine gute Entwicklung garantieren.
🍷 SCEA Fermière des Dom. Rolland, Maillet, 33500 Pomerol, Tel. 05.57.51.10.94, Fax 05.57.25.05.54 ✅ ⏳ n. V.

CH. ROL VALENTIN 1994*

| ■ | k. A. | 9 000 | 🍷 70-100 F |

Dieses nur 2 ha große Gut, das nur eine geringe Stückzahl produziert, wurde 1994 von Eric Prissette übernommen, einem ehemaligen Sportler, der sich für den Wein begeisterte. Er präsentiert einen eleganten Wein von guter Lagerfähigkeit. Die rubinrote Farbe ist klar und strahlend. Das kräftige, ausdrucksvolle Bukett verbindet rote Früchte und Röstnoten. Der Geschmack ist füllig, mit reifen, verschmolzenen Tanninen, und gutgebaut. Ein sehr guter Start !
🍷 Eric Prissette, Ch. Rol Valentin, 33330 Saint-Emilion, Tel. 05.57.74.43.51, Fax 05.57.74.43.51 ✅ ⏳ n. V.

CH. DE ROQUEMONT 1994

| ■ | 3 ha | 20 000 | ▪️🍷 30-50 F |

Dieses kleine Gut, das zu 80 % mit Merlot und zu 20 % mit Bouchet bestockt ist, liegt in der Kiessandzone von Saint-Sulpice-de-Faleyrens. Es hat einen 94er von leicht entwickelter karminroter Farbe erzeugt, der sanft und ansprechend ist. Dieser Wein zieht die Aufmerksamkeit vor allem durch sein weiniges Bukett auf sich, das Aromen von Früchten mit Vanille- und Buttergerüchen verbindet.

BORDELAIS

Libournais   Saint-Emilion grand cru

•┐ SCEA des Ch. Peyrebon et Roquemont,
Bouchet, 33420 Grézillac, Tel. 05.57.84.52.26,
Fax 05.57.74.97.92 ✓ ⊥ n. V.
•┐ GFA Robineau

CH. ROYLLAND 1994

| | k. A. | 25 000 | ▰▯▱ | 50-70 F |

|90| |92| |93| 94

Ein Cru in der »Bucht« von Mazerat, am Fuße des Südwesthangs von Saint-Emilion, auf lehmigen Sandböden mit geringem Kalkgehalt. Die Bestockung besteht überwiegend aus Merlot, unterstützt durch 10 % Cabernet franc. Dieser dunkle, intensive 94er, der durch einen schönen Ausbau im Eichenholzfaß geprägt ist, entfaltet ein holzbetontes Bukett mit Noten von Verbranntem und einem Lakritzearoma. Im Geschmack kräftig gebaut und gehaltvoll. Er erfordert ein paar Jahre Geduld, damit die Tannine vom Barriquefaß verschmelzen können.

•┐ GFA Roylland, Ch. Roylland, 33330 Saint-Emilion, Tel. 05.57.24.68.27,
Fax 05.57.24.65.25 ✓ ⊥ n. V.
•┐ Bernard Oddo

CH. ROZIER 1994**

| | 18 ha | 100 000 | ▰▯▱ | 70-100 F |

|86| 88 |89| |90| 93 94

Die Familie Saby, die sich seit dem 18. Jh. dem Wein verschrieben hat, besitzt mehrere Crus im Libournais. Dieser 94er ist bemerkenswert mit seiner dunklen, tiefen rubinroten Farbe und seinem komplexen, kräftigen Bukett, das rote Früchte, Gewürze, Vanille und Brotkruste verbindet. Harmonisch, rund und fleischig. Dieser sehr ausgewogene und wunderbar ausgebaute Wein verdient eine vier- bis fünfjährige Alterung, so daß er sich vollständig entfalten kann.

•┐ Jean-Bernard Saby, 33330 Saint-Laurent-des-Combes, Tel. 05.57.24.73.03,
Fax 05.57.24.67.77 ✓ ⊥ n. V.

CH. SAINT-LO 1994*

| | 11 ha | 60 000 | ▰▯▱ | 50-70 F |

Ein 14 ha großes Weingut im Osten der Appellation. Die Keller stammen aus dem 16. Jh., sie sind aber von dem gegenwärtigen Besitzer, dem Konsul von Thailand in Bordeaux, renoviert worden. Zahlreiche asiatische Regierungschefs haben dieses Cru besucht, das im Fernen Osten vertrieben wird. Der 94er ist sehr gelungen mit einer schönen, dunklen purpurroten Farbe, einem Bukett, das aus Röst-, Vanille- und Lebkuchennoten besteht, und einem kräftig gebauten Geschmack, der Aromen von Tabak und Eichenholz bietet. Die Tannine zeigen sich ein wenig fest, aber sie machen diesen Wein lagerfähig.

•┐ SA du Ch. Saint-Lô, 33330 Saint-Pey-d'Armens, Tel. 05.57.47.14.98,
Fax 05.57.47.13.71 ✓ ⊥ n. V.

CH. DE SAINT-PEY 1994*

| | 10 ha | 72 000 | ▰▯▱ | 50-70 F |

Ein Cru von 18 ha im Ostteil der Appellation. Die Familie Musset lebt auf diesem Gut seit 1711. Dieser 94er zeigt eine schöne rubinrote Farbe, die dunkel und tief ist, und entfaltet ein kräftiges Bukett, das reife rote Früchte und Wildnoten verbindet. Im Geschmack ist er zunächst körperreich und sanft und entwickelt sich lang mit dichten Tanninen, die ein wenig Zeit brauchen, um geschmeidiger zu werden.

•┐ Musset Père et Fils, Ch. de Saint-Pey, 33330 Saint-Pey-d'Armens, Tel. 05.57.47.15.25,
Fax 05.57.47.15.04 ✓ ⊥ tägl. 9h-12h 14h-19h

CH. SAINT-PIERRE 1994*

| | 10 ha | 42 400 | ▰▯▱ | 30-50 F |

Dieser Cru, der vom selben Besitzer wie Château de Saint-Pey stammt, ist eine Auslese der Société des Grands Vins de Gironde. Der 94er zeigt eine rubinrote Farbe mit purpurroten und malvenfarbenen Reflexen. Der hübsche Duft von schwarzen Früchten (Kirschen, Brombeeren, Johannisbeeren) entwickelt sich über Röstnoten mit zartem Holzton (der Wein ist nur zwei Monate im Barriquefaß gereift). Im Geschmack rund und wohlausgewogen. Ein eleganter, gefälliger Wein, den man schon jetzt trinken kann.

•┐ GVG De Rivoyre, Dom. du Ribet, 33450 Saint-Loubès, Tel. 05.57.97.07.20,
Fax 05.57.97.07.27 ⊥ n. V.

CH. TAUZINAT L'HERMITAGE 1994**

| | 7 ha | 45 000 | ▯▱ | 70-100 F |

Bernard Moueix bewirtschaftet Parzellen in Pomerol und diesen Cru in der AOC Saint-Emilion, der zu 85 % mit Merlot auf einem lehmig-kalkhaltigen Boden bestockt ist. Der 94er hat sich besonders ausgezeichnet : eine schöne, kräftige rubinrote Farbe, ein intensives, komplexes Bukett, in dem reife Früchte, Backpflaumen, Gewürze (Vanille) und Röst- und Holznoten aufeinanderfolgen und Ledernuancen zum Vorschein kommen, wenn man den Wein im Glas schwenkt, und ein runder, strukturierter Geschmack, der eine vollkommene Harmonie zwischen Trauben und Holz enthüllt. All das verdient die Wahl zum Lieblingswein.

•┐ SC Bernard Moueix, Ch. Taillefer, B.P. 137, 33503 Libourne cedex, Tel. 05.57.55.30.20,
Fax 05.57.25.22.14 ✓

CH. TERTRE DAUGAY 1994

| ▪ Gd cru clas. | 15,6 ha | k. A. | ▯▱ | 100-150 F |

|75| 80 81 82 |83| |86| 87 |88| |89| |90| 92 |93| 94

Dieses am Südhang der Hochfläche von Saint-Emilion gelegene Gut, das der Familie Malet Roquefort gehört, wird von einem Wikingernachkommen geführt ! Der Wein präsentiert eine hübsche, klassische bordeauxrote Farbe und

Libournais Saint-Emilion grand cru

ein schon interessantes Bukett, das gleichzeitig blumig, holzig und balsamisch ist. Kräftig gebaut, robust, ein wenig an Kreide erinnernd. Er wird von Holztanninen beherrscht, die eine gute Lagerfähigkeit garantieren dürften.
🍷 M. de Malet Roquefort, Ch. Tertre-Daugay, 33330 Saint-Emilion, Tel. 05.57.24.72.15, Fax 05.57.24.65.24 ☑ ⓉⒾ n. V.

CH. TEYSSIER 1994*

■ 8,5 ha 40 000 🍾 🍷 ♿ 70-100 F

Die erste Ernte für den neuen Besitzer dieses schönen Gebäudes, das von einem zu mehr als 80 % mit Merlot bestockten Weinberg auf einem Schwemmlandboden umgeben ist. Ein Stern begrüßt die rubinrote, purpurrot funkelnde Farbe dieses 94ers, das hochfeine, komplexe Bukett, das aus kandierten Früchten und einem feinen Holzton mit Röst- und Kakaogeruch besteht, und den Geschmack, der schon in der Ansprache kräftig ist, einen verführerisch traubigen Charakter hat und einen erstklassigen Holzton enthält. Ein eleganter, rassiger Wein.
🍷 Ch. Teyssier, 33330 Vignonet, Tel. 05.57.84.64.22, Fax 05.57.84.63.54 ☑ ⓉⒾ n. V.
🍷 Maltus

CH. TOINET FOMBRAUGE 1994*

■ 0,7 ha 4 000 🍾 🍷 50-70 F

Ein ganz kleiner Cru, der aus Parzellen mit alten Reben besteht, die 1894 Château Fombrauge abgekauft wurden. Dieser 94er hat eine schöne, dunkle, intensive rubinrote Farbe und ist im Geruchseindruck noch zurückhaltend, dürfte sich aber rasch zu fruchtigen und würzigen Noten entfalten. Harmonisch im Geschmack, mit reifen, verschmolzenen Tanninen. Ein eleganter Wein, den man recht bald genießen kann.
🍷 Bernard Sierra, Toinet-Fombrauge, 33330 Saint-Christophe-des-Bardes, Tel. 05.57.24.77.70, Fax 05.57.24.76.49 ⓉⒾ tägl. 9h-12h 15h-19h

CH. TOURANS

Elevé en barrique de chêne 1994

■ k. A. 55 000 🍷 70-100 F
|89| |90| 91 |92| |93| 94

Dieser 94er ist von solider Lagerfähigkeit : kräftige rubinrote Farbe, intensiver, komplexer Duft mit Noten von Vanille, Brotkruste und kandierten Früchten, eleganter Stoff im Geschmack, gute Länge. Jahrgangstypisch.
🍷 SCEA Vignobles Rocher-Cap-de-Rive, Ch. Rocher Bellevue, 33350 Saint-Magne-de-Castillon, Tel. 05.57.40.08.80, Fax 05.57.40.19.93 ☑ ⓉⒾ n. V.

CH. TOUR BALADOZ 1994*

■ 8,87 ha 45 000 🍾 🍷 ♿ 50-70 F

Ein Cru im Ostteil der Appellation, auf lehmig-kalkhaltigen Hängen. Merlot hat einen Anteil von 80 % an der Bestockung. Der 94er verführt sofort mit seiner hübschen, intensiven purpurroten Farbe und seinem noch fruchtigen, frischen Bukett. Diese Frische findet man in der Ansprache wieder, danach einen kräftig gebauten Geschmack mit guten Tanninen, die von den Trauben und vom Holzfaß herrühren. Ein charaktervoller Wein, der lagern kann.

🍷 GFA ch. Tour Baladoz, 33330 Saint-Laurent-des-Combes, Tel. 05.57.88.94.17, Fax 05.57.88.39.14 ☑ ⓉⒾ n. V.

CH. TOUR DES COMBES 1994

■ 12 ha 40 000 🍾 50-70 F

Dieses schöne Gut (14 ha), das am Fuße des Hangs von Saint-Laurent-des-Combes liegt, gehört der Familie Darribéhaude, seitdem es 1849 angelegt wurde. Es präsentiert einen 94er von lebhafter rubinroter Farbe, mit einem noch frischen Aroma von kleinen roten Früchten, das sich zu Unterholzgerüchen hin entwickelt, wenn man den Wein im Glas schwenkt. Im Geschmack sanft und rund. Ein schlichter, leckerer Wein, den man schon jetzt trinken kann.
🍷 SCE des Vignobles Darribéhaude, 1, au Sable, 33330 Saint-Laurent-des-Combes, Tel. 05.57.24.70.04, Fax 05.57.74.46.14 ☑ ⓉⒾ n. V.
🍷 Jean Darribéhaude

CH. TOUR GRAND FAURIE 1994

■ 12,8 ha 70 000 🍾 🍷 ♿ 50-70 F

Ein für seinen Jahrgang typischer 94er, dessen purpurrote Farbe ein paar Entwicklungsreflexe zeigt. Das Bukett ist noch sehr merlottypisch mit Holz- und Ledernoten. Wohlausgewogener, eleganter Geschmack. Noch nicht sehr deutlich spürbare Tannine, die aber Garanten für eine mehrjährige Lagerfähigkeit sind.
🍷 Jean Feytit, Grand-Faurie, 33330 Saint-Emilion, Tel. 05.57.24.73.75, Fax 05.57.74.46.94 ☑ ⓉⒾ tägl. 9h-12h 14h-18h

CH. TOUR RENAISSANCE 1994*

■   4 ha 25 000   50-70 F
86 88 89 |90| 91 92 93 94

Das Etikett dieses Cru, das ein Gemälde von Malrieux zeigt, hebt sich von den in der Appellation üblichen ab. Strahlende Farbe mit granatroten Reflexen. Dieser schon sehr ausdrucksvolle Wein entfaltet Bratenduft und Gerüche von Gewürznelken und Pfeffer. Der Geschmack ist harmonisch und bietet kräftige, verschmolzene Tannine, die sich lang entwickeln.
🍷 SCEA des Vignobles Daniel Mouty, Ch. du Barry, 33350 Sainte-Terre, Tel. 05.57.84.55.88, Fax 05.57.74.92.99 ☑ ⓉⒾ Mo-Sa 8h-17h ; Aug. geschlossen

CH. TOUR VACHON 1994

■ 2,5 ha 15 000 🍾 🍷 ♿ 50-70 F

Ein kleines Gut in Familienbesitz, das im Norden von Saint-Emilion liegt und eine klassische Bestockung besitzt. Sein lebhaft rubinroter 94er verbindet ein Aroma von Früchten und Kernen mit diskreten Holznoten. Im Geschmack angenehm mit runden, verschmolzenen Tanninen. Man kann ihn bald trinken.
🍷 Jean-Paul Soucaze, Ch. Tour Vachon, 33330 Saint-Emilion, Tel. 05.57.24.70.27, Fax 05.57.74.45.63 ☑ ⓉⒾ n. V. ; 5.-30. Aug. geschlossen
🍷 Régine Soucaze

BORDELAIS

Libournais — Saint-Emilion grand cru

CH. TRIANON 1994*

■ 6,36 ha   k. A.   ⦙⦙ 50-70 F

Ein südlich von Figeac liegender Cru, der seit mehr als einem Jahrhundert im Besitz ein und derselben Familie ist. Er befindet sich auf lehmig-kieselhaltigen Böden und ist zu 65 % mit Merlot und zu 35 % mit Cabernet-Reben bepflanzt. Er präsentiert einen sehr gelungenen 94er, dessen intensive Farbe purpurviolette und kirschrote Reflexe hat. Das sich entfaltende Bukett bietet schwarze Früchte, Karamel und Gewürze. Der Geschmack ist ebenfalls voller Reize - sanft und samtig, umfangreich und elegant. Er zeigt ein Aroma von sehr reifen Früchten mit leichter Vanillenote. Feinheit und Harmonie.

☙ Mme Lecointre, Ch. Trianon, 33330 Saint-Emilion, Tel. 05.57.51.42.63 ☑ ⵉ n. V.

CLOS TRIMOULET 1994*

■ 9 ha   49 000   ⦙⦙ 50-70 F

Ein nördlich von Saint-Emilion gelegenes Gut, das seit sechs Generationen von der gleichen Familie bewirtschaftet wird. Die Reben - 80 % Merlot - sind auf Lehm- und Sandböden angepflanzt. Der 94er hat eine schöne rubin- bis karminrote Farbe. Sein intensiver und zugleich feiner Geruchseindruck bietet einen Duft von vollreifen roten Früchten, den ein Hauch von Bratengeruch begleitet. Der sanfte, runde Geschmack enthüllt einen guten Stoff und einen Bodengeschmack mit Vanille- und Röstnoten. Ein sehr gelungener Wein, der einige Jahre braucht, um sich zu entfalten.

☙ EARL Appollot, Clos Trimoulet, 33330 Saint-Emilion, Tel. 05.57.24.71.96, Fax 05.57.74.45.88 ☑ ⵉ Mo-Sa 8h-12h 14h-19h

CH. TROTTE VIEILLE

■ 1er gd cru B   k. A.   k. A.   ⦙⦙ 150-200 F

|75| |76| 78 82 |85| |86| |88| |(89)| 90 |91| |93| 94

Trotte Vieille, das auf der Hochfläche in wenig abseits von den anderen Premiers crus liegt, präsentiert einen 94er, der sich ziemlich rasch entwickeln dürfte. Sicherlich ist die Farbe hübsch, ein Rubinrot mit bernsteinfarbenen Reflexen, und das Bukett beginnt Noten von Unterholz und roten Früchten zu entfalten. Aber der Geschmack ist nicht sehr komplex und erscheint schon weich.

☙ Indivision Castéja-Preben-Hansen, 33330 Saint-Emilion, Tel. 05.57.24.71.34, Fax 05.57.87.60.30 ☑

CH. DE VALANDRAUD 1994**

■ 2,5 ha   9 400   ⦙⦙ +200 F

|91| |92| |(93)| 94

Ein ganz kleiner Cru (2,5 ha). Die Weine werden unter der Anleitung von Michel Rolland mitten in der Stadt hergestellt. Seitdem dieses Gut 1991 gegründet wurde, hat es für seine beiden ersten Jahrgänge zwei Sterne erhalten ; der 93er ist sogar zum Lieblingswein gewählt worden. Der 94er bietet eine sehr dunkle, intensive rubinrote Farbe, was auf eine große Konzentration und eine große Jugendlichkeit hindeutet. Das Bukett ist kräftig, wird aber noch von den Toast- und Röstgerüchen des guten Barriqueholzes beherrscht. Kräftig gebaut, strukturiert und dicht, durch die Tannine vom Faßholz geprägt. Dieser Wein dürfte sich sehr günstig entwickeln, verlangt aber von den Weinfreunden ein wenig Geduld.

☙ Jean-Luc Thunevin, 1, rue Vergnaud, 33330 Saint-Emilion, Tel. 05.57.24.65.60, Fax 05.57.24.67.03

VIRGINIE DE VALANDRAUD 1994*

■ 2,38 ha   3 000   ⦙⦙ 100-150 F

Der Zweitwein von Château de Valandraud. Der 94er hat eine dunkelrubinrote Farbe, die karminrot schimmert. Das intensive, angenehme Bukett verbindet das Aroma von reifen Trauben mit einem Vanilleduft. Durch verschmolzene, runde, elegante Tannine strukturiert. Dieser zauberhafte Wein wird seinen vollen Charakter innerhalb von zwei bis drei Jahren erreichen.

☙ Jean-Luc Thunevin, 1, rue Vergnaud, 33330 Saint-Emilion, Tel. 05.57.24.65.60, Fax 05.57.24.67.03

CH. DU VAL D'OR 1994

■ 11 ha   44 000   ⦙⦙ 50-70 F

Die Familie Bardet bewirtschaftet mehrere Crus in den AOCs Saint-Emilion und Côtes de Castillon. Dieser hier liegt auf dem Kiessand von Vignonet. Der Keller ist am Ufer der Dordogne eingerichtet, dort, wo die Vorfahren dieser Winzer als gabariés die Fässer, die nach Bordeaux transportiert werden sollten, auf die berühmten flachen Lastkähne luden. Die Jury würdigte den 94er des Guts, der innerhalb von zwei bis drei Jahren trinkreif sein dürfte : schöne rubinrote Farbe, blumig-fruchtiger Duft mit Holznoten, seidiger Geschmack, den zart holzige Tannine strukturieren.

☙ SCEA des Vignobles Bardet, 14, La Cale, 33330 Vignonet, Tel. 05.57.84.53.16, Fax 05.57.74.93.47 ☑ ⵉ n. V.
☙ Philippe Bardet

CH. VIEILLE TOUR LA ROSE 1994*

■ 2,5 ha   17 000   ⦙⦙ 50-70 F

|88| |89| |90| 91 92 |93| 94

Dieses Gut in Familienbesitz präsentiert jedes Jahr Weine, die im Weinführer Berücksichtigung finden. Sicherlich rustikal, aber solide und lagerfähig. Dieser 94er zeigt eine schöne, reintönige rubinrote Farbe. Das feine, fruchtige Bukett bietet frische Nuancen von Brotkruste. Der Geschmack ist kräftig gebaut, mit Tanninen, die im Abgang noch ein wenig fest sind.

☙ Daniel Ybert, La Rose, 33330 Saint-Emilion, Tel. 05.57.24.73.41, Fax 05.57.74.44.83 ☑ ⵉ n. V.

VIEUX CHATEAU HAUT BEARD 1994

■ 5 ha   10 000   ⦙⦙ 30-50 F

Ein farbintensiver 94er, tiefes Rubinrot mit purpurroten Reflexen. Er ist im Geruchseindruck noch ein wenig verschlossen und enthüllt eine ausgewogene Struktur mit Tanninen, die wenig rustikal, aber von guter Qualität sind und innerhalb von zwei bis drei Jahren verschmelzen dürften.

Libournais

🍇 Vignobles Riboulet, Les Grandes Plantes,
33330 Saint-Laurent-des-Combes,
Tel. 05.57.24.62.71, Fax 05.57.74.94.46 ☑ ⊤ n. V.
🍇 Mme Mayé

VIEUX CHATEAU PELLETAN 1994

| ■ | 6,9 ha | 24 000 | ⫯ | 50-70 F |

88 |89| |90| 92 94

Die Bestockung enthält 80 % Merlot und 20 % Cabernet franc, die auf sehr unterschiedlichen Böden wachsen : Sand, Lehm und Kalkstein. Der 94er hat eine dunkle, intensive rubinrote Farbe und zeigt sich sehr ausdrucksvoll mit einem dominierenden Vanille- und Holzgeruch. Er ist ausgewogen und strukturiert und braucht ein wenig Zeit, um sich vollständig zu entfalten.
🍇 SCEA Vignobles Magnaudeix, Ch. Vieux Larmande, 33330 Saint-Emilion,
Tel. 05.57.24.60.49, Fax 05.57.24.61.91 ☑ ⊤ n. V.

CH. VIEUX LARMANDE 1994

| ■ | 4,16 ha | 24 000 | ⫯ | 50-70 F |

|88| |90| 92 94

Dieser auf der sandig-lehmigen Hochfläche nördlich von Saint-Emilion gelegene Cru hat traditionelle Bestockung. Der 94er ist ein schlichter Wein, der unmittelbar Vergnügen bereitet. Die rubinrote Farbe ist dunkel und strahlend. Das sich entfaltende Bukett wird von einem Aroma reifer und gekochter Früchte beherrscht. Sanft, aromatisch und wohlausgewogen im Geschmack. Dieser Wein wird rasch trinkreif sein.
🍇 SCEA Vignobles Magnaudeix, Ch. Vieux Larmande, 33330 Saint-Emilion,
Tel. 05.57.24.60.49, Fax 05.57.24.61.91 ☑ ⊤ n. V.

CH. VIEUX POURRET 1994*

| ■ | 4,24 ha | 23 000 | ⫯ | 70-100 F |

Michel Boutet leitet drei Crus im Anbaubereich der Appellation Saint-Emilion grand cru, die insgesamt rund 23 ha umfassen. Vieux Pourret befindet sich auf einem sandigen Abhang. Dieser noch zurückhaltende 94er ist sehr vielversprechend. Lebhafte rote Farbe von guter Intensität, elegant fruchtig im Duft. Er kommt vor allem im Geschmack zum Ausdruck, wo er feine, seidige Tannine von schöner Länge bietet. Er dürfte sich innerhalb von zwei bis drei Jahren entfalten.
🍇 Michel Boutet, B.P. 70, 33330 Saint-Emilion,
Tel. 05.57.24.70.86, Fax 05.57.24.68.30 ☑ ⊤ n. V.
🍇 SC Ch. Vieux Pourret

CH. VILLEMAURINE 1994*

| ■ Gd cru clas. | 7 ha | 45 000 | ⫯ | 100-150 F |

82 83 |85| 86 87 |88| |89| 90 92 93 94

Dieses vor den Toren von Saint-Emilion gelegene Gut ist seit der galloromanischen Zeit mit der Geschichte der Stadt verbunden. Sein Weinberg enthält ein gewaltiges Netz von unterirdischen Kellern, die den Mauren als Zufluchtsort dienten. Es wächst auf einem lehmig-kalkhaltigen Boden und ist zu 70 % mit Merlot und zu 30 % mit Cabernet-Reben bestockt. Der 94er mit der hübschen, lebhaften Farbe ist sehr gelungen. Sein sich entfaltendes Bukett bietet ein Aroma von reifen Merlot-Trauben, gefolgt von

Lussac Saint-Emilion

Tier- und Holznoten. Im Geschmack warm, durch Tannine mit Lakritzearoma strukturiert. Dieser Wein ist schon elegant und nachhaltig, kann aber ein paar Jahre im Keller lagern.
🍇 SCA Vignobles Robert Giraud, Dom. de Loiseau, B.P. 31, 33240 Saint-André-de-Cubzac,
Tel. 05.57.43.01.44, Fax 05.57.43.08.75 ☑ ⊤ n. V.

CH. VIRAMIERE 1994

| ■ | 11,75 ha | 53 400 | | 50-70 F |

Dieser Wein, der von einem lehmigkieselhaltigen Boden im Ostteil der Appellation kommt, dürfte bald trinkreif sein. Er ist einschmeichelnd mit seiner frischen kirschroten Farbe und seinem diskreten Bukett, dessen dominierende Fruchtigkeit von einem Hauch Wildgeruch begleitet wird. Er ist in der Ansprache sanft und zart und entwickelt sich voller Feinheit.
🍇 UDP de Saint-Emilion, Haut-Gravet,
B.P. 27, 33330 Saint-Emilion,
Tel. 05.57.24.70.71, Fax 05.57.24.65.18 ⊤ Mo-Sa 8h-12h 14h-18h
🍇 SCE Vignobles Dumon

CH. YON-FIGEAC 1994*

| ■ Gd cru clas. | 23 ha | 120 000 | | 100-150 F |

|92| 93 94

Dieser Cru, der auf Sand über einem eisenhaltigen Unterboden liegt, umfaßt 25 ha zusammenhängende Rebflächen. Sein aus 80 % Merlot und 20 % Cabernet franc hergestellter 94er zeigt sich konzentriert. Er hat eine schöne, dunkle rubinrote Farbe und verbindet im Duft fruchtige Noten (Kirschen, schwarze Johannisbeeren) mit einem Holzgeruch (Gewürze, Vanille, Rauch). Im Geschmack ist er tanninreich und kräftig. Er hat viel Rasse und kann mehrere Jahre altern.
🍇 Ch. Yon-Figeac, 33330 Saint-Emilion,
Tel. 05.57.74.47.58, Fax 05.57.64.36.20 ☑
⊤ Mo-Sa 8h-12h 14h-18h

Die anderen Appellationen der Region Saint-Emilion

Mehrere Nachbargemeinden von Saint-Emilion, die früher der Autorität seiner Jurade (Stadtrat) unterstanden, dürfen an ihren Namen den des berühmten Nachbarorts anhängen. Im einzelnen sind dies die Appellationen Lussac Saint-Emilion, Montagne Saint-Emilion, Puisseguin Saint-Emilion und Saint-Georges Saint-Emilion, wobei die beiden letzten übrigens Orten entsprechen, die heute mit Montagne zusammengewachsen sind. Alle liegen nordöstlich von Saint-Emilion, in einem Gebiet mit zerklüfteter

Libournais

Oberflächengestalt, die den Reiz dieser Gegend ausmacht. Auf ihren Hügeln findet man eine Reihe von ruhmreichen historischen Bauwerken. Die Böden sind sehr unterschiedlich, während die Bestockung dieselbe wie in Saint-Emilion ist. Auch die Qualität ist ähnlich wie die der Saint-Emilion-Weine. Die Produktion lag 1996 bei 227 000 hl.

Lussac Saint-Emilion

CH. DE BARBE BLANCHE
Cuvée Henri IV 1994**

| ■ | 2 ha | 13 000 | ⅲ | 50-70F |

Es heißt, daß Château Barbe-Blanche früher einmal König Heinrich IV. gehörte - daher der Name dieser Cuvée, die eine Auslese von alten Merlot-Reben in guten Jahrgängen ist. Beim 94er besitzt der Wein eine strahlende rubinrote Farbe, ein kräftiges, elegantes, zart holziges Bukett (Noten von getoastetem Brot) und fruchtige, verschmolzene Tannine. Er bietet im Geschmack einen bemerkenswerten, sehr füllingen Abgang. Dieser schon angenehme Wein kann bei einer zwei- bis fünfjährigen Alterung an Komplexität gewinnen.
• SCE Ch. Barbe Blanche, 33570 Lussac, Tel. 05.57.51.13.36, Fax 05.57.25.09.55 ☑ ☧ n. V.

CH. DE BELLEVUE 1994*

| ■ | 11,87 ha | 62 000 | ⅲ | 30-50F |

Ein schönes kleines Landhaus, das von seinem Weinberg umgeben ist. Dieser ausschließlich aus der Rebsorte Merlot hergestellte 94er besitzt eine tiefe Farbe, ein intensives Bukett von roten Früchten mit einer Mentholnote und eine seidige, sanfte Tanninstruktur, die einen harmonischen Schlußeindruck hinterläßt. Ein vielversprechender Wein, der sich innerhalb von zwei bis vier Jahren völlig entfalten wird. Ein treuer, stets anspruchsvoller Verkoster notierte: »Schöne Arbeit«. Das ist ein Kompliment, gerichtet an den Vater und den Sohn, der Önologe ist.
• Charles Chatenoud et Fils SCEA, Ch. de Bellevue, 33570 Lussac, Tel. 05.57.74.60.25, Fax 05.57.74.53.69 ☑ ☧ n. V.

CH. DE BORDES 1994

| ■ | 0,25 ha | 2 100 | ⅲ | 50-70F |

Dieser Wein ist interessant aufgrund der Feinheit seines Vanille-, Karamel- und Himbeeraromas, das man im Geschmack wiederfindet, wo es mit sanften und zugleich festen, im Abgang sehr deutlich spürbaren Tanninen harmoniert. Ein Wein, den man innerhalb der kommenden drei Jahre trinken sollte.
• EARL Vignobles Paul Bordes, Faize, 33570 Les Artigues-de-Lussac, Tel. 05.57.24.33.66, Fax 05.57.24.30.42 ☑ ☧ n. V.

CH. CHOUTEAU 1994*

| ■ | 5 ha | 25 000 | ▮ⅲ | 30-50F |

Dieses Château, das seit mehr als 25 Jahren biologische Anbaumethoden verwendet, präsentiert einen 94er mit einer tiefen granatroten Farbe, einem unaufdringlichen Duft von roten und schwarzen Früchten und einer harmonischen, dichten Tanninstruktur, die im Abgang besonders lang und elegant ist. Ein sehr schöner, klassischer Wein, den man innerhalb der nächsten zwei bis drei Jahre genießen kann. Weisen wir darauf hin, daß das Etikett zu den im Bordelais selten gewordenen Weinetiketten gehört, die noch in der altmodischen Form eines Pergaments gehalten sind!
• SCEA Rogerie Père et Fils, Chouteau, Petit-Palais, 33570 Lussac, Tel. 05.57.74.65.85, Fax 05.57.74.58.76 ☑ ☧ n. V.

CH. DU COURLAT 1994**

| ■ | 14 ha | 80 000 | ▮ⅲ♦ | 50-70F |

Dieser Cru gehört Pierre Bourotte, der auch Weinberge in Pomerol und Lalande-de-Pomerol besitzt, und präsentiert seit einigen Jahren gewohntermaßen Weine auf dem Spitzenniveau der Appellation. Das ist auch der Fall bei diesem 94er mit der intensiven granatroten, violett schimmernden Farbe, dem zarten Aroma von sehr reifen roten Früchten und Leder und den fülligen, kräftigen, von einem erstklassigen Holzton gut umhüllten Tanninen. Die allgemeine Harmonie macht diese Cuvée zu einem vielversprechenden Wein, den man innerhalb von drei bis fünf Jahren genießen kann.
• Pierre Bourotte S.A., 78, rue Trocard, B.P. 79, 33502 Libourne cedex, Tel. 05.57.51.62.17, Fax 05.57.51.28.28 ☑ ☧ n. V.

CH. DU COURLAT
Raisins de la Tradition Cuvée J.-Baptiste 1994**

| ■ | 3 ha | 15 000 | ⅲ | 50-70F |

Diese Cuvée, die von 40 Jahre alten Rebstöcken stammt, wurde von der Oberjury zum Lieblingswein gewählt. Der vorangegangene Jahrgang war aus 70 % Merlot und 20 % Cabernet Sauvignon hergestellt worden. Hier ergänzen allein 10 % Cabernet franc die Rebsorte Merlot. Die intensive Farbe ist noch lebhaft. Der ausgewogene Geruchseindruck setzt auf fruchtige und holzige Noten (Vanille). Die sanften, Tannine sind sehr deutlich zu spüren und bringen einen gut gemeisterten Ausbau im Barriquefaß zur Geltung. Es gibt viel Harmonie in dieser Flasche, die lang altern wird.

Libournais
Lussac Saint-Emilion

🕿 Pierre Bourotte S.A., 16, rue Faidherbe,
33500 Libourne, Tel. 05.57.51.62.17,
Fax 05.57.51.28.28 ☑ ⏻ n. V.

CH. CROIX DE RAMBEAU 1994
■ 6 ha 40 000 ▮⏻ 30-50 F

Mit seiner strahlenden granatroten Farbe und seinem kräftigen Bukett von Vanille und Gewürzen präsentiert sich dieser 94er im Augenblick sehr gut. Die geschmeidige, fruchtige Tanninstruktur ist schon sehr entwickelt: Ein trinkreifer Wein.

🕿 Jean-Louis Trocard, 2, Les Petits Jays Ouest, 33570 Les Artigues-de-Lussac,
Tel. 05.57.24.31.16, Fax 05.57.24.33.87 ☑
⏻ Mo-Fr 8h-12h30 14h-18h

CH. HAUT LA GRENIERE 1994*
■ 5 ha 25 000 ▮⏻ 30-50 F

Mit seiner zwischen Merlot (65 %) und Cabernet-Reben ausgewogenen Bestockung bietet dieser Cru einen 94er mit einer klaren rubinroten Farbe und einem sich entfaltenden Bukett von kleinen Früchten und Gewürzen. Die spürbaren, festen Tannine sind noch streng, dürften sich aber innerhalb von zwei bis fünf Jahren mit einer gewissen Eleganz und viel Rasse entwickeln.

🕿 EARL Vignobles Dubreuil, Ch. de La Grenière, 33570 Lussac, Tel. 05.57.74.64.96,
Fax 05.57.74.56.28 ☑ ⏻ n. V.

CH. DE LA GRENIERE
Cuvée de La Chartreuse Elevé en barrique 1994**
■ 9 ha 13 000 ⏻ 50-70 F

Diese Cuvée de la Chartreuse ist eine sehr strenge Auslese, die von einem lehmig-kieseligen Boden und einem zwischen Merlot und Cabernet-Sorten ausgewogenen Rebsatz stammt. Der 94er bietet eine intensive purpurrote Farbe, ein elegantes, durch das Holz geprägtes Bukett und eine kräftige, reichhaltige Tanninstruktur, die sich dennoch mit viel Rundheit entwickelt. Sein Aroma ist von Cachounoten geprägt. Seine Vollmundigkeit steckt voller Verheißungen für den Verbraucher, der sich mindestens drei bis fünf Jahre gedulden kann.

🕿 EARL Vignobles Dubreuil, Ch. de La Grenière, 33570 Lussac, Tel. 05.57.74.64.96,
Fax 05.57.74.56.28 ☑ ⏻ n. V.

CH. DE LA GRENIERE 1994*
■ 9 ha 25 000 ▮⏻ 30-50 F

Ein zwischen Merlot und Cabernet ausgewogener Rebsatz für diesen hübschen 94er mit dem sich entfaltenden Bukett von roten Früchten (Himbeeren) und mit den Tanninen, die sich rund und füllig zeigen und im Abgang viel Frische haben. Dieses sehr typische, gefällige Wein wird um so besser schmecken, wie sehr man sich gedulden kann (drei bis fünf Jahre).

🕿 EARL Vignobles Dubreuil, Ch. de La Grenière, 33570 Lussac, Tel. 05.57.74.64.96,
Fax 05.57.74.56.28 ☑ ⏻ n. V.

CH. LE GRAND BOIS 1994*
■ 1 ha 5 000 ⏻ 30-50 F

Die auf einem Lehmboden wachsenden Merlot-Reben haben einen kräftigen 94er mit einem intensiven Himbeer- und Vanilleduft hervorgebracht. Dieses Aroma findet man deutlich im Geschmack wieder, rund und sanfte, harmonische Tannine, die von einem zarten Holzton umhüllt sind. Man kann diesen Wein in den nächsten zwei Jahren genießen.

🕿 SARL Roc de Boissac, Plesnier de Boissac, 33570 Puisseguin, Tel. 05.57.74.61.22,
Fax 05.57.74.59.54 ☑ ⏻ n. V.

CH. LES COUZINS 1994
■ k. A. k. A. ▮⏻ 30-50 F

Dieser 94er verdient eine Anerkennung für die Qualität seines Buketts von Gewürzen und Früchten und für seine geschmeidige, frische Tanninstruktur, die im Abgang wohlausgewogen ist. Ein angenehm zu trinkender Wein, den man zwei bis drei Jahre aufheben kann.

🕿 Robert Seize, Ch. Les Couzins, 33570 Lussac, Tel. 05.57.74.60.67,
Fax 05.57.74.55.60 ☑ ⏻ tägl. 9h-19h, Jan., Febr. geschlossen

CH. LION PERRUCHON 1994
■ 10,08 ha 50 000 ▮⏻ 30-50 F

Dieser 94er mit dem diskreten, leicht holzbetonten Duft nach Früchten zeichnet sich durch eine sanfte und elegante, im Abgang ein wenig feste Struktur aus, die aber einen guten Wein ergeben dürfte. Man sollte ihn innerhalb der nächsten drei Jahre trinken.

🕿 Jean-Pierre Thézard, Ch. Lion Perruchon, 33570 Lussac, Tel. 05.57.74.64.71,
Fax 05.57.74.58.39 ☑

CH. LYONNAT 1994**
■ k. A. 200 000 ⏻ 30-50 F

Zu Beginn des Jahrhunderts war der Château Lyonnat im Vatikan geschätzt, was eine große Qualität der damaligen Weine vermuten läßt - eine Qualität, die auch noch in unserer Zeit vorhanden ist. Dieser 94er hat ein elegantes Bukett von reifen Früchten, Mandeln und Vanille. Ein Aroma, das man im Geschmack wiederfindet, über Tanninen, die in der Ansprache seidig sind, sich dann kraftvoll entwickeln und mit einer schönen Länge ausklingen. Man sollte diese Flasche zwei bis fünf Jahre aufheben. Beachtenswert ist auch der schon trinkreife Château la Rose Perruchon.

🕿 Les Vignobles Jean Milhade, Ch. Recougne, 33133 Galgon, Tel. 05.57.74.30.04,
Fax 05.57.78.43.27 ☑

CH. MAYNE-BLANC 1994*
■ 10 ha 60 000 ▮⏻ 30-50 F

Dieses Gut ist einen Umweg wert: natürlich wegen seiner Weine, aber auch wegen seines freundlichen, blumengeschmückten Rahmens. Beim 94er stammt der Wein von 20 Jahre alten Rebstöcken und ist fünfzehn Monate lang in ein oder zwei Jahre alten Barriquefässern ausgebaut worden. Er zeichnet sich durch die Intensität seiner Frucht und die Fülle seiner Tannine aus, die kräftig, aromatisch und seidig zugleich sind. Der zart holzbetonte Abgang ist sehr vielversprechend: Dieser Wein wird in drei Jahren vollkommen sein.

Libournais

●┐ Jean Boncheau, Ch. Mayne-Blanc,
33570 Lussac, Tel. 05.57.74.60.56,
Fax 05.57.74.51.77 ✓ ⊺ tägl. 8h-12h 14h-20h ;
Februar geschlossen.

CH. MAYNE-BLANC
Cuvée Saint-Vincent Elevé en barrique 1994*

■ 5 ha 18 000 ❙❙❙ & 50-70 F

Diese Cuvée, die von 35 Jahre alten Rebstöcken stammt, ist sechzehn Monate lang in neuen Barriquefässern ausgebaut worden. Die granatrote Farbe ist kräftig. Das Aroma hat unsere Verkoster aufgrund seines intensiven Holztons gestört, bei dem ein brenzliger Geruch dominiert. Die kräftigen, reifen, fruchtigen Tannine sind jedoch besonders angenehm und ausgewogen. Im Abgang tritt das Holz noch zu stark hervor, aber es gibt Liebhaber dieses Weintyps. Zwei bis fünf Jahre aufheben.

●┐ Jean Boncheau, Ch. Mayne-Blanc,
33570 Lussac, Tel. 05.57.74.60.56,
Fax 05.57.74.51.77 ✓ ⊺ tägl. 8h-12h 14h-20h ;
Februar geschlossen.

CH. DU MOULIN NOIR 1994***

■ 5,3 ha 23 600 ❙ ❙❙❙ & 50-70 F

Dieses neue, 1989 geschaffene Château gehört Winzern, die im Médoc stark vertreten sind. Es hält Einzug in den Hof der Großen der Appellation mit diesem 94er, dessen sehr kräftige purpurrote Farbe außergewöhnlich ist. Das komplexe, sehr reife Aroma erinnert an Backpflaumen, Vanille, Kakao und Gewürze. Die umhüllten, fleischigen Tannine haben genug Kraft, um im Abgang lang anzuhalten, und lassen eine sehr vielversprechende Zukunft vorhersagen. Dieser bemerkenswert ausgebaute Wein wird sich innerhalb von drei bis sechs Jahren entfalten.

●┐ SC Ch. du Moulin Noir, Lescalle,
33460 Macau, Tel. 05.57.88.07.64,
Fax 05.57.88.07.00 ✓ ⊺ n. V.

CH. PONT DE PIERRE 1994

■ 10 ha 72 000 ❙ ❙❙❙ & 30-50 F

Dieser 94er bietet eine granat- bis ziegelrote Farbe, ein diskretes Bukett mit Noten von Tiergeruch und Tannine, die in der Ansprache einschmeichelnd sind, sich jedoch mit einer gewissen Rustikalität entwickeln. Ein redlicher Wein, den man in den kommenden drei bis fünf Jahren trinken kann.

●┐ SA Yvon Mau, rue André-Dupuy-Chauvin,
B.P. 1, 33190 Gironde-sur-Dropt,
Tel. 05.56.61.54.54, Fax 05.56.61.54.61

CH. DE POURTEAU 1994*

■ k. A. 50 000 ❙❙❙ 30-50 F

Dieser Cru gehört der Familie Milhade, die im Libournais stark vertreten ist. Er präsentiert diesen 94er, den Zweitwein von Château Lyonnat, der eine strahlende purpurrote Farbe besitzt. Das diskrete Bukett läßt Unterholznoten erkennen. Die fülligen, ausgewogenen Tannine werden von einem unaufdringlichen Holzton betont. Ein Wein, der sich nach einer zwei- bis dreijährigen Alterung entfalten dürfte.

●┐ Les Vignobles Jean Milhade, Ch. Recougne,
33133 Galgon, Tel. 05.57.74.30.04,
Fax 05.57.78.43.27 ✓

Lussac Saint-Emilion

CUVEE RENAISSANCE
Vieilli en fût de chêne 1994**

■ k. A. 20 000 ❙❙❙ 30-50 F

Diese Sondercuvée ist das Ergebnis einer Auslese der Genossenschaftskellerei von Lussac - einer gut gewählten Auslese, wenn man diesem 94er mit der strahlenden purpurroten Farbe, dem Aroma von Röstkaffee und Blumen und den seidigen, runden Tanninen glauben darf. Er entwickelt sich sehr elegant und ausgewogen. Sehr gut gemeisterte Vinifizierung dieses Weins, der gut altern dürfte und schon innerhalb von zwei bis drei Jahren gut zu trinken sein wird.

●┐ Cave coop. vinicole de Puisseguin-Lussac Saint-Emilion, Durand, 33570 Puisseguin,
Tel. 05.57.55.50.40, Fax 05.57.74.57.43 ✓
⊺ Mo-Fr 9h-12h 15h-18h

CH. DES ROCHERS 1994*

■ 2,8 ha 12 000 ❙❙❙ 50-70 F

Noch ein reinsortiger 94er Merlot, und wie es scheint, recht gut gelungen. Das Aroma von kandierten Früchten verbindet sich mit Wildnoten, die man im Geschmack über sanften, ausgewogenen Tanninen wiederfindet, die im Abgang fleischig genug sind, um eine vielversprechende Zukunft von drei bis sechs Jahren vorhersagen zu lassen.

●┐ Vignobles Jean-Marie Rousseau, Petit-Sorillon, 33230 Abzac, Tel. 05.57.49.06.10,
Fax 05.57.49.38.96 ✓ ⊺ n. V.

CH. DE TABUTEAU 1994

■ 18,83 ha 130 000 ❙ ❙❙❙ & 30-50 F

Dieser 94er zeichnet sich insbesondere durch die Frische seines fruchtigen, mentholartigen Aromas aus. Im Geschmack sind die Tannine noch fest : Man muß ihn unbedingt mindestens zwei Jahre altern lassen, um eine bessere Ausgewogenheit zu erhalten.

●┐ Vignobles J. Bessou, Ch. Durand-Laplagne,
33570 Puisseguin, Tel. 05.57.74.63.07,
Fax 05.57.74.59.58 ✓ ⊺ n. V.

CH. TOUR DE GRENET 1994*

■ 25 ha 180 000 ❙ ❙❙❙ & 30-50 F

Dieser Cru gehört einer aus Corrèze stammenden Familie, die hier seit Anfang des Jahrhunderts lebt. Beim 94er präsentiert er einen sanften, eleganten Wein mit dem angenehmen Bukett von Lakritze, Blumen und Leder. Die Tannine sind ausgewogen, ohne Aggressivität, und werden auf subtile Weise von blumigen Düften betont. Ein Verkoster stellte die feminine Seite dieses Weins heraus. Man kann ihn trinken oder ein paar Jahre aufheben.

●┐ SCI des Vignobles Brunot, Ch. Tour de Grenet, 33570 Lussac, Tel. 05.57.51.38.46,
Fax 05.57.25.18.04 ✓ ⊺ n. V.

VIEUX CHATEAU CHAMBEAU 1994*

■ 10 ha 60 000 ❙ ❙❙❙ & 30-50 F

Dieser Cru ist den Umweg wert, wegen seiner modernen Anlagen ebenso wie aufgrund dieses 94ers mit der ins Violette gehenden purpurroten Farbe und dem zarten Duft nach kandierten Kirschen und Leder. Im Geschmack sind die Tannine fleischig und kräftig, müssen sich aber

abrunden. Eine Alterung von mindestens zwei bis drei Jahren ist zu empfehlen.
🍷 SC Ch. du Branda, Roques,
33570 Puisseguin, Tel. 05.57.74.62.55,
Fax 05.57.74.57.33 ◫ ⏳ n. V.

Montagne Saint-Emilion

CH. BAUDRON 1994

| | 9,41 ha | 70 000 | 🍴♦ | 30-50 F |

Der Château Baudron Grand Seigneur und dieser Wein hier, die von der genossenschaftlich organisierten Erzeugergruppe von Montagne präsentiert werden, erhalten die gleiche Note. Dieser 94er entfaltet ein intensives, vornehmes Bukett von roten Früchten. Er entwickelt sich im Geschmack über sanften, fülligen Tanninen, die jedoch ein wenig kurz sind. Ein schon trinkreifer Wein zum Genießen !
🍷 Groupe de Prod. de Montagne, La Tour Mont d'Or, 33570 Montagne,
Tel. 05.57.74.62.15, Fax 05.57.74.50.51 ◫ ⏳ n. V.
🍷 J. Boireau

CH. BEAUSEJOUR 1994*

| | 8,5 ha | 60 000 | 🍴♦ | 50-70 F |

Château Beauséjour, das sich zu Füßen einer romanischen, dem hl. Martin geweihten Kirche befindet, gehört zu den ältesten Gütern der Appellation. Es konnte sich aber genug modernisieren, um einen zeitgemäßen Wein zu erzeugen, der sich mit einer granatroten, violett schimmernden Farbe, einem entfalteten, hochfeinen Bukett und einer klassischen, harmonischen Struktur voller Feinheit präsentiert. Ein 94er, den man in zwei bis drei Jahren im Freundeskreis genießen kann, zu einem Bratspieß mit Drosseln !
🍷 SARL Beauséjour, Ch. Peyredoulle,
33390 Berson, Tel. 05.57.64.23.67,
Fax 05.57.64.36.20 ◫ ⏳ n. V.

CH. BEAUSEJOUR Clos l'Eglise 1994**

| | 2 ha | 12 000 | 🍾 | 70-100 F |

Diese von alten Reben erzeugte Cuvée stammt von Rebstöcken, die bisweilen 100 Jahre alt sind, und wird elf Monate lang in Holzfässern ausgebaut, die aus dem Holz der auf dem Gut selbst angepflanzten Eichenbäume hergestellt werden. Trotz dieser Eigentümlichkeit ist dieser 94er in seiner Erscheinung klassisch : eine granatrote Farbe, intensives Bukett von reifen Früchten, Lakritze und Gewürzen. Seine Tanninstruktur zeigt sich füllig und freigebig, im Abgang sehr kräftig. Ein sehr großer Wein zum Einkellern, den man erst im Jahr 2000 öffnen darf.
🍷 SARL Beauséjour, Ch. Peyredoulle,
33390 Berson, Tel. 05.57.64.23.67,
Fax 05.57.64.36.20 ◫ ⏳ n. V.

CH. BECHEREAU 1994*

| | 10 ha | 40 000 | 🍴 | 30-50 F |

Mit seinem zwischen Merlot und Cabernet harmonisch ausgewogenen Rebsatz, auf einem lehmig-kalkhaltigen Boden angepflanzt, präsentiert dieser Cru beim 94er einen gehaltvollen, komplexen Wein, der nach roten Früchten und Lebkuchen duftet. Die Tannine sind sanft und freigebig ; am Ende des Geschmacks entwickeln sie sich auf eine klassische Weise, die für sein Anbaugebiet typisch ist. Es ist deshalb notwendig, daß man sich zwei bis vier Jahre geduldet, bevor man diese Flasche öffnet.
🍷 SCE Bertrand, 3, Béchereau, 33570 Les Artigues-de-Lussac, Tel. 05.57.24.31.22,
Fax 05.57.24.34.69 ◫ ⏳ n. V.

CH. CARDINAL 1994

| | k. A. | 62 000 | 🍴 | 30-50 F |

Eine strahlende kirschrote Farbe, ein sich entfaltendes Bukett von Unterholz und eine nicht konzentrierte, aber ausgewogene Tanninstruktur mit einer angenehmen Schlußharmonie. Ein Wein, den man innerhlab der nächsten vier Jahre trinken sollte.
🍷 SCEA Bertin, Dallau, 8, rte de Lamarche, 33910 Saint-Denis-de-Pile, Tel. 05.57.84.21.17, Fax 05.57.84.29.44 ◫ ⏳ n. V.

CH. CAZELON 1994**

| | 4 ha | 23 500 | 🍾 | 30-50 F |

Dieser kleine Cru liegt auf einem lehmig-kalkhaltigen Boden. Er präsentiert einen 94er von großer Qualität : Die rubinrote Farbe ist prächtig. Das harmonische Aroma erinnert an Kaffee und rote Früchte ; es kommt vollständig im Geschmack zum Ausdruck, wo es kräftige, rassige Tannine von guter Reife umhüllt. Sicherlich ein zukünftiger großer Wein, der sich in drei bis sechs Jahren völlig entfaltet haben wird.
🍷 Jean Fourloubey, Cazelon, 33570 Montagne, Tel. 05.57.74.62.75, Fax 05.57.74.57.47 ◫ ⏳ n. V.

CH. CHEVALIER SAINT-GEORGES 1994

| | 3 ha | 20 000 | 🍾♦ | 30-50 F |

Dieser 94er hat eine schwarze Farbe mit strahlenden karminroten Reflexen, ein entfaltetes Bukett von Leder, Vanille und Kirschkernen und eine sanfte, samtige, ein wenig flüchtige Tanninstruktur. Ein Wein, den man ziemlich bald trinken kann.
🍷 EARL Appollot, Clos Trimoulet,
33330 Saint-Emilion, Tel. 05.57.24.71.96,
Fax 05.57.74.45.88 ◫ ⏳ Mo-Sa 8h-12h 14h-19h

CH. CORBIN LA ROSE 1994*

| | 3,2 ha | 24 000 | 🍴♦ | 30-50 F |

Diese Cuvée, die von dem Gut von Gérard Despagne kommt, wird von Yvon Mau auf Flaschen abgefüllt und verkauft. Ihr Duft nach vollreifen schwarzen Früchten (schwarze Johannisbeeren) ist sehr deutlich wahrnehmbar. Die Tannine der Trauben, die rund und vollkommen ausgewogen sind, machen ihn zu einem klassischen Wein, den man bald (in zwei bis drei Jahren) trinken kann.
🍷 SA Yvon Mau, rue André-Dupuy-Chauvin, B.P. 1, 33190 Gironde-sur-Dropt,
Tel. 05.56.61.54.54, Fax 05.56.61.54.61
🍷 Gérard Despagne

Libournais — Montagne Saint-Emilion

CH. COUCY 1994**

■ 20 ha 80 000 ■ ⦀ ♦ 30-50 F

Die Ursprünge von Château Coucy gehen auf England zurück, und auf das 17. Jh., die Zeit, als sich die englische Familie Coucy auf diesem Gut in Montagne niederließ. Heute erzeugt man hier Weine von großer Qualität, wie diesen 94er mit der tiefen purpurroten Farbe und dem reichhaltigen, eleganten Aroma von schwarzen Johannisbeeren und Leder. Seine konzentrierten Tannine sind schon gut verschmolzen. Ein sehr schöner Gesamteindruck. Er dürfte sich günstig entwickeln, innerhalb der kommenden drei bis acht Jahre.
⚘ Héritiers Maurèze, Ch. Coucy, 33570 Montagne, Tel. 05.57.74.62.14, Fax 05.57.74.56.07 ☑ ⚲ n. V.

CH. CROIX-BEAUSEJOUR
Elevé en fût 1994**

■ k. A. 18 000 ■ ⦀ ♦ 30-50 F

83 |85| 86 87 88 89 90 91 **92** 93 **94**

Man spürt viel Erfahrung und Meisterschaft in diesem Wein, der sich beim 94er bemerkenswert gut präsentiert. Die fast schwarze Farbe ist strahlend ; das intensive, komplexe Aroma balanciert sich zwischen fruchtigen und holzigen Noten aus. Die vollkommen reifen Tannine entfalten sich im Geschmack, wo sich das Aroma sehr harmonisch entwickelt. Ein rassiger Wein mit einer sicheren Zukunft, der die Wahl zum Lieblingswein dieses Jahr nur knapp verfehlt hat ! Bravo !
⚘ Olivier Laporte, Ch. Croix-Beauséjour, Arriailh, 33570 Montagne, Tel. 05.57.74.69.62, Fax 05.57.74.59.21 ☑ ⚲ n. V.

CH. CROIX DE MOUCHET
Cuvée sélect. Vieillie en fût de chêne 1994

■ 12 ha 96 000 ⦀ 30-50 F

Diese Cuvée sélectionnée verdient beim 94er eine lobende Erwähnung wegen ihrer tiefen Farbe, ihres eleganten Buketts von Pfeffer und Blumen und ihrer sanften, wenn auch im Abgang ein wenig schlichten Tannine. Ein Wein, den man in den nächsten drei bis fünf Jahren trinken kann.
⚘ SCEA Ch. Croix de Mouchet, Mouchet, 33570 Montagne, Tel. 05.57.74.62.83, Fax 05.57.74.59.61 ☑ ⚲ n. V.

CH. FAIZEAU 1994**

■ 10 ha 30 000 ■ ⦀ ♦ 50-70 F

Dieses Gut, das von Alain Reynaud, dem Vorsitzenden der Union des Grands crus de Bordeaux, und seiner Schwester Chantal Lebreton gemeinsam bewirtschaftet wird, hat diesen reinsortigen 94er Merlot erzeugt. Dieser Wein zeichnet sich durch seine prächtige kirschrote Farbe, sein intensives Aroma von schwarzen Johannisbeeren, Vanille und Pfeffer und die bemerkenswerte Samtigkeit seiner intensiven, reifen Tanine aus. Ein harmonischer, ausgewogener Wein, der sich innerhalb von drei bis sieben Jahren sehr günstig entwickeln wird.
⚘ SCE du Ch. Faizeau, 33570 Montagne, Tel. 05.57.24.68.94, Fax 05.57.24.60.37 ☑ ⚲ n. V.

CH. GRAND BARAIL 1994**

■ 9,8 ha 80 000 ⦀ 30-50 F

Dieser Cru, der sich auf den Nordhängen der lehmig-kalkhaltigen Hänge von Calon befindet und hauptsächlich mit alten Reben bepflanzt ist, besitzt Trümpfe, wie dieser 94er bezeugt : tiefe schwarze Farbe, intensives Aroma von schwarzen Früchten und Unterholz und milde, kräftige Tanninstruktur, die sich mit seltener Vornehmheit entwickelt. Der geschmackliche Abgang ist besonders lang und aromatisch. Man muß drei bis fünf Jahre warten, bevor man diesen Wein trinken sollte. Für die Wahl zum Lieblingswein fehlte ihm nur eine Stimme.
⚘ Vignobles Daniel Devaud, Ch. de Faise, 33570 Les Artigues-de-Lussac, Tel. 05.57.24.33.48, Fax 05.57.24.34.17 ☑ ⚲ n. V.

CH. GUADET-PLAISANCE 1994

■ 10 ha 35 000 ■ ⦀ 30-50 F

Dieser Wein ist es wert, daß man beim 94er verweilt : wegen der Komplexität seines erwachenden Buketts von Gewürzen, Rauch und Leder und wegen seiner sanften, süffigen Tanninstruktur. Trinkreif.
⚘ EARL Vignobles Jean-Paul Deson, 33330 Saint-Christophe-des-Bardes, Tel. 05.57.24.77.40, Fax 05.57.74.46.34 ☑ ⚲ n. V.

CH. HAUT-BERTIN 1994

■ 7 ha k. A. ■ ⦀ ♦ 30-50 F

Mit der Hand gelesenes Traubengut, das vollständig entrappt wird. Eine gute allgemeine Ausgewogenheit kennzeichnet diesen Wein mit dem duftigen Geruchseindruck, der sich vor allem im Geschmack durch seine zwischen Sanftheit und Freigebigkeit wohlausgewogenen Tannine ausdrückt. Ein Wein, der zu gegrilltem Fleisch angenehm zu trinken ist.
⚘ Fortin et Fils, Ch. Haut-Bertin, Laumure, 33570 Montagne, Tel. 05.57.74.64.99 ☑ ⚲ n. V.

CH. HAUTE FAUCHERIE 1994

■ 6 ha 35 000 ■ 50-70 F

Dieser zu 80 % aus Merlot hergestellte 94er hat ein intensives Bukett von Karamel und roten Früchten und ist im Geschmack sehr angenehm. Die Tannine sind freigebig und schon gut verschmolzen ; der Abgang zeigt sich im Augenblick mit einer gewissen Strenge, die sich mit einer zwei- bis dreijährigen Alterung mildern dürfte. Der Château Vieille Tour Montagne, ein reinsortiger Merlot, erhält die gleiche Note. Man kann ihn in den kommenden beiden Jahren trinken.
⚘ Pierre und André Durand, Arriailh, 33570 Montagne, Tel. 05.57.74.62.02, Fax 05.57.74.53.66 ☑ ⚲ Mo-Sa 9h-12h 14h-18h

CH. HAUT-GOUJON 1994*

■ 7,5 ha 15 000 ■ ⦀ 30-50 F

Dieser Cru führt in seinen Arbeitsmethoden die Tradition fort, was bei diesem für seine Appellation klassischen 94er deutlich hervortritt. Das rubinrote Kleid beginnt sich ziegelrot zu verfärben, während das erwachende Bukett diskret ist. Man kann ihn trinken oder zwei bis vier Jahre aufheben.

Montagne Saint-Emilion

♦ Henri Garde, Goujon-Montagne, 33570 Montagne, Tel. 05.57.51.50.05, Fax 05.57.25.33.93 ☑ ♀ n. V.

CH. LA BASTIDETTE 1994

■ 1,13 ha   6 000   🍾🍷& 50-70F

Der gegenwärtige Besitzer, ein Erdölingenieur, widmet sich künftig völlig seinen Weinen, die er bis Korea verkauft. Er bietet einen 94er mit einem noch diskreten, aber schon entwickelten Duft und einer seidigen, vornehmen Tanninstruktur. Ein etwas flüchtiger Abgang läßt keine sehr lange Lagerung zu.
♦ L.G. et E. de Jerphanion, Ch. Moncets, 33500 Néac, Tel. 05.57.51.19.33, Fax 05.57.51.56.24 ☑ ♀ n. V.

CH. LA CHAPELLE 1994*

■ 11,2 ha   78 000   🍾🍷 30-50F

Dieses Familiengut präsentiert beim 94er einen komplexen 94er mit einem intensiven Bukett von roten Früchten (Kirschen) und einer kräftigen und zugleich seidigen Tanninstruktur, die im Abgang bemerkenswert ausgewogen ist. Man spürt in diesem Wein eine vollkommene Reife und eine große Zukunft.
♦ SCEA du Ch. La Chapelle, Berlière, 33570 Montagne, Tel. 05.57.24.78.33, Fax 05.57.24.78.33 ☑ ♀ n. V.
♦ G.H. et Th. Demur

CH. LA COURONNE 1994*

■ 10,2 ha   30 000   🍷 30-50F

Dieses Weingut entstand um die Mitte des 19. Jh. und konnte ein traditionelles Image bewahren, wie dieser 94er bezeugt. Er hat eine strahlende rubinrote Farbe, einen hochfeinen Backpflaumen- und Vanilleduft und kräftige und zugleich elegante Tannine, die mit viel Komplexität und Harmonie ausklingen. Man kann ihn in zwei bis fünf Jahren trinken.
♦ Thomas Thiou, Ch. la Couronne, B.P. 10, 33570 Montagne, Tel. 05.57.74.66.62, Fax 05.57.74.51.65 ☑ ♀ n. V.

CH. LA FAUCONNERIE 1994*

■ 1 ha   7 000   🍾🍷 30-50F

Dieser winzige Cru (1 ha), der sich auf den höchsten lehmig-kalkhaltigen Plateaus von Montagne befindet, präsentiert einen 94er mit einem noch diskreten, holzbetonten Aroma. Im Geschmack ist er gut strukturiert durch Tannine, die besonders gehaltvoll und ausgewogen sind, vor allem im Abgang, wo ihre Feinheit wunderbar zur Geltung kommt. Ein vielversprechender, sehr gut ausgebauter Wein, den man für zwei bis drei Jahre im Keller »vergessen« muß.
♦ Bernadette Paret, Ch. Tricot, 33570 Montagne, Tel. 05.57.74.65.47, Fax 05.57.74.65.47 ☑ ♀ n. V.
♦ Simone Paret

CH. LA PAPETERIE 1994

■ 10 ha   60 000   🍷 50-70F

Dieser an der Stelle einer alten Papiermühle erzeugte Wein entfaltet ein sich entwickelndes Bukett von gekochten Früchten, das sich im Geschmack über schmeichelnden, harmonischen Tanninen verstärkt. Ein sanfter, ausgewogener 94er, den man schon jetzt trinken kann.
♦ Jean-Pierre Estager, 33-41, rue de Montaudon, 33500 Libourne, Tel. 05.57.51.04.09, Fax 05.57.25.13.38 ☑ ♀ n. V.

CH. LESTAGE 1994

■ 9,6 ha   35 000   🍾 30-50F

Dieser in seiner Appellation klassische 94er verdient eine lobende Erwähnung, mehr für die Rundheit und die Ausgewogenheit seiner Tannine als für sein ein wenig diskretes Aroma. Der Abgang ist nachhaltig - Garant für eine gewisse Alterung.
♦ Dominique Boureaud, Ch. Lestage, Parsac, 33570 Montagne, Tel. 05.57.74.63.34, Fax 05.57.74.56.80 ☑ ♀ n. V.

CH. MAISON BLANCHE 1994***

■ 30 ha   100 000   🍾🍷& 50-70F

Château Maison-Blanche ist eines der Schmuckstücke der Appellation, auf einem lehmig-kalkhaltigen Boden gelegen. Sein großartiger 94er, den die Oberjury von Montagne auf den ersten Platz setzte, wurde einstimmig zum Lieblingswein gewählt. Die dunkelrubinrote Farbe ist strahlend. Das komplexe, intensive Aroma erinnert an rote Früchte, Vanille und Leder. Die in der Ansprache füligen, seidigen Tannine entwickeln sich sehr spürbar, harmonisch und seidig. Ein Wein von großer Klasse, den man drei bis fünf Jahre aufheben kann, bevor man ihn an einem Festtag aufmacht.
♦ SCEA Despagne-Rapin, Ch. Maison-Blanche, 33570 Montagne, Tel. 05.57.74.62.18, Fax 05.57.74.58.98 ☑ ♀ n. V.

CH. DE MAISON NEUVE 1994*

■ 39 ha   290 000   🍾🍷& 30-50F
|85| |86| 87 **88** |89| 90 91 92 93 94

Dieser von einem lehmigen Boden stammende 94er zeichnet sich durch eine strahlende granatrote Farbe und einen intensiven Holzduft mit Noten von Kakao, Röstgeruch und Unterholz aus. Seine fleischige, füllige Tanninstruktur ist im Abgang noch ein wenig streng. Dieser Wein wird in zwei bis drei Jahren trinkreif sein.
♦ Michel Coudroy, Maison-Neuve, 33570 Montagne, Tel. 05.57.74.62.23, Fax 05.57.74.64.18 ☑ ♀ n. V.

CH. MARQUISAT DE BINET 1994*

■ 7,49 ha   53 000   🍾& 30-50F

Dieser hauptsächlich aus Merlot (90 %) hergestellte Wein ist durch eine strahlende granatrote

Libournais — Montagne Saint-Emilion

Farbe, ein intensives Aroma von reifen und kandierten Früchten und runde, fleischige, nachhaltige Tannine gekennzeichnet. Der Abgang ist ein wenig hart, jedoch sehr aromatisch. All das dürfte sich in den nächsten Jahren sehr günstig entwickeln.

🍷 Janie Spinasse, Parsac, 33570 Montagne, Tel. 05.57.74.41.50 ☑ ⚇ n. V.

CH. MONTAIGUILLON 1994*

| | 26 ha | 100 000 | 🍾🍷⚇ 50-70 F |

Dieser Cru, der sich auf dem höchsten Hügel der Gemeinde Montagne befindet, besitzt eine günstige Lage, die dieser 94er im Höchstmaß ausnutzt. Die rubinrote Farbe verführt. Der kräftige Duft ist sehr fruchtig und würzig. Die ausgewogene Tanninstruktur läßt eine schöne Zukunft vorhersehen. Dennoch erfordert dieser Wein aufgrund eines leicht strengen Abgangs eine zwei- bis fünfjährige Lagerung.

🍷 Amart, Ch. Montaiguillon, 33570 Montagne, Tel. 05.57.74.62.34, Fax 05.57.74.59.07 ☑ ⚇ n. V.

CH. DU MOULIN NOIR 1994*

| | 3 ha | 15 300 | 🍾🍷⚇ 50-70 F |

Dieses Gut, das von kurzem von Winzern aus dem Médoc übernommen worden ist, beginnt uns an die große Qualität seiner Weine zu gewöhnen. Dieser 94er besitzt alles, um den Weinfreund mit seinem intensiven Aroma von kandierten Früchten, Gewürzen und Vanille zu verführen. Seine sanften, fruchtigen Tannine enthüllen sich im Abgang als sehr harmonisch. Ein rassiger Wein, den man für zwei bis drei Jahre in seinem Keller »vergessen« muß.

🍷 SC Ch. du Moulin Noir, Lescalle, 33460 Macau, Tel. 05.57.88.07.64, Fax 05.57.88.07.00 ☑ ⚇ n. V.

CH. DE PARSAC 1994

| | 6,9 ha | 45 000 | 🍾⚇ 30-50 F |

Parsac ist berühmt für seine bezaubernde romanische Kirche, aber auch für seine Weine. Das gleichnamige Gut wird von dem Weinhändler André Quancard-André geführt. Sein 94er ist besonders ausdrucksvoll in der Palette seiner Aromen von roten Früchten (vom Typ Sauerkirschen) und getrockneten Kräutern. Im Geschmack erscheint er ein wenig schlicht und flüchtig, aber man kann ihn schon jetzt mit Genuß trinken.

🍷 André Quancard-André, rue de la Cabeyre, 33240 Saint-André-de-Cubzac, Tel. 05.57.33.42.42, Fax 05.57.33.01.71 ☑
🍷 SCE des Laurets

CH. PETIT CLOS DU ROY 1994**

| | 20 ha | 80 000 | 🍾🍷⚇ 50-70 F |

Diese schöne »chartreuse« (kleines Landhaus) aus dem 18. Jh. öffnet sich zu einem hübschen Park, in dem im Sommer zahlreiche Feste zum Ruhme des Weins veranstaltet werden. Der 94er verdient bestimmt diese Ehrung, wenn man nach seiner strahlenden granatroten Farbe, seinem entfalteten Bukett von roten Früchten und Röstgeruch und seiner kräftigen, ausgewogenen Tanninstruktur urteilt, die seiner Appellation würdig ist. Ein großer Wein, den man innerhalb von zwei bis fünf Jahren voller Begeisterung entdecken kann.

🍷 François Janoueix, 20, quai du Priourat, B.P. 135, 33500 Libourne, Tel. 05.57.55.55.44, Fax 05.57.51.83.70 ☑ ⚇ n. V.

CH. PUY RIGAUD 1994

| | 6 ha | 30 000 | 🍾🍷⚇ 30-50 F |

Dieser 94er, der sich mit seiner strahlenden rubinroten Farbe gut präsentiert, bietet ein noch diskretes, aber elegantes Bukett. Seine kräftige, ausgewogene Tanninstruktur läßt eine gute Zukunft erahnen.

🍷 Guy Desplat, Ch. Grand Rigaud, 33570 Puisseguin, Tel. 05.57.74.61.10, Fax 05.57.74.58.30 ☑ ⚇ n. V.

CH. ROC DE CALON
Cuvée Prestige 1994*

| | 1,5 ha | 7 000 | 🍷⚇ 50-70 F |

Dieser 94er besitzt ein für vollreife Merlot-Trauben typisches Aroma, wie etwa rote Früchte und Leder. Der achtzehnmonatige Ausbau im Holzfaß macht sich im Geschmack bemerkbar, wobei die kräftigen, fülligen Tannine vollkommen ausgewogen sind mit einem röstartigen, rauchigen und würzigen Holzton. Ein sehr angenehmer Wein, der sicherlich lang alten wird, mindestens drei bis sechs Jahre.

🍷 Bernard Laydis, Barreau, 33570 Montagne, Tel. 05.57.74.63.99, Fax 05.57.74.51.47 ☑ ⚇ n. V.

CH. ROSE D'ORION 1994**

| | 5 ha | 15 000 | 🍷⚇ 30-50 F |

Etikett: CHATEAU ROSE D'ORION — Montagne Saint-Emilion — APPELLATION MONTAGNE SAINT-EMILION CONTROLÉE — D. DEVAUD — Mis en bouteille à la Propriété

Dieses Gut liegt an der Stelle der aus dem 11. Jh. stammenden Zisterzienserabtei Faise. Es hat einen prächtigen Wein erzeugt, der von der Jury einstimmig zum Lieblingswein gewählt wurde. Die tiefe Farbe hat ins Violette spielende purpurrote Schattierungen. Der einschmeichelnde Duft erinnert an Gewürze, Brombeeren, schwarze Johannisbeeren und einen röstartigen Holzton. Im Geschmack sind die Tannine sehr deutlich spürbar und dennoch sanft und zart von einem gut gemeisterten Holzaroma umhüllt. Ein schon sehr eleganter Wein, dessen Potential sich in drei bis vier Jahren voll entfalten wird, beispielsweise zu Tournedos Rossini (kleine Lendenschnitten vom Rindsfilet auf geröstetem Weißbrot mit Gänseleber- und Trüffelscheiben sowie Madeirasauce).

🍷 Vignobles Daniel Devaud, Ch. de Faise, 33570 Les Artigues-de-Lussac, Tel. 05.57.24.33.48, Fax 05.57.24.34.17 ☑ ⚇ n. V.

Libournais — Montagne Saint-Emilion

CH. ROUDIER 1994

30,01 ha 170 000 30-50 F

Dieser Cru, der Jacques Capdemourlin, dem Besitzer von Balestard la Tonnelle in Saint-Emilion, gehört, präsentiert einen 94er mit einem würzigen Duft, der Backpflaumennoten enthält. Seine sanfte, elegante Struktur im Geschmack ist schon relativ entwickelt. Ein Wein, den man trinken oder drei bis fünf Jahre aufheben kann.
↳ SCEA Capdemourlin, Ch. Roudier, 33570 Montagne, Tel. 05.57.74.62.06, Fax 05.57.74.59.34 ☑ ⊥ n. V.

DOM. DU ROUDIER 1994**

k. A. 60 000 50-70 F

Die Domaine du Roudier wird von der Familie Aubert bewirtschaftet, die gewohntermaßen Weine von großer Qualität erzeugt. Dieser 94er verstößt nicht dagegen; er präsentiert eine prächtige, kräftige purpurrote Farbe, einen bezaubernden Duft nach Zimt, Vanille und schwarzen Johannisbeeren und im Geschmack eine runde, kräftige Struktur. Die sehr reifen Tannine entfalten im Abgang ihre gesamte Frucht und ihre Komplexität. Ein sehr hübscher Wein, der rassig und repräsentativ ist. Man muß ihn für drei bis fünf Jahre in seinem Keller »vergessen«.
↳ Vignobles Aubert, Ch. La Coupaude, 33330 Saint-Emilion, Tel. 05.57.40.15.76, Fax 05.57.40.10.14 ☑ ⊥ n. V.

CH. SAINT-JACQUES CALON 1994

9 ha 60 000 30-50 F

Dieser 94er hat eine schöne, tiefe Farbe mit bläulichen Reflexen, ein intensives Aroma von roten Früchten mit Röstnoten und sanfte, ausgewogene Tannine. Dieser Wein zeugt von einer gewissenhaften Arbeit. Seinen vollen Charakter wird er in zwei bis drei Jahren erreichen.
↳ SCEA Saint-Jacques Calon, La Maçonne, 33570 Montagne, Tel. 05.57.74.62.43, Fax 05.41.43.09.26 ☑ ⊥ n. V.
↳ P. Maule

CH. TEYSSIER 1994**

k. A. 54 000 30-50 F

Verwaltet wird dieses Gut vom CVBG, einem der größten Weinhändler von Bordeaux, der die Anlagen seit 1993 in großem Umgang renoviert hat. Das Ergebnis ist überzeugend mit diesem 94er, der eine dunkle, tiefe granatrote Farbe, ein harmonisches Aroma von Früchten, Pfeffer und einem röstartigen Holzton und im Geschmack eine vollkommen ausgewogene Struktur besitzt, wobei die Tannine kräftig und zugleich verschmolzen sind. Ein Wein von großer Rassigkeit, den man drei bis vier Jahre im Keller liegenlassen muß, damit er sich vollständig entfalten kann.
↳ GFA Ch. Teyssier, 33570 Montagne, Tel. 05.56.35.53.00, Fax 05.56.35.53.29 ⊥ n. V.
↳ Famille Durand-Teyssier

CH. TOUR MUSSET 1994*

30 ha 30 000 30-50 F

Dieser Cru in Hanglage, der sich in der alten Gemeinde Parsac befindet, präsentiert beim 94er einen Wein, in dem die roten Früchte großzügig zum Ausdruck kommen. Dieser kraftvolle Wein entwickelt sich im Geschmack günstig über fleischigen, ausgewogenen Tanninen. Man kann ihn zu einem Braten trinken oder zwei bis drei Jahre altern lassen.
↳ SARL Ch. Tour Saint-Christophe, Cassevert, 33330 Saint-Christophe-des-Bardes, Tel. 05.57.24.77.15, Fax 05.57.74.43.57 ☑ ⊥ n. V.
↳ G. Johannesson

CH. TRICOT 1994

6 ha 35 000 30-50 F

Dieser beim 93er gut benotete Cru hat einen Teil unserer Jury neugierig gemacht aufgrund der Originalität dieses 94ers, vor allem in aromatischer Hinsicht mit seinen untypischen Noten von Kandiertem. Die Tanninstruktur ist dennoch klassisch und ausgewogen. Man kann diesen Wein innerhalb von zwei bis drei Jahren genießen.
↳ Bernadette Paret, Ch. Tricot, 33570 Montagne, Tel. 05.57.74.65.47, Fax 05.57.74.65.47 ☑ ⊥ n. V.

CH. VIEUX BONNEAU 1994**

14 ha 50 000 30-50 F

Dieses Gut konnte sich im Laufe der Jahre vergrößern, wobei es die Tradition wahrte, ohne sich jedoch den technischen Entwicklungen zu verschließen. Dieser 94er ist sicherlich eine schöne Entdeckung: Die rubinrote Farbe ist tief und strahlend. Das komplexe Aroma erinnert an getoastetes Brot, Blumen und reife Früchte. Die kräftigen, fülligen Tannine entwickeln sich im Geschmack sehr günstig und ausgewogen. Ein Wein, der nach einer drei- bis fünfjährigen Alterung noch an Harmonie gewinnen wird.
↳ SCEV Despagne et Fils, Bonneau, 33570 Montagne, Tel. 05.57.74.60.72, Fax 05.57.74.58.22 ☑ ⊥ tägl. 8h-12h 14h-19h

VIEUX CHATEAU CALON 1994

7 ha k. A. 30-50 F

Dieser Cru zeichnet sich beim 94er durch die Komplexität seines ein wenig »gekocht« wirkenden Aromas mit den Wild- und Kirschnoten sowie durch die Samtigkeit und die Fülle seiner Tannine aus. Ein ausgewogener, schon angenehm zu trinkender Wein, der in zwei bis drei Jahren noch harmonischer sein wird.
↳ SCE Gros et Fils, Calon, 33570 Montagne, Tel. 05.57.51.23.03, Fax 05.57.25.36.14 ☑ ⊥ n. V.

Puisseguin Saint-Emilion

CH. BEL-AIR
Cuvée de Bacchus Vieilli en fût de chêne 1994*

| | 2 ha | 5 000 | 🍷 | 30-50 F |

Diese ein Jahr lang ausschließlich im Holzfaß ausgebaute Sondercuvée wird in geringer Stückzahl erzeugt. Dieser Wein ist beim 94er vielversprechend mit seinem Duft nach roten Johannisbeeren, Lakritze und Leder und seinen sehr deutlich spürbaren Tanninen, die im Abgang noch ein wenig roh sind, aber nach einer drei- bis fünfjährigen Lagerung im Keller geschmeidiger werden dürften. Die elf Monate lang im Gärtank ausgebaute Hauptcuvée von Château Bel-Air, von der 90 000 Flaschen produziert werden, kann hier lobend erwähnt werden ; sie ist wegen ihres recht typischen Charakters ohne Stern berücksichtigt worden.
• SCEA Adoue-Bel-Air, Bel-Air,
33570 Puisseguin, Tel. 05.57.74.51.82,
Fax 05.57.74.59.94 ✓ ⏳ n. V.
• Adoue Frères

CH. BRANDA 1994**

| | k. A. | 25 000 | 🍷 | 50-70 F |

Dieser Wein wird mit viel Gewissenhaftigkeit und Selektivität hergestellt ; das findet seinen Ausdruck in einem neuen Erfolg beim 94er. Die rubinrote Farbe ist strahlend. Der intensive Duft erinnert an reife Früchte, Pfeffer und Röstetes. Die in der Ansprache seidigen Tannine entwickeln sich mit Festigkeit und müssen mit einer Alterung von zwei bis fünf Jahren sanfter werden. Die Ausgewogenheit der Struktur verspricht eine schöne Zukunft für diese Flasche.
• SC Ch. du Branda, Roques,
33570 Puisseguin, Tel. 05.57.74.62.55,
Fax 05.57.74.57.33 ✓ ⏳ n. V.

CH. DURAND-LAPLAGNE
Cuvée Sélection 1994

| | 13 ha | 20 000 | 🍷 | 50-70 F |

Diese Sondercuvée des Châteaus ist zwölf Monate im Barriquefaß gereift. Sie präsentiert beim 94er eine kräftige Farbe. Sein Wildaroma und seine fruchtigen Noten stützen sich auf konzentrierte, ausgewogene Tannine, jedoch mit einer strengen Note im Abgang, die sich nach einer zwei- bis dreijährigen Lagerung abmildern dürfte.
• Vignobles J. Bessou, Ch. Durand-Laplagne,
33570 Puisseguin, Tel. 05.57.74.63.07,
Fax 05.57.74.59.58 ✓ ⏳ n. V.

CH. FONGABAN 1994*

| | 7 ha | 25 000 | 🍷 | 30-50 F |

Château Fongaban präsentiert beim 94er einen hübschen Wein mit einem zart holzigen, eleganten Aroma und spürbaren, fülligen Tanninen, die sich mit viel Feinheit und Harmonie entwickeln. Der geschmackliche Ausklang ist gefällig dank eines gut gemeisterten Ausbaus im Barriquefaß, der es möglich macht, diese Flasche recht bald zu trinken, innerhalb der nächsten fünf Jahre.

• SARL Fongaban, Fongaban,
33570 Puisseguin, Tel. 05.57.74.54.07,
Fax 05.57.74.50.97 ✓ ⏳ n. V.

CH. GRAND RIGAUD 1994

| | 8 ha | 60 000 | 🍷 | 30-50 F |

Dieser 94er zeigt eine schöne granatrote Farbe, ein kräftiges Bukett von Leder und roten Früchten und eine geschmackliche Struktur, die kraftvoll und ausgewogen ist. Man muß ihn ein bis zwei Jahre lagern, damit der Abgang seine Strenge verliert.
• Guy Desplat, Ch. Grand Rigaud,
33570 Puisseguin, Tel. 05.57.74.61.10,
Fax 05.57.74.58.30 ✓ ⏳ n. V.

CH. GUIBOT LA FOURVIEILLE 1994*

| | 33 ha | 250 000 | 🍷 | 30-50 F |

Henri Bourlon, ein Urenkel eines Gefährten von Kaiser Maximilian von Mexiko, bietet regelmäßig Weine von großer Qualität, wie etwa diesen 94er mit der granatrot schimmernden, rubinroten Farbe und dem zarten Duft von gerösteten getrockneten Früchten, Pfeffer und Vanille. Seine runden, ausgewogenen Tannine müssen im Abgang geschmeidiger werden, was nach einer Alterung von zwei bis fünf Jahren im Keller der Fall sein dürfte.
• Henri Bourlon, Ch. Guibeau,
33570 Puisseguin, Tel. 05.57.74.63.29,
Fax 05.57.74.58.52 ✓ ⏳ n. V.

CH. HAUT-BERNAT 1994**

| | 5,65 ha | 30 000 | 🍷 | 30-50 F |

Dieser 94er stammt ausschließlich von Merlot-Trauben, die bei guter Reife gelesen wurden. Sein intensives Aroma setzt auf Wild-, Lakritze- und Vanillenoten. Die fleischigen, kräftigen Tannine entwickeln sich mit Fülle und viel Harmonie, wobei der geschmackliche Abgang besonders lang und aromatisch ist. Dieser sehr schöne, perfekt ausgebaute Wein wird sich in zwei bis fünf Jahren entfalten.
• SA Vignobles Bessineau, 8, Brousse,
33350 Belvès-de-Castillon, Tel. 05.57.56.05.55,
Fax 05.57.56.05.56 ✓ ⏳ n. V.

CH. HAUT SAINT CLAIR 1994

| | 4,2 ha | 15 000 | 🍷 | 30-50 F |

Moderne Methoden, die im Weinberg und Keller Verwendung finden, haben es diesem schönen Wein ermöglicht, all seine aromatischen Qualitäten zum Ausdruck zu bringen und eine gefällige Ausgewogenheit der Tannine zu betonen. Ein genußvoller 94er, den man innerhalb der nächsten drei bis fünf Jahre trinken kann.
• SCEA Ch. Haut Saint Clair, A.Y. Le Menn,
33570 Puisseguin, Tel. 05.57.74.66.82,
Fax 05.57.74.51.50 ✓ ⏳ n. V.
• GFA Pocci Le Menn

CH. LA CABANNE 1994

| | 6 ha | 20 000 | 🍷 | 30-50 F |

Dieses Familiengut präsentiert einen 94er mit einer intensiven, klaren Farbe. Sein zartes Blütenaroma und seine ausgewogenen, wenn auch im Abgang noch ein wenig aggressiven Tannine machen ihn zu einem Wein, den man innerhalb von zwei bis drei Jahren genießen kann.

Libournais

Saint-Georges Saint-Emilion

🕿 Vignobles Celerier-Marcadet, Moulin Courrech, 33570 Puisseguin, Tel. 05.57.74.61.75, Fax 05.57.74.52.79 ⚲ tägl. 8h-20h

CH. LAFAURIE 1994*

| ■ | | 5 ha | 30 000 | ⏸ | 30-50 F |

Mit seiner hübschen, tiefen, strahlenden granatroten Farbe besitzt dieser 94er alles, um zu verführen. Das komplexe Aroma erinnert an Leder und Wild. Die geschmackliche Struktur, die füllig und freigebig ist, entwickelt sich mit viel Eleganz und Harmonie. Ein recht schöner Wein, der sich innerhalb der nächsten zwei bis drei Jahre völlig entfalten wird.

🕿 EARL Vignobles Paul Bordes, Faize, 33570 Les Artigues-de-Lussac, Tel. 05.57.24.33.66, Fax 05.57.24.30.42 ✓ ⚲ n. V.

CH. DE L'ANGLAIS 1994

| ■ | | 3,17 ha | 13 000 | | 30-50 F |

Dieses Château, dessen Name an den Hundertjährigen Krieg erinnert, bietet einen »nüchternen« Wein, der dennoch dank seiner zart fruchtigen, harmonischen Struktur angenehm zu trinken ist.

🕿 GFA Ch. de L'Anglais, 54, rue Guadet, B.P. 62, 33330 Saint-Emilion, Tel. 05.57.24.61.79, Fax 05.57.74.44.00 ✓ ⚲ n. V.
🕿 J.-P. Marsant

CUVEE DE LA RENAISSANCE 1994

| | | k. A. | 10 000 | ⏸ | 30-50 F |

Dieser von der Genossenschaftskellerei hergestellte 94er ist für seine Appellation repräsentativ mit seinem blumigen Duft und seiner gefälligen Tanninstruktur, die von einem diskreten Holzgeschmack gut umhüllt wird. Ein schon trinkreifer Wein, den man in den nächsten zwei bis drei Jahren genießen kann.

🕿 Cave coop. vinicole de Puisseguin-Lussac Saint-Emilion, Durand, 33570 Puisseguin, Tel. 05.57.55.50.40, Fax 05.57.74.57.43 ✓ ⚲ Mo-Fr 9h-12h 15h-18h

CH. MOLY 1994**

| ■ | | 3 ha | 16 000 | ■ | 30-50 F |

Mit seinem ein wenig untypischen Rebsatz (rund ein Drittel Cabernet Sauvignon) ist diesem Cru, der von dem Händler Yvon Mau präsentiert wird, beim 94er ein großartiger Wein gelungen. Die granatrote Farbe ist strahlend. Das intensive, sehr fruchtige Aroma bietet Noten von Unterholz. Die füllige, fleischige Tanninstruktur entwickelt sich mit viel Feinheit und Nachhaltigkeit. Sicherlich ein sehr guter Wein, den man erst nach einer Alterung von drei bis vier Jahren aufmachen sollte.

🕿 SA Yvon Mau, rue André-Dupuy-Chauvin, B.P. 1, 33190 Gironde-sur-Dropt, Tel. 05.56.61.54.54, Fax 05.56.61.54.61

CLOS DES RELIGIEUSES 1994*

| ■ | | 10 ha | 720 000 | ■⏸ | 30-50 F |

Wie sein Name andeutet, gehörte dieser Weinberg früher einmal Nonnen des Ursulinenordens. Die Geschichte sagt nichts darüber, ob sie einen Wein erzeugten, der dieses 94ers würdig war. Er besitzt zartes Bukett von getrockneten Früchten und Vanille und seidige, wohlausgewogene Tannine von guter Länge. Man kann diese Flasche schon jetzt trinken oder ein paar Jahre aufheben.

🕿 Jean-Marie Leynier, Clos des Religieuses, 33570 Puisseguin, Tel. 05.57.74.67.52, Fax 05.57.74.64.12 ✓ ⚲ Mo-Sa 8h-20h ; So n. V.

CH. RIGAUD 1994*

| ■ | | 8 ha | 26 000 | ■⏸♦ | 30-50 F |

Eine klassische Bestockung auf der Grundlage von Merlot (80 %) in einem lehmig-kalkhaltigen Boden. Dieser 94er entfaltet ein komplexes Aroma von Blumen, roten Früchten und Quitten. Die von einem zarten, vanilleartigen Holzgeschmack umhüllten Tannine sind rund und sehr nachhaltig. Ein großer Genuß für den Verbraucher, der zwei bis drei Jahre warten kann.

🕿 Josette Taïx, Rigaud, 33570 Puisseguin, Tel. 05.57.74.63.35, Fax 05.57.74.50.97 ✓ ⚲ n. V.

CH. ROC DE BOISSAC 1994

| ■ | | k. A. | 18 000 | ⏸ | 30-50 F |

Dieses im Herzen der Appellation gelegene Château bietet als Besonderheit Felsenkeller, in denen der Wein im Barriquefaß reift. Der 94er hat ein zartes Aroma von roten Früchten (schwarze Johannisbeeren) und Vanille. Die Tanninstruktur ist sanft und ausgewogen, aber ein wenig flüchtig. Ein gefälliger Wein, den man in den nächsten Jahren trinken kann. Der Zweitwein, Château La Millerie, der nicht im Barriquefaß ausgebaut worden ist, liefert eine Flasche, die für die tägliche Mahlzeit bestimmt ist und die man schon jetzt trinken kann.

🕿 SARL Roc de Boissac, Plesnier de Boissac, 33570 Puisseguin, Tel. 05.57.74.61.22, Fax 05.57.74.59.54 ✓ ⚲ n. V.

CH. DE ROQUES 1994

| ■ | | 15 ha | 100 000 | ■⏸ | 30-50 F |

Dieses hübsche Gebäude aus dem 16. Jh. empfängt im Juli junge Musiker, aber es erzeugt auch Wein, der beim 94er durch einen blumigen Duft und sanfte, schon angenehme Tannine gekennzeichnet ist. Eine Flasche, die man bald trinken sollte.

🕿 Michel Sublett, Ch. de Roques, 33570 Puisseguin, Tel. 05.57.74.69.56, Fax 05.57.74.58.80 ✓ ⚲ tägl. 9h-18h

Saint-Georges Saint-Emilion

CH. CALON 1994

| ■ | | 6 ha | 30 000 | ■⏸♦ | 30-50 F |

Die Boidrons sind seit 1890 Küfer und Winzer. Jean-Noël Boidron, der an der Önologischen Fakultät der Universität Bordeaux lehrt, restauriert gegenwärtig die Windmühlen, die in diesem Anbaubereich stehen. Mit seiner schönen, kräftigen, fast schwarzen Farbe und seinem zarten, diskret holzbetonten Aroma von roten Früchten ist dieser 94er schon verführerisch aufgrund sei-

Libournais

ner stattlichen Ansprache. Danach zeigen sich die Tannine. Man muß ein bis zwei Jahre warten, damit das Ganze verschmilzt.
☛ Jean-Noël Boidron, Ch. Calon, 33570 Montagne, Tel. 05.57.51.64.88, Fax 05.57.51.56.30 ◼ ⵣ n. V.

CH. CAP D'OR 1994

| ◼ | 18 ha | 50 000 | ◐ | 30-50 F |

Dieser 94er zeigt einen ziegelroten Schimmer in seiner purpurroten Farbe sowie einen etwas an Gebratenes erinnernden Tiergeruch und runde, fruchtige Tannine : ein guter Cocktail für einen genußvollen Wein, den man bald trinken muß.
☛ SCEA Vignobles Rocher-Cap-de-Rive, Ch. Rocher Bellevue, 33350 Saint-Magne-de-Castillon, Tel. 05.57.40.08.88, Fax 05.57.40.19.93 ⵣ n. V.

CLOS HAUT TROQUART 1994

| ◼ | 4,5 ha | 20 000 | ◼ ◐ | 30-50 F |

Dieses Gut erzeugt von 45 Jahre alten Rebstöcken einen redlichen Wein, der sieben Monate im Barriquefaß ausgebaut worden ist. Dieser schon entwickelte 94er bietet ein sympathisches Aroma von Geräuchertem und gekochten Früchten, das in der Nase wie auch im Geschmack über sanften, zart holzigen Tanninen spürbar ist. Er ist trinkreif.
☛ Joël Appollot et F. Tourriol, Troquart, 33570 Montagne, Tel. 05.57.74.61.62, Fax 05.57.74.45.33 ◼ ⵣ n. V.

CH. LE ROC DE TROQUARD 1994

| ◼ | 3,05 ha | 5 600 | ◼ | 30-50 F |

Eine ganze kleine Produktion für diesen 94er mit dem diskreten, leicht grasigen Aroma von gekochten Früchten, der eine füllige, sanfte Tanninstruktur bietet. Der geschmackliche Abgang, der fest und zugleich flüchtig ist, erlaubt dennoch keine lange Lagerung.
☛ SCEA des Vignobles Visage, Jupille, 33330 Saint-Sulpice-de-Faleyrens, Tel. 05.57.24.62.92, Fax 05.57.24.69.40 ◼ ⵣ n. V.

CH. SAINT-ANDRE CORBIN 1994★★

| ◼ | 17,5 ha | 55 000 | ◼ ◐ ♦ | 50-70 F |

Dieses schöne Gut, das auf lehmig-kalkhaltigen Hängen liegt, profitiert vom offenkundigen Können der Firma Jean-Pierre Moueix in Libourne. Dieser 94er präsentiert sich mit einer dunkelkirschroten Farbe. Der intensive, komplexe Duft verbindet Noten von gekochten Früchten, Röstgeruch und Mandeln. Die kräftige, milde Tanninstruktur garantiert eine schöne Zukunft. Dieser rassige Wein besitzt viel Klasse ; Sie können ihn unbesorgt für zehn Jahre in Ihrem Keller »vergessen«.
☛ SCEA du Priourat, 10, quai du Priourat, 33500 Libourne, Tel. 05.57.55.00.50, Fax 05.57.25.22.56 ◼
☛ GFA Carré

CH. SAINT-GEORGES 1994★

| ◼ | 45 ha | 230 000 | ◼ ◐ ♦ | 70-100 F |

Dieses im 18. Jh. von dem großen Architekten Victor Louis erbaute Château zeugt von der aquitanischen Eleganz. Sein Wein verführt ebenfalls,

Côtes de Castillon

insbesondere dieser 94er mit dem reichhaltigen, reifen, holzbetonten Aroma und den seidigen, verschmolzenen, insbesondere im Abgang langen und harmonischen Tanninen. Man kann ihn innerhalb von zwei bis fünf Jahren trinken.
☛ Famille Desbois, Ch. Saint-Georges, 33570 Montagne, Tel. 05.57.74.62.11, Fax 05.57.74.58.62 ◼ ⵣ n. V.

CH. TROQUART 1994

| ◼ | k. A. | 24 000 | ◼ ◐ ♦ | 30-50 F |

Dieser kleine, handwerkliche Cru präsentiert beim 94er einen zart holzbetonten, fruchtigen Wein mit einer ausgewogenen Struktur, die leider ein wenig kurz ausklingt. Eine Flasche, die man in den nächsten zwei bis drei Jahren trinken kann.
☛ Ch. Troquart, Troquart, 33570 Montagne, Tel. 05.57.74.62.45, Fax 05.57.74.56.20 ◼ ⵣ Mo-Fr 9h-19h ; Sa, So n. V.
☛ Marcès

Côtes de Castillon

Im Jahre 1989 entstand eine neue Appellation : Côtes de Castillon. Sie übernimmt auf 2 855 ha die Anbauzone der früheren Appellation Bordeaux Côtes de Castillon, d. h. die neun Gemeinden Belvès-de-Castillon, Castillon-la-Bataille, Saint-Magne-de-Castillon, Gardegan-et-Tourtirac, Sainte-Colombe, Saint-Genès-de-Castillon, Saint-Philippe-d'Aiguilhe, Les Salles-de-Castillon und Monbadon. Um jedoch die regionale Appellation zu verlassen, müssen die Erzeuger strengere Produktionsbedingungen beachten, insbesondere im Hinblick auf die Pflanzdichte, die auf 5 000 Rebstöcke pro Hektar festgelegt ist. Angesichts der bestehenden Weinberge besteht eine Frist bis zum Jahr 2010. 1996 erreichte die Produktion 166 283 hl ; 1994 (der verkostete Jahrgang) wurden 152 892 hl erzeugt.

CH. D'AIGUILHE 1994★

| ◼ | 16 ha | 94 000 | ◐ | 30-50 F |

Diese Komturei aus dem 12. Jh. wurde zu einem wichtigen Bestandteil des englischen Verteidigungssystems während des Hundertjährigen Kriegs. Heute ist der Ort ruhiger, und Sie können diesen sehr guten Wein probieren, der beim 94er durch ein elegantes Bukett von roten Früchten und Vanille und durch sanfte, spürbare, zart holzige Tannine gekennzeichnet ist. Ein recht typischer Wein, den man zu trinken beginnen kann, der aber innerhalb von zwei bis drei Jahren an Komplexität gewinnen wird. Erinnern wir an

Libournais Côtes de Castillon

den bemerkenswerten 93er, der zum Lieblingswein gewählt wurde.
↷ SCEA du Ch. d'Aiguilhe, Ch. Aiguilhe,
33350 Saint-Philippe-d'Aiguilhe,
Tel. 05.57.40.60.10, Fax 05.57.40.63.56 ☑ ⚘ n. V.

ARTHUS 1994*

| ■ | 3 ha | 13 000 | ⦿ | 30-50 F |

Danielle und Richard Dubois sind beide Önologen ; sie haben für diesen Wein alte Merlot-Reben ausgewählt, die auf lehmig-kalkhaltigen Hängen angepflanzt sind. Die karminrote Farbe ist klar, der Duft nach getrockneten Früchten und Geräuchertem zart holzig. Die sehr deutlich spürbaren Tannine entwickeln sich im Augenblick mit einem Hauch von Strenge : Man muß unbedingt zwei bis drei Jahre warten, bevor man diese Flasche trinkt. Man erinnert sich noch an die drei Sterne für den 93er !
↷ Danielle et Richard Dubois, Ch. Bertinat Lartigue, 33330 Saint-Sulpice-de-Faleyrens, Tel. 05.57.24.72.75, Fax 05.57.74.45.43 ☑ ⚘ n. V.

CH. BEAUSEJOUR 1994

| ■ | 21 ha | 75 000 | ⦿ | 30-50 F |

Ein lehmig-kalkhaltiger und sandiger Boden hat diesen 94er mit der ziegelroten Farbe, dem sich entfaltenden, leicht pflanzlichen Bukett von reifen Früchten und im Geschmack seidigen, samtigen Struktur hervorgebracht. Die bittere Note im Abgang dürfte innerhalb von ein bis zwei Jahren verschwinden und der heute tiefer-liegenden Eleganz Platz machen.
↷ GAEC Verger Fils, Beauséjour, 33350 Saint-Magne-de-Castillon, Tel. 05.57.40.13.14, Fax 05.57.40.34.06 ☑ ⚘ tägl. 8h-20h ;
10. Aug.-2. Sept. geschlossen

CH. DE BELCIER
Vieilli en barrique de chêne 1994**

| ■ | 52 ha | 180 000 | ⦿ | 30-50 F |

Château de Belcier ist ein großartiges, über 50 ha großes Gut, das heute der MACIF gehört. Getreu seiner guten Gewohnheit präsentiert es seit ein paar Jahren einen sehr schönen Wein mit einer kristallklaren Farbe und einem ausdrucksvollen Duft nach gekochten Früchten, Zimt und Vanille. Dieser im Geschmack füllige und freigebige 94er entwickelt sich angenehm und komplex und strahlt mit harmonischen Toastnoten aus. Eine Flasche, die man innerhalb der nächsten zwei bis fünf Jahre aufmachen sollte.
↷ SCA du Ch. de Belcier, Ch. de Belcier, 33350 Les Salles-de-Castillon,
Tel. 05.57.40.62.90, Fax 05.57.40.64.25 ☑
⚘ Mo-Fr 8h-12h 14h-18h ; Sa, So n. V.
↷ MACIF

CH. BELLEVUE
Vieilles vignes Vieilli en fût de chêne 1994*

| ■ | 10,5 ha | 9 600 | ⦿ | 30-50 F |

Mit ihrem zwischen Merlot und Cabernet franc ideal ausgewogenen Rebsatz verdiente diese Cuvée Vieilles vignes beim 94er die Aufmerksamkeit aufgrund der Intensität ihres Aromas von kandierten Früchten, Backpflaumen und getoastetem Brot. Im Geschmack ist die Vereinigung zwischen den Tanninen und dem noch intensiven Holzton gelungen, aber man sollte diesen Wein noch weitere zwei bis drei Jahre altern lassen. Beachtenswert ist auch die klassische Cuvée (60 000 Flaschen), die nicht im Holzfaß ausgebaut worden ist. Sie ist fruchtig und schon gefällig und wird ohne Stern lobend erwähnt ; sie ist trinkreif. Dieser Wein kostet weniger als 30 Franc.
↷ Vignobles Marcel Petit, Ch. Pillebois, 33350 Saint-Magne-de-Castillon,
Tel. 05.57.40.33.03, Fax 05.57.40.06.05 ☑

CH. BEYNAT Elevé en fût de chêne 1994**

| ■ | k. A. | 1 400 | ⦿ | 30-50 F |

— 1994 —
Château Beynat
CÔTES DE CASTILLON
Appellation Côtes de Castillon contrôlée
Elevé en fût de chêne
12 % Vol. 750 ml
D. BORLIACHON MIS EN BOUTEILLE
PROPRIÉTAIRE À ST-MAGNE-DE-CASTILLON (GIRONDE) AU CHÂTEAU
FRANCE PRODUIT DE FRANCE

Diese »im Eichenholzfaß ausgebaute« Cuvée hat die Aufmerksamkeit unserer Jury erregt. Die purpurrote Farbe zeigt hübsche, schillernde Reflexe. Das komplexe Bukett verbindet kandierte Früchte, Brombeeren, elegante Zimtnoten und geröstetes Kakao. Die wohlschmeckenden, fülligen Tannine sind kräftig und auf ideale Weise von einem erstklassigen Holzton umhüllt. Ein Wein, der in zwei bis fünf Jahren viel Vergnügen schenken wird.
↷ Daniel Borliachon, Ch. Beynat, 33350 Saint-Magne-de-Castillon, Tel. 05.57.40.01.14, Fax 05.57.40.18.51 ☑ ⚘ n. V.

CH. BLANZAC Cuvée Prestige 1994**

| ■ | k. A. | 30 000 | ⦿ | 30-50 F |

Die Besitzer dieses Guts sind begeisterte Liebhaber des Reitsports und haben *horse-ball*, eine Reitsportart für Mannschaften, erfunden. Wenn Sie in diese Gegend kommen, können Sie somit auf ein Pferd steigen oder diesen wundervollen 94er probieren, dessen kräftiges, komplexes Aroma an schwarze Früchte, Muskatnuß, Zimt und Kaffee erinnert. Die am Gaumen bezaubernden Tannine entwickeln sich füllig und freigebig und erreichen eine vollkommene abschließende Ausgewogenheit. Ein rassiger Wein, den man in zwei bis drei Jahren und dann etwa zehn Jahre lang genießen kann. Ein Wild wird ihm keine Angst machen.
↷ Bernard Depons, Ch. Blanzac, 33350 Saint-Magne-de-Castillon, Tel. 05.57.40.11.89, Fax 05.57.40.11.89 ☑ ⚘ tägl. 9h-12h 14h-19h

CH. BRANDEAU 1994

| ■ | 9,43 ha | 13 500 | ⦿ | -30 F |

Dieses Gut, das seit kurzem biologische Anbaumethoden verwendet, präsentiert einen 94er mit einem ausdrucksvollen Bukett von Früchten (Kirschen, schwarze Johannisbeeren) - ein Aroma, das man im Geschmack auf fülligen, langen Tanninen wiederfindet. Ein typischer

BORDELAIS

Libournais — Côtes de Castillon

Wein, den man in den kommenden fünf Jahren trinken kann.
•⊓ Antony King et Andréa Gray, Brandeau, 33350 Les Salles-de-Castillon, Tel. 05.57.40.65.48, Fax 05.57.40.65.65 ☑ ⊺ tägl. 9h-12h 14h-18h

CH. BRIAND 1994

| ■ | 8,5 ha | 61 500 | ■ ↓ | 30-50 F |

Dieser 95er zeichnet sich vor allem durch die Feinheit seines Dufts nach kleinen Früchten (schwarze Johannisbeeren) und durch den liebenswürdigen Charakter seiner fleischigen, ausgewogenen Tannine aus. Manche werden ihn schon jetzt schätzen, aber er dürfte sich innerhalb von zwei Jahren stärker entfalten.
•⊓ Vignobles Jean Petit, Mangot, 33330 Saint-Etienne-de-Lisse, Tel. 05.57.40.18.23, Fax 05.57.40.15.97 ⊺ Mo-Fr 8h-12h 14h-18h ; Sa, So u. Gruppen n. V.

CH. CAP DE FAUGERES 1994*

| ■ | 26 ha | 120 000 | (❙) | 30-50 F |

Die modernen, bemerkenswert ausgerüsteten Keller von Château Faugères sind den Umweg wert. Der Wein ist beim 94er von großer Qualität : purpurrote Farbe, komplexer Duft von Blumen und Früchten, mit Holznoten endend. Die ausgewogenen Tannine sind kräftig und fleischig, während der Abgang noch ein wenig streng ist. Ein recht typischer Wein, den man in zwei bis fünf Jahren öffnen kann.
•⊓ GFA Corinne et Péby Guisez, Ch. Faugères, 33330 Saint-Etienne-de-Lisse, Tel. 05.57.40.34.99, Fax 05.57.40.34.99 ☑ ⊺ n. V.

CLOS LANDIS 1994

| ■ | 1,2 ha | 8 000 | ■ (❙) | -30 F |

Dieser auf einem Kiesboden gelegene Clos bietet beim 94er einen Wein mit einem zarten Duft nach Früchten, Gewürzen und Tee. Die runden, freigebigen Tannine sind schon verschmolzen : Das Vergnügen ist da. Man kann ihn zwei bis drei Jahre lang trinken.
•⊓ Dessastre, Landis, 33350 Saint-Magne-de-Castillon, Tel. 05.57.40.20.63 ☑ ⊺ n. V.

CH. DE COLOMBE 1994

| ■ | 9 ha | k. A. | ■ ↓ | 30-50 F |

Ein zu gleichen Teilen aus Merlot und Cabernet erzeugter 94er, der stärker durch seinen intensiven, fruchtigen Duft (Erdbeeren) als durch seine sanften Tannine geprägt ist. Aufgrund seiner Frische kann man ihn jetzt trinken.
•⊓ SARL Vignobles Lenne-Mourgues, Ch. du Bois, 6, rte de Sainte-Colombe, 33350 Saint-Magne-de-Castillon, Tel. 05.57.40.07.87, Fax 05.57.40.30.59 ☑ ⊺ n. V.
•⊓ GFA Dom. de Colombe

CH. COTE MONTPEZAT
Vieilli en fût de chêne 1994*

| ■ | k. A. | 75 000 | ■ (❙) ↓ | 30-50 F |

Dieses gewissenhafte, modern eingestellte und systematisch vorgehende Château wird regelmäßig wegen der Qualität seiner Weine berücksichtigt. Dieser 94er bildet keine Ausnahme mit seiner kräftigen purpurroten Farbe, seinem intensiven Bukett von reifen Früchten und Vanille und seinen fülligen, kräftigen, langen Tanninen. Die Jury hat ihn aufgrund seines sehr femininen Charakters ausgezeichnet : ein Wein für den Genuß, den man schon jetzt trinken kann.
•⊓ SA Vignobles Bessineau, 8, Brousse, 33350 Belvès-de-Castillon, Tel. 05.57.56.05.55, Fax 05.57.56.05.56 ☑ ⊺ n. V.

CH. DES FAURES 1994

| ■ | k. A. | 26 000 | ■ ↓ | -30 F |

Dieser Wein, der durch die Merlot-Rebe geprägt ist, bietet beim 94er eine ziegelrot schimmernde Farbe, ein diskretes, würziges Bukett und Tannine, die in ihrer Sanftheit und Haltung klassisch sind. Ein ausgewogener Wein, den man schon heute trinken kann.
•⊓ Roland Mas, Le Faure, 33570 Monbadon-Puisseguin, Tel. 05.57.40.61.07, Fax 05.57.40.64.87 ☑ ⊺ n. V.

CH. FONGABAN 1994*

| ■ | k. A. | 50 000 | ■ ↓ | 30-50 F |

Château de Fongaban ist ein großes Gut, das sich auf einem klassischen Lehm- und Kalkboden befindet. Es erzeugt einen typischen Wein mit einer schönen, tiefen Farbe, einem Bukett von reifen Früchten und Wild und einer großen, aber ausgewogenen Stärke der Tannine. Ein zukunftsreicher Wein, der innerhalb von zwei bis drei Jahren sanfter werden kann.
•⊓ SARL Fongaban, 33570 Puisseguin, Tel. 05.57.74.54.07, Fax 05.57.74.50.97 ☑ ⊺ n. V.

RESERVE DU CH. FONTBAUDE
Sélection Vieilles vignes Elevé en fût 1994**

| ■ | 3 ha | 10 000 | (❙) | 30-50 F |

Diese im neuen Eichenholzfaß ausgebaute Cuvée stammt von ausgewählten und ausgelesenen Trauben, die von den ältesten Rebstöcken des Guts (40 Jahre) kommen. Beim 94er hat die purpurrote Farbe fast schwarze Reflexe. Das komplexe Aroma erinnert an reife Früchte, Vanille, Kakao und Pfeffer. Im Geschmack ist dieser Wein besonders köstlich und kräftig ; die ausgewogenen Tannine klingen in schöner Harmonie aus. Diese Flasche macht ihrer Appellation Ehre. Man kann sie in zwei bis sechs Jahren zu Magrets (rosa gebratene Brustfilets vom Geflügel) trinken.
•⊓ GAEC Sabaté Père et Fils, 34, rue de l'Eglise, 33350 Saint-Magne-de-Castillon, Tel. 05.57.40.06.58, Fax 05.57.40.26.54 ☑ ⊺ Mo-Sa 9h-12h 14h-17h

CH. GRAND TUILLAC
Cuvée Elégance 1994

| ■ | 3 ha | 20 000 | ■ (❙) | -30 F |

Dieses schöne Gebäude, das sich in 118 m Höhe erhebt, ist seit sechs Generationen im Besitz der gleichen Familie geblieben. Beim 94er scheint der Wein verschlossener zu sein als der großartige 93er, aber er wird dennoch lobend erwähnt aufgrund der mentholartigen Frische seines Aromas und aufgrund seiner milden, fruchtigen Tannine. Ein trinkreifer Wein, der sich aber bei der Alterung noch verbessern kann.

Libournais

⚹SCEA Lavigne, Lieu-dit Tuillac,
33350 Saint-Philippe-d'Aiguilhe,
Tel. 05.57.40.60.09, Fax 05.57.40.66.67 ☑ ⏃ n. V.

CH. HAUT TUQUET 1994*

| | 16,5 ha | 100 000 | | 30-50 F |

Dieser Cru hat sich für eine kurze Vinifizierung und Gärdauer entschieden, um die Frucht und die Sanftheit zu betonen. Das ist genau der Fall bei diesem 94er mit dem Aroma von roten Früchten und mit den runden, harmonischen, verschmolzenen Tanninen. Man spürt eine große Reife in der abschließenden Ausgewogenheit. Dieser Wein schmeckt schon gut.
⚹Vignobles Lafaye Père et Fils, Ch. Viramon, 33330 Saint-Etienne-de-Lisse,
Tel. 05.57.40.18.28, Fax 05.57.40.02.70 ☑ ⏃ n. V.

CH. LABESSE 1994**

| | 20 ha | 120 000 | | 30-50 F |

Dieser Cru mit dem hübschen Namen Labesse gehört der Familie Aubert, die schon Château La Couspaude, einen Grand cru classé von Saint-Emilion, besitzt. Beim 94er ist ihm ein weiteres Mal ein sehr schöner Wein gelungen. Das geöffnete, ausdrucksvolle Bukett erinnert an rote Früchte (Erdbeeren), Kaffee und getoastetes Brot. Die in der Ansprache freigebigen Tannine sind sehr deutlich spürbar, werden aber durch einen geschickt dosierten Holzton vollkommen ausgeglichen. Dieser zauberhafte Wein besitzt viel Frische ; er dürfte sich in zwei bis fünf Jahren vollständig entfalten.
⚹Vignobles Aubert, Ch. La Couspaude,
33330 Saint-Emilion, Tel. 05.57.40.15.76,
Fax 05.57.40.10.14 ☑ ⏃ n. V.

CH. LA BOURREE
Elevé en fût de chêne 1994

| | 3 ha | 20 000 | | -30 F |

2 ha im Jahre 1972, 17 ha heute : Die Meynards verwalten ihr Erbe gut. Sie verwenden keine chemischen Unkrautvertilgungsmittel. Dieser 94er ist ein Umweg wert aufgrund der Intensität seiner Frucht, die für die Rebsorte Merlot so typisch ist, und aufgrund seiner klaren, ausgewogenen Tanninstruktur. Der noch strenge Abgang muß verschmelzen und macht eine zwei- bis dreijährige Alterung notwendig. Dieser Wein wird dann ein guter Begleiter zu Entrecote sein.
⚹GAEC des Vignobles Meynard et Fils,
33350 Saint-Magne-de-Castillon,
Tel. 05.57.40.17.32 ☑ ⏃ n. V.

CH. LA BRANDE 1994*

| | 14,5 ha | 105 000 | | 30-50 F |

Die Familie Jean Petit bewirtschaftet ihre Weinberge seit mehreren Generationen. Dieses alte Können findet man in diesem 94er mit der granatroten Farbe, dem sich entfaltenden, angenehmen Bukett und der fleischigen, voluminösen, im Abgang noch ein wenig strengen Tanninstruktur wieder. Ein charaktervoller Wein, der sich in zwei bis fünf Jahren zu einem gebratenen jungen Kaninchen entfalten wird.
⚹Vignobles Jean Petit, Mangot, 33330 Saint-Etienne-de-Lisse, Tel. 05.57.40.18.23,
Fax 05.57.40.15.97 ☑ ⏃ Mo-Fr 8h-12h 14h-18h ; Sa, So u. Gruppen n. V.

Côtes de Castillon

DOM. DE LA CARESSE 1994

| | 15 ha | 80 000 | | 30-50 F |

Dunkelgranatrote Farbe mit purpurroten Reflexen, komplexes Aroma von Früchten und Holz - der erste Eindruck ist verführerisch. Sicherlich ist es schade, daß das Barriquefaß im Geschmack die Tannine der Trauben ein wenig erdrückt, aber das ist ein Stil, der den Liebhabern von Eichenholz gefallen wird !
⚹SCEA Grands Champs, dom. de la Caresse, 33350 Saint-Magne-de-Castillon,
Tel. 05.57.40.07.59, Fax 05.57.40.07.59 ☑
⏃ Mo-Sa 9h-12h 14h-18h
⚹Jean Blanc

CH. LACOSTE 1994

| | 8 ha | 50 000 | | -30 F |

Mit seiner klaren, karminroten schimmernden Farbe und seinem Aroma von Gewürzen, Unterholz und Lakritze ist dieser 94er verführerisch. Im Geschmack ist er sanft, rund und harmonisch und zeugt von einem gewissen klassischen Charakter.
⚹Didier Sublett, 2 A Roques,
33570 Puisseguin, Tel. 05.57.74.51.25,
Fax 05.57.74.58.80 ☑ ⏃ n. V.

CH. LA GRANDE MAYE
Elevé et vieilli en barrique de chêne 1994***

| | 20 ha | 50 000 | | 30-50 F |

[Etikett: CHATEAU LA GRANDE MAYE, CÔTES DE CASTILLON, 1994]

Dank der Sorgfalt, die Paul Valde auf den Weinberg und die lange, traditionelle Vinifizierung verwendet, erhält er die Auszeichnung, daß sein 94er einstimmig zum Lieblingswein gewählt wird. Die tiefe Farbe ist strahlend. Das elegante, komplexe Aroma erinnert an reife Früchte, kandierte Aprikosen, Kakao und Vanille. Die Tannine entladen sich voller Freigebigkeit, Stärke und Länge. Der lange, harmonische Abgang bringt bereits viel Genuß, aber dieser dürfte in zwei bis sechs Jahren noch größer sein !
⚹EARL P.L. Valade, Rouye, 33350 Belvès-de-Castillon, Tel. 05.57.47.93.92,
Fax 05.57.47.93.92 ☑ ⏃ n. V.

CH. LAMARTINE 1994*

| | 17 ha | 20 000 | | 30-50 F |

Einige Verse als Erinnerung an den burgundischen Dichter, der zugegebenermaßen auch der Verfasser der *Geschichte der Girondisten* ist, schmücken das Etikett des Château Lamartine. Beim 94er besitzt der Wein eine dunkle kirschrote Farbe und eine umhüllte, milde und zugleich kräftige Tanninstruktur. Ein charaktervoller

BORDELAIS

Libournais / Côtes de Castillon

Wein, der in zwei bis fünf Jahren an Harmonie gewinnen wird.
•┐ GAEC Gourraud et Fils, 1, la Nauze, 33350 St-Philippe-d'Aiguilhe, Tel. 05.57.40.60.46, Fax 05.57.40.66.01 ☑ ⏳ tägl. 9h-12h 14h-19h ; Sept. geschlossen

CH. LA TREILLE DES GIRONDINS
Prestige Elevé en fût de chêne 1994

| ■ | 2 ha | 15 000 | ⓘ 30-50 F |

Diese im Eichenholzfaß ausgebaute Cuvée Prestige bietet ein ausdrucksvolles Bukett von Gewürzen, Blumen und Konfitüre. Im Geschmack dominieren die Sanftheit und die Rundheit über die Stärke. Dieser Wein trinkt sich schon gut.
•┐ Alain Goumaud, Mézières, 33350 Saint-Magne-de-Castillon, Tel. 05.57.40.05.38, Fax 05.57.40.26.60 ☑ ⏳ Mo-Sa 9h-12h 14h-18h ; So n. V.

DOM. LA TUQUE BEL-AIR
Vieilli en fût de chêne neuf 1994

| ■ | 5 ha | 30 000 | ⓘ 30-50 F |

Diese strenge Auslese des Châteaus verdient beim 94er die Aufmerksamkeit aufgrund ihres kräftigen Buketts von roten Früchten und getoastetem Brot sowie aufgrund der Intensität ihrer filligen, seidigen Tannine, die noch ein wenig vom Eichenholz dominiert werden. Ein angenehm zu trinkender Wein, den man zwei bis drei Jahre altern lassen kann.
•┐ GAEC Jean Lavau, Ch. Coudert-Pelletan, 33330 Saint-Christophe-des-Bardes, Tel. 05.57.24.77.30, Fax 05.57.24.66.24 ☑ ⏳ n. V.

CLOS DE LA VIEILLE EGLISE 1994*

| ■ | 2,1 ha | 15 000 | ⓘ -30 F |

Nur 2 ha Reben auf einem sandig-kiesigen Boden für diesen Clos, der beim 94er eine strahlende rubinrote Farbe und ein diskretes Bukett, Tiergeruch, stark durch die Merlot-Rebe geprägt, bietet. Die runden, ausgewogenen Tannine sind verschmolzen und nachhaltig. Eine leichte Bitterkeit im Abgang wird mit einer Alterung von ein bis zwei Jahren im Keller verschwinden. Gestalten Sie mit diesem Wein Ihr Sonntagsmahl rund um Kalbskoteletts in Crème fraîche.
•┐ Danielle et Richard Dubois, Ch. de Bertinat Lartigue, 33330 Saint-Sulpice-de-Faleyrens, Tel. 05.57.24.72.75, Fax 05.57.74.45.43 ☑ ⏳ n. V.

CH. LES HAUTS DE GRANGES
Vieilli en barrique de chêne 1994*

| ■ | 17 ha | 15 000 | ⓘ 30-50 F |

Dieser von einem guten lehmig-kalkhaltigen Boden kommende 94er bietet eine purpurrote Farbe mit rubinroten Reflexen, einen noch jugendlichen Duft nach reifen Früchten und Unterholz und eine samtige Ausgewogenheit der fleischigen, nachhaltigen Tannine. Ein hübscher, klassischer Wein, der eine schöne Zukunft vor sich hat (mindestens fünf Jahre).
•┐ GFA L Vincent Dalloz, ch. les Hauts de Grange, 33350 Les Salles de Castillon, Tel. 05.57.40.62.20, Fax 05.57.40.64.79 ☑ ⏳ n. V.

CH. LIDEYRE 1994

| ■ | 4 ha | 24 000 | ⓘ 30-50 F |

Dieser kleine Cru, der sich auf einem lehmig-kalkhaltigen Boden befindet, hat eine tiefe violette Farbe, ein intensives Bukett von roten Früchten und sanfte, harmonische, jedoch ein wenig kurze Tannine. Ein guter 94er, den man schon jetzt trinken kann.
•┐ SCEA des Vignobles Bardet, 14, La Cale, 33330 Vignonet, Tel. 05.57.84.53.16, Fax 05.57.74.93.47 ⏳ n. V.
•┐ Philippe Bardet

CH. PEYROU 1994*

| ■ | 4,6 ha | 32 000 | ⓘ 30-50 F |

Catherine Papon ist Önologin ; nach sechs Jahren in der Appellation hat sie sich bewährt, wie dieser 94er mit dem eleganten Bukett von roten Früchten (Himbeeren, rote Johannisbeeren) beweist, das Nuancen von Zedernholz und Menthol unterstreichen. Seidig - im Geschmack ist er liebenswürdig. Die Tannine schwanken im Abgang zwischen Festigkeit und Rundheit. Man sollte diesen charaktervollen Wein zwei bis drei Jahre im Keller reifen lassen.
•┐ Catherine Papon, Peyrou, 33350 Saint-Magne-de-Castillon, Tel. 05.57.40.06.49, Fax 05.57.40.41.76 ☑ ⏳ n. V.

CH. DE PITRAY 1994

| ■ | 30 ha | 18 000 | ⓘ 50-70 F |

Das 1868 in einem Neorenaissance-Stil errichtete Château de Pitray gehört den Ségurs. Es ist einen Besuch wert, wegen der Harmonie des außergewöhnlichen Rahmens ebenso wie aufgrund seines Weins, der sich beim 94er durch ein sich entfaltendes Bukett von Unterholz, Vanille und Lakritze und durch eine sanfte, ausgewogene Tanninstruktur auszeichnet. Der noch ein wenig strenge Abgang dürfte sich mit einer Alterung von zwei bis drei Jahren verbessern.
•┐ SC de La Frérie, Ch. de Pitray, 33350 Gardegan, Tel. 05.57.40.63.38, Fax 05.57.40.66.24 ☑ ⏳ n. V.
•┐ Comtesse de Boigne

CH. PUY-LANDRY 1994

| ■ | k. A. | 50 000 | ■ -30 F |

Eine rubinrote Farbe mit violetten Reflexen, ein sich entfaltendes Bukett von frischen, reifen Früchten und spürbare, reife Tannine von mittlerer Dichte im Abgang. Dieser 94er ist schon trinkreif.
•┐ Régis Moro, Champs de Mars, 33350 Castillon-la-Bataille, Tel. 05.57.40.63.49 ☑ ⏳ n. V.

CH. RAFFET 1995

| ■ | 6 ha | 38 000 | ■ -30 F |

Diese Vereinigung von Genossenschaften erzeugt einen 95er, der eine strahlende granatrote Farbe, einen noch verschlossenen Duft nach Backpflaumen und roten Johannisbeeren und einen runden, fruchtigen, sogar leicht säuerlichen Geschmack bietet. Ein Wein ohne besonderen Ehrgeiz, der aber jetzt angenehm zu trinken ist.

Libournais

🍇 Univitis, 33220 Sainte-Foy-la-Grande,
Tel. 05.57.56.02.02, Fax 05.57.56.02.22 ✉
🍷 Di-Sa 8h30-12h30 14h-18h
🍇 GAEC des Deux-Maines

CH. ROBIN 1994**

| ■ | 12,5 ha | 50 000 | 🍶 | 50-70 F |

|92| 93 94

Nach der Wahl zum Lieblingswein in den letzten beiden Ausgaben ist Château Robin beim 94er nicht der Hattrick gelungen ! Etwas zuviel Barrique hat das Verkoster »gestört«. Dennoch erkannten sie bei ihm eine schöne, strahlende rubinrote Farbe, ein intensives Aroma von einem röstartigen Holzton mit cabernettypischen Noten auf, die in rund zwei Jahre, die in hohem Maße vom Holzgeschmack umhüllt sind. Ein charaktervoller Wein, der trotz eines intensiven Holztons sehr gut vinifiziert und ausgebaut worden ist. In zwei bis sechs Jahren trinkreif.
🍇 SCEA Ch. Robin, 33350 Belvès-de-Castillon, Tel. 05.57.40.55.65, Fax 05.57.40.58.07 ✉ 🍷 n. V.
🍇 Sté Lurckroft

CH. ROCHER LIDEYRE 1994

| ■ | 37 ha | 200 000 | 🍶 🍶 | 30-50 F |

Dieser 94er mit der strahlenden rubinroten Farbe besitzt einen angenehmen, feinen Duft, zeichnet sich aber vor allem durch seine sanfte und zugleich kräftige Struktur aus. Die Harmonie wird nach einer zwei- bis vierjährigen Lagerung im Keller kommen.
🍇 SDVF/GVG, Dom. du Ribet, B.P. 59, 33450 Saint-Loubès, Tel. 05.57.97.07.20, Fax 05.57.97.07.27 🍷 n. V.
🍇 Bardet

CH. DE SAINT-PHILIPPE
Cuvée Helmina 1994**

| ■ | 6,5 ha | 15 000 | 🍶 | 30-50 F |

Dieser Cru, der sich seit dem 18. Jh. im Besitz der gleichen Familie befindet, hat beim 94er eine Cuvée namens Helmina ausgewählt, die hauptsächlich von Merlot-Reben stammt. Die tiefe purpurrote Farbe hat strahlende Reflexe. Das intensive Bukett von reifen Früchten und schwarzen Johannisbeeren harmoniert mit den Noten vom holzigen Röstgeruch. Die sanfte, kräftige Tanninstruktur erreicht eine vollkommene Ausgewogenheit. Ein bemerkenswerter, sehr typischer Wein, den man in rund zwei Jahren genießen kann. Die Hauptcuvée, die nicht im Faß ausgebaut worden ist, erhält für den 94er einen Stern ; sie ist trinkreif.
🍇 EARL Vignobles Bécheau, Ch. de Saint-Philippe, 33350 Saint-Philippe-d'Aiguille, Tel. 05.57.40.60.21, Fax 05.57.40.62.28 ✉ 🍷 n. V.

CH. TERRE BLANCHE 1994

| ■ | k. A. | k. A. | 🍶 | -30 F |

Die Familiengüter (30 ha) sind 1989 zusammengefaßt worden. Dieser 94er mit dem würzigen und sehr animalischen Bukett besitzt füllige, harmonische Tannine von guter Nachhaltigkeit. Ein schlichter Wein, den man zwar schon jetzt genießen kann, der aber vorteilhaft altern wird.
🍇 SCE Vignobles Massarin, Ferrasse, 33350 Castillon, Tel. 05.57.40.06.12 ✉ 🍷 n. V.

Bordeaux Côtes de Francs

VIEUX CHATEAU CHAMPS DE MARS
Elevé en barrique de chêne 1994*

| ■ | 4 ha | 30 000 | 🍶 | 30-50 F |

Sehr alte Rebstöcke, darunter einige, die 1902 angepflanzt worden sind, für diesen 94er mit der tiefen purpurroten Farbe und dem ausdrucksvollen Aroma von kandierten Früchten, Gewürzen, Vanille und Leder. Der Tannineindruck im Geschmack ist klar, mit einer umfangreichen Entwicklung, die mit einer etwas nervigen Note ausklingt. Ein vielversprechender Wein, der sich innerhalb von zwei bis fünf Jahren verbessern wird.
🍇 Régis Moro, Champs-de-Mars, 33350 Saint-Philippe-d'Aiguilhe, Tel. 05.57.40.63.49, Fax 05.57.40.61.41 ✉ 🍷 n. V.

VIEUX CHATEAU DE NOAILLES
Vieilli en fût de chêne 1994

| ■ | k. A. | 6 000 | 🍶 | 30-50 F |

Mit Château des Favres umfaßt das Gut 14,3 ha. Dieser Wein mit dem hübschen literarischen Namen ist eine neun Monate lang im Barriquefaß ausgebaute Sondercuvée. Dieser 94er mit dem Bukett von Gewürzen und reifen Früchten besitzt eine Tanninstruktur, die im Geschmack angenehm, wenn auch im Abgang ein wenig streng ist. Das dürfte sich bei einer ein- bis zweijährigen Alterung abmildern.
🍇 Roland Mas, Le Faure, 33570 Monbadon-Puisseguin, Tel. 05.57.40.61.07, Fax 05.57.40.64.87 ✉ 🍷 n. V.

Bordeaux Côtes de Francs

Das Weinbaugebiet der Appellation Bordeaux Côtes de Francs (427 ha im Jahre 1996 mit einer Produktion von 27 900 hl), das sich 12 km östlich von Saint-Emilion auf die Gemeinden Saint-Cibard und Tayac erstreckt, besitzt eine günstige Lage auf Hängen mit lehmig-kalkhaltigen und mergeligen Böden, die zu den höchsten Hügeln der Gironde gehören. Mit Ausnahme von etwa 20 ha dient es fast ausschließlich der Erzeugung von Weinen ; es wird von ein paar dynamischen Winzern sowie einer Winzergenossenschaft genutzt, die sehr hübsche, gehaltvolle und bukettreiche Weine erzeugen.

DUC DE SEIGNADE
Haute Tradition Elevé en fût de chêne 1995**

| □ | k. A. | 3 782 | 🍶 | 30-50 F |

Diese Sondercuvée der Genossenschaftskellerei der Côtes de Francs stammt von ausgewählten Sauvignon-, Sémillon- und Muscadelle-Rebstöcken. Dieser in Eichenholzbarriques vinifizierte und ausgebaute 95er besitzt alles, um die Liebhaber dieses trockenen Weißweintyps zu

Bordeaux Côtes de Francs

verführen : strahlende goldene Farbe, komplexes Bukett von getrockneten Früchten, Vanille und Blumen, Rundheit, Stärke und Harmonie im Geschmack. Die Schlußnote von Honig und kandierten Früchten sorgt für zusätzliches Vergnügen. Man kann diesen Wein schon jetzt trinken.
🕭 Cellier des Côtes de Francs, 33570 Francs, Tel. 05.57.40.63.01, Fax 05.57.40.66.31 ☑ ♈ Di-Fr 8h-12h 14h-18h ; Mo14h-18h ; Sa 8h-12h

CH. DE FRANCS 1994*

| ■ | 22 ha | 98 000 | 🍷 | 30-50 F |

Das vom 12. bis zum 15. Jh. errichtete Château de Francs war während der englischen Herrschaft eine Festung. Heute ist der Ort friedlicher ; man erzeugt hier einen Wein, der sich immer auf dem Spitzenniveau der Appellation befindet. Kräftige granatrote Farbe, deutlich wahrnehmbarer, komplexer Duft nach schwarzen Johannisbeeren, Himbeeren und Leder, runde, füllige und zugleich kräftige Tannine : Alles ist hier vereinigt, um diesen Wein zu einem echten Vergnügen zu machen. In zwei bis fünf Jahren trinken.
🕭 SCEA Hebrard-de Bouard, Ch. de Francs, 33570 Francs, Tel. 05.57.40.65.91, Fax 05.57.40.63.04 ☑ ♈ n. V.

CH. DE FRANCS 1995*

| ☐ | 3 ha | 5 000 | 🍷 | 30-50 F |

Château de Francs erzeugt einen erstklassigen Weißwein, wie dieser sorgfältig ausgewählte, im Holzfaß ausgebaute 95er bezeugt. Die blaßgelbe Farbe ist strahlend. Die Düfte nach Blumen und gelben Früchten harmonieren perfekt. Die Struktur im Geschmack ist klar und deutlich, vor allem im Abgang, wo Frische und Eleganz dominieren. Ein schon sehr gefälliger, charaktervoller Wein.
🕭 SCEA Hebrard-de Bouard, Ch. de Francs, 33570 Francs, Tel. 05.57.40.65.91, Fax 05.57.40.63.04 ☑ ♈ n. V.

CH. LES CHARMES-GODARD 1995*

| ☐ | 1,5 ha | k. A. | 🍷 | 30-50 F |

Ein zwischen Sémillon, Sauvignon gris und Muscadelle ausgeglichener Rebsatz für diesen 95er mit der schönen goldgelben Farbe und dem eleganten Aroma von getrockneten Früchten, Leder und Vanille. Der noch ein wenig nervige Abgang im Geschmack dürfte bald seine Harmonie finden : Man kann diesen Wein in den kommenden zwei bis drei Jahren trinken.
🕭 GFA Les Charmes-Godard, 33570 Saint-Cibard, Tel. 05.57.40.63.76, Fax 05.57.40.66.08 ☑ ♈ n. V.
🕭 Nicolas Thienpont

CH. MARSAU 1995*

| ■ | 8 ha | 25 000 | 🍷 | 30-50 F |

Die Parzellen mit Merlot-Reben auf dem Rücken des Hügels Bernarderie haben, von der idealen Lage Nutzen ziehend, einen kräftigen 95er Wein hervorgebracht, der durch seine tiefe, strahlende Farbe besticht. Das intensive Aroma von reifen Früchten wird noch vom vanilleartigen Holzgeruch dominiert. Die fülligen, fetten Tannine sind ebenfalls vom Ausbau im Barriquefaß geprägt. Es ist notwendig, zwei bis fünf Jahre zu warten, damit dieser Wein verschmilzt und seine Harmonie findet.
🕭 Ch. Marsau, Ch. Marsau Bernarderie, 33750 Francs, Tel. 05.56.02.26.41, Fax 05.56.02.26.41 ☑ ♈ n. V.
🕭 Sylvie et J.-Marie Chadronnier

CH. PELAN BELLEVUE 1994

| ■ | k. A. | 30 000 | 🍷 | -30 F |

Über 50 % Cabernet in diesem 94er, der aufgrund der Qualität seines Aromas von Leder, Fell und roten Früchten interessant ist und eine lobende Erwähnung verdient. Im Geschmack ist er klar und nervig, aber dennoch ausgewogen. Man kann ihn bald trinken, in den kommenden zwei bis drei Jahren.
🕭 Régis Moro, Champs de Mars, 33350 Castillon-la-Bataille, Tel. 05.57.40.63.49 ☑ ♈ n. V.

CH. PUYANCHE
Elevé en fût de chêne 1995

| ☐ | 2,5 ha | 6 500 | 🍷 | 30-50 F |

Dieser trockene Weißwein, der im Barriquefaß vergoren und ausgebaut worden ist, präsentiert sich mit einer hübschen, klaren blaßgelben Farbe und einem diskreten Bukett von Blumen, reifen Früchten und Vanille. Obwohl der strenge Abgang dem Gesamteindruck ein wenig von der Harmonie raubt, wird er in ein bis zwei Jahren trinkreif sein.
🕭 EARL Arbo, Godard, 33570 Francs, Tel. 05.57.40.65.77 ☑ ♈ n. V.

CH. TERRASSON 1994

| ■ | 1,4 ha | 8 000 | 🍴 | 30-50 F |

Dieser kleine, nicht viel mehr als einen Hektar große Cru präsentiert beim 94er einen schon angenehm zu trinkenden Wein mit einem sich entfaltenden Bukett von reifen Früchten und einer sanften, harmonischen Tanninstruktur, die im Abgang sehr aromatisch ist.
🕭 EARL Christophe und Marie-Jo Lavau, Ch. Terrasson, B.P. 9, 33570 Puisseguin, Tel. 05.57.40.60.55, Fax 05.57.40.63.45 ☑ ♈ n. V.

Zwischen Garonne und Dordogne

Die geographische Region Entre-Deux-Mers bildet ein großes Dreieck, das von der Garonne, der Dordogne und der Südostgrenze des Departements Gironde begrenzt wird. Sie ist sicherlich eine der anmutigsten und hübschesten Gegenden des ganzen Bordelais ; ihre Anbaufläche, die etwa 23 000 ha umfaßt, macht ein Viertel des gesamten Weinbaugebiets aus. Da die Landschaft hügelig ist, kann man sowohl weite Horizonte als auch kleine, stille Winkel entdecken, die prächtige, oft sehr typische Bauwerke schmük-

Zwischen Garonne und Dordogne — Entre-Deux-Mers

ken : befestigte Häuser, kleine Châteaux, die ganz in das Grün der Umgebung eingebettet sind, und vor allem befestigte Mühlen. Mit ihren dem Volksglauben entstammenden Überlieferungen, die aus grauer Vorzeit stammen, ist sie auch eine Hochburg der Sagenwelt der Gironde.

Entre-Deux-Mers

Die Appellation Entre-Deux-Mers stimmt nicht genau mit dem geographischen Gebiet des Entre-Deux-Mer überein, denn sie faßt zwar die Gemeinden zusammen, die sich zwischen den beiden Flüssen befinden, schließt aber die Orte aus, die eine eigene Appellation besitzen. Es handelt sich um eine Appellation für trockene Weißweine, deren Vorschriften nicht viel strenger als für die Appellation Bordeaux sind. Doch in der Praxis versuchen die Winzer, ihre besten Weißweine für diese Appellation zu reservieren. Deshalb wird die Produktionsmenge freiwillig beschränkt (1996 wurden auf 2 394 ha 148 329 hl erzeugt). Die Weinproben für die Zulassung sind besonders streng. Die am häufigsten angebaute Rebsorte ist die Sauvignon-Rebe, die den Entre-Deux-Mers-Weinen ein besonderes, vor allem bei jungen Weinen sehr geschätztes Aroma verleiht.

CH. BARON BERTIN
Vinifié en barriques de chêne neuf 1996*

| □ | k. A. | 5 000 | 🟥 30-50 F |

Dieser Wein, eine numerierte, im neuen Eichenholzfaß ausgebaute Spitzencuvée, hat von einer aufmerksamen Behandlung profitiert. Er ist sehr gelungen, vor allem im Geschmack, und zeigt sich füllig und robust gebaut. Château Le Prieur und Château Prévost von derselben Erzeugerin, die aufgrund ihrer Ausgewogenheit, Frische und Fruchtigkeit sehr ansprechend sind, haben jeder ebenfalls einen Stern erhalten.
🍷 Elisabeth Garzaro, Ch. Le Prieur, 33750 Baron, Tel. 05.56.30.16.16, Fax 05.56.30.12.63 ✓ ☿ n. V.

CH. DE BEAUREGARD-DUCOURT
1996*

| □ | 20 ha | k. A. | 🟥 -30 F |

Dieser Cru, der zum großen Anbaugebiet der Vignobles Ducourt gehört, präsentiert mit diesem 96er einen recht typischen Wein. Er kündigt sich durch eine hübsche strohgelbe Farbe und ein recht intensives Bukett an und gefällt durch seine Ausgewogenheit und Länge.
🍷 SCEA Vignobles Ducourt, 33760 Ladaux, Tel. 05.57.34.54.00, Fax 05.56.23.48.78 ✓ ☿ n. V.

CH. BONNET
Réserve Vinifié en fût de chêne 1996*

| □ | k. A. | k. A. | 🟥 30-50 F |

Dieser Wein, der vom Flaggschiff der Vignobles Lurton im Entre-Deux-Mers stammt, ist durch den Ausbau geprägt und wirkt fast löwenhaft. Doch der Holzton ist erstklassig ; er hindert den Verkoster nicht daran, den stattlichen, frischen und fülligen Charakter der Struktur zu würdigen. Diese besitzt eine gute Ausgewogenheit und bringt die Reichhaltigkeit des aromatischen Ausdrucks mit Noten von exotischen Früchten zum Ausdruck.
🍷 SCEA Vignobles André Lurton, Ch. Bonnet, 33420 Grézillac, Tel. 05.57.25.58.58, Fax 05.57.74.98.59 ✓ ☿ n. V.

CH. BOURDICOTTE 1996

| □ | k. A. | k. A. | 🟥 30-50 F |

Dieser Cru, der bisher kein roten Bordeaux im Weinführer vertreten war, hat hier sein Début beim Entre-Deux-Mers mit einem Wein, der durch sein Bukett ein wenig überrascht (durch seine Noten von roten Früchten wirkt er fast wie ein Rotwein), aber im Geschmack rund und wohlausgewogen ist.
🍷 SCEA Rolet Jarbin, Dom. de Bourdicotte, 33790 Cazaugitat, Tel. 05.56.61.32.55 ✓ ☿ n. V.

DOM. DES CAILLOUX 1996*

| □ | 6 ha | 30 000 | 🟥 -30 F |

Dieser Cru, der auch in den regionalen Appellationen (Bordeaux rouge) vertreten ist, bietet mit diesem 96er einen aromatischen (Pfirsiche), frischen, runden, sanften und ausgewogenen Wein.
🍷 Nicole Dupuy et Benoît Maulun, Dom. des Cailloux, 33760 Romagne, Tel. 05.56.23.60.17, Fax 05.56.23.32.05 ✓ ☿ n. V.

CH. DE CASTELNEAU 1996*

| □ | 4,8 ha | 45 000 | 🟥 -30 F |

Ein vielfältiges Anbaugebiet und ein abwechslungsreicher Rebsatz, das scheint die Regel bei diesem Cru zu sein, der Muscadelle mit Sémillon und Sauvignon kombiniert. Das Ergebnis ist ein Wein, der aufgrund seiner Ausgewogenheit und seines perlenden Charakters, aber auch wegen seines hübschen, aromatischen Abgangs sympathisch ist.
🍷 Loïc et Diane de Roquefeuil, Ch. de Castelneau, 33670 Saint-Léon, Tel. 05.56.23.47.01, Fax 05.56.23.46.31 ✓ ☿ n. V.

CH. DE CUGAT 1996

| □ | 7 ha | 16 000 | 🟥 -30 F |

Obwohl dieser Wein ein wenig lebhaft ist, zeigt er sich ansprechend aufgrund seines Buketts mit harmonischen Zitrusnoten und aufgrund seines fülligen, langen Baus.
🍷 Benoît Meyer, Ch. de Cugat, 33540 Blasimon, Tel. 05.56.71.52.08, Fax 05.56.71.60.29 ✓ ☿ n. V.

Zwischen Garonne und Dordogne — Entre-Deux-Mers

CH. DU GRAND FERRAND 1996

| | k. A. | k. A. | 🍴 | 50-70 F |

Dieser Wein zeigt sich ein wenig bitter, aber seine Lebhaftigkeit und die gute Präsenz seines Aromas mit den kräftigen Noten exotischer Früchte machen ihn gefällig.

☛ SCEA Vignobles Rocher Cap de Rive n°2, Ch. Grand Ferrand, 33540 Sauveterre-de-Guyenne, Tel. 05.56.71.51.34 ✓ ⊺ n. V.

CH. GRAND MONTEIL 1996*

| | 11 ha | 95 000 | 🍴 | 30-50 F |

Hundertjährige Zedernbäume und Magnolien verleihen diesem Gut seinen besonderen Reiz. Es muß sich für diesen 96er nicht schämen. Er ist sehr gelungen und verführt durch die Eleganz seines blumig-fruchtigen Buketts. Der frische, aromatische Geschmack entspricht dem Bukett. Der Château Lafite Monteil vom selben Erzeuger hat ebenfalls einen Stern erhalten. Auch bei ihm findet man Ausgewogenheit und Harmonie.

☛ Jean Techenet, Ch. Grand Monteil, 33370 Sallebœuf, Tel. 05.56.21.29.70, Fax 05.56.78.39.91 ✓ ⊺ n. V.

GRANGENEUVE 1996

| | 40 ha | 20 000 | 🍴 | -30 F |

Dieser zu 70 % aus Sémillon hergestellte Wein hat eine liebenswürdige blaßgelbe Farbe und ist in seinem Bukett ein wenig zurückhaltend. Aber der Geschmack ist danach aromatisch, gefällig und gut gebaut.

☛ Cave coop. de Grangeneuve, 33760 Romagne, Tel. 05.57.97.09.40, Fax 05.57.97.09.41 ✓ ⊺ Di-Sa 8h-12h 14h-17h

CH. HAUT-CAZEVERT
Vieilles vignes 1996

| | 0,75 ha | 5 000 | 🍴 | 30-50 F |

Ein 96er, der zu 50 % aus Muscadelle, zu 35 % aus Sauvignon sowie aus Sémillon hergestellt worden ist. Schade, daß das Bukett ein wenig schwer ist, denn dieser von alten Rebstöcken stammende Wein besitzt eine wohlausgewogene Struktur, die ihn interessant erscheinen läßt.

☛ SA Ch. Haut-Cazevert, 33540 Blasimon, Tel. 05.57.84.18.27, Fax 05.57.84.01.70 ✓ ⊺ n. V.

CH. HAUT-D'ARZAC 1996*

| | k. A. | k. A. | 🍴 | -30 F |

Der in seiner Qualität recht regelmäßige Cru erlebt einen hübschen Erfolg mit diesem doch schwierigen Jahrgang. Mit seiner hübschen Farbe, einem kräftigen, strahlenden Gelb setzt er sofort gute Vorzeichen für die Verkostung. Feines Bukett (exotische Früchte), sanft und gutgebaut. Er läßt sich problemlos trinken.

☛ Gérard Boissonneau, 33420 Naujan-et-Postiac, Tel. 05.57.74.91.12, Fax 05.57.74.99.60 ✓ ⊺ n. V.

CH. HAUT NADEAU 1996*

| | 2,85 ha | 19 000 | 🍴 | 30-50 F |

Patrick Audouit, ein Önologe, führt das Familiengut zusammen mit seiner Schwester. Er hat es geschafft, in einem Jahrgang, der für diese trockenen Weißweine nicht ideal war, einen gelungenen Wein herzustellen. Dieser 96er ist im Duft stark durch die Sauvignon-Rebe geprägt (ein Bravo den Verkostern, die der Meinung waren, diese Rebsorte würde den Hauptbestandteil ausmachen). Der Geschmack ist ausgewogen, gefällig und von guter Nachhaltigkeit und entfaltet ein Aroma von exotischen Früchten und Mandeln.

☛ SCEA Ch. Haut Nadeau, 3, chem. d'Estévenadeau, 33760 Targon, Tel. 05.56.20.44.07, Fax 05.56.20.44.07 ✓
☛ Audouit

CH. HAUT RIAN 1996*

| | 13 ha | 100 000 | 🍴 | -30 F |

Marcel Dietrich ist zwar vor allem für seine Premières Côtes de Bordeaux bekannt, aber dieses Gut ist in beiden Appellationen vertreten. Er vernachlässigt seinen Entre-Deux-Mers nicht, wie dieser gut strukturierte Wein beweist, der füllig und gehaltvoll ist und ein Jahr altern kann.

☛ Michel Dietrich, La Bastide, 33410 Rions, Tel. 05.56.76.95.01, Fax 05.56.76.93.51 ✓
⊺ Mo-Sa 9h-12h 14h-18h

CH. LA COMMANDERIE DE QUEYRET 1996*

| | 15 ha | 80 000 | 🍴 | -30 F |

Dieses Gut, das im Mittelalter von den geistlichen Rittern angelegt wurde, verteidigt durch die Qualität seiner Produktion die Ehre ihres Erbes. Dieser angenehm bukettreiche Wein mit dem Pfirsicharoma entfaltet einen feinen, ausgewogenen Geschmack, der für seine Appellation recht typisch ist.

☛ Claude Comin, La Commanderie, 33790 Saint-Antoine-du-Queyret, Tel. 05.56.61.31.98, Fax 05.56.61.34.22 ✓ ⊺ n. V.

CH. LA FORET SAINT HILAIRE 1996*

| | 7 ha | 60 000 | 🍴 | -30 F |

Dieser Weinberg gehört zu einem schönen Gut innerhalb der vielen Weingüter von Yvon Mau und bietet hier einen zart duftigen, feinen, eleganten Wein. Der Château Girème vom selben Erzeuger ist ebenfalls ausgewählt worden, aber ohne Stern.

☛ SA Yvon Mau, rue André-Dupuy-Chauvin, B.P. 1, 33190 Gironde-sur-Dropt, Tel. 05.56.61.54.54, Fax 05.56.61.54.61

CH. LA JALGUE 1996*

| | 7,48 ha | 66 000 | 🍴 | -30 F |

Dieser von der Firma Ginestet ausgewählte, hergestellte und abgefüllte Wein zeigt sich sehr reizvoll, insbesondere im Geschmack, wo man einen stattlichen, füllenden, wohlausgewogenen Eindruck und eine gute Intensität des Aromas (Blüten, Zitrusfrüchte, Gewürze) spürt.

☛ Maison Ginestet SA, 19, av. de Fontenille, 33360 Carignan-de-Bordeaux, Tel. 05.56.68.81.82, Fax 05.56.20.96.99

CH. LA MOTHE DU BARRY 1996**

| | 3 ha | 10 000 | 🍴 | -30 F |

Dieser 96er, der vom 95er hinterlassenen Eindruck bestätigt und sogar verstärkt, macht seinem Erzeuger Ehre. Sein Bukett, das wilde Noten mit exotischen Früchten verbindet, ist sowohl durch die dominierende Rebsorte, Sau-

Zwischen Garonne und Dordogne — Entre-Deux-Mers

vignon, als auch durch eine moderne Vinifizierung (Hülsenmaischung) geprägt. Der ebenso aromatische Geschmack ist füllig, fleischig und wohlausgewogen.
↱ Joël Duffau, Les Arromans n°2,
33420 Moulon, Tel. 05.57.74.93.98,
Fax 05.57.84.66.10 ▼ ⊤ tägl. 8h-12h30 14h-19h

CH. LANDEREAU 1996

| □ | 10 ha | 60 000 | 🍷 | 30-50 F |

Dieser runde, weiche Wein ist schlicht und dennoch interessant, insbesondere aufgrund seines hübschen Buketts, das sympathische Noten von exotischen Früchten und Zitrusfrüchten bereichern.
↱ SC Vignobles Baylet, Ch. Landereau,
33670 Sadirac, Tel. 05.56.30.64.28,
Fax 05.56.30.63.90 ▼ ⊤ Mo-Fr 8h-12h 14h-17h

CH. LA ROSE DU PIN 1996*

| □ | 21 ha | k. A. | 🍷 | -30 F |

Zitrusfrüchte und Blüten : Man findet in diesem 96er die aromatische Komplexität und Intensität wieder, die den Charme der Weine dieses Cru ausmachen. Ihre anderen Qualitäten (Frische, Sanftheit und Ausgewogenheit) entdeckt man in der geschmacklichen Entfaltung. Das Ergebnis ist ein angenehmer Gesamteindruck.
↱ SCEA Vignobles Ducourt, 33760 Ladaux,
Tel. 05.57.34.54.00, Fax 05.56.23.48.78 ▼ ⊤ n. V.

CH. LASSIME 1996*

| □ | 1,3 ha | 6 600 | 🍷 | -30 F |

Elisabeth und Guy Claisse haben Lassime 1988 gekauft. Ihr Wein, das Urbild des 96ers Entre-Deux-Mers, hat eine frische, leichte, gefällige Struktur und einen schönen aromatischen Ausdruck, der fruchtig und blumig zugleich ist. Er wird hervorragend zu einer hübschen Platte mit Meeresfrüchten oder sehr guten Krustentieren passen.
↱ SCEA Vignobles E. et G. Claisse, Lassime 1,
33540 Landerrouet-sur-Ségur,
Tel. 05.56.71.49.43, Fax 05.56.71.31.76 ▼ ⊤ n. V.

CH. LAUNAY 1996

| □ | 44,57 ha | 200 000 | 🍷 | -30 F |

Auch wenn dieser Wein nicht sehr lang ist, bleibt er dennoch sympathisch aufgrund seines Buketts mit den blumigen und fruchtigen Noten und aufgrund seiner Sanftheit. Der 96er Château Bridoire vom selben Erzeuger ist von unserer Jury ebenfalls ausgewählt worden.
↱ Marthe Greffier, Ch. Launay, 33790 Soussac,
Tel. 05.56.61.31.44, Fax 05.56.61.39.76 ▼ ⊤ n. V.

CH. LE CAILLOU 1996

| □ | 4 ha | 10 000 | 🍷 | -30 F |

Charles-Eric Pasquiers, Diplomlandwirt und Önologe, entstammt einer Familie, die hier seit dem 15. Jh. lebt. Er präsentiert uns einen recht leichten 96er, der innerhalb dieses Jahres angenehm zu trinken ist.
↱ Charles-Eric Pasquiers, Le Caillou,
33750 Nerigean, Tel. 05.57.24.00.58,
Fax 05.57.24.01.59 ⊤ n. V.

LES VEYRIERS 1996

| □ | k. A. | k. A. | 🍷 | -30 F |

Dieser Wein, eine Marke der Genossenschaftskellerei von Sainte-Radegonde, entlädt sich zweifellos nicht am Gaumen, aber er zeigt

Zwischen Garonne und Dordogne

AOC:
1 Entre-Deux-Mers
2 Graves-de-Vayres
3 Sainte-Foy-Bordeaux
4 Premières Côtes de Bordeaux
5 Côtes de Bordeaux-St-Macaire
--- Departementsgrenzen

Zwischen Garonne und Dordogne — Entre-Deux-Mers

sich dank seiner Sanftheit und Feinheit liebenswürdig.
🕿 C.C. Viticulteurs réunis de Sainte-Radegonde, 33350 Sainte-Radegonde, Tel. 05.57.40.53.82, Fax 05.57.40.55.99 ⓥ
🍴 Mo-Fr 8h30-12h30 14h-18h

CH. LES VIEILLES TUILERIES 1996*

| | 6 ha | 35 000 | 🍷🥄 -30F |

Dieser Wein ist aufgrund seines höheren Säuregehalts für den Jahrgang charakteristisch. Aber diese schadet nicht der allgemeinen Ausgewogenheit und harmoniert mit der aromatischen Komplexität, so daß ein interessanter Gesamteindruck zustande kommt. Man kann ein paar hübsche gastronomische Verbindungen wagen, beispielsweise um Noten von Birnen herum.
🕿 SCEA des Vignobles Menguin, 194, Gouas, 33760 Arbis, Tel. 05.56.23.61.70, Fax 05.56.23.49.79 ⓥ 🍴 n. V.

CH. MOULIN DE LAUNAY 1996

| | 70 ha | 400 000 | 🍷🥄 -30F |

Diese Wein kommt vom Hügel von Launay, auf dem eine alte Mühle steht. Er zeigt keine großen Ambitionen, ist aber recht typisch aufgrund seiner guten Struktur und seiner Ausgewogenheit. Er könnte auf angenehme Weise fritierte Gründlinge begleiten. Die Greffiers schlagen eine Alse aus der Garonne vor, auf einem Zwiebel- und Kartoffelbett in Weißwein (natürlich ein Moulin de Launay) im Ofen gebacken.
🕿 SCEA Claude et Bernard Greffier, Ch. Moulin de Launay, 33790 Soussac, Tel. 05.56.61.31.51, Fax 05.56.61.40.22 ⓥ 🍴 n. V.

CH. MYLORD 1996

| | 20 ha | 200 000 | 🍷🥄 -30F |

Dieser Jahrgang besitzt zweifellos nicht den Körper des 95er Mylord, aber die Feinheit des Blütenbuketts und die Rundheit und Ausgewogenheit des Geschmacks erwecken einen interessanten Gesamteindruck.
🕿 SCEA ch. Mylord, 33420 Grézillac, Tel. 05.57.84.52.19, Fax 05.57.74.93.95 ⓥ 🍴 n. V.

CH. NARDIQUE LA GRAVIERE 1996*

| | 12 ha | 50 000 | 🍷🥄 -30F |

Sauvignon, Sémillon, Muscadelle - der Rebsatz zeugt von einem Sinn für Ausgewogenheit, die man traditionell im Wein selbst wiederfindet. Dieser 96er bildet keine Ausnahme. Er ist gut gelungen und zeigt sich verführerisch aufgrund der Eleganz des Buketts, das durch die Sauvignon-Rebe geprägt ist. Der sanfte, füllige, frische Geschmack besitzt ebenfalls viel Charme.
🕿 EARL Vignobles Thérèse, Ch. Nardique La Gravière, 33670 Saint-Genès-de-Lombaud, Tel. 05.56.23.01.37, Fax 05.56.23.25.89 ⓥ
🍴 Mo-Sa 9h-12h 15h-18h ; 15. Aug.-1. Sept. geschlossen

CH. NINON 1996**

| | 3,28 ha | 5 600 | 🍷🥄 -30F |

Dieser Wein stammt zwar von einem Gut, das sich zu 90 % der Erzeugung von roten Bordeaux-Weinen widmet, aber er zeigt, daß der Entre-Deux-Mers hier nicht vernachlässigt wird. Er besitzt einen schönen aromatischen Ausdruck mit Noten von Blüten und Zitrusfrüchten und entfaltet einen recht kräftigen Geschmack, der aber bis zum Abgang nicht aggressiv wirkt. Eine hübsche Arbeit in einem dennoch schwierigen Jahrgang.
🕿 Pierre Roubineau, Tenot, 33420 Grézillac, Tel. 05.57.84.62.41 ⓥ 🍴 n. V.

PERLE DES MERS Cuvée Prestige 1996**

| | k. A. | 10 000 | 🍷 -30F |

Die Spitzenmarke der Genossenschaftskellerei von Landerrouat, die von einem Weinberg mit vielfältiger Bestockung stammt, hat von einer aufmerksamen und effizienten Behandlung profitiert. Die Komplexität des blumig-fruchtigen Buketts, der Körper, das Fett, die Lebhaftigkeit und die Länge des Geschmacks - alles harmoniert und verleiht diesem Wein einen verführerischen Charakter. Schöne Arbeit.
🕿 Cave coop. Les Peyrières, rte des Vignerons, 33790 Landerrouat, Tel. 05.56.61.31.21, Fax 05.56.61.40.79 ⓥ 🍴 n. V.

CH. PEYREBON 1996**

| | 5 ha | k. A. | 🍷🥄 -30F |

War die Vielfalt der Bestockung der Schlüssel des Erfolgs beim 96er ? Man könnte es glauben, wenn man diesen hübschen Wein probiert, der das Ergebnis eines Verschnitts von Sémillon (50 %), Sauvignon und Muscadelle (jeweils 25 %) ist. Dieser füllige, lange und vollkommen ausgewogene 96er zeigt sich im Geschmack ebenso präsent wie im Duft mit seinem Bukett, das intensive Noten exotischer Früchte bietet.
🕿 SCEA Ch. Peyrebon, Grézillac Bouchet, 33420 Grézillac, Tel. 05.57.84.52.26, Fax 05.57.74.97.92 ⓥ 🍴 n. V.

CH. QUEYRET-POUILLAC 1996*

| | 10 ha | 75 000 | 🍷🥄 -30F |

Es ist bekannt, daß die Chalands erfolgreich von der Mischkultur auf den Weinbau umgestiegen sind. Die Richtigkeit dieser Entscheidung wird durch diesen Wein bestätigt, der sich durch sein hübsches Bukett von Blüten und Zitrusfrüchten auszeichnet, bevor er einen frischen, ausgewogenen und gut strukturierten Geschmack enthüllt. Der Château Barbe d'Or vom selben Erzeuger hat ebenfalls einen Stern erhalten.
🕿 Isabelle et Patrice Chaland, 33790 Saint-Antoine-du-Queyret, Tel. 05.57.40.50.36, Fax 05.57.40.57.71 ⓥ 🍴 n. V.

CH. RAUZAN DESPAGNE 1996*

| | k. A. | k. A. | 🍷 30-50F |

Dieser Wein, für den Jean-Louis Despagne verantwortlich zeichnet, reiht sich in die beste Tradition des Cru ein. Sein aromatischer Reichtum räumt den Blüten einen besonderen Platz ein. Der runde, lebhafte, lange, wohlausgewogene Geschmack besitzt ebenfalls einen schönen Bau. Château Tour de Mirambeau und Château Bel Air sind ebenfalls ausgewählt worden, aber ohne Stern.
🕿 GFA de Landeron, 33420 Naujan-et-Postiac, Tel. 05.57.84.55.08, Fax 05.57.84.57.31 🍴 n. V.

Zwischen Garonne und Dordogne

CH. SAINTE MARIE 1996
□   14 ha   k. A.   ■ 30-50 F

Dieser schlichte, aber gut gemachte Wein erregt die Aufmerksamkeit aufgrund der Qualität seines Buketts, das einen hübschen Duft von weißen Blüten (Weißdorn) und Pfirsichen enthüllt. Dieser lebhafte, frische 96er wird auf angenehme Weise die klassischen Gerichte begleiten.
✎ Gilles Dupuch, SCEA Hauts de Ste-Marie, 51, rte de Bordeaux, 33760 Targon, Tel. 05.56.23.00.71, Fax 05.56.23.34.61 ☑ ⏲ n. V.

CH. SAINT-FLORIN 1996
□   20 ha   150 000   ■ ♦ -30 F

Ein schönes Gut und ein reizvoller Wein, auch wenn er nicht an die schönen vorangehenden Jahrgänge herankommt. Sein Bukett mit den feinen Blütennoten und sein füllliger, runder Geschmack hinterlassen einen günstigen Eindruck.
✎ Jean-Marc Jolivet, Ch. Saint-Florin, 33790 Soussac, Tel. 05.56.61.31.61, Fax 05.56.61.34.87 ☑ ⏲ n. V.

CH. TURCAUD
Sélection du Propriétaire 1996*
□   12 ha   k. A.   ■ ♦ 30-50 F

Dieser in der Qualität sehr regelmäßige Cru bleibt seiner Tradition treu mit dieser hübschen Sélection du Propriétaire. Der Wein macht durch seine schöne strohgelbe Farbe und ein an Zitrus- und Blütendüften reiches Bukett auf sich aufmerksam, bevor er einen Geschmack mit fülligerer, lebhafter Struktur entfaltet.
✎ EARL Vignobles Robert, Ch. Turcaud, 33670 La Sauve-Majeure, Tel. 05.56.23.04.41, Fax 05.56.23.35.85 ☑ ⏲ n. V.
✎ Maurice Robert

CH. VRAI CAILLOU 1996
□   40 ha   200 000   ■ ♦ -30 F

Dieser Wein kommt von einem großen Gut und wird in hoher Stückzahl erzeugt. Was die Anmut seines Geschmacks, der den verschlossenen Charakter seines Buketts rasch vergessen läßt, nur um so interessanter macht.
✎ Michel Pommier, Ch. Vrai Caillou, 33790 Soussac, Tel. 05.56.61.31.56, Fax 05.56.61.33.52 ☑ ⏲ Mo-Fr 8h-18h; Sa, So n. V.

Entre-Deux-Mers Haut-Benauge

CH. BAYARD PITON 1996
□   6 ha   3 600   ■ ♦ -30 F

Traditionell hielten die Grafen von Benauge auf diesem Gut Asyl. Vermutlich hätten sie diesen Wein als ein wenig kurz beurteilt. Aber sie hätten in der Feinheit des Buketts und in der Frische, Rundheit und Eleganz des Geschmacks mehr als nur mildernde Umstände gefunden.

Premières Côtes de Bordeaux

✎ Peyrondet, 33760 Saint-Pierre-de-Bat, Tel. 05.56.23.93.96, Fax 05.57.34.40.17 ☑ ⏲ n. V.

CH. NAUDONNET PLAISANCE 1996*
□   k. A.   k. A.   ◧ 30-50 F

Dieser Wein kann sich ausdrücken. Gut unterstützt durch die Noten exotischer Früchte des Buketts, entwickelt er sich harmonisch im Geschmack, wo er Rundheit, Fülle und gute Ausgewogenheit enthüllt.
✎ Danièle Mallard, Ch. Naudonnet Plaisance, 33760 Escoussans, Tel. 05.56.23.93.04, Fax 05.57.34.40.78 ⏲ n. V.

Premières Côtes de Bordeaux

Die Region der Premières Côtes erstreckt sich auf einer Länge von etwa 60 km auf dem rechten Ufer der Garonne, vom Stadtrand von Bordeaux bis Cadillac. Die Weinberge sind auf Hängen angelegt, die den Fluß überragen und wunderbare Aussichtspunkte bieten. Die Böden sind hier sehr vielfältig. Am Rande der Garonne bestehen sie aus jüngeren Anschwemmungen ; einige davon liefern hervorragende Rotweine. Auf den Hängen findet man Kiessand- und Kalksteinböden. Je weiter man sich vom Fluß entfernt, desto höher wird der Lehmanteil. Der Rebsatz und die Anbau- und Vinifizierungsmethoden sind die klassischen. Das Weinbaugebiet, das diese Appellation in Anspruch nehmen darf, umfaßt 1996 beim Rotwein 2 868 ha und beim Weißwein 470 ha. Ein Großteil der Weine, insbesondere Weißweine, wird unter den regionalen Bordeaux-Appellationen verkauft. Die Rotweine haben sich seit langer Zeit einen recht guten Ruf erworben. Sie sind farbintensiv, körperreich und kraftvoll ; die Weine, die auf den Hängen erzeugt werden, haben außerdem eine gewisse Feinheit. Die Weißweine sind liebliche Weine, die immer mehr Ähnlichkeit mit den süßen Weinen haben.

Die Region der Côtes de Bordeaux Saint-Macaire bildet die Verlängerung der Premières Côtes de Bordeaux in südöstlicher Richtung. Sie war früher einmal für ihre weichen, süßen Weine bekannt. Doch wie in der gesamten

Zwischen Garonne und Dordogne — Premières Côtes de Bordeaux

Gironde geht die Weißweinproduktion (2 626 hl im Jahre 1996) zugunsten der Rotweine zurück, die unter der Appellation Bordeaux vertrieben werden ; gegenwärtig erzeugen nur mehr knapp 60 ha Weißweine. Die mengenmäßig ziemlich kleine Appellation Sainte-Foy Bordeaux (1996 nur 101 ha für Rotweine und 39 ha für Weißweine) bildet die Fortsetzung des Entre-Deux-Mers im eigentlichen Sinne auf dem linken Ufer der Dordogne ; doch die Rotweine werden praktisch immer unter der Appellation Bordeaux verkauft.

DOM. DU BARRAIL La Charmille 1995*

| ■ | 1,5 ha | 6 000 | 🍴📖♦ | 30-50 F |

Nachdem Yves Armand im letzten Jahre seine Produktion roter Premières Côtes glänzend einführte, bestätigt er seine Leistung mit diesem gut gelungenen 95er. Es fällt schwer, dem Charme seines Buketts und den eleganten, warmen Noten von pürierten Früchten und Geröstetem zu widerstehen. Der lange, feine, rassige Geschmack enttäuscht nicht.
🍷 Yves Armand et Fils, GFA Ch. La Rame, 33410 Sainte-Croix-du-Mont,
Tel. 05.56.62.01.50, Fax 05.56.62.01.94 ✔
🍷 Mo-Fr 8h30-12h 13h30-19h ; Sa, So n. V.

CH. BARREYRE
Elevé en fûts de chêne 1995*

| ■ | 13 ha | 93 000 | 🍴📖♦ | 30-50 F |

Dieser Cru, ein schönes Gut über der Garonne, das gerade den Besitzer gewechselt hat, hat die Prüfung, die ihm dieser recht schwierige Jahrgang auferlegte, sehr gut bestanden. Er kündigt sich durch eine klare, intensive Farbe an und entfaltet ein hübsches, würziges Bukett und einen Geschmack, den sein Bau und seine Ausgewogenheit bereits angenehm machen, dabei aber schöne Entwicklungsperspektiven innerhalb von zwei Jahren und mehr bewahren.
🍷 Martung-Desmartis-Labreveux, Ch. Barreyre, 33550 Langoiran, Tel. 05.56.67.02.03, Fax 05.56.67.59.07 ✔ 🍷 tägl. 9h-18h

CH. BRETHOUS 1994*

| ■ | 12 ha | 20 000 | 📖 | 30-50 F |

Auch wenn die Verdiers für die Herzlichkeit ihres Empfangs besonderes Lob verdienen, vernachlässigen sie darüber nicht die Arbeit im Weinberg und im Keller. Zeuge dafür ist dieser gutgebaute, ausgewogene 94er, der sich aufgrund seiner aromatischen Entfaltung, vor allem im Abgang, als sehr gefällig erweist.
🍷 François et Denise Verdier, Ch. Brethous, 33360 Camblanes, Tel. 05.56.20.77.76, Fax 05.56.20.08.45 ✔ 🍷 Mo-Sa 8h30-12h 14h-18h ; So n. V.

CH. DE CAILLAVET
Cuvée Prestige 1995*

| ■ | 3,5 ha | 23 000 | 📖 | 30-50 F |

Dieses Château war Zeuge der stürmischen Liebesbeziehung zwischen dem Schriftsteller Anatole France und Léontine de Caillavet. Dieser Wein, die im Barriquefaß ausgebaue Cuvée Prestige dieses großen Guts (insgesamt 63 ha), wird der Zuwendung gerecht, die er in reichem Maße erfahren hat. Seine kräftige Farbe, sein intensives Bukett, sein geschmeidiges und zugleich kräftiges Gerüst und sein tanninhaltiger Abgang - alles weist darauf hin, daß man ihn die notwendige Zeit (ein bis drei Jahre) lagern sollte, damit das Holz vollständig verschmelzen kann.
🍷 SCEA de Caillavet, Ch. de Caillavet, 33550 Capian, Tel. 05.56.72.30.02, Fax 05.56.72.13.23 ✔ 🍷 n. V.
🍷 MAAF Assurances

CH. CAPON 1995

| ■ | k. A. | k. A. | | -30 F |

Die Firma Cheval Quancard, die in den Premières Côtes recht gut vertreten ist, erzeugt hier mehrere Weine, darunter diesen hier, der in seiner geschmacklichen Entfaltung tanninbetont ist, sich aber angenehm duftig zeigt (reife Früchte) und eine gute Extraktion beweist. Der 94er Château de Paillet Quancard desselben Erzeugers ist von der Jury ebenfalls berücksichtigt worden.
🍷 Cheval Quancard, rue Barbère, 33440 Ambarès, Tel. 05.56.33.80.60, Fax 05.56.33.80.70 🍷 n. V.

CH. CARSIN Cuvée noire 1995**

| ■ | k. A. | 6 200 | 📖 | 50-70 F |

Diese Sondercuvée, die das Ergebnis einer strengen Auslese von der Rebsorte Merlot (67 %) ist, hat von ihrem Ausbau im Holzfaß deutlich profitiert. Dieses hat weder den soliden, wohlausgewogenen Körper des Weins noch sein Bukett mit dem kräftigen Duft nach Gewürzen und getoastetem Brot erstickt. Die ein wenig strengere, aber gutgebaute Hauptcuvée (ohne spezielle Bezeichnung), die drei Rebsorten des Bordelais zu gleichen Teilen kombiniert und ebenfalls im Barriquefaß ausgebaut worden ist, wurde von der Jury ausgewählt, aber ohne Stern.
🍷 GAF Ch. Carsin, 33410 Rions, Tel. 05.56.76.93.06, Fax 05.56.62.64.80 🍷 n. V.
🍷 Juha Berglund

CH. DE CHELIVETTE 1994

| ■ | 2,05 ha | 15 000 | 🍴📖♦ | 30-50 F |

Selbst wenn dieser Wein vom Holz ein wenig verraten wird, bleibt er angenehm und gutgebaut dank der Vielfalt seines Buketts und der Ausgewogenheit seines Geschmacks. Erinnern wir hier an die zwei Sterne des 93ers in der Ausgabe 1997.
🍷 Jean-Louis Boulière, Ch. de Chelivette, B.P. 6, 33560 Sainte-Eulalie, Tel. 05.56.06.11.79, Fax 05.56.38.01.97 ✔ 🍷 Mo-Sa 9h30-12h 14h30-17h30 ; Aug. geschlossen

CLOS BOURBON 1995*

| ■ | k. A. | 15 000 | 📖 | 30-50 F |

Der erste von der gegenwärtigen Mannschaft erzeugte Jahrgang. Dieser Wein kann durch sein ein wenig an Fleisch erinnerndes Bukett überraschen, aber seinem Aroma mangelt es nicht an Charme mit sympathischen würzigen Noten, die angenehm mit der allgemeinen Ausgewogenheit, dem Gerüst und dem geschmacklichen Abgang harmonieren.

Zwischen Garonne und Dordogne

☛ SCEA Clos Bourbon, Côte de Bourbon,
33550 Paillet, Tel. 05.56.72.11.58,
Fax 05.56.62.12.59 ✅ ☒ n. V.
☛ Boyer

CH. CLOS CHAUMONT 1994

| ■ | 2,5 ha | 9 000 | ◐ | 50-70 F |

Die zweite Ernte für dieses Gut, das 1993 zum Weinbau zurückgekehrt ist. Dieser Wein ist in seinem aromatischen Ausdruck ein wenig streng, aber er zeigt eine gute Entfaltung im Geschmack.

☛ EARL Clos Chaumont, Chaumont,
33550 Haux, Tel. 05.56.23.37.23,
Fax 05.56.23.30.54 ✅ ☒ n. V.
☛ Verbeek

CH. CLUZEL 1994*

| ■ | 9 ha | k. A. | ◐ | 30-50 F |

Dieser Cru, der einst unter dem Namen Cruzel ein bischöfliches Gut war, präsentiert hier einen Wein, den man nicht mehr altern lassen muß. Er zeigt sich schon jung sehr angenehm, mit einem hübschen Backpflaumenaroma und gut verschmolzenen Tanninen.

☛ SARL Cluzel, Dom. de Cluzel,
33270 Bouliac, Tel. 05.56.20.52.12,
Fax 05.56.20.59.13 ✅ ☒ n. V.
☛ Rechenmann

CH. DUDON Cuvée Jean-Baptiste 1994

| ■ | 1 ha | 6 528 | ◐ | 30-50 F |

Geschaffen wurde dieses Château von Dudon, einem Royalisten, der mit der versuchten Verbannung der Parlamentsmitglieder durch Maupeou unter König Ludwig XV. verbunden war. Es gehört heute dem Händler Jean Merlaut. Der sehr deutlich spürbare Holzton engt das Bukett dieses 94ers ein wenig ein; trotzdem erscheint der Wein bezaubernd und elegant. Eine Flasche, die sehr angenehm schmeckt, wenn man sie jung trinkt.

☛ Jean Merlaut, Ch. Dudon, 33880 Baurech, Tel. 05.56.21.31.51, Fax 05.56.21.33.95 ✅ ☒ n. V.

CH. FAYAU Cuvée Jean Médeville 1995*

| ■ | 4 ha | 25 000 | ▮ ◐ | 30-50 F |

Dieser Wein, eine Sondercuvée, hat von seinem Ausbau im Faß profitiert, denn das Holz verbindet sich harmonisch mit der Frucht, so daß das Ganze recht duftig ist und eine angenehme Struktur besitzt.

☛ SCEA Jean Médeville et Fils, Ch. Fayau,
33410 Cadillac, Tel. 05.57.98.08.08,
Fax 05.56.62.18.22 ✅ ☒ tägl. 8h30-12h 14h-18h

CH. GALLAND-DAST 1994

| ■ | 2,6 ha | 16 000 | ◐ | 30-50 F |

Dieser 94er, der von einem sympathischen, kleinen Gut stammt, ist schlicht, aber angenehm aufgrund seiner Ausgewogenheit und seiner wohldosierten Tanninunterstützung. Wenn man diesen Wein jung serviert, ist er überaus gefällig.

☛ SCEA du Ch. Galland-Dast, 33880 Cambes,
Tel. 05.56.20.87.54 ✅ ☒ n. V.
☛ GFA Petit-Galland

Premières Côtes de Bordeaux

CH. DU GRAND MOUEYS 1994*

| ■ | 32 ha | 150 000 | ◐ | 30-50 F |

Wenn ein Jahrgang gelingt, ist das gut, aber sein Können zu bestätigen ist manchmal schwieriger. Das hat dieser Cru mit seinem 94er getan. Entsprechend einem sehr hübschen 93er entfaltet er ein feines, komplexes Bukett sowie eine stattliche, kräftige Struktur. Der Château du Piras vom selben Erzeuger hat ebenfalls einen Stern erhalten.

☛ SCA Les Trois Collines, Ch. du
Grand Mouëys, 33550 Capian,
Tel. 05.57.97.04.66, Fax 05.57.97.04.60 ☒ tägl.
8h30-12h30 13h30-18h
☛ C. Bömers

CH. DU GRAND PLANTIER 1995**

| ☐ | 14 ha | k. A. | ▮ ♦ | 30-50 F |

Dieser Cru, der gleichzeitig Rotweine, Rosés, süße und trockene Weißweine erzeugt, bietet uns hier einen süßen Premières Côtes, der aufgrund seiner strahlend goldgelben Farbe, seines von der Edelfäule geprägten Buketts und seines ausgewogenen, langen und angenehmen Geschmacks recht typisch ist.

☛ GAEC des Vignobles Albucher, Ch. du
Grand Plantier, 33410 Monprimblanc,
Tel. 05.56.62.99.03, Fax 05.56.76.91.35 ✅ ☒ n. V.

CH. GRAVELINES 1995

| ☐ | 8,85 ha | 36 000 | ▮ | 30-50 F |

Auch wenn es diesem klaren, gut gemachten Wein an Sonne fehlt, ist er doch angenehm aufgrund seiner Rundheit, der Ausgewogenheit seiner Struktur und der Feinheit seines Buketts. Der rote 95er ist von unserer Jury ebenfalls ohne Stern berücksichtigt worden.

☛ Domaines Dubourg, Ch. Gravelines,
33490 Semens, Tel. 05.56.62.02.01,
Fax 05.56.76.71.91 ✅ ☒ n. V.
☛ Dubourg

CH. GRIMONT 1995

| ■ | 10 ha | 60 000 | ◐ | 30-50 F |

Dieser Wein, die Spitzencuvée, aber auch die Hauptproduktion von Pierre Young, hat keine große Konzentration, aber er ist gut gemacht und entfaltet ein feines, fruchtiges Aroma. Der 95er Château Sissan ist ebenfalls von unserer Jury mit der gleichen Note ausgewählt worden.

☛ SCEA Pierre Yung et ses Fils, Ch. Grimont,
33360 Quinsac, Tel. 05.56.20.86.18,
Fax 05.56.20.82.50 ✅ ☒ n. V.

CH. JORDY-D'ORIENT
Vieilli en fût de chêne 1995*

| ■ | 6 ha | 4 000 | ▮ ◐ | 30-50 F |

Dieser Jahrgang, der einen Fortschritt gegenüber dem 94er darstellt, läßt Gutes für die Zukunft dieses 1990 entstandenen Guts erahnen. Er hat eine tiefrote Farbe und durchsticht die Feinheit und die Komplexität des Buketts aus, bevor er eine Haltung im Geschmack zeigt. Sein Körper legt nahe, ihn zwei bis drei Jahre zu lagern.

☛ Laurent Descorps, Ch. Haut-Liloie,
33760 Escoussans, Tel. 05.56.23.94.23,
Fax 05.57.34.40.09 ✅ ☒ n. V.

Zwischen Garonne und Dordogne — Premières Côtes de Bordeaux

CH. JOURDAN 1995

■ k. A. k. A. ■ ◐ ♦ -30 F

Dieser Wein kommt von einem ins Mittelalter zurückreichenden Gut, das König Eduard III. gegenüber abgabepflichtig war. Er ist im Duft fruchtig und im Geschmack rund. Er ist schon heute gefällig, aber dank seines Gerüsts und seiner Ausgewogenheit kann er drei bis vier Jahre altern.

🡒 A. de Luze et Fils, Dom. du Ribet,
33450 Saint-Loubès, Tel. 05.57.97.07.20,
Fax 05.57.97.07.27
🡒 SCEV du ch. Jourdan

CH. DU JUGE 1995

■ k. A. k. A. 30-50 F

Ein Gut, das in seiner Architektur klassisch für das Bordelais ist, und ein ebenso klassischer Wein mit einem zarten, fruchtigen Aroma und einem kräftig gebauten Geschmack.

🡒 Pierre Dupleich, Le Juge, rte de Branne,
33410 Cadillac, Tel. 05.56.62.17.77,
Fax 05.56.62.17.59 ⚏ n. V.
🡒 Chantal David

CH. LABATUT-BOUCHARD 1994★★

■ k. A. k. A. ■ ◐ ♦ 30-50 F

Dieser oberhalb des mittelalterlichen Dorfs Saint-Macaire gelegene Cru besitzt nicht nur eine schöne Umgebung, sondern auch ein erstklassiges Anbaugebiet. Dieser sehr hübsche Wein bringt alle darin steckenden Möglichkeiten zum Ausdruck. Er hat eine intensive purpurrote Farbe und entfaltet ein kräftiges Bukett mit schönen Ledernoten, die durch eine solide Struktur, die durch ein wunderbares Rückaroma verlängert wird. Ein bemerkenswerter Wein, der sich entwickeln muß.

🡒 SCEA des Vignobles Bouchard, Ch. Labatut-Bouchard, 33490 Saint-Maixant,
Tel. 05.56.62.02.44, Fax 05.56.62.09.46 ✓
⚏ Mo-Fr 9h-12h30 13h30-19h ; Sa, So n. V.

CH. LA BERTRANDE 1995★

■ k. A. 8 800 ■ ♦ -30 F

Erzeugt auf den Anhöhen, die das Landhaus von Cadillac überragen, zeigt dieser Wein aufgrund der Intensität seiner Farbe, daß er die Sonneneinstrahlung auf den Hängen ausnutzen konnte. Er duftet angenehm (rote Früchte und Gewürze) und entwickelt sich mit viel Charme im Geschmack, den man als sanft, rund und füllig wahrnimmt, unterstützt durch gute Tannine. Die weniger harmonische 94er Cuvée (im Eichenholzfaß ausgebaut) ist ohne Stern berücksichtigt worden.

🡒 Vignobles Anne-Marie Gillet, Ch. La Bertrande, 33410 Omet, Tel. 05.56.62.19.64, Fax 05.56.76.90.55 ✓ ⚏ n. V.

CH. LA CHEZE Cuvée Tradition 1994★★

■ 5 ha 20 000 ■ 30-50 F

Dieser Cru, der von einem alten Herrenhaus beherrscht wird, war 1994 besonders erfolgreich mit seiner Hauptcuvée. Das frische, zarte Bukett besitzt auch eine gute Komplexität mit Noten von Früchten, Cachou (leicht bittere Lakritze) und Backpflaumen. Der Geschmack behält die gleichen Merkmale bei und stützt sich auf eine gute Struktur, die von sanften, seidigen Tanninen gebildet wird.

🡒 SCEA Ch. La Chèze, 33550 Capian,
Tel. 05.56.72.30.63, Fax 05.56.72.11.77 ✓ ⚏ n. V.
🡒 J.-P. Sancier

CH. LA CROIX BOUEY 1995

■ 3,9 ha 30 000 ■ ♦ -30 F

Hier ließ Régine Deforges die Handlung ihres Romans La Bicyclette bleue spielen. Dieser Wein ist gut gebaut, ohne ein Athlet zu sein. Seine aromatische Eleganz verleiht ihm einen angenehmen Charakter, den man genießen kann, ohne den Wein zu lagern.

🡒 Vignobles Bouey, 9, rte Dutoya,
33490 Saint-Maixant, Tel. 06.08.60.79.87,
Fax 06.56.72.62.29 ✓ ⚏ Mo-Fr 8h-18h ; Sa, So n. V.

CH. LAGAROSSE 1994

■ 27 ha 68 000 ◐ 30-50 F

Die Besonderheit der stark durch Merlot (80 %) geprägten Bestockung findet sich im Charakter dieses Weins wieder, der eine angenehme Rundheit besitzt. Er ist nicht sehr komplex, aber dennoch liebenswert.

🡒 Laurencin, Ch. Lagarosse, B.P. 18,
33550 Tabanac, Tel. 05.56.67.13.31,
Fax 05.56.67.12.64 ✓ ⚏ n. V.

CH. LAGORCE Vieilli en fût de chêne 1994

■ 12 ha 4 000 ◐ 30-50 F

Dieser Wein, eine im Eichenholzfaß gereifte Cuvée, die zu gleichen Teilen Merlot und Cabernet kombiniert, ist nicht sehr korpulent, aber kräftig genug gebaut, daß der Ausbau nicht die Frucht dominiert und auf die Zartheit des Buketts Rücksicht nimmt.

🡒 Marcel Baudier, Ch. Lagorce,
33550 Langoiran, Tel. 05.56.67.01.52 ✓ ⚏ n. V.

CH. LAMOTHE DE HAUX 1995★

■ 39 ha 200 000 ■ ◐ 30-50 F

Ein schönes Gut und ein hübscher Wein, der in einer nicht gerade geringen Stückzahl hergestellt wird. Niemand wird es bedauern, wenn er ihn probiert. Entsprechend seiner Erscheinung (intensive Farbe und würziges Bukett) ist der Geschmack angenehm, mit einer guten Struktur, einer harmonischen Ausgewogenheit und einem langen Abgang.

🡒 Fabrice Néel, Ch. Lamothe, 33550 Haux,
Tel. 05.57.34.53.00, Fax 05.56.23.24.49 ✓ ⚏ n. V.

CH. LANGOIRAN
Cuvée Prestige Elevé en fût de chêne 1995★

■ 6 ha 37 000 ◐ 30-50 F

Diese im Eichenholzfaß ausgebaute Cuvée, der Spitzenwein des Guts, verführt durch ihr Bukett mit den feinen fruchtigen und holzigen Noten. Der von einem schönen Körper unterstützte Geschmack ist füllig, elegant und konzentriert.

🡒 SC Ch. Langoiran, Le Pied du Château,
33550 Langoiran, Tel. 05.56.67.08.55,
Fax 05.56.67.32.87 ✓ ⚏ n. V.

Zwischen Garonne und Dordogne — Premières Côtes de Bordeaux

CH. LA PRIOULETTE 1995
■　　　　　3 ha　　10 000　　🍷🍷🥂　30-50F

Dieser Wein besitzt zwar die Gabe, durch eine intensive, tiefe Farbe auf sich aufmerksam zu machen, aber er ist danach zurückhaltender im Duft. Doch der Geschmack hinterläßt einen wohlausgewogenen Gesamteindruck. Der liebliche Weißwein ist von unserer Jury ebenfalls berücksichtigt worden.
☙ SC du Ch. La Prioulette, 33490 Saint-Maixant, Tel. 05.56.62.01.97, Fax 05.56.76.70.79 ✉ ☎ n. V.

CH. LE DOYENNE 1995
■　　　　3,04 ha　　14 600　　🍷🍷　30-50F

Ein schönes Gironde-Haus und ein Wein, der in seinem aromatischen Ausdruck ein wenig verschlossen ist. Aber er ist angenehm aufgrund der Sanftheit und Ausgewogenheit seiner Entfaltung, die in einen hübschen Abgang mündet.
☙ Ch. Le Doyenné, 27, chem. de Loupes, 33880 Saint-Caprais-de-Bordeaux, Tel. 05.56.78.75.75, Fax 05.56.21.30.09 ✉ ☎ n. V.

CH. LE SENS Vieilli en fût de chêne 1994**
■　　　　10 ha　　30 000　　🍷🍷　30-50F

Mit diesem Jahrgang startet Francis Courrège ! Die dunkle, tiefe Farbe, die sich zwischen Rubin- und Purpurrot bewegt, kündigt sofort die nachfolgenden Qualitäten an : ein sehr komplexes Bukett, eine schöne Ansprache, eine reichhaltige, dichte Tanninstruktur, einen langen Abgang. Alles deutet auf ein erstklassiges Potential hin. Der 94er Château La Joffrière hat einen Stern erhalten.
☙ Francis Courrèges, 31, chem. des Vignes, 33880 Saint-Caprais-de-Bordeaux, Tel. 05.56.21.32.87, Fax 05.56.21.37.18 ✉ ☎ n. V.

CH. DE LESTIAC
Cuvée Prestige Elevé en fût de chêne 1995**
■　　　　10 ha　　70 000　　🍷🍷　30-50F

[Etikett: PRODUCE OF FRANCE — 1995 — CHATEAU DE LESTIAC — PREMIÈRES CÔTES DE BORDEAUX — Appellation Premières Côtes de Bordeaux Contrôlée — G.A.E.C. GONFRIER FRÈRES - EXPLOITANT - 33550 LESTIAC - FRANCE — 12,5% vol. — Cuvée Prestige — 75 cl — MIS EN BOUTEILLE AU CHATEAU — ELEVÉ EN FÛT DE CHÊNE]

Diese schöne, im Eichenholzfaß ausgebaute Cuvée bestätigt die Entwicklung des Cru im Laufe der letzten Jahre. Sie kündigt sich durch eine frische, tiefe Farbe an und enthüllt ihre starke Persönlichkeit durch ihr Bukett, das ebenso elegant wie komplex ist (schwarze Früchte, warme Brotkrume und Röstkaffee). Danach eine prächtige Ansprache im Geschmack, wo sie eine freigebige, tanninreiche, ausgewogene Struktur entfaltet. Ein langer Abgang beschließt das Ganze harmonisch und lädt dazu ein, diese Flasche drei bis fünf Jahre im Keller aufzuheben.
☙ GAEC Gonfrier Frères, 33550 Lestiac, Tel. 05.56.72.14.38, Fax 05.56.72.10.38 ✉ ☎ n. V.

CH. LIGASSONNE 1994
■　　　　3 ha　　3 000　　🍷🍷　30-50F

Ein hübscher Name für diesen recht bukettreichen Wein, in dessen guter Struktur man eine nicht unerhebliche Gerbsäure spürt.
☙ Bordenave-Dauriac, Ch. Ligassonne, 33550 Langoiran, Tel. 05.56.67.54.22 ✉ ☎ n. V.

CH. MACALAN 1995
■　　k. A.　　k. A.　　🍷🍷🥂　–30F

Auch wenn sich dieser Wein zum Zeitpunkt unserer Verkostung nur schwierig beurteilen ließ, weil das Holz sehr deutlich zu spüren war, scheint er dennoch ein hübsches Potential zu besitzen mit einem guten aromatischen Ausdruck und einer soliden Struktur.
☙ Jean-Jacques Hias, Ch. Macalan, 20, rue des Vignerons, 33560 Sainte-Eulalie, Tel. 05.56.38.92.41, Fax 05.56.38.92.41 ✉ ☎ n. V.

CH. MATHEREAU 1995**
■　　　　11 ha　　50 000　　🍷🍷　30-50F

Philippe Boulière gehört zu einer Familie, die eng mit den Hängen der Garonne verbunden ist, und beweist uns hier sein Können : eine kräftige Farbe, ein Bukett mit intensiven Röstnoten, eine großzügige Ansprache, Körper, einen langen Abgang - alles läßt eine günstige Entwicklung dieses Weins in den kommenden drei bis vier Jahren voraussagen.
☙ Philippe Boulière, Ch. Mathereau, 33560 Sainte-Eulalie, Tel. 05.56.06.05.56, Fax 05.56.38.02.01 ✉ ☎ n. V.

CH. MAUTRET 1995
■　　　　11 ha　　84 000　　🍷🍷　30-50F

Das Bukett scheint zwar noch nicht seinen endgültigen Ausdruck gefunden zu haben, aber der Geschmack enthüllt einen recht kräftigen Bau von guter Länge.
☙ Jacques Mouras, Ch. Mautret, 33490 Semens, Tel. 05.56.62.05.27, Fax 05.56.62.09.10 ✉ ☎ n. V.

CH. MELIN Elevé en fût de chêne 1995**
■　　　　12,5 ha　　35 000　　🍷🍷　30-50F

Der Ausbau im Barriquefaß ist zwar manchmal heimtückisch, doch diesem Los ist der Wein hier dank seines soliden Baus entgangen. Die Erscheinung ist vielversprechend mit einer intensiven, strahlenden Farbe und einem Bukett von großer Eleganz. Die Folgeeindrücke enttäuschen nicht : Die Tannine sind spürbar, aber nicht erdrückend, das Aroma ist von schöner Komplexität, und der Abgang zeigt sich angenehm lang. Der bescheidenere, aber ebenfalls gutgebaute Château Constantin desselben Erzeugers hat einen Stern erhalten.
☙ Vignobles Claude Modet, Constantin, 33880 Baurech, Tel. 05.56.21.34.71, Fax 05.56.21.37.72 ✉ ☎ n. V.

Zwischen Garonne und Dordogne — Premières Côtes de Bordeaux

CH. MEMOIRES
Vieilli en fût de chêne 1995*

| | 12 ha | 50 000 | | 30-50 F |

Die vor allem für ihre süßen Weine bekannten Vignobles Ménard bieten auch andere Weine an, darunter diesen hübschen Premières Côtes. Er hat eine schöne Erscheinung und weist durch seine Farbe auf seine Jugend hin. Das noch zurückhaltende, aber schon komplexe Bukett ist ein gutes Omen, ebenso wie der Geschmack, in dem man erstklassigen, kraftvollen Stoff spürt, der gleichzeitig sanft und ausgewogen ist.
- SCEA Vignobles Ménard, Ch. Mémoires, 33490 Saint-Maixant, Tel. 05.56.62.06.43, Fax 05.56.62.04.32 n. V.

CH. MESTREPEYROT 1995**

| | 5 ha | 22 000 | | 30-50 F |

»Maître Petit Pierre« - im Unterschied zur Bescheidenheit seines Namens zeigt dieser Wein seinen Reichtum ohne Hemmung durch eine schöne goldene Farbe. Das Bukett ist noch zurückhaltend. Seine Komplexität (Honig, kandierte Früchte, Röstgeruch) kündigt die des Geschmacks an : füllig, stattlich, geschmeidig und elegant. Ein ebenso zauberhafter wie harmonischer Wein.
- GAEC Vignobles Chassagnol, Bern, 33410 Gabarnac, Tel. 05.56.62.98.00, Fax 05.56.62.93.23 n. V.

CH. DES MILLE ANGES 1995

| | 15 ha | k. A. | | -30 F |

»Schloß der tausend Engel« - ein poetischer Name für einen in seiner Schlichtheit sympathischen Wein. Rund und zart duftig (Sauerkirschen). Er wird angenehm schmecken, wenn man ihn jung trinkt.
- H. Van Ekris, SARL Mille Anges, 33490 Saint-Germain-de-Graves, Tel. 05.56.76.41.04, Fax 05.56.76.46.72 n. V.

CH. MONTJOUAN 1995

| | 7 ha | k. A. | | 50-70 F |

Dieser im Stil etwas altmodische Wein wird manche durch seine Strenge überraschen. Aber andere werden sich freuen, wenn sie seinen schönen Bau entdecken, auf den eine sehr tanninreiche Ansprache hinweist.
- Anne-Marie Le Barazer, Ch. Montjouan, 33270 Bouliac, Tel. 05.56.20.52.18, Fax 05.56.20.90.31 n. V.

DOM. DU MOULIN 1995*

| | 8 ha | 25 000 | | 30-50 F |

Dieser 95er, der vom selben Erzeuger wie der Château Peyruchet (Cadillac) stammt, eignet sich hervorragend für eine Weinprobe : Die Freunde sehr tanninreicher Weine werden ihn vielleicht als ein wenig einschmeichelnd beurteilen; aber diejenigen, die runde, aromatische Weine lieben, werden vorbehaltlos seine Sanftheit wie auch seinen hübschen, fruchtig-blumigen Duft schätzen.
- Gillet-Queyrens, Ch. Peyruchet, 33410 Loupiac, Tel. 05.56.62.62.71, Fax 05.56.62.92.09 n. V.

CH. MOULIN DE CORNEIL 1995

| | 2,5 ha | 12 000 | | 30-50 F |

Obwohl dieser Wein im Abgang ein wenig kurz ist, zeigt er sich doch sympathisch aufgrund seiner Gesamtausgewogenheit und der Feinheit seines aromatischen Ausdrucks (Lebkuchen und Orangenschale).
- GAEC Bonneau Père et Fils, Ch. Moulin de Corneil, 33490 Pian-sur-Garonne, Tel. 05.56.76.44.26, Fax 05.56.76.43.70 tägl. 8h-20h

CH. PASCOT Cuvée Prestige 1994*

| | 1,5 ha | 10 000 | | 30-50 F |

Dieser Wein, eine im Barriquefaß ausgebaute Cuvée, ist noch vom Holz geprägt, aber dieses ist von guter Qualität, und die Tanninstruktur reicht ebenso wie das Bukett (Pfirsiche, Backpflaumen und kandierte Früchte) aus, daß das Ganze innerhalb von zwei bis vier Jahren verschmelzen kann.
- Nicole et Frédéric Doermann, Ch. Pascot, 33360 Latresne, Tel. 05.56.20.78.19, Fax 05.56.20.78.19 n. V.

CH. DU PAYRE 1995*

| | 11,5 ha | 80 000 | | 30-50 F |

Dieser Wein ist schon gefällig, aufgrund seines Buketts mit den feinen fruchtigen und würzigen Noten ebenso wie aufgrund seiner Gesamtausgewogenheit, die dem Ganzen eine leichte, aber erstklassige Struktur verleiht.
- SCEA Vignobles Arnaud et Marcuzzi, Le Vic, 33410 Cardan, Tel. 05.56.62.60.91, Fax 05.56.62.67.05 n. V.

CH. PECONNET 1995

| | 10 ha | 39 000 | | 30-50 F |

Die Mönche im Jahre 1677, dann die Nonnen von Péconnet : Dieser Cru ist der Erbe einer langen Vergangenheit. Trotz einer leicht bitteren Note im Abgang zeigt sich dieser Wein seines Baus würdig.
- SC de Châteaux de Quinsac-Village, Ch. Peconnet, 33360 Quinsac, Tel. 05.56.20.86.20, Fax 05.56.20.82.11 n. V.
- Amiel

CH. PENEAU 1995**

| | 4 ha | k. A. | | 30-50 F |

Ein schöner Kiessandboden über Kalkstein mit fossilen Seesternen und eine sorgfältige Vinifizierung - mehr braucht es nicht, um einen hüb-

Zwischen Garonne und Dordogne — Premières Côtes de Bordeaux

schen Wein hervorzubringen. Er kündigt sich durch eine goldene Farbe an, entfaltet ein sehr feines Bukett und bietet im Geschmack eine freigebige Ansprache, bevor er eine füllige, reiche, aromatische Struktur enthüllt. Der ebenso lange wie harmonische Abgang wird auf angenehme Weise die Leistung und läßt eine sehr günstige Entwicklung bei einer fünf- bis siebenjährigen Lagerung voraussagen. Ein beachtliches Debüt in unserem Weinführer.

• Ch. Péneau, 33550 Haux, Tel. 05.56.23.05.10, Fax 05.56.23.39.92 n. V.
• Dany Douence

CH. DU PEYRAT 1995

| | 61,69 ha | 250 000 | | 30-50 F |

Die im Verschnitt dominierenden Cabernet-Trauben drücken diesem Wein ihren Stempel auf. Im Geschmack macht die Tanninstruktur keine halbe Sache. Das Ganze muß sich verfeinern, scheint aber das dafür notwendig Potential zu haben.

• SCEA Ch. du Peyrat, Le Peyrat, 33550 Capian, Tel. 05.56.23.95.03, Fax 05.56.23.72.49 Mo-Sa 8h-12h 14h-18h

CH. DE PIC Cuvée Tradition 1995*

| | 4 ha | 20 000 | | 30-50 F |

Dieser Wein, die Spitzencuvée des Cru, erschien einigen Mitgliedern der Jury ein wenig technologisch. Andere hingegen wurden durch sein Potential und das Bukett verführt, das eine gelungene Vereinigung von reifen Früchten und Vanille bietet. Die nicht im Holzfaß ausgebaute Hauptcuvée wurde ebenfalls von unserer Jury berücksichtigt, aber ohne Stern.

• Masson Regnault, Ch. de Pic, 33550 Le Tourne, Tel. 05.56.67.07.51, Fax 05.56.67.21.22 n. V.

CH. DU PIN-FRANC 1995

| | 2 ha | 11 000 | | -30 F |

Lieblich, angenehm bukettreich, mit dem sympathischen Duft von Rosinen, die mit Honig vermischt sind, und getragen von einer leichten, aber erstklassigen Struktur - dieser 95er erinnert mehr an Weine aus rosinierten Trauben als an süße Weine aus edelfaulen Trauben.

• SCV Jean Queyrens et Fils, Le Grand Village, 33410 Donzac, Tel. 05.56.62.97.42, Fax 05.56.62.10.15 n. V.

CH. DE PLASSAN 1994

| | 14,25 ha | 70 000 | | 30-50 F |

Dieser Wein stammt von einem Cru, der durch seine elegante Chartreuse (kleines Landhaus) berühmt ist. Er stützt sich auf eine feine Struktur, aber seine Ausgewogenheit ist gut und harmoniert gut mit der Zartheit des Buketts,

• Jean Brianceau, Ch. de Plassan, 33550 Tabanac, Tel. 05.56.67.53.16, Fax 05.56.67.26.28 n. V.

CH. PRIEURE SAINTE-ANNE 1995*

| | 1,2 ha | 6 500 | | 30-50 F |

Dieser auf einem nicht einmal zwei Hektar großen Gut erzeugte Wein ist hinsichtlich seiner Stückzahl ein wenig unscheinbar, was ihn aber nicht daran hindert, sich ausdrucksstark zu zeigen: aufgrund seines komplexen Buketts (rote Früchte, Blumen und Gewürze) wie auch aufgrund seiner Struktur, die sanft und tanninreich zugleich ist, insbesondere im Abgang, wo die Tannine die Garanten für eine gute Alterung sind.

• Michel Hosten, Ch. Bellegarde, 33550 Lestiac-sur-Garonne, Tel. 05.56.52.61.10

CH. PUY BARDENS Cuvée Prestige 1995*

| | 10 ha | 50 000 | | 30-50 F |

Die im Barriquefaß ausgebaute Cuvée Prestige. Dieser Wein bereitete der gesamten Verkostung angenehm: Er hat eine hübsche tiefrote Farbe und entfaltet ein kräftiges Bukett (reife rote Früchte) und einen Geschmack ohne Schwachpunkt. Ein Hase à la royale dürfte dazu passen.

• Yves Lamiable, Ch. Puy Bardens, 33880 Cambes, Tel. 05.56.21.31.14, Fax 05.56.21.86.40 n. V.

CH. REYNON 1995**

| | k. A. | 63 000 | | 50-70 F |

Dieser Cru, auf den man sich in der Appellation fest verlassen kann, bietet erneut einen sehr hübschen Wein. Das Bukett vereint Feinheit und Komplexität, während der Geschmack schon in der Ansprache zeigt, daß er Sanftheit mit fruchtiger Struktur verbinden kann. Ein kraftvoller, eleganter Wein, der zwei bis drei Jahre lagern sollte.

• Denis et Florence Dubourdieu, Ch. Reynon, 33410 Béguey, Tel. 05.56.62.96.51, Fax 05.56.62.14.89 n. V.

CH. ROLLAND 1994

| | 8 ha | 21 000 | | 30-50 F |

Auch wenn sein Bukett ein wenig zurückhaltend ist, zeigt sich dieser Wein gefällig. Seine schöne Erscheinung (intensive, klare Farbe) wird nicht durch den Geschmack widerlegt, in dem man seidige, gut verschmolzene Tannine entdeckt.

• SCEA R. Gautier et Fils, Ch. Rolland, 33490 Saint-Maixant, Tel. 05.56.62.02.41, Fax 05.56.76.70.22 n. V.

CLOS SAINTE-ANNE 1994*

| | 3,5 ha | 24 000 | | 30-50 F |

Der Ausbau im Barriquefaß hat diesen Wein stark geprägt, aber das Ganze ist gut gebaut, mit einem hübschen Aroma (Früchte und Tabak), erstklassigem Stoff und einer schönen Länge. In ein bis zwei Jahren dürfte alles verschmelzen.

• Sté des vignobles Francis Courselle, Ch. Thieuley, 33670 La Sauve, Tel. 05.56.23.00.01, Fax 05.56.23.00.01 n. V.

CH. DE TESTE 1995

| | 4 ha | 20 000 | | 30-50 F |

Dieser Wein ist angenehm, mit einer hübschen Farbe und einem feinen, fruchtigen Aroma. Der rote 95er Château Saint-Hubert von selben Erzeuger ist ebenfalls ohne Stern ausgewählt worden.

• EARL Vignobles Laurent Réglat, Ch. de Teste, 33410 Monprimblanc, Tel. 05.56.62.10.65, Fax 05.56.62.98.80 n. V.

Zwischen Garonne und Dordogne

CH. VIEILLE TOUR
Vieilli en fût de chêne 1995*

| | 1,5 ha | 6 666 | | 30-50 F |

Der rote 95er Château Vieille Tour, der mit seinem eleganten Aussehen und seinem sympathischen Bukett recht einschmeichelnd ist, hat eine wirklich einfache Struktur. Er wurde von der Jury lobend erwähnt, die diesem gutgebauten, im Barriquefaß ausgebauten Weißwein den Vorzug gegeben hat. Die Präsenz des Fasses ist noch ausgeprägt, dürfte aber verschmelzen, so daß ein Wein zustande kommt, der keine beträchtliche Fülle haben, aber einschmeichelnd sein wird.
➤ Arlette Gouin, 1, Lapradiasse, 33410 Laroque, Tel. 05.56.62.61.21, Fax 05.56.76.94.18 ✉ ⚏ n. V.

Graves de Vayres

Trotz des ähnlichen Namens hat dieses Weinbaugebiet, das nicht weit von Libourne entfernt auf dem linken Ufer der Dordogne liegt, nichts mit dem Weinbaubereich Graves zu tun. Die Graves de Vayres sind vielmehr mit einer verhältnismäßig kleinen Enklave verbunden, die andere Kiessandböden als das Entre-Deux-Mers besitzt. Diese Bezeichnung wurde seit dem 19. Jh. verwendet, bevor sie 1931 offiziell anerkannt wurde. Anfangs galt sie für trockene oder liebliche Weißweine, aber die Entwicklung geht gegenwärtig dahin, die Produktion der Rotweine zu erhöhen, die dieselbe Appellation in Anspruch nehmen dürfen.

Die gesamte Rebfläche des Anbaugebiets dieser Region umfaßt rund 360 ha für Rotweine und 165 ha für Weißweine (1996) ; ein großer Teil der Rotweine kommt unter den regionalen Appellationen von Bordeaux in den Handel.

CH. CANTELAUDETTE 1995

| | k. A. | 120 000 | | 30-50 F |

Ein zwischen Merlot und Cabernet ausgewogener Rebsatz bei diesem Wein mit der schillernden Farbe, dem diskreten Bukett von Früchten und Gewürzen und den runden, ausgewogenen Tanninen. Ein etwas flüchtiger Abgang im Geschmack läßt jedoch keine lange Alterung zu.
➤ Jean-Michel Chatelier, Cantelaudette, 33500 Arveyres, Tel. 05.57.24.84.71, Fax 05.57.24.83.41 ✉ ⚏ n. V.

Graves de Vayres

CH. CANTELOUP 1994

| | 8 ha | 30 000 | | 30 F |

Dieser 94er mit der schönen, kräftigen rubinroten Farbe gewinnt vor allem durch die Vielfalt seines Aromas, das an Leder, kandierte Früchte, Brombeeren und Efeu erinnert. Er ist sanft und harmonisch und läßt sich schon genußvoll trinken ; man darf ihn nicht zu lang aufheben.
➤ EARL Landreau, l'Hermette, 33750 Beychac-et-Caillau, Tel. 05.56.72.97.72, Fax 05.56.72.49.48 ✉ ⚏ n. V.

CH. DURAND-BAYLE 1995*

| | 20 ha | 100 000 | | 30-50 F |

Ein kiesiger Boden und eine klassische Bestockung auf der Grundlage von Merlot (60 %) und Cabernet-Sorten (40 %) für diesen 95er mit dem erwachenden Bukett von Backpflaumen, Vanille und Früchten. Die im Geschmack gut strukturierten Tannine entwickeln sich kraftvoll : Sie benötigen eine zwei bis fünfjährige Alterung, damit sie verschmelzen.
➤ SARL Michel Gonet et Fils, Ch. Lesparre, 33750 Beychac-et-Caillau, Tel. 05.57.24.51.23, Fax 05.57.24.03.99 ✉ ⚏ n. V.

CH. GAYAT 1996*

| | 6 ha | 20 000 | | 30-50 F |

Dieser Cru, der sich seit acht Generationen im Besitz der gleichen Familie befindet, liegt auf einem sandig-kiesigen Boden. Er bietet einen 96er mit einer schönen, strahlenden blaßgelben Farbe und einem unaufdringlichen Duft nach reifen Früchten. Er ist im Geschmack frisch und harmonisch und entwickelt sich füllig und rund. Ein sehr sympathischer Wein, den man im Freundeskreis trinken sollte.
➤ SCEA Ch. Gayat, 33870 Vayres, Tel. 05.57.87.12.43, Fax 05.57.87.12.61 ✉ ⚏ n. V.
➤ Degas

CH. JEAN DUGAY 1996

| | 2 ha | 10 000 | | 30 F |

Mit seinen hübschen Reflexen, die so grün wie Wasser sind, besitzt dieser trockene Weißwein alles, um zu verführen. Er duftet fruchtig und leicht animalisch und ist im Geschmack verschmolzen, dabei aber nervig. Ein ausgewogener Wein, den man schon heute genießen kann.
➤ GFA Jean-Claude et Nathalie Ballet, Ch. La Caussade, 33870 Vayres, Tel. 05.57.74.83.17, Fax 05.57.74.83.17 ✉ ⚏ n. V.

CH. LA CHAPELLE BELLEVUE
Cuvée Prestige Elevé en barrique 1994

| | 3,27 ha | 5 000 | | 30-50 F |

Dieser 94er ist eine klassische Cuvée Prestige mit ihrer tiefen rubinroten Farbe und dem konzentrierten Aroma von roten Früchten und Holzton. Im Geschmack ist die Tanninstruktur interessant, wenn auch noch ein wenig streng im Abgang. Ein Wein, den man in zwei bis drei Jahren trinken kann.
➤ Lisette Labeille, La Chapelle, 33870 Vayres, Tel. 05.57.84.90.39, Fax 05.57.74.82.40 ✉ ⚏ n. V.

Zwischen Garonne und Dordogne — Graves de Vayres

CH. LA CHAPELLE BELLEVUE
Cuvée Prestige Elevé en barrique 1995

☐ 1,09 ha 3 000 ⏺ 30-50F

Ein trockener Weißwein von schöner Erscheinung mit seiner strohgelben Farbe und seinem intensiven Aroma von Holz und Lakritze. Er ist im Geschmack ausgewogen, aber es mangelt ihm ein wenig an Lebhaftigkeit und Länge. Eine Flasche, die man bald trinken sollte.

☛ Lisette Labeille, La Chapelle, 33870 Vayres, Tel. 05.57.84.90.39, Fax 05.57.74.82.40 ✓ ⚐ n. V.

CH. LA PONTETE 1996

☐ 7 ha 5 000 ▮ -30F

Dieses auf einer hübschen Kieshochfläche gelegene Gut präsentiert regelmäßig klassische Weißweine, wie diesen 96er mit dem typischen Aroma von Feuerstein und Zitrusfrüchten, der im Geschmack frisch und nervig, ja sogar leicht säuerlich ist. Ein Wein, den man schon jetzt zu Meeresfrüchten trinken kann.

☛ GAEC Lacombe Père et Fils, Ch. La Pontête, 33870 Vayres, Tel. 05.57.74.76.99, Fax 05.57.74.76.99 ✓ ⚐ n. V.

CH. LESPARRE
Vieilli en fût de chêne 1995*

▮ 40 ha 320 000 ▮⏺ 30-50F

Château Lesparre gehört seit zehn Jahren der Familie Gonet, die seit sieben Generationen ein berühmter Champagnerhersteller ist. Der Wein profitiert von echtem Können, wie dieser 95er mit dem komplexen Duft nach reifen Früchten und Gewürzen bezeugt. Er ist im Geschmack samtig und bietet eine Empfindung von Kraft und Ausgewogenheit. Ein Wein, den man drei bis vier Jahre in seinem Keller altern lassen sollte.

☛ SARL Michel Gonet et Fils, Ch. Lesparre, 33750 Beychac-et-Caillau, Tel. 05.57.24.51.23, Fax 05.57.24.03.99 ✓ ⚐ n. V.

CH. LESPARRE 1996*

☐ 10 ha 30 000 ⏺ 30-50F

Die von einem Kiessandboden stammenden Sauvignon- und Sémillon-Trauben sind im Barriquefaß vergoren und dann auf der Hefe ausgebaut worden. Dieser im Duft holzbetonte und fruchtige 96er hinterläßt im Geschmack eine Empfindung von Frische, die sicherlich auf das Vorhandensein von Kohlensäure zurückgeht. Ein ausgewogener Wein, den man bald trinken muß.

☛ SARL Michel Gonet et Fils, Ch. Lesparre, 33750 Beychac-et-Caillau, Tel. 05.57.24.51.23, Fax 05.57.24.03.99 ✓ ⚐ n. V.

CH. LES TUILERIES DU DEROC
1995*

▮ k. A. 40 000 ▮ 30-50F

Das Vorhandensein von zahlreichen Steinen im Flußbett der Dordogne, am Rande des Weinbergs, und die Überreste einer alten Ziegelfabrik führten zur Entstehung von Château les Tuileries du Deroc, das dem gleichen Besitzer wie Château Montifaut gehört. Die kräftige rubinrote Farbe, das elegante Aroma von kandierten roten Früchten und die sanften, ausgewogenen Tannine machen diesen Wein zu einem unmittelbaren Genuß, aber man kann ihn auch ein paar Jahre aufheben.

☛ SCEA Colombier, Montifaut, voie communale 101, 33870 Vayres, Tel. 05.57.74.71.59, Fax 05.26.52.97.45 ✓ ⚐ n. V.

CH. L'HOSANNE
Elevé en barrique de chêne 1994

▮ 4 ha 20 000 ⏺ 30-50F

Die Rebsorte Merlot dominiert in diesem Wein mit dem intensiven Aroma von Früchten und Vanille, der im Geschmack einen kräftigen, voluminösen, tanninbetonten Eindruck hinterläßt. Man sollte dennoch mit einer ein- bis zweijährigen Alterung mehr Harmonie abwarten.

☛ SCEA Chastel-Labat, 124, av. de Libourne, 33870 Vayres, Tel. 05.57.74.70.55, Fax 05.57.74.70.36 ✓ ⚐ Mo-Sa 9h-12h 14h-19h ; So n. V.

CH. L'HOSANNE
Elevé en barrique de chêne 1995

☐ 1 ha 5 000 ⏺ 30-50F

Dieser im Barriquefaß vergorene und ausgebaute Weißwein ist sicherlich vom Eichenholz geprägt : Vanille- und Röstaroma, voluminöse Struktur, im Geschmack, die im Abgang sogar ein wenig schwer ist. Ein »typischer Barriquewein« für die Liebhaber solcher Weine.

☛ SCEA Chastel-Labat, 124, av. de Libourne, 33870 Vayres, Tel. 05.57.74.70.55, Fax 05.57.74.70.36 ✓ ⚐ Mo-Sa 9h-12h 14h-19h ; So n. V.

CH. MONTIFAUT 1995

▮ 1 ha 5 000 ▮ 30-50F

Der heutige Besitzer, Kellermeister in der Champagne, hat hier zu den Wurzeln seiner Familie zurückgefunden. Er hat einen Hektar Reben (70 % Merlot) für diesen 95er mit dem erwachenden Bukett von kleinen roten Früchten ausgewählt, der im Geschmack verschmolzene Tannine entfaltet. Dieser achtbare Wein ist trinkreif.

☛ SCEA Colombier, Montifaut, voie communale 101, 33870 Vayres, Tel. 05.57.74.71.59, Fax 05.26.52.97.45 ✓ ⚐ n. V.

CH. PICHON BELLEVUE 1995*

▮ 19,58 ha k. A. ▮ -30F

Dieser auf einem Kiesboden gelegene Cru gehört regelmäßig zu den besten der Appellation, wie sein 95er mit dem kräftigen Duft nach Brombeeren, schwarzen Johannisbeeren und Himbeeren bezeugt. Die geschmeidigen, fetten Tannine profitieren von einer schönen Ausgewogenheit und verleihen diesem Wein eine vielversprechende Zukunft. Man kann ihn vertrauensvoll in zwei bis drei Jahren aufmachen.

☛ EARL Ch. Pichon Bellevue, 33870 Vayres, Tel. 05.57.74.84.08, Fax 05.57.84.95.04 ✓ ⚐ n. V.
☛ Reclus

Sainte-Foy-Bordeaux

CH. DES CHAPELAINS
Elevé en fût de chêne 1995*

| | 3 ha | 20 000 | | 30-50 F |

Diese im Eichenholzfaß ausgebaute Sondercuvée ist eine Auslese von 3 ha, die mit Cabernet Sauvignon (60 %) und Merlot (40 %) bestockt sind. Beim 95er hat der Wein eine hübsche granatrote Farbe, ein komplexes, intensives Aroma von Gewürzen, Blüten und Holzgeruch und im Geschmack einen konzentrierten, festen und ausgewogenen Körper. Der noch strenge Abgang erfordert eine Alterung von mindestens drei bis sechs Jahren im Keller. Ein Verkoster schlägt vor, ihn zu einem Rehschlegel zu trinken, um damit das Jahr 2000 zu feiern.
• Pierre Charlot, Ch. des Chapelains, 33220 Saint-André-et-Appelles, Tel. 05.57.41.21.74, Fax 05.57.41.27.42 ✓ ⏳ tägl. 8h-12h 14h-18h (20. Dez.-1. April n. V.)

CH. COTES DES CARIS 1995

| | 0,44 ha | 3 450 | | 30-50 F |

Dieser Wein stammt von Reben aus biologischem Anbau. Er ist interessant aufgrund seines eleganten Aromas von Früchten und Gewürzen und aufgrund der Ausgewogenheit seiner Tannine, die in der Ansprache ganz rund sind und sich zu einer gewissen Festigkeit hin entwickeln. Dieser Wein wird sich nach zwei bis drei Jahren Lagerung im Keller besänftigen.
• Christian Guichard, 8, les Caris, 33220 Saint-André-et-Appelles, Tel. 05.57.46.16.25, Fax 05.57.46.47.63 ✓ ⏳ n. V.

CH. HOSTENS-PICANT 1995

| | 17 ha | 100 000 | | 50-70 F |

Das Château gehörte zu den ersten, die diese Appellation wieder aufleben ließen, und wird in unserem Weinführer regelmäßig erwähnt. Der 95er ist besonders interessant wegen seines intensiven aromatischen Ausdrucks von Erdbeeren und schwarzen Johannisbeeren und wegen seiner seidigen und sehr sanften Tannine. Ein Wein, der in den kommenden drei Jahren recht süffig ist.
• SCEA Ch. Hostens-Picant, Grangeneuve Nord, 33220 Les-Lèves-et-Thoumeyragues, Tel. 05.57.46.54.54, Fax 05.57.46.26.23 ✓
⏳ Mo-Fr 8h-12h 14h-18h
• Yves Picant

CH. HOSTENS-PICANT
Cuvée des Demoiselles 1996

| | 5 ha | 30 000 | | 50-70 F |

Diese im Barriquefaß ausgebaute Sondercuvée wird die Freunde holzbetonter Weißweine entzücken : Aroma von exotischen Früchten und vanilleartiger Holzton, zufriedenstellende geschmackliche Ausgewogenheit, aber vom Eichenholz dominiert. Man muß diesen Wein bald trinken, damit er nicht zu trocken ist.
• SCEA Ch. Hostens-Picant, Grangeneuve Nord, 33220 Les-Lèves-et-Thoumeyragues, Tel. 05.57.46.54.54, Fax 05.57.46.26.23 ✓
⏳ Mo-Fr 8h-12h 14h-18h

CH. LA VERRIERE Moelleux 1995*

| | 1 ha | k. A. | | 30-50 F |

Rund ein Hektar Reben wurden ausgewählt, um diesen lieblichen Weißwein zu erzeugen, der von spät gelesenen, in mehreren Durchgängen aussortierten Trauben stammt. Die Farbe ist golden. Das Wachs- und Aprikosenaroma balanciert sich mit den Lindenblütennoten aus. Der liebliche Geschmack ist harmonisch, vor allem im Abgang, wo der Nachgeschmack beeindruckend ist. Ein rassiger Wein, der angenehm zu trinken ist, aber ziemlich lang altern dürfte.
• André et Jean-Paul Bessette, GAEC La Verrière, 33790 Landerrouat, Tel. 05.56.61.36.91, Fax 05.56.61.41.12 ✓ ⏳ n. V.

CH. L'ENCLOS 1995*

| | 4 ha | 22 000 | | 30-50 F |

Dieses erst seit fünf Jahren wiederhergestellte Gut konnte seinen lehmig-kalkhaltigen und kiesigen Boden rasch zu seinem Vorteil nutzen, wie dieser 95er beweist, in dessen Bukett sich rote Früchte mit Vanillenoten vermischen. Der noch ein wenig strenge Abgang erfordert eine mindestens zweijährige Alterung im Keller.
• SCEA Ch. L'Enclos, Dom. de l'Enclos, Pineuilh, 33220 Sainte-Foy-la-Grande, Tel. 05.57.46.55.97, Fax 05.57.46.55.97 ⏳ n. V.

CH. LES MANGONS 1995*

| | 14 ha | 9 000 | | 30-50 F |

Ein wunderbar ausgewogener Rebsatz zwischen Merlot und Cabernet-Sorten bei diesem 95er mit der strahlenden purpurroten Farbe, dem ausdrucksvollen Duft nach roten Früchten und Gewürzen und den reifen, fleischigen, nachhaltigen Tanninen. Am Ende des Geschmackseindrucks dominieren noch rauchige Noten. Man sollte diese Flasche deshalb lieber zwei bis drei Jahre lagern, bevor man sie im Freundeskreis probiert.
• EARL Ch. Les Mangons, 33220 Pineuilh, Tel. 05.57.46.17.27, Fax 05.45.01.88.30 ✓ ⏳ n. V.
• Comps

CH. MARTET 1996

| | 5,55 ha | 44 000 | | -30 F |

In diesem klassischen Weißwein spürt man eine große technische Meisterschaft : blaßgelbe Farbe mit grünen Reflexen, Blütenduft, klare, aromatische Struktur im Geschmack, der noch durch die Kohlensäure geprägt ist. Eine Flasche im Stil der Bordeaux-blanc-Weine, die hervorragend zu Meeresfrüchten paßt.
• Ch. Martet, 33220 Eynesse, Tel. 05.57.41.00.49, Fax 05.57.41.00.49 ✓ ⏳ n. V.
• Patrick de Coninck

CH. MARTET Les Hauts de Martet 1995

| | 3,6 ha | 25 000 | | 30-50 F |

Diese alte Raststation der Pilger auf dem Jakobsweg nach Santiago de Compostela hat heute eine echte Weinbautradition, wie dieser 95er bezeugt : einschmeichelnde Farbe, eleganter Duft nach kleinen Früchten und Gewürznelken und sanfte geschmackliche Struktur mit Vanillearoma. Dieser aus einer Auslese von 30 Jahre alten Rebstöcken hergestellte Hauts de Martet

Region Graves

zeigt sich bereits gefällig, dürfte aber auch gut altern.
➤ Ch. Martet, 33220 Eynesse,
Tel. 05.57.41.00.49, Fax 05.57.41.00.49 ☑ ⌥ n. V.

NOUVELLE CONQUETE 1995*
■　　　　　3 ha　　12 000　　◐　30-50 F

»Neue Eroberung« ist der Name, den einst dieses geschichtsträchtige Stück Land in Sainte-Foy trug. Heute ist es ein erstklassiger Wein, der sich beim 95er durch ein intensives Bukett von Gewürzen, Kaffee und Blumen und durch reichhaltige, reife, elegante Tannine auszeichnet. Diese Flasche verdient, daß man sie zwei bis drei Jahre im Keller altern läßt, bevor man sie entkorkt.
➤ Union vinicole Bergerac-Le Fleix, 24130 Le Fleix, Tel. 05.53.24.64.32, Fax 05.53.24.65.46 ☑ ⌥ n. V.

CH. PETIT ROC 1996*
□　　　　　0,5 ha　　3 200　　🍷　30-50 F

Ein knapper Hektar für diesen Weißwein, in dem zum Sauvignon 1 % Muscadelle hinzukommt. Er ist ein Ergebnis biologischer Anbaumethoden. Die goldene Farbe strahlt intensiv. Das kräftige Aroma erinnert an Honig, Wachs und gelbe Früchte. Der sanfte Geschmack entwickelt sich füllig und frisch. Ein Wein von einem lehmig-kalkhaltigen Boden. Man kann ihn trinken oder zwei bis drei Jahre aufheben.
➤ Jean-Paul Richard, La Beylie, 33220 Les-Lèves-et-Thoumeyragues, Tel. 05.57.41.20.28, Fax 05.57.41.29.95 ☑ ⌥ n. V.

CH. TOUR DE GOUPIN 1995
■　　　　　2 ha　　13 000　　🍷　30-50 F

Dieser 95er präsentiert sich mit einer hübschen granatroten Farbe. Sein diskretes Bukett von Walderdbeeren und seine sanfte, liebenswürdige Tanninstruktur machen ihn zu einem harmonischen Wein, den man schon jetzt auf seiner Frucht genießen kann.
➤ GAEC Valpromy, B.P. 1, 33890 Gensac, Tel. 05.57.47.40.76, Fax 05.57.47.41.74 ☑ ⌥ n. V.

Die Region Graves

Graves, ein für das Bordelais besonders typisches Weinbaugebiet, muß nicht beweisen, daß es sehr alt ist : Bereits in römischer Zeit begannen seine Rebzeilen die Hauptstadt Aquitaniens zu umschließen und einen Wein zu erzeugen, der - laut Columella, einem über die Landwirtschaft schreibenden römischen Schriftsteller - »sich lange hält und nach ein paar Jahren besser wird«. Im Mittelalter kam der Name »Graves« auf. Er bezeichnete damals alle Gebiete, die sich stromaufwärts von Bordeaux befanden, zwischen dem linken Ufer der Garonne und der Hochfläche von Landes. Später gewann das Gebiet von Sauternes einen eigenständigen Charakter und entwickelte sich zu einer für die Erzeugung von süßen Weinen bestimmten Enklave in der Region Graves.

Graves

Graves und Graves Supérieures

Das sich über rund 50 km erstreckende Graves-Gebiet verdankt seinen Namen der Beschaffenheit seines Bodens : Dieser besteht hauptsächlich aus Terrassen, aufgeschüttet von der Garonne und ihren Vorläufern, die sehr unterschiedliches Geröll (Kieselsteine und Kies aus den Pyrenäen und dem Zentralmassiv) abgelagert haben.

Seit 1987 werden die hier erzeugten Weine nicht mehr alle als Graves-Weine verkauft, weil das Anbaugebiet von Pessac-Léognan eine eigene Appellation besitzt, dabei aber weiterhin die Möglichkeit hat, auf dem Etikett die Bezeichnungen »Vin de Graves«, »Grand vin de Graves« oder »Cru classé de Graves« zu präzisieren. In der Praxis sind die Crus im Süden der Region, die für sich die Appellation Graves in Anspruch nehmen.

Eine der Besonderheiten des Graves-Gebiets ist das Gleichgewicht, das zwischen den Anbauflächen für rote Rebsorten (fast 2 128 ha im Jahre 1996 ohne die AOC Pessac-Léognan) und den Anbauflächen für trockene Weißweiße (über 809 ha 1996) entstanden ist. Die roten Graves-Weine haben eine kräftige, elegante Struktur, die eine gute Alterung ermöglicht ; ihr zart rauchiges Bukett ist besonders typisch. Die trockenen Weißweine (44 519 hl 1996) sind elegant und fleischig und gehören zu den besten in der Gironde. Die besten, die heute oft in Barriquefässern ausgebaut werden, gewinnen nach ein paar Jahren Reifung an Reichhaltigkeit und Komplexität. Man findet auch einige liebliche Weine, die ihre Liebhaber behalten haben und unter der Appellation Graves Supérieures verkauft werden (1996 wurden fast 31 278 hl erzeugt).

BORDELAIS

Graves

CH. D'ARCHAMBEAU 1994

| ■ | 12 ha | 42 000 | ◫ 30-50 F |

82 83 **85** 86 88 89 **90** |91| **92** |93| 94

Trotz des ein wenig eckigen Charakters seiner Tannine gelingt es diesem Wein, sich aufgrund der Frische und der fruchtigen (Sauerkirschen) und röstartigen Noten des Buketts verführerisch zu zeigen. Der weiße 95er Château Mourlet hat ebenfalls eine lobende Erwähnung erhalten für die Qualität seines Aromas (zuerst blumig, dann auf Noten kandierter Orangenschalen konzentriert).

🕭 GFA vignobles Dubourdieu, Ch. d'Archambeau, 33720 Illats, Tel. 05.56.62.51.46, Fax 05.56.62.47.98 ✓ ⊥ n. V.

CH. D'ARGUIN Cuvée Prestige 1995

| ☐ | 1,78 ha | 5 500 | ◫ 50-70 F |

Dieser Wein, eine im Eichenholzfaß vinifizierte Cuvée, ist durch eine leicht bittere Note im Abgang geprägt. Aber darüber vergißt man weder die Anmut des weichen, fülligen Geschmacks noch den Reiz des Buketts mit den hübschen Noten von Geröstetem, Rauch und getrockneten Aprikosen.

🕭 Pouey International SA, chem. de Gaillardas, Jeansotte, 33650 Saint-Selve, Tel. 05.56.78.49.10, Fax 05.56.78.49.11 ⊥ n. V.

CH. D'ARRICAUD 1994

| ■ | 11 ha | 36 000 | ■ 50-70 F |

⑧⑤ |88| |89| |90| |91| |92| |93| 94

Dieser Wein besitzt eine einfache, aber wohlausgewogene Struktur und entfaltet ein feines Bukett von roten Früchten. Der frische, füllige, weiche 95er ist von unserer Jury ebenfalls berücksichtigt worden.

🕭 EARL Bouyx, Ch. d'Arricaud, 33720 Landiras, Tel. 05.56.62.51.29, Fax 05.56.62.41.47 ✓ ⊥ n. V.

CH. BALOUET 1995

| ■ | 1,45 ha | 9 000 | ■ 30-50 F |

Dieser aus einem kleinen Weinberg stammende Wein ist schlicht, aber gut gebaut und entfaltet ein angenehmes Aroma (Früchte und Gewürze). Er paßt gut zu Geflügel.

🕭 Domaines Dubourg, Ch. Gravelines, 33490 Semens, Tel. 05.56.62.02.01, Fax 05.56.76.71.91 ✓ ⊥ n. V.

CH. DU BARQUE
Vinifié en barrique 1995*

| ☐ | 1,2 ha | 1 100 | ◫ 30-50 F |

Dieser Wein, der zu einer im Barriquefaß hergestellten Cuvée gehört, zeigt sich klar und ausgewogen aufgrund seines zarten, fruchtigen Aromas, das mit einer gewissen Fülle und einem langen, schönen Abgang harmoniert.

🕭 Mme Marie Bertrand, Lieu-dit Civrac, 33650 Saint-Selve, T. 5.56.20.29.16, Fax 5.56.20.29.14 ✓ ⊥ n. V.

CH. BEAUREGARD DUCASSE
Cuvée Albert Duran 1994*

| ■ | 20 ha | 13 000 | ◫ 50-70 F |

|93| |94|

Der höchste Weinberg der Appellation (112 m) bietet uns hier eine hübsche Cuvée. Tiefe granatrote Farbe, elegantes würzig-vanilleartiges Bukett, kräftiger Geschmack, ziemlich feste Tannine - alles weist darauf hin, daß diese Flasche ein wenig lagern muß. Der 96er Weißwein, die Cuvée Albertine Peyri, hat ebenfalls einen Stern erhalten. Seine Noten von Zitronengras und Röstgeruch begleiten den Wein perfekt. »Er hinterläßt im Abgang einen guten Geschmack«, notierte ein Önologe verführt. Die Hauptcuvée beim 96er Weißwein, die nur im Gärtank vinifiziert worden ist, erhält übrigens auch einen Stern : rund und frisch, eher blumig, mit einem Hauch von Zitronengras - ein wohlschmeckender Wein (Preisspanne : 30 bis 49 Francs). Drei sehr schöne Erfolge für dieses Château.

🕭 Jacques Perromat, Ducasse, 33210 Mazères, Tel. 05.56.76.18.97, Fax 05.56.76.17.73 ✓ ⊥ n. V.

🕭 GFA de Gaillote

CH. BEL AIR 1994*

| ■ | 14 ha | 12 000 | ■ ≤ -30 F |

Hergestellt und verkauft wird dieser Graves von La Guyennoise, einem Weinhändler mit Sitz in Sauveterre. Die weiche Wein mit gut verschmolzenen Tanninen beweist seine Originalität durch seinen aromatischen Ausdruck mit herbstlichen Noten im Bukett und einem Aroma blühender Orangenbäume im Abgang.

🕭 SA La Guyennoise, B.P. 17, 33540 Sauveterre-de-Guyenne, Tel. 05.56.71.50.76, Fax 05.56.71.87.70 ✓

CH. BERGER 1995

| ■ | 1,69 ha | 9 100 | ◫ 50-70 F |

Das Jahr 1995 war nicht so erfolgreich wie das vorangegangene, denn damals hatte der 94er Berger zwei Sterne erhalten. Dennoch zeigt sich dieser noch jugendliche Wein vielversprechend aufgrund seiner Tannine, die ein gut verschmolzener Holzgeschmack harmonisch unterstützt. Das fruchtige Bukett (gekochte Früchte) stützt sich auf balsamische Noten.

🕭 SCA Ch. Berger, 6, chem. La Girafe, 33640 Portets, Tel. 05.56.67.58.98, Fax 05.56.67.04.88 ✓ ⊥ n. V.

CAPRICE DE BOURGELAT 1996*

| ☐ | 1 ha | 2 500 | ◫ 50-70 F |

Dieser Wein stammt von einem Cru in Céron. Er hat somit sicherlich eine gute Provenienz und zeigt sich dieser Herkunft durch seine Eleganz würdig. Sein Bukett (Kokosnuß, Blüten und Toastbrot) und die seidige Seite seines Geschmacks verleihen ihm einen überaus einschmeichelnden und gefälligen Charakter. Der 95er Rotwein (Clos de Bourgelat), der bescheidener, aber ebenfalls sehr aromatisch ist, wurde ebenfalls ausgewählt, aber ohne Stern.

🕭 Dominique Lafosse, Clos Bourgelat, 33720 Cérons, Tel. 05.56.27.01.73, Fax 05.56.27.13.72 ✓ ⊥ tägl. 9h-12h 14h-19h ; Gruppen n. V. ; Aug. geschlossen

Region Graves — Graves

CH. BRONDELLE 1994**
■ 10 ha k. A. 30-50 F

Ein seriöses Gut (Wahl zum Lieblingswein für seinen 95er Weißwein), Eleganz. Diese zeigt sich in seiner Erscheinung mit einer strahlenden rubinroten Farbe und einem Bukett mit schönen Röstnoten sowie im Geschmack, wo sich das Holz mit den roten Früchten in vollkommener Ausgewogenheit verbindet.
➤ Vignobles Belloc-Rochet, Ch. Brondelle, 33210 Langon, Tel. 05.56.62.38.14, Fax 05.56.62.23.14 ✓ ⚑ n. V.

CH. BRONDELLE Cuvée Anaïs 1995**
☐ k. A. 15 000 50-70 F

Diese bemerkenswerte Cuvée mit der klaren altgoldenen Farbe bietet einen intensiven, kräftigen Duft mit süßen Noten von exotischen Früchten und Blumen. Fast lieblich, weich und rund, mit einer guten Wiederkehr des Aromas exotischer Früchte. Dieser rassige, kräftig gebaute 95er hat die Jury verführt. Die Hauptcuvée, die im letzten Jahr Lieblingswein war, hat für seinen 96er, der für die Appellation typisch ist, einen Stern erhalten.
➤ Vignobles Belloc-Rochet, Ch. Brondelle, 33210 Langon, Tel. 05.56.62.38.14, Fax 05.56.62.23.14 ✓ ⚑ n. V.

CH. CABANES 1996*
☐ 2 ha 10 000 30-50 F

Die Vignobles Sévenet, Erben einer über zwei Jahrhunderte alten Weinbautradition, zeigen sich dessen würdig durch die aromatische Qualität dieses hübschen 96ers. Der weiße 96er Château Toumilon vom selben Erzeuger ist ebenfalls ausgewählt worden.
➤ SCE Vignobles Sévenet, SICA les Vignerons de Bordeaux, 33210 Saint-Pierre-de-Mons, Tel. 05.56.63.19.34, Fax 05.56.63.21.60 ✓ ⚑ n. V.

CH. DU CAILLOU 1995*
☐ 3 ha 20 000 30-50 F

Diese sich treu bleibende Cru bietet ein weiters Mal einen hübschen Wein. Er hat eine schöne zitronengelbe Farbe und zeigt einen wirklich klassischen Charakter, in seiner Struktur ebenso wie in seiner aromatischen Entfaltung, die eher blumig ist. Ein gut gemachter, typischer Wein.
➤ SA Ch. du Caillou, rte de Saint-Cricq, 33720 Cérons, Tel. 05.56.27.17.60, Fax 05.56.27.00.31 ✓ ⚑ n. V.

CH. CAMUS Cuvée Maud 1994
■ 6,5 ha 2 500 30-50 F

Wie seine Farbe andeutet, muß man diesen zu einer Sondercuvée gehörenden Wein jung trinken, um in den vollen Genuß der Anmut seines Buketts zu kommen, das reife Früchte und Holzton mit viel Frische verbindet.
➤ SCEA Vignoble Larriaut, Vignobles de Bordeaux, 33210 Saint-Pierre-de-Mons, Tel. 05.56.63.19.34, Fax 05.56.63.21.60 ✓ ⚑ n. V.

DOM. DE CANTEAU
Elevé en fût de chêne 1994*
■ k. A. 12 000 30-50 F

Dieser Cru, eine grüne Insel im Ballungsraum von Langon, bietet uns hier einen angenehm duftigen Wein (Vanille und kandierte Früchte), der sich auf kräftige, seidige Tannine stützen kann, so daß er beim Verkoster einen gefälligen Eindruck hinterläßt.
➤ Philippe Daniès-Sauvestre, Laborie, 33410 Sainte-Croix-du-Mont, Tel. 05.56.76.72.28, Fax 05.56.76.71.90
➤ Gaubert

CH. CARBON D'ARTIGUES 1995
■ 10 ha 60 000 50-70 F
86 88 |89| |90| |91| |92| |94| |95|

Zweifellos darf man diese Flasche nicht lang lagern. Aber wenn man diesen Wein in seiner Jugend aufmacht, ist er interessant wegen des Reichtums seines Buketts (rote Früchte, schwarze Johannisbeeren und neues Holz) und wegen der Sanftheit seiner Tannine.
➤ Ch. Carbon d'Artigues, 33720 Landiras, Tel. 05.56.62.53.24, Fax 05.56.62.53.24 ✓ ⚑ tägl. 9h-19h
➤ Mussyt Bonnot

CH. DE CARDAILLAN 1995
15 ha 45 000 50-70 F
88 (89) 90 91 |92| |93| |94| 95

Château de Malle (Sauternes), ein riesiges Gut (insgesamt 200 ha), erzeugt mehrere Weine, darunter diesen zart duftigen roten Graves, der gut gebaut ist, mit einer guten Präsenz der Tannine, die nur noch verschmelzen müssen. Sollte in den kommenden beiden Jahren getrunken werden.
➤ Comtesse de Bournazel, Ch. de Malle, 33210 Preignac, Tel. 05.56.76.82.86, Fax 05.56.76.82.40 ✓ ⚑ tägl. 10h-12h 14h-18h30 ; Gruppen n. V.

CH. CAZEBONNE
Vinifié en fût de chêne 1995**
☐ k. A. 6 000 30-50 F

Dieser im Eichenholzfaß vinifizierte und ausgebaute Wein wird in keiner großen Stückzahl hergestellt. Dennoch zeigt er sich ausdrucksvoll, aufgrund seiner schönen strohgelben Farbe ebenso wie aufgrund seines Buketts, in dem zum Holzgeruch Nuancen sehr reifer Aprikosen hinzukommen. Der volle, füllige, durch hübsche Noten gerösteter Mandeln verstärkte Geschmack zeugt von einer sehr sorgfältigen Vinifizierung.
➤ Jean-Marc Bridet, 2, Cazebonne, 33210 Saint-Pierre-de-Mons, Tel. 05.56.63.19.34, Fax 05.56.63.21.60 ✓ ⚑ n. V.

CH. DE CHANTEGRIVE 1995**
■ 30 ha 200 000 50-70 F
81 82 83 (85) 86 |88| 89 90 |91| |92| |93| 95

Man muß diesen Cru nicht mehr eigens vorstellen, der seit langem zu einer »sicheren Bank« der AOC geworden ist. Wenn man diesen herrlichen 95er probiert, kann man den Grund dafür begreifen. Schon beim ersten Anblick rechnet man mit einem erstklassigen Inhalt. Das komplexe, ausgewogene Bukett (Vanille und rote Früchte) widerspricht diesem Eindruck nicht. Und der Geschmack entspricht genau der Erscheinung mit Tanninen, die schon in der Ansprache seidig und gut umhüllt sind. Der rote Château Mayne-Lévêque aus demselben Jahrgang hat einen Stern erhalten. Er ist noch recht streng, wird aber in drei bis vier Jahren ausgezeichnet sein.

🕭 Françoise Lévêque, Ch. de Chantegrive, 33720 Podensac, Tel. 05.56.27.17.38, Fax 05.56.27.29.42 ✓ ⊥ n. V.

CH. DE CHANTEGRIVE
Cuvée Caroline 1995★★

| ☐ | 10 ha | 50 000 | ⅱ⅁ | 70-100 F |

88 **89 90** 91 **92** 93 94 |95|

Dieser Wein, eine Spitzencuvée (Faßreifung), die schon die russischen Kosmonauten probiert haben, besitzt ein schönes Bukett, das intensiv und komplex zugleich ist, und bietet eine schöne Ausgewogenheit zwischen den fruchtigen, röst- und toastartigen Noten. Der sehr feine Geschmack ist ebenfalls sehr aromatisch, mit Noten von Zitrusfrüchten im Abgang. Der im Gärtank ausgebaute Château de Chantegrive ist ebenfalls berücksichtigt worden, aber ohne Stern. Der erste paßt zu den feinsten Fischen, der zweite, bei dem die Sauvignon-Rebe stärker zum Ausdruck kommt, wird zu marinierten Muscheln bei einem Essen im Familienkreis zusagen.

🕭 Françoise Lévêque, Ch. de Chantegrive, 33720 Podensac, Tel. 05.56.27.17.38, Fax 05.56.27.29.42 ✓ ⊥ n. V.

CH. CHERET-PITRES 1994

| ■ | 3,84 ha | 29 166 | 🍷⅁ | 30-50 F |

Dieser Wein ist zwar kein Athlet, aber er wird von einer passablen Struktur unterstützt, deren Sanftheit angenehm mit dem aromatischen Ausdruck harmoniert, der Vanille mit kandierten Früchten verbindet.

🕭 Pascal et Caroline Dulugat, Ch. Cheret-Pitres, 33640 Portets, Tel. 05.56.67.27.76, Fax 05.56.67.27.76 ✓ ⊥ n. V.
🕭 J. Boulanger

CH. CHICANE 1994

| ■ | 5,4 ha | 22 000 | ⅁ | 50-70 F |

Dieser 94er ist der erste Jahrgang, der von François Gauthier, einem Neffen von Pierre Coste, erzeugt worden ist. Er zeigt sich leicht, aber gefällig, vor allem aufgrund seines aromatischen Ausdrucks, der von den Noten grünen Paprikas im Bukett bis zu den Noten schwarzer Johannisbeeren im Geschmack reicht.

🕭 François Gauthier, SCEA Loulouemt, 1, rte de Garonne, 33210 Langon-Toulenne, Tel. 05.56.76.43.73, Fax 05.56.76.42.60

PIERRE COSTE 1996

| ☐ | 1,8 ha | 13 000 | ■ | 30-50 F |

Zweifellos mangelt es diesem 96er ein wenig an Nerv. Aber man wird die Komplexität des Aromas, in dem blumige Nuancen dominieren, und danach den runden, sanften Geschmack schätzen. Zu einer gebratenen Scholle.

🕭 Edmond Coste et Fils, 8, rue de la Poste, 33210 Langon, Tel. 05.56.63.50.52, Fax 05.56.63.42.28

DOM. DE COUQUEREAU 1995

| ■ | 1,5 ha | 4 000 | ⅁ | -30 F |

Er bleibt zwar in seinem aromatischen Ausdruck immer noch sehr zurückhaltend, wobei sich der Duft auf rote Früchte und Quittenkonfitüre verteilt. Aber dennoch scheint dieser Wein ein gewisses Potential zu besitzen, das es ihm möglich macht, sich bei einer kürzeren Lagerung zu entwickeln. Seine strahlende granatrote Farbe ist besonders gelungen.

🕭 Amalia Gipoulou, 22, av. Adolphe-Demons, 33650 La Brède, Tel. 05.56.20.32.27 ✓ ⊥ tägl. 8h-19h ; 15.-30. Aug. geschlossen

VIN SEC DE CH. COUTET 1995★

| ☐ | 10 ha | 20 000 | ■ⅱ⅁ | 50-70 F |

Sein Name und das Aussehen des Etiketts rufen in Erinnerung, daß dieser Wein von einem Grand cru im Gebiet von Sauternes hergestellt wird : eine edle Herkunft, deren er sich vollkommen würdig erweist. Ebenso elegant in seinem weißgoldenen Kleid wie durch sein Bukett von Knospen schwarzer Johannisbeeren, zeigt er sich lebhaft, wohlschmeckend und frisch mit subtilen Zitronennoten. Der Wein zu Muscheln schlechthin.

🕭 SC Ch. Coutet, 33720 Barsac, Tel. 05.56.27.15.46, Fax 05.56.27.02.20 ✓ ⊥ n. V.
🕭 Baly

LA GRANDE CUVEE DE DOURTHE
1994★

| ■ | k. A. | k. A. | ⅁ | 30-50 F |

Dieser Graves entspricht den Erwartungen und Ambitionen, die das Haus Dourthe in diese Marke setzt, und zeigt eine erstklassige Arbeit. Die Komplexität seines Buketts (gekochte Früchte und kalter Rauch) bildet zusammen mit dem Volumen und dem Fleisch des Geschmacks einen angenehmen Gesamteindruck. Ein eleganter aromatischer Abgang (Zimt) ergänzt das Ganze auf angenehme Weise. Der 95er Weißwein Grande Réserve von Kressmann, einer anderen Firma des CVBG, ist ebenfalls ausgewählt worden, aber ohne Stern.

🕭 Dourthe, 35, rue de Bordeaux, 33290 Parempuyre, Tel. 05.56.35.53.00, Fax 05.56.35.53.29 ✓ ⊥ n. V.

CH. DUC D'ARNAUTON 1995★

| ■ | 9 ha | 24 000 | ■ⅱ | 30-50 F |

Die Bernards, die bei Besuchern wohlbekannt sind für die Herzlichkeit ihres Empfangs, können die Aufmerksamkeit auch durch die Eleganz ihrer Weine auf sich ziehen. Dazu gehört auch dieser hübsche 95er, der den Liebhaber von Graves-Weinen durch sein sehr typisches Bukett verführen wird : Rauch und kalte Asche. Die Struktur und die Fruchtigkeit, die von soliden, feinen Tanninen getragen werden, bringen ebenfalls mit viel Zartheit die Persönlichkeit dieses gelungenen Weins zum Ausdruck.

🕭 SCEA des Dom. Bernard, Ch. Gravas, 33720 Barsac, Tel. 05.56.27.15.20, Fax 05.56.27.29.83 ✓ ⊥ n. V.

Region Graves

CH. FERNON Dumez 1995

■ 7 ha 53 000 ■ ♦ 30-50 F

Dieser von Ginestet verkaufte Wein hätte freigebiger sein können, aber er ist gut gebaut und besitzt Struktur, Fülle und gute Haltung. Der weiße 96er Château Fernon ist von unserer Jury wegen seines Dufts nach reifen Früchten und Blüten ebenfalls berücksichtigt worden.
❧ Jacques Girard de Langlade, Ch. Fernon, 33210 Langon, Tel. 05.56.63.38.93, Fax 05.56.76.21.23 ✓ ✗ n. V.

CLOS FLORIDENE 1995**

☐ 12 ha 52 800 ◧ 70-100 F
86 87 88 |89| ⑨⓪ 91 |92| |93| |94| 95

Das Anbaugebiet des Clos Floridène befindet sich in der Nähe von Barsac. Denis Dubourdieu, den einige in den Rang eines »Papstes der Weißweine« erhoben haben, gibt sich nicht damit zufrieden, ein geachteter Hochschullehrer zu sein, und baut seine eigenen Weine sorgfältig aus. Dieser 95er hat eine schöne gelbgrüne Farbe und zeigt einen an Toastbrot, Geröstetes und Vanille erinnernden Duft mit Mandelnoten. Der Geschmack bietet Volumen und Freigebigkeit ; die gute Struktur, die ausgewogen und wohlschmeckend ist, verrät die Handschrift des Meisters !
❧ Denis et Florence Dubourdieu, Ch. Reynon, 33410 Béguey, Tel. 05.56.62.96.51, Fax 05.56.62.14.89 ✓ ✗ n. V.

CLOS FLORIDENE 1995*

■ 5 ha 26 000 ◧ 50-70 F
85 86 |88| |89| ⑨⓪ 91 92 |93| 94 95

Der für die Qualität seiner Weißweine bekannte Denis Dubourdieu ist auch ein sehr guter Erzeuger von Rotweinen. Dieser 95er bezeugt es durch seine schöne rubinrote Farbe ebenso wie durch sein Bukett mit den zarten Röstnoten sowie einem Hauch von Blumen (Zwiebelgewächsen). Der noch von Holz geprägte Wein schafft es dennoch, Feinheit mit einem guten Bau zu verbinden.
❧ Denis et Florence Dubourdieu, Ch. Reynon, 33410 Béguey, Tel. 05.56.62.96.51, Fax 05.56.62.14.89 ✓ ✗ n. V.

GRAVES GRAMAN RESERVE 1996

☐ 17 ha 15 000 ■ -30 F

Da die Garonne kein absolut unüberwindliches Hindernis darstellt, bietet uns die Genossenschaft von Langoiran hier einen weißen Graves, an dem wir seine Frische und die Eleganz des Aromas (Pfirsiche und weiße Blüten) mochten.
❧ Cellier de Graman, rte de Libourne, 33550 Langoiran, Tel. 05.56.67.09.06, Fax 05.56.67.13.34 ✓ ✗ Mo-Sa 9h-12h 14h-18h ; So 9h-12h 15h-18h

CH. DU GRAND ABORD
Cuvée Passion 1995*

■ 8 ha 6 000 ◧ 50-70 F

Diese faßgereifte Cuvée, die in ihrem Rebsatz (90 % Merlot) sehr typisch für Portets ist, wird noch vom Ausbau geprägt. Aber das Bukett ist kräftig genug ; es besteht aus dem frischen Duft von Eukalyptus und Hefebrot. Der liebliche, gut strukturierte Geschmack scheint das Potential zu besitzen, das es ihm erlauben wird, harmonisch zu verschmelzen. Der trockene Weißwein aus dem gleichen Jahrgang ist ebenfalls ausgewählt worden, aber ohne Stern : Haselnüsse und frische Butter bilden sein Bukett. Seine Struktur ist rund und fein.
❧ EARL Vignobles M.-C. Dugoua, Ch. du Grand Abord, 33640 Portets, Tel. 05.56.67.22.79, Fax 05.56.67.22.23 ✓ ✗ n. V.

CH. DU GRAND BOS 1994*

■ 7 ha 30 000 ◧ 50-70 F

Ein hübsches Gironde-Haus und typische Keller für einen Wein, der sich in seiner Appellation wohl fühlt. Eine schöne Farbe, ein zart holziges Bukett, eine angenehme Ansprache und ein langer, fruchtiger Abgang bilden nämlich einen überaus gefälligen Gesamteindruck. Ebenfalls mit einem Stern wird der Zweitwein von Grand Bos berücksichtigt : der Château Plégat la Gravière aus dem gleichen Jahrgang.
❧ SCEA du Ch. du Grand Bos, rte de Pommarède, 33640 Castres, Tel. 05.56.67.39.20, Fax 05.56.67.16.77 ✓ ✗ n. V.

CH. DE GRAVAILLAS 1995

■ 10 ha 12 000 ■ ◧ ♦ 30-50 F

Dieser Wein überrascht sehr durch sein Aroma, vor allem durch eine leichte Note von Chinarinde, und mag so manchen Gaumen erstaunen. Aber die meisten werden seine Originalität schätzen und das Ganze sehr ansprechend finden. Dieser in seiner Farbe schon leicht entwickelte 95er ist bereits trinkreif.
❧ Les Vignobles des Moulins à vent, 10, Caubillon, 33720 Cérons, Tel. 05.56.27.08.53, Fax 05.56.27.05.82 ✓ ✗ n. V.

CH. GRAVEYRON Cuvée Tradition 1995*

■ 5,5 ha 5 000 ■ ◧ ♦ 30-50 F

Dieser Wein, die Spitzencuvée des Cru, ist stark durch seine Reifung im Barriquefaß geprägt. Aber das Faß wird gut dosiert und wahrt die Persönlichkeit des Buketts und des Geschmacks. Beide zeigen eine große Zartheit mit einem Duft, der köstliche Noten von Touron (Konfekt aus zerstoßenen Mandeln und Haselnüssen sowie getrockneten Früchten, Eiweiß und Zucker) enthält, einer runden Struktur und seidigen Tanninen.
❧ GAEC H. Cante et Fils, 67, rte des Graves, 33640 Portets, Tel. 05.56.67.23.69, Fax 05.56.67.58.19 ✓ ✗ Mo-Sa 9h-19h
❧ P. Cante

DOM. DU HAURET LALANDE 1995*

☐ 3 ha 13 000 ■ ♦ 30-50 F

Der Graves von Château Piada (Barsac). Er mag einige Weinliebhaber durch seine Herbheit überraschen. Aber er kann sich auch viele Freunde verschaffen, durch sein Bukett mit zarten Noten von Efeu, Buchsbaum und Minze ebenso wie durch die Frische und die Feinheit des Geschmacks.

Region Graves

GAEC Lalande et Fils, Ch. Piada,
33720 Barsac, Tel. 05.56.27.16.13,
Fax 05.56.27.26.30 ✉ ☎ tägl. 8h-12h 13h30-19h;
Sa, So n. V.
Jean Lalande

CH. HAUT-CALENS 1995

| ■ | 9 ha | 50 000 | ⅰ♣ | 30-50F |

Dieser Wein ist zwar für keine lange Lagerung bestimmt, aber er zeigt sich in seiner Jugend sehr gefällig : Das Kleid ist von schönem Rubinrot, das Bukett recht intensiv und die Ansprache angenehm, gefolgt von einer runden Struktur.
EARL Vignobles Albert Yung, Ch. Haut-Calens, 33640 Beautiran, Tel. 05.56.67.05.25, Fax 05.56.67.24.91 ✉ ☎ n. V.

CH. HAUT-GRAVIER 1996

| □ | 5,5 ha | 40 000 | ⅲ | -30F |

Dieser Wein ist zwar nicht sehr strukturiert, aber überaus verführerisch. Er kündigt sich durch eine hübsche gelbe Farbe mit silbernen Reflexen an und entfaltet ein feines Aroma von Buchsbaum, Blüten und Vanille, das angenehm mit der Lebhaftigkeit des Geschmacks harmoniert.
Jean-Claude Labat, Téouley, 33720 Illats, Tel. 05.56.62.54.17 ✉ ☎ n. V.

CH. DES JAUBERTES 1994

| ■ | 26 ha | 30 000 | ⅰ♣ | 30-50F |

Ein Gut, das sich seit mehr als vier Jahrhunderten in Familienbesitz befindet (es wurde 1594 erworben), und ein Wein, dessen Lagerfähigkeit zweifellos bescheidener ist, der aber dennoch sehr angenehm bleibt aufgrund seiner Sanftheit und seines Aromas. Dieses erinnert daran, daß der Rebsatz zu 80 % aus Cabernet besteht. Ein 94er, der eine Entrecote bordelaise (Zwischenrippenstück vom Rind mit Rindermarkscheiben und einer Sauce aus Rotwein und Schalotten) zufriedenstellen wird.
Jean-François de Pontac, Les Jaubertes, 33210 Saint-Pardon-de-Conques, Tel. 05.56.62.38.52, Fax 05.56.62.26.60 ✉ ☎ n. V.

CH. JOUVENTE 1995*

| □ | 1,9 ha | 6 000 | ⅲ | 30-50F |

Obwohl dieser Cru hauptsächlich Rotweine erzeugt, ist er dennoch nicht weniger erfolgreich mit seinem 95er Weißwein. Das beweisen seine zitronengelbe Farbe, sein zart vanilleartiges Bukett, seine sehr frische Ansprache und sein aromatischer, ausgewogener Geschmack.
SEV René Gruet, Le Bourg, ch. Jouvente, 33720 Illats, Tel. 05.56.62.49.69, Fax 05.56.62.49.69 ✉ ☎ n. V.

CH. LA BLANCHERIE PEYRET 1994

| ■ | 8,88 ha | 30 000 | ⅲ | 30-50F |

Diesen Wein muß man nicht lang altern lassen. Seine Weichheit, seine Rundheit und sein Aroma, das seine Persönlichkeit durch eine recht eigentümliche Paprikanote bestätigt, machen ihn schon gefällig.
Françoise Braud-Coussié, La Blancherie, 33650 Labrède, Tel. 05.56.20.20.39, Fax 05.56.20.35.01 ✉ ☎ n. V.

CH. LA CARRADE 1995

| ■ | 10 ha | k. A. | ⅰⅲ♣ | -30F |

Dieser Wein wird von einer leichten Struktur getragen, die aber spürbar ist und gut mit der Zartheit der fruchtigen Aromas und seiner hübschen, hellen zinnoberroten Farbe harmoniert.
Vignobles Pierre Bonnet, Le Pavillon de Boyrein, 33210 Roaillan, Tel. 05.56.63.24.24, Fax 05.56.62.31.59 ✉ ☎ n. V.

CH. LA FLEUR JONQUET 1995*

| □ | 1,25 ha | 8 000 | ⅲ | 30-50F |

Dieser Wein stammt aus einem Weinberg, der zu einem 4,25 ha großen Gut gehört. Er ist diskret hinsichtlich seiner Produktionsmenge, aber nicht im Hinblick auf die Intensität seiner Farbe: ein schönes Goldgelb. Die sanfte, feine, füllige Struktur harmoniert mit dem Bukett, das elegante Noten von kandierten Orangen und Pfirsichen bietet, so daß ein gefälliger Gesamteindruck entsteht, den ein erstklassiger Holzton unterstützt.
Laurence Lataste, 5, rue Amélie, 33200 Bordeaux, Tel. 05.56.17.08.18, Fax 05.57.22.12.54 ✉ ☎ n. V.

CH. DE LA GRAVELIERE
Cuvée Prestige 1995*

| ■ | 10 ha | 50 000 | ⅲ | 50-70F |

Dieser 95er, der zu einer im Holzfaß ausgebauten Cuvée gehört, ist recht typisch. Er kündigt sich angenehm durch eine strahlende granatrote Farbe an und wird dann verführerisch, indem er dem Bukett eine kleine, sehr frische Mentholnote hinzufügt. Die runden, seidigen Tannine bereiten auf einen würzigen, warmen Abgang vor.
Bernard Réglat, Ch. de la Gravelière, 33410 Monprimblanc, Tel. 05.56.62.98.63, Fax 05.56.62.17.98 ✉ ☎ n. V.

CLOS LAMOTHE 1994

| ■ | 6,24 ha | 45 000 | ⅰⅲ♣ | 30-50F |

Ein kleiner Familienbesitz und ein Wein, der deutlich in der Linie des Cru steht. Seine leicht rustikale Note im Abgang löscht nicht den Gesamtausdruck aus, den der weiche, runde, aromatische Geschmack hinterläßt.
SCE Clos Lamothe, 7, rte de Mathas, 33640 Portets, Tel. 05.56.67.23.12, Fax 05.56.67.23.12 ✉ ☎ n. V.
Jacques Rouanet

CH. LA MOTTE DESPUJOLS
Cuvée spéciale 1995*

| ■ | 4,5 ha | 20 000 | ⅲ | 30-50F |

Auch wenn dieser gut gemachte 95er von einem kleinen Gut stammt, ist er nicht weniger interessant. Entsprechend seiner ziemlich tiefen zinnoberroten Farbe zeigt er sich angenehm aufgrund seines Buketts mit den Noten von vollreifen Früchten und Gewürzen und aufgrund seines Geschmacks, dessen fruchtiger, runder, leckerer Geschmack einen wohlschmeckenden, klaren und freimütigen Wein ergibt. Der trockene Weißwein aus diesem Jahrgang, der im Barriquefaß vinifiziert worden ist, wurde ebenfalls ausgewählt, aber ohne Stern.

Region Graves

Jean-François Despujols, Ch. La Motte,
33210 Langon, Tel. 05.56.25.24.44,
Fax 05.56.25.26.10 ✓ ☥ n. V.

CH. LA ROSE SARRON 1996*

☐   8 ha   40 000   🍴   30-50 F

Klar, sogar kristallklar, mit einem sich entwikkelnden gelben Schimmer. Dieser Wein bietet einen mineralischen, leicht würzigen Duft, der mit sympathischen fruchtigen Noten verbunden ist, und ein leichtes Röstaroma im Rachenraum. Er ist kraftvoll und ausgewogen, recht typisch für die Graves-Weine.

Vignobles Belloc-Rochet, Ch. Brondelle,
33210 Langon, Tel. 05.56.62.38.14,
Fax 05.56.62.23.14 ✓ ☥ n. V.

GFA de Brondelle

CH. LAUBAREDE-COURVIELLE 1994

■   1,5 ha   10 000   🍴   -30 F

Man kann einfach und interessant sein. Das ist der Fall bei diesem Wein, dessen Schlüsselwort Feinheit ist. Diese bildet den roten Faden für die gesamte Verkostung mit einem recht komplexen Bukett und einem angenehm runden Geschmack. Zu einem Kalbskotelett oder zu Hausmannskost. Guter Preis.

GAEC Delpeuch et Fils, Courvielle,
33210 Castets-en-Dorthe, Tel. 05.56.62.86.81,
Fax 05.56.62.78.50 ✓ ☥ tägl. 9h-12h 14h-18h

Labourdette

CH. LA VIEILLE FRANCE 1995*

■   3 ha   18 000   🍷   30-50 F

Dieser 95er, der von einem kiesig-sandigen und lehmigen Boden mit kalkhaltigem Unterboden kommt, reiht sich in die gute Traditon des Crus ein. Seine strahlende, kräftige Farbe, sein Bukett, eine glückliche Vereinigung von sehr reifen Früchten und Unterholznoten, und seine milde Ansprache bereiten auf die schöne Steigerung der Geschmacksempfindungen am Gaumen und der deutlich spürbaren, aber erstklassigen Tannine vor. Der Château Cadet la Vieille France, der Zweitwein, der nicht im Barriquefaß gereift ist, hat ebenfalls einen Stern erhalten, denn er hat es verstanden, den Bodencharakter elegant zur Geltung zu bringen. Er kostet weniger als 30 Franc - ein ausgezeichnetes Preis-Leistungs-Verhältnis.

Michel Dugoua, Ch. La Vieille France,
33640 Portets, Tel. 05.56.67.19.11,
Fax 05.56.67.17.54 ✓ ☥ n. V.

CH. LE BONNAT 1995**

☐   14 ha   40 000   🍷   50-70 F

88 |89| |(90)| 91 |92| 93 |94| 95

Dieser von der Mannschaft von Fieuzal präsentierte 95er ist aus mehrmals ausgelesenem Traubengut hergestellt worden. Das Ergebnis dieser aufwendigen Vorgehensweise ist zu sehen : eine schöne hellgelbe Farbe, ein Bukett mit dem köstlichen Duft aus Saft aus Zitrusfrüchten (Pampelmuse, Ananas und Orange), eine milde Ansprache und ein köstlicher Geschmack, der sich in der Eleganz und im Reichtum steigert. Der rote 94er hat einen Stern erhalten.

SA Ch. de Fieuzal, 17, chem. de Richot ;
Jeansotte, 33650 Saint-Selve, Tel. 05.56.78.41.75,
Fax 05.56.78.41.75 ✓

CH. LE BOURDILLOT
Cuvée Valentine Elevé en fût de chêne 1996*

☐   0,72 ha   4 800   🍷   50-70 F

Dieser Wein, die im Barriquefaß ausgebaute Spitzencuvée, ist noch vom Holz geprägt. Aber dieses ist angenehm, und das Ganze ist kräftig genug gebaut, um verschmelzen zu können, zumal der aromatische Ausdruck erstklassig ist, mit einem hübschen mentholartigen Nachgeschmack. Der rote 95er ist berücksichtigt worden, aber ohne Stern.

Vignobles Patrice Haverlan, 11, rue de
l'Hospital, 33640 Portets, Tel. 05.56.67.11.32,
Fax 05.56.67.11.32 ✓ ☥ Mo-Fr 8h30-12h30 13h30-17h30 ; Aug. geschlossen

CH. LE CHEC 1995*

☐   1,5 ha   6 000   🍷   30-50 F

Die Traubenlese mit der Hand und die Vinifizierung im Barriquefaß sind diesem 95er gut bekommen : kräftiges, komplexes Bukett (Gewürze, Zitrusfrüchte und Vanille), samtige Ansprache und recht reichhaltiger Geschmack. Der Rotwein aus dem gleichen Jahrgang ist ohne Stern ausgewählt worden.

Christian Auney, La Girotte, 33650 La
Brède, Tel. 05.56.20.31.94, Fax 05.56.20.31.94 ✓ ☥ n. V.

CH. LEHOUL Vieilli en fût de chêne 1995**

■   k. A.   k. A.   🍷   30-50 F

Eine lange Gärdauer hat es diesem Wein ermöglicht, in den Genuß einer guten Extraktion zu kommen. Das Ergebnis zeigt sich im Geschmack in einer schönen Struktur und Körper. Alles Qualitäten, die nicht im Widerspruch zu Weichheit und Fett stehen. Echte aromatische Stärke mit Toast- und Gewürznoten und gute Länge - das Ganze besitzt ein recht gutes Potential. Die im Eichenholzfaß gereifte 96er Cuvée beim Weißwein hat einen Stern verdient.

GAEC Fonta et Fils, rte d'Auros,
33210 Langon, Tel. 05.56.63.17.74,
Fax 05.56.63.06.06 ✓ ☥ n. V.

CUVEE DE L'ENCLOS 1996*

☐   20 ha   3 000   🍷   50-70 F

Dieser Wein, der vom selben Erzeuger wie der Grand Enclos du Château de Cérons stammt, kann sich gut präsentieren, mit einer kräftigen gelben Farbe und einem Bukett, das Vanille mit süßem Karamel verbindet. Der füllige, runde Geschmack enthüllt eine gute Struktur.

Olivier Lataste, Ch. Lamouroux,
33720 Cérons, Tel. 05.56.27.01.53,
Fax 05.56.27.08.86 ✓ ☥ n. V.

CH. LES CLAUZOTS
Cuvée Maxime Elevé en fût de chêne 1994

■   10 ha   10 000   🍷   50-70 F

Diese Sondercuvée hat eine zufriedenstellende Konstitution, die sich über soliden Tanninen entwickelt, und zeigt sich angenehm aufgrund der Feinheit ihres Buketts, in dem zu den gekochten Früchten und zum Teergeruch Gewürze hinzu-

kommen. Der weiße 96er ist ebenfalls berücksichtigt worden.
☛ Frédéric Tach, SICA Vignobles de Bordeaux, ch. les Clauzots, 33210 Saint-Pierre-de-Mons, Tel. 05.56.63.19.35, Fax 05.56.63.21.60 ◼ ⊺ n. V.

LES FLEURS DE GRAVILLE 1995**

| | 1 ha | 1 200 | ⦿ | 70-100 F |

Dieser Wein stammt aus einem Weinberg, der mit einem Cru in Barsac verbunden ist. Er ist vollständig aus Sémillon-Trauben von alten Rebstöcken (80 bis 100 Jahre) erzeugt worden. Er besitzt eine schöne, ziemlich kräftige gelbgrüne Farbe und ein intensives Bukett mit eleganten, komplexen Butter-, Vanille- und Röstnoten und entfaltet eine sanfte, runde, fleischige Struktur, die eine schöne Zukunft voraussagen läßt. Ein Wein von großer Rasse.
☛ Hervé Dubourdieu, Ch. Roûmieu-Lacoste, 33720 Barsac, Tel. 05.56.27.16.29, Fax 05.56.27.02.65 ◼ ⊺ n. V.

CLOS LES MAJUREAUX 1996**

| | 6 ha | 3 000 | | 30-50 F |

Dieser in recht kleiner Stückzahl hergestellte Wein wird nicht sehr leicht zu finden sein. Aber seine glücklichen Käufer werden für ihre Anstrengungen belohnt werden: durch ein Bukett mit frischen, fruchtigen Noten und durch einen füllingen, vollen, köstlichen, pikanten Geschmack, der sich zu einem aromatischen Abgang öffnet (exotische und würzige Düfte). Das Château Ludeman la Côte vom selben Erzeuger ist ebenfalls berücksichtigt worden (ohne Stern).
☛ GAEC Chaloupin-Lambrot, Ludeman, 33210 Langon, Tel. 05.56.63.07.15, Fax 05.56.63.48.17 ◼ ⊺ n. V.

CH. L'ETOILE 1996*

| | 12 ha | 33 500 | ◼ ↓ | 30-50 F |

Dieser Wein wird von der Firma Coste de Langon vertrieben - eine Qualitätsgarantie, die er nicht Lügen strafen wird. Die Versprechen, die die Farbe mit ihrem kräftigen Gelb macht, halten das Bukett mit den komplexen Blüten- und Gewürznoten ebenso wie der sanfte, aromatische, kraftvolle Geschmack. Der von der gleichen Firma präsentierte rote 95er Château Petit Mouta ist ohne Stern ausgewählt worden.
☛ Bonnin Latrille, Chem. des Verfes, 33210 Mazères, Tel. 05.56.63.50.52

CH. DE L'HOSPITAL 1994**

| ◼ | k. A. | 34 000 | ⦿ | 50-70 F |

90 91 |92| **93 94**

Ein historisches Bauwerk, in dem sich Lamartine aufhielt: Die Kulisse hier ist erhaben. Und diese im Barriquefaß ausgebaute Cuvée erweist sich dessen würdig. Sie ist noch viel fülliger als der 93er, den im letzten Jahr zwei Sterne erhielt, und besitzt alles, um den Verkoster zu verführen: eine sehr schöne rubinrote Farbe, ein Bukett mit intensiven Noten von gekochten Früchten und Geröstetem und einen reichen Stoff mit Tanninen, die Garanten für das Lagerungspotential dieses sehr gelungenen Weins sind. Der dichte, wohlausgewogene 95er Weißwein hat einen Stern erhalten.

☛ SCEA Ch. de L'Hospital, Darrouban-Nord, 33640 Portets, Tel. 05.56.67.54.73, Fax 05.56.67.09.93 ◼ ⊺ Mo-Fr 10h-12h15 14h-18h15
☛ Marcel Disch

CH. LUBAT 1994

| ◼ | 6,39 ha | 6 000 | ⦿ | 30-50 F |

Dieser schlichte, aber angenehme 94er bietet ein klares, sauberes Bukett (Himbeeren und Sauerkirschen) sowie einen fülligen, weichen, recht gut strukturierten Geschmack.
☛ Bernard Tach, Lubat, 33210 Saint-Pierre-de-Mons, Tel. 05.56.63.25.07, Fax 05.56.76.84.41 ◼ ⊺ tägl. 8h-12h 14h-19h

CH. DES LUCQUES 1995

| ◼ | 14 ha | 80 000 | ⦿ | 30-50 F |

Dieses zu den Domaines de la Mette gehörende Château präsentiert einen 95er, der zehn Monate im Barriquefaß verbracht hat. Der zarte Holzton macht roten Früchten und Gewürzen Platz. Er ist kräftig gebaut und darf nicht länger als zwei Jahre lagern.
☛ Dom. de Millet, 33640 Portets, Tel. 05.56.67.18.18, Fax 05.56.67.53.66 ◼ ⊺ Mo-Fr 8h-12h 14h-18h

DOM. DES LUCQUES 1995**

| ◼ | 2,32 ha | 18 000 | ◼ ↓ | 30-50 F |

Dieser im Gärtank ausgebaute Wein reiht sich in die Qualitätstradition der Crus von Patrice Haverlan ein; er stellt nur einen Teil seiner Produktion dar, die man hier jedes Jahr wieder antrifft. Der aufgrund seines Buketts wie auch dank seiner geschmacklichen Präsenz ausdrucksvolle 95er ist besonders gelungen. Der weiße 96er des Guts hat für seinen besonders interessanten Duft und seine allgemeine Ausgewogenheit im Geschmack einen Stern verdient.
☛ Vignobles Patrice Haverlan, 11, rue de l'Hospital, 33640 Portets, Tel. 05.56.67.11.32, Fax 05.56.67.11.32 ◼ ⊺ Mo-Fr 8h30-12h30 13h30-17h30; Aug. geschlossen

CH. MAGENCE 1994**

| ◼ | 18 ha | 100 000 | ◼ ↓ | 30-50 F |

|88| |89| |90| 92 |93| **94**

Wir haben bereits auf die Regelmäßigkeit in der Qualität dieses Cru hingewiesen. Sie bestätigt sich erneut. Dieser 94er hat eine schöne Erscheinung mit einer funkelnden Farbe und zeigt sich bezaubernd aufgrund der Frische des Buketts, das Noten von Brombeeren und roten Johannisbeeren bereichern. Die Ansprache ist weich und

Region Graves — Graves

rund, die Struktur angenehm und ohne Schwachpunkt ; sie ermöglicht eine passable Alterung.
🍷 EARL du Ch. Magence, Vignobles de Bordeaux, B.P. 114, 22212 Saint-Pierre-de-Mons Cedex, Tel. 05.56.63.19.34, Fax 05.56.63.21.60 ◼ ⏳ n. V.
🍷 Guillot de Suduiraut-d'Antras

CH. MAGENCE 1995**

| ☐ | 17 ha | 80 000 | ◼◼ | 30-50 F |

88 89 ⑨⓪ 93 94 95

Der lateinische Satz auf dem Etikett besagt, daß die Römer diesen Ort ausgewählt hatten, um hier Reben anzupflanzen. Sie hatten den Wert eines sehr kieshaltigen Bodens mit feinem Sand erkannt. Ähnlich wie der rote 94er besitzt der weiße 95er alles, um zu gefallen : eine schöne Farbe, blaßgolden mit grünen Reflexen, ein ausdrucksvolles Bukett, das fruchtig und blumig zugleich ist, eine gefällige Ansprache und einen runden, füllligen Geschmack, in dem sich das Aroma großzügig entfaltet. Sehr schöne Arbeit.
🍷 EARL du Ch. Magence, Vignobles de Bordeaux, B.P. 114, 22212 Saint-Pierre-de-Mons Cedex, Tel. 05.56.63.19.34, Fax 05.56.63.21.60 ◼ ⏳ n. V.

CH. MAGNEAU Cuvée Julien 1995**

| ☐ | 4 ha | 4 000 | ◼◼ | 50-70 F |

92 |93| 95

Diese im Barriquefaß ausgebaute Cuvée stammt aus einem erstklassigen Anbaugebiet (in La Brède) und wird seiner Herkunft gerecht. Im Bukett wie im Aroma, das man über den Rachenraum wahrnimmt, entdeckt man die gleichen blumigen, saftigen, balsamischen Nuancen mit hübschen Noten von Rosenblättern. Der weiche, runde, nachhaltige Geschmack entspricht dem. Die im Gärtank ausgebaute Hauptcuvée hat einen Stern erhalten, während der Rotwein ohne Stern berücksichtigt worden ist.
🍷 Henri Ardurats et Fils, GAEC des Cabanasses,12, chem. Maxime-Ardurats, 33650 La Brède, Tel. 05.56.20.20.57, Fax 05.56.20.39.95 ◼ ⏳ Mo-Fr 9h-12h 14h-18h ; Sa, So n. V.

M. DE MALLE 1995

| ☐ | 3 ha | k. A. | ◼◼ | 50-70 F |

Der trockene Wein von Château de Malle, das berühmter ist für seinen Sauternes. Er ist goldgelb und besitzt einen intensiven, kräftigen, vom Typ her ein wenig wilden Duft (Noten von Buchsbaum und Pfeffer, aber auch von exotischen Früchten). Dieser in der Ansprache sanfte und süffige Wein ist leicht, bleibt dabei aber ausgewogen und bietet einen angenehmen Nachgeschmack.
🍷 Comtesse de Bournazel, Ch. de Malle, 33210 Preignac, Tel. 05.56.62.36.86, Fax 05.56.76.82.40 ◼ ⏳ tägl. 10h-12h 14h-18h30 ; Gruppen n. V.

CH. DE MAUVES 1995*

| ◼ | 18 ha | 100 000 | ◼◼ | 30-50 F |

Eine mengenmäßig große Produktion, was es ermöglicht, diesen Wein leichter zu finden. Unsere Jury schätzte an ihm das Bukett, stark geprägt durch reife rote Früchte mit einer Wildnote, und den fülligen, fleischigen, wohlausgewogenen Geschmack.
🍷 EARL Bernard Bouche et Fils, 25, rue François-Mauriac, 33720 Podensac, Tel. 05.56.27.17.05, Fax 05.56.27.24.19 ◼ ⏳ n. V.

CH. DU MAYNE 1995**

| ☐ | 6 ha | 40 000 | ◼◼◼ | 30-50 F |

Das Gefühl für Nuancen, von dem die Bestockung zeugt, findet sich ganz natürlich im eleganten, blumig-fruchtigen Bukett dieses Weins wieder, der eine schöne, tiefe gelbe Farbe besitzt. Nach einer frischen, gut passenden Ansprache enthüllt der Geschmack Kraft und ein sympathisches Lindenblütenaroma. Der rote 94er ist ebenfalls berücksichtigt worden, aber ohne Stern.
🍷 Jean-Xavier Perromat, 33720 Cérons, Tel. 05.56.27.01.13, Fax 05.56.27.22.17 ◼ ⏳ n. V.
🍷 Jean Perromat

CH. MAYNE DE COUTUREAU 1994

| ◼ | 3 ha | k. A. | ◼◼◼ | 30-50 F |

Dieser Cru, der wie mehrere andere Graves-Weinberge von einem Erzeuger auf dem rechten Ufer bewirtschaftet wird, bietet uns hier einen Wein, der im Augenblick ein wenig streng im Abgang ist. Er dürfte sich aber abrunden können, denn seine Tannine überdecken nicht die gute Präsenz des Aromas von roten Früchten.
🍷 SC du Ch. La Prioulette, 33490 Saint-Maixant, Tel. 05.56.62.01.97, Fax 05.56.76.70.79 ◼ ⏳ n. V.

CH. MAYNE D'IMBERT
Elevé en fût de chêne 1994

| ◼ | 19 ha | 700 | ◼◼◼ | 50-70 F |

Dieser 94er, eine kleine im Eichenholzfaß ausgebaute Cuvée, ist noch durch den Ausbau geprägt (achtzehn Monate im Barriquefaß bei diesem Jahrgang). Aber der Gesamteindruck bleibt gefällig, vor allem dank der Zartheit des Aromas. Der ebenfalls im Faß ausgebaute weiße 94er ist ebenfalls ausgewählt worden.
🍷 SCEA Vignobles Bouche, 23, rue François-Mauriac, B.P. 58, 33720 Podensac, Tel. 05.56.27.18.17, Fax 05.56.27.21.16 ◼ ⏳ n. V.

CH. DU MONT 1995*

| ☐ | 0,37 ha | 3 200 | ◼◼◼ | 30-50 F |

Dieser im neuen Holzfaß hergestellte Wein wird in recht geringer Menge produziert. Er ist recht typisch aufgrund des warmen, runden Charakters der Ansprache. Er ist im Geschmack lebhaft, mit einem gefälligen, zitronenartigen Abgang, und trägt im Bukett den Stempel der Rebsorte Sauvignon. Ein Räucherfisch würde zweifellos zu ihm passen.
🍷 Vignobles Chouvac, Ch. du Mont, 33410 Sainte-Croix-du-Mont, Tel. 05.56.62.01.72, Fax 05.56.62.07.58 ◼ ⏳ n. V.

HENRY BARON DE MONTESQUIEU
1995

| ☐ | | k. A. | 25 000 | ◼◼◼ | 30-50 F |

Die Montesquieus, seit langer Zeit Erzeuger, sind auch Weinhändler. Was es ihnen erlaubt, diesen Wein mit dem schönen Aussehen anzubieten. In seinem ersten aromatischen Ausdruck

Region Graves

ist er ein wenig verschlossen, denn er läßt über einem interessanten Hauch von Kohlenwasserstoff Pampelmusen- und Ananasnoten zu Wort kommen. Der weiche, differenzierte Geschmack entfaltet sich zu einer Struktur, der es nicht an Charme mangelt. Schon trinkreif.
🍷 Vins et Dom. H. de Montesquieu, Aux Fougères, B.P. 53, 33650 La Brède, Tel. 05.56.78.45.45, Fax 05.56.20.25.07 ▼

CH. PESSAN 1995

| ■ | 8 ha | 50 000 | ■ | 30-50 F |

Dieser Cru, ein Gut im Besitz der Firma Médeville, präsentiert uns einen Wein, der im Abgang etwas streng ist, aber sich aufgrund seiner Sanftheit, seiner Geschmeidigkeit und seines Buketts (gekochte Backpflaumen und Knospen schwarzer Johannisbeeren) ansprechend zeigt. Der weiße 96er ist ebenfalls berücksichtigt worden. Er besitzt ein schönes, feines Aroma (schwarze Johannisbeeren, Zitrusfrüchte, Ananas).
🍷 SCEA Jean Médeville et Fils, Ch. Fayau, 33410 Cadillac, Tel. 05.57.98.08.08, Fax 05.56.62.18.22 ▼ ☀ tägl. 8h30-12h 14h-18h

CH. PEYRAT 1996

| ☐ | 9 ha | 7 000 | ■ | 30-50 F |

Obwohl Jean-Marie Cambillau seinen Sitz in Cadillac hat, bewirtschaftet er einen kleinen Weinberg in Cérons. Von dort kommt dieser wohlausgewogene Wein, dessen feines Bukett eine kleine Haselnußnote enthält. Trinken Sie ihn zu einem Weichkäse.
🍷 Jean-Marie Cambillau, 16, Le Vergey, 33410 Cadillac, Tel. 05.56.62.92.48, Fax 05.56.62.65.18 ▼ ☀ n. V.

CH. PINSAN 1995

| ■ | k. A. | 14 200 | ■ | 30-50 F |

Dieser von der Firma Coste vertriebene Wein zeigt sich interessant. Er präsentiert sich in einem hübschen, sehr klaren Kleidchen und mit einem Bukett, das Noten von roten Früchten und Konfitüre bietet, und entfaltet einen recht konzentrierten, wohlausgewogenen Geschmack.
🍷 Lalande SCEA du Mirail, 33460 Portets, Tel. 05.56.63.50.52

CH. PIRON 1995**

| ☐ | 14 ha | 30 000 | ■ ⑴ | 30-50 F |

Dieser Cru, ein für die Appellation charakteristisches Gut in Familienbesitz, hatte beim 95er einen hübschen Erfolg. Unsere Jury schätzte besonders die Frische dieses Weins, die im äußerst ausdrucksvollen Bukett (Buchsbaum) sehr deutlich wahrnehmbar ist, ebenso im Geschmack, der recht intensiv und lebhaft ist. Der elegante, aromatische, nachhaltige Abgang beschließt auf angenehme Weise diesen köstlichen Parcours.
🍷 Paul Boyreau, Piron, 33650 Saint-Morillon, Tel. 05.56.20.25.61, Fax 05.56.78.48.36 ▼ ☀ n. V.

CH. PLANTAT 1995

| ■ | 6 ha | 8 000 | ⑴ | 30-50 F |

Dieser Wein hat nicht die einmütige Zustimmung der Jury gefunden, denn der Holzton ist sehr spürbar. Einige haben seine Tannine als aggressiv beurteilt; doch andere haben darin eine Garantie für eine gute Entwicklung gesehen, die durch seine aromatische Komplexität und die Schönheit der tiefen Farbe bestätigt wird. Ein Streit der Schulen. Abwarten und sich selbst davon überzeugen!
🍷 Irène Labarrère, Ch. Plantat, 33650 Saint-Morillon, Tel. 05.56.78.40.77, Fax 05.56.20.34.90 ▼ ☀ n. V.

CH. PONT DE BRION 1995*

| ■ | 5 ha | 30 000 | ⑴ | 30-50 F |

Dieser Wein, der von den ältesten Reben des Guts stammt, zeigt sich sehr verführerisch durch die Intensität seines aromatischen Ausdrucks und den Charakter seiner festen, aber schon gut verschmolzenen Tannine. Ein langer, eleganter Abgang beschließt die Verkostung auf angenehme Weise. Der im Holzfaß ausgebaute 95er Weißwein, dessen Blütenduft von einer leichten Holznote begleitet wird, und der rote 95er Ludeman les Cèdres, der von jungen Reben stammt und nicht im Barriquefaß ausgebaut worden ist (man kann diesen wohlschmeckenden, klaren Wein in den kommenden fünf Jahren trinken), haben beide einen Stern erhalten. Drei Weine in der gleichen Preisspanne, die den Verbraucher nur zufriedenstellen können.
🍷 SCEA Molinari et Fils, Ludeman, 33210 Langon, Tel. 05.56.63.09.52, Fax 05.56.63.13.47 ▼ ☀ n. V.

CH. DE PORTETS 1995*

| ☐ | 3,55 ha | 26 000 | ⑴ | 30-50 F |

Ein altes Feudalgut, dessen Barone die Gerichtsbarkeit über das gesamte Land hatten. Und ein Wein, der in seinem goldenen Gewand eine gewisse Erhabenheit besitzt. Er ist zart duftig, mit Ginsternoten, und zeigt prahlerisch seinen Reichtum im überaus köstlichen Geschmack. Das Ganze mündet in einen schönen, würzigen Abgang.
🍷 Jean-Pierre Théron, SCEA Théron-Portets, 33640 Portets, Tel. 05.56.67.12.30, Fax 05.56.67.33.47 ▼ ☀ n. V.

CH. POUYANNE 1995

| ■ | 35 ha | 180 000 | ⑴ | 30-50 F |

Dieser Wein wurde auf einem schönen, 50 ha großen Gut erzeugt, von dem 35 ha mit Reben bestockt sind. Man muß ihn ziemlich jung trinken, um in den Genuß seines Charmes zu kommen, der vor allem durch einen schönen Duft nach roten Früchten, Vanille und Gewürzen zum Ausdruck kommt.
🍷 GAEC des Vignobles Zausa, Budos, 33720 Podensac, Tel. 05.56.62.51.73, Fax 05.56.62.59.18 ▼ ☀ n. V.

CH. PRIEURE LES TOURS 1995**

| ■ | 9 ha | 66 000 | ⑴ | 50-70 F |

Dieser Wein stammt von einem großen Gut, das mehrere Crus umfaßt. Er sorgt beim Verkoster für einen angenehmen Augenblick. Mit einer intensiven roten Farbe fährt er mit einem zart holzigen, komplexen Bukett fort (Lakritze, schwarze Früchte und Gewürze), bevor er mit einem Geschmack endet, dessen sanfte, kraftvolle Tannine sich zu einem ebenso

Region Graves

langen wie vielversprechenden Abgang entfalten. Eine Flasche, die man in ihrem Kellerbett schlafen lassen muß. Der rote und der weiße 95er Château Millet vom selben Erzeuger sind ausgewählt worden, aber ohne Stern.

🖝 Dom. de La Mette, 33640 Portets, Tel. 05.56.67.18.18, Fax 05.56.67.53.66 ◩ ☥ n. V.

CH. QUINCARNON 1994

| ■ | 5,21 ha | 27 500 | ■ ☥ | 30-50 F |

Das im Süden der Appellation gelegene Gut verteilt sich auf Sauternes- und Graves-Weine, darunter diesen sympathischen 94er mit dem liebenswerten Bukett (Menthol, gekochte Früchte und Veilchen), den samtige, runde Tannine unterstützen.

🖝 Carlos Asseretto, SICA Vignobles de Bordeaux, B.P. 114, 33212 Saint-Pierre-de-Mons Cedex, Tel. 05.56.63.19.34, Fax 05.56.63.21.60 ◩ ☥ n. V.

CH. RAHOUL 1994*

| ■ | k. A. | 60 000 | ◖◗ | 50-70 F |

86 88 **89** **90** 91 **92**|93| 94

Der Cru, ein schönes, fast 30 ha großes Gut, dessen 94er Weißwein im letzten Jahr zum Lieblingswein gewählt wurde, bleibt mit diesem Wein seiner Qualitätstradition treu. Er hat eine schöne granatrote Farbe und entfaltet ein komplexes Bukett (gekochte und kandierte Früchte, schwarze Johannisbeeren, Menthol und Gewürze) und einen stattlichen, ziemlich tanninhaltigen, samtigen Geschmack mit guter Länge. Der rote 94er und der weiße 95er Château Garance vom selben Erzeuger, aber in Cérons gelegen, sind ohne Stern ausgewählt worden.

🖝 Vignobles Alain Thienot, Ch. Rahoul, rte de Courneau, 33640 Portets, Tel. 05.56.67.01.12, Fax 05.56.67.02.88 ◩ ☥ n. V.

CH. DE RESPIDE 1995*

| ■ | 22 ha | k. A. | ■◖◗☥ | 30-50 F |

85 **88**|**89**| **90**| **93**| 95

Dieser Cru gehört zu einem schönen Weingut, das die Domaines Bonnet bilden. Er bietet hier einen hübschen Wein, der den Weinliebhaber durch seine rubinrote Farbe mit den bläulichroten Reflexen und durch sein freigeibiges Bukett ansprechen kann, dessen Komplexität man im Geschmack wiederfindet. Der 96er Weißwein von Château Pavillon de Boyrein, das dem gleichen Erzeuger gehört und am Rand des riesigen Kiefernwaldes von Landes liegt, ist ebenfalls ausgewählt worden, aber ohne Stern. Der 95er Rotwein hat einen Stern erhalten; er muß noch lagern, damit seine Tannine verschmelzen.

🖝 Vignobles Pierre Bonnet, Le Pavillon de Boyrein, 33210 Roaillan, Tel. 05.56.63.24.24, Fax 05.56.62.31.59 ◩ ☥ n. V.

CHATEAU FORT DE ROQUETAILLADE 1996*

| ☐ | 9 ha | 30 000 | | 30-50 F |

Auch wenn man bei manchen Crus den Namen »Château« anzweifeln könnte, so ist das nicht der Fall bei dieser imposanten Festung, die eine zweifache Burgmauer besitzt. Dennoch zeigt sich dieser Wein sehr liebenswürdig aufgrund seiner aromatischen Feinheit (Blüten und Menthol), seiner Frische, seiner Rundheit und seiner Länge. Zugegebenermaßen war das Mittelalter in der Gascogne ebenso das Zeitalter der Troubadoure wie das der Ritter.

🖝 Vicomte de Baritault du Carpia, Ch. de Roquetaillade, 33210 Mazères, Tel. 05.56.76.14.16, Fax 05.56.76.14.61 ◩ ☥ n. V.

CH. ROQUETAILLADE LA GRANGE 1994*

| ■ | 28 ha | 100 000 | ■◖◗☥ | 30-50 F |

Einer der höchsten Punkte der Appellation (zwischen 80 und 100 m). Dieser 94er mit der tiefen kirschroten Farbe ist recht bukettreich mit einer subtilen Vereinigung von Holz und Frucht. Der sanfte, feine Geschmack bewahrt diese Ausgewogenheit.

🖝 J. et P. Guignard, Ch. Roquetaillade-la-Grange, 33210 Mazères, Tel. 05.56.76.14.23, Fax 05.56.62.30.62 ◩ ☥ n. V.

CH. SAINT-AGREVES 1995*

| ☐ | 4 ha | k. A. | ■☥ | 30-50 F |

Dieser Cru ist immer noch seinen handwerklichen Methoden treu und zeigt erneut ihre Effizienz. Angenehm im Aussehen mit einer schönen gelbgrünen Farbe, bukettreich mit frischen, fruchtigen Noten, wohlausgewogen und gutgebaut - dieser 95er ist wirklich ein guter Anwalt.

🖝 Marie-Christiane Landry, Ch. Saint-Agrèves, rue Joachim-de-Chalup, 33720 Landiras, Tel. 05.56.62.50.85 ◩ ☥ n. V.

CH. SAINT-JEROME 1995

| ■ | 6,2 ha | 22 000 | ■☥ | 30-50 F |

Dieser gut gelungene 95er erregt die Aufmerksamkeit des Weinliebhabers in mehrfacher Hinsicht. Beim Aussehen weist seine Farbe auf seine Jugendlichkeit hin. Das Bukett verführt durch seine Verbindung von roten Früchten und Cachou, während der Wein am Gaumen seine Liebenswürdigkeit durch seinen milden Geschmack und gleichzeitig seinen guten Bau durch erstklassige Tannine zeigt.

🖝 Pierre Seiglan, Ch. Saint-Jérôme, 2, rte de la Forêt, 33640 Ayguemorte-les-Graves, Tel. 05.56.67.03.16 ◩ ☥ n. V.

CH. SAINT-ROBERT
Cuvée Poncet Deville 1995**

| ■ | 3 ha | 15 000 | ◖◗ | 50-70 F |

|**89**| |**90**| **92** **93** **94** 95

Dieser 95er, eine im Holzfaß ausgebaute Sondercuvée, wird dem Ansehen des Cru gerecht. Hinter einem immer noch deutlich spürbaren Holzton (Mokka, Röstgeruch) tritt ein komplexes Aroma von kleinen roten Früchten hervor. Das vielversprechende Bukett braucht Zeit, um sich zu entfalten. Die Struktur ist nämlich die eines lagerfähigen Weins mit fester, dichter Textur, schönem Volumen und langem Abgang. Die 95er Hauptcuvée, füllig, weich, wohlschmeckend und aromatisch, hat ebenfalls zwei Sterne verdient.

Region Graves — Graves

•┐ SCEA Vignobles de Bastor et Saint-Robert,
Dom. de Lamontagne, 33210 Preignac,
Tel. 05.56.63.27.66, Fax 05.56.76.87.03 ☑
🍷 Mo-Fr 8h30-12h30 14h-18h ; Gruppen n. V.
•┐ Foncier-Vignoble

CH. DU SEUIL 1994**

■   6 ha   30 000   🍷🍴   30-50F

Dieser Cru, dessen weißer 95er im letzten Jahr Lieblingswein war, zeichnet sich dieses Jahr durch die Qualität seines schönen 94er Rotweins aus. Er dürfte nicht schwerfallen, sich von der Persönlichkeit seines Buketts (Backpflaumen, schwarze Johannisbeeren, Felle und Gewürze) verführen zu lassen. Der klare, stattliche, gutgebaute Geschmack zeigt sich bezaubernd in der Ansprache und danach muskulös im Abgang. Der 96er Weißwein ist bescheidener, aber dennoch sehr sympathisch.

•┐ Ch. du Seuil, 33720 Cérons,
Tel. 05.56.27.11.56, Fax 05.56.27.28.79 ☑ 🍷 n. V.
•┐ Tr. Watts

CH. TOUR DE CALENS 1994**

■   5 ha   15 000   🍷🍴   30-50F

Trotz seiner bescheidenen Größe hat dieser Cru einen sehr hübschen 94er hervorgebracht. Er hat ein feines Bukett mit einem Duft von reifen Früchten über einem Harzaroma und entfaltet einen weichen, fülligen, zart holzigen Geschmack mit gut umhüllten Tanninen, bevor er in einem schönen, langen, eleganten Abgang ausklingt.

•┐ Bernard Doublet, Ch. Vignol, 33750 Saint-Quentin-de-Baron, Tel. 05.57.24.12.93, Fax 05.57.24.12.83 ☑ 🍷 n. V.

CH. TOUR DE CLUCHON 1995

☐   3 ha   20 000   🍷🍴   30-50F

Dieser Cru war ein echter Pionier, denn er vertreibt seine Weine seit 1928 selbst. Sein 95er wird vielleicht von manchen Weinliebhabern als ein wenig technologisch beurteilt werden, doch vielen anderen wird sein lebhaftes, wildes Aroma gefallen.

•┐ SCEA Cunilh et Fils, 51-53, rte des Graves, 33640 Portets, Tel. 05.56.67.18.61,
Fax 05.56.67.32.43 ☑ 🍷 Mo-Fr 9h-12h 14h-18h, Sa, So u. Gruppen n. V.

DOM. DE TOURMILOT 1996

☐   2 ha   k. A.   -30F

Zweifellos hätte man es lieber gesehen, wenn dieser Wein etwas mehr aromatische Komplexität besäße. Dennoch bleibt das Ganze gutgebaut und erstklassig und erweckt eine ausgeprägte Empfindung von Fülle.

•┐ GAEC Bélis et Fils, Tourmilot,
33210 Langon, Tel. 05.56.62.22.11,
Fax 05.56.62.22.11 ☑ 🍷 n. V.

CH. DU TOURTE 1995

■   1,5 ha   7 000   🍷   30-50F

Dieser 95er wiederholt zwar nicht die Leistung des 94ers, denn er ist im Abgang ein wenig streng, zeigt sich aber gefällig, vor allem aufgrund der Entfaltung seines Aromas, das intensiv und zugleich fein ist.

•┐ Ch. du Tourte, 33210 Toulenne,
Tel. 05.56.63.23.30, Fax 01.46.88.01.40 ☑ 🍷 n. V.

CH. TOURTEAU CHOLLET 1996

☐   9,66 ha   38 400   🍷🍴   30-50F

Dieser von der Firma Mestrezat vertriebene Wein kündigt sich durch eine schöne gelbgrüne Farbe an. Sicherlich bestimmt worden, daß man ihn jung trinkt. Aber die Rundheit des Geschmacks und seine fruchtige Seite harmonieren gut mit dem zart durch die Sauvignon-Rebe geprägten Bukett, so daß ein angenehmer Gesamteindruck entsteht.

•┐ SC du Ch. de Rayne Vigneau, 17, cours de la Martinique, B.P. 90, 33027 Bordeaux Cedex,
Tel. 05.56.01.30.10, Fax 05.56.79.23.57 🍷 Mo-Fr 9h-12h 14h-17h ; 31. Juli-15. Okt. geschlossen

VIEUX CHATEAU GAUBERT 1995**

■   15 ha   40 000   🍴   50-70F

83 85 86 87 |88| **89 90 91 93 94 95**

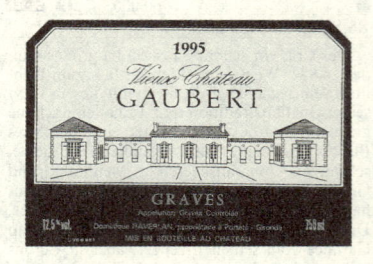

Wenn es in dem Anbaugebiet Erzeuger gibt, auf die man sich fest verlassen kann, dann gehört dieser Cru hier dazu. Schon auf den ersten Blick sieht man, womit man es zu tun hat. Entsprechend der vornehmen Farbe, die sich zwischen Rot und Granatrot bewegt, feiert das Bukett in tausend Nuancen die Vereinigung von Früchten und Holz. Der ebenso komplexe Geschmack zeigt durch seine Stärke und seine Ausgewogenheit, daß dieser herrliche 95er jahrelang schöne Kommentare im Kellerbuch verspricht. Etwas weniger lagerfähig (drei Jahre Wartezeit bis zum Höhepunkt gegenüber fünf bis sechs), aber ebenfalls prächtig ist der Zweitwein, der Benjamin de Gaubert, der auch mit zwei Sternen gekrönt worden ist !

•┐ Dominique Haverlan, Vieux-Château-Gaubert, 33640 Portets,
Tel. 05.56.67.52.76, Fax 05.56.67.52.76 ☑
🍷 Mo-Fr 9h-12h 14h-18h ; Sa, So n. V.

VIEUX CHATEAU GAUBERT 1995**

☐   5 ha   25 000   🍴   50-70F

(89) **90 91** |92| **93** |94| **95**|

Dieser Weißwein ist von großer Klasse. Während der gesamten Verkostung hält er hübsche Überraschungen bereit : hier eine zauberhafte weißgoldene Farbe, dort ein Bukett, in dem sich das Holz zart mit den kandierten Früchten und den Bergamotten verbindet, um zu verführen, schließlich noch ein Geschmack, der von fülligen Noten zu säuerlichen oder kraftvollen Nuancen übergeht, so daß ein charaktervoller Gesamtein-

druck entsteht, der sich ganz natürlich zu einem langen pfeffrigen Abgang entfaltet. Der weiße 96er Château Grand Bourdieu hat einen Stern erhalten.
☙ Dominique Haverlan, Vieux-Château-Gaubert, 33640 Portets, Tel. 05.56.67.52.76, Fax 05.56.67.52.76 Ⓥ
Ⓨ Mo-Fr 9h-12h 14h-18h ; Sa, So n. V.

VILLA BEL-AIR 1996*

| | 22 ha | 120 000 | ⓘ | 50-70 F |

Aufgrund eines merkwürdigen Mimikryeffekts findet sich die Feinheit der Architektur einer Chartreuse (kleines Landhaus) aus dem späten 18. Jh. im Bukett dieses 96ers mit den zarten fruchtigen und blumigen Noten wieder. Im Geschmack hingegen dominiert ein Eindruck von Stärke. Der ebenso elegante, aber einfachere 95er Rotwein ist berücksichtigt worden, jedoch ohne Stern.
☙ Villa Bel-Air, Bel-Air, 33650 Saint-Morillon, Tel. 05.56.20.29.35, Fax 05.56.78.44.80 Ⓨ n. V.
☙ A. Cazes

Graves Supérieures

CH. LEHOUL 1995*

| | k. A. | k. A. | ⓘ | 50-70 F |

Dieser Wein, der vom selben Erzeuger wie der Graves stammt, entwickelt sich während der gesamten Verkostung auf angenehme Weise, mit einem Bukett, das an Haselnüsse und getoastetes Brot erinnert, und einem frischen, wohlausgewogenen Geschmack.
☙ GAEC Fonta et Fils, rte d'Auros, 33210 Langon, Tel. 05.56.63.17.74, Fax 05.56.63.06.06 Ⓥ Ⓨ n. V.

CH. LUDEMAN LES CEDRES 1995

| | k. A. | 4 000 | ⓘ | 30-50 F |

Dieser von den Vignobles Molinari (siehe Graves Pont de Brion) hergestellte liebliche Wein ist bisweilen im Geschmack ein wenig unausgewogen, aber interessant aufgrund seines allgemeinen Aussehens und seines aromatischen Ausdrucks (Honig und getoastetes Brot). Der sehr ähnliche, aber im Barriquefaß ausgebaute Pont de Brion ist ebenfalls berücksichtigt worden.
☙ SCEA Molinari et Fils, Ludeman, 33210 Langon, Tel. 05.56.63.09.52, Fax 05.56.63.13.47 Ⓥ Ⓨ n. V.

Pessac-Léognan

Das Gebiet von Pessac und Léognan, das den Nordteil der Region Graves entspricht (und früher Hautes-Graves genannt wurde), ist heute eine kommunale Appellation nach dem Vorbild der Appellationen im Médoc. Die Einführung dieser Appellation, die sich auch durch ihre historische Bedeutung rechtfertigen ließe (das Anbaugebiet rund um die Stadt lieferte im Mittelalter die Clarets), erklärt sich aus der Eigenständigkeit ihres Bodens. Die Terrassen, die man weiter südlich findet, machen hier einen hügeligeren Topographie Platz. Der Abschnitt zwischen Martillac und Mérignac besteht aus einem Archipel von Kuppen mit Kiessand, die sich aufgrund ihrer Böden, die sehr vielfältige Kieselsteine enthalten, und ihrer steilen Hänge hervorragend für den Weinbau eignen. Diese Steilhänge stellen eine sehr gute Entwässerung sicher. Die Pessac-Léognan-Weine zeigen einen sehr eigenständigen Charakter; das haben die Fachleute übrigens schon seit langer Zeit festgestellt, ohne die Schaffung der Appellation abzuwarten. So war Haut-Brion bei der kaiserlichen Klassifizierung von 1855 das einzige nicht im Médoc gelegene Château, das eingestuft wurde (als Premier cru). Als dann 1959 sechzehn Crus des Graves-Gebiets klassifiziert wurden, befanden sich alle im Anbaubereich der heutigen kommunalen Appellation.

Die Rotweine (991 ha im Jahre 1996, die 53 358 hl lieferten) besitzen die allgemeinen Merkmale der Graves-Weine, unterscheiden sich dabei aber durch ihr Bukett, ihre Samtigkeit und ihr Gerüst. Die trockenen Weißweine (282 ha, 14 735 hl im Jahre 1996) eignen sich besonders gut für den Ausbau im Holzfaß und für die Alterung, die es ihnen ermöglicht, einen sehr großen aromatischen Reichtum mit feinen Noten von Ginster und Lindenblüten zu erwerben.

CH. BARDINS 1995

| | 0,69 ha | 2 500 | ⓘ | 50-70 F |

Ein schöner Park, eine alte Mühle und eine »Lourdes-Grotte« dienten als Wiege für diesen Wein, der mit einem hübschen Bukett (Zitrusfrüchte, Mangos, reife Ananas) beginnt, bevor er

Region Graves · Pessac-Léognan

sich im Geschmack sehr fein zeigt. Ein schöner Abgang beschließt die Verkostung.
• Yves de Bernardy de Sigoyer, 124, av. de Toulouse, 33140 Cadaujac, Tel. 05.56.30.75.85, Fax 05.56.30.04.99 n. V.

CH. BOUSCAUT 1994**

| ■ Cru clas. | 39 ha | 153 000 | 70-100 F |

76 79 80 |81| |82| |83| **84 85** |(86)| **87 88 89 90 91 92 93 94**

Die ganze Anmut des 18. Jh. findet sich in der Architektur dieses Bauwerks wieder. Doch bei diesem Wein denkt man eher an ein solides, rustikales Landhaus. Das Bukett entfaltet sich nach und nach und bietet einen schönen Duft von schwarzen Früchten, der mit feinen Toastnoten vermischt ist. Dieser Wein, der ein großzügiges Volumen besitzt, konzentriert ist und von kräftigen, aber noch strengen Tanninen getragen wird, verspricht, innerhalb von sechs bis acht Jahren an Harmonie zu gewinnen.
• SA Ch. Sophie Lurton, Ch. Bouscaut, RN 113, 33140 Cadaujac, Tel. 05.57.83.10.16, Fax 05.57.83.10.17 n. V.

CH. BOUSCAUT 1995

| □ Cru clas. | 8 ha | 38 400 | 70-100 F |

79 80 81 82 83 84 85 86 87 |88| |89| 90 |91| |92| |93| **94** |95|

Dieser Wein besitzt eine etwas leichte, aber elegante gelbgrüne Farbe und bezaubert durch sein Bukett mit den sanften Noten von Aprikosen und Quitten. Der angenehm fruchtige (Zitronen), lebhafte, wohlausgewogene Geschmack mündet voller Milde in einen Abgang von großer Frische.
• SA Ch. Sophie Lurton, Ch. Bouscaut, RN 113, 33140 Cadaujac, Tel. 05.57.83.10.16, Fax 05.57.83.10.17 n. V.

CH. BROWN 1994*

| ■ | 12,19 ha | 45 600 | 70-100 F |

93 94

Der Cru, in dessen Bestockung Cabernet Sauvignon breiten Raum einnimmt, bietet mit diesem Jahrgang einen vielversprechenden Wein. Seine Farbe, ein rubinrot schimmerndes Karminrot, sein Bukett mit den intensiven Holz- und Harznoten, das aber auch mit dem Charakter der Rebsorte verbunden ist, seine klare, freimütige Ansprache, sein Bau mit den soliden Tanninen und sein noch strenger Abgang - alles bestätigt diesen Eindruck. Mindestens vier bis fünf Jahre altern lassen.
• SA du Ch. Brown, 5, av. de la Liberté, 33850 Léognan, Tel. 05.56.87.08.10, Fax 05.56.87.87.34
• Bernard Barthe

CH. BROWN 1995*

| □ | 3,16 ha | 19 000 | 70-100 F |

Kalter Rauch, Zitrusfrüchte, Mangos, Pampelmusen, Litschis - das Bukett mag manche Weinliebhaber überraschen, aber es wird viele geben, die es hübsch und bezaubernd finden. Der füllige, runde, kräftige, stattliche Geschmack mit dem Zitronenaroma bestätigt ebenfalls einen eingemaischten Charakter. Der Colombier de Château Brown, die zweite Marke des Cru, ist von der Jury ebenfalls berücksichtigt worden, aber ohne Stern.
• SA du Ch. Brown, 5, av. de la Liberté, 33850 Léognan, Tel. 05.56.87.08.10, Fax 05.56.87.87.34

CH. CANTELYS 1994

| ■ | 10 ha | 30 000 | 30-50 F |

88 89 90 91 92 94

Dieser Cru wird von den Cathiards (von Château Smith Haut-Lafitte) als Pächtern bewirtschaftet ; beraten werden sie bei den Rotweinen von Michel Rolland und bei den Weißweinen von Denis Dubourdieu, den beiden Önologiepäpsten von Bordeaux. Er bietet hier einen Wein, der in der Entfaltung seiner Tannine etwas streng ist, dem es aber nicht an Persönlichkeit mangelt, wie die fast wilde Seite des Buketts zeigt. Die Jury äußerte sich nicht zur Lagerfähigkeit.
• GFA Malice, 4, chem. Bourran, 33650 Martillac, Tel. 05.57.83.11.22, Fax 05.57.83.11.21 n. V.

CH. CANTELYS 1995*

| □ | 5 ha | 25 000 | 50-70 F |

Auch wenn dieser Wein im Abgang ein wenig schlicht ist, verführt er durch eine hübsche strohgelbe Farbe, ein Bukett von guter Intensität (Vanille und Röstgeruch) und einen runden, fülligen Geschmack. Ein sehr harmonischer 95er.
• GFA Malice, 4, chem. Bourran, 33650 Martillac, Tel. 05.57.83.11.22, Fax 05.57.83.11.21 n. V.

CH. CARBONNIEUX 1994**

| ■ Cru clas. | 45 ha | 250 000 | 100-150 F |

75 81 82 83 |85| |(86)| **87** |88| **89 90** |91| **92 93 94**

Dieser Cru, der im Mittelalter von Mönchen angelegt wurde, gehört zweifellos zu den Weingütern, die das Anbaugebiet von Bordeaux am besten verkörpern. Sein 94er hat nichts von einem leichten »claret« an sich, den man vor Ende des Winters trinken muß. Getreu seiner Erscheinung, seine kräftige, strahlende Farbe erweckt, entfaltet er ein einschmeichelndes Bukett, in dem sich fruchtige Nuancen mit einem erstklassigen Holzton verbinden. Der gutgebaute, füllige, gut gearbeitete Geschmack mündet in einen langen, aromatischen Abgang.
• SC des Grandes Graves, Ch. Carbonnieux, 33850 Léognan, Tel. 05.57.96.56.20, Fax 05.57.96.59.19 n. V.
• A. Perrin

CH. CARBONNIEUX 1995*

| □ Cru clas. | 45 ha | 200 000 | 100-150 F |

81 82 83 85 86 87 |88| |89| |90| |91| **92** |93| |94| **95**

Traditionsgemäß präsentiert Carbonnieux einen gut gelungenen 95er. Eine hübsche, kristallklare Farbe, ein ansprechendes Bukett mit einem sehr deutlichen Einfluß der Sauvignon-Rebe (55 % des Rebsatzes), ein ausgewogener Geschmack und ein klassischer Abgang - alles macht seine Verkostung zu einem Vergnügen.

Region Graves — Pessac-Léognan

☛ SC des Grandes Graves, Ch. Carbonnieux, 33850 Léognan, Tel. 05.57.96.56.20, Fax 05.57.96.59.19 ▨ ⃥ n. V.

DOM. DE CHEVALIER 1994**

| ■ Cru clas. | 35 ha | 130 000 | ⃝⃝ | 150-200 F |

64 66 70 73 |75| |78| |79| |81| **83 84** |85| |86| |87| |88| |89| **90 91 92 93 94**

Von den Schutzmaßnahmen der Reben gegen Frost bis zur Arbeit im Keller - alles ist vorbildlich. Zunächst die Qualität, die dieser Jahrgang nach vielen anderen verkörpert. Er besitzt ein sehr ausdrucksvolles Bukett mit komplexen Noten von Pfeffer, Gewürznelken und Toastbrot und entfaltet im Geschmack eine schöne Tanninstruktur und reichhaltigen Stoff. Alles Garantien für ein schönes Lagerungspotential.

☛ SC Dom. de Chevalier, 33850 Léognan, Tel. 05.56.64.16.16, Fax 05.56.64.18.18 ⃥ n. V.
☛ Olivier Bernard

DOM. DE CHEVALIER 1994**

| ☐ Cru clas. | 4 ha | 12 000 | ⃝⃝ | +200 F |

82 83 |85| |86| |89| |⑨⓪| **93 94**

Die Domaine de Chevalier ist als Spezialist für Weißweine anerkannt und beweist uns mit diesem Wein, daß ihr Ansehen berechtigt ist. Sein gefälliges, hochfeines Bukett führt von einer Butternote zu holzigen und blumigen Nuancen. Der sanfte, runde, aromatische, ausgewogene und sehr elegante Geschmack ist von derselben Art.

☛ SC Dom. de Chevalier, 33850 Léognan, Tel. 05.56.64.16.16, Fax 05.56.64.18.18 ⃥ n. V.

CH. COUHINS-LURTON 1995**

| ☐ Cru clas. | 5,5 ha | k. A. | ⃝⃝ | 100-150 F |

82 83 |85| **86 87 88** |89| |90| **91** |92| **93** |94| **95**

André Lurton, der 1998 das 30. Jubiläum seiner Anwesenheit auf diesem Cru feiern wird, hat in Couhins viel investiert. Diesen Geburtstag kann er würdig mit seinem 95er begehen. Dieser überaus gelungene Wein beweist viel Eleganz und Zartheit, aufgrund seines Buketts mit einer Holznote, die eine leichte, vom Sauvignon geprägte Fruchtigkeit würzt, ebenso wie im Geschmack, in dem man einen schönen aromatischen Ausdruck und eine erstklassige Ausgewogenheit entdeckt.

☛ Vignobles André Lurton, 33420 Grézillac, Tel. 05.57.25.58.58, Fax 05.57.74.98.59 ▨ ⃥ n. V.

CH. DE CRUZEAU 1994*

| ■ | 40 ha | k. A. | ⃝⃝⃝ | 50-70 F |

81 |82| **83 84 85** |86| **87** |88| |89| |90| **92 93 94**

Der erste Jahrgang, der von dem neuen, 1994 fertiggestellten Gärkeller profitiert hat. Dieser Wein besitzt die Gabe, sich zu präsentieren : eine schöne dunkelrote Farbe mit granatroten Reflexen und ein komplexes Bukett (reife Früchte,

Region Graves

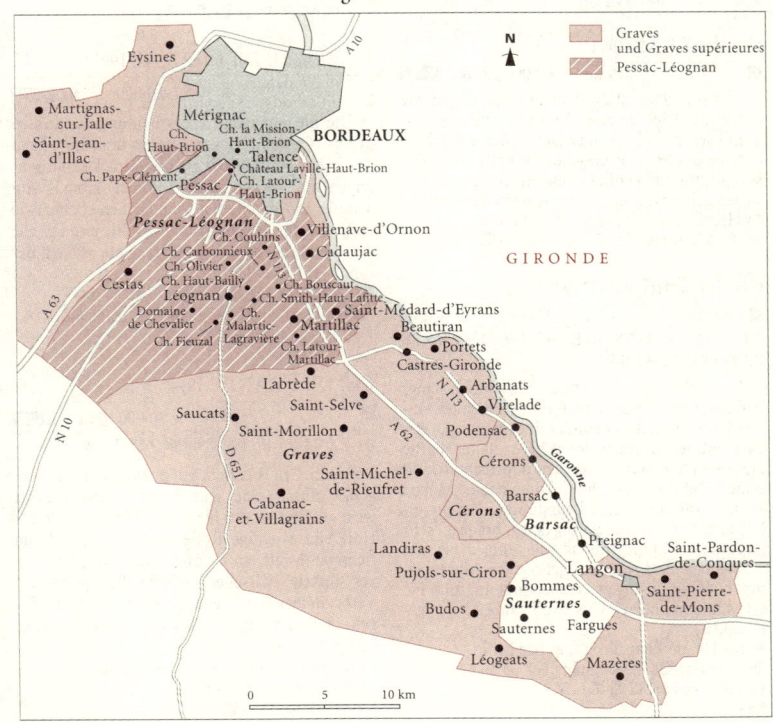

Legende: Graves und Graves supérieures — Pessac-Léognan

Eysines · Martignas-sur-Jalle · Saint-Jean-d'Illac · Mérignac · Ch. Haut-Brion · Ch. la Mission Haut-Brion · BORDEAUX · Talence · Château Laville-Haut-Brion · Ch. Pape-Clément · Pessac · Ch. Latour-Haut-Brion · Pessac-Léognan · Ch. Couhins · Villenave-d'Ornon · Ch. Carbonnieux · Cadaujac · Ch. Olivier · GIRONDE · Cestas · Ch. Haut-Bailly · Ch. Bouscaut · Léognan · Ch. Smith-Haut-Lafitte · Domaine de Chevalier · Ch. Malartic-Lagravière · Martillac · Ch. Médard-d'Eyrans · Beautiran · Ch. Fieuzal · Ch. Latour-Martillac · Portets · Castres-Gironde · Labrède · Arbanats · Saucats · Saint-Selve · Virelade · Saint-Morillon · Podensac · Graves · Cérons · Garonne · Saint-Michel-de-Rieufret · Barsac · Cabanac-et-Villagrains · Cérons · Barsac · Preignac · Landiras · Langon · Saint-Pardon-de-Conques · Pujols-sur-Ciron · Bommes · Saint-Pierre-de-Mons · Budos · Sauternes · Sauternes · Fargues · Léogeats · Mazères

0 — 5 — 10 km

BORDELAIS

Region Graves — Pessac-Léognan

Röstgeruch, Pfeffer). Der sehr konzentrierte Geschmack muß noch reifen, aber er besitzt genug Stoff, um sich problemlos zu verstärken.
↬ SCEA Vignobles André Lurton, Ch. Bonnet, 33420 Grézillac, Tel. 05.57.25.58.58, Fax 05.57.74.98.59 ✓ ⊥ n. V.

CH. DE CRUZEAU 1995

☐ 12 ha   k. A.   ⓘ 50-70 F
88 89 90 92 93 |94| 95

Das für »Hülsenmaischung« sehr typische Bukett ist kräftig, gehaltvoll und sehr ausdrucksvoll. Im Geschmack findet man zwar nicht alle seine fruchtigen und blumigen Nuancen wieder, aber die Struktur ist von guter Qualität.
↬ SCEA Vignobles André Lurton, Ch. Bonnet, 33420 Grézillac, Tel. 05.57.25.58.58, Fax 05.57.74.98.59 ✓ ⊥ n. V.

CH. FERRAN 1995**

☐ 4,5 ha   k. A.   ▮ ⓘ ♦ 50-70 F

Dieser Cru, der teilweise von den alten Domaines de Montesquieu herrührt, ist es sich schuldig, schöne Weißweine zu bieten. Dieser 95er erfüllt seine Verpflichtung vollkommen : durch sein Bukett mit den feinen Noten gerösteter Mandeln und vor allem durch die Rundheit, Fülle und Weite des Geschmacks. Der Mund formt »ein bemerkenswertes O«, schrieb ein begeisterter Verkoster.
↬ Hervé Beraud-Sudreau, Ch. Ferran, 33650 Martillac, Tel. 05.56.72.78.73 ✓ ⊥ n. V.

CH. FERRAN 1994

■ 9 ha   60 000   ▮ ⓘ ♦ 50-70 F

Der rote 94er ist zwar nicht so gelungen wie der weiße 95er, aber er ist recht originell aufgrund seines Buketts, das Zitrusfrüchte mit Fenchel verbindet. Der Geschmack hätte eine stärkere Entfaltung verdient, aber er ist sympathisch wegen seiner Rundheit und Ausgewogenheit.
↬ Hervé Beraud-Sudreau, Ch. Ferran, 33650 Martillac, Tel. 05.56.72.78.73 ✓ ⊥ n. V.

CH. DE FIEUZAL 1994**

■ Cru clas.   31 ha   95 000   ⓘ 100-150 F
70 75 76 77 |78| |79| 80 81 |82| |83| 84 |85| 86 88 89 ⑨⓪ |91| 92 93 94

Ein schönes Gut, nicht nur hinsichtlich seiner Anbaufläche, sondern auch im Hinblick auf seinen Boden und die Qualität seines Weins. Dieser 94er mit der kräftigen roten bis violetten Farbe gibt durch die Stärke, Feinheit und Komplexität seines Buketts (Kirschen, Himbeeren, Minze, Rauch, Vanille ...) eine Lehrstunde in Weinkostung. Die - vor allem für den Jahrgang - sehr imposante Tanninstruktur, die vom Holz gut unterstützt wird, läßt ein sehr gutes Alterungspotential voraussagen (Höhepunkt in fünf bis sechs Jahren und zehn bis zwölf Jahre Alterungsfähigkeit).
↬ SA Ch. de Fieuzal, 124, av. de Mont-de-Marsan, 33850 Léognan, Tel. 05.56.64.77.86, Fax 05.56.64.18.88 ✓ ⊥ n. V.
↬ -

CH. DE FIEUZAL 1995***

☐ 8 ha   39 000   ⓘ +200 F
83 84 85 86 87 |88| |89| ⑨⓪ |91| 92 93 94 95

Eine der Wiegen der neuen trockenen Weißweine von Bordeaux und ein Wein, der sich dieser Ehre würdig erweist. Er zeigt eine herrliche Komplexität im Geruchseindruck mit einem milden Duft von Zitrusfrüchten (Pampelmusen), Geröstetem und überreifen Trauben und entfaltet einen gut strukturierten, stattlichen, lebhaften, frischen Geschmack. Eine bemerkenswerte Komposition, wie ein impressionistisches Gemälde aus aufeinanderfolgenden Tupfern von Aromen. Ein sehr gelungener Wein zum Einkellern.
↬ SA Ch. de Fieuzal, 124, av. de Mont-de-Marsan, 33850 Léognan, Tel. 05.56.64.77.86, Fax 05.56.64.18.88 ✓ ⊥ n. V.

L'ABEILLE DE FIEUZAL 1995*

☐   k. A.   30 000   ⓘ 70-100 F

Die Eleganz und die Erscheinung des großen Weins (Château Fieuzal) findet man in seinem Zweitwein wieder. Die Folgeeindrücke sind sehr angenehm, wegen seines schönen Aromas von Vanille und kandierten Mandarinen ebenso wie aufgrund der Ausgewogenheit, Fülle und Frische des Geschmacks. Die gleiche Note erhielt der rote 94er l'Abeille.
↬ SA Ch. de Fieuzal, 124, av. de Mont-de-Marsan, 33850 Léognan, Tel. 05.56.64.77.86, Fax 05.56.64.18.88 ✓ ⊥ n. V.

CH. DE FRANCE 1994*

■   28 ha   50 000   ▮ ⓘ ♦ 70-100 F
81 82 83 85 86 |88| |89| |90| 92 |93| 94

Dieser Cru, bei dem ein erstklassiges Anbaugebiet durch eine gute Vinifizierung ergänzt wird, präsentiert uns hier einen Wein, in dem das Holz eine wichtige Rolle spielt und gerade im richtigen Maße ein ziemlich intensives, komplexes Bukett (Kirschen, frische Backpflaumen, Verbranntes) sowie einen reichhaltigen, kräftigen, tanninhaltigen Geschmack von großer Länge ergänzt.
↬ Bernard Thomassin, Ch. de France, 33850 Léognan, Tel. 05.56.64.75.39, Fax 05.56.64.72.13 ✓ ⊥ n. V.

Region Graves — Pessac-Léognan

CH. DE FRANCE 1995

☐ 4 ha 10 000 🍷🍷🍷 70-100 F
88 89 90 92 93 94 95

Dieser Wein ist recht erstaunlich aufgrund seines Buketts, das originelle, kräftige Noten von Lakritze, Zitronen und Muscat-Trauben verbindet. In seiner geschmacklichen Entfaltung vereint er Schlichtheit, Frische und Lebhaftigkeit.
🍷 Bernard Thomassin, Ch. de France,
33850 Léognan, Tel. 05.56.64.75.39,
Fax 05.56.64.72.13 ✓ Ⅰ n. V.

CH. HAUT-BAILLY 1994**

■ Cru clas. 28 ha 120 000 🍷🍷 100-150 F
78 79 80 81 82 83 |85| |86| 87 88 ⑧⑨ 90 |92| 93 94

Ein erstklassiges Anbaugebiet, alte Rebstöcke und eine Vinifizierung, die die Traditionen achtet, ohne unangebrachte Erwärmung des Mostes oder andere Tricks. Die Qualitäten dieses Weins erklären sich somit leicht, ob es sich um seine schöne granatrote Farbe handelt, um sein noch entstehendes Bukett, das aber bereits seine Komplexität und seine Eleganz beweist, oder um seine runde, feste, wohlausgewogene Struktur. Das Ganze stützt sich auf erstklassiges Holz und erinnert an reife, knackige Trauben. Vielversprechender Gesamteindruck.
🍷 Jean Sanders, Ch. Haut-Bailly,
33850 Léognan, Tel. 05.56.64.75.11,
Fax 05.56.64.53.60 Ⅰ n. V.

CH. HAUT-BERGEY 1994*

■ 17,5 ha 30 000 🍷🍷🍷 50-70 F

Ein durch seinen Eklektizismus überraschendes Château, bei dem jede Fassade einen Stil veranschaulicht. Die Liebhaber von Nuancen werden auch die Komplexität des Buketts dieses 94ers schätzen. Es zeichnet sich durch Karamelnoten aus, die sich mit Ledernoten vermischen. Der frische, fruchtige, ausgewogene Geschmack, der von seidigen Tanninen unterstützt wird, bestätigt, daß die Vinifizierung dem Jahrgang gut angepaßt wurde.
🍷 Sylviane Garcin-Cathiard, 33850 Léognan,
Tel. 05.56.64.05.22, Fax 05.56.64.06.98 ✓ Ⅰ n. V.

CH. HAUT-BERGEY 1995*

☐ 1,14 ha 6 000 🍷🍷 70-100 F

Ebenso wie der rote 94er ist der weiße 95er sehr gelungen : Das Bukett ist zwar noch vom Holz geprägt (Milchkaramel), aber es ist komplex und von guter Intensität. Der aufgrund seiner Frische und seiner aromatischen Entfaltung harmonische Geschmack ist noch ein wenig streng wegen seiner Nervigkeit, aber das ist eine Garantie für eine gute Lagerfähigkeit.
🍷 Sylviane Garcin-Cathiard, 33850 Léognan,
Tel. 05.56.64.05.22, Fax 05.56.64.06.98 ✓ Ⅰ n. V.

CH. HAUT-BRION 1994***

■ 1er cru clas. 43,2 ha k. A. 🍷🍷 +200 F
73 74 |75| 76 77 |78| |79| |81| |⑧②| |83| 84 85 86 |87| 88 89 90 |91| 92 93 94

Haut-Brion, gestern im Herzen des urbanen Anbaugebiets und heute mitten im Ballungsraum von Bordeaux, wurde von den Pontacs angelegt und war seinerzeit im Besitz von Talleyrand. Daß es ein Sinnbild ist, verdankt es seinen Weinen. Dieser perfekt gelungene 94er erfüllt seine Aufgabe. Die granatrote bis purpurviolette Farbe weist sofort auf seinen Charakter hin. Das komplexe Bukett verbindet Früchte in Alkohol - mit einer sehr reifen Note - mit einem perfekt gemeisterten Holzton. Die aufgrund ihrer Freigebigkeit außergewöhnliche Ansprache entfaltet sich zu einem rassigen Geschmack von bemerkenswert klassischem Charakter mit dichten, seidigen Tanninen. Ein reichhaltiger, eleganter Ausnahmewein.

CHATEAU HAUT-BRION 1994 — CRU CLASSÉ DES GRAVES — Pessac-Léognan — Appellation Pessac-Léognan Contrôlée — Premier Grand Cru Classé en 1855 — 12,5% vol — 75 cl

🍷 SA Dom. Clarence Dillon, B.P. 24,
33602 Pessac Cedex, Tel. 05.56.00.29.30,
Fax 05.56.98.75.14

CH. HAUT-BRION 1995**

☐ 2,7 ha k. A. 🍷🍷 +200 F
79 80 81 ⑧② 83 84 85 87 |88| |89| |90| 93 94 95

Haut-Brion bleibt seiner Rolle als Schaufenster für die Weine aus Bordeaux immer treu und zeigt, daß es seine Aufgabe auch durch seinen Weißwein erfüllt, mit prächtigen Jahrgängen wie diesem hier. Dieser 95er, der in seiner goldfarbenen Livree beeindruckt, bietet ein noch schlummerndes Bukett mit zarten Zitronennoten, bevor er im Geschmack seine Persönlichkeit durch einen stattlichen, vollen, opulenten Charakter zeigt. Freigebig und füllig, mit einem schönen Aroma von Zitrusfrüchten und Gewürzen. Er hinterläßt einen harmonischen Gesamteindruck und ist von langer Lagerfähigkeit.
🍷 SA Dom. Clarence Dillon, B.P. 24,
33602 Pessac Cedex, Tel. 05.56.00.29.30,
Fax 05.56.98.75.14

LE BAHANS DU CH. HAUT-BRION 1994**

■ k. A. k. A. 🍷🍷 100-150 F

Dieser Wein gibt sich nicht damit zufrieden, die Zweitmarke von Haut-Brion zu sein, um sein Ansehen zu begründen. Er verführt durch seine Erscheinung mit einer funkelnden roten Farbe und einem nuancenreichen Bukett (Leder, Fell, gekochte Früchte). Dieser ausgewogene, kräftige, elegante 94er, der den Gaumen freigebig umhüllt, bleibt aufgrund seiner Harmonie im selben Stil.
🍷 SA Dom. Clarence Dillon, B.P. 24,
33602 Pessac Cedex, Tel. 05.56.00.29.30,
Fax 05.56.98.75.14

Region Graves — Pessac-Léognan

LES PLANTIERS DE HAUT BRION 1995*

| ☐ | k. A. | k. A. | ⓘ 70-100 F |

Der Zweitwein von Haut-Brion. Dieser 95er zeigt aufgrund seines frischen, harmonischen Charakters, daß er von guter Provenienz und gut gemacht ist. Er ist rund und füllig und stützt sich auf ein schönes Aroma von Holz, Haselnüssen und Zitrusfrüchten. Ein im Gesamteindruck angenehmer Wein, der sehr gut zu Edelfischen paßt.

☎ SA Dom. Clarence Dillon, B.P. 24, 33602 Pessac Cedex, Tel. 05.56.00.29.30, Fax 05.56.98.75.14

CH. HAUT-GARDERE 1995**

| ☐ | 5 ha | 17 000 | ⓘ 50-70 F |

Ein hübsches Anbaugebiet, eine alte Kiessandinsel der Garonne, und das Talent der Mannschaft von Fieuzal : Wie sollte man sich da über die Qualität dieses sehr hübschen 95ers wundern ? Das feine, frische Bukett mit den Mentholnoten enthüllt einen erstklassigen Ausbau. Der sehr aromatische (Früchte und Vanille), frische, robust gebaute, wohlausgewogene Geschmack reiht sich aufgrund seiner Lagerfähigkeit (drei bis vier Jahre oder mehr) ganz in den Stil seiner Appellation ein.

☎ SA Ch. de Fieuzal, 124, av. de Mont-de-Marsan, 33850 Léognan, Tel. 05.56.64.77.86, Fax 05.56.64.18.88 ✓ 🍷 n. V.

CH. HAUT-GARDERE 1994

| ■ | 20 ha | 50 000 | 🍷ⓘ⚭ 50-70 F |

82 83 84 |85| |86| 87 |88| |89| |92| 93 94

Dieser Wein besitzt zwar nicht die Feinheit und die Eleganz der vorangegangenen Jahrgänge, darunter der herrliche 92er, aber er kann sich auf eine große Konzentration, einen reichen Stoff und ein Bukett von guter Intensität stützen, um sich günstig zu entwickeln.

☎ SA Ch. de Fieuzal, 124, av. de Mont-de-Marsan, 33850 Léognan, Tel. 05.56.64.77.86, Fax 05.56.64.18.88 ✓ 🍷 n. V.

CH. HAUT LAGRANGE 1995*

| ☐ | 3 ha | 21 000 | 🍷ⓘ⚭ 50-70 F |

Der recht regelmäßige Cru präsentiert mit diesem Jahrgang einmal mehr einen gefälligen, interessanten Jahrgang. Das angenehme Bukett entfaltet sich zu kräftigen Haselnußnoten, die sich gut mit dem Holz verbinden. Die feine, nervige Ansprache entfaltet sich zu einem füllligen, wohlausgewogenen Geschmack, in dem man das Aroma des Geruchseindrucks wiederfindet, zusammen mit einem Hauch von Zitronengras im Abgang.

☎ SA Ch. Haut-Lagrange, 31, rte de Loustalade, 33850 Léognan, Tel. 05.56.64.09.93, Fax 05.56.64.10.08 ✓ 🍷 n. V.

CH. HAUT-NOUCHET 1994*

| ■ | 27 ha | k. A. | ⓘ 70-100 F |

Dieser 94er trägt den Stempel seines Jahrgangs und zeigt, wie durchschnittliches Traubengut sorgfältig verarbeitet werden kann, so daß ein Wein entsteht, der im Bukett ein wenig verschlossen, aber dank seiner feinen, von Früchten bis zu Rauch reichenden Noten gefällig ist. Seine sanfte Struktur bietet einen guten Umfang.

☎ Louis Lurton, Ch. Haut-Nouchet, 33560 Sainte-Eulalie, Tel. 05.56.72.69.74, Fax 05.57.83.10.11 ✓ 🍷 n. V.

CH. HAUT-NOUCHET 1995

| ☐ | 11 ha | k. A. | ⓘ 70-100 F |

Eine schöne Erscheinung bei diesem ein wenig schweren Wein, der aber dennoch ansprechend ist aufgrund seiner Frische wie auch wegen der Intensität seines aromatischen Ausdrucks mit den feinen, fruchtigen Noten oder auch wegen seiner Ausgewogenheit.

☎ Louis Lurton, Ch. Haut-Nouchet, 33560 Sainte-Eulalie, Tel. 05.56.72.69.74, Fax 05.57.83.10.11 ✓ 🍷 n. V.

CH. LAFARGUE 1994

| ■ | 13,92 ha | 93 000 | ⓘ 30-50 F |

Trotz einer leichten Besorgnis zu Beginn, die orange- und ziegelroten Spuren im Kleid hervorgerufen haben, wird dieser Wein von liebenswürdigen Tanninen unterstützt, die mit einem diskreten, aber gefälligen Bukett harmonieren. Man kann ihn innerhalb von zwei bis drei Jahren trinken.

☎ Jean-Pierre Leymarie, 5, imp. de Domy, 33650 Martillac, Tel. 05.56.72.72.30, Fax 05.56.72.64.61 ✓ 🍷 n. V.

CH. LAFONT MENAUT 1995*

| ☐ | k. A. | 18 000 | 🍷ⓘ⚭ 30-50 F |

Hier ist der Erzeuger (Philibert Perrin von Château Carbonnieux) berühmter als der Cru, der eine bescheidene Größe hat (3 ha). Aber die Originalität dieses sehr femininen Weins mit dem Bukett von Blüten- und Muskatnoten wird dazu beitragen, den guten Ruf des Guts zu begründen.

☎ Philibert Perrin, Ch. Lafont Menaut, 33850 Léognan, Tel. 05.57.96.56.20, Fax 05.57.96.59.19 ✓ 🍷 n. V.

CH. LA GARDE Réserve du Château 1994*

| ■ | 45 ha | 144 000 | ⓘ 70-100 F |

Dieser Cru, ein großes Weingut, bietet eine »Réserve« in beträchtlicher Stückzahl. Um so mehr wird man den Reiz ihrer rubinroten Farbe, die Stärke ihres Buketts und den Charakter ihres Geschmacks schätzen, in dem man eine deutliche Präsenz der Tannine und einen soliden Bau spürt. Die gleiche Cuvée wurde im letzten Jahrgang beim 93er zum Lieblingswein gewählt.

☎ SC du Ch. La Garde, 1, chem. de la Tour, 33650 Martillac, Tel. 05.56.35.53.00, Fax 05.56.35.53.29 ✓ 🍷 n. V.

☎ Groupe CVBG Dourthe

CH. LA GARDE 1995**

| ☐ | k. A. | 37 000 | ⓘ 70-100 F |

Es ist angenehm, seine schöne Farbe, ein kräftiges Gelb, zu betrachten, aber dieser Wein beschränkt seine Reize nicht auf diesen einzigen Aspekt. Die Jury mochte auch sein hübsches Bukett (Ginster, Nachthyazinthen), seine milde Ansprache, sein Volumen und seine lebhafte Entfaltung, die in einen aufgrund seines Geschmacks nach Bitterorangenlikör originellen Abgang mündet.

Region Graves — Pessac-Léognan

SC du Ch. La Garde, 1, chem. de la Tour, 33650 Martillac, Tel. 05.56.35.53.00, Fax 05.56.35.53.29 ☑ ⵝ n. V.

LAGRAVE MARTILLAC 1994

| ■ | 24 ha | 38 000 | ◨ | 50-70 F |

Dieser 94er, der Zweitwein von Latour-Martillac, ist einfacher als der große Wein, aber gut gebaut: klare Ansprache, nicht sehr kräftig, aber wohlausgewogene Tannine und ein sehr fruchtiges Bukett mit Noten von Röstgeruch.

Dom. Kressmann, Ch. Latour-Martillac, 33650 Martillac, Tel. 05.56.72.71.21, Fax 05.56.72.64.03 ☑ ⵝ n. V.

LAGRAVE MARTILLAC 1995*

| ☐ | 8 ha | 17 000 | ◨ | 50-70 F |

Dieser Wein präsentiert sich in einem hübschen zitronengelben Kleid und zeigt sich anziehend aufgrund der Intensität und der Komplexität seines aromatischen Ausdrucks mit den fruchtigen Noten. Der frische, schlichte, weiche Geschmack ist ebenfalls gefällig.

Dom. Kressmann, Ch. Latour-Martillac, 33650 Martillac, Tel. 05.56.72.71.21, Fax 05.56.72.64.03 ☑ ⵝ n. V.

CH. LA LOUVIERE 1994***

| ■ | 35 ha | k. A. | ◨ | 100-150 F |

75 80 81 82 83 |85| |86| 87 |88| |89| ⟨90⟩ |91| |92| 93 94

GRAND VIN DE GRAVES
1994
CHÂTEAU
LA LOUVIÈRE
PESSAC-LÉOGNAN

Wenn man die Willensstärke von André Lurton kennt und weiß, daß er diesen Cru zu höchstem Niveau führen will, dann ist nicht erstaunlich, hier Weine wie diesen 94er zu erleben. Seine Mannschaft, die das erstklassige Anbaugebiet hervorragend ausnutzt, konnte einen Wein von großer Reichhaltigkeit herstellen, in seinem Bukett, das ebenso elegant wie komplex ist, wie auch in seiner Struktur, die eine lange Lagerfähigkeit verspricht. »Ein echter Pessac-Léognan.«

SCEA Vignobles André Lurton, Ch. Bonnet, 33420 Grézillac, Tel. 05.57.25.58.58, Fax 05.57.74.98.59 ☑ ⵝ n. V.

CH. LA LOUVIERE 1995*

| ☐ | 1'5 ha | k. A. | ◨ | 100-150 F |

82 84 85 86 87 |88| |89| ⟨90⟩ |91| |92| 93 |94| |95|

Auch wenn es dieser 95er Weißwein mit dem 94er Rotwein aufnehmen kann, zeigt er sich äußerst ansprechend aufgrund seines aromatischen Ausdrucks, der zarte Weise Äpfel mit exotischen Früchten und Zitrusfrüchten vereint. Die schlichte, aber gut gemachte Struktur wird vom Holz gut unterstützt.

SCEA Vignobles André Lurton, Ch. Bonnet, 33420 Grézillac, Tel. 05.57.25.58.58, Fax 05.57.74.98.59 ☑ ⵝ n. V.

L. DE LA LOUVIERE 1994*

| ■ | k. A. | k. A. | ◨ | 50-70 F |

Dieser Wein, der Zweitwein von La Louvière, ist bescheidener. Doch seine dichte, tiefe Farbe, sein Bukett, das dank seiner feinen Lakritze- und Holznoten einen soliden Charakter beweist, und sein klarer Geschmack, der sich auf leichte, aber verschmolzene Tannine stützt, machen ihn zu einem sehr verläßlichen Wein.

SCEA Vignobles André Lurton, Ch. Bonnet, 33420 Grézillac, Tel. 05.57.25.58.58, Fax 05.57.74.98.59 ☑ ⵝ n. V.

CH. LA MISSION HAUT-BRION 1994***

| ■ Cru clas. | k. A. | k. A. | ◨ | 150-200 F |

77 78 80 |81| |82| |83| |84| 85 86 |87| 88 89 ⟨90⟩ 92 93 94

La Mission ist fast ebenso berühmt wie sein prestigereicher Nachbar Haut-Brion, mit dem ihn seine Zugehörigkeit zu den Domaines Dillon verbindet. Das Gut bietet hier einen Wein, der

DIE KLASSIFIZIERTEN CRUS VON GRAVES

CRU CLASSE	WEIN	CRU CLASSE	WEIN
Château Bouscaut	Rot- und Weißwein	Château Laville-Haut-Brion	Weißwein
Château Carbonnieux	Rot- und Weißwein	Château Malartic-Lagravière	Rot- und Weißwein
Domaine de Chevalier	Rot- und Weißwein	Château La Mission-Haut-Brion	Rot- und
		Château Olivier	Rot- und Weißwein
Château Couhins	Weißwein	Château Pape-Clément	Rotwein
Château Couhins-Lurton	Weißwein	Château Smith-Haut-Lafitte	Rotwein
Château Fieuzal	Rotwein	Château Latour-Haut-Brion	Rotwein
Château Haut-Bailly	Rotwein	Château La Tour-Martillac	Rot- und Weißwein
Château Haut-Brion	Rotwein		

Region Graves — Pessac-Léognan

sich durch die Qualität seiner seidigen Tannine auszeichnet. Ebenso wie seine Farbe, die sich zwischen Dunkelrot und Granatrot bewegt, und sein schöner, reifer, runder Stoff weisen sie auf eine schöne Lagerfähigkeit hin. Ein Wein zum Einkellern, auch wenn ihn der Reichtum und die Feinheit seines Aromas (Vanille, gekochte Früchte, Leder, Gewürze), vor allem im Abgang, schon sehr reizvoll machen.

🕭 SA Dom. Clarence Dillon, B.P. 24, 33602 Pessac Cedex, Tel. 05.56.00.29.30, Fax 05.56.98.75.14

LA CHAPELLE DE LA MISSION HAUT-BRION 1994

| ■ | | k. A. | k. A. | 🍷 | 70-100 F |

Dieser Wein, der Zweitwein von Mission Haut-Brion, ist in seinen Ansprüchen viel bescheidener, aber er bleibt dennoch angenehm mit einem guten Bau und einem ausgeprägten aromatischen Ausdruck (Leder, Backpflaumen, Fleisch).

🕭 SA Dom. Clarence Dillon, B.P. 24, 33602 Pessac Cedex, Tel. 05.56.00.29.30, Fax 05.56.98.75.14

CH. LARRIVET-HAUT-BRION 1994**

| ■ | | 33 ha | 87 000 | 🍷 | 70-100 F |

82 83 86 88 |89| 90 |92| 93 94

Dieser Cru ist eine »sichere Bank«. Er zeigt eine vorbildliche Regelmäßigkeit, die sich hier erneut bestätigt. Sein 94er besitzt eine kräftige Farbe und zeigt sich aufgrund der Stärke seines Buketts einschmeichelnd und sogar verlockend. Auch im Geschmack enttäuscht er nicht : Während seine Fülle verführerisch wirkt, harmoniert die imposante Tanninstruktur mit einem schönen Aroma reifer Früchte und dem würzigen Abgang, so daß ein harmonischer Gesamteindruck entsteht.

🕭 SNC du Ch. Larrivet-Haut-Brion, 33850 Léognan, Tel. 05.56.64.75.51, Fax 05.56.64.53.47 ♥ ♂ n. V.

🕭 SA Andros

DOM. DE LA SOLITUDE 1995*

| □ | | 5 ha | 12 000 | 🍷 | 70-100 F |

Für diesen Wein zeichnet ein hervorragender Hersteller verantwortlich, nämlich die Mannschaft von Chevalier, die diesen Cru bewirtschaftet, der dem Orden der Hl. Familie gehört. Er ist aufgrund seines Buketts (Blumen, kandierte Früchte, Mangos, Haselnüsse) ebenso ausdrucksvoll wie im Geschmack (Zitrusfrüchte, Pfeffer) und zeigt durch seine Eleganz und seinen angenehmen Charakter, was eine gut durchgeführte Arbeit leisten kann. Der sanfte, wohlausgewogene 94er Weißwein kann hier lobend erwähnt werden.

🕭 Dom. de La Solitude, 33650 Martillac, Tel. 05.56.64.16.16, Fax 05.56.64.18.18 ♥ ♂ n. V.

🕭 Cté relig. de la Ste-Famille

CH. LATOUR HAUT-BRION 1994**

| ■ Cru clas. | k. A. | k. A. | 🍷 | 100-150 F |

78 |79| 80 |81| |⑧²| |83| 84 85 86 |87| 88 89 90 92 93 94

Dieser Wein ist von guter Provenienz (zwei Kiessandkuppen in der Nachbarschaft von La Mission) und zeigt auch, daß er das Ergebnis einer sorgfältigen Arbeit ist. Er ist zart duftig und beginnt mit Mokka- und Kakaonoten, bevor er sein fruchtiges Aroma entfaltet und mit Gewürzen und gekochten Trauben ausklingt. Der füllige, freigebige Körper stützt sich auf reife Tannine und trägt zum fleischigen, knusprigen, ausgewogenen und eleganten Gesamteindruck bei.

🕭 SA Dom. Clarence Dillon, B.P. 24, 33602 Pessac Cedex, Tel. 05.56.00.29.30, Fax 05.56.98.75.14

CH. LA TOUR LEOGNAN 1995

| □ | | k. A. | 30 000 | 🍷 | 30-50 F |

Dieser 95er, der Zweitwein von Château Carbonnieux, ist in seinem aromatischen Ausdruck (fruchtig) diskreter. Er zeigt sich ebenfalls gut gebaut, mit einer konzentrierten Struktur, die aber ausgewogen ist.

🕭 SC des Grandes Graves, Ch. Carbonnieux, 33850 Léognan, Tel. 05.57.96.56.20, Fax 05.57.96.59.19 ♥ ♂ n. V.

🕭 A. Perrin

CH. LATOUR-MARTILLAC 1994**

| ■ Cru clas. | 24 ha | 140 000 | 🍷 | 100-150 F |

79 81 |⑧²| 83 84 |85| |86| 87 88 |89| 90 |91| |92| 93 94

Die schon seit langem in der Appellation vertretenen Kressmanns wissen, daß sie ihre Verbundenheit mit dieser Region am besten durch hübsche Weine zeigen können. Wie diesen 94er, bei dem man die aromatische Stärke des Geschmacks im Gedächtnis behalten wird. Diese stützt sich auf einen schönen Stoff mit festen Tanninen. Ihr geht ein Bukett voraus, das noch ein wenig verschlossen, aber vielversprechend und originell ist (Unterholz und kandierte rote Früchte). Ein langer Abgang beschließt das Ganze. Harmonischer Gesamteindruck.

🕭 Dom. Kressmann, Ch. Latour-Martillac, 33650 Martillac, Tel. 05.56.72.71.21, Fax 05.56.72.64.03 ♥ ♂ n. V.

CH. LATOUR-MARTILLAC 1995**

| □ Cru clas. | 8 ha | 51 000 | 🍷 | 100-150 F |

81 82 83 84 85 86 87 ⑧⑧ |89| |90| 91 92 93 94 |95|

Ansprechend im Aussehen mit einer hübschen strohgelben, grün funkelnden Farbe. Dieser Wein bietet ein intensives und zugleich feines Bukett, bevor er im Geschmack eine gute Haltung beweist, durch seine Struktur ebenso wie durch seine aromatische Entfaltung. Ein gelungener Wein, den man trinken oder zwei bis drei Jahre aufheben kann.

🕭 Dom. Kressmann, Ch. Latour-Martillac, 33650 Martillac, Tel. 05.56.72.71.21, Fax 05.56.72.64.03 ♥ ♂ n. V.

Region Graves — Pessac-Léognan

CH. LAVILLE HAUT-BRION 1995***

☐ Cru clas. 3,7 ha k. A. 🍷 +200 F

80 **81 82 83 84** |85| **87** |88| ⑧⑨ |90| **93** |94| **95**

Es genügt nicht, eine schöne Reblage zu besitzen, sondern man muß auch wissen, wie man ihr Potential voll zum Ausdruck bringen kann. Das ist der Fall bei diesem perfekt gelungenen Wein. Goldgelb mit zitronengelben Reflexen - seine Farbe ist ebenso anziehend wie sein Bukett : reife Zitronen, Vanille, Mandarinen, Mandeln und Butter. Der füllige, gehaltvolle, sanfte Geschmack, der von einem eleganten Holzgeschmack unterstützt wird, bietet eine vollendete Illustration des großen »feinen« Weins.

🍷 SA Dom. Clarence Dillon, B.P. 24, 33602 Pessac Cedex, Tel. 05.56.00.29.30, Fax 05.56.98.75.14

CH. LE PAPE 1994

■ k. A. 30 000 🍷 30-50 F

|911 92 93 94

Dieser von der Mannschaft von Carbonnieux hergestellte Wein ist in seinen Ansprüchen bescheidener. Aber sein schönes Aroma (Backpflaumenkerne, rote Früchte und Röstgeruch), die Sanftheit der Ansprache, die Noten von kandierten Früchten im Geschmack und seine noch ein wenig strengen Tannine werden es ihm erlauben, sich innerhalb von zwei bis drei Jahren günstig zu entwickeln.

🍷 Sté fermière du Ch. Le Pape, 33850 Léognan, Tel. 05.57.96.56.40, Fax 05.57.96.59.19 ☑ ⊥ n. V.

🍷 A. Perrin

CH. LE SARTRE 1995

☐ 7 ha 35 000 🍷 30-50 F

Gewohntermaßen bietet dieses Gut hier einen weichen, runden, wohlausgewogenen Wein. Sein zarter aromatischer Ausdruck mit köstlichen Noten von gerösteten Mandeln, Früchten und vollreifen Trauben entspricht der traditionellen Liebenswürdigkeit des Cru.

🍷 GFA Ch. Le Sartre, 33850 Léognan, Tel. 05.57.96.56.20, Fax 05.57.96.59.19 ☑ ⊥ n. V.

🍷 A. Perrin

CH. LES CARMES HAUT-BRION 1994*

■ k. A. k. A. 🍷 100-150 F

80 82 83 |85| **87 88** |89| **90** |91| |92| |93| **94**

Les Carmes Haut-Brion, ein Weingut in der Stadt, das ein schönes Mikroklima besitzt, war mit diesem schwierigen Jahrgang erfolgreich. Der sehr gelungene 94er entfaltet ein nuancenreiches Bukett, das von Holz über Unterholz und Gewürze bis zu Leder reicht. Der füllige, volle, freigebige Geschmack, der durch einen reichen Stoff unterstützt wird, hinterläßt einen Eindruck von Harmonie.

🍷 GFA du Ch. Les Carmes Haut-Brion, 197, av. Jean-Cordier, 33600 Pessac, Tel. 05.56.51.49.43, Fax 05.56.93.10.71 ☑ ⊥ n. V.

🍷 Famille Chantecaille

CH. LESPAULT 1995

☐ 2 ha 14 000 🍷 30-50 F

Vom selben Erzeuger wie Château Latour-Martillac, hier ein 95er, der sich durch eine schöne Farbe mit blassen Reflexen ankündigt. Dieser Wein entfaltet ein Bukett mit zarten fruchtig-butterigen Noten. Der schlichte, weiche, wohlausgewogene Geschmack öffnet sich in einer Ansprache von großer Frische.

🍷 Dom. Kressmann, Ch. Latour-Martillac, 33650 Martillac, Tel. 05.56.72.71.21, Fax 05.56.72.64.03 ☑ ⊥ n. V.

🍷 SC Bolleau

CH. LE THIL COMTE CLARY 1994

■ 7,6 ha 42 000 🍷 50-70 F

Ein beeindruckender Park mit einer Wasserfläche. Dieser Wein ist hinsichtlich seiner Struktur bescheidener, aber gefällig aufgrund seiner Fülle, seines recht reichhaltigen Aromas und seines interessanten Umfangs.

🍷 GAEC de Laitre Le Thil, Le Thil, 33850 Léognan, Tel. 05.56.30.01.02, Fax 05.56.30.04.32 ☑ ⊥ n. V.

🍷 GFA Le Thil

CLOS MARSALETTE 1994*

■ k. A. 14 000 🍷 50-70 F

Drei Männer haben sich zusammengeschlossen, um diesen Clos zu kaufen : Der eine ist Besitzer von Canon La Gaffelière in Saint-Emilion, der zweite Eigentümer von Château Haut-Lagrange in Pessac-Léognan ; der dritte ist Vermessungsfachmann in La Brède. Sie haben einen kleinen Cru mit interessanter Reblage (zwei Gipfel von Kiessandkuppen) gewählt. Schöne Farbe, ein intensives Rubinrot, kräftiges, komplexes Bukett (reife rote Früchte über einem Untergrund aus Unterholz) und runder, fülliger, tanninhaltiger Geschmack. Das Ganze ist gut gebaut, seidig und einschmeichelnd.

🍷 SCEA Marsalette, 31, rte de Loustalade, 33850 Léognan, Tel. 05.56.64.09.93, Fax 05.56.64.10.08 ☑ ⊥ n. V.

🍷 Boutemy-Von Neipperg-Sarpoulet

CH. OLIVIER 1994**

■ Cru clas. 23,66 ha 150 000 🍷 70-100 F

82 83 84 |85| |86| **87** |88| |89| |90| **91** |92| **93 94**

Eines der schönsten Gebäude der Appellation für einen erstklassigen Wein. Das Bukett ist zwar noch nicht völlig entfaltet, aber es ist bereits sehr elegant mit balsamischen und rauchigen Noten. Die gleiche Vornehmheit findet man im Geschmack wieder, wo milde, sanfte Tannine zum Vorschein kommen, die ganz natürlich zu einem langen, warmen Abgang führen.

🍷 Jean-Jacques de Bethmann, Ch. Olivier, 33850 Léognan, Tel. 05.56.64.73.31, Fax 05.56.64.54.23 ☑ ⊥ n. V.

CH. OLIVIER 1995

☐ Cru clas. 14,1 ha 50 000 🍷 70-100 F

82 83 85 86 **87** |88| |89| |90| |91| **93 94 95**

Dieser Weißwein ist schlichter als der Rotwein, aber dennoch besitzt er eine große Feinheit und eine schöne Farbe, zwischen Gelb und Blaßgold, und ist angenehm aufgrund seines blu-

migen Buketts mit zarten Zitrusnoten, deren Leichtigkeit man im Geschmack wiederfindet. »Das ist kein typischer Pessac-Léognan«, schrieb ein Juror, »aber er ist gut.« Das ist die Hauptsache.
🍷 Jean-Jacques de Bethmann, Ch. Olivier, 33850 Léognan, Tel. 05.56.64.73.31, Fax 05.56.64.54.23 ⬛ ⏳ n. V.

CH. PAPE CLEMENT 1994**

| ■ Cru clas. | 30 ha | 80 000 | 🍶 | +200 F |

75 78 79 80 ⑧① 82 83 |85| |86| 87 **88** |89| **90 91** |92| **93 94**

Dieser Cru, heute eine Enklave im Ballungsraum von Bordeaux, gehört zu den letzten Beispielen der Weinberge, die im Mittelalter die Stadt umgaben. Sein 94er, der sich dieser Vergangenheit würdig erweist, verbindet ein Bukett von großer Komplexität (Teerrauch, Gewürze ...) mit einem reinen, konzentrierten Geschmack, in dem ein schöner Stoff und recht spürbare Tannine eine dichte Struktur bilden. »Die Eleganz dieses Weins läßt mich an ein Terroir von sehr großer Qualität denken«, schrieb ein Verkoster. Er hat sich nicht getäuscht.
🍷 Ch. Pape Clément, 33600 Pessac, Tel. 05.56.07.04.11, Fax 05.56.07.36.70 ⏳ n. V.
🍷 Léo Montagne

CH. PICQUE CAILLOU 1994*

| ■ | 12 ha | 70 000 | 🍶 | 70-100 F |

81 83 84 85 **86** 87 |88| |89| |90| **91 92 93 94**

Dieser im 18. Jh. entstandene Cru, der der Familie Denis gehört, ist das einzige in der Gemeinde Mérignac übriggebliebene Weingut. Es kämpft darum, einen Hektar zu retten, der von den Erweiterungsarbeiten für den Flughafen bedroht ist. Dennoch führt es seine Vinifizierung gewissenhaft durch, wie dieser 94er bezeugt, bei dem die Feinheit betont wurde. Der recht duftige Wein (reife Früchte und Holz) zeigt sich verführerisch aufgrund der Ausgewogenheit, des Fleisches und der Fruchtigkeit des Geschmacks.
🍷 SCI Ch. Picque Caillou, av. Pierre-Mendès-France, 33700 Mérignac, Tel. 05.56.47.37.98, Fax 05.56.47.17.72 ⬛ ⏳ n. V.

CH. PICQUE CAILLOU 1995*

| ☐ | 0,3 ha | 2 200 | 🍶 | 50-70 F |

Dieser in seiner Erscheinung (kräftige gelbe Farbe mit goldenen Reflexen) angenehme Wein ist komplex in seinem Bukett und kräftig im Geschmack, in dem man Fülle, einen feurigen Körper und schöne Tannine spürt, die dem Ganzen Einprägsamkeit verleihen.
🍷 SCI Ch. Picque Caillou, av. Pierre-Mendès-France, 33700 Mérignac, Tel. 05.56.47.37.98, Fax 05.56.47.17.72 ⬛ ⏳ n. V.

CH. PONTAC MONPLAISIR 1994

| ■ | 8 ha | 45 000 | 🍶 | 50-70 F |

Wie sein Name andeutet, gehörte dieser Cru im 17. und 18. Jh. den Pontacs. Er wurde dann zerstückelt, und erst nach den 20er Jahren konnten ihn die Maufras wiederherstellen. Dieser schlichte, aber verführerische Wein stützt sich auf ein Bukett mit hübschen Noten von säuerlichen kleinen Früchten und Röstgeruch. Der Geschmack zeigt eine gute Präsenz der Tannine.
🍷 Jean et Alain Maufras, Ch. Pontac Monplaisir, 33140 Villenave-d'Ornon, Tel. 05.56.87.08.21, Fax 05.56.87.35.10 ⬛ ⏳ n. V.

CH. PONTAC MONPLAISIR 1995**

| ☐ | 7 ha | 50 000 | 🍶 | 50-70 F |

89 90 91 92 |93| **94** ⑨⑤

Dieser Wein besitzt alles, um zu verführen: ein Kleid, bei dem sich die goldene Farbe mit schönen Reflexen von kräftigem Gelb schmückt, ein sehr tiefes Bukett, in dem man nacheinander gut verschmolzene Noten von Honig, Akazienblüten und Röstgeruch entdeckt, einen fülligen, lebhaften, kräftig gebauten, eleganten Geschmack und einen langen, würzigen Abgang. Alles weist darauf hin, daß diese Flasche einen drei- bis vierjährigen Aufenthalt im Keller verdient.
🍷 Jean et Alain Maufras, Ch. Pontac Monplaisir, 33140 Villenave-d'Ornon, Tel. 05.56.87.08.21, Fax 05.56.87.35.10 ⬛ ⏳ n. V.

CH. DE ROCHEMORIN 1995**

| ☐ | k. A. | k. A. | 🍶 | 50-70 F |

85 86 **87 88** |89| ⑨⓪ **91** |93| **94 95**

Dieser Cru bleibt sich treu und zeichnet sich einmal mehr durch die Qualität seines Weißweins aus. Dieser 95er eröffnet die Verkostung mit einer klaren, strahlenden Farbe. Darauf folgen ein intensives, komplexes Bukett (reife Früchte, kandierte Orangen und Kakao), eine ungestüme Ansprache und ein Geschmack, desen Fülle, Freigebigkeit und Länge auf ein gutes Alterungspotential hinweisen.
🍷 SCEA Vignobles André Lurton, Ch. Bonnet, 33420 Grézillac, Tel. 05.57.25.58.58, Fax 05.57.74.98.59 ⏳ n. V.

CH. DE ROCHEMORIN 1994*

| ■ | 55 ha | k. A. | 🍶 | 50-70 F |

85 86 |88| |89| |90| **91** |92| |93| **94**

Auch wenn dieser Cru vor allem für seine Weißweine bekannt ist, versteht er sich auf eine gute Vinifizierung beim Rotwein. Zeuge dafür ist dieser 94er mit der schönen, lebhaften, klaren roten Farbe. Er ist bukettreich (schwarze Johannisbeeren und Röstnoten) und bietet eine klare Ansprache. Danach entfaltet er einen vollen, lebhaften, dichten Geschmack, der von verschmolzenen Tanninen unterstützt wird.

Médoc

•┐ SCEA Vignobles André Lurton, Ch. Bonnet,
33420 Grézillac, Tel. 05.57.25.58.58,
Fax 05.57.74.98.59 ✓ ¶ n. V.

LES HAUTS DE SMITH 1994

■　　　　　44 ha　　39 000　　❙❙❙ 50-70 F

Die Zweitmarke von Château Smith Haut Lafitte. Dieser 94er ist nicht so beeindruckend wie der Hauptwein. Aber sein Bukett ist gefällig mit Noten von schwarzen Johannisbeeren und Pfeffer, seine Struktur erstklassig, mit ungestümen Tanninen.

•┐ SCE du Ch. Smith Haut Lafitte,
33650 Martillac, Tel. 05.57.83.11.22,
Fax 05.57.83.11.21 ✓ ¶ n. V.

CH. SMITH HAUT LAFITTE 1994***

■ Cru clas.　　44 ha　120 000　　❙❙❙ 100-150 F
61 62 70 71 72 73 ⑦⑤ 80 82 **83** |85| **86 87 88 89 90** |91| 92 **93 94**

Dieser prächtige 94er krönt die Anstrengungen und Investitionen, die der Cru seit mehreren Jahren unternommen hat. Er beeindruckt durch seine Erscheinung : tiefe purpurrote Farbe und ein Bukett, das rote Früchte mit einem noch dominierenden, aber erstklassigen Holzton verbindet. Der weiche, kräftige Geschmack zeigt ebenso wie der Abgang mit der schönen Länge an, daß man diese Flasche fünf bis zehn Jahre im Keller liegenlassen kann.

•┐ SCE du Ch. Smith Haut Lafitte,
33650 Martillac, Tel. 05.57.83.11.22,
Fax 05.57.83.11.21 ✓ ¶ n. V.
•┐ Daniel Cathiard

CH. SMITH HAUT LAFITTE 1995*

☐　　　　11 ha　　35 000　　❙❙❙ 150-200 F
88 89 90 91 |92| |93| |94| 95

Dieser Wein präsentiert sich in einem schönen blaßgelben Kleid, das grün funkelt, und zeigt sich sehr anziehend aufgrund seines aromatischen Ausdrucks, der auf angenehme Weise vom Sauvignon geprägt wird (Pampelmusen, exotische Früchte). Der frische, geschmeidige, komplexe Geschmack ist ebenfalls sehr ausdrucksvoll mit schönen Noten von Knospen schwarzer Johannisbeeren.

•┐ SCE du Ch. Smith Haut Lafitte,
33650 Martillac, Tel. 05.57.83.11.22,
Fax 05.57.83.11.21 ✓ ¶ n. V.

Das Médoc

Im Gironde-Gebiet nimmt das Médoc eine Sonderstellung ein. Auf ihrer Halbinsel eingeschlossen und gleichzeitig aufgrund der tief ins Landesinnere hineinreichenden Trichtermündung der Gironde weit offen für die Welt, erscheinen das Médoc und seine Bewohner wie eine perfekte Verkörperung des aquitanischen Temperaments, das zwischen Abkapselung und Weltoffenheit schwankt. Deshalb ist es nicht erstaunlich, daß man hier kleine, kaum bekannte Familienbetriebe ebenso findet wie große, berühmte Weingüter, die mächtigen französischen oder ausländischen Konzernen gehören.

Sollte man sich darüber wundern, würde man übersehen, daß das Weingebiet des Médoc (das nur einen Teil des historischen und geographischen Médoc-Gebiets bildet) über 80 km lang und 10 km breit ist. Das bedeutet, daß der Besucher nicht nur die großen Weinschlösser aus dem letzten Jahrhundert mit ihren prächtigen Kellergebäuden bewundern, sondern auch auf Entdeckungsreise gehen kann, um die Gegend näher kennenzulernen. Diese sehr vielfältige Landschaft bietet sowohl flache, gleichförmige Horizonte (in der Nähe von Margaux) als auch schöne Kuppen (in der Gegend von Pauillac) oder die sehr eigentümliche Welt des unteren Médoc, wo Erde und Meer zusammentreffen. Die Anbaufläche der Appellationen des Médoc umfaßt rund 14 890 ha.

Für den Besucher, der bereit ist, die altbekannten Routen zu verlassen, hält das Médoc in jeder Hinsicht etliche angenehme Überraschungen bereit. Doch sein großer Reichtum sind seine Kiesböden, die mit sanften Hängen zur Trichtermündung der Gironde hin abfallen. Dieser an Nährstoffen arme Boden ist besonders günstig für die Erzeugung erstklassiger Weine, weil die topographische Lage eine perfekte Entwässerung zuläßt.

Gewöhnlich unterscheidet man das obere Médoc (Haut-Médoc), das von Blanquefort bis Saint-Seurin-de-Cadourne reicht, und das untere Médoc (Bas-Médoc), das von Saint-Germain-d'Esteuil bis Saint-Vivien geht. Innerhalb der ersten Anbauzone erzeugen sechs kommunale Appellationen die angesehensten Weine. Die 60 Crus classés befinden sich zumeist auf dem Gebiet dieser kommunalen Appellationen ; dennoch tragen fünf davon ausschließlich die Appellation Haut-Médoc. Die Crus classés machen annähernd 25 % der gesamten Rebfläche des Médoc, 20 % der Weinproduktion und über 40 % des Umsatzes aus. Außer den Crus classés besitzt das Médoc zahlreiche Crus bourgeois, die ihren Wein auf dem

Château selbst abfüllen und einen ausgezeichneten Ruf genießen. Es gibt mehrere Genossenschaftskellereien in den Appellationen Médoc und Haut-Médoc, aber auch in drei kommunalen Appellationen.

Ein großer Teil der Weine der Appellationen Médoc und Haut-Médoc wird offen, d. h. nicht auf Flaschen abgefüllt, an die Händler verkauft, die für einen Verkauf dieser Weine unter Markennamen sorgen.

Der Cabernet Sauvignon, die traditionelle Rebsorte im Médoc, ist wahrscheinlich nicht mehr ganz so wichtig wie früher, aber er umfaßt dennoch 52 % der gesamten Anbaufläche. Mit 34 % folgt die Merlot-Rebe an zweiter Stelle ; ihr weicher Wein ist ebenfalls von hervorragender Qualität und entwickelt sich schneller, so daß man ihn früher trinken kann. Cabernet franc, der für Feinheit sorgt, macht 10 % aus. Petit Verdot und Malbec schließlich spielen keine sehr große Rolle.

Die Weine des Médoc haben einen außerordentlichen Ruf ; sie zählen zu den angesehensten Weinen Frankreichs und der ganzen Welt. Sie zeichnen sich aus durch ihre schöne rubinrote Farbe, die sich ein wenig zum Ziegelroten hin entwickelt, aber auch durch ihren fruchtigen Duft, in dem sich die würzigen Noten der Cabernet-Trauben mit den Vanillenoten vermischen, die das neue Eichenholz verleiht. Ihre dichte, vollständige Tanninstruktur, die gleichzeitig elegant und mild ist, und ihre vollkommene Ausgewogenheit ermöglichen ein ausgezeichnetes Alterungsverhalten ; sie werden dabei geschmeidiger, aber nicht magerer und gewinnen im Geruch und im Geschmack an Reichtum.

Médoc

Das gesamte Weinbaugebiet des Médoc hat Anrecht auf die Appellation Médoc ; doch in der Praxis wird diese nur im unteren Médoc (Nordteil der Halbinsel in der Nähe von Lesparre) verwendet, während die Gemeinden, die zwischen Blanquefort und Saint-Seurin-de-Cadourne liegen, die Appellation Haut-Médoc in Anspruch nehmen dürfen. Trotzdem ist die Produktion groß. Im Jahre 1996 haben 4 741 ha 280 054 hl hervorgebracht. Die Verkostung stützte sich auf den Jahrgang 1994, dessen Produktionsmenge 253 828 hl betrug.

Die Médoc-Weine zeichnen sich durch eine schöne Farbe aus, die zumeist sehr kräftig ist. Da ihr Merlot-Anteil höher als bei den Weinen aus dem Haut-Médoc ist, besitzen sie oft ein fruchtiges Bukett und viel Rundheit im Geschmack. Einige Weine, die von hübschen, isoliert liegenden Kuppen mit Kiesböden stammen, bieten auch eine große Feinheit und einen schönen Tanninreichtum.

CH. BELLEGRAVE
Cuvée Spéciale Fût de chêne neuf 1994

| ■ Cru bourg. | 2 ha | 2 000 | ⅲ | 50-70 F |

Dieser Wein, eine in geringer Stückzahl hergestellte, im neuen Eichenholzfaß ausgebaute Sondercuvée, hat ein sehr schönes Aussehen, findet aber keine einmütige Zustimmung. Eines der Jurymitglieder störte sich am Gewicht des Holzes, das den Wein erdrückt, aber die beiden anderen notierten, die Struktur würde keine halbe Sachen machen. Zweifellos ein Wein, den man im Auge behalten muß.
Christian Caussèque, 8, rue de Janton, 33340 Valeyrac, Tel. 05.56.41.53.82, Fax 05.56.41.50.10 n. V.

CH. BELLERIVE 1994

| ■ Cru bourg. | 13 ha | 92 000 | ⅲ | 30-50 F |

85 86 88 |89| ⑨⓪ |91| 94

Der Abgang ist noch ein wenig streng. Dieser Wein besitzt aber, ohne ein Athlet zu sein, eine zufriedenstellende, wohlausgewogene Struktur und ein klares, von roten Früchten bis zu einer leicht blumigen Note reichendes Aroma, die es ihm erlauben dürften, sich zu entwickeln.
SCEA Ch. Bellerive-Perrin, 1, rte des Tourterelles, 33340 Valeyrac, Tel. 05.56.41.52.13 n. V.

CH. DE BENSSE 1994

| ■ | k. A. | 23 000 | ⅲ | 30-50 F |

Es besteht ein Gegensatz zwischen der noch ein wenig rauhen Seite der Tannine und dem wohlproportionierten, aber nicht zu starken Charakter der Struktur und des Aromas : Dieser Wein ist repräsentativ für die allgemeine Tendenz des Jahrgangs 1994. Man muß ihn altern lassen, aber nicht zu lang.
Cave Les Vieux Colombiers, 23, rue des Colombiers, 33340 Prignac-en-Médoc, Tel. 05.56.09.01.02, Fax 05.56.09.03.67
Mo-Sa 8h30-12h30 14h-18h
Marc Bahougne

Médoc

CH. BLAIGNAN 1994

Cru bourg.   75,28 ha   562 600   30-50 F

85 86 88 |89| **92** |93| 94

Dieser Cru, der auf einem Erdhügel über der Gironde liegt und heute von Mestrezat verwaltet wird, soll sich an der Stelle eines Dorfes befinden, das aus unbekannten Gründen zerstört wurde. Dieser Wein, dessen Aussehen tadellos ist, wird noch von den Tanninen und vom Alkohol dominiert und muß sich entwickeln, aber seiner guten Struktur nach zu urteilen, dürfte er dies auch können.

SC du Ch. Blaignan, 17, cours de la Martinique, B.P. 90, 33027 Bordeaux Cedex, Tel. 05.56.01.30.10, Fax 05.56.79.23.57   n. V.

BOIS GALANT 1994

k. A.   10 455   30-50 F

Man darf von diesem Wein zwar keine Wunder erwarten, aber es nicht verboten, seine Farbe, ein reintöniges Granatrot, sein feines, elegantes

Médoc und Haut-Médoc

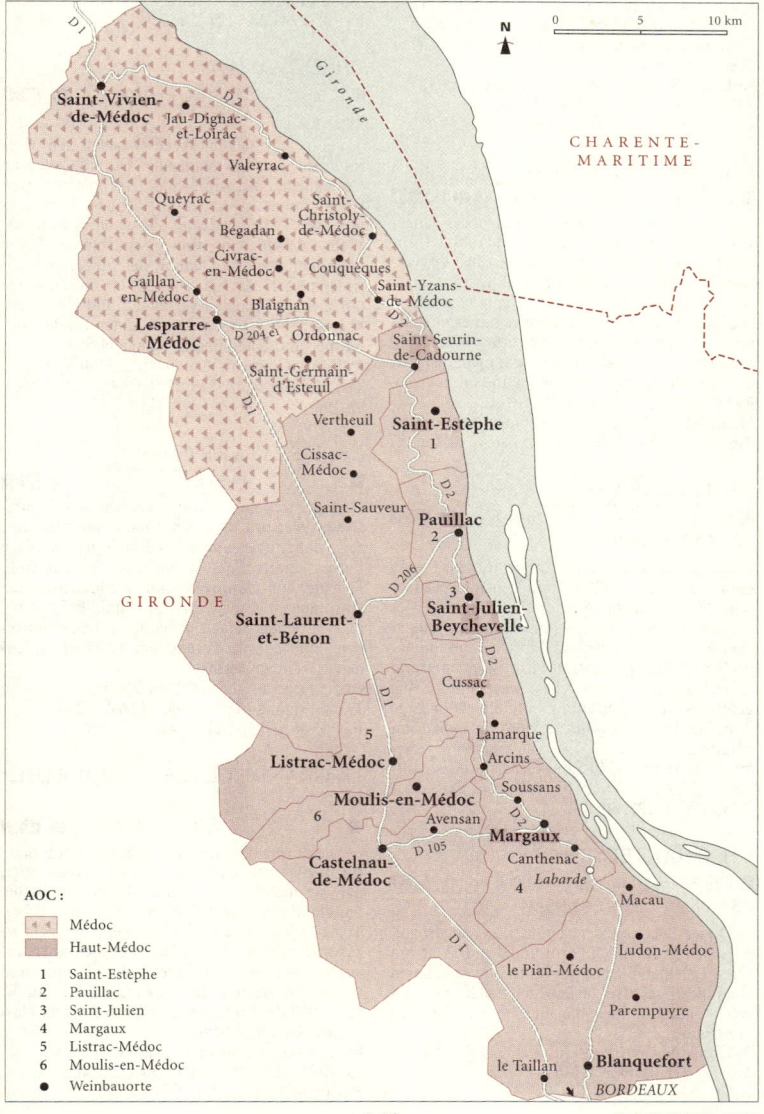

Karte mit AOC-Gebieten:

- Médoc
- Haut-Médoc
  1. Saint-Estèphe
  2. Pauillac
  3. Saint-Julien
  4. Margaux
  5. Listrac-Médoc
  6. Moulis-en-Médoc
- Weinbauorte

BORDELAIS

Bukett mit diskreten Konfitürenoten, seine zarte Struktur oder seine milden Tannine zu würdigen. Ein liebenswerter Wein, den man schon im Oktober 1997 trinken kann.
☛ Uni-Médoc, 14, rte de Soulac, 33340 Gaillan, Tel. 05.56.41.03.12, Fax 05.56.41.00.66 ⛉ ⛌ n. V.

CH. BOURNAC 1994*

| ■ Cru bourg. | 13,07 ha | 100 000 | ⛉⛋⛌ | 30-50 F |

93 94

Ein gutes Anbaugebiet läßt sich nicht verleugnen. Dieser 94er beweist es. Er hat eine schöne Farbe, ein tiefes Rubinrot, und ist recht bukettreich, mit echter Komplexität (Gewürze, reife rote Früchte). Unterstützt wird er von dichten Tanninen. Er wird den Liebhabern klassischer Weine gefallen.
☛ Bruno Secret, 11, rte des Petites-Granges, 33340 Civrac, Tel. 05.56.41.51.24, Fax 05.56.41.51.24 ⛉ ⛌ n. V.

CH. CARCANIEUX 1994*

| ■ Cru bourg. | k. A. | 50 000 | ⛉⛋⛌ | 30-50 F |

Dieser Cru ist bei den Freunden des Ungewöhnlichen bekannt, weil er einen unterirdischen Gang besitzt, der - zumindest heißt es so - zum Bergfrid von Lesparre führt. Er kann auch die Aufmerksamkeit des Weinfreundes erregen, nämlich durch die Vornehmheit seines Buketts mit den Noten kandierter roter Früchte (Erdbeeren). Der Geschmack erreicht zwar nicht das gleiche Niveau, ist aber harmonisch und aromatisch.
☛ SC du Ch. Carcanieux, Terres-Hautes-de-Carcanieux, 33340 Queyrac, Tel. 05.56.59.84.23, Fax 05.56.59.86.62 ⛉ ⛌ n. V.

CH. CASTERA 1994*

| ■ Cru bourg. | k. A. | 250 000 | ⛌ | 50-70 F |

82 88 89 90 91 92

Im Hinblick auf seine Architektur und seine Geschichte gehört Castera zu den interessantesten Gütern der Appellation. Obwohl sein 94er in seinem aromatischen Ausdruck, im Bukett ebenso wie im Geschmack, durch einen animalischen Charakter geprägt wird, ist er aufgrund seiner sanften Ansprache angenehm. Seine geschmackliche Entfaltung enthüllt erstklassige Tannine. Bevor man ihn serviert, muß man ihn belüften.
☛ Ch. Castéra, 33340 Saint-Germain-d'Esteuil, Tel. 05.56.73.20.60, Fax 05.56.73.20.61 ⛉ ⛌ Mo-Fr 9h-12h 14h-18h

CH. CHANTELYS 1994

| ■ Cru bourg. | 10,5 ha | 24 000 | ⛌ | 30-50 F |

85 86 88 |89| |90| 91 92 93 94

Dieser 94er mit der schönen, an Bigarreau-Kirschen erinnernden Farbe und dem Bukett von roten Früchten bleibt zwar hinter der gewohnten Qualität dieses Cru zurück, zeigt sich aber gutgebaut, mit Tanninen, die altern müssen, um sich abzurunden.
☛ Christine Courrian, Lafon, 33340 Prignac-Médoc, Tel. 05.56.09.00.16, Fax 05.56.58.17.20 ⛉ ⛌ n. V.

CH. DE CONQUES 1994*

| ■ | 2 ha | 12 000 | ⛉⛋⛌ | 50-70 F |

86 88 |89| |90| |92| 93 |94|

Der Zweitwein von Les Ormes-Sorbet. Dieser 94er ist einfacher als sein großer Bruder. Doch selbst wenn das Bukett noch recht zurückhaltend ist, zeigt es sich sympathisch aufgrund seiner Noten von Brotkruste, Vanille und Gewürzen. Der recht stattliche Geschmack, der eine gute Dichte besitzt, entfaltet sich zu einem langen, angenehmen Abgang. Er kann kräftige Gerichte begleiten.
☛ Jean Boivert, Ch. Les Ormes-Sorbet, 33340 Couquèques, Tel. 05.56.41.53.78, Fax 05.56.41.38.42 ⛉ ⛌ n. V.

CH. DAVID 1994*

| ■ Cru bourg. | 9 ha | 60 000 | ⛌ | 30-50 F |

83 |85| |89| |90| 92 |93| 94

Dieser auf halbem Wege zwischen den Meeresdünen und dem Ästuar der Gironde gelegene Cru hätte in einer Atmosphäre der Sommerferien leben können. Aber dem ist nicht so. Hier weiß man, was Arbeit bedeutet. Zeuge dafür ist dieser Wein, dessen ein wenig schüchterne Farbe unvollkommen die Qualität der Folgeeindrücke widerspiegelt : ein hübsches Bukett, das Gewürze mit kleinen Früchten verbindet, und einen sehr klassischen Geschmack von guter Stärke, der Körper und eine hübsche Länge besitzt.
☛ Henry Coutreau, Ch. David, 33590 Vensac, Tel. 05.56.09.44.62, Fax 05.56.09.46.62 ⛉ ⛌ tägl. 9h-19h

CH. DELAYAT R.C. 1994

| ■ | | 12,59 ha | 27 000 | ⛉ | 30-50 F |

Die Zweitmarke von Château Hourbanon. Dieser 94er drückt sich mit mehr Sanftheit aus, zeigt dabei aber eine schöne Haltung : kräftige Farbe, kraftvolles, komplexes Bukett (rote Früchte mit Gewürzen und Weihrauch), gute Ansprache, Fleisch, Stoff, gut umhüllte Tannine, die von einem feinen, fruchtigen Aroma umgeben sind - alles ist vorhanden, um einen vollendeten Wein zu ergeben.
☛ SC Delayat-Chemin, Hourbanon, 33340 Prignac-Médoc, Tel. 05.56.41.02.88, Fax 05.56.41.24.33 ⛉ ⛌ tägl. 10h-19h

LA GRANDE CUVEE DE DOURTHE 1994*

| ■ | k. A. | k. A. | ⛌ | 30-50 F |

Die Firma Dourthe hat schöne Ambitionen für ihre »große Cuvée«. Dieser Jahrgang zeigt, daß sie nicht übertrieben sind : eine hübsche, dunkle Farbe, ein kräftiges Bukett mit Röst-, Toast-, Gewürz- und Pfeffernoten, ein nicht so ausdrucksvoller Geschmack, der sich aber auf anerkennenswertes Traubenmaterial stützt und durch den Ausbau gut ergänzt worden ist. Er hinterläßt die Erinnerung an einen soliden, klassischen Gesamteindruck.
☛ Dourthe, 35, rue de Bordeaux, 33290 Parempuyre, Tel. 05.56.35.53.00, Fax 05.56.35.53.29 ⛌ n. V.

Médoc

DIE KLASSIFIZIERUNG VON 1855, REVIDIERT 1973

PREMIERS CRUS
- Château Lafite-Rothschild (Pauillac)
- Château Latour (Pauillac)
- Château Margaux (Margaux)
- Château Mouton-Rothschild (Pauillac)
- Château Haut-Brion (Graves)

SECONDS CRUS
- Château Brane-Cantenac (Margaux)
- Château Cos-d'Estournel (Saint-Estèphe)
- Château Ducru-Beaucaillou (Saint-Julien)
- Château Durfort-Vivens (Margaux)
- Château Gruaud-Larose (Saint-Julien)
- Château Lascombes (Margaux)
- Château Léoville-Las-Cases (Saint-Julien)
- Château Léoville-Poyferré (Saint-Julien)
- Château Léoville-Barton (Saint-Julien)
- Château Montrose (Saint-Estèphe)
- Château Pichon-Longueville-Baron (Pauillac)
- Château Pichon-Longueville Comtesse-de-Lalande (Pauillac)
- Château Rausan-Ségla (Margaux)
- Château Rauzan-Gassies (Margaux)

TROISIÈMES CRUS
- Château Boyd-Cantenac (Margaux)
- Château Cantenac-Brown (Margaux)
- Château Calon-Ségur (Saint-Estèphe)
- Château Desmirail (Margaux)
- Château Ferrière (Margaux)
- Château Giscours (Margaux)
- Château d'Issan (Margaux)
- Château Kirwan (Margaux)
- Château Lagrange (Saint-Julien)
- Château La Lagune (Haut-Médoc)
- Château Langoa (Saint-Julien)
- Château Malescot-Saint-Exupéry (Margaux)
- Château Marquis d'Alesme-Becker (Margaux)
- Château Palmer (Margaux)

QUATRIÈMES CRUS
- Château Beychevelle (Saint-Julien)
- Château Branaire-Ducru (Saint-Julien)
- Château Duhart-Milon-Rothschild (Pauillac)
- Château Lafon-Rochet (Saint-Estèphe)
- Château Marquis-de-Terme (Margaux)
- Château Pouget (Margaux)
- Château Prieuré-Lichine (Margaux)
- Château Saint-Pierre (Saint-Julien)
- Château Talbot (Saint-Julien)
- Château La Tour-Carnet (Haut-Médoc)

CINQUIÈMES CRUS
- Château d'Armailhac (Pauillac)
- Château Batailley (Pauillac)
- Château Belgrave (Haut-Médoc)
- Château Camensac (Haut-Médoc)
- Château Cantemerle (Haut-Médoc)
- Château Clerc-Milon (Pauillac)
- Château Cos-Labory (Saint-Estèphe)
- Château Croizet-Bages (Pauillac)
- Château Dauzac (Margaux)
- Château Grand-Puy-Ducasse (Pauillac)
- Château Grand-Puy-Lacoste (Pauillac)
- Château Haut-Bages-Libéral (Pauillac)
- Château Haut-Batailley (Pauillac)
- Château Lynch-Bages (Pauillac)
- Château Lynch-Moussas (Pauillac)
- Château Pédesclaux (Pauillac)
- Château Pontet-Canet (Pauillac)
- Château du Tertre (Margaux)

DIE KLASSIFIZIERTEN SAUTERNE-CRUS (1855)

PREMIER CRU SUPÉRIEUR
- Château d'Yquem

PREMIERS CRUS
- Château Climens
- Château Coutet
- Château Guiraud
- Château Lafaurie-Peyraguey
- Clos Haut-Peyraguey
- Château Rayne-Vigneau
- Château Rabaud-Promis
- Château Sigalas-Rabaud
- Château Rieussec
- Château Suduiraut
- Château La Tour-Blanche

SECONDS CRUS
- Château d'Arche
- Château Broustet
- Château Nairac
- Château Caillou
- Château Doisy-Daëne
- Château Doisy-Dubroca
- Château Doisy-Védrines
- Château Filhot
- Château Lamothe (Despujols)
- Château Lamothe (Guignard)
- Château de Malle
- Château Myrat
- Château Romer
- Château Romer-Du-Hayot
- Château Suau

CH. D'ESCOT 1994

■ Cru bourg.　　k. A.　　k. A.　　◑ 50-70F
|90| |93| |94|

Dieser Wein ist nicht sehr ausdrucksvoll in seinem Bukett, das von Vanillenoten dominiert wird ; noch kommt allein der Ausbau im Barriquefaß zum Ausdruck. Aber seine vielversprechende Farbe zeigt an, daß man ihm vertrauen kann. Was wird er Ihnen in fünf Jahren erzählen ? Er besitzt jedoch eine gute Tanninstruktur, die sich noch verfeinern muß.

☙ SCEA du Ch. d'Escot, 33340 Lesparre-Médoc, Tel. 05.56.41.06.92,
Fax 05.56.41.82.42 ⛝ ⚹ Mo-Fr 8h-12h 14h-18h
☙ Hubert Rouy

CH. LA CHAPELLE D'ESCURAC 1994**

■　　　　12 ha　　30 000　　◑ 30-50F

Merkwürdigerweise stechen bei diesem Jahrgang manche Zweitweine zumindest vorübergehend die Hauptweine aus (der »große Wein« hat einen Stern erhalten). Dieser hier gehört dazu. Seine dichte, tiefe Farbe ist vielversprechend. Und die Folgeeindrücke lösen alle Versprechen ein. Die Komplexität des stattlichen, duftigen Buketts ist klassisch durch ihre Noten von schwarzen Johannisbeeren und zugleich erstaunlich durch die Feuerstein- und Zimtnuancen. Daran schließen sich eine volle, fleischige Ansprache, ein ausgewogener, köstlicher Geschmack und ein entfalteter Abgang an. »Forsches Auftreten, Rasse«, notierte die Jury.

☙ Jean-Marc Landureau, Ch. d'Escurac, 33340 Civrac-Médoc, Tel. 05.56.41.50.81, Fax 05.56.41.36.48 ⛝ ⚹ n. V.

CH. GADET TERREFORT 1994

■　　　6,92 ha　　20 000　　◑ 30-50F
|88| |89| |90| |92| 93| 94|

Eine mengenmäßig beschränkte, aber interessante Produktion mit einer ziemlich tiefen Farbe, einem diskreten, aber klaren Bukett und einem runden, recht kräftig gebauten Geschmack.

☙ Christian Bernard, Coudessan, 33340 Gaillan-Médoc, Tel. 05.56.41.70.88, Fax 05.56.41.70.88 ⛝ ⚹ n. V.

CH. GREYSAC 1994*

■ Cru bourg.　　60 ha　　k. A.　　◑ 50-70F
82 85 |86| 87 88 |89| |91| 93 94

Dieser gut gemachte Wein stammt von einem großen Gut und zeigt, daß er von guter Herkunft ist. Das Bukett und der Geschmack, die die Versprechen der recht intensiven Farbe einlösen, sind dicht. Ersteres, kraftvoll und vanilleartig, ist aufgrund seiner Feinheit angenehm. Letzterer kündigt sich durch eine sehr gute Ansprache an und entfaltet einen schönen Körper und Tannine, die noch ein wenig ungestüm, aber von guter Qualität sind.

☙ Dom. Codem SA, Ch. Greysac, 33340 Bégadan, Tel. 05.56.73.26.56, Fax 05.56.73.26.58 ⛝ ⚹ n. V.

CH. GRIVIERE 1994**

■ Cru bourg.　　16,8 ha　　123 000　　⚑ ◑ ⚱ 50-70F
92 |93| 94

Obwohl dieser Wein nicht so berühmt ist wie La Cardonne vom selben Erzeuger, hat er nicht vor, eine Nebenrolle zu spielen. Er besitzt eine schöne, jugendliche, kräftige Farbe und entfaltet ein klares, sauberes Bukett, das rote Früchte mit Röstnoten verbindet. Da dieser perfekt gelungene 94er über eine stattliche, füllige, ausgewogene Textur verfügt, braucht er eine mehrjährige Alterung nicht zu fürchten.

☙ SNC Domaines C.G.R., 33340 Blaignan, Tel. 05.56.73.31.51, Fax 05.56.73.31.52 ⛝
⚹ Mo-Fr 9h-12h 13h30-17h ; Gruppen n. V.

CH. HAUT BRISEY 1994*

■ Cru bourg.　　8 ha　　60 000　　◑ 30-50F
(86) 87 88 89 |90| 91 92 |93| 94

Dieser 1983 *ex nihilo* geschaffene Cru hat es verstanden, in die richtige Bahn zu kommen, wie die Qualität dieses Jahrgangs beweist. Er ist recht typisch aufgrund seiner einfachen kräftigen rubin- bis granatroten Farbe und entfaltet ein hübsches Bukett mit Brombeer- und Kirschnoten, die von Vanille umgeben werden. Die roten Früchte findet man im Geschmack wieder, wo gut umhüllte Tannine zum Vorschein kommen. Ein solider, wohlausgewogener Wein.

☙ SCEA Ch. Haut Brisey, 4, chem. de Sestignan, 33590 Jau-Dignac-Loirac, Tel. 05.56.09.56.77, Fax 05.56.73.98.36 ⛝
⚹ Mo-Sa 9h-12h 14h-17h
☙ Christian Denis

CH. HAUT-CANTELOUP Collection 1994**

■ Cru bourg.　　10 ha　　50 000　　◑ 30-50F

Der Hafen von Saint-Christoly ist einer der bezauberndsten Winkel des gesamten Médoc. Sein Besuch wird Ihnen einen guten Vorwand liefern, um diesen Wein zu probieren, der ein unbestreitbarer Erfolg ist : Seine dichte karminrote Farbe ist sehr jugendlich. Das intensive, komplexe Bukett mit seinen Noten von roten Früchten, getoastetem Brot und Edelholz bleibt im selben Stil. Am Gaumen bietet er eine feste Ansprache, bevor er einen filligen, fleischigen, vollen, ausgewogenen, vollständigen Geschmack entfaltet. Ein Wein mit Zukunft.

☙ SCI du Ch. Haut-Canteloup, 33340 Saint-Christoly-Médoc, Tel. 05.56.41.98.01, Fax 05.56.41.36.08 ⛝ ⚹ n. V.

CH. HAUT GARIN 1994*

■ Cru bourg.　　6,8 ha　　3 200　　⚑ ◑ ⚱ 30-50F

Dieser hinsichtlich seiner Produktionsmenge recht unscheinbare Wein kann manche Verkoster überraschen, die solide Médoc-Weine gewöhnt sind. Aber das ist kein Grund, um die liebenswürdige, zarte Seite seines fruchtigen Buketts oder die Lebhaftigkeit seines Geschmacks zu verschmähen, der von feinen, nachhaltigen Tanninen getragen wird.

☙ Gilles Hue, Lafon, 33340 Prignac-en-Médoc, Tel. 05.56.09.00.02 ⛝ ⚹ Mo-Sa 9h-12h 14h-19h ;
So n. V. ; 15. Sept.-15. Okt. geschlossen

Médoc

CH. HAUT-GRAVAT 1994

■ 7,5 ha 12 000 🏷️ 30-50 F
|85| |86| |88| 89 92 94

Dieser Wein stellt zwar keine übermäßigen Ansprüche, zeigt sich aber einschmeichelnd: aufgrund seines schönen Kleids, das von hübscher hellrubinroter Farbe ist, ebenso wie aufgrund seines Buketts mit den Röst- und Gewürznoten oder seines Geschmacks, der trotz eines im Abgang noch ein wenig deutlich spürbaren Holztons wohlausgewogen ist.

↪ Sté Alain Lanneau, Ch. Haut-Gravat, 5, chem. du Clou, 33590 Jau-Dignac-Loirac, Tel. 05.56.09.41.20, Fax 05.56.73.98.06 ✅ 🍷 tägl. 8h-18h

CH. HOURBANON 1994*

■ Cru bourg. 12 ha 20 000 🏷️ 30-50 F
90 94

Dieser noch von den sehr dichten Tanninen beherrschte Wein muß lagern, damit er eine genaue Vorstellung von seinem Potential geben kann. Doch einige Merkmale erlauben es, eine günstige Entwicklung vorherzusagen, ob es sich nun um seine recht intensive granatrote Farbe, um sein Bukett mit dem ausgeprägten Aroma von roten Früchten in Alkohol oder um seine »Vollmundigkeit« handelt, die ein starke Extraktion kennzeichnet.

↪ SC Delayat-Chemin, Hourbanon, 33340 Prignac-Médoc, Tel. 05.56.41.02.88, Fax 05.56.41.24.33 ✅ 🍷 tägl. 10h-19h

CH. LABADIE 1994

■ Cru bourg. k. A. 35 000 🏷️ 30-50 F
⑨⓪ 91 92 |93| 94

Dieser 94er mag ein wenig kurz erscheinen, aber er ist angenehm, wenn man ihn jung trinkt. Die Feinheit des Buketts findet sich im Geschmack wieder, dem es nicht an Eleganz mangelt. Er kann eine köstliche Entrecote bordelaise begleiten.

↪ Yves Bibey, Ch. Labadie, 33340 Bégadan, Tel. 05.56.41.55.58, Fax 05.56.41.37.49 ✅ 🍷 n. V.

CH. LA CARDONNE 1994**

■ Cru bourg. 49,5 ha 346 000 🏷️ 50-70 F
88 89 |90| **91 92** |93| |94|

Dieser Cru bleibt seiner Qualitätstradition treu. Er kündigt sich durch eine kräftige Farbe, ein schönes, lebhaftes Rot, an und entfaltet ein Bukett, in dem sich rote Früchte und Gewürze vermischen. Am Gaumen dominiert der Geschmack von Vanille und Backpflaumen. Das Ganze besitzt eine gute Textur, wobei die Tannine ohne Härte zu spüren sind, mit einem gut gemeisterten Holzton. Der Abgang ist nachhaltig und reichhaltig.

↪ SNC Domaines C.G.R., 33340 Blaignan, Tel. 05.56.73.31.51, Fax 05.56.73.31.52 ✅
🍷 Mo-Fr 9h-12h 13h30-17h ; Gruppen n. V.

CH. LA CAUSSADE 1994*

■ 6,67 ha 32 000 🏷️ 30-50 F

Dieser von der Kellerei von Bégadan hergestellte Wein wird Debatten auslösen. Die »Modernen« können ihn ein wenig rauh finden. Aber die »Klassischen« werden seinen guten Bau schätzen, der durch die Rundheit der Ansprache, die Zartheit der vollreifen Tannine und sein Aroma, das auf delikate Weise schwarze Johannisbeeren und Lakritze verbindet, gut zur Geltung gebracht wird.

↪ Cave Saint-Jean, 2, rte de Canissac, 33340 Bégadan, Tel. 05.56.41.50.13, Fax 05.56.41.50.78 ✅ 🍷 Mo-Sa 8h30-12h30 14h-18h

↪ Jean-Jacques Billa

CH. LA CLARE 1994*

■ Cru bourg. 23 ha 150 000 🏷️ 30-50 F
90 92 94

Dieser Wein stammt von einem Gut, das sich seit dem 18. Jh. einen soliden Ruf verschafft hat. Er besitzt ein klassisches Bukett (rote Früchte und Holznoten) und bietet einen ausgewogenen, noch festen Geschmack.

↪ Paul de Rozières, Ch. La Clare, 33340 Bégadan, Tel. 05.56.41.50.61, Fax 05.56.41.50.69 ✅ 🍷 tägl. 8h-18h

CH. LACOMBE-NOAILLAC 1994*

■ Cru bourg. 20 ha 150 000 🏷️ 30-50 F
⑧⑤ **86** 88 |89| |90| |91| |92| **93** |94|

Wie viele Crus in Jau besitzt Lacombe einen schönen Boden. Doch dieser erklärt nicht alles. Man spürt in diesem 94er eine gewissenhafte und effiziente Arbeit: hübsche granatrote, fast bläulichrote Farbe, diskretes, aber klares Bukett, solider, fleischiger, blumiger Geschmack, getragen von erstklassigen Tanninen, mit einem hübschen, unaufdringlichen Holzton - alles paßt zusammen und ergibt einen ehrlichen Wein.

↪ Jean-Michel Lapalu, 33590 Jau-Dignac-Loirac, Tel. 05.56.09.42.55, Fax 05.56.09.58.49 ✅ 🍷 tägl. 9h-12h 14h-18h

CH. DE LA CROIX 1994

■ Cru bourg. 20 ha 90 000 🏷️ 30-50 F

Dieser Wein kommt von einem der höchsten Punkte des Médoc. Er versteht es, gefällig zu erscheinen, durch sein dunkles Purpurrot ebenso wie durch sein leichtes, feines, würziges Bukett oder seinen runden, weichen Geschmack, der sich auf liebenswürdige Tannine stützt.

↪ SCF Dom. de La Croix, 6, ch. de la Croix, Plautignan, 33340 Ordonnac, Tel. 05.56.09.04.14, Fax 05.56.09.01.32 ✅
🍷 Mo-Sa 9h-12h 14h-19h ; Sa n. V.

↪ J. Francisco

CH. LA CROIX DU BREUIL 1994*

■ 12 ha 80 000 🏷️ -30 F
90 |93| 94

Dieser von der Firma Mau vertriebene Wein hat eine schöne, intensive Farbe. Er ist angenehm duftig, mit würzigen Noten, und entfaltet einen Geschmack, der trotz noch ein wenig unreifer Tannine wohlausgewogen ist. Gute aromatische Nachhaltigkeit. Diese Flasche verdient, daß man sie aufhebt.

↪ SA Yvon Mau, rue André-Dupuy-Chauvin ; B.P. 1, 33190 Gironde-sur-Dropt, Tel. 05.56.61.54.54, Fax 05.56.61.54.61

CH. LA GORCE 1994

■ Cru bourg. 36,94 ha 250 000 ▬📖♦ 30-50F
83 85 86 88|89| |90| 91 92 93 |94|

Die Jugend der Rebstöcke, von denen dieser Wein stammt, kommt in einer granatroten Farbe mit ziegelroter Schattierung zum Ausdruck. Das feine, zarte Bukett setzt auf fruchtige, kandierte und blumige (Rosen) Noten. Der in der Ansprache sanfte Geschmack ist ein wenig süffig und leicht, aber im Abgang findet man die Tannine wieder. Ein klarer, recht typischer Wein.
•┐SCEA Ch. La Gorce, Canteloup Est, 33340 Blaignan, Tel. 05.56.09.01.22, Fax 05.56.09.03.27 ☑ ⊥ n. V.
•┐M. Fabre

CH. LA GORRE
Cuvée des Cazaillots Vieilles vignes 1994*

■ Cru bourg. 2,5 ha 8 000 ▬📖♦ 50-70F

Dieser Wein, eine kleine Sondercuvée, hat eine sorgfältige Behandlung erfahren. Er besitzt eine schöne purpurrote Farbe und zeigt ein zartes Bukett (Vanille und Früchte) und zeigt sich aufgrund seiner Ansprache einschmeichelnd und gefällig. Ein guter, gut ausgebauter Wein.
•┐Michel Laforgue, Ch. La Gorre, 33340 Bégadan, Tel. 05.56.41.52.62, Fax 05.56.41.35.83 ☑ ⊥ n. V.

CH. LA LANDOTTE 1994*

■ 4 ha 8 000 📖 30-50F
88|89| |93| |94|

Es ist schade, daß dieser Zweitwein von Château de la Tour Haut-Caussan nur in recht geringer Stückzahl erzeugt wird. Denn seine hübsche Farbe, die sich zwischen Granat- und Rubinrot bewegt, sein Bukett mit den würzigen (Pfeffer), fruchtigen (Backpflaumen) und blumigen (Rosen) Noten, seine runde, sanfte Ansprache wie auch seine sehr füllige, aber sehr ausgewogene Entwicklung hinterlassen die Erinnerung an einen harmonisch femininen Gesamteindruck.
•┐Philippe Courrian, 33340 Blaignan, Tel. 05.56.09.00.77, Fax 05.56.09.06.24 ☑ ⊥ n. V.

CH. L'ARGENTEYRE 1994*

■ 5 ha 20 000 ▬📖 30-50F
92 93 94

Dieser Wein mit der schönen granatroten Farbe ist zwar kein Athlet, aber er zeigt sich recht gut strukturiert und von schöner Rundheit. Seine recht fleischige Entwicklung am Gaumen verleiht dem Geschmack eine gewisse Einheitlichkeit.
•┐GAEC du Moulin de Courbian, Courbian, 33340 Bégadan, Tel. 05.56.41.35.07, Fax 05.56.41.52.34 ☑
•┐P. et G. Reich

CH. LA TESSONNIERE 1995

■ 7,23 ha 16 000 ▬📖♦ 30-50F

Einige ziegelrote Reflexe in der granatroten Farbe könnten eine Entwicklung ankündigen. Das ist nicht der Fall, wie das schlichte, aber klare Bukett und der runde, weiche, gut strukturierte Geschmack zeigen. Er ist »sauber im Geschmack«.
•┐Cédric Colemyn, La Lande Ciurac, rue du Puits, 33340 Civrac-Médoc, Tel. 05.56.41.51.52, Fax 05.56.41.17.90 ☑ ⊥ tägl. 8h-12h 14h-19h

CH. LA TOUR DE BY 1994

■ Cru bourg. 50 ha 400 000 ▬📖 50-70F
82 83 85|86| |88| 89 90 91 92 93 94

Dieser Wein kommt von einem schönen Gut, das für seinen Wachturm berühmt ist. Er ist dunkelrot, ziemlich freimütig und verbindet ein Aroma von roten Früchten und Vanillenoten. Er hinterläßt die Erinnerung an einen farbintensiven, angenehm duftigen und ziemlich fleischigen Wein.
•┐Ch. La Tour de By, 33340 Bégadan, Tel. 05.56.41.50.03, Fax 05.56.41.36.10 ☑ ⊥ n. V.
•┐Cailloux-Lapalu-Pages

CH. LE BOURDIEU 1994*

■ Cru bourg. 17 ha 130 000 📖 30-50F
88 89|90| 91|92| 93 94

Dieser Wein stammt von einem Gut, das aufgrund seines Bodens (Kiessandkuppe) für das Médoc typisch ist. Mit seiner dunklen Farbe weiß er sich zu präsentieren. Angenehm aufgrund seines Buketts mit feinen fruchtigen, würzigen und vanilleartigen Noten. Mit seinen sehr »médoctypischen« Tanninen verleugnet er nicht seine Herkunft.
•┐Guy Bailly, Ch. Le Bourdieu, 1, rte de Troussas, 33340 Valeyrac, Tel. 05.56.41.58.52, Fax 05.56.41.36.09 ☑ ⊥ Mo-Fr 9h-12h 14h-18h

CH. LE BREUIL RENAISSANCE 1994

■ 10 ha 60 000 📖 30-50F
90 91|92| |93| 94

Dieser 94er, dessen Farbe bereits ein wenig entwickelt ist, kann zwar nicht mit einigen früheren Jahrgängen konkurrieren, aber er zeigt sich gefällig aufgrund seines Buketts mit den hübschen Noten von Kaffee, Kirschen in Alkohol und Firngeruch wie auch aufgrund seines Geschmacks mit der guten Entfaltung.
•┐Philippe Bérard, 6, rte du Bana, Ch. Le Breuil Renaissance, 33340 Bégadan, Tel. 05.56.41.50.67, Fax 05.56.41.36.77 ☑ ⊥ tägl. 8h-20h

CH. LE PEY 1994

■ 7 ha 55 000 ▬📖 30-50F
88|89| |90| 94

Dieser Wein stammt aus einem Weinberg, der zu gleichen Teilen mit Cabernet und Merlot bepflanzt ist. Man muß ihn recht bald trinken, damit man ganz in den Genuß seiner leichten Frucht und seiner liebenswerten Sanftheit kommt. Man erinnert sich vielleicht daran, daß der 90er zum Lieblingswein gewählt wurde. Im Dank den Lesern, die das Glück hatten, ihn zu erwerben, und uns über seine Entwicklung berichteten.
•┐SCEA Compagnet, Ch. Le Pey, 33340 Bégadan, Tel. 05.56.41.57.75, Fax 05.56.41.53.22 ☑ ⊥ Mo-Fr 10h-12h 14h-19h
•┐Claude Compagnet

Médoc

CH. LE REYSSE 1994*

■ 3 ha 6 500 ⓘ 30-50 F
|93| 94

Dieser ausschließlich an Privatkunden verkaufte Wein kündigt sich angenehm durch ein intensives, klares Granatrot an. Zart in seinem aromatischen Ausdruck, der fruchtig und blumig zugleich ist. Er hat eine etwas kraftvolle Ansprache, bevor er sich über einer runderen Struktur entwickelt.
☛ Patrick Chaumont, 7, rte du Port-de-By, Ch. Le Reysse, 33340 Bégadan, Tel. 05.56.41.50.79, Fax 05.56.41.51.36 ✓ ⓘ n. V.

CH. L'ERMITAGE 1994

■ Cru bourg. 1,4 ha 10 000 ⓘ 30-50 F

Dieser von der Firma Quancard vertriebene Wein ist nicht sehr körperreich. Aber er zeigt sich sehr ansprechend aufgrund seines Aromas, das Kräutertee und rote Früchte mit Gewürzen verbindet.
☛ André Quancard-André, rue de la Cabeyre, 33240 Saint-André-de-Cubzac,
Tel. 05.57.33.42.42, Fax 05.57.33.01.71
☛ Thomas

CH. LES CHALETS 1994*

■ Cru bourg. 3,42 ha 23 000 ⓘ 30-50 F

Dieser von einem kleinen Gut stammende 94er ist fünfzehn Monate lang im Holzfaß ausgebaut worden. Er ist zunächst ein wenig verschlossen in seinem aromatischen Ausdruck, öffnet sich aber bei der Belüftung (rote Früchte und Gewürze), bevor er einen guten, fleischigen, tanninhaltigen Stoff entfaltet. Mit einem klassischen weißen Etikett und unter demselben Château-Namen wird dieser Cru von A. Quancard-André abgefüllt und vertrieben, aber diese vom Handel angebotenen 20 000 Flaschen sind nicht im Barriquefaß ausgebaut worden. Es handelt sich somit um einen anderen Wein, der von der Jury lobend erwähnt worden ist.
☛ Michel Bruzaud, Le Bourg, 33340 Saint-Christoly-de-Médoc, Tel. 05.57.88.31.18 ✓

CH. LES GRANDS CHENES 1994***

■ Cru bourg. 7,15 ha k. A. ⓘ 50-70 F
|86| |88| 89 |90| 91 92 |93| 94

Château Les Grands Chênes
CRU BOURGEOIS
MÉDOC
1994
APPELLATION MÉDOC CONTRÔLÉE
MIS EN BOUTEILLE AU CHATEAU

Der in seiner Qualität regelmäßige Cru steigt mit diesem Jahrgang auf das oberste Treppchen des Siegerpodests. Er ist perfekt gelungen und bietet eine schöne Farbe mit dunklen Reflexen und ein feines, komplexes Bukett : getoastetes Brot und rote Früchte. Im Geschmack entdeckt man ein schönes Volumen, Konzentration und elegante Tannine, die sich zu einem sehr schönen, langen, vornehmen Abgang entfalten.
☛ Mme Jacqueline Gauzy, 33340 Saint-Christoly-de-Médoc, Tel. 05.56.41.53.12, Fax 05.56.41.35.69 ✓ ⓘ n. V.

CH. LES MOINES 1994*

■ Cru bourg. 30 ha 220 000 ■ⓘ♦ 30-50 F
⑧② 83 85 86 88 |89| |90| |91| |92| 93 94

Obwohl dieser 94er im Vergleich zu einigen vorangegangenen Jahrgängen ein wenig zurückbleibt, zeigt er eine schöne Haltung : Das Bukett ist noch zurückhaltend, aber klar und jugendlich. Im Geschmack stützt sich die Entfaltung auf Tannine, die noch ein wenig streng, aber robust sind. Man muß warten, daß er innerhalb von zwei Jahren aus sich herausgeht.
☛ Claude Pourreau, Couquèques,
33340 Lesparre-Médoc, Tel. 05.56.41.38.06, Fax 05.56.41.37.81 ✓ ⓘ n. V.

CH. LES ORMES SORBET 1994**

■ Cru bourg. 19 ha 100 000 ⓘ 70-100 F
78 81 83 85 86 87 |88| |89| ⑨⓪ |91| |92| 93 94

Im letzten Jahr der glanzvolle Wahl zum Lieblingswein. Dieses Jahr gelingt es dem Cru nicht, dem Gesetz des Jahrgangs zu trotzen. Dennoch zeigt sich dieser Wein interessant aufgrund der Jugendlichkeit seiner Farbe, seines fruchtig-röstartigen Buketts und seiner schönen Entfaltung im Geschmack, die sich auf feste, spürbare Tannine stützt.
☛ Jean Boivert, Ch. Les Ormes-Sorbet, 33340 Couquèques, Tel. 05.56.41.53.78, Fax 05.56.41.38.42 ✓ ⓘ n. V.

CH. LES RIVES DE GRAVELONGUE 1994

■ 9,9 ha 35 000 ■♦ 30-50 F

Dieser von der Firma Coste vertriebene Wein, der nicht im Barriquefaß ausgebaut worden ist, wirkt ein wenig diskret im Bukett. Aber der Geschmack ist weich, voll und angenehm fruchtig, mit einem leicht tanninhaltigen Abgang.
☛ GFA de Gravelongue, 33590 Jau-Dignac, Tel. 05.56.09.56.77
☛ Denis

CH. LES TUILERIES 1994*

■ Cru bourg. 15 ha 60 000 ⓘ 30-50 F
|90| 91 92 93 94

Getreu der Qualitätstradition ihrer Familie bieten die Dartiguenaves hier einen Wein, der sich nur noch abrunden muß, aber das notwendige Potential zu haben scheint, um dies schaffen zu können. Er besitzt eine schöne dunkelgranatrote Farbe und entfaltet ein köstliches Bukett von Edelholz und einen runden Geschmack, der in der Ansprache bezaubernd ist und sich angenehm mit kleinen Tanninen entwickelt.
☛ Jean-Luc Dartiguenave, Ch. Les Tuileries, 33340 Saint-Yzans-de-Médoc,
Tel. 05.56.09.05.31, Fax 05.56.09.02.43 ✓ ⓘ tägl. 9h-12h 14h-18h

Médoc

CH. LE TEMPLE Cuvée Balirac 1994
■ Cru bourg.   15 ha   100 000   ■ ⚭ -30F

Dieser Wein macht durch eine nicht sehr intensive, aber klare und strahlende Farbe auf sich aufmerksam. Er besitzt eine leichte Struktur und ist angenehm dank seiner Rundheit und seines Aromas von roten Früchten (Himbeeren). Man kann ihn schon jetzt servieren.

☛ SA Yvon Mau, rue André-Dupuy-Chauvin, B.P. 1, 33190 Gironde-sur-Dropt, Tel. 05.56.61.54.54, Fax 05.56.61.54.61

CH. LISTRAN 1994
■ Cru bourg.   10 ha   20 000   ⅠⅠ 30-50F
88 89 |90| 92 93 |94|

Dieser Wein kommt von einem Cru, der von einer hübschen, kleinen Chartreuse (Landhaus) beherrscht wird. Er ist noch ein wenig rustikal, zeigt sich aber angenehm aufgrund seines Buketts von roten Früchten und seiner feinen Tannine.

☛ Arnaud Crété, Ch. Listran, 33590 Jau-Dignac-Loirac, Tel. 05.56.09.48.59, Fax 05.56.09.58.70 ☑ ☂ tägl. 9h-12h 14h30-19h

CH. LOIRAC 1994
■   5,4 ha   15 000   ⅠⅠ 30-50F

Ein kleines Gut, aber ein hübscher Weinberg. Dieser 94er, der sicherlich von guten Trauben stammt, ist noch ein wenig rustikal im Ausdruck der Tannine, aber gut gebaut, mit einer sanften, runden Struktur. Man kann ihn bald trinken oder drei bis vier Jahre lang aufheben.

☛ SCA Ch. Loirac, 1, rte de Queyrac, 33590 Jau-Dignac-Loirac, Tel. 05.56.09.45.07, Fax 05.56.73.95.36 ☑ ☂ Mo-Sa 8h-19h

CH. LOUDENNE 1994
■ Cru bourg.   48 ha   267 000   ⅠⅠ 50-70F
81 ⑧② 83 85 86 |88| |89| |90| 91 92 |93| |94|

Seit 1875 ist Loudenne in englischem Besitz. Dieser 94er, der sich noch schwierig verkosten läßt, ist ein wenig aggressiv in der Ansprache. Aber sein Bukett, das von guter Qualität ist (Wild, feuchte Erde und Holz), und eine gewisse Stärke im Geschmack dürften ihm eine gute Entwicklung garantieren.

☛ IDV France, Ch. Loudenne, 33340 Saint-Yzans-de-Médoc, Tel. 05.56.73.17.80, Fax 05.56.09.02.87 ☑ ☂ Mo-Fr 9h30-12h30 14h-17h30 ; Sa, So u. feiertags n. V.
☛ W. et A. Gilbey

CH. LOUSTEAUNEUF
Cuvée Art et Tradition 1994*

■ Cru bourg.   1,09 ha   8 300   ⅠⅠ 30-50F

L'Ousteau-Neuf, danach Lousteauneuf – während der Name dieses Cru lange Zeit unschlüssig war, hat sein 94er sofort seine Persönlichkeit gefunden. Das gilt für diese Cuvée Tradition, an der man die Intensität der Farbe, das Bukett mit den vielversprechenden Noten von gekochten Backpflaumen und Leder und den runden, weichen, recht nachhaltigen Geschmack schätzen wird. Der Gesamteindruck ist recht médoctypisch, mit einem Geschmack von »man möchte mehr davon«, notierte ein Juror, der nach einer Reihe weniger geglückter Weine endlich verführt wurde !

☛ Segond, 2, rte de Lousteauneuf, 33340 Valeyrac, Tel. 05.56.41.52.11, Fax 05.56.41.52.11 ☑ ☂ Mo-Sa 8h-12h 14h-19h ; 20. Dez.-2. Jan. geschlossen

MONTFORT BELLEVUE 1994**
■   k. A.   k. A.   ■ -30F

Die Firma Quancard genießt einen guten Ruf. Dieser unter ihrer Aufsicht zusammengestellte und ausgebaute 94er Médoc, der durch seine Vollmundigkeit - seinen Stoff - überrascht, kann ihn nur noch verstärken. Seine schöne, funkelnde Farbe macht keine leeren Versprechungen. Das Bukett mit diskreten Noten von Pflaumenkonfitüre, die seidige Ansprache, der runde Geschmack mit reifen Tanninen und eine gute aromatische Nachhaltigkeit übernehmen es, dies zu beweisen.

☛ Cheval Quancard, rue Barbère, 33440 Ambarès, Tel. 05.56.33.80.60, Fax 05.56.33.80.70 ☂ n. V.

CH. DU MONTHIL 1994*
■ Cru bourg.   20 ha   k. A.   ■ⅠⅠ⚭ 50-70F

Dieser Wein, der vom selben Erzeuger wie der Château Greysac stammt, hat ebenfalls eine schöne Haltung. Im Abgang spürt man eine leichte Bitterkeit, aber das ist eine Jugendsünde. Seine ziemlich dunkle purpurrote Farbe, sein Bukett mit den feinen fruchtigen (Kirschen) und mentholartigen Noten sowie sein sanfter Geschmack, den verschmolzene Tannine unterstützen, beweisen das.

☛ Dom. Codem SA, Ch. du Monthil, 33340 Bégadan, Tel. 05.56.73.26.56, Fax 05.56.73.26.58 ☑ ☂ n. V.

CH. PIERRE DE MONTIGNAC
Vieilli en fût de chêne 1994*

■   5 ha   25 000   ⅠⅠ 30-50F

Dieser zehn Monate lang im Eichenholzfaß gereifte Wein konnte den Beitrag des Holzes integrieren. Er hat ein diskretes, aber angenehmes Bukett mit feinen, blumigen Noten und wird ausdrucksvoller im Geschmack, dessen Ansprache aromatischer ist. Der fleischige, durch recht spürbare Tannine unterstützte Wein dürfte in den nächsten zwei Jahren zu feinen Gerichten, Kleinwild und rotem Fleisch passen.

☛ EARL de Montignac, 1, rte de Montignac, 33340 Civrac-en-Médoc, Tel. 05.56.73.59.08, Fax 05.56.73.59.08 ☑ ☂ Mo-Sa 8h-12h 13h30-17h30
☛ Sallette

CH. NOAILLAC 1994*
■ Cru bourg.   27 ha   150 000   ⅠⅠ⚭ 30-50F
86 88 91 92 93 94

Dieser Cru, dessen Zuverlässigkeit in der Appellation anerkannt ist, wird mit diesem hübschen 94er seinem guten Ruf gerecht. Er hat eine schöne, runde Farbe und zeigt sich elegant mit seinem Hauch von Schlehen und seinen verschmolzenen Tanninen. Der gewissenhaft hergestellte Wein ist ein Spiegelbild seines Erzeugers.

Médoc

•┐ Ch. Noaillac, Jau-Dignac-Loirac,
33590 Saint-Vivien-du-Médoc,
Tel. 05.56.09.52.20, Fax 05.56.09.58.75 ☑ ☥ n. V.

CH. NOURET 1994

■ 6 ha 16 000 ⦅⦆ 30-50 F

Das Bukett ist zwar noch zurückhaltend, aber dieser Wein kündigt sich durch sein Aroma von Gewürzen und roten Früchten reizvoll an. Sein lang anhaltender Körper wird durch Tannine unterstützt, die über die Zunge gleiten. Das Auge wird auch die lebhafte, zinnoberrot schimmernde Farbe verführt.
•┐ André Duhau, Ch. Nouret, 33340 Civrac-en-Médoc, Tel. 05.56.41.50.40,
Fax 05.56.41.50.40 ☑ ☥ Mo-Sa 9h-12h 14h-17h ; 15. Dez.-15. Jan. geschlossen

CH. PATACHE D'AUX 1994

■ Cru bourg. 43 ha 290 000 ▮⦅⦆♦ 50-70 F
75 81 **82** 83 **85** 86 87 88 **89** |90| 91 92 |93| |94|

Dieser auf einem sehr alten Gut erzeugte Wein ist ein wenig linear - eine Folge des Jahrgangs. Aber sein Bukett mit den diskreten Vanille- und Gewürznoten und seine sanften, zarten Tannine verleihen ihm einen angenehmen Charakter.
•┐ SA Ch. Patache d'Aux, 1, rue du 19-Mars, 33340 Bégadan, Tel. 05.56.41.50.18,
Fax 05.56.41.54.65 ☑ ☥ n. V.

PAVILLON DE BELLEVUE 1994

■ 100 ha 100 000 ⦅⦆ 30-50 F

Diese Sondercuvée wird im Holzfaß von der Kellerei von Ordonnac ausgebaut, die jedes Jahr ein Viertel der Barriquefässer ihres Lagerkellers erneuert. Sie ist zart duftig mit Holz-, Frucht- und Toastnoten und entfaltet einen Geschmack, dessen milde Textur gut mit dem Fleisch und den feinkörnigen Tanninen harmoniert.
•┐ SCAV Pavillon de Bellevue, rte de Peyressan, 33340 Ordonnac, Tel. 05.56.09.04.13, Fax 05.56.09.03.29 ☑ ☥ n. V.

CH. DU PERIER 1994*

■ Cru bourg. 7,1 ha 40 000 ⦅⦆ 50-70 F

Dieser 94er mit der sehr schönen, tiefen rubin- bis purpurroten Farbe bietet einen Duft nach reifen Früchten und Gewürzen (Zimt). Strukturiert und wohlausgewogen, ein gut gemachter Wein, der dies durch seinen schönen Ausdruck deutlich macht.
•┐ Bruno Saintout, Ch. du Perier, 33340 Saint-Christoly-Médoc, Tel. 05.56.41.58.32,
Fax 05.56.59.46.13 ☑ ☥ n. V.

CH. PONTEY 1994

■ Cru bourg. k. A. k. A. ⦅⦆ 30-50 F

Die Parzellen dieses Cru bieten eine schöne geologische Palette. Sie werden bewußt genutzt, wenn man nach diesem Wein urteilt, der eine frische, recht kräftige Farbe, ein vanilleartiges, würziges Bukett, eine sanfte Ansprache, aber einen tanninhaltigen, noch vom Holz dominierten Geschmack besitzt. Allein die Zukunft wird zeigen, daß die Vereinigung von Wein und Holz vollendet worden ist.
•┐ GFA du Ch. Pontet, 33340 Blaignan-Médoc, Tel. 05.56.20.71.03, Fax 05.56.20.11.30 ☑ ☥ n. V.

CH. RAMAFORT 1994*

■ Cru bourg. 15,73 ha 115 000 ▮⦅⦆♦ 50-70 F

Dieser Wein, der vom selben Erzeuger wie La Cardonne stammt, ist ein wenig diskret in seinem Bukett (Röstgeruch, dann rote Früchte), aber der Geschmack ist recht reichhaltig und stattlich. Das Ganze wird vom Ausbau und einer guten Erscheinung gut unterstützt.
•┐ SNC Domaines C.G.R., 33340 Blaignan, Tel. 05.56.73.31.51, Fax 05.56.73.31.52 ☑
☥ Mo-Fr 9h-12h 13h30-17h ; Gruppen n. V.

CH. ROLLAN DE BY 1994*

■ Cru bourg. 14,23 ha 26 000 ⦅⦆ 70-100 F
89 |91| |92| **93** 94

Diesem Wein mangelt es nicht an schönem Aussehen mit seiner granatroten Farbe, die dunkle Reflexe zeigt. Das Bukett steht noch ein wenig unter dem Einfluß des Holzes. Der Geschmack bietet eine solide Tanninstruktur, die sich über Röstnoten entwickelt. Man muß zwei bis drei Jahre warten, bis sich diese Flasche verfeinert.
•┐ SCEA DGM Jean Guyon, 7, rte Rollan-de-By, 33340 Bégadan, Tel. 05.56.41.58.59,
Fax 05.56.41.37.82 ☑ ☥ n. V.

CH. SAINT-CHRISTOPHE 1994*

■ Cru bourg. 27 ha 30 000 ▮⦅⦆ 50-70 F

Dieser Wein, der an den ursprünglichen Namen der Pfarrgemeinde Saint-Christoly erinnert (Saint-Christophe-de-Castillon), ist im Geschmack noch ein wenig streng, wenn auch einschmeichelnd und erscheint vielversprechend aufgrund der Komplexität seines Buketts (Leder und Gewürze) und des guten Baus seines tanninhaltigen Körpers. Ein etwas kürzerer Ausbau im Barriquefaß (hier 18 Monate) hätte ihm mehr Charme verleihen können, denn die Röstnoten im Abgang, die vom Anrösten der Fässer herrühren, scheinen allgegenwärtig zu sein.
•┐ Patrick Gillet, Ch. Saint-Christophe, 33340 Saint-Christoly-de-Médoc,
Tel. 05.56.41.57.22, Fax 05.56.41.59.95 ☑
☥ Mo-Fr 9h-12h30 14h-18h ; 15.-15. Okt. geschlossen

CAVE SAINT-JEAN Le Grand Art 1994*

■ 5 ha 15 000 ⦅⦆ 30-50 F

Die Spitzenmarke der Kellerei von Bégadan. Dieser Wein ist noch ein wenig streng, aber man wird die Feinheit seines Buketts mit dem schönen Duft nach Kokosnuß, Geröstetem und Holz ebenso schätzen wie die Sanftheit und die Rundheit des Geschmacks, die im Mittelbereich einen schönen Umfang reist.
•┐ Cave Saint-Jean, 2, rte de Canissac, 33340 Bégadan, Tel. 05.56.41.50.13,
Fax 05.56.41.50.78 ☑ ☥ Mo-Sa 8h30-12h30 14h-18h

CH. SIPIAN 1994*

■ Cru bourg. 10 ha 50 000 ⦅⦆ 50-70 F
|90| **91** 93 94

Dieser Cru kombiniert 10 % Petit Verdot mit Merlot und Cabernet, die zu gleichen Teilen vertreten sind. Auch wenn dieser Wein nicht mehr sein Etikett im »galanten« Stil besitzt, kündigt

Médoc

er sich mit einer sehr jugendlichen Farbe gut an. Er bietet ein kräftiges Bukett (Früchte, Gewürze und Holz) und entfaltet im Geschmack eine reichhaltige, gehaltvolle Struktur, die durch feinkörnige Tannine unterstützt wird.
- Vignobles Méhaye, 28, rte du Port-de-Goulée, 33340 Valeyrac, Tel. 05.56.41.56.05, Fax 05.56.41.35.36 ✓ ⚲ n. V.

CH. TOUR BLANCHE 1994

| ■ Cru bourg. | 27 ha | 120 000 | 🍷🍷 | 30-50 F |

|91| |92| |93| |94|

Selbst wenn seine Struktur nicht sehr imposant ist, kann sich dieser Wein ansprechend zeigen : aufgrund seines Buketts mit dem Aroma von Zitrusfrüchten und roten Früchten ebenso wie aufgrund seines Geschmacks, der in der Ansprache sanft und fleischig und danach im Abgang wohlschmeckend ist.
- SVA Ch. La Tour blanche, 15, rte du Breuil, 33340 Saint-Christoly-de-Médoc, Tel. 05.56.41.53.13, Fax 05.56.58.12.05 ✓ ⚲ n. V. ; Aug. geschlossen

CH. TOUR HAUT-CAUSSAN 1994*

| ■ Cru bourg. | 17 ha | 90 000 | 🍷🍷 | 50-70 F |

82 83 84 |85| |86| |89| |(90)| |91| |92| 93 94

Philippe Courrian verfügt über eine sehr schöne Reblage ; sein Können oder sein beständiges Streben nach unverfälschtem Charakter muß er nicht mehr unter Beweis stellen. Er hat diesen zu 50 % aus Merlot hergestellten 94er zwölf Monate lang im Barriquefaß reifen lassen. Die sehr schöne, klare, reintönige Farbe ist durch einen Schimmer geprägt, der den Beginn einer Entwicklung anzeigt. Der 94er brenzlige Geruchseindruck enthält eine etwas flüchtige Hyazinthennote. Nach einer milden, umhüllten Ansprache kommt ein hübsches Volumen zum Vorschein, bevor sich das Aroma wieder zeigt und zu Lederoten zurückfindet. Der Abgang ist noch bitter. Aber dank seines hübschen Stoffs kann er verschmelzen. Wir erinnern uns an den prächtigen Jahrgang 1990.
- Philippe Courrian, 33340 Blaignan, Tel. 05.56.09.00.77, Fax 05.56.09.06.24 ✓ ⚲ n. V.

TRADITION DES COLOMBIERS
Elevé en fût de chêne 1994

| ■ | k. A. | 26 000 | 🍷🍷 | 30-50 F |

Dieser noch vom Holz beherrschte Wein zeigt sich im Abgang ein wenig agressiv. Das Ganze bleibt jedoch ausgewogen und besitzt eine gute aromatische Intensität.
- Cave Les Vieux Colombiers, 23, rue des Colombiers, 33340 Prignac-en-Médoc, Tel. 05.56.09.01.02, Fax 05.56.09.03.67 ✓ ⚲ Mo-Sa 8h30-12h30 14h-18h

CH. DE VERDUN 1994

| ■ Cru bourg. | 7 ha | 25 000 | 🍷🍷 | 30-50 F |

Der 1978 von den Besitzern von Sipian gekaufte Cru kombiniert 50 % Merlot mit Cabernet Sauvignon : ein hoher Anteil für das Médoc ! Dieser 94er zeigt zwar keine außergewöhnliche Persönlichkeit, bleibt aber stets sanft und gefällig, wobei sich seine Struktur auf feine Tannine stützt. Seine »süffige« Struktur enthüllt keinen für das Médoc sehr typischen Charakter !
- Vignobles Méhaye, 28, rte du Port-de-Goulée, 33340 Valeyrac, Tel. 05.56.41.56.05, Fax 05.56.41.35.36 ✓ ⚲ n. V.

VIEUX CHATEAU LANDON
Sélection Les Meilleurs Cépages 1994*

| ■ Cru bourg. | 31 ha | 230 000 | 🍷🍷 | 50-70 F |

89 |90| **91 92** |93| |94|

Diese Auslese ist ein traditioneller Verschnitt aus Malbec (5 %), Merlot (25 %) und Cabernet Sauvignon (70 %). Der 94er zeigt sich ansprechend aufgrund seiner hübschen, strahlenden, kräftigen Farbe und sympathisch wegen seines Buketts von roten Früchten. Im Geschmack spürt man eine gute Ausgewogenheit und feste Tannine.
- Philippe Gillet, 6, rte du Château-Landon, 33340 Bégadan, Tel. 05.56.41.50.42, Fax 05.56.41.57.10 ✓ ⚲ n. V.

CH. VIEUX PREZAT 1994

| ■ | k. A. | k. A. | 🍷🍷 | 30-50 F |

Diesem Wein gelingt es wirklich mühsam, sich mit dem Eichenholz zu vereinen. Die Verlobungszeit erscheint unseren Verkostern lang, die jedoch feststellten, daß dieser Wein, obwohl er noch vom Holz geprägt ist, einen hübschen aromatischen Untergrund von roten Früchten und eine gute Gesamtstruktur erkennen läßt.
- GFA du Ch. Pontet, 33340 Blaignan-Médoc, Tel. 05.56.20.71.03, Fax 05.56.20.11.30 ⚲ n. V.

CH. VIEUX ROBIN Bois de Lunier 1994**

| ■ Cru bourg. | 14,25 ha | 35 000 | 🍷🍷 | 50-70 F |

81 |82| |83| **84** |85| |86| **87** |88| **89 90 91 92** 93 94

Dieser Wein, eine im neuen Barriquefaß ausgebaute Cuvée, wird der Eleganz seines Etiketts gerecht. Er kündigt sich durch eine schöne granatrote Farbe an, bevor er ein fruchtiges Bukett von schöner aromatischer Stärke entfaltet. Im Geschmack sind die auf das Eichenholz zurückgehenden Noten röstartig, ohne Schwachpunkt wie die anderen Aromen von Unterholz und schwarzen Johannisbeeren. Die Struktur ergibt einen ausgewogenen Gesamteindruck von schöner Länge.
- SCE Ch. Vieux Robin, 33340 Bégadan, Tel. 05.56.41.50.64, Fax 05.56.41.37.85 ⚲ n. V.
- Maryse et Didier Roba

Haut-Médoc

Die Haut-Médoc-Weine, die mit einer Produktion von 245 713 hl im Jahre 1996 auf einer Rebfläche von 4 269 ha mengenmäßig der Appellation Médoc nahe kommen, haben ein höheres Ansehen. Teilweise ist das darauf zurückzuführen, daß in ihrem Gebiet fünf Crus

Médoc / Haut-Médoc

classés liegen, während sich die anderen in den sechs kommunalen Appellationen befinden, die als Enklaven im Anbaubereich des Haut-Médoc eingeschlossen sind.

Im Médoc wurde die Klassifizierung der Weine 1855 vorgenommen, also fast ein Jahrhundert vor den anderen Weinbaugebieten. Das erklärt sich aus dem Vorsprung, den der Weinbau im Médoc ab dem 18. Jh. hatte ; denn dort vollzog sich zum großen Teil das »Aufkommen der Qualität« mit der Entdeckung der Begriffe »terroir« und »cru«, d. h. die Erkenntnis, daß es einen Zusammenhang zwischen der natürlichen Umgebung und der Qualität des Weins gibt. Die Haut-Médoc-Weine sind durch ihren freigebigen Charakter gekennzeichnet und besitzen eine nicht zu ausgeprägte Stärke. Sie zeigen echte Feinheit im Duft und bieten zumeist eine gute Alterungsfähigkeit. Dann sollte man sie temperiert trinken ; sie passen sehr gut zu weißem Fleisch und Geflügel oder Wild mit hellem Fleisch. Aber wenn man sie jünger trinkt und gekühlt serviert, können sie auch andere Gerichte begleiten, wie etwa bestimmte Fische.

CH. D'ARCHE 1994

■ Cru bourg.   9 ha   50 000   50-70 F
|90| 91 92 93 94

Château d'Arche gehört derselben Gruppe wie Château Palmer. Der 94er ist zwölf Monate im Faß gereift. Er ist zwar nicht den Zwängen eines kritischen Jahrgangs entkommen, aber er ist sehr achtbar damit fertig geworden : mit einer schönen Erscheinung und einer noch von den Tanninen stark geprägten Struktur, die sich abrunden muß.

☛ SGVG Mähler-Besse, 49, rue Camille-Godard, 33026 Bordeaux Cedex,
Tel. 05.56.56.04.30, Fax 05.56.56.04.59 ✓ ☓ n. V.

CH. BALAC Cuvée Prestige 1994

■ Cru bourg.   k. A.   60 000   50-70 F
82 83 85 86 88 89 90 91 92 |93| |94|

Diese Cuvée Prestige erhebt zwar keine großen Ansprüche, zeigt sich aber angenehm mit einem zurückhaltend mentholartigen Bukett. Seine verschmolzenen Tannine begleiten Noten von roten Früchten.

☛ Luc Touchais, Ch. Balac, 33112 Saint-Laurent-du-Médoc, Tel. 05.56.59.41.76,
Fax 05.56.59.93.90 ✓ ☓ tägl. 10h-19h

CH. BARATEAU 1994*

■   15 ha   80 000   30-50 F
85 86 |88| |89| |90| 91 92 |93| 94

Dieser ins 18. Jh. zurückreichende Cru hat ein erstklassiges Anbaugebiet, eine lehmig-kalkhaltige Kuppe mit guter Lage, nutzen können. Sein 94er mit der schönen, kräftigen roten Farbe hat viel zu bieten mit einem komplexen Bukett und einem Geschmack, dessen solider Bau auf ein gutes Potential hinweist.

☛ Sté Fermière Ch. Barateau, 33112 Saint-Laurent-du-Médoc, Tel. 05.56.59.42.07,
Fax 05.56.59.49.91 ✓ ☓ Mo-Fr 9h-12h 14h-18h
☛ Famille Leroy

CH. BEAUMONT 1994*

■ Cru bourg.   100 ha   300 000   50-70 F
86 |88| |89| |90| 93 |94|

Dieses Château ist nicht nur durch seine Achitektur (eine Verbindung von Klassizismus und Renaissance) in der Realität des Médoc fest verankert, sondern auch durch seinen Wein mit dem feinen, aromatischen Bukett. Dieser 94er ist schon jetzt sehr angenehm aufgrund seiner Ausgewogenheit und seiner Eleganz. Er wird auch eine vier- bis fünfjährige Lagerung verkraften.

☛ SCE Ch. Beaumont, 33460 Cussac-Fort-Médoc, Tel. 05.56.58.92.29,
Fax 05.56.58.90.94 ✓ ☓ n. V.

CH. BELGRAVE 1994**

■ 5ème cru clas.   k. A.   240 000   70-100 F
81 82 83 84 |85| 86 87 |88| |89| (90) |91| 92 93 94

Man kann es nicht oft genug wiederholen : Ein gutes Anbaugebiet ohne erstklassige Arbeit bringt nichts. Glücklicherweise hat der Weinbaubetrieb hier von großen Investitionen profitiert ; die Vinifizierung wird von einer begabten Mannschaft durchgeführt. Das erklärt das Ergebnis : ein Wein, der nicht nur ein schönes Aussehen besitzt, sondern auch sehr ausdrucksvoll ist, aufgrund seines Buketts mit dem kräftigen Duft nach reifen Früchten ebenso wie aufgrund seines Geschmacks, der von einem reichen Stoff und erstklassigen Tanninen getragen wird, die verschmelzen müssen. Wenn der Holzton (siebzehn Monate Ausbau im Barriquefaß) nicht so ausgeprägt gewesen wäre, hätte diesem 94er eine noch bessere Belohnung zuteil werden können, ähnlich wie etwa dem 90er und dem 91er, die zu Lieblingsweinen gewählt wurden.

☛ Groupe CVBG Dourthe-Kressmann, 35, rue de Bordeaux, 33290 Parempuyre,
Tel. 05.56.35.53.00, Fax 05.56.35.53.29 ☓ n. V.
☛ SC Ch. Belgrave

DIANE DE BELGRAVE 1994*

■   k. A.   116 000   30-50 F

Die Zweitmarke von Belgrave. Dieser Wein macht seiner Mutterfirma ebenfalls Ehre mit einer schönen, kräftigen Farbe, einem kraftvollen Bukett und einer guten Tanninstruktur.

☛ Groupe CVBG Dourthe-Kressmann, 35, rue de Bordeaux, 33290 Parempuyre,
Tel. 05.56.35.53.00, Fax 05.56.35.53.29 ☓ n. V.

CH. BEL ORME Tronquoy de Lalande 1994

■ Cru bourg.   30 ha   140 000   50-70 F

Dieser Wein, der die Ausgewogenheit und die Eleganz gegenüber der Stärke betont, bietet einen sehr femininen Charakter, bei dem die Feinheit der Struktur durch den Reiz des Buketts kompensiert wird.

Médoc

↞ Jean-Michel Quié, Ch. Bel-Orme,
33180 Saint-Seurin-de-Cadourne,
Tel. 05.56.59.38.29, Fax 05.56.59.72.83 ▩ ⊤ n. V.

CH. BRANEYRE LES GUNES 1994*

■ 0,75 ha 2 600 ⫴ 70-100 F

Der 1785 gegründete, aber 1985 neu belebte Cru beweist sein Können mit diesem Jahrgang, dessen Bukett auf angenehme Weise durch eine Erdbeernote geprägt ist. Der in der Ansprache milde Geschmack, der einen klug bemessenen Holzton besitzt und von passenden Tanninen unterstützt wird, ist wohlausgewogen. Dieser Wein kann schon heute ein Lammfilet (mit Garn in Form gebunden) begleiten.
↞ Georges-Claude Gugès et Fils, Ch. Braneyre-les-Gunes, 33250 Cissac-Médoc,
Tel. 05.56.59.58.04, Fax 05.56.59.56.19 ▩ ⊤ n. V.

CH. CAMENSAC 1994**

■ 5ème cru clas. 65 ha 230 000 ⫴ 100-150 F
84 |85| |86| 87 |88| |92| |94|

Dieser Cru zeigt seine Originalität durch zwei majestätische Kiefern, die sich vor seiner Fassade erheben. Einen guten Botschafter findet er in diesem Wein. Er hat eine schöne Erscheinung, im Aussehen ebenso wie im Geruch (Vanille, Edelholz - Zedern- und Sandelholz - und Kakao), und entfaltet eine reichhaltige, kräftig gebaute Struktur. Der grazilere Closerie de Camensac, der Zweitwein, wird aufgrund seiner Eleganz lobend erwähnt.
↞ Ch. Camensac, rte de Saint-Julien, B.P. 9,
33250 Saint-Laurent-du-Médoc,
Tel. 05.56.59.41.69, Fax 05.56.59.41.73 ▩ ⊤ n. V.

CH. CANTEMERLE 1994**

■ 5ème cru clas. 66 ha 320 000 ⫴ 100-150 F
81 82 83 84 ⑧⑤ 86 87 88 ⑧⑨ |90| |91| |92| 93 |94|

Dieses Château, das von einem großen Park und einem auf feinem Kiessand angelegten Weinberg umgeben ist, gehört zu den ersten Grands crus, auf die der Besucher auf der Weinstraße trifft. Schöne granatrote Farbe, feines, elegantes Bukett (reife Früchte und Vanille), samtige Ansprache, runder, tanninhaltiger, aromatischer Geschmack - dieser 94er bildet eine schöne Einführung in den Médoc-Wein.
↞ SC Ch. Cantemerle, 1, chem. Guittot,
33460 Macau, Tel. 05.57.97.02.82,
Fax 05.57.97.02.84 ▩ ⊤ n. V.

CH. DU CARTILLON 1994

■ Cru bourg. 45 ha 300 000 ⫴ 50-70 F

Dieser Wein kommt von einem großen Gut, das zu den Vignobles Giraud gehört. Er ist in seiner Farbe bereits ein wenig entwickelt, aber die Folgeeindrücke sind angenehm aufgrund seiner Geschmeidigkeit und seiner Harmonie - trotz einer ausgeprägten Paprikanote.
↞ EARL Vignoble Robert Giraud, Ch. du Cartillon, 33460 Lamarque, Tel. 05.57.43.01.44, Fax 05.57.43.08.75 ▩

Haut-Médoc

DOM. DE CARTUJAC 1994

■   7 ha 30 000 ⫴ 30-50 F
86 88 89 90 |91| 92 93 |94|

Die Saintouts sind an diesem Ort seit zwei Jahrhunderten »Bauern«. Sie verwenden diesen schönen Titel auf ihrem Etikett. Obwohl ihm das noch nicht verschmolzene Holz ein wenig schadet, zeigt sich dieser Wein mit der guten Tanninstruktur in seinem aromatischen Ausdruck mit den Paprikanoten recht typisch.
↞ Bruno Saintout, Dom. Saint-Laurent-de-Cartujac, 33112 Saint-Laurent-du-Médoc, Tel. 05.56.59.91.70,
Fax 05.56.59.46.13 ▩ ⊤ n. V.

CH. CHARMAIL 1994**

■ Cru bourg. k. A. 125 000 ▣ ⫴ ♦ 30-50 F
88 89 |90| 91 92 |93| |94|

Beständige und regelmäßige Fortschritte ermöglichten es diesem Cru, einen ausgezeichneten Ruf zu erwerben, den er mit Weinen wie diesem 94er stützt. Dieser sehr gelungene Wein entfaltet ein zart holziges, komplexes Bukett (kandierte Früchte, Kokosmilch und Karamel), bevor er einen fülligen, reichhaltigen Geschmack mit seidigen, reifen, wohlschmeckenden Tanninen enthüllt, die für eine perfekte Alterung geschaffen sind. Fast ein Lieblingswein.
↞ SCA Ch. Charmail, 33180 Saint-Seurin-de-Cadourne, Tel. 05.56.59.70.63,
Fax 05.56.59.39.20 ▩ ⊤ Mo-Fr 8h30-12h 13h30-18h ; 15. Aug.-1. Sept. geschlossen
↞ Seze

CH. CISSAC 1994*

■ Cru bourg. 51,42 ha 210 000 ⫴ 70-100 F

Dieser Wein kommt von einem großen Gut und ist in seiner Produktionsmenge alles andere als unscheinbar - was seine Qualitäten nur noch schätzenswerter macht. Schöne, strahlende rubinrote Farbe, diskretes, aber vielversprechendes Bukett (Früchte und Holz), seidige Ansprache, wohlausgewogene Gesamtstruktur, die die notwendige Lagerfähigkeit besitzt, damit sie sich verfeinert.
↞ SCF du Ch. Cissac, Ch. Cissac,
33250 Cissac-Médoc, Tel. 05.56.59.58.13,
Fax 05.56.59.55.67 ▩ ⊤ Mo-Fr 9h-12h 14h-16h
↞ GFA Domaines Vialard

CH. CITRAN 1994**

■ Cru bourg. 63 ha 245 000 ⫴ 70-100 F
87 |88| |89| ⑨⓪ |91| |92| |93| 94

Dieser Cru, der von vorbildlicher Regelmäßigkeit ist, hat sich der Gruppe Bernard Taillan angeschlossen und streicht damit die japanische Flagge. Mit Touko Haus war er auf Sterne abonniert, wie dieser Jahrgang zeigt. Man weiß nicht, was man mehr bewundern soll : den Reichtum seines aromatischen Ausdrucks oder die dichte, reife, imposante Struktur des Geschmacks, die eine vollkommene Ausgewogenheit zwischen Eichenholz und Wein schafft. Die Zukunft gehört ihm.
↞ Sté Ch. Citran-Médoc, Ch. Citran,
33480 Avensan, Tel. 05.56.58.21.01,
Fax 05.56.58.12.19 ▩ ⊤ n. V.

Médoc | Haut-Médoc

MOULINS DE CITRAN 1994*
■ Cru bourg.   25 ha   70 000   30-50 F

Der Zweitwein von Citran. Dieser 94er besitzt ebenfalls eine gute, runde, wohlausgewogene Struktur mit verschmolzenen Tanninen. Er erinnert aufgrund seines Buketts mit den Röstnoten, die mit roten Früchten vermischt sind, auch - aber wenig komplex - an den großen Wein. Er ist trinkreif und wird mindestens fünf Jahre lang gefallen.
Sté Ch. Citran-Médoc, Ch. Citran, 33480 Avensan, Tel. 05.56.58.21.01, Fax 05.56.58.12.19 n. V.

CH. CLEMENT-PICHON 1994
■ Cru bourg.   23 ha   78 000   70-100 F
85 86 88 |89| 90 |92| |93| 94

Der am Tal der Loire ausgerichtete Stil dieses Médoc-Châteaus ist überraschend. Sein 94er ist zwar untypisch, zeigt sich aber interessant aufgrund seiner aromatischen Komplexität (Noten von getoastetem Brot, Wildbret und Sauerkirschen) und seiner Rundheit. Die Qualität seines Lakritzeabgangs spricht zu seinen Gunsten.
Ch. Clément-Pichon, 36, av. du Château-Pichon, 33290 Parempuyre, Tel. 05.56.35.23.79, Fax 05.56.35.85.23 n. V.
Clément Fayat

CLOS DU JAUGUEYRON 1994*
■   0,4 ha   2 000   50-70 F

Trotz seiner geringen Größe enthält dieser Weinberg eine schöne Vielfalt an Rebsorten, darunter Petit Verdot und Carménère. Diese Besonderheit ergibt einen Wein von starker Persönlichkeit, der ein Bukett mit Noten von kaltem Rauch und Ruß und einen tanninhaltigen, körperreichen Geschmack vereint. Der Winzer, der im Diplom in Weinbau und Önologie besitzt, erzeugt hier seinen zweiten Jahrgang. Hinter einem nüchternen Etikett verbergen sich ein Mann und ein Wein, die man im Auge behalten sollte !
Michel Théron, 4, rue de la Haille, 33460 Arsac, Tel. 05.56.58.89.43 n. V.

CH. COLOMBE PEYLANDE 1994*
■   4 ha   25 000   30-50 F

Dieser Jahrgang bestätigt den günstigen Eindruck, den der 93er im letzten Jahr erweckte. Er zeigt sich interessant aufgrund seines hübschen Buketts mit den zarten Lakritznoten und seines Geschmacks, der mild beginnt, bevor er sich intensiviert. Sehr schöne Länge.
Nicole Dedieu-Benoit, 23, av. de Peylande, 33460 Cussac-Fort-Médoc, Tel. 05.56.58.93.08 n. V.

CH. COUFRAN 1994*
■ Cru bourg.   66 ha   450 000   50-70 F
82 83 85 |86| |88| |89| |90| 91 92 |93| 94

Auch wenn ihn ein leichter Hauch von Rustikalität daran hindert, mit den vorangegangenen Jahrgängen zu konkurrieren, zeigt sich dieser Wein mit der kräftigen Farbe wohlausgewogen im Geschmack und von einer guten Intensität im Aroma, mit interessanten würzig-fruchtigen Nuancen.
SCA Ch. Coufran, 33180 Saint-Seurin-de-Cadourne, Tel. 05.56.59.31.02, Fax 05.56.81.32.35 n. V.

CH. DILLON 1994
■   33,15 ha   250 000   30-50 F
82 83 |85| |86| 87 |88| |89| |90| 91 92 93 94

Das Château, eine große Chartreuse aus dem 17. Jh., die im 18. Jh. aufgestockt wurde, würde eine Ehrenrettung verdienen. Der Stoff dieses 94ers ist zwar ein wenig streng und leicht, aber gut verarbeitet und erlaubt eine gute Steigerung im Geschmack und einen schönen aromatischen Ausdruck von Blumen, Kirschen in Alkohol und Lakritze. Der von zehn Monaten Barriquefaß geprägte Abgang ist nachhaltig.
Lycée Agricole de Blanquefort, B.P. 113, 33294 Blanquefort Cedex, Tel. 05.56.95.39.94, Fax 05.56.95.36.75 Mo-Fr 8h-11h 14h-16h ; Gruppen n. V.

CH. FONPIQUEYRE Vieilles vignes 1994
■ Cru bourg.   10 ha   30 000   50-70 F

Das Château gehörte ebenso wie Liversan bis 1995 Fürst Guy de Polignac. Sein Sohn, Henri Melchior, hatte viel dafür getan, daß sie zu ihrem früheren Glanz zurückfinden. Die Gruppe, die auch die Geschicke von Château Patache d'Aux bestimmt, hat sie übernommen. Man muß diesen Wein jung trinken, um in den Genuß seiner guten Struktur und seiner aromatischen Feinheit zu kommen.
SCEA Ch. Liversan, 33250 Saint-Sauveur, Tel. 05.56.41.50.18, Fax 05.56.41.54.65 n. V.

FORT DU ROY 1994*
■   10 ha   22 000   30-50 F

Die Spitzenmarke der Kellerei von Cussac. Dieser Wein entwickelt sich während der ganzen Verkostung angenehm : Auf sein reichhaltiges, komplexes Bukett (rote Beeren, Leder und Unterholz) folgen eine weiche Ansprache und ein gut strukturierter Geschmack mit einer gefälligen Umhüllung durch gutes Holz.
SCA Les Viticulteurs du Fort-Médoc, 105, av. du Haut-Médoc, 33460 Cussac-Fort-Médoc, Tel. 05.56.58.92.85, Fax 05.56.58.92.86 Mo-Sa 9h-12h30 14h-18h

CH. DE GIRONVILLE 1994*
■ Cru bourg.   5 ha   30 000   30-50 F

Sollte guter Wein den Aberglauben vertreiben ? Dieses Château, das früher einmal vor allem für seine Gespenster bekannt war, ist jedenfalls im Begriff, sich mit seiner Produktion einen Namen zu machen. Aber man kann seine Vergangenheit nicht auf einmal abschütteln : Die schöne rote Farbe dieses 94ers, sein Bukett von Zigarrenkisten und seine seidigen, vanilleartigen, ein wenig gekochten Tannine lassen an die Atmosphäre eines Kriminalromans denken. Ein moderner und zugleich rassiger Wein.
SC De La Gironville, 69, rte de Louens, 33460 Macau, Tel. 05.57.88.19.79, Fax 05.57.88.41.79 n. V.

Médoc

DOM. GRAND LAFONT 1994*

■ 4 ha 12 000 ⬤ 30-50 F

Dieser Cru, der früher einmal »Petit La Lagune« hieß, besitzt einen ausgezeichneten Boden, den er mit diesem Wein gut genutzt hat. Er kündigt sich durch eine blutrote Farbe und ein cabernettypisches Bukett an und intensiviert sich im Geschmack, bis er zu einer guten Ausgewogenheit zwischen Körper und Holz gelangt, die ein nachhaltiger Abgang verlängert. Die Zukunft lacht ihm.

🕿 Marc et Yvonne Lavanceau, Dom. Grand Lafont, 33290 Ludon-Médoc,
Tel. 05.57.88.44.31 ☑ ☨ n. V.

CH. GUITTOT-FELLONNEAU
Cru artisan 1994

■ 3,8 ha 20 000 🍴⬤ 30-50 F

Dieses Gut, ein Bauernhof mit Ferienwohnungen, erhält die Tradition der Crus artisans aufrecht. Er bietet hier einen Wein, der in seinen Tanninen ein wenig rauh ist, sich aber aufgrund seiner aromatischen Palette mit den hübschen Noten von gerösteter Brotkruste, Menthol und Kakao gefällig zeigt.

🕿 Guy Constantin, Ch. Guittot-Fellonneau, 33460 Macau, Tel. 05.57.88.47.81, Fax 05.57.88.09.94 ☑ ☨ tägl. 9h-19h

CH. HAUT CARMAIL 1994*

■ Cru bourg. 6,2 ha 42 000 🍴⬤ 30-50 F

Dieser von der Firma André Quancard-André in Saint-André-de-Cubzac vertriebene Wein kann sich gut präsentieren : mit einem schönen, kristallklaren Rot. Sein Bukett ist noch diskret, aber angenehm fruchtig. Seine Persönlichkeit zeigt sich im Geschmack mit einem schönen, fruchtigen Aroma (Himbeeren und schwarze Johannisbeeren), das in einen langen Abgang mündet.

🕿 André Quancard-André, rue de la Cabeyre, 33240 Saint-André-de-Cubzac,
Tel. 05.57.33.42.42, Fax 05.57.33.01.71
🕿 Micalaudy

CH. HAUT-LOGAT 1994*

■ Cru bourg. k. A. k. A. ⬤ 30-50 F
91 92 |93| |94|

Die Quancards sind nicht nur Weinhändler, sondern besitzen auch Weingüter, vor allem diesen Cru in Cissac, der hier einen Wein von schöner Erscheinung präsentiert. Er bietet einen schönen Anblick ; seine kristallklare Farbe ist reich an Nuancen und Reflexen. Sein Bukett entfaltet einen ansprechenden empyreumatischen Duft. Der Geschmack ist weich, ausgewogen, füllig, aromatisch und lang. Der 94er Brana Duluc von denselben Erzeugern erhält ebenfalls einen Stern : Der Gesamteindruck ist harmonisch.

🕿 SCEA M. et C. Quancard, 33250 Cissac, Tel. 05.56.33.80.60, Fax 05.56.33.80.70 ☨ n. V.

CH. HENNEBELLE 1994

■ 10,5 ha 50 000 🍴⬤ 30-50 F

Die Investitionen, die 1993 auf diesem Cru getätigt wurden, haben Früchte getragen, wenn man nach diesem Wein urteilt. Das zarte, feine Bukett mit der klug bemessenen Holznote, der aromatische, harmonische Geschmack und der feine, gefällige Abgang - alles weist auf eine gut durchgeführte Vinifizierung hin.

🕿 Pierre Bonastre, 21, rte de Pauillac, 33460 Lamarque, Tel. 05.56.58.94.07, Fax 05.57.88.51.13 ☑ ☨ n. V.

Haut-Médoc

CH. LABARDE 1994*

■ 5 ha 30 000 ⬤ 30-50 F

Ein Weingut, das appellationsmäßig das von Château Dauzac (in der AOC Margaux) ergänzt. Dieser Cru präsentiert hier einen gutgebauten Wein mit einem harmonischen Bukett und einem angenehmen Geschmack, der von einem erstklassigen Holzton unterstützt wird.

🕿 Ch. Labarde, 33460 Labarde,
Tel. 05.57.88.32.10, Fax 05.57.88.96.00 ☑
☨ Mo-Fr 9h-12h 14h-17h ; Okt.-Mai geschlossen
🕿 Maif

CH. LACHESNAYE 1994

■ Cru bourg. 20 ha 130 000 ⬤ 50-70 F
83 85 86 88 |89| |90| **92 93 94**

Dieser Cru ist ein Nachbar von Lanessan und gehört demselben Erzeuger. Er bietet einen Wein von geringerem Volumen, der aber aufgrund seiner Tannine recht typisch ist. Man findet darin die aromatische Note von kaltem Rauch wieder.

🕿 SCEA Delbos-Bouteiller, 33460 Cussac-Fort-Médoc, Tel. 05.56.58.94.80, Fax 05.56.58.93.10 ☑ ☨ n. V.

CH. LACOUR JACQUET 1994*

■ 5,15 ha 24 000 ⬤ 30-50 F
89 |90| **91** |92| **93 94**

Dieser an Wettbewerbe und Medaillen gewohnte Cru präsentiert einen sehr konzentrierten, tanninreichen, kräftigen Wein, der keine halben Sachen macht. Der Geruchseindruck ist im selben Stil gehalten, mineralisch, ziemlich fest. Die purpurrote Farbe ist trotz ihrer ziegelroten Reflexe schön. Ein Wein für erfahrene Weinliebhaber.

🕿 GAEC Lartigue, 70, av. du Haut-Médoc, 33460 Cussac-Fort-Médoc, Tel. 05.56.58.91.55, Fax 05.56.58.94.82 ☑ ☨ n. V.

CH. LA FON DU BERGER 1994*

■ 10 ha 60 000 ⬤ 30-50 F

Ein Wein, dessen solide, ländliche Wurzeln im Bukett zum Vorschein kommen mit einem komplexen, recht typischen Aroma, ebenso wie im Geschmack, der sich durch seine Fülle und seine Rundheit auszeichnet.

🕿 Gérard Bougès, Le Fournas, 33250 Saint-Sauveur, Tel. 05.56.59.51.43,
Fax 05.56.73.90.61 ☑ ☨ tägl. 10h-12h 14h-19h

CH. LA HOURINGUE 1994

■ Cru bourg. 27,94 ha 150 000 30-50 F

Künftig leitet Eric Albada Jelgersma diesen Cru. Sein 94er ist zwar nicht dafür bestimmt, im Kellerbuch viel Platz einzunehmen, aber man kann ihn in seiner Jugend genießen, denn sein Bukett ist gleichzeitig kräftig und recht typisch.

Médoc / Haut-Médoc

🍇 Ch. Giscourt, La Barde, 33460 Margaux, Tel. 05.57.97.09.09, Fax 05.57.97.09.00 ⓥ ⓣ tägl. 9h-12h 14h-17h

CH. LA LAGUNE 1994**

■ 3ème cru clas.   k. A.   k. A.   ⓘ 100-150 F
75 78 |81| |82| |83| 85 86 87 88 ⑧⑨ 90 |91| |92| 93 94

La Lagune, das diesmal erneut mit den Schwierigkeiten des Jahrgangs spielend fertig wird, bleibt sich treu. Dieser 94er weist durch eine schöne dunkelrote Farbe auf sein Potential hin, bevor er einen angenehmen, durch Kakao und getoastetes Brot geprägten Duft entfaltet. Die Extraktion ist perfekt durchgeführt worden ; man findet den Röstcharakter wieder, während die Struktur viel Charme zeigt, mit sehr runden Tanninen, die in einen angenehmen, menthol- und lakritzeartigen Abgang münden. Ein bemerkenswerter Erfolg.

🍇 Ch. La Lagune, 81, av. de l'Europe, 33290 Ludon-Médoc, Tel. 05.57.88.82.77, Fax 05.57.88.82.70 ⓣ n. V.
🍇 Jean-Michel Ducellier

CH. DE LAMARQUE 1994

■ Cru bourg.   48 ha   200 000   ⓘⓘⓘ 70-100 F
83 86 |88| |89| |90| 91 92 93 |94|

Dieses große Gut wird von einer echten Burg beherrscht, die im 12. Jh. errichtet wurde und während des Hundertjährigen Kriegs dem englischen König Heinrich V. gehörte. Heute ist der Wein anmutiger, aber angenehm aufgrund seiner Zartheit, seiner Rundheit und der rassigen Seite des Buketts. Man darf ihn nicht mehr lagern : Er hat sich vollständig geöffnet.

🍇 Gromand d'Evry, Ch. de Lamarque, 33460 Lamarque, Tel. 05.56.58.90.03, Fax 05.56.58.97.55 ⓥ ⓣ n. V.

CH. LAMOTHE BERGERON 1994***

■ Cru bourg.   65,49 ha   385 700   ⓘ 50-70 F
82 83 85 86 87 88 |89| |90| |91| |92| |93| 94

Wer hätte Mitte der 60er Jahre ahnen können, daß dieser damals heruntergekommene Cru fähig wäre, einen so gelungenen Wein wie diesen bemerkenswerten 94er hervorzubringen ? Tiefe, kräftige granatrote Farbe, elegantes, komplexes Bukett (rote Früchte, Backpflaumen, Zimt und Vanille) : Die Erscheinung ist tadellos. Ebenso der Geschmack mit der imposanten, fülligen, konzentrierten Struktur. Ein echter Wein zum Genießen, den man drei Jahre altern lassen und dann lange Zeit trinken kann.

🍇 SC du Ch. Grand-Puy Ducasse, 17, cours de la Martinique, B.P. 90, 33027 Bordeaux Cedex, Tel. 05.56.01.30.10, Fax 05.56.79.23.57 ⓣ n. V.

CH. LAMOTHE-CISSAC 1994*

■ Cru bourg.   33 ha   200 000   ⓘⓘⓘ 30-50 F
85 86 89 90 91 94

Wie gewohnt präsentiert der Cru mit diesem Jahrgang einen Wein, der die Eleganz betont, ohne darüber die Konzentration und die Fülle zu vernachlässigen. Man spürt eine gewissenhafte Arbeit und eine gute Extraktion.

🍇 SC Ch. Lamothe, 33250 Cissac, Tel. 05.56.59.58.16, Fax 05.56.59.57.97 ⓥ ⓣ n. V.

CH. LANESSAN 1994

■ Cru bourg.   40 ha   200 000   ⓘ 70-100 F
86 |88| |90| |92| |93| 94

Gute Reblage, schöne Architektur, Museum, kulturelle Veranstaltungen - dieses Château besitzt alles, um die Aufmerksamkeit des Besuchers zu erregen. Purpurrote Farbe mit purpurvioletten Reflexen. Der 94er kündigt seinen typischen Charakter durch sein Bukett an, in dem man Noten von Wild und kaltem Rauch feststellt. Er ist weich und tanninreich zugleich und bietet einen lakritzeartigen Abgang.

🍇 SCEA Delbos-Bouteillin, 33460 Cussac-Fort-Médoc, Tel. 05.56.58.94.80, Fax 05.56.58.93.10 ⓥ ⓣ n. V.

LA PAROISSE 1994**

■   80 ha   80 000   ⓘ 30-50 F

Man könnte hier einen ganzen Roman über die Erzeugervereinigung von Saint-Seurin schreiben. Und fast ebenso viel über diesen Wein, an dem man die kräftige granatrote Farbe ebenso sehr schätzt wie das Bukett, eine köstliche Vereinigung zwischen Zimt und reifen Früchten, oder den Geschmack. Dieser ist recht gut gebaut, gehaltvoll und dicht, mit einer guten Tanninunterstützung und einer ansprechenden fruchtigen Seite. Der Grand Paroissien, die im Holzfaß ausgebaute Cuvée, die auf angenehme Weise Holz und Wein verbindet, ist von der Jury lobend erwähnt worden ; sie fand ihn sehr weiblich und - zugänglich !

🍇 Cave coop. La Paroisse, 33180 Saint-Seurin-de-Cadourne, Tel. 05.56.59.31.28, Fax 05.56.59.39.01 ⓥ ⓣ tägl. 8h30-12h30 14h-16h

CH. LA PEYRE 1994

■   1,5 ha   k. A.   ⓘ 30-50 F

Kleiner Cru bedeutet nicht kleiner Wein. Dieser 94er beweist es durch die Dichte seines Buketts (frische Früche, Kompott, Kaffee) und das Gerüst des Geschmacks, der sich sehr nachhaltig zeigt.

🍇 EARL Vignobles Rabiller, Leyssac, 33180 Saint-Estèphe, Tel. 05.56.59.32.51, Fax 05.56.59.70.09 ⓥ ⓣ n. V.

CH. LA ROSE DE FRANCE 1994

■   3,5 ha   20 000   ⓘ 30-50 F

Dieser Haut-Médoc, den die Mannschaft von Branaire-Ducru herstellt, wird von ein wenig

Médoc — Haut-Médoc

festen, aber wohlausgewogenen Tanninen unterstützt. Schon trinkreif.
- SAE du Ch. Branaire-Ducru, 33250 Saint-Julien, Tel. 05.56.59.25.86, Fax 05.56.59.16.26 ☑ ▼ n. V.

CH. LAROSE-TRINTAUDON 1994★

| ■ Cru bourg. | 172 ha | 940 000 | ⅢⅠ | 50-70F |

81 82 83 85 |86| 87 |88| |89| |90| 91 |92| 93 94

Dieser Wein kommt von einem sehr großen Gut, das den AGF gehört, und wird in einer alles andere als kleinen Menge erzeugt. Auch wenn er nicht die Eleganz zeigt, an die er uns gewöhnt hatte, hat dieser Cru die Qualität nicht der Quantität geopfert. Er ist gehaltvoll, rund und stark und während es die Erinnerung an einen seriösen Gesamteindruck von schöner Nachhaltigkeit.
- SA Ch. Larose-Trintaudon, rte de Pauillac, 33112 Saint-Laurent-de-Médoc, Tel. 05.56.59.41.72, Fax 05.56.59.93.22 ☑ ▼ n. V.
- A.G.F.

CH. LA TOUR CARNET 1994

| ■ 4ème cru clas. | 43 ha | 200 000 | ⅢⅠ | 70-100F |

79 81 82 |83| 85 |86| 87 |(88)| |89| |90| 91 92 |93| 94

Dieser Wein bietet zwar nicht die Harmonie, die das Château mit seiner perfekten Verbindung von Mittelalter und Aufklärungszeitalter verkörpert, aber er besitzt eine schöne granatrote Farbe, einen sehr entwickelten Duft und einen runden, recht weinigen Geschmack, in dem die Holztannine ihre Anwesenheit spüren lassen. Es wird ihm nicht an Reizen mangeln, wenn man ihn in den nächsten drei bis fünf Jahren trinkt.
- SCEA Ch. La Tour Carnet, 33112 Saint-Laurent-du-Médoc, Tel. 05.56.59.45.32, Fax 05.56.59.48.54 ☑ ▼ n. V.
- Mme Pélegrin

CH. LE SOULEY-SAINTE CROIX 1994

| ■ Cru bourg. | 21,72 ha | 60 000 | ▮ⅢⅠ♦ | 50-70F |

Dieser Wein ist durch eine lange Gärdauer geprägt. Er ist gut strukturiert und zeigt sich sehr gefällig, auch wenn der aromatische Ausdruck ein wenig die schweren Noten bevorzugt. Wie viele Winzer haben die Besitzer dieses Guts das Tagebuch des Jahrgangs 1994 geführt : Man entdeckt darin die gesamten Ängste, aber auch alle Hoffnungen der Weinbauern.
- Jean Riffaud, Ch. Le Souley-Sainte-Croix, 33180 Vertheuil, Tel. 05.56.41.98.54, Fax 05.56.41.95.36 ☑ ▼ Mo-Sa 9h-12h 14h-18h

CH. LESTAGE-SIMON 1994

| ■ Cru bourg. | k. A. | 200 000 | ⅢⅠ | 50-70F |

85 86 88 89 90 91 94

Dieses Gut gehört zu den Crus bourgeois, die mit hübschen Weinen wie diesem 94er das Ansehen der Gemeinde Saint-Seurin begründet haben. Er hat eine schöne rubinrote Farbe, bietet ein intensives Bukett und entfaltet einen gutgebauten Geschmack mit robusten Tanninen, die ein eleganter Holzton unterstützt.
- SCE Charles Simon, Ch. Lestage-Simon, 33180 Saint-Seurin-de-Cadourne, Tel. 05.56.59.31.83, Fax 05.56.59.70.56 ☑ ▼ n. V.

CH. LIVERSAN 1994

| ■ Cru bourg. | 40 ha | 150 000 | ▮ⅢⅠ | 50-70F |

Dieser 94er kann es sich nicht mit bestimmten früheren Jahrgängen aufnehmen, deren Struktur er nicht besitzt, aber er bietet einen gewissen Umfang, der es ermöglicht, seine aromatische Komplexität zu genießen : Leder, Tiergeruch und Vanille, das Ganze von einem wohldosierten Holzton unterstützt.
- SCEA Ch. Liversan, 33250 Saint-Sauveur, Tel. 05.56.41.50.18, Fax 05.56.41.54.65 ☑ ▼ n. V.

CH. MALESCASSE 1994★★

| ■ Cru bourg. | 37 ha | 160 000 | ⅢⅠ | 50-70F |

82 83 84 87 |88| |89| |90| |91| |92| |93| 94

Dieser Cru besitzt einen erstklassigen Boden, der die schönsten Kiessandkuppen von Lamarque, und kann ihn nutzen, wie dieser bemerkenswerte 94er zeigt. Seine Eleganz kommt schon im Bukett zum Vorschein mit zarten Röst-, Frucht- und Blütennoten, während im Geschmack seine Reichhaltigkeit, seine Sanftheit und seine Ausgewogenheit auf eines gutes Potential hinweisen. Ein Wein zum Einkellern, an dessen Verkostung man sich gern erinnern wird.
- Ch. Malescasse SA, B.P. 16, 6, rte du Moulin-Rose, 33460 Lamarque, Tel. 05.56.73.15.20, Fax 05.56.59.64.72 ☑ ▼ n. V.

CH. DE MALLERET 1994★

| ■ Cru bourg. | 32 ha | 100 000 | ▮ⅢⅠ♦ | 50-70F |

86 87 88 89 ⑨⓪ 91 92 |94|

Dieser exklusiv von der Firma De Luze vertriebene Wein kann den anspruchsvollen Weinfreund verführen. Er hat eine schöne zinnoberrote Farbe und kündigt sich angenehm durch sein Bukett mit den Vanille-, Lakritze- und Rauchnoten an. Dem Geschmack mangelt es weder an Charakter noch an Reizen, seine »gekochten« Tannine und sein Sauerkirschenaroma ergeben einen wohlausgewogenen Gesamteindruck, der die Gewissenhaftigkeit der Vinifizierung bei einem solchen Jahrgang enthüllt.
- A. de Luze et Fils, Dom. du Ribet, 33450 Saint-Loubès, Tel. 05.57.97.07.20, Fax 05.57.97.07.27
- SCEA Ch. de Malleret

CH. MAUCAMPS 1994★★

| ■ Cru bourg. | 15 ha | 80 000 | ⅢⅠ | 50-70F |

82 83 85 |86| 87 |88| |89| 90 |91| |92| 93 94

Dieser Cru befindet sich nahe der Appellation Margaux und besitzt einen Boden, dessen Qualität dieser 94er belegt. Er findet seinen schönsten Ausdruck im Geschmack, mit Fülle, eleganten, verschmolzenen Tanninen, Weinigkeit und einer hübschen Kakaonote im Abgang. Er wird in zwei bis drei Jahren trinkreif sein.
- SARL Ch. Maucamps, B.P. 11, 33460 Macau, Tel. 05.57.88.07.64, Fax 05.57.88.07.00 ☑ ▼ Mo-Fr 9h-12h 14h-18h
- Tessandier

Médoc

CH. MEYRE Cuvée Colette 1994*
■ Cru bourg. 15,6 ha k. A. 🔳 🍷 ♦ 50-70 F
88 |89| |90| |91| 93 94

Dieser Wein, eine Sondercuvée, wird den Weinliebhaber nicht enttäuschen. Die Verkostung hält, was die schöne, strahlend rote Farbe verspricht : das Bukett mit dem kräftigen Duft nach Leder und gekochten Früchten, gut strukturierter Geschmack, tanninhaltiger Abgang.
🍇 SARL Vignobles Colette Lenôtre, 16, rte de Castelnau, 33480 Avensan, Tel. 05.56.58.10.77, Fax 05.56.58.13.20 ☑ ⊥ Mo-Sa 9h-12h 14h-18h

CH. MICALET 1994**
■ Cru artisan 4 ha 25 000 🔳 🍷 ♦ 30-50 F
82 83 85 86 |88| |89| 90 91 |92| 93 94

Dieser Cru setzt seine Entwicklung fort und erreicht mit diesem besonders heiklen Jahrgang ein erstaunliches Qualitätsniveau. Der 94er kündigt sich durch eine tiefe, strahlende Farbe an und zeigt seinen aromatischen Reichtum, indem er ein intensives, konzentriertes Bukett entfaltet. Sein schöner Bau wird durch die Weichheit, die Fülle, die Ausgewogenheit und die Tanninstruktur seines Geschmacks betont. Dieser vollständige, komplexe Wein ist es wert, daß man ihn drei bis vier Jahre lang aufhebt.
🍇 Denis Fédieu, 10, rue Jeanne-d'Arc, 33460 Cussac-Fort-Médoc, Tel. 05.56.58.95.48, Fax 05.56.58.96.85 ☑ ⊥ n. V.

CH. MILOUCA 1994**
■ 0,8 ha 2 400 🍷 30-50 F

Man kann die geringe Produktionsmenge dieses Weins nur bedauern. Seine schöne dunkle, fast lichtundurchlässige Farbe ist ebenso verführerisch wie das Bukett, in dem sich Karamel mit Paprika harmonisch verbindet. Der knusprige, stattliche, tanninhaltige, reichhaltige, dichte Geschmack ist im selben Stil gehalten und hinterläßt beim Verkoster einen überaus angenehmen Eindruck. Ein Juror notierte : »Schönes Tier.« Das ist das erste Mal, daß der Herausgeber dieses Kompliment gelesen hat.
🍇 Ind. Lartigue-Coulary, 33460 Cussac-Fort-Médoc, Tel. 05.56.58.91.55 ☑ ⊥ n. V.

CH. MOULIN DE BLANCHON 1994**
■ 5 ha 25 000 🍷 30-50 F

Dieser Wein kommt von einem Familienbetrieb, der den Traditionen treu bleibt. Er zeigt eine starke Persönlichkeit, im Bukett mit schönen Toastnoten ebenso wie im runden, sehr ausgewogenen, seidigen Geschmack, der aufgrund seiner Kastaniennote originell ist. Drei bis vier Jahre lagern.
🍇 Henri Negrier, Ch. Moulin de Blanchon, 33180 Saint-Seurin-de-Cadourne, Tel. 05.56.59.38.66, Fax 05.56.59.32.31 ☑ ⊥ tägl. 8h-13h 14h-20h

CH. DU MOULIN ROUGE 1994*
■ Cru bourg. 15 ha 85 000 🔳 🍷 ♦ 50-70 F
|88| |89| |90| 91 92 93 94

Dieser Cru hat seinen Namen von einer alten, aus roten Steinen errichteten Windmühle. Er präsentiert einen Wein mit echtem Potential, auch wenn er noch nicht vollständig zum Ausdruck kommt. Seine solide Tanninstruktur und sein Vanillearoma versprechen innerhalb von zwei bis drei Jahren einen hübschen Tropfen.
🍇 Pelon-Ribeiro, 18, rue de Costes, 33460 Cussac-Fort-Médoc, Tel. 05.56.58.91.13, Fax 05.56.58.93.68 ☑ ⊥ tägl. 9h-12h 14h-18h

Haut-Médoc

CH. MURET 1994*
■ Cru bourg. k. A. k. A. 🔳 🍷 ♦ 30-50 F
91 93 94

Wie viele Crus in Saint-Seurin - eine Gemeinde, die man sich unbedingt merken muß - hat sich dieser beim Jahrgang 1994 sehr gut geschlagen, mit einem Wein, an dem man die Ausgewogenheit, die Stärke, den Umfang und die Tannine schätzen wird. Ein Name, den man im Gedächtnis behalten sollte, denn im letzten Jahr war sein 93er, an den man gern zurückdenkt, unser Lieblingswein. Dieser 94er ist nicht sehr weit davon entfernt.
🍇 SCA de Muret, 33180 Saint-Seurin-de-Cadourne, Tel. 05.56.59.38.11, Fax 05.56.59.37.03 ☑ ⊥ Mo-Fr 9h-12h 14h-17h
🍇 Boufflerd

CH. PALOUMEY 1994*
■ Cru bourg. 18,5 ha 28 000 🍷 50-70 F

Auch wenn es keine »Jagdweine« gibt, so existieren doch Jägerweine, wie der Name dieses Cru anzudeuten scheint. Dieser 94er kann sicherlich ein Wild begleiten, aber seine Rundheit und sein reifes, elegantes Bukett bestimmen ihn vorzugsweise zu nicht so kräftigem Fleisch. Man kann ihn schon heute und noch drei bis vier Jahre lang trinken.
🍇 Ch. Paloumey, 50, rue Pouge-de-Beau, 33290 Ludon-Médoc, Tel. 05.57.88.00.66, Fax 05.57.88.00.67 ☑ ⊥ n. V.
🍇 Martine Cazeneuve

CH. PEYRABON 1994*
■ Cru bourg. 41 ha 25 000 🍷 50-70 F
86 88 |89| 90 |91| 92 |93| |94|

Wenn es auch manchmal vorkommt, daß dieser Cru einen Wein herstellt, der in seiner Jugend vom Holz geprägt ist, kann man seinem 94er keinen solchen Vorwurf machen. Das Bukett mit den diskreten Noten, die aber reich an roten Früchten und Gewürzen sind, ist ebenso wie der angenehm fruchtige und tanninhaltige Geschmack von einem vernünftig dosierten Eichenholz gut umhüllt. Dieser komplexe und schon heute reizvolle Wein besitzt außerdem ein gutes Alterungspotential.
🍇 SARL Ch. Peyrabon, 33250 Saint-Sauveur-du-Médoc, Tel. 05.56.59.57.10, Fax 05.56.59.59.45 ☑ ⊥ n. V.

CH. PEYRE-LEBADE 1994
■ Cru bourg. 56 ha 68 000 🍷 30-50 F

Dieser Wein kommt von Gütern, die mit Château Clarke (in Listrac) verbunden sind. Er wird von ein wenig strengen Tanninen getragen, die ihm aber nicht seinen Charakter rauben. Die intensive Farbe kündigt den Röst- und Gewürzduft an. Der in Halbtönen gehaltene Abgang muß sich noch entwickeln.

Médoc | Haut-Médoc

🍇 Cie vin. Barons E. et B. de Rothschild, 33480 Listrac-Médoc, Tel. 05.56.58.38.00, Fax 05.56.58.26.46

CH. PONTOISE-CABARRUS 1994*

■ Cru bourg.　k. A.　220 000　🍾 🍷 ♦ 50-70F
75 76 81 |82| |83| 85 |(86)| |88| 89 90 91 |92| |93| 94

Dieser Wein stammt von einem großen Gut in Saint-Seurin de Cadourne und entwickelt sich während der gesamten Verkostung günstig. Er ist in seiner Erscheinung ein wenig diskret und zeigt danach einen Geschmack, der durch seine Weichheit, seine Rundheit, seinen gut verschmolzenen Holzton, seine zarten Tannine und seine Ausgewogenheit gefällt. Wählen Sie dazu eine schöne Entrecote bordelaise, und Ihre Freunde werden zufrieden sein.

🍇 François Tereygeol, SCIA du Haut-Médoc, Ch. Pontoise-Cabarrus, 33180 Saint-Seurin-de-Cadourne, Tel. 05.56.59.34.92, Fax 05.56.59.72.42 ✓ ⵏ n. V.

CH. RAMAGE LA BATISSE 1994*

■ Cru bourg.　62 ha　154 800　🍾 🍷 ♦ 70-100F
85 |86| 87 |88| |89| 90 |91| |92| 94

Die MACIF konnte in gute Reblagen investieren und sich die önologische Beratung von Georges Pauli sichern. Dieser 94er stammt von Trauben, bei deren Lese man den richtigen Zeitpunkt abgewartet hat. Er zeigt sich recht typisch mit einer guten Tanninstruktur, die noch verschmelzen muß, und einem komplexen aromatischen Ausdruck : Brotkruste, Vanille, reife Früchte. Das Holz umhüllt den Wein gut, ohne ihn zu dominieren.

🍇 SCI Ramage La Batisse, Tourteran, 33250 Saint-Sauveur-du-Médoc, Tel. 05.56.59.57.24, Fax 05.56.59.54.14 ✓ ⵏ n. V.
🍇 MACIF

CH. DU RAUX 1994

■ Cru bourg.　15 ha　60 000　🍷 50-70F
|88| 90 |91| 94

Dieser Wein gegen den Durst ist trotzdem angenehm aufgrund der Zartheit seines Buketts (rote Früchte und Vanille) und aufgrund seiner Präsenz im Geschmack, der ein gewisses Maß an Stoff enthüllt. Der Cru konnte uns mit seinem 91er überraschen, der in der Ausgabe 95 des Hachette-Weinführers Lieblingswein war.

🍇 SCI du Raux, 33460 Cussac-Fort-Médoc, Tel. 05.56.58.91.07, Fax 05.56.58.91.07 ✓ ⵏ n. V.
🍇 Bernard

CH. DE SAINTE-GEMME 1994

■ Cru bourg.　5 ha　30 000　🍷 50-70F

Dieser kirschrote Wein stammt vom selben Erzeuger wie Châteaux Lanessan und Château Lachesnaye. Er hätte ein wenig mehr Dichte verdient. Sein milder, gut umhüllter Charakter gibt ihm eine liebenswürdige Erscheinung.

🍇 SCEA Delbos-Bouteiller, 33460 Cussac-Fort-Médoc, Tel. 05.56.58.94.80, Fax 05.56.58.93.10 ✓ ⵏ n. V.

CH. SENEJAC 1994*

■ Cru bourg.　25 ha　52 000　🍾 🍷 ♦ 50-70F
89 |90| 91 93 |94|

Cabernet Sauvignon, Cabernet franc, Merlot, aber auch Petit Verdot - der Rebsatz wahrt die Traditionen des Médoc. Dieser 94er trägt den Stempel des Jahrgangs und ist dazu bestimmt, sich ziemlich rasch zu entwickeln. Er kann sich jedoch, wenn man ihn jung trinkt, verführerisch zeigen, vor allem aufgrund seines sehr hübschen aromatischen Ausdrucks (Hyazinthen, Knospen schwarzer Johannisbeeren, Unterholz) und seiner verschmolzenen Struktur (Anm. d. Red. : In der 97er Ausgabe unseres Weinführers mußte es beim Jahrgang 1993 statt 1995 heißen. Dieser 93er hatte zwei Sterne erhalten.)

🍇 Ch. Sénéjac, 33290 Le Pian-Médoc, Tel. 05.56.70.20.11, Fax 05.56.70.23.91 ✓ ⵏ n. V.
🍇 Charles de Guigne

CH. SOCIANDO-MALLET 1994**

■　　48 ha　175 000　🍷 150-200F
70 73 |75| 76 78 80 81 |(82)| 83 84 |85| 86 87 88 89 90 |91| 92 93 94

Wie gewohnt bietet uns Jean Gautreau erneut einen gut gemachten Wein, in dem die Feinheit dominiert. Dieser 94er kündigt sich durch ein Bukett mit kräftigen Röstnoten an und entfaltet einen weichen, wohlausgewogenen Geschmack, in dem man einer erstklassigen Ausbau spürt. Weisen wir darauf hin, daß dieser Jahrgang auf dem Gut nicht mehr verfügbar ist. Man muß danach bei sehr guten Weinfachhändlern suchen.

🍇 SCEA Jean Gautreau, Ch. Sociando-Mallet, 33180 Saint-Seurin-de-Cadourne, Tel. 05.56.59.36.57, Fax 05.56.59.70.88 ⵏ n. V.

CH. SOUDARS 1994

■ Cru bourg.　22 ha　120 000　🍷 50-70F
82 83 85 86 |89| |90| 91 92 |93| 94

Auch wenn ihn im Augenblick die Herbheit seiner Tannine daran hindert, es mit anderen Jahrgängen des Crus oder anderen 94ern desselben Erzeugers (siehe Verdignan) aufzunehmen, zeigt sich dieser Wein doch interessant dank seines Buketts mit den zarten Noten von Backpflaumen, Konfitüre, Gewürzen und Paprika.

🍇 SA Vignobles E.-F. Miailhe, 33180 Saint-Seurin-de-Cadourne, Tel. 05.56.59.31.02, Fax 05.56.59.72.39 ✓ ⵏ n. V.

CH. DU TAILLAN 1994

■ Cru bourg.　22,5 ha　50 000　🍷 30-50F

Die Eleganz des Châteaus aus dem 18. Jh. findet sich im Bukett dieses 94ers wieder, das hübsche Düfte von roten Früchten und Vanille bereichern. Die Struktur des Geschmacks ist ein wenig linear, aber gut gebaut.

🍇 Mme Henri-François Cruse, 56, rue de la Croix, 33320 Le Taillan-Médoc, Tel. 05.56.95.14.07, Fax 05.56.35.87.49 ✓ ⵏ Mo-Fr 8h-12h 14h-18h ; Sa, So n. V.
🍇 GFA La Dame Blanche

Médoc

CH. TOUR DU HAUT-MOULIN 1994*

■ Cru bourg.　k. A.　180 000　🍷 50-70 F
78 79 81 |82| |83| 84 85 |86| 87 88 |89| |90| |91| |92| 93 94

Trotz einer bitteren Note im Abgang, die ihn daran hindert, das gewohnte Qualitätsniveau des Cru zu erreichen, besitzt dieser Wein eine gute, sehr weinige Struktur und ein recht typisches Bukett, die es ihm erlauben werden, sich innerhalb von zwei bis drei Jahren günstig zu entwickeln. Die kräftige rubinrote Farbe mit den bläulichroten Reflexen ist vielversprechend.
↱ Ch. Tour du Haut-Moulin, 7, rue des Aubarèdes, 33460 Cussac-Fort-Médoc, Tel. 05.56.58.91.10, Fax 05.56.58.99.30 ☑ ⊤ n. V.
↱ Poitou

CH. TOUR-DU-ROC 1994

■ Cru bourg.　12 ha　65 000　🍷 50-70 F
85 86 88 90 91 93 94

Schlicht und anspruchslos. Dieser Wein ist dennoch gefällig, vor allem in seiner Entwicklung im Geschmack, dessen begrenzte Fülle durch seine Sanftheit und ein vielfältiges Aroma kompensiert wird.
↱ Robert Philip, Ch. Tour-du-Roc, 33460 Arcins, Tel. 05.56.58.90.25, Fax 05.56.58.94.41 ☑ ⊤ n. V.

CH. TOUR SAINT-JOSEPH 1994*

■ Cru bourg.　10 ha　k. A.　🍷 30-50 F

Dieser von der Firma Quancard hergestellte und vertriebene Wein mag zunächst ein wenig verschlossen erscheinen. Aber dieser Eindruck wird im weiteren Verlauf der Verkostung widerlegt: Sein Volumen, seine Konzentration und die Ausgewogenheit zwischen dem Holz und der Frucht zeigen einen gutgebauten Wein, der sich mit einer drei- bis vierjährigen Lagerung verfeinern muß.
↱ SCEA M. et C. Quancard, 33250 Cissac, Tel. 05.56.33.80.60, Fax 05.56.33.80.70 ⊤ n. V.

CH. VERDIGNAN 1994**

■ Cru bourg.　50 ha　360 000　🍷 50-70 F
82 83 |85| |86| 87 |88| |89| 90 91 92 |93| 94

Ein für den Weinbau günstiger Boden und eine sorgfältig durchgeführte Vinifizierung erklären die Qualitäten dieses Weins, der fünfzehn Monate lang im neuen Barriquefaß ausgebaut worden ist. Die Farbe ist kräftig, das Bukett angenehm, wobei sich Gewürze, Holz und Frucht ausbalancieren. Der Geschmack ist gut strukturiert, und der lange Abgang weist auf den ausgezeichneten Stoff hin. Ein hübscher lagerfähiger Wein, der zu einem Lamm aus Pauillac bestimmt ist.
↱ SC Ch. Verdignan, 33180 Saint-Seurin-de-Cadourne, Tel. 05.56.59.31.02, Fax 05.56.81.32.35 ☑ ⊤ n. V.

LA MOULINE DU CH. VIEUX BRANEYRE Cuvée Prestige 1994

■ Cru bourg.　2 ha　6 140　🍷 100-150 F

Dieser Wein hat noch nicht die ideale Ausgewogenheit zwischen den Tanninen vom Holz und den Tanninen des Weins gefunden. Dennoch entfaltet er sich angenehm im Geschmack, den ein schöner aromatischer Ausdruck (Vanille, Lakritze, Leder, Sandelholz und Früchte) unterstützt. Es bleibt abzuwarten, wie er sich entwickelt. Unsere Jury debattierte darüber und legte sich nicht fest.
↱ SARL Famille L. Cooreman, Ch. Vieux Braneyre, 33250 Cissac-Médoc, Tel. 05.56.59.54.03, Fax 05.56.59.59.46 ☑ ⊤ n. V.

CH. DE VILLEGEORGE 1994*

■ Cru bourg.　15 ha　20 000　🍷 50-70 F
83 85 |86| 87 |89| |90| 93 94

Vom 18. Jh. bis zu den Klassifizierungen der Crus bourgeois von 1932 und 1966 - das Ansehen dieses Cru ist alt. Und gerechtfertigt, ist man versucht hinzuzufügen, wenn man diesen sehr gelungenen 94er probiert. Er hat ein reiches Bukett und steigert sich harmonisch im Geschmack, um dann in einen schönen, lakritzeartigen Abgang einzumünden. Der perfekt durchgeführte Ausbau im Barriquefaß läßt zu, daß der Wein voller Eleganz zum Ausdruck kommt. Der zweite Stern ist nicht weit entfernt.
↱ SC Les Grands Crus Réunis, 33480 Moulis-en-Médoc, Tel. 05.57.88.70.20, Fax 05.57.88.72.51 ⊤ n. V.

Listrac-Médoc

Die ausschließlich mit der gleichnamigen Gemeinde verbundene AOC ist die am weitesten vom Ästuar entfernte kommunale Appellation. Sie gehört zu den wenigen Anbaugebieten, die der Tourist durchquert, wenn er nach Soulac fährt oder von La Pointe-de-Grave her kommt. Sein sehr origineller Boden fällt mit der ausgehöhlten Kuppe eines geologischen Sattels zusammen, bei dem die Erosion zu einer Umkehrung der Oberflächengestalt geführt hat. Im Westen, am Rande des Waldes, breiten sich zwei kleinere Kuppen mit Kiessand aus den Pyrenäen aus, deren Hänge und Unterboden (häufig Kalkstein) die natürliche Entwässerung der Böden begünstigen. Das Zentrum der AOC, die ausgehöhlte Kuppe, nimmt die Ebene von Peyrelebade ein, wo die Böden lehmig-kalkhaltig sind. Im Osten schließlich erstrecken sich Kuppen mit Kiessand von der Garonne.

Der Listrac ist ein kraftvoller, robuster Wein. Doch im Gegensatz zu dem, was früher einmal galt, bedingt seine Robustheit heute nicht mehr eine gewisse Rauheit. Auch wenn einige Weine in ihrer

Médoc / Listrac-Médoc

Jugend ein wenig rauh bleiben, gleichen die meisten ihre Tanninstärke durch ihre Rundheit aus. Alle bieten eine gute Lagerfähigkeit, je nach Jahrgang zwischen sieben und achtzehn Jahren. 1996 erzeugten die 646 ha 37 741 hl.

CH. CAP LEON VEYRIN 1994*
■ Cru bourg.   k. A.   100 000   ◉ 50-70F
90 |91| |92| |93| 94

Nach zwei Jahrgängen, die ein wenig hinter seinem gewohnten Niveau zurückblieben, hat dieser Cru mit einem sehr gelungenen 94er zu seiner traditionellen Qualität zurückgefunden. Eine granatrote Farbe, ein aufgrund seiner Fruchtigkeit einschmeichelndes Bukett, das sich in einem balsamischen Aroma fortsetzt, und ein voller, fülliger Geschmack - alles deutet auf einen hübschen Wein hin, der eine drei- bis vierjährige Lagerung verdient.
☞ Alain Meyre, Ch. Cap Léon Veyrin, 33480 Listrac-Médoc, Tel. 05.56.58.07.28, Fax 05.56.58.07.50 ✓ ⚑ Mo-Sa 9h-12h 14h-18h

CHARTREUSE D'HOSTEN 1994
■   k. A.   k. A.   ◉ 30-50F

Die Zweitmarke von Fourcas-Hosten. Dieser 94er besitzt nicht den gleichen Charakter wie der große Wein. Aber er wird in seiner Jugend gefällig sein. Sein Fleisch, seine schon verschmolzenen Tannine und seine bezaubernde Fruchtigkeit belegen es.
☞ SC du Ch. Fourcas-Hosten, 33480 Listrac-Médoc, Tel. 05.56.58.01.15, Fax 05.56.58.06.73 ✓ ⚑ Mo-Fr 9h-11h30 14h-17h

CH. CLARKE 1994**
■ Cru bourg.   53 ha   204 000   ◉ 70-100F
78 79 80 81 82 83 84 85 |86| 88 |89| |90| |91| 92 93 **94**

Wie üblich bietet uns Clarke einen Wein, der aufgrund seines soliden Baus für Listrac sehr typisch und zugleich aufgrund seiner Feinheit sehr individuell ist. Man wird seinen zart holzigen Duft nach reifen Früchten ebenso schätzen wie seine geschmackliche Entwicklung. Dem Geschmack mangelt es nicht an Einprägsamkeit mit viel Rundheit und Fett, aber auch soliden Tanninen, die eine schöne Lagerung versprechen.
☞ Cie vin. Barons E. et B. de Rothschild, Ch. Clarke, 33480 Listrac-Médoc, Tel. 05.56.58.38.00, Fax 05.56.58.26.46 ✓

CH. DUCLUZEAU 1994*
■ Cru bourg.   4,9 ha   33 000   ◉ 50-70F
80 **81** (82) 83 85 |86| |88| |89| |90| |91| |92| 94

Obwohl das Bukett dieses 94ers aufgrund seiner Intensität dem Stil des Cru entspricht, wird es die Stammkunden dieser Marke durch seine Noten von gekochten Backpflaumen und Minze überraschen. Die Ansprache ist ein wenig beißend, aber dann entfaltet sich am Gaumen ein runder, fülliger, wohlausgewogener Geschmack.
☞ Mme J.-E. Borie, Ch. Ducluzeau, 33480 Listrac-Médoc, Tel. 05.56.59.05.20, Fax 05.56.59.27.37

CH. FONTAINE ROYALE 1994
■ Cru bourg.   7 ha   50 000   ◉ 30-50F

Dieser Wein ist zwar nicht von beeindruckender Stärke, wird aber von einer guten Struktur getragen, die mit dem gefälligen Charakter des Buketts gut harmoniert.
☞ SA Yvon Mau, rue André-Dupuy-Chauvin, B.P. 1, 33190 Gironde-sur-Dropt, Tel. 05.56.61.54.54, Fax 05.56.61.54.61

CH. FOURCAS-DUMONT 1994**
■   15 ha   78 000   ◉ 50-70F

Wer hat behauptet, man könne im Médoc keine Entdeckungen mehr machen? Dieser 1992 geschaffene Cru hat mit seinem gelungenen 94er einen sehr bemerkenswerten Einstand in unserem Weinführer. Seine purpurrote Farbe zeigt sofort an, was er will. Das angenehm komplexe Bukett bestätigt diesen ersten Eindruck. Der Geschmack hält, was beide versprechen, durch sein Fleisch, seine Vollmundigkeit und seine schönen Tannine. Diese Flasche verdient eine vier- bis fünfjährige Lagerzeit im Keller.
☞ SCA Ch. Fourcas-Dumont, 12, rue Odilon-Redon, 33480 Listrac-Médoc, Tel. 05.56.58.03.84, Fax 05.56.58.01.20 ✓ ⚑ tägl. 9h-12h 14h-18h30

CH. FOURCAS DUPRE 1994*
■ Cru bourg.   44 ha   k. A.   ◉ 50-70F
70 75 (78) 79 81 82 83 84 |85| |86| 87 |88| |89| |90| |91| **92** 93 |94|

Auch wenn seine Farbe für einen Médoc leicht und seine Struktur für einen Listrac einfach ist, bleibt dieser Wein dennoch interessant aufgrund seines merlottypischen Buketts, das fein und kraftvoll ist. Sein Fleisch ist zart. Der recht harmonische Abgang legt nahe, ihn nicht zu lang aufzuheben.
☞ Ch. Fourcas Dupré, 33480 Listrac-Médoc, Tel. 05.56.58.01.07, Fax 05.56.58.02.27 ✓ ⚑ Mo-Fr 8h-12h 14h-18h

CH. FOURCAS HOSTEN 1994*
■ Cru bourg.   43 ha   k. A.   ◉ 50-70F
71 73 75 76 78 79 81 |(82)| |83| 84 |85| |86| 87 |88| |89| |90| **91** |92| 93 94

Eine langgestreckte Chartreuse, die von einem zentralen Aufbau überragt wird - ein für die Gironde typisches Gebäude. Und ein Wein, der aufgrund seiner intensiven Farbe ebenfalls sehr typisch ist. Danach folgten ein Bukett und ein Geschmack, die eine echte Persönlichkeit besitzen; ersteres bringt sie durch seine Noten von Wild und roten Früchten zum Ausdruck, letzteren durch eine reichhaltige Struktur, die von festen Tanninen unterstützt wird.
☞ SC du Ch. Fourcas-Hosten, 33480 Listrac-Médoc, Tel. 05.56.58.01.15, Fax 05.56.58.06.73 ✓ ⚑ Mo-Fr 9h-11h30 14h-17h

Médoc Listrac-Médoc

CH. FOURCAS LOUBANEY 1994**

■ Cru bourg. 10 ha 40 000 ⦿ 70-100 F
78 79 80 **81 82** |83| 84 **85** ⑧⑥ **87 88 89** 90 |91| 92 93

Dieser Wein stammt von einem erstklassigen Boden, der schönen Kuppe von Fourcas mit dem Pyrenäenkies, und wird seiner Herkunft gerecht. Es kündigt sich eine Farbe zwischen Rubin- und Granatrot und ein Bukett von großer Komplexität (Holz, Röstgeruch, Gewürznelken, Kaffee und Schokolade) an. Der Geschmack, der gleichzeitig stattlich, rund und tanninhaltig ist, verspricht eine schöne Lagerung, die man mit Vergnügen in seinem Kellerbuch festhalten wird.
☙ SEA Ch. Fourcas Loubaney, Moulin de la Borde, 33480 Listrac, Tel. 05.56.58.03.83, Fax 05.56.58.06.30 ✓ ⚄ n. V.

GRAND LISTRAC 1994

■ 120 ha 110 000 ⦿ 50-70 F

Die Hauptmarke der Genossenschaftskellerei von Listrac. Dieser Wein hätte etwas mehr Fleisch und Länge verdient, denn sein Stoff ist gut und sein Etikett elegant. Die im Holzfaß gereifte Cuvée, »Caravelle«, ist sehr stark durch ihren Ausbau geprägt. Altern lassen.
☙ Cave de vinification de Listrac-Médoc, 21, av. de Soulac, 33480 Listrac-Médoc, Tel. 05.56.58.03.19, Fax 05.56.58.07.22 ✓ ⚄ n. V.

CH. LALANDE Cuvée Spéciale 1994

■ k. A. 15 000 ⦿ 30-50 F

Dieser Wein ist noch ein wenig pflanzlich im Ausdruck seines Aromas und seiner Tannine, ohne daß ihm das aber seinen angenehmen Gesamteindruck nehmen würde.
☙ Françoise Lescoutra, Ch. Lalande, 33480 Listrac-Médoc, Tel. 05.56.58.19.45, Fax 05.56.58.15.62 ✓ ⚄ Mo-Sa 9h-12h 14h-19h ; So n. V.
☙ G. Darriet

CH. L'ERMITAGE 1994**

■ Cru bourg. 8 ha 65 000 ⦿ 50-70 F

Der Rebsatz (Cabernet, Merlot und Petit Verdot), die Mittel und Methoden der Vinifizierung bzw. des Ausbaus - alles ist durchdacht. Das Ergebnis ist überaus verführerisch mit diesem sehr gelungenen 94er, der es diesem Cru erlaubt, einen heiklen Jahrgang zu meistern. Schöne Erscheinung, im Aussehen ebenso wie im Geruch. Er behält seine Eleganz und seine aromatische Komplexität im Geschmack, wo er eine bemerkenswerte Struktur enthüllt, die lang, tanninreich und kräftig ist und von einem wohldosierten Holzton harmonisch unterstützt wird.
☙ Christian Thomas, Ch. Reverdi, 33480 Listrac-Médoc, Tel. 05.56.58.02.25, Fax 05.56.58.06.56 ✓ ⚄ n. V. ; 20. Sept.-20. Okt. geschlossen

CH. LESTAGE 1994*

■ Cru bourg. k. A. k. A. ⦿ 50-70 F
81 82 83 **85** |86| |89| |90| **91 92** 94

Dieser Cru stellt seinen Wein gewissenhaft her und zeigt eine gute Regelmäßigkeit. Dieser - dennoch bisweilen recht schwierige - Jahrgang beweist es, durch die Anmut seiner lebhaften, klaren, strahlenden Farbe ebenso wie durch die Klarheit seines fruchtig-würzigen Buketts oder die gute Entfaltung der geschmacklichen Entwicklung, die eine solide Tanninstruktur enthüllt, aber ohne übermäßige Adstringenz.
☙ SCI Ch. Lestage, 33480 Listrac-Médoc, Tel. 05.56.58.02.43, Fax 05.56.58.04.33 ✓ ⚄ n. V.
☙ Héritiers Chanfreau

CH. MAYNE LALANDE 1994

■ Cru bourg. k. A. 40 000 ⦿ 50-70 F
85 86 88 |89| **90 91 92** 94

Der weinbegeisterte Bernard Lartigue hat dieses Gut 1982 geschaffen. Heute besitzt sein Wein eine gute Textur und zeigt eine angenehme Präsenz der Tannine, die angenehm mit dem fruchtigen und würzigen Aroma harmoniert. Ein gut ausgebauter 94er.
☙ Bernard Lartigue, Ch. Mayne-Lalande, 33480 Listrac, Tel. 05.56.58.27.63, Fax 05.56.58.22.41 ✓ ⚄ n. V.

CH. PEYREDON LAGRAVETTE 1994*

■ Cru bourg. 6,5 ha 25 000 ⦿ 50-70 F
80 **81** ⑧② **83 85** 86 |88| |89| **90 91 92** 93 94

Trotz seiner bescheidenen Größe ist dieser Cru für die AOC repräsentativ aufgrund der Vielfalt seiner Böden, die vorteilhaft genutzt werden. Dieser durch seine Stärke recht typische 94er zeigt, daß er von einer guten Lagerung profitieren wird : Sein Stoff, sein recht intensives Bukett und seine tiefe, kräftige Farbe laden dazu ein, ihn vier bis fünf Jahre im Keller ruhen zu lassen.

Moulis und Listrac

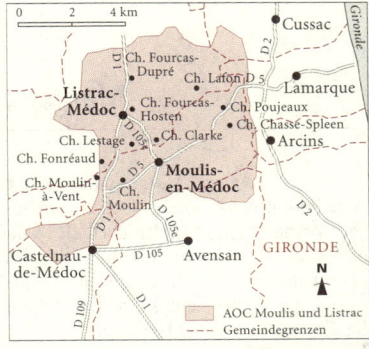

[Map showing Moulis and Listrac region with locations including Listrac-Médoc, Moulis-en-Médoc, Castelnau-de-Médoc, Avensan, Cussac, Lamarque, Arcins, and châteaux: Ch. Fourcas-Dupré, Ch. Fourcas-Hosten, Ch. Lafon, Ch. Poujeaux, Ch. Lestage, Ch. Clarke, Ch. Chassé-Spleen, Ch. Fonréaud, Ch. Moulin-à-Vent, Ch. Moulin. Legend: AOC Moulis und Listrac, Gemeindegrenzen. GIRONDE.]

➤ Paul Hostein, 2062 Médrac Est,
33480 Listrac-Médoc, Tel. 05.56.58.05.55,
Fax 05.56.58.05.50 ✓ ⚊ n. V.

CH. REVERDI 1994*
■ Cru bourg.　16 ha　125 000　⦀ 50-70 F
81 |⟨82⟩| **83** |85| |86| |88| **89** **90** |91| **93** **94**

Dieser Wein, ein Konkurrent des sehr schönen Ermitage, eines anderen Cru desselben Erzeugers, stützt sich ebenfalls auf einen soliden, reichhaltigen, reifen Stoff. Sein fruchtig-blumiger aromatischer Ausdruck, der von würzigen Noten begleitet wird, kann einige Verkoster überraschen, aber seine Komplexität und seine Intensität verleihen ihm eine starke Persönlichkeit und garantieren eine harmonische Entwicklung.
➤ Christian Thomas, Ch. Reverdi,
33480 Listrac-Médoc, Tel. 05.56.58.02.25,
Fax 05.56.58.06.56 ✓ ⚊ n. V. ; 20. Sept.-20. Okt. geschlossen

CH. SARANSOT-DUPRE 1994*
■ Cru bourg.　12,4 ha　50 000　⦀ ⚬ 50-70 F
70 71 75 78 81 82 83 |85| |86| **88 89 90** |91| |92| **93** |94|

Über 120 Jahre auf dem Gut und mehr als 300 Jahre in Listrac - die Raymonds sind heimatverbundene Menschen. Auch wenn die Tanninstruktur dieses 94ers nicht sehr gehaltvoll ist, bleibt der Gesamteindruck angenehm aufgrund seiner Ausgewogenheit und seines Buketts mit den hübschen fruchtigen und würzigen Noten.
➤ Yves Raymond, Ch. Saransot-Dupré,
33480 Listrac-Médoc, Tel. 05.56.58.03.02,
Fax 05.56.58.07.64 ✓ ⚊ n. V.

CH. SEMEILLAN MAZEAU 1994
■ Cru bourg.　16,82 ha　90 000　⦀ 50-70 F

Dieser Wein kommt von einer Hochfläche, die den hübschen Namen Pey-de-Minjon (einer der höchsten Punkte des Médoc) trägt. Er leidet zweifellos unter einer etwas übertriebenen Extraktion, aber wenn man ihn vor dem Servieren belüftet, kann man sein Bukett, zuerst animalisch und dann fruchtig, und seinen recht konzentrierten Geschmack voll genießen.
➤ Ch. Sémeillan-Mazeau, 33480 Listrac-Médoc, Tel. 05.56.58.01.12,
Fax 05.56.58.01.57 ✓ ⚊ tägl. 8h-18h

Margaux

Wenn Margaux der einzige Appellationsname ist, der auch ein weiblicher Vorname ist, so ist das zweifellos kein bloßer Zufall. Man braucht nur ein Glas mit einem typischen Wein aus einer Margaux-Lage zu probieren, um die subtilen Bande zu erfassen, die beide vereinen.

Die Margaux-Weine bieten eine ausgezeichnete Lagerfähigkeit, aber sie zeichnen sich auch durch ihre Weichheit und ihre Zartheit aus, die ein fruchtiges Aroma von großer Eleganz unterstützt. Sie sind das Musterbeispiel von tanninreichen, generösen und sanften Weinen, die man im Kellerbuch in die Gruppe der lange lagerfähigen Weine eintragen muß.

Die Originalität der Margaux-Weine beruht auf zahlreichen Faktoren. Die menschlichen Aspekte sind dabei nicht zu vernachlässigen. Anders als die übrigen großen Gemeinden des Médoc haben die Winzer in der AOC Margaux den Cabernet Sauvignon weniger bevorzugt. Hier gewinnt der Merlot, auch wenn sein Anteil geringer bleibt, eine größere Bedeutung. Übrigens erstreckt sich die Appellation auf das Gebiet von fünf Gemeinden : Margaux sowie Cantenac, Soussans, Labarde und Arsac. In jeder von ihnen gehören nicht alle Lagen zur AOC ; nur die Böden, die sich am besten für den Weinbau eignen, sind berücksichtigt worden. Das Ergebnis ist ein einheitliches Anbaugebiet, das aus einer Reihe von Kiessandkuppen besteht.

Diese Kuppen sind in zwei Gruppen miteinander verbunden : Am Rand breitet sich ein System aus, das an eine Art Archipel auf dem Festland denken läßt, wobei die »Inseln« durch kleine Täle, Bäche oder Torfmoore voneinander getrennt sind ; im Herzen der Appellation, in den Gemeinden Margaux und Cantenac, dehnt sich eine Hochfläche aus weißem Kiessand aus, die rund 6 km lang und 2 km breit ist und durch Erosion in Kuppen zerschnitten worden ist. In diesem Abschnitt liegen viele der achtzehn Crus classés der Appellation.

Die aufgrund ihrer Eleganz bemerkenswerten Margaux-Weine sind Weine, die nach verfeinerten Gerichten verlangen, wie etwa Chateaubriand, Ente, Rebhuhn oder - Bordeaux verpflichtet - Entrecôte à la bordelaise. 1996 erzeugten die 1 358 ha 71 790 hl. Im verkosteten Jahrgang (1994) betrug die Produktionsmenge 59 561 hl.

Médoc — Margaux

CH. D'ANGLUDET 1994*

■ Cru bourg.   31 ha   130 000   70-100 F

79 82 83 84 |85| (86) |88| |89| |90| |91| **92** 93 94

Ein romantisches Gut, dessen Charme sich in diesem Wein wiederfindet. Er kann seine Feinheit ungekünstelt zeigen. Freimütig in seiner aromatischen Entfaltung, unterstützt von harmonischen Tanninen. Der Gesamteindruck ist wohlausgewogen.

Sichel, Ch. d'Angludet, 33460 Cantenac,
Tel. 05.57.88.71.41, Fax 05.57.88.72.52   n. V.

LE BARON DE BRANE 1994

■   k. A.   85 000   50-70 F

Die Zweitmarke von Château Brane-Cantenac. Dieser 94er ist bescheidener als sein Bruder. Ein »Wein zum Genießen« - er zeigt sich liebenswürdig aufgrund seiner Rundheit und seines schönen Dufts nach reifen Früchten, die ihn in den Monaten nach Erscheinen unseres Weinführers angenehm machen werden.

SCEA du Ch. Brane-Cantenac,
33460 Cantenac, Tel. 05.57.88.83.33,
Fax 05.57.88.72.51   n. V.

CH. BOYD-CANTENAC 1994*

■ 3ème cru clas.   18 ha   70 000   70-100 F

70 75 76 79 80 |81| (82) |83| |85| |86| |88| |89| **90** |91| 92 94

Der im 18. Jh. geschaffene Cru ist 1932 in den Besitz der Familie des jetzigen Eigentümers gekommen. Dieser 94er kündigt sich durch eine vielversprechende Farbe an und zeigt seine für Margaux sehr typische Feinheit und Eleganz durch sein Bukett mit den hübschen Noten von Kaffee, reifen Früchten und Holz. Der sich geradlinig entwickelnde Geschmack entfaltet in einer kräftigen Struktur köstliche Tannine. Eine schöne Flasche, die man mindestens fünf Jahre im Keller aufheben sollte.

SCE Ch. Boyd-Cantenac, 33460 Cantenac,
Tel. 05.57.88.30.58, Fax 05.57.88.33.27   n. V.
P. Guillemet

CH. BRANE-CANTENAC 1994**

■ 2ème cru clas.   85 ha   120 000   100-150 F

70 71 75 76 78 79 |81| 82 |83| 84 |85| (86) 87 |88| **89 90** |91| 92 **93** 94

Dieser schon im 18. Jh. berühmte Cru besitzt einen schönen Boden. Henri Lurton hat es verstanden, ihn bei diesem bemerkenswerten 94er durch eine strenge Auslese der Trauben optimal zu nutzen. Er hat eine schöne, kräftige Farbe und verbindet ohne Umstände die reifen Früchte und die Toastnoten vom Holz. Der füllige, ausgewogene Geschmack, der von gut extrahierten Tanninen getragen wird, ist beeindruckend und verspricht eine gute Lagerung.

SCEA du Ch. Brane-Cantenac,
33460 Cantenac, Tel. 05.57.88.83.33,
Fax 05.57.88.72.51   n. V.
Lucien Lurton

Margaux

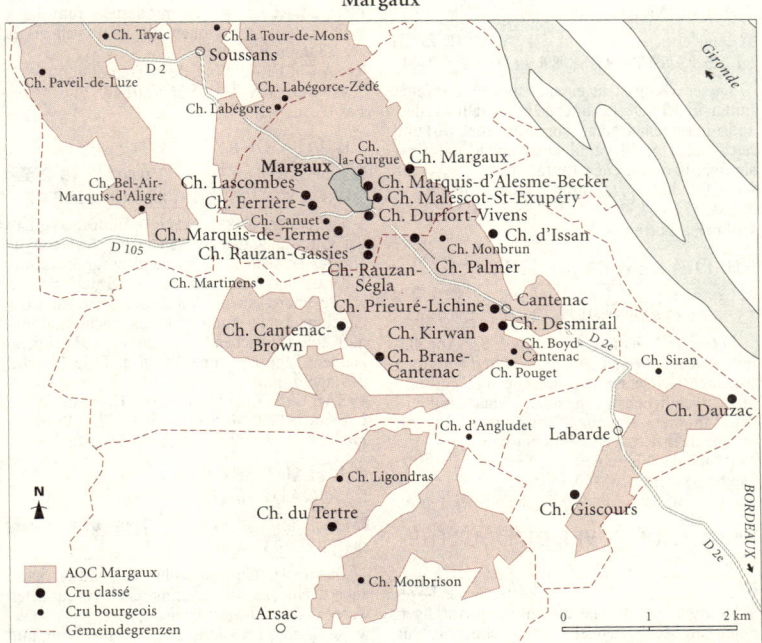

BORDELAIS

Médoc — Margaux

CH. CANTENAC BROWN 1994**

■ 3ème cru clas. 42 ha 180 000 ⅠⅠ 100-150 F
75 76 79 80 |81| |82| |83| |85| |86| |87| |88| |89| ⑨⓪
|91| |92| 93 94

Cantenac Brown hat dieses Jahr das prächtige Blütenfest gefeiert, das die Welt des Weins vereinte, wobei Besucher aus allen Kontinenten anläßlich der Vinexpo kamen. Das 1989 von der Versicherungsgesellschaft AXA übernommene Château stellt künftig seine Qualität unter Beweis : Dieser in der Ansprache milde und liebliche 94er bietet ein schönes Volumen und eine solide Tanninstruktur und gleichzeitig viel Eleganz. Durch seine aromatische Stärke zeigt er zweifellos am deutlichsten seine Persönlichkeit, mit einer sehr breiten Palette (fruchtige, balsamische und harzige Noten), die ebenso im Geschmack wie im Bukett wahrnehmbar ist. Bemerkenswert.

↪ Jean-Michel Cazes, Ch. Cantenac-Brown, 33460 Margaux, Tel. 05.57.88.81.81,
Fax 05.57.88.81.90 ✓ ⱷ n. V.
↪ Axa Millésimes

CH. CANUET 1994

■ k. A. 60 000 ⅠⅠ 70-100 F

Die Zweitmarke von Château Cantenac Brown. Dieser Wein ist bescheidener, vor allem in seinem aromatischen Ausdruck, aber es mangelt ihm nicht an Reizen aufgrund seiner feinkörnigen Tannine, die die Frucht zu Wort kommen lassen. Seine jugendlichen Merkmale stellen einen guten Wein in Aussicht.

↪ Jean-Michel Cazes, Ch. Cantenac-Brown, 33460 Margaux, Tel. 05.57.88.81.81,
Fax 05.57.88.81.90 ✓ ⱷ n. V.

CH. DESMIRAIL 1994

■ 3ème cru clas. 20 ha k. A. ⅠⅠ 70-100 F
81 |82| ⑧③ |85| |86| 87 88 |89| 90 |91| |92| |93| 94

Dieser Wein ist in einem schönen Gärkeller mitten in dem Dorf Cantenac hergestellt worden. Er ist in seinem aromatischen Ausdruck zart und leicht, aber gefällig und umgänglich, mit einer sanften, harmonischen Entfaltung.

↪ SCEA du Ch. Desmirail, 33460 Cantenac, Tel. 05.57.88.34.33, Fax 05.57.88.72.51 ⱷ n. V.
↪ Lucien Lurton

CH. DEYREM VALENTIN 1994*

■ Cru bourg. 7 ha 45 000 ⅠⅠ 70-100 F
75 76 81 82 |83| 85 |86| |88| 89 |90| 91 92 |93| 94

Dieser in Soussans, im Norden der Appellation, erzeugte Wein bietet feine Noten von roten Früchten (Kirschen und Brombeeren) und entfaltet einen liebenswürdigen Geschmack mit milden Tanninen, eleganten Holznoten und einem angenehmen Röst- und Fruchtaroma.

↪ EARL des Vignobles Jean Sorge, Ch. Deyrem-Valentin, 33460 Soussans,
Tel. 05.57.88.35.70, Fax 05.57.88.36.84 ✓ ⱷ n. V.

LA GRANDE CUVEE DE DOURTHE 1994

■ k. A. k. A. ⅠⅠ 50-70 F

Dourthe, eine Firma, die seit ihren Anfängen immer im Médoc geblieben ist, zeichnet hier für einen weichen, angenehmen Wein verantwortlich, der eine echte aromatische Stärke besitzt und jung getrunken werden sollte. Beachten Sie, daß die Grande Réserve von Kressmann, einer anderen Firma des CVBG, ebenfalls eine lobende Erwähnung erhalten hat.

↪ Dourthe, 35, rue de Bordeaux, 33290 Parempuyre, Tel. 05.56.35.53.00,
Fax 05.56.35.53.29 ⱷ n. V.

CH. DURFORT-VIVENS 1994*

■ 2ème cru clas. k. A. 40 000 ⱷ ⅠⅠ ⱷ 100-150 F
75 76 81 82 |83| |85| |86| |88| |89| |90| |91| 92 |93|
94

Wir wissen, daß Gonzague Lurton in diesem Jahrgang dem Cabernet franc (22 %) eine wichtige Rolle einräumt. In jedem Fall ist das Ergebnis vorhanden, und man spürt den Einfluß der Rebsorte in der aromatischen Komplexität (Gewürze, frische Walnüsse, Kakao, Leder, Noten von Tiergeruch) dieses Weins mit den gut verschmolzenen Tanninen.

↪ Gonzague Lurton, Ch. Durfort-Vivens, 33460 Margaux, Tel. 05.57.88.70.20,
Fax 05.57.88.72.51 ⱷ n. V.

CH. FERRIERE 1994***

■ 3ème cru clas. 8 ha 50 000 ⱷ ⅠⅠ ⱷ 70-100 F
70 75 78 81 83 84 |85| |86| |87| |88| 89 |92| 93 94

Ein Wein, für den Claire Villars verantwortlich ist, kann nicht enttäuschen. Vor allem nicht dieser prächtige, erstaunliche 94er. »Genial«, schrieb ein Mitglied der Jury ohne Zögern, begeistert von seiner kirschroten Farbe, der Vornehmheit des Buketts (Röstgeruch) und der knusprigen Seite des Geschmacks. Diese Flasche besitzt ein sehr schönes Potential und verdient einen Ehrenplatz im Keller, wo sie mindestens fünf Jahre bleiben wird ; der Höhepunkt kann sich bis zu zehn Jahren hinziehen.

↪ SA Ch. Ferrière, rue de la Trémoille, 33460 Margaux, Tel. 05.56.58.02.37,
Fax 05.56.58.05.70 ⱷ n. V.

CH. GISCOURS 1994

■ 3ème cru clas. 78 ha 250 000 ⅠⅠ 100-150 F
75 78 81 82 83 |85| |86| 87 88 89 90 91 93 94

Dieser 94er ist zwar weniger eindrucksvoll als das Gut, eines der größten in der Appellation, aber er ist recht überraschend aufgrund seines Buketts, bei dem man den Eindruck hat, als würde man einen Weinkeller betreten. Der Geschmack hat eine milde Ansprache und umhüllt einen hübschen Stoff, der wohlschmeckenden Tanninen umhüllt wird. Eine Flasche, die lagern muß.

↪ SAE Ch. Giscours, 10, rte de Giscours, Labarde, 33460 Margaux, Tel. 05.57.97.09.09,
Fax 05.57.97.09.00 ✓ ⱷ tägl. 9h-12h 14h-17h

CH. HAUT BRETON LARIGAUDIERE 1994

■ Cru bourg. 12,46 ha 60 000 ⱷ ⅠⅠ ⱷ 70-100 F
|90| |91| |92| 93 94

Das Holz, ein wertvolles Hilfsmittel, kann auch zu einem etwas aufdringlichen Verbündeten werden. Das ist hier der Fall, aber glücklicherweise ist die »Invasion« gemeistert worden, und

Médoc — Margaux

die Struktur bleibt ausgewogen und ergibt einen insgesamt gutgebauten Wein, den man noch lagern sollte.
🍷 SCEA Ch. Haut Breton Larigaudière, 33460 Soussans, Tel. 05.57.88.94.17, Fax 05.57.88.39.14 ✅ ⏰ n. V.

CH. D'ISSAN 1994**

■ 3ème cru clas. 30 ha 140 000 🍾 70-100 F
82 |83| 84 |85| |86| 87 88 89 90 93 94

»Für die Tafel der Könige und den Altar der Götter« - der Wahlspruch des prächtigen Château d'Issan ist nicht bescheiden, aber dieser Jahrgang gibt ihm recht. Keiner wird diesen Wein ablehnen, der durch seine Farbe mit den strahlenden Reflexen bezaubert und durch sein Bukett mit den zarten Noten von schwarzen Kirschen und Erdbeerkonfitüre fesselt. Die reichhaltigen, verschmolzenen Tannine harmonieren mit dem komplexen Geschmack (Vanille und geröstete Mandeln). Schöner Gesamteindruck.
🍷 Ch. d'Issan, Sté fermière viticole de Cantenac, 33460 Cantenac, Tel. 05.57.88.35.91, Fax 05.57.88.74.24 ✅ ⏰ n. V.
🍷 L. Cruse

CH. KIRWAN 1994*

■ 3ème cru clas. k. A. 110 000 🍾 100-150 F
75 79 81 82 83 |85| (86) |88| |89| 91 92 93 94

Dieser Cru wurde schon zur Zeit von Jefferson gewürdigt, als man seinen Namen »Quiroven« schrieb. Er bietet uns hier einen feinen Wein, der noch ein wenig rauh erscheinen mag, sich aber vielversprechend ankündigt, wenn man in der Analyse seiner Zukunftsaussichten fortfährt. Er ist in seinem aromatischen Ausdruck noch diskret, aber fein und entfaltet eine runde Ansprache und Tannine von guter Qualität, die sich entwickeln müssen und eine Alterungsgarantie für diese Flasche bedeuten.
🍷 SA Schröder et Schÿler, 55, quai des Chartrons, 33027 Bordeaux Cedex, Tel. 05.57.88.71.00, Fax 05.57.88.77.62 ✅ ⏰ Mo-Fr 9h30-17h30 ; Sa, So n. V.

LES CHARMES DE KIRWAN 1994

■ k. A. 60 000 🍾 70-100 F

Die Zweitmarke von Kirwan. Dieser Wein ist schlichter, aber angenehm, aufgrund seines Buketts, dessen leichte Fruchtigkeit von Vanille umhüllt ist, ebenso wie im Geschmack, der voller Zartheit ist. »Er könnte sich gut entwickeln«, schlußfolgerte die Jury.
🍷 SA Schröder et Schÿler, 55, quai des Chartrons, 33027 Bordeaux Cedex, Tel. 05.57.88.71.00, Fax 05.57.88.77.62 ✅ ⏰ Mo-Fr 9h30-17h30 ; Sa, So n. V.

CH. LABEGORCE ZEDE 1994

■ Cru bourg. 28 ha 100 000 🍾 100-150 F
82 (83) |85| |86| 87 |88| 89 90 91 92 93 94

Ein Cru, der sich beiderseits der Gemeindegrenzen von Soussans und Margaux befindet. Dieser Wein mit der intensiven Farbe ist in seinem Bukett ein wenig zurückhaltend, gefällig aufgrund seiner tanninbetonten Ausgewogenheit, die dazu einlädt, ihn noch drei bis vier Jahre zu lagern.

🍷 GFA Labégorce Zédé, Soussans, 33460 Margaux, Tel. 05.57.88.71.31, Fax 05.57.88.72.54 ✅ ⏰ tägl. 8h-12h 14h-18h
🍷 Luc Thienpont

LA BERLANDE 1994**

■ k. A. 24 000 🍾 50-70 F

Henri Duboscq, Besitzer von Haut Marbuzet in Saint-Estèphe, der für sich gern die hübsche Bezeichnung »marchand de vin« (Weinhändler) verwendet, präsentiert uns hier einen besonders gelungenen 94er. Dieser Wein bietet einen angenehmen Anblick mit seiner kräftigen Farbe und den schönen Reflexen. Er entfaltet ein verführerisches Bukett, in dem die Verbindung von Holz und Frucht einen eleganten, rassigen Duft ergibt. Der Geschmack stützt sich auf ein angenehmes Aroma von Früchten und Eichenholz und gleicht sich durch seine Rundheit und Sanftheit in der Tonart an.
🍷 Brusina Brandler SA, 3, quai de Bacalan, 33300 Bordeaux, Tel. 05.56.39.26.77, Fax 05.56.69.16.84 ✅ ⏰ n. V.

CH. LA GALIANE 1994*

■ 5,21 ha 30 000 🍾 50-70 F
82 |83| |85| 86 87 |90| 91 93 94

Dieser Wein stammt von einem Boden mit feinem Kiessand und hält die Versprechen seiner schönen Farbe, die zwischen Rot und Granatrot bewegt. Er hat ein reiches Bukett mit Noten von Walderdbeeren, Sauerkirschen und roten Johannisbeeren und zeigt sein Potential durch eine gute Struktur und einen langen Abgang.
🍷 SCEA René Renon, Ch. La Galiane, Soussans, 33460 Margaux, Tel. 05.57.88.70.59, Fax 05.57.88.70.59 ✅ ⏰ Mo-Fr 9h-12h 14h30-18h ; Sa, So n. V.

CH. LA GURGUE 1994*

■ Cru bourg. 10 ha 60 000 🍾 70-100 F
82 83 85 86 87 |88| 89 90 |91| 92 93 94

Dieser Wein wird von der Mannschaft von Chasse-Spleen hergestellt. Er ist zweifellos bescheidener. Aber das nimmt ihm nichts von der Anmut seines Buketts, in dem man einen erstklassigen Ausbau spürt, oder von der Milde seines Geschmacks, der seinen femininen Charakter einem Stoff von großer Eleganz verdankt.
🍷 SA Ch. Ferrière, rue de la Trémoille, 33460 Margaux, Tel. 05.56.58.02.37, Fax 05.56.58.05.70 ⏰ n. V.

CH. LARRUAU 1994*

■ Cru bourg. 10 ha 45 000 🍾 50-70 F
80 81 82 |83| |85| |86| 87 88 89 90 91 93 94

Dieser Cru verfügt über einen erstklassigen Boden und weiß ihn zu nutzen. Sein 94er bezeugt es. Er hat eine schöne, lebhafte rote Farbe mit violetten Reflexen und zeigt sich sehr bukettreich, bevor er in der Ansprache fleischig, im Geschmack ausgewogen und im Abgang lang wird. Dieser feine, gutgebaute Wein bietet den ganzen typischen Charakter der Margaux-Weine.

Médoc / Margaux

🍷 Bernard Château, 4, rue de La Trémoille,
33460 Margaux, Tel. 05.57.88.35.50,
Fax 05.57.88.76.69 ⬛ 🍷 tägl. 10h-12h 14h-19h

CH. LA TOUR DE BESSAN 1994

■   17 ha   k. A.   🍷   50-70 F
|92| |93| |94|

Rund um die letzten romantischen Überreste eines alten Schlosses aus dem 13. Jh. liegt auf tiefem Kiessand ein Weinberg. Dieser schlichte, zart duftige 94er bietet einen leichten, aber gut extrahierten Stoff.

🍷 SC Les Grands Crus Réunis, 33480 Moulis-en-Médoc, Tel. 05.57.88.83.33,
Fax 05.57.88.72.51 🍷 n. V.
🍷 Lucien Lurton

L'ENCLOS MAUCAILLOU 1994

■   1,58 ha   k. A.   🍷   50-70 F

Dieser Wein stammt von einem kleinen Weinberg, der hauptsächlich mit Merlot (90 %) bepflanzt ist. Er ist noch stark vom Holz geprägt, wie sein intensives Harz-, Kakao- und Gewürzaroma zeigt. Dennoch spürt man einen Körper, der fähig sein dürfte, sich gut zu entwickeln.

🍷 SARL Vignobles Colette Lenôtre, 16, rte de Castelnau, 33480 Avensan, Tel. 05.56.58.10.77,
Fax 05.56.58.13.20 ⬛ 🍷 Mo-Sa 9h-12h 14h-18h

CH. MALESCOT SAINT-EXUPERY 1994***

■ 3ème cru clas.   k. A.   118 200   🍷   100-150 F
|49| |55| |62| |64| |69| |71| |72| |74| |75| |76| **78** **79** **80** **81**
|82| |83| |85| |86| |87| **88** 89 90 **91** |92| 93 94

Roger Zuger konnte seiner Enkeltochter kein schöneres Geschenk machen, als er ihr diesen 94er widmete. Schon beim ersten Kontakt weist dieser Wein auf seine Qualitäten hin : durch eine schöne dunkelrubinrote Farbe und ein Bukett, in dem die reifen Früchte von Holznoten betont werden und sich zu einem komplexen Duft vereinigen. Der füllige, runde Geschmack, der eine dichte, reife Struktur und eine starke Stärke besitzt, bürgt für die Zukunft dieser Flasche (fünf bis fünfzehn Jahre) und entfaltet sich zu einem prächtigen Abgang. Ein sehr großer Wein.

🍷 SCEA Ch. Malescot-Saint-Exupéry,
33460 Margaux, Tel. 05.57.88.70.68,
Fax 05.57.88.35.80 ⬛ 🍷 n. V.
🍷 Roger Zuger

CH. MARGAUX 1994***

■ 1er cru clas.   78 ha   k. A.   🍷   +200 F
59 |61| **66** **70** **71** |75| **77** **78** |79| **80** |81| (82) **83** |84|
|85| |86| |87| **88** 89 **90 91 92** 93 94

Dieser im September 1996 abgefüllte 94er veranschaulicht die Persönlichkeit der Appellation. Die ganze Feinheit der Margaux-Weine findet sich in dem Bukett wieder, dessen zarter Duft Hefebrot, Mokka, Lebkuchen und Vanille vereint. Wie kann man einer Aufforderung zum Schlemmen widerstehen ? Um so mehr, als der Geschmack dem in nichts nachsteht. Er hat eine kräftige Ansprache und zeigt ohne Zögern seine Präsenz, die dann durch eine feste Struktur mit würzigem Aroma bestätigt wird. Diese entfaltet den fruchtigen Charakter, so daß ein sehr harmonischer Gesamteindruck von großer Eleganz zustande kommt.

🍷 SC du Ch. Margaux, 33460 Margaux,
Tel. 05.57.88.83.83, Fax 05.57.88.83.32

CH. MARQUIS DE TERME 1994**

■ 4ème cru clas.   40 ha   k. A.   🍷   100-150 F
|75| |81| **82** (83) **85** 86 87 **89** 90 **91** 92 93 94

Ein Weinberg auf Kiessandkuppen in Margaux und Cantenac, Rebstöcke von beachtlichem Alter (35 Jahre) und eine dem Jahrgang angepaßte Vinifizierung - nichts fehlt, damit Weine wie dieser 94er gelingen. Er hat eine schöne rubinrote Farbe, ein Bukett, das Backpflaumen und Röstgeruch verbindet, und einen Geschmack mit einer voluminösen, fruchtigen Struktur. Dank seiner Tannine und seiner Konzentration kann er die Zeit abwarten, die notwendig ist, damit das Holz verschmelzen kann.

🍷 SCA Ch. Marquis de Terme, 3, rte de Rauzan, B.P. 11, 33460 Margaux,
Tel. 05.57.88.30.01, Fax 05.57.88.32.51 ⬛
🍷 Mo-Fr 9h-12h 14h-17h
🍷 Ph. Séneclauze

CH. MARSAC SEGUINEAU 1994

■ Cru bourg.   10,15 ha   73 000   🍷   100-150 F
85 86 **88 89** |90| |91| |92| |93| 94

Dieser Wein stammt von einem Gut, das der Gruppe Mestrezat gehört. Er ist in seiner Struktur einfach, aber ansprechend aufgrund seiner Rundheit und der Reichhaltigkeit seines Buketts mit den Noten von kandierten Früchten.

🍷 SC du Ch. Marsac-Séguineau, 17, cours de la Martinique, B.P. 90, 33027 Bordeaux Cedex,
Tel. 05.56.01.30.10, Fax 05.56.79.23.57 🍷 n. V.

Médoc — Margaux

CH. MONBRISON 1994*

■ Cru bourg. 13,2 ha 54 000 ⅏ 100-150 F
|82| |83| 84 |85| |86| 87 |88| |89| |90| |91| 92 |93| 94

Die Mannschaft von Monbrison war bestrebt, bei ihrem 94er die Eleganz des Buketts von roten Früchten zu bewahren, und verwendet große Sorgfalt auf die Meisterung der Extraktion. Mit Erfolg, wenn man nach seinem Bukett mit den zarten Noten von roten Früchten urteilt. Der füllige, fleischige Geschmack behält diese Feinheit bei, die dem Ganzen einen angenehm seidigen Charakter gibt.

⌐ E.M. Davis et Fils, 1, allée de Monbrison, 33460 Arsac, Tel. 05.56.58.80.04, Fax 05.56.58.85.33 ☑ ☥ n. V.

CH. MONGRAVEY Cuvée Prestige 1994**

■ k. A. 12 000 ▮⅏ 50-70 F

Dieser Wein, eine Sondercuvée, zeigt große Ambitionen, die die Intensität seiner Farbe bestätigt. Seinem eleganten, kräftigen Bukett gelingt die vollkommene Vereinigung von Früchten und Holz. Seine Komplexität findet sich im Geschmack wieder, wo sich ein sehr vielfältiges Aroma mit einem schönen, reichhaltigen, konzentrierten Stoff verbindet. Insgesamt ein hübscher, wohlausgewogener Wein von guter Lagerfähigkeit.

⌐ Régis Bernaleau, Ch. Mongravey, 33460 Arsac, Tel. 05.56.58.84.51, Fax 05.56.58.83.39 ☑ ☥ n. V.

CH. MOULIN DE TRICOT 1994

■ 2 ha 15 000 ⅏ 50-70 F

Dieser Wein, der von einem sympathischen, kleinen Cru artisan kommt, ist ein wenig rustikal, aber gut strukturiert und angenehm bukettreich (rote Früchte und Röst- und Toastnoten).

⌐ Claude Rey, 27, rue de La Mouline, 33460 Arsac, Tel. 05.56.58.83.55 ☑ ☥ n. V.

CH. PALMER 1994**

■ 3ème cru clas. 45 ha 160 000 ▮⅏♣ +200 F
78 79 80 |81| |82| |83| 84 |85| |86| 88 89 90 91 |92| 93 94

Es heißt, daß der Wein dieses Châteaus, damals Cru de Gascq genannt, im 18. Jh. den königlichen Hof beeindruckt haben soll. Aber was hätte die Entourage des Herrschers gesagt, wenn sie diesen herrlichen 94er hätte probieren können ? Er reiht sich durch seine Erscheinung wie auch durch seine Struktur in die beste Tradition des Cru ein. Dunkle granatrote Farbe, ein angenehm komplexes Bukett, das von Kirschen über Pflaumen bis zu Gewürzen reicht, und ein fleischiger, tanninreicher, kraftvoller Geschmack. Ein Wein von großer Klasse, der fünf bis zehn Jahre lagern muß.

⌐ Ch. Palmer, Cantenac, 33460 Margaux, Tel. 05.57.88.72.72, Fax 05.57.88.37.16 ☥ n. V.

PAVILLON ROUGE 1994**

■ k. A. k. A. ⅏ 150-200 F
78 |81| |82| |83| |84| |85| |86| 88 89 90 92 93 94

Der kleine Bruder von Château Margaux - dieser Wein ist ein echter Großer. Viele Crus könnten ihn mit einer schönen, dunkle Farbe, ein Granatrot mit rubinroten Reflexen, sein fruchtiges Bukett, das durch einen zart holzigen Ton (Vanille und Gewürze) unterstützt wird, die Eleganz seiner Ansprache und den fruchtigen Charakter des Geschmacks beneiden. Sicherlich erreicht seine Stärke nicht die des Premier cru, aber sein Abgang ist ebenso vielversprechend wie lang und zeigt eine würzige Note.

⌐ SC du Ch. Margaux, 33460 Margaux, Tel. 05.57.88.83.83, Fax 05.57.88.83.32

CH. POUGET 1994*

■ 4ème cru clas. 11 ha 50 000 ⅏ 70-100 F
75 76 78 81 |83| |85| |86| |88| |89| |90| 92 94

Vom selben Erzeuger wie Château Boyd-Cantenac. Der Weinberg von Château Pouget wurde im 17. Jh. angelegt. Beim 94er besitzt der Wein eine hübsche, kräftige Farbe. Sein aromatischer Ausdruck ist erstklassig. Man findet schöne Tannine von den Trauben wieder, die sich auf subtile Weise mit dem Holz verbinden, so daß eine gute Struktur entsteht. Ein rassiger Wein.

⌐ SCE ch. Boyd-Cantenac et Pouget, 33460 Cantenac, Tel. 05.57.88.30.58, Fax 05.57.88.33.27 ☥ n. V.
⌐ P. Guillemet

CH. RAUZAN-GASSIES 1994

■ 2ème cru clas. 28 ha 130 000 ⅏ 70-100 F

Dieser 94er ist der erste Jahrgang, der von Jean-Louis Camp (von Loudenne gekommen) vinifiziert worden ist. Er zeigt sich sanft und gefällig aufgrund der Fruchtigkeit des Buketts und des rauchigen Geschmacks, der von einer guten Extraktion zeugt.

⌐ SCA du Ch. Rauzan-Gassies, 33460 Margaux, Tel. 05.57.88.71.88, Fax 05.57.88.37.49 ☑ ☥ n. V.
⌐ Jean-Michel Quié

CH. RAUZAN-SEGLA 1994**

■ 2ème cru clas. 45,51 ha 120 000 ▮⅏♣ +200 F
|83| |85| 88 89 90 |91| 92 93 94

Der erste Jahrgang, der von diesem berühmten Margaux-Cru erzeugt worden ist, seitdem die Chanel-Gruppe das Gut gekauft hat. Dieser 94er wird alle Liebhaber des Rauzan erfreuen. Er hat eine schöne granatrote Farbe und zeigt durch die Eleganz und die Komplexität des Buketts (Zedernholz, Mandeln, Vanille, die nicht die Frucht überdeckt) eine sehr margauxtypische Persönlichkeit. Er bestätigt diesen Charakter durch seinen Geschmack, in dem die Fruchtigkeit durch einen erstklassigen Holzton betont wird, mit einem schönen Stoff, der sich zu einem wohlschmeckenden Abgang entfaltet. Ein erstklassiger Wein, der dank einer gelungenen Auslese mit den Schwierigkeiten des Jahrgangs spielend fertig wird.

☛ Ch. Rauzan-Ségla, 33460 Margaux,
Tel. 05.57.88.82.10, Fax 05.57.88.34.54 ⊤ n. V.

SEGLA 1994*

| ■ | k. A. | 100 000 | ▪ ◧ ↓ | 100-150 F |

Die Zweitmarke von Château Rauzan-Ségla. Dieser Wein ist von einem wirklich klassischen Charakter, mit einem feinen Bukett (Kaffee und Röstgeruch) und einer feinen, wohlausgewogenen, harmonischen Struktur. Man kann diese Flasche während der kommenden vier bis fünf Jahre servieren.

☛ Ch. Rauzan-Ségla, 33460 Margaux,
Tel. 05.57.88.82.10, Fax 05.57.88.34.54 ⊤ n. V.

CH. SIRAN 1994*

| ■ | 23 ha | k. A. | ◧ | 70-100 F |

64 66 78 79 80 81 82 |83| 84 |85| |86| 87 |88| |89| |90| |91| 92 93 94

Ein großes Gut, wie sie die Appellation mag. Sein 94er ist angenehm durch seinen Duft mit den Noten von roten Johannisbeeren und Paprika. Im Geschmack spürt man eine gute Präsenz der Tannine und des gehaltvollen Aromas von reifen Trauben. Dieser Wein muß lagern, aber er besitzt das für die Alterung notwendige Potential. Weisen wir darauf hin, daß diese Flasche das Rabelais-Jahr feiert, wobei das Etikett eine Radierung von Mohlitz zeigt.

☛ SC Ch. Siran, 33460 Labarde,
Tel. 05.57.88.34.04, Fax 05.57.88.70.05 ☑ ⊤ tägl. 10h-12h30 13h30-18h
☛ Alain Miailhe

CH. DES TROIS CHARDONS 1994*

| ■ | 2,76 ha | 12 000 | ◧ | 50-70 F |

78 79 82 83 85 86 |88| |89| |90| 91 |92| 94

Früher, vor 1945, trug dieser Cru den hübschen Namen Château du Grand Carreyrou (= Weg für Karren). Dieser kräftige und zugleich weiche Wein setzt seine starke Persönlichkeit durch einen sehr angenehmen aromatischen Ausdruck mit schönen fruchtigen und blumigen Noten, die durch originelle Minze-, Anis- und Honigdüfte bereichert werden. Er besitzt eine wohlschmeckende Länge.

☛ Claude et Yves Chardon, Issan,
33460 Cantenac, Tel. 05.57.88.39.13,
Fax 05.57.88.33.94 ☑ ⊤ n. V.

CH. VINCENT 1994**

| ■ Cru bourg. | 5 ha | 10 000 | ◧ | 50-70 F |

Ein altes Gut in Familienbesitz, das auf die Jadouins, große Winzer des letzten Jahrhunderts, zurückgeht, eine Reblage im Herzen der Appellation und eine sorgfältige Vinifizierung, denn verantwortlich dafür ist die Mannschaft von Palmer - wie sollte man sich da über die Qualität dieses Weins wundern ? Er ist bemerkenswert aufgrund des Reichtums, der Feinheit und der Komplexität (kleine rote Früchte, Gewürze, getoastetes Brot) und ebenso aufgrund der Ausgewogenheit und der Harmonie des Geschmacks, in dem die Tannine, das Holz und die Frucht reibungslos verschmelzen.

☛ Marthe Domec, Ch. Vincent,
33460 Cantenac, Tel. 02.43.29.35.57 ☑

Moulis-en-Médoc

Moulis, ein schmales Band von 12 km Länge und 300 m bis 400 m Breite, ist die kleinste kommunale Appellation des Médoc. Dennoch bietet es eine breite Palette von Reblagen.

Wie in Listrac bilden diese drei große Gruppen. Im Westen, nahe der Straße Bordeaux-Soulac, bietet der Abschnitt von Bouqueyran eine vielfältige Tropographie mit einem Kalksteinkamm und einem Hang mit altem Kiessand (aus den Pyrenäen). In der Mitte findet man eine lehmig-kalkhaltige Fläche, die eine Verlängerung der Ebene von Peyrelebade (siehe Listrac-Médoc) ist. Im Osten und Nordosten schließlich, nahe der Eisenbahnstrecke, breiten sich schöne Kuppen mit Kiessand aus der Günz-Eiszeit (Kies aus der Garonne) aus, die einen besonders günstigen Boden abgeben. In diesem letzten Abschnitt befinden sich die berühmten Hügel von Grand-Poujeaux, Maucaillou und Médrac.

Die milden, geschmeidigen, fleischigen Moulis-Weine sind durch ihren sanften, zarten Charakter gekennzeichnet. Sie können sich ein wenig rascher als die Weine der anderen kommunalen Appellationen entwickeln, besitzen dabei dennoch eine gute Lagerfähigkeit (sieben bis acht Jahre). 1996 erzeugten die 548 ha 31 745 hl. Im verkosteten Jahrgang (1994) erreichte die Produktionsmenge nur 22 428 hl.

CH. ANTHONIC 1994*

| ■ Cru bourg. sup. | 21 ha | 75 000 | ◧ | 50-70 F |

82 83 85 ⑧⑥ |88| |89| |90| |91| 92 **93** 94

Dieser im Norden der Appellation auf einem lehmig-kalkhaltigen Boden erzeugte Wein wird noch von den Tanninen beherrscht, aber er muß sich abrunden und sein Bukett mit den schönen blumig-würzigen Noten entfalten.

☛ SCEA Pierre Cordonnier, Ch. Anthonic,
33480 Moulis-en-Médoc, Tel. 05.56.58.34.60,
Fax 05.56.58.06.22 ☑ ⊤ n. V.

Médoc / Moulis-en-Médoc

CH. BISTON-BRILLETTE 1994*

■ Cru bourg.   20,5 ha   85 000   ◀▶ 50-70 F
86 |88| |89| |⑨0| 91 92 |93| 94

Die Bestockung, die sich auf Merlot und die beiden Cabernet-Sorten verteilt, ist perfekt an den Doppelcharakter des Bodens angepaßt : einerseits Lehm und Kalkstein und andererseits Kiessand. Nicht erstaunlich somit, daß hier ein Wein entsteht, der überaus gefällig ist : aufgrund seines fruchtig-blumigen Buketts mit einer Note von Brotkruste ebenso wie aufgrund seines Geschmacks, der komplex, kräftig gebaut und harmonisch ist.
☛ EARL Ch. Biston-Brillette, Petit-Poujeaux, 33480 Moulis-en-Médoc, Tel. 05.56.58.22.86, Fax 05.56.58.13.16 ☑ ⏧ Mo-Fr 10h-12h 14h-18h ; Sa 10h-12h
☛ Michel Barbarin

CH. BRANAS GRAND POUJEAUX 1994

■   6 ha   40 000   ◀▶ 50-70 F

Dieses von Jacques de Pourquery wiederhergestellte Gut präsentiert uns hier einen 94er, der zum Zeitpunkt der Weinprobe eine heikle Phase durchlief, denn das Holz dominierte den Wein. Aber er bleibt sehr angenehm, insbesondere aufgrund seines aromatischen Ausdrucks, der von empyreumatischen Noten geprägt ist.
☛ Jacques de Pourquery, Ch. Branas Grand Poujeaux, 33480 Moulis-en-Médoc, Tel. 05.56.58.03.07, Fax 05.56.58.02.44 ☑ ⏧ tägl. 8h-12h 14h-18h

CH. BRILLETTE 1994**

■ Cru bourg.   k. A.   36 000   ◀▶ 50-70 F

Dieser Cru, früher einmal ein großes, sehr angesehenes Gut, kehrt mit diesem schwierigen und dennoch sehr gut gelungenen Jahrgang zu seinem früheren Niveau zurück. Dieser 94er hat eine schöne Farbe mit lebhaften Reflexen und bietet eine vornehme Ansprache, bevor er im Geschmack Kraft und einen Körper von bester Qualität entfaltet. Man wird ganz besonders die Harmonie feststellen, die sich zwischen den Tanninen des Weins und den Tanninen vom Holz gebildet hat. Eine wirkliche Überraschung.
☛ SA Ch. Brillette, 33480 Moulis-en-Médoc, Tel. 05.56.58.22.09, Fax 05.56.58.12.26 ☑ ⏧ n. V.
☛ M. Berthault

CH. CAROLINE 1994

■ Cru bourg.   6 ha   k. A.   ◀▶ 30-50 F

Dieser Wein stammt vom selben Erzeuger wie Le Chemin Royal. Er bietet weniger Feinheit und Charme, besitzt aber ein angenehmes, fruchtiges Bukett sowie eine gute, solide, eckige Struktur.
☛ SCI Ch. Lestage, 33480 Listrac-Médoc, Tel. 05.56.58.02.43, Fax 05.56.58.04.33 ☑ ⏧ n. V.
☛ Héritiers Chanfreau

CH. CHASSE-SPLEEN 1994***

■ Cru bourg. exc.80 ha   500 000   ▮ ◀▶ ♦ 70-100 F
75 76 78 79 80 81 82 |⑧3| |85| |86| |88| |89| 90 |91| |92| 93 94

Die Arbeit im Keller wird der Reblage gerecht. Trotz einer bewegten Geschichte zeigt dieser Cru eine Regelmäßigkeit in der Qualität, die man betonen muß. Der 94er ist ein gutes Beispiel dafür. Er kündigt sich durch eine schöne dunkelrote Farbe an und unterstreicht seine starke Persönlichkeit durch ein Bukett, das ebenso komplex wie eigentümlich ist : Zedernholz, Kakao, Kaffee, Sauerkirschen und sogar Weihrauch. Der runde, füllige, tanninreiche, kräftige Geschmack bestätigt diesen günstigen Eindruck und verspricht eine hübsche Lagerung. In diesem Jahrgang außergewöhnlich.
☛ SA du Ch. Chasse-Spleen, Grand Poujeaux, 33480 Moulis-en-Médoc, Tel. 05.56.58.02.37, Fax 05.56.58.05.70 ⏧ n. V.

CH. CHEMIN ROYAL 1994*

■ Cru bourg.   9,8 ha   k. A.   ◀▶ 30-50 F

Die Chanfreaus, die in erster Linie in Listrac (Château Lestage) Wein anbauen, stellen auch hübsche Moulis-Weine her, darunter diesen hier. Sicherlich ist das Holz im Geschmack noch stark zu spüren, ohne jedoch dem gutgebauten Wein seine Eleganz zu rauben. Sein Charme kommt ganz besonders im Bukett (Gewürze, Tiergeruch und Unterholz) und in der vollen, fleischigen Ansprache zum Ausdruck.
☛ SCI Ch. Fonréaud, 33480 Listrac-Médoc, Tel. 05.56.58.02.43, Fax 05.56.58.04.33 ☑ ⏧ n. V.
☛ Héritiers Chanfreau

CH. DUPLESSIS FABRE 1994

■ Cru bourg.   10 ha   70 000   ◀▶ 50-70 F
90 91 92 93 94

Vom selben Erzeuger wie der Maucaillou. Dieser Wein ist bescheidener, aber gefällig dank der Zartheit des Buketts von roten Früchten und dank der Weichheit seines Geschmacks.
☛ SCA Dom. du Ch. Maucaillou, 33480 Moulis-en-Médoc, Tel. 05.56.58.01.23, Fax 05.56.58.00.88 ☑ ⏧ Mo-Sa 10h-12h30 14h-19h
☛ Philippe Dourthe

CH. DUTRUCH GRAND POUJEAUX 1994

■ Cru bourg. exc.25 ha   84 000   ◀▶ 50-70 F
81 82 ⑧3 |85| |86| |88| 89 |90| 91 92 93 |94|

Dieser Wein stammt von einem Gut, das Kiessandparzellen (in Grand-Poujeaux) mit anderen, lehmig-kalkhaltigen Parzellen (in der Nähe von Moulis) verbindet. Er ist schlicht, aber gut gebaut, mit einem hübschen Bukett von schwarzen Früchten und einem runden, ausgewogenen Geschmack.
☛ EARL François Cordonnier, Ch. Dutruch Grand Poujeaux, 33480 Moulis-en-Médoc, Tel. 05.56.58.02.55, Fax 05.56.58.06.22 ☑ ⏧ n. V.

HAUT LESCASSE 1994*

■   k. A.   30 000   ▮ 30-50 F

Die Zweitmarke von Château Brillette. Dieser Wein ist ebenfalls gut gelungen, mit einem sehr vornehmen Bukett (Erdbeeren und Himbeeren) und einem Geschmack, der weicher als der seines großen Bruders, aber gut gebaut ist. Sein Stoff erlaubt eine Alterung.

Médoc / Moulis-en-Médoc

- SA Ch. Brillette, 33480 Moulis-en-Médoc, Tel. 05.56.58.22.09, Fax 05.56.58.12.26
- M. Berthault

CH. LA GARRICQ 1994

| ■ | 3 ha | 15 000 | ◐ | 50-70F |

Dieses Gut ist zwar kleiner als Château Paloumey, ein anderer Cru desselben Erzeugers, aber im Haut-Médoc, und dennoch wird es nicht vernachlässigt. Zeuge dafür ist dieser Wein, dessen Tannine ein wenig roh wirken, der aber aufgrund seines aromatischen Blütenbuketts wie auch aufgrund des Baus und des wohlschmeckenden Charakters angenehm ist.

- SARL Cantegraves, 50, rue Pouge-de-Beau, 33290 Ludon-Médoc, Tel. 05.57.88.00.66, Fax 05.57.88.00.67
- Martine Cazeneuve

CH. LA MOULINE 1994

| ■ Cru bourg. | k. A. | 55 000 | ◐ | 50-70F |

Wie üblich bietet uns dieser Cru mit seinem 94er einen weichen, runden, leichten Wein. Man wird ab dem Bukett mit dem Aroma von reifen Früchten und Gewürzen im Gedächtnis behalten.

- JLC Coubris, 90, rue Marcelin-Jourdan, 33200 Bordeaux, Tel. 05.56.17.13.17, Fax 05.56.17.13.18

CH. LESTAGE-DARQUIER 1994

| ■ Cru bourg. | 7,4 ha | 36 000 | ◐ | 30-50F |

Der Cru, ein Gut in Familienbesitz, präsentiert mit diesem Jahrgang einen einfachen Wein, der aber wegen seines Buketts mit den feinen würzig-blumigen Noten wie auch des weichen, wohlausgewogenen Geschmacks interessant ist. Er ist trinkreif, fürchtet aber nicht die kommenden Jahre.

- François Bernard, Grand-Poujeaux, 33480 Moulis-en-Médoc, Tel. 05.56.58.18.16, Fax 05.56.58.38.42

CH. MALMAISON 1994*

| ■ Cru bourg. | 24,13 ha | 101 000 | ◐ | 50-70F |
| 88 89 |90| |91| |92| 93 94 |

Dieser 94er kommt von einem Weinberg, der neben dem von Château Clarke, aber in Moulis liegt. Er präsentiert sich ebenfalls in günstigem Licht. Der Wein zeigt ein schönes, kräftiges Rubinrot und entfaltet ein Bukett mit den lebhaften Noten von Tiergeruch und dem kräftigen Aroma von kandierten Früchten. Der in der Ansprache fleischige Geschmack bietet auch eine gute Stärke der Tannine, wobei er talentiert rote Früche mit Vanille verbindet. Er dürfte sich nach einer dreijährigen Lagerung sehr gut entwickeln.

- Cie vin. Barons E. et B. de Rothschild, Ch. Clarke, 33480 Listrac-Médoc, Tel. 05.56.58.38.00, Fax 05.56.58.26.46

CH. MAUCAILLOU 1994**

| ■ Cru bourg. | 64,6 ha | 310 000 | ◐ | 70-100F |
| |81| |82| |83| |85| |86| 87 88 89 90 91 93 94 |

Philippe Dourthe, der immer noch so begeistert ist vom Weinbau und vom Wein, kann den Boden und die Trauben optimal ausnutzen. Sein Wein gibt sich nicht damit zufrieden, ein hübsches Kleid zu tragen. Das Bukett, das rote Früchten mit Gewürzen verbindet, ist sehr ausdrucksvoll. Der Geschmack, der sich auf guten Stoff stützt und gleichzeitig einschmeichelnd ist, bleibt sich harmonisch bis zum anmutigen, langen Abgang.

- SCA Dom. du Ch. Maucaillou, 33480 Moulis-en-Médoc, Tel. 05.56.58.01.23, Fax 05.56.58.00.88 Mo-Sa 10h-12h30 14h-19h
- Philippe Dourthe

CH. MYON DE L'ENCLOS 1994*

| ■ | k. A. | 15 000 | ◐ | 30-50F |

Bernard Lartigue, der hauptsächlich Erzeuger in Listrac (Mayne-Lalande) ist, überschreitet die kommunale Grenze und stellt einen Moulis von guter Herkunft her, der eine schöne Intensität im Duft (Früchte, Kakao und Lakritze mit Noten von Tiergeruch) mit einem soliden Tanningerüst verbindet. Der sehr kräftige Mittelbereich des Geschmacks ist vielversprechend.

- Bernard Lartigue, Ch. Mayne-Lalande, 33480 Listrac, Tel. 05.56.58.27.63, Fax 05.56.58.22.41

CH. POUJEAUX 1994***

| ■ Cru bourg. exc. | 50 ha | 200 000 | ◐ | 70-100F |
| |81| |82| 83 84 85 |86| 87 88 89 90 91 92 93 94 |

Dieser Cru, dessen Wein im letzten Jahr Lieblingswein war, findet sich ein weiteres Mal auf dem höchsten Qualitätsniveau wieder. Wie üblich bringt er seine starke Persönlichkeit im Bukett, das ebenso kräftig wie komplex ist, und zugleich im Abgang zum Ausdruck, der buchstäblich explodiert. Es versteht sich von selbst, daß seine Farbe dahinter nicht zurücksteht; ihre Intensität kündigt die Stärke des Geschmacks an. Dieser wird von einer perfekt dosierten Extraktion unterstützt und enthüllt einen schönen Stoff mit kräftigen, samtigen Tanninen. Er verdient die Ehrung einer Einkellerung.

- Theil, Ch. Poujeaux, Grand-Poujeaux, 33480 Moulis-en-Médoc, Tel. 05.56.58.02.96, Fax 05.56.58.01.25
- Indivision Theil

Pauillac

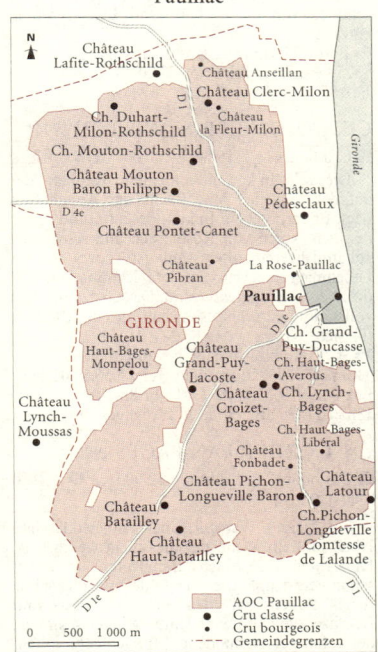

Pauillac, das kaum mehr Einwohner als ein großer ländlicher Marktflecken hat, ist eine eche Kleinstadt, die sogar einen Jachthafen am Canal du Midi besitzt. Es ist ein Ort, an dem man sich die Annehmlichkeit leisten kann, auf der Terrasse der Cafés am Hafenkai Garnelen zu essen, die frisch aus dem Ästuar kommen. Pauillac ist aber auch und vor allem die Weinhauptstadt des Médoc, aufgrund seiner geographischen Lage ebenso wie aufgrund des Vorhandenseins von drei Premiers crus classés (Lafite, Latour und Mouton), die durch eine recht beeindruckende Liste von achtzehn Crus classés ergänzt werden. Die Genossenschaft sorgt für eine große Produktionsmenge. 1996 wurden auf einer angemeldeten Anbaufläche von 1 185 ha 66 399 hl erzeugt.

Die Appellation wird in der Mitte durch den Chenal du Gahet - dieser kleine Wasserlauf trennt die beiden Hochflächen, auf denen sich das Weinbaugebiet befindet - in zwei Hälften geteilt. Das nördliche Plateau, das seinen Namen dem Weiler Pouyalet verdankt, liegt etwas höher (etwa 30 m) und ist durch ausgeprägtere Hänge gekennzeichnet. Es hat das Glück, daß es zwei Premiers crus classés (Lafite et Mouton) besitzt, und ist durch eine vollkommene Übereinstimmung von Boden und Unterboden geprägt, die man auch auf dem Plateau von Saint-Lambert wiederfindet. Letztere Hochfläche, die sich südlich des Gahet erstreckt, hat einen eigenständigen Charakter aufgrund der Nähe zum Tal des Juillac, eines kleinen Baches, der die südliche Grenze der Gemeinde bildet und für eine sehr gute Entwässerung sorgt, und wegen seines großkörnigen Kiessands, der besonders bemerkenswert auf dem Boden des Premier cru (Latour) in diesem Abschnitt ist.

Die Pauillac-Weine, die von Kuppen mit sehr reinen Kiesböden stammen, sind sehr körperreich, kraftvoll und kräftig gebaut, aber auch fein und elegant und besitzen eine zartes Bukett. Da sie sich bei der Alterung sehr günstig entwickeln, sollte man sie lagern. Aber dann muß man keine Angst haben, sie zu recht kräftigen Gerichten zu servieren, wie etwa zu Pilzgerichten, rotem Fleisch, Wild mit dunklem Fleisch oder Stopfleber. Unsere Weinprobe betraf den Jahrgang 1994, der 64 891 hl erzeugte.

CH. D'ARMAILHAC 1994*
■ 5ème cru clas. 50 ha   k. A.   ⓘ 100-150 F
72 73 74 75 78 **79 80 81** |82| |83| **84** |85| |86| |87| **88 89 90** |92| **93 94**

Dieser 94er markiert den 60. Geburtstag des Kaufs des Crus - der damals Mouton d'Armailhac hieß - durch Philippe de Rothschild. Er besitzt eine verführerisch rubinrote Farbe, um dieses Ereignis zu feiern. Das Bukett ist zwar noch vom Faß geprägt, läßt aber einen schönen Duft von roten Früchten und Gewürzen erkennen, während der Geschmack seinen Charme aus seiner Ausgewogenheit und seinem seidigen Charakter zieht. Der Gesamteindruck ist elegant.
⌂ Baron Philippe de Rothschild SA, 33250 Pauillac, Tel. 05.56.73.20.20, Fax 05.56.73.20.44 ☏ n. V.

CH. ARTIGUES ARNAUD 1994
■   39,82 ha   112 800   ■ ⚭ 70-100 F
88 89 |90| **91 92** 93 94

Dieser Wein stammt vom selben Erzeuger wie Château Grand Puy Ducasse. Er ist ein wenig strenger, aber sein guter, recht wohlschmeckender Stoff, den ein Bukett, das Gewürze mit Früchten verbindet, und ein Abgang mit rauchi-

Médoc / Pauillac

gen Noten verstärken, erlaubt eine problemlose Alterung.
• SC du Ch. Grand-Puy Ducasse, 17, cours de la Martinique, B.P. 90, 33027 Bordeaux Cedex, Tel. 05.56.01.30.10, Fax 05.56.79.23.57 n. V.

BARON NATHANIEL 1994**

■ k. A. k. A. 70-100 F

Diese neue Spitzenmarke ist Nathaniel de Rothschild gewidmet, der Brane-Mouton kaufte und daraus Mouton-Rothschild machte, und zeigt ihre Ambitionen durch die Pracht dieses Weins. Er präsentiert sich auf tadellose Weise mit einer purpurroten Farbe und einem ebenso ausdrucksvollen wie komplexen Bukett (Vanille, Schokolade, reife Früchte und Harz). Im Geschmack bewahrt er seine ganze Komplexität, wobei es ihm gleichzeitig gelingt, seine Tannine spüren zu lasen, ohne daß er seine Weichheit oder seine Frische einbüßen würde.
• Baron Philippe de Rothschild SA, 33250 Pauillac, Tel. 05.56.73.20.20, Fax 05.56.73.20.44 n. V.

CH. CLERC MILON 1994*

■ 5ème cru clas. 30 ha k. A. 150-200 F
|75| 76 |78| 79 |82| |83| |85| 86 |87| 88 89 90 92 93 94

Dieser Cru ist ein Nachbar von Mouton und gehört Philippine de Rothschild. Er bleibt seiner Qualitätstradition treu. Sein sehr elegantes Bukett setzt auf Noten von Röstgeruch, Leder, Hyazinthen und Gewürzen, so daß ein komplexer Geruchseindruck entsteht. Diesen aromatischen Reichtum findet man in einem Geschmack mit samtigen Tanninen wieder, in dem sich ein schönes Vanille-, Kakao- und Lakritzearoma entfaltet.
• Baron Philippe de Rothschild SA, 33250 Pauillac, Tel. 05.56.73.20.20, Fax 05.56.73.20.44 n. V.

CH. COLOMBIER-MONPELOU 1994*

■ Cru bourg. 15 ha 100 000 70-100 F

Dieser Wein kommt von einem Weinberg, der auf der Hochfläche der Appellation liegt. Er entfaltet ein Bukett, das aufgrund seiner rassigen Noten von Röstgeruch und schwarzen Johannisbeeren interessant ist, bevor er im Geschmack mit ausgeprägte Tannine enthüllt, die aber nicht aggressiv sind. Das Ganze ist nicht vollständig verschmolzen, hat aber die Zukunft für sich.
• SC Vignobles Jugla, Ch. Colombier-Monpelou, 33250 Pauillac, Tel. 05.56.59.01.48, Fax 05.56.59.12.01 Mo-Fr 8h-12h 13h30-17h30 ; Sa, So n. V. ; Aug. geschlossen

CH. CORDEILLAN-BAGES 1994**

■ Cru bourg. 2 ha 12 000 100-150 F
|89| 91 93 94

Ein kleines Weingut, aber ein erstklassiges Hotel und ein Wein, der dies nicht weniger ist. Die Intensität seiner granatroten, kirschrot schimmernden Farbe, die Fülle und die Milde seines Buketts mit den Kaffee-, Toast- und Lakritznoten und seine Haltung im Geschmack, der einen gut verbundenen, freigebigen, vollen, von einem guten Ausbau herrührenden Körper enthüllt, machen ihn zu einem sehr verläßlichen Wein.
• Jean-Michel Cazes, Ch. Lynch-Bages, 33250 Pauillac, Tel. 05.56.73.24.00, Fax 05.56.59.26.42
• Axa Millésimes

LES CHARMILLES DU CH. CROIZET-BAGES 1994

■ 3 ha 20 000 50-70 F

Dieser Wein, der Zweitwein von Château Croizet-Bages, kommt von der Hochfläche von Bages. Er ist in seiner geschmacklichen Entfaltung schleicht, aber einheitlich und für den Durchschnitt des Jahrgangs charakteristisch. Man hätte mehr Konzentration und Komplexität erwartet.
• André Quancard-André, rue de la Cabeyre, 33240 Saint-André-de-Cubzac, Tel. 05.57.33.42.42, Fax 05.57.33.01.71
• Paul Quié

CH. DUHART-MILON 1994*

■ 4ème cru clas. 63 ha k. A. 150-200 F
61 70 75 76 79 80 |81| |82| |83| |85| |86| |87| 88 89 90 91 92 93 94

Dieser zu den Domaines Barons de Rothschild gehörende Cru unterscheidet sich von Lafite durch einen leichteren Kiessand. Dennoch haben seine Weine einen recht festen Charakter. Dieser 94er kündigt sich durch ein dunkles Granatrot an und entfaltet ein noch verschlossenes Bukett, das aber aufgrund seiner Note von gekochten - »auf kleiner Flamme gekocht«, notierte ein Verkoster - roten Früchten vielversprechend ist. Der klare, konzentrierte Geschmack, der sich zu einem Abgang mit Tieraroma entfaltet, ist ein gutes Vorzeichen für die Zukunft (fünf bis sieben Jahre lagern).
• SC de Duhart-Milon-Rothschild, 33250 Pauillac, Tel. 05.56.73.18.18, Fax 05.56.59.26.83 n. V.

CH. FONBADET 1994*

■ Cru bourg. 16 ha 65 000 70-100 F
75 76 78 79 81 |82| 83 85 86 87 |88| 89 |90| 91 92 93 94

Ein Cru auf der Hochfläche von Saint-Lambert (ein wahres Zentrum des Weinbaus) und eine Familie, die seit langer Zeit im Médoc lebt - mehr braucht es nicht, um einen sehr schönen Pauillac hervorzubringen. Die rote Farbe spielt ins Ziegelrote. Dieser 94er kündigt sich durch ein lebhaftes Bukett mit Noten von Kakao, Vanille, Gewürzen und reifen kleinen Früchten an. Nach einer milden Ansprache zeigt sich der Geschmack kräftig, intensiv und wohlausgewogen, behält aber die Schokoladennote des Buketts bei. Ein harmonischer Wein, den man vier bis fünf Jahre lagern kann.
• SCEA des dom. Peyronie, Ch. Fonbadet, 33250 Pauillac, Tel. 05.56.59.02.11, Fax 05.56.59.22.61 n. V.

Médoc · Pauillac

CH. GRAND-PUY DUCASSE 1994*

■ 5ème cru clas. 39,82 ha 154 800 ⓘ 100-150 F
82 83 84 85 86 87 88 |89| |90| 91 |92| 93 94

Dieser echte Pauillac-Cru, der im 17. Jh. entstand, war ein kleines Haus am Rand des Ästuars, als die Stadt nur ein Fischerdorf war. Sein 94er hätte zweifellos ein wenig mehr Fülle verdient, denn der Gesamteindruck ist sympathisch, aufgrund seines zarten Bukettes, das sich auf kleine rote Früchte und Holz verteilt, ebenso wie aufgrund der Sanftheit seiner Struktur.
•⇥ SC du Ch. Grand-Puy Ducasse, 17, cours de la Martinique, B.P. 90, 33027 Bordeaux Cedex, Tel. 05.56.01.30.10, Fax 05.56.79.23.57 ⚑ n. V.

PRELUDE A GRAND-PUY DUCASSE 1994

■ 39,82 ha 20 000 ⓘ 70-100 F

Der Zweitwein von Château Grand-Puy Ducasse. Dieser 94er muß belüftet werden, bevor man ihn serviert. Seine gute Struktur hinterläßt beim Verkoster eine angenehme Erinnerung.
•⇥ SC du Ch. Grand-Puy Ducasse, 17, cours de la Martinique, B.P. 90, 33027 Bordeaux Cedex, Tel. 05.56.01.30.10, Fax 05.56.79.23.57 ⚑ n. V.

CH. GRAND-PUY-LACOSTE 1994*

■ 5ème cru clas. 50 ha 160 000 ⓘ 100-150 F
61 66 70 71 75 76 78 81 82 |83| |85| |86| 87 88 89 90 |91| |92| 93 94

Cabernet Sauvignon und 25 % Merlot von einem schönen, vollkommen einheitlichen Kiessandboden. Der 94er ist im Stil des Jahrgangs gehalten. Er ist schlicht und enttäuscht nicht : Sein Bukett verbindet Noten von Lakritze, roten Früchten und Vanille ; seine frische Ansprache und sein von festen Tanninen geprägter Körper sind für den Boden charakteristisch.
•⇥ SC Grand-Puy-Lacoste, 33250 Pauillac, Tel. 05.56.59.05.20, Fax 05.56.59.27.37 ⚑ n. V.

CH. HAUT-BAGES AVEROUS 1994*

■ k. A. 120 000 ⓘ 100-150 F

Der Zweitwein von Lynch Bages. Dieser 94er paßt ebenfalls perfekt zu der Philosophie des Cru durch die Feinheit seines Bukettes, das zum großen Teil aus Vanille und Gewürzen besteht, und durch die dynamische Entwicklung des Geschmacks, in dem sich der Körper fest und rund zugleich zeigt und eine gute Fülle besitzt.
•⇥ Jean-Michel Cazes, Ch. Lynch-Bages, 33250 Pauillac, Tel. 05.56.73.24.00, Fax 05.56.59.26.42 ⚑ ⚑ n. V.

CH. HAUT-BAGES LIBERAL 1994*

■ 5ème cru clas. 28 ha 170 000 ⓘ 70-100 F
75 76 78 79 80 81 |82| |83| 84 |85| |86| 87 88 89 90 |91| |92| 93 94

Ein von Claire Villars verwalteter Cru. Nicht erstaunlich somit, daß man hier einen charaktervollen Wein findet. Das Bukett ermöglicht es ihm, seine Originalität durch einen zarten Duft von Zwiebelgewächsen (Hyazinthen) zu zeigen. Der konzentrierte Geschmack, dessen Tannine sehr deutlich spürbar sind, reiht sich in die beste Tradition der Appellation ein.

•⇥ SA Ch. Haut-Bages Libéral, 33250 Pauillac, Tel. 05.56.58.02.37, Fax 05.56.58.05.70 ⚑ n. V.

CH. HAUT-BATAILLEY 1994**

■ 5ème cru clas. 22 ha 128 000 ⓘ 70-100 F
66 71 75 76 78 81 82 83 84 |85| |86| |87| 88 89 90 91 |92| |93| 94

Dieser Cru kann sich der Qualität seines Bodens rühmen. Dieser ist sehr gut genutzt worden und verhilft uns zu einem überaus gelungenen 94er. Er fühlt sich wohl in seiner Appellation und seinem Jahrgang und eröffnet die Verkostung mit einer kirschroten Farbe von mittlerer Intensität. Sie wird sehr rasch übertroffen von einem komplexen Bukett, in dem sich Frucht und Faßholz verbinden, und einem eleganten Geschmack. Dieser ist wohlausgewogen und entwickelt sich voller Milde mit runden Tanninen, die von einem klug dosierten Holzton unterstützt werden.
•⇥ Mme F. des Brest-Borie, 33250 Pauillac, Tel. 05.56.59.05.20, Fax 05.56.59.27.37

CH. LA BECASSE 1994

■ 4,21 ha 24 000 ⓘ 70-100 F
91 |92| |93| 94

Auch wenn in Pauillac wie überall die Tendenz besteht, die Anbauflächen in großen Gütern zusammenzufassen, widersetzen sich dem einige kleine Crus wie dieser hier. Er bietet uns erneut einen hübschen Wein mit intensiver Farbe. Er hat eine sehr holzbetonte Seite, aber die Jury mochte sein einschmeichelndes Bukett (Röstgeruch, heißer Kaffee und verbranntes Brot), seine seidige Ansprache und seine fleischige Struktur. Man muß warten, bis das Holz verschmilzt. Der Stoff verdient Ihre Geduld.
•⇥ Roland Fonteneau, 21, rue Edouard-de-Pontet, 33250 Pauillac, Tel. 05.56.59.07.14, Fax 05.56.59.18.44 ⚑ n. V.

RESERVE DE LA COMTESSE 1994*

■ k. A. k. A. ⓘ 70-100 F

Die Zweitmarke von Pichon Comtesse. Dieser Wein hat nicht seine aromatische Intensität, aber man findet darin mit Vergnügen eine große Zartheit mit hübschen Röst- und Toastnoten und einen feinen, ausgewogenen Körper, die einen harmonischen Gesamteindruck hinterlassen.
•⇥ SCI Pichon Longueville Comtesse de Lalande, 33250 Pauillac, Tel. 05.56.59.19.40, Fax 05.56.59.26.56 ⚑ n. V.
•⇥ May-Eliane de Lencquesaing

LACOSTE-BORIE 1994

■ k. A. 120 000 ⓘ 50-70 F

Die Zweitmarke von Château Grand-Puy-Lacoste. Dieser Wein bleibt recht zurückhaltend, aber er ist interessant aufgrund seines würzigen Dufts wie auch aufgrund seiner Rundheit und seiner Ausgewogenheit. Vielleicht nicht sehr typisch für einen Pauillac, aber schon jetzt angenehm zu trinken.
•⇥ SC Grand-Puy-Lacoste, 33250 Pauillac, Tel. 05.56.59.05.20, Fax 05.56.59.27.37 ⚑ n. V.

Médoc / Pauillac

CARRUADES DE LAFITE 1994*

■ k. A. k. A. ⦿ 150-200 F
|87| **88 89** 90 |91| |92| 93 94

Der kleine Bruder von Lafite. Aufgrund seines tanninreichen, würzigen Abgangs ist er typisch für den Jahrgang. Er versteht es, sich zu präsentieren : in einem schönen, funkelnden Rubinrot. Er ist noch ein wenig streng und geht seinen Weg, wobei er viel Festigkeit und recht konzentrierte Tannine zeigt. Auch wenn er nicht das Potential seines großen Bruders besitzt, verdient er, daß man ihn fünf bis sechs Jahre altern läßt.
↪ SC du Ch. Lafite-Rothschild, 33250 Pauillac, Tel. 05.56.73.18.18, Fax 05.56.59.26.83 ⊤ n. V.

CH. LAFITE-ROTHSCHILD 1994***

■ 1er cru clas. 94 ha 250 000 ⦿ +200 F
59 |(61)| **64** |66| 69 |70| |73| |75| **77** |78| |79| |80| |81| |82| |83| |84| **85 86** |87| **88 89** 90 91 92 93 94

Lafite, ein Name, der zu einem Mythos geworden ist bei einem Wein, der die Legende mit Jahrgängen wie diesem 94er übertreffen kann. Er ist schon auf den ersten Blick erstaunlich : Sein herrliches Bordeauxrot kündigt schöne Sachen an. Sofort danach entfaltet sich das an köstlichen Noten reiche Bukett : gekochte Steinfrüchte, Kirschen und Pflaumen, mit einem Hauch von Paprika und Röstgeruch als Zugabe. Der aromatische, seidige, elegante Geschmack zeigt durch seinen Bau und seine lange Nachhaltigkeit, daß der Wein gut zehn Jahre lagern kann.
↪ SC du Ch. Lafite-Rothschild, 33250 Pauillac, Tel. 05.56.73.18.18, Fax 05.56.59.26.83 ⊤ n. V.

CH. LA FLEUR MILON 1994

■ Cru bourg. 12,5 ha 80 000 ⦿ 70-100 F

500 m von Mouton und Lafite entfernt - diese Cru ist unbestreitbar eine gute Lage. Sein 94er ist aufgrund des Holzes noch ein wenig unausgewogen im Abgang, aber er wird bei einer kürzeren Lagerung verschmelzen und einen angenehmen Wein ergeben, den sein guter Bau, die Sanftheit der Ansprache und sein Bukett mit den Noten von Vanille, Kirschen, Backpflaumen und schwarzen Johannisbeeren bereits ankündigen.
↪ SCE Ch. La Fleur Milon, Le Pouyalet, 33250 Pauillac, Tel. 05.56.59.29.01, Fax 05.56.59.23.22 ✓ ⊤ Mo-Fr 8h-12h 14h-17h30 ; Sa n. V.
↪ Gimenez

LA ROSE PAUILLAC 1994

■ 53,29 ha 130 000 ⦿ 50-70 F

Die 1933 gegründete Kellerei von Pauillac ist die älteste des Médoc. Sie bietet uns hier einen Wein, der hinsichtlich seines Holztons überraschen mag, aber seine Persönlichkeit durch ein sehr cabernettypisches Bukett und durch einen weichen, warmen, samtigen Geschmack zeigen kann.
↪ SCV La Rose Pauillac, 44, rue du Mal-Joffre, B.P. 14, 33250 Pauillac, Tel. 05.56.59.26.00, Fax 05.56.59.63.58 ✓ ⊤ n. V.

CH. LATOUR 1994***

■ 1er cru clas. 43 ha 225 000 ⦿ +200 F
|(61)| **67 71** 73 74 75 |76| **77** |78| **79** |80| 81 |82| |83| |84| **85 86** |87| **88 89** 90 91 92 93 94

Pflege des Weinbergs und der Vinifizierung : der 94er ist der erste Jahrgang, der vollständig nach der Änderung der Besitzverhältnisse erzeugt worden ist. Die französische Mannschaft ist ebenso außergewöhnlich wie die englische Mannschaft ! Sogar in einem durchschnittlichen Jahr. Dieser Wein wird alle bedingungslosen Anhänger von Latour beruhigen : Der Qualität gilt weiterhin die größte Sorge. Die tiefe granatrote Farbe mit den schwarzen und purpurvioletten Reflexen bezeugt es. Der von Vanille gut umhüllte Duft nach roten Früchten des Buketts bestätigt es. Der Geschmack schließlich zeigt durch seine Freigebigkeit, seine Fülle, seine geschmeidigen Tannine und seinen bemerkenswerten Abgang, daß dieser große Wein Ihrem Keller lange Zeit die Ehre erweisen wird.
↪ SCV de Ch. Latour, Saint-Lambert, 33250 Pauillac, Tel. 05.56.73.19.80, Fax 05.56.73.19.81 ⊤ n. V.
↪ François Pinault

LES FORTS DE LATOUR 1994**

■ k. A. 152 000 ⦿ +200 F

In Latour hat man nicht gewartet, bis es in Mode kam, das Traubengut der jungen Rebstöcke von dem der alten Reben zu trennen. Das sagt aus, mit welcher Gewissenhaftigkeit dieser Wein hergestellt wird, dessen Farbe und dessen Aroma, das Früchte und diskreten Holzton verbindet, ein wenig an seinen berühmten älteren Bruder erinnern. Er zeigt eine große Eleganz mit reifen, runden Tanninen und Noten von Erdbeerkonfitüre. Der Gesamteindruck ist sehr verführerisch, vor allem aufgrund der Harmonie seines seidigen Abgangs.
↪ SCV de Ch. Latour, Saint-Lambert, 33250 Pauillac, Tel. 05.56.73.19.80, Fax 05.56.73.19.81 ⊤ n. V.

Médoc — Pauillac

CH. LA TOURETTE 1994

■ 3 ha 18 500 ⊞ 50-70 F

Dieser Wein kommt von einer 3 ha großen Parzelle, die neben Lynch-Bages liegt und zu Château Larose-Trintaudon (in der AOC Haut-Médoc) gehört. Er ist im Augenblick ein wenig ausgewogen aufgrund des Holztons, aber seine Stärke dürfte es ihm erlauben, sich sehr günstig zu entwickeln. Seine Tannine und eine gewisse Vollmundigkeit deuten auf eine gute Struktur hin.

↱ SA Ch. Larose-Trintaudon, rte de Pauillac, 33112 Saint-Laurent-de-Médoc, Tel. 05.56.59.41.72, Fax 05.56.59.93.22 ☑ ⏰ n. V.
↱ AGF

LES TOURELLES DE LONGUEVILLE 1994*

■ k. A. 120 000 ⊞ 70-100 F

Ein Zweitwein (siehe weiter unten Pichon-Longueville Baron), wie man ihn liebt : angenehm aufgrund seines Buketts, das von guter Komplexität ist (Zimt, Röstgeruch und schwarze Johannisbeeren mit Toastnoten als Zugabe), wie auch seines Geschmacks, der eine klare Ansprache bietet, bevor er eine kräftig gebaute, ausgewogene Struktur von beachtlicher Länge zeigt.

↱ Jean-Michel Cazes, Ch. Pichon-Longueville, 33250 Pauillac, Tel. 05.56.73.17.17, Fax 05.56.73.17.28 ☑ ⏰ n. V.
↱ Axa Millésimes

CH. LIEUJEAN 1994*

■ 0,25 ha 2 000 ⊞ 50-70 F

Das Château bildet zwar ein großes Weingut in der AOC Haut-Médoc, hat aber nur ein winziges Gut in Pauillac. Dennoch erzeugt es hier einen hübschen Wein. Dieser 94er besitzt einen guten Bau mit gut verschmolzenen Tanninen und zeigt bereits seine aromatischen Qualitäten, indem er ein Bukett mit Toast- und Zitrusnoten entfaltet.

↱ SARL Ch. Lieujean, B.P. 32, 33250 Saint-Sauveur-Médoc, Tel. 05.56.59.57.23, Fax 05.56.59.50.81 ☑ ⏰ n. V.

CH. LYNCH-BAGES 1994**

■ 5ème cru clas. 90 ha 420 000 ⊞ 150-200 F
70 71 |75| 76 78 |79| 80 |81| ⑧② |83| 84 |85| |86| |87| 88 89 90 |91| 92 |93| 94

Größe, Gebäude, Ansehen - dieses Gut ist besonders repräsentativ für einen großen Cru im Médoc. Wie so oft zeigt es seine Originalität, indem er eher die Eleganz als die Stärke betont. Das ist eine gute Wahl bei einem solchen Jahrgang : Das Ergebnis ist sehr gefällig aufgrund der Sanftheit der Tannine, der Rundheit und der Struktur, die mit dem Reiz eines ungewöhnlichen Buketts harmonieren : Weihrauch, Rauch, reife Früchte, dann kandierte Früchte.

↱ Jean-Michel Cazes, Ch. Lynch-Bages, 33250 Pauillac, Tel. 05.56.73.24.00, Fax 05.56.59.26.42 ☑ ⏰ n. V.

CH. MOUTON ROTHSCHILD 1994***

■ 1er cru clas. 75 ha k. A. ⊞ +200 F
71 72 73 74 |75| 76 77 |78| 79 80 81 82 83 |84| 85 ⑧⑥ |87| 88 89 90 91 92 93 94

Karel Appel, der erste niederländische Maler, der ein Etikett von Mouton gestaltet hat, kam auf die Idee, den Geist des Weins aus einer Totemflasche freizulassen. Ein Bild, das perfekt zu diesem 94er paßt, dessen Bukett auf Noten von Mokka, Röstkaffee und reifen Früchten tanzt und dessen Geschmack seine Stärke durch seidige Tannine zeigt. Große Konzentration, schöne Einheitlichkeit, Abgang mit Röstaroma, bemerkenswerte Dichte. Ein echter lagerfähiger Wein, der dafür gemacht ist zu gefallen.

↱ Baron Philippe de Rothschild SA, 33250 Pauillac, Tel. 05.56.73.20.20, Fax 05.56.73.20.44 ☑ ⏰ n. V.

CH. PIBRAN 1994

■ Cru bourg. 10 ha 54 000 ⊞ 100-150 F
87 |88| |89| |90| |91| 93 94

Wie Pichon-Longueville Baron gehört dieser Cru AXA Millésimes. Er bietet einen Wein mit bescheideneren Ambitionen als sein Vetter, der aber durch seine Sanftheit und die Komplexität seines aromatischen Ausdrucks fesselt, in dem reife Trauben neben Backpflaumen und Wild neben Sauerkirschen oder Kakao zu finden sind.

↱ Jean-Michel Cazes, Ch. Pichon-Longueville, 33250 Pauillac, Tel. 05.56.73.17.17, Fax 05.56.73.17.28 ☑ ⏰ n. V.
↱ Axa Millésimes

CH. PICHON-LONGUEVILLE BARON 1994***

■ 2ème cru clas. 68 ha 300 000 ⊞ 150-200 F
78 81 |82| |83| 84 |85| |86| 87 88 89 ⑨⓪ 91 92 93 94

Muß man hier an die gewaltigen Leistungen erinnern, die AXA und Jean-Michel Cazes unternommen haben, diesem berühmten Cru seine stolze Haltung zurückzugeben ? Getreu seinem Ruf als erstklassiger Cru bietet Pichon Baron einen besonders gelungenen 94er, der unsere Verkoster erstaunt hat. Die harmonische Verbindung von Holz und Frucht bringt seinen schönen Stoff zur Geltung, der Charakter hat und von einer soliden Tanninstruktur unterstützt wird. Das Ganze harmoniert mit einem Bukett, dessen

Médoc

Eleganz, Stärke und Komplexität durch verführerische Noten von Röstgeruch, Kakao, Gewürzen und Lakritze zum Ausdruck kommen, die das Aroma reifer Früchte nicht auslöschen. Wie ein Juror schrieb: »Alles wird respektiert.«

🕿 Jean-Michel Cazes, Ch. Pichon-Longueville, 33250 Pauillac, Tel. 05.56.73.17.17, Fax 05.56.73.17.28 ☑ ☥ n. V.
🕿 Axa Millésimes

CH. PICHON LONGUEVILLE COMTESSE DE LALANDE 1994**

■ 2ème cru clas. 75,53 ha	k. A.	ⓘ +200 F
66 70 71 75 76 |78| 79 80 81 |82| |83| 84 |85| |86| 87 |88| 89 90 91 92 93 94

Der oft sehr feminine Pichon Comtesse ist in diesem Jahrgang männlicher im Stil. Die dunkle, sehr intensive Farbe kündigt deutlich an, was er vorhat. Das Bukett zeugt von echter Dichte, mit Noten, die von reifen Früchten bis zu Kakao und Blumen reichen. Aber der Geschmack, der seine Fülle und eine große Länge zeigt, vergißt nicht die Tradition des Cru, mit einer großen Vornehmheit im fruchtigen aromatischen Ausdruck ebenso wie in seiner Entfaltung, die durch gut verschmolzene Tannine unterstützt werden.
🕿 SCI Pichon Longueville Comtesse de Lalande, 33250 Pauillac, Tel. 05.56.59.19.40, Fax 05.56.59.26.56 ☑ ☥ n. V.
🕿 de Lencquesaing

CH. PONTET-CANET 1994*

■ 5ème cru clas. 78 ha	240 000	ⓘ +200 F
(61) 70 75 76 77 78 79 81 82 |83| 84 |85| 86 87 |88| |89| |90| 91 92 93 94

Ein 120 ha großes Gut, davon 68 ha Reben. Dieser noch stark vom Ausbau geprägte 94er zeigt seinen guten Bau durch seine sehr dunkle Farbe, die fast kein Licht durchläßt. Das kräftige Bukett verbindet empyreumatische Aromen mit Noten roter Früchte. Der Geschmack stützt sich auf reife Tannine : Das Eichenholz übertönt noch den Wein, hinterläßt aber einen ziemlich frischen Geschmack.
🕿 Famille Tesseron, Ch. Pontet-Canet, 33250 Pauillac, Tel. 05.56.59.04.04, Fax 05.56.59.26.63 ☑ ☥ n. V.

Saint-Estèphe

CH. SAINT-MAMBERT 1994

■	0,53 ha	3 800	ⓘ 70-100 F

Ein kleiner Cru, aber eine ganz junge Marke. Sie ist 1993 entstanden. Das ist originell in einer Appellation, wo die Entwicklung eher in Richtung Konzentration geht. Zeigen wir somit diesem Wein nicht die kalte Schulter. Er ist im Abgang ein wenig linear, lenkt aber durch die Fülle und Eleganz seines Buketts die Aufmerksamkeit auf sich, bevor er sich im Geschmack rund und seidig zeigt.
🕿 Josianne Reyes, Bellevue, ch. Saint-Mambert, 33250 Pauillac, Tel. 05.56.59.22.72, Fax 05.56.59.22.72 ☑ ☥ n. V.
🕿 Domingo Reyes

Saint-Estèphe

Nicht sehr weit von Pauillac und seinem Hafen entfernt zeigt Saint-Estèphe mit seinen zauberhaften ländlichen Weilern einen binnenländischen Charakter. Bis auf ein paar Hektar, die sich innerhalb der Appellation Pauillac befinden, entspricht die Appellation (1 245 ha und 71 114 hl im Jahre 1996) dem Gebiet der gleichnamigen Gemeinde. Sie ist die nördlichste der sechs kommunalen Appellationen des Médoc. Das verleiht ihr einen recht ausgeprägten typischen Charakter, mit einer mittleren Höhe von etwa 40 m und Böden aus Kiessand, die einen leicht höheren Lehmanteil als in den südlicheren Appellationen haben. Die Appellation enthält fünf Crus classés. Die hier erzeugten Weine sind von ihrem Boden geprägt. Dieser Bodengeschmack verstärkt deutlich ihren Charakter : Zumeist haben die Trauben einen höheren Säuregehalt. Die Weine haben eine intensivere Farbe und einen größeren Tanninreichtum als die anderen Médoc-Weine. Sie sind sehr kräftig und haben eine ausgezeichnete Lagerfähigkeit. 1994 lag die Produktionsmenge bei 69 834 hl.

CH. ANDRON BLANQUET 1994

■ Cru bourg.	k. A.	80 000	ⓘ 50-70 F

75 76 78 79 |81| 82 83 |85| |86| 87 |88| |89| 90 91 92 93 |94|

Dieser Cru ist nicht mehr der Zweitwein von Cos Labory. Er ist selbständig geworden. Er ist weniger robust gebaut, wie seine Farbe mit den kirschroten Reflexen zeigt, aber die Tannine sind spürbar und vollreif.

Médoc — Saint-Estèphe

🍇 SCE Dom. Audoy, Ch. Andron Blanquet, 33180 Saint-Estèphe, Tel. 05.56.59.30.22, Fax 05.56.59.73.52 ▼ ⌇ n. V.

CH. BEL-AIR ORTET 1994★★

■ k. A.   k. A.   ⓘ 50-70 F

Während eine leichte Strenge den 93er daran hinderte, sein gewohntes Niveau zu erreichen, läßt der äußerst gelungene 94er diese kleine Schwäche vergessen. Sein rassiges Bukett und sein reichhaltiger, langer Geschmack, der von vollkommener Ausgewogenheit ist, sichern der Verkostung eine schöne Einheitlichkeit. Ein Wein von großer Eleganz.

🍇 Cheval Quancard, rue Barbère, 33440 Ambarès, Tel. 05.56.33.80.60, Fax 05.56.33.80.70 ⌇ n. V.

CH. CALON-SEGUR 1994★★

■ 3ème cru clas.   93 ha   k. A.   ⓘ 150-200 F

Der »Fürst der Reben« besaß dieses herrliche Gut. Heute stellt man hier sehr hübsche Weine her, wie dieser 94er bezeugt, dessen Charme und Eleganz sich im zurückhaltenden Bukett (rote Früchte und Gewürz) ebenso wie im bezaubernden, anmutigen Geschmack zeigen. Ein recht sympathischer Wein, der nicht das Volumen eines »Drei-Sterne-Weins« hat, aber wirkliche Ausgewogenheit besitzt. Man sollte ihn nach einer drei- bis vierjährigen Lagerung trinken. Etwas weniger elegant, aber sehr gut gelungen ist der Zweitwein, Château des Moulins de Calon, der einen Stern erhalten hat.

🍇 SCEA Ch. Calon-Ségur, 33180 Saint-Estèphe, Tel. 05.56.59.30.08, Fax 05.56.59.71.51 ⌇ n. V.

CH. CHAMBERT-MARBUZET 1994★★★

■ Cru bourg.   7 ha   45 000   ⓘ 70-100 F

66 |76| |79| |81| |82| |83| **85** 86 **87** |88| 89 |90| 91 |92| **93 94**

Dieser Wein, auf dessen Etikett der Name von Henri Duboscq (Besitzer von Haut-Marbuzet) steht, der aber von einem völlig selbständigen Cru kommt, hat keine Angst, die höchsten Gipfel zu erklimmen. Eine phantastische Farbe, ein sehr aromatisches, außerordentlich komplexes Bukett (Zendernholz, Harz, Gewürze, Kakao, Unterholz) und ein runder, korpulenter, reichhaltiger, milder und geschmeidiger Geschmack - ein Gipfel der Zartheit und Stärke.

🍇 Henri Duboscq et Fils, Ch. Chambert-Marbuzet, 33180 Saint-Estèphe, Tel. 05.56.59.30.54, Fax 05.56.59.70.87 ▼ ⌇ n. V.

CH. CLAUZET 1994★

■ Cru bourg.   k. A.   40 000   🍾 ⓘ 70-100 F

Dieser Cru, der den in Saint-Estèphe recht günstigen Jahrgang 1994 vorteilhaft nutzte, bietet uns hier einen klassischen, soliden, wohldosierten Wein mit einem angenehmen Bukett (Gewürze, Trüffeln).

🍇 Max Boisseau, 46, rte du Médoc, 33180 Saint-Estèphe, Tel. 05.56.59.34.16, Fax 05.56.59.37.11 ▼ ⌇ n. V.

LES PAGODES DE COS 1994★

■ k. A.   100 000   ⓘ 100-150 F

Diese »Pagoden«, der Zweitwein von Cos d'Estournel, erinnern an die Architektur der Keller. Bisher wurden die jungen Reben von Cos zusammen mit denen von Marbuzet vinifiziert. Dieser Jahrgang ist der erste, der von fünf bis zwanzig Jahre alten Rebstöcken hergestellt wurde. Sein guter Stoff ist nicht der eines Weins, den man sofort trinken kann. Man muß zwischen fünf und zehn Jahren warten, damit die Tannine verschmelzen.

🍇 SA Dom. Prats, Cos d'Estournel, 33180 Saint-Estèphe, Tel. 05.56.73.15.50, Fax 05.56.59.72.59 ▼

CH. COS D'ESTOURNEL 1994★★★

■ 2ème cru clas.   64 ha   280 000   ⓘ +200 F

|70| **71 73 74** |75| **76** |78| |79| **80** |81| |82| |83| **84** |85| **86** |87| **88** |89| (90) **91 92 93 94**

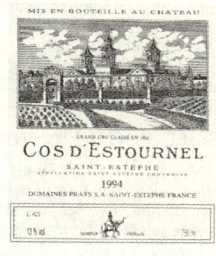

Auch wenn viele Crus schöne Weine erzeugen, so gibt es doch wenige, die ihren Weinen einen individuellen Charakter verleihen. Cos gehört dazu, wobei das Markenzeichen in seinem rassi-

Saint-Estèphe

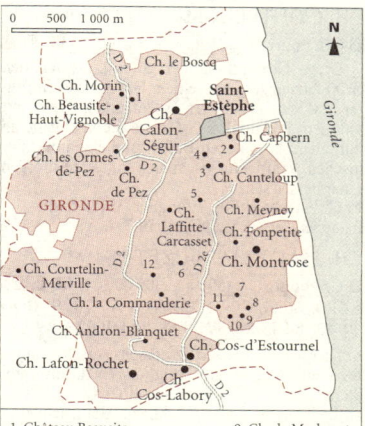

1 Château Beausite
2 Château Phélan-Ségur
3 Château Picard
4 Château Beauséjour
5 Ch. Tronquoy-Lalande
6 Château Houissant
7 Château Haut-Marbuzet
8 Ch. la Tour-de-Marbuzet
9 Ch. de Marbuzet
10 Ch. Mac Carthy
11 Château le Crock
12 Château Pomys

AOC Saint-Estèphe
Cru classé
• Cru bourgeois
--- Gemeindegrenzen

gen Bukett zum Vorschein kommt. Der 94er, ein großer Klassiker, entfaltet sich sehr angenehm im Geschmack mit viel Dichte, Feinheit und Harmonie zugleich. Er ist während der gesamten Verkostung einheitlich und wird von erstklassigen Tanninen unterstützt, bevor er mit einem großartigen Abgang endet, der sehr günstige Lagerfähigkeiten (zwischen fünf und zehn Jahren) voraussehen läßt.
•┐SA Dom. Prats, Cos d'Estournel, 33180 Saint-Estèphe, Tel. 05.56.73.15.50, Fax 05.56.59.72.59 ☑

CH. COS LABORY 1994*

■ 5ème cru clas.   18 ha   68 500   ⑾ 100-150 F
|64| |70| |75| |78| 79 |80| 81 |82| 83 |84| 85| |86| 87 88 |89| ⑨⓪ 91 |92| 93 94

Dieser Wein hat eine gute Provenienz : Er stammt von einem Hügel mit Kiessand aus der Günz-Eiszeit über einem Mergelkalksockel. Trotz des etwas strengen Charakters seiner Tannine ist er schon gefällig aufgrund seiner dunklen Farbe und vielversprechend wegen seiner wohlausgewogenen Struktur. Seine echte aromatische Komplexität setzt auf gekochte Früchte und Röstnoten ; sie ist von guter Länge.
•┐SCE Dom. Audoy, Ch. Cos Labory, 33180 Saint-Estèphe, Tel. 05.56.59.30.22, Fax 05.56.59.73.52 ☑ ⓨ n. V.

CH. COSSIEU-COUTELIN 1994*

■   k. A.   k. A.   ⑾ 50-70 F

Dieser Wein, der vom selben Erzeuger wie Bel-Air-Ortet stammt, ist ebenfalls sehr gelungen. Er hat eine schöne rubinrote Farbe und ist durch sein erregendes Bukett (Holz, Schalen, Bleistiftminen, Schokolade und Mokka) sehr vielsagend. Ein hübscher Wein, der eine kleine Erholung im Keller verdient.
•┐Cheval Quancard, rue Barbère, 33440 Ambarès, Tel. 05.56.33.80.60, Fax 05.56.33.80.70 ⓨ n. V.

CH. COUTELIN-MERVILLE 1994*

■ Cru bourg.   21 ha   135 000   ⑾ 50-70 F

Dieser Cru bestätigt den guten Eindruck, den er im letzten Jahr bei seinem Debüt im Weinführer erweckte. Er bietet erneut einen Wein mit schönem Potential. Er ist heute schon angenehm mit einem komplexen Bukett und einem harmonischen, kräftigen Geschmack und wird morgen noch besser sein.
•┐G. Estager et Fils, Blanquet, 33180 Saint-Estèphe, Tel. 05.56.59.32.10 ☑ ⓨ n. V.

CH. HAUT-MARBUZET 1994***

■ Cru bourg.   50 ha   300 000   ⑾ 100-150 F
|62| |64| 66|67| 70 71 73|75| |76| 77 78 79 80 81 ⑧② |83| 84 85 86 87 88 89 90 |91| 92 93 94

Dieser Cru, der seit der ersten Ausgabe unseres Weinführers regelmäßig ausgewählt und mit Sternen belohnt wird, ist in seiner Qualität vorbildlich. Nach einem prächtigen 93er zeichnet er sich durch den Charme und die Stärke seines 94ers aus. Das Bukett, eine subtile Vereinigung von Lebkuchen, Rauch und Früchten, ist ebenso intensiv wie die Farbe, ein schönes, dunkles Granatrot. Im Geschmack wird der aromatische Reichtum außergewöhnlich und verbindet sich mit einer soliden Tanninstruktur zu einem Ausnahmewein.

•┐Henri Dubosca et Fils, Ch. Haut Marbuzet, 33180 Saint-Estèphe, Tel. 05.56.59.30.54, Fax 05.56.59.70.87 ☑ ⓨ n. V.

CH. LA COMMANDERIE 1994

■ Cru bourg.   k. A.   93 000   ▮⑾ 50-70 F

Gabriel Meffre, der auch Erzeuger in den Appellationen Pauillac und Saint-Julien ist, bietet hier einen gefälligen, wenn auch für seine AOC nicht sehr repräsentativen Wein. Er besitzt ein nuancenreiches Bukett (reife Früchte und Feigenkonfitüre) und einen einschmeichelnden, runden, fruchtigen Geschmack.
•┐Ch. La Commanderie, 33180 Saint-Estèphe, Tel. 05.56.35.53.00, Fax 05.56.35.53.29

LA CROIX BONIS 1994*

■   10 ha   30 000   ⑾ 50-70 F

Dieser Wein, für den die Mannschaft von Phélan Ségur verantwortlich zeichnet, zeigt eine schöne Haltung mit einer Farbe zwischen Rubin- und Purpurrot, einem zart fruchtigen Bukett und einer feinen, ausgewogenen Struktur.
•┐Compagnie Médocaine des Grands Crus, ZI, 7, rue Descartes, 33290 Blanquefort, Tel. 05.56.95.54.95, Fax 05.56.95.54.85 ⓨ n. V.
•┐Gardinier

CH. LAFON-ROCHET 1994*

■ 4ème cru clas.   40,68 ha   160 000   ⑾ 150-200 F
⑥④ 75 76 77 78 79 |81| |82| |83| 85 86 |88| |89| 90 91 |92| 93 94

Dieser 94er markiert den 30. Geburtstag der prächtigen neoklassizistischen Chartreuse, die das Gut beherrscht. Er ist noch jugendlich und ein wenig verschlossen. Aber man erahnt schon ein Bukett von großem Reichtum, das aus reifen schwarzen Früchten, einem gut eingebundenen Holzton und pfeffrigen Noten besteht. Die Tannine überdecken noch den Wein, der nicht vor fünf Jahren zum Ausdruck kommen dürfte.
•┐Famille Tesseron, Ch. Lafon-Rochet, 33180 Saint-Estèphe, Tel. 05.56.59.32.06, Fax 05.56.59.72.43 ☑ ⓨ n. V.

CH. LA HAYE 1994

■ Cru bourg.   k. A.   k. A.   ⑾ 50-70 F
|89| |90| 91 92 93 94

Dieser recht weiche Wein wird zwar durch das Barriquefaß geprägt, bleibt aber dennoch angenehm, aufgrund der Harmonie des Geschmacks ebenso wie aufgrund der Feinheit des Buketts. Er kann drei bis vier Jahre lagern.

Médoc

🍷 Georges Lecallier, Leyssac, 33180 Saint-Estèphe, Tel. 05.56.59.32.18 ☑ ♈ n. V.

CH. LA PEYRE 1994**

■ Cru artisan   5 ha   28 000   ◖◗ 50-70 F

Für seinen ersten Jahrgang als Saint-Estèphe hat sich dieser Cru, der bisher auf die AOC Haut-Médoc beschränkt war, angestrengt : eine hübsche, dunkle granatrote Farbe, ein intensives, vornehmes Bukett und ein gut strukturierter, kraftvoller Geschmack - dieser 94er besitzt alles, um die Ehren der Einkellerung zu verdienen. Ein Bravo seinem Schöpfer, der Ingenieur in der Industrie war, bevor er sich ab 1987 seinem Weinberg widmete.

🍷 EARL Vignobles Rabiller, Leyssac, 33180 Saint-Estèphe, Tel. 05.56.59.32.51, Fax 05.56.59.70.09 ☑ ♈ n. V.

CH. LES ORMES DE PEZ 1994*

■ Cru bourg.   33 ha   180 000   ◖◗ 100-150 F

81 |82| 83| 84 |85| 86| 87 |88| 89 90 91 |92| 93 94

Dieses Gut der Familie Cazes ist weniger berühmt als die Crus in Pauillac, beweist aber dennoch eine regelmäßige Qualität. Sein 94er betont mehr die Feinheit als die Stärke und zeigt sich sehr angenehm aufgrund der Sanftheit seiner Struktur, der Rundheit seiner Tannine und des Charmes seines Aromas von roten Früchten. Er dürfte schon 1999 gefallen und vorteilhaft das Jahr 2005 erreichen.

🍷 Jean-Michel Cazes, Ch. Lynch-Bages, 33250 Pauillac, Tel. 05.56.73.24.00, Fax 05.56.59.26.42 ☑ ♈ n. V.

CH. LILIAN LADOUYS 1994*

■ Cru bourg.   40 ha   172 500   ◖◗ 70-100 F

89 (90) |91| 92 |93| 94|

Dieser Cru, der seinem Qualitätsruf immer treu bleibt und heute von Georges Pauli geleitet wird, bietet hier einen gutgebauten 94er. Er besitzt ein Bukett, das sich aus Röstnoten, roten Früchten und Konfitüre zusammensetzt, und kommt sehr gut im Geschmack zum Ausdruck, wo der klug bemessene Holzton den Trauben und den gut verschmolzenen Tanninen eine große Freiheit läßt, sich zu entfalten. Ein Wein von ausgezeichneter Herkunft.

🍷 SA Ch. Lilian Ladouys, Blanquet, 33180 Saint-Estèphe, Tel. 05.56.59.71.96, Fax 05.56.59.35.97 ☑ ♈ n. V.

CH. MARBUZET 1994*

■ Cru Bourg.   7 ha   50 000   ◖◗ 100-150 F

75 76 78 79 |81| 82 83 84 |85| 86 87 |88| |89| (90) |91| 92 93 |94|

Dieser Cru wird von einem »Weißen Haus im Kleinformat« beherrscht. Er gehört den Domaines Prats und macht mit diesem 94er eine gute Figur neben seinem großen Bruder Cos. Der runde, weiche Geschmack verbindet sich mit der Farbe und dem Bukett zu einem ausgewogenen, erstklassigen Gesamteindruck.

🍷 Dom. Prats, Ch. Marbuzet, 33180 Saint-Estèphe, Tel. 05.56.73.15.50, Fax 05.56.59.72.59 ☑

Saint-Estèphe

TRADITION DU MARQUIS
Vieilli en fût de chêne 1994**

■   10 ha   50 400   ◖◗ 50-70 F

Dieser Wein, die Spitzencuvée der Genossenschaftskellerei, macht seinem Erzeuger Ehre. Er hat eine schöne, lebhafte, jugendliche Farbe und entfaltet einen zarten Duft nach reifen Früchten und Schokolade, bevor er einen fleischigen, fruchtigen Geschmack mit großer Nachhaltigkeit enthüllt. Die häufig vertriebene Marke, der Marquis de Saint-Estèphe, ist schlicht und gefällig und wurde ebenfalls von unserer Jury berücksichtigt, aber ohne Stern.

🍷 Marquis de Saint-Estèphe, 2, rte du Médoc, 33180 Saint-Estèphe, Tel. 05.56.59.32.05, Fax 05.56.59.70.89 ☑ ♈ Mo-Fr 8h30-12h15 14h-18h

CH. MEYNEY 1994*

■ Cru bourg.   50 ha   308 000   ◖◗ 100-150 F

80 81 |82| |83| 84 |85| (86)| |87| 88 89 90 91 92 93 94

Auch wenn man in diesem Jahrgang nicht die ganze Reichhaltigkeit wiederfindet, an die man bei diesem Cru (dessen Geschichte mindestens bis ins 17. Jh. zurückreicht) gewöhnt ist, muß der Weinliebhaber durch seine Weichheit, seine Ausgewogenheit und seine kräftiges Bukett von roten Früchten verführt werden. Er hat hier eine hübsche Flasche, die eine Alterung verdient. Der rustikalere, aber gutgebaute Zweitwein, der Prieur de Meyney, ist ebenfalls von unserer Jury ausgewählt worden, aber ohne Stern.

🍷 Domaines Cordier, 53, rue du Dehez, 33290 Blanquefort, Tel. 05.56.95.53.00, Fax 05.56.95.53.01 ☑ ♈ n. V.

CH. MONTROSE 1994***

■ 2ème cru clas.   68,39 ha   220 000   ◖◗ +200 F

64 66 67 |70| |75| 76 78 |79| 81 |(82)| 83 |85| 86 87 88 89 90 91 92 93 94

Ein weiteres Mal hat der Wein von Jean-Louis Charmolüe die Mitglieder der Hachette-Jury beeindruckt: durch seinen »strahlenden Abgang«, aber auch durch sein Bukett, in dem Früchte und Holz wunderbar verschmelzen, mit einer Röstnote als Zugabe, und seine Struktur, die sich auf einen soliden, reichhaltigen Stoff und muskulöse Tannine stützt. Wie kann ein so komplexer Wein in einem kleinen Jahrgang gelingen ? Saint-Estèphe konnte die Trauben auslesen. Der sehr feine Zweitwein, La Dame de Montrose, hat einen Stern erhalten.

🍷 Jean-Louis Charmolüe, Ch. Montrose, 33180 Saint-Estèphe, Tel. 05.56.59.30.12, Fax 05.56.59.38.48 ☑ ♈ n. V.

CH. PETIT BOCQ 1994*

■ Cru bourg.   7 ha   36 000   ◖◗ 70-100 F

Dieser 1993 völlig umstrukturierte Cru genießt eine sorgfältige Pflege unter der besonnenen Aufsicht seines Direktors, Gaétan Lagneaux, der einen Doktor in Medizin hat. Petit Bocq hat seinen ersten Auftritt im Weinführer mit diesem 94er, der ebenso durch seine elegante, ausgewogene Struktur wie auch durch sein Bukett verführt, in dem die Noten von Geröstetem, roten

Médoc

Johannisbeeren, Erdbeeren und Kaffee einen erstklassigen Geruchseindruck ergeben.
•┐SCEA Lagneaux-Blaton, 3, rue de la Croix de Pez, B.P. 33, 33180 Saint-Estèphe, Tel. 05.56.59.35.69, Fax 05.56.59.32.11 ☑ ☥ n. V.

CH. PHELAN SEGUR 1994**

| ■ Cru bourg. | 66 ha | 220 000 | ⅢD | 100-150 F |

81 **82** |86| 87 |88| 89 90 |91| |92| 93 94

Phélan gehört unzweifelhaft zu den Crus, auf die man sich in der Appellation am meisten verlassen kann. Es beweist dies einmal mehr mit diesem sehr hübschen Wein. Seine gegenwärtige Strenge im Geschmack schmälert nicht seine Eleganz; sie ist die natürliche Konsequenz einer soliden Struktur, die perfekt mit der Reichhaltigkeit eines typischen Buketts harmoniert. Das Ganze ist von großer Qualität und verspricht eine schöne Zukunft. Der Zweitwein, der Franck Phélan, ist mit einem Stern ausgewählt worden.
•┐SA Ch. Phélan Ségur, 33180 Saint-Estèphe, Tel. 05.56.59.30.09, Fax 05.56.59.30.04 ☥ n. V.

CH. POMYS 1994*

| ■ Cru bourg. | 12 ha | 50 000 | ▮ ⅢD | 70-100 F |

80 81 |82| |83| 84 |85| 87 **88** |89| 90 91 |92| |93| 94

Dieses Château, ein Luxushotel mit Versammlungsräumen, betont den Empfang. Ohne darüber aber die Pflege des Weinbergs zu vernachlässigen, wie dieser seriöse, ausdrucksvolle Wein zeigt, an dem man die Zartheit des Buketts mit den angenehmen fruchtigen Noten und die Weichheit des Geschmacks schätzen wird.
•┐SARL Arnaud, Ch. Saint-Estèphe et Pomys, 33180 Saint-Estèphe, Tel. 05.56.59.32.26, Fax 05.56.59.35.24 ☑ ☥ n. V.

CH. SAINT-ESTEPHE 1994

| ■ Cru bourg. | k. A. | 50 000 | ⅢD♨ | 50-70 F |

75 80 81 |82| 83 84 |85| 87 |88| 89 90 |91| |92| |93| |94|

Dieser Wein stammt vom selben Erzeuger wie der Pomys. Er ist noch ein wenig verschlossen, aber wenn man ihn im Glas schwenkt, erahnt man das erwachende Bukett (rote Früchte und Gewürze). Im Geschmack zeigt er sich sanft und fest zugleich, mit einem fruchtigen Abgang.
•┐SARL Arnaud, Ch. Saint-Estèphe et Pomys, 33180 Saint-Estèphe, Tel. 05.56.59.32.26, Fax 05.56.59.35.24 ☑ ☥ n. V.

CH. SEGUR DE CABANAC 1994*

| ■ Cru bourg. | 6,25 ha | 29 000 | ⅢD | 70-100 F |

|86| 87 |88| **89** 90 91 92 93 94

Dieser Cru, ein Weinberg, den die ehemaligen Besitzer von Phélan 1986 wiederhergestellt haben, bietet uns hier einen Wein, der aufgrund einer jugendlichen Bitterkeit bei der Verkostung noch einige Schwierigkeiten bereitet. Aber man spürt, daß er gut gebaut und dazu bestimmt ist, sich bei der Lagerung gut zu entwickeln. Es empfiehlt sich, ihn in zwei Jahren zu probieren, damit man überprüfen kann, ob die Struktur geschmeidig geworden ist. Einige Verkoster waren der Ansicht, er würde sich erst in fünf Jahren entfalten. Es werden noch Wetten angenommen!

Saint-Estèphe

•┐SCEA Guy Delon et Fils, Ch. Ségur de Cabanac, 33180 Saint-Estèphe, Tel. 05.56.59.70.10, Fax 05.56.59.73.94 ☑ ☥ n. V.

CH. TOUR DE PEZ 1994

| ■ Cru bourg. | 6,5 ha | 40 000 | ⅢD | 70-100 F |

91 93 94

Wenn es überraschende Weine gibt, so ist dieser 94er einer davon. Er hat die Mitglieder unserer Jury sogar ein wenig verunsichert. Alle haben zwar die Weichheit seiner Ansprache und den Reiz seines Buketts (rote Früchte und getoastetes Brot) geschätzt, aber sie waren geteilter Meinung über die Struktur, die für die einen ein wenig rustikal ist und für die anderen ein gutes Potential besitzt. Diese Flasche verdient dennoch eine Lagerung, damit ihre Tannine verschmelzen und den Wein zu Wort kommen lassen.
•┐SA Ch. Tour de Pez, L'Hereteyre, 33180 Saint-Estèphe, Tel. 05.56.59.31.60, Fax 05.56.59.71.12 ☑ ☥ Mo-Fr 9h-12h 14h-17h30 ; Gruppen n. V.

CH. TOUR DES TERMES 1994*

| ■ Cru bourg. | 15 ha | 80 000 | ⅢD | 70-100 F |

81 82 83 84 85 **86** |88| |89| 92 93 94

Für gewöhnlich erzeugt dieser Cru einen ziemlich leichten Wein, aber hier reiht er sich in eine ganz andere Gruppe ein. Sein 94er besitzt einen sehr guten Bau. Dieser stützt sich auf sehr reife Tannine, die mit dem Aroma von Gekochtem und Geröstetem harmonieren. Ein schöner Wein, bei dem alles eine ermutigende Zukunft verspricht.
•┐Vignobles Jean Anney, Ch. Tour des Termes, 33180 Saint-Estèphe, Tel. 05.56.59.32.89, Fax 05.56.59.73.74 ☑ ☥ Mo-Fr 8h-12h30 14h-17h30

CH. TOUR HAUT VIGNOBLE 1994*

| ■ Cru bourg. | 5 ha | 30 000 | ⅢD | 50-70 F |

Dieser Cru, ein Neuankömmling im Hachette-Weinführer, gibt ein schönes Debüt mit diesem sehr gelungenen 94er. Dieser Wein ist noch ein wenig schüchtern im ersten Geruchseindruck und zeigt dann ein echtes Potential. Er verlangt Geduld, damit man ihn richtig genießen kann.
•┐Jean-Louis Braquessac, Ch. Beau-Site Haut-Vignoble, 33180 Saint-Estèphe, Tel. 05.56.59.30.40, Fax 05.56.59.39.13 ☥ n. V.

CH. TOUR SAINT FORT 1994

| ■ | 3 ha | 17 000 | ⅢD | 50-70 F |

Dieser 94er bestätigt den guten Eindruck, den der 93er im letzten Jahr erweckte. Er verbindet eine schöne dunkle Farbe mit einem Bukett, das zarte Holz- und Toastnoten enthält, und einem sanften Geschmack, der aber von robusten Tanninen unterstützt wird.
•┐SCA Laujac, 1, rte de Lavillotte, 33180 Saint-Estèphe, Tel. 05.56.34.16.16, Fax 05.56.13.05.54 ☑ ☥ n. V.

CH. TRONQUOY-LALANDE 1994*

| ■ Cru bourg. | k. A. | 77 000 | ⅢD | 50-70 F |

⑧② 83 **85** |86| 87 |88| |89| 90 |91| 93 94

Dieser ausschließlich von Dourthe vertriebene Wein ist nicht so strahlend wie der vorangegan-

Médoc

gene Jahrgang. Sein würzig-fruchtiges Bukett ist zwar weniger ausdrucksvoll, aber dennoch bleibt der Gesamtausdruck frisch und ausgewogen, unterstützt von gut integrierten Tanninen. Der Zweitwein (Château Tronquoy de Sainte-Anne) ist ohne Stern berücksichtigt worden.

Ch. Tronquoy-Lalande, 33180 Saint-Estèphe, Tel. 05.56.35.53.00, Fax 05.56.35.53.29 n. V.

A. Castéja-Texier

CH. VALROSE 1994*

| 5,04 ha | 35 000 | 50-70 F |

Der Kontrast ist groß zwischen der Milde des Namens und dem »wilden Charakter«, der sich im Bukett bei der Belüftung zeigt, mit einem schönen Aroma von roten Früchten und Gewürzen. Im Geschmack machen diese Lakritzenoten Platz. Insgesamt ein recht typischer Wein, bieten gute Struktur und hübscher Abgang ein gutes Omen ist.

SCE Ch. Valrose, 7, rue Michel-Audoy, 33180 Saint-Estèphe, Tel. 05.56.59.72.02, Fax 05.56.59.39.31 tägl. 9h-12h 14h-19h

Jean-Louis Audoin

Saint-Julien

Zum einen »Saint-Julien«, zum anderen »Saint-Julien-Beychevelles« - Saint-Julien ist die einzige kommunale Appellation des Haut-Médoc, die nicht darauf achtet, daß die Bezeichnung für das Weinbaugebiet genau mit dem Namen der Gemeinde übereinstimmt. Die zweite Bezeichnung hat zugegebenermaßen den Fehler, daß sie ein wenig lang ist, aber sie entspricht vollkommen dem Wesen der Menschen und dem Anbaugebiet der Gemeinde und der Appellation, das auf zwei Hochflächen mit Kies- und Kiessandböden liegt.

Das Weinbaugebiet von Saint-Julien, das sich genau in der Mitte des Haut-Médoc befindet, stellt auf einer ziemlich kleinen Anbaufläche (900 ha und 49 392 hl im Jahre 1996) eine harmonische Synthese zwischen den Appellationen Margaux und Pauillac dar. Es ist somit auch nicht verwunderlich, daß man hier elf Crus classés findet (darunter fünf Seconds crus). Entsprechend ihrem Anbaugebiet bieten die Weine eine gute Ausgewogenheit zwischen den Merkmalen der Margaux-Weine (vor allem Feinheit) und denen der Pauillac-Weine (Körper). Im allgemeinen besitzen sie eine schöne Farbe, ein feines,

Saint-Julien

typisches Bukett, Körper, großen Reichtum und eine sehr schöne Kraft. Doch selbstverständlich sind die etwa 6,6 Millionen Flaschen, die jedes Jahr in Saint-Julien erzeugt werden, weit davon entfernt, daß sie alle einander ähnlich wären. Besonders erfahrene Verkoster werden die Unterschiede feststellen, die zwischen den Crus im Süden (näher bei den Margaux-Weinen) und den Crus im Norden (näher bei den Pauillac-Weinen) sowie zwischen den in der Nähe des Ästuars gelegenen Crus und den Crus weiter im Landesinneren (in Richtung Saint-Laurent) bestehen. 1994 erzeugte Saint-Julien 47 387 hl.

CH. BEYCHEVELLE 1994**

| 4ème cru clas. | 56 ha | 330 000 | 100-150 F |

|70| 76 78 79 81 |82| 83 84 85 86 87 88 (89) 90 |91| 92 93 94

Vom ersten Château, einer Festung der Feudalzeit, ist nichts übriggeblieben, aber man wird nicht bedauern, daß es sich in ein Weinschloß verwandelt hat - wegen der Schönheit des kleinen Landhauses und auch von Jahrgängen wie diesem 94er. Das Bukett, das Lakritze-, Vanille- und Röstnoten bietet, ist ausdrucksvoll und elegant. Es wird von einem erstklassigen Holzton unterstützt, der auch zur Harmonie des Geschmacks beiträgt. Dessen Ausgewogenheit und Reichtum lassen gute Lagerungsmöglichkeiten voraussagen.

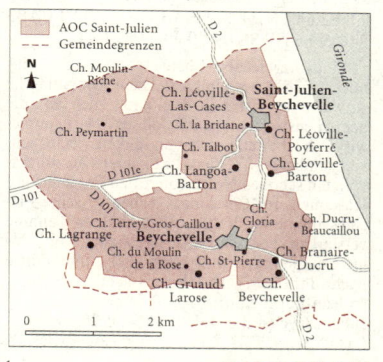

SC Ch. Beychevelle, 33250 Saint-Julien-Beychevelle, Tel. 05.56.73.20.70, Fax 05.56.73.20.71 n. V.

AMIRAL DE BEYCHEVELLE 1994*

| 19 ha | 110 000 | 70-100 F |

Der Zweitwein Beychevelle bietet zwar nicht die gleichen Aussichten für eine gute Lagerung wie sein großer Bruder, aber er verdient einen drei- bis vierjährigen Aufenthalt im Keller. Sein Bukett, das Holz und Frucht verbindet, sein gutgebauter Geschmack und seine verschmolzenen Tannine verleihen ihm einen interessanten Charakter.

Saint-Julien

Médoc

🍷 SC Ch. Beychevelle, 3250 Saint-
Julien-Beychevelle, Tel. 05.56.73.20.70,
Fax 05.56.73.20.71 ⓥ Ⓨ n. V.

CH. BLANCAN 1994

■ 1,5 ha 12 000 ⒤⑩♀ 50-70 F

Der Zweitwein von Château la Bridane, der
von der Firma Quancard vertrieben wird. Dieser
94er ist ein wenig diskret aufgrund seines
Buketts, verstärkt sich aber im Geschmack.

🍷 André Quancard-André, rue de la Cabeyre,
33240 Saint-André-de-Cubzac,
Tel. 05.57.33.42.42, Fax 05.57.33.01.71

🍷 Saintout

CH. BRANAIRE Duluc-Ducru 1994**

■ 4ème cru clas. 48 ha 160 000 ⑩ 100-150 F

81 |82| 83 84 85 |86| 87 |88| 89 90 91 |92| 93 94

Ein Gebäude im Directoirestil, eine Orangerie
aus dem 18. Jh. und ein Gärkeller, der die
Schwerkraft ausnutzt - dieser Cru ist einen
Besuch wert. Und dieser Wein lohnt eine Entdeckung. Er ist in seiner Erscheinung tadellos
und kündigt sich durch eine sehr dunkle Farbe
und ein ebenso kräftiges wie komplexes Bukett
(Rauch, schwarze Johannisbeeren und Vanille)
an. Das rauchige Aroma findet man im
Geschmack wieder, der sich auf eine sehr feste
Struktur stützt. Wegen seiner Reichhaltigkeit und
seiner Länge sollte man diesen 94er fünf Jahre
oder noch länger aufheben.

🍷 SAE du Ch. Branaire-Ducru, 33250 Saint-
Julien, Tel. 05.56.59.25.86, Fax 05.56.59.16.26 ⓥ
Ⓨ n. V.

CLOS DU MEUNIER 1994

■ 3 ha 24 000 ♀ 50-70 F

Dieser 94er gehört zur großen Familie der
Weine der Firma Mau und wird von der Société
de Cartujac hergestellt. Er ist ein wenig zurückhaltend in seiner aromatischen Entfaltung, aber
seine solide Struktur dürfte es ihm ermöglichen,
sich gut zu entwickeln.

🍷 SA Yvon Mau, rue André-Dupuy-Chauvin ;
B.P. 1, 33190 Gironde-sur-Dropt,
Tel. 05.56.61.54.54, Fax 05.56.61.54.61

CH. DUCRU-BEAUCAILLOU 1994***

■ 2ème cru clas. 50 ha 190 000 ⑩ +200 F

|61| 62 64 |66| |70| 71 |75| 76 77 |78| 79 81 ⑧② 83
84 |85| 86 |87| 88 89 90 |91| |92| 93 94

Eines der letzten Châteaux im Médoc, das
noch ständig bewohnt ist. Diese sympathische
Anwesenheit hat sich zweifellos auch auf die
bemerkenswerte Qualität dieses 94ers ausgewirkt. Auch wenn sich sein Bukett noch nicht
vollständig geöffnet hat, ist es bereits ausdrucksvoll, mit schönen Noten von roten Früchten und
Kastanien. Im Geschmack behält er seine Eleganz, die seine fülligen, gut umhüllten Tannine
verstärken. Das Ganze ist reichhaltig, vollkommen ausgewogen und harmonisch und dürfte
nach fünf oder sechs Jahren prächtig werden.

🍷 Jean-Eugène Borie, 33250 Saint-
Julien-Beychevelle, Tel. 05.56.59.05.20,
Fax 05.56.59.27.37 Ⓨ n. V. ; Aug. geschlossen

Saint-Julien

CH. DULUC 1994*

■ k. A. 84 000 50-70 F

Die Zweitmarke von Branaire. Dieser Wein ist
ebenfalls sehr gut gelungen. Er bringt durch sein
Bukett die Möglichkeiten eines erstklassigen
Bodens zum Ausdruck und schafft es, dem
Geschmack einen Eindruck von Frische, fast von
Leichtigkeit zu verleihen, während er gleichzeitig
einen soliden Bau enthüllt.

🍷 SAE du Ch. Branaire-Ducru, 33250 Saint-
Julien, Tel. 05.56.59.25.86, Fax 05.56.59.16.26 ⓥ
Ⓨ n. V.

CH. DU GLANA Vieilles vignes 1994

■ Cru bourg. k. A. 40 000 ⑩ 50-70 F

Dieser exklusiv vom CVBG vertriebene Wein
stammt von den ältesten Rebstöcken und wird
im Faß ausgebaut. Er ist noch ein wenig streng,
zeigt sich aber anziehend aufgrund eines
schönen aromatischen Ausdrucks (rote Früchte),
vor allem im Abgang.

🍷 Ch. du Glana, 33250 Saint-Julien,
Tel. 05.56.35.53.00, Fax 05.56.35.53.29

CH. GLORIA 1994*

■ 48 ha 240 000 ⑩ 70-100 F

64 66 70 71 75 76 78 79 81 82 83 84 |85| |86|
87 |88| 89 90 91 92 93 94

Dieser Cru entstand 1942 auf Initiative von
Henri Martin und wurde aus Parzellen gebildet,
die berühmten Châteaux abgekauft wurden ;
dennoch hat er heute eine schöne Größe. Getreu
seiner Qualitätstradition bietet er uns hier einen
Wein mit einem eleganten Bukett (Blumen und
Vanille) und einem gutgebauten Geschmack.
Seine Ausgewogenheit, sein Gerüst, das sich auf
runde, seidige Tannine stützt, und seine gute
Länge sind Garanten für einen echten Genuß an
Ihrer Tafel.

🍷 Domaines Martin, Ch. Gloria, 33250 Saint-
Julien-Beychevelle, Tel. 05.56.59.08.18,
Fax 05.56.59.16.18 ⓥ Ⓨ n. V.

🍷 Françoise Triaud

CH. GRUAUD-LAROSE 1994**

■ 2ème cru clas. 84 ha 310 000 ⑩ +200 F

70 71 |76| 77 78 |79| 80 81 82 83 84 |85| ⑧⑥ |87|
88 89 90 91 92 93 94

»In Rußland werden die besten französischen
Weine getrunken«, schrieb Théophile Gautier im
Hinblick auf den Gruaud. Heute muß man nicht
mehr - selbst wenn 55 % der Flaschen von Gruaud exportiert werden - Tausende von Kilometern fahren, um Schmuckstücke wie diesen 94er
zu entdecken. Dieser Wein ist in seiner Erscheinung elegant und rassig, sowohl im Aussehen als
auch im Geruch, und entfaltet einen Geschmack,
in dem ein schöner Stoff und reife, wohlausgewogene, harmonische Tannine regieren. Der
Abgang, der das Ganze krönt, zeigt durch seine
Stärke, daß diese Flasche die Ehren der Einkellerung verdient.

🍷 Ch. Gruaud-Larose, 33250 Saint-
Julien-Beychevelle, Tel. 05.56.73.15.20,
Fax 05.56.59.64.72 ⓥ Ⓨ n. V.

Médoc — Saint-Julien

SARGET DE GRUAUD-LAROSE 1994*
■ 84 ha 165 000 ◨ 100-150 F

Die Zweitmarke von Gruaud-Larose. Dieser Wein hat nicht seine Stärke, bleibt aber dennoch sehr gut gebaut, mit sanften, eleganten Tanninen. Er ist schon sehr angenehm, insbesondere im Abgang, kann aber drei bis vier Jahre lagern.
☞ Ch. Gruaud-Larose, 33250 Saint-Julien-Beychevelle, Tel. 05.56.73.15.20, Fax 05.56.59.64.72 ⌇ n. V.

CH. LA BRIDANE 1994*
■ Cru bourg. 15 ha 50 000 ◨ 70-100 F
80 **81** 82 83 84 85 86 87 88 |89| **90** 91 92 93 94

Obwohl er zurückhaltend ist, bleibt dieser Cru aufgrund der Qualität von Weinen wie diesem 94er ein guter Botschafter der Crus bourgeois der Appellation. Unsere Jury schätzte die Feinheit seines Buketts mit den vollkommenen verschmolzenen Mentholnoten und seinen Geschmack, der sich auf gutgebaute Tannine stützt.
☞ Bruno Saintout, Dom. Saint-Laurent-de-Cartujac, 33112 Saint-Laurent-du-Médoc, Tel. 05.56.59.91.70, Fax 05.56.59.46.13 ✓ n. V.

CH. LAGRANGE 1994***
■ 3ème cru clas. 112 ha k. A. ◨ 70-100 F
79 81 82 **83** |85| |86| 87 88 89 ⑨⓪ 91 92 93 94

Die Jahre vergehen, aber Lagrange bleibt bestehen und bestätigt sein hohes Niveau. Es übertrifft sich sogar mit diesem Jahrgang. Er ist perfekt gelungen und wird für Sie im ersten Jahrzehnt des 21. Jh. wunderbare Überraschungen bereithalten. Sie werden Vergnügen daran finden, in Ihrem Kellerbuch die Entwicklung seines reichen Buketts festzuhalten, das Noten von Gewürzen, Nuancen von Tiergeruch, Zimt, Vanille, Haselnüsse und Toast verbindet. Ebenso die Veränderungen seines Geschmacks, dessen Stoff durch seinen Umfang, seine Fülle und seine wunderbar seidigen Tannine beeindruckt.
☞ Ch. Lagrange, 33250 Saint-Julien-Beychevelle, Tel. 05.56.59.23.63, Fax 05.56.59.26.09 ⌇ n. V.
☞ Suntory Ltd

LES FIEFS DE LAGRANGE 1994*
■ 112 ha k. A. ◨ 50-70 F

Auch wenn die »Fiefs« nur die Zweitmarke sind, werden sie mit der gleichen Sorgfalt wie der große Wein hergestellt, denn die Auswahl geschieht erst bei der Verschnittkomposition, nach der Vergärung. Das Ergebnis ist ein hübscher Wein, der die Minze mit Paprika und einer Vanillenote verbindet und zeigt, daß er dank seiner Einheitlichkeit und seiner robusten Tannine das Jahre 2000 abwarten kann.
☞ Ch. Lagrange SA, 33250 Saint-Julien-Beychevelle, Tel. 05.56.59.23.63, Fax 05.56.59.26.09 ⌇ n. V.

CH. LALANDE-BORIE 1994*
■ Cru bourg. 18 ha 110 000 ◨ 50-70 F
81 ⑧② **83** 84 **85** |86| 87 |88| **89 90** 91 |92| 93 94

Einen Cru zu schafffen ist ein Traum, den jeder Winzer hegt. Jean-Eugène Borie hat ihn verwirklicht. Man versteht deshalb, daß er zusammen mit seinem Sohn auf die Qualität seines Weins achtet. Zeuge dafür ist dieser 94er, der seinen Charakter durch eine sehr cabernettypischen Abgang, verschmolzene Tannine, eine sanfte Ansprache und ein elegantes Bukett zeigt. »Ein Flasche von edler Herkunft«, notierte ein Verkoster.
☞ Jean-Eugène Borie, 33250 Saint-Julien-Beychevelle, Tel. 05.56.59.05.20, Fax 05.56.59.27.37 ⌇ n. V. ; Aug. geschlossen

CH. LANGOA BARTON 1994*
■ 3ème cru clas. 20 ha 90 000 ◨ 100-150 F
70 75 **76** |78| 80 **81** |82| |83| **85 86** 87 88 ⑧⑨ **90** |92| 93 94

Langoa befindet sich seit 1821 im Besitz der Familie Barton. Auch wenn er nicht die Absicht hat, mit seinem Vetter Léoville zu konkurrieren, kann er doch seine Persönlichkeit beweisen : durch eine Ansprache von guter Dichte, eine noch strenge, aber interessante Struktur und ein Bukett, das Eleganz und Komplexität verbindet (Gewürze und Mentholnote).
☞ SA Ch. Langoa et Leoville-Barton, 33250 Saint-Julien-Beychevelle, Tel. 05.56.59.06.05, Fax 05.56.59.14.29 ⌇ n. V.

CH. LEOVILLE-BARTON 1994***
■ 2ème cru clas. 40 ha 270 000 ◨ 150-200 F
64 67 **70 71 75 76** |78| |79| 80 **81** |82| |83| |85| **86 87 88 89** ⑨⓪ |91| |92| 93 94

Dieser Cru, seit 1826 im Besitz der Familie Barton, ist eine der Säulen von Saint-Julien geblieben. Das Bukett dieses 94ers ist reichhaltig und komplex (Kirschen, Vanille, Rauch), bleibt dabei aber noch zurückhaltend. Der Geschmack, der den Beitrag vom Holzfaß vollendet verarbeitet hat, pflegt ebenfalls eine vollendete Kunst der Ausgewogenheit. Dieser runde, füllige, kraftvolle, lang anhaltende Wein hat die Zeit auf seiner Seite (sieben bis zehn Jahre oder noch länger) ; es wäre sehr schade, diese Flasche zu früh zu öffnen - trotz seiner heutigen Reize.
☞ Ch. Léoville-Barton, 33250 Saint-Julien-Beychevelle, Tel. 05.56.59.06.05, Fax 05.56.59.14.29 ⌇ n. V.

RESERVE LEOVILLE-BARTON 1994
■ k. A. 70 000 ◨ 70-100 F

Die Zweitmarke von Langoa und Léoville-Barton. Dieser Wein ist viel schlichter, aber angenehm, durch sein noch verschlossenes, aber zart

Süße Weißweine — Saint-Julien

fruchtiges Bukett ebenso wie im Geschmack, in dem sich reife Tannine und eine gute Ausgewogenheit enthüllen.
☙ SA Ch. Langoa et Leoville-Barton, 33250 Saint-Julien-Beychevelle,
Tel. 05.56.59.06.05, Fax 05.56.59.14.29 ⚤ n. V.

CH. LEOVILLE POYFERRE 1994**

| ■ 2ème cru clas. | k. A. | k. A. | ◗ | 150-200 F |

76 78 79 80 |81| |82| |83| 84 85 86 87 88 89 90 |91| |92| |93| 94

Dieser Cru, der die mittlere Parzelle des alten Guts von Léoville einnimmt, besitzt einen Boden von großer Qualität. Auch wenn er es nicht weiß, erahnt dies der Verkoster leicht, wenn er diesen 94er probiert, der das Musterbeispiel eines klassischen lagerfähigen Weins ist - aufgrund seiner dunkelrubinroten Farbe wie auch seiner ausgewogenen, stattlichen Struktur, die für die Weine von Saint-Julien typisch ist. Die Tannine sind noch ein wenig streng, bürgen aber für die Entwicklung dieser Flasche. Herrlicher Abgang.
☙ Ch. Léoville Poyferré, 33250 Saint-Julien, Tel. 05.56.59.08.30, Fax 05.56.59.60.09 ⚤ n. V.

CH. MOULIN DE LA ROSE 1994

| ■ Cru bourg. | 4,65 ha | 26 000 | ◗ | 70-100 F |

Ein kleines Weingut, das aber aus hübschen Kiessandparzellen der Appellation besteht. Dieser Wein hat die Weinkoster gespalten, aber er zeigt sich dennoch seines Ursprungs würdig aufgrund seiner schönen rubinroten Farbe und seiner soliden Struktur. Dieser Bau erlaubt es ihm, sich während einer drei- bis vierjährigen Lagerung zu verfeinern.
☙ SCEA Guy Delon et Fils, Ch. Moulin de la Rose, 33250 Saint-Julien-Beychevelle,
Tel. 05.56.59.08.45, Fax 05.56.59.73.94 ⚤ n. V.

CH. MOULIN RICHE 1994*

| ■ Cru bourg. | k. A. | k. A. | ◗ | 70-100 F |

Dieser lagerfähige Wein, der von der Mannschaft von Léoville-Poyferré hergestellt worden ist, entwickelt sich sehr angenehm im Laufe der Verkostung. Er hat eine tiefe Farbe und erweist sich als reich und komplex in seinem Bukett und danach als solide gebaut aufgrund seiner Struktur, die nahelegt, ihn noch drei bis vier Jahre lang aufzuheben.
☙ Ch. Léoville Poyferré, 33250 Saint-Julien, Tel. 05.56.59.08.30, Fax 05.56.59.60.09 ⚤ n. V.

CH. SAINT-PIERRE 1994*

| ■ 4ème cru clas. | 17 ha | 48 000 | ◗ | 100-150 F |

82 83 84 |85| |86| 87 88 |89| 90 |91| |92| |93| 94

Das im Laufe der Geschichte zerstückelte Weingut Saint-Pierre Sevaistre ist von Henri Martin ab 1982 geduldig wiederhergestellt worden. Seine Tochter führt das Werk des Vaters fort und ist bestrebt, die Qualität dieses Cru classé zu garantieren. Dieser 94er entspricht mit seiner schönen Tanninstruktur ganz dem Stil der Médoc-Weine. Er hat eine feste Ansprache und ist gehaltvoll und wegen der animalischen Note seines aromatischen Ausdrucks fast verwirrend. Der Wein muß lagern, aber er verdient es.

☙ Domaines Martin, Ch. Saint-Pierre, 33250 Saint-Julien-Beychevelle,
Tel. 05.56.59.08.18, Fax 05.56.59.16.18 ✉ ⚤ n. V.
☙ Françoise Triaud

CH. TALBOT 1994*

| ■ 4ème cru clas. | 102 ha | 400 000 | ◗ | 70-100 F |

78 79 80 81 |82| 83 84 |(85)| |86| 87 |88| 89 90 |91| |92| 93 94

Talbot ist ein sehr schönes Gut und besitzt einen bemerkenswerten Boden mit Garonne-Kiessand. Sein Wein versteht es, ein echter Saint-Julien zu sein. Er besitzt gute Tannine, die nicht übertrieben kräftig sind. Hinzu kommt ein feines, komplexes Bukett (Kirschen, Brombeeren, schwarze Johannisbeeren und Paprika). Das Ergebnis sind eine elegante Ausgewogenheit und ein angenehmer Gesamteindruck.
☙ Ch. Talbot, 33250 Saint-Julien-Beychevelle,
Tel. 05.56.73.21.50, Fax 05.56.73.21.51 ⚤ n. V.
☙ Mmes Rustmann et Bignon

CH. TERREY-GROS-CAILLOUX 1994*

| ■ Cru bourg. | k. A. | 120 000 | ◗ | 70-100 F |

Dieses Gut, ein Cru bourgeois von beachtlicher Größe, präsentiert einen Wein, der dem Bild entspricht, das seine dunkle purpurrote Farbe von ihm entwirft. Der bukettreiche 94er mit Noten von roten Früchten und Minze zeigt sich in der Ansprache gefällig und durch sein Lakritzearoma recht typisch ; aber recht schnell erinnern die Tannine daran, daß man diese Flasche nicht vor vier bis fünf Jahren öffnen darf, damit sie Zeit hat, sich zu verfeinern.
☙ Annie Fort et Henri Pradère, Ch. Terrey-Gros-Cailloux, 33250 Saint-Julien-Beychevelle,
Tel. 05.56.59.06.27, Fax 05.56.59.29.32 ✉
⚤ Mo-Fr 9h-12h 14h-17h ; 10.-31. Aug. geschlossen
☙ Henri Pradère

CH. TEYNAC 1994

| ■ | 10 ha | 40 000 | ◗ | 70-100 F |

Dieser 1990 von der Familie Souriau-Pairault gekaufte und 1992 erweiterte Cru bleibt seiner Familientradition mit diesem Jahrgang treu : Er ist schlicht, aber aufgrund seiner aromatischen Entfaltung angenehm.
☙ EARL Ch. Teynac, Grand-rue, Beychevelle, 33250 Saint-Julien-Beychevelle,
Tel. 05.56.59.12.91, Fax 05.56.59.46.12 ✉ ⚤ n. V.
☙ F. et Ph. Pairault

Die süßen Weißweine

Wenn man eine Weinbaukarte der Gironde betrachtet, bemerkt man sofort, daß sich alle Appellationen für süße Weine (Vins liquoreux) in einem kleinen Gebiet befinden, das beidseits der Garonne rund um den Zusammenfluß mit dem Ciron liegt. Ein bloßer Zufall ? Bestimmt nicht, denn das kalte Wasser des

Süße Weißweine

Flüßchens aus dem Landes-Gebiet, das seinen ganzen Lauf entlang von einem Laubdach überwölbt wird, sorgt für ein sehr eigentümliches Mikroklima. Dieses begünstigt das Wachstum von *Botrytis cinerea*, einem Schimmelpilz, der für die Edelfäule verantwortlich ist. Das Herbstwetter, das für diese Gegend typisch ist (Feuchtigkeit am Morgen, warmer Sonnenschein am Nachmittag), ermöglicht es nämlich dem Schimmelpilz, sich auf vollkommen reifen Trauben zu entwickeln, ohne daß dabei die Schale aufplatzt. Die Beere verhält sich wie ein echter Schwamm, so daß sich der Saft infolge der Verdunstung des Wassers konzentriert. Man erhält auf diese Weise sehr zuckerreife Moste.

Um dieses Resultat zu erzielen, muß man viele Einschränkungen akzeptieren. Da die Entwicklung der Edelfäule auf den verschiedenen Beeren uneinheitlich verläuft, muß man die Trauben mehrmals lesen, wobei man jedes Mal nur die Trauben pflückt, die sich in einem optimalen Zustand befinden. Außerdem sind die Hektarerträge sehr gering (in Sauternes und Barsac 25 hl gesetzlich erlaubter Höchstertrag). Die stark dem Zufall unterworfene Entwicklung der Überreife hängt zudem von klimatischen Bedingungen ab und fordert von den Winzern die Bereitschaft, ein Risiko einzugehen.

Deswegen haben viele Erzeuger von süßen Weinen 1991 ihre Lese nicht auf Flaschen abgefüllt, zumindest nicht unter dem Namen eines großen Weins. Die Produktion erreichte nämlich nicht einmal 50 % der gewohnten Menge. 1995 (der verkostete Jahrgang) waren die klimatischen Voraussetzungen viel günstiger. Die Produktion erreichte 31 392 hl beim Sauternes und 15 602 hl beim Sarsac. 1996 betrug die Produktion von süßen Weinen im Bordelais 152 000 hl, wobei Barsac und Sauternes 51 778 hl ausmachten.

Cadillac

Dieser ländliche Ort, dessen prächtiges Schloß aus dem 17. Jh. den Beinamen »Fontainebleau der Gironde« trägt, wird oft als Hauptstadt der Premières Côtes angesehen. Aber seit 1980 ist Cadillac auch eine Appellation für süße Weine.

CH. CARSIN 1995**

| | 2 ha | k. A. | 100-150 F |

Dieser Wein, der vom selben Erzeuger wie der rote Premières Côtes stammt, ist ebenfalls perfekt gelungen. Er zeigt unzweideutig seine likörartige Süße durch seine Farbe und sein Bukett, das durch einen eleganten Botrytiston geprägt ist, und bestätigt seinen Charakter im Geschmack mit schönem, geschmeidigem, fettem Stoff. Der hier angegebene Preis entspricht Flaschen mit 50 cl Inhalt.
↪ GAF Ch. Carsin, 33410 Rions,
Tel. 05.56.76.93.06, Fax 05.56.62.64.80 n. V.
↪ Juma Berglund

CLOS DU MONASTERE DU BROUSSEY 1995

| | 4 ha | 12 000 | 30-50 F |

Der Broussey, eine Hochburg der klösterlichen Einkehr, ist auch ein Weinberg. Sein einfacher, aber weicher und wohlausgewogener Wein hat eine gute Länge und ist angenehm aufgrund seines Buketts, in dem der blumige Duft fruchtige Noten enthält.
↪ SCEA Vignobles Arnaud et Marcuzzi, Le Vic, 33410 Cardan, Tel. 05.56.62.60.91,
Fax 05.56.62.67.05 n. V.
↪ Foyer culturel du Broussey

CH. COUSTEAU 1995*

| | 5,5 ha | 25 000 | 30-50 F |

Dieser Wein machte der Jury durch seine sehr schüchterne Farbe etwas Sorge, aber er konnte sie danach durch sein Bukett mit den feinen Noten von kandierten Orangen und Honig und durch seine füllige, wohlausgewogene Struktur beruhigen. Ein sehr schöner 95er.
↪ Guillaume Réglat, Ch. Cousteau,
33410 Monprimblanc, Tel. 05.56.62.98.63,
Fax 05.56.62.17.98 n. V.

CH. FAYAU 1995

| | 10 ha | 30 000 | 30-50 F |

Die Médevilles, die seit fast 150 Jahren auf ihrem Gut in Cadillac leben, bieten uns hier einen aufgrund seiner Weichheit und seiner Ausgewogenheit sympathischen Wein. Er besitzt eine bemerkenswerte goldene Farbe und verströmt einen hübschen Duft nach Akazienblüten und Honig.
↪ SCEA Jean Médeville et Fils, Ch. Fayau,
33410 Cadillac, Tel. 05.57.98.08.08,
Fax 05.56.62.18.22 tägl. 8h30-12h 14h-18h

CH. FRAPPE-PEYROT 1995**

| | 3 ha | k. A. | 30-50 F |

Dieser Cadillac stammt vom selben Erzeuger wie Château Mazarin (in Loupiac) und zeigt ebenfalls eine schöne Haltung. In seinem komplexen, harmonischen Bukett (Akazienblüten) ebenso wie in seinem weichen, gut strukturierten, ausgewogenen, eleganten und langen

Süße Weißweine — Cadillac

Geschmack. Ein hübscher Erfolg, der eine gute Meisterung des Holzeinflusses demonstriert.
• Jean-Yves Arnaud, La Croix,
33410 Gabarnac, Tel. 05.56.20.23.52,
Fax 05.56.20.23.52 ☑ ☒ n. V.

CH. JEAN DU ROY 1995

| ☐ | 9 ha | 48 000 | ■ ↓ | 30-50 F |

Auch wenn dieser Wein ein wenig vom Zucker geprägt ist, bleibt er dennoch sehr gefällig dank der Feinheit seines aromatischen Ausdrucks mit den Noten von kandierten Orangen, Honig, Datteln und Bratengeruch ...
• SCEA Yvan Réglat, Ch. Balot,
33410 Monprimblanc, Tel. 05.56.62.98.96,
Fax 05.56.62.19.48 ☑ ☒ Mo-Fr 9h-12h 15h-18h ; Aug. geschlossen
• GFA Réglat-Desmerie

CH. JORDY D'ORIENT 1995

| ☐ | 3 ha | 2 500 | ■ ⑪ ↓ | 30-50 F |

Der auch bei den roten Premières Côtes gut vertretene Cru päsentiert hier einen Wein, den man vielleicht gern etwas korpulenter gehabt hätte, aber sein Aroma (Bittermandeln und getoastetes Brot) kann aufgrund seiner Intensität halten, was die schöne gelbe Farbe verspricht.
• Laurent Descorps, Ch. Haut-Liloie,
33760 Escoussans, Tel. 05.56.23.94.23,
Fax 05.57.34.40.09 ☑ ☒ n. V.

CH. DU JUGE 1995*

| ☐ | k. A. | k. A. | | 70-100 F |

Wie im letzten Jahr stellt Pierre Dupleich einen hübschen Wein vor. Dieser angenehm bukettreiche 95er mit Noten von Honig und kandierten Zitrusfrüchten entfaltet einen sanften, geschmeidigen, wohlausgewogenen Geschmack. Er hinterläßt dem Verkoster die Erinnerung an einen langen Abgang, der vollkommen reife Trauben enthüllt.
• Pierre Dupleich, Le Juge, rte de Branne,
33410 Cadillac, Tel. 05.56.62.17.77,
Fax 05.56.62.17.59 ☑ ☒ n. V.
• Chantal David

CH. LABATUT-BOUCHARD 1995**

| ☐ | 9 ha | k. A. | ■ ⑪ ↓ | 30-50 F |

Dieser Wein stammt von einem Weinberg im Süden der Appellation, oberhalb von Saint-Macaire, und konnte seine hübsche Reblage optimal nutzen. Er kündigt sich durch eine schöne Farbe und ein recht intensives Bukett (Bratengeruch, getoastetes Bukett, Muscat-Trauben und Bienenwachs) an, entwickelt sich harmonisch im Geschmack, wo er seinen aromatischen Ausdruck beibehält und einen reichhaltigen, sanften Stoff enthüllt.
• SCEA des Vignobles Bouchard, Ch. Labatut-Bouchard, 33490 Saint-Maixant,
Tel. 05.56.62.02.44, Fax 05.56.62.09.46 ☑
☒ Mo-Fr 9h-12h30 13h30-19h ; Sa, So n. V.

CH. LA CLYDE 1995

| ☐ | 1 ha | 4 000 | ⑪ | 50-70 F |

Dieser Wein ist reizvoll aufgrund der Feinheit seines Buketts (Vanille und geröstete Mandeln) und aufgrund der Eleganz seiner geschmacklichen Entwicklung.
• EARL Philippe Cathala, Ch. La Clyde,
33550 Tabanac, Tel. 05.56.67.56.84,
Fax 05.56.67.12.06 ☑ ☒ n. V.

CH. LA-CROIX-BOUEY 1995

| ☐ | 1 ha | 5 000 | ■ ↓ | -30 F |

Neben seinen anderen Weinen (Bordeaux und Premières Côtes) bietet dieser Cru einen Cadillac, der sich sympathisch zeigt : ein 95er mit einer recht blassen Farbe, einem wegen seiner etwas wilden Note (Litschis) originellen Duft und einem weichen Geschmack.
• SCA Vignobles Bouey, 9, rte Dutoya,
33490 Saint-Maixant, Tel. 06.08.60.79.87,
Fax 06.56.72.62.29 ☑ ☒ Mo-Fr 8h-18h ; Sa, So n. V.

CH. LA PEYRUCHE 1995*

| ☐ | 0,68 ha | 3 000 | ■ | 30-50 F |

Trotz seiner kleinen Produktionsmenge zeigt sich dieser Wein sehr interessant in seiner Erscheinung (strahlende Farbe) wie auch in seinem Geschmack. Dieser bestätigt durch seinen Botrytiston und seinen reichen, fetten Stoff von schöner Reife den unverfälschten Süßweincharakter, den die Farbe ankündigt.
• Caillard, Ch. La Peyruche, 33550 Langoiran,
Tel. 05.56.67.36.01, Fax 05.56.67.20.61 ☑ ☒ n. V.

CH. LA TOUR FAUGAS 1995

| ☐ | 6 ha | 8 500 | ■ | 150-200 F |

Die goldene Farbe hat die Jury verführt. Der blumig-fruchtige Duft (Akazienblüten und Pfirsiche) hat durch eine lebhafte Note überrascht. Aber der Wein gefiel durch seine Sanftheit und seine Fülle, die man unverzüglich genießen muß.
• André Massieu, La Tour Faugas,
33410 Gabarnac, Tel. 05.56.62.92.19,
Fax 05.56.76.94.12 ☑ ☒ n. V.

CH. MANOS 1995***

| ☐ | 9 ha | 33 000 | ■ ⑪ ↓ | 30-50 F |

Pierre Niotout ist ein kluger Mann : Er ist in den Ruhestand gegangen, geizt aber weiterhin nicht mit seinem fachlichen Rat (er war Kellermeister von Coutet in Barsac). Mit einer selten gewordenen Effizienz bei diesem herrlichen 95er : Die Intensität seines Buketts (Honig, Pfirsiche und Holz) wird perfekt vom Reichtum, der Sanftheit, dem Volumen, dem Fleisch, der Ausgewogenheit und der Länge des Geschmacks abgelöst. Ein schöner, schon genußvoller Wein.
• Fabrice Néel, Ch. Lamothe, 33550 Haux,
Tel. 05.57.34.53.00, Fax 05.56.23.24.49 ☑ ☒ n. V.
• Pierre Niotout

Süße Weißweine — Loupiac

CH. DE MARSAN 1995
☐ 5 ha 10 000 ⫯ 30-50 F

Dieser Wein besitzt keine sehr große Fülle, zeigt sich aber ansprechend aufgrund seiner Entfaltung im Geschmack, dessen Sanftheit mit den zarten blumig-fruchtigen Noten des Buketts harmoniert.

➥ Paul Gonfrier, Ch. de Marsan, 33550 Lestiac, Tel. 05.56.72.32.56, Fax 05.56.72.10.38 ✓ ⌇ n. V.

CH. MEMOIRES 1995★★
☐ 5 ha 12 000 ⫯ 30-50 F

Der auch beim Loupiac vertretene Cru schneidet gut ab mit diesem gut gemachten, typischen Cadillac, in dem man einen schönen Stoff und einen klug dosierten Holzton findet. Vielleicht weniger Länge als Loupiac, der auch konzentrierter zu sein scheint, aber das sind Feinheiten, die nur den Experten auffallen. Der Weinliebhaber wird an diesem Cadillac sein Vergnügen haben.

➥ SCEA Vignobles Ménard, Ch. Mémoires, 33490 Saint-Maixant, Tel. 05.56.62.06.43, Fax 05.56.62.04.32 ✓ ⌇ n. V.

CH. PEYRUCHET 1995★
☐ 5 ha k. A. ⫯ 30-50 F

Dieser Wein stammt von einem Cru, der sich auf dem Boden von drei Gemeinden befindet. Er hat eine schöne goldgelbe Farbe und zeigt sich sehr ansprechend aufgrund der Komplexität seines Buketts (Honig, Wachs und Aprikosen) und aufgrund der Reichhaltigkeit des weichen, fülligen, wohlausgewogenen Geschmacks, der von guter Länge ist.

➥ Gillet-Queyrens, Ch. Peyruchet, 33410 Loupiac, Tel. 05.56.62.62.71, Fax 05.56.76.92.09 ✓ ⌇ n. V.

DOM. DU ROC 1995★
☐ 1,55 ha 6 000 ⫯ 30-50 F

Dieser Wein kommt von einem steinigen Kiessand- und lehmig-kalkhaltigen Boden. Er hat die Gabe, sich zu präsentieren : in einem schönen Kleid von strahlend gelber Farbe und mit einem konzentrierten Bukett, das durch seine Botrytisnoten für einen likörartig süßen Wein recht typisch ist. Der stattliche, füllige, freigebige Geschmack bleibt im selben Stil.

➥ EARL Dom. du Roc, La Mouliasse, 33410 Rions, Tel. 05.56.62.61.69 ✓ ⌇ n. V.
➥ Gérard Operie

CLOS SAINTE ANNE 1995★
☐ k. A. 5 000 ⫯ 70-100 F

Dieser Wein stellt gegenüber dem 94er einen Fortschritt dar. Er ist in seiner aromatischen Entfaltung ein wenig zurückhaltend, aber das Bukett, in dem blumige Noten den Holzton durchziehen, und der weiche, ausgewogene Geschmack von guter Länge weisen darauf hin, daß diese Flasche ein interessantes Potential besitzt.

➥ Sté des vignobles Francis Courselle, Ch. Thieuley, 33670 La Sauve, Tel. 05.56.23.00.01, Fax 05.56.23.00.01 ✓ ⌇ n. V.

LARMES DE SAINTE CATHERINE 1995
☐ 2 ha 10 000 ⫯ 50-70 F

Das Holz ist zwar in diesem Wein sehr deutlich zu spüren, aber dennoch entfaltet er sich gut im Laufe der Verkostung und hinterläßt einen angenehmen Gesamteindruck.

➥ SCEA Ch. Sainte Catherine, B.P. 2, 33550 Paillet, Tel. 05.56.72.11.64, Fax 05.56.72.13.62 ✓ ⌇ n. V.
➥ de Coster

Loupiac

Das Weinbaugebiet von Loupiac (1996 wurden 14 871 ha angemeldet, gegenüber 14 440 hl im Jahre 1995) ist alt, denn bereits für das 13. Jh. ist seine Existenz belegt. Aufgrund der Ausrichtung der Lagen, der Böden und des Rebbestandes hat diese Appellation viel Ähnlichkeit mit der von Saint-Croix du Mont. Doch ähnlich wie am linken Ufer spürt man hier, wenn man weiter in nördliche Richtung geht, eine fast unmerkliche Entwicklung weg von den likörartig süßen Weinen im eigentlichen Sinn und hin zu eher lieblichen Weinen.

Die süßen Weißweine

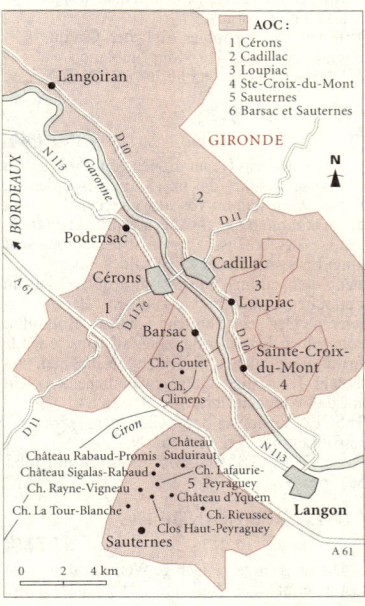

AOC :
1 Cérons
2 Cadillac
3 Loupiac
4 Ste-Croix-du-Mont
5 Sauternes
6 Barsac et Sauternes

BORDELAIS

Süße Weißweine — Loupiac

CH. DU CROS 1995*

36 ha   70 000   70-100 F

Eines der in der Qualität regelmäßigsten Châteaux, dessen Weine die Weinliebhaber verführen. Der 95er zeigt während der gesamten Verkostung eine schöne Haltung : Er hat eine schöne goldene Farbe und entfaltet ein harmonisches Bukett (kandierte Früchte, Quitten, Honig und Gewürze) und einen freigebigen, ausgewogenen, fülligen, gut strukturierten Geschmack mit einem ansprechenden Röstaroma im Abgang.

SA des Vignobles Boyer, Ch. du Cros,
33410 Loupiac, Tel. 05.56.62.99.31,
Fax 05.56.62.12.59 Mo-Fr 8h-12h 14h-18h ;
Sa, So n. V.

CH. DAUPHINE RONDILLON 1995**

k. A.   35 000   50-70 F

Dieser Wein stammt von alten Rebstöcken, die auf den lehmig-kalkhaltigen Hängen des Haut-Loupiac wachsen, und ist somit unter den besten Voraussetzungen erzeugt worden. Er hat davon profitiert, wie seine kristallklare goldene Farbe, sein kräftiges Bukett (Pfirsiche, kandierte Früchte), seine Entfaltung im Geschmack und sein langer, aromatischer Abgang zeigen. Ein echter Wein zum Genießen mit einem besonderen Charakter.

G. Darriet, 33410 Loupiac,
Tel. 05.56.62.61.75 Mo-Sa 8h30-12h30 14h-18h ; So n. V.

CH. DU GRAND PLANTIER 1995*

5 ha   k. A.   30-50 F

Dieser Loupiac gehört zum breiten Angebot der von den Vignobles Albucher erzeugten Weine. Er ist im Geschmack ebenso ansprechend wie aufgrund seines Buketts. Beide harmonieren und vereinigen sich zu einem feinen, ausgewogenen Gesamteindruck.

GAEC des Vignobles Albucher, Ch. du Grand Plantier, 33410 Monprimblanc,
Tel. 05.56.62.99.03, Fax 05.56.76.91.35 n. V.

CLOS JEAN 1995

10 ha   60 000   50-70 F

Mehr als sechs Generationen von Bords haben dieses Gut geführt, das im 18. Jh. entstanden ist. Dieser Wein stammt von ausgelesenen Trauben, die in mehreren Durchgängen gepflückt wurden, wie es Vorschrift ist, aber er ist heute noch sehr jung. Er besitzt ein ziemlich wildes Bukett (Akazienblüten, grüner Ginster) und dürfte sich im Verlauf einer drei- bis vierjährigen Alterung verfeinern. Der sehr ähnliche Château Rondillon vom selben Erzeuger hat ebenfalls eine lobende Erwähnung erhalten. Beachten Sie, daß man von diesem Haus eine außergewöhnliche Aussicht auf das Weinbaugebiet von Barsac hat.

SCEA Vignobles Bord, Clos Jean,
33410 Loupiac, Tel. 05.56.62.99.83,
Fax 05.56.62.93.55 Mo-Fr 8h-12h 14h-18h ;
Sa, So n. V.

CH. LA BERTRANDE 1995

2,77 ha   k. A.   30-50 F

Dieser kräftige, freigebige Wein enthüllt einen fast übermäßigen Reichtum. Doch das Ganze bleibt um so ansprechender, da das Bukett eine schöne Komplexität besitzt (Akazienblüten, Orangenkonfitüre, getrocknete Früchte). Die tiefe Farbe ist fast bernsteingelb.

Vignobles Anne-Marie Gillet, Ch. La Bertrande, 33410 Omet, Tel. 05.56.62.19.64,
Fax 05.56.76.90.55 n. V.

CH. LA NERE 1994*

13,5 ha   65 000   30-50 F

Dieser Wein kommt von einem großen Gut in Verdelais, das im 19. Jh. entstand. Er ist in diesem Jahrgang ein hübscher Erfolg. Ansprechend aufgrund seines aromatischen Ausdrucks mit den Zitrusnoten, zeigt er sich auch füllig, gehaltvoll und wohlausgewogen.

SCEA Dulac et Séraphon, 2 Pantoc,
33490 Verdelais, Tel. 05.56.62.02.08,
Fax 05.56.76.71.49 n. V.

CH. LES ROQUES 1994*

3,2 ha   16 000   50-70 F

Dieser Loupiac stammt vom selben Erzeuger wie der Château du Pavillon (Société Croix du Mont) und ist ebenfalls gut gelungen. Er ist rund und ausgewogen und entwickelt sich während der Verkostung angenehm, wobei er seinen aromatischen Ausdruck mit Noten von Honig und Quittenkonfitüre betont.

SCEA Ch. du Pavillon, 33410 Sainte-Croix-du-Mont, Tel. 05.56.62.01.04,
Fax 05.56.62.00.92 n. V.

CH. MAZARIN 1995**

10 ha   k. A.   30-50 F

Dieser Wein stammt von einem Gut, seinen Namen einem Aufenthalt von Kardinal Mazarin verdanken soll. Er wird den Segen aller Weinfreunde haben, so sehr spürt man darin die Qualität des Traubenguts. Er ist in seinem aromatischen Ausdruck (Zitrusfrüchte, reife Trauben, Orangen) fein und elegant und entfaltet einen schönen Geschmack, der reichhaltig, füllig, fleischig, ausgewogen und aromatisch ist.

Jean-Yves Arnaud, La Croix,
33410 Gabarnac, Tel. 05.56.20.23.52,
Fax 05.56.20.23.52 n. V.

CH. MEMOIRES

Grains d'Or Elevé en fût de chêne 1995**

8 ha   5 000   70-100 F

Dieser gehaltvolle, kräftige Wein besitzt einen soliden Charaker, den er durch ein sehr verführerisches Bukett (Zitrusfrüchte, getoastetes Brot, Konfitüre, Honig ...) und eine schöne Entfaltung im Geschmack bestätigt, in dem man einen erstklassigen Stoff und eine große aromatische Freigebigkeit spürt.

SCEA Vignobles Ménard, Ch. Mémoires,
33490 Saint-Maixant, Tel. 05.56.62.06.43,
Fax 05.56.62.04.32 n. V.

DOM. DU NOBLE 1995**

12 ha   20 000   50-70 F

Die Eleganz der Farbe findet man im angenehm komplexen Bukett (geröstete Mandeln, kandierte Früchte, Honig) wieder. Der Geschmack bleibt im gleichen Stil und trägt zu einem einheitlichen, sehr gelungenen Wein bei,

Süße Weißweine

der sich innerhalb von fünf bis zehn Jahren gut entwickeln sollte.
► Déjean Père et Fils, Dom. du Noble, 33410 Loupiac, Tel. 05.56.62.98.30, Fax 05.56.76.91.31 ☑ ⏳ n. V.

CH. PEYROT-MARGES 1995★★
| | 2 ha | 6 000 | 🍾🍷🥂 | 30-50 F |

Das in der Qualität sehr regelmäßige Gut bietet hier einen 95er, der so gelungen ist, daß er die einmütige Zustimmung der Jury fand. Die Intensität und der Reichtum des Buketts mit schönen Noten von Bratengeruch und kandierten Früchten sowie der ebenmäßige Charakter und die Ausgewogenheit des feinen, kräftigen Geschmacks ergeben einen echten Wein zum Genießen. Dieser sehr schöne, perfekt gemeisterte Wein verdient einen mindestens drei- bis vierjährigen Aufenthalt im Keller.
► GAEC Vignobles Chassagnol, Bern, 33410 Gabarnac, Tel. 05.56.62.98.00, Fax 05.56.62.93.23 ☑ ⏳ n. V.

CH. DE RICAUD 1995★
| | 18 ha | 47 000 | 🍷 | 50-70 F |

Eine der touristischen Attraktionen der Appellation, mit einem eindrucksvollen gotischen Schloß, das im 19. Jh. renoviert wurde, und einem eleganten, harmonischen Wein - im stattlichen, klaren Geschmack ebenso wie in seinem Bukett mit den hübschen blumigen Noten. Eine Flasche, die man sich als Aperitif merken sollte.
► Ch. de Ricaud, 33410 Loupiac, Tel. 05.56.62.66.16, Fax 05.56.76.93.30 ☑ ⏳ n. V.

CH. TERREFORT 1995
| | k. A. | 7 300 | 🍾🍷🥂 | 30-50 F |

Dieser Wein besitzt zwar keine sehr große Struktur, aber er zeigt sich ansprechend aufgrund seiner Ausgewogenheit und seiner aromatischen Feinheit mit Noten von getrockneten Früchten und Haselnüssen.
► François Peyrondet, 7, chem. de Roby, 33410 Loupiac, Tel. 05.56.62.61.28, Fax 05.56.62.19.42 ☑ ⏳ n. V.

Sainte-Croix-du-Mont
Sainte-Croix-du-Mont

Ein Ort mit schroffen Hängen über der Garonne, der trotz seiner zauberhaften Landschaft nicht sehr bekannt ist, und ein Wein, der (ähnlich wie die anderen Appellationen der süßen Weine auf dem rechten Ufer) lange Zeit darunter gelitten hat, daß er als Wein für Hochzeiten und Bankette galt.

Doch diese gegenüber von Sauternes gelegene Appellation (1995 wurden 16 568 hl angemeldet; 1996 betrug die Produktion 17 659 hl) hat Besseres verdient: Zu guten Böden, zumeist Kalkstein mit Kieszonen, kommt hier ein Mikroklima hinzu, das für die Entwicklung der Edelfäule günstig ist. Die verwendeten Rebsorten und Vinifizierungsmethoden sind denen im Gebiet von Sauternes sehr ähnlich. Die Weine, die lieblichen ebenso wie die wirklich süßen, hinterlassen einen angenehm fruchtigen Eindruck. Man kann sie zu den gleichen Speisen wie ihre Gegenstücke vom linken Ufer servieren, aber ihr günstiger Preis kann auch dazu reizen, sie zum Mixen prächtiger Cocktails zu verwenden.

CH. DES ARROUCATS 1995★
| | 20 ha | k. A. | 🍾🥂 | 30-50 F |

Dieser Jahrgang bestätigt den ersten Eindruck, den vor zwei Jahren der 93er erweckte, und belegt, daß der Generationenwechsel nichts an dem Willen geändert hat, auf die Qualität zu achten. Das Bukett ist zwar diskret, wirkt aber sympathisch durch seine Noten von exotischen und kandierten Früchten. Im Geschmack kommen ein Bratenaroma, eine gute Ausgewogenheit, Fülle und Volumen zum Vorschein, die einen schon sehr angenehmen Gesamteindruck erwecken. Er kann sich aber noch entwickeln.
► EARL des vignobles Labat-Lapouge, Ch. des Arroucats, 33410 Sainte-Croix-du-Mont, Tel. 05.56.62.07.37, Fax 05.57.98.06.29 ☑ ⏳ n. V.
► Mme Lapouge

BARON PHILIPPE 1994
| | k. A. | k. A. | | 50-70 F |

Ein von der Firma Baron Philippe de Rothschild vorgestellter Markenwein. Dieser Wein ist ein wenig untypisch, aber seine aromatische Komplexität wird ihm glühende Anhänger verschaffen.
► Baron Philippe de Rothschild SA, 33250 Pauillac, Tel. 05.56.73.20.20, Fax 05.56.73.20.44 ⏳ n. V.

Süße Weißweine — Sainte-Croix-du-Mont

CH. CRABITAN-BELLEVUE
Cuvée Spéciale 1995**

| | 21 ha | 11 500 | | 50-70 F |

Getreu seiner Qualitätstradition bietet dieser Cru mit seiner Sondercuvée einen hübschen Wein. Auf ein für den Jahrgang sehr ausdrucksvolles Bukett folgt der Geschmack eines echten likörartig süßen Stoff, mit gutem Stoff, Volumen und Botrytiston. Dieser reichhaltige, gut gemachte Wein, in dem man die Verwendung des Holzfasses spürt, verspricht, sich bei der Alterung gut zu entwickeln.
• GFA Bernard Solane et Fils, Ch. Crabitan-Bellevue, 33410 Sainte-Croix-du-Mont, Tel. 05.56.62.01.53, Fax 05.56.76.72.09 ✓ ☉ tägl. 8h-12h 14h-18h

CH. DES GRAVES DU TICH 1995*

| | 2,8 ha | 14 000 | | 30-50 F |

Auch wenn dieser Cru für seinen roten Bordeaux bekannter ist, vernachlässigt er nicht seinen Sainte-Croix. Der 95er belegt es. Er hat eine Farbe zwischen Blaßgelb und Altgold und entfaltet ein ausdrucksvolles Bukett (Pfirsiche und Birnen mit Blüten- und Zitronennoten) und einen weichen, füllligen, aromatischen Geschmack (Honig und Gewürze) von guter Länge.
• SCV Jean Queyrens et Fils, Le Grand Village, 33410 Donzac, Tel. 05.56.62.97.42, Fax 05.56.62.10.15 ✓ ☉ n. V.

CH. LA GRAVE
Elevé en fût de chêne 1994**

| | 15 ha | 5 000 | | 50-70 F |

Dieser Wein, eine Cuvée von ausgewählten Rebstöcken, hat einen wohldosierten Ausbau im Holzfaß durchlaufen. Das Holz unterstützt harmonisch den Geschmack, in dem man einen schönen, kräftigen, füllligen, lang anhaltenden Stoff entdeckt. Das frische, unaufdringliche, elegante Bukett zeugt von einer modernen Vinifizierung (getrocknete und kandierte Früchte, Gewürze). Ein hübscher, schon angenehmer Wein, der noch eine Ruhezeit von einigen Jahren braucht, bis er trinkreif ist. Die Hauptcuvée und der Château Grand Peyrot vom selben Erzeuger haben jeweils einen Stern erhalten.
• Jean-Marie Tinon, Ch. La Grave, 33410 Sainte-Croix-du-Mont, Tel. 05.56.62.01.65, Fax 05.56.62.00.04 ✓ ☉ n. V.

CH. LA RAME Réserve du château 1995**

| | 20 ha | 20 000 | | 70-100 F |

Der Weinberg von La Rame, der steil zur Garonne hin abfällt, bietet einen herrlichen Rundblick. Dank seines erstklassigen Bodens konnte dieser Cru zu einem Erzeuger werden, auf den man sich fest verlassen kann, insbesondere aufgrund seiner Cuvée Réserve. Seine 95er Ausgabe, ein schöner Erfolg, kündigt sich durch eine hübsche goldgelbe Farbe und ein entfaltetes Bukett mit kräftigen Wachs- und Zitronennoten an. Der weiche, runde, stattliche, freigebige, füllige Geschmack enthüllt eine gute Struktur und eine echte Komplexität, die ihn schon sehr angenehm machen, ohne daß sie sein Entwicklungspotential in den kommenden fünf bis zehn Jahren belasten würden. Weisen wir darauf hin, daß der Wein in Flaschen zu 50 cl verfügbar ist.
• Yves Armand et Fils, GFA Ch. La Rame, 33410 Sainte-Croix-du-Mont, Tel. 05.56.62.01.50, Fax 05.56.62.01.94 ✓ ☉ Mo-Fr 8h30-12h 13h30-19h ; Sa, So n. V.

CH. LESCURE 1994

| | 4,33 ha | 11 700 | | 30-50 F |

Dieser Cru wird vom Zentrum für Arbeitsbeschaffung bewirtschaftet und präsentiert uns einen schlichten, aber angenehmen Wein, vor allem wegen seines aromatischen Ausdrucks mit den Noten von kandierten Früchten und Vanille.
• Centre d'aide par le travail, La ferme des Coteaux, 33490 Verdelais, Tel. 05.57.98.04.68, Fax 05.57.98.04.64 ✓ ☉ Mo-Fr 9h-12h 13h30-17h30 ; Sa, So n. V.
• Speg

CH. LOUSTEAU-VIEIL 1994*

| | 15 ha | 40 000 | | 70-100 F |

Es mangelt ihm nur ein wenig an Länge, um ein bemerkenswertes Niveau zu erreichen. Ein im Stil moderner Wein, der rund und aromatisch ist, mit recht ausgeprägten Noten von kandierten Früchten, Honig und Lebkuchen. Eine Flasche, die sehr angenehm schmeckt, wenn man sie jung trinkt.
• Rémy Sessacq, Ch. Lousteau-Vieil, Sainte-Croix-du-Mont, 33410 Cadillac, Tel. 05.56.63.39.27, Fax 05.56.63.11.82 ✓ ☉ Mo-Fr 9h-19h ; Sa, So n. V.

CH. DES MAILLES Cuvée Laurence 1995*

| | 15 ha | 12 000 | | 50-70 F |

Dieses Gut, das eine für die Appellation beachtliche Größe hat, bietet uns hier eine gut gelungene Spitzencuvée. Sie ist recht bukettreich, mit feinen Blüten- und Röstnoten, und findet ihren vollen Ausdruck im Geschmack, der eine aufgrund ihres Aromas von Wachs und kandierten Aprikosen sehr angenehme Ansprache hat. Der reichhaltige, füllige, elegante, lang anhaltende Wein kann seine Komplexität zeigen, ohne schwer zu werden.
• Daniel Larrieu, Les Mailles, 33410 Sainte-Croix-du-Mont, Tel. 05.56.62.01.20, Fax 05.56.76.71.99 ✓ ☉ n. V.

CH. DU MONT
Réserve du Château 1995**

| | 14 ha | 6 000 | | 70-100 F |

Diese »Réserve«, eine Spitzencuvée, ist ein alter Stammgast bei der Wahl zum Lieblings-

Süße Weißweine

wein. Sie bietet erneut einen Wein, der keinen kalt läßt. Sein hochfeines, komplexes Bukett spannt seine Palette von Rum bis zu Noten von Kandiertem und Geröstetem. Die Struktur ist gut gebaut und wird durch einen überhaupt nicht aggressiven Holzton unterstützt. Freigebig, kräftig, stattlich, füllig, fein - diese Flasche hinterläßt einen ausgewogenen, harmonischen Gesamteindruck.
🍇 Vignobles Chouvac, Ch. du Mont,
33410 Sainte-Croix-du-Mont,
Tel. 05.56.62.01.72, Fax 05.56.62.07.58 ✓ Ⓨ n. V.

CH. DU PAVILLON 1995*

	4,5 ha	23 000	🔲	50-70F

Dieser Cru ist aufgrund seines Bodens und seines Châteaus aus dem 18. Jh. für Sainte-Croix und die Hänge charakteristisch. Er präsentiert hier einen füllingen, freigebigen Wein. Der Weinliebhaber wird ganz besonders das Bukett schätzen, in dem sich kräftige Noten von Zitronen und Magnolien mit Nuance von Honig und Lebkuchen zu einem komplexen Duft vereinigen.
🍇 SCEA Ch. du Pavillon, 33410 Sainte-Croix-du-Mont, Tel. 05.56.62.01.04,
Fax 05.56.62.00.92 ✓ Ⓨ n. V.
🍇 Viviane Fertal

CH. PEYROT-MARGES 1995*

	7 ha	25 000	🔲	30-50F

Die Vignobles Chassagnol, die sich auf mehrere Parzellen in vier Gemeinden verteilen, können fünfzehn Appellationen nutzen. Auch wenn der Abgang nicht die gleiche Komplexität wie der Rest der Verkostung zeigt, ist dieser 95er ansprechend wegen der Feinheit seiner Ansprache und der Komplexität seines Buketts (Blumen, Zitronen und Röstgeruch).
🍇 GAEC Vignobles Chassagnol, Bern,
33410 Gabarnac, Tel. 05.56.62.98.00,
Fax 05.56.62.93.23 ✓ Ⓨ n. V.

CRU DU PIN-COPIES 1995

	k. A.	10 000	30-50F

Dieser Wein, ein Neuling im Weinführer, ist schlicht, aber gefällig aufgrund der guten Intensität seines aromatischen Ausdrucks mit den Zitronennoten und aufgrund seiner allgemeinen Ausgewogenheit.
🍇 Patrick Gillet, Ch. le Tarey, 33410 Loupiac,
Tel. 05.56.62.99.99, Fax 05.56.62.65.33 ✓ Ⓨ n. V.

DOM. ROUSTIT 1994*

	3,5 ha	9 400	🔲	30-50F

Ein kleiner Weinberg, der zu einem schönen Gut (51 ha) gehört, das Weine in anderen Appellationen erzeugt, und ein 94er, der jung getrunken werden muß, aber den Verkoster wirklich zufriedenstellen kann. Der geschmeidige, lebhafte, bukettreiche Wein zeigt sich nämlich sehr verführerisch aufgrund seiner Länge und der Reichhaltigkeit seines Aromas, dessen Palette breit ist (kandierte und getrocknete Früchte, Gewürze, Zimt, Honig, Akazienblüten).
🍇 SCEA Dulac et Séraphon, 2 Pantoc,
33490 Verdelais, Tel. 05.56.62.02.08,
Fax 05.56.76.71.49 ✓ Ⓨ n. V.

Cérons

CH. DU TICH 1994

	2,65 ha	7 000	🔲	30-50F

Dieser Cru, ein Neuling im Weinführer, hat einen sympathischen ersten Auftritt mit seinem schlichten 94er, der aber wohlausgewogen und recht aromatisch ist (Blumen und Orangenkonfitüre). Ein angenehmer Wein, den man sich als Aperitif merken sollte.
🍇 Domaines Dubourg, Ch. Gravelines,
33490 Semens, Tel. 05.56.62.02.01,
Fax 05.56.76.71.91 ✓ Ⓨ n. V.

CUVEE DE VERTHEUIL
Elevé en fût de chêne 1995*

	k. A.	2 550	🔲	30-50F

Ein weiblicher Name, nämlich der von Bernadette Ricard, steht auf dem Etikett dieser im Barriquefaß ausgebauten Cuvée. Sie wählt eine zarte Tonalität, um sich auszudrücken, mit einem Bukett, das die Vanille (vom Ausbau) mit Zitrusfrüchten verbindet, und einem weichen Geschmack, in dem man das gleiche Aroma, um fruchtige Nuancen bereichert, wiederfindet.
🍇 Bernadette Ricard, Ch. de Vertheuil-Montaunoir, 33410 Ste-Croix-du-Mont,
Tel. 05.56.62.02.70, Fax 05.56.76.73.23 ✓ Ⓨ n. V.

Cérons

Die Cérons-Weine (2 975 hl im Jahre 1996) werden in einer Enklave in der Appellation Graves erzeugt, die sie im Unterschied zu den Sauternes- und Barsac-Weinen ebenfalls in Anspruch nehmen dürfen ; sie bilden ein Bindeglied zwischen den Barsac-Weinen und den lieblichen Graves Supérieurs. Aber darin erschöpft sich ihre Originalität nicht, die auf einem besonders kraftvollen Charakter und einer großen Feinheit beruht.

CH. DE CHANTEGRIVE
Sélection Françoise 1995*

	10 ha	10 000	🔲	70-100F

Françoise Lévêque, die Ehefrau von Henri Lévêque, der das gleichnamige Château im Graves-Gebiet besitzt, war Vorsitzende des Verbandes für die Weine von Graves. Sie erzeugt einen süßen Wein, der mit seinem weichen, wohlausgewogenen Geschmack ansprechend ist. Diesen ergänzt auf angenehme Weise ein intensives, komplexes Bukett (Blumen, Früchte, Honig).
🍇 Françoise Lévêque, Ch. de Chantegrive,
33720 Podensac, Tel. 05.56.27.17.38,
Fax 05.56.27.29.42 ✓ Ⓨ n. V.

Süße Weißweine

Barsac

GRAND ENCLOS DU CHATEAU DE CERONS 1995

| ☐ | 6 ha | 9 000 | 🍾 | 70-100 F |

Dieser Cru ist in unserem Weinführer immer vertreten. Er ist auf Qualität bedacht und hat die Jahrgänge 1992 und 1993 nicht auf Flaschen abgefüllt. Der 94er hat zwei Sterne erhalten. Der 95er brachte noch nicht seinen ganzen Reichtum zum Ausdruck. Dennoch ist dieser Wein mit seiner schönen goldgelben Farbe recht typisch in seiner Erscheinung. Er ist weich und gut gebaut und bietet ein wegen seiner recht intensiven Fruchtnoten (Pfirsiche und Aprikosen) interessantes Bukett.

🍇 Olivier Lataste, Grand Enclos du Château de Cérons, 33720 Cérons, Tel. 05.56.27.01.53, Fax 05.56.27.08.86 ✔ ⵏ n. V.

CH. HURADIN 1995

| ☐ | 2,82 ha | 6 500 | 🍾 | 30-50 F |

Dieser Wein besitzt zwar keine große Stärke, weiß sich aber zu präsentieren in einem hübschen goldgelben Kleid mit strahlenden Reflexen. Er ist wohlausgewogen und von guter Länge und entfaltet ein gefälliges Aroma.

🍇 SCEA Vignobles Y. Ricaud-Lafosse, Ch. Huradin, 33720 Cérons, Tel. 05.56.27.09.97, Fax 05.56.27.09.97 ✔ ⵏ n. V.
🍇 Catherine Lafosse

CH. DES MOULINS A VENT 1995*

| ☐ | 6 ha | 20 000 | 🍾 | 30-50 F |

Auch wenn dieser Wein noch ein wenig verschlossen ist, besitzt er echte Reize, die sich nicht allein auf seine Erscheinung beschränken. Seine volle, angenehme Entfaltung im Geschmack zeigt eine gute Ausgewogenheit und zeugt von einer sorgfältigen Vinifizierung.

🍇 SCEA Ch. des Moulins à Vent, Quartier Expert, 33720 Cérons, Tel. 05.56.27.14.23, Fax 05.56.27.01.24 ✔ ⵏ n. V.
🍇 Tourré

Barsac

Alle Weine der Appellation Barsac dürfen die Appellation Sauternes in Anspruch nehmen. Barsac (im Jahre 1996 waren 619 ha angemeldet) hebt sich jedoch von den Gemeinden des eigentlichen Sauternes-Gebiets durch ein weniger hügeliges Gelände und durch die Steinmauern ab, die hier oft die Weinbetriebe umgeben. Seine Weine unterscheiden sich von den Sauternes-Weinen durch eine weniger starke likörartige Süße. Aber sie können ebenso wie diese in klassischer Weise zu einer Nachspeise oder - wie es immer häufiger geschieht - zu Vorspeisen, etwa zu einer Stopfleber oder auch zu kräftigen Käsesorten vom Roqueforttyp, serviert werden. Die zugelassene Produktionsmenge lag 1995 bei 15 600 hl und 1996 bei 14 870 hl.

CH. CLIMENS 1995*

| ☐ 1er cru clas. | 29,28 ha | 36 000 | 🍾 | +200 F |

71 72 73 74 |75| |76| |79| |80| |81| |82| |83| |85| |86| 88 89 ⑨⓪ |91| 94 95

Dieser Wein wird von Brigitte und Bérénice Lurton hergestellt, die den Cru 1992 erhielten. Er bestätigt seine Persönlichkeit durch sein pfeffriges Aroma, das vom Bukett bis zum Abgang zu spüren ist. Seine Palette enthüllt zahlreiche andere Noten von Gewürzen und Vanille, danach von welkem Laub und kandierten Früchten. Die sanfte, füllige Struktur unterstützt auf angenehme Weise diese aromatische Abfolge, so daß ein gefälliger Gesamteindruck entsteht.

🍇 S. F. du Ch. Climens, 33720 Barsac, Tel. 05.56.27.15.33, Fax 05.56.27.21.04 ✔ ⵏ n. V.
🍇 Brigitte et Bérénice Lurton

CH. COUTET 1995

| ☐ 1er cru clas. | 38,5 ha | k. A. | 🍾 | 150-200 F |

73 75 76 78 |81| 83 85 |86| 89 90 91 93 94 95

Dieser Wein, der von einem der größten Weingüter der Appellation stammt, war am Tag der Weinprobe nicht in Bestform. Lag die Flaschenabfüllung zu kurz zurück ? Er hätte ein wenig mehr Fülle verdient, um sein leicht butteriges Bukett mit den Noten kandierter Aprikosen und seine volle, wohlausgewogene Entwicklung im Geschmack zu begleiten. Man sollte ihn nach zwei bis drei Jahren Reifung nochmals probieren.

🍇 SC Ch. Coutet, 33720 Barsac, Tel. 05.56.27.15.46, Fax 05.56.27.02.20 ✔ ⵏ n. V.
🍇 Baly

CH. DOISY DUBROCA 1995*

| ☐ 2ème cru clas. | 3,28 ha | 6 300 | 🍾 | 100-150 F |

75 76 83 85 86 ⑧⑧ |89| |90| |91| |95|

Der kleinste Cru classé der Sauternes-Weine, aber schon lang bestehend, und ein Wein von heller Farbe, der elegant ist, in seiner aromatischen Entfaltung mit den leicht blumigen Noten ebenso wie in seiner geschmacklichen Entwicklung.

🍇 Louis Lurton, Ch. Doisy Dubroca, 33720 Barsac, Tel. 05.56.27.15.33, Fax 05.56.27.21.04 ⵏ n. V.

CH. FARLURET 1995*

| ☐ | 8,05 ha | 25 000 | 🍾 | 100-150 F |

Die Lamothes, die auch in der Appellation Sauternes Weine erzeugen, präsentieren hier einen Barsac von schöner altgoldener Farbe. Sein sehr offenes Bukett versetzt den Verkoster mitten unter Noten von Akazienblüten, Honig und getrockneten und kandierten Aprikosen. Im Geschmack kommt ein Pampelmusen- und Orangenaroma zum Vorschein, das eine deutlich spürbare likörartige Süße und Empfindungen von Bratenaroma begleitet. Ein echtes Potential,

Süße Weißweine — Sauternes

das nur ein wenig Zeit braucht, um sich zu entfalten.

📞 Hervé et Patrick Lamothe, SCE du Ch. Haut-Bergeron, 33210 Preignac, Tel. 05.56.63.24.76, Fax 05.56.63.23.31 ☑ ⚏ n. V.

CH. GRAVAS 1995*

| ☐ | 11 ha | 20 000 | 🍷 | 70-100 F |

75 76 81 83 85 86 |88| |89| |90| 91 93 94 95

Hier bleibt man der Tradition des Cru treu, der sich einen guten Empfang zur goldenen Regel gemacht hat. Sein Wein gibt sich entschieden modern. Dieser Charakter kommt schon bei der visuellen Prüfung zum Vorschein mit einer bezeichnenden gelben Farbe. Das recht intensive Bukett erinnert an kandierte Früchte. Der feine, runde, gut strukturierte Geschmack entfaltet ein Aroma von Früchtegelee. Der lange, nachhaltige Abgang bietet würzige Noten, die auch im Nachgeschmack sehr deutlich wahrnehmbar sind.

📞 SCEA des Dom. Bernard, Ch. Gravas, 33720 Barsac, Tel. 05.56.27.15.20, Fax 05.56.27.29.83 ⚏ n. V.

CH. NAIRAC 1994*

| ☐ 2ème cru clas. | 15 ha | 3 200 | 🍷 | 150-200 F |

73 74 75 76 79 80 81 82 (83) |85| |86| 88 89 90 |91| |92| |93| 94

Während manche Crus lieber darauf verzichtet haben, ihren 94er der Prüfung der Hachette-Weinprobe zu unterwerfen, war dies bei Nairac nicht der Fall. Zugegebenermaßen mangelt es diesem Wein nicht an Reizen. Im Bukett erahnt man eine hübschen Bratengeruch, der sich bei der Belüftung bestätigt. Dann entdeckt man im Geschmack einen reichhaltigen, intensiven Geschmack (getrocknete und kandierte Früchte) und ein interessantes Volumen. Für den Jahrgang ein schöner Erfolg. In drei bis vier Jahren trinkreif, dann zehn Jahre lang.

📞 Ch. Nairac, 33720 Barsac, Tel. 05.56.27.16.16, Fax 05.56.27.26.50 ☑ ⚏ n. V.
📞 Nicole Tari

CH. PIADA 1995*

| ☐ | 9,67 ha | 12 000 | 🍷 | 100-150 F |

67 70 71 |75| |77| |79| |81| 82 |83| 85 |86| |88| |89| |90| |91|

Auch wenn die GAEC Lalande in zahlreichen anderen Appellationen Weine erzeugt, schenkt sie dem Barsac ganz besondere Aufmerksamkeit. Dieser 95er - der sechzehn Tage vor der Weinprobe auf Flaschen abgefüllt wurde - zeugt davon. Er kündigt sich durch ein elegantes Bukett (Honig, Vanille, Pfeffer und Minze) an und entfaltet eine geschmeidige, füllige, kräftige, sanfte Struktur, die in einen Abgang mit zartem Zitronenaroma mündet. Er verspricht eine hübsche Lagerfähigkeit und wird wahrscheinlich im Jahr 2000 seinen zweiten Stern verdienen.

📞 GAEC Lalande et Fils, Ch. Piada, 33720 Barsac, Tel. 05.56.27.16.13, Fax 05.56.27.26.30 ☑ ⚏ Mo-Fr 8h-12h 13h30-19h ; Sa, So n. V.

CH. ROUMIEU-LACOSTE 1995**

| ☐ | 11 ha | 12 000 | 🍷 | 150-200 F |

|90| 95

Die Familie Dubourdieu hat Roumieu-Lacoste ganz zu Beginn dieses Jahrhunderts erworben. Den prächtigen 90er kann man zwar heute trinken, um sein Bukett und seinen Geschmack zu genießen, aber der 95er muß fünf bis sechs Jahre lagern, um zu zeigen, was in ihm steckt. Doch schon verführen das Gold seiner Farbe und das blumige Aroma, das mit balsamischen Noten und Nuancen von getrockneten Früchten oder auch von Bratengeruch vermischt ist. Der Stoff, den die Edelfäule geprägt hat, läßt das Holz nicht dominieren und besitzt eine schöne Eleganz.

📞 Hervé Dubourdieu, Ch. Roumieu-Lacoste, 33720 Barsac, Tel. 05.56.27.16.29, Fax 05.56.27.02.65 ☑ ⚏ n. V.

Sauternes

Wenn Sie ein Château in Sauternes besuchen, werden Sie alles über jenen Besitzer erfahren, der eines Tages auf den genialen Gedanken kam, mit der Lese verspätet zu beginnen und vermutlich aus Sturheit beschloß, die Trauben trotz ihrer Überreife zu pflücken. Aber wenn Sie fünf davon besuchen, werden Sie nicht mehr dazu erfahren, denn jeder Besitzer hat seine eigene Version, die sich selbstverständlich auf seinem Gut zugetragen hat. In Wirklichkeit weiß niemand, wer den Sauternes »erfunden« hat, und auch nicht, wann oder wo das geschehen ist.

Während sich die Geschichte im Gebiet von Sauternes immer noch hinter Legenden verbirgt, besitzt die Geographie keine Geheimnisse mehr. 1996 umfaßte die AOC eine Anbaufläche von 1 637 ha, die 36 908 hl erzeugten. Jeder Stein in den fünf Gemeinden, die die Appellation bilden (darunter auch Barsac, das seine eigene Appellation besitzt), ist untersucht worden und in seiner Zusammensetzung bekannt. Bestimmt verleiht die Vielfalt der Böden (Kies, Lehm und Kalk oder Kalkstein) und der Unterböden jedem Cru einen eigenen Charakter, wobei die berühmtesten Crus auf Kieskuppen liegen. Die Sauternes-Weine, die aus drei Rebsorten - Sémillion (70-80 %), Sauvignon (20-30 %) und Muscadelle - erzeugt werden, sind goldfarben und geschmeidig, aber

Süße Weißweine — Sauternes

auch fein und zart. Ihr Bukett, das an »Bratenduft« erinnert, entfaltet sich bei der Alterung sehr gut und wird reich und komplex, mit Noten von Honig, Haselnüssen und kandierten Orangen. Hinweisen muß man noch darauf, daß die Sauternes-Weine als einzige Weißweine 1855 klassifiziert wurden.

CH. ANDOYSE DU HAYOT 1994

	20 ha	65 000	70-100 F
90	91 93	94

Der von demselben Erzeuger wie der Château Romer du Hayot erzeugte Wein ist in seinem aromatischen Ausdruck einfacher. Doch dieser ist sehr ansprechend aufgrund seiner zarten Noten von gerösteten Mandeln, Ginster und Akazienblüten.

- SCE Vignobles du Hayot, Ch. Andoyse, 33720 Barsac, Tel. 05.56.27.15.37, Fax 05.56.27.04.24 n. V.
- André du Hayot

CRU BARREJATS 1995*

	2,5 ha	k. A.	+200 F
90		91		92	94 95

Ein kleines Gut, auf dem die Arbeit gewissenhaft ausgeführt wird, insbesondere dank umweltschonender Methoden und einer mehrmaligen Auslese der Trauben - 84 Rebstöcke pro Person und Tag ! Trotz einer gewissen Schwere besitzt dieser Wein mit dem köstlichen Aroma von kandierten Früchten und dem runden, fülligen, stattlichen Geschmack einen angenehmen Charakter.

- SCEA Barréjats, Clos de Gensac, Mareuil, 33210 Pujols-sur-Ciron, Tel. 05.56.76.69.06, Fax 05.56.76.69.06 n. V.

CH. BASTOR-LAMONTAGNE 1995*

	48 ha	100 000	100-150 F
82 83 84 85 86 87	88		89	(90) 94 95

Dieser Cru, das Hauptquartier der Weingüter der Bodenkreditanstalt, wird von den Hachette-Jurys regelmäßig gewürdigt. Sein 95er bietet dank seiner schönen goldgelben Farbe einen ansprechenden Anblick und ist auch sehr verführerisch aufgrund seines frischen, fruchtigen Buketts, in dem man Bienenwachs neben Pfirsichen und Honig neben Aprikosen findet. Der noch sehr jugendliche Geschmack besitzt ebenfalls Charakter und eine gute Ausgewogenheit.

- SCEA Vignobles Bastor et Saint-Robert, Ch. Bastor-Lamontagne, 33210 Preignac, Tel. 05.56.63.27.66, Fax 05.56.76.87.03 n. V.
- Foncier-Vignobles

CH. CAILLOU 1995*

| 2ème cru clas. | 12 ha | 13 400 | 100-150 F |

Ein 1855 klassifiziertes Gut, das von der Familie der heutigen Besitzer 1909 bei einer Versteigerung erworben wurde und heute von einer Frau geleitet wird. Es bietet einen - femininen Wein. Dieser kündigt sich durch ein Bukett an, das Blüten mit Zitrusfrüchten und Honig verbindet, und entfaltet eine Struktur, die durch ihre Ausgewogenheit und ihre Sanftheit gefällt.

- Marie-Josée Pierre-Bravo, Ch. Caillou, 33720 Barsac, Tel. 05.56.27.16.38, Fax 05.56.27.09.60 n. V.

DOM. DE CARBONNIEU 1995

| | 10 ha | 6 000 | 70-100 F |

Ein altes Gut in Familienbesitz, das bis 1800 zurückreicht. Dieser Cru präsentiert einen schlichten Wein, der aber aufgrund seines Buketts mit den zarten Noten von Honig, Ananas und getrockneten Aprikosen und aufgrund seiner fülligen, lebhaften Struktur zum Geschmack von kandierten Orangen ansprechend ist.

- Alain Charrier, Dom. de Carbonnieu, 33210 Bommes, Tel. 05.56.76.64.48, Fax 05.56.76.69.95 tägl. 9h-12h 14h-19h

CH. CLOS HAUT-PEYRAGUEY 1995**

1er cru clas.	15 ha	25 000	150-200 F
75 76 79 81	82		83		85		86		88	89 90	91	93	94	95

Ein Gut mit Gebäuden, die für ein Weingut in der Gironde typisch sind, und ein Wein, der sich in seiner Appellation wohl fühlt. Er kündigt sich durch seine sehr schöne goldene Farbe an und bietet ein Bukett mit einem intensiven Duft nach Honig, Zitronen und Gewürzen, bevor er einen gutgebauten Geschmack enthüllt. Das Ganze ist füllig, freigebig und lang und hinterläßt eine sehr angenehme Erinnerung, die ein sehr hübsches Aroma im Nachgeschmack unterstützt.

- SC J. et J. Pauly, Ch. Clos Haut-Peyraguey, 33210 Bommes, Tel. 05.56.76.61.53, Fax 05.56.76.69.65 n. V.

CH. DU COY 1995

	7 ha	18 000	70-100 F
85 86 88	89	90 93	95

Roger Biarnès, der auch im Graves-Gebiet Weine erzeugt, bietet einen diskret duftigen Sauternes mit Frucht- (kandierte Aprikosen) und Röstnoten und mit einem weichen, fülligen Geschmack von guter Länge.

- Roger Biarnès, Ch. de Navarro, 33720 Illats, Tel. 05.56.27.20.27, Fax 05.56.27.26.53 tägl. 8h30-12h30 13h30-18h30

CH. DOISY DAENE 1995**

2ème cru clas.	k. A.	k. A.	100-150 F
50 71 |75| |76| |78| |79| |80| |81| |82| (83) 84 |85| |86| |88| |89| |90| |91| |94| 95

Da dieser Cru seit 1945 ein richtiges Labor für Innovationen ist, wird niemand darüber erstaunt sein, wenn er entdeckt, daß dieser 95er mit Talent und Erfolg vinifiziert worden ist - was jeder Juror gern zugestand. Er ist komplex und bukettreich, mit einem dominierenden Duft von Bitterorangen, und entfaltet ein schönes Volumen im Geschmack, der die richtige Ausgewogenheit zwischen Fülle und Lebhaftigkeit findet. Ein langer, frischer Abgang krönt das Ganze. Ein recht typischer Wein, der es wert ist, daß man ihn lagert.

- EARL P. et D. Dubourdieu, Ch. Doisy-Daène, 33720 Barsac, Tel. 05.56.27.15.84, Fax 05.56.27.18.99 n. V.

Süße Weißweine — Sauternes

CH. DOISY-VEDRINES 1995**

☐ 2ème cru clas. 27 ha 24 000 ⏸ 150-200 F

|70| **71 75 76 81** 82 |(83)| |85| |86| |88| |90| 92 |94| 95

Hier wirkt das Château wie ein Landhaus. In vollkommener Harmonie mit dem Ort erinnert das Bukett dieses Weins mit seinen hübschen blumigen und fruchtigen Noten (Zitronen, Pampelmusen) an die großen Ferien in früherer Zeit. Ausgedehnt, köstlich, frisch und gut im likörartig süßen Stil verankert, bringt der Geschmack das Ganze durch seine Struktur zur Geltung. Ein schon ansprechender Wein, der wirklich vielversprechend zu sein scheint.

☛ SCA Doisy-Védrines, Ch. Doisy-Védrines, 33720 Barsac, Tel. 05.56.27.15.13, Fax 05.56.78.37.08 ⚲ n. V.
☛ Pierre Castéja

CH. DE FARGUES 1990**

☐ 12 ha 15 000 ⏸ +200 F

|47| |49| |53| |59| 62 |(67)| 71 |75| |76| |83| 84 **85** |86| **87 88 89 90**

Der Cru, der stolz auf einer Anhöhe liegt, besitzt einen schönen Boden. Dieser 90er, der sehr nahe an drei Sternen ist, bezeugt es. Durch sein intensives, komplexes Bukett mit den an Blumen, kandierte Früchte (Orangen und Mandarinen) und Honig erinnernden Noten. Aber auch durch seinen Körper, bei dem die Fülle die Eleganz nicht ausschließt, mit Noten an Aprikosenkonfitüre. Dieser Wein, eine Vereinigung von Stärke und Feinheit, verdient, noch gut zehn Jahre zu altern.

☛ Comte de Lur-Saluces, Ch. de Fargues, 33210 Fargues-de-Langon, Tel. 05.57.98.04.20, Fax 05.57.98.04.21 ⚲ n. V.

CH. FILHOT 1995*

☐ 2ème cru clas. 56 ha 110 000 ⏸ 150-200 F

81 82 83 85 **86 88 89** 91 92 95

Ein echtes Weinschloß, bei dem der neoklassizistische Stil seine volle Bedeutung gewinnt. Dieser 95er entspricht ihm, vor allem durch sein zurückhaltendes Bukett. Aber ist er nicht sehr jung? Er zeigt sich bereits anziehend aufgrund der Zartheit seines Aromas und aufgrund seines guten Baus, der ihm in den kommenden Jahren eine günstige Entwicklung erlauben dürfte.

☛ SCEA du Ch. Filhot, 33210 Sauternes, Tel. 05.56.76.61.09, Fax 05.56.76.67.91 ⚲ tägl. 9h-12h 14h-18h

CH. GRILLON 1995*

☐ 11 ha 20 000 ⏸ 70-100 F

Dieser Cru, der sich auf der Hochfläche des oberen Barsac befindet und den Ciron überragt, besitzt einen erstklassigen Boden. Er wird gut genutzt und bringt seine Möglichkeit über diesen Wein zum Ausdruck. Hübsche strohgelbe Farbe und angenehmes Bukett (Quitten, Wachs und Bienenwachs) mit würzigen oder balsamischen Noten). Dieser Sauternes entfaltet sich im Geschmack, wo er eine schöne Stärke, Fülle und bemerkenswertes Bratenaroma und ein recht ausgeprägtes Aprikosenaroma zeigt.

☛ Roumazeilles Cameleyre, Ch. Grillon, 33720 Barsac, Tel. 05.56.27.16.45 ⚲ n. V.

CH. GUIRAUD 1995**

☐ 1er cru clas. 85 ha 75 000 ⏸ +200 F

83 85 86 |88| |89| (90) 92 95

Dieser durch seine Ausmaße beeindruckende Cru bleibt seiner Tradition treu, indem er einen Wein mit einem komplexen Bukett präsentiert, das Noten von getrockneten Früchten, Pfirsichen, Honig, Feigen und Quitten enthält, vermischt mit noch spürbaren Holznuancen. Der wohlausgewogene, sehr elegante Geschmack führt sanft zu einem langen Abgang (Zitrusfrüchte). Ein rassiger, kräftiger 95er.

☛ SCA du Ch. Guiraud, Sauternes, 33210 Langon, Tel. 05.56.76.61.01, Fax 05.56.76.67.52 ⚲ n. V.

CH. GUITERONDE DU HAYOT 1994

☐ 35 ha 100 000 ⏸ 70-100 F

91 |93| |94|

Dieser Wein ist weniger duftig als sein großer Bruder, Romer du Hayo. Doch seine schöne Ansprache und die Eleganz seiner Struktur verleihen ihm einen gewissen Charakter.

☛ SCE Vignobles du Hayot, Ch. Andoyse, 33720 Barsac, Tel. 05.56.27.15.37, Fax 05.56.27.04.24 ⚲ n. V.

CH. HAUT-BERGERON 1995*

☐ 15,55 ha 40 000 ⏸ 100-150 F

|(75)| **76 78 81 82 83** |85| |86| |88| |89| **90 91** |94| 95

Ebenso wie sein Vetter in Barsac (Farluret) beweist dieser Cru, daß es ihm nicht an Persönlichkeit mangelt. Sie kommt in einem kräftigen Blüten- und Botrytisaroma zum Ausdruck.

☛ Hervé et Patrick Lamothe, SCE du Ch. Haut-Bergeron, 33210 Preignac, Tel. 05.56.63.24.76, Fax 05.56.63.23.31 ⚲ n. V.

CH. HAUT-BOMMES 1995

☐ 5 ha 12 000 ⏸ 70-100 F

Dieser vom selben Erzeuger wie der Château Clos Haut-Peyraguey hergestellte Wein mit der strahlenden goldenen Farbe ist weniger freigebig, aber die Jury schätzte seine gute aromatische Intensität (Gewürze, Akazienblüten und weiße Blüten) und seinen lebhaften Abgang.

☛ SC J. et J. Pauly, Ch. Haut-Bommes, 33210 Bommes, Tel. 05.56.76.61.53, Fax 05.56.76.69.65 ⚲ n. V.
☛ GFA Clos Haut-Peyraguey

CH. HAUT-CLAVERIE 1995

☐ 11,17 ha 15 000 ⏸ 70-100 F

Die Sendreys, die auch in der AOC Graves Weine erzeugen, bieten hier einen Sauternes im klassischen Stil an, der ein wenig mehr Lebhaftigkeit verdient hätte, aber durch seine Rundheit, seine Fülle und sein Aroma mit den recht ausgeprägten Noten von kandierten Früchten, Wachs, Rauch und Vanille beruhigt. Der Holzton ist gut gemeistert.

☛ SCEA Sendrey Frères et Fils, Les Claveries, 33210 Fargues-de-Langon, Tel. 05.56.63.12.65, Fax 05.56.63.51.16 ⚲ n. V.

BORDELAIS

Süße Weißweine — Sauternes

CLOS L'ABEILLEY 1995*

☐ 78,22 ha 33 000 ■ ♀ 100-150 F

Dieser von Mestrezat vertriebene Wein stammt von den jungen Rebstöcken von Rayne Vigneau und zeigt, daß er von guter Herkunft ist. Sein frisches, fruchtiges und sehr konzentriertes Bukett räumt den Zitrusfrüchten den größten Platz ein. Der sehr aromatische Geschmack (Aprikosen und Passionsfrüchte) durchläuft eine kräftige, frische, ausgewogene, harmonische Entfaltung. Dieser noch jugendliche Sauternes muß lagern.

↬ SC du Ch. de Rayne Vigneau, 17, cours de la Martinique, B.P. 90, 33027 Bordeaux Cedex, Tel. 05.56.01.30.10, Fax 05.56.79.23.57 ⏳ Mo-Fr 9h-12h 14h-17h ; 31. Juli-15. Okt. geschlossen

CH. LAFAURIE-PEYRAGUEY 1995**

☐ 1er cru clas. 40 ha 39 000 ⏴⏵ +200 F
75 |76| **77 78 79 80** |81| **82 83** 84 |85| 86 |87| (**88**)
|89| **90** |91| |92| **93 94** |95|

Die Weinfreunde, die den Lafaurie häufig trinken, werden glücklich darüber sein, im erwachenden Bukett dieses 95ers einige der Düfte wiederzufinden, die den Charme dieses Cru ausmachen (Aprikosen, exotische Früchte). Ihr Anmut erlaubt es, diese Flasche bald aufzumachen, aber sie kann ebenso lagern, denn der warme Geschmack und der kraftvolle und körperreiche Charakter sowie die Konzentration deuten auf ein gutes Lagerpotential hin (20 Jahre, notierte die Jury).

↬ Domaines Cordier, 53, rue du Dehez, 33290 Blanquefort, Tel. 05.56.95.53.00, Fax 05.56.95.53.01

DOM. DE LA FORET 1995

☐ 6 ha 12 000 ■ 70-100 F
89 |90| **93 94** |95|

Dieser Cru ist in der Qualität von guter Regelmäßigkeit und bietet uns hier einen entschieden modernen Wein. Er hat eine blaßgelbe Farbe mit lebhaften grünen Reflexen und kündigt sich durch recht komplexe Noten an (Blüten, Honig, grüne Zitronen, Minze und Vanille), bevor er einen weichen, leichten, wohlausgewogenen Geschmack zeigt.

↬ Vaurabourg, Dom. de La Forêt, 33210 Preignac, Tel. 05.56.76.88.46 ✓ ⏳ n. V.

CH. L'AGNET LA CARRIERE 1995**

☐ k. A. 3 000 ⏴⏵ 100-150 F

Der Cru, der im letzten Jahr seinen ersten Auftritt in unserem Weinführer hatte, zeigt einen schönen Fortschritt. Sein 95er, dessen Farbe sich zwischen Gold und Bernsteingelb bewegt, verfügt sofort über ein konzentriertes, kraftvolles Bukett. Er ist kräftig gebaut und gut strukturiert und verbindet kandierte Trauben mit dem Faßholz. Ein langer Abgang krönt das Ganze. Man erhält einen beeindruckenden, wuchtigen Gesamteindruck. Ein hübscher Wein, den alle Liebhaber traditioneller Sauternes-Weine schätzen werden.

↬ Danièle Mallard, Ch. Naudonnet Plaisance, 33760 Escoussans, Tel. 05.56.23.93.04, Fax 05.57.34.40.78 ✓ ⏳ n. V.

CH. LAMOTHE 1995*

☐ 2ème cru clas. 7,5 ha 18 000 ■ ⏴⏵ 100-150 F

Dieses Gut, das früher einmal eine kleine Festung war, führt heute ein friedliches Leben. Passend dazu setzt dieser Wein ungern seine Stärke in und zeigt seine Persönlichkeit lieber durch eine milde, feine, blumige Entwicklung oder durch eine Ansprache mit einem frischen, süßen, holzbetonten Geschmack (Lakritze). Die Edelfäule ist deutlich spürbar und wird ihm erlauben, gut zu altern.

↬ Guy Despujols, Ch. Lamothe, 19, rue Principale, 33210 Sauternes, Tel. 05.56.76.67.89, Fax 05.56.76.63.77 ✓ ⏳ tägl. 10h30-13h 14h-18h30 ; Gruppen n. V. ; 15. Jan.-15. Febr. geschlossen

CH. LAMOTHE GUIGNARD 1995*

☐ 2ème cru clas. 18 ha 36 000 ⏴⏵ 100-150 F
|81| **82** |(**83**)| **84** |85| |86| **87** |88| 89 **90 92** |93| **94 95**

Eine Anhöhe über dem Ciron : Dieser Cru besitzt eine erstklassige Lage. Sein 95er kündigt sich durch eine goldene Farbe mit strohgelben Reflexen an. Er ist noch ein wenig verschlossen im Bukett, in dem man zuerst Holznoten und dann, wenn man den Wein im Glas schwenkt, Noten von Blüten und Orangen entdeckt. Er erwacht im Geschmack, den seine Sanftheit und seine Geschmeidigkeit sehr verführerisch machen, ebenso sein Abgang mit dem Braten- und Röstaroma.

↬ Philippe et Jacques Guignard, Ch. Lamothe Guignard, 33210 Sauternes, Tel. 05.56.76.60.28, Fax 05.56.76.69.05 ✓ ⏳ n. V.

CH. LANGE 1995*

☐ 10 ha k. A. ■ 70-100 F

Dieser Wein ist von guter Herkunft : Er stammt von dem kiesigen und lehmig-kalkhaltigen Boden von Bommes. Niemand wird daran zweifeln, wenn er sein Bukett, zwischen Zitrusfrüchten und Honig, oder seine Ausgewogenheit entdeckt, die in einen warmen, langen Abgang mündet.

↬ Daniel Picot, Ch. Lange, 33210 Bommes, Tel. 05.56.63.13.60, Fax 05.56.63.40.45 ✓ ⏳ n. V.

CH. LANGE-REGLAT
Cuvée Spéciale 1995*

☐ 12 ha 30 000 ⏴⏵ 100-150 F

Dieser Wein, eine Spitzencuvée, wird der sorgfältigen Pflege gerecht, die er während seiner Herstellung erfährt. Er hat eine butterblumengelbe Farbe und entfaltet ein intensives, feines Bukett (getrocknete Früchte und sehr reife Zitrusfrüchte), das sich im Geschmack fortsetzt, der durch die Edelfäule und köstliche Empfindungen geprägt ist, die einen sehr angenehmen Gesamteindruck ergeben. Diese Flasche muß aus jung trinken.

↬ Bernard Réglat, Ch. de La Mazerolle, la Martingue, 33410 Monprimblanc, Tel. 05.56.62.98.63, Fax 05.56.62.17.98 ✓ ⏳ n. V.

Süße Weißweine — Sauternes

CH. LARIBOTTE 1994*

| | 15 ha | 9 700 | 🍷 | 70-100 F |

Dieser gut gelungene 95er muß sich noch verfeinern, aber er kündigt sich bereits interessant an : durch sein Bukett mit den feinen Noten von Bratengeruch und Honig und durch seine Entfaltung am Gaumen, die einen stattlichen, fülligen, langen Geschmack enthüllt.
↬ Jean-Pierre Lahiteau, Quartier de Sanches, 33 ch. Laribotte, 33210 Preignac,
Tel. 05.56.63.27.88, Fax 05.56.62.24.80 ☑ 🍷 tägl. 8h-12h 14h-19h

CH. LA RIVIERE 1995

| | 3,8 ha | 12 000 | 🍷 | 70-100 F |

Dieser strohgelbe Wein mit den grünen Reflexen zeugt von Eleganz durch sein Bukett, in dem sich Zitrusfrüchte mit Pflaumenlikör verbinden, und von einem gewissen Reichtum in seiner geschmacklichen Entwicklung, die mit einem blumigen Abgang ausklingt.
↬ Guillaume Réglat, Ch. Cousteau, 33410 Monprimblanc, Tel. 05.56.62.98.63, Fax 05.56.62.17.98 ☑ 🍷 n. V.

CH. LA TOUR BLANCHE 1994*

| 1er cru clas. | 35 ha | 29 000 | | +200 F |

(61) 62 75 79 80 |81| |82| |83| 84 |85| |86| |88| 89 90 91 94

Dieser Cru, ein Schulgut, präsentierte seinen 94er vor der Jury, die ihn verschlossen, aber verheißungsvoll fand. Der Wein hat eine gefällige kupfergelbe Farbe und entfaltet ein aufgrund seiner zarten Lindenblüten- und Wachsnoten ansprechendes Bukett. Der füllige, sanfte, runde Geschmack wird durch eine erstklassige Frucht gut unterstützt. Zweifellos eine sehr schöne Flasche, die man in drei bis vier Jahren aufmachen kann.
↬ Ch. La Tour Blanche, 33210 Bommes, Tel. 05.57.98.02.73, Fax 05.57.98.02.78 ☑ 🍷 n. V.
↬ Ministère de l'Agriculture

CH. LATREZOTTE 1995

| | 7 ha | 15 720 | | 70-100 F |

Fremdartiger Boden - dieses Gut gehört zur kleinen Gruppe der Sauternes-Crus, deren Boden ungewöhnliche Steine lieferte. Dieser Wein mit dem sympathischen Duft von Rosenblättern, Honig und Akazienblüten ist jedoch in einem einfachen, ausgewogenen Stil ohne üppigen Geschmack gehalten.
↬ Host Glock, Ch. Latrezotte, 33720 Barsac, Tel. 05.56.27.16.50, Fax 05.56.27.08.89 ☑ 🍷 n. V.

CH. LAVILLE 1995

| | 13 ha | 15 000 | | 70-100 F |

Dieser Cru, ein Pionier bei der Flaschenabfüllung auf dem Gut (die hier seit Beginn des Jahrhunderts praktiziert wird), wurde 1960 von dem Großvater der heutigen Besitzer gekauft, als er aus Algerien zurückkehrte. Dieser schlichte, in seinem aromatischen Ausdruck noch diskrete Wein ist gut gebaut, mit einem recht ausgeprägten Botrytiston.
↬ EARL du Ch. Laville, 33210 Preignac, Tel. 05.56.63.28.14, Fax 05.56.63.16.28 ☑
🍷 Mo-Fr 8h-12h30 13h30-18h30
↬ Y. et C. Barbe

CH. L'ERMITAGE 1994

| | 11 ha | 8 450 | | 70-100 F |

Der Cru, der im letzten Jahr erstmals in den Weinführer Eingang fand, hält sein Niveau mit diesem bukettreichen 94er (blumige Noten und ein Hauch von Unterholz), der sich zwischen Rundheit und Lebhaftigkeit entwickelt und einen angenehm feinen Gesamteindruck hinterläßt.
↬ SCEA Ch. L'Ermitage, N° 9 V.C.M. Lacoste, 33210 Preignac, Tel. 05.56.76.24.13, Fax 05.56.76.12.75 ☑ 🍷 n. V.

CH. LES JUSTICES 1995**

| | 8,5 ha | 18 000 | | 100-150 F |

61 62 67 70 71 73 |75| |76| |78| |79| |80| |81| |82| |(83)| 85 86 |88| |90| |93| |94| 95

Christian Médeville ist zwar vor allem für seinen Château Gilette bekannt, einen Sauternes, der nach einer sehr langen Reifung im Faß auf Flaschen abgefüllt wird, aber er vernachlässigt darüber nicht seine anderen Weine. Das beweist dieser sehr hübsche 95er. Er ist sehr klassisch und kündigt seinen Auftritt mit einer kräftige goldene Farbe und ein Bukett an, das von der Edelfäule geprägt ist und ein kräftiges Aroma von Feigen und getrockneten Früchten bietet. Im Geschmack bestätigt er seinen klassischen Charakter durch seine Bienenwachsnoten und seine Ausgewogenheit zwischen Alkohol, Zucker und Säure. Ein schöner, traditioneller Sauternes.
↬ Christian Médeville, Ch. Gilette, 33210 Preignac, Tel. 05.56.76.28.44, Fax 05.56.76.28.43 ☑ 🍷 n. V.

CH. LIOT 1995*

| | 20 ha | k. A. | 🍷 | 70-100 F |

Dieser Wein hat eine gute Herkunft; er kommt von einer Hochfläche des oberen Barsac. Er zeigt sich jedoch nicht sofort: Auch wenn er eine kräftige gelbe Farbe besitzt, kommt das Bukett erst nach der Belüftung zum Ausdruck. Aber dann enthüllt er Aromen von Akazienblüten, Honig und Zitrusfrüchten, die sich kraftvoll vermischen. Der Geschmack bietet eine klare Ansprache und eine gute Ausgewogenheit.
↬ J. David, Ch. Liot, 33720 Barsac, Tel. 05.56.27.15.31, Fax 05.56.27.14.42 ☑ 🍷 n. V.

CH. DE MALLE 1995**

| 2ème cru clas. | 25 ha | k. A. | | | 150-200 F |

71 (75) 76 81 83 |85| 86 87 |88| |89| 90 |91| 94 95

Die Schönheit des Châteaus und seiner Gärten verführt uns, ebenso wie dieser 95er. Er bedient sich einer schönen aromatischen Palette, bestehend aus vielen feinen Fruchtnoten, die zum Botrytiston und zum Duft nach getoastetem Brot hinzukommen. Man findet das Ganze im Geschmack wieder, wo das Aroma kandierter Früchte von einer fülligen, milden, warmen Struktur unterstützt wird. Mit der notwendigen Säure, so daß ein wohlausgewogener, strukturierter Gesamteindruck zustande kommt. Sie

BORDELAIS

Süße Weißweine — Sauternes

sollten noch wissen, daß ihn zwei von vier Juroren zum Lieblingswein gewählt haben.
🕿 Comtesse de Bournazel, Ch. de Malle, 33210 Preignac, Tel. 05.56.62.36.86, Fax 05.56.76.82.40 ✓ ⵄ tägl. 10h-12h 14h-18h30 ; Gruppen n. V.

CH. MONT-JOYE 1995

☐ 13 ha 8 000 🍾 **100-150 F**

Mittelalterlicher Schlachtruf oder Raststation am Jakobsweg nach Santiago de Compostela - der Ursprung des Namens dieses Cru spaltet die Fachleute. Hingegen werden sich alle Liebhaber klassischer Sauternes-Weine trotz einer leichten Schlaffheit in der Ansprache darin einig sein, diesen Wein mit den Honig-, Bienenwachs- und Fruchtnoten zu schätzen. Zwei Jahre aufheben.
🕿 Franck Glaunès, Dom. du Pas Saint-Georges, 33190 Casseuil, Tel. 05.56.71.12.73, Fax 05.56.71.12.41 ✓ ⵄ n. V.

CH. DE MYRAT 1995

☐ 2ème cru clas. 22 ha 20 000 🍾 **100-150 F**

Zweifellos eines der für die Architektur der Gironde charakteristischsten Châteaux. Dieser füllige, ausgewogene 95er hat zwar noch nicht seinen endgültigen Ausdruck gefunden, aber er macht durch ein Bukett auf sich aufmerksam, in dem gelbe Früchte und Noten von Bratengeruch und kandierten Früchten zusammenkommen.
🕿 Comte Jacques de Pontac, Ch. de Myrat, 33720 Barsac, Tel. 05.56.27.15.06, Fax 05.56.27.11.75 ✓ ⵄ n. V.

CH. CRU PEYRAGUEY 1995

☐ 6 ha 12 000 🍾 **100-150 F**
75 76 79 82 83 |85| |86| |88| |89| **90** |91| |94| 95

Dieser 95er stammt von einer jener Sauternes-Crus, die von bescheidener Größe sind. Er hat keinen großen Abgang. Aber er hinterläßt beim Verkoster die Erinnerung an einen angenehmen Gesamteindruck, aufgrund seines Buketts mit den zarten Honig- und Zitronennoten ebenso wie aufgrund seines weichen, freigebigen, wohlausgewogenen Geschmacks.
🕿 Hubert Mussotte, 10, Miselle, 33210 Preignac, Tel. 05.56.44.43.48, Fax 05.56.01.71.29 ✓ ⵄ n. V.

CH. DE RAYNE VIGNEAU 1995**

☐ 1er cru clas. 78,22 ha 116 900 🍾 **+200 F**
85 86 |88| |89| |90| **91 92** |94| **95**

Ein außergewöhnlicher Boden, reich an Kies, aber auch an Achaten, Amethysten und Onyxen, eine vielfältige Bestockung und ein Keller, der über eine echte Zuleitung für das Traubengut verfügt - alles ist hier vereinigt, um einen hübschen Wein zu erzeugen. Eine schöne, strahlende goldene Farbe, ein würziges, vanilleartiges Bukett und eine kräftige Struktur. Dieser Wein, der recht typisch für einen lieblich süßen Wein ist und sich noch verfeinern muß, besitzt ein bemerkenswertes Potential, das es ihm erlauben wird, mehrere Jahre im Keller zu lagern.
🕿 SC du Ch. de Rayne Vigneau, 17, cours de la Martinique, B.P. 90, 33027 Bordeaux Cedex, Tel. 05.56.01.30.10, Fax 05.56.79.23.57 ⵄ Mo-Fr 9h-12h 14h-17h ; 31. Juli-15. Okt. geschlossen

CH. RIEUSSEC 1994***

☐ 1er cru clas. 72 ha 65 000 🍾 **150-200 F**
62 67 70 71 |75| |76| |79| |80| |81| **82 83 84 85** |86| |87| **88** |89| ⓐ |92| **94**

Dieser Wein stammt von einer Kuppe mit Kiessand westlich von Fargues. Er ist sehr traditionell aufgrund seiner Note von Bratenaroma, schafft es aber, den Verkoster durch die Originalität seines Buketts zu überraschen, das Noten gekochter Früchte bietet, die sich mit Pfirsichkonfitüre und Honig vermischen. Im Geschmack erscheint er strenger, wobei der Holzton in Röstnoten zum Ausdruck kommt. Aber man entdeckt einen schönen Stoff, der voll und füllig ist, mit nachhaltigen Noten von gekochten Früchten, Honig und Rosinen. Eine schöne lagerfähige Flasche, die man in fünf bis sechs Jahren öffnen kann.
🕿 Sté du Ch. Rieussec, 33, rue de la Baume, 75008 Paris, Tel. 01.53.89.78.00, Fax 01.53.89.78.01 ✓ ⵄ n. V.

CH. DE ROCHEFORT 1995

☐ 0,42 ha 1 200 🍾 **70-100 F**

Begrüßen wir diese neue, 1995 entstandene Marke, die ihr Debüt in unserem Weinführer mit diesem sympathischen Wein gibt, der nicht sehr lang, aber recht bukettreich (Zitrusfrüchte, Wachs und Honig), füllig und ausgewogen ist. Hergestellt wird er von einem Winzer, der ein DEA (Diplom über vertiefte Studien) in Önologie hat.
🕿 Jean-Christophe Barbe, Ch. Laville, 33210 Preignac, Tel. 05.56.63.28.14, Fax 05.56.63.16.28 ✓ ⵄ Mo-Fr 8h-12h30 13h30-18h30

CH. ROMER DU HAYOT 1995*

☐ 2ème cru clas. 16 ha 50 000 🍾 **100-150 F**
75 76 79 |81| **82** |83| |85| |86| **88** 89 |91| **93** |95|

Dieser in Barsac erzeugte Sauternes reiht sich aufgrund seiner aromatischen Feinheit in die beste Tradition der beiden Appellationen ein. Diese Feinheit kommt im Bukett zum Vorschein, das sich nach und nach zu eleganten Noten von kandierten Orangen und Aprikosen entfaltet und mit blumigen Düften endet. Die sanfte, füllige, runde, frische Struktur macht diesen Wein schon angenehm, gibt aber gleichzeitig ein gewisses Potential.
🕿 SCE Vignobles du Hayot, Ch. Andoyse, 33720 Barsac, Tel. 05.56.27.15.37, Fax 05.56.27.04.24 ✓ ⵄ n. V.

CH. ROUMIEU 1995**

☐ 17 ha 40 000 🍾 **70-100 F**
|83| |85| |88| |89| |90| **95**

Roumieu ist die beste Adresse, die man empfehlen kann, wenn jemand die Geschichte des Sauternais kennenlernen möchte, denn Catherine Craveia-Goyaud war früher eine Mitarbeiterin der Nachlaßverwaltung. Aber sie ist auch eine ausgezeichnete Winzerin. Hinter einem noch sehr deutlich spürbaren Holzton entdeckt man schöne Noten von Quitten und Überreife, die mit einer runden, wohlausgewogenen Struktur harmoniert. Das Ergebnis ist ein ausgewoge-

Süße Weißweine — Sauternes

nes Ganzes, das sich in den kommenden drei bis vier Jahren günstig entwickeln dürfte.
•┐ Catherine Craveia-Goyaud, Ch. Roumieu, 33720 Barsac, Tel. 05.56.27.21.01, Fax 05.56.27.01.55 ✓ ⏐ n. V.

CH. SIGALAS RABAUD 1995***

| ☐ 1er cru clas. | 13,37 ha | 18 000 | ⏐⏐⏐ | 150-200 F |

66 75 76 81 82 83 85 |86| 87 |88| |89| |90| |91| |92| 94 ⑨⑤

Die Partnerschaft mit Corier ist bei diesem Cru wirklich sehr erfolgreich. Nach einem hübschen 94er hier ein 95er von sehr großer Klasse. Er ist in seinem allgemeinen Verhalten entschieden modern und kündigt sich durch eine schöne blaßgoldene Farbe und ein bezauberndes Bukett an. Kandierte Früchte, Korinthen und den Beitrag des wohldosierten Holzfasses verbindend, gibt er einen Vorgeschmack auf den aromatischen Ausdruck am Gaumen. Der Geschmack besitzt eine für seinen Stil erstaunliche Länge und Stärke und entfaltet einen bemerkenswerten Sinn für Ausgewogenheit. Ein herrlicher, lagerfähiger Wein.
•┐ Ch. Sigalas Rabaud, Bommes-Sauternes, 33210 Langon, Tel. 05.56.95.53.00, Fax 05.56.95.53.01 ⏐ n. V.
•┐ de Lambert des Granges

CH. SIMON 1995

| ☐ | k. A. | k. A. | 70-100 F |

Dieser im Herzen des Weinbaugebiets von Barsac gelegene Cru präsentiert uns hier einen gut strukturierten, ausgewogenen Wein mit Fülle und einem schönen Aroma von Gewürzen und Mandarinen, dem ein Bukett mit lebhaften, feinen Noten von Akazienblüten, Minze und Blüten vorausgeht.
•┐ EARL Dufour, Ch. Simon, 33720 Barsac, Tel. 05.56.27.15.35, Fax 05.56.27.24.79 ⏐ n. V.

CH. SUDUIRAUT 1995**

| ☐ 1er cru clas. | 89 ha | 80 000 | ⏐⏐⏐ | +200 F |

|67| |70| |71| |75| 76 78 |79| 81 |82| |83| 84 85 86 |89| |⑨⓪| 95

Dieser 1992 von der Gruppe AXA übernommene Cru ist mit dem Alterungspotential dieses Weins recht typisch für die Appellation. Sein Sauternes besitzt einen guten Bau, der ihm beste Alterungschancen eröffnet, und zeigt ist ausgewogen, während sein aromatischer Ausdruck, der offensichtlichen Charme zeigt, nuancenreich und komplex ist, mit einem dominierenden Blütenduft im Bukett.
•┐ SA Ch. Suduiraut, Suduiraut, 33210 Preignac, Tel. 05.56.63.27.29, Fax 05.56.63.07.00 ✓ ⏐ n. V.
•┐ Axa Millésimes

CH. VILLEFRANCHE 1995

| ☐ | 14 ha | 18 000 | ⏐⏐⏐ | 70-100 F |

Die Guinaberts sind heimatverbundene Menschen : über fünf Jahrhunderte im Gebiet von Sauternes, davon sie als drei auf diesem Gut. Seine durchschnittliche, aber gefällige Struktur und sein entfaltetes Bukett machen ihren 95er zu einem liebenswerten Wein.
•┐ Henri Guinabert et Fils, Ch. Villefranche, 33720 Barsac, Tel. 05.56.27.16.39, Fax 05.56.27.33.02 ✓ ⏐ n. V.

CH. D'YQUEM 1990***

| ☐ 1er cru sup. | 130 ha | k. A. | +200 F |

21 29 37 42 |45| **53 55 59** ⑥⑦ **70 71** |75| |76| **79 80** |81| |82| **83** |84| |85| |86| |87| **88 89 90**

Yquem lebt noch nach der Sonnenzeit. Snobismus ? Nein, Sorge um Effizienz ; er erlaubt es, Trauben zu ernten, die am stärksten eingeschrumpft sind, denn sie werden später am Abend gepflückt. Das Resultat ist grandios, wie in diesem Jahr erneut der 90er bestätigt. Er besitzt ein majestätisches Gewand und ist noch immer nicht vollständig entfaltet, aber sein Bukett erstaunt bereits durch seine Konzentration. Jugendlich, elegant, dicht und rassig, kräftig und von außergewöhnlicher Länge - der Geschmack garantiert ein beeindruckendes Potential.
•┐ Comte de Lur-Saluces, Ch. d'Yquem, 33210 Sauternes, Tel. 05.57.98.07.07, Fax 05.57.98.05.08

BURGUND (BOURGOGNE)

»Liebenswertes und weinreiches Burgund«, schrieb Michelet. Welcher Weinfreund würde einer solchen Behauptung nicht zustimmen? Gemeinsam mit dem Bordelais und der Champagne verbreitet Burgund nämlich in der ganzen Welt den hervorragenden Ruf der berühmtesten Weine Frankreichs. Diese Weine kombiniert es in seinen Anbaugebieten mit einer der reichhaltigsten Eßkulturen überhaupt und findet in ihrer Vielfalt etwas für jeden Geschmack und die passende Begleitung zu jedem Gericht.

Mehr noch als in jeder anderen Weinbauregion kann man in Burgund die Welt des Weins nicht vom Alltagsleben trennen, in einer Kultur, die sich im Rhythmus der Winzerarbeiten geformt hat. Vom Rand des Auxerrois bis zu den Bergen des Beaujolais ernähren der Weinbau und der Wein eine ganze Provinz, die schon seit der Antike die Menschen der Regionen von Paris und Lyon verbindet - und die Menschen haben nicht schlecht davon gelebt. Wenn man Gaston Roupnel, einem burgundischen Schriftsteller, der auch Winzer in Gevrey-Chambertin war, und seiner *Histoire de la campagne française* glauben darf, ist die Weinrebe angeblich im 6. Jh. v. Chr. »über die Schweiz und die Engpässe des Jura« nach Gallien eingeführt und schon bald darauf an den Hängen des Saône- und des Rhône-Tals angebaut worden. Selbst wenn es für andere die Griechen sind, die hier den Weinbau begründeten und ihn aus Südfrankreich mitbrachten, kann niemand die Bedeutung bestreiten, die der Weinbau sehr bald auf burgundischem Boden erlangte. Mehrere Reliefs im Archäologischen Museum von Dijon zeugen davon. Und als sich der antike Redner Eumenes an Kaiser Konstantin in Autun wandte, so geschah dies in der Absicht, an die Reben zu erinnern, die in der Gegend von Beaune angebaut wurden und die er bereits als »bewundernswert und alt« bezeichnete.

Geformt durch das teils ruhmreiche, teils tragische Wechselspiel seiner Geschichte, den Zufälligkeiten der klimatischen Bedingungen ausgesetzt und den Veränderungen der landwirtschaftlichen Methoden unterworfen (wobei die Mönche im Einflußbereich von Cluny und Cîteaux eine wesentliche Rolle spielten), bildete Burgund nach und nach die Palette seiner *climats* (Einzellagen) und seiner Crus heraus und entwickelte sich dabei beständig in Richtung Qualität und typischer Charakter von unvergleichlichen Weinen. Unter der Herrschaft der vier Herzöge von Burgund (1342-1477) wurden die Vorschriften erlassen, die ein hohes qualitatives Niveau sicherstellen sollten.

Man muß jedoch klarstellen, daß das Burgund der Weine nicht exakt mit dem Verwaltungsgebiet Burgund übereinstimmt : Das Departement Nièvre (das zusammen mit den Departements Côte d'Or, Yonne und Saône-et-Loire verwaltungsmäßig zur Region Burgund gehört) ist Teil des mittelfranzösischen Weinbaugebietes und des riesigen Gebiets des Loire-Tals (Anbaugebiet von Pouilly-sur-Loire). Das Departement Rhône (das für die Justiz- und die Verwaltungsbehörden ebenfalls zu Burgund gehört), das Land des Beaujolais, hat dagegen durch Gewohnheitsrecht eine Eigenständigkeit gewonnen, die - neben der kommerziellen Praxis - auch die Verwendung einer speziellen Rebsorte rechtfertigt. An dieser Einteilung hält auch der vorliegende Weinführer fest (siehe das Kapitel »Beaujolais«), in dem unter Burgund somit die Weinbaugebiete der Departements Yonne (Niederburgund), Côte d'Or und Saône-et-Loire verstanden werden, obwohl einige im Beaujolais erzeugte Weine unter der regionalen Appellation Bourgogne verkauft werden dürfen.

Die Einheitlichkeit der in Burgund angebauten Rebsorten - mit Ausnahme des Beaujolais, wo die Rebsorte Gamay noir à jus blanc angepflanzt wird - läßt keinen Zweifel aufkommen : Bei den Weißweinen regiert hier Chardonnay, bei den

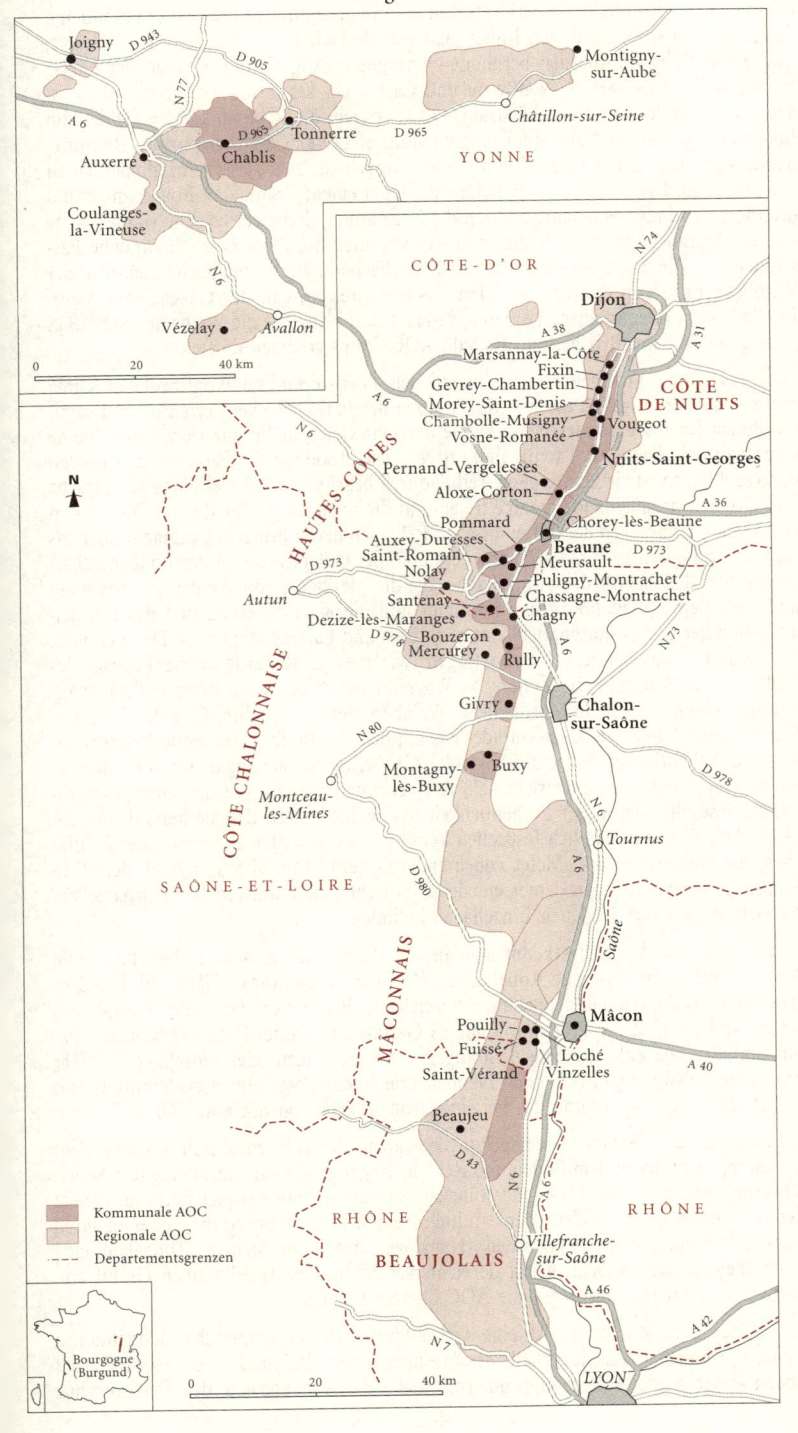

Burgund

YONNE
- Joigny
- Montigny-sur-Aube
- Tonnerre
- Châtillon-sur-Seine
- Auxerre
- Chablis
- Coulanges-la-Vineuse
- Vézelay
- Avallon

CÔTE-D'OR

CÔTE DE NUITS
- Dijon
- Marsannay-la-Côte
- Fixin
- Gevrey-Chambertin
- Morey-Saint-Denis
- Chambolle-Musigny
- Vougeot
- Vosne-Romanée
- Nuits-Saint-Georges

HAUTES-CÔTES
- Pernand-Vergelesses
- Aloxe-Corton
- Chorey-lès-Beaune
- Pommard
- Beaune
- Auxey-Duresses
- Meursault
- Saint-Romain
- Puligny-Montrachet
- Nolay
- Chassagne-Montrachet
- Santenay
- Chagny
- Dezize-lès-Maranges
- Bouzeron
- Mercurey
- Rully
- Autun

CÔTE CHALONNAISE
- Givry
- Chalon-sur-Saône
- Montagny-lès-Buxy
- Buxy
- Montceau-les-Mines
- Tournus

SAÔNE-ET-LOIRE

MÂCONNAIS
- Pouilly
- Fuissé
- Mâcon
- Loché
- Vinzelles
- Saint-Vérand
- Beaujeu

RHÔNE

BEAUJOLAIS
- Villefranche-sur-Saône
- LYON

Legende:
- Kommunale AOC
- Regionale AOC
- Departementsgrenzen

Bourgogne (Burgund)

Rotweinen Pinot noir. Als Überbleibsel alter Anbautraditionen oder einer besonderen Anpassung an spezielle Böden findet man jedoch auch einige Nebensorten : Aligoté, eine weiße Rebsorte, die den berühmten Bourgogne Aligoté hervorbringt, der häufig zur Herstellung des »Kir« (Weißwein und Cassis, ein Likör aus schwarzen Johannisbeeren) verwendet wird ; ihre höchste Qualität erreicht die Rebe im kleinen Gebiet von Bouzeron, ganz in der Nähe von Chagny (Saône-et-Loire). César, eine »rote« Rebsorte, wurde vor allem in der Gegend von Auxerre angebaut, aber sie scheint allmählich zu verschwinden. Die Rebsorte Sacy liefert im Departement Yonne den Bourgogne grand ordinaire, wird aber zunehmend durch die Chardonnay-Rebe ersetzt. Die Gamay-Rebe erzeugt Bourgogne grand ordinaire und - verschnitten mit Pinot noir - Bourgogne Passetoutgrain. Die Sauvignon-Rebe schließlich, die berühmte aromareiche Rebsorte der Weinbaugebiete von Sancerre und Pouilly-sur-Loire, wird in der Gegend von Saint-Bris-le-Vineux (Departement Yonne) angebaut ; dort bringt sie die Weine der AOVDQS Sauvignon de Saint-Bris hervor, die bald AOC-Status erlangen dürften.

In einem relativ einheitlichen, überwiegend semikontinentalen Klima mit ozeanischem Einfluß, der hier die Grenzen des Pariser Beckens erreicht, sind somit die Böden für die besonderen Merkmale der sehr vielen in Burgund erzeugten Weine verantwortlich. Denn auch wenn eine extreme Zerstückelung der Parzellen hier überall die Regel ist, so ist sie zum großen Teil dadurch begründet, daß vielfältige geologische Formationen nebeneinander zutage treten und die reichhaltige Palette von Düften und Geschmackseindrücken der burgundischen Reblagen hervorbringen. Und mehr noch als die meteorologischen Voraussetzungen erklären die Unterschiede in der Bodenbeschaffenheit hier den Begriff der »Einzellage«, die die Merkmale von Weinen innerhalb ein und derselben Appellation genau bestimmt und die Klassifizierung und das Erscheinungsbild der großen Burgunderweine nach Lust und Laune kompliziert. Diese *climats*, die besonders anschauliche Namen tragen (wie etwa la Renarde = die Füchsin, les Cailles = die Wachteln, Genevrières = Wacholdersträucher, Côte Rôtie = sonnenverbrannter Hang, Clos de la Maréchale = Weinberg der Marschallin, Clos des Ormes = Weinberg der Ulmen etc.), sind mindestens seit dem 18. Jh. fest verankerte Bezeichnungen, die Anbauflächen von einigen Hektar Größe, manchmal sogar nur von ein paar *ouvrées* (eine »ouvrée« entspricht 4,28 Ar) benennen ; sie entsprechen einer »natürlichen Größe, die sich in der Einheitlichkeit des Weins äußert, den sie hervorbringt ...« (A. Vedel). Wie man nämlich feststellen kann, gibt es bisweilen zwischen zwei Rebflächen, die mehrere hundert Meter voneinander entfernt sind, aber innerhalb derselben Einzellage liegen, geringere Unterschiede als zwischen zwei anderen Nachbarparzellen, die sich in zwei verschiedenen Einzellagen befinden.

Überdies kennt man in der Hierarchie der Weine vier Stufen von Appellationen : die regionale Appellation (56 % der Produktion), *Villages* (d. h. »Dörfer«, auch als kommunale Appellation bezeichnet), Premier cru (12 % der Produktion) und Grand cru (2 % der Produktion, die 33 Grands crus an der Côte d'Or und in Chablis umfaßt). Die Zahl der gesetzlich abgegrenzten Reblagen oder Einzellagen ist sehr groß ; beispielsweise gibt es bei den Premiers crus in der Gemeinde Nuits-Saint-Georges 27 verschiedene Namen, und das bei einer Anbaufläche von nur etwa 100 ha !

Neuere Untersuchungen haben die (oft empirisch festgestellten) Beziehungen zwischen dem Boden und Reblage bestätigt, die zur Entstehung der Appellationen, der Crus oder der *climats* führten. So konnte man beispielsweise im Gebiet der Côte de Nuits 59 Bodentypen ermitteln, die sich in ihrem Aufbau oder in ihren physikalisch-chemischen Merkmalen (Hanglage, Anteil an Steinen, Tongehalt etc.) unterscheiden und tatsächlich mit der Unterscheidung der Appellationen Grand cru, Premier cru, Villages und regionale AOC übereinstimmen.

Einfacher ist eine viel allgemeinere geographische Betrachtungsweise, die üblicherweise innerhalb des Weinbaugebiets Burgund - von Norden nach Süden - vier große Anbauzonen unterscheidet : die Anbaugebiete des Departements

Yonne (Niederburgund), die der Côte d'Or (Côte de Nuits und Côte de Beaune), die Côte Chalonnaise und das Mâconnais.

Das Gebiet von Chablis ist das bekannteste Weinbaugebiet im Departement Yonne. Sein Ansehen am königlichen Hof von Paris war das ganze Mittelalter hindurch sehr groß, zumal der Transport auf dem Wasserweg (auf dem Fluß Yonne) den Weinhandel mit der Hauptstadt erleichterte. Lange Zeit wurden die Weine aus der Yonne sogar schlicht und einfach mit »den« Burgunderweinen gleichgesetzt. Das Anbaugebiet von Chablis schmiegt sich in das zauberhafte Tal des Serein, in dem sich auch das kleine mittelalterliche Juwel Noyers befindet; es erscheint wie ein isolierter Satellit, der über hundert Kilometer nordwestlich vom Herz des burgundischen Weinbaugebiets entfernt ist. Mit seinen verstreut liegenden Weinbergen nimmt es über 4 000 ha Hügel mit unterschiedlichen Hanglagen ein, auf denen »sich eine Menge Weiler und eine Unzahl von Weingutsbesitzern die Ernte dieses trockenen, zart duftigen, leichten und lebhaften Weins teilen, der das Auge durch seine erstaunliche Klarheit, ganz leicht goldgrün gefärbt, überrascht« (P. Poupon). Das südlich von Auxerre gelegene Auxerrois erstreckt sich auf zehn Gemeinden. Das Anbaugebiet von Irancy enthält noch ein paar Hektar, die mit der Rebsorte César bepflanzt sind; diese Rebsorte liefert sehr tanninreiche Weine. Zusammen mit dem Anbaugebiet von Coulanges-la-Vineuse ist es gerade dabei, sich weiter zu vergrößern. Saint-Bris-le-Vineux ist das Anbaugebiet des Sauvignon und teilt sich mit Chitry die Erzeugung von Weißweinen.

Im Departement Yonne muß man noch auf drei weitere, von der Reblaus fast völlig zerstörte Weinbaugebiete hinweisen, die man aber heute zu neuem Leben zu erwecken versucht. Das Anbaugebiet von Joigny, im äußersten Nordwesten Burgunds, das nicht einmal 10 ha groß ist, befindet sich in guter Lage auf den Hängen, die oberhalb der Yonne den Ort umgeben. Man erzeugt hier in erster Linie einen »grauen« Wein, der die regionale Appellation Bourgogne trägt und vor Ort getrunken wird, aber auch Rot- und Weißweine. Das Anbaugebiet von Tonnerre, das früher einmal ebenso berühmt war wie das von Auxerre, erlebt heute eine Wiedergeburt in der Umgebung von Epineuil, wo etwa 50 ha wiederbepflanzt worden sind; das Gewohnheitsrecht erlaubt hier eine Appellation Bourgogne-Epineuil. Die Wiedergeburt eines kleinen Weinbaugebiets erlebt man schließlich noch auf den Hängen des berühmten Hügels von Vézeley, unweit des Morvan, wo die Großherzöge von Burgund selbst einen Weinberg besaßen; seit 1979 wird hier Wein erzeugt. Die Weine, die unter der Appellation Bourgogne verkauft werden, dürften hier vom guten Ruf des Orts profitieren, einer touristischen Hochburg, in der die Besucher der romanischen Basilika an die Stelle der Wallfahrer getreten sind.

Das verkarstete, ausgedörrte Plateau von Langres - der traditionelle Weg, den alle Eindringlinge aus dem Nordosten nehmen, die historischen Eroberer ebenso wie heute die Touristen - trennt die Gebiete von Chablis, Auxerre und Tonnerre von der Côte d'Or, die als »Purpur- und Goldhang« oder einfach als »die Côte« bezeichnet wird. Im Tertiärzeitalter und danach während der Entstehung der Alpen fiel der Spiegel des Meeres von Bresse, das diese Region bedeckte und bis zum alten hercynischen Massiv reichte, und lagerte dabei im Laufe von Jahrtausenden Kalksedimente unterschiedlicher Zusammensetzung ab: zahlreiche parallel verlaufende Verwerfungen in Nord-Süd-Richtung, die aus der Zeit der alpiden Faltung stammen, ein »Versinken« der Böden von oben nach unten während der großen tertiären Vergletscherungen, Entstehung von Tälern, die von mächtigen Flußläufen gegraben wurden. Das Ergebnis ist eine außergewöhnliche Vielfalt von Böden, die nebeneinander liegen, ohne daß sie identisch wären, dabei aber an der Oberfläche aufgrund einer dünnen Schicht Ackerboden ähnlich zu sein scheinen. So erklären sich auch die Fülle der Herkunftsbezeichnungen, die mit der Vielzahl von Böden verbunden sind, und die Bedeutung der Einzellagen, die dieses Mosaik noch weiter verfeinern.

Geographisch gesehen erstreckt sich die »Côte« auf einer Länge von etwa 50 km von Dijon bis Dezize-lès-Maranges, im Norden des Departements Saône-et-Loire. Der Hang, der zumeist der aufgehenden Sonne zugewandt ist, wie es sich für Grands crus in einem semikontinentalen Klima gehört, fällt von der oberen Hochfläche, wo sich vereinzelt Weinberge der Hautes Côtes befinden, zur Ebene der Saône hin ab, wo andere Kulturpflanzen angebaut werden.

Die »Côte« erstreckt sich geradlinig, was eine hervorragende Ost-südostlage begünstigt. Traditionell wird sie in mehrere Abschnitte unterteilt, von denen der erste im Norden zum großen Teil durch die wachsende Urbanisierung im Ballungsraum Dijon erdrückt wird (Gemeinde Chenôve). Aus Treue zur Tradition hat die Stadtverwaltung von Dijon dennoch eine Parzelle mitten in der Stadt selbst wiederbepflanzt. In Marsannay fängt die Côte de Nuits an, die bis zum Clos des Langres auf dem Boden der Gemeinde Corgoloin reicht. Sie ist ein schmaler Hang (nur ein paar hundert Meter breit), der von Erosionstälern, die mit ihren Wäldern und Felsen an die Alpen erinnern, zerschnitten wird und den kalten, trockenen Winden ausgesetzt ist. Dieser Teil der Côte besitzt 29 Appellationen, die sich entsprechend der Cru-Skala verteilen, zusammen mit Dörfern, die sehr angesehene Namen tragen : Gevrey-Chambertin, Chambolle-Musigny, Vosne-Romanée, Nuits-Saint-Georges ... Die Premiers crus und die Grands crus (Chambertin, Clos de la Roche, Musigny, Clos de Vougeot) befinden sich in einer Höhe zwischen 240 und 320 m. In diesem Gebiet stößt man inmitten vielfältiger Geröllablagerungen auf die meisten Böden, wo Mergelkalk zutage tritt. Die am besten strukturierten Rotweine von ganz Burgund, die sich für die längste Lagerung eignen, stammen von hier.

Daran schließt sich die Côte de Beaune an : Der Hang ist breiter (ein bis zwei Kilometer), hat ein gemäßigteres Klima und ist gleichzeitig feuchteren Winden ausgesetzt, was eine frühere Reifung der Trauben zur Folge hat. In geologischer Hinsicht ist die Côte de Beaune einheitlicher aufgebaut als die Côte de Nuits, mit einer fast waagerecht verlaufenden Hochfläche am Fuß des Hangs, die aus Schichten der oberen Bath-Stufe besteht und mit stark rotgefärbter Erde bedeckt ist. Auf diesen recht tiefen Böden werden die großen Rotweine erzeugt (Beaune Grèves, Pommard Epenots etc.). Im Süden der Côte de Beaune bilden Schichten aus oolithischem Kalkstein, die sich zusammen mit direkt darüberliegendem Kalkstein unter dem von Geröll bedeckten Mergel aus der mittleren Bath-Stufe befinden, steinige, kieshaltige Böden ; auf ihnen werden Weißweine erzeugt, die zu den angesehensten überhaupt zählen : Premiers crus und Grands crus der Gemeinden Meursault, Puligny-Montrachet und Chassagne-Montrachet. Wenn man von einer »Côte der Roten« und einer »Côte der Weißen« spricht, muß man noch zwischen beiden das Anbaugebiet von Volnay erwähnen, das auf steinigen Lehm- und Kalksteinböden liegt und Rotweine von großer Feinheit hervorbringt.

An der Côte de Beaune werden die Reben höher angebaut als an der Côte de Nuits : bis zu 400 m und manchmal noch höher. Der Hang wird von breiten Erosionstälern zerschnitten ; eines davon, das Tal von Pernand-Vergelesses, scheint dabei den berühmten Corton-Hügel von der übrigen Côte abzutrennen.

Seit etwa dreißig Jahren bestockt man nach und nach wieder die Bereiche der Hautes-Côtes, wo die regionalen Appellationen Bourgogne Hautes-Côte de Nuits und Bourgogne Hautes-Côtes de Beaune erzeugt werden. Die Rebsorte Aligoté hat dort ihr Lieblingsanbaugebiet, das ihre Frische gut zur Geltung bringt. Einige Reblagen liefern ausgezeichnete Rotweine aus Pinot noir, die oft nach Beeren (Himbeeren und schwarze Johannisbeeren) duften ; diese kleinen Früchte sind burgundische Spezialitäten, die dort gezüchtet werden.

Die Landschaft entfaltet sich etwas stärker an der Côte Chalonnaise (4 500 ha) ; die geradlinige Struktur der Oberflächengestalt verbreitert sich hier zu nicht sehr hohen Hügeln, die hauptsächlich westlich des Saône-Tals aufragen. Der geologische Aufbau ist viel weniger einheitlich als im Weinbaugebiet der Côte d'Or : Die Böden befinden sich auf Kalkstein aus der Juraformation, aber auch auf Mergel, der ebenfalls dem Jura oder einer noch älteren erdgeschichtlichen Formation, nämlich Lias oder Trias, entstammt. Rotweine aus der Rebsorte Pinot noir werden in Mercurey, Givry und Rully erzeugt, aber diese Gemeinden produzieren auch Weißweine von der Chardonnay-Rebe, ebenso wie Montagny. Dort befindet sich auch Bouzeron mit dem berühmten Aligoté. Erwähnen muß man noch ein gutes Anbaugebiet in der Umgebung von Couches, das von einem mittelalterlichen Schloß überragt wird. Von romanischen Kirchen zu alten Gebäuden - jede touristische Reiseroute kann hier auch zu einer »Weinstraße« werden.

Das Mâconnais (5 700 ha Rebfläche) - eine Reihe von Hügeln, die oft weite Horizonte enthüllen, wo im Grün der Weiden immer wieder die weißen Punkte von grasenden Charolais-Rindern zu sehen sind - lag Lamartine sehr am Herzen : Milly, das Dorf, in dem er aufwuchs, ist ein Weinbauort, und er selbst besaß dort ebenfalls Rebflächen. Es ist geologisch einfacher aufgebaut als das Chalonnais. Die sedimentären Schichten von der Trias- bis zur Juraformation werden hier in West-Ost-Richtung von Verwerfungen zerschnitten. 20 % der Appellationen sind kommunale, 80 % regionale AOCs (Mâcon blanc und Mâcon rouge). Auf braunen Kalksteinböden werden die berühmtesten Weißweine, die von der Rebsorte Chardonnay stammen, an den besonders gut gelegenen und sehr sonnenreichen Hängen von Pouilly, Solutré und Vergisson erzeugt ; sie sind bemerkenswert wegen ihres Aussehens und ihrer langen Lagerfähigkeit. Die Rot- und Roséweine werden in der Appellation Bourgogne aus der Rebsorte Pinot noir und bei den Mâcon-Weinen aus Gamay noir à jus blanc hergestellt ; die Reben wachsen dabei in tieferen, weniger guten Lagen, auf oft schlickigen Böden, in denen Kieselknollen die Entwässerung erleichtern.

So wesentlich die Bodenbeschaffenheit und die klimatischen Voraussetzungen auch sein mögen, man kann das Weinbaugebiet Burgund nicht vorstellen, ohne den Anteil des Menschen am Weinbau und an der Weinherstellung zu erwähnen : Menschen, die hier oft schon seit Jahrhunderten mit ihrem Anbaugebiet verbunden sind. Deswegen sind die Namen vieler Familien in den Dörfern dieselben wie vor 500 Jahren. Auch die Gründung einiger Handelshäuser reicht manchmal ins 18. Jh zurück.

Das zerstückelte Weinbaugebiet besteht aus Familienbetrieben, die von geringer Größe sind. So genügt ein vier bis fünf Hektar großes Weingut in einer Dorfappellation (z. B. Nuits-Saint-Georges), um einen Haushalt zu ernähren, der einen Arbeiter beschäftigt. Erzeuger, die mehr als zehn Hektar Rebland besitzen und bewirtschaften, sind selten : Der berühmte Clos-Vougeot etwa, der 50 ha umfaßt, ist unter mehr als 70 Besitzer aufgeteilt ! Die Zerstückelung der Einzellagen im Hinblick auf die Besitzverhältnisse erhöht die Vielfalt der erzeugten Weine noch weiter und sorgt für einen gesunden Wettbewerb unter den Winzern. Eine Weinprobe in Burgund besteht oft darin, daß man zwei Weine derselben Rebsorte und derselben Appellation vergleicht, die aber jeder aus einer anderen Einzellage kommen, oder daß man zwei Weine derselben Rebsorte und derselben Einzellage beurteilt, die jedoch aus verschiedenen Jahrgängen stammen. Deshalb tauchen bei der Weinprobe zwei Begriffe immer wieder auf : der »Cru« bzw. »climat« und der Jahrgang, zu denen selbstverständlich die persönliche »Handschrift« des Erzeugers hinzukommt, der die Weine anbietet. Bei den Anbau- und Vinifizierungsmethoden ist der burgundische Winzer sehr darauf bedacht, die Gewohnheiten und Traditionen zu bewahren, was aber nicht heißt, daß er eine Modernisierung grundsätzlich ablehnen würde. So nimmt etwa die Mechanisierung im Weinbau zu ; außerdem haben es viele Erzeuger verstanden, neue Materialien und Techniken vorteilhaft zu nutzen. Es gibt jedoch Traditionen, die von den Winzern ebensowenig wie von den Weinhändlern in Frage gestellt werden dürfen : Eines der besten Beispiele dafür ist der Ausbau der Weine im Eichenholzfaß.

Schätzungsweise 3 500 Güter leben 1997 ausschließlich vom Weinbau. Sie machen zwei Drittel der 24 000 ha aus, die als AOC mit Reben bestockt sind. Neunzehn Winzergenossenschaften sind verzeichnet ; sehr aktiv ist das Genossenschaftswesen im Gebiet von Chablis, an der Côte Chalonnaise und vor allem im

Bourgogne

Mâconnais (dreizehn Genossenschaftskellereien). Sie erzeugen rund 25 % der gesamten Weinmenge. Die Weinhändler, die selbst Weine ausbauen, spielen seit dem 18. Jh. eine große Rolle. Sie vermarkten über 60 % der Produktion und besitzen mehr als 35 % der Gesamtfläche der Grands crus an der Côte de Beaune. Mit seinen Weingütern erzeugt der Weinhandel 8 % der gesamten burgundischen Produktionsmenge. Diese liegt durchschnittlich bei 180 Millionen Flaschen, die einen Umsatz von 5 Milliarden Francs ausmachen, davon 2,6 Milliarden im Export.

Die Bedeutung des Ausbaus (die Pflege eines Weins von seiner frühesten Jugend bis zu seiner optimalen Qualität vor der Flaschenabfüllung) unterstreicht die Rolle des Weinhändlers, der junge Weine aufkauft und selbst ausbaut: Neben seiner kommerziellen Aufgabe übernimmt er auch eine kellertechnische Verantwortung. Es versteht sich deshalb von selbst, daß sich zwischen dem Weinbau und dem Weinhandel eine harmonische Beziehung der beiden Berufsgruppen entwickelt hat.

Das BIVB (Bureau interprofessionnel des vins de Bourgogne) besitzt drei Außenstellen: Mâcon, Beaune und Chablis. Es wird in technischer und wirtschaftlicher Hinsicht wie auch im Bereich der Werbung tätig. Die Universität von Burgund war die erste Einrichtung in Frankreich, zumindest auf Universitätsebene, die 1934 einen Unterricht in Önologie anbot und ein Fachdiplom einführte - zur selben Zeit, als die berühmte Confrérie des Chevaliers du Tastevin gegründet wurde, die sehr viel für die Verbreitung und das weltweite Ansehen der burgundischen Weine leistet. Sie hat ihren Sitz im Château du Clos-Vougeot und trägt gemeinsam mit anderen örtlichen Weinbruderschaften dazu bei, die Traditionen am Leben zu erhalten. Eine der prächtigsten Traditionen ist unbestritten die 1851 eingeführte Versteigerung der Hospices de Beaune, ein Treffpunkt für die internationale Weinelite und eine »Börse«, an der sich die Preise für die Grands crus orientieren. Zusammen mit der Versammlung der Confrérie und der »Paulée« bildet die Versteigerung einen der »Trois Glorieuses«, der »Drei glorreichen Tage«. Aber in ganz Burgund weiß man fröhliche Weinfeste zu feiern, entweder vor einer »Pièce« (Faß mit 228 l Fassungsvermögen) oder vor einer Flasche. Burgund und seine Weine muß man einfach mögen: Ist es nicht ganz einfach »ein Land, das man in seinem Glas mitnehmen kann«?

Die regionalen Appellationen Bourgogne

Die regionalen Appellationen Bourgogne, Bourgogne grand ordinaire und ihre Ableger oder Entsprechungen nehmen den größten Anbaubereich des burgundischen Weinbaugebiets ein. Sie dürfen in den traditionell als Weinbauorte geltenden Gemeinden der Departements Yonne, Côte-d'Or und Saône-et-Loire sowie im Kanton Villefranche-sur-Saône (Departement Rhône) erzeugt werden. 1996 produzierten sie 525 700 hl, d. h. 14 % mehr als 1995.

Die gesetzliche Regelung der Traditionen, insbesondere die Festlegung der Reblagen durch die Abgrenzung der Parzellen, hat innerhalb der regionalen Appellationen zu einer Hierarchie geführt. Die Appellation Bourgogne grand ordinaire ist die allgemeinste Appellation, die hinsichtlich der abgegrenzten Anbaufläche am weitesten gefaßt ist. Mit einer strenger festgelegten Bestockung erzeugt man an den gleichen Orten Bourgogne Aligoté, Bourgogne Passetoutgrain und Crémant de Bourgogne.

Bourgogne

Der Anbaubereich dieser Appellation ist recht groß, wenn man die möglichen Zusätze der verschiedenen Namen von Untergebieten (Hautes-Côtes, Côte Chalonnaise) oder von Dörfern (Irancy, Chitry, Epineuil) einbezieht; sie alle bilden nämlich jeweils ein eigenständiges Anbaugebiet und werden hier auch

Bourgogne

als solche aufgeführt. Angesichts der Größe dieser Appellation ist es nicht verwunderlich, daß die Erzeuger versucht haben, ihren Weinen einen persönlichen Charakter zu verleihen und den Gesetzgeber davon zu überzeugen, daß die Herkunft genauer angegeben werden sollte. Im Gebiet von Châtillon (Côte-d'Or) wurde der Name Massingy verwendet, aber dieses Anbaugebiet ist fast verschwunden. Seit jüngerer Zeit verwenden die Winzer auf den Hängen der Yonne den Dorfnamen und haben ihn der Appellation Bourgogne hinzugefügt. Das gilt für Saint-Bris und Côtes d'Auxerre auf dem rechten Ufer und für Coulanges-la-Vineuse auf dem linken Ufer.

Die Produktionsmenge der Appellation Bourgogne liegt im Durchschnitt bei rund 155 000 hl pro Jahr. Beim Weißwein werden etwa 50 000 hl von der Rebsorte Chardonnay erzeugt, die im Departement Yonne auch Beaunois genannt wird. Die Rebsorte Pinot blanc, die zwar im Gesetzestext aufgeführt wird und früher in den Hautes Côtes etwas öfter angebaut wurde, ist praktisch verschwunden. Sie wird übrigens sehr häufig - zumindest dem Namen nach - mit dem Chardonnay verwechselt.

Beim Rot- und Roséwein beträgt die Produktion (aus der Rebsorte Pinot noir) durchschnittlich etwa 125 000 bis 130 000 hl pro Jahr. Die Rebsorte Pinot beurot ist leider fast vollständig verschwunden, weil sie wenig Farbstoffe enthält; sie verleiht den Rotweinen eine bemerkenswerte Feinheit. In manchen Jahren darf die angemeldete Produktionsmenge um die Weinmenge erhöht werden, die von der »Zurücknahme« der kommunalen Beaujolais-Appellationen stammt : Brouilly, Côte-de-Brouilly, Chénas, Chiroubles, Fleurie, Juliénas, Morgon, Moulin-à-Vent und Saint-Amour. Diese Weine sind dann ausschließlich aus Gamay noir hergestellt worden und besitzen somit einen anderen Charakter. Die Roséweine, bei denen sich die Menge ein wenig erhöht, wenn in einem Jahr die Trauben ungenügend reifen oder die Reben in hohem Maße von der Graufäule befallen sind, dürfen unter der Appellation Bourgogne rosé oder Bourgogne Clairet verkauft werden.

Damit das Ganze noch komplizierter wird, findet man Etiketten, die zusätzlich zur Appellation Bourgogne noch den Namen der Reblage tragen, in der der Wein erzeugt worden ist. Einige alte, berühmte Weinberge rechtfertigen heute diese Praxis ; das trifft zu auf die Reblagen le Chapitre in Chenôve, les Montreculs, Überbleibsel des von der Urbanisierung heimgesuchten Anbaugebiets von Dijon, und la Chapelle-Notre-Dame in Serrigny. Bei den anderen führen sie oft zu einer Verwechslung mit den Premiers crus und sind nicht immer gerechtfertigt.

DOM. ABBAYE DU PETIT QUINCY
Epineuil 1995★

| ■ | 5 ha | 30 000 | 🍶📖♂ | 30-50 F |

Diese ehemalige Zisterzienserabtei verbreitet noch immer einen schönen Glanz. Ein dunkelroter, bukettreicher Wein, der deutlich nach Beeren duftet. Er besinnt sich im Mund und bemüht sich, die Dämonen zu verjagen, die ihn umgeben, wilde Tannine, die sich in zwei bis drei Jahren beruhigen werden. Abbaye Royale Saint-Pierre vom selben Erzeuger, ein roter 94er Epineuil, ist ohne Stern berücksichtigt worden. Er besitzt mehr Lebhaftigkeit als Fülle, aber seine Struktur ist vollkommen. Der 95er Rosé, der den gleichen Namen trägt, erhält einen Stern : Er wird kein Problem haben zu gefallen.
🕿 Dominique Gruhier, Clos de Quincy, 89700 Epineuil, Tel. 03.86.55.32.51, Fax 03.86.55.32.50 ✅ ⚐ tägl. 9h-12h30 13h30-18h ; So n. V.

DOM. ALEXANDRE-COMPAIN 1995

| ☐ | 1,5 ha | 2 500 | 📖 | 30-50 F |

Dieser Koloß steht nicht auf tönernen Füßen. Er ist kraftvoll und freigebig und wird sein ganzes Herz erst in zwei bis drei Jahren wirklich verschenken. Die Farbe ist zart, der Duft eher blumig. Sehr voller Geschmack.
🕿 Dom. Alexandre-Compain, Le Bourg, 71150 Remigny, Tel. 03.85.87.22.61, Fax 03.85.87.22.61 ✅ ⚐ n. V.

ANTOINE CHATELET
Vieilli en fût de chêne 1995★

| ☐ | k. A. | k. A. | 📖 | 30-50 F |

Im alten Stil, ein Ensemble aus massivem Holz. Ein gelber Schimmer auf einem Kleid aus heller Spitze. Ziemlich würziger (Gewürznelken) und sehr vanilleartiger Geruch. Der Alkohol erweckt einen Eindruck von Reichhaltigkeit, aber man muß das Ende seines Ausbaus abwarten. Eine Marke von Cottin (Labouré-Roi).
🕿 Antoine Chatelet, rue Lavoisier, 21700 Nuits-Saint-Georges, Tel. 03.80.62.64.00, Fax 03.80.62.64.10 ⚐ Mo-Fr 8h-12h 13h30-17h30

Bourgogne

PHILIPPE D'ARGENVAL
Chante Fluté 1995*

☐　　　　k. A.　　k. A.　　30-50 F

Blaßgelb. Er erscheint zuerst bescheiden und zurückhaltend. Schon ausdrucksvoller Duft nach Blüten und Birnen. Im Geschmack ganz und gar aufgeweckt, in einem leckeren, leichten, seidigen Stil. Soll man von einem leicht zugänglichen und kommerziellen Wein sprechen ? Bezeichnen wir ihn als Standardwein für den Weinhandel, und das ist wohl das Schicksal all dieser Flaschen !
❧ Philippe d'Argenval, 71640 Mercurey, Tel. 03.85.98.12.12, Fax 03.85.45.25.49

CHRISTOPHE AUGUSTE
Coulanges-la-Vineuse 1995*

■　　　9,1 ha　　30 000　　-30 F

Ein Wein, der in der Kulisse auf seinen Bühnenauftritt wartet. Vermutlich im verborgenen, aber er wird seinen Einsatz nicht verpassen. Man eraht seine Persönlichkeit : sehr dunkle Farbe, Quittenaroma. Eine gewisse Tanninhaltigkeit, aber dieses Zuviel an Charakter geht wahrscheinlich auf die Wartezeit zurück. Im letzten Akt wird er prächtig sein. Der weiße 95er erhält ebenfalls einen Stern. Er ist blumig und mineralisch, von aufrichtiger Gemütsart, lebhaft und elegant zugleich.
❧ Christophe Auguste, 55, rue André-Vildieu, 89580 Coulanges-la-Vineuse, Tel. 03.86.42.35.04, Fax 03.86.42.51.81 ✓ ⵀ n. V.

PAUL BEAUDET 1995***

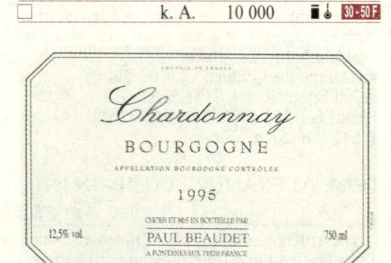

☐　　　k. A.　　10 000　　30-50 F

Man hat Lust, mehr davon zu trinken. Denn er ist über einem Rosinenaroma ganz und gar blumig. Ein frisches Bukett, in dem die Jury mineralische und fruchtige Noten findet. Ein großartiger, stattlicher Körper, der auf schönen Stoff gebaut ist und sich angenehm fortsetzt. Der Chardonnay wird hier zum Leben erweckt, soweit dies nur möglich ist. Südburgund verzeichnet einen Pluspunkt.
❧ Paul Beaudet, rue Paul-Beaudet, 71570 Pontanevaux, Tel. 03.85.36.72.76, Fax 03.85.36.72.02 ✓ ⵀ Mo-Fr 8h-12h 13h30-17h30 ; Aug. geschlossen

DOM. BERNAERT 1995

☐　　5,92 ha　　13 000　　30-50 F

1988 wurde das Gut wiederhergestellt. Es war nämlich von der Reblaus zerstört worden. Es ist der einzige Gärkeller der Region, der über den Canal du Nivernais direkt zugänglich ist. Man sollte diesen 95er ein wenig lagern, denn der Geschmack ist ansprechend, und das Aroma erwacht.
❧ GAEC Bernaert, 1, av. de la Gare, 89460 Bazarnes, Tel. 03.86.81.56.95, Fax 03.86.42.53.09 ✓ ⵀ n. V.

DOM. GABRIEL BILLARD
Cuvée Milliane 1995**

■　　0,5 ha　　2 000　　30-50 F

Laurence Jobard, ein berühmter Önologe, in eigener Sache. Diese seiner Großmutter (Milliane) gewidmete Cuvée ist für eine eine hohe Bestimmung ausersehen. Sie hat eine schöne Farbe mit purpurrotem Schimmer und erinnert an kleine rote Früchte, indem sie die Unterweisung der Alten beachtet. Gute Grundlage, tanninreich und kräftig gebaut.
❧ SCEA Dom. Gabriel Billard, imp. de la Commaraine, 21630 Pommard, Tel. 03.80.22.27.82, Fax 03.85.49.49.02 ✓ ⵀ n. V.
❧ L. Jobard et M. Desmonet

DOM. GUY BOCARD 1995*

■　　0,34 ha　　1 900　　30-50 F

Im Eilschritt betritt er den Mund. Lakritzeartig, fleischig, einnehmend, mit einer etwas harten Note, die eine noch nicht aufgelaufene Zeit des Wachwerdens benötigt. Aber er ist ein gut abgestimmter Wein von dunkler Tönung, der in einem zurückhaltenden Bukett von der Frucht dominiert wird. Im Laufe des Jahres 1998 wird er sich voll entfaltet haben.
❧ Guy Bocard, 4, rue de Mazeray, 21190 Meursault, Tel. 03.80.21.26.06, Fax 03.80.21.64.92 ✓ ⵀ n. V.

DOM. ALBERT BOILLOT 1995**

☐　　k. A.　　k. A.　　30-50 F

Ein weißer Burgunder von der Côte de Beaune - die Mannschaft im grüngoldenen Trikot führt deutlich bei dieser Weinprobe das Feld an. Denn diese regionalen AOCs kommen den *Villages*, wenn nicht sogar den Crus, recht nahe. Es gelingt dem Wein, der Umarmung des Holzes zu entkommen. Eine Übergröße, die ihm aber gut steht. Im Abgang durch einen schönen Ausbruch von Lebhaftigkeit aufgeweckt.
❧ SCE du Dom. Albert Boillot, ruelle Saint-Etienne, 21190 Volnay, Tel. 03.80.21.61.21, Fax 03.80.21.61.21 ✓ ⵀ n. V.

DOM. BON Coulanges-la-Vineuse 1995**

■　　3,8 ha　　20 000　　-30 F

Der Großvater des heutigen Besitzers, der Winzer und Küfer war, baute das Gut auf. Hinter seinem merkwürdigen Etikett, einer Fotografie, die das Dorf zeigt, nimmt dieser Wein keinen Umweg, um uns das Innere seines Herzens zu enthüllen. Man spürt den geringen Ertrag. Hübsche, komplexe Fruchtigkeit, Ausgewogenheit eines prächtigen Körpers, Nachhaltigkeit schon verschmolzener Tannine. Der 95er Bourgogne blanc erhält einen Stern. Er hat echtes Potential.
❧ SCEA René Bon, 76, Grande-Rue, 89580 Migé, Tel. 03.86.41.61.61 ✓ ⵀ tägl. 8h-21h

Bourgogne

DOM. BORDET 1995*

■ | 0,98 ha | 2 000 | ◐ | -30F

Hier die Ergebnisse des Persönlichkeitstests : ein vollständiger Charakter, für das bloße Auge erkennbar, von kräftiger Intensität - offenes, freimütiges, aufgeschlossenes Wesen - eine Natur, die zunächst ein wenig rauh erscheint, sich aber bald besänftigt.

☞ Catherine Devers, pl. de l'Eglise,
71150 Demigny, Tel. 03.85.49.40.59 ✉ ☎ n. V.

GERARD ET REGINE BORGNAT
Coulanges-la-Vineuse 1995*

☐ | 1 ha | 4 000 | 🍴 | -30F

Ein schönes Gut aus dem 17. Jh., mit wunderschönen restaurierten Kellern, in denen Weine reifen, die von unseren Juroren oft berücksichtigt werden. Auch wenn letztere einige Zweifel an der Alterungsfähigkeit dieses Weins äußerten, haben sie doch eindeutig seine unzweifelhaften Qualitäten bestätigt. Gelbe Farbe mit goldenem Schimmer, butterig. Er hat Ähnlichkeit mit einer harmlosen Ringelnatter, die sich sonnt (diese liebenswerten Schlangen gehören zur Landschaft). Feinheit und Länge mit grasigen Noten.

☞ Régine et Gérard Borgnat, 1, rue de l'Eglise, 89290 Escolives-Sainte-Camille,
Tel. 03.86.53.53.28, Fax 03.86.53.65.00 ✉ ☎ tägl. 8h-19h30 ; Gruppen n. V.

REYANE ET PASCAL BOULEY 1995**

■ | 1,45 ha | 6 000 | ◐ | 30-50F

Wenn die regionale AOC die Basis der burgundischen Pyramide bildet, ist diese nicht in Gefahr, daß sie mit einer solchen Flasche, die aus Volnay kommt, als Fundament einstürzt. Wunderbar von Anfang bis Ende. Dieser recht kräftig gebaute Wein ist von schöner Länge und muß nur noch altern. Sein Bukett ist jedoch bereits offenherzig.

☞ Réyane et Pascal Bouley, pl. de l'Eglise, 21190 Volnay, Tel. 03.80.21.61.69,
Fax 03.80.21.66.44 ✉ n. V.

RENE BOURGEON Les Pourrières 1995

☐ | 5 ha | k. A. | ■ | 30-50F

Das Anbaugebiet von Givry ist zwar eher für die Rebsorte Pinot noir bestimmt, die hier vorwiegend angebaut wird, aber einige Lagen eignen sich gut für Chardonnay. Wie beispielsweise für diesen hier : wenig Fülle, sondern ein leichter, fruchtiger Charakter, der nicht reizlos ist. Die Nase entfaltet ein ausdrucksvolles Aroma. Guter Glanz.

☞ René Bourgeon, 71640 Jambles,
Tel. 03.85.44.35.85, Fax 03.85.44.57.80 ✉ ☎ n. V.

DOM. PIERRE BOUTHENET ET FILS 1995**

☐ | 2 ha | 5 000 | ■◐ | 30-50F

Ein angenehmer Wein aus dem Gebiet von Couches mit einer lebhaften, klaren gelben Farbe. Viel Frische im Geruch, mineralische Noten. Ziemlich langer, nicht zu schwerer Geschmack, gut im Stil der Appellation gehalten. Man hat extremes Vergnügen daran und träumt davon, ihn zu Lachs mit Sauerampfer zu trinken.

☞ Dom. Pierre Bouthenet et Fils, La Creuse, 71490 Couches, Tel. 03.85.49.63.72,
Fax 03.85.49.63.82 ✉ ☎ n. V.

RENE BOUVIER Montre-Cul 1994

■ | 0,37 ha | 1 500 | ◐ | 30-50F

Einer der seltenen Bourgogne-Weine, die offiziell das Recht haben, den Namen seiner Einzellage zu tragen, und diese ist sehr berühmt. Erzeugt in einem früher als Côte Dijonnaise bezeichneten Anbaugebiet. Ein Wein mit einer mehr tiefen als satten Farbe und einem kräftigen Duft (Tiergeruch und Himbeeren). Angenehm und umgänglich.

☞ EARL René Bouvier, 2, rue Neuve,
21160 Marsannay-la-Côte, Tel. 03.80.52.21.37,
Fax 03.80.59.95.96 ✉ ☎ n. V.

DOM. BRINTET 1995

☐ | 1,3 ha | 4 000 | ■🍴 | 30-50F

Leichte Goldfarbe. Über einem Mandelaroma kommen ein paar duftige Nuancen zum Vorschein. Dieser Wein besitzt genug Säure, um ihm eine ruhige Alterung zu garantieren.

☞ Dom. Brintet, Grande-Rue, 71640 Mercurey,
Tel. 03.85.45.14.50, Fax 03.85.45.28.23 ✉ ☎ tägl. 9h-12h 13h30-19h

J.-J. ET A.-C. BROSSOLETTE 1995*

☐ | 2,2 ha | 5 600 | ■🍴 | 30-50F

Ein ausgezeichneter Chardonnay aus dem Gebiet von Tonnerre. Klar, mit leicht bernsteinfarbenen Reflexen. Er besitzt eine bemerkenswerte aromatische Komposition und die Silhouette eines Top-Models. In seiner Gesellschaft verbringt man eine schöne Zeit.

☞ J.-J. et A.-C. Brossolette, 1, Grande-Rue,
10210 Prusy, Tel. 03.25.70.02.94 ✉ ☎ tägl. 9h-19h ; So n. V.

MARIE-CLAUDE CABOT Epineuil 1995

◪ | 1 ha | 4 000 | ■ | 30-50F

Dieser Wein nimmt das Leben, wie es kommt. Unter einer kräftigen Farbe neigt der Duft zu blumigen Eindrücken (eine Frische, die ganz leicht durch Anis geprägt ist). Die Struktur ist einwandfrei, wobei lieblicher Charakter und Lebhaftigkeit ganz offensichtlich miteinander einhergehen.

☞ Marie-Claude Cabot, Dom. de Bellevue,
89700 Epineuil, Tel. 03.86.55.20.74,
Fax 03.86.55.33.16 ✉ ☎ n. V.

JACQUES CACHEUX ET FILS 1995*

■ | 0,45 ha | 2 100 | ◐ | 30-50F

Ein in Vosne-Romanée erzeugter Burgunder hat immer blaues Blut. Dieser hier hat eine etwas ungewöhnliche, sehr intensive bläulichrote Farbe. Eindrücke von Kirschwasser, dann eine extreme Stärke. Die Tannine sind spürbar, aber mit dem Ganzen verschmolzen. Sie sollten an ihn denken, wenn Sie Coq au vin zubereiten : der ideale Pinot noir dafür.

☞ Jacques Cacheux et Fils, 58, R.N. 74,
21700 Vosne-Romanée, Tel. 03.80.61.24.79,
Fax 03.80.61.01.84 ✉ ☎ n. V.

BURGUND

Bourgogne

DENIS CARRE Sous-la-Velle 1995

☐   k. A.   k. A.   30-50 F

Ein recht voller Geschmack in einem gutgebauten Körper. Blaßgolde Farbe, getrocknete Aprikosen und geröstete Mandeln. Er erhält beim Examen die Note befriedigend, aber schon das ist gar nicht so einfach. Fülle und Säure gleichen einander aus.
↘ Dom. Denis Carré, rue du Puits-Bourret, 21190 Meloisey, Tel. 03.80.26.02.21, Fax 03.80.26.04.64 ☑ ☥ n. V.

MADAME EDMOND CHALMEAU
Chitry 1995★★

☐   1,03 ha   8 000   30-50 F

Dieser Wein erinnert an die Verse in Racines Tragödie *Esther*, die von einer Anmut sprechen, die immerzu bezaubert und nie ermüdet. Während im Aussehen oder im Duft nichts außergewöhnliches erscheint, ähnelt der Geschmack einer Kathedrale. Breite, Länge, Höhe, Tiefe, was für ein Volumen !
↘ Mme Edmond Chalmeau, 20, rue du Ruisseau, 89530 Chitry-le-Fort, Tel. 03.86.41.42.09, Fax 03.86.41.46.84 ☑ ☥ n. V.

FRANCK CHALMEAU Chitry 1995★★

■   3 ha   18 000   30-50 F

Fast ein Lieblingswein - d. h., dieser Wein besitzt Feuer und Wärme. Kirsch- bis granatrote Farbe. Im Duft versucht er einen Vorstoß in Richtung Waldhimbeeren. Die Tannine heben sich über einem schönen Körper ab, den man ruhen lassen muß. Ausgezeichnete Vinifizierung, mutig bei der Extraktion
↘ Franck Chalmeau, 20, rue du Ruisseau, 89530 Chitry-le-Fort, Tel. 03.86.41.42.09, Fax 03.86.41.46.84 ☑ ☥ n. V.

CHANSON PERE ET FILS 1995★

◪   k. A.   6 400   30-50 F

Der Bourgogne-Rosé ist nicht mehr sehr in Mode. Er kann jedoch verlockend sein wie dieses schöne, rassige Exemplar, das im Frühjahr 1998 das Tagesgespräch sein wird. Ein Wein gegen den Durst, zum Genießen, wie es in den Büchern heißt. Schönes, zartes Strahlen, rosa oder violett - man zögert. Ein wenig später englische Fruchtdrops, irdisch und ätherisch. Klasse !
↘ Chanson Père et Fils, 10, rue du Collège, B.P. 232, 21200 Beaune, Tel. 03.80.22.33.00, Fax 03.80.24.17.42 ☥ n. V.

CHARLES DE FRANCE 1994★

■   k. A.   150 000   30-50 F

Der Bourgogne von Jean-Claude Boisset. Er heißt Charles de France und ist ständig im Angebot. Eine Cuvée so rund wie in der Zeit von Charles Viénot. Glückwunsch ! Hübsche Farbe, Erdbeer- oder Himbeeraroma. Ein zunächst einschmeichelnder Wein, der sich selbstverständlich anpreist, aber unzweifelhaft gelungen für den unverzüglichen Genuß. Der weiße 95er der gleichen Marke wird ohne Stern erwähnt. Das Bukett trägt dem Faß Rechnung, aber die Gesamtausgewogenheit ist zufriedenstellend.
↘ Jean-Claude Boisset, quai Dumorey, 21700 Nuits-Saint-Georges, Tel. 03.80.62.61.61, Fax 03.80.62.37.38

JEAN-PIERRE CHARTON 1995★★

■   3 ha   6 000   30-50 F

Dunkle Granatfarbe, ein Kompromiß zwischen Vanille und roten Johannisbeeren. Das Fleisch, der Biß und die Textur harmonieren gut miteinander. Alle ziehen am gleichen Strang ! Man kann ihn zwar jetzt trinken, aber er besitzt genug Reserven, um mehrere Jahre zu altern, ohne nachzulassen.
↘ Jean-Pierre Charton, Grande-Rue, 71640 Mercurey, Tel. 03.85.45.22.39, Fax 03.85.45.22.39 ☑ ☥ n. V.

DOM. CHARTRON
Clos de la Combe 1995★★

☐   0,8 ha   6 000   30-50 F

Ein opulenter Wein ! Schon beim ersten Blick sieht man, daß er das Gold seines Kleides zeigt. Sein recht zurückhaltender Duft (ein wenig Birnen) ist eher elegant. Sein runder, warmer Körper dagegen ist freigebig und sogar verschwenderisch.
↘ Dom. Jean Chartron, 13, Grande-Rue, 21190 Puligny-Montrachet, Tel. 03.80.21.32.85, Fax 03.80.21.36.35 ☑ ☥ n. V.

DOM. LAURENT CLERC
Les Parties 1995★

☐   0,97 ha   8 436   30-50 F

Ein kräftiges Gelb - er ist recht orginell. Das ist kein Fehler. Sein Aroma läßt an Äpfel mit leichtem Muskatduft denken. Ausgezeichnete Länge im Geschmack und ausreichende Säure. Insgesamt interessant. von einem eigenständigen typischen Charakter. Aber der in Puligny erzeugte weiße Burgunder ist natürlich in keiner Weise wie die anderen ...
↘ Laurent Clerc, pl. des Marronniers, 21190 Puligny-Montrachet, Tel. 03.80.21.32.74, Fax 03.80.21.39.60 ☑ ☥ n. V.

DOM. HENRI CLERC ET FILS
Les Riaux 1995★

☐   6,32 ha   19 600   30-50 F

Dieses im 16. Jh. entstandene Gut hat einen internationalen Ruf. Es präsentiert einen 95er Riaux von funkelnder Goldfarbe, der blumig, gutgebaut und recht rund ist. Er besitzt nicht zuviel Lebhaftigkeit, aber er ist gut, voll und vollständig.

Bourgogne

🕿 Bernard Clerc, pl. des Marronniers,
21190 Puligny-Montrachet, Tel. 03.80.21.32.74,
Fax 03.80.21.39.60 ✅ ⓘ n. V.

DOM. DU CLOS DU ROI
Coulanges-la-Vineuse 1995★★

| ■ | 8,5 ha | 50 000 | 📦 ⓘ 🥂 | 30-50 F |

Ach, wie sehr man ihn doch mag ! Er setzt auf Samt, leichte, samtige Noten, die aber sehr angenehm und typisch für Coulanges sind ... Er besitzt eine schöne rote Farbe und einen zurückhaltenden Duft voller Versprechungen, während der Geschmack oval, elegant und fruchtig ist. Alles ist verschmolzen, umhüllt. Ein Wein zum Genießen, wie man so schön sagt.
🕿 SCEA du Clos du Roi, 17, rue André-Vildieu, 89580 Coulanges-la-Vineuse,
Tel. 03.86.42.25.72, Fax 03.86.42.38.20 ✅ ⓘ tägl. 8h-12h30 13h30-20h ; So n. V.
🕿 Michel Bernard

CROIX SAINT-LOUIS 1995

| ☐ | k. A. | k. A. | ⓘ | 30-50 F |

Seine Farbe und sein Duft entsprechen der Definition des weißen Burgunders. Die Holznoten äußern sich in gerösteten Mandeln und Vanille. Seine Lebhaftigkeit hindert ihn nicht daran, ausgewogen zu sein. Allerdings ruht er auf einem sehr soliden Sockel.
🕿 Maison Albert Bichot, 6 bis, bd Jacques-Copeau, 21200 Beaune, Tel. 03.80.24.37.37,
Fax 03.80.24.37.38

DOM. DAMPT
Tonnerre Marguerite de Bourgogne 1995

| ☐ | k. A. | k. A. | 📦 🥂 | -30 F |

Margarete von Burgund, Königin von Neapel, Sizilien und Jerusalem, gab das alles auf, um in Tonnerre zu leben und ihre Krankenhaus zu gründen. Sieben Jahrhunderte später leistet diese Cuvée Dankesschuld. Ein mineralischer, lebhafter Wein, der Frische zeigt.
🕿 EARL Dampt, rue de l'Ancien Presbytère, 89700 Collan, Tel. 03.86.55.36.28,
Fax 03.86.54.49.89 ✅ ⓘ n. V.

DOM. DARNAT 1995

| ☐ | 0,8 ha | 3 800 | ⓘ | 50-70 F |

Eine Rätselfrage : Was ist ausgewogen, nervig und zart ? Suchen Sie nicht danach, nehmen Sie lieber diesen 95er, der Sie mit einem Hauch von Mandeln empfängt und Ihnen dann einen Chardonnay aus Meursault bietet. Die Farbe ist hell, der Rest deutlicher erkennbar.

🕿 Dom. Darnat, 20, rue des Forges,
21190 Meursault, Tel. 03.80.21.23.30,
Fax 03.80.21.64.62 ✅ ⓘ n. V.

JOCELYNE ET PHILIPPE DEFRANCE Côtes d'Auxerre 1995★

| ☐ | 1,35 ha | 8 000 | 📦 🥂 | 30-50 F |

»Beim Teutates, was für ein köstlicher Trank«, würde Asterix dazu sagen. Strahlendes Blaßgelb. Ein Chardonnay mit einem Blütenbukett, das sich im Mund entlädt. Frische, Säuerlichkeit und Feinheit - alles vereint sich, um diesem 95er einen sehr aromatischen Ausdruck zu verleihen, der sich in Richtung kandierte Früchte entwickelt. Weisen wir darauf hin, daß der weiße 95er ohne Stern berücksichtigt wurde, aber imstande ist, im Jahr 1998 seine Qualität zu steigern.
🕿 Philippe Defrance, 5, rue du Four,
89530 Saint-Bris-le-Vineux, Tel. 03.86.53.39.04,
Fax 03.86.53.66.46 ✅ ⓘ n. V.

ROGER DELALOGE 1995

| ◢ | 1 ha | 4 000 | 📦 | 30-50 F |

Der Rosé von Irancy hatte sich zwischen den beiden Weltkriegen einen Namen gemacht und Ansehen erworben. Er kam aus der Mode und erstarkte wieder in den 60er und 70er Jahren. Aber er hat keinen Anspruch auf die AOC Bourgogne Irancy. Schade, denn diese Probe aus dem Anbaugebiet zeigt, daß dieser »aufgeklärte« Rosé sehr achtbare Qualitäten besitzt. Sollte jetzt getrunken werden.
🕿 Roger Delaloge, 1, ruelle du Milieu,
89290 Irancy, Tel. 03.86.42.20.94,
Fax 03.86.42.33.40 ✅ ⓘ n. V.

DEMESSEY 1995★

| ☐ | k. A. | 12 000 | 📦 ⓘ 🥂 | 30-50 F |

Der Holzton erscheint einem unserer Juroren intelligent. Das Wort ist nicht ohne Folgen bei der Gesamtwürdigung dieses dynamischen Weins, der eine blaßgoldene Farbe zeigt und über einem Aroma von reifen Früchten eine vanilleartige Holznote entfaltet, bevor er sich im Geschmack auf frische, dichte und seidige Weise weiterentwickelt.
🕿 Demessey, Ch. de Messey, 71700 Ozenay,
Tel. 03.85.51.33.83, Fax 03.85.51.33.82 ✅ ⓘ n. V.
🕿 M. Dumont

MICHEL DERAIN Clos Saint-Pierre 1995★

| ■ | 0,5 ha | 3 000 | 📦 | 30-50 F |

Clos Saint-Pierre. Der hl. Petrus öffnet uns die Pforten zum Paradies mit einem Schlüssel, dessen sehr kräftige Farbe an schwarze Kirschen erinnert. Der zweite Schlüssel sperrt nicht (verschlossener Geruchseinduck mit Noten von schwarzen Johannisbeeren). Der dritte Schlüssel gibt eine recht runde, kandierte, verschmolzene Ansprache frei, die seine Zukunftsperspektiven eröffnet, selbst wenn man diesen Wein schon im Herbst zu gebratenem Fleisch trinken kann.
🕿 Michel Derain, La Montée, 71390 Saint-Désert, Tel. 03.85.47.91.44 ✅ ⓘ n. V.

Bourgogne

DESSUS-BON-BOIRE
Côtes d'Auxerre 1995

| | 1 ha | 5 000 | | -30 F |

Antoine Donat hat es sich seit 1961 zur Aufgabe gemacht, dem Anbaugebiet von Vaux zu neuem Aufschwung zu verhelfen. Gute Rosés sind nicht sehr häufig, aber dieser hier besitzt Charme, bleibt dabei jedoch von evangelischer Schlichtheit. Guter typischer Charakter für das Gebiet von Auxerre.
- Antoine Donat et Fils, 41, rue de Vallan, 89290 Vaux, Tel. 03.86.53.89.99, Fax 03.86.53.68.36 ✓ Ⲷ tägl. 9h-12h 14h-19h

CH. DE DRACY 1995*

| | 2 ha | 16 000 | | 30-50 F |

Blaß und deutlich, mit ein paar grünen Reflexen. Dieser Wein bietet einen Duft von schöner Frische mit einer eleganten Röstnote, die die getrockneten Früchte begleitet. Der ausgewogene Geschmack ist von guter Lebhaftigkeit und zeigt Blüten- und Fruchtnoten, immer noch mit einem Hauch von Röstaroma (das Holzfaß), aber auch mit mineralischen Nuancen. Ein guter Burgunder.
- Ch. de Dracy, 6 bis, bd Jacques-Copeau, 21200 Beaune, Tel. 03.80.24.37.37, Fax 03.80.24.37.38
- B. de Charette

DOM. DUBREUIL-FONTAINE PERE ET FILS 1995*

| | 1 ha | 7 000 | | 30-50 F |

Der Burgunder verwirklicht kunstvoll die subtilste Komplexität. Dieser noch feste, aber vielversprechende Wein, der im Geschmack gute Proportionen bietet, hellgelb ist und ein fruchtiges Aroma entfaltet, stellt ein gutes Beispiel dafür dar. Paßt zu Fisch mit Sauce.
- Dom. P. Dubreuil-Fontaine Père et Fils, 21420 Pernand-Vergelesses, Tel. 03.80.21.55.43, Fax 03.80.21.51.69 ✓ Ⲷ n. V.

SYLVAIN DUSSORT
Cuvée des Ormes 1995**

| | k. A. | k. A. | | 50-70 F |

Einer der Spitzenweine dieser Weinprobe. Er kommt aus dem Anbaugebiet von Meursault und wird von einem Gut vorgestellt, das Auszeichnungen sammelt (dreimal Wahl zum Lieblingswein !) und regelmäßig gute Ergebnisse erzielt. Ein verführerischer Burgunder. Über Röst- und Honignoten durchreitet er im Mund den Parcours fehlerfrei, zumal sein Körper schön ist.
- Sylvain Dussort, 2, rue de la Gare, 21190 Meursault, Tel. 03.80.21.27.50, Fax 03.80.21.26.51 Ⲷ n. V.

FELIX ET FILS Côtes d'Auxerre 1995

| | 0,96 ha | 8 000 | | 30-50 F |

Dieser strahlend rosarote 95er mit dem sehr zurückhaltenden Duft paßt zu einer Pizza auf burgundische Art. Sicherlich ist die Länge nicht außerordentlich, aber die Rosés aus dem Departement Yonne haben selten eine große Nachhaltigkeit. Angenehm, gefällig, sehr umgänglich - er erzielt seine Wirkung !

- Dom. Félix, 17, rue de Paris, 89530 Saint-Bris-le-Vineux, Tel. 03.86.53.33.87, Fax 03.86.53.61.64 ✓ Ⲷ Mo-Sa 9h-11h30 14h-18h30 ; So u. feiertags n. V.

DOM. FONTAINE DE LA VIERGE
Chitry 1995*

| | 3 ha | 10 000 | | 30-50 F |

Behaglich, mild, köstlich - ein echtes Ruhebett. Die Laken sind blaßgelb, der Duft ist blumig und der Geschmack sanft und lang. Perfekt vinifiziert : ein sehr gelungener Wein. Man kann ihn schon jetzt trinken, aber er hält zwei Jahre, ohne Sie zu enttäuschen.
- Dom. Fontaine de la Vierge, 5, chem. des Fossés, 89530 Chitry-le-Fort, Tel. 03.86.41.42.79, Fax 03.86.41.46.79 ✓ Ⲷ n. V.
- Jean-Claude Biot

GUY FONTAINE ET JACKY VION
1995

| | 1,22 ha | 8 000 | | 30-50 F |

Er »sauvigoniert«, als käme er aus Saint-Bris. Aber nein, dieser Chardonnay stammt aus dem Norden des Departements Saône-et-Loire. Übrigens zeigt allein das Bukett diese Besonderheit. Der Rest ist von angenehmem Wuchs, von guter Komposition.
- GAEC des Vignerons G. Fontaine et J. Vion, Le Bourg, 71150 Remigny, Tel. 03.85.87.03.35, Fax 03.85.87.03.35 ✓ Ⲷ n. V.

CAVEAU DES FONTENILLES 1995

| | 10 ha | 16 000 | | 30-50 F |

Ein Pinot noir aus dem Gebiet von Tonnerre, von durchschnittlichem Körper, der aber gut zur Geltung kommt. Man entdeckt mühelos in seinem Bukett die Erdbeeren. Die Belüftung tut ihm gut : frischer, fester Charakter mit glattgehobelten Tanninen. Trinkreif. Beachten Sie auch die 95er Cuvée namens Marguerite des Fontenilles, die einen kräftigen Geschmack hat und die gleiche Note erhält.
- SA Caveau des Fontenilles, pl. Marguerite-de-Bourgogne, 89700 Tonnerre, Tel. 03.86.55.06.33, Fax 03.86.55.06.33 ✓ Ⲷ n. V.

DOM. GACHOT-MONOT 1995*

| | 0,68 ha | 4 500 | | -30 F |

Es ist ein Verbrechen, eine solche Jugend so früh zu bedrängen. Aber man wird dafür nicht das Schwurgericht einberufen ! Überzeugende Farbe. Der Duft ist ansprechend und diskret blumig. Ein noch zurückhaltender Wein, der aber bald glücklich machen wird.
- Dom. Gachot-Monot, 13, rue Humbert-de-Gillens, 21700 Gerland, Tel. 03.80.62.50.95, Fax 03.80.62.53.85 ✓ Ⲷ n. V.

JEAN-FRANÇOIS GANDREY 1995**

| | 0,5 ha | k. A. | | 30-50 F |

Auf den Wolken seiner Appellation schwebend. Ein dunkler, samtiger und im Ton sehr burgundischer Wein. Brombeeren und Gewürze komponieren Variationen über einem Thema, das tanninbetont, körperreich und konzentriert ist. Er hat eine große Zukunft vor sich.

Bourgogne

🍷 Jean-François Gandrey, 18, rue Jean-Jaurès,
21700 Nuits-Saint-Georges,
Tel. 03.80.61.27.63 ◼ ⓣ n. V.

CAVE DES VIGNERONS DE GENOUILLY 1995*

| | k. A. | k. A. | ◼ ⓣ | 30-50 F |

Nicht zu stark durch die Farbe geprägt, ohne daß es ihm jedoch daran mangeln würde. Ein Duft nach pürierten Früchten, der weiß, wo er hingehört, sich dabei aber durchsetzt. Ein sehr angenehmer Wein, den man schon jetzt trinken kann, sanft und gefällig.

🍷 Cave des Vignerons de Genouilly,
71460 Genouilly, Tel. 03.85.49.23.72,
Fax 03.85.49.23.58 ◼ ⓣ Mo-Sa 8h-12h 14h-16h

DOM. ANNE ET ARNAUD GOISOT
Côtes d'Auxerre 1995

| | 2 ha | 4 000 | ◼ ⓣ | 30-50 F |

Goldgelb. Er braucht ein wenig Belüftung im Glas, um sich voll zu entfalten. Dann kommen innerhalb einer Umgebung der Frische weiße Blüten und feine Gewürze zum Vorschein. Eine sehr deutliche Säurespitze durchzuckt den Geschmack und belebt die Szene. Der rote 95er erhält ebenfalls eine lobende Erwähnung. Er muß ein wenig altern, damit sein Gerüst geschmeidiger wird.

🍷 Dom. Anne et Arnaud Goisot, 4 bis, rte de Champs, 89530 Saint-Bris-le-Vineux,
Tel. 03.86.53.32.15, Fax 03.86.53.64.22 ◼ ⓣ tägl. 8h-12h 13h30-19h

GHISLAINE ET JEAN-HUGUES GOISOT Côtes d'Auxerre 1995**

| | 4 ha | 25 000 | ◼ ⓣ | 30-50 F |

Wirklich ein großer Wein, mit Goldschnitt. Sein Duft erinnert an Chardonnays von der Côte de Beaune. Er ist somit nicht charakteristisch für das Gebiet von Auxerre, aber er erregt die Geschmacksknospen und entzückt den Kunden. Diskretes Vanillearoma, ätherisch und subtil. Selten wird das Holzfaß mit soviel Fingerspitzengefühl eingesetzt.

🍷 Ghislaine et Jean-Hugues Goisot, 30, rue Bienvenu-Martin, 89530 Saint-Bris-le-Vineux,
Tel. 03.86.53.35.15, Fax 03.86.53.62.03 ◼ ⓣ n. V.

GHISLAINE ET JEAN-HUGUES GOISOT
Côtes d'Auxerre Corps de Garde 1995*

| | 2,3 ha | 12 000 | ⓣ | 30-50 F |

Untypisch, aber großartig. Besser als ein Côtes d'Auxerre, erzählt man uns. Sollte es somit verboten sein, daß hier ein prächtiger Pinot gelingt ? Mit seinem Kleid, das an einen großen Burgunder erinnert, seinem Bukett, das schwarze Johannisbeeren erfüllen, und seinem subtilen, komplexen Geschmack ist dies sicherlich kein lange lagerfähiger Wein.

🍷 Ghislaine et Jean-Hugues Goisot, 30, rue Bienvenu-Martin, 89530 Saint-Bris-le-Vineux,
Tel. 03.86.53.35.15, Fax 03.86.53.62.03 ◼ ⓣ n. V.

DOM. GRAND ROCHE
Côtes d'Auxerre 1994

| | 3 ha | 13 000 | ◼ ⓣ | 30-50 F |

Dieser Winzer hat seine Passion gewählt : den Boden. Sechs Jahre Ackerbau, dann 1987 Weinbau. Sein Gut ist heute 21 ha groß. Er präsentiert für einen kleinen Jahrgang einen guten Wein. Goldgelb, mit silbernen Schläfen. Er bietet einen Duft von reifen Früchten und ist ein wenig säuerlich. Lang, sogar sehr lang. Von passabler Lagerfähigkeit.

🍷 Erick Lavallée, 16, rte de Champs,
89530 Saint-Bris-le-Vineux, Tel. 03.86.53.84.07,
Fax 03.86.53.88.36 ◼ ⓣ Mo-Sa 9h-12h 14h-20h ;
So vormittag n. V.

JOEL ET DAVID GRIFFE Chitry 1995*

| | k. A. | 4 000 | ◼ | 30-50 F |

»Jemand wird kommen«, verkündete die aus Auxerre stammende Dichterin Marie Noël. Und wenn es dieser Chardonnay wäre, gut geschaffen, um die Seele zu erheben ? Blumig, warm werdend. Er gefällt sehr trotz einer etwas lebhaften Note.

🍷 GAEC Joël et David Griffe, 15, rue du Beugnon, 89530 Chitry, Tel. 03.86.41.41.06,
Fax 03.86.41.47.36 ◼ ⓣ n. V.

PIERRE GRUBER 1995*

| | k. A. | 12 000 | ◼ ⓣ | 30-50 F |

Der gute Tropfen, das ist er ! Zunächst ist er nicht sehr intensiv : helles Strohgelb mit dem Schimmer von grünen Zitronen, leichter, überwiegend mineralischer Geruch. Im Geschmack - und das ist die Hauptsache - ist die Begeisterung überzeugend, mit einem ausgezeichneten sortentypischen Charakter.

🍷 Bourgognes Pierre Gruber, 49, rue Henri-Challand, 21700 Nuits-Saint-Georges,
Tel. 03.80.61.02.88, Fax 03.80.62.37.99 ◼ ⓣ n. V.
🍷 Aegerter

DOM. GUYON 1995***

| ◼ | 0,5 ha | 4 000 | ⓣ | 30-50 F |

Geschmackvoll gekleidet und aus guter Familie. Dieses kleine Gut in Familienbesitz, das vor ein paar Jahren die Mischkultur aufgab, präsentiert einen Spitzenburgunder. Fast schwarze

Bourgogne

Farbe. Das Faß erdrückt nicht die Frucht, fabelhafte Struktur und ein wenig Vollmundigkeit. Ein Wunder an Konzentration. Kann unbesorgt altern, zwei bis drei Jahre, bis er seine beste Qualität erreicht.

🖝 EARL Dom. Guyon, 11, R.N. 74, 21700 Vosne-Romanée, Tel. 03.80.61.02.46, Fax 03.80.62.36.56 ☑ 🍷 n. V.

HENRY FILS 1995

| ☐ | 5,5 ha | 15 000 | 🖿🍷 | 30-50 F |

Ein Wein, der Sympathien weckt. Er kommt aus dem Departement Yonne und deutet ein leicht exotisches, blumiges, sehr klares Bukett an. Sein länglicher, geradliniger Körper hat nicht viel Fülle. Dennoch ein guter Standard für die Appellation.

🖝 GAEC Henry Frères, rue de la Porte de Cravant, 89800 Saint-Cyr-les-Colons, Tel. 03.86.41.44.87, Fax 03.86.41.41.48 ☑ 🍷 n. V.

DOM. HERESZTYN 1995

| ■ | 0,8 ha | 4 000 | 🍶 | 30-50 F |

Wie ein Walzer von Chopin tanzt er sehr schwungvoll. Dieser klare, von einem malvenfarbenen Schimmer umgebene Wein, der nach Erdbeeren duftet, will seinen Kavalier nicht mehr verlassen : ein Geschmack, der von dieser Beharrlichkeit ebenso geprägt ist wie von der Klarheit der Ansprache.

🖝 Dom. Heresztyn, 27, rue Richebourg, 21220 Gevrey-Chambertin, Tel. 03.80.34.30.86, Fax 03.80.34.13.99 ☑ 🍷 tägl. 9h-12h 14h-19h ; So nachmittag n. V.

DOM. D'HERVILLE 1995*

| ■ | k. A. | k. A. | | 30-50 F |

D'Herville. Sagen wir Antonin Rodet, 1997 von Laurent-Perrier an Worms et Cie übergegangen. Aber Bertrand Devillard paßt auf, das sich alles gut entwickelt, und die Dinge lassen sich gut an. Burgundische Farbe und burgundischer Duft : bläulichrot und schwarze Johannisbeeren. Ein einheitlicher Geschmack, der eher das Aroma und die Zartheit als die Kraft oder die reine Stärke betont.

🖝 R. d'Herville, 71640 Mercurey, Tel. 03.85.98.12.12, Fax 03.85.45.25.49

LES VIGNERONS D'IGE
Elevé en fût de chêne 1995

| ☐ | 1 ha | 10 000 | 🍶 | 30-50 F |

Die Winzer von Igé vereinigen die Lese von fast 280 ha. Was für eine schöne Farbe : ein kräftiges Gold ! Der Geruchseindruck folgt im selben Stil, sehr fruchtig, eine gewisse Reife zeigend. Auch wenn der Geschmack wenig Stoff besitzt, ist er doch interessant wegen seines Aromas und seiner Stärke.

🖝 Les Vignerons d'Igé, 71960 Igé, Tel. 03.85.33.33.56, Fax 03.85.33.41.85 ☑ 🍷 Mo-Sa 9h30-12h 13h30-18h

LOUIS JADOT
Couvent des Jacobins 1995**

| ■ | k. A. | 450 000 | 🖿🍶 | 30-50 F |

Jadot ist heute zwar amerikanisch, aber Uncle Sam war so klug, seine burgundischen Wurzeln zu bewahren. Denn auf einem Gut einen guten Burgunder auszuwählen erfordert viel Geschick. Das ist hier der Fall : genug Farbe, Bukett mit Kirschen, das sich gerade entwickelt, leicht zugänglicher und dennoch kräftiger, ausdrucksvoller Körper.

🖝 Maison Louis Jadot, 5, rue Samuel-Legay, 21200 Beaune, Tel. 03.80.22.10.57, Fax 03.80.22.56.03 🍷 n. V.

DOM. CHARLES ET REMI JOBARD
1995**

| ☐ | 0,9 ha | 4 200 | 🍶 | 30-50 F |

Das reichhaltige Stundenbuch des Burgunders ... Hellgoldene Farbe, ein Wein von vollkommener Klarheit. Im Geschmack ziemlich füllig, weinig, zart und sanft. Er veranschaulicht das opulente Ansehen der Provinz. Einem Meursault sehr nahe. Sehen Sie sich nur die Anschrift an !

🖝 Dom. Charles et Rémi Jobard, 12, rue Sudot, 21190 Meursault, Tel. 03.80.21.20.23, Fax 03.80.21.67.69 ☑ 🍷 n. V.

DANIEL JUNOT 1995**

| ☐ | 1,92 ha | 13 000 | 🖿 | 30-50 F |

Der beste weiße Burgunder, der im Departement Yonne verkostet wurde ! Ein echtes kleines Wunder, das die qualitativen Fortschritte des Gebiets von Tonnerre veranschaulicht. Boden und Rebsorte machen gemeinsame Sache und konzentrieren in 75 cl ein Höchstmaß an Reichtum und Freigebigkeit. Die Jury begrüßte diesen Erfolg mit Begeisterung.

🖝 Daniel Junot, 7, Grande-Rue, 89700 Junay, Tel. 03.86.54.40.93 ☑ 🍷 n. V.

LABOURE-ROI 1995***

| ☐ | k. A. | k. A. | 🖿🍶 | 30-50 F |

Auf die Plätze, fertig, los ! Stürzen Sie sich auf diesen Wein. Er wird bis zum frühen Morgen auf dem Ball tanzen. Glitzerndes Kleid, rund, blumig, ausgewogen - er besitzt alle Vorzüge. Er hat fast das Niveau eines guten *Villages* der Côte de Beaune.

🖝 Labouré-Roi, rue Lavoisier, 21700 Nuits-Saint-Georges, Tel. 03.80.62.64.00, Fax 03.80.62.64.10 🍷 Mo-Fr 8h-12h 13h30-17h30
🖝 Cottin

CH. DE LA BRUYERE
Elevé en fût de chêne 1995

| ■ | 0,3 ha | 3 500 | 🍶 | 30-50 F |

Ein Pinot noir aus dem Mâconnais. Er hat den Tonfall davon. Granatrote Farbe. Er erinnert an

Bourgogne

frische Früchte. Ziemlich lebhaft und tanninreich. Das Ganze ist dennoch zufriedenstellend. Eine kurze Alterung (ein Jahr) wird die Sache besser machen.
☛ Paul-Henri Borie, Ch. de La Bruyère, 71960 Igé, Tel. 03.85.33.30.72, Fax 03.85.33.40.65 ▼ ☗ tägl. 8h-12h 14h-19h

CH. DE LA CHARRIERE 1995*
■   2 ha   6 000   -30F

Er schlägt den Ball nicht ins Aus. Er verwandelt den Versuch und schießt den Ball direkt zwischen die Pfosten ! Tannine, Adstringenz - man spürt die Stärke des Gemenges. Eine Entschlossenheit, die nichts außer seinem Trikot erkennen läßt. Und damit die Beweglichkeit und die Geschmeidigkeit der Dreiviertelspieler, die springlebendig sind wie rote Früchte. Das Stadion von Dijon dürfte sich ihn zum Vorbild nehmen.
☛ Yves Girardin, 1, rte des Maranges, 21590 Santenay, Tel. 03.80.20.64.36, Fax 03.80.20.66.32 ▼ ☗ n. V.

DOM. DE LA MOLLEPIERRE 1995*
■   k. A.   12 000   ◖ 30-50F

Ein Wein, der nicht Gefahr läuft, daß er überrumpelt wird - so sehr sind der Alkohol, die Säure und die Tannine als Gepäck an der Reise beteiligt. Ein Aroma von roten Steinfrüchten und eine kräftige Farbe krönen das Ganze. Echte Harmonie.
☛ Paul Beaudet, rue Paul-Beaudet, 71570 Pontanevaux, Tel. 03.85.36.72.76, Fax 03.85.36.72.02 ▼ ☗ Mo-Fr 8h-12h 13h30-17h30 ; Aug. geschlossen

DOM. DE LA PERRIERE 1995
☐   k. A.   11 300   ■ ♦ 100-150F

Der Chardonnay versäumt nicht seine Verabredung mit dem Burgunder. Das Kleid kann man als beispielhaft bezeichnen. Der Geschmack ist sorgfältig orchestriert, in mehreren sinfonischen Sätzen : brillanter Auftakt, bezaubernd, ein wenig Trockenheit im Finale.
☛ Lionel Dufour, 6, rte de Maince, B.P. 40, Louvigny, 57420 Verny, Tel. 03.87.69.79.69, Fax 03.87.69.71.13

DOM. DES LEGERES 1995**
☐   2,5 ha   12 000   ■ ♦ 30-50F

Bourgogne
APPELLATION BOURGOGNE CONTRÔLÉE
Domaine des Légères
Mis en bouteille à la propriété
Alc. 12°5   750 ml
Véronique et Pierre JANNY - La Condemine, 71260 PÉRONNE
LEB 105

Zwei großartige Weine, vorgestellt von Véronique und Pierre Janny. Zunächst ein 95er Burgunder ohne weitere Angaben : mit zwei Sternen bewertet. Dann dieser Domaine des Légères, der sein ganzes Gewicht an herrlichem Chardonnay in die Waagschale wirft. Goldfarben, wie es sich wünscht. Ein selbstverständlich freigebiger 95er, reif, im Geschmack betörend. »Er macht seinem Stand Ehre«, notierte ein begeisterter Verkoster.
☛ SARL Janny, La Condemine, 71260 Péronne, Tel. 03.85.36.97.03, Fax 03.85.36.96.58 ▼ ☗ n. V.

DOM. LEMOULE
Coulanges-la-Vineuse 1995*
■   8 ha   30 000   ■ -30F

Das Gut entstand vor etwa 50 Jahren und entwickelte sich nach und nach durch den Ankauf von Rebflächen. Diesem Wein fehlt ein klein wenig die Länge, um ein sehr großer Coulanges zu sein. Doch das Leben besteht nicht aus Bedauern ! Nehmen Sie lieber diese intensive Farbe, diesen Duft nach kleinen roten Früchten und Gewürzen, diesen Geschmack, der auf sanften, kräftigen Tanninen dahingleitet. Schön. Man hat Lust, mehr davon zu trinken.
☛ EARL Lemoule, chem. du Tuyau-des-Fontaines, 89580 Coulanges-la-Vineuse, Tel. 03.86.42.26.43, Fax 03.86.42.53.16 ▼ ☗ tägl. 8h-20h

SERGE LEPAGE Côte Saint-Jacques 1995
■   0,6 ha   4 500   ■ ◖ 30-50F

Ein Côte Saint-Jacques, der zeigt, wie hartnäckig sich dieses alte Anbaugebiet von Joigny zu sterben weigert und neu aufleben möchte. Dieser diskret johannisbeerrote Wein erinnert an Lorbeerblätter und Gewürznelken. Er ist im Geschmack streng und dürfte mit dem Alter seine Meriten erwerben.
☛ Serge Lepage, 9, rue Principale, Grand Longueron, 89300 Champlay, Tel. 03.86.62.05.58, Fax 03.86.62.20.08 ▼ ☗ n. V.

DOM. CHANTAL LESCURE 1994*
■   1,6 ha   1 440   ◖ 30-50F

Chantal Lescure weilt nicht mehr unter den Lebenden. Die Superkokotte verstand es als große Dame, an einer Leidenschaft teilhaben zu lassen. Ihr Burgunder erscheint zum Rendezvous. Ein Kleid von ausgeprägter tiefroter Farbe, wie zur Hetzjagd angezogen. Verschlossener, aber fehlerloser Geruchseindruck. Lebhafter Geschmack zwischen Orangenschalen und Gewürzen.
☛ Dom. Chantal Lescure, 34 A, rue Thurot, 21700 Nuits-Saint-Georges, Tel. 03.80.61.16.79, Fax 03.80.61.36.64 ▼ ☗ n. V.

LES HAUTS D'AZENAY
Cuvée Prestige Fût de chêne 1995*
☐   8 ha   20 000   ■ ◖ ♦ 50-70F

Die meisten großen Gastronomen spüren früher oder später die Neigung zum Weinbau, Georges Blanc ebenso wie die anderen. Er baut seine Reben im Mâconnais an. Sein 95er ist auf südburgundische Weise sonnenreich. Der Duft ist weniger tief als die ganz nahen Höhlen von Azé, aber sehr gelungen, ziemlich sanft, Vanille und weiße Blüten. Im Geschmack seidige, gutgebaute Rundheit, recht feminin.

Bourgogne

🍷 Georges Blanc, Rizerolles, 71260 Azé,
Tel. 04.74.50.90.60, Fax 04.74.50.21.00 ◩ Ⲧ n. V.

MICHEL LORAIN 1995

| | 5 ha | 15 000 | 📕♦ 30-50 F |

Michel Lorain bietet hier die Joigny-Version des Chardonnay. Ein geschmeidiger, sportlicher Wein unter seinem hellgoldenen Trikot. Lang und lebhaft, mineralisch.
🍷 SCEV Michel Lorain, 43, fg de Paris, 89300 Joigny, Tel. 03.86.62.09.70, Fax 03.86.91.49.70 ◩ Ⲧ n. V.

JACQUES DE LUCENAY 1995*

| | 4 ha | 4 500 | 📕 -30 F |

Hinter einer schönen Erscheinung führt das Aroma eine klare, fruchtige Variation ein, fast auf der Hefe. Die Traube bedient diesen 95er gut in ihrem Fleisch und ihrer Schale.
🍷 Jacques de Lucenay, 4, av. du 8-Septembre, 21200 Beaune, Tel. 03.80.22.02.52, Fax 03.80.24.66.45 ◩ Ⲧ n. V.
🍷 Claudie Causeret

CLOS DE LUPE 1994*

| ■ | 1,8 ha | 10 000 | ◫ 50-70 F |

Er paßt gut zum Jahrgang : sanft und strukturiert, mit einer glatten, dichten und anschmiegsamen Textur. Leicht ziegelrote Färbung, aber das ist normal. Viel Saft, liebenswürdig und gezähmt, vom Duft bis zum Geschmack. Wird von einer Filiale des Hauses Bichot angeboten.
🍷 Lupé-Cholet, 17, av. du Gal-de-Gaulle, 21700 Nuits-Saint-Georges, Tel. 03.80.61.25.02, Fax 03.80.24.37.38

MARQUIS DE MAC MAHON 1994

| | 1,38 ha | k. A. | ◫ 30-50 F |

Der Marquis de Mac Mahon (Château de Sully) gab seinem Sohn den Vornamen Bacchus. Dieses andere Kind aus dem Jahrgang 1994 zeigt eine feine Goldfarbe und aristokratische Zurückhaltung, was den Duft betrifft, und wird dann im Geschmack ausdrucksvoll. Mehr Süffigkeit als Körper : Trotzdem hat der Wein achtzehn Monate im Faß gereift.
🍷 Marquis de Mac Mahon, abbaye de Morgeot, 21190 Chassagne-Montrachet, Tel. 03.80.21.30.77, Fax 03.80.21.30.77 ◩ Ⲧ n. V.

JEAN-PIERRE MALTOFF
Coulanges-la-Vineuse 1995*

| ■ | 8,5 ha | 40 000 | 📕◫ 30-50 F |

Coulanges reimt sich auf *anges* (Engel). Sie tragen diesen 95er empor in seinem ziegelroten Kleid und mit einem Duft nach reifen Früchten und kandierten Kirschen, der zur Heiligkeit führt. Gute, frontale Ansprache mit liebenswürdigen Tanninen und einer recht kräftigen Nachhaltigkeit. Gäbe einen guten Hauswein ab. Eine lobende Erwähnung für den weißen 95er in derselben AOC.
🍷 Dom. Jean-Pierre Maltoff, 20, rue d'Aguesseau, 89580 Coulanges-la-Vineuse, Tel. 03.86.42.32.48, Fax 03.86.42.24.92 ◩ Ⲧ n. V.

PIERRE MAREY ET FILS
Les Chagniards 1995*

| ■ | 0,75 ha | 6 300 | ◫ 30-50 F |

Sehr repräsentativ. Sagt man das in Burgund, so besagt das alles. Intensive rote Farbe. Ein Duft, der auf tiefe und zarte Weise Sauerkirschen entfaltet. Ein Geschmack, der gut eingefaßt ist zwischen der Säure und der Verschmolzenheit der Tannine. Das ist wirklich der aufgeklärte Repräsentant seiner Appellation und seines Jahrgangs.
🍷 Pierre Marey et Fils, 21420 Pernand-Vergelesses, Tel. 03.80.21.51.71, Fax 03.80.26.10.48 ◩ Ⲧ n. V.

MARINOT-VERDUN 1995*

| ■ | k. A. | 15 000 | 📕 -30 F |

Ein 95er, der sich in einigen Merkmalen entwickelt : ein wenig ziegelrot verfärbtes Kleid, leichte Oxidation im geschmacklichen Ausklang. Er ruft denoch viele Komplimente hervor (elegantes, reichhaltiges Aroma, selbstverständlich fruchtig, Rundheit) und erweckt sogar Vertrauen in seine Zukunft. Er befindet sich auf dem Weg zu einer schönen Reife.
🍷 Marinot-Verdun, Cave de Mazenay, 71510 Saint-Sernin-du-Plain, Tel. 03.85.49.67.19, Fax 03.85.45.57.21 ◩ Ⲧ Mo-Sa 8h-12h 13h30-18h

FRANÇOIS MARTENOT 1995*

| | k. A. | k. A. | ◫ -30 F |

»Wir müssen darauf trinken«, heißt es in einem Lied. Nun gut. Nutzen wir die Gelegenheit, und machen wir diesen Burgunder auf, der sich gut präsentiert (leichte Goldfarbe, Funkeln), damit wir zur Tat schreiten. Köstlicher Geruchseindruck, der dann in Richtung Weihrauch geht. Der liebliche Charakter ist spürbar, wirkt aber nicht erdrückend. Frische Säuerlichkeit und beachtliche Komplexität. Wird von einer Filiale der schweizerischen Gruppe Schenk angeboten, die sich in Burgund verliebt hat.
🍷 François Martenot, rue du Dr-Barolet, Z.I. Vignolles, 21209 Beaune Cedex, Tel. 03.80.24.70.07, Fax 03.80.22.54.31 Ⲧ n. V.

DOM. MATHIAS Epineuil 1995**

| ■ | 6,5 ha | 16 000 | ◫ 30-50 F |

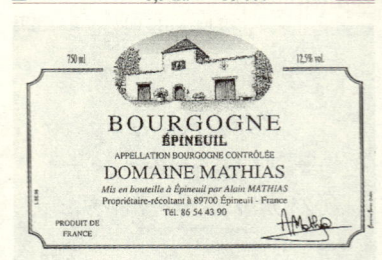

```
750 ml                                    12,5% vol.

            BOURGOGNE
               ÉPINEUIL
        APPELLATION BOURGOGNE CONTRÔLÉE
            DOMAINE MATHIAS
     Mis en bouteille à Épineuil par Alain MATHIAS
      Propriétaire-récoltant à 89700 Épineuil - France
                  Tél. 86 54 43 90
PRODUIT DE
FRANCE
```

Für den, der den Epineuil kennt, hier der vollkommene Pinot noir. Himbeerrote Farbe, ziemlich reifes Bukett über einem leichten Röstgeruch, grandioser, dominierender Körper, der voller Milde verschmolzen wird. Das Ganze angenehm komplex. Lagerung empfohlen. Das

Bourgogne

Spitzenprodukt. Ebenso wie alle nachfolgenden Weine. Nehmen Sie den 95er Rosé : Er ist ebenfalls zum Lieblingswein gewählt worden. Er besitzt einen freigegebenen Charakter. Oder nehmen Sie den weißen 95er Epineuil : blumig, mineralisch, fruchtig. Er erhält zwei Sterne. Alle drei trinken sich wirklich sehr gut. Ein schöner Erfolg für das Gebiet von Tonnerre.
🍇 Alain Mathias, rte de Troyes,
89700 Epineuil, Tel. 03.86.54.43.90,
Fax 03.86.54.47.75 ☑ ⏐ n. V.

DOM. MATHIAS 1995★★

| | 0,5 ha | 3 000 | ▮ | -30 F |

Die gleiche Qualität. Strahlende Goldfarbe. Ein Wein, der seinen Kurs nicht einen Augenblick lang unterbricht. Das Bukett mit dem Honig- und Blütenaroma ist recht entfaltet. Die milde Ansprache ist entwickelt. Dann zeigt sich der Geschmack : frisch, rund, kraftvoll. Die Pracht des Mâconnais !
🍇 Dom. Béatrice et Gilles Mathias, Le Bourg,
71570 Chaintré, Tel. 03.85.35.60.67,
Fax 03.85.35.62.95 ☑ ⏐ n. V.

MARC MENEAU 1995

| | 12,5 ha | k. A. | ▮ ♦ | 30-50 F |

Die andere Hoffnung von Marc Meneau, sein Wein aus Vézelay ! Er präsentiert sich hier auf feine und elegante Weise mit Noten von Zitrusfrüchten. Nicht zuviel Fülle, so daß man ihn zu einem Eingangsgericht servieren kann. Wenn Sie die Gelegenheit haben, in der Espérance zu speisen, wird diese Flasche jedoch ein wenig schlicht sein ...
🍇 Marc Meneau, rue du Moulin-à-Vent,
89450 Vézelay, Tel. 03.86.33.39.11,
Fax 03.86.33.39.11 ☑ ⏐ Mo, Do-So 10h-12h 14h30-18h

DOM. DU CHATEAU DE MEURSAULT Clos du Château 1995★★

| | 8,07 ha | 40 000 | ▮⏐♦ | 70-100 F |

Ein angenehmer Wein, den man in seinem Keller haben sollte, denn er kann ihn oft verlassen. Seine Farbe ist recht goldgelb, sein Bukett ziemlich einnehmend, an Gewürznelken erinnernd. Ein schwerer, sehr fülliger Körper, der die Sinnenlust erregt, wie ein Modell von Renoir ...
🍇 Ch. de Meursault, rue du Moulin-Foulot,
21190 Meursault, Tel. 03.80.26.22.75,
Fax 03.80.26.22.76 ☑ ⏐ n. V.

DOM. MICHELOT 1995★★★

| | 6 ha | 30 000 | ⏐♦ | 50-70 F |

Es ist offensichtlich, daß ein Burgunder, der einige Meter von der Appellation Meursault entfernt erzeugt wird, einen Wein ergibt, der nicht sehr weit davon entfernt ist. Diesen hier beispielsweise, der sehr typisch für einen Chardonnay der Côte de Beaune ist : tiefgoldene Farbe, blumiges Bukett, Stärke und Nachhaltigkeit. Ein vollkommener Erfolg.
🍇 Dom. Michelot, 31, rue de la Velle,
21190 Meursault, Tel. 03.80.21.23.17,
Fax 03.80.21.63.62 ⏐ n. V.

DOM. MOISSENET-BONNARD 1995★★

| ■ | 1 ha | 2 800 | ⏐♦ | 30-50 F |

Intensives Granatrot, komplexer Duft mit Lakritznote. Ein mitteilsamer, redseliger 95er. Er dürfte sich wunderbar verfeinern, zumal er ein Innenleben besitzt : einen fehlerlosen Bau, der sich sich zu einem vollständigen, abwechslungsreichen Körper entfaltet. Von makelloser Haltung.
🍇 Dom. Moissenet-Bonnard, rte d'Autun,
21630 Pommard, Tel. 03.80.24.62.34,
Fax 03.80.24.62.34 ☑ ⏐ n. V.

DOM. DE MONTPIERREUX 1995

| | 2,5 ha | 18 000 | ▮♦ | 30-50 F |

Venoy ist nicht nur eine Autobahnausfahrt in der Nähe von Auxerre. Hier hat sich auch dieser Winzer niedergelassen. Er läßt uns einen Weißwein probieren, der intensiv nach Blüten und Gewürzen duftet. Der Geschmack ruft Komplimente hervor. Er ist dicht und voll. Die Gesamtausgewogenheit ist beachtlich.
🍇 Dom. de Montpierreux, 89290 Venoy,
Tel. 03.86.40.20.91, Fax 03.86.40.28.00 ☑ ⏐ n. V.
🍇 François Choné

LES VIGNERONS DES MONTS DE BOURGOGNE 1995

| | k. A. | k. A. | ▮♦ | 30-50 F |

Dieser strohgelbe Chardonnay benutzt eine klare Sprache : schöne aromatische Entwicklung, erregende Ansprache, dann eine leichte Note. Noch lebhafte Säure, aber das wird sich geben.
🍇 Les Vignerons des Monts de Bourgogne, rue de la Nisette, 21700 Chevrey,
Tel. 03.80.25.01.00, Fax 03.80.22.87.05

SELECTION JEAN MORETEAUX 1995★★

| ■ | 5 ha | 3 000 | | -30 F |

Der sehr gute Hauswein. Ein 95er mit dunkelroter, fast bordeauxroter Farbe, der sich noch hinter seinem offensichtlich kräftigen Duft versteckt. Der Geschmack gleitet auf einem leichten Lakritzaroma dahin. Die Tannine sind vorübergehend ein wenig aufdringlich. Aber diese Rustikalität steht ihm gut und läßt eine gute Lagerung voraussagen.
🍇 SARL La Cave de Nantoux, Nantoux,
71150 Chassey-le-Camp, Tel. 03.85.87.19.10,
Fax 03.85.91.23.74 ☑ ⏐ n. V.
🍇 Moreteaux

PATRIARCHE
Cuvée Vigne blanche 1995★★

| | k. A. | 40 000 | ▮ | 30-50 F |

Der Kellermeister kann innehalten, sein Tastevin (flache Schale zum Weinprobieren) heben und verkünden : »Ich habe gute Arbeit geleistet.« Denn dieser Patriarche ehrt die Firma. Man könnte ihn sogar im Hospiz verkaufen ! Ein fabelhafter Chardonnay, reich an subtilen Noten, vollständig, auf der ganzen Linie perfekt. Ein wahrer Feuervogel.
🍇 Patriarche Père et Fils, rue du Collège,
21200 Beaune, Tel. 03.80.24.53.01,
Fax 03.80.24.53.03 ⏐ n. V.

Bourgogne

ALAIN ET CHRISTIANE PATRIARCHE La Monatine 1995*

| □ | 3 ha | 12 000 | ⓘ | 30-50 F |

Ein *climat* in Meursault selbst, in der Nähe des Clos du Château gelegen. Man versteht, warum er gelungen ist. Sehr aromatisch, harmonisch und fein. Dieser Wein praktiziert die Freigebigkeit mit spontanem Schwung. Er hat alles für sich und kann andere davon profitieren lassen.

🕿 Dom. Alain et Christiane Patriarche, 12, rue des Forges, 21190 Meursault, Tel. 03.80.21.24.48, Fax 03.80.21.63.37 ☑ ☗ n. V.

DOM. GERARD PERSENOT
Côtes d'Auxerre 1995*

| □ | 3 ha | 20 000 | ▮ | -30 F |

Unter einer schüchternen Farbe ein zufriedenstellender Geruchseindruck. Dann eine schöne Harmonie im Geschmack mit einem harmonisch verschmolzenen, butterigen Aroma und dominierenden Noten exotischer Früchte. Die Stärke ist recht kontrolliert. Ein ziemlich komplexer, gelungener Wein, der gefallen dürfte. Der Rotwein aus derselben Appellation und demselben Jahrgang kann hier lobend erwähnt werden. Er ist zart und sanft und duftet nach Himbeeren.

🕿 Gérard Persenot, 20, rue de Gouaix, 89530 Saint-Bris-le-Vineux, Tel. 03.86.53.61.46, Fax 03.86.53.61.52 ☑ ☗ n. V.

CH. DE PREMEAUX 1995

| ▪ | 3,5 ha | 12 000 | ⓘ | 30-50 F |

Ein Wein, der gut zu Fuß ist ist. Er startet gut und gewinnt dann an Schwung. Rote Weinbergspfirsiche. Er ist zunächst robust und rustikal, dann im Abgang tanninbetont. Man sollte ihn mindestens ein gutes Jahr im Keller aufbewahren, um ihn zu zähmen.

🕿 Dom. du Ch. de Prémeaux, 21700 Prémeaux-Prissey, Tel. 03.80.62.30.64, Fax 03.80.62.39.28 ☑ ☗ n. V.
🕿 Pelletier

PRESSOIR DUCAL 1995**

| ▪ | k. A. | 10 000 | ▮ | 30-50 F |

Ein 95er, der die Ärmel hochkrempelt und zur Tat schreitet. Er ist nämlich sehr präsent, fast beharrlich. Unter einer intensiven Farbe vertritt die Nase eine entschiedene Meinung : rote und schwarze Johannisbeeren. Der Geschmack kann dennoch sanft sein, ohne deshalb von seinen Prinzipien abzuweichen.

🕿 Pascal, Clos des Noirets, 21220 Gevrey-Chambertin, Tel. 03.80.34.37.82, Fax 03.80.51.88.05 ☑ ☗ n. V.

DOM. DU PUITS FLEURI 1995**

| □ | 0,16 ha | 1000 | ▮ | -30 F |

Kein Holzton : Was für ein Glücksgefühl, das Aroma und den Geschmack des Weins wiederzufinden ! Zu dieser ersten Qualität kommen eine weißgoldene Farbe und ein sehr reiner und sehr klarer Feuersteingeruch hinzu. Dieser Stil kehrt später wieder, in einem Geschmack, der um eine vollkommene Ausgewogenheit herum beständig mineralisch ist. Und dieser Feuerstein erzeugt Funken.

🕿 GAEC du Puits Fleuri, Picard Père et Fils, 71490 Saint-Maurice-les-Couches, Tel. 03.85.49.68.44, Fax 03.85.45.55.61 ☑ ☗ n. V.

DOM. DU CHATEAU DE PULIGNY-MONTRACHET
Clos du Château 1995**

| □ | 2,53 ha | 18 000 | ⓘ | 70-100 F |

Die Bodenkreditbank bei ihren Weingeschäften. Der Geruchseindruck ist kräftig und reichhaltig, an Gewürznelken erinnernd. Er ist schwer und gehaltvoll, bestimmt für die Liebhaber von imposanten Weinen, bei denen der Alkohol und das Holz einen Teil des Kapitals halten. Bemerkenswert.

🕿 SCEA Dom. du Ch. de Puligny-Montrachet, 21190 Puligny-Montrachet, Tel. 03.80.21.39.14, Fax 03.80.21.39.07 ☑ ☗ n. V.

DOM. REBOURGEON-MURE 1995

| ▪ | 1 ha | 4 500 | ⓘ | 30-50 F |

Ein Pinot noir, der die Hände nicht in den Taschen behält. Nicht zu intensive dunkelrote Farbe, lakritzeartig, ohne sich im Augenblick voll zu entfalten. Am Gaumen bietet er eine jugendliche, fruchtige, solide und vollkommen ausgewogene Struktur. Sehr angenehm.

🕿 Rebourgeon-Mure, Grande-Rue, 21630 Pommard, Tel. 03.80.22.75.39, Fax 03.80.22.71.00 ☑ ☗ n. V.

DOM. JACKY RENARD
Côtes d'Auxerre 1995**

| □ | 0,38 ha | 3 500 | ▮ | 30-50 F |

```
        PRODUCT        OF FRANCE




        BOURGOGNE
        CÔTES D'AUXERRE
       Appellation Bourgogne Contrôlée

        CÉPAGE CHARDONNAY

              JACKY RENARD
   Jacky Renard, propriétaire-viticulteur, 89530 St-Bris-le-Vineux - France
   Net Cont. 750 ml   MIS EN BOUTEILLE AU DOMAINE   Alc. 12,5% by Vol.
```

Jacky Renard charakterisiert sich in der Tradition der Compagnons du Devoir. Dieser Bourgogne Côtes d'Auxerre wird einer solchen Behauptung nicht widersprechen ! Das Glück liegt nicht immer auf der Wiese. Es findet sich auch im Weinberg, in diesem Weinberg, der einen so guten Wein liefert. Er bietet einen strahlenden Schimmer und »chardonniert« stark : Duft nach Akazienblüten mit einem Hauch von Hefegebäck, Fülle, die eine kräftige Säure umhüllt. Konzentration und Körper erklären ebenfalls den Charme dieses Weins.

🕿 Dom. Jacky Renard, La Côte-de-Chaussan, 89530 Saint-Bris-le-Vineux, Tel. 03.86.53.38.58, Fax 03.86.53.33.50 ☑ ☗ n. V.

Bourgogne

DOM. RIGOUTAT
Coulanges-la-Vineuse 1995

| | 3 ha | 1 250 | | | -30 F |

Ideal für diesen Herbst, wie es von einem ziemlich frischen Rosé heißt, der unsere Gewißheit nicht erschüttert. Interessant wegen seines ausdrucksvollen pflanzlichen Aromas.
► Dom. Pascale et Alain Rigoutat, 2, rue du Midi, 89290 Jussy, Tel. 03.86.53.33.79, Fax 03.86.53.66.89 ☑ ⏃ n. V.

MICHELE ET PATRICE RION
Les Bons Bâtons 1995*

| | 0,64 ha | 3 600 | | | 30-50 F |

Ein Bons Bâtons, den man ein bis zwei Jahre im Keller läßt. Ein dunkelroter Wein, in dem innerhalb eines Röstaromas schwarze Früchte (Johannisbeeren, Brombeeren) dominieren. Die Bitterkeit zum Schluß kommt von den Tanninen, die Höflichkeit erwerben werden. Der Rest ist ausgewogen.
► SCE Michèle et Patrice Rion, 1, rue de la Maladière, Prémeaux, 21700 Nuits-Saint-Georges, Tel. 03.80.62.32.63, Fax 03.80.61.36.36 ☑ ⏃ n. V.

A. RODET Vieilles vignes 1995***

| | k. A. | k. A. | | | 30-50 F |

Antonin Rodet, das ist heute Bertrand Devillard, der seine Firma mit Fingerspitzengefühl leitet. Das ist auch Nadine Gublin, die Önologin, der das Lob für diese Cuvée gebührt. »Der gute Wein stimmt die Seele überaus froh«, sagte Béranger. Dieser hier verkündet eine Botschaft, die uns geradewegs ans Herz geht. Er erhellt den Blick, ohne den Strich zu verstärken. Guter, kräftiger Duft. Ein sehr stoffreicher Körper, in dem Akazienblüten und Röstaroma ein schönes Freundespaar bilden. Große Nachhaltigkeit.
► Antonin Rodet, 71640 Mercurey, Tel. 03.85.98.12.12, Fax 03.85.45.25.49 ☑ ⏃ Mo-Fr 9h-12h30 14h-18h

DOM. ROSSIGNOL-TRAPET 1995

| | 0,5 ha | 2 500 | | 30-50 F |

Man braucht keinen Doktor in Önologie, um sich mit dieser Flasche zu befassen. Klar und leicht, sehr duftig. Der Wein ist gefällig, bezaubernd, leicht zu trinken und für alle zugänglich. Sicherlich ein im schnell hinter sich, aber es ist ein einfacher Burgunder, kein Clos de Bèze.
► Dom. Rossignol-Trapet, rue de la Petite-Issue, 21220 Gevrey-Chambertin, Tel. 03.80.51.87.26, Fax 03.80.34.31.63 ☑ ⏃ n. V.

DOM. SAINT PRIX 1995*

| | 2,5 ha | 12 000 | | | 30-50 F |

Die Bersans muß man nicht mehr vorstellen. Widmen wir uns somit ihrem 95er Burgunder. Dieser hier, der im Bukett zu Früchten tendiert (Himbeeren), ist ein sehr einheitlicher Pinot noir mit noch jugendlichen Tanninen. Seine Kraft und seine Schönheit werden im kommenden Jahr ihren Höhepunkt erreichen. Dem Côtes d'Auxerre Rosé, der ohne Stern lobend erwähnt wird, mangelt es weder an Rundheit noch an Fülle. Er zeugt von einer gut durchgeführten Vinifizierung. Der Weißwein (ein Stern) befindet sich in der Entwicklung und wird sich in ein bis zwei Jahren entfalten.
► Dom. Bersan et Fils, 20, rue de l'Eglise, 89530 Saint-Bris-le-Vineux, Tel. 03.86.53.33.73, Fax 03.86.53.38.45 ☑ ⏃ tägl. 8h-12h 14h-18h; So n. V.

SIMONNET-FEBVRE
Côtes d'Auxerre 1995

| | k. A. | 3 200 | | | 30-50 F |

Eine der ältesten Firmen in Chablis, 1840 gegründet. Ihr Côtes d'Auxerre zeigt auf der ganzen Linie eine schöne Ausgewogenheit. Dieser Wein mit dem leicht mentholartigen Duft nach Weißdorn enthüllt ein Temperament, das voller Frische ist, eine wunderbare Jugendlichkeit des Charakters. Er besitzt im Geschmack (Noten von Bienenwachs) wenig Lebhaftigkeit, aber eine gute Länge. Paßt eher zu weißem Fleisch. Der ebenfalls von unserer Jury berücksichtigte rote 95er Côtes d'Auxerre bietet eine Variation über das Thema Sauerkirschen. Er ist leicht, von angenehmer Frische.
► Simonnet-Febvre et Fils, 9, av. d'Oberwesel, B.P. 12, 89800 Chablis, Tel. 03.86.42.11.73, Fax 03.86.42.19.76 ☑ ⏃ Mo-Fr 9h-12h 14h-17h; Sa, So u. feiertags n. V.

DOM. ROBERT SIRUGUE 1995**

| | 1,9 ha | 12 000 | | | 30-50 F |

Parzellen, die sich unterhalb des Clos de Vougeot befinden, zwischen Vosnes und Nuits. Sie liefern zwangsläufig einen Burgunder von großer Provenienz. Herrliche Farbe, eine verzehrende Frucht: Dieser Wein ist - wie es Roupnel formulierte - »der ganz große mögliche Burgunder«. Servieren Sie ihn bedenkenlos Ihren Freunden.
► Robert Sirugue, 3, av. du Monument, 21700 Vosne-Romanée, Tel. 03.80.61.00.64, Fax 03.80.61.27.57 ☑ ⏃ n. V.

JEAN-PIERRE SORIN
Côtes d'Auxerre 1995**

| | 0,8 ha | 4 400 | | 30-50 F |

Auf dem Etikett steht J.P.S. Nein, Jean-Pierre Soisson ist nicht Winzer geworden! Es handelt sich um Jean-Pierre Sorin, der uns einen leicht mentholartigen 95er mit Pfirsicharoma vorstellt, ausgewogen (die Fülle gleicht seine Säure aus), fähig, ein paar Jahre zu lagern. Kräftiger, stämmiger Stil.

Bourgogne

🍇 Jean-Pierre Sorin, 6, rue de Grisy,
89530 Saint-Bris-le-Vineux,
Tel. 03.86.53.32.44 ✓ ⚐ Mo-Sa 8h-12h30
14h-20h ; So n. V.

PHILIPPE SORIN Côtes d'Auxerre 1994*

| ☐ | 1 ha | k. A. | 🍴 | 30-50 F |

Dieses Gut, eine Umspannstelle für Postkutschenpferde aus dem 18. Jh., ist heute 17 ha groß. Die Komplexität und die Reichhaltigkeit sind bemerkenswert für den Jahrgang. Zur Geltung bringt sie ein Ausdruck, der eher kräftig als nachhaltig, aber sehr angenehm ist. Beispielsweise Noten von kandierten Füchten. Man sollte ihn zur Abwechslung zu Roquefort probieren.

🍇 Marylène et Philippe Sorin, 12, rue de Paris,
89530 Saint-Bris-le-Vineux, Tel. 03.86.53.60.76,
Fax 03.86.53.62.60 ✓ ⚐ n. V.

DOM. SORIN-DEFRANCE
Côtes d'Auxerre 1995*

| ☐ | 2,5 ha | 16 000 | 🍴 | -30 F |

Madeleine Defrance ist die Frau von Henri Sorin. Sie haben ihr Gut 1947 hergestellt. Ihre beiden Söhne führen heute gemeinsam den Betrieb. Ihr Wein sticht hervor : Seine Farbe macht sofort auf sich aufmerksam. Sein Duft ist sehr appetitanregend (Hefegebäck, Buttercroissant). Wärme im geschmacklichen Abgang. Wenig typischer Charakter, aber angenehm zu trinken. Ein Stern auch für den Rotwein aus demselben Jahrgang. Er hat Haltung ; das ist ein Klassiker. Er ist strukturiert und muß noch ein wenig lagern.

🍇 Dom. Sorin-Defrance, 11bis, rue de Paris,
89530 Saint-Bris-le-Vineux, Tel. 03.86.53.32.99,
Fax 03.86.53.34.44 ✓ ⚐ Mo-Sa 8h-12h
13h30-19h ; So n. V.

DE SOUSA-BOULEY 1994*

| ☐ | 0,48 ha | 3 800 | ⚐ | 30-50 F |

Ein goldgelber 94er mit einem etwas honigartigen und leicht mentholartigen Duft, lebhaft beim ersten Eindruck, dann angenehm und von guter Länge. Ziemlich harmonisch verschmolzener Abgang. Note gut.

🍇 Albert de Sousa-Bouley, 7, R.N. 74,
21190 Meursault, Tel. 03.80.21.22.79 ✓ ⚐ n. V.

HUBERT ET JEAN-PAUL TABIT
Côtes d'Auxerre 1995*

| ■ | 3 ha | 10 000 | 🍴⚐ | 30-50 F |

Sieben Generationen der Tabits haben in diesen Kellern aus dem 12. Jh. Wein hergestellt. Dieser in der Linie der 95er stehende Côtes d'Auxerre hat eine mittlere Farbe. Seine gute Struktur ist rund, trotz der spürbaren Tannine als Nachhut. Perfekt zu Bœuf bourguignon (in Rotwein geschmortes Rinderragout). Die ebenfalls mit einem Stern bewertete Cuvée Romaine aus demselben Jahrgang enthält 20 % César. Sie bietet einen reichen, kandierten Duft, der mit Noten von schwarzen Johannisbeeren verbunden ist. Teurer, aber sehr gut. Weisen wir noch auf die lobende Erwähnung für den weißen 95er in derselben Appellation hin : ein wenig wild im Geruch, aber beharrlich im Geschmack in einem recht typischen Chardonnay-Stil.

🍇 GAEC Jean-Paul et Hubert Tabit, 2, rue Dorée, 89530 Saint-Bris-le-Vineux,
Tel. 03.86.53.33.83, Fax 03.86.53.67.97 ✓ ⚐ tägl. 8h-20h

JEAN ET PIERRE TARTOIS 1995*

| ■ | 1,8 ha | 3 500 | 🍴⚐ | 30-50 F |

Er macht es wie die Weinbergschnecke in der burgundischen Fabel. Und Sie werden schon sehen, wer zuerst am Ziel ankommt. Noch ziemlich verschlossen, wuchtig und eckig. Die Schneckenform seines runden Hauses zeichnet sich schon ab. Harmonisch zusammenhängender Gesamteindruck, der sich verfeinern und mit dem Alter abschleifen wird, so daß er einmal einen sehr guten Wein abgibt.

🍇 SCE Jean et Pierre Tartois, rte de Beaune,
21630 Pommard, Tel. 03.80.22.11.70,
Fax 03.80.22.94.83 ✓ ⚐ n. V.

JEAN-CLAUDE THEVENET 1994*

| ■ | 3 ha | 15 000 | 🍴 | -30 F |

Dieser unweit von Château de Pierreclos erzeugte Wein hat natürlich einen Lamartineschen Akzent. Die Zeit unterbricht übrigens liebenswürdigerweise ihren Flug, so daß wir das Himbeerrot seiner schönen Farbe und die pürierten roten Früchte, die sein Bukett bietet, würdigen können. Der Geschmack ist voluminös. Ein paar Tannine, die noch geglättet werden müssen.

🍇 Jean-Claude Thévenet, Le Bourg,
71960 Pierreclos, Tel. 03.85.35.72.21,
Fax 03.85.35.72.03 ✓ ⚐ Mo-Sa 7h30-12h
13h30-18h

VAUCHER PERE ET FILS
Vieilli en fût de chêne 1995**

| ■ | k. A. | k. A. | ⚐ | 30-50 F |

Dieses Erzeugnis von Labouré-Roi (Nuits-Saint-Georges) begeisterte unsere Jury. Von schwarzen Johannisbeeren bis zu Gewürzen : das Register ist vollständig. Ein violetter Ring mit dunklem Schimmer, großartige Ausgewogenheit, verblüffende Länge, von Anfang bis Ende ein Märchen.

🍇 Vaucher Père et Fils, rue Lavoisier,
21700 Nuits-Saint-Georges, Tel. 03.80.62.64.00,
Fax 03.80.62.64.10 ⚐ Mo-Fr 8h-12h
13h30-17h30

🍇 Cottin

LILIANE VIRE-DURIF Chitry 1995*

| ☐ | 3 ha | 6 000 | | 30-50 F |

»Er hat Pep«, schrieben unsere jungen Weinkoster. Aber er nimmt sich Zeit. Keine Großtat der Farbe oder des Dufts. Er enthüllt sich im Geschmack und ergreift seine Chance im günstigen Augenblick. Seine Klarheit beeindruckt sehr, ebenso seine Konstitution. Und was den roten 95er betrifft : »Er wird jedermann gefallen«, schrieb ein Juror. Ein sanfter Wein ohne Rätsel, liebenswert, von vollkommener Aufrichtigkeit.

🍇 Liliane Viré et Joël Durif, 6, Grande-Rue,
89530 Chitry-le-Fort, Tel. 03.86.41.40.78,
Fax 03.86.41.48.76 ✓ ⚐ tägl. 8h-20h

Bourgogne grand ordinaire

In der Praxis werden die Appellationen Bourgogne ordinaire und Bourgogne grand ordinaire sehr selten benutzt. Wenn man sie überhaupt verwendet, verzichtet man zumeist auf die zweite Bezeichnung, weil sie reichlich banal klingt. Einige Lagen, die sich ein wenig am Rande des berühmten Weinbaugebiets befinden, können hier jedoch hervorragende Weine zu höchst erschwinglichen Preisen hervorbringen. Praktisch dürfen alle in Burgund angebauten Rebsorten zur Herstellung dieses Wein verwendet werden, der als Weiß-, Rot- und Roséwein oder Clairet auf den Markt kommen kann.

Bei den Weißweinen verwendet man als Rebsorten Chardonnay oder Melon, von dem es aber nur noch ein paar Parzellen gibt; diese letztgenannte Rebsorte hat sich viel weiter westlich in Frankreich angesiedelt, wo sie im Gebiet von Nantes den berühmten Muscadet erzeugt. Der Wein von der Aligoté-Rebe wird fast immer unter der Bezeichnung Bourgogne Aligoté angeboten. Die Rebsorte Sacy (ausschließlich im Departement Yonne) wurde hauptsächlich im gesamten Gebiet von Chablis und im Yonne-Tal angebaut, um Schaumweine für den Export zu produzieren; seit der Einführung des Crémant de Bourgogne wird sie für diese Appellation genutzt.

Beim Rot- und Roséwein sind die traditionellen burgundischen Rebsorten, Gamay noir und Pinot noir, die hauptsächlich verwendeten Sorten. Zusätzlich benutzt werden dürfen im Departement Yonne die Rebsorte César, die für die regionale Appellation Bourgogne vorbehalten ist, insbesondere in Irancy, und die Tressot-Rebe, die nur noch in den Gesetzestexten auftaucht, aber überhaupt nicht mehr angebaut wird. In dieser Appellation findet man die besten aus Gamay erzeugten Weine im Departement Yonne und hier vor allem in Coulanges-la-Vineuse. Die Produktionsmenge dieser AOC geht zurück (je nach Jahrgang 15 000 bis 20 000 hl).

MICHEL CALLEMENT
Cuvée des Vieilles treilles 1995

| | 0,18 ha | 1 500 | | 30-50 F |

Ein pastellartiger Wein, ohne zuviel Stärke, aber mit guten Farben (ins Violette spielendes Rot), offensichtlich ein wenig pflanzlich über einem Gewürzaroma. Ein erholsamer Duft. Geradliniger Aufbau. Man kann ihn wie einen Rosé trinken.

• SCEA Michel Callement, 2, rue Menot, 89230 Bleigny-le-Carreau, Tel. 03.86.41.81.52, Fax 03.86.41.87.90 n. V.

DOM. DE CHAUDE ECUELLE 1995*

| | 1,26 ha | 10 000 | | 30-50 F |

Gelbe Karte ! Aber hier pfeift man kein Foul, ganz im Gegenteil. Man empfiehlt Ihnen diesen Karton mit sechs Flaschen ausgezeichnetem Chardonnay, der in der Nase leicht rauchig ist, trocken und fruchtig, recht zart. Eine interessante AOC, wenn sie so gelungen ist.

• Dom. de Chaude Ecuelle, 89800 Chemilly-sur-Serein, Tel. 03.86.42.40.44, Fax 03.86.42.85.13 n. V.
• Gabriel et Gérald Vilain

EARL DOM. HENRI CLERC ET FILS
Les Vaillonges 1995

| | 0,99 ha | 6 845 | | 30-50 F |

Heutzutage selten sind die Weingüter, die ihren Fuß in den Grands crus haben, wie dieses hier, das sich damit zufriedengibt, einen Bourgogne grand ordinaire zu präsentieren. Warum auch nicht ? Dieser Chardonnay mit der ziemlich blassen Farbe und dem raschen Geruchseindruck bietet im Geschmack einen liebenswürdigen Eindruck. Länge, ein wenig Frucht : Er kann sich zwei Jahre halten.

• Bernard Clerc, pl. des Marronniers, 21190 Puligny-Montrachet, Tel. 03.80.21.32.74, Fax 03.80.21.39.60 n. V.

JEAN-FRANÇOIS GANDREY 1995*

| | 0,3 ha | k. A. | | 30 F |

Wir haben den 96er probiert, der viel zu früh vorgestellt wurde, danach den 95er, der deutlich besser war. Dunkle Farbe und Eindruck von roten Früchten, wie etwa Kirschen. Die Tannine treten nach und nach in den Hintergrund und machen einem Geschmack Platz, der klar, schlicht, aber sehr redlich ist.

• Jean-François Gandrey, 18, rue Jean-Jaurès, 21700 Nuits-Saint-Georges, Tel. 03.80.61.27.63 n. V.

CAVE DES VIGNERONS DE GENOUILLY 1995

| | 6,5 ha | k. A. | | 30 F |

Ein Gamay aus dem Departement Saône-et-Loire, mit ein wenig geröteten Wangen und einem sehr flüchtigen Aroma. Er gibt eine befriedigende Vorstellung von der Appellation und erfüllt seine Verpflichtung. Lebhafte Note am Ende des Geschmacks.

• Cave des Vignerons de Genouilly, 71460 Genouilly, Tel. 03.85.49.23.72, Fax 03.85.49.23.58 Mo-Sa 8h-12h 14h-16h

BURGUND

LA VEZELIENNE
Melon de Bourgogne 1995★

| ☐ | 3 ha | 15 000 | ■ ♦ 30-50 F |

La Vézelienne, 1990 gegründet, ist eine Genossenschaft, die dreizehn Winzer vereinigt. Die Rebsorte Melon de Bourgogne stammt aus der Region, deren Namen sie trägt, aber sie ist hier praktisch verschwunden, außer in Vézelay. Im Gebiet von Nantes ist sie zum Muscadet geworden. Dieser 95er besitzt eine schöne goldgelbe Farbe. Er ist komplex und fruchtig (leichter Feuersteingeruch). Er zieht sich geschickt aus der Affäre. Ein Hauch von pflanzlicher Bitterkeit, aber eine hübsche Vinifizierung. Für die Liebhaber von Kuriositäten, denn man trinkt selten einen burgundischen Melon.
🕭 SCA La Vézelienne, rte de Nanchèvres, 89450 Saint-Père, Tel. 03.86.33.29.62, Fax 03.86.33.35.03 ◪ ✠ n. V.

DOM. FABRICE VIGOT 1995★

| ■ | 0,8 ha | 4 000 | ■ -30 F |

Ein intensiver Glanz mit einer hellen Scheibe - das ist sein Heiligenschein. Das Bukett geht in Richtung Himbeeren oder Erdbeeren, von mittlerer Stärke. Die Säure fügt diesem überraschenden, aber angenehmen Wein etwas Pikantes hinzu.
🕭 Dom. Fabrice Vigot, 16, rue de la Fontaine, 21700 Vosne-Romanée, Tel. 03.80.61.13.01, Fax 03.80.61.13.01 ◪ ✠ n. V.

Bourgogne Aligoté

Es heißt auch, dies sei der »Muscadet von Burgund«. Ein hervorragender offener Karaffenwein, den man jung trinkt und der das Aroma der Rebsorte gut zum Ausdruck bringt. Er ist ein wenig lebhaft und erlaubt es vor allem in manchen Gegenden, daß man die Weine von der Chardonnay-Rebe länger aufhebt. Die Aligoté-Rebe ist an der Côte von der Chardonnay-Rebe verdrängt worden und hat sich in dem für sie bestimmten Anbaubereich ein wenig nach unten verlagert, während sie früher auf den Hügeln angebaut wurde. Aber der Boden beeinflußt sie ebenso wie die anderen Rebsorten ; es gibt deshalb ebenso viele Typen von Aligoté-Weinen wie Anbaugebiete, wo sie hergestellt werden. Die Aligotés von Pernand waren für ihre Geschmeidigkeit und ihren fruchtigen Duft bekannt (bevor sie dem Chardonnay Platz machten). Die Aligotés der Hautes-Côtes sind gesucht wegen ihrer Frische und Lebhaftigkeit ; die von Saint-Bris im Departement Yonne scheinen von der Sauvignon-Rebe einen Hauch von Holunderblüten über einem leichten, süffigen Geschmack entliehen zu haben. Die Aligotés aus Bouzeron schließlich, die seit kurzem eine gewisse Berühmtheit erworben haben, weil sie eine eigene Appellation bilden, »chardonnieren« leicht und beweisen so ihre Zugehörigkeit zur Côte Chalonnaise.

DOM. CHARLES AUDOIN 1995★

| ☐ | 2,23 ha | 4 300 | ■ ♦ -30 F |

Warum sollte man nicht einen Salat mit Geflügelleber zu diesem gut ausgebauten 95er essen, der von Anfang bis Ende angenehm ist ? Zweifellos leicht, aber das ist hier eine Qualität. Erzeugt worden ist er in einem Anbaugebiet, das man früher als Côte Dijonnaise bezeichnete.
🕭 Dom. Charles Audoin, 7, rue de la Boulotte, 21160 Marsannay-la-Côte, Tel. 03.80.52.34.24, Fax 03.80.58.74.34 ◪ ✠ Mo-Sa 9h-12h 14h-19h ; So n. V.

DOM. BART 1995

| ☐ | 2,2 ha | 5 000 | ■ ♦ 30-50 F |

»Halten Sie ein Herz bei diesen Liebkosungen in Wallung«, sagt eine Figur bei Molière, die man sich dabei vorstellt, wie sie ihr Glas Aligoté auf den Tisch stellt. Helles Zitronengelb. Ein 95er, der in Richtung grüne Äpfel geht, leicht säuerlich und insgesamt gut.
🕭 Dom. Bart, 23, rue Moreau, 21160 Marsannay-la-Côte, Tel. 03.80.51.49.76, Fax 03.80.51.23.43 ◪ ✠ n. V.

DOM. DU BOIS GUILLAUME 1995

| ☐ | 0,4 ha | 2 500 | ◐ 30-50 F |

Unter seiner leichten Goldverkleidung ein Wein, der wie der Frühling duftet. Geißblatt : ein Genuß ! Recht zarter, jedoch lebhafter Geschmack, ist das normal entwickelt.
🕭 Jean-Yves Devevey, Dom. du Bois Guillaume, 71150 Demigny, Tel. 03.85.49.91.11, Fax 03.85.49.91.59 ◪ ✠ n. V.

JEAN BOUCHARD 1995

| ☐ | k. A. | k. A. | ■ ♦ 30-50 F |

Blaßgelb, ungekünstelter Geruchseindruck. Ein angenehmer Wein, der ein gutes Verhältnis zwischen Fülle und Säure bietet. Fruchtig, typisch.
🕭 Jean Bouchard, 6 bis, bd Jacques-Copeau, 21200 Beaune, Tel. 03.80.24.37.27, Fax 03.80.24.37.38

PASCAL BOUCHARD 1995★

| ☐ | k. A. | 80 000 | ■ ♦ -30 F |

Die beste Nächstenliebe fängt bei einem selbst an. Deshalb macht sich dieser sehr belebende Aligoté in erster Linie Gedanken darüber, wie er sein Kapital vermehrt ... Zugegeben, um es Ihnen dann darzubieten. Recht ansehnliche Farbe, Duft nach weißen Früchten, ausgezeichnet, springlebendige, zitronenartige Frische. Als Aperitif servieren.

Bourgogne Aligoté

◆┓ Pascal Bouchard, 5 bis, rue Porte-Noël, 89800 Chablis, Tel. 03.86.42.18.64, Fax 03.86.42.48.11 ✓ ⊥ n. V.

PHILIPPE BOUZEREAU 1995*

☐	k. A.	k. A.	■ ♦ -30 F

Wenig Farbe, aber ein Aligoté besitzt nie ein betontes Gelb. Das frische, mineralische Bukett wird an der Luft etwas blumiger. Zitronenartig, leidenschaftlich. Der Körper ist lebhaft, aber nicht sauer. Ausgezeichneter typischer Charakter.

◆┓ Philippe Bouzereau, Ch. de Citeaux, 21190 Meursault, Tel. 03.80.21.20.32, Fax 03.80.21.64.34 ✓ ⊥ n. V.

YVES BOYER-MARTENOT 1995*

☐	0,8 ha	3 000	■ -30 F

Er ist recht angenehm, dieser Aligoté mit der hübschen, klaren strohgelben Farbe und dem gut entfalteten Duft mit einem Hauch von Lindenblüten. Sanft und dennoch lebhaft, mit einem Wort : einschmeichelnd. Der 89er war in unserer Ausgabe 1992 Lieblingswein.

◆┓ Yves Boyer-Martenot, 17, pl. de l'Europe, 21190 Meursault, Tel. 03.80.21.26.25, Fax 03.80.21.65.62 ✓ ⊥ n. V.

CH. DE CARY POTET 1995*

☐	1 ha	4 000	■ ♦ 30-50 F

Für den morgendlichen Imbiß - ein Aligoté, erzeugt von einer Familie, die hier seit Mitte des 18. Jh. ansässig ist. Er besitzt eine leichte, aber gut umrissene Farbe, einen besonders feinen Duft nach Äpfeln und Akazienblüten, Lebhaftigkeit und ein wenig Fülle. Recht typisch.

◆┓ Charles et Pierre du Besset, Ch. de Cary Potet, 71390 Buxy, Tel. 03.85.92.14.48, Fax 03.85.92.11.88 ✓ ⊥ n. V.

DOM. JEAN CHARTRON
Clos de la Combe 1995*

☐	0,23 ha	2 100	⊞ 30-50 F

Der Inbegriff eines Aligoté. Eine unaufdringliche, dünne gelbe Farbe. Ein Hauch von Blüten, leicht wie eine Brise. Eine hübsche, etwas säuerliche Frucht. Ein zusätzlicher Pluspunkt für die allgemeine Ausgewogenheit.

◆┓ Dom. Jean Chartron, 13, Grande-Rue, 21190 Puligny-Montrachet, Tel. 03.80.21.32.85, Fax 03.80.21.36.35 ✓ ⊥ n. V.

BERNARD ET ODILE CROS 1995**

☐	2,5 ha	3 500	■ 30-50 F

Blumig und mineralisch - der Duft geht geradewegs auf sein Ziel zu. Diese Treue gegenüber der Rebsorte bestätigt eine helle, fröhliche Farbe. Im Geschmack die angenehme Schlichtheit eines Aligoté, bei dem es schade wäre, wenn man ihn mit einem Johannisbeerlikör mischen würde. Er verdient, daß eine Sache allein zu verfechten, denn er besitzt alle dazu nötigen Mittel.

◆┓ Bernard et Odile Cros, Cercot, 71390 Moroges, Tel. 03.85.47.92.52, Fax 03.85.47.92.52 ✓ ⊥ n. V.

DUCHESNE FRERES 1995

☐	0,6 ha	4 000	■ 30-50 F

Strohgelb, recht feiner Duft. Ein angenehmer Aligoté, der sich aber eher sanft als lebhaft zeigt. Man kann sehr wohl einem Wein den Vorzug geben, der eher wohlschmeckend als lebhaft ist.

◆┓ GAEC Duchesne Frères, 71640 Saint-Denis-de-Vaux, Tel. 03.85.44.38.81, Fax 03.85.44.45.11 ✓ ⊥ n. V.

RAYMOND DUREUIL-JANTHIAL 1995*

☐	0,71 ha	6 000	■ 30-50 F

Helles Strohgelb, zwischen Feuerstein und Weißdorn. Ein spontaner und dauerhafter Wein von beachtlicher Länge. Lebhaft ? Wie es sich gehört. Dürfte gut zu Muscheln passen.

◆┓ Raymond Dureuil-Janthial, rue de la Buisserolle, 71150 Rully, Tel. 03.85.87.02.37, Fax 03.85.87.00.24 ✓ ⊥ Mo-Sa 9h-12h 14h-19h ; So n. V.

SYLVAIN DUSSORT 1995

☐	k. A.	6 000	■ 30-50 F

Der König ist sein Vetter. Ein in Meursault erzeugter Meursault ! Die Robe könnte bei Hof zugelassen werden. Der Duft besteht aus Zitrusfrüchten und Blüten. Kontinuität des Aromas am ganzen Körper, der sehr lebhaft und harmonisch ist.

◆┓ Sylvain Dussort, 12, rue Charles-Giraud, 21190 Meursault, Tel. 03.80.21.27.50, Fax 03.80.21.65.91 ✓ ⊥ n. V.

FELIX ET FILS 1995**

☐	9,36 ha	80 000	■ ♦ 30-50 F

Die Familie Félix baut hier seit 1690 Wein an. Das beweist ihre Kenntnis des Anbaugebiets. »Super, dieser Aligoté aus Saint-Bris-le-Vineux !« Ein wenig Pampelmuse unter den schimmernden, sehr deutlichen und sehr hellen Umrissen. Der Geschmack ist subtil und setzt sich mit Noten von Zitrusfrüchten fort. Ein großartiger Ausblick auf die Appellation, die sich hier vom Üblichen abhebt und sich in den Vordergrund schiebt.

◆┓ Dom. Félix, 17, rue de Paris, 89530 Saint-Bris-le-Vineux, Tel. 03.86.53.33.87, Fax 03.86.53.61.64 ✓ ⊥ Mo-Sa 9h-11h30 14h-18h30 ; So u. feiertags n. V.

BERNARD FEVRE 1995

☐	k. A.	1 500	■ ♦ 30-50 F

Hell und klar. Er hat einen sehr guten Duft, frisch und steinig, in Richtung Haselnüsse gehend. Im Geschmack »grün«, aber es gelingt ihm dennoch, im Abgang wieder auf die Beine zu kommen. Dieses hartnäckige Bemühen verdient, daß er hier auf einem achtbaren Platz rangiert.

◆┓ Bernard Fèvre, Petite-Rue, 21190 Saint-Romain, Tel. 03.80.21.21.29, Fax 03.80.21.66.47 ✓ ⊥ n. V.

Bourgogne Aligoté

GUY FONTAINE ET JACKY VION 1995

☐   2,85 ha   12 500

Blaß und klar. Er erinnert an Knospen von schwarzen Johannisbeeren, die man früher abends in den Hautes-Côtes für die Parfümhersteller in Grasse verarbeitete. Seine sehr runde Konstitution und seine Fülle unterscheiden ihn ein wenig vom sortentypischen Charakter, aber es ist ein guter Burgunder. Der 86er war 1989 Lieblingswein.

☛ GAEC des Vignerons G. Fontaine et J. Vion, Le Bourg, 71150 Remigny, Tel. 03.85.87.03.35, Fax 03.85.87.03.35 n. V.

FORGEOT PERE ET FILS 1995*

☐   k. A.   k. A.

Dieser von Bouchard Père et Fils vorgestellte Aligoté hat eine weißgoldene Farbe. Er ist liebenswert, leicht, recht kräftig und ein klein wenig nervig. In der Nase findet man grüne Zitronen. Einwandfrei, im Stil der AOC.

☛ Forgeot Père et Fils, 15, rue du Château, B.P. 70, 21202 Beaune Cedex, Tel. 03.80.24.80.24, Fax 03.80.24.97.56

CAVE DES VIGNERONS DE GENOUILLY 1995*

☐   14 ha   k. A.

Seine sehr sanfte Rundheit geht in Richtung Chardonnay. Der typische Charakter ist durchschnittlich. Wenn man hingegen nicht an der Nervigkeit der Rebsorte hängt, dies ein guter Wein, ein guter weißer Burgunder. Sehr schönes Aussehen. An Mandeln und Früchte erinnernder Duft. Gefälliger, behaglicher Geschmack.

☛ Cave des Vignerons de Genouilly, 71460 Genouilly, Tel. 03.85.49.23.72, Fax 03.85.49.23.58 Mo-Sa 8h-12h 14h-16h

GILBERT ET PHILIPPE GERMAIN 1995

☐   1 ha   4 000

Blaßgoldene Farbe, weiniger, etwas honigartiger, also nicht sehr typischer Duft. Ein Aligoté, der im Geschmack einen gewissen Stoff und Länge besitzt. Pur trinken.

☛ Gilbert et Philippe Germain, rue du Vignoble, 21190 Nantoux, Tel. 03.80.26.01.15, Fax 03.80.26.05.12 n. V.

DOM. GEORGES GLANTENAY ET FILS 1995*

☐   0,27 ha   2 200

Der Geschmack folgt dem Duft. Ein schönes Verfolgungsrennen. Dieser strahlend zitronengelbe Wein besitzt ein weiniges, exotisches Aroma. Die Säure ist vorhanden. Der recht runde Geschmack und die Länge reichen aus, um einen Abstand zwischen einem banalen Aligoté und diesem hier herzustellen.

☛ SCE Dom. Georges Glantenay et Fils, chem. de la Cave, 21190 Volnay, Tel. 03.80.21.61.82 n. V.

PHILIPPE GONET 1995

☐   4 ha   20 000

Sicherlich rustikal, aber wenn ein Aligoté nicht mehr rustikal sein darf, dann ist das so, als würde sich die Erde verkehrt herum drehen ! Der Stil erinnert mir an den Sauvignon de Saint-Bris, aber es handelt sich um die Hautes-Côtes de Nuits. Viel Duft und ein sehr starker Wunsch nach Originalität.

☛ Philippe Gonet, Bévy, 21220 Gevrey-Chambertin, Tel. 03.80.61.44.87, Fax 03.80.61.40.78 Mo-Fr 8h-12h 14h-17h

DOM. GRAND ROCHE 1995*

☐   1,2 ha   9 500

Dieser Aligoté entspricht der Leidenschaft seines Schöpfers für den Weinbau. Blaßgold. Er erinnert an die Blumen im zarten Gras eines burgundischen Rasens. Man sollte ihn pur trinken. Er ist es wert.

☛ Erick Lavallée, 16, rte de Champs, 89530 Saint-Bris-le-Vineux, Tel. 03.86.53.84.07, Fax 03.86.53.88.36 Mo-Sa 9h-12h 14h-20h ; So vormittag n. V.

JOEL ET DAVID GRIFFE 1995

☐   5 ha   4 000

Eine ziemlich deutliche pflanzliche Note, eine eher neutrale Ansprache, danach ein freigebiger Geschmack. Nuancen von Mandeln. Dieser heute trinkreife 95er hat ein anständiges Niveau.

☛ GAEC Joël et David Griffe, 15, rue du Beugnon, 89530 Chitry, Tel. 03.86.41.41.06, Fax 03.86.41.47.36 n. V.

HONORE LAVIGNE
Cuvée spéciale Bouteille XVIIIes.

☐   k. A.   k. A.

Dieser Aligoté namens Honoré Lavigne (die Großhandelsmarke von Jean-Claude Boisset) befindet sich in einer Flasche aus dem 18. Jh. Er trägt ein Kleid wie aus dem Märchen. Entfaltetes, reichhaltiges Bukett, gelbe und exotische Früchte. Er ist nervig und kann nicht stillsitzen, wenn er sich im Mund befindet. Auf dem Etikett ist kein Jahrgang angegeben. Wir haben die Flasche mit der Nummer 31 599 probiert.

☛ Honoré Lavigne, 5, quai Dumorey, 21703 Nuits-Saint-Georges, Tel. 03.80.62.61.61, Fax 03.80.61.34.75

JEAN-LUC HOUBLIN 1995*

☐   0,6 ha   3 000

Trinkreif, wenn Sie den Weinführer aufschlagen. Ein kristallklarer Wein, der ins Goldfarbene geht. Der Geruchseindruck ist verschlossen, aber im Gaumen entlädt er sich. Sie kennen die Windmühle von Migé ? Nun gut, stellen Sie sich folgendes vor : Die Flügel dieses Aligoté drehen sich kraftvoll und frisch in einer Frühlingsbrise. Noten von Feuerstein und Haselnüssen.

☛ Jean-Luc Houblin, passage des Vignes, 89580 Migé, Tel. 03.86.41.69.87, Fax 03.86.41.71.95 n. V.

Bourgogne Aligoté

LES VIGNERONS D'IGE 1995★★★
| | 5 ha | 30 000 | | | 30-50 F |

Eines Bouzeron würdig - er gehört zur Oberschicht. Alte Rebstöcke ? Kleiner Ertrag ? Wahrscheinlich, und diese Flasche wird sehr begehrt sein. Geißblatt und exotische Früchte - was für ein Bukett ? Die Farbe paßt dazu. Nervig, ungeduldig und dennoch komplex, ein Genuß. Die Kellerei von Igé erringt das gelbe Trikot des Wettrennens !
☙ Les Vignerons d'Igé, 71960 Igé,
Tel. 03.85.33.33.56, Fax 03.85.33.41.85 ✓
⏲ Mo-Sa 7h30-12h 13h30-18h

HUBERT JACOB-MAUCLAIR 1995★
| | 1,05 ha | 4 800 | | -30 F |

Mit geschlossenen Augen könnte man einen Aligoté der Hautes-Côtes erkennen. Aber es ist besser, wenn man sie öffnet, damit man die hübsche blasse Farbe dieses 95ers sieht. Sein Bukett erinnert an Weißdorn und getoastetes Brot. Seine Säuerlichkeit gefährdet nicht die Ausgewogenheit. Alle Merkmale der AOC melden sich anwesend !
☙ Hubert Jacob-Mauclair, 56, Grande-Rue, 21420 Echevronne, Tel. 03.80.21.57.07, Fax 03.80.21.57.07 ✓ ⏲ n. V.

DOM. CHARLES ET REMI JOBARD 1995★★
| | 1,5 ha | k. A. | | | -30 F |

Dieser von seiten Meursaults verwöhnte Aligoté macht sich die Maxime von Seneca zu eigen : »Die Sprache der Wahrheit ist einfach.« Vanille und Honig sind ein wenig in der Nase spürbar, aber der Geschmack zeigt sich gern frisch und pikant. Eine Frühlingsbrise.
☙ Dom. Charles et Rémi Jobard, 12, rue Sudot, 21190 Meursault, Tel. 03.80.21.20.23, Fax 03.80.21.67.69 ✓ ⏲ n. V.

LA CAVE DU CONNAISSEUR 1995★
| | k. A. | 10 000 | | | 30-50 F |

Ein Aligoté von klarem Hellgelb, der ein wenig Chardonnay spielt (Akazienblütenhonig, Reichhaltigkeit und Wärme), aber am Ende den Eindruck eines gutes Weins hinterläßt. Ein lebhafter Untergrund und ein paar Zitrusnoten nähern ihn seiner Familie an.
☙ La Cave du Connaisseur, rue des Moulins, 89800 Chablis, Tel. 03.86.42.48.36, Fax 03.86.42.49.84 ✓ ⏲ tägl. 10h-18h30

LES PETITS-FILS DE BENOIT LAFONT 1995★
| | k. A. | 30 000 | | | 30-50 F |

Dieses Handelshaus im Departement Rhône, das von Georges Paquet geleitet wird, präsentiert einen strohgelben, funkelnden Aligoté, der nach Blüten und grünem Paprika duftet. Ein 95er, der einen guten Eindruck hinterläßt. Er klingt zwar ein wenig trocken aus, aber das liegt im Grunde genommen in seiner Natur. Er trinkt sich leicht, und das ist die Hauptsache.
☙ Les Petits-Fils de Benoît Lafont, 69460 Le Perréon, Tel. 04.74.02.10.00, Fax 04.74.03.26.99 ⏲ n. V.

DOM. JOSEPH LAFOUGE ET FILS 1995★
| | 1,4 ha | 3 500 | | | 30-50 F |

Was für ein Vergnügen, eine Mahlzeit mit einem so jungen und so zauberhaften Wein zu beginnen ! Zurückhaltende, aber strahlende Farbe. Er bietet im Geruch eine zufriedenstellende Intensität (Lindenblüten) und eine gute Ausgewogenheit.
☙ Dom. Joseph Lafouge et Fils, Marchezeuil, 21340 Changé, Tel. 03.85.91.12.16, Fax 03.85.91.17.26 ✓ ⏲ n. V.

DOM. DE LA GRANGERIE 1995★★
| | 3,64 ha | 30 000 | | | -30 F |

Dieser in jeder Bedeutung des Worts brillante Wein kommt zu uns von der Côte Chalonnaise. Sein Bukett von weißen Blüten, mit einer Anisnote, bringt einen harmonischen Körper zur Geltung. Die Säure und die Fülle entsprechen einander gut. Gehörte zu den besten Weinen der Weinprobe.
☙ SCV Dom. de La Grangerie, 71640 Saint-Martin-sous-Montaigu, Tel. 03.85.45.23.23, Fax 03.85.45.16.37 ⏲ tägl. 8h-12h 14h-18h

STEPHANE LAVAUD 1995
| | 2,5 ha | 4 000 | | -30 F |

Akazienblüten, Weißdorn, das, was man als Heckenblüten bezeichnet. Im Dienste eines 95ers, der den Blick mit einer goldgrünen Farbe umschmeichelt, sich zwischen Weinbergspfirsichen und reifen Trauben bewegt und ein wenig den Versuchungen eines milden Geschmacks verfällt. Gut gemacht.
☙ Stéphane Lavaud, 15, rue du Puits-Jacques, 89800 Chemilly-sur-Serein, Tel. 03.86.42.82.93 ✓ ⏲ n. V.

OLIVIER LEFLAIVE 1995★★
| | 2 ha | 10 000 | | 30-50 F |

Erinnern Sie sich an Jacques Brel, wie er *Mein Onkel Benjamin* für die Kamera von Edouard Molinaro spielte, und an den guten Doktor Minxit. Dieses Aroma und dieser Geschmack von Feuerstein, der die Flamme entzündet, dieser blumige Charme, diese Wärme des Blicks, diese verzehrende Vitalität, diese Liebe zum Leben - all das findet man in diesem Wein, der im vollen Galopp unsere Weinprobe durchreitet. Aufregend und leidenschaftlich.

BURGUND

Bourgogne Aligoté

🔹 Olivier Leflaive, pl. du Monument, 21190 Puligny-Montrachet, Tel. 03.80.21.37.65, Fax 03.80.21.33.94 ◆ ♈ n. V.

MARINOT-VERDUN 1995*

	k. A.	15 000	■♦ -30 F

Blaßgelb, ein wenig aschfarben, klar, mit schönen Reflexen. Ein 95er, der ein abgestuftes Aroma von Zitronen bis zu Milchsäure bietet. Er ist ein wenig aggressiv im Geschmack, aber es ist eine feine Lebhaftigkeit über einem beachtlichen Körper. Beklagen wir uns nicht über sein Temperament !

🔹 Marinot-Verdun, Cave de Mazenay, 71510 Saint-Sernin-du-Plain, Tel. 03.85.49.67.19, Fax 03.85.45.57.21 ◆ ♈ Mo-Sa 8h-12h 13h30-18h

DOM. B. MICHEL 1995**

	1,4 ha	12 000	■♦ 30-50 F

Die Tochter und der Schwiegersohn von B. Michel haben das Gut 1993 übernommen. Sie präsentieren einen großartigen Wein, dessen Bukett unter einem klaren goldgrünen Kleid an Farnkraut und weiße Blüten erinnert. Was für eine Jugendlichkeit, was für eine Frische über der Frucht und dem Charakter.

🔹 Arlette et Philippe Andreotti, Dom. B. Michel, Les Guignottes, 71390 Saint-Vallerin, Tel. 03.85.92.11.16, Fax 03.85.92.09.60 ◆ ♈ n. V.

DOM. DES MOIROTS 1995

	1 ha	5 000	■ 30-50 F

Schöne Komposition, blumig und zitronengelb, trotz einer leichten Oxidation, die den Genuß eines recht runden und zugleich recht lebhaften Geschmacks nicht schmälert. Trinkreif.

🔹 Dom. des Moirots, 71390 Bissey-sous-Cruchaud, Tel. 03.85.92.16.93, Fax 03.85.92.09.42 ◆ ♈ n. V.
🔹 Lucien Denizot

ALICE ET OLIVIER DE MOOR 1995**

	0,55 ha	k. A.	■♦ -30 F

Ein Aligoté von alten Rebsorten ? Er überragt die vorgestellten Weine aus dem Departement Yonne. Die Farbe, zwischen Strohlgelb und Golden, ist kräftig, fast aufdringlich. Aroma von frischen Trauben als Verstärkung. Krume von feuchtem Brot ... Im Geschmack Honig und Lebkuchen - man könnte glauben, daß wir bei der Knusperhexe sind. Er hat Ähnlichkeit mit einem süffigen Chardonnay.

🔹 Alice et Olivier de Moor, 4, rue Jacques-Ferrand, 89800 Courgis, Tel. 03.86.41.47.94 ◆ ♈ n. V.

JEAN MORETEAUX ET FILS
La Côte de Nantoux 1996*

	6,5 ha	15 000	■♦ -30 F

Strohgelb, duftig (Zitronen, Kiwis), ziemlich füllig - er erscheint komplex. Eine mineralische Note im Abgang trägt zu dieser interessanten Einsicht bei. Struktur und Säure sind perfekt.

🔹 GAEC Jean Moreteaux et Fils, Chassey-le-Camp, 71150 Chagny, Tel. 03.85.87.19.10, Fax 03.85.91.23.74 ◆ ♈ n. V.

CHRISTIAN MORIN 1995*

	2,4 ha	16 000	■♦ -30 F

Zitronenartig, wie es die Rebsorte will. Ein Wein von bewundernswerter Klarheit und von beachtlicher Feinheit des Buketts. Seine Ansprache wird stärker bis zu einem Punkt der Ausgewogenheit und einem bemerkenswerten Abgang. Aroma von Brennesseln, versichert uns ein Juror. Im Laufe des Jahres 1998 trinkreif.

🔹 Christian Morin, 17, rue du Ruisseau, 89530 Chitry-le-Fort, Tel. 03.86.41.44.10, Fax 03.86.41.48.21 ◆ ♈ n. V.

HENRI MUGNIER 1995

	k. A.	k. A.	30-50 F

Dieser Geruch von Feuerstein und grünen Äpfeln, mit Zitronennote, ist typisch für einen Aligoté. Der Geschmack verwendet nacheinander zwei verschiedene Sprachen, die erste ziemlich lebhaft, die andere eher sanft. Ein Händlerwein.

🔹 SARL Henri Mugnier, 1, rue du Perthuis, 71850 Charnay-lès-Mâcon, Tel. 03.85.34.16.43, Fax 03.85.34.98.66 ◆ ♈ Mo-Fr 8h-12h 14h-18h ; Aug. geschlossen

PATRIARCHE Cuvée France Carol 1995*

	k. A.	35 000	■ 30-50 F

Ein guter, sehr aromatischer Duft, der zwischen Lindenblüten und Früchten balanciert. Danach ein zarter und dennoch körperreicher Geschmack, lang und freigebig - kurz gesagt : recht typisch. Ein gelungener, jetzt trinkreifer Wein. Die Farbe ? Hell und verführerisch.

🔹 Patriarche Père et Fils, rue du Collège, 21200 Beaune, Tel. 03.80.24.53.01, Fax 03.80.24.53.03 ♈ n. V.

DOM. GERARD PERSENOT 1995**

	6 ha	45 000	■ -30 F

Dieser geschniegelt aussehende 95er überquert alle Hindernisse des gesamten Wettkampfes, ohne die kleinste Stange abzuwerfen. Hinsichtlich des Aromas ein wahres Fest : Mispel, Spargel, Kernobst und sogar Quitten im Nachgeschmack. Von sehr gutem Niveau mit zusätzlich viel Charme.

🔹 Gérard Persenot, 20, rue de Gouaix, 89530 Saint-Bris-le-Vineux, Tel. 03.86.53.61.46, Fax 03.86.53.61.52 ◆ ♈ n. V.

DOM. JACKY RENARD 1995**

	3,4 ha	30 000	■♦ 30-50 F

Was für ein schöner Wein ! Er flirtet mit dem dritten Stern. Die Erscheinung ist makellos. Der Geruchseindruck »sauvigoniert« ein wenig, mit einem Hauch von sauren Früchten, grünen Äpfeln. Wir befinden uns hier im Departement Yonne, und vergessen wir nicht, man sauvignoniert hier in der Familie ... Perfekter Bau im Geschmack, zart, körperreich.

🔹 Dom. Jacky Renard, La Côte-de-Chaussan, 89530 Saint-Bris-le-Vineux, Tel. 03.86.53.38.58, Fax 03.86.53.33.50 ◆ ♈ n. V.

Bourgogne Aligoté Bouzeron

CH. ROSSIGNOL-JEANNIARD 1994*

| | 0,89 ha | k. A. | | -30F |

Man wäre gern der Karpfen oder der Hecht, der inmitten einer guten Fischsuppe diesen 94er begleiten würd. Hellgelb und zitronenartig, getrocknete Früchte. Er ist leicht zugänglich und nimmt ohne Probleme an der Unterhaltung teil.
↱ Rossignol-Jeanniard, rue de Mont, 21190 Volnay, Tel. 03.80.21.62.43, Fax 03.80.21.27.61 ☑ ⚎ n. V.

CH. DE ROUGEON 1995

| | 5,5 ha | k. A. | | 30-50F |

Dieser Weinberg gehörte früher einmal Doktor Ozanon, einer großen Persönlichkeit des burgundischen Weinbaugebiets. Sehr bodentypisch und von einem Goldgelb, das »chardonniert«. Er konzentriert sein Bukett in recht subtiler Weise auf Akazienblüten. Nach einer etwas schlaffen Ansprache stellt sich die Ausgewohenheit rasch wieder ein. Dieser Wein ist leicht und frisch.
↱ EARL Dominique Bouchard, Ch. de Rougeon, 71390 Bissey-sous-Cruchaud, Tel. 03.85.92.02.54, Fax 03.85.92.14.32 ☑ ⚎ n. V.

DOM. SAINTE CLAIRE 1995

| | 8 ha | 35 000 | | -30F |

Dieser Aligoté mit den Jod- und mineralischen Noten zeigt eine fehlerlose Erscheinung. Trokken, sehr lebhaft und nervig schon zu Beginn des Spiels und bis zum Schlußpfiff, ohne je eine gelbe Karte zu erhalten. Man muß diesen 95er somit zu Meeresfrüchten servieren, zu Muscheln.
↱ Jean-Marc Brocard, Préhy, 89800 Saint-Cyr-les-Colons, Tel. 03.86.41.42.11, Fax 03.86.41.70.07 ☑ ⚎ Mo-Sa 8h-12h 13h30-18h ; So n. V.

MICHEL SARRAZIN ET FILS 1995*

| | k. A. | k. A. | | 30-50F |

Ein klarer, reintöniger Aligoté, der sich mit mineralischen und blumigen Noten ausdrückt. Im Geschmack genau das, was man von dieser Appellation erwartet : ätherische Lebhaftigkeit, schöner Schwung.
↱ Michel Sarrazin et Fils, Charnailles, 71640 Jambles, Tel. 03.85.44.30.57, Fax 03.85.44.31.22 ☑ ⚎ tägl. 8h-19h30

ROBERT SIZE ET FILS 1995*

| | 0,35 ha | k. A. | | 30-50F |

Goldgelb mit grünem Schimmer, vollgesogen mit einem Honig- und Zitrusaroma, fülliger, nachhaltiger Geschmack - er spielt ein wenig Chardonnay. Aber das so gut, daß man ihm seinen Reichtum vergibt !
↱ Robert Size et Fils, Le Bourg, 71640 Saint-Martin-sous-Montaigu, Tel. 03.85.45.11.72, Fax 03.85.45.27.66 ☑ ⚎ n. V.

DOM. SORIN-DEFRANCE 1995*

| | 9 ha | 60 000 | | -30F |

Ein kleiner Aligoté für den Hausgebrauch ? Besser als das. Er hat eine schöne Erscheinung mit seiner kristallklaren Farbe. Der Duft geht ein wenig in Richtung Sauvignon, wie es die Aligotés aus dem Departement Yonne machen. Geißblattaroma in einem ziemlich runden Geschmack.
↱ Dom. Sorin-Defrance, 11bis, rue de Paris, 89530 Saint-Bris-le-Vineux, Tel. 03.86.53.32.99, Fax 03.86.53.34.44 ☑ ⚎ Mo-Sa 8h-12h 13h30-19h ; So n. V.

JEAN-BAPTISTE ET PIERRE THIBAUT 1995

| | 2 ha | 4 000 | | -30F |

Von guter, jugendlicher Frische, fest und ziemlich rund. Er verbirgt sich hinter einem etwas wilden Duft, der an Renetten, Farnkraut und Mandeln erinnert. Viel Lebhaftigkeit, ohne die Grenzen zur Aggressivität zu überschreiten. Ganz offensichtlich sollte man ihn mit Johannisbeerlikör mischen.
↱ Pierre et Jean-Baptiste Thibaut, 3, rue du Château, 89290 Quenne, Tel. 03.86.40.35.76, Fax 03.86.40.27.70 ☑ ⚎ n. V.

Bourgogne Aligoté Bouzeron

DOM. CHANZY
Clos de la Fortune Monopole 1995

| | 11 ha | 58 000 | | 30-50F |

Die Domaine Chanzy präsentiert fünfzehn Appellationen in den drei »Côtes« : Nuits, Beaune und Chalonnaise. 1989 wurde ihr Wein dieser Appellation zum Lieblingswein gewählt. Sehr blasse, fast weiße Goldfarbe. Dieser 95er Aligoté ist voller weißer Früchte und Noten von Äpfeln und strahlt vor Frische. Ein leichter Hauch von Kohlensäure und Säuerlichkeit machen ihn lebhaft, aber lecker. Schlicht und angenehm. Er ist völlig typisch.
↱ Daniel Chanzy, 1, rue de la Fontaine, 71150 Bouzeron, Tel. 03.85.87.23.69, Fax 03.85.91.24.92 ☑ ⚎ Mo-Fr 8h-12h 14h-19h ; Sa, So n. V.

ANNE-SOPHIE DEBAVELAERE 1995

| | k. A. | 4 000 | | 30-50F |

Eher fein in der Ansprache, stattlich und kräftig gebaut, dann recht lebhaft. Ein Wein, der gut beginnt : kräftige goldgrüne Farbe, Duft von Pfingstrosen oder Rosen, mit einem Zimtaroma. Gute Ausgewogenheit. Reizvoll zu Meeresfrüchten.
↱ Anne-Sophie Debavelaere, 14, rue des Clouy, 71150 Rully, Tel. 03.85.48.65.64, Fax 03.85.93.13.29 ☑ ⚎ n. V.

JEAN MORETEAUX ET FILS 1995

| | 2 ha | 6 000 | | 30-50F |

Hat dieser Aligoté ein Adelsprädikat ? Er ist sehr gelb und entfaltet ein Aroma von Pistazien und Haselnußöl. Die Ansprache ist mutig, die Grundlage solide, das Temperament nervig.
↱ GAEC Jean Moreteaux et Fils, Chassey-le-Camp, 71150 Chagny, Tel. 03.85.87.19.10, Fax 03.85.91.23.74 ☑ ⚎ n. V.

Bourgogne Passetoutgrain

Eine Appellation für Rot- und Roséweine, die innerhalb des Anbaubereichs der Appellation Bourgogne grand ordinaire erzeugt werden oder aus einer enger gefaßten Appellation stammen, sofern die Weine aus einem Verschnitt von Pinot noir und Gamay noir hergestellt werden; der Pinot-noir-Anteil muß dabei mindestens ein Drittel ausmachen. Häufig wird behauptet, daß die besten Weine gleiche Mengen Pinot noir und Gamay noir oder sogar mehr Pinot-Trauben enthalten.

Die Roséweine müssen durch *saignée*, d. h. durch Abstechen des Mostes nach kurzer Maischung, hergestellt werden; es sind also im Gegensatz zu den »grauen« Weinen, die man durch unmittelbares Keltern dunkler Trauben erhält und wie Weißweine vinifiziert, »önologische« Roséweine. Bei der erstgenannten Methode wird der Abstich des Traubenmosts vorgenommen, wenn der Winzer im Verlauf der Maischung die erwünschte Farbe erreicht hat. Dies kann auch durchaus mitten in der Nacht der Fall sein! Die Produktionsmenge von Passetoutgrain-Rosé ist sehr gering; diese AOC ist in erster Linie als Rotweinappellation bekannt. Die Weine werden überwiegend im Departement Saône-et-Loire (rund zwei Drittel) erzeugt, der Rest im Departement Côte-d'Or und im Tal der Yonne. Die Produktionsmenge liegt zwischen 65 000 und 75 000 hl. Die Weine sind leicht und lecker und sollten jung getrunken werden.

PHILIPPE D'ARGENVAL
La Renardière 1995*

| ■ | k. A. | k. A. | 30-50 F |

Dieser Passetoutgrain knausert weder mit der Farbe noch mit dem fruchtigen Aroma, das fein und nachhaltig zugleich ist. Frische und Eleganz, eine gute Grundlage, aber eine durchschnittliche Nachhaltigkeit.
☛ Philippe d'Argenval, 71640 Mercurey, Tel. 03.85.98.12.12, Fax 03.85.45.25.49

CHRISTOPHE AUGUSTE 1995

| ■ | 0,7 ha | 5 500 | ■ ♦ -30F |

In diesem Verschnitt, in dem sie zu gleichen Teilen vertreten sind, läuft der Gamay dem Pinot den Rang ab, und man ist darüber nicht betrübt. Ein kirschroter Wein mit dem Aroma von roten Früchten, der eine klare Ansprache bietet. Einprägsamkeit, ein wenig Trockenheit, ein ziemlich rauher Charakter, der sich gern in die Brust wirft. Das Biest muß nicht eingekellert werden.
☛ Christophe Auguste, 55, rue André-Vildieu, 89580 Coulanges-la-Vineuse, Tel. 03.86.42.35.04, Fax 03.86.42.51.81 ✓ ✗ n. V.

CH. DE CHAMILLY 1995

| ■ | 1,7 ha | 13 000 | ■ -30F |

Er ist keineswegs unserer Aufmerksamkeit unwürdig, aber er wird keine lange Karriere machen. Trinken Sie ihn rasch und bestellen Sie dazu einen Gemüseeintopf oder eine würzige Kochwurst mit Linsen. Mittlere Farbe, im Duft eher pinot- als gamaytypisch, obwohl letztere Rebsorte den Verschnitt mit 65 % beherrscht. Frisch und gut gemacht. Im Abgang zeigt er sich lebhaft.
☛ Véronique et Louis Desfontaine, Le Château, 71510 Chamilly, Tel. 03.85.87.22.24, Fax 03.85.91.23.91 ✓ ✗ n. V.

R. DUBOIS ET FILS 1995

| ■ | 1,85 ha | 16 000 | ■ ♦ -30F |

Ein durch schöne Reflexe geschmückter Passetoutgrain, mit einem noch verschlossenen Bukett und einem tanninbetonten Temperament. Leichte Fruchtigkeit, nicht zuviel Nachhaltigkeit, eine gewisse Rundheit. Kurz gesagt: Er überquert die Latte und befindet sich wieder unter uns.
☛ R. Dubois et Fils, rte de Nuits-Saint-Georges, 21700 Prémeaux-Prissey, Tel. 03.80.62.30.61, Fax 03.80.61.24.07 ✓ ✗ Mo-Sa 8h-11h30 14h-18h30; So n. V.

BERNARD FEVRE 1995*

| ■ | 0,46 ha | 2 000 | ■ ♦ -30F |

In dieser Flasche ist viel Wein. Ein wenig leichte, aber reintönige Farbe. Dieser 95er ist nicht gerade redselig, wenn man ihn bittet, sein Aroma zu entfalten. Tanninreich, lebhaft - er läßt die Gamay-Rebe nicht vergessen und dürfte die Weinliebhaber zufriedenstellen.
☛ Bernard Fèvre, Petite-Rue, 21190 Saint-Romain, Tel. 03.80.21.21.29, Fax 03.80.21.66.47 ✓ ✗ n. V.

FRANCIS FICHET ET FILS 1996*

| ■ | 1 ha | k. A. | ■ ♦ -30F |

Eine tadellose Erscheinung und ein betörendes Bukett. Rote Johannisbeeren und Gewürze, eine echte Bestandsaufnahme. Gutes Volumen im Geschmack, mit Frische und harmonischer Verschmolzenheit. Leichte Lebhaftigkeit im Abgang. Die Gamay-Rebe dominiert ein wenig die Pinot-Traube. Paßt zu einem Picknick.
☛ Dom. Francis Fichet et Fils, Le Martoret, 71960 Igé, Tel. 03.85.33.30.46, Fax 03.85.33.44.45 ✓ ✗ n. V.

CAVE DES VIGNERONS DE GENOUILLY 1995

| ■ | 12,4 ha | k. A. | ■ ♦ -30F |

Tiefe, sehr klare violette Farbe. Er ist gut drauf! Er ist auch vornehm. Blumiges, aber nicht sehr entfaltetes Bukett. Füllig, ziemlich lang. Er kann ein bis zwei Jahre halten.

Bourgogne Passetoutgrain

⌐Cave des Vignerons de Genouilly,
71460 Genouilly, Tel. 03.85.49.23.72,
Fax 03.85.49.23.58 ☑ ☍ Mo-Sa 8h-12h 14h-16h

PIERRE D'HEILLY ET MARTINE HUBERDEAU 1995*

| ■ | 1,61 ha | 5 800 | ■☍ | 30-50 F |

Die Farbe erwacht, der Duft beginnt sich zu entfalten ... Es ist vielleicht nicht *Le Sacre du printemps*, aber dank einer fruchtigen Feinheit, die von einem guten Fingerspitzengefühl herrührt, läßt sich dieser Wein sehr angenehm trinken. Paßt zu einem Hähnchen aus der Bresse.
⌐EARL d'Heilly-Huberdeau, Cercot,
71390 Moroges, Tel. 03.85.47.95.27,
Fax 03.85.47.98.97 ☑ ☍ n. V.

HONORE LAVIGNE Cuvée spéciale*

| ■ | k. A. | k. A. | ■☍ | 30-50 F |

Honoré Lavigne ... Man mußte erst einmal darauf kommen ! Dieser geistige Sohn von Jean-Claude Boisset, dem man im Großhandel begegnet, erweist sich hier als besonders vom Himmel gesegnet. Farbintensiv, rund und bezaubernd, vinifiziert, um zu gefallen, was hier offensichtlich gelingt.
⌐Honoré Lavigne, 5, quai Dumorey,
21703 Nuits-Saint-Georges, Tel. 03.80.62.61.61,
Fax 03.80.61.34.75

JANNY 1995

| ■ | 10 ha | 60 000 | ■☍ | 30-50 F |

Eine gute Ausgewogenheit zwischen Pinot und Gamay mit einer ziemlich tiefen Granatfarbe von mittlerer Intensität. Eine gewisse aromatische Komplexität von roten Früchten und eine hübche harmonische Rundheit.
⌐SARL Janny, La Condemine,
71260 Péronne, Tel. 03.85.36.97.03,
Fax 03.85.36.96.58 ☑ ☍ n. V.

LA BUXYNOISE 1995

| ■ | 93 ha | 220 000 | ■☍ | 30-50 F |

Kirschen oder rote Johannisbeeren ? In jedem Fall recht duftig. Gepflegte Erscheinung. Gute Grundlage, leichte Herbheit, eine gewisse Härte, aber wirkliche Ausgewogenheit. Ist das nicht ganz das Porträt der Appellation ?
⌐Cave des Vignerons de Buxy, Les Vignes de La Croix, 71390 Buxy, Tel. 03.85.92.03.03,
Fax 03.85.92.08.06 ☑ ☍ n. V.

MARINOT-VERDUN 1995

| ■ | k. A. | 15 000 | ■ | -30 F |

Ein guter, kecker Wein, der anfängt, sich über einer ansprechenden Fruchtigkeit zu entfalten. Runde Ansprache, auf sanfte, herzliche Weise. Ausgewogen und ziemlich lang. Er hinterläßt einen insgesamt positiven Eindruck.
⌐Marinot-Verdun, Cave de Mazenay,
71510 Saint-Sernin-du-Plain,
Tel. 03.85.49.67.19, Fax 03.85.45.57.21 ☑
☍ Mo-Sa 8h-12h 13h30-18h

DOM. JEAN ET GENO MUSSO 1994*

| ■ | 1 ha | 5 500 | ◫ | -30 F |

Silberne Weintraube des Hachette-Weinführers 1991. Die Mussos präsentieren hier einen guten, redlichen Passetoutgrain, den ein bläulichroter Schimmer umgibt. Er bietet ein Aroma von Eingemachtem und Noten von Unterholz. Er besitzt Sinn für Nuancen und eine gute Nachhaltigkeit.
⌐Jean et Geno Musso, 71490 Dracy-lès-Couches, Tel. 03.85.58.97.62,
Fax 03.85.58.97.62 ☑ ☍ n. V.

DOM. HENRI NAUDIN-FERRAND 1995*

| ■ | 1,4 ha | 10 200 | ■☍ | -30 F |

Anders als man glauben könnte, ist es nicht so einfach, diese beiden Rebsorten, Pinot und Gamay, miteinander zu kombinieren ! Aber es gelingt ihnen, im Liebesglück zu schwelgen. Das ist hier der Fall, im Herzen der Hautes-Côtes. Ein schöner, belebender Wein, der Gesundheit verströmt. Eine Omelette mit Speck - Sie werden es nicht bereuen.
⌐Dom. Henri Naudin-Ferrand, 21700 Magny-lès-Villers, Tel. 03.80.62.91.50,
Fax 03.80.62.91.77 ☑ ☍ Mo-Sa 8h-12h 13h30-19h ; So n. V.

DOM. H. ET G. REMORIQUET 1995*

| ■ | k. A. | k. A. | ■☍ | -30 F |

Dieser Passetoutgrain aus Nuits balanciert die Rebsorten Pinot und Gamay gut aus. Sehr lebhaftes Rubinrot : Er besitzt viel Intensität im Aussehen. Kleine, komplexe Nase mit Noten von Brombeeren. Tiefer Boden : Gerüst, Adstringenz, Körper. Eine gewisse Herbheit am Ende des Geschmacks. Nicht erstaunlich, er steht zu seinem Namen und seinem Alter.
⌐Dom. Henri et Gilles Remoriquet, 25, rue de Charmois, 21700 Nuits-Saint-Georges,
Tel. 03.80.61.08.17, Fax 03.80.61.36.63 ☑ ☍ n. V.

DOM. VERRET 1995*

| ■ | 1,35 ha | 6 000 | ■ | 30-50 F |

Sie sehen die beiden Trinker bei Tisch sitzen, auf dem Chorgestühl der Kirche von Montréal, von Colas Breugnon persönlich geschnitzt, wenn man Romain Rolland glauben darf ? Nun, sie würden diese Flasche leeren, was uns nicht erstaunen würde. Würzig und warm. Dieser Wein versteht es, im richtigen Augenblick rund zu werden. Er ist umgänglich, rustikal im positiven Sinne des Wortes.
⌐Dom. Verret, 7, rte de Champs, B.P. 4,
89530 Saint-Bris-le-Vineux, Tel. 03.86.53.31.81,
Fax 03.86.53.89.61 ☑ ☍ n. V.

DOM. VOARICK 1995*

| ■ | k. A. | 60 000 | ■☍ | 30-50 F |

Dieser 95er mit der anhaltenden Intensität und den fruchtigen Duftnoten kommt von der Côte Chalonnaise. Er ist sehr schwer und ziemlich adstringierend und wird sicherlich mit der Zeit besser.
⌐SCV Dom. Emile Voarick, 71640 Saint-Martin-sous-Montaigu, Tel. 03.85.45.23.23,
Fax 03.85.45.16.37 ☍ Mo-Sa 8h-12h 14h-18h
⌐Michel Picard

BURGUND

Bourgogne Irancy

Der gute Ruf dieses kleinen Anbaugebiets, das etwa 15 km südlich von Auxerre liegt, wurde 1977 durch den offiziellen Zusatz des Namens Irancy zur Appellation Bourgogne bestätigt. Dieser Brauch ist schon alt, denn eine richterliche Entscheidung in den 30er Jahren bestimmte, daß der Name der Gemeinde obligatorisch der Bezeichnung Bourgogne hinzugefügt werden müsse.

Die Weine aus Irancy haben sich bei den Rotweinen Ansehen erworben; zu verdanken ist dies César oder Romain, einer einheimischen Rebsorte, die vielleicht aus der Zeit der Gallier stammt. Diese recht launische Rebsorte ist zu allem fähig, zur schlechtesten Qualität ebenso wie zur besten. Wenn ihr Ertrag gering bis normal ist, verleiht sie dem Wein einen eigentümlichen Charakter und vor allem einen hohen Tanningehalt, der eine sehr lange Lagerung zuläßt. Bringt César hingegen zu viele Trauben hervor, liefert er schwerlich erstklassige Weine. Aus diesem Grund ist seine Verwendung in den Cuvées auch nicht vorgeschrieben

Die Rebsorte Pinot noir, die Hauptsorte der Appellation, bringt auf den Hügeln von Irancy einen erstklassigen Wein hervor, der sehr fruchtig ist und eine kräftige Farbe besitzt. Die Eigenschaften des Bodens sind vor allem mit der Lage des Anbaugebiets verbunden. Dieses nimmt vorwiegend die steilen Hänge ein, die einen Kessel bilden; darin liegt das Dorf. Übrigens reichte das Anbaugebiet früher in die beiden Nachbargemeinden Vincelotte und Cravant hinein, wo die Weine von der Côte de Palotte besonders berühmt waren. Die durchschnittliche Produktion liegt bei 2 500 bis 6 000 hl.

CAVES BIENVENU 1995★

| | 10 ha | 40 000 | | 30-50 F |

Ein jugendlicher und dynamischer, sehr spontaner Wein. Er verwendet auf die Farbe seines Kleids keine ungeheuren Anstrengungen, sondern kümmert sich um seinen Duft und schenkt ihm seine ganze Aufmerksamkeit: ein fruchtiges Aroma und eine pflanzliche Note. Gute Präsenz im Geschmack. Er besitzt ein interessantes Potential.

• EARL Caves Bienvenu, rue Soufflot, 89290 Irancy, Tel. 03.86.42.22.51, Fax 03.86.42.37.12 ☑ ☉ n. V.

ROBERT COLINOT Palotte 1995

| | k. A. | 1000 | | 30-50 F |

Der berühmte Cru Palotte, der Fahnenträger des Irancy. Himbeer- bis rubinrote Farbe. Er macht dank der Noten von Lakritze und Steinobst auf sich aufmerksam. Dieser im Geschmack sehr leichte Wein hinterläßt einen lebhaften, vorübergehenden Eindruck.

• Rosa Colinot, 2, rue Neuve, 89290 Irancy, Tel. 03.86.42.20.76, Fax 03.00.00.00.00 ☑ ☉ n. V.

ROBERT MESLIN 1995★

| | 5 ha | 10 000 | | 30-50 F |

Eine glückliche Natur, wie man sagt. Ziemlich kräftige Granatfarbe. Ein 95er mit intensivem Duft, der Himbeeren und Kirschen im selben Konfitüretopf vereint. Seine Jugendlichkeit ist noch stark durch wenig verschmolzene Tannine geprägt. Er besitzt somit Körper, Persönlichkeit und eine beständige Einprägsamkeit.

• Robert Meslin, 35, rue Soufflot, 89290 Irancy, Tel. 03.86.42.31.43, Fax 03.86.42.51.28 ☑ ☉ n. V.

DOM. DES REMPARTS 1995

| | 2,6 ha | 17 000 | | 30-50 F |

In diesem Wein gibt es angeblich 10 % César. Rubinrot mit ziegelrotem Schimmer - seine Farbe besitzt ein jugendliches Funkeln. Sein Bukett überrascht hier nicht: Die Bigarreau-Kirsche erinnert an die Obstgärten von Auxerre. Der tanninreiche Geschmack ist von guter Komposition und insgesamt angenehm.

• Dom. des Remparts, 1-6, rte de Champs, 89530 Saint-Bris-le-Vineux, Tel. 03.86.53.33.59, Fax 03.86.53.62.12 ☑ ☉ n. V.
• Patrick et Jean-Marc Sorin

DOM. SAINT-PRIX 1995★

| | 1 ha | k. A. | | 30-50 F |

Dieser Wein voller Feuer und Überzeugungskraft eignet sich zu einem Hähnchen in Irancy-Wein. Er besitzt Körper, Fülle und Tannine, alles notwendige Argumente, ein gut geschnittenes Kleid und Nuancen von sehr reifen Kirschen und Lakritze. Wählen Sie das Hähnchen dazu mit der größten Sorgfalt aus.

• Dom. Bersan et Fils, 20, rue de l'Eglise, 89530 Saint-Bris-le-Vineux, Tel. 03.86.53.33.73, Fax 03.86.53.38.45 ☑ ☉ Mo-Sa 8h-12h 14h-18h; So n. V.

Bourgogne Hautes-Côtes de Nuits

In der Umgangssprache und auf den Etiketten verwendet man am häufigsten »Bourgogne Hautes-Côtes de

Bourgogne Hautes-Côtes de Nuits

Nuits« für die Rot-, Rosé- und Weißweine, die in sechzehn Gemeinden des Hinterlandes sowie in den Teilen von Gemeinden erzeugt werden, die oberhalb der kommunalen Appellationen und der Crus der Côte de Nuits liegen. Diese Anbaugebiete erzeugen durchschnittlich 15 000 bis 25 000 hl, hauptsächlich Rotwein. Die Produktionsmenge hat sich seit 1970 stark erhöht; vor diesem Zeitpunkt beschränkte sich das Anbaugebiet auf die Produktion von Weinen der umfassenderen regionalen Appellationen, insbesondere auf Bourgogne Aligoté. Damals stellte es seine Produktion um, wobei vor der Reblausinvasion bestockte Reblagen wieder bepflanzt wurden.

Die Hügel mit den besten Lagen liefern in manchen Jahren Weine, die es mit denen aus Parzellen der Côte aufnehmen können. Übrigens fallen die Ergebnisse beim Weißwein oft besser aus; daher ist es schade, daß hier nicht mehr Chardonnay angepflanzt wird, der hier zweifellos zumeist besser gedeihen würde. Mit dem Versuch, das Weinbaugebiet wiederherzustellen, waren auch Bemühungen verbunden, den Fremdenverkehr anzukurbeln. Besonders hervorheben muß man in diesem Zusammenhang den Bau eines »Hauses der Hautes-Côtes«, wo die Erzeugnisse der Region zu sehen sind, die man zusammen mit der einheimischen Küche probieren kann.

FRANÇOIS D'ALLAINES 1994

| | k. A. | k. A. | | 50-70 F |

Das Antlitz noch blaß. Er riecht nach weißen Früchten, Butter, Feuerstein und Faß. Ein Wein, der seine Sache im Stile eines guten Familienvaters erledigt, redlich und gewissenhaft.
• François d'Allaines, La Corvée du Paquier, 71150 Demigny, Tel. 03.85.49.90.16, Fax 03.85.49.90.19 ✓ ⍑ n. V.

DOM. DES BELLES CHAUMES
Les Dames Huguettes 1994**

| | 0,25 ha | 2 000 | | 50-70 F |

Ein kleines Meisterwerk der Präsentation. Wie in dem Gedicht von Musset, »Auf, preisen wir Bacchus !« Ein Duft von Minze, Anis und getrockneten Früchten, danach Fülle, Rundheit, Ausgewogenheit. Man muß hier den typischen Charakter mehr als die Leistung belohnen.
• Dom. des Belles Chaumes, Quincey, 21700 Nuits-Saint-Georges, Tel. 03.80.61.21.21, Fax 03.80.61.10.65 ✓ ⍑ n. V.

DOM. CACHAT-OCQUIDANT ET FILS 1995**

| | k. A. | 4 000 | | 30-50 F |

Die obere Kategorie, unter einem großartigen Kleid mit sehr feinkörniger Farbe. Der Geruchseindruck beginnt mit roten Früchten und fährt mit Röstaroma fort. Viel Tiefe im reichhaltigen Geschmack, gut gemeisterte Stärke. Das Potential verdient einen kurzen Aufenthalt im Keller - Sie werden es nicht bereuen ...
• Dom. Cachat-Ocquidant et Fils, pl. du Souvenir, 21550 Ladoix-Serrigny, Tel. 03.80.26.45.30, Fax 03.80.26.48.16 ✓ ⍑ n. V.

DOM. DE CHASSORNEY
Aux Ténis 1995*

| | 0,32 ha | 1 200 | | 70-100 F |

Die Enkeltochter von General Gouachon ist mit dabei: Wer die Geschichte der Côte de Nuits kennt, weiß, daß man in dieser Familie Wein im Blut hat ! Die Farbe des 95ers erinnert an dunkle Bigarreau-Kirschen. Der Vanilleduft geht in Richtung Brombeeren und Heidelbeeren. Die Ansprache ist tanninreich und kräftigend. Ein gehaltvoller, aber noch zu holzbetonter Wein, der einige Zeit lagern muß.
• Frédéric Cossard, Denise Elmerich-Gouachon, Dom. de Chassorney, 21190 Saint-Romain, Tel. 03.80.21.65.55, Fax 03.80.21.40.73 ✓ ⍑ n. V.

MAURICE CHENU 1995

| | k. A. | 40 000 | | 50-70 F |

Ein Wein mit fruchtigen und sogar mineralischen, leicht gerösteten Noten, der sich in der Entwicklung zu Nuancen von roten Früchten befindet. Gutes Appellationsniveau, ohne daß er Genialität für sich in Anspruch nimmt.
• Bourgogne Chenu, chem. de la Pierre-qui-Vire, 21200 Montagny-lès-Beaune, Tel. 03.80.26.37.37, Fax 03.80.24.14.81

CLAUDE CHONION 1995*

| | k. A. | k. A. | | 30-50 F |

Claude Chonion ist eines der zahllosen »Kinder« der Brüder Cottin (Labouré-Roi). Ein rot-violetter Wein, der nach Früchten und Unterholz duftet und im Geschmack sanft und umgänglich ist. Vollkommen typisch, schon wohlschmeckend und lang lagerfähig.

Bourgogne Hautes-Côtes de Nuits

◆ Claude Chonion, rue Lavoisier, 21700 Nuits-Saint-Georges, Tel. 03.80.62.64.90, Fax 03.80.62.64.10
◆ Cottin

RAOUL CLERGET 1995

| ■ | k. A. | k. A. | ⅠⅠ | 30-50 F |

Fast finsteres Rot, der spanische Blick ... Ein fester, aber feiner Geruchseindruck. Der Geschmack besitzt seine herrischen Tannine, die mit etwas Alterung eine gezähmte Fülle erwerben müssen.
◆ Bourgogne Raoul Clerget, chem. de la Pierre-qui-Vire, 21200 Montagny-lès-Beaune, Tel. 03.80.26.37.37, Fax 03.80.24.14.81

PIERRE CORNU-CAMUS 1995*

| ■ | 0,53 ha | k. A. | ⅠⅠ | 30-50 F |

»Was ist ein großes Leben, wenn nicht ein Jugendtraum, im reifen Alter ausgeführt ?« schrieb Alfred de Vigny. Ein ausgezeichnetes Beispiel dafür liefert dieser 95er, der uns in den kommenden Jahren mehr Vergnügen schenken wird. Burgunderrot, so wie man Bordeauxrot sagt, ein Aroma in Form eines Korbs aus kleinen Früchten, Rundheit und Festigkeit.
◆ Pierre Cornu-Camus, 2, rue Varlot, 21420 Echevronne, Tel. 03.80.21.57.23, Fax 03.80.26.11.94 ☑ ⵣ n. V.

PIERRE CORNU-CAMUS 1995

| ☐ | 0,4 ha | k. A. | ⅠⅠ | 30-50 F |

»Man darf sich nicht mit dem Erreichten zufriedengeben«, sagte Louis Pasteur. Das gilt auch für diesen 95er, der eine Entwicklung erfordert. Er ist verschlossen, scheint aber gut gebaut zu sein. Gute Länge.
◆ Pierre Cornu-Camus, 2, rue Varlot, 21420 Echevronne, Tel. 03.80.21.57.23, Fax 03.80.26.11.94 ☑ ⵣ n. V.

DOUDET-NAUDIN 1995

| ■ | k. A. | 7 500 | ⅠⅠ | 30-50 F |

Tanninreich, noch fest und zum Lagern bestimmt. Ein Wein in der guten Mitte, strahlend rubinrot, mit einem frischen, fruchtigen, wenn auch bescheidenen Bukett. Insgesamt sehr passabel.
◆ Doudet-Naudin, 3, rue Henri-Cyrot, 21420 Savigny-lès-Beaune, Tel. 03.80.21.51.74, Fax 03.80.21.50.69 ☑ ⵣ n. V.

DOM. GUY DUFOULEUR 1994

| ■ | 5 ha | 33 000 | ⅠⅠ | 50-70 F |

Gute rote Farbe, im Ton kräftig. Leichtes Aroma, das sich um Tiergeruch und Himbeeren dreht. Kräftig gebaut und lang. Seine adstringierende Bosheit gibt dem Ganzen Spannkraft. Ein wenig entwickelte Tannine. Insgesamt ein recht gefälliger Wein.
◆ Dom. Guy Dufouleur, 19, pl. Monge, 21700 Nuits-Saint-Georges, Tel. 03.80.61.21.21, Fax 03.80.61.10.65 ☑ ⵣ n. V.

DOM. MARCEL ET BERNARD FRIBOURG 1994*

| ■ | 10 ha | 6 580 | ⅠⅠ | 30-50 F |

Der 84er war im Weinführer 1987 ein Lieblingswein. Auch zehn Jahre später schiebt sich die Domaine Fribourg weit nach vorn. Der 94er, dessen Purpurrot ins Glutrote spielt, bietet einen klaren Himbeerduft. Danach macht er sich im Mund breit, als wollte er ihn nie mehr verlassen. Man drängt ihn nicht dazu. Ein recht eckiger Wein.
◆ SCE Dom. Marcel et Bernard Fribourg, 21700 Villers-la-Faye, Tel. 03.80.62.91.74, Fax 03.80.62.71.17 ☑ ⵣ n. V.

GEISWEILER ET FILS 1995*

| ■ | k. A. | k. A. | | 30-50 F |

Geisweiler ... Auch wenn diese Marke vom Haus Picard übernommen worden ist, wie könnte man das Abenteuer von Maurice Eisenchteter auf der Domaine de Bévy und seinen leidenschaftlichen Kreuzzug für diesen Wein vergessen, den er wieder aufleben ließ ? Geehrt wird er durch diesen runden, angenehmen, gut gekleideten 95er, der im Duft fruchtig und von angenehm typischem Charakter ist.
◆ Geisweiler, 4, rte de Dijon, 21700 Nuits-Saint-Georges, Tel. 03.80.62.35.00
◆ Michel Picard

PHILIPPE GONET 1995*

| ☐ | 16 ha | 4 000 | ⅠⅠ | 30-50 F |

Maurice Eisenchteter hatte recht. Er, der vor dreißig Jahren das Anbaugebiet Bévy von Grund auf wiederherstellte, kann sich heute über den Erfolg seiner Nachfolger freuen. Ein ausgezeichneter Chardonnay, der nach Butter und Haselnüssen duftet, goldgelb wie ein schönes Brot. Nicht zu füllig, ziemlich lebhaft : der Burgunder des 18. Jh., lebenslustig und geistvoll.
◆ Philippe Gonet, Bévy, 21220 Gevrey-Chambertin, Tel. 03.80.61.44.87, Fax 03.80.61.40.78 ☑ ⵣ Mo-Fr 8h-12h 14h-17h

DOM. A.-F. GROS 1994

| ■ | k. A. | 12 000 | ▪ⅠⅠ | 50-70 F |

»Ein Versprechen geben und es halten sind zweierlei« ? Irrtum ! Nehmen Sie diesen leicht entwickelten, sanften und runden 94er, dessen Duft sich voll entfaltet. Er ist sehr angenehm aufgrund einer Rückkehr des fruchtigen Aromas im Abgang. Man wird ihn ohne Gewissensbisse und recht schnell trinken.
◆ Dom. A.-F. Gros, La Garelle, 21630 Pommard, Tel. 03.80.22.61.85, Fax 03.80.24.03.16 ☑ ⵣ n. V.
◆ Anne-Françoise Parent

HENRI GROS 1995*

| ☐ | 0,52 ha | 2 100 | ⅠⅠ | 30-50 F |

»Erbe des Schweigens der Wälder«, wie Ronsard es formulierte, und mit seinem Land eng verbunden. Dieser Weiße teilt sein Bukett in zwei Hälften : Vanille und Faß, weiße Früchte und Butter. Seine Aquarellfarbe harmoniert mit einem stattlichen Geschmack von guter Länge.
◆ Henri Gros, 21220 Chambœuf, Tel. 03.80.51.81.20 ☑ ⵣ tägl. 9h-12h 14h-18h

Bourgogne Hautes-Côtes de Nuits

MICHEL GROS 1995**

| ■ | 7 ha | 27 000 | ◀▶ | 50-70 F |

Die treuen Leser unseres Weinführers erinnern sich, daß der 90er von Michel Gros 1993 zu den Lieblingsweinen gehörte. Sein Vater war einer der ersten Begründer dieser Wiedergeburt im Weiler Chevrey (Arcenant), einer der ersten, die von der Côte zu den Hautes-Côtes hinaufgingen. Dieser Wein besitzt eine extreme Feinheit und eine echte innere Stärke. Er ist großartig, bläulichrot, fruchtig, gehaltvoll und eroberungslustig.

🍇 Michel Gros, 3, rue des Communes, 21700 Vosne-Romanée, Tel. 03.80.61.04.69, Fax 03.80.61.22.29 ✓ ♀ n. V.

DOM. DOMINIQUE GUYON
Cuvée des Dames de Vergy 1995*

| ■ | 21,8 ha | 65 000 | ◀▶ | 30-50 F |

Dominique Guyon hat vor dreißig Jahren das Anbaugebiet von Meuilley wiederhergestellt, indem er Hunderte von Parzellen vereinigte. Sein Wein mit der lebhaften, tiefen roten Farbe erinnert an die Sanftheit von schwarzen Johannisbeeren und die Zartheit von Fell. Spürbare, aber gezähmte Tannine. Säure als Zukunftsgarantie. Nachhaltigkeit. Eine köstliche Cuvée.

🍇 Dom. Dominique Guyon, 21420 Savigny-lès-Beaune, Tel. 03.80.67.13.24, Fax 03.80.66.85.87 ✓ ♀ n. V.

DOM. LA LOUSSIERE 1995*

| ■ | 15 ha | 40 000 | ◀▶ | 30-50 F |

Wir befinden uns in Bévy auf dem alten Boden der Domaine Geisweiler. Der nördlichste Teil der Hautes-Côtes de Nuits. Ein schöner Erfolg für einen 95er, der nach schwarzen Johannisbeeren und Unterholz duftet und im Geschmack sehr klar ist. Im Augenblick ist er ein wenig hart aufgrund seiner Tannine und seiner Säure, die aber ein Zukunftsträger ist. Paßt zu Kaninchen in Jägersauce (aus Champignons, Zwiebeln, Tomaten und Weißwein).

🍇 Philippe Gonet, Bévy, 21220 Gevrey-Chambertin, Tel. 03.80.61.44.87, Fax 03.80.61.40.78 ✓ ♀ Mo-Fr 8h-12h 14h-17h

L'HERITIER-GUYOT 1995**

| □ | k. A. | 7 598 | ■ ◀▶ ♦ | 30-50 F |

Feinheit, Ausgewogenheit, Gerüst - ein vollständiger Wein. Auch wenn seine Farbe ein wenig entwickelt erscheint (sie spielt ins Goldgelbe), bezeugt sein Duft bereits gute Absichten. Man schätzt vor allem seine Frische. Weder sauer noch lieblich : die gute Mitte.

🍇 L'Héritier-Guyot, rue des Clos-Prieurs, 21640 Gilly-lès-Citeaux, Tel. 03.80.62.86.27, Fax 03.80.62.82.37 ✓ ♀ Mo-Fr 8h-12h 13h45-16h ; 1.-21. Aug. geschlossen

JEAN-PHILIPPE MARCHAND
Prestige Vieilli en fût de chêne 1995**

| ■ | k. A. | k. A. | ◀▶ | 30-50 F |

Die Appellation findet keinen besseren Anwalt. Er plädiert mit Feuer und Aufrichtigkeit in einem sehr interessanten Fall. Kräftige, satte Farbe, Feinheit der Frucht (schwarze Johannisbeeren) und des Holztons, rassige Eleganz. Ganz und gar der Geist der Hautes-Côtes de Nuits mit der charakteristischen Verbindung von Festigkeit und Zartheit.

🍇 Dom. Jean-Philippe Marchand, 1, pl. du Monument, 21220 Gevrey-Chambertin, Tel. 03.80.34.33.60, Fax 03.80.34.12.77 ✓ ♀ n. V.

DOM. MAREY Cuvée Alexandra 1994**

| □ | 1 ha | 5 000 | ■ ♦ | 30-50 F |

Ein Bravo diesem Winzer, der hier seit ein paar Jahren ansässig ist und dessen Fortschritte Beachtung finden ! Die gesamte Jury applaudiert dieser Cuvée Alexandra, die denselben Namen trägt wie die Tochter des Guts, die mitten während der 94er Lese geboren wurde. Ihr Pampelmusenaroma, ihre Sanftheit und ihre Nachhaltigkeit liegen deutlich über dem Durchschnitt.

🍇 Dom. Marey, rue Bachot, 21700 Meuilley, Tel. 03.80.61.12.44, Fax 03.80.61.11.31 ✓ ♀ n. V.

DOM. DE MONTMAIN Le Rouard 1994

| □ | k. A. | k. A. | ◀▶ | 70-100 F |

Bernard Hudelot, dessen Weine 1990 und 1995 in diesem Anbaugebiet zu Lieblingsweinen gewählt wurden, ist einer Winzer, die an der Wiedergeburt der Hautes-Côtes beteiligt waren. Er präsentiert hier einen angenehmen, lebhaften und feinen Wein. Nach unserem Geschmack jedoch ein wenig zu holzbetont. Dennoch ist die Frucht dahinter vorhanden !

🍇 Dom. de Montmain, 21700 Villars-Fontaine, Tel. 03.80.62.31.94, Fax 03.80.61.02.31 ✓ ♀ tägl. 8h30-12h 13h30-19h ; Sa n. V.

🍇 Bernard Hudelot

DOM. HENRI NAUDIN-FERRAND 1995**

| □ | 0,53 ha | 1 780 | ◀▶ | 30-50 F |

Zu diesem wunderbaren Chardonnay von den Hautes-Côtes paßt eher ein savoyisches Käsefondue als ein burgundisches Fondue. Er strahlt mit seinem ganzen Feuer. Probieren Sie auch Roquefort dazu. Vanille- und Zitrusbukett, gute, lebhafte Ansprache, zufriedenstellende Länge, unbestreitbar ein Erfolg. Magny-lès-Villers ist das Scharnier zwischen den Hautes-Côtes de Nuits und den Hautes-Côtes de Beaune.

🍇 Dom. Henri Naudin-Ferrand, 21700 Magny-lès-Villers, Tel. 03.80.62.91.50, Fax 03.80.62.91.77 ✓ ♀ Mo-Sa 8h-12h 13h30-19h ; So n. V.

Bourgogne Hautes-Côtes de Nuits

PATRIARCHE Cuvée Varache 1995*

■ k. A. 15 000 ◀▶ 50-70 F

Dieser Wein ist ein kraftvolles Dementi gegenüber Gaston Roupnel, der in seinem Roman *Le Vieux Garain* die Weine der Hautes-Côtes ein wenig schlecht behandelte. Was für ein schöner, lebhafter Farbton ! Was für ein Früchtecocktail, Brombeeren und Erdbeeren ! Füllig, tanninreich. Ein Wein mit göttlichem Feuer, den man 1998 trinken kann.

↪ Patriarche Père et Fils, rue du Collège, 21200 Beaune, Tel. 03.80.24.53.01, Fax 03.80.24.53.03 ⊻ n. V.

DOM. DENIS PHILIBERT 1995*

□ k. A. k. A. ◀▶ 50-70 F

Ein etwas verträumter Wein, schöne, strahlende Goldfarbe, lang und füllig. Er scheint es keineswegs eilig damit zu haben, sich in Ihrem Glas wiederzufinden, als ob er sich etwas anderes vom Leben erwarten würde ... Lassen Sie ihm ein Jahr lang seine Illusionen, höchstens.

↪ Maison Denis Philibert, 1, rue Ziem, 21200 Beaune, Tel. 03.80.24.05.88, Fax 03.80.22.37.08 ⊻ tägl. 9h-20h

DOM. DENIS PHILIBERT
Elevé en fût de chêne 1995*

■ k. A. k. A. ◀▶ 30-50 F

»Das ist recht gut«, schrieb einer unserer Juroren auf seinem Zettel. Drücken Sie es besser aus ! Kräftige Farbe, angenehme Frucht, Kontinuität des Aromas vom Duft bis zum Geschmack, ein zauberhafter Eindruck von Rosen, die in der Morgendämmerung aufgeblüht sind. Der vorangegangene Jahrgang wurde im letzten Jahr zum Lieblingswein gewählt. Schöne Abstammungslinie.

↪ Maison Denis Philibert, 1, rue Ziem, 21200 Beaune, Tel. 03.80.24.05.88, Fax 03.80.22.37.08 ⊻ tägl. 9h-20h

CH. DE PREMEAUX 1995**

□ 3,5 ha 5 000 ◀▶ 30-50 F

Durchschnittliche Klarheit - allein dieser kleine jugendliche Mangel enthält dieser Flasche die Höchstnote vor. Der gesamte Rest ist vollkommenes Glück. Man bewahrt in diesem 95er wirklich eine hervorragende Erinnerung. Man sollte dazu zart angedünstete Stopfleber mit Trauben essen, damit man eine großartige Konstitution und ein beachtliches Bukett genießen kann.

↪ Dom. du Ch. de Prémeaux, 21700 Prémeaux-Prissey, Tel. 03.80.62.30.64, Fax 03.80.62.39.28 ☑ ⊻ n. V.
↪ Pelletier

HENRI ET GILLES REMORIQUET 1995***

■ k. A. k. A. ◀▶ 30-50 F

Hut ab vor diesem Hautes-Côtes, dessen granatrote Farbe den Blick auf sich zieht und die Retina beeindruckt. Der Duft erinnert in fast verbotener Weise an schwarze Johannisbeeren. Ein wenig hart im Augenblick, aber es gibt darin Feuer und Temperament. Absolut typischer Charakter. Er ist perfekt, und man verlangt mehr davon.

↪ Dom. Henri et Gilles Remoriquet, 25, rue de Charmois, 21700 Nuits-Saint-Georges, Tel. 03.80.61.08.17, Fax 03.80.61.36.63 ☑ ⊻ n. V.

GUY SIMON ET FILS
Les Dames Huguette 1994*

■ 1,5 ha 10 000 ◀▶ 50-70 F

Dieser *climat* befindet sich auf den Anhöhen von Nuits-Saint-Georges und ist nicht sehr weit von den Premiers crus dieser Gemeinde entfernt. Intensive rubinrote Farbe. Ein Wein, der im Aussehen Feuer speit und einen Duft in einem Konfitürenstil verströmt. Verschmolzen, sanft, harmonisch. Der richtige Wein zum Genießen.

↪ Guy Simon et Fils, 21700 Marey-lès-Fussey, Tel. 03.80.62.91.85, Fax 03.80.62.71.82 ☑ ⊻ n. V.

GUY SIMON ET FILS 1995*

□ 0,5 ha 2 000 ◀▶ 30-50 F

Wenn es gut ist, paßt es ! Dieser gut vinifizierte Wein ist ein Vorbild an typischem Charakter. Ein bißchen Geschmack ausdrucksvoller als im Geruch, dürfte sich aber dennoch allmählich entfalten und diesen Erfolg vollenden. Hechtklößchen sind die perfekte und sichere Begleitung für ihn.

↪ Guy Simon et Fils, 21700 Marey-lès-Fussey, Tel. 03.80.62.91.85, Fax 03.80.62.71.82 ☑ ⊻ n. V.

DOM. THEVENOT-LE BRUN ET FILS
Clos du Vignon 1995

□ 1,15 ha 4 600 ■◀▶⚇ 50-70 F

Der Vater war an der Besetzung von *Die Nacht der Könige* nach Shakespeare beim Theaterfestival in Avignon beteiligt. Der Sohn hat seine Nachfolge auf dem Gut angetreten. Er präsentiert einen frischen, mineralischen, liebenswerten 95er. Das Faß verschmilzt relativ gut.

↪ Dom. Thévenot-Le Brun et Fils, 21700 Marey-lès-Fussey, Tel. 03.80.62.91.64, Fax 03.80.62.99.81 ☑ ⊻ n. V.

DOM. THEVENOT-LE BRUN ET FILS
Clos du Vignon 1994

■ 5,1 ha 18 000 ■◀▶⚇ 30-50 F

Helles Kirschrot. Er besitzt eine kleine, zurückhaltende Nase, die aber liebenswürdig ist und einen guten Gesellschafter abgibt. Er hat Körper und zeigt seine Präsenz im Mund auf kraftvolle Weise an. Mittlere Nachhaltigkeit. Beachten Sie auch den 95er les Renardes : ebenfalls ein Rotwein, der viel leichter und fruchtig ist. Trinkreif.

Bourgogne Hautes-Côtes de Beaune

🍇 Dom. Thévenot-Le Brun et Fils,
21700 Marey-lès-Fussey, Tel. 03.80.62.91.64,
Fax 03.80.62.99.81 ✓ 🍷 n. V.

DOM. THOMAS-MOILLARD 1995

| ■ | 14 ha | 35 000 | 🍷 | 50-70 F |

Dieser 95er ist in der Freizeit ein Poet. Intensive Granatfarbe mit sehr leichten bräunlichen Reflexen. Er kann auf seiner Leier die Frucht besingen und in schönem Tonfall vortragen. Die Ansprache ist großartig, der Rhythmus danach weniger bestürend, das Finale ein wenig streng. Ein guter kleiner Wein, der ohne Fehler ist und den man ohne Mißfallen genießen kann.

🍇 Dom. Thomas-Moillard, chem. rural 29,
21700 Nuits-Saint-Georges, Tel. 03.80.62.42.22,
Fax 03.80.61.28.13 ✓ 🍷 n. V.

DOM. ALAIN VERDET
Vieilles vignes fût neuf 1994★★

| ■ | 6,5 ha | 8 000 | 🍷 | 70-100 F |

Dieser Winzer, dessen 85er 1988 zu den Lieblingsweinen gehörte, ist seit 1971 ein Vorreiter des biologischen Anbaus. Er präsentiert einen 94er, der besser als der 95er beurteilt wurde. Nicht sehr strahlend, aber tiefe rote Farbe. Er verstärkt seinen Duft : Kirschen, dann gekochte Backpflaumen. Eine ausgezeichnete Synthese : Struktur und Ausgewogenheit - zu einem Frikassee mit Pfifferlingen.

🍇 Dom. Alain Verdet, rue des Berthières,
21700 Arcenant, Tel. 03.80.61.08.10,
Fax 03.80.61.08.10 ✓ 🍷 n. V.

ALAIN VERDET
Vieilles vignes fût neuf 1994

| □ | 2 ha | 4 000 | 🍷 | 50-70 F |

Ein Gemälde von Picasso ... Die Nase und der Mund sind leicht versetzt, aber das Ganze ist vielversprechend. Aroma von Holz und Moschus, dann ein Körper, dem eine ausgeprägte Säuerlichkeit Nachdruck verleiht. Ein wenig Pinot beurot, sagt man uns.

🍇 Dom. Alain Verdet, rue des Berthières,
21700 Arcenant, Tel. 03.80.61.08.10,
Fax 03.80.61.08.10 ✓ 🍷 n. V.

CHARLES VIENOT 1995★★

| ■ | k. A. | k. A. | 🍷 | 30-50 F |

Es fällt schwer, auf einem Etikett »Charles Viénot« (Haus J.-C. Boisset) zu lesen, ohne an diese fabelhafte Persönlichkeit zu denken. Dieser 95er macht ihm Ehre. Intensive Granatfarbe, Pfeffer mit Frucht mischend, der Geschmack entschlossen und geradlinig. Gut verschmolzene Tannine. Eine ausgezeichnete Variation über dieses Thema.

🍇 Charles Vienot, 5, quai Dumorey, B.P. 102,
21700 Nuits-Saint-Georges, Tel. 03.80.62.61.41,
Fax 03.80.61.34.75

HENRI DE VILLAMONT
Aux Dames Huguette 1995★

| ■ | k. A. | k. A. | | 50-70 F |

Sicherlich die bekannteste Einzellage der Appellation. Ein Wein von mittlerem Granatrot, dessen Duft nicht sehr intensiv, aber fein und schon einschmeichelnd ist. Gute Struktur, und das geschmackliche Finale durch erstklassige Tannine geprägt. Zufriedenstellende Länge.

🍇 Henri de Villamont, rue du Docteur-Guyot,
B.P. 3, 21420 Savigny-lès-Beaune,
Tel. 03.80.24.70.07, Fax 03.80.22.54.31 🍷 n. V.

CH. DE VILLERS-LA-FAYE 1995

| ■ | 8 ha | 10 000 | 🍷 | 30-50 F |

Dieses ehemalige Genossenschaftsmitglied hat sich entschlossen, sich selbständig zu machen. Sein 95er hat eine schöne Pinotfarbe und eine gute aromatische Intensität zwischen Frucht und Gewürzen. Im Geschmack ziemlich viel Lebhaftigkeit über dem Faßuntergrund : Deshalb ist er noch recht eckig, aber das dürfte in Ordnung kommen.

🍇 SCEA du Ch. de Villers-la-Faye, rue du Château, 21700 Villers-la-Faye,
Tel. 03.80.62.91.57, Fax 03.80.62.71.32 ✓ 🍷 n. V.

🍇 Valot Père et Fils

CH. DE VILLERS-LA-FAYE 1995★

| □ | 2,5 ha | 7 000 | 🍷 | 30-50 F |

Winzer der Hospices de Beaune zu sein zählt in Burgund als eine Art Adelsbrief. Dieser Winzer teilt somit seine Zeit zwischen jener angesehenen Aufgabe und seinen eigenen Parzellen auf. Sein Chardonnay von den Hautes-Côtes offenbart sich vor allem im Geschmack. Ein Eindruck von Entwicklung : nicht zu lang im Keller altern lassen.

🍇 SCEA du Ch. de Villers-la-Faye, rue du Château, 21700 Villers-la-Faye,
Tel. 03.80.62.91.57, Fax 03.80.62.71.32 ✓ 🍷 n. V.

🍇 Valot Père et Fils

Bourgogne Hautes-Côtes de Beaune

Der geographische Anbaubereich für diese Appellation ist größer (etwa zwanzig Gemeinden) und reicht in den Norden des Departements Saône-et-Loire hinein. Auch die Produktionsmenge der Weine der AOC Bourgogne Hautes-Côtes de Beaune ist höher als bei den Hautes-Côtes de Nuits. Die Lagen sind uneinheitlicher ; große Rebflächen sind noch mit Aligoté und Gamay bepflanzt.

Die Winzergenossenschaft der Hautes-Côtes, die in Orches, Weiler Baubigny ihren Anfang nahm, hat heute ihren Sitz im »Guidon« von Pommard, an der Kreuzung der D 973 und der RN 74, südlich von Beaune. Sie produziert eine große Menge Bourgogne Hautes-Côtes de Beaune. Wie weiter nördlich hat sich das

Bourgogne Hautes-Côtes de Beaune

Weinbaugebiet hauptsächlich seit den Jahren 1970-75 vergrößert.

Die Landschaft ist malerischer als in den Hautes-Côtes de Nuits; zahlreiche Orte lohnen hier einen Besuch, wie etwa Orches, la Rochepot und sein Schloß sowie Nolay, ein kleines burgundisches Dorf. Anmerken muß man zum Schluß noch, daß die Hautes-Côtes, wo sich früher landwirtschaftliche Betriebe mit Mischkultur befanden, Landstriche geblieben sind, die Beerenfrüchte erzeugen. Diese Früchte sind für die Likör- und Schnapshersteller in Nuits-Saint-Georges und Dijon bestimmt, so daß man hier noch immer - in unterschiedlichem Zustand - schwarze Johannisbeeren und Himbeeren bzw. aus diesen Früchten hergestellte Liköre und Schnäpse von hervorragender Qualität findet. Der Birnenschnaps der Monts de Côte d'Or, der eine einfache Bezeichnung trägt, hat hier ebenfalls seinen Ursprung.

PHILIPPE D'ARGENVAL 1995★★

| ■ | k. A. | k. A. | | 30-50 F |

Dieser Philippe d'Argenval mit »F 71640-294« auf dem Etikett (sic !) heißt in Wirklichkeit Antonin Rodet in Mercurey. Ansonsten ist es ein bemerkenswerter Wein, von Kopf bis Fuß intensiv, fruchtig, lang. Er befindet sich unter den besten.

↱ Philippe d'Argenval, 71640 Mercurey, Tel. 03.85.98.12.12, Fax 03.85.45.25.49

LYCEE VITICOLE DE BEAUNE 1995★

| ■ | 2,17 ha | 13 515 | | 30-50 F |

Die Fachoberschule für Weinbau in Beaune in eigener Sache. Die Farbe mit dem himbeerroten Ton erhält die Note »befriedigend«, der Duft nach schwarzen Johannisbeeren, vom Typ Knospen, die Note »recht gut«, der frische und dennoch strukturierte Geschmack die Ermutigung der Jury. Der Direktor, der hier einmal geprüft wird, kann den Saal erhobenen Hauptes verlassen.

↱ Lycée viticole de Beaune, 16, av. Charles-Jaffelin, 21200 Beaune, Tel. 03.80.26.35.81, Fax 03.80.22.16.66 ☑ ☎ Mo-Fr 8h-11h30 14h-17h ; Sa 8h-11h30

LYCEE VITICOLE DE BEAUNE 1995★★

| ☐ | 0,83 ha | 5 474 | | 30-50 F |

Der Regionalrat von Burgund, der liebenswürdige Vormund der Fachoberschule für Weinbau in Beaune, kann diesen Wein bei seinen Empfängen servieren. Dieser 95er wurde nämlich zum Lieblingswein gewählt dank eines tiefen Charmes, der sich mit der Zeit entfalten wird. Seine Farbe ist schillernd, sein Bukett diskret an Zitronen erinnernd und sein Geschmack sehr elegant.

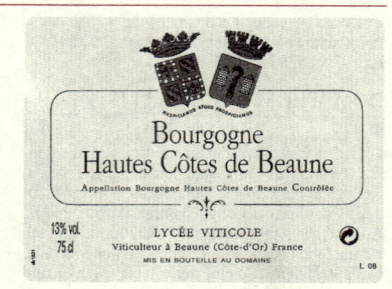

↱ Lycée viticole de Beaune, 16, av. Charles-Jaffelin, 21200 Beaune, Tel. 03.80.26.35.81, Fax 03.80.22.16.66 ☑ ☎ Mo-Fr 8h-11h30 14h-17h ; Sa 8h-11h30

DOM. BILLARD ET FILS 1995★

| ■ | 5 ha | 5 000 | | 30-50 F |

Die Zukunft gehört ihm, und keiner am Tisch der Weinprobe scheint daran zu zweifeln. Dunkles, samtiges Rubinrot. Er zeigt eine gute aromatische Präsenz über einem Hauch von Milchsäure. Tanninreicher Geschmack, in einer stummen Phase, aber nicht ohne Fülle. Man kann ein glorreiches Erwachen erhoffen. Ein Wein, wie man sie früher liebte.

↱ Dom. Billard Père et Fils, rte de Beaune, 21340 La Rochepot, Tel. 03.80.21.71.84, Fax 03.80.21.72.17 ☑ ☎ n. V.

DOM. DU BOIS GUILLAUME
Champs Perdrix 1995★

| ■ | 2 ha | 4 800 | | 50-70 F |

Die Farbe ist dicht, sie »chardonniert« schon beim ersten Blick. Der Geruchseindruck ist eines großen Weins würdig. Und trotzdem sind die Rebstöcke jung. Haselnüsse, Weißdorn, Aprikosen - es gibt etwas für jedermann. Sehr ausgeprägter Holzton, das ist sein einziger kleiner Fehler. Dennoch tadellose Vinifizierung.

↱ Jean-Yves Devevey, Dom. du Bois Guillaume, 71150 Demigny, Tel. 03.85.49.91.11, Fax 03.85.49.91.59 ☑ ☎ n. V.

DOM. JEAN-FRANÇOIS BOUTHENET Au Paradis 1995★

| ■ | 1,08 ha | 1 360 | | 30-50 F |

»Im Paradies« (das ist der Name dieser Einzellage) entdecken wir einen mineralischen und würzigen Duft unter einem klassischen rubinrot-violetten Himmel. Verschlossener Geschmack, der sich auf eine gute Ausgewogenheit zwischen Tanninen und Säure stützt, ziemlich sanft, halb Früchte und halb Blüten.

↱ Jean-François Bouthenet, Mercey, 71150 Cheilly-lès-Maranges, Tel. 03.85.91.14.29, Fax 03.85.91.18.24 ☑ ☎ n. V.

DOM. MARC BOUTHENET 1995★

| ☐ | 0,5 ha | 3 500 | ■ | 30-50 F |

Mineralisch, an Mandeln erinnernd, zitronenartig und fast pflanzlich - er führt das gesamte aromatische Register vor. Sein Kleid ist auffällig - vergessen wir es nicht. Der Geschmack ist rund und wohlausgewogen. Das Ganze ist angenehm und im Augenblick ein wenig verschlossen. Aber

Bourgogne Hautes-Côtes de Beaune

wenn China erwacht ... Und natürlich die Hautes-Côtes !
- Dom. Marc Bouthenet, Mercey,
71150 Cheilly-lès-Maranges, Tel. 03.85.91.16.51,
Fax 03.85.91.13.52 n. V.

DENIS CARRE 1995**

| | k. A. | k. A. | | 30-50F |

Denis Carré, dessen 88er 1991 zum Lieblingswein gewählt wurde, gelingt diesmal erneut eine ausgezeichnete Leistung. Intensives Purpurrot : Sein 95er zeigt einen schönen Faltenwurf. Das Bukett stützt sich einerseits auf rote und andererseits auf schwarze Johannisbeeren. Im Geschmack hält er sich dank einer eleganten, geschmeidigen und fleischigen Struktur gut. Gutes Lagerungspotential.
- Dom. Denis Carré, rue du Puits-Bourret,
21190 Meloisey, Tel. 03.80.26.02.21,
Fax 03.80.26.04.64 n. V.

DOM. FRANÇOIS CHARLES ET FILS 1995

| | 4 ha | 30 000 | | 30-50F |

Der 94er gehörte im letzten Jahr zu den Lieblingsweinen. Die Farbe ist hier tadellos, ganz jugendlich. Der an Kirschkerne erinnernde Geruchseindruck ist ziemlich holzbetont und muß sich stärker entfalten. Noch dominierende Tannine, die sich aber gerade entwickeln. Ein bis zwei Jahre Lagerung notwendig. Der schöne Stoff dürfte dann die Oberhand gewinnen.
- Dom. François Charles et Fils,
21190 Nantoux, Tel. 03.80.26.01.20,
Fax 03.80.26.04.84 n. V.

DOM. FRANÇOIS CHARLES ET FILS 1995*

| | 1 ha | 5 000 | | 30-50F |

Das Gut spielt die weiße Karte. Klare blaßgoldene Farbe, getrocknete Früchte und bisweilen eine Mentholnote sowie ein Hauch von Feigen. Ein ziemlich nerviger, aber zerebraler und nachhaltiger Wein. Wird sich günstig entwickeln.
- Dom. François Charles et Fils,
21190 Nantoux, Tel. 03.80.26.01.20,
Fax 03.80.26.04.84 n. V.

LOUIS CHAVY 1995**

| | k. A. | 45 000 | | 50-70F |

Überflüssig, das Motiv neu einzustellen, so sorgfältig und fein ist es gearbeitet. Das Rot ist gut eingestellt : deutlich ausreichende Farbsättigung. Die Frucht füllt den schon sehr entfalteten Geschmack aus. Alles findet sich in dieser Innenaufnahme vereinigt : der Alkohol, die Säure, das Tanningerüst, die Eleganz und die Länge im Geschmack. Hervorragende Qualität.
- Louis Chavy, caveau la Vierge Romaine, pl. des Marronniers, 21190 Puligny-Montrachet,
Tel. 03.80.26.33.09, Fax 03.80.24.14.84 tägl. 10h-12h 13h-19h ; Nov.-März geschlossen

DOM. DES CHENEVIERES 1995*

| | 6 ha | 27 000 | | 30-50F |

Die Hautes-Côtes de Beaune reichen bis zu Les Maranges im Departement Saône-et-Loire. Paris-l'Hôpital ist ganz nah und gehört ebenfalls zur Appellation. Ein tapferer, beherzter Wein, ziemlich warm und mit angenehmer Frucht, von einem ins Violette gehenden Rot, dessen Farbe für diese Gegend sehr typisch ist, Aroma von Kirschkernen. Rustikal und gefällig.
- Dom. des Chenevières, Cocelle, 71150 Paris-l'Hôpital, Tel. 03.85.91.16.75 n. V.
- Alain Goubard

PIERRE CORNU-CAMUS 1995***

| | 4,47 ha | k. A. | | 30-50F |

Hier ein Meisterwerk ! Der beste Pinot der Reihe. Typische Farbe, rot wie ein Sonnenuntergang. Ein fruchtiges, wildes Bukett, das Wunder ankündigt. Viel Kraft, Fülle und Länge, ein echter Leckerbissen. Auf dem Niveau eines *Villages*. Trinkreif, oder man hebt ihn ein paar Monate auf. *The best of* ...
- Pierre Cornu-Camus, 2, rue Varlot,
21420 Echevronne, Tel. 03.80.21.57.23,
Fax 03.80.26.11.94 n. V.

R. DUBOIS ET FILS 1995

| | 0,9 ha | k. A. | | 30-50F |

Blaßgelb, von famosen grünen Reflexen gesäumt. Der Duft ist sehr chardonnaytypisch. Ein sehr ausdrucksvoller, einschmeichelnder Wein, am Gaumen ein wenig lebhaft trotz einer gewissen Zartheit.
- R. Dubois et Fils, rte de Nuits-Saint-Georges, 21700 Prémeaux-Prissey,
Tel. 03.80.62.30.61, Fax 03.80.61.24.07 tägl. 8h-11h30 14h-18h30 ; So n. V.

DOM. C. ET J.-M. DURAND 1995**

| | 2 ha | 2 000 | | 30-50F |

Klar und deutlich : die Farbe dient als angenehme Einführung zu diesem Hautes-Côtes mit dem frischen, sich entladenden Duft. Das Ganze bietet ein perfektes Gerüst, ein unmittelbares Glücksgefühl. Um im Chor wieder das berühmte burgundische Lied anzustimmen, das die Abenteuer der *Bique de Bouze* erzählt !
- Dom. C. et J.-M. Durand, 21200 Bouze-lès-Beaune, Tel. 03.80.22.75.31,
Fax 03.80.26.02.57 n. V.

DOM. JEAN FERY ET FILS 1994*

| | 3,9 ha | 6 000 | | 30-50F |

Tannine und Fülle, das ist der Stil der Appellation unter einer roten Pinotfarbe. Sehr interessant - der Duft macht sich blumige Gefühle zu eigen. Leicht, gelungen und von ziemlich ausgeprägter Säuerlichkeit.
- Dom. Féry et Fils, 21420 Echevronne,
Tel. 03.80.21.59.60, Fax 03.80.21.59.59 n. V.

JEAN GAGNEROT Les Perrières 1995

| | k. A. | 6 000 | | 50-70F |

Tiergeruch und Farnkraut - sein Geruchseindruck zeigt unter einem gelben Kleid mit grünlichem Schimmer eine klare Identität. Dieser Wein muß reifen. Er ist lebhaft und warm und läßt im Mund ein Aroma von Äpfeln wiederaufleben. Wegen seines Bodengeschmacks gelobt.
- Jean Gagnerot, 21700 Corgoloin,
Tel. 03.80.25.00.07 n. V.

Bourgogne Hautes-Côtes de Beaune

DOM. GEORGES GUERIN ET FILS
1995

■   9 ha   10 000   ■ ❶ ♦ 30-50F

Die ersten Reben wurden 1958 angepflanzt, in der vorangegangenen Generation. Und seitdem sind sie gut vorangekommen. Ein schönes Beispiel für die Wiedergeburt der Hautes-Côtes. Im Farbton dunkel und matt, ein Wein mit dem Duft von Quitten, leicht mineralisch und würzig. Im Geschmack nervig, tanninreich : Er lebt, und das ist die Hauptsache.
☛ Dom. Georges Guérin et Fils, 21340 Change, Tel. 03.85.91.10.40, Fax 03.85.91.17.33 ✓
Ⓨ Mo-Sa 9h-12h 14h-18h ; So n. V.

LES CAVES DES HAUTES-COTES DE BEAUNE Tête de cuvée 1995

■   21 ha   130 000   ❶ 30-50F

Die Winzergenossenschaft wurde 1992 durch die Wahl ihres 88ers zum Lieblingswein geehrt. Natürlich in dieser Appellation. Dieser 95er mit der schönen kirschroten Farbe bietet ein zurückhaltendes Brombeerbukett. Frischer Geschmack, aber die Frucht bis jetzt im Hintergrund, und für den Genuß muß man sich ein wenig gedulden.
☛ Les Caves des Hautes-Côtes et de la Côte, rte de Pommard, 21200 Beaune, Tel. 03.80.25.01.00, Fax 03.80.22.87.05 ✓ Ⓨ Mo-Sa 9h-12h 14h-18h

HUBERT JACOB-MAUCLAIR 1994*

☐   0,8 ha   2 600   ■ ❶ 30-50F

Sanft - muß im Laufe des Jahres getrunken werden. Dieser 94er ist wie die Hoffnung gekleidet, würzig und freigebig mit Zitrusfrüchten, mit Weißdorn vermischt, lebhaft und typisch für den Jahrgang, durch ein wenig Säure gewürzt.
☛ Hubert Jacob-Mauclair, 56, Grande-Rue, 21420 Echevronne, Tel. 03.80.21.57.07, Fax 03.80.21.57.07 ✓ Ⓨ n. V.

DOM. HUBERT LAMY 1995*

■   0,75 ha   3 000   ■ ❶ ♦ 30-50F

Ein lebhaftes Rubinrot mit einem malvenfarbenen Ton. Ein feiner, ziemlich jugendlich gebliebener Wein, der die Frucht betont und schon mit einschmeichelnden Zügen erscheint. Kann Anfang 1998 serviert werden. Nicht zuviel Nachhaltigkeit, aber verlangen Sie nicht von ihm, ein Pommard zu sein.
☛ Dom. Hubert Lamy, Paradis, 21190 Saint-Aubin, Tel. 03.80.21.32.55, Fax 03.80.21.38.32 ✓ Ⓨ n. V.

DOM. DE LA ROCHE AIGUE 1995

■   1,09 ha   2 000   ❶ 30-50F

Der Körper ist nicht seine Stärke, aber er versteht es, einer dennoch strengen Jury schöne Augen zu machen. Wie soll man dieser nicht zu roten, schon komplexen Farbe widerstehen ? Diesem intensiven Himbeerduft ? Dieser leichten, lebhaften und tanninbetonten Fruchtigkeit, die antwortet, wenn sein Name aufgerufen wird ?
☛ Eric et Florence Guillemard, rue du Glacis, 21190 Meloisey, Tel. 03.80.26.02.04 ✓ Ⓨ n. V.

MANOIR DE MERCEY Les Cloux 1995*

☐   1,5 ha   8 000   ■ ♦ 30-50F

Ein leicht goldener Schimmer in der hellen Farbe kündigt die Feinheit des Dufts an, in dem leichte Noten von Met und exotischen Früchten zum Vorschein kommen. Der Geschmack ist stattlich und entwickelt sich auf der Fülle eines schönen Körpers. Trinkreif zu Lachs mit Rahmsauce.
☛ Dom. Gérard Berger-Rive et Fils, Manoir de Mercey, 71150 Cheilly-lès-Maranges, Tel. 03.85.91.13.81, Fax 03.85.91.17.06 ✓ Ⓨ n. V.

DOM. MAZILLY PERE ET FILS
La Perrière 1995**

☐   1,11 ha   k. A.   ■ 30-50F

»Ich liebe ihn !« schrieb einer unserer Juroren auf seinen Zettel. Eine solche Aufwallung des Herzens dürfte genügen, um Sie von den Qualitäten dieses Weins zu überzeugen, der eine satte Farbe hat und buttrig, mandelig und würzig ist, von einer anbetungswürdigen Komplexität des Aromas. Fülle, Harmonie, Nachhaltigkeit - alle Glocken läuten, um dieses Fest zu feiern !
☛ Mazilly Père et Fils, rte de Pommard, 21190 Meloisey, Tel. 03.80.26.02.00, Fax 03.80.26.03.67 ✓ Ⓨ n. V.

CH. DE MERCEY 1994**

☐   20,47 ha   k. A.   ■ ♦ 30-50F

Betrachten Sie diesen Jahrgang, den das Gut auf Lager hat. Gut extrahierte Farbe, granatrot und reintönig. Die schwarzen Johannisbeeren dominieren harmonisch die ersten Geruchseindrücke. Von Anfang an sanft, dann von einer fruchtigen Rundheit über einer Tanninstütze. Er zeigt eine gute Nachhaltigkeit. Man kann es schwerlich besser ausdrücken.
☛ Ch. de Mercey, 71150 Cheilly-lès-Maranges, Tel. 03.85.91.13.19, Fax 03.85.91.16.28 ✓ Ⓨ n. V.

CH. DE MERCEY 1995

☐   5,28 ha   40 000   ■ ❶ ♦ 30-50F

Dieser honigartige Wein bewältigt im Mund einen Parcours ohne allzu viele Probleme. Dank seiner Weinigkeit kann er seine warme Eleganz mit feinen Gewürzen und echtem Stoff zur Schau stellen. Höchstens ein Jahr aufheben.
☛ Ch. de Mercey, 71150 Cheilly-lès-Maranges, Tel. 03.85.91.13.19, Fax 03.85.91.16.28 ✓ Ⓨ n. V.

DIDIER MONTCHOVET
Cuvée des Lyres 1995*

■   1,2 ha   1 400   ❶ 30-50F

Didier Montchovet ist Önologe. 1984 entschied er sich für die biodynamischen Prinzipien. Ausgewogen und tanninreich, noch ein wenig verschlossen, im Geschmack lang. Dieser 95er besitzt die angemessene Intensität der Farbe und ein Unterholzbukett, das den Tiergeruch verbirgt. Zufriedenstellende Fülle. Ein Hauch von Adstringenz. In ein paar Monaten kann er losspringen.
☛ Dom. C. et D. Montchovet, rue de l'Ancienne-Gare, 21190 Nantoux, Tel. 03.80.26.03.13, Fax 03.80.26.05.19 ✓ Ⓨ n. V.

Bourgogne Hautes-Côtes de Beaune

DIDIER MONTCHOVET 1995

☐ 1,5 ha 1 200 ◫ 30-50 F

Ein sehr klarer goldgelber Wein mit einem gemischten Bukett (Kaffee, geröstete Mandeln, ein wenig Frucht) und einem im Augenblick etwas verschlossenen Geschmack.
☙ Dom. C. et D. Montchovet, rue de l'Ancienne-Gare, 21190 Nantoux, Tel. 03.80.26.03.13, Fax 03.80.26.05.19 ✓ ⊺ n. V.

SELECTION JEAN MORETEAUX 1994**

■ k. A. k. A. ▮ 30-50 F

Dieser 94er mit der strahlenden rubin- bis purpurroten Farbe besitzt alle Qualitäten. Der Duft ist recht entfaltet. Die Frucht zeigt sich auf der Zunge mit einer willkommenen Rundheit und Fülle. Ein sehr gut gemachter Wein, den man aufheben kann und der schon Reize hat.
☙ SARL La Cave de Nantoux, Nantoux, 71150 Chassey-le-Camp, Tel. 03.85.87.19.10, Fax 03.85.91.23.74 ✓ ⊺ n. V.
☙ Moreteaux

DOM. JEAN ET GENO MUSSO 1994*

■ 1,1 ha 6 500 ◫ 30-50 F

Das Gebiet von Couches ist bestimmt das am meisten verkannte burgundische Anbaugebiet. Zu Unrecht. Denn hier ein Wein, der von dort kommt: zinnober- bis purpurrot, mit dem leichten Duft nach roten Johannisbeeren und dem beherzten, ziemlich stattlichen und tanninreichen Geschmack. Lagerung erwünscht, ein bis zwei Jahre. Vergessen wir nicht, daß die Mussos, die biologische Anbaumethoden verwenden, seit Jahren in diesem Weinführer vertreten sind.
☙ Jean et Geno Musso, 71490 Dracy-lès-Couches, Tel. 03.85.58.97.62, Fax 03.85.58.97.62 ✓ ⊺ n. V.

DOM. HENRI NAUDIN-FERRAND 1995*

☐ 1,5 ha 8 840 ▮◫▮ 30-50 F

Dieses Gut liegt genau an der Grenze zwischen den Hautes-Côtes de Nuits und den Hautes-Côtes de Beaune. Es spielt in zwei Bildern mit hier - Chardonnay und Pinot Blanc verbindend - einer mittelgoldenen Farbe, einem fruchtigen Duft und einer Herbheit, die uns an das alte Sprichwort erinnert: »Grüner Wein, reiches Burgund.«
☙ Dom. Henri Naudin-Ferrand, 21700 Magny-lès-Villers, Tel. 03.80.62.91.50, Fax 03.80.62.91.77 ✓ ⊺ Mo-Sa 8h-12h 13h30-19h; So n. V.

DOM. HENRI NAUDIN-FERRAND 1995**

■ 7,34 ha 45 000 ▮▮ 30-50 F

Claire hat die Leitung übernommen, und das klappt gut im Betrieb. Dieses Gut fehlt selten auf der Siegerliste. Hier zeigt sich der Burgunder nämlich ziemlich hell, strahlend, entfaltet und frisch mit einer blumigen Note, süffig und ohne den geringsten störenden Eindruck. Hasenpfeffer wird gut dazu passen.
☙ Dom. Henri Naudin-Ferrand, 21700 Magny-lès-Villers, Tel. 03.80.62.91.50, Fax 03.80.62.91.77 ✓ ⊺ Mo-Sa 8h-12h 13h30-19h; So n. V.

DOM. CLAUDE NOUVEAU 1995**

☐ k. A. 3 000 ▮▮ 30-50 F

Supergut, dieser 95er Hautes-Côtes. Die Jury verbeugt sich vor dem fürstlichen zitronengelben Gewand. Sie hört nicht mehr auf, einen Duft zu kommentieren, der an Haselnüsse und Mandelcreme erinnert, mineralisch und jodartig ist ... Gute Ansprache, wohlschmeckender Inhalt. Der Schluß ist zweifellos nicht der eines Meursault, aber es ist sehr schöner Wein.
☙ EARL Dom. Claude Nouveau, Marchezeuil, 21340 Changé, Tel. 03.85.91.13.34, Fax 03.85.91.10.39 ✓ ⊺ n. V.

DOM. PARIGOT PERE ET FILS 1995*

☐ k. A. k. A. ◫ 30-50 F

Dieser Wein hat bereits zweimal die Huldigung erfahren, daß wir ihn zum Lieblingswein gewählt haben, die Jahrgänge 1989 und 1993 (vgl. die Ausgaben 1992 und 1996). Sie können ihm Beachtung schenken. Dieser schöne mattgoldene 95er, der im Faß ausgebaut wurde, ist weder sehr lang noch sehr kompliziert, aber in keiner Weise unangenehm. Seine Säure trägt die zukünftige Entwicklung.
☙ Dom. Parigot Père et Fils, rte de Pommard, 21190 Meloisey, Tel. 03.80.26.01.70, Fax 03.80.26.04.32 ✓ ⊺ n. V.

CH. PHILIPPE-LE-HARDI
Clos de La Chaise Dieu 1995*

☐ 11,99 ha 33 000 ▮◫▮ 30-50 F

Hier ein sehr beachtlicher Wein, leicht zitronenartig, der Fülle und Struktur, Feinheit und Länge vereint. Er kommt aus Saint-Aubin, wenn Sie alles wissen wollen.
☙ SCE du Ch. Philippe-le-Hardi, 21590 Santenay, Tel. 03.80.20.61.87, Fax 03.80.20.63.66 ✓ ⊺ n. V.

LUCIEN RATEAU 1995

■ 0,5 ha 2 700 ◫ 30-50 F

Lucien Rateau, der bekannt ist wie ein bunter Hund, präsentiert sich hier in Rot. Kräftiges Granatrot. Aroma von sehr reifen Beeren, das mit dem Holzton verbunden ist, dann eine gute Frucht im Geschmack und ziemlich verschmolzene Tannine, die aber die Zukunft noch glätten muß. Dichte. Unter 91 Kandidaten ausgewählt!
☙ Lucien Rateau, 21340 La Rochepot, Tel. 03.80.21.80.64 ✓ ⊺ Mo-Sa 8h-19h; So n. V.

CLAUDE TERRAND 1995*

☐ k. A. k. A. ▮◫▮ 50-70 F

Aus dem Hause Cottin in Nuits (Labouré-Roi), ein etwas glanzloser hellgelber Hautes-Côtes, dessen angenehmer Duft einen guten Geschmack vermuten läßt. Vanille, getrocknete Früchte, Mandeln - das ganze Register. Ausgewogene, holzbetonte Rundheit wie immer.

Crémant de Bourgogne

☛ Claude Terrand, rue Lavoisier, 21700 Nuits-Saint-Georges, Tel. 03.80.62.64.00, Fax 03.80.62.64.10 ⌛ Mo-Fr 8h-12h 13h30-17h30
☛ Cottin

DOM. DES VIGNES DES DEMOISELLES 1995*

| ■ | 2 ha | 12 800 | 🍴♨ | 30-50F |

Gabriel Demangeot, getauft von Kanonikus Kir, Abgeordneter und Bürgermeister von Dijon, ist schon 1926 wie Obelix in den Kessel mit dem Zaubertrank gefallen. Der spätere Erfinder des Kir war damals nur Pfarrer von Nolay. Sein leicht kirschroter Wein, der fein und fruchtig, nicht sehr lang, aber ausgewogen ist, verdient ein Kompliment. 1987 gehörte er (als 85er) übrigens zu den Lieblingsweinen. Die 95er Cuvée Amandine Poinsot, die ein wenig im Faß reifte, wurde ebenfalls mit einem Stern benotet. Sie kann einen Kapaun aus der Bresse begleiten.
☛ SCEA Gabriel Demangeot et Fils, Dom. des Vignes des Demoiselles, 21340 Changé, Tel. 03.85.91.11.10, Fax 03.85.91.16.83 ☑ ⌛ n. V.

Crémant de Bourgogne

Wie alle oder fast alle französischen Weinbauregionen besaß Burgund seine Appellation für Schaumweine, die im gesamten geographischen Anbaubereich erzeugt und hergestellt wurden. Ohne diese Schaumweine kritisieren zu wollen, muß man doch einräumen, daß die Qualität nicht sehr einheitlich war und die meiste Zeit auch nicht dem Ansehen der Region entsprach - vermutlich weil die Schaumweine aus zu schweren Weinen hergestellt wurden. Eine 1974 gebildete Arbeitsgruppe schuf die Grundlagen für den Crémant und legte für ihn ebenso strenge Produktionsbedingungen fest wie in der Champagne; die dortigen Bedingungen dienten als Vorbild. Ein Erlaß von 1975 bestätigte offiziell dieses Vorhaben, dem sich schließlich alle Hersteller (mehr oder weniger freiwillig) anschlossen, denn die Appellation Bourgogne mousseux wurde 1984 abgeschafft. Nach einem schwierigen Beginn entwickelt sich diese Appellation gut.

CAVE D'AZE Blanc de noirs 1995

| ○ | 4 ha | 4 000 | 🍴♨ | 30-50F |

Die Höhlen von Azé sind berühmt und bieten einen schönen Rückblick auf Jahrtausende burgundischer Geschichte. Um sich von der Reise zu erholen, trinken Sie diesen gelben, leicht aschfarbenen Crémant, der nach frischem getoastetem Brot duftet und verteufelt schäumt. Er ist ziemlich lebhaft und muß ein wenig altern. Aber nicht unbedingt.
☛ Cave coop. d'Azé, 71260 Azé, Tel. 03.85.33.30.92, Fax 03.85.33.37.21 ☑ ⌛ n. V.

BRUT D'AZENAY Blanc de blancs 1995*

| ○ | 5 ha | k. A. | 🍴 | 50-70F |

Meneau, Lorain, Blanc - hier pflegen alle großen Gastronomen ihr Weinbauhobby. Dieser Chardonnay-Schaumwein ist recht frisch, pflanzlich, durch eine schöne Schaumentwicklung gekennzeichnet. Ein hübsches Produkt, strukturiert, nachhaltig, am Ende blumig. Er beansprucht seinen Platz im »Krieg der Sterne« und bleibt dabei auf der Erde.
☛ Georges Blanc, Rizerolles, 71260 Azé, Tel. 04.74.50.90.60, Fax 04.74.50.21.00 ☑ ⌛ n. V.

DOM. DU BICHERON Blanc de blancs*

| ○ | 2 ha | 10 000 | 30-50F |

Schöne Schaumentwicklung und hübsche strohgelbe Farbe. Die Sache läßt sich gut an. Der sehr frische Zitrusduft ist überzeugend und unternehmungslustig. Körper und Struktur ohne Probleme. Der schöne Abgang mit reichlicher Dosage hinterläßt einen sehr deutlichen Geschmackseindruck. Repräsentativ für die Appellation.
☛ Daniel Rousset, Saint-Pierre-de-Lanques, 71260 Péronne, Tel. 03.85.36.94.53, Fax 03.85.36.99.80 ☑ ⌛ n. V.

DOM. BILLARD ET FILS 1995**

| ○ | 0,5 ha | 3 000 | 🍴♨ | 30-50F |

Ein kräftiger, eroberungslustiger Schaumwein, der sich gut hält. Ziemlich helle, strahlende goldgelbe Farbe. Auch wenn es sich zu 90 % um Chardonnay handelt, verstärkt sich die rote Frucht in der Ansprache. »Schneller laufen als die Schönheit«, empfahl Jean Cocteau. Das geschieht hier ein wenig auf der Geschmacksebene. Vollständiger, erfolgreicher Durchgang.
☛ Dom. Billard Père et Fils, rte de Beaune, 21340 La Rochepot, Tel. 03.80.21.71.84, Fax 03.80.21.72.17 ☑ ⌛ n. V.

DOM. G. ET R. BRIGAND 1992**

| ○ | 2,5 ha | 11 500 | 🍴 | 50-70F |

Dieser hier ist etwas für uns. Ein prima Crémant aus dem Gebiet von Châtillonnais, der dem neu auflebenden Anbaugebiet zur Ehre gereicht. Und obendrein ein 92er, bitte sehr! Goldgelb, schöne Schaumkrone, ein verehrungswürdiges Aroma, das in Richtung getrocknete Früchte und Haselnüsse geht. Im Geschmack zeigt er einen unverfälschten Charakter. Schöne Größe und sehr gutes Niveau.
☛ Dom. Gilbert et Régine Brigand, 21400 Massingy, Tel. 03.80.91.15.12, Fax 03.80.91.34.66 ☑ ⌛ Mo-Sa 9h30-12h15 13h30-18h30; So n. V.

BERNARD ET ODILE CROS 1994**

| ○ | 2,5 ha | 11 300 | ■ | 30-50F |

Die Bläschen sind schöne Montgolfieren, blaßgolden mit grünem Schimmer, ziemlich groß, um Sie auf eine schöne Reise mitzunehmen

Crémant de Bourgogne

in ein Land sehr frischer, sehr klarer Aromen. Ein wenig Säuerlichkeit schadet der Sache nicht. Das Innere des Themas ist großartig, ganz und gar stimmig : die Rundheit, die Sanftheit, die Fülle.

🍇 Bernard et Odile Cros, Cercot,
71390 Moroges, Tel. 03.85.47.92.52,
Fax 03.85.47.92.52 ☑ ⏳ n. V.

DELIANCE PERE ET FILS
Ruban mauve 1995★★

| ○ | 2 ha | 10 000 | 30-50 F |

Wählen Sie den »Ruban mauve«, auch wenn der »Ruban vert« keineswegs üblich ist. Der Brut ist tadellos, mit einem Schaum voller Schwung. Unaufdringlicher, fruchtiger Duft. Gute weinige Präsenz, eine ungekünstelte Feinheit und eine überaus zufriedenstellende Nachhaltigkeit. Ein paar rosarote Reflexe im Kleid bringen ihn um die Wahl zum Lieblingswein, aber die Hauptsache ist vorhanden.

🍇 Deliance Père et Fils, Le Buet, 71640 Dracy-le-Fort, Tel. 03.85.44.40.59 ☑ ⏳ n. V.

ANDRE DELORME 1995★

| ⚫ | k. A. | 11 000 | 30-50 F |

Musset hat dem burgundischen Schaumwein zwei Verse gewidmet. Dem Crémant de Bourgogne hätte er ein ganzes Gedicht gewidmet, wenn dieser hier zu seiner Zeit existiert hätte. Dieser Rosé brut bietet ein schönes Strahlen sowie ein klares, leichtes Bukett. Sehr angenehm und von seltener Freigebigkeit.

🍇 André Delorme, 2, rue de la République,
71150 Rully, Tel. 03.85.87.10.12,
Fax 03.85.87.04.60 ☑ ⏳ Mo-Fr 8h30-12h 13h30-18h ; Sa 8h30-12h 14h-17h

FRANCIS FICHET ET FILS 1995★

| ○ | 2 ha | 12 000 | 🍴 30-50 F |

Die Jahrgänge 1994 und 1995 kommen auf den gleichen Platz. Kontinuität zwischen dem Duft und dem Geschmack, Klarheit und Harmonie, Fülle und Frische. Das Bukett - Weihrauch, Gewürze - entfaltet sich im Glas. Die Farbe und der Schaum bringen einen schönen Konsens zum Ausdruck. Kräftige Dosage, aber gut gemacht.

🍇 Dom. Francis Fichet et Fils, Le Martoret,
71960 Igé, Tel. 03.85.33.30.46,
Fax 03.85.33.44.45 ☑ ⏳ n. V.

CAVE DE VIGNERONS DE GENOUILLY Blanc de blancs 1994★

| ○ | k. A. | k. A. | 30-50 F |

Die exotischen Früchte sind überzeugend, die Ansprache ist gut bemessen. Der Duft von weißen Blüten begleitet eine gesamte Weinprobe, mit einem Hauch von Hefegebäck. Ein wenig Säuerlichkeit unter der Rundheit der Formen. Man spürt den Chardonnay. Ein zarter Wein, den man schon jetzt trinken kann.

🍇 Cave des Vignerons de Genouilly,
71460 Genouilly, Tel. 03.85.49.23.72,
Fax 03.85.49.23.58 ☑ ⏳ Mo-Sa 8h-12h 14h-16h

LES VIGNERONS DE HAUTE-BOURGOGNE 1994

| ○ | 25 ha | 2 580 | 30-50 F |

Das Anbaugebiet von Châtillon wird gerade wiederhergestellt. Unter uns : Es befindet sich nicht weit entfernt von Les Riceys, wo man Anspruch auf die Appellation Champagne hat. Sein Crémant scheint hier sehr gut hergestellt zu sein, füllig, ansprechend. Die Bläschen sind bezaubernd, sein Bukett ist frisch. Eckiger Körper. Darüber braucht man wirklich keine Komplexe zu haben.

🍇 Les Vignerons de Haute-Bourgogne, 34bis,
av. de la Gare, 21400 Châtillon-sur-Seine,
Tel. 03.80.91.07.60, Fax 03.80.91.24.76 ☑ ⏳ n. V.

PIERRE D'HEILLY ET MARTINE HUBERDEAU 1995★

| ○ | 1 ha | 4 000 | 🍴 30-50 F |

Verfechter von Bio-Methoden bei einem Crémant, der sehr üppig, aber sauber, klar und angenehm ist. Eine kleine Honignote heitert das geschmackliche Finale auf. Die sehr feinen Bläschen, das Fehlen jeglicher Aggressivität und der Duft (je nach Verkoster rote Johannisbeeren oder Brotkrume) hinterlassen einen fröhlichen Eindruck.

🍇 EARL d'Heilly-Huberdeau, Cercot,
71390 Moroges, Tel. 03.85.47.95.27,
Fax 03.85.47.98.97 ☑ ⏳ n. V.

LES VIGNERONS D'IGE 1995

| ⚫ | 2 ha | 10 000 | 🍴 30-50 F |

Die Säure und das Aroma sind im Inneren eines zufriedenstellenden Geschmacks gut gemischt. Mittlere Intensität über einem angenehmen, freigebigen und fruchtigen Aroma. Klare zartrosa Farbe, Pinot und Gamay unterstützen sich. Der Abgang erinnert an Kerne.

🍇 Les Vignerons d'Igé, 71960 Igé,
Tel. 03.85.33.33.56, Fax 03.85.33.41.85 ☑
⏳ Mo-Sa 7h30-12h 13h30-18h

JANNY 1995★

| ○ | 12 ha | 66 000 | 30-50 F |

Ein vorwiegend aus Chardonnay hergestellter 95er, der nicht eigens zu plädieren braucht, um unsere Juroren zu überzeugen. Eleganter Schaum, hellgelbe Farbe, Duft von Heckenrosen und Haselnüssen. Der Geschmack ist rund und voll. Ein weiniger Crémant, den man zwei Jahre aufheben kann.

🍇 SARL Janny, La Condemine,
71260 Péronne, Tel. 03.85.36.97.03,
Fax 03.85.36.96.58 ☑ ⏳ n. V.

JEAN-HERVE JONNIER 1995

| ○ | 0,6 ha | 6 000 | 🍴 50-70 F |

»Die Freude ist überall«, bekräftigte Rabindranath Tagore. Allerdings muß man sie entdecken, indem man die Augen aufmacht für diesen klaren, golden schimmernden Wein und die Nase über diesem frischen und dennoch weinigen Duft öffnet, wo sich der Pinot noir durchsetzt. Der Schaum hält sich gut und lang. Ein wenig adstringierend.

Crémant de Bourgogne

🕿 Jean-Hervé Jonnier, Bercully,
71150 Chassey-le-Camp, Tel. 03.85.87.21.90,
Fax 03.85.87.23.63 ✅ 🍷 n. V.

DOM. DE L'ABBAYE DU PETIT QUINCY 1995*

| ○ | 1 ha | 6 500 | 🍾 | 30-50 F |

Ein Crémant aus dem Gebiet von Tonnerre, strahlend und fein. Er erreicht 1998 seine Reife. Er ist angenehm goldgelb und besitzt einen kräftigen Duft : intensiv, mitteilsam (getoastetes Brot). Das gleiche Aroma im Geschmack. Wohlausgewogen und erfrischend, was die Hauptsache ist.

🕿 Dominique Gruhier, Clos de Quincy,
89700 Epineuil, Tel. 03.86.55.32.51,
Fax 03.86.55.32.50 ✅ 🍷 Mo-Sa 9h-12h30
13h30-18h ; So n. V.

LABOURE-GONTARD 1995

| ○ | k. A. | 100 000 | 🍾 | 30-50 F |

Früher ein sehr großer Name in Nuits beim Crémant. Ein 95er mit angenehmen Reflexen, aus Pinot, Chardonnay und Aligoté hergestellt, die die glückliche Dreierbeziehung haben. Blumig und mineralisch - die weißen Trauben dominieren über die dunklen. Geradliniger, klarer Geschmack, ein wenig nachdrücklich, und diesmal gewinnen die dunklen Trauben. Die gleiche Firma wie Moingeon, der unter diesem Namen einen 94er vorstellt.

🕿 Labouré-Gontard, rue des Seuillets,
21700 Nuits-Saint-Georges,
Tel. 03.80.61.20.31 ✅ tägl. 8h-12h 13h30-18h

DOM. DE LA FEUILLARDE
Blanc de blancs 1995*

| ○ | k. A. | k. A. | 30-50 F |

Unbestreitbar ein Crémant von großer Klasse. Das vornehme Aussehen ist durch einen spontanen, belebenden Schaum gekennzeichnet. Der nicht sehr ausgeprägte Geruchseindruck ist dennoch elegant und blumig. Diese erstklassige Assemblage besteht ausschließlich aus Chardonnay : Der Rest bleibt auf der Zunge bemerkenswert geschmolzen.

🕿 Lucien Thomas, Dom. de La Feuillarde,
71960 Prissé, Tel. 03.85.34.54.45,
Fax 03.85.34.31.50 ✅ tägl. 8h-12h 13h-19h

DOM. DE LA TOUR-BAJOLE 1995**

| ○ | 0,5 ha | 4 000 | 30-50 F |

Ehre dem Anbaugebiet von Couches ! Und dieser Familie, die sich durch und durch dem Winzerhandwerk verschrieben hat. Sie stellte für Sie diesen strahlend gelben 95er her, der sehr blumig ist und zu den Spitzenerzeugnissen gehört : tadellose Haltung, ein Aroma, das bezaubert, ein fleischiger Wein, der von der Erde aufführt, um Ihnen Vergnügen zu bereiten. Begeisterte Degustationsnotizen.

🕿 EARL M.-A. et J.-C. Dessendre, Dom. de La Tour-Bajole, Les Ombrots, 71490 Saint-Maurice-lès-Couches, Tel. 03.85.45.52.90,
Fax 03.85.45.52.90 ✅ 🍷 n. V.

CAVE DE LUGNY**

| ○ | 100 ha | 100 000 | 30-50 F |

Man solle gekühlt trinken, falls es sich machen läßt, rät Rabelais zu Beginn von *Gargantua*. Diese Flasche bietet eine angenehme Gelegenheit dazu. Ausgezeichnete Haltung. Der Crémant hält die Schaumkrone gut auf einer jugendlichen, frischen Farbe. Sehr aromatisch (frisch gebackenes Brot, leichter Pfeffergeruch), er ist von köstlicher, ein wenig zitronenartiger Frische. Beachten Sie auch den Rosé brut.

🕿 SCV Cave de Lugny, rue des Charmes,
B.P. 6, 71260 Lugny, Tel. 03.85.33.22.85,
Fax 03.85.33.26.46 ✅ 🍷 n. V.

DOM. ROGER LUQUET 1995**

| ○ | 0,3 ha | 3 000 | 🍾 | 30-50 F |

Ein Crémant für den Auftakt einer Mahlzeit. Er begleitet sehr gut eine leicht pikante Vorspeise. Von guter Konstitution, an Äpfel erinnernd. Er besitzt einen fröhlichen, beständigen Schaum. Schlichter Blütenduft mit Haselnußnote. 100 % Chardonnay-Trauben, am Fuße des Felsens von Solutré geerntet.

🕿 Dom. Roger Luquet, 71960 Fuissé,
Tel. 03.85.35.60.91, Fax 03.85.35.60.12 🍷 Mo-Sa
8h-19h ; So u. feiertags n. V.

MANOIR DE MERCEY
Cuvée Saint-Hugues 1995

| ○ | 1 ha | 8 000 | 🍾 | 30-50 F |

Blaß mit neutralen Reflexen, regelmäßige, mittelgroße Bläschen. Ein Crémant mit einem impulsiven Aroma, das an Äpfel und Zitrusfrüchte erinnert. Heiter und rustikal, mit einem Hauch von Bitterkeit im Abgang. Für einen Kir royal.

🕿 Dom. Gérard Berger-Rive et Fils, Manoir de Mercey, 71150 Cheilly-lès-Maranges,
Tel. 03.85.91.13.81, Fax 03.85.91.17.06 ✅ 🍷 n. V.

MADAME MASSON Blanc de noirs 1993

| ○ | 1 ha | 10 000 | 30-50 F |

Zu Füßen des Schlosses La Rochepot in den Hautes-Côtes de Beaune erzeugt. Dieses reinrassige Pinot-Erzeugnis bietet eine nachhaltige Schaumkrone. Goldgrauer Farbton. Klarer, feiner Duft, leichter Geschmack, das Ganze sehr trocken. Vergessen Sie nie, daß es zwei von drei vorgeschlagenen Weinen nicht in den Weinführer schaffen !

🕿 Nadine Masson, rue Haute,
21340 La Rochepot, Tel. 03.80.21.72.42,
Fax 03.80.21.72.42 ✅ 🍷 n. V.

Crémant de Bourgogne

MEURGIS Blanc de noirs 1993*

○　　　k. A.　　350 000　　■♦　30-50F

Es fällt immer schwer, zwischen den von der SICA du Vignoble Auxerrois präsentierten Crémants zu wählen. Es gibt viele davon, und sie sind in der Regel sehr passabel. Dieser aus Pinot und Gamay hergestellte Meurgis Blanc de Noirs, Jahrgang 1993, hat Sanftheit, Länge und Spannkraft bewahrt. Helles Goldgelb, der Duft eher an einen Blanc de Blancs erinnernd (Menthol und mineralisch).

🍇 SICA du Vignoble Auxerrois, Caves de Bailly, 89530 Saint-Bris-le-Vineux, Tel. 03.86.53.34.00, Fax 03.86.53.80.94 ✓ ⊺ tägl. 8h-12h 14h-18h

DOM. RENE MICHEL ET SES FILS
Blanc de blancs 1995*

○　　1 ha　　5 000　　50-70F

Ein ziemlich leichter, gut schmeckender Crémant, den man 1998 trinken kann : der Inbegriff des »Vier-Uhr-Weins«, den man eisgekühlt unter dem Sonnenschirm genießt. Die Ansprache ist rund, von duftigen Eindrücken umhüllt. Üppiges, fast exotisches Bukett. Farbe.

🍇 René Michel et ses Fils, Cray, Cidex 624, 71260 Clessé, Tel. 03.85.36.94.27, Fax 03.85.36.99.63 ✓ n. V.

DOM. DES MOIROTS
Blanc de noirs 1994*

○　　2,5 ha　　6 000　　■　30-50F

Zwei Drittel Pinot noir, ein Drittel Aligoté. Dieser Wein mit der kräftigen Goldfarbe bringt im Duft recht feste Überzeugungen zum Ausdruck. Nuancen von Weihrauch oder Wachs, Fülle und Volumen. Ein leichter Hauch von Bitterkeit am Ende des Geschmackseindrucks. Mit einem Wort : harmonisch.

🍇 Dom. des Moirots, 71390 Bissey-sous-Cruchaud, Tel. 03.85.92.16.93, Fax 03.85.92.09.42 ✓ n. V.
🍇 Lucien Denizot

MOISSENET-BONNARD 1995*

○　　0,72 ha　　2 700　　30-50F

Dieser 95er schläfert nicht ein : üppiger, nicht sehr beständiger Schaum unter einem gelungenen Kleid. Jugendliches Bukett, das fruchtig, rein und ehrlich ist. Der Rest ist liebenswert und immer noch jugendlich. Aber der Jugend steht alles gut, wie schon Kafka schrieb.

🍇 Dom. Moissenet-Bonnard, rte d'Autun, 21630 Pommard, Tel. 03.80.24.62.34, Fax 03.80.24.62.34 ⊺ n. V.
🍇 E. Moissenet

ANDRE MOREY Blanc de blancs 1995**

○　　k. A.　　k. A.　　■♦　30-50F

Diese alte Firma in Beaune, die vor kurzem von einer jungen, sehr fähigen Mannschaft übernommen wurde, präsentiert hier einen 95er, der Chardonnay und Aligoté kombiniert : großartige Erscheinung, sehr mildes Aroma (Hefegebäck, Honig), das Rundheit bedingt. Ein burgundischer Brut mit angenehm rundem Bauch. Man kann ihn mit Genuß trinken.

🍇 Sté nouvelle André Morey, 2, rue de l'Arquebuse, 21200 Beaune, Tel. 03.80.22.24.12, Fax 03.80.24.13.00 ✓ ⊺ n. V.

HENRI MUGNIER Blanc de blancs*

○　　k. A.　　k. A.　　30-50F

Schaum, Farbe, alles ist einwandfrei. Der Duft ist konkret und muß sich bei der Belüftung entfalten. Die Ansprache ist zuerst ziemlich mild, dann kräftig, die Steigerung aromatisch. Ein vollendeter Crémant, den man bald aufmachen kann.

🍇 SARL Henri Mugnier, 1, rue du Perthuis, 71850 Charnay-lès-Mâcon, Tel. 03.85.34.16.43, Fax 03.85.34.98.66 ✓ ⊺ Mo-Fr 8h-12h 14h-18h ; Aug. geschlossen

DE PERRIERE 1995

○　　k. A.　　30 000　　30-50F

Schöne Ausgewogenheit mit spürbarem Schaum im Geschmack, einer bitteren Note und wenig Verlängerung der Eindrücke. Im Aussehen : fünf von fünf möglichen Punkten. Frischer, fruchtiger Duft von guter Intensität. Es handelt sich um eine Marke des Hauses J.-C. Boisset, die im Augenblick dabei ist, ihre Aktivitäten bei der Crémantherstellung zu verstärken.

🍇 De Perrière, 5, quai Dumorey, 21700 Nuits-Saint-Georges, Tel. 03.80.62.61.61, Fax 03.80.62.61.60

PICAMELOT 1994

○　　4 ha　　39 550　　■♦　30-50F

Die Tradition der Crémants von Rully, einer der Wiegen des burgundischen Schaumweins. Das Ergebnis wird dem Vorhaben gerecht : ein sehr schöner 94er mit kräftigem Eindruck, der mit reifen Früchten und Leder ausklingt. Tier- und Moschusaroma im selben Geist unter einer sehr intensiven gelben Farbe. Überschwenglich.

🍇 Louis Picamelot, 12, pl. de la Croix-Blanche, B.P. 2, 71150 Rully, Tel. 03.85.87.13.60, Fax 03.85.87.12.10 ✓ ⊺ n. V.

SIMONNET-FEBVRE 1993

○　　k. A.　　16 000　　■♦　30-50F

Die einzige Firma in Chablis, die neben der Genossenschaft und ein paar Winzern die Flaschengärung im Lande des Stillweins bewahrt hat. Wenig Bläschen, funkelnde gelbe Farbe, Duft nach getrockneten Früchten und Äpfeln, mineralischer Chablisgeschmack. Er wird den Freunden von recht trockenen Schaumweinen zusagen, die nicht zu stark perlen.

🍇 Simonnet-Febvre et Fils, 9, av. d'Oberwesel, B.P. 12, 89800 Chablis, Tel. 03.86.42.11.73, Fax 03.86.42.19.76 ✓ ⊺ Mo-Fr 9h-12h 14h-17h ; Sa, So u. feiertags n. V.

ALBERT SOUNIT Cuvée Chardonnay**

○　　k. A.　　k. A.　　30-50F

»Was man begreift, läßt sich klar aussprechen, und die Worte, um es auszudrücken, stellen sich mühelos ein.« Halten wir uns an Boileau, um diesen Wein mit der frühlingshaften Farbe zu beurteilen, der zum Lieblingswein gewählt wurde. Sehr frisches Aroma : wohlriechendes Farnkraut, Zitronen. Der Körper ist verführerisch, ohne von einer in jeder Hinsicht vollkom-

Chablis

menen Vornehmheit abzuweichen. Ein Wein, der wirklich beredt macht.

🕭 SARL Albert Sounit, 5, pl. du Champ-de-Foire, 71150 Rully, Tel. 03.85.87.20.71, Fax 03.85.87.09.71 ◪ ⊥ n. V.

CUVEE JEANNE THOMAS 1995*

| ○ | 0,6 ha | 4 000 | ∎⦀♨ | 50-70F |

Feine Entwicklung des Schaums ohne zu große Beständigkeit. Duft von Akazienblüten und Haselnüssen. Das Ganze ist zart und unaufdringlich und hinterläßt im Geschmack einige Zeit lang einen spürbaren Eindruck. Ein wenig schwach in der Schaumbildung, um die Dinge beim Namen zu nennen, aber angenehm.

🕭 Louis Picamelot, 12, pl. de la Croix-Blanche, B.P. 2, 71150 Rully, Tel. 03.85.87.13.60, Fax 03.85.87.12.10 ◪ ⊥ n. V.

DOM. VERRET 1995*

| ○ | 3,8 ha | 30 000 | ∎ | 30-50F |

Wir sind hier im Departement Yonne, und der Sacy (die Rebsorte des Gebiets von Auxerre) ist hier am Verschnitt beteiligt, für einen Wein mit feinen Bläschen und ziemlich durchschnittlicher Beständigkeit des Schaums. Die Farbe ist schillernd. Das Bukett erinnert an grüne Äpfel. Im Geschmack vereinigen sich Fülle, Lebhaftigkeit und Frische. Ein Wein, der nicht still sitzen kann.

🕭 Dom. Verret, 7, rte de Champs, B.P. 4, 89530 Saint-Bris-le-Vineux, Tel. 03.86.53.31.81, Fax 03.86.53.89.61 ◪ ⊥ n. V.

CAVE DE VERZE 1995

| ○ | 2,8 ha | k. A. | | 30-50F |

Er überquert die Latte, die schon recht hoch liegt, denn 102 Crémants waren bei dem Wettbewerb am Start. Eindruck von Feinheit: Dieser Crémant türmt die Bläschen nicht auf, er gibt sie einzeln frei. Der sehr jugendliche Duft hat noch wenig zu sagen. Fehlerfrei, gut vinifiziert und hergestellt.

🕭 SCA Cave de Verzé, 71960 Verzé, Tel. 03.85.33.30.76, Fax 03.85.33.38.03 ◪ ⊥ tägl. 8h-12h 14h-18h

VEUVE AMBAL Cuvée Marie Ambal 1994*

| ○ | | k. A. | 9 800 | 30-50F |

Warum sollte Burgund nicht nach dem Beispiel der Champagne ebenfalls seine Schaumwein-Witwen haben? Eine solche ehrwürdige Person gab es früher wirklich, nämlich in Rully. Die Cuvée, die ihr gewidmet ist, setzt nicht alles auf eine Karte: halb Chardonnay, halb Pinot

Crémant de Bourgogne

noir. Schöne blaßgoldene Farbe, ein diskretes Bukett, das sich im Glas entfaltet, und ein voller Geschmack, der sich noch öffnen muß.

🕭 Veuve Ambal, rue des Bordes, B.P. 1, 71150 Rully, Tel. 03.85.87.15.05, Fax 03.85.87.30.15 ◪ ⊥ n. V.

CAVE DE VIRE 1993*

| ○ | 40 ha | 100 000 | ∎♨ | 30-50F |

Für die Liebhaber von weinigen, entwickelten Weinen. Der Duft erinnert an Äpfel, die im Winter am Obstbaum hängengeblieben sind. Intensive gelbe Farbe. Jetzt trinkreif.

🕭 SCA Cave de Viré, En Vercheron, 71260 Viré, Tel. 03.85.32.25.50, Fax 03.85.32.25.55 ◪ ⊥ n. V.

L. VITTEAUT-ALBERTI 1995*

| ○ | 8,5 ha | 70 000 | ∎♨ | 30-50F |

Ein gutes, klassisches Produkt, auf halbem Wege zwischen Strohgelb und Golden, mit feinem, beständigem Schaum. Er riecht nach Hefegebäck und hat eine gute Ansprache mit wirksamer Säure und exotischen Früchten (Zitrusfrüchte). Etwas besser als akzeptabel. Jetzt servieren.

🕭 Gérard Vitteaut-Alberti, 20, rue du Pont-d'Arrot, 71150 Rully, Tel. 03.85.87.23.97, Fax 03.85.87.16.24 ◪ ⊥ n. V.

Chablis

Trotz einer uralten Berühmtheit, die zur Folge hatte, daß der Chablis in der ganzen Welt mit den einfallsreichsten Methoden nachgeahmt wird, war sein Anbaugebiet fast verschwunden: Zwei verheerende Spätfröste in den Jahren 1957 und 1961 kamen zu den Problemen der schwierigen Winzerarbeit an den steinigen Steilhängen hinzu und hatten zur Folge, daß der Weinbau nach und nach aufgegeben wurde. Der Preis für die Grand-cru-Lagen sank auf ein lächerlich niedriges Niveau, so daß die damaligen Käufer gut beraten waren. Die Erfindung neuer Schutzmaßnahmen gegen den Frost und die Mechanisierung verhalfen diesem Weinbaugebiet zu neuem Leben.

Der Anbaubereich der Appellation umfaßt 6 834 ha auf dem Gebiet der Gemeinde Chablis und von neunzehn Nachbargemeinden; davon sind gegenwärtig über 4 000 ha bepflanzt. Die Rebstöcke reichen die Steilhänge der Hügel hinunter, die sich auf beiden Ufern des Serein, eines kleinen Nebenflusses der Yonne, erheben. Eine südsüdöstliche Lage

Chablis

begünstigt in diesen Breiten eine gute Reifung der Trauben, aber in einigen besonders günstig gelegenen Weinbergen kann man ebenso »verkehrt« wie »richtig« angepflanzte Rebstöcke finden. Der Boden besteht aus Mergel der Juraformation (Kimmeridge- und Portland-Stufen). Er eignet sich wunderbar für den Anbau von weißen Rebsorten, wie bereits die Zisterziensermönche der sehr nahen Abtei Pontigny erkannten, die hier im 12. Jh. vermutlich Chardonnay, auch Beaunois genannt, anpflanzten. Diese Rebsorte bringt hier stärker als in anderen Anbaugebieten ihre Feinheit und ihre Eleganz zum Ausdruck, die hervorragend zu Meeresfrüchten, Weinbergschnecken und Wurstgerichten passen. Die Premiers crus und Grands crus sind es wert, daß man sie zu auserlesenen Gerichten trinkt: Fisch, feine Fleisch- und Wurstwaren, Geflügel oder weißes Fleisch, die man übrigens mit dem Wein selbst zubereiten kann.

Petit Chablis

Diese Appellation bildet die unterste Stufe der burgundischen Hierarchie im Gebiet von Chablis. 1996 erzeugte sie 27 800 hl. Der Petit Chablis ist in aromatischer Hinsicht weniger komplex und besitzt einen etwas höheren Säuregehalt, der ihm eine gewisse Herbheit verleiht. Früher trank man ihn als offenen Karaffenwein, im ersten Jahr nach der Lese, während er heute auf Flaschen abgefüllt wird. Der »kleine Chablis« wurde ein Opfer seines Namens, so daß er Mühe hatte, sich zu entfalten, aber heute scheint ihm der Verbraucher seine abwertende Bezeichnung nicht mehr übelzunehmen.

DOM. HERVE AZO 1995*

| | 4,35 ha | 12 000 | 30-50 F |

Aroma von Hefegebäck und Orangenblüten - man bekommt richtig Lust, zu dieser Hochzeit eingeladen zu werden und die Braut zu umarmen! Helles Goldgelb. Ein überaus bezaubernder, ausgewogener und eleganter Wein, der zu den besten dieser Weinprobe gehört.
• EARL Dom. Hervé Azo, 2, rue de Champlain, Milly, 89800 Chablis, Tel. 03.86.42.43.56, Fax 03.86.42.49.79 n. V.

PASCAL BOUCHARD 1995**

| | k. A. | 60 000 | 30-50 F |

Wird dieser »kleine Chablis« groß? Nein, er ist es schon, weil er die Klugheit besitzt, in seiner Kategorie zu bleiben, ohne die Crus nachäffen zu wollen. Bemerkenswert typischer Charakter mit jener hübschen, zarten Farbe und jener sympathischen Nervigkeit, die zunächst fruchtig, dann mineralisch ist. Impulsiv? Und wenn schon? Er schläft nicht im Glas ein, und das ist sehr gut so.
• Pascal Bouchard, 5 bis, rue Porte-Noël, 89800 Chablis, Tel. 03.86.42.18.64, Fax 03.86.42.48.11 n. V.

DOM. CAMU 1995

| | 1,3 ha | 10 000 | 30-50 F |

Schon auf den ersten Blick ein ausgeprägter Charakter, so kräftig ist die Farbe. Der erste Geruchseindruck, Hefe und Geranien, scheint auf einen entwickelten Wein hinzuweisen. Danach viel Wein in einer soliden Konfiguration.
• Christophe Camu, 50, Grande-Rue, 89800 Maligny, Tel. 03.86.47.57.89, Fax 03.86.47.57.98 n. V.

LES VITICULTEURS DE CHABLIS
Blasons de Bourgogne 1995**

| | k. A. | k. A. | 30-50 F |

»Lange Küsse, heller als Gesang, ganz kleine adstringierende Küsse...« Verlaine lehrt uns, diesen Wein zu genießen, der vornehm ist und zugleich eine starke Persönlichkeit besitzt, Noten von Feuerstein und frischem Brot verbindend. Sicherlich warm, aber muß man sich darüber beklagen? Beispielhaft für einen Wein, den man zum Vergnügen trinkt.
• Blasons de Bourgogne, rue du Serein, 89800 Chablis, Tel. 03.86.42.83.76, Fax 03.86.42.83.75

DOM. DU CHARDONNAY 1995

| | 9,1 ha | 32 000 | 30-50 F |

Ein strahlend gelber Wein, der der Nase ein schönes Fest der Aromen bietet. Der Geschmack wartet auf ein wahrscheinliches Erwachen. Aufgrund seiner Fülle und seiner spürbaren Steifheit kann man ihn einige Zeit lagern. Die Frucht wird im kommenden Jahr zum Vorschein kommen.
• Dom. du Chardonnay, Moulin du Pâtis, 89800 Chablis, Tel. 03.86.42.48.03, Fax 03.86.42.16.49 Mo-Fr 8h-12h 14h-18h; Sa, So n. V.

DOM. JEAN COLLET ET FILS 1995

| | 0,93 ha | k. A. | 30-50 F |

Würziger Stil, Pfeffer und Zimt. Der Petit Chablis praktiziert dies gelegentlich, in einer Schlichtheit, die recht sanft und ziemlich weit ausholend ist. Man muß zugeben, daß einem dies nicht mißfällt. Die Burgunder haben eine Neigung zur Stilfigur der Litotes. Lesen Sie deshalb: Das schmeckt gut.
• Dom. Jean Collet et Fils, 15, av. de la Liberté, 89800 Chablis, Tel. 03.86.42.11.93, Fax 03.86.42.47.43 Mo-Sa 9h-12h 13h30-18h

DOM. DU COLOMBIER 1995*

| | 1,2 ha | 7 500 | 30-50 F |

Hellgelb, er ist gar nicht so klein... Der diskrete Duft gibt seine Zurückhaltung rasch auf

Chablis

und entfaltet sich zu einer köstlichen Fruchtigkeit. Der ziemlich füllige Wein, der von vollreifen Trauben stammt, ist leicht exotisch, sehr gefällig. Er klingt mit einer etwas lebhaften Note aus. Gute Arbeit ! Trinkreif.
🍇 Dom. du Colombier, 44, Grand-Rue, 89800 Fontenay-près-Chablis, Tel. 03.86.42.15.04, Fax 03.86.42.49.67 ✔
🍷 Mo-Sa 8h-12h 13h30-19h
🍇 Guy Mothe et Fils

VIRGINIE COURTY 1995*

	0,75 ha	1 600		30-50 F

Die kulinarische Verbindung scheint hier offensichtlich zu sein : Huhn in Curry. Denn dieser Wein, der voller Gewürze ist und durch seine Originalität begeistert, verdient alle Komplimente. Dennoch ist er fein und vornehm und gibt einen liebenswürdigen Gesellschafter ab, der bezaubernd plaudert.
🍇 Virginie Courty, 9, voie Romaine, 89230 Montigny-la-Resle, Tel. 03.86.41.82.07, Fax 03.86.41.87.89 ✔ 🍷 tägl. 8h-20h

RENE ET VINCENT DAUVISSAT 1995

	0,4 ha	3 000		30-50 F

Nur ein Hauch von Farbe. Darunter entdeckt man einen Duft, dessen anfängliche Zurückhaltung sich nach und nach im Kontakt mit der Luft in Blütennoten verwandelt. Ein ziemlich voller Körper, Fülle, eine Wiederkehr des mineralischen Aromas und ein Hauch von Lebhaftigkeit. Er balanciert noch zwischen tausend Sehnsüchten. Er ist noch so jung.
🍇 GAEC René et Vincent Dauvissat, 8, rue Emile-Zola, 89800 Chablis, Tel. 03.86.42.11.58, Fax 03.86.42.85.32

DOM. D'ELISE 1995*

	7,02 ha	15 000		30-50 F

Hören wir auf den Dichter : »Ein edles Herz ist glücklich mit dem, was es in sich findet.« Dieser Petit Chablis entspricht dem völlig, Hinter einer strahlend goldenen Fassade ist ein fruchtiges Bukett ausgewogen, mit einer mineralischen Note im Hintergrund. Der sehr interessante Geschmack ist von vollkommen typischem Charakter. Genuß garantiert.
🍇 Frédéric Prain, Côte de Léchet, Milly, 89800 Chablis, Tel. 03.86.42.40.82, Fax 03.86.42.44.76 ✔ 🍷 n. V.

DOM. DE LA MOTTE 1995**

	1,2 ha	8 000		30-50 F

Schon bei dem originellen, gelungenen Etikett spürt man, daß der Wein ungewöhnlich ist. Und er ist super, dieser 95er mit der blassen Farbe, dessen Duft aber ein wahres Feuerwerk entzündet : mineralisch, blumig und fruchtig - er gibt alles. Der Geschmack erinnert ein wenig an Golden Delicious, würdig einer höheren Appellation, so fröhlich und nachhaltig ist er.
🍇 SCEA Dom. de La Motte, 41, rue du Ruisseau, 89800 Beines, Tel. 03.86.42.49.61, Fax 03.86.42.49.63 ✔ 🍷 n. V.
🍇 Michaut

Petit Chablis

CH. DE MALIGNY 1995*

	10 ha	75 000		30-50 F

Es ist wie bei einer Leier, die ihre Geheimnisse nur dem verrät, der gut darauf spielen kann. Man muß Chablis kennen, um diesen sehr typischen 95er richtig schätzen zu können. Sein recht lebhafter Schwund wird durch eine tadellose Ausführung der Innenarchitektur : bürgerlich und behaglich. Besser als der 95er Eglantière vom selben Gut.
🍇 SA Jean Durup Père et Fils, 4, Grande-Rue, 89800 Maligny, Tel. 03.86.47.44.49, Fax 03.86.47.55.49 ✔ 🍷 n. V.

DOM. DE MARCAULT 1995*

	9 ha	10 000		30-50 F

Der Geschmack bietet eine liebliche Milde, die durch die Säuerlichkeit gut ausgeglichen wird. Wir machen eine Reise ! Von exotischen Früchten zu grünen Äpfeln, an Weißdorn vorbei, und das ist in einem recht angenehmer Umweg ... Viel Ausdruckskraft, im Duft ebenso wie im Geschmack.
🍇 GAEC Millet, Dom. de Marcault, 89700 Tonnerre, Tel. 03.86.75.92.56, Fax 03.86.75.95.12 ✔ 🍷 n. V.

DOM. DES MARRONNIERS 1995*

	1,5 ha	10 000		30-50 F

Sehr angenehm, rund über der Frucht. Ein recht typischer Petit Chablis. Wenig Farbe, aber diese Appellation gefällt sich in einem diskreten Kleid. Der feine und recht joviale Duft entfaltet sich nach kurzer Zeit.
🍇 Bernard Légland, Grande-Rue-de-Chablis, Préhy, 89800 Saint-Cyr-les-Colons, Tel. 03.86.41.42.70, Fax 03.86.41.45.82 ✔ 🍷 tägl. 8h-20h

DOM. CEDRIC MICHAUT
Cuvée troisième 1995

	0,7 ha	3 000		30-50 F

Die Geschichte vom Däumling lehrt uns, überkommenen Ansichten zu mißtrauen. Das bedeutet aber nicht, daß man weniger schlau ist, weil man klein ist ! Strahlend gelbe Farbe, mit einem Bukett, dessen Aroma ein wenig von der Gärung herrührt, aber rasch blumig wird. Ein recht intensiver, strukturierter Wein, der ein wenig altern kann.
🍇 Dom. Cédric Michaut, 35, rue du Ruisseau, 89800 Beines, Tel. 03.86.42.41.51, Fax 03.86.42.49.63 ✔ 🍷 n. V.

DOM. DES ORMES 1995

	5,88 ha	2 100		30-50 F

Ein strohgelber Wein mit deutlichen Nuancen, mit einem festen, fruchtigen Bukett. Man sollte ihn eher trinken als lagern. Der Geschmack entlädt sich, aber die Nachhaltigkeit ist durchschnittlich. Dieser 95er enttäuscht nicht in seiner Appellation.
🍇 Dom. des Ormes, 4, rte de Lignorelles, 89800 Beines, Tel. 03.86.42.40.91, Fax 03.86.42.48.58 ✔ 🍷 tägl. 8h-19h
🍇 GFA du Cota-Château

Chablis

DOM. DE PISSE-LOUP 1995*

☐   1,8 ha   14 000   🍾 🌡 30-50 F

Angenehm (mineralisch) und nachhaltig (vollreife Trauben), ein gelungenes Bukett über einem blaßgelben Untergrund mit funkelnden Reflexen. Dieser für die Appellation und den Jahrgang repräsentative Wein trägt mit Stolz den Namen Chablis. Seine geschmackliche Präsenz ist von erstaunlicher Seriosität und Lebhaftigkeit.

🍇 SCEA Hugot et Michaut, 1, rue de la Poterne, 89800 Beines, Tel. 03.80.97.04.67, Fax 03.80.97.04.67 ✓ 🍷 n. V.

DENIS POMMIER 1995

☐   2,9 ha   3 300   🍾 🌡 30-50 F

Das Bukett ist zwar diskret, aber die Farbe ist typisch. Der Geschmack ist ausdrucksvoll, mit der notwendigen Fülle, eher fruchtigen Eindrükken und einer gewissen Rundheit. Dieser Wein ist nett und wird seinen Ansprüchen gerecht.

🍇 Denis Pommier, 31, rue de Poinchy, Poinchy, 89800 Chablis, Tel. 03.86.42.83.04, Fax 03.86.42.17.80 ✓ 🍷 tägl. 9h-20h

CAVE MICHELE ET CLAUDE POULLET 1995*

☐   1,33 ha   6 000   🍾 🌡 30-50 F

Feuerstein-Stil, sehr fester und langer Geschmack. Dieser 95er besitzt bereits Haltung und gezügelten Reichtum. Der charakteristische Eindruck : Die mineralische Note spiegelt Magerkeit vor, und dann kommt das Ganze in Fahrt, und die Fülle zeichnet sich ab.

🍇 Claude Poullet, 6, rue du Temple, 89800 Maligny, Tel. 03.86.47.51.37, Fax 03.86.47.41.34 ✓ 🍷 n. V.

FRANCINE ET OLIVIER SAVARY 1995

☐   2 ha   10 000   🍾 🌡 30-50 F

Noch impulsiv und trocken. Er muß ein paar Monate reifen, damit er in Bestform erscheint. Kleines Frühjahrskleid, niedlich und hell. Lebhafter Duft, schneidend wie Feuerstein. Etwas strenger Geschmack, aber das wird sich legen, wie man ihn erzählt hat.

🍇 Francine et Olivier Savary, 4, chem. des Hates, 89800 Maligny, Tel. 03.86.47.42.09, Fax 03.86.47.55.80 ✓ 🍷 n. V.

GERARD TREMBLAY 1995*

☐   5,5 ha   k. A.   🍾 🌡 30-50 F

Wenn er reifen möchte, geben Sie ihm ein gutes Jahr. Dieser 95er präsentiert sich in jeder Beziehung gut : einschmeichelnde Farbe, dynamischer Duft, der sich ganz durchsetzt, schöne Ansprache, langer und noch draufgängerischer Abgang. Ein jovialer, vielversprechender Wein.

🍇 Gérard Tremblay, 12, rue de Poinchy, 89800 Chablis, Tel. 03.86.42.40.98, Fax 03.86.42.40.41 ✓ 🍷 n. V.

Chablis

Chablis

Der Chablis, von dem 1996 rund 155 000 hl erzeugt wurden, verdankt dem Boden seine unnachahmlichen Qualitäten von Frische und Leichtigkeit. Kalte oder regenreiche Jahre bekommen ihm schlecht, weil sein Säuregehalt dann zu hoch wird. In warmen Jahren bewahrt er dagegen einen durstlöschenden Charakter, den die Weine der Côte d'Or, die ebenfalls aus der Rebsorte Chardonnay erzeugt werden, nicht besitzen. Man trinkt ihn jung (mit ein bis drei Jahren), aber er kann bis zu zehn Jahren und noch länger altern, wobei sein Bukett an Komplexität und Reichtum gewinnt.

DOM. BARAT 1995**

☐   9 ha   15 000   🍾 🌡 30-50 F

Er ähnelt ein wenig jenem Sohn aus der Gegend von Auxerre, der nach einem besonders komplizierten Lebenslauf in die Geschichte einging. Wir sprechen von dem Schriftsteller Restif de La Bretonne. Dieser Wein ist eher lebhaft als füllig, in einem mineralischen Stil, und bewahrt die Frische seiner Inspiration. Überflüssig, sich bis Ostern zu gedulden - genießen Sie ihn ohne Gewissensbisse in seiner Jugend.

🍇 EARL Dom. Barat, 6, rue de Léchet, Milly, 89800 Chablis, Tel. 03.86.42.40.07, Fax 03.86.42.47.88 ✓ 🍷 n. V.

DOM. DE BOIS D'YVER 1995*

☐   12,8 ha   60 000   🍾 🌡 30-50 F

Dieser weißgoldene Chablis legt ein Austernessen nahe. Er besitzt eine diskrete, klare und angenehme Frucht und drängt kein zu schweres Bukett auf. Sanft und rassig, glänzende Ansprache. Er bietet eine mineralische Säuerlichkeit, die einige Zeit in Anspruch nimmt. Nicht weit vom zweiten Stern entfernt.

🍇 Georges Pico, Dom. de Bois d'Yver, Grande-Rue Nicolas-Droin, 89800 Courgis, Tel. 03.86.41.46.38, Fax 03.86.41.46.39 ✓ 🍷 Mo-Fr 8h-12h 14h-18h ; Sa, So n. V.

DOM. CAMU Elevé en fût de chêne 1995*

☐   1 ha   7 000   🍾 🛢 🌡 50-70 F

Klare, strahlende mittelgoldene Farbe. Er erinnert an Früchte, dann an Rohrzucker. Er besitzt eine üppige Struktur und stellt den Alkohol in den Dienst seiner Stärke, wobei er sich aber auf die Reserven des Fasses beruft : getoastetes Brot, frische Mandeln. Man kann ihn zu einem gekochten Gericht servieren, zu Fisch mit Sauce.

🍇 Christophe Camu, 50, Grande-Rue, 89800 Maligny, Tel. 03.86.47.57.89, Fax 03.86.47.57.98 ✓ 🍷 n. V.

Chablis

MADAME EDMOND CHALMEAU
1995*

| | 2 ha | 12 000 | | 30-50 F |

Für Andouillette (Gekrösewürstchen) in Chablis-Wein, etwas Besseres gibt es nicht. Während sich das Auge mit einer durchschnittlichen Klarheit zufrieden gibt, labt sich die Nase an jenen Noten von meergeschwängerter, jodhaltiger Luft. Schöne Ansprache, schöne Frucht, hübsche Säuerlichkeit : ein Wein von ausgezeichneter Haltung, der ehrlich ist und seiner Appellation beständig treu bleibt.

Mme Edmond Chalmeau, 20, rue du Ruisseau, 89530 Chitry-le-Fort, Tel. 03.86.41.42.09, Fax 03.86.41.46.84 n. V.

DOM. DE CHANTEMERLE 1995*

| | 10 ha | 55 000 | | 30-50 F |

Adhémar Boudin ist berühmt im Gebiet von Chablis. Sein 93er gehörte einmal zu den Lieblingsweinen. Sein Homme Mort ist als Premier cru bei den Kennern sehr gefragt. Hier präsentiert er einen klassischen, gut vinifizierten Wein, der das Anbaugebiet widerspiegelt, zurückhaltend zu Beginn der Weinprobe (Farbe, leicht honigartiges Bukett), dann im Mund entwickelt sich der Kontakt rasch und liebenswürdig. Schmeckt gut.

Dom. de Chantemerle, 27, rue du Serein, 89800 La Chapelle-Vaupelteigne, Tel. 03.86.42.18.95, Fax 03.86.42.81.60 n. V.

DOM. DU CHARDONNAY 1995*

| | 13,6 ha | 83 000 | | 30-50 F |

Er ist füllig, fleischig, kräftig gebaut und geschmeidig. Kurz gesagt : Er hat alles mit Ausnahme der Länge. Durchschnittliche Farbe und diskreter Geruchseindruck, aber im Mund entspinnt sich der Dialog. Hier ist er sofort leidenschaftlich.

Dom. du Chardonnay, Moulin du Pâtis, 89800 Chablis, Tel. 03.86.42.48.03, Fax 03.86.42.16.49 Mo-Fr 8h-12h 14h-18h ; Sa, So n. V.

DOM. DE CHAUDE ECUELLE 1995*

| | 18,68 ha | 13 000 | | 30-50 F |

Der Name des Weinguts ist der der Reblage : Die Winzer brachten ihre Brotzeit mit und wärmten sie im Weinberg auf. Daher jener »warme Napf«. Dieser klare, ehrliche 95er verheimlicht seinen sehr lebhaften Charakter nicht, bei dem Zitrusnoten dominieren. Man sollte ihn ein wenig in Ruhe lassen. Es mangelt ihm nicht an Körper, um sich gut zu entwickeln.

Dom. de Chaude Ecuelle, 89800 Chemilly-sur-Serein, Tel. 03.86.42.40.44, Fax 03.86.42.85.13 n. V.

Gabriel et Gérald Vilain

DOM. CHEVALLIER 1995**

| | 10,4 ha | 17 000 | | 30-50 F |

»Ein wenig theoretisch, aber ich liebe diesen Wein : Er hat alles !« notierte einer unserer Weinkoster auf seinem Zettel. Theoretisch ? Das Wort kommt gerade recht, um die absolute Treue zur Appellation und zum Jahrgang zum Ausdruck zu bringen. Begleitet wird sie von einer wunderbaren Komplexität, einer beeindruckenden Ausgewogenheit und einem hübschen Abgang.

Claude et Jean-Louis Chevallier, 6, rue de l'Ecole, 89290 Montallery, Tel. 03.86.40.27.04, Fax 03.86.40.27.05 n. V.

DOM. DU COLOMBIER 1995*

| | 27 ha | 80 000 | | 30-50 F |

»Allein der Wein erlaubt es dem Menschen, den wahrhaftigen Geschmack der Erde zu kosten«, behauptete Colette, die nicht weit von hier geboren wurde. Wollen Sie den Beweis dafür ? Kosten Sie diesen goldgrünen 95er mit dem Schlüsselblumenbukett, das sich bei der Belüftung entfaltet. Weiße Früchte, Blüten, Feinheit und Fülle - ein lebhafter, munterer Wein, der nach seinem Boden duftet.

Dom. du Colombier, 44, Grand-Rue, 89800 Fontenay-près-Chablis, Tel. 03.86.42.15.04, Fax 03.86.42.49.67 Mo-Sa 8h-12h 13h30-19h

Guy Mothe et ses Fils

JEAN DAUVISSAT 1995*

| | 2 ha | 13 000 | | 50-70 F |

Seit mehr als einem Jahrhundert in Chablis ansässig : Die Farbe zeugt vom Können (goldgrün). Hinter dem ziemlich feinen Duft hält der denkbar rundeste, ausgewogene, recht geschmeidige und überhaupt nicht aggressive Geschmack ziemlich lang an.

Caves Jean et Sébastien Dauvissat, 3, rue de Chichée, 89800 Chablis, Tel. 03.86.42.14.62, Fax 03.86.42.45.54 n. V.

RENE ET VINCENT DAUVISSAT
1995**

| | 1,4 ha | 10 000 | | 30-50 F |

Bonaparte an der Brücke Arcole. Selbstverständlich eine schöne Zukunft. Unter der strahlenden Chablisuniform, die vom besten Schneider stammt, ein begeisternder Komplex, in dem das gut verarbeitete Faß den Wein zur Geltung bringt, ohne sich ihm gegenüber durchzusetzen. Bemerkenswerte Vinifizierung guter Trauben.

GAEC René et Vincent Dauvissat, 8, rue Emile-Zola, 89800 Chablis, Tel. 03.86.42.11.58, Fax 03.86.42.85.32

DOM. BERNARD DEFAIX 1995*

| | 11 ha | 40 000 | | 30-50 F |

Ein Wein von ehrlichem Ausdruck unter einem sehr blassen Goldgrün. Das Bukett hinge-

Chablis

gen zeigt sich fruchtig mit einer mineralischen Note. Dieser lebhafte, sanfte 95er hat einen Haselnußgeschmack. Man kann ihn schon jetzt trinken oder ein paar Jahre aufheben.

☛ Dom. Bernard Defaix, 17, rue du Château, Milly, 89800 Chablis, Tel. 03.86.42.40.75, Fax 03.86.42.40.28 ☑ ⚲ n. V.

DOM. D'ELISE 1995

| | 6,85 ha | 30 000 | 🍷 | 30-50 F |

Frédéric Prain liebt die Bäume. Einige davon läßt er verstreut in seinen Weinbergen stehen. »Das ist nicht praktisch«, erzählt er, »aber hübsch.« Sein 95er wird zu Fisch schmecken. Die Frische ist angenehm im Geschmack, in dem man das Aroma des Geruchseindrucks (vor allem Zitrusfrüchte und Aprikosen) wiederfindet.

☛ Frédéric Prain, Côte de Léchet, Milly, 89800 Chablis, Tel. 03.86.42.40.82, Fax 03.86.42.44.76 ☑ ⚲ n. V.

DOM. FELIX 1995★

| | 0,98 ha | 6 000 | 🍷 | 30-50 F |

Wenn ein Burgunder sagt : »Völlig korrekt« - seien Sie sicher, daß er viel mehr meint ... Sie sind eben so, und keiner wird sie ändern. Ziemlich lebhaft in der Ansprache, aber von beachtlicher Länge, ein wenig strahlend, Duft nach getoastetem Brot und weit entfernten kleinen Blüten. Dieser Wein kann lagern.

☛ Dom. Félix, 17, rue de Paris, 89530 Saint-Bris-le-Vineux, Tel. 03.86.53.33.87, Fax 03.86.53.61.64 ☑ ⚲ Mo-Sa 9h-11h30 14h-18h30 ; So u. feiertags n. V.

FORGEOT PERE ET FILS 1995★

| | k. A. | k. A. | 🍷 | 70-100 F |

Forgeot ist eine Marke von Bouchard Père et Fils. Ihr Chablis ist ein wenig sparsam in der Farbe, aber sein ebenfalls zurückhaltender Duft läßt eine schöne kommende Überraschung erwarten. Er hat alle Trümpfe in seinem Spiel : Fülle, Rundheit, eine gewisse Nachhaltigkeit. Ziemlich leicht zu trinken, aber in keiner Weise gekünstelt.

☛ Forgeot Père et Fils, 15, rue du Château, B.P. 70, 21202 Beaune Cedex, Tel. 03.80.24.80.24, Fax 03.80.24.97.56

DOM. FOURREY ET FILS 1995★

| | 7 ha | 3 600 | 🍷 | 30-50 F |

Dieser Wein befindet sich noch nicht auf seinem Höhepunkt, aber er steckt voller Verheißungen. Die milde Farbe wird durch ein funkelndes Strahlen verschönert. Das Bukett zögert zwischen weißen Blüten und Haselnüssen. Die erregende Frucht besitzt ausreichende Fülle. All das ergibt ein schönes Panorama der Appellation. Er wird wunderbar zu Schinken in Chablis-Wein passen.

Gebiet von Chablis

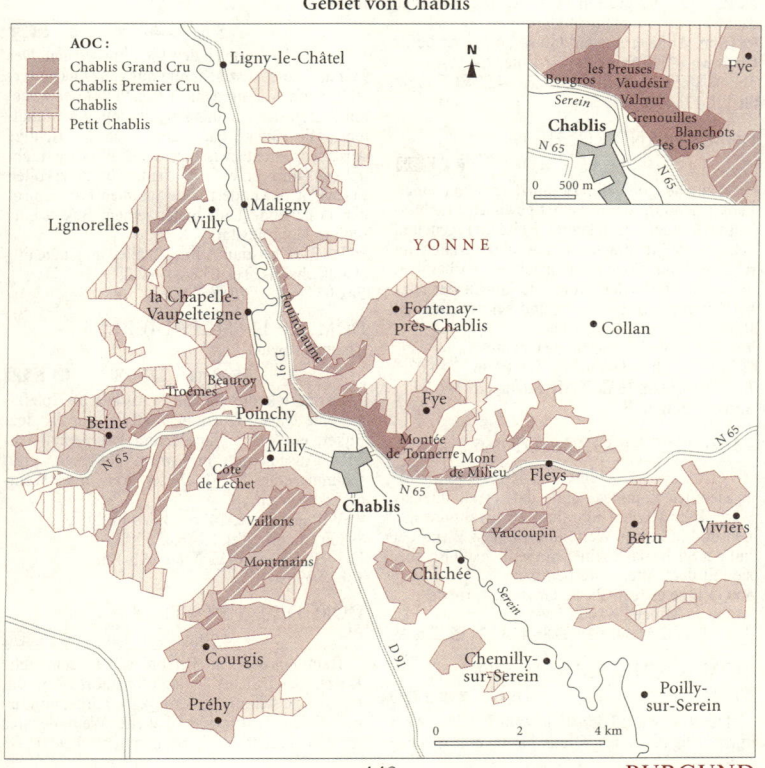

BURGUND

➥Dom. Fourrey et Fils, 9, rue du Château, Milly, 89800 Chablis, Tel. 03.86.42.44.04, Fax 03.86.42.84.78 ✓ ❢ n. V.

DOM. JOSEPH ET XAVIER GARNIER 1995*

| | k. A. | 10 000 | 🍷 | 30-50 F |

Ein guter, gehaltvoller und fülliger Wein, in dem Hefebrot zum Vorschein kommt. Kräftige goldene Farbe. Er bietet ein konzentriertes Bukett, das wirklich etwas zu erzählen hat. Eine Flasche, die man in den nächsten Monaten aufmachen kann, denn die Fensterläden stehen schon weit offen, und man gewänne nicht dabei, wenn man sich länger gedulden würde.
➥Dom. Joseph et Xavier Garnier, Ch. de Méré, 89144 Ligny-le-Chatel, Tel. 03.86.47.42.12, Fax 03.86.47.56.97 ✓ ❢ tägl. 9h-12h 14h-18h

DOM. ANNE ET ARNAUD GOISOT 1995**

| | 2 ha | 5 000 | 🍷 | 30-50 F |

Recht farbintensiv - seine Erscheinung macht Lust, ihn sich näher anzusehen. Sehr lebhaft im Duft, blumig und nachhaltig. Es fordert dazu auf, davon zu nippen, um mehr zu erfahren. Recht viel Wärme, aber die Säuerlichkeit kommt im richtigen Augenblick. Ein strukturiertes Gerüst und ein besonders nachhaltiges Wiederauftauchen des Aromas. Genießen Sie schon jetzt diesen 95er, der groß in Form ist. Die Jury sagt das.
➥Dom. Anne et Arnaud Goisot, 4 bis, rte de Champs, 89530 Saint-Bris-le-Vineux, Tel. 03.86.53.32.15, Fax 03.86.53.64.22 ✓ ❢ tägl. 8h-12h 13h30-19h

DOM. GRAND ROCHE 1995*

| | 6,5 ha | 45 000 | 🍷 | 30-50 F |

Strahlend goldgelb. Er nutzt sehr gut einen Lebkuchenduft, der mit einer gewissen Fruchtigkeit verbunden ist. In keiner Weise unangenehm. Sehr runde Ansprache. Ein wenig Herbheit im Abgang. Der Bodengeschmack ist vorhanden, mit einer originellen Note, die ihm in der Jury bei den einen Begeisterung und bei den anderen Ratlosigkeit eingebracht hat.
➥Erick Lavallée, 16, rte de Champs, 89530 Saint-Bris-le-Vineux, Tel. 03.86.53.84.07, Fax 03.86.53.88.36 ✓ ❢ Mo-Sa 9h-12h 14h-20h ; So vormittag n. V.

JEAN-PIERRE GROSSOT 1995

| | 3 ha | 17 000 | 🍷 | 50-70 F |

Ziemlich komplex, ohne daß er zu intensiv wäre. Der Alkohol umrahmt einen ausgewogenen und in keiner Weise ungefälligen Wein, der auf der Suche nach seiner Einheitlichkeit ist, aber sie mit dem Alter erwerben kann.
➥Corinne et Jean-Pierre Grossot, 4, rte de Mont-de-Milieu, 89800 Fleys, Tel. 03.86.42.44.64, Fax 03.86.42.13.31 ✓ ❢ n. V.

DOM. MICHEL GUITTON 1995*

| | 4 ha | 10 000 | 🍷 | 50-70 F |

Der 92er wurde der Wahl zum Lieblingswein für würdig befunden. Dieser besitzt eine goldene Farbe, ein diskretes Aroma, ein Aufsteigen des Alkohols und Kraft nach einer fruchtigen, runden Ansprache. Er ist von guter Länge und zeigt noch ein wenig Herbheit. Die Entwicklung in der Flasche wird sein jugendliches Feuer besänftigen und seinen Charakter festigen.
➥Dom. Michel Guitton, 2, rue de Poinchy, 89800 Chablis, Tel. 03.86.42.43.14, Fax 03.86.42.17.64 ✓ ❢ tägl. 8h-20h

THIERRY HAMELIN 1995*

| | 10,5 ha | 62 500 | 🍷 | 30-50 F |

Dieser intensiv goldene 95er bietet einen angenehmen ländlichen Duft am Ende des Sommers. Der recht strukturierte Geschmack enthüllt zunächst Eindrücke von getrockneten Früchten, dann setzt sich der Körper durch. Zu Schinken in Chablis.
➥Thierry Hamelin, 1, imp. de la Grappe, 89800 Lignorelles, Tel. 03.86.47.52.79, Fax 03.86.47.53.41 ✓ ❢ n. V.

LA CHABLISIENNE Cuvée L. C. 1995

| | k. A. | k. A. | 🍷 | 50-70 F |

Blaßgolden, weiße Blüten im Bukett. Das ist ein sehr typischer, wenn auch ein wenig leichter Chablis.
➥La Chablisienne, 8, bd Pasteur, B.P. 14, 89800 Chablis, Tel. 03.86.42.89.89, Fax 03.86.42.89.90 ✓ ❢ tägl. 8h-12h 14h-18h

DOM. DE LA CONCIERGERIE 1995***

| | 11,5 ha | 40 000 | 🍷 | 30-50 F |

Der 87er gehörte zu den Lieblingsweinen. Der 95er hat diese Auszeichnung nur ganz knapp verfehlt, denn er kann dem Vergleich mit den höheren Stufen der Chablis-Appellationen standhalten. Die Jury hat seine gerade richtige Ausgewogenheit zwischen der Fülle, fast Lieblichkeit und einer lebhaften, charaktervollen Festigkeit bewundert. Der aus mehreren Episoden bestehende Duft bietet seinem Bukett eine schöne Komplexität.
➥EARL Christian Adine, 2, allée du Château, 89800 Chablis, Tel. 03.86.41.40.28, Fax 03.86.41.45.75 ✓ ❢ n. V.

DOM. DE LA MALADIERE
Champs royaux 1995*

| | 15,79 ha | 126 300 | 🍶 | 50-70 F |

Der perfekt durchgeführte Ausbau im Holzfaß hat eine leichte Holznote hinterlassen, die dem Bukett ein wenig Vanille und Röstgeruch verleiht. Ausgewogen in seinem goldenen, grün schimmernden Kleid. Dieser Wein mag Weinbergschnecken.
➥William Fèvre, 14, rue Jules-Rathier, 89800 Chablis, Tel. 03.86.42.12.51, Fax 03.86.42.19.14 ✓ ❢ tägl. 9h-12h 13h30-17h30

DOM. DE LA MOTTE 1995*

| | 4,2 ha | 20 000 | 🍷 | 30-50 F |

Raminagrobis in Person. Eine recht fette Katze. Der Duft ist erwacht und hört nicht auf, im Glas zu schnurren. Strohgelbe Farbe, von feiner, dichter Textur. Ein köstlicher Wein, der sich für den sinnlichen Chardonnay entscheidet.

Chablis

🕭 SCEA Dom. de La Motte, 41, rue du Ruisseau, 89800 Beines, Tel. 03.86.42.49.61, Fax 03.86.42.49.63 ⓥ ⓘ n. V.
🕭 Michaut

DOM. LAROCHE Saint Martin 1995*

| | 25 ha | 200 000 | | 50-70 F |

Eine gute Note für den 95er Vieilles vignes und diesen Saint Martin, zu dem ein Juror notierte, daß er schöne Perspektiven für Meeresfrüchte bietet. Lebhaft, fruchtig im Geschmack, aber im Duft zurückhaltender - er entfaltet sich harmonisch. Kräftige Goldfarbe.

🕭 Dom. Laroche, L'Obédiencerie, 22, rue Louis-Bro, B.P. 33, 89800 Chablis, Tel. 03.86.42.89.00, Fax 03.86.42.89.29 ⓥ ⓘ n. V.

DOM. DE LA TOUR 1995**

| | 5,6 ha | 10 000 | | 30-50 F |

Wenn man seine goldgelbe Farbe, seinen opulenten Duft und die Fülle betrachtet, die ihn umhüllt, begreift man, daß er voller Reichtum ist, mit einem Hauch von Mineralien, einer zarten Feinheit und einer schönen Gesamtausgewogenheit. Das Etikett kennzeichnet ein Bemühen um Originalität, die zum Charme der Flasche hinzukommt.

🕭 Dom. de La Tour, 8 bis, rue Jules-Philippe, 89800 Chablis, Tel. 03.86.47.50.59, Fax 03.86.47.50.74 ⓥ ⓘ n. V.

ROLAND LAVANTUREUX 1995*

| | 14 ha | 35 000 | | 30-50 F |

Goldgelb, mit einem ziemlich dichten Duft nach Früchten. Ein Wein, der einen guten Eindruck hinterläßt und den Liebhabern eines temperamentvollen und »vollen« Chablis empfohlen sei. Er ist elegant und fein dank der Begleitung des Aromas und einer Feuersteinnote. Die harmonische Säure wird durch den Alkohol gut ausgeglichen.

🕭 Roland Lavantureux, 4, rue Saint-Martin, 89800 Lignorelles, Tel. 03.86.47.53.75, Fax 03.86.47.56.43 ⓥ ⓘ Mo-Sa 8h-20h ; So n. V.

DOM. LE PETIT QUINCY 1996***

| | 0,4 ha | 2 600 | | 30-50 F |

Das Ereignis erregt Aufsehen ... Ein Winzer aus dem Gebiet von Tonnerre, genauer aus Epineuil, erringt den Sieg ! Wirklich sehr gute Arbeit. Dieser Chablis empfängt Sie mit offenen Armen : Perfektion der Farbe, aromatischer Ausdruck der Chardonnay-Rebe von Chablis, Fülle, Frucht, Kraft. Und nachhaltig : Es gefällt ihm im Mund so gut, daß er diesen nicht mehr verlassen will.

🕭 Dominique Gruhier, Clos de Quincy, 89700 Epineuil, Tel. 03.86.55.32.51, Fax 03.86.55.32.50 ⓥ ⓘ tägl. 9h-12h30 13h30-18h ; So n. V.

DOM. DE L'ORME 1995*

| | 2,1 ha | 13 400 | | 30-50 F |

Pascal Mercier, der junge Betriebsleiter, präsentiert diesen 95er. Er kann stolz darauf sein. Das Kleid ist mit einer guten Kenntnis des Gegenstands entworfen. Das Bukett bleibt frisch und blumig. Auf der Zunge spürt man eine ausgeprägte Frucht, eine gute Säure und eine bittere Note im Abgang. Schöne Konstitution, in einem Stil, der sich nicht viel anstrengt.

🕭 Dom. de L'Orme, 16, rue de Chablis, 89800 Lignorelles, Tel. 03.86.47.41.60, Fax 03.86.47.56.66 ⓥ ⓘ n. V.
🕭 Michel Boudin

DOM. DES MALANDES 1995*

| | 13,62 ha | 83 000 | | 30-50 F |

Wir sollten diesem Chablis nicht seine Jugend zum Vorwurf machen ! Fein, lebhaft, mineralisch und intensiv : Er ist genau das Phantombild der Appellation in der Fülle eines gelungenen Jahrgangs. Paßt zu einer berühmten einheimischen Andouillette ! Gehörte der 89er nicht 1992 zu den Lieblingsweinen ?

🕭 Dom. des Malandes, 63, rue Auxerroise, 89800 Chablis, Tel. 03.86.42.41.37, Fax 03.86.42.41.97 ⓥ ⓘ n. V.
🕭 Marchive

CH. DE MALIGNY 1995*

| | 47 ha | 300 000 | | 50-70 F |

Vorgestellt von einem Hauptverfechter der expansionistischen Thesen im Gebiet von Chablis, nämlich von Jean Durup, der lange Zeit einem der beiden Verbände des Anbaugebiets vorstand. Ein Chablis von heller, strahlender Farbe, mit einem pflanzlichen Duft (frisch gemähtes Gras) und mit einem angenehmen Haselnußgeschmack von beachtlicher Haltung.

🕭 SA Jean Durup Père et Fils, 4, Grande-Rue, 89800 Maligny, Tel. 03.86.47.44.49, Fax 03.86.47.55.49 ⓥ ⓘ n. V.

DOM. DES MARRONNIERS 1995**

| | 11 ha | 80 000 | | 30-50 F |

»Was bedeutet schon die Sonne ...«, schrieb Lamartine. Er hatte unrecht, denn das Tagesgestirn schenkt uns diesen Chablis, der sich mit Saft und Frucht vollgesogen hat und einen schönen Sonnenaufgang bietet. Er kann lang altern. Herrlich und von unerwarteter Lagerfähigkeit. Mindestens fünf Jahre !

🕭 Bernard Légland, Grande-Rue-de-Chablis, Préhy, 89800 Saint-Cyr-les-Colons, Tel. 03.86.41.42.70, Fax 03.86.41.45.82 ⓘ tägl. 8h-20h

FRANÇOIS MARTENOT 1995*

| | k. A. | k. A. | | 30-50 F |

Bereit zum Entkorken. Dieser recht klare 95er hat ein von Weißdorn umgebenes Bukett und benimmt sich freundlich genug, um seine Eintrittskarte in unseren Weinführer zu gewinnen. Eine ziemlich lange Entwicklung im reichen, fül-

ligen Geschmack garantiert ihm eine dauerhafte Präsenz.
➥ François Martenot, rue du Dr-Barolet, Z.I. Vignolles, 21209 Beaune Cedex,
Tel. 03.80.24.70.07, Fax 03.80.22.54.31 ☎ n. V.

ALICE ET OLIVIER DE MOOR 1995

| ☐ | 1 ha | k. A. | 🔳♦ | 30-50 F |

Lese 1995 : die erste dieses jungen, 1989 entstandenen Guts, die hier vollständig erfaßt und akzeptiert worden ist. Den jungen Chablis-Verrückten teilen wir mit, daß er originell und gut gearbeitet ist, interessant und würdig, in diesem Weinführer aufzutreten.
➥ Alice et Olivier de Moor, 4, rue Jacques-Ferrand, 89800 Courgis, Tel. 03.86.41.47.94 ☑ ☎ n. V.

MOREAU-NAUDET ET FILS 1995*

| ☐ | 9 ha | 8 600 | 🔳♦ | 30-50 F |

Ach, was für ein Geschmack ! Ein grüngoldener Chablis, wie er in den Büchern beschrieben wird, blumig, gehaltvoll, lang wie die Straße, die nach Tonnerre führt, geschmeidig, mit gutem Rückaroma, mit einem Wort : vollständig. Er fällt wirklich aus dem Rahmen, obwohl er von hier stammt.
➥ GAEC Moreau-Naudet, 5, rue des Fossés, 89800 Chablis, Tel. 03.86.42.14.83,
Fax 03.86.42.85.04 ☑ ☎ tägl. 8h-20h

SYLVAIN MOSNIER
Cuvée Vieilles vignes 1995*

| ☐ | 4 ha | 12 000 | 🔳♦ | 50-70 F |

Ihm fehlt kein Karat, und auch nicht jene Unze Smaragd, die alles so hübsch umgibt. Eine fürstliche Nase, die ihre Leidenschaft zwischen getrockneten Früchten und Weinbergspfirsichen aufteilt. Gut strukturierter, klarer Geschmack. Man findet darin Genuß, und das ist die Hauptsache.
➥ Sylvain Mosnier, 4, rue Derrière-les-Murs, 89800 Beines, Tel. 03.86.42.43.96,
Fax 03.86.42.42.88 ☑ ☎ n. V.

DOM. JEAN-MARIE NAULIN 1995

| ☐ | 8 ha | 4 000 | 🔳 | 30-50 F |

Das Etikett ist zwar altmodisch, mit aufgerollten Rändern, aber der Wein ist keineswegs pergamentartig. Klares Gelb, fruchtig. Er zeigt einen Körper ganz in der Tradtion, der sich ein wenig auf die Fülle stützt, mit einem nachhaltigen Aroma, der einen Entwicklungsbeginn andeutet. Trinkreif.
➥ Jean-Marie Naulin, 52, Grande-Rue, 89800 Beines, Tel. 03.86.42.46.71,
Fax 03.86.42.12.74 ☑ ☎ n. V.

DOM. DE PERDRYCOURT 1995*

| ☐ | 3 ha | 10 000 | 🔳♦ | 30-50 F |

Leichte gelbe Farbe, ziemlich aromatisch. Er entfaltet weiße Blüten und Unterholz mit einer duftigen Begeisterung. Im Geschmack fesselt er oder hält sich eher fest, lebhaft, mineralisch und kräftig gebaut, eckig, schneidend. Er wird bestimmt viele glücklich machen zu einem Frikassee aus Froschschenkeln oder sogar zu einem Roquefort.
➥ Arlette Courty, Dom. de Perdrycourt, 9, voie Romaine, 89230 Montigny-la-Resle,
Tel. 03.86.41.82.07, Fax 03.86.41.87.89 ☑ ☎ n. V.

DOM. DE PISSE-LOUP 1995*

| ☐ | 2,11 ha | 5 000 | 🔳♦ | 30-50 F |

Ein originelles Etikett, das eine Chablis-Landschaft mit weiblichen Formen zeigt, für einen Wein, der nicht anekdotisch bleibt. Klar und gelb. Im Geruchseindruck geht er in Richtung frisches Gras und zeigt sich dann im Geschmack wohlauf. Akazienhonig, halb Fülle, halb Säure, lang und zart. Er verfügt über ein ausgezeichnetes Potential und verdient, daß man ihn altern läßt.
➥ Jacques Hugot, 11, av. Jean-Moulin, 21140 Sémur-en-Auxois, Tel. 03.80.97.04.67, Fax 03.80.97.04.67 ☑ ☎ n. V.

DOM. DES RONCIERES 1995**

| ☐ | 4,5 ha | k. A. | 🔳♦ | 30-50 F |

Dieser 95er ist ein Juwel. Man hat wirklich Spaß, ihn zu trinken, und es wäre schade, wenn man seine Freunde nicht an diesem Genuß teilhaben ließe. Die Farbe ist satt und läßt eine gute Konzentration erkennen. Der erste Eindruck bestätigt sich : sehr fruchtig, sehr angenehm. Dieser Wein entwickelt sich fehlerlos mit eher butterigen als mineralischen Noten.
➥ Régis et Yves Ségault, Les Roncières, 89800 Maligny, Tel. 03.86.47.55.69,
Fax 03.86.42.84.14 ☑ ☎ n. V.

DOM. SAINTE CLAIRE 1995*

| ☐ | 52 ha | 200 000 | 🔳♦ | 30-50 F |

Ein Chablis für das Spitzenspiel des AJ Auxerre ! Die Farbe macht schon in den ersten Sekunden einen entscheidenden Punkt. Der Geruchseindruck bestätigt es. Der Angriff bleibt lebhaft und wirkungsvoll. In der zweiten Halbzeit ist nichts zu befürchten. Die Verlängerung ist auch dabei. Niemand braucht auf die Torschüsse zu warten. Aber probieren Sie ihn vor Ende der Saison. Der 85er gehörte 1987 zu den Lieblingsweinen.
➥ Jean-Marc Brocard, Préhy, 89800 Saint-Cyr-les-Colons, Tel. 03.86.41.42.11,
Fax 03.86.41.70.07 ☑ ☎ Mo-Sa 8h-12h 13h30-18h ; So n. V.

FRANCINE ET OLIVIER SAVARY 1995**

| ☐ | 9 ha | 50 000 | 🔳♦ | 50-70 F |

Der russische Schachweltmeister Kasparow, der einmal in diesen Keller hinabgestiegen ist, hat zweifellos an seine Begegnung mit den Weinen von Chablis eine bessere Erinnerung bewahrt als an seine Schachpartie gegen den Supercomputer *Deeper Blue* ! Und es stimmt, daß dieser 95er seine Bauern weit vorwärtsbringt, auch wenn er dabei die Regeln der Höflichkeit achtet. Strahlend, entfaltet, sehr vollständig. Er gewinnt ständig die Partie.
➥ Francine et Olivier Savary, 4, chem. des Hates, 89800 Maligny, Tel. 03.86.47.42.09, Fax 03.86.47.55.80 ☑ ☎ n. V.

Chablis

DOM. SERVIN 1995
☐ 23,02 ha 70 000 ■ 30·50 F

Er bietet einen ersten Geschmackseindruck von Mandeln und getrockneten Früchten und entwickelt sich in Richtung Humus und Unterholz. Der Geruchseindruck ist ein wenig pflanzlich. Das Auge wird durch die goldgrüne Farbe bezaubert. Dagegen ist nichts zu sagen oder einzuwenden, wie es die Burgunder ausdrücken. Dieser dichte, wirkungsvolle Chablis setzt wenig auf Nuancen. Der 91er wurde 1994 zum Lieblingswein gewählt.
🕿 SCE Dom. Marcel Servin, 20, av. d'Oberwesel, 89800 Chablis, Tel. 03.86.42.12.94, Fax 03.86.42.12.33 ▼ ⵏ n. V.

LAURENT TRIBUT 1995
☐ 3,4 ha 24 000 ■ ⵏ & 30·50 F

Ein wenig Intensität im Aussehen und im Duft, dann ein sehr guter Geschmackseindruck. Klare, saubere Attacke. Vauban, Davout - vergessen wir nicht, daß die Yonne ein Land von Marschällen war ! Dieser Wein ist von mittlerer Fülle und zeigt ein säuerliches Temperament, das nicht schwächer wird. Erzeugt worden ist er von einem ehemaligen Mitarbeiter von René und Vincent Dauvissat.
🕿 Laurent Tribut, 15, rue de Poinchy, 89800 Chablis, Tel. 03.86.42.46.22, Fax 03.86.42.48.23 ▼ ⵏ n. V.

DOM. DE VAUROUX 1995*
☐ 25 ha 110 000 ■ & 50·70 F

Das Werk eines Künstlers, in dem alles am rechten Platz ist, in liebenswürdigen, reizvollen Proportionen : das perlenfarbene Kleid, der Feuersteingeruch, der in Richtung Zitrusfrüchte geht, eine Nervigkeit, die durch ein Blütenrückaroma besänftigt wird. Und es ist kein »Stillleben«, glauben Sie uns !
🕿 Dom. de Vauroux, rte d'Avallon, 89800 Chablis, Tel. 03.86.42.10.57, Fax 03.86.42.49.13 ▼ ⵏ n. V.
🕿 Famille Tricon

CH. DE VIVIERS 1995**
☐ 14 ha 100 000 ■ & 50·70 F

Der 94er war in den letzten Jahr einer der Lieblingsweine ! Dieser hier ist mehr als klar : kristallklar unter dem klassischen Goldgelb. Sein Geruchseindruck ist zuerst frisch und appetitanregend, dann ein wenig empyreumatisch. Säure und Fülle wechseln sich im Geschmack ab. Die Frucht weiß sich gut in Erinnerung zu bringen. Insgesamt der bezaubendste der Chablis-Weine.
🕿 Dom. du Château de Viviers, 89700 Viviers, Tel. 03.80.61.25.02, Fax 03.80.24.37.38 ⵏ n. V.

DOM. YVON VOCORET 1995**
☐ 2 ha 11 000 ■ 30·50 F

Ein recht schöner Liebesbrief in feiner, enger Schrift ... Die Tinte ist blaßgolden. Der Duft erinnert an Akazienblüten und Weißdorn. Von der Einleitung bis zum Finale eine Folge von Bekenntnissen, die man fast mit Erstaunen wahrnimmt. Etwas trockener Stil, aber in der Distanz liegt auch ein gewisser Reiz. Nicht weit von einem Premier cru entfernt. Übrigens wurde 1995 ein fabelhafter 92er zum Lieblingswein gewählt.
🕿 Dom. Yvon Vocoret, 9, chem. de Beaune, 89800 Maligny, Tel. 03.86.47.51.60, Fax 03.86.47.57.47 ▼ ⵏ n. V.

Chablis premier cru

Er stammt aus etwa dreißig Einzellagen, die nach ihrer Lage und der Qualität ihrer Erzeugnisse ausgewählt worden sind (155 000 hl im Jahre 1996). Vom vorangehenden Wein unterscheidet er sich weniger durch einen höheren Reifegrad der Trauben als durch ein komplexeres und nachhaltigeres Bukett, in dem sich ein Aroma von Akazienblütenhonig mit einem Hauch von Jod und pflanzlichen Noten vermischt. Der Ertrag ist auf 50 hl pro Hektar begrenzt. Alle Winzer stimmen darin überein, daß er seine beste Qualität um das fünfte Jahr herum erreicht, wenn er ein Haselnußaroma annimmt. Die vollständigsten Premiers crus sind die Weine aus den Einzellagen la Montée de Tonnerre, Fourchaume, Mont de Milieu, Forêt bzw. Butteaux und Léchet.

CHRISTIAN ADINE Côte de Cuissy 1995
☐ 0,76 ha 5 500 ■ & 50·70 F

Klare blaßgelbe Farbe, zurückhaltend blumiger Duft. Lebhafte Ansprache. Er läßt sich auf der Frucht nieder und bewältigt einen ausgewogenen Parcours, wobei er seinen Durchgang mit einem angenehmen Abgang beschließt. Was soll man mehr bei Tisch verlangen ?
🕿 EARL Christian Adine, 2, allée du Château, 89800 Chablis, Tel. 03.86.41.40.28, Fax 03.86.41.45.75 ▼ ⵏ n. V.

DOM. HERVE AZO Vau de Vey 1994*
☐ 8,1 ha 8 000 ■ 50·70 F

Kann man etwas und sein Gegenteil sein ? In Burgund und vor allem in Chablis selbstverständlich ... Säure und Fülle leben hier in gutem Einvernehmen miteinander. Man könnte diesen Wein als praktische Übung in Politikwissenschaft aufgeben. Ein sehr farbintensiver Wein von guter Frische, vielversprechend. Er kann lagern.
🕿 EARL Dom. Hervé Azo, 2, rue de Champlain, Milly, 89800 Chablis, Tel. 03.86.42.43.56, Fax 03.86.42.49.79 ▼ ⵏ n. V.

DOM. BARAT Côte de Léchet 1995*
☐ 3 ha 12 000 & 50·70 F

1988 war dieser Côte de Léchet in der 85er Version einer der Lieblingsweine. Michel Barat beweist ein weiteres Mal die Qualitäten dieser

Chablis   Chablis premier cru

Einzellage. Ein ziemlich blasser Wein mit einem regelmäßigen und wohlgeordneten Aroma, der gefällig ist. Weisen wir auch auf einen 95er Monts de Milieu hin : robust und redlich.
- EARL Dom. Barat, 6, rue de Léchet, Milly, 89800 Chablis, Tel. 03.86.42.40.07, Fax 03.86.42.47.88 ◾ ✕ n. V.
- Michel Barat

DOM. BEGUE-MATHIOT
Fourchaume Vieille vigne 1995*

| | 0,16 ha | k. A. | 50-70 F |

Ein sehr offener, offenherziger und freigebiger Fourchaume von perfekter Ausführung und außergewöhnlicher Länge. Ein Premier cru mit blumigen Nuancen, der sich nach und nach wie ein Sinfonieorchester steigert. Schon wohlschmeckend und lagerfähig. Diesen Wein kann man blind buchen.
- Dom. Bègue-Mathiot, Les Epinottes, 89800 Chablis, Tel. 03.86.42.16.65, Fax 03.86.42.81.54 ◾ ✕ n. V.

DOM. BILLAUD-SIMON
Mont de Milieu 1995*

| | 3,3 ha | 25 800 | 50-70 F |

Dieser Premier cru wurde im letzten Jahr zum Lieblingswein gewählt. Ein 95er in einem zarten und leichten Stil, sehr mineralisch, mit einer durchschnittlichen Struktur, die aber den Vorteil hat, daß sie sich ohne Umschweife oder Schnörkel ausdrückt. Einfach sein ist manchmal wirklich eine Kunst.
- Dom. Billaud-Simon, 1, quai de Reugny, B.P. 46, 89800 Chablis, Tel. 03.86.42.10.33, Fax 03.86.42.48.77 ◾ ✕ Mo-Sa 9h-18h

JEAN-MARC BROCARD
Beauregard 1995**

| | 2,1 ha | 10 000 | 50-70 F |

Etikett: Domaine Sainte Claire, Chablis Premier Cru, Beauregard, 1995, Jean-Marc Brocard, Préhy, 89800 Chablis

Wahl zum Lieblingswein im letzten Jahr für den Montmains, diesmal für den Beauregard. Ein nicht sehr bekannter Premier cru, der bei diesem Erzeuger an der Spitze steht und Montée de Tonnerre, Vaucoupin und Montmains (Jahrgang) überflügelt. Das Aroma zwischen Mineralischem und Blumigem und die runde, lange, sehr ausdrucksvolle Geschmack machen ihn zu einem lagerfähigen Wein von wunderbarer Komposition.
- Jean-Marc Brocard, Préhy, 89800 Saint-Cyr-les-Colons, Tel. 03.86.41.42.11, Fax 03.86.41.70.07 ✕ Mo-Sa 8h-12h 13h30-18h ; So n. V.

DOM. DE CHANTEMERLE
Fourchaume 1995*

| | 4,8 ha | 35 000 | 50-70 F |

Die Gougères (Gebäck aus Brandteig und Hartkäse) schmelzen schon, so sehr macht ihnen dieser Fourchaume schöne Augen. Strohgelbe Farbe von mittlerer Intensität und mit schönem Schimmer. Nach Akazienblüten und Zitronen duftend. Ein forsch auftretender 95er. Er ist recht ausdrucksvoll und muß noch sein Potential entfalten.
- Dom. de Chantemerle, 27, rue du Serein, 89800 La Chapelle-Vaupelteigne, Tel. 03.86.42.18.95, Fax 03.86.42.81.60 ◾ ✕ n. V.
- Francis Boudin

DOM. DU CHARDONNAY
Mont de Milieu 1995*

| | 0,41 ha | 2 500 | 50-70 F |

Zwei 95er, die auf der gleichen Qualitätsstufe benotet wurden : ein Montmains und dieser hier, alle beide schon exzellent, aber fähig, gewinnbringend eine mehrjährige Lagerung zu verkraften. Seine Farbe kommt im Glas gut zur Geltung. Das Bukett verführt sofort durch seinen typisch mineralischen Charakter. Der Geschmack ist sehr kräftigend, stattlich und intensiv. Es gibt darin Stoff, wie man in Burgund sagt.
- Dom. du Chardonnay, Moulin du Pâtis, 89800 Chablis, Tel. 03.86.42.48.03, Fax 03.86.42.16.49 ◾ ✕ Mo-Fr 8h-12h 14h-18h ; Sa, So n. V.

DOM. DU COLOMBIER Vaucoupin 1995

| | 0,55 ha | 4 200 | 50-70 F |

Grün schimmerndes Weißgold, das ist durchaus der Chablis. Sein Bukett ist byzantinisch und dicht : reife Trauben. Guter erster Geschmackseindruck, dann immer noch jener majestätische Stil, der nicht ins Detail geht.
- Dom. du Colombier, 44, Grand-Rue, 89800 Fontenay-près-Chablis, Tel. 03.86.42.15.04, Fax 03.86.42.49.67 ◾ ✕ Mo-Sa 8h-12h 13h30-19h
- Guy Mothe et Fils

JEAN DAUVISSAT Séchet 1995**

| | 0,35 ha | 3 000 | 50-70 F |

Sehr gut, dieser unverfälschte Chablis premier cru. Blaßgoldene Farbe. Er teilt seine Liebe zwischen dem Fruchtigen und dem Mineralischen auf. Recht beständige, elegante Geschmeidigkeit. Die Jury ist sich einig : eine Flasche, die man nicht aus den Augen verlieren sollte.
- Caves Jean et Sébastien Dauvissat, 3, rue de Chichée, 89800 Chablis, Tel. 03.86.42.14.62, Fax 03.86.42.45.54 ◾ ✕ n. V.

RENE ET VINCENT DAUVISSAT
Séchet 1995*

| | 0,8 ha | 6 000 | 70-100 F |

»Die Milde möge nicht bis zur Leichtfertigkeit gehen«, schrieb der hl. Bernhard vor. In diesem Geist ist der Wein auf dem Weg zur Heiligkeit, nach gut zwei Jahren Fegefeuer im Keller. Blaßgoldene Farbe, frischer, fruchtiger Duft, holzbetonter Geschmack über einer guten Struktur. Zu weißem Fleisch.

Chablis

🍷 GAEC René et Vincent Dauvissat, 8, rue Emile-Zola, 89800 Chablis, Tel. 03.86.42.11.58, Fax 03.86.42.85.32

DOM. BERNARD DEFAIX
Côte de Léchet 1995*

| | 8 ha | k. A. | 🍾 | 50-70 F |

Eine sehr hübsche Farbe und ein interessanter Duft, in dem sich Mangos, Passionsfrüchte und eine mineralische Note vermischen. Der Geschmackseindruck ist zunächst reichhaltig und verschließt sich dann. Er wird seine Geheimnisse in ein paar Monaten enthüllen und dann einen Lachs begleiten.

🍷 Dom. Bernard Defaix, 17, rue du Château, Milly, 89800 Chablis, Tel. 03.86.42.40.75, Fax 03.86.42.40.28 ☑ ✗ n. V.

DOM. DANIEL-ETIENNE DEFAIX
Vaillon 1992**

| | 3 ha | 22 000 | 🍾 | 70-100 F |

Die Languste wird nicht entrüstet darüber sein, ihre letzten Augenblicke mit diesem 92er Vaillon zu teilen, der hier wie eine Koketterie des Urhebers erscheint. Weit gefehlt, denn dieses Gut kann seinen Wein im Keller lang aufheben und baut ihn wirklich aus. Bravo, zumal sie ihn in jedem Sinne des Wortes ausbaut. Harmonisch und komplex, anbetungwürdig! Der 88er gehörte 1994 zu den Lieblingsweinen.

🍷 Dom. Daniel-Etienne Defaix, 14, rue Auxerroise, B.P. 50, 89800 Chablis, Tel. 03.86.42.42.05, Fax 03.86.42.48.56 ☑ ✗ tägl. 9h-12h 14h-18h; 1. Jan.-20. Febr. geschlossen

JEAN-PAUL DROIN Vaillons 1995**

| | 4,82 ha | 38 000 | 🍾🍾 | 70-100 F |

Jean-Paul Droin, dessen 89er Montée de Tonnerre 1992 zum Lieblingswein gewählt wurde, gelingt mit seinen 95ern ein schöner Mehrfacherfolg. Wir haben ohne Zögern dem Vaillons den Vorzug gegeben. Ein sehr kräftiger Wein, ob es sich um die Farbe oder das Bukett handelt. Ein völlig honigartiger Charakter gleicht ihn aus. Einschmeichelnd und verheißungsvoll.

🍷 Jean-Paul Droin, 14 bis, rue Jean-Jaurès, 89800 Chablis, Tel. 03.86.42.16.78, Fax 03.86.42.42.09 ☑ ✗ n. V.

DOM. FOURREY ET FILS Vaillons 1995

| | 2 ha | 4 000 | 🍾 | 50-70 F |

Die schöne grüngoldene Farbe kündigt die Freimütigkeit dieses Weins an, der in der Ansprache lebhaft ist und sich dann rund entwickelt, wobei das Aroma jedoch nicht zum Ausdruck kommt. Zwei Jahre warten, bevor man die Tür öffnet.

🍷 Dom. Fourrey et Fils, 9, rue du Château, Milly, 89800 Chablis, Tel. 03.86.42.44.04, Fax 03.86.42.84.78 ☑ ✗ n. V.

RAOUL GAUTHERIN ET FILS
Vaillons 1994**

| | 3,7 ha | 8 400 | 🍾🍾 | 50-70 F |

Strahlendes Gold, das sich zu wilden weißen Blüten entfaltet, Weißdornsträucher: ein großer Vaillons. Die Ausgewogenheit regiert. Der Duft wird von einer sehr angenehmen Säure unterstützt. Feinheit und Fülle, ein sehr schöner

Chablis premier cru

»Anschauungsunterricht«, um den Chablis zu lernen.

🍷 GAEC Raoul Gautherin et Fils, 6, bd Lamarque, 89800 Chablis, Tel. 03.86.42.11.86, Fax 03.86.42.42.87 ☑ ✗ n. V.

DOM. DES GENEVES Vaucoupin 1995*

| | 0,66 ha | 5 000 | 🍾🍾 | 50-70 F |

Ein guter Wein, den man bald trinken muß. Ziemlich blasse weißgoldene Farbe, dann eine subtile Fülle, die eine mineralische Frische harmonisch macht: zwei Sätze einer hübschen Chablis-Sinfonie. Ein paar Anzeichen von Entwicklung reizen dazu, diese Flasche vor dem nächsten Sommer aufzumachen.

🍷 Dom. des Genèves, 3, rue des Fourneaux, 89800 Fleys, Tel. 03.86.42.10.15, Fax 03.86.42.47.34 ☑ ✗ n. V.
🍷 Dominique Auffrère

JEAN-PIERRE GROSSOT
Vaucoupin 1995**

| | 1,45 ha | 10 000 | 🍾🍾 | 70-100 F |

Bei diesem Winzer bestreiten Fourneaux und Vaucoupin (der 89er war 1992 Lieblingswein) immer eine Finale. Der Vaucoupin gewinnt diesmal mit einer guten Länge Vorsprung. Seine mineralische Sanftheit und ein kluger Hauch von Säure erlauben es ihm, sich mit allen Hoffnungen zu verwirklichen, die eine funkelnde Farbe und ein intensives Bukett hervorrufen.

🍷 Corinne et Jean-Pierre Grossot, 4, rte de Mont-de-Milieu, 89800 Fleys, Tel. 03.86.42.44.64, Fax 03.86.42.13.31 ☑ ✗ n. V.

DOM. MICHEL GUITTON
Montmains 1995*

| | 0,7 ha | 4 000 | 🍾🍾 | 70-100 F |

Beauroy oder Montmains? Die Jury hat diese beiden Weine lang probiert und sich zum Schluß für diesen hier entschieden. Zweifellos vanilleartig, aber von echter Qualität und erstaunlicher Länge.

🍷 Dom. Michel Guitton, 2, rue de Poinchy, 89800 Chablis, Tel. 03.86.42.43.14, Fax 03.86.42.17.64 ☑ ✗ tägl. 8h-20h

THIERRY HAMELIN Vau Ligneau 1995

| | 1,6 ha | 12 200 | 🍾 | 50-70 F |

Dieser blaßgoldene 95er mit dem diskreten Duft bewegt sich mit gemessenen Schrittes in Richtung Komplexität. Heute ist er eher mineralisch und recht typisch. Klar und ausgewogen. Er dürfte sich gut entwickeln.

🍷 Thierry Hamelin, 1, imp. de la Grappe, 89800 Lignorelles, Tel. 03.86.47.52.79, Fax 03.86.47.53.41 ☑ ✗ n. V.

DOM. DES ILES Côte de Léchet 1995*

| | 3 ha | k. A. | 🍾🍾 | 50-70 F |

Wir mochten Fourchaume und Beauroy, die wir gleichermaßen empfehlen. Die Siegespalme geht jedoch an diesen Côte de Léchet aufgrund seiner bemerkenswerten Vitalität. Er kann seine natürliche Lebhaftigkeit mit Fülle umhüllen. Hübsche Farbe und einwandfreier Geruchseindruck. Ein bis zwei Jahre Lagerung, damit er seine optimale Qualität erreicht.

BURGUND

Chablis

●┐ Gérard Tremblay, 12, rue de Poinchy,
89800 Chablis, Tel. 03.86.42.40.98,
Fax 03.86.42.40.41 ✪ ⛌ n. V.

LA CHABLISIENNE Mont de Milieu 1995

| ☐ | k. A. | k. A. | ⏺ 70-100F |

Vielleicht hätte man ihn besser würdigen können, wenn der Holzton nicht so stark wäre. Denn sucht man nicht zuerst nach dem Wein ? Im Augenblick ist er sehr im Hintergrund. Dennoch scheint der Stoff - gemeint sind die Trauben - erstklassig zu sein. Lassen Sie ihn altern, um sich davon zu überzeugen.
●┐ La Chablisienne, 8, bd Pasteur, B.P. 14,
89800 Chablis, Tel. 03.86.42.89.89,
Fax 03.86.42.89.90 ✪ ⛌ tägl. 8h-12h 14h-18h

DOM. DE LA CONCIERGERIE
Montmains 1995**

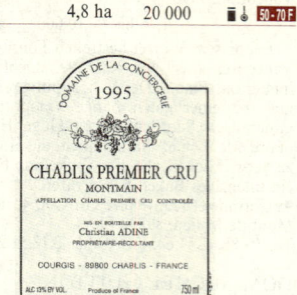

| ☐ | 4,8 ha | 20 000 | ⏺ 50-70F |

Goldgelb mit grünem Schimmer. Ein Montmains, der nach Haselnüssen und Weißdorn duftet, von glänzender Feinheit. Einer der schönsten Erfolge in dieser Reihe. Mit einem bemerkenswerten Potential obendrein. Das ist genau unsere Definition für einen Lieblingswein : Eleganz und Struktur in großartiger Verschmolzenheit.
●┐ EARL Christian Adine, 2, allée du Château,
89800 Chablis, Tel. 03.86.41.40.28,
Fax 03.86.41.45.75 ✪ ⛌ n. V.

DOM. DE LA MALADIERE
Fourchaume 1995**

| ☐ | 3,62 ha | 28 900 | ⏺ 70-100F |

Erzeugt von dem unvermeidlichen William Fèvre, dessen 94er Montmains im letzten Jahr zum Lieblingswein gewählt wurde. Dieser Fourchaume zeigt unter seiner hellgelben Farbe einen vorbildlichen Holzton. Ein Erfolg in diesem Stil, bei dem der Wein und das Faß vierhändig dasselbe Stück spielen. Der Boden und die Rebsorte können sich dennoch mit genug Weite und Beständigkeit ausdrücken. Eines Hechts würdig. Der 95er Montmains erhält einen Stern. Er ist ebenfalls lagerfähig.
●┐ William Fèvre, 14, rue Jules-Rathier,
89800 Chablis, Tel. 03.86.42.12.51,
Fax 03.86.42.19.14 ✪ ⛌ tägl. 9h-12h 13h30-17h30

Chablis premier cru

LAMBLIN ET FILS
Montée de Tonnerre 1995*

| ☐ | k. A. | 5 000 | ⏺ 50-70F |

Drei 95er von diesem Erzeuger überqueren die Meßlatte : Fourchaume, Beauroy und dieser Montée de Tonnerre, der eine leichte Goldfarbe und ein für diese Reblage sehr typisches Bukett besitzen. Hinzu kommen geröstete Mandeln, Walnüsse und Cashewkerne. Zu einem Zanderfilet mit Zitronensauce !
●┐ Lamblin et Fils, 89800 Maligny,
Tel. 03.86.47.40.85, Fax 03.86.47.50.12 ✪
⛌ Mo-Fr 8h-12h30 14h-17h ; Sa n. V.

DOM. DE LA MOTTE
Vauligneau Elevé en fût de chêne 1995**

| ☐ | 1,08 ha | 8 000 | ⏺ 50-70F |

Eine hübsch formulierte Fabel von La Fontaine, die die Sonne mit einer diskreten Bräune erhellt. Der Duft reimt sich auf den Geschmack, auf eine poetische und bildhafte Weise. Man spürt die Steinchen und Steine über einem sanften und eleganten Rhythmus. Und die Moral ? Dieser 95er wartet nur auf eine Sache : daß er getrunken wird.
●┐ SCEA Dom. de La Motte, 41, rue du Ruisseau, 89800 Beines, Tel. 03.86.42.49.61,
Fax 03.86.42.49.63 ✪ ⛌ n. V.
●┐ Michaut

DOM. LAROCHE
Fourchaume Vieilles vignes 1995**

| ☐ | 2 ha | 10 000 | ⏺ 100-150F |

Hut ab ! Man begrüßt respektvoll diesen Fourchaume Vieilles vignes, der es wert ist, daß man ihn ein bis zwei Jahre altern läßt. Dieses Gut, das 1990 und 1995 Lieblingsweine hatte, präsentiert hier einen stroh- bis goldgelben Wein. Der sehr komplexe Duft, blumig, fruchtig und mineralisch zugleich, ist begeisternd. Im Geschmack Äpfel und Birnen über einem ebenfalls mineralischen Untergrund, große Konzentration. Der Fisch muß ihm gewachsen sein.
●┐ Dom. Laroche, L'Obédiencerie, 22, rue Louis-Bro, B.P. 33, 89800 Chablis,
Tel. 03.86.42.89.00, Fax 03.86.42.89.29 ✪ ⛌ n. V.
●┐ Michel Laroche

DOM. DE L'EGLANTIERE
Vau de Vey 1995*

| ☐ | 6 ha | 40 000 | ⏺ 50-70F |

Man ist angenehm überrascht über diesen Vau de Vey, der sich mit einem einer recht strahlenden Farbe, aber mit einem ziemlich verschlossenen Geruchseindruck (ein paar Noten Feuerstein) präsentiert. Er zeigt nämlich eine sehr überzeugende Präsenz, sobald er den Gaumen berührt. Vollkommene Klarheit bis zum Abgang, Frische und eine gewisse Komplexität. Ein 90er Montmains gehörte 1993 zu den Lieblingsweinen.
●┐ SA Jean Durup Père et Fils, 4, Grande-Rue, 89800 Maligny, Tel. 03.86.47.44.49,
Fax 03.86.47.55.49 ✪ ⛌ n. V.

Chablis | Chablis premier cru

CH. LONG-DEPAQUIT
Les Vaillons 1995*

| | 2,3 ha | 17 000 | | 50-70 F |

Ein interessanter Vaucoupins, aber der Vaillons ist wirklich der bessere ! Seine Farbe verführt. Sein etwas säuerlicher Duft regt die Phantasie an. Zurückhaltend, sehr fein, noch verschlossen (in diesem Alter normal). Er gewinnt vielleicht in einem Jahr einen weiteren Stern.
➥ Dom. Long-Depaquit, 45, rue Auxerroise, 89800 Chablis, Tel. 03.86.42.11.13,
Fax 03.86.42.81.89 ☑ ☓ Mo-Sa 9h-18h

DOM. DES MALANDES
Montmains 1995**

| | 1,18 ha | 9 000 | | 50-70 F |

Schöner Glanz über einem ziemlich festen Ton. Feinheit bereichert ein Aroma, in dem weiße Blüten dominieren. Dann eine gut vorgetragene Attacke von subtiler Nervigkeit und mitteilsamem Schwung. Lang andauernde Erregung der Geschmacksknospen. Er wird sich halten. Ein 87er Côte de Léchet wurde 1990 zum Lieblingswein gewählt.
➥ Dom. des Malandes, 63, rue Auxerroise, 89800 Chablis, Tel. 03.86.42.41.37,
Fax 03.86.42.41.97 ☑ ☓ n. V.
➥ Marchive

DOM. DES MARRONNIERS
Montmains 1995*

| | 2,5 ha | 20 000 | | 50-70 F |

Die Zeit wird ihm helfen, sich auszudrücken, aber vertrauen Sie uns, es ist sein typischer Charakter. Strahlende blaßgoldene Farbe. Er ist durch eine gute Frucht geprägt. Frisch im Duft. Nach guter Ansprache findet man grüne Äpfel und eine mineralische Mentholnote, die sich auf eine schöne Ausgewogenheit stützen. Dieser Wein muß zwei Jahre warten, bevor er unsere Krustentiere begleiten kann.
➥ Bernard Légland, Grande-Rue-de-Chablis, Préhy, 89800 Saint-Cyr-les-Colons,
Tel. 03.86.41.42.70, Fax 03.86.41.45.82 ☑ ☓ tägl. 8h-20h

DOM. JEAN-CLAUDE MARTIN
Les Forêts Cuvée Claudia 1995

| | 0,25 ha | k. A. | | 50-70 F |

Er paßt zu Schinken in Chablis-Wein - eine kostbare Verstärkung, dieser sehr intensive, sinnliche, nachdrückliche Wein, den eine lebhafte Note im Abgang auf den rechten Weg zurückbringt. Viel Tiefe und Alkohol. Lagerung : nicht mehr als ein bis zwei Jahre.
➥ Jean-Claude Martin, rue de Chante-Merle, 89800 Chablis, Tel. 03.86.41.40.33,
Fax 03.86.41.47.10 ☑ ☓ Mo-Fr 9h-12h 14h-19h ; Sa, So n. V. ; 15.-30. Aug. geschlossen

LOUIS MICHEL ET FILS
Montmains 1995*

| | 6 ha | 35 000 | | 50-70 F |

Während wir auf eine Montée de Tonnerre mit schönem Schwung hinweisen, geben wir diesem Montmains den Vorzug. Er beginnt mit Zitronen und Pampelmusen, setzt sich mit Croissant mit Butter fort, hält im Mund Einzug, als hätte man schon immer auf ihn gewartet, und macht es sich bequem. Vergnügen und Charakter, er hat Klasse. Man kann ihn trinken oder lagern.
➥ Louis Michel et Fils, 9, bd de Ferrières, 89800 Chablis, Tel. 03.86.42.88.55,
Fax 03.86.42.88.56 ☑ ☓ n. V.

MOREAU-NAUDET ET FILS
Montmains 1995*

| | 1,45 ha | 2 500 | | 50-70 F |

Dieser 95er, dessen Bukett bereits entfaltet ist, riecht ein wenig nach Pilzen. Der sehr runde und gut verschmolzene Geschmack ist von echter Feinheit und wird sich mit dem Alter verstärken.
➥ GAEC Moreau-Naudet, 5, rue des Fossés, 89800 Chablis, Tel. 03.86.42.14.83,
Fax 03.86.42.85.04 ☑ ☓ tägl. 8h-20h
➥ Roger et Stéphane Moreau

GILBERT PICQ ET SES FILS
Vaucoupin 1995**

| | 0,5 ha | 3 500 | | 50-70 F |

Vaucoupin ist schnell zu unserem Freund geworden und wird sich bei Tisch perfekt ausnehmen. Dieser 95er mit der hellen Farbe hat einen unternehmungslustigen, lebhaften, mineralischen Duft. Er zeigt eine klare Ansprache und verabschiedet sich mit einer Feuersteinnote. Die Fülle ist nicht seine Stärke, aber wir finden hier ein Vorbild an typischem Charakter.
➥ Gilbert Picq et ses Fils, 3, rte de Chablis, 89800 Chichée, Tel. 03.86.42.18.30,
Fax 03.86.42.17.70 ☑ ☓ n. V.

DOM. PINSON La Forêt 1995*

| | 0,7 ha | 5 000 | | 50-70 F |

Sie erinnern sich an das Chanson Le Petit bonheur, das Félix Leclerc sang ? Nun, dieser Wein scheint sich davon inspirieren zu lasen, sein Leben zu ordnen. Kräftige Farbe, ein Duft, der durch die Belüftung angeregt wird, strahlender Geschmack. Pflanzlich, ohne grasig zu sein. Ein Wein, der die Gabe hat zu gefallen. Erwähnen wir auch den 95er Mont de Milieu, der ganz und gar angenehm ist.
➥ SCEA Dom. Pinson, 5, quai Voltaire, 89800 Chablis, Tel. 03.86.42.10.26,
Fax 03.86.42.49.94 ☑ ☓ n. V.

DENIS POMMIER Fourchaume 1995**

| | 0,25 ha | 1 500 | | 50-70 F |

Der 95er Fourchaume besitzt einige Vorzüge mehr als der Côte de Léchet, der ebenfalls sehr gut ist. Er zieht für Sie alle Register : angenehm goldgelbe Farbe, aber mit zurückhaltendem Glanz, sehr frühlingshafter Duft, lebhafte und wohlausgewogene Ansprache, schöner, mentholartiger Reichtum, Zitrusfrüchte und exotische Früchte.
➥ Denis Pommier, 31, rue de Poinchy, Poinchy, 89800 Chablis, Tel. 03.86.42.83.04,
Fax 03.86.42.17.80 ☑ ☓ tägl. 9h-20h

DENIS RACE Mont de Milieu 1995**

| | k. A. | 2 700 | | 50-70 F |

Der Montmains in diesem Jahrgang und mit diesem Etikett ist gelungen, erregt aber weniger

BURGUND

Chablis

Aufmerksamkeit als der treffend benannte Mont de Milieu. Er zeigt eine perfekte Farbe und hält tatsächlich die Mitte zwischen Zitronen, exotischen Früchten und dem mineralischen Charakter des Anbaugebiets. Er füllt den Mund aus und läßt die Traube zu Wort kommen. Überbackene Krebse, Seezunge auf Müllerinart: Sagen Sie der Köchin, sie solle sich selbst übertreffen.
↬ Denis Race, 5 a, rue de Chichée,
89800 Chablis, Tel. 03.86.42.45.87,
Fax 03.86.42.81.23 ✉ ☎ n. V.

FRANCINE ET OLIVIER SAVARY
Fourchaume 1995**

| ☐ | 0,75 ha | 4 000 | 🍾🥂 | 50-70 F |

»Milde bewirkt mehr als Gewalt«, mahnt der Fabeldichter. Ein Fourchaume, ein sehr typischer Fourchaume, sanft und mineralisch, an grüne Früchte erinnernd über einer Fülle, die endlos lang dahingleitet. Ein wenig leicht in der Farbe, fein und blumig im Duft. Man kann ihn schon jetzt trinken.
↬ Francine et Olivier Savary, 4, chem. des Hates, 89800 Maligny, Tel. 03.86.47.42.09,
Fax 03.86.47.55.80 ✉ ☎ n. V.

DOM. SERVIN Vaillons 1994*

| ☐ | 2,8 ha | 7 500 | 🍾🍷 | 50-70 F |

Ein echter trockener Weißwein, der die Tugenden des Cru zur Geltung bringt: genug Farbe, aber nicht zuviel, eine schöne Ausbeute an Aromen, die man hinter einem fast verschlossenen Geruchseindruck erwartet, ein gefälliger und sehr fröhlicher Geschmack, der den Beginn einer Entwicklung andeutet. Jetzt aufmachen.
↬ SCE Dom. Marcel Servin, 20, av. d'Oberwesel, 89800 Chablis, Tel. 03.86.42.12.94, Fax 03.86.42.12.33 ✉ ☎ n. V.

SIMONNET-FEBVRE
Mont de Milieu 1995*

| ☐ | k. A. | 27 000 | 🍾🥂 | 70-100 F |

Ganz blaß und sehr klar. Er entfaltet ein blumiges Aroma. Nach einem ersten weinigen, stolzen Eindruck stellt sich im Geschmack die Breite ein. Er trägt dem nicht Rechnung und bietet dann Blütennoten und mineralische Nuancen.
↬ Simonnet-Febvre et Fils, 9, av. d'Oberwesel, B.P. 12, 89800 Chablis, Tel. 03.86.42.11.73,
Fax 03.86.42.19.76 ✉ ☎ Mo-Fr 9h-12h 14h-17h; Sa, So u. feiertags n. V.

DOM. LAURENT TRIBUT
Côte de Léchet 1995

| ☐ | 0,6 ha | 4 000 | 🍾🍷🥂 | 50-70 F |

»Man wohnt der Geburt eines Weins bei«, notierte die Jury, die auf seine gute Entwicklung wettet. Der leichte Holzton verbirgt nämlich nicht die charakteristische mineralische Note und auch nicht das Aroma von weißen Blüten und Lindenblüten. Schon rund, aber noch mit einer säuerlichen Spitze in der Ansprache. Er braucht sechs Monate bis ein Jahr, bevor man ihn servieren kann.
↬ Laurent Tribut, 15, rue de Poinchy,
89800 Chablis, Tel. 03.86.42.46.22,
Fax 03.86.42.48.23 ✉ ☎ n. V.

Chablis grand cru

DOM. OLIVIER TRICON
Montmains 1995*

| ☐ | 2,19 ha | k. A. | 🍾🥂 | 70-100 F |

Ein Wein mit einem großen Alterungspotential, der über kleineren Feuerstein- und Zitrusnoten eine Farbe von mittlerer Intensität zeigt. Aber die Struktur ist schön und bietet eine geschmackliche Konstanz, die ein anisartiges Rückaroma bereichert. Eine wunderbare Länge.
↬ Olivier Tricon, rte d'Avallon, 89800 Chablis, Tel. 03.86.42.10.37, Fax 03.86.42.49.13 ✉
☎ Mo-Fr 8h-12h 13h30-18h; Sa, So n. V.

DOM. DE VAUROUX
Montée de Tonnerre 1995*

| ☐ | 1,11 ha | 8 000 | 🍾🥂 | 70-100 F |

Man muß ihn altern lassen, denn die Säure ist noch sehr deutlich spürbar. Das ist hier die Lebhaftigkeit des Chablis, rund um ein Aroma von exotischen Früchten mit einem Hauch von Haselnüssen. Man sagt, daß er ziemlich gut »chardonniert«. Das wird einmal ein hübscher Wein, der seinem Namen gerecht wird.
↬ Dom. de Vauroux, rte d'Avallon,
89800 Chablis, Tel. 03.86.42.10.37,
Fax 03.86.42.49.13 ✉ ☎ n. V.

HENRI DE VILLAMONT
Fourchaume 1995**

| ☐ | k. A. | k. A. | 🍷 | 30-50 F |

Fourchaume ist der vornehme Herr in diesem Gebiet. Er thront hier. Das Aussehen ist liebenswürdig, ohne zuviel Farbe. Der Geruchseindruck ist ein wenig verschlossen, ein klein wenig blumig. Am Gaumen glorios mit einer Honignote von bestem Geschmack. Dieser Wein wird gut fünf Jahre leben, denn seine Struktur ist solide. Ausgezeichnetes Preis-Leistungs-Verhältnis.
↬ Henri de Villamont, rue du Docteur-Guyot, B.P. 3, 21420 Savigny-lès-Beaune,
Tel. 03.80.24.70.07, Fax 03.80.22.54.31 ☎ n. V.

DOM. VOCORET ET FILS
Montée de Tonnerre 1995**

| ☐ | 1,4 ha | 10 000 | 🍾🍷 | 50-70 F |

Das Kap zum Jahr 2000: Auch wenn dieser Montée de Tonnerre sehr blaß ist, läßt er sich durch den Weg, den er zurücklegen muß, nicht entmutigen und kann mit dem Gipfel des Hangs großartig sein. Röstnoten und blumige Nuancen sowie eine warme Kraft gehören zu den Qualitäten, die sich allein schon in diesem Wein vereinigen.
↬ Dom. Vocoret et Fils, 40, rte d'Auxerre,
89800 Chablis, Tel. 03.86.42.12.53,
Fax 03.86.42.10.39 ✉ ☎ n. V.

Chablis grand cru

Der Chablis grand cru kommt von den besten Hängen am rechten Ufer, die in sieben Einzellagen unterteilt

Chablis

sind : Blanchot, Bougros, les Clos, Grenouille, Preuses, Valmur und Vaudésir. Er besitzt alle Qualitäten der vorangehenden Chablis-Weine in erhöhtem Maße, weil sich seine Reben von einem Boden ernähren, der lehmig-steinige Ablagerungen enthält. Wenn die Vinifizierung gelingt, ist ein Chablis grand cru ein vollständiger Wein von großer aromatischer Nachhaltigkeit ; der Boden verleiht ihm einen schneidenden Charakter, der ihn von seinen Rivalen aus dem Süden unterscheidet. Seine Alterungsfähigkeit ist verblüffend, denn er benötigt acht bis zehn Jahre, um mild und harmonisch zu werden und ein unvergeßliches Bukett zu erwerben, das an Feuerstein und bei les Clos sogar an Schießpulver erinnert ! Er leidet vor allem unter der Vereinheitlichung der Arbeitsmethoden bei manchen Erzeugern. 1996 wurden davon 5 300 hl erzeugt.

DOM. BILLAUD-SIMON
Les Blanchots Vieilles vignes 1994*

	0,2 ha	1 277		100-150 F

Ein Gut, das seit 1815 in Familienbesitz ist. Ein 95er Preuses und dieser 94er Blanchots Vieilles vignes befinden sich auf dem gleichen Niveau. Letzterer hat dennoch von der Jury den Vorzug erhalten. Er ist fein und sehr blumig. Dank einer Säure, die ihn geschickt zu einer glücklichen Zukunft führt, läßt er das Vergnügen andauern. Ein strikter und wirkungsvoller Wein, der auf das Wesentliche abzielt. Der 92er Preuses des Guts gehörte in der Ausgabe 1996 unseres Weinführers zu den Lieblingsweinen.
↝ Dom. Billaud-Simon, 1, quai de Reugny, B.P. 46, 89800 Chablis, Tel. 03.86.42.10.33, Fax 03.86.42.48.77 ▨ ⏃ Mo-Sa 9h-18h

BOUCHARD PERE ET FILS
Bougros 1994

	k. A.	k. A.		100-150 F

Nicht bloß eine Wahlmöglichkeit, die Lagerung ist eine zwingende Notwendigkeit für diesen Wein, der sich mit einer schönen Farbe präsentiert, die leicht und strahlend ist. Der Duft ist flüchtig und schüchtern, der Holzton rund und recht harmonisch, der Geschmack klassisch und sanft, aber ohne viel Bemühen um Originalität. Zweifellos noch verschlossen.
↝ Bouchard Père et Fils, Au Château, B.P. 70, 21202 Beaune Cedex, Tel. 03.80.24.80.24, Fax 03.80.24.97.56 ⏃ n. V.

DOM. JEAN COLLET ET FILS
Valmur 1995

	0,5 ha	3 560		100-150 F

Dieser Valmur mit dem holzbetonten Aroma über leichten Noten von Crème anglaise (dickflüssige Vanillecreme) und über einem Ton von angenehmer Frische. Lebhaft, elegant und von guter Lagerfähigkeit. Er wird sich mit der Zeit entfalten.

Chablis grand cru

↝ Dom. Jean Collet et Fils, 15, av. de la Liberté, 89800 Chablis, Tel. 03.86.42.11.93, Fax 03.86.42.47.43 ▨ ⏃ Mo-Sa 9h-12h 13h30-18h

JEAN DAUVISSAT Les Preuses 1995*

	0,7 ha	4 000				100-150 F

1995 wurde der 92er zum Lieblingswein gewählt. Diese Reblage ist das »Schlachtroß« des Guts. Dieser klare, reine und deutliche 95er ist ziemlich holzbetont und verbindet damit eine Anisaroma und mineralische Noten sowie einen Hauch von frischer Butter und Akazienblüten. Der Wein gewinnt somit die Oberhand. Der Abgang ist beeindruckend.
↝ Caves Jean et Sébastien Dauvissat, 3, rue de Chichée, 89800 Chablis, Tel. 03.86.42.14.62, Fax 03.86.42.45.54 ▨ ⏃ n. V.

RENE ET VINCENT DAUVISSAT
Les Preuses 1995**

	1 ha	6 000		100-150 F

Sie können sich für den 95er Le Clos interessieren oder für den leicht besseren Les Preuses aus demselben Jahrgang, einen Wein, der übrigens 1991 (als 88er) zu den Lieblingsweinen gehörte. Seine schöne, chablistypische Präsenz stützt sich auf Nuancen von Backwaren und mineralische Noten. Die Verkostung steigert sich bis zu einem liebhaften und frischen Hauch über einer sehr femininen Zartheit. Gut gearbeiteter Holzton.
↝ GAEC René et Vincent Dauvissat, 8, rue Emile-Zola, 89800 Chablis, Tel. 03.86.42.11.58, Fax 03.86.42.85.32

JEAN-PAUL DROIN Valmur 1995*

	1,02 ha	7 400		100-150 F

Wenn uns unsere Erinnerung nicht trügt, sind schon vier Weine dieses Erzeugers in der Appellation Chablis grand cru zu Lieblingsweinen gewählt worden. Ein Rekord ! Der 95er erreicht nicht dieses Niveau, erscheint dabei aber strukturiert genug, um sich zu entwickeln, sobald der Holzton völlig verschmolzen sein wird. Legen Sie ihn beiseite, um damit das Jahr 2000 zu feiern.
↝ Jean-Paul Droin, 14 bis, rue Jean-Jaurès, 89800 Chablis, Tel. 03.86.42.16.78, Fax 03.86.42.42.09 ▨ ⏃ n. V.

JOSEPH DROUHIN Vaudésir 1995**

	k. A.	k. A.		100-150 F

Eine 1880 gegründete Firma, die sich ausschließlich dem burgundischen Weinbaugebiet und ihren Weinbergen in Oregon widmet. Hier ein bemerkenswerter Vaudésir : Tränen am Glas, eine gelbe Farbe, die ins Goldene geht, und Glyzerin. Der angenehme Duft nach getoastetem Brot und Mandeln läßt das Holzfaß im Namen der Resorte und des Anbaugebiets reden. Auch wenn sich Vaudésir hier auf »désir« (Wunsch) reimt, kommen im Geschmack ein großer Charakter und jene für Chablis typische Note von Musseronpilzen im Abgang zum Ausdruck. Sehr lang !
↝ Joseph Drouhin, 7, rue d'Enfer, 21200 Beaune, Tel. 03.80.24.68.88, Fax 03.80.22.43.14 ⏃ n. V.

Chablis — Chablis grand cru

ALAIN GEOFFROY Les Clos 1994

| | k. A. | 5 000 | 100-150 F |

Sehr einschmeichelnd. Man sollte ihn schon jetzt entkorken, denn er wird vielleicht nicht ewig seine unverschämte Jugend bewahren. Intensive strohgelbe Farbe, grüne Zitronen. Er geht im Geschmack ziemlich rasch vorüber, ohne deswegen ungerührt zu lassen.
➥ Dom. Alain Geoffroy, 4, rue de l'Equerre, 89800 Beines, Tel. 03.86.42.43.76, Fax 03.86.42.13.30 ✓ ⚑ n. V.

DOM. MICHEL GUITTON
Les Clos 1994*

| | 0,16 ha | 1000 | | 100-150 F |

Michel Guitton hat das Gut seines Schwiegervaters Maurice Michel übernommen. Seine Söhne verkörpern die sechste Generation dar. Dieser sehr gelbe, goldgelb schimmernde Les Clos kündigt sich ausdrucksvoll an. Man bemerkt ihn am Duft nach Bienenwachs, frischen Feigen und Honig. Dieser Chardonnay aus Chablis spielt einen Meursault. Er ist überdurchschnittlich körperreich, mit noch einem Rest von Lebhaftigkeit, und bleibt auf einem entwickelten Niveau, das in Richtung getrocknete Früchte geht.
➥ Dom. Michel Guitton, 2, rue de Poinchy, 89800 Chablis, Tel. 03.86.42.43.14, Fax 03.86.42.17.64 ✓ ⚑ tägl. 8h-20h

DOM. DES ILES Valmur 1995**

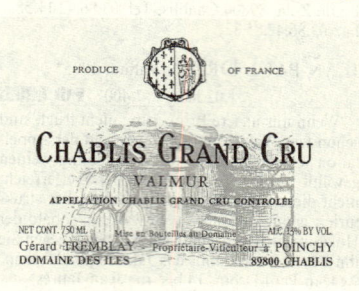

| | 0,5 ha | 2 500 | | 100-150 F |

Das, was man als katzenhaften Wein bezeichnet. Er schnurrt im Glas, liebt Zärtlichkeit und ist überaus liebenswürdig, sofern man sich um ihn kümmert. Orangenschalen, eine mineralische Note, Vanille und Haselnüsse - der Duft ist ein Genuß. Tadelloses Aussehen. Der volle Geschmack enthüllt, wie man uns sagt, einen Hauch von Geräuchertem und alle Merkmale eines großen Chablis. Wahl zum Lieblingswein : Hier stimmt alles !
➥ Gérard Tremblay, 12, rue de Poinchy, 89800 Chablis, Tel. 03.86.42.40.98, Fax 03.86.42.40.41 ✓ ⚑ n. V.

LA CAVE DU CONNAISSEUR
Les Clos 1994**

| | k. A. | 1 200 | | 100-150 F |

Intensives Goldgelb. Er ist der Prophet im eigenen Land. Auch wenn er wegen des Geschmacks trinkreif ist und wegen des Geruchseindrucks noch altern sollte, wird er in jedem Fall als füllig und einschmeichelnd beurteilt. Er ist sehr harmonisch über Eindrücken von fast gekochten Früchten, Wachs und Honig und wird seiner Appellation gerecht.
➥ La Cave du Connaisseur, rue des Moulins, 89800 Chablis, Tel. 03.86.42.48.36, Fax 03.86.42.49.84 ✓ ⚑ tägl. 10h-18h30

LA CHABLISIENNE Bougros 1995*

| | k. A. | k. A. | | | 100-150 F |

Gut, aber er muß altern, damit er sich bestätigt und seine ganze Komplexität enthüllt. Fein und leicht, ein hellgoldener Wein mit ausdrucksvollem Bukett. Geschmeidiger, frischer Körper. Aussicht auf einen hübschen Erfolg.
➥ La Chablisienne, 8, bd Pasteur, B.P. 14, 89800 Chablis, Tel. 03.86.42.89.89, Fax 03.86.42.89.90 ✓ ⚑ tägl. 8h-12h 14h-18h

LA CHABLISIENNE Vaudésir 1995*

| | k. A. | k. A. | | 100-150 F |

Das Eichenholz dominiert in diesem 95er. Einige werden diese Neigung für zu ausgeprägt halten. Andere werden sich dafür entscheiden, diesen Vaudésir einzukellern und ihn in zwei bis drei Jahren zu servieren : Die Vereinigung wird vollzogen sein, und es werden nur die Qualitäten übrigbleiben, die einen Grand cru ausmachen.
➥ La Chablisienne, 8, bd Pasteur, B.P. 14, 89800 Chablis, Tel. 03.86.42.89.89, Fax 03.86.42.89.90 ✓ ⚑ tägl. 8h-12h 14h-18h

DOM. DE LA MALADIERE
Vaudésir 1994**

| | 1,21 ha | 8 700 | | 100-150 F |

Wenn sich William Fèvre nicht um sein großartiges Weingut in Chile kümmert, erzeugt er großartige Chablis-Weine wie diesen hier, der eine perfekte goldgelbe Farbe und einen vibrierenden Duft (kräftiger, aber holzbetonter Tiergeruch) besitzt. Er zeigt eine klare Ansprache und stützt sich auf einen Toastgeschmack und eine angenehme Säure. Dieser 94er beweist echte Klasse. Der 89er Bougros und der 86er Vaudésir waren Lieblingsweine.
➥ William Fèvre, 14, rue Jules-Rathier, 89800 Chablis, Tel. 03.86.42.12.51, Fax 03.86.42.19.14 ✓ ⚑ tägl. 9h-12h 13h30-17h30

LAMBLIN ET FILS Vaudésir 1995

| | k. A. | 3 000 | | 100-150 F |

Ein großer Klassiker : goldene Farbe mit grünen Reflexen, blumig, recht chardonnaytypisch im Geschmack, in dem er sich über Noten von getrockneten Früchten und Unterholz als ziemlich füllig, ausgewogen, kräftig und nachhaltig zeigt. Die Frucht ist klar und fest und verdient eine zwei- bis dreijährige, vielleicht noch längere Lagerung.
➥ Lamblin et Fils, 89800 Maligny, Tel. 03.86.47.40.85, Fax 03.86.47.50.12 ✓ ⚑ Mo-Fr 8h-12h30 14h-17h ; Sa n. V.

DOM. LAROCHE Les Blanchots 1994**

| | 2,5 ha | 20 000 | | 150-200 F |

In dem schönen Haus aus dem 9. Jh., das die Familie Laroche bewohnt, kann man eine Traubenpresse aus dem 13. Jh. bewundern. 90 % der

Chablis

Weine des Guts gehen in alle möglichen Länder der Erde. Man versteht es, wenn man diesen strukturierten, unmißverständlichen Wein probiert. Er ist von großartiger Nachhaltigkeit und ehrt den Jahrgang 1994, zumal er gut altern wird. Unter einer schönen Erscheinung erinnert sein Bukett an eine Platte mit Muscheln und an den Jodgeruch des Meeres. Sogar die Zitronenscheibe fehlt darin nicht. Der Geschmack »zieht« ein wenig »zusammen«, aber das ist gut so. Der 83er war 1987 ein Lieblingswein.

🕭 Dom. Laroche, L'Obédiencerie, 22, rue Louis-Bro, B.P. 33, 89800 Chablis, Tel. 03.86.42.89.00, Fax 03.86.42.89.29 ✓ ⏳ n. V.

DOM. LAROCHE
Les Blanchots Réserve de l'Obédiencerie 1994*

| ☐ | 0,4 ha | 3 000 | 🍷 | +200 F |

Die Obédiencerie ist der Firmensitz des Unternehmens und zugleich der Name dieser Cuvée, die berühmt dafür ist, daß sie zu den hundert teuersten Weinen der Welt in dem Buch *Edle Tropfen* gehört. Der Jahrgang 1994 ist in erster Linie durch seine vollkommene Ausgewogenheit zwischen der Frucht und der Säure, aber auch durch seinen hervorragenden typischen Charakter bestimmt, selbst wenn er noch in Ihrem Keller lagern muß, bis der Wein über das Faß siegt. Die für einen Grand cru wichtige mineralische Note ist schon deutlich spürbar.

🕭 Dom. Laroche, L'Obédiencerie, 22, rue Louis-Bro, B.P. 33, 89800 Chablis, Tel. 03.86.42.89.00, Fax 03.86.42.89.29 ✓ ⏳ n. V.

DOM. LONG-DEPAQUIT
Les Clos 1994**

| ☐ | 1,54 ha | 10 000 | 🍷 | 100-150 F |

Man verzeihe uns, aber wir haben gegenüber dem sehr typischen, strukturierten und lagerfähigen 94er La Moutonne diesen Les Clos vom selben Erzeuger und aus demselben Jahrgang vorgezogen. Dieser bezaubernde Wein mit dem sehr klaren Gelbgrün und dem jugendlichen Bukett von Zitrusfrüchten und von reiferen Früchten, die im Glas erwachen, ist entfaltet und gefällig. Der 94er konnte nichts Besseres liefern.

🕭 Dom. Long-Depaquit, 45, rue Auxerroise, 89800 Chablis, Tel. 03.86.42.11.13, Fax 03.86.42.81.89 ✓ ⏳ Mo-Sa 9h-18h

DOM. LONG-DEPAQUIT
Blanchots 1994**

| ☐ | 1,15 ha | 7 000 | 🍷 | 100-150 F |

Ein etwas ungewöhnlicher Duft, in dem man Pistazien, säuerliche Äpfel und weiße Blüten findet. Der Geschmack erscheint im Augenblick zurückhaltender und hat sich dafür entschieden, sich vor zwei bis drei Jahren nicht zu entfalten. Aber Zurückhaltung bedeutet keinesweges fehlende Ausgewogenheit. Im Gegenteil : die Säure und die Stärke der Struktur harmonieren und verleihen diesem lagerfähigen Wein eine Note von Eleganz.

🕭 Dom. Long-Depaquit, 45, rue Auxerroise, 89800 Chablis, Tel. 03.86.42.11.13, Fax 03.86.42.81.89 ✓ ⏳ Mo-Sa 9h-18h

Chablis grand cru

DOM. DES MALANDES Les Clos 1994

| ☐ | k. A. | k. A. | 🍷 | 70-100 F |

Vor zwei Jahren wurde der 92er zum Lieblingswein gewählt. Hier der 94er. Leicht, entsprechend diesem ziemlich schwierigen Jahrgang. Die Farbe besitzt zwar viel Kraft, aber das Aroma dreht sich um reife Früchte.

🕭 Dom. des Malandes, 63, rue Auxerroise, 89800 Chablis, Tel. 03.86.42.41.37, Fax 03.86.42.41.97 ✓ ⏳ n. V.

🕭 Marchive

LOUIS MICHEL ET FILS
Grenouilles 1995*

| ☐ | 0,5 ha | 2 600 | 🍷 | 100-150 F |

Diese »Frösche« (Grenouilles) schicken sich an, einen Sprung von ein paar Jahren zu machen, um auf dem Gipfel ihrer Eleganz in Ihrem Glas zu landen. Nicht vor dem Jahr 2000, außer man wollte sie opfern. Der goldgelbe Wein besitzt ein feines, komplexes Bukett mit Blütennoten. Im Geschmack ist er vornehmer Wein, gehaltvoll und vollständig.

🕭 Louis Michel et Fils, 9, bd de Ferrières, 89800 Chablis, Tel. 03.86.42.88.55, Fax 03.86.42.88.56 ✓ ⏳ n. V.

DOM. MOREAU ET FILS
Clos des Hospices 1995*

| ☐ | 2,14 ha | 11 400 | 🍷 | 100-150 F |

Der Clos des Hospices ist Teil der Reblage les Clos und darf unter einem eigenen Namen auf den Markt kommen. Sehr klar mit grünem Schimmer. Im Duft begnügt er sich mit ein paar Zitronennoten, die mit Pfirsichen und sogar Pflaumen verbunden sind. Milde Ansprache, aber dann intensiviert sich der Geschmack (Zitrusfrüchte, Feuerstein). Beachtliche Länge. Sehr angenehm zu trinken.

🕭 J. Moreau et Fils, rte d'Auxerre, 89800 Chablis, Tel. 03.86.42.88.00, Fax 03.00.00.00.00 ✓ ⏳ n. V.

MOREAU-NAUDET ET FILS
Valmur 1995*

| ☐ | 0,6 ha | 1 600 | 🍷 | 100-150 F |

Unter einer schönen Erscheinung ein Duft nach Früchten mit zartem Fleisch und nach weißen Blüten über einem Hefegebäckaroma. Der zarte und feminine Geschmack ist mild und rund und scheint die Hirtendichtungen von Chablis zu besingen. Jedoch keine Dünnflüssigkeit, sondern im Gegenteil ein langer und ganz und gar spürbarer Körper. Ein Hauch von gerösteten Mandeln.

🕭 GAEC Moreau-Naudet, 5, rue des Fossés, 89800 Chablis, Tel. 03.86.42.14.83, Fax 03.86.42.85.04 ✓ ⏳ tägl. 8h-20h

DOM. PINSON Les Clos 1995**

| ☐ | 2,57 ha | 10 000 | 🍷 | 100-150 F |

Hier soll der Weinbau von Chablis seinen Anfang genommen haben. Ein 95er von ausgeprägtem Strohgelb, dessen Duft von vollreifen Aprikosen sich mit Butter- und Haselnußnoten fortsetzt. Seine sehr gute Ausgewogenheit und sein mineralischer Abgang bestätigen die herausragende Qualität dieses Erzeugnisses, das man

Chablis

jetzt trinken kann, der aber seine beste Qualität um das Jahr 2000 bis 2002 erreichen wird.
↘ SCEA Dom. Pinson, 5, quai Voltaire, 89800 Chablis, Tel. 03.86.42.10.26, Fax 03.86.42.49.94 ☑ ☗ n. V.

DENIS RACE Blanchot 1995

| | 0,3 ha | 1 900 | 🍾♨ 70-100 F |

Ein schöner, klassischer Wein voller Eleganz. Sein Duft verführt sofort. Seine mineralischen Noten verbinden sich sehr stark mit einem Hauch von Menthol, Butter und Vanille. Im 95er von lebhafter, konzentrierter Nachhaltigkeit, der Anfang 1997 durch ein wenig Kohlensäure geprägt war. Vermutlich wird sie bei Erscheinen des Weinführers verschwunden sein. Der 93er war 1996 ein Lieblingswein.
↘ Denis Race, 5 a, rue de Chichée, 89800 Chablis, Tel. 03.86.42.45.87, Fax 03.86.42.81.23 ☑ ☗ n. V.

GUY ROBIN Les Blanchots 1995*

| | 0,18 ha | 1 200 | 🍾 100-150 F |

Am Ortsausgang von Chablis in Richtung Tonnerre, eine Reblage an einem Steilhang. Dieser Wein riecht in einer leicht pflanzlichen Umgebung nach Kieselstein, Mineralien. Nach einer etwas eckigen, strengen Ansprache macht es sich der Wein im Mund bequem. Ein Hauch von Säure, Frucht, einige Gewürze - das ist der alte und überhaupt nicht technologische Stil (im letzten Jahr war der 94er Vaudésir ein Lieblingswein).
↘ Guy Robin, 13, rue Berthelot, 89800 Chablis, Tel. 03.86.42.12.63, Fax 03.86.42.49.57 ☗ tägl. 8h-20h ; Gruppen n. V.

DOM. SERVIN Les Preuses 1994*

| | 0,86 ha | 1 890 | 🍾🍾 100-150 F |

Man muß diese Weine mit dem Bukett von Feuerstein sowie mineralischen Jodnoten, das sich zu entfalten beginnt, abwarten können. Frisch, harmonisch, noch ein wenig vom Faß überdeckt. Er ist im Abgang ziemlich tanninreich, aber man spürt bereits die Akazienblüten. Muß ein wenig im Keller lagern.
↘ SCE Dom. Marcel Servin, 20, av. d'Oberwesel, 89800 Chablis, Tel. 03.86.42.12.94, Fax 03.86.42.12.33 ☑ ☗ n. V.

DOM. VOCORET ET FILS
Blanchot 1995**

| | k. A. | k. A. | 🍾🍾♨ 100-150 F |

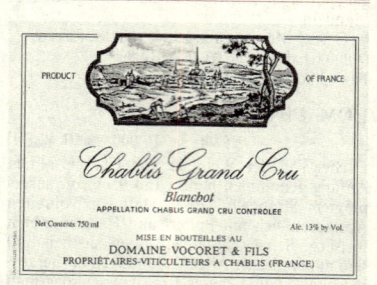

Sauvignon de Saint-Bris AOVDQS

Von einem großen Chablis sagte man früher, er habe »Liebe«. Dieser hier hat genug davon, um sie wieder zu verkaufen ! Bei der Belüftung kommen Jodnoten zum Vorschein : ein maritimer Geruch ! Sehr hübsche, ungekünstelte Ansprache. Ein Wein voller Charme und Esprit, mit vollkommen klassischem Charakter.
↘ Dom. Vocoret et Fils, 40, rte d'Auxerre, 89800 Chablis, Tel. 03.86.42.12.53, Fax 03.86.42.10.39 ☑ ☗ n. V.

Sauvignon de Saint-Bris AOVDQS

Dieser Wein von gehobener Qualität, der früher einmal als einfache Appellation eingestuft war, stammt - wie seine Bezeichnung bereits andeutet - von der Rebsorte Sauvignon. Er wird in den Gemeinden Saint-Bris-le-Vineux, Chitry und Irancy sowie in einem Teil der Gemeinden Quenne, Saint-Cyr-les-Colons und Cravant erzeugt. Seine Produktion ist vorwiegend auf die Anbauzonen der Kalksteinhochflächen begrenzt, wo er seine ganze aromatische Intensität erreicht. Im Gegensatz zu den Weinen, die im Loire-Tal oder im Gebiet von Sancerre aus derselben Rebsorte erzeugt werden, macht der Sauvignon de Saint-Bris zumeist eine malolaktische Gärung durch, was ihn aber nicht daran hindert, sehr duftig zu sein, und ihm eine gewisse Sanftheit verleiht. Diese zeigt sich am stärksten, wenn der Alkoholgehalt bei etwa 12° liegt. Saint-Bris dürfte sehr bald AOC werden.

CAVES DE BAILLY 1995

| | k. A. | 65 000 | 🍾♨ -30 F |

Dieser recht süffige Wein von guter kleiner Länge hat eine diskrete Farbe. Er vermeidet zu animalischen Noten des Sauvignon und spielt dafür mit einem umgänglicheren Register.
↘ SICA du Vignoble Auxerrois, Caves de Bailly, 89530 Saint-Bris-le-Vineux, Tel. 03.86.53.34.00, Fax 03.86.53.80.94 ☑ ☗ tägl. 8h-12h 14h-18h

JEAN-MARC BROCARD
Domaine Sainte Claire 1995

| | 5 ha | 24 000 | 🍾♨ -30 F |

Selbst ohne Etikett auf der Flasche würde man einen Sauvignon de Saint-Bris beim ersten Riechen erkennen: Dieser 95er »sauvignoniert« verteufelt gut. Etwas kräftige gelbe Farbe. Ein Wein, der voller Feuer und Flamme ist. Er ist sehr lebhaft und veranstaltet im Geschmack ein famoses Ballvergnügen.

Côte de Nuits

🍷 Jean-Marc Brocard, Préhy, 89800 Saint-Cyr-les-Colons, Tel. 03.86.41.42.11, Fax 03.86.41.70.07 ✅ 🍷 Mo-Sa 8h-12h 13h30-18h ; So n. V.

JOCELYNE ET PHILIPPE DEFRANCE 1995

| ☐ | 3 ha | 9 000 | 🍾🥂 | 30-50F |

Diskretion ? Er kommt wenig zum Ausdruck, aber die Jury verständigt sich darauf, daß sie ihn einwandfrei findet, von guter Säure und fähig, das Jahr 1998 mit ansteigender Qualität zu erreichen.

🍷 Philippe Defrance, 5, rue du Four, 89530 Saint-Bris-le-Vineux, Tel. 03.86.53.39.04, Fax 03.86.53.66.46 ✅ 🍷 n. V.

DOM. FELIX ET FILS 1995

| ☐ | 6,12 ha | 50 000 | 🍾🥂 | 30-50F |

Dieser blaßgelbe 95er schafft eine gute Ausgewogenheit zwischen der Säure und dem Alkohol, wobei er den Charakter der Rebsorte respektiert. Man sollte ihn trinken, ohne lang zu grübeln, zu Weinbergschnecken.

🍷 Dom. Félix, 17, rue de Paris, 89530 Saint-Bris-le-Vineux, Tel. 03.86.53.33.87, Fax 03.86.53.61.64 ✅ 🍷 Mo-Sa 9h-11h30 14h-18h30 ; So u. feiertags n. V.

DOM. ANNE ET ARNAUD GOISOT 1995★★

| ☐ | 3 ha | 15 000 | 🍾🥂 | -30F |

Wenn dieser VDQS die AOC Saint-Bris wird, ist dies solchen Weinen zu verdanken. Nachdem der kräftige Duft die Sauvignon-Rebe perfekt zum Ausdruck gebracht hat, kann dieser 95er die Geschmacksknospen durch seinen Schwung und seine Fröhlichkeit erregen, ohne der geringsten Unmäßigkeit nachzugeben. Er bleibt in seiner Rolle und hat darin wunderbaren Erfolg.

🍷 Dom. Anne et Arnaud Goisot, 4 bis, rte de Champs, 89530 Saint-Bris-le-Vineux, Tel. 03.86.53.32.15, Fax 03.86.53.64.22 ✅ 🍷 tägl. 8h-12h 13h30-19h

GHISLAINE ET JEAN-HUGUES GOISOT 1995

| ☐ | 6 ha | 40 000 | 🍾🥂 | -30F |

Wer weit kommen will, dosiert seine Pointen wirksam. Dieser 95er kann sich noch verbessern und sich mehr öffnen. Sparsam in der Farbe. Er neigt zu Eindrücken von Zitrusfrüchten (Pampelmusen), die ihn gefällig machen. Fülle und ein wenig Wärme im Abgang.

🍷 Ghislaine et Jean-Hugues Goisot, 30, rue Bienvenu-Martin, 89530 Saint-Bris-le-Vineux, Tel. 03.86.53.35.15, Fax 03.86.53.62.03 ✅ 🍷 n. V.

DOM. GERARD PERSENOT 1995

| ☐ | 3 ha | 20 000 | 🍾 | -30F |

Geringe Farbe und typisch lokaler Geruchseindruck, halb verschlossen. Ein gewisses Temperament, das auf die Rebsorte zurückgeht, ist eine Garantie für Lebhaftigkeit.

🍷 Gérard Persenot, 20, rue de Gouaix, 89530 Saint-Bris-le-Vineux, Tel. 03.86.53.61.46, Fax 03.86.53.61.52 ✅ 🍷 n. V.

DOM. SORIN-DEFRANCE 1995★

| ☐ | 12,5 ha | 80 000 | 🍾🥂 | -30F |

Wenn die Loire einen Besuch in Burgund macht, ergibt das diesen originellen Sauvignon de Saint-Bris, der einmal mehr den Partikularismus des Departements Yonne verdeutlicht. Hier ein 95er mit kräftiger Farbe : goldgelb. Das Bukett ist voller Feinheit, mit Zitrusfrüchten als Stütze. Dieser Wein besitzt die Gabe der Sympathie, sobald er sich im Mund befindet.

🍷 Dom. Sorin-Defrance, 11bis, rue de Paris, 89530 Saint-Bris-le-Vineux, Tel. 03.86.53.32.99, Fax 03.86.53.34.44 ✅ 🍷 Mo-Sa 8h-12h 13h30-19h ; So n. V.

Côte de Nuits

Marsannay

Die Geographen streiten sich noch immer über die Nordgrenzen der Côte de Nuits, denn im letzten Jahrhundert machte ein blühendes Weinbaugebiet aus den Gemeinden, die zu beiden Seiten von Dijon lagen, die Côte Dijonnaise. Heute hat die Urbanisierung mit Ausnahme einiger erhalten gebliebener Reblagen, wie etwa les Marcs d'Or und les Montreculs, das Anbaugebiet auf den Süden Dijons beschränkt, und sogar Chenôve kann nur mit Mühe auf seinem hübschen Hügel den Weinbau bewahren.

Marsannay und später Couchey haben noch vor rund 50 Jahren die Stadt Dijon mit Bourgogne grand ordinaire versorgt und 1935 die Gelegenheit verpaßt, als kommunale Appellationen eingestuft zu werden. Nach und nach haben die Winzer diese Reblagen wieder mit Pinot noir bepflanzt ; so entstand eine Tradition des Roséweins unter der örtlichen Bezeichnung »Bourgogne Rosé de Marsannay«. Dann fand man wieder zu den Rot- und Weißweinen aus der Zeit vor der Reblausinvasion zurück, und nach mehr als 25 Jahren der Bemühungen und Anträge wurde die AOC Marsannay 1987 für alle drei Weintypen anerkannt. Es gibt jedoch eine Besonderheit, noch eine in Burgund : Der »Marsannay Rosé« (die beiden Begriffe gehören dabei untrennbar zusam-

Côte de Nuits

men) darf in einem größeren Anbaubereich, nämlich auf den Kiessandböden am Fuße des Hügels, erzeugt werden als der Marsannay (Rot- und Weißweine), der ausschließlich auf den Hang der drei Gemeinden Chenôve, Marsannay-la-Côte und Couchey beschränkt ist.

Die Rotweine sind fleischig und in ihrer Jugend etwas streng; sie müssen ein paar Jahre altern. Die Weißweine, die an der Côte de Nuits weniger häufig erzeugt werden, sind hier wegen ihrer Feinheit und ihrer Robustheit besonders gefragt. Chardonnay, aber auch Pinot blanc finden auf günstigen Mergelböden wirklich ihr bevorzugtes Anbaugebiet.

Hier werden rund 7 000 hl Rot- und Roséweine und 700 hl Weißweine erzeugt. Gegenwärtig ist man dabei, die Hänge wieder für den Weinbau zu erschließen.

DOM. CHARLES AUDOIN 1995*

| 2,5 ha | 13 000 | 30-50 F |

Blaßrosa Farbe mit orangerotem Schimmer. Ein köstlicher Rosé, der eine Hasenterrine mit Gemüse begleiten könnte. Sehr frischer Duft. Der am besten erhaltene 95er der verkosteten Reihe. Sein Geschmack, der an einen Korb roter Früchte erinnert, ist bezaubernd. Die nächsten *Journées gourmandes* (Feinschmeckertage) von Marsannay werden Biß haben, wenn dieser Wein daran teilnimmt.

Dom. Charles Audoin, 7, rue de la Boulotte, 21160 Marsannay-la-Côte, Tel. 03.80.52.34.24, Fax 03.80.58.74.34 Mo-Sa 9h-12h 14h-19h; So n. V.

DOM. BART 1995

| 3 ha | 12 000 | 30-50 F |

Zu zwei Dritteln durch direktes Keltern der Trauben und zu einem Drittel durch Abstechen nach kurzer Maischung hergestellt, ein Wein mit einem noch recht intensiven gelbroten Rosa. Der Duft ist schelmisch, frisch und lebhaft. Dieser 95er öffnet sich nach und nach im Mund. Er ist nicht von ungeheurer Komplexität, aber der Gesamteindruck ist gefällig.

Dom. Bart, 23, rue Moreau, 21160 Marsannay-la-Côte, Tel. 03.80.51.49.76, Fax 03.80.51.23.43 n. V.

REGIS BOUVIER Clos du Roy 1995

| 1,85 ha | 10 000 | 50-70 F |

Diese in Chenôve gelegene Einzellage gehört zu den angesehensten. Die intensive, jugendliche Farbe zieht die Blicke auf sich. Schöner, einheitlicher Duft (Heidelbeeren). Der Geschmackseindruck ist klar und rein über einer fruchtigen Grundlage. Ein Pinot, den das Alter zu seinem Vorteil reifen lassen wird.

Dom. Régis Bouvier, 52, rue de Mazy, 21160 Marsannay-la-Côte, Tel. 03.80.51.33.93, Fax 03.80.58.75.07 n. V.

RENE BOUVIER Champs Salomon 1995*

| 0,25 ha | 800 | 50-70 F |

Dieser 95er Champs Salomon besitzt schon viel Klasse in seiner intensiven schwarzen Farbe. Der Geruchseindruck ist wild, geprägt durch Noten von Unterholz, Gewürzen und Wildbret, aber auch Heidelbeeren. Im Geschmack zeigt sich dieser Marsannay sehr genußvoll, mit Tanninen, die das Faß nicht verheimlichen, aber in drei bis vier Jahren sehr harmonisch werden. Der klassische 94er les Longeroies mit dem duftigrauchigen, vom Holz umschmeichelten Geruchseindruck zeigt ebenfalls einige persönliche Qualitäten, insbesondere Struktur und Länge.

EARL René Bouvier, 2, rue Neuve, 21160 Marsannay-la-Côte, Tel. 03.80.52.21.37, Fax 03.80.59.95.96 n. V.

MARC BROCOT Les Echezaux 1995*

| 0,8 ha | 2 000 | 50-70 F |

Reblagen mit dem Namen Echezaux trifft man oft an der Côte. In Flagey selbstverständlich, aber auch in Gevrey und Marsannay. Dieser Wein ist gut entwickelt: tiefe, dunkle Purpurfarbe, Duft nach schwarzen Johannisbeeren und Kirschen, solider, aber runder Geschmack, nachhaltig über einem Abgang mit Lakritzearoma. Kompliment!

Marc Brocot, 34, rue du Carré, 21160 Marsannay-la-Côte, Tel. 03.80.52.19.99, Fax 03.80.59.84.39 n. V.

DOM. PHILIPPE CHARLOPIN-PARIZOT
En Montchenevoy 1995**

| 1 ha | 6 000 | 70-100 F |

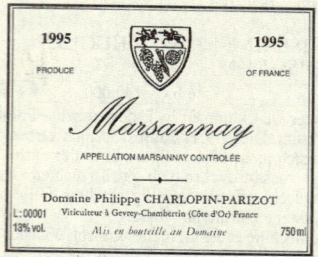

Dieser Wein gibt Henri Vincenot unrecht, der behauptete, die Burgunder seien unfähig, sich zu einigen. Ganz im Gegenteil, dieser Wein findet einmütige Zustimmung: eine ausgezeichnete Extraktion der Farbstoffe, ein guter Beginn des Aromas (Kaffee, Vanille, aber auch Frucht). Im Geschmack gewinnt der Wein die Oberhand mit der Grazie eines Solotänzers.

Dom. Philippe Charlopin, 18, rte de Dijon, 21220 Gevrey-Chambertin, Tel. 03.80.51.81.18, Fax 03.80.51.81.27 n. V.

Côte de Nuits — Marsannay

DOM. BRUNO CLAIR
Les Longeroies 1994★

| ■ | 1,4 ha | 5 900 | ⑪ & | 50-70 F |

Zwei rote 94er auf dem gleichen Qualitätsniveau : Vaudenelles und diese Longeroies mit dem ansteigenden Bukett (Kakao, Backpflaumen, pürierte Erdbeeren). Die eher tanninbetonte Ansprache wird rasch von einem relativ langen, feinen Geschmack abgelöst. Im Stil des Jahrgangs.

🍇 Dom. Bruno Clair, 5, rue du Vieux-Collège, 21160 Marsannay-la-Côte, Tel. 03.80.52.28.95, Fax 03.80.52.18.14 ✓ ⊥ n. V.

DOM. BRUNO CLAIR 1995

| ☐ | 2 ha | 6 800 | ⑪ & | 50-70 F |

Trotz seiner Säuerlichkeit ein fruchtiger Wein mit Vanillenote, der sich einwandfrei entwickeln dürfte. Er besitzt eine blaße goldgelbe Farbe und besteht zu 80 % aus Chardonnay und zu 20 % aus Pinot blanc, was nicht sehr häufig ist.

🍇 Dom. Bruno Clair, 5, rue du Vieux-Collège, 21160 Marsannay-la-Côte, Tel. 03.80.52.28.95, Fax 03.80.52.18.14 ✓ ⊥ n. V.

BERNARD COILLOT PERE ET FILS
Les Boivins 1995★★

| ■ | k. A. | k. A. | | 50-70 F |

Der 95er Marsannay Rosé verdient eine lobende Erwähnung. Die Dorfappellation befindet sich beim Rotwein weit oben. Sehr gelungene dunkle Granatfarbe und ein Duft, der ein interessantes Register enthüllt. Schöne Grundstruktur mit Tanninen als Kavallerie, Kraft und Frucht. Wenn alles seinen Platz eingenommen hat, in drei bis fünf Jahren, wird man einen großen Wein haben.

🍇 GAEC Bernard Coillot Père et Fils, 31, rue du Château, 21160 Marsannay-la-Côte, Tel. 03.80.52.17.59, Fax 03.80.52.12.75 ✓ ⊥ Mo-Fr 8h-12h 14h-18h ; Sa, So n. V.

DOM. FOUGERAY Les Favières 1994★

| ■ | 0,5 ha | 2 000 | ⑪ | 70-100 F |

Von diesem Gut und aus diesem Jahrgang können Sie ebensogut beim Rotwein den Dessus-des-Longeroies oder diesen frischen Favières mit einem intensiven roten Farbton und pflanzlichen Noten wählen. Der Stoff ist sehr konzentriert, ohne jedoch dem Charakter des jugendlichen Weins zu schaden, der den Charme dieses Marsannay ausmacht. Lassen Sie ihn ein wenig im Keller liegen. 1991 Wahl zum Lieblingswein (ein 88er).

🍇 Dom. Jean-Louis Fougeray, 44, rue de Mazy, B.P. 36, 21160 Marsannay-la-Côte, Tel. 03.80.52.21.12, Fax 03.80.58.73.83 ✓ ⊥ n. V.

DOM. FOUGERAY DE BEAUCLAIR 1996★★

| ◪ | 3,5 ha | 20 000 | 🍾& | 30-50 F |

Dieses Gut hatte im letzten Jahr einen Lieblingswein mit einem 93er Saint-Jacques, war aber auch Gewinner der Silbernen Weintraube des Hachette-Weinführers. Was für eine Klarheit der Jugend, die das Glas in Entzücken versetzt ! Was für ein bezaubernd fruchtiger Duft ! Was für eine Wärme ! Was für eine Frische ! Aber ja doch, wir sind hier in Burgund, und jene Dinge sind nicht unvereinbar … Probieren Sie ihn nicht zu früh : Dieser Rosé verdient eine Alterung, und das ist selten.

🍇 Dom. Fougeray de Beauclair, 44, rue de Mazy, B.P. 36, 21160 Marsannay-la-Côte, Tel. 03.80.52.21.12, Fax 03.80.58.73.83 ✓ ⊥ n. V.

ALAIN GUYARD Les Etales 1995★

| ☐ | 1,2 ha | 4 000 | | 30-50 F |

Die Einzellage Les Etales. Es gibt unzählige davon in diesem Anbaugebiet. Dieser klare, helle Marsannay überläßt dem Faß die Verantwortung für sein Bukett, zeigt aber eine großartige Ansprache im Geschmack. Die Milde gleicht hier die Nervigkeit gut aus. Dieser sanfte, frische 95er ist einer der besten Weine seiner Appellation.

🍇 Alain Guyard, 10, rue du Puits-de-Têt, 21160 Marsannay-la-Côte, Tel. 03.80.52.14.46, Fax 03.80.52.67.36 ✓ ⊥ n. V.

DOM. ALBERT ET OLIVIER GUYOT
Les Boivins Vieilles vignes 1995★

| ■ | | k. A. | 1000 | ⑪ | 50-70 F |

Boivin ist tatsächlich der Name einer Einzellage, die sich oberhalb des Dorfes Marsannay befindet, fast in der Verlängerung des Kirchturms. Dieser 95er bietet einen sehr natürlichen Duft, der nicht viel Getue macht, eine fehlerlose Farbe und einen in diesem Stadium des Ausbaus etwas rauhen Körper, der kräftiger werden dürfte, wenn er an Fülle gewinnt.

🍇 Dom. Albert et Olivier Guyot, 39, rue de Mazy, 21160 Marsannay-la-Côte, Tel. 03.80.52.39.71, Fax 03.80.51.17.58 ✓ ⊥ n. V.

HUGUENOT PERE ET FILS 1995

| ☐ | 2,3 ha | 12 000 | ⑪ & | 50-70 F |

Dieser Winzer, der mit seiner Statur und seinem Bart wie ein Wikinger aussieht, präsentiert uns einen farbintensiven Chardonnay, dessen kräftiges Bukett an exotische Früchte, Pampelmusen und Ananas, erinnert. Sehr klassisch für den Jahrgang.

🍇 Dom. Huguenot Père et Fils, 7, ruelle du Carron, 21160 Marsannay-la-Côte, Tel. 03.80.52.11.56, Fax 03.80.52.60.47 ✓ ⊥ n. V.

HUGUENOT PERE ET FILS
Champ Perdrix 1994

| ■ | 0,7 ha | 4 000 | ⑪ & | 50-70 F |

Eine Einzellage auf dem schönen Hügel von Couchey, die früher einmal Brachland war. Rot mit leicht gelbrotem Schimmer. Ein 94er mit einem vielfältigen, verlockenden Aroma von Tinte (wie die Engländer sagen), Lebkuchen und Backpflaumen. Schöne Extraktion, die eine etwas dominierende, aber in der Côte de Nuits gute Tanninstruktur verleiht.

🍇 Dom. Huguenot Père et Fils, 7, ruelle du Carron, 21160 Marsannay-la-Côte, Tel. 03.80.52.11.56, Fax 03.80.52.60.47 ✓ ⊥ n. V.

CH. DE MARSANNAY 1995★★

| ◪ | 7 ha | 28 000 | 🍾& | 30-50 F |

Dieses Château wurde im 18. Jh. auf den Fundamenten eines 1513 zerstörten Schlosses errichtet. Der Rosé von Tavel muß gut sein, so sehr erreicht hier sein Rivale aus Marsannay die Voll-

Côte de Nuits — Fixin

endung seiner Kunst. Fleischfarben, recht präsent auf der reifen Frucht, von herrlicher Rundheit, von tadelloser Ausgewogenheit - ein reizender Rosé zum Genießen. Offenkundig ein Lieblingswein.

🕭 Ch. de Marsannay, rte des Grands-Crus, 21160 Marsannay-la-Côte, Tel. 03.80.51.71.11, Fax 03.80.51.71.12 ☑ ☿ n. V.

CH. DE MARSANNAY 1994*

| | 2,87 ha | 10 256 | ■ ⦗⦘ ♦ | 70-100 F |

Dieses von A. Boisseaux (Patriarche, Kriter, Château de Meursault) geschaffene Gut läßt auf seinem Etikett das berühmte Turnier von 1443 wiederaufleben, das in Marsannay alle Kämpfer der Christenheit versammelt. Man wird sich deshalb nicht über eine kräftige Goldfarbe, einen schwungvollen Duft und einen kämpferischen Geschmack wundern. Dieser Marsannay kommt in den Endkampf, ohne Anspruch auf die Goldmedaille zu erheben.

🕭 Ch. de Marsannay, rte des Grands-Crus, 21160 Marsannay-la-Côte, Tel. 03.80.51.71.11, Fax 03.80.51.71.12 ☑ ☿ n. V.

Fixin

Nachdem Sie die Traubenpressen der Herzöge von Burgund in Chenôve besichtigt und anschließend den Marsannay probiert haben, treffen Sie auf Fixin (4 400 hl Rotwein und etwa 100 hl Weißwein). Dies ist der erste Ort in einer Reihe von Gemeinden, die ihren Namen einer AOC geben, wo nur Rotweine erzeugt werden. Sie sind robust, kräftig gebaut, oft tanninreich und von guter Lagerfähigkeit. Nach eigener Wahl können sie bei der Lese auch die Appellation Côte-de-Nuits-Villages für sich in Anspruch nehmen.

Die Einzellagen Hervelets, Arvelets, Clos du Chapitre und Clos Napoléon, die alle als Premiers crus eingestuft sind, gehören zu den angesehensten; die bedeutendste ist jedoch der Clos de la Perrière, der von vorzüglichen burgundischen Schriftstellern als »Ausnahmecuvée« bezeichnet und mit dem Chambertin verglichen worden ist. Dieser Clos reicht ein kleines Stück in die Gemeinde Brochon hinein. Eine weitere bekannte Reblage ist le Meix-Bas.

VINCENT ET DENIS BERTHAUT
Les Crais 1995*

| | 0,7 ha | 3 000 | ⦗⦘ | 70-100 F |

Die Brüder Berthaut hatten 1987, 1988, 1991 Lieblingsweine ... Ihr Les Crais wird hier wegen seiner intensiven Farbe, seines frischen Dufts und seines runden, vollen Charakters gewürdigt. Ein schöner Wein, den man ein wenig lagern muß. Ein Winterwein, der zu Bœuf bourguignon (in Rotwein geschmortes Rindfleischragout) paßt. Beachten Sie auch den 95er Villages, den man »auf der Frucht« trinken sollte, wie es Henri Jayer formulierte. Er hat ebenfalls einen Stern erhalten.

🕭 Vincent et Denis Berthaut, 9, rue Noisot, 21220 Fixin, Tel. 03.80.52.45.48, Fax 03.80.51.31.05 ☑ ☿ n. V.

DOM. REGIS BOUVIER 1995

| | 0,3 ha | 1 800 | ⦗⦘ | 50-70 F |

Kirschen und Kerne, »Graphit«, schrieb einer der Juroren mit inspirierter Feder - soviel zum Aroma. Tiefrot und leicht granatfarben. Dieser 95er ist sehr angenehm zu trinken, bricht aber das Gespräch etwas rasch ab. Ein wenig Lagerung wird ihm nicht schaden.

🕭 Dom. Régis Bouvier, 52, rue de Mazy, 21160 Marsannay-la-Côte, Tel. 03.80.51.33.93, Fax 03.80.58.75.07 ☑ ☿ n. V.

DOM. DU CLOS SAINT-LOUIS
L'Olivier 1994

| | 1,8 ha | 9 000 | ■ ⦗⦘ | 50-70 F |

Ein freigebiger, körperreicher Fixin mit angenehmem Bodengeschmack, der noch zurückhaltend, aber zu einer zufriedenstellenden Entwicklung fähig ist. Duft nach Pflaumen und pürierten Erdbeeren, den das Faß nicht überdeckt. Strahlende Purpurfarbe. Für den Jahrgang ist er gelungen.

🕭 Dom. du Clos Saint-Louis, 10, rue Abbé-Chevallier, 21220 Fixin, Tel. 03.80.52.45.51, Fax 03.80.58.88.76 ☑ ☿ tägl. 9h-19h ; 1. Dez.-28. Febr. geschlossen

DUFOULEUR PERE ET FILS
Clos de la Perrière 1994*

| ■ 1er cru | k. A. | k. A. | ⦗⦘ | 100-150 F |

Ein gut hergestellter, gutgebauter Wein mit einer kräftigen Farbe und einem Bukett, das sich gerade bildet. Die Pinot-noir-Traube kommt darin überzeugend zum Ausdruck. Seine Tannine müssen milder werden : eine Angelegenheit von ein bis zwei Jahren.

🕭 Dufouleur Père et Fils, rue Thurot, B.P. 27, 21700 Nuits-Saint-Georges, Tel. 03.80.61.21.21, Fax 03.80.61.10.65 ☑ ☿ tägl. 9h-19h

Côte de Nuits — Gevrey-Chambertin

DOM. FOUGERAY DE BEAUCLAIR
1995

■ k. A. 4 000 ⫯♨ 70-100 F

Ein langer Körper, der ein gutes Potential zeigt. Intensive rubin- bis granatrote Farbe. Ein Wein, der ausgewogen ist unter einer leichten Adstringenz, die mit roten Früchten vermischt ist.

↳ Dom. Fougeray de Beauclair, 44, rue de Mazy, B.P. 36, 21160 Marsannay-la-Côte, Tel. 03.80.52.21.12, Fax 03.80.58.73.83 ✓ ⵘ n. V.

DOM. PIERRE GELIN 1994

■ 2,5 ha 8 000 ⫯ 50-70 F

Das klare, leuchtende Rubinrot entwickelt sich ein wenig in Richtung ziegelroter Farbton. Ein 94er mit zufriedenstellendem Bukett: Pfingstrosen, Tiergeruch, sehr reife Früchte. Der Inbegriff eines recht komplexen Weins, der zu Wild paßt, noch ein wenig jung und vibrierend vor Alkohol.

↳ Dom. Pierre Gelin, 2, rue du Chapitre, 21220 Fixin, Tel. 03.80.52.45.24, Fax 03.80.51.47.80 ✓ ⵘ n. V.

PHILIPPE JOLIET
Clos de La Perrière 1995

☐ 1er cru 0,5 ha 2 000 ■ 70-100 F

Bekanntlich hätte dieses Gut in Familienbesitz im 19. Jh. die Einstufung des höchst berühmten Clos de La Perrière als Grand cru in Anspruch nehmen können. Es kümmerte sich nicht darum. Ein hübscher, sanfter und liebenswürdiger Wein in der weißen Version: stroh- bis goldgelbe Farbe, betörender, vor allem an Heckenrosen erinnernder Duft über einem mineralischen Aroma. Der 83er war 1987 Lieblingswein.

↳ EARL Joliet Père et Fils, Manoir de La Perrière, 21220 Fixin, Tel. 03.80.52.47.85, Fax 03.80.51.99.90 ✓ ⵘ tägl. 9h-19h

CHARLES VIENOT
Cuvée de l'Empereur 1994

■ k. A. k. A. ⫯♨ 50-70 F

Offensichtlich die »Cuvée des Kaisers«. Die von François Rude angefertigte Statue Napoleons wurde einst von Noisot mit dem Geld seiner Ehefrau, einer geborenen Viénot, aufgestellt. Es bleibt in der Familie. Die Farbe ist wirklich kaiserlich, der Duft voller Himbeeren und die geschmackliche Ausgewogenheit sehr beachtlich.

↳ Charles Vienot, 5, quai Dumorey, B.P. 102, 21700 Nuits-Saint-Georges, Tel. 03.80.62.61.41, Fax 03.80.61.34.75

Gevrey-Chambertin

Nördlich von Gevrey werden in der Gemeinde Brochon drei kommunale Appellationen erzeugt: Fixin in einem kleinen Teil des Clos de la Perrière, Côtes-de-Nuits-Villages im nördlichen Teil (Reblagen Préau und Queue-de-Hareng) und Gevrey-Chambertin im südlichen Teil.

Die Gemeinde Gevrey-Chambertin ist hinsichtlich der Produktionsmenge die größte kommunale Appellation (durchschnittlich 18 000 hl) und besitzt gleichzeitig Reblagen, die zu den großartigsten Crus überhaupt gehören. Das Tal von Lavaux teilt die Gemeinde in zwei Hälften. Im Norden findet man u. a. die Einzellagen les Evocelles (auf dem Gebiet von Brochon), les Champeaux, la Combe aux Moines (wo die Mönche der Abtei Cluny spazierengingen, die im 13. Jh. die meisten Weinberge in Gevrey besaßen), les Cazetiers, Clos Saint-Jacques und les Varoilles. Im Süden gibt es weniger Crus, weil fast der gesamte Hang als Grand cru eingestuft ist. Hier kann man u. a. die Einzellagen Fonteny, Petite-Chapelle und Clos-Prieur nennen.

Die Weine dieser Appellation sind robust und kraftvoll, wenn sie vom Hang kommen, und elegant und fein am Fuße des Hangs. Bei dieser Gelegenheit sollte man auch dem irrigen Gerücht entgegentreten, wonach sich die Appellation Gevrey-Chambertin bis zur Eisenbahnstrecke Dijon-Beaune erstreckt, auf Anbauflächen, die es nicht verdienen würden. Diese Behauptung, mit der man die Klugheit der Winzer von Gevrey beleidigen würde, bietet uns die Möglichkeit, eine kurze Erklärung anzubringen: Der Hang war der Schauplatz zahlreicher geologischer Erscheinungen; einige seiner Böden bestehen aus einer Schicht, die teilweise von Gletschern der Eiszeit herantransportiert wurde. Das Erosiontal von Lavaux diente dabei als »Kanal«; zu seinen Füßen bildete sich ein riesiger Schwemmkegel, der aus dem gleichen oder einem ähnlichen Material wie der Hügel aufgebaut ist. In manchen Lagen sind diese Schichten einfach dicker und somit von der darunter liegenden Schicht weiter entfernt. Sie bestehen im wesentlichen aus kalkhaltigem Kies, der unterschiedlich stark entkohlensäuert ist, und liefern die eleganten, feinen Weine, von denen vorher die Rede war.

Côte de Nuits — Gevrey-Chambertin

VINCENT ET DENIS BERTHAUT
Les Cazetiers 1995★★★

| ■ 1er cru | 0,22 ha | 1 200 | ⅱ 100-150 F |

90 91 |92| |93| ⑨⑤

Das ist wirklich der beste unter den 109 in dieser Appellation vorgestellten Weinen. Einstimmige Wahl zum Lieblingswein. Sein hervorragendes Traubengut kommt sofort zum Ausdruck und begleitet die ganze Weinprobe. Dieser Cazetiers ist von großer Klasse, ausdrucksvoll und intensiv und besitzt ein Gerüst, dessen angenehm fruchtige Tannine zu verschmelzen beginnen. Er verdient, daß man ihn zu einem Coq au vin trinkt.

☛ Vincent et Denis Berthaut, 9, rue Noisot, 21220 Fixin, Tel. 03.80.52.45.48, Fax 03.80.51.31.05 ☑ ☒ n. V.

DOM. LUCIEN BOILLOT ET FILS
Les Evocelles 1994

| ■ | 0,39 ha | 2 000 | ⅱ 70-100 F |

Eine Einzellage auf dem Gebiet von Brochon, oben auf dem Hang. Der Wein präsentiert sich mit liebenswürdigen Zügen, typisch 1994, doch die Tannine sind ein wenig streng. Das ist kein Sinfonieorchester, sondern ein Streichquartett. Muß ein wenig altern.

☛ Dom. Lucien Boillot et Fils, 1, rue Magnon-Pujo, 21220 Gevrey-Chambertin, Tel. 03.80.51.85.61, Fax 03.80.58.51.23 ☑ ☒ n. V.

REGIS BOUVIER 1995

| ■ | 0,5 ha | 3 000 | ⅱ 70-100 F |

Unter dem Pflaster der Strand. Aber was steckt unter den Tanninen? Die Frage ist hier nicht vollständig entschieden. Was die aromatische Intensität angeht, ziemlich gut. Intensität der Farbe: perfekt. Eine gute Veranschaulichung der Merkmale des Jahrgangs in einer Beschaffenheit, die ziemlich rasch ihre Grenzen findet.

☛ Dom. Régis Bouvier, 52, rue de Mazy, 21160 Marsannay-la-Côte, Tel. 03.80.51.33.93, Fax 03.80.58.75.07 ☑ ☒ n. V.

DOM. ALAIN BURGUET
Vieilles vignes 1994★

| ■ | 2,5 ha | 8 000 | ⅱ 100-150 F |

Dieser gut strukturierte 94er wird sich definitiv erst im 21. Jh. äußern. Ganz und gar im Stil von Alain Burguet Vieilles vignes : streng zu Beginn, aber mit offensichtlichem Potential. Ein jugendlicher, fülliger, fleischiger und langer Wein, der deutlich über dem Durchschnitt liegt, sich aber im Augenblick im Wartestand befindet. Der 94er les Champeaux Premier cru hingegen, der dieselbe Note erhält, ist leicht zugänglich und elegant. Man kann ihn drei bis vier Jahre lang trinken.

☛ Dom. Alain Burguet, 18, rue de l'Eglise, B.P. 29, 21220 Gevrey-Chambertin, Tel. 03.80.34.36.35, Fax 03.80.58.50.45 ☑ ☒ n. V.

DOM. PHILIPPE CHARLOPIN-PARIZOT
La Justice 1995★★

| ■ | 1 ha | 6 000 | ⅱ 100-150 F |

Toutoune, Vorsitzender der Vereinigung Roi-Chambertin, war es sich schuldig, den einheimischen Weinen erneut Ehre zu machen. Sein 89er und sein 92er waren nämlich Lieblingsweine. Dieser Justice erscheint ausgewogen. Unter einer granatroten Robe schafft er ein angemessenes Verhältnis zwischen Cru und Faß. Da die Grundlage vorhanden ist, riskiert man nichts, wenn man ihn zu zehn Jahren verurteilt !

☛ Dom. Philippe Charlopin, 18, rte de Dijon, 21220 Gevrey-Chambertin, Tel. 03.80.51.81.18, Fax 03.80.51.81.27 ☑ ☒ n. V.

ANTOINE CHATELET 1995★

| ■ | k. A. | k. A. | ⅱ 70-100 F |

Eine der zahllosen Marken der Brüder Cottin (Labouré-Roi). Sie steht für einen Gevrey mit langem, gefüttertem Kleid. Zwecklos, mehrmals zu läuten : Der Geruchseindruck ist rigoros verschlossen. Danach ausgezeichnete Leistung: Rundheit, Dichte, Ausgewogenheit. Muß drei bis vier Jahre altern.

☛ Antoine Chatelet, rue Lavoisier, 21700 Nuits-Saint-Georges, Tel. 03.80.62.64.00, Fax 03.80.62.64.10 ☒ Mo-Fr 8h-12h 13h30-17h30
☛ Cottin

DOM. BRUNO CLAIR Cazetiers 1994★

| ■ 1er cru | 0,87 ha | 2 300 | ⅱ 150-200 F |

Ins Violette spielendes Rot, für den Jahrgang überraschende Jugendlichkeit, das Bukett noch verschlossen, mit leichtem Röstgeruch. Ein voller, tanninreicher, sehr kraftvoller Wein, der gut gelungen ist und lagern kann. Die Vinifizierung hat die Extraktion betont.

☛ Dom. Bruno Clair, 5, rue du Vieux-Collège, 21160 Marsannay-la-Côte, Tel. 03.80.52.28.95, Fax 03.80.52.18.14 ☑ ☒ n. V.

DOM. DU CLOS FRANTIN 1994

| ■ | 1,5 ha | 8 000 | ⅱ 100-150 F |

Ziemlich strahlende Farbe, nach Kirschen (Kirschwasser) duftend. Ein Wein mit noch sehr spürbaren Tanninen, die aber friedlich gestimmt sind. Im Geschmack kehrt die gleiche Frucht wieder. Nicht mehr als zwei Jahre aufheben.

☛ Dom. du Clos Frantin, 6 bis, bd Jacques-Copeau, 21200 Beaune, Tel. 03.80.24.37.37, Fax 03.80.24.37.38
☛ A. Bichot

Côte de Nuits — Gevrey-Chambertin

BERNARD COILLOT PERE ET FILS
1995

■   k. A.   k. A.   ◗ 70-100 F

Klarheit der tiefroten Farbe mit purpurvioletter Oberfläche. Komplexer Duft, der sich um Gewürze und reife Früchte dreht. Dieser gut strukturierte Wein garantiert eine glückliche Ausgewogenheit zwischen dem Alkohol und den Tanninen. Letztlich lebhaft und fein. Er muß zwei bis drei Jahre altern.

⌕ GAEC Bernard Coillot Père et Fils, 31, rue du Château, 21160 Marsannay-la-Côte, Tel. 03.80.52.17.59, Fax 03.80.52.12.75 ☑
🍷 Mo-Fr 8h-12h 14h-18h ; Sa, So n. V.

E. DELAUNAY ET SES FILS 1995*

■   k. A.   9 600   ◗ 70-100 F

Eine Firma mit Sitz in L'Etang-Vergy in den Hautes-Côtes, die von J.-Cl. Boisset übernommen worden ist. Sie präsentiert uns einen farbintensiven 95er mit purpurvioletten Nuancen am Glasrand. Er hat einen eleganten Geruchseindruck, der sich nicht auf die holzbetonte Hülle beschränkt, und einen robusten, aber nicht harten Körper. Die Ansprache entfaltet viel Frucht.

⌕ Edouard Delaunay et ses Fils, 5, rue du Moulin, 21700 Nuits-Saint-Georges, Tel. 03.80.62.61.46, Fax 03.80.62.61.60

FAIVELEY La Combe aux Moines 1994

■ 1er cru   1,19 ha   5 300   ◗ 150-200 F

Überraschend frische Farbe : dunkelrot mit bläulichem Schimmer. Der Duft ist zurückhal-

---

Côte de Nuits (nördlicher Abschnitt 1)

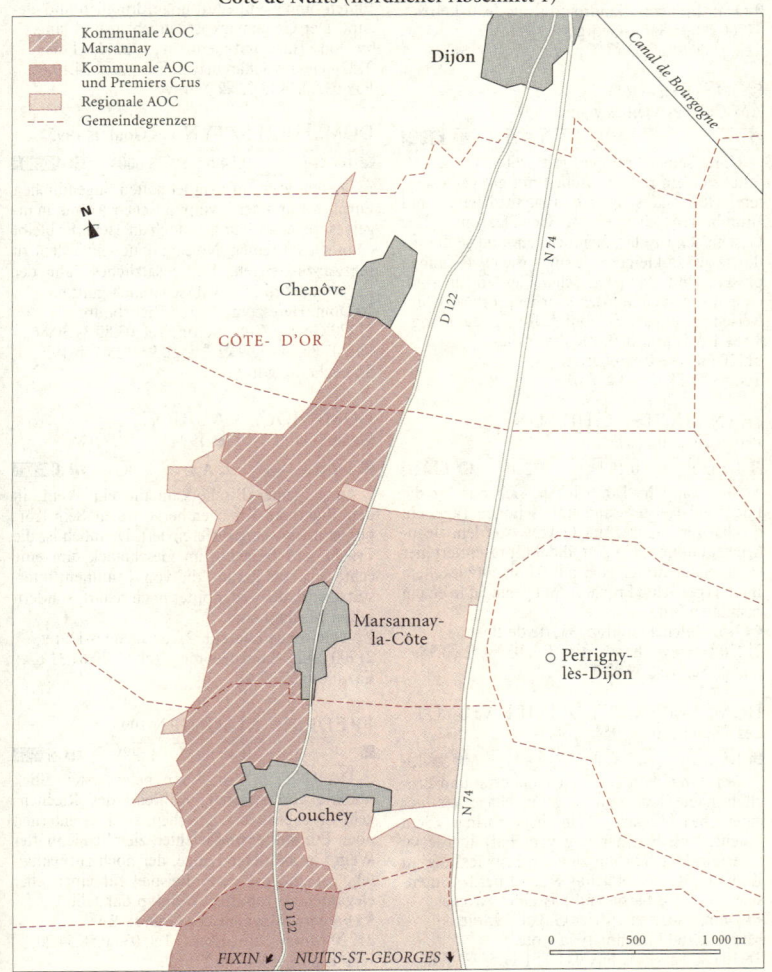

Legende:
- Kommunale AOC Marsannay
- Kommunale AOC und Premiers Crus
- Regionale AOC
- Gemeindegrenzen

Dijon, Chenôve, CÔTE- D'OR, Marsannay-la-Côte, Perrigny-lès-Dijon, Couchey, FIXIN, NUITS-ST-GEORGES, Canal de Bourgogne, D 122, N 74

BURGUND

Côte de Nuits — Gevrey-Chambertin

tender und bietet Noten von roten Früchten. Der wohlausgewogene, zu Beginn recht elegante Geschmack entwickelt sich über Tanninen, die im Abgang sehr spürbar sind. Ein Wein von guter Lagerfähigkeit.
➥ Maison Faiveley, 8, rue du Tribourg, B.P. 9, 21701 Nuits-Saint-Georges Cedex, Tel. 03.80.61.04.55, Fax 03.80.62.33.37 ✓ ⟨⟩ n. V.

JEAN-FRANÇOIS GANDREY
Les Roncenies 1995*

| ■ | 0,2 ha | k. A. | ⟨⟩ | 70-100 F |

Sehr tiefe Farbe, schwarz wie eine schöne Sommernacht. Das Bukett entfaltet sich mit Eindrücken von holzbetonten Gewürzen, sogar Mentholnoten und Pilzen. Die Ansprache ist zwar deutlich und klar, aber der tanninreiche Geschmack muß im Keller liebenswürdiger werden. Dennoch ein guter Wein, der seine schöne Länge beweist. Selbstverständlich lagerfähig. Trinken Sie ihn nicht zu früh.
➥ Jean-François Gandrey, 18, rue Jean-Jaurès, 21700 Nuits-Saint-Georges, Tel. 03.80.61.27.63 ✓ ⟨⟩ n. V.

S.C. GUILLARD
Aux Corvées Vieilles vignes 1994

| ■ | 0,35 ha | 1 800 | ⟨⟩ | 70-100 F |

Unter seiner kräftigen rubinroten Farbe entfaltet sich ein rassiges Bukett mit gut gemeistertem Holzton, schwarze Johannisbeeren und Brombeeren über einem Gewürzaroma. Der Geschmack ist klar, ziemlich fein und seidig. Er dürfte gut zu kleinem Geflügel wie etwa Tauben passen. Und wenn wir schon bei Vögeln sind, wollen wir auch auf den 94er les Corbeaux hinweisen: zwei gute Ergebnisse für den Jahrgang!
➥ SCEA Guillard, 3, rue des Halles, 21220 Gevrey-Chambertin, Tel. 03.80.34.32.44 ✓ ⟨⟩ n. V.

JEAN-MICHEL GUILLON
Petite-Chapelle 1995

| ■ 1er cru | 0,19 ha | 1 200 | ⟨⟩ | 100-150 F |

Man kann in Tahiti leben, sich nur für die Fliegerei begeistern und eines schönen Tages ein geschätzter Winzer in Gevrey werden. Jean-Michel Guillon, ein Autodidakt, präsentiert hier einen bläulichroten 95er mit schon entwickeltem Bukett (gekochte Früchte). Gut gemacht in einem rustikalen Stil.
➥ Jean-Michel Guillon, 33, rte de Beaune, 21220 Gevrey-Chambertin, Tel. 03.80.51.83.98, Fax 03.80.51.85.59 ✓ ⟨⟩ n. V.

DOM. ALBERT ET OLIVIER GUYOT
Les Champeaux 1995*

| ■ 1er cru | k. A. | 2 400 | ⟨⟩ | 70-100 F |

Am Rande von Gevrey-Chambertin und Brochon, nach Gevrey zu, eine Einzellage, die hier einen beachtlichen Wein hervorbringt. Sein Potential bleibt ein wenig vom Faß überdeckt. Aber die Jury hält ihn zu einer Entwicklung im Keller fähig, weil er genug Körper besitzt. Intensive rubinrote Farbe und passables Aroma.
➥ Dom. Albert et Olivier Guyot, 39, rue de Mazy, 21160 Marsannay-la-Côte, Tel. 03.80.52.39.71, Fax 03.80.51.17.58 ✓ ⟨⟩ n. V.

DOM. HARMAND-GEOFFROY
La Perrière 1994**

| ■ 1er cru | 0,2 ha | 1 100 | ⟨⟩ | 100-150 F |

Perrière, Bossière und Clos Prieur - diesem Gut gelingt es, seine drei 94er, die fast von gleicher Qualität sind, unter den besten Weinen zu plazieren. Dieser Perrière mit der dunklen Purpurfarbe und den Frucht- und Ledernoten bewahrt im Geschmack eine sehr stabile Ausgewogenheit für lange Zeit.
➥ Dom. Harmand-Geoffroy, 1, pl. des Lois, 21220 Gevrey-Chambertin, Tel. 03.80.34.10.65, Fax 03.80.34.13.72 ✓ ⟨⟩ n. V.

DOM. HARMAND-GEOFFROY
Clos Prieur 1994**

| ■ | 0,45 ha | 2 400 | ⟨⟩ | 70-100 F |

Ein schon sehr gefälliger *Villages*, der aber nicht so bald abschlafft. Die Farbe ist tief, der Blüten- und Vanilleduft unaufdringlich und elegant. Der Geschmack ist gutgebaut und lang.
➥ Dom. Harmand-Geoffroy, 1, pl. des Lois, 21220 Gevrey-Chambertin, Tel. 03.80.34.10.65, Fax 03.80.34.13.72 ✓ ⟨⟩ n. V.

DOM. HERESZTYN Les Goulots 1995*

| ■ 1er cru | 0,54 ha | 3 000 | ⟨⟩ | 100-150 F |

Diesem 95er mit dem lebhaften, jugendlichen Purpurrot und dem sympathischen Aroma mangelt es weder an Feinheit noch an Tiefe. Er bleibt dennoch auf seinem Niveau, ohne sein Talent zu sehr anzustrengen. Ein zusätzliches Jahr der Lagerung wird ihm wahrscheinlich guttun.
➥ Dom. Heresztyn, 27, rue Richebourg, 21220 Gevrey-Chambertin, Tel. 03.80.34.30.86, Fax 03.80.34.13.99 ✓ ⟨⟩ tägl. 9h-12h 14h-19h; So nachmittag n. V.

DOMINIQUE LAURENT
Lavaux-Saint-Jacques 1994*

| ■ 1er cru | k. A. | k. A. | ⟨⟩ | 150-200 F |

Unter seiner Bischofssoutane ein Wein, in dem Bigarreau-Kirschen hervortreten. Sein Körper ist noch wenig differenziert. Dennoch ist die Frucht sehr freigebig im Geschmack, um eine echte Struktur herum, die von Tanninen unterstützt wird, die weder bitter noch scharf, sondern schon gezähmt sind.
➥ Dominique Laurent, 2, rue Jacques-Duret, 21700 Nuits-Saint-Georges, Tel. 03.80.61.31.62, Fax 03.80.62.32.42

FREDERIC MAGNIEN 1995

| ■ | 0,45 ha | 1 500 | ⟨⟩ | 70-100 F |

Deutlich ein 95er schon beim ersten Blick (dunkle Granatfarbe). Während des Riechens geht er subtil von Kirschen zu Kirschkernen über. Ein sanfter und leichter, ziemlich lebhafter Wein von mittlerer Länge, der noch zurückhaltend ist und ein gutes Beispiel für einen eher eleganten als robusten Weintyp darstellt.
➥ Frédéric Magnien, 55, Grande-Rue, 21220 Morey-Saint-Denis, Tel. 03.80.58.54.20, Fax 03.80.58.51.76 ✓ ⟨⟩ n. V.

Côte de Nuits — Gevrey-Chambertin

MICHEL MAGNIEN Les Cazetiers 1995★

■ 1er cru   0,25 ha   1 500   ⬛ 100-150 F

Die Reblage Les Cazetiers auf dem Hügel von Les Saint-Jacques ist besonders geschätzt und oft einem Grand cru sehr nahe. Dieser Wein hier besitzt einen zufriedenstellenden Glanz, ein sehr bedeutsames Aroma von schwarzen Johannisbeeren, Frische und einen soliden Hintergrund. Ein Wein, den man nicht sofort trinken kann.
☛ Michel Magnien, 4, rue Ribordot, 21220 Morey-Saint-Denis, Tel. 03.80.51.82.98, Fax 03.80.58.51.76 ☑ ⚲ n. V.

DOM. JEAN-PHILIPPE MARCHAND Les Cazetiers 1995

■ 1er cru   k. A.   2 400   ⬛ 100-150 F

Dieser Winzer kann etwas mit seinen Trauben anfangen! Das Bukett erscheint ein wenig gleichgültig, aber der Geschmack ist bezaubernd, lieblich, wenn man so sagen darf, dicht, opulent, mit einem Wort: köstlich. Altern lassen.
☛ Dom. Jean-Philippe Marchand, 1, pl. du Monument, 21220 Gevrey-Chambertin, Tel. 03.80.34.33.60, Fax 03.80.34.12.77 ☑ ⚲ n. V.

FRANÇOIS MARTENOT 1995

■   k. A.   k. A.   ⬛ 50-70 F

Ein reintöniger Wein, von einer sehr spürbaren Konstitution und mit einem ausgeprägten, tanninreichen Körper. Ein wenig Säure legt nahe, daß die Zeit alles ins reine bringen wird. Eine schöne Farbe von einheitlichem Purpurrot und ein Hauch von Holz über einem würzigen Duft, der sich in Richtung Leder entwickelt.
☛ François Martenot, rue du Dr-Barolet, Z.I. Vignolles, 21209 Beaune Cedex, Tel. 03.80.24.70.07, Fax 03.80.22.54.31 ⚲ n. V.

MOILLARD 1995★

■   k. A.   30 000   ⬛ 70-100 F

Sanftheit, Vollmundigkeit - man erkennt daran einen Gevrey von gutem typischem Charakter. Dieser 95er ist nicht von übermäßiger

Côte de Nuits (nördlicher Abschnitt 2)

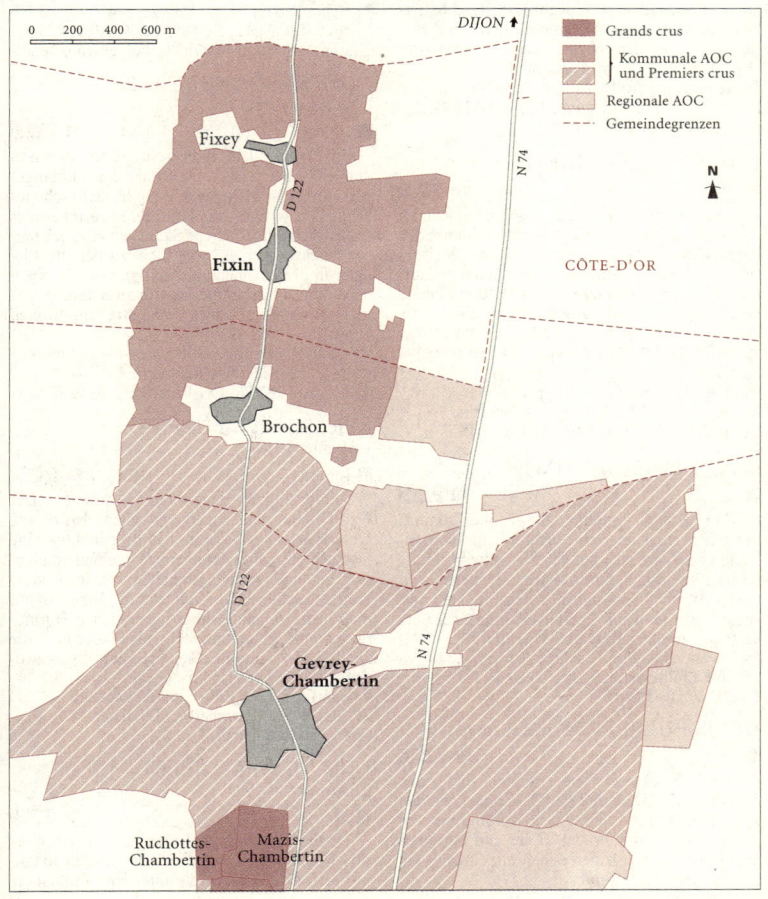

- Grands crus
- Kommunale AOC und Premiers crus
- Regionale AOC
- --- Gemeindegrenzen

Fixey • Fixin • Brochon • Gevrey-Chambertin • Ruchottes-Chambertin • Mazis-Chambertin

CÔTE-D'OR

BURGUND

Côte de Nuits — Gevrey-Chambertin

Länge und dürfte mindestens fünf Jahre lang auf einem schönen Niveau bleiben.
☛ Moillard, 2, rue François-Mignotte, 21700 Nuits-Saint-Georges, Tel. 03.80.62.42.22, Fax 03.80.61.28.13 ✓ ☎ n. V.

MOMMESSIN 1995**

| ■ | k. A. | k. A. | ⦿ | 100-150 F |

Nicht zum Lieblingswein gewählt, aber die Jury zögerte ... Ein Wein, der altern muß und für Sie in fünf bis sechs Jahren angenehme Augenblicke bereithalten dürfte. Klare Granatfarbe. Er bietet nicht sehr entwickelte Duftnuancen. Noch rauh wie ein Spalierpfahl, der die Reben unterstützt, und von guter Vollmundigkeit.
☛ Mommessin, La Grange-Saint-Pierre, 71850 Charnay-lès-Mâcon, Tel. 03.85.32.81.00, Fax 03.85.29.28.74 ☎ n. V.

ANDRE MOREY Vieilles vignes 1995*

| ■ | k. A. | k. A. | ⦿ | 70-100 F |

Die Firma wurde 1995 von vier jungen burgundischen Önologen übernommen. Sie bringt diesen Gevrey mit der schwarzen Granatfarbe auf den Markt, der viel Frucht enthält und sich nur noch entwickeln muß. Rundheit, Reichhaltigkeit und Ausgewogenheit sind die Qualität dieses sich entwickelnden Weins, den man unbesorgt abwarten kann. Er wird kommen.
☛ Sté nouvelle André Morey, 2, rue de l'Arquebuse, 21200 Beaune, Tel. 03.80.22.24.12, Fax 03.80.24.13.00 ✓ ☎ n. V.

DOM. THIERRY MORTET 1995**

| ■ | 2 ha | 6 000 | ⦿ | 70-100 F |

Wenn Nono, eine Figur aus einem Roman von Gaston Roupnel, nach Gevrey-Chambertin zurückkäme, würde er mit diesem Villages schöne Stunden verbringen. Sehr beredter Duft (Gewürze und schwarze Früchte). Ins Violette gehendes Rot. Er ist gut gebaut, mit allem, was es braucht, um Sie morgen oder in zehn Jahren zu verführen ! Schöne Arbeit, vom Weinberg bis zum Keller.
☛ Dom. Thierry Mortet, 16, pl. des Marronniers, 21220 Gevrey-Chambertin, Tel. 03.80.51.85.07, Fax 03.80.34.16.80 ✓ ☎ n. V.

CAVE DES PAULANDS 1995*

| ■ | k. A. | k. A. | ⦿ | 70-100 F |

Man verheißt ihm eine sehr schöne Zukunft, denn er verfügt über eine erstaunliche Konzentration und wird sich mit der Zeit entwickeln. Er besitzt eine bläulichrote Farbe, begleitet von einem Aroma von Trauben, roten Früchten und sogar - wie man uns erzählt - Orangenschalen. Gute Gesamtharmonie und Potential.
☛ Caves des Paulands, Aloxe-Corton, 21550 Ladoix-Serrigny, Tel. 03.80.26.41.05, Fax 03.80.26.47.56 ✓ ☎ n. V.

DENIS PHILIBERT Cuvée Prestige 1994*

| ■ | k. A. | k. A. | ⦿ | 100-150 F |

Die Farbe hat viel Tiefe, sehr intensiv für den Jahrgang. Der Duft und der Geschmack werden sich in einem Punkt trefen : die Verbindung von Alkohol und roter Frucht. Fülle und ein gutes Vanillearoma. Wir haben es hier mit einem Wein zu tun, der gefallen soll.
☛ Maison Denis Philibert, 1, rue Ziem, 21200 Beaune, Tel. 03.80.24.05.88, Fax 03.80.22.37.08 ☎ tägl. 9h-20h

PICARD PERE ET FILS 1994*

| ■ | k. A. | k. A. | ⦿ | 100-150 F |

Lassen Sie ihn altern. Kirschrote Farbe : Er gibt sich noch sehr jugendlich. Der Duft ist voller Erdbeer- und Johannisbeerkonfitüre, die Vanille nicht zu vergessen. Der Körper erinnert an einen Spiegelschrank : wuchtig und eckig. Auf die Zierleisten muß man noch warten. Dieser Wein braucht sich nur noch zu entfalten.
☛ Michel Picard, rte de Saint-Loup-de-la-Salle, B.P. 49, 71150 Chagny, Tel. 03.85.87.51.00, Fax 03.85.87.51.11 ✓ ☎ n. V.

REINE PEDAUQUE 1995*

| ■ | k. A. | 12 000 | ⦿ | 150-200 F |

Der Dienst der »Königin« kann ein wenig warten. Es handelt sich nämlich um einen sehr gelungenen Wein, der über alle Zukunftsmöglichkeiten verfügt. Ziemlich dunkel und glatt wirkend. Gegenwärtig kommt er mit zarten, subtilen Noten zum Ausdruck.
☛ Reine Pédauque, Le Village, 21420 Aloxe-Corton, Tel. 03.80.25.00.00, Fax 03.80.26.42.00 ☎ tägl. 9h-11h30 14h-17h30 ; Jan. geschlossen

DOM. ROSSIGNOL-TRAPET
Clos Prieur 1994**

| ■ 1er cru | 0,6 ha | 2 000 | ⦿ | 100-150 F |

Ein Wein, dem man seine Ehre erweisen muß ! Die Farbe ist zweifellos die des Jahrgangs : zurückhaltend. Hingegen was für ein schönes pflanzliches und an Himbeeren erinnerndes Bukett ! Unaufdringliche Säure, ein ziemlich langer Nachgeschmack, eine nicht zu betonte Eleganz und eine maximale Extraktion für einen 94er. Eine Flasche, die man in zwei Jahren öffnen und dann im Laufe fünf Jahre lang trinken kann.
☛ Dom. Rossignol-Trapet, rue de la Petite-Issue, 21220 Gevrey-Chambertin, Tel. 03.80.51.87.26, Fax 03.80.34.31.63 ✓ ☎ n. V.

SERAFIN PERE ET FILS
Le Fonteny 1994*

| ■ 1er cru | 0,33 ha | 1 800 | ⦿ | 100-150 F |

Rubinrot mit ziegelrotem Schimmer. Der Geruchseindruck zögert zwischen Holz und Unterholz. Dieser Wein hat in der Jury eine Debatte entfacht, denn einige meinen, daß er sich gut und vorteilhaft halten würde. Andere hingegen schlagen vor, ihn jetzt zu trinken, damit man in den Genuß seiner jugendlichen Harmonie kommt. Einig sind sich jedoch alle über die Qualität der Tannine, die gute Säure (Ausgewogenheit), die Frucht und die Eleganz.
☛ Sérafin Père et Fils, 7, pl. du Château, 21220 Gevrey-Chambertin, Tel. 03.80.34.35.40, Fax 03.80.58.50.66 ✓ ☎ n. V.

DOM. DES VAROILLES
Champonnets 1995

| ■ 1er cru | k. A. | k. A. | ⦿ | 100-150 F |

Dieser Champonnets ist hermetisch verschlossen. Nichts äußert sich außer dem hellen Johannisbeerrot. Man kann darunter eine Blütennote

Côte de Nuits
Chambertin-Clos de Bèze

entdecken, aber die Jury will sich nicht über die Entwicklung des Weins auslassen - und das ist selten ! Man gibt ihm somit Bedenkzeit.
◆┐ Dom. des Varoilles, 11, rue Ancien-Hôpital, 21220 Gevrey-Chambertin, Tel. 03.80.34.30.30, Fax 03.80.51.88.99 ☑ ⊥ n. V.

Chambertin

Bertin, ein Winzer in Gevrey, besaß eine Parzelle, die neben dem Clos de Bèze lag, und vertraute auf die Erfahrung der Mönche hinsichtlich der Qualität. Er pflanzte die gleichen Rebstöcke an und erhielt einen ähnlichen Wein. Dies war das *champ de Bertin*, das »Feld von Bertin«, wovon sich der Name Chambertin ableitet. 1996 erzeugte die AOC 629 hl.

PHILIPPE CHARLOPIN 1995**

| ■ Gd cru | k. A. | k. A. | | +200 F |

Eine Seltenheit : Der Halbpächter gibt auf dem Etikett den Besitzer an. Glückliche Jocelyne Barron, die ein Anrecht auf diese Ehrung hat ! Kommen wir nun zum Wein, dessen außergewöhnliche Farbe von einem impressionistischen Maler entworfen worden ist. Das über dem Aroma von Kandiertem ein wenig verschlossene Bukett weist nicht auf den Geschmack hin : himmlisch, fleischig, strukturiert und von bemerkenswerter Länge. Ein echter Chambertin.
◆┐ Dom. Philippe Charlopin, 18, rte de Dijon, 21220 Gevrey-Chambertin, Tel. 03.80.51.81.18, Fax 03.80.51.81.27 ⊥ n. V.
◆┐ Jocelyne Barron

DOM. LOUIS LATOUR
Cuvée Héritiers Latour 1993

| ■ Gd cru | 0,75 ha | 2 400 | | +200 F |

Unterholz und Trüffel, weißer Pfeffer, Leder und unvermeidliche Vanille ergeben ein beeindruckendes Bukett unter einem ziemlich leichten, aber recht deutlichen Kleid von angenehmem Rubinrot. Tadelloser Geschmackseindruck. Guter, liebenswerter Durchschnitt. Man kann ihn im kommenden Jahr servieren.
◆┐ Maison Louis Latour, 18, rue des Tonneliers, 21204 Beaune Cedex, Tel. 03.80.24.81.00, Fax 03.80.24.81.18 ⊥ n. V.

DOM. HENRI REBOURSEAU 1994

| ■ Gd cru | 0,79 ha | 3 506 | | +200 F |

Purpur- bis granatrot mit blassem Schimmer. Ein Chambertin, der über Lakritznoten kandierte Früchte entfaltet. Dieser Geruchseindruck ist überzeugend. Der erste Geschmackseindruck ist recht positiv (große Stärke, feine, präzise Tannine). Zufriedenstellende Länge. Zwei bis drei Jahre altern lassen.

◆┐ MSE Rebourseau, 10, pl. du Monument, 21220 Gevrey-Chambertin, Tel. 03.80.51.88.94, Fax 03.80.34.12.82 ☑ ⊥ n. V.

DOM. A. ROUSSEAU PERE ET FILS
1994

| ■ Gd cru | 2,15 ha | 5 800 | | +200 F |

Ein schönes, leichtes Rubinrot von mittlerer Intensität. Ziemlich feiner, klarer und geradliniger Duft nach Kirschen in Alkohol. Ein Chambertin, der einem Jahrgang entspricht und seine schwache Struktur - nicht ohne Erfolg - dadurch auszugleichen versucht, daß er zart erscheint. Leicht und fein bedeuten nicht klein, insbesondere wenn das Faß nicht den Wein überdeckt.
◆┐ Dom. Armand Rousseau, 1, rue de l'Aumônerie, 21220 Gevrey-Chambertin, Tel. 03.80.34.30.55, Fax 03.80.58.50.25 ⊥ n. V.

DOM. TRAPET PERE ET FILS 1994**

| ■ Gd cru | k. A. | k. A. | | 150 - 200 F |

Die Sonne von Austerlitz ! An diesem Punkt mußte einfach ein 94er gelingen. Napoleon, ein Freund von Chambertin, würde diesem alten Haudegen des Gardekorps liebevoll ins Ohr kneifen : ein wenig ziegelrot verfärbte Veteranenuniform, kräftiger, komplexer Geruch und glorreicher Geschmack. Kleiner Ertrag, große Frische, lebhafte, recht frische Tannine, Länge. Kurz gesagt : ein großes Gewächs.
◆┐ Dom. Trapet Père et Fils, 53, rte de Beaune, 21220 Gevrey-Chambertin, Tel. 03.80.34.30.40, Fax 03.80.51.86.34 ☑ ⊥ n. V.

Chambertin-Clos de Bèze

Im Jahre 630 pflanzten die Mönche der Abtei Bèze Reben in einer Parzelle an, die einen besonders angesehenen Wein lieferte. Auf diesen Ursprung geht die Appellation zurück, die rund 15 ha umfaßt. Die Weine dürfen auch den Namen »Chambertin« tragen.

DOM. DROUHIN-LAROZE 1995**

| ■ Gd cru | 1,5 ha | 4 000 | | +200 F |

Im 7. Jh. gegründet, der älteste Clos der burgundischen Geschichte, dem es am Ende des 20. Jh. gelingt, uns immer noch zu erstaunen ! Majestätische Robe, holzbetontes, aber dann vielfältiges Aroma, Kraft und Ausgewogenheit, ein Geschmack, der den Duft fortsetzt, körperreiche Struktur, bemerkenswerte Nachhaltigkeit. Er bleibt der zuverlässigste Überbringer der Nachrichten über die Qualität Burgunds.
◆┐ Dom. Drouhin-Laroze, 20, rue du Gaizot, 21220 Gevrey-Chambertin, Tel. 03.80.34.31.49, Fax 03.80.51.83.70 ⊥ n. V.
◆┐ Bernard et Philippe Drouhin

Côte de Nuits

FAIVELEY 1994*

■ Gd cru 1,29 ha 5 300 ⅲ +200 F

Ein schöner Vertreter der 94er Weine : herrliche, tiefe Farbe, ausdrucksvolles elegantes Himbeeraroma. Die Ansprache ist klar und frisch und entfaltet sich über einem erstklassigen Bau. Dieser solide, seriöse Wein braucht Zeit, denn er ist noch ein wenig rauh, aber gut in seiner Appellation und in seinem Jahrgang. Dagegen ist nichts einzuwenden. 1994 Lieblingswein (der 90er).
✒ Maison Faiveley, 8, rue du Tribourg, B.P. 9, 21701 Nuits-Saint-Georges Cedex, Tel. 03.80.61.04.55, Fax 03.80.62.33.37 ◩ ⅈ n. V.

ROBERT GROFFIER PERE ET FILS 1995*

■ Gd cru 0,41 ha 1 500 ⅲ +200 F

Wir haben die Jahrgänge 1994 und 1995, die uns vorgestellt wurden, als gleich gut beurteilt. Der 95er ist vielleicht ein klein wenig besser als der ältere, aber sie sind einander ähnlich. Im Aussehen ein Vergnügen. Ein entschiedener, entschlossener, fruchtiger Duft. Fehlerloser, interessanter Geschmack, der sich weiterentwickelt und zu einem vorsorglichen Kauf reizt. Nicht vor fünf Jahren aufmachen.
✒ Dom. Robert Groffier Père et Fils, 3, rte des Grands-Crus, 21220 Morey-Saint-Denis, Tel. 03.80.34.31.53, Fax 03.80.34.15.48 ◩ ⅈ n. V.

PATRIARCHE 1993

■ Gd cru k. A. 2 700 ⅲ +200 F

Ein 93er, eine Seltenheit hier. Er ist dunkelrot und weckt die Sympathie dank seiner Noten von Gewürzen und feinen Röstmandeln. Der Duft ist immer noch elegant. Der Geschmack folgt mit Fülle, Konzentration, relativer Breite und mittlerer Nachhaltigkeit. Jetzt wissen Sie alles. Recht hübsche Arbeit, von der man eine größere aromatische Entwicklung erwarten kann.
✒ Patriarche Père et Fils, rue du Collège, 21200 Beaune, Tel. 03.80.24.53.01, Fax 03.80.24.53.03 ◩ ⅈ n. V.

JEAN RAPHET ET FILS 1994*

■ Gd cru 0,21 ha 1000 ⅲ +200 F

Dunkle Granatfarbe : Er besitzt die Intensität des Jahrgangs. Der leichte Blütenduft versteckt sich noch hinter dem Faß. Fülle und schon gut verschmolzene Tannine begleiten eine lobenswerte Struktur und eine echte Nachhaltigkeit. Dieser Wein dürfte sich innerhalb der kommenden fünf Jahre gut betragen.
✒ Jean Raphet et Fils, 45, rte des Grands-Crus, 21220 Morey-Saint-Denis, Tel. 03.80.34.31.67, Fax 03.80.58.51.79 ◩ ⅈ n. V.

Latricières-Chambertin

Weitere Grands crus von Gevrey-Chambertin

Rund um die beiden vorgenannten Lagen gibt es eine Reihe von Crus, die zwar nicht ihre Qualität erreichen, aber im Stil ähnlich sind. Die Produktionsbedingungen sind etwas weniger streng, doch die Weine hier haben dieselben Merkmale : Robustheit, Kraft und Fülle. Die dominierende Lakritznote erlaubt es zumeist, die Weine aus Gevrey von denen der Nachbarappellationen zu unterscheiden. Die Grands crus im einzelnen sind : les Latricières (rund 7 ha), les Charmes (31,613 ha), les Mazoyères, die aus les Charmes nennen dürfen (umgekehrt ist das nicht möglich), les Mazis, die aus les Mazis-Haut (etwa 8 ha) und les Mazis-Bas (4,5925 ha) bestehen, les Ruchottes (der Name kommt von »roichot«, der Bezeichnung für einen Ort, an dem es »roches«, d. h. Felsen gibt), flächenmäßig ein sehr kleiner Grand cru, der aus les Ruchottes-du-Dessus (1,9195 ha) und les Ruchottes-du-Bas (1,2715 ha) besteht, les Griottes, wo angeblich wilde Kirschbäume wuchsen (5,4805 ha), und schließlich les Chapelles (5,387 ha), deren Name auf eine Kapelle zurückgeht, die im Jahre 1155 von den Mönchen der Abtei Bèze errichtet und während der Französischen Revolution abgerissen wurde.

Latricières-Chambertin

DOM. DROUHIN-LAROZE 1994

■ Gd cru 0,5 ha 2 000 ⅲ 150-200 F

Die Farbe verrät zwar einige Anzeichen von Entwicklung, aber das Bukett hält sich gut und behauptet seine Position : Lebkuchen, Orangenschalen. Dieser gutgebaute Wein, der aber eine dünne Struktur in den Grenzen des Jahrgangs besitzt, ist nichts zum Einlagern.
✒ Dom. Drouhin-Laroze, 20, rue du Gaizot, 21220 Gevrey-Chambertin, Tel. 03.80.34.31.49, Fax 03.80.51.83.70 ⅈ n. V.
✒ Bernard et Philippe Drouhin

DOM. LOUIS REMY 1995

■ Gd cru 0,58 ha 1 500 ▮ⅲ +200 F

Der Latricières geht in Richtung Morey und hat davon seinen Chambertin-Charakter. Dieser 95er ist ein wenig sparsam unter einer klaren,

Côte de Nuits — Charmes-Chambertin

bläulichroten Hülle. Noch unscheinbarer Geruchseindruck. Schlichte Struktur, aber von passabler Nachhaltigkeit.
🍇 Dom. Louis Rémy, 1, pl. du Monument, 21220 Morey-Saint-Denis, Tel. 03.80.34.32.59, Fax 03.80.34.32.59 ☑ ꭤ n. V.

Chapelle-Chambertin

DOM. PIERRE DAMOY 1994
■ Gd cru 2,22 ha 3 270 ◐ 150-200 F

Von der alten Kapelle des Clos de Bèze, die im letzten Jahrhundert verschwand, bleibt nur diese Reblage übrig. Die tiefe Farbe dieses 94ers mit dem leicht ziegelroten Ton, der nach Lebkuchen wie bei der Knusperhexe duftet, kündigt einen kräftigen, komplexen, wunderbar gebauten Wein an, der aber im Augenblick durch den Holzton beinträchtigt ist.
🍇 Dom. Pierre Damoy, 11, rue du Mal-de-Lattre-de-Tassigny, 21220 Gevrey-Chambertin, Tel. 03.80.34.30.47, Fax 03.80.58.54.79 ☑ ꭤ n. V.
🍇 Famille Damoy

Charmes-Chambertin

DOM. ARLAUD PERE ET FILS 1994
■ Gd cru 1,1 ha k. A. ◐ 100-150 F

Ein gut gemachter, wohlausgewogener Wein mit gut verdautem Holzton. Von den ersten Schüssen bis zur Schlußsalve liefert er einen guten Kampf. Er besitzt eine ziemlich lebhafte Farbe und einen Duft, der klassisch (Erdbeeren und Eichenholz) und dennoch eigentümlich (Lindenblüten) ist. Der Holzton ist im Geschmack eleganter und gut integriert. Ein 94er, der nicht ohne Reize ist.
🍇 Dom. Arlaud Père et Fils, 43, rte des Grands-Crus, 21220 Morey-Saint-Denis, Tel. 03.80.34.32.65, Fax 03.80.58.52.09 ☑ ꭤ n. V.

DOM. PHILIPPE CHARLOPIN-PARIZOT 1995
■ Gd cru k. A. k. A. ◐ +200 F

Zweifellos aus dem Faß abgezogen - man wird es dem Erzeuger wohl nicht zum Vorwurf machen, daß er seinen Wein nicht auf die Schnelle ausbaut. Dieser 95er zeigt sich deutlich mit jugendlichen Zügen, die nur die Zukunft ins Auge fassen lassen : tiefes Bläulichrot, Burlat-Kirschen, feiner, beredter Duft, das Temperament noch im Rohentwurf, aber mit guten Grundlagen. Der 85er gehörte zu den Lieblingsweinen. Wie sollte man nicht die Möglichkeit in Betracht ziehen, daß er später Sterne erhält ?
🍇 Dom. Philippe Charlopin, 18, rte de Dijon, 21220 Gevrey-Chambertin, Tel. 03.80.51.81.81, Fax 03.80.51.81.27 ☑ ꭤ n. V.

DOM. DOMINIQUE GALLOIS 1994
■ Gd cru 0,3 ha 1 200 ◐ 150-200 F

Er zeigt ein gut bewertetes Aussehen, strahlend, reich an Reflexen. Sein Aroma wird vom Faß überdeckt - daran läßt sich nichts ändern. Seine lebhaften Tannine werden ihm in der Zukunft als Krückstock dienen, denn die Jury ist sich sicher : Seine Konstitution ist erstklassig. Ziemlich lang und deutlich holzbetont.
🍇 Dominique Gallois, 9, rue du Mal-de-Lattre-de-Tassigny, 21220 Gevrey-Chambertin, Tel. 03.80.34.11.99, Fax 03.80.34.38.62 ☑ ꭤ n. V.

DOM. HUMBERT FRERES 1995
■ Gd cru k. A. 1000 ◐ 150-200 F

In den Charmes-Weinen gibt es zu trinken und zu essen. Das ist hier kein Problem, ein wenig von beidem. Ein intensiver, malvenfarben schimmernder 95er mit leichtem Duft, der frühe Blütennoten entfalet. Die Tannine ballen die Fäuste. Man wird darüber nicht erstaunt sein. Sie haben wenig Länge. Die aromatische Nachhaltigkeit entwickelt sich über das Eichenholz.
🍇 Dom. Humbert Frères, rue de Planteligone, 21220 Gevrey-Chambertin, Tel. 03.80.51.84.23, Fax 03.80.51.80.14 ☑ ꭤ n. V.

DOM. MICHEL MAGNIEN 1995
■ Gd cru 0,3 ha 1 500 ◐ 150-200 F

Ein Kleid aus dickem Samt. Das Bukett entfaltet sich schüchtern mit Backpflaumen und gekochten Früchten. Der Körper ist zwar adstringierend, aber man muß ihn in seinem Alter beurteilen und sehen, daß daran nichts ungewöhnlich ist. Wenn sich seine Tannine besänftigt haben, werden sie ihn in viel besserem Licht erscheinen lassen.
🍇 Michel Magnien, 4, rue Ribordot, 21220 Morey-Saint-Denis, Tel. 03.80.51.82.98, Fax 03.80.58.51.76 ☑ ꭤ n. V.

FREDERIC MAGNIEN 1995*
■ Gd cru 0,15 ha 750 ◐ 150-200 F

Schwarze Kirschen - dieser Charmes hat noch keine Geschichte, aber eine schöne Zukunft. Man kann das vom Wein ebenso wie vom 1995 entstandenen Gut sagen. Das Bukett zeichnet sich ab und wird Einprägsamkeit gewinnen. Nicht zu tanninreich, von beachtlicher Länge. Die Zeit wird ihm die Rundheit bringen. Er wird jedoch nie sehr kraftvoll sein.
🍇 Frédéric Magnien, 55, Grande-Rue, 21220 Morey-Saint-Denis, Tel. 03.80.58.54.20, Fax 03.80.58.51.76 ☑ ꭤ n. V.
🍇 Perraud

JEAN-PAUL MAGNIEN 1995
■ Gd cru 0,19 ha 900 ◐ 150-200 F

Zufriedenstellende Erscheinung, verschmolzener, gut integrierter Holzton, gute Ansprache von kleinen roten Früchten. Er verfügt über keine enormen Mittel, zieht sich aber gut aus der Affäre, indem er die Gefühle anspricht. Lebensdauer : mittel. Nicht bis zum 21. Jh. warten.
🍇 Jean-Paul Magnien, 5, ruelle de l'Eglise, 21220 Morey-Saint-Denis, Tel. 03.80.51.83.10, Fax 03.80.58.53.27 ☑ ꭤ Mo-Sa 10h-12h 14h-19h

Côte de Nuits

PATRIARCHE 1993

| Gd cru | k. A. | 4 800 | +200 F |

In diesem schönen roten Aufzug kann man nur bezaubernd sein. Der Himbeerduft zeigt zwar die Reife an, aber der Geschmack ist leicht, elegant und fein, fast frivol, gut unterstützt vom Faß mit bisweilen lebhaften Noten. Trinkreif.

↣ Patriarche Père et Fils, rue du Collège, 21200 Beaune, Tel. 03.80.24.53.01, Fax 03.80.24.53.03 n. V.

DOM. HENRI PERROT-MINOT 1994

| Gd cru | 1,4 ha | 6 000 | 150-200 F |

Man muß es mit diesem sanften, leichten Wein riskieren, der noch jung und dunkelrot ist. Bukett von mittlerer Intensität über einem Aroma von Gewürzen und kandierten Früchten. Eine Karriere von rund fünf Jahren.

↣ Henri Perrot-Minot, 54, rte des Grands-Crus, 21220 Morey-Saint-Denis, Tel. 03.80.34.32.51, Fax 03.80.34.13.57 n. V.

JEAN RAPHET ET FILS 1994

| Gd cru | 1,3 ha | 6 500 | 150-200 F |

1994 wurde sein 88er zum Lieblingswein gewählt. Der 94er hat eine ziemlich kräftige rubinrote Farbe. Lakritze und kandierte rote Früchte - der Duft tut sein Bestes und schafft es tatsächlich zu verführen. Danach stellt sich eine gute Ausgewogenheit zwischen den Aromenfamilien ein. Die zunächst zurückhaltende Struktur macht sich bemerkbar. Harmonisch und ansprechend.

↣ Jean Raphet et Fils, 45, rte des Grands-Crus, 21220 Morey-Saint-Denis, Tel. 03.80.34.31.67, Fax 03.80.58.51.79 n. V.

DOM. SERAFIN PERE ET FILS 1994*

| Gd cru | k. A. | 1 500 | +200 F |

Nach einer Beratungszeit reiht ihn die Jury unter die besten der vorgestellten Weine ein. Dunkles, strahlendes Kirschrot, einschmeichelnd in der Nase. Dieser Wein ist ziemlich fein, für einen 94er typisch. Eine Lammkeule dürfte ihm gut bekommen

↣ Sérafin Père et Fils, 7, pl. du Château, 21220 Gevrey-Chambertin, Tel. 03.80.34.35.40, Fax 03.80.58.50.66 n. V.

DOM. TAUPENOT-MERME 1994

| Gd cru | 1,5 ha | k. A. | 150-200 F |

Dunkles Rubinrot. Der noch wenig entfaltete Geruchseindruck ist ziemlich geheimnisvoll. Ein angenehmer Wein im Geschmack, wo die Tannine und der Alkohol recht spürbar werden, bevor sie sich ausgleichen. Ein Bœuf bourguignon (in Rotwein geschmortes Rindfleischragout) wird es diesem Grand cru ermöglichen, ohne Scham und Gewissensbisse wie das gemeine Volk zu essen.

↣ Jean Taupenot-Merme, 33, rte des Grands-Crus, 21220 Morey-Saint-Denis, Tel. 03.80.34.35.24, Fax 03.80.51.83.41 n. V.

Mazis-Chambertin

DOM. DES VAROILLES
Vieille vigne 1995

| Gd cru | k. A. | k. A. | 150-200 F |

Dieses Gut darf seine Persönlichkeit nicht verlieren. Es gehört heute einer Schweizer Familie. Klare Purpurfarbe. Sehr typischer Geruchseindruck mit gut integriertem Holzton. Ein Wein mit sehr klugen Tanninen, die eher geschmeidig als kräftig sind, kollegial und ein wenig lagerfähig.

↣ Dom. des Varoilles, 11, rue Ancien-Hôpital, 21220 Gevrey-Chambertin, Tel. 03.80.34.30.30, Fax 03.80.51.88.99 n. V.

Mazis-Chambertin

CAVE PRIVEE D'ANTONIN RODET 1994***

| Gd cru | k. A. | k. A. | +200 F |

»Grandios, erhaben« schrieben unsere Juroren auf ihre Zettel. Man muß dazu wissen, daß alle Grands crus vom Chambertin gemeinsam verkostet werden, wobei es nur eine einzige Information gibt : Chambertin. Von unglaublicher Struktur, für eine glänzende Zukunft bestimmt. Wir erfinden nichts. Man liest so etwas selten. Auszeichnung vor dem Großen Heer der Reben. Übergehen wir die Einzelheiten : Alles ist faszinierend, vollständig, komplex. Das Vorbild für alle Weine. »Wer kann beim 94er für ein solches Wunder verantwortlich sein ?«

↣ Antonin Rodet, 71640 Mercurey, Tel. 03.85.98.12.12, Fax 03.85.45.25.49 Mo-Fr 9h-12h30 14h-18h

Mazoyères-Chambertin

DOM. PIERRE PONNELLE 1994

| | 0,76 ha | 3 000 | +200 F |

Ein originelles Etikett, korrekt, aber sonderbar : Es gibt »Charmes-Chambertin Les Mazoyères« an. Es geschieht das erste Mal, daß man die beiden Einzellagen liest (vereinigt stimmt es). Langer Rede kurzer Sinn : Wir sind in Les Mazoyères. Ins Violette gehendes Rot. Bukett von kandierten und gerösteten roten Früchten. Ein 94er, dessen gute Vorstellung im Geschmack

von schwarzen Johannisbeeren begleitet wird. Gut vinifiziert und ziemlich bald trinkreif.
➥ Pierre Ponnelle, 2, rue Paradis, 21200 Beaune, Tel. 03.80.22.19.12, Fax 03.80.24.91.87

Morey-Saint-Denis

Mit etwas mehr als 100 ha ist Morey-Saint-Denis eine der kleinsten kommunalen Appellationen der Côte de Nuits. Man findet hier hervorragende Premiers crus sowie fünf Grands crus, die jeweils eine eigene AOC haben : Clos de Tart, Clos Saint-Denis, Bonnes-Mares (nur ein Teil davon liegt in Morey), Clos de la Roche und Clos des Lambrays.

Die Appellation befindet sich zwischen Gevrey und Chambolle, und man könnte behaupten, daß ihre Weine (3 000 bis 4 000 hl) hinsichtlich ihrer Merkmale zwischen der Intensität der Gevrey-Weine und der Feinheit der Chambolle-Weine liegen. Am Freitag vor der Versteigerung der Hospices de Nuits (3. Märzwoche) stellen die Winzer an einem »Dionysos-Stand« im Festsaal der Gemeinde der Öffentlichkeit ausschließlich ihre Morey-Saint-Denis-Weine vor.

DOM. PIERRE AMIOT ET FILS
Les Millandes 1994*

| ■ | k. A. | k. A. | ⓘ 70-100 F |

Ein gut strukturierter Nachbarwein des Clos Saint-Denis, den man in seinem Keller beiseite legen muß, denn man kann ihn erst in ein paar Jahren wirklich beurteilen. Fast schwarzes Rubinrot, ausgeprägtes Bukett. Er besitzt Fülle, Kraft, gut verschmolzene Tannine und genug Ausdauer, um altern zu können.
➥ Dom. Pierre Amiot et Fils, 27, Grande-Rue, 21220 Morey-Saint-Denis, Tel. 03.80.34.34.28, Fax 03.80.58.51.17 ☑ ⌶ n. V.

DOM. ARLAUD PERE ET FILS 1994*

| ■ | 0,6 ha | 2 400 | ⓘ 70-100 F |

Wir haben den 94er les Ruchots (Premier cru) geschätzt, aber diesem Villages aus demselben Jahrgang den Vorzug gegeben. Ziemlich kräftige rote Farbe mit bläulichroten Reflexen, elegant beim ersten Geruchseindruck mit Noten von Frische (der zweite Geruchseindruck ist schwieriger zu bestimmen). Er bietet einen kräftigen Bau. Guter Gesamteindruck.
➥ Dom. Arlaud Père et Fils, 43, rte des Grands-Crus, 21220 Morey-Saint-Denis, Tel. 03.80.34.32.65, Fax 03.80.58.52.09 ☑ ⌶ n. V.

DOM. REGIS BOUVIER
En la Rue de Vergy 1995**

| ■ | 0,5 ha | 3 000 | ⓘ 70-100 F |

Vergy ist die Hochburg der Hautes-Côtes, die im Mittelalter auf Burgund ausstrahlte. Diese Einzellage erinnert an die große Vergangenheit. Der Wein weist hier auf eine strahlende Zukunft und eine lange Lagerung hin. Im Aussehen ist er prächtig. Sein Duft (Kirschwasser und wilde Noten) ist angenehm komplex. Reife der Frucht, Fülle des Dekors : ein geschmacklicher Abgang, der Appetit auf mehr macht.
➥ Dom. Régis Bouvier, 52, rue de Mazy, 21160 Marsannay-la-Côte, Tel. 03.80.51.33.93, Fax 03.80.58.75.07 ☑ ⌶ n. V.

MAURICE CHENU 1994*

| ■ | k. A. | 5 000 | ⓘ 70-100 F |

Genug Farbe, und das ist angesichts des Jahrgangs gut. Schwarze Johannisbeeren sowie Tiergeruch - das Bukett zeigt sich nicht sehr beredt. Sehr würzig im Geschmack (pfeffrig). Ein sanfter Wein, dessen Tannine im Abgang erwachen. Schon sympathisch.
➥ Bourgogne Chenu, chem. de la Pierre-qui-Vire, 21200 Montagny-lès-Beaune, Tel. 03.80.26.37.37, Fax 03.80.24.14.81

DOM. HERESZTYN
Les Millandes Cuvée Vieilles vignes 1995*

| ■ 1er cru | 0,37 ha | 1 800 | ⓘ 100-150 F |

Dieser Morey, der 1996 zu den Lieblingsweinen gehörte, erregt erneut unsere Aufmerksamkeit. In einem Kleid mit satten kirschroten Farbtönen zeigt er sich aromatisch zurückhaltend. Dagegen vertritt er im Geschmack seine Sache voller Überzeugung. Ein würziger, etwas wilder Charakter, völlig zufriedenstellend vinifiziert.
➥ Dom. Heresztyn, 27, rue Richebourg, 21220 Gevrey-Chambertin, Tel. 03.80.34.30.86, Fax 03.80.34.13.99 ☑ ⌶ tägl. 9h-12h 14h-19h ; So nachmittag n. V.

DOM. FERNAND LECHENEAUT ET FILS 1995***

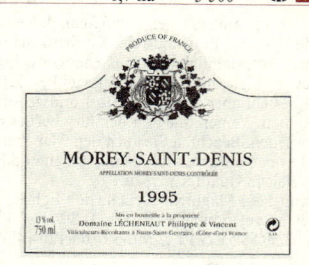

| ■ | 0,7 ha | 3 500 | ⓘ 70-100 F |

Superb, beeindruckend, eines Premier cru würdig - einstimmige Wahl der Jury zum Lieblingswein. Die Farbe ist außergewöhnlich strahlend, das Bukett voller Feinheit (Gewürz, konzentrierte Frucht, wilde Noten). Der Körper ist wirkungsvoll und entwickelt sich auf der Frucht und sanften, kraftvollen Tanninen. Er zieht wirklich alle Register !

Côte de Nuits — Morey-Saint-Denis

🍷 Dom. Philippe et Vincent Lécheneaut, 14, rue des Seuillets, 21700 Nuits-Saint-Georges, Tel. 03.80.61.05.96, Fax 03.80.61.28.31 ▨ 🍷 n. V.

L'HERITIER-GUYOT 1995*

| ■ 1er cru | k. A. | 2 736 | 🍶 70-100 F |

Zwei auf Weingütern ausgewählte Partien sind von diesem Weinhändler in reinster burgundischer Tradition verschnitten und ein Jahr lang in Fässern ausgebaut worden. Sehr vollmundig, gut strukturiert. Dieser Premier cru, der keine andere Bezeichnung trägt, wird der Lage gerecht. Lebhafte Farbe, noch zurückhaltendes Aroma, würziger Geschmack, der zwischen sanft und kraftvoll balanciert. Er ist es wert, ein bis zwei Jahre im Keller zu lagern.

🍷 L'Héritier-Guyot, rue des Clos-Prieurs, 21640 Gilly-lès-Cîteaux, Tel. 03.80.62.86.27, Fax 03.80.62.82.37 ▨ 🍷 Mo-Fr 8h-12h 13h45-16h ; 1.-21. Aug. geschlossen

LIGNIER-MICHELOT
En la Rue de Vergy 1994

| ■ | 2 ha | 3 000 | 🍶 70-100 F |

Wenig Farbe, aber der Jahrgang war nicht gerade ein Malkasten ! Der lebhafte Duft läßt ein paar Noten von reifen Früchten erkennen. Frische und schlichte Herzlichkeit.

🍷 Lignier-Michelot, 11, rue Haute, 21220 Morey-Saint-Denis, Tel. 03.80.34.31.13, Fax 03.80.58.52.16 ▨ 🍷 n. V.

FREDERIC MAGNIEN
Les Ruchots 1995*

| ■ 1er cru | 0,28 ha | 1 200 | 🍶 100-150 F |

Der Inbegriff des 95ers, den man gern später nochmals probieren möchte, so jung ist er. Aber der Wert bemißt sich nicht nach der Zahl der Jahre, und seine Hoffnungen verdienen es, erzählt zu werden : dunkle Röte, im Geruchseindruck, der sehr clean ist, Reichhaltigkeit und Konzentration. Die Zukunft wird ihm hold sein.

🍷 Frédéric Magnien, 55, Grande-Rue, 21220 Morey-Saint-Denis, Tel. 03.80.58.54.20, Fax 03.80.58.51.76 ▨ 🍷 n. V.

JEAN-PAUL MAGNIEN 1994*

| ■ | 0,92 ha | 3 300 | 🍶 70-100 F |

Seine Tannine machen es möglich, daß er vorteilhaft altert. Einwandfreie Klarheit, schönes Clairet-Rot, ziemlich verschlossener Geruchseindruck. Er bietet nicht übermäßig viel Persönlichkeit, besteht aber aus gutem Stoff und gehört zu den guten Weinen, die von der Jury berücksichtigt wurden. Beachten Sie auch den 94er Premier cru Les Faconnières : füllig und von guter Säure. Das gleiche Qualitätsniveau.

🍷 Jean-Paul Magnien, 5, ruelle de l'Eglise, 21220 Morey-Saint-Denis, Tel. 03.80.51.83.10, Fax 03.80.58.53.27 ▨ 🍷 Mo-Sa 10h-12h 14h-19h

MOMMESSIN La Forge 1994

| ■ 1er cru | 7,5 ha | k. A. | 🍶 100-150 F |

Ein sehr außergewöhnlicher Wein : der »Zweitwein« des Clos de Tart (Grand cru), der wegen der jungen Rebstöcke als Premier Cru und unter dem Namen La Forge (die frühere Bezeichnung des Clos) verkauft wird. Strahlend kirschrote Farbe. Ein ziemlich strukturierter Wein, den aber Sylvain Pitiot, der heute für das Gut verantwortlich ist, mit einem kräftigen Holzton versehen hat. Ein Liebhaberwein.

🍷 Mommessin, La Grange-Saint-Pierre, 71850 Charnay-lès-Mâcon, Tel. 03.85.32.81.00, Fax 03.85.29.28.74 ▨ 🍷 n. V.

ODOUL-COQUARD Clos La Riotte 1994*

| ■ 1er cru | 0,37 ha | 1 500 | 🍶 70-100 F |

Die Parzelle ist im Besitz der Gemeinde Morey-Saint-Denis. Dieser Winzer, der sie in Halbpacht besitzt, gewinnt daraus einen Wein, den man am Patronatsfest servieren kann. Bis zur Lakriznote im Abgang eine sanfte und klare Verkostung : alles, was es braucht, um zu gefallen.

🍷 EARL Odoul-Coquard, 64 b, rte des Grands-Crus, 21220 Morey-Saint-Denis, Tel. 03.80.51.80.62, Fax 03.80.51.80.62 ▨ 🍷 n. V.
🍷 Thierry Odoul

DOM. HENRI PERROT-MINOT
En la Rue de Vergy 1994**

| ■ | 1 ha | 4 500 | 🍶 70-100 F |

Diese Einzellage, die sich in der Nähe des Clos des Lambrays und anderer Grands crus befindet, liefert einen bemerkenswerten Villages. Er verführt sofort. Viel Konsistenz und Innenleben unter einer dunkelroten Farbe und einem begeisternden Duft (Erdbeeren, Backpflaumen). Im Geschmack eine fabelhafte Reichhaltigkeit. 1995 war ein 91er Riotte dieses Erzeugers einer unserer Lieblingsweine.

🍷 Henri Perrot-Minot, 54, rte des Grands-Crus, 21220 Morey-Saint-Denis, Tel. 03.80.34.32.51, Fax 03.80.34.13.57 ▨ 🍷 n. V.

DENIS PHILIBERT 1994*

| ■ | k. A. | k. A. | 🍶 100-150 F |

Hier dominiert die Kirsche. Diese Nuance macht sich in der Farbe bemerkbar, und man findet sie auf der Zunge wieder. Zwischen beiden ein Bukett von Kirschen in Alkohol und von Kirschwasser. Ein ziemlich fülliger, umgänglicher Wein, der dafür gemacht worden ist, daß man ihn trinkt, und keine philosophischen Probleme aufwirft.

🍷 Maison Denis Philibert, 1, rue Ziem, 21200 Beaune, Tel. 03.80.24.05.88, Fax 03.80.22.37.08 🍷 tägl. 9h-20h

NICOLAS ROSSIGNOL
Rue de Vergy 1994

| ■ | 0,5 ha | 1 500 | 🍶 70-100 F |

Gut gemacht, ausgewogen. Ein 94er, der sich geschickt aus der Affäre zieht. Seine Farbe ist klassisch, sehr klar. Sein Geruchseindruck ? Wie sagte der hl. Bernhard so schön : »Man muß der Zeit Zeit lassen.« Schlichte Ansprache und Eindrücke von reifen Früchten.

🍷 Nicolas Rossignol, rue de la Petite-Issue, 21220 Gevrey-Chambertin, Tel. 03.80.51.87.26, Fax 03.80.34.31.63 ▨ 🍷 n. V.

REMI SEGUIN 1994

| ■ | 0,51 ha | 3 000 | 🍶 50-70 F |

Leichte, klare Farbe mit einer entwickelten Note. Erster Geruchseindruck von mittlerer Intensität, aber der zweite, leicht an Konfitüre

Côte de Nuits

erinnernd, ist durch die Frucht und die Gewürze geprägt. Gute Ansprache und Tannine in der Linie des Jahrgangs.
Rémi Seguin, rue de Cîteaux, 21640 Gilly-lès-Cîteaux, Tel. 03.80.62.89.61, Fax 03.80.62.80.92 n. V.

DOM. TAUPENOT-MERME
La Riotte 1994*

| 1er cru | 0,57 ha | k. A. | 100-150 F |

»Wölfe«, so nennt man schon von jeher die Einwohner von Morey. In Wirklichkeit sind sie sanft wie Lämmer ! Dieser Wein zum Genießen zeigt es gut. Im Aussehen Anzeichen einer Entwicklung. In der Nase Tiergeruch und Frucht. Gute Extraktion im Geschmack über einem würzigen Untergrund. Warmer Abgang. Trinken oder aufheben.
Jean Taupenot-Merme, 33, rte des Grands-Crus, 21220 Morey-Saint-Denis, Tel. 03.80.34.35.24, Fax 03.80.51.83.41 n. V.

Clos de la Roche, de Tart, de Saint-Denis, des Lambrays

Trotz seines Namens ist der Clos de la Roche kein Clos, d. h. ein von Steinmauern umgebener Weinberg. Er ist flächenmäßig der größte der vier Clos (etwa 16 ha) und umfaßt mehrere Reblagen. Der etwa 6,5 ha große Clos Saint-Denis ist ebenfalls kein umfriedeter Weinberg und faßt auch mehrere Reblagen zusammen. Diese beiden ziemlich zerstückelten Crus werden von mehreren Besitzern bewirtschaftet. Der Clos de Tart ist ganz von Mauern umgeben und befindet sich im Alleinbesitz (etwas mehr als 7 ha). Die Weine werden dort an Ort und Stelle vinifiziert und ausgebaut ; der zweistöckige Keller ist einen Besuch wert. Der Clos des Lambrays ist ebenfalls ein zusammenhängendes Anbaugebiet, vereinigt aber mehrere Parzellen und Reblagen : les Bouchots, les Larrêts oder Clos des Lambrays und le Meix-Rentier. Er ist nicht ganz 9 ha groß ; 8,5 ha davon werden vom selben Besitzer bewirtschaftet. Er ist der jüngste in der Familie der Grands crus.

Clos de la Roche

DOM. ARLAUD PERE ET FILS 1994

| Gd cru | 0,45 ha | k. A. | 100-150 F |

In dem strahlenden Hellrot macht sich ein wenig Entwicklung bemerkbar. Ein 94er mit einem ausgeprägten Bukett von eingemachten Früchten. Sein recht harmonischer Geschmack enthält Schokoladennoten. Nicht viel Tiefe, aber dies ist ein bekannter Zug bei diesem Jahrgang. Dies muß man zugunsten seiner Klarheit akzeptieren.
Dom. Arlaud Père et Fils, 43, rte des Grands-Crus, 21220 Morey-Saint-Denis, Tel. 03.80.34.32.65, Fax 03.80.58.52.09 n. V.

DOM. MICHEL MAGNIEN 1994

| Gd cru | 0,4 ha | 700 | 150-200 F |

Dieser dunkelrubinrote Wein mit dem recht zufriedenstellenden, würzig-fruchtigen Geruchseindruck bietet ein schönes, ausdrucksvolles Tanningefüge über den leichten Noten der 94er : Man kann eine Struktur, die nicht von Natur aus vorhanden ist, nicht erfinden. Er bleibt ein passables, rechtschaffenes Erzeugnis, das es erlaubt, den 95er abzuwarten. Dieser wurde ebenfalls verkostet, aber in seiner frühesten Jugend, als seine Erziehung noch nicht abgeschlossen war. Er scheint ein echter »Wolf aus Morey« zu sein.
Michel Magnien, 4, rue Ribordot, 21220 Morey-Saint-Denis, Tel. 03.80.51.82.98, Fax 03.80.58.51.76 n. V.

DOM. LOUIS REMY 1995

| Gd cru | 0,66 ha | 2 000 | +200 F |

Im letzten Jahr war dies einer unserer Lieblingsweine, ein sehr schöner 93er. Mit dem 94er wollen wir uns nicht beschäftigen. Die Ausgabe 1995 ist eine noch junge Überraschung, die zwangsläufig durch die Umstände noch ein wenig beeinträchtigt ist. Granatrote Farbe, holzbetonter, reifer Geruchseindruck. Ein Wein mit einer Struktur, die während der Weinprobe rund und geschmeidig war. Man sollte ihn nochmals probieren, wenn er ausgereift und auf Flaschen abgefüllt worden ist. Er ist jedoch nach Ansicht der Jury verheißungsvoll.
Dom. Louis Rémy, 1, pl. du Monument, 21220 Morey-Saint-Denis, Tel. 03.80.34.32.59, Fax 03.80.34.32.59 n. V.

DOM. ARMAND ROUSSEAU PERE ET FILS 1994*

| Gd cru | 1,48 ha | 6 800 | 150-200 F |

Ein johannisbeerroter Clos de la Roche mit einem kräftigen, recht entfalteten, ausdrucksvollen Aroma : reife Früchte, Backpflaumen, Brombeeren. Komplex ? Sicherlich. Der Geschmack ist rund, fruchtig und fleischig, in einem vom Jahrgang aufgebürdeten Stil, der eher einen Eindruck von Leichtigkeit als von Konzentration hinterläßt. Aufrichtig ? Bestimmt.
Dom. Armand Rousseau, 1, rue de l'Aumônerie, 21220 Gevrey-Chambertin, Tel. 03.80.34.30.55, Fax 03.80.58.50.25 n. V.

Côte de Nuits

Clos Saint-Denis

DOM. ARLAUD PERE ET FILS 1994**

■ Gd cru k. A. k. A. ⦿ 100-150 F

|89| 90 91 ⑨② 93

Im letzten Jahr gehörte sein 92er Bonnes-Mares zu den Lieblingsweinen. Dieses Gut bietet erneut einen 94er Clos Saint-Denis, der einen ganzen Sack voller Komplimente erntet : schöne Farbe, frischer, vielversprechender Duft (schwarze Johannisbeeren, Brombeeren), gute Präsenz, rund und fleischig über einem Geschmack von pürierten Früchten. Der Mozart der Côte de Nuits.

🕭 Dom. Arlaud Père et Fils, 43, rte des Grands-Crus, 21220 Morey-Saint-Denis,
Tel. 03.80.34.32.65, Fax 03.80.58.52.09 ☑ ⏳ n. V.

DOM. BERTAGNA 1995**

■ Gd cru 0,53 ha 2 300 ⦿ +200 F

|89| ⑨② 93 **95**

Dieser Grand cru ist einer der Stars des Jahres. 1996 wurde ein außergewöhnlicher 92er zum Lieblingswein gewählt. Das Duo Siddle/Masse präsentiert hier einen herrlichen, intensiv granatroten 95er mit einem zusammengesetzten Duft (Backpflaumen, Moschus, Veilchen, Kaffee). Würzig und füllig im Geschmack. Er hat mehr Fleisch als Struktur. Man muß ihn innerhalb der kommenden beiden Jahre trinken.

🕭 Dom. Bertagna, rue du Vieux-Château, 21640 Vougeot, Tel. 03.80.62.86.04, Fax 03.80.62.82.58 ☑ ⏳ tägl. 9h-19h ; Jan. geschlossen

DOM. PHILIPPE CHARLOPIN-PARIZOT 1995*

■ Gd cru k. A. k. A. ⦿ +200 F

Ein lagerfähiger Liebhaberwein. Vermutlich war er zum Zeitpunkt unserer Weinprobe im März 1997 weder geschönt noch filtriert. Jugendliche Farbe und diskreter Holzton in einem sehr feinen Bukett. Er hat reichlich Fett. Rustikaler Eindruck, d. h. ehrlich und sauber in den ersten Phasen des Ausbaus. Viel Potential, aber mit vorsichtigem Wetteinsatz.

🕭 Dom. Philippe Charlopin, 18, rte de Dijon, 21220 Gevrey-Chambertin, Tel. 03.80.51.81.18, Fax 03.80.51.81.27 ⏳ n. V.

DOM. DUJAC 1994*

■ Gd cru 1,47 ha 6 005 ⦿ +200 F

Dichte, strahlende Farbe. Geruchseindruck mit Röst- und Tiernoten. Ein 94er, dessen Geschmack klar, von guter Länge und ausgewogen ist. Er beginnt sich zugegebenermaßen zu entwickeln, wobei das Eichenholz mit dem Wein gut zusammen geht. Man kann ihm vertrauen.

🕭 Dom. Dujac, 7, rue de la Bussière, 21220 Morey-Saint-Denis, Tel. 03.80.34.32.32, Fax 03.80.51.89.76 ☑ ⏳ n. V.
🕭 Jacques Seysses

DOM. MICHEL MAGNIEN 1995**

■ Gd cru 0,15 ha 600 ⦿ 150-200 F

Von allen Wundern, die der hl. Denis wirkte, gibt es hier viele, denn man bewahrte in Vergy seinen Schädel auf. Dieser Wein könnte dazuzählen. Tiefes Rubinrot. Er besitzt einen ökumenischen Duft, der an Lebkuchen und Gewürze erinnert und subtil und komplex ist. Sanfte Ansprache, sehr gehaltvolle Tannine, ausgezeichnete Textur. Er »schwillt« im Mund an. Ein echter Grand cru.

🕭 Michel Magnien, 4, rue Ribordot, 21220 Morey-Saint-Denis, Tel. 03.80.51.82.98, Fax 03.80.58.51.76 ☑ ⏳ n. V.

JEAN-PAUL MAGNIEN 1995

■ Gd cru 0,31 ha 1 200 ⦿ 150-200 F

|85| 86 **87** 89 90 |91| 93 94 95

Außer dem sehr spürbaren Faß ein Wein mit einem sehr ausgeprägten Rot ohne Reflexe, der sehr aromatisch ist (leicht kandiert, ein wenig blumig) und im ersten Geschmackseindruck sehr gut zurechtkommt. Ausgewogen, aber er ist noch so jung, daß man nur empfehlen kann, abzuwarten und sich selbst zu überzeugen !

🕭 Jean-Paul Magnien, 5, ruelle de l'Eglise, 21220 Morey-Saint-Denis, Tel. 03.80.51.83.10, Fax 03.80.58.53.27 ☑ ⏳ Mo-Sa 10h-12h 14h-19h

Clos de Tart

MOMMESSIN 1995***

■ Gd cru 7,5 ha k. A. ⦿ +200 F

64 69 76 78 82 83 84 |85| |86| |88| |89| 90 93 ⑨⑤

Produce of France

Clos de Tart

GRAND CRU
APPELLATION CONTRÔLÉE

75d   13,5% vol.

MOMMESSIN
Seul Propriétaire
Mise du Domaine   MOREY ST-DENIS (CÔTE D'OR) FRANCE

Die Verkostung bestätigt dieses Jahr die Hierarchie. Der Clos de Tart wurde bisher nur einmal zum Lieblingswein gewählt : 1992 ein 88er. Sylvain Pitiot hat die Verantwortung für die Vinifizierung übernommen und präsentiert hier einen 95er von großer Klasse. Er besitzt eine von Rubens gemalte Farbe, an der Grenze zwischen Rubinrot und Nachtrot, und ein köstliches Bukett von Lebkuchen und Mokka, das subtil und intensiv zugleich ist. Fett, Gerbsäure, Fülle - alles bestätigt die absolute Rasse dieses lang lagerfähigen Weins.

🕭 Mommessin, La Grange-Saint-Pierre, 71850 Charnay-lès-Mâcon, Tel. 03.85.32.81.00, Fax 03.85.29.28.74 ☑ ⏳ n. V.

Côte de Nuits   Chambolle-Musigny

Clos des Lambrays

DOM. DES LAMBRAYS 1994*

| ■ Gd cru | 8,6 ha | 15 500 | 🍷 150-200 F |

79 81 **82** 83 **85** 87 |88| |89| |90| 92 93 94

Die 1996 von der Familie Freund (Koblenz, die Nummer eins der Plakatwerbung in Deutschland) erworbene Domaine des Lambrays erlebte eine erneute Wiedergeburt. Die 94er Version zeichnet sich schon auf recht klassische Weise ab, mit Tiergeruch, Leder und schwarzen Früchten. Seine runden, romanischen Formen sind einfach und elegant gestaltet und holen aus dem Jahrgang das Beste heraus. Zwei bis drei Jahre altern lassen und dann unverzüglich trinken.

↝ Dom. des Lambrays, 31, rue Basse,
21220 Morey-Saint-Denis, Tel. 03.80.51.84.33,
Fax 03.80.51.81.97 ✅ 🍷 n. V.
↝ Freund

Chambolle-Musigny

Der Name Musigny allein reicht schon aus, um in einem Orchester das Dirigentenpult zu besetzen. Die Gemeinde ist trotz ihrer geringen Größe sehr angesehen und verdankt ihre Berühmtheit der Qualität ihrer Weine und dem guten Ruf ihrer Premiers crus, von denen der bekannteste die Einzellage les Amoureuses ist. »Die Verliebten« - was für ein verheißungsvoller Name ! Aber Chambolle hat ebenfalls hervorragende Lagen : les Charmes, les Chabiots, les Cras, les Fousselottes, les Groseilles, les Lavrottes ... Das kleine Dorf mit den schmalen Straßen und den uralten Bäumen besitzt großartige Weinkeller (Domaine des Musigny).

Die Weine von Chambolle sind elegant, subtil und feminin ; sie vereinen die Kraft der Bonnes-Mares-Weine mit der Feinheit der Musigny-Weine. Es ist ein Übergangsgebiet innerhalb der Côte de Nuits.

DOM. AMIOT-SERVELLE
Les Amoureuses 1994

| ■ 1er cru | 0,45 ha | 1 800 | 🍷 150-200 F |

»Wer könnte an die Liebe glauben und dem Wein abschwören ?« fragte sich der irische Dichter Sheridan. Diese »Verliebten« sind durchaus dieser Meinung. Leicht ziegelrot verfärbtes Hellrot. Dieser 94er erinnert an pürierte Erdbeeren. Im Geschmack beginnt er durchschnittlich, fängt sich aber im zweiten Teil des Parcours und klingt angenehm aus.

↝ Dom. Amiot-Servelle, 21220 Chambolle-Musigny, Tel. 03.80.62.80.39,
Fax 03.80.62.84.16 ✅ 🍷 n. V.

GHISLAINE BARTHOD
Aux Beaux-Bruns 1994*

| ■ 1er cru | 0,8 ha | 3 000 | 🍷 100-150 F |

Heute ist es den Frauen nicht mehr verboten, zum Zeitpunkt der Traubenlese den Gärkeller zu betreten ... Ghislaine hat das Heft erfolgreich in der Hand, insbesondere wenn sie einen Beaux-Bruns mit fester Farbe und sympathischem Bukett erzeugt. Der Körper ist ausgewogen, der Geschmack fruchtig, mit einem Holzton, der nach vier Jahren im Keller verschmelzen wird.
↝ Dom. Ghislaine Barthod, rue du Lavoir,
21220 Chambolle-Musigny, Tel. 03.80.62.80.16,
Fax 03.80.62.82.42 ✅ 🍷 n. V.

DOM. DE BRULLY 1995***

| ■ 1er cru | 0,5 ha | 2 500 | 🍷 100-150 F |

Der beste Wein der Weinprobe. Genau das, was man von einem Pinot noir in Chambolle-Musigny erwartet. Der Inbegriff eines typischen Charakters, von der hellen, nuancierten Farbe bis zum prächtigen Nachgeschmack. Diese göttliche Harmonie, dieser »Wein aus Seide und Spitze«, der Gaston Roupnel entzückte - das ist es, was diese köstliche Flasche bietet.
↝ Dom. de Brully, 21190 Saint-Aubin,
Tel. 03.80.21.32.32, Fax 03.80.21.35.00 ✅ 🍷 tägl. 9h-12h 14h-18h
↝ Roux

SYLVAIN CATHIARD
Les Clos de l'Orme 1994*

| ■ | 0,43 ha | 2 100 | 🍷 70-100 F |

Nie die guten Bräuche aus den Augen verlieren. Jung sein, sagte Thomas Mann, das bedeutet, spontan zu sein, den Quellen des Lebens nahe zu bleiben. So mobilisiert dieser seriöse, interessante, jugendliche, komplexe Wein alle seine Trümpfe, um im Wettstreit mit der Zeit zu gefallen. Feine Tannine, eine schöne Länge. Lassen Sie ihn altern, er wird noch größer.
↝ Sylvain Cathiard, 20, rue de la Goillotte,
21700 Vosne-Romanée, Tel. 03.80.62.36.01,
Fax 03.80.61.18.21 ✅ 🍷 n. V.

CHAMPY PERE ET CIE
Les Charmes 1994*

| ■ 1er cru | k. A. | k. A. | 🍷 150-200 F |

Dieser beim ersten Riechen leicht verschlossene Charmes gibt ein wenig später mit Backpflaumen- und Himbeeraroma zu erkennen. Im fülligen, geschmeidigen Geschmack ist er körperreich und sinnlich, mit einer eleganten Trüffelnote, die nicht mehr aufhört. Das Faß rät zu zwei Jahren Enthaltung, um das Glück zu erreichen.
↝ Maison Champy Père et Cie, 5, rue du Grenier-à-sel, 21202 Beaune Cedex,
Tel. 03.80.24.97.30, Fax 03.80.24.97.40 ✅ 🍷 n. V.

DOM. BRUNO CLAIR Les Veroilles 1994

| ■ | 1,03 ha | 3 500 | 🍷 70-100 F |

Diese Reblage direkt oberhalb von Bonnes-Mares, auf dem Hügel, bildet eine ausgezeichnete Lage. Der 94er zeigt hier eine gute Intensität : Die Farbe hat ihr jugendliches Strahlen nicht

verloren. Nach einem ziemlich komplexen Himbeer- und Unterholzduft entwickelt sich das Aroma um Geschmack um Kirschen in Alkohol herum. Ein trinkreifer Wein.
⚑ Dom. Bruno Clair, 5, rue du Vieux-Collège, 21160 Marsannay-la-Côte, Tel. 03.80.52.28.95, Fax 03.80.52.18.14 ▼ ⲧ n. V.

DOM. BRUNO CLAVELIER
La Combe d'Orveaux 1994*

| ■ 1er cru | 0,82 ha | 2 500 | ⦅⦆ 100-150 F |

Bruno Clavelier, Rugbyspieler in der Vereinsmannschaft von Dijon, ist sein 94er Chambolle-Musigny besser gelungen als seine sportliche Saison im Stadion. Hier tritt er zum Versuch an und führt ihn erfolgreich durch. Der Flügelhalbspieler wirft einen langen Paß, der die kleinen roten Früchte von der Nase zum Mund trägt. Die Ausgewogenheit zwischen Rundheit und Lebhaftigkeit ist vollkommen. Die Länge ist erstaunlich für einen 94er.
⚑ Dom. Bruno Clavelier, 6, R.N. 74, 21700 Vosne-Romanée, Tel. 03.80.61.10.81, Fax 03.80.61.04.25 ▼ ⲧ n. V.
⚑ Clavelier-Brosson

CHRISTIAN CLERGET 1994

| ■ | 2 ha | k. A. | ⦅⦆ 50-70 F |

Leicht und fruchtig - er ähnelt eher Mozart als Wagner ! Das Kleid knistert und verrät sein Alter. Über einem jugendlichen Untergrund ist der Ausdruck sanft und frisch, aufgemuntert durch ein paar umgängliche Tannine. Im letzten Jahr Lieblingswein - das vergißt man nicht, zumal der 94er Les Charmes (Premier cru) vom selben Besitzer sehr attraktiv ist.
⚑ Christian Clerget, ancienne RN 74, 21640 Vougeot, Tel. 03.80.62.87.37, Fax 03.80.62.84.37 ▼ ⲧ n. V.

DOM. DROUHIN-LAROZE 1994

| ■ 1er cru | 0,5 ha | 600 | ⦅⦆ 100-150 F |

Unter seiner ein wenig entwickelten kirschroten Farbe mit den purpurroten Reflexen der Zauber einer leichten gekochten Frucht, die sich im Mund ohne Aggressivität entfaltet. Dieser 94er ist lang und gut. Zweifellos ist die Konzentration bescheiden, aber man darf von diesem schwierigen Jahrgang nichts Unmögliches verlangen.
⚑ Dom. Drouhin-Laroze, 20, rue du Gaizot, 21220 Gevrey-Chambertin, Tel. 03.80.34.31.49, Fax 03.80.51.83.70 ⲧ n. V.

DOM. GALLEY-GOLLIARD 1994*

| ■ | k. A. | 1 800 | ⦅⦆ 70-100 F |

Diese Winzerin ist von Bordeaux nach Burgund übergewechselt. Was nicht so häufig vorkommt. Ihre Rebflächen befinden sich in Chambolle und Pouilly-Fuissé. Dieser Wein scheint zu lang in den Startblöcken gewartet zu haben : Er wird Abstand halten. Bukett zwischen Himbeeren und Tiergeruch, Kohärenz zwischen Säure und Alkohol, Tanninen und Zartheit.
⚑ Michelle Galley-Golliard, Les Cras, Le Tremblay, 71250 Cluny, Tel. 03.85.59.11.58, Fax 03.85.59.21.46 ▼ ⲧ n. V.

DOM. ROBERT GROFFIER PERE ET FILS Les Amoureuses 1994**

| ■ 1er cru | k. A. | k. A. | ⦅⦆ 150-200 F |

1994
CHAMBOLLE-MUSIGNY 1ᵉʳ CRU
"Les Amoureuses"
APPELLATION CHAMBOLLE-MUSIGNY 1ᵉʳ CRU CONTROLÉE
Mis en bouteille au Domaine
Robert GROFFIER Père & Fils
Propriétaires-récoltants à Morey-Saint-Denis - Côte d'Or - France

Die positiven Adjektive fehlen nicht, um alle Qualitäten dieses vollen, vollständigen 94ers aufzuzählen. Dieser Amoureuses breitet seine Arme für uns noch nicht ganz aus, aber alles ist vorhanden für ein wunderbares »Pfauenrad« (Geschmacksempfindung im gesamten Mund). Die tiefe Farbe reizt dazu, weiter zu gehen. Der Holzton erscheint beim ersten Riechen elegant und bestätigt seine Qualität im Geschmack, wo er zuläßt, daß sich der perfekte Stoff des Weins enthüllt. Gehaltvoll und fruchtig, von schöner Länge - dieser Chambolle-Musigny verführt zum Träumen. Beachten Sie vom selben Erzeuger, der sichtlich inspiriert war, auch den 95er Hauts-Doix, einen kräftigenden Wein, der altern muß.
⚑ Dom. Robert Groffier Père et Fils, 3, rte des Grands-Crus, 21220 Morey-Saint-Denis, Tel. 03.80.34.31.53, Fax 03.80.34.15.48 ▼ ⲧ n. V.

DOMINIQUE LAURENT
Les Sentiers 1994*

| ■ 1er cru | k. A. | 900 | ⦅⦆ +200 F |

Ein junger Weinhändler, der angeblich einen guten Riecher hat. Man kann behaupten, daß er einen bläulichroten 94er Chambolle-Musigny entdeckt hat, der durch schwarze Früchte geprägt ist. Durch und durch beherrscht. Ein klein wenig Kohlensäure (Anfang 1997) behindert ihn weder in seinen Bewegungen noch in seinen Ambitionen.
⚑ Dominique Laurent, 2, rue Jacques-Duret, 21700 Nuits-Saint-Georges, Tel. 03.80.61.31.62, Fax 03.80.62.32.42

L'HERITIER-GUYOT 1995

| ■ | k. A. | 13 494 | ⦅⦆ 50-70 F |

Dieser klare, fruchtige Wein mit der tiefroten Farbe besitzt eine gute Ansprache und Frische, wobei er aber seine Ausgewogenheit wiederherstellt. Er hat auch einen langen Atem, so daß Sie ihn problemlos in Ihrem Keller aufheben können. Sagen wir vier bis fünf Jahre.
⚑ L'Héritier-Guyot, rue des Clos-Prieurs, 21640 Gilly-lès-Cîteaux, Tel. 03.80.62.86.27, Fax 03.80.62.82.37 ▼ ⲧ Mo-Fr 8h-12h 13h45-16h ; 1.-21. Aug. geschlossen

LUPE-CHOLET 1994

| ■ | k. A. | k. A. | ⦅⦆ 100-150 F |

Lupé-Cholet, d. h. heute die Firma Bichot. Diese versteht es, ihre Früchte wunderbar zu nutzen. Das Kleid stammt von einem großen

Côte de Nuits (mittlerer Abschnitt)

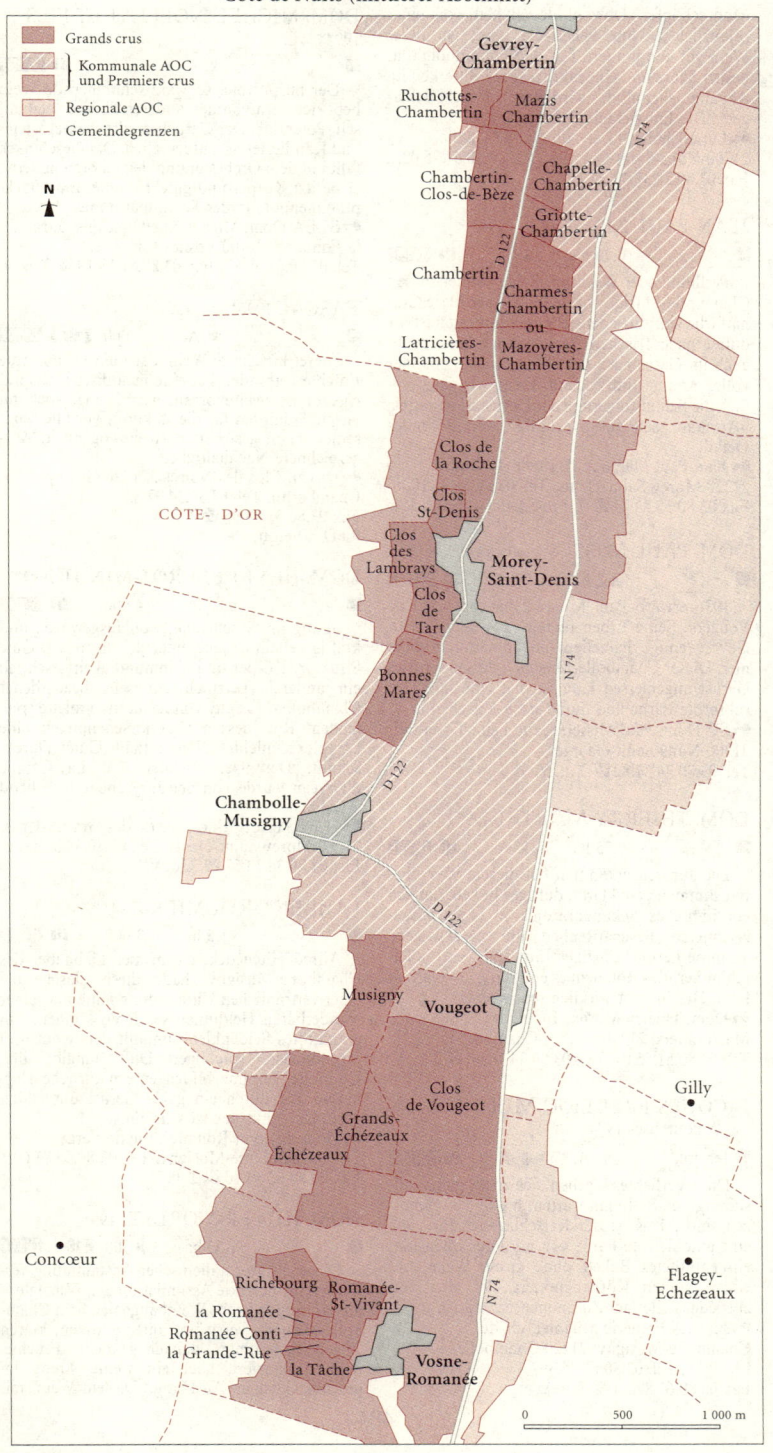

Legende:
- Grands crus
- Kommunale AOC und Premiers crus
- Regionale AOC
- Gemeindegrenzen

Gemeinden und Lagen:

Gevrey-Chambertin
- Ruchottes-Chambertin
- Mazis-Chambertin
- Chambertin-Clos-de-Bèze
- Chapelle-Chambertin
- Griotte-Chambertin
- Chambertin
- Charmes-Chambertin ou Mazoyères-Chambertin
- Latricières-Chambertin

Morey-Saint-Denis
- Clos de la Roche
- Clos St-Denis
- Clos des Lambrays
- Clos de Tart
- Bonnes Mares

Chambolle-Musigny
- Musigny

Vougeot
- Clos de Vougeot

- Grands-Échézeaux
- Échézeaux

Vosne-Romanée
- Richebourg
- Romanée-St-Vivant
- la Romanée
- Romanée-Conti
- la Grande-Rue
- la Tâche

CÔTE-D'OR

Concœur · Gilly · Flagey-Echezeaux

0 – 500 – 1 000 m

Côte de Nuits   Chambolle-Musigny

Modeschöpfer. Obwohl das Bukett von einer pflanzlichen Note beherrscht wird, ist dieser Wein gut komponiert, fest und vollmundig und besitzt Säure und eine lakritzeartige Bitterkeit im Abgang. Über all das wird man sich nicht beklagen : Die Entwicklung wird gut verlaufen.
↛ Lupé-Cholet, 17, av. du Gal-de-Gaulle, 21700 Nuits-Saint-Georges, Tel. 03.80.61.25.02, Fax 03.80.24.37.38

JEAN-PAUL MAGNIEN 1994*

| ■ | 0,26 ha | 13 000 | ⅰ❚ | 70-100 F |

Perlhuhn oder Wachtel ? Beide können denen Chambolle-Musigny begleiten, dessen klare Granatfarbe von zufriedenstellender Intensität ist. Er duftet nach frischen Kirschkernen und bleibt auch im Geschmack bei dieser Frucht. Ein 94er voller Anmut und Tugend. Lesen wir ganz einfach die Schlußfolgerung der Degustationszettel : »Aroma«, »sehr gut«, »gefällig«. Kein störendes Detail.
↛ Jean-Paul Magnien, 5, ruelle de l'Eglise, 21220 Morey-Saint-Denis, Tel. 03.80.51.83.10, Fax 03.80.58.53.27 ◫ 工 Mo-Sa 10h-12h 14h-19h

DOM. PAUL MISSET Vieilles vignes 1995

| ■ | 1,3 ha | 7 000 | ⅰ❚ | 100-150 F |

1936 erwarb Paul Misset 2 ha vom Clos de Vougeot. Seine Erben fügten 1994 dem Gut in Gevrey einige Parzellen hinzu, darunter diese hier. Dieser Chambolle-Musigny, dessen seriöses Gerüst angemessen lang ist, hat eine intensive rubinrote Farbe und duftet nach Kirschen.
↛ SC Dom. Paul Misset, 8, rue Félix-Tisserand, 21700 Nuits-Saint-Georges, Tel. 03.80.34.37.82 ◫ 工 n. V.

DOM. THIERRY MORTET 1995

| ■ | 0,25 ha | k. A. | ⅰ❚ | 70-100 F |

Die Juroren erkannten bei diesem 95er übereinstimmend ein klares, duftiges Bukett, danach ein hübsches Sekundäraroma in einer ausgezeichneten Beschaffenheit um ausgewogene Tannine herum. Einziger Einwand : ein violett schimmerndes Rot, dem es ein wenig an Klarheit fehlt. Die Jury ist wirklich sehr streng !
↛ Dom. Thierry Mortet, 16, pl. des Marronniers, 21220 Gevrey-Chambertin, Tel. 03.80.51.85.07, Fax 03.80.34.16.80 ◫ 工 n. V.

JACQUES-FREDERIC MUGNIER
Les Amoureuses 1994

| ■ 1er cru | k. A. | k. A. | ⅰ❚ | 150-200 F |

Die »Verliebten« geben sich nicht ganz vollständig hin. Soll man warten, bis sie verschmolzen sind ? Das ist der Ratschlag der Jury, die eine gute tiefrote Farbe von mittlerer Intensität, ein entfaltetes Bukett ohne große Weite und einen dünnen Körper notiert, der aber von zufriedenstellender Zusammensetzung ist.
↛ Jacques-Frédéric Mugnier, ch. de Chambolle-Musigny, 21220 Chambolle-Musigny, Tel. 03.80.62.85.39, Fax 03.80.62.87.36 ◫ 工 n. V.

DOM. MICHEL NOELLAT ET FILS
1994*

| ■ | k. A. | k. A. | ⅰ❚ | 100-150 F |

Der purpurrote, schwarz schimmernde Wein hebt sich gern von den anderen ab und setzt auf sein Potential : Der Geruchseindruck, Geröstetes und Kandiertes, ist aufdringlich. Der Geschmack fällt mit dem Orchester und den Chören mit ein ; er besitzt Körper und gute Tannine. Eine Backpflaumennote in der Schlußharmonie.
↛ SCEA Dom. Michel Noëllat et Fils, 5, rue de la Fontaine, 21700 Vosne-Romanée, Tel. 03.80.61.36.87, Fax 03.80.61.18.10 ◫ 工 n. V.

PASCAL 1995*

| ■ | k. A. | 7 000 | ⅰⅰ❚↓ | 70-100 F |

Dieser kirschrote Wein, der Lakritze und rote Früchte verbindet, hat eine melodische Ansprache. Er ist zweifellos ein wenig jung, aber mit vielen Trümpfen für die Zukunft, vor allem mit seiner schon gesicherten Ausgewogenheit. Ausgezeichnete Nachhaltigkeit.
↛ Pascal, Clos des Noirets, 21220 Gevrey-Chambertin, Tel. 03.80.34.37.82, Fax 03.80.51.88.05 ◫ 工 n. V.
↛ D. Cheron

DOM. HENRI PERROT-MINOT 1994*

| ■ | 0,85 ha | 4 000 | ⅰ❚ | 70-100 F |

»Lang im Geschmack, wohlausgewogen und kräftig gebaut«, sagte einer der Juroren. »Gute Struktur, Körper und Vollmundigkeit«, schrieb ein anderer. Letztlich ein sehr beachtlicher Chambolle-Musigny von leicht ins Violette spielendem Rot, dessen Sauerkirschenbukett eine komplexe milchige Note enthält. Guter Durchschnitt. Der 94er Premier Cru La Combe d'Orveau wurde von der Jury ebenfalls lobend erwähnt.
↛ Henri Perrot-Minot, 54, rte des Grands-Crus, 21220 Morey-Saint-Denis, Tel. 03.80.34.32.51, Fax 03.80.34.13.57 ◫ 工 n. V.

LAURENT ROUMIER 1994**

| ■ | 1,5 ha | 3 000 | ⅰ❚ | 70-100 F |

Alfred Hitchcock, ein großer Liebhaber des Chambolle-Musigny, hätte diese Flasche bei einer vertraulichen Unterredung mit einer seiner wunderbaren Heldinnen servieren können. Ein granatrotes Seidenkleid umhüllt den Wein. Ein jugendlicher, fruchtiger Duft umgibt ihn. Umhüllte Tannine bilden eine natürliche Harmonie, die durch ein gutes Gerüst unterstützt wird. Der Eindruck ist sehr günstig.
↛ Dom. Laurent Roumier, rue de Vergy, 21220 Chambolle-Musigny, Tel. 03.80.62.83.60, Fax 03.80.62.84.10 ◫ 工 n. V.

DOM. ROYER-MORETTI 1995

| ■ | 1,52 ha | 8 500 | ⅰⅰ❚ | 70-100 F |

Dieser Winzer italienischer Abstammung verkörpert die perfekte Assimilation des »Zuzüglers« an das burgundische Weinbaugebiet. Sein Chambolle-Musigny verströmt unter dunklen, klaren Zügen Verbranntes, danach gekochte Früchte. Sehr strukturiert, aber ein wenig streng im geschmacklichen Ausklang. Diesen Wein mit

Côte de Nuits

den sehr spürbaren Tanninen muß man mindestens fünf Jahre altern lassen.
🕽 G. Royer-Moretti, rue du Carré,
21220 Chambolle-Musigny, Tel. 03.80.62.85.79
☑ ☥ n. V.

DOM. HERVE SIGAUT Les Sentiers 1994
■ 1er cru   0,65 ha   2 400   ◐ 100-150 F

»Der Kunde wird innerhalb der beiden kommenden Jahre nicht enttäuscht werden«, schlußfolgerte einer der Verkoster. Was soll man noch mehr sagen ? Blutrot mit einem ausgeprägten Farbton. Er besitzt einen Geruchseindruck, der sich entfalten muß. Der Körper ist passabel, die Entwicklung ziemlich ruhig und fast mild. Man sollte ein wenig die Verschmelzung abwarten. Die Frucht ist vorhanden.
🕽 Hervé Sigaut, rue des Champs,
21220 Chambolle-Musigny, Tel. 03.80.62.80.28, Fax 03.80.62.84.40 ☑ ☥ n. V.

DOM. ROBERT SIRUGUE
Les Mombies 1995★
■   0,27 ha   1 500   ◐ 70-100 F

Les Mombies - diese wenig bekannte Einzellage befindet sich oberhalb der RN 74, zwischen den Reblagen les Mal Carrées und la Maladière. Sie liefert einen bläulichroten Wein, der sich nach einem Duft von schwarzen Johannisbeeren in Richtung animalische Noten entwickelt. Angenehme Ansprache und spürbare Tannine. Man muß ihn zum richtigen Zeitpunkt beurteilen.
🕽 Robert Sirugue, 3, av. du Monument,
21700 Vosne-Romanée, Tel. 03.80.61.00.64, Fax 03.80.61.27.57 ☑ ☥ n. V.

DOM. TAUPENOT-MERME
La Combe d'Orveau 1994
■   0,5 ha   k. A.   ◐ 100-150 F

1990 gehörte der 86er zu den Lieblingsweinen. Diesem Winzer ist sein Combe d'Orveau sehr gut gelungen. Es stimmt, daß diese Einzellage neben dem Musigny liegt. Ziemlich tiefe Farbe. Ein wenig animalischer Geruchseindruck, der sich in Richtung schwarze Früchte entwickelt. Leicht fleischig, mit einem diskreten Holzton. Dieser Wein kann ein bis zwei Jahre lagern.
🕽 Jean Taupenot-Merme, 33, rte des Grands-Crus, 21220 Morey-Saint-Denis,
Tel. 03.80.34.35.24, Fax 03.80.51.83.41 ☑ ☥ n. V.

CHARLES VIENOT 1995★
■   k. A.   k. A.   ◐ 70-100 F

Die von Jean-Claude Boisset übernommene Firma Charles Vienot präsentiert hier einen dunkelrubinroten *Villages* mit einem ziemlich komplexen Bukett (reife Früchte, Leder). Weite, runde Struktur, zufriedenstellende Ausgewogenheit, recht ordentliche Nachhaltigkeit : Dieser Wein wird dem Namen, den er trägt, gerecht.
🕽 Charles Vienot, 5, quai Dumorey, B.P. 102,
21700 Nuits-Saint-Georges, Tel. 03.80.62.61.41, Fax 03.80.61.34.75

Bonnes-Mares

Bonnes-Mares

Diese Appellation, die im vergangenen Jahr 602 hl erzeugte, reicht entlang der Mauer des Clos de Tart in die Gemeinde Morey hinein, aber der größte Teil davon liegt in Chambolle. Dies ist der Inbegriff eines Grand cru. Die Weine von Bonnes-Mares sind voll, weinig und gehaltvoll und haben eine gute Lagerfähigkeit ; nach mehrjähriger Reifung passen sie gut zu Wildpfeffer oder Waldschnepfe.

JEAN-LUC AEGERTER 1995★★★
■ Gd cru   k. A.   600   ◐ +200 F

Die reine Qualität. Wahl zum Lieblingswein. Tiefes Rubinrot. Er begeistert die Nase, die zu einem wahren Episodenroman wird : Lebkuchen, Unterholz, Pfeffer ... Eine überaus feine Leistung während der gesamten Verkostung, die komplex, voller Nerv, ein wenig wild und in jedem Fall denkwürdig ist.
🕽 Bourgognes Jean-Luc Aegerter, 49, rue Henri-Challand, 21700 Nuits-Saint-Georges, Tel. 03.80.61.02.88, Fax 03.80.62.37.99 ☑ ☥ n. V.

DOM. BART 1995
■ Gd cru   1 ha   1 200   ◐ 150-200 F

Er spricht nicht mehr als der Beichtvater eines Königs. Ziemlich lebhaftes, tiefes Rot. Empyreumatisch und in Richtung schwarze Johannisbeeren und Gewürze gehend. Er begnügt sich damit, sanft und geschmeidig zu sein, und schiebt die Entdeckung seines geheimen Gartens für später auf. Ein guter Wein, der sich noch entwickeln muß.
🕽 Dom. Bart, 23, rue Moreau,
21160 Marsannay-la-Côte, Tel. 03.80.51.49.76, Fax 03.80.51.23.43 ☑ ☥ n. V.

DOM. DROUHIN-LAROZE 1995
■ Gd cru   1,5 ha   2 000   ◐ +200 F

Ein sanfter, runder Wein, Vanille und Leder, zart und kurz. Man sollte ihn nicht lang im Keller lassen, um von dem zu profitieren, was er bieten kann. Den Liebhabern holzbetonter Weine wird er bestimmt gefallen.
🕽 Dom. Drouhin-Laroze, 20, rue du Gaizot,
21220 Gevrey-Chambertin, Tel. 03.80.34.31.49, Fax 03.80.51.83.70 ☥ n. V.
🕽 Bernard et Philippe Drouhin

Côte de Nuits

DOM. FOUGERAY DE BEAUCLAIR
1995★★

■ Gd cru   1,6 ha   k. A.   ⦾ +200 F
88 89 90 92 93 94 95

Ein Bonnes-Mares, der aus Morey stammt. Muß man sich somit über ihre mehr männliche als weibliche Seite wundern ? In Wirklichkeit handelt es sich hier eher um eine Vinifizierung, wie sie unsere Großväter durchführten und liebten. Fast schwarz, würzig, ein wenig gekocht, an Trester erinnernd, sehr nahe bei der Traubenlese. Er ist hermetisch verschlosen und stumm. Aber in zehn Jahren könnte er fabelhaft sein ...

🖃 Dom. Fougeray de Beauclair, 44, rue de Mazy, B.P. 36, 21160 Marsannay-la-Côte, Tel. 03.80.52.21.12, Fax 03.80.58.73.83 ✉ ⚏ n. V.
🖃 Jean-Louis Fougeray

ROBERT GROFFIER PERE ET FILS
1994★

■ Gd cru   k. A.   k. A.   ⦾ +200 F

Auch wenn er nicht die Gipfel anpeilt wie der vorangegangene Jahrgang, der 1996 Lieblingswein wurde, ist dieser 94er doch zumindest frisch und angenehm. Er besitzt eine anziehende Farbe und enthüllt eine ganz und gar interessante Botschaft (sehr reife Früchte, vielleicht Wacholder). Der Geschmack mit dem Lakritzearoma entwickelt sich in Richtung Humus und Unterholz. Die gut verschmolzenen Tannine garantieren die gute Ausgewogenheit.

🖃 Dom. Robert Groffier Père et Fils, 3, rte des Grands-Crus, 21220 Morey-Saint-Denis, Tel. 03.80.34.31.53, Fax 03.80.34.15.48 ✉ ⚏ n. V.

L'HERITIER-GUYOT 1995★

■ Gd cru   k. A.   900   ⦾ 150-200 F

Man kann ein wenig Entwicklung im Aussehen und im Geruch (Kirschkerne, Backpflaumen, gekochte Früchte) wahrnehmen sowie eine echte Präsenz des Alkohols. Der Holzton ist in den Hintergrund getreten. Die Fülle schmückt diesen Wein sehr, der seidig und stattlich ist, reich an Komplexität, mit einem Wort : rassig.

🖃 L'Héritier-Guyot, rue des Clos-Prieurs, 21640 Gilly-lès-Cîteaux, Tel. 03.80.62.86.27, Fax 03.80.62.82.37 ✉ ⚏ Mo-Fr 8h-12h 13h45-16h ; 1.-21. Aug. geschlossen

HERVE ROUMIER 1993

■ Gd cru   0,5 ha   1 500   ⦾ 150-200 F

Rundheit und Fülle über einer warmen Note - beachten Sie, daß dieser granatrote Wein ein 93er ist. Der Veilchenduft entfaltet sich dann über dem Leder, der reifen Frucht und dem Tiergeruch. Er wird sich vollständig öffnen. Letztlich angenehm und fähig, sich ziemlich lang zu halten.

🖃 Hervé Roumier, rue de Vergy, 21220 Chambolle-Musigny, Tel. 03.80.62.80.38, Fax 03.80.62.86.71 ✉ ⚏ n. V.

Musigny

Musigny

CH. DE CHAMBOLLE-MUSIGNY 1994

■ Gd cru   k. A.   k. A.   ⦾ +200 F

Auch wenn die Farbe für einen 94er recht intensiv ist, kommt die Pinot-Traube im Duft und im Geschmack weniger zum Ausdruck als das Eichenholzfaß, in dem der Wein achtzehn Monate verbracht hat. Ist der Holzton zu stark, als daß der Wein, dessen Struktur deutlich die des Jahrgangs ist, sich eines Tages ausdrücken wird ?

🖃 Jacques-Frédéric Mugnier, ch. de Chambolle-Musigny, 21220 Chambolle-Musigny, Tel. 03.80.62.85.39, Fax 03.80.62.87.36 ✉ ⚏ n. V.

DOM. PIERRE PONNELLE 1994

■ Gd cru   0,2 ha   600   ⦾ +200 F

Das ganze Problem der Beurteilung der 94er beim Grand cru wird von dieser Verkostung aufgeworfen. Wenn man es absolut ausdrückt, sammelt er offensichtlich keine Reichtümer. Wenn man in Abhängigkeit vom Jahrgang urteilt und ihn für sich nimmt, so entwickelt sich das Kleid und verfärbt sich ziegelrot. Das Bukett geht in Richtung gekochte Früchte, und die Struktur ist leicht, aber von harmonischer Feinheit. All diese Grands crus sind den *Villages* näher.

🖃 Pierre Ponnelle, 2, rue Paradis, 21200 Beaune, Tel. 03.80.22.19.12, Fax 03.80.24.91.87

Vougeot

Das ist der kleinste Weinbauort an der Côte. Zieht man von seinen 80 ha die 50 ha des Clos de Vougeot sowie die Häuser und die Straßen ab, so bleiben für die Appellation Vougeot nur ein paar Hektar Rebflächen übrig. Dazu gehören mehrere Premiers crus, von denen die bekanntesten der Clos Blanc (Weißweine) und der Clos de la Perrière sind.

DOM. BERTAGNA Les Cras 1995★★

■ 1er cru   0,6 ha   3 000   ⦾ 100-150 F

Im Besitz einer deutschen Familie aus Trier, die jenseits des Rheins in der Schaumweinstellung gut vertreten ist und in Burgund Crémants und Stillweine erzeugt. Das Gut schafft einen fehlerfreien Umlauf mit diesem Premier cru, der eine köstliche Frucht (schwarze Johannisbeeren) und eine hinreißende Struktur besitzt. Zukunft gesichert.

🖃 Dom. Bertagna, rue du Vieux-Château, 21640 Vougeot, Tel. 03.80.62.86.04, Fax 03.80.62.82.58 ✉ ⚏ tägl. 9h-19h ; Jan. geschlossen
🖃 E. Siddle

Côte de Nuits

DOM. BERTAGNA
Clos de la Perrière 1995*

| ■ 1er cru | 2,25 ha | 8 000 | ⅡⅠ | 150-200 F |

Dieser Premier cru ist sehr gelungen. Kräftig gebaut und zugleich fein, sehr holzbetont, aber das Holz läßt die Frucht zu Wort kommen. Er ist von guter Länge. Der *Villages* dieses Guts, der 95er les Petits Vougeot, kann lobend erwähnt werden aufgrund seiner Eleganz und seiner schon verschmolzenen Tannine, die noch ein wenig Patina vertragen.
☞ Dom. Bertagna, rue du Vieux-Château, 21640 Vougeot, Tel. 03.80.62.86.04, Fax 03.80.62.82.58 ✓ ⌡ tägl. 9h-19h ; Jan. geschlossen

L'HERITIER-GUYOT Les Cras 1995*

| ■ 1er cru | 0,99 ha | 3 705 | ⅡⅠ | 100-150 F |

Der 92er gehörte 1995 zu den Lieblingsweinen. Dieser 95er mit der dunklen rubinroten Farbe bezaubert das Auge. Das Bukett teilt sich zwischen Faß und roter Frucht auf. Auch wenn seine Tannine leicht astringierend sind und seine Struktur bescheiden ist, kann man ihm seine elegante aromatische Palette mit den Lakritze- und Veilchennoten nicht abstreiten.
☞ L'Héritier-Guyot, rue des Clos-Prieurs, 21640 Gilly-lès-Cîteaux, Tel. 03.80.62.86.27, Fax 03.80.62.82.37 ✓ ⌡ Mo-Fr 8h-12h 13h45-16h ; 1.-21. Aug. geschlossen

DOM. L'HERITIER-GUYOT
Clos blanc de Vougeot 1995

| □ 1er cru | 1,73 ha | 4 965 | ⅡⅠ | 100-150 F |

⑨⓪ |91| |92| 93 94 |95|

Eine historische Kuriosität, ein weißer Nachbar des Clos de Vougeot, der Clos blanc de Vougeot. Bestimmt zum Meßwein der Mönche von Cîteaux oder als Begleitung für Krebse aus der Vouge - er ist klar und hell. Durchschnittlich feuriger Duft. Lebhaft im Geschmack und gut gelungen. Er wird mit dem Alter ein guter Apostel werden.
☞ L'Héritier-Guyot, rue des Clos-Prieurs, 21640 Gilly-lès-Cîteaux, Tel. 03.80.62.86.27, Fax 03.80.62.82.37 ✓ ⌡ Mo-Fr 8h-12h 13h45-16h ; 1.-21. Aug. geschlossen

DOM. ROUX PERE ET FILS 1995

| ■ 1er cru | k. A. | 7 000 | ⅡⅠ | 100-150 F |

Unter seiner schönen, intensiven Farbe sagt sein Duft kein Wort, weil der Holzton noch über die Frucht dominiert. Dennoch ist es ein klarer, deutlicher Wein, der mit dem Jahrgang übereinstimmt. Man muß ihn einige Zeit altern lassen, damit er sich ausdrücken kann.
☞ Dom. Roux Père et Fils, 21190 Saint-Aubin, Tel. 03.80.21.32.92, Fax 03.80.21.35.00 ✓ ⌡ n. V.

Clos de Vougeot

Clos de Vougeot

Zu diesem Clos ist eigentlich schon alles gesagt ! Wie sollte man nicht wissen, daß sich über 70 Besitzer seine 50 ha teilen ? Eine solche Anziehungskraft ist nicht zufällig : Der Grund dafür ist einfach, daß jedermann ein Stück davon will ! Selbstverständlich muß man zwischen den Weinen von »oben«, denen von der »Mitte« und denen von »unten« unterscheiden ; aber die Mönche der Abtei Cîteaux hatten ihren Ort trotzdem gut gewählt, als sie die Umfriedungsmauer für den Weinberg errichteten ...

Der zu Beginn des 12. Jh. angelegte Clos erreichte sehr bald seine heutigen Ausmaße ; die jetzt bestehende Umfassungsmauer entstand vor dem 15. Jh. Mehr noch als der umfriedete Weinberg selbst, dessen hauptsächliche Attraktivität sich nach den Flaschen bemißt, die ein paar Jahre nach ihrer Erzeugung abgefüllt werden, verdient es das im 12. und 16. Jh. errichtete Château, daß man hier ein wenig verweilt. Der älteste Teil besteht aus dem Lagerkeller, der heute für die Veranstaltungen der Confrérie des Chevaliers du Tastevin, der gegenwärtigen Besitzer des Gebäudes, genutzt wird, und aus dem Gärkeller, wo in jeder der vier Ecken eine alte wunderschöne Traubenpresse steht.

PIERRE ANDRE 1994

| ■ Gd cru | 1,09 ha | 3 000 | ⅡⅠ | +200 F |

Ein Hauch von Entwicklung kommt im Aussehen und dann im Duft zum Vorschein. Die Ansprache ist ziemlich deutlich, getragen von der Säure, die normalerweise seine Lagerung unterstützen müßte. Aber unsere Jury rät, diese Flasche in naher Zukunft zu öffnen. Im Stil des Jahrgangs.
☞ Pierre André, Ch. de Corton-André, 21420 Aloxe-Corton, Tel. 03.80.26.44.25, Fax 03.80.26.43.57 ⌡ tägl. 10h-18h

DOM. BERTAGNA 1995*

| ■ Gd cru | 0,31 ha | 1 400 | ⅡⅠ | +200 F |

Eine mittlere Parzelle, die waagerecht verläuft, annähernd entlang dem Zugangsweg zum Schloß. Im Besitz der Familie Reh, die in Rheinland-Pfalz über die deutschen Schaumweine regiert. Dieser Wein ist eher intensiv als tief, gut strukturiert, fast kraftvoll und zart genug, um die Aufmerksamkeit zu erregen. Mittlere Lagerfähigkeit, dem Jahrgang entsprechend.

Côte de Nuits   Clos de Vougeot

🍷 Dom. Bertagna, rue du Vieux-Château, 21640 Vougeot, Tel. 03.80.62.86.04, Fax 03.80.62.82.58 ☑ ⏳ tägl. 9h-19h ; Jan. geschlossen

DOM. HENRI CLERC ET FILS 1994

■ Gd cru   0,3 ha   1 532   🍾 +200 F

Ein relativ kräftiger, strahlender, klarer 94er, dessen Duft über einer Brennkolbennote an Kirschwasser gemahnt. Der ziemlich fruchtige Geschmack erinnert an Waldfrüchte und enthält eine lebhafte Note und ein Lakritzearoma, günstige Faktoren. Ein Wein mit vielen Schubladen, der trinkfertig sein wird, wenn Sie den Weinführer lesen.

🍷 Bernard Clerc, pl. des Marronniers, 21190 Puligny-Montrachet, Tel. 03.80.21.32.74, Fax 03.80.21.39.60 ☑ ⏳ n. V.

DOM. DROUHIN-LAROZE 1995**

■ Gd cru   1 ha   4 000   🍾 +200 F

Einer unserer allerersten Lieblingsweine (der 83er wurde in der Ausgabe 1987 beurteilt). Diesmal notierte man, daß sich der 95er sehr gut präsentiert : Strahlen, dunkles Rubinrot. Er ist deutlich holzbetont, aber das wird sich legen, soviel Stoff besitzt er. Die Tannine und die Säure sind bereits stillschweigend über einer konzentrierten Fruchtigkeit verschmolzen.

🍷 Dom. Drouhin-Laroze, 20, rue du Gaizot, 21220 Gevrey-Chambertin, Tel. 03.80.34.31.49, Fax 03.80.51.83.70 ⏳ n. V.

DOM. JEAN GRIVOT 1994*

■ Gd cru   1,86 ha   7 000   🍾 +200 F

Diese Familie gehört zu den Eckpfeilern des Clos de Vougeot. Sie besitzt eine große Parzelle am Fuße des Weinbergs. Dieser 94er - ein schwieriger Jahrgang - ist angenehm bläulichrot, warm und an Lakritze erinnernd, sehr tanninreich, kräftig gebaut und alkoholreich und zeigt Stärke und Entschlossenheit. Mit Erfolg.

🍷 Dom. Jean Grivot, 6, rue de la Croix-Rameau, 21700 Vosne-Romanée, Tel. 03.80.61.05.95, Fax 03.80.61.32.99 ☑ ⏳ n. V.

DOM. ANNE GROS
Le Grand Maupertui 1995*

■ Gd cru   0,93 ha   3 900   🍾 +200 F
88   89   90   91   **92**   ⓔ   95

Der erste Jahrgang, für den Anne ganz allein verantwortlich zeichnet (im letzten Jahr wurde der 93er, den sie gemeinsam mit ihrem Vater erzeugt hatte, zum Lieblingswein gewählt). Diesmal ist es ihr 95er. Dunkel wie die finstere Nacht, an Brombeeren erinnernd. Ein Wein von bezaubernder Feinheit, der alle Prüfungen mit lobender Erwähnung besteht. Zum Einlagern ? Das versteht sich von selbst.

🍷 Dom. Anne Gros, 11, rue des Communes, 21700 Vosne-Romanée, Tel. 03.80.61.07.95, Fax 03.80.61.23.21 ☑ ⏳ n. V.

HAEGELEN-JAYER 1995*

■   0,8 ha   4 000   🍾 150-200 F

Gut vinifiziert, noch ein wenig lebhaft und von der Säure getragen. Er hat gute Chancen, glücklich zu altern, selbst wenn die Farbe eher strahlend als tief ist. Auch das ist eine Auswirkung seines jugendlichen Alters. Schöne Ansprache mit roten Früchten schon beim ersten Riechen.

🍷 Haegelen-Jayer, 4, rue de la Croix-Rameau, 21700 Vosne-Romanée, Tel. 03.80.61.01.49, Fax 03.80.62.36.71 ☑ ⏳ n. V.

ALAIN HUDELOT-NOELLAT 1995*

■ Gd cru   1,08 ha   k. A.   🍾 +200 F

Nach einer Schwächeperiode vor ein paar Jahren steigern sich die Clos de Vougeot wieder. Beweis dafür ist dieser 95er mit der dunklen Granatfarbe und dem schon eindrucksvollen Bukett (gekochte Backpflaumen, körperreich und subtil). Er besitzt Fülle und stützt sich auf einen zufriedenstellenden Bau. Seine Tannine hat er noch nicht besänftigt. Nichts ist ungewöhnlich daran. Mindestens drei Jahre aufheben.

🍷 Alain Hudelot-Noëllat, 21220 Chambolle-Musigny, Tel. 03.80.62.85.17, Fax 03.80.62.83.13 ☑ ⏳ n. V.

DOM. LABET-DECHELETTE 1994

■ Gd cru   k. A.   7 500   🍾 150-200 F

Im Augenblick setzt dieser Wein auf die Stärke : Die Farbe ist konzentriert, der Geruchseindruck ist konzentriert und hermetisch verschlossen. Der Geschmack stützt sich auf Tannine, die sich entwickeln müssen. Alles spielt sich somit auf einem Potential ab. Und der Einsatz ? Die Feinheit für in zehn Jahren ?

🍷 Dom. Labet-Dechelette, 21640 Vougeot, Tel. 03.80.62.86.13, Fax 03.80.62.82.72 ☑

DOM. FRANÇOIS LAMARCHE
Clos de Vougeot 1994

■ Gd cru   1,3 ha   4 800   🍾 150-200 F

Dieser Wein stammt aus mehreren Parzellen, die über den ganzen Clos verstreut sind. An schwarze Kirschen erinnernde Farbe, von weißen Früchten (Äpfel oder Birnen) umhülltes Aroma. Ein charakteristischer 94er, den man zwei bis drei Jahre im Keller lassen sollte. Er muß sich nämlich vom Holz befreien, das ihn einzwängt und daran hindert, sich auszudrücken. Seien Sie sicher, daß er noch etwas zu sagen hat, Interessanteres als Vanille.

🍷 Dom. François Lamarche, 9, rue des Communes, 21700 Vosne-Romanée, Tel. 03.80.61.07.94, Fax 03.80.61.24.31 ☑ ⏳ n. V.

DOM. MONGEARD-MUGNERET 1994

■ Gd cru   0,79 ha   2 000   🍾 150-200 F

Vincent führt heute dieses für Vosne sehr typische Weingut. Dieser 94er kündigt sich mit einer hellen, für den Jahrgang typischen Farbe an. Angesengtes Holz und Gewürznelken begleiten den intensiven, kräftigen Pinot-noir-Duft. Alles muß noch verschmelzen, aber der Wein verkraftet es, denn er bietet genug Säure, um sich in zwei bis drei Jahren in einem exzellenten Zustand zu präsentieren.

🍷 Dom. Mongeard-Mugneret, 14, rue de la Fontaine, 21700 Vosne-Romanée, Tel. 03.80.61.11.95, Fax 03.80.62.35.75 ☑ ⏳ n. V.

Côte de Nuits

DENIS MUGNERET ET FILS 1995

| ■ Gd cru | 0,72 ha | 900 | 🍷 150-200 F |

Kräftiges Rubinrot und pürierte Erdbeeren – ein Wein, der farbintensiv und duftig zugleich ist. Der Stil ist leicht und ziemlich rund, mit einer kleinen Note Bitterkeit. Man würde ihn gern zu seinem normalen Trinkwein machen, aber es ist ein Clos de Vougeot ! Struktur und Stärke sind durchschnittlich.
☛ Denis et Dominique Mugneret, 9, rue de la Fontaine, R.N. 14, 21700 Vosne-Romanée, Tel. 03.80.61.00.97, Fax 03.80.61.24.54 ✓ ⚲ n. V.
☛ Liger-Bélair

DOM. HENRI REBOURSEAU 1994

| ■ Gd cru | 2,2 ha | 10 396 | 🍷 150-200 F |

Eine Parzelle mitten im Clos. Er kommt im Geschmack durch Ausgewogenheit zum Ausdruck, mit spürbaren Tanninen und der bitteren Note der 94er im Abgang. Schöne Erscheinung : Er besitzt eine ziemlich helle Farbe mit lebhaften Nuancen und einen Duft nach getoastetem Brot, der sich in Richtung rote Johannisbeeren und Himbeeren mit Vanillesauce entwickelt.
☛ MSE Rebourseau, 10, pl. du Monument, 21220 Gevrey-Chambertin, Tel. 03.80.51.88.94, Fax 03.80.34.12.82 ✓ ⚲ n. V.

ARMELLE ET BERNARD RION 1995

| ■ Gd cru | 0,74 ha | 1 800 | 🍷 150-200 F |

Armelle und Bernard züchten seit ein paar Jahren Trüffeln. Diese harmonieren mit dem Clos de Vougeot ! Dieser 95er zeigt eine ins Violette gehende Granatfarbe, die tief und anziehend ist. Der Geruchseindruck entwickelt sich zwischen dem Holzton, den Gewürzen und den schwarzen Früchten. Die nachhaltigen Tannine sperren sich noch, aber einen 95er muß man in vier bis fünf Jahren probieren, und dann ...
☛ Dom. Armelle et Bernard Rion, 8 R.N., 21700 Vosne-Romanée, Tel. 03.80.61.05.31, Fax 03.80.61.34.60 ✓ ⚲ Mo-Sa 8h-19h

LAURENT ROUMIER 1995*

| ■ Gd cru | 0,5 ha | 1000 | 🍷 150-200 F |

Ganz der Jahrgang : ein Wein mit perfekter Farbe, sehr aromatisch in einem fruchtigen Stil (hier eher rote Früchte), relativ streng in dieser Phase seines Lebens, eher fein als robust, ziemlich ausgewogen und von mittlerer Alterungsfähigkeit.
☛ Dom. Laurent Roumier, rue de Vergy, 21220 Chambolle-Musigny, Tel. 03.80.62.83.60, Fax 03.80.62.84.10 ✓ ⚲ n. V.

DOM. THOMAS-MOILLARD 1995**

| ■ Gd cru | k. A. | 1 500 | 🍷 +200 F |

Präsentiert von einer der Familien, die das Schloß kauften, um es der Confrérie des Chevaliers du Tastevin kostenlos zur Verfügung zu stellen (ein schönes burgundisches Mäzenatentum !). Ein prächtig gekleideter Wein, dessen Bukett in das Aufgabegebiet der schönen Künste fällt : weinig, forsch, Brombeernote. Sehr guter Untergrund und bewundernswerte Struktur.
☛ Dom. Thomas-Moillard, chem. rural 29, 21700 Nuits-Saint-Georges, Tel. 03.80.62.42.22, Fax 03.80.61.28.13 ✓ ⚲ n. V.

Echézeaux und Grands-Echézeaux

Im Süden des Clos de Vougeot erstreckt sich die Gemeinde Flagey-Echézeaux längs der Mauer des Weinbergs und wagt sich bis zum Hügel in das Weinbaugebiet vor. Der Marktflecken selbst liegt im Flachland, ebenso wie das Dorf Gilly (Reblage les Cîteaux), das sich gegenüber dem Clos de Vougeot befindet. Die Rebflächen am Fuße des Hügels besitzen die Appellation Vosne-Romanée. Am Hang schließen sich zwei Grands crus an : Grands-Echézeaux und Echézeaux. Ersterer ist rund 9 ha groß, während der letztgenannte über 30 ha in mehreren Reblagen umfaßt.

Die Weine dieser beiden Crus, von denen die Grands-Echézeaux die angeseheneren darstellen, sind sehr »burgundisch« : robust, kräftig gebaut und voll innerer Kraft. Die Reblagen werden hauptsächlich von den Winzern aus Vosne und Flagey bewirtschaftet.

Echézeaux

DOM. BIZOT 1994**

| ■ Gd cru | 0,56 ha | k. A. | 🍷 150-200 F |

Vor zwei Jahren war der 92er Lieblingswein. Diesmal hat der Wein Anspruch darauf, daß man vor ihm bewundernd den Hut zieht. Ein Purpurrot, das ins Granatrote geht. Ein Hauch von Veilchen über einem Duft von schwarzen Johannisbeeren und Brombeeren. Er bildet eine angenehme Landschaft, in dem das Aroma und die Tannine ihre Aquarellnuancen harmonisch vereinen.
☛ Dom. Bizot, 9, rue de la Grand-Velle, 21700 Vosne-Romanée, Tel. 03.80.61.24.66, Fax 03.80.61.24.66 ✓ ⚲ n. V. ; Jan. geschlossen

JACQUES CACHEUX ET FILS 1995**

| ■ Gd cru | 0,67 ha | 2 400 | 🍷 150-200 F |

Dunkler Samt. Im Duft an Bigarreau-Kirschen erinnernd (ein gut entfaltetes Bukett, das aber noch nicht seine Reserven ausschöpft).

Côte de Nuits — Echézeaux

Ein fleischiger, kräftiger 95er, der sich mit dem Alter befreien wird. Seine Tannine haben nichts Aggressives an sich und überdecken nicht das Sekundäraroma. Ein sehr hübscher Wein zum Einlagern, gehaltvoll und elegant. Im letzten Jahr gehörte ein denkwürdiger 94er La Croix Rameau des Guts zu den Lieblingsweinen.
- Jacques Cacheux et Fils, 58, R.N. 74, 21700 Vosne-Romanée, Tel. 03.80.61.24.79, Fax 03.80.61.01.84 ✓ ⊥ n. V.

DOM. HENRI CLERC ET FILS 1994*

| Gd cru | 0,33 ha | 1 681 | +200 F |

Eine dunkle, für diesen Jahrgang dichte Farbe. Gefolgt von einem Duft, der schon seine jugendliche Scham gut abgelegt hat, aber beachtlich ist : Himbeerkonfitüre und empyreumatische Noten. Konsistent und fein, sehr passabel im Geschmack. Sein schon beschriebenes Aroma kann sich lang entfalten. Man kann ihn trinken oder ein wenig aufheben.
- Bernard Clerc, pl. des Marronniers, 21190 Puligny-Montrachet, Tel. 03.80.21.32.74, Fax 03.80.21.39.60 ✓ ⊥ n. V.

CHRISTIAN CLERGET 1994*

| Gd cru | 1 ha | 3 000 | 100-150 F |

87 |89| (90) 91 92 93 94

»Nicht übel«, was - angesichts der Vorliebe der Burgunder für die Stilfigur der Litotes - in Wirklichkeit »sehr gut« bedeutet. Sehr intensives Zinnoberrot. Der wilde Geruchseindruck befindet sich in der Reifungsphase. Dieser Wein hat eine milde Ansprache und setzt seine Effekte sparsam ein. Er kann die Rundheit und die Gerbsäure miteinander vereinen und bietet eine sehr zufriedenstellende Dichte.
- Christian Clerget, ancienne RN 74, 21640 Vougeot, Tel. 03.80.62.87.37, Fax 03.80.62.84.37 ✓ ⊥ n. V.

DOM. DUJAC 1994

| Gd cru | k. A. | 3 003 | +200 F |

Kirsch- bis zinnoberrot - ein Kleid wie aus dem Faubourg-Saint-Honoré. Beim Geruchseindruck sollte man sich eher an das Collège de France wenden, wenn man seine Komplexität betrachtet (Backpflaumen, Leder, Gewürze, Pfeffer). Schönes Dissertationsthema. Die Ausführung ist im Stil des Montmartre : rund, sanft und elegant, ohne Hoffnung auf große Langlebigkeit. Vielmehr sollte man ihn innerhalb der kommenden drei Jahre trinken, während man auf das Ende des Jahrtausends wartet.
- Dom. Dujac, 7, rue de la Bussière, 21220 Morey-Saint-Denis, Tel. 03.80.34.32.58, Fax 03.80.51.89.76 ✓ ⊥ n. V.
- Jacques Seysses

DOM. A.-F. GROS 1994

| Gd cru | 0,26 ha | 1 200 | +200 F |

Ein Echézeaux, der aus mehreren Parzellen im Champs-Traversins stammt. Für einen 94er sehr gut gemacht, aber er verlangt ein wenig Lagerung, jedoch nicht zu lang. Deutliche, dichte purpurrote Farbe. Vanille und Lakritze entfalten sich in angenehmem Tempo. Für den Jahrgang passabel und völlig in diesem Stil gehalten.
- Dom. A.-F. Gros, La Garelle, 21630 Pommard, Tel. 03.80.22.61.85, Fax 03.80.24.03.16 ✓ ⊥ n. V.
- Anne-Françoise Parent

DOM. GUYON 1995*

| Gd cru | 0,24 ha | 1000 | 150-200 F |

|85| 86 87 |88| |89| 90 92 93 94 95

Dieses Gut erzeugte lange Zeit Braugerste in der Ebene von Nuits und Wein in der Côte. Seit 1993 hat man sich vom Grund auf für den Wein entschieden. Man kann sich nicht darüber beklagen, so sehr zeigt dieser fast schwarze, granatrot schimmernde Wein, der schon gut entfaltet ist (püriertes Brombeeren), seine fleischige, frische, fröhliche Jugend. Langlebigkeit gesichert.
- EARL Dom. Guyon, 11, R.N. 74, 21700 Vosne-Romanée, Tel. 03.80.61.02.46, Fax 03.80.62.36.56 ✓ ⊥ n. V.

DOM. FRANÇOIS LAMARCHE 1994**

| Gd cru | 1,3 ha | 4 200 | 150-200 F |

Diese Trauben kommen aus den Reblagen les Cruots und les Champs-Traversins. Sie liefern einen für den Jahrgang recht verführerischen Wein : karminroter Samt des Kleides, herrlicher Duft, in dem unsere Juroren voller Begeisterung schwarze Früchte und Bleistiftminen entdeckten. Fülle, Frucht, Struktur, schöne Tannine ... Glänzende Zukunftsaussichten.
- Dom. François Lamarche, 9, rue des Communes, 21700 Vosne-Romanée, Tel. 03.80.61.07.94, Fax 03.80.61.24.31 ✓ ⊥ n. V.

DOM. MONGEARD-MUGNERET 1995**

| Gd cru | 2,73 ha | 6 000 | 150-200 F |

Unsere treuen Leser wissen, daß dieser Wein 1990 Lieblingswein war (als 87er). An Burlat-Kirschen erinnernde Farbe, Duft wie ein Früchtekorb (schwarze Kirschen, Zitrusfrüchte). Sanfte Ansprache und ein im mittleren Bereich gut genährter Geschmackseindruck. Ein Hauch von Strenge, der auf den Alkohol und die Tannine zurückgeht, die sich jedoch zu verschmelzen beginnen. Aber alles ist vorhanden. Vermutlich wird er sich in Richtung Tiergeruch und Unterholz entwickeln.
- Dom. Mongeard-Mugneret, 14, rue de la Fontaine, 21700 Vosne-Romanée, Tel. 03.80.61.11.95, Fax 03.80.62.35.75 ✓ ⊥ n. V.

DOM. MICHEL NOËLLAT ET FILS 1994

| Gd cru | 0,7 ha | 1 700 | 150-200 F |

Keine zu starke Extraktion. Die Farbe ist einfach purpur- bis granatrot, sehr natürlich. Entwickeltes Bukett mit Noten von Tiergeruch und Branntweinnuancen. Im Geschmack würzig. Mit seiner Komplexität in Wartestellung hat er im Augenblick Ähnlichkeit mit den verstreuten Teilen eines Puzzles. Aber die Zeit wird das Puzzle zusammenfügen.
- SCEA Dom. Michel Noëllat et Fils, 5, rue de la Fontaine, 21700 Vosne-Romanée, Tel. 03.80.61.36.87, Fax 03.80.61.18.10 ✓ ⊥ n. V.

Côte de Nuits

DOM. FABRICE VIGOT 1994**

| ■ Gd cru | 0,6 ha | 1 200 | 📖 | 150-200 F |

Granatrot bis schwarz. Der Geruchseindruck ist noch zurückhaltend, aber voll guter Vorsätze (schwarze Johannisbeeren). Er zeigt sich schon in der Ansprache gehaltvoll und freigebig. Die Tannine übernehmen rasch die Ausgabe, aber sie sind dicht verwoben, bemerkenswert in der Textur und im Gerüst. Der Gesamteindruck dieser Qualitäten, sein Charme und seine Zukunft tragen ihm Komplimente ein. Nur das pergamentähnliche Etikett wird dem Ganzen nicht gerecht. Aber die Jury hat es nicht gesehen !

🔖 Dom. Fabrice Vigot, 16, rue de la Fontaine, 21200 Vosne-Romanée, Tel. 03.80.61.13.01, Fax 03.80.61.13.01 ◨ 🍷 n. V.

Grands-Echézeaux

JOSEPH DROUHIN 1995*

| ■ Gd cru | k. A. | 1 200 | 📖 | +200 F |

Granatrot mit bläulichem Schimmer. Er erinnert an pflanzliche Aromen, die mit sehr konzentrierten, später gerösteten roten Früchten verbunden sind. Alkohol, Säure und Tannine befinden sich im richtigen Maß. Man sollte ihn im Auge behalten und später nochmals probieren.

🔖 Joseph Drouhin, 7, rue d'Enfer, 21200 Beaune, Tel. 03.80.24.68.88, Fax 03.80.22.43.14 🍷 n. V.

Vosne-Romanée

Hier bleibt ebenfalls der burgundische Brauch gewahrt : Der Name Romanée ist bekannter als der von Vosne. Was für ein schönes Gespann ! Ebenso wie Gevrey-Chambertin enthält diese Gemeinde eine Vielzahl von Grands crus ; aber daneben gibt es noch berühmte Einzellagen wie les Suchots, les Beaux-Monts, les Malconsorts und viele weitere. 1996 hat die Appellation Vosne-Romanée 7 325 hl erzeugt, ausschließlich Rotweine.

DOM. ROBERT ARNOUX
Aux Reignots 1994**

| ■ 1er cru | 0,2 ha | 1 200 | 📖 | 100-150 F |

Ein großer, guter Wein, der lagerfähig ist. Bekanntlich liegt dieser Premier cru ganz nahe bei den berühmtesten Grands crus der Gegend. Prächtige Farbe, sehr komplexer Duft nach Unterholz und vielen anderen liebenswerten Dingen. Guter Eindruck im Geschmack : Die Jury applaudiert der perfekten Verbindung von angesengtem Holz und Wein. Langer Abgang. Füllig und rassig, hundertprozentig ein typischer Vosne. Der 94er Chaumes ist ebenfalls zu empfehlen (ein Stern).

🔖 Dom. Robert Arnoux, R.N. 74, 21700 Vosne-Romanée, Tel. 03.80.61.09.85, Fax 03.80.61.36.02 ◨ 🍷 n. V.

JULES BELIN 1994*

| ■ | k. A. | 3 000 | 📖 | 150-200 F |

Leuchtendes Rot mit himbeerrotem Schimmer. Ein ziemlich holzbetonter Wein. Sein Geschmack ist fruchtig. Seine Tannine lassen ihn körperreich erscheinen. Sein fruchtiges Aroma hält im Mund an. Muß merklich altern.

🔖 Maison Jules Belin, 3, rue des Seuillets, B.P. 143, 21704 Nuits-Saint-Georges Cedex, Tel. 03.80.61.07.74, Fax 03.80.61.31.40 ◨ 🍷 n. V.

DOM. BIZOT 1994*

| ■ 1er cru | k. A. | k. A. | 📖 | 100-150 F |

Zwischen Säure, Tanninen usw. schafft er, ohne daß man ihn lang bitten muß, die Quadratur des Kreises, der - wie man weiß - in Burgund immer ein wenig eckig ist. Nicht zuviel Farbe, aber es ist schließlich ein 94er. Himbeeren und Vanille, lebhaft, leicht säuerlich im Geruchseindruck. Dieser Wein zeigt sich im Geschmack zart, fast geschmeidig.

🔖 Dom. Bizot, 9, rue de la Grand-Velle, 21700 Vosne-Romanée, Tel. 03.80.61.24.66, Fax 03.80.61.24.66 ◨ 🍷 n. V. ; Jan. geschlossen

CH. DE BLIGNY
Au-dessus des Malconsorts 1995*

| ■ 1er cru | 0,57 ha | 3 000 | 📖 | 100-150 F |

Dieses Gut gehört seit 1985 der Société Grands Millésime de France, einem Ableger der Garantie Mutuelle des Fonctionnaires, die hier 20,93 ha erworben hat. Ein wohlausgewogener, nachhaltiger Wein mit einem angenehmen Bukett - was soll man vom Leben mehr verlangen ? Man kann seine herrliche Klarheit und seinen leichten, fruchtigen Duft feststellen. Mehr als anerkennenswert.

🔖 SCE du Ch. de Bligny, 14, Grande-Rue, 21200 Bligny-lès-Beaune, Tel. 03.80.21.47.38, Fax 03.80.21.40.27 ◨ 🍷 n. V.

JACQUES CACHEUX ET FILS
La Croix Rameau 1995*

| ■ 1er cru | 0,16 ha | 900 | 📖 | 150-200 F |

Diese Einzellage hat schon immer die Aufmerksamkeit erregt : eine Enklave von la Romanée Saint-Vivant, die mit dem Grand cru zusammengelegt werden möchte. Der 94er gehörte im letzten Jahr zu den Lieblingsweinen. Intensive granatrote bis schwarze Farbe. Der 95er bietet kräftige Tannine und muß lang lagern : guter, fruchtiger Kirschduft sowie Pilze, im Geschmack immer noch im Panzer. Der 95er les Suchots ist bemerkenswert ; Sie können ihn unbesorgt in den Keller legen. Servieren Sie ihn in vier bis fünf Jahren.

🔖 Jacques Cacheux et Fils, 58, R.N. 74, 21700 Vosne-Romanée, Tel. 03.80.61.24.79, Fax 03.80.61.01.84 ◨ 🍷 n. V.

Côte de Nuits — Vosne-Romanée

SYLVAIN CATHIARD
Les Reignots 1995*

| ■ 1er cru | 0,24 ha | 900 | 🍾 100-150 F |

Ein recht interessanter 95er En Orveaux und dieser les Reignots (hier als Premier cru), eine Lage, die ganz in der Nähe des Allerheiligsten liegt, wenn man das Flurbuch kennt. Schöne, klassische Farbe, Aroma zwischen pflanzlichen Noten und Unterholz, klare, lange Ansprache im Geschmack. Dank seines Gerüstes kann er ein wenig altern. Bravo !

🍇 Sylvain Cathiard, 20, rue de la Goillotte, 21700 Vosne-Romanée, Tel. 03.80.62.36.01, Fax 03.80.61.18.21 ☑ 🍷 n. V.

DOM. BRUNO CLAVELIER
BROSSON
Les Beaux Monts Vieilles vignes 1994**

| ■ 1er cru | 0,5 ha | 2 100 | 🍾 100-150 F |

Bruno Clavelier ist Önologe, aber auch Rugbyspieler. Im Weinberg verwendet er die umweltschonende Schädlingsbekämpfung, weil er auf das Gleichgewicht des Ökosystems bedacht ist. »Nein, überhaupt nichts, ich bereue nichts.« Das kann man singen, wenn man diesen hervorragend vinifizierten Wein probiert hat. Ziemlich helles Rot. Er entfaltet ein recht deutliches, vornehmes Bukett und bleibt im Geschmack, jedoch ohne Fadheit. Seine Säure garantiert ihm eine schöne Zukunft.

🍇 Dom. Bruno Clavelier, 6, R.N. 74, 21700 Vosne-Romanée, Tel. 03.80.61.10.81, Fax 03.80.61.04.25 ☑ 🍷 n. V.
🍇 Clavelier-Brosson

DOM. DU CLOS FRANTIN
Les Malconsorts 1994**

| ■ 1er cru | 2 ha | 10 000 | 🍾 150-200 F |

Die Perle der Mitte, das ist Vosne-Romanée wirklich. Denn dieser Malconsorts ist mit seinem Los nicht unzufrieden ! Dem Auge präsentiert er sich karminrot, in einem Kleid zum Liebhaben. Schwarze Johannisbeeren ? Heckenrosen ? Für eine aggressive Komplexität. Im Geschmack ein anmutiger Zustand. Mittlere Stärke, aber Charme und Freigebigkeit. Gut im Stil des Jahrgangs und immer noch zurückhaltend.

🍇 Dom. du Clos Frantin, 6 bis, bd Jacques-Copeau, 21200 Beaune, Tel. 03.80.24.37.37, Fax 03.80.24.37.38

DUFOULEUR FRERES 1994*

| ■ | k. A. | k. A. | 🍾 70-100 F |

»Es gibt keine gewöhnlichen Weine in Vosne«, urteilte der Pfarrer Courtépée zu Recht. Dieser 94er, dessen Farbe nicht übertrieben kräftig ist, entfaltet ein zartes Bukett (rote Johannisbeeren). Der Holzton ist schon verschmolzen. Im Geschmack bietet er eine große Haltung. Die Struktur ist die des Jahrgangs. Aber wie lecker er doch ist ! Samt !

🍇 Dufouleur Frères, 1, rte de Dijon, 21700 Nuits-Saint-Georges, Tel. 03.80.61.00.26, Fax 03.80.61.36.33 🍷 n. V.

DOM. FRANÇOIS GERBET 1995**

| ■ | 1 ha | 4 000 | 🍾 70-100 F |

76 |78| **79** 81 83 |85| |86| |(88)| |89| 92 93 94 ⓟ

Sein 88er Aux Réas war im Weinführer 1992 Lieblingswein. Das von zwei Schwestern geführte Gut erringt in diesem Jahr erneut die Siegerpalme. Bläulichrote Farbe. Ein Bukett mit einem Korb voller Früchte und ein Geschmack, der dem Geruchseindruck gewachsen ist, sinnlich, verschmolzen, vielgestaltig, konzentriert, mit der Gewißheit, daß er gefallen wird. Man muß vor ihm niederknien. Réas und Petits Monts können hier lobend erwähnt werden.

🍇 Dom. François Gerbet, 2, rte Nationale, 21700 Vosne-Romanée, Tel. 03.80.61.07.85, Fax 03.80.61.01.65 ☑ 🍷 n. V.

ANNE ET FRANÇOIS GROS
Les Barreaux 1994

| ■ | 0,39 ha | 1 800 | 🍾 100-150 F |

François Gros ist 1996 in den Ruhestand getreten. Seine Tocher Anne, die mit ihm seit 1988 zusammenarbeitet, hat die Führung im Weinberg und im Keller übernommen. In diesem 94er gibt es viel Farbe. Er duftet nach schwarzen Johannisbeeren und Brombeeren, während das Aroma, das man über den Rachenraum wahrnimmt, aus Lindenblüten und Eisenkraut besteht. Die Tannine und die Säure sind zufriedenstellend. Es ist nicht unangenehm, wenn man sich hinter diesen »Gitterstäben« (barreaux) befindet.

🍇 Dom. Anne et François Gros, 11, rue des Communes, 21700 Vosne-Romanée, Tel. 03.80.61.07.95, Fax 03.80.61.23.21 ☑ 🍷 n. V.

DOM. A.-F. GROS Aux Réas 1994*

| ■ | k. A. | 3 200 | 🍾 100-150 F |

|88| |89| |90| |92| 93 94

Die Domaine A.-F. Gros ist nicht das Weingut Anne und François Gros. Seinen Vosne zu kennen erfordert Zeit ! Das 1996 umstrukturierte Gut hat sich vergrößert. Dieser Réas bildet einen sehr vollständigen, ätherischen Wein von schöner Textur. Sein Aroma von Walderdbeeren und Backpflaumen ist angenehm vermischt. Köstlich - es hält im Geschmack lang an.

🍇 Dom. A.-F. Gros, La Garelle, 21630 Pommard, Tel. 03.80.22.61.85, Fax 03.80.24.03.16 ☑ 🍷 n. V.
🍇 Anne-Françoise Parent

Côte de Nuits

Vosne-Romanée

ALAIN GUYARD Aux Réas 1994★

| ■ | 0,3 ha | 1 600 | 🍷 70-100 F |

|88| 90 91 **92** 94

Es ist geschieht nicht sehr häufig, daß man hier einem Erzeuger aus Marsannay begegnet. Es ist jedoch ein glückliches Zusammentreffen (1996 gehörte sein 92er Réas zu den Lieblingsweinen) ! Man kann erneut feststellen, daß er seine Arbeit versteht. Sein ausgewogener Wein ist von mittlerer Textur. Er fühlt sich im Mund wohl und entwickelt sich gut. Zufriedenstellendes Strahlen. Deutliches, aber angenehmes Bukett mit Frucht- und Holznoten.
🕯 Alain Guyard, 10, rue du Puits-de-Têt, 21160 Marsannay-la-Côte, Tel. 03.80.52.14.46, Fax 03.80.52.67.36 ✓ 🍷 n. V.

DOM. GUYON 1995★

| ■ | 1 ha | 4 500 | 🍷 70-100 F |

Schwarz wie Tinte, mit einem diskreten Pinot-Duft, in dem ein paar Blüten zum Vorschein kommen. Der Körper ist gut gebaut, reich an Fett und vollmundig. Diese relative Härte wird sich jedoch abmildern. Bestimmt gelungen.
🕯 EARL Dom. Guyon, 11, R.N. 74, 21700 Vosne-Romanée, Tel. 03.80.61.02.46, Fax 03.80.62.36.56 ✓ 🍷 n. V.

DOM. FRANÇOIS LAMARCHE
Malconsorts 1994★★★

| ■ 1er cru | 0,5 ha | 2 000 | 🍷 100-150 F |

Vosne-Romanée Malconsorts
PREMIER CRU
APPELLATION CONTROLÉE
Domaine François Lamarche
Viticulteur à Vosne Romanée (Côte d'Or) France
13.1 % Vol.   MIS EN BOUTEILLE A LA PROPRIÉTÉ   750 ML.
LMA94

Aber ja doch, die Vollkommenheit ist manchmal von dieser Welt. So wie dieser 94er Malconsorts, dessen Farbe an die Abenddämmerung erinnert und der im Geschmack einen strahlenden Tagesanbruch besingt. Lebhafte Farbe von vollreifen schwarzen Kirschen. Eleganz, Ausgewogenheit, immer noch Kirscharoma - ein Musterbeispiel für die Harmonie eines großartigen Vosne. Wahl zum Lieblingswein. Selbstredend. Die 94er Chaumes und Suchots haben ebenfalls Spitzenqualität ! Ein Bravo für diesen dreifachen Erfolg !
🕯 Dom. François Lamarche, 9, rue des Communes, 21700 Vosne-Romanée, Tel. 03.80.61.07.94, Fax 03.80.61.24.31 🍷 n. V.

BERTRAND MACHARD DE GRAMONT Aux Réas 1994★

| ■ | 0,53 ha | 1 800 | 🍷 70-100 F |

Ein Wein, dessen intensive, dunkle Farbe an Sauerkirschen denken läßt. Ziemlich würzig und röstartig, im Geschmack tanninreich. Ein klarer, robuster Körper mit breiten Schultern, der für den Jahrgang sehr zufriedenstellend ist. Weisen wir noch darauf hin, daß der vorangegangene Jahrgang (der 93er) im letzten Jahr Lieblingswein wurde. In der Rue de Vergy, Hausnummer 13, in Nuits können Sie sich ihn noch besorgen.
🕯 Bertrand Machard de Gramont, 13, rue de Vergy, 21700 Nuits-Saint-Georges, Tel. 03.80.61.16.96, Fax 03.80.61.16.96 ✓ 🍷 n. V.

BERNARD MARTIN 1995

| ■ | 0,75 ha | k. A. | 🍷 70-100 F |

Ins Violette gehendes Rot. Er bietet beim ersten Riechen einen Duft von roten Johannisbeeren. Der anschließende Geruchseindruck ist holzbetont, mit Kakaonote. Dieser Eindruck bestätigt sich im Geschmack. Runde, würzige Tannine im Abgang. Ein guter, jedoch ein wenig untypischer Wein.
🕯 Bernard Martin, 42, rue de la Grand-Velle, 21700 Vosne-Romanée, Tel. 03.80.61.27.84 ✓ 🍷 n. V.

DOM. MONGEARD-MUGNERET
Les Orveaux 1995★★

| ■ 1er cru | 1,08 ha | 3 200 | 🍷 100-150 F |

Wählen Sie vorzugsweise den Premier cru Les Orveaux, der sich oberhalb der Echézeaux-Lagen befindet. Intensives Granatrot. Er teilt sein Aroma gerecht zwischen Unterholz, Sauerkirschen und Vanille auf. Im Geschmack findet man Noten von Tiergeruch und gekochten Früchten. Es mangelt ihm wirklich nicht an Charakter. Er erscheint vielversprechend. Nicht vergessen ist die Wahl des 82ers zum Lieblingswein !
🕯 Dom. Mongeard-Mugneret, 14, rue de la Fontaine, 21700 Vosne-Romanée, Tel. 03.80.61.11.95, Fax 03.80.62.35.75 ✓ 🍷 n. V.

DENIS MUGNERET ET FILS 1995★

| ■ 1er cru | 0,16 ha | 600 | 🍷 100-150 F |

Wir haben den 95er *Villages* geliebt, noch mehr den Premier cru im selben Jahrgang. Dunkles und dennoch klares Rot. Ein Vosne, der an rote Früchte und schwarze Trüffeln erinnert. Er hält sich im Geschmack gut, wird aber nicht sehr lang altern (beste Qualität in zwei bis drei Jahren). Im Stil leicht, aber was für ein Charme !
🕯 Denis et Dominique Mugneret, 9, rue de la Fontaine, 21700 Vosne-Romanée, Tel. 03.80.61.00.97, Fax 03.80.61.24.54 ✓ 🍷 n. V.

DOM. MICHEL NOËLLAT ET FILS
Les Beaux Monts 1994★

| ■ 1er cru | k. A. | k. A. | 🍷 100-150 F |

Der 92er Suchots gehörte 1995 zu den Lieblingsweinen, dann erneut 1996 als 93er. Dieses Gut fürchtet nichts mehr. Hier ein reifer rubin- bis kirschroter Beaux Monts, der aromatisch ist (Himbeeren und schon Pilze) und einen guten Eindruck hinterläßt. Die Tannine, die Säure und der Alkohol vertragen sich gut. Recht sortentypisch (Pinot noir).
🕯 SCEA Dom. Michel Noëllat et Fils, 5, rue de la Fontaine, 21700 Vosne-Romanée, Tel. 03.80.61.36.87, Fax 03.80.61.18.10 ✓ 🍷 n. V.

DENIS PHILIBERT Les Suchots 1994

| ■ 1er cru | k. A. | k. A. | 🍷 100-150 F |

Die Jury hat nicht lang über seine Qualitäten diskutiert und ihn als ziemlich hell und klar und

BURGUND

Côte de Nuits — La Romanée

als holzbetont (getoastetes Brot) beurteilt. Feurige Ansprache. Mittlere Länge. Gut vinifiziert.
🕮 Maison Denis Philibert, 1, rue Ziem, 21200 Beaune, Tel. 03.80.24.05.88, Fax 03.80.22.37.08 ⚇ tägl. 9h-20h

REMI SEGUIN 1994**

| ■ | 0,34 ha | 2 050 | ⚇ | 70-100 F |

2 km vom Château du Clos Vougeot entfernt finden Sie Rémi Seguin, der dieses Gut seit 1989 führt. Das helle Rubinrot hat nichts von seinem jugendlichen Glanz verloren. Sein Vosne besitzt einen Duft, das steht fest : rote Johannisbeeren, Himbeeren, alles in diesem Stil. Runde, seidige Empfindung im Geschmack. Vollkommen repräsentativ für die Appellation.
🕮 Rémi Seguin, rue de Citeaux, 21640 Gilly-lès-Citeaux, Tel. 03.80.62.89.61, Fax 03.80.62.80.92 ⚇ ⚇ n. V.

DOM. ROBERT SIRUGUE 1995*

| ■ | 4,5 ha | 13 500 | ⚇ | 70-100 F |

Ein lagerfähiger Wein, der fruchtig ist und das notwendige Potential besitzt. Strahlendes, intensives Rot. Er braucht ein wenig Sauerstoff, um sich zu entfalten. Holzton, genug Säure und im Mund Noten von Heckenrosen und Weißdorn, die in keiner Weise unangenehm sind. Sein 95er Petits Monts (Premier cru) erhält dieselbe Note : Er muß noch ein paar Jahre im Keller verbringen, bevor er seine volle Entfaltung erreicht.
🕮 Robert Sirugue, 3, av. du Monument, 21700 Vosne-Romanée, Tel. 03.80.61.00.64, Fax 03.80.61.27.57 ⚇ ⚇ n. V.

DOM. THOMAS-MOILLARD
Malconsorts 1994

| ■ 1er cru | 3 ha | 15 000 | ⚇ | 100-150 F |

Angenehm anzusehen, angenehm zu riechen (sehr deutlich die kleine rote Früchte). Ein 94er, der im Geschmack bescheidener ist. Zweifellos muß er altern, und vielleicht kann man seine Hoffnung auf ihn setzen. Aber es gibt hier viele, die berufen sind, und wenige, die auserwählt sind. Unter den 66 verkosteten Vosne-Romanée-Weinen gehört er zum guten Durchschnitt.
🕮 Dom. Thomas-Moillard, chem. rural 29, 21700 Nuits-Saint-Georges, Tel. 03.80.62.42.22, Fax 03.80.61.28.13 ⚇ ⚇ n. V.

CHARLES VIENOT 1995*

| ■ | k. A. | k. A. | ⚇ | 70-100 F |

Ins Violette gehendes Kirschrot. Dieser 95er besitzt ein elegantes, schüchternes Bukett. Er zeigt seine gesamten Fähigkeiten in seinem harmonischen, verschmolzenen Körper, der einen Eindruck von Robustheit erweckt. Beachtliche Länge. Schon sehr nahe an der tadellosen Ausgewogenheit.
🕮 Charles Vienot, 5, quai Dumorey, B.P. 102, 21700 Nuits-Saint-Georges, Tel. 03.80.62.61.41, Fax 03.80.61.34.75

DOM. FABRICE VIGOT
La Colombière 1995**

| ■ | 0,7 ha | 2 500 | ⚇ | 100-150 F |

Auch wenn das pergamentähnliche Etikett traditionell bleibt, gehört der Wein doch zu denjenigen, die man gern öfter trinken würde. Er besitzt einen gleichbleibenden Charakter und kündigt sich gut an : sehr tiefes Purpurrot. Er erinnert an Veilchen, an blühende Erdbeersträucher, wie einer unserer Juroren poetisch notierte. Die Frucht und die Tannine sind zart verschmolzen zu einem milden, sanften Geschmack. Bezaubernd !
🕮 Dom. Fabrice Vigot, 16, rue de la Fontaine, 21700 Vosne-Romanée, Tel. 03.80.61.13.01, Fax 03.80.61.13.01 ⚇ ⚇ n. V.

DOM. MADAME ROLAND VIGOT
Les Petits Monts 1994**

| ■ 1er cru | 0,18 ha | 900 | ⚇ | 100-150 F |

Ein Entenmagret (rosa gebratene dünne Scheiben vom Brustfilet) mit schwarzen Johannisbeeren würde gut zu ihm passen, sagt man uns. Dunkles Purpurrot. Er erregt die Nase, so gut harmoniert sein Bukett (Veilchen und Brombeeren) mit einem vollen, freigebigen Geschmack. Konzentriert und füllig, vollständig. Er läßt eine in jeder Hinsicht glückliche Alterung voraussagen. Ein schöner Premier cru. Der 94er *Villages* verdient ebenfalls Ihre Aufmerksamkeit. Zweimal Wahl zum Lieblingswein (die Jahrgänge 1987 und 1989).
🕮 Madame Roland Vigot, 60, R.N. 74, 21700 Vosne-Romanée, Tel. 03.80.61.17.70 ⚇ ⚇ n. V.

Richebourg, Romanée, Romanée-Conti, Romanée-Saint-Vivant, Grande Rue, Tâche

Alle sind Spitzenlagen, eine angesehener als die andere, so daß es sehr schwerfallen würde, die beste davon anzugeben ... Sicherlich genießt der Romanée-Conti das größte Ansehen ; in der Geschichte findet man viele Zeugnisse für die »erlesene Qualität« dieses Weins. Die berühmte Reblage la Romanée war bei den Mächtigen des Ancien Régime sehr begehrt : So etwa schaffte es Madame Pompadour nicht, sich gegen den Fürsten Conti durchzusetzen, der den Weinberg 1760 erwerben konnte. Bis zum letzten Weltkrieg blieben die Reben in den Reblagen Romanée-Conti und la Tâche ungepfropft und wurden gegen Rebläuse mit Schwefelkohlenstoff behandelt. Aber dann mußte man die Rebstöcke ausreißen ; die erste Lese von den neuen Gewächsen fand 1952 statt. Der Romanée-Conti, der auf einer 1,8 ha großen Rebfläche in Alleinbesitz erzeugt wird, bleibt einer der berühmtesten und teuersten Weine der Welt.

La Romanée umfaßt eine Rebfläche von 0,83 ha, Richebourg 8 ha, Romanée-Saint-Vivant 9,5 ha und la Tâche etwas mehr als 6 ha. Wie bei allen Grands crus liegen die Produktionsmengen je nach Jahrgang bei 20 bis 30 hl pro Hektar. La Grande Rue, eine weitere Perle an diesem Collier, ist durch den Erlaß vom 2. Juli 1992 als Grand cru anerkannt worden.

Richebourg

DOM. ANNE ET FRANÇOIS GROS 1994*

| ■ Gd cru | 0,6 ha | 2 600 | ❚❚ | +200 F |

89 90 (91) 92 93 |94|

Der letzte Jahrgang, den der Vater und die Tochter gemeinsam herstellten, bevor François Gros in den wohlverdienten Ruhestand ging. Unser Lieblingswein 1995 war ein strahlender 91er. Der 94er tut sein Bestes und verdient es vollauf, hier vertreten zu sein. Seine Farbe bewahrt aufregende Nuancen. Sein Bukett ist sehr jugendlich. Im Geschmack umarmt er sie, faßt Sie bei den Schultern und preßt Sie ans Herz: warm, an Geröstetes erinnernd. Wehrtauglich, wie man früher sagte. »Serviertauglich!«
☙ Dom. Anne et François Gros, 11, rue des Communes, 21700 Vosne-Romanée, Tel. 03.80.61.07.95, Fax 03.80.61.23.21 ☑ ☧ n. V.

DOM. ANNE GROS 1995**

| ■ Gd cru | 0,6 ha | 1 900 | ❚❚ | +200 F |

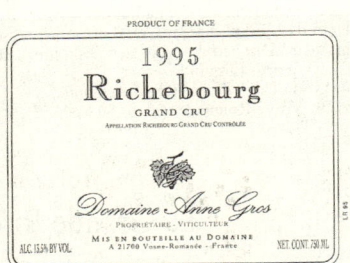

Der erste Jahrgang, den Anne allein herstellte. Und der erste Versuch wurde gleich zum Lieblingswein gewählt! Die Ouvertüre der Sinfonie beginnt mit intensiven Granatnoten. Erster Satz: Kirschwasser dominiert. Zweiter Satz: Die Tannine machen sich bemerkbar. Dritter Satz über einem Holzthema, das durch eine deutliche Frucht gut gedämpft wird. Langes Finale.
☙ Dom. Anne Gros, 11, rue des Communes, 21700 Vosne-Romanée, Tel. 03.80.61.07.95, Fax 03.80.61.23.21 ☑ ☧ n. V.

DOM. A.-F. GROS 1994

| ■ Gd cru | 0,2 ha | 900 | ❚❚ | +200 F |

Das Aroma von gekochten Backpflaumen ist dem ewigen Röst- oder Vanillegeruch vorzuziehen. Dieser Wein, der nach einer runden, milden Ansprache ein wenig länglich ist und sich dennoch ziemlich streng gibt, repräsentiert gut den früheren Stil.
☙ Dom. A.-F. Gros, La Garelle, 21630 Pommard, Tel. 03.80.22.61.85, Fax 03.80.24.03.16 ☑ ☧ n. V.
☙ Anne-Françoise Parent

ALAIN HUDELOT-NOELLAT 1995*

| ■ Gd cru | 0,26 ha | 1 200 | ❚❚ | +200 F |

Die Freude des Wartens und eine ziemlich sichere Hoffnung werden diesen Richebourg begleiten, der innerlich strahlt und mit den roten Früchten und den milden Gewürzen jugendlich wirkt. Er ist leicht samtig und bringt eine schöne Präsenz zum Ausdruck. Er verfügt über alle Qualitäten, die erforderlich sind, um zu Anfang des nächsten Jahrtausends seinen Höhepunkt zu erreichen. Ihn früher zu probieren wäre eine Geschmacksverirrung.
☙ Alain Hudelot-Noëllat, 21220 Chambolle-Musigny, Tel. 03.80.62.85.17, Fax 03.80.62.83.13 ☑ ☧ n. V.

DOM. DE LA ROMANEE-CONTI 1991***

| ■ | k. A. | k. A. | ❚❚ | +200 F |

Die Konzentration zum Höhepunkt getrieben. Es sind noch ein paar Flaschen davon auf dem Gut übriggeblieben, ebenso vom 92er, der weniger gehaltvoll als der 95er ist, sich aber gut entwickelt, geradlinig, an Rosenblätter erinnernd. Der Richebourg gehört immer zu den großen Weinen dieser Welt.
☙ SC du Dom. de La Romanée-Conti, 21700 Vosne-Romanée, Tel. 03.80.61.04.57

DENIS MUGNERET ET FILS 1995*

| ■ Gd cru | 0,52 ha | 1 200 | ❚❚ | +200 F |

(93) |94| 95

Der 93er wurde 1996 zum Lieblingswein gewählt. Der 95er erreicht nicht diesen Glanz, aber er muß sich seines Jahrgangs nicht schämen. Dunkles Rubinrot. Er teilt seinen Schwung zwischen den roten Früchten (rote Johannisbeeren) und dem gut gemeisterten Holzfaß auf. Viel Fülle und Vitalität. Er wird prächtig sein, wenn einmal der Tiergeruch die gegenwärtige seidige Wärme ablöst und das Wildaroma erweckt.
☙ Denis et Dominique Mugneret, 9, rue de la Fontaine, 21700 Vosne-Romanée, Tel. 03.80.61.00.97, Fax 03.80.61.24.54 ☑ ☧ n. V.
☙ Liger-Belair

Côte de Nuits

La Romanée

DOM. DU CHATEAU DE VOSNE-ROMANEE 1995★★★

| ■ Gd cru | 0,85 ha | k. A. | ⦿ +200 F |

|82| |83| |85| |88| |89| |90| |91| |92| |93| |94| |95|

Vielleicht das kleinste AOC-Weinbaugebiet Frankreichs, aber er ist der größte ! Das fünfte Mal Wahl zum Lieblingswein, nachdem bereits die Jahrgänge 1979, 1985, 1988 und 1990 ausgezeichnet worden sind. Wir sind nicht mehr weit von einem Ehrentitel entfernt. Das Urteil der Jury war erneut einstimmig. Sie war begeistert über die intensive dunkelrote Farbe und das Feuer. Würzig, fruchtig (fruchtig im Alkohol) - das Bukett ist prächtig. Die Konzentration eines großen Weins dieser Welt entlädt sich im Geschmack : samtig und komplex. Sein Besitzer, General Henry Liger-Belair, kann militärische Ehren anordnen.

↬ Bouchard Père et Fils, Au Château, B.P. 70, 21202 Beaune Cedex, Tel. 03.80.24.80.24, Fax 03.80.24.97.56 🍷 n. V.
↬ SCI Château de Vosne-Romanée

La Romanée-Conti

DOM. DE LA ROMANEE-CONTI 1995★★★

| ■ | k. A. | k. A. | ⦿ +200 F |

|84| |88| |89| |90| |91| |94| |95|

Ein Wunder aus Seide, Samt oder Zartheit. Eine nicht tanninreiche Stärke, die mehr noch aus dem Anbaugebiet als von der Rebsorte stammt. Sehr dicht und von extremer Feinheit. Er offenbart sich völlig frei. Herrlich, aber der 96er, der im Faß verkostet wurde, wird ihn noch übertreffen : Die Entfaltung des Fleisches mit Erhabenheit und Größe. Reservieren Sie sich etwas davon !

↬ SC du Dom. de La Romanée-Conti, 21700 Vosne-Romanée, Tel. 03.80.61.04.57

La Romanée

Romanée-Saint-Vivant

ALAIN HUDELOT-NOELLAT 1995★★

| ■ Gd cru | 0,46 ha | 2 000 | ⦿ +200 F |

Wir haben die Jahrgänge 1994 und 1995 vertikal verkostet. Ersterer besitzt eine kleine Struktur, bedingt durch den Jahrgang, und erhält eine lobende Erwähnung. Den Vorzug erhält natürlich der letztgenannte Jahrgang : runder, langer Geschmack, gut strukturiert, sehr warm, elegant, mit einem Aroma von kandierten Früchten. Der Geruchseindruck ist noch ein wenig holzbetont unter dem Duft von gekochten Erdbeeren. Die Farbe, ein ziemlich lebhaftes Granatrot, wies schon zu Beginn auf eine glänzende Zukunft hin.
↬ Alain Hudelot-Noëllat, 21220 Chambolle-Musigny, Tel. 03.80.62.85.17, Fax 03.80.62.83.13 ✓ 🍷 n. V.

DOM. DE LA ROMANEE-CONTI 1995★★★

| ■ | k. A. | k. A. | ⦿ +200 F |

Sie erinnert an den Jahrgang 1962, diese Saint-Vivant mit den schlanken, langen Schenkeln (Cyd Charisse für die Kenner), die in dunkle purpurrote Seide gehüllt sind. 25 hl/ha. Sie fühlt sich im Schatten wohl, mehr im Halbdunkel. Eine Explosion der Aromen, sehr glatte Tannine, eine bewundernswerte Qualität der Textur. Was kann das Gut in diesem Grand cru noch besser machen ! Die Perfektion in der Diskretion, mit einem Wort : Burgund.
↬ SC du Dom. de La Romanée-Conti, 21700 Vosne-Romanée, Tel. 03.80.61.04.57

La Grande Rue

DOM. FRANÇOIS LAMARCHE 1994

| ■ Gd cru | 1,65 ha | 6 700 | ⦿ +200 F |

|89| |90| |91| |92| |93| |94|

Die jüngste Appellation Grand cru von Burgund, am 2. Juli 1992 geschaffen. Intensives, strahlendes Dunkelrot. Empyreumatisch, aber auch von reifen Früchten getragen. Dieser sanfte, warme Wein holt zweifellos das Beste aus dem Jahrgang heraus. Seine Tannine sind frei von Aggressivität, ohne großen Biß, aber beachten Sie eines : Viele große Weingüter haben sich

Nuits-Saint-Georges

nicht auf die 94er eingelassen. Es ist eine Ehre, seine Geburt anzunehmen.
• Dom. François Lamarche, 9, rue des Communes, 21700 Vosne-Romanée, Tel. 03.80.61.07.94, Fax 03.80.61.24.31 ◪ ⊤ n. V.

Nuits-Saint-Georges

Nuits-Saint-Georges, ein kleiner Marktflecken, der 5 000 Einwohner zählt, erzeugt im Unterschied zu seinen Nachbarn im Norden keine Grands crus. Die Appellation reicht in die Gemeinde Prémeaux hinein, die südlich davon liegt. Auch hier sind die überaus zahlreichen Premiers crus zu Recht angesehen. In der südlichsten kommunalen Appellation der Côte de Nuits findet man einen anderen Typ von Weinen mit sehr ausgeprägten Einzellagenmerkmalen ; bei ihnen zeigt sich zumeist ein höherer Tanningehalt, der eine lange Lagerfähigkeit garantiert.

Les Saint-Georges, von denen es heißt, daß sie schon im Jahre 1000 Rebstöcke trugen, les Vaucrains mit robusten Weinen, les Cailles, eine Reblage, wo angeblich die gleichnamigen Wachteln gerne nisteten, les Champs-Perdrix und les Porets, nach den wilden Birnen benannt, die sich auch deutlich im Aroma der Weine bemerkbar machen, alle in der Gemeinde Nuits, sowie Clos de la Maréchale, Clos des Argillières, Clos des Porets, Clos des Forêts-Saint-Georges, Clos des Corvées und Clos de l'Arlot, alle auf dem Gebiet von Prémeaux, sind die bekanntesten dieser Premiers crus. Erzeugt werden rund 14 000 hl pro Jahr.

Nuits-Saint-Georges, die kleine »Weinhauptstadt« Burgunds, besitzt auch sein eigenes Hospiz mit Weinbergen und einer alljährlicher Versteigerung der Produktion, die am Sonntag vor Palmsonntag veranstaltet wird. Es ist Sitz von zahlreichen Weinhandelsfirmen und Likörherstellern, die den Cassis de Bourgogne (burgundischer Likör aus schwarzen Johannisbeeren) produzieren, sowie von Schaumweinproduzenten, die den Crémant de Bourgogne ins Leben riefen. Außerdem befindet sich hier der Verwaltungssitz der Confrérie des Chevaliers du Tastevin.

ANTOINE CHATELET 1995*

| ■ | k. A. | k. A. | 🍷 | 70-100 F |

Die Brüder Cottin (Larouré-Roi) sind ein richtiges Handelsregister. Wie viele verschiedene Namen auf ihren Etiketten erscheinen ! Sie sollten wissen, daß sie gemeinsam einen sehr guten 95er *Villages* unter der Marke »Claude Terrand« anbieten. Unter der obigen Marke hat einer der Brüder diesen Wein hergestellt, der eine einschmeichelnde Farbe, einen entfalteten, feinen Duft und eine sehr ordentliche Struktur besitzt. Potential.
• Antoine Chatelet, rue Lavoisier, 21700 Nuits-Saint-Georges, Tel. 03.80.62.64.00, Fax 03.80.62.64.10 ⊤ Mo-Fr 8h-12h 13h30-17h30
• Cottin

DOM. ROBERT ARNOUX
Les Corvées Pagets 1994**

| ■ 1er cru | 0,8 ha | 3 000 | 🍷 | 100-150 F |

Zwei 94er, die dicht beieinander liegen : Nach langem Zögern haben wir uns für den Corvées Pagets entschieden, ohne daß wir jedoch den ausgezeichneten Poisets (einen *Villages*) darüber vergessen wollen. Lebhafte Farbe, vornehmer, entfalteter Duft, Rasse und Eleganz eines Nuits auf dem Gebiet von Vosne (während er sich am anderen Ende des Anbaugebiets, ganz im Süden, befindet). Ein bemerkenswerter Premier cru.
• Dom. Robert Arnoux, R.N. 74, 21700 Vosne-Romanée, Tel. 03.80.61.09.85, Fax 03.80.61.36.02 ◪ ⊤ n. V.

DOM. LUCIEN BOILLOT ET FILS
Les Prûliers 1994*

| ■ 1er cru | 0,53 ha | 2 700 | 🍷 | 100-150 F |

Er hat viel Ausdauer. Er läuft über 10 000 m. Man darf ihn in seinem Schwung nicht aufhalten, indem man ihn zu früh trinkt. Sehr lebhaftes Kirschrot (Bigareau-Kirschen), gekochte Früchte und Gewürze, weiter, seidiger Geschmack, ausgewogen und recht beachtlich : ein vielversprechender Wein.
• Dom. Lucien Boillot et Fils, 1, rue Magnon-Pujo, 21220 Gevrey-Chambertin, Tel. 03.80.51.85.61, Fax 03.80.58.51.23 ◪ ⊤ n. V.

JACQUES CACHEUX ET FILS
Au bas de Combe 1995

| ■ | 0,55 ha | 2 300 | 🍷 | 70-100 F |

Es ist noch zu früh, um diesen 95er vor seinen Richtern erscheinen zu lassen. Dennoch erahnt man, daß sein Aussehen sehr schön sein wird. Sein Duft sieht die Zukunft in Rot (rote Johannisbeeren) wie auch in Schwarz (Knospen von schwarzen Johannisbeeren). Ein Körper im Pubertätsalter der Adstringenz und der Tannine, aber das macht jeder durch ...
• Jacques Cacheux et Fils, 58, R.N. 74, 21700 Vosne-Romanée, Tel. 03.80.61.24.79, Fax 03.80.61.01.84 ◪ ⊤ n. V.

Côte de Nuits Nuits-Saint-Georges

DOM. DE CHASSORNEY
Clos des Argillières 1995

■ 1er cru 0,72 ha 2 100 100-150 F

Die Erinnerung an General Gouachon ist recht lebendig. Die Argillières befinden sich natürlich auf dem Gebiet von Prémeaux. Die Farbe von schwarzen Kirschen. Duft nach sehr leicht kandierten Erdbeeren, begleitet von Zimt- und Lebkuchengerüchen. In der Ansprache Säure und deutlich spürbare Tannine. Das Faß läßt sich nicht verbergen.

↝ Frédéric Cossard, Denise Elmerich-Gouachon, Dom. de Chassorney, 21190 Saint-Romain, Tel. 03.80.21.65.55, Fax 03.80.21.40.73 ☑ ⏳ n. V.

DOM. JEAN CHAUVENET
Les Damodes 1995*

■ 1er cru 0,26 ha 1 500 100-150 F

Die »Große Armee« in Schlachtaufstellung am Morgen von Austerlitz. Unter seiner bläulich-rot schimmernden Paradeuniform mobilisiert dieser 95er ein Aroma von Lakritze, Gewürznelken und Vanille. Kräftiger, vollständiger Körper. Ein wenig männlich vielleicht, aber die Fülle rundet schon die Artillerie der Tannine ab. Das Potential ist vorhanden, und die Sonne wird aufgehen ...

↝ SCE Dom. Jean Chauvenet, 3, rue de Gilly, 21700 Nuits-Saint-Georges, Tel. 03.80.61.00.72, Fax 03.80.61.12.87 ☑ ⏳ n. V.

CHAUVENET-CHOPIN 1995*

■ 4 ha 6 000 70-100 F

Alle unsere Juroren haben ihn so benotet. Einheitliches und einvernehmliches Urteil für einen Villages von schöner Brillanz, der nach roten Früchten duftet, dabei aber frisch bleibt. Diskreter Holzton, wohlausgewogene Säure, warm, ohne zuviel Fülle, aber eloquent im Gespräch. Kurz gesagt : ein gut gemachter Wein.

↝ Chauvenet-Chopin, 97, rue Félix-Tisserand, 21700 Nuits-Saint-Georges, Tel. 03.80.61.28.11, Fax 03.80.61.20.02 ☑ ⏳ n. V.

DOM. ROBERT CHEVILLON
Les Vaucrains 1994**

■ 1er cru 1,62 ha k. A. 100-150 F

Man versteht, warum Jules Verne seine Romanhelden eine Flasche Nuits-Wein trinken ließ, als sie in die Nähe des Mondes gelangten ! Dieser hier ist funkelnd, granatrot, deutlich erkennbar bis zum Grund des Glases. Brombeersträucher und Himbeeren klammern sich an den Holzton. Fast milde Ansprache, köstlicher Geschmack, sinnliches Fleisch. Sie reisen in der VIP-Klasse.

↝ SCEV Robert Chevillon, 68, rue Félix-Tisserand, 21700 Nuits-Saint-Georges, Tel. 03.80.62.34.88, Fax 03.80.61.13.31 ☑ ⏳ n. V.

GEORGES CHICOTOT
Les Vaucrains 1994

■ 1er cru 0,3 ha 1 500 100-150 F

Die Farbe ist ein wenig grau, aber korrekt für einen 94er. Das Holz begleitet etwas übertrieben kandierte Noten. Dann ein aufdringlicher, weiniger Stil mit sich entladendem Aroma. Interes-sant, aber von ziemlich eigenwilligem Charakter. Man mag ihn, oder man mag nicht.

↝ Dom. Georges Chicotot, 12, rue Paul-Cabet, 21700 Nuits-Saint-Georges, Tel. 03.80.61.19.33, Fax 03.80.61.38.94 ☑ ⏳ n. V.

A. CHOPIN ET FILS Les Murgers 1995**

■ 1er cru 0,5 ha 1 500 70-100 F

Dieses Gut, das bereits 1991 mit dem 88er einen Lieblingswein hatte, klettert erneut auf die höchste Stufe des Siegerpodestes. Eine sehr burgundische Farbe mit violettem Ring bringt das Bukett gut zur Geltung : Tiergeruch mit Nuancen von roten Früchten und Kaffee. Ein eleganter, subtiler Wein.

↝ Dom. A. Chopin et Fils, R.N. 74, 21700 Comblanchien, Tel. 03.80.62.92.60, Fax 03.80.62.70.78 ☑ ⏳ n. V.

DOM. DU CLOS FRANTIN 1994*

■ 1 ha 5 300 100-150 F

Typisch für den Jahrgang, wohlausgewogen. Dieser Clos Frantin ist vielleicht nicht von großer Weite, aber er bezeugt einen guten Ausbau im Holzfaß. Der Geruchseindruck ist der eines echten Côte-de-Nuits-Weins : frische rote Früchte mit einem Hauch von Tiergeruch nach der Belüftung. Man sollte ihn nicht zu lang aufheben.

↝ Dom. du Clos Frantin, 6 bis, bd Jacques-Copeau, 21200 Beaune, Tel. 03.80.24.37.37, Fax 03.80.24.37.38

DOM. DU CLOS SAINT-MARC
Clos Saint-Marc 1994**

■ 0,93 ha k. A. 100-150 F

Erinnern Sie sich an das Porträt, das der italienische Schriftsteller Curzio Malaparte in seinem Roman Kaputt vom Wein von Nuits zeichnete. »Kein Wein begleitet so intim das Nahen des Abends ...« Dieser Wein scheint sich von der schönen Beschreibung inspirieren zu lassen : Das Animalische streitet sich mit der Frucht, und eine kräftige, lange, mit einem Wort katzenhafte Gestalt zeichnet sich ab. Wird einmal ideal zu Wild schmecken.

↝ Bouchard Père et Fils, Au Château, B.P. 70, 21202 Beaune Cedex, Tel. 03.80.24.80.24, Fax 03.80.24.97.56 ⏳ n. V.

Côte de Nuits — Nuits-Saint-Georges

DOM. CLAUDINE DESCHAMPS
les Damodes 1995★

| ■ 1er cru | 0,93 ha | k. A. | ◫ 100-150 F |

Ein Gut, das seinen Sitz in Prémeaux hat, seitdem Jean-Claude Boisset, der glückliche Ehemann von Claudine Deschamps, die Firma Charles Viénot gekauft hat. Dieser 95er zeigt für sein Alter schon eine gute Ausdruckskraft. Er hat eine schöne Granatfarbe mit pinottypischem Schimmer, während seine Nase die *Marseillaise* singt (schwarze Johannisbeeren, Tiergeruch). Sehr tanninreich für einen jungen Nuits.
↝ Claudine Deschamps, rue de l'Eglise, 21700 Prémeaux-Prissey, Tel. 03.80.62.61.61, Fax 03.80.61.34.75

DOUDET-NAUDIN Les Cailles 1995

| ■ 1er cru | k. A. | k. A. | ◫ 100-150 F |

Diese »Wachteln« sind noch nicht aufgeflogen. Offenkundig leicht. Guter, fruchtiger Duft, kandierte Kirschen. Die Farbe ist im selben Ton gehalten. Der Wein muß unbedingt altern, damit er seine Gaben zeigt.
↝ Doudet-Naudin, 3, rue Henri-Cyrot, 21420 Savigny-lès-Beaune, Tel. 03.80.21.51.74, Fax 03.80.21.50.69 ⌁ n. V.

DAVID DUBAND Aux Thorey 1995★

| ■ 1er cru | 0,41 ha | 1000 | ◫ 100-150 F |

Ein Wein, den sich die ehrbare Compagnie des Veilleurs de Nuits mit Genuß an einem jener

Côte de Nuits (südlicher Abschnitt)

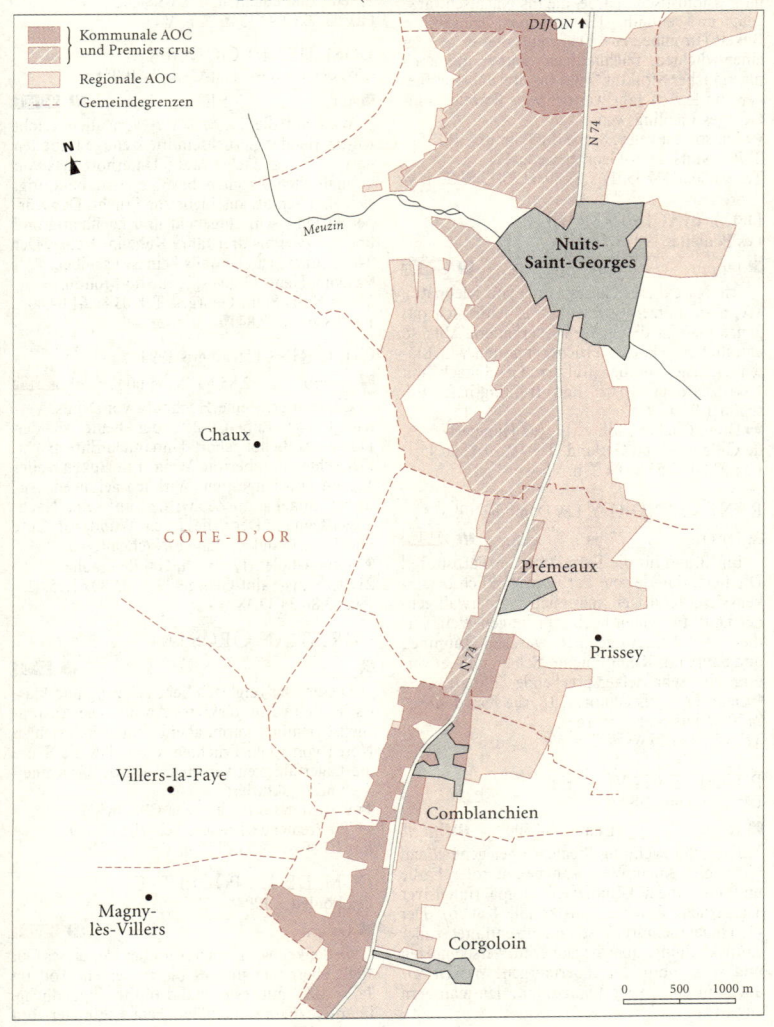

BURGUND

Côte de Nuits — Nuits-Saint-Georges

Abende hinter die Binde gießen könnte, aber nicht zu laut. Er ist so männlich wie jene Herren. Seine Farbe geht ins Violette. Duft nach Lakritze und Maroquin, oder sagen wir einfach Leder. Körper, Länge, alles ist da. Aber noch ein wenig eckig. Weisen wir auch auf einen ausgezeichneten 95er Procès hin.

☛ David Duband, Chevannes, 21220 Gevrey-Chambertin, Tel. 03.80.61.41.16, Fax 03.80.61.49.20 ✓ ⏰ tägl. 8h-19h

FAIVELEY Aux Chaignots 1994*

| ■ 1er cru | 0,72 ha | 4 400 | 🍷 150-200 F |

Wenn man Shakespeare glauben will, so ist Schweigen die eloquenteste Darstellung der Freude. Es ist nicht sicher, daß sich François Faiveley damit zufriedengeben würde. Nun, seien wir ein wenig präziser. Dieser 94er hat eine impressionistische Farbe, die ins Nachtschwarze geht, und entlädt sich in einem freigebigen Bukett (Brombeeren). Dann entfaltet er sich zu einem dichten, reichhaltigen Körper mit noch jugendlicher Struktur. Zwei bis drei Jahre aufheben. Im letzten Jahr war der 93er Porrets-Saint-Georges Lieblingswein.

☛ Maison Faiveley, 8, rue du Tribourg, B.P. 9, 21701 Nuits-Saint-Georges Cedex, Tel. 03.80.61.04.55, Fax 03.80.62.33.37 ✓ ⏰ n. V.

DOM. GACHOT-MONOT
Les Poulettes 1994*

| ■ 1er cru | k. A. | k. A. | 🍷 100-150 F |

Die Nase dieses Glases ist die von Kleopatra. Wenn sie kürzer gewesen wäre, hätte sich das ganze Gesicht dieses Weins verändert. Aber so entfaltet es gekochte Früchte inmitten von Blüten. Leichte Farbe, fülliger Geschmack mit Lakritzearoma, frisch und frühlingshaft. Ein schöner 94er.

☛ Dom. Gachot-Monot, 13, rue Humbert-de-Gillens, 21700 Gerland, Tel. 03.80.62.50.95, Fax 03.80.62.53.85 ✓ ⏰ n. V.

RENE GANDREY Les Damodes 1995**

| ■ 1er cru | 0,27 ha | k. A. | 🍷 100-150 F |

Ein Bravo für die Extraktion der Farbstoffe ! Die tiefe, dunkle rote Farbe ist wirklich bemerkenswert. Kräftiger, männlicher, überwältigender Duft. Für einen noch sehr jungen Wein verdient die Ausgewogenheit zwischen Tanninen und Säure nur Komplimente. Schamhaft - er verbirgt eine sehr vielversprechende Zukunft.

☛ Jean-François Gandrey, 18, rue Jean-Jaurès, 21700 Nuits-Saint-Georges, Tel. 03.80.61.27.63 ✓ ⏰ n. V.

PHILIPPE GAVIGNET
Les Chabœufs 1995*

| ■ 1er cru | 1 ha | 4 500 | 🍷 70-100 F |

Dieser in Richtung Prémeaux gelegene *climat* bietet hier einen Wein von betont roter Farbe und mit einem komplexen Aroma (intensiver Tiergeruch, Früchte in Alkohol, Kakao). Der Geschmackseindruck ist nur halb entfaltet, voller Zurückhaltung, aber bezaubernd, verschmolzen und sehr subtil. Für übermorgen. Weisen wir auch auf einen 95er *Villages* hin, den man gern empfiehlt.

☛ Dom. Philippe Gavignet, 36, rue du Dr-Louis-Legrand, 21700 Nuits-Saint-Georges, Tel. 03.80.61.09.41, Fax 03.80.61.03.56 ✓ ⏰ Mo-Fr 8h-12h 14h-18h ; Sa, So n. V.

DOM. ANNE-MARIE GILLE
Les Cailles 1994*

| ■ 1er cru | 0,42 ha | k. A. | 🍷 100-150 F |

Ein sehr ordentlicher 94er Bousselots und dieser Cailles aus demselben Jahrgang. Rubin- bis purpurrote Farbe mit leicht ziegelrotem Schimmer (normal). Der sehr seidige Duft macht Lust, zur Tat zu schreiten. Ein gelungener Wein mit einem Register, das guter Durchschnitt ist, in einem schwierigen Jahrgang. Die Zeichnung ist klar, die Ausführung angenehm. Nachgeschmack von Sauerkirschen.

☛ Dom. Anne-Marie Gille, 34, RN 74, 21700 Comblanchien, Tel. 03.80.62.94.13, Fax 03.80.62.94.13 ✓ ⏰ n. V.

DOM. HENRI GOUGES
Clos des Porrets-Saint-Georges 1994*

| ■ 1er cru | 3,5 ha | k. A. | 🍷 100-150 F |

Während die Farbe sofort von allen gelobt wurde, rief der Geruchseindruck einige Debatten hervor. Das zunächst rauhe Unterholz, das von animalischen Aromen bevölkert wird, besänftigt sich zum Schluß aus Liebe zur Frucht. Der Körper ist klassisch, gutgebaut und nachhaltig und braucht zwei bis drei Jahre Ruhe im Keller. Der 94er Pruliers ist ebenfalls keineswegs übel.

☛ Dom. Henri Gouges, 7, rue du Moulin, 21700 Nuits-Saint-Georges, Tel. 03.80.61.04.40, Fax 03.80.61.32.84 ✓

CH. GRIS Château gris 1994**

| ■ 1er cru | 2,85 ha | 15 000 | 🍷 150-200 F |

Château gris, eine Hochburg von Nuits. Verteidigt von Lupé-Cholet, der heute zu den Domaines Bichot gehört. Und ihnen Ehre macht. Der echte zinnoberrote Wein. Ein Bukett voller Jugend und Ungestüm. Wirklich gelungen. Aus dem Himmel kann Zéphyr de Lupé seine Nachfolger segnen ! Denn dies ist ein Wunder an Güte und Lagerfähigkeit. Lange Nachhaltigkeit.

☛ Lupé-Cholet, 17, av. du Gal-de-Gaulle, 21700 Nuits-Saint-Georges, Tel. 03.80.61.25.02, Fax 03.80.24.37.38

CHRISTIAN GROS 1994

| ■ | k. A. | k. A. | 🍷 50-70 F |

Dieser 94er zeigt sich liebenswürdig und klassisch : tiefes Rot, diskretes Aroma. Die Ansprache ist ziemlich warm, aber er entwickelt sich zu Noten von roten Früchten, ohne daß die Säure die Lagerfähigkeit verringern würde. Geschmeidig und strukturiert.

☛ Christian Gros, rue de la Chaume, 21700 Premeaux-Prissey, Tel. 03.80.61.29.74, Fax 03.80.61.39.77 ✓ ⏰ n. V.

DOM. DE LA POULETTE
Les Poulettes 1994*

| ■ 1er cru | 1 ha | 4 800 | 🍷 100-150 F |

Gedenken wir Lucien Audidier, der dieses Gut 1942 übernommen und es bis zu seinem Tod im Jahre 1992 mit fester Hand führte. Jugendlich, intensive Farbe mit bläulichem Schimmer. Ein

Côte de Nuits / Nuits-Saint-Georges

Geruch von Leder, animalisch, aber vorsichtig. Ein wenig warm im Geschmack. Er bewahrt schöne Überraschungen. Dieser Poulettes muß wachsen. Zur Historie : Der 79er des Guts war beim Chabœufs ein Lieblingswein.
- Dom. de La Poulette, 21700 Corgoloin, Tel. 03.80.62.98.02, Fax 03.45.25.43.23 ☑ ⏳ n. V.
- F. Michaut-Audidier

DOM. FERNAND LECHENEAUT ET FILS 1995**

| ■ | | 1,3 ha | 5 500 | ⏳ | 70-100 F |

Der Inbegriff eines lagerfähigen Weins : tiefes, sogar dunkles Rubinrot, der erste Geruchseindruck ein wenig gekocht, der zweite sehr verschlossen. Fülliger, runder Geschmack mit Tanninen, die dabei sind zu verschmelzen. Das ergibt einen harmonischen, vollständigen Wein von sehr beachtlicher Länge, der seinem Namen gerecht wird.
- Dom. Philippe et Vincent Lécheneaut, 14, rue des Seuillets, 21700 Nuits-Saint-Georges, Tel. 03.80.61.05.96, Fax 03.80.61.28.31 ☑ ⏳ n. V.

PROSPER MAUFOUX Les Boudots 1994

| ■ 1er cru | k. A. | k. A. | ⏳ | 100-150 F |

Klare, strahlende Farbe, für den Jahrgang intensiv. Nuancen von roten Johannisbeeren und Sauerkirschen unter dem Röstgeruch und eine gewisse Neigung zu den Auswirkungen des Alters. Der altmodische Weintyp, hier mehr geschmeidig als korpulent. Um ihn zu schätzen, muß man diesen Stil mögen.
- Prosper Maufoux, 1, pl. du Jet-d'Eau, 21590 Santenay, Tel. 03.80.20.60.40, Fax 03.80.20.63.26 ☑ ⏳ n. V.

P. MISSEREY Les Cailles 1994

| ■ 1er cru | k. A. | 3 000 | ⏳ | 150-200 F |

Ein 94er, der sein möglichstes tut. Bei der Weinprobe bleibt vor allem die Abfolge der Aromen in Erinnerung : fruchtig, dann animalisch. Recht gute Struktur, die aber nicht viel Tiefe besitzt, aber das Ganze ist einwandfrei. Man sollte immer im Gedächtnis behalten, daß nur ein Drittel der vorgestellten Weine berücksichtigt wird. Lieblingswein in der Ausgabe 1988.
- Maison P. Misserey, 3, rue des Seuillets, B.P. 10, 21701 Nuits-Saint-Georges Cedex, Tel. 03.80.61.07.74, Fax 03.80.61.31.40 ☑ ⏳ n. V.

DOM. PAUL MISSET Aux Murgers 1995

| ■ 1er cru | 0,4 ha | 2 000 | ⏳ | 100-150 F |

Diese Firma, die von Denis Chéron geleitet wird, hat ihre Lager- und Gärkeller 1994 nach dem Kauf mehrerer Parzellen nach Nuits-Saint-Georges verlegt. Hier ihr Murgers, der eine wilde Ansprache zeigt und etwas hart ist. Wer den Nuits-Saint-Georges kennt, weiß, daß er in seinem jugendlichen Alter stets immer so ist. Man wird ihm deshalb nicht vorwerfen, daß er so ist, wie es die Natur gewollt hat. Pflanzliches Bukett mit Noten von schwarzen Beeren. Hübsche Farbe.
- SC Dom. Paul Misset, 8, rue Félix-Tisserand, 21700 Nuits-Saint-Georges, Tel. 03.80.34.37.82 ☑ ⏳ n. V.
- Denis Chéron

BERTRAND DE MONCENY Grande Bruyère 1995**

| ■ | | k. A. | 18 000 | ⏳ | 70-100 F |

Wo befindet sich die Einzellage Grande Bruyère, in Nuits oder in Prémeaux ? Leider wissen wir es nicht. Ansonsten ist dies ein sehr guter Wein, der seit nun in drei bis vier Jahren servieren kann. Große Ausgewogenheit, Rundheit und Zartheit : ein Super-*Villages*. Schwarze Kirschen in der Farbe, Knospen von schwarzen Johannisbeeren im Duft, über einer schönen Aromenpalette.
- Compagnie des Vins d'Autrefois, 9, rue Celer, 21200 Beaune, Tel. 03.80.26.33.00, Fax 03.80.24.14.84 ⏳ n. V.
- J.-P. Nie

DOM. MICHEL NOELLAT ET FILS Les Boudots 1994*

| ■ 1er cru | k. A. | k. A. | ⏳ | 100-150 F |

Eine Farbe, die schwarz und klar zugleich ist, mit leichten Reflexen in der Entwicklung. Gute aromatische Präsenz mit Buchsbaumfrüchten. Er ist nicht sehr zugänglich und enthüllt nach und nach einen noch steifen Körper, aber mit einem Charakter, der nur milder werden muß. Kraft und Zukunft.
- SCEA Dom. Michel Noëllat et Fils, 5, rue de la Fontaine, 21700 Vosne-Romanée, Tel. 03.80.61.36.87, Fax 03.80.61.18.10 ☑ ⏳ n. V.

DENIS PHILIBERT 1995

| ■ | | k. A. | k. A. | ⏳ | 100-150 F |

Was wird aus diesem dunkelrubinroten Wein werden ? Der Duft erinnert ein wenig an Brombeeren. Die feinen Tannine bilden einen harmonischen Körper. Aber er ist ziemlich holzbetont. Auch wenn man bei ihm jetzt das Verdienst einer Treue zur Appellation anerkennt, muß man noch warten, bis das Faß ein wenig verstummt.
- Maison Denis Philibert, 1, rue Ziem, 21200 Beaune, Tel. 03.80.24.05.88, Fax 03.80.22.37.08 ⏳ tägl. 9h-20h

CH. DE PREMEAUX 1995*

| ■ | | 2 ha | 6 500 | ⏳ | 70-100 F |

»Wer mich liebt, der folge mir !« Eine Aufforderung, der man leicht Folge leistet. Haute-Couture-Kleid, frisches, fruchtiges Bukett, viel Körper und Tiefe in einem tanninreichen, konzentrierten Stil. Wer mich liebt, der muß - zugegebenermaßen - auf mich warten. Normal in Nuits. 1991 gehörte der 88er zu den Lieblingsweinen.
- Dom. du Ch. de Prémeaux, 21700 Prémeaux-Prissey, Tel. 03.80.62.30.64, Fax 03.80.62.39.28 ☑ ⏳ n. V.
- Pelletier

DOM. HENRI ET GILLES REMORIQUET Saint-Georges 1995**

| ■ 1er cru | k. A. | 1 500 | ⏳ | 100-150 F |

Vor fünf Jahren wurde der 90er Damodes zum Lieblingswein gewählt. Dieses Gut präsentiert hier einen tapferen Saint-Georges, der es mit fünf Drachen aufnehmen würde. Intensive Farbe : schwarze Kirschen. Er entfaltet ein Lakritzearoma, in das sich Pfingstrosen mischen. Anspra-

Côte de Nuits

che, Entwicklung und Finale sind perfekt : eines großen Gewächses würdig und voller Zukunft. Unbedingt altern lassen.
🕭 Dom. Henri et Gilles Remoriquet, 25, rue de Charmois, 21700 Nuits-Saint-Georges, Tel. 03.80.61.08.17, Fax 03.80.61.36.63 ▼ ☥ n. V.

ARMELLE ET BERNARD RION
Les Murgers 1995

| ■ 1er cru | 0,4 ha | 2 200 | ⅲ 100-150 F |

Dunkle Farbe von mittlerer Klarheit (vor kurzem auf Flaschen abgefüllt). Er pflegt ein Aroma von Heidelbeeren und schwarzen Johannisbeeren, das von einem angenehmen Räuchergeruch getragen wird. Die Tannine sind spürbar, aber ohne Aggressivität. Wenig Verlängerung.
🕭 Dom. Armelle et Bernard Rion, R.N.8, 21700 Vosne-Romanée, Tel. 03.80.61.05.31, Fax 03.80.61.34.60 ▼ ☥ Mo-Sa 8h-19h

ANTONIN RODET
Les Porêts Cave privée 1994

| ■ 1er cru | k. A. | k. A. | ⅲ 150-200 F |

Ein sehr hübscher Wein, den man zu leichter Küche empfiehlt. Kräftiges Granatrot. Der Duft stützt sich auf schwarze Früchte, Kerne und Gewürze. Erster Geschmackseindruck : ziemlich rund. Dann kommt die Tannine aus dem Schatten, und der Charakter enthüllt sich : ziemlich steif. Lassen Sie ihn ein wenig altern, damit diese Tannine verschmelzen.
🕭 Antonin Rodet, 71640 Mercurey, Tel. 03.85.98.12.12, Fax 03.85.45.25.49 ▼ ☥ Mo-Fr 9h-12h30 14h-18h

ROUX PERE ET FILS
Les Richemones 1994

| ■ 1er cru | k. A. | 1 800 | ⅲ 100-150 F |

Sehr intensiv. Viel Stärke. Etwas Animalisches. Kraft. Eher stattlich als ausgewogen. Er wird noch größer. Das sind die Einschätzungen, die man auf den Degustationszetteln liest. Dieser Wein ähnelt, wie man sieht, ein wenig dem Schauspieler Gérard Depardieu. Nun ja, er besitzt einen halben Hektar in dieser Einzellage.
🕭 Dom. Roux Père et Fils, 21190 Saint-Aubin, Tel. 03.80.21.32.92, Fax 03.80.21.35.00 ▼ ☥ n. V.

DOM. THOMAS-MOILLARD
Clos de Thorey 1994

| ■ 1er cru | 4,11 ha | 22 000 | ⅲ 100-150 F |

Ein Purpurrot von schöner Intensität. Dieser Wein entfaltet einen kräftigen Duft nach schwarzen Johannisbeeren. Ein strenger Körper, der sich auf eine starke Inneneinrichtung gründet und mit dem Alter milder werden dürfte. 1991 war der 86er ein Lieblingswein.
🕭 Dom. Thomas-Moillard, chem. rural 29, 21700 Nuits-Saint-Georges, Tel. 03.80.62.42.22, Fax 03.80.61.28.13 ▼ ☥ n. V.

JEAN-PIERRE TRUCHETET 1994

| ■ | 1,63 ha | 2 000 | ⅲ 70-100 F |

Leichte Farbe und ein paar bernsteinfarbene Reflexe. Das Bukett verbindet gekochte Früchte mit Blütennoten und Anisnuancen. Klarer Geschmack und guter Holzton : Das Faß kann sich glücklicherweise stillhalten.

Côte de Nuits-Villages

🕭 Jean-Pierre Truchetet, R.N. 74, 21700 Premeaux-Prissey, Tel. 03.80.61.07.22, Fax 03.80.61.34.35 ▼ ☥ Mo-Sa 9h-12h 14h-20h

VAUCHER PERE ET FILS
Les Damodes 1995★★

| ■ | k. A. | k. A. | ⅲ♩ 100-150 F |

Eine Wildschweinterrine wäre der richtige Widerpart zu diesem Wein von tiefem Rubinrot, der im Duft von Brombeeren beherrscht wird. Seine Tannine sind nämlich sehr ausgeprägt, und das Ganze ist kräftig gebaut. Viel Tiefe. Es handelt sich um eine ziemlich alte Marke, die heute von Labouré-Roi in Nuits verwendet wird.
🕭 Vaucher Père et Fils, rue Lavoisier, 21700 Nuits-Saint-Georges, Tel. 03.80.62.64.00, Fax 03.80.62.64.10 ☥ Mo-Fr 8h-12h 13h30-17h30
🕭 Cottin

Côte de Nuits-Villages

Hinter Premeaux wird das Weinbaugebiet schmäler, bis es in Corgoloin nur noch etwa 200 m breit ist ; dies ist die schmalste Stelle der Côte. Der »Berg« wird niedriger ; die Verwaltungsgrenze der Appellation Côte de Nuits-Villages, die früher als »feine Weine der Côte de Nuits« bezeichnet wurde, verläuft auf der Höhe des Clos des Langres, auf dem Gebiet von Corgoloin. Zwischen den beiden liegen zwei Gemeinden : Prissey, das mit Premeaux verbunden ist, und Comblanchien, berühmt für den Kalkstein, der in den Steinbrüchen gewonnen wird (und den man fälschlicherweise als Marmor bezeichnet). Beide haben einige Reblagen, die sich für eine kommunale Appellation eignen würden. Da aber die Anbauflächen der drei Gemeinden für eine eigene Appellation zu klein sind, hat man Brochon und Fixin einbezogen und die einzige Appellation Côte de Nuits-Villages geschaffen, die im letzten Jahr 8 171 hl erzeugt hat. Man findet hier ausgezeichnete Weine zu erschwinglichen Preisen.

JULES BELIN 1994

| ■ | k. A. | 5 000 | ⅲ 70-100 F |

Rubinrot mit leicht braunem Schimmer. Ein 94er, der nach Lakritze und Gewürzen duftet. Die Frucht wird von etwas Alkohol überdeckt. Die Ansprache ist schwungvoll, angenehm und überzeugend. Die Liebenswürdigkeit der Tannine erleichtert den Dialog. Ein interessanter Wein.

Côte de Nuits

⌂ Maison Jules Belin, 3, rue des Seuillets, B.P. 143, 21704 Nuits-Saint-Georges Cedex, Tel. 03.80.61.07.74, Fax 03.80.61.31.40 ◩ ◫ n. V.

VINCENT ET DENIS BERTHAUT
1995*

| ■ | 0,45 ha | 2 000 | ◫ | 50-70 F |

Diese AOC hatte Mühe, sich ihren Platz an der Sonne zu verschaffen. Aber eine Flasche wie diese hier zeigt, wie sehr das Bœuf bourguignon (in Rotwein geschmortes Rinderragout) einen schlichten, liebenswürdigen Wein erwartete. Kräftige rote Farbe, ins Fruchtige gehend, wohlausgewogen. Man muß warten, bis sich seine Tannine besänftigen.
⌂ Vincent et Denis Berthaut, 9, rue Noisot, 21220 Fixin, Tel. 03.80.52.45.48, Fax 03.80.51.31.05 ◩ n. V.

CHAUVENET-CHOPIN 1995

| ■ | 2 ha | 6 000 | ◫ | 30-50 F |

Brillanz, Klarheit, ein vielleicht ein wenig schwarzer Wein, der sich aber korrekt präsentiert. Verschlossene Geruchseindrücke. So spielt das Leben ... Im Geschmack wenig und kraftvoll. Er verfügt über alle Merkmale eines guten Côte de Nuits, aber man darf ihn dennoch nicht zu lang lagern.
⌂ Chauvenet-Chopin, 97, rue Félix-Tisserand, 21700 Nuits-Saint-Georges, Tel. 03.80.61.28.11, Fax 03.80.61.20.02 ◩ ◫ n. V.

A. CHOPIN ET FILS 1994*

| ■ | 4 ha | 4 000 | ◫ | 30-50 F |

Wie sagte Catull so schön : »Der Sieg liebt die Anstrengung.« Um diesen ausgezeichneten 94er zu erzeugen, mußte man wirklich Fachkönnen und Begeisterung aufwenden. Das Kleid ist ein wenig eng, aber was man sieht, ist nicht das, was man trinkt. Das Bukett ist ansprechend, und der Geschmack zeigt eine gute Ausgewogenheit. Ein Anflug von Stärke schadet der Harmonie nicht.
⌂ Dom. A. Chopin et Fils, R.N. 74, 21700 Comblanchien, Tel. 03.80.62.92.60, Fax 03.80.62.70.78 ◩ ◫ n. V.

A. CHOPIN ET FILS
Cuvée vieilles vignes 1995

| ■ | 2 ha | 3 000 | ◫ | 50-70 F |

Leichte Farbe, aber die Flaschenabfüllung lag zu kurz zurück, um ihn beurteilen zu können. Das Bukett wird von schwarzen Johannisbeeren dominiert, von einer vollreifen Frucht voller Saft. Die Säure ist zwar kräftig, und die Tannine sind spürbar, aber das ist normal in diesem Alter. Dieser Wein wird in einem guten Jahr trinkreif sein.
⌂ Dom. A. Chopin et Fils, R.N. 74, 21700 Comblanchien, Tel. 03.80.62.92.60, Fax 03.80.62.70.78 ◩ ◫ n. V.

BERNARD COILLOT PERE ET FILS
1995

| ■ | k. A. | k. A. | | 50-70 F |

Die Nase bewahrt ihre Geheimnisse, erweckt aber Hoffnungen über einem Aroma von Kernen und Kirschen. Schöne Farbe voller Glanz. Ein solider, seriöser Wein, dessen tanninbetonter Charakter dabei ist sich aufzulösen. Gelungen. Man kann ihn von jetzt bis zum Ende des Jahrhunderts trinken.
⌂ GAEC Bernard Coillot Père et Fils, 31, rue du Château, 21160 Marsannay-la-Côte, Tel. 03.80.52.17.59, Fax 03.80.52.12.75 ◩ ◫ Mo-Fr 8h-12h 14h-18h ; Sa, So n. V.

Côte de Nuits-Villages

DESERTAUX-FERRAND
Les Perrières 1994

| ■ | 2,6 ha | 13 000 | ◫ | 50-70 F |

Diese Appellation darf einen Lagennamen (hier Perrières) tragen, wenn der Wein wirklich getrennt vinifiziert worden ist. In Corgoloin erzeugt, klares, strahlendes Rot, recht duftig und fruchtig, leicht und von zufriedenstellender Haltung im Geschmack.
⌂ Dom. Désertaux-Ferrand, Grande-Rue, 21700 Corgoloin, Tel. 03.80.62.98.40, Fax 03.80.62.70.32 ◩ ◫ n. V.

DOM. JEANINE FORNEROL 1995*

| ■ | 3 ha | 1000 | ▯ | 30-50 F |

Aber nein, die Braut ist nicht zu schön ! In ihrem rubin- bis granatroten Kleid ist sie schick, fein und elegant. Ihr Mund ist recht rund, ihr Duft blumig und fruchtig zugleich. Die sanften Tannine sind vornehm. Streifen Sie ihr im kommenden Jahr den Ring über den Finger - Sie werden es nicht bereuen.
⌂ Jeanine Fornerol, Grande-Rue, 21700 Corgoloin, Tel. 03.80.62.98.50 ◩ ◫ n. V.

DOM. GACHOT-MONOT 1994*

| ■ | 3,5 ha | 7 200 | ◫ | 30-50 F |

Ein Wein, der sich bemerkbar macht, zuerst im Geschmack. Trotz einer gewissen Wärme ist er verschmolzen, rund und fruchtig. Er macht Lust, daß man ihn ansieht (schöne, kräftige, tiefe Farbe) und an ihm riecht (schwarze Früchte, Lakritze, Tiergeruch) und - um alles zu verraten - ihn zu schmecken. Ist das nicht die Hauptsache ?
⌂ Dom. Gachot-Monot, 13, rue Humbert-de-Gillens, 21700 Gerland, Tel. 03.80.62.50.95, Fax 03.80.62.53.85 ◩ ◫ n. V.

DOM. GACHOT-MONOT
Les Monts de Boncourt 1995*

| □ | 0,21 ha | 1 400 | ◫ | 50-70 F |

Auf den Anhöhen von Corgoloin erzeugt, ein Chardonnay, der ein Beispiel für das Auftauchen von Weißweinen in der Appellation ist. Blaßgolden, der Duft frisch und vanilleartig. Er bietet ein gutes Säureniveau, ohne zu lebhaft zu sein. Klar und fruchtig.
⌂ Dom. Gachot-Monot, 13, rue Humbert-de-Gillens, 21700 Gerland, Tel. 03.80.62.50.95, Fax 03.80.62.53.85 ◩ ◫ n. V.

DOM. PHILIPPE GAVIGNET 1995

| ■ | 0,5 ha | 3 000 | ◫ | 50-70 F |

Fünfzehn Monate Faßreifung, das läßt sich nicht verheimlichen, so verschlossen ist der Geruchseindruck, beherrscht vom Holz, das neu zu sein scheint. Aber der Stoff ist ausgewogen. Die Farbe dürfte nicht lügen : Sie ist tief, rubinrot mit bläulichrotem Schimmer, und verrät die

Côte de Nuits

Jugend dieses Weins, der schöne Überraschungen aufheben dürfte.
🍇 Dom. Philippe Gavignet, 36, rue du Dr-Louis-Legrand, 21700 Nuits-Saint-Georges, Tel. 03.80.61.09.41, Fax 03.80.61.03.56 ☑
🍷 Mo-Fr 8h-12h 14h-18h ; Sa, So n. V.

GEISWEILER 1995*

| ■ | k. A. | k. A. | 50-70F |

Geisweiler, das zu einer Marke des Hauses Picard geworden ist, bleibt ein großer Name, der mit zwei Jahrhunderten Nuits und einer außergewöhnlichen Renaissance in jüngerer Vergangenheit verbunden ist. Dieser Wein erinnert unter einer leichten Farbe an Knospen von schwarzen Johannisbeeren. Die Tannine sind wohlproportioniert und hinterlassen einen schönen pinottypischen Eindruck.
🍇 Geisweiler, 4, rte de Dijon, 21700 Nuits-Saint-Georges, Tel. 03.80.62.35.00
🍇 Michel Picard

JOURDAN-GUILLEMIER 1995**

| ■ | 2,2 ha | 5 000 | ◖ | 30-50F |

Dunkelrote Farbe. Er teilt seine olfaktorischen Liebenswürdigkeiten zwischen der Frucht und dem Holzton auf. Mit seinen deutlich spürbaren, verschmolzenen Tanninen hat er viel Stärke und Fülle : eine echte Lebenswut ! Man kann ihn vertrauensvoll in seinem Keller aufheben. Wir befinden uns hier mitten auf dem »Hang der Steine«, gegenüber den Steinbrüchen von Comblanchien. Ein Wein so fest und dicht wie Marmor.
🍇 Jean Jourdan-Guillemier, Grande-Rue, 21700 Corgoloin, Tel. 03.80.62.98.55 ☑ 🍷 n. V.

MICHEL MALLARD ET FILS 1994*

| ■ | 1,2 ha | 5 700 | ◖ | 50-70F |

Er dürfte sich gut entwickeln, denn er besitzt einen Körper. Eher einen Panzer, verschlossen, kräftig gebaut. Das ist besser, als schmächtig zu sein. Er kann seine Frucht zur Reife bringen. Im Grunde ist das ganz im Stil der Appellation in ihrem südlichen Teil. Unter einer dunklen Farbe verbindet der Geruchseindruck Frucht, Alkohol und Faß.
🍇 EARL Michel Mallard et Fils, rte de Dijon, 21550 Ladoix-Serrigny, Tel. 03.80.26.40.64, Fax 03.80.26.47.49 ☑ 🍷 n. V.

MOILLARD 1994*

| ■ | k. A. | 20 000 | ◖ | 50-70F |

Einen so dunklen Wein kann man sich kaum vorstellen ! Nuancen von Backpflaumen, Unterholz und Leder. Der kraftvolle Geschmack klingt ziemlich warm aus. Ein Côte de Nuits, der schon sein Alter verrät. Man sollte ihn trinken, ohne zu lang zu zögern.
🍇 Moillard, 2, rue François-Mignotte, 21700 Nuits-Saint-Georges, Tel. 03.80.62.42.22, Fax 03.80.61.28.13 ☑ 🍷 n. V.

MORIN 1995

| ■ | k. A. | 12 000 | ◖ | 50-70F |

Sicherlich rot, aber von bläulichroten Reflexen erhellt. Ein aromatischer 95er von gutem typischem Charakter. Er stützt sich auf einen schönen Stoff und besitzt Einprägsamkeit und

Côte de Nuits-Villages

Tiefe. Seine Tannine müssen sich noch abmildern. Ein bis zwei Jahre beiseite legen. Morin ist eine alte Firma, die vor kurzem von J.-Cl. Boisset übernommen worden ist.
🍇 Morin Père et Fils, 9, quai Fleury, 21700 Nuits-Saint-Georges, Tel. 03.80.62.61.42, Fax 03.80.62.37.38 ☑ 🍷 n. V.

NAIGEON-CHAUVEAU 1994*

| ■ | k. A. | k. A. | ◖ | 50-70F |

Ein 94er von mittlerer, aber klarer Farbe. Er stützt sich auf seine Tannine, die ihm Muskeln und Kraft verleihen. Aroma von roten Früchten. Der Gesamteindruck ist schlicht, leicht und angenehm. Er muß einige Zeit altern.
🍇 Naigeon-Chauveau, B.P. 7, rue de la Croix-des-Champs, 21220 Gevrey-Chambertin, Tel. 03.80.34.30.30, Fax 03.80.51.88.99 ☑ 🍷 n. V.

DOM. HENRI NAUDIN-FERRAND
Vieilles vignes 1994*

| ■ | 1,54 ha | 9 350 | ◖ | 50-70F |

Man hat behauptet, daß diese Appellation der echte Sonntagswein war, zum Suppenhuhn. Kräftiges Rot. Feiner, holzbetonter Geruchseindruck. Dieser hier wird eine solche Aufgabe perfekt erfüllen. Sehr gute Präsenz im Geschmack : sanft, aromatisch, ausgewogen. Ein gut ausgebauter Wein, dem die Zukunft offensteht.
🍇 Dom. Henri Naudin-Ferrand, 21700 Magny-lès-Villers, Tel. 03.80.62.91.50, Fax 03.80.62.91.77 ☑ 🍷 Mo-Sa 8h-12h 13h30-19h ; So n. V.

PASCAL 1994

| ■ | k. A. | 7 000 | ◖ | 30-50F |

Etwas lakritzeartiges Bukett, mit sehr reifen roten Früchten verbunden. Die Farbe hingegen ist wenig ausgeprägt. Dann kommt ein angenehmer, runder Geschmack ohne große Verlängerung, der aber die Hoffnung zuläßt, daß eine kurze Lagerung positiv sein wird.
🍇 Pascal, Clos des Noirets, 21220 Gevrey-Chambertin, Tel. 03.80.34.37.82, Fax 03.80.51.88.05 ☑ 🍷 n. V.

BERNARD PROTOT 1994

| ■ | 2,3 ha | 3 500 | ◖ | 30-50F |

Man wird zufriedengestellt durch diesen Côte de Nuits, der perfekt gekleidet ist und ein belebendes, rauchiges Bukett mit einer Kirschnote und einem Holzton besitzt. Danach ist er füllig und ausgewogen, auf die schwarze Frucht gestützt.
🍇 Bernard Protot, 21700 Premeaux-Prissey, Tel. 03.80.62.35.13 ☑

Côte de Beaune

Ladoix

Drei Weiler, nämlich Serrigny, in der Nähe der Eisenbahnlinie, Ladoix, an der RN 74, und Buisson, am Ende der Côte de Nuits, bilden die Gemeinde Ladoix-Serrigny. Die kommunale Appellation heißt Ladoix. Der Weiler Buisson befindet sich genau dort, wo Côte de Nuits und Côte de Beaune geographisch zusammentreffen. Die Verwaltungsgrenze verläuft bis zur Gemeinde Corgoloin, doch der Hügel reicht ein wenig weiter, die Rebflächen und der Wein ebenfalls. Auf der anderen Seite des Tals von Magny, das diese Trennung veranschaulicht, beginnt der Corton-Berg, der große Hänge mit Mergeleinschüssen besitzt und mit seinen Ost-, Süd- und Westlagen eines der schönsten Anbaugebiete der Côte ist.

Diese unterschiedlichen Lagen verleihen der Appellation Ladoix eine Vielfalt an Weintypen; hinzu kommt die Produktion von Weißweinen, die sich für die Mergelböden aus der Argovie-Stufe besser eignen. Das gilt beispielsweise für die Reblage les Gréchons, die sich auf denselben geologischen Stufen wie der weiter südlich liegende Grand cru Corton-Charlemagne befindet, aber eine weniger günstige Lage besitzt. Die Weine aus dieser Reblage sind sehr typisch. Die Appellation Ladoix, die 1996 4 054 hl Rotwein und 796 hl Weißwein erzeugt hat, ist nicht sehr bekannt, was schade ist!

Eine weitere Besonderheit: Obwohl die Weinbaukommission von Beaune im Jahre 1860 die Gemeinde günstig einstufte, besaß Ladoix keine Premiers Crus. Dieses Versäumnis wurde 1978 vom INAO bereinigt: Die Reblagen la Corvée und le Clou d'Orge, deren Weine denselben Charakter wie die von der Côte de Nuits haben, les Mourottes (Basses und Hautes Mourottes), deren Stil etwas wild ist, und le Bois-Roussot, dessen Boden »Lavagestein« enthält, sind die wichtigsten dieser Premiers crus.

Ladoix

PIERRE ANDRE Clos des Chagnots 1995

■ 2,5 ha 10 000 ◖ 100-150F

1992 Wahl zum Lieblingswein für die 89er Version dieses Weins, dessen 95er eine leichte, vergängliche Farbe besitzt. Sein Bukett, das an Faß und ein wenig Frucht erinnert, und sein lebhafter, fester Geschmack fügen sich dem Urteil der Geschichte, das zwangsläufig mit der Zeit kommen wird.

🍇 Pierre André, Ch. de Corton-André, 21420 Aloxe-Corton, Tel. 03.80.26.44.25, Fax 03.80.26.43.57 ⚲ tägl. 10h-18h

DOM. CACHAT-OCQUIDANT ET FILS 1995★★

■ k. A. 5 500 ◖ 50-70F

Die Perle. Die rote Perle mit einem kräftigen, tiefen Glanz. Ein schönes, konzentriertes Bukett, das an Früchte und Fleisch erinnert. Ziemlich fest, animalisch, mit sehr spürbaren Tanninen. Er betritt die Szene wie Depardieu in seinen Filmen, mit breiten Schultern, aber auch mit Sensibilität und echter menschlicher Wärme. Sehr gute Lagerfähigkeit.

🍇 Dom. Cachat-Ocquidant et Fils, pl. du Souvenir, 21550 Ladoix-Serrigny, Tel. 03.80.26.45.30, Fax 03.80.26.48.16 ✉ ⚲ n. V.

CHANSON PERE ET FILS 1994

■ k. A. 12 000 ◖ 50-70F

Ziemlich füllig für einen 94er, der an schwarze Johannisbeeren und Brombeeren erinnert. Er kündigt sich gut an. In Wirklichkeit ein Potential, das sich im Keller bestätigen muß. Dunkelrot mit einem rubinroten Ring. Dieser Ladoix entfaltet in der Nase ein eher konzentriertes als subtiles Aroma, aber immer in einem Kontext schwarzer Beerenfrüchte.

🍇 Chanson Père et Fils, 10, rue du Collège, B.P. 232, 21200 Beaune, Tel. 03.80.22.33.00, Fax 03.80.24.17.42 ⚲ n. V.

CHEVALIER PERE ET FILS 1994

■ 2,8 ha 14 000 ◖ 50-70F

Der gut gemeisterte Holzton dient manchmal zu etwas: Er gleicht auf angenehme Weise eine mittlere Struktur aus, die ihn aber verkraftet. Das kann man hier feststellen, deshalb eine gute Harmonie. Helle Farbe mit Nuancen einer leichten Entwicklung (ziegelrot) und ein Bukett von reifen, fast gekochten Früchten und Vanillenoten.

🍇 SCE Chevalier Père et Fils, Buisson, B.P. 19, 21550 Ladoix-Serrigny, Tel. 03.80.26.46.30, Fax 03.80.26.41.47 ✉ ⚲ n. V.

ANNE DELAROCHE
Côte de Beaune 1995

□ 0,5 ha k. A. ◖ 50-70F

Ein guter Wein, das ist sicher. In der Entwicklungsphase und somit in Form von Auslassungspunkten ... Wenig Säure, aber Alkohol und Reichhaltigkeit. Sehr helle Farbe und Aroma von weißen Blüten. Er wird Sie beleben. Aber behalten Sie ihn im Auge behalten, wie es so schön heißt.

🍇 Anne Delaroche, B.P. 3, 21190 Meursault, Tel. 03.80.21.22.45, Fax 03.80.21.28.05 ⚲ n. V.

Côte de Beaune — Ladoix

JOSEPH DROUHIN 1995**

| ■ | k. A. | k. A. | ⅲ | 50-70 F |

Violette Reflexe auf einer schillernden granatroten Farbe. Feiner Himbeerduft, Rundheit, Sanftheit und vor allem eine faszinierende Struktur, die diesen Wein in der Siegerliste ziemlich hoch plaziert. Denn sie sind dieses Jahr heikel, unsere Juroren, und sie vergeben ihre Sterne sparsam. Bravo !
⛨ Joseph Drouhin, 7, rue d'Enfer,
21200 Beaune, Tel. 03.80.24.68.88,
Fax 03.80.22.43.14 ⟟ n. V.

GABRIEL FOURNIER Les Clous 1994*

| □ | 0,46 ha | 2 000 | ⅲ | 50-70 F |

Wir müssen Ihnen alles verraten : Die Jury hat sich in zwei Lager gespalten. Das kommt in den besten Familien vor. Zwei Verkoster haben ihn fast in den Himmel gehoben, zwei haben ihn knapp durchkommen lassen. Alle mit guten Gründen. Er hat einen leichten Holzton. »Gerade so, wie es sein muß«, notierte einer der Juroren, der ihn glänzend und für die AOC sehr repräsentativ fand. Nun ja, so bleibt Ihnen die Rolle des Berufungsrichters überlassen, denn es handelt sich um eine Frage der Schule. Auf jeden Fall werden Sie nicht enttäuscht sein.
⛨ Gabriel Fournier, 6, rue de l'Eglise,
21200 Bligny-lès-Beaune, Tel. 03.80.21.46.50,
Fax 03.80.26.85.88 ⟟ n. V.

FRANÇOIS GAY 1994*

| ■ | 0,48 ha | 2 200 | ⅲ | 50-70 F |

Das Bukett interpelliert auf glückliche Weise : Tiefe, Frucht, Gewürze und Holz. Im Geschmack eine spürbare, aber gerechtfertigte Säure und Tannine ohne jegliche Aggressivität. Man muß ihn etwas erneut probieren und kann ihn unbesorgt lagern.
⛨ François Gay, 9, rue des Fiètres,
21200 Chorey-lès-Beaune, Tel. 03.80.22.69.58,
Fax 03.80.24.71.42 ⟟ n. V.

CHRISTIAN GROS Les Gréchons 1994*

| □ | 1,3 ha | k. A. | ■ | 50-70 F |

Vollkommen repräsentativ für den Namen, den er glanzvoll trägt - ein Wein, den man schon jetzt servieren kann. Er ist nämlich trinkreif. Man entdeckt dann den Charme einer sehr blassen, jugendlichen goldenen Farbe, ein Haselnußbukett mit »grünen« Nuancen und einen einschmeichelnden Geschmack, der am Ende des Aromas in Richtung getrocknete Früchte geht. Nachhaltigkeit.
⛨ Christian Gros, rue de la Chaume,
21700 Premeaux-Prissey, Tel. 03.80.61.29.74,
Fax 03.80.61.39.77 ⟟ n. V.

DOM. MICHEL MALLARD ET FILS
Les Joyeuses 1994

| ■ 1er cru | 0,36 ha | 2 200 | ⅲ | 70-100 F |

Ein Wein, der »die Fröhlichen« heißt, muß sich von selbst verkaufen. Und das ist kein erfundener Name. Diese Reblage existiert wirklich. Die Farbe ist zufriedenstellend, das Bukett entfaltet, aber nicht hemmungslos, der Geschmack ein wenig lakritzeartig bei der zweiten Analyse, warm und freundlich, mit schon abgerundeten Ecken.
⛨ EARL Michel Mallard et Fils, rte de Dijon,
21550 Ladoix-Serrigny, Tel. 03.80.26.40.64,
Fax 03.80.26.47.49 ⟟ n. V.

DOM. MICHEL MALLARD ET FILS
Les Gréchons 1995*

| □ | 0,77 ha | 5 300 | ⅲ | 70-100 F |

Der 89er gehörte 1992 zu den Lieblingsweinen. Ein Gréchons, der wie die Sonne am Mittagshimmel strahlt. Ein sehr gewählter, ausgeprägter Duft : Toastgeruch, Veilchen, getrocknete Früchte. Der Körper bleibt zurückhaltend. Man muß unbedingt ein Erwachen abwarten, das begeisternd sein dürfte, denn alle Juroren waren sich darin einig, ihm eine gute Zukunft vorherzusagen.
⛨ EARL Michel Mallard et Fils, rte de Dijon,
21550 Ladoix-Serrigny, Tel. 03.80.26.40.64,
Fax 03.80.26.47.49 ⟟ n. V.

MAURICE MARATRAY 1995**

| □ | 1,01 ha | 4 000 | ■ ⅲ | 50-70 F |

Ein talentierter Erzeuger, der einen prächtigen weißen Ladoix anmeldet. Goldgrüne Farbe. Ein wenig Blüten, etwas Holz und vor allem sehr reife Chardonnay-Trauben bestimmen den Geruchseindruck. Sehr deutliche, fleischige, üppige Ansprache, die zu zauberhaften, konzentrierten und wirkungsvollen Horizonten zwischen getrockneten Früchten und Haselnüssen führt.
⛨ Maurice Maratray, 5, pl. du Souvenir,
21550 Ladoix-Serrigny, Tel. 03.80.26.41.09,
Fax 03.80.26.49.07 ⟟ n. V.

CLAUDE MARECHAL 1992

| ■ | 0,63 ha | 3 000 | ⅲ | 50-70 F |

Schöne burgundische Version eines hellroten Ladoix, dessen Duft sich zu einem Röstgeruch entfaltet und sich mit der Zeit bestimmt verstärken wird. Ohne seine gegenwärtigen Grenzen zu verheimlichen, wird er als angenehm und interessant beurteilt.
⛨ EARL Claude Maréchal, 6, rte de Chalon-sur-Saône, 21200 Bligny-lès-Beaune,
Tel. 03.80.21.44.37, Fax 03.80.26.85.01 ⟟ n. V.

BERNARD MARECHAL-CAILLOT
Côte de Beaune 1994

| ■ | 1,81 ha | 2 912 | ■ ⅲ | 50-70 F |

Elegant und von guter Komposition unter einem Purpurrot, das leicht ins Violette spielt. Schon im Geruchseindruck weinig, erteilt er der Frucht das Wort. Klare, frische Ansprache. Der geschmackliche Ausklang unreifer. Zwischen den beiden echter Genuß. Zwei bis drei Jahre altern lassen - der Abgang wird sich abrunden.
⛨ Bernard Maréchal-Caillot, 10, rte de Chalon-sur-Saône, 21200 Bligny-lès-Beaune,
Tel. 03.80.21.44.55, Fax 03.80.26.88.21 ⟟ n. V.

MOILLARD-GRIVOT
Côte de Beaune 1995*

| ■ | k. A. | 20 000 | ⅲ | 50-70 F |

Die Appellation Côte de Beaune wird hier für einen Ladoix in Anspruch genommen, was nicht so häufig vorkommt. Lange Reise mit einer

Côte de Beaune — Ladoix

Farbe, die an Bigarreau-Kirschen erinnert und jugendliche Reflexe zeigt, und danach mit einem pfeffrigen Röstgeruch. Großaufnahme auf einen animalischen Geschmack, der an Unterholz erinnert. Rückblende im Abgang: erneut Pfeffer über einem Kirschwasseraroma. Paßt zu Reh.

🔖 Moillard-Grivot, 2, rue François-Mignotte, 21700 Nuits-Saint-Georges, Tel. 03.80.62.42.00, Fax 03.80.61.28.13 ☑ 🍷 n. V.

DOM. ANDRE ET JEAN-RENE NUDANT La Corvée 1994★★

| ■ 1er cru | 0,83 ha | 4 500 | 🍷 | 70–100 F |

Ihn zu trinken ist keine »Bürde« (corvée), glauben Sie uns! Ein echter Premier cru am richtigen Ort, den man in seinem Keller, wenn nicht in seinem Herzen bewahren sollte. Sehr gut für diesen heiklen Jahrgang. Intensive, tiefe Farbe - das Auge erfreut sich daran. Das Aroma (Gewürze, Zimt, Räucher- und Röstgeruch) erwacht nach und nach. Stoff und Körper, Präsenz.

🔖 Dom. Nudant, 11, rte Nationale 74, 21550 Ladoix-Serrigny, Tel. 03.80.26.40.48, Fax 03.80.26.47.13 ☑ 🍷 n. V.

CAVES DES PAULANDS
Les Champs Pussuet 1995★

| ■ | k. A. | k. A. | 🍷 | 50–70 F |

Diese Weinhandelsfirma, die junge Weine selbst ausbaut und sich am Fuße des Corton-Berges befindet, feiert in diesem Jahr ihr hundertjähriges Bestehen. Zu diesem Geburtstag hier ein Wein, der seinen Namen zu Recht trägt. »Ladoix« kommt von *douix* (oder *doua*), was »Wiederzutagetreten« bedeutet, nämlich der Quelle der Vaucluse. Ein langer unterirdischer Parcours, und er schießt wie die Jugend selbst nach oben. Hier das schöne Beispiel eines Weins von sehr kräftiger Farbe und mit entfaltetem, reichhaltigem Duft, ausdrucksvoll im Geschmack, mit interessanter Komplexität, der sich aber in ein paar Jahren enthüllen wird.

🔖 Caves des Paulands, Aloxe-Corton, 21550 Ladoix-Serrigny, Tel. 03.80.26.41.05, Fax 03.80.26.47.56 ☑ 🍷 n. V.

Côte de Beaune (nördlicher Abschnitt)

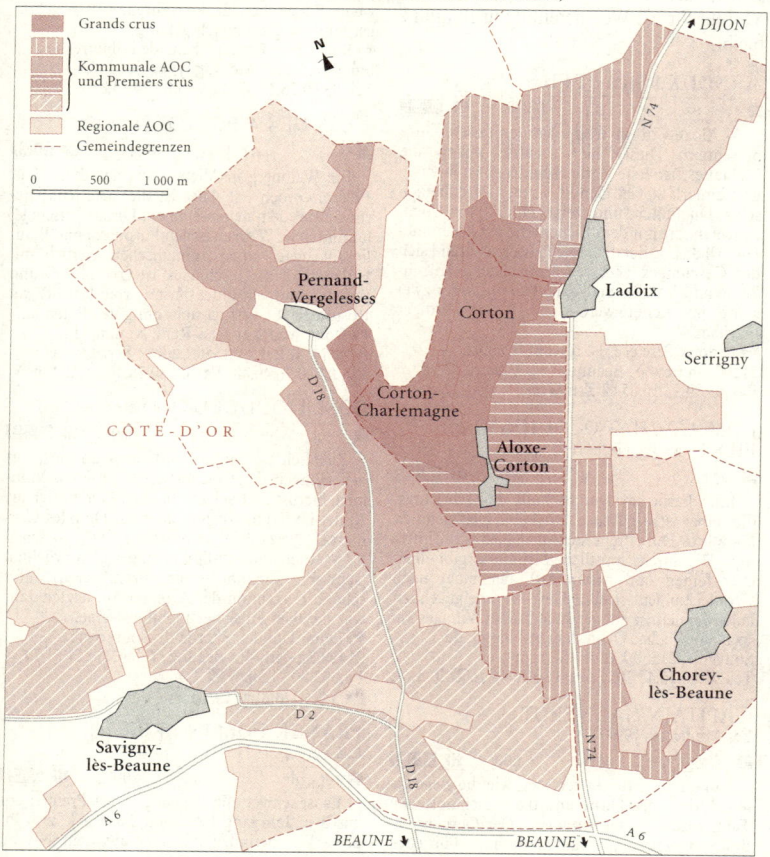

Aloxe-Corton

Wenn man die als Corton und Corton-Charlemagne eingestuften Rebfläche abzieht, nimmt die Appellation Aloxe-Corton eine geringe Fläche in der kleinsten Gemeinde der Côte de Beaune ein. 1996 erzeugte sie etwa 6 000 hl. Die Premiers crus hier sind berühmt ; les Maréchaudes, les Valozières und les Lolières (Grandes und Petites Lolières) sind die bekanntesten davon.

Die Gemeinde besitzt einen lebhaften Weinhandel ; mehrere Châteaux, deren wunderschöne Dächer mit glasierten Ziegeln gedeckt sind, verdienen einen bewundernden Blick. Die Familie Latour besitzt hier ein großartiges Weingut ; dort muß man den Gärkeller aus dem letzten Jahrhundert besichtigen, der weiterhin ein Vorbild für die Weinbereitung in Burgund bleibt.

ARNOUX PERE ET FILS 1995

| ■ | 1,15 ha | 6 000 | ◗ | 70-100 F |

44 Aloxe-Corton-Weine wurden unserer Jury präsentiert. Dieser hier schaffte knapp die Meßlatte. Der erste Geruchseindruck ist intensiv und hinterläßt viel Genuß. Er bestätigt danach seine Qualitäten und zeigt Noten von roten Früchten, die mit dem Eichenholz gut harmonieren. All das ist ziemlich reichhaltig, während sich der Geschmack eher fein entwickelt : Kirschkerne und Vanille. Spürbare Tannine, aber zwei Jahre im Keller werden sie liebenswürdiger machen.

↬ Arnoux Père et Fils, rue des Brenôts, 21200 Chorey-lès-Beaune, Tel. 03.80.22.57.98, Fax 03.80.22.16.85 ✓ ✗ n. V.

DOM. CACHAT-OCQUIDANT ET FILS La Maréchaude 1995

| ■ 1er cru | k. A. | 800 | ◗ | 100-150 F |

Eine Farbe im Durchschnitt des Jahrgangs, die dabei ist, sich zu entwickeln. Der ziemlich komplexe Duft dreht sich um einen Konfitüretopf. Die durchschnittliche Struktur ergibt einen eher feinen und zarten Stil, der nicht nach Großleistungen strebt. Die Jury zeigt Interesse außerdem einen gut gemachten 95er *Villages* an.

↬ Dom. Cachat-Ocquidant et Fils, pl. du Souvenir, 21550 Ladoix-Serrigny, Tel. 03.80.26.45.30, Fax 03.80.26.48.16 ✓ ✗ n. V.

CAPITAIN-GAGNEROT Les Moutottes 1994

| ■ 1er cru | 1,04 ha | 6 000 | ◗ | 100-150 F |

Ein schon entwickelter 94er, wie die ziegelroten Reflexe der Farbe und die verschmolzenen Tannine des Weins bezeugen. Der Geruchseindruck bleibt empyreumatisch mit hübschen Noten von roten Früchten, die man im Geschmack wiederfindet. Diese Flasche wird noch zwei bis drei Jahre leben.

↬ Capitain-Gagnerot, 38, rte de Dijon, 21550 Ladoix-Serrigny, Tel. 03.80.26.41.36, Fax 03.80.26.46.29 ✓ ✗ n. V.
↬ Dom. François Capitain et Fils

CHAMPY PERE ET CIE Les Vercots 1994

| ■ 1er cru | k. A. | k. A. | ◗ | 100-150 F |

Die Entwicklung ist mit dem Auge und in der Nase wahrnehmbar : Die Farbe verändert sich ein wenig im Ton, das Bukett ist typisch für die Wechseljahre (Quittengelee, Zimt über animalischen Noten). Der Geschmack hat eine zufriedenstellende Struktur und ist recht ordentlich. Ein Wein, den man innerhalb der nächsten beiden Jahre trinken muß.

↬ Maison Champy Père et Cie, 5, rue du Grenier-à-sel, 21202 Beaune Cedex, Tel. 03.80.24.97.30, Fax 03.80.24.97.40 ✓ ✗ n. V.

MAURICE CHENU 1994★

| ■ | k. A. | 5 000 | ◗ | 50-70 F |

Viel Stil in seiner schönen dunkelroten Farbe. Der diskrete Geruchseindruck läßt edle zukünftige Düfte erkennen. Der 94er hat sicherlich wenig Fülle, aber für den Jahrgang ist er gelungen und im Geschmack gefällig.

↬ Bourgogne Chenu, chem. de la Pierre-qui-Vire, 21200 Montagny-lès-Beaune, Tel. 03.80.26.37.37, Fax 03.80.24.14.81

CLOS-DE-LA-BOULOTTE 1995★

| ■ | k. A. | 6 600 | ◗ | 70-100 F |

Ein Weinberg in Alleinbesitz, den dieses Gut 1995 erworben hat. Dies ist die erste Vinifizierung unter dem neuen Namen. Dieser fleischige, tanninreiche Wein zwischen Purpurrot und Bläulichrot bietet einen animalischen Geruch mit Holznoten. Im Geschmack ist er kraftvoll und fleischig und verbindet pürierte rote Früchte mit Röstnoten. Er verfügt über ein gutes Potential.

↬ Dom. André et Jean-René Nudant, 11, R.N. 74, B.P. 15, 21550 Ladoix-Serrigny, Tel. 03.80.26.40.48, Fax 03.80.26.47.13 ✓ ✗ n. V.

DOM. DOUDET Les Boutières 1995★

| ■ | 0,5 ha | 2 000 | ◗ | 100-150 F |

Ziemlich wuchtig - er ist nicht umsonst auf den Hängen des Corton-Berges geboren. Volumen, Gerüst und Stärke erlauben es ihm, sich als Athlet im Trikot zu präsentieren. Dunkles Granatrot. Dieser 95er teilt seinen Duft zwischen Röstgeruch und in Alkohol eingelegten Früchten (schwarze Johannisbeeren, Brombeeren) auf : schöne Extraktion der Aromen. Im letzten Jahr war der 94er einer der Lieblingsweine.

↬ Dom. Doudet, 50, rue de Bourgogne, 21420 Savigny-lès-Beaune, Tel. 03.80.21.51.74, Fax 03.80.21.50.69 ✓ ✗ n. V.
↬ Yves Doudet

FRANCK FOLLIN-ARBELET Les Vercots 1994

| ■ 1er cru | 1 ha | 2 000 | ◗ | 70-100 F |

Es ist schwer, die Tugenden eines Premier cru aus dem Jahrgang 1994 zum Ausdruck zu bringen ! Wir befinden uns hier auf dem Niveau

Côte de Beaune — Aloxe-Corton

eines guten *Villages*, so sehr ist die Harmonie zwischen den Tanninen, der Säure und dem Fett (Alkohol, Glyzerin) verwirklicht. Der Geruchseindruck ist vor allem empyreumatisch, schließt aber die roten Früchte nicht aus.
☛ Franck Follin-Arbelet, Les Vercots, 21420 Aloxe-Corton, Tel. 03.80.26.46.73, Fax 03.80.26.46.73 ◨ ♊ n. V.

MICHEL GAY 1994*

| ■ | 0,78 ha | 4 500 | ◫ | 70-100 F |

Die sehr tanninreiche Ausstattung dürfte die Karriere dieses 94ers mit der zufriedenstellend intensiven, strahlend purpurroten Farbe und dem durchschnittlichen Geruchseindruck begünstigen. Ein Hauch von Adstringenz behindert noch bei der Verkostung dieses ansonsten ausgewogenen Weins. Nicht sofort trinken, aber auch nicht zu lang warten.
☛ Michel Gay, 1b, rue des Brenôts, 21200 Chorey-lès-Beaune, Tel. 03.80.22.22.73, Fax 03.80.22.95.78 ◨ ♊ n. V.

CHRISTIAN GROS
Les Petites Lolières 1994*

| ■ 1er cru | 0,16 ha | k. A. | ◫ | 70-100 F |

Er besitzt einen guten Charakter. Mit dem Alter könnte er sich sogar noch abmildern. Während das Kleid intensiv rot ist, mit malvenfarbenem Schimmer, erinnert sein Bukett an Knospen schwarzer Johannisbeeren. Im Geschmack ist er eher fest und robust als fein. Der ebenfalls verkostete 95er kündigt sich sehr gut an. Vielleicht eine gute Wahl, zumal der 90er les Lolières 1993 zu den Lieblingsweinen gehörte.
☛ Christian Gros, rue de la Chaume, 21700 Premeaux-Prissey, Tel. 03.80.61.29.74, Fax 03.80.61.39.77 ◨ ♊ n. V.

DOM. ANTONIN GUYON
Les Fournières 1994

| ■ 1er cru | 2,4 ha | 8 400 | ◫ | 100-150 F |

Das Aroma übt sein Folgerecht bis zum Nachgeschmack auf : Himbeeren in Alkohol, rote Johannisbeeren, Kerne. Die Farbe ist korrekt, die Tannine sind umgänglich. Dieser besitzt eine nicht zu leugnende bezaubernde Seite. Erinnern Sie sich : Der 90er derselben Reblage wurde 1994 zum Lieblingswein gewählt.
☛ Antonin Guyon, 21420 Savigny-lès-Beaune, Tel. 03.80.67.13.24, Fax 03.80.66.85.87 ◨ ♊ n. V.

DOM. LALEURE-PIOT 1995*

| ■ | 0,24 ha | 1000 | ◫ | 50-70 F |

Tiefes Rubinrot mit violetten Nuancen. Leicht animalisch. Ein ausgewogener Wein mit spürbaren, nützlichen, aber noch ein wenig strengen Tanninen. Dennoch eine leutselige Persönlichkeit.
☛ Dom. Laleure-Piot, 21420 Pernand-Vergelesses, Tel. 03.80.21.52.37, Fax 03.80.21.59.48 ◨ ♊ Mo-Fr 8h-12h 14h-19h ; Sa, So n. V.
☛ Frédéric Laleure

DANIEL LARGEOT 1995

| ■ | 0,4 ha | k. A. | ◫ | 70-100 F |

Zinnoberrot mit leicht kupferfarbenem Schimmer. Duft von kleinen roten Früchten, zu denen eine Ledernote hinzukommt. Ein liebenswerter Wein, der die Verbindung einiger Gegensätze schafft : Jugend und Reife. Originell.
☛ Daniel Largeot, 5, rue des Brenôts, 21200 Chorey-lès-Beaune, Tel. 03.80.22.15.10, Fax 03.80.22.60.62 ◨ ♊ n. V.

MAISON LOUIS LATOUR
Vin du Bicentenaire*

| ■ | | k. A. | 30 000 | ◫ | 150-200 F |

1797-1997 : der Wein zum zweihundertjährigen Bestehen des Hauses Louis Latour. Eine Cuvée ohne Jahrgangsangabe gemäß den burgundischen Bräuchen in einem solchen Fall : Sie kommt aus den Lagen les Perrières, les Bressandes etc. und vereinigt die Jahrgänge 1994 und 1995. Das Ergebnis : ein schönes, schon bernsteinfarbenes Kleid mit einem Bukett von gekochten Früchten. Er hält sich gut im Geschmack und ist leicht zu trinken (was man schon jetzt tun kann).
☛ Maison Louis Latour, 18, rue des Tonneliers, 21204 Beaune Cedex, Tel. 03.80.24.81.00, Fax 03.80.24.81.18 ♊ n. V.

DOM. MICHEL MALLARD ET FILS 1994

| ■ | 1,2 ha | 7 300 | ◫ | 70-100 F |

Ein interessanter Wein, in dem die Tannine, die Säure und das Fett (Alkohol, Glyzerin) unter dem Taktstock eines guten Dirigenten spielen. Das helle Rubinrot weist einige ziegelrote Reflexe. Aroma : Holzton, Früchte, dann schwarze Kirschen. Mittlere Nachhaltigkeit. Beachten Sie auch einen sehr gelungenen 94er *Villages*. Der 91er des Guts war 1995 Lieblingswein.
☛ EARL Michel Mallard et Fils, rte de Dijon, 21550 Ladoix-Serrigny, Tel. 03.80.26.40.64, Fax 03.80.26.47.49 ◨ ♊ n. V.

CAVES DES PAULANDS 1995*

| ■ | k. A. | k. A. | ◫ | 70-100 F |

In der Ausgabe 1996 gehörte der 93er zu den Lieblingsweinen. Und was ist mit dem 95er ? Er hat eine gute Lagerfähigkeit, trinkt sich aber bereits sehr gut. Die Farbe ist dunkel, das Bukett intensiv und reichhaltig (reife rote Früchte). Nach einer klaren Ansprache eine schöne Steigerung in der Intensität des Aromas. Er gründet sich auf feste, aber milde Tannine und wird von mittlerer Lagerfähigkeit sein.
☛ Caves des Paulands, Aloxe-Corton, 21550 Ladoix-Serrigny, Tel. 03.80.26.41.05, Fax 03.80.26.47.56 ◨ ♊ n. V.

CH. PHILIPPE LE HARDI
Les Brunettes et Planchots 1994**

| ■ | 2,14 ha | 13 500 | ◫ | 70-100 F |

Wie bei der Parade ! Pflaumen, Kirschen, Himbeeren - die Aromen überbieten sich gegenseitig vor Eleganz und Lebhaftigkeit. Und was für ein Glanz, wie bei einem Kirchenfenster, durch das die Sonne scheint. Der gut zusammengestellte Geschmack ist köstlich. Er zeugt von einer ausgezeichneten Vereinigung zwischen dem Eichenholz und dem Wein : Die feinen Tannine sind spürbar, aber schon verschmolzen und verleihen eine exzellente Haltung rund um schwarze

Johannisbeeren, Kirschen und Gewürze. Natürlich ein Lieblingswein.

⌂ SCE du Ch. Philippe-le-Hardi,
21590 Santenay, Tel. 03.80.20.61.87,
Fax 03.80.20.63.66 ✉ ☏ n. V.

DOM. POULLEAU PERE ET FILS 1995

| ■ | 0,26 ha | 1 500 | ⓘ | 70-100 F |

Zinnoberrote Farbe. Kirschwasser und sogar Tiergeruch im Duft. Er bietet eine sehr zufriedenstellende Ausgewogenheit in einer Umgebung von schwarzen Johannisbeeren und Lakritze. Seine Tannine sind von guter Zusammensetzung. Ein solider, effizienter Bau.
⌂ SCE Dom. Poulleau Père et Fils, rue du Pied-de-la-Vallée, 21190 Volnay, Tel. 03.80.21.62.61, Fax 03.80.24.11.25 ✉ ☏ n. V.

DOM. VINCENT Les Valozières 1995

| ■ 1er cru | k. A. | k. A. | ⓘ | 100-150 F |

J.-B. Béjot ist der Abfüller dieses Weins, der von einem Handelshaus in Meursault stammt. Dieser bezaubernde 95er, der von einem duftigen Vanille- und Fruchtaroma umschmeichelt wird, ist bereits ein klein wenig entwickelt und brennt darauf, Ihr Glas mit seiner Anwesenheit zu beehren. *Vita brevis* für einen Premier cru, aber er hat die Prüfung mit der Durchschnittsnote bestanden.
⌂ Dom. Vincent, B.P. 3, 21190 Meursault, Tel. 03.80.21.22.45, Fax 03.80.21.28.05 ☏ n. V.

Pernand-Vergelesses

Das an der Vereinigung von zwei Tälern ganz nach Süden gelegene Dorf Pernand ist wahrscheinlich der am stärksten vom Weinbau geprägte Ort der Côte. Schmale Straßen, tiefe Weinkeller, Weinberge an den Hängen, großherzige Menschen und subtile Weine haben ihm einen soliden Ruf eingebracht, zu dem alte burgundische Familien in hohem Maße beigetragen haben. 1996 wurden hier rund 3 730 hl Rotwein erzeugt; der angesehenste Premier cru davon ist zu Recht der sehr feine Ile des Vergelesses. Man erzeugt hier auch ausgezeichnete Weißweine (rund 1 500 hl).

BOUDIER PERE ET FILS
Les Fichots 1994

| ■ 1er cru | 1,23 ha | k. A. | ⓘ ⛁ | 50-70 F |

Ein klarer Pernand-Vergelesses mit dem ziemlich herrischen Aroma von kandierenden Kirschen. Holzbetont, aber dabei von der Frucht getragen. Er besitzt Tannine, die noch abgehobelt werden müssen. Ein bis zwei Jahre altern lassen.
⌂ Pascal Boudier, rue de Pralot,
21420 Pernand-Vergelesses, Tel. 03.80.21.56.43, Fax 03.80.21.56.43 ✉ ☏ n. V.

DOM. CACHAT-OCQUIDANT ET FILS 1995*

| ■ | k. A. | 1 100 | ⓘ | 50-70 F |

Man kennt den Aphorismus von Estienne : »Wenn die Jugend wüßte, wenn das Alter könnte.« Wenden wir ihn auf diesen Pernand-Vergelesses an, wobei wir uns weniger pessimistisch zeigen. Ein jugendlicher 95er, der die Fäuste ballt, aber dabei ist, in schönerem Licht zu erscheinen, was das Aussehen und den Duft angeht. Die roten Früchte sind darin schon sehr deutlich. Echte Feinheit in einem Jahr.
⌂ Dom. Cachat-Ocquidant et Fils, pl. du Souvenir, 21550 Ladoix-Serrigny, Tel. 03.80.26.45.30, Fax 03.80.26.48.16 ✉ ☏ n. V.

DOM. CACHAT-OCQUIDANT ET FILS 1995*

| ☐ | k. A. | k. A. | ⓘ | 50-70 F |

Dieser 95er dürfte sich gut entwickeln, zu mineralischen Noten hin. Klar und strahlend, durch ein weiniges und sogar alkoholisches und leicht geröstetes Aroma geprägt. Glänzende Ansprache. Voller Geschmack, gute Länge mit Fülle und einer zufriedenstellenden Säureunterstützung. Ein typischer Pernand-Vergelesses.
⌂ Dom. Cachat-Ocquidant et Fils, pl. du Souvenir, 21550 Ladoix-Serrigny, Tel. 03.80.26.45.30, Fax 03.80.26.48.16 ✉ ☏ n. V.

DOM. CHANDON DE BRIAILLES
Ile des Vergelesses 1994*

| ■ 1er cru | 3 ha | k. A. | ⓘ | 70-100 F |

Ein bezauberndes altes Gebäude, der allerschönste Garten und dieser genußvolle Wein, ein sehr junger Marquis, der Zerstreuung auf dem Ball sucht, gekleidet in ein Purpurrot, das in Richtung burgundische Ziegel geht, mit hübschem Duft (Kirschen in Alkohol, Pflaumenkompott) und exquisitem Geschmack. Die Tiefe ist nicht sehr groß, aber sein Ziel besteht nur darin zu gefallen.
⌂ Dom. Chandon de Briailles, 1, rue Sœur-Goby, 21420 Savigny-lès-Beaune, Tel. 03.80.21.52.31, Fax 03.80.21.59.75 ✉ ☏ n. V.
⌂ Famille de Nicolay

CHANSON PERE ET FILS
Les Caradeux 1995*

| ☐ 1er cru | 1,84 ha | 12 000 | ⓘ | 70-100 F |

Ein sehr umgänglicher Wein von intensiver, heller Farbe, die für den Jahrgang 1995 sehr

Côte de Beaune — Pernand-Vergelesses

typisch ist, mit einem sehr schönen, fruchtigen Bukett. Der Körper ist rund und lang, elgant und reichhaltig, nicht zu großzügig. Dieser Pernand-Vergelesses ist schon hervorragend, aber man kann dieses Vergnügen ebensogut auf später verschieben.

🔖 Chanson Père et Fils, 10, rue du Collège, B.P. 232, 21200 Beaune, Tel. 03.80.22.33.00, Fax 03.80.24.17.42 ⚑ n. V.

DOM. CORNU 1994**

| ■ | 0,38 ha | k. A. | 🍷 | 50-70 F |

»Ein Bulldozer der Appellation.« Diese Bezeichnung ist ein wenig grob, aber man kann sie auf einem Degustationszettel lesen. Weinig, vollständig, kraftvoll, geschmeidig und tanninreich zugleich - dieser 94er tut alles, um in den Weinführer zu kommen. Bei genauerer Überlegung hat er nicht unrecht. Sein zurückhaltender Geruchseindruck von Unterholz und Wildbret sowie sein tiefes Kirschrot haben schon vom ersten Augenblick an verführt.

🔖 Dom. Cornu, 21700 Magny-lès-Villers, Tel. 03.80.62.92.05, Fax 03.80.62.72.22 ⚑ n. V.

DOM. DOUDET Les Fichots 1995**

| ■ 1er cru | 0,6 ha | 2 500 | 🍷 | 70-100 F |

Diese Reblage könnte sich ihre Basses-Vergelesses nennen, so weit schiebt sie sich in jene andere Lage hinein. Dieser 95er stammt von Trauben, die mit äußerster Sorgfalt gelesen und vinifiziert worden sind. Er besitzt eine sehr dunkle Farbe und bringt Trüffel und Unterholz sowie das neue Faß zum Ausdruck. Sein fruchtiges Fleisch, sein hübscher, genußvoller Charakter und seine große, würzige Nachhaltigkeit regen die Jury an.

🔖 Dom. Doudet, 50, rue de Bourgogne, 21420 Savigny-lès-Beaune, Tel. 03.80.21.51.74, Fax 03.80.21.50.69 ⚑ n. V.

DOM. P. DUBREUIL-FONTAINE PERE ET FILS Côte de Beaune 1994*

| ■ | 3,5 ha | 7 000 | 🍷 | 50-70 F |

Pernand hat das Recht, die Appellation Côte de Beaune für sich in Anspruch zu nehmen, aber das geschieht nicht mehr sehr häufig. Hier ist dies der Fall bei einem granatroten 94er, dessen Bukett an Fell, Unterholz und Trüffel erinnert. Von angenehmer Feminität. Die Ansprache ist zart, aber der Geschmack bietet eine beachtliche Weinigkeit. 1998 trinkreif.

🔖 Dom. P. Dubreuil-Fontaine Père et Fils, 21420 Pernand-Vergelesses, Tel. 03.80.21.55.43, Fax 03.80.21.51.69 ⚑ n. V.

DOM. P. DUBREUIL-FONTAINE PERE ET FILS Clos Berthet 1995**

| □ | 1 ha | 4 500 | 🍷 | 70-100 F |

Dieser 95er funkelt. Dann entfaltet er sich mit Noten von getrockneten Früchten und Honig. Sehr strukturiert und fast tanninreich, frisch und ein wenig lebhaft, aber dennoch ausgewogen. Ein großartiger, zukunftsreicher Pernand-Vergelesses. Notre-Dame de Bonne Espérance, die in dieser Region verehrte Muttergottes, wacht über das Etikett und die Flasche.

🔖 Dom. P. Dubreuil-Fontaine Père et Fils, 21420 Pernand-Vergelesses, Tel. 03.80.21.55.43, Fax 03.80.21.51.69 ⚑ n. V.

DOM. JEAN FERY ET FILS 1994**

| ■ 1er cru | 0,39 ha | 2 400 | 🍷 | 50-70 F |

Lesen Sie bei Maupassant nach : »Schönheit, harmonische Schönheit, es gibt nur sie auf der Welt !« Als Beweis dafür dieser 94er mit dem Schokoladen- und Haselnußduft über dem Unterholzaroma. Er trägt ein tiefes, leicht ziegelrot verfärbtes Kleid und besitzt eine bewundernswerte Weinigkeit. Ein rassiger Wein. Vollständig, und das sagt alles. Das Holz ist gut integriert. Wir sind glücklich darüber.

🔖 Dom. Féry et Fils, 21420 Echevronne, Tel. 03.80.21.59.60, Fax 03.80.21.59.59 ⚑ n. V.

DOM. ANTONIN GUYON 1995**

| □ | 1,13 ha | 6 000 | 🍷 | 70-100 F |

»Wer Pernand sieht, ist noch nicht am Ziel«, behauptet das burgundische Sprichwort. Man sieht dieses Dorf von weitem und muß bis dorthin hochsteigen ... Hier muß man keine Anstrengung vollbringen, denn dieser Wein vereint alle Reize der Appellation : vollkommene, sehr blumige Harmonie, Feinheit und Volumen - ein Glücksgefühl.

🔖 Antonin Guyon, 21420 Savigny-lès-Beaune, Tel. 03.80.67.13.24, Fax 03.80.66.85.87 ⚑ n. V.

DOM. DOMINIQUE GUYON Les Vergelesses 1994**

| ■ 1er cru | 0,58 ha | 3 500 | 🍷 | 70-100 F |

Wenn es einen Prozeß zur Ehrenrettung des Jahrgangs 1994 gäbe, müßte man diesen Wein vor das Gericht rufen. Die Jury beurteilt ihn einstimmig als fabelhaft, so konzentriert ist seine Farbe, so reichhaltig und komplex sein Duft und so ausgewogen zwischen Milde und Lebhaftigkeit sein Geschmack. Viel Struktur. Ein flämisches Interieur, gemalt von Vermeer.

🔖 Dom. Dominique Guyon, 21420 Savigny-lès-Beaune, Tel. 03.80.67.13.24, Fax 03.80.66.85.87 ⚑ n. V.

JACOB-FREREBEAU 1994

| ■ | 0,6 ha | 4 000 | 🍷 | 30-50 F |

Dieser 94er hinterläßt einen guten Gesamteindruck, auch wenn er kein großes Volumen besitzt. Sicherlich ist die Farbe ist rubinrot, der Duft liebenswürdig und diskret, aber in keiner Weise für fehlende Abonnenten. Sollte jetzt getrunken werden.

Côte de Beaune

🍇 Jacob-Frèrebeau, Changey,
21420 Echevronne, Tel. 03.80.21.55.58 ▼
🍷 n. V.

LALEURE PERE ET FILS
Ile des Vergelesses 1995★★

| ■ 1er cru | 0,5 ha | 2 800 | 🍷 | 70-100F |

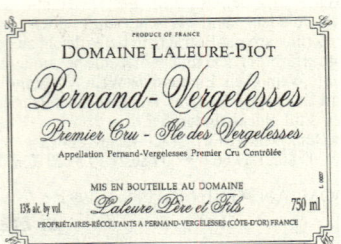

Wahl zum Lieblingswein (erstmals in der Geschichte des Pernand-Vergelesses beim Rotwein) für diese Ile des Vergelesses, an der man jedoch mit etwas Vorsicht anlegt. Was hält der intensiv rubinrote Küste für uns bereit ? Dieses Bukett von schwarzen Johannisbeeren, Kiefern und Lebkuchen ? Und dann das Erstaunen über die Fülle, die Frucht (Kirschen), eine Landschaft wie ein Paradies auf Erden. Inbegriff der Sinnlichkeit. Je weiter man vorwärtsdringt, desto mehr wird man verführt.

🍇 Dom. Laleure-Piot, 21420 Pernand-Vergelesses, Tel. 03.80.21.52.37,
Fax 03.80.21.59.48 ▼ 🍷 Mo-Fr 8h-12h 14h-19h ; Sa, So n. V.

LALEURE PERE ET FILS 1995

| ☐ | 0,9 ha | 5 000 | 🍷 | 70-100F |

Dieser 95er von mittlerer Intensität präsentiert sich mit einer ziemlich hellen Farbe. Sein Aroma hat einen pflanzlichen Charakter : Knospen schwarzer Johannisbeeren. Vergessen Sie nicht, daß *N° 6 de Chanel* auf diesen wesentlichen Bestandteil zurückgreift ! Dieser Pernand-Vergelesses verdient eine Lagerung, damit er verschmilzt.

🍇 Dom. Laleure-Piot, 21420 Pernand-Vergelesses, Tel. 03.80.21.52.37,
Fax 03.80.21.59.48 ▼ 🍷 Mo-Fr 8h-12h 14h-19h ; Sa, So n. V.

PIERRE MAREY ET FILS 1995★

| ☐ | 2,1 ha | 9 000 | 🍷 | 50-70F |

Wenn man Jacques Copeau, den Gründer der NRF *(Nouvelle Revue française)* und des *Vieux-Colombier*, in Pernand als Nachbarn hat, bleibt davon etwas zurück. Dieser Wein ähnelt nämlich einem Stück in drei Akten : im Auge schöne grüne Reflexe über einem goldgelben Untergrund, in der Nase ein Duo Akazienblüten und Heckenrosen und im Mund eine sehr blumige Rundheit.

🍇 Pierre Marey et Fils, 21420 Pernand-Vergelesses, Tel. 03.80.21.51.71,
Fax 03.80.26.10.48 ▼ 🍷 n. V.

Pernand-Vergelesses

MOILLARD-GRIVOT 1994★

| ■ | k. A. | 20 000 | 🍷 | 50-70F |

Aber ja doch, der burgundische Weinhandel, der junge Weine selbst ausbaut, spielt immer noch eine wichtige Rolle und erzeugt ausgezeichnete Weine wie diesen köstlichen Pernand-Vergelesses. Unter der Purpurfarbe ein appetitanregender Duft, sanft und anziehend - dieser 94er zeigt fast ein Formel-1-Rennen ! Der Motor arbeitet mit voller Leistung, und der Fahrer lenkt geschickt.

🍇 Moillard-Grivot, 2, rue François-Mignotte, 21700 Nuits-Saint-Georges, Tel. 03.80.62.42.00,
Fax 03.80.61.28.13 ▼ 🍷 n. V.

JEAN-MARC PAVELOT
Les Vergelesses 1994★★

| ■ 1er cru | 0,6 ha | 2 500 | 🍷 | 50-70F |

Das, was man als Wein mit solidem Ruf bezeichnet. Ein echter Premier cru. Intensive Farbe mit rubinroten Konturen. Holzbetontes Aroma, das sich in Richtung Fell und Schokolade entwickelt. Prächtiger, weiniger, frischer, fruchtiger, liebenswürdiger Geschmack. Man kann ihn jetzt trinken oder aufheben. Ein perfekter 94er, ein wunderbarer Tischgenosse.

🍇 Jean-Marc Pavelot, 1, chem. des Guettottes, 21420 Savigny-lès-Beaune, Tel. 03.80.21.55.21,
Fax 03.80.21.59.73 ▼ 🍷 n. V.

DOM. RAPET PERE ET FILS
Les Vergelesses 1994★★

| ■ 1er cru | 1 ha | 3 500 | 🍷 | 70-100F |

Ein lagerfähiger Wein, fünf Jahre und mehr im Visier. Das dunkle Rubinrot beginnt sich ziegelrot zu verfärben. Er bietet ein vollkommen typisches Aroma von roten Früchten und zeigt sich wohlschmeckend auf der Zunge und einflußreich am Gaumen. Es wäre das Klügste, ihn ein wenig im Keller zu vergesssen und ihn dann wieder hervorzuholen, um das Jahr 2000 zu feiern.

🍇 Dom. Rapet Père et Fils, 21420 Pernand-Vergelesses, Tel. 03.80.21.50.05,
Fax 03.80.21.53.87 ▼ 🍷 n. V.

DOM. RAPET PERE ET FILS 1995

| ☐ 1er cru | 0,5 ha | 2 000 | 🍷 | 70-100F |

Der Duft ist sehr entfaltet - dieser 95er erinnert zur gleichen Zeit an die Lebhaftigkeit von Zitrusfrüchten, die Vanille des Fasses und noch etwas Mineralisches. Nach einer guten, säuerlichen Ansprache kommt ein Sekundäraroma von exotischen Früchten zum Vorschein. Dieser Pernand-Vergelesses dürfte es schaffen, einen Holzton zu meistern, wie ihn die Amerikaner lieben.

🍇 Dom. Rapet Père et Fils, 21420 Pernand-Vergelesses, Tel. 03.80.21.50.05,
Fax 03.80.21.53.87 ▼ 🍷 n. V.

ROLLIN PERE ET FILS
Ile des Vergelesses 1994★

| ■ 1er cru | 0,6 ha | 2 500 | 🍷 | 70-100F |

Eine spürbare Gerbsäure, die sich hier zusammen mit einer Holznote behauptet. Dieser 94er besitzt Persönlichkeit. Ein helles Zinnoberrot mit schönem Glanz und ein Bukett mit Himbeernuancen - es gibt Schlimmeres auf Erden. «Füllen

Sie mein Glas nach», notierte ein erfahrener Weinliebhaber.
🍇 Rollin Père et Fils, 21420 Pernand-Vergelesses, Tel. 03.80.21.57.31, Fax 03.80.26.10.38 ☑ ⚲ n. V.

ROLLIN PERE ET FILS 1995*

☐	1,2 ha	6 200	⏸	50-70 F

Sehr hell und klar. Der Duft ziemlich munter und eher vielversprechend. Ein vollständiger, leicht zitronenartiger 95er von guter Stärke. Der 93er gehörte im Weinführer 1996 zu den Lieblingsweinen.
🍇 Rollin Père et Fils, 21420 Pernand-Vergelesses, Tel. 03.80.21.57.31, Fax 03.80.26.10.38 ☑ ⚲ n. V.

Corton

Der »Corton-Berg« besteht in geologischer Hinsicht und damit im Hinblick auf die Böden und die Weintypen aus verschiedenen Stufen. Ganz oben ist er von Wald bekrönt, der auf hartem Kalkstein aus dem Rauracium (obere Oxford-Stufe) wächst. Der Arvogie-Mergel läßt auf mehreren zehn Metern helle Böden zutage treten, die für Weißweine günstig sind. Sie bedecken die kalkhaltige »Perlmuttplatte«, die viele große Muschelschalen enthält; auf ihr haben sich braune Böden entwickelt, die für die Erzeugung von Rotweinen günstig sind.

Der Name der jeweiligen Reblage wird mit der Appellation Corton verbunden, die für Weißweine verwendet werden darf, aber vor allem für Rotweine bekannt ist. Les Bressandes werden auf Terra-rossa-Böden erzeugt; sie vereinen die Feinheit, die ihnen der Boden verleiht, mit Stärke. Dagegen liefern die hellen Böden im oberen Bereich der Reblagen les Renardes, les Languettes und Clos du Roy kräftig gebaute Rotweine, die bei der Alterung wilde, animalische Noten annehmen. Diesen Noten findet man auch bei den Weinen aus der Lage les Mourottes in Ladoix. Der Corton ist mengenmäßig der größte Grand cru: fast 4 000 hl im Jahre 1996, davon 100 hl Weißwein.

DOM. D'ARDHUY Pougets 1993

■	1,33 ha	6 100	⏸	100-150 F

Die Farbe ist hell, mit schönem Glanz. Der sehr entfaltete Geruchseindruck weist auf das Eichenholzfaß hin, ohne die Frucht zu vergessen. Ebenso wie der Geschmack, in dem das Röstaroma über die roten Früchte dominiert. Der Wein wird ein wenig überdeckt, aber die Persönlichkeit wird bald zum Ausdruck kommen.
🍇 Dom. d'Ardhuy, Clos des Langres, 21700 Corgoloin, Tel. 03.80.62.98.73, Fax 03.80.62.95.15 ☑ ⚲ tägl. 10h-12h 14h-18h; im Winter So geschlossen

JEAN-CLAUDE BELLAND
Les Perrières 1995

■ Gd cru	0,69 ha	2 500	🍷 ⏸ ⚱	100-150 F

Es heißt zwar, daß die Reblage Les Perrières einen leicht femininen Charakter hat, das scheint hier nur beim Anblick der roten, ins Schwarze spielenden Farbe der Fall zu sein. Der Geruchseindruck, zwischen pflanzlichen Noten und Kirschen, bleibt verschlossen. Dicht, ein wenig tanninreich, klassisch und nachhaltig. Der Geschmack bietet eine schöne Wette auf die Zukunft an.
🍇 Jean-Claude Belland, 21590 Santenay, Tel. 03.80.20.61.90, Fax 03.80.20.65.60 ☑ ⚲ n. V.

BONNEAU DU MARTRAY 1994**

■ Gd cru	1,6 ha	5 300	⏸	150-200 F

78 **⑧⓪** |90| |91| |92| 93 **94**

Dieser lagerfähige Corton verdient alles Lob für den Jahrgang (der 80er gehörte 1987 zu den Lieblingsweinen). Er ist vorwiegend fruchtig, vor allem durch schwarze Johannisbeeren bestimmt, hat rote Wangen und besitzt einen überzeugenden Duft, eine echte Struktur, einen perfekt gemeisterten Holzton und einen wirklich reichhaltigen und begeisternden Abgang. Madame de Sévigné, eine Ahnin der heutigen Besitzer, würde sich über eine solche Rede freuen.
🍇 Dom. Bonneau du Martray, 21420 Pernand-Vergelesses, Tel. 03.80.21.50.64, Fax 03.80.21.57.19 ☑
🍇 de la Morinière

DOM. BOUCHARD PERE ET FILS 1995**

■ Gd cru	3,67 ha	k. A.	⏸	150-200 F

Noch ein wenig ein strenger Monolith, ein Dolmen, der auf seinen Tanninen ruht, ein großer Corton. Er zeigt eine wunderschöne Farbe, die intensiv und dunkel ist. Im Geruchseindruck spricht er dieselbe Sprache wie im Geschmack: konzentriert, gewissenhaft, vollständig, komplex, mit einer prächtigen aromatischen Nachhaltigkeit. Lesen Sie bei den kompetenten Schriftstellern nach: Der Corton versteht es, auf sich warten zu lassen.
🍇 Bouchard Père et Fils, Au Château, B.P. 70, 21202 Beaune Cedex, Tel. 03.80.24.80.24, Fax 03.80.24.97.56 ⚲ n. V.

DOM. HENRI ET GILLES BUISSON
Le Rognet-et-Corton 1995***

■ Gd cru	0,32 ha	1000	⏸	100-150 F

92 93 **95**

Einer der besten der in diesem Jahr verkosteten Cortons. Ein Meisterwerk an Geschmeidigkeit und Würde, das verständlich macht, warum dieser Wein schon immer an erster Stelle eingestuft wurde. Großartig im Farbton und in der

Côte de Beaune — Corton

Brillanz. Ein 95er, der bei der Belüftung eine pfeffrige, komplexe Frucht enthüllt. Verschmolzene Ansprache. Der Abgang ist streng, aber gewaltig.

➥ Dom. Henri et Gilles Buisson, imp. du Clou, 21190 Saint-Romain, Tel. 03.80.21.27.91, Fax 03.80.21.64.87 Mo-Sa 8h-12h 13h30-19h ; So n. V.

DOM. CACHAT-OCQUIDANT ET FILS Clos des Vergennes 1995*

| ■ Gd cru | 1,42 ha | 3 000 | 100-150 F |

Sein 87er Vergennes wurde 1991 zum Lieblingswein gewählt. Dieses Gut gibt von dem Jahrgang eine glänzende, lebhafte Illustration. Sein recht runder Duft stützt sich auf reife Früchte, Backpflaumen. Viel Tiefe, Stoff und Reichhaltigkeit begleiten den Geschmack. Die Tannine und die Säure müssen sich noch vertragen. Vier bis fünf Jahre altern lassen.

➥ Dom. Cachat-Ocquidant et Fils, pl. du Souvenir, 21550 Ladoix-Serrigny, Tel. 03.80.26.45.30, Fax 03.80.26.48.16 n. V.

DOM. CAPITAIN-GAGNEROT
Vendanges manuelles 1993

| ■ Gd cru | 1,81 ha | 4 500 | 100-150 F |

Frisches Himbeerrot, ein Bukett, das sich gerade bildet - man glaubt, man habe es mit einem jungen, in jedem Fall wenig entwickelten Wein zu tun. Aber sehen Sie sich den Jahrgang gut an : Es ist ein 93er. Ziemlich tanninreich im Stil. Er erscheint gut gemacht. Der 89er gehörte 1994 zu den Lieblingsweinen.

➥ Capitain-Gagnerot, 38, rte de Dijon, 21550 Ladoix-Serrigny, Tel. 03.80.26.41.36, Fax 03.80.26.46.29 n. V.

CHEVALIER PERE ET FILS
Le Rognet 1994

| ■ Gd cru | 1,16 ha | 3 000 | 100-150 F |

Ein in seiner Struktur ziemlich strenger Wein, aber nicht ohne Harmonie. Er ist lagerfähig. Die Frucht tritt selbstbewußter auf und gewinnt dann Einfluß auf das Holz. Das ist fein. Die Farbe ist ziemlich intensiv. Das Bukett spitzt hervor, angenehm, aber ohne besonderes Merkmal. Wenig Kraft. Das entspricht dem Jahrgang. Kein Wild, wählen Sie Geflügel.

➥ SCE Chevalier Père et Fils, Buisson, B.P. 19, 21550 Ladoix-Serrigny, Tel. 03.80.26.46.30, Fax 03.80.26.41.47 n. V.

DOM. CORNU 1994

| ■ Gd cru | 0,61 ha | k. A. | 150-200 F |

|85| |86| 87 |88| |89| 90 91 92 93 94

Ein von der Confrérie des Chevaliers du Tastevin empfohlener 94er Corton mit einer kräftigen Farbe und einem unscheinbaren Geruchseindruck. Ziemlich ausgeprägter Holzton, ausgewogen, mittlere Struktur ohne zuviel Kraft. Die Eleganz ist seine Stärke. Muß ein wenig altern.

➥ Dom. Cornu, 21700 Magny-lès-Villers, Tel. 03.80.62.92.05, Fax 03.80.62.72.32 n. V.

DOM. EDMOND CORNU ET FILS
Bressandes 1994*

| ■ Gd cru | 0,56 ha | 1 800 | 150-200 F |

88 (90) 92 93 94

Ein 94er Bressandes mit Frucht (Kirschen) und Frische, der eine leicht tanninbetonte Partitur von Rameau spielt (auf dem Cembalo). Schöne, helle Farbe, weiniger, diskreter, nicht sehr intensiver, aber subtiler Duft. Für den Jahrgang zufriedenstellend.

➥ Edmond Cornu et Fils, Le Meix Gobillon, rue du Bief, 21550 Ladoix-Serrigny, Tel. 03.80.26.40.79, Fax 03.80.26.48.34 n. V.

CH. CORTON-ANDRE 1994

| ■ Gd cru | 0,33 ha | 1 200 | +200 F |

Eine Parzelle im Park des Schlosses, die an das Andenken von Pierre André erinnert, der den Corton in den 30er Jahren wiedererweckte. Dunkle, sich wenig entwickelte Farbe, spürbarer Duft unter einem schon verschmolzenen Holzton, während im Geschmack nur das Eichenholz präsent ist. Ein charaktervoller Wein mit einem tanninreichen Temperament, der sich abmildern muß.

➥ Pierre André, Ch. de Corton-André, 21420 Aloxe-Corton, Tel. 03.80.26.44.25, Fax 03.80.26.43.57 tägl. 10h-18h

CLOS DES CORTONS FAIVELEY 1994*

| ■ Gd cru | 2,97 ha | 5 200 | +200 F |

Einer der seltenen Grands crus, die offiziell den Namen eines Guts tragen. Eine Kuriosität. Dieser 94er besitzt noch eine ausgezeichnete tiefe, sehr jugendliche Farbe und ein Aroma von gekochten roten Früchten, das von holzigen Gewürzen begleitet wird. Tanninreiche, resolute Fülle mit dem notwendigen Fett (Alkohol, Glyzerin). Er dürfte gefallen.

➥ Maison Faiveley, 8, rue du Tribourg, B.P. 9, 21701 Nuits-Saint-Georges Cedex, Tel. 03.80.61.04.55, Fax 03.80.62.33.37 n. V.

DOM. P. DUBREUIL-FONTAINE PERE ET FILS Bressandes 1994

| ■ Gd cru | 0,6 ha | 2 800 | 100-150 F |

Unterschiedlich beurteilt - dieser Corton verbirgt nicht seine Reize. Eine für den Jahrgang 1994 typische Farbe, die mild und hell wie ein Lied der *Copiaus* ist. Der Duft beginnt sich erst zu zeigen, aber er ist nicht dazu geschaffen, am Nationalfeiertag in der Parade vorbeizumarschieren. Leichte Fruchtigkeit, wenig Gerüst, gute Wiederkehr der Gerbsäure am Ende des Geschmacks.

➥ Dom. P. Dubreuil-Fontaine Père et Fils, 21420 Pernand-Vergelesses, Tel. 03.80.21.55.43, Fax 03.80.21.51.69 n. V.
➥ Bernard Dubreuil

DOM. ROBERT ET RAYMOND JACOB Les Carrières 1995*

| ■ Gd cru | 0,25 ha | 1 200 | 100-150 F |

Hier das, was Corton bedeutet : Die intensive, violett schimmernde Farbe strahlt mit seinem ganzen Feuer. Der schon animalische Duft spricht von reifen Früchten, Kernen und einem

hübschen Holzton. Dann zeigt sich der dichte, fruchtige Stoff, der durch ausgezeichnete Tannine ausgeglichen wird, bis zu einem sehr vielversprechenden Abgang.
↖ Dom. Robert et Raymond Jacob, Buisson, 21550 Ladoix-Serrigny, Tel. 03.80.26.40.42, Fax 03.80.26.49.34 ✓ ⵏ n. V.

DOM. LALEURE-PIOT Le Rognet 1995**

| ■ Gd cru | 0,35 ha | 1 500 | 🍷 100-150 F |

Strahlendes Purpurrot, an Burlat-Kirschen erinnernd. Ein Corton mit einem verschmolzenen Holzton. Sein Aroma neigt zum Kirschwasser und zu Kirschkernen. Gut strukturiert, lebhaft im Abgang, von guter Länge. Man muß ihn noch lagern, denn das Alter wird noch seine Komplexität entfalten.
↖ Dom. Laleure-Piot, 21420 Pernand-Vergelesses, Tel. 03.80.21.52.37, Fax 03.80.21.59.48 ✓ ⵏ Mo-Fr 8h-12h 14h-19h; Sa, So n. V.
↖ Frédéric Laleure

DOM. LALEURE-PIOT Bressandes 1995*

| ■ Gd cru | 0,2 ha | 1000 | 🍷 150-200 F |

Ein wunderbar gekleideter Bressandes mit einem zurückhaltenden, männlichen Duft, kräftig im Geschmack, wo er einen guten Eindruck hinterläßt. Verdient eine Alterung.
↖ Dom. Laleure-Piot, 21420 Pernand-Vergelesses, Tel. 03.80.21.52.37, Fax 03.80.21.59.48 ✓ ⵏ Mo-Fr 8h-12h 14h-19h; Sa, So n. V.

DOM. MAILLARD PERE ET FILS 1995**

| ☐ Gd cru | 0,34 ha | k. A. | 🍷 100-150 F |

Ein echter Corton, der sich gut präsentiert und Pfirsiche oder Aprikosen mit dem Röstgeruch verbindet. Er hat auf alles eine Antwort. Im Geschmack ist er der sehr große Wein für den Kenner, ein Corton-Charlemagne in jeder Faser, majestätisch und gebieterisch. Man kann ihn trinken oder besser vertrauensvoll lagern.
↖ Dom. Maillard Père et Fils, 2, rue Joseph-Bard, 21200 Chorey-lès-Beaune, Tel. 03.80.22.10.67, Fax 03.80.24.00.42 ✓ ⵏ n. V.

DOM. MAILLARD PERE ET FILS Renardes 1994*

| ■ Gd cru | k. A. | k. A. | 🍷 100-150 F |
| 80 81 82 83 85 86 |88|89| 90 |91|92| 93 |94 95 |

Im letzten Jahr gehörte der 93er zu den Lieblingsweinen, 1994 der 90er. Dieses Gut kann Auszeichnungen vorweisen. Sein Renardes läßt nie unbewegt. Genug Farbe, ein pflanzliches Bukett über einem Lederaroma. Tanninreiche, gut ausgeführte Attacke, das Faß gemeistert, Körper und eine bemerkenswerte Feinheit.
↖ Dom. Maillard Père et Fils, 2, rue Joseph-Bard, 21200 Chorey-lès-Beaune, Tel. 03.80.22.10.67, Fax 03.80.24.00.42 ✓ ⵏ n. V.

MICHEL MALLARD ET FILS Les Maréchaudes 1994**

| ■ Gd cru | 0,31 ha | 1 500 | 🍷 150-200 F |

Ein Maréchaudes (diese Einzellage berührt Ladoix), der fast seinen Marschallstab im Tornister hat. Für den Jahrgang sehr farbintensiv, mit einem guten, recht spürbaren Bukett. Er balanciert perfekt die Frucht, die Säure und die Tannine aus. Ein lagerfähiger Wein, der sich auf eine Struktur ohne Fehl und Tadel stützt.
↖ EARL Michel Mallard et Fils, rte de Dijon, 21550 Ladoix-Serrigny, Tel. 03.80.26.40.64, Fax 03.80.26.47.49 ✓ ⵏ n. V.

MAISON MALLARD-GAULIN 1994

| ■ Gd cru | 0,6 ha | 2 500 | 🍷 +200 F |

Schöne, klare, ziemlich tiefe Farbe. In der Nase ein Eindruck von fruchtiger Sanftheit mit Röstgeruch und einem etwas wilden Hauch. Die Tannine gehen an die Schießscharte. Leichte Bitternote. Insgesamt dominiert die Feinheit über den kräftigen Bau.
↖ Maison Mallard-Gaulin, 21420 Aloxe-Corton, Tel. 03.80.26.46.10

MAURICE MARATRAY Bressaudes 1994

| ■ Gd cru | 0,71 ha | 2 000 | 🍷 100-150 F |

Der Corton erscheint zumeist als Genießer. Dieser hier bildet keine Ausnahme. Helles Dunkel (nur in Burgund leistet man sich einen solchen Luxus der Präzision ...), von sympathischer Frische im Aroma. Ein Wein, der für den Jahrgang nicht übel ist, kurz, aber angenehm.
↖ Maurice Maratray, 5, pl. du Souvenir, 21550 Ladoix-Serrigny, Tel. 03.80.26.41.09, Fax 03.80.26.49.07 ✓ ⵏ n. V.

DOM. ANDRE ET JEAN-RENE NUDANT Bressandes 1994*

| ■ Gd cru | 0,6 ha | 3 000 | 🍷 150-200 F |

Das Kleid ist eher brav. Brav wie ein getreues Abbild dieser 94er. Der Duft vereinigt mit großem Schwung den Röstgeruch des Fasses, den Tiergeruch aus dem Wald von Corton und einen Untergrund roter Früchte. Der Geschmack folgt im selben Stil.
↖ Dom. André et Jean-René Nudant, 11, R.N. 74, B.P. 15, 21550 Ladoix-Serrigny, Tel. 03.80.26.40.48, Fax 03.80.26.47.13 ✓ ⵏ n. V.

DOM. PRIN Bressandes 1993*

| ■ Gd cru | 0,68 ha | k. A. | 🍷 100-150 F |

Es heißt, daß der Bressandes im Mund wie Quellwasser hinunterfließt. Dieser 93er bestätigt das Gerücht. Unter einer strahlenden Farbe, die sehr jugendlich geblieben ist, macht es sich ein hübscher Holzton auf einem Bett aus roten Früchten behaglich. Noten von Leder. Ein recht entfalteter Wein, der sich mehr durch Eleganz als durch Stärke ausdrückt.

Côte de Beaune

◆ Dom. Prin, 12, rue de Serrigny, Cidex 10, 21550 Ladoix-Serrigny, Tel. 03.80.26.40.63, Fax 03.80.26.46.16 ☑

DOM. RAPET PERE ET FILS 1993*

| ■ Gd cru | 1,2 ha | 3 000 | ⦿ | 100-150 F |

Er macht mehr durch sein Ungestüm auf sich aufmerksam als durch seine Subtilität, denn er ist durch ein sehr spürbares Faß geprägt. Geschmeidig und kraftvoll, warm, mit einem lebhaften Abgang, beständig fest - ein Wein mit einem frischen Fleischgeruch, der »fuchsig« riecht, als würde er aus der Reblage les Renardes kommen. Blutrot mit schwärzlichem Schimmer. Ein 93er.

◆ Dom. Rapet Père et Fils, 21420 Pernand-Vergelesses, Tel. 03.80.21.50.05, Fax 03.80.21.53.87 ☑ ⊥ n. V.

REINE PEDAUQUE
Renardes Vendanges manuelles 1994*

| ■ Gd cru | 2,06 ha | k. A. | ⦿ | +200 F |

Nachdem wir den 95er und den 94er verkostet hatten, gaben wir letzterem Jahrgang den Vorzug. Schönes Burgunderrot, seidiger Duft. Er zeigt sich geradlinig und schlicht. In dieser Rustikalität gibt es mehr Kraft als Persönlichkeit. Nach ein paar Jahren der Lagerung wird er zivilisierter sein.

◆ Reine Pédauque, Le Village, 21420 Aloxe-Corton, Tel. 03.80.25.00.00, Fax 03.80.26.42.00 ⊥ tägl. 9h-11h30 14h-17h30 ; Jan. geschlossen

ANTONIN RODET 1993*

| ■ Gd cru | k. A. | 600 | ⦿ | +200 F |

»Das Vernügen der Kritik beraubt uns des Vergnügens, von sehr schönen Dingen lebhaft berührt zu sein«, schrieb La Bruyère. Verbergen wir somit nicht unser Vergnügen über diesen strahlend rubinroten Wein mit dem vornehmen, noch etwas zurückhaltenden Duft, der die Empfindung eines sanft entfalteten, fruchtigen (Kirschen) Weins mit umhüllten Tanninen bietet. Textur und Fleisch, Muskeln und Weinigkeit : ein großes Potential.

◆ Antonin Rodet, 71640 Mercurey, Tel. 03.85.98.12.12, Fax 03.85.45.25.49 ☑ ⊥ Mo-Fr 9h-12h30 14h-18h

DOM. COMTE SENARD
Bressandes 1993**

| ■ Gd cru | 1 ha | 3 000 | ⦿ | 150-200 F |

Daniel Senard, ehemals Großmeister der Confrérie des Chevaliers du Tastevin, führt mit seinem Sohn zusammen dieses Gut. Der 93er gibt einen herrlichen lagerfähigen Wein ab. Eckig, kräftig, ein echter sagenhafter Corton. Klares Rubinrot. Er entfaltet sich ganz mild (Kirschen und Tiergeruch). Geben Sie ihm die Gelegenheit, daß sein Kapital Früchte trägt !

◆ Dom. Comte Senard, 21420 Aloxe-Corton, Tel. 03.80.26.41.65, Fax 03.80.26.45.99 ☑ ⊥ n. V.

DOM. COMTE SENARD
Clos des Meix 1993*

| ■ Gd cru | 1 ha | 3 000 | 150-200 F |

Die herrliche Farbe mit dem außergewöhnlichen Glanz kündigt den zukünftigen Duft an. Heute zeigen sich Kirschen (die Pinot-Traube ist

Corton-Charlemagne

recht präsent) in einer Umgebung von Leder, Gewürzen und einem gut gemeisterten Holzton. Der Geschmack besitzt alles Notwendige : Jugendlichkeit und den Stoff, der auf eine wunderbare Alterung hindeutet. Ein Wein, der gut der Vorstellung entspricht, die man sich von einem Grand cru macht. Erst zu großen Anlässen aufmachen, deutlich nach dem Jahr 2000.

◆ Dom. Comte Senard, 21420 Aloxe-Corton, Tel. 03.80.26.41.65, Fax 03.80.26.45.99 ☑ ⊥ n. V.

DOM. THOMAS-MOILLARD
Clos du Roi 1994

| ■ Gd cru | k. A. | 4 500 | ⦿ | 100-150 F |

Der 88er gehörte einmal zu den Lieblingsweinen. Schönes Dunkelrot. Angenehmer Geruch. Dieser 94er bleibt im Rahmen dieses Jahrgangs : zufriedenstellend, ohne zu große Länge.

◆ Dom. Thomas-Moillard, chem. rural 29, 21700 Nuits-Saint-Georges, Tel. 03.80.62.42.22, Fax 03.80.61.28.13 ☑ ⊥ n. V.

Corton-Charlemagne

Die Appellation Charlemagne, in der bis 1948 die Rebsorte Aligoté verwendet werden durfte, ist nicht im Gebrauch. Die Appellation Corton-Charlemagne macht etwas mehr als 2 000 hl aus, von denen der größte Teil in den Gemeinden Pernand-Vergelesses und Aloxe-Corton erzeugt wird. Die Weine dieser Appellation - der Name geht auf Karl den Großen zurück, der angeblich weiße Rebsorten anpflanzen ließ, um seinen Bart beim Trinken nicht zu beflecken - besitzen eine schöne goldgrüne Farbe und erreichen ihren vollen Charakter nach fünf bis zehn Jahren.

JEAN-BAPTISTE BEJOT 1995**

| □ Gd cru | 0,5 ha | k. A. | ⦿ | +200 F |

Heiliger Karl der Große ! Wenn er die Schule erfunden hat, so hat er auch die des Geschmacks erfunden. Nehmen Sie diesen Wein : ein heller

Côte de Beaune — Corton-Charlemagne

Beginn über einer vollkommenen Klarheit. Butterig, blumig - der Duft kommt als Verstärkung und macht auf sich aufmerksam. Dieses Versprechen wird im Geschmack nicht enttäuscht. Die Opulenz im Abgang - das ist nicht bloß Kunst, sondern große Kunst. Lang und wunderbar lagerfähig.
🕯 Jean-Baptiste Béjot, 7, rte de Monthelie, 21190 Meursault, Tel. 03.80.21.22.45, Fax 03.80.21.28.05 ⊤ n. V.

JEAN-CLAUDE BELLAND 1995★★

| ☐ Gd cru | 0,36 ha | 1000 | 🎴🍷 +200 F |

Wir haben hier ein gutes Beispiel für einen pharaonischen Wein, der Lust macht, daß wir ihn in zehn Jahren zu einem Hummer opfern ! Klarheit des Aussehens und Subtilität des Dufts, aber vor allem die Aussicht auf einen langen Roman, sobald man sich dem erhabenen Körper nähert.
🕯 Jean-Claude Belland, 21590 Santenay, Tel. 03.80.20.61.90, Fax 03.80.20.65.60 ⊤ n. V.

PIERRE BITOUZET 1995★★

| ☐ Gd cru | k. A. | k. A. | 🍷 150-200 F |

Als Karl der Große seinen Weinberg im Corton dem Stift von Saulieu zum Geschenk machte, konnte er sich da vorstellen, daß man hier über tausend Jahre später seinen Namen feiern würde ? Daß man großes Vergnügen dabei empfinden würde, diesen gold- und smaragdfarbenen 95er zu trinken, der nach Mineralischem und Akazienblüten duftet und eine intensive Präsenz besitzt ? Der Honig verleiht ihm eine begeisternde Komplexität. Wirklich ein Grand cru !
🕯 Pierre Bitouzet, 13, rue de Cîteaux, 21420 Savigny-lès-Beaune, Tel. 03.80.21.53.26, Fax 03.80.21.58.29 ▼ ⊤ n. V.

DOM. BOUCHARD PERE ET FILS 1995

| ☐ Gd cru | 3,25 ha | k. A. | 🍷 +200 F |

Dieser 95er scheint alle Karten in der Hand zu halten, um das Spiel in ein paar Jahren zu gewinnen. Goldgelb, mineralisch und weiße Blüte. In der Ansprache fein, aber er hält den Ansturm auf kräftigere Weise aufrecht, auch wenn er nicht von ungeheurem Volumen ist. 1991 war der 83er, der hier außergewöhnlich ausfiel, ein Lieblingswein.
🕯 Bouchard Père et Fils, Au Château, B.P. 70, 21202 Beaune Cedex, Tel. 03.80.24.80.24, Fax 03.80.24.97.56 ⊤ n. V.

CAPITAIN-GAGNEROT
Elevé en fût 1995

| ☐ Gd cru | 0,41 ha | 2 400 | 🍷 +200 F |

Klare Farbe, ins Helle gehend. Er besitzt einen holzbetonten Geruch (Vanille, geröstete Mandeln) und einen hübschen Geschmack in leichtem Stil. Man sollte ihn nicht im Jahr 2000, sondern deutlich früher trinken. Dieser Corton-Charlemagne gehörte zu unseren allerersten Lieblingsweinen (1987 der 81er).
🕯 Capitain-Gagnerot, 38, rte de Dijon, 21550 Ladoix-Serrigny, Tel. 03.80.26.41.36, Fax 03.80.26.46.29 ▼ ⊤ n. V.
🕯 Dom. François Capitain et Fils

MAURICE ET ANNE-MARIE CHAPUIS 1994

| ☐ Gd cru | 1 ha | 4 300 | 🍷 150-200 F |

In dieser Familie macht man gute Weine und gute Bücher über den Wein. Die Farbe ist hier ein wenig blaß. Dagegen entfaltet sich der Duft mit Butter- und Haselnußnoten. Das Innere des Hauses ist bescheiden, aber angenehm.
🕯 Maurice Chapuis, 21420 Aloxe-Corton, Tel. 03.80.26.40.99, Fax 03.80.26.40.89 ▼ ⊤ n. V.

CHARTRON ET TREBUCHET 1995★

| ☐ Gd cru | k. A. | 3 000 | 🍷 +200 F |

Man begreift, daß sich die Söhne von Karl dem Großen um das Erbe stritten ... Es stimmt, daß dieser Weinberg nicht mehr darin auftauchte. Aber vermutlich gab es noch Flaschen davon im väterlichen Weinkeller. Wie diese hier : blaßgelb, honigartig und mineralisch, sanft, lebhaft, offen oder besser entfaltet. Feine, zarte Spitzenarbeit. Man kann ihn trinken oder lagern.
🕯 Chartron et Trébuchet, 13, Grande-Rue, 21190 Puligny-Montrachet, Tel. 03.80.21.32.85, Fax 03.80.21.36.35 ⊤ n. V.

DUFOULEUR PERE ET FILS 1994

| ☐ Gd cru | k. A. | k. A. | 🍷 +200 F |

Ein 94er, der Farbe besitzt (ausgeprägte Goldfarbe), und einen Duft nach Hefebrot, interessante Merkmale im Geschmack in einem Entwicklungsstil. Er wird nicht sehr lang altern, aber dafür wird er in den nächsten Monaten recht gut schmecken.
🕯 Dufouleur Père et Fils, rue Thurot, B.P. 27, 21700 Nuits-Saint-Georges, Tel. 03.80.61.21.21, Fax 03.80.61.10.65 ▼ ⊤ tägl. 9h-19h

DOM. ANTONIN GUYON 1995

| ☐ Gd cru | 0,55 ha | 3 400 | 🍷 +200 F |

Ein wenig Gelb über dem goldenen Untergrund, dann ein Geruchseindruck mit Holznoten, Geröstetem und Verbranntem : die ganze Palette des Fasses. Aber er besitzt auch eine recht lebhafte Geschmeidigkeit und eine leichte Bitterkeit im Abgang, die auf eine Persönlichkeit hinweist, die fähig ist, sich in die richtige Richtung zu wenden. Fünf Jahre und mehr ...
🕯 Antonin Guyon, 21420 Savigny-lès-Beaune, Tel. 03.80.67.13.24, Fax 03.80.66.85.87 ▼ ⊤ n. V.

DOM. MICHEL JUILLOT 1995

| ☐ Gd cru | k. A. | 3 500 | 🍷 +200 F |

Blasse, glänzende Goldfarbe. Ein schöner Wein, der in fünf bis zehn Jahren die Tafel ehren wird. Zwecklos, ihn bis dahin zu probieren. Sein Holzton verflüchtigt sich nach und nach und macht der Fülle und Opulenz Platz, die man erahnt, wobei er klug in Liebe und gut verständliche jugendliche Aggressivität beruhigt.
🕯 Dom. Michel Juillot, Grande-Rue, B.P. 10, 71640 Mercurey, Tel. 03.85.45.27.27, Fax 03.85.45.25.52 ▼ ⊤ Mo-Sa 8h-12h 14h-18h ; So n. V.

DOM. LOUIS LATOUR 1993★

| ☐ Gd cru | 9,65 ha | 36 000 | 🍷 +200 F |

Ein überaus mitreißendes Bukett, lebhaft wie Feuerstein, im Anschluß an eine besonders

Côte de Beaune — Corton-Charlemagne

leuchtende Erscheinung. Ausgezeichnete Meisterung des Körpers, der ziemlich füllig und recht ausdrucksvoll ist, mit einem Haselnußaroma. Mittlere Länge, aber gutes Potential. Der 83er war 1988 einer unserer Lieblingsweine.
↘ Maison Louis Latour, 18, rue des Tonneliers, 21204 Beaune Cedex, Tel. 03.80.24.81.00, Fax 03.80.24.81.18 ⚜ n. V.

OLIVIER LEFLAIVE 1994★★

| ☐ Gd cru | k. A. | k. A. | 🍷 +200 F |

Von dieser Flasche muß man im Futur sprechen. Leichte Goldfarbe, mit einem Duft, der fein, noch zurückhaltend und dennoch einschmeichelnd ist, reichlich mit Fleisch versehen und mit einer spürbaren, aber nicht aufdringlichen Säure. Diese garantiert eine glückliche Entwicklung. Somit ein Pluspunkt, der zu den anderen hinzukommt. Nicht zu verachten ist auch seine wunderbare Länge. Soll man ihn fünf Jahre lagern ? Ein 94er, den man zehn Jahre lang trinken kann.
↘ Olivier Leflaive, pl. du Monument, 21190 Puligny-Montrachet, Tel. 03.80.21.37.65, Fax 03.80.21.33.94 ✓ ⚜ n. V.

LOUIS LEQUIN 1994

| ☐ Gd cru | 0,9 ha | 500 | 🍷 +200 F |

Fast schon in verbotener Weise einschmeichelnd. Er spielt den Herzensbrecher. Stattlich, füllig, sehr rund, leicht zugänglich. Dennoch fehlt es ihm nicht an Eleganz. Helle Farbe. Das Bukett von Muskatnoten dominiert, die hier überraschen. Die Länge ist schön.
↘ Louis Lequin, 1, rue du Pasquier-du-Pont, 21590 Santenay, Tel. 03.80.20.63.82, Fax 03.80.20.67.14 ✓ ⚜ n. V.

L'HERITIER-GUYOT 1995★

| ☐ Gd cru | k. A. | 1 168 | 🍷 150-200 F |

Die Zukunft wird sein einziger Richter sein, aber die allgemeine Ansicht der Jury berechtigt zur Hoffnung. Die Farbe illustriert das Thema gut, während der Geruchseindruck sehr knapp und verschlossen ist. Der Geschmack läßt auf sich warten. Und dennoch spürt man, daß alles vorhanden ist. Es fehlt nur noch die Zündkerze, die den Motor anspringen läßt. Eine Frage der Zeit - darüber ist sich die Jury einig.
↘ L'Héritier-Guyot, rue des Clos-Prieurs, 21640 Gilly-lès-Citeaux, Tel. 03.80.62.86.27, Fax 03.80.62.82.37 ✓ ⚜ Mo-Fr 8h-12h 13h45-16h ; 1.-21. Aug. geschlossen

MAURICE MARATRAY 1994

| ☐ Gd cru | 0,33 ha | 800 | 🍷 150-200 F |

Recht strahlende blaßgoldene Farbe. Dieser Corton-Charlemagne zeigt ein ziemlich typisches Bukett aus getrockneten Früchten und Hefebrot. Er ist gerade dabei, über einem hinartigen Aroma an der Grenze zum Met zu verschleißen. Stattlich und füllig. Er verdient eine Zeit der Läuterung, damit der Holzton verschmelzen kann.
↘ Maurice Maratray, 5, pl. du Souvenir, 21550 Ladoix-Serrigny, Tel. 03.80.26.41.09, Fax 03.80.26.49.07 ✓ ⚜ n. V.

PIERRE MAREY ET FILS 1995★★★

| ☐ Gd cru | 0,9 ha | 3 000 | 🍷 150-200 F |

Der 91er gehörte 1994 zu den Lieblingsweinen. Diesen Erfolg hätte das Gut beinahe wiederholt mit seinem 95er, der einmütig gewürdigt wurde. Ein traumhaftes Kleid : goldgelb mit grünen Reflexen. Duft nach exotischen Früchten, Pfirsichen und Schlagsahne. Im Inneren des Ganzen eine bewundernswerte Komplexität, bestehend aus Zartheit und Festigkeit. Gut, sogar sehr gut. In Ihrem Keller wird er sich zum Lieblingswein entwickeln.
↘ Pierre Marey et Fils, 21420 Pernand-Vergelesses, Tel. 03.80.21.51.71, Fax 03.80.26.10.48 ✓ ⚜ n. V.

DOM. ANDRE ET JEAN-RENE NUDANT 1995★

| ☐ Gd cru | 0,15 ha | 850 | 🍷 +200 F |

Ein eigentümlicher Wein, sehr gut gemacht, mit einem Aroma von Eisenkraut und Lindenblüten. Er löst sich vom Feld und gewinnt so eine Prämie im Sprint. Goldgelbes Trikot, Duft nach Kiefern und Kiefernharz. Originell. Das Ganze ist angenehm und gefällig.
↘ Dom. André et Jean-René Nudant, 11, R.N. 74, B.P. 15, 21550 Ladoix-Serrigny, Tel. 03.80.26.40.48, Fax 03.80.26.47.13 ✓ ⚜ n. V.

DOM. RAPET PERE ET FILS 1995

| ☐ Gd cru | 2,5 ha | 5 000 | 🍷 150-200 F |

Eine Fülle von aromatischen Empfindungen, mineralischen und blumigen, ohne daß eine dominiert. Die Bühne öffnete sich - man vergaß es - zu einer klassischen, sittsamen gelben Kulisse mit grünen Reflexen. Das Röstaroma ist gut integriert. Die Ausgewogenheit entfaltet sich über der Sanftheit. Ein Eindruck von Feinheit.
↘ Dom. Rapet Père et Fils, 21420 Pernand-Vergelesses, Tel. 03.80.21.50.05, Fax 03.80.21.53.87 ✓ ⚜ n. V.

REINE PEDAUQUE 1995

| ☐ Gd cru | 1,48 ha | k. A. | 🍷 +200 F |

Dieser sehr blaßgelbe Wein mit dem ziemlich feinen, nicht sehr tiefen Bukett benötigt keine beträchtliche Alterung. Leichter, aber eleganter, angenehmer Geschmack. Nicht mehr als drei bis vier Jahre im Keller einlagern.
↘ Reine Pédauque, Le Village, 21420 Aloxe-Corton, Tel. 03.80.25.00.00, Fax 03.80.26.42.00 ⚜ tägl. 9h-11h30 14h-17h30 ; Jan. geschlossen

LOUIS VIOLLAND 1994★★★

| ☐ Gd cru | 0,22 ha | 1 100 | 🍷 +200 F |

Corton-Charlemagne Grand Cru — Louis Violland (Mise au Domaine, 13% vol., 750 ml) — Louis Violland, propriétaire-viticulteur, Beaune (Côte-d'Or) France

Côte de Beaune

Die Glocken läuten im Nachgeschmack wie am Ostermorgen, um diesen schon großartigen Wein zu feiern, dessen Zukunft fabelhaft sein wird. Die Feinheit schlechthin, leicht goldgelb, ein wenig wie ein Zitronenfalter. Brioche- und Butternoten weisen auf die Üppigkeit eines perfekt gebauten Körpers hin, der Frische und Fülle vereint.

◆ SCE Dom. Louis Violland, 13, rue de l'Ancienne-Poste, 21200 Beaune, Tel. 03.80.22.35.17, Fax 03.80.24.69.14 ☑ ☥ n. V.
◆ Groupe Boisset

Savigny-lès-Beaune

Savigny ist ebenfalls ein richtiges Winzerdorf. Der Geist des Anbaugebiets wird hier bewahrt; die Confrérie de la Cousinerie de Bourgogne verkörpert burgundische Gastlichkeit. Die »Cousins« schwören, ihre Gäste »mit der Flasche auf dem Tisch und mit offener Herzlichkeit« zu empfangen.

Die Weine aus Savigny sind nicht nur »nahrhaft, theologisch und krankheitsvertreibend«, sondern auch sanft, sehr fein und fruchtig, angenehm, wenn sie jung sind, aber auch von guter Alterungsfähigkeit. 1996 erzeugte die AOC 14 600 hl Rotwein und 1 513 hl Weißwein.

ARNOUX PERE ET FILS
Les Vergelesses 1994**

| ■ 1er cru | 0,3 ha | 1 600 | 🍷 70-100 F |

Wir haben einen sehr ordentlichen 94er *Villages* probiert, danach diesen Vergelesses Premier cru, der vor dem Ende des Jahrhunderts einen großen Wein abgeben wird. Klare dunkelrote Farbe. Er bietet einen ziemlich animalischen Geruchseindruck und läßt die gesamte Weinprobe diesen etwas entwickelten Stil durch, der ziemlich wild, jedoch vielversprechend ist. Eher fruchtig als blumig. Er enttäuscht nicht. 1991 Lieblingswein.

◆ Arnoux Père et Fils, rue des Brenôts, 21200 Chorey-lès-Beaune, Tel. 03.80.22.57.98, Fax 03.80.22.16.85 ☑ ☥ n. V.

PIERRE BITOUZET 1995*

| ■ | 1,2 ha | 4 000 | 🍷 50-70 F |

Ein überzeugender 95er Lavières 95 und dieser sehr intensive purpurrote *Villages*. Geruchseindruck aus der Familie der schwarzen Johannisbeeren, pflanzlich im Stil. Ein sehr kindlicher Wein, der sich entwickeln muß. Viel Schwung im Geschmack, viel nachhaltige Wirkung, je nachdem, ob man an die Säure oder an die Tannine denkt. Im letzten Jahr gehörte der 94er zu den Lieblingsweinen.

◆ Pierre Bitouzet, 13, rue de Cîteaux, 21420 Savigny-lès-Beaune, Tel. 03.80.21.53.26, Fax 03.80.21.58.29 ☑ ☥ n. V.

PIERRE BITOUZET Les Talmettes 1995

| ☐ | 0,4 ha | 2 000 | 🍷 50-70 F |

Sehr blasse Goldfarbe. Ein ziemlich kommerzieller Wein, d. h. ein Wein, der gefallen soll. Er ist sehr vanillebetont und wendet sich an die Weintrinker, die diesen Stil schätzen. Ansonsten guter Allgemeineindruck und zufriedenstellende Länge.

◆ Pierre Bitouzet, 13, rue de Cîteaux, 21420 Savigny-lès-Beaune, Tel. 03.80.21.53.26, Fax 03.80.21.58.29 ☑ ☥ n. V.

BOISSEAUX-ESTIVANT
Dentellières 1995*

| ■ | k. A. | k. A. | 🍷 70-100 F |

Recht dichte Erscheinung, strahlend granatrot. Ein Wein mit einem noch diskreten, zurückhaltenden Geruchseindruck. Die Grundlage erscheint dennoch solide mit Fülle schon in der Ansprache. Danach eine sehr angenehme fruchtige Note, in der Mitte des Geschmackseindrucks tanninreicher, dann eine harmonische, vielversprechende Entwicklung. Kurz gesagt: Man langweilt sich nicht einen Augenblick an Bord dieses dieses Mittelstreckenflugzeugs.

◆ Boisseaux-Estivant, 38, fg Saint-Nicolas, 21200 Beaune, Tel. 03.80.22.00.05, Fax 03.80.24.19.73 ☑ ☥ n. V.

DOM. CAMUS-BRUCHON
Les Narbantons 1994*

| ■ 1er cru | 0,45 ha | 2 400 | 🍷 50-70 F |

Die glücklichen Verheißungen beginnen hier schon beim ersten Anblick. Schöne Intensität für einen Savigny! Und diese Versprechen werden eingelöst: komplexes Bukett, in dem die Gewürznelken und die Kirschen vierhändig spielen. Ausgezeichnete Struktur, die trotzdem noch streng geformt ist. Drei Jahre altern lassen.

◆ Lucien Camus-Bruchon, Les Cruottes, 16, rue de Chorey, 21420 Savigny-lès-Beaune, Tel. 03.80.21.51.08, Fax 03.80.26.10.21 ☑ ☥ n. V.

NICOLE ET JEAN-MARIE CAPRON-CHARCOUSSET
Les Pimentiers 1994

| ■ | 0,33 ha | 1 750 | 🍷 50-70 F |

Ein Wein von großer Kontinuität, mit einer eleganten, seidigen Struktur, die die Frucht zurückholt. Zweifellos besitzt er kein sehr robustes Rückgrat. Dafür ist diese elegant und seidig, ruft diskret die Früchte in Erinnerung und besitzt einen leicht holzbetonten Abgang. Schmeckt schon jetzt gut, und das zwei Jahre lang.

◆ Nicole et Jean-Marie Capron-Charcousset, 3, rue Couturie, 21420 Savigny-lès-Beaune, Tel. 03.80.21.55.37, Fax 03.80.21.55.37 ☑ ☥ n. V.

DENIS CARRE 1995

| | k. A. | k. A. | 🍷 50-70 F |

Noch hermetisch verschlossen aufgrund seines Alters. Dieser 95er strömt über vor Reichtum. Das springt schon beim ersten Anblick ins Auge. Kein Bukett, um ehrlich zu sein. Alkohol, Säure,

Côte de Beaune

Tannine - von allem hat er reichlich. Überlassen Sie es der Zeit : Das muß verschmelzen.
🡆 Dom. Denis Carré, rue du Puits-Bourret, 21190 Meloisey, Tel. 03.80.26.02.21, Fax 03.80.26.04.84 ☑ ⏐ n. V.

CHAMPY PERE ET CIE 1995**

| | k. A. | k. A. | 🍷 | 100-150 F |

Noch kaum aus dem Keller heraus, zeigen seine Wangen die - wie es Colette nannte - »blassen Farben«. Die frische Luft wird ihm eine lebhaftere Farbe verschaffen. Der etwas träge Geruchseindruck braucht einige Zeit, bis er sich mit pflanzlichen Noten aufrichtet. Der Geschmack ist ein Tempel, der dem Gott des Vergnügens geweiht ist : eine geschickte Mischung aus Spontaneität und Reife, äußerste Zartheit.
🡆 Maison Champy Père et Cie, 5, rue du Grenier-à-sel, 21202 Beaune Cedex, Tel. 03.80.24.97.30, Fax 03.80.24.97.40 ☑ ⏐ n. V.

DOM. CHANDON DE BRIAILLES
Les Lavières 1994*

| ■ 1er cru | 2,65 ha | k. A. | 🍷 | 70-100 F |

Eines der bezauberndsten Häuser der Côte dient diesem Wein mit dem glühenden Herzen und dem kolossalen Bukett als Schatulle. Der Körper bewahrt hingegen seine Geheimnisse. Wir würden gern sehen, daß er sich ein wenig öffnet.
🡆 Dom. Chandon de Briailles, 1, rue Sœur-Goby, 21420 Savigny-lès-Beaune, Tel. 03.80.21.52.31, Fax 03.80.21.59.15 ☑ ⏐ n. V.
🡆 M. et Mme de Nicolaÿ

DOM. DU CHATEAU DE MEURSAULT 1994*

| ■ | 4 ha | 15 000 | 🍾🍷 | 70-100 F |

Er beginnt sich an den Rändern ziegelrot zu verfärben ! Sanft, sogar im Duft - er entfaltet sich gut mit fruchtigen Noten bis zu einer beachtlichen Tiefe. Ein gutgebauter Wein, der keine Enttäuschung hervorruft - im Gegenteil !
🡆 Ch. de Meursault, rue du Moulin-Foulot, 21190 Meursault, Tel. 03.80.26.22.75, Fax 03.80.26.22.76 ☑ ⏐ n. V.

F. CHAUVENET 1995**

| ■ | k. A. | 20 000 | 🍷 | 50-70 F |

Eine Marke, die nach dem Zusammenbruch dieser Firma von J.-C. Boisset übernommen worden ist. Ein *Villages*, dessen Farbe an sehr reife Kirschen erinnert. Er riecht nach Fleisch und Gewürzen. Die Attacke ist fleischig, fruchtig und

Savigny-lès-Beaune

pfeffrig und läßt Sie bald die Waffen strecken. Und der fast überhaupt nicht strenge geschmackliche Abgang beschert ein wahres Glücksgefühl.
🡆 Grands Vins Fins F. Chauvenet, 9, quai Fleury, 21700 Nuits-Saint-Georges, Tel. 03.80.62.61.43, Fax 03.80.62.37.38

DOM. BRUNO CLAIR La Dominode 1994

| ■ 1er cru | 1,2 ha | 4 800 | 🍷 | 100-150 F |

Das Höchstmaß an Farbe für einen 94er. Ein köstlich wilder Geruchseindruck mit dem Duft von Unterholz, Pilzen und Trüffeln. Sein strenger Körper hält für uns gegenwärtig keine Schätze an Güte bereit. Aber das kann sich ändern : Er ist noch nicht am Ende.
🡆 Dom. Bruno Clair, 5, rue du Vieux-Collège, 21160 Marsannay-la-Côte, Tel. 03.80.52.28.95, Fax 03.80.52.18.14 ☑ ⏐ n. V.

RODOLPHE DEMOUGEOT
Les Bourgeots 1995***

| | 0,46 ha | k. A. | 🍷 | 50-70 F |

Die Schönheit des Teufels ! Der zum Lieblingswein gewählte 95er dieses jungen Winzers ist wirklich von herrlicher Schönheit. Dunkle Granatfarbe. Er besitzt schon ein sehr komplexes Bukett (Brombeeren, Pfeffer, rauchige und animalische Noten). Vollkommene innere Harmonie. »Pfauenrad« (Geschmacksempfindung im ganzen Mund) im Abgang. Empfohlen von Kinigopoulos, ein Künstlerwein. Merken Sie sich seinen Namen gut.
🡆 Dom. Rodolphe Demougeot, rue du Glacis, 21190 Meloisey, Tel. 03.80.26.01.73, Fax 03.80.26.05.57 ☑ ⏐ n. V.

R. DENIS PERE ET FILS 1994*

| | 2,25 ha | 10 000 | 🍾🍷 | 50-70 F |

Zufriedenstellende Tonalität bei diesem 94er mit dem fruchtigen Bukett und der Moschusnote. Seine Fülle macht ihn zu einem sehr liebenswürdigen Wein. Sicherlich ist er nicht von erstaunlicher Länge, aber man wird seinen Charme mögen. Er kann schon bald sehr gefallen.
🡆 Dom. Denis Père et Fils, chem. des Vignes-Blanches, 21420 Pernand-Vergelesses, Tel. 03.80.21.50.91, Fax 03.80.26.10.32 ☑ ⏐ n. V.

JOSEPH DROUHIN Serpentières 1995**

| ■ 1er cru | k. A. | k. A. | 🍷 | 70-100 F |

Es fällt schwer, eine solche Jugendlichkeit zu enthüllen ! Ein wenig Überreife vielleicht. Kräftiges Granatrot. Dieser 95er hat einen nicht sehr ausdrucksvollen Duft und einen recht profilier-

Côte de Beaune — Savigny-lès-Beaune

ten, eleganten und vielversprechenden Körper. Ein schöner Wein, den man in zwei bis drei Jahren nochmals probieren sollte. »Zum Sehen«, wie es beim Pokerspiel heißt.
🍇 Joseph Drouhin, 7, rue d'Enfer, 21200 Beaune, Tel. 03.80.24.68.88, Fax 03.80.22.43.14 ⌛ n. V.

JEAN-LUC DUBOIS 1994*

| ■ | 1,09 ha | 3 400 | ⦿ | 50-70 F |

Guter typischer Charakter, für das Anbaugebiet ebenso wie für den Jahrgang. Aber man muß holzbetonte Weine mögen. Dunkelrubinrot. Er ist noch verschlossen und im Abgang adstringierend. Sein Potential läßt eine lange Wartezeit zu: Es wäre ein Fehler, ihn zu früh zu bedrängen.
🍇 Jean-Luc Dubois, 7-9, rue des Brenôts, 21200 Chorey-lès-Beaune, Tel. 03.80.22.28.36, Fax 03.80.22.83.08 ✓ ⌛ n. V.

DOM. DUBOIS D'ORGEVAL
Les Narbantons 1994

| ■ 1er cru | k. A. | k. A. | ⦿ | 50-70 F |

Ein für den Jahrgang typischer Wein, wenn er gut aufgelegt ist. Die an Sauerkirschen erinnernde Farbe ist überdurchschnittlich. Frische und kandierte rote Früchte wechseln sich angenehm ab. Stärke der Tannine, Herbheit der Säure - der Geschmack ist lebhaft.
🍇 Dom. Dubois d'Orgeval, 3, rue Joseph-Bard, 21200 Chorey-lès-Beaune, Tel. 03.80.24.70.89, Fax 03.80.22.45.02 ✓ ⌛ n. V.

R. DUBOIS ET FILS Les Narbantons 1994

| ■ 1er cru | 0,25 ha | 1 500 | ⦿ | 50-70 F |

Gute Intensität der Farbe, er zeigt einen bräunlichen Schimmer. Das Bukett dagegen - verschmolzen und sehr angenehm - läßt keine Anzeichen einer Entwicklung erkennen. Rund und im Mund gut gleitend, ohne große Struktur - es ist ein 94er.
🍇 R. Dubois et Fils, rte de Nuits-Saint-Georges, 21700 Prémeaux-Prissey, Tel. 03.80.62.30.61, Fax 03.80.61.24.07 ✓ ⌛ Mo-Sa 8h-11h30 14h-18h30; So n. V.

PHILIPPE DUBREUIL-CORDIER 1995***

| □ | 0,73 ha | 4 500 | ⦿ | 50-70 F |

Äpfel, Birnen ... Wie in dem Lied mangelt es seinem mineralisch-blumig-fruchtigen Bukett nur an »Schubidus« ! Sehr helle, frühlingshafte Farbe und eindrucksvoller Geschmack. So viele Qualitäten ! Man ist versucht, von einer Feinheit voller Kraft zu sprechen.

🍇 Philippe Dubreuil, 4, rue Péjot, 21420 Savigny-lès-Beaune, Tel. 03.80.21.53.73, Fax 03.80.26.11.46 ✓ ⌛ n. V.

DOM. P. DUBREUIL-FONTAINE PERE ET FILS Les Vergelesses 1994

| ■ | 3 ha | 7 000 | ⦿ | 50-70 F |

Eine sehr schöne Farbe und ein nicht sehr ausdrucksvolles Bukett. Der Geschmack ist im Stil des Jahrgangs gehalten. Diese Reste von Herbheit erfordern eine ein- bis zweijährige Alterung. Die Länge spricht für ihn.
🍇 Dom. P. Dubreuil-Fontaine Père et Fils, 21420 Pernand-Vergelesses, Tel. 03.80.21.55.43, Fax 03.80.21.51.69 ✓ ⌛ n. V.

DUFOULEUR PERE ET FILS 1995*

| □ | k. A. | k. A. | ⦿ ♦ | 70-100 F |

Ein schöner, zukunftsreicher Wein, den man vor einem Jahr nicht stören darf. Ziemlich ausgeprägte gelbe Farbe, mit einem intensiven, komplexen Bukett. Er macht keine großen Umstände : Frische und Fülle, eine runde Ansprache und dramatischeres Finale (eine würzige Lebhaftigkeit).
🍇 Dufouleur Père et Fils, rue Thurot, B.P. 27, 21700 Nuits-Saint-Georges, Tel. 03.80.61.21.21, Fax 03.80.61.10.65 ✓ ⌛ tägl. 9h-19h

DOM. FOUGERAY Les Golardes 1994***

| □ | 0,26 ha | 1 200 | ⦿ | 70-100 F |

Ein gefälliger, holzbetonter Wein, der gut über die Zunge fließt und dem es dort so sehr behagt, so daß er Mäander bildet. Klares Goldgelb. Er besitzt ein dichtes Aroma (Birnen, Bananen, ziemlich reife Früchte). Im Geschmack ein Eindruck von Milde und harmonischer Verschmelzung, von einem perfekt gelungenen Kompromiß. Er ist einer Stopfleber gewachsen.
🍇 Dom. Jean-Louis Fougeray, 44, rue de Mazy, B.P. 36, 21160 Marsannay-la-Côte, Tel. 03.80.52.21.12, Fax 03.80.58.73.83 ✓ ⌛ n. V.

MAURICE ET JEAN-MICHEL GIBOULOT 1994

| □ | 1,3 ha | 5 000 | ⦿ | 50-70 F |

Dieser Villages von schöner, satter goldener Farbe besitzt eine köstliche Frische von weißen Früchten (Pfirsichen, Birnen) und ein wenig Röstaroma. Die Ansprache ist säuerlich und wohlausgewogen auf der Frucht. Schon angenehm. Dieser 94er kann ein bis zwei Jahre halten.
🍇 Maurice et Jean-Michel Giboulot, 27, rue Gal-Leclerc, 21420 Savigny-lès-Beaune, Tel. 03.80.21.52.30, Fax 03.80.26.10.06 ✓ ⌛ n. V.

DOM. GIRARD-VOLLOT ET FILS 1995*

| □ | 0,81 ha | 5 000 | ⦿ | 50-70 F |

Wenn die Weine aus Savigny als »theologisch, nahrhaft und krankheitsvertreibend« gelten, verdanken sie diesen Ruf Flaschen wie dieser hier. Mittelgoldene Farbe mit grünen Reflexen. Der Wein erinnert an Haselnüsse und grüne Mandeln. Seine Länge und die Qualität seines Stoffs (gutes Fett) machen den Geschmack verlockend. Gut für die Gesundheit und sogar für die Moral !

Côte de Beaune — Savigny-lès-Beaune

➼ Girard-Vollot et Fils, 16, rue de Cîteaux, 21420 Savigny-lès-Beaune, Tel. 03.80.21.56.15, Fax 03.80.26.10.08 ■ ▼ n. V.

DOM. GIRARD-VOLLOT ET FILS
Les Peuillets 1994

■ 1er cru   1,25 ha   6 000   ⓘ 50-70 F

Ein Wein, der sich dank seiner recht intensiven Farbe und seines runden, gefälligen Aromas mit relativ komplexen Blütennoten qualifiziert. Er besitzt keinen großen Charakter (eine Folge des Jahrgangs), aber seine Qualitäten beruhen auf einer schönen Ansprache, der Länge und der Ausgewogenheit.

➼ Girard-Vollot et Fils, 16, rue de Cîteaux, 21420 Savigny-lès-Beaune, Tel. 03.80.21.56.15, Fax 03.80.26.10.08 ■ ▼ n. V.

CH. DES GUETTES Clos des Guettes 1994

■ 1er cru   3,5 ha   17 000   ⓘ 50-70 F

Dieser Wein hat ein Adelsprädikat und gute Manieren. Klar wie eine Schülerin von Les Oiseaux. Duftig (Süßkirschen) wie auf dem Debütantinnenball. Frisch und lebhaft, immer noch Kirschstiele. Bis zur Verheiratung wird man ein wenig warten, denn diese Jugend ist noch recht unreif.

➼ Jocelyn Pinoteau de Rendinger, Ch. des Guettes, 21420 Savigny-lès-Beaune, Tel. 03.80.21.58.79, Fax 03.80.26.11.51 ■ ▼ n. V.

DOM. PIERRE GUILLEMOT
Les Jarrons 1995*

■ 1er cru   0,28 ha   1 700   ⓘ 70-100 F

Eine Reblage, die gleich weit von Lille und Marseille entfernt ist. Dort weihte nämlich Georges Pompidou die Autobahn A 6 ein. Der Verkehr lenkt diesen Wein nicht ab : Von einer sehr ätherischen Frucht dominiert, ist er dicht und freigebig, gerade dabei zu reifen. Das Gut hatte mit dem 89er und dem 91er Lieblingsweine. Ebenfalls beachten sollte man einen vielversprechenden 95er Serpentières (selbe Note).

➼ Dom. Pierre Guillemot, 1, rue Boulanger-et-Vallée, 11, pl. Fournier, 21420 Savigny-lès-Beaune, Tel. 03.80.21.50.40, Fax 03.80.21.59.98 ■ ▼ n. V.

JEAN GUITON Les Hauts Jarrons 1994*

■ 1er cru   1,72 ha   2 500   ⓘ 50-70 F

Noch tanninreich. Ein strahlend rubinroter Savigny, der fruchtig ist, rund wie auch lang und ausgewogen. In rund zwei Jahren ist er perfekt.

➼ Jean Guiton, 4, rte de Pommard, 21420 Bligny-lès-Beaune, Tel. 03.80.26.82.88, Fax 03.80.26.85.05 ■ ▼ n. V.

DOM. LUCIEN JACOB 1994

■   3,4 ha   13 800   ⓘ 50-70 F

Eine jugendliche Seele. Das sieht man : kirschrote Farbe, die eines Primeur-Weins würdig ist, frisches, leichtes Aroma (in der Hauptsache ein Primäraroma). Er wird erst in ein paar Jahren in Bestform sein.

➼ Dom. Lucien Jacob, 21420 Echevronne, Tel. 03.80.21.52.15, Fax 03.80.21.55.65 ■ ▼ n. V.

JACOB-FRERE BEAU
La Croix des Lavières 1994

■ 1er cru   0,25 ha   1 200   ⓘ 50-70 F

Hellrot mit einigen Anzeichen von Entwicklung. Sein Aroma erinnert an gekochte Früchte und Früchte in Alkohol. Der Mund harmoniert mit diesen Eindrücken. Seine Reichhaltigkeit enthält harmonische Geschmacksnoten.

➼ Jacob-Frèrebeau, Changey, 21420 Echevronne, Tel. 03.80.21.55.58 ■ ▼ n. V.

DOM. JACOB-GIRARD ET FILS
Les Marconnets 1994

■ 1er cru   0,96 ha   3 000   ⓘ 50-70 F

Leuchtendrot, holzbetont. Es mangelt ihm nicht an Duft. Seine zarte, leichte Konstitution ist angenehm. Er klingt eher abrupt mit einer Tanninnote aus, über einem bitteren Untergrund, der sich innerhalb der nächsten sechs Monate verflüchtigen wird. Für den Jahrgang ist das gar nicht so übel.

➼ Dom. Jacob-Girard et Fils, 2, rue de Cîteaux, 21420 Savigny-lès-Beaune, Tel. 03.80.21.52.29, Fax 03.80.21.55.46 ■ ▼ n. V.

DOM. GUY-PIERRE JEAN ET FILS
Les Grands Liards 1995*

■   k. A.   k. A.   ⓘ 50-70 F

Zartes Rubinrot. Er macht sich guten Mutes an die Aufgabe, Sie zufriedenzustellen, und es gelingt ihm zum großen Teil. Die aromatische Intensität entfaltet sich einwandfrei. Der ziemlich sanfte Geschmack mit vollreifen Tanninen ist eher warm als körperreich. Dieser Wein bringt die ganze Feinheit des Jahrgangs zum Ausdruck.

➼ Dom. Guy-Pierre Jean et Fils, rue des Cras, 21420 Aloxe-Corton, Tel. 03.80.26.44.72, Fax 03.80.26.45.36 ■ ▼ n. V.

DOM. PIERRE LABET
Vergelesses 1995***

☐ 1er cru   k. A.   1 500   ⓘ 100-150 F

|85| 86 87 |88| (89)| 90 91 92 93 94 95

»Rara avis« - der Wahlspruch des Guts. Er erklärt den Vogel, der auf dem Wappen erscheint. Wie dem auch sei, dieser Savigny-Vergelesses besitzt alles von einem seltenen Vogel. Goldgrüne Farbe, klarer, aber nicht aufdringlicher Duft (Pfirsiche, Aprikosen). Er entfaltet sich wunderbar im Geschmack. Feinheit, Verschmolzenheit, Nachhaltigkeit - bravo ! 1988 war der 85er ein Lieblingswein.

➼ Pierre Labet, rempart de la Comédie, 21200 Beaune, Tel. 03.80.62.86.13, Fax 03.80.62.82.72 ■ ▼ tägl. 10h-19h ; im Winter n. V.

➼ François Labet

LALEURE PERE ET FILS
Les Vergelesses 1995*

■ 1er cru   0,3 ha   1 300   ⓘ 70-100 F

Diese Reblage hat ihren Namen dem Nachbardorf gegeben, aber sie fehlt hier nicht. Der 95er hat eine tiefrote Farbe und einen Vanilleduft. Der Körper entspricht seinem Alter, mit ein wenig Bitterkeit. Die Jury hat sich entschlossen, ihm zu vertrauen.

Côte de Beaune   Savigny-lès-Beaune

🍷 Dom. Laleure-Piot, 21420 Pernand-
Vergelesses, Tel. 03.80.21.52.37,
Fax 03.80.21.59.48 ⓥ ⲙ Mo-Fr 8h-12h 14h-19h ;
Sa, So n. V.
🍷 Frédéric Laleure

DANIEL LARGEOT 1995
■   0,5 ha   2 000   🍾▮🥂 30-50F

Das Aroma unter der dunklen, violett schimmernden Farbe ist entwickelt (Leder) und holzbetont. Kräftiger, warmer Körper, dominiert von ziemlich »grünen« Tanninen, die ihn ein wenig rustikal erscheinen lassen. Er ist noch sehr jung und wird im Keller besser werden. Für die Liebhaber pergamentähnlicher Etiketten, die ein wenig aus der Mode gekommen sind.
🍷 Daniel Largeot, 5, rue des Brenôts,
21200 Chorey-lès-Beaune, Tel. 03.80.22.15.10,
Fax 03.80.22.60.62 ⓥ ⲙ n. V.

PIERRE LEBREUIL 1994*
■   3 ha   8 000   🍾 50-70F

Dieser 94er zeigt eine gute Erscheinung und dürfte allmählich jene leicht strenge Note verlieren, die ihn daran hindert, sich mehr zu entfalten. Kann man darauf wetten ? Die Mehrheit der Jury denkt so.
🍷 Pierre Lebreuil, 17, rue Chanson-Maldant,
les Guettottes, 21420 Savigny-lès-Beaune,
Tel. 03.80.21.52.95, Fax 03.80.26.10.82 ⓥ ⲙ n. V.

DOM. MAILLARD-LOBREAU
Aux Guettes 1995*
■ 1er cru   0,92 ha   3 000   🍾 50-70F

Eine ziemlich steile Reblage oberhalb des Dorfs, die - wie ihr Name andeutet - einen Beobachtungsposten bildete. Sie macht es uns somit möglich, ein dunkles, tiefes Samtrot und danach einen Sauerkirschenduft zu entdecken, der ziemlich lebhaft ist, ohne daß er sich entladen würde. Der Körper wird vom Holz überdeckt. Mindestens achtzehn Monate warten, bevor man diese Flasche aufmacht.
🍷 EARL dom. Maillard-Lobreau, 29, rue Chanson-Maldant, 21420 Savigny-lès-Beaune,
Tel. 03.80.26.13.55 ⓥ ⲙ n. V.

DOM. MAILLARD PERE ET FILS 1994
■   k. A.   k. A.   🍾 50-70F

Ein 94er von schöner Farbe, dessen Bukett ein ziemlich vielfältiges Aroma enthält und sich hauptsächlich um das Faß dreht. Der Geschmack hält an und zeigt sich dicht genug. Ohne große Fülle, aber angenehm und einschmeichelnd.
🍷 Dom. Maillard Père et Fils, 2, rue Joseph-Bard, 21200 Chorey-lès-Beaune,
Tel. 03.80.22.10.67, Fax 03.80.24.00.42 ⓥ ⲙ n. V.

MAISON MALLARD-GAULIN
Aux clous 1994
■ 1er cru   0,8 ha   4 200   🍾 100-150F

Ein Savigny von leichter, schon entwickelter Farbe, der in der Nase an Unterholz und Tiergeruch erinnert. Im Geschmack, rund und im wenig an Konfitüre erinnernd, ist er eher fein als tief und entspricht den Merkmalen des Jahrgangs.
🍷 Maison Mallard-Gaulin, 21420 Aloxe-Corton, Tel. 03.80.26.46.10

BERNARD MARECHAL 1994
■   2,22 ha   3 636   🍾▮🥂 50-70F

Er entzückt das Auge. Die Nase wird ebenfalls umschmeichelt, aber auf eine etwas andere Art, ein wenig entwickelt und nostalgisch. Aroma von Leder, Moschus und Gewürzen : Erinnerung an den Dachboden ... Angenehm, sollte innerhalb der nächsten beiden Jahre getrunken werden.
🍷 Bernard Maréchal, 10, rte de Chalon,
21200 Bligny-lès-Beaune, Tel. 03.80.21.44.55,
Fax 03.80.26.88.21 ⓥ ⲙ n. V.

CLAUDE MARECHAL
Vieilles vignes 1994*
■   1,53 ha   5 000   🍾 50-70F

Insgesamt ein Wein mit einem sehr sorgfältigen Aussehen und einem »steigenden« Duft. Er intensiviert sich in einer sehr guten Kulisse schwarzer Johannisbeeren. Der Geschmack ist stattlich und geschmeidig, mit frischen Früchten, die man über den Rachenraum wahrnimmt. Sehr günstiger Gesamteindruck.
🍷 EARL Claude Maréchal, 6, rte de Chalon-sur-Saône, 21200 Bligny-lès-Beaune,
Tel. 03.80.21.44.37, Fax 03.80.26.85.01 ⓥ ⲙ n. V.

FRANÇOIS MARTENOT 1995*
■   k. A.   k. A.   🍾 30-50F

Dieselbe schweizerische Firma wie Henri de Villamont in Savigny. Ihrem purpur- bis granatroten Wein mangelt es ein wenig an Klarheit, während der feine Duft großzügig entfaltet ist (schwarze Kirschen, Himbeeren). Trotz einer eher trockenen Note ist der Geschmack recht genußvoll. Insgesamt gut. Man sollte ihn nach Möglichkeit einige Jahre altern lassen.
🍷 François Martenot, rue du Dr-Barolet, Z.I. Vignolles, 21209 Beaune Cedex,
Tel. 03.80.24.70.07, Fax 03.80.22.54.31 ⲙ n. V.

CAVES DES MOINES 1995
■   k. A.   k. A.   🍾 50-70F

Eine Marke der Firma P. Maufoux. Sie präsentiert einen Savigny von strahlender Klarheit, der eine Belüftung braucht, um die Frucht von einem pflanzlichen Untergrund zu befreien. Er verfügt nicht über ungeheuer viele Mittel, zeigt aber ein gewisses Lächeln im Mund.
🍷 H. Naudin-Varrault, 13, rue de Vignolles,
B.P. 31, 21201 Beaune, Tel. 03.80.22.16.65,
Fax 03.80.22.16.65 ⓥ ⲙ Mo-Fr 8h-12h 14h-18h

ANDRE MONTESSUY 1994*
■   k. A.   k. A.   🍾 50-70F

Eine Marke von Antonin Rodet. Sie bietet einen Wein, in dem sich der Geschmack und der Duft über die Hauptsache einig werden. Intensives Granatrot, auf Brombeeren und Heidelbeeren konzentriert. Er zeigt eine schöne Leistung und verzaubert den Gaumen. Ein bis zwei Jahre lagern.
🍷 André Montessuy, 71640 Mercurey,
Tel. 03.85.98.12.12, Fax 03.85.45.25.49

Côte de Beaune — Savigny-lès-Beaune

NAIGEON-CHAUVEAU
Les Peuillets 1994

| ■ 1er cru | k. A. | k. A. | 🕮 | 70-100 F |

Leichtes Rubinrot. Er besitzt einen recht klaren Duft (Kirschen, rote Johannisbeeren) mit kandierten Noten. Triumphal in der Ansprache, dann beruhigt er sich ein wenig. Genug Fülle und durchschnittliche Einprägsamkeit. Sollte im Laufe des Jahres getrunken werden.
➥ Naigeon-Chauveau, B.P. 7, rue de la Croix-des-Champs, 21220 Gevrey-Chambertin, Tel. 03.80.34.30.30, Fax 03.80.51.88.99 ☑ ⌧ n. V.

JEAN-MARC PAVELOT
Aux Guettes 1994**

| ■ 1er cru | 1,5 ha | 6 500 | 🕮 | 50-70 F |

Wahl zum Lieblingswein 1989 (der 85er) und im letzten Jahr (der 93er). Dieses Gut schafft es, daß seine vier Savignys mit zwei Sternen bewertet werden : die Dorfappellation und jeweils 94er Peuillets, Dominode und dieser großartige Guettes. »Endlich Wein !« schrieb ein Juror auf seinen Zettel. Echte Pinotfarbe, große Komplexität des Aromas, viel Stil und Charakter.
➥ Jean-Marc Pavelot, 1, chem. des Guettottes, 21420 Savigny-lès-Beaune, Tel. 03.80.21.55.21, Fax 03.80.21.59.73 ☑ ⌧ n. V.

GEORGES ET THIERRY PINTE 1994*

| ■ | 1,22 ha | 1 600 | 🍷🕮 | 50-70 F |

Was behält man von diesem 94er vor allem im Gedächtnis ? Der Duft ist von großer Reinheit, mit einer guten aromatischen Entwicklung kleiner Steinfrüchte. Der harmonische Bau ist elegant. Dieser Wein erfüllt wirkungsvoll seine Mission und ist die nächsten zwei bis drei Jahre lang trinkreif.
➥ GAEC Georges et Thierry Pinte, 11, rue du Jarron, 21420 Savigny-lès-Beaune, Tel. 03.80.21.51.59, Fax 03.80.21.51.59 ☑ ⌧ n. V.

VINCENT PONT 1994*

| ■ | k. A. | 1 200 | 🕮 | 50-70 F |

Kontinuität vom ersten Riechen bis zum Nachgeschmack. Zwischen Rubin- und Granatrot. Er gehört zur Familie der Moschus- und Fellaromen. Gut integrierter Holzton, gute Länge, mit einer ausgezeichneten Wiederaufnahme der Frucht.
➥ Vincent Pont, rue des Etoiles, 21190 Auxey-Duresses, Tel. 03.80.21.27.00, Fax 03.80.21.24.49 ☑ ⌧ n. V.

DOM. DU PRIEURE
Les Grands Picotins 1994*

| ■ | 1,1 ha | 6 000 | 🕮 | 50-70 F |

Der 86er dieses Guts gehörte 1990 zu den Lieblingsweinen. Diesmal mochten wir einen 94er Premier cru Lavières sowie diesen Grands Picotins, wobei wir bei völlig gleicher Bewertung letzterem ein wenig den Vorzug geben. Es ist ein sehr schöner *Villages*, der als Modell für die kommunale Appellation dienen könnte. Die Farbe hat Schick, der Duft das gewisse Etwas und der Geschmack eine bemerkenswert umhüllte Struktur. Im Keller liegenlassen.
➥ Jean-Michel Maurice, Dom. du Prieuré, 21420 Savigny-lès-Beaune, Tel. 03.80.21.54.27, Fax 03.80.21.59.77 ☑ ⌧ Mo-Sa 9h-19h ; So n. V.

ROGER ET JOEL REMY 1995*

| ■ | | k. A. | 6 000 | 🕮 | 30-50 F |

Ein Wein, der sofort durch die Farbe ankündigt : ein intensives, klares, leuchtendes Rubinrot. Sein angenehm fruchtiges Bukett verbindet schwarze Johannisbeeren und Kirschen. Ausgewogen, von einer Frische, die das Aroma trägt. Er zeigt sich elegant und subtil.
➥ SCEA Roger et Joël Remy, Sainte-Marie-la-Blanche, 21200 Beaune, Tel. 03.80.26.60.80, Fax 03.80.26.53.03 ☑ ⌧ tägl. außer So 9h-12h 14h-18h

ROGER SAUVESTRE 1995*

| ■ | 1 ha | k. A. | 🕮 | 50-70 F |

Man kann sich ihn gut vorstellen, daß er ein Geflügel begleitet, denn er ist die Ausgewogenheit schlechthin. Er hat keine extremen Vorsätze, sondern gewinnt rasch die Sympathie. Hübsche, klassische Erscheinung, Bukett mit pflanzlichen und Röstnoten, zarte, runde Konstitution. Er wird sich bald entfalten, falls dies nicht schon geschehen ist.
➥ Roger Sauvestre, 7, rte de Monthelie, 21190 Meursault, Tel. 03.80.21.22.45, Fax 03.80.21.28.05 ⌧ n. V.

DOM. THOMAS-MOILLARD 1995**

| ■ | 1 ha | 5 000 | 🕮 | 50-70 F |

In Savigny steht man gern auf vertrautem Fuß miteinander. Wenn dies mit dem 95er geschehen soll, so muß man den ersten Schritt tun ! Ein so tiefes Rot, daß man den Grund nicht sieht. Ein hermetisch verschlossener Geruchseindruck. Ungeheuer konzentriert - der Körper zieht sich gegenwärtig nach Cîteaux zurück. Aber so viel innerer Reichtum wird seine irdische Belohnung finden, zweifeln Sie nicht daran. Lieblingswein im Hachette-Weinführer 2001 ?
➥ Dom. Thomas-Moillard, chem. rural 29, 21700 Nuits-Saint-Georges, Tel. 03.80.62.42.22, Fax 03.80.61.28.13 ☑ ⌧ n. V.

DOM. THOMAS-MOILLARD 1995*

| ☐ | 1 ha | 3 000 | 🕮 | 70-100 F |

Sein Bukett ist von Honig umgeben. Hinzu kommen geröstete Mandeln. Eindruck von Wärme, die auf den Alkohol zurückgeht, insbesondere auf aromatischer Ebene. Sehr glücklicher Geschmackseindruck, der an Äpfel und Zitronengras erinnert.
➥ Dom. Thomas-Moillard, chem. rural 29, 21700 Nuits-Saint-Georges, Tel. 03.80.62.42.22, Fax 03.80.61.28.13 ☑ ⌧ n. V.

LOUIS VIOLLAND
Les Marconnets 1994**

| ■ 1er cru | 1,8 ha | 11 000 | 🕮 | 70-100 F |

Die Hinterlegungs- und Konsignationskasse wird den Verkauf ihrer Investition in den Weinbau bedauern. Denn dieser rubin- bis karminrote 94er, der duftig ist und einen guten Holzton besitzt, weiß zu gefallen, wobei er den Geist erregt. Die Form kommt zur Tiefe hinzu.

Côte de Beaune

Chorey-lès-Beaune

🕭 SCE Dom. Louis Violland, 13, rue de l'Ancienne-Poste, 21200 Beaune, Tel. 03.80.22.35.17, Fax 03.80.24.69.14 ✓ ⊺ n. V.

Chorey-lès-Beaune

Das in der Ebene gegenüber dem Schwemmkegel des Tals von Boulland gelegene Dorf besitzt einige Nachbarlagen von Savigny. 1996 wurden hier 6 442 hl Rotwein und 169 hl Weißwein erzeugt.

DOM. CHARLES ALLEXANT ET FILS
Les Beaumonts 1995

| ■ | 1 ha | 4 500 | 🍷 50-70 F |

Er bewahrt eine schöne Ausgewogenheit : Seine Tannine sind fest genug, um den Bau zu unterstützen. Rot, aber nicht zu ausgeprägt. Dieser holzbetonte 95er ist eher gefällig. Trinken Sie ihn im kommenden Jahr. 1991 war der 88er ein Lieblingswein.
🕭 SCE Dom. Charles Allexant et Fils, rue du Château, Cissey, 21190 Merceuil, Tel. 03.80.26.83.17, Fax 03.80.26.84.04 ✓ ⊺ n. V.

SYLVAIN DUSSORT
Les Beaumonts 1995★

| ■ | k. A. | k. A. | 🍷 30-50 F |

Hübsche Erscheinung. Der Wein füllt das Glas gut aus und kleidet es auf frische, angenehme Weise. Frucht und Holz - der Duft geht rascher vorüber. Der ziemlich zarte Körper bevorzugt die Eleganz, aber er besitzt Fülle und Rundheit. Überhaupt nicht der Stil, um sich aufzudrängen, aber er wird ein Federwild nicht zurückweisen.
🕭 Sylvain Dussort, 12, rue Charles-Giraud, 21190 Meursault, Tel. 03.80.21.27.50, Fax 03.80.21.65.91 ✓ ⊺ n. V.

FRANÇOIS GAY 1994★

| ■ | 2,75 ha | 12 000 | 🍷 30-50 F |

Chorey brauchte lang, um sich seinen eigenen Platz auf Erden zu sichern, so sehr nahm ihm Beaune die Sonne weg. Heute ist es ihm gelungen. Dieser sehr beachtliche Wein mit dem guten, differenzierten Rubinrot, der in der Nase an Unterholz, Tiergeruch und Kirschen erinnert, ehrt den Jahrgang und zeigt die Fähigkeiten dieses Anbaugebiets, ausgezeichnete Weine zu liefern.
🕭 François Gay, 9, rue des Fiètres, 21200 Chorey-lès-Beaune, Tel. 03.80.22.69.38, Fax 03.80.24.71.42 ✓ ⊺ n. V.

MICHEL GAY 1994

| ■ | 2,73 ha | 7 000 | 🍷 30-50 F |

Ein gelungener 94er, der sich aus dem Feld löst. Kein großer Charakter, aber recht angenehm, interessant und vielfältig. Die seidige, funkelnde Farbe ist noch jugendlich. Das komplexe Bukett von gekochten runden Früchten und Wildbret ist dennoch leicht. Der schillernde Geschmack ist fein und wird durch einen tanninreichen Kontrapunkt unterstrichen.
🕭 Michel Gay, 1 b, rue des Brenôts, 21200 Chorey-lès-Beaune, Tel. 03.80.22.22.73, Fax 03.80.22.95.78 ✓ ⊺ n. V.

DOM. GUYON Les Bons Ores 1995

| ■ | 1 ha | 5 000 | 🍷 50-70 F |

Diese Flasche enthält Wein ! Das sieht man (sehr dunkle, lebhafte und dichte Farbe), und das riecht man unter dem Holzton. Der Geschmack ist recht konkret, mit einem Hauch von tanninbetonter Adstringenz. Man muß ein wenig warten, bis er seinen Ausbau abschließt.
🕭 EARL Dom. Guyon, 11, R.N. 74, 21700 Vosne-Romanée, Tel. 03.80.61.02.46, Fax 03.80.62.36.56 ✓ ⊺ n. V.

DOM. MAILLARD PERE ET FILS
1994★

| ■ | k. A. | k. A. | 🍷 50-70 F |

Ein schöner und guter Chorey, an der Grenze zum zweiten Stern. Eine samtrote Farbe und verleiht der Verkostung eine aufregende aromatische Palette : Gewürze, eingemachte Früchte, Fleisch von wilden Tieren. Und dennoch ist die Ansprache im Geschmack sehr rund. Die Struktur kommt danach. Man hat Spaß daran, ihn zu trinken.
🕭 Dom. Maillard Père et Fils, 2, rue Joseph-Bard, 21200 Chorey-lès-Beaune, Tel. 03.80.22.12.10.67, Fax 03.80.24.00.42 ✓ ⊺ n. V.

DOM. POULLEAU PERE ET FILS 1995

| ■ | 0,45 ha | 1 500 | 🍷 30-50 F |

Die Farbe erinnert an Himbeeren und Granatäpfel. Er zeigt sich begleitet von einem pflanzlichen, jedoch ein wenig fruchtigen Aroma. Die Tannine sind ziemlich ausgeprägt, was aber nicht verhindert, daß die Struktur recht ordentlich ist. Ein wenig Säure ermöglicht es ihm, sich gut zu entwickeln.
🕭 SCE Dom. Poulleau Père et Fils, rue du Pied-de-la-Vallée, 21190 Volnay, Tel. 03.80.21.62.61, Fax 03.80.24.11.25 ✓ ⊺ n. V.

ROGER ET JOEL REMY 1995

| ■ | 3 ha | 6 000 | 🍷 30-50 F |

Unter einer deutlichen, intensiven und sogar lebhaften Farbe entfaltet sich der zarteste Duft, den man sich vorstellen kann, wobei er sich Zeit nimmt. Er ist fähig, sich zu entwickeln, er hat nämlich noch nicht seine Flügel entfaltet.
🕭 SCEA Roger et Joël Remy, Sainte-Marie-la-Blanche, 21200 Beaune, Tel. 03.80.26.60.80, Fax 03.80.26.53.03 ✓ ⊺ Mo-Sa 9h-12h 14h-18h

PIERRE THIBERT
Les Beaumonts Vieilles vignes 1995★

| ■ | 0,23 ha | 900 | 🍷 50-70 F |

Pierre Thibert hatte dieses Parzelle gepachtet. 1996 kaufte er sie. Dieser 95er ist somit auch sein Werk. »Ich liebe alle klaren Weine, weil sie Liebe erwecken«, gestand Musset. Lassen wir uns von diesem Wein begleiten, dessen rote Farbe an Sauerkirschen erinnert und dessen Aroma zu einem Waldspaziergang einlädt. Seine gute Struktur, sein Stoff und seine Tannine, die gerade dabei

Beaune

Flächenmäßig ist die AOC Beaune eine der größten Appellationen der Côte. Aber Beaune, eine rund 20 000 Einwohner zählende Stadt, ist auch und vor allem die Weinhauptstadt von Burgund. Sie ist Sitz zahlreicher Weinhandelsfirmen und einer der bedeutendsten Fremdenverkehrsorte Frankreichs. Die Versteigerung der Weine der Hospices de Beaune ist zu einem Weltereignis geworden und stellt sicherlich eine der berühmtesten Auktionen für wohltätige Zwecke dar. Da Beaune an einem sehr wichtigen Autobahnknotenpunkt liegt, floriert auch der Fremdenverkehr.

Die Weine, in erster Linie Rotweine, sind kraftvoll und sehr vornehm. Dank der geographischen Lage konnte ein großer Teil des Anbaugebiets als Premiers crus eingestuft werden; zu den angesehensten Einzellagen gehören les Bressandes, der Clos du Roy, les Grèves, les Teurons und les Champimonts. 1996 erzeugte die AOC 16 800 hl Rotwein und 1 500 hl Weißwein.

ARNOUX PÈRE ET FILS
Les Cent Vignes 1994*

■ 1er cru 0,5 ha 2 900 70-100 F

Duft von kandierten Früchten über einer normalen Farbe. Die Struktur ist nicht gewaltig, aber der Charme des Geschmacks beruht auf einer interessanten Frucht und einem reizvollen Holzton. Gute Länge.

↪ Arnoux Père et Fils, rue des Brenôts, 21200 Chorey-lès-Beaune, Tel. 03.80.22.57.98, Fax 03.80.22.16.85 ☑ ☿ n. V.

LYCÉE VITICOLE DE BEAUNE 1995

☐ 1,36 ha 5 344 50-70 F

Ein »Phalanstère« (von dem französischen Sozialphilosophen Charles Fourier vorgeschlagenes autonomes Genossenschaftsgebiet). Selbst die Fässer werden vor Ort hergestellt. Die »Viti«, wie man die Fachoberschule für Weinbau hier nennt, besteht erfolgreich die schriftliche und die mündliche Prüfung. Leicht schwefeliger Geruchseindruck, aber zart und fruchtig. Ein lebhafter, frischer Wein, der Zukunft hat.

↪ Lycée viticole de Beaune, 16, av. Charles-Jaffelin, 21200 Beaune, Tel. 03.80.26.35.81, Fax 03.80.22.16.66 ☑ ☿ Mo-Fr 8h-11h30 14h-17h; Sa 8h-11h30

LYCÉE VITICOLE DE BEAUNE
Les Perrières 1994*

■ 1er cru 0,77 ha 4 142 70-100 F

Eine von den recht vielen Proben, die die »Viti« dieses Jahr der Jury unterbreitete. Dies ist der 94er les Perrières, der sich vom 94er les Bressandes abhebt. Johannisbeerrot im Auge, Knospen schwarzer Johannisbeeren in der Nase. Ein ausdrucksvoller Wein, der mehr Oberfläche als Tiefe besitzt. Er ist leicht zu trinken und kann sich günstig entwickeln.

↪ Lycée viticole de Beaune, 16, av. Charles-Jaffelin, 21200 Beaune, Tel. 03.80.26.35.81, Fax 03.80.22.16.66 ☑ ☿ Mo-Fr 8h-11h30 14h-17h; Sa 8h-11h30

DOM. GABRIEL BILLARD
Les Beaux Fougets 1994**

■ 0,26 ha 900 50-70 F

Laurence Jobard (der angesehene Önologe), dessen 89er illustren Angedenkens 1992 zu den Lieblingsweinen gehörte, hier in eigener Sache. Die Farbe ist außergewöhnlich für den Jahrgang, der Holzton sehr klug dosiert. Die dominierende Empfindung beruht auf einem leckeren Untergrund mit einem Sauerkirschenaroma. Man läßt ihn sich schmecken. Anzumerken ist noch, daß ihn ein Juror an die Spitze setzte.

↪ SCEA Dom. Gabriel Billard, imp. de la Commaraine, 21630 Pommard, Tel. 03.80.22.27.82, Fax 03.85.49.49.02 ☑ ☿ n. V.

VINCENT BITOUZET-PRIEUR
Les Cent Vignes 1994*

■ 1er cru 1,25 ha 3 000 70-100 F

»In jedem Fall muß man auf das Ende schauen«, empfahl La Fontaine. Dieses hier ist nicht für morgen, selbst wenn sich dieser Wein nicht sehr lang lagern läßt. Sehr klassische karminrote Farbe. Dann Himbeeren während des gesamten Geruchseindrucks. Jugendlich, lebhaft und tanninreich. Man muß ihn drei bis vier Jahre aufheben.

↪ Vincent Bitouzet-Prieur, rue de la Combe, 21190 Volnay, Tel. 03.80.21.62.13, Fax 03.80.21.63.39 ☑ ☿ n. V.

CH. DE BLIGNY Les Grèves 1995**

■ 1er cru 0,42 ha 2 220 70-100 F

Wenn die *Garantie mutuelle des fonctionnaires* (Besitzer des Guts) in »Streik« (= *grèves*) tritt, ergibt das diesen Premier cru mit der dunklen Farbe, der ein fruchtig-holziges Bukett bietet und eine schöne Leistung im Geschmack zeigt. Ein wenig adstringierend, aber dieser 95er befindet sich im Ausbau. Geduld, denn in einiger Zeit wird er viel zu sagen haben.

↪ SCE du Ch. de Bligny, 14, Grande-Rue, 21200 Bligny-lès-Beaune, Tel. 03.80.21.47.38, Fax 03.80.21.40.27 ☑ ☿ n. V.

Côte de Beaune — Beaune

DOM. GABRIEL BOUCHARD
Marconnets 1994

■ 1er cru   0,55 ha   3 300   70-100 F

Alain Bouchard bewirtschaftet heute ein Familiengut. Er empfängt seine Besucher in Kellern aus dem 16. Jh. Zweimal Wahl zum Lieblingswein für einen 88er Clos du Roi 88 und einen 91er Cent Vignes. Diesmal erregt der Winzer Aufmerksamkeit mit einem Marconnets, der nicht sehr intensiv (Farbe, Bukett), sondern fein, sanft und leicht ist. Man kann ihn jetzt servieren, ohne daß man diesen Genuß auf später verschieben muß.

Dom. Gabriel Bouchard, 4, rue du Tribunal, 21200 Beaune, Tel. 03.80.22.68.63 n. V.
Alain Bouchard

DOM. BOUCHARD PERE ET FILS
Clos Saint-Landry 1995**

□ 1er cru   1,98 ha   k. A.   100-150 F

Der 85er gehörte 1988 zu den Lieblingsweinen. Dieser 95er verdient zumindest, daß man den Hut vor ihm zieht. Klares Goldgelb. Leicht Röstgeruch und getrocknete Früchte in der Nase. Er ist köstlich, mit einem wohlschmeckenden Rückaroma von Bittermandeln. Jugendliche Lebhaftigkeit : Das wird sich legen.

Bouchard Père et Fils, Au Château, B.P. 70, 21202 Beaune Cedex, Tel. 03.80.24.80.24, Fax 03.80.24.97.56 n. V.

DOM. BOUCHARD PERE ET FILS
Grèves Vigne de l'Enfant Jésus 1994*

■ 1er cru   4,85 ha   k. A.   150-200 F

Ein supergroßer Klassiker. Dieses »Jesuskind« in seiner Wiege ist intensiv und tief und hat die schon entwickelte Nase eines reifen Knaben. Der Geschmack dagegen verrät ganz und gar sein wahres Alter. Er ist leicht und angenehm zugänglich. Ziemlich trockener Abgang. Nicht zu lang bis zur Darstellung im Tempel warten.

Bouchard Père et Fils, Au Château, B.P. 70, 21202 Beaune Cedex, Tel. 03.80.24.80.24, Fax 03.80.24.97.56 n. V.

CHAMPY PERE ET CIE
Cuvée du 275e anniversaire 1995*

■ 1er cru   k. A.   k. A.   70-100 F

Man feiert nicht alle Tage seinen 275. Geburtstag ! Champy ist tatsächlich eine Firma, die Anfang des 18. Jh. gegründet wurde. Diese historische Cuvée ähnelt der hl. Jungfrau mit der Traube, die man in Beaune aufbewahrt : Klarheit der Farbe, himmlischer Duft nach kleinen Früchten, äußerste Zartheit und viel Charakterstärke unter der offensichtlichen Milde.

Maison Champy Père et Cie, 5, rue du Grenier-à-sel, 21202 Beaune Cedex, Tel. 03.80.24.97.30, Fax 03.80.24.97.40 n. V.

CHANSON PERE ET FILS
Clos des Mouches 1995

□ 1er cru   1,41 ha   7 500   100-150 F

Dieser Clos des Mouches ist für den burgundischen Wein das, was das Rennen Mailand-San Remo für den Radsport ist : ein großer Klassiker. Unter einem grüngoldenen Trikot eine Fülle von Aromen : Holunder, Karamel, Passionsfrüchte. Holz als Zugabe. Rund und fein. Ein Hauch von Säure, und er gewann die Etappe.

Chanson Père et Fils, 10, rue du Collège, B.P. 232, 21200 Beaune, Tel. 03.80.22.33.00, Fax 03.80.24.17.42 n. V.

CHANSON PERE ET FILS
Clos des Marconnets 1994*

■ 1er cru   3,78 ha   19 000   70-100 F

Dieser Premier cru ist dem Haus Chanson gut gelungen : Der 82er und der 88er waren Lieblingsweine. Er präsentiert sich hier erneut auf kühne Weise : klares Granatrot, pflanzliche Nuancen im Geruch, rund und gut verschmolzen im Geschmack. Er muß sich mehr vollenden und wird es schaffen. Der 94er Fèves hat die gleiche Wertung erhalten.

Chanson Père et Fils, 10, rue du Collège, B.P. 232, 21200 Beaune, Tel. 03.80.22.33.00, Fax 03.80.24.17.42 n. V.

DOM. FRANÇOIS CHARLES ET FILS
Les Epenottes 1994*

■ 1er cru   0,6 ha   3 500   70-100 F

Purpurrote Farbe, die ins Kirschschwarze geht. Das Bukett ist noch verschlossen (feiner Holzton, der die Entfaltung des Aromas nicht behindert). Er bildet einen interessanten, lebhaften Geschmack. Gesamteindruck : günstig. Ratschlag : ein wenig altern lassen.

Dom. François Charles et Fils, 21190 Nantoux, Tel. 03.80.26.01.20, Fax 03.80.26.04.84 n. V.

CLAVELIER ET FILS Les Perrières 1994

■ 1er cru   k. A.   k. A.   100-150 F

Ein strahlend granatroter Wein von guter Struktur, ohne zuviel Rundheit, dessen Kirscharoma von einem feinen Unterholzgeruch begleitet ist. Die Tannine machen sich bemerkbar. Das Etikett mit dem eingerollten Rand hat sich seit einem halben Jahrhundert nicht verändert : Die Burgunder (selbst wenn sie hier Verbindungen bis Polynesien haben) hängen an ihren Gewohnheiten !

Maison Clavelier SA, 47, RN 74, 21700 Comblanchien, Tel. 03.80.62.94.11, Fax 03.80.62.95.20 n. V.

YVES DARVIOT Clos des Mouches 1995

□ 1er cru   0,26 ha   k. A.   100-150 F

Beginn auf flachem Terrain, dann ein wenig Belebung. Kräftiges Gelb mit grünen Reflexen, entwickelter Duft. Er bittet um Nachsicht und wird freigesprochen.

Dom. Yves Darviot, 2, pl. Morimont, 21200 Beaune, Tel. 03.80.24.74.87, Fax 03.43.22.32.03 n. V.

DOM. DOUDET Cent-Vignes 1995*

■ 1er cru   0,35 ha   1 500   100-150 F

Eine kleine Entwicklungsnote, die mit bloßem Auge wahrnehmbar ist. Subtiler Blütenduft, der in Richtung Tiergeruch geht. Samt auf der Zunge, pfeffrig und gefällig, geschmeidig, aber mit interessanter Struktur. Man kann ihn schon jetzt trinken. Wild ist dazu nicht zu empfehlen : wählen sie lieber Käse !

Côte de Beaune   Beaune

🍇 Dom. Doudet, 50, rue de Bourgogne,
21420 Savigny-lès-Beaune, Tel. 03.80.21.51.74,
Fax 03.80.21.50.69 ☑ ⚲ n. V.
🍇 Yves Doudet

JOSEPH DROUHIN
Clos des Mouches 1995*

■ 1er cru	k. A.	k. A.	⏱ 150-200 F

Die Jahrgänge 1985, 1986 und 1992 gehörten beim Rot- oder Weißwein zu den Lieblingsweinen. Man spielt hier sozusagen im Hof der Großen. Dieser 95er hat eine schöne dunkelrote Farbe. Sein noch zurückhaltendes Bukett geht in Richtung Fruchtigkeit. Harmonisch im Geschmack. Er ist vielversprechend, so daß es klug wäre, ihm Zeit zu lassen.
🍇 Joseph Drouhin, 7, rue d'Enfer,
21200 Beaune, Tel. 03.80.24.68.88,
Fax 03.80.22.43.14 ⚲ n. V.

DOM. DUBOIS D'ORGEVAL
Les Theurons 1994

■ 1er cru	k. A.	k. A.	⏱ 70-100 F

Malvenfarbener Schimmer. Der Geruchseindruck erinnert in einer pflanzlichen Umgebung an Früchte. Ein kirschroter Wein mit verschmolzenen Tanninen, die sich aber bemerkbar machen können. Kraftvolle Ansprache, schlicht und rustikal.
🍇 Dom. Dubois d'Orgeval, 3, rue Joseph-Bard,
21200 Chorey-lès-Beaune, Tel. 03.80.24.70.89,
Fax 03.80.22.45.02 ☑ ⚲ n. V.

LOIS DUFOULEUR
Les Cent-Vignes 1995*

■ 1er cru	1 ha	5 444	⏱ 100-150 F

Eine Reblage, die in Richtung Savigny liegt. Sie liefert einen sehr farbintensiven Wein mit vielversprechendem Duft (kandierte Früchte und animalische Nuancen). Er ist ein wenig streng zu Beginn der Weinprobe, wird aber in einem Kontext der Rundheit und eines sorgfältigen Baus umgänglich. Vornehm und lagerfähig.
🍇 Dom. Loïs Dufouleur, chem. des Bressandes,
la Montagne, 21200 Beaune, Tel. 03.80.22.70.34,
Fax 03.80.24.04.28 ☑ ⚲ n. V.

FRANÇOIS GAY Clos des Perrières 1994

■ 1er cru	0,26 ha	1 320	⏱ 70-100 F

Das Rot ist schön ! Sehr ausgeprägt ! Leichte Frucht über einem Kaffeearoma. Das Faß harmoniert gut mit dem Wein. Trinken Sie ihn recht bald, damit Sie in den Genuß seiner Jugend, seiner Frische und seiner Lebhaftigkeit kommen.
🍇 François Gay, 9, rue des Fiètres,
21200 Chorey-lès-Beaune, Tel. 03.80.22.69.58,
Fax 03.80.24.71.42 ☑ ⚲ n. V.

CH. GENOT-BOULANGER
Les Grèves 1994**

■ 1er cru	1,08 ha	7 000	⏱ 70-100 F

Ein Grèves, der ein paar Jahre lang im Keller die Arme verschränkt, bevor er schwungvoll die Arbeit wieder aufnimmt. Ein Rot, wie man es seit dem Fall der Mauer nicht mehr kennt. Geradliniger, feiner Duft. Kräftig gebaut, ausgewogen, tanninreich und fruchtig. Ein bemerkenswerter 94er, der Anerkennung gefunden hat.

🍇 Marie Delaby-Génot, 25, rue de Cîteaux,
21190 Meursault, Tel. 03.80.26.88.82,
Fax 03.80.26.89.05 ☑ ⚲ n. V.

DOM. GERMAIN Les Cras 1994**

■ 1er cru	1,3 ha	3 500	⏱ 100-150 F

Als der Herzog von Clarence von seinem Bruder, dem König von England, zum Tode verurteilt wurde, erbat er eine Gunst : in einem Faß mit Beaune-Wein ertränkt zu werden. Diesem hier ist ein besserer Verwendungszweck zu wünschen, so vollkommen ist seine Anmut. Das Temperament enthüllt sich schon in der sehr ausgeprägten Farbe. Die rote Frucht ist beredt. Tanninreich und kräftig, aber dabei das rechte Maß wahrend.
🍇 Dom. Germain Père et Fils, ch. de Chorey,
21200 Chorey-lès-Beaune, Tel. 03.80.22.06.05,
Fax 03.80.24.03.93 ☑ ⚲ n. V.

GERMAIN PERE ET FILS
Les Montremenots 1994*

■ 1er cru	0,22 ha	1 200	⏱ 50-70 F

Man muß sein Beaune kennen, um zu wissen, daß sich die Reblage les Montremenots nahe bei Pommard und oberhalb des Clos des Mouches befindet. Dieser gelungene 94er entfaltet reife, elegante rote Früchte. Gute Fülle, nicht zu viel Fett, aber Persönlichkeit. Zwei bis drei Jahre lagern.
🍇 Dom. Germain Père et Fils, rue de la Pierre-Ronde, 21190 Saint-Romain,
Tel. 03.80.21.60.15, Fax 03.80.21.67.87 ☑
⚲ Mo-Sa 8h-20h ; So n. V.

A. GOICHOT ET FILS
Les Bressandes 1995*

■ 1er cru	k. A.	3 012	⏱ 70-100 F

Echte Qualitäten, die sich mit einem Wort zusammenfassen lassen : Klarheit. Ziemlich strahlendes Dunkelrot, nicht sehr aromatisch (Veilchen, Himbeeren). Er ist angenehm seidig. Nach einer Lagerung von zwei bis drei Jahren wird er einen schönen Tropfen abgeben.
🍇 SA A. Goichot et Fils, rte de Meursault,
21190 Merceuil, Tel. 03.80.26.88.70,
Fax 03.80.26.80.69 ☑ ⚲ Mo-Fr 7h30-12h
14h-18h30

DOM. JESSIAUME PERE ET FILS
Cent-Vignes 1995

■ 1er cru	1,2 ha	k. A.	⏱ 70-100 F

Zwischen Rubin- und Granatrot. Ein Wein mit einem etwas wilden Aroma, das sich in Richtung schwarze Johannisbeeren und Brotkruste entwickelt. Im Geschmack kommen Gewürze hinzu, über einer guten Tanninstruktur, die ein wenig Lagerung im Keller benötigt, damit er sich liebenswürdiger zeigt.
🍇 Dom. Jessiaume Père et Fils,
21590 Santenay, Tel. 03.80.20.60.03,
Fax 03.80.20.62.87 ☑ ⚲ n. V.

JEAN-LUC JOILLOT
Montagne Saint-Désiré 1994

■	0,4 ha	2 000	⏱ 50-70 F

Ein gehaltvoller und konzentrierter Beaune, der kraftvoll und eckig ist. Klare, dunkelrote Farbe. Noch verschlossen. Nur der Geruchsein-

Côte de Beaune — Beaune

druck zeigt sich ein wenig menschlich, mit einer gewissen Koketterie des Ausdrucks. Eher ein Gouache- als ein Aquarellbild, aber wenn man Désiré heißt ...
↱ Jean-Luc Joillot, rue de la Métairie, 21630 Pommard, Tel. 03.80.22.47.60, Fax 03.80.24.67.54 ☑ ⚲ n. V.

DOM. DE LA JUVINIERE
Champs-Pimont 1995*

| ■ 1er cru | 0,5 ha | 2 500 | 🍷 100-150 F |

Ziemlich fein gut gemacht. Dieser zwischen rubin- und ziegelrote Champs-Pimont zeigt sich nachhaltig. Seine Struktur ist interessanter als seine Persönlichkeit, aber sein leichtes Röstaroma, seine kleine Säurenote und der Eindruck von Harmonie, der ihn umgibt, ordnen ihn auf seinem Appellationsniveau ein.
↱ Dom. de La Juvinière, 21700 Corgoloin, Tel. 03.80.62.98.73 ⚲ n. V.
↱ Eric Plumet

DANIEL LARGEOT Les Grèves 1995***

| ■ 1er cru | 0,61 ha | k. A. | 🍷 70-100 F |

Der Erzengel Michael, wie er gerade dabei ist, die Seelen zu wiegen, dargestellt auf dem Altarbild Van der Weydens im Hospiz von Beaune, hat keinen schöneren roten Mantel und ist nicht konzentrierter ... Vollständig und komplex, vom Duft bis zum Geschmack. Er scheint ein völliger Erfolg zu sein und erntet alle Komplimente. Er würde ein moderneres Etikett verdienen.
↱ Daniel Largeot, 5, rue des Brenôts, 21200 Chorey-lès-Beaune, Tel. 03.80.22.15.10, Fax 03.80.22.60.62 ☑ ⚲ n. V.

DOM. DE LA SALLE Champimonts 1994*

| ■ 1er cru | 2 ha | 10 000 | 🍷 70-100 F |

Zufriedenstellender Gesamteindruck. Strahlendes Granatrot oder kräftiges Rubinrot? Auch wenn die Meinung der Jury in diesem Punkt gespalten ist, so ist sie sich einig hinsichtlich der Verheißungen des Geruchseindrucks, der gute Aussichten bietet. Füllig und robust. Er besitzt ein wenig unreife Tannine (ein Anflug von pflanzlicher Herbheit, die deswegen aber noch keine Grobiane sind. In drei Jahren wird er liebenswürdig sein.
↱ Maison Albert Bichot, 6 bis, bd Jacques-Copeau, 21200 Beaune, Tel. 03.80.24.37.37, Fax 03.80.24.37.38

CH. DE LA VELLE
Clos des Monsnières 1995*

| □ | 0,7 ha | 4 000 | 🍷 50-70 F |

Hier praktiziert man mit Rücksicht auf das Ökosystem den umweltschonenden Weinbau. Diese Parzelle war immer »weiß«, heißt es. Sie liefert einen Beaune mit breiten Schultern und warmem Bauch. Duft nach gerösteten Quitten. Blaßgoldene Brillanz. Vitalität, Schwung. Und ein feiner, gut gemeisterter Holzton. So sehr, daß man ihm rät, milder zu werden.
↱ Ch. de La Velle, 17, rue de la Velle, 21190 Meursault, Tel. 03.80.21.22.83, Fax 03.80.21.65.60 ☑ ⚲ n. V.
↱ Bertrand Darviot

CH. DE LA VELLE
Cuvée Vieilles vignes 1995*

| ■ | 0,5 ha | 2 000 | 🍷 50-70 F |

Wir bevorzugen den schönen 95er Beaune Vieilles vignes gegenüber dem Premier cru Marconnets aus demselben Jahrgang, aber beide sind hier vertreten. Ein Hasenpfeffer mit Maronen wird sich wohl fühlen in der Gesellllschaft dieses Weins mit der kräftigen, funkelnden Farbe, dem reichhaltigen, ziemlich holzbetonten Geruchseindruck und der lebhaften Ansprache. Klar und mitteilsam. Er ist noch eher präsent als elegant, aber das Alter wird ihm seinen ganzen Charme verleihen.
↱ Ch. de La Velle, 17, rue de la Velle, 21190 Meursault, Tel. 03.80.21.22.83, Fax 03.80.21.65.60 ☑ ⚲ n. V.

LES CAVES DU CHANCELIER 1994**

| ■ 1er cru | k. A. | k. A. | 🍷 70-100 F |

Sehr ausdrucksvoll - er hat uns viele Dinge zu erzählen. Man langweilt sich nicht mit ihm. Kräftige Farbe. Das Bukett ist recht fein und fruchtig, wie es sich gehört. Er hinterläßt einen ausgezeichneten Eindruck im Geschmack, der sich ausgewogen und harmonisch zeigt. Seine Tannine bleiben spürbar. Seine Länge ist beachtlich.
↱ Les Caves du Chancelier, 1, rue Ziem, 21200 Beaune, Tel. 03.80.24.05.88, Fax 03.80.22.37.08 ⚲ tägl. 9h-20h

DOM. MAILLARD PERE ET FILS 1994*

| ■ | k. A. | k. A. | 🍷 70-100 F |

Sie haben die Wahl zwischen einem 94er Beaune Grèves oder diesem hier, einem sehr guten Villages aus dem gleichen Jahrgang. Sie sind fast gleich gut. Herrliche Farbe, echtes aromatisches Potential und eine schöne, konzentrierte Struktur mit feinem Holzton, die an kandierte Sauerkirschen erinnert. Starke Überblendung der Eindrücke. Garantierter Genuß.
↱ Dom. Maillard Père et Fils, 2, rue Joseph-Bard, 21200 Chorey-lès-Beaune, Tel. 03.80.22.10.67, Fax 03.80.24.00.42 ☑ ⚲ n. V.

P. MISSEREY Clos des Mouches 1994

| ■ 1er cru | k. A. | 2 400 | 🍷 100-150 F |

Verschlossen über der roten Frucht, die man hinter der Tür stehend erahnt. Intensive Farbe. Ein Wein mit feinen, milden Tanninen, der eine

Côte de Beaune — Beaune

gewisse Sanftheit besitzt und dem es nicht an Säure fehlt. Lagerfähig (fünf Jahr lang).
🍇 Maison P. Misserey, 3, rue des Seuillets, B.P. 10, 21701 Nuits-Saint-Georges Cedex, Tel. 03.80.61.07.74, Fax 03.80.61.31.40 ✓ ⏳ n. V.

DOM. RENE MONNIER Toussaints 1995

| ■ 1er cru | 0,81 ha | 4 000 | 🍷 | 70-100 F |

Ein Toussaints ging im letzten Jahr ins Paradies ein : Wahl des 93ers zum Lieblingswein. Der 95er hat die Farbe einer roten Kirsche und schimmert wie schwarze Johannisbeeren. Diskretes Aroma, im Augenblick Vanille. Typisch, adstringierend, ein wenig streng und von guten Pinot-Trauben, aber der Bau ist noch nicht vollständig fertiggestellt.
🍇 Dom. René Monnier, 6, rue du Dr-Rolland, 21190 Meursault, Tel. 03.80.21.29.32, Fax 03.80.21.61.79 ✓ ⏳ tägl. 8h-12h 14h-18h
🍇 M. et Mme Bouillot

NAIGEON-CHAUVEAU
Bressandes 1994*

| ■ 1er cru | k. A. | k. A. | 🍷 | 70-100 F |

Gute Grundform eines Weins, den man im Futur beugen muß, denn er muß altern. Die Reifung in der Flasche wird ihm guttun. Klares Rot mit tadellosen Reflexen, zufriedenstellender, wenn auch zurückhaltender Geruchseindruck, ein wenig Trockenheit, die auf junge Tannine zurückgeht, aber in jeder Hinsicht feiner Geschmack.
🍇 Naigeon-Chauveau, B.P. 7, rue de la Croix-des-Champs, 21220 Gevrey-Chambertin, Tel. 03.80.34.30.30, Fax 03.80.51.88.99 ✓ ⏳ n. V.

DOM. PARENT Les Epenottes 1994*

| ■ 1er cru | k. A. | 11 000 | 🍷 | 70-100 F |

Am Ortsausgang von Beaune in Richtung Pommard, nahe der RN 74. Diese Reblage zieht sich beim Jahrgang 1994 gut aus der Affäre : die Wangen gut gerötet, Duft nach Früchten unter der Holzschale, Sanftheit und Haltung. Nicht zu lang mit dem Trinken warten.
🍇 Dom. Parent, pl. de l'Eglise, 21630 Pommard, Tel. 03.80.22.15.08, Fax 03.80.24.19.33 ⏳ n. V.
🍇 François Parent

DOM. PARIGOT PERE ET FILS
Les Aigrots 1995*

| ■ 1er cru | k. A. | k. A. | 🍷 | 70-100 F |

Kirsch- bis rubinrot. Die klare, deutliche Farbe kündigt ein fruchtiges Bukett mit Röstnoten an, das von liebenswerter Frische ist. Rund und lecker - dieser Wein trinkt sich ohne Mühe. Die Ausgewogenheit ist vollkommen : Nichts ragt über. 1990 gehörte der 87er Grèves dieses Guts zu den Lieblingsweinen. Beim 95er ist er sehr feminin und besonders liebenswürdig.
🍇 Dom. Parigot Père et Fils, rte de Pommard, 21190 Meloisey, Tel. 03.80.26.01.70, Fax 03.80.26.04.32 ✓ ⏳ n. V.

PATRIARCHE 1995*

| ■ 1er cru | k. A. | k. A. | 🍷 | 100-150 F |

André Boisseaux ist eine der starken Persönlichkeiten Burgunds. Seit 1945 leitet er diese im 18. Jh. gegründete Firma. Er lädt uns dieses Jahr ein, einen Premier cru zu probieren, und erntet Komplimente (die Qualität des Geruchseindrucks, die Fülle, die Länge). Die Jury stellt außerdem die Stärke des Alkohols fest. Urteilsspruch : drei bis vier Jahre im Keller ruhen lassen, bis sich die Frucht stärker ausdrücken kann.
🍇 Patriarche Père et Fils, rue du Collège, 21200 Beaune, Tel. 03.80.24.53.01, Fax 03.80.24.53.03 ✓ ⏳ n. V.

PICARD PERE ET FILS
Cent Vignes 1994**

| ■ 1er cru | k. A. | k. A. | 🍷 | 150-200 F |

Schon jetzt gut, aber er kann lagern. Ein granatroter Wein mit einem fruchtigen und pflanzlichen Aroma. Er bietet eine zarte Ansprache und entwickelt sich angenehm auf einer klaren Linie. Schöne Stilübung.
🍇 Michel Picard, rte de Saint-Loup-de-la-Salle, B.P. 49, 71150 Chagny, Tel. 03.85.87.51.00, Fax 03.85.87.51.11 ⏳ n. V.

DOM. PRIEUR-BRUNET
Clos du Roy 1994**

| ■ 1er cru | 0,4 ha | 2 135 | 🍷 | 100-150 F |

»Der Wein aus Beaune verliert seinen Prozeß nur, wenn man ihn nicht vergleicht«, heißt es. Dieser hier fürchtet die Rivalen nicht : deutliche jugendliche Farbe, klarer Geruchseindruck, sehr gefälliger Geschmack, konzentrierter Abgang. Das Alter wird seine Tannine abmildern. Die Zukunft gehört ihm.
🍇 Dom. Prieur-Brunet, rue de Narosse, 21590 Santenay, Tel. 03.80.20.60.56, Fax 03.80.20.64.31 ✓ ⏳ n. V.

PASCAL PRUNIER Les Sizies 1994*

| ■ 1er cru | 0,37 ha | 1 800 | 🍷 | 70-100 F |

Sie sehen die Reblage les Aigrots ? Die Lage les Avaux ? Les Sizies befinden sich dort, in der Mitte. Ein mittelroter, ein wenig ziegelrot verfärbter 94er mit einem animalischen Geruchseindruck, der von - für diesen Stil charakteristischen - Noten von Unterholz und Pilzen begleitet wird. Reichhaltig und komplex im Geschmack - er erinnert noch an Wild. Die Wildschwein-*gruotte* dürfte gut zu seinem Zufallscharakter passen.
🍇 Pascal Prunier, rue Traversière, 21190 Auxey-Duresses, Tel. 03.80.21.23.91, Fax 03.80.21.67.33 ✓ ⏳ n. V.

REGIS ROSSIGNOL-CHANGARNIER
Les Theurons 1994

| ■ 1er cru | k. A. | 1 200 | 🍷 | 50-70 F |

Die Reblage les Theurons (oder Teurons), die sich direkt an der Mittellinie des Hügels von Beaune befindet, gleicht im Prinzip die Einflüsse von Savigny und Pommard aus, die beiderseits des Halbbogens liegen. Granatrot von mittlerer Intensität. Entfaltet mit Noten von Unterholz und roten Johannisbeeren. Ein 94er, der mit einer fruchtigen Note beginnt und sich dann am Ende ein wenig tanninhaltig zeigt.
🍇 Régis Rossignol, rue d'Amour, 21190 Volnay, Tel. 03.80.21.61.59, Fax 03.80.21.61.59 ✓ ⏳ n. V.

Côte de Beaune

DOM. THOMAS-MOILLARD
Grèves 1995**

| ■ 1er cru | 2,2 ha | 11 000 | 🍷 100-150 F |

Das Glockenspiel des Hôtel-Dieu kann eine schöne Festtagsmelodie spielen, um das Erscheinen dieses Grèves zu feiern. Eine Fülle guter Aromen von roten Früchten, die ein wenig zu Konfitüre verarbeitet sind. Dunkles, tiefes Kirschrot. Recht runder Körper, stämmig, ausgewogen und schön. Wirklich hübsche Carillonnoten.
🍇 Dom. Thomas-Moillard, chem. rural 29, 21700 Nuits-Saint-Georges, Tel. 03.80.62.42.22, Fax 03.80.61.28.13 ✓ ⏰ n. V.

LOUIS VIOLLAND Montée Rouge 1994*

| ■ 1er cru | 2,64 ha | 13 000 | 🍷 70-100 F |

Montée Rouge gibt es als *Villages* und als Premier cru. Wählen Sie vorzugweise den Premier cru. Die Farbe ist zwar leicht, ein wenig flüchtig, aber der Rest ist gut gelungen, mit Nuancen von roten Johannisbeeren. Eine Folge des Jahrgangs. Diese Firma ist gerade von der Hinterlegungs- und Konsignationskasse an die Gruppe J.-C. Boisset abgetreten worden. Der 90er war 1995 ein Lieblingswein.
🍇 SCE Dom. Louis Violland, 13, rue de l'Ancienne-Poste, 21200 Beaune, Tel. 03.80.22.35.17, Fax 03.80.24.69.14 ✓ ⏰ n. V.

Côte de Beaune

Die Appellation Côte de Beaune, die man nicht mit der Appellation Côte de Beaune-Villages verwechseln sollte, darf nur in einigen Reblagen des Hügels von Beaune erzeugt werden. 1996 meldete sie 992 hl Rotwein und 603 hl Weißwein an.

DOM. MICHEL POULLEAU PERE ET FILS Les Mondes Rondes 1994

| ■ | 3,2 ha | 5 000 | 🍷 30-50 F |

Dieser Mondes Rondes hat noch nicht den Hobel über seine Tanninstruktur gleiten sehen. Auch wenn der Gesamteindruck ziemlich fest ist, erscheint dieser Wein seriös und würdig, hier zu erscheinen. Seine frische Farbe und sein Bukett sind sehr liebenswert. Beachten Sie, daß Côte de Beaune eine Appellation ist, die ziemlich wenig in Anspruch genommen wird und sich nicht vom Beaune-Villages unterscheidet.
🍇 SCE Dom. Poulleau Père et Fils, rue du Pied-de-la-Vallée, 21190 Volnay, Tel. 03.80.21.62.61, Fax 03.80.24.11.25 ✓ ⏰ n. V.

Pommard

Pommard

Dies ist die im Ausland bekannteste burgundische Appellation - wahrscheinlich weil ihr Name so leicht auszusprechen ist! 1996 hat das Anbaugebiet 15 454 hl erzeugt. An die Stelle des Argovie-Mergels tritt ein weicher Kalkstein. Die Weine sind robust und tanninreich und haben eine gute Lagerfähigkeit. Die besten Einzellagen sind als Premiers crus eingestuft, von denen les Rugiens und les Epenots die bekanntesten sind.

DOM. CHARLES ALLEXANT ET FILS
Le Bas des Saucilles 1995

| ■ | 0,25 ha | 1 500 | 🍷 70-100 F |

Diese Reblage befindet sich ganz nahe bei Beaune. Die Säure sichert dem Wein eine lange Lagerfähigkeit mit einem warmen, direkten Charakter, der sofort gefallen kann, ebenso wie der leichte Holzton. Interessante Lakritzenote. Machen Sie diesen Wein, der zur Alterung bestimmt ist, nicht zu früh auf.
🍇 SCE Dom. Charles Allexant et Fils, rue du Château, Cissey, 21190 Merceuil, Tel. 03.80.26.83.27, Fax 03.80.26.84.04 ✓ ⏰ n. V.

ANTOINE CHATELET 1995**

| ■ | k. A. | k. A. | 🍷 70-100 F |

Eine der zahllosen Marken von Labouré-Roi in Nuits-Saint-Georges. Diese traumhafte Flasche muß man sofort in den Keller legen. Kirsch- bis purpurrote Farbe. Ein 95er mit einem auf die Frucht konzentrierten Aroma und einem Geschmack von erlesener Zartheit. Fortsetzung folgt!
🍇 Antoine Chatelet, rue Lavoisier, 21700 Nuits-Saint-Georges, Tel. 03.80.62.64.00, Fax 03.80.62.64.10 ⏰ Mo-Fr 8h-12h 13h30-17h30

ROGER BELLAND Les Cras 1995*

| ■ | 0,99 ha | 6 000 | 🍷 100-150 F |

Die Reblage les Cras geht in Richtung Volnay und befindet sich unterhalb der Lagen les Bertins und les Pitures. Ein purpurroter bis schwarzer und hier sehr holzbetonter Wein, von dem man hofft, daß er sich in dieser Hinsicht abmildert. Komplexität, Ausgewogenheit zwischen Tanninen und Säure - der Rest wirft keine Probleme auf. In fünf bis sechs Jahren trinken.
🍇 Roger Belland, 3, rue de la Chapelle, B.P. 13, 21590 Santenay, Tel. 03.80.20.60.95, Fax 03.80.20.63.93 ✓ ⏰ n. V.

DOM. GABRIEL BILLARD
Charmots 1994*

| ■ 1er cru | 0,37 ha | 1 800 | 🍷 100-150 F |

Ein 95er Pommard, der noch in der Pubertät steckt (aber das haben wir alle durchgemacht), und dieser 94er Charmots, der genau dem entspricht, was man von der Appellation erwartet. Lebhaftes, intensives Rot. Er verbindet unter

BURGUND

Côte de Beaune — Pommard

einem diskreten Holzton Aromen von kandierten Früchten. Körper und Länge sind vorhanden, aber nutzen Sie seine Lagertugenden. Der 90er war 1993 Lieblingswein.
🕿 SCEA Dom. Gabriel Billard, imp. de la Commaraine, 21630 Pommard,
Tel. 03.80.22.27.82, Fax 03.85.49.49.02 ■ Ⅰ n. V.

DOM. BILLARD-GONNET
Clos de Verger 1994

| ■ 1er cru | 1,5 ha | 3 000 | ◐ 70-100 F |

Farbe ? Das Rot ist gedeckt. Ein Bukett von Kirschen und Lakritze, das in dieser Gegend sehr üblich ist. Viel Nachhaltigkeit im Geschmack, aber eine weniger ausgeprägte Tonalität. Weisen wir auch auf einen ausgezeichnet gebauten Rugiens als *Villages* (Jahrgang 1994) hin.
🕿 Dom. Billard-Gonnet, rte d'Ivry, 21630 Pommard, Tel. 03.80.22.17.33, Fax 03.80.22.68.92 ■ Ⅰ n. V.

PIERRE BITOUZET Platières 1995*

| ■ 1er cru | 3,73 ha | 12 000 | ◐ 70-100 F |

Man muß eine Katze eine Katze nennen und diesen Wein einen Pommard. Wunderbare, sehr dunkle, samtige Farbe. Er mißbraucht nicht das Faß und erscheint schon ziemlich verschmolzen und gut verbunden. »Der Verbraucher wird zufriedengestellt«, notierte ein Juror. Ein Jahrgang, der sich halten wird, wenn er perfekt vinifiziert worden ist.
🕿 Pierre Bitouzet, 13, rue de Cîteaux, 21420 Savigny-lès-Beaune, Tel. 03.80.21.53.26, Fax 03.80.21.58.29 ■ Ⅰ n. V.

DOM. LUCIEN BOILLOT ET FILS
Les Fremiers 1994**

| ■ 1er cru | 0,56 ha | 3 000 | ◐ 100-150 F |

Aus Liebe zur Kunst. Dieser herrliche 94er ist sehr farbintensiv, prächtig bis schwarz. Das Aroma ist frisch, recht offen, weinig. Der Geschmack ist belebend, ausdrucksreich, von außergewöhnlicher Vollmundigkeit und Kraft. Kurz gesagt : die vollständige Übereinstimmung mit der Appellation.
🕿 Dom. Lucien Boillot et Fils, 1, rue Magnon-Pujo, 21220 Gevrey-Chambertin,
Tel. 03.80.51.85.61, Fax 03.80.58.51.23 ■ Ⅰ n. V.

DOM. GABRIEL BOUCHARD 1994*

| ■ 1er cru | 0,49 ha | 1 800 | ◐ 100-150 F |

Strahlendes Rot von guter Intensität. Ein 94er mit einem Bukett, das weinig und fruchtig zugleich ist. Ein Überfluß an Mitteln schadet nicht ! Im Geschmack ist er eloquent. Zart im Stil, ziemlich fein, wenn auch strukturiert, an das klassische Bild der Volnay erinnernd. Im letzten Jahr gehörte der 93er zu den Lieblingsweinen.
🕿 Dom. Gabriel Bouchard, 4, rue du Tribunal, 21200 Beaune, Tel. 03.80.22.68.63 ■ Ⅰ n. V.
🕿 Alain Bouchard

DOM. JEAN-MARC BOULEY
Les Fremiers 1994*

| ■ 1er cru | 0,5 ha | 2 600 | ◐ 70-100 F |

»Burgunderrot«, so wie man bordeauxrot sagt. Ein leicht aromatischer Wein (gekochte Früchte, nur ein Quentchen), der aber im Geschmack leistungsfähig, elegant und vornehm ist. Ein »Weinkönig«. Sehr gelungen für den Jahrgang.
🕿 Dom. Jean-Marc Bouley, chem. de la Cave, 21190 Volnay, Tel. 03.80.21.62.33, Fax 03.80.21.64.78 ■ Ⅰ n. V.

DOM. VINCENT BOUZEREAU
Les Vaumuriens 1994

| ■ | 0,15 ha | 750 | ◐ 100-150 F |

Einheitliche, ziemlich tiefe Farbe. Wie sagte La Bruyère : »Die Liebe entsteht plötzlich, ohne viel Nachdenken.« Diese Eigenschaft der Liebe, die uns fesselt, findet man hier in sehr klarer Bestätigung einer entschlossenen Natur, ohne daß er bedacht wäre, um jeden Preis zu gefallen. Tannine, die sich ein wenig abmildern müssen. Er verspricht Harmonie in drei bis vier Jahren.
🕿 Vincent Bouzereau, 7, rue Labbé, 21190 Meursault, Tel. 03.80.21.61.08, Fax 03.80.21.65.97 ■ Ⅰ n. V.

DOM. CAILLOT Epenots 1994*

| ■ 1er cru | 0,42 ha | k. A. | ◐ 70-100 F |

Man denkt an Schmorgerichte, an würzige Bratspießchen, um diesen Pommard bei Stück seines Weges zu begleiten. Er ist aromatisch (Frucht und Kaffee) und schwungvoll, mit einer säuerlichen Spitze. Ziemlich holzbetonte Tannine. Er bietet einen Eindruck von Seriosität. Drei Jahre im Keller altern lassen.
🕿 Dom. Caillot, 14, rue du Cromin, 21190 Meursault, Tel. 03.80.21.20.12, Fax 03.80.21.69.58 ■ Ⅰ n. V.

DENIS CARRE Les Noizons 1995

| ■ | k. A. | k. A. | ◐ 70-100 F |

1995 Wahl zum Lieblingswein (es handelte sich um einen 92er). Dieser *Villages* kommt aus einer Reblage, die sich in Richtung Beaune befindet. Er bietet eine schöne rubinrote Farbe mit dunklen Reflexen. Beim Kontakt mit der Luft und wenn man den Wein im Glas schwenkt, gibt der Geruchseindruck nach und nach sein Schweigen auf. Intensive, geschmeidige, ziemlich aufregende Ansprache. Adstringenz. Man muß sich somit noch gedulden.
🕿 Dom. Denis Carré, rue du Puits-Bourret, 21190 Meloisey, Tel. 03.80.26.02.21, Fax 03.80.26.04.64 ■ Ⅰ n. V.

CHANSON PERE ET FILS 1994

| ■ | k. A. | 13 000 | ◐ 70-100 F |

Ein »fruchtvoller« Wein«, wie Huysmans schrieb, der sich darin auskannte ! Er bietet für sein Alter passable Reflexe. Der Geruchseindruck ist ziemlich verschlossen mit pflanzlichen Nuancen. Aber der Wein attackiert auf der Frucht und zeigt Charakter. Die Frucht unterstützt das Ganze.
🕿 Chanson Père et Fils, 10, rue du Collège, B.P. 232, 21200 Beaune, Tel. 03.80.22.33.00, Fax 03.80.24.17.42 Ⅰ n. V.

DOM. COSTE-CAUMARTIN
Le Clos des Boucherottes 1994

| ■ 1er cru | 1,83 ha | 4 500 | ◐ 100-150 F |

Coste-Caumartin : Alle burgundischen Köchinnen bereiteten früher ihre kleinen Gerichte auf den Geräten dieser Fabrik zu. Die

Côte de Beaune — Pommard

Erzeugnisse des Kellers verdienen ebenfalls Aufmerksamkeit. Ein gut gekleideter 94er mit einem ziemlich gekochten oder kandierten Geruchseindruck (Kirschen), von guter Konstitution. Vollmundigkeit und Körper.

🍇 Dom. Coste-Caumartin, rue du Parc, B.P. 19, 21630 Pommard, Tel. 03.80.22.45.04, Fax 03.80.22.65.22 ✓ ⚏ Mo-Fr 9h-19h ; Sa, So u. feiertags 10h-17h

🍇 Jérôme Sordet

DOM. CYROT-BUTHIAU
La Chanière 1994

■ 1er cru   0,45 ha   2 500   ◫ 100-150 F

Ein 94er von leichter Farbe, mit einem frischen, sehr liebenswürdigen Geruch nach Grün. Eine tanninbetonte Jugendlichkeit im Pubertätsalter eines Jahrgangs, der etwas zu sagen hat und nicht mehr mit dem Reden aufhören wird.

🍇 Dom. Cyrot-Buthiau, rte d'Autun, 21630 Pommard, Tel. 03.80.22.06.56, Fax 03.80.24.00.86 ✓ ⚏ tägl. 9h-19h

RODOLPHE DEMOUGEOT
Les Vignots 1995

■   k. A.   1 350   ◫ 70-100 F

So rot und so tief, daß man den Grund des Glases nicht erkennt ! Zurückhaltender Duft, der diskret zu Veilchen tendiert. Dick und tanninhaltig, von guter Frucht. Er braucht eine Wartezeit, sagen wird zwei bis drei Jahre, um sich voll zu entfalten. Im letzten Jahr gehörte der 94er zu den Lieblingsweinen.

🍇 Dom. Rodolphe Demougeot, rue du Glacis, 21190 Meloisey, Tel. 03.80.26.01.73, Fax 03.80.26.05.57 ✓ ⚏ n. V.

DOUDET-NAUDIN Les Rugiens 1995

■ 1er cru   k. A.   1 200   ◫ 100-150 F

»Überprüfe deine Arbeit immer wieder.« Dieser Pommard läßt sich von Boileau anregen. Er entwickelt sich rasch im Glas und scheint dennoch eine sichere Lagerfähigkeit zu besitzen. Seine Struktur ist gegenwärtig ein wenig von der

Côte de Beaune (Mitte und nördlicher Abschnitt)

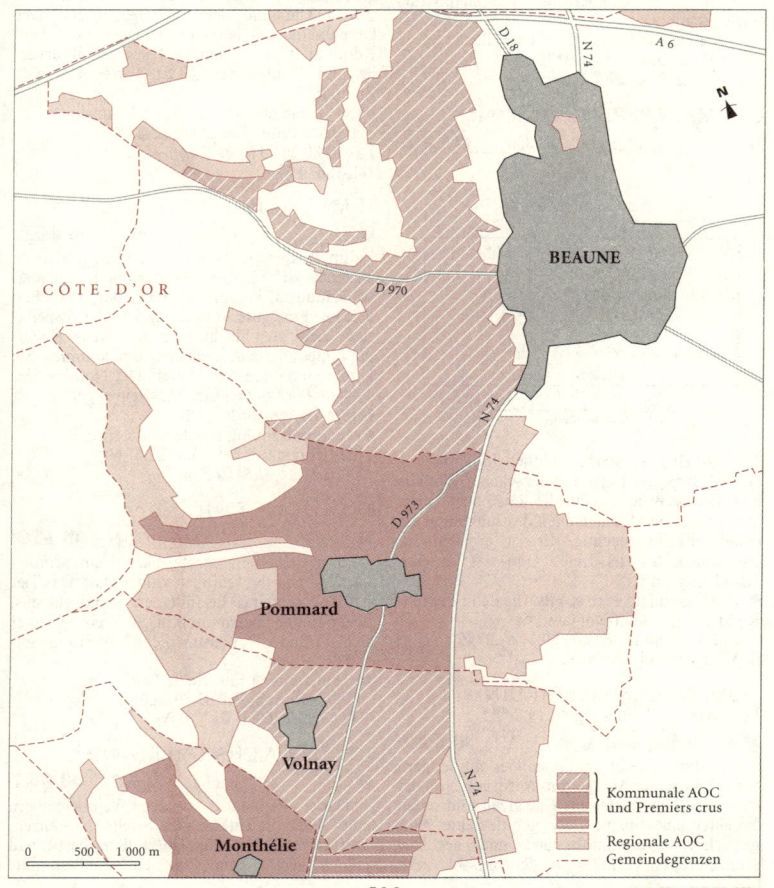

Côte de Beaune — Pommard

Adstringenz geprägt. Mittlere Farbe im Auge. Unaufdringlicher Erdbeerduft.
➥ Doudet-Naudin, 3, rue Henri-Cyrot, 21420 Savigny-lès-Beaune, Tel. 03.80.21.51.74, Fax 03.80.21.50.69 ☑ ☖ n. V.

DOM. CHRISTINE ET JEAN-MARC DURAND 1995*

| ■ | 1,1 ha | 1 500 | 🍷 | 70-100 F |

Ein guter Reklamewein ? Glauben Sie ihm wirklich ? Dieser hier nennt sich Pommard und ist es durch und durch. Purpurrot, diskret im Aroma. Er vibriert auf der Zunge. Ausgewogen, klar, nicht zu tanninlastig. Er beansprucht seinen Platz und behauptet sich hier.
➥ Dom. C. et J.-M. Durand, 21200 Bouze-lès-Beaune, Tel. 03.80.22.75.31, Fax 03.80.26.02.57 ☑ ☖ n. V.

CH. GENOT-BOULANGER
Clos Blanc 1994

| ■ 1er cru | 0,33 ha | 2 000 | 🍷 | 100-150 F |

Clos Blanc, aber es ist ein Rotwein ! Von schöner, ein wenig reifer Farbe. Duft nach kandierten Kirschen. Gute, weinige Dichte, ein Körper, der leicht zu fassen ist, aber das etwas knapp für einen Premier cru.
➥ Marie Delaby-Génot, 25, rue de Cîteaux, 21190 Meursault, Tel. 03.80.26.88.82, Fax 03.80.26.89.05 ☑ ☖ n. V.

GERMAIN PERE ET FILS 1994***

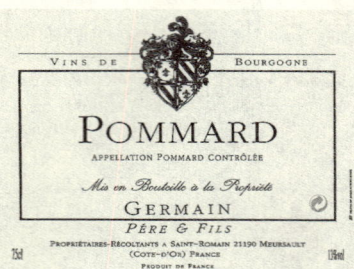

| ■ | 0,5 ha | 2 800 | 🍷 | 70-100 F |

Victor Hugo sprach hinsichtlich des Pommard vom »Kampf des Tages und der Nacht«. Das gilt hier. Dieser Wein vereint alle Reize der Appellation und alle Möglichkeiten des Jahrgangs. Er strahlt. Er ist fruchtig. Er ist erhaben im Geschmack. So viel Tiefe ! Und was für eine Nachhaltigkeit !
➥ Dom. Germain Père et Fils, rue de la Pierre-Ronde, 21190 Saint-Romain, Tel. 03.80.21.60.15, Fax 03.80.21.67.87 ☑ ☖ Mo-Sa 8h-20h ; So n. V.

DOM. VINCENT GIRARDIN
Les Chanlins Vieilles vignes 1995***

| ■ 1er cru | k. A. | k. A. | 🍷 | 100-150 F |

Konstanz. Das bringt dieser 95er mit der ganzen Stärke seiner Anlage zum Ausdruck. Von der Farbe bis zum Bukett aus Gewürzen und reifen Früchten eine einzige klare, gerade Linie. Ausgezeichnete Verschmolzenheit und herrliche Konzentration - ein Wein, der fünf bis zehn Jahre lagern kann, als wäre das überhaupt nichts. Superklasse. Der 95er Vignots wurde mit einem Stern bewertet.
➥ Dom. Vincent Girardin, 4, rte de Chassagne-Montrachet, 21590 Santenay, Tel. 03.80.20.64.29, Fax 03.80.20.64.88 ☑ ☖ n. V.

BERNARD ET LOUIS GLANTENAY
Rugiens 1994*

| ■ 1er cru | 0,22 ha | 1 150 | 🍷 | 70-100 F |

Jeder weiß, daß Rugiens, der Fahnenträger des Pommard, ein Grand cru sein könnte. Hut ab vor diesem 94er mit dem glänzenden Schimmer, der nach Früchten und Holz duftet und ohne Minderwertigkeitskomplex oder Zögern den Mund betritt. Eine tanninbetonte Spitze, viel Tiefe. Man wird ihn in zwei bis acht Jahren würdigen.
➥ SCE Bernard et Louis Glantenay, rue de Vaut, 21190 Volnay, Tel. 03.80.21.62.20, Fax 03.80.21.67.78 ☑ ☖ n. V.

A. GOICHOT ET FILS 1994*

| ■ | k. A. | 2 106 | 🍷 | 70-100 F |

Dieser Wein hat eine eher körperliche als gefühlsmäßige oder intellektuelle Präsenz. Er spricht klar und deutlich. Tiefe Farbe. Der Geruchseindruck ist gute Dinge vorausgesehen. Kontinuität im Geschmack. Dieser ist lakritzeartig und ziemlich streng. Er wartet auf seine Zukunft.
➥ SA A. Goichot et Fils, rte de Meursault, 21190 Merceuil, Tel. 03.80.26.88.70, Fax 03.80.26.80.69 ☑ ☖ Mo-Fr 7h30-12h 14h-18h30

JEAN-LUC JOILLOT Les Rugiens 1994**

| ■ | 0,5 ha | 1 500 | 🍷 | 100-150 F |

Ein Rugiens läßt nie kalt. Dieser granatrote schmückt sich mit Gewürznoten und bietet einen vollständigen, komplexen, recht burgundischen Körper. Eine gute Vorstellung von der Appellation, aber lassen Sie ihn ein paar Jahre im Keller, um hinter alle seine Geheimnisse zu kommen. Sie können ihn unbesorgt kaufen. Der Noizons, der 1994 als 90er zu den Lieblingsweinen gehörte, ist beim 94er sehr ordentlich.
➥ Jean-Luc Joillot, rue de la Métairie, 21630 Pommard, Tel. 03.80.22.47.60, Fax 03.80.24.67.54 ☑ ☖ n. V.

DOM. JOLIOT 1994

| ■ | 2,2 ha | 10 000 | 🍷 | 70-100 F |

Purpur- bis granatrote Farbe, ein schöner Pinot. Lebhafter, kräftiger, wilder Duft. Das Tier ist sprungbereit ... Er füllt den Mund gut aus, aber auf eine noch monolithische Weise. Wird er sich abrunden ? Warum nicht ? Alterung notwendig.
➥ Jean Joliot et Fils, rte de Pommard, 21190 Nantoux, Tel. 03.80.26.01.44, Fax 03.80.26.03.55 ☑ ☖ n. V.

CH. DE LA CHARRIERE 1995**

| ■ | 0,3 ha | 1 600 | 🍷 | 70-100 F |

Dieser Pommard sei den Weinliebhabern empfohlen. Er entlädt sich bereits, so konzentriert ist er. Er hat einen Überfluß an Farbe, hält jedoch sein Aroma für eine unbestimmte

Côte de Beaune — Pommard

Zukunft zurück. Trotzdem was für eine Freude schon im Geschmack ! Sehr schöne Lagerfähigkeit. Ein Geburtstagswein.

🍇 Yves Girardin, 1, rte des Maranges, 21590 Santenay, Tel. 03.80.20.64.36, Fax 03.80.20.66.32 ☑ ⚱ n. V.

DOM. LAURENT Epenots 1994**

| ■ 1er cru | k. A. | 600 | 🍾 +200F |

Dieser junge Weinhändler aus Nuits hat sich rasch einen Namen gemacht. Sein 94er Pommard vieilles verdient hier eine lobende Erwähnung, stillt aber nicht ganz den Hunger. Hingegen ein Epenots des gleichen Jahrgangs. Beeindruckend durch die Farbe. Angenehmes würziges Vanillebukett. Fülle, Länge und Stärke - es war schwer, es in diesem Jahr besser zu machen.

🍇 Dominique Laurent, 2, rue Jacques-Duret, 21700 Nuits-Saint-Georges, Tel. 03.80.61.31.62, Fax 03.80.62.32.42

DOM. LE CLOS DU PAVILLON 1994**

| ■ | 3,76 ha | 20 000 | 🍾 100-150F |

Sie erinnern sich an den Hitchcock-Film *Berüchtigt*, in dem Gary Grant Atomgeheimnisse in einer Flasche Pommard entdeckt. Nun gut, diese Flasche hier enthält ebenfalls fabelhafte Geheimnisse ! Dunkles Kirschrot, Tiergeruch und Lakritze in der Nase. Ein im Geschmack sehr frischer, ausgewogener Wein von einer Länge, die nicht mehr aufhört. Er ist klar und rund und besitzt ein ausgezeichnetes Potential.

🍇 Dom. Le Clos du Pavillon, 6 bis, bd Jacques-Copeau, 21200 Beaune, Tel. 03.80.24.37.37
🍇 A. Bichot

DOM. ALETH LE ROYER-GIRARDIN
Les Charmots 1994*

| ■ 1er cru | 0,35 ha | 1 500 | 🍾 100-150F |

Aleth ist die Frau des Schauspielers Michel Le Royer, der früher berühmt war in der Rolle des Chevalier de Maison-Rouge. Ihr 94er sprengt die Leinwand : Die intensive Farbe beeindruckt das Auge. Von extremer Weinigkeit, von ausgezeichneter Haltung. Eine schöne Zukunft ist ihm sicher. Ein Hauptdarsteller für den Jahrgang. Beachten Sie auch einen ausgezeichneten 94er Rugiens.

🍇 Aleth Le Royer-Girardin, rte d'Autun, 21630 Pommard, Tel. 03.80.22.59.69, Fax 03.80.24.96.57 ☑ ⚱ n. V.

DOM. CHANTAL LESCURE 1994*

| ■ | 4,2 ha | 4 411 | 🍾 70-100F |

Schöne Ansprache über einen reichhaltigen, gut, aber nicht zu stark extrahierten Stoff. Das ergibt eine beständige Ausgewogenheit, die echtes Vergnügen bereitet. Purpur- bis hochrote Farbe. Ein wenig Wärme am Ende des Geschmackseindrucks. Man sollte sich am besten noch ein wenig gedulden, bevor man diese Flasche entkorkt.

🍇 Dom. Chantal Lescure, 34 A, rue Thurot, 21700 Nuits-Saint-Georges, Tel. 03.80.61.16.79, Fax 03.80.61.36.64 ☑ ⚱ n. V.

CLAUDE MARECHAL Les Vignots 1994*

| ■ | 0,38 ha | 2 300 | 🍾 100-150F |

Intensives, kristallklares Rubinrot. Ein Wein, der noch vom Faß geprägt ist, aber im Glas besser wird. Seine imposanten Tannine entwickeln sich zu einer milden Ausgewogenheit hin. Ein konstanter Wein, der schönen Stoff bietet und sich sehr pommardtypisch zeigt.

🍇 EARL Claude Maréchal, 6, rte de Chalon-sur-Saône, 21200 Bligny-lès-Beaune, Tel. 03.80.21.44.37, Fax 03.80.26.85.01 ☑ ⚱ n. V.

BERNARD MARECHAL-CAILLOT 1994*

| ■ | 0,54 ha | 1 279 | 🍾 100-150F |

Er hat etwas gemein mit den Pfeilern im Keller des Clos de Vougeot : einen monolithischen Charakter unter seiner granatroten Farbe. Freigebige aromatische Präsenz, bei der sich schwarze Johannisbeeren harmonisch mit dem Holzton vereinen, balsamische Nuancen. Ein recht achtbares Volumen in Ermangelung einer großen Konsistenz. Ein Wein, den man sehr empfehlen kann.

🍇 Bernard Maréchal-Caillot, 10, rte de Chalon-sur-Saône, 21200 Bligny-lès-Beaune, Tel. 03.80.21.44.55, Fax 03.80.26.88.21 ☑ ⚱ n. V.

DOM. DU CH. DE MEURSAULT
Les Petits Noizons 1994*

| ■ | 1,5 ha | 5 000 | 🍾 100-150F |

Ein lagerfähiger Pommard, den man längerfristig mit Sympathie beobachten kann. Die Säure raubt ihm einen Teil seiner vorhandenen Subtilität - daran soll es nicht liegen ! Gerade diese vollblütige Lebhaftigkeit wird ihn fröhlich die Jahre überstehen lassen. Ein sehr kräftiger Wein von intensivem Rot, der im Augenblick kein Aroma besitzt. Das Feuerwerk wird sich in drei Jahren entzünden.

🍇 Ch. de Meursault, rue du Moulin-Foulot, 21190 Meursault, Tel. 03.80.26.22.75, Fax 03.80.26.22.76 ☑ ⚱ n. V.

MOILLARD-GRIVOT Rugiens 1994**

| ■ | k. A. | 3 000 | 🍾 100-150F |

»Die Blume der Weine von Beaune«, schrieb schon im Mittelalter Guillaume Paradin. Wenn ein Pommard diesen Schwung und diese Anmut hat, reißt er alle Herzen mit sich. Glanz der Farbe, subtile Versprechen eines Dufts, der gegenwärtig durch den Alkohol verstärkt wird, aber sich differenzieren wird. Der kraftvolle, warme Geschmack mit den eleganten Tanninen ist von schöner Länge. Paßt zu Wild (Hasenrücken).

🍇 Moillard-Grivot, 2, rue François-Mignotte, 21700 Nuits-Saint-Georges, Tel. 03.80.62.42.00, Fax 03.80.61.28.13 ☑ ⚱ n. V.

Côte de Beaune — Pommard

MOISSENET-BONNARD
Les Charmots 1995*

| ■ 1er cru | 0,21 ha | 882 | ⓘ 100-150 F |

Gegenüber einem zufriedenstellenden 95er Pézerolles, der bald getrunken werden sollte, geben wir diesem Charmots den Vorzug, der ein Vorbild an Farbe für einen Pinot noir darstellt. Der Duft intensiviert sich sanft, weit und ausgeprägt (rote Früchte). Der Geschmack ist vielleicht nicht von großer Komplexität, erhält aber voll seine Wette aufrecht. Dieser Wein hinterläßt schon viel Vergnügen und muß sich sehr gut entwickeln.

➥ Dom. Moissenet-Bonnard, rte d'Autun, 21630 Pommard, Tel. 03.80.24.62.34, Fax 03.80.24.62.34 ✓ ⚭ n. V.

MOMMESSIN 1994*

| ■ | k. A. | k. A. | ⓘ 70-100 F |

Bei manchen Weinen ist es wie beim Verliebtsein : »Je länger der Weg in der Liebe ist«, erinnert uns Pascal, »desto mehr Vergnügen findet ein feinfühliger Geist.« Kräftige rote Farbe. Sein Bukett entwickelt sich unter einem Aroma von schwarzen Johannisbeeren in Richtung Tiergeruch und Backpflaumen. Kraftvoller und konzentrierter Körper, fleischig und fruchtig - man wird wirklich mehr Spaß daran haben, auf ihn zu warten, als ihn zu drängen.

➥ Mommessin, La Grange-Saint-Pierre, 71850 Charnay-lès-Mâcon, Tel. 03.85.32.81.00, Fax 03.85.29.28.74 ⚭ n. V.

DOM. RENE MONNIER
Les Vignots 1995*

| ■ | 0,77 ha | 4 500 | ⓘ 70-100 F |

Heftige Debatte innerhalb der Jury. Einstimmiger Urteilsspruch : ein lang lagerfähiger Wein mit großer Zukunft. Schwarze Kirschen, pürierte Erdbeeren - er speit Feuer wie beim *Festival des Arts de la Rue*. Danach ist er über einem Untergrund aus Walderdbeeren rund, fleischig, komplex und betörend.

➥ Dom. René Monnier, 6, rue du Dr-Rolland, 21190 Meursault, Tel. 03.80.21.29.32, Fax 03.80.21.61.79 ✓ ⚭ tägl. 8h-12h 14h-18h
➥ M. et Mme Bouillot

HUBERT DE MONTILLE
Grands Epenots 1994*

| ■ 1er cru | 0,22 ha | 1 300 | ⓘ 100-150 F |

Dem Präsidenten der Anwaltskammer von Montille wird es nicht schwerfallen, in dieser Sache zu plädieren. Die Richter werden dabei die Farbe des Kleids und den subtilen, leicht holzbetonten Geruchseindruck anerkennen. Ein Wein von guter Zusammenstellung, rund, frisch und spontan, auch robust, ohne von den zu kräftigen Tanninen erdrückt zu werden. Schöne Harmonie.

➥ Hubert de Montille, 21190 Volnay, Tel. 03.80.21.62.67, Fax 03.80.21.67.14 ✓ ⚭ n. V.

LUCIEN MUZARD ET FILS
Les Cras Vieilles vignes 1995*

| ■ | 0,31 ha | 1000 | ⓘ 70-100 F |

Hier ein köstlicher Pommard, der von einer sehr alten Familie hergestellt worden ist. Er gefällt dem Auge und beeindruckt nach und nach die Nase mit einem Lakritzeduft. Im richtigen Maße tanninhaltig. Lassen Sie ihn drei bis vier Jahre altern.

➥ Dom. Lucien Muzard et Fils, rue de la Cour-Verreuil, 21590 Santenay, Tel. 03.80.20.61.85, Fax 03.80.20.66.02 ✓ ⚭ n. V.

DOM. A. PARENT Les Rugiens 1994*

| ■ 1er cru | 0,5 ha | 1 800 | ⓘ 100-150 F |

Wenn Sie wissen wollen, was ein angeblich männlicher Wein ergibt, den eine Frau (Annick, die die Nachfolge ihrer Mutter Chantal angetreten hat) hergestellt hat, so wählen Sie ohne Zögern diesen Rugiens, der ein wenig wild, fruchtig und reich an Farbstoffen ist und den Gaumen mit einer wohlschmeckenden Vollmundigkeit ausfüllt. Viel Temperament : in zwei Jahren wird er vollkommen sein.

➥ Dom. J. et A. Parent, rue du Château-Gaillard, 21190 Monthélie, Tel. 03.80.21.21.98, Fax 03.80.21.21.98 ✓ ⚭ n. V.

DOM. PARIGOT PERE ET FILS
Les Vignots 1995**

| ■ | k. A. | k. A. | ⓘ 70-100 F |

Der 90er gehörte 1993 zu den Lieblingsweinen. Der 95er ist nicht weit davon entfernt, diese Leistung zu wiederholen. Lebhafte, feurige Farbe. Rote Früchte, reif und nachhaltig, erfüllen das Bukett. Die volle, runde Ansprache und danach die ausgewogene Entwicklung, die mit einem langen Abgang ausklingt, machen daraus jenen typischen Pommard, den man wahnsinnig liebt. Man kann ihn blind wählen. An seiner Stelle wird kaum einem etwas mehr davon übrig ist, bietet auch der 95er einen Spitzengenuß.

➥ Dom. Parigot Père et Fils, rte de Pommard, 21190 Meloisey, Tel. 03.80.26.01.70, Fax 03.80.26.04.32 ✓ ⚭ n. V.

PATRIARCHE 1995*

| ■ 1er cru | k. A. | 6 000 | ⓘ 100-150 F |

Rubin- bis purpurrot. Ein sehr angenehmer Pommard, der Feinheit, Komplexität und Struktur verbindet. Nuancen von sehr reifen roten Früchten, Pfeffer und Röstgeruch in einem eleganten Kontext. Befriedigende Länge. Es empfiehlt sich, diesen 95er nicht sofort zu trinken und ihm die Möglichkeit zu lassen, sich noch auszubalancieren.

➥ Patriarche Père et Fils, rue du Collège, 21200 Beaune, Tel. 03.80.24.53.01, Fax 03.80.24.53.03 ✓ ⚭ n. V.

MAX PIGUET 1995

| ■ | 0,56 ha | 1 200 | ⓘ 70-100 F |

Man hat ein wenig gezögert und sich dann entschieden. Nein, man wird ihn nicht am Straßenrand stehenlassen, diesen bläulichroten, fast pfeffrigen 95er, der die Religion der schwarzen Früchte annimmt, zunächst freigebig ist und sich dann zu einem Hauch von Lakritze entwickelt. Nicht zuviel Fülle. Indische Armee.

➥ Max Piguet, rte de Beaune, 21190 Auxey-Duresses, Tel. 03.80.21.25.78, Fax 03.80.21.68.31 ✓ ⚭ n. V.

Côte de Beaune — Volnay

DOM. REBOURGEON-MURE
Clos des Arvelets 1994*

■ 1er cru   0,61 ha   2 500   70-100 F

In dem Roman *Madame Bovary* genießt Homais einen Pommard, der »seine Fähigkeiten anregt«. Diese Flasche könnte eine solche Rolle bei uns spielen, so stimulierend ist sie. Der lebhafte, feine Wein befindet sich noch in seiner Tanninschale, verspricht aber viel. Auf dem Niveau eines Premier cru !
☛ Daniel Rebourgeon-Mure, Grande-Rue, 21630 Pommard, Tel. 03.80.22.75.39, Fax 03.80.22.71.00 ☑ ⌇ n. V.

DOM. ROBLET-MONNOT 1995**

■   0,35 ha   k. A.   70-100 F

Ein leichter Mangel an Säure, aber der gesamte Rest ist sehr schön ! Schwarze Kirschen. Ein verführerisches, sehr vanilleartiges Bukett. Er ist unverfälscht und dazu bestimmt, daß er gefällt. Körper, Struktur, Persönlichkeit, konzentriert und reichhaltig. Fein und gut gemacht, sehr gut gemacht.
☛ Dom. Roblet-Monnot, rue de la Combe, 21190 Volnay, Tel. 03.80.21.22.47, Fax 03.80.21.65.94 ☑ ⌇ n. V.

JEAN ET PIERRE TARTOIS 1994*

■ 1er cru   0,48 ha   900   70-100 F

Ein zufriedenstellender 94er *Villages* und dieser Premier cru, der voller Feuer ist. Dunkles Rubinrot. Erdbeeren, die mit dem Holzton verschmolzen sind. Ein fülliger, tanninreicher Wein, der lang ist und sich in Feinheit entwickeln wird. Positiver Eindruck. Wir erinnern uns daran, daß der 85er 1989 Lieblingswein war.
☛ SCE Jean et Pierre Tartois, rte de Beaune, 21630 Pommard, Tel. 03.80.22.11.70, Fax 03.80.22.94.83 ☑ ⌇ n. V.

VAUDOISEY-CREUSEFOND 1994

■   1,14 ha   4 500   70-100 F

Rubin- bis granatrot. Nuancen von schwarzen Johannisbeeren und Brombeeren. In der Nase verrät er einen Hauch von exogenem Geruch. Um ehrlich zu sein : das ist nur eine Kleinigkeit. Die Jury begrüßte daher einmütig seine Rundheit, seine Dichte und seine Ausgewogenheit im Geschmack. Empfehlenswert.
☛ Henri Vaudoisey-Creusefond, rte d'Autun, 21630 Pommard, Tel. 03.80.22.48.63, Fax 03.80.24.16.81 ☑ ⌇ n. V.

DOM. VIRELY-ROUGEOT 1994**

■   1,18 ha   5 000   70-100 F

Rot mit hellem Ring. Ein 94er mit einem Bukett von Weinbergspfirsichen. Recht entfaltet, strahlend. Er ist sanft, fein und elegant. Trotz einer durchschnittlichen Länge sammelt er Pluspunkte. Ein gewissenhaftes Gut, das die Traditionen achtet. Das springt hier ins Auge. Eine lobende Erwähnung auch für einen sehr guten 94er Chanlins.
☛ SCEA Dom. Virely-Rougeot, rue Notre-Dame, 21630 Pommard, Tel. 03.80.22.34.34, Fax 03.80.22.38.07 ☑ ⌇ n. V.

Volnay

Das Dorf Volnay, das sich in die Mulde des Hügels schmiegt, erweckt den Eindruck einer burgundischen Postkartenidylle. Die Appellation ist zwar weniger bekannt als ihr Nachbar, hat aber keinen Grund, auf Pommard neidisch zu sein, denn die Weine hier sind voller Feinheit. Sie reichen von der Leichtigkeit der Reblage les Santenots, die sich in der Nachbargemeinde Meursault befindet, bis zur Robustheit und Kraft des Clos des Chênes oder von les Champans. Wir werden sie hier nicht alle aufzählen, weil wir angst haben, einige zu vergessen ... Der Clos des Soixante Ouvrées ist hier ebenfalls sehr bekannt und gibt uns Gelegenheit, die *ouvrée* zu definieren : Das sind 4,28 Ar, das grundlegende Flächenmaß für Rebparzellen, nämlich die Fläche, die ein Mann im Mittelalter an einem Tag mit der Hacke bearbeiten konnte.

Viele Autoren haben im letzten Jahrhundert den Wein von Volnay erwähnt. Wir erinnern an den Vicomte A. de Vergnette, der im Jahre 1845 auf dem Kongreß der französischen Winzer seinen sachkundigen Vortrag folgendermaßen beschloß : »Die Weine von Volnay werden noch lange Zeit das sein, was sie im 14. Jahrhundert unter der Herrschaft unserer Herzöge waren, die hier die Weinberge von Caille-du-Roy (= »Cailleray«, aus dem Caillerets geworden ist) besaßen : die besten Weine der Welt.« Weisen wir darauf hin, daß im letzten Jahr 10 288 hl Volnay erzeugt wurden.

JULES BELIN 1994

■   k. A.   2 000   100-150 F

Jules Belin, im letzten Jahrhundert und zu Beginn dieses Jahrhunderts eine schillernde Figur der Côte de Nuits, wäre wohl verwundert, wenn er sähe, daß sein Name noch immer Etiketten ziert ! Ein Wunder an burgundischer Treue. Für einen hellen Volnay mit recht klarem Duft nach schwarzen Johannisbeeren, der sich elegant präsentiert. Insgesamt recht ordentlich.
☛ Maison Jules Belin, 3, rue des Seuillets, B.P. 143, 21704 Nuits-Saint-Georges Cedex, Tel. 03.80.61.07.74, Fax 03.80.61.31.40 ☑ ⌇ n. V.

BITOUZET-PRIEUR 1994**

■   1,75 ha   4 400   70-100 F

»Der Stil ist der Mensch selbst«, meinte Buffon. Man kann dasselbe vom Wein behaupten,

wenn er gelungen ist. Das gilt für diesen 94er mit der prächtigen Farbe, dessen Duft sich auf zukünftige und anscheinend sehr reife Freuden vorbereitet. Intensive Struktur, schmeichelnde Tannine, lang und stattlich, herrschaftlich, um genau zu sein.
➥ Vincent Bitouzet-Prieur, rue de la Combe, 21190 Volnay, Tel. 03.80.21.62.13, Fax 03.80.21.63.39 ◼ ⏧ n. V.

DOM. ERIC BOIGELOT
Les Santenots 1994**

◼ 1er cru	0,16 ha	1000	⏧	70–100 F

Die Jury hat lang darüber diskutiert und sich zum Schluß nicht geeinigt. Hier der Durchschnitt der sehr positiven Palette von Bewertungen. Nicht übel ! Granatrote Farbe, sehr blumig. Ein in seiner Konstitution und seinem Aroma frischer Wein, gehaltvoll und an Lakritze erinnernd, sehr präsent. Gute Länge.
➥ Eric Boigelot, rue de Beaune, 21190 Monthélie, Tel. 03.80.21.65.85, Fax 03.80.21.66.01 ◼ ⏧ n. V.

J. BOIGELOT Taillepieds 1994*

◼ 1er cru	0,19 ha	1 320	⏧	70–100 F

Kein Irrtum über den Gegenstand, die Person, die Handlung oder den Tatumstand, wie man in der Gerichtssprache sagt. Nein, es ist ein gut gemachter Wein, der sich farbintensiv und klar präsentiert. Das ziemlich kräftige Bukett von roten Früchten kündigt einen tanninhaltigen Geschmack an, der demselben Aroma treu bleibt. Ein wenig altern lassen.
➥ Dom. Jacques Boigelot, 21190 Monthélie, Tel. 03.80.21.22.81, Fax 03.80.21.66.01 ◼ ⏧ n. V.

DOM. ALBERT BOILLOT 1995*

◼	0,37 ha	2 350	⏧	50–70 F

Die Milde des Anjou ist sprichwörtlich. Aber auch die burgundische Milde hat ihre Reize ! Hier beispielsweise ein Wein von äußerster Liebenswürdigkeit und vollkommener Erziehung. Rubin- bis granatrot. Ziemlich ausgeprägter Röstgeruch. Ein 95er ohne jegliche Aggressivität, der gerade dabei ist, sich zu entwickeln, sehr zart und artig.
➥ SCE du Dom. Albert Boillot, ruelle Saint-Etienne, 21190 Volnay, Tel. 03.80.21.61.21, Fax 03.80.21.61.21 ◼ ⏧ n. V.

DOM. LUCIEN BOILLOT ET FILS
Les Caillerets 1994

◼ 1er cru	0,37 ha	1 800	⏧	100–150 F

Der Blick heftet sich auf die Farbe, bevor man den Rest erkennt. Das Auge ist erstaunt über soviel Schönheit. Die Nase verweilt über einem geradlingen Duft, der von Frucht umhüllt ist. Rasche Entwicklung. Geht diese Flasche vorüber, ohne daß sie uns anscheinend ihre Aufmerksamkeit schenkt ? Man fürchtet es einen Augenblick lang, dann kommt der Kontakt zustande. Angenehm, aber diese Begegnung muß man ziemlich bald herstellen.
➥ Dom. Lucien Boillot et Fils, 1, rue Magnon-Pujo, 21220 Gevrey-Chambertin, Tel. 03.80.51.85.61, Fax 03.80.58.51.23 ◼ ⏧ n. V.

DOM. BOUCHARD PERE ET FILS
Caillerets Ancienne Cuvée Carnot 1994

◼ 1er cru	4 ha	k. A.	⏧	100–150 F

Lazare Carnot, der »Organisator des Sieges«, war ein Sohn der Stadt Nolay. Noch heute besitzt diese Familie Schloß La Rochepot. Dieses alte Weingut bringt noch immer gute Früchte hervor : einen im Abgang etwas trockenen Wein, der aber intensiv und blumig ist. Redlich und klar.
➥ Bouchard Père et Fils, Au Château, B.P. 70, 21202 Beaune Cedex, Tel. 03.80.24.80.24, Fax 03.80.24.97.56 ⏧ n. V.

DOM. JEAN-MARC BOULEY
Clos des Chênes 1995*

◼ 1er cru	0,43 ha	2 400	⏧	100–150 F

Ein Clos des Chênes, der die Klugheit besitzt, den Wein über das Holz dominieren zu lassen. Zumindest vorwiegend. Zweifellos leicht, dabei aber fein. Die Tannine entwickeln sich gerade. Lobende Anerkennung für den 94er Clos de la Cave als Villages. Beachten Sie auch den Premier cru les Carelles.
➥ Dom. Jean-Marc Bouley, chem. de la Cave, 21190 Volnay, Tel. 03.80.21.62.33, Fax 03.80.21.64.78 ◼ ⏧ n. V.

PASCAL BOULEY Clos des Chênes 1995

◼ 1er cru	0,13 ha	700	⏧	100–150 F

Ein recht ordentlicher Volnay und dieser ziemlich purpurrote Clos des Chênes mit dem sich entwickelnden Bukett, das die Frucht ankündigt. Die Ansprache ist rund und holzbetont. Danach zeigt sich der Wein füllig, mit einer bitteren Note, die auf das Faß zurückgeht. Dieser zurückhaltende Wein muß einige Zeit altern.
➥ Réyane et Pascal Bouley, pl. de l'Eglise, 21190 Volnay, Tel. 03.80.21.61.69, Fax 03.80.21.66.44 ◼ ⏧ n. V.

PIERRE BOUZEREAU-EMONIN 1994

◼	0,35 ha	2 000	⏧	70–100 F

Klar und strahlend auf einem granatroten Untergrund. Er bietet ein sehr angenehmes Bukett : Lakritze und Himbeeren mit einem Hauch von Alkohol. Seine festen Tannine und seine Vollmundigkeit verleihen ihm im Augenblick einen etwas summarischen, man könnte auch sagen rustikalen Charakter. Aber man sollte ihm seine Chance lassen, denn es ist sich gut zu entwickeln.
➥ Pierre Bouzereau-Emonin, 7, rue Labbé, 21190 Meursault, Tel. 03.80.21.23.74, Fax 03.80.21.65.97 ◼ ⏧ n. V.

DOM. F. BUFFET
Clos des Chênes 1994***

◼ 1er cru	1 ha	k. A.	⏧	70–100 F

Bossuet bewunderte heimlich den Volnay und schloß ihn in seine besonderen Gebete ein. Wie man ihn doch begreift ! Dieser 94er ist ein echtes kleines Wunder an Komplexität und Subtilität. Er begeistert durch seine tiefe, reiche Farbe, sein Aroma von Wildkirschen und seinen fabelhaften Körper. Und lagerfähig, bitte sehr !

Côte de Beaune — Volnay

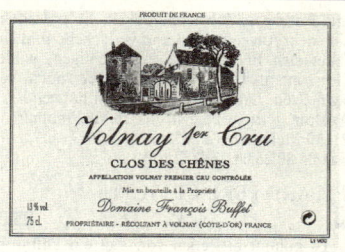

🍷 Dom. François Buffet, petite place de l'Eglise, 21190 Volnay, Tel. 03.80.21.62.74, Fax 03.80.21.65.82 ✉ 🍴 n. V.

CHAMPY PERE ET CIE
Taillepieds 1994**

■ 1er cru	k. A.	k. A.	🍶 100-150 F

»Das Maß steht über allem«, liest man am Tempel von Delphi. Dieser Taillepieds läßt sich von der antiken Maxime inspirieren. Fest und gut gebaut, fast rund. Im Mund benimmt er sich wie ein Jungbrunnen. Intensive hochrote Farbe mit malvenfarbenen Reflexen. Das Bukett geht in Richtung Kirschen, perfekt gemeisterter Holzton. Echte Eleganz.

🍷 Maison Champy Père et Cie, 5, rue du Grenier-à-sel, 21202 Beaune Cedex, Tel. 03.80.24.97.30, Fax 03.80.24.97.40 ✉ 🍴 n. V.

DUFOULEUR PERE ET FILS 1994*

■	k. A.	k. A.	🍶 100-150 F

Wir haben den 94er Frémiets Premier cru und diesen *Villages* aus demselben Jahrgang verkostet. Da sie absolut gleichwertig sind, erhalten sie die gleiche Benotung. Die Siegerpalme geht dennoch an den *Villages*, der vollmundig ist, Charakter besitzt und Haltung zeigt. Tiefes Rubinrot und Duft nach Kirschenkonfitüre.

🍷 Dufouleur Père et Fils, rue Thurot, B.P. 27, 21700 Nuits-Saint-Georges, Tel. 03.80.61.21.21, Fax 03.80.61.10.65 ✉ 🍴 tägl. 9h-19h

CH. GENOT-BOULANGER
Les Aussy 1994*

■ 1er cru	0,4 ha	1 500	🍶 70-100 F

Tanninreich, maskulin - er kommt aus einer Einzellage in der Nähe der Lage Champans. Helle Farbe und leichter Duft nach Früchten. Er dosiert seine Pointen sparsam bis zu jenem männlichen, ziemlich langen Geschmack. Die Liebenswürdigkeit bleibt eine Frage der Zeit.

🍷 Marie Delaby-Génot, 25, rue de Citeaux, 21190 Meursault, Tel. 03.80.26.88.82, Fax 03.80.26.89.05 ✉ 🍴 n. V.

BERNARD ET LOUIS GLANTENAY
Les Santenots 1994

■ 1er cru	0,67 ha	1 740	🍶 70-100 F

Man hat ein wenig mit der Farbe gespart. Der Duft ist beredter, verschiebt dabei aber die wichtigsten seiner Bekenntnisse auf später. Eine Empfindung von Festigkeit. Und dennoch, sehen Sie nur, vertagt die Jury, die sich damit auskennt, ihr Urteil und sagt ihm eine sehr schöne Zukunft voraus. Somit lagerfähig.

🍷 SCE Bernard et Louis Glantenay, rue de Vaut, 21190 Volnay, Tel. 03.80.21.62.20, Fax 03.80.21.67.78 ✉ 🍴 n. V.

DOM. GEORGES GLANTENAY ET FILS 1995

■	3,1 ha	10 000	🍶 70-100 F

Die Farbe eines jungen Weins, das Bukett im selben Stil. Ungestüme Ansprache. Im Abgang hinterläßt er ein Kirschkernaroma, das man einen langen Augenblick angenehm bewahrt. Nicht sehr strukturiert, sondern rund und geschmeidig, sehr volnaytypisch.

🍷 SCE Dom. Georges Glantenay et Fils, chem. de la Cave, 21190 Volnay, Tel. 03.80.21.61.82, Fax 03.80.21.68.66 ✉ 🍴 n. V.

DOM. GEORGES GLANTENAY ET FILS Brouillard 1994*

■ 1er cru	1,11 ha	5 000	🍶 70-100 F

Brouillard (»Nebel«) - ein Name, an dem man zu tragen hat. Diese Einzellage nahe bei Pommard ist sehr gut gelegen. Der Wein zeigt sich hier von einer verfeinerten Eleganz. Schöne Farbe, leichte Frucht mit Vanillenote, recht sanfte Tannine. Rundheit und Verschmolzenheit. Der Jahrgang gibt nicht mehr her.

🍷 SCE Dom. Georges Glantenay et Fils, chem. de la Cave, 21190 Volnay, Tel. 03.80.21.61.82, Fax 03.80.21.68.66 ✉ 🍴 n. V.

DOM. ANTONIN GUYON
Clos des Chênes 1994

■ 1er cru	0,87 ha	5 000	🍶 100-150 F

Er hält sich ein wenig für einen Pommard mit jenem inneren Feuer, das einen intensiven Glanz zeigt, diesem Bukett, das zu Brombeeren erwacht, und diesem tanninreichen Schwung, der anscheinend Berge versetzen möchte ... Einfach und eckig. Nur einfach verschlossen oder hermetisch veschlossen wie dieser hier ?

🍷 Antonin Guyon, 21420 Savigny-lès-Beaune, Tel. 03.80.67.13.24, Fax 03.80.66.85.87 ✉ 🍴 n. V.

LABOURE-ROI Clos des Chênes 1995*

■ 1er cru	k. A.	k. A.	🍶 100-150 F

Ein begeisternder 88er gehörte 1991 zu den Lieblingsweinen. Diese Firma in Nuits beweist, daß sie ihre Côte de Beaune ganz genau kennt. Klarer Stil, schwarze Johannisbeeren und Gewürze. Dieser 95er tritt forsch auf. Die Frucht ist noch ein wenig verdeckt, aber er läßt sich recht angenehm trinken.

🍷 Labouré-Roi, rue Lavoisier, 21700 Nuits-Saint-Georges, Tel. 03.80.62.64.00, Fax 03.80.62.64.10 🍴 Mo-Fr 8h-12h 13h30-17h30

🍷 Cottin

LOUIS MAX Les Santenots 1994*

■ 1er cru	k. A.	k. A.	🍶 +200 F

Wenn man dem einfallsreichen Sprichwort glauben darf, gibt es »nur einen Volnay in Frankreich«. Von Santenots dagegen gibt es mehrere Lagen ... Ein in der Regel konzentrierter und rassiger Wein. Dieser hier hat eine gehaltvolle, kräftige Seite, die ein wenig herrisch ist. Strahlende Farbe und interessanter Geruchsein-

druck. Vielleicht ist er mehr pommard- als volnaytypisch.
⌐ Louis Max, 6, rue de Chaux, B.P. 4, 21700 Nuits-Saint-Georges, Tel. 03.80.62.43.01, Fax 03.80.62.43.16

DOM. DU CHATEAU DE MEURSAULT Clos des Chênes 1994★

| ■ 1er cru | 2,6 ha | 12 000 | ◫ 150-200 F |

Colette spricht von ihrer »instinktiven Neigung, die es in der Rundung gefällt«. Eine Neigung, die dieser abgerundete, kugelrunde, füllige, fruchtige Wein teilt. Man sieht hier somit den Volnay in seiner Weiblichkeit. Sauerkirschen von Anfang bis Ende, mit einem ganz kleinen Hauch von Entwicklung, die fast nicht wahrnehmbar ist. Er kann dennoch das Kap des Jahres 2000 umschiffen.
⌐ Ch. de Meursault, rue du Moulin-Foulot, 21190 Meursault, Tel. 03.80.26.22.75, Fax 03.80.26.22.76 ◨ ⊤ n. V.

MOILLARD En Chevret 1995★

| ■ 1er cru | k. A. | 16 000 | ◫ 100-150 F |

Eine Einzellage, die sich wie eine Ecke in der Reblage le Cailleret befindet. Streng, aber von beeindruckendem Gerüst. Ein Wein für die Geduldigen, die warten können. Kraftvolle Struktur. Er bietet in seinem Spiel schon alle Trümpfe auf. Ein Wein, der Aufmerksamkeit verdient.
⌐ Moillard, 2, rue François-Mignotte, 21700 Nuits-Saint-Georges, Tel. 03.80.62.42.22, Fax 03.80.61.28.13 ◨ ⊤ n. V.

DOM. RENE MONNIER
Clos des Chênes 1995

| ■ 1er cru | 0,74 ha | 4 000 | ◫ 70-100 F |

Ein Wein der alten Schule. Zweifellos entwickelt er sich ein wenig in der Farbe. Das kommt in den besten Familien vor. Würziger, ziemlich reifer Duft. Fester Geschmack, der sich auf die Tannine stützt, aber das Aroma bringt einen langen Konvoi angenehmer Empfindungen.
⌐ Dom. René Monnier, 6, rue du Dr-Rolland, 21190 Meursault, Tel. 03.80.21.29.32, Fax 03.80.21.61.79 ◨ ⊤ tägl. 8h-12h 14h-18h
⌐ M. et Mme Bouillot

DOM. A. PARENT Fremiets 1994★★

| ■ 1er cru | 0,64 ha | 1 800 | ◫ 100-150 F |

Ein Frauenwein. Chantal, dann Annick, ihre Tochter. Lieblingswein 1996. Und wenn man wiederholt, daß der Volnay feminin ist, sollte man dann nicht lieber den Gedankengang bis zum Ende durchführen ? Zumal sie sich in der Familie damit auskennen und einen köstlichen Volnay mit Sauerkirschennoten herstellen, der eine fruchtige Eleganz besitzt und im Geschmack Feinheit, Gerüst und Länge vereint.
⌐ Dom. J. et A. Parent, rue du Château-Gaillard, 21190 Monthélie, Tel. 03.80.21.21.98, Fax 03.80.21.21.98 ◨ ⊤ n. V.

DOM. PARIGOT PERE ET FILS
Les Echards 1995★

| ■ | k. A. | k. A. | ◫ 70-100 F |

Diese Reblage befindet sich ganz nahe bei den Premiers crus, in Richtung Meursault. Sinnlich, mit Frische und Nachhaltigkeit. Er präsentiert sich dem Auge gut, hell und verlockend und entfaltet sich in der Nase zu fruchtigen, wilden Horizonten. Die Tannine müssen noch verschmelzen. Drei Jahre Keller sind notwendig.
⌐ Dom. Parigot Père et Fils, rte de Pommard, 21190 Meloisey, Tel. 03.80.26.01.70, Fax 03.80.26.04.32 ◨ ⊤ n. V.

PICARD PERE ET FILS 1995★

| ■ | k. A. | k. A. | ◫ 100-150 F |

Es kommt bisweilen vor, daß ein Philosoph Rat weiß. So Helvétius, wenn er uns empfiehlt : «Gehen wir stufenweise bis zum letzten Vergnügen vor ...« Diesen Wein muß man nämlich etappenweise verkosten. Halten wir bei seiner lebhaften, jugendlichen Farbe inne. Leichter Duft nach schwarzen Johannisbeeren als Fixpunkt. Im Geschmack Vollmundigkeit und viel Stoff.
⌐ Michel Picard, rte de Saint-Loup-de-la-Salle, B.P. 49, 71150 Chagny, Tel. 03.85.87.51.00, Fax 03.85.87.51.11 ⊤ n. V.

MAX PIGUET 1995

| ■ | 0,25 ha | 1 500 | ◫ 70-100 F |

Ein Schmetterling, der mit drei Flügelschlägen den Gaumen überfliegt. Er ist sanft und voll jugendlicher Düfte und hinterläßt dennoch eine Erinnerung. Die an seine strahlende, blasse Farbe ? Die an Früchte in Alkohol ? Die an eine unaufdringliche, pikante Adstringenz ?
⌐ Max Piguet, rte de Beaune, 21190 Auxey-Duresses, Tel. 03.80.21.25.78, Fax 03.80.21.68.31 ◨ ⊤ n. V.

VINCENT PONT 1995

| ■ | 0,35 ha | 2 200 | ◫ 70-100 F |

Auch wenn er vielleicht nicht der Schiedsrichter des guten Geschmacks ist, versteht er doch sein Handwerk. Schöne Intensität im Aussehen, weiniger Duft nach Sauerkirschen, ehrliche, wohlschmeckende Empfindung im Mund, Nachhaltigkeit. Dann ein wenig Konfitüre. Dieser Wein muß sich noch verfeinern. Aber er besitzt Argumente.
⌐ Vincent Pont, rue des Etoiles, 21190 Auxey-Duresses, Tel. 03.80.21.27.00, Fax 03.80.21.24.49 ◨ ⊤ n. V.

DOM. POULLEAU PERE ET FILS 1995★

| ■ | 1,62 ha | 2 800 | ◫ 50-70 F |

Brillanz, Klarheit. Wenig Geruchseindruck. Die Ansprache ist ziemlich tanninreich und enthüllt eine schöne Säure. Man findet darin Charakter. Gute Extraktion, wie unsere Freunde in Bordeaux so schön sagen. Ein wenig altern lassen, aber alles steht bereit.
⌐ SCE Dom. Poulleau Père et Fils, rue du Pied-de-la-Vallée, 21190 Volnay, Tel. 03.80.21.62.61, Fax 03.80.24.11.25 ◨ ⊤ n. V.

DOM. PRIEUR-BRUNET
Santenots 1994★

| ■ 1er cru | 0,36 ha | 1 750 | ◫ 100-150 F |

Der Volnay-Santenots hat die Besonderheit, daß er in Meursault geerntet wird, worüber er errötet. Hier zeigt er eine dunkle Farbe. Sauerkirschen und Kirschwasser, am Anfang der

Côte de Beaune — Volnay

Reife. Ein Wein mit feiner Ansprache, der sich als ziemlich konzentriert erweist. Seine Tannine hüllen sich im Augenblick ein. In drei Jahren wird er die wahre Sprache des Volnay-Weins sprechen.
☛ Dom. Prieur-Brunet, rue de Narosse, 21590 Santenay, Tel. 03.80.20.60.56, Fax 03.80.20.64.31 ⬛ ⏳ n. V.

MICHEL PRUNIER Les Caillerets 1995*

| ■ 1er cru | 0,3 ha | 1 800 | 🍷 | 100-150 F |

Die Cailleret-Lage geht in Richtung Meursault. Hier ein gut vinifizierter Wein. Füllig, ausgewogen, lang - nichts ist an ihm auszusetzen. Dunkle Reflexe mit ein paar braunen Spuren. Die roten Früchte erwachen bei der Belüftung. Sehr runde Ansprache. Fruchtige Weiterreise über einem holzbetonten Untergrund. Ein Hauch von Säure. Man langweilt sich unterwegs nicht.
☛ Dom. Michel Prunier, rte de Beaune, 21190 Auxey-Duresses, Tel. 03.80.21.21.05, Fax 03.80.21.64.73 ⬛ ⏳ n. V.

REBOURGEON-MURE Caillerets 1994*

| ■ 1er cru | 0,32 ha | 1 500 | 🍷 | 70-100 F |

»Wer den Cailleret nicht kennt, weiß nicht, was der Volnay wert ist«, heißt es. Das ist der Urmeter des Anbaugebiets und des Cru. Er zeigt hier ein ehrliches 94er Gesicht. Hochrot. Er erinnert an den Pinot der großen Herzöge von Burgund. Bukett von reifen Früchten. Lakritznoten, mehr Rundheit als Struktur. Normal bei dem Jahrgang. Der 89er und der 91er gehörten zu den Lieblingsweinen.
☛ Rebourgeon-Mure, Grande-Rue, 21630 Pommard, Tel. 03.80.22.75.39, Fax 03.80.22.71.00 ⬛ ⏳ n. V.

DOM. ROBLET-MONNOT
Taillepieds 1994

| ■ 1er cru | 0,4 ha | 1 800 | 🍷 | 70-100 F |

Er wirft sich stolz in die Brust. Dunkles Granatrot. Der Geruchseindruck auffällig, sehr jung und kräftig. Noch wilde Tannine, aber die Fülle ist schon vorhanden. Er ähnelt eher einem gerade aus dem Faß abgezogenen 95er als einem 94er in der Flasche. Wir geben nur die Degustationszettel wieder, die sich in diesem Punkt einig sind. Aber es gibt 94er, die diesen Erfolg hatten. Außerdem ein guter 95er *Villages*.
☛ Dom. Roblet-Monnot, rue de la Combe, 21190 Volnay, Tel. 03.80.21.22.47, Fax 03.80.21.65.94 ⬛ ⏳ n. V.

ROSSIGNOL-FEVRIER PERE ET FILS Robardelle 1994*

| ■ 1er cru | 0,43 ha | k. A. | 🍷 | 70-100 F |

Ein Premier cru an der Grenze zu Meursault, im Südteil der Gemeinde. Man wird seine kräftige rubinrote Farbe, die Ausführung seines Dufts (zurückhaltend, aber gefällig, leicht holzbetont) und seine Struktur bewundern. Wirklich ein Wein, der Körper hat. Er versteckt sich dennoch nicht hinter seinem Rückgrat und zeigt sehr angenehme Umrisse. Wahl zum Lieblingswein 1993 (der 90er).

☛ GAEC Rossignol-Février, rue du Mont, 21190 Volnay, Tel. 03.80.21.62.69, Fax 03.80.21.67.74 ⬛ ⏳ Mo-Sa 8h-12h 14h-20h ; So n. V.

CH. ROSSIGNOL-JEANNIARD
Santenots 1994*

| ■ 1er cru | 2,13 ha | 1 200 | 🍷 | 70-100 F |

Seine rubinroten Reflexe kündigen einen Salon aus dem Zweiten Kaiserreich an : purpurrot, behaglich, imposant, tief. Man kann sich darin sehr gut komplizierte Unterredungen im Beisein des Notars, eines Freundes der Familie, vorstellen ... Das Ganze ist offensichtlich sehr gehaltvoll. Ein spezieller Stil, aber perfekt im großbürgerlichen Weingenre.
☛ Rossignol-Jeanniard, rue de Mont, 21190 Volnay, Tel. 03.80.21.62.43, Fax 03.80.21.27.61 ⬛ ⏳ n. V.

CAVE DE SAINTE-MARIE-LA-BLANCHE 1994*

| ■ | 1,8 ha | 4 900 | 🍷 | 50-70 F |

Bravo ! Die Kellerei von Sainte-Marie-la-Blanche strengt sich hier sehr an und präsentiert einen überaus aufregenden Volnay. Tadellose Farbe. Pflanzliches, ein wenig strenges Bukett, aber von vollkommener Reinheit. Viel Gehalt im Geschmack entspricht einem soliden Bau. Ziemlich rascher Ausklang.
☛ Cave de Sainte-Marie-La-Blanche, Sainte-Marie-La-Blanche, 21200 Beaune, Tel. 03.80.26.60.60, Fax 03.80.26.54.47 ⬛ ⏳ Mo-Sa 8h-12h 14h-18h

DE SOUSA-BOULEY 1994*

| ■ | 0,29 ha | 1 700 | 🍷 | 50-70 F |

Dieser 94er wendet den Ratschlag von Boileau - »Eile mit Weile« - wortwörtlich an. Rund, ziemlich sanft in der Ansprache. Er bietet im Duft und im Geschmack eine schöne Rezitation von ausgewählten Aromen (konzentrierte rote Früchte, ein wenig Röstgeruch). Mittlere Nachhaltigkeit. Seinen vollen Charakter dürfte er 1998 oder 1999 erreichen. Man muß ihn vor den 93ern trinken.
☛ Albert de Sousa-Bouley, 7, R.N. 74, 21190 Meursault, Tel. 03.80.21.22.79 ⬛ ⏳ n. V.

CHRISTOPHE VAUDOISEY 1995**

| ■ | 2 ha | k. A. | 🍷 | 70-100 F |

»Geduld und Langmut ...« Man muß nämlich zu Füßen dieser Flasche kampieren, die schon großartig ist und der Lieblingswein ehrenhalber sein wird, wenn Sie ihn trinken werden. Prächtig ! Eine wunderbare Farbe, ein köstlicher Duft, ein feiner, kraftvoller Charakter. Man spürt Tannine, die sich abmildern wollen. Ein »Muß« !
☛ Christophe Vaudoisey, pl. de l'Eglise, 21190 Volnay, Tel. 03.80.21.20.14, Fax 03.80.21.20.14 ⬛ ⏳ n. V.

CHARLES VIENOT 1994**

| ■ | k. A. | k. A. | 🍷 | 70-100 F |

Wenn diese Lektion einen Käse wert ist, wählen Sie den der Abtei Citeaux, die dieses Jahr ihren 900. Geburtstag feiert ! Ein wunderbar sensibler Volnay. Dunkelrot, pürierte Erdbeeren,

Côte de Beaune — Monthélie

klar, nachhaltig, umgänglich - die Jury klatscht Beifall.
➥ Charles Vienot, 5, quai Dumorey, B.P. 102, 21700 Nuits-Saint-Georges, Tel. 03.80.62.61.41, Fax 03.80.61.34.75

JOSEPH VOILLOT Les Champans 1994
■ 1er cru   1,1 ha   3 000   🍷 100-150 F

Erinnern Sie sich, daß der 78er diesem Gut 1987 die Wahl zum Lieblingswein einbrachte ? Und was ist mit dem 94er ? Er gliedert seine Rede in einem fruchtigen Rhythmus, während sich das Faß bei uns in gute Erinnerung bringt. Voller Feinheit, für einen Premier cru durchschnittlich, für einen *Villages* exzellent.
➥ SCEV Joseph Voillot, 21190 Volnay, Tel. 03.80.21.62.27, Fax 03.80.21.66.63 ☑ ☒ n. V.

Monthélie

Das Erosionstal von Saint-Romain trennt die Anbaugebiete für Rotweine von den Anbaugebieten für Weißweine ; Monthélie befindet sich am Südhang dieses Tals. In diesem kleinen Dorf, das weniger bekannt ist als seine Nachbarn, haben die Weine eine ausgezeichnete Qualität. 1996 wurden 5 151 hl Rotwein und 321 hl Weißwein erzeugt.

ERIC BOIGELOT Sur la Velle 1994
■ 1er cru   0,24 ha   1 320   🍷 70-100 F

Eric Boigelot und sein Vater arbeiten »parallel«, jeder für sich. Sein 94er mit der leichten Granatfarbe gesteht langfristig (nach ein wenig Belüftung) seine Vorliebe für Kirschen und sogar Kirschkonfitüre. Er ist sehr kraftvoll und überschwenglich. Das Richtige zu Meurette (Rotweinsauce mit Speckstückchen und Zwiebeln).
➥ Eric Boigelot, rue de Beaune, 21190 Monthélie, Tel. 03.80.21.65.85, Fax 03.80.21.66.01 ☑ ☒ n. V.

ERIC BOUSSEY Les Riottes 1994★
■ 1er cru   0,39 ha   2 400   🍷 70-100 F

Ein 83er war 1987 Lieblingswein. Dieses Jahr bietet Eric einen 94er Riottes, bei dem es schade wäre, wenn man ihn mit geschlossenen Augen probieren würde. Man hätte nicht das Vergnügen dieses strahlenden Rubinrots. Duft nach Konfitüre und Vanille. Entschlossene, runde, geschmeidige Ansprache. Leicht pfeffrige Entwicklung. Die Tannine bestimmen den Abgang.
➥ EARL du Dom. Eric Boussey, Grande-Rue, 21190 Monthélie, Tel. 03.80.21.60.37, Fax 03.80.21.26.12 ☑ ☒ n. V.

DOM. DENIS BOUSSEY 1995
□   0,71 ha   2 000   🍷 50-70 F

Nur der Holzton bringt ihn um einen Stern, denn er erfreut das Auge und läßt einen Duft mit tiefem Dekolleté erkennen (Noten von weißen Blüten und Honig). Wenn es ihm gelingt, die Chardonnay-Trauben zum Ausdruck zu bringen und dabei das Faß vergessen zu lassen, wird er ausgezeichnet sein. Der 93er gehörte 1996 zu den Lieblingsweinen.
➥ Dom. Denis Boussey, rue du Pied-de-la-Vallée, 21190 Monthélie, Tel. 03.80.21.21.23, Fax 03.80.21.62.46 ☑ ☒ n. V.

DOMINIQUE CAILLOT Les Toisières 1994
□   0,17 ha   1 200   🍷 50-70 F

Empyreumatisch : eine aromatische Eigenschaft, die an Gekochtes, Verbranntes, Rauch erinnert. Ein Beispiel dafür ist dieser 94er, der auch ein paar mineralische Noten bietet. Interessante Struktur, gute Komplexität, bestimmt günstige Entwicklung. Man kann ihm vertrauen.
➥ Dominique Caillot, 8, rue Pierre-Mouchoux, 21190 Meursault, Tel. 03.80.21.64.99 ☑ ☒ n. V.

RODOLPHE DEMOUGEOT La Combe Danay 1995★
■   0,3 ha   1 800   🍷 50-70 F

»Ein Huhn in Monthélie verhungert während der Getreideernte«, besagt ein Sprichwort. So viele Reben gibt es hier ! Und man begreift auch warum, wenn man diesen 95er eines jungen Winzers probiert, dem es nicht an Talent mangelt. Dunkelroter Farbton. Noch sehr holzbetont im Geruch. Sein Wein bringt noch eine ziemlich steife Persönlichkeit zum Ausdruck. Er wird humaner werden, denn seine Struktur ist schön !
➥ Dom. Rodolphe Demougeot, rue du Glacis, 21190 Meloisey, Tel. 03.80.26.01.73, Fax 03.80.26.05.57 ☑ ☒ n. V.

M. DESCHAMPS 1994★
□   0,7 ha   5 000   🍷 50-70 F

Goldgelb - er erinnert an Butter. Sagen wir lieber an ein Stück Butter, so allgegenwärtig ist dieses Aroma. Wenig einprägsam am Anfang des Geschmacks. Dann entfaltet er sich und zeigt seine Lebhaftigkeit. Unbestreitbare Qualitäten, die im Augenblick vom Faß dominiert werden, gekennzeichnet durch Toast- und Röstnoten, hellen Tabak und eine gute Säure.
➥ Michel Deschamps, rue du Château-Gaillard, 21190 Monthélie, Tel. 03.80.21.28.60, Fax 03.80.21.65.77 ☑ ☒ n. V.

GUY DUBUET 1995★
■   0,45 ha   2 300   🍷 50-70 F

Erdbeer und Schokolade. Nein, das ist kein Speiseeis, vielmehr sind das die aromatischen Verführungen dieses Weins, der viele Trümpfe besitzt. Sehr elegante Farbe und unter einer leichten Adstringenz der bestgenährte Körper der Gegend. Man sollte ihn eher zu Ostern als am Dreifaltigkeitsfest trinken.
➥ Guy Dubuet, rue Bonne-Femme, 21190 Monthélie, Tel. 03.80.21.26.22 ☑ ☒ n. V.

PAUL GARAUDET Le Clos Gauthey 1994
■ 1er cru   1,1 ha   4 000   🍷 70-100 F

Es gibt ihn rustikal und rustikal. Im besten wie im schlechtesten Sinne. Wenn uns hier dieses Wort in den Sinn kommt, bringt es eine ziemlich eckige, aber fehlerlose Einfachheit zum Aus-

Côte de Beaune — Monthélie

druck. Sie haben verstanden, daß man ihn trinken kann. Tannine des Jahrgangs, Stoff. Er gehört zur kleinen Zahl der Auserwählten unter den 42 verkosteten Monthélie-Weinen.
🍷 Paul Garaudet, imp. de l'Eglise, 21190 Monthélie, Tel. 03.80.21.28.78, Fax 03.80.21.66.04 ✓ ✗ n. V.

DOM. CHARLES ET REMI JOBARD
Les Vignes Rondes 1994

| ■ | 1er cru | 0,6 ha | 2 400 | 🍷 | 50-70F |

Unter einem guten Stern geboren (wenn man schon »die runden Reben« heißt!). Dieser Monthélie bietet eine kräftige Farbe, die aber von mittlerer Intensität ist. Sein komplexes Aroma (schwarze Johannisbeeren, Lebkuchen) weckt die Sympathie. Es mangelt ihm ein wenig an Tiefe, aber es gelingt ihm, im Geschmack zu gefallen. Für den Jahrgang ein Erfolg.
🍷 Dom. Charles et Rémi Jobard, 12, rue Sudot, 21190 Meursault, Tel. 03.80.21.20.23, Fax 03.80.21.67.69 ✓ ✗ n. V.

NAIGEON-CHAUVEAU 1994*

| ■ | | k. A. | k. A. | 🍷 | 50-70F |

Ein Weg, der geradewegs auf das Ziel zusteuert. Die klare, geschmeidige Ansprache entwickelt sich über holzbetonten Tanninen, die gerade dabei sind zu verschmelzen. Leichte Nachhaltigkeit und harmonischer Abgang. Das Ganze hat eine gute rote Farbe mit schillernden Reflexen. Diskreter Backpflaumenduft.
🍷 Naigeon-Chauveau, B.P. 7, rue de la Croix-des-Champs, 21220 Gevrey-Chambertin, Tel. 03.80.34.30.30, Fax 03.80.51.88.99 ✓ ✗ n. V.

DOM. J. PARENT 1994

| ■ | 1er cru | 0,47 ha | 1000 | 🍷 | 50-70F |

Die Nase über dem Mund oder, falls Sie es so lieber haben, der Mund unter der Nase. Die Weinprobe kann manchmal, wie man sieht, die Natur bestätigen ... Ein hübsches, dunkles Purpurrot umhüllt ein köstliches Himbeeraroma und einen Körper, der weder eine Geschichte noch ein besonderes Kennzeichen hat.
🍷 Dom. J. et A. Parent, rue du Château-Gaillard, 21190 Monthélie, Tel. 03.80.21.21.98, Fax 03.80.21.21.98 ✓ ✗ n. V.

DOM. POTINET-AMPEAU 1995*

| ■ | | 2,15 ha | k. A. | 🍷 | 50-70F |

Eine ziemlich zarte Struktur und genau das notwendige Maß an Stoff, ein tanninbetontes Temperament, aber was für eine Frucht! Schwarze Johannisbeeren auf der ganzen Linie. Dieser Wein mit dem freigebigen Aroma scheint für eine mehrjährige gute und glückliche Alterung bestimmt zu sein.
🍷 Dom. Potinet-Ampeau, 21190 Monthélie, Tel. 03.80.21.23.50, Fax 03.80.21.21.16 ✓ ✗ n. V.

PASCAL PRUNIER
Les Vignes Rondes 1994*

| ■ | 1er cru | 0,49 ha | 3 000 | 🍷 | 50-70F |

Eine ansprechende Farbe und ein Bukett mit feinem Holzton über einem Himbeer- und Lakritzeduft. Die Tannine sind sehr spürbar geblieben, aber sie werden sich abmildern. Vollkommen zufriedenstellende Nachhaltigkeit. Dieser Wein zeugt von gutem Fachkönnen.
🍷 Pascal Prunier, rue Traversière, 21190 Auxey-Duresses, Tel. 03.80.21.23.91, Fax 03.80.21.67.33 ✓ ✗ n. V.

DOM. JEAN-PIERRE ET LAURENT PRUNIER 1994

| ■ | | 0,42 ha | 2 500 | 🍷 | 50-70F |

Mehrere Güter tragen diesen Namen. Ziemlich blasses Rubinrot von mittlerer Intensität. Dieser Wein bietet Noten von kandierten Kirschen und leicht animalische Nuancen. Positiver Geschmackseindruck, der den Geruchseindruck auf sensible und zarte Weise fortführt.
🍷 Dom. Jean-Pierre et Laurent Prunier, rue Traversière, 21190 Auxey-Duresses, Tel. 03.80.21.23.91, Fax 03.80.21.67.33 ✓ ✗ n. V.

PRUNIER-DAMY Les Duresses 1995**

| ■ | 1er cru | 0,42 ha | 2 500 | 🍷 | 50-70F |

Im letzten Jahr war der 94er ein Lieblingswein. Dieses Gut ist nicht weit davon entfernt, die Leistung mit dem nachfolgenden Jahrgang zu wiederholen. Kirschrote Farbe. Schon beim ersten Riechen zeigt er sich pinottypisch. Tadelloser Geschmackseindruck. Diese Reblage befindet sich auf dem Gebiet von Monthélie und von Auxey, dem es ihren Namen gegeben hat. Wir empfehlen Ihnen auch den roten 95er Monthélie vom selben Gut, einen sehr schönen Wein, der ebenfalls zwei Sterne erhalten hat: gehaltvoll, perfekt ausgebaut. Ein lagerfähiger Wein.
🍷 Philippe Prunier-Damy, rue du Pont-Boillot, 21190 Auxey-Duresses, Tel. 03.80.21.60.38, Fax 03.80.21.26.64 ✓ ✗ Mo-Sa 8h-12h 13h30-20h

ROPITEAU 1995**

| ■ | | k. A. | k. A. | 🍷 | 50-70F |

Die Wurzeln der Familie Ropiteau reichen weit in die Geschichte von Monthélie zurück. Die alte Firma, die von J.-Cl. Boisset gekauft wurde, zeigt sich hier ganz und gar würdig, diese Ehre aufrechtzuerhalten. Ein schon angenehmer 95er von herrlicher granatroter Farbe, der durch und durch an rote Früchte erinnert und fein und harmonisch ist. Man gibt ihm zehn und mehr Jahre eines sicheren Schicksals.
🍷 Ropiteau Frères, 13, rue du 11-Novembre, 21190 Meursault, Tel. 03.80.21.69.20, Fax 03.80.21.69.29 ✓ ✗ tägl. 9h-19h ; 20. Nov.-1. März geschlossen

DOM. MARC ROUGEOT
Les Toisières 1995

| ☐ | | 0,35 ha | k. A. | 🍷 | 50-70F |

»In Holz gearbeitet«, schrieb einer unserer Juroren, der das Problem zusammenfaßte. Zweifellos bewundert man unter einer reichen goldgelben Farbe das Versprechen auf Weißwein und die gute Fülle eines ausgewogenen Geschmacks. Aber gegen das Urteil kann Berufung eingelegt werden.
🍷 Dom. Marc Rougeot, 6, rue André-Ropiteau, 21190 Meursault, Tel. 03.80.21.20.59, Fax 03.80.21.66.71 ✓ ✗ n. V.

Auxey-Duresses

Auxey besitzt auf den beiden Hängen Reblagen. Die roten Premiers crus les Duresses und le Val (Rotweine) sind sehr angesehen. Auf dem Meursault gegenüberliegenden Hang erzeugt man hervorragende Weißweine, die ebenfalls sehr interessant sind, ohne daß sie jedoch so berühmt sind wie die großen Appellationen. Die Appellation erzeugt durchschnittlich rund 1 500 hl Weißwein und 4 500 hl Rotwein.

JEAN-NOEL BAZIN 1994**
| | 0,55 ha | 3 000 | | 50-70 F |

Jean-François Bazin widmet den Wein von Burgund zwar Bücher, aber Jean-Noël erzeugt ihn. Zwischen beiden besteht keine verwandtschaftliche Beziehung. Der Geschmack ist hier angenehmer als der Geruchseindruck, und das heißt viel. Schöne Intensität der Farbe, bemerkenswerte aromatische Steigerung (von Vanille zu neuen Früchten) und betörender Körper.
↪ Jean-Noël Bazin, 21340 La Rochepot, Tel. 03.80.21.75.49, Fax 03.80.21.83.71 ☑ ⍝ n. V.

PHILIPPE BOUZEREAU
Les Duresses 1994*
| 1er cru | k. A. | 3 000 | | 70-100 F |

Die Reblage les Duresses, der Fahnenträger unter den Lagen des Dorfes, ist hier in Bestform. Farbe wie schwarze Kirschen. Dieser 94er bietet eine einwandfreie aromatische Intensität : frischer Phenolgeruch, sehr konzentrierter pinottypischer Duft. Die Eindrücke in der Ansprache sind ziemlich verschmolzen, der Körper ist eher reichhaltig. Fülle und Tannine für einen seidigen, korpulenten Wein.
↪ Philippe Bouzereau, Ch. de Citeaux, 21190 Meursault, Tel. 03.80.21.20.32, Fax 03.80.21.64.34 ☑ ⍝ n. V.

YVES BOYER-MARTENOT
Les Ecusseaux 1994*
| | 0,5 ha | 3 000 | | 50-70 F |

Einer der besten 94er. Angesichts des Jahrgangs ein Bravo dem Erzeuger ! Der Geschmack tritt unter der hellen, strahlenden Granatfarbe sehr forsch auf. Erstaunlich präsente Frucht, kunstvoll geschnitzte Tanninstruktur und eine bemerkenswerte Länge. Der Duft ist stumm. Dann erwachen die Sauerkirschen.
↪ Yves Boyer-Martenot, 17, pl. de l'Europe, 21190 Meursault, Tel. 03.80.21.26.32, Fax 03.80.21.65.62 ☑ ⍝ n. V.

DOM. HENRI ET GILLES BUISSON
Les Ecusseaux 1995
| 1er cru | 0,14 ha | 800 | | 50-70 F |

Kirschwasser und Brombeeren spielen eine schwierige Partie innerhalb eines Buketts, das für Pinot noir sehr typisch ist. Die Farbe ist ein wenig matt, aber das ist Nebensache. Sehen wir uns die Hauptsache an : ein interessanter, aber wuchtiger, imposanter Premier cru mit einem monumentalen Gerüst, so gewaltig wie der Schlafsaal der Mönche in Fontenay. Man würde gern die Milde des Klosters wiederfinden ! In ein paar Jahren ? Zweifellos.
↪ Dom. Henri et Gilles Buisson, imp. du Clou, 21190 Saint-Romain, Tel. 03.80.21.27.91, Fax 03.80.21.64.87 ☑ ⍝ Mo-Sa 8h-12h 13h30-19h ; So n. V.

DOM. HENRI ET GILLES BUISSON
1995*
| | 0,14 ha | 900 | | 50-70 F |

Wenn sich der Vorhang dieses Theaters hebt, entdeckt man das subile Spiel von Aromen, die sich noch selbst suchen. Der nachfolgende Geschmack ist sehr belebend, strukturiert, pointiert durch ein klein wenig Säure und eine warme Note. Die Dichte schließt die Zartheit nicht aus. Guter Gesamteindruck.
↪ Dom. Henri et Gilles Buisson, imp. du Clou, 21190 Saint-Romain, Tel. 03.80.21.27.91, Fax 03.80.21.64.87 ☑ ⍝ Mo-Sa 8h-12h 13h30-19h ; So n. V.

DENIS CARRE 1995*
| | k. A. | k. A. | | 50-70 F |

Ein Auxey von schönem Granatrot mit hellem Ring, der nach frischem Fleisch riecht. Der Geschmack ist rauh, unreif und muß sich entfalten und seine Qualitäten beim Ausbau bestätigen. Aufrichtig und von gutem Charaker : Die Feinheit wird in zwei Jahren kommen.
↪ Dom. Denis Carré, rue du Puits-Bourret, 21190 Meloisey, Tel. 03.80.26.02.21, Fax 03.80.26.04.64 ☑ ⍝ n. V.

CHRISTIAN CHOLET-PELLETIER
1995
| | k. A. | k. A. | | 30-50 F |

Dunkles Granatrot. Leichtes, aber klares Bukett. Ein Wein, der noch unbeugsam ist, eher kraftvoll als warm. Es ist offensichtlich, daß sein Alter eine Lagerung im Keller erfordert.
↪ Christian Cholet-Pelletier, 21190 Corcelles-les-Arts, Tel. 03.80.21.47.76 ☑ ⍝ n. V.

CHRISTIAN CHOLET-PELLETIER
1995*
| | 0,25 ha | k. A. | | 50-70 F |

Unter seiner blaßgelben Livree vertraut er sich einem freimütig an. Eine Mischung fruchtiger und mineralischer Noten - der Duft ist anziehend. Dieser warme Wein, der von großer Klarheit ist, besitzt alle erforderlichen Qualitäten, um sich gut zu halten.
↪ Christian Cholet-Pelletier, 21190 Corcelles-les-Arts, Tel. 03.80.21.47.76 ☑ ⍝ n. V.

DOM. JEAN-PIERRE DICONNE 1995*
| | 1,4 ha | 5 500 | | 50-70 F |

Gebratenes Fleisch zu diesem überaus munteren 95er, der Sie voller Begeisterung auf die Reise mitnimmt. Tiefe Farbe, sehr reifer, fruchtiger Duft. Man kann ihn ohne Reue trinken. In zwei bis drei Jahren auf dem Höhepunkt.

Côte de Beaune — Auxey-Duresses

◆ Jean-Pierre Diconne, rue de la Velle, 21190 Auxey-Duresses, Tel. 03.80.21.25.60, Fax 03.80.21.26.80 ◪ ꭍ n. V.

DOM. JEAN-PIERRE DICONNE 1994

| ☐ | 1,13 ha | 5 000 | 🍷 50-70 F |

Versprechen ist nicht gleich geben, aber die Weine aus Burgund sind lagerfähig, und dieser hier wirklich reich an Versprechen. Die er bestimmt halten wird. Unter einer angenehm anzusehenden Farbe ein Duft, der zwischen Holz und Exotik (Mangos) aufgeteilt ist. Der Körper ist leicht, aber der Abgang ist bezaubernd.

◆ Jean-Pierre Diconne, rue de la Velle, 21190 Auxey-Duresses, Tel. 03.80.21.25.60, Fax 03.80.21.26.80 ◪ ꭍ n. V.

BERNARD FEVRE 1995

| ■ | k. A. | 2 000 | 🍷 30-50 F |

Unter seinem schönen Gewand geht er gemessenen Schrittes voran. Der Duft ist konkret und sagt, was er zu sagen hat. Der nachfolgende Geschmack ist ein wenig zurückhaltend, aber von unbestreitbarer Qualität, ausgewogen und aromatisch (diskreter Holzton über einer hübschen Fruchtigkeit).

◆ Bernard Fèvre, Petite-Rue, 21190 Saint-Romain, Tel. 03.80.21.21.29, Fax 03.80.21.66.47 ◪ ꭍ n. V.

LES VILLAGES DE JAFFELIN 1995

| ☐ | k. A. | 13 000 | 🍷 50-70 F |

Ein goldgelber 95er mit grünem Schimmer, der der klugen Familie der *Villages de Jaffelin* (die Firma wurde von J.-C. Boisset erworben) Ehre macht. Das Bukett ist nicht sehr mitteilsam und begnügt sich damit, ein paar Zitronennoten zu enthüllen. Zufriedenstellende, wohlausgewogene Konstitution.

◆ Jaffelin, 2, rue Paradis, 21200 Beaune, Tel. 03.80.22.12.49, Fax 03.80.24.91.87

DOM. A. ET B. LABRY
Côte de Beaune 1994

| ■ | 4,5 ha | 10 000 | 🍷 50-70 F |

Granatrot von mittlerer Intensität. Subtiler erster Geruchseindruck. Wenn man das Glas schwenkt, vereinen sich rote Früchte und Gewürze. Elegant und etwas pfeffrig, sehr rund - ein leichter Stil, der den Vertrag erfüllt. Beachten Sie, daß man hier die umweltschonende Schädlingsbekämpfung und die Begrünung praktiziert.

◆ Dom. A. et B. Labry, Melin, 21190 Auxey-Duresses, Tel. 03.80.21.21.60, Fax 03.80.21.64.15 ◪ ꭍ Mo-Sa 8h-20h ; So n. V.

HENRI LATOUR ET FILS 1994

| ■ 1er cru | 0,99 ha | 5 600 | 🍷 50-70 F |

Stillgestanden ! Ein wenig wie ein Oberst, der seine Truppen abschreitet. Rote Farbe der Ehrenlegion. Röstgeruch, Gewürze und eine Menge Früchte. Die Nase nimmt Proviant auf für einen langen Feldzug. Die Attacke geht gut los. Artilleriefeuer der Tannine als Deckung. Der Frieden wird in drei Jahren unterzeichnet.

◆ Dom. Henri Latour et Fils, rte de Beaune, 21190 Auxey-Duresses, Tel. 03.80.21.22.24, Fax 03.80.21.63.08 ◪ ꭍ n. V.

HENRI LATOUR ET FILS 1995*

| ☐ | 0,56 ha | 2 922 | 🍷 50-70 F |

Die Spontaneität dominiert über die Komplexität, aber das ist nicht unangenehm. Diskret goldfarbenes Kleid, dann ein frisches Butterbukett mit einer leichten Holznote. Lebhaftigkeit in der Ansprache, recht ordentlicher Körper, ein wenig warmer Abgang, mittlere Säure - dürfte sich gut entwickeln.

◆ Dom. Henri Latour et Fils, rte de Beaune, 21190 Auxey-Duresses, Tel. 03.80.21.22.24, Fax 03.80.21.63.08 ◪ ꭍ n. V.

OLIVIER LEFLAIVE 1995*

| ☐ | k. A. | 10 000 | 🍷 70-100 F |

Ein gutes Verhältnis zwischen Frucht, Säure und Fülle - was man von der Appellation erwartet. Sehr einschmeichelndes Bukett, in dem weiße Blüten (Weißdorn) dominieren. Das Ganze hat Charme und wird Spaß machen, vor allem zu einem Flußfisch.

◆ Olivier Leflaive, pl. du Monument, 21190 Puligny-Montrachet, Tel. 03.80.21.37.65, Fax 03.80.21.33.94 ◪ ꭍ n. V.

JACQUES DE LUCENAY
Les Duresses 1995*

| ■ 1er cru | k. A. | 2 500 | 🍷 30-50 F |

Dieses Handelshaus in Familienbesitz bietet einen konzentrierten, sensiblen Wein, der nach Früchten in Alkohol und Konfitüre mit Schuß duftet. Viel Stoff, Komplexität, aber in der Hauptsache, d. h. auf der Zunge und am Gaumen, schlicht. Nichts wird unnötig kompliziert. Für einen Premier Cru ein niedriger Preis.

◆ Jacques de Lucenay, 4, av. du 8-Septembre, 21200 Beaune, Tel. 03.80.22.02.52, Fax 03.80.24.66.45 ◪ ꭍ n. V.
◆ Claudie Causeret

MARQUIS DE MACMAHON 1994*

| ☐ | k. A. | k. A. | 🍷 50-70 F |

»Ich bin hier, ich bleibe hier«, scheint dieser Wein nach dem Vorbild von Marschall MacMahon zu erklären, von dem dieser Erzeuger abstammt. Butter und Honig gut verschmolzen, helle goldgelbe Farbe, offensichtlich gute Ansprache und ausgezeichnete Stellung im Geschmack. Hat das Potential, um eine lange Lagerung durchzuhalten.

◆ Marquis de MacMahon, abbaye de Morgeot, 21190 Chassagne-Montrachet, Tel. 03.80.21.30.77, Fax 03.80.21.30.77 ꭍ n. V.

CLAUDE MARECHAL 1994*

| ■ | 2,09 ha | 5 000 | 🍷 50-70 F |

Ein etwas überraschender Stil für einen *Villages* (lagerfähige Tannine), aber die Extraktion ist gelungen. Prächtige Farbe. Leichter Reduktionsgeruch in der Nase, die Himbeeren und Geräuchertes wahrnimmt. Wirkungsvolle, strenge Struktur, die noch reifen muß.

◆ EARL Claude Maréchal, 6, rte de Chalon-sur-Saône, 21200 Bligny-lès-Beaune, Tel. 03.80.21.44.37, Fax 03.80.26.85.01 ◪ ꭍ n. V.

Côte de Beaune — Auxey-Duresses

ROLAND MAROSLAVAC-LEGER
Les Bretterins 1994**

■ 1er cru   0,27 ha   1 400

Wein ! »Sehr gelungen, wird Vergnügen bereiten«, schrieb ein Juror auf seinen Zettel, und die anderen teilten diese Einschätzung. Hellrot - er spielt sich nicht groß auf. Das Bukett ist ein Abgrund an fruchtigen Düften. Gut dosiertes Holzfaß und seriöse Struktur von tadellosem Bau.

Roland Maroslavac-Léger, 43, Grande-Rue, 21190 Puligny-Montrachet, Tel. 03.80.21.31.23, Fax 03.80.21.91.39 n. V.

DOM. MAX PIGUET Le Val 1995

■ 1er cru   0,26 ha   1 500

Das ist nicht der *Schläfer des Tals* ... Nein, er brennt darauf, das auszudrücken, was in ihm ein wenig unverbunden ist und - zweifeln wir ihm nicht daran - harmonisch wird. Heller Farbton, wenig aromatische Intensität (leichter Kirschwassergeruch). Im Auge behalten.

Max Piguet, rte de Beaune, 21190 Auxey-Duresses, Tel. 03.80.21.25.78, Fax 03.80.21.68.31 n. V.

MADAME PIERRE PIGUET
Les Grands Champs 1995*

■ 1er cru   0,6 ha   1 500

Er würde nicht wie Roderich, der letzte König der Westgoten, sagen : »O feindliches Alter !« Denn er hat es nötig zu altern. Alles ist vorhanden, und alles scheint ihm zuzukommen. Er hat eine dunkle Granatfarbe und bietet ein Bukett von frischem Wildbret sowie gute Tannine, die humaner werden. Wird sich in einiger Zeit verfeinern.

SCE Piguet-Girardin, rue du Meix, 21190 Auxey-Duresses, Tel. 03.80.21.60.26, Fax 03.80.21.66.61 n. V.

VINCENT PONT 1995

□   0,35 ha   2 500

Die kräftige Goldfarbe ist deutlich und fehlerlos. Bei der Belüftung wird er freigebig : grüne Zitronen. Der Holzton scheint überhaupt nicht zum Alter des Weins zu passen. Erster Eindruck eines runden Körpers, dann macht sich rasch die alkoholische Ablösung bemerkbar. Die Empfindung von Trockenheit geht auf diesen Charakter zurück, der gefallen oder kein Gefallen finden kann.

Vincent Pont, rue des Etoiles, 21190 Auxey-Duresses, Tel. 03.80.21.27.00, Fax 03.80.21.24.49 n. V.

POULET PERE ET FILS 1995

□   k. A.   k. A.

Ein Handelshaus, das von Laurent Max geleitet wird. Unter dem intensiven, hübschen Goldgelb zeigt sich ein etwas »steiniges« Aroma. Diesen Feuersteingeschmack findet man im Mund wieder. Zweifellos wird er seine Leistung verbessern.

Poulet Père et Fils, 8, rue de Chaux, 21700 Nuits-Saint-Georges, Tel. 03.80.62.43.00, Fax 03.80.61.28.02

DOM. JEAN-PIERRE ET LAURENT PRUNIER 1994**

□   k. A.   3 500

Blaß und klar - ein allerliebster weißer Auxey, der recht entfaltet ist und nach frischen Trauben duftet. Der Geschmack ist ziemlich sanft, die Struktur ausgewogen, der Körper ausreichend füllig. Kurz gesagt : ein zarter Wein, der nur noch auffliegen muß - ein Engelchen, von Rubens gemalt.

Dom. Jean-Pierre et Laurent Prunier, rue Traversière, 21190 Auxey-Duresses, Tel. 03.80.21.23.91, Fax 03.80.21.67.33 n. V.

DOM. VINCENT PRUNIER 1995**

□   0,5 ha   3 000

Dieser einfache *Villages* spielt uns die ganze Leier des verliebten Streiches, und es fällt schwer, ihm zu widerstehen. Seine Nase ist nicht die von Cyrano. Seine Farbe ist ganz nett. Aber was für ein Leckerbissen im Geschmack ! Typischer Charakter in der Nähe eines Meursault Genevrières beispielsweise. Beglückwünschen wir die Jury dafür, daß sie - bei einer Blindprobe, wie wir nochmals betonen möchten - vermutet hat, daß diese Rebfläche sehr nahe davon liegt. Das stimmt.

Vincent Prunier, rte de Beaune, 21190 Auxey-Duresses, Tel. 03.80.21.27.77, Fax 03.80.21.68.87 n. V.

MICHEL PRUNIER 1995**

□   1,21 ha   4 500

Geradlinig : ein intensiver, zarter Chardonnay mit einem klassischen Duft, der einen leichten Röstgeruch und Noten von reifen Früchten enthält. Seine interessante Struktur betont eine verfeinerte Eleganz. Perfekte Länge. Ein wenig lagern, damit der Einfluß des Fasses abgemildert wird.

Dom. Michel Prunier, rte de Beaune, 21190 Auxey-Duresses, Tel. 03.80.21.21.05, Fax 03.80.21.64.73 n. V.

MICHEL PRUNIER 1995***

■ 1er cru   0,75 ha   4 500

Ein großer Wein, der Klassenbeste. Ganz wenig von der Wahl zum Lieblingswein entfernt. Unsere Juroren vergeben diese Auszeichnungen nicht leichtfertig. Man muß sie verdienen ! Frische und Zartheit, von herrlicher Qualität. Der beste Auxey an dieser Stelle. Eine Vollmundigkeit, die auch seidig ist - das enthüllt ein Wunder. Farbe und Bukett (reife Früchte, diskreter Holzton) befinden sich im Einklang.

Dom. Michel Prunier, rte de Beaune, 21190 Auxey-Duresses, Tel. 03.80.21.21.05, Fax 03.80.21.64.73 n. V.

PASCAL PRUNIER Les Duresses 1995*

■ 1er cru   0,48 ha   3 000

Dieser Wein gehörte 1992 (als 89er) zu den Lieblingsweinen. Er vereint Kraft und Feinheit. Schöne Brillanz und komplexer Duft (Erdbeeren, Brombeeren) über einer recht feinen Röstnote. Gute Ansprache, angenehme Fruchtigkeit, stämmige, aber schon umhüllte Tannine. Der Gesamteindruck ist harmonisch.

Côte de Beaune — Saint-Romain

🖝 Pascal Prunier, rue Traversière,
21190 Auxey-Duresses, Tel. 03.80.21.23.91,
Fax 03.80.21.67.33 ✓ ⊥ n. V.

PRUNIER-DAMY 1995*

■ 2,8 ha 5 000 ⏸ 30-50 F

Klares Rubinrot mit violettem Farbton, appetitanregender Duft, der an Unterholz in der Morgendämmerung erinnert, warmer, sehr feiner Geschmack. Dieser Auxey wahrt im Augenblick seine Zurückhaltung, aber eine glänzende Entwicklung scheint ihm sicher zu sein.

🖝 Philippe Prunier-Damy, rue du Pont-Boillot,
21190 Auxey-Duresses, Tel. 03.80.21.60.38,
Fax 03.80.21.26.64 ✓ ⊥ Mo-Sa 8h-12h 13h30-20h

PIERRE TAUPENOT
Les Grands Champs 1995**

■ 1er cru 1,03 ha 3 140 ⏸ 50-70 F

Concerto für rote Johannisbeere und Orchester. Der Erzeuger ist ein Meister. Er spielt mit der Farbe wie ein Impressionist in einer dämmerigen roten Palette. Waldbeeren - der Duft eröffnet schwungvoll einen zweiten Satz, den eine leichte Note von Kernen gliedert. Gut extrahierte Tannine, Fülle und Stärke.

🖝 Pierre Taupenot, rue du Chevrotin,
21190 Saint-Romain, Tel. 03.80.21.24.37,
Fax 03.80.21.68.42 ✓ ⊥ n. V.

VAUDOISEY-CREUSEFOND 1995

□ 0,52 ha k. A. ⏸ 50-70 F

Auch wenn er keine große Einprägsamkeit besitzt, ist er doch für den Jahrgang und die Appellation repräsentativ. Klarheit und Brillanz, mineralisches und fruchtiges (Pfirsiche oder Aprikosen) Aroma, Ausgewogenheit und Eleganz. Ein sehr ordentlicher Wein, den man ein bis zwei Jahre im Keller lassen muß.

🖝 Henri Vaudoisey-Creusefond, rte d'Autun,
21630 Pommard, Tel. 03.80.22.48.63,
Fax 03.80.24.16.81 ✓ ⊥ n. V.

Saint-Romain

Das Anbaugebiet liegt in einem Übergangsbereich zwischen der Côte und den Hautes Côtes. Die Weine von Saint-Romain, hauptsächlich Weißweine (2 326 hl im letzten Jahr), sind fruchtig und süffig; wenn man den Winzern glauben darf, sind sie immer bereit, mehr zu geben, als sie versprochen haben. 1996 machten die Rotweine 1 922 hl aus. Die Landschaft hier ist großartig und verdient einen kleinen Ausflug.

REYANE ET PASCAL BOULEY
La Périère 1995

□ 0,72 ha 3 000 ⏸ 30-50 F

Dieser Saint-Romain mit der intensiven gelben Farbe hat einen eckigen Duft, der an Birnen erinnert. Im Geschmack ist er passabel. Dieser Wein muß jetzt getrunken werden. Doch behalten Sie in Erinnerung, daß er die Prüfung unserer Jury bestanden hat! Und das war nicht bei allen 31 der Fall.

🖝 Réyane et Pascal Bouley, pl. de l'Eglise,
21190 Volnay, Tel. 03.80.21.61.69,
Fax 03.80.21.66.44 ✓ ⊥ n. V.

DENIS CARRE Le Jarron 1995**

■ k. A. k. A. ⏸ 30-50 F

Diesem Winzer, dessen 94er im letzten Jahr ein Lieblingswein war, gelingt sein Jarron wunderbar. Der 95er ist diesmal erneut der beste Rotwein der Degustation. Dunkles Violett. Er bietet einen tiefen Kirschduft mit sehr feinen Nuancen. Der runde, strukturierte und sehr füllige Geschmack enthält ein Veilchenaroma. Vielversprechend!

🖝 Dom. Denis Carré, rue du Puits-Bourret,
21190 Meloisey, Tel. 03.80.26.02.21,
Fax 03.80.26.04.64 ✓ ⊥ n. V.

F. CHAUVENET 1995**

□ k. A. 6 000 ⏸ 50-70 F

Intensive goldene Farbe mit grünem Schimmer. Dieser Saint-Romain steht in der großen Tradition des Hauses des schmerzlich vermißten Roland Thévenin, der einst die Appellation ins Leben rief. Später kaufte die Firma Chauvenet seinen Betrieb. Butteriges Aroma, ein echtes Butterbrot! Großartiger, reichhaltiger und komplexer Geschmack, der ausgezeichnete Erwartungen weckt.

🖝 Grands Vins Fins F. Chauvenet, 9, quai Fleury, 21700 Nuits-Saint-Georges,
Tel. 03.80.62.61.43, Fax 03.80.62.37.38

DOM. COSTE-CAUMARTIN
Sous Roche 1995

□ 1,14 ha 4 000 ⏸ 50-70 F

Kristallklar, leicht. Der Geruchseindruck ist klar, aber ein wenig verschlossen (vielleicht schon entfaltet, wenn Sie diese Zeilen lesen). Ein süffiger, leckerer Wein ohne große Tiefe, der aber problemlos über die Zunge gleitet. Man sollte ihn zu hellem Fleisch servieren.

🖝 Dom. Coste-Caumartin, rue du Parc, B.P. 19,
21630 Pommard, Tel. 03.80.22.45.04,
Fax 03.80.22.65.22 ✓ ⊥ Mo-Fr 9h-19h; Sa, So u. feiertags 10h-17h

🖝 Jérôme Sordet

PIERRE GRUBER 1995

■ k. A. 3 600 ⏸ 50-70 F

Ein klarer Wein von kräftiger Farbe, getragen von einem schon reifen Duft (Himbeeren oder Kirschen in Alkohol). Der Geschmack ist homogen, von guter Säure und mittlerer Länge, aber es ist ein 95er, der noch in seiner Wiege liegt.

🖝 Bourgognes Pierre Gruber, 49, rue Henri-Challand, 21700 Nuits-Saint-Georges,
Tel. 03.80.61.02.88, Fax 03.80.62.37.99 ✓ ⊥ n. V.

Côte de Beaune

DOM. GUY-PIERRE JEAN ET FILS
Clos des Ducs 1995

| ■ | k. A. | k. A. | (I) 30-50 F |

Überfluß an Mitteln schadet nicht. Es mangelt ihm weder an Farbe noch an Bukett (zwischen schwarzen Johannisbeeren und Tiergeruch mit einer hübschen Lakritznote). Bei seinen noch unreifen Tanninen sträuben sich einem gegenwärtig noch die Haare, aber das alles wird sich abmildern und einrenken.

⌐ Dom. Guy-Pierre Jean et Fils, rue des Cras, 21420 Aloxe-Corton, Tel. 03.80.26.44.72, Fax 03.80.26.45.36 ☑ ⏃ n. V.

MOILLARD 1995

| ■ | k. A. | 20 000 | (I) 50-70 F |

Kirschrot mit schwarzen Reflexen. Er beherzigt das schöne Sprichwort : »Hilf dir selbst, dann hilft dir Gott.« Unter seinem diskreten, vielversprechenden Aroma, das in Richtung kleine rote Früchte geht, spart er sich für seine Zukunft auf. Sanfte Ansprache, recht junge Tannine, ein wenig Bitterkeit im Abgang, aber die Entwicklung ist in Gang.

⌐ Moillard, 2, rue François-Mignotte, 21700 Nuits-Saint-Georges, Tel. 03.80.62.42.22, Fax 03.80.61.28.13 ☑ ⏃ n. V.

DOM. ROUGEOT Combe Bazin 1995

| ☐ | 1,09 ha | 5 000 | (I) 50-70 F |

Der Präsident der Region Burgund muß diesen Combe Bazin schätzen, der ihn an seine Weinbauwurzeln erinnert. Ansonsten genug Farbe, um den Blick auf sich ziehen. Pfirsiche, Birnen, überwiegend Früchte mit weißem Fleisch. Der Körper besitzt Charakter, aber er muß erst den Versuch durch eine angemessene Reifung in einen Treffer verwandeln.

⌐ Dom. Marc Rougeot, 6, rue André-Ropiteau, 21190 Meursault, Tel. 03.80.21.20.59, Fax 03.80.21.66.71 ☑ ⏃ n. V.

HENRI DE VILLAMONT 1995

| ☐ | k. A. | k. A. | (I) 30-50 F |

Blütenduft, typisch Chardonnay, ein exotischer Hauch - er entfaltet sich sanft unter einer hellen goldenen Farbe. Ein wenig leicht im Geschmack, aber von offensichtlichem Charme, der diese bescheidene Struktur vergessen läßt.

⌐ Henri de Villamont, rue du Docteur-Guyot, B.P. 3, 21420 Savigny-lès-Beaune, Tel. 03.80.24.70.07, Fax 03.80.22.54.31 ⏃ n. V.

CHRISTOPHE VIOLOT-GUILLEMARD
Sous le Château 1995★★

| ☐ | 1,83 ha | 3 000 | (I) 50-70 F |

Die ganze Musik der burgundischen Chardonnay-Traube. Zeigt das Etikett nicht eine Violine ? Dieser helle goldene 95er besitzt einen sehr entfalteten, kräftigen, vielsagenden Duft (Haselnüsse, Mandeln, Röstnoten). Auf der Zunge ist er lang und macht sich sofort durch eine Fülle und seine Säure bemerkbar. Seine Struktur sichert ihm eine glückliche Alterung, denn das Potential ist vorhanden.

⌐ Christophe Violot-Guillemard, rue de la Refene, 21630 Pommard, Tel. 03.80.22.03.49, Fax 03.80.22.03.49 ☑ ⏃ tägl. 8h-12h 13h30-21h

Meursault

Mit Meursault beginnt das Anbaugebiet der wirklich großen Weißweine. Mit einer Produktion von fast 18 000 hl pro Jahr und weltberühmten Premiers crus : les Perrières, les Charmes, les Poruzots, les Genevrières, les Gouttes d'Or etc. Alle vereinen Feinheit mit Kraft, Geruch von Farnkraut mit dem Aroma gerösteter Mandeln, die Eignung, daß man sie jung trinken kann, mit der Fähigkeit, lang zu altern. Meursault ist wirklich die »Hauptstadt der burgundischen Weißweine«. Weisen wir noch auf die kleine Rotweinproduktion hin (873 hl im Jahre 1996).

Die »kleinen Schlösser«, die in Meursault erhalten geblieben sind, sind Zeugnisse eines alten Wohlstands und belegen das hohe Ansehen der hier erzeugten Weine. Die »Paulée«, die auf die am Ende der Traubenlese gemeinsam eingenommene Mahlzeit zurückgeht, ist zu einer traditionellen Veranstaltung geworden, die am dritten Tag der »Trois Glorieuses« stattfindet.

DOM. B. BACHELET ET SES FILS
Les Narvaux 1995★★

| ☐ | 0,75 ha | 4 000 | (I) 70-100 F |

Ein leichter Goldüberzug und eine blumige Tendenz (Veilchen) kündigen einen erstklassigen Wein an. Dieser 95er ist es wirklich und geht noch über das schlichte Kompliment hinaus. Die ersten Kapitel schnurren sanft, aber nach und nach zeichnet sich die Handlung ab, stellt sich die Erregung ein und wächst das Interesse. Blumiges Nachwort. Aufheben und später wieder zur Hand nehmen.

⌐ Dom. Bernard Bachelet et Fils, 71150 Dezize-lès-Maranges, Tel. 03.85.91.16.11, Fax 03.85.91.16.48 ☑ ⏃ n. V.

BALLOT-MILLOT ET FILS
Les Narvaux 1995★

| ☐ 1er cru | 0,5 ha | 1 200 | (I) 70-100 F |

Der 93er hat diesem Gut drei Jahre später die Wahl zum Lieblingswein eingebracht. Es ist immer noch erfolgreich mit diesem intensiv goldfarbenen Wein, der nach Honig auf Toastbrot und wohldosiertem Faß riecht. Wenig Säure, genug Geschmeidigkeit und reichlich Feinheit.

Côte de Beaune — Meursault

🍷 Ballot-Millot et Fils, 9, rue de la Goutte-d'Or, 21190 Meursault, Tel. 03.80.21.21.39, Fax 03.80.21.65.92 ✓ ⚜ n. V.

BERTRAND DE MONCENY
Bellevue 1995

| ☐ | k. A. | 30 000 | 🍾 70 - 100 F |

Ein gefälliger, angenehmer Wein. Das blasse Gold im Glas weist auf die Leichtigkeit des Körpers mit den etwas mineralischen Noten hin. Der Duft - Vanille (vom Holz), Zimt - ist noch nicht aus dem Kokon geschlüpft. Ein Erzeugnis des Weinhändlers Jean-Paul Nie.
🍷 Compagnie des Vins d'Autrefois, 9, rue Celer, 21200 Beaune, Tel. 03.80.26.33.00, Fax 03.80.24.14.84 ⚜ n. V.
🍷 J.-P. Nie

ALBERT BICHOT 1995★

| ☐ | k. A. | k. A. | 🍾 100 - 150 F |

Gut, gut, gut ... Die Jury findet alles gut : das Aussehen, den Geruchseindruck, den Geschmack. Ja, dieser Wein ist sehr nach ihrem Geschmack, vor allem aufgrund der Harmonie, die sich entwickelt. Wagen Sie es, ihn beispielsweise zu Aiguillettes (schmale Fleischstreifen) von der Ente zu trinken. Das dürfte aufregend sein.
🍷 Maison Albert Bichot, 6 bis, bd Jacques-Copeau, 21200 Beaune, Tel. 03.80.24.37.37, Fax 03.80.24.37.38

DOM. GUY BOCARD
Les Narvaux 1995★★

| ☐ | 0,3 ha | 2 000 | 🍾 70 - 100 F |

1995 und im letzten Jahr Wahl zum Lieblingswein - dieser Winzer war besonders erfolgreich mit seinem 92er und seinem 94er. Der 95er läßt

Côte de Beaune (Mitte und südlicher Abschnitt)

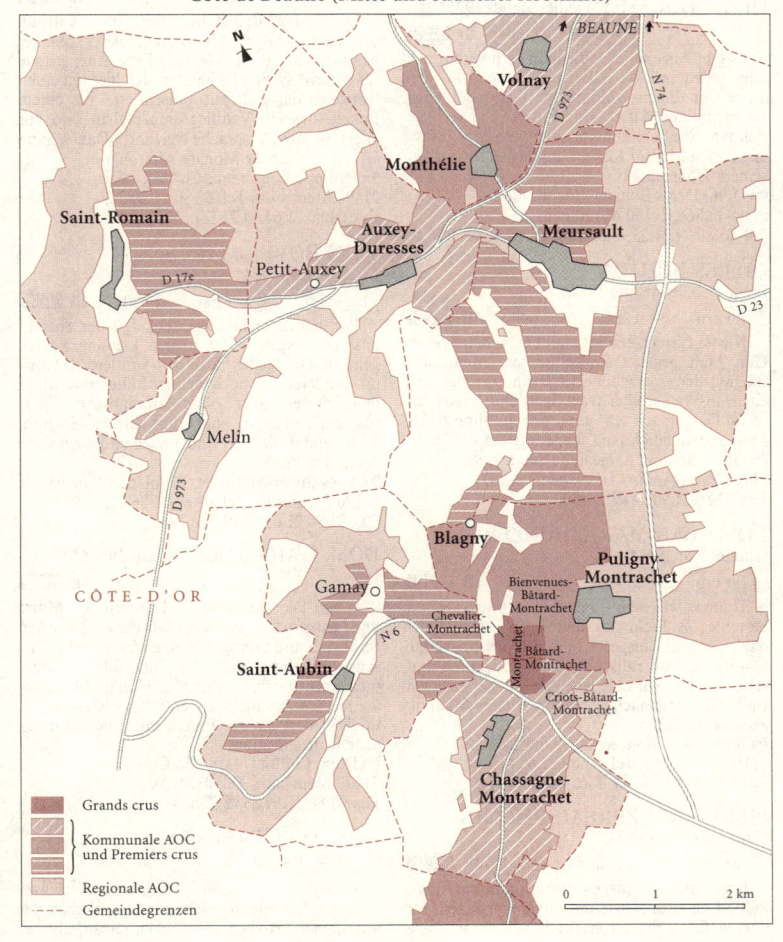

Legende:
- Grands crus
- Kommunale AOC und Premiers crus
- Regionale AOC
- Gemeindegrenzen

Orte auf der Karte: Beaune, Volnay, Monthélie, Saint-Romain, Auxey-Duresses, Petit-Auxey, Meursault, Melin, Blagny, Gamay, Puligny-Montrachet, Bienvenues-Bâtard-Montrachet, Chevalier-Montrachet, Bâtard-Montrachet, Montrachet, Criots-Bâtard-Montrachet, Saint-Aubin, Chassagne-Montrachet, CÔTE-D'OR

sich ebenfalls sehr gut an : ansprechende Farbe, Aroma von Pfirsichen oder Aprikosen, danach von sehr reifen Früchten. Jugendlicher, frischer Körper. Mit einem Wort : angenehm.
• Guy Bocard, 4, rue de Mazeray, 21190 Meursault, Tel. 03.80.21.26.06, Fax 03.80.21.64.92 ◾ ⌶ n. V.

BOUCHARD PERE ET FILS 1995*

| | k. A. | k. A. | ◖ 100-150F |

Der Zauber einer Persönlichkeit, bestehend aus Gegensätzen, die gut zur Geltung kommen. Rät Boileau nicht »vom Ernsten zum Angenehmen und vom Gefälligen zum Strengen zu gehen« ? Sehr schöne Goldfarbe. Dieser 95er erinnert an Buchsbaum und Zitronen. Rassig und typisch. Ein kräftig gebauter, sehr eleganter Meursault, den man ebenso trinken wie aufheben kann.
• Bouchard Père et Fils, Au Château, B.P. 70, 21202 Beaune Cedex, Tel. 03.80.24.80.24, Fax 03.80.24.97.56 ⌶ n. V.

DENIS BOUSSEY Vieilles vignes 1995*

| | 0,7 ha | 4 000 | ◖ 70-100F |

Es gibt Augenblicke, die man gern verlängern oder teilen möchte ... Beispielsweise das Tête-à-tête mit diesem goldgrünen Wein, der nach Akazienblüten duftet. Hinter der Fülle verbirgt sich ein ziemlich lebhaftes Temperament. Sinnlos, diesen 95er im Keller aufzuheben : Er ist auf seinem Höhepunkt.
• Dom. Denis Boussey, rue du Pied-de-la-Vallée, 21190 Monthélie, Tel. 03.80.21.21.23, Fax 03.80.21.62.46 ◾ ⌶ n. V.

GILLES BOUTON
Blagny La Jeunelotte 1995*

| ☐ 1er cru | 0,88 ha | 3 000 | ◖ 100-150F |

Nicole Garcia, erzählt man uns, schätzt dieses Gut. Man begreift sie bei diesem Meursault-Blagny, der eine schöne Erscheinung zeigt und einen diskreten, aber fruchtigen Duft bietet. Er ist im Geschmack sehr ausgewogen, ohne zuviel Faß, und ziemlich lang. Lagerung empfohlen.
• Gilles Bouton, hameau de Gamay, 21190 Saint-Aubin, Tel. 03.80.21.32.63, Fax 03.80.21.90.74 ◾ ⌶ n. V.

DOM. JEAN-MARIE BOUZEREAU
Goutte d'Or 1995*

| ☐ 1er cru | 0,2 ha | 500 | ◖ 100-150F |

Thomas Jefferson verehrte la Goutte d'Or und bestellte oft Wein aus dieser Lage. Sie glänzt dank diesem ausgezeichneten 95er. Diskrete Goldfarbe, mineralische Noten, Jodgeruch und reife Früchte, entschiedene Ansprache, aber am Ende ein wenig nachgebend. Spürbarer Alkohol. Zukunft gesichert.
• Jean-Marie Bouzereau, 7, rue Labbé, 21190 Meursault, Tel. 03.80.21.62.41, Fax 03.80.21.65.97 ◾ ⌶ n. V.

PIERRE BOUZEREAU-EMONIN
Goutte d'Or 1995*

| ☐ 1er cru | 0,2 ha | 1 200 | ◖ 100-150F |

Ein runder, ausgewogener Goutte d'Or. »Good balance !« wie die Engländer sagen. Im kurzen Rock flüstert er fruchtige Geständnisse (Äpfel, Pfirsiche). Der Mund ist zunächst nicht sehr vielsagend und öffnet sich dann sehr angenehm.
• Pierre Bouzereau-Emonin, 7, rue Labbé, 21190 Meursault, Tel. 03.80.21.23.74, Fax 03.80.21.65.97 ◾ ⌶ n. V.

MICHEL BOUZEREAU ET FILS
Les Tessons 1995*

| | 0,5 ha | k. A. | ◖ 100-150F |

Diese *Villages*-Einzellage ist oft soviel wie ein Premier cru wert. Sie liefert hier einen Chardonnay von gepflegter Erscheinung und mit einem Bukett von wahnsinniger Eleganz. Viel Weinigkeit über einer hübschen butterigen Note. Der Körper ist solid. Beachten Sie auch einen sehr gelungenen Genevrières Premier cru.
• Michel Bouzereau et Fils, 3, rue de la Planche-Meunière, 21190 Meursault, Tel. 03.80.21.20.74, Fax 03.80.21.66.41 ◾ ⌶ n. V.

PHILIPPE BOUZEREAU 1995

| ■ | k. A. | 1 500 | ◖ 50-70F |

Die ersten Rebflächen der Abtei Citeaux befanden sich in Meursault. Dieser Winzer bewahrt heute dieses kostbare Erbe. Aber schade für den Meßwein : Es handelt sich hier um einen Rotwein, der sich gut präsentiert, mit einem Bukett, das ein Vanillearoma enthält und vor allem in der Ansprache verführt. Das weitere erfordert ein paar Monate Alterung.
• Philippe Bouzereau, Ch. de Cîteaux, 21190 Meursault, Tel. 03.80.21.20.32, Fax 03.80.21.64.34 ◾ ⌶ n. V.

YVES BOYER-MARTENOT
Les Narvaux 1994*

| | 1,2 ha | 4 500 | ◖ 70-100F |

Wir haben nicht vergessen, daß der 86er in unserer Ausgabe 1989 zu den Lieblingsweinen gehörte. Goldgelbe Farbe von mittlerer Intensität. Ein 94er, der nach weißen Blüten und Mandeln duftet, aber ohne aromatische Überschwenglichkeiten, mit hübschem Holzton, seidig und diskret. Er findet nach und nach seine Ausdruckskraft.
• Yves Boyer-Martenot, 17, pl. de l'Europe, 21190 Meursault, Tel. 03.80.21.26.25, Fax 03.80.21.65.62 ◾ ⌶ n. V.

DOM. CAILLOT Les Tessons 1994**

| | 0,24 ha | k. A. | ◖ 70-100F |

Dieser 94er lebt von der Hand in den Mund und entspricht gut dem Jahrgang. Zwischen Strohgelb und Grüngold : eine ideale Farbe. Frische, komplexer Duft, der eine Fülle von Aromen aufruft : reife Früchte, Honig, Mandeln, warme Croissants. Weit entfalteter Geschmack und Wiederkehr der Frucht mit durchschnittlicher Konzentration.
• Dom. Caillot, 14, rue du Cromin, 21190 Meursault, Tel. 03.80.21.20.12, Fax 03.80.21.69.58 ◾ ⌶ n. V.

DOM. DU CERBERON
Clos des Gras 1994*

| ☐ 1er cru | 0,6 ha | 2 000 | ◖ 70-100F |

Er wird zweifellos nicht das lange Leben der alttestamentarischen Patriarchen haben, aber er

Côte de Beaune — Meursault

hält sich gut. Blumig-mineralisches Bukett unter einer goldgelben, klaren Farbe. Fülle, ein wenig Säure, Honig und Zimt.
🍇 GFA des Belles Côtes, Dom. du Cerberon, 18, rue Lattre-de-Tassigny, 21190 Meursault, Tel. 03.80.21.22.95, Fax 03.80.21.22.95 ▧ ⊥ n. V.

CHAMPY PERE ET CIE 1995*

| | k. A. | k. A. | 🍷 | 100-150 F |

Das richtige Trinken ist eine Schule der Geduld. Sie muß bei diesem Meursault Gewehr bei Fuß stehen : ziemlich hell, Röstgeruch, recht typisch und leicht exotisch, fest und von der Säure getragen. Noch verschlossen, aber vielversprechend.
🍇 Maison Champy Père et Cie, 5, rue du Grenier-à-sel, 21202 Beaune Cedex, Tel. 03.80.24.97.30, Fax 03.80.24.97.40 ▧ ⊥ n. V.

CHARTRON ET TREBUCHET 1995**

| | k. A. | 18 300 | 🍷 | 100-150 F |

Weiße Blüten, geröstete Mandeln, Haselnüsse - das Bukett stellt die Jury vollauf zufrieden. Sie wird durch einen Geschmack verwöhnt, der aromatisch und nachhaltig, warm und subtil ist. Ein hellgoldener Wein, der sehr anziehend und für einen *Villages* nicht weit von der Vollkommenheit entfernt ist.
🍇 Chartron et Trébuchet, 13, Grande-Rue, 21190 Puligny-Montrachet, Tel. 03.80.21.32.85, Fax 03.80.21.36.35 ▧ ⊥ n. V.

CLAUDE CHONION 1995**

| ■ | k. A. | k. A. | 🍷🥃 | 70-100 F |

Eine der zahllosen Marken der Brüder Cottin. Ein kirschroter 95er, der sehr duftig (schwarze Johannisbeeren) ist und im Geschmack eine behagliche Note bietet. Lakritzearoma und schöne Geschmacksnoten über einer vollkommenen Verschmolzenheit. Ein roter Meursault in vorderster Front.
🍇 Claude Chonion, rue Lavoisier, 21700 Nuits-Saint-Georges, Tel. 03.80.62.64.90, Fax 03.80.62.64.10
🍇 Cottin

DOM. DUPONT-FAHN
Les Vireuils 1995*

| | k. A. | k. A. | | 70-100 F |

Goldschnitt oder sehr kräftiges Gelb ? Die Verkoster haben lang darüber debattiert. Eine Note von gerösteten Mandeln, gewiß, aber auch eine pflanzliche Note ? Durchschnittliche Feinheit, aber der Körper ist sehr reichhaltig und sehr mitteilsam !
🍇 Michel Dupont-Fahn, Les Toisières, 21190 Monthélie, Tel. 03.80.21.26.78, Fax 03.80.21.21.22 ⊥ n. V.

BERNARD DURY Côte de Beaune 1995*

| ■ | 0,27 ha | 1000 | 🍷 | 50-70 F |

Der Nachgeschmack, der *garguillot*, wie man in Burgund dazu sagt, ist im siebten Himmel ! Die Farbe kündigt das sich entwickelnde Aroma an. Dieser vielversprechende 95er bietet einen schönen Fruchtgeschmack. Füllig und tanninreich - er füllt uns den Mund aus. Und das ist gut so.
🍇 Bernard Dury, rue du Château, 21190 Merceuil, Tel. 03.80.21.48.44, Fax 03.80.21.48.44 ▧ ⊥ n. V.

GABRIEL FOURNIER 1995**

| | 1,5 ha | 3 000 | 🍷 | 70-100 F |

Ein 95er, an dem die Jury den Geruchseindruck besonders schätzte : Butter und Haselnüsse. Dieses leckere Bukett ist durch und durch meursaulttypisch. Schönes, klassisches Aussehen. Kräftiger, herrischer Geschmack. Ein wenig Wärme, aber der Wein ist voll wert !).
🍇 Gabriel Fournier, 6, rue de l'Eglise, 21200 Bligny-lès-Beaune, Tel. 03.80.21.46.50, Fax 03.80.26.85.88 ▧ ⊥ n. V.

DOM. VINCENT GIRARDIN
Les Narvaux 1995*

| | k. A. | k. A. | 🍷 | 70-100 F |

Diese Reblage nimmt einen Balkon oberhalb der Lage les Genevrières ein. Sie kommt hier mit einer blaßgrünen Farbe zum Ausdruck (wenn man einem Degustationszettel glauben darf, aber vielleicht geht das ein wenig zu weit !). Hübscher Geruch von Verbranntem, aber trotzdem viel Holz. Im Geschmack ist sein wahrer Wert zu finden. Sie können ihn unbesorgt aufheben.
🍇 Dom. Vincent Girardin, 4, rte de Chassagne-Montrachet, 21590 Santenay, Tel. 03.80.20.64.29, Fax 03.80.20.64.88 ▧ ⊥ n. V.

DOM. ANTONIN GUYON
Les Charmes Dessus 1995*

| ☐ 1er cru | 0,69 ha | 3 000 | 🍷 | 150-200 F |

»Alkoholisch, prickelnd, frisch und klar wie Gebirgswasser« - so beschrieb man die besten Weine aus Meursault im Jahre 1704. Die Kanons der Schönheit haben sich ein wenig verändert. Aber das hindert uns nicht daran, dieses schöne Goldgelb und diesen Duft nach Butter und Honig - eine Brotscheibe für Genießer - zu lieben. Ein Wein von einem gewissen Stil, gehaltvoll und lang.
🍇 Antonin Guyon, 21420 Savigny-lès-Beaune, Tel. 03.80.67.13.24, Fax 03.80.66.85.87 ▧ ⊥ n. V.

J.-C. JHEAN-MOREY
Clos du Cromin 1995

| ■ | 0,4 ha | 1 800 | 🍷 | 70-100 F |

Ein roter Meursault, das ist ein wenig so etwas wie ein bunter Hund ... Dieser hier verbirgt nicht seine Farbe und bietet einen fruchtigen Duft. Ein sanfter und leichter, recht runder Wein mit unaufdringlichen Tanninen.
🍇 Jean-Claude Jhean, rue de Citeaux, 21190 Meursault, Tel. 03.80.21.24.15, Fax 03.80.21.24.15 ▧ ⊥ n. V.

DOM. EMILE JOBARD Poruzots 1995*

| ☐ 1er cru | k. A. | 1000 | 🍷 | 100-150 F |

Ein noch jugendlicher Meursault, klar wie der junge Tag, der bei der Belüftung einige Noten von weißen Blüten und getrockneten Früchten erkennen läßt. Gute, recht konzentrierte Fülle im mittleren Bereich des Geschmacks - die Stärke der Verkostung. Aller Wahrscheinlichkeit nach zukunftsreich.

Côte de Beaune — Meursault

📞 Dom. Emile Jobard, 1, rue de la Barre,
21190 Meursault, Tel. 03.80.21.26.43,
Fax 03.80.21.60.91 ■ ⏰ n. V.
📞 Jobard-Morey

DOM. JOLIOT 1994*

| | 2 ha | 6 000 | 🍷 | 70-100 F |

Ein sehr eigentümlicher Stil, der vermutlich auf die Überreife zurückgeht : Dieser 94er zeigt ein sehr dunkles, entwickeltes Gelb. Er verströmt seinen Duft mit der Kraft eines Tokay-Weins (Honig, Tiergeruch). Sein Geschmack ist opulent, voller getrockneter und kandierter Früchte. Kein typischer Charakter, aber ein Wein, der nicht fällt. Unverzüglich trinken.
📞 Jean Joliot und Fils, rte de Pommard,
21190 Nantoux, Tel. 03.80.26.01.44,
Fax 03.80.26.03.55 ■ ⏰ n. V.

LABOURE-ROI Les Genevrières 1995*

| 1er cru | k. A. | k. A. | 🍷 ▮ ↓ | +200 F |

Angedünstetes Kalbsbries wird gut mit diesem sanften, frischen 95er harmonieren, der fast ein wenig rußig ist und sein Feuer entfachen wird. Nicht viel Entfaltung im Mund, aber dieser Meursault trinkt sich recht angenehm.
📞 Labouré-Roi, rue Lavoisier, 21700 Nuits-Saint-Georges, Tel. 03.80.62.64.00, Fax 03.80.62.64.10 ⏰ Mo-Fr 8h-12h 13h30-17h30
📞 Cottin

LAHAYE PERE ET FILS
Les Grands Charrons 1995

| | 0,42 ha | 1 900 | 🍷 | 70-100 F |

Blaßgelb und blumig. Dieser 95er macht durch ein paar Honignoten auf sich aufmerksam. Sein Hauch von Säure bietet zusammen mit dem Alkohol eine sehr wirkungsvolle und stabile Stütze. Wie wird eine Mousse vom Hecht auf ihn reagieren ?
📞 Lahaye Père et Fils, pl. de l'Eglise,
21630 Pommard, Tel. 03.80.24.10.47,
Fax 03.80.24.07.65 ■ ⏰ Mo-Sa 9h-12h30 14h-18h30

OLIVIER LEFLAIVE Charmes 1994**

| 1er cru | k. A. | 4 500 | 🍷 | 100-150 F |

Ein mythologischer Wein. Man glaubt in seiner Farbe den Paktolos zu sehen, jenen Fluß in Lydien, der Goldklumpen führte, nachdem sich König Midas darin gewaschen hatte. Sein Duft ? Das komplizierte Labyrinth von König Minos (geröstete Mandeln und Blüten). Die Ansprache, das ist die *Ilias*, und die Nachhaltigkeit die *Odyssee*. Ein hübscher, sehr vielversprechender Wein.
📞 Olivier Leflaive, pl. du Monument,
21190 Puligny-Montrachet, Tel. 03.80.21.37.65,
Fax 03.80.21.33.94 ■ ⏰ n. V.

CHRISTOPHE MARY Charmes 1995**

| 1er cru | 0,16 ha | k. A. | 🍷 | 70-100 F |

Dieser 95er Charmes, der seinem Namen und seinem Ansehen gerecht wird, ist ein großer Erfolg. Funkelnde Brillanz, Nuancen von vollreifen Chardonnay-Trauben, Aprikosen und Vanille. Und im Geschmack ist es die süße Stunde. Mehr Struktur als Fülle, aber die Harmonie ist herrlich. Dieser Meursault wird sich fünf bis zehn Jahre halten.
📞 Christophe Mary, 21190 Corcelles-les-Arts, Tel. 03.80.21.48.98 ■ ⏰ n. V.

MESTRE-MICHELOT 1995

| | 2 ha | 6 000 | 🍷 | 100-150 F |

Unter einer sehr ästhetischen Erscheinung der Duft nach recht kräftig gerösteten Mandeln sowie ein wenig Hefebrot. Trotz eines aufdringlichen Faßtons genießt man den meursaulttypischen Charakter : Honig, eine kleine Säureunterstützung etc.
📞 Dom. Mestre-Michelot, 21190 Meursault,
Tel. 03.80.21.26.88, Fax 03.80.21.63.62 ⏰ n. V.

CH. DE MEURSAULT 1994**

| | k. A. | 35 000 | 🍷 | 150-200 F |

Der Meursault, den Kardinal de Bernis als Meßwein wählte. Dieser strohgelbe bis goldene Wein versagt sich nichts, weder Stärke noch Feinheit. Der Holzton ist erträglich, der Geschmack stattlich und rund. Ein Hauch von Ingwer im Abgang. Bemerkenswert und nicht weit von einem Lieblingswein entfernt.
📞 Ch. de Meursault, rue du Moulin-Foulot,
21190 Meursault, Tel. 03.80.26.22.75,
Fax 03.80.26.22.76 ■ ⏰ n. V.

MICHELOT Clos du Cromin 1995*

| | 1 ha | 3 000 | 🍷 | 100-150 F |

Ein wenig »Spätlese« - ein untypischer 95er, der aber eine Verführungskraft ausübt. Die Überreife äußerst sich in einem Aroma von exotischen Früchten sowie in einer aufregenden Komplexität. Schöne Erscheinung.
📞 Dom. Michelot, 31, rue de la Velle,
21190 Meursault, Tel. 03.80.21.23.17,
Fax 03.80.21.63.62 ■ ⏰ n. V.

FRANÇOIS MIKULSKI Poruzots 1995*

| | 0,65 ha | k. A. | 🍷 | 100-150 F |

Klares, strahlendes Strohgelb, zwischen Honig und Vanille aufgeteilt. Ein sehr dichter, sogar dickflüssiger 95er mit jener Honignote von Überreife und Entwicklung. Eine Haremsszene von einem orientalistischen Maler. Es gibt Liebhaber für so etwas.
📞 François Mikulski, 5, rue de Leignon,
21190 Meursault, Tel. 03.80.21.66.62,
Fax 03.80.21.63.38 ■ ⏰ n. V.

DOM. RENE MONNIER
Les Chevalières 1995

| | 2,45 ha | 8 000 | 🍷 | 70-100 F |

Sehr füllig und kraftvoll, wohlschmeckend. Dieser 95er ist von mittlerer Länge. Deutliche Farbe und Blütenduft. Leichte Bitterkeit im Abgang. Dürfte sich gut mit Klößen in Krebssauce vertragen.
📞 Dom. René Monnier, 6, rue du Dr-Rolland,
21190 Meursault, Tel. 03.80.21.29.32,
Fax 03.80.21.61.79 ■ ⏰ tägl. 8h-12h 14h-18h
📞 M. et Mme Bouillot

Côte de Beaune

DOM. PRIEUR-BRUNET
Les Forges Dessus 1994*

| ☐ | 1 ha | 5 020 | 🍷 | 70-100 F |

Ein Wein, der noch altern muß und dies sicherlich sehr gut tun wird. Schöne, leichte goldgrüne Farbe. Dieser 94er hat sein Primäraroma bewahrt. Zerquetschte Trauben - man könnte glauben, daß man sich über einer Kelter befindet. Lebhaft und fruchtig, gut gemacht. Ein Meursault, den man zu Krebsschwänzen trinken sollte.
✆ Dom. Prieur-Brunet, rue de Narosse,
21590 Santenay, Tel. 03.80.20.60.56,
Fax 03.80.20.64.31 ✓ 🍷 n. V.

ROPITEAU 1995

| ■ | k. A. | k. A. | 🍷 | 50-70 F |

Das Haus Ropiteau Frères, das künftig zur Gruppe Jean-Claude Boisset gehört, bleibt weiterhin tief in der Erde von Meursault verwurzelt. Ein Beispiel dafür ist dieser purpurrot gefärbte 95er mit durchschnittlichem Bukett, der eine feine, recht geschmeidige Silhouette zeigt.
✆ Ropiteau Frères, 13, rue du 11-Novembre,
21190 Meursault, Tel. 03.80.21.69.20,
Fax 03.80.21.69.29 ✓ 🍷 tägl. 9h-19h ;
20. Nov.-1. März geschlossen

DE SOUSA-BOULEY Les Millerans 1994

| ☐ | 0,51 ha | 1 800 | 🍷 | 70-100 F |

Diskrete, eher blasse Farbe. Die Nasenspitze ist ziemlich frisch, hat aber noch nicht ihren Lebensweg gewählt. Ein Wein, der im Geschmack der gleichen Geisteshaltung huldigt. Er muß seine Bestimmung finden.
✆ Albert de Sousa-Bouley, 7, R.N. 74,
21190 Meursault, Tel. 03.80.21.22.79 ✓ 🍷 n. V.

Blagny

Dieses einheitliche Anbaugebiet, das um den Weiler Blagny herum entstanden ist, liegt auf dem Boden der beiden Gemeinden Meursault und Puligny-Montrachet. Man erzeugt hier bemerkenswerte Rotweine, die die Appellation Blagny tragen (rund 300 hl); doch der größte Teil der Anbaufläche ist mit Chardonnay bepflanzt, der - je nachdem, in welcher Gemeinde sich die Parzelle befindet - Meursault premier cru oder Puligny-Montrachet premier cru liefert.

DOM. HENRI CLERC ET FILS
Sous le Dos d'Ane 1994

| ■ | 1er cru | 0,93 ha | 3 906 | 🍷 | 100-150 F |

Man rutscht sanft über diesen »Eselsrücken«. Tiefe Farbe, ausdrucksvoller Duft nach Backpflaumen und Tabak, ziemlich feiner Körper.

Puligny-Montrachet

Ein Kurzfilm ist manchmal ebenso angenehm wie ein langer Film ...
✆ Bernard Clerc, pl. des Marronniers,
21190 Puligny-Montrachet, Tel. 03.80.21.32.74,
Fax 03.80.21.39.60 ✓ 🍷 n. V.

DOM. LARUE Sous le Puits 1995*

| ■ | 1er cru | 0,2 ha | 1 100 | 🍷 | 70-100 F |

Der rote 90er Meursault war ein Lieblingswein. Dieses Gut präsentiert einen sehr geschmeidigen, schon verschmolzenen Blagny Trézin (ein *Villages*) und diesen Premier cru von wunderbarer Feminität. Purpurrote Farbe, diskreter und somit vornehmer Duft, ein wenig adstringierende Eleganz. Das Warten auf eine Frau gehört zu den Reizen des weiblichen Geschlechts, heißt es. Das wird auch hier der Fall sein.
✆ Dom. Larue, hameau de Gamay,
21190 Saint-Aubin, Tel. 03.80.21.30.74,
Fax 03.80.21.91.36 ✓ 🍷 n. V.

Puligny-Montrachet

Diese kleine, stille Gemeinde, die eingezwängt zwischen ihren beiden Nachbarn Meursault und Chassagne liegt, ist das Zentrum der Weißweine der Côte d'Or. Ihre Anbaufläche ist nur halb so groß wie die von Meursault und macht auch nur zwei Drittel der Rebfläche von Chassagne aus; doch über diesen scheinbar bescheidenen Status tröstet sie sich dadurch hinweg, daß sie die besten weißen Grands crus von Burgund besitzt, darunter den Montrachet, den sie sich mit Chassagne teilt.

Die geographische Lage dieser Grands crus ist - nach Angaben der Geologen der Universität Dijon - mit dem Zutagetreten eines Horizonts der Bath-Stufe verbunden, deren Boden ihnen mehr Feinheit, mehr Harmonie und größere aromatische Subtilität verleiht als den Weinen, die auf den benachbarten Mergelböden erzeugt werden. 1996 erzeugte die AOC 11 150 hl Weißwein und 269 hl Rotwein.

Die anderen *climats* und Premiers crus der Gemeinde entfalten häufig pflanzliche Gerüche mit Harz- und Terpennoten, die ihnen viel Vornehmheit verleihen.

Côte de Beaune

Puligny-Montrachet

ROGER BELLAND
Les Champs-Gains 1995*

| □ 1er cru | 0,46 ha | 2 000 | 🍷 | 100-150 F |

Der 94er gehört in der letztjährigen Ausgabe zu den Lieblingsweinen. Hier die 95er Version. Hellgelb, ziemlich holzbetont. Dieser Puligny-Montrachet läuft die 100 m. Freimütig, mit ein wenig Finesse am Ende des Geschmacks, der es ihm erlaubt, die Vorläufe zu überstehen und den Endlauf zu bestreiten.

📞 Roger Belland, 3, rue de la Chapelle, B.P. 13, 21590 Santenay, Tel. 03.80.20.60.95, Fax 03.80.20.63.93 ✉ ☎ n. V.

BOUCHARD PERE ET FILS
Les Folatières 1995*

| □ 1er cru | k. A. | k. A. | 🍷 | 150-200 F |

Strahlend, klar. Er erinnert über einem Röstgeruch an frische Walnüsse. Ein im Geschmack fester Wein, der sehr reife Trauben entfaltet und in Richtung Pampelmusen geht, typisch für einen Puligny. Diese Reblage verlängert den Hang des Chevalier-Montrachet in Richtung Meursault, und das spürt man hier deutlich. Zweimal Wahl zum Lieblingswein beim Pucelles (der 91er und der 93er) in den Ausgaben 1995 und 1996 unseres Weinführers.

📞 Bouchard Père et Fils, Au Château, B.P. 70, 21202 Beaune Cedex, Tel. 03.80.24.80.24, Fax 03.80.24.97.56 ☎ n. V.
📞 Champagne Henriot

GILLES BOUTON Les Garennes 1995**

| □ 1er cru | 0,75 ha | 5 000 | 🍷 | 100-150 F |
|91| 93 |94| 95

»Alle Gattungen sind gut«, schrieb Voltaire, »mit Ausnahme der langweiligen Gattung.« Dieser Garennes ist überhaupt nicht langweilig ! Wir erinnern uns daran, was wir schon 1996 über diesen Puligny-Montrachet geschrieben haben ... Völlige Harmonie und strahlende Persönlichkeit (leichte Bitterkeit am Ende des Geschmacks). Diese Flasche ist für die Liebhaber von Weinen bestimmt, die eingelagert werden müssen.

📞 Gilles Bouton, hameau de Gamay, 21190 Saint-Aubin, Tel. 03.80.21.32.63, Fax 03.80.21.90.74 ✉ ☎ n. V.

PIERRE BOUZEREAU-EMONIN
Les Folatières 1995*

| □ 1er cru | 0,3 ha | 1 500 | 🍷 | 100-150 F |

Die Reblage les Folatières verdient es, aus der Anonymität herauszutreten. Etwas blasse goldene Farbe. Dieser 95er bietet einen zarten, jungen Mentholgeruch. Es mangelt ihm noch an Körper und Einprägsamkeit. Er ist imstande, beides zu erwerben.

📞 Pierre Bouzereau-Emonin, 7, rue Labbé, 21190 Meursault, Tel. 03.80.21.23.74, Fax 03.80.21.65.57 ✉ ☎ n. V.

LOUIS CARILLON ET FILS 1995**

| □ | | 5 ha | 25 000 | 🍷 | 100-150 F |
81 82 |85| |86| |87| |88| 89 |90| |91| |92| |93| |94| 95

Ein wenig leichte Farbe, aber von tadelloser Intensität. Duft nach Blüten und Haselnüssen. Der Honig am Ende des Geschmacks hinterläßt einen wohlschmeckenden Eindruck, nachdem die Ansprache recht schwungvoll und fröhlich war und eher die Lebhaftigkeit als die Fülle betonte. Ein schöner und zweckmäßiger Kontrapunkt somit.

📞 Louis Carillon et Fils, 21190 Puligny-Montrachet, Tel. 03.80.21.30.34, Fax 03.80.21.90.02 ✉ ☎ n. V.

DOM. JEAN CHARTRON
Clos de la Pucelle 1995**

| □ | 1,17 ha | 5 000 | 🍷 | +200 F |

Chartron et Trébuchet präsentierte einen 95er Villages, der einen Stern erhalten hat, und einen 95er Referts 95 Premier cru, der eine lobende Erwähnung verdient. Die Domaine Jean Chartron, den 95er Premier cru Clos du Cailleret lobend erwähnt wird, verführt mehr durch diesen Clos de la Pucelle mit den funkelnden grünen Reflexen. Er ist nicht zu holzbetont und entwickelt sich im Geschmack in Richtung Zitronen und getoastetes Brot, mit Fülle und Lebhaftigkeit in vollkommener Ausgewogenheit. Ein großer, langlebiger Wein.

📞 Dom. Jean Chartron, 13, Grande-Rue, 21190 Puligny-Montrachet, Tel. 03.80.21.32.85, Fax 03.80.21.36.35 ✉ ☎ n. V.

DOM. GERARD CHAVY ET FILS
Les Folatières 1994*

| □ 1er cru | 2,6 ha | 11 000 | 🍷 | 100-150 F |
85 |86| |88| 89 |91| |92| |93| 94

Zwei gute Weine wurden verkostet und von der Jury gleich bewertet : ein 94er Clavoillons und aus demselben Jahrgang dieser sehr schwungvolle Folatières, der bei der Belüftung ein Zitronen- und Blütenaroma bietet und eine strahlende blaßgelbe Farbe besitzt. Säure und Rundheit gebrauchen die Ellenbogen, aber er ist geschmeidig, fein und elegant.

📞 Gérard Chavy et Fils, 12, rue du Château, 21190 Puligny-Montrachet, Tel. 03.80.21.31.47, Fax 03.80.21.90.08 ✉ ☎ n. V.

LAURENT CLERC Les Charmes 1995**

| □ | 0,5 ha | 1 826 | 🍷 | 150-200 F |
|92| 93 94 95

Puligny-Montrachet reimt sich auf Chardonnay. Ein schöner Wein, elegant wie ein Wein von edler Provenienz, und dennoch ein Villages ! Bukett von gerösteten Mandeln und Honig über einer vornehmen Erscheinung, ausgezeichnete Ausgewogenheit im Geschmack und Nuancen von exotischen Früchten, die uns an Urlaub denken lassen. Das ist ein guter, sogar sehr guter Puligny-Montrachet.

📞 Laurent Clerc, pl. des Marronniers, 21190 Puligny-Montrachet, Tel. 03.80.21.32.74, Fax 03.80.21.39.60 ✉ ☎ n. V.

DOM. HENRI CLERC ET FILS
Les Combettes 1995**

| □ 1er cru | 0,62 ha | 2 995 | 🍷 | 150-200 F |

Dieser schmeichelhafte Wein lebt nicht auf Kosten derer, die ihn trinken werden, könnte man in Abwandlung eines Worts des Fabeldichters sagen. Dieser Combettes spielt ins Gelbe und ist somit leicht entwickelt. Sein Duft erinnert an Aprikosen und Honig sowie an den Pelz eines

Côte de Beaune — Puligny-Montrachet

schönen Tieres. Er zeigt eher Bereitschaft als Kraft. In der Ausgabe 1997 unseres Weinführers war der 94er ein Lieblingswein.

☛ Bernard Clerc, pl. des Marronniers, 21190 Puligny-Montrachet, Tel. 03.80.21.32.74, Fax 03.80.21.39.60 ☑ ⚑ n. V.

DEMESSEY Les Pucelles 1995★★

☐ 1er cru	k. A.	1 200	🍾⏹🍷	150-200 F

Zwei gelungene 95er : ein gut hergestellter Cailleret und dieser strohgelbe Pucelles, dessen Geruchseindruck noch wenig entfaltet und nur holzbetont ist. Der reichhaltige, opulente und geistvolle Puligny-Montrachet verrät die schöne Arbeit des Herstellers, der aus dem Jahrgang das Beste herausholt. Diese Reblage grenzt an einen Grand cru (Bienvenues-Bâtard-Montrachet) an und ist in jeder Hinsicht nicht sehr weit davon entfernt.

☛ Demessey, Ch. de Messey, 71700 Ozenay, Tel. 03.85.51.33.83, Fax 03.85.51.33.82 ☑ ⚑ n. V.
☛ Marc Dumont

DOM. DUPONT-FAHN
Les Grands Champs 1995★★

☐	k. A.	k. A.	70-100 F

Sein Duft würde gern den *arbiter elegantiae* spielen : ziemlich reichhaltig, Honig und Hefebrot - er dominiert. Klares, strahlendes Goldgelb, sanfte Ansprache, danach getrocknete Früchte und Röstaroma. Diesem 95er mangelt es weder an Fülle noch an Länge. Ein schöner Rundblick auf die Appellation.

☛ Michel Dupont-Fahn, Les Toisières, 21190 Monthélie, Tel. 03.80.21.26.78, Fax 03.80.21.21.22 ⚑ n. V.

RAYMOND DUREUIL-JANTHIAL
Les Champs Gains 1995★★

☐ 1er cru	0,19 ha	1000	⏹	100-150 F
	90		91		92		93				

Überaus strahlende Goldfarbe - dieser 95er scheint vom Juwelier zu kommen. Der ein wenig verschlossene, holzbetonte Geruchseindruck zeigt die Jugendlichkeit dieses Weins, der sich am Gaumen gut mit einem vielfältigen Sekundäraroma festsetzt. Gewissenhaft vinifiziert für das zukünftige Glück von Saint-Jacques.

☛ Raymond Dureuil-Janthial, rue de la Buisserolle, 71150 Rully, Tel. 03.85.87.02.37, Fax 03.85.87.00.24 ☑ ⚑ Mo-Sa 9h-12h 14h-19h ; So n. V.

JEAN GAGNEROT 1995★★

☐	k. A.	11 000	⏹ 100-150 F

Obwohl es sich um eine Spezialität von Meursault handelt, wollen wir nicht chauvinistisch sein und von der berühmten Terrine von Mère Daugier als Begleitung für diesen *Villages* träumen. Sehr ausgeprägter Charakter. Das, was man als typischen Charakter bezeichnet : klassische goldgrüne Farbe, schamhafter, aber liebenswürdiger Geruchseindruck, Fülle und Länge, wie man sie von einem solchen Wein erwartet.

☛ Jean Gagnerot, 21700 Corgoloin, Tel. 03.80.25.00.07 ⚑ n. V.

A. GOICHOT ET FILS 1995

☐	k. A.	k. A.	⏹ 70-100 F

Ein 95er mit einem maßvollen Kleid, das aber aus einem schönen Seidenstoff geschneidert ist. Das Bukett versetzt in eine gute Stimmung, so einschmeichelnd und angenehm ist es. Bezaubernder Holzton, Geschmeidigkeit, wenig Nachhaltigkeit.

☛ SA A. Goichot et Fils, rte de Meursault, 21190 Merceuil, Tel. 03.80.26.88.70, Fax 03.80.26.80.69 ☑ ⚑ Mo-Fr 7h30-12h 14h-18h30

SYLVAIN LANGOUREAU
La Garenne 1995

☐ 1er cru	0,22 ha	300	⏹ 100-150 F

Die Reblage la Garenne befindet sich zwischen den Einzellagen les Combettes und les Folatières, in Richtung Meursault. Dieser sehr beachtliche Premier cru zeigt somit eine sehr verführerische, jugendliche Farbe, ein klassisches Bukett und im Augenblick viel Festigkeit im Geschmack. Kraftvoll, ein wenig nervig - er scheint gut zusammengestellt zu ein. Er kann vorteilhaft altern.

☛ Sylvain Langoureau, hameau de Gamay, 21190 Saint-Aubin, Tel. 03.80.21.39.99, Fax 03.80.21.39.99 ☑ ⚑ n. V.

DOM. LARUE Les Garennes 1995★

☐ 1er cru	0,6 ha	1 600	⏹ 70-100 F

Eine schöne Goldfarbe und das Faßaroma schmücken diesen sehr füllligen Wein, der so rund wie der Erdball ist. Er bietet einen satinartigen Eindruck, enthält aber alles, was es an Dichte braucht, um die Aufmerksamkeit auf sich zu ziehen. Gegenwärtig im Abgang leicht vom Holz dominiert, wird er sich zweifellos in ein bis zwei Jahren voll entfalten.

☛ Dom. Larue, hameau de Gamay, 21190 Saint-Aubin, Tel. 03.80.21.30.74, Fax 03.80.21.91.36 ☑ ⚑ n. V.

OLIVIER LEFLAIVE
Les Champs Gains 1994★

☐ 1er cru	k. A.	4 500	⏹ 150-200 F

Dieser goldgelbe, grün schimmernde 94er scheint die Galauniform eines Kammerherrn zu tragen. Und die Parade beginnt : ziemlich lebhafter erster Geruchseindruck, gefolgt von einer Delegation von Vanillearomen, die sich in Richtung gerösteter Mandeln entwickeln. Die Ansprache bewahrt die gleiche Lebhaftigkeit, die Rundheit stellt sich ein, begleitet von einer hübschen Sanftheit am Ende des Defilees und von einem Eindruck von reifen Äpfeln, den eine elegante Holznote würzt.

☛ Olivier Leflaive, pl. du Monument, 21190 Puligny-Montrachet, Tel. 03.80.21.37.65, Fax 03.80.21.33.94 ☑ ⚑ n. V.

ROLAND MAROSLAVAC-LEGER
Les Corvées des Vignes 1995★

☐	0,8 ha	4 500	🍾⏹🍷 70-100 F

Sie können wählen zwischen zwei Weinen, die sich - jeder in seiner Kategorie - lohnen : einem 94er les Folatières als Premier cru und diesem 95er *Villages*, der eine leichte Goldfarbe hat und

Côte de Beaune — Montrachet

sehr duftig und wohlausgewogen ist. Ein Chardonnay aus einer guten Lage, der sein Thema perfekt bewältigt.

🕿 Roland Maroslavac-Léger, 43, Grande-Rue, 21190 Puligny-Montrachet, Tel. 03.80.21.31.23, Fax 03.80.21.91.39 ■ ▼ n. V.

CHRISTOPHE MARY Les Referts 1995*

| ☐ 1er cru | 0,12 ha | k. A. | ⅠⅠ 70-100 F |

Diese Reblage, die Meursault berührt, bildet den Übergang zwischen dieser Gemeinde und Puligny. Der 95er strahlt hier in seinem ganzen goldgelben Glanz. Sein Aroma ist schon kräftig und sehr mitteilsam. Füllig, geschmeidig und gehaltvoll. Er verheimlicht seinen Ausbau im Faß nicht, und das ist hier sein einziger Fehler. Der Rest ist großartig.

🕿 Christophe Mary, 21190 Corcelles-les-Arts, Tel. 03.80.21.48.98 ■ ▼ n. V.

DOM. DU CHATEAU DE MEURSAULT Champ Canet 1994*

| ☐ 1er cru | 0,58 ha | 2 500 | ⅠⅠ 150-200 F |

Die Arbeit eines Künstlers, bei der alles am richtigen Platz ist, in liebenswürdigen Proportionen, die voller Charme sind. Ziemlich goldgelbe Farbe. Die Frucht zeigt ihre Nasenspitze und läßt sich nicht vom Haselnußaroma fernhalten. Sanfte, runde Ansprache, die ohne Aggressivität, aber lebhaft ist. Getoastetes Hefebrot im Abgang.

🕿 Ch. de Meursault, rue du Moulin-Foulot, 21190 Meursault, Tel. 03.80.26.22.75, Fax 03.80.26.22.76 ■ ▼ n. V.

MOILLARD-GRIVOT 1995*

| ☐ | k. A. | 10 000 | ⅠⅠ 100-150 F |

Wenn ein Puligny goldfarben ist, mit liebenswürdigem Bukett (weiße Blüten, Frische) und in Beziehung sympathisch, strukturiert und recht elegant, dann findet er natürlich seinen Platz im Weinführer.

🕿 Moillard-Grivot, 2, rue François-Mignotte, 21700 Nuits-Saint-Georges, Tel. 03.80.62.42.00, Fax 03.80.61.28.13 ■ ▼ n. V.

DOM. RENE MONNIER
Les Folatières 1995*

| ☐ 1er cru | 0,83 ha | 4 500 | ⅠⅠ 100-150 F |

86 87 **88 89 90 91** ⑨② |93| 94 95

»Gemischte Meeresfrüchte mit Safran«, wird nicht grundlos als Begleitung für diesen 95er mit der munteren Erscheinung empfohlen. Im Augenblick ist er nicht sehr aromatisch (sehr diskrete Noten von Honig, getoastetem Brot und grünem Pfeffer), lebhaft und fein im Geschmack, in einem leichten Stil und von interessanter Länge.

🕿 Dom. René Monnier, 6, rue du Dr-Rolland, 21190 Meursault, Tel. 03.80.21.29.32, Fax 03.80.21.61.79 ■ ▼ tägl. 8h-12h 14h-18h
🕿 M. et Mme Bouillot

MARIE-LOUISE PARISOT 1995**

| ☐ 1er cru | k. A. | k. A. | ▮ⅠⅠ♦ 150-200 F |

Man hat wirklich den Eindruck, als befände man sich auf dem Streifen zwischen Meursault und Puligny und würde in den Reblagen spazierengehen. Kräftig und mineralisch - ein großer Weißwein, der seiner Aufgabe gewachsen ist. Intensive Goldfarbe, frisch und ausdrucksvoll, gut gebaut. Er paßt zu einem Hühnchen mit Sahnesauce, selbstredend aus der Bresse. Eine der Marken der Brüder Cottin in Nuits. Der 95er *Villages* erhält einen Stern. Es ist ein lagerfähiger Wein.

🕿 Marie-Louise Parisot, rue Lavoisier, 21700 Nuits-Saint-Georges, Tel. 03.80.62.64.00, Fax 03.80.62.64.10 ▼ Mo-Fr 8h-12h 13h30-17h30
🕿 Cottin

DOM. JEAN PASCAL ET FILS
Les Folatières 1995**

| ☐ 1er cru | 0,65 ha | 2 400 | ⅠⅠ 100-150 F |

Der Traumwein für einen Teller mit Krustentieren. Ziemlich kräftige goldene Farbe, in aromatischer Hinsicht gut dosiert. Dieser 95er besitzt eine schöne Rundheit ohne jeglichen Bruch der Harmonie. Alles Qualitäten eines Puligny, der schon sehr einschmeichelnd ist. Man sollte ihn lieber jetzt trinken, aber er wird noch lang leben.

🕿 Dom. Jean Pascal et Fils, 20, Grande-Rue, 21190 Puligny-Montrachet, Tel. 03.80.21.34.57, Fax 03.80.21.90.25 ■ ▼ n. V.

ROPITEAU 1995*

| ☐ | k. A. | k. A. | ⅠⅠ 100-150 F |

Außer im Weiler Blagny sieht man in Puligny-Montrachet alles in »Weiß«. Man begreift es, wenn man diesen Wein probiert, der allerdings ganz grün ist. Das Blütenbukett ist sehr feurig. Dann ergänzen sich die Säure und die Fülle perfekt.

🕿 Ropiteau Frères, 13, rue du 11-Novembre, 21190 Meursault, Tel. 03.80.21.69.20, Fax 03.80.21.69.29 ■ ▼ n. V.

Montrachet, Chevalier, Bâtard, Bienvenues Bâtard, Criots Bâtard

Die erstaunlichste Besonderheit dieser Grands crus war noch in jüngster Vergangenheit, daß man sich relativ lang gedulden mußte, bevor sie die außergewöhnliche Qualität, die man von ihnen erwartete, in ihrer vollen Entfaltung offenbarten. Zehn Jahre gestand man dem »großen« Montrachet zu, um seine Reife zu erreichen, fünf Jahre dem Bâtard und seinen Nachbarlagen ; nur der Chevalier-Montrachet schien sich rascher zu entfalten und mitzuteilen.

Côte de Beaune   Bâtard-Montrachet

Doch seit einigen Jahren trifft man auf Montrachet-Cuvées mit einem Bukett von außergewöhnlicher Stärke und einem Geschmack, der so gehalten ist, daß man ihre Qualität sofort würdigen kann, ohne über die zukünftige Entwicklung Vermutungen anstellen zu müssen.

Montrachet

DOM. DE LA ROMANEE-CONTI
1991★★

| ☐ | k. A. | k. A. | ⓘ +200 F |

|83| |86| ⑨⓪ |91| 93

Dieser immer noch auf dem Gut erhältliche 91er, Gold und Honig, hatte bei der Lese einen potentiellen Alkoholgehalt von 23° - wahrer Sonnenzucker. Ein berauschender, strahlender Wein aus edelfaulen Trauben, dessen Lebensdauer kürzer sein wird als die der anderen, der aber mit zehn bis fünfzehn Jahren faszinierend sein wird. Ein Jahrgang wie der 90er ist dauerhafter ... Voll und vollständig, wohlschmeckend, dickflüssig.
🕿 SC du Dom. de La Romanée-Conti, 21700 Vosne-Romanée, Tel. 03.80.61.04.57

MAISON LOUIS LATOUR 1994★

| ☐ Gd cru | k. A. | 3 600 | ⓘ +200 F |

Voltaire rief, als er Racine kommentierte, bei jedem Vers aus : »Wunderbar !« So auch unsere Jury, die die Farbe (sehr lebhafte Goldfarbe), das Bukett (blumig und reif, leicht mineralisch) und den Geschmack von vollkommener Harmonie schätzte. Ein echter Fürst, der sich zwar heute mit einem Stern begnügt, aber bald zwei verdienen wird.
🕿 Maison Louis Latour, 18, rue des Tonneliers, 21204 Beaune Cedex, Tel. 03.80.24.81.00, Fax 03.80.24.81.18 🍴 n. V.

Chevalier-Montrachet

DOM. BOUCHARD PERE ET FILS
1995

| ☐ Gd cru | 2,54 ha | k. A. | ⓘ +200 F |

Fülle schon in der Farbe, die reintönig und klar ist. Das an Röstgeruch und mineralische Nuancen reiche Bukett kündigt einen runden, fleischigen Wein an, der ziemlich kräftig gebaut und durchschnittlich konzentriert ist und eine ausgeprägte Säure besitzt. Vielversprechend. Weisen wir noch darauf hin, daß der 86er 1989 Lieblingswein war.

🕿 Bouchard Père et Fils, Au Château, B.P. 70, 21202 Beaune Cedex, Tel. 03.80.24.80.24, Fax 03.80.24.97.56 🍴 n. V.

DOM. JEAN CHARTRON
Clos des Chevaliers 1995★★

| ☐ Gd cru | 0,55 ha | 2 000 | ⓘ +200 F |

91 |92| 93 |94| 95

Man müsse sich anstrengen, um durch die schmale Pforte einzutreten, schreibt der hl. Lukas in seinem *Evangelium*, denn viele wollen es und können es nicht. Diesem Chevalier gelingt es hier auf Anhieb. Sein Kleid ist des *Hohenliedes* würdig. Sein Duft verdient eine feinfühlige Exegese. Entfaltete, warme, verschmolzene, nachhaltige Struktur. Ein schöner, dauerhafter Wein. Der 94er wurde im letzten Jahr zum Lieblingswein gewählt.
🕿 Dom. Jean Chartron, 13, Grande-Rue, 21190 Puligny-Montrachet, Tel. 03.80.21.32.85, Fax 03.80.21.36.35 ✓ 🍴 n. V.

OLIVIER LEFLAIVE 1994★★

| ☐ Gd cru | k. A. | k. A. | ⓘ +200 F |

Eine klare Goldfarbe für das Wappen. Dieser »Ritter« wird hier mitten im Turnier überrascht. Sehr edles Aroma, in dem der Blütenduft keine Mühe hat, sich bemerkbar zu machen, so verschmolzen ist bereits der Röstgeruch. Schöne Ansprache, eleganter, verschmolzener, aromatischer Stoff. Was für eine Feinheit und was für eine Ausgewogenheit bis zum letzten Angriff.
🕿 Olivier Leflaive, pl. du Monument, 21190 Puligny-Montrachet, Tel. 03.80.21.37.65, Fax 03.80.21.33.94 ✓ 🍴 n. V.

Bâtard-Montrachet

CHARTRON ET TREBUCHET 1995★

| ☐ Gd cru | k. A. | 1 000 | ⓘ +200 F |

Hell, lebhaft und klar - er schreit seine Jugend hinaus und tanzt im Glas Walzer. Der feine Röstgeruch von guter aromatischer Auffassungsgabe erinnert eher an Haselnüsse. Schon bei der Ansprache ist die Frucht gemäß einer noch strengen Bauweise konstruiert, die sich noch im Keller vervollkommnen muß. Im Stil des Grand cru.
🕿 Chartron et Trébuchet, 13, Grande-Rue, 21190 Puligny-Montrachet, Tel. 03.80.21.32.85, Fax 03.80.21.36.35 ✓ 🍴 n. V.

OLIVIER LEFLAIVE 1994★

| ☐ | k. A. | 1 500 | ⓘ +200 F |

Ein stroh- bis goldgelber Wein, der an die Überreife erinnert. Sein Zitrusaroma hüllt ihn von Anfang bis Ende ein. Strahlender Abgang. Der Geschmack ist überaus köstlich. Er entfaltet ein Feuersteinaroma und zeigt ein wenig Wärme, aber wenn man in seinem Namen das Wort »montrachet« trägt, ist das in keiner Weise überraschend. Ein sehr schöner Wein.
🕿 Olivier Leflaive, pl. du Monument, 21190 Puligny-Montrachet, Tel. 03.80.21.37.65, Fax 03.80.21.33.94 ✓ 🍴 n. V.

Côte de Beaune

Bienvenues-Bâtard-Montrachet

DOM. LOUIS LEQUIN 1994

| ☐ | 0,12 ha | 700 | 🍾 +200 F |

Ein Bâtard, der vielleicht keine sehr lange Geschichte haben wird, aber bei der Lagerung glückliche Augenblicke reserviert. Butterblumengelb. Er besitzt einen großartigen Duft : honigartig, blumig, sogar animalisch. Runder, feiner, ziemlich gehaltvoller Geschmack, der eher liebenswürdig als kraftvoll ist. Profitieren Sie somit vom Glück, das vergeht ...
↱ Louis Lequin, 1, rue du Pasquier-du-Pont, 21590 Santenay, Tel. 03.80.20.63.82, Fax 03.80.20.67.14 ✓ ⌕ n. V.

Bienvenues-Bâtard-Montrachet

DOM. HENRI CLERC ET FILS 1995***

| ☐ Gd cru | 0,46 ha | 2 262 | 🍾 +200 F |

73 74 75 |76| 78 79 80 81 ⑧② 83 84 85 86 87
|88| 89 |90| |91| |92| 93 94 ⑨⑤

»Der Stil ist der Mensch selbst«, erklärte Buffon. Und natürlich der Wein ! Dieser Bienvenues mit der schönen goldgelben Farbe entfaltet sehr zarte und dennoch entwickelte Empfindungen. Er beeindruckt durch sein Volumen und seine Länge, ist sehr verführerisch und voller Potential. Ein Wein, der im letzten Jahr von einem der Juroren als Lieblingswein vorgeschlagen wurde und 1994 (als 91er) Lieblingswein war.
↱ Bernard Clerc, pl. des Marronniers, 21190 Puligny-Montrachet, Tel. 03.80.21.32.74, Fax 03.80.21.39.60 ✓ ⌕ n. V.

DOM. GUILLEMARD-CLERC 1995

| ☐ Gd cru | 0,18 ha | 1 143 | 🍾 +200 F |

Ein Bienvenues, der nach einer Ruhezeit in der Flasche ganz und gar »willkommen« sein wird. Im Augenblick muß das erst noch kommen. Sehr helle Farbe, Geruch von Geröstetem und Feuerstein, der Geschmack ebenfalls mineralisch und strenger, der von ein wenig Fett umhüllt ist, aber seine jugendlichen Versprechen noch bekräftigen muß.
↱ Franck Guillemard-Clerc, 19, rue Drouhin, 21190 Puligny-Montrachet, Tel. 03.80.21.34.22, Fax 03.80.21.34.22 ✓ ⌕ n. V.

LOUIS LATOUR 1994

| ☐ Gd cru | k. A. | 3 000 | 🍾 +200 F |

Er ehrt seinen Jahrgang durch seine appetitanregende Farbe und seinen feinen, fruchtigen, ein wenig zum Mineralischen tendierenden Geruch. Die Fülle kommt nach einer lebhaften, nie langweiligen Ansprache in der Mitte des Geschmackseindrucks zum Vorschein. Die Vinifizierung hat das Beste herausgeholt. Drei bis vier Jahre aufheben, denn ein solcher Wein drängelt nicht.
↱ Maison Louis Latour, 18, rue des Tonneliers, 21204 Beaune Cedex, Tel. 03.80.24.81.00, Fax 03.80.24.81.18 ⌕ n. V.

Bienvenues-Bâtard-Montrachet

NOE 1995**

| ☐ Gd cru | 0,18 ha | 1 143 | 🍾 +200 F |

Von Noah, dem Vater des Weinbaus, von Bacchus, dem Gott des Weines ... Man könnte fast den Chevalier du Tastevin inthronisieren. Dieser 95er kommt von einem Gut, das - wie man uns berichtet - 1993 entstand, aber 25 Jahre alte Reben besitzt. Er ist wunderbar und findet einmütige Zustimmung. Grüngoldene Farbe - er hat Klasse. Haselnüsse, Feuerstein und Zitrusfrüchte - der Geruchseindruck besitzt Komplexität. Ein Genuß an Frische, dennoch ein kraftvoller Geschmack, der Haltung zeigt. Er hat eine große Zukunft vor sich.
↱ SCA Noe, 9, rue Drouhin, 21190 Puligny-Montrachet, Tel. 03.80.21.34.22, Fax 03.80.21.39.60 ✓ ⌕ n. V.

Criots-Bâtard-Montrachet

ROGER BELLAND 1995*

| ☐ Gd cru | 0,61 ha | 3 000 | 🍾 +200 F |

Es gibt nicht viel Criots auf dem Markt. Dieser hier entfaltet unter einer recht klaren Farbe einen ziemlich reifen Duft, der in Richtung Feuerstein geht. Der Körper, der hier mitten in seiner Jugend geprüft wurde, erscheint noch roh. Stoff, Alkohol, alles muß seinen Platz finden, aber man sagt ihm gut fünf Jahre eines glänzenden Lebens voraus.
↱ Roger Belland, 3, rue de la Chapelle, B.P. 13, 21590 Santenay, Tel. 03.80.20.60.95, Fax 03.80.20.63.93 ✓ ⌕ n. V.

Chassagne-Montrachet

Ein weiteres Erosionstal, das von Saint-Aubin, durch das die RN 6 verläuft, bildet annähernd die südliche Grenze der Anbauzone für Weißweine. Daran schließt sich die Anbauzone der Rotweine an ; die Reblage les Ruchottes markiert das Ende. Clos Saint-Jean und Clos Morgeot, robuste, kraftvolle Weine, sind die angesehensten Chassagne-Weine. Die Weiß- und Rotweine machen jeweils rund 7 000 hl aus.

DOM. GUY AMIOT ET FILS
Les Vergers 1995**

| ☐ 1er cru | 0,5 ha | 3 000 | 🍾 100-150 F |

Wenn Sie wüßten, wie nahe sich dieser Wein beim überaus berühmten Montrachet befindet ! Er ist sehr solide und strukturiert. Seine Eleganz wird mit dem Alter kommen. Sein Aroma tendiert zum Mineralischen, mit einem Hauch von Zitrusfrüchten dahinter. Der volle, robuste, entschlossene Körper bietet eine bemerkenswerte Länge. Wenn sich dieser 95er entfaltet, wird er sehr groß sein.

🕿 Dom. Guy Amiot et Fils, 13, rue du Grand-Puits, 21190 Chassagne-Montrachet, Tel. 03.80.21.38.62, Fax 03.80.21.90.80 ☑ ♈ n. V.

DOM. GUY AMIOT ET FILS
Clos Saint-Jean 1994

■ 1er cru	0,25 ha	1 500	⏸ 100-150 F

Wir haben einen ganz netten 94er Maltroie und diesen Clos Saint-Jean probiert, dessen sehr helles Rot ein wenig ziegelrot verfärbt ist. Beim ersten Riechen erinnert er ziemlich stark an Gekochtes, beim zweiten Riechen ist er eleganter. Leicht für einen Premier cru, aber im allgemeinen Stil des Jahrgangs. Es empfiehlt sich, ihn jetzt zu trinken.

🕿 Dom. Guy Amiot et Fils, 13, rue du Grand-Puits, 21190 Chassagne-Montrachet, Tel. 03.80.21.38.62, Fax 03.80.21.90.80 ☑ ♈ n. V.

DOM. B. BACHELET ET SES FILS
1994*

	4 ha	17 000	⏸ 50-70 F

⑦⑧ 79 82 85 |87| 88 |89| 90 92 93 94

Ein guter, jugendlicher, vielversprechender Wein. Vor allem die Ansprache ist duftig und sehr frisch, von einer für den Jahrgang seltenen Komplexität, mit genug Fleisch und Tanninuntergrund. Die Farbe kommt voll zum Ausdruck, während der Geruchseindruck etwas zurückhaltend ist.

🕿 Dom. Bernard Bachelet et Fils, 71150 Dezize-lès-Maranges, Tel. 03.85.91.16.11, Fax 03.85.91.16.48 ☑ ♈ n. V.

DOM. B. BACHELET ET SES FILS
1995**

	k. A.	12 000	⏸ 70-100 F

Auch wenn er einen etwas schüchternen Duft besitzt, der mit seinen Wohltaten ein wenig geizt, ist er hier trotzdem hier vertreten und verdoppelt er seine Anstrengungen im Geschmack, um seine Sterne zu gewinnen. Die Farbe ist leicht, aber erfreulich. Die eingehende Verkostung beeindruckt durch seine Rundheit und seine Freigebigkeit. Ist es möglich, den Geschmacksknospen so viel zu geben? Langsame, ansteigende, scharfsichtige Ouvertüre.

🕿 Dom. Bernard Bachelet et Fils, 71150 Dezize-lès-Maranges, Tel. 03.85.91.16.11, Fax 03.85.91.16.48 ☑ ♈ n. V.

ROGER BELLAND
Morgeot Clos Pitois 1995

■ 1er cru	2,29 ha	12 000	⏸ 70-100 F

Es gibt andere Freuden im Leben, aber diesem mangelt es nicht an Reizen. Intensives Rubinrot mit malvenfarbenen Reflexen: Die Robe ist fast bischöflich. Der Duft erinnert an Kirschstiele, wenn Sie wissen, was das bedeutet. Ein guter Untergrund, aber die Faßdaube hat sich auf diesem Wein aufgepflanzt. Altern lassen.

🕿 Roger Belland, 3, rue de la Chapelle, B.P. 13, 21590 Santenay, Tel. 03.80.20.60.95, Fax 03.80.20.63.93 ☑ ♈ n. V.

GILLES BOUTON
Les Voillenots Dessus 1995

☐	0,69 ha	4 000	⏸ 70-100 F

Diese Reblage erstreckt sich den Häusern des Dorfs entlang, nicht sehr weit von den Premier crus entfernt. Schönes Aussehen mit einem sehr frischen Aroma. Dieser schon entwickelte Wein, ein wenig auf der Suche nach sich, schafft es aber nicht, ein ungünstigen Urteilspruch der Jury auf sich zu ziehen! Tatsache ist nämlich, daß er in keiner Weise unangenehm ist.

🕿 Gilles Bouton, hameau de Gamay, 21190 Saint-Aubin, Tel. 03.80.21.32.63, Fax 03.80.21.90.74 ☑ ♈ n. V.

DOM. JEAN CHARTRON
Les Benoîtes 1995*

	0,62 ha	3 900	⏸ 70-100 F

Strahlende dunkelrote Farbe, Geruch von angebranntem Holz über der frischen Frucht. Dieser Wein wird noch durch das Faß behindert, aber er kann sich von dieser Bürde befreien, denn er besitzt Qualitäten und genug Stoff.

🕿 Dom. Jean Chartron, 13, Grande-Rue, 21190 Puligny-Montrachet, Tel. 03.80.21.32.85, Fax 03.80.21.36.35 ☑ ♈ n. V.

CH. DE CHASSAGNE-MONTRACHET 1994*

	2 ha	3 000	⏸ 50-70 F

Ein für den Jahrgang 1994 typischer Wein vom ziemlich dunklem Rot, der schöne Tränen bildet und einen Duft nach roten Beeren und schwarzen Johannisbeeren zeigt. Zu dieser Komplexität kommt eine schöne Ansprache hinzu. Im Geschmack hält er sich gut und hat genug Fett, aber er ist noch streng aufgrund der aufdringlichen Tannine, die das Alter glätten wird.

🕿 Ch. Bader-Mimeur, 1, chem. du Château, 21190 Chassagne-Montrachet, Tel. 03.80.21.30.22, Fax 03.80.21.33.29 ☑ ♈ n. V.

DUPERRIER-ADAM Les Caillerets 1995

☐ 1er cru	1,09 ha	2 000	⏸ 70-100 F

Konzentration und Überreife, das ist eine besondere Wesensart. Komplex, intensiv und aromatisch - dieser 95er ist in keiner Weise unangenehm, aber wie schon gesagt, es ist ein Stil, bei dem Zitrusfrüchte und Kandiertes dominieren. Eine echte Kuriosität.

🕿 SCA Duperrier-Adam, 3, pl. des Noyers, 21190 Chassagne-Montrachet, Tel. 03.80.21.31.10, Fax 03.80.21.31.10 ☑ ♈ n. V.

DUPERRIER-ADAM Les Caillerets 1994

■ 1er cru	0,19 ha	870	⏸ 70-100 F

|85| 87 |88| |89| 90 |91| 92 93 94

Die dunkle, tiefe Farbe ist sehr schön. Eine leichte Unterholznote behindert den Geruchseindruck. Der recht geschmeidige Geschmack vergißt nicht die Intensivierung von Tanninen, die ihn ein wenig streng machen, aber seine Lagerfähigkeit garantieren.

🕿 SCA Duperrier-Adam, 3, pl. des Noyers, 21190 Chassagne-Montrachet, Tel. 03.80.21.31.10, Fax 03.80.21.31.10 ☑ ♈ n. V.

Côte de Beaune — Chassagne-Montrachet

DOM. VINCENT GIRARDIN
Morgeot Vieilles vignes 1995★★

| ☐ 1er cru | k. A. | k. A. | 🍷 100-150 F |

79 88 |89| |90| |91| 93 94 |95|

»Wer langsam geht, kommt auch ans Ziel.« Dieser Wein macht dieses Prinzip zu seiner Philosophie. Er ist zurückhaltend und verspricht eine wunderbare Zukunft. Die Farbe ist gelungen. Das Bukett läßt eine kleine Blütennote erkennen, die angenehm und mitteilsam ist. Eine gewisse Geschmeidigkeit im Geschmack deutet darauf hin, daß er seine Verpflichtung einhalten wird.
➽ Dom. Vincent Girardin, 4, rte de Chassagne-Montrachet, 21590 Santenay,
Tel. 03.80.20.64.29, Fax 03.80.20.64.88 ✓ 🍷 n. V.

DOM. VINCENT GIRARDIN
Morgeot 1995★

| ■ 1er cru | k. A. | k. A. | 🍷 70-100 F |

Die 90er Version dieses Weins war 1993 Lieblingswein. Diesmal präsentiert der Winzer einen sehr liebenswürdigen Wein. Purpurviolette Farbe, Duft voller roter Johannisbeeren, Rundheit, verschmolzener Holzton, Jugendlichkeit und Charme - all das veranlaßt zu einer beruhigenden Wartezeit.
➽ Dom. Vincent Girardin, 4, rte de Chassagne-Montrachet, 21590 Santenay,
Tel. 03.80.20.64.29, Fax 03.80.20.64.88 ✓ 🍷 n. V.

A. GOICHOT ET FILS 1995★★★

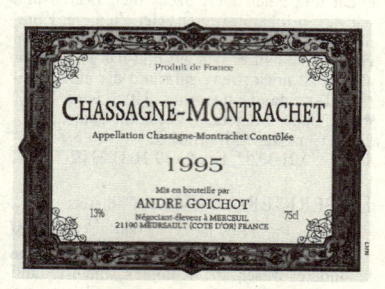

| | k. A. | 4 820 | 🍷 50-70 F |

Die lebhafte, intensiv rote Kulisse, das subtile, würzige Spiel der Aromen, der ein wenig von der Lakritze geprägte Handlungsablauf, das Vorhandensein von Fülle und Frucht, das Gerüst der Konstruktion - das alles weist auf einen großen Regisseur hin. Wildschwein oder Reh, nichts Geringeres !
➽ SA A. Goichot et Fils, rte de Meursault, 21190 Merceuil, Tel. 03.80.26.88.70, Fax 03.80.26.88.69 ✓ 🍷 Mo-Fr 7h30-12h 14h-18h30

GABRIEL JOUARD
Les Chaumées Clos de la Truffière 1994★

| ☐ 1er cru | 0,8 ha | k. A. | 🍷 70-100 F |

Er beginnt sich gelb zu verfärben, und das ist normal für ein 94er, der sich brav in Wartestellung befindet. Man möchte weitergehen, und die Überraschung ist schön ! Viel Holz zweifellos, aber eine kräftige, intensive Verfassung, der es gelingen wird, sich von der vanilleartigen Unterdrückung zu befreien. Ein schöner und guter Wein. Ein 94er Morgeot erhält ebenfalls einen Stern.
➽ Gabriel Jouard, 3, rue du Petit-Puits, 21190 Chassagne-Montrachet,
Tel. 03.80.21.30.30 ✓ 🍷 n. V.

LABOURE-ROI 1995★

| ■ | k. A. | k. A. | 🍷 50-70 F |

»Liebe mich um der Liebe zur Liebe willen«, forderte der Dichter, »für die Zeit danach.« Wohl in der Zukunft wird man auch diesen lagerfähigen Chassagne schätzen : Farbe vollreifer Bigarreau-Kirschen, nach kleinen Waldfrüchten und ein wenig Konfitüre duftend, einwandfrei strukturiert und mit einer temperamentvollen Säure - zu einer Lammkeule mit Knoblauch.
➽ Labouré-Roi, rue Lavoisier, 21700 Nuits-Saint-Georges, Tel. 03.80.62.64.00, Fax 03.80.62.64.10 🍷 Mo-Fr 8h-12h 13h30-17h30
➽ Cottin

CH. DE LA MALTROYE
Clos du Château de la Maltroye Monopole 1994★

| ■ 1er cru | 1,38 ha | 7 300 | 🍷 70-100 F |

Ein guter Wein, den man nicht zu lang aufheben darf. Er zeigt sich gut mit leichtem Glanz. Der holzbetonte Röstgeruch entwickelt sich über der reifen Frucht. Der angenehme, lange Geschmack wird durch eine wirkungsvolle Tanninunterstützung verstärkt. Der Jahrgang wird respektiert.
➽ SCE Ch. de La Maltroye, 16, rue de la Murée, 21190 Chassagne-Montrachet,
Tel. 03.80.21.32.45, Fax 03.80.21.34.54 ✓ 🍷 n. V.
➽ Cournut

CH. DE LA MALTROYE
Morgeot Vigne blanche 1995★

| ☐ 1er cru | 1,06 ha | 3 500 | 🍷 100-150 F |

»Schöne Marquise, Eure schönen Augen ...« Man erliegt nämlich diesen grüngoldenen Reflexen. Von Gewürzen bis zu Blüten - das Bukett ist ziemlich fein. Strukturierter, überschwenglicher und warmer Geschmack (recht spürbarer Alkohol). Dieser Wein wird seine Aufgabe in fünf bis zehn Jahren zu einem gedünsteten Fisch erfüllen.
➽ SCE Ch. de La Maltroye, 16, rue de la Murée, 21190 Chassagne-Montrachet,
Tel. 03.80.21.32.45, Fax 03.80.21.34.54 ✓ 🍷 n. V.

MICHEL LAMANTHE Les Vergers 1995

| ☐ 1er cru | 0,25 ha | 1 500 | 🍷 70-100 F |

Helles Strohgelb. Der elegante Duft kommt mit butterigen und blumigen Noten zum Ausdruck. Im Geschmack kommt das Eichenholzfaß ohne zu große Hartnäckigkeit zum Vorschein, denn die Struktur ist ausgewogen, wie der Abgang enthüllt. Verspricht in fünf bis acht Jahren einiges Vergnügen.
➽ Michel Lamanthe, 21190 Saint-Aubin,
Tel. 03.80.21.33.23, Fax 03.80.21.93.96 ✓ 🍷 n. V.

Côte de Beaune — Chassagne-Montrachet

DOM. HUBERT LAMY
La Goujonne 1995★★★

| ■ | 1,9 ha | 8 000 | ⑪ | 50-70 F |

Man kommt hier sehr schnell zum Wesentlichen. Unter einer lebhaften bläulichroten Farbe ein Wein mit jugendlichen Noten, die mit sehr reifen Kirschen und einem Lakritzearoma verbunden sind. Der tiefe, ausdrucksvolle Körper wird sich in fünf bis zehn Jahren entladen. Die Zurückhaltung des Fasses ist vollkommen. Ein großer roter Burgunder und dennoch ein *Villages*.

↬ Dom. Hubert Lamy, Paradis, 21190 Saint-Aubin, Tel. 03.80.21.32.55, Fax 03.80.21.38.32 ☑ ⵐ n. V.

DOM. LAMY-PILLOT Boudriotte 1995

| ■ 1er cru | 0,4 ha | 2 400 | ⑪ | 70-100 F |

Ein Boudriotte ruft immer Gefühle hervor. Dieser hier hat Feuer in der Farbe und ein etwas komplexes Aroma. Einen Körper, den man sich später vorstellen kann. Insgesamt etwas zum Lagern. Bei der Wette darauf riskiert man weniger als der Philosoph Pascal bei seiner Wette zum Gottesbeweis.

↬ Dom. Lamy-Pillot, 31, rte de Santenay, 21190 Chassagne-Montrachet, Tel. 03.80.21.30.52, Fax 03.80.21.30.02 ☑ ⵐ n. V.
↬ René Lamy

SYLVAIN LANGOUREAU
Les Voillenots Dessous 1994

| ■ | k. A. | 1 500 | ⑪ | 50-70 F |

Recht kräftiges Rubinrot. Sein Geruchseindruck ist interessant : ein wenig rustikal, mit einer Brombeernote. Strukturiert und tanninreich. Er bemüht sich, die Verbindung von jugendlichem Schwung und einem strengen, noch in der Entwicklung begriffenen Körper zu verwirklichen. Drei Jahre warten ?

↬ Sylvain Langoureau, hameau de Gamay, 21190 Saint-Aubin, Tel. 03.80.21.39.99, Fax 03.80.21.39.99 ☑ ⵐ n. V.

DOM. LARUE La Boudriotte 1995★★

| ■ 1er cru | 0,2 ha | 1 100 | ⑪ | 70-100 F |

Unter uns, die herrliche Farbe oder jener diskrete und zugleich vornehme Geruchseindruck haben wenig zu sagen. Das Glücksgefühl befindet sich im Geschmack : zart, harmonisch, auf Konsens ausgerichtet, ideal. Wenig Kraft, aber der gesamte unverfälschte Charakter des Anbaugebietes.

↬ Dom. Larue, hameau de Gamay, 21190 Saint-Aubin, Tel. 03.80.21.30.74, Fax 03.80.21.91.36 ☑ ⵐ n. V.

OLIVIER LEFLAIVE Morgeot 1994★

| □ 1er cru | k. A. | 6 500 | ⑪ | 100-150 F |

Sehr schöne grüne Reflexe in der blassen Farbe weisen auf die Qualität dieses Weins mit dem wohldosierten Holzton hin, denn im Duft und dann im Geschmack von Zitrusfrüchten begleitet dominieren Blüten. Vielleicht mehr ein *Villages* als ein Premier cru, aber wenn man ihn jetzt oder im kommenden Jahr trinkt, wird das ein Vergnügen sein.

↬ Olivier Leflaive, pl. du Monument, 21190 Puligny-Montrachet, Tel. 03.80.21.37.65, Fax 03.80.21.33.94 ☑ ⵐ n. V.

LOUIS LEQUIN Morgeot 1994★

| ■ 1er cru | 0,31 ha | 2 000 | ■ ⏧ | 70-100 F |

Das, was man als gut gemachten Wein bezeichnet, einwandfrei, ehrlich und sauber. Die Lektüre der Degustationszettel erfüllt uns mit Freude : »Ziemlich dunkles Kirschrot.« Wir sind hier in Burgund. Das Bukett ist einach und leicht, steigert sich jedoch und bleibt immer elegant. Die Feinheit dominiert über die Breite.

↬ Louis Lequin, 1, rue du Pasquier-du-Pont, 21590 Santenay, Tel. 03.80.20.63.82, Fax 03.80.20.67.14 ☑ ⵐ n. V.

LUPE-CHOLET 1995★

| □ | k. A. | k. A. | ■ ⑪ ⏧ | 100-150 F |

Das Haus Bichot präsentiert unter dieser Nuits-Marke einen funkelnden *Villages* ohne jeden übertriebenen Holzton, der ehrlich und überzeugend ist. Sein Geschmack ist ätherisch und stützt sich mehr auf das Lebhafte als auf die Fülle. Echte Kraft. Der typische Charakter ist zufriedenstellend.

↬ Lupé-Cholet, 17, av. du Gal-de-Gaulle, 21700 Nuits-Saint-Georges, Tel. 03.80.61.25.02, Fax 03.80.24.37.38

DOM. BERNARD MOREAU 1995★★

| □ | 1,22 ha | 4 500 | ⑪ | 70-100 F |

Er streckt die Nasenspitze vor und begeistert die Jury. Auf dem Niveau eines Premier cru. Zweifellos blaß und nach Vanille riechend, aber der Geschmack ist gut ausgestattet. Die stattliche, präzise Attacke ist eines großen Hauptmanns würdig. Die nachhaltige Frucht verspricht einen vollkommen typischen Charakter und eine lange Lagerfähigkeit. Ein Morgeot auf demselben Niveau. Dieses Gut muß man gut im Auge behalten !

↬ Bernard Moreau, 3, rte de Chagny, 21190 Chassagne-Montrachet, Tel. 03.80.21.33.70, Fax 03.80.21.30.05 ☑ ⵐ n. V.

DOM. BERNARD MOREAU
Les Chenevottes 1995★★

| □ 1er cru | 0,2 ha | 1 300 | ⑪ | 100-150 F |

Zwei Premiers crus dieses Guts erhalten zwei Sterne : ein 95er Morgeot, der im Jahre 2002 großartig sein wird, und dieser Chenevottes, der schon auf den ersten Blick verführt, durch eine strahlende gelbgrüne Farbe und ein intensives Bukett, in dem sich Noten von Blüten und Zitrusfrüchten und ein leichtes Vanillearoma vermischen. Der Geschmack besitzt eine bemerkenswerte Ausgewogenheit zwischen Milde und Säure. Gute Länge.

↬ Bernard Moreau, 3, rte de Chagny, 21190 Chassagne-Montrachet, Tel. 03.80.21.33.70, Fax 03.80.21.30.05 ☑ ⵐ n. V.

DOM. BERNARD MOREAU
Morgeot La Cardeuse 1995

| ■ 1er cru | 0,66 ha | 3 500 | ⑪ | 70-100 F |

Er nimmt das Leben von der heiteren Seite und packt es am richtigen Ende an. Leicht für einen Premier cru und schon trinkreif, aber fein

Côte de Beaune — Chassagne-Montrachet

und fruchtig. Ein gutes, noch vom Holzton dominiertes Aroma und eine kräftige kirschrote Farbe. Das Ganze befindet sich in der Entwicklung.
- Bernard Moreau, 3, rte de Chagny, 21190 Chassagne-Montrachet, Tel. 03.80.21.33.70, Fax 03.80.21.33.05 ☑ ⓘ n. V.

MICHEL MOREY-COFFINET 1995

| ■ | 1 ha | 6 000 | ⓘ | 50-70 F |

Wie man von einem Epoisses (cremiger Weichkäse) sagen würde - er bietet ein ausgereiftes Bukett: weit und kräftig, von der Frucht über die Vanille des Fasses bis zu Gewürzen reichend. Imposante Farbe. Reichhaltiger Geschmack mit der notwendigen Säure, aber mit einem ausgeprägten Holzton.
- Dom. Michel Morey-Coffinet, 6, pl. du Grand-Four, 21190 Chassagne-Montrachet, Tel. 03.80.21.31.71, Fax 03.80.21.90.81 ☑ ⓘ n. V.

MARIE-LOUISE PARISOT 1995**

| ☐ 1er cru | k. A. | k. A. | ■ⓘ♦ | 150-200 F |

Ein sehr guter 95er, wenn es auch noch nicht sehr viele Merkmale gibt, um ihn zu beurteilen, und es auch zu früh für ein Urteil ist. Das Faß eliminiert nicht die Frucht unter der goldgelben Farbe mit dem grünen Schimmer. Ausgezeichneter Geschmack mit Reichhaltigkeit und Säure (die Burgunder sprechen von Grüngeschmack). Alles ist gut verbunden. Langlebigkeit sichergestellt. Eine Firma, die von den Brüdern Cottin (Labouré-Roi in Nuits) übernommen worden ist.
- Marie-Louise Parisot, rue Lavoisier, 21700 Nuits-Saint-Georges, Tel. 03.80.62.64.00, Fax 03.80.62.64.10 ⓘ Mo-Fr 8h-12h 13h30-17h30
- Cottin

PICARD PERE ET FILS 1994

| ■ | k. A. | k. A. | | 100-150 F |

Dieser 94er, den man maximal ein bis zwei Jahre lagern kann, ist schon verschmolzen und besitzt eine leichte Struktur und einen gefälligen Charakter. Er besteht die Prüfung doch seiner Klarheit. Er erzählt keine Romane, was hier im Pluspunkt ist. Ansprechende Farbe, nicht mehr, und ein Geruchseindruck, der ins Animalische geht, zu Fell hin.
- Michel Picard, rte de Saint-Loup-de-la-Salle, B.P. 49, 71150 Chagny, Tel. 03.85.87.51.00, Fax 03.85.87.51.11 ⓘ n. V.

FERNAND ET LAURENT PILLOT
Morgeot 1995*

| ☐ 1er cru | 0,48 ha | 2 500 | ⓘ | 100-150 F |

Etwas mehr Stoff, und wir würden in Verzückung geraten. Begnügen wir uns mit dem alltäglichen Glücksgefühl. Ansonsten ist die Farbe schön, der Duft über dem guten Holzton vorwiegend blumig und der Körper zu einer eleganten Note verschmolzen. Beachten Sie auch einen schönen 95er Vide-Bourse, eine Reblage, die sich neben dem Bâtard-Montrachet befindet.
- Fernand et Laurent Pillot, 13, rue des Champgains, 21190 Chassagne-Montrachet, Tel. 03.80.21.33.64, Fax 03.80.21.92.60 ☑ ⓘ n. V.

DOM. PRIEUR-BRUNET Morgeot 1994

| ■ 1er cru | 0,55 ha | 1 907 | ⓘ | 70-100 F |

78 79 81 83 85 87 |88| |89| **90** |91| |92| |93| |94|

Er hat eine recht lebhafte rote Farbe und teilt sich mit einem Geruch nach angebrannten Sauerkirschen mit. Die in dem leichten, durch Röstaroma geprägten Gesamtcharakter spürbaren Tannine machen ihn zu einem in jedem Fall recht ordentlichen Wein, der besser ist als viele andere (89 Weine dieser AOC wurden der Jury präsentiert).
- Dom. Prieur-Brunet, rue de Narosse, 21590 Santenay, Tel. 03.80.20.60.56, Fax 03.80.20.64.31 ☑ ⓘ n. V.
- Guy Prieur

CAVE PRIVEE D'ANTONIN RODET
La Grande Montagne 1994*

| ☐ 1er cru | k. A. | k. A. | ■ⓘ | +200 F |

Eine Einzellage mitten auf dem Hügel von Chassagne. Diese von Bertrand Devillard ausgewählte Cave Privée zeigt sich ausgewogen. Sie ist stroh- bis goldgelb und recht entfaltet (Röstgeruch, Geräucherte, milde Gewürze) und erfüllt das Glas und den Geschmack mit großer Harmonie. Die Struktur ist dennoch sehr spürbar. Am besten wäre es, den Wein bis zum Ende des Jahrhunderts im Keller zu lassen, damit die Tannine verschmelzen. Vielleicht wird er dann seinen zweiten Stern erhalten.
- Antonin Rodet, 71640 Mercurey, Tel. 03.85.98.12.12, Fax 03.85.45.25.49 ☑ ⓘ Mo-Fr 9h-12h30 14h-18h

DOM. ROUX PERE ET FILS 1995***

| ☐ | 0,5 ha | 4 000 | ⓘ | 100-150 F |

ROUX PÈRE & FILS
CHASSAGNE-MONTRACHET
APPELLATION CHASSAGNE-MONTRACHET CONTRÔLÉE
Domaine Roux Père & Fils
Viticulteurs à Saint-Aubin (Côte d'Or)
750 ml
PRODUCT OF FRANCE

Wahl zum Lieblingswein für diesen femininen Wein, der sehr aromatisch und fruchtig ist und einen diskreten Holzton besitzt. Strahlende blaßgoldene Farbe. »Ein aufgrund seiner Ausgewogenheit, Feinheit und Freigebigkeit bemerkenswerter Wein«, schlußfolgerte ein Weinkoster auf seinem Zettel. Sein Geschmack ruft Entzücken hervor. Ein Premier cru ? Nun, nein es ist ein *Villages*. Auf die Plätze, los !
- Dom. Roux Père et Fils, 21190 Saint-Aubin, Tel. 03.80.21.32.92, Fax 03.80.21.35.00 ☑ ⓘ n. V.

Saint-Aubin

Saint-Aubin ist - topographisch gesehen - ebenfalls ein Nachbar der Hautes-Côtes ; doch ein Teil der Gemeinde grenzt an Chassagne im Süden sowie an Puligny und Blagny im Osten. Die Reblage les Murgers des Dents de Chien, ein Premier cru von Saint-Aubin, liegt sogar nicht weit vom Chevalier-Montrachet und von les Caillerets entfernt. Zugegebenermaßen sind die Weine ebenfalls von großer Qualität. Das Anbaugebiet hat beim Rotwein (2 836 hl im Jahre 1996) einige Fortschritte gemacht, aber seine beste Qualität erreicht es beim Weißwein (4 300 hl).

DOM. B. BACHELET ET SES FILS
Les Cortons 1994*

| ■ 1er cru | 1 ha | 6 000 | 🍾 50-70 F |

Bereiten Sie das Tournedos zu, während Sie die Flasche auf die richtige Temperatur bringen. Rot wie Kirschen - der Wein scheint auf diese Frucht abonniert zu sein. Duft nach Kirschwasser und Laub. Ein Anflug von Geschmeidigkeit, aber Weite, Fülle und Konzentration. Ein 94er, der keine Komplexe hat.
🕭 Dom. Bernard Bachelet et Fils, 71150 Dezize-lès-Maranges, Tel. 03.85.91.16.11, Fax 03.85.91.16.48 ☑ 🍷 n. V.

DOM. BILLARD ET FILS
Les Castets 1995*

| ■ 1er cru | 0,5 ha | 2 000 | 🍾 50-70 F |

Ein Saint-Aubin mit einer hübschen, tiefen, betonten Farbe und einem interessanten Bukett. Die Geschichte beginnt mit Kirschkonfitüre und setzt sich mit einer Wildbretnote fort. Intensiver, tanninreicher Geschmack über einer grasigen Note, aber diese Härte wird beim Ausbau verschwinden, so daß er einen ausgezeichneten Eindruck hinterlassen wird. Zu Wild vom Typ Wildschwein Grand veneur, d. h. mit brauner Pfeffersauce mit Johannisbeergelee.
🕭 Dom. Billard Père et Fils, rte de Beaune, 21340 La Rochepot, Tel. 03.80.21.71.84, Fax 03.80.21.72.17 ☑ 🍷 n. V.

GILLES BOUTON En Rémilly 1995*

| □ 1er cru | 0,8 ha | 5 000 | 🍾 50-70 F |

Wir befinden uns einige hundert Meter vom Montrachet entfernt, ganz nah beim »Allerheiligsten«, von dem dieser Chardonnay auf Erden profitiert. Dieser Saint-Aubin zeigt Farbschattierungen, aber das Aussehen ist tadellos. Er hat einen sehr leicht pikanten Gewürz- und Honigduft, eine lebhafte, etwas sanfte Ansprache und eine beachtliche Länge. Gute Rücklage für eine günstige Entwicklung.
🕭 Gilles Bouton, hameau de Gamay, 21190 Saint-Aubin, Tel. 03.80.21.32.63, Fax 03.80.21.90.74 ☑ 🍷 n. V.

GILLES BOUTON Les Champlots 1995**

| ■ 1er cru | 0,44 ha | 2 800 | 🍾 50-70 F |

Ein Hase in Sauce scheint durchaus angebracht als Begleitung für diesen Saint-Aubin mit dem wunderbaren Glanz. Ein Duft nach Trauben, ein vollständiger, geschmeidiger, ein wenig lebhafter Geschamck und Tannine, die im Abgang zur Entfaltung kommen. Die Jury hat ihn aufgrund seiner Ehrlichkeit und seiner Spontaneität groß herausgestellt : Er »klebt« am Anbaugebiet. Beachten Sie auch den 95er En Créot.
🕭 Gilles Bouton, hameau de Gamay, 21190 Saint-Aubin, Tel. 03.80.21.32.63, Fax 03.80.21.90.74 ☑ 🍷 n. V.

CH. DE CHASSAGNE MONTRACHET Le Charmois 1994*

| ■ 1er cru | 3 ha | 8 600 | 🍾 50-70 F |

Schöne Pinotfarbe, ein lebhaftes, strahlendes Rubinrot. Das Bukett ist noch durch den Ausbau im Faß (Lakritze) geprägt, mit einer Erdbeernote und Frische. Verführerische erste Ansprache, dann ein Hauch von Strenge : Er ist im Hinblick auf seine Appellation gut vinifiziert, in einer holzbetonten Weise. Man sollte ihn nicht zu spät trinken, zusammen mit Freunden, wie man so schön sagt.
🕭 SCE Ch. de Chassagne-Montrachet, 7, chem. du Château, 21190 Chassagne-Montrachet, Tel. 03.80.26.53.73, Fax 03.80.26.53.76 ☑ 🍷 n. V.
🕭 P. Clerget

CH. DE CHASSAGNE MONTRACHET Pitangerets 1994*

| □ 1er cru | 0,5 ha | 3 000 | 🍾 50-70 F |

Sehr hell mit goldenen Reflexen. Der Duft durch Mandeln geprägt. Ein 94er, der für erfahrene Genießergaumen bestimmt ist. Die Ausgewogenheit ist vollkommen für den Jahrgang : ein wenig leicht, aber fein, elegant und vornehm. Er wird sich voll entfalten, wenn man die Geduld aufbringt, ihn ein wenig zu lagern.
🕭 SCE Ch. de Chassagne-Montrachet, 7, chem. du Château, 21190 Chassagne-Montrachet, Tel. 03.80.26.53.73, Fax 03.80.26.53.76 ☑ 🍷 n. V.

FRANÇOISE ET DENIS CLAIR 1995*

| ■ 1er cru | 1,5 ha | 7 000 | 🍾 30-50 F |

Die klare dunkelrubinrote Farbe mit den bläulichroten Reflexen bietet einen guten Auftakt. Das Bukett ist ein wenig verschlossen, in einem angenehmen Erdbeerstil gehalten. Danach ein allerliebster kleiner Mund, der zart, rund und

Côte de Beaune — Saint-Aubin

sehr fruchtig ist. Er macht Lust, mehr davon zu trinken.
🕭 EARL Françoise et Denis Clair, 14, rue de la Chapelle, 21590 Santenay, Tel. 03.80.20.61.96, Fax 03.80.20.65.19 ☑ ☥ n. V.

DOM. MARC COLIN ET FILS 1995
| ■ 1er cru | 1,3 ha | 6 000 | 🍾 30-50 F |

Viel Körper, Stoff, Fülle und Länge im Geschmack - ein Wein, den man ein paar Jahre aufheben kann, bis sich eine gute Gelegenheit bietet, ihn zu entkorken. Dunkelrot, mit Tanninen, die »auf der Hut sind«, konzentriert und fruchtig.
🕭 Marc Colin et Fils, hameau de Gamay, 21190 Saint-Aubin, Tel. 03.80.21.30.43, Fax 03.80.21.90.04 ☑ ☥ n. V.

DOMINIQUE ET CATHERINE DERAIN 1994*
| ☐ | 0,64 ha | 3 000 | 🍾 30-50 F |

Dieser empfehlenswerte 94er, ein »Biowein«, hergestellt von Winzern, die die Natur lieben und ihren Sitz im ehemaligen Pfarrhaus des Dorfes haben. Sie verstehen es, eine reine Farbe zu extrahieren und ein interessantes, im vorliegenden Falle vorwiegend blumiges Aroma freizusetzen. Nicht zuviel »Punch« im Geschmack, aber die Säure garantiert eine glückliche Entwicklung.
🕭 Dominique et Catherine Derain, L'Ancienne Cure, 21190 Saint-Aubin, Tel. 03.80.21.35.49, Fax 03.80.21.94.31 ☑ ☥ n. V.

DUPERRIER-ADAM Les Perrières 1994*
| ☐ 1er cru | 0,11 ha | 830 | 🍾 50-70 F |

Schöne Farbe mit vielen Reflexen. Lebhafter, spürbarer Duft mit Mentholnoten, guter »Holzausbau« und gut gebauter Geschmack : Mandarinen sind vorhanden, eine bittere Note ebenfalls. Der erste Eindruck ist der beste. Dürfte Spaß machen.
🕭 SCA Duperrier-Adam, 3, pl. des Noyers, 21190 Chassagne-Montrachet, Tel. 03.80.21.31.10, Fax 03.80.21.31.10 ☑ ☥ n. V.

DOM. HUBERT LAMY Le Paradis 1995
| ■ | 1 ha | 5 000 | 🍾 30-50 F |

Paradies ... Kann man sich einen schöneren Namen für eine Reblage vorstellen ? Ein rubinroter, bläulichrot schimmernder 95er mit einem ziemlich festen Bukett und einem schlichten, klaren Geschmack, der trotz der Tannine, die am Ende einen Prellbock bilden, leicht ist - in zwei Jahren werden sie verschmolzen sein. Der 95er Premier cru Les Castets vom selben Erzeuger ist gelungen.
🕭 Dom. Hubert Lamy, Paradis, 21190 Saint-Aubin, Tel. 03.80.21.32.55, Fax 03.80.21.38.32 ☑ ☥ n. V.

DOM. HUBERT LAMY En Rémilly 1995*
| ☐ 1er cru | 0,9 ha | 4 800 | 🍾 70-100 F |

Ein strahlend stroh- bis goldgelber Rémilly mit einem ziemlich reifen Aroma, das sich eher ausgewogen zeigt. Er hält sich im Geschmack gut, aber man muß ihn ein wenig im Glas wecken, denn er hat die Neigung, darin zu erschlaffen. Wenig Säure - Sie haben begriffen - zugunsten der Fülle und der Sinnenfreude. Trinkt sich mit Genuß.
🕭 Dom. Hubert Lamy, Paradis, 21190 Saint-Aubin, Tel. 03.80.21.32.55, Fax 03.80.21.38.32 ☑ ☥ n. V.

SYLVAIN LANGOUREAU
Les Frionnes 1995
| ☐ 1er cru | 0,29 ha | 1 500 | 🍾 50-70 F |

»Der Geschmack ist eine Fähigkeit, Gefühlssachen gut zu beurteilen«, sagte Vauvenargues. Man braucht somit Seele, um Geschmack zu haben. Sie ist nötig, um das intime Glück dieses ziemlich blassen Saint-Aubin zu erfassen, der im Augenblick holzbetont ist und ein wenig seine Stimme sucht.
🕭 Sylvain Langoureau, hameau de Gamay, 21190 Saint-Aubin, Tel. 03.80.21.39.99, Fax 03.80.21.39.99 ☑ ☥ n. V.

SYLVAIN LANGOUREAU
En Rémilly 1994
| ☐ 1er cru | 1,32 ha | 3 300 | ■ 🍾 50-70 F |

Ganz fein - er entfaltet ein Lakritze- und Anisaroma mit einem Hauch von Honig (wie die Kirsche auf der Torte). Im Geschmack beginnt er auf flachem Gelände, dann ein wenig Kraft. Sollte bald getrunken werden.
🕭 Sylvain Langoureau, hameau de Gamay, 21190 Saint-Aubin, Tel. 03.80.21.39.99, Fax 03.80.21.39.99 ☑ ☥ n. V.

DOM. LARUE 1995*
| ■ 1er cru | 2,6 ha | 5 000 | 🍾 30-50 F |

Dieser Premier cru zeigt eine Liebenswürdigkeit, die gleichzeitig das Auge und die Nase (kleine rote Früchte) verführt. Im Geschmack eine schöne volle und runde Jovialität und genug Nachhaltigkeit, um nicht von der Norm abzuweichen.
🕭 Dom. Larue, hameau de Gamay, 21190 Saint-Aubin, Tel. 03.80.21.30.74, Fax 03.80.21.91.36 ☑ ☥ n. V.

DOM. LARUE
Murgers des Dents de Chien 1995*
| ☐ 1er cru | 0,54 ha | 2 700 | 🍾 70-100 F |

Eine Reblage, deren Name an die Haufen mit den aus den Boden herausgeholten Steinen und die schmalen, scharf zulaufenden Parzellen (»Hundezähne«) erinnert. Ganz nahe bei den Grands crus von Chassagne und Puligny. Dieser weißgoldene 95er bietet eine erstaunliche Frische, die dennoch komplex ist (Farnkraut, Feuerstein). Alkoholische Spitze.
🕭 Dom. Larue, hameau de Gamay, 21190 Saint-Aubin, Tel. 03.80.21.30.74, Fax 03.80.21.91.36 ☑ ☥ n. V.

DOM. DES MEIX
Les Murgers des Dents de Chien 1995*
| ☐ 1er cru | k. A. | 3 600 | 🍾 50-70 F |

Viel Präsenz im Geschmack, und man würde es gern dabei bewenden lassen. Mittelgoldene Farbe, Duft nach fast noch nicht aufgegangenen weißen Blüten, aber aber sauber ist. Auf der Zunge kann man wirklich von Überfluß sprechen. Reichhaltig und voll, wobei er zweifellos

Côte de Beaune — Santenay

eine Kraftreserve bewahrt. Er macht seinem Namen Ehre.
🍇 Christophe Guillo, Dom. des Meix, 21200 Combertault, Tel. 03.80.26.67.05 ☑ ✕ n. V.

CH. PHILIPPE-LE-HARDI 1995*

| ☐ | 0,94 ha | 6 700 | 🍷 | 50-70 F |

Ein guter, sehr fülliger und ausgewogener Wein, der für die Appellation und das Anbaugebiet typisch ist. Angenehm und trinkreif. Zitrusfrüchte im Duft (Pampelmusen), exotische Früchte und Zitronengras im Geschmack. Eine für einen *Villages* beachtliche Länge. Er paßt zu jeglicher Küche : Fisch und Weißwein. Jetzt wissen Sie alles.
🍇 SCE du Ch. Philippe-le-Hardi, 21590 Santenay, Tel. 03.80.20.61.87, Fax 03.80.20.63.66 ☑ ✕ n. V.

HENRI PRUDHON ET FILS
Les Frionnes 1995

| ■ 1er cru | 1,5 ha | 7 000 | 🍷 | 30-50 F |

Der 85er gehörte 1988 zu den Lieblingsweinen. Zehn Jahre später präsentiert uns dieses Gut einen 95er mit entfalteten, wenn auch nicht entwickelten Nuancen. Leichte Farbe, aber daran nimmt man keinen Anstoß : Der Pinot noir ist kein Färber. Ziemlich fortgeschrittenes Bukett. Der Rest, von mittlerer Intensität und von Blüten bis zu Lakritze reichend, gibt eine gewisse Schlichtheit nicht auf.
🍇 SCE Henri Prudhon et Fils, 21190 Saint-Aubin, Tel. 03.80.21.36.70, Fax 03.80.21.55.91 ☑ ✕ n. V.

DOM. VINCENT PRUNIER
La Chatenière 1995*

| ☐ 1er cru | 0,21 ha | 1 450 | 🍷 | 50-70 F |

Nicht übel, ganz und gar nicht übel ! Klarheit mit Glanz. Bukett sehr reifer Trauben. Sanft und zart. »Dieser Premier cru hinterläßt im leeren Glas ein Bedauern« - ein schönes Kompliment auf dem Zettel eines unserer Weinkoster. Ein bis zwei Jahre aufheben.
🍇 Vincent Prunier, rte de Beaune, 21190 Auxey-Duresses, Tel. 03.80.21.27.77, Fax 03.80.21.68.87 ☑ ✕ n. V.

DOM. ROUX PERE ET FILS
La Chatenière 1995*

| ☐ 1er cru | 0,5 ha | 4 000 | 🍷 | 70-100 F |

Schillernd, zwischen Gelb und Grün - er präsentiert sich gut. Die Farbe ist klar, strahlend und lebhaft. Das gefällige Bukett ist komplex, leicht an Zitronen erinnernd. Danach ein komplexer Eindruck von Frische und Frucht. Sicherlich repräsentativ.
🍇 Dom. Roux Père et Fils, 21190 Saint-Aubin, Tel. 03.80.21.32.92, Fax 03.80.21.35.00 ☑ ✕ n. V.

GERARD THOMAS Les Frionnes 1995*

| ■ 1er cru | 1 ha | 6 000 | 🍷 | 50-70 F |

Nein, das ist nicht das Labyrinth des Königs Minos ... Wenig Komplexität, aber ein zarter, feiner, leckerer Wein mit einer angenehmen Empfindung von Geräuchertem. Strahlende, klare Farbe, einschmeichelnder Blütenduft.

🍇 Gérard Thomas, 21190 Saint-Aubin, Tel. 03.80.21.32.57, Fax 03.80.21.36.51 ☑ ✕ n. V.

DOM. DE VALLIERE Les Cortons 1995

| ☐ 1er cru | 0,55 ha | 3 300 | 🍷 | 70-100 F |

Cortons in Saint-Aubin. Nun ja doch ! Man muß dazu wissen, daß die burgundische Geographie voller Feinheiten ist. Dieser 95er bietet unter einer klaren, strahlenden Farbe ein feines Bukett und einen runden, fülligen Stil, der viele schmeichelhafte Kommentare auf sich zieht. Ein Hauch von Schlaffheit ? Aber ein Wein kann nicht ständig auf der Hut sein !
🍇 Dom. de Vallière, 21190 Saint-Aubin, Tel. 03.80.21.32.92, Fax 03.80.21.35.00 ☑ ✕ tägl. 9h-12h 14h-18h
🍇 Roux

DOM. DE VALLIERE Les Perrières 1995*

| ■ 1er cru | 0,15 ha | 900 | 🍷 | 50-70 F |

Wenn die Seele des Saint-Aubin in einer Flasche singt, dann in dieser hier. Dieser bläulichrote 95er entfaltet ein tanninbetontes Konfitürearoma. Man findet die Tannine kurz darauf im Geschmack wieder. Ein burgundischer Pinot der Côte de Beaune.
🍇 Dom. de Vallière, 21190 Saint-Aubin, Tel. 03.80.21.32.92, Fax 03.80.21.35.00 ☑ ✕ tägl. 9h-12h 14h-18h

Santenay

Das von der Montagne des Trois-Croix überragte Dorf Santenay ist dank einer »salzigen Quelle« mit dem lithiumhaltigsten Wasser Europas ein berühmter Heilquellenort geworden ... Es ist somit ein vielseitiges Dorf, denn sein Anbaugebiet erzeugt auch exzellente Rotweine. Les Gravières, la Comme und Beauregard sind die bekanntesten Reblagen. Ebenso wie in Chassagne bietet dieses Anbaugebiet die Besonderheit, daß die Reben oft im Cordon-de-Royat-Schnitt erzogen werden - ein nicht unbedeutender Qualitätsfaktor. Die beiden Appellationen Chassagne und Santenay reichen ein wenig in das Gebiet der Gemeinde Remigny im Departement Saône-et-Loire hinein, wo man auch die Appellationen Cheilly, Sampigny und Dezize-lès-Maranges findet, die jetzt unter der Appellation Maranges zusammengefaßt sind.

DOM. BART En Bievau 1994*

| ☐ | 0,42 ha | 1 800 | 🍷 | 50-70 F |

Sicherlich ein weißgrüner Weißwein mit einem leichten Muskataroma über Zitronennoten, klar und duftig, ziemlich zart im Geschmack,

Côte de Beaune
Santenay

mit dem man sich gern während der nächsten zwölf Monate begnügt.
• Dom. Bart, 23, rue Moreau, 21160 Marsannay-la-Côte, Tel. 03.80.51.49.76, Fax 03.80.51.23.43 ◪ ⊥ n. V.

ADRIEN BELLAND
Clos des Gravières 1995

| ■ 1er cru | 1,21 ha | 6 500 | 🍷 🍶 50-70F |

300 Weine wurden vom Santenay vorgestellt. Dieser hier ist über die Ziellinie gekommen. Der 83er war 1987 Lieblingswein. Der hier Besprochene läßt im Aussehen an Ava Gardner denken, in einem gewaltigen Pelzmantel, reich an Reflexen, der sich an einen herrlichen Körper (Fülle, Struktur, Lakritzearoma) schmiegt. Der Duft ? Kirschwasser und offensichtlich eine Rancionote. Ein wenig untypisch, aber konzentriert.
• Adrien Belland, 21590 Santenay, Tel. 03.80.20.61.90, Fax 03.80.20.65.60 ◪ ⊥ n. V.

JEAN-CLAUDE BELLAND Comme 1995

| ■ 1er cru | 1,19 ha | 6 500 | 🍷 🍶 70-100F |

Dieser Comme hat einen Sinn für - Kommunikation ... Seine Nachricht wird korrekt übermittelt. Es stimmt, daß sein intensives Rot nicht an Bescheidenheit leidet. Zurückhaltendes Bukett, vollständiger Körper mit zufriedenstellender Länge. Insgesamt nicht übel. Ungefähr in einem Jahr trinkreif.
• Jean-Claude Belland, 21590 Santenay, Tel. 03.80.20.61.90, Fax 03.80.20.65.60 ◪ ⊥ n. V.

ROGER BELLAND Charmes 1995*

| ■ | 1,15 ha | 6 000 | 🍶 50-70F |

Früher hätte man gesagt : »Ein guter Wein mit Bratenaroma.« Klare Granatfarbe, mit blumigen und fruchtigen Düften in der Nase - er präsentiert sich mit einschmeichelnden Zügen. Die Tannine sind schon verschmolzen. Daher dieser Eindruck von nachhaltiger Feinheit, der Lust darauf machte, ihn sofort zu trinken.
• Roger Belland, 3, rue de la Chapelle, B.P. 13, 21590 Santenay, Tel. 03.80.20.60.95, Fax 03.80.20.63.93 ◪ ⊥ n. V.

ROGER BELLAND Beauregard 1995**

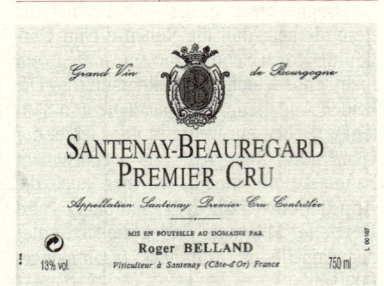

| ■ 1er cru | 3,2 ha | 17 000 | 🍶 70-100F |

Santenay-Beauregard Premier Cru — Roger Belland, Viticulteur à Santenay (Côte-d'Or) France, 13% vol., 750 ml

Dieser große Wein begrüßt das Erwachen eines ausgezeichneten Premier cru mit der Farbe schwarzer Kirschen und einem Bukett von schwarzen Johannisbeeren mit Vanillenote. Das Anbaugebiet und die Rebsorte fühlen sich geehrt und werden durch eine bemerkenswerte Vinifizierung zur Geltung gebracht. Fülle und Struktur begleiten eine schwungvolle Ansprache. Insgesamt rund und sanft, bezaubernd.
• Roger Belland, 3, rue de la Chapelle, B.P. 13, 21590 Santenay, Tel. 03.80.20.60.95, Fax 03.80.20.63.93 ◪ ⊥ n. V.

DOM. MAX BOUTHENET
Clos Rousseau 1995

| ■ 1er cru | 0,25 ha | 1 500 | 🍶 50-70F |

Ein leicht zugänglicher Wein von guter, aromatischer Länge. Ziemlich dunkle Farbe. Er erinnert auf klassische Weise an kleine rote Früchte. Die Tannine entwickeln sich gerade und werden milder.
• Dom. Marc Bouthenet, Mercey, 71150 Cheilly-lès-Maranges, Tel. 03.85.91.16.51, Fax 03.85.91.13.52 ⊥ n. V.

DOM. DE BRULLY
Grand Clos Rousseau 1995*

| ■ 1er cru | 0,6 ha | 3 000 | 🍶 70-100F |

Der liebe Gott steigt geradewegs zu Ihnen vom Himmel herab, würde Pierre Perret sagen. Die Farbe ist wirklich göttlich und das Bukett offen wie ein Topf mit Erdbeerkonfitüre. Dieses Aroma findet man im Geschmack wieder, in einer gut konstruierten, sehr deutlichen Kulisse. Der Holzton ist verschmolzen. Ein ausgezeichneter 95er von mittlerer Lagerfähigkeit.
• Dom. de Brully, 21190 Saint-Aubin, Tel. 03.80.21.32.32, Fax 03.80.21.35.00 ◪ ⊥ tägl. 9h-12h 14h-18h
• Roux

DOM. CAPUANO-FERRERI ET FILS
La Comme 1994

| ■ 1er cru | k. A. | 1 200 | 🍶 70-100F |

Gute Verkostungslinie, ohne große Nachhaltigkeit. Im Aussehen präsentiert er sich recht gut. Beim ersten Riechen der Holzton, beim zweiten ein wenig Frucht. Ein noch etwas unreifer Körper, der sich gerade entwickelt. Das verleiht ihm einige pflanzliche Noten. Zwei Jahre warten, bevor man ihn serviert.
• Capuano-Ferreri et Fils, 1, rue de la Croix-Sorine, 21590 Santenay, Tel. 03.80.20.64.12, Fax 03.80.20.65.75 ◪ ⊥ n. V.

MAURICE CHARLEUX 1994

| ■ | 0,56 ha | 3 500 | 🍶 30-50F |

Er muß sich zweifellos ein wenig verfeinern, ist aber ganz an seinem Platz in diesen Kolonnen. Dunkles Himbeerrot. Er entfaltet sich ein wenig zu einem Duft nach schwarzen Johannisbeeren. Gute Haltung im Geschmack aufgrund einer tanninreichen, strengen Anordnung, die voller Stärke und insgesamt Zurückhaltung ist.
• Maurice Charleux, Petite-Rue, 71150 Dezize-lès-Maranges, Tel. 03.85.91.15.15 ◪ ⊥ n. V.

CHARTRON ET TREBUCHET 1995**

| ■ | k. A. | 2 500 | 🍶 70-100F |

Ein Santenay, der gerade seine Wahl gewonnen hat. Im »Stande der Gnade« ! Tiefes Rubinrot mit granatroten Farbtönen. Er verfolgt beharrlich sein Ziel, vom Duft bis zum Geschmack die gleiche fruchtige Rede. Er ist

Côte de Beaune — Santenay

sechzehn Monate im Holzfaß gereift und trägt elegant den Stempel davon.
➥ Chartron et Trébuchet, 13, Grande-Rue, 21190 Puligny-Montrachet, Tel. 03.80.21.32.85, Fax 03.80.21.36.35 ✉ ⍲ n. V.

F. ET D. CLAIR Clos Genêt 1995**

| ■ | 1,3 ha | 6 000 | 🍾 ◐ 50–70 F |

Diese Cuvée hebt sich durch ihre tiefen und sehr erfreulichen Qualitäten von ihren Nachbarinnen ab. Sie besitzt eine dichte, dunkle Farbe und erinnert an die Frucht, die mit einem Lakritze- und Röstaroma vermischt ist. Dann durchreitet sie den Mund in einem herrlich harmonischen und dichten Galopp. Sie müssen ihr Zeit lassen.
➥ EARL Françoise et Denis Clair, 14, rue de la Chapelle, 21590 Santenay, Tel. 03.80.20.61.96, Fax 03.80.20.65.19 ✉ ⍲ n. V.

Y. ET C. CONTAT-GRANGE
Saint-Jean de Narosse 1995

| ■ | 0,4 ha | 2 500 | ◐ 50–70 F |

Die 93er war 1996 einer unserer Lieblingsweine. Ein diesmal strenger und verschlossener Wein mit undurchsichtiger Farbe, zurückhaltend wie sein Geruch, nicht sehr gesprächig im Geschmack. Und dennoch vertraut ihm die Jury und glaubt, daß er sich eines Tages entfalten wird.
➥ Yvon et Chantal Contat-Grangé, Grande-Rue, 71150 Dezize-lès-Maranges, Tel. 03.85.91.15.87, Fax 03.85.91.12.54 ✉ ⍲ n. V.

DOUDET-NAUDIN
Les Chaumes du dessus 1995*

| ■ | k. A. | 1 500 | ◐ 50–70 F |

Es liegt bei einem 95er Santenay in der Natur der Dinge, daß er sich in seiner Jugend lebhaft

Côte de Beaune (südlicher Abschnitt)

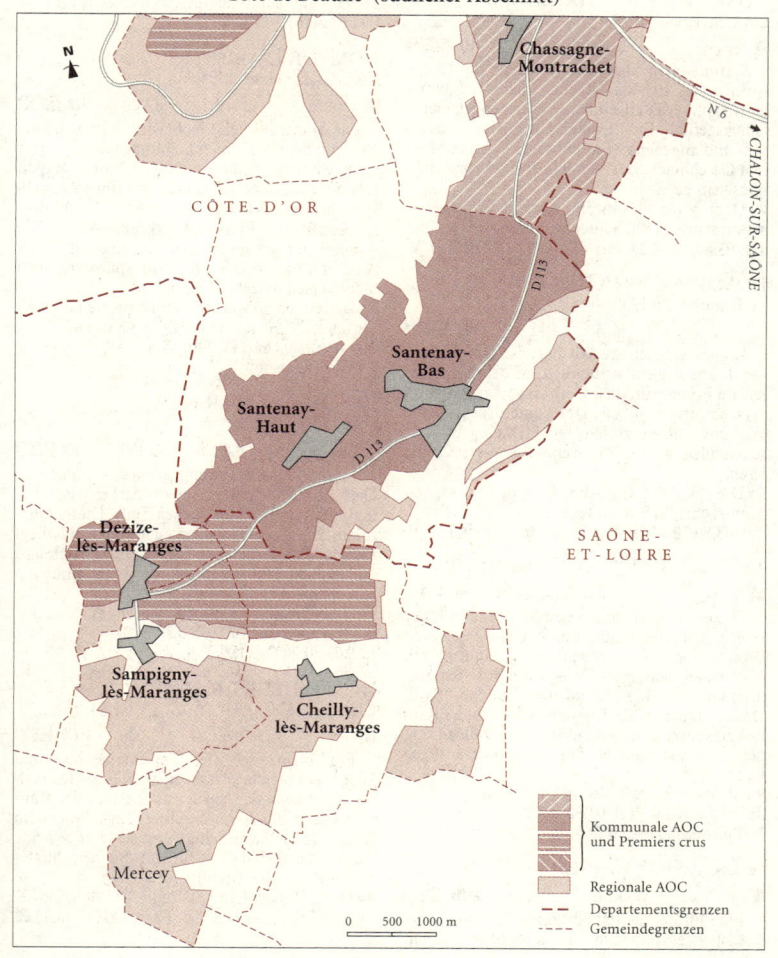

Kommunale AOC und Premiers crus
Regionale AOC
– – Departementsgrenzen
- - - Gemeindegrenzen

Côte de Beaune — Santenay

zeigt. Das erlaubt es ihm, eine von allen Sorgen freie Lagerung anzutreten. Schöne kirschrote Farbe und würzige Feinheit am Ende des Geruchseindrucks. Man kann ihn vertrauensvoll wählen.
☛ Doudet-Naudin, 3, rue Henri-Cyrot, 21420 Savigny-lès-Beaune, Tel. 03.80.21.51.74, Fax 03.80.21.50.69 ⌇ n. V.
☛ Y. Doudet

DUFOULEUR PERE ET FILS 1994**

| ☐ | k. A. | k. A. | ⬤ | 70-100 F |

»Was für ein guter Wein !« Das rief unsere Jury im Chor. Seine grünen Reflexe lenken den Blick auf sich. Recht frischer Duft, der an Zitrusfrüchte und Zitronengras erinnert. Lebhaft, fein und elegant während eines fehlerlosen Durchgangs. Ein weißer Santenay zum Genießen.
☛ Dufouleur Père et Fils, rue Thurot, B.P. 27, 21700 Nuits-Saint-Georges, Tel. 03.80.61.21.21, Fax 03.80.61.10.65 ✓ ⌇ tägl. 9h-19h

DOM. VINCENT GIRARDIN
Les Gravières 1995*

| ■ 1er cru | k. A. | k. A. | ⬤ | 70-100 F |

Wenn schon die schöne Farbe ins Auge springt und sich das Aroma mit lange bitten läßt, so hinterläßt die innere Verkostung dasselbe Glücksgefühl. Ihre Erdbeernoten sind interessant und angenehm. Ein hübscher Wein mit klarem Geschmack. Der 92er wurde 1995 zum Lieblingswein gewählt.
☛ Dom. Vincent Girardin, 4, rte de Chassagne-Montrachet, 21590 Santenay, Tel. 03.80.20.64.29, Fax 03.80.20.64.88 ✓ ⌇ n. V.

DOM. VINCENT GIRARDIN
Le Beaurepaire 1995

| ☐ 1er cru | k. A. | k. A. | ⬤ | 70-100 F |

Dieser Beaurepaire mit der ziemlich intensiven Farbe hat ein Röstbukett, in dem sich eine leichte Frucht entfaltet. Der füllige, lange, verschmolzene Geschmack unterdrückt seine Wirkung mit einem leichten Prickeln, das verschwunden sein wird, wenn Sie diese Zeilen lesen.
☛ Dom. Vincent Girardin, 4, rte de Chassagne-Montrachet, 21590 Santenay, Tel. 03.80.20.64.29, Fax 03.80.20.64.88 ✓ ⌇ n. V.

JACQUES GIRARDIN Beauregard 1994*

| ■ 1er cru | 1 ha | 5 000 | ⬤ | 50-70 F |

Dieser unterschiedlich bewertete 94er mit der samtigen Farbe macht durch ein Aroma von Brombeeren und schwarzen Johannisbeeren über einem würzigen Untergrund auf sich aufmerksam. Solider, zunächst runder Stoff. Danach tauchen die Tannine auf, die ohne Rauheit zu spüren sind. Von jenem etwas wilden Stil, der das Anbaugebiet zum Ausdruck bringen kann.
☛ Jacques Girardin, 13, rue de Narosse, 21590 Santenay, Tel. 03.80.20.60.12, Fax 03.80.20.64.96 ✓ ⌇ n. V.

A. GOICHOT ET FILS 1995*

| ■ | k. A. | 5 100 | 🗐 ⬤ | 50-70 F |

Eine Firma, die seit 50 Jahren in Familienbesitz ist. Dieser 95er mit der intensiven Granatfarbe besitzt ein schönes Zukunftspotential. Unter einem anscheinend verschlossenen Duft enthüllt er dennoch ein paar schöne, vollreife rote Früchte. Die Ansprache ist sanft, die Tannine sind seidig, die Nachhaltigkeit zufriedenstellend.
☛ SA A. Goichot et Fils, rte de Meursault, 21190 Merceuil, Tel. 03.80.26.88.70, Fax 03.80.26.80.69 ⌇ Mo-Fr 7h30-12h 14h-18h30

HONORE LAVIGNE 1995*

| ■ | k. A. | k. A. | ⬤ | 50-60 F |

Er zeigt eine leidenschaftlich intensive Farbe und wird von einem subtilen, recht fruchtigen Aroma getragen. Muß er nicht so sein ? Er ist am Anfang lebhaft und ziemlich tanninreich, verschmäht aber nicht eine leicht alkoholische Note - er nutzt alles zu seinem Vorteil aus. Eine Großhandelsmarke des Hauses Jean-Claude Boisset.
☛ Honoré Lavigne, 5, quai Dumorey, 21703 Nuits-Saint-Georges, Tel. 03.80.62.61.61, Fax 03.80.61.34.75

DOM. DE L'ABBAYE
Clos des Tavannes 1995

| ■ 1er cru | 1 ha | 3 900 | ⬤ | 70-100 F |

Die Muzards, die 21 ha bewirtschaften, hatten 1993 mit dem 90er einen Lieblingswein. Der 95er ist noch jung. Seine granatrote Farbe ist von schöner Intensität. Er hält für uns einen ziemlich komplexen, diskreten Duft bereit, der aus Erdbeerkonfitüre, Pilzen und Lakritze besteht. Die Ausgewogenheit stützt sich auf eine für dieses Alter normale Säure und sehr spürbare, noch nicht verschmolzene Tannine.
☛ Dom. Lucien Muzard et Fils, rue de la Cour-Verreuil, 21590 Santenay, Tel. 03.80.20.61.85, Fax 03.80.20.66.02 ✓ ⌇ n. V.
☛ GFA Clairpopil

CH. DE LA CHARRIERE
Sous la Roche 1995*

| ☐ | 0,8 ha | 2 400 | ⬤ | 50-70 F |

Leicht silbern schimmerndes, strahlendes Gelb. Ein 95er mit einem exotischen (Pampelmusen) und muskatähnlichen Duft. Dieser Charakter kann gefallen oder auch nicht, das liegt ganz an Ihrem Geschmack. Ziemlich frisch und umgänglich im Geschmack, dann am Ende ein Hauch von Lebhaftigkeit.
☛ Yves Girardin, 1, rte des Maranges, 21590 Santenay, Tel. 03.80.20.64.36, Fax 03.80.20.66.32 ✓ ⌇ n. V.

DOM. HUBERT LAMY
Clos des Hâtes 1995*

| ■ | 0,6 ha | 2 000 | ⬤ | 50-70 F |

Ein Wein, der viel Entschlossenheit und Selbstvertrauen besitzt. Sehr strahlendes Dunkelrot. Er drückt sich auf etwas strenge Weise aus und wartet auf harmonischere Tage. Aber sein Blütenaroma, seine Länge und seine allgemeine Ausgewogenheit lassen für ihn mit berechtigter Hoffnung in die Zukunft schauen.
☛ Dom. Hubert Lamy, Paradis, 21190 Saint-Aubin, Tel. 03.80.21.32.55, Fax 03.80.21.38.32 ✓ ⌇ n. V.

Côte de Beaune — Santenay

HERVE DE LAVOREILLE
Clos du haut village 1995

| ■ | 0,81 ha | 4 200 | ⏺ | 50-70 F |

Ein Weingut, das auf J.-M. Duvault-Blochet zurückgeht. Dieser in Santenay berühmten Persönlichkeit war es in einem Alter von 79 Jahren gelungen, la Romanée-Conti zu kaufen. Es bietet uns einen *Villages*, dessen karminrote Farbe sich ein wenig entwickelt. Er duftet nach Gewürzen und schwarzen Kirschen und erweist sich nach einem ziemlich sanften Auftakt als Ergebnis einer sehr konzentrierten Extraktion.
☙ Hervé de Lavoreille, 10, rue de la Crée, Les Hauts de Santenay, 21590 Santenay, Tel. 03.80.20.61.57, Fax 03.80.20.66.03 ☑ ⍿ tägl. 8h-20h

OLIVIER LEFLAIVE 1995*

| □ | k. A. | 6 000 | ⏺ | 70-100 F |

Superfarbe! Und der Duft »chardonniert« wunderbar über Noten von reifen Früchten. Das Glücksgefühl läßt nicht nach, so fein, bezaubernd, ausgewogen und harmonisch ist er. Ganz nahe bei zwei Sternen.
☙ Olivier Leflaive, pl. du Monument, 21190 Puligny-Montrachet, Tel. 03.80.21.37.65, Fax 03.80.21.33.94 ☑ ⍿ n. V.

LOUIS LEQUIN Clos Rousseau 1994*

| □ 1er cru | 0,29 ha | 2 000 | ⏺ | 70-100 F |

Einer seiner Vorfahren wurde von Mandrin aus dem dem Gefängnis von Autun befreit, wo er wegen Staatsschulden inhaftiert war. Zwei Jahrhunderte später erzeugten seine Erben hübsche Weine wie diesen Clos Rousseau, der mehr als eine kleine Belobigung erhält. Ein voluminöser Wein über einer ziemlich spürbaren Frucht, mit einem langen, verschmolzenen Abgang. Freigebig und angenehm. Leichte Goldfarbe mit diskretem strohgelbem Schimmer. Er bringt bei den drei rituellen Atemzügen ein Butter- und Briochearoma zum Ausdruck.
☙ Louis Lequin, 1, rue du Pasquier-du-Pont, 21590 Santenay, Tel. 03.80.20.63.82, Fax 03.80.20.67.14 ☑ ⍿ n. V.

LOUIS LEQUIN Les Charmes 1994*

| ■ | 0,86 ha | 2 000 | ⏺ | 50-70 F |

Das ist nicht der *Apollo von Belvedere*, aber er besitzt echte Reize. Er ist klar und frisch, ziemlich lang und gutgebaut. Aromatische Zurückhaltung, mit Tanninen, die in den Hintergrund treten. Ein guter 94er.
☙ Louis Lequin, 1, rue du Pasquier-du-Pont, 21590 Santenay, Tel. 03.80.20.63.82, Fax 03.80.20.67.14 ☑ ⍿ n. V.

RENE LEQUIN-COLIN
Les Charmes 1995*

| ■ | 0,46 ha | 2 600 | ⏺ | 50-70 F |

Noch sehr rüstig und gesund. Dieser 95er bietet dem Blick ein dunkelrotes Kleid, das von bläulichroten Reflexen umgeben ist. Stark an den Sonnenuntergang erinnernd. Feiner Duft und guter Wille. Im Geschmack noch immer ein fruchtiges, angenehmes Aroma über einem geschmeidigen, ziemlich nachhaltigen Untergrund.
☙ René Lequin-Colin, 21590 Santenay, Tel. 03.80.20.60.46, Fax 03.80.20.66.70 ☑ ⍿ n. V.

RENE LEQUIN-COLIN
La Comme 1994**

| ■ 1er cru | 0,89 ha | 5 500 | ⏺ | 70-100 F |

Ein Architekt würde dieses schöne burgundische Haus schätzen, das mit alten einheimischen Ziegeln gedeckt ist, tiefrot und bläulichrot. Im reinen, entfalteten und eleganten Bukett halten Himbeeren und schwarze Johannisbeeren Einzug. Ein auf die Feinheit ausgerichteter, strukturierter Wein, dessen Fülle mit dem Alkohol verbunden ist und dessen Frucht sich zum Schluß bemerkbar macht. Gehört zu den sehr guten.
☙ René Lequin-Colin, 21590 Santenay, Tel. 03.80.20.60.46, Fax 03.80.20.66.70 ☑ ⍿ n. V.

L'HERITIER-GUYOT 1995*

| ■ 1er cru | k. A. | 11 600 | ▮⏺♦ | 30-50 F |

Frisch, leicht tanninhaltig und sehr jung, kurz gesagt ein *New-Age-Wein*. Seine nicht sehr kräftige Farbe paßt zu diesem Stil, zu dieser Lebensweise. Er ist ausdrucksvoll und bleibt an der Oberfläche der irdischen Dinge, wobei er gleichzeitig den Himmel sucht. Muß jedoch recht bald getrunken werden.
☙ L'Héritier-Guyot, rue des Clos-Prieurs, 21640 Gilly-lès-Cîteaux, Tel. 03.80.62.86.27, Fax 03.80.62.82.37 ☑ ⍿ Mo-Fr 8h-12h 13h45-16h; 1.-21. Aug. geschlossen

CH. DE MERCEY 1994*

| ■ | 1,3 ha | 6 000 | ⏺ | 50-70 F |

Einen Lieblingswein vergißt man nicht, wie etwa den 90er, der in unserer 94er Ausgabe gekrönt worden ist. Hier haben wir einen sehr guten Wein vor uns. Die Ehrlichkeit liegt in seiner Natur. Eine Mischung von Pflanzen- und Sauerkirschenaromen unter einer granatroten Schale. Nicht ungeheuer viel Stoff, aber kraftvolle Tannine über einer leichten Struktur. Ein wenig aufheben.
☙ Ch. de Mercey, 71150 Cheilly-lès-Maranges, Tel. 03.85.91.13.19, Fax 03.85.91.16.28 ☑ ⍿ n. V.

MESTRE PERE ET FILS
Clos Faubard 1994

| ■ 1er cru | 1,4 ha | 3 000 | ⏺ | 70-100 F |

Helles, leicht ziegelrot verfärbtes Rubinrot. Er entfaltet ein feines, elegantes Aroma. Leichte, aber angenehme Struktur. Ein noch immer frischen, fast bewegten Geschmackseindruck.
☙ Mestre Père et Fils, 12, pl. du Jet-d'Eau, 21590 Santenay, Tel. 03.80.20.60.11, Fax 03.80.20.60.97 ☑ ⍿ n. V.

MOILLARD-GRIVOT Beauregard 1994*

| ■ 1er cru | k. A. | 4 500 | ⏺ | 50-70 F |

Ein Wein, der die Merkmale eines schönen, lagerfähigen Santenay zu zeigen beginnt. Unter seiner bläulichroten Farbe und seinem sich entwickelnden, aber klaren Bukett kommen die Fülle und die Rundheit zum Vorschein. Struktur? Besser noch: Charakter. Warm und für einen Wein von erstaunlicher Frische.
☙ Moillard-Grivot, 2, rue François-Mignotte, 21700 Nuits-Saint-Georges, Tel. 03.80.62.42.00, Fax 03.80.61.28.13 ☑ ⍿ n. V.

Côte de Beaune — Maranges

MOMMESSIN 1994

| ■ | k. A. | k. A. | ◫ | 50-70 F |

Ein Pinot noir, der uns ehrlich in die Augen blickt, von einem intensiven, klaren Feuer. Sein Aroma von schwarzen Johannisbeeren hat schon einen gewissen Existenzanspruch. Ziemlich tanninreich, aber viel Feinheit, um diesen leidenschaftlichen Schwung auszugleichen. Für einen 94er kraftvoll.

🞂 Mommessin, La Grange-Saint-Pierre, 71850 Charnay-lès-Mâcon, Tel. 03.85.32.81.00, Fax 03.85.29.28.74 ⚦ n. V.

LUCIEN MUZARD ET FILS
Champs Claude 1995*

| ☐ | 0,38 ha | 1 300 | ◫ | 70-100 F |

Folgt meinem weißen Federbusch ! Ein Wein, der Feuer, Eleganz und Mut zeigt. Goldfarben mit grauem Schimmer, leicht holzbetont (Haselnüsse, Brotrinde) und nach Zitronen duftend. Schwungsvolle Ansprache. Leicht und spürbar bis zum Ende des Geschmacks. Der 95er Premier cru Maladière erhält die gleiche Bewertung : Es ist ein vielversprechender Wein.

🞂 Dom. Lucien Muzard et Fils, rue de la Cour-Verreuil, 21590 Santenay, Tel. 03.80.20.61.85, Fax 03.80.20.66.02 ⚦ n. V.

OLIVIER PERE ET FILS Le Bievaux 1995

| ☐ | 3 ha | 15 000 | ◫ | 70-100 F |

Dieser diskret blaßgoldene Chardonnay mit den silbernen Schläfen hat eine sehr beredte Nase : Zitronen, frische Aprikosen, weiße Blüten oder Pilze, je nach Juror. Fruchtig, aber im Augenblick ein wenig grün.

🞂 Olivier Père et Fils, 5, rue Gaudin, 21590 Santenay, Tel. 03.80.20.61.35, Fax 03.80.20.64.82 ⚦ n. V.
🞂 Hervé Olivier

DOM. PRIEUR-BRUNET Comme 1994*

| ■ 1er cru | 0,3 ha | 1 649 | ◫ | 70-100 F |

Diese Reblage neben Chassagne liefert hier einen strahlend granatroten 94er, der leicht nach Kirschen duftet. Seine stattliche, strukturierte Ansprache führt zu einem zufriedenstellenden Geschmack. Das, was man guten Durchschnitt nennt. Er wird ein junges Perlhühnchen in Armagnac glücklich machen !

🞂 Dom. Prieur-Brunet, rue de Narosse, 21590 Santenay, Tel. 03.80.20.60.56, Fax 03.80.20.64.31 ⚦ n. V.
🞂 Guy Prieur

DOM. SAINT-MARC 1995*

| ■ | 0,8 ha | 2 700 | ◫ | 50-70 F |

Dieses Gut, das einen Fuß im benachbarten Departement Saône-et-Loire und den anderen in Santenay hat, setzt auf die Kontinuität des Anbaugebiets, wobei es jedoch die Einzellagen achtet. Es präsentiert einen perfekt gekleideten 95er mit einschmeichelndem Duft (blühende Johannisbeersträucher, hat das einer der Verkoster nicht gut herausgefunden ?) und frischem, jugendlichem und rundem, mit einem Wort liebenswüdigen Körper.

🞂 Dom. Saint-Marc, 71150 Paris-l'Hôpital, Tel. 03.85.91.13.14, Fax 03.85.91.17.42 ⚦ n. V.

SORINE ET FILS 1994*

| ■ | 1 ha | 3 000 | ◫ | 30-50 F |

Ein kleiner Familienbesitz, der nicht zu wachsen aufhört. Heute über 10 ha. Der rote Teppich wird ausgerollt ... Ein gut entfalteter Duft mit Konfitürenoten. Der Auftakt kündigt sich unter günstigen Vorzeichen an. Nicht zuviel Rundheit, aber ein regelmäßiger, reibungsloser Geschmack, der kräftig und ausgewogen ist. Jetzt trinken.

🞂 Dom. Sorine et Fils, 4, rue Petit, Le Haut-Village, 21590 Santenay, Tel. 03.80.20.61.65, Fax 03.80.20.61.65 ⚦ n. V.

DOM. DES VIGNES DES DEMOISELLES 1995**

| ■ | 0,79 ha | 4 900 | ◫ | 50-70 F |

Ein Wein von wirklich bemerkenswerter Klasse, der seinen beiden Sterne im Hachette-Weinführer verdient. Intensives Granatrot. Ein Wein mit einem köstlichen Duft, der zart und samtig ist und dessen Ausgewogenheit gut gewahrt wird. Zum Einkellern.

🞂 SCEA Gabriel Demangeot et Fils, Dom. des Vignes des Demoiselles, 21340 Changé, Tel. 03.85.91.11.10, Fax 03.85.91.16.83 ⚦ n. V.

Maranges

Das Anbaugebiet der Maranges-Weine, das sich im Departement Saône-et-Loire (Chailly, Dezize, Sampigny) befindet, wurde 1989 zu einer einzigen AOC zusammengefaßt, die sechs Premiers crus enthält. Es handelt sich um Rot- und Weißweine ; die Rotweine haben dabei auch Anspruch auf die AOC Côte de Beaune-Villages und wurden früher unter dieser Appellation verkauft. Die Weine sind fruchtig, körperreich und kräftig gebaut und können fünf bis zehn Jahre altern. Dieses Anbaugebiet erzeugt 9 450 hl als AOC Maranges.

DOM. B. BACHELET ET SES FILS
La Fussière 1995*

| ☐ 1er cru | 0,2 ha | 1000 | | 50-70 F |

Seit 1979 bewirtschaften die Brüder Bachelet das Familiengut. Ihnen ist dieser Fussière gelungen, der auf sympathische Weise »chardonniert«. Seine goldgelbe Farbe, sein Aprikosen- und Mandelaroma, seine lebhafte und klare Ansprache, seine Eleganz, seine Länge und sein geschmacklicher Ausklang machen ihn zu einem Wein, der trinkreif ist und auch lagern kann. Hinterläßt eine gute Erinnerung.

🞂 Dom. Bernard Bachelet et Fils, 71150 Dezize-lès-Maranges, Tel. 03.85.91.16.11, Fax 03.85.91.16.48 ⚦ n. V.

Côte de Beaune — Maranges

DOM. B. BACHELET ET SES FILS
La Fussière 1994★★★

| 1er cru | 2 ha | 10 000 | | 50-70 F |

Man hätte die Schnur der Confrérie du Tastevin um den Hals dieser Flasche legen können, während des turnusmäßig wechselnden Festes Saint-Vincent in Les Maranges. Sie ist nämlich beeindruckend, strahlend auf den ersten Blick und von herrlicher Konzentration. Vollkommene Ausgewogenheit, prächtige aromatische Palette (Gewürze, Lakritze, schwarze Früchte). Lieblingswein !
↱ Dom. Bernard Bachelet et Fils,
71150 Dezize-lès-Maranges, Tel. 03.85.91.16.11, Fax 03.85.91.16.48 ☑ ⚱ n. V.

DOM. JEAN-FRANÇOIS BOUTHENET Sur le Chêne 1995★

| | 0,37 ha | 2 600 | | 30-50 F |

Ein weißer Farbtupfer in einer ziemlich roten Landschaft. Hellgelb mit grünem Schimmer. Ein in der Nase ziemlich dichter Wein (mineralische Noten und Farnkraut), der einen überzeugenden Geschmack besitzt. Die Fülle enthüllt sich dann. Gutes Niveau.
↱ Jean-François Bouthenet, Mercey,
71150 Cheilly-lès-Maranges, Tel. 03.85.91.14.29, Fax 03.85.91.18.24 ☑ ⚱ n. V.

DOM. MARC BOUTHENET
La Fussière 1995

| 1er cru | 0,4 ha | 25 000 | | 30-50 F |

Dieser Wein bestätigt die philosophische Auffassung : »Die Zukunft ist noch nicht gekommen ...« Dieser lagerfähige Wein muß nämlich in der Flasche ausgebaut werden, die für seine Milderung notwendig ist. Ansonsten sind sein Geschmack nach Kernen, sein erwachender Duft und die Sinnlichkeit seiner Farbe recht unterhaltend.
↱ Dom. Marc Bouthenet, Mercey,
71150 Cheilly-lès-Maranges, Tel. 03.85.91.16.51, Fax 03.85.91.13.52 ☑ ⚱ n. V.

DOM. CHEVROT 1995

| | 0,6 ha | k. A. | | 50-70 F |

Die Urgroßeltern arbeiteten ab 1935 in den Weinbergen der anderen. Heute bewirtschaften die Chevrots selbst 11,17 ha. Dieser an einem sehr steilen, steinigen Hang erzeugte Wein scheint seinen Schwung nicht bremsen zu wollen. Er gleitet unter dem Blick durch, erfüllt die Nase mit mineralischen, frischen Empfindungen und springt Ihnen dann in den Mund. Zart, leicht.
↱ Dom. Chevrot, Catherine et Fernand Chevrot, 71150 Cheilly-lès-Maranges, Tel. 03.85.91.10.55, Fax 03.85.91.13.24 ☑ ⚱ n. V.

DOM. CHEVROT Sur le Chêne 1995★★

| | 4 ha | 9 000 | | 50-70 F |

Henri Vincenot war gekommen, um sich in Les Maranges eine Frau zu suchen, und hatte es nie bereut. Dieser granatrote 95er bietet einen Duft von guter fruchtiger Tiefe. Eine kräftig gebaute Struktur, ein körperreiches Temperament, Einprägsamkeit.
↱ Dom. Chevrot, Catherine et Fernand Chevrot, 71150 Cheilly-lès-Maranges, Tel. 03.85.91.10.55, Fax 03.85.91.13.24 ☑ ⚱ n. V.

DOM. MICHEL CLAIR
Côte de Beaune 1995★

| | k. A. | 6 000 | | 30-50 F |

Er verfügt über keine riesengroßen Kraftreserven, aber er gefällt uns. Zunächst weil er einen gefälligen, liebenswürdigen Geschmack gut ausgleicht. Dann erfreut er das Auge mit einem intensiven, schönen Rubinrot. Sein Sauerkirschenduft schließlich ist nicht stumm.
↱ Marinot-Verdun, Cave de Mazenay,
71510 Saint-Sernin-du-Plain,
Tel. 03.85.49.67.19, Fax 03.85.45.57.21 ☑
⚱ Mo-Sa 8h-12h 13h30-18h

ERIC DUCHEMIN Côte de Beaune 1995★

| | 1,04 ha | k. A. | | 30-50 F |

Dieser überaus sympathische Wein wird in der Freundschaft weit gehen. Der 90er gehörte übrigens vor vier Jahren zu den Lieblingsweinen. Schöne pinottypische Farbe, schüchternes Bukett, feine Struktur, aber eine außergewöhnliche Umgänglichkeit, die ihm seinen Stern verdient (sehr angenehm zu trinken !).
↱ Eric Duchemin, Dom. du Vieux Pressoir, 71150 Sampigny-lès-Maranges,
Tel. 03.85.87.32.02, Fax 03.85.91.15.76 ☑
⚱ n. V. ; Okt. geschlossen

DOM. GADANT ET FRANÇOIS
Côte de Beaune 1994★

| | 1,4 ha | 5 300 | | 50-70 F |

Tiefe Nachtfarbe an der Farbgrenze, mit bläulichroten Reflexen. Der Duft spielt ein klassisches Thema : Kirschwasser und Konfitüre mit Schuß. Die Ansprache ist sanft, fruchtig und frisch. Teernote (das ist kein Fehler) in einer sehr reichhaltigen, ausdrucksvollen, interessanten Verfassung.
↱ Dom. Gadant et François, GAEC Le Clos Voyen, 71490 Saint-Maurice-lès-Couches, Tel. 03.85.49.66.54, Fax 03.85.49.60.62 ☑ ⚱ n. V.

HERVE GIRARD Clos Rousseau 1995

| 1er cru | 0,27 ha | 1 150 | | 30-50 F |

Dieses in den 60er Jahren entstandene Gut bietet einen eher ins Violette gehenden als roten Wein mit einem tiefen Duft nach einer Holznote. Die Herrschaft seiner Tannine ist beträchtlich und verleiht ihm eine deutliche Astringenz. Aber der Stoff dieses sehr jungen Weins ist vielversprechend. Altern lassen.

Côte de Beaune | Maranges

↳ Hervé Girard, rte de Saint-Sernin, 71150 Paris-l'Hôpital, Tel. 03.85.91.11.56, Fax 03.85.91.16.22 ⬛ ℐ n. V.

DOM. VINCENT GIRARDIN
Clos des Loyères Vieilles vignes 1995*

| ■ 1er cru | k. A. | k. A. | 🍷 | 70-100 F |

Zweimal Wahl zum Lieblingswein (der 88er und der 93er in den Ausgaben 1991 und 1996). Dieser Wein bleibt nicht unbemerkt. Dunkelrote Farbe, einschmeichelndem Holzton. Er zeigt sich sehr angenehm und bietet eine geschmeidige Rundheit. Der Sockel ist solide. Ein Wein zum Genießen.

↳ Dom. Vincent Girardin, 4, rte de Chassagne-Montrachet, 21590 Santenay, Tel. 03.80.20.64.29, Fax 03.80.20.64.88 ⬛ ℐ n. V.

PROSPER MAUFOUX 1994

| ■ | k. A. | k. A. | 🍷 | 50-70 F |

Man kann diese Rose des Lebens mit dem ausgeprägten Granatrot und dem fast an Konfitüre erinnernden Gewürz- und Lederaroma schon jetzt pflücken. Ein echter Maranges mit einer etwas warmen, nicht sehr tanninreichen Ansprache über Rundheit und Fülle. Benötigt eine Belüftungszeit.

↳ Prosper Maufoux, 1, pl. du Jet-d'Eau, 21590 Santenay, Tel. 03.80.20.60.40, Fax 03.80.20.63.26 ⬛ ℐ n. V.

MOILLARD Les Clos Roussots 1994

| ■ 1er cru | k. A. | 20 000 | 🍷 | 50-70 F |

Diese Reblage verlängert den Hügel von Santenay und befindet sich an der Côte de Beaune. Sie liefert diesen recht farbintensiven 94er, dessen Bukett uns von schwarzen Kirschen und sogar von Fell anregen läßt. Ziemlich normaler Entwicklungsbeginn. Eine gewisse Fülle, aber eine geschmeidige Konstitution, die Rundheit zeigt.

↳ Moillard, 2, rue François-Mignotte, 21700 Nuits-Saint-Georges, Tel. 03.80.62.42.22, Fax 03.80.61.28.13 ⬛ ℐ n. V.

EDMOND MONNOT
Clos de la Boutière 1994*

| ■ 1er cru | 2,8 ha | k. A. | 🍷 | 50-70 F |

Die Quintessenz der Extraktion, um es wie in Bordeaux auszudrücken. Farbe, Duft und Geschmack - alles ist am richtigen Ort, um diesen Wein jetzt oder später zu trinken. Pfeffrige Noten, Geschmack nach Kirschen in Alkohol - rund und robust. Gut eingestellter Gesamteindruck.

↳ Edmond Monnot, 71150 Dezize-lès-Maranges, Tel. 03.85.91.16.12, Fax 03.85.91.15.99 ⬛ ℐ n. V.

JEAN MORETEAUX ET FILS
Clos Loyères 1995*

| ■ 1er cru | 0,75 ha | 4 000 | 🍷 | 30-50 F |

Ein wenig wie Paris-Roubaix. Man beginnt auf leichter Strecke in einem schönen rubinroten Trikot mit malvenfarbenen Reflexen. Kleine Spurts, die in einem Aroma von schwarzen Johannisbeeren vorwärtsgetragen worden. Die Tannine kündigen das Straßenpflaster an, aber die Säure tritt in die Pedale, und nach diesen Straßen kommt die Lebhaftigkeit des Schlußspurts. Und der Sieg.

↳ GAEC Jean Moreteaux et Fils, Nantoux, 71150 Chassey-le-Camp, Tel. 03.85.87.19.10, Fax 03.85.91.23.74 ⬛ ℐ n. V.

BERNARD REGNAUDOT
Clos des Rois 1995

| ■ 1er cru | 1 ha | 5 400 | 🍷 | 30-50 F |

Sanft und fruchtig, wohlausgewogen - dieser Wein verfügt über die nötigen Mittel. Seine Lebhaftigkeit bringt Schwung in die Landschaft sehr reifer roter Früchte und von Tanninen, die durch eine ein- bis zweijährige Lagerung im Keller gezähmt werden müssen. Sie ermöglicht ihm diese Wartezeit. Gutes tiefes Granatrot.

↳ Bernard Regnaudot, Rte de Nolay, 71150 Dezize-lès-Maranges, Tel. 03.85.91.14.90 ⬛ ℐ n. V.

JEAN-CLAUDE REGNAUDOT
La Fussière 1995

| ■ 1er cru | 0,78 ha | 4 500 | 🍷 | 30-50 F |

Im letzten Jahr Wahl zum Lieblingswein für den 94er, der jedoch schwer auf die Welt zu bringen war. Dieser Winzer präsentiert hier den 95er. Er präsentiert sich gut gemäß den klassischen Farben. Ziemlich aufregendes Bukett: pürierte Himbeeren, Kirschwasser. Starke Präsenz im Geschmack, der tanninreich ist und sich noch in der Defensive befindet.

↳ Jean-Claude Regnaudot, 71150 Dezize-lès-Maranges, Tel. 03.85.91.15.95 ⬛ ℐ n. V.

DOM. DU VIEUX PRESSOIR
Côte de Beaune 1995**

| ■ | 0,31 ha | 1 300 | 🍷 | 30-50 F |

Ein echtes Vertrauen in das Anbaugebiet beseelt diesen dunkelroten Wein, der von 45 Jahre alten Rebstöcken stammt. Das elegante Bukett beruht auf der Frucht. Eine ausgezeichnete Vinifizierung, die von einer sehr klaren Ansprache und einem ziemlich stattlichen Körper von guter Haltung zeugt, von allem, was an Komplexität nötig ist. Vorbildlich.

↳ René Duchemin, Dom. du Vieux Pressoir, 71150 Sampigny-lès-Maranges, Tel. 03.85.91.12.71, Fax 03.85.91.15.76 ⬛
ℐ Mo-Sa 9h-19h ; 15. Sept.-31. Okt. geschlossen

DOM. DU VIEUX PRESSOIR
Les Clos Roussots 1995

| ■ 1er cru | 0,45 ha | 2 400 | 🍷 | 30-50 F |

Ein schöner Stoff, der sich verfeinern muß. Seine Farbe ist in jeder Hinsicht einwandfrei. Bukett von sehr reifen Früchten, Gewürzen und Pfeffer. Auf eine hübsche fruchtige Ansprache (Erdbeeren) folgt ein Tanninansturm, der unbedingt verschmelzen muß. Das wird in zwei Jahren geschehen.

↳ René Duchemin, Dom. du Vieux Pressoir, 71150 Sampigny-lès-Maranges, Tel. 03.85.91.12.71, Fax 03.85.91.15.76 ⬛
ℐ Mo-Sa 9h-19h ; 15. Sept.-31. Okt. geschlossen

Bourgogne Côte Chalonnaise

Côte Chalonnaise

Bourgogne Côte Chalonnaise

Die neue AOC Bourgogne Côte Chalonnaise, die am 27. Februar 1990 geschaffen wurde, erstreckt sich auf 44 Gemeinden, die jährlich rund 27 300 hl Rotwein und 8 400 hl Weißwein liefern. Gemäß der bereits in den Hautes-Côtes angewendeten Praxis ergänzt eine Bewilligung, die an eine zweite Weinprobe gebunden ist, die überall vorgeschriebene erste Weinprobe.

Die zwischen Chagny und Saint-Gengoux-le-National (Saône-et-Loire) gelegene Côte Chalonnaise besitzt einen eigenständigen Charakter, der zu Recht anerkannt worden ist.

CAVE DE VIGNERONS DE BISSEY-SOUS-CRUCHAUD
Cuvée Tradition 1995

| | 19,7 ha | 8 000 | | 30-50 F |

Dieses Dorf der Côte Chalonnaise ist zwar für seinen Aligoté berühmt, aber es erzeugt auch sehr gute Rotweine. Dieser liefert ein gutes Beispiel dafür. Wenig Glanz, aber ein vielversprechender Duft, dann eine strenge und karge Konstitution. Ein etwas verschlossener Weinstil, der sich normal entfalten wird. Wir haben diesem Wein den Vorzug gegenüber der Cuvée Sélection gegeben.
🕭 Cave de Vignerons de Bissey-sous-Cruchaud, 71390 Bissey-sous-Cruchaud,
Tel. 03.85.92.12.16, Fax 03.85.92.08.71 ☑
☥ Mo-Sa 9h-12h 14h-19h ; So 14h-19h

J. BONNET ET A. AZOUG
Clos sous le Bois 1995

| ☐ | 0,4 ha | 600 | | 30-50 F |

Etwas Kohlensäure belebt diesen 95er und bringt ihn zur Geltung. Sie wird verschwunden sein, wenn Sie diese Zeilen lesen. Der Rest ist zart goldgelb, aromatisch dünnflüssig, frisch und anregend - im wesentlichen fehlerfrei.
🕭 Jacques Bonnet et Alain Azoug, rue de l'Eglise, 71150 Bouzeron, Tel. 03.85.87.17.72 ☑
☥ tägl. 8h-20h

RENE BOURGEON Les Pourrières 1994★

| ■ | k. A. | k. A. | | 30-50 F |

»Die Luft ist klar, der Weg ist weit ...«, heißt es in einem Lied. Während der Geruchseindruck hier ziemlich verschlossen scheint und keine besondere dominierende Note besitzt, macht das Kleid durch seine sehr kräftige Farbe auf sich

---

BURGUND

Côte Chalonnaise

aufmerksam. Der Geschmack kommt gut voran, gefällig, heiter und mitreißend. Er läßt sich genießen. Ein lagerfähiger Wein, der voller Ausdauer und Geist ist.
➤ René Bourgeon, 71640 Jambles, Tel. 03.85.44.35.85, Fax 03.85.44.57.80 ▧ ⏌ n. V.

CAVE DES VIGNERONS DE BUXY
1995★

| ■ | 146 ha | 380 000 | 30-50 F |

Eine schöne Ansprache für einen recht typischen Pinot, dessen geradlinige Struktur von einem Aroma ziemlich reifer roter Früchte begleitet wird. Dieser nicht übermäßig lange Wein ist sehr repräsentativ für die AOC. Das Aussehen ruft keine Kritik hervor. Der Geruchseindruck entspricht dem Geschmack. Ein leckerer Wein, wie man ihn liebt. Ein Bravo der Cave des Vignerons de Buxy !
➤ Cave des Vignerons de Buxy, Les Vignes de La Croix, 71390 Buxy, Tel. 03.85.92.03.03, Fax 03.85.92.08.06 ▧ ⏌ n. V.

CAVE DES VIGNERONS DE BUXY
1995

| □ | 64 ha | 68 000 | ⦿ | 30-50 F |

Ein junger, noch etwas lebhafter Wein, der sich aber gut halten dürfte. Sein Duft (Zitrusfrüchte, exotische Früchte) ist recht überreif, als ob man es mit einer »Spätlese« zu tun hätte. Leichter Geamteindruck.
➤ Cave des Vignerons de Buxy, Les Vignes de La Croix, 71390 Buxy, Tel. 03.85.92.03.03, Fax 03.85.92.08.06 ▧ ⏌ n. V.

CHAMPS PERDRIX 1995

| ■ | k. A. | k. A. | -30 F |

Das von der Firma Picard übernommene Haus Chandesais genießt ein hohes und altes Ansehen an der Côte Chalonnaise. Hier ein nicht zu farbintensiver Pinot noir mit einem ziemlich entfalteten, reifen Duft und noch sehr spürbaren Tanninen. Ein Jahr im Keller wird sie liebenswürdig machen.
➤ Emile Chandesais, Saint-Nicolas, 71150 Fontaines, Tel. 03.85.91.41.77, Fax 03.85.91.40.26 ⏌ n. V.
➤ Michel Picard

GUY CHAUMONT 1994

| ■ | 2,5 ha | 7 000 | ⦿ | 30-50 F |

»Agrobio«, liest man auf dem Etikett. Die gute biologische Anbaumethode führt hier zu einem Wein mit leichter Farbe, einem hochfeinen, wenn auch holzbetonten Bukett und einem sehr zarten Charme. Manche werden ihn bewundern, andere überhaupt nicht. Das hat mit dem Vanillearoma zu tun !
➤ Guy Chaumont, Le Montroy, 71390 Rosey, Tel. 03.85.47.94.70, Fax 03.85.47.97.34 ⏌ n. V.

DOM. CHRISTIAN ET BRUNO DENIZOT 1995

| ■ | 2,22 ha | 5 800 | ▮⦿♦ | 30-50 F |

Ein schöner Wein, aber ein Eindruck, der sich bestätigen muß. Er besitzt eine recht lebhafte rote Farbe und ein noch nicht sehr entfaltetes Bukett. Sein Geschmack ist recht kräftig gebaut, mit

Bourgogne — Côte Chalonnaise

Tanninen, die ein gewi[sse] ren. Man denkt an die Aggressivität bewahren König Lear : »Wisseriges in Shakespeares
➤ Dom. Christiar et Brun[o Denizot] 71390 Bissey-sous-Cruchau[d] Tel. 03.85.92.13.34, Fax 03.8[...]

MICHEL DERAIN Clos [...]

| ■ | 4 ha | 5[...] | n. V. |

Ein Wein, den man altern la[ss]. Farbe ist sehr tief, ein dunkles Duft teilt sich zwischen schwarze[...] ren und Vanille auf, eine Art Spe[...] Kugeln. Sein tanninreicher, rustika[...] läßt nicht gleichgültig. Zu einem lan[...] ten Bœuf (Rinderragout in Rotwein)
➤ Michel Derain, La Montée, 71390 Désert, Tel. 03.85.47.91.44 ▧ ⏌ n. V.

DOM. MICHEL GOUBARD ET [FILS]
1995★★

| ■ | 3,7 ha | 25 000 | ▮♦ |

Ein großartiger Chardonnay aus dem [Jahr]gang 1995, der vielversprechend ist - glaub[en] uns. Sein Kleid versprüht Blitze. Sein Buke[tt] blumig, leicht überreif. Geschmeidigkeit, Fü[lle], Ausgewogenheit und Länge : Man läßt ihn si[ch] schmecken. Der rote 95er hat einen Stern erhal[ten]. Er wird sich in der richtigen Richtung ent[-] wickeln.
➤ Dom. Michel Goubard et Fils, 71390 Saint-Désert, Tel. 03.85.47.91.06, Fax 03.85.47.98.12 ▧ ⏌ Mo-Sa 9h-12h 14h-18h ; So n. V.

DOM. GOUFFIER
Clos de Malpertuis 1994★

| ■ | 1 ha | 3 000 | ▮♦ | 30-50 F |

Dieser recht typische, an Blüten und Zitronen erinnernde Chardonnay trägt ein jugendliches, frisches Kleid, das den Frühling ankündigt. Sein Potential bleibt teilweise unausgeschöpft : Wahrscheinlich wird er für uns angenehme Überraschungen bereithalten.
➤ Dom. Gouffier, 11, Grande-Rue, 71150 Fontaines, Tel. 03.85.91.49.66, Fax 03.85.91.46.98 ▧ ⏌ n. V.

PIERRE D'HEILLY ET MARTINE HUBERDEAU 1995★

| ■ | 1,82 ha | 14 000 | ⦿ | 30-50 F |

Die Geologen und die Geographen sehen die Côte Chalonnaise als äußerste Vorderseite des Zentralmassivs. Was nur beweist, daß der alte Sockel Frankreichs eine feinfühlige und weinige Seele haben kann. Intensives Purpurrot mit rosaroten Reflexen. Ein 95er, der kleine Früchte entfaltet und im Geschmack ziemlich rund und würzig ist. Muß sich noch abrunden.
➤ EARL d'Heilly-Huberdeau, Cercot, 71390 Moroges, Tel. 03.85.47.95.27, Fax 03.85.47.98.97 ▧ ⏌ n. V.

JEAN-HERVE JONNIER
Les Meunières 1995★★

| □ | 0,5 ha | 2 600 | ▮ | 30-50 F |

Vor zwei Jahren gelang diesem Gut ein wunderbarer 93er, der Lieblingswein wurde. Der 95er verspricht ebenfalls eine sehr schöne Zukunft. Zartes Gelb. Seine Feinheit ist bereits wahrnehm-

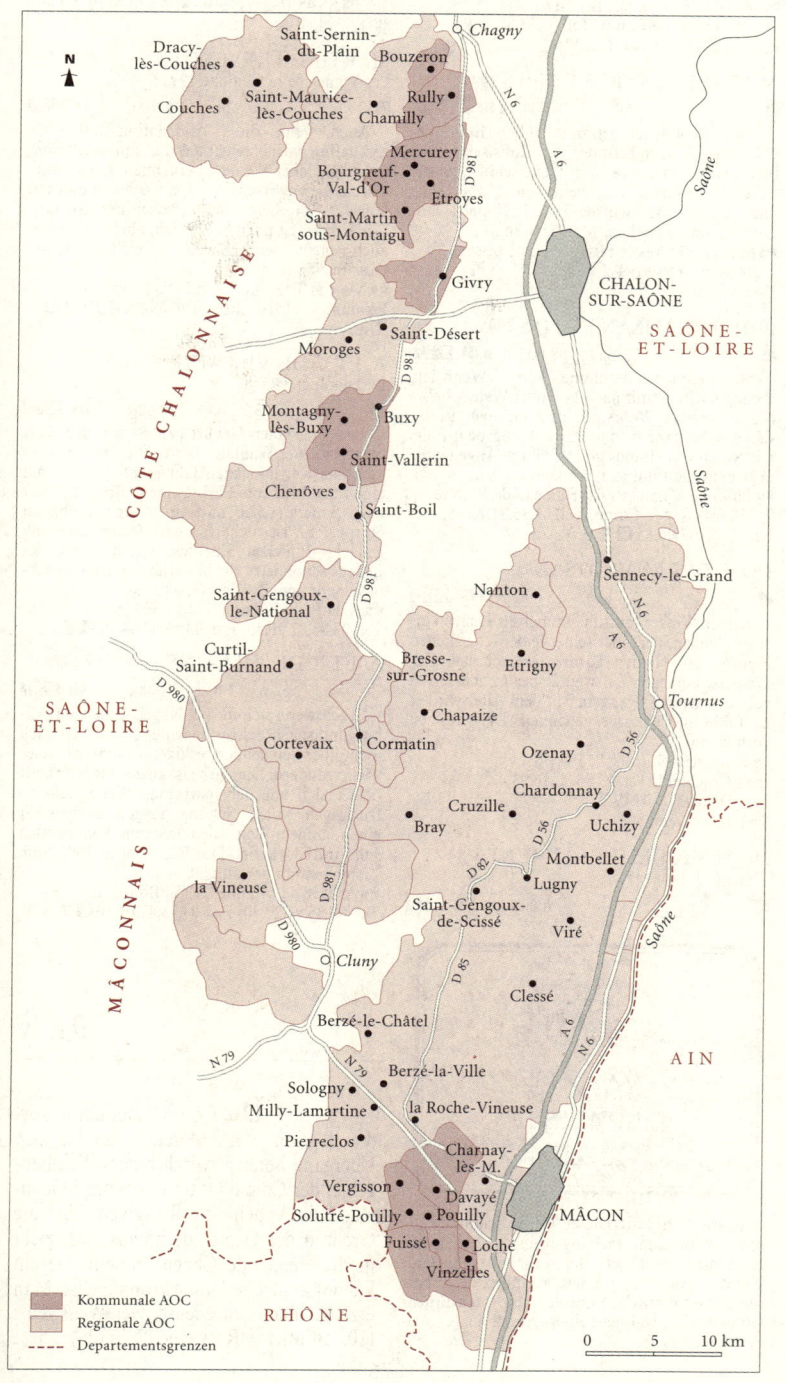

Chalonnais und Mâconnais

Côte Chalonnaise

bar. Ein eher lebhafter als fülliger Wein, der mit Froschschenkeln hüpfen dürfte !
🍷 Jean-Hervé Jonnier, Bercully, 71150 Chassey-le-Camp, Tel. 03.85.87.21.90, Fax 03.85.87.23.63 ☑ ✕ n. V.

MAZOYER FRERES ET FILS 1994★

| ■ | 5 ha | 10 000 | 🍷 🕛 ♦ | 30-50 F |

Diese Rebflächen gehörten früher Hilaire de Chardonnet, dem Erfinder der Kunstseide. Sie haben etwas davon bewahrt : jene seidige, glatte Seite, die zweifellos ein wenig leicht, aber klar und deutlich ist. Wärme im Geschmack auf Lakritze und Kirschen. Man mag ihn !
🍷 Mazoyer Frères et Fils, imp. du Ruisseau, 71390 Saint-Désert, Tel. 03.85.47.95.37 ☑ ✕ n. V.

PHILIPPE MILAN ET FILS 1995

| ■ | 3 ha | 8 000 | 🍷 🕛 | 30-50 F |

Man kennt das berühmte Wort : »Wenn ich vorangehe, folgt mir nach !« Dieser Wein scheint das zu seinem Wahrspruch zu machen. Er ist schon sehr stark in der Entwicklung begriffen, mit Noten von Humus und Wildbret. Angenehm, aber man muß ihn jetzt trinken.
🍷 Philippe Milan et Fils, Hameau de Valotte, 71150 Chassey-le-Camp, Tel. 03.85.91.21.38, Fax 03.85.87.00.85 ☑ ✕ n. V.

DOM. DES MOIROTS 1995★

| ■ | 0,8 ha | 5 600 | 🍷 🕛 | 30-50 F |

Dieser Winzer läßt uns immer an Henri Vincenot denken, der einer seiner leidenschaftlichen Figuren den Namen Lazare Denizot gab. Der Wein ist hingegen ein wenig streng, aber er ist vollkommen ausgewogen. Mit dem Alter wird er an Fülle und Charme gewinnen. Der Stoff ist vorhanden.
🍷 Dom. des Moirots, 71390 Bissey-sous-Cruchaud, Tel. 03.85.92.16.93, Fax 03.85.92.09.42 ☑ ✕ n. V.
🍷 Lucien Denizot

JEAN-MICHEL ET LAURENT PILLOT 1995★★★

| ■ | k. A. | 6 000 | 🍷 | 30-50 F |

Klares Kirschrot. Dieser 95er ist schon bukettreich. Wahl zum Lieblingswein, und dennoch empfehlen wir Ihnen, ihn sofort zu genießen ! Um die Frucht zu erfassen, je früher, desto besser. Dieser herrliche Eindruck von roten Früchten überwiegt während einer ganzen ausgezeichneten Weinprobe.

Rully

🍷 Dom. Jean-Michel et Laurent Pillot, rue des Vendangeurs, 71640 Mellecey, Tel. 03.85.45.16.25, Fax 03.85.45.20.48 ☑ ✕ tägl. 8h-12h 14h-19h

MARTIAL THEVENOT★
Les Vignes de la Chaume 1995★

| ■ | 0,5 ha | 2 400 | 🕛 | 30-50 F |

Auch wenn diese Appellation erst 1990 geschaffen wurde, reicht das aus, um die Persönlichkeit solcher Weine zu erkennen. Unter einer klaren, tiefen Erscheinung ein echter Pinotduft von der Côte Chalonnaise, frisch und fruchtig. Der Körper ist nicht beachtlich, aber das ist hier auch nicht sein Ehrgeiz. Leichter, klarer Geschmack.
🍷 Martial Thévenot, 3, rue des Roches-Pendantes, 71510 Aluze, Tel. 03.85.45.18.43 ☑ ✕ n. V.

A. ET P. DE VILLAINE
La Digoine 1995★★

| ■ | 3,25 ha | 20 000 | 🕛 | 50-70 F |

Bei einer guten Geburt bemißt sich der Wert nicht nach der Wahl der Jahre. Dieser junge 95er (der 94er war im letzten Jahr Lieblingswein) hat eine funkelnde rote Farbe, einen hübschen Duft nach Sauerkirschen und einen sehr fruchtigen Körper. Er ist nicht für eine lange Lagerung gedacht. Pflücken Sie diese schöne Rose des Lebens schon jetzt. Sie hinterläßt einen angenehmen, sehr genußvollen Geschmack.
🍷 A. et P. de Villaine, 71150 Bouzeron, Tel. 03.85.91.20.50, Fax 03.85.87.04.10 ☑ ✕ n. V.

A. ET P. DE VILLAINE Les Clous 1995

| ☐ | 3,13 ha | 15 000 | 🕛 | 50-70 F |

Auch wenn »clou« (= Nagel) früher im Altburgundischen »clos« bedeutete, wird man sich nicht über den spitzen, eckigen Charakter dieses 95ers wundern. Die Farbe ist anziehend, der Duft öffnet sich auf liebenswürdige Weise halb zu fruchtigen Noten. Schöne Ausgewogenheit für einen jungen Wein, den man in kommenden Jahr trinken kann. Der 92er wurde 1995 zum Lieblingswein gewählt.
🍷 A. et P. de Villaine, 71150 Bouzeron, Tel. 03.85.91.20.50, Fax 03.85.87.04.10 ☑ ✕ n. V.

Rully

Die Côte Chalonnaise bzw. die Region von Mercurey bildet den Übergangsbereich zwischen dem Weinbaugebiet der Côte d'Or und dem des Mâconnais. Die Appellation Rully geht über die Grenzen der Gemeinde hinaus und reicht in die Gemeinde Chagny hinein, die ein kleines Zentrum der Gastronomie ist. Man erzeugt hier etwa ebenso viel Weißweine (10 150 hl) wie Rotweine (7 090 hl). Diese

Legende

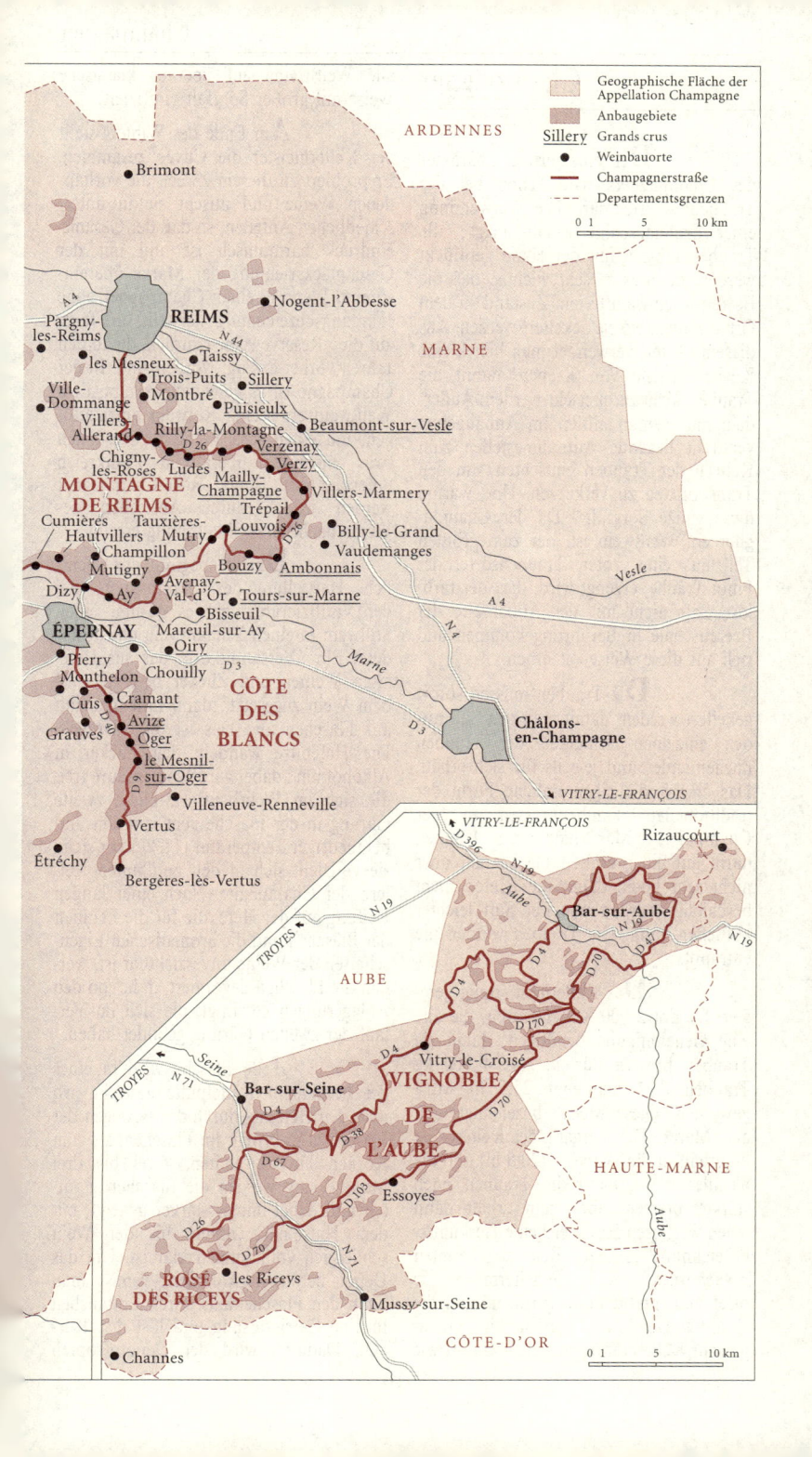

- Geographische Fläche der Appellation Champagne
- Anbaugebiete
- <u>Sillery</u> Grands crus
- • Weinbauorte
- Champagnerstraße
- --- Departementsgrenzen

MONTAGNE DE REIMS

- Brimont
- Pargny-les-Reims
- REIMS
- Nogent-l'Abbesse
- les Mesneux
- Taissy
- Trois-Puits
- Montbré
- <u>Sillery</u>
- Ville-Dommange
- Villers-Allerand
- <u>Puisieulx</u>
- Rilly-la-Montagne
- <u>Beaumont-sur-Vesle</u>
- Chigny-les-Roses
- Ludes
- <u>Verzenay</u>
- <u>Mailly-Champagne</u>
- <u>Verzy</u>
- Cumières
- Hautvillers
- Trépail
- Villers-Marmery
- Champillon
- Tauxières-Mutry
- <u>Louvois</u>
- Mutigny
- <u>Bouzy</u>
- <u>Ambonnais</u>
- Billy-le-Grand
- Vaudemanges
- Dizy
- Ay
- Avenay-Val-d'Or
- <u>Tours-sur-Marne</u>
- Bisseuil
- ÉPERNAY
- Mareuil-sur-Ay
- Oiry
- Châlons-en-Champagne

CÔTE DES BLANCS

- Pierry
- Monthelon
- Chouilly
- Cuis
- <u>Cramant</u>
- Grauves
- <u>Avize</u>
- <u>Oger</u>
- <u>le Mesnil-sur-Oger</u>
- Villeneuve-Renneville
- Étréchy
- Vertus
- Bergères-lès-Vertus

VIGNOBLE DE L'AUBE

- VITRY-LE-FRANÇOIS
- Rizaucourt
- Bar-sur-Aube
- TROYES
- AUBE
- Vitry-le-Croisé
- Bar-sur-Seine
- HAUTE-MARNE
- Essoyes

ROSÉ DES RICEYS

- les Riceys
- Mussy-sur-Seine
- Channes
- CÔTE-D'OR

Champagner

Der einzigartige Charakter des Champagners wird schon bei der Traubenlese sichtbar. Die Verwendung einer Erntemaschine ist untersagt; alle Trauben müssen mit der Hand gepflückt werden, denn es ist sehr wichtig, daß die Beeren in einwandfreiem Zustand zu dem Ort kommen, wo sie gekeltert werden. Aus diesem Grund verwendet man hier kleine Körbe anstelle von Kiepen, damit die Trauben nicht zerquetscht werden. Außerdem mußte man mitten im Anbaugebiet verstreut liegende Aufnahmestellen zum Keltern der Trauben einrichten, um den Transportweg zu verkürzen. Und warum diese ganze Sorgfalt? Da der Champagner ein Weißwein ist, der zum größten Teil aus einer roten Traubensorte, der Pinot-Traube, erzeugt wird, darf der farblose Saft nicht mit der Außenseite der Beerenschale in Berührung kommen und sich auf diese Weise verfärben.

Die Trauben müssen sofort gekeltert werden, damit man den Saft aus den einzelnen Schichten der Trauben nacheinander und jeweils für sich erhält. Das erklärt die eigentümliche Form der traditionellen Traubenpressen in der Champagne: Man häuft die Trauben darin auf einer großen Fläche auf, aber nicht sehr hoch, damit die Beeren nicht beschädigt werden und der Saft leichter abfließen kann. Die Trauben werden nie entrappt.

Das Keltern ist streng geregelt. Es gibt 2 000 Kelterzentren, die alle eine Genehmigung benötigen, damit sie Trauben pressen dürfen. Aus 4 000 kg Trauben darf man nur 25,5 hl Most gewinnen. Diese Menge bezeichnet man als »Marc«. Der Vorgang des Kelterns ist unterteilt in die »Cuvée« (20,5 hl) und die »Taille«. Man kann die Trauben noch stärker pressen, aber man erhält dann einen wertlosen Saft, der keine Herkunftsbezeichnung besitzt, den sogenannten »Nachdruck« oder »Scheitermost«. Je öfter man preßt, desto geringer wird die Qualität. Die Moste werden mit Lastwagen zur Kellerei transportiert und dort wie alle Weißweine auf überaus klassische Weise mit großer Sorgfalt vinifiziert.

Am Ende des Winters stellt der Kellermeister die Cuvée zusammen. Er probiert zu diesem Zweck die vorhandenen Weine und mischt sie in unterschiedlichen Anteilen, so daß der Gesamteindruck harmonisch ist und mit der Geschmacksrichtung der Marke übereinstimmt. Wenn er einen Champagner ohne Jahrgangsbezeichnung herstellt, greift er auf die »Reserveweine« zurück, die in den Jahren vorher erzeugt worden sind. In der Champagne ist es gesetzlich erlaubt, dem Weißwein ein wenig Rotwein hinzuzufügen, um einen rosa Farbton zu erhalten (was ansonsten überall in Frankreich untersagt ist). Einige Rosé-Champagner werden jedoch durch Abstechen des Weins nach kurzer Maischung erzeugt.

Danach beginnt die eigentliche Herstellung des Champagners. Bei der Vinifizierung geht es darum, einen Stillwein in einen Schaumwein umzuwandeln. Ein »Versandlikör«, der aus Hefe, alten Weinen und Zucker besteht, wird dem Wein zugesetzt; dann füllt man ihn auf Flaschen ab: Das ist die »Tirage«. Die Hefepilze wandeln den Zucker in Alkohol um; dabei wird Kohlensäure frei, die sich im Wein auflöst. Diese zweite Gärung in der Flasche geht langsam und bei niedriger Temperatur (11 °C) vor sich; sie vollzieht sich in den berühmten Kellern der Champagne. Nach einer langen Reifung auf der Hefe, die für die Feinheit der Bläschen und die aromatischen Eigenschaften der Weine unverzichtbar ist, werden die Flaschen degorgiert, d. h. von den Ablagerungen gereinigt, die sich im Verlauf der zweiten Gärung gebildet haben.

Jede Flasche wird in eines der berühmten Rüttelpulte gesteckt, wo man den Hefesatz durch das Bewegen der Flasche dazu bringt, im Flaschenhals zum Korken hin zu gleiten. Zwei bis drei Monate lang werden die Flaschen gerüttelt und dabei immer stärker geneigt, mit dem Hals nach unten, bis der Wein schließlich vollkommen klar ist. Um das Depot herauszubekommen, vereist man dann den Flaschenhals durch Eintauchen in eine Gefrierlösung und löst den Korken. Dadurch wird der Depotpfropfen

Champagner

herausgeschleudert. Die fehlende Weinmenge wird danach durch einen unterschiedlich gesüßten Wein ersetzt: die »Dosage«. Wenn man reinen Wein hinzufügt, erhält man einen hundertprozentigen Brut (bei Piper-Heidsieck Brut Sauvage, bei Laurent Perrier Ultra-Brut genannt, sowie die sogenannten Champagner ohne Dosage). Gibt man sehr wenig Dosage-Likör hinzu (1 %), so ist der Champagner strengherb (»brut«); 2 bis 5 % ergeben trockene (»sec«), 5 bis 8 % halbtrockene (»demi-sec«) und 8 bis 15 % süße (»doux«) Champagner. Die Flaschen werden dann mit einem Korken und einem Drahtkorb verschlossen, damit die Mischung einen homogenen Charakter gewinnt, und lagern noch einige Zeit, bis der Hefegeschmack verschwindet. Danach erhalten sie ihre Ausstattung (Etikett usw.) und werden ausgeliefert. Ab diesem Zeitpunkt ist der Champagner trinkreif; man kann ihn in seiner besten Qualität genießen. Wenn man ihn zu lang altern läßt, kann ihm das nur schaden. Die seriösen Champagner-Firmen rühmen sich deshalb, daß sie Wein erst in den Handel bringen, wenn er seinen Höhepunkt erreicht hat.

Ausgezeichnete Grundweine guter Herkunft, die vom Beginn der Kelterung stammen, viele Reserveweine (für die Champagner ohne Jahrgangsbezeichnung), das Talent des Schöpfers der Cuvée und eine unaufdringliche, auf ein Mindestmaß beschränkte Dosage, die man kaum wahrnimmt, kommen somit während einer langen Reifung des Champagners auf seiner Hefe zusammen und bringen Weine von bester Qualität hervor. Aber sehr selten wird der Käufer - zumindest genau - über alle diese Kriterien informiert.

Was kann man nämlich tatsächlich auf dem Etikett eines Champagners erkennen? Die Marke und den Namen des Herstellers, die Dosage (brut, trocken etc.), den Jahrgang bzw. das Fehlen eine solchen Angabe, die Bezeichnung »Blanc de Blancs«, wenn die Cuvée nur aus weißen Trauben hergestellt worden ist, und falls es möglich ist - aber das ist selten der Fall - die Herkunftsgemeinde der Trauben und manchmal noch die Bewertung der Traubenqualität in Form von »Grand cru« für die siebzehn Weinbauorte, die Anspruch auf diese Einstufung haben, oder »Premier cru« für die 41 anderen Gemeinden. Der berufsmäßige Status des Erzeugers ist eine vorgeschriebene Angabe, die in kleinen Schriftzeichen in codierter Form auf dem Etikett erscheint: NM = négociant-manipulant (Weinhändler und Selbstvermarkter, Hauptmarke eines Champagner-Handelshauses), RM = récoltant-manipulant (Erzeuger und Selbstvermarkter, selbständiger Winzer), CM = coopérative-manipulante (Winzergenossenschaft, die ihren Champagner selbst vermarktet), MA = marque d'acheteur (Käufermarke, d. h. Nebenmarke einer Champagnerfirma), RC = récoltant-coopérateur (Erzeuger, der Mitglied einer Winzergenossenschaft ist), SR = société de récoltants (Erzeugervereinigung, Marke einer Winzervereinigung).

Was kann man aus alledem ableiten? Daß die Erzeuger und Weinhändler der Champagne bewußt eine Markenpolitik gewählt haben, daß der Käufer einen Moët et Chandon, einen Bollinger oder einen Taittinger verlangt, weil er den Geschmack bevorzugt, der mit dieser oder jener Marke verbunden ist. Diese Schlußfolgerung gilt für alle Champagner, die von Handelsfirmen, Winzergenossenschaften und Nebenmarken stammen, aber sie trifft nicht auf die selbständigen Winzer zu, die ihren Champagner selbst vermarkten; denn diese Erzeuger dürfen Champagner nur aus Trauben ihrer eigenen Parzellen herstellen, die sich in der Regel innerhalb einer einzigen Gemeinde befinden. Diese Champagner werden als »Monocru« (d. h. aus einem einzigen Cru stammend) bezeichnet; zumeist erscheint der Name dieses Cru auf dem Etikett.

Obwohl nur eine einzige Appellation »Champagne« besteht, gibt es eine sehr große Zahl verschiedener Champagner; deren unterschiedliche organoleptische Merkmale können alle möglichen Verwendungszwecke erfüllen und jeden Verbrauchergeschmack befriedigen. So kann der Champagner ein »Blanc de Blancs«, d. h. ein Weißwein aus hellen Trauben, oder ein »Blanc de Noirs«, also ein Weißwein aus dunklen Trauben (der Rebsorten Pinot meunier,

Champagner

Pinot noir oder beider Rebsorten), sein oder aus einem Verschnitt von Blanc-de-Blancs- und Blanc-de-Noirs-Weinen in allen erdenklichen Mischverhältnissen hergestellt worden sein. Er kann aus einem einzigen oder aus mehreren Anbaugebieten stammen, aus einer als Grand cru eingestuften Gemeinde, einem Premiercru-Ort oder aus Weinbauorten mit geringerem Ansehen. Er kann ein Jahrgangs-Champagner oder ein Champagner ohne Jahrgangsangabe sein (wobei die jahrgangslosen Champagner aus jungen Weinen zusammengestellt sein oder in unterschiedlichem Maße auf Reserveweine zurückgreifen können); bisweilen ist das Ergebnis auch ein Verschnitt mehrerer großer Jahrgänge, die für Jahrgangschampagner verwendet werden. Er kann ohne Dosage oder unterschiedlich stark »dosiert« sein. Er kann kurze oder lange Zeit auf seiner Hefe gereift haben, vor unterschiedlich langer Zeit degorgiert worden sein, weiß oder rosé sein (wobei man den Rosé entweder durch Mischen von Weiß- und Rotwein oder durch eine kurze Maischegärung erhält). Die meisten dieser Merkmale lassen sich miteinander kombinieren, so daß es eine unbegrenzte Zahl von Champagnern gibt. Gleichgültig, um was für einen Typ es sich auch immer handelt, wird man sich darauf verständigen, daß vermutlich der Champagner am besten schmeckt, der am längsten auf seiner Hefe gereift ist (fünf bis zehn Jahre) und innerhalb der ersten sechs Monate nach dem Degorgieren getrunken wird.

Angesichts der obigen Tatsachen kann man sich besser erklären, warum der Preis der Flaschen von 1 bis 8 reichen kann und es Spitzenchampagner und Sondercuvées gibt. Leider steht auch fest, daß bei den großen Marken, d. h. den Marken der großen Firmen, die billigsten Champagner auch diejenigen sind, die am uninteressantesten sind. Dagegen äußert sich der große Preisunterschied, der die mittlere Preiskategorie (Jahrgangschampagner) von der höchsten trennt, nicht immer unbedingt in einem Qualitätssprung.

Champagner trinkt man mit einer Temperatur von 7 bis 9 °C, eisgekühlt die Blancs de Blancs und die jungen Champagner, weniger stark gekühlt die Jahrgangschampagner und die weinig schmeckenden Champagner. Außer der klassischen Flasche mit 75 cl Inhalt wird der Champagner in Viertel- und Halbflaschen angeboten; außerdem gibt es größere Flaschen: »Magnum« (Fassungsvermögen von zwei Flaschen), »Jeroboam« (vier Flaschen), »Methusalem« (acht Flaschen), »Salmanasar« (zwölf Flaschen)... Die Flasche wird schrittweise gekühlt, indem man sie in einen Champagnerkübel stellt, der Wasser und Eis enthält. Wenn man sie entkorken will, muß man den gesamten Verschluß (Metallfolie und Drahtkorb) entfernen. Sobald man merkt, daß der Innendruck den Korken heraustreibt, läßt man ihn zusammen mit dem Drahtkorb und der Folie kommen. Sollte der Korken festsitzen, so hält man ihn mit einer Hand fest, während man mit der anderen die Flasche dreht. Der Korken wird langsam herausgedreht, ohne daß es knallt und der Druck abrupt vermindert wird.

Champagner darf man nicht in Schalen servieren. Vielmehr nimmt man Kristallgläser, die schmal und schlank sind; außerdem muß man sie abtrocknen und darf sie nicht durch Eiswürfel vorkühlen. Sie dürfen auch keine Rückstände von Reinigungsmitteln enthalten, weil diese die Bläschen und den Schaum zerstören würden. Man kann Champagner ebensogut als Aperitif wie zu Vorspeisen oder zu magerem Fisch trinken. Die weinig schmeckenden Champagner, vorwiegend Blanc-de-Noirs-Weine, und die großen Jahrgänge werden häufig zu Fleisch und zu Gerichten mit farbigen Saucen serviert. Zu Nachspeisen und zu allem, was süß ist, trinkt man eher einen halbtrockenen als einen herben Champagner, weil der Zucker die Empfindlichkeit des Gaumens gegenüber Säure zu stark erhöht.

Die letzten Jahrgänge: 1982, ein großer Jahrgang mit vollständigen Weinen; 1983, geradlinige, schnörkellose Weine; 1984 ist kein Jahr für Jahrgangschampagner, reden wir also nicht darüber; 1985, große Weine; 1986, von durchschnittlicher Qualität, selten Jahrgangschampagner; 1987, ein Jahr, das schlechte Erinnerungen hinterlassen hat;

Champagner

1988, 1989 und 1990, drei sehr schöne Jahrgänge, die man genießen kann.

ABEL LEPITRE
Réserve C Blanc de blancs 1990*

| ○ | k. A. | k. A. | 150-200 F |

Eine Firma in Reims, deren Schicksal in jüngster Zeit ziemlich bewegt verlief. Der Blanc de Blancs Abel Lepitre ist von ausgezeichneter Qualität und von Jahr zu Jahr gleichbleibend. Dieser 90er bildet keine Ausnahme : Sein typischer Charakter, seine Feinheit und seine Ausgewogenheit sind bemerkenswert. Der Brut ohne Jahrgangsangabe wird aufgrund seiner klaren Ansprache und seiner Frische lobend erwähnt. (NM)
☙ Champagne Philipponnat, 13, rue du Pont, 51160 Mareuil-sur-Ay, Tel. 03.26.56.93.00, Fax 03.26.56.93.18 ☑ ☒ n. V.

ACHILLE PRINCIER Brut rosé 1990*

| ◐ | k. A. | 10 000 | 100-150 F |

Eine 1995 in Epernay eingeführte Marke. Die Champagner von Achille durchlaufen keine malolaktische Gärung. Dieser Jahrgangs-Rosé ist sehr stark durch dunkle Trauben geprägt : 15 % Chardonnay und 85 % Pinot, davon 26 % Pinot meunier. Er hat den Verkostern aufgrund seiner eleganten Frische gefallen. Einer von ihnen empfiehlt ihn zur Teestunde, denn es ist ein echter Champagner für den späten Nachmittag. (NM)
☙ Achille Princier Diffusion, 9, rue Jean Chandon Moët, B.P. 221, 51207 Epernay, Tel. 03.26.54.04.06, Fax 03.26.59.16.90 ☒ tägl. 10h-18h

ADAM-GARNOTEL Brut Extra Quality

| ○ 1er cru | 9,17 ha | 60 000 | 70-100 F |

Das vor einem Jahrhundert entstandene Gut besitzt 9 ha Weinberge. Die Marke ist erst 1971 eingeführt worden, von der Enkelin (Garnotel, geborene Adam) des Besitzers. Die drei Rebsorten der Champagne wirken in dieser reintönigen, klaren Cuvée fast zu gleichen Teilen zusammen. Eher eine Radierung als ein Ölgemälde. (NM)
☙ Champagne Adam-Garnotel, 17, rue de Chigny, 51500 Rilly-la-Montagne, Tel. 03.26.03.40.22, Fax 03.26.03.44.47 ☑
☒ Mo-Fr 8h-12h 13h30-17h30 ; Sa n. V.

AGRAPART ET FILS
Blanc de blancs 1990*

| ○ Gd cru | k. A. | 15 000 | 70-100 F |

Die vierte Winzergeneration der Familie Agrapart enttäuscht nicht mit diesem Blanc de Blancs, der alle Qualitäten dieses reichen Jahrgangs preist : Freigebigkeit, Stärke, Sanftheit. Die Cuvée Spéciale Réserve steht ihm in nichts nach und erhält ebenfalls einen Stern. Der blasse Rosé (ohne Jahrgang) wird aufgrund seiner Feinheit lobend erwähnt. (RM)
☙ EARL Agrapart et Fils, 57, av. Jean-Jaurès, 51190 Avize, Tel. 03.26.57.51.38, Fax 03.26.57.05.06 ☑ ☒ n. V.

JEAN-ANTOINE ARISTON*

| ◐ | 1 ha | 5 000 | 70-100 F |

Eine sehr »dunkle« Cuvée : ein Drittel Pinot meunier, ein Drittel Pinot noir, ein Viertel Rotwein aus Brouillet und ein Viertel Chardonnay. Seltsamerweise hat sie der Rotwein nur schwach gefärbt. Schöne Feinheit im Geruch und lebhafte Rundheit. (RM)
☙ Jean-Antoine Ariston, 4, rue Haute, 51170 Brouillet, Tel. 03.26.97.47.02, Fax 03.26.97.49.75 ☑ ☒ n. V.

ARISTON FILS*

| ◐ | k. A. | k. A. | 70-100 F |

Dieses Gut wurde unmittelbar vor der Französischen Revolution gegründet. Dieser Rosé, zur Hälfte aus Chardonnay und zur Hälfte aus Pinot noir erzeugt, verrät keinen Jahrgang, aber seine rote Farbe verleiht ihm Alter, ebenso wie sein Honiggeschmack von roten Früchten. (RM)
☙ Rémi Ariston, 4-8, Grande-Rue, 51170 Brouillet, Tel. 03.26.97.43.46, Fax 03.26.97.49.34 ☑ ☒ Mo-Sa 9h-18h ; So n. V.

MICHEL ARNOULD ET FILS
Cuvée Signature 1990*

| ○ | 0,5 ha | 3 500 | 100-150 F |

Die Weinberge und die Marke entstanden 1961. Ein Viertel Chardonnay und drei Viertel für diese Sondercuvée, die von Ausgewogenheit und einer tiefen Fruchtigkeit beherrscht wird. Ein Stern auch für den Rosé ohne Jahrgangsbezeichnung, der aus 93er Traubengut hergestellt worden ist. Zum Aperitif bestimmt ist ein Rosé aus dunklen Trauben, der an Erdbeeren und Himbeeren erinnert und voller Lebhaftigkeit ist. (RM)
☙ Michel Arnould et Fils, 28, rue de Mailly, 51360 Verzenay, Tel. 03.26.49.40.06, Fax 03.26.49.44.61 ☑ ☒ n. V.

L. AUBRY FILS Brut classique*

| ○ 1er cru | 2,5 ha | 180 000 | 70-100 F |

Die Aubrys sind seit drei Jahrhunderten Winzer. Der Brut Premier enthält 70 % Pinot meunier sowie je 15 % Pinot noir und Chardonnay. 10 % dieses Weins sind im Holzfaß vinifiziert worden. Die Farbe ist jugendlich, der Duft ebenfalls mit seiner paprikaähnlichen Fruchtigkeit. Der Geschmack mit den Zitrusnoten erscheint ausgewogen und frisch. Der Rosé, zu mehr als der Hälfte aus Chardonnay hergestellt, zu gleichen Teilen durch die Pinot-Sorten ergänzt, hat eine lachsrote Farbe und ist einem weißen Champagner ähnlicher als einem Rosé. Lebhaftigkeit und Frische : zum Aperitif. (RM)
☙ SCEV Champagne L. Aubry Fils, 6, Grande-Rue, 51390 Jouy-lès-Reims, Tel. 03.26.49.20.07, Fax 03.26.49.75.27 ☑ ☒ n. V.

AUTREAU DE CHAMPILLON
Les Perles de la Dhuy 1990*

| ○ | 7 ha | 6 000 | 100-150 F |

In dieser Sondercuvée sind ausschließlich Trauben aus Grands crus enthalten : ein Viertel Chardonnay aus Ay - eine Seltenheit - und zwei Drittel Chardonnay aus Chouilly und Pinot noir aus Ay. Dieser große Jahrgang entwickelt sich :

CHAMPAGNE

Champagner

Er ist voller Rundheit und Noten von kandierten Früchten und besitzt Fülle. (NM)
- SARL Vignobles Champenois, 15, rue René-Baudet, 51160 Champillon, Tel. 03.26.59.46.00, Fax 03.26.59.44.85 ◼ ☎ n. V.
- Eric Autréau

AUTREAU-LASNOT*

| ⬤ | | 1 ha | 4 000 | 70-100 F |

Die Autréau-Lasnots haben ihre Marke zwischen den beiden Weltkriegen gegründet. Sie bauen auf 10 ha in Venteuil, direkt gegenüber von Schloß Boursault, Wein an. Diese rosarote Cuvée enthält ebenso viel Pinot noir wie Chardonnay, ergänzt durch ein Fünftel Pinot meunier. Ein lachsroter Rosé, der fein und elegant ist und an Himbeeren erinnert. (RM)
- Champagne Autréau-Lasnot, 6, rue du Château, 51480 Venteuil, Tel. 03.26.58.49.35, Fax 03.26.58.65.44 ◼ ☎ Mo-Sa 9h-12h 13h30-18h ; So n. V.
- Gérard Autréau

AYALA*

| ○ | k. A. | k. A. | 100-150 F |

Die Firma, die Schloß Ay besitzt, erzeugt Champagner, die sehr klassisch sind, wie dieser Brut ohne Jahrgangsbezeichnung beweist : sehr helle goldgrüne Farbe, Haselnußduft und frischer Zitronengeschmack. (NM)
- Champagne Ayala, 2, bd du Nord, 51160 Ay, Tel. 03.26.55.15.44, Fax 03.26.51.09.04 ☎ n. V.
- Ducellier

BAGNOST PERE ET FILS
Cuvée de réserve*

| ○ | k. A. | 7 500 | ◼ 70-100 F |

Ein 8 ha großes Gut, das Anfang des Jahrhunderts entstand. Eine ausgezeichnete Leistung dieser Marke, die einen weißen und einen Rosé-Champagner präsentiert. Beide erhalten einen Stern. Der erstere ist aus den drei Rebsorten der Champagne zu gleichen Teilen erzeugt worden. Feinheit, Struktur, Nachhaltigkeit und vor allem Harmonie wurden von den Weinkostern gerühmt. Der Rosé - drei Viertel Pinot meunier, ein Viertel Chardonnay - ist blumig, nervig und frisch. (RM)
- Claude Bagnost, 30, rue du Gal-de-Gaulle, 51530 Pierry, Tel. 03.26.54.04.22, Fax 03.26.55.67.17 ◼

CHRISTIAN BANNIERE
Brut Tradition**

| ○ Gd cru | 2 ha | 15 000 | ◼ 70-100 F |

90 % Pinot noir und 10 % Chardonnay ergeben diese weiße Cuvée ohne Jahrgangsbezeichnung, in der ein Fünftel Reserveweine enthalten sind. Ein Tradition voller Anmut, Ausgewogenheit, Rundheit, Harmonie und Länge. Die Cuvée Prestige, halb aus weißen und halb aus dunklen Trauben (Pinot noir) erzeugt, muß aufgrund ihrer geschmeidigen Struktur und ihres entwickelten Aromas von kandierten Früchten lobend erwähnt werden. (RM)
- Christian Bannière, 5, rue Yvonnet, 51150 Bouzy, Tel. 03.26.57.08.15, Fax 03.26.59.35.02 ◼ ☎ n. V.

PAUL BARA 1989*

| ○ | k. A. | 10 000 | ◼ 100-150 F |

Innerhalb von eineinhalb Jahrhunderten haben die Baras ein 11 ha großes Weingut aufgebaut. Dieser 89er ist ein Blanc de Noirs mit einem Mandelaroma ; er ist frisch, füllig und ausgewogen. Ein Stern auch für die Cuvée Spécial Club 1989 ; sie ist sehr fein geblieben, komplex und lang im Geschmack. Lobend erwähnt wird die Cuvée Réserve, ebenfalls ein Grand cru, vier Fünftel Pinot noir zu einem Fünftel Chardonnay : ein nerviger Champagner, der Lakritze mit einem Blütenaroma verbindet. Er wurde von den Verkostern als »originell« bezeichnet. (RM)
- SCE Champagne Paul Bara, 4, rue Yvonnet, 51150 Bouzy, Tel. 03.26.57.00.50, Fax 03.26.57.81.24 ◼ ☎ n. V.

PAUL BARA Grand rosé de Bouzy**

| ⬤ Gd cru | k. A. | 10 000 | ◼ 70-100 F |

Ein Rosé aus dunklen Trauben, bis auf 12 %, genau was notwendig ist, um einen Champagner mit einem Aroma von schwarzen Johannisbeeren und Himbeeren auszubalancieren, dessen frische Weinigkeit durch Kirschen geprägt ist. (RM)
- SCE Champagne Paul Bara, 4, rue Yvonnet, 51150 Bouzy, Tel. 03.26.57.00.50, Fax 03.26.57.81.24 ◼ ☎ n. V.

BARANCOURT Cuvée des Fondateurs*

| ○ | k. A. | k. A. | 100-150 F |

Barancourt gehört Paul Vranken, der Marke und Marke aufkauft. Seine Champagner enthalten immer einen hohen Anteil an dunklen Trauben (nur 10 % Chardonnay). Das findet man auch in dieser blumigen, komplexen, feinen Cuvée wieder, die eine gute Länge besitzt. (NM)
- Champagne Barancourt, 51150 Bouzy, Tel. 03.26.59.50.50, Fax 03.26.59.50.56 ◼ ☎ n. V.

BARDOUX PERE ET FILS*

| ○ | 4 ha | 7 000 | ◼ 70-100 F |

1929 schufen die Bardoux ihre Marke, nachdem sie drei Jahrhunderte lang als Winzer tätig gewesen waren. Nicht ganz die Hälfte Pinot meunier, ein knappes Drittel Chardonnay und ein wenig Pinot noir wirken im feinen, komplexen Blütenduft dieses lebhaften, ausgewogenen Champagners zusammen. Sehr gut gemacht - ein Wein zum Aperitif. (RM)
- Pascal Bardoux, 5-7, rue Saint-Vincent, 51390 Villedommange, Tel. 03.26.49.25.35, Fax 03.26.49.23.15 ◼ ☎ n. V.

EDMOND BARNAUT Grande réserve**

| ○ Gd cru | 11,5 ha | 55 000 | ◼ 70-100 F |

Ein über 14 ha großes Weingut, das von der fünften Generation bewirtschaftet wird. Dieser Brut ohne Jahrgangsbezeichnung stammt aus einer »immerwährenden« Reserve, die in jedem Jahr 50 % entnommen werden (und die mit dem Wein des laufenden Jahrgangs wieder aufgefüllt wird), kombiniert mit 50 % Wein des letzten Jahrgangs. Das Ergebnis entzückt die Verkoster : Feinheit, weiße Blüten, Weißdorn, Sanftheit, Ausgewogenheit. (RM)

Champagner

🍷 Champagne Edmond Barnaut, 2, rue Gambetta, B.P. 19, 51150 Bouzy, Tel. 03.26.57.01.54, Fax 03.26.57.09.97 ✉
🍽 Mo-Sa 9h30-12h 14h-18h ; So n. V. ;
1.-23. Jan. geschlossen
🍷 Philippe Secondé

EDMOND BARNAUT
Sélection Extra Brut*

| ○ Gd cru | 11,5 ha | 6 000 | 🍾🥂 | **70-100 F** |

Fast ein Blanc de Noirs, denn er enthält nur 10 % Chardonnay. Dieser Verschnitt der Jahrgänge 1988, 1990 und 1992 besitzt keine Dosage, ist also ein naturherber Champagner, wie man diesen Typ bezeichnen muß. Dieser hier ist klassisch, fruchtig und rund. Ein unverfälschter Wein. Lobend erwähnt wurde der sehr fruchtige, lange und kräftige Rosé, der aus dem Verschnitt von zwei großen Jahrgängen hervorgegangen ist: 1989 und 1990. (RM)
🍷 Champagne Edmond Barnaut, 2, rue Gambetta, B.P. 19, 51150 Bouzy, Tel. 03.26.57.01.54, Fax 03.26.57.09.97 ✉
🍽 Mo-Sa 9h30-12h 14h-18h ; So n. V. ;
1.-23. Jan. geschlossen

BARON ALBERT*

| ⬤ | k. A. | 9 000 | 🍾🥂 | **70-100 F** |

Die Barons sind seit drei Jahrhunderten Winzer, aber sie stellen erst seit 1946 Champagner her. Der Rosé, ein Verschnitt von drei Jahren, entsteht aus zwei Dritteln Pinot meunier und einem Drittel Chardonnay. Er durchläuft keine malolaktische Gärung. Verdankt er diesem Umstand seine Lebhaftigkeit und seine Jugendlichkeit ? Der Brut Tradition, der stark durch Pinot meunier geprägt ist, wird wegen seines blumigen Aromas lobend erwähnt. (NM)
🍷 Champagne Baron Albert, Grand-Porteron, 02310 Charly-sur-Marne, Tel. 03.23.82.02.65, Fax 03.23.82.02.44 ✉ 🍽 n. V.

BARON-FUENTE Grande Réserve**

| ○ | k. A. | k. A. | 🍾🥂 | **70-100 F** |

Eine schöne Leistung von Baron-Fuenté : zwei Sterne für den Brut Grande réserve (60 % Pinot meunier, 30 % Chardonnay und 10 % Pinot noir), einen leicht zugänglichen, einschmeichelnden Champagner mit einem Aroma von Mandeln und getoastetem Brot, und ein Stern für die Cuvée Trigésimo, deren unkonventionelles, koloriertes Etikett einen entwickelten Champagner ziert, dessen Mirabellenaroma eine Moschusnote enthält. Er wird gut zu einer zart angedünsteten Stopfleber passen. (NM)
🍷 Champagne Baron-Fuenté, 21, av. Fernand-Drouet, 02310 Charly-sur-Marne, Tel. 03.23.82.01.97, Fax 03.23.82.12.00 ✉
🍽 Mo-Sa 9h-18h

MICHEL BAUJEAN Tradition**

| ○ | 8 ha | 70 000 | 🍾🥂 | **70-100 F** |

Der Urenkel des Gründers bewirtschaftet 12 ha Reben und präsentiert drei Champagner, darunter diese Tradition, der zu gleichen Teilen aus den drei Rebsorten der Champagne hergestellt worden ist. Die klare Ansprache und die Feinheit dieser Cuvée haben die Verkoster verführt. Der Sélection, ein Blanc de Noirs, der aus den beiden Pinot-Sorten erzeugt wurde und sehr rund ist, aber eine spürbare Dosage enthält, erhält eine einfache Erwähnung. (RM)
🍷 Michel Baujean, La Mansardière, 10340 Bagneux-la-fosse, Tel. 03.25.29.37.44, Fax 03.25.38.58.45 ✉ 🍽 n. V.

R. BAUSER**

| ○ | 9 ha | 45 000 | 🍾 | **70-100 F** |

Ein 1959 gegründetes Gut, dessen Weinberge 13 ha umfassen. Dieser Blanc de Noirs, ein reinsortiger Pinot noir, bricht unter den Komplimenten förmlich zusammen : »sehr ausgeprägtes Aroma von reifen Früchten, Eleganz, Frische, ausgewogener, klarer Abgang, eignet sich zum Aperitif, regt den Appetit an« usw. (RM)
🍷 René Bauser, rte de Tonnerre, 10340 Les Riceys, Tel. 03.25.29.32.92, Fax 03.25.29.96.29 ✉
🍽 Mo-Sa 9h-12h 15h-18h30 ; So n. V.

HERBERT BEAUFORT
Blanc de blancs Cuvée du Mélomane**

| ○ | 16,5 ha | 7 000 | 🍾 | **70-100 F** |

Ein über 16 ha großes Gut und eine zwischen den beiden Weltkriegen geschaffene Marke. Ein bemerkenswerter Champagner. Schön anzusehen : überaus strahlende weißgoldene Farbe. Guter Geruchseindruck dank seines Vanillearomas. Fein und elegant. Er trinkt sich ausgezeichnet. (RM)
🍷 Herbert Beaufort, 32, rue de Tours-sur-Marne, B.P. 7, 51150 Bouzy, Tel. 03.26.57.01.34, Fax 03.26.57.09.08 ✉ 🍽 n. V.

BEAUMET Cuvée Brut

| ○ | k. A. | k. A. | 🍾🥂 | **100-150 F** |

Eine 100 Jahre alte Firma, die vor zwanzig Jahren von Michel und Jacques Trouillard gekauft wurde. Die drei Rebsorten der Champagne sind zu gleichen Teilen in diesem Brut ohne Jahrgangsbezeichnung enthalten, der nach Zitrusfrüchten (Zitronen) duftet und ausgewogen und von guter Länge ist. Der Blanc de Blancs desselben Erzeugers ist entwickelter, im Duft wie im Geschmack. Sein Aroma von weißen Blüten ist nachhaltig. (NM)
🍷 Champagne Beaumet, 3, rue Malakoff, B.P. 247, 51207 Epernay Cedex, Tel. 03.26.59.50.10, Fax 03.26.54.78.52 ✉ 🍽 n. V.

BEAUMONT DES CRAYERES
Rosé Privilège*

| ⬤ | k. A. | 18 000 | 🍾🍶🥂 | **70-100 F** |

Eine Vereinigung von Erzeugern, die sich 1955 zusammengeschlossen haben und 76 ha besitzen. Dieser Rosé besteht überwiegend aus dunklen Trauben (darunter 20 % Pinot noir) und enthält nur 30 % Chardonnay. Er erinnert in seiner Farbe an Rosenblätter und verbindet im Geschmack Fruchtigkeit und Mandeln. Ein Stern auch für die Cuvée de prestige, die praktisch je zur Hälfte aus weißen und dunklen Trauben (davon 15 % Pinot meunier) erzeugt wird, eine gute, an Mandelgebäck erinnernde Rundheit besitzt und voller Jugendlichkeit ist. (CM)
🍷 Champagne Beaumont des Crayères, B.P. 1030, 51318 Epernay Cedex, Tel. 03.26.55.29.40, Fax 03.26.54.26.30 ✉ 🍽 tägl. 10h-12h 14h-18h

615 **CHAMPAGNE**

Champagner

ARNAUD DE BEAUROY
Cuvée Tradition★★

○　　　k. A.　　　k. A.　　🍾　50-70 F

Ein echtes Gallimard-Jahr ! Neben einem Lieblingswein verdienen zwei weitere Champagner zwei Sterne - eine ausgezeichnete Vorstellung. Arnaud de Beauroy ist eine Zweitmarke von Champagne Gallimard. Es handelt sich um einen Blanc de Noirs aus Pinot-noir-Trauben mit einem unschlagbaren Preis-Leistungs-Verhältnis. En kraftvoller, harmonischer, fruchtiger und sinnlicher Wein. Ein weiterer sehr schöner Erfolg ist die Cuvée de réserve (80 % 94er, 20 % 93er), ebenfalls ein Blanc de Noirs, der komplex und lang ist und im Aroma an Menthol, Biskuitteig und Gewürze erinnert. Einer der Verkoster wollte ihn zum Lieblingswein wählen. (RM)
🍇 Champagne Gallimard Père et Fils, 18-20, rue du Magny, 10340 Les Riceys, Tel. 03.25.29.32.44, Fax 03.25.38.55.20 ✅
🍴 Mo-Sa 9h-12h 14h-18h ; So n. V.

YVES BEAUTRAIT 1989★

○　Gd cru　　k. A.　　4 500　🍾　100-150 F

Yves Beautrait bewirtschaftet 17 ha Reben bei Louvois, die als Grand cru eingestuft sind. Der Spécial Club in seiner bauchigen Flasche ist ein wenig durch dunkle Trauben geprägt. Es ist ein guter 89er, der jung geblieben ist. Er ist stattlich, füllig und lang. Eine lobende Erwähnung verdient der »normale« Brut, der billiger ist, aus mehr dunklen als hellen Trauben hergestellt und durch seine extreme Jugendlichkeit geprägt. (RM)
🍇 Yves Beautrait, 4, rue des Cavaliers, 51150 Louvois, Tel. 03.26.57.03.38, Fax 03.26.57.03.65 ✅ 🍴 n. V.

L. BENARD-PITOIS Carte blanche

○　1er cru　　k. A.　　k. A.　🍾　70-100 F

Ein Gut, das 1938 vom Großvater des heutigen Besitzers geschaffen wurde. Der Weinberg ist 10 ha groß. Dieser Carte blanche, zu je einem Drittel aus Chardonnay, Pinot noir und die beiden anderen Rebsorten der Champagne zu gleichen Teilen, entstammt der 93er Lese sowie 15 % Reserveweinen. Er duftet nach Aprikosen und Pfirsichen. Ein junger Wein, den man lagern kann. (RM)
🍇 Champagne Bénard-Pitois, 23, rue Duval, 51160 Mareuil-sur-Ay, Tel. 03.26.52.60.28, Fax 03.26.52.60.12 ✅ 🍴 n. V.

CHRISTIAN BERTHELOT
Blanc de blancs

○　Gd cru　　k. A.　　k. A.　🍾　50-70 F

Eine aus Chardonnay erzeugte Cuvée, deren Trauben ausschließlich aus Avize kommen. Ein Grand cru ohne Jahrgangsbezeichnung, der aber aus der 92er Lese entstammt. Dieser Wein ist im Duft sehr typisch und entfaltet im Geschmack Quitten und Akazienhonig. Die Lebhaftigkeit extremer Jugendlichkeit. (RM)
🍇 Christian Berthelot, 32, rue Ernest-Valle, 51190 Avize, Tel. 03.26.51.87.26 ✅ 🍴 n. V.

PAUL BERTHELOT
Cuvée Brut Blason d'or

○　　　k. A.　　　k. A.　　🍾　70-100 F

Ein vor einem Jahrhundert gegründetes Haus, das 22 ha Reben besitzt. Dieser Blason d'or, je zur Hälfte aus weißen und dunklen (Pinot noir) Trauben erzeugt, hat einen blumig-fruchtigen Duft und ist im Geschmack durch Zitrusfrüchte geprägt. (RM)
🍇 SA Paul Berthelot, 889, av. du Gal-Leclerc, 51530 Dizy, Tel. 03.26.55.23.83, Fax 03.26.54.36.31 ✅ 🍴 n. V.

BERTHELOT-CHAPIER

○　Gd cru　　k. A.　　10 000　🍾　50-70 F

Ein fast 3 ha großes Gut. Nichts zeigt es an, aber dieser Grand cru aus Avize ist ein Blanc de Blancs. Er wird von einer feinen Perlenschnur durchzogen, duftet nach Hefebrot und Zitrusfrüchten und bringt Rundheit und eine spürbare Dosage zum Ausdruck. Der Preis ist vernünftig. Teurer und ebenfalls gelungen ist der Blanc de Blancs, der aus 93er Traubengut hergestellt ist und sich als Aperitif eignet. (RM)
🍇 Jean Berthelot-Chapier, 7, rue Porte-de-Haut, 51190 Avize, Tel. 03.26.57.90.86 ✅
🍴 n. V.

BESSERAT DE BELLEFON 1989

○　　　k. A.　　　k. A.　　🍾　100-150 F

Sie wollen es ganz genau wissen ? Fast zwei Drittel Chardonnay, ein Viertel Pinot noir und der Rest Pinot meunier, Trauben aus Mesnil, Vertus, Mailly, Verzenay und Dizy. Der Wein hat 12,3 ° Alkoholgehalt, seine Säure liegt bei 5,9 g/l, und die Dosage macht 12 g Zucker pro Liter Wein aus. Die Weinkoster finden ihn ausgezeichnet, sanft, geschmeidig, mit einem Aroma von getrockneten Früchten, aber sie bezeichnen ihn als zu stark dosiert. Er paßt zu Drosseln mit Salbei. (NM)
🍇 Besserat de Bellefon, 19, av. de Champagne, 51200 Epernay, Tel. 03.26.78.50.50, Fax 03.26.78.50.99

BILLECART-SALMON
Cuvée Nicolas François Billecart 1989★★

○　　　k. A.　　　k. A.　　🍾　150-200 F

Eine Anfang des 19. Jh. gegründete Firma. Diese Spitzencuvée befindet sich in einer Flasche, die eine Nachbildung der 1815 vertriebenen darstellt. Sie ist das Ergebnis eines Verschnitts von 40 % Chardonnay und 60 % Pinot noir. Ausschließlich Trauben aus Grands crus. Die Verkoster waren empfänglich für seine Fenheit und seine Länge. Ein vornehmer Champagner, der vornehmen Weinfreunden vorbehalten ist. (NM)
🍇 Champagne Billecart-Salmon, 40, rue Carnot, 51160 Mareuil-sur-Ay, Tel. 03.26.52.60.22, Fax 03.26.52.64.88 ✅
🍴 Mo-Sa 9h-12h 14h-17h

BINET★

◐　　　k. A.　　　k. A.　　🍾　100-150 F

Eine 1849 gegründete Firma, die seit einigen Jahren im Besitz der Gruppe Frey ist. Dieser Rosé ist hauptsächlich aus Pinot noir erzeugt worden ; 15 % Chardonnay machen ihn

Champagner

beschwingter. Er brilliert aufgrund seiner Fülle und seines Aroma von Quittenbrot. Der Brut Elite ist wegen einer Leichtigkeit lobend erwähnt worden. Er hat nur einen Fehler, seine Jugend. Das wird sich geben. Der 89er Blanc de Blancs hat seine beste Qualität erreicht. Ein reichhaltiger Champagner, der für die Liebhaber von entwickelten Weinen bestimmt ist. (NM)

Champagne Binet, 31, rue de Reims, 51500 Rilly-la-Montagne, Tel. 03.26.03.49.18, Fax 03.26.03.43.11 n. V.

H. BLIN ET CIE Brut Tradition**

○ k. A. 350 000 70-100 F

Ein ausgezeichnetes »Schlachtroß« dieser Winzervereinigung in Vincelles, die 112 ha nutzt. Es gibt für jedermann genug davon, denn 350 000 Flaschen sind davon abgefüllt worden. Ein Blanc de Noirs (90 % Pinot meunier), der kraftvoll, weinig, kräftig gebaut, fast schwer ist. Genaue Angaben ? Alkoholgehalt 11,75°, Säure 5,45 (pH 3,07), Zuckergehalt 11,3. Der Rosé ist wegen seines Aromas von Granatäpfeln und Kirschwasser lobend erwähnt worden (mehr Alkohol, weniger Zucker, weniger Säure). Dieser fast ausschließlich aus Pinot meunier hergestellte Rosé de Noirs paßt gut zu einem Kuchen mit roten Früchten, der allerdings nicht sehr süß sein sollte ! (CM)

SC Champagne H. Blin et Cie, 5, rue de Verdun, B.P. 35, 51700 Vincelles, Tel. 03.26.58.20.04, Fax 03.26.58.29.67 n. V.

TH. BLONDEL*

1er cru   9,5 ha   5 000   70-100 F

Dieser fast 100 Jahre alte Betrieb verkauft seine Produktion erst seit 1985 unter seiner Marke. Dieser Rosé de Noirs (Pinot noir) ist ebenso intensiv in seiner Farbe, wie er im Duft kräftig ist. Der Geschmack von roten Früchten und schwarzen Johannisbeeren setzt auf harmonische Weise den Geruchseindruck fort. Eine lobende Erwähnung verdient der Vieux Millésime, d. h. der 85er, ein Blanc de Blancs, der das nicht zugibt. Akazienblüten und Zitronengras bilden den sehr hübschen Duft. Der Geschmack ist zurückhaltender. Ein Wein für Abstinenzler. (NM)

Champagne Blondel, Dom. des Monts-Fournois, B.P. 12, 51500 Ludes, Tel. 03.26.03.43.92, Fax 03.26.03.44.10 n. V.

TH. BLONDEL Blanc de Blancs 1992

○ 1er cru   4 ha   6 000   70-100 F

Ein Jahrgang, auf den man hinweisen muß, denn er ist selten. Ein ziemlich jugendlicher Champagner, dessen diskreter Duft sich entwickelt. Rundheit und Frische nach einer lebhaften Ansprache. Der Carte or - zwei Drittel Pinot noir, ein Drittel Chardonnay - leidet lediglich an übermäßiger Jugend, die eine elegante Fruchtigkeit drangsaliert. (NM)

Champagne Blondel, Dom. des Monts-Fournois, B.P. 12, 51500 Ludes, Tel. 03.26.03.43.92, Fax 03.26.03.44.10 n. V.

JEAN-CLAUDE BOCART
Cuvée Prestige*

○ 1er cru   k. A.   k. A.   70-100 F

Der auf der Montagne de Reims gelegene, 4 ha große Weinberg hat diese Cuvée Prestige hervorgebracht, die von Chardonnay (60 %) und Pinot noir (40 %) stammt. Ein junger, sehr leichter, subtiler Wein. »Feminin«, schrieb ein Verkoster. (RC)

Jean-Claude Bocart, 13, Grande-Rue, 51400 Billy-Le-Grand, Tel. 03.26.67.95.67, Fax 03.26.66.53.95 n. V.

BOIZEL Brut Réserve*

○ k. A. 360 000   70-100 F

Ein sehr schöner Mehrfacherfolg für diese Firma, die vor eineinhalb Jahren gegründet wurde. Der Brut Réserve ist das Ergebnis von mehr als der Hälfte Pinot noir und einem knappen Drittel Chardonnay, ergänzt durch ein wenig Pinot meunier. Er brilliert durch sein Aroma von Blüten und Quitten und durch seine bemerkenswerte Ausgewogenheit. Der extrem blasse Rosé erhält einen Stern aufgrund seiner Frische, seiner lebhaften Ansprache und seiner Länge im Geschmack. (NM)

Champagne Boizel, 46, av. de Champagne, 51200 Epernay, Tel. 03.26.55.21.51, Fax 03.26.54.31.83 n. V.

BOIZEL Joyau de France 1988***

○ k. A. 50 000   +200 F

Die Weinkoster frohlockten : »Sehr fein, der Duft öffnet sich mit Eleganz, der Geschmack ist von vollkommener Ausgewogenheit, von extremer Länge ... angenehm komplex ... ein Ausnahmewein etc.« Die Wahl zum Lieblingswein war unvermeidlich. Der Blanc de Blancs derselben Firma erhält einen Stern für seinen Duft nach Zitrusfrüchten, seine frische Ansprache und seine Ausgewogenheit. (NM)

Champagne Boizel, 46, av. de Champagne, 51200 Epernay, Tel. 03.26.55.21.51, Fax 03.26.54.31.83 n. V.

BOLLINGER R.D. 1985**

○ k. A.   k. A.   +200 F

»R.D.« - diese Abkürzung ist gesetzlich geschützt und darf nur von Bollinger verwendet

Champagner

werden. Sie bedeutet ganz einfach »récemment dégorgé« (vor kurzem degorgiert). Darüber hinaus ist dieser Champagner von 1985 bis 1997 auf seiner Hefe geblieben. Der genaue Zeitpunkt der Degorgierung ist auf einem Rückenetikett aufgedruckt. Dieser 85er ist groß. Groß aufgrund der Qualität, die auf den Jahrgang zurückgeht, aber vor allem wegen des Gewinns an Komplexität, die ihm die »Bollinger-Vinifizierung« verliehen hat. Kräftige goldene Farbe, Duft und Geschmack phasengleich. Reichhaltigkeit, Stärke und Länge : Wahl zum Lieblingswein. (NM)
- Bollinger, 16, rue Jules-Lobet, 51160 Ay-Champagne, Tel. 03.26.53.33.66, Fax 03.26.54.85.59

BOLLINGER Grande Année 1989**

○   k. A.   k. A.   +200 F

Ein Champagner, der Charakter besitzt und Reaktionen hervorruft : »Würde mir gern diese Flasche anbieten lassen ... Stärke und sinnlicher Genuß.« Und für einen anderen Verkoster »ein sehr guter alter Jahrgang«. Das Bukett ist kräftig und fein zugleich, mit Noten von reifen weißfleischigen Früchten über einem leichten Holzton. Der Geschmack ist füllig ; man findet darin das Aroma des Geruchseindrucks wieder. Die Länge ist beeindruckend. Dieser große Wein stammt von Pinot noir (60 %) und Chardonnay (40 %). Ein Stern für die Spécial Cuvée (ein Viertel Chardonnay, 15 % Pinot meunier, der Rest Pinot noir), ein Stern, der sie aufgrund ihrer Frische und ihrer Ausgewogenheit erhalten hat. (NM)
- Bollinger, 16, rue Jules-Lobet, 51160 Ay-Champagne, Tel. 03.26.53.33.66, Fax 03.26.54.85.59

BONNAIRE Blanc de Blancs*

○ Gd cru   k. A.   k. A.   70-100 F

Ein Blanc de Blancs, der Erfolg hat. Der Duft ? Reifer Weizen, Röstgeruch, Weißdorn, Pfirsiche und weiße Blüten. Der Geschmack ? Säuerlich, aber sanft, mit Noten von Haselnüssen und Weizen. Eine lobende Erwähnung für den Tradition mit dem diskreten Duft, dessen Aroma aber klar und ausgewogen ist, und den 91er Blanc de Blancs, einen Cramant grand cru, einen seltenen Jahrgang, der stark durch die Säure geprägt wird und ein wenig steif, aber im Geschmack klar ist. (RM)
- Champagne Bonnaire, 120, rue d'Epernay, 51530 Cramant, Tel. 03.26.57.50.85, Fax 03.26.57.59.17   tägl. 8h-12h 14h-17h ; 5.-30. Aug. geschlossen

ALEXANDRE BONNET Madrigal 1990*

○   k. A.   k. A.   100-150 F

Eine Cuvée, deren Etikett den Namen perfekt veranschaulicht, halb aus weißen und halb aus dunklen Trauben (Pinot noir) erzeugt, mit einem Aroma von weißen Blüten und Mandeln, lebhaft und lang. Lobend erwähnt wird der Rosé, der bei Alexandre Bonnet von sehr einheitlicher Qualität ist. Es ist ein Rosé de Noirs (Pinot noir), der im Geschmack lang ist, geprägt durch rote Früchte, füllger als fein. Er wird seine Aufgabe während einer Mahlzeit perfekt ausfüllen. (NM)

- SA Alexandre Bonnet, 138, rue du Gal-de-Gaulle, 10340 Les Riceys, Tel. 03.25.29.30.93, Fax 03.25.29.38.65   n. V.

F. BONNET Brut Héritage

○   k. A.   k. A.   70-100 F

Die Marke wird von der Gruppe Rémy-Cointreau kontrolliert, die auch Krug und Piper-Heidsieck besitzt. Häufig verwendet der Bonnet-Champagner ein Fünftel weiße Trauben und vier Fünftel dunkle Trauben. Der Brut Héritage bevorzugt Pinot meunier (50 %). Das verleiht ihm Gewicht und ein Zitrusaroma. Die Princesse de France dagegen verwendet überwiegend Pinot noir (60 %). Sein Aroma von getrockneten Früchten und seine Komplexität bringen ihm eine lobende Erwähnung ein. (NM)
- Champagne F. Bonnet, 12, allée du Vignoble, B.P.129, 51055 Reims Cedex, Tel. 03.26.84.44.15, Fax 03.26.53.34.69
- Rémy-Cointreau

BONNET-PONSON Cuvée spéciale 1989

○ 1er cru   k. A.   12 000   70-100 F

Ein 1835 von Maxime Isidore Bonnet gegründetes Haus. Es hat nie den Besitzer gewechselt. Heute führt Thierry Bonnet die Familientradition fort. Ein 89er mit einer typischen Entwicklung, die im Aussehen und im Duft ziemlich ausgeprägt ist, aber rund und nervig im Geschmack. (RM)
- Champagne Bonnet-Ponson, 20, rue du Sourd, 51500 Chamery, Tel. 03.26.97.65.40, Fax 03.26.97.67.11   n. V.

EDMOND BONVILLE
Blanc de Blancs Cuvée de réserve

○ Gd cru   k. A.   k. A.   70-100 F

Die dritte Generation der Bonvilles führt die traditionelle Produktion von Blanc-de-Blancs-Weinen fort. Der Geruchseindruck dieses Champagners ist unaufdringlich. Im Geschmack ist die Ausgewogenheit seine beherrschende Qualität. (RM)
- Champagne Edmond Bonville, 3 et 15, rue du Gué, 51190 Oger, Tel. 03.26.57.53.19, Fax 03.26.51.53.29   n. V.
- Françoise Bonville

FRANCK BONVILLE
Blanc de Blancs 1987**

○ Gd cru   k. A.   80 000   70-100 F

Im Laufe von fünf Generationen haben die Bonvilles ein 18 ha großes Gut in Avize, Cramant und Oger, drei als Grands crus eingestuften Gemeinden, angelegt. Dieser 87er ist erstaunlich : Die goldgrüne Farbe bleibt jugendlich ; der Blüten- und Haselnußduft ist von großer Eleganz, ebenso wie der Geschmack. Lobend erwähnt werden die Jahrgangschampagner 1988 und 1989 : der erste fein und elegant wie der vorangegangene, der zweite entwickelter, füllger, fast üppig.
- Champagne Franck Bonville, 9, rue Pasteur, 51190 Avize, Tel. 03.26.57.52.30, Fax 03.26.57.59.90   n. V.

Champagner

BOUCHE PERE ET FILS Cuvée Saphir**
○   k. A.   k. A.   `100-150 F`

Eine 1945 von Pierre Bouché gegründete Firma, die heute von seinem Sohn José geleitet wird. Das große Anbaugebiet erstreckt sich auf 35 ha und umfaßt Parzellen in fünf Grands crus. Die Cuvée Saphir ist bemerkenswert aufgrund ihres komplexen, feinen Aromas, im Duft ebenso wie im Geschmack. Sie ist ein erstklassiger Champagner, eine Kreation. Die Cuvée réservée wurde fast ebenso gut benotet : ein Stern für seinen Duft, eine angenehme Mischung aus Fruchtigkeit und Blumigkeit, und für seinen verschmolzenen, harmonischen Geschmack. Ein Stern auch für die 88er Cuvée réservée, einen Jahrgang, der seine Zeit triumphiert. (NM)
🍾 Champagne Bouché Père et Fils, 10, rue du Gal-de-Gaulle, 51530 Pierry, Tel. 03.26.54.12.44, Fax 03.26.55.07.02 ☑ ⬮ Mo-Sa 8h-17h ; So n. V. ; Aug. geschlossen

RAYMOND BOULARD*
○ Gd cru   k. A.   9 300   `70-100 F`

Ein Sternenregen : dreimal ein Stern für drei Champagner, die von 10 ha Rebflächen kommen, die sich auf sieben Crus, darunter den Grand cru Mailly, verteilen. Dieser getrennt vinifizierte Grand cru besteht fast ganz aus dunklen Trauben (nur 10 % Chardonnay) ; er stammt von 94er Traubengut und 92er und 82er Reserveweinen. Eine harmonische, ausgewogene, lange Cuvée mit kräftiger Dosage. Der durch Maischegärung hergestellte Rosé, ein Rosé de Noirs, bei dem die beiden Pinot-Sorten im gleichen Anteil vertreten sind, schmeckt nach Brombeeren und ist vollständig. Der Blanc de Blancs namens Carte n wurde von 93er Trauben und 92er Reserveweinen. Er hat keine malolaktische Gärung durchlaufen und besitzt eine unverschämte Jugendlichkeit (zu viel ?) und eine spürbare Dosage. (NM)
🍾 Champagne Raymond Boulard, 1 et 4, rue du Tambour, 51480 La Neuville-aux-Larris, Tel. 03.26.58.12.08, Fax 03.26.58.13.02 ☑ ⬮ n. V.

JEAN-PAUL BOULONNAIS
Brut Tradition
○   k. A.   k. A.   `70-100 F`

Das Weingut umfaßt 5 ha und ist das Werk von fünf Generationen. Der Tradition ist ein Champagner, der im Geschmack und im Duft entwickelter ist als im Aussehen. Das kräftige, komplexe Aroma verflüchtigt sich rasch. Gelungene Dosage. (NM)
🍾 Jean-Paul Boulonnais, 14, rue de l'Abbaye, 51130 Vertus, Tel. 03.26.52.23.41, Fax 03.26.52.27.55 ⬮ n. V.

CH. DE BOURSAULT Tradition**
◐   9,5 ha   k. A.   `100-150 F`

Man darf nicht versäumen, einen Blick auf dieses erstaunliche Schloß zu werfen, wenn man in die Gegend von Epernay kommt. Leider kann man es nicht besichtigen, aber man kann diesen Rosé de Noirs probieren, der durch kurze Maischung entstanden ist. Die Cuvée besteht zu gleichen Teilen aus den beiden Pinot-Sorten. Ein sehr kräftiges Aroma von gekochten Erdbeeren, roten Johannisbeeren und Veilchen belebt den Duft und den Geschmack. All das ist voller Frische und enthält eine sehr starke Dosage. Der aus den drei Rebsorten der Champagne erzeugte weiße Champagner erhält einen Stern, denn er ist strukturiert, blumig und fein. (NM)
🍾 Champagne Ch. de Boursault, 2, rue Maurice-Gilbert, 51480 Boursault, Tel. 03.26.58.42.21, Fax 03.26.58.66.12 ☑ ⬮ n. V.

BOUTILLEZ-GUER Tradition*
○   k. A.   k. A.   `70-100 F`

Vor fünf Jahrhunderten waren die Boutillez Winzer in Villers-Marmery. Die Marke selbst ist erst ein paar Jahre alt. Die Chardonnay-Trauben aus Villers-Marmery sind bekannt für ihre Qualität bekannt. Es gibt 85 % davon in dieser Cuvée Tradition (15 % Pinot noir), die blumig, frisch und von großer Eleganz ist. Der Blanc de Blancs wird wegen seiner Rundheit und Fülle lobend erwähnt. (RM)
🍾 Champagne Boutillez-Guer, 38, rue Pasteur, 51380 Villers-Marmery, Tel. 03.26.97.91.38, Fax 03.26.97.94.95 ☑ ⬮ n. V.

BRETON FILS
◐   1,3 ha   4 500   `70-100 F`

40 % Pinot meunier, 40 % Chardonnay und 12 % Pinot noir ergeben diesen mit der Hand gerüttelten Rosé, der »im Flug« degorgiert worden ist. Man findet in diesem Wein, der voller Jugendlichkeit ist, Sauerkirschen und Himbeeren. (RM)
🍾 SCEV Breton Fils, 12, rue Courte-Pilate, 51270 Congy, Tel. 03.26.59.31.03, Fax 03.26.59.30.60 ☑ ⬮ tägl. 7h-12h30 13h-19h30
🍾 Ange Breton

BRICOUT Prestige**
○ 1er cru   k. A.   300 000   `70-100 F`

Diese von einem Deutschen gegründete Firma ist 1979 wieder deutsch geworden. Die Cuvée Prestige ist klassisch : Pinot noir und Chardonnay komponieren sie im Verhältnis 60 : 40. Die Vinifizierung wird auf der Hefe durchgeführt. Daran schließen sich vor dem Degorgieren vier Jahre in der Flasche an. Das feine, an Hefebrot erinnernde Aroma von Zitrusfrüchten und weißen Früchten weist auf die vollkommene Ausgewogenheit des Geschmacks hin : Gerüst, Rundheit und Nachhaltigkeit. (NM)
🍾 Champagne Bricout et Koch, 59, rte de Cramant, 51190 Avize, Tel. 03.26.53.30.00, Fax 03.26.57.59.26 ☑ ⬮ n. V.
🍾 Racke

BROCHET-HERVIEUX
Cuvée spéciale "HBH" 1990***
○ 1er cru   k. A.   12 000   `100-150 F`

Achtung ! Man hat von diesem 90er nur 12 000 Flaschen abgefüllt. Wird das für alle ausreichen ? Drei Sterne und die Wahl zum Lieblingswein für eine klassische Cuvée aus Pinot noir und Chardonnay (60 :40). Die Trauben sind 1990 geerntet worden, in einem Jahr mit Reichtum und Reife. Ein fruchtiger Jahrgangschampagner, der füllig und rund ist und seinen Höhepunkt erreicht hat : Mokka, kandierte Früchte, gelbe Pfirsiche,

Champagner

getrocknete Aprikosen, Mirabellen ... Großartig ! (RM)

🕭 Brochet-Hervieux, 28, rue de Villers, 51500 Ecueil, Tel. 03.26.49.74.10, Fax 03.26.49.26.51 ☑ ⵏ n. V.

ANDRE BROCHOT*

| ⬤ | | 1 ha | k. A. | 🍴 🕭 | 70-100 F |

Ein Blanc de Noirs aus Pinot meunier ! Lang - neun Monate - im Gärbehälter vinifiziert, ausschließlich 92er Wein. Ausgewogenheit, Rundheit und Länge, aber auch Frische. Der Rosé erhält auch einen Stern. Es ist ein Rosé de Noirs aus Pinot meunier, der durch den Zusatz von altem Coteaux Champenois aus dem Jahrgang 1985 Farbe erhalten hat und nach vier Jahren in der Flasche degorgiert worden ist. Er ist hell, vollkommen fruchtig und ausgezeichnet dosiert. (RM)

🕭 Francis Brochot, 21, rue de Champagne, 51530 Vinay, Tel. 03.26.59.91.39 ☑ ⵏ n. V.

M. BRUGNON 1992

| ○ | | k. A. | 20 000 | 🍴 🕭 | 70-100 F |

Eine 1950 geschaffene Marke, die ein 7,5 ha großes Anbaugebiet nutzt. Es gibt etwas mehr weiße als schwarze Trauben in diesem 92er, einem Jahr, von dem man selten Jahrgangschampagner findet. Er ist von guter Rundheit und vor allem sehr frisch. Man kann diesen sehr umgänglichen Champagner zu hellem Fleisch trinken. (RM)

🕭 Brugnon, 1, rue Brûlée, 51500 Ecueil, Tel. 03.26.49.25.95, Fax 03.26.49.76.56 ☑ ⵏ n. V.

EDOUARD BRUN ET CIE Réserve**

| ○ 1er cru | | k. A. | 20 000 | 🍴 🕭 | 70-100 F |

Diese 1898 gegründete Familienmarke bietet eine gelungene Zusammenstellung, die in starkem Maße Pinot bevorzugt (nur 15 % Chardonnay 15). Der zarte, vornehme, blumige Duft straft diejenigen Lügen, die diese Adjektive nur für den Chardonnay verwenden ! Zumal der Geschmack den Geruchseindruck bestätigt. (NM)

🕭 Champagne Edouard Brun et Cie, 14, rue Marcel Mailly, B.P. 11, 51160 Ay, Tel. 03.26.55.20.11, Fax 03.26.51.94.29 ☑ ⵏ Mo-Fr 8h-12h 14h-18h ; Sa, So n. V.

JACQUES BUSIN*

| ○ Gd cru | | 6 ha | 36 000 | 🍴 🕭 | 70-100 F |

Verzenay, Verzy, Ambonnay, Sillery, vier Grands crus, in denen Jacques Busin 8,5 ha Reben besitzt. Dieser Brut ohne Jahrgangsbezeichnung stammt von 93er Traubengut. Er kombiniert Pinot noir und Chardonnay im klassischen Verhältnis 60 :40. Seine Qualitäten sind offensichtlich : Ausgewogenheit, Frische, Länge. Ein Stern auch für den 90er Jahrgangschampagner, der je zur Hälfte aus dunklen und weißen Trauben erzeugt worden ist. Er ist kraftvoll und komplex und besitzt ein Aroma von Backpflaumen, Kaffee und Rosen, das einige Verkoster als »feminin« einschätzen. (RM)

🕭 Jacques Busin, 17, rue Thiers, 51360 Verzenay, Tel. 03.26.49.40.36, Fax 03.26.49.81.11 ☑ ⵏ n. V.

GUY CADEL Grande Cuvée 1989*

| ○ | | k. A. | k. A. | 🍴 🕭 | 100-150 F |

Die Familie Cadel bewirtschaftet ein 10 ha großes Gut im Marne-Tal. 60 % Pinot meunier, 10 % Pinot noir und 30 % Chardonnay ergeben diese Grande Cuvée, die erneut einen Stern erhält. Erneut, denn sie hatte ihn schon vor einem Jahr erhalten für diese mehr eher kräftigen als feinen Wein, der aber perfekt strukturiert ist. Die Jury gab ihm den Vorzug gegenüber dem 90er Prestige. (RM)

🕭 Champagne Guy Cadel, 13, rue Jean-Jaurès, 51530 Mardeuil, Tel. 03.26.55.24.59, Fax 03.26.54.63.15 ☑ ⵏ Mo-Fr 8h-18h ; Sa, So n. V.

🕭 P. Thiébault

CAILLEZ-LEMAIRE Grande Réserve**

| ○ | | k. A. | 10 521 | 🍴 | 70-100 F |

Eine je zur Hälfte aus weißen und dunklen (ebenso viel Pinot meunier wie Pinot noir) erzeugte Cuvée, die sehr gut bewertet worden ist aufgrund ihrer blaßgoldenen Farbe, ihres empyreumatischen Aromas von getrockneten Aprikosen und gerösteten Haselnüssen und ihres füllig-ausgewogenen Abgangs. (RM)

🕭 Champagne Caillez-Lemaire, 14, rue Pierre-Curie, 51480 Damery, Tel. 03.26.58.41.85, Fax 03.26.52.04.23 ☑ ⵏ n. V.

🕭 Henri Caillez

PIERRE CALLOT Vignes anciennes 1989**

| ○ Gd cru | | 0,5 ha | 3 000 | 🍴 | 100-150 F |

Im Laufe dreier Generationen haben die Callots, die schon immer Winzer waren, 6 ha in der als Grand cru eingestuften Gemeinde Avize erworben. Ihr 89er Blanc de Blancs, der zweifelsenhaft vinifiziert worden ist, vor der zweiten Gärung acht Monate auf der Hefe gereift ist und keine malolaktische Gärung durchlaufen hat, ist typisch : kandierte Früchte und geröstete Mandeln. Dieser Wein erreicht seine beste Qualität ; sein Abgang ist sehr lang. (RM)

🕭 SARL Champagne Pierre Callot, 100, av. Jean-Jaurès, 51190 Avize, Tel. 03.26.57.51.57, Fax 03.26.57.99.15 ☑ ⵏ n. V.

CANARD-DUCHENE Brut

| ○ | | 450 ha | k. A. | 🍴 🕭 | 70-100 F |

Die »große Marke« von Ludes, auf der Montagne de Reims, präsentiert einen Brut, der von den Rebsorten der Champagne stammt (davon ein Fünftel Chardonnay). Er hat ein Aroma von Birnen und weißen Blüten, ist jugendlich und enthält eine spürbare Dosage.

Champagner

Lobenswert erwähnt wird die sehr jugendliche Cuvée Charles VII, die eine lebhafte Ansprache hat und an grüne Bananen, frische Butter und Hefebrot erinnert. (NM)
🍾 Canard-Duchêne, 1, rue Edmond-Canard, 51500 Ludes, Tel. 03.26.61.10.96, Fax 03.26.61.13.90 ☑ ☥ Mo-Sa 11h-13h 14h-17h ; So 14h-17h

JEAN-YVES DE CARLINI Réserve*

| ○ 1er cru | 5 ha | 2 600 | ▮ 70-100 F |

1955 entstand die Marke Carlini, die seit 1984 den Vornamen Jean-Yves trägt ! Die Cuvée réserve, je zur Hälfte aus weißen und dunklen (Pinot noir) Trauben erzeugt, enthält 40 % Reserveweine und 60 % 95er Weine. Ein frischer, strukturierter Wein von guter Länge. (RM)
🍾 Jean-Yves de Carlini, 13, rue de Mailly, 51360 Verzenay, Tel. 03.26.49.43.91, Fax 03.26.49.46.46 ☑ ☥ n. V.

CASTELLANE Cuvée Commodore 1989**

| ○ | k. A. | k. A. | ▮♨ 150-200 F |

Eine Sondercuvée, die anfängt, »gut abgelagert zu sein«, denn sie wurde 1968 eingeführt und trug die Jahrgangsbezeichnung 1961. Sie gibt nicht der Mode leichter Champagner nach, denn sie enthält 70 % Pinot noir. Dieser Wein ist für sein Alter voller Jugendlichkeit und zeigt sich ganz rund und ausgewogen ; seine Dosage ist mustergültig. Der lobend erwähnte Brut besteht zu gleichen Teilen aus den drei Rebsorten der Champagne und ist mineralisch und frisch. Er ist zum Aperitif bestimmt, während die Cuvée Commodore zum Essen paßt. (NM)
🍾 Champagne de Castellane, 57, rue de Verdun, B.P. 136, 51204 Epernay, Tel. 03.26.51.19.19, Fax 03.26.54.24.81 ☑ ☥ tägl. 10h-12h 14h-18h ; 1. Nov. bis Ostern geschlossen

CASTELLANE
Cuvée Florens de Castellane 1988**

| ○ | k. A. | k. A. | ▮♨ +200 F |

Die zweite Spitzencuvée von Castellane, stark durch die weißen Trauben (90 %) geprägt ist : Frische, Klarheit, Zitrusfrüchte und Blüten, aber auch Ausgewogenheit und Feinheit sind seine Stärken. Die Jury hat keinen Schwachpunkt festgestellt. Eine lobende Erwähnung findet der Chardonnay, also ein Blanc de Blancs : weiße Blüten, mineralisch, mit aufdringlicher Dosage. (NM)
🍾 Champagne de Castellane, 57, rue de Verdun, B.P. 136, 51204 Epernay, Tel. 03.26.51.19.19, Fax 03.26.54.24.81 ☑ ☥ tägl. 10h-12h 14h-18h ; 1. Nov. bis Ostern geschlossen

CATTIER Clos du Moulin*

| ○ 1er cru | 2,2 ha | 15 000 | ▮♨ 150-200 F |

Der Clos, der einem Offizier von König Ludwig XV. gehörte, umfaßt 2,2 ha. Diese Cuvée enthält ebenso viele weiße wie dunkle Trauben (Pinot noir). Ihre Ansprache ist sanft. Sie glänzt durch ihre Feinheit und ihre Leichtigkeit. Lobend erwähnt wird der Rosé, der in seiner Zusammensetzung stark durch die dunklen Trauben geprägt ist (25 % Chardonnay sowie die beiden Pinot-Sorten). Zwei Champagner von guter Ausgewogenheit zwischen Zucker und Säure. (NM)
🍾 Cattier, 6, rue Dom-Pérignon, 51500 Chigny-les-Roses, Tel. 03.26.03.42.11, Fax 03.26.03.43.13 ☑ ☥ Mo-Fr 9h-11h 14h-17h ; Gruppen n. V.

CLAUDE CAZALS Cuvée Extra

| ○ | k. A. | k. A. | ▮ 70-100 F |

Das 9 ha große Anbaugebiet befindet sich ausschließlich in zwei Grands crus : Le Mesnil und Oger. Die Cuvée Extra und der Extra brut haben Gemeinsamkeiten, mit der knappen Dosage : zwei kraftvolle Weine, deren Entwicklung die Frische nicht beeinträchtigt. (RM)
🍾 Madame Claude Cazals, 28, rue du Grand-Mont, 51190 Le Mesnil-sur-Oger, Tel. 03.26.57.52.26, Fax 03.26.57.78.43 ☑ ☥ Mo-Fr 9h-12h 14h-18h ; Sa, So n. V.

CHARLES DE CAZANOVE
Stradivarius 1989**

| ○ | k. A. | k. A. | +200 F |

Diese alte Firma, die 1811 von Charles de Cazanove gegründet wurde, hat ihre Selbständigkeit bewahrt. Als sich Charles de Cazanove für Paganini bemühte, vinifizierte er die Cuvée Stradivarius. Das ist kein Capriccio, sondern eine Sinfonie, die von zweimal mehr Chardonnay als Pinot noir interpretiert wird. Mozart, kein Mahler. Man sollte ihr »lauschen«, während man eine in Alufolie gebratene Seezunge ißt. Eine lobende Erwähnung für den 90er Brut Azur, der noch mehr Chardonnay enthält und leicht wie ein Vogel ist. Nein, wie ein Schmetterling. (NM)
🍾 Charles de Cazanove, 1, rue des Cotelles, 51200 Epernay, Tel. 03.26.59.57.40, Fax 03.26.54.16.38 ☑ ☥ n. V.
🍾 Lombard

CHANOINE Grande Réserve**

| ○ | k. A. | k. A. | ▮ 70-100 F |

Eine 1730 gegründete Firma, die seit ein paar Jahren eine fachkundige Mannschaft mit neuem Leben erfüllt. Die zu gleichen Teilen aus den drei Rebsorten der Champagne erzeugte Grande Réserve ist sanft ; ihre Ansprache ist klar. Er läßt an kleine rote Früchte und Äpfel denken. Der 89er Jahrgangschampagner bietet einen langen Geschmack nach Honig und Schokoladenkrokant mit Zitronennote. Er erhält einen Stern. (NM)
🍾 Champagne Chanoine, av. de Champagne, 51100 Reims, Tel. 03.26.36.61.60, Fax 03.26.36.66.62

CHAPUY Tradition Carte noire

| ○ | 6,25 ha | 20 000 | ▮♨ 70-100 F |

Die Chapuis sind Winzer und Weinhändler. Sie bewirtschaften einen über 6 ha großen Weinberg in Oger, einer Grand-cru-Gemeinde. Der Carte rosé resultiert aus drei Viertel Chardonnay und einem Viertel Pinot meunier, einer sehr häufigen Zusammenstellung. Ein lebhafter, weniger Champagner, dessen Ausgewogenheit und Dosage gelungen sind. (NM)

Champagner

⊶ SA Champagne Chapuy, 8 bis, rue de Flavigny, B.P. 14, 51190 Oger, Tel. 03.26.57.51.30, Fax 03.26.57.59.25 ☑ ⊺ n. V.

CHARBAUT
Blanc de blancs Certificate 1988*

| ○ | k. A. | 40 000 | 150-200 F |

Eine von Paul Vranken übernommene Marke. Die Cuvée Certificate, eine Spitzencuvée, ist älter als die Übernahme dieser Marke durch Paul Vranken. Ganz offensichtlich hat dieser Champagner seinen Höhepunkt erreicht. In diesem glatten, geschmeidigen Wein findet man Unterholz, süße Mandeln und sehr reife rote Früchte. (NM)
⊶ Champagne Charbaut et Fils, 17, av. de Champagne, 51200 Epernay, Tel. 03.26.59.50.50, Fax 03.26.59.50.56 ☑ ⊺ n. V.

CHARDONNET ET FILS Cuvée Brut

| ○ | 1,5 ha | 6 000 | 50-70 F |

Die von Michel Chardonnet hergestellten Champagner werden alle lobend erwähnt : die Cuvée Brut und der Réserve, beide das Ergebnis ähnlicher Verschnitte, die doppelt soviel Chardonnay wie Pinot noir enthalten ; aber der erste Wein stammt von 91er Trauben, der zweite von Trauben der 87er Lese. Die Trauben für den Blanc de Blancs wurden 1990 gepflückt. Diese drei Champagner sind repräsentativ für ihren jeweiligen Jahrgang : Der 91er ist frisch und leicht, der 87er hat an Komplexität gewonnen, verbirgt aber nicht sein Alter, und der füllige 90er entwickelt sich mit Riesenschritten. Die drei Champagner werden als Bruts ohne Jahrgangsbezeichnung verkauft. (RM)
⊶ Michel Chardonnet, 7, rue de l'Abattoir, 51190 Avize, Tel. 03.26.57.91.73, Fax 03.26.57.84.46 ☑ ⊺ tägl. 9h-20h

GUY CHARLEMAGNE
Blanc de blancs Mesnillésime 1990**

| ○ Gd cru | 2 ha | 10 000 | 100-150 F |

Ein Wein, der sich großartig entwickelt hat. Ein Stern im vergangenen Jahr, zwei in diesem und zusätzlich die Wahl zum Lieblingswein. Er verdient sie, denn er repräsentiert auf ideale Weise den großen Jahrgang 1990 durch seine Feinheit, die durch eine großzügige Stärke und seine große Länge im Geschmack verstärkt wird. Ein Blanc de Blancs, der Statur hat, ausdrucksvoll und füllig. Er paßt zu Krustentieren. (RM)
⊶ Guy Charlemagne, 4, rue de La Brèche-d'Oger, 51190 Le Mesnil-sur-Oger, Tel. 03.26.57.52.98, Fax 03.26.57.97.81 ☑ ⊺ n. V.

ROBERT CHARLEMAGNE

| ◐ Gd cru | 0,5 ha | 3 800 | 70-100 F |

Diese zu Beginn der 40er Jahre gegründete Marke präsentiert einen Rosé aus Chardonnay-Trauben, d. h. einen Blanc de Blancs, dem 10 % Rotwein aus Pinot-noir-Trauben Farbe verleihen. Ein Rosé mit schöner Erscheinung, in dem der Chardonnay fein bleibt : Er versteckt sich hinter dem Pinot. (RM)
⊶ Champagne Robert Charlemagne, av. Eugène-Guillaume, B. P. 25, 51190 Le Mesnil-sur-Oger, Tel. 03.26.57.51.02, Fax 03.26.57.58.05 ☑ ⊺ n. V.

CHARLIER ET FILS Prestige*

| ◐ | k. A. | k. A. | 70-100 F |

Seit einem Jahrhundert sind die Charliers Winzer. Die Weine lagern immer in großen Eichenholzfässern. Dieser orangerote Rosé ist voller Rundheit : die von kandierten Früchten und sehr reifen roten Früchten. (RM)
⊶ Charlier et Fils, 4, rue des Pervenches, Aux foudres de chêne, 51700 Montigny-sous-Châtillon, Tel. 03.26.58.35.18, Fax 03.26.58.02.31 ☑ ⊺ n. V.

J. CHARPENTIER Brut Prestige**

| ○ | 1,5 ha | k. A. | 70-100 F |

Diese 1954 eingeführte Marke nutzt ein 12 ha großes Anbaugebiet. Die Cuvée Brut Prestige entsteht aus einem Fünftel Chardonnay sowie ebensoviel Pinot meunier wie Pinot noir. Der Geruchseindruck und der Geschmack sind empyreumatisch, mit einer leicht exotischen Fruchtigkeit und einer guten Ausgewogenheit. Lobend erwähnt werden soll ein Rosé de Noirs, der zu einem Fünftel aus Pinot noir besteht und ein Aroma von roten Johannisbeeren, Holz und Rauch zeigt. (RM)
⊶ Jacky Charpentier, 88, rue de Reuil, 51700 Villers-sous-Châtillon, Tel. 03.26.58.05.78, Fax 03.26.58.36.59 ☑ ⊺ n. V.

CHARTOGNE-TAILLET
Cuvée Sainte-Anne

| ○ | k. A. | 40 000 | 70-100 F |

Die Chartognes sind seit dem 17. Jh. Winzer und bewirtschaften ein über 10 ha großes Gut. Dieser Brut ohne Jahrgangsbezeichnung ist dreieinhalb Jahre auf der Hefe gereift. Er besteht nur aus der je zur Hälfte aus weißen und dunklen Trauben (davon 10 % Pinot meunier) hergestellten Cuvée und hat keine malolaktische Gärung durchlaufen. Ein nerviger, intensiver Wein mit dem Aroma von weißen Früchten, der ausgewogen und lang ist. (RM)
⊶ Philippe Chartogne-Taillet, 37-39, Grande-Rue, 51220 Merfy, Tel. 03.26.03.10.17, Fax 03.26.03.19.15 ☑ ⊺ n. V.

CHAMPAGNE CHAUVET
Blanc de blancs Cachet vert**

| ○ | k. A. | k. A. | 70-100 F |

Im Laufe von vier Generationen haben die Chauvets ein 10 ha großes Anbaugebiet angelegt. Dieser Blanc de Blancs besteht zu mehr als der Hälfte aus Trauben, die 1991 gelesen wurden, ergänzt durch ein gutes Viertel 90er und ein

Champagner

wenig 89er Wein. Dieser sehr blumige und feine Wein ist perfekt dosiert. Der je zur Hälfte aus dunklen und weißen Trauben hergestellte Grand Rosé enthält 8 % Rotwein aus Bouzy ; er muß lobend erwähnt werden. Er stammt von 91er und 92er Traubengut und duftet nach Kirschen. (NM)
➽ Champagne Chauvet, 41, av. de Champagne, 51150 Tours-sur-Marne, Tel. 03.26.58.92.37, Fax 03.26.58.96.31 ☑ ⏰ n. V.
➽ Mme J. Paillard-Chauvet

MARC CHAUVET Sélection*

| | 2 ha | 9 000 | 70-100 F |

Die vierte Generation hat auf dem Gut die Nachfolge angetreten und baut auf 12 ha Wein an. Diese Sélection enthält einen Teil Pinot meunier und je zwei Teile Pinot noir und Chardonnay. Sie durchläuft keine malolaktische Gärung ; sie ist lebhaft und frisch und paßt zu Austern und weißem Fleisch. Der Brut Traditionnel, der zu gleichen Teilen aus den drei Rebsorten der Champagne hergestellt worden ist, macht teilweise eine malolaktische Gärung durch. Seine Frische bestimmt ihn zum Aperitif. (RM)
➽ Champagne Marc Chauvet, 3, rue de la Liberté, 51500 Rilly-la-Montagne, Tel. 03.26.03.42.71, Fax 03.26.03.42.38 ☑ ⏰ n. V.

H. CHAUVET ET FILS Brut Réserve

| | k. A. | 3 000 | 70-100 F |

Henri Chauvet war zu Beginn des Jahrhunderts Rebschulgärtner und Winzer. Seitdem haben einander drei Generationen bei der Führung eines 5 ha großen Guts abgelöst. Der Brut Réserve, eine je zur Hälfte aus weißen und dunklen Trauben erzeugte Cuvée, bietet ein würziges Honigaroma. Im Geschmack sind die Fülle und die Komplexität die eines Weins, der seinen Höhepunkt erreicht hat. (RM)
➽ Damien Chauvet, 6, rue de la Liberté, 51500 Rilly-la-Montagne, Tel. 03.26.03.42.69, Fax 03.26.03.45.14 ☑ ⏰ n. V.

ARNAUD DE CHEURLIN*

| | 0,5 ha | 3 000 | 70-100 F |

Der Betrieb besitzt ein 6 ha großes Gut. Er bietet einen Rosé de Noirs - Pinot noir - von kräftiger, entwickelter ziegelroter Farbe, der ein Aroma von Quittenbrot und Backpflaumen besitzt. Im Geschmack vereinigen sich Rundheit und Weinigkeit. Zu Grillgerichten. (RM)
➽ SA Champagne Arnaud de Cheurlin, 58, Grande-Rue, 10110 Celles-sur-Ource, Tel. 03.25.38.53.90, Fax 03.25.38.58.07 ☑ ⏰ n. V.

RICHARD CHEURLIN
Cuvée Jeanne 1991**

| | k. A. | 3 800 | 100-150 F |

Der Champagner von Richard Cheurlin fliegt von Erfolg zu Erfolg ! Diese Cuvée, ein Blanc de Noirs aus Pinot-noir-Trauben, der im Holzfaß ausgebaut worden ist, wird durch die Wahl zum Lieblingswein ausgezeichnet. Ein 91er Champagner, ein Jahrgang, der auf den Etiketten selten zu finden ist, stammt aus dem Departement Aube ! Blaßgoldene Farbe, Aroma von Zitronengras, das mit einem holzbetonten Briochegeruch verbunden ist. Der Geschmack ist sehr harmonisch, mit einem verschmolzenen Holzton und einer perfekten Dosage. (RM)

➽ Richard Cheurlin, 16, rue des Huguenots, 10110 Celles-sur-Ource, Tel. 03.25.38.55.04, Fax 03.25.38.58.33 ☑ ⏰ n. V.

RICHARD CHEURLIN Carte or**

| | 2 ha | 12 000 | 70-100 F |

Eine 1978 eingeführte Marke, die ein über 7 ha großes Anbaugebiet besitzt. Die Cuvée Carte or kombiniert doppelt soviel Pinot noir wie Chardonnay, Weine aus den Jahrgängen 1992 und 1993. Ein Champagner mit einem frischen Zitronenduft, der im Geschmack frisch, fein und elegant ist. Ein Stern für den Brut H, einen je zur Hälfte aus weißen und dunklen Trauben hergestellten Verschnitt von 92er und 93er Weinen. Ein blumiger, feiner Champagner mit aufdringlicher Dosage. (RM)
➽ Richard Cheurlin, 16, rue des Huguenots, 10110 Celles-sur-Ource, Tel. 03.25.38.55.04, Fax 03.25.38.58.33 ☑ ⏰ n. V.

CHEURLIN-DANGIN Carte or

| | k. A. | 30 000 | 70-100 F |

Diese 1960 gegründete Marke nutzt ein 18 ha großes Gut. Der Carte resultiert aus zweimal mehr Pinot noir als Chardonnay, aus 1993 gelesenen Trauben. Der Duft ist zurückhaltend blumig, der Geschmack rund, aber geht diese Rundheit auf die merkliche Dosage zurück ? (RM)
➽ Cheurlin-Dangin, 17, Grande-Rue, 10110 Celles-sur-Ource, Tel. 03.25.38.50.26, Fax 03.25.38.50.51 ☑ ⏰ n. V.

CHEURLIN ET FILS Prestige**

| | k. A. | 40 000 | 70-100 F |

Die 1960 geschaffene Marke verfügt über 25 ha Reben rund um Gyé-sur-Seine, ein Dorf, dessen Ansehen unzulänglich ist, wenn man bedenkt, daß hier der spätere Dr. Jules Guyot, der Erfinder eines weltweit verbreiteten Rebschnitts, geboren wurde. Die Cuvée Prestige enthält zweimal mehr Pinot noir als Chardonnay : Das Birnenaroma, die klare Ansprache, die Komplexität und die schöne Länge machen ihn zu einem Erfolg. (NM)
➽ SA Champagne Cheurlin et Fils, 13, rue de la Gare, 10250 Gyé-sur-Seine, Tel. 03.25.38.20.27, Fax 03.25.38.24.01 ☑ ⏰ Mo-Sa 8h-12h 14h-17h30

CHEURLIN ET FILS
Brut originel 1991***

| | k. A. | 5 000 | 100-150 F |

Eine je zur Hälfte aus weißen und dunklen (Pinot noir) Trauben hergestellte Cuvée mit

Champagner

Holzton. Es scheint, als hätte die Aube 1991, in einem zumindest schwierigen Jahr, von einem günstigen Mikroklima profitiert ! Es ist nämlich ein sehr schöner blaßgoldener Champagner mit einem Aroma von kandierten Orangen mit Lakritze- und Holznote. Er ist komplex, ausgewogen und sehr lang im Geschmack. Achtung, es gibt nur 5 000 Flaschen davon. (NM)

🍷 SA Champagne Cheurlin et Fils, 13, rue de la Gare, 10250 Gyé-sur-Seine, Tel. 03.25.38.20.27, Fax 03.25.38.24.01 ☑ 🍴 Mo-Sa 8h-12h 14h-17h30

GASTON CHIQUET Spécial Club 1990★★

| ○ | 2,5 ha | 15 000 | 🍴 | 100-150 F |

Der Jahrgangschampagner, der sich in einer Spécial-Club-Flasche befindet, ist das Ergebnis von doppelt soviel Chardonnay wie Pinot noir. Er ist aufgrund seiner Stärke, seiner Ausgewogenheit und seiner Länge charakteristisch für den Jahrgang. Lobende Erwähnung für den Tradition mit der kräftigen goldenen Farbe, an dem die drei Rebsorten der Champagne beteiligt sind. Ein Wein, der seine Stärke seinem Gewicht verdankt. Spürbare Dosage. (RM)

🍷 Champagne Gaston Chiquet, 912, av. du Gal-Leclerc, 51530 Dizy, Tel. 03.26.55.22.02, Fax 03.26.51.83.81 ☑ 🍴 n. V.

GASTON CHIQUET★

| ◉ | k. A. | 6 000 | 🍴 | 70-100 F |

Die drei Rebsorten der Champagne wirken zu annähernd gleichen Teilen an diesem farbintensiven Rosé mit, der im Aroma diskret, entwickelt, aber angenehm ist. Der Geschmack mit dem weinigen Charme verfliegt ein wenig rasch. Ein Stern auch für den 89er, der aus zwei Teilen Chardonnay und drei Teilen Pinot noir besteht und ein Aroma von Zitrusfrüchten und gelben Früchten zeigt. Im Geschmack ist er ebenso rund wie lang. (RM)

🍷 Champagne Gaston Chiquet, 912, av. du Gal-Leclerc, 51530 Dizy, Tel. 03.26.55.22.02, Fax 03.26.51.83.81 ☑ 🍴 n. V.

CHARLES CLEMENT
Cuvée spéciale Brut★

| ○ | k. A. | k. A. | | 70-100 F |

195 ha werden von der Erzeugervereinigung bewirtschaftet, die sich 1956 auf Betreiben von Charles Clément zusammenschloß. Die Cuvée spéciale entsteht aus dem Verschnitt von doppelt soviel Chardonnay wie Pinot noir : Freimütigkeit und Rundheit, Ausgewogenheit und Zitrusaroma sind seine Merkmale. Erwähnenswert ist der 89er, der aus den drei Rebsorten der Champagne hergestellt worden ist. Er ist fruchtig und erinnert an Honig, Pflaumen und gekochte Früchte. Seine Dosage bleibt spürbar. (CM)

🍷 Charles Clément, 10200 Colombé-le-sec, Tel. 03.25.92.50.71, Fax 03.25.92.50.79 ☑ 🍴 n. V.

PAUL CLOUET

| ○ | 3 ha | k. A. | 🍴 | 70-100 F |

Eine 1950 gegründete Marke, die 5,5 ha Reben nutzt. Ein Teil Chardonnay und zwei Teile Pinot noir für diesen Brut ohne Jahrgangsbezeichnung, der im Duft diskret zitronenartig und im Geschmack ein wenig kandiert ist. Merkliche Dosage. (RM)

🍷 SCEV Paul Clouet, 10, rue Jeanne-d'Arc, 51150 Bouzy, Tel. 03.26.57.07.31, Fax 03.26.52.64.65 ☑ 🍴 n. V.
🍷 Marie-Thérèse Bonnaire

RAOUL COLLET Carte rouge

| ○ | 70 ha | 600 000 | | 70-100 F |

Die älteste Vereinigung von Champagnererzeugern, die 1921 gegründet wurde und heute 600 ha bewirtschaftet. Der Carte rouge - ein Teil Chardonnay und drei Teile Pinot noir - hat einen fruchtigen Duft ; die Dosage macht ihn schwer. Der 90er, eine je zur Hälfte aus weißen und dunklen (Pinot noir) Trauben erzeugte Cuvée, sucht ihre Ausgewogenheit zwischen ihrer säuerlichen Ansprache und ihrer spürbaren Dosage. Man muß ihn zweifellos altern lassen. (CM)

🍷 Champagne Raoul Collet, 34, rue Jeanson, 51160 Ay, Tel. 03.26.55.15.88, Fax 03.26.54.02.40 ☑ 🍴 n. V.

CHARLES COLLIN

| ○ | k. A. | k. A. | 🍴 | 70-100 F |

Eine Vereinigung von Erzeugern, die sich 1952 auf Betreiben von Charles Collin zusammenschlossen und die Genossenschaft von Fontette gründeten. Das Anbaugebiet erstreckt sich heute auf 250 ha. Fast ausschließlich Pinot noir (sowie 15 % Chardonnay) in dieser sehr entwickelten Cuvée, die eine altgoldene Farbe und eine gute Komplexität besitzt. Ihre Stärke stützt sich auf ein kräftiges Gerüst. (CM)

🍷 Champagne Charles Collin, B.P. 1, 10360 Fontette, Tel. 03.25.38.31.00, Fax 03.25.29.68.64 ☑ 🍴 n. V.

JACQUES COPINET★

| ◉ | k. A. | k. A. | 🍴 | 70-100 F |

Jacques Copinet, der seine Marke vor etwa zwanzig Jahren geschaffen hat, bewirtschaftet 7 ha Reben. Er präsentiert einen klassischen Rosé von leichter Farbe, der einen diskreten Duft von roten Früchten besitzt, während der Geschmack seine Ausgewogenheit zwischen den Aromen von Kirschen und Erdbeeren findet. (RM)

🍷 Jacques Copinet, 11, rue de l'Ormeau, 51260 Montgenost, Tel. 03.26.80.49.14, Fax 03.26.80.44.61 ☑ 🍴 n. V.

ROGER COULON Tradition★★

| ○ | 5,3 ha | 55 000 | 🍴 | 50-70 F |

Seit 1806 haben acht Generationen auf der Montagne de Reims Wein angebaut. Die Weinberge umfassen 9 ha. Der Tradition geht aus den drei Rebsorten der Champagne hervor : ein Viertel Chardonnay, ebensoviel Pinot meunier, eine Hälfte Pinot noir und 40 % Reserveweine. Eine sehr schöne Ausgewogenheit, eine reiche Fruchtigkeit (Pfirsiche) und eine blumige Frische (Weißdorn, Akazienblüten) entfalten sich um eine harmonische Struktur herum. Das alles zu einem extrem besonnenen Preis. (RM)

🍷 Eric Coulon, 12, rue de la Vigne-du-Roy, 51390 Vrigny, Tel. 03.26.03.61.65, Fax 03.26.03.43.68 ☑ 🍴 Mo-Sa 9h-12h 14h-18h

Champagner

ROGER COULON*

0,5 ha 5 000 70-100 F

Ebensoviel Pinot meunier wie Pinot noir, unterstützt von 20 % Chardonnay, für diesen Champagner, dem 12 % Rotwein Farbe geben und der ein Jahr im Faß gereift ist. Ein lachsroter Rosé, der nach Erdbeerkonfitüre mit Vanillenote duftet und im Geschmack sehr fruchtig ist. Ideal zu einer Mahlzeit. Lobend erwähnt wird die Grande réserve, an der die drei Rebsorten der Champagne zu gleichen Teilen mitwirken. Er stammt auch von einer besonderen Vinifizierung, denn der Chardonnay-Wein wird sieben Monate lang im Holzfaß auf der Hefe ausgebaut. Man entdeckt darin in einem frischen Geschmack ein fruchtiges, an Hefebrot erinnerndes Aroma. (RM)

🍷 Eric Coulon, 12, rue de la Vigne-du-Roy, 51390 Vrigny, Tel. 03.26.03.61.65, Fax 03.26.03.43.68 ✓ ☿ Mo-Sa 9h-12h 14h-18h

ALAIN COUVREUR*

k. A. k. A. 70-100 F

Fünf Winzergenerationen sind Alain Couvreur vorausgegangen. Dieser Brut ohne Jahrgangsbezeichnung ist stärker durch dunkle als durch weiße (30 %) Trauben geprägt, wobei Pinot noir und Pinot meunier im Verhältnis 50 : 20 kombiniert werden. Im Duft kommen Hefebrot und getrocknete Früchte zum Vorschein, während im Geschmack Rundheit, Sanftheit und Renetten auftauchen. (RM)

🍷 Alain Couvreur, 18, Grande-Rue, 51140 Prouilly, Tel. 03.26.48.58.95, Fax 03.26.48.26.29 ✓ ☿ n. V.

ROLAND CRETE ET FILS
Cuvée Réserve*

k. A. 22 000 50-70 F

Eine 1930 gegründete Marke, die ein 5 ha großes Anbaugebiet nutzt. Die Cuvée Réserve verdankt viel der Rebsorte Pinot meunier, die von 30 % Chardonnay unterstützt wird. Sie besitzt eine goldgelbe Farbe. Seine Sanftheit ist groß, ebenso wie seine Länge im Geschmack. (RM)

🍷 Roland Crété et Fils, 5, rue de la Liberté, 51530 Moussy, Tel. 03.26.54.52.10, Fax 03.26.52.79.93 ✓ ☿ n. V.

LUCIEN DAGONET Brut Prestige

k. A. 4 000 70-100 F

Im Laufe von drei Generationen haben die Dagonets ein über 6 ha großes Weingut aufgebaut. Die beiden Pinot-Sorten zu gleichen Teilen, ergänzt durch 20 % Chardonnay, ergeben diese Cuvée, die einer gewissenhaft durchdachten Vinifizierung in großen Eichenholzfässern mit Wärmeregulierung entstammt. Sie hat keine malolaktische Gärung durchlaufen. Daraus entsteht ein charaktervoller Champagner, der durch ein Aroama von Pampelmusen, geröstetem Brot und Honig stark geprägt wird. Völlig integrierter Holzton. (RM)

🍷 Champagne Lucien Dagonet et Fils, 7, rue Maurice-Gilbert, 51480 Boursault, Tel. 03.26.58.41.29, Fax 03.26.58.48.34 ✓ ☿ tägl. 10h-18h

DAME DE LOUIS*

k. A. k. A. 70-100 F

Eine 1991 eingeführte Marke. Die Cuvée Dame de Louis besteht aus zwei Dritteln Pinot meunier und einem Drittel Chardonnay : Duft nach Zitrusfrüchten und Haselnüssen, stattlicher, jugendlicher Geschmack. (RM)

🍷 Philippe Lemaire, 4, rue de la Liberté, 51480 Œuilly, Tel. 03.26.58.30.82, Fax 03.26.52.92.44 ✓ ☿ n. V.

COMTE A. DE DAMPIERRE
Blanc de blancs Cuvée de prestige 1985**

○ Gd cru k. A. 8 000 +200 F

Ein 85er Blanc de Blancs, ein Grand cru, der im Laufe von zwölf Jahren alles gewonnen und nichts eingebüßt hat. Eine teure, aber ebenso exzellente wie aufsehenerregende Flasche ; sie ist die einzige, deren Korken durch eine Hanfschnur, »aus drei Fäden und verklebt« (Verfügung von 1735), und nicht durch einen Drahtkorb festgehalten wird. Die Trauben kommen aus den Gemeinden Le Mesnil, Avize und Cramant : Frische, Komplexität, Harmonie, Feinheit, Eleganz. (NM)

🍷 Comte A. de Dampierre, 5, Grande-Rue, 51140 Chenay, Tel. 03.26.03.11.13, Fax 03.26.03.18.05 ✓ ☿ n. V.

PAUL DANGIN ET FILS Prestige**

1,5 ha 10 000 70-100 F

Eine 1947 von Paul Dangin geschaffene Marke, aber ein 1900 entstandenes Weingut. Heute ist es 30 ha groß. Das Departement Aube ist wirklich großartig in schwierigen Jahren, denn diese je zur Hälfte aus weißen und dunklen (Pinot noir) Trauben erzeugte Cuvée stammt von 93er Trauben. Ein Wein, der im Duft an weiße Blüten und Honig und im Geschmack an Zitrusfrüchte erinnert. Ausgewogenheit, Frische, Feinheit. (RM)

🍷 SCEV Paul Dangin et Fils, 11, rue du Pont, 10110 Celles-sur-Ource, Tel. 03.25.38.50.27, Fax 03.25.38.58.08 ✓ ☿ Mo-Fr 8h-12h 14h-18h ; Sa, So n. V.

DAUTEL-CADOT Cuvée de réserve*

3 ha 20 000 70-100 F

Diese 1971 gegründete Marke verfügt über 10 ha Rebflächen. Die Cuvée de réserve, halb aus weißen und halb aus dunklen (Pinot noir) Trauben hergestellt, bietet ein originelles blumiges Aroma (Pfingstrosen, Lilien) mit Noten von hellem Tabak. Im Geschmack ist sie blumig und rund. (RM)

🍷 Dautel-Cadot, 10, rue Saint-Vincent, 10110 Loches-sur-Ource, Tel. 03.25.29.61.12, Fax 03.25.29.72.16 ✓ ☿ n. V.
🍷 René Dautel

PH. DAVIAUX-QUINET
Blanc de blancs 1990*

○ Gd cru 0,5 ha 3 000 70-100 F

Eine 1988 geschaffene Marke, die ein fast 4 ha großes Anbaugebiet nutzt. Dieser Wein erhält einen Stern, was die günstige Entwicklung dieses großen Jahrgangs beweist. Er zeichnet sich durch

Champagner

die Feinheit seines Zitronenaromas und durch seine Komplexität im Geschmack aus. (RM)
🕊 Philippe Daviaux-Quinet, 4, rue de la Noue-Coutard, 51530 Chouilly, Tel. 03.26.54.44.03, Fax 03.26.54.74.81 ☑ ⚊ n. V.

HENRI DAVID-HEUCQ
Cuvée de Réserve

| ◐ | | 8 ha | 4 000 | 🍾 | 70-100 F |

Ein Rosé mit schöner Farbe : pastellfarbenes Lachsrot. Sein Duft verdient eine leichte Belüftung. Die Ansprache ist sanft und rund ; die Rundheit verbindet sich mit der Fruchtigkeit, die Noten von Honig und kandierten Früchten zeigt. Alles spielt so ab, als müsse die Dosage einen Hauch von Bitterkeit auslöschen. (RM)
🕊 Champagne Henri David-Heucq, rte de Romery, 51480 Fleury-la-rivière, Tel. 03.26.58.47.19, Fax 03.26.52.36.25 ☑ ⚊ n. V.

JACQUES DEFRANCE Blanc de blancs*

| ○ | | 0,5 ha | 3 500 | | 70-100 F |

Man findet in der Hachette-Weinführer alles, sogar einen Blanc de Blancs aus der Gemeinde Les Riceys ! Diese Kuriosität erhält einen Stern für ihr Aroma von getoastetem Brot mit Anisnote, Farnkraut und Vanille und für ihren sanften, füllgen Geschmack. Lobend erwähnt wird der Brut ohne Jahrgangsbezeichnung, eine stark durch dunkle Trauben (Pinot noir) geprägte Cuvée, die ein Fünftel Chardonnay enthält. Ein »warmer« Zwetschgenduft und ein kräftiger, verschmolzener Geschmack. (RM)
🕊 Jacques Defrance, 24, rue de la Plante, 10340 Les Riceys, Tel. 03.25.29.32.20, Fax 03.25.29.77.83 ☑ ⚊ Mo-Fr 9h-12h 14h-18h ; Sa, So n. V.

CONFIDENTIELLE DE DEHOURS**

| ○ | | k. A. | 5 000 | 🍾 | 70-100 F |

Eine 1930 gegründete Marke, die von der Familie Dehours übernommen worden ist. Doppelt soviel Pinot noir wie Chardonnay sowie 10 % Reserveweine in dieser Cuvée, die von den Verkostern viele Komplimente erhielt : »kräftig, gekochte Zitrusfrüchte, große Vornehmheit, stattlicher, komplexer Geschmack, sehr ausgewogener Gesamteindruck« und überraschende, aber unzweideutig als »intellektueller Champagner« bezeichnet. (NM)
🕊 Diffusion Dehours, 2, rue de la Chapelle, Cerseuil, 51700 Mareuil-le-Pont, Tel. 03.26.52.71.75, Fax 03.26.52.73.83 ☑ ⚊ n. V.

DELAMOTTE PERE ET FILS*

| ◐ | | k. A. | 50 000 | 🍾 | 100-150 F |

Ein 1760 in Reims gegründetes Haus, das seinen Sitz heute in Le Mesnil-sur-Oger hat. Geleitet wird es von Bernard de Nonancourt (Laurent-Perrier), einem Nachfahren des Gründers. Dieser Rosé ist ein Blanc de Noirs, der durch den Zusatz von Rotwein Farbe erhält. Die Frische ist vorhanden, das Aroma von roten Johannisbeeren und Erdbeeren ebenfalls. Ein Champagner für den späten Nachmittag. Der Blanc de Blancs ohne Jahrgangsbezeichnung erhält für die Klarheit seiner Ansprache und seine leicht pfeffrige Frucht ebenfalls einen Stern. Lobend erwähnt wird der 90er Blanc de Blancs, der ziemlich entwickelt ist und eine merkliche Dosage enthält. (NM)
🕊 Delamotte Père et Fils, rue de la Brèche-d'Oger, 51190 Le Mesnil-sur-Oger, Tel. 03.26.57.51.65, Fax 03.26.57.79.29 ☑ ⚊ n. V.
🕊 Laurent-Perrier

ANDRE DELAUNOIS Carte d'or*

| ○ | | k. A. | 15 000 | 🍾 | 70-100 F |

Seit 1920 verfügen die Delaunois über ein 7,7 ha großes Anbaugebiet in Rilly-la-Montagne, als Premier cru eingestuft. Diese Anbaufläche hat sich seit 77 Jahren nicht verändert. Die Weinproben folgen aufeinander, ohne daß sie sich ähneln würden, ebenso wie die sogenannten Weine »ohne Jahrgang«. Der Carte stammt von ebensoviel weißen wie dunklen (Pinot noir) Trauben und 40 % Reserveweinen. Er ist blumig und nervig. Die Cuvée du Fondateur, die im Weinführer 1997 die Ehre hatte, zum Lieblingswein gewählt zu werden, wird durch den Chardonnay geprägt (nur 20 % Pinot noir) ; sie ist ebenfalls blumig und nervig und enthält eine sehr angemessene Dosage. (RM)
🕊 SCE Champagne André Delaunois, 17, rue Roger-Salengro, B.P. 42, 51500 Rilly-la-Montagne, Tel. 03.26.03.42.87, Fax 03.26.03.45.40 ☑ ⚊ tägl. 8h-12h 14h-17h

DELBECK Brut Vintage 1990*

| ○ | | k. A. | k. A. | | 100-150 F |

Ein 1832 gegründetes Haus, das vor ein paar Jahren neu belebt worden ist. Der 90er mehr dunkle als weiße Trauben (zwei Drittel zu einem Drittel). Sein komplexes Aroma kommt in einem runden, ausgewogenen Geschmack zum Ausdruck. Lobend erwähnt wurde der Cramant grand cru ohne Jahrgangsbezeichnung, der ein Aroma von Zitronen und Äpfeln besitzt und für die Liebhaber entwickelter Champagner bestimmt ist. (NM)
🕊 Delbeck, 39, rue du Gal-Sarrail B.P. 77, 51053 Reims Cedex, Tel. 03.26.77.58.00, Fax 03.26.77.58.01 ☑
🕊 Martin

DELOUVIN NOWACK
Brut Extra Sélection 1991*

| ○ | | 1 ha | 15 000 | 🍾 | 70-100 F |

Die Delouvins füllen ihren Wein seit 1930 selbst ab. Ihr Weingut ist 6 ha groß. In dieser Cuvée gibt es ebensoviel Pinot meunier wie Chardonnay. Weiße Blüten mit Vanillenote, was klassisch ist, aber auch Noten von kandiertem Rhabarber, was weniger klassisch ist ! Im Geschmack vereinigen sich Stärke und Länge zu einem sehr gelungenen Champagner. (RM)
🕊 Delouvin-Nowack, 29, rue Principale, 51700 Vandières, Tel. 03.26.58.02.70, Fax 03.26.57.10.11 ☑ ⚊ n. V.
🕊 B. Delouvin

DEMOISELLE*

| ○ | | k. A. | k. A. | | 100-150 F |

Diese »Demoiselle«, eine Marke von Paul Vranken, bewahrt ihr jungfräuliches Weiß, ihren Ruf ausgemacht hat (nur ein Fünftel Pinot noir). Die Jury vermutet eine moderne Vinifizierung von sehr jungen Weinen : Die Blässe der

626

Champagner

Farbe grenzt nämlich ans Farblose. Aromatisch ist die weiße Farbe der Blüten offensichtlich (Akazienblüten). Der Geschmack zeigt sich fein, aber nervig. Ein Stern auch für die 90er Demoiselle, die tänzerisch wird und an Geschmeidigkeit gewinnt. (NM)

🍷 Champagne Demoiselle, 42, av. de Champagne, 51200 Epernay, Tel. 03.26.59.50.50, Fax 03.26.59.50.56 ☑ ⚑ n. V.

MICHEL DERVIN "MD"

| ○ | | 3 ha | 28 000 | 🍾♣ | 70-100 F |

Eine 1983 gegründete Marke, die ein 4 ha großes Anbaugebiet nutzt. Dieser Blanc de Noirs - 30 % Pinot noir - stammt von 94er Trauben. Er befindet sich dennoch auf seinem Höhepunkt und »pinotiert« angenehm im Duft, während er im Geschmack köstlich ist. (NM)

🍷 SARL Dervin, rte de Belval, 51480 Cuchery, Tel. 03.26.58.15.22, Fax 03.26.58.11.12 ☑ n. V.

LAURENT DESMAZIERES
Cuvée Tradition

| ○ | | k. A. | k. A. | 🍾♣ | 70-100 F |

Eine weitere Marke von Champagne Cattier. Diese Cuvée entsteht aus gleich viel Pinot noir und Pinot meunier, ergänzt durch ein Fünftel Chardonnay. Die Weinkoster schätzten seine Frische, seine Nachhaltigkeit und seine Eleganz. (NM)

🍷 Laurent Desmazières, 9, rue Dom-Pérignon, 51500 Chigny-les-Roses, Tel. 03.26.03.44.46, Fax 03.26.03.43.13 ☑
🍷 Cattier

A. DESMOULINS ET CIE 1991*

| ○ | | k. A. | k. A. | | 150-200 F |

Diese Firma, die seit ihrer Gründung im Jahre 1908 im Besitz der Familie geblieben ist, präsentiert einen seltenen Jahrgang, denn die Natur zeigte sich in jenem Jahr nicht freigebig. Der Wein ist dennoch gelungen mit seinem Lakritzearoma und seiner feinen, harmonischen Frische. (NM)

🍷 Champagne A. Desmoulins et Cie, 44, av. Foch, B.P. 10, 51201 Epernay Cedex, Tel. 03.26.54.24.24, Fax 03.26.54.24.15 ☑ ⚑ n. V.
🍷 Jean Bouloré

PAUL DETHUNE

| 🍃 Gd cru | 1 ha | 3 000 | 🍾🥂♣ | 70-100 F |

Ein 7 ha großer Familienbesitz, der seit 1840 vom Vater auf den Sohn weitergegeben worden ist. Dieser Rosé zeigt ein Lachsrot, das ins Purpurviolette spielt, und verbindet im Duft kleine rote Früchte und weiße Blüten. Den vier Teilen Pinot noir (gegenüber einem Teil Chardonnay) verdankt er seinen Geschmack nach schwarzen Johannisbeeren und Erdbeeren. Ein Hauch von Adstringenz macht sich bemerkbar. (RM)

🍷 Paul Déthune, 2, rue du Moulin, 51150 Ambonnay, Tel. 03.26.57.01.88, Fax 03.26.57.09.31 ☑ ⚑ n. V.

DEUTZ Cuvée William Deutz 1988**

| ○ | | k. A. | 20 000 | 🍾♣ | +200 F |

Eine 1838 von William Deutz und Pierre Geldermann gegründete Firma, die vom Champagnerhaus Roederer übernommen worden ist. Das ganze Können von Deutz ist in dieser Spitzencuvée enthalten, die ebenso teuer wie verfeinert ist. Doppelt soviel dunkle Trauben (darunter 15 % Pinot meunier) wie Chardonnay ergeben diese Cuvée, die trotz ihrer neun Jahre nicht gealtert ist. Sie verbindet, was oft unvereinbar erscheint, eine große Feinheit mit einer hinreißenden Stärke. Ihre Länge macht sie zur Königin einer Mahlzeit. (NM)

🍷 SA Champagne Deutz, 16, rue Jeanson, 51160 Ay, Tel. 03.26.55.15.11, Fax 03.26.54.01.21 ☑ ⚑ n. V.

DEUTZ 1990**

| 🍃 | | k. A. | 15 000 | 🍾♣ | 150-200 F |

Ein Blanc de Noirs, dem 8,5 % Rotwein aus Bouzy Farbe verleihen. Dieser Champagner stammt ausschließlich von Pinot-noir-Trauben und ist das Ergebnis eines Verschnitts von vier Fünfteln Grands crus der Montagne de Reims und von 20 % Trauben aus dem Marne-Tal. Es ist ein überaus strahlender Rosé voller roter Früchte, Honig, Vanille und Veilchen. Eine lobende Erwähnung verdient der Brut Classic, der zu gleichen Teilen aus den drei Rebsorten der Champagne erzeugt worden ist. Ein Brut ohne Jahrgangsbezeichnung, der elegant und sanft ist und einen Vanilleabgang hat. (NM)

🍷 SA Champagne Deutz, 16, rue Jeanson, 51160 Ay, Tel. 03.26.55.15.11, Fax 03.26.54.01.21 ☑ ⚑ n. V.

DIDIER-NICERON Cuvée de réserve*

| ○ | | k. A. | k. A. | | 70-100 F |

Diese 1971 von Didier-Destrez geschaffene Marke verfügt über 5 ha Reben. Sie ist stolz darauf, daß sie 1996 unter den Champagnerexporteuren auf dem 278. Platz stand. Diese Cuvée ist ein Blanc de Noirs, der 70 % Pinot meunier mit 30 % Pinot noir verbindet. Sie ist honigartig und lang, für die Liebhaber entwickelter Weine bestimmt. Die Grande Réserve vom selben Erzeuger, unter der Marke Didier-Destrez, enthält ebensoviel Pinot noir wie Pinot meunier und 60 % Chardonnay. Sie ist lobend erwähnt worden. (RM)

🍷 Champagne Didier-Niceron, 48, rte de Vinay, 51530 Saint-Martin-d'Ablois, Tel. 03.26.59.90.25, Fax 03.26.59.91.63 ☑ ⚑ n. V.
🍷 Jean Didier

PIERRE DOMI Grande Réserve**

| ○ | | 5,5 ha | 40 000 | 🍾 | 70-100 F |

Eine 1947 von Pierre Domi geschaffene Marke, die heute von seinen Nachkommen geführt wird. Das Weingut umfaßt 8 ha. Die Grande Réserve verbindet zwei Teile Pinot meunier mit drei Teilen Chardonnay. Diese 1993 geernteten Trauben verleihen der Farbe Blässe und bescheinen im Duft und im Geschmack ganz honigartig. »Die Süße dieses Honigs muß Frauen gefallen«, schrieb ein Verkoster. (RM)

🍷 Pierre Domi, 8, Grande-Rue, 51190 Grauves, Tel. 03.26.59.71.03, Fax 03.26.52.86.91 ☑ ⚑ n. V.

Champagner

DOQUET-JEANMAIRE
Blanc de blancs Cœur de terroir 1985*

○　　　k. A.　　10 000　　■♦　100-150 F

Eine 1974 entstandene Marke, die über ein 14 ha großes Anbaugebiet verfügt. Diese Spitzencuvée kombiniert Weine aus Le Mesnil (Grand cru) und Vertus (Premier Cru). Duft nach Früchten mit weißem Fleisch, verschmolzener, langer Geschmack. Dieser vor kurzem degorgierte Wein bleibt jung. Lobend erwähnt werden zwei weitere Blancs de Blancs, der drei Jahre in der Flasche gereifte Carte or und der Sélection, der zweimal länger gereift ist. Sie werden fast zum gleichen Preis verkauft. Die Weinkoster erkannten ihnen die gleiche Note zu. Frische und Zartheit. (NM)
🕿 Doquet-Jeanmaire, 44, chem. Moulin-Cense-Bizet, 51130 Vertus, Tel. 03.26.52.16.50, Fax 03.26.59.36.71 ✓ ✗ n. V.

DOQUET-JEANMAIRE
Blanc de blancs 1989**

○ 1er cru　　k. A.　　10 000　　■♦　100-150 F

Ein bemerkenswerter 89er, der in keiner Weise unter der raschen Entwicklung dieses Jahrgangs leidet, wie es für andere Weine gilt. Dennoch könnte man angesichts der goldgelben Farbe an den Beginn einer Alterung glauben. Im Duft ist das nicht der Fall; ein Aroma von Haselnüssen und gerösteten Mandeln beweist es. Diese Beobachtung wird im Geschmack bestätigt, in dem man Feinheit, Harmonie, Eleganz und Frische findet. Ein schöner Champagner für Stopfleber. (NM)
🕿 Doquet-Jeanmaire, 44, chem. Moulin-Cense-Bizet, 51130 Vertus, Tel. 03.26.52.16.50, Fax 03.26.59.36.71 ✓ ✗ n. V.

ETIENNE DOUE Sélection*

○　　3 ha　　20 000　　■　50-70 F

Eine 1977 gegründete Marke, die 4,5 ha Reben besitzt. Einer der seltenen Champagner aus der Enklave Montgueux (bei Troyes). Die Cuvée, die im letzten Jahr zum Lieblingswein gewählt wurde, kombiniert immer noch drei Ernten, aber die Zusammenstellung hat sich ein wenig verändert. 92er bis 89er sind weiterhin vertreten, aber der 91er Wein ist zugunsten des 94ers verschwunden. Hingegen enthält sie immer zwei Teile Pinot noir und ein Teile Chardonnay. Aroma von Akazienblüten und Honig, frischer, leichter Geschmack. Die Dosage fehlt nicht. 66 Franc auf dem Gut: ein bemerkenswertes Preis-Leistungs-Verhältnis. (RM)

🕿 Etienne Doué, 11, rte de Troyes, 10300 Montgueux, Tel. 03.25.74.84.41, Fax 03.25.79.00.47 ✓ ✗ tägl. 8h-20h

DOURDON-VIEILLARD Grande Réserve

○　　　k. A.　　9 000　　■♦　70-100 F

Ein hundert Jahre alter Familienbetrieb. Ein Viertel der Trauben sind 1990 geerntet worden, der Rest 1991. Hauptsächlich Chardonnay (60 %), den Rest bestreiten die beiden Pinot-Sorten zu gleichen Teilen. Sie liefern einen sanften Champagner mit entwickeltem Charakter. Der Brut ohne Jahrgangsbezeichnung ist ein Blanc de Noirs, der zu gleichen Teilen aus den beiden Pinot-Sorten erzeugt worden ist. Eine schlichte, angenehme Musik, die eine gute Erinnerung hinterläßt. (RC)
🕿 Dourdon-Vieillard, 7, rue du Château, 51480 Reuil, Tel. 03.26.58.06.38, Fax 03.26.58.35.13 ✓ ✗ n. V.

DRAPPIER Carte d'or

○　　k. A.　　k. A.　　■♦　70-100 F

Die Drappiers entstammen einer langen Winzerlinie. Sie bewirtschaften ein 38 ha großes Gut. Der Carte d'or ist fast ein Blanc de Noirs mit seinen nur 7 % Chardonnay. Im Geruch weiße Früchte, Honig und Hefebrot. Im Geschmack Zitronengras und Quitten. (NM)
🕿 Champagne Drappier, Grande-Rue, 10200 Urville, Tel. 03.25.27.40.15, Fax 03.25.27.41.19 ✓ ✗ Mo-Sa 8h-12h 14h-18h
🕿 André Drappier

GERARD DUBOIS
Blanc de blancs Brut Réserve

○　　　3 ha　　18 600　　■　70-100 F

Ein 1930 entstandenes Gut, das 6 ha umfaßt. Dieser Chardonnay ist 1991 geerntet worden. Der typische Charakter der Rebsorte kommt ohne die übliche Leichtigkeit der Blancs de Blancs zum Vorschein. Zum Essen probieren. (RM)
🕿 Gérard Dubois, 67, rue Ernest-Vallé, 51190 Avize, Tel. 03.26.57.58.60, Fax 03.26.57.99.26 ✓ ✗ n. V.

ROBERT DUFOUR ET FILS
Chardonnay Cuvée Prestige 1989**

○　　　k. A.　　3 600　　■　100-150 F

Ein Chardonnay aus dem Departement Aube, der sehr viele Weine von der Côte des Blancs aussticht: Es wimmelt nur so an Überraschungen im Hachette-Weinführer! Dieser Blanc de Blancs ist überaus klassisch. Klassisch aufgrund seiner goldgrünen Farbe. Er ist es auch durch sein Zitrusaroma und seinen frischen, zitronenartigen Geschmack. (RM)
🕿 Champagne Robert Dufour et Fils, 4, rue de la Croix-Malot, 10110 Landreville, Tel. 03.25.29.66.19, Fax 03.25.38.56.50 ✓ ✗ n. V.

CHAMPAGNE J. DUMANGIN FILS

● 1er cru　　k. A.　　2 600　　■　70-100 F

Jacky Dumangin stellt auch den Champagner Alexis Dumangin her. Die Cuvées haben eine Familienähnlichkeit. Dieser Rosé, je zur Hälfte aus weißen und dunklen Trauben erzeugt, davon 15 % Pinot meunier, hat eine zarte Farbe und

Champagner

bietet im Geschmack eine große Frische von roten Früchten. Er ist zum Aperitif bestimmt. Der 92er - ein wirklich heikler Jahrgang - enthält fast ebenso viele dunkle wie weiße Trauben und brilliert durch seine Ausgewogenheit und seine Frische. (RM)
➽ Champagne J. Dumangin Fils, 3, rue de Rilly, B.P. 23, 51500 Chigny-les-Roses, Tel. 03.26.03.46.34, Fax 03.26.03.45.61 ☑ ⊥ n. V.

R. DUMONT ET FILS Blanc de blancs
○ 2 ha 2 000 ▮♣ 70-100 F

Die Dumonts wohnen seit zwei Jahrhunderten in dem Dorf und bewirtschaften 22 ha Reben. Dieser Blanc de Blancs hat die Farbe, die er haben muß : goldgrün, vielleicht ein wenig heller als üblich, ein silberner Schimmer, der das Gold umgibt. Sein Duft ist blumig, die Ansprache lebhaft, die Ausgewogenheit erreicht. (RM)
➽ R. Dumont et Fils, 10200 Champignol-lez-Mondeville, Tel. 03.25.27.45.95, Fax 03.25.27.45.97 ☑ ⊥ n. V.

DUVAL-LEROY
Fleur de Champagne 1988**
○ k. A. 300 000 ▮♣ 100-150 F

Das größte Handelshaus der Côte des Blancs, 1859 gegründet, besitzt ein großes Anbaugebiet von 140 ha. Dreimal mehr Chardonnay als Pinot noir bringen diesen 88er hervor, einen rassigen Jahrgang. Alle Trauben sind von vornehmer Herkunft. Das Ergebnis spricht für sich : Aroma von Honig, Lindenblüten, Kandiertem und Geröstetem, die man im Geschmack zusammen mit Zitronen und Quitten wiederfindet. Frische, Harmonie, Nachhaltigkeit : Wahl zum Lieblingswein. (NM)
➽ Champagne Duval-Leroy, 69, av. de Bammental, 51130 Vertus, Tel. 03.26.52.10.75, Fax 03.26.52.12.93 ☑ ⊥ n. V.

DUVAL-LEROY
Blanc de noirs Fleur de Champagne*
○ k. A. 120 000 ▮♣ 100-150 F

Duval-Leroy hat sein Ansehen mit Blancs de Blancs oder mit Champagnern begründet, die sehr stark durch einen hohen Chardonnayanteil geprägt sind. Die Ausnahme bestätigt die Regel, denn dieser Champagner ist ein Blancs de Noirs, der aus den Pinot-Sorten erzeugt worden ist : 60 % Pinot noir und 40 % Pinot meunier, die aus dem Marne-Tal (vom rechten Ufer), von der kleinen Montagne de Reims und aus Les Riceys (Aube) kommen. Getrocknete weiße Blüten, Tabak, ein Hauch von Tiergeruch, Ausgewogenheit und Rundheit. (NM)
➽ Champagne Duval-Leroy, 69, av. de Bammental, 51130 Vertus, Tel. 03.26.52.10.75, Fax 03.26.52.12.93 ☑ ⊥ n. V.

CHARLES ELLNER Qualité Extra**
○ k. A. 300 000 ▮ 70-100 F

Diese zu Beginn des Jahrhunderts gegründete Familienfirma, die über ein 54 ha großes Anbaugebiet verfügt, hat 1972 den rechtlichen Status eines Weinhändlers angenommen. Ihr Qualité Extra enthält zwei Drittel dunkle Trauben, darunter 20 % Pinot noir, die 1991 geerntet worden sind. Es ist ein junger, feiner, blumiger, ausgewogener Wein. Am Ende des Geschmacks entdeckt man ein Aroma von Quittengelee. (NM)
➽ Champagne Ellner, 6, rue Côte-Legris, 51200 Epernay, Tel. 03.26.55.60.25, Fax 03.26.51.54.00 ☑ ⊥ n. V.

JEAN-MARIE ETIENNE**
○ 1er cru 3,5 ha k. A. ▮ 70-100 F

Seit vier Generationen interessieren sich die Etiennes für den Weinbau. 1958 haben sie ihre eigene Marke geschaffen. Dieser Premier cru enthält ebensoviel Pinot noir wie Pinot meunier und ein Fünftel Chardonnay, 1990 und vor allem 1991 (80 %) geerntet. Das Ergebnis ist ein kraftvoller Champagner, der ebenso blumig wie fruchtig ist. (RM)
➽ J.-M. Etienne, 33, rue Louis-Dupont, 51480 Cumières, Tel. 03.26.51.66.62, Fax 03.26.55.04.65 ☑ ⊥ n. V.

EUSTACHE DESCHAMPS
Blanc de blancs
○ k. A. 9 500 70-100 F

Diese Erzeugervereinigung aus Vertus hat ihre Marke gut gewählt, denn Eustache Deschamps, der im Jahre 1344 in Vertus geboren wurde, entwickelte sich zu einem Dichter, der sich sehr für den Wein interessierte. Dieser Blanc de Blancs stammt von 90er Traubengut ; er hat keine malolaktische Gärung durchlaufen und ist dennoch entwickelt. Typisches Aroma von getoastetem Brot und Weißdorn. Gute Ausgewogenheit im Geschmack. (CM)
➽ Eustache Deschamps, 38, av. de Bammental, 51130 Vertus, Tel. 03.26.52.18.95, Fax 03.26.58.39.47 ☑ ⊥ n. V.

FRANÇOIS FAGOT Cuvée Virginie*
○ 0,5 ha 5 200 ▮♣ 70-100 F

Nahezu gleich viel weiße und dunkle Trauben in dieser Cuvée, deren Name eine Hommage an eine der Gründerinnen des heute 7,5 ha großen Guts ist. Die Cuvée Virginie duftet nach Vanille und Zitronen. Ihre Komplexität rührt von einer vierjährigen Reifung auf der Hefe in der Flasche her. (NM)
➽ SARL François Fagot, 26, rue Gambetta, 51500 Rilly-la-Montagne, Tel. 03.26.03.42.56, Fax 03.26.03.41.19 ☑ ⊥ n. V.

FANIEL-FILAINE
○ k. A. 15 000 50-70 F

Patricia Filaine, deren Vorfahren seit drei Jahrhunderten Winzer waren, hat Jean-Louis Faniel geheiratet. Aus dieser Verbindung ist die Champagnerfirma Faniel-Filaine entstanden.

Champagner

Dieser Blanc de Noirs, der 20 % Pinot noir enthält, bietet ein Aroma von getrockneten Früchten mit Vanillenote und eine sanfte Ansprache. Der Geschmack, voller Harmonie und Ausgewogenheit, ist von echter Einfachheit. Man darf diesen Champagner, der zu einem attraktiven Preis verkauft wird, nicht mehr lagern. (RM)
🍾 Faniel-Filaine, 48, quai de Verdun, 51480 Damery, Tel. 03.26.58.62.67, Fax 03.26.58.03.26 ☑ ⲧ n. V.

SERGE FAYE Tradition

| ○ 1er cru | k. A. | 20 000 | 🍾 | 70-100 F |

Das vom Champagnerhaus Serge Faÿe genutzte Anbaugebiet erstreckt sich auf fast 4 ha, die als Premier cru eingestuft sind. Diese Cuvée Tradition kombiniert vier Fünftel Pinot noir mit einem Fünftel Chardonnay, wobei die Trauben 1992 und 1993 geerntet worden sind. Dieser Champagner, der keine malolaktische Gärung durchmacht, bietet ein Aroma von grünen Äpfeln und Birnen, das mit Noten von weißen Blüten verbunden ist. Der lebhafte Geschmack paßt zur Aperitifstunde. (RM)
🍾 Serge Faÿe, 2 bis, rue André-Lenôtre, 51150 Louvois, Tel. 03.26.57.81.66, Fax 03.26.59.45.12 ☑ ⲧ n. V.

PHILIPPE FAYS
Blanc de blancs Cuvée Tradition 1991*

| ○ | 0,17 ha | 2 000 | 🍾 | 70-100 F |

Diese Cuvée Tradition schweigt sich sonderbarerweise über ihren Ursprung aus : Es handelt sich um einen Blanc de Blancs aus 1991 geernteten Chardonnay-Trauben. Sie besitzt eine kräftige goldene Farbe und duftet nach kandierten Früchten, während ihre Länge im Geschmack einen Stern verdient. (RM)
🍾 Philippe Fays, 94, Grande-Rue, 10110 Celles-sur-Ource, Tel. 03.25.38.51.47, Fax 03.25.38.23.04 ☑ ⲧ n. V.

M. FERAT ET FILS 1990**

| ○ 1er cru | k. A. | 5 000 | 🍾 | 70-100 F |

Im Laufe von vier Generationen haben die Férats ein 10 ha großes Gut aufgebaut. Dieser Premier cru ist ein Blanc de Blancs, auch wenn es das Etikett nicht angibt. Bei der Verkostung kann er seinen Ursprung nicht verbergen mit seinem Aroma von getoastetem Brot und Hefebrot sowie Haselnüssen, das von großer Feinheit ist und das man in einem frischen, runden Geschmack wiederfindet. (RM)
🍾 Pascal Ferat, rte de la Cense-Bizet, 51130 Vertus, Tel. 03.26.52.25.22, Fax 03.26.52.23.82 ☑ ⲧ n. V.

NICOLAS FEUILLATTE
Palmes d'or 1990**

| ○ | k. A. | k. A. | 🍾 | +200 F |

Eine riesige Erzeugervereinigung, die 1900 ha Rebflächen bewirtschaftet. Die Jahrgänge 1989 und 1990 sind einander sehr ähnlich, mit einem leichten Vorteil für den 90er, der stärker durch Chardonnay (60 %) geprägt ist und keinen Pinot meunier enthält (von dem es 10 % in der Komposition des 89ers gibt). Zwei Champagner mit einem Haselnußduft und einer klaren Ansprache, die gut gebaut und lang sind. Eine lobende Erwähnung verdient der Rosé, der fast ganz aus dunklen Trauben besteht (10 % Chardonnay) und diskret an rote Früchte erinnert. (CM)
🍾 Champagne Nicolas Feuillatte, B.P. 210, Chouilly, 51206 Epernay, Tel. 03.26.59.55.50, Fax 03.26.59.55.80 ☑ ⲧ Mo-Fr 10h-12h 14h-17h30 ; Sa, So n. V.

BERNARD FIGUET Cuvée de réserve

| ○ | 11 ha | 20 000 | 🍾 | 70-100 F |

Vier Winzergenerationen haben einander in der Leitung des 11 ha großen Guts abgelöst. Die Marke wurde 1946 geschaffen. Diese je zur Hälfte aus weißen und dunklen Trauben hergestellte Cuvée, die 20 % Pinot meunier enthält, bietet ein originelles Aroma von Blüten und Zimt. Im Geschmack ist sie ausgewogen, aber durch einen Anflug von Adstringenz geprägt. (RM)
🍾 Bernard Figuet, 144, rte Nationale, 02310 Saulchery, Tel. 03.23.70.16.32, Fax 03.23.70.17.22 ☑ ⲧ Mo-Sa 8h-19h, So n. V.

FLEURY*

| ⚫ | k. A. | 10 000 | 🍾 | 70-100 F |

Ein 13 ha großes Gut und eine 1929 geschaffene Marke. Dieser Rosé ist durch kurze Maischegärung entstanden und stammt somit von dunklen Trauben und in diesem Fall aus Pinot noir. Er hat eine helle lachsrote Farbe und verströmt ein feines, entwickeltes Aroma. Im Geschmack zeigen sich schwarze Johannisbeeren und Kerne an, daß er sich auf seinem Höhepunkt befindet. (NM)
🍾 Champagne Fleury, 43, Grande-Rue, 10250 Courteron, Tel. 03.25.38.20.28, Fax 03.25.38.24.65 ☑ ⲧ n. V.

FORGET-CHEMIN PERE ET FILS
Carte blanche*

| ○ | k. A. | 60 000 | 70-100 F |

Vier Winzergenerationen haben ein 10 ha großes Gut auf der Montagne de Reims aufgebaut. Die drei Rebsorten der Champagne aus drei Ernten wirken zu gleichen Teilen an dieser Carte blanche mit. Die Frische seines Aromas findet sich im Geschmack mit einer pflanzlichen Note wieder. (RM)
🍾 Forget-Chemin Père et Fils, 15, rue Victor-Hugo, 51500 Ludes-le-Coquet, Tel. 03.26.61.12.17, Fax 03.26.61.14.51 ☑ ⲧ n. V.

CH. FOURNAISE-THIBAUT
Cuvée Prestige*

| ○ | k. A. | k. A. | 70-100 F |

Die Cuvée Prestige und die Cuvée Réserve erreichen die gleiche Erwähnung und erhalten beide einen Stern. Die erstgenannte stammt zu gleichen Teilen von den drei Rebsorten der Champagne, während die zweite nur auf Pinot meunier zurückgreift. Zwei Champagner von schöner Weinigkeit, deren Aroma komplex ist. Sie sind ausgewogen und fruchtig und können zum Essen serviert werden. (RM)
🍾 Fournaise, 2, rue des Boucheries, 51700 Châtillon-sur-Marne, Tel. 03.26.58.06.44, Fax 03.26.51.60.91 ☑ ⲧ n. V.

Champagner

FRANÇOIS-BROSSOLETTE
Cuvée de réserve*

○ k. A. 2 500

Die Brossolettes haben im Laufe von vier Generationen 12 ha erworben. Die Cuvée de réserve ist aus Pinot noir und einem Viertel Chardonnay erzeugt worden. Sie ist von guter, frischer Weinigkeit. Die Musik besteht hier aus einer subtilen Harmonie, aber die Geschichte, die sie erzählt, ist monoton. (RM)
François-Brossolette, 42, Grand-Rue, 10110 Polisy, Tel. 03.25.38.57.17, Fax 03.25.38.51.56 n. V.

FREDESTEL
○ 1er cru k. A. 18 000

Bertrand Jacqueminet hat zwei Kinder, Frédéric und Estelle, was die Marke »Frédestel« erklärt. Das Gut ist 2,4 ha groß. Die Verkoster haben den Brut ohne Jahrgangsbezeichnung ausgewählt, fast einen Blanc de Blancs (nur 10 % Pinot noir), der aus dem Verschnitt von drei Ernten hervorgegangen ist. Die Chardonnay-Traube äußert sich laut und deutlich: Hefebrot und Blütenaroma sind vorhanden. Der sehr jugendliche Geschmack ist lebhaft. Der Rosé wurde ebenfalls lobend erwähnt. In seinem dunklen Kleid enthüllt er eine interessante Ausgewogenheit zwischen Fruchtigkeit und Säure. (RM)
Bertrand Jacqueminet, 3, rue Pierre-Brunet, 51380 Trépail, Tel. 03.26.57.06.19, Fax 03.26.57.92.20

FRESNET-JUILLET**
○ 1er cru 9,1 ha 50 000

Diese 1950 gegründete Marke nutzt ein 9 ha großes Anbaugebiet. Der Brut Premier Cru enthält viermahl mehr Pinot noir als Chardonnay, 1993 geerntet und durch 40 % Reserveweine aus den Jahren 1990, 1991 und 1992 ergänzt. Die Weinkoster rühmen einstimmig seine Qualitäten, die ihm Stärke und Ausgewogenheit verleihen: weiße Blüten, getrocknete Früchte, klare Ansprache und vollreife Pfirsiche. Ein Stern für den 92er Spécial Club, der aus 60 % Chardonnay aus Bisseuil und Pinot noir aus Mailly und Verzy zusammengestellt worden ist. Honig, Tabak und Weißdorn sind an der Harmonie beteiligt. (RM)
Champagne Fresnet-Juillet, 10, rue de Beaumont, 51380 Verzy, Tel. 03.26.97.93.40, Fax 03.26.97.92.55 Mo-Sa 9h-12h 14h-18h; So n. V.; Aug. geschlossen
Gérard Fresnet

MICHEL FURDYNA Prestige 1988*
○ 1 ha k. A.

Michel Furdyna bewirtschaftet ein 8 ha großes Gut, das sich auf 7 Gemeinden der Côte von Bar verteilt. Der 88er ist aus zwei Dritteln Pinot noir und einem Drittel Chardonnay erzeugt worden. Dieser Champagner hat typischen Charakter: ein kräftiger, reifer, weiniger Wein, wie geschaffen dafür, daß man ihn zum Essen trinkt. Lobend erwähnt wird die Carte blanche, fast ein Blanc de Noirs (als Pinot noir mit 10 % Chardonnay) mit einem Aroma von weißen Blüten. Er ist leicht im Geschmack und eignet sich als Aperitif. (RM)
Michel Furdyna, 13, rue du Trot, 10110 Celles-sur-Ource, Tel. 03.25.38.54.20, Fax 03.25.38.25.63 n. V.

LUC GAIDOZ Agathe*
○ k. A. k. A.

Der Champagner Agathe von Luc Gaidoz ist das Ergebnis des Verschnitts der drei Rebsorten der Champagne, die zu gleichen Teilen aus den Jahrgängen 1985 und 1986 stammen. Seine kräftige goldene Farbe zeugt von einer gewissen Entwicklung, die man in den Aroma von kandierten Früchten, in den Noten von Hefebrot und im runden, kräftig gebauten Geschmack wiederfindet. (RM)
Luc Gaidoz, 4, rue Gambetta, 51500 Ludes, Tel. 03.26.61.13.73 n. V.

GAIDOZ-FORGET***
◯ k. A. 2 000

Ein aus zwei Teilen Pinot noir und drei Teilen Pinot Meunier zusammengestellter Rosé de Noirs. Die altgoldene Farbe ist leicht lachsrot. Er läßt die Verkoster verblüfft zurück. Er besitzt alle Qualitäten: Eleganz, Rundheit, Ausgewogenheit, Länge. Es ist ein sehr großer Rosé. Ein Stern auch für die Quintessence, einen Verschnitt zu gleichen Teilen aus den drei Rebsorten der Champagne der Jahrgänge 1995 und 1986, für seine Fülle und sein schönes Gerüst. (RM)
Gaidoz-Forget, 1, rue Carnot, 51500 Ludes, Tel. 03.26.61.13.03, Fax 03.26.61.11.65 n. V.

GAIDOZ-FORGET Cuvée de réserve**
○ k. A. 5 000

Ein vom Erfolg getragener Erzeuger, der merkwürdigerweise jedes Jahr zwei Auszeichnungen (Wahl zum Lieblingswein) verdient. Das ist der Fall bei Gaidoz-Forget für seine Cuvée de réserve und seinen Rosé. Entgegen der Regel des Weinführers erhält sie nur für den Rosé, der überdies drei Sterne verdient. Drei Viertel dunkle Trauben, davon ein Viertel Pinot noir, und ein Viertel Chardonnay aus den Jahrgängen 1987 und 1986 ergeben diese Cuvée, der die schwierige Vereinigung von korpulenter Stärke und Eleganz gelingt. (RM)
Gaidoz-Forget, 1, rue Carnot, 51500 Ludes, Tel. 03.26.61.13.03, Fax 03.26.61.11.65 n. V.

GALLIMARD PERE ET FILS**
◯ k. A. 10 000

Die Verkoster haben ihn genossen; einer rief sogar aus: »Er läßt an den Rosé des Riceys denken!« Ja, dieser Champagner kommt aus der Gemeinde Les Riceys. Er zeigt ein intensives

CHAMPAGNE

Champagner

Altrosa. Rote Früchte, Himbeeren und Quittenbrot verbreiten dann ihren Duft, während sich im Geschmack nach einer lebhaften Ansprache die Rundheit, die Fülle und die Fleischigkeit zeigen. Ein sehr langer Rosé, der zu weißem Fleisch paßt. (RM)
🍾 Champagne Gallimard Père et Fils, 18-20, rue du Magny, 10340 Les Riceys, Tel. 03.25.29.32.44, Fax 03.25.38.55.20 ☑ ⏻ Mo-Sa 9h-12h 14h-18h ; So n. V.

CH. GARDET AND CO 1988**

○ k. A. 10 000 **100-150 F**

In diesem Verschnitt sind gleich viel Chardonnay und Pinot noir enthalten, ergänzt durch ein Fünftel Pinot meunier. Er entfaltet Nuancen von weißen Blüten, mineralische Noten und Blütenhonig und zeichnet sich vor allem durch eine große Frische aus. Letztere scheint das »Markenzeichen« dieser hundert Jahre alten Firma in Familienbesitz zu sein, denn dieses gleiche Merkmal findet man im Brut ohne Jahrgangsbezeichnung Selected Reserve wieder, der vor dem Verschneiden im großen Holzfaß gelagert wurde : zwei Sterne für einen Champagner zum Genießen. (NM)
🍾 Gardet SA, 13, rue Georges-Legros, 51500 Chigny-les-Roses, Tel. 03.26.03.42.03, Fax 03.26.03.43.95 ☑ ⏻ n. V.

BERNARD GAUCHER Carte d'or

○ 6 ha 14 000 **70-100 F**

Bernard Gaucher bewirtschaftet ein 12 ha großes Weingut im Süden des Appellationsgebiets. Sein Carte d'or ist ein Blanc de Noirs aus Pinot noir, den man regelmäßig in unserem Weinführer findet. Ein stattlicher, ausgewogener, entwickelter Wein. (RM)
🍾 Bernard Gaucher, Grande-Rue, 10200 Arconville, Tel. 03.25.27.87.31, Fax 03.25.27.85.84 ☑ ⏻ Mo-Sa 9h-19h ; 10.-20. Aug. geschlossen

GAUTHEROT Cuvée de réserve

○ 7,5 ha 63 000 **70-100 F**

Die Gautherot, die seit dem 18. Jh. Winzer sind, haben ihre Marke 1935 gegründet und bewirtschaften ein 12 ha großes Gut. Diese Cuvée de réserve, ein Viertel weiße und drei Viertel dunkle (Pinot noir) Trauben, die aus den Jahrgängen 1993 und 1994 stammen, bestätigt klar und deutlich die Vorrangstellung der Pinot-noir-Traube aufgrund ihrer sich entladenden Fruchtigkeit. Ein typischer Champagner. (RM)
🍾 François Gautherot, 29, Grande-Rue, 10110 Celles-sur-Ource, Tel. 03.25.38.50.03, Fax 03.25.38.58.14 ☑ ⏻ n. V.

GELMINGER Blanc de blancs

○ 1er cru k. A. k. A. **70-100 F**

Diese im Großhandel vertriebene Marke gehört Champagne Bonnaire. Dieser Erzeuger, ein Spezialist für den Blanc de Blancs aus Cramant, hat in Cramant, Cuis, Chouilly und Bergères-les-Vertus gelesene Trauben verschnitten. Sein Gelminger ist blumig, mit einem Duft nach Zitrusfrüchten und Zitronen. (RM)

🍾 Champagne Bonnaire, 120, rue d'Epernay, 51530 Cramant, Tel. 03.26.57.50.85, Fax 03.26.57.59.17 ⏻ tägl. 8h-12h 14h-17h ; 5.-30. Aug. geschlossen

MICHEL GENET
Blanc de blancs Grande Réserve 1992*

○ Gd cru k. A. 16 000 **70-100 F**

Dieses Weingut entstand 1960 und umfaßt heute 6,5 ha. Man wird sich nicht wundern, daß ein Erzeuger aus Chouilly einen Blanc de blancs Grand cru anbietet. Ein zarter, feiner, eleganter Wein, dessen harmonische Frische ätherisch ist. (RM)
🍾 Michel Genet, 22, rue des Partelaines, 51530 Chouilly, Tel. 03.26.55.40.51, Fax 03.26.59.16.92 ⏻ n. V.

RENE GEOFFROY Cuvée Prestige

○ 1er cru k. A. 8 000 **100-150 F**

Die Geoffroys sind seit drei Jahrhunderten Winzer in Cumières und bewirtschaften ein 13 ha großes Gut. Sie praktizieren eine sehr sorgfältige Vinifizierung und verzichten auf die malolaktische Gärung. Viele Cuvées werden im großen Holzfaß vinifiziert, darunter diese Cuvée Prestige, die zwei Drittel Chardonnay und ein Drittel Pinot noir aus dem Jahrgang 1993 enthält. Ein Champagner mit einem Aroma von roten und schwarzen Früchten (Himbeeren, schwarze Johannisbeeren) und ein wenig Unterholz im Geschmack. (RM)
🍾 René Geoffroy, 150, rue du Bois-des-Jots, 51480 Cumières, Tel. 03.26.55.32.31, Fax 03.26.54.66.50 ☑ ⏻ n. V.

PIERRE GERBAIS Cuvée Réserve**

○ 6,25 ha 50 000 **70-100 F**

Diese nach dem Krieg entstandene Marke besitzt ein fast 14 ha großes Anbaugebiet, das zwei sehr schöne Resultate erzielt : zwei Sterne für die Réserve und einen Stern für die Tradition. Die Cuvée Réserve besteht aus 70 % Pinot noir und 30 % Chardonnay. Ihr Aroma von Zitrusfrüchten und weißen Blüten und seine ausgewogene Frische im Geschmack erfreuen die Jury. Der Tradition, 85 % Pinot noir, hat eine lebhafte Ansprache und eine schöne Struktur. (NM)
🍾 Pierre Gerbais, 13, rue du Pont, B.P. 17, 10110 Celles-sur-Ource, Tel. 03.25.38.51.29, Fax 03.25.38.55.17 ☑ ⏻ n. V.

HENRI GERMAIN Brut Tête de Cuvée*

○ k. A. k. A. **70-100 F**

Aus dem riesigen Anbau von Champagne Germain hat der Brut Tête de Cuvée einen Stern erhalten : ein Drittel weiße, zwei Drittel dunkle Trauben (davon 10 % Pinot meunier). Ein Wein, der sehr stark durch die Frische seiner Jugend geprägt ist. Ein Stern auch für den Premier cru, einen Blanc de Noirs (Pinot noir) mit einem blumigen Aroma, der im Geschmack leicht und harmonisch ist. Eine lobende Erwähnung verdient die Luxuscuvée Belle de Germain in ihrer Rosé-Version, die durch 15 % Chardonnay belebt wird. Ihre Fruchtigkeit wird durch Haselnüsse und Mandeln und die gleichen Früchte in getrockneter und gerösteter Form gewürzt. (NM)

Champagner

🍇 Champagne Germain, 38, rue de Reims, 51500 Rilly-la-Montagne, Tel. 03.26.03.40.19, Fax 03.26.03.43.11 ⬛ 🍷 n. V.

PIERRE GIMONNET ET FILS
Spécial Club Blanc de blancs 1989*

| ○ | k. A. | 20 000 | ⬛🍷 | 100-150 F |

Ein Stern für den 89er Spécial Club, einen erstaunlichen Champagne, der im Gegensatz zu den anderen 89ern fast zu jung ist ! Ausgewogenheit und Länge sind vorhanden. Ein Stern auch für den Cuis Premier cru mit dem ins Exotische gehenden Blütenduft und der duftigen Frische. Lobend erwähnt wird der Blanc de Blancs Œnophile maxi brut, der für die echten Liebhaber bestimmt ist. (RM)

🍇 SA Pierre Gimonnet et Fils, 1, rue de la République, 51530 Cuis, Tel. 03.26.59.78.70, Fax 03.26.59.79.84 ⬛ 🍷 Mo-Fr 8h-12h 14h-18h ; Sa n. V. ; 15.-31. Aug. geschlossen

GIMONNET-GONET
Blanc de blancs Cuvée de prestige*

| ○ Gd cru | 2 ha | 4 000 | ⬛ | 70-100 F |

Die Gimonnet-Gonets, die 7 ha in Le Mesnil-sur-Oger und Cramant besitzen, präsentieren einen klassischen Blanc de Blancs : voller Jugendlichkeit, fest und mit einer feinen Struktur. (RM)

🍇 Gimonnet-Gonet, 166, rue du Gal-de-Gaulle, 51530 Cramant, Tel. 03.26.57.51.44, Fax 03.26.58.00.03
⬛ 🍷 Mo-Fr 8h-12h 13h30-19h ; Sa, So n. V.

HENRI GIRAUD Tradition*

| ○ | k. A. | 110 000 | ⬛🍷 | 70-100 F |

Die Girauds bewirtschaften ein 13 ha großes Gut bei Ay, als Grand cru eingestuft. Der Tradition ist das Ergebnis eines Verschnitts von zwei Dritteln Pinot noir und einem Drittel Chardonnay. Feiner Duft nach weißen Blüten mit Zitronennote und frische Ansprache. Die Ausgewogenheit und die Länge enttäuschen nicht. (NM)

🍇 SA Champagne Henri Giraud, 71, bd Charles-de-Gaulle, 51160 Ay, Tel. 03.26.55.18.55, Fax 03.26.55.33.49 ⬛ 🍷 n. V.

PAUL GOBILLARD Cuvée Régence*

| ○ | k. A. | 6 000 | ⬛🍷 | 100-150 F |

Die Cuvée Régence, die sich in einer Flasche aus dem 18. Jh. befindet, besteht zu zwei Dritteln aus weißen und zu einem Drittel aus dunklen Trauben (darunter 10 % Pinot meunier). Dieser Verschnitt aus Jahrgangschampagnern (im Holzfaß ausgebaute Reserveweine) bietet ein fruchtiges, komplexes Aroma und eine schöne, cremige, blumige, würzige Rundheit. Eine lobende Erwähnung verdient auch der 90er, je zur Hälfte aus weißen und dunklen Trauben (davon ein Viertel Pinot meunier) hergestellt, der nach Quitten und getoastetem Brot duftet und im Geschmack ausgewogen und strukturiert ist. (NM)

🍇 Paul Gobillard, Ch. de Pierry, B.P. 1, 51530 Pierry, Tel. 03.26.54.05.11, Fax 03.26.54.46.03 ⬛ 🍷 n. V.

J.-M. GOBILLARD ET FILS
Cuvée Prestige 1993*

| ○ 1er cru | 3 ha | 25 000 | ⬛⬛🍷 | 100-150 F |

Diese 1955 gegründete Firma verfügt über ein 25 ha großes Anbaugebiet. Die Cuvée Prestige enthält zwei Drittel Chardonnay und ein Drittel Pinot noir ; ihre Ansprache ist lebhaft, während ihr Aroma an weiße Blüten und weißfleischige Früchte erinnert. Lobend erwähnt werden die Cuvées Grande Réserve und Tradition, die von den drei Rebsorten der Champagne stammen und Struktur und Frische vereinen. (NM)

🍇 J.-M. Gobillard et Fils, SARL L'Altavilloise, 38, rue de l'Eglise, 51160 Hautvillers, Tel. 03.26.51.00.24, Fax 03.26.51.00.18 ⬛ 🍷 n. V.

PAUL GOERG Blanc de blancs*

| ○ | k. A. | 300 000 | ⬛🍷 | 70-100 F |

Diese 1985 gegründete Erzeugervereinigung besitzt 130 ha Reben. Hier ein typischer Blanc de Blancs, honigartig und fruchtig, mit einer klaren, einen Jugend geprägten Ansprache. Die Folgeeindrücke sind klassisch. (CM)

🍇 Champagne Paul Goerg, 4, pl. du Mont-Chenil, 51130 Vertus, Tel. 03.26.52.15.31, Fax 03.26.52.23.96 ⬛ 🍷 n. V.

VINCENT GONET

| ○ | k. A. | k. A. | ⬛🍷 | 70-100 F |

Die Zweitmarke von Champagne Gonet-Sulcova. Es ist kein Blanc de Blancs, ganz im Gegenteil, denn Pinot noir ist zu zwei Dritteln daran beteiligt. Die Fruchtigkeit ist würzig, der Geschmack frisch und lebhaft. (RM)

🍇 Champagne Gonet-Sulcova, 13, rue Henri-Martin, 51200 Epernay, Tel. 03.26.54.37.63, Fax 03.26.55.36.71 ⬛ 🍷 n. V.

MICHEL GONET ET FILS
Blanc de blancs

| ○ | 10 ha | 30 000 | ⬛ | 70-100 F |

Michel Gonet ist ein Spezialist für Blanc de Blancs. Seine *Winerie* befindet sich in Avize. Sein Anbaugebiet umfaßt 40 ha. Dieser Champagner ist das Ergebnis eines Verschnitts von Trauben aus den Jahren 1993, 1994 und 1995. Er beginnt mit kandierten Früchten und klingt mit einem Mandelaroma aus. Ein sehr jugendlicher Wein. (RM)

🍇 Michel Gonet et Fils, 196, av. Jean-Jaurès, 51190 Avize, Tel. 03.26.57.50.56, Fax 03.26.57.91.98 ⬛ 🍷 Mo-Fr 8h-12h 14h-17h ; Sa, So n. V. ; Aug. geschlossen

PHILIPPE GONET ET FILS
Blanc de blancs 1990

| ○ Gd cru | 4 ha | 30 000 | ⬛🍷 | 70-100 F |

Diese 18 ha große Weingut präsentiert einen 90er Blanc de Blanc auf seinem Höhepunkt, denn dieser reichhaltige Jahrgang entwickelt sich, das Röst- und Briochearoma werden breiter. Die Stärke und das Gerüst nehmen den ganzen Mund ein. Der 90er Spécial Club, der im selben Stil gehalten ist, verdient eine lobende Erwähnung. (RM)

Champagner

🍾 Philippe Gonet, 1, rue de la Brèche-d'Oger, 51190 Le Mesnil-sur-Oger, Tel. 03.26.57.53.47, Fax 03.26.57.51.03 ☑ 🍷 n. V.
🍾 Mme Gonet

GONET-SULCOVA Blanc de blancs*

| ○ | k. A. | k. A. | 🍾🥂 | 70-100 F |

Champagne Gonet-Sulcova nutzt ein 15 ha großes Anbaugebiet an der Côte des Blancs. Dieser Blanc de Blancs mit dem diskreten Blüten- und Honigduft bietet im Geschmack eine feine, sehr vornehme Struktur. (RM)

🍾 Champagne Gonet-Sulcova, 13, rue Henri-Martin, 51200 Epernay, Tel. 03.26.54.37.63, Fax 03.26.55.36.71 ☑ 🍷 n. V.

GOSSET Grand Millésime 1989**

| ○ | k. A. | 40 000 | 🍾🥂 | +200 F |

Man kennt die herrliche Flasche im Stil des 18. Jh. und ihr ebenso diskretes wie originelles Etikett. Der Inhalt verdient diese Form. Mit zwei Dritteln weißen Trauben und einem Drittel Pinot noir, ein Verschnitt von 16 Crus, darunter zahlreiche Grands crus, hat dieser Champagner den Verkoster durch seine Stärke, seine Rundheit, seine Klarheit, sein Gerüst, seine Fülle und seine Länge begeistert. (RM)

🍾 Champagne Gosset, 69, rue Jules-Blondeau, B.P. 7, 51160 Ay, Tel. 03.26.56.99.56, Fax 03.26.51.55.88 🍷 n. V.

GOSSET Grand rosé 1990**

| ⊘ | k. A. | 20 000 | 🥂 | +200 F |

Dieser außergewöhnliche Rosé, dessen Trauben aus Grands crus stammen, weiße ebenso wie dunkle im Verhältnis 80 zu 20, enthält 11 % Rotwein aus Bouzy. Dieser Wein, der keine malolaktische Gärung durchlaufen hat, ist im Holzfaß gereift. Alle Juroren waren von ihm gefesselt, bis auf einen, der allergisch gegenüber dem Holzton reagierte (»sehr schöner Wein, in dem das Holz dominiert«). »Rasse, Harmonie, außergewöhnlich reichhaltiger Geschmack, geistvoller Wein«, wurde geschrieben ... Lobend erwähnt wird der Brut Excellence, 26 Crus und ein wenig mehr dunkle als weiße Trauben aus der 93er Lese (zusätzlich 20 % aus den Jahrgängen 1991 und 1992). Ein charmanter Wein voller Jugendlichkeit, der sich als Luxusaperitif eignet. (NM)

🍾 Champagne Gosset, 69, rue Jules-Blondeau, B.P. 7, 51160 Ay, Tel. 03.26.56.99.56, Fax 03.26.51.55.88 🍷 n. V.

GOSSET-BRABANT Tradition 1994*

| ○ 1er cru | k. A. | 20 000 | 🍾 | 70-100 F |

Die Gossets sind seit vier Jahrhunderten Winzer. Dieser Zweig der Familie präsentiert einen sehr »dunklen« Champagner (70 % de Pinot noir, 10 % Pinot meunier und 20 % Chardonnay). Lakritzearoma und runder, weiniger, ausgewogener Geschmack. (RM)

🍾 Champagne Gosset-Brabant, 23, bd du Mal-de-Lattre-de-Tassigny, 51160 Ay, Tel. 03.26.55.17.42, Fax 03.26.54.31.33 ☑ 🍷 n. V.
🍾 MM. Gosset

GEORGE GOULET*

| ⊘ | k. A. | k. A. | 🍾🥂 | 70-100 F |

Eine 1834 gegründete Marke in Reims, die 1989 von Lionel Chaudron übernommen wurde. Hier ein komplexer Rosé, was nicht so häufig der Fall ist. Er besteht aus 85 % Pinot noir und 15 % Chardonnay. Himbeeren und Veilchen konkurrieren im Duft, während im Geschmack Ausgewogenheit und Frische brillieren. Lobend erwähnt wird der 89er, der knapp einen Stern verfehlt, eine je zur Hälfte aus weißen und dunklen (Pinot noir) Trauben erzeugte Cuvée mit einem empyreumatischen Aroma, der Freigebigkeit und Komplexität verbindet. (RM)

🍾 Champagne George Goulet, 1, av. de Paris, 51100 Reims, Tel. 03.26.66.44.88, Fax 03.26.67.99.36 🍷 n. V.
🍾 Lionel Chaudron

HENRY GOULET*

| ○ 1er cru | k. A. | k. A. | 🍾🥂 | 70-100 F |

Eine Marke, die mit der obigen (George Goulet) verbunden ist. Zwei Teile Pinot noir und drei Teile Chardonnay finden Eingang in diesen charaktervollen Champagner mit dem blumigen Bukett, das mit frischen Mandeln und Pfeffer verbunden ist. Er ist komplex und weinig. Man kann diesen Wein zu rotem Fleisch servieren. Lobend erwähnt wird der Brut mit dem interessanten Preis-Leistungs-Verhältnis; er besteht aus zwei Dritteln Chardonnay und einem Drittel Pinot noir. Ein Wein, der nach Veilchen und grünen Äpfeln duftet, lebhaft, strukturiert, fein und sehr jugendlich. (NM)

🍾 Champagne George Goulet, 1, av. de Paris, 51100 Reims, Tel. 03.26.66.44.88, Fax 03.26.67.99.36 🍷 n. V.

HENRI GOUTORBE Cuvée Prestige

| ○ 1er cru | k. A. | 40 000 | | 70-100 F |

Von der Rebschule zum Champagner - das ist der logische Weg, den die Goutorbes gingen. Die Cuvée Prestige, zwei Drittel Pinot noir, ein Drittel Chardonnay, bietet im Geruch einen Hauch von Milchsäure. Im Geschmack zeigt sie ihre Komplexität und Rundheit. (RM)

🍾 Goutorbe, 9 bis, rue Jeanson, 51160 Ay, Tel. 03.26.55.21.70, Fax 03.26.54.85.11 🍷 n. V.

ALFRED GRATIEN Cuvée Paradis**

| ⊘ | k. A. | k. A. | 🥂 | +200 F |

Eine Firma in Familienbesitz, die seit 1864 nicht den Besitzer gewechselt hat. Dieser Rosé ist ziemlich eigentümlich, denn er ist im Holzfaß vergoren worden. Die beiden Pinot-Sorten (20 % Pinot noir, 25 % Pinot meunier) begleiten 55 % Chardonnay. Der Duft ist bemerkenswert: rote Früchte und Tertiäraroma. Der sehr lange, ausgewogene Geschmack ist elegant. Ein Rosé von großem Charakter, für Liebhaber. (NM)

Champagner

⚑Champagne Alfred Gratien, 30, rue Maurice-Cerveaux, B.P. 3, 51201 Epernay Cedex, Tel. 03.26.54.38.20, Fax 03.26.54.53.44 ✓ ⏳ n. V.

ALFRED GRATIEN 1983★

| ○ | k. A. | k. A. | ⫸ | +200 F |

Dieser traditionelle Champagner wird im Holzfaß vergoren und reift unter dem Korken. Der 83er entstammt einem Verschnitt von drei Teilen Chardonnay und zwei Teilen Pinot (davon 6 % Pinot meunier). Sein Aroma ist von großer Komplexität (kandierte Früchte, Zitronen, Karamel, Melonen, Honig, Bananen, im Duft ebenso wie im Geschmack. Schöne, unaufdringliche Harmonie. Lobend erwähnt wird die Cuvée Paradis (im Verhältnis 60 zu 40, davon 30 % Pinot meunier). Sie hat einen Holzton, bietet Noten von Zitrusfrüchten und grünen Äpfeln und ist großartig dosiert. (NM)

⚑Champagne Alfred Gratien, 30, rue Maurice-Cerveaux, B.P. 3, 51201 Epernay Cedex, Tel. 03.26.54.38.20, Fax 03.26.54.53.44 ✓ ⏳ n. V.

GRUET ROSE★

| ● | k. A. | k. A. | ⫸ ⚭ | 70-100 F |

Die Gruets sind seit drei Jahrhunderten Winzer an der Côte des Bar. Sie haben ein 10 ha großes Anbaugebiet. Dieser Rosé de Noirs (bis auf 10 %), dem 15 % Rotwein Farbe geben, bietet ein schönes Bukett, das Erdbeeren, Himbeeren und Zuckerwatte verbindet. Er ist männlich und wohlausgewogen und dürfte hervorragend zu weißem Fleisch passen. Ein Stern auch für den 89er, der zu einem Drittel aus Chardonnay und zu zwei Dritteln aus Pinot noir besteht. Ein empyreumatischer Champagner mit einer »kandierten« Rundheit, der gut zu Entenleber passen dürfte. (NM)

⚑SARL champagne Gruet, 48, Grande-Rue, 10110 Buxeuil, Tel. 03.25.38.54.94, Fax 03.25.38.51.84 ✓ ⏳ Mo-Fr 8h-12h 14h-18h ; Sa, So n. V.
⚑ Claude Gruet

MAURICE GRUMIER

| ● | k. A. | 3 000 | ⫸ | 70-100 F |

Die Grumiers bewirtschaften ein 7,5-ha-Gut im Marne-Tal. Dieser Wein, der zu 70 % aus dunklen Trauben (davon 20 % Pinot noir) hergestellt worden ist, besitzt eine blasse, leicht ziegelrote rosa Farbe und entfaltet sich kraftvoll und rund. Erwähnenswert ist der 90er, der aus zwei Dritteln Chardonnay und einem Drittel Pinot noir besteht und ein Aroma von kandierten Früchten bietet. Zwei Champagner vom entwickelten Typ. (RM)

⚑Guy Grumier, 13, rte d'Arty, 51480 Venteuil, Tel. 03.26.58.48.10, Fax 03.26.58.66.08 ✓ ⏳ n. V.

P. GUERRE ET FILS 1990

| ○ | k. A. | 22 000 | 100-150 F |

Ein 8 ha großer Familienbesitz, der eine klassische Cuvée präsentiert : 60 % Pinot Noir und 40 % Chardonnay, mit Blütenduft, im Geschmack fest und lang. (RM)

⚑Michel Guerre, 3, rue de Champagne, 51480 Venteuil, Tel. 03.26.58.62.72, Fax 03.26.58.64.06 ✓ ⏳ n. V.

ROMAIN GUISTEL Grande Réserve

| ○ | k. A. | k. A. | ⫸ | 70-100 F |

Das Etikett verrät es nicht, aber die Grande Réserve ist ein Blanc de Blancs. Hat sie die Merkmale davon ? Der Duft ist diskret und öffnet sich dann, während sich im Geschmack ein Eindruck von süßer Rundheit entfaltet. (RM)

⚑Romain Guistel, 1, rue des Remparts-de-l'Ouest, 51480 Damery, Tel. 03.26.58.40.40, Fax 03.26.52.04.28 ✓ ⏳ n. V.

GUY DE FOREZ

| ○ | 8 ha | 14 000 | ⫸ | 50-70 F |

Diese junge Marke, die über ein mehr als 8 ha großes Anbaugebiet verfügt, bietet einen blaßgoldenen Champagner ohne Jahrgangsbezeichnung, der diskret nach grünen Äpfeln duftet. Sein Geschmack enthüllt eine aufdringliche Dosage. Der Verkaufspreis ist vernünftig. (RM)

⚑Guy de Forez, 32 bis, rue du Gal-Leclerc, 10340 Les Riceys, Tel. 03.25.29.98.73, Fax 03.25.38.23.01 ✓ ⏳ n. V.

JEAN-NOEL HATON Cuvée de réserve★★

| ○ | k. A. | k. A. | ⫸ | 70-100 F |

Die 1928 geschaffene Marke nutzt ein 13 ha großes Anbaugebiet. Die Cuvée de réserve ist das Resultat des Verschnitts von drei Vierteln schwarzen Trauben, davon ein Viertel Pinot noir, und einem Viertel Chardonnay. Dieser Champagner verbindet Lebhaftigkeit und Sanftheit. Der Rosé erhält ebenfalls zwei Sterne. Die Zusammenstellung ist die gleiche wie bei der Cuvée de réserve : ein weißer Rosé mit intensivem Himbeerduft, ausgewogen und mit deutlicher Dosage. Die Cuvée Prestige, zu gleichen Teilen aus weißen und dunklen (Pinot noir) Trauben hergestellt, verdient einen Stern für ihre sich entladende, einschmeichelnde Fruchtigkeit. (NM)

⚑Jean-Noël Haton, 5, rue Jean-Mermoz, 51480 Damery, Tel. 03.26.58.40.45, Fax 03.26.58.63.55 ✓ ⏳ tägl. 8h-12h 13h30-19h

LUDOVIC HATTE Grande Réserve★

| ○ | k. A. | 3 000 | ⫸ | 70-100 F |

Drei Winzergenerationen haben einen fast 10 ha großen Weinbaubetrieb geschaffen. Die Grande Réserve kombiniert 60 % Pinot noir, 10 % Pinot meunier und 30 % Chardonnay, 1990 und 1991 geerntet. Ein kraftvoller, entwickelter Champagner voller Sanftheit und Rundheit. (RM)

⚑Ludovic Hatté, 3, rue Thiers, 51360 Verzenay, Tel. 03.26.49.43.94, Fax 03.26.49.81.96 ✓ ⏳ n. V.

JEAN-PAUL HEBRART Sélection★

| ○ 1er cru | 1 ha | 7 000 | 70-100 F |

Dieses 1983 entstandene Gut ist 5,5 ha groß ; ein Teil seiner Produktion wird unter dem Namen Jean-Paul Hébrart verkauft, während der Rest für den Handel in der Champagne bestimmt ist. In diesem Brut Sélection ist dreimal mehr Pinot noir als Chardonnay enthalten. Im Geruch empyreumatisch und an rote Früchte erinnernd, ausgewogen und harmonisch. Ein Kompliment verdient die geringe Dosage. (RM)

CHAMPAGNE

Champagner

•┑ Jean-Paul Hébrart, 10, quai du Moulin, 51160 Mareuil-sur-Ay, Tel. 03.26.52.60.75
☑ ⊺ tägl. 8h-12h30 13h30-19h

MARC HEBRART Spécial Club**

| ○ 1er cru | k. A. | 5 000 | ∎♦ | 100-150 F |

Marc Hébrart ist der Sohn von Jean-Paul Hébrart. Diese Sondercuvée befindet sich in der Flasche des Club des Vignerons champenois. Sie ist durch den Verschnitt von 40 % Chardonnay mit 60 % Pinot noir entstanden. Es ist ein 90er, der sich rasch entwickelt, ausgewogen, kraftvoll und lang im Geschmack. (RM)
•┑ Marc Hébrart, 18-20, rue du Pont, 51160 Mareuil-sur-Ay, Tel. 03.26.52.60.75, Fax 03.26.52.92.94 ☑ ⊺ n. V.

CHARLES HEIDSIECK
Blanc de blancs des Millénaires 1985**

| ○ | k. A. | k. A. | ∎♦ | +200 F |

Diese 1851 gegründete Firma gehört einem Unternehmen, das auch Piper Heidsieck und Krug kontrolliert. Ihr Blanc de Blancs des Millénaires wird mühelos das Ende des Jahrhunderts erreichen ! Er ist unveränderlich. Wahl zum Lieblingswein vor zwei Jahren, im letzten Jahr vermerkt - er setzt seine Karriere fort. Seine Fähigkeit verdankt er den Trauben aus Avize, Le Mesnil, Oger, Cramant und Vertus. Er bezaubert die Juroren noch immer durch die Vornehmheit seines komplexen Aromas. (NM)
•┑ Charles Heidsieck, 4, bd Henry-Vasnier, 51100 Reims, Tel. 03.26.84.43.50, Fax 03.26.84.43.86 ☑ ⊺ n. V.

HEIDSIECK MONOPOLE
Diamant Bleu 1985*

| ○ | k. A. | k. A. | | +200 F |

Eine von 1860 stammende Firma, die vor kurzem von Paul Vranken übernommen wurde. In ihrem Lager hat er diesen 85er vorgefunden, eine Sondercuvée, die je zur Hälfte aus weißen und dunklen (Pinot noir) Trauben besteht und ein Aroma von getoastetem Brot bietet. Sanft und lebhaft zugleich. »Sie ist der Vollkommenheit nahe«, schrieb ein Verkoster. (NM)
•┑ Heidsieck et Co Monopole, 17, av. de Champagne, 51200 Epernay, Tel. 03.26.59.50.50, Fax 03.26.59.50.56 ☑ ⊺ n. V.

D. HENRIET BAZIN Blanc de blancs*

| ○ 1er cru | k. A. | k. A. | | 70-100 F |

Ein 6 ha großes Gut auf der Montagne de Reims, das von den Henriet-Bazins seit drei Generationen bewirtschaftet wird. Der Brut Premier Cru und der Sélection Premier cru erhalten jeweils einen Stern. Ihre Zusammenstellung unterscheidet sich ; der erstgenannte ist ein Blanc de Blancs, der zweite enthält ebensoviel weiße wie dunkle (Pinot noir) Trauben. Die beiden bieten ein Aroma von weißen Blüten und sind relativ entwickelt. Während der erste ausgewogen ist, verführt der andere aufgrund seiner Sanftheit. Die beiden Weine haben ihren Höhepunkt erreicht. (RM)
•┑ D. Henriet-Bazin, 9 bis, rue Dom-Pérignon, 51380 Villers-Marmery, Tel. 03.26.97.96.81, Fax 03.26.97.97.30 ☑ ⊺ n. V.

DIDIER HERBERT Grande Réserve

| ○ 1er cru | k. A. | 6 000 | ∎♦ | 70-100 F |

Ernest Pêchon hat das Gut geschaffen, sein Schwiegersohn Fernand Herbert es bewirtschaftet, und sein Enkel baut auf den 6,5 ha des Guts Reben an. Ebensoviel Chardonnay wie Pinot noir, ergänzt durch ein Fünftel Pinot meunier, garantieren diesem fruchtigen Champagner Sanftheit und Rundheit. Er wurde als klassisch bezeichnet : »fast zu klassisch«. (RM)
•┑ Didier Herbert, 32, rue de Reims, 51500 Rilly-la-Montagne, Tel. 03.26.03.41.53, Fax 03.26.03.44.64 ☑ ⊺ Mo-Sa 8h-18h30 ; Aug. geschlossen

HEUCQ PERE ET FILS 1991*

| ◐ | k. A. | 2 000 | ∎ | 70-100 F |

André Heucq baut auf 6 ha Reben an. Er gehört zur dritten Generation, die dieses Gut bei Cuisles bewirtschaftet. Der Rosé, ein Rosé de Noirs (30 % Pinot meunier), stammt von 1991 geernteten Trauben. Er zeigt im Geschmack mehr Kraft als im Duft. Voll und mit merklicher Dosage. (RM)
•┑ André Heucq, 51700 Cuisles, Tel. 03.26.58.10.08, Fax 03.26.58.12.00 ☑ ⊺ n. V.

M. HOSTOMME ET FILS
Cuvée Harmonie 1991**

| ○ Gd cru | k. A. | 3 000 | ∎♦ | 70-100 F |

Diese Cuvée ist durch den Chardonnay (70 %) geprägt, unterstützt von 30 % Pinot noir : eine schöne gegenseitige Beeinflussung von blumigen, mineralischen und würzigen Elementen. Der Geschmack gleicht die Feinheit und die Fülle aus. Lobend erwähnt wird der Blanc de Blancs ohne Jahrgangsbezeichnung, der ziemlich entwickelt ist. Seine Dosage ist nicht gerade unmerklich. (NM)
•┑ SARL Hostomme et Fils, 5, rue de l'Allée, 51530 Chouilly, Tel. 03.26.55.40.79, Fax 03.26.55.08.55 ☑ ⊺ n. V.

BERNARD HUBSCHWERLIN
Brut Tradition

| ○ | 2,5 ha | 12 000 | ∎ | 50-70 F |

Auf diesem 5 ha großen Gut kann man cadoles sehen : steinerne Winzerhäuser, die auf das 18. Jh zurückgehen. Dieser Champagner, der keine malolaktische Gärung durchlaufen hat, ist fast ein Blanc de Noirs. Man findet darin zitronenartige Lebhaftigkeit, Honig, Lindenblüten und Quitten. Ein fröhlicher Wein zu einem geringen Preis. (RM)
•┑ Bernard Hubschwerlin, 10250 Courteron, Tel. 03.25.38.24.11, Fax 03.25.38.47.80 ☑
⊺ Mo-Fr 8h30-18h30 ; Sa, So n. V.

HUGUENOT-TASSIN Cuvée Tradition

○ 3,5 ha 25 000 ■ ♨ 50-70 F

Der Tradition ist sehr »dunkel« (85 %). Sein Aroma von weißen Früchten ist diskret, sein Geschmack ausgewogen und sein Preis verlockend. Lobend erwähnt wird die Cuvée de Réserve, die zu drei Vierteln aus dunklen Trauben besteht: frisch, zitronenartig, eher kräftig als fein. (RM)

☛ Benoît Huguenot, 4, rue du Val-Lune, 10110 Celles-sur-Ource, Tel. 03.25.38.54.49, Fax 03.25.38.50.40 ☑ ☂ n. V.

HUSSON Brut Intégral 1993*

○ Gd cru 1 ha 8 000 ■ 70-100 F

Die Hussons haben sich von Rebschulgärtnern zu Weinhändlern entwickelt, die ihren Champagner selbst herstellen. Sie bewirtschaften ein 4,5 ha großes Gut. Dieser Brut Intégral wird von den Juroren immer sehr gut benotet. Hier ein stark vom Pinot noir geprägter Champagner (nur ein Fünftel Chardonnay), der sehr fruchtig, reichhaltig, harmonisch und fein ist. »Voller Anmut«, schrieb ein Juror. (NM)

☛ Champagne Jean-Pierre Husson, 2, rue Jules-Lobet, 51160 Ay-Champagne, Tel. 03.26.55.43.05, Fax 03.26.55.03.02 ☑ ☂ n. V.

ROBERT JACOB Prestige 1990*

○ 2 ha 7 000 ■ ♨ 70-100 F

Eine vor mehr als 20 Jahren geschaffene Marke, die ein 12 ha großes Anbaugebiet nutzt. Dieser Brut Prestige ist in Wirklichkeit ein 90er Blanc de Blancs ! Ein feiner, fülliger und frischer Wein. Zuviel Jugendlichkeit ? Ein Verkoster schrieb : »Demnächst ein Lieblingswein.« Ein Champagner, den man als Aperitif oder zu einem Fisch am Anfang der Mahlzeit serviert. (RM)

☛ Champagne Jacob, 14, rue de Morres, 10110 Merrey-sur-Arce, Tel. 03.25.29.83.74, Fax 03.25.29.34.86 ☑ ☂ Mo-Fr 8h-12h 14h-18h

JACQUART Sélection

○ k. A. 900 000 ■ ⊞ ♨ 100-150 F

Eine »Vereinigung«, die die Trauben von 900 ha vinifiziert. Der Sélection ist aus ebensoviel Chardonnay wie Pinot (davon 15 % Pinot meunier) zusammengestellt worden. Ein Champagner, der im Geschmack an Renekloden, frische Butter und Haselnüsse erinnert. Ebenfalls eine lobende Erwähnung verdient die Cuvée Mosaïque, ein 92er Blanc de Blancs 92 mit einem kräftigen Duft, dessen Geschmack nur eine einzige Note abwandert. Erwähnt werden soll noch der Brut Rosé, eine je zur Hälfte aus dunklen und weißen Trauben hergestellte Cuvée, der 15 % Rotwein Farbe verleihen. Aufgrund seiner Entwicklung paßt er zu Fisch. (CM)

☛ Sté Vinicole Jacquart, 5, rue Gosset, 51100 Reims, Tel. 03.26.07.88.40, Fax 03.26.07.12.07 ☑ ☂ Mo-Fr 8h-12h 14h-18h

JACQUART Cuvée spéciale nominée 1988*

◉ k. A. 1 500 ■ ⊞ ♨ +200 F

Alle von Jacquart vorgestellten Weine sind von unseren Jurys ausgewählt worden. Ein seltener Fall ! Und das unter 1 400 verkosteten Champagnern ! Die rosarote 88er Cuvée Nominée, die mehr Chardonnay als Pinot noir (darunter 15 % Rotwein) enthält, entfaltet ein Aroma von schwarzen und roten Johannisbeeren. Die weiße 88er Cuvée Nominée, die Chardonnay und Pinot noir (60 :40) kombiniert und im Duft komplex und im Geschmack unaufdringlich ist, und der 90er Jacquart, der weniger teuer, perfekt entwickelt, füllig, lang und fein ist, erhalten ebenfalls einen Stern. (CM)

☛ Sté Vinicole Jacquart, 5, rue Gosset, 51100 Reims, Tel. 03.26.07.88.40, Fax 03.26.07.12.07 ☑ ☂ Mo-Fr 8h-12h 14h-18h

ANDRE JACQUART ET FILS
Blanc de blancs 1990*

○ Gd cru 3 ha 10 000 ■ ♨ 70-100 F

Die ersten Parzellen wurden 1956 erworben, während die Marke 1968 selbständig wurde. Dieser mineralische Blanc de Blancs, der durch einen Hauch von Moschusgeruch geprägt ist und nach getoastetem Brot und Kaffee duftet, ist im Geschmack frisch und rund und erinnert an Hefebrot. (RM)

☛ André Jacquart et Fils, 6, av. de la République, 51190 Le Mesnil-sur-Oger, Tel. 03.26.57.52.29, Fax 03.26.57.78.14 ☑ ☂ n. V.

YVES JACQUES*

◉ k. A. 7 000 ■ ♨ 70-100 F

Ein 1932 entstandenes Weingut, das 16 ha umfaßt. Drei Viertel dunkle Trauben (davon ein Viertel Pinot noir), unterstützt von einem Viertel Chardonnay, ergeben diesen Rosé mit dem Aroma von Pflaumen und roten Johannisbeeren und mit der lebhaften Ansprache von großer Frische. Notierte ein Juror nicht : »Einsam in der Sahara, könnte man davon träumen« ? Der Tradition und die Cuvée spéciale, zwei Champagner mit einem komplexen Duft, der von den Pinot-Sorten geprägt wird, auch wenn die Sondercuvée überwiegend aus Chardonnay besteht, sind ebenfalls berücksichtigt worden, aber ohne Stern. (RM)

☛ Yves Jacques, 1, rue de Montpertuis, 51270 Baye, Tel. 03.26.52.80.77, Fax 03.26.52.83.97 ☑ ☂ tägl. 8h-19h

SELECTION J.M. DE JAMART 1990*

○ k. A. 3 500 ■ 100-150 F

Eine vom Großvater der heutigen Besitzer gegründete Marke. Der Sélection J.M. ist ein Blanc de Noirs aus Pinot meunier (sowie 5 % Pinot noir), mit einem empyreumatischen Aroma, das auch an weiße Blüten erinnert, im Geschmack frisch und rund. Ein Stern auch für den 92er Blanc de Blancs, der harmonisch, strukturiert und fein ist. (NM)

☛ Champagne E. Jamart et Cie, 13, rue Marcel-Soyeux, 51530 Saint-Martin-d'Ablois, Tel. 03.26.59.92.78, Fax 03.26.59.95.23 ☑ ☂ n. V.
☛ J.-M. Oudart

PH. JANISSON Cuvée Prestige**

○ 1er cru 4 ha 5 000 ■ ♨ 70-100 F

Ein Familienbesitz. Diese aus ebensoviel Chardonnay wie Pinot noir hergestellte Cuvée ist durch rote Früchte, Ausgewogenheit und Feinheit gekennzeichnet. Die Cuvée Tradition - weniger Chardonnay, ersetzt durch ein Fünftel Pinot meunier - wird wegen ihres diskreten Aromas

Champagner

von weißen Früchten lobend erwähnt ; sie ist sehr fein, wird aber von der Dosage überdeckt. (RM)
📞 Philippe Janisson, 17, rue Gougelet, 51500 Chigny-les-Roses, Tel. 03.26.03.46.93, Fax 03.26.03.49.00 ☑ ⊤ n. V.

R. JANISSON Blanc de Blancs 1993**

| ○ | 3 ha | 2 349 | 🍾 | 70-100 F |

Ein gelungener Blanc de Blancs, jung, fast zu jung. Sein Aroma von grünen Zitronen öffnet sich langsam. Seine Ansprache ist lebhaft, sein Gerüst elegant und sein Abgang voller Feinheit. Man kann ihn sicherlich schon jetzt als Aperitif servieren, aber er besitzt eine gute Fähigkeit, harmonisch zu reifen. (RM)
📞 Champagne Janisson-Baradon, 65, rue Chaude-Ruelle, 51203 Epernay, Tel. 03.26.54.45.85, Fax 03.26.54.25.54 ⊤ n. V.

JANISSON-BARADON ET FILS
Sélection*

| ○ | 8,5 ha | 33 544 | 🍾 | 70-100 F |

Chardonnay und Pinot-Sorten sind in dieser Cuvée Sélection zu gleichen Teilen vertreten : intensiv blumig und zitronenartig. Eine Intensität, die man im Geschmack wiederfindet. Ein klassischer Wein, der im Abgang Pampelmusenschalen und Honig bietet. (RM)
📞 Champagne Janisson-Baradon, 65, rue Chaude-Ruelle, 51203 Epernay, Tel. 03.26.54.45.85, Fax 03.26.54.25.54 ⊤ n. V.

RENE JARDIN
Blanc de blancs cuvée Louis René

| ○ Gd cru | k. A. | k. A. | 🍾 | 100-150 F |

Ein hundert Jahre alter Familienbetrieb, der 15 ha mit Reben besitzt. Diese Cuvée von großer Herkunft ist rassig, fein und elegant, aber ihre Dosage bleibt spürbar. Die Cuvée Prestige, ein weiterer Blanc de Blancs mit einem Mandelaroma, ist entwickelt ; dennoch erscheint seine Dosage nicht unentbehrlich. (RM)
📞 René Jardin, 3, rue Charpentier-Laurain, 51190 Le Mesnil-sur-Oger, Tel. 03.26.57.50.26, Fax 03.26.57.98.22 ☑ ⊤ n. V.

JEANMAIRE Cuvée Brut*

| ○ | k. A. | k. A. | 🍾 | 100-150 F |

Eine 1933 entstandene Marke, die über ein 80 ha großes Anbaugebiet verfügt. Die aus den drei Rebsorten der Champagne zu gleichen Teilen zusammengestellte Cuvée Brut bietet ein Aroma von weißen Blüten. Sie ist wohlausgewogen, ihre Länge ist beachtlich. Spürbare Dosage. Erwähnenswert ist auch die 90er Cuvée Elysée Blanc de Blancs aufgrund ihres Charakters, der lebhaft und entwickelt zugleich ist.
📞 Champagne Jeanmaire, 12, rue Godart-Roger, B.P. 256, 51207 Epernay Cedex, Tel. 03.26.59.50.10, Fax 03.26.54.78.52 ☑
📞 M. et J. Trouillard

RENE JOLLY Blanc de blancs

| ○ | 1 ha | 2 000 | 🍾 | 70-100 F |

Ein Blanc de Blancs mit einem Aroma von weißen Pfirsichen, der im Geschmack ausgewogen ist und einen exotischen Hauch (Kiwis) sowie klassischere Noten von Zitrusfrüchten und Zitronengras bietet. (RM)
📞 Hervé Jolly, 10, rue de la Gare, 10110 Landreville, Tel. 03.25.38.50.91, Fax 03.25.29.12.43 ☑ ⊤ n. V.

JEAN JOSSELIN Brut Cordon royal

| ○ | 9 ha | k. A. | 🍾 | 70-100 F |

Eine 1957 von Jean Josselin gegründete Marke, die heute von seinem Sohn geführt wird. Das Weingut umfaßt 18 ha. Dieser Blanc de Noirs aus Pinot noir stammt von Traubengut der Jahre 1988, 1989 und 1990. Der Duft ist kräftig, der Geschmack lebhaft, ein wenig einförmig, aber die Dosage ist besonnen. (RM)
📞 Jean-Pierre Josselin, 14, rue des Vannes, 10250 Gyé-sur-Seine, Tel. 03.25.38.21.48, Fax 03.25.38.25.00 ☑ ⊤ n. V.

KRUG 1985***

| ○ | k. A. | k. A. | 🍾 | +200 F |

Der siebte Himmel ist mit Sternen übersät ! Davon zeugt die beständige Wahl zum Lieblingswein für diesen Champagner, dessen Ausgewogenheit und Frische nicht nachlassen. Die Langlebigkeit des Krug ist sprichwörtlich - dieser zwölf Jahre alte Champagner beweist es : Komplexität, Länge und Harmonie sind vorhanden. Die Zusammenstellung dieser - wie immer bei Krug - im Holzfaß vinifizierten Cuvée ist originell : 48 % Pinot noir, 22 % Pinot meunier und 30 % Chardonnay. (NM)
📞 Krug Vins Fins de Champagne, 5, rue Coquebert, B.P. 22, 51100 Reims, Tel. 03.26.84.44.20, Fax 03.26.84.44.49 ☑ ⊤ n. V.

KRUG Collection 1976**

| ○ | k. A. | k. A. | 🍾 | +200 F |

Bei Krug ist das Außergewöhnliche normal. Der Holzton, die Komplexität und die ungewöhnliche Entwicklung überraschen. Was soll man über den Krug Collection 1976 sagen, der den Freunden von Weinen mit entwickeltem Charakter (Kaffee, Mandeln, Feigen) vorbehalten ist ? Was zum Rosé Vieux Rose, der vom konventionellen Rosé weit entfernt und der Inbegriff eines Weines zum Essen ist, oder zum 85er Clos du Mesnil, der schon im Weinführer 1997 vertreten war und zum zweiten Mal ein potentieller Lieblingswein ist, potentiell nur deshalb, weil eine Marke nicht mehrmals gewählt werden kann ? (NM)
📞 Krug Vins Fins de Champagne, 5, rue Coquebert, B.P. 22, 51100 Reims, Tel. 03.26.84.44.20, Fax 03.26.84.44.49 ⊤ n. V.

Champagner

MICHEL LABBE ET FILS Carte blanche

○ 1er cru   k. A.   17 000   70-100 F

Im Laufe von vier Generationen haben die Labbés ein 10 ha großes Gut aufgebaut. Der Carte blanche besteht zu einem Drittel aus Pinot meunier und zur Hälfte aus Pinot noir, während der Rest für den Chardonnay vorbehalten ist. Er ist füllig und kräftig gebaut; das Aroma von Geröstetem zeugt von seiner guten Entwicklung. (RM)

☞ Michel Labbé, 24, rue du Gluten,
51500 Chamery, Tel. 03.26.97.65.89,
Fax 03.26.97.67.42 ✓ ✗ n. V.

DE LA CENSE Blanc de blancs**

○ 1er cru   k. A.   20 000   70-100 F

Dieser Champagner, auf dessen Etikett De la Cense steht, wird von Doquet-Jeanmaire hergestellt, der auf die Herstellung von Blancs de Blancs spezialisiert ist. Im Duft findet man frische Mandeln neben kandierten Früchten, während im Geschmack Birnen, Pfirsiche und Zitrusfrüchte neben grünen Haselnüssen auftauchen. Daraus resultieren Komplexität und Ausgewogenheit. (SR)

☞ Doquet-Jeanmaire, 44, chem. Moulin-Cense-Bizet, 51130 Vertus, Tel. 03.26.52.16.50,
Fax 03.26.59.36.71 ✓ ✗ n. V.

LACROIX Brut Tradition***

○   k. A.   55 000   70-100 F

Eine 1974 geschaffene Marke, die über ein 10,5 ha großes Anbaugebiet verfügt. Hier ein sehr »dunkler« Brut ohne Jahrgangsbezeichnung (70 % Pinot meunier und 20 % Pinot noir). Die sorgfältige Vinifizierung vermeidet nicht das Holz (ein Drittel in großen Eichenholzfässern). Dieser Wein hat die Juroren für sich erobert : durch sein intensives, komplexes Aroma (getoastetes Hefebrot, Unterholz), seine Ausgewogenheit und seinen frischen, langen Abgang. Die Grande réserve erhält einen Stern für ihre fruchtige Harmonie und ihre interessante Essensmacht. Nicht geringschätzen darf man auch den Rosé Tradition, hier lobend erwähnt wegen seiner Struktur, die aus ihm einen Wein zum Essen macht. Ein Verkoster schlug vor, dazu gegrillten Lachs zu wählen. (RM)

☞ Jean Lacroix, 14, rue des Genêts,
51700 Montigny-sous-Châtillon,
Tel. 03.26.58.35.17, Fax 03.26.58.36.39 ✓
✗ Mo-Sa 9h-12h 14h-19h ; So n. V. ;
10.-31. Aug. geschlossen

LACROIX-TRIAULAIRE ET FILS
Prestige 1993

○   k. A.   3 780   70-100 F

Ein 1972 entstandenes Gut, das heute 7 ha umfaßt. Es hat mit dieser Cuvée einen sehr frischen Champagner hergestellt, dessen Aroma an weiße Blüten und frisches Brot erinnert. Ein leichter Wein mit einer feinen Struktur. (RM)

☞ François Lacroix, 4, rue de la Motte,
10110 Merrey-sur-Arce, Tel. 03.25.29.83.59 ✓
✗ n. V.

CHARLES LAFITTE Grand Prestige*

○   k. A.   k. A.   100-150 F

Eine der Marken des dynamischen Paul Vranken. Die Cuvée Grand Prestige, ein Blanc de Blancs, ist sanft, geprägt durch eine rauchige Mentholnote. Ein Wein voller Feinheit. Der Brut ist ebenfalls ausgezeichnet. Er ist in zu gleichen Teilen aus weißen und dunklen (20 % Pinot meunier) Trauben hergestellter Wein. Seine Komplexität und seine Länge im Geschmack machen ihn zu einem charaktervollen Wein. (NM)

☞ Champagne Charles Lafitte, 51150 Tours-sur-Marne, Tel. 03.26.59.50.50,
Fax 03.26.59.50.56 ✓ ✗ n. V.

ALAIN LALLEMENT Cuvée Prestige*

○ Gd cru   0,5 ha   2 000   70-100 F

Die Lallements sind seit einem Jahrhundert Winzer in Verzy. In dieser Cuvée Prestige mit dem entwickelten Duft nach kandierten Früchten und Mandeln ist fast nicht mehr Pinot noir als Chardonnay enthalten. Ein im Geschmack cremiger und runder Wein. Der lange Abgang erinnert an Lebkuchen. (RM)

☞ Alain Lallement, 19, rue Carnot,
51380 Verzy, Tel. 03.26.97.92.32,
Fax 03.26.97.92.32 ✓ ✗ tägl. 8h-12h 14h-20h ;
15. Aug.-1. Sept. geschlossen

LANCELOT FILS
Blanc de blancs Cuvée spéciale Cramant 1992*

○ Gd cru   0,65 ha   5 200   70-100 F

Im Laufe von vier Generationen haben die Lancelot ein 4,6 ha großes Weingut aufgebaut. Ihr Blanc de Blancs aus dem seltenen und heiklen Jahrgang 1992 ist von großer Sanftheit. Der Geruchseindruck, Geröstetes und Geräuchertes, ist komplexer als der Geschmack. Dennoch zeigt sich dieser geschmeidig und ziemlich feminin. (RM)

☞ Lancelot-Goussard, 30, rue Ernest-Vallé,
51190 Avize, Tel. 03.26.57.94.68,
Fax 03.26.57.79.02 ✓ ✗ n. V.

LANSON Black Label*

○   k. A.   5 000 000   100-150 F

Diese Spitzenmarke der Gruppe Marne et Champagne hat drei Champagner präsentiert, die jeweils einen Stern erhalten. Der erste wird dem Black Label zuerkannt (ein Drittel weiße und zwei Drittel dunkle Trauben, davon 15 % Pinot meunier), ausgewogen und kraftvoll ; der zweite dem 90er Blanc de Blancs, strukturiert, im Geschmack recht präsent und zitronenartig, mit einem Abgang, der an Orangen und Ananas erinnert ; und der dritte dem 90er, der beinahe zu gleichen Teilen aus dunklen und weißen Trauben besteht und lang und intensiv ist. (NM)

☞ Champagne Lanson, 12, bd Lundy, B.P. 163, 51056 Reims Cedex, Tel. 03.26.78.50.50,
Fax 03.26.78.50.99 ✓ ✗ n. V.

P. LARDENNOIS*

○   3 ha   13 000   70-100 F

Eine vor dem Krieg geschaffene Marke, die ein 3 ha großes Anbaugebiet nutzt. Pinot und Chardonnay verbinden sich in diesem Champa-

Champagner

gner mit dem lebhaften Aroma, der im Geschmack frisch und lang ist. (RM)
🍾 Pierre Lardennois, 33, rue Carnot, 51380 Verzy, Tel. 03.26.97.91.23, Fax 03.26.97.97.69 ✓ 🍷 n. V.

GUY LARMANDIER
Cramant Blanc de blancs***

| ○ Gd cru | 4,29 ha | 20 000 | 🍾 | 70-100 F |

Guy Larmandier, der ein 9 ha großes Weingut führt, ist sein Cramant perfekt gelungen : Aroma von Weißdorn, Farnkraut und Unterholz. Im Duft ebenso elegant wie im Geschmack, nachhaltig, ausgewogen und kraftvoll - ein vorbildlicher Cramant. Der Rosé ohne Jahrgangsbezeichnung hat einen Stern erhalten. (NM)
🍾 EARL Guy Larmandier, 30, rue du Gal-Kœnig, 51130 Vertus, Tel. 03.26.52.12.41, Fax 03.26.52.19.38 ✓ 🍷 n. V.

LARMANDIER-BERNIER

| ○ 1er cru | k. A. | 5 000 | 🍾 | 70-100 F |

Ein 11 ha großes Gut, das von Cramant bis Vertus erreicht. Dieser Rosé ist fast ein Blanc de Blancs, gefärbt durch 15 % Rotwein aus Vertus. Lebhafte erdbeerrote Farbe, lebhafter Duft nach roten Johannisbeeren und Erdbeeren, ebenfalls lebhafter Geschmack, in dem man die Erdbeeren und die Himbeeren wiederfindet. (RM)
🍾 Champagne Larmandier-Bernier, 43, rue du 28-Août, 51130 Vertus, Tel. 03.26.52.13.24, Fax 03.26.52.21.00 ✓ 🍷 n. V.

LARMANDIER PERE ET FILS
Spécial Club Cramant Blanc de blancs 1989*

| ○ Gd cru | k. A. | 5 000 | 🍾 | 100-150 F |

Eine vor fast einem Jahrhundert gegründete Marke, die heute von der Enkeltochter des Gründers, Françoise Gimonnet, geleitet wird. Sehr alte Rebstöcke (80 Jahre) sind an diesem Spécial Club aus Cramant beteiligt. Diese Cuvée zeigt einen frischen, honigartigen Charakter ; sie ist durch Sandelholz und reife Birnen geprägt. Im Geschmack gehen Kraft und Zartheit Hand in Hand. Eine lobende Erwähnung verdient der Brut perlé : Diesen Blanc de Blancs schuf um 1920 Jules Larmandier, der die Idee hatte, die Lebhaftigkeit der Trauben aus Cuis (Premier cru) mit der Freigebigkeit der Trauben aus Cramant und Chouilly zu verbinden : Ausgewogenheit und Frische. (RM)
🍾 Larmandier Père et Fils, 1, rue de la République, 51530 Cuis, Tel. 03.26.57.52.19, Fax 03.26.59.79.84 ✓ 🍷 Mo-Fr 8h-12h 14h-18h ; Sa n. V. ; 15.-31. Aug. geschlossen
🍾 Gimonnet-Larmandier

J. LASSALLE Cuvée Angeline 1988*

| ○ 1er cru | k. A. | 6 000 | 🍾 | 100-150 F |

Ein 1942 von Jules Lassalle aufgebautes Gut, das in Familienbesitz geblieben ist. Dieser 88er Jahrgangschampagner ist im Verhältnis 60 : 40 aus Pinot noir und Chardonnay erzeugt worden. Er bietet ein Honig- und Vanillearoma mit Lakritznote, wobei man die Vanille im Geschmack wiederfindet. Dieser ausgewogene Wein erreicht seinen Höhepunkt. (RM)

🍾 Champagne J. Lassalle, 21, rue du Châtaignier, 51500 Chigny-les-Roses, Tel. 03.26.03.42.19, Fax 03.26.03.45.70 ✓ 🍷 n. V.

CH. DE L'AUCHE
Cuvée Nectar de Saint-Rémi 1991**

| ○ | k. A. | 8 700 | 🍾 | 70-100 F |

Ein schöner Erfolg für diese Erzeugervereinigung, die auch einen Champagner mit dem Namen Prestige des Sacres herstellt. Dieser 91er, ein seltener und heikler Jahrgang, stammt von ebensoviel Chardonnay wie Pinot noir. Diese von Aprikosen und Mandeln dominierte Cuvée ist bemerkenswert aufgrund ihrer Länge und Ausgewogenheit. Zwei weitere Champagner sind mit einem Stern ausgewählt worden : der leichte und elegante Rosé de Noirs ebenso wie der Brut ohne Jahrgangsbezeichnung aufgrund seiner zitronenartigen Frische und seines Veilchenaromas. (CM)
🍾 Coop. Vinicole Germiny-Janvry-Rosnay, rue de Germiny, 51390 Janvry, Tel. 03.26.03.63.40, Fax 03.26.03.66.93 ✓ 🍷 n. V.

JEAN LAURENT Blanc de blancs**

| ○ | 2 ha | 2 500 | 🍾 | 70-100 F |

Völlig unerwartete Wahl eines Blanc de Blancs aus dem Departement Aube zum Lieblingswein ! Der Verschnitt vereinigt Weine aus den Jahren 1990, 1991 und 1992. Die goldene Farbe ist kräftig. Der Duft nach Unterholz, weißen Blüten und kandierten Orangen geht einem Geschmack voller Charme voraus, der harmonisch und lang ist. Zwei andere Weine sind ebenfalls berücksichtigt worden : zwar ohne Stern, aber sie sind gelungen : Der eine ist der Rosé, der aromatisch (schwarze Johannisbeeren, Unterholz) und von extremer Sanftheit ist ; der andere ist ein Blanc de Noirs, der die gleichen Jahrgänge wie der obige Lieblingswein kombiniert und im Geschmack Rundheit und Frische vereint. (RM)

Champagner

✴︎ Jean Laurent, 3, rue du Clamart,
10110 Celles-sur-Ource, Tel. 03.25.38.56.02,
Fax 03.25.29.13.04 ☑ ☥ n. V.

LAURENT-GABRIEL Carte d'or

| ○ 1er cru | k. A. | k. A. | 70-100 F |

Eine 1982 entstandene Marke, die ein über 2 ha großes Anbaugebiet nutzt. Daniel Laurent hat diese sehr »dunkle« Cuvée hergestellt : 85 % dunkle Trauben, davon 20 % Pinot meunier. Sie bietet Nuancen von Bittermandeln und roten Früchten. Man entdeckt dieses Aroma in einem ausgewogenen Geschmack wieder. (RM)

✴︎ EARL Laurent-Gabriel (Daniel Laurent), 2, rue des Remparts, 51160 Avenay Val d'Or, Tel. 03.26.52.32.69, Fax 03.26.59.92.08 ☑ ☥ n. V.

LAURENT-PERRIER Brut L.P.*

| ○ | k. A. | k. A. | 🍾♨ | 100-150 F |

Die große Firma in Tours-sur-Marne ist bekannt für ihr »Schlachtroß«, den Brut L.P., der aus Pinot noir und Chardonnay hergestellt wird. Es ist ein Champagner mit einem empyreumatischen Aroma, der voller Rundheit ist und hervorragend zu weißem Fleisch und Fisch mit Sauce paßt. Ein Stern auch für den Rosé. Das Kleid, das er trägt, ist zwar nicht nach der neuesten Methode, aber das komplexe Aroma von Unterholz wird von einer schönen Struktur unterstützt. (NM)

✴︎ Champagne Laurent-Perrier, Dom. de Tours-sur-Marne, 51150 Tours-sur-Marne, Tel. 03.26.58.91.22, Fax 03.26.58.77.29 ☑ ☥ n. V.

LAURENT-PERRIER Grand Siècle 1990

| ○ | k. A. | k. A. | 🍾♨ | +200 F |

Die Cuvée Grand Siècle ist nur ein Jahrgangschampagner, wenn der Jahrgang außergewöhnlich ist. Die 1990 geernteten Chardonnay- und Pinot-noir-Trauben waren es. Sie tragen zur Komplexität des Aromas von Lebkuchen, Honig mit Vanillenote und Pfeffer bei. Die Struktur und die Rundheit sind die eines Ausnahmechampagners. Ein Stern für die 88er Cuvée Alexandra Rosé, einen sehr typischen Champagner ; denn er ist entwickelt, aber diese Entwicklung bringt viel Komplexität mit sich und verleiht ihm eine große Länge. (NM)

✴︎ Champagne Laurent-Perrier, Dom. de Tours-sur-Marne, 51150 Tours-sur-Marne, Tel. 03.26.58.91.22, Fax 03.26.58.77.29 ☑ ☥ n. V.

ALBERT LE BRUN Vieille France*

| ◐ | 3 ha | 25 000 | | 70-100 F |

Eines der seltenen Champagnerhäuser in Châlons-sur-Marne. Dieses hier, das vor fast 140 Jahren gegründet wurde, ist für ihre bauchige Flasche bekannt, die Nachbildung einer Flasche, die der französische Barockmaler Nicolas Lancret auf seinem Gemälde *Austernessen*, zu sehen im Museum von Schloß Chantilly, darstellte. Dieser Rosé enthält viermal mehr Pinot noir als Chardonnay. Er hat eine dunkle orangerote Farbe ; seine empyreumatische Fruchtigkeit wird von einem würzigen Gerüst unterstützt. Bescheidener Preis für eine Flasche von so großer Originalität. (NM)

✴︎ Albert Le Brun, 93, av. de Paris, 51000 Châlons-sur-Marne, Tel. 03.26.68.18.68, Fax 03.26.21.53.31 ☑ ☥ n. V.

PAUL LEBRUN Blanc de blancs Carte d'or

| ○ | 7 ha | 50 000 | 🍾 | 70-100 F |

Das 1902 von Henri Lebrun geschaffene Gut ist in Familienbesitz geblieben. Seine Weinberge umfassen 14 ha, die ausschließlich mit Chardonnay bestockt sind. Die Trauben für diesen Champagner sind 1994 geerntet worden. Der Duft ist lebhaft und blumig, während der Geschmack fein und sanft ist. Als Aperitif. (NM)

✴︎ Champagne Vignier-Lebrun SA, 35, rue Nestor-Gaunel, 51530 Cramant, Tel. 03.26.57.54.88, Fax 03.26.57.90.02 ☑ ☥ n. V.

LE BRUN DE NEUVILLE
Cuvée Chardonnay

| ○ | k. A. | 30 000 | 🍾 | 70-100 F |

Die 1963 gegründete Erzeugervereinigung nutzt 142 ha Weinberge. Dieser Blanc de Blancs ohne Jahrgangsbezeichnung ist harmonisch, aber kurz ; seine Ansprache ist eher mild als nervig. (CM)

✴︎ Sté Coop. Vinicole Le Brun de Neuville, rte de Chantemerle, 51260 Bethon, Tel. 03.26.80.48.43, Fax 03.26.80.43.28 ☑ ☥ n. V.

LE BRUN-SERVENAY Cuvée Sélection*

| ○ | 2,5 ha | 15 000 | 🍾 | 70-100 F |

Eine 1945 geschaffene Marke in Familienbesitz, die 7,5 ha nutzt. Der Sélection ist ein Blanc de Blancs, der aus Trauben der Jahre 1993, 1994 und 1995 hergestellt worden ist. Die Weine durchlaufen keine malolaktische Gärung. Dieser Wein ist sehr gelungen mit seinem Duft nach frischer Butter und weißen Früchten und mit seinem frischen, strukturierten Geschmack. Ein Stern auch für die 91er Cuvée Tradition, die 60 % Chardonnay und ebensoviel Pinot noir wie Pinot meunier enthält. Honig- und Weißdornduft, kräftiger Geschmack : ein Champagner zum Essen. Ein Stern ebenso für den Rosé, der frisch und zitronenartig ist, mit Himbeer- und Erdbeernoten. Ein Stern schließlich noch für die Réserve, die dem Tradition sehr ähnlich ist. (RM)

✴︎ EARL Gérard Le Brun-Servenay, 14, pl. Léon-Bourgeois, 51190 Avize, Tel. 03.26.57.52.75, Fax 03.26.57.02.71 ☑ ☥ n. V.

JEAN LECLERC*

| ◐ | 1,25 ha | k. A. | | 70-100 F |

Ein 2,5 ha großes Gut, das 1966 entstand. Dieser Rosé aus Pinot noir ist mittels kurzer Maischegärung hergestellt worden. Seine Farbe ist intensiv ; sein fruchtiges Aroma ist komplex. Im Geschmack ist er strukturiert, füllig und lang. (RM)

✴︎ Jean Leclerc, 5, Grande-Rue, 10110 Polisy, Tel. 03.25.38.53.40, Fax 03.25.38.59.99 ☑ ☥ n. V.

LECLERC-BRIANT
Collection les Authentiques Les Crayères*

| ○ 1er cru | 1,07 ha | 5 000 | 🍾♨ | 100-150 F |

Dieses 30 ha große Gut, das vor 125 Jahren entstand, wird heute von Pascal Leclerc geführt. Es führt seine interessante Produktion von Lagenchampagnern fort und versucht es mit bio-

Champagner

dynamischen Methoden. Diese Cuvée kommt aus der als Premier cru eingestuften Gemeinde Cumières; es ist ein Blanc de Noirs, der nur 10 % Pinot meunier enthält. Sehr frisch, rund und fleischig, mit ausgezeichneter, d. h. geringer Dosage. (NM)

🕯 Champagne Leclerc-Briant, 67, rue Chaude-Ruelle, B.P. 108, 51204 Epernay Cedex, Tel. 03.26.54.45.33, Fax 03.26.54.49.59 Ⓜ Ⓣ Mo-Fr 9h-12h 13h30-17h30 ; Sa, So n. V. ; 5.-25. Aug. geschlossen

🕯 Pascal Leclerc

MARIE-NOELLE LEDRU

○ Gd cru	k. A.	k. A.	🍾	70-100 F

Eine 1946 geschaffene Marke, die 6 ha Reben in Bouzy und Ambonnay, zwei als Grands crus eingestuften Gemeinden, besitzt. Dieser Brut ohne Jahrgangsbezeichnung ist ein Verschnitt aus 85 % Pinot noir und 15 % Chardonnay. Man entdeckt darin ein Aroma von Zitrusfrüchten mit Briochenote, kandierten Früchten und Äpfeln. Der Geschmack ist ausgewogen, strukturiert und fruchtig (Pflaumen). Dieser Champagner wird auch in einer Version ohne Dosage und in einer halbtrockenen Version angeboten. Denen empfohlen, die sich dafür interessieren, welche Auswirkungen die Dosage bzw. ihr Fehlen hat. (RM)

🕯 Marie-Noëlle Ledru, 5, pl. de la Croix, 51150 Ambonnay, Tel. 03.26.57.09.26, Fax 03.26.58.87.61 Ⓜ Ⓣ n. V.

ERIC LEGRAND Réserve*

○		5 ha	50 000	🍾	50-70 F

Eine 1982 von Eric Legrand gegründete Marke, die ein 7 ha großes Anbaugebiet nutzt. Der Réserve kombiniert 70 % Pinot noir mit 30 % Chardonnay aus den Jahren 1993 und 1994. Das Aroma ist blumig (Geißblatt), der Geschmack lebhaft, stark durch Zitrusfrüchte (Zitronen) geprägt und wohlausgewogen. Es ist ein Champagner, den man vor dem Essen trinkt, weil er den Appetit anregt. Hinweisen sollte man auch auf seinen sehr vernünftigen Preis. Eine lobende Erwähnung verdient aufgrund ihrer Rundheit und Ausgewogenheit die Cuvée de prestige (90 % Chardonnay). (RM)

🕯 Eric Legrand, 39, Grande-Rue, 10110 Celles-sur-Ource, Tel. 03.25.38.55.04, Fax 03.25.38.56.84 Ⓜ Ⓣ n. V.

R. ET L. LEGRAS
Blanc de blancs Cuvée Saint-Vincent 1988*

○ Gd cru	4 ha	30 000	🍾	100-150 F

Eine 1972 geschaffene Marke mit einem 13 ha großen Anbaugebiet. Die Cuvée Saint-Vincent ist ein Blanc de Blancs (hier als 88er) aus Chouilly (Grand cru). Der Duft ist prächtig, ebenso fein wie frisch ; der komplexe Geschmack ist typisch für den Jahrgang. »Es ist ein Champagner für Kenner«, schrieb ein Önologe. Lobend erwähnt wird der Blanc de Blancs ohne Jahrgangsbezeichnung, der von 1992 geernteten Trauben stammt und einen blumigen Duft, einen schönen Bau und eine beachtliche Länge besitzt. (NM)

🕯 Champagne R. et L. Legras, 10, rue des Partelaines, 51530 Chouilly, Tel. 03.26.54.50.79, Fax 03.26.54.88.74 Ⓜ Ⓣ Mo-Fr 8h-12h 14h-18h ; Sa, So n. V.

LEGRAS ET HAAS Blanc de blancs

○ Gd cru	14 ha	10 000	🍾	70-100 F

Ein Champagner, der auf der Grundlage von 24 ha Reben hergestellt wird, die sieben Winzern gehören. Dieser Blanc de Blancs kommt aus Chouilly (Grand cru). Er beginnt sich zu entwickeln, wie der komplexe Duft nach reifen Früchten und der sehr sanfte Geschmack zeigen. (NM)

🕯 Legras et Haas, 7 et 9, Grande-Rue, 51530 Chouilly, Tel. 03.26.54.92.90, Fax 03.26.55.16.78 Ⓜ Ⓣ n. V.

HENRI LEMAIRE

●	k. A.	k. A.	🍾 🍷	70-100 F

Eine 1970 geschaffene Marke, die fast 5 ha Reben in Cumières und Damery besitzt. Dieser Rosé de Noirs (20 % Pinot noir) verschneidet Weine der Jahre 1993 und 1994. Er ist fruchtig, fast an kandierte Früchte erinnernd ; die Dosage macht ihn einem halbtrockenen Champagner ähnlich : ein Rosé zum Dessert. (RM)

🕯 SCEV Lemaire-Fourny, 10, rue Raymond-Poincaré, 51480 Damery, Tel. 03.26.58.46.30, Fax 03.26.59.01.14 Ⓜ Ⓣ Mo-Sa 9h-12h 14h-20h ; So n. V.

R.C. LEMAIRE Cuvée Trianon

○ 1er cru	k. A.	38 000	🍾	70-100 F

Vier Generationen haben ein 10 ha großes Gut aufgebaut. Diese Cuvée Trianon ist zu zwei Dritteln aus 92er Traubengut und zu einem Drittel aus Trauben des Jahres 1991 hergestellt worden. Sie besteht fast zu gleichen Teilen aus weißen und dunklen (Pinot noir) Trauben. Man entdeckt darin Passionsfrüchte, Hefebrot, Malz, Honig und Quitten. Die Dosage bleibt nicht unbemerkt. (RM)

🕯 R.C. Lemaire, rue de la Glacière, 51700 Villers-sous-Châtillon, Tel. 03.26.58.36.79, Fax 03.26.58.39.28 Ⓜ Ⓣ tägl. 9h-13h 14h-19h

🕯 Tournant

LEMAIRE-FOURNY
Carte blanche Extra Quality

○	2,3 ha	k. A.	🍾	70-100 F

Ein anderes Etikett des Hauses Henri Lemaire (oder umgekehrt !). Dieser Extra Quality ist ein Blanc de Noirs (15 % Pinot noir), der von Trauben der Jahre 1993 und 1994 stammt. Sein diskretes Aroma ist frisch und mineralisch, während er im Geschmack geradlinig auf sein Ziel zusteuert. (RM)

🕯 SCEV Lemaire-Fourny, 10, rue Raymond-Poincaré, 51480 Damery, Tel. 03.26.58.46.30, Fax 03.26.59.01.14 Ⓜ Ⓣ Mo-Sa 9h-12h 14h-20h ; So n. V.

LEMAIRE-RASSELET Cuvée Tradition*

○	9,21 ha	20 000	🍾	70-100 F

Eine 1946 gegründete Marke, die ein 9 ha großes Gut nutzt. Die Cuvée Tradition ist stark durch die dunklen Trauben (davon 15 % Pinot noir) geprägt, ergänzt durch 15 % Chardonnay.

Champagner

Man entdeckt darin rosa Grapefruit und eine reife Fruchtigkeit. Nach einer lebhaften Ansprache ist der Abgang frisch. Die Dosage ist nicht zu übersehen. (RM)
⚭ Lemaire-Rasselet, 5, rue de la Croix-Saint-Jean, Villesaint, 51480 Boursault, Tel. 03.26.58.44.85, Fax 03.26.59.46.08 ☑ ⚒ n. V.

A.R. LENOBLE Blanc de blancs 1990*
○ Gd cru   k. A.   30 000   ▮ 70-100F

Eine in den 20er Jahren entstandene Marke, die über ein 18 ha großes Anbaugebiet verfügt. Dieser 90er ist nicht - wie manche Champagner - Opfer eines Reichtums, der schwer macht und die Alterung beschleunigt. Er ist fein, komplex und blumig, und seine lebhafte Ausgewogenheit sichert seine Zukunft. Lobend zu erwähnen ist der Blanc de blancs ohne Jahrgangsbezeichnung, der stattlich und klassisch ist. (NM)
⚭ Champagne A.R. Lenoble, 35, rue Paul-Douce, 51480 Damery, Tel. 03.26.58.42.60, Fax 03.26.58.65.57 ☑ ⚒ Mo-Fr 8h-18h
⚭ J.-M. Malassagne

LETE-VAUTRAIN Traditionnel*
○   5,25 ha   30 000   70-100F

Ein über 5 ha großes Gut auf dem Hang der 1918 berühmt gewordenen Côte 204. Die zweite Generation hat diesen 1960 entstandenen Weinbaubetrieb übernommen. Der Traditionnel ist sehr »dunkel« (80 % dunkle Trauben, davon 25 % Pinot noir). Sein Aroma läßt an grüne Äpfel denken - ein Zeichen für Jugendlichkeit und Frische. Im Geschmack ist er ausgewogen und lang. (RM)
⚭ Champagne Lété-Vautrain, 11, rue Semars, Courteau, 02400 Château-Thierry, Tel. 03.23.83.05.38, Fax 03.23.69.98.29 ☑ ⚒ n. V.

LIEBART-REGNIER
○   k. A.   34 000   ▮⚬ 70-100F

Hinter dem Doppelnamen dieser Marke verbergen sich zwei Anbaugebiete, eines in Baslieux, das andere in Vauciennes. Dieser Blanc de Noirs enthält kaum mehr Pinot meunier als Pinot noir. Die Trauben wurden 1992 und 1993 geerntet. Es ist ein frischer Wein mit Briochearoma, harmonisch und jung. (RM)
⚭ SCEV Liébart-Régnier, 6, rue Saint-Vincent, 51700 Baslieux-sous-Châtillon, Tel. 03.26.58.11.60, Fax 03.26.52.34.60 ☑ ⚒ n. V.
⚭ Laurent Liébart

LILBERT FILS
Extra Brut Blanc de blancs 1985*
○ Gd cru   k. A.   k. A.   ▮ 150-200F

Die Lilbert besitzen einen 4 ha großen Weinberg in Cramant. Man sieht immer weniger 85er, einen ausgezeichneten Jahrgang. Dieser hier enthält keine Dosage, was vollkommen logisch ist : Je älter ein Champagner wird, desto weniger notwendig ist die Dosage. Dieser Wein bleibt frisch, vielleicht mehr als der ebenfalls verkostete 90er und kaum weniger als der Brut ohne Jahrgangsbezeichnung, der von Trauben der Jahre 1992 und 1993 stammt. Der 85er hat Komplexität und Fülle gewonnen : »ein Champagner für Liebhaber«. (RM)

⚭ Georges Lilbert, 223, rue du Moutier, 51530 Cramant, Tel. 03.26.57.50.16, Fax 03.26.58.93.86 ☑ ⚒ n. V.

LOCRET-LACHAUD L'Abbatiale
○ 1er cru   13 ha   9 000   ▮ 100-150F

Die Locret-Lachauds waren in Hautvillers, bevor Dom Pérignon hierher kam. Sie bewirtschaften ein 13 ha großes Gut. Diese zu gleichen Teilen aus weißen und dunklen (Pinot noir) hergestellte Cuvée wurde 1920 eingeführt. Sie ist blumig, leicht rauchig, frisch und kräftig gebaut. (RM)
⚭ Eric und Philippe Locret-Lachaud, 40, rue Saint-Vincent, 51160 Hautvillers, Tel. 03.26.59.40.20, Fax 03.26.59.40.92 ☑ ⚒ n. V.

JOSEPH LORIOT-PAGEL Carte d'or***
○   k. A.   20 000   ▮ 70-100F

Joseph Loriot bestellt Weinberge, die fast 8 ha einnehmen. Das Traubengut von 1991, 1992 und vor allem 1993 ist für die Herstellung dieses sehr »dunklen« Brut ohne Jahrgangsbezeichnung verwendet worden (70 % Pinot meunier, 20 % Pinot noir, ergänzt durch 10 % Chardonnay). Ein sehr fruchtiger Champagner, der vor allem an weiße Früchte, Zitrusfrüchte und Passionsfrüchte erinnert. Ausgewogenheit, Harmonie, Fülle, Länge. Der Blanc de Blancs erhält einen Stern. Er stammt von Chardonnay-Trauben aus Avize und Cramant. Blumig, jung und frisch. Diese beiden Champagner enthalten eine perfekt bemessene Dosage. (RM)
⚭ Joseph Loriot, 33, rue de la République, 51700 Festigny, Tel. 03.26.58.33.53, Fax 03.26.58.05.37 ☑ ⚒ n. V.

YVES LOUVET Cuvée de réserve*
○   k. A.   10 000   ▮⚬ 70-100F

Im Laufe von fünf Generationen haben die Louvets ein 6,5 ha großes Gut aufgebaut. Die Cuvée de réserve - dreimal mehr Pinot noir als Chardonnay - bietet ein Bukett, das an Lilien und eine Scheibe Butterbrot mit Aprikosenkonfitüre erinnert. Der Geschmack zeigt eine feine Sanftheit und eine frische Komplexität. Eine lobende Erwähnung verdienen auch der 91er und die Cuvée Sélection, runde, leichte Weine, »ohne Dünkel, aber von schöner Haltung«, schrieb ein Verkoster. (RM)
⚭ Yves Louvet, 21, rue du Poncet, 51150 Tauxières, Tel. 03.26.57.03.27, Fax 03.26.57.67.77 ☑ ⚒ n. V.

LOYAUX-GORET
○   6,43 ha   12 000   ▮ 50-70F

Ein 6,5 ha großes Gut, das Werk von drei Generationen. Es hat einen blumigen, frühlingshaften Champagner hervorgebracht, der im Geschmack von guter Ausgewogenheit ist. »Als Ehrenwein«, schrieb ein Juror. (RM)
⚭ Loyaux-Goret, 4, rue des Sites, 51480 Vauciennes, Tel. 03.26.58.62.87, Fax 03.26.58.67.34 ⚒ n. V.
⚭ Yvette Rat

Champagner

PHILIPPE DE LOZEY Brut Tradition*

○ k. A. k. A. 70-100 F

Die Marke wurde 1990 von Philippe Cheurlin geschaffen, der ein 15 ha großes Anbaugebiet nutzt. Erneut eine sehr »dunkle« Cuvée, die 10 % Pinot meunier und 20 % Chardonnay enthält. Entwickelter, blumig-würziger Duft und ausgewogener Geschmack, der blumig und fruchtig ist und zugleich an Unterholz erinnert. Lobend erwähnt wird aufgrund seiner fruchtig-röstartigen Frische der Réserve. (NM)

Champagne Philippe de Lozey, 72, Grande-Rue, B.P. 3, 10110 Celles-sur-Ource, Tel. 03.25.38.51.34, Fax 03.25.38.54.80 n. V.

Philippe Cheurlin

M. MAILLART 1989**

1er cru 0,35 ha 2 775 70-100 F

»Vom Vater auf den Sohn seit 1720 ...« Das Gut umfaßt über 8 ha. Im letzten Jahr Wahl zum Lieblingswein für den 82er, in diesem Jahr für den 89er Rosé - das wird zur Gewohnheit. Dieser Rosé enthält viermal mehr Pinot noir als Chardonnay. »Ein schöner Wein voller Milde, um den Appetit und den Geist anzuregen, um eine ruhige und geistreiche Unterhaltung zu fördern.« Ein Stern für den 83er Brut Prestige : zwei Drittel Pinot noir und ein Drittel Chardonnay, getrocknete Früchte und Bienenwachs. »Einige Alte bleiben immer jung !« (RM)

Michel Maillart, 13, rue de Villers, 51500 Ecueil, Tel. 03.26.49.77.89, Fax 03.26.49.24.79 n. V.

MAILLY GRAND CRU Blanc de noirs

○ Gd cru k. A. 40 000 100-150 F

Eine 1929 gegründete Erzeugervereinigung, die 70 ha in der als Grand cru eingestuften Gemeinde Mailly bewirtschaftet. Dieser Blanc de Noirs mit dem aufdringlichen Duft nach Orangen und getrockneten Aprikosen bietet eine lebhafte Ansprache im Geschmack, wo sich die Komplexität mit Honignoten zeigt. Eine lobende Erwähnung auch für den 90er, der zu drei Vierteln aus Pinot noir und zu einem Viertel aus Chardonnay hergestellt worden ist, nach Quitten und weißen Früchten duftet und im Geschmack strukturiert und frisch ist. Die gleiche Zusammenstellung, aber ohne Jahrgangsbezeichnung, gibt es auch als Version ohne Dosage. Sehr klar, für Liebhaber. (CM)

Champagne Mailly Grand Cru, 28, rue de la Libération, 51500 Mailly-Champagne, Tel. 03.26.49.41.10, Fax 03.26.49.42.27 n. V.

JEAN-LOUIS MALARD

○ Gd cru 6 ha 51 600 70-100 F

Diese neue, 1996 geschaffene Marke interessiert sich für Premiers crus und Grands crus. Dieser Grand cru ist ein Blanc de Blancs, ein leichter Wein mit einem Aroma von Quittenbrot. Er schafft gerade noch die Meßlatte, aber es mangelt ihm nicht an Charakter. (NM)

Champagne Jean-Louis Malard, 19, rue Jeanne d'Arc, B.P. 95, 51203 Epernay cedex, Tel. 03.26.57.77.24, Fax 03.26.52.75.54 n. V.

HENRI MANDOIS Cuvée réserve

○ 10 ha 50 000 70-100 F

Ein großes Gut (30 ha), das von der fünften Generation der Mandois geleitet wird. Die Cuvée Réserve entsteht aus 60 % weißen Trauben und 40 % dunklen Trauben, davon 10 % Pinot noir. Dieser geradlinige, mineralische Wein geht nur in eine einzige Richtung. Der Rosé, dessen Zusammenstellung der vorangegangenen Cuvée ähnelt, ist ein eleganter Champagner, der sich ideal als Aperitif eignet. (NM)

Henri Mandois, 66, rue du Gal-de-Gaulle, 51530 Pierry, Tel. 03.26.54.03.18, Fax 03.26.51.53.66 Mo-Sa 8h-12h30 13h30-19h

A. MARGAINE Cuvée Spécial Club 1989**

○ 1 ha 10 200 100-150 F

1900 gründete Gaston Margaine seine Firma. Ihm folgten André, Bernard und schließlich Arnaud nach. Die Weinberge umfassen 7 ha in der Gemeinde Villers-Marmery, die für ihre Chardonnays bekannt ist. Dieser 89er Spécial Club hat sich gut entwickelt : gut erhaltene Farbe, wirklich komplexer Duft von kandierten Früchten und ausgewogener Geschmack mit dem Aroma von Honig und Bienenwachs - alles trägt zum Vergnügen einer Verkostung bei, die man nicht auf morgen verschieben darf. (RM)

SCEV A. Margaine, 3, av. de Champagne, 51380 Villers-Marmery, Tel. 03.26.97.92.13, Fax 03.26.97.97.45 Mo-Sa 8h-12h 14h-19h ; 15.-31. Aug. geschlossen

MARGUET-BONNERAVE 1990**

○ Gd cru k. A. 5 000 70-100 F

Diese zu Beginn des Jahrhunderts geschaffene Marke nutzt ein 13 ha großes Anbaugebiet. Ihre zu gleichen Teilen aus weißen und dunklen (Pinot noir) Trauben hergestellte Cuvée hält alle Versprechen des großen Jahrgangs 1990. Sein Duft (geröstete Mandeln, frische Butter) kündigt einen kräftigen, langen Geschmacck an. Die Dosage ist spürbar. Lobend erwähnt wird der Réserve, ein Verschnitt, der noch viel mehr dunkle Trauben enthält und im gleichen Stil gehalten ist, ebenfalls mit merklicher Dosage. (RM)

EARL Marguet-Bonnerave, 14, rue de Bouzy, 51150 Ambonnay, Tel. 03.26.57.01.08, Fax 03.26.57.09.98 n. V.

MARIE STUART Cuvée de la Reine*

○ k. A. 50 000 150-200 F

Eine über hundert Jahre alte Marke, die unter der Leitung von Alain Thiénot einen neuen Anlauf nimmt. Die Cuvée de la Reine erweist

Champagner

sich als reichhaltig und ätherisch. Ihre Noten von Zitrusfrüchten (Zitronen), Minze und Reseda und danach ihr köstlicher Geschmack, der Honig und Nougat verbindet, sind sehr gefällig. Der Premier cru, voller Jugendlichkeit und Lebhaftigkeit, wird lobend erwähnt. (NM)

🍇 Comptoir vinicole de Champagne, 8, pl. de la République, 51100 Reims, Tel. 03.26.77.50.50, Fax 03.26.77.50.59 ▣

🍇 Alain Thiénot

MARQUIS DE SADE Blanc de blancs*

| ○ Gd cru | 20 ha | 30 000 | 🗑 | 100-150 F |

Eine weitere Marke von Michel Gonet, der ein großes Anbaugebiet (40 ha) nutzt. Ihr Erfolg ist durch diese Cuvée gesichert, die von Trauben der Jahre 1992, 1993 und 1994 stammt. Der sehr aromatische Duft erinnert an Hefebort mit Butter, ein Aroma, das man im Geschmack zusammen mit Akazienblütenhonig wiederfindet. (RM)

🍇 Michel Gonet et Fils, 196, av. Jean-Jaurès, 51190 Avize, Tel. 03.26.57.50.56, Fax 03.26.57.91.98 ▣ 🍴 Mo-Fr 8h-12h 14h-17h ; Sa, So n. V. ; Aug. geschlossen

G. H. MARTEL ET CO
Cuvée Victoire 1992**

| ○ | k. A. | 40 000 | 🗑 | 70-100 F |

Die vor 125 Jahren gegründete Marke Martel nutzt ein 75 ha großes Anbaugebiet. Die Cuvée Victoire, die zu gleichen Teilen aus weißen und dunklen (Pinot noir) Trauben hergestellt worden ist und aus dem heiklen Jahrgang 1992 stammt, ist sehr gelungen ; sie verbindet ein empyreumatisches Aroma mit weißen und roten Früchten. Diese Firma erhält einen Stern für die Grande Réserve, der nicht viel »dunkler« ist als die Cuvée Victoire - ein angenehm zitronenartiger Champagner, der frisch, strukturiert und nachhaltig ist. (NM)

🍇 Champagne G.H. Martel, 69, av. de Champagne, 51308 Epernay Cedex, Tel. 03.26.51.06.33, Fax 03.26.54.41.52 ▣ 🍴 Mo-Fr 8h-11h 14h-16h

🍇 Rapeneau

PAUL-LOUIS MARTIN*

| ○ | 5 ha | 35 000 | 🗑 | 70-100 F |

Ein 1929 gegründeter Betrieb, dessen Weinberge 7 ha umfassen. 70 % Pinot noir und 30 % Chardonnay tragen zum blumigen Aroma dieses Champagners bei und verleihen dem gut strukturierten Geschmack Länge. (RM)

🍇 Paul-Louis Martin, 3, rue d'Ambonnay, 51150 Bouzy, Tel. 03.26.57.01.27, Fax 03.26.57.83.25 ▣ 🍴 tägl. 9h-11h 14h-17h

THIERRY MASSIN 1992**

| ○ | k. A. | 3 978 | | 70-100 F |

Thierry und Dominique Massin haben ihre Marke 1977 geschaffen und bewirtschaften ein fast 10 ha große Familiengut. Der 92er ist heikel, aber er hat im Süden der Champagne schöne Weine geliefert. Das beweist dieser hier, der zu zwei Dritteln aus Pinot noir und zu einem Drittel aus Chardonnay besteht und stark an blühende Orangenbäume, kandierte Früchte und Gewürze mit Vanillenote erinnert. Ein Stern wurde dem Sélection zuerkannt, einem Blanc de Noirs (Verschnitt von 92er, 93er und 94er Weinen), der nach weißen Blüten und Veilchen duftet. Lobend erwähnt wird der Réserve, der fast ebenso »weiß« wie »dunkel« ist (Trauben der Jahre 1992 und 1993). Er bietet ein Bukett von Weißdorn und Leder und zeigt sich im Geschmack sehr lang. (RM)

🍇 Thierry Massin, rte des 2-Bar, 10110 Ville-sur-Arce, Tel. 03.25.38.74.01, Fax 03.25.38.79.10 ▣ 🍴 n. V.

REMY MASSIN ET FILS Brut Réserve

| ○ | 2,5 ha | 11 500 | 🗑 | 70-100 F |

Die Massins, die seit mehr als einem Jahrhundert Winzer sind, haben ihre Marke 1975 gegründet. Sie verfügen über 20 ha Weinberge. Das Brut Réserve besteht zu zwei Dritteln Pinot noir und zu einem Drittel aus Chardonnay, aus 1992 und 1993 geernteten Trauben. Die Ansprache ist lebhaft ; die weißen Blüten und die Weinigkeit machen sich bemerkbar. (RM)

🍇 Champagne Rémy Massin et Fils, Grande-Rue, 10110 Ville-sur-Arce, Tel. 03.25.38.74.09, Fax 03.25.38.77.67 ▣ 🍴 Mo-Fr 9h-12h 13h30-18h ; Sa, So n. V.

🍇 Sylvère Massin

SERGE MATHIEU Cuvée Prestige*

| ○ | k. A. | 38 000 | 🗑 | 70-100 F |

Die sechste Generation der Mathieus, Winzer in Avirey, hat 1970 ihre Marke gegründet. Das Anbaugebiet umfaßt beinahe 11 ha. Es heißt, daß König Heinrich IV. und sein Minister Sully mit dem Wein aus Avirey anstießen, vermutlich mit einem aus Pinot noir erzeugten Rotwein. Diese Rebsorte überwiegt in dieser Cuvée Prestige, die 30 % Chardonnay enthält : sehr fruchtig, an geröstete Maronen erinnernd, rund und gutgebaut. Lobend erwähnt werden der Tête de cuvée Sélect, ein mit der Cuvée Prestige identischer Verschnitt, ein Blanc de Noirs, und ein Rosé de Noirs. Drei korpulente Champagner, die durch rote Früchte geprägt sind. (RM)

🍇 SCE Champagne Serge Mathieu, 10340 Avirey-Lingey, Tel. 03.25.29.32.58, Fax 03.25.29.11.57 ▣ 🍴 Mo-Fr 8h-12h 13h30-17h30 ; Sa n. V.

MERCIER Cuvée du Fondateur*

| ○ | k. A. | k. A. | | 100-150 F |

Eine berühmte, 1858 gegründete Firma, die große Weinberge (218 ha) besitzt. Die Cuvée du Fondateur ist offensichtlich eine Hommage an Eugène Mercier. Über die Hälfte Pinot noir und ein gutes Drittel Pinot meunier werden durch 10 % Chardonnay ergänzt. Ein sanfter, kraftvoller Champagner. Erwähnen wollen wir außerdem zwei Champagner, die ausschließlich aus den beiden Pinot-Sorten hergestellt worden sind, ein Verschnitt, den man bei Mercier bevorzugt : zwei eigentümliche Champagner, der halbtrocken sind, der weiße und der eigenartige Rosé, der einen großen Erfolg erlebt. Für nicht zu süße Nachspeisen bestimmt. (NM)

🍇 Champagne Mercier, 75, av. de Champagne, 51200 Epernay, Tel. 03.26.51.22.00, Fax 03.26.51.22.01 ▣ 🍴 Mo-Fr 9h30-11h30 14h-16h30 ; Sa, So n. V.

Champagner

CHAMPAGNE DE MERIC
Cuvée Prestige Catherine de Médicis★

| ○ Gd cru | k. A. | k. A. | 🍾🥂 | 100-150 F |

Eine 1960 entstandene Marke, die 8 ha Reben nutzt. Die Cuvée Prestige Catherine de Médicis besteht zu gleichen Teilen aus weißen und dunklen (Pinot noir) Trauben. Sie ist würzig und ausgewogen, in einem kraftvollen, weinigen Stil. Der runde, entwickelte Blanc de Blancs ist von guter Ausgewogenheit und verdient eine lobende Erwähnung. (NM)
🍾 SARL Christian Besserat et Fils, 17, rue Gambetta, 51160 Ay-Champagne, Tel. 03.26.55.20.72, Fax 03.26.54.84.12 ☑ ⊥ n. V.

J.B. MICHEL

| ● | 1 ha | 8 000 | 70-100 F |

Bruno Michel hat seine Marke 1980 geschaffen. Dieser Rosé verdankt alles den Pinot-Trauben (Pinot noir und Pinot meunier zu gleichen Teilen). Im Duft dominieren schwarze Johannisbeeren. Man sollte ihn als Aperitif trinken. (RM)
🍾 Bruno Michel, 4, allée de la Vieille-Ferme, 51530 Pierry, Tel. 03.26.54.79.48, Fax 03.26.54.75.77 ☑ ⊥ n. V.

G. MICHEL 1982★★

| ○ | | k. A. | 12 800 | 100-150 F |

Diese 1959 gegründete Marke verfügt über 20 ha Reben. Wer hat behauptet, Pinot meunier würde schnell altern ? Er macht drei Viertel dieser Cuvée aus, kombiniert mit Chardonnay : eine seltene und gelungene Zusammenstellung. Die Komplexität wird durch Honig, Nüsse, kandierte Früchte und milde Gewürze gesichert. Der Wein ist reichhaltig, elegant und rund. Ein Stern wurde der Cuvée Paris Folies zuerkannt, ebenfalls ein Verschnitt aus Chardonnay und Meunier (60 : 40) ! Pfirsiche, Akazienblüten und Hyazinthen entfalten sich im Duft, während der Geschmack honigartig und frisch zugleich ist. (RM)
🍾 Guy Michel, 19 bis R.N., 51530 Moussy, Tel. 03.26.54.03.17, Fax 03.26.58.15.84 ☑ ⊥ n. V.

GUY MICHEL ET FILS Blanc de blancs★

| ○ | | k. A. | 10 300 | 100-150 F |

Die Michels sind seit 150 Jahren Winzer. Ihr Weingut umfaßt 20 ha. Ihr Blanc de Blancs ist blumig und honigartig, von eleganter Länge und mit viel Fingerspitzengefühl dosiert. (RM)
🍾 SCEV Guy Michel et Fils, 54, rue Léon-Bourgeois, 51530 Pierry, Tel. 03.26.54.67.12 ☑ ⊥ n. V.

JOSE MICHEL ET FILS
Spécial Club 1990★★

| ○ | 1 ha | 7 500 | 🍾 | 100-150 F |

Eine vor dem Ersten Weltkrieg gegründete Firma. Diese Cuvée Spécial Club ist wirklich »speziell«, denn sie ist das Ergebnis einer nicht sehr häufigen Zusammenstellung : ebensoviel Chardonnay wie Pinot meunier. Man findet darin getrocknete Früchte, Aprikosen und frische Mandeln. Der Blanc de Blancs, der von 92er Trauben stammt, verdient eine lobende Erwähnung aufgrund seiner Klarheit und Länge. (RM)
🍾 Champagne José Michel et Fils, 14, rue Prelot, 51530 Moussy, Tel. 03.26.54.04.69, Fax 03.26.55.37.12 ☑ ⊥ n. V.

PIERRE MIGNON
Cuvée de Madame 1988★

| ○ | 2 ha | k. A. | 🍾 | 100-150 F |

Die Cuvée de Madame ist die Sondercuvée von Pierre Mignon. Sie wurde schon im letzten Jahr berücksichtigt und ist noch dieselbe : eine Note von Früchten mit weißem Fleisch, eine Röstnote, eine süße Note, und noch eine andere, stärkere, die säuerlich ist - eine Musik zum Aperitif.
🍾 Pierre Mignon, 5, rue des Grappes-d'Or, 51210 Le Breuil, Tel. 03.26.59.22.03, Fax 03.26.59.26.74 ☑ ⊥ n. V.

MIGNON ET PIERREL Cuvée florale

| ● 1er cru | k. A. | k. A. | 100-150 F |

Die Champagnerfirma Mignon et Pierrel kümmert sich um die Präsentation ihrer vollständig verzierten Flaschen, wobei die Cuvée florale natürlich mit Blumen, genau gesagt mit Rosen, umkleidet ist. Rosé ist ein gefärbter Blanc de Blancs, der zu 50 % Reserveweine enthält. Er ist ein etwas leichtfertiger Verführer, angenehm, leicht süß, wie geschaffen für Erdbeerkuchen. (NM)
🍾 SA Pierrel et Associés, 24-26, rue Henri-Dunant, 51200 Epernay, Tel. 03.26.51.93.39, Fax 03.26.51.66.40 ☑ ⊥ n. V.

JEAN MILAN
Blanc de blancs Brut Spécial★★

| ○ Gd cru | k. A. | k. A. | 🍾 | 70-100 F |

Eine vor 135 Jahren geschaffene Marke in Familienbesitz. Die sechste Generation wird bei der 97er Lese das Licht der Welt erblicken. Hier ein wirklich schöner Champagner, um dieses Ereignis zu feiern. Dieser Blanc de Blancs stammt von 1992 und 1993 geernteten Chardonnay-Trauben. Er ist blumig, mentholartig, durch Quittennoten geprägt, die tierische Gerüche verstärken. Seine Komplexität im Geschmack ist bemerkenswert. Lobend erwähnt wurde von der Jury der Blanc de Blancs Terres de Noël, ein 92er »Monocru«, der im Duft ein paar Spuren von Entwicklung zeigt (sehr reife Birnen), sich aber im Geschmack jünger gibt (Birnen mit Zitronennote). (RM)
🍾 Champagne Milan, 6, rte d'Avize, 51190 Oger, Tel. 03.26.57.50.09, Fax 03.26.57.78.47 ☑ ⊥ Mo-Sa 9h30-12h30 13h30-18h30 ; So n. V.

MOET ET CHANDON
Cuvée Dom Pérignon 1990★★

| ○ | | k. A. | k. A. | 🍾 | +200 F |

Die überaus berühmte Spitzencuvée, an der man nicht vorbeikommt ; sie ist auch die meistverkaufte aller Sondercuvées. Chardonnay und Pinot noir sind fast zu gleichen Teilen an diesem 90er Dom Pérignon beteiligt, der unbestreitbar kräftig ist. Er ist rund und fruchtig, und einige Verkoster fragen sich, ob die großzügige Dosage darin nicht für etwas gut sein könnte. Der Dom Pérignon Rosé trägt noch immer den Jahrgang 1986 : Das Etikett verkündet es, das Glas bestätigt es. (NM)

Champagner

🍾 Moët et Chandon, 20, av. de Champagne, B.P. 140, 51333 Epernay, Tel. 03.26.51.20.00, Fax 03.26.54.84.23

PIERRE MONCUIT
Blanc de blancs 1990*

| ○ Gd cru | 8 ha | 23 000 | 🍾 | 100-150 F |

Ein hundert Jahre alter Betrieb, der 19 ha Weinberge besitzt. Die Moncuits sind Spezialisten für Blanc de Blancs. Der 90er mit dem eleganten Duft nach getrockneten Früchten und grünen Äpfeln wird im Geschmack herbstlich mit seinem Aroma, das an Unterholz nach einem Regen und Musseronpilze erinnert. Der 89er ist schwerer: welkes Laub, getrocknete Früchte, Zedernholz und Haarwild. Er erhält ebenfalls einen Stern. Der 88er, der nach frischer Butter und Menthol duftet und einen kräftigen Honig- und Pilzgeschmack besitzt, verdient eine lobende Erwähnung. (RM)
🍾 Champagne Pierre Moncuit, 11, rue Persault-Maheu, 51190 Le Mesnil-sur-Oger, Tel. 03.26.57.52.65, Fax 03.26.57.97.89 ☑ ☥ n. V.

MONMARTHE ET FILS Brut Prestige

| ○ 1er cru | 0,5 ha | 5 000 | 🍾 | 70-100 F |

Seit 1737 sind die Monmarthes Winzer in Ludes. 1930 schuf Ernest Monmarthe seine Marke. Die Weinberge nehmen 17 ha ein. Der Prestige ist zu gleichen Teilen aus weißen und dunklen (Pinot noir) Trauben hergestellt, die 1990 und 1991 geerntet wurden. Er ist entwickelt; seine Ansprache ist mild, seine Rundheit läuft spitz zu. (RM)
🍾 Champagne Monmarthe, 38, rue Victor-Hugo, 51500 Ludes, Tel. 03.26.61.10.99, Fax 03.26.61.12.67 ☑ ☥ n. V.

MONTAUDON 1989*

| ○ | k. A. | k. A. | 100-150 F |

Eine vor mehr als einem Jahrhundert gegründete Firma. Zwei Teile Chardonnay und drei Teile Pinot noir, die alle aus Premiers crus und Grands crus kommen, haben diesen 89er hervorgebracht, der gleichzeitig fest und verschmolzen ist, rund, an Vanille und Lakritze erinnernd. (NM)
🍾 Champagne Montaudon, 6, rue Ponsardin, 51100 Reims, Tel. 03.26.47.53.30, Fax 03.26.47.88.82 ☑ ☥ n. V.

MOREL PERE ET FILS

| ○ | k. A. | 8 000 | 🍾 | 70-100 F |

Die Morels, Spezialisten für Rosé des Riceys, weichen seit ein paar Jahren von ihren Gewohnheiten ab und stellen *auch* Champagner her. Dieser hier ist ein Blanc de Noirs (Pinot noir), wenn man die Koketterie von 5 % Chardonnay übersieht. Die Trauben dafür sind 1990, 1991 und 1993 geerntet worden. Duft nach Früchten (Birnen) und frischer Butter, klare Ansprache, lebhafter, würziger Geschmack. (RM)
🍾 Pascal Morel, 93, rue du Gal-de-Gaulle, 10340 Les Riceys, Tel. 03.25.29.10.88, Fax 03.25.29.66.72 ☑ ☥ n. V.

MORIZE PERE ET FILS Brut Réserve*

| ○ | k. A. | 53 200 | 🍾 | 70-100 F |

Die Morizes, die seit 1830 in Les Riceys leben, haben 1964 ihre Marke gegründet. Sie bewirtschaften 11 ha. Der Réserve ist sehr »dunkel« (85 % Pinot noir) und stammt von 1991 geernteten Trauben. Dieser elegante, frische, leichte Champagner mit dem blumigen Aroma ist rund und lang. (RM)
🍾 Morize Père et Fils, 122, rue du Gal-de-Gaulle, 10340 Les Riceys, Tel. 03.25.29.30.02, Fax 03.25.38.20.22 ☑ ☥ n. V.

CHAMPAGNE PIERRE MORLET
Grande Réserve*

| ○ | k. A. | 45 000 | 🍾 | 70-100 F |

Gaston, Pierre, Eric, Paulin, Luc und Nicolas Morlet haben auf dem 7 ha großen Gut gearbeitet und arbeiten noch dort. Dreimal mehr Pinot noir als Chardonnay ergeben die Grande Réserve, einen klassischen Champagner, der offen und ausgewogen ist. Der Rosé ist ein Rosé de Noirs (Pinot noir). Er muß lobend erwähnt werden aufgrund seiner leichten Fruchtigkeit von schwarzen Johannisbeeren und seiner Frische im Geschmack. Er ist zu einem Aperitif bestimmt, den man an einem sehr warmen Tag im Freien nimmt. (NM)
🍾 Pierre Morlet, 7, rue Paulin-Paris, 51160 Avenay-Val-d'Or, Tel. 03.26.52.32.32, Fax 03.26.59.77.13 ☑ ☥ tägl. 8h-12h 13h30-19h

MOUTARD 1983*

| ○ | 2 ha | 6 000 | 🍾 | 100-150 F |

Eine Marke mit 20 ha Weinbergen. Das Etikett sagt nichts darüber aus, aber dieser 83er ist ein Blanc de Blancs. »Burgund«, schrieb ein Juror. »Charakteristisch für Kimmeridge« (das ist ein Boden), notierte ein anderer. Die Weinkoster waren wirklich geistsprühend, als sie diesen reichhaltigen, kräftigen, langen Wein beschrieben, dessen Abgang an verwelktes Laub erinnert. Lobend erwähnt wurden der Champagner ohne Dosage, zu gleichen Teilen aus weißen und dunklen Trauben hergestellt, der immer so klar ist, und der »Brut«, ein Blanc de Noirs (Pinot noir), der frisch und zitronenartig ist und sich als Aperitif eignet. (NM)
🍾 Champagne Moutard Père et Fils, 6, rue des Ponts, B.P. 1, 10110 Buxeuil, Tel. 03.25.38.50.73, Fax 03.25.38.57.72 ☑ ☥ n. V.

JEAN MOUTARDIER Sélection**

| ○ | 3 ha | 25 000 | 🍾 | 70-100 F |

Eine 1926 entstandene Marke, die 16 ha Reben nutzt. Die einfachste Cuvée, denn sie enthält ebensoviel weiße wie dunkle (Pinot noir) Trauben, wobei die Reserveweine im Eichenholzfaß reifen. Aber der Wein ist »einfach«. Die harmonische Komplexität und der Reichtum des Blüten-, Vanille- und Honigaromas werden der eleganten Struktur und dem runden, nachhaltigen Geschmack gerecht. (NM)
🍾 SA Champagne Jean Moutardier, 51210 Le Breuil, Tel. 03.26.59.21.09, Fax 03.26.59.21.25 ☑ ☥ n. V.

Champagner

JEAN MOUTARDIER 1990**

○   3 ha   25 000   70-100 F

Besonders lobende Erwähnung für diesen Blanc de Noirs, der von der Rebsorte Pinot meunier stammt – zweifellos der gelungenste unter den reinsortigen Pinot-meunier-Weinen ! Er ist reichhaltig, kräftig, komplex, rund, entfaltet und nachhaltig. Ein Stern für die Cuvée La Centenaire, die fast »weiß« ist (nur 15 % Pinot noir). Sie ist sehr »weiß« im Geschmack, blumig, honigartig und an Hefebrot erinnernd. (NM)
• SA Champagne Jean Moutardier, 51210 Le Breuil, Tel. 03.26.59.21.09, Fax 03.26.59.21.25 n. V.

Y. MOUZON-LECLERE Grande Réserve

○ 1er cru   k. A.   30 000   70-100 F

Eine 1957 gegründete Marke. Der aus einem Drittel Chardonnay und zwei Dritteln Pinot noir zusammengestellte Verschnitt enthält Weine, die die malolaktische Gärung durchlaufen haben, und andere, die sie nicht durchgemacht haben. Die Grande Réserve ist entwickelt mit ihrem Aroma von Quitten und Fruchtgelee. Im Geschmack findet man eine rauchige Weinigkeit. Man kann ihn zu ganz leicht gewürztem weißen Fleisch trinken. (RM)
• Yvon Mouzon, 1, rue Haute-des-Carrières, 51380 Verzy, Tel. 03.26.97.91.19 n. V.

PH. MOUZON-LEROUX
Cuvée Prestige 1991

○ 1er cru   k. A.   2 000   70-100 F

Eine 1938 geschaffene Marke, die 9 ha Reben besitzt. Vier Teile Chardonnay und ein Teil Pinot noir für diese Cuvée Prestige ; die Weine durchlaufen keine malolaktische Gärung. Dieser Champagner ist im Geruch sehr fein. Man entdeckt darin Spuren von gekochten Äpfeln und Rauch. Im Geschmack ist die Ausgewogenheit elegant. (RM)
• EARL Mouzon-Leroux, 16, rue Basse-des-Carrières, 51380 Verzy, Tel. 03.26.97.96.68, Fax 03.26.97.97.67 n. V.

CHARLES ORBAN Carte noire*

○   5 ha   40 000   70-100 F

Die Orbans, die seit über zwei Jahrhunderten Wein anbauen, bewirtschaften 6 ha Weinberge. Die drei Rebsorten der Champagne wirken zu gleichen Teilen an diesem Carte noire mit, der aus 1992 geernteten Trauben hergestellt worden ist. Empyreumatischer, entwickelter Geruch, gutgebauter Geschmack von getrockneten und kandierten Früchten. (SR)
• Charles Orban, 44, rte de Paris, 51700 Troissy, Tel. 03.26.52.70.05, Fax 03.26.52.74.66 n. V.

CUVEE ORPALE Blanc de blancs 1985**

○ Gd cru   k. A.   50 000   150-200 F

Eine von der Union Champagne vinifizierte Cuvée. Ein mustergültiger Blanc de Blancs modèle für diejenigen, die komplexe Weine auf ihrem Höhepunkt mögen. Sein Aroma von Unterholz und Trüffeln ist sehr interessant. Der an getrocknete Pfirsiche, Aprikosen und Honig erinnernde Geschmack ist sehr lang. (CM)
• Union Champagne, 7, rue Pasteur, 51190 Avize, Tel. 03.26.57.94.22, Fax 03.26.57.57.98 n. V.

OUDINOT*

○   k. A.   k. A.   100-150 F

Diese 1889 gegründete Marke, die über 80 ha Weinberge verfügt, wurde 1981 von Jacques und Michel Trouillard übernommen. Dieser Brut ist deutlich zu gleichen Teilen aus den drei Rebsorten der Champagne zusammengestellt worden. Man entdeckt darin ein Aroma von Zitronen, getoastetem Brot und weißen Blüten. Dieses Aroma findet man gut verschmolzen im Geschmack wieder. Ein zauberhafter Champagner. (NM)
• Champagne Oudinot, 12, rue Godart-Roger, B.P. 256, 51207 Epernay Cedex, Tel. 03.26.59.50.10, Fax 03.26.54.78.52
• M. et J. Trouillard

PIERRE PAILLARD*

○ Gd cru   k. A.   k. A.   70-100 F

Benoit Paillard leitet heute diese 1946 gegründete Marke. 40 % Chardonnay und 60 % Pinot ergeben diesen Brut ohne Jahrgangsbezeichnung. Zwetschgen und reife Äpfel erfüllen die Nase, während im Geschmack das fruchtige Aroma von Hefebrot durch eine feste Struktur unterstützt wird. Lobend erwähnt wird wegen seiner runden, duftigen Eleganz der zu gleichen Teilen aus weißen und dunklen (Pinot noir) Trauben hergestellte 85er. (RM)
• Pierre Paillard, 2, rue du XXe-Siècle, B.P. 9, 51150 Bouzy, Tel. 03.26.57.08.04, Fax 03.26.57.83.03 Mo-Sa 9h30-12h 14h-18h ; So n. V.

BRUNO PAILLARD Première Cuvée

●   k. A.   25 000   100-150 F

Champagne Bruno Paillard, eine 1981 entstandene Marke, ist dynamisch und siegessicher. Sein Rosé Première Cuvée ist wirkungsvoll nur aus dem besten Pinot noir (lediglich 15 % Chardonnay) hergestellt worden, davon 10 % in Form von rotem Stillwein aus Bouzy, der diesem strahlenden, farbintensiven Rosé ein Aroma von Erdbeeren und schwarzen Johannisbeeren sichert, während sich im Geschmack Nervigkeit, Eleganz und Jugendlichkeit durchsetzen. (NM)
• Champagne Bruno Paillard, av. de Champagne, 51100 Reims, Tel. 03.26.36.20.22, Fax 03.26.36.57.72 n. V.

PALMER & CO Blanc de blancs 1988**

○   k. A.   k. A.   100-150 F

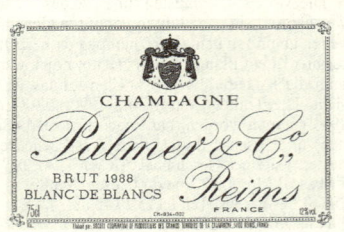

Champagner

Diese 1948 von sieben Winzern gegründete Erzeugervereinigung umfaßt heute 230 Mitglieder, die 400 ha Reben besitzen. Die Verkoster haben diesen Champagner wegen seines klassischen Charakters zum Lieblingswein gewählt : der Geruchseindruck blumig, fruchtig (getrocknete Früchte), dann an Hefebrot erinnernd. Fülle, Feinheit und Komplexität dominieren im Geschmack. Servieren Sie ihn zu Jakobsmuscheln. Zwei Sterne für die Cuvée Amazone, die sich in einer außergewöhnlichen ovalen Flasche befindet. Eine zu gleichen Teilen aus weißen und dunklen Trauben hergestellte Cuvée mit einem intensiven Aroma (getoasteten Brot, Fruchtgelee), die ebenso frisch wie ausgewogen, ebenso ausgewogen wie nachhaltig ist ... Für frische Stopfleber reservieren. (CM)

🍷 Palmer et C°, 67, rue Jacquart, 51100 Reims, Tel. 03.26.07.35.07, Fax 03.26.07.45.24 ☑ ℐ n. V.

PANNIER Vintage 1990★★

○ k. A. k. A. 🍾♦ 100-150 F

Eine große Erzeugervereinigung (250 Mitglieder), die 550 ha Reben in 40 Crus besitzt. Die Marke Pannier wurde in den 20er Jahren gegründet. Dieser 90er Vintage enthält ebensoviel Chardonnay wie Pinot meunier, unterstützt von einem Viertel Pinot noir. Im Duft Lebkuchen und Akazienblütenhonig, im Geschmack Stärke und Milde. Die Cuvée Louis Eugène hat einen Stern knapp verpaßt ; sie ist eine Cuvée aus Chardonnay (40 %) und Pinot (60 %, davon ein Fünftel Pinot meunier). Sie ist fruchtig und wird durch ihr Gerüst verlängert, das von großer Festigkeit ist. (CM)

🍷 Champagne Pannier, 23, rue Roger-Catillon, B.P. 55, 02403 Château-Thierry Cedex, Tel. 03.23.69.51.30, Fax 03.23.69.51.31 ☑ ℐ n. V.

PASCAL-DELETTE Brut Réserve★

○ 5 ha 40 000 🍾 50-70 F

Ein Brut Réserve aus dem Jahrgang 1993, der von dunklen Trauben stammt, wobei Pinot meunier deutlich dominiert (80 %). Er ist in seiner Kategorie gut benotet worden, denn ein Verkoster schrieb : »Könnte das Urmaß der Brut-Champagner ohne Jahrgangsbezeichnung bilden.« Ein heller Wein mit grünen Reflexen, mit einem Aroma von weißen Blüten und Mandeln. Nach einer deutlichen Ansprache ist er ausgewogen und elegant. (RM)

🍷 Pascal-Delette, 48, rue Valentine-Régnier, 51700 Baslieux-sous-Châtillon, Tel. 03.26.58.11.35, Fax 03.26.57.11.93 ☑ ℐ tägl. 8h-19h

ERIC PATOUR

○ k. A. k. A. 🍾 50-70 F

Die Patours sind seit drei Generationen Winzer. Dieser Champagner enthält dreimal mehr Pinot noir als Chardonnay und stammt von 1993 geernteten Trauben. Er besitzt ein leichtes Aroma von getrockneten Früchten mit Zitronennote und zeigt den Beginn einer Entwicklung. Der Geschmack ist ausgewogen, aber die Dosage ist sehr spürbar. Niedriger Preis. Unter derselben Adresse und Telefonnummer finden Sie Champagne Michel Patour und seine Grande Réserve, die aus 93er Trauben erzeugt worden ist. Sie sind sich sehr ähnlich. (RM)

🍷 Eric Patour, 1, rue des Huguenots, 10110 Celles-sur-Ource, Tel. 03.25.38.51.32, Fax 03.25.38.22.65 ☑ ℐ n. V.

DENIS PATOUX Cuvée Prestige 1989★

○ k. A. k. A. 🍾♦ 70-100 F

Die Patoux, die seit mehr als einem Jahrhundert Winzer sind, besitzen 7,5 ha Weinberge. Die 89er Cuvée Prestige - 50 % Pinot noir, 30 % Chardonnay, 20 % Pinot meunier - ist entwickelt mit seinem Leder- und Pilzaroma. Im Geschmack besitzt sie die Komplexität eines reifen Jahrgangs. Lobend erwähnt worden sind der 88er Jahrgangschampagner, der identisch zusammengestellt ist und in selben Stil wie die obige Cuvée gehalten ist, und der Rosé, der seine Farbe durch Rotwein aus Pinot meunier erhält und an schwarze und rote Johannisbeeren denken läßt. (RM)

🍷 Denis Patoux, 1, rue Bailly, 51700 Vandières, Tel. 03.26.58.36.34, Fax 03.26.59.16.10 ☑ ℐ n. V.

HUBERT PAULET 1990★

○ 1er cru k. A. k. A. 🍾 70-100 F

Eine Familie, die sich hier Ende des 19. Jh. niedergelassen hat und deren jüngste Generation sich anschickt, die Marke zu leiten. Nicht ganz 50 % Chardonnay, fast ein Drittel Pinot noir und ein Viertel Pinot meunier sind in diesem fruchtigen 90er vereint, der an Zwetschgen und Pflaumen erinnert und im Geschmack eine ausgezeichnete Präsenz mit harmonischem, langem Abgang zeigt. (RM)

🍷 Pierre Paulet, 55, rue de Chigny, 51500 Rilly-la-Montagne, Tel. 03.26.03.40.68, Fax 03.26.03.48.63 ☑ ℐ n. V.

PEHU-SIMONET Sélection

○ Gd cru 2 ha 15 000 🍾 70-100 F

Die Péhus und die Simonets bauen seit Generationen Wein an. Heute bewirtschaften sie ein 5 ha großes Gut. Drei Viertel Pinot noir und ein Viertel Chardonnay, 1991 und 1994 geerntet, verleihen diesem Grand cru seinen Duft nach Honig, exotischen Früchten und vor allem Kirschen - Kirschen, die man im kräftigen, langen Geschmack wiederfindet. Eine lobende Erwähnung verdient der Rosé, der ähnlich zusammengestellt worden ist ; er ist stark durch rote Früchte geprägt und im Geschmack frisch. (RM)

🍷 Champagne Péhu-Simonet, 7, rue de la Gare, B.P. 22, 51360 Verzenay, Tel. 03.26.49.43.20, Fax 03.26.49.45.06 ☑ ℐ n. V.

JEAN PERNET
Blanc de blancs Cuvée Prestige★

○ Gd cru 1 ha k. A. 🍾 70-100 F

Ein 13,5 ha großes Gut in Familienbesitz, dessen Leitung Christophe und Frédéric Pernet 1983 übernommen haben. Ihr Blanc de Blancs ist überaus klassisch mit seinem Röstaroma, seiner Ausgewogenheit, seiner Leichtigkeit und seiner Eleganz. Der Brut Réserve ist ebenfalls ein Blanc de Blancs Grand cru. Man findet darin Quittenbrot und Zitrusfrüchte : Seine Frische ist zitronenartig. (RM)

🍷 Champagne Jean Pernet, 6, rue de la Brèche d'Oger, 51190 Le-Mesnil-sur-Oger, Tel. 03.26.57.54.24, Fax 03.26.57.96.98 ☑ ℐ n. V.

Champagner

JOSEPH PERRIER Cuvée royale 1989*

| ○ | k. A. | 100 000 | ■ ♦ | 100-150 F |

Eine der seltenen Marken in Châlons-sur-Marne. Die 1825 gegründete Firma Joseph Perrier nutzt den Keller galloromanischen Ursprungs. Die 89er Cuvée royale ist ein Verschnitt von weißen und dunklen Trauben zu gleichen Teilen; sie ist durch gelbe Früchte, Quitten und Honig geprägt. Im Geschmack bietet sie eine gute Ausgewogenheit und eine hübsche Länge. (NM)
🍷Joseph Perrier, 69, av. de Paris, B.P. 31, 51000 Châlons-sur-Marne, Tel. 03.26.68.29.51, Fax 03.26.70.57.16 ✓ ⊤ n. V.

PERRIER-JOUET Belle Epoque 1988**

| ❂ | k. A. | k. A. | ■ ♦ | +200 F |

Die 1811 gegründete Firma Perrier-Jouët besitzt fast 75 ha Weinberge. Die Cuvée Belle Epoque befindet sich in der herrlichen Flasche, die von dem französischen Kunsthandwerker Gallé entworfen wurde. Ihre 88er Rosé-Version erhält aufgrund ihrer Komplexität und ihrer Rundheit erneut zwei Sterne. Die weiße 89er Belle Epoque bekommt knapp zwei Sterne für ihren Pinot-Chardonnay-Verschnitt, der sehr verschmolzen, ausgewogen und cremig ist und Noten von gerösteten Mandeln bietet. Lobend erwähnt wird der Grand Brut (aus den drei Rebsorten der Champagne) mit den blumigen Noten und der exotischen Fruchtigkeit. (NM)
🍷Champagne Perrier-Jouët, 26, av. de Champagne, 51200 Epernay, Tel. 03.26.53.38.00, Fax 03.26.54.54.55 ✓ ⊤ n. V.

PERRIER-JOUET Blason de France*

| ○ | k. A. | k. A. | ■ ♦ | 150-200 F |

Die Juroren haben den beiden Versionen der Cuvée Blason de France, als weiße und als Rosé, einen Stern zuerkannt. Es handelt sich hierbei um die Sondercuvée ohne Jahrgangsbezeichnung von Perrier-Jouët, die die drei Rebsorten der Champagne kombiniert. Der kräftige, entwickelte Rosé schmeckt am besten, wenn man ihn zum Essen trinkt. Die weiße Cuvée, die ebenfalls kräftig und entwickelt ist, bietet eine originelle aromatische Palette von Lakritze und Hefebrot bis zu Zitrusfrüchten und Muskatnuß. Man sollte ihn Freunden vorsetzen, um sie staunen zu lassen. (NM)
🍷Champagne Perrier-Jouët, 26, av. de Champagne, 51200 Epernay, Tel. 03.26.53.38.00, Fax 03.26.54.54.55 ✓ ⊤ n. V.

PERSEVAL-FARGE Brut Réserve 1993

| ○ 1er cru | 4 ha | 13 000 | ■ ♦ | 70-100 F |

Eine 1955 entstandene Marke mit 4 ha. Die Reben werden hier nur gemäß den Prinzipien der umweltschonenden Schädlingsbekämpfung behandelt. Ein Sechstel Pinot meunier, ein Drittel Chardonnay und nicht ganz 50 % Pinot noir ergeben diesen guten Brut Réserve, dessen Fruchtigkeit durch eine lebhafte Struktur betont wird. (RM)
🍷Isabelle et Benoist Perseval, 12, rue du Voisin, 51500 Chamery, Tel. 03.26.97.64.70, Fax 03.26.97.67.67 ✓ ⊤ n. V.

PERTOIS-MORISET
Blanc de blancs Grande Réserve

| ○ Gd cru | 14 ha | 50 000 | ■ | 70-100 F |

Ein goldgrüner Blanc de Blancs, der zum Aperitif bestimmt ist, mit einem Aroma, das Haselnüsse, weiße Blüten, Bittermandeln und Unterholz verbindet. Er ist sehr chardonnaytypisch. Der Rosé, der zu 100 % aus Pinot noir hergestellt worden ist, zeigt ein bläulichrotes Rosa und ist im Aussehen jugendlicher als im Duft. Man kann ihn zu weißem Fleisch servieren. (RM)
🍷Dominique Pertois, 13, av. de la République, 51190 Le Mesnil-sur-Oger, Tel. 03.26.57.52.14, Fax 03.26.57.78.98 ✓ ⊤ Mo-Sa 8h-12h 14h-19h; Aug. geschlossen

PIERRE PETERS Blanc de blancs 1991**

| ○ Gd cru | 1,5 ha | 5 000 | | 100-150 F |

Eine Marke in Mesnil-sur-Oger, die auf die Produktion von Blancs de Blancs spezialisiert ist. Dieser 91er, ein seltener und heikler Jahrgang, besitzt ein originelles Etikett, bei dem man sich vorstellen könnte, daß es an die Geschmacksempfindungen eines Chardonnay erinnert. Er ist von großer Harmonie und verbindet perfekt die klassischen Aromen der Weine von dieser Rebsorte. Ausgewogen, frisch und harmonisch - er kann einen großen Fisch begleiten. (RM)
🍷SA Champagne Pierre Peters, 26, rue des Lombards, 51190 Le Mesnil-sur-Oger, Tel. 03.26.57.50.32, Fax 03.26.57.97.71 ✓ ⊤ Mo-Sa 8h-12h 13h30-18h

PHILIPPONNAT Clos des Goisses 1988***

| ○ | 5,5 ha | 26 000 | ■ | +200 F |

Diese 1913 geborene Marke nutzt den größten Clos der Champagne: 5,5 ha. Der aus den Trauben dieses Weinbergs (70 % Pinot noir und 30 % Chardonnay) hergestellte 88er steht aufgrund seiner Eleganz, seiner Feinheit, der Ausgewogenheit seiner Struktur und seines nachhaltigen Abgangs über jedem Lob. Die Perfektion macht sprachlos. (NM)
🍷Champagne Philipponnat, 13, rue du Pont, 51160 Mareuil-sur-Ay, Tel. 03.26.56.93.00, Fax 03.26.56.93.18 ✓ ⊤ n. V.

PIERSON-CUVELIER Cuvée Tradition

| ○ 1er cru | 3,5 ha | 30 000 | ■ | 70-100 F |

Dieses Gut in Familienbesitz umfaßt über 7 ha Weinberge. Seine Cuvée Tradition kombiniert viermal mehr Pinot noir als Chardonnay, 1989, 1990 und 1991 geerntet. Dieser Brut ohne Jahrgangsbezeichnung ist von liebenswürdiger, runder Komplexität. Ebenfalls lobend erwähnt wird der Rosé aus Pinot noir, dessen fruchtiges Aroma von Kirschen und schwarzen Johannisbeeren nervig und intensiv ist. (RM)

Champagner

Champagne Pierson-Cuvelier, 4, rue de Verzy, 51150 Louvois, Tel. 03.26.57.03.72, Fax 03.26.51.83.84 n. V.

PIPER-HEIDSIECK Cuvée Brut*

○ k. A. k. A. 100-150 F

Ein großes, 1785 gegründetes Handelshaus. 85 % dunkle Trauben, davon 25 % Pinot meunier, und 15 % Chardonnay kommen in diesem Brut ohne Jahrgangsbezeichnung zusammen, der sehr hell ist und nach weißen Blüten (Akazienblüten) duftet. Er ist sehr jugendlich und somit sehr lebhaft. Sein Biß paßt zu Fisch. (NM)

Piper-Heidsieck, 51, bd Henry-Vasnier, 51100 Reims, Tel. 03.26.84.43.00, Fax 03.26.84.43.49 n. V.

POISSINET-ASCAS Grande Réserve*

○ 1 ha 14 000 70-100 F

Die Marke wurde 1974 von J.-P. Poissinet geschaffen, der sieben Jahre vorher die Leitung des Familienbetriebs übernommen hatte. Seine Grande Réserve ist ein Blanc de Noirs aus Pinot meunier. In diesem goldgrünen Champagner, der sehr hübsch gebaut ist, geben sich Mandeln, Lakritze, Vanille, Aprikosen und Mirabellen ein Stelldichein. (RM)

Champagne Poissinet-Ascas, 8, rue du Pont, 51480 Cuchery, Tel. 03.26.58.12.93, Fax 03.26.52.03.55 n. V.

POL ROGER**

k. A. 1 200 000 100-150 F

Eine 1849 gegründete Firma in Familienbesitz, die ein 85 ha großes Anbaugebiet besitzt. Dieser Brut ohne Jahrgangsbezeichnung besteht zu gleichen Teilen aus den drei Rebsorten der Champagne. Er wurde von einigen Juroren für die Wahl zum Lieblingswein vorgeschlagen; sie schätzten seine Intensität, seine Weinigkeit und sein Aroma von Honig, Wachs, gekochten Früchten und Pampelmusen. Eine lobende Erwähnung verdient der 90er, ein ähnlich zusammengestellter Verschnitt, der sich harmonisch, kraftvoll und rund zeigt. (NM)

Pol Roger, 1, rue Henri-Lelarge, 51200 Epernay, Tel. 03.26.59.58.00, Fax 03.26.55.25.70 n. V.

POL ROGER 1988*

● k. A. 60 000 150-200 F

Dieser aus etwas mehr Pinot noir als Chardonnay hergestellte 88er Rosé ist rassig und zugleich elegant mit seiner lachsroten Farbe und seinem ausdrucksvollen Duft (Lebkuchen, Honig). Er beweist eine schöne Langlebigkeit und besitzt eine starke Persönlichkeit. Ein Champagner für den neugierigen Weinfreund. (NM)

Pol Roger, 1, rue Henri-Lelarge, 51200 Epernay, Tel. 03.26.59.58.00, Fax 03.26.55.25.70 n. V.

POMMERY Louise Pommery 1988*

○ k. A. k. A. +200 F

Eine große Firma in Reims, die vor eineinhalb Jahrhunderten gegründet wurde und wunderschöne, 300 ha umfassende Weinberge besitzt. Die 88er Cuvée Louise Pommery, die aus 40 % Pinot noir und 60 % Chardonnay zusammengestellt worden ist, erreicht ihren Höhepunkt: Sie hat eine strohgelbe bis goldene Farbe und bietet einen sehr eleganten Duft von weißen Blüten. Ihre Fülle ist groß; ihr nachhaltiger Abgang enthält Gewürz- und Röstnoten. Lobend erwähnt wird der 90er Jahrgangschampagner, der zu gleichen Teilen aus dunklen und weißen Trauben besteht und kraftvoll und männlich ist. (NM)

Pommery, 5, pl. du Gal-Gouraud, B.P. 87, 51100 Reims, Tel. 03.26.61.62.63, Fax 03.26.61.63.97 n. V.

LVMH

POMMERY Royal Apanage*

○ k. A. k. A. 150-200 F

Es ist bekannt, welche wichtige Rolle Madame Pommery bei der Eroberung des englischen Marktes für den Champagner spielte. Man kann den Weinfreunden nur empfehlen, die monumentalen Kreidekeller zu besichtigen, wo die Weine reifen. Diese Cuvée Royal Apanage ist ein Brut ohne Jahrgangsbezeichnung, der aus 45 % Chardonnay, 35 % Pinot noir und 20 % Pinot meunier besteht. Sie ist jung, ausgewogen und elegant. (NM)

Pommery, 5, pl. du Gal-Gouraud, B.P. 87, 51100 Reims, Tel. 03.26.61.62.63, Fax 03.26.61.63.97 n. V.

VIRGILE PORTIER Brut Spécial**

○ 8,5 ha 10 885 70-100 F

Noch eine zu gleichen Teilen aus weißen und dunklen (Pinot noir) Trauben hergestellte Cuvée, die durch 20 % Reserveweine unterstützt wird. Reife Früchte, weiße Pfirsiche, ein Hauch von Lindenblüten und ein Löffel Pfirsichkonfitüre geben diesem »Zeremonienchampagner« Länge. (RM)

Champagne Virgile Portier, 21, rte Nationale, 51360 Beaumont-sur-Vesle, Tel. 03.26.03.90.15, Fax 03.26.03.99.31 tägl. 8h-12h 14h-19h

CHARLES POUGEOISE Blanc de blancs

○ k. A. k. A. 70-100 F

Ein 8,5 ha großes Weingut. Und ein Blanc de Blancs, der so ist, wie er sein soll: golden mit grünen Reflexen, Toastbrot, rund, füllig, von guter Nachhaltigkeit. (RM)

SCEV Champagne Pougeoise, 21, bd Paul-Goerg, 51130 Vertus, Tel. 03.26.52.26.63, Fax 03.26.52.19.66 Mo-Sa 8h-12h 14h-19h

ROGER POUILLON ET FILS
Brut Vigneron

○ 1er cru 0,5 ha k. A. 70-100 F

James Pouillon hat dieses Jahr den 50. Geburtstag des von seinem Vater geschaffenen Guts gefeiert. Er präsentiert einen Champagner, der ebenso frisch ist wie sein ländliches Etikett und aus ebensoviel Pinot noir wie Chardonnay hergestellt worden ist. Noten von Zitrusfrüchten, Äpfeln, Buchsbaum, einem mineralischen Hauch und Pfeffermine begleiten eine gute Gesamtausgewogenheit. Man sollte ihn zu einem feinen, in Alufolie zubereiteten Fisch servieren. (RM)

651 **CHAMPAGNE**

Champagner

🍾 Champagne Roger Pouillon et Fils, 3, rue de la Couple, 51160 Mareuil-sur-Ay, Tel. 03.26.52.60.08, Fax 03.26.59.49.83 ✓ 🍷 tägl. 8h-19h
🍾 James Pouillon

PRESIDENT Signature**

| ○ | k. A. | k. A. | 100-150 F |

Zweimal zwei Sterne und eine lobende Erwähnung für die Marke Président, die Zweitmarke (oder Erstmarke ?) von Champagne Germain, deren Angebot groß und vielschichtig ist. Die zu gleichen Teilen aus dunklen und weißen Trauben hergestellte Cuvée Signature, die nach Minze, weißen Blüten, Lilien und Weißdorn duftet, ist im Geschmack sanft, seidig, fein und elegant. Der 88er Blanc de Blancs Grand cru ist komplex (Tiergeruch, Leder, Unterholz) und schmeckt nach Hefebrot und Honig. Der ebenfalls halb aus dunklen und halb aus weißen Trauben hergestellte Tête de cuvée verdient eine lobende Erwähnung für sein Gerüst. (NM)
🍾 Champagne Germain, 38, rue de Reims, 51500 Rilly-la-Montagne, Tel. 03.26.03.40.19, Fax 03.26.03.43.11 ✓ 🍷 n. V.

PRESTIGE DES SACRES 1990*

| ○ | k. A. | 6 400 | 🍾 | 70-100 F |

Eine weitere Marke der Erzeugervereinigung von Janvry (siehe Château de l'Auche), die 12 ha besitzt. Dieser zu gleichen Teilen aus weißen und dunklen (Pinot noir) Trauben hergestellte 90er trägt die Merkmale des Jahrgangs : Rundheit, Fruchtigkeit und Fülle. (CM)
🍾 Coop. Vinicole Germiny-Janvry-Rosnay, rue de Germiny, 51390 Janvry, Tel. 03.26.03.63.40, Fax 03.26.03.66.93 ✓ 🍷 n. V.

CHRISTIAN PRIGNOT Brut Réserve

| ○ | 2 ha | 18 000 | | 70-100 F |

Eine neu geschaffene Marke, die fast 4 ha Reben nutzt. Dieser Brut Réserve besteht aus viel Pinot noir, ein wenig Chardonnay (20 %) und noch weniger Pinot meunier (10 %). Es ist ein jugendlicher Wein mit lebhafter Ansprache, dessen Körper durch eine merkliche Dosage betont wird. (RM)
🍾 Christian Prignot, rue de la Vigne-aux-Saints, 10340 Bagneux-la-Fosse, Tel. 03.25.29.11.15, Fax 03.25.29.38.53 ✓ 🍷 n. V.

SERGE RAFFLIN Cuvée Prestige 1990**

| ○ 1er cru | k. A. | 12 000 | 🍾 | 70-100 F |

Die Geschichte der neun Winzergenerationen Rafflin ist lang, seit 1740 ... Die Flaschen trugen in den 20er Jahren den Namen Rafflin-Peters ; seit dem letzten Krieg steht nur noch Rafflin auf dem Etikett. Das Gut umfaßt 9,5 ha. Dieser 90er ist eine klassische Komposition : ebensoviel Chardonnay wie Pinot noir, unterstützt durch ein Fünftel Pinot meunier. Er gibt die ganze Sonne zurück, die er empfangen hat ; er ist empyreumatisch, korpulent und ausgewogen. »Schöne Arbeit.« (RM)
🍾 Denis Rafflin, 10, rue Nationale, 51500 Ludes, Tel. 03.26.61.12.84, Fax 03.26.61.14.07 ✓ 🍷 n. V.

DIDIER RAIMOND Tradition*

| ○ | 5 ha | 3 500 | | 70-100 F |

Didier Raymond ist Önologe. Er hat als Weinhändler begonnen, bevor er das Familiengut übernahm und 1993 seine Marke schuf. Ein schöner Erfolg für diese Cuvée Tradition, zwei Drittel Chardonnay, ein Fünftel Pinot noir und ein Hauch von Pinot meunier. Er ist klassisch, wie sein Name vermuten läßt. Dieser Champagner ist durch eine gute Ausgewogenheit, Leichtigkeit, eine komplexe, reichhaltige Fruchtigkeit und eine gute Länge im Geschmack gekennzeichnet. Ein Wein gegen den Durst. (RM)
🍾 Didier Raimond, 39, rue des Petits-Prés, 51200 Epernay, Tel. 03.26.54.39.05, Fax 03.26.54.51.70 ✓ 🍷 n. V.

RASSELET PERE ET FILS

| ○ | 3,5 ha | k. A. | | 70-100 F |

Die Rasselets, die 7,5 ha bewirtschaften, exportieren 40 % ihrer Produktion. 80 % dunkle Trauben, davon 30 % Pinot noir, und 20 % Chardonnay sind in diesem frischen, ausgewogenen, runden Champagner vereinigt, der einen ausgezeichneten Aperitif abgibt. (RM)
🍾 SCEV Rasselet Père et Fils, 13, rue des Hussards, Montvoisin, 51480 Œuilly, Tel. 03.26.58.30.26, Fax 03.26.57.10.65 ✓ 🍷 n. V.

PASCAL REDON**

| ○ 1er cru | 0,3 ha | 3 000 | 🍾 | 70-100 F |

Eine vor fünfzehn Jahren entstandene Marke, die fast 6 ha nutzt. 80 % Chardonnay, 10 % Pinot noir und 10 % Rotwein aus Trepail beleben diesen Rosé, der von den Weinkostern geschätzt wurde. Er vereint Komplexität und Feinheit mit einem blumig-fruchtigen Aroma (Quitten, Orangen, Kirschen, Himbeeren). Ein schöner Wein, der fast drei Sterne erhalten hat. Der 90er, praktisch ein Blanc de Blancs, der lebhaft und ausgewogen ist, verdient eine lobende Erwähnung. (RM)
🍾 Pascal Redon, 2, rue de la Mairie, 51380 Trepail, Tel. 03.26.57.06.02, Fax 03.26.58.66.54 ✓ 🍷 n. V.

R. RENAUDIN Grande Réserve

| ○ | k. A. | k. A. | | 70-100 F |

Champagne Renaudin entstand 1933 ; sein Anbaugebiet erstreckt sich auf 24 ha. Die Grande Réserve ist stark durch die Rebsorte Chardonnay (70 %) geprägt, die für Feinheit und Nervigkeit sorgt. Die Pinot-Rebe (30 %) verleiht ihm eine sehr anmutige Fruchtigkeit. (RM)
🍾 SCEV Champagne R. Renaudin, 31, rue de la Liberté, 51530 Moussy, Tel. 03.26.54.03.41, Fax 03.26.54.31.12 ✓ 🍷 n. V.
🍾 Thérèse Tellier

RENCONTRE 1989*

| ○ 1er cru | k. A. | 5 300 | | 100-150 F |

Ein fast 6 ha großer Familienbesitz, dessen Champagner in Ecueil von EARL Nectar du Terroir hergestellt wird. Hier ein zu gleichen Teilen aus weißen und dunklen (Pinot noir) Trauben zusammengestellter 89er für die Freunde entwickelter Weine : Er ist kraftvoll und bietet Noten von Leder und Lebkuchen. Ein Verkoster

Champagner

schrieb : »Er hat eine alte, für 1989 sehr typische Farbe, auch einen alten Duft, aber er hält sich gut im Glas.« Das sind echte Komplimente. Der Herausgeber weist auf die Originalität des Etiketts hin. (RC)

🍾 Philippe Pointillart, 10, Grande-Rue, 51500 Ecueil, Tel. 03.26.49.74.95, Fax 03.26.49.75.02 ☑ ⏳ n. V.

ROGER RICHEZ 1990

| ○ Gd cru | 15 ha | 10 000 | 🍾♦ | 100-150 F |

Eine weitere Marke der Erzeugervereinigung Mailly Grand Cru. Der 90er - drei Viertel Pinot noir, ein Viertel Chardonnay, eine für dieses Haus typische Zusammenstellung - ist ein Klassiker, geprägt durch Kirschen, ausgewogen, kräftig und von guter Nachhaltigkeit. (CM)

🍾 Roger Richez, 24, rue de la Libération, 51500 Mailly-Champagne, Tel. 03.26.49.41.10, Fax 03.26.49.42.17

ALAIN ROBERT Blanc de blancs 1985★★

| ○ Gd cru | k. A. | k. A. | 🍾⏳ | 150-200 F |

Champagne Alain Robert besitzt 10 ha Weinberge. Diese Marke erzeugt Weine von großem Charakter, die nie unbewegt lassen, wie etwa diesen 85er, einen Jahrgang von hoher Qualität, der dazu bestimmt ist, Komplexität zu erwerben. Holzton, Tabak, langer Abgang mit Butternote, Stärke und Harmonie - ein alter Jahrgangschampagner in seiner ganzen Pracht. (RM)

🍾 Alain Robert, 25, av. de la République, 51190 Le Mesnil-sur-Oger, Tel. 03.26.57.52.94, Fax 03.26.57.59.22 ☑ ⏳ Mo-Fr 9h-12h 14h-17h ; Sa, So n. V.

ROBERT-ALLAIT Cuvée réservée

| ○ | | 4,5 ha | 32 000 | 🍾 | 50-70 F |

Diese alteingesessenen Winzer haben 1981 ihre eigene Marke geschaffen. Das Gut umfaßt 8,5 ha. Dieser Blanc de Noirs aus 1994 und vor allem 1993 geernteten Pinot-meunier-Trauben wird durch 30 % Reserveweine verstärkt. Man entdeckt darin die Fruchtigkeit, Mandeln und Haselnüsse. Ein Champagner zum Aperitif und zum Auftakt einer Mahlzeit, zu einem attraktiven Preis. (RM)

🍾 Régis Robert, 6, rue du Parc, 51700 Villers-sous-Châtillon, Tel. 03.26.58.37.23, Fax 03.26.58.39.26 ☑ ⏳ Mo-Fr 9h-19h ; So n. V. ; 8.-25. Aug. geschlossen

ERIC RODEZ Blanc de noirs★★

| ○ Gd cru | k. A. | k. A. | | 70-100 F |

Der Önologe Eric Rodez besitzt 6,5 ha Reben in der Gemeinde Ambonnay. Sein Blanc de Noirs, zwangsläufig aus Pinot noir, denn es ist ein Grand Cru, hat teilweise (60 %) eine malolaktische Gärung durchlaufen. Seine goldgelbe Farbe verbirgt eine große Fruchtigkeit und ein Aroma von Kaffee und frischen Feigen. Der Geschmack ist intensiv, vollständig. Ein kraftvoller Champagner, den man innerhalb der kommenden sechs Monate trinken muß, »um nicht das Schicksal herauszufordern« ! Lobend erwähnt wird die »Cuvée des Grands Vintages« : zwei Drittel Pinot noir, ein Drittel Chardonnay. Sie hat teilweise (zu 70 %) eine malolaktische Gärung durchlaufen und ist korpulent und sehr lang. (RM)

🍾 Eric Rodez, 4, rue de Isse, 51150 Ambonnay, Tel. 03.26.57.04.93, Fax 03.26.57.02.15 ☑ ⏳ n. V.

MICHEL ROGUE Blanc de blancs 1990★★

| ○ 1er cru | 2 ha | k. A. | 🍾♦ | 70-100 F |

Michel Rogué bewirtschaftet ein 10 ha großes Gut. Sein 90er - der letzte große Jahrgang, der verfügbar ist - hält, was er verspricht. Honig, Hefebrot und eine ziemlich reife Fruchtigkeit kündigen die schöne Struktur dieses korpulenten Champagners an. Der Abgang mit dem Zitrusaroma ist lang. Einer der Verkoster, ein großer Kenner, schrieb : »Man hat den Eindruck, daß es ihm an nichts mangelt.« Glauben Sie uns, das ist ein echtes Kompliment. (RM)

🍾 Michel Rogué, 15, rue du Gal-Leclerc, 51130 Vertus, Tel. 03.26.52.15.68, Fax 03.26.52.21.08 ☑ ⏳ n. V.

ALFRED ROTHSCHILD ET CIE
Blanc de blancs★

| ○ | | k. A. | k. A. | | 100-150 F |

Eine der Marken der mächtigen Gruppe Marne et Champagne. Die Chardonnay-Trauben dieses Blanc de Blancs sind in den Gemeinden Mesnil-sur-Oger und Cramant, zwei Grands crus, sowie Fontaine-Denis (Sézannais) gelesen worden. Es ist ein kraftvoller, rauchiger, runder und sehr langer Champagner. Lobend erwähnt wird der Brut ohne Jahrgangsbezeichnung (40 % Chardonnay, 35 % Pinot noir, 25 % Pinot meunier) : goldene Farben mit rosaroten Reflexen, Amylalkohol, Birnen, Litschis, frisch und jung. (NM)

🍾 Marne et Champagne, 22, rue Maurice-Cerveaux, 51200 Epernay, Tel. 03.26.78.50.50, Fax 03.26.78.50.99

ROUSSEAUX-BATTEUX

| ⬤ | | k. A. | 2 000 | 🍾 | 70-100 F |

Denis Rousseaux, ein Erzeuger und Selbstvermarkter, der 3 ha Reben in der Gemeinde Verzenay besitzt, hat diesen Rosé hergestellt, der nur aus Pinot noir besteht - ein reinsortiger »Monocru« aus 94er Traubengut. Dieser Champagner ist voller Jugendlichkeit. Man findet darin Blüten und Früchte. Abgang mit einem Hauch von Kirschen und frischem Heu. (RM)

🍾 Rousseaux-Batteux, 17, rue de Mailly, 51360 Verzenay, Tel. 03.26.49.81.81, Fax 03.26.49.48.49 ☑ ⏳ n. V.

ROYER PERE ET FILS★

| ⬤ | | 1 ha | 6 000 | 🍾 | 70-100 F |

Georges Royer, der Gründer des Betriebs, pflanzte 1960 seine erste Parzelle an und schuf 1963 seine Familienmarke. Dieser Rosé de Noirs (aus Pinot noir) besitzt ein kräftiges orangerotes Rosa. Rote Früchte erfüllen ihn. In einem wenigen Geschmack findet man Erdbeeren, Himbeeren und rote Johannisbeeren. (RM)

🍾 Champagne Royer Père et Fils, 120, Grande-Rue, B.P. 6, 10110 Landreville, Tel. 03.25.38.52.16, Fax 03.25.29.92.26 ☑ ⏳ n. V.

Champagner

RUELLE-PERTOIS*

○   3 ha   25 000   70-100 F

Ein 6 ha großer Familienbetrieb, dessen Marke 1970 eingeführt wurde. Der Brut ohne Jahrgangsbezeichnung ist stark durch Pinotmeunier-Trauben (85 %) aus dem 93er Jahrgang geprägt. Er ist blumig, frisch, ausgewogen und ein wenig kurz. Ein Stern auch für den 91er Blanc de Blancs Premier cru. Er hat einen originellen Duft : Honig, Pfeffer, getoastetes Brot und gelbe Pfirsiche. Der Geschmack ist frisch, menthol-artig, mit Haselnußnoten. (RM)

☛ Michel Ruelle-Pertois, 11, rue de Champagne, 51530 Moussy, Tel. 03.26.54.05.12, Fax 03.26.52.87.58 ◪ ⏳ n. V.

RUFFIN ET FILS Cuvée Chardonnay d'or

○   1,1 ha   10 000   70-100 F

Eine 1946 gegründete Marke in Familienbesitz, die 11 ha Reben nutzt. Ein Blanc de Blancs ohne Jahrgangsbezeichnung, der aus 94er Traubengut hergestellt worden ist : jung, mineralisch, an Pampelmusen erinnernd und nervig. (NM)

☛ Ruffin et Fils, 20, Grande-Rue, 51270 Etoges, Tel. 03.26.59.30.14, Fax 03.26.59.34.96 ◪ ⏳ Mo-Sa 8h-12h 14h-18h

DOM RUINART 1986**

●   k. A.   k. A.   +200 F

Die älteste Champagnerfirma, die 1729 entstand, füllt ihren weißen und rosé Spitzenchampagner in eine Flasche ab, die (fast) aus jener Zeit stammt. Der 86er Dom Ruinart Rosé, ein gewagter Jahrgang, besteht aus 80 % Chardonnay, einem besonderen, für Ruinart eigentümlichen Chardonnay, der sanfter als der von der Côte des Blancs ist. Ein Rotwein aus Pinot noir gibt ihm Farbe. Ein Wein von großer Komplexität und schöner Reichhaltigkeit : schwarze Johannisbeeren, Heidelbeeren, Zitronen, Ambra, Moschus ... Charakter, Länge : Wahl zum Lieblingswein. (RM)

☛ Champagne Ruinart, 4, rue des Crayères, B.P. 85, 51053 Reims Cedex, Tel. 03.26.77.51.51, Fax 03.26.82.88.43 ◪ ⏳ n. V.

RUINART "R"*

● 1er cru   k. A.   k. A.   150-200 F

Der »R« ist der Letztgeborene im Angebot. Längerfristig wird er den einfachen Ruinart Rosé ersetzen. Er befindet sich in einer altmodisch geformten, wuchtigen Flasche. Der Grundschnitt enthält mehr Chardonnay als Pinot noir - in Verhältnis, das sich nach dem Zusatz von 18 % Rotwein umkehrt. Sehr fröhliche Pfirsichfarbe, verfeinerter Duft von weißfleischigen Früchten und Geschmack von großer Vornehmheit und ohne jegliche Härte. (NM)

☛ Champagne Ruinart, 4, rue des Crayères, B.P. 85, 51053 Reims Cedex, Tel. 03.26.77.51.51, Fax 03.26.82.88.43 ◪ ⏳ n. V.

LOUIS DE SACY*

○   25 ha   200 000   70-100 F

Die Sacys leben seit dreieinhalb Jahrhunderten in der Champagne und bewirtschaften ein 25 ha großes Gut. Gleich viel Chardonnay und Pinot noir, unterstützt durch 20 % Pinot meunier, gehen in diesen blumigen Champagner ein, der entwickelt, aber lebhaft ist und eine gute Länge im Geschmack besitzt. (NM)

☛ Louis de Sacy, 6, rue de Verzenay, 51380 Verzy, Tel. 03.26.97.91.13, Fax 03.26.97.94.25 ◪ ⏳ Mo-Fr 8h-12h 14h-18h ; Sa, So n. V.

☛ André Sacy

SADI MALOT
Cuvée de réserve Blanc de blancs**

○   k. A.   30 000   70-100 F

Ein fast 10 ha großes Gut, das vier Generationen von Winzern ausgebaut haben, die ihren Champagner selbst vermarkten. Die Qualität des Chardonnay von Villers-Marmery veranschaulichen die Weine dieses Erzeugers. Zwei Sterne für die Réserve (zwei Drittel Wein aus dem letzten Jahrgang, ein Drittel Reserveweine), die ein komplexes Bukett von sanften Blüten bietet, und ein Stern für die Vieille Réserve (zwei Drittel 92er, ein Drittel Reserveweine), die an Pfingstrosen, Zitrusfrüchte, Honig und Mandeln erinnert. (RM)

☛ Sadi Malot, 35, rue Pasteur, 51380 Villers-Marmery, Tel. 03.26.97.90.48, Fax 03.26.97.97.62 ◪ ⏳ Mo-Sa 8h-19h ; So n. V.

SADI MALOT
Cuvée SM Blanc de blancs 1989**

○ 1er cru   k. A.   10 000   100-150 F

Die gelungenen Blancs de Blancs können altern und groß werden. Dieser hier hat keine malolaktische Gärung durchlaufen. Alle Arten von komplexen Nuancen finden sich darin : reifer Weizen, getoastetes Brot, Hefebrot mit Butter, Haselnüsse, getrocknete Früchte, dann kandierte Früchte. Der Geschmack folgt in der gleichen Harmonie mit großer Länge. All das erregte die Begeisterung der Jury, die ihn für ein »Tête-à-tête mit Kamin« auswählte. (RM)

☛ Sadi Malot, 35, rue Pasteur, 51380 Villers-Marmery, Tel. 03.26.97.90.48, Fax 03.26.97.97.62 ◪ ⏳ Mo-Sa 8h-19h ; So n. V.

Champagner

CHAMPAGNE SAINT-CHAMANT
Carte crème Blanc de blancs

| ○ | k. A. | 12 508 | 🍾 | 70-100 F |

Eine 1925 eingeführte Marke, die 11 ha Reben besitzt. Dieser Blanc de Blancs, der stark durch ein Zitronenaroma geprägt wird, ist im Geschmack von großer Lebhaftigkeit. Ein jugendlicher Wein zum Aperitif. (RM)
🍇 Christian Coquillette, 50, av. Paul-Chandon, 51200 Epernay, Tel. 03.26.54.38.09, Fax 03.26.54.96.55 ✓ ⚷ n. V.

DENIS SALOMON Carte noire

| ○ | k. A. | 9 142 | 70-100 F |

Dieser Blanc de Noirs aus Pinot meunier, der im Geruchseindruck komplexer ist als im Geschmack, duftet nach reifen Früchten, Birnen und Aprikosen. Ein weiterer lobend erwähnter Wein, der sich in einer Flasche mit Siebdruck befindet, der Blanc de Blancs, der die Jahrgänge 1992 und 1993 kombiniert, paßt zum Auftakt einer Mahlzeit. (RM)
🍇 Denis Salomon, 5, rue Principale, cidex 308, 51700 Vandières, Tel. 03.26.58.05.77, Fax 03.26.58.00.25 ✓ ⚷ n. V.

SALON Blanc de blancs Le Mesnil 1983★★

| ○ | 2 ha | 100 000 | 🍾 | +200 F |

Ein außergewöhnlicher Champagner, immer ein Blanc de Blancs, immer ein Monocru (Grand cru), immer ein Jahrgangschampagner. Seit 1921, dem Jahr, als die Marke eingeführt wurde, sind 30 Jahrgänge angeboten worden. Dieser hier, im vergangenen Jahr zum Lieblingswein gewählt wurde, ist immer noch so komplex, so fein, so ausgewogen, so harmonisch und so unvergleichlich, aber man darf ihn nicht mehr lagern. (NM)
🍇 Salon, rue de la Brèche-d'Oger, 51190 Le Mesnil-sur-Oger, Tel. 03.26.57.51.65, Fax 03.26.57.79.29 ✓ ⚷ n. V.
🍇 Laurent-Perrier

SANGER

| ◐ | k. A. | 5 000 | 🍾🥂 | 70-100 F |

Eine interessante Produktion der Fachoberschule für Weinbau der Champagne in Avize. Die Studenten stellen die Cuvées unter der Anleitung des Professors und Kellermeisters her. Sie waren recht erfolgreich mit diesem Rosé, der seine ganze Jugendlichkeit entfaltet. Ein sauberer, direkter Wein mit dem Aroma von Walderdbeeren. (CM)
🍇 Coopérative des Anciens Elèves du Lycée Viticole d'Avize, 51190 Avize, Tel. 03.26.57.79.79, Fax 03.26.57.78.58 ✓ ⚷ Mo-Fr 8h-12h 14h-18h ; Sa, So n. V.

CAMILLE SAVES Cuvée de réserve*

| ○ Gd cru | 7,5 ha | 11 600 | 70-100 F |

Eine Ende des letzten Jahrhunderts entstandenes Gut, das 9 ha umfaßt. Gärtanks und Stückfässer sowie die modernste Ausrüstung werden eingesetzt, um Weine herzustellen, die keine malolaktische Gärung durchlaufen. Die Cuvée de réserve ist das Ergebnis einer Kombination von zwei Teilen Pinot noir und drei Teilen Chardonnay. Ein stattlicher, fülliger Champagner, der an Menthol, Quitten und Aprikosen erinnert. Er besitzt die ganze Frische der Jugend. Ein Stern auch für den 90er, der aus Pinot noir und Chardonnay (im Verhältnis 3 :1) besteht und kräftig gebaut, kraftvoll, rund und körperreich ist. (RM)
🍇 Camille Savès, 4, rue de Condé, 51150 Bouzy, Tel. 03.26.57.00.33, Fax 03.26.57.03.83 ✓ ⚷ Mo-Sa 8h-12h30 13h30-19h ; So n. V.
🍇 Hervé Savès

FRANÇOIS SECONDE

| ○ Gd cru | k. A. | 25 000 | 70-100 F |

Ein 4 ha großes Gut, das sich in der als Grand cru eingestuften Gemeinde Sillery befindet. Dieser 94er Traubengut hergestellte Brut kombiniert zwei Drittel Pinot noir und ein Drittel Chardonnay. Grüne Äpfel und Zitronen fehlen nicht in diesem lebhaften Wein. Ein identischer Verschnitt, der älter als ein Jahr ist, wird als Brut intégral angeboten. Er erhält die gleiche Note. Dank seiner Frische kann man ihn als Aperitif servieren. Lobenswert erwähnt wird außerdem der 93er Blanc de Blancs, der zitronenartig und balsamisch ist und einen jugendlichen Körper besitzt. (RM)
🍇 François Secondé, 6, rue des Galipes, 51500 Sillery, Tel. 03.26.49.16.67, Fax 03.26.49.11.55 ✓ ⚷ n. V.

JAQUES SELOSSE Extra brut*

| ○ Gd cru | 6,3 ha | 4 000 | 🍾 | 100-150 F |

Anselme Selosse, der ein 6 ha großes, als Grand cru eingestuftes Gut in Avize leitet, setzt seine perfektionistische Suche fort. Eine ganze Seite wäre notwendig, um die Behandlung zu beschreiben, die er seinen Weinen ständig angedeihen läßt : Vinifizierung im kleinen Holzfaß mit Aufrühren des Hefesatzes, Lageveränderung der Flaschen, um die Hefe in Bewegung zu setzen usw. Der Extra brut enthält offenkundig keine Dosage. Er ist ein Verschnitt von drei Jahren und wird erst nach vier Jahren Reifung in der Flasche verkauft. Ein Wein, der gleichzeitig in seiner Trockenheit füllig und in seiner Feinheit kraftvoll ist. Ein charaktervoller Blanc de Blancs. (RM)
🍇 Jacques Selosse, 22, rue Ernest-Vallé, 51190 Avize, Tel. 03.26.57.53.56, Fax 03.26.57.78.22 ✓ ⚷ n. V.
🍇 Anselme Selosse

CRISTIAN SENEZ Grande réserve 1990★★

| ○ | 5 ha | 11 000 | 🍾 | 100-150 F |

Cristian Senez bewirtschaftet 30 ha Weinberge. Diese Cuvée ist das Ergebnis eines Verschnitts, der dreimal mehr Pinot noir als Chardonnay verwendet. Die Weine durchlaufen keine malolaktische Gärung. Die Verkoster waren sehr angetan von der Komplexität, der Freigebigkeit und dem Reichtum dieses schönen 90ers, der im Glas an Gold erinnert. Ein sehr großer Champagner. (NM)
🍇 SARL Champagne Cristian Senez, 6, Grande-Rue, 10360 Fontette, Tel. 03.25.29.60.62, Fax 03.25.29.64.63 ✓ ⚷ Mo-Sa 8h-12h 13h30-19h ; Gruppen n. V.

Champagner

PATRICK SOUTIRAN
Précieuse d'Argent 1992*

| ○ Gd cru | 0,9 ha | 2 350 | 100-150 F |

Die Soutirans, die seit drei Generationen Winzer sind, haben 1974 ihre Marke geschaffen. Sie bewirtschaften 3 ha. Die Cuvée Précieuse d'Argent ist ein Blanc de Blancs. Man entdeckt darin ein Aroma von frischen Äpfeln. Auf eine klare Ansprache folgt ein Geschmack, in dem die Frische regiert. Lobend erwähnt wird der Blanc de Noirs, ein reinsortiger Pinot noir, der eine kräftige goldene Farbe hat und voller Früchte ist. (RM)

🍾 Alain Soutiran, 3, rue des Crayères, 51150 Ambonnay, Tel. 03.26.57.08.18, Fax 03.26.57.81.87 Mo-Sa 9h-12h 14h-19h; So n. V.

SUGOT-FENEUIL
Spécial Club Blanc de blancs 1988**

| ○ | 1 ha | 5 000 | 100-150 F |

Dieses 7 ha große Gut entstand 1920. Es erzeugt diesen großen Blanc de Blancs des Jahrgangs 1988, einen bemerkenswerten Jahrgang von sehr schöner Konstitution, der nicht altert. Duft nach frischer Butter, Kakao und kandierten Früchten, leicht mentholartig. Der lange Abgang mit einem Hauch von Haselnüssen krönt diesen reichhaltigen Wein, der auf seinem Höhepunkt ist und zu einer ganzen Gänselber hervorragend schmecken wird. Zwei Sterne für den 90er Spécial Club, ebenfalls ein Blanc de Blancs Grand cru. Er ist rauchig, an Toastbrot und Honig erinnernd, ausgewogen und voller Rundheit. (RM)

🍾 Champagne Sugot-Feneuil, 40, imp. de la Mairie, 51530 Cramant, Tel. 03.26.57.53.54, Fax 03.26.57.92.91 n. V.

JEAN-PAUL SUSS Brut Réserve 1983**

| ○ | k. A. | 1 500 | 100-150 F |

Eine 1992 eingeführte Käufermarke, deren Wein von einem Weinhändler im Departement Aube hergestellt wird. Der 83er Réserve ist ein Blanc de Blancs. Er ist entwickelt mit seinen Noten von Kandiertem, Honig, Toastbrot und Bienenwachs und mit seinem empyreumatischen Aroma. Paßt zu einer Hasenterrine mit Haselnüssen. (MA)

🍾 Jean-Paul Suss, 7, rue des Ponts, 10110 Buxeuil, Tel. 03.25.38.56.22, Fax 03.25.38.58.58 n. V.

TAILLEVENT Grande réserve 1990*

| ◐ | k. A. | k. A. | +200 F |

Diese Marke wurde vor ein paar Jahren von dem berühmten Restaurant Taillevent geschaffen, die exklusive Cuvées von der Champagnerfirma Deutz herstellen läßt. Dieser Rosé brilliert durch seine Feinheit, seine Vornehmheit und seine Frische. Er stammt nur von Pinot noir. Seine Farbe ist kräftig, der Duft fruchtig (Kirschen, Sauerkirschen, Zitronen), der Geschmack ausgewogen und stattlich. Ein Rosé zum Essen. (MA)

🍾 Les caves Taillevent, 199, rue du fg Saint-Honoré, 75008 Paris, Tel. 01.45.61.14.09, Fax 01.45.61.19.68 n. V.

🍾 Jean-Claude Vrinat

TAITTINGER
Blanc de blancs Comtes de Champagne 1988**

| ○ | k. A. | k. A. | +200 F |

Diese 1734 gegründete Firma gehört zu den angesehensten. Ihr Direktor, Claude Taittinger, leitet heute Vinexpo, den internationalen Weinsalon von Bordeaux. Der Comtes de Champagne ist ein Blanc de Blancs, den man nicht mehr vorstellen muß. Lieblingswein in den letzten beiden Jahren. Er setzt seine Karriere bis zum Gipfel seiner Kategorie fort. Seine Komplexität und sein voller, reichhaltiger und stattlicher Geschmack lassen die Jury träumen. Ein Juror schrieb : »Großartig zu ein paar Toastbroten mit Gänseleber.« (NM)

🍾 Taittinger, 9, pl. Saint-Nicaise, 51100 Reims, Tel. 03.26.85.45.35, Fax 03.26.85.17.46 tägl. 9h30-11h 14h-16h30 ; 1. Dez.-28. Febr. Sa, So geschlossen

TAITTINGER Brut Réserve*

| ○ | k. A. | k. A. | +200 F |

Dieser Brut Réserve, der ebensoviel Chardonnay wie Pinot noir enthält, ergänzt durch 20 % Pinot meunier, erscheint in seiner ganzen Jugendlichkeit. Er hat eine helle goldene Farbe, ist im Duft blumig und fein und zeigt sich im Geschmack mineralisch ; getoastetes Brot konkurriert mit den frischen Noten, die man im Geruch entdeckt hatte. Ein Cocktailchampagner. (NM)

🍾 Taittinger, 9, pl. Saint-Nicaise, 51100 Reims, Tel. 03.26.85.45.35, Fax 03.26.85.17.46 tägl. 9h30-11h 14h-16h30 ; 1. Dez.-28. Febr. Sa, So geschlossen

TANNEUX-MAHY
Grande réserve Les Chasseurs 1993**

| ○ | 3 ha | 25 000 | 70-100 F |

1921 gründete Maurice Tanneux seinen Betrieb. Vier Generationen haben hier einander abgelöst. Das Gut ist über 6 ha groß. Diese Cuvée les Chasseurs mit dem Duft nach Kirschsirup besteht aus 80 % dunklen Trauben, davon 10 % Pinot noir, und 20 % Chardonnay. Im Geschmack eine körperreiche Samtigkeit, die man nach der Rat eines Verkosters mit rosa gebratenen dünnen Scheiben Entenbrustfilet verbinden sollte. Lobend erwähnt wird der identisch zusammengestellte Rosé aufgrund seiner kleinen roten Früchte und seiner guten Ausgewogenheit. (RM)

🍾 Jacques Tanneux, 7, rue Jean-Jaurès, 51530 Mardeuil, Tel. 03.26.55.24.57, Fax 03.26.52.84.59 n. V.

Champagner

TARLANT Cuvée Louis*

○ k. A. 10 000 ⏸ 100-150 F

Die Tarlants sind seit 1687 Winzer und bewirtschaften 13 ha. Diese zur Hälfte aus weißen und zur anderen Hälfte aus dunklen (Pinot noir) Trauben hergestellte Cuvée hat einen Holzton. Man entdeckt darin Vanille, frisches Brot und Stachelbeeren. Sie ist verschmolzen und lang. Der Blanc de Blancs aus 92er Traubengut ist kräftig, lebhaft, komplex und lang. Er wird lobend erwähnt, ebenso wie der Brut Zéro ohne Dosage, der zu gleichen Teilen aus den drei Rebsorten der Champagne erzeugt worden ist. Er ist sehr klar und beißend und paßt als Aperitif oder zu einem Eingangsgericht. (RM)
🕭 Champagne Tarlant, 51480 Œuilly, Tel. 03.26.58.30.60, Fax 03.26.58.37.31 ✅
🍴 Mo-Sa 9h-12h 14h-18h ; Gruppen n. V.
🕭 Jean-Mary Tarlant

J. DE TELMONT Blanc de blancs 1990*

○ k. A. k. A. 🍾🥂 70-100 F

Diese 1920 gegründete und 1952 umbenannte Marke nutzt 30 ha, die sich auf drei Crus verteilen, kauft in 40 Crus Trauben an und erzeugt 1 300 000 Flaschen. Dieser 90er Blanc de Blancs verläßt die gewohnten Wege : Bittermandeln, heller Tabak, voller Sanftheit und Ausgewogenheit. Die Grande Réserve, die im letzten Jahr Lieblingswein war, bleibt frisch, harmonisch und ausgewogen und bietet ein vorbildliches Preis-Leistungs-Verhältnis. (NM)
🕭 Champagne de Telmont SA, 1, av. de Champagne, B.P. 17, 51480 Damery, Tel. 03.26.58.40.33, Fax 03.26.58.63.93 ✅
🍴 Mo-Sa 8h-12h 14h-18h ; So n. V.
🕭 André et Serge Lhopital

JACKY THERREY Carte blanche*

○ 3 ha 15 000 🍾🥂 50-70 F

Jacky Therrey hatte seine Ausbildung bei den Gonets in Le Mesnil absolviert. Er baute nach und nach ein kleines Gut auf und hat heute 5 ha in der Enklave Montgueux bei Troyes. Der Carte blanche enthält viermal mehr Chardonnay als Pinot noir. Ein Nicht-Jahrgangschampagner aus 94er Traubengut, der nach warmem Hefebrot und Geißblatt duftet und im Geschmack kräftig ist, während der an Mandelgebäck erinnernde Abgang frisch ist. Der Tradition enthält die gleichen Rebsorten, aber im umgekehrten Verhältnis. Er hat ein rauchiges Zitronenaroma und klingt mit einer mineralischen Note aus. (RM)
🕭 Jacky Therrey, 8, rte de Montgueux, 10300 La Grange-au-Rez, Tel. 03.25.70.30.87, Fax 03.25.70.30.84 ✅ 🍴 n. V.

LUCIEN THEVENET Réserve**

○ 1,1 ha 8 000 🍾 70-100 F

Ein 1 ha großer Besitz, der im Laufe mehrerer Generationen aufgebaut wurde. Ein prächtiger Erfolg für einen Wein aus Passy-Grigny ! Die Pariser können ihren Champagner am Morgen kaufen, Rückfahrt inbegriffen. Es gibt nur 8 000 Flaschen davon - wird das ausreichen ? Die dunklen Trauben überwiegen : 70 %, davon 20 % Pinot meunier. Diese Réserve ist eher fruchtig als blumig und hat eine lebhafte Ansprache sowie ein Aroma von Quitten und Zitrusfrüchten im Abgang. »Stärke und Schönheit«, schrieb ein Verkoster. (RM)
🕭 Michèle Thévenet, 3, rue Jean-York, 51700 Passy-Grigny, Tel. 03.26.52.90.63, Fax 03.26.52.97.63 ✅ 🍴 n. V.

GUY THIBAUT**

○ Gd cru k. A. k. A. 50-70 F

Die Marke wurde 1957 von Guy Thibaut gegründet, der ein Gut in der als Grand cru eingestuften Gemeinde Verzenay bewirtschaftet. Viel Pinot noir, 12 % Chardonnay und 20 % Reserveweine ergeben diesen Brut ohne Jahrgangsbezeichnung, dessen Duft nach reifen Früchten und weißen Pfirsichen eine mineralische und empyreumatische Note betont wird. Zitrus- und Honiggeschmack, rund und sanft. Ausgezeichnetes Preis-Leistungs-Verhältnis. (RM)
🕭 SCEV Guy Thibaut, 7, rue des Perthois, 51360 Verzenay, Tel. 03.26.49.41.95, Fax 03.26.49.42.16 ✅ 🍴 n. V.

ALAIN THIENOT Grande Cuvée 1988*

○ k. A. 50 000 ⏸ +200 F

Eine auf den Namen des Besitzers, dem auch Marie Stuart gehört, lautende Marke. Diese teure 88er Grande Cuvée bietet einen reichhaltigen, entwickelten Duft nach exotischen Früchten - eine runde Reichhaltigkeit, die man im Geschmack wiederfindet. Lobend erwähnt wird der 89er Rosé (zwei Drittel Pinot noir und ein Drittel Chardonnay), der an Gelee von roten Johannisbeeren und Himbeeren erinnert und balsamisch ist, mit einem Hauch von Bohnerwachs im Geschmack. (NM)
🕭 Alain Thiénot, 14, rue des Moissons, 51100 Reims, Tel. 03.26.77.50.50, Fax 03.26.77.50.59 ✅

MICHEL TIXIER
Cuvée réservée Extra Quality*

○ k. A. 12 000 🍾 70-100 F

Ebensoviel Chardonnay wie Pinot noir, ergänzt durch ein Fünftel Chardonnay (von 1993). Dieser reife Champagner erinnert an kandierte Früchte, Pflaumen und Honig. Seine Entwicklung wird durch die Dosage betont. Ein Stern auch für den Rosé aus Pinot noir, der im Aussehen entwickelter ist als im Geruch. Im Geschmack klar und deutlich. (RM)
🕭 Champagne Michel Tixier, 8, rue des Vignes, 51500 Chigny-les-Roses, Tel. 03.26.03.42.61, Fax 03.26.03.41.80 ✅ 🍴 tägl. 8h-20h ; Aug. geschlossen

TRIBAUT-SCHLŒSSER
Cuvée René Schlœsser*

○ 30 ha 50 000 🍾⏸ 100-150 F

Ein 1929 entstandenes Handelshaus. Diese Cuvée enthält Chardonnay und Pinot noir im Verhältnis 60 :40. Die Weine lagern im großen Holzfaß, bevor sie abgezogen werden. Unaufdringlicher Duft nach Akazienblüten, aber kräftiger Geschmack von Honig, Rosen und geröstetem Zwieback. Gute Ausgewogenheit. (NM)
🕭 Champagne Tribaut-Schlœsser, 21, rue Saint-Vincent, 51480 Romery, Tel. 03.26.58.64.21, Fax 03.26.58.44.08 ✅ 🍴 n. V.

Champagner

TRICHET-DIDIER Brut Réserve*
○   1,75 ha   14 000   🍾♦ 50-70 F

1958 pflanzte die Familie Trichet ihre ersten Parzellen an. Sie gründete 1970 ihre eigene Marke. Gleich viel Pinot meunier und Chardonnay, unterstützt durch 40 % Pinot noir, ergeben diese Réserve, einen Champagner, der vom Typ her kraftvoll und entwickelt ist und einen attraktiven Preis besitzt. Der Rosé, praktisch ein Rosé de Noirs (ein Drittel Pinot meunier), erinnert an Himbeeren und schwarze Johannisbeeren und ist sanft und im Geschmack ziemlich weinig. Er erhält einen Stern. (RM)
🍾 Pierre Trichet, 11, rue du Petit-Trois-Puits, 51500 Trois-Puits, Tel. 03.26.82.64.10, Fax 03.26.97.80.99 ☑ ☎ n. V.

JEAN-CLAUDE VALLOIS
Blanc de blancs 1990**

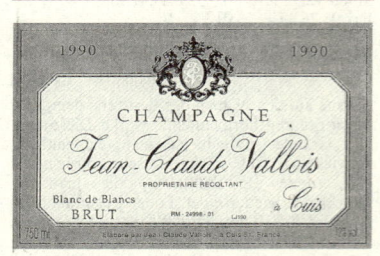

○   3 ha   14 424   🍾♦ 70-100 F

Fünf Generationen haben ein 6 ha großes Gut aufgebaut. Noch ein sehr schöner 90er, dessen Entwicklung interessant ist. Sein kräftiges Aroma von reifen Früchten weist auf die Qualität des Geschmacks hin, der perfekt gebaut und von bemerkenswerter Länge ist. Sehr klassisch im Stil. Ein Stern für jahrgangslosen Verschnitt Noble, einen weiteren Blanc de Blancs, der nach Blüten und Zitronengras duftet. Ein lebhafter Champagner, den man als Aperitif nimmt. (RM)
🍾 Jean-Claude Vallois, 4, rte des Caves, 51530 Cuis, Tel. 03.26.59.78.46, Fax 03.26.58.16.73 ☑ ☎ n. V.

VAZART-COQUART ET FILS
Blanc de blancs Grand Bouquet 1990

○ Gd cru   2 ha   10 000   🍾♦ 70-100 F

Die Vazart, die seit langer Zeit Winzer sind, haben 1955 ihre eigene Marke geschaffen. Ihr Gut ist 9 ha groß. Ein blaßgoldener 90er mit einem Aroma von Geröstetem im Duft und von Kaffee im Geschmack, wo er sich munter zeigt. Erinnern wir uns an den außergewöhnlichen 89er derselben Cuvée, der im letzten Jahr beschrieben wurde. (RM)
🍾 Champagne Vazart-Coquart et Fils, 6, rue des Partelaines, 51530 Chouilly, Tel. 03.26.55.40.04, Fax 03.26.55.15.94 ☑ ☎ Mo-Fr 8h30-12h 14h-18h ; Sa n. V.
🍾 Jacques Vazart

DE VENOGE 1990*
○   k. A.   k. A.   100-150 F

Eine 1837 gegründete Marke, die im 19. Jh. einen großen Aufschwung nahm. Dieser originelle Brut mit dem Aroma von Tannenharz und Geräuchertem, der lang und rund ist, hat die Verkoster ebenso wie der Blanc de Blancs verführt, der empyreumatisch, frisch und nachhaltig ist. (NM)
🍾 Champagne de Venoge, 30, av. de Champagne, B.P. 103, 51204 Epernay Cedex, Tel. 03.26.53.34.34, Fax 03.26.53.34.35 ☑ ☎ tägl. 9h30-12h30 13h30-17h ; 15. Nov.-30. April Sa n. V.
🍾 Rémy-Cointreau

DE VENOGE Champagne des Princes 1990*
○   k. A.   k. A.   +200 F

»Les Princes«, die mythische Cuvée des Hauses Venoge, die seit Jahren auf die Wahl zum Lieblingswein abonniert ist. Dieser 90er mit der intensiven goldenen, grün schimmernden Farbe erschien reichhaltig, stattlich, kräftig und freigebig, vielleicht sogar noch entwickelt. Die Jury empfiehlt, ihn zu weißem Fleisch zu servieren. (NM)
🍾 Champagne de Venoge, 30, av. de Champagne, B.P. 103, 51204 Epernay Cedex, Tel. 03.26.53.34.34, Fax 03.26.53.34.35 ☑ ☎ tägl. 9h30-12h30 13h30-17h ; 15. Nov.-30. April Sa n. V.

J.-L. VERGNON Blanc de blancs
○ Gd cru   3 ha   30 000   🍾♦ 70-100 F

Das 5 ha große Gut befindet sich in der Gemeinde Le Mesnil-sur-Oger (als Grand cru eingestuft). Dieser Chardonnay ist 1994 geerntet worden. Der Duft ist typisch für die Rebsorte, der ausgewogene Geschmack ist honigartig und lieblich. Die Dosage ist spürbar. Der 88er Blanc de Blancs du Mesnil, der im letzten Jahr einen Stern erhalten hat, besitzt ein intensives Bukett (Röstgeruch, getoastetes Brot). Er ist im Geschmack noch dicht ; sein tertiäres Aroma wird sich mit einer Gänseleber vereinen. (RM)
🍾 SCEV J.-L. Vergnon, 1, Grande-Rue, 51190 Le Mesnil-sur-Oger, Tel. 03.26.57.53.86, Fax 03.26.52.07.06 ☑ ☎ Mo-Fr 8h30-19h ; Sa, So n. V.

ALAIN VESSELLE Cuvée Saint-Eloi*
○ Gd cru   k. A.   k. A.   🍾♦ 70-100 F

Alain Vesselle ist seit 40 Jahren Herr über seine Weinberge. Zu gleichen Teilen aus weißen und dunklen (Pinot noir) Trauben hergestellte Cuvée Saint-Eloi, die eine goldene Farbe mit grünem Schimmer hat, erinnert im Geruch an Hefebrot und im Geschmack an exotische Früchte. Ausgewogenheit und Länge kommen zusammen und bestätigen die Qualität dieses umgänglichen Weins. (RM)
🍾 SCEV Alain Vesselle, 8, rue de Louvois, 51150 Bouzy, Tel. 03.26.57.00.88, Fax 03.26.57.09.77 ☑ ☎ n. V.

GEORGES VESSELLE**
○ Gd cru   12,5 ha   90 000   🍾♦ 70-100 F

Georges Vesselle, der lange Zeit Bürgermeister von Bouzy war, hat 1954 seine Marke geschaffen und bewirtschaftet ein über 17 ha großes Gut. Sein Brut stammt fast ausschließlich von dunklen Trauben (nur 10 % Chardonnay). Die altgoldene Farbe zeugt von einer gewissen Entwicklung, dem Aroma von kandierten Früchten und Feigen Komplexität verleiht, dabei aber im

Champagner

Geschmack viel Frische hinterläßt. Am Gaumen (erneut) Feigen sowie Quitten, eine klare Ansprache und ein feiner, langer Abgang. Offensichtlich ein Lieblingswein. (NM)

🍷 Georges Vesselle, 16, rue des Postes, 51150 Bouzy, Tel. 03.26.57.00.15, Fax 03.26.57.09.20 💳 🍴 n. V.

VEUVE A. DEVAUX Cuvée rosée★★

| ⚪ | k. A. | k. A. | 🍾♂ | 100-150 F |

Die 1846 gegründete Marke wurde von einer Erzeugervereinigung übernommen, deren rund 800 Mitglieder fast 1 500 ha in 50 verschiedenen Crus bewirtschaften. Vier Fünftel Pinot noir, kombiniert mit einem Fünftel Chardonnay, ergeben diesen Rosé mit dem intensiven, komplexen Duft, der im Geschmack frisch, fruchtig und sehr lang ist. Die 88er entwickeln sich langsam ; das beweist auch der aus Pinot noir und Chardonnay (im Verhältnis 60 :40) hergestellte Rosé, der nach Birnen, gerösteten Pistazien und hellem Tabak duftet und eine zitronenartige Frische besitzt. Er wird lobend erwähnt, ebenso die Grande Réserve, die frühlingshaft und von schöner Länge ist. (CM)

🍷 Union Auboise Prod. de vin de Champagne, Dom. de Villeneuve, B.P. 17, 10110 Bar-sur-Seine, Tel. 03.25.38.30.65, Fax 03.25.29.73.21 💳 🍴 n. V.

VEUVE CLICQUOT-PONSARDIN
Rich Réserve 1989★

| ⚪ | k. A. | k. A. | | 150-200 F |

Zweifellos der einzige Wein in seiner Kategorie. Er enthält eine Dosage von 26 g/l. Das ist zuviel für einen Brut und für einen trockenen Champagner wenig. Dieser spezielle Champagner ist erfunden worden, um exotische Gerichte mit salzig-fruchtigem Geschmack und nicht sehr süße Nachspeisen zu begleiten. Der Reichtum des Jahrgangs 1989, seine Freigebigkeit, seine gezügelte Säure und dieser besondere Dosagetyp haben die Juroren für sich eingenommen, die auch der Brut-Version des gleichen Weins (ein Drittel helle und zwei Drittel dunkle Trauben) einen Stern verliehen haben, für ihr Aroma von getoastetem Brot mit Honig und für seine kraftvolle Rundheit. (NM)

🍷 Veuve Clicquot-Ponsardin, 12, rue du Temple, 51100 Reims, Tel. 03.26.89.54.40, Fax 03.26.40.60.17 💳 🍴 n. V.

VEUVE CLICQUOT-PONSARDIN
La Grande Dame 1988★★

| ⚪ | k. A. | k. A. | 🍾 | +200 F |

Eine Neuheit, der erste Jahrgang einer Rosé-Spitzencuvée von Veuve Clicquot-Ponsardin. Es sei daran erinnert, daß der Rosé eine Spezialität des Hauses ist. Heißt es nicht, daß Madame Veuve Clicquot die erste war, die einen Rosé-Champagner auf den Markt brachte (1804) ? Dieser Wein - rund ein Drittel weiße und zwei Drittel dunkle Trauben - ist eine »große Dame«. Seine Farbe erhält er durch 13 % Rotwein aus dem Clos Colin, einem Weinberg in Bouzy. Er hat ein diskretes Rosarot. Die Frische des Dufts erstaunt bei einem Wein dieses Alters (neun Jahre), während der Geschmack elegant empyreumatisch ist. (NM)

🍷 Veuve Clicquot-Ponsardin, 12, rue du Temple, 51100 Reims, Tel. 03.26.89.54.40, Fax 03.26.40.60.17 💳 🍴 n. V.

CHAMPAGNE VEUVE FOURNY ET FILS Blanc de blancs

| ⚪ 1er cru | k. A. | k. A. | 🍾♂ | 70-100 F |

Ein altes Weingut, dessen Besitzer 1979 den Status eines Weinhändlers angenommen haben. Ihr Blanc de Blancs mit dem lebhaften, buttrigen Geruchseindruck bietet eine nervige Ansprache und verfliegt. Seine Dosage versucht, seine Jugendlichkeit zu mildern. Der 89er mit dem Menthol- und Lakritzeduft bleibt im Geschmack frisch. (NM)

🍷 Veuve Fourny et Fils, 5, rue du Mesnil, 51130 Vertus, Tel. 03.26.52.16.30, Fax 03.26.52.20.13 💳 🍴 Mo-Sa 9h-13h 14h-19h ; So n. V.

VEUVE MASSING
Cuvée Prestige Blanc de blancs★

| ⚪ Gd cru | 2 ha | 15 000 | 🍾♂ | 70-100 F |

Eine vor 20 Jahren gegründete Marke, die über 11 ha Reben verfügt. Ihr Blanc de Blancs, der von 92er Traubengut stammt, ist überaus klassisch. Man findet darin einen Hefebrotduft, einen buttrigen Geruch, Bienenwachs, getrocknete Früchte und Akazienblütenhonig. Schöne, frische Länge. (NM)

🍷 SA Deregard-Massing, La Haie-Maria, R.D.-9, 51190 Avize, Tel. 03.26.57.52.92, Fax 03.26.57.78.23 💳 🍴 n. V.
🍷 E. Deregard

MARCEL VEZIEN★

| ⚪ | 11 ha | k. A. | 🍾 | 70-100 F |

Ein 14 ha großes Gut, das 1958 entstand. Es hatte 1994 einen Lieblingswein und wird von unserer Jury regelmäßig ausgewählt. Dieser Brut ist ein Blanc de Noirs (20 % Pinot meunier), der aus 1993 und 1994 geernteten Trauben hergestellt worden ist. Die Farbe zeigt einen eleganten grünen Schimmer. Im Duft ein Zitronenaroma, im Geschmack Ausgewogenheit und Frische. Der Zitrusabgang wird den Appetit anregen. (RM)

🍷 SCEV Champagne Marcel Vézien et Fils, 68, Grande-Rue, 10110 Celles-sur-Ource, Tel. 03.25.38.50.22, Fax 03.25.38.56.09 💳 🍴 Mo-Fr 8h30-18h ; Sa, So n. V.

VINCENT-LAMOUREUX Réserve Brut★

| ⚪ | 5,5 ha | 1 500 | 🍾 | 70-100 F |

Ein Champagner zum Essen, den man zu weißem Fleisch trinken sollte. Seine Stärke und seine Weinigkeit nötigen dazu, ihn nicht zu kühl zu trinken. Dann entfalten sich das Aroma von

gekochten Früchten und Bratäpfeln sowie eine starke Korpulenz. (RM)
☛ Vincent-Lamoureux, 2, rue du Sénateur-Lesaché, 10340 Les Riceys, Tel. 03.25.29.39.32, Fax 03.25.29.80.30 ✓ ⏵ n. V.

VOLLEREAUX Cuvée Marguerite 1993

○ 6 ha 50 000 ▮ 100-150F

Dieses 1920 gegründete Familienunternehmen besitzt ein großes Anbaugebiet (42 ha). In dieser 93er Cuvée, einem nicht sehr häufigen Jahrgang, gibt es dreimal mehr Chardonnay als Pinot noir. Ein Champagner mit einem diskreten Aroma von weißen Blüten und grünen Äpfeln. Der Geschmack hat die Eleganz extremer Jugendlichkeit. (NM)
☛ Champagne Vollereaux SA, 48, rue Léon-Bourgeois, B.P. 4, 51530 Pierry, Tel. 03.26.54.03.05, Fax 03.26.55.06.37 ✓ ⏵ Mo-Sa 8h-12h 14h-18h ; So 10h-13h

ELIZABETH VOLLEREAUX 1991

○ 1 ha 6 000 ▮ ♦ 100-150F

Elizabeth Vollereaux führt ein 6 ha großes Gut. Ihr 91er Jahrgangschampagner ist ein Blanc de Blancs. Er ist blumig und mineralisch. Der lange Geschmack geht in Richtung Bittermandeln. Elizabeth Vollereaux, eine Meisterköchin, empfiehlt, ihn zu Fisch in weißer Buttersauce oder zu leicht angedünstetem weißem Fleisch zu trinken. (RM)
☛ Elizabeth Vollereaux, 37, av. de Champagne, 51200 Epernay, Tel. 03.26.54.27.23, Fax 03.26.55.45.33 ✓ ⏵ Mo, Di, Fr, Sa 10h-12h 14h-17h

WARIS-LARMANDIER
Blanc de blancs Collection 1991*

○ k. A. 1000 ▮ ♦ 100-150F

Eine 1990 entstandene Marke, die 3 ha Reben besitzt. Dieser aus 91er Traubengut hergestellte Blanc de Blancs hat ein Aroma von getoastetem Brot mit rauchiger Note, getrockneten Kräutern und getrockneten Früchten und bietet einen frischen Geschmack mit merklicher Dosage. (RM)
☛ EARL Warris-Larmandier, 608, rempart du Nord, 51190 Avize, Tel. 03.26.57.79.05, Fax 03.26.52.79.52 ✓ ⏵ n. V.

Coteaux Champenois

Die Stillweine der Champagne wurden 1974 als AOC eingestuft und nahmen den Namen »Coteaux Champenois« an. Es handelt sich um rote Stillweine, seltener um Roséweine. Die Weißweine trinkt man respektvoll und aus historischer Neugier, wobei man daran denken sollte, daß sie Relikte aus alter Zeit vor der Erfindung des Champagners sind. Wie der Champagner können sie von dunklen Trauben stammen und als Weißwein vinifiziert worden sein (Blanc de Noirs), aus weißen Trauben (Blanc de Blancs) oder auch aus einem Verschnitt hergestellt werden.

Der bekannteste rote Coteau Champenois trägt den Namen der berühmten Gemeinde Bouzy (bei Pinot-pinot-Trauben als Grand cru eingestuft). In dieser Gemeinde kann man einen der beiden seltsamsten Weinberge der Welt bewundern (der andere befindet sich in Ay): Ein riesiges Schild weist auf »alte französische Rebstöcke aus der Zeit vor der Reblaus«, d. h. ungepfropfte Reben, hin. Man könnte sie nicht von anderen Rebstöcken unterscheiden, wenn sie nicht in einer uralten, ansonsten überall aufgegebenen Anbauweise (»in Haufen«) erzogen werden würden. Alle Arbeiten werden auf handwerkliche Weise ausgeführt, mit Hilfe von alten Geräten. Das Haus Bollinger erhält dieses Schmuckstück am Leben, das für die Erzeugung des seltensten und teuersten Champagners bestimmt ist.

Die Coteaux Champenois trinkt man jung, die Weißweine mit einer Temperatur von 7 bis 8 °C, und zwar zu Gerichten, die zu sehr trockenen Weinen passen, die Rotweine, die man in herausragenden Jahrgängen altern lassen kann, mit einer Temperatur von 9 bis 10 °C zu leichten Gerichten (weißes Fleisch und Austern).

PAUL BARA Bouzy 1989*

▮ Gd cru 2 ha 4 000 ▮ 100-150F

Es handelt sich um einen 89er, aber er ist im Gärbehälter vinifiziert und ausgebaut worden, was ihn vor Oxidation schützt. Die Zeit hat ein wenig seine Farbe geprägt, aber der Duft, fruchtig und würzig, ist frisch geblieben. Im rechten langen Geschmack findet man die Gewürze sehr spürbar wieder. (RM)
☛ SCE Champagne Paul Bara, 4, rue Yvonnet, 51150 Bouzy, Tel. 03.26.57.00.50, Fax 03.26.57.81.24 ✓ ⏵ n. V.

HERBERT BEAUFORT Bouzy 1991

▮ 3 ha 5 000 ▮ ◐ 70-100F

Erweisen wir dem Langlebigkeit dieses roten Bouzy die Ehre. Allein seine Farbe läßt das Alter erahnen, während die Ausgewogenheit und die Länge im Duft und im fruchtigen Geschmack keine Müdigkeit verraten. (RM)
☛ Herbert Beaufort, 32, rue de Tours-sur-Marne, B.P. 7, 51150 Bouzy, Tel. 03.26.57.01.34, Fax 03.26.57.09.08 ✓ ⏵ n. V.

CHARLES DE CAZANOVE 1993*

| ■ | k. A. | k. A. | 🍷 | 70-100 F |

Eine sorgfältige Vinifizierung und ein Ausbau im Holzfaß (Champagne-Stückfässer) für einen Rotwein, der für die Gegend recht farbintensiv ist. Noch adstringierend, an Himbeeren erinnernd und leicht holzbetont. (NM)
🍇 Charles de Cazanove, 1, rue des Cotelles, 51200 Epernay, Tel. 03.26.59.57.40, Fax 03.26.54.16.38 ✉ 🍷 n. V.
🍇 Lombard

RENE GEOFFROY Cumières

| ■ | k. A. | 10 000 | 🍷 | 70-100 F |

Dieser rote Cumières stammt von Traubengut der Jahre 1993, 1994, 1995 und enthält 20 % Pinot meunier und 80 % Pinot noir. Die dunkelrote Farbe ist verführerisch. Das fruchtige Aroma erinnert an Kirschen, Himbeeren und schwarze Johannisbeeren. Nach einer klaren Ansprache entdeckt man einen Hauch von Adstringenz und die Wärme des Alkohols. (RM)
🍇 René Geoffroy, 150, rue du Bois-des-Jots, 51480 Cumières, Tel. 03.26.55.32.31, Fax 03.26.54.66.50 ✉ 🍷 n. V.

J.-M. GOBILLARD ET FILS
Hautvillers 1995*

| ■ | 0,6 ha | 2 000 | 🍷 | 70-100 F |

Eine erstaunlich kräftige Farbe. Der Geruchseindruck ist interessant, mit Vanille- und Röstnoten und Holznuancen. Der Geschmack zeigt sich rund, kräftig gebaut, ausgewogen und von guter Länge. (NM)
🍇 J.-M. Gobillard et Fils, SARL L'Altavilloise, 38, rue de l'Eglise, 51160 Hautvillers, Tel. 03.26.51.00.24, Fax 03.26.51.00.18 ✉ 🍷 n. V.

ALBERT LE BRUN Bouzy

| ■ | k. A. | k. A. | | 70-100 F |

Er »pinotiert« im Duft ebenso wie im Geschmack. Seine Rundheit stützt sich auf ein ausgewogenes Gerüst. Seine Länge ist nicht unendlich. (NM)
🍇 Albert Le Brun, 93, av. de Paris, 51000 Châlons-sur-Marne, Tel. 03.26.68.18.68, Fax 03.26.21.53.31 ✉ 🍷 n. V.

MARGUET-BONNERAVE Bouzy*

| ■ | 2 ha | k. A. | | 70-100 F |

Ein gutgebauter roter Bouzy, der für das Anbaugebiet repräsentativ ist. Die Farbe beginnt sich zu entwickeln. Das Aroma von roten Früchten fehlt nicht; der Geschmack zeigt sich rund und gut strukturiert. (RM)
🍇 EARL Marguet-Bonnerave, 14, rue de Bouzy, 51150 Ambonnay, Tel. 03.26.57.01.08, Fax 03.26.57.09.98 ✉ 🍷 n. V.

GEORGES VESSELLE Bouzy 1990*

| ■ | 1,4 ha | 10 500 | 🍾 🍷 | 100-150 F |

Ein roter Luxus-Bouzy, der fünf Jahre in Fässern aus Ungarn ausgebaut worden ist. Er besitzt die Feinheit und die Leichtigkeit seins Typs - Ausdruck des Anbaugebiets und der Rebsorte Pinot noir, aus der er ausschließlich erzeugt worden ist (was bei einem Grand cru zwangsläufig der Fall ist). Man kann ihn zu weißem Fleisch trinken.
🍇 Georges Vesselle, 16, rue des Postes, 51150 Bouzy, Tel. 03.26.57.00.15, Fax 03.26.57.09.20 ✉ 🍷 n. V.

Rosé des Riceys

Die drei Riceys-Dörfer (Haut, Haute-Rive und Bas) liegen im äußersten Süden des Departements Aube, unweit von Bar-sur-Seine. Die Gemeinde Les Riceys besitzt drei Appellationen : Champagne, Coteaux Champenois und Rosé des Riceys. Der letztgenannte Wein ist ein Stillwein von großer Seltenheit und hervorragender Qualität, einer der besten Roséweine Frankreichs. Er ist ein Wein, den schon Ludwig XIV. trank : Nach Versailles brachten ihn angeblich die Maurer, die die Fundamente des Schlosses errichteten, die »Canats«, die aus Les Riceys stammten.

Dieser Roséwein wird durch eine kurze Maischegärung feiner Pinotnoir-Trauben hergestellt, deren natürlicher Alkoholgehalt nicht niedriger als 10 ° sein darf. Der Vorgang der Maischegärung muß durch »Abstechen« des Gärbehälters genau in dem Augenblick unterbrochen werden, wenn der »Riceys-Geschmack« zum Vorschein kommt, weil dieser ansonsten wieder verschwindet. Nur die Roséweine, die durch diesen eigentümlichen Geschmack geprägt sind, kommen in den Genuß der Appellation. Ist der Rosé des Riceys im Gärbehälter ausgebaut worden, trinkt man ihn jung mit einer Temperatur von 8 bis 9 °C ; wenn er dagegen in Holzfässern gereift ist, kann man ihn zwischen drei und zehn Jahren lagern ; man serviert ihn dann mit 10 bis 12 °C zu einer ganzen Mahlzeit. Als junger Wein paßt er zum Aperitif oder zum Auftakt einer Mahlzeit.

R. BAUSER

| ◢ | | 9 ha | 3 000 | 🍾 | 70-100 F |

Dieser Rosé stammt von 95er Traubengut. Seine Farbe geht eher ins Weiße als ins Rote. Der Duft zeigt sich in einem rauchigen Aroma von kleinen roten Früchten. Im Geschmack überdeckt ein wenig Rundheit nicht den männlichen Stil dieses Weins. (RM)

Rosé des Riceys

🕭 René Bauser, rte de Tonnerre, 10340 Les Riceys, Tel. 03.25.29.32.92, Fax 03.25.29.96.29 ☑
𝕀 Mo-Sa 9h-12h 15h-18h30 ; So n. V.

ALEXANDRE BONNET 1995

◢ 4,75 ha   7 000   ■↓ 70-100F

Der größte Erzeuger der Region, einer der wenigen, die die Erzeugung dieses historischen Roséweins ohne Unterbrechung aufrechterhalten haben. Der ganz der Feinheit geweihte Stil von Alexandre Bonnet läßt sich nicht verleugnen. Die Farbe bestätigt es : Sie ist blaß, während sich im Duft und im Geschmack über einem Mandelaroma Kirschen und Sauerkirschen zeigen, ohne sich zu stark aufzudrängen. (RM)

🕭 SA Bonnet Père et Fils, 138, rue du Gal-de-Gaulle, 10340 Les Riceys, Tel. 03.25.29.30.93, Fax 03.25.29.38.65 ☑ 𝕀 n. V.

CHRISTIAN COQUET 1994*

◢ 0,6 ha   2 000   ■❙❙ 50-70F

Ein Stern für diesen 94er. Helles Lachsrot. Im Duft ist er ganz fein : Sauerkirschen mit pfeffriger Note und Lindenblüten. Struktur, Rundheit, würziger Abgang. Ein Stern auch für den 95er, der die gleiche Farbe wie der 94er hat und im Duft wie im Geschmack vornehm ist. Der klassische Abgang ist voller Feinheit. (RM)

🕭 Christian Coquet, rte de Gyé-sur-Seine, 10340 Les Riceys, Tel. 03.25.29.33.83, Fax 03.25.29.82.60 ☑ 𝕀 tägl. 8h-12h 14h-18h

GALLIMARD PERE ET FILS 1988

◢ 1 ha   2 500   ■↓ 70-100F

Ein 88er ! Ein Rosé des Riceys, der sehr gut altert. Man muß dazu sagen, daß er durch eine lebhafte Säure unterstützt wird. Die sehr helle Farbe kündigt einen sehr trockenen, klaren und nervigen Rosé an. (RM)

🕭 Champagne Gallimard Père et Fils, 18-20, rue du Magny, 10340 Les Riceys, Tel. 03.25.29.32.44, Fax 03.25.38.55.20 ☑
𝕀 Mo-Sa 9h-12h 14h-18h ; So n. V.

GUY DE FOREZ 1990**

◢ 1 ha   5 000   ❙❙ 70-100F

Bereits zwei Sterne in der letzten Ausgabe. Mehr als eine Bestätigung, eine Krönung. Ist er wirklich rosé ? Ist das nicht gerade noch ein helles Rot ? Seine reiche, tiefe Fruchtigkeit wird von einem Bergamottearoma mit Vanillenote begleitet. Der runde, kräftige und harmonische Geschmack klingt prachtvoll aus. (RM)

🕭 Guy de Forez, 32 bis, rue du Gal-Leclerc, 10340 Les Riceys, Tel. 03.25.29.98.73, Fax 03.25.38.23.01 ☑ 𝕀 n. V.

🕭 Sylvie Wenner

LEGRAS ET HAAS

◢ 1 ha   1000   ■↓ 70-100F

Er stammt von 93er Traubengut und muß in die Kategorie der farbintensiven Rosé eingeordnet werden. Er »pinotiert« vornehm und ist nervig, mit einem Hauch von Gerbsäure. (NM)

🕭 Legras et Haas, 7 et 9, Grande-Rue, 51530 Chouilly, Tel. 03.26.54.92.90, Fax 03.26.55.16.78 ☑ 𝕀 n. V.

MOREL PERE ET FILS 1993

◢ 4,5 ha   10 000   ❙❙ 70-100F

1993, ein Jahrgang, der keine große Erinnerung hinterlassen hat. Eine etwas schüchterne Farbe, Geruchseindruck von großer Feinheit, eine lebhafte Ansprache, Nervigkeit. (RM)

🕭 Pascal Morel, 93, rue du Gal-de-Gaulle, 10340 Les Riceys, Tel. 03.25.29.10.88, Fax 03.25.29.66.72 ☑ 𝕀 n. V.

MORIZE PERE ET FILS 1995*

◢ k. A.   4 625   ■↓ 70-100F

Die Morizes leben seit 1830 in Les Riceys. Ihr Weingut haben sie erst 1860 angelegt. Dieser Wein mit der lebhaften lachsroten Farbe bietet einen sehr feinen Duft, der typisch für die Riceys-Weine ist (Mandeln). Im Geschmack findet man nach einer klaren Ansprache ein Erdbeeraroma, Präsenz und auch Feinheit. (RM)

🕭 Morize Père et Fils, 122, rue du Gal-de-Gaulle, 10340 Les Riceys, Tel. 03.25.29.30.02, Fax 03.25.38.20.22 ☑ 𝕀 n. V.

VINCENT-LAMOUREUX 1993

◢ 0,5 ha   1 500   ■ 50-70F

Das Auge wird durch die Intensität der Farbe verführt. Tabak kommt zu Unterholz und verwelktem Laub hinzu, während im Geschmack die Stärke die Oberhand gewinnt. (RM)

🕭 Vincent-Lamoureux, 2, rue du Sénateur-Lesaché, 10340 Les Riceys, Tel. 03.25.29.39.32, Fax 03.25.29.80.30 ☑ 𝕀 n. V.

JURA, SAVOIE UND BUGEY

Jura

Dieses Weinbaugebiet bildet das Gegenstück zu Oberburgund, das auf der anderen Seite des Tals der Saône liegt; es nimmt die Hänge ein, die von der untersten Hochfläche des Jura zur Ebene hin abfallen, und erstreckt sich als in nord-südlicher Richtung verlaufendes Band quer durch das gesamte Departement, von Salins-les-Bains bis zum Gebiet von Saint-Amour. Die Hänge liegen viel verstreuter und unregelmäßiger als die Rebhänge der Côte d'Or und verteilen sich auf alle Lagen, aber die Reben wachsen hier, in einer Höhe zwischen 250 und 400 m, keineswegs nur in den günstigsten Lagen. Das Anbaugebiet umfaßt rund 1836 ha, auf denen 1996, in einem Jahr mit reicher Ernte, etwa 98 400 hl Wein erzeugt wurden.

Die deutlich kontinentalen Merkmale des Klimas werden durch die vorwiegende Westausrichtung und die speziellen Eigenheiten des Jurareliefs verstärkt, insbesondere durch das Vorhandensein von sog. »*reculées*«, d. h. Tälern mit steilen Wänden. Die Winter sind sehr rauh, die Sommer sehr wechselhaft, aber oft gibt es viele warme Tage. Die Traubenlese findet über einen ziemlich langen Zeitraum hinweg statt und zieht sich manchmal bis zum November hin, weil die Rebsorten zu unterschiedlichen Zeitpunkten reifen. Die Böden stammen überwiegend aus der Trias- und der Liasformation; darüber befindet sich, insbesondere im Süden des Departements, Kalkstein. Die einheimischen Rebsorten haben sich diesen tonhaltigen Böden perfekt angepaßt und können Weine von bemerkenswerter, eigentümlicher Qualität erzeugen. Sie benötigen jedoch eine Erziehungsart, bei der die Trauben hoch genug über dem Boden wachsen, damit ihnen die herbstliche Feuchtigkeit nicht schadet. Dieser Rebschnitt wird »en courgées« genannt und verwendet lange, gekrümmte Hölzer, wie man sie auch im Mâconnais mit seinen ähnlichen Böden findet. Der Weinbau ist hier sehr alt; er reicht mindestens bis zum Beginn der christlichen Zeitrechnung zurück, wenn man den Schriften von Plinius glauben darf. Verbürgt ist auch, daß das Weinbaugebiet des Jura, das ganz besonders von König Heinrich IV. geschätzt wurde, sich schon im Mittelalter großer Popularität erfreute.

Die zauberhafte alte und sehr friedliche Stadt Arbois ist der Hauptort des Anbaugebiets. Man hält hier das Andenken an Pasteur wach, der in Arbois seine Jugend verbrachte und später oft hierher zurückkehrte. Anhand des familieneigenen Weinbergs führte er seine wissenschaftlichen Untersuchungen zur Gärung durch, die für die Önologie sehr wichtig waren und u. a. zur Entdeckung der »Pasteurisierung« führen sollten.

Einheimische Rebsorten werden neben anderen Rebsorten angebaut, die aus Burgund stammen. Eine von ihnen, Poulsard (oder Ploussard), wächst vorzugsweise auf den untersten Stufen der Juraberge. Angebaut wird sie anscheinend nur im

Revermont, einem geographischen Gebiet, das auch das Anbaugebiet des Bugey umfaßt, wo die Rebsorte Mècle heißt. Diese sehr hübsche Traubensorte mit großen, länglichen Beeren, die lieblich duften und eine dünne Schale mit wenig Farbstoffen besitzen, enthält wenig Tannine. Sie ist somit die typische Rebsorte für Roséweine, die hier in Wirklichkeit zumeist wie Rotweine vinifiziert werden. Trousseau, eine andere einheimische Rebsorte, ist hingegen reich an Farb- und Gerbstoffen und liefert deshalb die klassischen Rotweine, die für die Jura-Appellationen überaus charakteristisch sind. Der aus Burgund stammende Pinot noir wird bei der Rotweinherstellung oft in kleinen Mengen mit Trousseau verschnitten. Außerdem spielt er in Zukunft eine wichtige Rolle bei der Erzeugung von Weißweinen aus roten Trauben, die mit Weißweinen aus weißen Trauben verschnitten werden, um daraus hochwertige Schaumweine zu produzieren. Die Chardonnay-Rebe gedeiht ähnlich wie in Burgund ausgezeichnet auf den Tonböden, wo sie den Weißweinen ihr unvergleichliches Bukett verleiht. Savagnin, eine einheimische Weißweinrebe, wird auf den undankbarsten Mergelböden angebaut und liefert den großartigen »Vin jaune«, der nach einem besonderen, fünf bis sechs Jahre dauernden Ausbau in nur teilweise gefüllten Fässern zu einem Wein von ganz großer Klasse heranreift.

Besonders geeignet zu sein scheint die Region, um einen Typ von ausgezeichneten Schaumweinen zu produzieren, die - wie bereits erwähnt - aus einem Verschnitt von Blanc-de-Noirs-Weinen (Pinot noir) und Blanc-de-Blancs-Weinen (Chardonnay) hervorgehen. Diese Schaumweine sind von hoher Qualität, seitdem die Winzer begriffen haben, daß man sie aus Trauben herstellen muß, deren Reifegrad die notwendige Frische sicherstellt.

Die Weiß- und Rotweine sind im Stil klassisch, aber man versucht - wie es scheint, wegen der Attraktivität des Vin jaune - ihnen einen sehr entwickelten, fast oxidierten Charakter zu verleihen. Es gab vor einem halben Jahrhundert sogar Weine, die mehr als hundert Jahre alt waren ; doch jetzt ist man wieder zu einer normaleren Entwicklung übergegangen.

Der Rosé ist eigentlich ein nicht sehr farbintensiver Rotwein, der wenig Gerbsäure enthält und häufig mehr Ähnlichkeit mit dem Rotwein als dem Roséwein anderer Weinbaugebiete hat. Daher kann er auch ein wenig altern. Er paßt sehr gut zu recht leichten Gerichten, während die richtigen Rotweine - insbesondere die aus Trousseau-Trauben - zu kräftigeren Gerichten getrunken werden sollten. Den Weißwein trinkt man zu den Gerichten, zu denen man üblicherweise Weißweine wählt, zu hellem Fleisch und Fisch ; wenn er älter ist, verträgt er sich gut mit Comtékäse. Der gelbe Wein paßt ausgezeichnet zu Comté, aber auch zu Roquefort sowie zu einigen Gerichten, die nur schlecht mit derartigen Weinen harmonieren, wie etwa Ente mit Orangen oder Gerichten mit amerikanischer Sauce.

Arbois

Die bekannteste Appellation des Herkunftsgebiets Jura gilt für alle Weintypen, die auf dem Boden von zwölf Gemeinden des Gebiets Arbois, das heißt etwa 795 ha, erzeugt werden. 1996 betrug die Produktion 26 800 hl Rotweine und 19 000 hl Weißweine. Hinweisen muß man auf die Bedeutung des Triasmergels in dieser Anbauzone und auf die ganz besondere Qualität der »Roséweine«, die auf diesen Böden aus Poulsard-Trauben hergestellt werden.

FRUITIERE VINICOLE D'ARBOIS
Cuvée Vieilles vignes 1995

■ 20 ha 30 000 ❙❙♦ 30-50 F

Diese Cuvée ist aus Trauben von durchschnittlich 30 Jahre alten Rebstöcken zusammengestellt. Sie besteht aus 50 % Trousseau, 30 % Poulsard und 20 % Pinot noir. Letzterer verleiht der sehr tiefen Farbe bläulichrote Reflexe. Der anfangs verschlossene Geruchseindruck braucht eine Belüftung. Die Duftnoten, die sich dann entfalten, erinnern an in Alkohol eingelegte Früchte

Arbois

und Wildbret ; dahinter zeigt sich ein leichtes Vanillearoma. Der Geschmackseindruck ist etwas tanninbetont und bietet wenig Säure, bleibt aber aromatisch.
🍷 Fruitière vinicole d'Arbois, 2, rue des Fossés, 39600 Arbois, Tel. 03.84.66.11.67, Fax 03.84.37.48.80 ☑ ⚭ n. V.

FRUITIERE VINICOLE D'ARBOIS
Vin jaune 1990**

☐	35 ha	30 000	🍷	100-150 F
88 89	90				

Die Nase dieses schönen Vin jaune ist bereits entwickelt. Am Gaumen ist der Eindruck weich und angenehm mit Kaffee- und Haselnußnoten. Und vor allem, was für eine Länge ! Dieser sehr feminine Wein, den man schon probieren kann, zeigt sich im Geschmack überraschend anhaltend. Geeignet als Einführung in diesen Weintyp.
🍷 Fruitière vinicole d'Arbois, 2, rue des Fossés, 39600 Arbois, Tel. 03.84.66.11.67, Fax 03.84.37.48.80 ☑ ⚭ n. V.

FRUITIERE VINICOLE D'ARBOIS
Vin de paille 1994**

☐	5 ha	7 000	🍷	100-150 F

Der 93er Strohwein der Fruitière vinicole d'Arbois war im letzten Jahr einer unserer Lieblingsweine. Der 94er wiederholt zwar nicht die Leistung seines Vorgängers, bleibt aber dennoch ein großartiges Produkt : Sein schönes strohgelbes Kleid mit den leicht bernsteingelben Nuancen enthüllt schon eine verführerische Persönlichkeit. Der Geruchseindruck ist frisch und erinnert an Honig und Wachs. Der lange, ausgewogene Geschmackseindruck bietet ein subtiles Aroma von Quitten und Trockenobst. Man kann bereits die Gänseleber auswählen, die man dazu essen wird.
🍷 Fruitière vinicole d'Arbois, 2, rue des Fossés, 39600 Arbois, Tel. 03.84.66.11.67, Fax 03.84.37.48.80 ☑ ⚭ n. V.

LUCIEN AVIET 1995**

■	1,5 ha	k. A.	🍷	50-70 F

Der urwüchsige Bacchus hat in diesem großartigen Trousseauwein erneut seine ganze Leidenschaft zum Ausdruck gebracht : schönes Aussehen und ein sehr eleganter Duft, der ganz zart an Früchte erinnert. Im Mund spürt man viel Stoff. Eine bemerkenswerte aromatische Komposition wird durch eine sehr feine Mentholnote unterstrichen, die eine große Nachhaltigkeit garantiert. Dieser 95er verdient eine erlesene Mahlzeit !
🍷 Lucien Aviet, 39600 Montigny-lès-Arsures, Tel. 03.84.66.11.02 ☑ ⚭ n. V.

LUCIEN AVIET Vin jaune 1989*

☐	2 ha	k. A.	🍷	150-200 F
88 89				

Lucien Aviet, ein Befürworter der Traubenlese mit der Hand, stellt einen lagerfähigen Vin jaune her. Dieser hier riecht vor allem nach Geröstetem : Er hält sich noch zurück. Der Geschmackseindruck muß sich noch entwickeln, damit sich die Säure abmildert. Aber die Stärke, die Komplexität und die aromatische Finesse machen ihn zu einem Wein mit sicherem Potential, worauf auch der sehr elegante Zitronengeschmack im Ausklang hindeutet.
🍷 Lucien Aviet, 39600 Montigny-lès-Arsures, Tel. 03.84.66.11.02 ☑ ⚭ n. V.

DANIEL DUGOIS Vin jaune 1988***

☐	1 ha	1 500	🍷	150-200 F

Ein leuchtender Goldfaden gleitet über die Innenwand des Glases. Unspektakuläre Noten von Mandeln, Unterholz, Kaffee und hellem Tabak bilden ein Bukett von seltener Eleganz. Der Geschmackseindruck ist männlicher ; er beginnt mit einer nervigen Attacke, aber das Gerüst ist vorhanden und birgt Zitronen- und Gewürznoten. Die Verkostung schließt mit einem sinnlichen Hauch von Haselnuß. Der 87er Vin jaune von Daniel Dugois war königlich. Dieser 88er ist ein Erbe, der alle unsere Erwartungen übertrifft.
🍷 Daniel Dugois, 4, rue de la Mirode, 39600 Les Arsures, Tel. 03.84.66.03.41, Fax 03.84.37.44.59 ☑ ⚭ n. V.

Jura

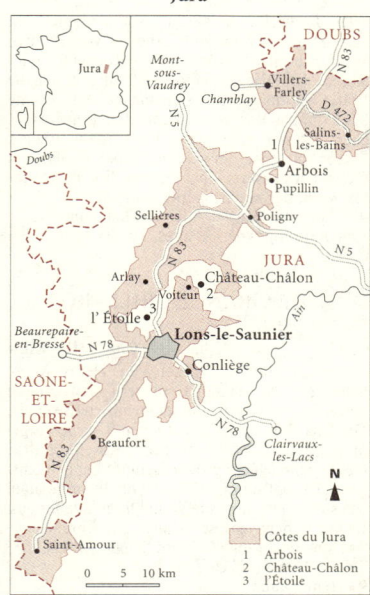

Arbois

DOM. FORET
Savagnin Cuvée Maxence 1992★★

| ☐ | 1 ha | 5 000 | ⊕ | 70-100 F |

Diese Cuvée Maxence ist wie ein Vin jaune im Gärbehälter vinifiziert und im Holzfaß ausgebaut worden, aber die Reifung wurde nach vier Jahren abgebrochen, während sie bei einem »gelben« Wein sechs Jahre dauern muß. Somit ist dieser 92er ein trockener Wein. In der kräftigen Nase entdeckt man einen entwickelten Charakter, der an Walnüsse und Haselnüsse erinnert. Der vornehme, runde Geschmackseindruck wird durch eine gute Säure unterstützt. Das Aroma reifer Früchte entfaltet sich harmonisch innerhalb einer ausgewogenen Struktur.
🕭 Dom. Foret, 13, rue de la Faïencerie, 39600 Arbois, Tel. 03.84.66.23.01, Fax 03.84.66.10.98 ☑ ϒ tägl. 8h-12h 13h30-20h

RAPHAEL FUMEY ET ADELINE CHATELAIN Chardonnay 1994

| ☐ | 0,5 ha | 2 000 | ■ | 30-50 F |

»Die Jugend muß sich austoben«, könnte man angesichts dieses reinsortigen Chardonnay sagen, der von zwei jungen Winzern voller Sorgfalt hergestellt worden ist. Er duftet angenehm nach Zitronen und Vanille. Seine Lebhaftigkeit dominiert während der gesamten Verkostung. Da er eine gute Grundlage besitzt, dürfte er sich innerhalb eines Jahres günstig entwickeln.
🕭 Raphaël Fumey et Adeline Chatelain, 39600 Montigny-lès-Arsures, Tel. 03.84.66.27.84 ☑ ϒ n. V.

RAPHAEL FUMEY ET ADELINE CHATELAIN Ploussard 1994

| ◢ | 0,5 ha | 2 000 | ■ | 30-50 F |

Wie in jedem Jahr gab die Verkostung der roten Juraweine Anlaß zu Debatten unter den Juroren, die sich um die Farbe der vorgestellten Weine drehten. Waren dies Rotweine oder Rosés ? Und wie alle Jahre verständigten sich die Prüfer darauf, daß es sich um helle Rotweine bzw. dunkle Roséweine handelte ! Eines ist sicher : Sie sind zumeist wie Rotweine vinifiziert. Dieser hier ist im Geruch ebenso wie im Geschmack diskret, aber elegant. Ein eher leichter Wein, der zu Grillgerichten paßt.
🕭 Raphaël Fumey et Adeline Chatelain, 39600 Montigny-lès-Arsures, Tel. 03.84.66.27.84 ☑ ϒ n. V.

DOM. DE GRANGE GRILLARD
Chardonnay 1995★

| ☐ | 32 ha | 90 000 | ⊕ | 50-70 F |

Das berühmte Weingut von Henri Maire beherbergt in seinen Gemäuern den großen Kapitelsaal der Pairs unter den Arboisweinen. Die Chardonnay-Rebe hat einen 95er hervorgebracht, der nach wilden Rosen duftet. Geschmacklich ein großer Genuß : lieblich, ausgewogen, vollständig. Dieser von 30 Jahre alten Rebstöcken stammende Wein klingt tadellos aus. Er macht dem »großen Haus« alle Ehre.
🕭 Dom. de Grange Grillard, 39600 Arbois, Tel. 03.84.66.04.73 ☑ ϒ n. V.
🕭 Henri Maire

DOM. DE LA RENADIERE
Pupillin Chardonnay 1995★

| ☐ | 1,4 ha | 9 000 | ⊕ | 30-50 F |

91 |93| 94 95

Jean-Michel Petit kann sehr stolz auf diese Cuvée. Der Geruchseindruck ist reichhaltig und eher pflanzlich. Der fette, kräftige Geschmack ist noch leicht spritzig. Er erinnert zart an Butter und Geröstetes und sorgt für eine sehr schöne Nachhaltigkeit. Man kann ihn sofort trinken, wenn man junge Weine mag, doch zwei bis drei Jahre Lagerzeit werden ihm angesichts seines Potentials zweifellos eine zusätzliche Dimension verleihen.
🕭 Jean-Michel Petit, rue du Chardonnay, 39600 Pupillin, Tel. 03.84.66.25.10, Fax 03.84.66.25.10 ☑ ϒ tägl. 10h-12h 13h30-19h

DOM. DE LA RENADIERE
Pupillin Trousseau 1995

| ■ | 0,4 ha | 2 500 | ⊕ | 30-50 F |

Dieser junge Winzer, der sich hier vor sieben Jahren niederließ, verkauft bereits 25 % seiner Produktion ins Ausland. »Der relative Mangel an Farbintensität läßt diesen Trousseau ein wenig traurig aussehen«, notierte ein Verkoster. Die anderen bescheinigten ihm eine karminrote Farbe. Glücklicherweise verleiht die Fruchtigkeit der Nase eine gewisse Eleganz. Dieser frisch und vollmundig schmeckende Wein besitzt eine Leichtigkeit, die man schätzen kann, zumal die aromatischen Noten sehr angenehm sind.
🕭 Jean-Michel Petit, rue du Chardonnay, 39600 Pupillin, Tel. 03.84.66.25.10, Fax 03.84.66.25.10 ☑ ϒ tägl. 10h-12h 13h30-19h

DOM. DE LA TOURNELLE
Ploussard 1995★

| ◢ | 1,1 ha | 5 000 | ⊕ | 30-50 F |

Dieser kirschrote Ploussard ist eine Einladung zum Feiern. Alles daran ist Frucht und Frische ! Die Struktur ist angenehm ausgewogen, der Geschmack von guter Länge. Man sollte ihn ab diesem Herbst trinken.
🕭 Pascal Clairet, 5, Petite-Place, 39600 Arbois, Tel. 03.84.66.25.76, Fax 03.84.66.27.15 ☑ ϒ tägl. 10h-19h ; Gruppen n. V.

DESIRE PETIT ET FILS
Pupillin Ploussard 1995★

| ◢ | 3 ha | 8 000 | ■⊕ | 30-50 F |

Was für eine Vornehmheit des Duftes ! Ein Geruchseindruck, der gleichzeitig pflanzlich (Unterholz, Pilze), fruchtig (Kirschen, Himbeeren) und animalisch ist. Der Geschmackseindruck hält sich ein wenig im Hintergrund, bleibt aber auf einem sehr guten Niveau : ausgewogen und von guter Länge. Die Tannine sind deutlich zu spüren und werden sich günstig entwickeln.
🕭 Désiré Petit, 39600 Pupillin, Tel. 03.84.66.01.20, Fax 03.84.66.26.59 ☑ ϒ tägl. 8h-12h 13h30-19h ; Gruppen n. V. ; 25. Dez.-1. Jan. geschlossen

Château-Chalon

DESIRE PETIT ET FILS
Pupillin Chardonnay 1995*

□   4,3 ha   8 000   ▮ ⏶ ⚲   30-50 F

Der Geruchseindruck findet wegen seines rustikalen Charakters nicht die einmütige Zustimmung unserer Juroren, doch der Geschmack versöhnt sie wieder. Er ist reich und warm, mit Gewürz- und Lindenblütennoten, und klingt leicht bitter aus. Wird er sich halten oder nicht ? Die Frage bleibt offen, und die Experten sind erneut geteilter Meinung. Aber alle erkennen die gegenwärtige Harmonie dieses Weins an.
☛ Désiré Petit, 39600 Pupillin, Tel. 03.84.66.01.20, Fax 03.84.66.26.59 ✓ ⚲ tägl. 8h-12h 13h30-19h ; Gruppen n. V. ; 25. Dez.-1. Jan. geschlossen

AUGUSTE PIROU Savagnin 1994**

□   k. A.   30 000   ▮ ⚲   50-70 F

Pirou war der Spitzname von Henri Maire und Auguste der Vorname seines Großvaters. So ist diese Marke des Hauses Henri Maire entstanden, die hauptsächlich für den Großhandel bestimmt ist. Dieser intensiv goldgelbe Arbois, ein reinsortiger Savagnin, macht sich sofort bemerkbar durch einen kräftigen Geruch von gebrannten Mandeln und Walnüssen. Man ist nicht erstaunt, daß man im Mund ein schönes Gerüst entdeckt, in dem vollkommene Harmonie herrscht. Der Gesamteindruck ist sehr typisch für einen Jura-Wein, aber die Entwicklung ist überraschend für einen so jungen Jahrgang.
☛ Auguste Pirou, Les Caves royales, 39600 Arbois, Tel. 03.84.66.12.34, Fax 03.84.66.42.42

ANDRE ET MIREILLE TISSOT
Vin jaune 1990*

□   1,5 ha   5 000   ⏶ ⚲   150-200 F

87 88 89 90

Bei André und Mireille Tissot können Sie den berühmten »Schleier« (des Hefefilms) auf dem Vin jaune bewundern. Möglich wird dies durch ein »Schaufaß«, dessen Vorderseite durch eine Glasscheibe ersetzt worden ist. Dieser 90er ist sehr typisch, wenn auch noch ein wenig jung. An unreife Walnüsse und Tabak erinnernder Geruch, kräftiger, von Walnüssen und Röstaromen dominierter Geschmack. Ein sehr männlicher Wein für erfahrene Kenner, der unbedingt lagern muß.
☛ André et Mireille Tissot, 39600 Montigny-lès-Arsures, Tel. 03.84.66.08.27, Fax 03.84.66.25.08 ✓ ⚲ tägl. 8h-12h 13h30-19h

ANDRE ET MIREILLE TISSOT
Trousseau 1995**

■   3,5 ha   15 000   ▮ ⏶ ⚲   30-50 F

Um ein vollendeter Weinliebhaber zu sein, muß man diesen beispielhaften Trousseau gekostet haben. Er ist nicht nur typisch für die Appellation, sondern gehört auch zu den Weinen, die man nicht vergißt - so groß ist das Vergnügen, das er beschert. Zuerst altes Leder, Unterholz und Wildbret. An der Luft entwickelt sich der Geruch zum Fruchtigen hin. Der tanninreiche, fleischige Geschmack besitzt eine nahezu vollkommene Struktur. Die schwarzen Johannisbeeren werden stärker und machen im Abgang einem Hauch von Lakritze Platz. Ein Genuß.

☛ André et Mireille Tissot, 39600 Montigny-lès-Arsures, Tel. 03.84.66.08.27, Fax 03.84.66.25.08 ✓ ⚲ tägl. 8h-12h30 13h30-19h

DOM. JACQUES TISSOT
Chardonnay 1994*

□   3 ha   15 000   ▮ ⏶ ⚲   30-50 F

Sehr schöne blaßgelbe Farbe. Ländlicher Geruchseindruck, alkoholreich und entwickelt. Ausgewogener, runder Geschmackseindruck, in dem Honignoten perfekt mit Röstnoten harmonieren. Ein weicher, gut verschmolzener Wein, der ganz und gar dem Juratyp entspricht. Aber nach übereinstimmender Meinung ist der Geruchseindruck am interessantesten. Unbedingt probieren.
☛ Dom. Jacques Tissot, 39, rue de Courcelles, 39600 Arbois, Tel. 03.84.66.14.27, Fax 03.84.66.24.88 ✓ ⚲ n. V.

PHILIPPE TISSOT Pupillin Poulsard 1994

◢   0,5 ha   k. A.   ▮ ⚲   30-50 F

Die Cuvée trägt den Namen des Sohnes von Jacques Tissot, der seinen Vater in allen Bereichen des Weinbaubetriebs und der Vinifizierung unterstützt. Dieser 94er präsentiert sich in einem überaus strahlenden Lachsrot. Der Geruchseindruck ist gleichzeitig intensiv und subtil ; er ist noch fruchtig, aber man stellt bereits eine Entwicklung zu Geräuchertem hin fest. Im Mund sind die Tannine noch jugendlich, während der aromatische Ausdruck verschlossen ist. Hätte er vielleicht ein wenig länger gären sollen ? Der Gesamteindruck ist gefällig, doch der Wein wird nicht ewig leben können.
☛ Dom. Jacques Tissot, 39, rue de Courcelles, 39600 Arbois, Tel. 03.84.66.14.27, Fax 03.84.66.24.88 ✓ ⚲ n. V.

Château-Chalon

Der angesehenste Wein aus dem Jura, der auf einer Rebfläche von 50 ha erzeugt wird, ist ausschließlich *Vin jaune*, der berühmte Wein mit dem Hefe-

Château-Chalon

film, der nach strengen Vorschriften hergestellt wird. Die Trauben werden in einem bemerkenswerten Anbaugebiet geerntet, auf schwarzem Liasmergel; überragt wird es von steilen Felsen, auf denen sich das alte Dorf erhebt. Die Produktionsmenge ist beschränkt, aber 1996 erreichte sie 1 540 hl. Sechs Jahre und drei Monate nach der Lese gelangen die Weine in den Verkauf. Anmerken muß man noch, daß die Erzeuger selbst aus Sorge um die Qualität für die Weinlesen 1974, 1980 und 1984 die Einstufung als AOC abgelehnt haben.

BAUD 1989*

| ☐ | 1,8 ha | 2 000 | ■ ◗ | 150-200 F |

Die Familie Baud ist erst seit Anfang der 80er Jahre im Anbaugebiet von Château-Chalon ansässig. Sie stellt einen 89er vor, der im Geruchseindruck sehr präsent ist: klassischer Walnußduft. Der Geschmackseindruck hält sich zurück und ist nicht sehr kräftig; dennoch bietet er einen sehr typischen Abgang, der an reife Walnüsse erinnert. Dieser schon recht entfaltete Wein kann ziemlich bald getrunken werden, kann aber auch, wie jeder gute Château-Chalon, noch lagern.

☛ Baud Père et Fils, rte de Voiteur, 39210 Le Vernois, Tel. 03.84.25.31.41, Fax 03.84.25.30.09
✓ ⌶ n. V.

DOM. BERTHET-BONDET 1990*

| ☐ | 5 ha | 20 000 | ◗ | 150-200 F |

Dieser 90er beeindruckt durch seine schöne, sehr kräftige strohgelb-goldene Farbe. Der Geruchseindruck zeugt mit seinen reifen Nußnoten ebenfalls von einer gewissen Entwicklung. Dahinter folgt ein reicher, harmonischer Geschmack. Er ist fett und erscheint mit seinem an kandierte Früchte und Kerne erinnernden Abgang fast vollendet. Eine gute Präsenz des Alkohols unterstützt das Ganze. Muß noch etwa fünf Jahre altern.

☛ Dom. Berthet-Bondet, 39210 Château-Chalon, Tel. 03.84.44.60.48, Fax 03.84.44.61.13
✓ ⌶ n. V.

D. ET P. CHALANDARD 1989*

| ☐ | 1 ha | 2 000 | ◗ | 100-150 F |

Strohgelbe Farbe und ein Geruchseindruck von passabler Stärke, der in Richtung Zimt geht. Der Geschmack ist gut strukturiert, harmonisch und tief. Auch wenn dieser Wein noch keinen deutlich sichtbaren typischen Charakter besitzt, dürfte er sich innerhalb von fünf Jahren vervollkommnen.

☛ Daniel et Pascal Chalandard, rte de Voiteur, caveau du Vieux-Pressoir, 39210 Le Vernois, Tel. 03.84.25.31.15, Fax 03.84.25.37.62
✓ ⌶ tägl. 8h-18h

JEAN-MARIE COURBET 1989*

| ☐ | k. A. | 3 000 | ◗ | 150-200 F |

»Kann man sich etwas Lohnenderes und Schöneres als diese Traube vorstellen«, schrieb Cicero in seiner Abhandlung De senectute, die die Vorzüge der Landwirtschaft für einen glücklichen Lebensabend rühmt. Die langsame Chemie des gelben Weins enthüllt recht gut die freigebige Kraft des Bodens. Der Wein von Jean-Marie Courbet entfaltet einen Duft von frischen Walnüssen und Gewürzen. Der Geschmack ist kräftig und harmoniert perfekt mit dem Geruchseindruck. Dieser für die Appellation sehr repräsentative 89er vereint Finesse, Ausgewogenheit und typischen Charakter.

☛ Jean-Marie Courbet, 39210 Nevy-sur-Seille, Tel. 03.84.85.28.70, Fax 03.84.44.68.88
✓ ⌶ tägl. 8h-20h

DOM. VICTOR CREDOZ 1990

| ☐ | 1 ha | 1 500 | ◗ | 150-200 F |

Das 1859 entstandene Weingut wird heute von zwei Brüdern geführt. Ihr 90er präsentiert sich in einem intensiven strohgelb-goldenen Kleid und mit einem schon entwickelten Geruchseindruck. Der Geschmack ist stark strukturiert: Die kräftige Säure ist in ein schönes Gerüst gut integriert. Die Jury störte sich ein wenig an einem ziemlich ausgeprägten Holzton, der noch die Persönlichkeit dieses alkohol- und körperreichen Weins überdeckt. Der Wein muß einige Zeit altern, damit das Ganze verschmilzt.

☛ Dom. Victor Credoz, 39210 Ménétru-le-Vignoble, Tel. 03.84.85.26.98, Fax 03.84.44.62.41 ✓ ⌶ tägl. 8h-12h 14h-20h

DOM. JEAN MACLE 1990

| ☐ | k. A. | 6 000 | ◗ ♦ | 150-200 F |

86 |87| 90

1850 bestockten die Macles ihre erste Zelle mit Reben. Diskretion und Eleganz kennzeichnen die Château-Chalons von Jean Macle, der gern wiederholt, daß man warten können muß, um seine Weine vollends zu genießen. Wie die vorangegangenen Jahrgänge erweist sich auch der 90er als zart würzig im Geruch und als rund und ausgewogen im Geschmack. Die Jury hätte ihn im Geschmack gern etwas aromatischer gehabt, glaubt aber, daß dies nur eine Frage der Zeit ist. Dennoch ist er hinsichtlich Finesse gelungen !

☛ Jean Macle, rue de la Roche, 39210 Château-Chalon, Tel. 03.84.85.21.85, Fax 03.84.85.27.38
✓ ⌶ n. V.

FRUITIERE VINICOLE DE VOITEUR 1987*

| ☐ | 10 ha | 23 500 | ■ ◗ | 150-200 F |

Ein bedeutender Weinproduzent des Anbaugebiets von Château-Chalon, der kleine Weingüter mit 72 ha Rebfläche vereinigt, darunter 10 ha in der AOC Château-Chalon. Dieser schon alte Jahrgang zeigt sich im Geruch typisch, wobei Gewürze dominieren. Der Geschmack ist ausgewogen und harmonisch und besitzt genau das richtige Maß an Säure. Dieser Wein ist sicherlich nicht sehr kraftvoll, aber für seinen Jahrgang sehr gelungen. Trinkreif.

☛ Fruitière vinicole de Voiteur, 60, rue de Nevy-sur-Seille, 39210 Voiteur, Tel. 03.84.85.21.29, Fax 03.84.85.27.67
✓ ⌶ n. V.

Côtes du Jura

Die Appellation umfaßt die gesamte Anbauzone für Weine von gehobener Qualität. Die Rebfläche beträgt 750 ha und liefert 33 180 hl (1996), wobei alle Weintypen erzeugt werden.

CH. D'ARLAY Vin jaune 1989**

| | 5 ha | 7 000 | 150-200 F |

88 **89** l91 92

20 000 Touristen besuchen jedes Jahr das Schloß von Arlay. Es gibt dort für jeden Geschmack etwas, sei es das Schloß aus dem 13. Jh., der romantische Park, die Vorführung lebender Greifvögel oder natürlich der Keller ! Sie könnten darin diesen vornehmen Vin jaune entdecken, der für dieses Haus recht charakteristisch ist aufgrund seines überreifen Geruchs vom Typ Strohwein. Viel Fett umhüllt im Geschmack ein Aroma von reifen Walnüssen und Geröstetem. Die Nachhaltigkeit ist sehr gut. Dieser Wein setzt ganz freimütig auf die Finesse.

↱ Ch. d'Arlay, 39140 Arlay, Tel. 03.84.85.04.22, Fax 03.84.48.17.96 ☑ ⏳ tägl. 8h-12h 14h-18h ; So n. V.
↱ Comte R. de Laguiche

CH. D'ARLAY 1993*

| | 10 ha | 25 000 | 50-70 F |

Renaud de Laguiche stellt einen »korallenroten« Wein aus fünf Rebsorten her : Pinot noir, Trousseau, Poulsard, Chardonnay und Savagnin. Er erzeugt auch einen reinsortigen Pinot-Rotwein, der leicht bläulichrot ist und einen angenehmen Duft entfaltet. Im Geschmack robust, aber rund. Er ist reif und muß vor dem Servieren auf Zimmertemperatur erwärmt werden, damit man ihn zu gebratenem hellem Fleisch mit nicht weichgekochtem grünem Gemüse voll würdigen kann.

↱ Ch. d'Arlay, 39140 Arlay, Tel. 03.84.85.04.22, Fax 03.84.48.17.96 ☑ ⏳ tägl. 8h-12h 14h-18h ; So n. V.

BERNARD BADOZ 1995*

| | 1,5 ha | 6 000 | 30-50 F |

Auch wenn alle Statuen der Kirche Saint-Hippolyte in Poligny aus der burgundischen Schule stammen, ist dieser leicht ziegelrote Côtes du Jura von Bernard Badoz ein richtiger Jura-Wein : Seine Nase ist bemerkenswert. Die Kombination der drei Rebsorten ist perfekt gelungen über einem leichten Holzton. Man kann diesen bereits entwickelten Wein schon jetzt trinken.

↱ Bernard Badoz, 15, rue du Collège, 39800 Poligny, Tel. 03.84.37.11.85, Fax 03.84.37.11.18 ☑ ⏳ tägl. 8h-12h 14h-19h

BAUD Savagnin 1992***

| | 4,5 ha | 5 000 | 70-100 F |

Strohgelbe Farbe mit herrlichen grünen Reflexen. Walnüsse und Äpfel kommen schon beim ersten Riechen zum Vorschein und werden dann immer intensiver. Der Geschmack ist ausgewogen und kräftig. Innerhalb dieser köstlichen Struktur kommt zu den Nüssen und Äpfeln noch ein Honiggeschmack hinzu. Ein paar Monate werden ihm etwas mehr Harmonie verleihen, aber man weiß schon jetzt, daß man einen großen Wein vor sich hat.

↱ Baud Père et Fils, rte de Voiteur, 39210 Le Vernois, Tel. 03.84.25.31.41, Fax 03.84.25.30.09 ☑ ⏳ n. V.

DOM. BERTHET-BONDET
Tradition 1994**

| | 3 ha | 18 000 | 50-70 F |

Der 93 Côtes du Jura Tradition 93 hatte die Jury im letzten Jahr verführt und wurde einer ihrer Lieblingsweine. Mit diesem 94er wird uns fast derselbe Verschnittyp (mit etwas mehr Chardonnay) vorgestellt. Der Ausbau vollzog sich drei Jahre lang im Faß unter einem Hefefilm. Das ergibt einen sehr savagnintypischen Geruch, der zu Haselnüssen und grünen Äpfeln tendiert. Der wohlausgewogene Geschmack ist kraftvoll. Der Nußgeschmack ist nachhaltig, ohne aufdringlich zu wirken. Dieser Wein hat eine sehr schöne Zukunft vor sich.

↱ Dom. Berthet-Bondet, 39210 Château-Chalon, Tel. 03.84.44.60.48, Fax 03.84.44.61.73 ☑ ⏳ n. V.
↱ Jean Berthet-Bondet

BLONDEAU ET FILS 1993*

| | 6 ha | 20 000 | 30-50 F |

Menétru-le-Vignoble, zwischen Voiteur und Frontenay gelegen, ist ein kleines Dorf mit mehreren Winzerfamilien, darunter der GAEC Blondeau. Dieser 93er bietet einen intensiven Geruch von geröstetem Brot. Die geschmackliche Ansprache ist säuerlich ; dann macht sich die Fruchtigkeit bemerkbar. Der Wein ist ziemlich leicht, aber dennoch sehr harmonisch und klingt angenehm aus.

↱ GAEC Blondeau et Fils, 39210 Menétru-le-Vignoble, Tel. 03.84.85.21.02, Fax 03.84.44.90.56 ☑ ⏳ n. V.

XAVIER ET CLAUDE BUCHOT
Cuvée Baudelaire 1993*

| | 2 ha | 5 000 | 30-50 F |

Das Weingut von Claude und Xavier Buchot wurde 1974 angelegt. Innerhalb weniger Jahre waren 5 ha bestockt. Diese Cuvée Baudelaire bringt perfekt den Duft zum Ausdruck, den der Name des Dichters heraufbeschwört. Sie besitzt einen komplexen Charakter. Der Geruchseindruck erinnert intensiv an Geröstetes. Der füllige Geschmack setzt auf Haselnußnoten. Ein Wein mit ausgeprägtem Charakter, der typisch für die Côtes du Jura ist.

↱ Claude Buchot, 39190 Maynal, Tel. 03.84.85.94.27 ☑ ⏳ n. V.

PHILIPPE BUTIN Vin jaune 1989*

| | 0,18 ha | 1 700 | 100-150 F |

Philippe Butin erzeugt Vin jaune in zwei Appellationen : Château-Chalon und Côtes du Jura. Letzterer präsentiert sich in einem Goldgelb, das ein wenig in Richtung Braun geht. Der Geruchseindruck ist intensiv, aber noch nicht sehr komplex. Dieser im Geschmack leicht holz-

Côtes du Jura

betonte, recht ausgewogene 89er ist nicht sehr lang. Dennoch ein gelber Wein, der ein paar Jahre altern kann.
- Philippe Butin, 21, rue de la Combe, 39210 Lavigny, Tel. 03.84.25.36.26, Fax 03.84.25.39.18 ☑ Ⲟ n. V.

CAVEAU DES BYARDS Vin jaune 1989
| | 3 ha | 3 400 | ⅢⳆ | 150-200F |

Der Caveau des Byards ist eine kleine Genossenschaftskellerei, die 22 ha Rebflächen in der Appellation Côtes du Jura vereinigt. Zu seinem Angebot gehört natürlich Vin jaune. Die Nase dieses 89ers ist sehr kräftig, fein und komplex zugleich. Nach einem sehr guten ersten Geschmackseindruck mangelt es ihm ein wenig an Länge. Die Ausgewogenheit ist dennoch ganz und gar gelungen. In zwei Jahren trinkreif.
- Caveau des Byards, 39210 Le Vernois, Tel. 03.84.25.33.52, Fax 03.84.25.38.02 ☑ Ⲟ n. V.

CAVEAU DES BYARDS Savagnin 1992*
| | k. A. | 1 900 | ⅢⳆ | 70-100F |

Savagnin, nichts als Savagnin, vier Jahre im Faß ausgebaut. Ein in kleiner Menge erzeugter Wein, der das Auge durch seine schöne goldene Farbe verführt. Der an grüne Walnüsse erinnernde Geruch ist typisch. Der stattliche Geschmack bringt eine gewisse Fülle zum Ausdruck. Walnüsse und Haselnüsse vermischen sich im nachhaltigen Abgang. Sichtlich gut.
- Caveau des Byards, 39210 Le Vernois, Tel. 03.84.25.33.52, Fax 03.84.25.38.02 ☑ Ⲟ n. V.

MARCEL CABELIER Chardonnay 1994
| | k. A. | 53 000 | | 30-50F |

Sie werden diesen Wein nicht »auf dem Gut« finden, sondern im Großhandel, über die Compagnie des Grands Vins du Jura ihre Erzeugnisse verkauft. Der goldgelbe 94er bietet einen sehr frischen, aber ziemlich diskreten Chardonnay-Duft. Das Aroma ist fruchtig, der leicht säuerliche Geschmack sehr angenehm.
- Cie des Grands Vins du Jura, rte de Champagnole, 39570 Crançot, Tel. 03.84.87.61.30, Fax 03.84.48.21.36
Ⲟ Mo-Fr 8h-12h 14h-18h

MARCEL CABELIER Pinot noir 1995*
| ■ | k. A. | 43 600 | | 30-50F |

Dunkle Robe mit bläulichroten Reflexen : Wir haben erkennbar einen Pinot noir vor uns. Der Geruchseindruck ist recht klassisch : Noten von roten Früchten, in Alkohol eingelegten Früchten sowie eine wilde Note. Die kräftige Struktur im Geschmack wird durch deutlich spürbare Tannine gesichert, die jedoch nicht verhindern, daß sich eine elegante Fruchtigkeit offenbart (Brombeerkonfitüre). Dieser gut gebaute Wein verdient es, noch ein oder zwei Jahre zu reifen. Wird nur über den Großhandel verkauft.
- Cie des Grands Vins du Jura, rte de Champagnole, 39570 Crançot, Tel. 03.84.87.61.30, Fax 03.84.48.21.36
Ⲟ Mo-Fr 8h-12h 14h-18h

DANIEL ET PASCAL CHALANDARD
Vin de paille
| | 0,2 ha | 1 000 | ■ | 70-100F |

Für den Strohwein verwenden Daniel und Pascal Chalandard ähnlich wie für ihr gesamtes Angebot originelle, reizvolle Etiketten. Während der Geruch dieses Weins leicht an Vanille erinnert, ist der Geschmack deutlich durch das Holzton geprägt. Dieser dennoch ziemlich leichte Strohwein wird angenehm zu trinken sein, vor allem als Aperitif.
- Daniel et Pascal Chalandard, rte de Voiteur, caveau du Vieux-Pressoir, 39210 Le Vernois, Tel. 03.84.25.31.15, Fax 03.84.25.37.62 ☑ Ⲟ tägl. 8h-18h

DANIEL ET PASCAL CHALANDARD
1994***
| | 3 ha | 8 000 | ⅢⳆ | 30-50F |

30 % Savagnin sowie Chardonnay ergeben diesen außergewöhnlichen Wein. Begehrenswert in seinem blaßgelben Kleid mit den grünen Reflexen. Sein Duft, der an weiße Blüten, grüne Äpfel und gebrannte Mandeln erinnert, umschmeichelt zart unsere Sinne. Wenn er im Mund noch etwas hart ist, so nur deshalb, weil er seine Fülle noch nicht erreicht hat. Aber dieser schon aromatische, holzbetonte und würzige 94er lädt uns zu einem köstlichen Rendez-vous ein. Ein prächtiges Produkt.
- Daniel et Pascal Chalandard, rte de Voiteur, caveau du Vieux-Pressoir, 39210 Le Vernois, Tel. 03.84.25.31.15, Fax 03.84.25.37.62 ☑ Ⲟ tägl. 8h-18h

DENIS ET MARIE CHEVASSU
Chardonnay 1995
| | 2,5 ha | 3 500 | ⅢⳆ | 30-50F |

Ursprünglich ein landwirtschaftlicher Betrieb mit Mischkultur und Viehzucht. Inzwischen hat er sich auf hochwertigen Weinbau spezialisiert und bietet eine große Vielfalt an Weinen, darunter den berühmten Château-Chalon. Aber sprechen wir lieber von dem weißen Côtes du Jura. Die Farbe ist ein schon entwickeltes Gelb. Der Honigduft zeigt sich kraftvoll. Der weiche Geschmack bietet nicht zuviel Frische. Somit ist es an der Zeit, daß man ihn trinkt.
- Denis et Marie Chevassu, Granges Bernard, 39210 Menétru-le-Vignoble, Tel. 03.84.85.23.67 ☑ Ⲟ n. V.

DENIS ET MARIE CHEVASSU
Pinot 1995*
| ■ | 0,5 ha | 2 000 | ■ⅢⳆ | 30-50F |

Die Cuvées, die zu 100 % aus Pinot noir bestehen, sind relativ selten im Jura und stoßen zwangsläufig nicht auf einmütige Zustimmung. Diese hier hier hat unsere Jury verführt, die den Wein im Geruch als angenehm empfand, noch besser sogar im Geschmack, wo er sich leicht tanninig zeigt. Ein Hauch von Säure unterstützt das Ganze. Die aus Burgund stammende Traubensorte ist hier gut vinifiziert worden.
- Denis et Marie Chevassu, Granges Bernard, 39210 Menétru-le-Vignoble, Tel. 03.84.85.23.67 ☑ Ⲟ n. V.

Côtes du Jura

JEAN-MARIE COURBET
Vin de paille 1994★

| ☐ | k. A. | 2 000 | 🍷 | 70-100 F |

Jean-Marie Courbet ist der Vorsitzende der *Société de viticulture du Jura*, des Winzerverbandes des Jura. Sein Strohwein ist sehr gelungen : Mit seinem intensiven Aprikosen-, Feigen- und Rosinenduft und seinem wohlausgewogenen Honiggeschmack kann dieser Wein lagern, aber man kann ihn auch schon jetzt probieren - in kleinen Schlucken, um ein unverfälschtes Produkt zu genießen.
☛ Jean-Marie Courbet, 39210 Nevy-sur-Seille, Tel. 03.84.85.28.70, Fax 03.84.44.68.88 ✓ ⚹ tägl. 8h-20h

DOM. VICTOR CREDOZ
Chardonnay 1994

| ☐ | 2 ha | 4 000 | 🍷 | 30-50 F |

Anläßlich der letztjährigen Ausgabe dieses Weinführers konnten wir einen 92er Savagnin verkosten. In diesem Jahr stellen uns die Brüder Credoz einen blaßgelben 94er Chardonnay mit leichtem Röstgeruch vor. Der Geschmack besitzt keine große Fülle, bleibt aber ausgewogen. Dieser gut gemachte Wein kann noch zwei bis drei Jahre altern.
☛ Dom. Victor Credoz, 39210 Ménétru-le-Vignoble, Tel. 03.84.85.26.98, Fax 03.84.44.62.41 ✓ ⚹ tägl. 8h-12h 14h-20h

RICHARD DELAY Pinot noir 1995★★

| ■ | 1,75 ha | k. A. | 🍷 | 30-50 F |

Schöne Farbe, die wie verblühte Damaszenerrosen schimmert. In der Nase bleibt der Röstcharakter dominant, wird aber immer von fruchtigen Noten begleitet, bei denen schwarze Johannisbeeren oder Walderdbeeren hervortreten. Dieser im Geschmack weiche und gefällige 95er läßt die Faßreifung erkennen. Ein fleischiger, solider Wein für Wildbret.
☛ Richard Delay, rue du Château, 39570 Gevingey, Tel. 03.84.47.46.78, Fax 03.84.43.26.75 ✓ ⚹ n. V.

RICHARD DELAY
Cuvée Paul Delay 1994★★★

| ☐ | 2 ha | 5 000 | 🍷 | 50-70 F |

Ein Verschnitt aus Chardonnay und Savagnin, der 24 Monate im Faß gereift ist. Die grünen Walnüsse sind deutlich zu riechen. Im Geschmack ein kraftvoller Wein mit recht ausgeprägter Savagninbasis, die ein Holzton zart unterstreicht. Er ist sehr typisch und dürfte den erfahrenen Liebhabern von Jura-Weinen gefallen.
☛ Richard Delay, rue du Château, 39570 Gevingey, Tel. 03.84.47.46.78, Fax 03.84.43.26.75 ✓ ⚹ n. V.

J ET B DURAND-PERRON
Vin de paille 1994

| ☐ | 1 ha | k. A. | 🍷 | 70-100 F |

Vor zehn Jahren traten Jacques und Barbara Durand-Perron die Nachfolge von Marius Perron an, der für seine köstlichen Château-Chalons bekannt war. Sie präsentieren uns diesen Strohwein, dessen altgoldene Farbe durch ein paar gelbrote Reflexe verstärkt wird. Der Geruch ist würzig, der Geschmack ein wenig bitter, ebenfalls mit Gewürznoten. Dieser Wein ist zwar nicht sehr süß, aber seine leichte Bitterkeit wird sich vielleicht mit den Jahren verflüchtigen. Das wiegt die Mühe des Wartens auf.
☛ Jacques Durand-Perron, 9, rue des Roches, 39210 Voiteur, Tel. 03.84.44.66.80, Fax 03.84.44.62.75 ✓ ⚹ n. V.

DOM. GRAND FRERES 1994

| ☐ | k. A. | k. A. | 🍷 | 30-50 F |

Mit seinem Strohweingeruch, der Noten von kandierten Äpfeln und Karamel verbindet, ist dieser weiße Côtes du Jura überraschend, aber nicht unangenehm. Im Geschmack verhindert ein etwas schmaler Bau, daß sich das Aroma voll entfalten kann. Man muß ihn lagern und währenddessen die Cuvée »Sélection 1994« probieren, einen der Lieblingsweine der letztjährigen Ausgabe.
☛ Dom. Grand Frères, rte de Frontenay, 39230 Passenans, Tel. 03.84.85.28.88, Fax 03.84.44.67.47 ✓ ⚹ tägl. 9h-12h 14h-18h

DOM. GRAND FRERES Sélection 1995

| ■ | k. A. | k. A. | 🍷 | 30-50 F |

Reintönige Farbe, recht kräftiger, an rote Früchte erinnernder Geruch. Im Geschmack ist er zunächst lebhaft, beruhigt sich dann aber und hinterläßt zum Schluß einen guten Eindruck. Einer unserer Weinverkoster notierte : »Gute Konzeption«. Ein knappes Jahr altern lassen.
☛ Dom. Grand Frères, rte de Frontenay, 39230 Passenans, Tel. 03.84.85.28.88, Fax 03.84.44.67.47 ✓ ⚹ tägl. 9h-12h 14h-18h

CLOS DES GRIVES Chardonnay 1994

| ☐ | 1,5 ha | 6 600 | 🍷 | 30-50 F |

Verhalten fruchtig in der Nase. Dieser weiße Côtes du Jura aus dem Clos des Grives ist schlicht, aber angenehm. Der leicht säuerliche Geschmack läßt an frische Früchte denken, an Ananas. Er besitzt eine gute Alterungsfähigkeit, es fehlt ihm nur dieses kleine Plus an jurassischer Seele. Dennoch ist er sehr entgegenkommend und wird sehr gut zu Vorspeisen passen.
☛ Claude Charbonnier, Clos des Grives, 39570 Chillé, Tel. 03.84.47.23.78, Fax 03.84.47.29.27 ⚹ n. V.

PATRICK JOHANN Chardonnay 1995

| ☐ | 0,12 ha | 1 000 | 🍷 | 30-50 F |

Patrick Johann, ein Debütant im Hachette-Weinführer, besitzt nur 2 ha Rebflächen. Patrick

Côtes du Jura

und Michèle Johann sind seit 1973 in der Landwirtschaft tätig und haben ihren Betrieb 1993 um den Weinbau erweitert. Hinter einem blaßgelben Kleid bietet dieser 95er einen Geruchseindruck, der zunächst grasig, dann blumig ist. Der Geschmack ist geschmeidig. Die Chardonnay-Traube kommt hier voller Zurückhaltung zum Ausdruck. »Er muß noch zeigen, was in ihm steckt«, würde ein Lehrer sagen ...
🞂 Patrick et Michèle Johann, Grange Canoz, 39600 Arbois, Tel. 03.84.66.13.82, Fax 03.84.37.48.81 ☑ ✗ n. V.

PATRICK JOHANN Rouge Tradition 1994

| ■ | 0,2 ha | 1 200 | 🞄 | 30-50 F |

Dieser sehr klare Rotwein, der hauptsächlich aus Ploussard-Trauben zusammengestellt worden ist, zeigt eine überaus aufreizende kirschrote Farbe. Der Geruchseindruck ist von sehr schöner Intensität und setzt sich aus roten Früchten und ein paar Ledernoten zusammen. Der Wein ist geschmeidig und gefällig und überzieht angenehm den Gaumen. Die Tannine haben sich aufgelöst, die Ausgewogenheit ist vollauf zufriedenstellend.
🞂 Patrick et Michèle Johann, Grange Canoz, 39600 Arbois, Tel. 03.84.66.13.82, Fax 03.84.37.48.81 ☑ ✗ n. V.

CLAUDE JOLY
Méthode traditionnelle 1995*

| ○ | 2 ha | 15 000 | 🞄 | 30-50 F |

Ein nach der traditionellen Methode hergestellter Côtes-du-Jura-Schaumwein. Das wird selten, seitdem es den Crémant du Jura gibt. Dennoch ein frischer, aromatischer Schaumwein, den man genießen kann. Eine kräftige Säure verleiht einen Hauch Frische und ergibt zusammen mit dem fruchtigen Aroma einen sehr gefälligen Geschmack.
🞂 Claude Joly, 39190 Rotalier, Tel. 03.84.25.04.14, Fax 03.84.25.14.48 ☑ ✗ n. V.

ALAIN LABET
Fleur de Marne La Bardette 1994*

| □ | 0,6 ha | 2 500 | ⚭ | 30-50 F |

Diese nach Honig und grünen Äpfeln duftende Fleur de Marne schmeckt ein wenig streng. Man glaubt darin Savagnin zu erkennen, aber es ist ein reinsortiger Chardonnay. Gegenwärtig ist diese Cuvée verschlossen; man muß ihr Zeit lassen, damit sie sich entfaltet und das besser zum Ausdruck bringt, was im Augenblick vom Holz dominiert wird. In drei oder vier Jahren ?
🞂 Alain Labet, 39190 Rotalier, Tel. 03.84.25.11.13 ☑ ✗ n. V.

ALAIN LABET Pinot noir 1995**

| ■ | 0,5 ha | 2 700 | ⚭ | 30-50 F |

Kräftige, strahlende Farbe. Der erste Geruchseindruck ist nicht sehr einladend, weil dieser 95er »fuchsig« riecht, aber nach einer guten Belüftung entwickelt sich ein viel interessanteres Bukett reifer Früchte. Dieser im Geschmack kraftvolle Pinot bietet eine gute Struktur. Der Gesamteindruck ist gut. »Man sollte ihn zu einem Fleischgericht mit Sauce trinken«, notierte ein Verkoster.

🞂 Alain Labet, 39190 Rotalier, Tel. 03.84.25.11.13 ☑ ✗ n. V.

LA VIGNIERE Vin de paille 1994***

| □ | k. A. | 12 000 | ⚭🞄 | 100-150 F |

Dieser Strohwein ist ein Produkt von Henri Maire, dem größten Weinproduzenten des Jura. Er ist außergewöhnlich und hat die Jury durch seine schöne altgoldene kupferfarbe verführt. Die Nase ist bereits sehr vielversprechend: Rosinen, kandierte und exotische Früchte bilden eine förmliche Duftkaskade. Im Mund überzieht eine unendliche Süße den Gaumen. Honig, Feigen und kandierte Früchte verbünden sich zu unserem Hochgenuß.
🞂 Henri Maire, Dom. de Boichailles, 39600 Arbois, Tel. 03.84.66.12.34, Fax 03.84.66.42.42 ☑ ✗ tägl. 9h-18h

DOM. MOREL-THIBAUT
Trousseau 1995*

| ◪ | 1 ha | 6 500 | 🞄 | 30-50 F |

Ein kräftiges, leicht ziegelrotes Rosa. Die Nase erscheint noch verschlossen, läßt aber zuletzt ein paar Noten von Blüten, danach von roten Johannisbeeren erkennen. Frisch, aber kraftvoll. Ein eher männlicher Rosé, von dem manche meinen könnten, es fehle ihm ein wenig an Frucht. Man schlägt uns vor, ihn zu einer Paella oder gar zu einem chinesischen Fondue zu trinken ! Wer der Internationalisierung der Küche ablehnend gegenübersteht, kann sich ebenso für Wurstgerichte aus der Franche-Comté entscheiden.
🞂 Dom. Morel-Thibaut, 4, rue Coittier, 39800 Poligny, Tel. 03.84.37.07.61, Fax 03.84.37.07.61 ☑ ✗ n. V.

DOM. MOREL-THIBAUT
Vin de paille 1994**

| □ | 1 ha | 3 000 | ⚭ | 70-100 F |

87 |89| |90| |91| |92| |93| |94|

Der Strohwein von Michel Thibaut und Jean-Luc Morel verführt uns in der Regel jedes Jahr. Dieser altgoldene, leicht kupferfarbene 94er bildet keine Ausnahme. Der sehr feine Duft erinnert über einen leichten Röstgeruch an Dörrobst. Geschmacklich machen die sehr schöne Ausgewogenheit von Alkohol, Zucker und Säure und die große aromatische Finesse diesen Wein zu einem Vorbild an Eleganz. Ein charmanter Repräsentant für die Appellation.
🞂 Dom. Morel-Thibaut, 4, rue Coittier, 39800 Poligny, Tel. 03.84.37.07.61, Fax 03.84.37.07.61 ☑ ✗ n. V.

Côtes du Jura

PIGNIER PERE ET FILS
Trousseau 1995*

■ 0,6 ha 2 000 ⦿ 30-50 F

Seit 1974 besitzt die Familie Pignier dieses von Kartäusermönchen gegründete Weingut. Der Trousseau ist sehr ermutigend. Eine Palette sehr unterschiedlicher Aromen entfaltet sich, aber am Ende dominieren die Gewürze. Dieser geschmacklich ausgewogene 95er ist sehr ausdrucksvoll. Seine ausgeprägte Persönlichkeit läßt niemanden kalt.
✍ Pignier Père et Fils, Cellier des Chartreux, 11, pl. Rouget-de-Lisle, 39570 Montaigu, Tel. 03.84.24.24.30, Fax 03.84.47.46.00
☑ ☥ tägl. 8h-12h 13h30-19h

AUGUSTE PIROU Chardonnay 1995*

☐ k. A. 60 000 ■ ⦿ ☥ 30-50 F

Der Duft von Honig, grünen Äpfeln und Akazien ist sehr angenehm. Der Geschmackseindruck ist ausgewogen, aber noch ein wenig verschlossen. Gut vinifiziert, insgesamt sehr positiv. Um diesen Wein voll zu genießen, muß man ihn jedoch bald trinken.
✍ Auguste Pirou, Les Caves royales, 39600 Arbois, Tel. 03.84.66.12.34, Fax 03.84.66.42.42

CH. DE QUINTIGNY
Chardonnay 1994**

☐ 3 ha 5 000 ■ ⦿ 30-50 F

Dieses Weingut, ein ehemaliger befestigter Bauernhof aus dem 14. Jh., wird seit 1974 von Anne-Marie Bougaud geführt, die früher Lehrerin war. Honig, Wachs, Akazienblüten : ein milder Duft, der nicht unbemerkt bleibt. Dieser vollkommen runde Côtes du Jura verströmt ein Aroma, das an ofenfrische Lebkuchen erinnert, und schmeckt zum Schluß nach Honig. Im Frühjahr 1998 wird er sich vollständig entfaltet haben.
✍ Dom. Cartaux-Bougaud, Ch. de Quintigny, 39570 Quintigny, Tel. 03.84.48.11.51, Fax 03.84.48.19.08 ☑ ☥ n. V.

CH. DE QUINTIGNY Vin jaune 1989

☐ 0,7 ha 800 ■ ⦿ 100-150 F

Diese Kellerei befindet sich im Schloß von Quintigny. Das Gebäude ist zwar sehr wuchtig, aber der Vin jaune, der darin hergestellt wird, ähnelt ihm nicht. Er ist eher in einem leichten Stil gehalten, was ihn aber nicht daran hindert, wohlausgewogen zu sein und einen guten Eindruck zu hinterlassen. Man muß ihn jung trinken, und zwar - wenn man seinen Charakter berücksichtigt - zu nicht zu scharfen Gerichten.
✍ Dom. Cartaux-Bougaud, Ch. de Quintigny, 39570 Quintigny, Tel. 03.84.48.11.51, Fax 03.84.48.19.08 ☑ ☥ n. V.

XAVIER REVERCHON 1995*

■ 0,6 ha 3 000 ■ ☥ 30-50 F

Xavier Reverchon kann im Jahr 2000 zweimal feiern : zunächst einmal die Ankunft des 3. Jahrtausends und zum anderen den 100. Geburtstag seines Weinguts. Und dieser rote Côtes du Jura wird dem Ereignis vollkommen gewachsen sein : Ein subtiler Geruchseindruck, noch deutlich spürbare Tannine, aber eine echte geschmackliche Länge bestätigen seine schöne Konstitution.
✍ Xavier Reverchon, EARL Chantemerle, 2, rue du Clos, 39800 Poligny, Tel. 03.84.37.02.58, Fax 03.84.37.00.58
☑ ☥ n. V.

PIERRE RICHARD
Cuvée 20e Anniversaire 1992*

☐ 1 ha 6 000 ⦿ 50-70 F

20 Jahre, das muß man feiern! Ja, vor 20 Jahren hat sich Pierre Richard hier niedergelassen. Er wollte das Ereignis begehen, indem er voller Hingabe diese »Cuvée des 20. Geburtstags« herstellte und 1996 den Jahrgang 1992 herausbrachte ! Es ist ein weißer Côtes du Jura, ein blaßgrüner Verschnitt aus Chardonnay und Savagnin. Der Geruch ist sehr jugendlich : grüne Äpfel. Die Säure im geschmacklichen Finale ist noch ausgeprägt. Man sollte zwar nicht warten, bis Pierre Richard in Rente geht, aber man muß ein paar Jahrgänge vorübergehen lassen, bevor man diese festliche Cuvée trinkt.
✍ Pierre Richard, 39210 Le Vernois, Tel. 03.84.25.33.27, Fax 03.84.25.36.13
☑ ☥ n. V.

PIERRE RICHARD Vin jaune 1989

☐ 1 ha 1 200 ⦿ 100-150 F

Am 15. Oktober pflückte Pierre Richard die ersten Trauben, aus denen er diesen goldgelben Vin jaune herstellte. Er entfaltet einen kraftvollen Duft und zeigt sich im Geschmack aufgrund seiner ausgeprägten Säure noch sehr jugendlich. Hinsichtlich des Aromas ein guter Vin jaune, der mit grünen Walnüssen nicht geizt. Wenn man ihn mindestens fünf Jahre altern läßt, dürfte er harmonisch verschmelzen.
✍ Pierre Richard, 39210 Le Vernois, Tel. 03.84.25.33.27, Fax 03.84.25.36.13
☑ ☥ n. V.

MARIE-CLAUDE ROBELIN ET FILS
Chardonnay 1994

☐ 5 ha 11 000 ■ ⦿ 30-50 F

Philippe, Didier und ihre Mutter Marie-Claude Robelin vergrößern ihren Betrieb seit 1986. Der Chardonnay-Duft ist im Stil der Juraweine typisch. Der Geschmack ist zwar nicht für eine lange Alterung geschaffen, aber dennoch angenehm und typisch.
✍ Marie-Claude Robelin et Fils, pl. de l'Eglise, 39210 Voiteur, Tel. 03.84.25.33.30, Fax 03.84.85.26.03 ☑ ☥ n. V.

ROLET PERE ET FILS
Chardonnay 1995*

☐ 10 ha 15 000 ⦿ 30-50 F

Dieser 15 Monate in Barrique vergorene und ausgebaute Côtes du Jura, ein reinsortiger Chardonnay, ist sehr gut vinifiziert. Der intensive, komplexe Geruchseindruck erinnert in erster Linie an Geröstetes. Im Geschmack zeigt sich der Wein ausgewogen und bietet eine sympathische Fruchtigkeit. Er könnte einen ausgeprägteren Jura-Charakter besitzen, aber er ist frisch und angenehm und hat eine schöne Zukunft vor.

◆ Rolet Père et Fils, 39600 Montigny-lès-Arsures, Tel. 03.84.66.00.05, Fax 03.84.37.47.41 ☑ ⏳ tägl. 9h-12h 14h-19h

CLAUDE ROUSSELOT-PAILLEY
Chardonnay 1994

| □ | 2 ha | 8 000 | ⏳ 30-50 F |

Ein Côtes du Jura Chardonnay-Savagnin dieses Erzeugers gehörte 1997 zu unseren Lieblingsweinen. Unsere Jury dachte zunächst, es würde sich um denselben Verschnittyp handeln, bevor sich Claude Rousselot-Pailley dafür entschieden hat, sich dieses Jahr dafür entschieden, uns einen reinsortigen Chardonnay zu präsentieren. Ein Wein, der im Geschmack fett, sehr fett ist.

◆ Claude Rousselot-Pailley, 140, rue Neuve, 39210 Lavigny, Tel. 03.84.25.38.38, Fax 03.84.25.31.25 ☑ ⏳ n. V.

CLAUDE ROUSSELOT-PAILLEY
Poulsard 1995*

| ◢ | 0,6 ha | 3 000 | ⏳ 30-50 F |

Ein Rosé gegen den Trübsinn. An der Luft entfaltet sich nach kurzer Zeit der ausdrucksvolle Duft, der für den Jura typische Aromanuancen freigibt. Einige feine Tannine unterstützen diesen Poulsard-Wein, der problemlos eine ganze Mahlzeit begleiten kann.

◆ Claude Rousselot-Pailley, 140, rue Neuve, 39210 Lavigny, Tel. 03.84.25.38.38, Fax 03.84.25.31.25 ☑ ⏳ n. V.

PATRICIA ET JEAN-MARIE SERMIER Chardonnay 1994

| □ | 1,8 ha | 5 000 | ⏳ 30-50 F |

Patricia und Jean-Marie Sermier haben sich 1992 auf diesem kleinen Gut in der Nähe der königlichen Saline von Arc-et-Senans und des Waldes von Chaux niedergelassen. Ihr weißer Côtes du Jura, ausgewogen und recht kräftig, ist schon trinkreif.

◆ EARL Jean-Marie et Patricia Sermier, Grande-Rue, 39600 Cramans, Tel. 03.84.37.67.23, Fax 03.84.37.73.52 ☑ ⏳ tägl. 9h-20h

JEAN TRESY ET FILS Trousseau 1995*

| ■ | k. A. | 2 400 | ⏳ 30-50 F |

Da die GAEC Trésy nicht genug Trousseau besitzt, pflanzt sie 30 Ar von dieser Rebsorte in der AOC Arbois an. Dieser schon leicht ziegelrote Wein besitzt einen hübschen Duft von vollreifen roten Beerenfrüchten. Nach einem ersten Eindruck von Wärme entfaltet er sich voller Rundheit mit einer angenehmen Samtigkeit, die aber jede Frische ausschließt. Trotz seiner nicht sehr intensiven Farbe ist dieser 95er solide und kann ein Fleischgericht oder sogar ein Wildgericht begleiten. Man sollte ihn dennoch nicht zu lang aufheben.

◆ Jean Trésy et Fils, rte de Saint-Lamain, 39230 Passenans, Tel. 03.84.85.22.40 ☑ ⏳ n. V.

JEAN TRESY ET FILS 1994*

| □ | k. A. | 6 000 | ⏳ 30-50 F |

Denis und Jean Trésy haben einen Wein hergestellt, der in Hochform ist, der aber dennoch gewinnen kann, wenn er noch altert. Savagnin ist nur mit 5 % an der Komposition beteiligt ; die restlichen 95 % sind natürlich Chardonnay. Hübscher Röstgeruch. Der recht runde, eher blumige Geschmack klingt angenehm aus. Nicht gerade das, was man im Jura einen »typisierten« Wein nennt, aber seine Harmonie ist ein Haupttrumpf.

◆ Jean Trésy et Fils, rte de Saint-Lamain, 39230 Passenans, Tel. 03.84.85.22.40 ☑ ⏳ n. V.

FRUITIERE VINICOLE DE VOITEUR
Chardonnay Cuvée réservée 1992**

| □ | 40 ha | 13 000 | ⏳ 30-50 F |

Außer dem Château-Chalon und dem Vin jaune produziert die Fruitière vinicole de Voiteur sehr schöne Weißweine aus Chardonnay-Trauben, wie etwa diesen 92er. Seine Farbe ist schon entwickelt, aber das ist normal, wenn man sein Alter bedenkt. Der Geruchseindruck setzt sich aus reifen Äpfeln und Honig zusammen. Der Geschmack zeigt eine gute Ausgewogenheit. Die bemerkenswerte aromatische Länge (Walnüsse, Gewürze und Honig) macht ihn zu einem köstlichen Wein, den man noch ein wenig altern lassen sollte.

◆ Fruitière vinicole de Voiteur, 60, rue de Nevy-sur-Seille, 39210 Voiteur, Tel. 03.84.85.21.29, Fax 03.84.85.27.67 ☑ ⏳ n. V.

FRUITIERE VINICOLE DE VOITEUR
1995

| ■ | 2 ha | 5 000 | ⏳ 30-50 F |

Ein 95er, der aus den drei roten Jura-Rebsorten verschnitten ist : Trousseau, Poulsard und Pinot noir. Die kirschrote Farbe zeigt recht helle Reflexe. Der Geruchseindruck ist vornehm : rote Johannisbeeren, vollreife Früchte und pfeffrige Noten. Der Geschmack ist klar, stärker durch eine wohldosierte Säure geprägt als durch die Tannine. Dieser lange, gefällige Wein ist der gelungene Ausdruck der Allianz von Rebsorten, Anbaugebiet und menschlichem Können.

◆ Fruitière vinicole de Voiteur, 60, rue de Nevy-sur-Seille, 39210 Voiteur, Tel. 03.84.85.21.29, Fax 03.84.85.27.67 ☑ ⏳ n. V.

Crémant du Jura

Die durch Erlaß vom 9. Oktober 1995 anerkannte AOC Crémant du Jura gilt für Schaumweine, die gemäß den strengen Regeln der Crémants hergestellt werden. Verwendet werden dafür Trauben, die innerhalb der Anbaufläche der AOC Côtes du Jura geerntet werden. Als rote Traubensorten zugelassen sind Poulsard (oder Ploussard), Pinot noir (hier Gros noirien genannt), Pinot gris und Trousseau, als weiße Traubensorten Sava-

Crémant du Jura

gnin (örtlich als Naturé bezeichnet) und Chardonnay (als Melon d'Arbois oder Gamay blanc bezeichnet). Die Schaumweine, die Anspruch auf die Appellationen Arbois, Côtes du Jura et L'Etoile haben, können die alte AOC bis zum 31. Dezember 1999 behalten. Die Schaumweine dieser drei Appellationen, die aus den Jahrgängen 1991, 1992, 1993 und 1994 stammen, können als AOC Crémant du Jura eingestuft werden, wenn sie eine Verkostung und Analyse durchlaufen haben. 1996 sind übrigens 11 150 hl als weißer Crémant und 113 hl als Rosé-Crémant angemeldet worden.

DOM. MICHEL GENELETTI 1995

○　　　1,8 ha　　10 000　　　　30-50 F

L'Etoile ist ein stilles Dorf. Der Crémant du Jura von Michel Geneletti ist es ebenfalls : Die Bläschen drängen sich nicht im Glas. Der Geruchseindruck ist angenehm fruchtig, der Geschmack sehr klar und lebhaft. Ein Wein zum Aperitif.

⌐ Michel Geneletti, rue de l'Eglise, 39570 L'Etoile, Tel. 03.84.47.46.25, Fax 03.84.47.38.18 ☑ ☥ tägl. 8h-12h 13h30-18h30

CLOS DES GRIVES 1994*

○　　　1,5 ha　　8 000　　　　30-50 F

Im Clos des Grives erzeugt Claude Charbonnier einen schönen Crémant du Jura : Die Bläschen sind fein ; der Duft zeigt sich fruchtig, der Geschmack ausgewogen. Ein noch junger, aber sehr freimütiger Schaumwein.

⌐ Claude Charbonnier, Clos des Grives, 39570 Chillé, Tel. 03.84.47.23.78, Fax 03.84.47.29.27 ☑ ☥ n. V.

DOM. DE LA PINTE*

○　　　2 ha　　8 000　　■ ⅰ)　30-50 F

Das 1953 von Roger Martin geschaffene Gut widmet sich der großen Jurarebsorte, die »gelbe« Weine liefert : der Savagnin-Traube. Es bietet auch Crémant du Jura, halb Savagnin, halb Chardonnay, in eine schöne strohgelbe Robe gehüllt. Nach einer etwas verschlossenen Nase ist der Geschmack bereits entwickelt, aber rund und angenehm. Dieser Crémant du Jura könnte sich als guter Begleiter erweisen, um sich mit mehreren Freunden bei einer »Pinte« (0,93 Liter) Wein köstlich zu amüsieren.

⌐ Dom. de La Pinte, rte de Lyon, 39601 Arbois Cedex, Tel. 03.84.66.06.47, Fax 03.84.66.24.58 ☑ ☥ n. V.
⌐ Famille Roger Martin

MONTBOISIE Blanc de blancs 1994**

○　　　20 ha　　33 000　　■　30-50 F

Die stets dynamische Fruitière vinicole d'Arbois gehört zu den großen Produzenten des Jura-Weinbaugebiets. Sie hat ihrem Ansehen mit dieser blaßgelben Cuvée Montboisie nicht geschadet, die ebenso angenehm duftet wie schmeckt. Dieser fruchtig-blumige Wein zeigt leidenschaftlich seine Abstammung von der Chardonnay-Traube. Eine delikate Harmonie geht von ihm aus.

⌐ Fruitière vinicole d'Arbois, 2, rue des Fossés, 39600 Arbois, Tel. 03.84.66.11.67, Fax 03.84.37.48.80 ☑ ☥ n. V.

DESIRE PETIT 1995*

◐　　　0,5 ha　　4 000　　■　30-50 F

Gérard und Marcel Petit sind nicht gerade verschlossen. Außer ihrem Degustationskeller, der sieben Tage in der Woche geöffnet ist, organisieren sie auf ihrem Gut einen Tag der offenen Tür, an Christi Himmelfahrt. Der Aufstieg der Bläschen in ihrem Rosé-Crémant ist sicherlich kein Wunder, sondern allein die Frucht ihrer Arbeit. Der Himbeerduft ist sehr angenehm. Der Geschmack ist rauher, aber klar. Ein Wein, den man zum Essen trinkt.

⌐ Désiré Petit, 39600 Pupillin, Tel. 03.84.66.01.20, Fax 03.84.66.26.59 ☑ ☥ tägl. 8h-12h 13h30-19h ; Gruppen n. V. ; 25. Dez.-1. Jan. geschlossen

DOM. PIERRE RICHARD 1994

○　　　1 ha　　6 000　　■　30-50 F

Zu Füßen der flurbereinigten Weinberge von Le Vernois führt Pierre Richard seit 1976 die Winzertradition der Familie fort. Dieser Crémant du Jura stammt ausschließlich von Chardonnay-Trauben. Intensive gelbe Farbe und an Butter erinnernder Geruch. Der Wein ist bereits entwickelt und somit trinkreif.

⌐ Pierre Richard, 39210 Le Vernois, Tel. 03.84.25.33.27, Fax 03.84.25.36.13 ☑ ☥ n. V.

ROLET PERE ET FILS 1994**

○　　　6 ha　　40 000　　　　30-50 F

Dieser Crémant du Jura ist verführerisch mit seiner blaßgelben Farbe und besitzt einen bezaubernden Duft, der aus fruchtigen Noten besteht. Im Geschmack ist er zwar klassischer, aber trotzdem ist er bemerkenswert - in einem Maße, daß nur wenig daran fehlt, und die Jury hätte ihn zu einer ihrer Lieblingsweine erklärt.

⌐ Rolet Père et Fils, 39600 Montigny-lès-Arsures, Tel. 03.84.66.00.05, Fax 03.84.37.47.41 ☑ ☥ tägl. 9h-12h 14h-19h

CLAUDE ROUSSELOT-PAILLEY 1994**

○　　　2 ha　　8 000　　■ ⌑　30-50 F

Sein weißer 92er Côtes du Jura war im letzten Jahr einer unserer Lieblingsweine. Claude Rousselot-Pailley beeindruckt die Jury in diesem Jahr mit seinem Crémant du Jura, der einen prächtigen Duft entfaltet. Eine aromatische Explosion über einem sehr frischen, buttrigen Grund. Der Geschmack muß darauf nicht neidisch sein : Die Chardonnay-Traube kommt hier in all ihren Nuancen zum Ausdruck. Die Vinifizierung war sehr sorgfältig. Dieser Wein verdient besondere Beachtung.

⌐ Claude Rousselot-Pailley, 140, rue Neuve, 39210 Lavigny, Tel. 03.84.25.38.38, Fax 03.84.25.31.25 ☑ ☥ n. V.

L'Etoile

Seinen Namen verdankt das Dorf bestimmten Fossilien, nämlich Segmenten der Stiele von Seelilien ; dabei handelt es sich um blumenförmige Stachelhäuter, die wie kleine fünfarmige Sterne aussehen. Das Anbaugebiet hat 1996 rund 3 950 hl Weiß-, Schaum-, Stroh- und gelbe Weine erzeugt.

BAUD 1994*

| | 2 ha | 3 000 | 🍴🍷 | 30-50 F |

Seit 1990 haben Alain und Jean-Michel Baud 2 ha Reben in der AOC L'Etoile erworben. Sie sind somit in allen Jura-Appellationen mit Ausnahme von Arbois vertreten. Dieser 94er bietet eine gelbe Farbe mit bronzefarbenen Reflexen. Der Duft ist komplex und intensiv : reife Früchte, Bergamotte, exotische Früchte. Der Geschmack ist reichhaltig, fett, aber schwindend. Ein Wein, den man den Liebhabern von Düften empfehlen kann.
🍷 Baud Père et Fils, rte de Voiteur, 39210 Le Vernois, Tel. 03.84.25.31.41, Fax 03.84.25.30.09
✉ ☎ n. V.

DOM. MICHEL GENELETTI
Vin jaune 1989**

| | 0,3 ha | 1 500 | 🍷 | 100-150 F |

Kann man sich das Glücksgefühl, aber auch die Unruhe eines Winzers vorstellen, der sieben Jahre nach der Traubenlese seinen Vin jaune kostet, um ihn auf Flaschen abzufüllen ? Unsere Jury war sofort beruhigt, dann sehr rasch angetan, als sie den Wein von Michel Geneletti verkostete. Hinter einem diskreten Mandelgeruch entfaltet sich ein kraftvoller und sehr vielversprechender Geschmack. Ein guter Säuregehalt erlaubt eine lange Lagerung. Auffällig ist eine bereits bemerkenswerte aromatische Palette (Gewürze, Walnüsse).
🍷 Michel Geneletti, rue de l'Eglise, 39570 L'Etoile, Tel. 03.84.47.46.25, Fax 03.84.47.38.18
✉ ☎ tägl. 8h-12h 13h30-18h30

DOM. MICHEL GENELETTI 1993**

| | 3 ha | 13 000 | 🍷 | 30-50 F |

Michel Geneletti ermahnt uns mit gutem Recht : Man darf die L'Etoile-Weine nicht zu stark gekühlt trinken, sondern muß sie leicht temperieren. Das gilt besonders für diesen herrlichen 93er, der nach Brioche und vollreifen Trauben duftet. Der Geschmack ist von großem Reichtum und zeigt über einem Mandel- und Nußaroma eine für den Jura typische Rundheit. Das Anbaugebiet kommt in diesem großartigen Wein voll zur Geltung. Man sollte ihn ein paar Stunden öffnen, bevor man ihn serviert. Ideal zu einem Kalbsschnitzel mit Rahmsauce.
🍷 Michel Geneletti, rue de l'Eglise, 39570 L'Etoile, Tel. 03.84.47.46.25, Fax 03.84.47.38.18
✉ ☎ tägl. 8h-12h 13h30-18h30

CLAUDE JOLY 1993**

| | 1,5 ha | 7 000 | 🍷 | 30-50 F |

Fast ein neuer Urknall ! Ein »Stern«, der glanzvoll strahlt. Nachdem dieser 93er das Auge verführt hat, umschmeichelt er die Nase mit Mandel-, Honig- und Anisnoten. Der Geschmack ist von großer Frische, bleibt jedoch rund und elegant. Sehr schöne Gesamtharmonie. Paßt zu einem Fischgericht mit Sauce.
🍷 Claude Joly, 39190 Rotalier, Tel. 03.84.25.04.14, Fax 03.84.25.14.48
✉ ☎ n. V.

CH. DE L'ETOILE Vin jaune 1989

| | 5 ha | 8 000 | 🍷 | 150-200 F |
| 86 | 87 | 88 | 89 | |

Das Schloß von L'Etoile, ein hübsches Bauwerk auf dem Mont Musard, überragt die Weinberge und das Dorf L'Etoile. Sein Vin jaune bietet uns einen recht kräftigen Lebkuchenduft. Sein schöner Geschmack zeigt eine gute Säurestütze, die einige Nuß-, Mandel- und Karamelnoten erkennen läßt. Er ist nicht sehr rund, bleibt aber typisch für einen »gelben« Wein. Warum nicht zu Hühnchen mit Currysauce ?
🍷 GAEC Ch. de L'Etoile, Vandelle et Fils, 39570 L'Etoile, Tel. 03.84.47.33.07, Fax 03.84.24.93.52 ✉ ☎ tägl. 8h-12h 14h-18h

CH. DE L'ETOILE 1994**

| | 5 ha | 40 000 | 🍷 | 30-50 F |

Bis zum 31. Dezember 1999 darf bei Schaumweinen die Appellation L'Etoile neben der Appellation Crémant du Jura bestehen. Im Château de L'Etoile erzeugt man noch beide. Dieser reinsortige Chardonnay ist besonders gelungen : im Geruch blumig, bereichert durch einen Hauch von tropischen Früchten. Sein Schaum erreicht den Gaumen mit großer Frische, ohne jegliche Aggressivität. Mit diesem nach der traditionellen Methode hergestellten Etoile stellt die Familie ihre Professionalität erneut unter Beweis.
🍷 GAEC Ch. de L'Etoile, Vandelle et Fils, 39570 L'Etoile, Tel. 03.84.47.33.07, Fax 03.84.24.93.52 ✉ ☎ tägl. 8h-12h 14h-18h

CH. DE QUINTIGNY 1994*

| | 6 ha | 8 000 | 🍴🍷 | 30-50 F |

Vier Monate im Gärbottich und achtzehn Monate im Faß. Dieser L'Etoile-Wein mischt munter exotische Früchte, Mandeln und blumige Noten. Ein Hauch von Säure verschafft ihm die nötige Frische. Er ist ganz leicht holzbetont und schenkt sich uns mit der Leichtigkeit der Jugend.

Dom. Cartaux-Bougaud, Ch. de Quintigny, 39570 Quintigny, Tel. 03.84.48.11.51, Fax 03.84.48.19.08 ◨ ⊤ n. V.

Savoie (Savoyen)

Das Weinbaugebiet, das in den zwei Departements Savoie und Haute-Savoie liegt und vom Genfer See bis zum Tal der Isère reicht, nimmt die günstigen unteren Hänge der Alpen ein. Es wird ständig größer (fast 1 800 ha) und erzeugt durchschnittlich rund 130 000 hl. Das savoyische Anbaugebiet bildet ein kompliziertes Mosaik, bestimmt durch die Form der Täler, in denen mehr oder weniger große Rebinseln entstanden sind. Die geographische Vielfalt spiegelt sich in den klimatischen Unterschieden wider, die durch das Gelände verschärft oder durch die Nähe des Genfer Sees und des Lac du Bourget gemildert werden.

Vin de Savoie und Roussette de Savoie sind die regionalen Appellationen, die in allen Anbauzonen Verwendung finden; diesen Bezeichnungen darf die Angabe einer Reblage folgen, aber sie gelten dann nur für Stillweine, ausschließlich für Weißweine bei den Roussette-Weinen. Die Weine aus den Gebieten Crépy und Seyssel haben Anspruch auf ihre eigene Appellation.

Wegen der starken Aufsplitterung des Weinbaugebiets werden recht viele Rebsorten angebaut, doch tatsächlich werden einige davon in nur sehr geringer Zahl angepflanzt, insbesondere Pinot und Chardonnay. Vier weiße und zwei dunkle Traubensorten sind die hauptsächlich angebauten Rebsorten, die originelle, eigentümliche Weine erzeugen. Die nach der Reblausinvasion aus dem benachbarten Beaujolais eingeführte Gamay-Traube liefert frische, leichte Weine, die man im Jahr nach der Lese trinken sollte. Die Mondeuse-Rebe, eine hochwertige einheimische Rebsorte, bringt kräftig gebaute Rotweine hervor; vor der Reblauskrise war sie die wichtigste Rebsorte Savoyens. Es wäre zu wünschen, daß sie ihren alten Rang wieder einnimmt; denn ihre Weine haben eine schöne Qualität und besitzen viel Charakter. Jacquère ist die am häufigsten verbreitete weiße Traubensorte; sie liefert frische, leichte Weißweine, die man jung trinkt. Altesse ist eine sehr feine Rebsorte, die für Savoyen typisch ist; die aus ihr erzeugten Weißweine werden unter dem Namen Roussette de Savoie verkauft. Die Rebsorte Roussanne schließlich, die hier Bergeron genannt wird, erzeugt ebenfalls Weißweine von hoher Qualität, vor allem in Chignin mit dem Chignin-Bergeron.

Crépy

Wie am gesamten Ufer des Genfer Sees wird die Chasselas-Rebe auch im Weinbaugebiet von Crépy (80 ha) angebaut, wo sie die einzige Rebsorte ist. Sie liefert rund 6 000 hl von einem leichten Wein. Diese kleine Region hat die AOC 1948 erhalten.

Vin de Savoie

JACQUES METRAL 1996
| | 30 ha | 120 000 | ⅠⅠ ♦ | 30-50 F |

Auf den sanften Moränenhügeln am Genfer See hat die Chasselas-Rebe eines ihrer bevorzugten Anbaugebiete gefunden. Dem hier seit 1972 tätigen Jacques Métral ist ein Wein mit starker Persönlichkeit gelungen, geprägt durch Gewürz- und Haselnußnoten. Seine mit einer guten Struktur verbundene Frische macht diesen Wein zum idealen Begleiter für ein Fischgericht mit Sauce.
↝ Jacques Métral, Le Chalet, 74140 Loisin, Tel. 04.50.94.10.60, Fax 04.50.94.18.39
☑ Ⅰ n. V.

Vin de Savoie

Das Weinbaugebiet, das Anspruch auf die Appellation Vin de Savoie verleiht, befindet sich zumeist auf alten Gletschermoränen oder auf Geröll. Zusammen mit der geographischen Zerstückelung führt dies zu einer Vielfalt, die oft noch durch den Zusatz des örtlichen Lagennamens zum Namen der regionalen Appellation verdeutlicht wird. Am Ufer des Genfer Sees erzeugt die Chasselas-Rebe in Marin, Ripaille und Marignan - ähnlich wie am schweizerischen Ufer - leichte Weißweine, die man jung trinken sollte; sie werden häufig als spritzige Weine hergestellt. Die übrigen Anbauzonen verwenden andere Rebsorten und produzieren je nach Eignung des Bodens Weiß- oder Rotweine. Von Norden nach Süden findet man so Ayze, am Ufer der Arve, mit Perl- oder Schaumweinen, danach am Ufer des Lac du Bourget (und im Süden der Appellation Seyssel) die Chautagne, deren Weine einen sehr eigenwilligen Charakter besitzen, und Charpignat am Fuße des Mont du Chat. Südlich von Chambéry werden zu Füßen des Mont Granier frische Weißweine erzeugt, wie etwa der Apremont und der Cru Les Abymes; das letztgenannte Anbaugebiet ist auf einem Bergrutsch entstanden, der im Jahre 1248 Tausende von Todesopfern forderte. Gegenüber hat das von der Urbanisierung heimgesuchte Monterminod Weinberge bewahrt, die bemerkenswerte Weine liefern. Auf dieses kleine Anbaugebiet folgen das von Saint-Jeoire-Prieuré, auf der anderen Seite von Challes-les-Eaux, und danach das von Chignin, dessen Bergeron zu Recht einen guten Ruf hat. Die Isère weiter flußaufwärts liegen auf dem rechten Ufer die Crus Montmélian, Arbin, Cruet und Saint-Jean-de-la-Porte, die die Südosthänge einnehmen.

Die Savoie-Weine werden in geringen Mengen erzeugt, erreichen aber fast 130 000 hl. Sie werden in einer stark touristisch geprägten Region vorzugsweise in ihrer Jugend vor Ort getrunken, wobei die Nachfrage das Angebot bisweilen übersteigt. Die Weißweine passen gut zu Süßwasserfisch oder Meeresfrüchten; die sehr gefälligen Rotweine aus Gamay harmonieren mit vielen Gerichten. Schade ist es jedoch, wenn man die aus Mondeuse-Trauben erzeugten Rotweine jung trinkt, weil sie mehrere Jahre brauchen, um sich zu entfalten und weicher zu werden. Es sind Weine von hohem Niveau, die zu kräftigen Gerichten passen, wie etwa zu Wild, dem ausgezeichneten savoyischen Tomme-Magerkäse und dem berühmten Reblochon.

BLARD ET FILS
Apremont Cuvée Thomas 1996★
| | 0,9 ha | 8 000 | ⅰ ♦ | 30-50 F |

Ein charaktervoller Wein, der bei der Verkostung noch nicht von einigen jugendlichen Eigenschaften frei war. Dennoch ist der Gesamteindruck gut und läßt einen hübschen Tropfen voraussehen, wenn dieser Weinführer erscheint: klassische Präsenz von weißen Blüten und Zitrusfrüchten in der Nase, während der Geschmack durch eine gute Ausgewogenheit zwischen Säure und Zucker betont wird. Man kann ihn unbesorgt einkellern.
↝ Dom. Blard et Fils, Le Darbé, 73800 Les Marches, Tel. 04.79.28.16.64, Fax 04.79.28.01.35
☑ Ⅰ n. V.

BLARD ET FILS
Abymes Cuvée Hubert 1996★
| | 0,7 ha | 6 000 | ⅰ ♦ | 30-50 F |

Vollkommene Ausgewogenheit zwischen einer Säure, die die Grundlage für eine schöne Länge bildet, und einem mit Finesse ausklingenden Geschmack. Dieser 96er bringt perfekt die Zartheit der Weine dieses Gebiets zum Ausdruck. Eine erstklassige Cuvée, die man als am Eingang der feinsten Essen servieren kann.
↝ Dom. Blard et Fils, Le Darbé, 73800 Les Marches, Tel. 04.79.28.16.64, Fax 04.79.28.01.35
☑ Ⅰ n. V.

GILBERT BOUCHEZ Cruet Jacquère 1996
| | 1,3 ha | 10 000 | | -30 F |

Die Jury bestand darauf, diesen trotz seines Restzuckers typischen Jacquère-Wein anzuführen. Der Geruchseindruck ist von durchschnittlicher Intensität, aber subtil und bietet blumige Noten. Der Geschmack ist sehr angenehm, ohne

Vin de Savoie

Rauheit. Ein umgänglicher Wein, fein und leicht, ideal, um eine herbstliche Mahlzeit zu eröffnen.
☞ Gilbert Bouchez, Saint-Laurent, 73800 Cruet, Tel. 04.79.84.30.91, Fax 04.79.84.30.50
☑ ⲏ n. V.

DOM. G. ET G. BOUVET
Chignin Bergeron Cuvée Sainte Dominique 1995*

	1,6 ha	8 000		30-50 F

1991 hat Gilbert Bouvet, der eine Baumschule besitzt, die Genossenschaftskellerei verlassen und seitdem eine eigene Vinifizierungsanlage aufgebaut. Er präsentiert hier einen recht schönen Wein. Der an Dörrobst, mit einer leichten Anisnote, erinnernde Geruch kündigt eine gute Entwicklung an. Die geschmackliche Präsenz, die durch eine in diesem Jahrgang willkommene Frische unterstützt wird, macht ihn zu einem Klassewein. Man kann ihn ohne Zögern zu den feinsten Mahlzeiten trinken.
☞ Dom. G. et G. Bouvet, Le Villard, 73250 Fréterive, Tel. 04.79.28.54.11, Fax 04.79.28.51.97 ☑ ⲏ tägl. 8h-12h 13h30-20h ; So n. V.

FRANÇOIS CARREL ET FILS
Jongieux Pinot 1996

	0,9 ha	6 400		-30 F

Wie lebhaft und munter er ist ! Er trägt ein keckes lebhaft rotes Gewand und entführt Sie zu einer Farandole der Gerüche, bei denen schwarze Johannisbeeren den Takt angeben. Sein Geschmack ist leicht. Die Weise ist kurz, aber bezaubernd, mit Noten von roten Früchten und Gewürzen.
☞ François Carrel et Fils, Le Haut, 73170 Jongieux, Tel. 04.79.44.02.20 ☑ ⲏ n. V.

MICHEL CARTIER Gamay 1996

	0,78 ha	8 000		-30 F

Vorsitzender des Winzerverbands zu sein ist kein Ruheposten, insbesondere während der Weinlese ! Michel Cartier ist eine hübsche Cuvée gelungen mit diesem Gamay, der aus einem Anbaugebiet für Weißweine kommt. Eine kräftige Farbe, ein fruchtiger Duft und ein sehr harmonischer Geschmack mit seidigen Tanninen ergeben einen sehr schönen Wein. Ein offenherziger, freimütiger Wein, den man gemeinsam mit Freunden trinken sollte.
☞ EARL du Château Michel Cartier, rue du Puits, 38530 Chapareillan, Tel. 04.76.45.21.26, Fax 04.76.45.21.67 ☑ ⲏ n. V.

Savoie (Savoyen)

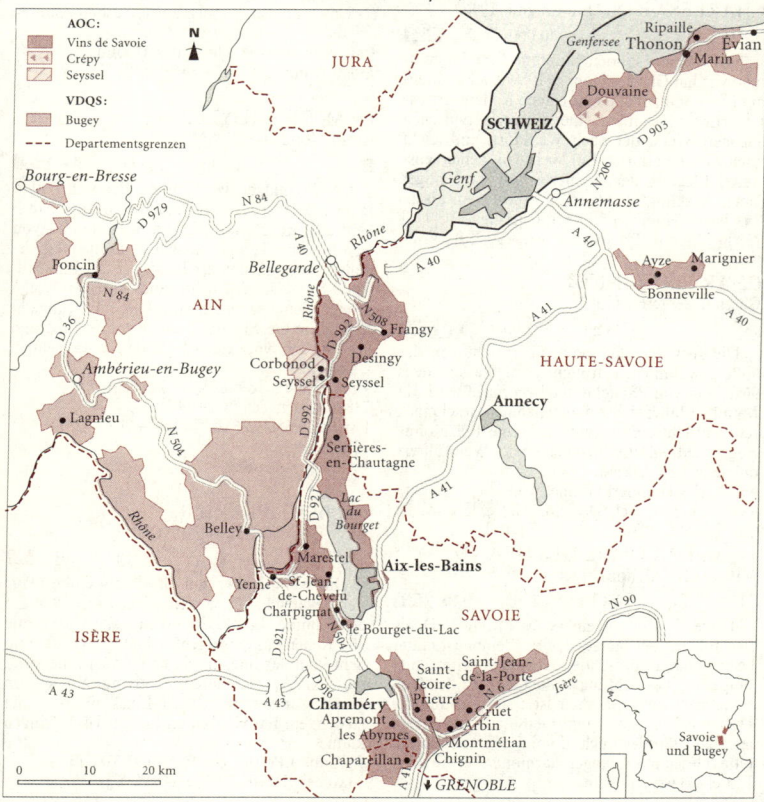

Vin de Savoie

DANIEL GENOUX
Arbin Mondeuse Cuvée Elie Alexis 1996*

| ■ | k. A. | k. A. | ■ ♦ | 50-70 F |

Der Jahrgang 1996 erwies sich als günstig für die Rebsorte Mondeuse, wie dieser noch wilde Wein mit den fruchtigen Noten bezeugt. Daniel Genoux wird den Wein bestimmt noch geduldig ausbauen, so daß er einmal ausgezeichnet zu einem Wildgericht paßt - um das Jahr 2000 herum.
☛ Daniel Genoux, av. de la Gare, 73800 Montmélian, Tel. 04.79.84.11.26, Fax 04.79.65.24.32 ✉ ✝ n. V.

MADAME ALEXIS GENOUX
Arbin Mondeuse Cuvée Prestige 1996**

| ■ | k. A. | k. A. | ■ ♦ | 50-70 F |

Die Familie Genoux hat sich auf die Herstellung von Rotweinen aus Mondeuse-Trauben spezialisiert. Die Rundheit der Tannine dieses 96ers mit großen Eindruck hinterlassen. Seine aromatische Ausdruckskraft - rote Früchte und Tabaknoten - wird die aufgeklärten Weinliebhaber begeistern, die ihm noch ein paar Jahre der Entfaltung gönnen.
☛ Mme Alexis Genoux, 335, chem. des Moulins, 73800 Arbin, Tel. 04.79.84.24.30, Fax 04.79.65.24.32 ✉ ✝ tägl. 8h-12h 14h-20h

CHARLES GONNET Chignin 1996*

| □ | 4 ha | 40 000 | ■ ♦ | 30-50 F |

Nach einem soliden Studium zum Diplomlandwirt hat Charles Gonnet 1989 das Familiengut übernommen und eine eigene Kellerei errichtet. Er präsentiert hier einen typischen Jacquère-Wein, der nach Weißdorn und leicht nach Zitronen duftet. Ein Wein von bemerkenswerter Eleganz, der in einer Sinfonie fruchtiger Noten ausklingt. Paßt gut zu gebratenem Fisch.
☛ Charles Humbert Gonnet, Chef-lieu, 73800 Chignin, Tel. 04.79.28.09.89 ✉ ✝ n. V.

CHARLES GONNET
Chignin Bergeron 1996*

| □ | 1,3 ha | 12 000 | ■ ♦ | 30-50 F |

Die Jury war ein wenig überrascht von der außergewöhnlichen aromatischen Stärke dieses 96ers, der von Pfirsichnoten beherrscht wird. Im Mund entfaltet sich ein angenehmer Geschmack reifer Früchte. Ein Wein, der seine Reize ohne Zögern enthüllt. Bei Erscheinen des Weinführers dürfte er perfekt sein.
☛ Charles Humbert Gonnet, Chef-lieu, 73800 Chignin, Tel. 04.79.28.09.89 ✉ ✝ n. V.

DOM. LA COMBE DES GRAND VIGNES Chignin Bergeron 1995*

| □ | 0,4 ha | 1 500 | ■ ◊ | 30-50 F |

Diese GAEC hat ein neues Mitglied, Denis Berthollier, der gerade sein Weinbaustudium beendet hat. Er präsentiert einen sehr gelungenen Bergeron, was dem maßvollen Einsatz des Barriquefasses zu verdanken ist : stark entfalteter Duft, in dem Rosen und Geißblatt über einem leichten Vanillegeruch dominieren, angenehm fetter Geschmack, langer, harmonischer Abgang. Ein erstklassiger Wein.
☛ Denis Berthollier et Alain Durot, La Combe des Grand Vignes, Le Viviers, 73800 Chignin, Tel. 04.79.28.11.75 ✉ ✝ n. V.

CH. DE LA VIOLETTE Abymes 1996*

| □ | 4,5 ha | 40 000 | ■ ♦ | -30 F |

»Rassig, typisiert, nervig«, das sind die Adjektive, die von der Jury verwendet wurden, um diesen schönen Wein zu beschreiben. Er ist das Ergebnis von erstklassigem Traubengut und einer gelungenen Vinifizierung. Ein Klassewein, den man eiligst kaufen sollte !
☛ SCEA Vins Ch. de La Violette, 73800 Les Marches, Tel. 04.79.28.13.30, Fax 04.79.28.06.96 ✉ ✝ n. V.
☛ Daniel Fustinoni

LE CHAI DES MOULINS
Arbin Mondeuse 1996*

| ■ | 3 ha | 22 000 | ■ | 30-50 F |

Das Haus Trosset, in Savoyen ein empfehlenswerte Adresse, wenn es um Rotweine geht, präsentiert in diesem Jahr einen soliden, kantigen 96er, der aber noch in seinen Windeln liegt. In seiner frühen Verfassung treten Charakterzüge zutage, die jedoch verschwinden werden, wenn er sich entwickelt. Zweifellos können die Brüder Trosset bis zum Erscheinen des Weinführers die Versprechungen, die diese Cuvée erweckt, durch einen sorgsamen Ausbau konkretisieren.
☛ Charles Trosset, chem. des Moulins, 73800 Arbin, Tel. 04.79.84.30.99 ✉ ✝ n. V.

DOM. DE L'IDYLLE
Arbin Mondeuse 1996**

| ■ | 1,4 ha | 10 000 | ■ ♦ | 30-50 F |

Das Weinlager der Tiolliers, das sich mitten in dem Dorf Cruet befindet, hat eine lange Familientradition. Diese tiefrote Cuvée stammt von Rebstöcken, die auf den steilen, sonnenbeschienenen Geröllhängen des Jura wachsen. Eine Sinfonie roter Beerenfrüchte und würziger Noten drängt sich der Nase auf. Diese Fruchtigkeit kommt im Geschmack deutlich zur Geltung und verleiht dem 96er einen lebhaften, etwas wilden Charakter.
☛ Dom. de L'Idylle, Saint-Laurent, 73800 Cruet, Tel. 04.79.84.30.58, Fax 04.79.65.26.26 ✉ ✝ Mo-Sa 9h30-12h15 13h45-19h
☛ Ph. et F. Tiollier

GILBERT PERRIER
Abymes Cuvée Prestige 1996**

| □ | k. A. | 8 000 | ■ ♦ | -30 F |

Der Weinhändler und -produzent Gilbert Perrier bewirtschaftet seit 1970 auch das Weingut der Familie. Er präsentiert hier die Cuvée, die von Reben aus den eigenen Weinbergen stammt. Sehr komplex im Geruch, von großer Finesse im Geschmack, der durch exotische Noten von großer Länge geprägt wird. Ein Wein, den man zu den feinsten Mahlzeiten auf den Tisch bringen kann.
☛ Gilbert Perrier, Saint-André, 73800 Les Marches, Tel. 04.79.28.11.45 ✉ ✝ n. V.

Vin de Savoie

JEAN PERRIER ET FILS
Apremont Cuvée Gastronomie 1996

| ☐ | k. A. | 24 000 | 🍽♣ | 30-50F |

Eine Cuvée, die in unserem Weinführer regelmäßig erwähnt wird. Dem 96er mangelt es sicherlich ein wenig an Komplexität, aber er läßt das Können des Hauses erkennen und erweist sich als repräsentativ für den Jahrgang. Gut strukturiert und seriös. Er paßt gut zu Fischgerichten, Krebstieren und Raclette.
☙ Jean Perrier et Fils, Saint-André, 73800 Les Marches, Tel. 04.79.28.11.45, Fax 04.79.28.09.91 ✓ ⍨ n. V.

DOM. DANIEL PERRIN Mondeuse 1996

| ■ | 4,3 ha | 10 000 | 🍽⬥♣ | -30F |

Daniel Perrin hat in seinem Weinberg noch junge Rebstöcke. Dieser Mondeuse-Wein ist dadurch geprägt mit einem etwas kurzen, aber fruchtigen Abgang. Im Gedächtnis behält man seinen offenherzigen Duft mit Weichsel- und Cassisnoten. Ein Wein, der leicht zu trinken ist und angenehm und rund schmeckt. Man kann ihn schon genießen, wenn der Weinführer herauskommt.
☙ Daniel Perrin, 35, impasse du Manoir, 73800 Arbin, Tel. 04.79.65.22.14, Fax 04.79.65.22.14 ✓ ⍨ tägl. 15h-19h ; So n. V.

ANDRE ET MICHEL QUENARD
Chignin Bergeron 1996★★

| ☐ | 5,5 ha | 20 000 | 🍽♣ | 30-50F |

Dieser großartige Chignin-Bergeron ist einstimmig einer der Lieblingsweine. Er ist das Ergebnis einer Auslese der Trauben und einer Vinifizierung, die bedacht war, dem Wein keine Gewalt anzutun. Die Jury war begeistert von der Komplexität seines Geruchs, in dem die Röst- und Briochenoten dominieren. Der füllige, endlose Geschmack entführt zu einer Sinfonie der sinnlichen Eindrücke, wie sie nur die größten Weine vermitteln können.
☙ André et Michel Quénard, Torméry, 73800 Chignin, Tel. 04.79.28.12.75, Fax 04.79.28.19.36 ✓ ⍨ n. V.

ANDRE ET MICHEL QUENARD
Chignin Mondeuse 1996★★

| ■ | 1,5 ha | 10 000 | 🍽♣ | 30-50F |

Das Haus Quénard, das seinen Sitz zu Füßen des Torméry-Hügels hat, muß jetzt alle Jahre herausragen : Das ist die Bürde des Erfolges. Auftrag erfüllt mit diesem 96er Mondeusewein, der der Frimentradtion durchaus treu bleibt. Die Komplexität im Geruch und die Stärke und Finesse der Tannine ergeben einen erstklassigen Wein. Unsere Jury sagt ihm einstimmig eine schöne Lebensdauer voraus. Eine Flasche, die man unbedingt erwerben und unter die großen Weine einreihen sollte. Auch als Lieblingswein vorgeschlagen !
☙ André et Michel Quénard, Torméry, 73800 Chignin, Tel. 04.79.28.12.75, Fax 04.79.28.19.36 ✓ ⍨ n. V.

JEAN-PIERRE ET JEAN-FRANCOIS QUENARD Pinot 1996★

| ■ | 0,5 ha | 3 400 | 🍽♣ | -30F |

Jean-François, der Sohn und Önologe des Hauses, hatte besonderen Erfolg mit diesem Pinot, dessen lebhafte Farbe kirschrote Nuancen zeigt. Dieser 96er, der sich noch in seiner frühesten Jugend befindet, gibt sich verschlossen, aber er ist vielversprechend.
☙ Jean-Pierre et Jean-François Quénard, Le Villard, 73800 Chignin, Tel. 04.79.28.08.29, Fax 04.79.28.18.92 ✓ ⍨ n. V.

JEAN-PIERRE ET JEAN-FRANCOIS QUENARD Chignin 1996

| ☐ | k. A. | 12 000 | | -30F |

Ein hübscher Wein von heller Farbe, mit dem für die Rebsorte Jacquère typischen Duft von gelben und weißen Blüten. Er könnte sicherlich mehr Persönlichkeit besitzen, aber seine Ausgewogenheit macht ihn sehr angenehm. Er hinterläßt einen harmonischen Eindruck und kann zu Beginn eines feinen Abendessens serviert werden.
☙ Jean-Pierre et Jean-François Quénard, Le Villard, 73800 Chignin, Tel. 04.79.28.08.29, Fax 04.79.28.18.92 ✓ ⍨ n. V.

PASCAL ET ANNICK QUENARD
Apremont 1996

| ☐ | 1,2 ha | 10 000 | 🍽♣ | -30F |

Ein ausdrucksstarker, freimütiger und geradliniger 96er, der ohne Schnörkel auskommt und die Eigenheiten der AOC achtet. Sehr elegant in der Nase, durch Noten weißer Blüten geprägt. In der Ansprache zeigt er sich lebhaft. Die Zeit wird ein wertvoller Verbündeter für diesen Wein sein, der bei Erscheinen des Weinführers trinkreif ist.
☙ Pascal et Annick Quénard, Le Villard, 73800 Chignin, Tel. 04.79.28.09.01, Fax 04.79.28.13.53 ✓ ⍨ n. V.

DOM. RAYMOND QUENARD
Chignin Vieilles vignes 1996★

| ☐ | 1,05 ha | 9 000 | 🍽♣ | 30-50F |

Raymond Quénard verfügt über alte Rebstöcke, darunter einige, die 80 Jahre alt sind ! Bedacht darauf, seine Weinkeller regelmäßig zu modernisieren, hat er die Technik in den Dienst des Anbaugebiets gestellt und diesen 96er mit der schönen goldgelben, grün schimmernden Farbe erzeugt. Die komplexen Gerüche entwickeln sich in Richtung gebrannte Mandeln. Seine geschmackliche Präsenz, die durch etwas Fett unterstützt wird, macht ihn zu einem Wein, den man zu Süßwasserfischen oder einem Ziegenkäse trinkt.

SAVOIE

Vin de Savoie

🍷 Dom. Raymond Quénard, Le Villard, 73800 Chignin, Tel. 04.79.28.01.46, Fax 04.79.28.16.78 ✓ ⊺ n. V.

CLAUDE QUENARD ET FILS
Saint Jeoire Prieuré 1996*

| ☐ | 1,5 ha | 14 000 | 30-50 F |

In Saint-Jeoire hat die Urbanisierung nur ein paar Rebflächen übrig gelassen, die berreste eines alten, bekannten Weinbaugebiets auf Hängen, die manchmal nachgeben. Die Brüder Quénard haben dort diesen hübschen Wein erzeugt. Sein an Haselnüsse und gebrannte Mandeln erinnernder Duft geht einer Brise im Mund voraus, die weinig und frisch zugleich ist. Diese Flasche dürfte unbeschadet das Jahr 2000 erreichen.

🍷 EARL Claude Quénard et Fils, Le Villard, 73800 Chignin, Tel. 04.79.28.12.04, Fax 04.79.28.00.55 ✓ ⊺ n. V.

PHILIPPE RAVIER Mondeuse 1996

| ■ | 0,8 ha | 5 000 | -30 F |

Philippe Ravier hat sich zwar vor allem bei den Weißweinen ausgezeichnet, insbesondere im letzten Jahr, aber er kann auch bei den Rotweinen erfolgreich sein. Trotz der Jugend seiner Mondeuse-Rebstöcke, die erst vor sechs Jahren gesetzt wurden, hat er es verstanden, einen für diese Rebsorte typischen Wein zu erzeugen. Dieser 96er ist zwar nicht sehr lang, aber es mangelt ihm nicht an Qualitäten mit seiner hübschen purpurroten Farbe und seiner Farandole roter Beerenfrüchte. Im Geschmack ist er noch wild. Er dürfte bei Erscheinen des Weinführers trinkreif sein.

🍷 Philippe Ravier, Léché, 73800 Myans, Tel. 04.79.28.17.75, Fax 04.79.28.17.75 ✓ ⊺ n. V.

BERNARD ET CHRISTOPHE RICHEL Apremont 1996

| ☐ | k. A. | k. A. | 30-50 F |

Ein für seine Appellation recht repräsentativer Wein. Der Restzucker macht sich zwar leicht bemerkbar und überdeckt ein wenig seinen typischen Charakter, aber er zeigt sich zunächst sehr angenehm mit seinem intensiven, von blumigen Noten beherrschten Duft. Nach einer klaren Ansprache klingt der Geschmack mit einer leicht bitteren Note aus. Dieser 96er dürfte bei Erscheinen des Weinführers perfekt sein.

🍷 Bernard et Christophe Richel, rte de Fontaine-Lamée, 73190 Saint-Baldoph, Tel. 04.79.28.36.55 ✓ ⊺ n. V.

DOM. DE ROUZAN
Apremont Cuvée Prestige 1996

| ☐ | 3,4 ha | k. A. | ■♦ | 30-50 F |

Ein diskreter Wein! Man muß diesen noch verschlossenen 96er ein wenig suchen, aber er enthüllt tiefere Qualitäten. Er zeigt eine perfekte Ausgewogenheit zwischen Säure, Fett und Bitterkeit. Bei Erscheinen des Weinführers wird dieser hübsche Wein trinkreif sein. Seine Gesamtstruktur und die Stärke seines Buketts passen zu Gerichten mit Sauce.

🍷 Fortin, 152, chem. de la Mairie, 73190 Saint-Baldoph, Tel. 04.79.28.25.58, Fax 04.79.28.21.63 ✓ ⊺ n. V.

GILBERT TARDY Apremont 1996

| ☐ | 1 ha | 9 700 | ■ | -30 F |

Das Haus Tardy ist mit der Geschichte der Appellation Vin de Savoie eng verbunden. Gilbert, der die dritte Generation repräsentiert, stellt hier einen Wein vor, der im Aussehen klassisch und im Geruch zurückhaltend ist. Er bietet eine klare Ansprache und hinterläßt einen Eindruck von Rundheit. Auch wenn etwas Restzucker seine Persönlichkeit schmälert, ist er dennoch ein sympathischer Wein.

🍷 Gilbert Tardy, La Plantée, 73190 Apremont, Tel. 04.79.28.23.78 ✓ ⊺ n. V.

JEAN ET ERIC VALLIER
Ayze Méthode traditionnelle Extra brut 1995*

| ○ | k. A. | 35 000 | ■♦ | 30-50 F |

Ayze, am Ausgang des Tals von Chamonix gelegen, ist ein typisches Gebirgsanbaugebiet, begrenzt auf kleine Talkessel, die sich an das Massiv des Chablais schmiegen. Man erzeugt hier traditionell einen Perlwein, dessen altes Ansehen dank der Vinifizierungstechnik heute wieder auflebt. Dieser 95er ist das perfekte Beispiel eines gelungenen festlichen Weins. Leichtigkeit, Eleganz und Harmonie, so viele Qualitäten, die ihn zu einem erstklassigen Aperitifwein machen.

🍷 GAEC Jean et Eric Vallier, 1320, rte de la Côte-d'Hyot, 74130 Bonneville, Tel. 04.50.97.10.12, Fax 04.50.97.10.12 ✓ ⊺ n. V.

JEAN ET ERIC VALLIER Ayze 1996**

| ☐ | k. A. | 15 000 | ■♦ | 30-50 F |

Die Rebsorte Gringet ist nicht nur eine ausgezeichnete Ausgangsbasis für Schaumweine. In den besten Jahrgängen kann sie auch erstklassige trockene Weine hervorbringen, für die dieser 96er ein gutes Beispiel ist. Eine seltene Cuvée, die die Jury begeistert hat durch ihre aromatische Komplexität und ihren fülligen Geschmack, der Großzügigkeit und Charakter verrät. Schöne Zukunftsaussichten.

🍷 GAEC Jean et Eric Vallier, 1320, rte de la Côte-d'Hyot, 74130 Bonneville, Tel. 04.50.97.10.12, Fax 04.50.97.10.12 ✓ ⊺ n. V.

DOM. DE VERONNET Chautagne 1996*

| ■ | 3 ha | 25 000 | ■♦ | -30 F |

Alain Bosson, seit 1981 in der Chautagne ansässig, vertritt in unserem Weinführer oft als einziger diesen Winkel Savoyens. Das ist auch in der vorliegenden Ausgabe der Fall mit diesem Gamay. Die Jury betont einstimmig die hohe Qualität der Tannine, die dem Wein eine hübsche Fülle verleihen. Wahrscheinlich stammt er von vollreifen Trauben und ist für die Lagerung vinifiziert worden. Einer dieser savoyischen Gamay-Weine, die den erfahrenen Weinliebhaber überraschen und den anspruchsvollen Weintrinker begeistern.

🍷 Alain Bosson, Dom. de Veronnet, 73310 Serrières-en-Chautagne, Tel. 04.79.63.73.11, Fax 04.79.63.73.71 ✓ ⊺ n. V.

DOM. VIALLET Carte Noire Jacquère 1996

| | 6 ha | 20 000 | -30 F |

Auf dem 1966 erworbenen väterlichen Gut ist Pierre Viallet bestrebt, das Anbaugebiet von Apremont aufzuwerten, dessen Böden mit undankbarem Kalkmergel sowie Geröll vom ganz nahen Mont Granier bedeckt sind. Er präsentiert hier einen klassisch gehaltenen Wein, der ohne Schnörkel auskommt : relativ diskreter Geruch, danach eine klare Ansprache, die durch eine für diese AOC typische Lebhaftigkeit unterstützt wird. Ein solider Wein, der Süßwasserfische und Käsespezialitäten wunderbar begleiten dürfte.

⌂ GAEC Dom. Viallet, rte de Myans, 73190 Apremont, Tel. 04.79.28.33.29, Fax 04.79.28.20.68 ☑ ⏃ tägl. 8h30-12h 13h30-19h

DOM. VIALLET Chignin Bergeron 1996

| | 2 ha | 16 000 | | -30 F |

Die Jury mochte diesen Chignin Bergeron mit dem diskreten, noch verschlossenen Geruchseindruck. Im Geschmack offenbart er sich als athletisch und eher dauerhaft. Ein schon füllliger und harmonischer Wein, was auf eine schöne Zukunft hindeutet. Man sollte ihn ein wenig altern lassen.

⌂ GAEC Dom. Viallet, rte de Myans, 73190 Apremont, Tel. 04.79.28.33.29, Fax 04.79.28.20.68 ☑ ⏃ tägl. 8h30-12h 13h30-19h

MAISON PHILIPPE VIALLET
Arbin Mondeuse Cuvée Marcel Alexis Fût 1995**

| | k. A. | 3 000 | | 30-50 F |

Eine hübsche, im Holzfaß ausgebaute Cuvée, vorgestellt von Philippe Viallet, einem jungen savoyischen Weinhändler. Ihre Komplexität im Duft wird nur noch von ihrem fülligen Abgang erreicht, den inmitten von Gewürzen eine Lakritzenote prägt. Die Tannine von den Trauben verbünden sich auf günstige Weise mit den vom Faß stammenden Gerbstoffen und tragen dazu bei, diesen 95er zu einem großen lagerfähigen Wein zu machen. Man muß ihn für ein paar Jahre im Keller vergessen.

⌂ SARL Maison Philippe Viallet, rte de Myans, 73190 Apremont, Tel. 04.79.28.33.29, Fax 04.79.28.22.56 ☑ ⏃ tägl. 8h30-12h 13h30-18h30

Roussette de Savoie

DOM. JEAN VULLIEN
Pinot Fût de chêne Cuvée Jeannine 1996*

| | 1,4 ha | 12 000 | | 30-50 F |

Ein Pinot mit echter aromatischer Komplexität. Die geschmackliche Struktur ist bemerkenswert und läßt eine glänzende Zukunft voraussagen. Unsere Juroren haben dennoch den sehr holzbetonten Charakter dieses jungen Weins hervorgehoben, der sich noch integrieren muß.

⌂ Jean Vullien, Chef-lieu, 73250 Fréterive, Tel. 04.79.28.61.58, Fax 04.79.28.69.37 ☑ ⏃ Mo-Sa 9h-12h15 14h-18h30

Roussette de Savoie

Roussette de Savoie, bei den Weinen mit Lagenbezeichnung ausschließlich aus der Rebsorte Altesse erzeugt bzw. außerhalb der Crus mit Chardonnay verschnitten, findet man vor allem in Frangy, am Ufer der Usses, in Monthoux und in Marestel, am Ufer des Lac du Bourget. Die Unsitte, daß man die Roussetteweine aus diesem Cru jung serviert, kann man nur beklagen, denn sie passen wunderbar zu Fischgerichten oder hellem Fleisch, wenn sie sich entfaltet haben. Außerdem trinkt man sie zum einheimischen Beaufortkäse.

DOM. GILBERT BLANC ET FILS 1996*

| | 0,6 ha | 4 500 | | -30 F |

Die Blancs, die seit drei Generationen in der Gegend von Apremont leben, vinifizieren die Traubensorte Altesse seit etwa zehn Jahren. Trotz der Jugend der Rebstöcke (zehn Jahre) ist es Gilbert Blanc einen Wein hergestellt, der alle Eigenschaften einer guten Vinifizierung bietet. Auf Zitrus- und Weißdornnoten folgt im Mund eine Empfindung von Harmonie und Länge. Gilbert Blanc befindet sich auf dem richtigen Weg.

⌂ Dom. Gilbert Blanc et Fils, 73, chem. de Revaison, 73190 Saint-Baldoph, Tel. 04.79.28.32.06 ☑ ⏃ n. V.

PIERRE BONIFACE Les Rocailles 1996*

| | k. A. | k. A. | | 30-50 F |

Das Haus Boniface spielt eine wichtige Rolle im Leben der Region, denn André, der Vater von Pierre, war Vorsitzender der savoyischen Winzer. An der Spitze des Familienguts entwickelt Pierre Boniface auch Aktivitäten als Weinhändler und -hersteller. Dieser Roussettewein spiegelt sein Talent wider. Auch wenn der Restzucker ein wenig aufdringlich ist, so bleibt doch der Rest äußerst gelungen, von der strohgelben Farbe mit den hübschen Reflexen über das Aroma weißer Blüten bis zum recht langen Geschmack.

SAVOIE

🔑 Pierre Boniface, Les Rocailles, Saint-André, 73800 Les-Marches, Tel. 04.79.28.14.50, Fax 04.79.28.16.82 ☑ 🍷 n. V.

EDMOND JACQUIN ET FILS
Marestel 1996

☐ k. A. k. A. ▮ 🌡 30-50F

Eine sicherlich zurückhaltende Persönlichkeit. Auch eine gewisse Süße im Abgang. Die Jury hat dennoch die Vorzüge dieses sehr hübschen Weins anerkannt, der an exotische Früchte und Honig erinnert. Man kann ihn schon jetzt trinken oder noch ein paar Jahre reifen lassen.
🔑 EARL Edmond Jacquin et Fils, Le Haut, 73170 Jongieux, Tel. 04.79.44.02.35, Fax 04.79.[illegible].05 ☑ 🍷 tägl. 8h-12h 14h-19h

LA CAVE DU PRIEURE 1996★★

2 ha 15 000 🌡 -30F

Dieser Roussette-de-Savoie-Wein hat einmütige Zustimmung erfahren. Die Komplexität seines Aromas und seine geschmackliche Stärke haben die Juroren beeindruckt. Offensichtlich darf man diesen Wein nur zu so feinen Gerichten wie Gänseleber oder Fisch trinken. Eine Flasche, die man unbedingt einkellern muß, damit man einen der geheimen Schätze des savoyischen Weinbaugebiets entdecken kann.
🔑 Raymond Barlet et Fils, La Cave du Prieuré, 73170 Jongieux, Tel. 04.79.44.02.22, Fax 04.79.44.03.07 ☑ 🍷 n. V.

LA CAVE DU PRIEURE Marestel 1996★★

☐ 2 ha 14 000 ▮ 🌡 30-50F

Die Weine des Marestel-Hügels sind dazu berufen, das Aushängeschild Savoyens zu werden. Nach einem vom Hagel bestimmten Jahrgang 1995 hier ein für dieses Gut glücklicher Jahrgang. Dieser 96er vereinigt alle Qualitäten eines großen Weins : Aromatische Komplexität und geschmackliche Ausgewogenheit, unterstützt durch eine würzige Note, verleihen ihm Stärke und zugleich Eleganz. Eine Flasche zum Einlagern.
🔑 Raymond Barlet et Fils, La Cave du Prieuré, 73170 Jongieux, Tel. 04.79.44.02.22, Fax 04.79.44.03.07 ☑ 🍷 n. V.

CH. DE LUCEY 1996

☐ 0,5 ha 4 000 ▮ -30F

Debüt in unserem Weinführer für den Wein dieses Guts, das einen Weinberg auf dem berühmten »Hügel der Altesse-Reben« von Lucey wiederherstellt. Wenn die Reben einmal älter sind, dürften aus dieser privilegierten Lage große Weine hervorgehen. Gegenwärtig verleihen der typische Charakter der Rebsorte und die Lebhaftigkeit im Geschmack diesem Wein einen sehr sympathischen Zug. Man muß noch ein wenig warten, bevor man die Qualitäten dieses noch verschlossenen Weins voll genießen kann.
🔑 SCEA Ch. de Lucey, 73170 Lucey, Tel. 04.79.44.01.00, Fax 04.79.44.03.49 ☑ 🍷 n. V.
🔑 Mme Defforey

Seyssel

Die Stillweine dieser AOC werden ausschließlich aus Altesse-Trauben erzeugt. Die vereinzelten Molette-Trauben, die noch in Seyssel wachsen, finden zusammen mit Altesse Eingang in die Schaumweine der Appellation. Sie werden drei Jahre nach ihrer zweiten Gärung verkauft. Diese einheimischen Rebsorten verleihen ein Bukett und eine Finesse, die typisch für die Weine von Seyssel sind und bei denen man vor allem die Veilchennote erkennt. Das Anbaugebiet der AOC umfaßt etwa 75 ha.

LA TACCONNIERE Altesse 1996★

☐ 12 ha 70 000 ▮ 🛢 -30F

Und wenn der Seyssel zur Weinkultur von Präsident Clinton beigetragen hätte ? Während seines Aufenthalts in Lyon anläßlich des G7-Treffens hatte der amerikanische Staatsmann nämlich die Gelegenheit, die Weine dieses Guts zu probieren. Eine hübsche Auszeichnung für Seyssel ! Dieser Wein mit dem intensiven Duft heller Früchte enthüllt einen Geschmack, in dem die aromatische Komplexität mit echter Lebhaftigkeit konkurriert. Die Frucht fleißiger Arbeit, von der Lese bis zur Flaschenabfüllung. Ein 96er, den man ohne Zögern einkellern sollte.
🔑 Maison Mollex, Corbonod, 01420 Seyssel, Tel. 04.50.56.12.20, Fax 04.50.56.17.29 ☑ 🍷 n. V.

MAISON MOLLEX
Méthode traditionnelle brut 1994

○ 3 ha 30 000 ▮ 🛢 -30F

Das Haus Mollex hält die Farben dieser kleinen, schon 1942 anerkannten AOC weiterhin hoch ! Es präsentiert hier einen schönen Schaumwein, der anhaltend perlt. Hinter einem diskreten Geruch verbirgt sich ein reifer Wein, der im Geschmack komplex und lang ist. Wenn ihn der Weinliebhaber als Aperitif trinkt, kann er seine Subtilität genießen - das Ergebnis einer drei Jahre dauernden Reifung. Kann unbesorgt gekauft werden.
🔑 Maison Mollex, Corbonod, 01420 Seyssel, Tel. 04.50.56.12.20, Fax 04.50.56.17.29 ☑ 🍷 n. V.

Bugey

Bugey AOVDQS

Das Weinbaugebiet des Bugey im Departement Ain nimmt die unteren Hänge der Juraberge ein, im äußersten Süden des Revermont, von der Höhe von Bourg-en-Bresse bis Ambérieu-en-Bugey, außerdem die Hänge, die von Seyssel bis Lagnieu zum rechten Ufer der Rhône hin abfallen. Es war früher groß und ist heute stark geschrumpft und zerstückelt.

Zumeist sind die Weinberge auf dem Kalkgeröll ziemlich steiler Hänge angelegt worden. Der Rebsortenbestand spiegelt wider, daß hier mehrere Regionen aufeinandertreffen : Bei den roten Traubensorten wird der Poulsard aus dem Jura - auf den Verschnitt der Schaumweine von Cerdon beschränkt - neben der savoyischen Mondeuse-Rebe und den burgundischen Rebsorten Pinot noir und Gamay angebaut ; ebenso konkurrieren bei den weißen Traubensorten Jacquère im Altesse mit Chardonnay (als Haupttrebe) und Aligoté sowie Molette, der einzigen wirklich einheimischen Rebsorte.

CELLIER DE BEL-AIR Chardonnay 1996

| | 5,66 ha | 58 000 | | 30-50 F |

Culoz, das am Fuße des Grand Colombier liegt, war früher ein Weinbauort. Dieses 6 ha große Gut, das vor etwa 20 Jahren wiederbelebt wurde, ist der letzte Rest eines ursprünglich 100 ha großen Anbaugebiets. Der 96er mit der schönen blaßgoldenen Farbe trägt das Kennzeichen einer sorgfältigen Vinifizierung, die für eine bemerkenswerte Rebsorte verwendet wurde : die Chardonnay-Rebe. Ein interessantes Beispiel für ihre Anpassung an ein so spezielles Anbaugebiet wie das Bugey. Dieser gut gebaute Wein dürfte bei Erscheinen des Weinführers perfekt sein.
↪ Dom. du Cellier de Bel-Air, rte du Colombier, 01350 Culoz, Tel. 04.79.87.04.20, Fax 04.79.87.18.23
☑ ⚲ tägl. 9h-12h 14h-20h
↪ Michelle Ferier

CHRISTIAN BOLLIET
Cerdon Méthode ancestrale demi-sec 1996*

| | 2,25 ha | 22 000 | | 30-50 F |

Seit ein paar Jahren werden die Weine von Cerdon dank anhaltender technischer Anstrengungen immer besser. Dieser leichte 96er mit der angenehmen Blütennote wird einen idealen Aperitif für ein herbstliches Abendessen abgeben. Er ist im Geschmack füllig, ohne schwer zu wirken, und bietet einen Hauch von Exotik, der ihm echte Originalität verleiht.
↪ Christian Bolliet, Bôches, 01450 Saint-Alban, Tel. 04.74.37.37.21, Fax 04.74.37.37.69
☑ ⚲ tägl. 8h-20h

DOM. MONIN Gamay 1996

| | 4,5 ha | 25 000 | | 30 F |

Die Monins, die seit 1760 Winzer sind, haben dem Bugey viel gegeben. Bestimmte Eugène, der Vater von Philippe und Hubert, nicht 26 Jahre lang die Geschicke des Weinverbands von Bugey ? Unsere Jury wurde verführt von diesem Gamay mit der lebhaft roten Farbe und dem intensiven Aroma roter Früchte. Was für ein Spötter dieser Wein ist ! Er läßt Ihnen keine Ruhepause und entblößt sich, ohne sich zu genieren. Der ideale Begleiter für eine Abendgesellschaft mit Freunden.
↪ Hubert et Philippe Monin, 01350 Vongnes, Tel. 04.79.87.92.33, Fax 04.79.87.93.25 ☑ ⚲ tägl. 8h-12h 14h-19h30 ; Gruppen n. V.

SAVOIE

LANGUEDOC UND ROUSSILLON

Ein Mosaik von Weinbaugebieten, das sich zwischen dem Südrand des Zentralmassivs und den östlichen Regionen der Pyrenäen erstreckt, und eine breite Palette von Weinen, die man in vier an der Mittelmeerküste liegenden Departements, Gard, Hérault, Aude und Pyrénées-Orientales, findet. Ein großer Kessel, den Hügel mit

Languedoc

AOC:
- Blanquette und Crémant de Limoux
- Fitou
- Minervois
- Saint-Chinian
- Faugères
- Clairette du Languedoc
- Clairette de Bellegarde
- Corbières
- Costières de Nîmes
- Coteaux du Languedoc:
  1. Quatourze
  2. la Clape
  3. Picpoul de Pinet
  4. Cabrières
  5. Saint-Saturnin
  6. Montpeyroux
  7. Saint-Georges-d'Orques
  8. Pic-Saint-Loup
  9. Saint-Drézéry
  10. Coteaux de la Méjanelle
  11. Coteaux de Vérargues
  12. Coteaux de Saint-Christol
- Vins doux naturels:
  A. Muscat de Lunel
  B. Muscat de Mireval
  C. Muscat de Frontignan
  D. Muscat de Saint-Jean-de-Minervois

AOVDQS:
- Côtes de la Malepère
- Cabardès

- - - Departementsgrenzen
- Weinbauorte

manchmal steilen Hängen bilden, reicht bis zum Meer und besteht aus vier aufeinanderfolgenden Zonen. Die am höchsten gelegene Zone ist Bergland, das hauptsächlich alte Böden des Zentralmassivs aufweist. Die zweite, das Gebiet der Soubergue und der Garrigue, ist der älteste Teil des Anbaugebiets. Die dritte Zone, eine recht gut geschützte Aufschüttungsebene, besitzt einige nicht sehr hohe hohe Hügel (200 m). Die vierte ist die Küstenzone, die von niedrig gelegenen Stränden und Strandseen gebildet wird; die Bautätigkeit in jüngster Zeit hat daraus eines der sich am schnellsten entwickelnden Urlaubsgebiete Europas gemacht. Auch hier ist die Einführung des Weinbaus wahrscheinlich den Griechen zu verdanken, die schon im 8. Jh. v. Chr. in der Nähe ihrer Anlegestellen und Handelsstützpunkte Reben anpflanzten. Mit den Römern dehnte sich das Weinbaugebiet rasch aus und entwickelte sich sogar zu einer Konkurrenz für den römischen Weinbau, so daß Kaiser Domitianus im Jahre 92 anordnete, die Hälfte der Rebstöcke auszureißen! Der Weinbau blieb danach 200 Jahre lang auf Gallia Narbo-

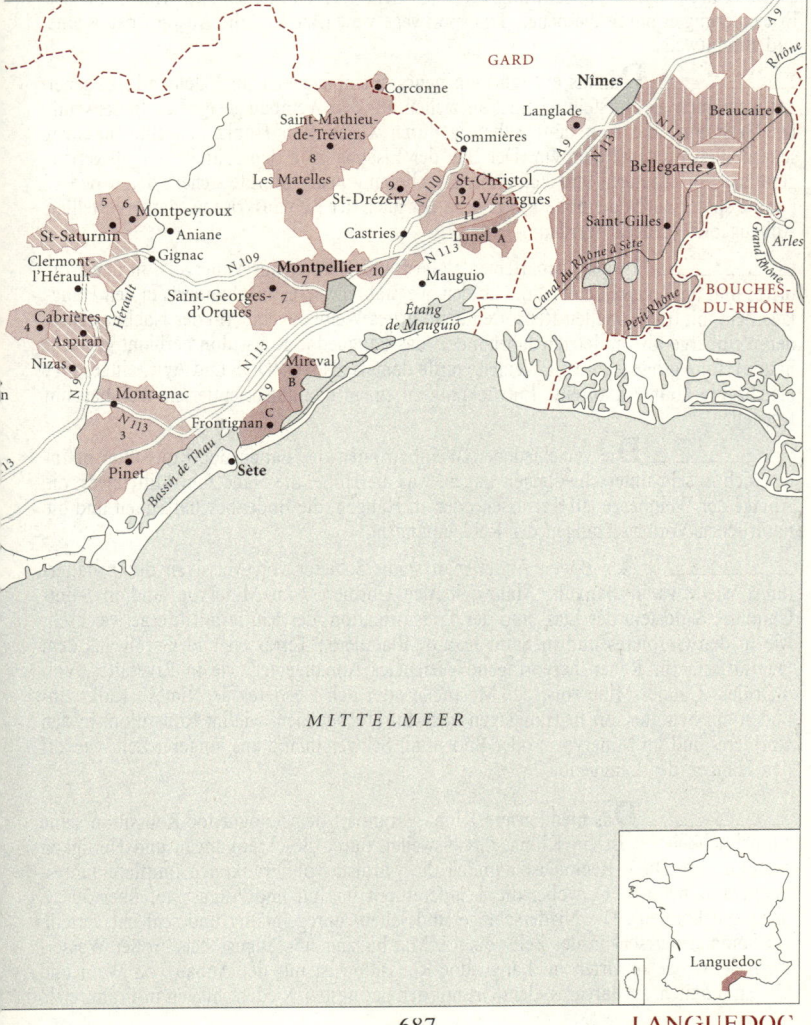

LANGUEDOC

nensis beschränkt. Im Jahre 270 ermöglichte Probus einen Neubeginn für den Weinbau im Languedoc-Roussillon, indem er die Befehle aus dem Jahre 92 wieder aufhob. Das Weinbaugebiet bestand unter den Westgoten fort, verkümmerte dann aber, als die Sarazenen in diese Region einfielen. Zu Beginn des 9. Jh. erlebte der Weinbau eine Wiedergeburt, bei der die Kirche dank ihrer Klöster und Abteien eine wichtige Rolle spielte. Die Rebe wurde damals in erster Linie auf den Hügeln angepflanzt, während man im Flachland ausschließlich Nutzpflanzen anbaute, die der Ernährung dienten.

_____ Der Handel mit Wein weitete sich vor allem im 14. und 15. Jh. aus. Damals kamen auch neue Vinifizierungsmethoden auf, während sich die Zahl der Weinbaubetriebe vervielfachte. Im 16. und 17. Jh. entwickelte sich auch die Herstellung von Branntweinen.

_____ Im 17. und 18. Jh. kam es in dieser Region zu einem wirtschaftlichen Aufschwung durch den Bau des Hafens von Sète, die Eröffnung des Deux-Mers-Kanals, die Wiederinstandsetzung der Römerstraße und die Entstehung der Tuch- und Seidenmanufakturen. Dieser Aufschwung gab auch dem Weinbau neuen Auftrieb. Dank der Erleichterungen durch die neuen Transportwege verstärkte sich die Ausfuhr der Weine und Branntweine.

_____ Damals entstand ein neues Weinbaugebiet im Flachland; zu jener Zeit kam auch die Vorstellung eines speziellen, für den Weinbau geeigneten Bodens auf. Die Süßweine, die man damals häufig durch Zusatz von Honig herstellte, nahmen schon einen breiten Raum ein. Der Bau der Eisenbahn in den Jahren 1850-80 verringerte die Entfernungen und stellte die Erschließung neuer Märkte sicher; deren Bedarf konnte später durch die hohe Produktion der nach der Reblauskrise wiederhergestellten Anbaugebiete gedeckt werden.

_____ In den Departements Gard und Hérault, im Minervois, in den Corbières und im Roussillon entstand ab den 50er Jahren dieses Jahrhunderts in den Hanglagen ein mit traditionellen Rebsorten bepflanztes Weinbaugebiet (in der Nachbarschaft der Weinberge, die im letzten Jahrhundert das Languedoc-Roussillon berühmt gemacht hatten). Eine große Zahl von Weinen wurde damals als AOVDQS und AOC eingestuft; gleichzeitig konnte man eine Entwicklung zu einem qualitätsorientierten Weinbau hin feststellen.

_____ Die verschiedenen Weinbauzonen des Languedoc-Roussillon befinden sich in sehr unterschiedlichen Lagen, was die Höhe, die Nähe zum Mittelmeer, die Anlage der Weinberge auf Terrassen oder an Hängen, die Bodenbeschaffenheit und die natürlichen Voraussetzungen der Reblage angeht.

_____ Als Böden findet man somit Schiefer von Massiven des Erdaltertums, wie etwa in Banyuls, Maury, in den Corbières, im Minervois und in Saint-Chinian; Sandstein der Lias- und der Triasformation, der häufig mit Mergel wechselt, wie in den Corbières und in Saint-Jean-de-Blaquière; Terrassen und Geröll aus dem Quartär, ein für Reben hervorragend geeignetes Anbaugebiet, wie in Rivesaltes, Val-d'Orbieu, Caunes-Minervois, der Méjanelle oder den Costières de Nîmes; Kalksteinböden mit Schotter, oft in Hanglagen oder auf Hochebenen, wie im Roussillon, in den Corbières und im Minervois; oder Böden mit Schwemmland aus jüngerer Zeit, wie auf den Hängen des Languedoc.

_____ Das mediterrane Klima garantiert dem Languedoc-Roussillon seine Einheitlichkeit; es ist ein Klima, das bisweilen durch Beschränkungen und Heftigkeit bestimmt ist. Diese Region ist nämlich die wärmste von Frankreich (mittlere Jahrestemperatur bei 14 °C, wobei die Temperaturen im Juli und August auf über 30 °C ansteigen können). Die Niederschläge sind selten, unregelmäßig und schlecht verteilt. Im Sommer herrscht in der Zeit vom 15. Mai bis zum 15. August stets großer Wassermangel. An vielen Orten im Languedoc-Roussillon ist nur der Anbau von Wein und Oliven möglich. In Barcarès, dem Ort mit den geringsten Niederschlägen in Frankreich, fallen im Jahr nur 350 mm Regen. Doch die Niederschlagsmenge kann auch dreimal so hoch sein, je nachdem, wo sich der Ort befindet (400 mm an der Küste, 1 200 mm in den Gebirgsmassiven). Die Winde verstärken die Trockenheit des Klimas zusätzlich, wenn sie vom Land her wehen (wie etwa Mistral, Cers, Tramontane); die vom Meer her wehenden Winde mildern hingegen die Auswirkungen der Hitze und führen eine für die Reben günstige Feuchtigkeit mit sich.

_____ Das Flußnetz hier ist besonders dicht; es gibt rund zwanzig Flüsse, die sich nach Gewitterregen oft in reißende Ströme verwandeln und dann wieder in manchen Dürreperioden austrocknen. Sie haben vom Rhône-Tal bis zur Têt im Departement Pyrénées-Orientales zur Entstehung der Oberflächengestalt und der Reblagen beigetragen.

_____ Böden und Klima bilden im Languedoc-Roussillon sehr günstige Voraussetzungen für Reben; das erklärt auch, daß hier fast 40 % der französischen Weinproduktion erzeugt werden, davon pro Jahr rund 2 700 000 hl, die als AOC, und 50 000 hl, die als AOVDQS eingestuft sind.

_____ Die AOC-Weine setzen sich zusammen aus 550 000 hl Vins doux naturels, die zum größten Teil im Departement Pyrénées-Orientales erzeugt werden, während der Rest aus dem Departement Hérault kommt (siehe dazu das betreffende Kapitel), 66 000 hl Schaumweinen im Departement Aude, 1 950 000 hl Rotweinen und 120 000 hl Weißweinen. Die als AOVDQS eingestuften Weine, die in den Departements Aveyron und Aude erzeugt werden, sind zu 95 % Rotweine.

_____ Im Anbaugebiet für Tafelweine lassen sich seit 1950 Veränderungen im Rebsortenbestand beobachten : ein deutlicher Rückgang der Aramon-Rebe, einer Rebsorte für leichte Tafelweine, die im 19. Jh. angepflanzt wurde, zugunsten der traditionellen Rebsorten des Languedoc-Roussillon (Carignan, Cinsaut, Grenache noir, Syrah und Mourvèdre) und eine Neuanpflanzung anderer Rebsorten, die mehr Aroma besitzen (Cabernet Sauvignon, Cabernet franc und Merlot).

_____ Die im Anbaugebiet für Qualitätsweine angebauten Rebsorten sind vor allem Carignan, der aufgrund seiner Robustheit über 50 % der Bestockung ausmacht und dem Wein Struktur, Stabilität und Farbe verleiht; Grenache, eine für Durchrieseln anfällige Rebsorte, die dem Wein seine Wärme gibt und am Bukett beteiligt ist, aber während der Alterung leicht oxidiert; Syrah, eine erstklassige Rebsorte, die ihre Gerbstoffe einbringt und ein Aroma verleiht, das sich mit der Zeit entfaltet; Mourvèdre, der gut altert und körperreiche, farbintensive und tanninreiche Weine liefert, die nicht oxidationsanfällig sind; und schließlich Cinsault, der auf armen Böden einen geschmeidigen Wein von angenehmer Fruchtigkeit hervorbringt.

_____ Die weißen Stillweine werden hauptsächlich aus der Rebsorte Grenache blanc sowie Picpoul, Bourboulenc, Macabeu und Clairette erzeugt, wobei die letztgenannte Rebsorte dem Wein eine gewisse Wärme verleiht, aber ziemlich schnell maderisiert, d. h. sich infolge von Oxidation verfärbt und einen Madeirageruch annimmt. Seit kurzem bereichern Marsanne, Roussanne und Vermentino diese Produktion. Bei den Schaumweinen verwendet man Mauzac, Chardonnay und Chenin.

Languedoc

Blanquette de Limoux

Die Mönche der Abtei Saint-Hilaire, unweit von Limoux, die entdeckten, daß ihre Weine wieder zu gären begannen, waren die ersten Erzeuger von Blanquette de Limoux. Drei Rebsorten werden für die Herstellung dieses Schaumweins verwendet : Mauzac (90 % Mindestanteil), Chenin und Chardonnay ; die beiden letztgenannten sind an die Stelle der Clairette-Rebe getreten und verleihen der Blanquette Säure und aromatische Feinheit.

Blanquette de Limoux wird nach der traditionellen Methode der Flaschengärung hergestellt und kommt in den Geschmacksrichtungen »brut« (herb), »demi-sec« (halbtrocken) und »doux« (süß) auf den Markt. 8 Millionen Flaschen werden im Jahr verkauft.

Neben Blanquette und Crémant de Limoux gibt es im Limouxin noch zwei weitere Appellationen mit sehr geringer Produktion : einen trockenen weißen Stillwein, den »Limoux«, und einen weißen Schaumwein, der nach der »ländlichen« Methode hergestellt wird, die »Blanquette méthode ancestrale«.

BROUETTE PETIT FILS
Cuvée impériale★★★

○ k.A. 100 000

Ein traditionelles Erzeugnis, hergestellt von einer alten Firma in Limoux, die sich im Besitz eines Spezialisten für französische Schaumweine befindet - was könnte es Normaleres geben ! Ein feiner, anhaltender Schaum, der schön anzuschauen ist, begleitet den für die Mauzac-Rebe typischen Duft nach weißen Blüten. Der harmonische, fruchtige, runde und ausgewogene Geschmack bietet einen lebhaften Abgang. Alles ist elegant.

SA Brouette Petit-Fils, Caves Jean Babou, 5, av. Charles-de-Gaulle, 11300 Limoux, Tel. 04.68.31.00.01, Fax 04.68.31.73.40 n. V.

DOM. COLLIN Cuvée Prestige★★

○ 5 ha 30 000

Man hätte vielleicht annehmen können, daß es Philippe Collin aufgrund seiner Herkunft aus der Champagne mit seinem Chardonnay leichter hätte. Die Lorbeeren erntet er jedoch mit Mauzac und einer sehr hübschen Blanquette. Die Erscheinung ist ansprechend : blaßgelbe Farbe mit grünen Reflexen, dazu ein geschmeidiger, beständiger Schaum. Der Geruchseindruck wirkt zwar zurückhaltend mit seinem Duft von Garrigueblüten, aber der Geschmack ist besitzeinnehmend. Er ist aromatisch, mit Noten von Honig, Haselnüssen und getoastetem Brot, strukturiert und munter. Lebhafter Abgang mit Zitronenaroma.

Dom. Collin, 11300 Tourreilles, Tel. 04.68.31.35.49, Fax 04.68.31.59.64 n. V.

DIAPHANE 1994★★

○ 500 ha 150 000

Die Genossenschaftskellerei, der Mittelpunkt des Weinlebens im Limouxin, hat ihr Ansehen nicht beschädigt. Innerhalb eines vielfältigen Angebots von hohem Niveau hat die Cuvée Diaphane die Gunst der Jury gewonnen. Passend zu ihrem Namen (»durchscheinend«), zeigt sie sich unter ihrem feinen, regelmäßig perlenden Schaum blaß und zart. Der Duft nach weißen Blüten ist diskret. Ein Hauch von Jasmin erregt die Aufmerksamkeit. Ausgewogenheit. Das Pfirsich- und Aprikosenaroma verflüchtigt sich langsam in einem sehr milden Abgang.

Les Caves du Sieur d'Arques, av. du Mauzac, 11300 Limoux, Tel. 04.68.74.63.00, Fax 04.68.74.63.12 n. V.

DOM. DE FOURN Brut Carte noire 1994★

○ 10 ha 50 000

Man sollte sich die Zeit nehmen, höher hinaufzufahren und in Fourn Station zu machen, dort, wo die Roberts seit Generationen ihr Talent als Blanquette-Hersteller unter Beweis gestellt haben. Dann läßt man sich, mit dem Glas in der Hand, in die Kellerei führen, wo man diese »Carte noire« probieren kann. Die blaßgelbe Farbe mit den goldgelben Reflexen weist auf die Reife dieses Weins hin. Die Frucht ist reif : Pfir-

siche werden von einer mediterranen Note von Bratengeruch begleitet. Der Geschmack ist dementsprechend : gehaltvoll, füllig, Röstaroma, Haselnüsse und fleischige Früchte, nicht ohne Frische. Ein Wein, der lagern kann.
🍷 GFA Robert, Dom. de Fourn, 11300 Pieusse, Tel. 04.68.31.15.03, Fax 04.68.31.77.65 ◻ ◻ n.V.

DOM. LES TERRES BLANCHES 1994*
| ○ | 3 ha | 13 000 | ◻ | 30-50 F |

Ein eigenständiges Anbaugebiet mit Sand und Kies. Dieses Gut, das 1987 einem ältesten der Blanquette-Häuser abgekauft wurde, wird künftig von einem pferdebegeisterten Ehepaar geführt. Der Schaum dieses 94ers ist anhaltend, fein und elegant. Der strahlend blaßgelbe Wein besitzt ein sehr blumiges, honigartiges Aroma, das einen Hauch von Ginster enthält. Der fruchtige Geschmack (reife Äpfel) klingt mit einer Note von gesüßtem Hefebrot aus. Dieser nur leicht gesüßte Dessertwein bietet eine exzellente Ausgewogenheit.
🍷 Eric Vialade, Dom. Terres blanches, 11300 Cépie, Tel. 04.68.31.24.37, Fax 04.68.31.25.59 ◻ ◻ n.V.

DOM. DE MARTINOLLES 1994*
| ○ | 5,5 ha | 30 000 | | 30-50 F |

Im mediterransten Teil der Appellation ist der Familie Vergnes im Laufe der Jahre gelungen, den Charakter dieses Anbaugebiets, der Wiege der Blanquette, zum Ausdruck zu bringen, indem sie technischen Fortschritt und Tradition verband. Dieser 94er besitzt eine blasse Farbe. Die grünen Reflexe betonen seine Jugendlichkeit inmitten eines erstklassigen Schaums, den Noten von Trauben und getoasteten Milchwecken begleiten. Der lebhafte, frische und fröhliche Wein bietet sich als Aperitif an, zu Toastbrot mit Fisch.
🍷 Vignobles Vergnes, Dom. de Martinolles, 11250 Saint-Hilaire, Tel. 04.68.69.41.93, Fax 04.68.69.45.97 ◻ ◻ Mo-Sa 8h-12h 14h-17h ; Gruppen n. V.

Crémant de Limoux

Der Crémant de Limoux wurde zwar erst durch den Erlaß vom 21. August 1990 eingeführt, ist aber deswegen keineswegs ein weniger bewährter Schaumwein. Die Herstellungsbedingungen für die Blanquette de Limoux waren nämlich sehr streng und denen für den Crémant sehr ähnlich, so daß man im Limouxin keine Probleme damit hatte, sich in diese Elitegruppe einzureihen.

Schon seit ein paar Jahren reiften in den Lagern der Kellereien Cuvées, die aus einer subtilen Verbindung zwischen der Persönlichkeit und dem typischen Charakter der Mauzac-Rebe, der Eleganz und Rundheit der Chardonnay-Rebe und der Jugendlichkeit und Frische der Chenin-Rebe hervorgegangen waren.

ANTECH Cuvée Saint-Laurent 1994*
| ○ | k. A. | 20 181 | ◻ ◻ | 30-50 F |

Diese Winzer und Weinhändler wollten immer auf höchstem Niveau bleiben und die Erzeuger in Limoux auf ihrem Weg hin zur Qualität begleiten. Der Wein ist zart, passend zu seiner blassen Farbe und seinem leichten Schaum. Der milde Duft enthüllt eine feine Zitronennote. Ein Hauch von Jasmin geht einer milchigen Note voraus. Der harmonisch verschmolzene, füllige, leicht alkoholische Geschmack überrascht im Abgang durch ein diskretes Aroma von roten Früchten, das ihn zur richtigen Begleitung für Nachspeisen mit Obst macht.
🍷 Georges et Roger Antech, Dom. de Flassian, 11300 Limoux, Tel. 04.68.31.15.88, Fax 04.68.31.71.61 ◻ ◻ Mo-Fr 8h-12h 14h-18h

AVERSENG 1991***
| ○ | 1,8 ha | 6 750 | ◻ | 50-70 F |

Nur ganz knapp hat Gérard Averseng die oberste Stufe des Siegerpodestes der Crémants verfehlt. Dieser 91er ist nämlich bemerkenswert. Leider wird er nur in begrenzter Menge hergestellt. Die Farbe ist strahlend und goldgelb, der Schaum ansprechend. Der komplexe Duft vereint getrocknete und gekochte Früchte, Heu, Lindenblüten und blühenden Wein. Der Geschmack erscheint danach gehaltvoll und reif. Quitten, Lebkuchen und Haselnüsse bringen einen Wein in seiner vollen Entfaltung zum Ausdruck.
🍷 Gérard Averseng, 9, imp. du Pla, 11300 La Digne d'Amont, Tel. 04.68.31.27.16, Fax 04.68.31.27.16 ◻ ◻ tägl. 10h-12h 14h-19h

L'EVECHE 1993**
| ○ | 35,2 ha | 30 000 | ◻ | 30-50 F |

Hätten die Bischöfe einen solchen Meßwein gehabt, so hätten sie vermutlich der Sünde der Schlemmerei gefrönt und Philippe Limouzy, der einer langen Reihe von Blanquette-Herstellern entstammt, mehrfachen Ablaß gewährt. Die Robe ist gesetzt, ein entwickeltes Goldgelb. Der Duft ist kräftig (Ginster, Garrigue, reife Äpfel). Der Geschmack überführt durch seine Fülle und Reife sowie Röstnoten, zu denen gedörrte Früchte und ein überraschender Hauch von roten Früchten hinzukommen. Der Abgang ist frisch. Ein trinkreifer Wein.
🍷 Héritiers Valent, 11250 Gardie, Tel. 04.68.69.90.01, Fax 04.68.69.91.94 ◻ ◻ n.V.
🍷 Philippe Limouzy

ROBERT Brut 1993*
| ○ | 3 ha | 10 000 | ◻ ◻ | 30-50 F |

Crémant, Blanquette - die Roberts ragen bei den Schaumweinen sichtlich hervor ! Man wäre fast versucht zu fragen : Na, und wann kommt der Limoux ? Der Schaum dieses 93ers ist fein, die Schaumkrone beständig, die Erscheinung frisch. Der intensive, komplexe Duft mischt Honig, Jasmin, Fruchtdrops und Muskateller-

Limoux

Trauben. Ein fülliger, runder Wein voller Milde. Gute Arbeit. Seine aromatische Entwicklung, gekochte Äpfel und gebrannte Mandeln, lädt dazu ein, ihn zum Nachtisch zu servieren.
- GFA Robert, Dom. de Fourn, 11300 Pieusse, Tel. 04.68.31.15.03, Fax 04.68.31.77.65 ☑ ☉ n.V.

SIEUR D'ARQUES
Grande cuvée Renaissance★★★

| ○ | | 60 ha | 20 000 | 🍴🍷 | 70-100 F |

Zweimal hintereinander Wahl zum Lieblingswein für diese außergewöhnliche Cuvée der Caves du Sieur d'Arques, deren Besonderheit auf dem Ausbau des Grundweins im Barrique beruht. Ein regelmäßig perlender, feiner Schaum belebt die blaßgoldene Farbe, in der grüne Reflexe zu erkennen sind. Der Geruch ist intensiv : fruchtig, an Aprikosen erinnernd, mit einem Hauch von süßem Hefebrot. Doch erst im Geschmack entfaltet sich dieser füllige, runde, gehaltvolle Wein vollständig mit Röst-, Gewürz- und Honignoten. Der Gesamteindruck ist harmonisch, komplex, lang und überraschend.
- Les Caves du Sieur d'Arques, av. du Mauzac, 11300 Limoux, Tel. 04.68.74.63.00, Fax 04.68.74.63.12 ☑ ☉ n.V.

Limoux

Die 1938 anerkannte Appellation Limoux nature (Stillwein) war in Wirklichkeit der Grundwein, der für die Herstellung der Appellation Blanquette de Limoux bestimmt war. Alle Handelshäuser verkauften ein wenig von diesem Wein.

Zu ihrem großen Bedauern mußte diese AOC 1981 erleben, daß man ihr die Verwendung der Bezeichnung »nature« untersagte ; sie wurde deshalb zu Limoux. Der Limoux ist ein reinsortiger Mauzac geblieben, aber seine Produktion ging langsam zurück, weil die Grundweine für Blanquette de Limoux damals aus Chenin, Chardonnay und Mauzac erzeugt wurden.

Diese Appellation entstand neu, als erstmals bei der Lese 1992 die Rebsorten Chenin und Chardonnay hinzugenommen wurden ; die Verwendung von Mauzac bleibt jedoch vorgeschrieben. Eine Besonderheit ist, daß die Vergärung und der Ausbau bis zum 1. Mai im Eichenholzfaß vorgenommen werden müssen. Die tatkräftige Mannschaft der Limoux-Genossenschaft sieht somit ihre Anstrengungen belohnt.

DOM. DE L'AIGLE Classique 1995★

| ☐ | | k. A. | 35 000 | 🍷 | 30-50 F |

Im oberen Tal der Aude hat ein Winzer aus der Champagne voller Leidenschaft die Chardonnay-Rebe wiedergefunden. Originell : Beim Limoux findet sie ohne Bläschen und nach einer Vergärung im Barrique ihren Ausdruck. Die schöne strohgelbe Farbe seines 95ers hat goldgelbe Reflexe. Der Geruchseindruck ist diskret : exotische Früchte, bei denen Mangos und Litschis dominieren. Die Ansprache ist klar. Danach zeigt sich der Wein lebhaft, füllig und wohlausgewogen. Eine Flasche, die voller Verheißungen steckt.
- Dom. de L'Aigle, 11300 Roquetaillade, Tel. 04.68.31.39.12, Fax 04.68.31.39.14 ☑ ☉ n.V.
- J.-L. Denois

DOM. DE MAYRAC 1995

| ☐ | | 6 ha | 20 200 | 🍷 | 30-50 F |

Gino Buoro, ein Winzer aus Berufung, konnte diese Liebe mit seinen Angehörigen innerhalb des Familienbetriebs teilen. Er schwört auf biologische Anbaumethoden und präsentiert uns diesen Limoux von intensiv gelber bis altgoldener Farbe. Der Geruchseindruck ist komplex : Lakritze, getoastetes Brot, Gewürze und Honig sowie ein Hauch von Aprikosen. Der Geschmack ist dementsprechend füllig und kraftvoll. Ein schon reifer Wein.
- GAEC du dom. de Mayrac, 11190 Couiza, Tel. 04.68.74.04.84, Fax 04.68.74.20.01 ☑ ☉ n.V.
- Gino Buoro

TOQUES ET CLOCHERS
Terroir d'Autan Elevé en fût de chêne 1995★★★

| ☐ | | 50 ha | 35 000 | 🍷 | 30-50 F |

Die vier Lagen von Limoux sind Stammgäste unseres Weinführers und streiten sich nacheinander um die Gunst der Verkoster. Aber hinter dieser scheinbaren Mühelosigkeit steht eine Ver-

gärung im Barriquefaß, wobei 2 000 Fässer überwacht und der Hefesatz aufgerührt werden müssen - denn der Ausbau dauert acht Monate auf der Hefe. Das Ergebnis ist prächtig ! Ein klarer, blaßgelber Autan mit einem zarten Blütenaroma, das im Geschmack einer subtilen Verbindung von Honig und empyreumatischen Noten Platz macht. Der Gesamteindruck ist füllig und seidig. Der frische Abgang enthüllt eine feine Lakritzenote. Vollkommene Ausgewogenheit. Ein eleganter, genußvoller Wein, den man zu sehr vielen Gerichten trinken kann.
- Les Caves du Sieur d'Arques, av. du Mauzac, 11300 Limoux, Tel. 04.68.74.63.00, Fax 04.68.74.63.12 ☑ ⊥ n.V.

TOQUES ET CLOCHERS
Terroir Haute Vallée Fût de chêne 1995**

	50 ha	35 000		30-50 F

Das Anbaugebiet ist riesig und liegt in rund 40 Gemeinden verstreut. Aber jede Parzelle ist bekannt und stellt nicht bloß eine Nummer auf einer Karteikarte dar ; ihr Potential, ihre Eigenschaften und ihr besonderer Charakter bestimmen das Schicksal des daraus stammenden Traubenguts. Bei diesem hier ist es Limoux, die Genossenschaftskellerei Sieur d'Arques. Die Farbe dieses 95ers ist blaßgelb. Der Wein ist leuchtend, ansprechend. Frische Früchte, Zimt, Haselnüsse und Röstgeruch entfalten sich in einem komplexen, intensiven Bukett. Dann kommt das Haute Vallée zum Ausdruck : reife Früchte und die Milde von Kastanien begleiten Gewürz- und Röstnoten. Dieser 95er ist lebhaft und voll, mit einem frischen, überraschend langen Abgang. Er wird schon 1998 seine beste Qualität erreichen.
- Les Caves du Sieur d'Arques, av. du Mauzac, 11300 Limoux, Tel. 04.68.74.63.00, Fax 04.68.74.63.12 ☑ ⊥ n.V.

Clairette de Bellegarde

Clairette de Bellegarde, 1949 als AOC anerkannt, wird im südöstlichen Teil der Costières de Nîmes erzeugt, in einem kleinen Anbaugebiet zwischen Beaucaire und Saint-Gilles und zwischen Arles und Nîmes. Auf steinigen roten Böden werden 2 000 hl von einem Wein produziert, der ein eigentümliches Bukett besitzt.

DOM. DU MAS CARLOT 1996**

	15 ha	100 000	-30 F

Das ziemlich intensive Aroma, an weiße Blüten erinnernd und leicht zitronenartig, ist angenehm. Diese in der Ansprache füllige Clairette führt eine samtige Struktur vor und klingt mit einer angenehm säuerlichen Note aus. Ein hübscher Wein.

- GFA Mas Carlot, 30127 Bellegarde, Tel. 04.66.01.11.83, Fax 04.66.01.62.74 ☑ ⊥ n.V.
- Paul Blanc

Clairette du Languedoc

Die Rebflächen liegen in acht Gemeinden im mittleren Tal des Hérault und erzeugen 5 000 hl. Durch eine Vinifizierung bei niedriger Temperatur und minimaler Oxidation erhält man einen alkoholreichen Weißwein von intensiver gelber Farbe. Er kann trocken, halbtrocken oder lieblich sein. Wenn er altert, erwirbt er einen Rancio-Geschmack, den manche Weinliebhaber mögen. Er paßt gut zu Bourride sétoise, einem provenzalischen Fischeintopf, und Seeteufel auf amerikanische Art.

ADISSAN Moelleux 1996**

	2 ha	12 000	-30 F

Ein Wein, der unter seiner strahlend goldgelben Farbe einen sehr schönen aromatischen Ausdruck (Pfirsiche, Aprikosen) entfaltet. Dieser traditionelle, liebliche Weißwein bietet im Geschmack eine gute Ausgewogenheit, viel Fett und eine große Fülle. Nicht übersehen werden darf auch die klassische Clairette, ein trockener Weißwein, den man zu Fisch oder weißem Fleisch trinken kann.
- La Clairette d'Adissan, 34230 Adissan, Tel. 04.67.25.01.07, Fax 04.67.25.01.07 ☑
⊥ Mo-Sa 9h-12h 15h-18h

Corbières

Die seit 1951 als VDQS eingestuften Corbières-Weine wurden 1985 zur AOC erhoben. Die Appellation erstreckt sich auf 87 Gemeinden und erzeugt 650 000 hl (7 % Weiß- und Roséweine, 93 % Rotwein). Es sind generöse Weine, denn sie haben einen Alkoholgehalt zwischen 11 und 13 °. Hergestellt werden sie in Anbaugebieten, die höchstens zu 60 % mit Carignan bestockt sein dürfen.

Die Corbières bilden eine typische Weinbauregion, in der es kaum andere Anbaumöglichkeiten gibt. Beim Klima herrscht der mediterrane Einfluß

Corbières

vor, aber im Westen macht sich auch eine ozeanische Strömung bemerkbar. Die zerklüftete Oberflächengestalt schirmt die Lagen ab. Dies und die extreme Vielfalt der Böden, auf denen vor allem Carignan angepflanzt ist, machen den Corbières zu einem Anbaugebiet, das sich nur schwer einordnen läßt. Die Corbières besitzen eine Weinbruderschaft : die Illustre Cour des Seigneurs de Corbières, deren Sitz in Lézignan-Corbières ist.

CELLIER AVALON
Rosée d'Octobre 1996★★

▲ 5 ha 25 000 30 F

Die Hautes Corbières konnten von einem idealen Oktober profitieren. Hier ein eigentümlicher Rosé von strahlendem Johannisbeerrot. Zu seinem deutlich wahrnehmbaren Aroma von frischen roten Beerenfrüchten kommt ein Hauch von Fruchtdrops hinzu. Seine Ausgewogenheit, die ein wenig von einer willkommenen Frische unterstützt wird, macht ihn zu einem sanften, süffigen Wein. Sehr harmonisch.
☛ Cellier Avalon, 11330 Montgaillard, Tel. 04.68.45.41.98, Fax 04.68.45.01.37 ✉ ☎ Mo-Sa 8h-12h 14h-18h

CH. BEL EVEQUE 1994★

■ k. A. k. A. 30-50 F

Wenn der Akteur Talent hat, so gilt dies auch für seinen Wein. Dieser dunkelrubinrote 94er bietet einen intensiven, sehr angenehm animalischen Geruch, der Noten von roten Früchten enthält, aber vor allem eine großzügige Fülle im Geschmack. Die schöne, klare Ansprache wird von Tanninen abgelöst, die noch prägnant sind, umhüllt von einem Körper, der zu einem harmonischen Abgang führt.
☛ SCEA Pierre Richard, Dom. de l'Evêque, 11430 Gruissan, Tel. 04.68.49.26.91, Fax 04.68.49.09.23 ☎ tägl. 9h-12h 14h-19h ; Sept.-April geschlossen

CH. DE CARAGUILHES 1995★

■ 60 ha 40 000 ▮▯♦ 30-50 F

Auf dem Boden, den früher einmal die Mönche von Fontfroide bearbeiteten, dehnt sich das Weingut des Château de Caraguilhes aus. 500 ha wilde Garrigue schützen Rebflächen, die in einem berühmten Anbaugebiet liegen. Für den Anbau werden keine chemischen Hilfsmittel verwendet. Deshalb zwingt die geringe Produktion dazu, bei der Vinifizierung den Wein ganz besonders aufmerksam zu behandeln. Das Ergebnis ? Ein 95er mit einem mineralischen Aroma, das ihm eine starke Persönlichkeit verleiht. Ein harmonischer natürlicher Corbières.
☛ SC du Ch. de Caraguilhes, 11220 Saint-Laurent-de-la-Cabrerisse, Tel. 04.68.43.62.05, Fax 04.68.43.52.15 ✉ ☎ tägl. 8h-19h
☛ L. Faivre

LES MAITRES VIGNERONS DE CASCASTEL 1996★

▲ k. A. 10 000 ▮♦ -30 F

Schieferboden, Syrah, sorgfältig mit Grenache kombiert und die geeignete Technologie - das reicht aus, um einen berühmten Rosé hervorzubringen. Seine Farbe ist blaß und zart, mit einer purpurvioletten Nuance. Sein blumiges Bukett enthält eine Cassisnote. Dieser feine, intensive Wein ist klar, leicht und verführerisch.
☛ Les Maitres Vignerons de Cascastel, 11360 Cascastel, Tel. 04.68.45.91.74, Fax 04.68.45.82.70 ✉ ☎ n.V.

CASTELMAURE
Cuvée des Pompadour 1994

■ 32 ha 13 000 ▮▯♦ 30-50 F

Das Dorf Embres et Castelmaure, das wirklich im Herzen der steinigen Corbières liegt, gewinnt Leben in seiner Genossenschaftskellerei und seinen Winzern mit dem rauhen Tonfall. Die Cuvée Pompadour bringt den Charakter der Region perfekt zum Ausdruck. Die Farbe ist tief dunkel. Der intensive Duft erinnert an Gewürze (Lakritze) und in Alkohol eingelegte Früchte. Dieser im Geschmack füllige, fleischige, geschmeidige und spürbare 94er besitzt einen Körper, der nicht die Seele des Weins erdrückt.
☛ SCV Castelmaure, Cave Coop., 4, rte des Cannelles, 11360 Embres et Castelmaure, Tel. 04.68.45.91.83, Fax 04.68.45.83.56 ✉ ☎ Mo-Fr 9h-12h 14h-18h

DELICATESSE 1994★

■ 20 ha 20 000 ▯ 30-50 F

»Délicatesse«, eine angesehene Cuvée, kommt erst nach drei Jahren Reifung richtig zur Entfaltung. Dieser jugendliche 94er bietet eine lebhafte Farbe mit ein paar Reflexen, die seine Entwicklung andeuten. Der Duft ist kräftig, mit einem Aroma von Vanille, schwarzen Früchten und Veilchen. Der gehaltvolle, ausgewogene Geschmack zeigt das Vorhandensein von hübschen Tanninen an, die nach Lakritze schmecken. Ein geradliniger, klarer und vielversprechender Wein.
☛ Cellier Charles Cros, 11200 Fabrezan, Tel. 04.68.43.61.18, Fax 04.68.43.51.88 ✉ ☎ n.V.

BLANC DE BLANCS DES DEMOISELLES 1996★

☐ k. A. 10 000 ♦ -30 F

Das Anbaugebiet, das Können des Winzers, die Strenge der Auswahl, die perfekte Beherrschung der Maischegärung, des Kelterns und des Vorklärens, das Ganze ohne Schwefeldioxid, die Vinifizierung orchestriert von Bernard Codina, dem Kellermeister - das alles ergibt einen Weißwein mit einem intensiven, feinen und nachhaltigen Aroma von großer Komplexität. Der fleischige, ausgewogene, reizvolle und kräftige Geschmack, der voller Persönlichkeit ist, bietet einen langen, sehr langen Abgang.
☛ SCV Cellier des Demoiselles, 5, rue de la Cave, 11220 Saint-Laurent-de-la-Cabrerisse, Tel. 04.68.44.02.73, Fax 04.68.44.07.05 ✉ ☎ tägl. 8h-12h 14h-18h (Juni-Sept.)

Corbières

CH. FABRE GASPARETS
Cuvée Grande Pièce Elevé en fût de chêne 1995**

■ 5 ha 20 000 ◨ 30-50 F

Bei Château Fabre sind die drei für ein Gelingen wesentlichen Elemente vereint : ein bemerkenswertes Anbaugebiet, nämlich das von Gasparets, eine anspruchsvolle und feine Rebsorte, die Mourvèdre-Rebe, und das Talent eines Menschen, der die Bräuche und Traditionen achtet, Louis Fabre. Der Wein ist von tadelloser Farbe. Das Aroma von kandierten Früchten und Lorbeerblättern verleiht ihm einen originellen Geruchseindruck. Seine schöne geschmackliche Präsenz äußert sich im Volumen und der Fülle sowie einer von der Faßreifung herrührenden Note.

☛ Louis Fabre, Ch. de Luc, 11200 Luc-sur-Orbieu, Tel. 04.68.27.10.80, Fax 04.68.27.38.19 ✓ ⊤ n.V.

CH. GLEON MONTANIE
Sélection Combe de Berre 1994*

■ 40 ha 20 000 ▮ 30-50 F

Dieses Gut, dessen Spuren man bis in die galloromanische Zeit zurückverfolgen kann, gehört seit 1860 der Familie Montanié. Es präsentiert einen karminroten 94er mit bläulichroten Reflexen. Der einladende Duft von Blüten und Erdbeeren wird durch Gewürze und Lakritze belebt. Der deutlich wahrnehmbare, überaus vollmundige Geschmack besitzt einen Abgang mit intensiver Lakritznote. Ein wirklich charaktervoller Corbières.

☛ Jean-Pierre et Philippe Montanié, GAEC du Ch. de Gléon, Villesèque, 11360 Durban, Tel. 04.68.48.28.25, Fax 04.68.48.83.39 ✓ ⊤ tägl. 9h-13h 16h-19h

DOM. DU GRAND ARC 1996**

☐ 1,5 ha 3 600 ▮ -30 F

Die Reben, die im Schutz der Zitadellen von Quéribus und Peyrepertuse an steilen Hängen wachsen, kamen 1996 in den Genuß eines bemerkenswerten Herbstes. Diese Cuvée, die man unbedingt probieren sollte, bietet eine schöne blasse Farbe, einen vornehmen, reinen Duft mit Blütennoten, eine runde, füllige Ansprache und genug Säure. Ein wenig Kohlensäure im Abgang verleiht ihm eine angenehme Einprägsamkeit.

☛ Bruno Schenck, Dom. du Grand Arc, le Devois, 11350 Cucugnan, Tel. 04.68.45.01.03, Fax 04.68.45.01.03 ✓ ⊤ n.V.

CH. HAUTE-FONTAINE
Elevé en fût de chêne 1995*

■ k. A. 6 000 ◨ -30 F

Sie sind erst seit 1994 Besitzer von Château Haute-Fontaine und haben schon Beachtung gefunden, aber wie sollte dies nicht gelingen, wenn man Herr und Frau »Winzer« heißt ! Ein 95er voller Persönlichkeit, etwas holzbetont. Die Ausgewogenheit ist vollkommen, der Geschmack harmonisch und vielversprechend. Man kann ihn jetzt zu Wild trinken oder in den Keller legen : Sein Abgang ist eine Garantie für Langlebigkeit.

☛ SCEA Haute-Fontaine, Ch. Haute-Fontaine ; Prat-de-Cest ; Bages, 11100 Narbonne, Tel. 04.68.41.03.73, Fax 04.68.41.76.03 ✓ ⊤ n.V.
☛ Vigneron

CH. HAUT GLEON
Elevé en fût de chêne 1994

■ 15 ha 40 000 ◨ 50-70 F

Die Ursprünge von Haut Gléon und seiner Kapelle reichen ins 7. Jh. zurück. Das Weingut stammt aus dem 14. Jh. Und sein guter Ruf bestätigt sich im 20. Jh. Schöne tiefrote Farbe, vielfältiges Aroma von Leder, Gewürzen und kandierten Früchten. Feine, zarte Tannine sorgen für Eleganz im Geschmack. Gute Gesamtharmonie. Das ist alles, was die Jury über einen generösen Wein sagte, den die Sonne verströmt !

☛ Ch. Haut-Gléon, Villesèque-les-Corbières, 11360 Durban, Tel. 04.68.48.85.95, Fax 04.68.48.46.20 ✓ ⊤ tägl. 8h-12h30 13h30-18h30
☛ Duhamel

CH. HELENE
Cuvée Hélène de Troie 1994**

■ 5 ha 15 000 ◨ 50-70 F

»Helena von Troja«, eine mythische Cuvée vielleicht ? Aber sicherlich passend zur Winzerin, die Marie-Hélène heißt : lebhaft, fröhlich, heiter, gepflegt, elegant, aber auch ausgeglichen, vernünftig, ausdrucksvoll, mit viel Persönlichkeit. Sie zieht Sie mit Sicherheit in ihren Bann.

☛ Marie-Hélène Gau, 34, rte de Narbonne, 11800 Barbaira, Tel. 04.68.79.00.69, Fax 04.68.79.06.97 ✓ ⊤ n.V.

CUVEE JEAN LEBRAU 1995

■ k. A. 9 000 ▮ 30-50 F

Der Alaric, das erste Bollwerk der Corbières, erweist sich mit seinen Ablagerungen von Kalksteingeröll im Laufe der Jahre als Lieblingsanbaugebiet der Rebsorte Syrah. Die Cuvée des Dichters Jean Lebrau bestätigt es uns durch ein ausdrucksvolles Backpflaumen- und Veilchenaroma. Fleischig im Geschmack, vollständig, mit Tanninen, die sich entwickeln. Dieser Wein verdient, daß man ihn altern läßt.

☛ Grappe de l'Alaric, 15, rue Jean-Lebrau, 11700 Comigne, Tel. 04.68.79.00.57, Fax 04.68.79.24.21 ✓ ⊤ n.V.

CH. LA BARONNE
Montagne d'Alaric Grenache en vert 1996*

☐ 15 ha 45 000 ▮ 30-50 F

Vater André und Sohn Jean, beide Landärzte, teilen sich Patienten und ihre Leidenschaft für Château la Baronne. Das seit langer Zeit mit Grenache blanc bestockte Anbaugebiet liefert einen Wein von tadelloser Erscheinung, dessen Duft zurückhaltend, aber intensiv genug ist und an weiße Blüten erinnert. Nach einer sehr guten Ansprache zeigt sich dieser angenehme, seidige und vollkommen ausgewogene 96er füllig. Sein Angang ist ganz mild.

☛ Suzette Lignères, Ch. La Baronne, 11700 Fontcouverte, Tel. 04.68.43.90.20, Fax 04.68.43.96.73 ✓ ⊤ n.V.

LANGUEDOC

Corbières

CH. LA BASTIDE 1995

■   40 ha   100 000   ■ ♦ -30F

Château de La Bastide liegt gegenüber dem Minervois, doch seine Reben (Syrah, Grenache noir und ein wenig Carignan) wachsen in den Corbières. Der milde, sanfte Duft verströmt eine Fülle von Aromen. Der füllige, elegante und vollkommen ausgewogene Geschmack klingt in einem langen Abgang aus.

🞂 SCEA Ch. La Bastide, 11200 Escales, Tel. 04.68.27.08.47, Fax 04.68.27.26.81 ✓
☥ Mo-Sa 8h-12h 14h-19h
🞂 Guilhem Durand

CH. LA VOULTE-GASPARETS
Cuvée Romain Pauc 1995★★★

■   8 ha   22 000   ⦿ 70-100F

»Eine gute Abstammung läßt sich nicht verleugnen.« Patrick Reverdy, dessen weißer 95er im letzten Jahr zum Lieblingswein gewählt und der für seinen roten 93er besonders gelobt wurde, begeistert uns mit diesem roten 95er, der beinahe zum Lieblingswein gewählt worden wäre. Reiche Aromenpalette von Vanille, Honigblüten und Lakritze. Ein delikater Geschmack mit wilden Noten. Dieser Wein füllt den Mund bemerkenswert aus. Die Tannine sind seidig und harmonisch. Echter Bodencharakter, gesteigert durch einen meisterlichen Ausbau im Holzfaß.

🞂 Patrick Reverdy, Ch. La Voulte-Gasparets, 11200 Boutenac, Tel. 04.68.27.07.86, Fax 04.68.27.41.33 ✓ ☥ tägl. 9h-12h 14h-18h

CH. LES PALAIS
Cuvée Randolin Vieilles vignes 1995★★★

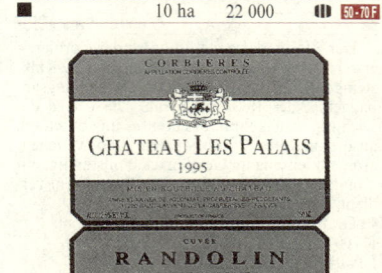

■   10 ha   22 000   ⦿ 50-70F

Der hl. Randolin machte »Sanctae Mariae de Palacio« im 11. Jh. zu seinem Kloster. Das aufgegebene und zerstörte Weingut wurde 1820 unter dem Namen Château Les Palais wieder in Betrieb genommen. Die Cuvée Randolin, die beim 93er sehr gelobt wurde, erreicht mit dem 95er ihre höchste Qualität. Sie steht ganz in der Linie der Corbières-Weine : lebhafte Farbe, vielfältiges Aroma von reifen und kandierten Früchten, Mangos, Vanille, Röstgeruch und eine gefällige, erregende Holznote. Der klare Geschmackseindruck macht einer vornehmen, verfeinerten Persönlichkeit mit rassigem, elegantem Charakter Platz. Der noch intensive Holzton ist das Vorzeichen für einen dauerhaften Wein von großer Beständigkeit.

🞂 Ch. Les Palais, 11220 Saint-Laurent-de-la-Cabrerisse, Tel. 04.68.44.01.63, Fax 04.68.44.07.42 ✓ ☥ tägl. 8h-20h
🞂 X. de Volontat

CH. DE L'ILLE Cuvée Angélique 1995

■   10 ha   6 960   ■ 30-50F

Château de l'Ille befindet sich auf einer schmalen, abgelegenen Terrasse. Es badet sich im Licht des Mittelmeers, der Strandseen, des Himmels und der Sonne. Ein kleines Paradies, das man in den Flaschen wiederfindet. Wilder Fellgeruch und Unterholzaroma. Vornehmer Geschmack mit einer Aprikosennote, rund und füllig, durch feine Tannine unterstützt.

🞂 SCEA Ch. de L'Ille, 11440 Peyriac-de-Mer, Tel. 04.68.41.05.96, Fax 04.68.42.81.73 ✓ ☥ n.V.

CH. MANSENOBLE
Montagne d'Alaric 1995★

■   k. A.   50 000   ■ ♦ 30-50F

Guido Jansegers, belgischer Weinredakteur, entschloß sich 1993, von der Kunst der Kritik zum Winzerhandwerk überzuwechseln. Er strukturiert um, wählt aus, gestaltet den Gärkeller um, setzt das Ganze in die Praxis um, baut aus, füllt auf Flaschen ab und kann wieder Kritiken schreiben. Perfekte, intensive Farbe, Aroma von reifen Früchten und Garrigue. Sein 95er zeigt sich harmonisch, warm und kraftvoll, mit Tanninen, die nach Kakao schmecken.

🞂 Guido Jansegers, Ch. Mansenoble, 11700 Moux, Tel. 04.68.43.93.39, Fax 04.68.43.97.21 ✓ ☥ Mo-Sa 9h30-12h 14h30-17h30

MARQUIS DE VILLECOR 1995

■   k. A.   12 000   ■ ⦿ ♦ -30F

Ein origineller Wein, was dem Schieferboden, aber auch dem ausgewogenen Verhältnis von zwei Rebsorten zu verdanken ist : Syrah und Grenache noir, wobei die einen Trauben vermaischt und die anderen entrappt werden. Zu verdanken auch einem jeweils sechsmonatigen Ausbau im Gärbehälter und im Holzfaß. Ein besonderer, zarter, feiner und fruchtiger Corbières, mit seidigen Tanninen in einem harmonisch verschmolzenen Geschmack.

🞂 Cave pilote de Villeneuve-les-Corbières, 11360 Villeneuve-les-Corbières, Tel. 04.68.45.91.59, Fax 04.68.45.81.40 ✓
☥ Mo-Sa 8h-12h 14h-18h

CH. PRIEURE BORDE-ROUGE
Le jardin de Frédéric 1995★

■   2 ha   12 000   ■ ♦ -30F

Eines Tages entschieden sich Natacha und Alain Devillers-Quénehen für das Abenteuer Wein. Nachdenken, Arbeit, Ausbildung. Dann verließen sie Paris in Richtung Borde-Rouge. Verführt von der Landschaft, den Farben und den Düften, begeisterten sie sich für die Rebstöcke mit der ausdrucksvollen Form. Und diese vergelten es ihnen. Ein eleganter, geschmeidiger Wein mit dem Garrigue-Aroma und den feinen Tanninen bringt seine Persönlichkeit gut zum Ausdruck.

Corbières

🍷 Alain et Natacha Devillers-Quénehen, Ch. Prieuré Borde-Rouge, 11220 Lagrasse, Tel. 04.68.43.12.55, Fax 04.68.43.12.51 ☑ ☒ tägl. 9h-20h

DOM. DU REVEREND 1994

■ 6,25 ha 31 000 ⫫ 30-50 F

Alphonse Daudet ein Danke dafür, daß er den Pfarrer von Cucugnan unsterblich gemacht hat. Danke aber auch dem Cellier du Grand Corbières, daß er uns seinen Domaine du Révérend vorstellt : bemerkenswertes Aussehen, ansprechend, leicht und zufriedenstellend. Er bietet ein Aroma von Gewürzen und reifen roten Früchten in perfekter, reicher und recht fülliger Ausgewogenheit und klingt mit einem langen, harmonisch verschmolzenen Abgang aus. Diskrete, seidige Tannine.

🍷 Cellier du Grand Corbières, 11350 Cucugnan, Tel. 04.68.45.01.13, Fax 04.68.45.00.67 ☑ ☒ n.V.
🍷 Peter Sichel

ROQUE SESTIERE Vieilles vignes 1996*

☐ 2 ha 13 000 ■ ♦ 30-50 F

Das Jahr, der Jahrgang - natürlich beeinflußt das seine Persönlichkeit, aber sein Charakter ist stets vorhanden, dank einem bemerkenswerten Anbaugebiet, einer wirklich traditionellen Bestockung und einer liebevoll durchgeführten Vinifizierung. Dieser im Aussehen perfekte 96er bietet ein intensives, komplexes Aroma, das durch eine Note von warmem Stein verstärkt wird. Frischer, lebhafter, langer Geschmack, der reizvoll und sogar faszinierend ist.

🍷 Roland Lagarde, rue des Etangs, 11200 Luc-sur-Orbieu, Tel. 04.68.27.18.00, Fax 04.68.27.18.00 ☑ ☒ n.V.

DOM. ROUIRE-SEGUR 1996**

◢ 2 ha 5 000 ■ ♦ -30 F

Geneviève Bourdel konnte ihrem Rosé einen wirklich femininen Ausdruck verleihen. Die Farbe ist leicht, fast keine hochroten Nuancen. Der Geruchseindruck zögert zwischen Duft und Aroma : Rosen, Kirschen, ein Hauch von Zitronengras. Der Geschmack ist elegant und verführerisch mit einer exotischen Note (Passionsfrüchte). Man sollte ihn an einem schönen Herbsttag trinken.

🍷 Geneviève Bourdel, Ribaute, 11220 Lagrasse, Tel. 04.68.27.19.76, Fax 04.68.27.62.51 ☑ ☒ n.V.

SAINT-JEAN DE LA GINESTE
Carte noire 1994**

■ k. A. 7 000 ■⫫♦ 30-50 F

Ein schönes Anbaugebiet, eine Bestockung, bei der Mourvèdre eine wichtige Rolle spielt, eine Vinifizierung mit ganzen Beeren und ein sehr langer Ausbau im Holzfaß - und der Wein entfaltet sich. Holzbetont und an Vanille erinnernd, mit Noten von Unterholz, Brombeeren und einem Hauch von Rosen, das Ganze intensiv und klar. Der anfangs seidige Wein besitzt Charakter, Körper und einen langen Abgang mit harmonischen Tanninen.

🍷 SCEA Saint-Jean de la Gineste, 11200 Saint-André-de-Roquelongue, Tel. 04.68.45.12.58, Fax 04.68.45.12.58 ☑ ☒ n.V.
🍷 Dominique Bacave

SEIGNEUR DE QUERIBUS 1996*

◢ 4 ha 8 000 -30 F

Zu Füßen der schwindelerregend hohen Katharerfestungen hat der Pfarrer eine famose 96er Ernte gesegnet. Dieser feine Rosé mit dem zurückhaltenden Aroma und den reizvollen Noten von Frische bietet einen runden und gleichzeitig angenehm erregenden Geschmack, genug Frucht und eine gute Länge.

🍷 Vignerons de Cucugnan, Ch. de Quéribus, 11350 Cucugnan, Tel. 04.68.45.41.61, Fax 04.68.45.02.25 ☑ ☒ n.V.

SEXTANT 1995*

■ 15 ha 70 000 ⫫ 50-70 F

Ein guter Bezugspunkt, diese Cuvée Sextant, die Galionsfigur der Genossenschaftskellerei Octaviana. Man erzählt Ihnen hier kein Seemannsgarn ! Tiefe purpurviolette Farbe, reichhaltige, weinige Aromenpalette mit Unterholz- und Ledernoten, intensiviert durch Gewürze und Vanille. Voller, stattlicher Geschmack, der das Aroma des Geruchseindrucks wieder aufgreift, unterstützt durch viele seidige Tannine mit deutlich spürbarem Holzton. Ein alkoholreicher Wein, den man altern lassen kann.

🍷 Vignerons du Mont Tenarel d'Octaviana, 11200 Ornaisons, Tel. 04.68.27.09.76, Fax 04.68.27.58.15 ☑ ☒ tägl. 8h-12h 14h-18h

TERRA VINEA 1995***

k. A. 6 000 ⫫ 50-70 F

Das Anbaugebiet und die Rebsorten beeinflussen sicherlich die Qualität eines Weins, aber die Winzer von Portel berücksichtigen ein anderes Element : den Ausbau. Zu diesem Zweck kauften sie ein Gipsbergwerk und bauten es zu einem wunderbaren Keller um. Der Wein reift hier, und die Besucher sind verblüfft. Der Verkoster wiederum genießt und erkürt ihn sogar zum Lieblingswein. Ein Jahr Faßreifung in dieser Höhle - und wir haben hier einen prächtigen Wein mit einer schönen Aromenpalette. Intensiv, aber elegant, komplex und fein. Der gesamte Genuß offenbart sich im Geschmack, der füllig und freigebig ist, mit einem spürbaren, aber nicht aufdringlichen Holzton und viel Körper. Ein gehaltvoller, vielversprechender 95er.

🍷 Caves Rocbère, 11490 Portel-des-Corbières, Tel. 04.68.48.28.05, Fax 04.68.48.45.92 ☑ ☒ n.V.

LANGUEDOC

TRESMOULIS
Elevé en fût de chêne 1995★★

■ 20 ha 13 000 ◨◨ 30-50 F

Diese Cuvée verdankt ihren Namen den drei Mühlen (très moulis = trois moulins), die ganz oben auf dem Felsjoch von Roquefort-des-Corbières stehen. Die Düfte der einheimischen Flora mit Noten von ausgedörrter, sonnenreicher Garrigue finden sich in diesem Wein, zusammen mit einer perfekten Empfindung von Geschmeidigkeit und Frische, unterstützt durch ein deutlich spürbares Tanningerüst, das einen warmen, einladenden Holzton enthält.

✆ Celliers Saint-Martin, 11540 Roquefort-des-Corbières, Tel. 04.68.48.21.44, Fax 04.68.48.48.76 ◪ ⵏ n.V.

CH. DU VIEUX PARC 1995

■ 7 ha 15 000 ◨◨ ♦ 30-50 F

1988 war die Winzerseele von Louis Panis stärker als die Volksbildung. Seitdem zeichnet sich Château du Vieux Parc aus. Es ist erneut in diesem Weinführer vertreten, mit einem 95er voller Harmonie, Feinheit und Leichtigkeit, dessen Bukett an Blüten, aber auch an reife und gekochte Früchte erinnert. Dieser leichte, reizvolle und vollkommen ausgewogene Corbières bietet Frucht und eine leichte Vanillenote, die von einem klugen Ausbau im Holzfaß herrührt.

✆ Louis Panis, av. des Vignerons, 11200 Conilhac-Corbières, Tel. 04.68.27.27.44, Fax 04.68.27.38.29 ◪ ⵏ tägl. 9h-19h

DOM. DE VILLEMAJOU 1995

■ 25 ha 100 000 ◨◨ 30-50 F

Gérard Bertrand widmet sich zwei Leidenschaften : Rugby und diese Domaine de Villemajou (Villa Major). Beim 1995 verwandelt er seinen Versuch mit diesem Corbières, der eine noch jugendliche, frische Farbe besitzt und ein vielfältiges Aroma von leicht überreifen Früchten und Gewürzen entfaltet. Der angenehme, harmonisch verschmolzene Wein zeigt eine schöne Ausgewogenheit und bietet hübsche Holznoten. Er ist heute gefällig und wird im Laufe der Jahre noch besser.

✆ Gérard Bertrand, av. de Lézignan, 11200 Saint-André-de-Roquelongue, Tel. 04.68.45.10.43, Fax 04.68.45.11.73 ◪ ⵏ Mo-Fr 8h-18h ; Sa n. V.

Costières de Nîmes

Eine Anbaufläche von 25 000 ha ist als AOC eingestuft worden ; davon sind gegenwärtig 12 000 ha bestockt. Die Rot-, Rosé- und Weißweine werden in einem Anbaugebiet erzeugt, das sich auf den sonnenreichen Hängen von Hügeln mit Geröllböden befindet, innerhalb eines Vierecks, dessen Eckpunkte Meynes, Vauvert, Saint-Gilles und Beaucaire bilden, südöstlich von Nîmes und nördlich der Camargue gelegen. 150 000 hl kommen unter der Bezeichnung Costières de Nîmes in den Handel (75 % Rot-, 22 % Rosé- und 3 % Weißweine) ; sie stammen aus 24 Gemeinden. Die Roséweine trinkt man zu Fleisch- und Wurstgerichten aus den Cevennen ; die Weißweine passen sehr gut zu Muscheln und Fisch aus dem Mittelmeer, während die warmen, körperreichen Rotweine vor allem nach Grillgerichten verlangen. Eine Weinbruderschaft, der Ordre de la Boisson de la Stricte Observance des Costières de Nîmes, hat eine 1703 begründete Tradition wiederaufgenommen. Eine »Weinstraße« führt von Nîmes aus durch dieses Gebiet.

DOM. DES AVEYLANS 1995★

■ 5 ha 9 700 -30 F

Ein Etikett in Rot, Schwarz und Gold schmückt diese Flasche. Der elegante Wein besitzt eine sehr hübsche Granatfarbe mit bläulichroten Reflexen. Der noch verschlossene Geruchseindruck erinnert an rote Früchte. Danach kommen im Geschmack Noten von getoastetem Brot und Harz zum Vorschein. Ansprechende Ausgewogenheit mit wohlschmeckenden Tanninen. Eine gute Länge vollendet dieses gelungene Werk.

✆ Hubert Sendra, Dom. des Aveylans, 30127 Bellegarde, Tel. 04.66.70.10.91 ◪ ⵏ n.V.

CH. BEAUBOIS Cuvée Tradition 1996★

◢ 5 ha 25 000 ◨♦ -30 F

Dieses von den Zisterziensern angelegte Gut liegt auf den Hochflächen, die die Camargue überragen. Es hat diesen Rosé mit der tiefroten Farbe hervorgebracht. Das fruchtige Aroma trägt zur allgemeinen Ausgewogenheit dieses Weins bei, der außerdem einen sehr schönen Abgang besitzt.

✆ SCEA Ch. Beaubois, 30640 Franquevaux, Tel. 04.66.73.30.59, Fax 04.66.73.33.02 ◪ ⵏ tägl. 9h-12h 14h-19h

✆ Boyer-Mouret

CH. DE BELLE-COSTE
Cuvée Saint-Marc 1996★

■ 30 ha 50 000 -30 F

Bertrand du Tremblay hat von dieser Cuvée Saint-Marc beim 96er einen Rot-, einen Rosé- und einen Weißwein vorgestellt. Alle drei erhalten dieselbe Note. Der Weißwein, gelbe Früchte, Ginster und Honig, ist sehr ausgewogen und kann ein paar Jahre lagern. Der Roséwein, fein, nach Holunderblüten duftend, kann eine Mahlzeit begleiten. Dieser Rotwein hier präsentiert sich in einem hübschen Kirschrot mit bläulichen Reflexen. Er besitzt ein recht klares, angenehmes Aroma von roten Früchten (rote und schwarze Johannisbeeren). Ein vollständiger, gut vinifizierter Wein, den man schon jetzt mit Genuß trinken kann.

Costières de Nîmes

🍷 Bertrand du Tremblay, Ch. de Belle-Coste, 30132 Caissargues, Tel. 04.66.20.26.48, Fax 04.66.20.16.90 ☑ ⚭ n.V.

CH. PAUL BLANC 1996*
■   k. A.   10 000   30-50 F

Eine dunkle Granatfarbe mit schwarzen Reflexen umhüllt diesen sehr hübschen Wein von Paul Blanc. Der Geruchseindruck ist konzentriert und bietet ein Aroma von Unterholz, Brombeeren, Heidelbeeren und Gewürzen sowie einer Vanille- und Röstnote. Der Geschmack ist kräftig und von guter Länge. Die Tannine sind erstklassig. Kann ein bis zwei Jahre altern.
🍷 SNC Blanc et Cie, 30127 Bellegarde, Tel. 04.66.01.11.83, Fax 04.66.01.62.74 ☑ ⚭ n.V.
🍷 Paul Blanc

CH. DE CAMPUGET
Tradition de Campuget 1996**
◢ 120 ha   150 000 ■♦ -30F

Außer Château de l'Amarine präsentiert dieser Erzeuger auch Campuget. Unsere Juroren würdigten davon die rote 96er Cuvée Tradition, indem sie ihr einen Stern zuerkannten, und diesen bemerkenswerten Rosé mit der intensiven, strahlenden, violett funkelnden Farbe. Der Duft bietet einen Korb roter Früchte und einen Hauch von reifen Pfirsichen. Der wohlausgewogene Geschmack entfaltet sich mit großer Sanftheit. Der Abgang ist angenehm.
🍷 SCA Ch. de Campuget, 30129 Manduel, Tel. 04.66.20.20.15, Fax 04.66.20.60.57 ☑ ⚭ Mo-Sa 10h-12h 14h-18h

DOM. DES CANTARELLES 1996**
◢   6 ha   40 000   -30F

Ein weiterer bemerkenswerter Rosé. Das Jahr 1996 war diesem Weintyp wirklich hold. Aber man darf auch nicht den Stern übergehen, der dem weißen 96er von Jean-François Fayel zuerkannt wurde. Ihm ist ein sehr eleganter Wein gelungen, bei dem der liebliche Charakter mit keiner Schlaffheit verbunden ist. Hier nun der Rosé, der eine nicht sehr intensive, leicht lachsrote Farbe besitzt. Das Aroma ist angenehm (Veilchen, dann rote Früchte : Himbeeren). Die Ausgewogenheit wird durch einen Hauch von Kohlensäure verstärkt. Das Ganze bietet viel Frische. Von Interesse ist auch der rote 96er, der ohne Stern berücksichtigt wurde. Er muß noch ein wenig altern.
🍷 Jean-François Fayel, Dom. des Cantarelles, 30127 Bellegarde, Tel. 04.66.01.16.78, Fax 04.66.70.10.89 ☑ ⚭ n.V.

CH. CLAUSONNE 1995*
■   1 ha   3 000   ⦀ 30-50F

Dieser von der Genossenschaftskellerei Pazac vorgestellte Château Clausonne besitzt eine tiefe, strahlende Farbe. Der Geruchseindruck ist ziemlich intensiv, durch ein Holzaroma (Vanille) geprägt. Der Geschmack ist füllig und zeigt eine Tanninstruktur, die sich noch abmildern muß. Guter Abgang.
🍷 SCA Grands Vins de Pazac, rte de Redessan, 30840 Meynes, Tel. 04.66.57.59.95, Fax 04.66.57.57.63 ☑ ⚭ Mo-Fr 8h-12h 14h-18h ; Sa n. V.

CH. GUIOT 1996*
■   7 ha   30 000   ■♦ -30F

Die Kleine Camargue im Süden, die Alpilles im Osten - Château Guiot besitzt eine großartige Kulisse. Sein Wein ist sehr gelungen mit seiner hübschen purpurroten Farbe und den violetten Reflexen. Der noch verschlossene Geruchseindruck erinnert an pürierte schwarze Beerenfrüchte. Dieser 96er bietet im Geschmack viel Rundheit und eine gute Gerbsäure.
🍷 GFA Ch. Guiot, Dom. de Guiot, 30800 Saint-Gilles, Tel. 04.66.73.30.86, Fax 04.66.73.32.09 ☑ ⚭ n.V.
🍷 Cornut

DOM. DE LA BAUME Classique 1996
■   5 ha   30 000   ■♦ -30F

Schöne rubinrote Farbe. Im Duft dominieren rote Früchte. Im Geschmack viel Feinheit und geschmeidige Tannine. Ein Wein, den man schon jetzt genußvoll trinken kann.
🍷 Jean-François Andreoletti, Dom. de la Baume, 30800 Saint-Gilles, Tel. 04.66.87.30.77, Fax 04.66.87.16.47 ☑ ⚭ Mo-Sa 9h-12h 14h-19h

DOM. DE LA BOISSIERE
Elevé en fût de chêne 1995*
■   4,5 ha   15 000   ■⦀♦ 30-50F

Die intensive rote Farbe besitzt viel Tiefe. Der erste Geruchseindruck erinnert an Dörrobst und getrocknete Kräuter. Das Aroma wird im Mund komplex, mit Räucher- und Vanillenoten. Die gute Ausgewogenheit zeugt von einem gelungenen Ausbau in der Barrique.
🍷 SCA Les Vignerons Jonquières Saint-Vincent, 20, rue de Nîmes, 30300 Jonquières-Saint-Vincent, Tel. 04.66.74.50.07, Fax 04.66.74.49.40 ☑ ⚭ n.V.

CH. LAMARGUE Cuvée Prestige 1996**
■   6 ha   15 000   ■♦ -30F

Eine bemerkenswerte Cuvée Prestige, die in ein tiefes Purpurrot gehüllt ist. Das Aroma ist konzentriert und erinnert an Knospen von schwarzen Johannisbeeren, Brombeeren und rote Johannisbeeren. Im Nasen-Rachen-Raum nimmt man eine Tabaknote wahr. Die klare Ansprache zeigt Rundheit. Darauf folgen wohlschmeckende Tannine. Dieser vollständige Wein zeichnet sich durch seine Eleganz und Harmonie aus. Die gleiche 96er Cuvée ist beim Weißwein sehr gelungen und erhält einen Stern für ihre aromatische Frische, die Pfirsich-, Zitronennoten und exotische Früchte vermischt. Bravo !
🍷 Anders Bergengren, Ch. Lamargue, rte de Vauvert, 30800 Saint-Gilles, Tel. 04.66.87.31.89, Fax 04.66.87.31.89 ☑ ⚭ Mo-Sa 8h-12h 14h-19h ; Gruppen n. V.

CH. DE L'AMARINE
Cuvée des Bernis 1995**
■   35 ha   20 000   ⦀ 30-50F

L'Amarine präsentiert drei Farben, drei Cuvées : Der 96er Rosé und der weiße 96er erhalten einen Stern, während der rote 95er als bemerkenswert beurteilt wird aufgrund seiner schwarz schimmernden Granatfarbe und seines intensiven Dufts, in dem noch Holz und Vanille domi-

Costières de Nîmes

nieren, gefolgt von Tabaknoten. Die Struktur ist geschmeidig und ausgewogen, mit feinen, eleganten Tanninen und einem angenehmen, langen Abgang. Ein weiteres Mal zeichnet sich die Cuvée des Bernis aus !

🍇 SCA Ch. de L'Amarine, Ch. de Campuget, 30129 Manduel, Tel. 04.66.20.20.15, Fax 04.66.20.60.57 ✉ 🍷 Mo-Sa 10h-12h 14h-18h
🍇 Dalle

CH. DE LA TUILERIE Cuvée Eole 1995**

| | 0,5 ha | 3 000 | 🍷 | 70-100 F |

Eine sehr angenehme 96er Carte Blanche, ein Rosé (ein Stern), eine 94er Cuvée Vieilles vignes, ein runder, alkoholreicher Rotwein, den man zu Gerichten mit Sauce trinken kann (ebenfalls ein Stern), und diese bemerkenswerte Cuvée Eole. Lawrence Durrell, der Autor des »Alexandria-Quartetts«, kam hierher als Kenner. Da er auch malte, hätte er die goldgelbe Farbe geliebt. Der intensive, komplexe Duft dieses Weins enthüllt zahlreiche Entwicklungsaromen (Ginster, kandierte Früchte, getoastetes Brot, Bienenwachs...). Im Geschmack erweist sich die Cuvée als besonders füllig, mit langer Nachhaltigkeit im Abgang. Der Ausbau im Barriquefaß ist sehr gelungen. Ein Wein von großem Charakter. Trinkreif.

🍇 SCA Ch. de La Tuilerie, rte de Saint-Gilles, 30900 Nîmes, Tel. 04.66.70.07.52, Fax 04.66.70.04.36 ✉ 🍷 n.V.
🍇 Comte

LE MUST 1994*

| | k. A. | 3 000 | 🍷 | 30-50 F |

Versäumen Sie nicht die Abteikirche Saint-Gilles, bevor Sie die Genossenschaftskellerei besuchen, in der Sie unbedingt zwei Weine probieren müssen : einen weißen 95er, dessen Ausbau im Holzfaß sehr gut gelungen ist, und diesen hier. Schöne rote Farbe mit leicht orangeroter Nuance. Der ausgewogene Wein mit etwas entwickelten Vanillenoten und den seidigen Tanninen schmeckt angenehm, ohne daß man ihn noch lagern muß.

🍇 Cave coop. Les Vignerons de Saint-Gilles, quai du Canal, 30800 Saint-Gilles, Tel. 04.66.87.30.97, Fax 04.66.87.09.36 ✉ 🍷 n.V.

CH. L'ERMITAGE 1996*

| | 20 ha | 50 000 | 🍷 | 30-50 F |

Dieses Château, das im 11. Jh. zur Abtei Estagel gehörte, ist seit 1791 ein Weingut. Zusammen mit seinem Sohn, einem Diplomlandwirt, präsentiert Michel Castillon einen recht hübschen Wein, der die schöne, strahlende Farbe von klarem Granatrot besitzt. Der vornehme Geruchseindruck mit dem Aroma von roten Früchten und Knospen schwarzer Johannisbeeren wird von Vanille-, Holz- und Gewürznoten (Zimt) begleitet. Der Geschmack ist voll und stattlich, mit geschmeidigen, gut umhüllten Tanninen. Der alkoholreiche Abgang trägt zur Eleganz dieses 96ers bei. Ein sehr gefälliger Wein.

🍇 Michel Castillon, Ch. l'Ermitage, 30800 Saint-Gilles, Tel. 04.66.87.04.49, Fax 04.66.87.16.02 ✉ 🍷 n.V.

DOM. DU MAS CARLOT 1995*

| | 10 ha | 20 000 | | -30 F |

Die Farbe ist ein tiefes Purpurrot. Der kräftige, komplexe Geruchseindruck erinnert an rote Früchte, schwarze Johannisbeeren und Brombeeren und entwickelt sich dann zu Noten von Tiergeruch hin. Der ausgewogene, runde Geschmack bietet feine Tannine und eine gute Länge.

🍇 GFA Mas Carlot, 30127 Bellegarde, Tel. 04.66.01.11.83, Fax 04.66.01.62.74 ✉ 🍷 n.V.
🍇 Paul Blanc

MAS DES BRESSADES
Cuvée Sélection Elevé en fût de chêne 1995**

| | 2,5 ha | 15 000 | 🍷 | 30-50 F |

Die Geschichte des Marès geht weiter. Tunesien, Algerien, Bordelais, Languedoc... Eine neue Generation, seitdem Cyril vor zwei Jahren die Leitung übernommen hat, führt die Leidenschaft für den Weinbau fort. Neben einem weißen 96er (ein Stern), der im neuen Barriquefaß vinifiziert worden ist, hier dieser dunkelrote, violett schimmernde Wein. Der intensive Duft läßt rote Früchte erkennen, danach ein stärker entwickeltes Aroma von gekochten und getrockneten Früchten. Der Geschmack zeigt eine schöne Fülle, in der Rundheit und Gerbsäure verschmelzen. Der Abgang ist lang, mit einem Eindruck von Lakritze.

🍇 Cyril Marès, Mas des Bressades, 30129 Manduel, Tel. 04.66.01.11.78, Fax 04.66.01.63.63 ✉ 🍷 n.V.

CH. MAS NEUF 1996*

| | 8 ha | 21 000 | | 30-50 F |

Ein Rosé mit lachsrosa Farbnuancen. Der Geruchseindruck ist reizvoll, geprägt durch ein fruchtiges Aroma sowie eine mineralische Note, die man im Nasen-Rachen-Raum wahrnimmt. Der Geschmack enthüllt eine gute Lebhaftigkeit, die durch das Vorhandensein von Kohlensäure gesteigert wird. Dieser Wein paßt zu einem Fischgericht mit Sauce.

🍇 Olivier Gibelin et J.-L.Vincent, Ch. Mas Neuf, Gallician, 30600 Vauvert, Tel. 04.66.73.33.23, Fax 04.66.73.33.49 ✉ 🍷 Mo-Fr 8h-12h 14h-18h

CH. MOURGUES DU GRES 1996***

| | 4 ha | 20 000 | | -30 F |

[Weinetikett: CHATEAU MOURGUES du GRES, COSTIÈRES DE NIMES, APPELLATION COSTIÈRES DE NIMES CONTROLÉE, RHÔNE, 1996, Mis en bouteille au Château, FRANÇOIS COLLARD, PROPRIÉTAIRE-RÉCOLTANT A BEAUCAIRE - GARD, Alc. 13% by Vol., PRODUIT DE FRANCE, 750 ml]

Bis zur Französischen Revolution gehörte dieses Weingut dem Ursulinenkonvent von Beaucaire. Seit 1963 befindet es sich in den Händen

… der Collards. Und was für geschickte Hände dies sind, wenn man nach den beiden Weinen urteilt, die bei diesem Weingut berücksichtigt worden sind ! Dieser hier hat die Jury begeistert. Granatrot mit bläulichroten, fast schwarzen Reflexen. Der sehr konzentrierte, aber noch verschlossene Geruchseindruck läßt ein Aroma von Veilchen, Knospen schwarzer Johannisbeeren, Brombeeren und Heidelbeeren sowie eine zart pflanzliche Note erkennen. Die leicht säuerliche Ansprache setzt sich in deutlich spürbaren, erstklassigen Tanninen fort. Man muß geduldig sein (mindestens zwei bis drei Jahre), um diesen sehr schönen Wein würdigen zu können.
↱ François Collard, Ch. Mourgues du Grès, 30300 Beaucaire, Tel. 04.66.59.46.10, Fax 04.66.59.34.21 ☑ ⌶ n.V.

CH. MOURGUES DU GRES 1996**

| ◢ | 4 ha | k. A. | ■ ⌀ | -30 F |

Betrachten Sie diese strahlende blaßlachsrosa Farbe. Ziehen Sie dieses angenehme Aroma ein, das an weiße Blüten und Pfirsischschalen erinnert und im Nasen-Rachen-Raum eine mineralische Note enthüllt. Im Geschmack setzt sich die Verführung fort, getragen von einer exzellenten Ausgewogenheit. Seine Sanftheit macht diesen 96er Rosé zu einem sehr gefälligen Wein.
↱ François Collard, Ch. Mourgues du Grès, 30300 Beaucaire, Tel. 04.66.59.46.10, Fax 04.66.59.34.21 ☑ ⌶ n.V.

CH. DE NAGES Réserve du château 1996*

| ☐ | 7,8 ha | 50 000 | -30 F |

Hochentwickelte Vinifizierungstechnologie ! Überzeugen Sie sich ein wenig davon : Kalthülsenmaischung, pneumatische Traubenpresse, Vergärung bei niedriger Temperatur, Ausbau auf der Hefe. All das ergibt einen Wein voller Frische, der sehr aromatisch ist (Pfirsich- und Veilchennoten).
↱ R. Gassier, Ch. de Nages, 30132 Caissargues, Tel. 04.66.38.15.68, Fax 04.66.38.16.47 ☑ ⌶ n.V.

CH. ROUBAUD 1996*

| ☐ | 10 ha | k. A. | ■ ⌀ | 30-50 F |

Neben einem 96er Rosé (gleiche Note) - blumig, fruchtig, lebhaft und harmonisch - hat dieser Weißwein durch seine sehr schöne blaßgelbe, grau schimmernde Farbe verführt. Das Aroma ist elegant : Blüten, danach exotische Früchte, Litschis sowie ein Hauch von Pampelmusen im Nasen-Rachen-Raum. Der Geschmack zeigt eine angenehme Frische. Ein sehr gefälliger Wein, den man sogar als Aperitif trinken kann.
↱ Annie Molinier, Ch. Roubaud, Gallician, 30600 Vauvert, Tel. 04.66.73.30.64, Fax 04.66.73.34.13 ☑ ⌶ Mo-Sa 9h-12h 14h-18h ; So u. feiertags n. V.

DOM. SAINTE-COLOMBE ET LES RAMEAUX 1996**

| ◢ | k. A. | 5 000 | 30-50 F |

Ein roter 95er dieses Weinguts ist ausgewählt worden (ohne Stern) : Seine noch robusten Tannine müssen verschmelzen. Der Rosé hingegen gefällt sofort, so strahlend ist seine intensive rosarote Farbe mit den bläulichen Reflexen. In der Nase nimmt man ein Erdbeeraroma wahr. Im Mund spürt man eine Rundheit von schöner Ausgewogenheit sowie Säure, mit einem angenehmen Abgang und guter Länge.
↱ Philippe Guillon, Dom. Sainte-Colombe et les Rameaux, 30800 Saint-Gilles, Tel. 04.66.87.30.30, Fax 04.66.87.17.46 ☑ ⌶ n.V.

CH. DES SOURCES 1995

| ■ | k. A. | 30 000 | ■ ⏽ ⌀ | -30 F |

Was für eine Tiefe der Farbe ! Der Karamelduft ist sehr ausgeprägt, aber der Wein ist sehr jugendlich und besitzt einen guten Körper, der das Anbaugebiet sehr gut zum Ausdruck bringt.
↱ Ch. des Sources, C/O Cie Rhodanienne, 30210 Castillon du Gard, Tel. 04.66.37.49.50, Fax 04.66.37.49.51 ⌶ n.V.
↱ M. Fayel

DOM. DES TROIS PIERRES 1996*

| ■ | 25 ha | 150 000 | ■ ⌀ | -30 F |

Diese Winzergenossenschaft präsentiert einen hübschen Costières, der eine kirschrote Farbe besitzt. Beim ersten Riechen entdeckt man ein zurückhaltendes Veilchen- und Gewürzaroma. Die Veilchen zeigen sich deutlich im Mund. Dieser wohlausgewogene Wein ist durch aromatische Noten gekennzeichnet, die ihm die Syrah-Rebe verleiht.
↱ SCA Les Vignerons Jonquières Saint-Vincent, 20, rue de Nîmes, 30300 Jonquières-Saint-Vincent, Tel. 04.66.74.50.07, Fax 04.66.74.49.40 ☑ ⌶ n.V.

CH. DE VALCOMBE 1996*

| ■ | 10 ha | 8 000 | ■ ⌀ | -30 F |

Schöne, tiefe Farbe mit granatroten Reflexen. Die aromatischen Merkmale sind intensiv, mit pflanzlichen (Knospen schwarzer Johannisbeeren, Unterholz) und danach würzigen Noten. Man entdeckt sie in der Nase ebenso wie im Mund. Ausgewogen, füllig, mit einer kräftigen Tanninstruktur. Der Wein wird bei der Alterung milder werden. Ebenso gelungen ist ein 96er Rosé.
↱ Dominique Ricome, Ch. de Valcombe, 30510 Générac, Tel. 04.66.01.32.20, Fax 04.66.01.92.24 ☑ ⌶ n.V.

DOM. DU VIEUX RELAIS 1996*

| ◢ | 2 ha | 5 500 | ■ ⌀ | 30-50 F |

Natürlich handelt es sich um eine ehemalige Umspannstelle für Postkutschenpferde. Die strahlende, lachsrosa schimmernde Farbe dieses Rosé kündigt ein fruchtiges Aroma von mittlerer Intensität an. Der Geschmack zeigt eine schöne Ausgewogenheit zwischen Rundheit und Säuerlichkeit. Dieser Costières paßt zu Wurstgerichten.
↱ Pierre Bardin, Dom. du Vieux-Relais, 30129 Redessan, Tel. 04.66.20.07.69, Fax 04.66.20.21.46 ☑ ⌶ n.V.

Coteaux du Languedoc

Insgesamt 156 Gemeinden, davon fünf im Departement Aude, vierzehn im Departement Gard und die übrigen im Departement Hérault, bilden ein Weinbaugebiet, dessen Lagen über das ganze Languedoc verstreut sind, in der Zone der Hügel und der Garrigue (immergrüne Strauchheide), die sich von Narbonne bis Nimes erstreckt. Diese in erster Linie auf Rot- und Roséweine spezialisierten Anbaugebiete erzeugen die AOC Coteaux du Languedoc, eine seit 1985 bestehende allgemeine Appellation, der bei Rot- und Roséweinen elf spezielle Bezeichnungen hinzugefügt werden dürfen : la Clape und Quatourze (im Departement Aude), Cabrières, Montpeyroux, Saint-Saturnin, Pic-Saint-Loup, Saint-Georges-d'Orques, Coteaux de la Méjanelle, Saint-Drézéry, Saint-Christol und Coteaux de Vérargues (im Hérault). Beim Weißwein sind zwei Zusätze möglich : la Clape und Picpoul de Pinet.

Alle waren in den vergangenen Jahrhunderten angesehene Weine. Die Coteaux du Languedoc erzeugen 315 000 hl Rot- und Roséweine sowie 32 000 hl Weißweine.

Für die Coteaux du Languedoc wurde eine Weinbruderschaft gegründet : der Ordre des Ambassadeurs des Coteaux du Languedoc.

ABBAYE DE VALMAGNE 1996**

k. A.   18 000

Die Weine dieser erhaben wirkenden Zisterzienserabtei aus dem 12. Jh. sind hier immer vertreten. In diesem Jahr ist es der weiße 96er, der eine strahlende, blasse Farbe und einen feinen, intensiven Duft nach Zitrusfrüchten und exotischen Früchten besitzt. Die Frische und die Ausgewogenheit des Geschmacks stützen sich auf eine sehr schöne Harmonie des Aromas.
- D'Allaines, Abbaye de Valmagne, 34560 Villeveyrac, Tel. 04.67.78.06.09, Fax 04.67.78.02.50 n.V.

DOM. ARNAL 1996

5 ha   13 000

Ein Wein, der ganz jung ist, wie die bläulichrote Farbe und der fruchtig-rauchige Duft beweisen. Der Geschmack dagegen ist bereits rund und besitzt harmonisch verschmolzene Tannine.
- SCEA Dom. Arnal, 251, chem. des Aires, 30980 Langlade, Tel. 04.66.81.31.37, Fax 04.66.81.83.08 Mo-Sa 9h-12h 14h-19h

DOM. HONORE AUDRAN
Cuvée Gourmande 1995*

2 ha   5 000

Ein Stern für eine schöne 96er Clairette du Languedoc sowie für diese Cuvée, die - wie schon ihr Name andeutet - sehr genußvoll ist. Dunkle bläulichrote Farbe, charaktervoller Duft (Leder, Gewürze, Garrigue), konzentrierter Geschmack. Milde Rundheit, die sich mit einem guten Gerüst vereinigen konnte.
- Luc Biscarlet, Dom. Honoré Audran, 34700 Saint-Alban-du-Bosc, Tel. 04.67.44.73.44, Fax 04.67.44.75.79 n.V.

DOM. D'AUPILHAC Montpeyroux 1995

9 ha   32 000

Wir erinnern uns an den 94er, der im letzten Jahr ein Lieblingswein war. Im Vergleich dazu ist dieser 95er noch verschlossen, aber den Weinen von Sylvain Fadat muß man vertrauen. Die Beschreibung der Jury : eine violett schimmernde Farbe, ein Aroma von kandierten Früchten und Gewürzen und ein Geschmack mit Tanninen, die im Augenblick jugendlich, aber nicht aufdringlich sind.
- Sylvain Fadat, Dom. d'Aupilhac, 28, rue du Plô, 34150 Montpeyroux, Tel. 04.67.96.61.19, Fax 04.67.96.67.24 n.V.

DOM. DE BAUBIAC 1995**

1,8 ha   7 500

Man kann eine Parallele ziehen zwischen dem 93er, der den Verkostern starke Eindrücke bescherte, und diesem 95er. Seine intensive Farbe, die Stärke seines Aromas, das Röstgeruch, Vanille und reife Früchte vereint, und die Fülle seines Geschmacks finden einmütige Zustimmung. Dieser große, schon reife Wein kann auch lagern.
- SCEA Philip Frères, Dom. de Baubiac, 30260 Brouzet-lès-Quissac, Tel. 04.66.77.33.45, Fax 04.66.77.33.45 tägl. 9h-12h 14h-18h

BOIS D'ELEINS 1996**

15 ha   5 000

Was ist mit diesem Rosé ? Ein kleines Wunder an Kraft und Feinheit. Seine recht intensive Farbe, sein Duft, der an einen Korb roter Früchte denken läßt, sein starker Charakter und sein geschmacklicher Reichtum lassen ihn ohne Zögern zu einer gesamten Mahlzeit empfehlen.
- SCA Crespian, Les Vignerons d'Art, 30260 Crespian, Tel. 04.66.77.81.87, Fax 04.66.77.81.43 n.V.

CH. DU BOSC 1995*

13 ha   37 000

Die Winzer dieser Genossenschaft sind sehr stolz auf ihre Region mit den bunten Böden. Ihr wildes Anbaugebiet liegt auf den Ausläufern des Larzac. Dieser 95er hat Ähnlichkeit damit : intensive, strahlende Farbe, Aroma von schwarzen Johannisbeeren und Gewürzen, schöne Harmonie zwischen dem »Fett« (Glyzerin, Alkohol) und den Tanninen. Zu einem Frikassee vom Lamm (aus Saint-Jean-de-la-Blaquière) mit Oliven.

Coteaux du Languedoc

☙ SCAV de Saint-Jean-de-la-Blaquière,
34700 Saint-Jean-de-la-Blaquière,
Tel. 04.67.44.70.53, Fax 04.67.44.75.06 ☑ ⚊ n.V.

MAS BRUGUIERE
Pic Saint-Loup Elevé en fût de chêne 1995★★

| ■ | 2,5 ha | 12 000 | ⊞ | 50-70F |

Guilhem Bruguière muß sein Talent nicht mehr unter Beweis stellen : Im letzten Jahr wurde sein weißer 95er zum Lieblingswein gewählt, während sein roter 94er drei Sterne erhielt. Er hat auch bemerkenswerten Erfolg mit dieser Cuvée von seltener Eleganz. In ein tiefes Purpurrot gehüllt, verströmt dieser 95er einen Unterholz- und Veilchengeruch. Der Geschmack mit den festen, samtigen Tanninen ist harmonisch. Dieser Wein hat sich mit dem Holz vereinigt. Er kann mehrere Jahre altern.
☙ Guilhem Bruguière, La Plaine,
34270 Valflaunès, Tel. 04.67.55.20.97,
Fax 04.67.55.20.97 ☑ ⚊ n.V.

MAS BRUNET 1996★

| ☐ | 1 ha | 6 500 | ■⊞☙ | 30-50F |

Dieses wunderschöne, wilde Anbaugebiet auf den Anhöhen des Kalksteinplateaus der Selle verleiht den Weißweinen eine große Feinheit. Dieser hier besitzt eine ganz goldgelbe Farbe, einen blumig-fruchtigen Vanilleduft und einen lebhaften, zart holzigen Geschmack. In den kommenden Monaten wird er sich noch entfalten. Vergessen wir nicht den roten 95er des Mas Brunet, den die Jury lobend erwähnt hat.
☙ GAEC du Dom. de Brunet, Mas Brunet,
34380 Causse-de-la-Selle, Tel. 04.67.73.10.57,
Fax 04.67.73.12.89 ☑ ⚊ Mo-Sa 8h-12h30 15h30-20h ; So 15h30-20h30
☙ M. Coulet

CH. CABRIERES
Cabrières Elevé en fût de chêne 1994★★

| ■ | k. A. | 7 000 | ⊞ | 50-70F |

Dieser großartige Schieferboden kann nur Weine hervorbringen, die einen sehr typischen Charakter besitzen. Dieser hier entspricht den gesamten Kriterien der Appellation, wie es seine dichte purpurrote Farbe, sein kräftiger Duft nach Rauch, Zedernholz und milden Gewürzen und sein herrlicher Stoff im Geschmack beweisen. Er ist schon samtig, kann aber lagern. Die Jury hat die rote 95er Cuvée Excellence mit einem Stern bewertet.
☙ Cave des Vignerons de Cabrières,
34800 Cabrières, Tel. 04.67.96.07.05,
Fax 04.67.88.00.15 ☑ ⚊ Mo-Sa 9h-12h 14h-18h

MAS CAL DEMOURA 1996★★

| ■ | 7,15 ha | 25 000 | ■☙ | 30-50F |

Cal demoura bedeutet in der langue d'oc (Okzitanisch) »man muß bleiben«. Diese Entscheidung - Jean-Pierre Jullien hat sie getroffen - ist eine große Chance für den Weinfreund, denn Jullien enthüllt in allen seinen Weinen den Reichtum des Anbaugebiets. Dieser 96er trägt ein tiefes Granatrot und besitzt ein kräftiges Aroma, das an Garrigue, Gewürze und schwarze Johannisbeeren erinnert, und einen Geschmack, der trotz seiner extremen Jugend schon fleischig ist. Dank seiner aromatischen Stärke und seiner erstklassigen Tannine kann man ihn lagern.
☙ Jean-Pierre Jullien, Mas Cal Demoura,
34725 Jonquières, Tel. 04.67.88.61.51,
Fax 04.67.88.61.51 ☑ ⚊ n.V.

CH. DE CAPITOUL
La Clape Grand Terroir 1995

| | 5 ha | k. A. | ■☙ | 30-50F |

Ein weißer 96er wurde von der Jury lobend erwähnt, ebenso wie dieser Grand Terroir mit dem intensiven Granatrot, der im Duft Noten von Tiergeruch mit Nuancen von kandierten Früchten enthüllt. Die Ansprache im Geschmack ist ziemlich füllig. Da die Tannine noch jugendlich, aber nicht zu jung sind, kann man ihn schon jetzt trinken.
☙ Ch. de Capitoul, rte de Gruissan,
11100 Narbonne, Tel. 04.68.49.23.30,
Fax 04.68.49.55.71 ☑ ⚊ n.V.
☙ Charles Mock

CH. DE CAZENEUVE
Pic Saint-Loup Classique 1996★

| ■ | 8 ha | 20 000 | ■☙ | 30-50F |

Ein Wein von André Leenhardt wurde im letzten Jahr zum Lieblingswein gewählt. In diesem Jahr mochte die Jury die Feinheit des Weißweins (ein Stern) und die schöne Harmonie dieser Cuvée Classique : Ihre tiefe Farbe, ihr Aroma, das an Röstgeruch und rote Früchte erinnert, und ihre Zartheit im Geschmack, dem es dennoch nicht an Stoff mangelt, machen sie zu einem charaktervollen Wein. Schon trinkreif.
☙ André Leenhardt, Ch. de Cazeneuve,
34270 Lauret, Tel. 04.67.59.07.49,
Fax 04.67.59.06.91 ☑ ⚊ n.V.

CHARTREUSE DE MOUGERES 1996★

| ☐ | 3,54 ha | 4 500 | ■☙ | 30-50F |

Dieses Gut gehört seit 1825 den Karthäusern. Beim Roten ein Stern für den Rosé ebenso wie für diesen Weißwein mit der blassen, kristallklaren Farbe, dem Blüten- und Zitronenduft und dem runden, feinen Geschmack. Ein genußvoller Wein, der auf harmonische Weise die Rebsorten Rolle und Grenache kombiniert.
☙ Sareh Bonne Terre, Dom. Chartreuse de Mougères, 34720 Caux, Tel. 04.67.98.40.01,
Fax 04.67.98.46.39 ☑ ⚊ Di, Do-Sa 9h-12h 14h-17h

DOM. CLAVEL La Méjanelle 1995★

| ■ | 8 ha | 35 000 | ⊞ | 50-70F |

Gern findet man die Komplexität und die Großzügigkeit, die für diesen Geröllboden typisch sind, in diesem 95er wieder. Tiefe Farbe, bezaubernder Duft nach Pfeffer, kandierten roten Früchten und Leder, sehr warmer Geschmack, der sich auf robuste, aber gut umhüllte Tannine stützt. Der Holzton begleitet auf angenehme Weise diesen Wein, der sich mit der Zeit noch entfalten wird.
☙ Dom. Pierre Clavel, rue du Languedoc,
34160 Saint-Bauzille-de-Montmel,
Tel. 04.67.86.97.36, Fax 04.67.86.97.37 ☑ ⚊ n.V.

Coteaux du Languedoc

DOM. DE COURSAC 1995*

■ 1 ha 6 300 ■ -30 F

Wir befinden uns hier am Ostrand der Appellation. Grenache und Syrah haben dem Wein eine lebhafte rote Farbe, Noten von roten Früchten und einen harmonisch verschmolzenen, runden Geschmack verliehen, der würzig ist und reife Früchte enthält.

☛ SCA Vignerons de Carnas, 30260 Carnas, Tel. 04.66.77.30.76, Fax 04.66.77.14.20 ✓ ⊥ tägl. 8h-12h 14h-18h

DUC DE MORNY Picpoul de Pinet 1996*

☐ 30 ha 130 000 ■ ♦ -30 F

Dieser Wein aus Pinet hat eine intensivere Farbe als üblich und entfaltet einen hübschen Zitrusduft (Pampelmusen, Zitronen). Im Geschmack dämpft die Rundheit die Lebhaftigkeit. Man träumt dabei von Austern aus Bouzigues.

☛ Cave de L'Ormarine, 1, av. du Picpoul, 34850 Pinet, Tel. 04.67.77.03.10, Fax 04.67.77.76.23 ✓ ⊥ tägl. 8h-12h 14h-18h

DOM. DURAND-CAMILLO 1995**

■ 2 ha 5 000 ■ 30-50 F

Dieser erste Jahrgang von Armand Durand ist eine Offenbarung, der perfekte Ausdruck der Rebsorten Grenache, Mourvèdre und Syrah, die in einem Anbaugebiet in Villafranche wachsen. Die Farbe ist tief, der Duft fein (kandierte Früchte und blumige Noten), aber die Jury war vor allem vom Geschmack begeistert : fleischig, voll und seidig. Man könnte es durchaus wagen, ihn in zwei bis drei Jahren zu servieren, zu einem besonderen Anlaß ...

☛ Armand Durand, 44, bd du Puits-Allier, 34720 Caux, Tel. 04.67.98.44.26, Fax 04.67.98.44.26 ✓ ⊥ n.V.

ERMITAGE DU PIC SAINT-LOUP
Pic Saint-Loup 1995*

■ 10 ha 40 000 ■ ♦ -30 F

Eine noch jugendliche Farbe, ein Aroma, das an Röstgeruch, Mokka und Leder erinnert. Dieser im Geschmack volle und kräftig gebaute Wein klingt voller Feinheit aus. Probieren Sie auch den 96er Rosé, der mit einem Stern bewertet wurde.

☛ Pierre Ravaille, Ermitage du Pic Saint-Loup, Cazevieille, 34270 Saint-Mathieu-de-Tréviers, Tel. 04.67.55.20.15 ✓ ⊥ n.V.

DOM. FELINES JOURDAN
Picpoul de Pinet 1996*

☐ 15 ha 30 000 ■ ♦ -30 F

Seine hübschen Noten von Zitrusfrüchten und getrockneten Früchten und seine schöne Ausgewogenheit machen diesen Picpoul de Pinet sehr sympathisch. Ideal zu marinierten Miesmuscheln.

☛ Marie-Hélène Jourdan, 303, Grand-rue, 34980 Saint-Gély-du-Fesc, Tel. 04.67.84.30.45, Fax 04.67.84.30.45 ✓ ⊥ n.V.

CH. DE FLAUGERGUES
Cuvée Sélection 1995*

■ 6,5 ha 38 000 ■ ♦ 30-50 F

Wer im Keller einen 93er Flaugergues hat, der mit der »goldenen Weintraube« von Hachette ausgezeichnet wurde, bewahrt ihn noch wie einen Schatz. Dieser 95er wird diese Weinfreunde nicht enttäuschen. Purpurrote Farbe und intensiver Duft von gekochten Früchten und Unterholz. Sein fülliger Geschmack ist kräftig genug gebaut, damit er altern kann. Versäumen Sie vor allem nicht, das herrliche Château und seinen Park zu besichtigen. Flaugergues verdient eine lobende Erwähnung für seinen weißen 96er.

☛ Comte Henri de Colbert, 1744, av. Albert-Einstein, 34000 Montpellier, Tel. 04.67.65.51.72, Fax 04.67.65.21.85 ✓ ⊥ n.V.

DOM. FONT CAUDE Montpeyroux 1995

■ 3,6 ha 9 000 ■ ◉ 50-70 F

Dieser Wein ist weniger konzentriert als der vorangehende Jahrgang, hat aber dennoch durch seine Noten von roten Früchten und Blüten und durch seinen zarten Geschmack verführt. Trinkreif.

☛ Alain Chabanon, 10 bis, rue Du Barry, 34150 Montpeyroux, Tel. 04.67.57.25.22, Fax 04.67.57.25.22 ✓ ⊥ n.V.

DOM. DE GRANOUPIAC 1995

■ 3,4 ha 14 000 ◉ 30-50 F

Neben dem von der Jury ebenfalls lobend erwähnten Weißwein hier ein Rotwein, erzeugt aus den Rebsorten Syrah, Grenache und Mourvèdre, die auf Kies wachsen. Die Farbe ist von schöner Intensität. Der Geruch läßt an Garrigue und Leder denken. Der Geschmack wurde als ausgewogen, aber noch ein wenig »ernsthaft« beurteilt. Man sollte diesen Wein in eine Karaffe umfüllen.

☛ Claude Flavard, Dom. de Granoupiac, 34725 Saint-André-de-Sangonis, Tel. 04.67.57.58.28, Fax 04.67.57.95.83 ✓ ⊥ n.V.

CH. GRES SAINT-PAUL
Cuvée Prestige 1996*

■ 0,7 ha 10 000 ■ ♦ 30-50 F

Der Grès Saint-Paul hat schon im letzten Jahr verführt (zwei Sterne für den 95er). Der 96er reiht sich würdig unter die Weine des Guts ein. Auf die noch jugendliche Farbe folgt ein ausdrucksstarker Duft nach Leder, reifen Früchten und Gewürzen. Der komplexe und fleischige, aber nicht zu wuchtige Geschmack wird in den kommenden Jahren noch feiner werden. Probieren Sie auch den Muscat dieses Weinguts, der sich dem Geröllboden sehr gut angepaßt hat.

☛ GFA du Grès Saint-Paul, Ch. Grès Saint-Paul, 34400 Lunel, Tel. 04.67.71.27.90, Fax 04.67.71.73.76 ✓ ⊥ n.V.

GUINAND FRERES
Saint-Christol Cuvée Vieilles vignes 1995*

■ k. A. 10 000 ■ 30-50 F

Ein hübscher Wein mit intensiver rubinroter Farbe und einem recht entwickelten Duft nach Lebkuchen und reifen Früchten. Dank seiner

Coteaux du Languedoc

Rundheit, Feinheit und Fruchtigkeit ist er schon jetzt trinkreif.
☛ GAEC Guinand Frères, 36, rue de l'Epargne, 34400 Saint-Christol, Tel. 04.67.86.85.55, Fax 04.67.86.07.59 ✓ ⊺ n.V.

HAMEAU DES BIRANQUES 1996

| ■ | k. A. | 3 300 | ■ ♦ | -30 F |

Dieses Weingut, dessen Trauben die Genossenschaft von Saint-Martin-de-Londres vinifiziert, präsentiert einen 96er, der seine Jugend gut annimmt. Seine Erscheinung ist tadellos : rubinrote Farbe und viel Fruchtigkeit in der Nase. Der Geschmack ist unbeschwerter, sanft und lecker. Ein genußvoller Wein für jetzt.
☛ Cave coop. Coteaux des Hautes Garrigues, av. du Pic-Saint-Loup, 34380 Saint-Martin-de-Londres, Tel. 04.67.55.00.12, Fax 04.67.55.78.54 ✓ ⊺ n.V.
☛ Damien Boyer

CH. HAUT CHRISTIN 1996*

| ◪ | 4 ha | 20 000 | ■ ♦ | -30 F |

Dieses Weingut, im Herzen eines an historischen Erinnerungen reichen Landes (mittelalterliche Dörfer und römische Stätten) gelegen, war Schauplatz einer Verschwörung, die der Herzog von Rohan 1628 gegen Montpellier anzettelte. Genießen Sie diesen Rosé als Aperitif, mit Ausblick auf eine hübsche Landschaft. Intensive Farbe. Sein Aroma von Blüten und Fruchtdrops regt ebenso wie sein lebhafter, alkoholreicher Geschmack die freundschaftliche Unterhaltung an.
☛ André et Marie-France Mahuzies, rte d'Aubais, 30250 Junas, Tel. 04.66.80.95.90 ✓ ⊺ Mo-Sa 9h30-12h 15h-18h30 ; So n. V.

CH. HAUT LIGNIERES 1995**

| ■ | 7,5 ha | 30 000 | ■ | 30-50 F |

Ein schönes Debüt für diesen Winzer, der seinen Keller 1994 auf dem Schieferboden im Gebiet von Faugère errichtet hat. Purpurrote Farbe, Aroma von Gewürzen, Veilchen und Garrigue, sanfter Geschmack trotz deutlich spürbarer Tannine. Dieser 95er wird bei Erscheinen des Weinführers trinkreif sein.
☛ SCEA ch. Haut Lignières, 34480 Cabrerolles, Tel. 04.67.92.82.41, Fax 04.67.58.94.34 ✓ ⊺ n. V.

DOM. HENRY
Saint-Georges-d'Orques Paradines 1995*

| ■ | 4 ha | 20 000 | ■ ♦ | 30-50 F |

Das Anbaugebiet von Saint-Georges-d'Orques, dessen Weine seit dem Mittelalter berühmt sind, hat noch viel zu offenbaren. Beweis dafür ist dieser 95er mit der purpurroten Farbe und dem Duft von schwarzen Früchten, Unterholz und Gewürzen. Auf die Sanftheit zu Beginn des Geschmacks folgen Fülle und gut gezähmte Tannine. Ausgewogenheit und schöne Eleganz.
☛ Dom. Henry, av. d'Occitanie, 34680 Saint-Georges-d'Orques, Tel. 04.67.45.57.74, Fax 04.67.45.57.74 ✓ ⊺ n.V.

CH. DES HOSPITALIERS
Saint-Christol Réserve 1994

| ■ | k. A. | 6 000 | ◍ | 30-50 F |

Ein 94er, der für sein Alter sehr jung erscheint : tiefes Karminrot, Aroma von roten Früchten, Iris und Vanille, Geschmack mit angenehmem Holzton. Die noch eckigen Tannine dürften sich mit der Zeit abrunden.
☛ Martin-Pierrat, Ch. des Hospitaliers, 34400 Saint-Christol, Tel. 04.67.86.01.15, Fax 04.67.86.00.19 ✓ ⊺ tägl. 8h-20h

HUGUES DE BEAUVIGNAC
Picpoul de Pinet Prestige Fût de chêne 1996*

| ☐ | 10 ha | 15 000 | ◍ | 30-50 F |

Neben dem traditionellen Picpoul de Pinet, den die Jury lobend erwähnt hat, zeichnet sich diese Cuvée durch ihr Aroma von Röstgeruch, Vanille und Akazienblüten aus. Ein feiner Holzton und Rundheit fassen seinen Geschmack gut zusammen, der sich neben einer Sepia, nach Art von Sète zubereitet, behaupten kann.
☛ Cave Les Costières de Pomérols, 34810 Pomérols, Tel. 04.67.77.01.59, Fax 04.67.77.77.21 ✓ ⊺ Mo-Sa 8h-12h 14h-18h

CH. DE JONQUIERES 1995

| ■ | 2 ha | 7 500 | ■ | 30-50 F |

Das großartige Château aus dem 11. Jh. erzeugt diesen strahlend rubinroten Coteaux du Languedoc mit dem diskreten, recht eleganten Duft nach roten Beeren. Dieser sanfte, ausgewogene Wein ist trinkreif.
☛ François et Isabelle de Cabissole, Ch. de Jonquières, 34725 Jonquières, Tel. 04.67.96.62.58, Fax 04.67.88.61.92 ✓ ⊺ n.V.

DOM. DE LA COSTE
Saint-Christol Cuvée sélectionnée 1995*

| ■ | 12,3 ha | 34 000 | ■ ♦ | 30-50 F |

Ein 95er mit dunkler Purpurrobe. Sein zuerst animalischer Geruch entfaltet sich nach der Belüftung rasch mit Röst- und Gewürznoten. Man findet die Merkmale des Kiesbodens deutlich im Geschmack : Fülle, Rundheit und seidige Tannine.
☛ Luc Moynier, Dom. de la Coste, 34400 Saint-Christol, Tel. 04.67.86.02.10, Fax 04.67.86.07.71 ✓ ⊺ Mo-Sa 9h-12h30 13h-19h30 ; So n. V.

CH. DE LA DEVEZE 1996*

| ◪ | k. A. | k. A. | ■ ♦ | -30 F |

Eine schöne Kombination von Grenache, Syrah und Cinsault für diesen Rosé mit der blassen Farbe, der im Duft sehr blumig und im Geschmack frisch und vollmundig ist. Man trinkt ihn zu Fischgerichten, zu mediterraner oder fernöstlicher Küche.
☛ SARL la Devèze, Louis Navarro, Ch. de la Devèze, 34400 Vérargues, Tel. 04.67.86.00.47, Fax 04.67.02.07.87 ✓ ⊺ Mo-Sa 8h-12h 14h-17h

DOM. L'AIGUELIERE
Montpeyroux Côte Rousse 1995***

| ■ | k. A. | 13 000 | ◍ | 70-100 F |

Das Languedoc erzeugt von jetzt an sehr große Weine. Wir haben seit Jahren gesagt, daß dies

Coteaux du Languedoc

die kommende Region sei. Einige Weingüter waren dabei die treibende Kraft. Heute haben viele das höchste Niveau erreicht. Nehmen Sie diesen hier : drei Sterne im letzten Jahr, 1997 Wahl des 95ers zum Lieblingswein. Seine Stärke zeigt sich schon beim ersten Blick in einer schwarzen Farbe und einer großartigen Komplexität des Aromas, in dem sich Weihrauch, Tabak, Holznoten und getrocknete Feigen vermischen. Der dichte Geschmack ist voluminös und elegant holzbetont. Dieser Wein wird Sie noch mehr überraschen, wenn Sie ihn lagern und dekantieren.

🖝 SCEA Dom. L'Aiguelière, 10, ch. des Teuillères, 34150 Montpeyroux, Tel. 04.67.96.61.78, Fax 04.67.96.61.43 ■ ▼ n.V.

CH. DE LANCYRE
Pic Saint-Loup Grande cuvée 1995*

| | 3,5 ha | 13 000 | ⓤ | 50-70F |

Ein weiteres Mal ist Lancyre bei uns vertreten. Der Rosé und der Weißwein fanden eine lobende Erwähnung. Noch mehr wurde die Jury von diesem roten Wein verführt, dessen Aroma (Garrigue, Gewürze und Unterholz) an das des vorangehenden Jahrgangs erinnert. Der Geschmack vereint übermäßig viele Tannine vom Holzfaß mit den Tanninen des Weins, muß sich aber abrunden. Ein wenig aufheben.

🖝 GAEC de Lancyre, 34270 Valflaunès, Tel. 04.67.55.22.28, Fax 04.67.55.23.84 ■ ▼ n.V.
🖝 Durand-Valentin

DOM. DE LA PERRIERE
Cuvée Prestige 1996

| | 5,5 ha | 25 000 | ■ ♦ | 30-50F |

Man hat die jugendlichen Eigenschaften dieses 96ers gewürdigt: seine purpurrote Farbe und seinen Hauch von Garrigue im Geruch, seinen in der Ansprache sanften, nicht zu stark strukturierten Geschmack.

🖝 Thierry Sauvaire, Dom. de la Perrière, 8, rue des Puits, 34730 Saint-Vincent-de-Barbeyrargues, Tel. 04.67.59.61.75, Fax 04.67.59.52.52 ■ ▼ n.V.

DOM. DE LA PROSE
Saint-Georges-d'Orques 1996*

| | 5 ha | 6 000 | ■ ♦ | 30F |

Ein recht gelungener Einstand in unserem Weinführer für die Domaine de la Prose mit einem lebhaften 95er (erster Jahrgang der Vinifizierung von Alexandre und Patricia de Mortillet), der lobend erwähnt wurde, und mit diesem Rosé. Zarte Farbe, feiner Duft von Zitrusfrüchten und reifen Früchten, im Geschmack sehr lekker.

🖝 De Mortillet, BPLS Dom. de la Prose, 34570 Pignan, Tel. 04.67.03.08.30, Fax 04.67.03.48.70 ■ ▼ n.V.

CH. LAQUIROU
La Clape Elevé en barrique 1995*

| | 2 ha | 8 000 | ⓤ | 30-50F |

Dieses 1993 übernommene Weingut hat im Juli 1996 die Bauarbeiten für seine neuen Lagerkeller abgeschlossen. Es erzeugt einen sehr hübschen Clape, den unser Weinführer in diesem Jahr entdeckt hat. Die Farbe erinnert an Heidelbeeren. Empyreumatischer Geruchseindruck (Röstgeruch, Zedernholz) mit Lakritze- und Pfeffernoten. Voluminöser Geschmack mit festen, aber harmonisch verschmolzenen Tanninen. Dieser Wein mit dem eleganten Holzton ist vielversprechend.

🖝 Ch. Laquirou, rte de Saint-Pierre, 11560 Fleury-d'Aude, Tel. 04.68.33.91.90, Fax 04.68.33.84.12 ■ ▼ n.V.
🖝 Erika Hug

CH. LA SAUVAGEONNE
Cuvée Prestige 1995

| | 4 ha | 6 000 | ■ ♦ | 30F |

Die 1973 der Macchia abgerungene Domaine de la Sauvageonne trägt ihren Namen (»Wildling«) zu Recht. Der Wein ist mondäner, fein und angenehm aufgrund seines Gewürz-, Veilchen- und Ledergeruchs. Sein Geschmack ist leichter ; er würde es verdienen, konzentrierter zu sein. Das Gut ist auch für einen 96er Rosé lobend erwähnt worden, der sich zart, blumig und fruchtig zugleich zeigt.

🖝 EARL Gaëtan Poncé et Fils, Ch. La Sauvageonne, 34700 Saint-Jean-de-la-Blaquière, Tel. 04.67.44.71.74, Fax 04.67.44.71.02 ■ ▼ n.V.

CH. LASCAUX
Pic Saint-Loup Noble Pierre 1995**

| | k. A. | 25 000 | ■ ⓤ ♦ | 50-70F |

Ein großartiger Erfolg für Lascaux : eine lobende Erwähnung für seinen weißen 96er, ein Stern für seine rote 95er Cuvée Traditionnelle und zwei Sterne für diesen herrlichen Noble Pierre mit der purpurvioletten Farbe. Er bezaubert mit seinem Aroma, das an Muskat, Garrigue, kandierte Früchte und Vanille erinnert. Der Geschmack besitzt genug Fleisch und Struktur, um den noch heute ausgeprägten Holzton zu überdecken. Ein großer, lagerfähiger Wein.

🖝 Jean-Benoît Cavalier, 34270 Vacquières, Tel. 04.67.59.00.08, Fax 04.67.59.06.06 ■ ▼ n.V.

CH. DE LASCOURS Pic Saint-Loup 1995*

| | 2 ha | 8 000 | ■ ♦ | 30F |

Dieser 95er besitzt eine schöne, tiefe Granatfarbe und ein reiches Brombeer- und Gewürzaroma. Die Ansprache ist stattlich und elegant in der Frucht. Die Struktur ist nicht so voll wie der Duft, aber seine gute Fülle, seine guten Tannine und seine Ausgewogenheit wurden gelobt. Weisen wir noch auf die im Holzfaß ausgebaute 95er Cuvée hin, die eine lobende Erwähnung ohne Stern fand.

Coteaux du Languedoc

🍇 Claude Arlès, Ch. de Lascours,
34270 Sauteyrargues, Tel. 04.67.59.00.58,
Fax 04.67.59.00.58 ✓ ⌴ n.V.

CH. LA VERNEDE 1995

■ k. A. 5 000 ■ ♦ 30-50 F

Dieses auf einem alten römischen Landgut errichtete Weingut hat eine 2000 Jahre alte Geschichte ! Die Jury hat diesen 95er mit leichten Farbe und dem feinen Duft (Blüten, Heidelbeeren) berücksichtigt. Er ist ausgewogen und kräftig genug gebaut. Die im Eichenholzfaß ausgebaute Cuvée, die ein zartes Vanillearoma hat, ist ebenfalls lobend erwähnt worden.
🍇 GAF La Vernède, Ch. de la Vernède,
34440 Nissan-lez-Enserune, Tel. 04.67.37.00.30,
Fax 04.67.37.60.11 ✓ ⌴ n.V.
🍇 J.-Marc Ribet

LE LUCIAN Saint-Saturnin 1995★

■ 15,7 ha 55 000 ■ ♦ 30-50 F

Das Anbaugebiet von Saint-Saturnin stimmt mit den Abmessungen eines römischen Landguts überein. Das ruft uns das hohe Alter des Languedoc-Weinbaugebiets ins Gedächtnis. Die Tradition setzt sich fort mit dieser Lucian-Cuvée, die eine granatrote Farbe besitzt und sehr verführerisch ist mit ihrer aromatischen Komplexität (reife Früchte, Gewürze, Leder). Der recht füllige Geschmack enthüllt einen nicht zu dichten Körper.
🍇 Les Vins de Saint-Saturnin, rte d'Arboras,
34725 Saint-Saturnin-de-Lucian,
Tel. 04.67.96.61.52, Fax 04.67.88.60.13 ✓
⌴ Mo-Fr 8h-12h 14h-18h ; Sa, So n. V.

CH. DE L'ENGARRAN
Saint-Georges-d'Orques 1995★

■ 6 ha 33 000 30-50 F

Der »Klassiker« von Château de l'Engarran, einem bezaubernden »Lustschlößchen« aus dem 18. Jh. Die Farbe dieses 95ers ist lebhaft, der Geruchseindruck würzig und fruchtig. Im Geschmack findet man Zartheit. Sanftheit und Rundheit gehen mit gut gezähmten Tanninen einher.
🍇 SCEA du Ch. de L'Engarran, Ch. de l'Engarran, 34880 Laverune, Tel. 04.67.47.00.02, Fax 04.67.27.87.89 ⌴ Mo-Fr 12h-19h ; Sa, So 10h-19h
🍇 Grill

LES COTEAUX DU PIC
Pic Saint-Loup Cuvée spéciale 1995★

■ 1 ha 4 000 ⫴ 30-50 F

Diesr rote 95er präsentiert sich mit einer tiefen Granatfarbe und einem intensiven Vanillearoma. Der Geschmack ist seidig, in der Ansprache rund, aber der Holzton überdeckt im Augenblick ein wenig zu stark den Wein. Die Harmonie dürfte sich noch einstellen.
🍇 Cave coopérative Les Coteaux du Pic,
34270 Saint-Mathieu-de-Tréviers,
Tel. 04.67.55.20.22, Fax 04.67.55.36.17 ✓
⌴ Mo-Fr 8h-12h 14h-18h ; Sa 8h-12h

CH. L'EUZIERE
Pic Saint-Loup Cuvée Classique 1995★

■ 6 ha 20 000 ■ ⫴ 30-50 F

Seit Mitte des 19. Jh. hat der Vinifizierungskeller dieses Weinguts nie seinen Betrieb eingestellt ! Fast 150 Jahre später präsentiert Euzière einen schönen 95er mit intensiver rubinroter Farbe und sehr hübschem Geruch von Olivenmus und zarten Noten von Brombeergelee. Fülle und Festigkeit kennzeichnen den Geschmack, der sich in den nächsten Monaten entfalten wird.
🍇 Michel et Marcelle Causse, Ch. l'Euzière,
ancien chem. d'Anduze, 34270 Fontanès,
Tel. 04.67.55.21.41, Fax 04.67.55.21.41 ✓ ⌴ n.V.

DOM. DE L'HORTUS
Pic Saint-Loup Grande cuvée 1995

■ 8 ha 30 000 ⫴ 70-100 F

Das Anbaugebiet von Hortus liegt in einer außergewöhnlichen, unter Naturschutz stehenden Landschaft. Jean Orliac, ein Diplomlandwirt, präsentiert diese Grande cuvée mit der bläulichroten Granatfarbe. Der Duft ist durch Vanille, Garrigue und Unterholz geprägt. Dieser Wein verspricht Harmonie, wird aber vom Holz beherrscht und ist noch zu jung, um seine ganze Komplexität zum Ausdruck zu bringen. Er muß noch ein paar Jahre in Ihrem Keller verbringen.
🍇 Jean Orliac, Dom. de l'Hortus,
34270 Valflaunès, Tel. 04.67.55.31.20,
Fax 04.67.55.38.03 ✓ ⌴ n.V.

CH. MANDAGOT Montpeyroux 1995★★

■ 2 ha 12 000 ■ 30-50 F

Die Oberjury hat den Unterschied im typischen Charakter der drei Weine, die in diesem Jahr zu Lieblingsweinen gewählt wurden, wirklich geschätzt. Dieser hier zeichnet sich durch eine ins Violette spielende schwarze Farbe und eine sehr reichhaltige Aromenpalette aus, in der Kaffee, Wildgeruch, Lakrizestangen und Gewürze aufeinander folgen. Der Geschmack zeigt sich noch jugendlich, aber strukturiert und fleischig. Ein Ausflug aus dem Alltag in die Reblagen des Languedoc.
🍇 Jean-François Vallat, Dom. Les Thérons,
34150 Montpeyroux, Tel. 04.67.96.64.06,
Fax 04.67.96.67.63 ✓ ⌴ n.V.

CLOS MARIE
Pic Saint-Loup Elevé en fût de chêne 1995

■ 1 ha 2 000 ⫴ 50-70 F

Dieser junge Winzer des Pic Saint-Loup hat seinen Keller 1994 errichtet. Der Duft seines 95ers, der zwölf Monate im Barriquefaß reifte,

Coteaux du Languedoc

ist sehr ausdrucksvoll : Man findet darin Garrigue, Blüten und Unterholz. Der noch ein wenig ungestüme Geschmack dürfte sich in den kommenden Monaten beruhigen und harmonisch werden, wie sein langer Abgang verspricht.
🕯 Christophe Peyrus, rte de Cazeneuve, 34270 Lauret, Tel. 04.67.59.06.96, Fax 04.67.59.08.56 ✓ ⌥ Mo-Fr 18h-21h ; Sa, So n. V.

CH. MIRE L'ETANG La Clape 1996**

	8 ha	8 000	🍷	30-50 F

Eine sehr schöne Auszeichnung für Mire l'Etang. Ein Stern für die Cuvées Tradition und Duc de Fleury bei den Rotweinen und zwei Sterne für diesen sehr sympathischen, aus Roussanne, Grenache und Bourboulenc erzeugten Weißwein. Auf eine blasse, recht strahlende Farbe folgt ein intensiver Duft, der von weißen Blüten und exotischen Früchten dominiert wird. Dank seiner schönen Ausgewogenheit im Geschmack kann dieser Wein die delikatesten Fischgerichte begleiten.
🕯 Ch. Mire L'Etang, Massif de la Clape, 11560 Fleury-d'Aude, Tel. 04.68.33.62.84, Fax 04.68.33.99.30 ✓ ⌥ n.V.
🕯 Chamayrac

MORTIES Pic Saint-Loup 1995**

	6 ha	16 000	🍷	30-50 F

Dieser 95er wird der Erwartung der Weinfreunde wirklich gerecht. Zunächst die überaus verlockende dunkle purpurrote Farbe. Danach begleitet ein unaufdringliche Holz- und Vanillenote im Geruch das Aroma von Geröstetem, gekochten Früchten und Gewürzen. Der runde, seidige Geschmack mit harmonisch verschmolzenen Tanninen zeugt von einem gelungenen Ausbau im Holzfaß.
🕯 GAEC du Mas de Mortiès, 34270 Saint-Jean-de-Cuculles, Tel. 04.67.55.11.12, Fax 04.67.55.11.12 ✓ ⌥ n.V.
🕯 Duchemin-Jorcin

CH. NOTRE-DAME DU QUATOURZE
Quatourze 1995*

	30 ha	150 000	🍷	-30 F

Ein Wein von der Hochfläche des Quatourze, die den Strandsee von Bages überragt. Die Jury schätzte an ihm seinen Duft nach Früchten und Leder und seinen leckeren, ziemlich vollen Geschmack. Man sollte ihn schon jetzt trinken. Dieses Château hat auch einen Stern für seine im Holzfaß ausgebaute Cuvée erhalten.
🕯 Georges Ortola, Ch. Notre-Dame-du-Quatourze, 11100 Narbonne, Tel. 04.68.41.58.92, Fax 04.68.42.41.88 ⌥ tägl. 8h-12h 14h-19h

DOM. DU NOUVEAU MONDE 1995*

	4 ha	15 000	🍷	30-50 F

Die Domaine du Nouveau Monde, das Weingut der Neuen Welt - ein Name, der von anderswo zu kommen scheint. Und dennoch sind ihre Weine sehr typisch für das Languedoc. Die tiefe Farbe dieses 95ers ist anziehend. Duft von Zistrosen, Lorbeer und roten Früchten begleitet eine Stärke, die im Geschmack gut gezähmt ist. Man sollte ihn noch lagern, aber was für ein Genuß schon jetzt !
🕯 Jacques et Any Gauch, Dom. du Nouveau Monde, 34350 Vendres, Tel. 04.67.37.33.68, Fax 04.67.37.58.15 ✓ ⌥ n.V.

CH. PECH-CELEYRAN La Clape 1996

	2,5 ha	5 300	🍷	30-50 F

Die Rotweine von Pech-Céleyran, einem Château aus dem 19. Jh., das ein über 90 ha großes Weingut besitzt, sind wohlbekannt. In diesem Jahr ist es der Weißwein. Blasse, strahlende Farbe, blumiges Aroma und klarer, ausgewogener Geschmack.
🕯 Jacques de Saint-Exupéry, Ch. Pech-Céleyran, 11110 Salles-d'Aude, Tel. 04.68.33.50.04, Fax 04.68.33.36.12 ✓ ⌥ Mo-Sa 9h-18h ; So n. V.

CH. DE PECH REDON
La Clape Sélection 1995*

	10 ha	k. A.	🍷	50-70 F

Das schon immer für die Eleganz seiner Roséweine berühmte Pech Redon stellte diesen roten 95er vor, der eine schöne Granatfarbe besitzt. Sein Duft entfaltet Noten von gekochten Früchten, Geräuchertem und Gewürzen. Im Geschmack wird die Fülle durch schon verschmolzene Tannine unterstützt. Dieser 95er bietet eine gute mediterrane Ausgewogenheit.
🕯 Bousquet, Ch. de Pech Redon, rte de Gruissan, 11100 Narbonne, Tel. 04.68.90.41.22, Fax 04.68.65.11.48 ✓ ⌥ Mo-Sa 10h-19h

CH. PERRY 1995*

	10 ha	12 000	🍷	30-50 F

Ein Wein, der in seiner rubinroten Robe überaus bezaubert. Seine Zan- und Veilchennoten, sein runder, klarer Geschmack und seine aromatische Nachhaltigkeit wurden von den Juroren sehr geschätzt. Man hat uns erzählt, daß dieser Erzeuger bereits nach China exportiert. Dieser 95er wird in Peking einen sehr guten Botschafter der Coteaux du Languedoc abgeben.
🕯 Ponson-Nicot, Ch. Perry, 34980 Murles, Tel. 04.67.84.40.89, Fax 04.67.84.45.89 ✓ ⌥ n.V.

DOM. PEYRE ROSE
Clos Syrah Léone 1994***

	8 ha	16 800	🍷	100-150 F

Schon dreimal drei Sterne, und erneut die Wahl zum Lieblingswein ! Unvermeidlich. Die Persönlichkeit der Weine von Marlène Soria ist einzigartig. Dieser 94er hat eine dunkle Brombeerfarbe, ein prächtiges Bukett, das an Tapenade (würzige Paste in Südfrankreich), Lorbeer

Coteaux du Languedoc

und Wildbret erinnert, und einen samtigen, aber sehr konzentrierten Geschmack. Ein Wein, der uns bewegt. Man kann ihn jahrelang aufheben.
🕭 Marlène Soria, Dom. Peyre Rose, 34230 Saint-Pargoire, Tel. 04.67.98.75.50, Fax 04.67.98.71.88 ☑ 🍷 n.V.

PRIEURE DE SAINT-JEAN DE BEBIAN 1994**

| ■ | 22,3 ha | 50 000 | 🍾 | 70-100 F |

1994 ist der erste Jahrgang von Chantal Lecouty und Jean-Claude Le Brun. Sie haben es verstanden, in ihrem Wein das Wesen des Anbaugebiets von Saint-Jean-de-Bébian zum Ausdruck zu bringen. Ein komplexer Verschnitt aus Rebsorten, die einer Massenselektion entstammen, die an die verschiedenen Böden (Basalt, Sandstein und Kalkstein) gut angepaßt sind und niedrige Erträge (24 hl/ha) erbringen. Konzentration und Eleganz kennzeichnen diesen Wein : strahlendes Purpurrot, balsamische Noten, Gewürze und Zedernholz, voller Geschmack mit robusten Tanninen, die keine Angst vor der Zukunft haben.
🕭 EARL Le Brun-Lecouty, Prieuré Saint-Jean-de-Bébian, rte de Nizas, 34120 Pézenas, Tel. 04.67.98.13.60, Fax 04.67.98.22.24 ☑ 🍷 n.V.

CH. PUECH-HAUT
Saint Drézery Cuvée Prestige 1995

| ■ | 3,5 ha | 20 600 | 🍾 | 50-70 F |

Eine sehr moderne Kellerei unweit von Saint-Drézery präsentiert einen von der Jury lobend erwähnten 96er Rosé und diesen Rotwein von sehr kräftiger Farbe. Die Verkoster würdigten seinen intensiven Pfeffer-, Trüffel- und Garriguegeruch. Der Geschmack ist in der Ansprache voll und recht aromatisch, aber im Abgang hätte man eine stärkere Konzentration erwartet. Ein trinkreifer Wein.
🕭 Ch. du Puech-Haut, rte de Teyran, 34160 Saint-Drézery, Tel. 04.67.86.93.70, Fax 04.67.86.94.07 ☑ 🍷 n.V.
🕭 Gérard Bru

ROUCAILLAT
Hautes Terres de Comberousse 1996*

| ☐ | 3 ha | 11 000 | 🍾 | 30-50 F |

In diesem Jahr findet man den mediterranen Charakter recht deutlich in diesem Weißwein, der im Herzen der Garrigue mit ihren Kalksteinböden entstanden ist. Seine blaßgoldene Farbe, sein komplexes Aroma von Blüten, Gewürzen und reifen Früchten und sein fülliger, warmer Geschmack machen ihn sehr anziehend.
🕭 Alain Reder, Comberousse de Fertalière, 34660 Cournonterral, Tel. 04.67.85.05.18, Fax 04.67.85.05.18 ☑ 🍷 n.V.

CH. ROUMANIERES
Cuvée Prestige Vieilli en fût de chêne 1994

| ■ | k. A. | 12 000 | 🍾 | 50-70 F |

Dieser 94er hat seine volle Entfaltung erreicht, wie seine Farbe mit den braunen Nuancen zeigt. Der Geruchseindruck ist markant (die Essenz der Garrigue, Leder, Orangenschalen). Der Geschmack ist ausgewogen. Ein Wein, den man unverzüglich zu Federwild trinken kann.

🕭 Robert et Catherine Gravegeal, Ch. Roumanières, 34160 Garrigues, Tel. 04.67.86.91.71, Fax 04.67.86.82.00 ☑ 🍷 Mo-Sa 9h-12h 15h-19h30

CH. ROUQUETTE-SUR-MER
La Clape 1996

| ◪ | 15 ha | 10 600 | 🍾 | 30-50 F |

Ein durch Abstich erzeugter hübscher Rosé von dem zum Meer hin liegenden Hang von La Clape : blaßrosa Farbe, Aroma von roten Früchten und Geröstetem, lebhafter und zugleich runder Geschmack, der für den Jahrgang recht repräsentativ ist. Er wird sich bei Tisch gut benehmen.
🕭 Jacques Boscary, Ch. Rouquette-sur-Mer, 11100 Narbonne-Plage, Tel. 04.68.49.90.41, Fax 04.68.49.50.49 ☑ 🍷 tägl. 10h-12h 15h-19h

DOM. SAINT ANDRIEU
Montpeyroux Les marnes bleues 1996**

| ■ | 3,9 ha | k. A. | 🍾 | 30-50 F |

Was für eine Entdeckung : Die Domaine Saint Andrieu stellt mit diesem 96er ihre zweite Vinifizierung vor ! Sie erhält einen Stern für die Cuvée Seranne und zwei Sterne für diesen vorwiegend aus Mourvèdre erzeugten Wein, der eine intensive Granatfarbe hat. Er zeigt Stärke im Geruch (Gewürze, schwarze Früchte, Geröstetes, Leder) und robuste Tannine, die durch den lieblichen Charakter gemildert werden. Eine sehr schöne Entwicklung ist vorauszusehen. Man wird von Charles Giner sicherlich noch sprechen.
🕭 Le Clos de l'Yeuse, pl. de la Dysse, 34150 Montpeyroux, Tel. 04.67.96.61.37, Fax 04.67.96.61.37 ☑ 🍷 n.V.
🕭 Charles Giner

SAINT-JACQUES 1996*

| ◪ | 6 ha | 25 000 | 🍾 | -30 F |

Dieser besonders fruchtige Rosé hat eine lebhafte, kräftige Farbe. Ein gehaltvoller und zugleich sehr erfrischender Wein, bei dem man in Versuchung kommt, sich beim Trinken nicht zu zurückzuhalten. Vergessen wir auch nicht die Cuvée Cardine beim 95er Rotwein, die von der Jury lobend erwähnt wurde.
🕭 La Cave des Vignerons de Saint-Félix-de-Lodez, rue Marcellin-Albert, 34725 Saint-Félix-de-Lodez, Tel. 04.67.96.60.61, Fax 04.67.88.61.77 ☑ 🍷 tägl. 9h-12h 14h-18h

CH. SAINT-JEAN D'AUMIERES
Noble de Massane 1995*

| ■ | 5 ha | 13 000 | 🍾 | 30-50 F |

In diesem 95er erkennt man den Charakter der Weine von Saint-Jean d'Aumières wieder, die im letzten Jahr beim roten 94er beschrieben wurden : stets tiefe Farbe, Veilchen, rote Früchte und Lakritze im Duft, schöner, schon samtiger Stoff im Geschmack.
🕭 Daniel Delclaud, Dom. de Saint-Jean d'Aumières, 34150 Gignac, Tel. 04.67.57.52.57, Fax 04.67.57.52.57 ☑ 🍷 tägl. 9h-12h 16h-18h

Faugères

MAS SAINT-LAURENT
Picpoul de Pinet Cuvée réservée 1996

| ☐ | 3 ha | 20 000 | ■ ♦ | 30-50F |

Eine strahlend gelbe Farbe, ein recht intensiver Duft nach exotischen Früchten und Aprikosen, ein Geschmack voller Fülle - ein verführerischer Wein, der sich aber in seinem typischen Charakter von den in diesem Jahr verkosteten Picpoul-de-Pinet-Weinen ein wenig abhebt.
↱ Roland Tarroux, Mas Saint-Laurent, Montmèze, 34140 Mèze, Tel. 04.67.43.92.30, Fax 04.67.43.99.61 ✓ ✗ n.V.

CH. SAINT-MARTIN DE LA GARRIGUE 1996*

| ☐ | 4,7 ha | 26 000 | ■ ⑪ ♦ | 30-50F |

Ein Anbaugebiet mit braunem Kalksteinboden, fünf Rebsorten, ein gut durchgeführter Ausbau im Holzfaß - und hier dieser weiße 96er, der sich in einem blaßgoldenen Gewand präsentiert. Der intensive Duft wird von fruchtigen Noten (Aprikosen, Pfirsiche) und einem feinen Holzton beherrscht. Der Geschmack ist klar und lebhaft. Die Tannine vom Faß sind schon verschmolzen. Man kann auf seine Zukunft setzen.
↱ SCEA Saint-Martin de la Garrigue, 34530 Montagnac, Tel. 04.67.24.00.40, Fax 04.67.24.16.15 ✓ ✗ n.V.
↱ G. Guida

DOM. SAINT-PAUL COLLINE
Picpoul de Pinet 1996*

| ☐ | 5 ha | 30 600 | ■ | -30F |

Dieses erstmals im letzten Jahr vorgestellte Weingut bestätigt sein Talent mit diesem blaßgoldenen, grün funkelnden 96er, der nach Akazienblüten und Früchten duftet. Seine Frische und seine Zitrusnoten werden von einer schönen Geschmeidigkeit begleitet.
↱ Pascale Morin, Dom. de Saint-Paul Colline, 34140 Mèze, Tel. 04.67.43.58.01, Fax 04.67.43.33.60 ✓ ✗ n.V.

DOM. DE TERRE MEGERE
Les Dolomies 1995

| ■ | 4 ha | 15 000 | ■ ♦ | 30-50F |

Originell mit seinen etwas wilden Düften (Feuerstein, Leder, Gewürze). Dieser 95er ist warm und umhüllt den Gaumen auf köstliche Weise. Er paßt hervorragend zu Wildbret am Spieß.
↱ Michel Moreau, Cœur de Village, 34660 Cournonsec, Tel. 04.67.85.42.85, Fax 04.67.85.25.12 ✓ ✗ n.V.

VERMEIL DU CRES
Réserve Vermeil 1996

| ■ | 9 ha | 38 000 | ■ ♦ | -30F |

Was ist mit diesem 96er ? Jung und verführisch : ein Korb voller roter Früchte in der Nase und ein runder, überhaupt nicht rauher Geschmack. »Das zweite Glas verlangt nach dem dritten«, vermerkte ein Verkoster, nicht sehr auf Mäßigung bedacht ! Die 96er Cuvée Collection Vermeil 96, die im Holzfaß gereift ist, wurde ebenfalls lobend erwähnt. Sie ist strenger.

↱ SCAV les Vignerons de Sérignan, av. Roger-Audoux, 34410 Sérignan, Tel. 04.67.32.23.26, Fax 04.67.32.59.66 ✓ ✗ Mo-Sa 9h-12h 15h-18h

DOM. DES VIGNES HAUTES
Pic Saint-Loup 1995**

| ■ | 5 ha | 8 500 | ■ ⑪ ♦ | 30-50F |

Lob für Corconne und sein Anbaugebiet mit feinem Kiessand : ein Stern jeweils für den Rosé und den Weißwein und zwei Sterne für diesen schönen 95er Rotwein, der ein tiefes Purpurviolett zeigt. Im Duft verbinden sich eine reiche Palette rote Früchte, Garriguegerüche, Geröstetes und Kokosnuß. Im Geschmack beweisen eine gute Konzentration, schon seidige Tannine und eine gewisse Fülle, daß der Ausbau im Holzfaß gut gelungen ist.
↱ SCA La Gravette, 30260 Corconne, Tel. 04.66.77.32.75, Fax 04.66.77.13.56 ✓ ✗ n.V.

DOM. DE VILLENEUVE
Pic Saint-Loup Cuvée des Verriers 1995*

| ■ | 1,4 ha | 7 500 | ■ ♦ | -30F |

Glasmacher (»verriers«) bliesen früher einmal im Gebiet des Pic Saint-Loup Glas. Das erklärt den Namen dieser Cuvée. Die Farbe ist purpurrot, der Duft stark geprägt durch Röstnoten (Kakao, Mokka), die sich auch im Geschmack zeigen. Fülle und Struktur kommen zusammen, aber zuviel davon.
↱ Myriam et Christian Florac, Dom. de Villeneuve, 34270 Claret, Tel. 04.67.59.00.42, Fax 04.67.59.07.76 ✓ ✗ n.V.

CH. DE VIRES La Clape Carte or 1996*

| ☐ | 2 ha | 7 500 | ■ ♦ | 30-50F |

Blasse Farbe mit grünen Reflexen, hübsches Aroma von exotischen Früchten und Zitrusfrüchten. Dieser vollkommen ausgewogene Weißwein paßt gut zu gebratenem Fisch.
↱ GFA Dom. de Vires, rte de Narbonne-plage, 11100 Narbonne, Tel. 04.68.45.30.80, Fax 04.68.45.25.22 ✓ ✗ tägl. 9h-12h 14h-19h
↱ Yves Lignères

Faugères

Die Weine von Faugères sind ebenso wie die benachbarten Saint-Chianian-Weine seit 1982 als AOC eingestuft. Das Anbaugebiet umfaßt sieben Gemeinden, die nördlich von Béziers und südlich von Bédarieux liegen, und erzeugt 50 000 bis 60 000 hl. Die Reben wachsen auf relativ hohen Hügeln (250 m) mit sehr steilen Hängen, auf den ersten Ausläufern der Cevennen, deren Böden aus nicht sehr fruchtbarem Schiefer bestehen. Der Faugères ist ein schwerer Wein von recht intensi-

Faugères

vem Purpurrot, dessen Aroma an rote Früchte erinnert.

CH. CHENAIE Les Douves 1995★★
■ 4 ha 12 000 🍷🍷 `50-70F`

Die Krönung erfuhr diese Cuvée mit der Wahl zum Lieblingswein. Dieser Faugères hat eine bemerkenswerte Ausdruckskraft : sehr schöne purpurrote Farbe, komplexer Duft, der blumige Noten (Rosenblätter), Gewürze (Vanille) und Garriguegeruch vermischt. Der Geschmack ist alkoholreich und kraftvoll zugleich. Dieser 95er hat alles, um zu gefallen, und besitzt die Tugenden eines sehr großen Weins. Die Jury spendet Beifall.
☛ GAEC André Chabbert et Fils, Ch. Chenaie, 34600 Caussiniojouls, Tel. 04.67.23.17.73, Fax 04.67.95.44.98 ☑ 🍷 n.V.

CH. DES ESTANILLES 1995★★
■ k. A. 10 000 🍷 `70-100F`

Michel Louison, ein alter Bekannter in unserem Weinführer, kann aus seinem Anbaugebiet ein Höchstmaß herausholen. Die Jury hat sehr lang darüber diskutiert, ihn zum Lieblingswein zu wählen. Dieser noch sehr jugendliche tiefrote 95er zeigt in seinem Geruch, den Geräuchertes, Garrigue und Feuerstein verbindet, eine Vanillenote. Die sanfte, aber körperreiche Ansprache betont einen generösen, eleganten Wein. Ein rassiger Faugères, der die Verkoster begeistert hat.
☛ Michel Louison, Ch. des Estanilles, Lenthéric, 34480 Cabrerolles, Tel. 04.67.90.29.25, Fax 04.67.90.10.99 ☑ 🍷 n.V.

DOM. DE FENOUILLET 1995★★
■ k. A. 8 000 `-30F`

Der Geruchseindruck, in dem sich rote Beerenfrüchte mit Rauch und Zistrosen vermischen, ist kräftig und komplex. Der Geschmack besitzt eine schöne Fülle und bietet erstklassige, anhaltende Tannine mit Noten von schwarzen Oliven. Mit etwas Geduld erhält der Weinfreund einen guten Tropfen. Auf dem Etikett kann man »CCV de Laurens« lesen. Ist das die Genossenschaft, die ihn herstellt ? Ausgezeichnetes Preis-Leistungs-Verhältnis.
☛ Hugues et Bernard Jeanjean, B.P. 1, 34725 Saint-Félix-de-Lodez, Tel. 04.67.88.80.00, Fax 04.67.96.65.67

DOM. DU FRAISSE 1996★
◢ 5 ha 22 000 ■ `30-50F`

Ein Verschnitt aus Syrah, Grenache und Cinsault sowie eine kluge Auswahl haben diesen Rosé hervorgebracht, an dem seine Farbe ebenso wie sein frühlingshaftes Bukett gewürdigt wurde. Die Fruchtigkeit wird durch eine gewisse Frische verstärkt. Seine Nachhaltigkeit ist mehrere Caudalien (Sekunden) lang. Ein hübscher Aperitifwein.
☛ Jacques Pons, 1 bis, chem. de Ronde, 34480 Autignac, Tel. 04.67.90.23.40, Fax 04.67.90.10.20 ☑ 🍷 n.V.

CH. GREZAN Cuvée Arnaud Lubac 1994
■ 12 ha 42 000 🍷 `30-50F`

Ein Restaurant, ein warmherziger Empfang und eine 94er Cuvée, die es möglich machen, die Sorgen des Alltags zu vergessen ! Dieser Wein mit der intensiven Farbe entfaltet sich nach ein paar Minuten an der Luft. Der angenehme, ausgewogene Geschmack verleiht dem Ganzen echten Charme. Ein sehr vielversprechender Faugères, der noch an aromatischer Komplexität gewinnen dürfte.
☛ Ch. de Grézan, 34480 Laurens, Tel. 04.67.90.27.46, Fax 04.67.90.29.01 ☑ 🍷 tägl. 8h30-12h 13h30-19h
☛ Fardel-Lubac et Pujol

CH. DE LA LIQUIERE Cistus 1994★
■ k. A. 15 000 🍷 `50-70F`

Zwei Sterne für den 96er Rosé, einer für diesen 94er, der typisch für die Appellation ist. Der dunkelrote Wein bietet ein hübsches Bukett von reifen Früchten, Schiefer (Mineral), Garrigue und getrockneten Früchten. Er ist schon in der Ansprache voluminös und enthüllt fleischige, seidige Tannine. Ein kraftvoller Faugères mit großem Alterungspotential.
☛ Bernard Vidal, Ch. de La Liquière, 34480 Cabrerolles, Tel. 04.67.90.29.20, Fax 04.67.90.10.00 ☑ 🍷 n.V.

DOM. DE LA REYNARDIERE 1995★
■ 6 ha 8 000 ■ 🍷 `-30F`

Dieser Wein mit dem kräftigen Granatrot bietet einen Geruchseindruck von großer Komplexität : gekochte Früchte, Noten von Tiergeruch, Eukalyptus, Leder. Der Alkohol, der ein wenig dominiert, begleitet sehr gut die Tannine und verleiht eine schöne Harmonie. Paßt zu Federwild. Der 96er Rosé dieses Guts wurde ebenfalls gelobt.
☛ SCEA Dom. de La Reynardière, 7, cours Jean-Moulin, 34480 Saint-Geniès-de-Fontedit, Tel. 04.67.36.25.75, Fax 04.67.36.15.80 ☑ 🍷 Mo-Sa 10h-12h 14h-19h ; So n. V.
☛ Mégé-Pons

LE MOULIN COUDERC
Elevé en fût de chêne 1995
■ 6 ha 3 500 🍷 `30-50F`

Dieser Wein, der das Ergebnis einer langen und sorgfältigen Vinifizierung ist, enthüllt die Leidenschaft von Vincent Fonteneau. Der 95er ist dunkel und intensiv und entfaltet animalische Noten und einen Duft von vollreifen roten

Früchten. Er besitzt eine schöne, ausgewogene Struktur. Ideal zu einem Grillgericht oder zu einer Lammkeule mit Rosmarin. Dekantieren !
🍷 Vincent Fonteneau, Ch. de l'Aire, Le Village, 34320 Roquessels, Tel. 04.67.90.23.25, Fax 04.67.90.11.05 ✓ ⊺ tägl. 10h-12h 15h-20h

DOM. OLLIER TAILLEFER
Grande réserve 1995**

| ■ | | 4,3 ha | 22 000 | ∎↓ | 30-50F |

Zwei Rotweine und ein Rosé wurden von der Jury unseres Weinführers gewürdigt. Dieser hier ist der beste ! Er ist das Resultat einer sehr sorgfältigen Arbeit und einer gelungenen Vinifizierung. Die schöne Farbe dieses 95ers zeigt ein kräftiges Rot. Noten von Oliven, Leder, Gewürzen und Brombeeren bestimmen den Geruchseindruck. Dieser im Geschmack sehr harmonische Wein besitzt kraftvolle, aber verschmolzene Tannine. Die aromatische Nachhaltigkeit lädt zum Träumen ein.
🍷 Alain et Luc Ollier, rte de Gabian, 34320 Fos, Tel. 04.67.90.24.59, Fax 04.67.90.12.15 ✓ ⊺ n.V.

DOM. RAYMOND ROQUE 1996

| ■ | | 20 ha | 80 000 | ∎↓ | -30F |

Ein diskreter Einstand in unserem Weinführer für dieses Gut mit seinem fruchtigen, leichten Faugères. Schöne rubinrote Farbe, feiner Blüten-, Frucht- und Röstgeruch, gut verschmolzene Tannine. Ein genußvoller Wein, den man unverzüglich trinken kann.
🍷 GAEC Raymond Roque et Fils, 34480 Cabrerolles, Tel. 04.67.90.21.88, Fax 04.67.90.14.56 ✓ ⊺ n.V.

DOM. GUY DE SAUVANES
Cuvée Anne-
Sophie Elevé en fût de chêne 1995*

| ■ | k. A. | k. A. | ∎▯↓ | -30F |

Diese Cuvée wird in der Genossenschaftskellerei von Laurens hergestellt, die bekannt ist für ihren Château de Laurens, einen Wein, der ebenfalls von den Juroren gewürdigt wurde. Der Schieferboden kommt voll zum Ausdruck in Noten von Röstgeruch, Rauch und reifen Früchten. Die Feinheit und die milden Tannine zeigen den typischen Charakter des Faugères. Ein Wein, den man für einige Zeit in seinem Keller vergessen muß.
🍷 Cave coop. de Laurens, 34480 Laurens, Tel. 04.67.90.28.23, Fax 04.67.90.25.47

Fitou

Das Anbaugebiet der Appellation Fitou, der ältesten Rotwein-AOC des Languedoc-Roussillon (1948), befindet sich in der mediterranen Zone der Corbières ; es erstreckt sich auf neun Gemeinden, die auch die Vins doux naturels Rivesaltes und Muscat Rivesaltes erzeugen dürfen. Die Produktion liegt bei 90 000 hl. Der Fitou ist ein Wein von schöner dunkelrubinroter Farbe, der einen Mindestalkoholgehalt von 12° aufweist und mindestens neun Monate im Faß reift.

DOM. BERTRAND-BERGE 1995***

| ■ | 15 ha | 20 000 | ∎↓ | -30F |

Domaine Bertrand-Bergé
Fitou
Appellation Fitou Contrôlée
Mis en bouteille au Domaine
Jérôme Bertrand Propriétaire-Récoltant à Paziols (Aude) France
12,5% vol.   Produit de France   75 cl
1995

Erst 1993 hat sich Jérôme Bertrand entschlossen, sich selbständig zu machen und die Trauben seines 30 ha großen Familienbetriebs zu vinifizieren. Man muß in Zukunft mit ihm rechnen. Unter einem sehr schönen Kleid von tiefem, strahlendem Purpurrot macht sich der Duft bemerkbar und entfaltet dann nacheinander Gewürze, reife Früchte und Garriguegerüche. Der Geschmack ist fleischig, prächtig und generös, an Früchte mit saftigem Fruchtfleisch erinnernd. Die Gerbsäure ist seidig und elegant. Dieser füllige, volle 95er steht ganz in der Tradition der lagerfähigen Weine der AOC Fitou.
🍷 Dom. Bertrand-Bergé, av. du Roussillon, 11530 Paziols, Tel. 04.68.45.41.73, Fax 04.68.45.41.73 ✓ ⊺ n.V.
🍷 Jérôme Bertrand

DOM. DE COURTAL
Elevé en foudre de chêne 1995**

| ■ | 11 ha | 12 000 | ∎▯↓ | 30-50F |

Auf der anderen Seite des Extrême-Passes stellt das Anbaugebiet von Villeneuve eine Oase in der Macchia der Corbières dar. Es liegt windgeschützt auf Hügeln mit braunem Schiefer, von der Sonne überflutet. Die Wahl fällt schwer zwischen dem Château de Montmal, der Sondercuvée, und dem Domaine de Courtal, aber der letztgenannte hat um Kopfeslänge gesiegt. Verführerische purpurrote Farbe, weiniger Duft von roten Früchten und Gewürzen mit leichter Vanillenote, Kraft und Fülle. Die Qualität der deutlich spürbaren Tannine läßt eine schöne Lagerfähigkeit voraussagen.
🍷 Cave pilote de Villeneuve-les-Corbières, 11360 Villeneuve-les-Corbières, Tel. 04.68.45.91.59, Fax 04.68.45.81.40 ✓
⊺ Mo-Sa 8h-12h 14h-18h

LES VIGNERONS DE LA PALME
Cuvée St-Pancrace Elevé en fût de chêne 1995*

| ■ | k. A. | 30 000 | | 30-50F |

Die Form der Handfläche oder ein Ort mit vielen Palmen - La Palme kann diese beiden Ursprünge für sich in Anspruch nehmen. Die

Minervois

Winzer widmen voller Humor diese Cuvée dem hl. Pankraz, einem »Eisheiligen«, dessen Fest man am 12. Mai feiert und mit dem die frostgefährdete Jahreszeit endet. Das Purpurrot eines Kardinals. Der Geruch erinnert an Gewürze, Vanille und Unterholz. Der Wein ist noch jugendlich, aber die Mourvèdre-Rebe macht sich schon mit ihrer feinkörnigen Tanninen und empyreumatischen Noten bemerkbar.
☛ Les Vignerons de La Palme, 11480 La Palme, Tel. 04.68.48.15.17, Fax 04.68.48.56.85 ⓥ
⌛ Di-Sa 9h30-12h 15h30-18h

DOM. DE ROUDENE Elevé en fût 1995*

| | 13 ha | 10 000 | 🍷 | 30-50 F |

Mit dem Dreigespann Carignan-Grenache-Syrah findet die Familie Taixo, die seit 1986 diese Privatkellerei besitzt, in unseren Weinführer zurück und bestätigt die schöne Haltung der 95er auf dem Boden von Paziols. Das rote Kleid ist leicht ziegelrot verfärbt. Die sehr aromatische Rebsorte Syrah bringt in das Rosmarin- und Harzaroma Veilchennoten mit ein. Der Gesamteindruck ist komplex und sehr reizvoll. Sanft, angenehm, ausgewogen, mit würzigen Noten und einem Hauch von Backpflaumen. Ein trinkreifer Wein.
☛ Jean-Pierre et Bernadette Taixo, 11350 Paziols, Tel. 04.68.45.43.47 ⓥ ⌛ tägl. 10h-20h; Gruppen n. V.

DOM. SAINT-AUBIN DU PLA 1995*

| | k. A. | 4 000 | 🍷 | -30 F |

Zwischen dem Meer, dem Strandsee und ausgedörrten Hügeln krallt sich das Anbaugebiet, das diesen Fitou hervorbringt, an dem mageren, der Garrigue abgerungenen Boden fest. Steinmauern und Hecken sind der einzige Schutz für dieses kostbare Gut. Man kann es nicht traditioneller machen ! Und selbst wenn sich die Nase dieses Weins noch schüchtern versteckt, so zeigt sich der Geschmack klar, kraftvoll und warm, mit mediterranem Charakter. Überraschenderweise ist dieser Wein schon trinkreif zu Wild.
☛ Cave des Producteurs de Fitou, Les Cabanes de Fitou, B.P. 1, 11510 Fitou, Tel. 04.68.45.71.41, Fax 04.68.45.60.32 ⌛ Mo-Sa 8h-12h 14h-18h

DOM. DU TAUCH
Elevé en fût de chêne 1995**

| | 20 ha | 50 000 | 🍷 | -30 F |

Tauch, der Name des Berges, der das Dorf Tuchan überragt, soll von *Taxus* kommen, das »Eibe« bedeutet. Nun, während die Eiben heute mehr als selten sind, haben die Reben an Fuße dieses Kalksteinberges ein für sie günstiges Anbaugebiet gefunden. Das intensive Rot dieses 95ers begleitet einen Duft von roten Früchten, der hinter einem rauchigen Aroma zum Vorschein kommt. Füllig, stattlich, sehr rund schon in der Ansprache. Dieser Wein entfaltet sich mit Noten üppiger Kirschen. Seidig und elegant. Die Ausgewogenheit ist superb, der Abgang pikant. Ein bis zwei Jahre Lagerung, damit er ein genußvoller Wein wird.
☛ Les Producteurs du Mont Tauch, 11350 Tuchan, Tel. 04.68.45.41.08, Fax 04.68.45.45.29 ⌛ Mo-Sa 9h-12h 14h-18h

DOM. DES TROIS FILLES 1995**

| | k. A. | 28 000 | 🍷 | 30-50 F |

Zwischen Jacques Mélac, einem Pariser Weinfachhändler, und dem Anbaugebiet von Fitou besteht eine schöne Liebesgeschichte. Er vertraut seinen Wein der Kellerei von Villeneuve an. Die Erscheinung seines 95ers ist frisch und jugendlich : kirschrote bis purpurrote Farbe. Der komplexe, intensive Duft mischt Kirschen und leicht an Vanille erinnernde Gewürze mit einem Hauch von Leder. Der schon in der Ansprache sehr samtige Geschmack bestätigt den Geruchseindruck : Der Holzton begleitet den Wein. Danach unterstreichen Kraft und spürbare Gerbsäure die Lagerfähigkeit.
☛ Cave pilote de Villeneuve-les-Corbières, 11360 Villeneuve-les-Corbières, Tel. 04.68.45.91.59, Fax 04.68.45.81.40 ⓥ
⌛ Mo-Sa 8h-12h 14h-18h
☛ Jacques Mélac

DOM. DU VIEUX MOULIN
Cuvée élevée et vieillie en fût de chêne 1995*

| | 25 ha | 30 000 | 🍷 | 30-50 F |

Man muß sich im Sommer abseits halten und die lärmende, übervölkerte Küste verlassen, damit man diese kurvenreichen Straßen entdeckt, die durch tief eingeschnittene Täler zum »Hochplateau« von Tuchan-Paziols führen. Man kann dann die Schönheit der Landschaft und das Zirpen der Zikaden genießen. Der Wein schwankt zwischen Rot und Schwarz, kandierten reifen Früchten und Leder. Aber der Geschmack kommt zum Vorschein und zeigt mit Noten von Kirschen, Brombeeren und Vanille die mediterrane Wärme und Samtigkeit seiner Tannine. Solides Alterungspotential.
☛ Les Producteurs du Mont Tauch, 11350 Tuchan, Tel. 04.68.45.41.08, Fax 04.68.45.45.29 ⓥ ⌛ Mo-Sa 9h-12h 14h-18h

Minervois

Der Minervois, ein AOC-Wein, wird in 61 Gemeinden erzeugt, von denen 45 im Departement Aude und 16 im Departement Hérault befinden. Dieses sehr kalkhaltige Gebiet mit den sanften Hügeln, das mit der Rückseite nach Süden hin liegt und durch die Montagne Noire vor kalten Winden geschützt wird, bringt Weiß-, Rosé- und Rotweine hervor ; letzterer macht 95 % aus. Auf einer Anbaufläche von fast 5 000 ha werden insgesamt 230 000 hl erzeugt.

Durch das Weinbaugebiet des Minervois führen bezaubernde Routen ; eine ausgeschilderte Strecke bildet die »Weinstraße«, an der zahlreiche Probier-

Minervois

keller liegen. Ein in der Geschichte des Languedoc bedeutsamer Ort (die alte Stadt Minerve, wo sich ein entscheidendes Kapitel der Katharertragödie abspielte), viele kleine romanische Kapellen und die reizvollen Kirchen von Rieux und Caune sind die Hauptattraktionen für Touristen, die in diese Gegend reisen. Die Compagnons du Minervois, die örtliche Weinbruderschaft, haben ihren Sitz in Olonzac.

LES VIGNERONS DE LA CAVE D'AIGNE Cuvée Image 1995

| | 4 ha | 19 000 | | -30 F |

Dieses »Bild«, eine naive Zeichnung, die das Etikett schmückt, ist durchaus auch Realität - dank der intensiven Farbe und des Harz- und Rumaromas dieses 95ers. Warm und körperreich. Seine Tannine versprechen in zwei Jahren eine schöne Mahlzeit.
✆ Cave d'Aigne, 34210 Aigne,
Tel. 04.68.91.22.44, Fax 04.68.91.81.03 ✓ ⊤ n.V.

CH. BELVIZE 1996*

| | 4 ha | 10 000 | | -30 F |

Belvize bedeutet »schöne Aussicht« im Okzitanischen. Man betrachtet diesen Weißwein mit der blassen, strahlenden Farbe. Er bietet einen Früchtekorb. Man kann danach gar nicht genug bekommen von seinem lebhaften, ausgewogenen Aroma, das an ein Blumenbeet erinnert.
✆ Ch. Belvize, La Lecugne, 11120 Bize-Minervois, Tel. 04.68.46.22.70,
Fax 04.68.46.35.72 ✓ ⊤ tägl. 9h-18h30

DOM. BORIE DE MAUREL Cuvée Sylla 1995***

| | 3 ha | 7 000 | | 50-70 F |

Zum zweiten Mal in drei Jahren Wahl zum Lieblingswein : Diese dem Römer Sulla gewidmete Cuvée findet erneut einmütige Zustimmung vor dem römischen Senat - dank ihrer purpurroten Toga und ihrer Legionen von fruchtigen, blumigen und würzigen Aromen, die in dicht formierten Kohorten aufmarschieren. Die Kampftruppe, die schon bei der Attacke Stärke und Edelmut ausstrahlt, kann jeder Situation Herr werden. Ihre Wachsamkeit wird nicht so bald nachlassen. Diese Cuvée verdient ihren Triumph.
✆ Dom. Borie de Maurel, GAEC Escande, rue de la Sallèle, 34210 Félines-Minervois,
Tel. 04.68.91.63.92, Fax 04.68.91.63.92 ✓ ⊤ n.V.

LES EVANGILES DE CH. CANET 1994

| | 3 ha | 8 000 | | 50-70 F |

Die neue Lektüre des »Evangeliums« nach Château Canet erscheint überzeugend, denn diese erste Epistel bietet einen granatroten Wein mit intensivem Holzaroma. Eukalyptus und Vanille entfalten sich im sehr milden Geschmack voller Feinheit.
✆ Ch. Canet, 11800 Rustiques,
Tel. 04.68.79.12.09, Fax 04.68.79.09.05 ✓ ⊤ n.V.
✆ J. Ricard

CH. DE CESSERAS 1994**

| | 5 ha | 13 000 | | 30-50 F |

Château de Cesseras, das im Anbaugebiet von La Livinière liegt, setzt seine Farben bis zur Oberjury durch. Dieser granatrote 94er bietet Tannine von edler Herkunft. Er ist kraftvoll und entfaltet anmutig seine Frucht- und Gewürznoten. Sein samtiger Abgang und seine Dichte machen ihn zu einem Wein von vornehmer Abstammung.
✆ GAEC de Coudoulet, chem. de Minerve, 34210 Cesseras, Tel. 04.68.91.15.70,
Fax 04.68.91.15.78 ✓ ⊤ n. V.
✆ J.-Y. et P.-A. Ournac

COMTE DE MERINVILLE 1994**

| | 2 ha | 12 000 | | -30 F |

Auch wenn die ersten Spuren der Seigneurie von Rieux ins 11. Jh. zurückreichen, ist dieser Wein bereit, dem dritten Jahrtausend zu trotzen mit seiner Struktur, die umhüllte, edle Tannine enthält, und seinen Garrigue- und Veilchennoten. Er verführt endgültig durch seinen körperreichen, fruchtigen Abgang. Ideal zu Schmorbraten und Wild.
✆ Cellier de Merinville, B.P. 14, av. J.-Garcia, 11160 Rieux Minervois, Tel. 04.68.78.10.22,
Fax 04.68.78.13.03 ✓ ⊤ tägl. 8h-12h 14h-18h

LA CAVE DES COTEAUX DU HAUT-MINERVOIS
Sélection La Livinière 1994*

| | k. A. | 13 000 | | 30-50 F |

Getreu seiner Herkunft stellt dieser Minervois La Livinière auf seinem Etikett stolz die lokalen Farben zur Schau. Dieser 94er bietet der Nase ein Aroma von schwarzen Johannisbeeren und Brombeeren, das Gewürze betonen. Der Geschmack ist gut abgestimmt und körperreich, mit deutlich spürbaren Tanninen von guter Herkunft. Der Vanilleabgang schließt diesen schönen Bau ab, der die Zeit trotzen kann.
✆ Cave coop. de La Livinière, 34210 La Livinière, Tel. 04.68.91.42.67,
Fax 04.68.91.51.77 ✓ ⊤ n.V.

PIERRE CROS Cuvée Elégance 1995*

| | 3 ha | 10 000 | | 30-50 F |

Dieser sympathische Winzer und Rugbyspieler ist in den Schlußetappen unseres Weinführers immer vertreten. Sein 95er im granatroten Trikot wechselt elegant ins holzige Feld und greift sich im Vorübergehen im mit Gewürzen vermischtes Vanillearoma. Auf seine Tannine gestützt, kontrolliert er gut das Feld und macht im Finale Punkte.

Minervois

⊶ Pierre Cros, 20, rue du Minervois,
11800 Badens, Tel. 04.68.79.21.82,
Fax 04.68.79.24.03 ◼ ⊺ n.V.

CH. DU DONJON Cuvée Prestige 1994**

◼   4 ha   6 000   ◼♦ 30-50 F

Die Ursprünge des Schlosses reichen ins 12. Jh. zurück, die des Weinguts ins 15. Jh. Der Donjon (»Bergfried«) wurde in der Ausgabe 1993 unseres Weinführers zum Lieblingswein gewählt. Er nimmt seinen Wachturm mit diesem Wein von großer Eleganz ein, dessen Aroma an reife Früchte und Gewürze erinnert. Warm und geschmeidig. Er ist geradlinig und bietet im Abgang eine Lakritznote. Eine sichere Aktie des Minervois.

⊶ Marie-Louise Panis, Ch. du Donjon, 11600 Bagnoles, Tel. 04.68.77.18.33, Fax 04.68.72.21.17 ◼ ⊺ n.V.

PREMIER DE FONTALIERES 1995**

◼   3,5 ha   13 500   ◫ 30-50 F

Der Mourvèdre, der aus dem besten Anbaugebiet des Dorfs kommt, ist die akademische Resborte von Fontalières. Durch Kohlensäuremaischung ausgebildet und in einem langen Studium im Holzfaß erzogen, bietet dieser wohlerzogene Tannine und gute, würzige Noten. Er erhält sein Diplom nach bestandener Prüfung. Eine schöne Zukunft ist ihm gewiß.

⊶ Cave des vignerons Les Coteaux de Pouzols-Minervois, R.D. 5, les Auberges, 11120 Pouzols-Minervois, Tel. 04.68.46.13.76, Fax 04.68.46.33.95 ◼ ⊺ Mo-Sa 8h-12h 14h-18h ; Gruppen n. V.

CH. DE GOURGAZAUD Réserve 1995

◼   10 ha   40 000   ◫ 30-50 F

Guy Bascou, ein Stammgast unseres Weinführers, liefert einen 95er, der ganz in der Linie seiner Vorgänger steht und Kraft und Konzentration zeigt. Seine Struktur mit dem Vanillearoma verheißt diesem Weine eine schöne Zukunft. Man muß warten können.

⊶ SA Ch. de Gourgazaud, 34210 La Livinière, Tel. 04.68.78.10.02, Fax 04.68.78.30.24 ◼ ⊺ n.V.

CH. LA GRAVE Expression 1996*

◢   k. A.   20 000   ◼♦ -30 F

Hier besteht der Boden aus Kiessand. Dieser lachsrosa Rosé ruft mit seinem Aroma von roten Früchten und Erdbeeren Begeisterung hervor. Ein Wein voller Feinheit und Subtilität. Sein freigebiges Lächeln im Abgang verspricht einen guten Begleiter zu Grillgerichten.

⊶ Jean-Pierre et Jean-François Orosquette, SCEA Ch. La Grave, 11800 Badens, Tel. 04.68.79.16.00, Fax 04.68.79.22.91 ◼ ⊺ n.V.

DOM. LA TOUR BOISEE 1996*

☐   2,4 ha   15 000   ◼ 30-50 F

Wenn der Rosé fähig ist, das Publikum bei Theateraufführungen zu begeistern, die auf dem Gut veranstaltet werden, so steht der Weißwein schon auf der Bühne, bevor sich der Vorhang hebt, in funkelndem Kostüm. Er spielt intensiv zwischen Akazienblüten und Weißdorn. Das harmonische Finale ist elegant und warm. Ein Premierenwein, der es verdient, daß man ihn auf die Bühne zurückruft.

⊶ Jean-Louis Poudou, Dom. La Tour Boisée, 11800 Laure-Minervois, Tel. 04.68.78.10.04, Fax 04.68.78.10.98 ◼ ⊺ n.V.

CH. LAVILLE-BERTROU 1996

◢   1,6 ha   11 000   ◼♦ 30-50 F

Die Bertrous, die seit mehr als einem Jahrhundert auf diesem Gut leben und regelmäßig in unserem Weinführer erwähnt werden, präsentieren einen durch Abstich erzeugten Rosé, der zu 60 % aus Syrah und zu 40 % aus Grenache besteht und eine Cuvée in limitierter Stückzahl darstellt. Er besitzt eine kräftige Farbe und duftet nach Himbeeren. Im Geschmack ist er lebhaft und präsent. Wie es scheint, löst er die Zunge beim Aperitif und weiß sich auch bei Tisch gut zu benehmen.

⊶ SCEA Laville-Bertrou, Ch. Laville-Bertrou, 34210 La Livinière, Tel. 04.68.91.49.20, Fax 04.68.91.66.38 ◼ ⊺ n. V.

DOM. LES DEUX TERRES 1995*

◼   0,69 ha   3 900   ◼♦ -30 F

Ein großer Minervois. Diese Syrah stammt von sauren Terrassen, die der Fluß Argent Double im Quartär gebildet hat. Sie zeigt eine kräftige Farbe und bietet eine Fülle von reifen Früchten, Gewürzen und Kakao. Ihre geschmeidigen Tannine gleiten lang über die Zunge. Der Abgang enthält eine Lakritznote. Man kann ihn trinken oder auch aufheben.

⊶ Catherine et Jean-François Prax, Dom. Les Deux Terres, 11700 Azille, Tel. 04.68.91.63.28, Fax 04.68.91.57.70 ◼ ⊺ n.V.

CLOS L'ESQUIROL 1995

◼   k. A.   10 000   ◼ -30 F

Esquirol bedeutet auf okzitanisch »Eichhörnchen«, das hier eine geschützte Tierart ist. Dieser animalische, fleischige Wein mit der schönen, kräftigen Farbe entwickelt sich von getrockneten zu roten Früchten und enthüllt dabei Gewürze. Er ist geschmeidig und ausgewogen und wird die Jahreszeiten munter überstehen.

⊶ Cave coop. La Siranaise, 34210 Siran, Tel. 04.68.91.42.17, Fax 04.68.91.58.41 ◼ ⊺ n.V.

CH. D'OUPIA Les Barons 1995***

◼   6 ha   24 000   ◫ 30-50 F

Diese Cuvée der »Barone« beweist ihre Vornehmheit und präsentiert ihr Wappen regelmäßig beim alljährlichen Turnier : tiefe Farbe, Aroma von Gewürzen, Vanille und kandierten

LANGUEDOC

Früchten. Die Milde der Tannine, der harmonisch verschmolzene Holzton und der stolze Abgang machen ihn zu einem vornehmen Herrn des Minervois.

☛ Famille André Iché, EARL Ch. d'Oupia, 34210 Oupia, Tel. 04.68.91.20.86, Fax 04.68.91.20.86 ☑ ☥ n.V.

DOM. PICCININI 1996★★

| | 0,7 ha | 5 000 | ⦿ | 30-50 F |

Die Cuvée Line et Laëtitia zeigt, ein wie großer Experte für Rotweine Jean-Christophe Piccinini ist. Dieses Jahr zeigt sich der Charme des Weinguts auch mit diesem golden funkelnden Weißwein, der im Holzfaß mittels Hülsenmaischung vinifiziert worden ist. Seine Vanillenoten und exotischen Nuancen navigieren mit Kraft und Feinheit, bevor sie sich träge der Wärme einer fast ozeanischen Umgebung hingeben.

☛ Jean-Christophe Piccinini, rte des Meulières, 34210 La Livinière, Tel. 04.68.91.44.32, Fax 04.68.91.58.65 ☑ ☥ n.V.

CH. PIQUE-PERLOU 1996★★

| | 1,5 ha | 6 500 | ⦿ | 30-50 F |

Zum »Pique Perlou gehen« bedeutete, daß man zur Arbeit in den Weinberg ging, der auf den steilsten und am weitesten entferntesten Hügeln terrassenförmig angelegt war. Dieser karminrote Rosé lädt uns ein zu einer Wanderung zwischen die betäubenden Düfte der Garrigue. Er ist im Geschmack gehaltvoll und füllig, mit Frucht vollgesogen. Dank seiner robusten Konstitution kann er eine ganze Mahlzeit begleiten.

☛ Serge Serris, Ch. Pique-Perlou, 11200 Roubia, Tel. 04.68.43.22.46, Fax 04.68.43.22.46 ☑ ☥ n.V.

DOM. PUJOL Cuvée Edouard Pujol 1994★

| | 2 ha | 3 600 | ⦿ | 30-50 F |

Edouard Pujol kann auf die geleistete Arbeit stolz sein, denn eine zweifache lobende Erwähnung belohnt seine 95er und 94er Cuvées, wobei die letztere dank ihrer Samtigkeit und ihrer Rundheit um Kopflänge gewinnt. Beide sind nachhaltig und bezaubern mit ihren Noten von reifen Früchten und Lakritze. Der stattliche, kraftvolle 95er ist jugendlicher.

☛ GAEC Pujol et Fils, 4, chem. des Blanquettes, 11800 Saint-Frichoux, Tel. 04.68.78.17.60, Fax 04.68.78.24.58 ☑ ☥ n.V.

SAINT MARCELLIN 1994★★

| | 6 ha | 15 000 | ⦿ | 30-50 F |

In Laure verehrt man den hl. Marcellin. Der strahlende Heiligenschein und das purpurrote Kardinalsgewand dieses Weins weisen auf eine bemerkenswerte Stärke hin. Harmonisch aufgrund seiner Vanille- und Gewürznoten, in seinen Eindrücken verschmelzend. Dieser Wein ist kein Fastenwein, noch weniger eine Reliquie : Er wird das Osterlamm 1998 himmlisch begleiten.

☛ SCA Cellier de Lauran Cabaret, 11800 Laure-Minervois, Tel. 04.68.78.12.12, Fax 04.68.78.17.34 ☑ ☥ n.V.

Saint-Chinian

CH. VIDAL LA MARQUISE 1996

| | 5 ha | 6 000 | ⦿ | -30 F |

Der steinerne Keller aus dem 19. Jh. ist von einem Tunnel umgeben, das die Temperatur konstant hält. Dieser Rosé von schöner Herkunft verführt durch seine Granatapfel- und Erdbeernoten. Er ist säuerlich und elegant und wird der ideale Begleiter zu »nouvelle cuisine« sein.

☛ SCV Les Vignerons du Haut Minervois, 34210 Azillanet, Tel. 04.68.91.22.61, Fax 04.68.91.19.46 ☑ ☥ n.V.

CH. VILLERAMBERT JULIEN
Cuvée Trianon 1995

| | 7 ha | 40 000 | ⦿ | 50-70 F |

Dieses 2 km von der Abtei Caunes entfernte Château ist ein Klassiker der Appellation. Der Marmor von dem Gut schmückt den Grand Trianon in Versailles und die Pariser Oper. Zimt und Vanille im Geruch, dann eine mineralische Note, die sich an das robuste Holzgerüst anschmiegt. Das Ganze muß sich noch entwickeln, bevor der Wein ein richtiges Cassoulet (Eintopf aus der Kasserolle) begleiten kann.

☛ Michel Julien, Ch. Villerambert Julien, 11160 Caunes-Minervois, Tel. 04.68.78.00.01, Fax 04.68.78.05.34 ☑ ☥ n.V.

Saint-Chinian

Der seit 1945 als VDQS eingestufte Saint-Chinian wurde 1982 ein AOC-Wein. Die Appellation umfaßt 20 Gemeinden und erzeugt 83 000 hl Rot- und Roséweine. Das Anbaugebiet liegt nördlich von Béziers im Departement Hérault ; auf Hügeln, die 100 bis 200 m hoch aufragen, und ist zum Meer hin ausgerichtet. Die Böden bestehen insbesondere im nördlichen Teil aus Schiefer und im Süden aus Kalksteingeröll. Der Wein hier ist seit sehr langer Zeit berühmt ; er war schon im 14. Jh. in aller Munde. In Saint-Chinian selbst wurde ein »Haus der Weine« geschaffen.

CLOS BAGATELLE
La Gloire de mon Père 1995★★

| | 1,5 ha | 8 000 | ⦿ | 70-100 F |

Ein sehr schöner, farbintensiver Wein. Der kräftige Duft von getrockneten Blumen, in Alkohol eingelegten Früchten, frischem Trester und Vanille weist auf eine Faßreifung hin, die den Geschmack nicht beeinträchtigt hat. Der Gesamteindruck wird von noch jungen Tanninen beherrscht, so daß man diese Flasche noch einige Zeit im Keller reifen lassen sollte.

☛ Henry Simon, Clos Bagatelle, 34360 Saint-Chinian, Tel. 04.67.93.61.63, Fax 04.67.93.68.84 ☑ ☥ Mo-Sa 8h-12h 13h-18h

Saint-Chinian

BERLOUP Collection 1994★★

■ k. A. 7 200 🍷 70-100 F

Zwei Cuvées beim Rotwein und der Schisteil beim Weißwein zeigen uns die Qualität des Schieferbodens, der dieser Cuvée Collection einen deutlich typischen Charakter verliehen hat. Ihre schöne Granatfarbe ist noch jugendlich. Der sehr originelle Duft mit Röst-, Kaffee- und Kakaonoten begleiten ein kraftvolle, runde Geschmack begleiten ein Aroma von Eukalyptus und reifen Früchten. Ein hübscher Wein, der trinkreif ist, aber überstürzen Sie nichts !
↘ Les Coteaux du Rieu Berlou, 34360 Berlou, Tel. 04.67.89.58.58, Fax 04.67.89.59.21 ✓
Ⲩ Mo-Sa 9h-12h 14h-18h

BORIE LA VITARELE 1995★★

■ 2 ha 5 000 🍷 50-70 F

Cathy und Jean-François, deren Wein im letzten Jahr zum Lieblingswein gewählt wurde, sind nicht nur Winzer. Auf ihrem Ferienhof können Sie auch die Geschmäcke des Languedoc kennenlernen. Ihre Küche ist genauso großzügig und einladend wie dieser 95er. Dieser Wein verlangt besondere Aufmerksamkeit ; vor allem muß er dekantiert werden. Nach der Belüftung enthüllt er ein komplexes Aroma (Veilchen, Narzissen, Asche, in Alkohol eingelegte Früchte) und einen kraftvollen Geschmack. Man muß ihn drei bis fünf Jahre einkellern, bevor man ihn zu Wild servieren kann.
↘ Izarn-Planes, chem. de la Vernède, 34490 Saint-Nazaire-de-Ladarez, Tel. 04.67.89.50.43, Fax 04.67.89.50.43 ✓ Ⲩ n.V.

CANET VALETTE 1995

■ 18 ha 53 000 🍷 70-100 F

Ein bemerkenswerter Wein, aber schwierig zu beurteilen, so jung und männlich ist er. Es braucht mehrere Jahre, bis man die Kunstfertigkeit des Winzers und den typischen Charakter dieses lehmig-kalkhaltigen Bodens entdeckt. Ein kräftig gebauter, warmer und im Geschmack langer Wein, den man zehn Jahre lang vergessen muß.
↘ Marc Valette, 22, av. Waldeck-Rousseau, 34370 Cazouls-les-Béziers, Tel. 04.67.93.60.84, Fax 04.67.93.60.84 ✓ Ⲩ n.V.

CH. CAZAL-VIEL
Cuvée Prestige Bois 1994★

■ 6 ha 35 000 🍷 50-70 F

Dieses Gut wurde von der Familie Miquel 1798 erworben. Bei diesem 94er muß man abwarten, bis die Tannine vom Holzfaß mit der Struktur verschmelzen. Das Leder- und Cachouaroma erinnert an die Wärme des Languedoc. Seine schönen Versprechungen wird dieser Wein in zwei bis drei Jahren einlösen. Man muß ihn dann in eine Karaffe umfüllen.
↘ SCEA Dom. de Cazal-Viel, 34460 Cessenon, Tel. 04.67.89.63.15, Fax 04.67.89.65.17 ✓ Ⲩ tägl. 8h-12h30 13h-18h
↘ Henri Miquel

MAS CHAMPART 1995★

■ k. A. 7 000 🍷 30-50 F

Nach dem Bau eines neuen, teilweise unterirdischen Lagerkellers ist es Isabelle und Matthieu Champart gelungen, mit niedrigen Erträgen den typischen Charakter des Anbaugebiets zum Ausdruck zu bringen. Dieser Wein beweist es schon mit der purpurroten Farbe, die schwarze Töne zeigt. Der konzentrierte Duft bietet Noten von Pfeffer, Gewürznelken und Lorbeerblättern. Der Geschmack enthüllt spürbare, aber harmonische Tannine. Man kann einen schönen Wein erwarten.
↘ EARL Champart, rte de Villespassans, Bramefan, 34360 Saint-Chinian, Tel. 04.67.38.20.09, Fax 04.67.38.20.09 ✓ Ⲩ n.V.

DOM. COMPS Cuvée le Soleiller 1994

■ 3 ha 3 000 🍷 30 F

Ein Saint-Chinian, bei dem die Syrah-Rebe eine wichtige Rolle im Verschnitt spielt. Purpurrote Farbe mit violetten Reflexen. Im Geschmack sind Feinheit und Eleganz gute Begleiter der Noten von frischen roten Früchten. Unverzüglich trinken.
↘ Pierre Comps, 23, rue Paul-Riquet, 34620 Puisserguier, Tel. 04.67.93.73.15 ✓ Ⲩ tägl. 8h-19h

CH. COUJAN Cuvée Bois Joli 1995

■ k. A. 13 181 🍷 50-70 F

Eine Kapelle aus dem 11. Jh. und ein römisches Mosaik - dieses Gut ist reich an historischen Erinnerungen. Seine Cuvée Bois Joli mit der besonders strahlenden Granatfarbe besitzt ein klares, fruchtiges Aroma. Die recht feinen Tannine ermöglichen eine gute Geschmacksharmonie, die einen Eindruck von Sanftheit und Rundheit hinterläßt.
↘ Guy et Peyre, Ch. de Coujan, 34490 Murviellès-Béziers, Tel. 04.67.37.80.00, Fax 04.67.37.86.23 ✓ Ⲩ Mo-Sa 9h-12h 14h-19h ; So n. V.

LES PRODUCTEURS REUNIS DE CRUZY 1995★★

■ 10,32 ha 65 000 🍷 30 F

Zu einem so niedrigen Preis ist dieser 95er Saint-Chinian offensichtlich ein günstiger Kauf. Der noch verschlossene Wein bietet ein Aroma von wilden Brombeeren. Seine Ausdruckskraft hat zwar noch nicht ihre volle Entfaltung erreicht, aber er ist empfehlenswert : Dank seiner guten, klaren Ansprache und der Eleganz seiner Tannine kann er seine Versprechungen halten.
↘ Cave coop. de Cruzy, 34310 Cruzy, Tel. 04.67.89.41.20, Fax 04.67.89.35.01 Ⲩ Mo-Fr 9h-12h 14h-17h

CH. ETIENNE LA DOURNIE
Elevé en fût de chêne 1994★

■ 4 ha 7 500 🍷 50-70 F

Ein 90 ha großes Gut, vier Hektar davon für diesen Wein, der von einem lehmig-kalkhaltigen Boden stammt. Die 95er Cuvée und der Rosé sind ebenfalls von den anderen Jurys berücksichtigt worden. Dieser 94er bietet einen feinen Zan-, Pfeffer- und Veilchenduft. Aromatische Stärke

LANGUEDOC

Saint-Chinian

und Komplexität begleiten die sehr schönen, femininen Tannine, die elegant und harmonisch verschmolzen sind. Paßt zu einer Truffade (Fladen aus Kartoffeln, in Schweinefleisch gebraten, mit Speck und geschmolzenem Käse).
↱ EARL Ch. La Dournie, rte de Saint-Pons, 34360 Saint-Chinian, Tel. 04.67.38.19.43, Fax 04.68.77.77.60 ☑ ☷ Mo-Sa 9h-12h 15h-18h ; So n. V.

DOM. DE FONTCAUDE
Elevé en fût de chêne 1995

| ■ | 22 ha | 20 000 | ◉ | 30 F |

Dieser Wein mit der strahlenden, klaren, hübschen roten Farbe bietet einen noch fruchtigen Duft mit Noten reifer Kirschen. Dank seines schlichten, angenehmen Geschmacks, der Rundheit und eine gute Ausgewogenheit zeigt, kann man ihn schon jetzt trinken.
↱ Les Vignerons du pays d'Ensérune, 235, av. Jean-Jaurès, 34370 Maraussan, Tel. 04.67.90.09.82, Fax 04.67.90.09.55 ☑ ☷ n.V.

DOM. DES JOUGLA Cuvée signée 1994

| ■ | 3 ha | 12 800 | ◉ | 30-50 F |

Die Jouglas bewirtschaften dieses Gut seit dem 16. Jh. Diese »Cuvée signée« ist im Holzfaß ausgebaut worden. Man findet in ihr viel Reife im aromatischen Ausdruck. Die Tannine harmonieren mit der Stärke und werden in naher Zukunft verschmelzen.
↱ SCEA Dom. des Jougla, Alain Jougla, 34360 Prades-sur-Vernazobre, Tel. 04.67.38.06.02, Fax 04.67.38.17.74 ☑ ☷ Mo-Sa 8h-12h 14h-19h ; So n. V.

DOM. DU LANDEYRAN
Rouge Tradition 1995★★

| ■ | 2,8 ha | 15 000 | ■ | 30-50 F |

Dieser 95er zeigt eine klare, lebhafte Farbe und besitzt einen etwas wilden Charakter mit Noten von Pfeffer und schwarzen Früchten. Kleinkörnige Tannine prägen den langen, dichten Geschmack dieses gepflegten Weins, der für die Appellation typisch und sehr vielversprechend ist.
↱ EARL du Landeyran, rue de la Vernière, 34490 Saint-Nazaire-de-Ladarez, Tel. 04.67.89.67.63, Fax 04.67.89.60.45 ☑ ☷ n.V.
↱ P. et M. Soulier

CH. MAUREL FONSALADE
Cuvée Frédéric 1994

| ■ | 3,2 ha | 15 000 | ■ ◉ ♦ | 30-50 F |

Ein Weingut, das stets auch auf den typischen Charakter von Fonsalade und des Saint-Chinian bedacht ist. Die Farbe dieses 94ers läßt einige ziegelrote Reflexe erkennen. Der recht feine Geruchseindruck entfaltet sich zu einem Geschmack, dessen Tanninstruktur schon harmonisch verschmolzen ist und lang anhält. Dieser Wein kann Fleischgerichte mit Sauce angenehm begleiten.
↱ Philippe et Thérèse Maurel, Ch. Maurel Fonsalade, 34490 Causses-et-Veyran, Tel. 04.67.89.57.90, Fax 04.67.89.72.04 ☑ ☷ n.V.
↱ Thérèse Maurel

CH. MILHAU-LACUGUE
Cuvée des Chevaliers 1995★

| ■ | 3 ha | 15 000 | ■ | 30-50 F |

Dieses Gut, früher im Besitz der Johanniter, hat seinen Einstand in unserem Weinführer mit der 94er Réserve du Commandeur und der 95er Cuvée des Chevaliers. Dieser tiefrote 95er entfaltet Kirschnoten und einen runden Geschmack mit recht gut verschmolzenen Tanninen. Dennoch muß man noch zwei bis drei Jahre warten, damit man ihn voll würdigen kann.
↱ SCEA ch. Milhau-Lacugue, Dom. de Milhau, 34620 Puisserguier, Tel. 04.67.93.64.79, Fax 04.67.93.64.79 ☑ ☷ Mo-Fr 10h-12h 14h-17h ; Sa, So n. V.

G. MOULINIER
Cuvée des Sigillaires 1995★★

| ■ | 2 ha | k. A. | ■ ♦ | 50-70 F |

Diese Cuvée stammt aus einem 250 m hoch gelegenen Anbaugebiet und ist von diesem Gut zum ersten Mal hergestellt worden. Sie war nicht weit von einem Lieblingswein entfernt. Dieser 95er verführt durch eine Farbe, in der man purpurviolette Reflexe erahnt, durch einen Duft nach Früchten, würzigen Noten und Leder, die eine sehr schöne Ausgewogenheit im Geschmack verstärkt. Er ist das Ergebnis eines überaus gelungenen Ausbaus. In diesem Wein vereinigen sich Stärke und Eleganz lang anhaltend.
↱ Guy Moulinier, 34360 Saint-Chinian, Tel. 04.67.38.23.18, Fax 04.67.38.25.97 ☑ ☷ n.V.

PRIEURE SAINT-ANDRE
Cuvée du Capucin 1995★

| ■ | 2 ha | 8 500 | ■ ♦ | 30-50 F |

Seit mehr als zwei Jahrhunderten lebt die Familie Claparède in Roquebrun, einem kleinen Dorf, wo die Pilger auf dem Jakobsweg nach Santiago de Compostela Station machten und vielleicht schon die Qualität dieses Anbaugebiets würdigten. Die tiefrote Cuvée du Capucin entfaltet einen Duft nach vollreifen Früchten, begleitet von Röstnoten. Der Geschmack enthüllt ein Lederaroma und ein sehr ausgewogenes Gerüst. Trinkreif, ohne daß man sich beeilen muß.
↱ Michel Claparède, Prieuré Saint-André, 34460 Roquebrun, Tel. 04.67.89.70.82, Fax 04.67.89.71.41 ☑ ☷ n.V.

CH. QUARTIRONI DE SARS
Elevé en foudre de chêne 1995★

| ■ | k. A. | 10 000 | ◉ | 30-50 F |

Nach einem Ausflug zum Weiler le Priou dürfen Sie versäumen, hier Station zu machen, um diese schöne Cuvée zu probieren. Sie besitzt eine tiefe Farbe. Ihr Geruchseindruck bietet einen Duft von Brombeerkonfitüre und Gewürzen. Der Geschmack ist von Anfang bis Ende angenehm. Ein sehr guter Saint-Chinian von einem Schieferboden.
↱ Roger Quartironi, Dom. des Pradels, le Priou, 34360 Pierrerue, Tel. 04.67.38.01.53, Fax 04.67.38.01.53 ☑ ☷ n.V.

Saint-Chinian

GRANDE RESERVE RIEUTORT
1995★★

| | k. A. | 2 874 | | 30-50 F |

Dieser 95er mit der dichten dunkelroten bis purpurroten Farbe und dem Röst- und Räucheraroma bietet eine gute Struktur, Zeichen für ein starkes Potential. Er hat eine angenehme Ansprache und besitzt Stil, einen wirklich typischen Charakter. In zwei Jahren trinkreif.

SCV les coteaux de Rieutort, 12, av. Edouard-Bonnafé, 34490 Murviel-lès-Béziers, Tel. 04.67.37.87.51, Fax 04.67.37.78.72 ✓ ⚲ n.V.

SIR DE ROC'BRUN 1995★★

| | 15 ha | 65 000 | | 50-70 F |

Ein guter Wildschweinpfeffer dürfte das Richtige sein, um die Stärke und Eleganz dieser Cuvée der höchst berühmten Kellerei von Roquebrun zu würdigen. Dieser mediterrane Wein bietet Lakritze- und Kaffeenoten und einen geschmeidigen Geschmack mit bemerkenswertem Potential. Ein sehr guter Repräsentant für die Schieferböden der AOC Saint-Chinian, mit einer perfekten Verbindung von Kraft und Charme.

Cave Les Vins de Roquebrun, av. des Orangers, 34460 Roquebrun, Tel. 04.67.89.64.35, Fax 04.67.89.57.93 ✓ ⚲ Mo-Sa 8h-12h 14h-18h

HUBERT DE ROUEYRE 1995★

| | 20 ha | 15 000 | | -30 F |

Am Eingang zu der Kellerei kann man noch ein 1898 errichtetes Windrad bewundern, das heute unter Denkmalschutz steht. Dieser 95er besitzt eine hübsche, klare Farbe und einen Duft, der durch ein Aroma von roten Früchten und Gewürzen geprägt ist. Er ist angenehm im Geschmack, wo er seine Rundheit und Ausgewogenheit zeigt. Sollte jetzt getrunken werden.

Vignerons de Roueïre, Dom. de Roueïre, 34310 Quarante, Tel. 04.67.89.40.10, Fax 04.67.89.32.20 ✓ ⚲ tägl. 10h-12h 15h-19h

DOM. DU SACRE-CŒUR
Cuvée Kevin Elevage en barrique 1995★

| | 3,2 ha | 15 000 | | 30-50 F |

Über 60 Jahre alte Carignan-Rebstöcke, Syrah und Grenache von schöner Reife und ein sorgfältiger Ausbau ermöglichen es Marc Cabaret, eine äußerst gelungene Cuvée hervorzubringen. Eine intensive Farbe, ein komplexer, feiner Geruchseindruck, der von mineralischen Noten beherrscht wird, und eine kräftige, robuste Struktur laden dazu ein, sich diesen Wein in drei bis fünf Jahren zu einer köstlichen Ente mit weißen Rübchen aus Pardailhan vorzustellen.

GAEC du Sacré-Cœur, Cabaret Père et Fils, 34360 Assignan, Tel. 04.67.38.17.97, Fax 04.67.38.24.52 ✓ ⚲ tägl. 9h-12h 14h-19h

CH. SAINT-JEAN DE CONQUES 1995★

| | 4,5 ha | 30 000 | | 30-50 F |

Eine hübsche Granatfarbe mit violetten Reflexen, ein sehr markanter Duft von roten Früchten und ein sanfter, runder Geschmack machen diesen Wein zu einem kleinen Genuß. Er zeigt gute Haltung und ist schon jetzt trinkreif.

François-Régis Boussagol, Dom. Saint-Jean de Conques, 34310 Quarante, Tel. 04.67.89.34.18, Fax 04.67.89.35.46 ✓ ⚲ n.V.

DOM. SORTEILHO 1995★

| | k. A. | 30 000 | | -30 F |

Dieser 95er von klarer dunkelroter Farbe entfaltet sich voll mit Noten von reifen roten Früchten. Im Geschmack sehr angenehm, rund und ausgewogen. Man kann ihn schon jetzt zu gegrilltem Hammel oder getrockneten Pélardons trinken.

Cave des Vignerons de Saint-Chinian, rte de Sorteilho, 34360 Saint-Chinian, Tel. 04.67.38.28.48, Fax 04.67.38.16.13 ✓ ⚲ tägl. 9h-12h 14h-18h

DOM. VERNIERES FAU 1995★

| | 10 ha | 66 000 | | 30-50 F |

Nach einem Besuch des Archäologischen Museums von Cruzy können Sie in Cebazan Halt machen. Dieser dunkelrubinrote Wein besitzt genug Charme, um Sie dort festzuhalten. Er bietet einen angenehmen Duft von roten Früchten (schwarze Johannisberen). Der Geschmack enthüllt ein Tanningerüst und bestätigt die Fruchtigkeit und die Gewürze. Ein wenig altern lassen : Dann wird er noch besser sein.

Union des Caves, R.N. 112, 34360 Cébazan, Tel. 04.67.38.18.08, Fax 04.67.38.18.09 ⚲ tägl. 8h-12h 13h30-18h

CH. VEYRAN 1995★★

| | 4 ha | 12 000 | | 30-50 F |

Ein bemerkenswerter Einstand in unserem Weinführer für diese Cuvée, die in einem Gewölbekeller aus dem 12. Jh. vinifiziert und ausgebaut worden ist. Ihre tiefrote Farbe, ihr intensiver, einschmeichelnder Geruchseindruck, feines Röstaroma mit einem Hauch von Cachou und Lorbeerblättern, und ihr robuster, geschmeidiger und fülliger Geschmack lassen die Verkoster träumen. Ein eleganter Wein.

Gérard Antoine, Ch. Veyran, 34490 Causses-et-Veyran, Tel. 04.67.89.65.77, Fax 04.67.89.65.77 ✓ ⚲ n.V.

CH. VIRANEL 1995★★

| | k. A. | 50 000 | | 30-50 F |

Monsieur Bergasse hat es verstanden, einen außergewöhnlichen Jahrgang gut zu nutzen. Das intensive Aroma erinnert zunächst an Garrigue und Gewürze, danach an Konfitüre aus wildwachsenden roten Beeren. Die geschmackliche Harmonie bietet Fülle, Fleisch und einen herrlichen Abgang. Der Zauber der Komplexität. Paßt zu reichhaltigen Gerichten mit dem Duft des Languedoc oder zu Federwild.

LANGUEDOC

🍷GFA de Viranel, 34460 Cessenon,
Tel. 04.90.55.85.82, Fax 04.90.55.88.97 ▨ ▼ n.V.
🍷Bergasse-Milhé

Cabardès AOVDQS

Die Weine der Côtes de Cabardès und des Orbiel kommen aus Weinbergen, die nördlich von Carcassonne und westlich des Minervois liegen. Das 2 200 ha große Anbaugebiet umfaßt vierzehn Gemeinden. Es erzeugt 15 000 hl Rotweine, für die mediterrane und atlantische Rebsorten miteinander verschnitten werden. Diese Weine unterscheiden sich recht deutlich von den übrigen Weinen des Languedoc-Roussillon ; die Reben wachsen nämlich im westlichsten Gebiet und unterliegen somit stärker dem ozeanischen Einfluß.

CH. JOUCLARY Elevé en fût 1995★★★

| ■ | k. A. | 7 500 | ⦅⦆ -30 F |

Monsieur Gianesini hat sich 1969 als junger Landwirt auf seinem Betrieb niedergelassen. Seit damals arbeitet er mit viel Zurückhaltung. Nach seiner heutigen Auszeichnung muß er das Rampenlicht akzeptieren ! Dieser sehr hübsche 95er mit der intensiven Farbe kombiniert auf glückliche Weise die Rebsorten Syrah, Grenache und Merlot. Der Geruchseindruck vereint in einer schönen Verbindung den Holzton und Noten von schwarzen Früchten, Vanille und Zimt. Der im Geschmack vollkommen ausgewogene Wein stützt sich auf spürbare Tannine, die aber von großer Feinheit sind. Harmonie und Kraft kennzeichnen diese außergewöhnliche Cuvée.
🍷GAEC Gianesini, Ch. Jouclary, 11600 Conques-sur-Orbiel, Tel. 04.68.77.10.02, Fax 04.68.77.00.21 ▨ ▼ n.V.

LES CELLIERS DU CABARDES
Elevé en fût de chêne 1995★

| ■ | 12,5 ha | 5 600 | ⦅⦆ -30 F |

Das Dorf Aragon, das sich im Herzen der weiten Garrigue an den Berg klammert, ist sicherlich die typischste Ortschaft des Cabardès. Hier richtet der Verband der Appellation in einer ehemaligen Prioratskirche in den nächsten Monaten seinen Sitz ein. Hübscher Doppelerfolg für die Genossenschaftskellerei von Aragon, von der ihr roter 95er und ihr 96er Rosé ausgewählt worden sind. Der Rotwein ist ziemlich stark durch den Ausbau geprägt und besitzt einen Duft mit feinem Vanillearoma, Noten von gedörrten Feigen und einen fülligen, süffigen Geschmack. Ein trinkreifer Wein.
🍷Les Celliers du Cabardès, 11170 Pezens, Tel. 04.68.24.90.64, Fax 04.68.24.87.09 ▨ ▼ Di-Sa 9h-12h30 15h-19h

CH. DE PENNAUTIER
Collection privée Elevée en fût de chêne 1994★★

| ■ | 10 ha | 20 000 | ⦅⦆ 30-50 F |

Die Weinbaugeschichte des Guts war immer mit der Weltgeschichte verbunden. Die kürzlich erfolgte Aufnahme des Canal du Midi in das Kulturerbe der Menschheit durch die UNESCO erinnert uns daran, daß sich die Pennautiers aktiv an seiner Finanzierung beteiligten. Die schöne Granatfarbe dieses 94ers verrät eine leichte Entwicklung. Dennoch behält die Harmonie während der Weinprobe die Oberhand, vom komplexen Duft (gekochte Früchte, Lakritze und Lorbeerblätter) bis zum ausgewogenen Geschmack, der eine gut verschmolzene Holznote enthält. Ein schon trinkreifer Wein.
🍷SCEA Ch. de Pennautier, 11610 Pennautier, Tel. 04.68.72.65.29, Fax 04.68.72.65.84 ▨ ▼ n.V.
🍷N. de Lorgeril

CH. RIVALS 1995★★

| ■ | 5 ha | 20 000 | ▮♦ -30 F |

Charlotte Troncin wird zu einem Spezialisten für Roséweine, an dem man im Cabardès nicht vorbeikommt : Sie wird praktisch jedes Jahr in unserem Weinführer erwähnt. Sein 95er hat eine schöne, an Rosenblätter erinnernde Farbe, die leicht lachsrosa getönt ist. Ein Erdbeer- und Cassisaroma begleitet die Verkostung. Die Ansprache ist frisch und fein, die Länge bemerkenswert.
🍷Charlotte Troncin, Dom. de Rivals, 11620 Villemoustaussou, Tel. 04.68.25.80.96, Fax 04.68.71.33.72 ▨ ▼ n.V.

CH. SAINT-ANGEL 1995★★

| ■ | 7 ha | 42 666 | ▮♦ -30 F |

Die Jugendlichkeit äußert sich bei diesem 95er in der blutroten Farbe, der Fruchtigkeit des Dufts (rote und schwarze Beerenfrüchte), der Fülle und Feinheit des Geschmacks. Ein rassiger, eleganter Wein. Trinkreif.
🍷Cave coop. de Conques-sur-Orbiel, 11600 Conques-sur-Orbiel, Tel. 04.68.77.12.90, Fax 04.68.77.14.95 ▼ n.V.

CH. SALITIS 1995★

| ■ | 12 ha | 60 000 | -30 F |

Château de Salitis war im 13. Jh. ein Nebengebäude der Abtei Lagrasse. Das Gut gehört seit vier Generationen derselben Familie. Dieser sehr hübsche 95er ist auf Feinheit und Eleganz gegründet. Die Gewürze und die reifen Früchte sind deutlich wahrnehmbar, im Geruch ebenso

wie im Geschmack. Der sehr milde Abgang trägt zur Eleganz dieses femininen Weins bei.
🍷 Alice Depaule-Marandon, Dom. de Salitis, 11600 Conques-sur-Orbiel, Tel. 04.68.77.16.10, Fax 04.68.77.05.69 ✓ ☿ Mo-Fr 9h-11h30 14h-17h30 ; Sa, So n. V.

CH. VENTENAC 1995★★★

| | 38 ha | 19 000 | 🍷 -30F |

Ein kraftvoller, lagerfähiger Wein von tiefer Farbe. Der Duft nach Gewürzen und reifen Früchten ist intensiv. Dieser 95er ist füllig und stark und besitzt sehr milde Tannine. Er ist noch jugendlich und muß altern.
🍷 Alain Maurel, 1, pl. du Château, 11610 Ventenac-Cabardès, Tel. 04.68.24.93.42, Fax 04.68.24.81.16 ✓ ☿ n.V.

Côtes de la Malepère AOVDQS

Das Anbaugebiet liegt im Nordwesten der Hauts-de-Corbières, die es gegen Luftströmungen aus dem Mittelmeerraum abschirmen, und ist somit dem Einfluß des Atlantiks ausgesetzt. 31 Gemeinden im Departement Aude erzeugen hier 30 000 hl als AOVDQS eingestufte Weine. Diese Rot- und Roséweine, die körperreich und fruchtig sind, werden nicht aus Carignan hergestellt, sondern enthalten neben Grenache und Syrah die Bordeaux-Rebsorten Cabernet Sauvignon, Cabernet franc und Merlot.

CH. DE COINTES 1995★★

| | 10 ha | 10 000 | 🍷 -30F |

André und Jean Cointes, von denen das Gut seinen Namen hat, waren Mitte des 17. Jh. erste Konsuln (hohe städtische Beamte) von Carcassonne und die Besitzer des Anwesens in der Gemeinde Roullens. Ein 95er mit einer hübschen, intensiven Rubinfarbe, der intensiv nach schwarzen Johannisbeeren duftet. Der Geschmack, in dem das Aroma auf umhüllte Tannine reagiert, ist von bemerkenswerter Komplexität. Schöner Abgang.
🍷 Anne Gorostis, Ch. de Cointes, 11290 Roullens, Tel. 04.68.26.81.05, Fax 04.68.26.84.37 ✓ ☿ n.V.

DOM. DE FOUCAULD 1995★

| | k. A. | 30 000 | 🍷 -30F |

Ein runder, süffiger Wein von rubinroter Farbe, fruchtig, voller Eleganz, mit unaufdringlichen Tanninen. Die Domaine de Foucauld erhält auch eine lobende Erwähnung für ihren 96er Rosé.
🍷 Cave La Malepère, 11290 Arzens, Tel. 04.68.76.21.31, Fax 04.68.76.20.01 ✓ ☿ n.V.

DOM. DE FOURNERY 1995★★

| | 20 ha | 30 000 | 🍷 -30F |

Ein Stammgast in unserem Weinführer. Der 95er bietet eine dunkelrote Farbe und einen kräftigen Duft von roten Früchten, der in Richtung Backpflaumen geht. Im Geschmack komplex, füllig und dennoch süffig. Er stützt sich auf sehr feine Tannine, die ihm eine sehr schöne Länge verleihen. Hinweisen sollte man auch auf den Rosé, der mit einem Stern benotet wurde.
🍷 Cave du Razès, 11240 Routier, Tel. 04.68.69.02.71, Fax 04.68.69.00.49 ✓ ☿ Mo-Fr 8h-12h 14h-18h

CH. DE MONTCLAR 1994★★★

| | 20 ha | 26 000 | 🍷 -30F |

Dieses Schloß, das nach der Katharertragödie an einen Gefährten von Simon de Montfort fiel, gehört seit Mitte des 19. Jh. der Familie Guiraud. Ganz wie im letzten Jahr wurde der Château de Montclar zum Lieblingswein gewählt. Dies verdankt er seiner tiefen Farbe und seinem komplexen Duft, der reife Früchte und Gewürze (mit einem leichten Hauch von Vanille) mischt. Die Vereinigung zwischen dem Wein und dem Holzton ist perfekt. Dieser 94er muß noch etwas reifen, damit er sich voll entfaltet.
🍷 Cave du Razès, 11240 Routier, Tel. 04.68.69.02.71, Fax 04.68.69.00.49 ✓ ☿ Mo-Fr 8h-12h 14h-18h

DOM. DE MONTLAUR 1994★

| | k. A. | 100 000 | 🍷 -30F |

Ein schönes, intensives Granatrot, ein komplexer Duft nach Gewürzen und Früchten und eine Fruchtigkeit, die die gesamte Weinprobe und vor allem den geschmacklichen Abgang begleitet - all das ergibt einen wohlausgewogenen Wein mit harmonisch verschmolzenen Tanninen.
🍷 Cave La Malepère, 11290 Arzens, Tel. 04.68.76.21.31, Fax 04.68.76.20.01 ✓ ☿ n.V.

Roussillon

                Der Weinbau im Roussillon geht auf das 7. Jh. v. Chr. zurück, als hier griechische Seeleute, angelockt von den Bodenschätzen der katalanischen Küste, die ersten Reben anpflanzten. Das Weinbaugebiet dehnte sich im Mittelalter aus ; die süßen Weine dieser Region genossen schon frühzeitig einen guten Ruf. Nach der Reblausinvasion wurden diese südlichsten Hänge der französischen Weinbaugebiete wieder in großer Zahl neu bestockt.

                Das Weinbaugebiet des Roussillon, ein zum Mittelmeer hin gewandter Bogen, wird von drei Gebirgsmassiven begrenzt : den Corbières im Norden, dem Canigou im Westen und den Albères im Süden, die gleichzeitig die Grenze zu Spanien bilden. Têt, Tech und Agly sind die Flüsse, die hier eine terrassenförmige Landschaft geformt haben ; die ausgewaschenen Geröllböden sind günstig für hochwertige Weine, insbesondere Vins doux naturels (siehe dazu das betreffende Kapitel). Man findet hier auch Böden anderen Ursprungs, mit schwarzem und braunem Schiefer, Quarzsand, Lehm und Kalkstein sowie Hügel mit Gesteinsschutt aus dem Pliozän.

                Das Weinbaugebiet des Roussillon hat ein besonders sonnenreiches Klima mit milden Temperaturen im Winter und heißen Sommern. Die Niederschlagsmenge (350 bis 600 mm) ist schlecht über das Jahr verteilt ; auch die Gewitterregen sind für die Reben kaum von Nutzen. Im Sommer gibt es eine Dürreperiode ; deren Auswirkungen verstärkt oft die Tramontane, ein Nordwind, der die Reifung der Trauben fördert.

                Die Reben werden im Gobelet-Schnitt erzogen, bei einer Pflanzungsdichte von 4 000 Stöcken pro Hektar. Die Anbaumethoden sind traditionell geblieben und kennen oft nur wenig Automatisierung. Die technischen Anlagen in den Kellereien werden modernisiert, wobei mehr Rebsorten und neue Vinifizierungsmethoden Verwendung finden. Nach einer strengen Kontrolle des Reifegrads transportiert man das Traubengut in Bütten oder kleinen Körben, ohne die Trauben zu zerquetschen. Ein Teil der Trauben wird mittels *macération carbonique* (Kohlensäuremaischung) verarbeitet. Die Temperaturen beim Gärvorgang werden immer besser kontrolliert, um die Feinheit des Aromas zu bewahren : Tradition und technischer Fortschritt treffen hier zusammen.

Côtes du Roussillon und Côtes du Roussillon-Villages

        Die Weine dieser Appellationen kommen aus den besten Reblagen der Region. Das rund 6 000 ha große Weinbaugebiet erzeugt insgesamt 300 000 bis 320 000 hl. Die Côtes du Roussillon-Villages befinden sich im nördlichen Teil des Departements Pyrénées-Orientales ; zwei Gemeinden dürfen die Appellation zusammen mit dem Ortsnamen verwenden : Caramany und Latour-de-France. Kiesterrassen, Quarzsand und Schiefer verleihen den Weinen eine Reichhaltigkeit und Vielfalt in ihrer Qualität, die die Winzer gut zur Geltung bringen konnten.

        Die Weißweine werden vorwiegend aus den Rebsorten Macabeu, Malvoisie du Roussillon und Grenache blanc, aber auch aus Marsanne, Roussanne und

Côtes du Roussillon

Rolle erzeugt; hergestellt werden sie durch direktes Keltern der Trauben. Sie sind vom Typ her »grün«, leicht und nervig und entfalten ein feines Blütenaroma (blühender Wein). Besonders gut passen sie zu Meeresfrüchten, Fischen und Krustentieren.

Die Rosé- und Rotweine werden jeweils aus mehreren Rebsorten erzeugt: Carignan noir (Höchstanteil 60 %), Grenache noir, Lladoner Pelut, Cinsaut als Hauptsorten sowie Syrah, Mourvèdre und Macabeu (Höchstanteil in Rotweinen 10 %) als Nebensorten. Vorgeschrieben ist dabei die Verwendung von zwei Haupt- und einer Nebensorte. Alle Rebsorten (mit Ausnahme von Syrah) werden im kurzen Rebschnitt erzogen, wobei zwei Augen angeschnitten werden. Oft wird ein Teil des Trauberguts mittels Kohlensäuremaischung vinifiziert, insbesondere die Carignan-Trauben, die bei diesem Gärverfahren hervorragende Ergebnisse liefern. Die Roséweine müssen nach kurzer Maischegärung abgestochen werden (sog. *Saignée*-Verfahren).

Die Roséweine sind fruchtig, körperreich und nervig; die Rotweine sind fruchtig und würzig und besitzen einen Alkoholgehalt von rund 12°. Die Côtes du Roussillon-Villages sind körperreicher und warm; manche von ihnen kann man jung trinken, während sich andere länger halten und dann ein intensives, komplexes Bukett entwickeln. Wegen ihrer recht individuellen und vielfältigen organoleptischen Eigenschaften passen sie zu den unterschiedlichsten Gerichten.

Côtes du Roussillon

DOM. AMOUROUX 1993

| ■ | 4 ha | 10 000 | ▮ -30 F |

Ein Wein aus einem Anbaugebiet auf den Hügeln, die Tresserre überragen. Er ist schon sehr reif mit seinem ziegelrot verfärbten Rubinrot und seinen würzigen Noten, die am Gaumen an Heugeruch erinnern. Das Tanningerüst dominiert leicht im Abgang. Trinkreif.

Dom. Amouroux, 15, rue du Pla-del-Rey, 66300 Tresserre, Tel. 04.68.38.87.54, Fax 04.68.38.89.90 ☑ ⏳ n.V.
Jean Amouroux

ARNAUD DE VILLENEUVE 1996

| □ | k. A. | 35 000 | ▮ ◊ -30 F |

Goldene Robe mit beigefarbener Nuance. Angenehme Geschmeidigkeit im Geschmack, mit der Nervigkeit des Jahrgangs 1996 und einem Aroma von Zitrusbäumen und weißen Blüten.
Les Vignobles du Rivesaltais, 1, rue de la Roussillonnaise, 66602 Rivesaltes-Salses, Tel. 04.68.64.06.63, Fax 04.68.64.64.69 ☑ ⏳ n.V.

Roussillon

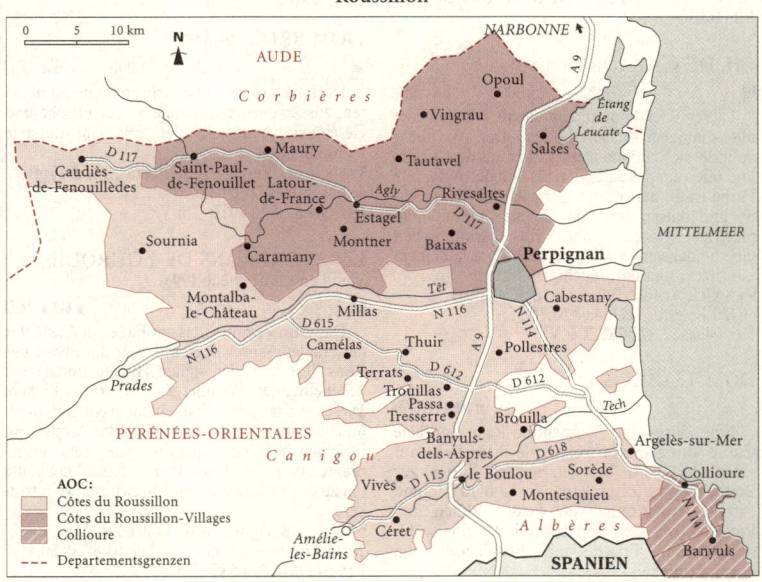

Côtes du Roussillon

ARNAUD DE VILLENEUVE 1996*

| | k. A. | 40 000 | | -30F |

Sehr blasses Rosa. Zart alkoholischer Duft, im Geschmack Aroma von pürierten Erdbeeren. Ein wohlschmeckender, frischer Wein, der zu katalanischen Wurstgerichten paßt.
• Les Vignobles du Rivesaltais, 1, rue de la Roussillonnaise, 66602 Rivesaltes-Salses, Tel. 04.68.64.06.63, Fax 04.68.64.64.69 ☑ ☒ n.V.

CH. BELLOCH 1995*

| | 5 ha | k. A. | | -30F |

Dieses Anbaugebiet breitet sich auf den steinigen Terrassen der Têt aus, die den Fluß bis zu seiner Mündung begleiten und die Strandseen von Canet überragen. Es hat einen 95er mit einem klaren, intensiven Aroma von vollreifen Früchten und Röstnoten hervorgebracht. Die Harmonie im Geschmack hängt mit der guten Qualität der Tannine zusammen, die einen Eindruck von Rundheit hinterlassen.
• SCEA Belloch, rte de Canet, chem. du Mas-Llaro, 66000 Perpignan, Tel. 04.68.50.74.93, Fax 04.68.50.74.93 ☑ ☒ n.V.

CH. DE BLANES
Elevé en fût de chêne 1994*

| | 20 ha | 14 000 | | 30-50F |

Dieser Wein stammt aus einem Anbaugebiet mit feinen Schieferablagerungen, das über dem Tal der Têt aufragt. Im strahlenden Rubinrot kommen einige ziegelrote Reflexe zum Vorschein. Der Holzton macht nach und nach Nuancen von roten Früchten und Leder Platz. Die Reife dieses 94ers harmonisiert die aromatischen Noten, die vom Ausbau herrühren.
• Les Vignerons de Pézilla, 66370 Pézilla-la-Rivière, Tel. 04.68.92.00.09, Fax 04.68.92.49.91 ☑ ☒ Mo-Sa 8h30-12h30 14h-18h30

CH. DE CALADROY 1995*

| | 10 ha | 25 000 | | -30F |

Dieser 95er kommt aus einem Anbaugebiet mit steinigem Schieferboden. Der Weinberg befindet sich zu Füßen einer Burg aus dem 12. Jh. und überragt die Täler der Têt und der Agly. Die Farbe ist granatrot, der Geruchseindruck fruchtig und balsamisch. Am Gaumen nimmt man pfeffrige Noten wahr. Im harmonischen Geschmack verschmilzt die Gerbsäure mit einem Lakritzearoma und rauchigen Noten.
• SARL Arnold-Bobo, Ch. de Caladroy, 66720 Bélesta, Tel. 04.68.57.10.25, Fax 04.68.57.27.76 ☑ ☒ n.V.

DOM. CAZES 1996**

| | 3,75 ha | 15 000 | | 30-50F |

Eine durch die Vermentino-Rebe geprägte Cuvée, die glanzvoll zeigt, wie diese Rebe auf glückliche Weise bei den weißen Sorten zur Bestockung beitragen kann. Sie ist blaßgold und entfaltet ein Aroma von weißen Blüten und Pomelos. Der Geschmack verbindet eine wohlschmeckende Frische mit Eindrücken von Geschmeidigkeit.
• Dom. Cazes, 4, rue Francisco-Ferrer, B.P. 61, 66602 Rivesaltes, Tel. 04.68.64.08.26, Fax 04.68.64.69.79 ☑ ☒ n.V.

DOM. CAZES 1996

| | 4,5 ha | 30 000 | | 30-50F |

Ein Rosé mit lachsrosa Reflexen. Er ist fruchtig und würzig und verbindet Geschmeidigkeit mit einer köstlichen Nervigkeit, so daß man ihn zu einer *zarzuela* (spanische Fischsuppe) trinken kann.
• Dom. Cazes, 4, rue Francisco-Ferrer, B.P. 61, 66602 Rivesaltes, Tel. 04.68.64.08.26, Fax 04.68.64.69.79 ☑ ☒ n.V.

DOM. CAZES 1993*

| | 5,5 ha | 30 000 | | 30-50F |

Die Liebhaber schon recht reifer Weine werden von diesem 93er verführt werden, der sich auf dem Höhepunkt seiner Entwicklung befindet. Er bietet ein Aroma von gekochten Früchten, in Alkohol eingelegten Kirschen und altem Leder. Der geschmeidige Geschmack zeichnet sich durch eine gute aromatische Nachhaltigkeit aus.
• Dom. Cazes, 4, rue Francisco-Ferrer, B.P. 61, 66602 Rivesaltes, Tel. 04.68.64.08.26, Fax 04.68.64.69.79 ☑ ☒ n.V.

DOM BRIAL 1995

| | k. A. | 120 000 | | -30F |

Die Jugendlichkeit der Farbe kündigt einen Kirschduft an, der im Mund von pfeffrigen Noten abgelöst wird. Der Geschmack ist durch Rundheit und Weinigkeit geprägt.
• Cave des Vignerons de Baixas, 14, av. Joffre, 66390 Baixas, Tel. 04.68.64.22.37, Fax 04.68.64.26.70 ☑ ☒ n.V.

DOM BRIAL 1996**

| | k. A. | 70 000 | | -30F |

Duft nach roten Johannisbeeren und Himbeeren, ausgewogener Geschmack, der Frische und Geschmeidigkeit verbindet. Für sehr durstige Feinschmecker.
• Cave des Vignerons de Baixas, 14, av. Joffre, 66390 Baixas, Tel. 04.68.64.22.37, Fax 04.68.64.26.70 ☑ ☒ n.V.

LES VIGNERONS DE FOURQUES
Vieilli en fût de chêne 1993

| | k. A. | 9 000 | | -30F |

Das Dorf Forques, das am Fuße der Ausläufer der Hautes Aspres liegt, überragt die Ebene des Roussillon. Auf den steilen Hügeln findet man nebeneinander Weinberge und grüne Eichen. Dieses Anbaugebiet hat einen Wein hervorgebracht, in dem das Holzton noch das Aroma von Früchten überdeckt, das ihm einen sehr ausgeprägten typischen Charakter verleiht. Man sollte ihn zu einem Ragout vom Jungwildschwein trinken.
• SCV Les Vignerons de Fourques, 1, av. des Taste-Vin, 66300 Fourques, Tel. 04.68.38.80.51, Fax 04.68.38.89.65 ☑ ☒ n.V.

Côtes du Roussillon

DOM. JOLIETTE
Cuvée André Mercier 1995

| ■ | k. A. | 9 000 | ■ ♦ | 30-50 F |

Dieser Wein kommt aus einem Anbaugebiet mit Terra-rossa-Boden, das auf den Ausläufern der Corbières liegt und von Pinien umgeben ist. Er kündigt sich mit einem tiefen, leicht ziegelrot verfärbten Rubinrot und einem Duft nach Konfitüre aus roten Früchten an. In einem von den Tanninen beherrschten Geschmack kommen Backpflaumen zum Vorschein.
• EARL Mercier, Dom. Joliette, rte de Vingrau, 66600 Espira-de-l'Agly, Tel. 04.68.64.50.60, Fax 04.68.64.18.82 ◩ ⏳ Mo-Fr 8h-12h30 14h-19h ; Sa, So n. V.

DOM. JOLIETTE
Cuvée Nicole Mercier 1995**

| ☐ | k. A. | 1 800 | ⦙⦙ | 30-50 F |

Gold im Glas. Dieser Wein entfaltet Noten von Lindenblüten und Zedernholz. Geschmeidig im Geschmack, mit einem gut integrierten Holzton. Er paßt zu Rotbarben aus dem Mittelmeer.
• EARL Mercier, Dom. Joliette, rte de Vingrau, 66600 Espira-de-l'Agly, Tel. 04.68.64.50.60, Fax 04.68.64.18.82 ◩ ⏳ Mo-Fr 8h-12h30 14h-19h ; Sa, So n. V.

DOM. JONQUERES D'ORIOLA 1994*

| ■ | 6 ha | 40 000 | ■ ♦ | -30 F |

Dieser 94er stammt aus einem steinigen Anbaugebiet, das sich um das Schloß Corneilla-del-Vercol, Ende des 12. Jh. von den Tempelrittern errichtet, herum erstreckt. Sein fülliger Geschmack enthüllt eine Welt von roten Beeren und Gewürzen. Ein ausdrucksvoller Wein, in dem die Fruchtigkeit die geschmackliche Harmonie beherrscht.
• EARL Jonquères d'Oriola, Ch. de Corneilla, 66200 Corneilla-del-Vercol, Tel. 04.68.22.73.22, Fax 04.68.22.43.99 ◩ ⏳ Mo-Sa 10h-12h 17h-19h30 ; im Winter Mo, Sa 10h-12h

DOM. LAFAGE
Elevé en fût de chêne 1995**

| ■ | k. A. | 9 000 | ⦙⦙ ♦ | 30-50 F |

Eine hübsche Leistung, der erste Wein dieser jungen Winzer und Önologen, die sich jetzt den Weinbergen des Roussillon widmen, nachdem sie mehrere Weinbaugebiete in der ganzen Welt kennengelernt hatten. Die Farbe, ein intensives, strahlendes Granatrot, lädt dazu ein, die Gewürznoten und das Aroma von Brombeer- und Weichselkonfitüre zu entdecken. Im geschmeidigen Geschmack kommen Vanille- und Holznoten zum Vorschein, die im Gerüst mit den eleganten Tanninen gut verschmolzen sind. Eine Lakritznote beherrscht den Abgang.
• Dom. Lafage, Mas Llaro, rte de Canet, 66000 Perpignan, Tel. 04.68.67.12.47, Fax 04.68.67.12.47 ◩ ⏳ n.V.

LAPORTE 1995***

| ■ | 7 ha | 8 000 | ■ ♦ | 30-50 F |

Der 94er wurde im letzten Jahr durch die Wahl zum Lieblingswein ausgezeichnet. Der 95er bestätigt den Erfolg dieses Anbaugebiets, das vor den Toren von Perpignan auf Kiesterrassen liegt, die einst die *via Domitia* durchquerte. Die schöne purpurrote Farbe zeigt noch purpurviolette Reflexe. Der schon beim ersten Riechen sehr intensive Duft erinnert an rote Beeren und Veilchen. Noten von Kandiertem kommen im Geschmack zum Vorschein, in dem die Tannine einen Eindruck von Stärke und Eleganz zugleich erwecken. Die Nachhaltigkeit ist bemerkenswert.
• Laporte, Ch. Roussillon, 66000 Perpignan, Tel. 04.68.50.06.53, Fax 04.68.66.77.52 ◩ ⏳ n.V.

CH. LAS COLLAS Cuvée Pierre Puig 1994*

| ■ | 5 ha | 7 000 | ⦙⦙ | 30-50 F |

Dieser Wein mit der tiefen Granatfarbe entfaltet nach und nach Noten von roten Früchten und orientalischen Gewürzen. Seine gute Ausgewogenheit geht auf sehr feinkörnige Tannine zurück, die beim Ausbau im Holzfaß miteinander verschmolzen sind. Ein paar Lammkoteletts werden zu ihm passen.
• Jacques Bailbé, Ch. Las Collas, 66300 Thuir, Tel. 04.68.53.40.05, Fax 04.68.53.40.05 ◩ ⏳ n.V.
• Bailbé Frères

LES HAUTS DE FORÇA-REAL 1994***

| ■ | 4 ha | 7 500 | ■ ⦙⦙ ♦ | 50-70 F |

Dieses Weingut zu Füßen der Ermitage de Força Réal überragt die Ebene des Roussillon zwischen dem Tal der Têt und dem Tal der Agly. Im Hintergrund der Canigou. Eine außergewöhnliche Umgebung für einen Wein, der nicht weniger außergewöhnlich ist : Feinwürzige Holznoten lassen zu, daß sich nach und nach ein Aroma von kandierten roten Früchten entfaltet. Seidige Tannine garantieren ein gut umhülltes Gerüst. Ein Hauch von Lakritze prägt den Abgang. Man wird durch die prächtige Ausgewogenheit zwischen Stärke und Eleganz verführt.
• J.-P. Henriquès, Dom. Força Réal, Mas de la Garrigue, 66170 Millas, Tel. 04.68.85.06.07, Fax 04.68.85.49.00 ◩ ⏳ n.V.

DOM. MAS BAZAN 1995*

| ■ | 3 ha | 6 000 | ■ ♦ | 30-50 F |

Annie und Paul Favier verbinden auf ihrem Ferienhof, der einige Kilometer von den Stränden entfernt liegt, Tafelfreuden, charmanten Empfang und Weingenuß. Der Weinfreund kann hier diesen 95er mit der schönen tiefrubinroten Farbe probieren. Das Aroma von roten Früchten zeigt sich schon beim ersten Riechen. Eine warme Ansprache im Geschmack umhüllt deutlich spürbare Tannine, die aber gut gebaut sind.
• Paul Favier, Mas Bazan, 66200 Alenya, Tel. 04.68.22.98.26, Fax 04.68.22.97.37 ◩ ⏳ tägl. 9h-12h 15h-19h

Côtes du Roussillon

DOM. DU MAS CREMAT
Elevé en fût de chêne 1995★★

■　　　2 ha　　7 000　　◧♨ 30-50 F

Diese Winzer burgundischer Herkunft haben es verstanden, das mediterrane Anbaugebiet und seine Rebsorten perfekt zu nutzen. Das beweist dieser 95er mit der strahlenden tiefrubinroten Farbe. Der Duft enthüllt nacheinander Noten von wildwachsenden roten Beeren, verstärkt durch Gewürze und Röstnoten, die vom Holzfaß stammen. Die Harmonie resultiert aus der Stärke und Eleganz sowie einer schönen aromatischen Nachhaltigkeit.
☙ EARL Jeannin-Mongeard, Mas Crémat, 66600 Espira-de-l'Agly, Tel. 04.68.38.92.06, Fax 04.68.38.92.23 ☑ ⊤ n.V.

DOM. DU MAS ROUS
Elevé en fût de chêne 1994★★★

■　　　7 ha　　34 000　　◧ 30-50 F

Noch ein perfekt gelungener, neuer Jahrgang für dieses Gut, das am Fuße der Albères liegt. Recht intensive rubinrote Farbe. Das Aroma vom Ausbau ist vollkommen mit einem weinigen Aroma verschmolzen, wodurch ein Eindruck von Intensität, Komplexität und Eleganz entsteht: Leder, Wildbretgeruch und Lakritze begleiten die Weinprobe vom ersten Riechen bis zum geschmacklichen Ausklang. Paßt zu Federwild.
☙ José Pujol, Dom. du Mas Rous, 66740 Montesquieu, Tel. 04.68.89.64.91, Fax 04.68.89.80.88 ☑ ⊤ n.V.

CH. DE MONTALBA 1995★

■　　　35 ha　　120 000　　◧ -30 F

Eine Cuvée aus dem Schieferanbaugebiet von Montalba, im Fenouillèdes. Die Eleganz der Tannine geht sicherlich auf den Boden und die Kohlensäuremaischung zurück. Das Aroma von vollreifen schwarzen Kirschen und anderen roten Beeren, das man schon beim ersten Riechen schätzt, findet sich lang anhaltend im Mund.
☙ Vignerons Catalans, 1870, av. Julien-Panchot, 66011 Perpignan Cedex, Tel. 04.68.85.04.51, Fax 04.68.55.25.62 ⊤ n.V.

CH. MOSSE L'Angélus 1995★

■　　　5 ha　　5 000　　◧ 30-50 F

Dieser 95er stammt aus einem Weinbaugebiet, das die Hügel des Aspre überragt, rund um das Dorf Sainte-Colombe-de-la-Commanderie mit den großartig erhaltenen Cayrou-Häusern. Einige purpurviolette Reflexe im tiefen Granatrot zeugen von der Jugendlichkeit dieses Weins. Die Jury wurde verführt von der schönen Intensität des Aromas, das allmählich die würzige Frucht der Syrah-Rebe mit den Vanillenoten des Ausbaus im Holzfaß vereint. Das Tanningerüst ist gut gebaut.
☙ Jacques Mossé, 66300 Sainte-Colombe-la-Commanderie, Tel. 04.68.53.08.89, Fax 04.68.53.35.13 ☑ ⊤ n.V.

CH. MOSSE 1996

◪　　　3 ha　　5 000　　◧♨ -30 F

Strahlendes hochrotes Rosa. Alkoholische Noten und ein Eindruck von Fülle dominieren im Geschmack.
☙ Jacques Mossé, 66300 Sainte-Colombe-la-Commanderie, Tel. 04.68.53.08.89, Fax 04.68.53.35.13 ☑ ⊤ n.V.

DOM. DE NIDOLERES 1994★

■　　　12 ha　　3 500　　30-50 F

Martine und Pierre Escudié haben sich auf ihrem Ferienhof an den Herd gestellt, damit die Feinheiten der katalanischen Kochkunst kennenlernen können. Sie präsentieren auch diesen 94er, der über einem vollreifen Aroma von roten Früchten Lakritzenoten enthüllt. Seine intensive granatrote Farbe kündigt Tannine an, die sich als sehr mild erweisen. Der Geschmack hinterläßt im Abgang einen Eindruck von schwarzen Johannisbeeren und wilden Erdbeeren.
☙ Pierre Escudié, Dom. de Nidolères, 66300 Tresserre, Tel. 04.68.83.15.14, Fax 04.68.83.31.26 ☑ ⊤ n.V.

DOM. PARCE
Vieilli en fût de chêne 1994★★★

■　　　3 ha　　16 500　　◧ -30 F

Die vereinte Harmonie der perfekt vinifizierten Syrah- und Mourvèdre-Trauben ermöglichte diese purpurrote Cuvée mit dem Aroma von leicht überreifen wildwachsenden roten Beeren. Ein Gerüst mit sehr feinen, durch die Kraft des Weins gut umhüllten Tanninen verleiht ihm Fleisch und eine gute Länge im Geschmack.
☙ EARL A. Parcé, 21ter, rue du 14-Juillet, 66670 Bages, Tel. 04.68.21.80.45, Fax 04.68.21.69.40 ☑ ⊤ Mo-Sa 9h30-12h 16h-19h30

LES VIGNERONS DE PEZILLA 1996

◪　　　k. A.　　20 000　　-30 F

Ein schickes Kleid von lebhaftem, strahlendem Rosarot. Das Aroma erinnert an rote Früchte und enthält würzige und leicht alkoholische Noten. Der Geschmack enthüllt eine nervige Ausgewogenheit und eine genußvolle Frische.
☙ Les Vignerons de Pézilla, 66370 Pézilla-la-Rivière, Tel. 04.68.92.00.09, Fax 04.68.92.49.91 ☑ ⊤ Mo-Sa 8h30-12h 14h-18h30

Côtes du Roussillon

DOM. PIQUEMAL
Elevé en fût de chêne 1995

■ 10 ha 25 000 ◐ 30-50 F

Mehrere Rebsorten kommen in diesem 95er zusammen, der von einem lehmig-kalkhaltigen Boden stammt. Ein paar Holznoten unter einem Kleid mit ziegelroten Nuancen. Schwarze Johannisbeeren und Himbeeren verschmelzen zur Harmonie der Tannine, die noch vom Ausbau im Holzfaß geprägt sind, insbesondere im Abgang.
☛ Dom. Piquemal, 1, rue Pierre-Lefranc, 66600 Espira-de-l'Agly, Tel. 04.68.64.09.14, Fax 04.68.38.52.94 ✓ ⏧ n.V.
☛ Pierre Piquemal

CH. PLANERES Cuvée Prestige 1996★★

□ 15 ha 35 000 ■ ♦ 30-50 F

Malvoisie du Roussillon und Vermentino verleihen diesem blaßgoldenen Wein mit den grünen Farbton eine ausgeprägte Frische und einen sehr typischen Charakter des Aromas. Er entfaltet Noten von weißen Blüten, zu denen ein Hauch von Pomelos hinzukommt. Nervig und geschmeidig. Er paßt perfekt zu einer Platte mit Meeresfrüchten.
☛ Vignobles Jaubert-Noury, Ch. Planères, 66300 Saint-Jean-Lasseille, Tel. 04.68.21.74.50, Fax 04.68.37.51.95 ✓ ⏧ Mo-Fr 8h30-12h 14h-17h30 ; Sa n. V.

CH. PLANERES Cuvée Prestige 1995

■ 15 ha 45 000 ◐ 30-50 F

Granatrote Farbe. Das Aroma von vollreifen roten Früchten vermischt sich nach und nach mit empyreumatischen Noten, die den Ausbau im Holzfaß verraten. Das Gerüst wird noch von der Gerbsäure beherrscht, läßt aber einen Wein von langer Lagerfähigkeit voraussehen.
☛ Vignobles Jaubert-Noury, Ch. Planères, 66300 Saint-Jean-Lasseille, Tel. 04.68.21.74.50, Fax 04.68.37.51.95 ✓ ⏧ Mo-Fr 8h30-12h 14h-17h30 ; Sa n. V.

DOM. DE ROMBEAU
Vieilles vignes Cuvée Elise 1994★

■ 10 ha 8 000 ■ ◐ 30-50 F

Die Domaine de Rombeau organisiert das ganze Jahr über Treffen rund um den Wein, geleitet von Pierre-Henry de la Fabrègue : Ausstellungen, Weinproben und Essen. Ihre 94er Cuvée Elise entfaltet ein Aroma von roten Früchten und Veilchen, das mit Garriguedüften vermischt ist. Im Mund nimmt die Gerbsäure Lakritzenoten an und harmoniert wunderbar mit den vor Ort angebotenen Grillgerichten.
☛ Dom. de Rombeau, 66600 Rivesaltes, Tel. 04.68.64.05.35, Fax 04.68.64.64.66 ✓ ⏧ n.V.
☛ de la Fabrègue

DOM. ROZES 1995★

■ 5 ha 10 000 30-50 F

Dieser granatrote Wein mit den purpurroten Reflexen läßt den Verkoster in eine Welt komplexer und eleganter Düfte eintreten, indem er beim Riechen Noten von kandierten Brombeeren, schwarzen Johannisbeeren und kandierten Sauerkirschen bietet. Fette, milde Tannine machen es möglich, daß sich dieses aromatische Konzert im Mund lang entfaltet.
☛ Catherine Philip-Fournols, 3, rue de Lorraine, 66600 Espira-de-L'Agly, Tel. 04.68.64.17.78, Fax 04.68.38.51.38

DOM. DE SAINTE BARBE 1994★

■ 16 ha 8 000 ■ ♦ 30-50 F

Eine den Paläontologen bekannte Gegend unweit von Perpignan : Man hat hier den Panzer der größten Landschildkröte Europas entdeckt, der im Botanischen Garten in Paris aufbewahrt wird. Das Weingut präsentiert einen Wein, dessen Geruch an Gewürze und Wildbret erinnert. Der warme Geschmack stützt sich auf ein Tanningerüst. Paßt zu Fleischklößen auf katalanische Art.
☛ Robert Tricoire, Dom. de Sainte-Barbe, chem. de Sainte-Barbe, 66000 Perpignan, Tel. 04.68.63.29.23, Fax 04.68.63.29.01 ✓ ⏧ Mo-Sa 9h-19h ; 15. Sept.-30. Dez. geschl.

DOM. SAINTE-HELENE 1995

■ 6 ha 10 000 ■ ♦ -30 F

Ein Anbaugebiet am Fuße der Albères, am Rande der Korkeichenwälder. Es hat diesen 95er hervorgebracht : schöne Farbe von strahlendem, intensivem Rubinrot und Aroma von kandierten roten Früchten mit einem Hauch von Lakritze. Dieser leicht tanninbetonte Wein dürfte rasch seine volle Reife erreichen.
☛ Henri Cavaillé, Dom. Sainte-Hélène, 10, rue Moulin-Cassanyes, 66690 Sorède, Tel. 04.68.89.30.30, Fax 04.68.95.42.66 ✓ ⏧ n.V.

CH. SAINT MARTIN
Elevé en fût de chêne 1994

■ k. A. 15 000 ◐ 30-50 F

Nach einem Besuch des Klosters Elne kann man diesen Côtes du Roussillon probieren, der aus den Weinbergen oberhalb des Dorfs kommt. Ein Aroma von getrockneten Früchten, zu dem einige Noten von Tiergeruch hinzukommen, weist auf einen schon recht reifen Wein hin, dessen Gerüst leicht patiniert ist. Im Geschmack zeigt sich ein Unterholzaroma.
☛ Cave vinicole Les Vignerons d'Elne, 67, av. Paul-Reig, 66200 Elne, Tel. 04.68.22.06.51, Fax 04.68.22.83.31 ✓ ⏧ n.V.

DOM. SALVAT Taïchac 1996★

□ 14 ha 32 000 ■ ♦ 30-50 F

Dieses Gut war einer der Pioniere der Weißweine aus dem Fenouillèdes. In der schönen Lebhaftigkeit dieses 96ers findet man den Stempel der hoch gelegenen Kantone und zugleich des Jahrgangs. Mit seiner blassen goldgrünen Farbe, seinem Fenchel- und Pomeloaroma und seiner köstlichen Frische im Geschmack wird dieser Wein der ideale Begleiter für Meeresfrüchte sein.
☛ Salvat Père et Fils, Pont-Neuf, 66610 Villeneuve-la-Rivière, Tel. 04.68.92.17.96, Fax 04.68.38.00.50 ✓ ⏧ tägl. 8h-12h 14h-19h

Côtes du Roussillon-Villages

DOM. SALVAT
Taïchac Elevé en fût de chêne 1994

| | 12 ha | 28 000 | | |

Ein leicht ziegelrot verfärbtes Rubinrot. Das durch pfeffrige Noten verstärkte Aroma von gekochten Früchten zeigt den Anfang einer Entwicklung, mit einem Hauch von Unterholz im Herbst. Die Tannine werden durch die Weinigkeit gut ausgeglichen. Die würzigen Noten kommen wieder im Abgang zum Vorschein.
Salvat Père et Fils, Pont-Neuf, 66610 Villeneuve-la-Rivière, Tel. 04.68.92.17.96, Fax 04.68.38.00.50 tägl. 8h-12h 14h-19h

DOM. SARDA-MALET Réserve 1994**

| | 12 ha | 55 000 | | |

Dieses nahe bei Perpignan gelegene Weingut erzeugt regelmäßig Spitzencuvées, die Suzy Malet voller Leidenschaft präsentiert. In diesem 94er ergänzen sich Syrah und Mourvèdre zusammen mit ein wenig Grenache. Ein Duft von schwarzen Johannisbeeren, mineralische Noten und besonders nachhaltige empyreumatische Nuancen begleiten eine robuste Struktur, die dabei aber flexibel bleibt. Ein schon trinkreifer Wein, der aber zu einer sehr langen Karriere berufen ist.
Dom. Sarda-Malet, Mas Saint-Michel, chem. de Sainte-Barbe, 66000 Perpignan, Tel. 04.68.56.72.38, Fax 04.68.56.47.60 n.V.
Suzy Malet

CH. DE SAU Cuvée réservée 1995

| | 3 ha | 10 000 | |

Nicht weit von dem mittelalterlichen Schloß Castelnou entfernt liegt dieses Anbaugebiet auf den Hügeln der Hautes Aspres. Es hat diesen 95er geliefert, dessen schöne rubinrote Farbe noch purpurviolette Nuancen zeigt. Im Geruch weisen einige Noten von Gewürzen und Leder auf die Entwicklung dieses Weins mit dem recht geschmeidigen und zart holzigen Gerüst hin.
Hervé Passama, Ch. de Saü, 66300 Thuir, Tel. 04.68.53.40.16, Fax 04.68.53.29.07 n.V.

LES VIGNERONS DE TARERACH
Roc de Maure 1995

| | 23 ha | 13 000 | |

Ein 95er aus einem hoch gelegenen Anbaugebiet im Herzen des Fenouillèdes. Das Musterbeispiel eines geschmeidigen, eleganten Weins, der die Rebsorte zum Ausdruck bringt und durch die Kohlensäuremaischung geprägt ist. Dank seines pfeffrigen Aromas im Geschmack und dank der Feinheit seiner Tannine kann man ihn schon jetzt trinken.
SCV Tarérach, B.P. 31, 66320 Tarérach, Tel. 04.68.96.54.96, Fax 04.68.96.17.91 n.V.

TERRASSOUS Elevé en fût de chêne 1994*

| | k. A. | 25 000 | | |

Dieses Anbaugebiet liegt auf den Hochterrassen der Canterrane, deren Wasserführung manchmal launisch ist. Der Wein, der von dort kommt, ist durch einen Ausbau im Holzfaß geprägt. Das Faß verleiht diesem 94er ein Vanillearoma und Röstnoten, die sich in der Nase entfalten. Das Holz dominiert noch im Geschmack, verbindet sich aber gut mit der körperreichen Struktur.
SCV Les Vignerons de Terrats, B.P. 32, 66302 Terrats, Tel. 04.68.53.02.50, Fax 04.68.53.23.06 n.V.

CELLIER TROUILLAS
Vieilli en fût de chêne
Cuvée du Gouverneur 1991**

| | 127 ha | 25 000 | | |

Die alten Jahrgänge sind selten verfügbar. Dieser 91er macht es möglich, die Entwicklungsmöglichkeiten der Roussillon-Weine kennenzulernen. Nicht sehr intensives Rubinrot mit ziegelroten Nuancen. Er bietet ein Aroma von Unterholz, Gewürzen und kandierten Kirschen. Die Ansprache ist füllig und generös. In der geschmacklichen Harmonie dominiert die Gerbsäure mit der Lakritzenote.
SCV Le Cellier de Trouillas, 1, av. du Mas-Deu, 66300 Trouillas, Tel. 04.68.53.47.08, Fax 04.68.53.24.56 Mo-Sa 8h-12h 14h-18h

CELLIER TROUILLAS 1996*

| | 34 ha | 22 000 | | |

Ein Aroma von roten Waldbeeren, zart rauchige Noten, eine Nervigkeit, die mit der Kraft harmoniert und eine gute Länge ergeben einen sehr hübschen Wein.
SCV Le Cellier de Trouillas, 1, av. du Mas-Deu, 66300 Trouillas, Tel. 04.68.53.47.08, Fax 04.68.53.24.56 Mo-Sa 8h-12h 14h-18h

CH. DE VILLECLARE 1993

| | 59 ha | 200 000 | | |

Seinen Namen hat dieser Wein von einem Schloß, das die Templer am Ufer des Tech auf römischen Ruinen errichteten. Der 93er hat sich schon gut entwickelt mit seinen Leder- und Wildbretnoten und seinen Tanninen, die im Laufe der Zeit milder geworden sind. Trinkreif.
Jonquères d'Oriola, Ch. de Villeclare, 66690 Palau-del-Vidre, Tel. 04.68.22.14.92, Fax 04.68.22.14.92 n.V.

Côtes du Roussillon-Villages

DOM. DES ARCADES 1993

| | 6 ha | 18 000 | | |

Dieser 93er, der von einem kalkhaltigen Boden kommt, hat seine volle Reife erreicht. Die Ansprache im Geschmack enthüllt einen männlichen, fleischigen Wein mit Tanninen, die durch den Faßausbau eine schöne Patina erhalten haben. Das Aroma der Nase - Bigarreau-Kirschen und Garrigue - macht am Ende der Weinprobe allmählich Noten Platz, die stärker an Lakritze erinnern.
Vignerons Catalans, 1870, av. Julien-Panchot, 66011 Perpignan Cedex, Tel. 04.68.85.04.51, Fax 04.68.55.25.62 n.V.

Côtes du Roussillon-Villages

ARNAUD DE VILLENEUVE
Elevé en barrique de chêne 1995★

| | k. A. | 15 000 | | 30-50 F |

Dieser Wein hat seinen Namen von dem Arzt, der das Verfahren des Stummachens mit Alkohol entwickelte, für die Herstellung des Vins doux naturels verwendet. Es handelt sich hier um einen lagerfähigen Wein mit kraftvollen Tanninen, die der Ausbau im Eichenholzfaß erfolgreich gemildert hat, indem er sie mit einer fleischigen und aromatischen Hülle umgab. Am Ende entfalten sich seine Noten von milden Gewürzen und gekochten Früchten.
🍷 Les Vignobles du Rivesaltais, 1, rue de la Roussillonnaise, 66602 Rivesaltes-Salses, Tel. 04.68.64.06.63, Fax 04.68.64.64.69 🅥 🍷 n.V.

CH. DE BELESTA 1995

| | k. A. | 80 000 | | -30 F |

Dieser 95er mit der schönen rubin- bis kirschroten Farbe bietet ein Aroma roter Beeren, das mit Noten von kräftigen Gewürzen, vor allem Pfeffer, vermischt ist. Die unaufdringliche Gerbsäure verführt durch ihre Feinkörnigkeit. Geschmackliche Ausgewogenheit im Zeichen der Eleganz.
🍷 Vignerons Catalans, 1870, av. Julien-Panchot, 66011 Perpignan Cedex, Tel. 04.68.85.04.51, Fax 04.68.55.25.62 🍷 n.V.

CH. DE BELESTA Schiste 1993★★

| | k. A. | 6 000 | | 30-50 F |

Die bereits für ihre Cuvées des Capiteles bekannte Genossenschaftskellerei von Cassagnes präsentiert nun diesen Château de Bélesta, der von einem Schieferboden stammt. Dieser 93er hat bereits seine volle Reife erreicht mit seinem würzigen Aroma und seinen Noten von Trüffeln und gekochten Früchten. Sein fleischiger, vollmundiger und pfeffriger Geschmack hat die Jury begeistert.
🍷 SCV les vignerons de Cassagnes-Bélesta, 66720 Cassagnes, Tel. 04.68.84.51.93, Fax 04.68.84.53.82 🅥 🍷 Mo-Fr 10h-12h 14h-18h

CH. DE CALADROY 1995★

| | 6 ha | 10 000 | | 30-50 F |

Dieser 95er ist die Frucht eines Anbaugebiets, das mitten im Heidegebiet über den Tälern der Têt und der Agly liegt. Das Rubinrot geht ins Granatrote. Das Aroma erinnert an rote Waldbeeren und orientalische Gewürze. Im Geschmack dominiert eine fleischige Empfindung. Dieser sehr vielversprechende Wein paßt zu Drosseln.
🍷 SARL Arnold-Bobo, Ch. de Caladroy, 66720 Bélesta, Tel. 04.68.57.10.25, Fax 04.68.57.27.76 🅥 🍷 n.V.
🍷 Arnold

CARAMANY Cuvée du Presbytère 1995★

| | 30 ha | 70 000 | | 30-50 F |

Die Weine von Caramany sind durch ihr Anbaugebiet mit Gneisgeröll und durch ihre Vinifizierung mittels Maischegärung geprägt. Diese Cuvée du Presbytère duftet nach Sauerkirschen, die im Mund mit zart pfeffrigen Noten verbunden sind. Dank des leicht tanninbetonten Gerüsts kann sich ein fleischiger, würziger Geschmack entfalten.
🍷 Vignerons Catalans, 1870, av. Julien-Panchot, 66011 Perpignan Cedex, Tel. 04.68.85.04.51, Fax 04.68.55.25.62 🍷 n.V.

DOM. DE CASTELL
Vieilli en fût de chêne 1994★

| | 4 ha | 6 000 | | 30-50 F |

Das Weinbaugebiet von Corneilla erstreckt sich auf die Hänge des Hügels von Força Réal. Es hat diesen 94er mit der schönen kirschroten Farbe hervorgebracht. Das Aroma von gekochten Früchten wird durch das Vanillearoma des Holzfasses verstärkt. Die durch den Ausbau verfeinerte Gerbsäure zeichnet sich durch ihre große Milde aus.
🍷 Cave coop. de Corneilla-la-Rivière, 152, rte Nationale, 66550 Corneilla-la-Rivière, Tel. 04.68.57.38.93, Fax 04.68.57.23.36 🅥 🍷 n.V.

DOM. CAZES 1994★★

| | 8,5 ha | 45 000 | | 30-50 F |

Ein 94er von tiefem Granatrot, der sich mitten in der Entwicklung befindet mit den ersten Anflügen von Leder und Moschus. Eine fleischige Gerbsäure garantiert die Ausgewogenheit zwischen den geschmacklichen Empfindungen und der Nachhaltigkeit des Aromas.
🍷 Dom. Cazes, 4, rue Francisco-Ferrer, B.P. 61, 66602 Rivesaltes, Tel. 04.68.64.08.26, Fax 04.68.64.69.79 🅥 🍷 n.V.
🍷 André et Bernard Cazes

CH. DONA BAISSAS 1995

| | k. A. | k. A. | | -30 F |

Rubinrote Farbe mit ziegelroten Nuancen. Aroma von gekochten Früchten und Leder. Der geschmeidige Geschmack, der die Oberhand über das Gerüst gewinnt, enthüllt ein nachhaltiges Lakritzaroma.
🍷 Sté Destavel, 7bis, av. du Canigou, 66000 Perpignan, Tel. 04.68.54.67.78, Fax 04.68.54.03.54 🅥

DOM. FONTANEL
Vieilli en fût de chêne 1994★

| | 11 ha | 13 000 | | 30-50 F |

Dieser 94er kommt aus einem Anbaugebiet, das sich in der Nähe der Katharerburgen und der prähistorischen Stätte von Tautavel befindet. Eine tiefe Granatfarbe und ein Gewürz- und Fruchtaroma leiten eine Harmonie ein, bei der die Gerbsäure Fleisch zu besitzen scheint.
🍷 Pierre Fontaneil, 25, av. Jean-Jaurès, 66720 Tautavel, Tel. 04.68.29.04.71, Fax 04.68.29.19.44 🅥 🍷 n.V.

DOM. GARDIES
Vieilli en fût de chêne 1995★★

| | 5 ha | 8 000 | | 30-50 F |

Der majestätische Talkessel von Vingrau ist ein erregender Anblick. Die Weine aus diesem Anbaugebiet entsprechen der Landschaft. Dieser 95er bietet im ersten Geruchseindruck Noten von vollreifen wildwachsenden roten Beeren, danach einige Röstnoten, die sich nach und nach zeigen. Im Mund kommt die gesamte Stärke dieses Bodens zum Ausdruck, durch eine Gerbsäure

729 ROUSSILLON

Côtes du Roussillon-Villages

hindurch, die kraftvoll ist und zugleich nach Lakritze schmeckt.
↪ Dom. Gardiés, 1, rue Millère, 66600 Vingrau, Tel. 04.68.64.61.16, Fax 04.68.64.61.16 ☑ ⚒ n.V.

DOM. GAUBY Vieilles vignes 1995★★

■   3 ha   9 000   ⬤   70-100 F

Ein herrlicher Wein, passend zum Anbaugebiet von Calce. Er spiegelt die Leidenschaft von Gérard Gauby wider. Hinter einer dunklen Farbe mit granatroten Reflexen entdeckt man Düfte, die an die Garrigue und wildwachsende rote Beeren erinnern. Der Geschmack enthüllt kraftvolle Tannine von guter Qualität, die von einer zarten Geschmeidigkeit umhüllt sind. Die aromatische Nachhaltigkeit ist bereits bemerkenswert.
↪ Gérard Gauby, 1, rue du Faradjal, 66600 Calce, Tel. 04.68.64.35.19, Fax 04.68.64.41.77 ☑ ⚒ n.V.

CH. DE JAU 1995★★

■   50 ha   260 000   ■   30-50 F

Das Anbaugebiet umgibt ein altes Kloster aus dem 12. Jh., das eine Stiftung für zeitgenössische Kunst beherbergt. Es hat diesen 95er mit der schönen rubinroten Farbe hervorgebracht, dessen Aroma an schwarze Johannisbeeren und Heu erinnert. Würzige Noten kommen im Geschmack zum Vorschein. Dieser bietet eine gute Ausgewogenheit zwischen dem Tanningerüst und der Geschmeidigkeit. Man kann diesen Wein zu Grillgerichten genießen, die im Château serviert werden.
↪ Ch. de Jau, 66600 Cases-de-Pène, Tel. 04.68.38.90.10, Fax 04.68.38.91.33 ☑ ⚒ n.V.

DOM. DE JOLIETTE
Cuvée Romain Mercier 1995★★

■   k. A.   10 000   ■⬤↓   30-50 F

Bei jeder Cuvée erweist die Familie Mercier einem ihrer Familienmitglieder die Ehre. Dieser 95er mit der tiefen granatroten Farbe bietet uns einen Korb wilder roter Früchte, bei denen Brombeeren und schwarze Johannisbeeren hervorragen, begleitet von dem köstlichen Duft nach Konfitüre, wie sie früher hergestellt wurde. Im Geschmack zeigen sich sehr milde Tannine und Lakritznoten.
↪ EARL Mercier, Dom. Joliette, rte de Vingrau, 66600 Espira-de-l'Agly, Tel. 04.68.64.50.60, Fax 04.68.64.18.82 ☑ ⚒ Mo-Fr 8h-12h30 14h-19h ; Sa, So n. V.

MAS DE LA GARRIGUE 1995

■   15 ha   60 000   -30 F

Dieses Anbaugebiet breitet sich am Fuße des Hügels von Força Réal aus, der stolz die Täler der Têt und der Agly überragt. Es hat diesen 95er geliefert, dessen Röstnoten sich mit dem Aroma von schwarzen Johannisbeeren und Brombeeren vermischen. Im Geschmack verrät ein Holzton den gelungenen Ausbau im Holzfaß.
↪ J.-P. Henriquès, Dom. Força Réal, Mas de la Garrigue, 66170 Millas, Tel. 04.68.85.06.07, Fax 04.68.85.49.00 ☑ ⚒ n.V.

CH. LES PINS 1994★★★

■   k. A.   70 000   ■⬤   50-70 F

Château Les Pins ist eine Hochburg der Kultur und des Weins. Man findet hier auch Spitzencuvées, die die Winzer von Baixas erzeugen. Einige ziegelrote Noten kommen im tiefen Rubinrot dieses 94ers zum Vorschein und kündigen ein Aroma von kandierten Früchten und milden Gewürzen an, das ein Hauch von Vanille verstärkt. Der Geschmack enthüllt ein fleischiges Gerüst, in dem die Faßreifung auf die Stärke dieses Weins reagiert hat. Der *fraginat* von Baixas hat seinen idealen Begleiter gefunden.
↪ Cave des Vignerons de Baixas, 14, av. Joffre, 66390 Baixas, Tel. 04.68.64.22.37, Fax 04.68.64.26.70 ☑ ⚒ n.V.

LESQUERDE Cuvée Georges Pous 1994★

■   12 ha   40 000   ■↓   30-50 F

Die Weine von Lesquerde, die stets durch ihren Quarzsandboden geprägt sind, erreichen früh ihre Reife. Das gilt auch für diesen 94er mit dem Leder- und Wildbretaroma, der sehr feinkörnige, von der Geschmeidigkeit des Weins gut umhüllte Tannine besitzt. Man kann ihn schon jetzt zu einem Rehschlegel trinken.
↪ SCV de Lesquerde, 66220 Lesquerde, Tel. 04.68.59.02.62, Fax 04.68.59.08.17 ☑ ⚒ Mo-Sa 8h-12h 14h-18h

DOM. DU MOULIN Cuvée Crest 1995

■   2 ha   5 000   ⬤↓   50-70 F

Henri Lhéritier stellt mehrere Cuvées her, die von den Reblagen seines Anbaugebiets abhängen. Diese hier ist granatrot und wird von Vollmundigkeit beherrscht. In der Ansprache geschmeidig. Ihre Tannine eskortieren ein Aroma, das an Brombeeren und einen Auflauf aus roten Früchten erinnert.
↪ Henri Lhéritier, av. Gambetta, 66600 Espira-de-l'Agly, Tel. 04.68.64.06.52, Fax 04.68.38.54.88 ☑ ⚒ tägl. 9h-12h 15h-19h

DOM. PIQUEMAL
Elevé en fût de chêne 1994★★

■   10 ha   5 000   ⬤   50-70 F

Ein 94er, der dem Mourvèdre (mit 50 % in dieser Cuvée vertreten) seine Struktur verdankt. Tiefe rubinrote Farbe. Der Geruchseindruck entfaltet sich nach und nach mit Unterholz- und Gewürznoten. Der Geschmack zeichnet sich durch eine perfekte Ausgewogenheit zwischen der Geschmeidigkeit, der Qualität der Gerbsäure und dem Holzton sowie durch eine gute aromatische Nachhaltigkeit aus.

☛ Dom. Piquemal, 1, rue Pierre-Lefranc, 66600 Espira-de-l'Agly, Tel. 04.68.64.09.14, Fax 04.68.38.52.94 ◼ ⏳ n.V.
☛ Pierre Piquemal

RASIGUERES
Moura Lympany Elevé en fût de chêne 1994★★★

| ◼ | 5 ha | 20 000 | ⏳ | 30-50 F |

Diese Cuvée, die ihren Namen zu Ehren der berühmten Pianistin trägt, hat alles von einer Symphonie. Röstnoten mit zartem Vanillehauch verschmelzen vollkommen mit dem Aroma schwarzer Johannisbeeren. Sehr zarte Tannine, eine verführerische Geschmeidigkeit und ein nachhaltiges Aroma lassen uns begreifen, was Harmonie ist.
☛ Les Vignerons de Planèzes-Rasiguères, Heres, 66720 Rasiguères, Tel. 04.68.29.11.82, Fax 04.68.29.16.45 ◼ ⏳ Mo-Sa 8h-12h 14h-18h

DOM. DU ROUVRE 1994★★

| ◼ | 2 ha | 3 600 | ⏳ | 30-50 F |

Dieser Wein hat seinen Namen von einer alten Eiche, die sich in Herzen dieses Weinbergs erhebt. Er wird von einem Roussillon-Winzer erzeugt, der mit belgischen und niederländischen Importeuren in Verbindung steht. Schon im ersten Geruchseindruck entfalten sich die Gewürze. Die Gerbsäure zeigt sich im Geschmack schon reif, die Ausgewogenheit harmonisch.
☛ GFA Dom. du Château Royal, Los Parès, 66550 Corneilla-la-Rivière, Tel. 04.68.57.22.02, Fax 04.68.57.11.63 ◼ ⏳ n.V.

SAVEURS OUBLIEES 1995★★

| ◼ | k. A. | 300 000 | | -30 F |

Dieser schon im vergangenen Jahr lobend erwähnte Wein ist weit davon entfernt, übersehen zu werden! Er zeichnet sich durch eine überaus strahlende kirschrote Farbe und ein intensives Aroma von Gewürzen und wildwachsenden Beeren aus, das schon einige Noten von Heugeruch zeigt. Der durch Rundheit beherrschte Geschmack ist sehr elegant.
☛ Vignerons Catalans, 1870, av. Julien-Panchot, 66011 Perpignan Cedex, Tel. 04.68.85.04.51, Fax 04.68.55.25.62 ⏳ n.V.

DOM. DES SCHISTES Tradition 1995★★

| ◼ | 5 ha | 8 000 | | 30-50 F |

Jacques Sire hatte in der vorangegangenen Ausgabe eine bemerkenswerte Cuvée vorgestellt. Dieser 95er ist ein würdiger Nachfolger, wie die Leder- und Gewürznoten, die feinen, harmonisch verschmolzenen Tannine, die Geschmeidigkeit und die Nachhaltigkeit seines Aromas im Geschmack beweisen.
☛ Jacques Sire, 1, av. Jean-Lurçat, 66310 Estagel, Tel. 04.68.29.11.25, Fax 04.68.29.47.17 ◼ ⏳ n.V.

LES MAITRES VIGNERONS TAUTAVEL
Cuvée vieillie en fût de chêne 1994★

| ◼ | k. A. | 8 000 | ⏳ | 30-50 F |

Ein 94er aus einem Anbaugebiet, das für seine prähistorische Stätte ebenso berühmt ist wie für sein Weinbaupotential. Seine schöne Farbe läßt granatrote Reflexe erkennen. Das Aroma von überreifen roten Früchten verbindet sich harmonisch mit dem Holzton um ein warmes, fleischiges Gerüst herum.
☛ Les Maîtres Vignerons de Tautavel, 24, av. Jean-Badia, 66720 Tautavel, Tel. 04.68.29.12.03, Fax 04.68.29.41.81 ◼ ⏳ tägl. 8h-12h 14h-18h

Collioure

Dies ist eine ganz kleine Appellation; gegenwärtig erzeugen 330 ha etwa 12 000 hl. Das Anbaugebiet ist dasselbe wie das der Appellation Banyuls: die vier Gemeinden Collioure, Port-Vendres, Banyuls-sur-Mer und Cerbère.

Hauptsächlich werden hier Grenache noir, Carignan und Mourvèdre angebaut; als zusätzliche Rebsorten verwendet man Syrah und Cinsaut. Hergestellt werden ausschließlich Rot- und Roséweine; die Trauben dafür werden zu Beginn der Lese geerntet, bevor man die Trauben für die Banyuls-Weine pflückt. Die geringen Erträge ergeben recht farbintensive Weine, die ziemlich warm und körperreich sind und ein Aroma von vollreifen roten Früchten bieten. Die Roséweine sind aromatisch, gehaltvoll und dennoch nervig.

CH. DES ABELLES 1995★★

| ◼ | 21,43 ha | 84 000 | | 70-100 F |

Schöne kirsch- bis rubinrote Farbe. Feiner Duft, beherrscht von roten Früchten (Sauerkirschen, schwarze Johannisbeeren), mit einigen Unterholz- und Gewürznoten. Die sehr milden Tannine lassen zu, daß sich diese aromatische Komplexität im Geschmack voll entfaltet.
☛ Cellier des Templiers, rte du Mas-Reig, 66650 Banyuls-sur-Mer, Tel. 04.68.98.36.70, Fax 04.68.98.36.91 ◼ ⏳ tägl. 9h30-12h 14h-18h (1. April-31. Okt.)

DOM. DE BAILLAURY 1993★

| ◼ | k. A. | 6 224 | | 50-70 F |

Dieser relativ reife Jahrgang ist noch nicht am Ende. Der Wein mit der sonnigen rubinroten Farbe bietet ein Aroma von reifen Früchten, orientalischen Gewürzen und weißem Pfeffer. Der Geschmack ist dank einer samtigen Gerbsäure geschmeidig. Paßt zu einem jungen Rebhuhn auf katalanische Art.
☛ Domaines et Châteaux du Roussillon, rte des Crêtes, 66650 Banyuls-sur-Mer, Tel. 04.68.88.04.12, Fax 04.68.98.36.97

Collioure

CASTELL DES HOSPICES 1994★★★

| ■ | k. A. | 5 658 | ⬛︎ | 70-100 F |

Eine Cuvée von den alten Rebstöcken des Hospiz - im Durchschnitt über 50 Jahre alt. Die schöne Farbe ist von tiefem Rubinrot. Das Aroma erinnert an Backpflaumen, mit würzigen und balsamischen Noten. Die Stärke des Weins steht der Feinheit und Milde der Tannine gegenüber. Dank einer perfekt gelungenen Reifung im Holzfaß zeigt sich der Geschmack ausgewogen, harmonisch und nachhaltig.
☛ Domaines et Châteaux du Roussillon, rte des Crêtes, 66650 Banyuls-sur-Mer,
Tel. 04.68.88.04.12, Fax 04.68.98.36.97

DOM. DE LA MARQUISE
Rosé de l'Arquette 1996★

| ◪ | 0,5 ha | 1700 | ■ | 30-50 F |

Dieser Rosé verführt schon beim ersten Riechen durch die Frische seines Aromas von roten Beeren und seine alkoholischen Noten, die im Geschmack inmitten einer eleganten Ausgewogenheit verschwinden.
☛ Dom. de La Marquise, 17, rue Pasteur, 66190 Collioure, Tel. 04.68.98.01.38, Fax 04.68.82.51.77 ✉ ⚲ n.V.
☛ Jacques Py

DOM. DE LA RECTORIE
Cuvée Coume Pascole 1995★

| ■ | 3 ha | 10 000 | ⬛︎ | 70-100 F |

Die Brüder Parcé bleiben diesem Anbaugebiet treu, in dem sie schon mehrere Spitzencuvées erzeugt haben. Diese hier hat eine tiefe Granatfarbe und duftet nach Sauerkirschen und Knospen schwarzer Johannisbeeren. Das noch dominierende Gerüst läßt bereits zu, daß sich einige Röst- und Vanillenoten entfalten, die den Beginn der Reifung anzeigen.
☛ SCEA Dom. de La Rectorie, 54, av. du Puig-del-Mas, 66650 Banyuls-sur-Mer,
Tel. 04.68.88.13.45, Fax 04.68.88.18.55 ✉ ⚲ n.V.
☛ Parcé Frères

CUVEE DE LA SALETTE 1996★

| ◪ | k. A. | 190 000 | | 30-50 F |

Diese Cuvée hat ihren Namen von einer Kapelle, die mitten zwischen den Reben steht und über das Mittelmeer zu wachen scheint. Die Farbe ist von blaßrosa. Der komplexe Duft verbindet Gewürze und Früchte. Der Geschmack enthüllt eine köstliche Ausgewogenheit zwischen Frische, Kraft und Geschmeidigkeit. Man wird diesen Wein zu einer Marmite (Fischsuppeneintopf) aus Fischen der felsigen Küste genießen.

☛ Cellier des Templiers, rte du Mas-Reig, 66650 Banyuls-sur-Mer, Tel. 04.68.98.36.70, Fax 04.68.98.36.91 ✉ ⚲ tägl. 9h30-12h 14h-18h (1. April-31. Okt.)

DOM. LA TOUR VIEILLE
Cuvée Puig Oriol 1995

| ■ | k. A. | 10 000 | ■ | 50-70 F |

Der zu Füßen eines alten Wachturms gelegene Weinberg wird voller Hingabe von Christine Campadieu und Vincent Cantié bestellt, die sich auf dem Boden ihrer Kindheit wiedergefunden haben. Diese Winzer haben eine Cuvée präsentiert, deren schöne Farbe kirsch- bis rubinrot ist und deren Aroma an wildwachsende rote Beeren erinnert. Die Tannine beherrschen noch den Geschmackseindruck, aber es mangelt ihnen nicht an Eleganz.
☛ Dom. La Tour Vieille, 3, av. du Mirador, 66190 Collioure, Tel. 04.68.82.42.20, Fax 04.68.82.38.42 ⚲ n.V.
☛ Cantié et Campadieu

DOM. LA TOUR VIEILLE
Rosé des Roches 1996

| ◪ | k. A. | 8 000 | ■ | 30-50 F |

Ein schönes, kräftiges Rosarot. Eine Aroma von vollreifen Erdbeeren, das sich mit ein paar Blütennoten vermischt. In der Ansprache geschmeidig, wird dieser Wein im Abgang süffiger.
☛ Dom. La Tour Vieille, 3, av. du Mirador, 66190 Collioure, Tel. 04.68.82.42.20, Fax 04.68.82.38.42 ✉ ⚲ n.V.

LE CASOT DES MAILLOLES
Le Clôt de Taillelauque 1995★

| ◪ | 1,5 ha | 3 500 | ■⬛︎ | 50-70 F |

Dieses Weingut wurde 1995 von einem Winzerpaar erworben, das aus dem Departement Aude kam. Ihr erster Collioure-Jahrgang zeigt sich schon beim ersten Riechen sehr intensiv, mit Noten von vollreifen Kirschen und kandierten Früchten. Die Ansprache enthüllt feine Tannine und eine harmonische Ausgewogenheit.
☛ Dom. Le Casot des Mailloles, 17, av. Puig-del-Mas, 66650 Banyuls sur Mer,
Tel. 04.68.88.59.37, Fax 04.68.88.54.03 ✉ ⚲ n.V.
☛ A. Castex et G. Magnier

L'ETOILE Vieilli en montagne 1995

| ■ | 6,5 ha | 5 000 | | 30-50 F |

Ein Collioure, der in der Flasche gereift ist, in einer Kellerei, die sich am Fuße des Canigou befindet, in 1 000 m Höhe : eine Möglichkeit, der Meer- und Bergtradition treu zu bleiben, die den Katalanen so sehr am Herz liegt. Der Duft erinnert an vollreife Kirschen. Ziemlich runde Tannine sind das Zeichen für eine rasche Entwicklung.
☛ Sté coop. L'Etoile, 26, av. du Puig-del-Mas, 66650 Banyuls-sur-Mer, Tel. 04.68.88.00.10, Fax 04.68.88.15.10 ✉ ⚲ n.V.

DOM. DU MAS BLANC
Les Piloums 1995★★

| ■ | 2,3 ha | 9 300 | ⬛︎ | 50-70 F |

Dr. Parcé begründete den guten Ruf dieses Anbaugebiets. Seine Cuvées finden sich in allen

Collioure

gastronomischen Hochburgen der Welt. Mit dem 95er les Piloums zeigt uns der Meister von Banyuls die Ausdruckskraft der Syrah und des Mourvèdre. Ein leichter Holzton hindert die Traube nicht daran, sich auszudrücken. Eine Flasche, die man altern lassen muß, damit man einen großen Wein entdecken kann.
🕿 SCA Parcé et Fils, 9, av. du Gal-de-Gaulle, 66650 Banyuls-sur-Mer, Tel. 04.68.88.32.12, Fax 04.68.35.03.95 ◩ ⊥ n.V.

LES CLOS DE PAULILLES 1995*

| ■ | 10 ha | 30 000 | 50-70 F |

Dieses Weingut, das in der Nähe der kleinen Bucht von Paulilles liegt, im willkommenen Schatten einiger Pinien, präsentiert sehr ausdrucksvolle Weine in seinem Restaurant. Dieser hier bietet ein Röst- und Gewürzaroma, das an seinen Banyuls-Ursprung erinnert. Im Geschmack dominiert noch der Holzton, aber er befindet sich in vollkommener Ausgewogenheit mit der Stärke. Ein Wein, den man aufheben können muß.
🕿 Clos de Paulilles, Ch. de Jau, 66600 Cases-de-Pène, Tel. 04.68.38.90.10, Fax 04.68.38.91.33 ◩ ⊥ n.V.

LES CLOS DE PAULILLES 1996***

| ◢ | 10 ha | 30 000 | 30-50 F |

In jedem Jahrgang begeistert uns dieser Wein. Der 96er hat eine lebhafte, intensive rosarote Farbe. Das Aroma, beim ersten Riechen alkoholisch, läßt eine Welt frisch gepflückter roter Beeren erkennen. Ein kräftiger, geschmeidiger und im Geschmack auf zarte Weise köstlicher Wein, den man zur Küche der katalanischen Küste trinken sollte.
🕿 Clos de Paulilles, Ch. de Jau, 66600 Cases-de-Pène, Tel. 04.68.38.90.10, Fax 04.68.38.91.33 ◩ ⊥ n.V.

DOM. DU ROUMANI 1995***

| ■ | k. A. | 98 000 | 🍾 🍷 | 50-70 F |

Einige ziegelrote Noten in der rubinroten Farbe spiegeln den hohen Reifegrad der Trauben wider, aus denen dieser Wein erzeugt wird. Sie kündigen auch ein Aromenkonzert von gerösteten roten Früchten, Gewürzen und Moschus. Im Geschmack vereinigt sich Kraft mit Eleganz.
🕿 Cellier des Templiers, rte du Mas-Reig, 66650 Banyuls-sur-Mer, Tel. 04.68.98.36.70, Fax 04.68.98.36.91 ◩ ⊥ tägl. 9h30-12h 14h-18h (1. April-31. Okt.)

CUVEE SAINT-MICHEL 1995*

| ■ | k. A. | 117 000 | 🍾 ⏅ | 50-70 F |

Ein ziemlich helles Rubinrot. Das sehr würzige Aroma erinnert an die Märkte des Orients. In einem vorwiegend pfeffrigen Geschmack kommen einige Vanillenoten innerhalb einer warmen Harmonie zum Vorschein.
🕿 Cellier des Templiers, rte du Mas-Reig, 66650 Banyuls-sur-Mer, Tel. 04.68.98.36.70, Fax 04.68.98.36.91 ◩ ⊥ tägl. 9h30-12h 14h-18h (1. April-31. Okt.)

VIAL-MAGNERES 1993

| ■ | 1 ha | 4 000 | 🍾 ⏅ 🍷 | 50-70 F |

Bernard Sapéras ist stolz auf sein Anbaugebiet, das er voller Leidenschaft mit Leben erfüllt. Sein 93er kündigt sich mit einer kirsch- bis rubinroten Farbe und einem Aroma von wilden roten Beeren an, das durch milde Gewürze verstärkt wird. Die geschmackliche Ausgewogenheit wird noch durch die Stärke der Gerbsäure dominiert, die diesem Wein eine lange Reifung garantiert.
🕿 Vial-Magnères, 14, rue Edouard-Herriot, 66650 Banyuls-sur-Mer, Tel. 04.68.88.31.04, Fax 04.68.55.01.06 ◩ ⊥ n.V.
🕿 Monique Saperas

PROVENCE UND KORSIKA

Provence

Für jedermann ist die Provence ein Feriengebiet, wo »immer die Sonne scheint« und wo sich die Menschen mit dem singenden Tonfall die Zeit nehmen zu leben ... Für die Winzer ist es ebenfalls ein sonnenreiches Land, denn die Sonne scheint dort 3 000 Stunden im Jahr. Die Regenfälle sind selten, aber heftig, die Winde stürmisch, und die Oberflächengestalt ist zerklüftet. Die ionischen Phokäer, die um 600 v. Chr. bei Massilia, dem heutigen Marseille, an Land gingen, wunderten sich nicht, daß sie hier wie in ihrer Heimat Reben vorfanden, und trugen zur ihrer weiteren Verbreitung bei. Ihrem Beispiel folgen später die Römer, danach die Mönche und der Adel bis hin zum »Winzerkönig« René von Anjou, Graf der Provence.

Eleonore von Provence, die Gemahlin des englischen Königs Heinrich III., konnte den Provence-Weinen zu großem Ansehen verhelfen, ebenso wie ihre Schwiegermutter, Eleonore von Aquitanien, dies für die Weine aus der Gascogne getan hatte. Danach wurden sie vom internationalen Handel ein wenig vernachlässigt, weil sie an den großen Verkehrsachsen nicht zu finden waren. In den letzten Jahrzehnten brachte sie der Aufschwung des Fremdenverkehrs wieder zu Ehren, insbesondere die Roséweine, wirklich fröhliche Weine, die das Sinnbild unbeschwerter Sommerferien sind und sehr gut zu provenzalischen Gerichten passen.

Die Anbauflächen des Weinbaugebiets sind häufig zerstückelt, was auch erklärt, warum fast die Hälfte der Produktion in Genossenschaftskellereien erzeugt wird; im Departement Var gibt es nicht weniger als hundert davon. Aber die Weingüter, die zum größten Teil ihre Weine selbst abfüllen, spielen noch immer eine wichtige Rolle; ihre tatkräftige Mitwirkung am Verkauf und an der Werbung ist für die ganze Region von Wert. Die jährliche Produktion liegt bei fast 4 Millionen hl, davon 700 000 bis 800 000 hl in den sieben AOCs. Allein im Departement Var hat der Wein, der 51 % der Anbaufläche einnimmt, noch immer einen Anteil von 45 % am landwirtschaftlichen Bruttosozialprodukt.

Ähnlich wie in den anderen südfranzösischen Weinbaugebieten sind die Rebsorten sehr zahlreich; die Appellation Côtes de Provence läßt bis zu dreizehn zu. Obgleich die Muscat-Sorten, die vor der Reblauskrise der Stolz sehr vieler provenzalischer Anbaugebiete waren, heute verschwunden sind. Die Reben werden zumeist im niedrigen Gobelet-Schnitt erzogen; doch immer häufiger sind sie an Drähten aufgebunden. Die Rosé- und Weißweine (letztere sind seltener, aber oft erstaunlich) trinkt man in der Regel jung; vielleicht könnte man diese Gewohnheit revidieren, wenn die Weine in der Flasche weniger schnell reif würden als unter den dortigen klimatischen Bedingungen. Das gilt ebenso für viele Rotweine, wenn sie leicht sind. Doch die körperreicheren Weine altern in allen Appellationen sehr gut : Man weiß von einem 65er Bandol, der sich noch immer recht gut hält !

Das sehr kleine Anbaugebiet Palette, das vor den Toren von Aix-en-Provence liegt, umfaßt den alten Weinberg des guten Königs René. Hier werden Weiß-, Rosé- und Rotweine erzeugt (rund 600 hl pro Jahr).

Da man auf einigen Weingütern immer noch Provenzalisch spricht, sollten Sie wissen, daß *avis* »Trieb«, *tine* »Gärbehälter« und *crotte* »Keller« bedeutet ! Vielleicht wird man Ihnen auch erzählen, daß eine der Rebsorten *pecou-tour* (= verdrehter Schwanz) oder auch *ginou d'agasso* (= Pferdefuß) heißt, wegen der eigenartigen Form des Stiels ihrer Trauben ...

Côtes de Provence

Diese Appellation nimmt ein gutes Drittel des Departements Var ein ; sie setzt sich im Departement Bouches-du-Rhône bis vor die Tore Marseilles fort und besitzt außerdem eine Enklave im Departement Alpes-Maritimes. Sie erzeugt durchschnittlich 850 000 hl pro Jahr, von denen 80 % Rosé-, 15 % Rot- und 5 % Weißweine sind. Drei Bodentypen kennzeichnen die Appellation : das kieselhaltige Massiv der Maures im Südosten, an das sich im Norden ein Streifen aus rotem Sandstein anschließt, der von Toulon bis Saint-Raphaël reicht, und noch weiter nördlich eine gewaltige Masse aus Hügeln und Kalksteinplateaus, die schon die Alpen ankündigen. Es ist somit verständlich, daß die Weine, die aus vielen verschiedenen Rebsorten mit unterschiedlichen Anteilen erzeugt werden und von ebenso unterschiedlichen Böden und Lagen stammen, neben einer Ähnlichkeit, die auf die Sonne zurückgeht, Spielarten bieten, die gerade ihren besonderen Reiz ausmachen ... Ein Zauber, dem vermutlich schon der Phokäer Protis verfiel, als ihm 600 Jahre vor unserer Zeitrechnung Gyptis, die Tochter des Königs, als Zeichen ihrer Liebe einen Becher davon reichte ...

Zu den Weißweinen von der Küste, die zart, aber nicht fad sind, passen fangfrische Fische und Meeresfrüchte, während die etwas weiter nördlich erzeugten Weine, die ein weniger »eckiger« sind, den Geschmack von Krebsen auf amerikanische Art oder von pikanten Käsesorten dämpfen können. Die Rosés, die zart oder nervig sind, bilden je nach Lust und Laune die besten Begleiter für das kräftige Aroma von Pistou, einer Gemüsesuppe mit einer speziellen Würzpaste, Sardellenpaste mit Knoblauch, Aïoli (Knoblauchmayonnaise), Bouillabaisse sowie auch zu Fischen und Meeresfrüchten mit Jodgeschmack (Meerbarbe, Seeigel, Meerscheide). Bei den Rotweinen schließlich passen die zarten (die man gekühlt trinken sollte) zu Keule und Braten, aber auch zu kaltem Potaufeu mit Salat. Körperreichere Rotweine, die kraftvoll und alkoholreich sind, kann man zu Wildpfeffer, Schmorgerichten oder Schnepfen trinken. Ein Tip noch für diejenigen, die ungewöhnlichen Kombinationen nicht abgeneigt sind : Gekühlter Rosé und Pilze, Rotwein und Ragout aus Krustentieren, Weißwein und Lammschmorbraten (in Weißwein geschmort) bescheren angenehme Überraschungen.

CH. BARBANAU 1996*

| | 6 ha | 30 000 | 30-50 F |

Die Milde der Gegend, die Warmherzigkeit des Empfangs und die Qualität der Weine sind alles Vorzüge, die dieses regelmäßig im Weinführer vertretene Gut oft auf den besten Plätzen bestätigt haben. Aus der Auswahl für 1997 haben wir diesen wunderbaren Rosé berücksichtigt, der gehaltvoll und vollständig zugleich ist. Der Duft von Zitrusfrüchten und Garrigue macht im Mund komplexeren Noten von Honig, Akazienblüten und Vanille in einer schönen Ausgewogenheit zwischen Rundheit und Frische Platz. Ein langer Wein, der eine angenehme Erinnerung hinterläßt.

☛ Ch. Barbanau, 13830 Roquefort-la-Bédoule, Tel. 04.42.73.14.60, Fax 04.42.73.17.85
☑ ⚲ n. V.
☛ Sophie Cerciello

Côtes de Provence

CH. BARBEIRANNE 1996★

▬ 12,29 ha 70 000 ▬ 30-50 F

Diese sehr blasse Cuvée mit dem hübschen Pfirsich- und Aprikosenduft besitzt eine diskrete Eleganz. Man schätzt an ihr die Feinheit und Ausgewogenheit im Geschmack. Ein sehr femininer Wein voller Charme und Schamhaftigkeit.
➥ Ch. Barbeiranne, La Pellegrine, 83790 Pignans, Tel. 04.94.48.84.46, Fax 04.94.33.27.03 ☑ ☥ tägl. 9h-18h
➥ Sonniez

BASTIDE DES BERTRANDS
Cuvée des Rocailles 1994★★

▬ k. A. 4 000 ▬ 30-50 F

Ein 200 ha großes Gut, von dem 120 ha mit Reben bestockt sind, im Herzen des Mauren-Massivs gelegen. Nach einem herrlichen Weißwein im letzten Jahr hier ein bemerkenswerter Rotwein, der eine dunkelrote, fast schwarze Farbe besitzt. Dieser 94er verströmt ungestüm einen warmen Duft nach Backpflaumen und schwarzen Johannisbeeren. Kräftig gebaut und aromatisch, mit einem leichten Tieraroma, auch würzig. Er ist trinkreif, kann aber noch lagern. Ein Stern für den runden, ausgewogenen Rosé, der nach roten Früchten schmeckt.
➥ SC Dom. des Bertrands, rte de La Garde-Freinet, 83340 Le Cannet-des-Maures, Tel. 04.94.73.02.94, Fax 04.94.73.17.63
☑ ☥ n. V.
➥ Marotzki

CH. BAUVAIS 1996

▬ 20 ha 40 000 ▬ 30-50 F

Dieser Rosé mit der kräftigen Farbe hat unsere Jury durch seine reichhaltige aromatische Palette

Provence

Côtes de Provence

verführt, die durch rote Früchte und andere frische Früchte geprägt ist. Er ist im Geschmack warm und ausdrucksvoll und setzt sich in männlicheren Noten fort.

🍇 Cave coop. de Pierrefeu, R.D.12, 83390 Pierrefeu-du-Var, Tel. 04.94.28.20.09, Fax 04.94.28.21.94 ✓ 🍷 tägl. 9h-12h 14h-18h

DOM. LUDOVIC DE BEAUSEJOUR
Cuvée Prestige 1996

	2,5 ha	13 300		30-50 F

Ein Familienbetrieb, der sich auf den Weinbau umstellte, nachdem der Frost die Olivenbäume heimgesucht hatte. Unsere Jury schätzte die Feinheit und die Eleganz seines Rosés. Er ist sicherlich ein wenig flüchtig, aber angenehm blumig, rund und süffig.

🍇 Dom. Ludovic de Beauséjour, La Basse Maure, rte de Salernes, 83510 Lorgues, Tel. 04.94.50.91.91, Fax 04.94.68.46.53 ✓ 🍷 n. V.

🍇 Terrasson et Maunier

DOM. TROPEZ BERAUD 1996★

	7,5 ha	48 000	30-50 F

Tropez Béraud, eine unverzichtbare Persönlichkeit der Halbinsel, hat gerade seinem Enkel das Weingut anvertraut. Dieser erste Jahrgang ist eine angenehme Überraschung : Ein strahlender Rosé, der vorwiegend blumig duftet und im Geschmack rund ist, ohne daß es an Frische fehlt.

🍇 Grégoire Chaix, Campagne Virgile, 83580 Gassin, Tel. 04.94.56.27.27, Fax 04.94.56.11.81 ✓ 🍷 tägl. 9h-17h (im Sommer bis 20h)

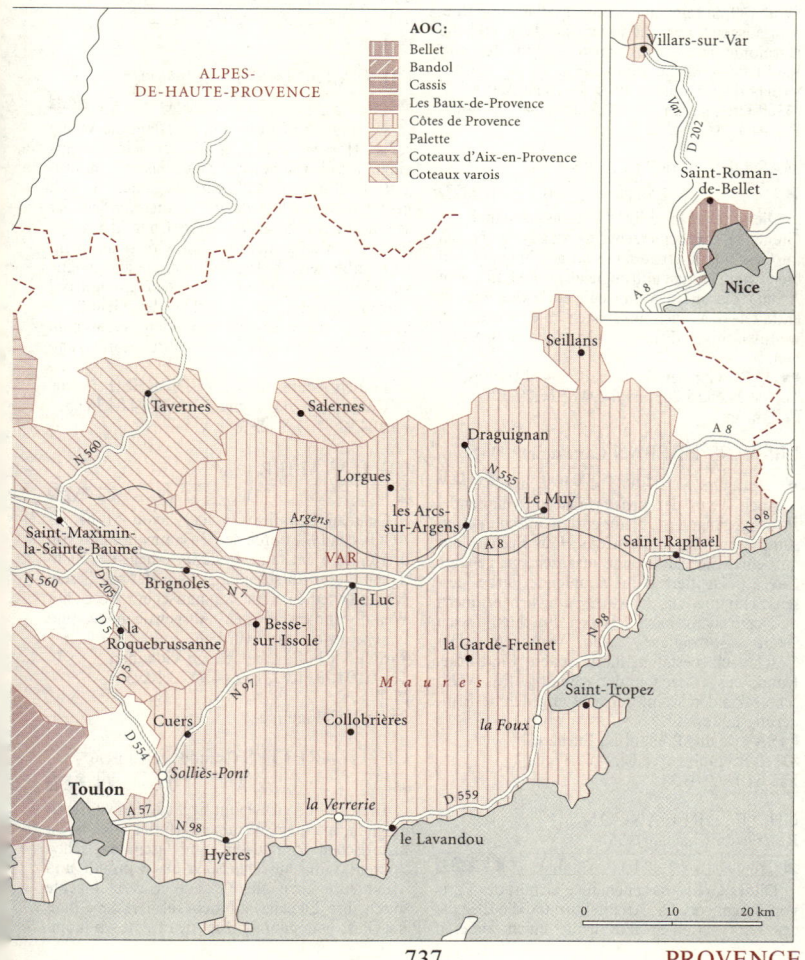

CH. DE BERNE 1996*

20 ha 18 000

Drei Weine wurden ausgewählt, die alle einen Stern erhielten : Das Können dieses Weinguts, das im Departement Var im Binnenland liegt, bestätigt sich ein weiteres Mal. Außer einem Weißwein und einem roten 95er hat die Jury diesen Rosé berücksichtigt: blasse Farbe, aber lekker, mit einem Aroma, in dem Mangos, Litschis und Bananen hervortreten. Er schmeckt leicht nach Zitronen und ist fein und komplex zugleich, vollkommen ausgewogen. Das Gut präsentiert auch einen Weißwein und einen 95er Rotwein, die einen Stern verdient haben.

SA Ch. de Berne, 83510 Lorgues, Tel. 04.94.60.43.60, Fax 04.94.60.43.58 tägl. 10h-18h

DOM. DU BOIS DES DEMOISELLES
Cuvée des Selves Elevé en fût de chêne 1995*

k. A. 6 400

Dieser Verschnitt aus Cabernet (60 %) und Syrah (40 %) zeigt eine schöne granatrote Farbe. Sein ausgeprägter Charakter und die glückliche Harmonie des Aromas von roten Früchten und Vanille lassen keinen unberührt.

Sebodem, Dom. du Bois des Demoiselles, 83300 Draguignan, Tel. 04.94.68.18.40, Fax 04.94.47.12.45 n. V.

MAS DES BORRELS 1996*

2,5 ha 13 000

Dieser sehr blasse Rosé, der hauptsächlich aus Grenache-Trauben erzeugt worden ist, zeigt sich im Geschmack großzügig und geschmeidig und bietet viel Feinheit und zugleich große Fülle. Sein Aroma, das anfangs ein wenig zurückhaltend ist, entfaltet sich nach und nach mit Noten von weißfleischigen Früchten, Bananen und Melonen.

GAEC Garnier, 3e Borrels, 83400 Hyères, Tel. 04.94.65.68.20, Fax 04.94.65.68.20 n. V.

LES VINS BREBAN Carte noire 1996**

35 ha 200 000

Auch wenn der provenzalische Weinhandel zurückgegangen ist, bleibt er dynamisch und leistungsfähig. Das beweist das Haus Bréban, das mit seiner Carte noire eine ausgezeichnet gebaute Cuvée präsentiert. Seine strahlende Farbe, dessen Schimmer an schwarze Kirschen erinnert, und sein Duft nach frischen Früchten lassen einen großzügigen Wein erahnen. Der Geschmack bestätigt diese ersten Eindrücke. Rund, ausgewogen und nachhaltig. Ein wohlschmeckender Wein, der eine angenehme Erinnerung hinterläßt.

SA Les vins Bréban, La Burlière, 83170 Brignoles, Tel. 04.94.69.12.55, Fax 04.94.69.03.37

CH. DE BREGANÇON
Réserve du Château 1996

Cru clas. 42 ha 25 000

Dieses Gut ist das ehemalige Gehöft des Forts von Brégançon. Die Architektur und die Eleganz des Orts verleihen ihm heute einen anderen Rang, seine berühmten Besucher ebenfalls ... Aber daß es dazu berufen ist, Wein anzubauen, wird durch diesen feinen, nach Amylalkohol riechenden Rosé bestätigt, der einen fülligen, sanften Geschmack hat und mit einer sehr frischen Note ausklingt.

Jean-François Tézenas, Ch. de Brégançon, 639, rte de Leoube, 83230 Bormes-les-Mimosas, Tel. 04.94.64.80.73, Fax 04.94.64.73.47

Mo-Sa 9h30-12h 14h30-18h

MAS DE CADENET 1996*

4 ha 15 000

Dieses Gut am Fuße der Montagne Sainte-Victoire bietet eine kleine paläontologische Ausstellung, in der man Dinosauriereier sehen kann. Aber zuerst einmal ist es ein Weingut, das in unserem Weinführer häufig erwähnt wird. Dieser sehr blasse weiße 96er ist im Geschmack rund und süffig. Er verführt durch eine reiche Palette von gleichzeitig blumigen und mineralischen Düften.

Négrel, Mas de Cadenet, 13530 Trets, Tel. 04.42.29.21.59, Fax 04.42.61.32.09 n. V.

CH. CARPE DIEM Plus 1996**

2 ha 10 000

Seit 1992 vinifiziert Francis Adam die Weine selbst. Horaz hat ihm den Namen seines Weins eingeflüstert. Ein solches Zitat, das mit anmutigen Buchstaben auf ein elegantes Etikett geschrieben ist, lädt dazu ein, diesen 96er, der schon einen sehr großzügigen Charakter zeigt, bereits jetzt zu genießen. Man wird seine intensive Farbe, seine festen Tannine, die jedoch eine gute Struktur garantieren, und seine aromatische Nachhaltigkeit schätzen. Aber der Genuß ist auch mit einer Wartezeit verbunden, so daß man diesen Wein in zwei bis vier Jahren »pflücken« kann.

Francis Adam, Ch. Carpe Diem, R.D. 13, rte de Carces, 83570 Cotignac, Tel. 04.94.04.76.65, Fax 04.94.04.77.50 n. V.

CH. CAVALIER 1996*

10 ha 57 300

Château Cavalier (71 ha, davon 51 ha als AOC), das 1971 durch den Zusammenschluß von drei Gütern entstand, bestätigt erneut die Richtigkeit dieser Entscheidung. Es bietet bei diesem Jahrgang einen fein aromatischen Rosé mit Weißdornnoten, dessen Ausgewogenheit und Frische unsere Jury würdigte.

SCEA Ch. Cavalier, 83550 Vidauban, Tel. 04.94.73.56.73, Fax 04.94.73.10.93 n. V.

Zech-Colombina

CH. CLARETTES Grande Cuvée 1996*

k. A. 8 000

Dieses 11 ha große Gut liegt südlich von Draguignan, in einem Weinbaudorf, das reich ist an historischen Zeugnissen und archäologischen Spuren. Seine ausschließlich aus Cinsault und Mourvèdre erzeugte Grande Cuvée machte durch ihre Eleganz auf sich aufmerksam. Blaß im Glas, eher blumig. Sie bietet eine vollkom-

Côtes de Provence

mene Ausgewogenheit des Geschmacks, ohne Launen oder Aggressivität.
🍇 EARL Vignobles Crocé-Spinelli, Dom. des Clarettes, 83460 Les Arcs-sur-Argens, Tel. 04.94.47.50.52, Fax 04.94.73.30.73
☑ 🍷 n. V.

CAVE DE COGOLIN
Grande Réserve 1996*

| ■ | | k. A. | 6 000 | ■ ♦ | -30F |

Dieser 96er, das Ergebnis einer traditionellen Vinifizierung, ist elegant und fruchtig und besitzt eine runde, ausgewogene Struktur.
🍇 Cave des Vignerons de Cogolin, rue Marceau, 83310 Cogolin, Tel. 04.94.54.40.54, Fax 04.94.54.08.75 ☑ 🍷 Mo-Sa 8h-12h 13h30-17h30

DOM. DE CUREBEASSE 1996*

| □ | | 2 ha | 6 500 | ■ ♦ | 30-50F |

Der Name des Guts verweist auf eine unsichere Vergangenheit. Curebeasse bedeutet im Provenzalischen »Beutelleerer« (Strauchdieb). Heute bildet dieser Ort eine kühle Zufluchtsstätte unweit von Saint-Raphaël. Ein mit der Tradition verbundenes Gut, das hübsche, im Weinführer regelmäßig beschriebene Weine vorstellt, wie etwa diesen Weißwein mit dem Aroma von Äpfeln, Birnen und Bananen und dem feinen, zarten Geschmack.
🍇 Dom. de Curebeasse, rte de Bagnols, 83600 Fréjus, Tel. 04.94.40.87.90, Fax 04.94.40.75.18 ☑ 🍷 n. V.
🍇 J. Paquette

DOM. DU DRAGON
Cuvée Saint-Michel Elevé en fût de chêne 1995*

| ◢ | | k. A. | k. A. | ◐ | 30-50F |

Ein durch aromatischen Reichtum und Stärke gekennzeichneter 95er. Er duftet nach Vanille, Kakao, Lakritze und Gewürzen. Ein robust gebauter, stämmiger Wein, der »mit den Muskeln spielt«. Er wird eine schöne Begleitung für Schmorgerichte und Wild abgeben.
🍇 SCEA Dom. du Dragon, rte de Montferrat, 83300 Draguignan, Tel. 04.94.68.14.46, Fax 04.94.47.12.45 ☑ 🍷 tägl. 10h-12h 16h-18h
🍇 Houppertz

CH. FERRY LACOMBE
Cuvée Lou Cascaï 1996**

| ◢ | | 10 ha | 53 000 | ■ ♦ | 30-50F |

Es fiele schwer, sich von diesem vollständigen Rosé nicht verführen zu lassen. Er erfüllt uns mit einem eleganten Duft von weißfleischigen Pfirsichen und weißen Blüten und wird dann im Geschmack rund, bleibt dabei aber fein und zart, mit schöner Nachhaltigkeit.
🍇 Ch. Ferry-Lacombe, 13530 Trets, Tel. 04.42.29.04.04, Fax 04.42.61.46.65
☑ 🍷 n. V.

CH. FONT-FREYE 1996

| ■ | | 15 ha | 20 000 | ♦ | 30-50F |

Dieses Gut, das in der Ebene liegt, zwischen Pierrefeu und Cuers, ist stolz auf seinen »Brunnen der vier Jahreszeiten«, der aus dem 18. Jh. stammt. Es hat einen 96er vorgestellt, der Geruch noch verschlossen ist und von pflanzlichen Noten dominiert wird. Dieser Wein braucht Zeit, um sich zu entfalten, aber sein solides Gerüst weist auf ein gutes Potential hin.
🍇 Paulette Deguignes, Ch. Font-Freye, 83390 Cuers, Tel. 04.94.48.63.41, Fax 04.94.28.63.22 ☑ 🍷 n. V.

CH. DU GALOUPET
Cuvée spéciale 1996**

| ◢ | | k. A. | 26 000 | | 30-50F |

Man läßt sich durch den mediterranen Charme dieses Guts leicht verführen. Hier sind alle provenzalischen Rebsorten vertreten, aber die Tibouren-Rebe wird besonders aufmerksam behandelt. Sie bildet den Hauptbestandteil dieser Cuvée mit der diskreten Farbe, die reizvolle Fuchsientöne zeigt, und dem angenehmen Duft, der Noten von Zitrusfrüchten und roten Früchten enthält. Der Geschmack ist würziger und bietet ein mildes, wohlausgewogenes Aroma, das die Geschmacksknospen umschmeichelt. Ein ausgezeichneter Côtes de Provence.
🍇 Ch. du Galoupet, Saint-Nicolas, B.P. 29, 83250 La Londe-les-Maures, Tel. 04.94.66.40.07, Fax 04.94.66.42.40 ☑ 🍷 Mo-Sa 9h-12h30 14h-18h (im Sommer bis 19h)
🍇 Smivdasani

CH. DES GARCINIERES
Cuvée du Prieuré 1995*

| ■ | | 3 ha | 17 000 | ◐ | 50-70F |

Ein Weinbau- und Forstbetrieb, dessen Ursprünge im 17. Jh. zurückreichen. Dieser 95er ist in ein dunkles, dichtes Kleid gehüllt und zeigt eine warme Harmonie mit einem Vanille- und Gewürzaroma. Er ist trinkreif und kann ein paar Jahre lagern.
🍇 Louis Valentin, Ch. des Garcinières, 83310 Cogolin, Tel. 04.94.56.02.85, Fax 04.94.56.07.42 ☑ 🍷 n. V.

DOM. GAVOTY Cuvée Clarendon 1996*

| ◢ | | 5 ha | 20 000 | ■ | 30-50F |

Clarendon (alias Bernard Gavoty), Kritiker und zugleich Schöngeist, war vor allem ein Musikliebhaber. Seine Erben haben dieselben Qualitäten entwickelt, im Dienste des Weinbaus und des Weins. Dieser großzügige, wohlausgewogene 96er, der Rosen und frische Früchte harmonisch vereint, konnte unsere Kritiker verführen. Hinweisen kann man auch auf einen 95er Rotwein der gleichen Cuvée, die ebenfalls einen Stern erhalten hat.
🍇 Les héritiers de Bernard Gavoty, Le Petit Campdumy, 83340 Flassans, Tel. 04.94.69.72.39, Fax 04.94.59.64.04 ☑ 🍷 Mo-Sa 8h-12h 14h-18h

DOM. DE GRANDPRE
Clos des Ferrières 1996*

| ◢ | | 3 ha | 10 000 | ■ ♦ | -30F |

Dieser Rosé steht in der Linie des vorangehenden Jahrgangs, der unsere Jury verführt hatte. Es mangelt ihm nicht an Eleganz. Eine blasse, fast leichte Farbe und ein nuancenreicher Duft, der fruchtig und blumig zugleich ist, bilden das Vorspiel für eine einschmeichelnde Liebkosung ohne jegliche Aggressivität oder Unterbre-

Côtes de Provence

chung, nur mit leicht würzigen Noten angereichert.

🔹 Emmanuel Plauchut, Dom. de Grandpré, 83390 Puget-Ville, Tel. 04.94.48.32.16, Fax 04.94.33.53.49 ☑ ✝ tägl. 8h-21h

CH. DE JASSON Cuvée Eléonore 1996**

◢ 10 ha 60 000 ■ ♦ 30-50F

Wir haben zwei Weine dieser ehemaligen Restaurantbesitzer aus Neuilly-sur-Seine verkostet. Der rote 96er hat durch seine aromatische Palette verführt : Veilchen, aber auch Salbei, danach kleine rote Früchte. Er hinterläßt eine Empfindung von Fülle. Die Cuvée Eléonore, von welcher der 93er zum Lieblingswein gewählt wurde, ist immer in unserem Weinführer vertreten : ein blasser Rosé, der ausgewogen und nachhaltig ist und nach der Belüftung Noten von grünen Zitronen und Feuerstein entfaltet. »Sympathisch«, betonten die Verkoster, die ihr dieselbe Note wie dem Rotwein gegeben haben.

🔹 M. et Mme Defresne, Ch. de Jasson, R.D. 88, 83250 La Londe-les-Maures, Tel. 04.94.66.81.52, Fax 04.94.05.24.84 ☑ ✝ tägl. 8h30-12h 14h-19h

DOM. DE LA BASTIDE NEUVE 1996*

□ 1 ha 6 000 ■ ♦ 30-50F

Dieses im Weinführer häufig erwähnte Weingut bietet einen blassen Weißwein mit lindgrünem Schimmer. Der aus der Rebsorte Rolle erzeugte Wein erweckt sofort einen Eindruck von Komplexität. Sein kräftiges, an Orangenschalen, kandierte Früchte und Haselnüsse erinnerndes Aroma ist fast betäubend. Im Geschmack zeigt er sich fett und füllig. Die Intensität dominiert über die Feinheit, aber seine Reichhaltigkeit verheißt eine schöne Zukunft.

🔹 SCEA Dom. de la Bastide Neuve, 83340 Le Cannet-des-Maures, Tel. 04.94.60.73.30, Fax 04.94.60.92.54 ☑ ✝ tägl. 8h-12h 13h-17h
🔹 Wiestner

DOM. LA BERNARDE 1993**

■ 9 ha 50 000 ■ ♦ 50-70F

Ein reifer, gut gemachter Wein, der im Duft ebenso wie im Geschmack kräftig ist und ein Lakritze- und Muskataroma entfaltet. Ein ausgeprägter südlicher Charakter. Ein Verkoster schlägt vor, ihn zu einem Schmorbraten auf provenzalische Art zu servieren.

🔹 Meulnart Père et Fils, Dom. La Bernarde, 83340 Le Luc, Tel. 04.94.60.71.31, Fax 04.94.47.96.04 ☑ ✝ n. V.

CH. DE LA CASTILLE 1996*

◢ 6,14 ha 26 400 ■ ♦ -30F

Dieses über 110 ha große Gut, das einst den Grafen der Provence gehörte, ist heute im Besitz des Bischofs von Toulon. Auch wenn man hier die geistlichen Werte betont, wird die Natur doch nicht verachtet. Der Weinbaubetrieb konnte das Beste herausziehen. Er präsentiert uns einen Rosé mit sehr klassischer Erscheinung, der durch die Reichhaltigkeit seines Dufts (kleine Blüten, Zitrusfrüchte, Melonen) und seine fleischige und zugleich erfrischende Rundheit verführt.

🔹 Fondation La Castille, dom. de La Castille, 83260 La Crau, Tel. 04.94.66.71.48, Fax 04.94.33.42.15 ☑ ✝ Di-Sa 8h-12h 14h-18h

LA COURTADE 1995*

□ 27 ha 12 000 ⦾ 70-100F

Die Lage des Anbaugebiets auf der Insel Porquerolles, die griechisch-mediterrane Architektur der Gebäude und die spezielle Vinifizierungsanlage des Weinkellers heben dieses Gut aus der Appellation heraus. Die Jury hat diesen 95er mit Genuß probiert. Er ist ganz offensichtlich das Ergebnis einer guten Arbeit. Seine goldene Farbe, sein nachhaltiges, an Ginster, Honig und kandierte Orangen erinnerndes Aroma und sein holzbetonter, fülliger und gut verschmolzener Geschmack ergeben einen schönen Wein, der noch voller Jugendlichkeit ist.

🔹 Dom. de La Courtade, 83400 Ile de Porquerolles, Tel. 04.94.58.31.44, Fax 04.94.58.34.12 ☑ ✝ n. V.
🔹 Henri Vidal

DOM. DE LA CRESSONNIERE
Cuvée Prunelle 1996*

◢ 1 ha 6 000 ■ ♦ 30-50F

Dieser zehnte Jahrgang seit der Renovierung des Weinkellers bestätigt die Wiedergeburt des Guts: klare rosa Farbe von mittlerer Intensität. Dieser elegant fruchtige Rosé ist im Geschmack großzügig und ausgewogen. Ein schöner Klassiker der Appellation.

🔹 GFA Dom. de La Cressonnière, R.N. 97, 83790 Pignans, Tel. 04.94.48.81.22, Fax 04.94.48.81.25 ☑ ✝ tägl. 8h-19h
🔹 Depeursinge et Gourdon

CH. LA FONT DU BROC 1996**

□ 1,27 ha 5 800 ⦾ 50-70F

Diese ausschließlich aus der Rebsorte Rolle erzeugte Cuvée hat einen klug bemessenen Ausbau im Barriquefaß hinter sich. Kein schwerer Ausdruck, sondern feine Noten von Birnen, Mandeln und Honig und eine großzügige, wohlausgewogene Präsenz im Geschmack. Ein Wein von großer Persönlichkeit.

🔹 Sylvain Massa, chem. du Font-du-Broc, quartier Ste-Roseline, 83460 Les Arcs, Tel. 04.94.47.48.20, Fax 04.94.47.50.46 ☑ ✝ n. V.

DOM. DE LA GARNAUDE
Cuvée Santane 1995*

■ 1,2 ha 2 900 ⦾ 30-50F

1982 ließen sich zwei Städter am Fuße der Maures nieder und richteten eine moderne Kellerei ein. Fünfzehn Jahre später präsentiert das Paar einen ausdrucksvollen, verführerischen 95er Rotwein. Intensiv, komplex und originell: Die aromatische Palette verbindet Sauerkirschen, Gewürze sowie Noten von Tiergeruch und Moschus. Der Geschmack zeigt sich sehr elegant mit samtigen Tanninen. Er klingt mit eigentümlichen Noten von Kakao und kandierten Orangen aus. Ein Wein, den man noch ein paar Jahre aufheben kann.

🔹 SCEA Martel-Lassechere, Dom. de La Garnaude, rte de Repenti, 83590 Gonfaron, Tel. 04.94.78.20.42, Fax 04.94.78.24.71 ☑ ✝ Mo-Sa 9h-12h 14h-18h ; So n. V.
🔹 GFA Dom. de La Garnaude

Côtes de Provence

DOM. DE LA GERADE Cuvée Bleue 1996

| | 5 ha | 10 000 | | 30-50 F |

Ein Gut, das seit der Renovierung seines Kellers im Jahre 1993 in unserem Weinführer regelmäßig erwähnt wird. Es bietet eine Cuvée, deren Name ebenso originell ist wie seine Merkmale : blasse Farbe, aber mit schönem Glanz, und in eigentümlicher Duft nach grünen Zitronen und weißen Blüten. Der Geschmack ist gut strukturiert. Man findet darin jenes Nebeneinander der Frische von grünen Zitronen und der Milde von Früchten mit weißem Fleisch wieder.
➥ Henry, 1300, chem. des Tourraches, 83260 La Crau, Tel. 04.94.66.13.88, Fax 04.94.66.73.52 ✓ ✗ n. V.

DOM. DE LA GISCLE
Le Moulin de l'Isle 1996★★

| | 15 ha | 20 000 | | 30-50 F |

Die Giscle ist einer der Flüsse des Mauren-Massivs, die die Absonderungen dieses Berges zur Ebene von Saint-Tropez transportieren. Vielleicht ist sie beteiligt an der zarten Feinheit dieses Rosés mit dem unaufdringlichen Lachsrosa und dem kräftigen Duft nach Zitrusfrüchten und grünen Zitronen. Elegant, dabei aber gut strukturiert. Dieser Wein ist fast erfrischend.
➥ EARL Dom. de La Giscle, hameau de l'Amirauté, 83310 Cogolin, Tel. 04.94.43.21.26, Fax 04.94.43.37.53 ✓ ✗ tägl. 8h30-12h 14h-19h
➥ Audemard

CH. LA GORDONNE
Les Gravières 1996★★

| | 6 ha | 40 000 | | 30-50 F |

Die Domaines Listel haben sich vor zehn Jahren der Gruppe Val d'Orbieu angeschlossen. Diese Veränderungen an maßgeblicher Stelle haben Château de la Gordonne, eines der Kleinodien des Anbaugebiets von Pierrefeu, in keiner Weise beeinträchtigt. Von dem Gut wird in diesem Jahr die Cuvée des Gravières berücksichtigt : Dieser runde, einschmeichelnde Rosé ist fröhlich und lebhaft zugleich, aber auch zärtlich und angenehm verführerisch mit Noten von exotischen Früchten und Bananen. Ein Wein, dem es weder an Charme noch an Einprägsamkeit mangelt.
➥ Dom. Listel, Ch. La Gordonne, 83390 Pierrefeu-du-Var, Tel. 04.94.28.20.35, Fax 04.94.28.20.35 ✓ ✗ n. V.

DOM. DE LA JEANNETTE
Les Bouquets de Jeannette 1993★★

| | 4 ha | 3 000 | | 30-50 F |

La Jeannette ist ein Landhaus, das inmitten von Reben im Vallée des Borrels steht, 5 km vom Meer entfernt. Dieser Wein, das Ergebnis einer traditionellen Vinifizierung, ist entwickelt, bleibt aber sehr gefällig. Das sehr aromatische Bukett besteht aus roten Früchten. Der Geschmack, der eher an Konfitüre und Gewürze erinnert, bietet ein verschmolzenes Gerüst und eine warme Note. Man kann ihn unverzüglich trinken, zu anspruchsvollen Gerichten.
➥ SCIR Dom. de La Jeannette, 566, rte des Borrels, 83400 Hyères, Tel. 04.94.65.68.30, Fax 04.94.12.76.07 ✓ ✗ Mo-Sa 8h30-11h30 14h-18h ; Gruppen n. V.
➥ Moutte Frères

DOM. DE LA LAUZADE 1995★★

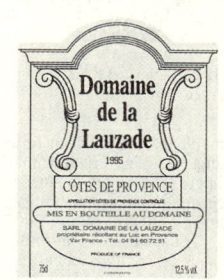

| | 1,15 ha | 6 666 | | 30 F |

La Lauzade setzt sich in den drei Farben durch. In unserer Ausgabe 1997 wurden der 95er Weißwein und der 95er Rosé zu Lieblingsweinen gewählt. Dieses Jahr geht die gleiche Auszeichnung an den Rotwein. Sein einschmeichelnder, bukettreicher Duft mit Noten von frischer Vanille und Schokolade sowie einer Nuance Tiergeruch fand einmütige Zustimmung. Sein fülliger Geschmack enthüllt reichen Stoff. Seine Festigkeit ist ein Zeichen für ein gutes Lagerpotential. Der Wein klingt mit zart holzbetonten, abgerundeten und eleganten Konturen aus. Er dürfte in ein paar Monaten abheben.
➥ SARL Dom. de La Lauzade, rte de Toulon, 83340 Le Luc-en-Provence, Tel. 04.94.60.72.51, Fax 04.94.60.96.26 ✓ ✗ Mo-Fr 8h-12h 14h-17h30 ; Sa n. V.

DOM. DE LA LAUZADE 1996★

| | 5 ha | 28 000 | | 30 F |

Eine offenkundige Tatsache : Ein Winzer ist zuerst einmal jemand, der Reben anbaut. Dieses Gut unterhält eine Sammlung von rund sechzig verschiedenen Rebsorten, die die Freunde der Rebkunde begeistern wird. In diesem kraftvollen, großzügigen Rosé mit dem intensiven Steinobstaroma dominiert die Grenache-Rebe. Cinsault und Tibouren, in geringerem Anteil vertreten, verleihen Feinheit.
➥ SARL Dom. de La Lauzade, rte de Toulon, 83340 Le Luc-en-Provence, Tel. 04.94.60.72.51, Fax 04.94.60.96.26 ✓ ✗ Mo-Fr 8h-12h 14h-17h30 ; Sa n. V.

DOM. DE LA MAYONNETTE
Cuvée Tradition 1995★★

| | 2 ha | 8 000 | | 30-50 F |

Innerhalb von weniger als zehn Jahren haben sich die Julians mit drei sehr beachteten Cuvées in der Appellation durchgesetzt. 1997 hat die Jury den Rotwein besonders geschätzt. Eine Katze schmückt das Etikett. Soll dies die seidige und sanfte Seite dieses 95ers symbolisieren ? Zunächst ein eleganter, fruchtiger Geruchseindruck. Der Duft nach Himbeeren und schwarzen Johannisbeeren entwickelt sich in Richtung Pfef-

PROVENCE

Côtes de Provence

fer und Tabak. Der ebenfalls ausdrucksvolle, von samtigen Tanninen umhüllte Geschmack ist ausgewogen, füllig und rund. Dieser Wein wird Ihre Gäste im Winter bei einem Wildschweinpfeffer begeistern. Weisen wir auch auf einen goldbraunen Weißwein hin, der untypisch ist und einen Eindruck von Fülle hinterläßt. Ein charaktervoller Wein, mit einem Stern benotet.

🕭 Julian et Fils, Dom. de la Mayonnette, rte de Pierrefeu, 83260 La Crau, Tel. 04.94.48.28.38, Fax 04.94.28.26.66 ✓ ⏳ tägl. 9h-12h 13h30-19h

DOM. DE LA NAVARRE
Cuvée réservée 1996★★★

	2,6 ha	16 000	🍷	50-70 F

Diese im 19. Jh. vom hl. Jean Bosco gegründete Stiftung ist ein Privatgymnasium und zugleich ein großes Weingut in einer bemerkenswerten Gegend. Aus einer vielfältigen Produktion ragt dieser Weißwein heraus. Ein ausdrucksvoller 96er, der nach Blüten und Frühling duftet. Im Geschmack ist er rund, lebhaft und generös und entfaltet ein Aroma von Jasmin und blühenden Orangenbäumen. Ein bemerkenswerter Wein, ebenso schön wie gut.

🕭 Fondation La Navarre, Cave du Domaine, B.P. 24, 83260 La Crau, Tel. 04.94.66.04.08, Fax 04.94.35.10.66 ✓ ⏳ n. V.

CH. L'ARNAUDE 1996★

	10 ha	30 000	🍷 🍴	30-50 F

Die Knapps, die aus dem nördlichen Europa (Deutschland und Schweden) stammen, haben sich vor zwölf Jahren südwestlich von Draguignan niedergelassen, auf einem Gut, das heute 32 ha umfaßt. Ein 96er Rosé, dessen blasse Farbe gelbrote Töne zeigt, bietet einen angenehmen Kontrast von Milde und Lebhaftigkeit. Er ist zunächst einschmeichelnd und wird dann schärfer. Als Aperitif zu einer Tapenade (würzigpikante Paste aus Anschovis, Oliven und Kapern).

🕭 H. et A. Knapp, Ch. l'Arnaude, rte de Vidauban, 83510 Lorgues, Tel. 04.94.73.70.67, Fax 04.94.67.61.69 ✓ ⏳ n. V.

DOM. DE LA ROUVIÈRE 1995★

	2,4 ha	30 000	🍷 🍴	30-50 F

Die Reblagen von Pierrefeu haben zu Recht einen guten Ruf. Das erst 1989 entstandene Gut konnte sie gut nutzen mit diesem feinen, eleganten, ausgewogenen Rotwein, der nach Farnkraut und Unterholz duftet. Ein sanfter, harmonischer, verschmolzener Wein für jetzt.

🕭 SARL S.N.V. Dom. de La Rouvière, quartier de La Rouvière, 83390 Pierrefeu-du-Var, Tel. 04.94.48.13.13, Fax 04.94.48.11.64 ✓ ⏳ n. V.
🕭 Kanoui

DOM. DE LA SEIGNEURIE 1996★

	2 ha	13 000	30-50 F

Der Name dieses großen Guts (70 ha) erinnert an die Zeit, als es sich im Besitz fürstlicher Familien wie den Bourbon-Condés befand, die es bis 1830 besaßen. Ein großer Teil der Produktion wird bis Korea exportiert. Dieser Weißwein wird ein guter Botschafter der Provence sein. Die strahlende, nuancenreiche Farbe ist ansprechend. Der hochfeine Duft bietet Zitrusfrüchte und kleine Blüten. Dem klassischen, recht wohlausgewogenen Geschmack mangelt es nicht an Präsenz. Ein klarer, redlicher Wein.

🕭 SCEA Dom. de La Seigneurie, rte de Cabasse, 83340 Flassans, Tel. 04.94.69.70.27, Fax 04.94.59.62.71

LES VIGNERONS DE LA TARADOISE
La Salle à manger de Grand'Mère 1995★

	k. A.	4 500	🍾	30-50 F

Das Eßzimmer der Großmutter - eine Bezeichnung, die an Leckereien von früher denken läßt. Großmutter wird sicherlich diesen 95er schätzen, der kandierte Früchte und rote Früchte, würzige und pfeffrige Noten verbindet. Auch wenn der Geschmack ausgewogen ist, bemängelte einer der Verkoster einen aufdringlichen Holzton. Dieser Wein muß sich noch entwickeln.

🕭 SCA Les Vignerons de la Taradoise, 83460 Taradeau, Tel. 04.94.73.02.03, Fax 04.94.73.56.69 ✓ ⏳ Mo-Sa 8h-12h 14h-18h

CH. DES LAUNES Grande Réserve 1995★★

	1,5 ha	6 600	🍾	30-50 F

Gneis- und Glimmerschieferböden und ein hoher Syrah-Anteil haben diesen 95er hervorgebracht, dessen intensives, komplexes und einschmeichelndes Bukett Heidelbeeren, schwarze Johannisbeeren, Sauerkirschen und Schokolade verbindet. Nach einer sanften Ansprache zeigt sich der Geschmack fleischig und ausdrucksvoll, mit einem eleganten, nachhaltigen Aroma. Dank seiner erstklassigen Tannine kann dieser Wein gut altern. Der 96er Rosé Prestige verdient eine lobende Erwähnung. Ein Klassiker.

🕭 SA Handtmann, Ch. des Launes, 83680 La Garde-Freinet, Tel. 04.94.60.01.95, Fax 04.94.60.01.43 ✓ ⏳ n. V.

DOM. LE BERCAIL 1995★

	1,5 ha	5 000	🍾	30-50 F

Dem Gerüst mangelt es ein wenig an Sanftheit. Die Tannine sind allgegenwärtig. Dies sind Jugendsünden. Die ausgeprägte Struktur ist die Garantie für eine vielversprechende Zukunft. Ein erstklassiger Wein.

🕭 Dom. Le Bercail, 864, chem. de la Plaine, 83480 Puget-sur-Argens, Tel. 04.94.19.54.09, Fax 04.94.19.54.09 ✓ ⏳ n. V.

LE GRAND CROS 1995★

	4 ha	6 500	🍾	30-50 F

Der Inbegriff eines lagerfähigen Weins. Gegenwärtig ist dieser 95er in keiner Weise trinkreif : Die Tannine sind noch deutlich spürbar. Das Aroma von Tabak sowie Holz- und Gewürznoten muß sich durchsetzen. Doch sein solides Gerüst weist auf eine fünf- bis zehnjährige Alterungsfähigkeit hin. Ein Wein, der den Liebhabern von Barriqueausbau gefallen wird.

🕭 EARL J.-H. Faulkner, Dom. du Grand-Cros, 83660 Carnoules, Tel. 04.94.28.30.11, Fax 04.94.28.30.28 ✓ ⏳ n. V.

Côtes de Provence

LE GRAND THOUAR Soleil 1996*

◢ 8 ha 40 000 ■ ô 30-50F

Dieser früher auf Seidenraupenzucht spezialisierte Betrieb, der sich zu Beginn des Jahrhunderts auf Weinbau umstellte, hat seinen typisch provenzalischen Charme bewahrt. Er bietet dieses Jahr einen Rosé von eleganter Farbe, der einen feinen Duft nach Birnen und weißfleischigen Pfirsichen entfaltet und sanft und samtig ist.
❧ Dom. du Thouar, 2349, rte d'Aix, 83490 Le Muy, Tel. 04.94.45.10.35, Fax 04.94.45.15.44 ☑ ⊺ tägl. 8h-12h 14h-18h

CH. LES CROSTES 1996*

◢ 17 ha 70 000 ■ ô -30F

Ein 52 ha großes Gut, das früher Olivenbäume züchtete, bevor der gegenwärtige Besitzer die Produktion ab 1930 auf Weinbau umstellte. Sein Rosé mit der durchscheinenden Farbe, der die Gegensätzlichkeit und Vielfalt der provenzalischen Anbaugebiete zum Ausdruck bringt, bietet eine überraschende Verbindung von Feinheit und Lebhaftigkeit. Er ist diskret blumig, danach zitronenartig, umschmeichelt die Geschmacksknospen und verabschiedet sich dann mit einer nervigeren Note.
❧ SC Vignoble du Ch. Les Crostes, 83510 Lorgues, Tel. 04.94.73.98.40, Fax 04.94.73.97.93 ☑ ⊺ n. V.

CH. LES MESCLANCES
Cuvée Saint-Honorat 1996**

◢ 2 ha 10 000 ■ 30-50F

Dieses zauberhafte Landhaus aus dem 19. Jh., das abgelegen in der Nähe von Hyères steht, läßt an die Milde der Provence denken. Seine Rosés haben unsere Jury regelmäßig verführt. Die 96er Cuvée Saint-Honorat enttäuscht nicht : Sie ist sehr aromatisch und angenehm fruchtig und bietet einen komplexen, harmonisch ausgewogenen Geschmack, der den Gaumen entzückt. Ein vollständiger Wein, der sich für erfolgreiche gastronomische Verbindungen empfiehlt.
❧ Xavier de Villeneuve-Bargemon, Les Mesclances, chem. du Moulin-Premier, 83260 La Crau, Tel. 04.94.66.75.07, Fax 04.94.35.10.03 ☑ ⊺ tägl. 9h-12h 14h-18h30

LES ROUGIAN 1996*

◢ k. A. k. A. ■ ô -30F

Die frische, lebhafte Farbe ist verlockend. Das erste Aroma, fein und unaufdringlich, geht einem intensiveren Ausdruck im Geschmack voraus, der durch säuerliche und lakritzeartige Noten geprägt ist.
❧ SCA Les Vignerons de Taradeau, 83460 Taradeau, Tel. 04.94.73.02.03, Fax 04.94.73.56.69 ☑ ⊺ Mo-Sa 8h-12h 14h-18h

LOU BASSAQUET Cuvée spéciale 1996**

■ 6 ha 34 600 ■ ô -30F

Hier erneut diese Cuvée mit einem 96er, der noch sympathischer ist als der im letzten Jahr vorgestellte 94er. Ein einziger Vorbehalt : die relative Zurückhaltung des Geruchseindrucks. Dieser im Geschmacksausdruck freigebige Wein hat eine Fülle von lobenden Kommentaren auf sich gezogen. Verschmolzene Tannine, ein fruchtig-blumiges Aroma und eine einschmeichelnde Rundheit ergeben einen Wein, der vornehm und zugänglich zugleich ist. Man kann ihn schon in diesem Winter aufmachen, aber auch noch zwei bis drei Jahre aufheben.
❧ Coop. Vinicole de Trets, 13530 Trets, Tel. 04.42.29.20.20, Fax 04.42.29.32.03 ☑ ⊺ Mo-Sa 9h-12h 14h-18h30

DOM. DE MARCHANDISE 1996*

◢ 20 ha 130 000 ■ ô 30-50F

Das wie eine Visitenkarte gestaltete Etikett ist sehr originell und dezent. Aber der Wein, den es schmückt, hat mehr zu erzählen : Ein sehr blumiger Wein, der im Geschmack sanft und ausgewogen ist und gut zu überbackenem Fisch passen wird.
❧ GAEC Chauvier Frères, Dom. de Marchandise, 83520 Roquebrune-sur-Argens, Tel. 04.94.45.42.91, Fax 04.94.81.62.82 ☑ ⊺ tägl. 9h-12h 14h-18h30

DOM. DE MAUVAN 1996*

◢ 5 ha 13 000 30-50F

Ein von der Cinsault-Rebe dominierter Verschnitt, mit Grenache und Syrah kombiniert, hat diese sehr blasse Cuvée hervorgebracht, deren Schimmer die Farbe von Alpenveilchen hat. Der Duft entfaltet ein Aroma von frischen jungen Früchten. Noten von Fruchtdrops prägen den Geschmack über einem etwas beißenden, säuerlichen Aroma.
❧ Gaëlle Maclou, Dom. de Mauvan, R.N. 7, 13114 Puyloubier, Tel. 04.42.29.38.33, Fax 04.42.29.38.33 ☑ ⊺ n. V.

CH. MINUTY Prestige 1996**

☐ Cru clas. k. A. 10 000 ■ ô 50-70F

Etienne Matton hat seinen beiden Söhnen die schwere Aufgabe anvertraut, einen schönen Erfolg dauerhaft fortzusetzen. Sie haben sie mit Bravour erfüllt. Wie in den Jahren vorher ist unsere Jury der Eleganz und der Zartheit dieses Weißweins erlegen, der wie ein vornehmer Herr gekleidet ist und nach frischen Früchten duftet. Er ist kraftvoll und sanft zugleich und verführt den Gaumen mit markanten Zitrusnoten. Paßt zu Lachsfilets oder geräucherter Forelle.
❧ Matton-Farnet, Ch. Minuty, 83580 Gassin, Tel. 04.94.56.12.09, Fax 04.94.56.18.38 ☑ ⊺ tägl. 9h-12h 14h-18h

CH. MONTAUD 1996**

☐ 6 ha 36 000 ■ ô -30F

Dieser in seiner Erscheinung makellose Weißwein ist ein Blumenstrauß, der Ginster und Levkojen mischt. Im Geschmack ist er ausgewogen und geradlinig und zeigt sich fruchtiger, mit Birnen- und Bananennoten. Der harmonische, nachhaltige Wein paßt zu Forelle mit Mandeln.
❧ Vignobles François Ravel, Ch. Montaud, 83390 Pierrefeu, Tel. 04.94.28.20.30, Fax 04.94.28.26.26 ☑ ⊺ n. V.

DOM. DE MONT REDON
Tradition 1996*

◢ 1,5 ha 5 000 ■ ô 30-50F

Eleganz und Feinheit sind die Schlüsselwörter für diese Cuvée mit der blassen Farbe und dem

Côtes de Provence

komplexen Duft : Rosen, Weißdorn, Blutorangen und Pomelos. Er ist rund und ausgewogen zugleich und bietet im Geschmack eine schöne Frische mit einem Aroma, das sich zu roten Früchten hin entwickelt.
- Françoise Torné, Dom. de Mont-Redon, 2496, rte de Pierrefeu, 83260 La Crau, Tel. 04.94.66.73.86, Fax 04.94.57.82.12 ✓ Ⓨ tägl. 8h-12h 14h-18h

DOM. DES PEIRECEDES
Cuvée Tradition 1996*

| | 10 ha | 30 000 | | -30 F |

Eine ausgewogene Kombination aus Syrah, Cinsault und Grenache ergibt diesen Rosé, der im Glas blaß und fein aromatisch erscheint. Er verführt durch seine Ausgewogenheit und zeigt sich als guter Botschafter der Appellation.
- Alain Baccino, SCEA de Beauvais, Dom. des Peirecèdes, 83390 Pierrefeu, Tel. 04.94.48.67.15, Fax 04.94.48.52.30 ✓ Ⓨ Di, Do-So 10h-12h 14h30-18h

DOM. DES PLANES 1995*

| | 10 ha | 15 000 | | 30-50 F |

Er ist Schweizer, sie ist Deutsche. Er ist Diplomlandwirt, sie ist Önologin. Beide ließen sich 1980 in der Umgebung von Roquebrune-sur-Argens nieder und stellen seitdem ihr Fachwissen in den Dienst der Côtes de Provence. Ihr roter 95er, ein Verschnitt aus Mourvèdre, Grenache und Cabernet Sauvignon, bietet ein ansprechendes Aroma : Vanille und Veilchen im Duft, eingemachte Früchte im Geschmack. Ein fülliger, großzügiger Wein. Ein paar Jahre Lagerung dürften ihn noch ausdrucksvoller machen. Nicht übersehen sollte man einen sehr blassen 96er Weißwein, der einen feinen Duft entfaltet und wohlausgewogen ist. Mit einem Stern bewertet.
- Christophe et Ilse Rieder, Dom. des Planes, R.D. 7, 83520 Roquebrune-sur-Argens, Tel. 04.94.82.90.03, Fax 04.94.82.94.76 ✓ Ⓨ n. V.

POMARIN 1993*

| | 20 ha | 25 000 | | 30-50 F |

Diese 1962 entstandene Genossenschaft, die den größten Teil der Winzer von Plan-de-la-Tour vereinigt, präsentiert einen aus Syrah und Mourvèdre erzeugten 93er. Der komplexe, ausdrucksvolle Duft verbindet Gewürze und Früchte. Noten von Unterholz und Trüffeln zeigen sich im solide gebauten Geschmack. Ein Wein, der die Lagerfähigkeiten der Côtes de Provence beweist.
- Les Fouleurs de Saint-Pons, rte de Grimaud, 83120 Plan-de-la-Tour, Tel. 04.94.43.70.60, Fax 04.94.43.00.55 ✓ Ⓨ Di-Sa 9h-12h 14h-18h

IMPERIAL PRADEL 1996*

| | k. A. | 400 000 | | -30 F |

Der Firma Pradel, einem echten provenzalischen Handelshaus, ist ihre Cuvée Imperial perfekt gelungen. Unsere Jury würdigte ihre Ausgewogenheit und Rundheit. Hinter einer lachsrosa Farbe von guter Intensität verbirgt sich eine schöne aromatische Komplexität, in der man Noten von Zitrusfrüchten, aber auch von kleinen roten Früchten entdeckt, die an die Rebsorte Syrah erinnern.
- SA Pradel, Dom. de l'Aumerade, 83390 Pierrefeu, Tel. 04.94.48.13.40, Fax 04.94.28.28.43 Ⓨ n. V.

CH. RASQUE Pièce noble 1995*

| | 6 ha | 30 000 | | 50-70 F |

Taradeau ist eine der Stationen der Rundfahrt um die Côtes de Provence. Ein für Touristen reizvoller Ort, mit einem Aussichtspunkt in der Umgebung, der einen schönen Ausblick auf das Argens, die Maures, La Sainte-Baume und die Voralpen bietet. Der Weinfreund wird auch angetan davon sein, Weingüter wie dieses hier zu besichtigen, die im Weinführer regelmäßig Erwähnung findet. Der 95er Pièce noble ist ein klarer Rotwein, der elegant und fein und voller Rundheit ist. Ein zauberhafter Wein.
- Ch. Rasque, rte de Draguignan, 83460 Taradeau, Tel. 04.94.73.31.72, Fax 04.94.47.48.73 ✓ Ⓨ n. V.
- Biancone

CH. REAL D'OR 1996**

| | 3 ha | 10 000 | | 30-50 F |

Dieser ausschließlich aus Cinsault (70 %) und Grenache (30 %) hergestellte Rosé hat unsere Jury durch seinen kräftigen Duft nach Weißdorn, Rosen und Pfirsichen verführt. Er ist im Geschmack warm und voll und bietet eine bemerkenswerte Nachhaltigkeit und viel Harmonie.
- SCEA Ch. Réal d'Or, 83590 Gonfaron, Tel. 04.94.60.00.56, Fax 04.94.60.01.05 ✓ Ⓨ tägl. 10h-12h30 16h-19h

CH. REAL MARTIN 1995*

| | 8 ha | 25 000 | | 50-70 F |

Jacques Clotilde, der auch Rebflächen in der AOC Chablis premier cru besitzt, ist schon vor langer Zeit dem Reiz der Provence erlegen. Für seinen roten 95er ist es vorteilhaft, wenn man ihn in eine Karaffe umfüllt. So kann er sich stärker entfalten und einen intensiven, feinen Duft nach kleinen schwarzen Früchten (Brombeeren, schwarze Johannisbeeren) verströmen. Sein Geschmack besitzt eine große Fülle und ist lang und angenehm. Dieser Wein bereitet echten Genuß und wird Sie noch in zwei Jahren entzücken.
- Gilles Meimoun et Jacques Clotilde, rte de Barjols, 83143 Le Val, Tel. 04.94.86.40.90, Fax 04.94.86.32.23 ✓ Ⓨ n. V.

Côtes de Provence

DOM. DU REVAOU 1996**

| | 1,25 ha | 7 000 | | -30 F |

Das vom Beton verschonte Vallée des Borrels ist dank seiner Rosen, seiner Früchte und seiner Rebflächen eine süße Zufluchtsstätte. Dieser Wein ist aufgrund seines hochfeinen Aromas von Blüten und Früchten und aufgrund seiner Ausgewogenheit der perfekte Ausdruck der Côtes de Provence. Er erscheint zwar empfindlich, ist aber vollständig und überzeugend.

🍇 Bernard Scarone, dom. du Revaou, les 3e Borrels, 83250 La Londe-les-Maures, Tel. 04.94.65.68.44, Fax 04.94.35.88.54
☑ 🍷 n. V.

DOM. RICHEAUME
Cuvée Columelle 1995*

| | k. A. | k. A. | | 50-70 F |

Ein unseren Lesern wohlbekanntes Gut, dessen Wein im letzten Jahr zu unseren Lieblingsweinen gehörte. Diese mittels biologischer Anbaumethoden erzeugte Cuvée ist seine jüngste Kreation. Sie ist einem römischen Vorläufer der Agrarwissenschaft gewidmet. Der 95er zeigt eine sehr dunkle Farbe mit purpurvioletten Reflexen. Sein kräftiger, tiefer Duft ist ein wenig durch einen Holzton geprägt, der sich integrieren muß. Der Geschmack zeigt sich bereits füllig und stattlich, mit feinen, seidigen Tanninen. Ein Wein voller Trümpfe, der drei bis sieben Jahre altern kann.

🍇 Henning Hoesch, Dom. Richeaume, 13114 Puyloubier, Tel. 04.42.66.31.27, Fax 04.42.66.30.59 ☑ 🍷 n. V.

RIMAURESQ 1996**

| Cru clas. | 15 ha | 95 000 | 30-50 F |

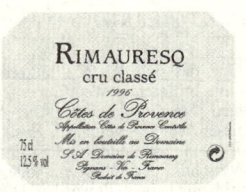

Dieses schon in unseren früheren Ausgaben gelobte Weingut konnte mit Gewissenhaftigkeit und Fachkönnen die Eigentümlichkeiten der Schieferböden auf den Nordhängen des Maurens-Massivs nutzen. Unsere Jury ist begeistert über seinen 96er Rosé, der eine dezente, leicht bernsteinfarbene Erscheinung bietet und zart nach Blüten und gelben Pfirsichen duftet. Im Geschmack genießt man die Ausgewogenheit, die Harmonie und die perfekte Dosierung der Geschmacksnoten. Der Inbegriff von Eleganz.

🍇 SA Dom. de Rimauresq, rte de Notre-Dame-des-Anges, 83790 Pignans, Tel. 04.94.48.80.43, Fax 04.94.33.22.31 ☑ 🍷 Mo-Fr 8h-12h 14h-18h

CH. DU ROUET Cuvée Belle Poule 1996**

| | 60 ha | 7 000 | | 50-70 F |

Ein Weingut, das am Fuße des gleichnamigen Berges liegt, und eine Cuvée Belle Poule bietet, die im Weinführer regelmäßig erwähnt wird. Eine klassische, zwischen Rolle und Ugni blanc aufgeteilte Bestockung, eine sorgfältige Vorgärung und die Verwendung von neuen Barriques haben diesen 96er hervorgebracht. Der typische Charakter macht Zugeständnisse an die Vinifizierungstechnik, zeigt aber Eleganz. Dieser im Geschmack großzügige, runde und subtile Wein bietet eine schöne aromatische Palette, in den Noten von Aprikosen, getrockneten Früchten und Haselnüssen zu erkennen sind.

🍇 Sté du Ch. du Rouët, Le Rouët, 83490 Le Muy, Tel. 04.94.99.21.10, Fax 04.94.99.20.42
☑ 🍷 n. V.
🍇 B. Savatier

CH. DE ROUX 1995*

| | 2 ha | 6 000 | | 30-50 F |

Das am Fuße der Maures gelegene Gut, dessen Anfänge ins 15. Jh. zurückgehen, bietet dem Besucher Gästezimmer. Sein roter 95er ist das Ergebnis einer langen Gärung und eines Ausbau im Gärbehälter, die ihm diese aromatische Frische mit Noten von roten und schwarzen Johannisbeeren verliehen haben. Der dichte, kraftvolle Wein zeigt eine recht ausgeprägte Tanninhaltigkeit. Ein interessanter Tropfen.

🍇 Giraud-Dyens, Ch. de Roux, rte de La Garde-Freinet, 83340 Le Cannet-des-Maures, Tel. 04.94.60.73.10, Fax 04.94.60.89.79
☑ 🍷 n. V.

DOM. SAINT ANDRE DE FIGUIERE
Grande cuvée Delphine 1996**

| | 1 ha | 1 500 | | 50-70 F |

Ein vor allem wegen seiner Weißweine häufig erwähntes Gut. Stammt der Besitzer nicht aus Chablis? In diesem Jahr verdient der Rosé »Vieilles vignes« einen Stern, aber die Jury hat dem Weißwein den Vorzug gegeben. Eine sicherlich nur wenig bekannte Cuvée, die aber aufgrund ihrer Ausdrucksstärke und ihrer Feinheit bemerkenswert ist. Sie stellt eine glückliche Verbindung von Traube und Holz dar und bietet einen lebhaften, ausgewogenen Geschmack und ein fein dosiertes Aroma von exotischen Früchten und Vanille.

🍇 Dom. Saint-André-de-Figuière, B.P. 47, 83250 La Londe-les-Maures, Tel. 04.94.66.92.10, Fax 04.94.35.04.46 ☑ 🍷 Mo-Sa 9h-12h 14h-18h
🍇 Alain Combard

CH. SAINTE-ANNE 1995*

| | k. A. | 15 000 | | 30-50 F |

Dieser Winzer, der in zwei AOCs, Bandol und Côtes de Provence, Weine erzeugt, führt sein Gut nach den Grundsätzen der Biodynamik. Seinem 95er Côtes de Provence, dessen Farbe ebenso tief und kräftig ist wie sein Aroma, mangelt es nicht an Persönlichkeit. Der tanninreiche Geschmack bietet einen reichen, warmen Stoff mit einer überaus angenehmen fruchtigen Note.

🍇 François Dutheil de La Rochère, Ch. Sainte-Anne, 83330 Sainte-Anne-d'Evenos, Tel. 04.94.90.35.40, Fax 04.94.90.34.20
☑ 🍷 Mo-Sa 9h-12h 14h-19h

Côtes de Provence

"M" DE CH. SAINTE-MARGUERITE
Cuvée La Désirade 1996★★★

☐ Cru clas.   2 ha   k. A.   50-70 F

Die im Weinführer regelmäßig ausgezeichnete Produktion dieses Guts unterliegt einer ganz besonders gewissenhaften Behandlung, im Weinberg ebenso wie im Keller. Alte Rebstöcke, Selektion der Parzellen, Auslese, Beherrschung der Kellertechnik und klug zusammengestellte Verschnitte tragen zur Qualität bei. Dieser herrliche Weißwein unterstreicht das ganze Können. Blaß, aber leuchtend. Er verströmt einen eleganten, abwechslungsreichen Duft nach weißen Blüten, Pfirsichen und Zitrusfrüchten. Der Geschmack ist von großer Vornehmheit und zeigt eine bemerkenswerte Harmonie. Ein nahezu perfekter Wein.

⌐ Ch. Sainte-Marguerite, Le Haut-Pansard, B.P. 1, 83250 La Londe-les-Maures, Tel. 04.94.66.81.46, Fax 04.94.66.51.05
☑ ⲧ n. V.
⌐ Jean-Pierre Fayard

"M" DE CH. SAINTE-MARGUERITE
1995★★

■ Cru clas.   3 ha   12 000   50-70 F

Diese Spitzencuvée des Guts, die stark durch die Syrah-Rebe (90 % Anteil am Verschnitt) geprägt ist, fand hier schon mehrmals Beachtung. Man braucht nur an den 93er zu erinnern ... Der 95er steht in derselben Linie : intensiv, komplex, noch jugendlich, aber elegant verfeinert. Er bietet ein Bukett aus Düften (schwarze Johannisbeeren, Veilchen, Gewürze) und gleichzeitig eine Abfolge verschmolzener Geschmacksnoten. Er muß nur ein wenig altern, damit er seine volle Reife erreicht.

⌐ Ch. Sainte-Marguerite, Le Haut-Pansard, B.P. 1, 83250 La Londe-les-Maures, Tel. 04.94.66.81.46, Fax 04.94.66.51.05
☑ ⲧ n. V.

CH. SAINTE-ROSELINE 1996★

◢ Cru clas.   10 ha   42 000   50-70 F

Château Sainte-Roseline, ein Zeugnis der provenzalischen Vergangenheit und gleichzeitig ein Ort der Weinbautradition, ist ein reizvoller Ort. Die geschichtlich Interessierten werden den Kreuzgang dieser ehemaligen Abtei und die romanische Kapelle besichtigen, wo sich der Reliquienschrein der hl. Roseline befindet. Sie werden sich durch diesen 96er Rosé in der speziell geformten Flasche (»Medusenröhre«) verführen lassen, der einen blumigen Rosen- und Weißdornduft entfaltet. Er ist eher säuerlich, aber dennoch rund. Der Abgang ist kräftig.

⌐ SCEA Ch. Sainte-Roseline, 83460 Les Arcs, Tel. 04.94.73.32.57, Fax 04.94.47.53.06
☑ ⲧ n. V.
⌐ B. Teillaud

DOM. SAINT-JEAN
Divin Elevé en fût de chêne neuf 1993★

■   k. A.   10 000   30-50 F

Die Qualität des Jahrgangs, die Verbindung von Cabernet Sauvignon und Syrah und ein wohldosierter Ausbau im Holzfaß sind die Grundlagen dieser Cuvée mit den Noten von Gewürzen und roten Früchten. Dieser im Geschmack angenehme und dichte Wein hat seine Reife erreicht und besitzt eine kräftige, aber gut verschmolzene Struktur.

⌐ Jackie Leclerc, Dom. Saint-Jean, 83570 Carcès, Tel. 04.94.59.55.89, Fax 04.94.59.56.95 ☑ ⲧ n. V.

CH. DE SAINT-MARTIN
Cuvée spéciale 1996★

☐ Cru clas.   3 ha   7 200   30-50 F

Der Keller ist zwar modern, aber der Weinberg ist sehr alt. Die Besitzer bestellen ihn Generation für Generation seit 1750. Ihr weißer 96er bietet eine schöne Erscheinung und eine echte, fast schneidende Frische, ohne daß es jedoch an Fülle oder aromatischem Ausdruck, mit Noten von kleinen Blüten und exotischen Früchten, fehlen würde.

⌐ EARL Ch. de Saint-Martin, 83460 Taradeau, Tel. 04.94.73.02.01, Fax 04.94.73.12.36
☑ ⲧ Mo-Sa 9h-13h 14h-18h
⌐ de Barry

CH. SAINT-PIERRE 1996★★

☐   1 ha   5 300   -30 F

Ein Gut, das sich der Qualität verschrieben hat, wie die in unserem Weinführer regelmäßig errungenen Sterne beweisen. Die Verkoster haben diesen 96er sehr geschätzt. Er stammt von lehmig-kalkhaltigen Böden und ist durch einen klugen Verschnitt der Rebsorten Rolle, Clairette und Ugni blanc hergestellt worden. Dieser Wein mit der blassen, lindgrün schimmernden Farbe beeindruckt am Gaumen durch die blumige Eleganz seines Dufts und durch seinen milden, ausgewogenen Geschmack.

⌐ Jean-Philippe Victor, Ch. Saint-Pierre, les Quatre-Chemins, 83460 Les Arcs, Tel. 04.94.47.41.47, Fax 04.94.73.34.73
☑ ⲧ Mo-Sa 9h-12h 14h-18h

DOM. DE SAINT-QUINIS 1996★

■   15 ha   k. A.   -30 F

Diese Cuvée der Genossenschaftskellerei von Gonfaron trägt den Namen des Schutzheiligen des Orts. Sie erinnert an eine Kapelle, die zu den Sehenswürdigkeiten der Ortschaft gehört. Der 96er, der eine lebhafte Farbe mit purpurroten Reflexen zeigt, ist einen Umweg wert. Im Duft vermischt sich Steinobst mit einem Hauch von Veilchen. Der feste, großzügige Geschmack ist durch rote Früchte geprägt. Ein sehr angenehmer Wein, der noch zwei bis drei Jahre altern kann.

🕯 Les Maîtres Vignerons de Gonfaron, 83590 Gonfaron, Tel. 04.94.78.30.02, Fax 04.94.78.27.33 ✓ ☒ tägl. 8h-12h 14h-18h

DOM. DE SAINT-SER 1996★

| | k. A. | 73 000 | 🍷 | 30-50 F |

Dieses 1991 entstandene Gut hat an den Grenzen zum Gebiet von Aix einen hügeligen Weinberg am Fuße der Montagne Sainte-Victoire. Die Gegend hier ist zauberhaft und anmutig. Sein Wein ist es nicht weniger, wenn man nach diesem schicken, femininen Rosé urteilt, der den Gaumen durch seine jugendliche Frische und sein Aroma von Pampelmusen und grünen Zitronen anregt. Dieselbe Note für den roten 95er.

🕯 Dom. de Saint-Ser, R.D. 17, 13114 Puyloubier, Tel. 04.42.66.30.81, Fax 04.42.66.37.51 ✓ ☒ tägl. 10h-12h 14h-18h
🕯 Pierlot

DOM. DE SOUVIOU
Cuvée spéciale 1995★★

| | k. A. | k. A. | 🍷 | 50-70 F |

Dieses auf halbem Wege zwischen dem Dorf Beausset und der Rennstrecke von Le Castellet gelegene Gut, das vor kurzem renoviert wurde, besitzt Rebflächen in zwei Appellationen : Bandol und Côtes de Provence. In der letztgenannten AOC präsentiert es einen roten 95er von sehr schöner Harmonie : Aroma von Brombeeren und schwarzen Johannisbeeren, Rundheit und Länge, unterstützt durch Tannine von großer Feinheit.

🕯 SCEA Dom. de Souviou, R.N. 8, 83330 Le Beausset, Tel. 04.94.90.57.63, Fax 04.94.98.62.74 ✓ ☒ n. V.
🕯 Cagnolari

CH. THUERRY 1996★

| | 10 ha | 20 000 | | 30-50 F |

Château Thuerry, früher einmal ein Gut der Templer, stellt sowohl Côtes de Provence als auch Coteaux Varois her. Unsere Jury wurde durch diesen lachsrosa Rosé verführt, der nach Blüten und Pfirsichen duftet und sicherlich ein wenig lebhaft, aber im Geschmack gut strukturiert und lang ist.

🕯 Ch. Thuerry, 83690 Villecroze, Tel. 04.94.70.63.02, Fax 04.94.70.67.03 ✓ ☒ n. V.
🕯 Parmentier

CH. DE VAUCOULEURS 1995★

| | 6 ha | 8 000 | 🍷 | 30-50 F |

Dieser neue Erzeuger (er hat sich 1992 auf dem Gut niedergelassen) hat die Komponenten der Appellation gut integriert mit diesem typischen Rotwein, der pflanzliche und würzige Noten besitzt und im Geschmack eine schöne Fülle bietet. Er ist noch jugendlich, aber dennoch wohlausgewogen. Ein lagerfähiger Wein.

🕯 Le Bigot, Ch. de Vaucouleurs, R.N. 7, 83480 Puget-sur-Argens, Tel. 04.94.45.20.27, Fax 04.94.45.20.27 ☒ Mo-Sa 10h-12h30 14h-18h

CH. VEREZ 1996★

| | 32,5 ha | 20 000 | 🍷 | 30-50 F |

Dieses 59 ha große Gut wurde vor drei Jahren von Nadine und Serge Rosinoer erworben, die an diesem Winkel mitten im Departement Var hängen. Ugni blanc dominiert in dieser Cuvée, der die Rebsorte Clairette ein paar originelle Noten verleiht. Ein ausgezeichneter Weißwein mit dem klaren Duft nach Äpfeln, Birnen und Zitrusfrüchten, im Geschmack füllig und lang, harmonisch ausgewogen.

🕯 Ch. Verez, Le Grand Pré, 83550 Vidauban, Tel. 04.94.73.69.90, Fax 04.94.73.55.84 ✓ ☒ tägl. 9h-19h
🕯 Rosinoer

Cassis

Zwischen Felsen eingebettet liegt Cassis, in das man nur über relativ hohe Pässe von Toulon oder Marseille aus gelangt, am Fuße der höchsten Steilküste von Frankreich. Es gibt hier kleine Buchten, Sardellen und einen Springbrunnen, der den Ort, wenn man ihren Einwohnern glauben will, angeblich bemerkenswerter als Paris machte ... Aber auch ein Weinbaugebiet, um das sich schon im 11. Jh. die mächtigen Abteien stritten und den Papst als Schiedsrichter anriefen. Das Anbaugebiet nimmt heute rund 175 ha ein, von denen 123 ha mit weißen Rebsorten bestockt sind. Erzeugt werden Rot- und Roséweine, aber vor allem Weißweine. Von letzteren behauptete Mistral, sie dufteten nach Rosmarin, Erika und Myrte. Suchen Sie hier nicht nach großen Cuvées ; man trinkt die Rotweine zu Bouillabaisse, die Rosés zu gebratenem Fisch und die Weißweine zu Muscheln.

CLOS D'ALBIZZI 1996★

| | 10,5 ha | 55 000 | | 30-50 F |

Ein großzügiger Cassis mit ausgeprägter Persönlichkeit : Seine aromatische Palette erinnert an Wachs, reife Früchte und geröstete Erdnüsse. Der mehr lakritzeartige Geschmack ist recht rund. Dieser Wein paßt gut zu gekochtem Fisch.

🕯 François Dumon, Clos d'Albizzi, 13260 Cassis, Tel. 04.42.01.11.43, Fax 04.42.01.11.43 ✓ ☒ Mo-Sa 8h-18h

DOM. CAILLOL 1994★

| | 2 ha | 8 000 | | 30-50 F |

Aber ja doch, der Cassis ist auch ein Rotwein. Diesen hier sollte man probieren wegen seines fruchtigen Buketts, wegen der Feinheit seiner

Bellet

Tannine, wegen seiner Sanftheit und Harmonie. Eine schöne Überraschung.
☛Dom. Caillol, 11, chem. du Bérard, 13260 Cassis, Tel. 04.42.01.05.35, Fax 04.42.01.31.59 ☑ ⏻ n. V.

CH. DE FONTCREUSE
Cuvée "F" 1995**

| ☐ | k. A. | 70 000 | 🍾 | 30-50 F |

1922 kaufte ein britischer Offizier der indischen Armee, verführt von diesem überaus malerischen Winkel, dieses Gut, wo sich auch Virginia Woolf einmal aufhielt. Wetten wir darauf, daß 1995 in den Annalen des Châteaus besonders vermerkt sein wird mit diesem angenehmen überraschenden Ereignis : Wahl dieses Weins zum Lieblingswein. Passend zum Bukett mit den warmen Honig-, Wachs- und Zedernholznoten entfaltet sich der füllige, stattliche Geschmack mit Kraft und Harmonie. Ein duftiges, komplexes Zeugnis für den typischen Charakter der Cassis-Weine.
☛SA J.-F. Brando, Ch. de Fontcreuse, 13, rte de La Ciotat, 13260 Cassis, Tel. 04.42.01.71.09, Fax 04.42.01.32.64 ☑ ⏻ Mo-Fr 8h30-12h 14h-17h30

DOM. DE LA FERME BLANCHE
1996**

| ☐ | 22 ha | 70 000 | 30-50 F |

Dieses seit 1714 von Generation zu Generation weitergegebene Gut war dafür verantwortlich, daß die AOC Cassis geschaffen wurde. Es bietet einen frühlingshaften Weißwein, der nach Weißdorn und Flieder duftet. Der in der Ansprache nervige Geschmack wird danach fülliger und zeigt einen sanften Abgang. Ein ungestümer Wein, der sich mit etwas Zeit beruhigen dürfte.
☛Paret, Dom. de la Ferme Blanche, RD 559, BP 57, 13714 Cassis Cedex, Tel. 04.42.01.00.74, Fax 04.42.01.73.94 ☑ ⏻ tägl. 9h-19h

DOM. DU PATERNEL 1996

| ☐ | 14 ha | 55 000 | 🍾 | 30-50 F |

Ein traditioneller Cassis, gut strukturiert und ausdrucksvoll mit seinen Noten von getrockneten Früchten (Mandeln, Haselnüsse ...). Man kann ihn zu einer Bouillabaisse genießen.
☛Jean-Pierre Santini, Dom. du Paternel, rte de La Ciotat, 13260 Cassis, Tel. 04.42.01.76.50, Fax 04.42.01.09.54 ☑ ⏻ n. V.

DOM. DES QUATRE VENTS 1996

| ☐ | 4,5 ha | 16 000 | 🍾 | 30-50 F |

Echte Nervigkeit, aber der Gesamteindruck ist gut. Die Juroren schätzten besonders die Feinheit seines Dufts.
☛Alain de Montillet, Dom. des Quatre-Vents, 13260 Cassis, Tel. 04.42.01.01.12 ☑ ⏻ n. V.

CLOS VAL BRUYERE 1996*

| ☐ | 6,5 ha | 24 000 | 🍾 | 50-70 F |

Das Gut erzeugt auch überaus geschätzte Côtes de Provence. Dieser Cassis zeigt eine sehr blasse, durch grüne Reflexe belebte Farbe. Sein hübscher Geruchseindruck ist durch exotische und blumige Düfte geprägt. Sein frischer Geschmack bietet Noten von Amylalkohol. Ein eleganter, gut gemachter Wein.
☛Ch. Barbanau, 13830 Roquefort-la-Bédoule, Tel. 04.42.73.14.60, Fax 04.42.73.17.85 ☑ ⏻ n. V.
☛Cerciello

Bellet

Wenige haben das Glück, dieses winzige Weinbaugebiet (32 ha) zu kennen, das auf den Anhöhen von Nizza liegt. Es erzeugt nur eine beschränkte Menge (ca. 800 hl) von Weinen, die außerhalb von Nizza fast nicht zu finden sind. Es sind originelle, aromatische Weißweine, die aus den Rebsorten Rolle, einer erstklassigen Rebe, und Chardonnay (der in diesen Breiten gedeiht, wenn er hoch genug in Nordlagen angebaut wird) erzeugt werden, seidige, frische Roséweine und prächtige Rotweine, denen zwei einheimische Rebsorten, Fuella und Braquet, einen originellen Charakter verleihen. Sie passen hervorragend zur reichhaltigen, äußerst eigenständigen Küche von Nizza : Mangoldkuchen, Gemüseauflauf, Seehechtragout, Kutteln sowie Soca (Fladen aus Kichererbsmehl), Pissaladière (Zwiebelpizza mit Sardellenpüree und schwarzen Oliven) oder Poutine (fritierte Fischbrut).

CH. DE BELLET Cuvée Baron G. 1995**

| ☐ | 3 ha | k. A. | 🍷 | 70-100 F |

Die Charnacés, die aus der Grafschaft Nizza kamen, haben es geschafft, daß die Leidenschaft für den Wein weiterbesteht. Dieses aus dem 16. Jh. stammende Château ist mit einem Wein, der reinsortig aus Rolle-Trauben erzeugt worden ist, bei der für die Wahl der Lieblingsweine zuständigen Jury auf den zweiten Platz gekommen. Die lebhafte Farbe dieses 95ers kündigt eine Komplexität an, in der gebrannte Mandeln

dominieren. Seine ausgewogene, vielversprechende Struktur muß noch verschmelzen. Wählen Sie ihn zu gebratenem Seewolf.
🍇 Ghislain de Charnacé, Ch. de Bellet, 440, chem. de Saquier, 06200 Nice,
Tel. 05.93.37.81.57, Fax 05.93.37.93.83
☑ 🍷 n. V.

CH. DE CREMAT 1996*

| | 4 ha | k. A. | 🍷 100-150 F |

Die Gewölbekeller, die an der Stelle eines ehemaligen römischen Lagers errichtet wurden, sind einen Umweg wert. Ebenso wie dieser weiße 96er mit der eleganten Farbe, der exotischen Frische und der lebhaften, langen Ausgewogenheit. Repräsentativ für sein Anbaugebiet.
🍇 SCEA ch. de Crémat, 442, chem. de Crémat, 06200 Nice, Tel. 04.92.15.12.15,
Fax 04.92.15.12.13 ☑ 🍷 tägl. 8h-12h 14h-18h

LES COTEAUX DE BELLET 1996**

| | 2,33 ha | 10 000 | 🍷 70-100 F |

Eine schöne Belohnung für diese Vereinigung von vier Winzern, die einen Wein von ätherischer Farbe präsentiert. Fein und blumig im Duft (weiße Blüten und Ginster), wohlausgewogen im Geschmack. Dieser 96er klingt großzügig mit einem langen, sehr eleganten Vanilleabgang aus. Der noch verschlossene rote 95er macht der Appellation Ehre. Er erhält einen Stern.
🍇 SCEA Les Coteaux de Bellet, 325, chem. de Saquier, 06200 Saint-Roman-de-Bellet,
Tel. 04.93.29.92.99, Fax 04.93.18.10.99
☑ 🍷 n. V.

CLOS SAINT-VINCENT 1996

| ◢ | 0,6 ha | 1 600 | 🍷 50-70 F |

Unter der pastellfarbenen Milde von Blüten entfaltet sich ohne Umschweife die Lebhaftigkeit dieses 96ers.
🍇 Joseph Sergi et Roland Sicardi, Collet des Fourniers, 06200 Saint-Roman-de-Bellet,
Tel. 04.92.15.12.69, Fax 04.92.15.12.69
☑ 🍷 n. V.

Bandol

Ein vornehmer Wein, der übrigens nicht in Bandol selbst, sondern auf den sonnenverbrannten Terrassen der umliegenden Dörfer auf einer Anbaufläche von 1 300 ha erzeugt wird. Der Bandol ist ein Weiß-, ein Rosé- oder vor allem ein Rotwein; dieser ist dank der Mourvèdre-Rebe, deren Anteil über 50 % beträgt, kraftvoll und tanninreich. Als alkoholreicher Wein paßt er hervorragend zu Wild und rotem Fleisch, wobei er sein hochfeines, an Pfeffer, Zimt, Vanille und schwarze Kirschen erinnerndes Aroma einbringt. Er verträgt sehr gut eine lange Lagerung, wie die Jahrgänge 1965, 1975 und 1983 bewiesen haben.

DOM. DES BAGUIERS 1996*

| ◢ | 7,5 ha | 35 000 | 🍷 30-50 F |

Ein Hauch von Kohlensäure gibt ihm Frische und etwas Reizvolles, denn sein Geruchseindruck ist zurückhaltender. Ausgewogene Verfassung. Ein in jeder Hinsicht guter Rosé. Man kann ihn zum Aperitif servieren, gemeinsam mit einer Fougasse (flacher Kuchen) mit Oliven.
🍇 GAEC Jourdan, Dom. des Baguiers,
83330 Le Plan-du-Castellet, Tel. 04.94.90.41.87, Fax 04.94.90.41.87 ☑ 🍷 n. V.

DOM. DU CAGUELOUP 1996**

| | 2,4 ha | 12 000 | 🍷 30-50 F |

Dieser Familienbetrieb zeigt mit bemerkenswerter Regelmäßigkeit herausragende Leistungen, denn zum vierten Mal hintereinander ist eine seiner Cuvées zum Lieblingswein gewählt worden. Wie der 95er ist der Weißwein das Prunkstück. Die Jury hat seine kristallklare Reinheit, seinen intensiven, überwiegend blumigen Duft mit Honignoten und seinen komplexen, ausgewogenen und harmonischen Geschmack bewundert. Ein schöner typischer Charakter. Das Gut präsentiert auch einen Rosé von blasser Farbe. Sein Geruchseindruck ist zwar zurückhaltender, aber er ragt durch seine Rundheit und seine Länge hervor.
🍇 SCEA Dom. du Cagueloup, quartier Cagueloup, 83270 Saint-Cyr-sur-Mer,
Tel. 04.94.26.15.70, Fax 04.94.26.54.09
☑ 🍷 n. V.

CH. DE CASTILLON 1996*

| ◢ | 3 ha | 10 000 | 🍷 30-50 F |

Hier wieder Château de Castillon, ein Stammgast unseres Weinführers, mit einem sehr blassen

Bandol

Rosé, der aromatische Komplexität (Zitrusfrüchte, Gewürze, Blüten) mit der großzügigen Struktur der Bandol-Weine vereint. Einige Juroren hätten ihm gern einen Stern mehr zuerkannt. Bei etwas mehr Fülle hätte er einmütige Zustimmung erfahren. Dennoch ist er sehr gelungen.
⚘ René de Saqui de Sannes, Dom. de Castillon, 83330 Sainte-Anne-du-Castellet, Tel. 04.94.32.66.74, Fax 04.94.32.67.36
☑ ⚱ Mo-Sa 8h-19h ; Jan./Febr. geschlossen

DOM. DE FONT-VIVE 1996**

| | 3,8 ha | 13 300 | | 50-70 F |

Was für eine Harmonie ? Was für eine Komplexität ? Der sehr tiefe und recht intensive Duft verbindet Kirschen und Aprikosen. Der würzige, an Amylalkohol erinnernde Geschmack ist voluminös und lang zugleich. Dieser Rosé paßt zu pikanten Gewürzen mit Knoblauch.
⚘ Philippe Dray, quartier Val-d'Arenc, 83330 Le Beausset, Tel. 04.94.98.60.06

DOM. DE FREGATE 1995**

| | 3 ha | 12 000 | | 30-50 F |

Auf dieses 32 ha große Gut, das in unserem Weinführer regelmäßig vertreten ist, kann man sich in der Appellation fest verlassen. Es befindet sich neben dem gleichnamigen Golfplatz. In diesem Jahr sollte der Weinfreund zwei Weine beachten : einen 96er Rosé von sympathischer Lebhaftigkeit, der im Laufe des Jahres getrunken werden sollte, und vor allem diesen roten 95er. Ein angenehm warmer Bandol mit seinem fruchtigen Duft (schwarze Johannisbeeren und Backpflaumen), den eine Pfeffernote würzt. Und was für ein Geschmack ! Was für ein Körper ! Gut verschmolzene Tannine kleiden nach und nach den Gaumen aus, bis hin zum Abgang mit den balsamischen Noten. Wetten wir, daß nicht jeder die Geduld aufbringen wird, ihn fünf bis sechs Jahre aufzuheben, bevor man ihn zu einem Wildschmorbraten trinkt.
⚘ Dom. de Frégate, rte de Bandol, 83270 Saint-Cyr-sur-Mer, Tel. 04.94.32.57.57, Fax 04.94.32.24.22 ☑ ⚱ Mo-Sa 9h-12h 14h-18h ; Gruppen n. V.

LA BASTIDE BLANCHE
Cuvée Fontanieu 1995

| | 3 ha | 5 000 | | 50-70 F |

Seit Jahren verwöhnt dieses Gut den Weinfreund. Sein Etikett ist unseren Lesern wohlbekannt. Es wird dieses Jahr nicht abgebildet, denn dieser ansonsten angenehme 95er zeigt eine mittlere Lagerfähigkeit. Es handelt sich um eine in diesem Weinführer mehrmals erwähnte Cuvée, die aus Mourvèdre erzeugt worden ist. Der 92er war bemerkenswert. Der 95er entfaltet sich sanft und reintönig. Man kann ihn schon im Herbst zu einem Kaninchen mit Oliven oder zu Magrets (dünne Scheiben gebratenes Brustfilet von Geflügel) trinken.
⚘ Louis et Michel Bronzo, La Bastide blanche, 367, chem. des Oratoires, 83330 Sainte-Anne-du-Castellet, Tel. 04.94.32.63.20, Fax 04.42.08.62.04 ☑ ⚱ n. V.

LA CADIERENNE 1996

| | k. A. | 600 000 | | 30-50 F |

Die Winzergenossenschaft von Bandol entstand 1929. Ihr klarer, duftiger Rosé bietet einen langen, milden Geschmack.
⚘ SCV La Cadiérenne, quartier Le Vallon, 83740 La Cadière-d'Azur, Tel. 04.94.90.11.06, Fax 04.94.90.18.73 ☑ ⚱ n. V.

DOM. LAFRAN-VEYROLLES 1996

| | 3 ha | 13 000 | | 50-70 F |

Noch ein gutes Weingut der Appellation, mit zweihundertjähriger Weinbautradition und unseren Lesern wohlbekannt. In diesem Jahr erregte sein Rosé die Aufmerksamkeit durch seine aromatische Palette, die etwas untypisch, aber ansprechend ist : Noten von Zitrusfrüchten, roten Johannisbeeren und Menthol stechen hervor, verstärkt durch eine echte Frische. Man kann ihn zu Meeresfrüchten versuchen.
⚘ Mme Claude Jouve-Férec, Dom. Lafran-Veyrolles, 2115, rte de l'Argile, 83740 La Cadière-d'Azur, Tel. 04.94.90.13.37, Fax 04.94.90.11.18 ☑ ⚱ n. V.

DOM. DE LA LAIDIERE 1996*

| | 6,5 ha | 28 000 | | 50-70 F |

Ein Gut, das den treuen Lesern unseres Weinführers vertraut ist. Seit der ersten Ausgabe sind nicht weniger als drei seiner Cuvées zu Lieblingsweinen gewählt worden. Beim 96er ist der Rosé sehr gelungen. Hinter einem frischen, verführerischen Duft, in dem Zitrusfrüchte wie etwa grüne Zitronen hervorstechen, verbirgt sich ein ungestümes, mehr würziges Temperament. Der ebenso fruchtige Weißwein aus demselben Jahrgang besitzt mehr Rundheit. Er ist sehr elegant und hat die gleiche Note erhalten. Er paßt zu gebratenem Seewolf.
⚘ SCEA Estienne, Dom. de La Laidière, 83330 Sainte-Anne-d'Evenos, Tel. 04.94.90.37.07, Fax 04.94.90.38.05 ☑ ⚱ Mo-Fr 9h-12h 14h-18h ; Sa n. V.

CH. DE LA NOBLESSE
Longue garde 1995*

| | 3 ha | 13 300 | | 70-100 F |

Ein eindrucksvoller, in den Felsen gegrabener Keller. Die Weine werden in unserem Weinführer regelmäßig erwähnt, insbesondere die Rotweine, die seit drei Jahren sehr gute Noten erhalten. Dieser aus Mourvèdre hergestellte 95er ist im gleichen Stil gehalten und zeigt sich typisch und vielversprechend. Die Nase hat noch nicht ihren vollen Ausdruck erreicht, bietet aber bereits ein komplexes Bukett, das schwarze Johannisbeeren, Garrigue, Lorbeerblätter und Karamel vereint. Der Weinkellner empfiehlt, diese Flasche zu einer Ente mit Kirschen und später mit Trüffeln zu servieren. Hinweisen sollte man auch auf einen grün schimmernden 96er Weißwein (ein Stern), der ausgewogen und füllig ist und eine schöne aromatische Kontinuität zwischen Duft und Geschmack zeigt.
⚘ Jean-Pierre Gaussen, Dom. de La Noblesse, 1585, chem. de l'Argile, 83740 La Cadière-d'Azur, Tel. 04.94.98.75.54, Fax 04.94.98.65.34 ☑ ⚱ n. V.

Bandol

LA ROQUE Cuvée Sélection 1996**

| | k. A. | k. A. | 30-50 F |

Komplimente ergießen sich über diesen Weißwein. Er ist die gesamte Weinprobe hindurch aromatisch und umschmeichelt die Nase mit seinen Noten von Blüten und Zitrusfrüchten (Pampelmusen, Zitronen). Er ist ausgewogen und zeigt munter seine Lebhaftigkeit (Garantie für ein gutes Potential) und seinen fleischigen Abgang. Seine Fröhlichkeit bringt die Verkoster auf den Geschmack. Jeder schlägt ein Gericht vor, das ihn zur Geltung bringen soll: eine gebratene Goldbrasse oder ein Fisch aus dem Mittelmeer? Muscheln? Und warum nicht gebratene Paprikaschoten? Dieser gute Diener der provenzalischen Küche ist diesen Herbst trinkreif.

La Roque, quartier Vallon, 83740 La Cadière-d'Azur, Tel. 04.94.90.10.39, Fax 04.94.90.08.11 ☑ ☒ Mo-Sa 8h-12h 13h30-17h30

CH. LA ROUVIERE 1996*

| | 2 ha | 9 000 | 50-70 F |

Seitdem die Brüder Bunan 1961 aus Nordafrika gekommen sind, haben sie in der Appellation viel Erfolg gehabt: Sie haben nacheinander Moulin des Costes, Château und Mas de la Rouvière erworben, Güter, die im Weinführer regelmäßig erwähnt werden, manchmal mit den besten Noten bewertet. Erinnern wir an die zweimalige Wahl von Château La Rouvière zum Lieblingswein (der 95er beim Rosé und der 93er beim Rotwein). Dieser 96er Rosé wurde wegen seines breiten, ausdrucksvollen Dufts, seines würzigen Aromas und seiner guten Struktur gewürdigt. Ein lagerfähiger Rosé, den man zum Aperitif servieren oder zu pikanten Gerichten trinken kann.

Dom. Bunan, B.P. 17, 83740 La Cadière-d'Azur, Tel. 04.94.98.58.98, Fax 04.94.98.60.05 ☑ ☒ tägl. 8h-12h30 14h-19h

MAS DE LA ROUVIERE 1995*

| | 5 ha | 20 000 | 50-70 F |

Dieser noch in der Entwicklung stehende 95er mit dem komplexen, eher holzbetonten Geruchseindruck muß sich entfalten. Der klarere, angenehm fruchtige Geschmack mit den deutlich spürbaren Tanninen klingt mit leicht pfeffrigen Noten aus. Der 96er Rosé, harmonisch in seiner Struktur und seinem Ausdruck, verdient ebenfalls einen Stern.

Dom. Bunan, B.P. 17, 83740 La Cadière-d'Azur, Tel. 04.94.98.58.98, Fax 04.94.98.60.05 ☑ ☒ tägl. 8h-12h30 14h-19h

DOM. LA SUFFRENE
Cuvée Sainte-Anne 1996*

| | k. A. | 50 000 | 30-50 F |

Halt! Ein neuer Name! Dieser hier stammt vom Vogt von Suffren, dem berühmten, aus dieser Gegend stammenden Seemann (Vizeadmiral der königlichen Flotte), der in der Umgebung ein Gut besessen haben soll. Doch mehr noch als das Patronat dieses hypothetischen Ahnen besteht der wahre Trumpf dieses Guts in seinem brandneuen Keller! Die erste Vinifizierung auf dem Gut hat einen 96er hervorgebracht, dessen hübsche rosa Farbe lachsrosa schimmert. Rundheit in der Ansprache, Frische im Abgang und recht fruchtig. Harmonischer Gesamteindruck.

GAEC Gravier-Piche, Clos les Palluns, 1066, chem. de Cuges, 83740 La Cadière d'Azur, Tel. 04.94.90.09.23, Fax 04.94.90.02.21 ☑ ☒ n. V.

DOM. DE LA TOUR DU BON
Saint-Ferréol 1995

| | 2 ha | k. A. | 70-100 F |

Ein in unserem Weinführer regelmäßig vertretenes Gut, manchmal auf den besten Plätzen. Es präsentiert hier eine fast ausschließlich aus Mourvèdre erzeugte Cuvée, deren purpurviolett schimmernde Granatfarbe die Jugendlichkeit verrät. Sein hübscher, sehr provenzalischer Duft vereint ein Aroma von Früchten, Garrigue und Gewürzen mit Holznoten. Dieser Bandol wird noch besser, wenn er ein paar Jahre altert. Dann wird ein Entrecote seinen tanninbetonten Charakter mildern.

SCEA Saint-Vincent, R. et C. Hocquard, Dom. de La Tour du Bon, 83330 Le Brûlat-du-Castellet, Tel. 04.94.32.61.62, Fax 04.94.32.71.69 ☑ ☒ n. V.

DOM. DE LA VIVONNE 1994

| | 6,09 ha | 20 000 | 50-70 F |

Dieser 25 ha große Weinbaubetrieb in Familienbesitz bietet einen aus Mourvèdre erzeugten 94er, der eine tiefrote Farbe und einen holzbetonten Geschmack besitzt. Ein für den Jahrgang löblicher Wein mit gutem Potential. Er paßt gut zu Fleisch mit würziger Sauce. Man kann ihn trinken oder noch drei Jahre aufheben.

Walter Gilpin, 3345, montée du Château, 83330 Le Castellet, Tel. 04.94.98.70.09, Fax 04.94.90.59.98 ☑ ☒ n. V.

LE GALANTIN 1996*

| | 9 ha | 40 000 | 30-50 F |

Ein eleganter Rosé mit orangeroten Farbtönen. Er ist ausdrucksvoll, im Geruch ebenso wie im Geschmack durch Zitrusnoten geprägt. Der Geschmack zeigt sich kräftig, aber nicht aggressiv. Dieser Wein paßt zu Hähnchen Tandoori, Ente mit Ananas oder anderen asiatischen Spezialitäten.

Achille Pascal, Dom. Le Galantin, 690, chem. du Galantin, 83330 Le Plan-du-Castellet, Tel. 04.94.98.75.94, Fax 04.94.90.29.55 ☑ ☒ Mo-Sa 9h-12h 14h-18h

DOM. DE L'HERMITAGE 1996*

| | 22 ha | 101 000 | 50-70 F |

Ein 1974 als Brachland erworbenes Gut. Mit 76 ha ist es einer der größten Weinbaubetriebe von Bandol. Sein Rosé besitzt ein sehr blasses Kleid, dessen zarte Farbe an Heckenrosen erinnert. Er zeigt sich nervig, durch Zitrusfrüchte geprägt, ein klein wenig würzig. Dieselbe Note für den roten 95er. Ein noch zurückhaltender Wein mit lebhafter Ansprache und kräftigen Tanninen.

SCEA Gérard Duffort, Dom. de l'Hermitage, Le Rouve, B. P. 41, 83330 Le Beausset, Tel. 04.94.98.71.31, Fax 04.94.90.44.87 ☑ ☒ n. V.

Bandol

DOM. DE L'OLIVETTE 1996★★

37 ha   185 000   50-70 F

Dieses große Gut (55 ha) präsentiert einen überaus schönen Rosé. Seine Komplexität und seine Harmonie haben ihm die Wahl zum Lieblingswein eingebracht. Blumen- und Aprikosendüfte in der Nase, Rosen- und Pfirsichnoten am Gaumen: Das Aroma ist allgegenwärtig und hält in einem lieblichen und zugleich säuerlichen Geschmack an. Das Bukett aus Düften und Geschmacksnoten wird die gesamte Mahlzeit verschönern: »Von der Anchoïade bis zur Erdbeercharlotte«, schlägt uns ein genießerischer Verkoster vor.

☛ SCEA Dumoutier, Dom. de L'Olivette, 83330 Le Castellet, Tel. 04.94.32.62.89, Fax 04.94.32.68.43 ☑ ☨ n. V.

MOULIN DES COSTES 1995★★

5 ha   20 000   50-70 F

Das erste Gut, das die Brüder Bunan erwarben. Ein »Rebenkonservatorium« versammelt hier alle Rebsorten der Appellation. Dieser rote 95er, dessen tiefe Farbe violett schimmert, findet einmütige Zustimmung. Sein Aroma ist von großer Komplexität und beginnt sich zu entwickeln, in der Nase ebenso wie im Mund. Die Noten von Waldfrüchten kommen im Mittelgrund zum Vorschein und werden von Leder- und Gewürznuancen (Zimt, Vanille) abgelöst. Dieser lange, extrem sanfte Wein zeigt sich zunächst warm und füllig, dann tanninbetonter. Ein ausgezeichneter Bandol, der in fünf Jahren seinen Höhepunkt erreicht, wenn sich die Tannine beruhigt haben.

☛ Dom. Bunan, B.P. 17, 83740 La Cadière-d'Azur, Tel. 04.94.98.58.98, Fax 04.94.98.60.05
☑ ☨ tägl. 8h-12h30 14h-19h

MOULIN DES COSTES 1996★★

6 ha   20 000   50-70 F

Moulin des Costes verwöhnt uns auch mit diesem herrlichen Rosé, einem typischen Bandol-Wein von kräftiger Farbe. Der ausdrucksvolle Duft, Zitrusfrüchte, exotische Früchte und Blüten, vereint Stärke und Eleganz. Man kann ihn zu asiatischen Gerichten servieren. Nicht vergessen wird der Weißwein, der ebenso großzügig ist: rund und füllig, komplex im Aroma. Er paßt zu Seeteufel oder Drachenkopf.

☛ Dom. Bunan, B.P. 17, 83740 La Cadière-d'Azur, Tel. 04.94.98.58.98, Fax 04.94.98.60.05
☑ ☨ tägl. 8h-12h30 14h-19h

DOM. DU PEY-NEUF 1996★

8,5 ha   43 066   30-50 F

Dieser Rosé mit der intensiven, lebhaften Farbe, Rosarot mit gelbroter Schattierung, besitzt eine schöne Erscheinung. Der Duft entfaltet ein angenehm fruchtiges Aroma, das an Pfirsich und Bergamotte erinnert. Ein harmonischer Wein ohne Rauheit. Dieselbe Note für einen sehr gefälligen Wein aus dem gleichen Jahrgang. Ein exotisches Aroma umschmeichelt die Nase und entzückt den Gaumen bis zum letzten Schluck.

☛ Guy Arnaud, Dom. Pey-Neuf, 367, rte de Sainte-Anne, 83740 La Cadière-d'Azur, Tel. 04.94.90.14.55, Fax 04.94.26.13.89
☑ ☨ n. V.

CH. DE PIBARNON 1995★

20 ha   66 000   70-100 F

Ein großes Gut (42 ha), das Henri de Saint-Victor seit 1978 umstrukturiert. Der Besitzer rühmt die Armut seiner Böden (Kalkstein aus der Triasformation), die den Reichtum der roten Bandol-Weine begründet. Wir haben nicht den 94er und auch nicht den 89er vergessen, die beide zu Lieblingsweinen gewählt wurden. Der 95er bringt sein Anbaugebiet gut zur Geltung. Der komplexe Geruchseindruck hat zwar noch nicht alle seine Geheimnisse preisgegeben, aber der kräftig gebaute, vollständige Geschmack mit dem noch jugendlichen Aroma zeigt wirkliches Potential. Man kann ihn mindestens fünf Jahre im Keller reifen lassen. Dieselbe Note für den Rosé, der zarte Düfte mit einer ausgeprägten Persönlichkeit verbindet.

☛ Ch. de Pibarnon, Henri und Eric de Saint-Victor, 83740 La Cadière-d'Azur, Tel. 04.94.90.12.73, Fax 04.94.90.12.98
☑ ☨ Mo-Sa 8h30-12h30 14h30-18h30

CH. PIGNATEL 1995★

2 ha   5 000   50-70 F

Die Marke ist zwar neu, aber das Weingut geht auf das 17. Jh. zurück. Es präsentiert einen purpurviolett schimmernden Bandol mit noch schüchternem Geruchseindruck. Die schon verschmolzenen Tannine verleihen dem Geschmack Rundheit. Das Aroma erinnert an rote Früchte, die sich mit der Zeit besser entfalten werden. Dieser Wein wird zu einem Kaninchen mit Backpflaumen empfohlen.

Bandol

•┓ Henri und Agnès Gaussen, GAEC Ch. la Noblesse, 1685, chem. de l'Argile, 83740 La Cadière-d'Azur, Tel. 04.94.98.72.07, Fax 04.94.98.40.41 ☑ ⊺ n. V.

CH. PRADEAUX 1992

■ 15 ha 28 000 ⓘ 70-100 F

Dieses Gut hat einen berühmten Ahnen : Jean-Marie-Etienne Portalis, der während der Zeit des Konsulats an der Ausarbeitung des Code civil (Bürgerliches Gesetzbuch) beteiligt war und das Konkordat aushandelte. Die Jury hat diesen 92er Rotwein ausgewählt. Der Wein entwickelt sich gut und zeichnet sich mehr durch seine Feinheit als durch seine Struktur aus. Seine Länge ist schon beachtlich. Man sollte ihn in fünf Jahren erneut probieren.

•┓ Ch. Pradeaux, quartier Les Pradeaux, 83270 Saint-Cyr-sur-Mer, Tel. 04.94.32.10.21, Fax 04.94.32.16.02 ☑ ⊺ Mo-Sa 8h-12h30 13h30-19h30 ; So n. V.
•┓ Cyrille Portalis

CH. ROMASSAN-DOMAINES OTT
Cœur de Grain 1996

◢ k. A. 130 000 ■ⓘ♦ 70-100 F

Die Familie Ott besitzt in der Provence mehrere Güter. Château Romassan ist als letztes seiner Weingüter hinzugekommen (1956). Es hat einen Rosé von leichter Farbe und fruchtigem Aroma erzeugt. Während die Ansprache rund ist, zeigt sich der Abgang nerviger. Ein für seine Appellation typischer Wein.

•┓ Dom. Ott, Ch. Romassan, 601, rte des Mourvèdres, 83330 Le Castellet, Tel. 04.94.98.71.91, Fax 04.94.98.65.44 ☑ ⊺ n. V.

CH. SAINTE-ANNE 1996*

◢ 5 ha 15 000 ■♦ 50-70 F

Eine Vinifizierung ohne Verwendung von Chemikalien. Dies ist der letzte Rosé, den der im letzten Herbst verstorbene François Dutheil hergestellt hat. Ein Wein von leicht orangeroter Farbe, der durch seinen sehr fleischigen Charakter und seinen aromatischen Ausdruck gefällt. Lobend erwähnt hat die Jury von selben Gut einen Rotwein mit abgerundeten Tanninen, dessen Struktur mittelmäßig, aber harmonisch ist. Trinkreif.

•┓ François Dutheil de La Rochère, Ch. Sainte-Anne, 83330 Sainte-Anne-d'Evenos, Tel. 04.94.90.35.40, Fax 04.94.90.34.20 ☑ ⊺ Mo-Sa 9h-12h 14h-19h

DOM. DES SALETTES 1996

◢ 13 ha 48 000 ■♦ 50-70 F

Ein 1604 entstandenes Gut am Fuße von La Cadière, mitten im Anbaugebiet der Appellation. Es bietet einen orangeroten Rosé, der typisch für den Jahrgang ist : ausgewogen, fruchtig und blumig (Ginster) zugleich.

•┓ Jean-Pierre Boyer, Ch. Salettes, 83740 La Cadière-d'Azur, Tel. 04.94.90.06.06, Fax 04.94.90.04.29 ☑ ⊺ n. V.
•┓ Léon Ricard

SAN-CERI 1996

◢ k. A. 300 000 ⓘ 70-100 F

Die Winzergenossenschaft La Saint-Cyrienne präsentiert dieses Jahr einen Rosé von kräftiger Farbe, der recht ausdrucksvoll, harmonisch und sanft ist.

•┓ SCV La Saint-Cyrienne, Vins San-Céri, 29, bd Jean-Jaurès, 83270 Saint-Cyr-sur-Mer, Tel. 04.94.26.10.56, Fax 04.94.88.70.36 ☑ ⊺ tägl. 9h-12h 14h-18h

DOM. DE SOUVIOU 1996

◢ k. A. 50 000 ■♦ 50-70 F

Dieses im 16. Jh. entstandene Gut, das unseren Lesern wohlbekannt ist, baut erfolgreich Reben und Oliven an. Sein lachsrosa Rosé zeigt eine klare Ansprache und hüllte sich dann in eine Rundheit mit dem Aroma von Amylalkohol ein, die durch rote Früchte betont wird. Zufriedenstellende Ausgewogenheit.

•┓ SCEA Dom. de Souviou, R.N. 8, 83330 Le Beausset, Tel. 04.94.90.57.63, Fax 04.94.98.62.74 ☑ ⊺ n. V.
•┓ Cagnolari

DOM. TEMPIER 1996

□ 1,5 ha 4 000 ⓘ 50-70 F

Ein altehrwürdiges Gut, das schon im 18. Jh. bestand. Es ist regelmäßig im Weinführer vertreten und präsentiert einen interessanten Weißwein. Der Geruchseindruck verlangt zwar ein wenig Belüftung, damit er sich entfaltet, aber er wird dann kräftiger und bietet blumige und mineralische Noten. Dieser Wein enthüllt sein Potential in einem Geschmack mit verschmolzenem Holzton und angenehm nachhaltigem Abgang. Sonderbarerweise stellen einige darin Anklänge an Sauvignon fest ... Ein Bandol, den man zu Huhn in Rahmsauce trinkt.

•┓ EARL Peyraud, Dom. Tempier, Le Plan-du-Castellet, 83330 Le Castellet, Tel. 04.94.98.70.21, Fax 04.94.90.21.65 ☑ ⊺ n. V.
•┓ GFA Tempier

DOM. DE VAL D'ARENC 1996

□ k. A. 10 000 ■♦ 50-70 F

Die Bandol-Weine »Domaine de Val d'Arenc« sind ausschließlich für die Gastronomie bestimmt. Dieser hier besitzt eine helle, grün schimmernde Farbe und zeigt eine etwas übertriebene Lebhaftigkeit, ist aber sehr eleganter, blumig-mineralischer Duft macht ihn anziehend.

•┓ Dom. de Val d'Arenc, chem. du Val-d'Arenc, 83330 Le Beausset, Tel. 04.94.98.71.89, Fax 04.94.98.74.10
•┓ M. Sénéclauze

CH. VANNIERES 1996

◢ 12 ha 45 000 ■♦ 50-70 F

Auch wenn die Architektur dieses Châteaus aus dem 16. Jh. ungewöhnlich erscheint, so wird der in seinen Kellern hergestellte Rosé den Weinliebhaber nicht überraschen. Es ist ein typischer Bandol, der fruchtige (Kirschen, Ananas und andere exotische Früchte) und würzige Noten vereint. Er ist lang genug, um es mit chinesischen

PROVENCE

oder indischen Spezialitäten aufnehmen zu können.
- Ch. Vannières, 83740 La Cadière-d'Azur, Tel. 04.94.90.08.08, Fax 04.94.90.15.98
- Mo-Sa 8h-12h 14h-18h
- Boisseaux

Palette

Ein ganz kleines Weinbaugebiet vor den Toren von Aix, das den alten Weinberg des guten Königs René umgibt.

Hier werden regelmäßig Weiß-, Rosé- und Rotweine erzeugt. Zumeist findet man darin nach einer langen Reifung (denn der Rotwein besitzt eine lange Lagerfähigkeit) einen Duft nach Veilchen und Pinienholz.

CH. SIMONE 1993**

| ■ | 8 ha | 40 000 | ⅠⅠ | 100-150 F |

Ein echtes Schloß, wie man es sich vorstellt: mit Türmchen, Terrassen, die durch Treppen mit zweifach gebrochenen Läufen verbunden sind, einem Wasserbecken und einem französischen Garten. In seinen aus dem 16. Jh. stammenden Gewölbekellern werden Sie ein paar wunderbare Dinge finden, wie etwa diesen 93er mit der noch sehr jugendlichen Farbe, der durch seinen Duft nach Moschus und kleinen Früchten erfreut. Im Geschmack ist er zuerst rund, dann strukturiert, mit Vanille- und Kirschwassernoten. Ein kraftvoller, harmonischer Wein, der ein paar Jahre lagern kann, was es ihm ermöglicht, sein Ungestüm zu dämpfen.
- René Rougier, Ch. Simone, 13590 Meyreuil, Tel. 04.42.66.92.58, Fax 04.42.66.80.77
- n. V.

CH. SIMONE 1994*

| □ | 6 ha | 27 000 | ⅠⅠ | 100-150 F |

Es ist bei den Weinen ähnlich wie bei den Menschen. Einige sind schon beim ersten Kontakt redselig, andere geben sich zurückhaltend, sogar schroff, bevor sie ihren gesamten Reichtum enthüllen. Dieser goldgelbe Weißwein mit dem entwickelten Duft braucht ein wenig Belüftung, um seinen ganzen Charakter zu entfalten. Noten von Unterholz und grünem Holz, danach von Quitten und kandierten Früchten erfüllen dann den Mund, dessen Geschmack füllig und kräftig ist. Ein großzügiger, schon reifer Wein, der mehrere Jahre altern kann.
- René Rougier, Ch. Simone, 13590 Meyreuil, Tel. 04.42.66.92.58, Fax 04.42.66.80.77
- n. V.

Coteaux d'Aix

Die AOC Coteaux d'Aix-en-Provence, die zwischen der Durance im Norden und dem Mittelmeer im Süden, zwischen der Rhône-Ebene im Westen und den kristallinen Triasböden der Provence im Osten liegt, gehört zum westlichen Teil des Kalksteinbereichs der Provence. Die Oberflächengestalt wird durch eine Abfolge von Hügelketten geformt, die parallel zur Meeresküste verlaufen und im Naturzustand mit Buschwald, immergrüner Strauchheide oder Nadelwald bedeckt sind: die Hügelkette der Nerthe unweit vom Etang de Berre und der Hügelkette der Costes, die sich im Norden in den Alpilles fortsetzt.

Dazwischen erstrecken sich unterschiedlich große Becken mit Ablagerungen (Becken des Arc, Becken der Touloubre und Becken der unteren Durance), wo der Wein angebaut wird, entweder auf Mergelkalk, der steinige Böden mit lehmig-schlickiger Matrix bildet, oder auf Molassen und Sandstein mit sehr sandigen oder sandig-schlickigen, steinigen Böden. 3 500 ha erzeugen durchschnittlich 170 000 hl. Die Produktion der Roséweine hat sich in jüngster Zeit erhöht (70 %). Grenache und Cinsaut stellen noch immer die Grundlage der Bestockung dar, wobei die Grenache-Rebe dominiert; Syrah und Cabernet Sauvignon befinden sich auf dem Vormarsch und ersetzen allmählich Carignan.

Die Roséweine sind leicht, fruchtig und angenehm; sie haben in hohem Maße von der Verbesserung der Vinifizierungsmethoden profitiert. Man sollte sie jung trinken, zu provenzalischen Gerichten wie Ratatouille (Gemüseeintopf), mit gehackten Pilzen und Schinken gefüllten Artischocken, gebratenen Fischen mit Fenchel oder Aïoli (Knoblauchmayonnaise).

Die Rotweine sind ausgewogen, manchmal rustikal. Sie profitieren davon, daß günstige Boden- und Klimabedingungen zusammentreffen. Wenn sie jung und fruchtig sind und milde Tannine besitzen, kann man sie zu gebratenem Fleisch und überbackenen Gerichten trin-

Coteaux d'Aix

ken. Sie erreichen ihren vollen Charakter nach einer zwei- bis dreijährigen Reifung und passen dann zu Fleischgerichten mit Sauce und zu Wild. Sie verdienen es, daß man sich auf die Suche nach ihnen begibt (und sie wiederentdeckt).

Die Weißweinproduktion ist beschränkt. Der Nordteil des Anbaugebiets ist günstiger für ihre Erzeugung. Die Rundheit der Rebsorten Grenache blanc und Bourboulenc wird mit der Feinheit der Rebsorten Clairette und Rolle kombiniert, ergänzt durch Ugni blanc.

JEAN BARONNAT 1995*

| ■ | k. A. | k. A. | ■ ♣ | -30F |

»Respekt vor dem Wein« - die Formel des Hauses Jean Baronnat findet ihren perfekten Ausdruck in diesem 95er. Er ist sehr gelungen und hält, was seine schöne Farbe verspricht. Durch sein Bukett mit dem Duft nach roten Früchten und Gewürzen ebenso wie durch seine verschmolzenen Tannine, die mit dem im Geschmack zum Vorschein kommenden Aroma der Cabernet-Sauvignon-Traube harmonieren.
🍇 Jean Baronnat, Les Bruyères, rte de Lacenas, 69400 Gleizé, Tel. 04.74.68.59.20, Fax 04.74.62.19.21 ☑ ⊺ n. V.

CH. BAS Pierre du Sud 1996*

| □ | 3 ha | 3 000 | ■ ♣ | 30-50F |

Zwei Cuvées dieses aus dem 16. Jh. stammenden Châteaus sind mit der gleichen Note berücksichtigt worden. Die Cuvée Pierre du Sud erschien dennoch aufgrund ihres angenehm blumigen, sauvignontypischen Aromas vollständiger als der Alvernègues. Die Ansprache ist lebhaft. Danach zeigt sich der Geschmack sehr reichhaltig und voll. Ein sehr eleganter Weißwein.
🍇 Ch. Bas, 13116 Vernègues, Tel. 04.90.59.13.16, Fax 04.90.59.44.35 ☑ ⊺ n. V.
🍇 Georges Deblanquet

CH. BEAUFERAN 1992*

| ■ | 6 ha | 25 000 | ⊕ | 30-50F |

Dieser 92er mit dem schwarzen Etikett ist sehr gut erhalten und kann noch lagern, wie es der intensive Charakter seiner rubinroten Farbe, sein kräftiges Bukett (kandierte Früchte und Backpflaumen) und die Eleganz seiner Struktur beweisen.
🍇 Ch. Beauferan, SCEA Adam, 870, chem. de la Degaye, 13880 Velaux, Tel. 04.42.74.73.94, Fax 04.42.87.42.96 ☑ ⊺ n. V.

CH. DE BEAULIEU Grande Cuvée 1995**

| ■ | 54 ha | 240 000 | ■ ⊕ | 30-50F |

Dieses Gut, dessen 300 ha großes Anbaugebiet mitten in einem ehemaligen Vulkan liegt, präsentiert uns hier seine tolle 95er Grand Cuvée. Sie verdient ihren Namen ganz und gar. Das Bukett bietet eine wahre Explosion aromatischer Noten : Leder, Gewürze, Ingwer, Pfeffer. Seine Komplexität findet sich im Geschmack wieder, wo seine Reichhaltigkeit und seine Eleganz eine vollkommene Ausgewogenheit bilden, die sich auf harmonisch verschmolzene Tannine stützen. Ein Wein, den man aufheben und dessen Entwicklung man mit seinem Kellerbuch verfolgen muß.

🍇 GFA Ch. de Beaulieu, 13840 Rognes, Tel. 04.42.50.13.72, Fax 04.42.50.17.30 ☑ ⊺ n. V.
🍇 Touzet

CH. DE BEAULIEU Grande Cuvée 1996*

| □ | 35 ha | 150 000 | ■ ♣ | -30F |

Dieser sehr gelungene 96er verführt durch sein Bukett, in dem Blüten dominieren. Der kräftige, aber auch lebhafte und aromatische Geschmack wird sich am besten zu einer schönen Platte mit Meeresfrüchten entfalten.
🍇 GFA Ch. de Beaulieu, 13840 Rognes, Tel. 04.42.50.13.72, Fax 04.42.50.17.30 ☑ ⊺ n. V.

CH. DE BEAUPRE 1996

| ◢ | 2 ha | 12 000 | | -30F |

Dieser Rosé kommt von einem Weingut, das ein Landhaus aus dem 18. Jh. überragt. Man sollte ihn bald trinken, um voll in den Genuß der Frische und der Rundheit seines Geschmacks zu kommen, der eine gute Ausgewogenheit zeigt.
🍇 Baron Christian Double, Ch. de Beaupré, 13760 Saint-Cannat, Tel. 04.42.57.33.59, Fax 04.42.57.27.90 ☑ ⊺ tägl. 8h-12h 14h-18h30

CH. CALISSANNE Cuvée Prestige 1996*

| ◢ | k. A. | k. A. | ■ ♣ | 30-50F |

Man findet Château Calissanne jedes Jahr wieder, mit gut ausgebauten Cuvées. Diese hier ist im selben Stil gehalten : Ihre Farbe ist kräftig und zeigt violette Reflexe. Der Duft bietet einen sehr angenehmen Korb von pürierten roten Früchten. Klar, lebhaft und frisch, Geschmack nach Kirschen. Ein hübscher Rosé, den man zum Essen trinkt.
🍇 Ch. Calissanne, R.D. 10, 13680 Lançon-de-Provence, Tel. 04.90.42.63.03, Fax 04.90.42.40.00 ☑ ⊺ tägl. 8h-12h 14h-18h30

DOM. DE CAMAISSETTE 1996*

| ◢ | 4 ha | 13 000 | ■ ♣ | -30F |

Dieser von einem Önologen hergestellte 96er zeigt, was eine gute Beherrschung der Kellertechnik leisten kann. Durch sein Bukett mit dem hochfeinen Duft nach Zitrusfrüchten und roten Früchten ebenso wie durch seinen lebhaften,

PROVENCE

Coteaux d'Aix

wohlausgewogenen Geschmack. Der Weißwein ist Anfang dieses Herbstes trinkreif und paßt zu einem guten Aïoli (Knoblauchmayonnaise).
🖝 Michelle Nasles, Dom. de Camaïssette, 13510 Eguilles, Tel. 04.42.92.57.55, Fax 04.42.28.21.26 ◪ ⊤ Mo-Sa 9h30-12h 14h30-18h30

COMMANDERIE DE LA BARGEMONE 1996*

| ☐ | k. A. | 20 000 | ▪⚓ -30F |

Obwohl der Sauvignon im Rebsatz in der Minderheit ist, beherrscht er das Bukett, das voller Kraft entfaltet (Buchsbaum und Ligusterblüten). Der lange, füllige, kräftige Geschmack zeigt ebenfalls viel Charakter. Der leichte, angenehme 95er Rotwein wurde von der Jury lobend erwähnt.
🖝 Jean-Pierre Rozan, Commanderie de la Bargemone, R.N. 7, 13760 Saint-Cannat, Tel. 04.42.57.22.44, Fax 04.42.57.26.39 ◪ ⊤ n. V.

DOM. DE COSTEBONNE 1994*

| ■ | 15,33 ha | k. A. | ▪⚓ -30F |

Dieser wegen seines Preis-Leistungs-Verhältnisses interessante 94er besitzt viele andere Reize. Er ist recht typisch für die Appellation aufgrund seines Buketts mit dem Garrigueduft, den Noten von Röstgeruch und Gewürzen verstärken, und seines frischen Geschmacks, der ebenso komplex ist und von gut verschmolzenen Tanninen unterstützt wird. Dieser Coteaux d'Aix schafft es, durch eine Note Ackerminze zu überraschen.
🖝 SCIEV André Benoit, B.P. 17, 13940 Mollèges, Tel. 04.90.95.19.06, Fax 04.90.95.42.00 ◪ ⊤ n. V.

DOM. D'EOLE Cuvée Léa 1995*

| ■ | 2,8 ha | 7 000 | ▪◍ 50-70F |

Dieser 95er, eine teilweise im Barriquefaß ausgebaute Cuvée, hat die Juroren verführt, aber man muß warten, bis er seinen Höhepunkt erreicht. Dank der Qualität seines Buketts (gekochte Früchte und Kaffee) und dank der Intensität seiner Tanninentwicklung kann er sich in drei bis vier Jahren sehr günstig entwickeln. Dieser schlichtere, aber frische und gefällige 96er Rosé wurde von der Jury lobend erwähnt.
🖝 Dom. d'Eole, 13810 Eygalières, Tel. 04.90.95.93.70, Fax 04.90.95.99.85 ◪ ⊤ n. V.
🖝 C. Raimont

CH. DES GAVELLES
Cuvée Lou Gaveou 1995*

| ■ | 2 ha | 9 000 | ◍ 30-50F |

Dieser 95er wurde in einer Region erzeugt, wo der Einfluß der Rhône allmählich zu spüren ist. Er zeichnet sich durch die Tiefe seiner Farbe aus. Diese kündigt einen wohlausgewogenen, solide gebauten Wein an, dessen Tannine erlauben, das Jahr 2000 abzuwarten.
🖝 Ch. des Gavelles, 165, chem. de Maliverny, 13540 Puyricard, Tel. 04.42.92.06.83, Fax 04.42.92.24.12 ◪ ⊤ tägl. 9h30-12h30 15h-19h30
🖝 J. et B. de Roany

DOM. DES GLAUGES
Instant de Passion 1996*

| ◢ | 2 ha | 7 500 | ▪⚓ 30-50F |

Eine aus der Champagne stammende Familie, die das Gut 1989 übernahm, beweist seitdem ihr Können in der Provence. Die an Rosenblätter erinnernde Farbe mit dem orangeroten Schimmer bietet ein blumig-fruchtiges Bukett von guter Intensität. Der ausgewogene Geschmack, der reich ist an eleganten, ziemlich feinen Aromen, bestätigt die Frische dieses hübschen Rosés.
🖝 Dom. des Glauges, rte d'Aureille, 13430 Eyguières, Tel. 04.90.59.81.45, Fax 04.90.57.83.19 ◪ ⊤ n. V.
🖝 Waris et Fils

CH. LA BOUGERELLE 1996

| ◢ | 4,95 ha | 10 000 | ▪⚓ -30F |

Dieses großartige Landhaus war im 1710 das Wohnhaus des Erzbischofs von Aix. Nicolas Granier lädt uns heute ein, diesen Rosé mit der ziemlich kräftigen Farbe zu probieren. Er ist körperreich und strukturiert und besitzt ein Aroma von roten Früchten (Grenache-Trauben, Erdbeeren).
🖝 Nicolas Granier, Ch. de La Bougerelle, 1360, rte de Berre, 13090 Aix-en-Provence, Tel. 04.42.20.18.95, Fax 04.42.20.77.74 ◪ ⊤ n. V.

CH. DE LA GAUDE 1995*

| ■ | | k. A. | 8 700 | ▪ 30-50F |

Dieses durch den Film *Das Schloß* meiner Mutter (1990) von Yves Robert berühmt gewordene Schloß verdient einen Besuch, ebenso wie die Gärten und der Keller. Sie werden dort diesen 95er entdecken, in dem man vollreife Trauben riecht. Warm, fruchtig (Erdbeeren und Waldfrüchte), wohlausgewogen und von spürbaren Tanninen unterstützt. Der Gesamteindruck ist typisch für die Appellation.
🖝 Anne Beaufour et Michel Audibert, Ch. de La Gaude, rte des Pinchinats, 13100 Aix-en-Provence, Tel. 04.42.21.64.19, Fax 04.42.21.64.19 ◪ ⊤ tägl. 9h-19h

DOM. DE LA VALLONGUE 1996

| ☐ | 3 ha | 3 000 | ▪⚓ 50-70F |

Ein schönes Gut mitten in der Gegend, wo Van Gogh malte, und ein 96er, der im Aussehen ein wenig überraschend ist. Aber sein Bukett zeigt durch eine blumige Harmonie, daß er aus den vier Rebsorten (Grenache blanc, Rolle, Sémillon und Clairette) die Quintessenz herausgezogen hat.
🖝 Philippe Paul-Cavallier, Dom. de La Vallongue, B.P. 4, 13810 Eygalières, Tel. 04.90.95.91.70, Fax 04.90.95.97.76 ◪ ⊤ Mo-Sa 9h30-12h 14h30-18h

CH. MAGNAN 1996

| ◢ | 35 ha | 100 000 | ▪⚓ -30F |

Dieser 96er kommt von einem schönen Gut und gefällt wegen seines Buketts mit dem nachhaltigen Blütenduft wie auch aufgrund seiner Präsenz im Geschmack, wo eine hübsche fruchtige Note zum Vorschein kommt.

Coteaux d'Aix

🍷 Dom. Magnan, C/O Compagnie Rhodanienne, 30210 Castillon-du-Gard, Tel. 04.66.37.49.50, Fax 04.66.37.49.51

DOM. DU MAS BLANC 1995

■ k. A. 4 000 🍷🍾🔑 30-50F

Dieser teilweise im Holzfaß ausgebaute 95er entfaltet ein schönes Bukett mit eleganten Noten von Quitten, karamelisierten Feigen und gekochten Früchten. Der stattliche, füllige Geschmack enthüllt recht spürbare, aber verschmolzene Tannine, die eine sympathische Sauerkirschennote begleitet.

🍷 Eric Laurent, Dom du Mas Blanc, Plan Fossan, 13500 Martigues, Tel. 04.42.80.88.09 ✓ ☥ Mo-Fr 15h-19h ; Sa 9h-19h

MAS DE GOURGONNIER 1996

□ 3 ha 15 000 🍷🔑 30-50F

Angenehm für das Auge mit seinem schönen, frühlingshaften Hellgrab, das strahlende Reflexe zeigt. Dieser ein wenig schwere 96er gefällt durch seine Rundheit und seine aromatische Entwicklung (Weißdorn).

🍷 Mme Nicolas Cartier et ses Fils, Mas de Gourgonnier, 13890 Mouriès, Tel. 04.90.47.50.45, Fax 04.90.47.51.36 ✓ ☥ n. V.

MAS SAINTE BERTHE 1996

□ 4 ha 24 000 🍷🔑 30-50F

Dieser 96er kann vielleicht kein Fieber kurieren, im Unterschied zum Wasser der Quelle, die auf dem Gut (früher einmal ein Wallfahrtsort) fließt, aber dieser moderne, ausgewogene und aromatische Coteaux d'Aix bereitet wirkliches Vergnügen.

🍷 GFA Mas Sainte Berthe, 13520 Les Baux-de-Provence, Tel. 04.90.54.39.01, Fax 04.90.54.46.17 ✓ ☥ n. V.
🍷 Mme David

DOM. DE PARADIS 1996*

□ k. A. 12 000 🍷🔑 -30F

Dieser 96er, der den günstigen Eindruck des 95ers vom letzten Jahr bestätigt, versteht sich meisterlich darauf, sich in einer weißen Farbe mit goldgelbem Schimmer zu präsentieren. Er kann auch durch seinen aromatischen Reichtum (Pfirsiche, Aprikosen, getrocknete Früchte, gebrannte Mandeln) verführen. Ausgewogen und elegant. Er ist repräsentativ für die Appellation. Der rote 95er hat ebenfalls einen Stern erhalten.

🍷 Domaines et Châteaux, Dom. de Paradis, ferme Pommier, 13610 Le Puy-Sainte-Réparade, Tel. 04.42.54.05.77, Fax 04.42.54.09.41 ✓ ☥ Mo-Sa 9h-12h15 14h-18h
🍷 Pintore

CH. PETIT SONNAILLER 1996**

◢ 5 ha 25 000 🍷🔑 30-50F

»Das Glas voller Sonne« : Diese Bemerkung eines Jurymitglieds gibt den Ton an. Mit dem Strahlen seiner Farbe, dem Reichtum seines Buketts (rote Früchte), der Frische, Rundheit, Ausgewogenheit und Eleganz seines Geschmacks taucht dieser 96er den Verkoster in eine schöne provenzalische Stimmung ein. Ideal zu Lammkoteletts aus den Alpilles.

🍷 SCEA Ch. Petit Sonnailler, Mme Dominique Brulat, 13121 Aurons, Tel. 04.90.59.34.47, Fax 04.90.59.32.30 ✓ ☥ n. V.

CH. PIGOUDET Grande Réserve 1995*

■ 3 ha 14 000 🍷🍾 30-50F

Dieser 95er mit der schönen rubinroten Farbe, die überwiegend im Holzfaß ausgebaute Spitzencuvée, bietet einen vornehmen, ausgewogenen Charakter und eine vielfältige aromatische Palette : Leder, Gewürze, Lakritze, Mentholnoten und Karamel. Dieser trinkreife Wein wird eine angenehme Erinnerung hinterlassen.

🍷 SCA Ch. Pigoudet, rte de Jouques, 83560 Rians, Tel. 04.94.80.31.78, Fax 04.94.80.54.25 ✓ ☥ n. V.
🍷 Schmidt et Weber

CH. PONTET BAGATELLE Rubis 1994

■ 2 ha 9 500 🍷🍾🔑 30-50F

Dieser 94er ist trinkreif, hat die Jury gesagt. Das Kleid scheint durch ihre leicht ziegelrote Verfärbung darauf hinzudeuten. Der intensive, holzbetonte Geruchseindruck bietet einen Hauch von Tiergeruch. Auch wenn die Struktur ein wenig verblaßt, ist dieser Coteaux d'Aix dennoch angenehm mit seinem Aroma von Früchten in Alkohol und mit seiner Rundheit. Man kann schon das Wild einplanen, zu dem man ihn bei Eröffnung der Jagdsaison trinken wird.

🍷 Thierry Van Themsche, rte de Pélissanne, 13410 Lambesc, Tel. 04.42.92.70.50, Fax 04.42.92.90.85 ✓ ☥ tägl. 9h30-19h

CELLIER DES QUATRE TOURS
Cuvée Prestige Vieilli en fût de chêne 1995**

■ 6 ha 24 000 🍾 30-50F

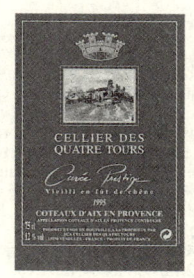

Diese im Eichenholzfaß ausgebaute Cuvée verschafft eine wirklich genußvolle Empfindung durch die Harmonie und die Komplexität des Buketts : rote Früchte, Gewürze, Lakritze, Moschus, Rauch ... All diese Aromen finden sich im Geschmack wieder, dessen edle, jugendliche Tannine vielversprechend sind. Die frische, delikate weiße 96er Cuvée Prestige erhält einen Stern.

🍷 Cellier des Quatre Tours, R.N. 96, 13770 Venelles, Tel. 04.42.54.71.11, Fax 04.42.54.11.22 ✓ ☥ Mo-Sa 8h30-12h 14h-19h

Les Baux-de-Provence

LE GRAND ROUGE DE REVELETTE 1995*

■ 3 ha 15 000 ◫ 70-100F

Harmonie der Rebsorten, sorgfältige Vinifizierung, gute Alterung : Sie müssen ihn zwei bis drei Jahre altern lassen, damit Sie diesen nach Lakritze und Veilchen duftenden Rotwein würdigen können. Seine Tanninstruktur weist auf ein sehr schönes Potential von Aromen hin.

☙ Peter Fischer, Ch. Revelette, 13490 Jouques, Tel. 04.42.63.75.43, Fax 04.42.67.62.04 ☑ ⊤ n. V.

LES VIGNERONS DU ROY RENE
Cuvée Royale 1995*

■ 15 ha 9 000 ▮ 30-50F

Dieser 95er ist die gerechte Belohnung für die Investitionen, die die jungen Leiter dieser Genossenschaft seit 1989 getätigt haben. Er zeigt stolz seine gute Verfassung, indem er eine schöne rote Farbe zur Schau stellt. Ein komplexes Bukett, ein Geschmack mit großer Frische, gut verschmolzene Tannine - all das macht Lust, ihn zu trinken. Der Rosé und der Weißwein (96er) haben ebenfalls einen Stern erhalten.

☙ Les Vignerons du Roy René, R.N. 7, 13410 Lambesc, Tel. 04.42.57.00.20, Fax 04.42.92.91.52 ☑ ⊤ Mo-Sa 8h-12h 14h-19h

CH. SAINT-JEAN Cuvée Natacha 1996

◢ k. A. 33 000 ▮ ♠ 30-50F

Auch wenn dieser Rosé manchen ein wenig technologisch erscheinen mag, zeigt er sich gefällig, insbesondere dank seines Buketts (exotische Früchte und Bananen). Die Cuvée Margot ist beim Rosé (96er) und beim Rotwein (95er) ebenfalls von der Jury berücksichtigt worden.

☙ Charles Sardou, 3, allée de Provence, 13620 Carry-le-Rouet, Tel. 04.42.44.70.14, Fax 04.42.45.17.28 ☑ ⊤ n. V.
☙ Somatal

CH. DU SEUIL 1995**

■ 20 ha 60 000 ▮ ♠ 30-50F

Dieser Coteaux d'Aix ist von großer Harmonie - ein Spiegelbild des Châteaus, eines echten provenzalischen Landhauses, das im 17. Jh. umgebaut wurde. Er besitzt eine breite Palette von Aromen (rote und kandierte Früchte, Lakritze, Gewürze) und stützt sich auf spürbare, aber gut umhüllte Tannine. Ein eleganter, nachhaltiger Wein, den man noch zwei Jahre altern lassen sollte.

☙ Carreau-Gaschereau, 13540 Puyricard, Tel. 04.42.92.15.99, Fax 04.42.92.18.77 ☑ ⊤ tägl. 9h-12h 14h-19h

CH. DE VAUCLAIRE 1995*

■ 2 ha 8 000 ▮ -30F

Das mehrere Jahrhunderte alte Gut befindet sich seit 1770 im Besitz derselben Familie. Ein Erzeuger, der den man sich in dieser Appellation fest verlassen kann. Diesem 95er wird eine schöne Zukunft vorausgesagt. Soll man ihn lagern oder trinken ? Heute genießt man die Frische der roten Früchte, bei denen Noten von Erdbeeren aus der Provence dominieren. Der Geschmack scheint harmonisch verschmolzen und ist angenehm aufgrund seiner runden Tannine. Dieser füllige, gehaltvolle und elegante Coteaux d'Aix entspricht dem Wunsch vieler Weinliebhaber : Man kann ihn heute und in den kommenden drei Jahren trinken.

☙ Uldaric Sallier, Ch. de Vauclaire, 13650 Meyrargues, Tel. 04.42.57.50.14, Fax 04.42.63.47.16 ☑ ⊤ n. V.

LA SOURCE DE VIGNELAURE 1996*

◢ 11 ha 54 000 ▮ ♠ -30F

Dieser Coteaux d'Aix, im letzten Jahr zum Lieblingswein gewählt, ist beim 96er bescheidener. Aber er wird den anspruchsvollsten Weinliebhaber zufriedenstellen : frisch, aromatisch (schwarze Johannisbeeren, Himbeeren und Pampelmusen) und elegant. Er ist ebenso verführerisch zu trinken wie anzusehen mit seiner an Rosenblätter erinnernden Farbe. Ideal zu gebratenem Fisch. Der rote 95er hat ebenfalls einen Stern erhalten.

☙ Ch. Vignelaure, rte de Jouques, 83560 Rians, Tel. 04.94.37.21.10, Fax 04.94.80.53.39 ☑ ⊤ tägl. 9h30-12h30 14h-18h

CH. VIRANT 1996

◢ 6 ha 19 000 -30F

Dieses Gut, auf einem felsigen Berggipfel, der über die alte Via Aureliana wacht, bietet hier einen leichten Rosé, der aber wegen seiner aromatischen Eleganz berücksichtigt wurde.

☙ Cheylan Père et Fils, Ch. Virant, 13680 Lançon-de-Provence, Tel. 04.90.42.44.47, Fax 04.90.42.54.81 ☑ ⊤ tägl. 7h30-12h 13h30-18h30

Les Baux-de-Provence

Die Alpilles, die westlichste Hügelkette des provenzalischen Höhensattels, bilden ein von der Erosion abgetragenes Massiv mit malerischen, schräg abgeschnittenen Formen, das aus Kalkstein und Kalkmergel der Kreideformation stammt. Dieses Gebiet ist ein Paradies für Olivenbäume. Der Weinbau findet hier ebenfalls eine günstige Umgebung auf den für diese Region sehr typischen Gesteinsablagerungen. Der geschichtete Sandstein ist nicht sehr dick ; der Korngröße, von der die Wasserversorgung des Bodens abhängt, ist hoch. Dieser innerhalb der AOC Coteaux d'Aix-en-Provence gelegene Abschnitt zeichnet sich durch klimatische Bedingungen aus, die daraus eine Anbauzone mit früher Reife machen : selten von Frösten heimgesucht, warm und mit ausreichenden Niederschlägen (650 mm).

Les Baux-de-Provence

Strengere Produktionsvorschriften (niedrigerer Ertrag, höhere Pflanzdichte, eingeschränktere Rebschnittmethoden, mindestens zwölfmonatiger Ausbau bei den Rotweinen, mindestens 50 % »*saignée*«, d. h. Abstich des Mostes nach kurzer Maischung, bei den Roséweinen) und eine besser festgelegte Bestokkung, die auf den beiden Rebsorten Grenache und Syrah sowie ein wenig Mourvèdre beruht, sind die Grundlage für die Anerkennung dieser subregionalen Appellation im Jahre 1995. Sie ist Rot- (80 %) und Roséweinen vorbehalten und nutzt ein eigenständiges, 800 ha großes Anbaugebiet, das rund um die Zitadelle von Les Baux-de-Provence liegt.

DOM. DES GLAUGES 1996

| | 6 ha | 4 300 | | -30 F |

Wer dieses Gut vor 1989 gekannt hat, würde es nicht mehr wiedererkennen. Die aus der Champagne stammenden Waris wurden von einer Leidenschaft für Les Baux erfaßt und haben die Anlagen renoviert, um die Reben, von denen einige 40 Jahre alt sind, besser zu nutzen. Wie angenehm ist doch dieser Wein voller Frische und Harmonie ! Seine blasse lachsrosa Farbe, sein Duft nach roten Johannisbeeren und frischen Erdbeeren und an Pampelmusen und frische Früchte (Sauerkirschen) erinnernder Geschmack sind gefällig. Er ist trinkreif.

Dom. des Glauges, rte d'Aureille, 13430 Eyguières, Tel. 04.90.59.81.45, Fax 04.90.57.83.19 n. V.
Waris et Fils

DOM. DE LA VALLONGUE
Réserve C. de Clerck 1995*

| | 10 ha | 40 000 | | 30-50 F |

Noël Rabot selbst hat dieses bezaubernde Gut, das in den Alpilles liegt, 10 km von Les Baux entfernt. Man kann die Weinfreunde, die diese Landschaft mögen, nur dazu einladen, in diese Gegend zu reisen. Sie können dort unbesorgt diesen granatroten 95er mit dem klaren Geruch und Geschmack erwerben. Backpflaumen, Kirschen in Alkohol und Vanille stellen sich den Duft dieses Weins. Die Rundheit seiner Struktur bietet im Abgang eine schöne Harmonie.

Philippe Paul-Cavallier, Dom. de La Vallongue, B.P. 4, 13810 Eygalières, Tel. 04.90.95.91.70, Fax 04.90.95.97.76
 Mo-Sa 9h30-12h 14h30-18h

MAS SAINTE BERTHE
Cuvée Passe-Rose 1996*

| | 8 ha | 42 000 | | 30-50 F |

Wir wissen nicht, ob dieser Wein das Fieber heilen kann, wie es das Wasser des Guts tat, das bis zum 19. Jh. ein Wallfahrtsort war. Dennoch wird er den Geist erwecken, der durch seine elegante, klare lachsrosa Farbe erfreut wird. Frische Früchte, wie etwa rote Johannisbeeren, entfalten sich im Duft. Der Geschmack bietet eine schöne Komplexität. Ein recht hübscher, sehr typischer Rosé, den man gekühlt zu mediterranen Gerichten trinken sollte.

GFA Mas Sainte Berthe, 13520 Les Baux-de-Provence, Tel. 04.90.54.39.01, Fax 04.90.54.46.17
 n. V.
Mme David

MAS SAINTE BERTHE
Cuvée Louis David 1995**

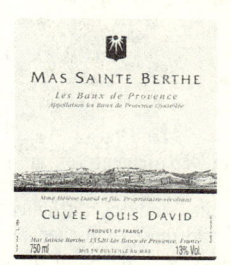

| | 5 ha | 20 000 | | 30-50 F |

Während die Cuvée Tradition einen Stern erhält, findet diese hier allgemein Beifall. Die Verkoster riefen : »Was für eine Cuvée ! Die Cuvée für das Jahr 2000.« Sie verführt durch ihre sehr kräftige tiefrubinrote Farbe und ihren komplexen Duft, in dem sich Holz- und Fruchtnoten, wie etwa Sauerkirschen, Brombeeren und Pflaumen, vermischen. Warm im Geschmack, in dem man all diese Aromen von Vanille- und Lakritzenoten begleitet wiederfindet. Dieser Wein verkörpert die Eleganz und die Harmonie seines schönen Anbaugebiets. Wirklich komplex.

GFA Mas Sainte Berthe, 13520 Les Baux-de-Provence, Tel. 04.90.54.39.01, Fax 04.90.54.46.17
 n. V.

CH. ROMANIN 1995*

| | 22,5 ha | 56 000 | | 50-70 F |

Besuchen Sie im Herzen der Provence das unweit von Les Baux de Provence gelegene Château Romanin - selbstverständlich, um eine Weinprobe zu machen und die Geschichte des Schlosses kennenzulernen, aber auch um etwas über die biodynamischen Anbaumethoden zu erfahren. Dieser 95er der intensiven roten, schwarz schimmernden Farbe bietet einen kräftigen Geruchseindruck, der sich aus Röstnoten, Karamel und Unterholz zusammensetzt. Im Geschmack nimmt man gekochte Früchte und Tannine wahr. Dieser sicherlich männliche Wein ist gelungen.

SCEA Ch. Romanin, 13210 Saint-Rémy-de-Provence, Tel. 04.90.92.45.87, Fax 04.90.92.24.36
 Mo-Fr 9h-18h30 ; Sa, So 11h-19h ; Gruppen n. V.

DOM. DE TERRES BLANCHES 1994*

| | 20 ha | 60 000 | | 30-50 F |

Seit 1970 werden die Trauben mit biologischen Methoden angebaut. Dieser 94er ist ohne jeden Zusatz von Reinhefe hergestellt worden. Er ist gut erhalten : Man findet darin im Geschmack noch jugendliche Tannine und frische Früchte. Die Röstnoten des Geruchs werden von Kirschen und in Alkohol eingelegten Backpflaumen

begleitet. Man spürt diesen fleischigen, nachhaltigen Wein, den seine intensive rubinrote Farbe elegant erscheinen läßt. Bei Erscheinen des Weinführers wird er trinkreif sein.
➥ SCEA Dom. de Terres Blanches, 13210 Saint-Rémy-de-Provence, Tel. 04.90.95.91.66, Fax 04.90.95.99.04 ☑ ☕ n. V.
➥ Noël Michelin

Coteaux Varois

Die Coteaux Varois werden mitten im Departement Var, um Brignoles herum, erzeugt. Die Weine, die man jung trinken sollte, sind lecker, fröhlich und zart - ein Abbild dieses hübschen provenzalischen Städtchens, das einst die Sommerresidenz der Grafen der Provence war. Sie wurden durch einen Erlaß vom 26. März 1993 als AOC anerkannt.

DOM. DES ANNIBALS
Vin des Roches 1996

	k. A.	10 000		30-50 F

Der vollständig restaurierte Probierkeller geht auf das 12. Jh. zurück. Ein Rosé von einem Felsboden, blaß und würzig, an Amylalkohol erinnernd, mit lebhaftem Geschmack.
➥ Alain Bellon, Dom. des Annibals, rte de Bras, 83170 Brignoles, Tel. 04.94.69.30.36, Fax 04.94.69.50.70 ☑ ☕ tägl. 8h-12h 14h-19h30

CH. DE CANCERILLES
Cuvée Spéciale 1995★★

■	1 ha	3 700	❰❱	30-50 F

Das provenzalische Landhaus, das früher im Besitz der Karthäuser von Montrieux war, überragt das Vallée du Gapeau. Dieser in der Auswahl der Oberjury vertretene Wein mit der intensiven Farbe ist ein Verführer. Über einem freigebigen Aroma zeigen sich noch spürbare Tannine. Die reifen Früchte vermischen sich harmonisch mit Veilchen. Ein schöner, lagerfähiger Wein. Ebenfalls zwei Sterne für den weißen 94er, der einen bemerkenswerten Eindruck von Fülle hinterläßt.
➥ Chantal et Serge Garcia, Ch. de Cancerilles, vallée du Gapeau, 83870 Signes, Tel. 04.94.90.83.93, Fax 04.94.90.83.93 ☑ ☕ tägl. 10h-12h 14h-19h

DOM. DES CHABERTS
Cuvée Prestige 1996★★

☐	6 ha	13 000	❰❱	30-50 F

Ein Schmuckstück der Appellation, das so manches Mal belohnt wird. Drei Weine sind für diese Ausgabe vorgestellt worden, drei Weine wurden berücksichtigt. Zunächst einmal dieser schöne Weißwein mit den goldgelben Reflexen, dessen sanftes, blumiges Bukett durch eine füllige, nervige und harmonisch verschmolzene Ansprache zur Geltung kommt. Der noch jugendliche 95er Rotwein (ein Stern) dürfte sich mit der Zeit abrunden : Sein Körper ist die Garantie dafür. Der ebenfalls mit einem Stern bewertete 96er Rosé ist ausgewogen und aromatisch. Die drei Weine dieses Guts können alle Gerichte begleiten.
➥ SCI Dom. des Chaberts, 83136 Garéoult, Tel. 04.94.04.92.05, Fax 04.94.04.00.97 ☑ ☕ tägl. 9h-12h 14h-19h

CH. DE CLAPIERS 1996★

☐	k. A.	3 500	■ ♦	30-50 F

Ein dank seines aromatischen Ausdrucks (Honigbonbons, Lindenblüten ...) warmer Weißwein, der im Geschmack mehr Biß hat, aber im Gesamteindruck vollständig ist. Er paßt zu Kalbsbries mit Spargelspitzen und Morcheln. Beachten Sie auch die einschmeichelnde Ausgewogenheit und die gute Konsistenz des roten 95ers, der trinkreif ist (selbe Note).
➥ Pierre Burel, rte de Saint-Maximin, B.P. 2, 83149 Bras, Tel. 04.94.69.95.46, Fax 04.94.69.99.36 ☑ ☕ n. V.

DOM. DES DEOUX 1996★

■	2 ha	13 000	■ ♦	-30 F

Dieses Gehöft gehört zu einem Weiler aus dem 12. Jh., der zu Füßen der Burg Castellas (die gerade restauriert wird) liegt. Unter dem lebhaften, eleganten Kleid entdeckt man einen fruchtigen, süffigen, angenehmen Wein. Verlangen Sie von ihm keine Stärke. Ein Juror hat ihn feminin gefunden. Er ist trinkreif.
➥ Yves Odasso, Dom. des Déoux, 83136 Forcalqueiret, Tel. 04.94.86.73.76, Fax 04.94.86.64.69 ☑ ☕ tägl. 8h-20h

DOM. D'ENGARDIN 1993★

■	10 ha	40 000	❰❱	-30 F

Kräftige Tannine, aber ein reichhaltiger Geruchseindruck : Leder vermischt sich mit Sauerkirschen in Alkohol, während der Abgang mehr an Lakritze erinnert. Der strahlende 96er Weißwein mit den Noten von Honig und weißen Blüten entfaltet sich mit Eleganz und Fülle. Er erhält verdientermaßen einen Stern.
➥ SA Escarelle, Dom. de l'Escarelle, 83170 La Celle, Tel. 04.94.69.09.98, Fax 04.94.69.55.06 ☑ ☕ n. V.

CH. FONTAINEBLEAU DU VAR
Vieilli en fût de chêne 1993★

■	2 ha	10 000		30-50 F

Es gibt hier ebenso viele kleine Bäche wie Parzellen mit Rebstöcken ! Wasser, Wein und Genuß, den dieser 93er schon jetzt bietet. Der Duft ist noch sehr ausdrucksstark : Leder, Veilchen, Feigen. Die Struktur und die Dichte werden durch einen leichten Holzton betont, der den voluminösen Geschmack nicht überdeckt.
➥ Dom. de Fontainebleau, rte de Montfort, 83143 Le Val, Tel. 04.94.59.59.09, Fax 04.94.59.55.70 ☑ ☕ n. V.
➥ Serra

Coteaux Varois

DOM. DE GARBELLE 1996

| | 1,3 ha | 6 500 | | -30 F |

Wir haben beim Rotwein den 94er probiert, der eine schöne Entwicklung zeigt. Seine aromatische Komplexität verfügt durch Leder- und Gewürznoten. Der 96er Rosé hätte mehr Leichtigkeit im Geschmack verdient, aber sein angenehmer, fruchtiger Duft macht ihn recht sympathisch.

Gambini, Dom. de Garbelle, 83136 Garéoult, Tel. 04.94.04.86.30 n. V.

CH. DE LA BESSONNE
Les Cabrians 1996*

| | 2,5 ha | 8 000 | | 30-50 F |

Das Aussehen der Flasche ist erstaunlich. Dieser 96er ist es nicht weniger. Er ist noch jugendlich und braucht etwas Zeit, um seine Hülle geschmeidiger zu machen, aber das Potential ist vorhanden. Das Bukett bietet einen Korb roter Früchte. Der füllige, großzügige Geschmack stützt sich bereits auf eine sehr gute Ausgewogenheit.

Vignobles de La Cloche, Dom. de La Cloche, 83670 Châteauvert, Tel. 04.94.04.10.70, Fax 04.94.04.10.72 n. V.

CH. LA CALISSE 1996*

| | 4 ha | 12 000 | | -30 F |

Auf diesem Gut wurden früher Seidenraupen gezüchtet. Am Ende des Seidenzeitalters stellte es sich auf Weinbau um. Dieser Weißwein, an dem die Rebsorte Rolle mit 70 % beteiligt ist, ergänzt durch Grenache blanc und Clairette, bietet ein kokette, sehr blasse Farbe mit grünem Schimmer. Dieser lebhafte, fröhliche Wein mit der frühlingshaften, blumig-fruchtigen Frische wird sich an Ihrem Tisch sehr sympathisch ausmachen.

Patricia Ortelli, Ch. La Calisse, 83670 Pontevès, Tel. 04.93.99.11.01, Fax 04.93.99.06.10 n. V.

CH. LA CURNIERE 1995*

| | 4,66 ha | 12 000 | | 30-50 F |

Dieser 95er Coteaux Varois von rubinroter Farbe besitzt eine ausgewogene Struktur und verströmt einen animalischen, pflanzlichen Geruch, der nach der Belüftung fruchtiger wird. Sein tanninbetonter Charakter dürfte in ein bis zwei Jahren verschmelzen.

Michèle et Jacques Pérignon, Ch. La Curnière, 83670 Tavernes, Tel. 04.94.72.39.31, Fax 04.94.72.30.06 tägl. 10h-12h 15h-19h

DOM. LA ROSE DES VENTS
Cuvée Marine 1996**

| | 3 ha | 13 000 | | -30 F |

Dieses Gut befindet sich im blühendsten Alter und stellt hier seine dritte Vinifizierung vor. Dieser 96er ist ebenfalls sehr jung und besitzt eine noch bläulichrote Farbe. Sein elegantes Aroma gibt sich provenzalisch (grüne Oliven, Paprika ...). Seine Jugend beeinträchtigt in keiner Weise seine schon vorhandene Ausgewogenheit. Seine Länge ist eines großen Weins würdig. Er hat eine vielversprechende Alterungsfähigkeit (zwei Jahre). Ein herrliches Ergebnis, Monsieur Baude !

EARL Baude, Dom. la Rose des Vents, rte de Toulon, 83136 La Roquebrussanne, Tel. 04.94.86.99.28, Fax 04.94.86.99.28 n. V.

LE CELLIER DE LA SAINTE BAUME
Elevé en fût de chêne 1995*

| | k. A. | 9 000 | | -30 F |

Das Etikett präzisiert : »im Eichenholzfaß ausgebaut« - ein Ausbau, der zwölf Monate gedauert hat. Einer der Verkoster hat dies überhaupt nicht geschätzt, weil er die Struktur als unzureichend beurteilte, das Holzfaß zu vertragen. Die anderen haben ihm eine zwar nicht sehr körperreiche Struktur, aber einen eleganten, originellen Holzton bescheinigt. Zwei Schulen stehen einander gegenüber ! Für die drei Juroren, die ihn geliebt haben, ist er schon jetzt gefällig.

Le Cellier de La Sainte Baume, R.N. 7, 83470 Saint-Maximin-la-Sainte-Baume, Tel. 04.94.78.03.97, Fax 04.94.78.07.40 tägl. 8h-12h 14h-18h

CLOS DE LA TRUFFIERE 1995**

| | 6 ha | 18 000 | | 30-50 F |

Dieser Clos de La Truffière hat unsere Verkoster nicht sehr verführt. Unter seiner tiefen Robe verbirgt sich ein fleischiger, fülliger, kräftiger Ausdruck mit seidigen, eleganten Tanninen. Die aromatische Einprägsamkeit dürfte sich bei der Alterung entwickeln.

J.-S. de Lanversin, Dom. du Deffends, 83470 Saint-Maximin, Tel. 04.94.78.03.91, Fax 04.94.59.42.69 tägl. 9h-12h 14h-18h

DOM. DU LOOU 1994*

| | 16 ha | 20 000 | | 30-50 F |

Die Überreste eines Guts und einer Manufaktur für die Herstellung von Amphoren bezeugen, daß in dieser Region schon seit galloromanischer Zeit Wein angebaut wird. Ein würziges und balsamisches Bukett weist auf die wuchtige Struktur dieses noch verschlossenen 94ers hin, der erfolgreich einen Schmorbraten vom Wildschwein begleiten dürfte.

SCEA di Placido, Dom. du Loou, 83136 La Roquebrussanne, Tel. 04.94.86.94.97, Fax 04.94.86.80.11 n. V.

CH. ROUTAS Rouvière 1996**

| | k. A. | k. A. | | -30 F |

Schüchternheit im Auftreten (seine Farbe ist sehr blaß ...), aber sehr schnell zeigt sich ein

PROVENCE

Coteaux Varois

kühnerer, eleganter und harmonischer Ausdruck. Dieser Rosé ist zum Teil durch Saignée, d. h. durch Abstich nach kurzer Maischung, hergestellt worden (70 %), der Rest durch unmittelbares Keltern der Trauben. Er ist rund, füllig und nachhaltig. Ein interessanter Lieblingswein ! Der rote 95er Infernet mit den wohlschmeckenden Tanninen muß zwei Jahre altern, um seine Reserven zu entfalten. Sein Aroma ist sehr interessant. Ein Verkoster notierte, daß es den Eindruck erweckt, als würde man an Ostern den Altarraum einer Kirche betreten.
☙ SARL Rouvière-Plane, 83149 Châteauvert, Tel. 04.94.69.93.92, Fax 04.94.69.93.61 ☑ ⲍ n. V.
☙ Philip Bieler

CH. SAINT-ESTEVE Prestige 1996

| ◢ | 5 ha | 12 500 | 🥂 | -30 F |

Ein klassischer Rosé der Appellation, elegant im Aussehen und im Duft, frisch im Geschmack. Paßt zu exotischen Gerichten.
☙ Ch. Saint-Estève, Source d'Argens, 83119 Brue-Auriac, Tel. 04.94.72.14.70, Fax 04.94.72.11.89 ☑ ⲍ n. V.
☙ Sven Arnerius

DOM. DE SAINT FERREOL 1996*

| ◢ | 19 ha | 5 300 | 🥂 | -30 F |

Das Gut, das auf eine ereignisreiche Geschichte seit dem 16. Jh. zurückschauen kann, bietet auf dem Hof einige Gästezimmer an. Sein 96er Rosé hat eine blasse lachsrosa Farbe und ist gehaltvoll, ohne schwer zu sein, von schöner Konstitution.
☙ Guillaume de Jerphanion, Dom. de Saint Ferréol, 83670 Pontevès, Tel. 04.94.77.10.42, Fax 04.94.77.19.04 ☑

DOM. SAINT-JEAN-LE-VIEUX
Cuvée du Grand Clos 1994

| ■ | 0,2 ha | 1 400 | 🍷 | 30-50 F |

Die Basilika Saint-Maximin ist berühmt für ihre Orgel und ihren Kreuzgang. Ganz in der Nähe befindet sich der Probierkeller der Familie Boyer, wo Sie diesen anerkennswerten Rotwein probieren können, der sich am besten zu gebratenen Paprikaschoten entfaltet. Unzweifelhaft - selbst wenn er nicht den Hauptbestandteil bildet - ist Cabernet Sauvignon am Verschnitt mit der Syrah-Rebe beteiligt. Da dieser 94er nicht sehr strukturiert ist, darf man ihn nicht lang aufheben.
☙ GAEC Dom. Saint-Jean-le-Vieux, rte de Bras, 83470 Saint-Maximin, Tel. 04.94.59.77.59, Fax 04.94.59.73.35 ☑ ⲍ n. V.
☙ Boyer

CH. THUERRY
Abeillons de Tourtour 1994★

| ■ | 12 ha | 4 000 | 🥂 | 30-50 F |

Dieses ehemalige Templergut, das an der Nordgrenze des Departements liegt, hat gerade den Besitzer gewechselt. Sein 94er ist somit von der früheren Mannschaft hergestellt worden. Er bietet einen ausgewogenen, süffigen Geschmack mit duftigem Aroma (Leder, Gewürze). Sehr schöne purpurrote Farbe.
☙ Ch. Thuerry, 83690 Villecroze, Tel. 04.94.70.63.02, Fax 04.94.70.67.03 ☑ ⲍ n. V.
☙ Parmentier

CH. TRIANS 1994★★★

| ■ | 1,5 ha | 6 000 | 🍶 | 30-50 F |

Dieser Wein zeugt von einer gelungenen Verbindung traditioneller Anbaumethoden und supermoderner Vinifizierungstechniken. Dieser Lieblingswein bietet eine tiefrubinrote Farbe. Sein reichhaltiges Bukett zeigt sich würzig (grüner Paprika, Zimt, Ingwer), läßt aber auch Vanille- und Veilchennoten erkennen. Seine umhüllte Struktur mit den kräftigen Tanninen entwickelt sich harmonisch. Der geschmeidige, an Konfitüre erinnernde Geschmack besitzt eine schöne Länge. Superb und generös.
☙ Dom. de Trians, chem. des Rudelles, 83136 Néoules, Tel. 04.94.04.08.22, Fax 04.94.04.84.39 ☑ ⲍ n. V.
☙ Jean-Louis Masurel

Korsika (Corse)

Ein Berg im Meer : Die traditionelle Definition Korsikas, die ebenso auf die Weine zutrifft wie auch seine touristischen Reize herausstellt. Die Oberflächengestalt ist nämlich auf der gesamten Insel stark zerklüftet ; sogar der Teil, der als östliche Ebene bezeichnet wird und den man auf dem europäischen Festland vermutlich Küstenebene nennen würde, ist alles andere als gleichförmig. Die auf diese Weise entstehende Vielzahl von Abhängen und Hügeln, die zumeist von der Sonne überflutet werden, aber aufgrund des Einflusses des Meeres und wegen der Niederschläge und der Pflanzendecke relativ feucht bleiben, erklärt auch, warum die Reben fast überall wachsen. Allein die Höhe setzt dem Weinbau Grenzen.

Die Oberflächengestalt und die klimatischen Abwandlungen, die sie bewirkt, kennzeichnen zusammen mit drei hauptsächlichen Bodentypen die Weinproduktion, die zum Großteil aus Land- und Tafelweinen besteht. Der am weitesten verbreitete Boden hat sich aus Granitgestein gebildet ; er ist fast im gesamten Süden und Westen der Insel vertreten. Im Nordosten trifft man auf Schieferböden, und zwischen diesen beiden Zonen gibt es ein kleines Gebiet mit Kalksteinböden.

Neben importierten Rebsorten findet man auf Korsika spezielle Rebsorten, die einen wirklich originellen Charakter besitzen, insbesondere die Nielluccio-Rebe, die sehr tanninreich ist und auf Kalkstein hervorragend gedeiht. Sciacarello ist zwar ziemlich robust, bietet aber mehr Fruchtigkeit und liefert Weine, die man eher jung trinkt. Bei den Weißweinen scheint die Rebsorte Malvasia (Vermentino oder Malvoisie) imstande zu sein, die besten Weine an der Mittelmeerküste hervorzubringen.

Ganz allgemein trinkt man die Weiß- und vor allem die Roséweine recht jung. Sie passen sehr gut zu allen Meeresfrüchten und zu dem hervorragenden einheimischen Ziegenkäse sowie zu Broccio (Weißkäse aus Schaf- oder Ziegenmilch). Die Rotweine schmecken je nach Alter und Stärke ihrer Tannine zu verschiedenen Fleischgerichten und selbstverständlich zu allen Sorten von Schafkäse.

Vins de Corse

Das Weinbaugebiet der Appellation Vins de Corse umfaßt eine Anbaufläche von 1 200 ha. Die verschiedenen Rebsorten, deren jeweiliger Anteil von der Region und dem Weingut abhängt, führen zusammen mit der Vielfalt der Böden zu unterschiedlichen Noten, die in den meisten Fällen eine spezielle Angabe der Unterregion rechtfertigen, deren Name der Appellation hinzugefügt werden darf. Diese Weine können nämlich auf ganz Korsika erzeugt werden, mit Ausnahme der Anbaufläche der beiden anderen Appellationen. Der größte Teil der 50 000 hl, die jedes Jahr erzeugt werden, stammt von der Ostküste, wo es zahlreiche Genossenschaften gibt. Die Rotweine machen 60 %, die Roséweine 30 und die Weißweine 10 % aus.

Vins de Corse

DOMAINE D'ALZIPRATU Calvi 1996

□   k. A.   k. A.   ■ ↕ -30 F

Der im 16. Jh. errichtete Konvent von Alzipratu hat diesem Gut seinen Namen hinterlassen. Das Gebäude ist einen Umweg wert. Der weiße 96er des Guts hat nichts Historisches an sich. Dennoch hat er mit seiner ansprechenden Farbe und seinem von ein wenig Rustikalität geprägten Aroma die Meßlatte der Jury überquert.

☞ Pierre Acquaviva, 20214 Zilia,
Tel. 04.95.62.75.47, Fax 04.95.60.42.41 ✓ Ⱶ tägl. 8h-19h

CLOS CULOMBU
Calvi Cuvée Prestige 1995

■   k. A.   20 000   ■ 30-50 F

Ein 1973 von Paul Suzzoni bepflanzter Weinberg. Sein Bruder Etienne, der Tiermedizin studierte, entschloß sich 1986, Winzer zu werden. Der rote 95er des Guts ist so perfekt vinifiziert, daß ihn ein Verkoster als »technologisch« bezeichnete. Die angenehm intensive Farbe kündigt ein sehr ausgefeiltes Frucht- und Vanillearoma an, während der Geschmack wohlausgewogen ist. Der lachsrosa 96er Rosé mit dem zurückhaltenden Aroma erscheint rund und voll. Der Weißwein aus demselben Jahrgang, der ein auffälliges Etikett besitzt, ist ein goldgelber Wein, der nach Mandeln riecht und füllig und sehr sanft ist.

☞ Etienne Suzzoni, Dom. Culombu, chem. de San-Petru, 20260 Lumio, Tel. 04.95.60.70.68, Fax 04.95.60.63.46 ✓ Ⱶ tägl. 8h-20h

E PROVE Calvi 1994*

■   24 ha   24 000   ■ ▮↕ 30-50 F

Clos Régina ist ein schönes Gut (über 27 ha in einem Stück), das in einem wilden Tal liegt. Die Reben sind auf einer alten Gletschermoräne angepflanzt, die vom Monte Grossu stammt. E Prove ist die im Holzfaß gereifte Cuvée. Der aus vier Rebsorten zusammengestellte 94er zeigt eine üppige Fruchtigkeit (rote Früchte), die leicht rauchig und empyreumatisch ist. Der Geschmack ist sanft und füllig. Der 96er Rosé E Prove hat eine blasse, ins Violette spielende rosa Farbe und bietet ein klares Aroma, das durch einen Hauch von Bitterkeit geprägt ist. Er verdient eine lobende Erwähnung.

☞ Michel Raoust, Clos Reginu, E Prove, 20225 Feliceto, Tel. 04.95.61.72.11,
Fax 04.95.61.80.16 ✓ Ⱶ Mo-Sa 8h-12h 14h-20h

DOM. FILIPPI 1996*

□   k. A.   k. A.   ■ ↕ -30 F

Zwei lobende Erwähnungen für dieses Gut. Die Jury hat den Weißwein bevorzugt, der würzig und fruchtig zugleich ist, aber vor allem auch eine kräftige Säure und eine Bitterkeit besitzt, die vollkommen integriert sind und ihm »Geschmack verleihen«. Der rote 94er ist nicht ohne Vorzüge : Seine Farbe, die sein Alter nicht verrät, und sein fleischiger, durch eine balsamische Grenadinenote geprägter Geschmack verdienen eine Erwähnung.

☞ Antoine Filippi, La Ruche Foncière, Arena, 20215 Vescovato, Tel. 04.95.58.40.80,
Fax 04.95.36.40.55 ✓ Ⱶ tägl. 8h-12h 14h-18h

DOM. FIUMICICOLI Sartène 1996*

◢   12 ha   k. A.   ■ 30-50 F

Dieser aus Sciacarello erzeugte Rosé ist nicht weit von zwei Sternen entfernt. Er besitzt ein perfektes Kleid : ein jugendliches Rosa, das frisch und hell ist. Der Geruchseindruck ist fröhlich, nervig, ein wenig an Zitronen erinnernd. Im Geschmack zeigt sich der Wein klar und deutlich, ohne jegliche Härte, und sehr präsent. Der rote und der weiße 96er müssen lobend erwähnt werden, der erste wegen seines würzigen, pfeffrigen, harzigen Aromas, der zweite aufgrund seiner strahlenden Goldfarbe und seiner kristallinen Leichtigkeit, die bei uns an die Stelle der plumpen, schweren Weißweine tritt, die allzusehr in Mode sind.

☞ GAEC Andréani, Marina II,
20110 Propriano, Tel. 04.95.76.14.08,
Fax 04.95.76.24.24 ✓ Ⱶ n. V.

DOM. DE GIOIELLI
Coteaux du cap Corse 1995

■   k. A.   k. A.   30-50 F

Ein altes Gut, das im Norden von Kap Corse liegt. Sein Wein ist ein kluger Rotwein, denn man hat sich vor einer zu starken Extraktion gehütet : mittlere Farbe, sanfte Ansprache und süffige Fruchtigkeit.

☞ Michel Angeli, Dom. de Gioielli,
20247 Rogliano, Tel. 04.95.35.42.05 Ⱶ n. V.

CLOS LANDRY Calvi 1994*

■   k. A.   20 000   ■ ↕ -30 F

Ein etwas kurzes Kleid, aber ein verführerisches Aroma von Kirschen und roten Johannisbeeren. Eine leicht italienische Note prägt den Geschmack, mit einer Adstringenz und einer Säure, die für Biß und Körper sorgen. Der »graue Wein« (ein 96er Rosé) muß wegen seiner sehr wenig getönten, fast weißen Farbe und seiner zitronenartigen Nervigkeit lobend erwähnt werden. Der Rotwein ist auf dem Gut nicht erhältlich.

☞ Fabien et Cathy Paolini, rte de l'Aéroport, 20260 Calvi, Tel. 04.95.65.04.25,
Fax 04.95.65.37.56 Ⱶ tägl. 8h-20h ; im Winter n. V.

LE ROSE COSTA SERENA 1996

◢   20 ha   100 000   ■ ↕ -30 F

Die Flasche ist sehr elegant mit ihrem kleinen Etikett. Aber das gesetzlich vorgeschriebene Etikett, das andere, sieht wie ein Rückenetikett aus. Dieser Rosé stammt von drei Rebsorten : Nielluccio, Grenache, Cinsault. Er ist in der Farbe blaß und im Geruch zurückhaltend. Im Geschmack ist die Nervigkeit nicht seine Stärke. Man sollte ihn gekühlt am Nachmittag trinken.

☞ Cave coop. d'Aléria, Union des Vignerons Ile de Beauté, Padulone, 20270 Aléria,
Tel. 04.95.57.02.48, Fax 04.95.57.09.59
✓ Ⱶ Mo-Fr 8h-12h 14h-18h

LES VIGNERONS DE L'ILE DE BEAUTE Prestige du Président 1995*

■   10 ha   50 000   ▮↕ 30-50 F

Die 1958 gegründete Genossenschaftskellerei von Aléria ist mit etwa 2 000 ha Rebflächen die

Vins de Corse

größte von Korsika. Sie trägt zu den qualitativen Fortschritten der Ostküste bei. Ihr Prestige du Président ist ein origineller Verschnitt aus 60 % Nielluccio sowie 40 % Syrah, die dem Kleid Farbe verleiht und für reife, feine Tannine und eine würzige Fruchtigkeit sorgt. Ein vornehmer Wein. Eine lobende Erwähnung verdient der überaus strahlende weiße 96er Prestige du Président. Sein Geruchseindruck enthüllt sich auf sanfte Weise. Man muß ihn altern lassen (Jugend ?). Sein Geschmack ist interessant und klar.

↪ Cave coop. d'Aléria, Union des Vignerons Ile de Beauté, Padulone, 20270 Aléria, Tel. 04.95.57.02.48, Fax 04.95.57.09.59
☑ ☓ Mo-Fr 8h-12h 14h-18h

CLOS MILELLI

| ■ | 5,34 ha | 6 400 | ▮ ▲ | -30 F |

Diese Winzergenossenschaft bietet einen recht farbintensiven Rotwein, dessen Farbe durch den Beginn einer Entwicklung geprägt ist. Der Mandelgeruch nimmt eine atramentöse Note an. Dieser Wein klingt ein wenig trocken aus. Lobend erwähnt wird auch ein im Geruchseindruck diskreter Rosé, der eine sehr erschlaffte Nervigkeit besitzt.

↪ Coop. d'Aghione-Samuletto, Samuletto, 20270 Aghione, Tel. 04.95.56.60.20, Fax 04.95.56.61.27 ☑ ☓ Mo-Fr 8h30-12h 14h-18h

DOM. MOSCONI Sartène 1995*

| ■ | k. A. | k. A. | ▮ | -30 F |

Eine granatrote Farbe, die ein Foto verdienen würde. Garriguegeruch, verschmolzene Tannine, Sanftheit und gute Länge. Ein trinkreifer Wein.
↪ Dom. J.A. Mosconi, 20100 Tizzano, Tel. 04.95.77.00.27 ☑ ☓ tägl. 9h-20h ; Okt.-Mai n. V.

DOM. DE MUSOLEU 1995*

| ■ | k. A. | 15 000 | ▮ | -30 F |

Ein 16 ha großes Gut, das der Vater von Charles Morazzani 1930 aufbaute. Sein roter 95er ist ihm perfekt gelungen : kräftige Farbe, Fett, Fülle, Kraft. Dieser Wein paßt zu Fleisch. Der 96er Rosé ist ebenfalls mit einem Stern bedacht worden : ein hellrosa Wein, der Stärke und Eleganz verbindet.

↪ Charles Morazzani, Dom. de Musoleu, 20213 Folelli, Tel. 04.95.36.80.12, Fax 04.95.36.90.16 ☑ ☓ Mo-Sa 8h30-12h 15h-19h

CLOS NICROSI
Coteaux du cap Corse 1996

| □ | k. A. | k. A. | ▮ | 50-70 F |

Dieser reinsortige Malvoisie stellt kein bedeutendes Ereignis in der Produktion des Clos Nicrosi dar, den den Ruf hat, den »besten korsischen Weißwein« herzustellen. Der Geruchseindruck ist sicherlich komplex, und der Wein findet mit Nervigkeit seine Ausgewogenheit, aber dieser 96er besitzt nicht die Erhabenheit der älteren Jahrgänge.

↪ Jean-Noël Luigi, Clos Nicrosi, 20247 Rogliano, Tel. 04.95.35.41.17, Fax 04.95.35.47.94 ☑ ☓ Mo-Sa 9h30-11h30 15h-17h

CLOS D'ORLEA 1996**

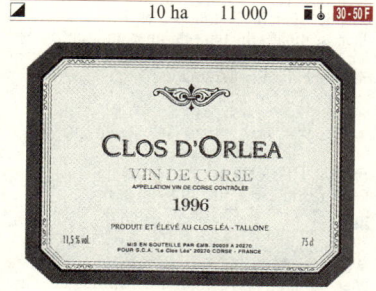

| ◪ | 10 ha | 11 000 | ▮ ▲ | 30-50 F |

CLOS D'ORLEA
VIN DE CORSE
APPELLATION VIN DE CORSE CONTRÔLÉE
1996
11,5% vol. 75 cl
MIS EN BOUTEILLE PAR EARL "CLOS LÉA" 20270
PRODUIT ET ÉLEVÉ AU CLOS LÉA - TALLONE
POUR S.C.A. "LA CLOS LEA" 20270 CORSE - FRANCE

Das im 6. Jh. v. Chr. von den Phokäern gegründete Aléria besitzt ein archäologisches Museum. Der Weinfreund wird nicht den Clos

Corse (Korsika)

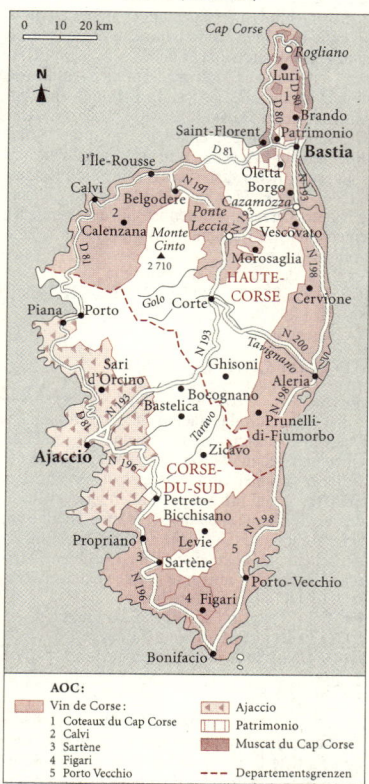

[Map of Corsica showing AOC regions]

AOC :
- Vin de Corse
  1 Coteaux du Cap Corse
  2 Calvi
  3 Sartène
  4 Figari
  5 Porto Vecchio
- Ajaccio
- Patrimonio
- Muscat du Cap Corse
- --- Departementsgrenzen

KORSIKA

Vins de Corse

d'Orléa versäumen, dessen Weine von der Jury sehr gut aufgenommen worden sind. Nielluccio, Syrah und Cinsault sind zu gleichen Teilen an einem Rosé beteiligt, der von erstaunlicher Jugendlichkeit ist. Er besitzt ein blumig-alkoholisches Vanillearoma, während sein Mund ebenso viele Geschichten wie ein Rotwein erzählt, aber im Tonfall eines Rosés. Der rote 95er ist nicht sehr typisch, aber amüsant wegen seines rauchigen Bergamottearomas. Er verdient eine lobende Erwähnung.
• François Orsucci, Le Clos d'Orléa, 20270 Aléria, Tel. 04.95.57.13.60, Fax 04.95.57.09.64 ☑ ☥ tägl. 9h-12h 14h-20h

DOM. PIERETTI
Coteaux du cap Corse 1995

| ■ | k. A. | 4 800 | ☐☐ | 30-50 F |

Wenn es nicht die Steilküste gäbe, würde der Weinberg bis zum Wasser reichen. Sein roter 95er hat eine klassische Farbe. Im Geruch und im Geschmack besitzt dieser leichte Wein Klasse. Die Eleganz einer Federzeichnung.
• Lina Venturi-Pieretti, Santa Severa, 20228 Luri, Tel. 04.95.35.01.03, Fax 04.95.35.03.93 ☑ ☥ n. V.

DOM. DE PIETRI
Coteaux du cap Corse Malvoisie 1996**

| ☐ | 2,5 ha | 12 000 | ☐☐ | 30-50 F |

Seit mehr als zwei Jahrhunderten besitzt diese Familie ein Gut in Morsiglia. Die Ziegenherden sind verschwunden, aber der Wein gedeiht. Dieser Weißwein aus Malvoisie-Trauben strahlt wie ein Diamant. Diese Reinheit findet sich im Geruch wieder: kristallklar wie eine Zitrone. Der Geschmack enthüllt eine klare Ansprache und eine prächtige Ausgewogenheit. Nicht übersehen sollte man den roten 95er (Nielluccio und Grenache) und den 96er Rosé, der ausschließlich aus Nielluccio erzeugt worden ist. Sie erhalten jeder einen Stern. Zwei kunstvoll vinifizierte Weine voller Harmonie.
• Dom. de Pietri, 20238 Morsiglia, Tel. 04.95.35.60.93, Fax 04.95.35.65.01 ☑ ☥ tägl. 8h-12h 14h-18h
• Eugène Paoli

CLOS REGINU Calvi 1996

| ◢ | 24 ha | 30 000 | ☐☐ | 30-50 F |

Ein Weingut, das nach dem Krieg von einem Mediziner zusammen mit einem pensionierten Oberst aufgebaut wurde. Der Betrieb wird heute von der Tochter und dem Schwiegersohn des »Doktors« geführt. Sie präsentieren einen Rosé, der zu gleichen Teilen die Rebsorten Nielluccio, Sciacarello und Grenache kombiniert. Ein im Aussehen, im Geruch und im Geschmack frischer Wein, der eine gute Ausgewogenheit zwischen Alkohol und Säure besitzt.
• Michel Raoust, Clos Reginu, E Prove, 20225 Feliceto, Tel. 04.95.61.72.11, Fax 04.95.61.80.16 ☑ ☥ Mo-Sa 8h-12h 14h-20h

DOM. SAN MICHELE Sartène 1996

| ☐ | | k. A. | 4 500 | ☐☐ | 30-50 F |

Dieses alte Gut, das in einem Tal in der Nähe von Sartène liegt, ist seit dem 18. Jh. im Besitz derselben Familie. In diesem Jahr haben ein Weiß- und ein Rotwein die Aufmerksamkeit der Jury auf sich gezogen: Dieser blaßgoldene Weißwein mit dem Aroma von leicht rauchigen gebrannten Mandeln erscheint voll und homogen. Ein männlicher Wein. Der Rotwein (ein 95er) muß ebenfalls lobend erwähnt werden. Sein Charakter ist der gleiche. Er ist farbintensiv und direkt: Er wird hervorragend zu einem Grillgericht passen.
• EARL Dom. San Michele, Capanelli, 20100 Sartène, Tel. 04.95.77.06.38, Fax 04.95.77.00.60 ☑ ☥ n. V.

DOM. DE TORRACCIA
Porto-Vecchio Oriu 1994**

| ■ | k. A. | 55 000 | ☐☐ | 50-70 F |

Ein 42 ha-Weingut, das Christian Imbert ab 1966 bestockt hat. Dieser Winzer, der sehr an den traditionellen korsischen Rebsorten hängt, hat sofort Qualität angestrebt. Die Weine mit dem Namen Oriu auf dem Etikett, die aus den besten Lagen kommen, sind die Weine der Domaine de Torraccia, auf die man bauen kann. Ein Teil Sciacarello ergänzt vier Teile Nielluccio und liefert die Farbe für diesen 94er mit der vollen und kompletten Fruchtigkeit. Seine Struktur garantiert ihm ein langes Leben, falls man seiner Verführungskraft widerstehen kann.
• Christian Imbert, Dom. de Torraccia, 20137 Porto-Vecchio, Tel. 04.95.71.43.50, Fax 04.95.71.50.03 ☑ ☥ Mo-Sa 8h-12h 14h-19h

DOM. DE TORRACCIA
Porto-Vecchio 1996

| ☐ | 9 ha | 30 000 | ☐☐ | 30-50 F |

Die auf Granitsand angebauten, am 22. September 1996 gelesenen und bei 20 °C vergorenen Malvoisie-Trauben verleihen diesem gut strukturierten Wein seinen ganzen goldfarbenen Glanz und sein Mandelaroma. Ebenfalls lobend erwähnt wird der 96er Rosé, der von vier Rebsorten stammt und das Ergebnis einer besonderen Vinifizierung ist. Für einen Rosé besitzt er Körper: Er kann eine Mahlzeit begleiten.
• Christian Imbert, Dom. de Torraccia, 20137 Porto-Vecchio, Tel. 04.95.71.43.50, Fax 04.95.71.50.03 ☑ ☥ Mo-Sa 8h-12h 14h-19h

U SANT'ANTONE 1996

| ☐ | k. A. | k. A. | -30 F |

Ein sehr trockener, merkwürdig leichter Wein aus Malvoisie-Trauben, den man gekühlt in der Gartenlaube trinkt. Sein Preis ist vernünftig.
• Coop. vinicole de Saint-Antoine, Saint-Antoine, 20240 Ghisonaccia, Tel. 04.95.56.61.00, Fax 04.95.56.61.60 ☑ ☥ n. V.

DOM. VICO 1996**

| ☐ | 15 ha | 20 000 | ☐☐ | -30 F |

Ein 90 ha großes Gut im Herzen von Korsika, 8 km von Morosaglia, dem Heimatdorf der korsischen Freiheitskämpfers Pascal Paoli, entfernt. Sein 96er Weißwein verteidigt die Farben Korsikas. Er stammt von der Rebsorte Malvoisie und ist nach allen Regeln der Kunst vinifiziert worden, wobei aber die jüngsten technischen Fortschritte nicht außer acht gelassen wurden. Dieser Weißwein mit der blassen Farbe ist klar, harmo-

nisch und süffig. Die Bittermandeln fehlen nicht. Lobend erwähnt werden müssen ein roter 95er, der an schwarze und rote Johannisbeeren denken läßt und leicht zu trinken ist, und ein 96er Rosé, der sehr blaß und eher rund als nervig ist.
🍷 SCEA Dom. Vico, Ponte Leccia, 20218 Morosaglia, Tel. 04.95.47.61.35, Fax 04.95.36.50.26 ◼ ⚐ tägl. 9h-12h 14h-18h

Ajaccio

Die Rebflächen der Appellation Ajaccio nehmen 250 ha auf den Hügeln ein, die sich im Umkreis von einigen zehn Kilometern rund um den Hauptort des Departements Corse-du-Sud und seinen berühmten Golf erheben. Auf zumeist granithaltigen Böden wird hauptsächlich die Rebsorte Sciacarello angebaut. Die Rotweine, die man altern lassen kann, stellen den Hauptteil der Produktion dar, die im Durchschnitt bei rund 8 000 hl liegt.

CLOS D'ALZETO 1993★

| | 10 ha | k. A. | 30-50 F |

Dieses in den Bergen oberhalb von Ajaccio gelegene Gut wird seit mehr als hundert Jahren bewirtschaftet. Seine Weinberge umfassen 40 ha. Bei diesem roten 93er dominiert die Sciacarello-Rebe (60 %) über die Rebsorte Grenache (30 %), während Niellucio die restlichen 10 % ausmacht. Man sieht der Farbe das Alter des Weins an. Die Fruchtigkeit ist mit Holz- und Pfeffernoten gewürzt. All das im Dienste einer eleganten Ausgewogenheit.
🍷 Albertini Frères et Fils, 20151 Sari-d'Orcino, Tel. 04.95.52.24.67, Fax 04.95.52.27.27 ◼ ⚐ tägl. 8h-12h 14h30-19h (im Sommer bis 20h)

CLOS CAPITORO 1996★

| | 12 ha | 50 000 | | 30-50 F |

Jacques Bianchetti ist ein aufstrebender Winzer. Er setzt immer stärker auf die Feinheit, auf die Gefahr hin, daß er ein wenig Stärke aufgibt. Ein Stern für diesen 96er, der die Freunde frischer, feiner Rosés begeistern wird. Blumiger Duft (Nachthyazinten) und schöne Länge im Geschmack. Die ganze Eleganz des Rosés. Lobend erwähnt wird der rote 93er Clos Capitoro, der eine leichte Farbe besitzt und Mandeln, Aprikosen sowie einen Hauch von Pfeffer verbindet.
🍷 Jacques Bianchetti, Clos Capitoro, 20166 Pisciatella, Tel. 04.95.25.19.61, Fax 04.95.25.19.33 ◼ ⚐ n. V.

DOM. ALAIN COURREGES 1995

| | 6,5 ha | 5 000 | | 30-50 F |

Die extreme Leichtigkeit der Farbe deutet in keiner Weise die Üppigkeit des Dufts nach Kiwis und Passionsfrüchten an. Im Geschmack entwikkelt sich die Fruchtigkeit in Richtung Kirschen. Gekühlt am Nachmittag trinken.
🍷 Alain Courrèges, A Cantina, 20123 Cognocoli, Tel. 04.95.24.35.54 ◼ ⚐ tägl. 9h-12h 16h-19h

DOM. COMTE PERALDI 1995★

| ◼ | 25 ha | 50 000 | | 30-50 F |

Ein großes Gut (51 ha), das in unserem Weinführer Sterne und Auszeichnungen (Wahl zum Lieblingswein) sammelt. Der Weinfreund wird unter den drei Farben den passenden Wein finden. Ein Stern für diesen Rotwein, in dem die Sciacarello-Rebe dominiert. Ein 95er von leichter Farbe, mit dem feinen Aroma schwarzer Johannisbeeren. Der aus Malvoisie erzeugte 96er Weißwein erhält ebenfalls einen Stern für sein Aroma, das an gebrannte Mandeln oder Makronen erinnert. Der bittere Mandelgeschmack kommt ebenfalls zum Vorschein. Lobend erwähnt wird der 96er Rosé, im Typ männlich, frisch, leicht zitronenartig.
🍷 Guy de Poix, Dom. Peraldi, chem. du Stiletto, 20167 Mezzavia, Tel. 04.95.22.37.30, Fax 04.95.20.91.92 ◼ ⚐ Mo-Sa 8h-12h 14h-18h

Patrimonio

Die kleine Enklave mit Kalksteinböden, die sich vom Golf von Saint-Florent nach Osten und insbesondere nach Süden erstreckt, zeigt wirklich die Merkmale eines sehr einheitlichen Anbaugebiets. Wenn die Bestockung gut gewählt ist, kann man hier Weine von sehr hohem Niveau erhalten. Niellucio bei den roten und Malvasia bei den weißen Rebsorten dürften sehr bald die ausschließlich verwendeten Rebsorten werden ; sie liefern hier schon Weine von ausgezeichneter Qualität, die im Charakter sehr typisch sind, vor allem prächtige Rotweine mit guter Alterungsfähigkeit.

DOM. ALISO-ROSSI
Cuvée des Seigneurs 1993★★

| ◼ | k. A. | 10 000 | | 30-50 F |

Sehr jugendlich mit seiner dunkelgranatroten Farbe. Seine aromatische Palette ist reichhaltig, würzig, seidig und leicht vom Holz beeinflußt. Im Geschmack gehen Lebhaftigkeit und Adstringenz einem harmonischen Abgang voraus. Der 96er Rosé »Pétale de Rose« erhält mit seinem blumigen Aroma (Glyzinen, Jasmin) und seinem runden, sehr fruchtigen Geschmack einen Stern.
🍷 Dom. Aliso-Rossi, 20246 Santo-Pietro-di-Tenda, Tel. 04.95.37.15.96, Fax 04.95.37.18.05 ◼ ⚐ n. V.
🍷 Dominique Rossi

Patrimonio

ANTOINE ARENA 1995 ★★★

| | 4 ha | 8 000 | ■ ♦ | 50-70 F |

Drei Sterne im vergangenen Jahr. Sollte dieser berühmte Erzeuger seine hervorragende Leistung fortsetzen ? Ja, denn dieser 95er ist außergewöhnlich ! Eine Farbe so schwarz wie Tinte. Apropos Tinte : Er ist unglaublich atramentös. Verteufelt fruchtig, sonderbar. »Zerdrückte Spinatblätter und Mäusefell«, schrieb der Aromafachmann der Jury. Ein extremer Wein, extreme Bewertung : Lieblingswein.
↱ Antoine Arena, 20253 Patrimonio, Tel. 04.95.37.08.27, Fax 04.95.37.01.14 ☑ ⊺ tägl. 6h-21h

ANTOINE ARENA 1996 ★★★

| □ | 4 ha | 15 000 | ■ | 50-70 F |

Sterne und immer wieder Sterne für Antoine Arena. Dieser Weißwein, ein auf der Hefe vergorener reinsortiger Malvoisie, muß durch sein typisches Aroma auf sich aufmerksam, im Geruch ebenso wie im Geschmack. Ein großer, fruchtiger Wein, fröhlich und männlich. Der seriös gekleidete Rosé erhält zwei Sterne für seine Ausgewogenheit und seine Fülle.
↱ Antoine Arena, 20253 Patrimonio, Tel. 04.95.37.08.27, Fax 04.95.37.01.14 ☑ ⊺ tägl. 6h-21h

CLOS DE BERNARDI 1995

| ■ | 4 ha | 15 000 | ■ | 30-50 F |

Ein reinsortiger Nielluccio in einer Flasche, wie sie im Elsaß verwendet wird. Er ist sehr farbintensiv : Die gründliche Extraktion verleiht ihm einen Hauch von Adstringenz. Ein kraftvoller Wein, der noch altern muß. Das Gut präsentiert auch einen durch Keltern der Trauben erzeugten Rosé mit einer lachsrosa Farbe und einem blumigen Aroma. Ein Hauch von pflanzlicher Härte begleitet eine gute Länge im Geschmack.
↱ Jean-Laurent de Bernardi, 20253 Patrimonio, Tel. 04.95.37.01.09 ☑ ⊺ tägl. 8h-19h

DOM. DE CATARELLI 1996 ★

| □ | 3 ha | 10 000 | ■ ♦ | 30-50 F |

Auf diesem 11 ha großen Gut, von dem aus man das Meer sieht, gedeiht die Rebsorte Malvoisie gut. Sie liefert einen weißgoldenen Wein, der füllig und sinnlich ist, ohne einen Anflug von Fadheit. Vom selben Gut wird der Rosé lobend erwähnt : intensiv in der Farbe, im Geruch und im Geschmack ! Er verdankt fast alles der Nielluccio-Rebe.

↱ EARL Dom. de Catarelli, Marine de Farinole, 20253 Patrimonio, Tel. 04.95.37.02.84, Fax 04.95.37.18.72 ☑ ⊺ n. V.
↱ Laurent Le Stunff

DOM. GENTILE 1995 ★★

| | k. A. | 15 000 | ■ ♦ | 50-70 F |

Die Domaine Gentile ist groß : 26 ha. Ihr roter 95er, der ausschließlich von der Nielluccio-Rebe stammt, besticht durch den Zauber seines Dufts, in dem sich Fruchtigkeit und Pinienaroma vermischen. Der Geschmack ist klar, genau, ohne Härte oder Fadheit. Ein erstklassiger Wein. Der weiße 96er vom selben Gut ist nervig, fast zu jugendlich und verdient eine lobende Erwähnung.
↱ Dominique Gentile, Olzo, 20217 Saint-Florent, Tel. 04.95.37.01.54, Fax 04.95.37.16.69 ☑ tägl. 8h-12h 14h-19h

LAZZARINI FRERES 1995

| □ | k. A. | k. A. | ■ ♦ | 30-50 F |

Obwohl dieser weiße Patrimonio von 1995 stammt, ist er sehr hell geblieben, weißgolden, um genau zu sein. Der Geruchseindruck ist voller Jugendlichkeit, frisch und vornehm. Eine Frische, die man im Geschmack wiederfindet. Ein eher langer als gehaltvoller und komplexer Wein.
↱ GAEC Lazzarini Frères, 20253 Patrimonio, Tel. 04.95.37.18.61, Fax 04.95.37.09.19 ⊺ n. V.

DOM. LECCIA 1996 ★★★

| ◢ | 5 ha | 10 000 | ■ ♦ | 30-50 F |

An Yves Leccia geht die Siegerpalme der Regelmäßigkeit in den drei Farben (rot, weiß und rosé). Dieser 96er Rosé ist verblüffend ; er dominiert ganz und gar über alle Roséweine der Appellation. Ihre kräftige Fuchsienfarbe ist unvergleichlich. Die Reinheit seiner Fruchtigkeit, im Duft ebenso wie im Geschmack, strebt das Absolute an. Er ist konzentriert, ohne den Hauch einer Adstringenz. Eine seltene Perle.
↱ GAEC Dom. Leccia, 20232 Poggio-d'Oletta, Tel. 04.95.37.11.35, Fax 04.95.37.17.03 ☑ ⊺ n. V.

DOM. LECCIA 1995 ★★

| ■ | 10 ha | 25 000 | ■ ♦ | 30-50 F |

Dieser Wein zeigt die Farbe seines Alters. Im Duft und im Geschmack wird es ernst : Feinheit, Anmut, Harmonie und Eleganz. Zwei Sterne auch für den weißen 96er mit der sehr sanften Ansprache, der füllig, generös und vollkommen ausgewogen ist. Ein verdammt guter Winzer, dieser Yves Leccia !

Patrimonio

🕿 GAEC Dom. Leccia, 20232 Poggio-d'Oletta, Tel. 04.95.37.11.35, Fax 04.95.37.17.03
☑ 🍷 n. V.

CLOS MARFISI Rosé d'une nuit 1996*

| ◣ | 1,64 ha | 8 000 | 🍶♀ 30-50F |

Unmittelbar gekelterte Nielluccio-Trauben haben einen hellen, leicht rosaroten Most geliefert. Die frische Farbe verliert er auch nicht, nachdem er bei 19 °C vergoren worden ist. Geruchs- und Geschmackseindruck sind vornehm. Eine mineralische Nuance prägt diesen Wein von guter Länge. Der »Rosé d'une nuit« ist wirklich reizvoll (der 94er wurde zum Lieblingswein gewählt).
🕿 Toussaint Marfisi, Clos Marfisi, av. Jules-Ventre, 20253 Patrimonio, Tel. 04.95.37.07.49, Fax 04.95.37.01.16 ☑ 🍷 tägl. 9h-13h 14h30-19h; Jan. geschlossen.

CLOS MARFISI Goccie di Sole 1995***

| ■ | 3 ha | 10 000 | 🍶♀ 30-50F |

Der Nielluccio gereicht diesem über 12 ha großen Gut zur Ehre. Er liefert den Rot- und den Roséwein. Sein komplexer Duft nach Brombeeren und roten Johannisbeeren kündigt einen fülligen, sanften, harmonischen und langen Geschmack an. Nicht weit von der Wahl zum Lieblingswein entfernt!
🕿 Toussaint Marfisi, Clos Marfisi, av. Jules-Ventre, 20253 Patrimonio, Tel. 04.95.37.07.49, Fax 04.95.37.01.16 ☑ 🍷 tägl. 9h-13h 14h30-19h; Jan. geschlossen.

DOM. ORENGA DE GAFFORY
Cuvée des Gouverneurs 1995*

| ■ | | k. A. | 20 000 | 🍾 50-70F |

Ein Kleid, dessen Klarheit, Glanz und Farbe vorbildlich sind. Die tiefe Fruchtigkeit wird durch einen rauchigen Holzton betont. Ein ausgewogener, reiner Wein. Der Rosé des Guts verdient eine lobende Erwähnung. Er ist sehr vornehm, vielleicht zu sehr. Er entwickelt sich zurückhaltend. Dennoch spricht er ohne Umschweife. Man sollte ihn zu sehr feinen Gerichten servieren.
🕿 GFA Pierre et Henri Orenga de Gaffory, Morta Majo, 20253 Patrimonio, Tel. 04.95.37.11.38, Fax 04.95.37.14.25
☑ 🍷 n. V.

ORENGA DE GAFFORY
Cuvée des Gouverneurs 1995*

| ☐ | | k. A. | 3 000 | 🍾 50-70F |

Die goldene Farbe wirkt fröhlich. Das harmoniert mit der zitronenartigen Frische des Dufts und mit der Vornehmheit des Geschmacks. Ein Weißwein, der Stil hat.
🕿 GFA Pierre et Henri Orenga de Gaffory, Morta Majo, 20253 Patrimonio, Tel. 04.95.37.11.38, Fax 04.95.37.14.25
☑ 🍷 n. V.

DOM. PASTRICCIOLA 1995

| ■ | | 6 ha | 12 000 | 🍶♀ 30-50F |

Eine hübsche, zeitgemäße Farbe für diesen Wein mit dem Aroma von roten Früchten und leicht rauchigen schwarzen Früchten, im Geschmack dicht, rund und sanft. Der Weißwein vom selben Gut, dessen Etikett keinen Jahrgang trägt, ist typisch, vornehm und leicht für einen Wein aus Malvoisie-Trauben.
🕿 Dom. Pastricciola, rte de Saint-Florent, 20253 Patrimonio, Tel. 04.95.37.18.31, Fax 04.95.37.08.83 ☑ 🍷 tägl. 9h-20h; Nov. geschlossen

DOM. SAN QUILICO 1996

| ☐ | 6,28 ha | k. A. | 🍶♀ 30-50F |

Ein kleiner Teil der 35 ha des Guts ist mit Malvoisie bepflanzt. Der Wein wird in Bordeaux-Fässern vinifiziert und lagert in Bordeaux-Flaschen, die nach italienischem Vorbild schlanker und höher sind. Ein Wein, der Zurückhaltung übt. Leidet er unter zuviel Jugendlichkeit? Er ist gezähmt, ausgefeilt, poliert. Eine hübsche Arbeit, weit weg von jeder Rustikalität. Ein vollkommen glatter Wein, den man in einem Salon trinken sollte.
🕿 Dom. San Quilico, Morta Majo, 20253 Patrimonio, Tel. 04.95.37.11.38, Fax 04.95.37.14.25 ☑ 🍷 n. V.

DOM. SANTA MARIA 1995

| ■ | k. A. | k. A. | 🍶♀ 30-50F |

Bei Santamaria ist der Rotwein nie sehr kräftig. Der 95er bildet keine Ausnahme. Ein Hauch von Pfeffer geht einem Geschmack von runder Fruchtigkeit voraus.
🕿 Jean-Louis Santamaria, 20232 Oletta, Tel. 04.95.39.05.16, Fax 04.95.39.07.42
☑ 🍷 n. V.

SÜDWESTFRANKREICH (SUD-OUEST)

Das Weinbaugebiet von Südwestfrankreich, das unter dem gleichen Namen so weit voneinander entfernte Appellationen wie Irouléguy, Bergerac oder Gaillac vereinigt, faßt die Weine, die man in Bordeaux »Weine aus dem Oberland« nannte, und das Anbaugebiet des Adour zusammen. Bis zum Bau der Eisenbahn unterstand der erstgenannte Teil, der den Weinbaugebieten der Garonne und der Dordogne entspricht, der Weisungsbefugnis von Bordeaux. Dank seiner geographischen Lage und der königlichen Privilegien diktierte der »Hafen des Mondes« den Weinen aus Duras, Buzet, Fronton, Cahors, Gaillac und Bergerac ihr Gesetz. Alle mußten warten, bis die Lese von Bordeaux vollständig an die Weinliebhaber jenseits des Ärmelkanals und an die holländischen Weinhändler verkauft war, bevor sie selbst verschifft wurden - sofern man sie nicht als »medizinischen« Wein verwendete, um einigen Clarets zu mehr Stärke zu verhelfen. Die Weine vom Fuß der Pyrenäen hingegen waren nicht von Bordeaux abhängig, mußten aber eine riskante Schiffsreise auf dem Adour durchmachen, ehe sie Bayonne erreichten. Man kann verstehen, daß ihr Ruf unter diesen Bedingungen selten über die Grenzen ihrer unmittelbaren Nachbarschaft hinaus reichte.

Doch diese Weinbaugebiete, die zu den ältesten von Frankreich gehören, sind ein wahres Rebenmuseum der einst angebauten Rebsorten. Nirgendwo anders findet man eine solche Vielfalt von Traubensorten. Die Bewohner der Gascogne wollten schon immer ihren eigenen Wein haben. Wenn man ihren entschiedenen Individualismus und ihre Neigung zum Partikularismus kennt, wundert man sich auch nicht darüber, daß diese Anbaugebiete verstreut liegen und eine starke Persönlichkeit zeigen. Die Rebsorten Manseng, Tannat, Négrette, Duras, Len-de-l'el (Loin-de-l'œil), Mauzac, Fer Servadou, Arrufiat oder Baroque und Cot stammen aus der frühesten Zeit des Weinbaus und verleihen diesen Weinen unnachahmliche Noten von Unverfälschtheit, Aufrichtigkeit und typischem Charakter. All diese Appellationen verleugnen keineswegs die Bezeichnung »ländlicher« Wein, sondern bekennen sich im Gegenteil voller Stolz dazu und geben diesem Begriff seine ganze Würde. Über dem Weinbau hat man die anderen landwirtschaftlichen Bereiche nicht vernachlässigt, so daß man auf dem Markt die Weine neben den agrarischen Erzeugnissen findet, mit denen sie ganz selbstverständlich harmonieren. Die einheimische Küche hat zu den Weinen »ihres« Landes ein sehr enges Verhältnis, was Südwestfrankreich zu einer besonders günstigen Region für die traditionelle Gastronomie macht.

All diese Weinbaugebiete befinden sich heute in einem neuen Frühling, was der Initiative der Genossenschaften oder begeisterter Winzer zu verdanken ist. Große Anstrengungen, die Qualität zu verbessern, durch die Anbaumethoden oder der Forschung nach besser geeigneten Klonen ebenso wie durch die Vinifizierungstechniken, führen allmählich dazu, daß sich das Preis-Leistungs-Verhältnis bei diesen Weinen zu einem der besten in Frankreich entwickelt.

Cahors

Das Weinbaugebiet von Cahors (4 100 ha), dessen Wurzeln auf die galloromanische Zeit zurückgehen, ist eines der ältesten in Frankreich. Papst Johannes XXII., der in Avignon residierte, ließ Winzer aus Quercy kommen, um den Châteauneuf-du-Pape anzubauen. König Franz I. ließ in Fontainebleau eine Rebsorte aus Cahors anpflanzen. Die orthodoxe Kirche übernahm den Wein aus Cahors als Meßwein, der Zarenhof als Prunkwein... Doch das Cahors-Weinbaugebiet ist gerade noch einmal davongekommen! Durch die Fröste des

Cahors

Jahres 1956 völlig vernichtet, ging das Anbaugebiet auf ein Prozent der ehemaligen Anbaufläche zurück. Nachdem man die Weinberge in den Flußschleifen des Lot-Tals mit traditionellen Edelreben - hauptsächlich mit der Rebsorte Auxerrois, die hier auch den Namen Cot bzw. Malbec trägt, und ergänzt durch Tannat und Merlot - wiederbestockt hatte, konnte es den Rang zurückgewinnen, der ihm unter den Anbaugebieten für Qualitätsweine zusteht. Zudem erleben wir mutige Versuche, die Rebflächen auf den Kalksteinplateaus wie in alten Zeiten wiederherzustellen.

Die Cahors-Weine sind kraftvoll, robust und farbintensiv (der »black wine« der Engländer); zweifellos sind es lagerfähige Weine. Einen Cahors kann man dennoch jung trinken; er ist dann fleischig und aromatisch und zeigt eine gute Fruchtigkeit. Er sollte leicht gekühlt getrunken werden, etwa zu Grillgerichten. Nach zwei bis drei Jahren, in denen er verschlossen und streng wird, fängt er sich wieder und entfaltet weitere zwei bis drei Jahre später seine gesamte Harmonie, zusammen mit einem Aroma von Unterholz und Gewürzen. Aufgrund seiner Rundheit und seines füllligen Geschmacks ist er der ideale Begleiter für Trüffel (in der Asche gebraten), Steinpilze und Wild. Die Unterschiede beim Boden und bei der Bestockung liefern Weine von unterschiedlicher Lagerfähigkeit, wobei der Trend gegenwärtig zu leichteren Weinen geht, die man schneller trinken kann.

CLOS CARREYRES 1994**

| ■ | 1,03 ha | 3 300 | ■ | -30 F |

Eine traditionelle Vinifizierungsmethode für diese Cuvée, die zu 90 % aus der Rebsorte Cot hergestellt ist und eine intensive, purpurrot schimmernde Farbe besitzt. Der Geruchseindruck ist reich; er erinnert vor allem an Gewürze, dann an reife rote Früchte mit einer rauchigen Nuance. Der einschmeichelnde, eher subtile Geschmack entwickelt sich ohne Aggressivität und klingt mit einem würzigen Aroma aus, das von feinen Tanninen unterstützt wird. Beeindruckende Nachhaltigkeit. Dieser Wein ist trinkreif.

Thierry Dulac, Carreyrès, 46700 Vire-sur-Lot, Tel. 05.65.36.53.61, Fax 05.65.30.89.96 ☑ ☂ n. V.

DOM. DE CAUSE 1994*

| ■ | 7 ha | k. A. | ■ | -30 F |

Ein Weingut, das sich zwischen Quercy und Périgord, unweit von Château de Bonaguil, an die Hänge eines Hügels im Tal des Lot klammert. Es hat diesen 94er hervorgebracht, dessen rote

Sud-Ouest (Südwestfrankreich)

AOC:
1 Berberacois
2 Côtes de Duras
3 Cahors
4 Gaillac
5 Côtes du Frontonnais
6 Buzet
7 Béarn
8 Madiran et Pacherenc du Vic Bilh
9 Jurançon
10 Irouléguy
11 Vins d'Entraygues
12 Vins d'Estaing
13 Vins de Marcillac
14 Côtes du Marmandais
15 Tursan
16 Côtes de Saint-Mont
17 Côtes du Brulhois
18 Lavilledieu
-- - Departementsgrenzen

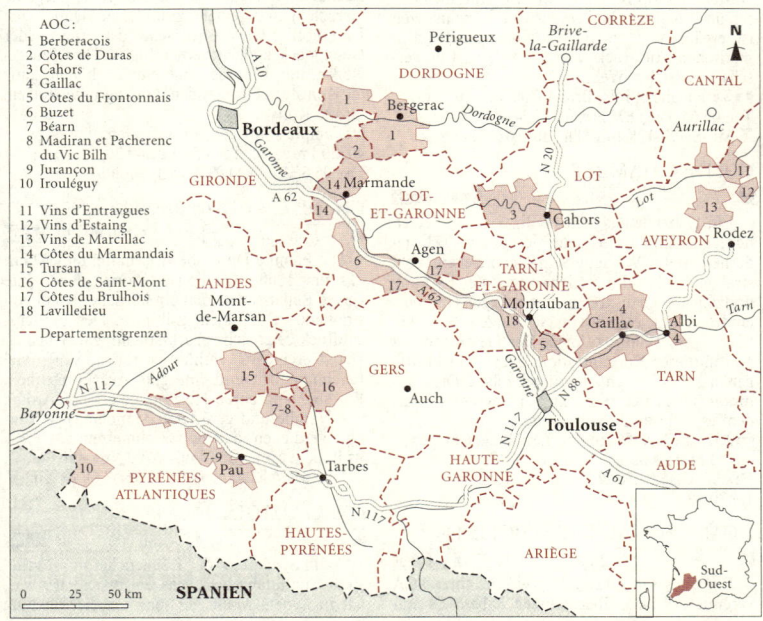

Cahors

Farbe fast keine ziegelroten Nuancen zeigt. Der Geruchseindruck ist recht intensiv, sehr würzig; man findet darin auch Noten von Lakritze und schwarzen Früchten. Der Geschmack zeigt eine sanfte Ansprache und entwickelt sich dann ohne Rauheit, bleibt aber angenehm präsent. Ein einschmeichelnder Wein.

🍷 Costes, Cavagnac, 46700 Soturac,
Tel. 05.65.36.41.96, Fax 05.65.36.41.95 ☑
🍽 Mo-Sa 10h-19h
🍷 Durou

CH. DU CEDRE Le Prestige 1995**

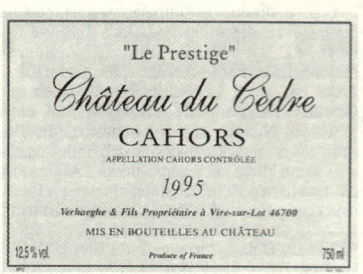

| ■ | 13 ha | k. A. | 🍾 | 50-70 F |

Die Brüder Verhaeghe, begeisterte Önologen und Winzer, finden sich in unserem Weinführer wieder einmal für ihre ausgezeichneten Cuvées gekrönt. Die Cuvée Le Prestige wurde zum Lieblingswein gewählt. Sie besitzt ein sehr schönes Kleid von kräftiger Farbe. Der Geruchseindruck ist von tiefer Kraft und enthüllt eine vollkommene Harmonie zwischen der Frucht und dem Holz. Die Ansprache ist voll. Der vollständige, füllige und fleischige Geschmack, der reich an vollreifem Stoff ist, bietet eine feine Struktur, die kräftig und zugleich bemerkenswert verschmolzen ist, ergänzt von seidigen Tanninen, die den aromatischen Ausdruck weit befördern. Ein verschwenderischer Wein.

🍷 Verhaeghe et Fils, Bru, 46700 Vire-sur-Lot,
Tel. 05.65.36.53.87, Fax 05.65.24.64.36 ☑
🍽 Mo-Sa 9h-12h 14h-18h ; Juli/Aug. auch So

CH. DE CHAMBERT 1994

| ■ | 45 ha | 240 000 | 🍾 | 30-50 F |

Ein Gebäude aus dem 19. Jh., das im Herzen des Kalksteinplateaus steht, ziert dieses 1973 wiederhergestellte Weingut. Sein 94er bietet ein recht strahlendes Kleid mit leicht ziegelroter Färbung und einen noch diskreten, zart holzigen Geruchseindruck mit Noten von schwarzen Früchten über einem Wildbretaroma. Der Geschmack ist von mittlerer Konzentration, aber recht kräftig gebaut. Das Fleisch ist zart geblieben. Die Tannine machen sich in einem Abgang bemerkbar, dem es nicht an Aroma mangelt.

🍷 Joël et Marc Delgoulet, Les Hauts Coteaux, 46700 Floressas, Tel. 05.65.31.95.75,
Fax 05.65.31.93.56 ☑ 🍽 tägl. 8h-12h30 13h30-19h

DOM. CHEVALIERS D'HOMS 1995*

| ■ | 2 ha | 10 000 | 🍾 | 30-50 F |

Ein altes Gut, das 1993 zwei in einer SCA vereinigte Winzer übernommen haben. Es präsentiert eine ausschließlich aus Auxerrois hergestellte Cuvée, deren dunkle Farbe bläulichrote Nuancen zeigt. Der Duft ist klar, ganz fruchtig, durch schwarze Johannisbeeren bestimmt. Auf eine frische Ansprache folgt ein milder, voller, immer noch fruchtiger Geschmack, dessen lakritzeartige Tannine noch reifen müssen. Ein klassischer Cahors.

🍷 SCA Dom. des Homs, 46800 Saux,
Tel. 05.65.31.92.45, Fax 05.65.31.96.21 ☑ 🍽 n. V.

CH. CROZE DE PYS
Prestige Elevé en fût de chêne 1994*

| ■ | 8 ha | 52 000 | 🍾 | 30-50 F |

Die Familie Roche hat dieses Château 1966 erworben und den Weinberg mit den Edelrebsorten der Appellation völlig neu bestockt. Ihr 94er Prestige zeichnet sich durch die Reichhaltigkeit und die Subtilität seines Geruchseindrucks aus, der intensive fruchtige Düfte mit Noten von Veilchen, milden Gewürzen, Kakao und Rauch vereint. In einem eher einschmeichelnden, runden und voluminösen Geschmack begleiten deutlich spürbare Tannine den Abgang ohne Rauheit. Ein Wein, der verführerisch und zugleich so gebaut ist, wie es sein soll.

🍷 SCEA des Dom. Roche, 46700 Vire-sur-Lot,
Tel. 05.65.21.30.13, Fax 05.65.30.83.76 ☑
🍽 Mo-Sa 9h-12h 14h-19h

CLOS DE GAMOT 1994**

| ■ | 12,54 ha | 50 000 | 🍾 | 50-70 F |

Mit Jean Jouffreau hat die Appellation eine warmherzige und fähige Persönlichkeit verloren. Aber die Nachfolge ist gesichert, so daß dieses Gut mit den über 100 Jahre alten Auxerrois-Rebstöcken noch große Cuvées verspricht. Diese hier besitzt ein großartiges rubinrote Farbe und ist klar und strahlend. Der sehr feine, elegante Geruch liefert einen komplexen Duft nach Unterholz. Die Ansprache ist rund, der Geschmack konzentriert, füllig und wohlausgewogen, mit Tanninen, die einen schönen, ganz an Konfitüre erinnernden Abgang unterstützen. Große Kunst !

🍷 Famille Jouffreau, Clos de Gamot,
46220 Prayssac, Tel. 05.65.22.40.26,
Fax 05.65.22.45.44 ☑ 🍽 tägl. 8h-20h

CH. DE GAUDOU Renaissance 1995*

| ■ | 1 ha | 5 200 | 🍾 | 70-100 F |

Die Familie Durou bewirtschaftet dies Gut, das um 1800 »Gaudou Métairie« hieß. Ihre Cuvée Renaissance trägt ein hübsches Kleid von strahlendem, dunklem Rubinrot. Der Geruchseindruck zeigt sich zurückhaltend, zart fruchtig. Der Geschmack enthüllt schönen Stoff, viel Reichhaltigkeit und eine gute Ausgewogenheit. Ein sehr spürbarer Holzton liefert ein Aroma von Vanille und gerösteten Mandeln. Die Tannine verdienen, daß sie verschmelzen.

🍷 René Durou, Gaudou, 46700 Vire-sur-Lot,
Tel. 05.65.36.52.93, Fax 05.65.36.53.60 ☑ 🍽 n. V.

CH. GAUTOUL 1995*

| ■ | k. A. | 80 000 | 🍾 | 70-100 F |

Alain Senderens, der Küchenchef im »Archestrate« und dann bei Lucas Carton in Paris war, hat in hohem Maße zur jüngsten Entwicklung

Cahors

der französischen Kochkunst beigetragen. Diese Erfahrung hat ihn auch gelehrt, die Weine gut zu kennen ... Dieser hier erregt die Aufmerksamkeit durch eine kräftige, intensive Farbe mit violetten Reflexen. Der Geruchseindruck ist zwar noch zurückhaltend, scheint aber komplex zu sein. Man nimmt darin schon viel Charakter wahr, wenn sich ein Aroma von roten Früchten zeigt. Die Ansprache ist sanft, der Geschmack füllig und ausgewogen, mit schöner Vollmundigkeit, die ihm eine lange Zukunft verheißt. Ein schon großzügiger Cahors.

Ch. Gautoul, 46700 Puy-l'Evêque, Tel. 05.65.30.84.17, Fax 05.65.30.85.17
Mo-Fr 9h-12h30 14h-18h
Senderens

DOM. DES GRAVALOUS
Cuvée réservée Vieillie en fût de chêne 1994*

| | 1,7 ha | 9 000 | | 30-50 F |

Cot (90 %) und ein wenig Merlot für diese Cuvée réservée, die eine schöne, lebhafte und dichte Farbe mit bläulichroten Nuancen hat. Der elegante, recht intensive Duft nach reifen Früchten und Gewürzen wird durch den Holzton unterstützt. Der Geschmack bietet eine klare Ansprache mit einer frischen, pflanzlichen Empfindung. Er entfaltet weit ausholend ein seriöses Gerüst aus dichten Tanninen. Ein homogener Wein.

A. Fabbro et Fils, 46220 Pescadoires, Tel. 05.65.22.40.46, Fax 05.65.30.68.15 n. V.

CH. DE HAUTE-SERRE 1995

| | k. A. | 350 000 | | 30-50 F |

Dieser Wein mit der strahlend rubinroten Farbe wird mitten im Anbaugebiet der Appellation hergestellt. Der feine, warme Duft bietet unter einem Vanillearoma Früchte. Auf eine intensive Ansprache folgt ein körperreicher, konzentrierter und ziemlich fülliger Geschmack. Der Abgang mit dem deutlichen Röstaroma hat von dem langen Ausbau im Holzfaß profitiert. Ein schöner Wein zum Einlagern.

Georges Vigouroux, Ch. de Haute-Serre, 46230 Cieurac, Tel. 05.65.20.80.20, Fax 05.65.20.80.81 tägl. 8h30-12h 14h-18h; Gruppen n. V.

CH. LA CAMINADE
La Commandery 1995*

| | 10 ha | 53 000 | | 50-70 F |

Bis zur Französischen Revolution wurde dieses Gut von Mönchen bewirtschaftet. La Commandery ist eine im Eichenholzfaß ausgebaute Sondercuvée. Sie bietet ein verführerisches Kleid von recht dichtem Granatrot. Der komplexe Duft mit kräftigen Vanille- und Zimtnoten bringt einen langen Ausbau im Holzfaß zum Ausdruck. Die Komplexität findet man im gehaltvollen, fülligen Geschmack wieder. Der noch immer vorhandene Holzton zeigt sich im Aroma ebenso wie in den soliden Tanninen, die sich noch verfeinern müssen. Dieser 95er hat die ganze Zukunft vor sich.

Resses et Fils, Ch. La Caminade, 46140 Parnac, Tel. 05.65.30.73.05, Fax 05.65.20.17.04 Mo-Fr 8h-12h 14h-19h

CH. LA COUSTARELLE
Grande Cuvée Prestige 1995*

| | 10 ha | 60 000 | | 30-50 F |

Michel und Nadine Cassot sind die Erben mehrerer Winzergenerationen und verfolgen seit 1980 eine Qualitätspolitik. Belohnt werden ihre Anstrengungen mit dieser Cuvée, die eine verführerische, an Burlat-Kirschen erinnernde Farbe zeigt. In einem hübschen Duft vermischen sich Noten von roten Früchten, Vanille und Röstgeruch. Der füllige Geschmack bietet einen guten, deutlich spürbaren Körper und verführt durch seine Vollmundigkeit. Die Verbindung von Holz und Wein ist gelungen. Die würzigen Tannine verschmelzen in einem langen, samtigen Abgang.

Cahors

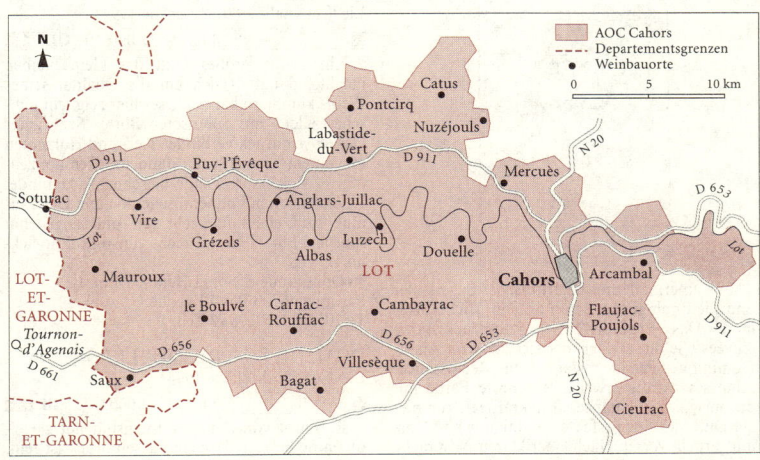

773 SÜDWESTFRANKREICH

Cahors

🍷 SCEA Michel et Nadine Cassot,
46220 Prayssac, Tel. 05.65.22.40.10,
Fax 05.65.30.62.46 ✓ 🍴 Mo-Sa 8h-12h30
14h-20h ; Gruppen n. V. ; 24.-31. Aug. geschlossen

CLOS LA COUTALE 1994**

| | 30 ha | 180 000 | 🍾🍷🥂 | 30-50 F |

Ein Gut, das sich seit sieben Generationen im Besitz der Familie Bernède befindet und schon beim zweiten Landwirtschaftlichen Wettbewerb in Paris 1894 siegreich war. Ein Jahrhundert später zeigt sich der 94er seines Ahnen würdig mit seiner strahlenden Farbe, einem lebhaften, tiefen Rot, und seinem intensiven, weinigen und freigebigen Duft, der animalische, fruchtige und holzige Noten und Nuß- und Mandelnuancen verbindet. Der Geschmack ist gehaltvoll und harmonisch, lang und konzentriert und enthält gute Tannine. Ein fülliger, eleganter Wein, der schöne Zukunftsaussichten hat.

🍷 Philippe Bernède, Clos La Coutale,
46700 Vire-sur-Lot, Tel. 05.65.36.51.47,
Fax 05.65.24.63.73 🍴 tägl. 9h-12h 14h-18h

CH. LA GINESTE 1994

| | 15 ha | 66 000 | 🍷 | 30-50 F |

Dieses Gut, eine ehemalige Jagdhütte des englischen Königs Richard Löwenherz, ist gerade in ein vornehmes Gästehaus umgewandelt worden. Sein 94er hat eine rubinrote Farbe mit ziegelroten Nuancen. Der Geruch, der sich gerade in der Entwicklung befindet, verbindet animalische Noten mit dem Duft von reifen Früchten und Gewürzen. Nach einer sanften Ansprache zeigt sich der Geschmack geradlinig und leicht. Er ist recht wohlausgewogen und klingt mit noch ein wenig strengen Tanninen aus.

🍷 Ch. La Gineste, 46700 Duravel,
Tel. 05.65.36.50.09, Fax 05.65.24.67.64 ✓ 🍴 tägl. 8h-12h 14h-18h
🍷 André Lamothe

CH. LAGREZETTE 1994**

| | 20 ha | 101 000 | 🍷 | 70-100 F |

Ein supermoderner unterirdischer Lagerkeller und die önologische Beratung von Michel Rolland. Das Ergebnis ? Sehr ausdrucksstarke Cuvées wie dieser 94er, der sich des von Alain-Dominique Perrin restaurierten Renaissance-schlosses würdig erweist. Rubinrote Farbe mit purpurvioletten Nuancen. Ein kräftiger, komplexer Duft, der eine perfekte Vereinigung von Holz und Frucht verrät. Nach einer klaren Ansprache entdeckt man einen eleganten, stattlichen, gut strukturierten Geschmack. Der lange Abgang stützt sich auf wohlschmeckende Tannine von hübscher Qualität. Ein »sorgfältig umhüllter« Wein, den die Jury an die Spitze der 94er gesetzt hat.

🍷 Alain-Dominique Perrin, SC Dom. de Lagrezette, 46140 Caillac, Tel. 05.65.20.07.42,
Fax 05.65.20.06.95 ✓ 🍴 tägl. 9h-19h

CH. LAMARTINE 1995*

| | 20 ha | 100 000 | 🍾🍷🥂 | 30-50 F |

Ein sehr altes Gut, das heute 28 ha umfaßt. Die Rebstöcke sind im Durchschnitt rund 40 Jahre alt und besitzen ein ausgezeichnetes Potential für große Cuvées. Diese hier hat eine ziemlich dunkle rubinrote Farbe und bietet einen klaren Duft, der mit seinen frischen roten Früchten und seinen Gewürznoten eine gesunde Jugendlichkeit widerspiegelt. Der geschmeidige Geschmack ist von guter Rundheit und besitzt ein verführerisches, ausgewogenes Gerüst, das sich auf fast überhaupt nicht adstringierende Tannine stützt. Ein vielversprechender Wein.

🍷 SCEA Ch. Lamartine, 46700 Soturac,
Tel. 05.65.36.54.14, Fax 05.65.24.65.31 ✓
🍴 Mo-Sa 9h-19h ; So n. V.
🍷 Alain Gayraud

DOM. DE L'ANTENET 1994

| | 5 ha | 16 000 | 🍾 | 30-50 F |

Ein ohne Hefezusatz, Schönung oder Filtrierung erzeugter Wein, der durch natürliches Sichabsetzenlassen und Abstechen geklärt worden ist. Er besitzt eine sehr schöne, intensive fast schwarze Farbe. Ein tiefer, aber noch verschlossener Geruchseindruck, in dem einige würzige Noten zu erkennen sind. Der Geschmack hinterläßt einen Eindruck von Volumen und Intensität. Er ist eher weinig und klingt mit reifen, aber noch ein wenig jugendlichen Tanninen aus. Dieser 94er dürfte mit dem Alter besser zum Ausdruck kommen.

🍷 Bessières, Courbenac, 46700 Puy l'Evêque,
Tel. 05.65.21.32.31 ✓ 🍴 n. V.

DOM. LA PAGANIE
Elevé et vieilli en fût de chêne 1994*

| | 4 ha | 32 000 | 🍷 | 30-50 F |

Ein 10 ha großes Gut, das klein bleiben möchte, damit es sich um die Qualität seines Weins kümmern kann. Dieser hier zeigt ein hübsches Kleid mit rubinroter Borte. Sein guter Geruchseindruck verbindet Tier- und Holznoten mit einem Hauch von Mandeln. Der konzentrierte, vielversprechende Geschmack verbindet Reifearomen mit mineralischen Noten. Die Tannine sind ebenfalls recht reif und angenehm spürbar. Ein Wein mit recht günstiger Entwicklung.

🍷 Dominique et Sonia Henry, Dom. La Paganie, 46700 Puy-l'Evêque,
Tel. 05.65.21.36.08 ✓ 🍴 n. V.

DOM. DE LA PRESQU'ILE
Elevé en fût de chêne 1994*

| | 5,2 ha | 3 000 | 🍷 | -30 F |

Rubinrot von mittlerer Intensität mit ziegelrotem Schimmer. Der Geruchseindruck ist fein,

Cahors

angenehm holzbetont, von roten Früchten durchsetzt. Nach einer sanften Ansprache zeigt sich der Geschmack gut abgerundet. Er besitzt ein leichtes Gerüst und einen recht dünnen Körper und läßt sehr seidige Tannine erkennen, die vom Holz stammen, aber den Wein respektieren und einen aromatischen Abgang unterstützen. Ein gut gemachter Cahors.
🕭 Christophe Pagès, Toirac, 46700 Puy-l'Evêque, Tel. 05.65.21.30.82 ⏳ n. V.

CH. LAUR 1995

| ■ | 4,2 ha | 23 000 | 🍴♿ | 30-50 F |

Dieser aus Auxerrois erzeugte Wein besitzt eine recht dichte, dunkle rubinrote Farbe und bietet einen ausdrucksvollen, intensiv fruchtigen Duft mit einem Hauch von Veilchenpastillen. Der Geschmack zeigt sich gehaltvoll und füllig, von hübschem Volumen. Die feine Gerbsäure führt zu einem lakritzeartig-würzigen Abgang. Schöner Charakter.
🕭 Patrick Laur, 46700 Floressas, Tel. 05.65.31.95.61, Fax 05.65.31.95.61 ✅ ⏳ n. V.

CH. LES BOUYSSES 1995*

| ■ | k. A. | 80 000 | 🍷 | 30-50 F |

Die Kellerei von Parnac hat fünf gelungene, sogar sehr gelungene Cuvées vorgestellt. Diese hier, die beim 95er am meisten geschätzte, hat eine strahlende dunkelrubinrote Farbe. Der Duft ist von klarer Jugendlichkeit und zeigt sich recht fruchtig und zugleich überaus holzbetont, mit angenehmen Gewürznoten. Nach einer sanften Ansprache mit Vanillearoma setzt der Geschmack den Geruchseindruck fort und fügt der aromatischen Palette Röstnoten hinzu. Das schon gut ausgebildete Gerüst muß sich nur noch um sehr gesunde Tannine herum entfalten. Ein Wein in der Reifungsphase.
🕭 Côtes d'Olt, 46140 Parnac, Tel. 05.65.30.71.86, Fax 05.65.30.35.28 ✅ ⏳ n. V.

CH. LES GRAUZILS 1995*

| ■ | 25 ha | 50 000 | 🍴♿ | -30 F |

Seit 1880 werden die Weine des Guts in viele Länder Europas exportiert und sind bis zum Kreml gelangt. Sie stammen von Böden mit alten Anschwemmungen, die zu 80 % mit Auxerrois und zu 20 % mit Merlot bestockt sind. Die Farbe dieses 95ers ist sehr dunkel, fast schwarz. Der recht klare Duft betont die Fruchtigkeit. Die Ansprache ist sanft, der Geschmack voll und solide strukturiert, mit ziemlich kräftigen Tanninen, und bietet im Abgang eine gute Haltung.
🕭 GAEC des Grauzils, Gamot, 46220 Prayssac, Tel. 05.65.30.62.44, Fax 05.65.22.46.09 ✅ ⏳ Mo-Sa 8h-12h 14h-19h
🕭 F. et Ph. Pontié

CH. LES IFS 1994**

| ■ | 9 ha | 25 000 | 🍴♿ | -30 F |

Dieser Weinberg liegt gut geschützt in einer der Flußschleifen des Lot, auf Terrassen mit Anschwemmungen, die aus Kiessand und Kieselerde bestehen. Er hat diesen 94er mit der schönen, relativ intensiven purpurroten Farbe hervorgebracht, dessen reicher, entfalteter Duft Veilchen mit schwarzen Früchten sowie einem Hauch von Zimt verbindet. Im Geschmack schreitet die Entwicklung voran, angenehm aromatisch und sehr ausgewogen, bis zum Abgang mit den feinen, würzigen Tanninen. Diesen sehr einschmeichelnden Wein kann man schon jetzt trinken.
🕭 Buri et Fils, GAEC de la Laurière, 46220 Pescadoires, Tel. 05.65.22.44.53, Fax 05.65.30.68.52 ✅ ⏳ Mo-Sa 8h-12h 14h-19h

CH. LES RIGALETS
Cuvée Prestige Sélection 1995**

| ■ | 2 ha | 9 000 | 🍷 | 50-70 F |

Ein Gut, das laut den Flurbüchern schon 1830 vollständig mit Reben bepflanzt war. Es hat eine Cuvée mit sehr dichter Granatfarbe präsentiert. Der Duft ist von großer Feinheit und erinnert unter einem Schokoladenaroma an einen Früchtesalat aus kleinen roten und schwarzen Früchten, mit Röstnoten vermischt. Der Geschmack setzt den Geruchseindruck fort. Er ist ausgewogen und konzentriert und enthüllt einen schönen Körper mit spürbaren, aber gut integrierten Tanninen, die das Aroma lang unterstützen. Ein harmonischer Wein, die Frucht eines gelungenen Ausbaus.
🕭 Bouloumié et Fils, Les Cambous, 46220 Prayssac, Tel. 05.65.30.61.69, Fax 05.65.30.60.46 ✅ ⏳ Mo-Sa 8h-12h30 14h-20h ; So n. V.

CH. NOZIERES 1995

| ■ | 20 ha | k. A. | 🍴♿ | -30 F |

Dunkle, ziemlich intensive rote Farbe. Ein interessanter Duft, der Leder, Lakritze, schwarze Früchte und eine Mentholnote bietet. Nach einer dichten Ansprache entdeckt man einen warmen Geschmack, der füllig und robust ist und feste Tannine enthält. Ein gutes Erzeugnis.
🕭 Maradenne-Guitard, Bru, 46700 Vire-sur-Lot, Tel. 05.65.36.52.73, Fax 05.65.36.50.62 ✅ ⏳ Mo-Sa 8h-12h 14h-19h ; So n. V.

DOM. DU PEYRIE 1995*

| ■ | 14,72 ha | 50 000 | 🍷 | 30-50 F |

Dieses am Rande der Appellation gelegene Gut besteht seit mehr als 200 Jahren. Seit den 20er Jahren wird es von der Familie Floissac-Gilis bewirtschaftet. Der 95er hat eine intensive Farbe, ein Purpurrot mit ins Schwarze gehenden Schimmer. Entsprechend dem Aussehen ist der Geruchseindruck kräftig und konzentriert ; er verströmt schwarze Früchte mit Noten von Tiergeruch und Cachou (herbe Lakritze). Der Geschmack hat eine samtige Ansprache. Er bleibt dicht und fleischig. Die Tanninbasis wird im Abgang dominierend. Ein maskuliner Wein.
🕭 Gilis et Fils, Dom. du Peyrie, 46700 Soturac, Tel. 05.65.36.57.15, Fax 05.65.36.57.15 ✅ ⏳ Mo-Sa 9h-12h 13h30-19h ; So u. Gruppen n. V.

CH. DU PORT Cuvée Prestige 1995

| ■ | 2,76 ha | 18 000 | 🍴🍷 | 30-50 F |

Eine Cuvée ausschließlich aus der Rebsorte Côt (Auxerrois), die hier auf einem kargen Kiesel- und Kiesboden wächst. Der Duft ist zurückhaltend, leicht fruchtig und würzig. Nach einer guten Ansprache enthüllt der geradlinige

Geschmack einen im Aroma diskreten Holzton, aber die Tannine sind etwas aufdringlich. Ein noch junger Wein, der sich bewähren muß.
☛ Pelvillain et Fils, GAEC de Circofoul, 46140 Albas, Tel. 05.65.20.13.13, Fax 05.65.30.75.67 ✓ ♈ n. V.

CH. QUATTRE
La Collection Elevé en fût de chêne 1994

■　　　　k. A.　　25 000　　◫　30-50 F

Die auf einer lehmig-kalkhaltigen Hochfläche angepflanzten Reben des Guts haben diese strahlende Cuvée geliefert, deren rubinrote Farbe ziegelrot schimmert. Beim ersten Riechen dominiert Tiergeruch (Wildbret) ; dann entdeckt man sehr reife schwarze Früchte, die mit ein paar Gewürzen vermischt sind. Nach einer sanften Ansprache entfaltet sich der schlichte, klare und geradlinige Geschmack mit gut verschmolzenen Aromen und Tanninen, die im Abgang etwas streng sind. Ein typischer Wein.
☛ SARL Dom. de Quattre, 46800 Bagat-en-Quercy, Tel. 05.65.36.91.04, Fax 05.65.36.96.90 ✓ ♈ n. V.
☛ Didier Berthy

CLOS RESSEGUIER 1995*

■　　　13,5 ha　　10 000　　■↓　-30 F

Ein von einem alten Gut hergestellter 95er. Das Haus war angeblich durch einen unterirdischen Gang mit dem Schloß des Dorfs verbunden. Intensive kirschrote Farbe. Der recht typische Duft erinnert an rote Früchte, mit ein paar Noten Leder. Nach einer sanften Ansprache zeigt sich der Geschmack angenehm, sehr aromatisch, füllig und harmonisch. Er entfaltet seine ganze Frucht bis zu einem Abgang mit Kirschen. Frucht : immer wieder Frucht !
☛ EARL Clos Resseguier, 46140 Sauzet, Tel. 05.65.36.90.03, Fax 05.65.31.92.66 ✓ ♈ tägl. 9h-20h

DOM. DES SAVARINES 1994

■　　　k. A.　　20 000　　◫　30-50 F

Auf diesem 1971 angelegten Gut werden die Reben seit 1991 nach den Prinzipien der Biodynamik angebaut. Sein 94er zeigt eine tiefe Farbe mit bläulichroten Nuancen. Der intensive Duft verbindet einen schönen Holzton mit roten Früchten in Alkohol und mit milden Gewürzen sowie einem Hauch von hellem Karamel. Der frische, ziemlich milde und immer noch fruchtige Geschmack enthüllt sanfte Tannine, die jung geblieben sind. Ein wohlausgewogener Wein.
☛ D. Biesbrouck Borde, Dom. des Savarines, 46090 Trespoux, Tel. 05.65.22.33.67, Fax 05.65.22.33.67 ✓ ♈ tägl. 9h-12h 14h-19h

CLOS TRIGUEDINA
Prince Probus 1995**

■　　　10 ha　　40 000　　◫　70-100 F

Jean-Marc Baldès sorgt dafür, daß das alte Können in ausgezeichneten Cuvées weiterbesteht wie dieser hier, einem reinsortigen Auxerrois mit einer sehr schönen, reintönigen, dunklen Farbe. Der subtile Duft verbindet Fruchtigkeit und einen feinen Holzton mit mildem Vanillearoma. Nach einer zauberhaften Ansprache entwickelt sich der komplexe, bemerkenswert ausgewogene Geschmack voller Zartheit und enthüllt eine Grundlage aus fetten, schon verschmolzenen Tanninen. Vollkommene Harmonie.
☛ Baldès et Fils, Clos Triguedina, 46700 Puy-l'Evêque, Tel. 05.65.21.30.81, Fax 05.65.21.39.28 ✓ Mo-Sa 9h30-12h 14h-18h ; So n. V.

Gaillac

Wie die Überreste von Amphoren beweisen, die in Montels hergestellt wurden, gehen die Ursprünge des Weinbaugebiets von Gaillac auf die Zeit der römischen Besatzung zurück. Im 13. Jh. erließ Raymond VII., Graf von Toulouse, für sein Gebiet eines der ersten Dekrete einer kontrollierten Herkunftsbezeichnung. Der okzitanische Dichter Auger Gaillard feierte bereits lange vor der Erfindung des Champagners den Perlwein von Gaillac. Das Anbaugebiet (2 500 ha) gliedert sich in die unteren Hanglagen, die oberen Hänge auf dem rechten Ufer des Tarn, die Ebene, die Anbauzone von Cunas und das Gebiet von Cordes.

Die Kalksteinhügel eignen sich wunderbar für den Anbau der traditionellen weißen Traubensorten wie Mauzac, Len-de-l'el (Loin-de-l'œil), Ondenc, Sauvignon und Muscadelle. Die Anbauzonen mit Kiessandböden sind den roten Traubensorten vorbehalten : Duras, Braucol oder Fer Servadou, Syrah, Gamay, Négrette, Cabernet, Jurançon, Merlot und Portugais bleu. Die Vielfalt der Rebsorten erklärt das breite Spektrum der Gaillac-Weine.

Bei den Weißweinen, von denen 47 000 hl erzeugt werden, findet man trockene und perlende Weine, die frisch und aromatisch sind, und die lieblichen Weine von den Premières Côtes, die gehaltvoll und geschmeidig sind. Diese sehr stark durch die Mauzac-Rebe geprägten Weine haben den Gaillac berühmt gemacht. Der Gaillac-Schaumwein kann nach zwei Methoden hergestellt werden : nach einer »handwerklichen« Methode, die den von Natur aus in den Trauben vorhandenen Zucker ausnutzt, oder nach dem Champagner-Verfahren, das in Zukunft von der europäischen Gesetzgebung als »traditio-

Gaillac

nelle Methode« (Flaschengärung) bezeichnet wird; die erstgenannte Methode liefert fruchtigere, charaktervolle Weine. Die Roséweine, die nach kurzer Maischung abgestochen werden, sind leicht und süffig, die als lagerfähig bezeichneten Rotweine typisch und bukettreich (75 000 hl).

MAS D'AUREL Doux Cuvée Clara 1996*

| | 1,2 ha | 3 000 | 30-50 F |

Dieser 96er ist reinsortig aus Mauzac-Reben erzeugt worden, die auf einem Tonkalkboden wachsen. Er hat eine strohgelbe Farbe mit grünen Nuancen. Ein intensiver Duft verbindet Rosen, Honig und Mandarinen. Der Geschmack ist recht rund, warm und füllig. Er harmoniert mit einem Aroma von Honig und kandierten Früchten. Ein guter lieblicher Wein, der trinkreif ist.
↝ EARL Mas d'Aurel, Mas d'Aurel, 81170 Donnazac, Tel. 05.63.56.06.39, Fax 05.63.56.09.21 ✓ ⚏ tägl. 8h-12h 14h-19h
↝ Ribot

DOM. DE BALAGES Sec 1996**

| | 1 ha | 6 500 | 30-50 F |

Ein schöner Erfolg mit diesem 20 ha großen Gut auf Kiessandboden mit dieser Cuvée, die zu gleichen Teilen aus Len-de-l'el und Sauvignon erzeugt worden ist. Eine strahlende, klare Farbe mit grünem Schimmer verlockt das Auge. Der angenehme, feine und frische Geruchseindruck vereint Düfte von weißfleischigen Früchten mit exotischen Noten und Nuancen von grünen Äpfeln. Auf die klare, lebhafte Ansprache folgt ein abgerundeter, frischer und leckerer Geschmack, dessen Frucht angenehm säuerlich ist. Dieser typische Wein ist ein Leckerbissen. Erwähnen wir auch einen sehr sympathischen Rosé.

↝ Claude Candia, Dom. de Balagès, 81150 Lagrave, Tel. 05.63.41.74.48, Fax 05.63.81.52.12 ✓ ⚏ tägl. 8h-19h

DOM. DES BOUSCAILLOUS Sec 1996*

| | 1,5 ha | 6 000 | -30 F |

Dieses auf den unteren Hängen von Gaillac gelegene Gut hat einen trockenen 96er Weißwein hervorgebracht, dessen grüne Reflexe ein Zeichen von Jugend sind. Der feine und zugleich intensive Duft verbindet frische Mandeln und Zitrusfrüchte mit einem Hauch von Menthol. Der in der Ansprache lebhafte Geschmack zeigt eine schöne Haltung und ist rund und füllig, aber es mangelt ihm weder an Frische noch an Aroma. Ein angenehmer Abgang verlängert diesen Gesamteindruck.
↝ Annie Caussé, Le Village, 81170 Noailles, Tel. 05.63.57.22.31, Fax 05.00.00.00.00 ✓ ⚏ n. V.

Gaillac

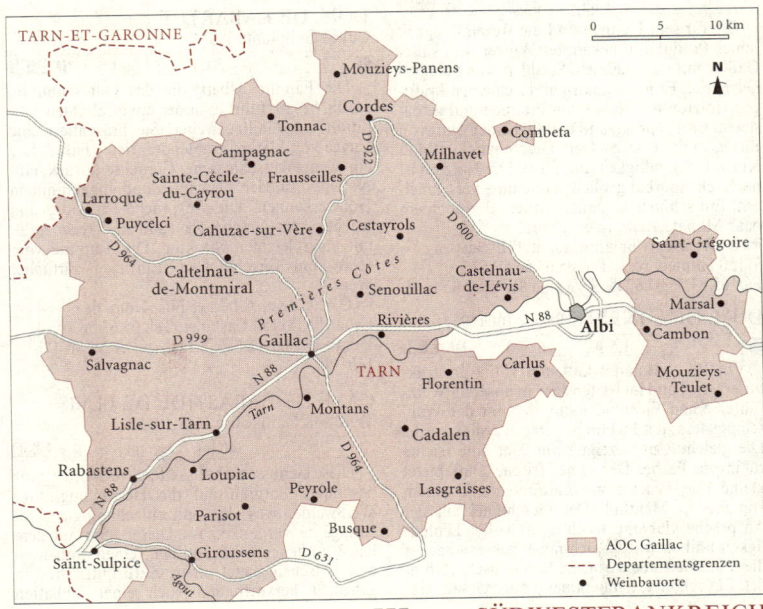

SÜDWESTFRANKREICH

Gaillac

CH. CANDASTRE
Elevé en fût de chêne 1995★

■ 4,5 ha 5 400 🍷🍾♨ 30-50F

Die Geschichte von Château Candastre reicht bis 1182 zurück. Es umfaßt heute über 100 ha und ist damit das größte Gut des Weinbaugebiets von Gaillac. Sein 95er hat eine schöne, kräftige rubinrote Farbe und zeichnet sich durch einen entfalteten Duft aus, der sehr vanilleartig und fruchtig ist. Der Geschmack mit der klaren Ansprache zeigt sich voluminös, füllig und kraftvoll. Er besitzt dichte Tannine und bietet eine gute Ausgewogenheit zwischen Säure und Alkohol. Ein für die Lagerung gerüsteter Wein.

↪ Vins Descombe, Ch. Candastre, rte de Senouillac, 81600 Gaillac, Tel. 05.63.41.70.88, Fax 05.63.57.60.44 ✓ 🍷 Mo-Sa 9h-12h 14h-18h

DOM. DE CAUSSE MARINES
Duras 1995★

0,87 ha 4 000 🍷🍾♨ 30-50F

Ein Kindheitstraum wurde wahr: 1993 verliebte sich Patrice Lescarret in dieses mit alten Reben bestockte Stück Land, kaufte dieses Gut und erweckte es zu neuem Leben. Die roten 95er wurden gewürdigt; den Vorzug fand diese reinsortig aus Duras hergestellte Cuvée. Der klare, angenehm blumige, fruchtige Duft ist fein würzig. Nach einer sanften, leicht säuerlichen Ansprache dominieren die Früchte in einem runden, frischen Geschmack mit schlankem Körper von angenehmer Konstitution. Ein hübscher Wein mit diskretem Holzton.

↪ Patrice Lescarret, Dom. de Causse-Marines, 81140 Vieux, Tel. 05.63.33.98.30, Fax 05.63.33.96.23 ✓ 🍷 n. V.

DOM. D'ESCAUSSES
Doux Vendanges dorées 1995★

□ 1 ha 4 000 🍾 30-50F

Ein für sein Können und die Regelmäßigkeit seiner Produktion bekannter Winzer. Ein süßer Gaillac mit sehr schönem Strahlen, von goldgrüner Farbe. Er ist aromatisch, durch einen kräftigen Holzton mit Noten von Pralinen und getoastetem Brot geprägt, und entfaltet einen Duft von Birnen mit Honig. Der Geschmack enthüllt Kraft, Reichhaltigkeit und Fülle. Der Holzton ist noch sehr spürbar geblieben und muß verschmelzen. Ein schöner Gesamteindruck, der noch ein paar Monate Reifung erfordert.

↪ EARL Denis Balaran, Dom. d'Escausses, 81150 Sainte-Croix, Tel. 05.63.56.80.52, Fax 05.63.56.87.62 ✓ 🍷 Mo-Sa 9h-19h; So n. V.

DOM. DE GINESTE Rouge fût 1995★

■ 1,5 ha 6 500 🍾 30-50F

Ein 1991 gekauftes Gut, das völlig umstrukturiert wird und im letzten Jahr in unserem Weinführer einen Einstand hatte, bei der Wahl seines 94ers zum Lieblingswein gewürdigt wurde. Die gleiche Cuvée zeigt beim 95er eine leichte rubinrote Farbe. Der feine, frische Duft bietet kleine rote Früchte mit Gewürzen und einem Hauch von Menthol. Der Geschmack, in der Ansprache klar und fruchtig, ist voller Lebhaftigkeit und entwickelt sich mit Finesse, wobei er die verschiedenen Aromen harmonisch verbindet. Ein schöner, temperamentvoller Gesamteindruck. Hingewiesen sei auch auf einen sehr angenehmen trockenen 96er Weißwein.

↪ Dom. de Gineste, 81600 Técou, Tel. 05.63.33.03.18, Fax 05.63.81.52.65 ✓ 🍷 n. V.
↪ Laillier-Bellevret

CH. GRADDE Sec Perlé 1995★

○ 3 ha 10 000 🍷♨ -30F

Der »Perlé« ist ein origineller, für Gaillac typischer Perlwein. Bei diesem kommen hier aus einem gold schimmernden Kleid feine, diskrete Bläschen zum Vorschein. Der ziemlich intensive, schon hier entfaltete Duft enthüllt eine sehr exotische Fruchtigkeit. Die Ansprache ist sanft. Das recht spürbare Perlen bewahrt im vollen Geschmack eine gewisse Frische und ein vollreifes Aroma.

↪ SCEA Dom. de Graddé, 81140 Campagnac, Tel. 05.63.33.12.61, Fax 05.63.33.20.75 ✓ 🍷 Mo-Sa 8h-12h 14h-19h30; So n. V.

MAS DE GROUZE
Cuvée des Graves 1995★

■ 5 ha 30 000 🍷 -30F

Eine traditionelle Vinifizierung, zwanzig Tage Maischegärung und eine Verwendung von 20 % Scheitermost haben diese granatrot schimmernde Cuvée hervorgebracht. Der ziemlich intensive Duft verbindet in Alkohol eingelegte Steinfrüchte, Iris und süße Mandeln. Der sehr aromatische Geschmack entwickelt sich ausgiebig. Der Körper ist beständig; die deutlich spürbaren Tannine müssen verschmelzen. Weisen wir auch auf den trockenen 95er Weißwein hin, der ein gutes Preis-Leistungs-Verhältnis aufweist.

↪ Mas de Grouze, 81800 Rabastens, Tel. 05.63.33.80.70, Fax 05.63.33.75.72 ✓ 🍷 Mo-Sa 8h-19h
↪ Alquier

DOM. DE LABARTHE
Cuvée Guillaume 1995★

■ 4,5 ha 27 000 🍾 50-70F

Die Familie Albert, die das Gut schon im 16. Jh. besaß, führt es in der unverfälschten Tradition von Gaillac weiter. Sie präsentiert eine Cuvée von klarer, strahlender, tiefer Farbe. Der ein wenig verschlossene Geruchseindruck läßt Noten von Leder, Gewürzen und angebranntem Holz erkennen. Die Ansprache ist seidig und fruchtig, der Geschmack rund und recht mild, mit einer leichten Struktur. Die Tannine vom Holz sind verschmolzen. Ein eher zärtlicher Wein.

↪ GAEC Jean Albert et Fils, Dom. de Labarthe, 81150 Castanet, Tel. 05.63.56.80.14, Fax 05.63.56.84.81 ✓ 🍷 tägl. außer So 8h-12h 14h-19h

CAVE DE LABASTIDE DE LEVIS
Tradition Gaillacoise Brut 1995★

○ 40 ha 200 000 🍷♨ 30-50F

Diese Genossenschaftskellerei verwendet ganz besondere Sorgfalt auf die Herstellung ihrer Weißweine, was der Spitzentechnologie ihrer Anlage zu verdanken ist. Dieser 95er mit dem leicht goldenen Gelb und den feinen, anhaltenden Bläschen bietet einen Zitrusduft, in dem Zitronen hervortreten. Nach einer lebhaften

Gaillac

Ansprache enthüllt der ganz ätherische, recht prickelnde Geschmack ein Apfelaroma. Angenehme Leichtigkeit. Der weiße Stillwein der Kellerei, der Tradition heißt, verdient in diesem Jahrgang eine lobende Erwähnung.

↪ Cave de Labastide de Levis, 81150 Marssac-sur-Tain, Tel. 05.63.53.73.73, Fax 05.63.53.73.74 ☑ ⊺ n. V.

LA CROIX DES MARCHANDS
Doux 1995

| | 2 ha | 6 000 | | 30-50F |

Ein Gut, das an eine archäologische Ausgrabungsstätte aus galloromanischer Zeit grenzt. Es präsentiert einen 95er mit intensivem Duft nach überreifen Früchten und Honig. Der Geschmack ist wohlausgewogen, rund und dicht, immer noch honigartig, aber auch würzig.

↪ Jean-Marie Bezios, av. des Potiers, 81600 Montans, Tel. 05.63.57.19.71, Fax 05.63.57.48.56 ☑ ⊺ n. V.

CH. DE LACROUX 1994*

| | 18 ha | 130 000 | | -30F |

Dieses bis 1740 zurückreichende Familiengut hat einen neuen Probierkeller eingerichtet. Man kann darin diesen 94er kosten, dessen recht ausgeprägte kirschrote Farbe gelbrote Nuancen zeigt. Der sehr präsente, nachhaltige Duft, der sich ebenfalls in der Entwicklung befindet, erinnert an reife Früchte und Gewürze. Nach einer sanften Ansprache stützt sich der runde Geschmack, der voller Gewürze und Konfitüre ist, auf feine Tannine. Trinkreif.

↪ Pierre Derrieux et Fils, Dom. de Lacroux, Lincarque, 81150 Cestayrols, Tel. 05.63.56.88.88, Fax 05.63.56.86.18 ☑ ⊺ n. V.

LAGRAVE Cuvée Sigolène 1995*

| | 3 ha | 15 000 | | -30F |

Die zu gleichen Teilen kombinierten Rebsorten Braucol, Syrah und Cabernet haben diese Cuvée mit der schönen purpurroten Farbe erzeugt. Sie ist im Aussehen so intensiv wie im Duft, der an frische rote Früchte mit Sahnenoten erinnert. Der in der Ansprache sanfte, zarte Geschmack besitzt ein leichtes Rückgrat und einen recht schlanken Körper. Sehr harmonischer Gesamteindruck.

↪ Terroir de Lagrave, 81150 Lagrave, Tel. 05.63.81.52.20 ☑ ⊺ tägl. 9h30-12h30 14h-19h

LES GRAVIERS BLANCS DU CH. DE LASTOURS Sec 1996

| | 5 ha | 40 000 | | -30F |

Das Château, die Keller und der Weinberg gehen auf das 17. Jh. zurück. Das heute von zwei Brüdern bewirtschaftete Gut präsentiert einen blaßgoldenen 96er mit diskretem, subtilem Duft nach Früchten mit weißem Fleisch und Zitrusfrüchten. Auf die sanfte Ansprache folgt ein angenehm runder und frischer Geschmack, den im Abgang eine Zitronennote würzt.

↪ H. et P. de Faramond, Ch. de Lastours, 81310 Lisle-sur-Tarn, Tel. 05.63.57.07.09, Fax 05.63.41.01.95 ☑ ⊺ n. V.

CH. LA TOUR PLANTADE Sec 1996*

| | 2 ha | 5 000 | | -30F |

Dieser weiße 96er ist das Ergebnis eines Verschnitts von Muscadelle, Len-de-l'el und Sauvignon. Helle goldgrüne Farbe. Er bietet einen intensiven, frischen Duft von exotischen Früchten, Zitrusfrüchten und Minze. Der in der Ansprache lebhafte Geschmack zeigt sich frisch und recht aromatisch und klingt mit einer leicht mentholartigen Note aus. Ein gut gemachter Wein.

↪ France et Jaffar Nétanj, La Soucarié, 81150 Labastide-de-Lévis, Tel. 05.63.55.47.43, Fax 05.63.53.27.78 ☑ ⊺ n. V.

CH. LES MERITZ Cuvée Prestige 1994**

| ■ | k. A. | k. A. | | 30-50F |

Diese Cuvée Prestige sieht sehr schön aus in ihrem intensiv granatroten Kleid mit den purpurvioletten Nuancen. Der ausdrucksvolle, tiefe Duft entfaltet sich mit eingemachten roten Früchten und Gewürzen. Die Ansprache ist voll ; der Geschmack ist recht konsistent und besitzt eine fruchtige Stärke und recht spürbare Tannine. Der klare, kräftige Abgang ist angenehm. Ein herrlicher Wein. Weisen wir vom selben Gut auch auf die schöne Cuvée des lieblichen Weißweins hin.

↪ Les Dom. Philippe Gayrel, Ravailhe, 81140 Cahuzac-sur-Vère, Tel. 05.63.33.91.16, Fax 05.63.33.95.76

DOM. DE LONG-PECH
Sec Cuvée C. Bastide 1995*

| | 2,5 ha | 6 800 | | 30-50F |

Dieser blaßgelbe, leicht perlende Wein verführt durch einen eher feinen Blütenduft. Auf die sanfte, fast milde Ansprache folgt ein runder, ganz leichter und wohlausgewogener Geschmack mit angenehm fruchtigem Abgang. Ein sehr guter Weißwein.

↪ Christian Bastide, Lapeyrière, 81310 Lisle-sur-Tarn, Tel. 05.63.33.37.22, Fax 05.63.40.42.06 ☑ ⊺ Mo-Sa 9h-19h ; So n. V.

MARQUIS D'ORIAC Vieilli en fût 1995**

| ■ | 15 ha | 40 000 | | 30-50F |

Die vor 40 Jahren gegründete Winzergenossenschaft von Rabastens begeistert unaufhörlich mit ihren Cuvées Marquis d'Oriac, insbesondere mit ihrem im Holzfaß gereiften Rotwein. Der 95er hat die dichte, tiefe Farbe mit bläulich-roten Rändern. Der sehr intensive Duft verbindet eine Palette von Holznoten und Düften von schwarzen Früchten, grünem Paprika und Gewürzen. Der homogene, füllige und ausgewogene Geschmack entwickelt sich über einem Untergrund aus teilweise verschmolzenen, nachhaltigen Tanninen. Die schöne Verfassung verrät einen ausgezeichneten Ausbau.

↪ Cave de Rabastens, 33, rte d'Albi, 81800 Rabastens, Tel. 05.63.33.73.80, Fax 05.63.33.85.82 ☑ ⊺ tägl. 8h30-12h30 14h30-19h

CH. DE MAYRAGUES Doux 1995**

| | 2,76 ha | 3 000 | | 50-70F |

Der aus Schottland stammende Alan Geddes verwendete die letzten fünfzehn Jahre auf die

779 SÜDWESTFRANKREICH

Gaillac

Sanierung des Guts und die Restaurierung der Burg aus dem 16. Jh., neben der ein schönes Taubenhaus auf Säulen steht. Er sieht seine Anstrengungen mit diesem herrlichen altgoldenen 95er belohnt, dessen reicher, recht konzentrierter Duft voller getrockneter und kandierter Früchte ist, liebevoll von Honig umhüllt. Die Ansprache ist von bemerkenswerter Fülle. Der Geschmack ist füllig, wuchtig und kraftvoll. Er klingt schließlich in einem langen, recht likörartigen Abgang mit feinem Holzton aus.

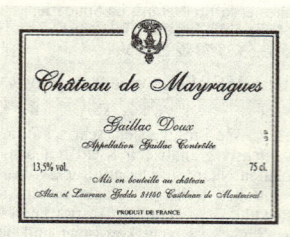

🖝 Alan et Laurence Geddes, Ch. de Mayragues, 81140 Castelnau-de-Montmiral, Tel. 05.63.33.94.08, Fax 05.63.33.98.10 ◻ 🍷 n. V.

DOM. DE MAZOU
Cuvée Tradition Vieilli en fût de chêne 1995*

| ■ | 5 ha | 12 000 | 🍾 | 30-50 F |

Diese Cuvée Tradition präsentiert sich in einem hübschen, eher hellen zinnoberroten Kleid. Der Geruchseindruck ist entfaltet, deutlich fruchtig, mit pflanzlichen und leicht vanilleartigen Noten. Sanfte Ansprache im Geschmack, der leicht von rauchigen und würzigen Noten ausklingt. Ein recht gefälliger Wein.

🖝 Jean-Marc Boyals, Dom. de Mazou, 10, rue Saint-Louis, 81310 Lisle-sur-Tarn, Tel. 05.63.33.37.80, Fax 05.63.40.46.93 ◻ 🍷 n. V.
🖝 Etienne Boyals

CH. MONTELS Sec 1996**

| ◻ | 2 ha | 6 000 | 🍾 | -30 F |

Ein Verschnitt aus Len-de-l'el und Sauvignon, der eine hübsche blaßgelbe Farbe mit zartem grünem Schimmer besitzt. Der sehr ausdrucksvolle und recht frische Duft ist blumig und fruchtig zugleich. Nach einer sanften Ansprache entwickelt sich der Geschmack mit Fülle und Anmut in einer schönen Ausgewogenheit. Der Abgang hält mit frischen Früchten an. Der Gesamteindruck ist sehr lebhaft und gut gebaut.

🖝 Bruno Montels, Burgal, 81170 Souel, Tel. 05.63.56.01.28, Fax 05.63.56.15.46 ◻ 🍷 tägl. 9h-20h

DOM. DU MOULIN
Cuvée sélectionnée Fût de chêne 1993*

| ■ | 3 ha | 18 000 | 🍾 | 30-50 F |

Dieses Gut liegt an der für den Fremdenverkehr reizvollen Straße, die von Gaillac nach Cordes führt. Es präsentiert einen 93er mit einer hübschen, rotbraun getönten Farbe. Der ziemlich ausdrucksvolle Duft ist entwickelt, mit Gerüchen von gekochten Früchten, reifen Paprikaschoten oder Gewürzen. Auf die sanfte Ansprache folgt ein voller Geschmack, dem feste, recht würzige, noch nicht verschmolzene Tannine eine solide, sogar wuchtige Struktur verschaffen. Seriöser typischer Charakter.

🖝 D. et J.-P. Hirissou, chem. de Bastie, 81600 Gaillac, Tel. 05.63.57.20.52, Fax 05.63.57.66.67 ◻ 🍷 Mo-Sa 9h-12h 14h-19h

VIN DE VOILE DE ROBERT PLAGEOLES Sec Premières côtes 1987*

| ◻ | 2 ha | 4 000 | 🍾 | 150-200 F |

Robert Plageoles hat es verstanden, die alten Rebsorten wiederzuentdecken. Zusammen mit seinem Sohn Bernard stellt er sehr originelle Weine her. Dieser trockene Weißwein, der reinsortig aus der Rebsorte Mauzac roux erzeugt worden ist, hat eine altgoldene Farbe mit bernsteingelbem Schimmer. Der intensive, reichhaltige und konzentrierte Geruchseindruck bietet Düfte von Nüssen, Kaffee und Backpflaumen in Armagnac. Im Geschmack verstärkt die Säure das Aroma, das der Alkohol bis zum betörenden Abgang trägt. Erinnern wir uns daran, daß im letzten Jahr der 94er Vin d'Autan, ein hinreißender süßer Wein, zum Lieblingswein gewählt wurde.

🖝 Les vins de Robert Plageoles et Fils, Dom. des Très-Cantous, 81140 Cahuzac-sur-Vère, Tel. 05.63.33.90.40, Fax 05.63.33.95.64 ◻
🍷 Mo-Sa 8h-12h 14h-18h ; So n. V.

DOM. RENE RIEUX
Méthode Gaillacoise Doux 1995*

| ○ | 3 ha | k. A. | 🍾 | 30-50 F |

Ein aus Mauzac hergestellter Wein von strohgelber Farbe, mit nachhaltigem Schaum. Der Duft ist von mittlerer Intensität, geprägt durch reife (Äpfel und Zitrusfrüchte) und getrocknete Früchte. Die Ansprache ist sehr sanft. Der liebliche Geschmack entwickelt sich über einer guten Ausgewogenheit zwischen Zucker und Säure und bietet ein verschwenderisches Aroma von Früchten in Marmelade, bei denen Äpfel überwiegen. Interessant.

🖝 CAT Boissel, rte de Cordes, hameau de Boissel, 81600 Gaillac, Tel. 05.63.57.29.29, Fax 05.63.57.51.71 ◻ 🍷 n. V.

CH. DE SALETTES
Premières côtes Sec 1995*

| ◻ | 4 ha | 18 000 | 🍾 | 30-50 F |

In dem Château wurde General de Hautpoul, einer der Helden der Schlacht von Austerlitz, geboren. Das Gut bietet einen 95er von strahlender kanariengelber Farbe. Der intensive, komplexe Duft verbindet Blüten und exotische Früchte mit mineralischen und holzigen Noten. Auf die füllige Ansprache folgt ein klarer, voller Geschmack, getragen von der Säure und einem angenehmen Holzton, der schon mit der Frucht verschmilzt. Insgesamt ein schöner Wein mit Zukunft.

🖝 SCEV Ch. de Salettes, Salettes, 81140 Cahuzac-sur-Vère, Tel. 05.63.56.88.88, Fax 05.61.84.92.42 ◻ 🍷 n. V.
🖝 Roger Lenet

Buzet

DOM. DE SALMES Cuvée Liguory 1995

■ 1 ha 6 000 ▮▮ 30-50 F

Ein Verschnitt aus überwiegend Fer Servadou (80 %), kombiniert mit Duras (15 %) und Merlot (5 %), hat diese Cuvée von schöner, dunkler Purpurfarbe hervorgebracht. Der entfaltete, eher frische Geruchseindruck bietet pflanzliche und würzige Düfte. Der ebenfalls frische, ziemlich runde Geschmack ist bis zum Abgang mit den schon verschmolzenen Tanninen durch Gewürze geprägt.

☛ Jean-Paul Pezet, Salmes, 81150 Bernac, Tel. 05.63.55.42.53, Fax 05.63.53.10.26 ☑
⌑ Mo-Fr 8h-20h ; Sa, So n. V.

CH. DE TAUZIES
Cuvée Prestige Vieillie en fût de chêne 1994★

■ 3 ha 12 000 ⌘ 30-50 F

Dieses 47 ha große Gut, das einige Kilometer von dem malerischen ländlichen Ort Cordes entfernt liegt, bietet eine 94er Cuvée, deren dunkles Kirschrot bernsteinfarbene Nuancen zeigt. Der komplexe Geruchseindruck verrät beginnende einer Entwicklung mit einem Tertiäraroma von Pilzen und milden Gewürzen. Der eher süffige Geschmack hat eine runde, zarte Struktur. Die Tannine vom Holz und vom Wein verbünden sich und verschmelzen in einem Abgang, der fast kein Röstaroma enthält. Ein Wein, der gut unterhält.

☛ Ch. de Tauziès, rte de Cordes, 81600 Gaillac, Tel. 05.63.57.06.06, Fax 05.63.41.01.92 ☑ ⌑ n. V.
☛ Mouly

CAVE DE TECOU Passion 1995★★

■ k. A. 140 000 ⌘ 30-50 F

Eine in unserem Weinführer regelmäßig vertretene Cuvée. Der 95er zeigt eine perfekte Erscheinung und bietet eine strahlende Farbe, schwarz wie Kirschen, mit einem violetten Schimmer. Der erste Geruchseindruck enthüllt ein Vanille- und Röstaroma, der zweite, beißendere ist durch überreife schwarze Früchte geprägt. Der Geschmack mit den verschmolzenen Tanninen entwickelte sich samtig, vollkommen ausgewogen : Harmonie zwischen dem Holz und der Frucht, dem Körper und dem Gerüst. Begeisternd !

☛ Cave de Técou, 81600 Gaillac, Tel. 05.63.33.00.80, Fax 05.63.33.06.69 ☑ ⌑ n. V.

DOM. DES TERRISSES
Cuvée Saint-Laurent 1995★★

■ 1 ha 5 000 ⌘ 30-50 F

Eine neue Cuvée (80 % Braucol und 20 % Syrah), die einen triumphalen Einstand in unserem Weinführer feiert. Die Farbe ist prächtig, dunkel und tief. Der sehr feine Duft verbindet in subtiler Ausgewogenheit rote Früchte, Vanille und empyreumatische Noten. Nach einer süffigen, fruchtigen Ansprache entwickelt sich der Geschmack, der ein schönes Volumen besitzt und rund, voll und konzentriert ist, mit Fülle und genug Frische. Der lange Abgang enthält seidige Tannine mit einem feinen Lakritzearoma. Eine erhabene Harmonie.

☛ EARL Cazottes, Dom. des Terrisses, 81600 Gaillac, Tel. 05.63.57.16.80, Fax 05.63.41.05.87 ☑ ⌑ Mo-Sa 9h-12h 14h-19h ; So n. V.

DOM. DE VAYSSETTE
Doux Vendanges tardives 1995★

□ 6 ha 18 000 ▮▮ 50-70 F

Von sehr alten Mauzac- und Muscadelle-Rebstöcken erzeugt Jacques Vayssette liebliche Weine, die aus mehrmals ausgelesenen Trauben hergestellt werden. Dieser hier hat eine schöne, klare blaßgoldene Farbe und bietet einen intensiven Duft, der ein wenig honigartig und etwas kandiert ist und Noten von Äpfeln, Quitten und Zitrusfrüchten entfaltet. Die Ansprache ist mild und muskatähnlich. Der Geschmack zeigt sich rund, füllig, ausgewogen und kraftvoll mit einem fein, intensiven Aroma. Der trockene Weißwein ist ebenfalls einen Umweg wert.

☛ Dom. Vayssette, Laborie, rte de Caussade, 81600 Gaillac, Tel. 05.63.57.31.95, Fax 05.63.81.56.84 ☑ ⌑ n. V.

CH. VIGNE-LOURAC
Vieilles vignes 1993★

■ k. A. k. A. ▮▮ 30-50 F

Sehr lebhaftes Rot mit granatfarbenem Schimmer. Im Geruch, der sich gerade entwickelt, verbindet eine schöne Komposition Leder, getrocknete Früchte, Röstgeruch und überreife rote Früchte. Der runde, warme, reichhaltige Geschmack wird von eleganten Tanninen getragen, die den Abgang mit dem Moschus- und Fruchtaroma unterstützen. Ein erstaunlich jugendlicher und verführerischer 93er.

☛ Alain Gayrel, 81140 Cahuzac-sur-Vère, Tel. 05.63.33.91.16, Fax 05.63.33.95.76

Buzet

Das Weinbaugebiet von Buzet, das seit dem Mittelalter zum Oberland von Bordeaux gerechnet wurde, steigt zwischen Agen und Marmande stufenförmig an. Der Weinbau geht auf die Klöster zurück und wurde später von den Bürgern von Agen weitergeführt. Nach der Reblauskrise geriet das Anbaugebiet fast in

Buzet

Vergessenheit, ehe es ab 1956 zum Symbol für die Renaissance des Weinbaus im Oberland wurde. Zwei Männer, Jean Mermillo und Jean Combabessous, waren für diesen Neubeginn verantwortlich ; ebensoviel verdankt diese neue Blüte der Genossenschaftskellerei der Vereinigten Erzeuger, die ihre gesamte Produktion in regelmäßig erneuerten Barriquefässern reifen läßt. Das Anbaugebiet erstreckt sich heute zwischen Damazan und Saint-Colombe auf die unteren Hänge der Garonne ; es versorgt den Fremdenverkehrsort Nérac und Barbaste mit Wein.

Die Schichtenfolge von »boulbènes« (Anschwemmungen von Sand und sehr feinem Schlick), kieshaltigen und lehmig-kalkhaltigen Böden macht es möglich, Weine zu erhalten, die vielfältig und typisch zugleich sind. Die Rotweine, die kraftvoll, tief, fleischig und seidig sind, konkurrieren mit manchen aus den Nachbargebieten der Gironde. Sie passen wunderbar zur einheimischen Küche : Magret (dünne Scheiben rosa gebratenes Brustfilet von Geflügel), Confit (in Schmalz eingelegtes Fleisch) und Kaninchen mit Backpflaumen. Der Buzet ist traditionell ein Rotwein, aber Weiß- und Roséweine ergänzen die Palette dieser harmonischen Weine von purpur-, granat- und zinnoberroter Farbe.

LES VIGNERONS DE BUZET
Grande Réserve 1988**

| | 12 ha | 50 285 | | 150-200 F |

Die 88er Grande Réserve und der 91er Baron d'Ardeuil : zwei Weine, die herausragen. Beide haben von einer langen Reifung unter idealen Bedingungen profitiert. Die Jury hat der erstgenannten Cuvée den Vorzug gegeben : herrliche, fast schwarze Farbe, die am Glas »Tränen« hinterläßt, tiefer, kraftvoller, reichhaltiger Duft nach schwarzen Früchten, Gewürzen, Zan, getoastetem Brot und Zigarrenkisten, runde Ansprache, angenehm fülliger Geschmack von athletischer Struktur, mit üppigen Tanninen. Ein ganz und gar vollendeter Wein von ausgezeichneter Haltung.
- Les Vignerons de Buzet, B.P. 17, 47160 Buzet-sur-Baïse, Tel. 05.53.84.74.30, Fax 05.53.84.74.24 ☑ ☒ n. V.

CH. DU FRANDAT 1995

| | 6 ha | 28 000 | | 30-50 F |

Château du Frandat (16. Jh.) scheint von altersher dazu bestimmt zu sein, Wein anzubauen. Die kürzlich durchgeführte Renovierung seiner Keller kann ihm zu einem neuen Aufschwung verhelfen. Der 95er hat eine dunkle Farbe mit purpurroten Nuancen und einen konzentrierten, etwas verschlossenen Geruchsdruck, der Trester und Früchte mit einer Gewürznote mischt. Die Ansprache ist sanft. Der stämmigere Geschmack verengt sich zu einem deutlich spürbaren Körper, dessen Gerüst aus eher rustikalen Tanninen besteht.
- Patrice Sterlin, Ch. du Frandat, 47600 Nérac, Tel. 05.53.65.23.83, Fax 05.53.97.05.77 ☑
☒ Mo-Sa 10h-12h 14h-18h ; Jan. geschlossen

DOM. DE LA TUQUE 1991*

| | 28 ha | 240 426 | | 30-50 F |

Eines der Weingüter, die die Herstellung ihrer Cuvées der Genossenschaftskellerei von Buzet anvertraut haben. Dieser 91er mit der intensiven roten Farbe zeigt granatrote Nuancen, die eine schöne Wirkung erzielen. Der kräftige, recht entwickelte Duft verbindet Leder mit Lakritze, Gewürzen und Früchten in Alkohol. Die Ansprache ist fast seidig. Der runde, volle Geschmack wird stärker und stützt sich dabei auf ein Gerüst aus festen Tanninen. Ein korpulenter Wein.
- Les Vignerons de Buzet, B.P. 17, 47160 Buzet-sur-Baïse, Tel. 05.53.84.74.30, Fax 05.53.84.74.24 ☑ ☒ n. V.

DOM. DU PECH 1995

| | 18 ha | 100 000 | | 30-50 F |

Daniel Tissot stammt aus dem Jura, wo er auch Arbois-Weine erzeugt. Er hat in Buzet seinen eigenen Weinberg angelegt. Sein roter 95er ist dunkel. Der ausdrucksvolle, weinige Duft verbindet Früchte in Likör mit einigen Gewürzen. Auf die klare Ansprache folgt ein warmer Geschmack mit dünner Struktur. Recht körperreicher Abgang.
- Daniel Tissot, EARL du Dom. du Pech, 47310 Sainte-Colombe-en-Bruilhois, Tel. 05.53.67.84.20, Fax 05.53.67.88.99 ☑ ☒ n. V.

CH. SAUVAGNERES 1995**

| | k. A. | 7 000 | | 30-50 F |

Dieser Wein trägt eine großartige Robe von strahlendem, intensivem Rubinrot. Der sehr ausdrucksvolle Duft verbindet auf glückliche Weise exotische Holztöne, exotische Gewürze und Noten von vollreifen schwarzen Früchten. Nach einer runden Ansprache entdeckt man einen sehr schönen, reichhaltigen und konzentrierten Stoff, der sich auf eine solide Struktur stützt, verstärkt durch einen freigebigen Holzgeschmack, der den Abgang intensiviert.
- Bernard Therasse, Sauvagnères, 47310 Sainte-Colombe-en-Bruilhois, Tel. 05.53.67.20.23, Fax 05.53.67.20.86 ☑ ☒ n. V.

Côtes du Frontonnais

Der Côtes du Frontonnais, der Wein der Einwohner von Toulouse, kommt aus einem sehr alten Weinbaugebiet, das einst im Besitz der Ritter des Ordens des hl. Johannes vom Spital zu Jerusalem (Johanniterorden) war. Bei der Belagerung von Montauban widmeten sich König Ludwig XIII. und Kardinal Richelieu ausdauernd vergleichenden Weinproben ... Der Gründung der Winzergenossenschaften von Fronton und Villaudric ist es zu verdanken, daß das Anbaugebiet wiederhergestellt wurde. Mit der Négrette-Rebe, einer einheimischen Rebsorte, die man auch in der Appellation Gaillac findet, hat es eine originelle Bestockung bewahrt. Hinzu kommen Cot, Cabernet franc und Cabernet Sauvignon, Fer, Syrah, Gamay, Cinsaut und Mauzac.

Das Anbaugebiet nimmt die drei Terrassen des Tarn ein, deren Böden aus »boulbènes« (Schwemmland aus Sand und feinem Schlick), Kiessand oder Terra rossa bestehen. Die Rotweine, die einen hohen Anteil an Cabernet, Gamay oder Syrah haben, sind leicht, fruchtig und aromatisch. Die Weine mit dem höchsten Négrette-Anteil sind kräftiger und tanninreich und besitzen einen starken Bodengeruch. Die Roséweine sind klar und lebhaft und haben eine angenehme Fruchtigkeit.

CH. BAUDARE 1995*

| | 13 ha | 100 000 | | -30 F |

Dieser 95er mit der kräftigen roten Farbe bietet eine sehr schöne Erscheinung. Der noch schüchterne Geruchseindruck liefert einige Düfte von Veilchen und roten Früchten unter leichten Gewürzen. Die Ansprache ist klar. Der Geschmack ist sanft und frisch und enthält einen zarten Stoff und milde Tannine. Ein gut gemachter Wein.

Claude Vigouroux, Ch. Baudare, 82370 Labastide-Saint-Pierre, Tel. 05.63.30.51.33, Fax 05.63.64.07.24 n. V.

CH. BELLEVUE LA FORET 1996**

| | 21 ha | 150 000 | | 30-50 F |

Dieses über 100 ha große Gut, das im Weinführer regelmäßig vertreten ist, hat sich einen soliden Ruf erworben. In diesem Jahr zeichnet sich der Rosé aus : zartes Rosarot mit lebhaften Reflexen, angenehmer Duft, dominiert von roten Früchten (Erdbeeren, Granatapfel). Nach einer klaren Ansprache bleibt die Frucht in einem runden, ausgewogenen Geschmack präsent. Molliger Gesamteindruck - der beste unter den Roséweinen.

Ch. Bellevue la Forêt, 4500, av. de Grisolles, 31620 Fronton, Tel. 05.61.82.43.21, Fax 05.61.82.39.70 n. V.

Patrick Germain

CH. BOUISSEL 1995*

| | 4,5 ha | 30 000 | | -30 F |

Dieses Gut hat ein weiteres Mal die Aufmerksamkeit der Jury erregt : mit diesem 95er, dessen tiefes Granatrot violette Farbtöne zeigt. Der intensive Duft, durch eingemachte sehr reife Früchte geprägt, ist leicht rauchig und wird durch Gewürze und Lakritze verstärkt. Auf eine sehr milde Ansprache folgt ein eher fülliger, sanfter Geschmack von schöner Ausgewogenheit. Der Abgang ist angenehm. Insgesamt typisch.

EARL Pierre Selle, Ch. Bouissel, 82370 Campsas, Tel. 05.63.30.10.49, Fax 05.63.64.01.22 n. V.

CH. CAHUZAC 1996*

| | 5 ha | 40 000 | | -30 F |

Cahuzac bietet einen hübschen Rosé von himbeerroter Farbe. Der intensive, reichhaltige und recht frische Duft verbindet Gärungsaromen, Noten von kleinen roten Früchten und blumige Nuancen. Nach einer lebhaften Ansprache entwickelt sich der wohlausgewogene Geschmack zwischen der Wärme des Alkohols und der Frische und klingt mit einem säuerlichen Hauch von Fruchtdrops aus. Sollte im ersten Jahr getrunken werden.

EARL de Cahuzac, Les Peyronnets, 82170 Fabas, Tel. 05.63.64.10.18, Fax 05.63.67.36.97 n. V.

Ferran Père et Fils

COMTE DE NEGRET
Cuvée Excellence Vieilli en fût de chêne 1995*

| | k. A. | 250 000 | | -30 F |

Cabernet und Négrette sind je zur Hälfte an diesem 95er mit der intensiven roten Farbe beteiligt. Der sehr ausdrucksvolle Duft kombiniert Früchte in Alkohol, Lakritze und einige höherwertige Essenzen. Die Ansprache ist mild. Der Geschmack ist zart und zugleich großzügig strukturiert. Die Tannine des Weins und die des Holzes verschmelzen in einem schönen Abgang. Ein harmonischer Wein. Der Rosé hat die gleiche Note erhalten.

Cave de Fronton, av. des Vignerons, 31620 Fronton, Tel. 05.61.82.41.27, Fax 05.61.82.65.03 Mo-Sa 8h-12h 14h-18h

CH. COUTINEL 1996

| | 2,2 ha | 12 666 | | -30 F |

Dieser Wein, der von sandigen Boulbènes-Böden stammt, vereinigt alle Rebsorten der AOC. Die lachsrosa Farbe ist kristallklar. Der kräftige Duft verbindet Gärungsaromen, Zitrusfrüchte und kleine Früchte sowie einen Hauch von Menthol. Die Ansprache ist lebhaft. Der ebenso aromatische Geschmack hinterläßt einen säuerlichen Eindruck. Ein stärkender Rosé.

Ch. Coutinel, 82370 Labastide-Saint-Pierre, Tel. 05.63.64.01.80, Fax 05.63.30.11.42 n. V.

Côtes du Frontonnais

CH. FERRAN 1996★
14,35 ha   10 000   -30 F

Dieses unweit von Fronton gelegene Gut gehört seit 1994 Nicolas Gélis. Es präsentiert einen hübschen, eher hellen Rosé mit lachsrosa Reflexen. Der klare, angenehme Duft ist fruchtig und pflanzlich zugleich. Die Ansprache zeigt sich sanft und aromatisch, der Geschmack lebhaft und ausgewogen.
➤ Nicolas Gélis, Ch. Ferran, 31620 Fronton, Tel. 05.61.82.39.23, Fax 05.61.82.39.23 ✉ ☕ n. V.

CH. JOLIET 1995★
8 ha   40 000   30-50 F

Négrette, eine einheimische Rebsorte, ist mit 55 % an dieser Cuvée mit der dichten, ziemlich dunkelroten Farbe beteiligt. Der zurückhaltende Geruchseindruck entfaltet leichte blumigpflanzliche Düfte, dann rauchige Noten. Der eher runde Geschmack ist kräftig gebaut. Das Ganze erscheint gut umhüllt, aber noch ein wenig verschlossen. Weisen wir auch auf einen sehr guten, angenehm säuerlichen Rosé hin.
➤ François Daubert, Dom. de Joliet, rte de Grisolles, 31620 Fronton, Tel. 05.61.82.46.02, Fax 05.61.82.34.56 ✉ ☕ Mo-Sa 9h-12h 14h-18h ; So n. V.

VIGNERONS DE LA TERRASSE DE CAMPSAS Emotions 1995★
34,14 ha   250 000   -30 F

Diese Cuvée krönt die Union zwischen einer Genossenschaftskellerei und einem örtlichen Weinhändler. Intensives Purpurrot. Der sehr betonte, recht weinige Duft enthält reife Früchte über einem Aroma von Vanille und kräftigeren Gewürzen. Die Ansprache ist voller kandierter Früchte. Der voluminöse, strukturierte Geschmack beruht auf jungen, festen Tanninen. Ein warmer Wein.
➤ Vignerons de La Terrasse, 82370 Campsas, Tel. 05.63.64.01.80, Fax 05.63.30.11.42 ☕ n. V.

CH. LE ROC Cuvée réservée 1995★★
4 ha   16 000   30-50 F

Zum zweiten Mal wurde ein Wein dieses jungen, talentierten Winzers und Önologen zum Lieblingswein gewählt. Er hat diese charaktervolle Cuvée hergestellt. Die Farbe ist dunkel, ein kräftiges Rubinrot. Der Duft verbindet mit viel Eleganz Blüten und rote Früchte, Lakritze und Vanille. Nach einer reintönigen Ansprache zeigt sich der Geschmack füllig und fett, ausgewogen und strukturiert, mit festen, würzigen und schokoladeartigen Tanninen. Die Cuvée Don Quichotte vom selben Erzeuger verdient ebenfalls Interesse.

➤ Famille Ribes, 31620 Fronton, Tel. 05.61.82.93.90, Fax 05.61.82.72.38 ✉ ☕ tägl. 9h-18h

CH. MONTAURIOL 1996★★
1,59 ha   12 000   30-50 F

Dieser ehemalige Besitz des Johanniterordens gehört seit 1995 der Familie Degalard. Monsieur Godin, der technische Direktor des Guts, hat in den besten Crus des Bordelais eine solide Erfahrung erworben. Der Rosé des Guts ragt beim 96er hervor. Er hat eine hübsche lachsrosa Farbe und bietet einen feinen, komplexen Duft, der blumig und fruchtig zugleich ist. Der Geschmack verbindet Sanftheit und Fülle mit guter Lebhaftigkeit. Eine angenehme aromatische Palette ergänzt den ausgezeichneten Eindruck, den diese Cuvée hinterläßt. Nicht vergessen sollte man den im Faß gereiften roten 95er.
➤ SCEA Ch. de Montauriol, 31340 Villematier, Tel. 05.61.35.30.58, Fax 05.61.35.30.59 ✉ ☕ n. V.

CH. PLAISANCE 1995★
15 ha   60 000   -30 F

Seitdem sich Marc Penavayre, ein Diplomönologe, hier 1991 niedergelassen hat, beweist er Unternehmungsgeist. Sein 95er hat eine schöne, strahlende Farbe. Der Duft ist entfaltet und intensiv : fruchtige, blumige, pflanzliche, würzige und leicht rauchige Noten. Die Ansprache ist seidig. Der Geschmack zeigt eine gute Haltung und ist rund und harmonisch. Der Stoff ist vollreif, der nachhaltige Abgang fast samtig. Ein gut gemachter, sehr gefälliger Wein.
➤ GAEC de Plaisance, pl. de la Mairie, 31340 Vacquiers, Tel. 05.61.84.97.41, Fax 05.61.84.11.26 ✉ ☕ n. V.
➤ Penavayre

DOM. DE SAINT-GUILHEM
Cuvée Renaissance 1995★
3 ha   9 600   30-50 F

Ein heruntergekommenes Gut, das dieser junge Winzer vollständig wiederhergestellt hat, seitdem er sich hier 1991 niederließ. Er präsentiert einen 95er mit einer recht lebhaften, tiefen rubinroten Farbe. Der sehr ausdrucksvolle Duft verbindet rote Früchte, Unterholz und Gewürze. Der Geschmack hat eine sanfte Ansprache. Er ist füllig und samtig, aber dennoch durch Tannine geprägt, die im Abgang fester sind. Abwarten, bis sie verschmelzen.
➤ Philippe Laduguie, Dom. de Saint-Guilhem, 31620 Castelnau-d'Estretefonds, Tel. 05.61.82.12.09, Fax 05.61.82.65.59 ✉ ☕ n. V.

CH. SAINT-LOUIS
Elevé en fût de chêne 1995★
3 ha   24 000   -30 F

Dieses 1991 erworbene Gut ist teilweise renoviert worden. In seinem klimatisierten Keller hat dieser im Holzfaß ausgebaute 95er gereift. Er hat eine schöne, sehr jugendliche Farbe von schwarzen Kirschen. Der ausdrucksvolle Duft erinnert unter einem kräftigen Holzton an rote Früchte in Alkohol, Lakritze und Gewürze. Nach einer klaren Ansprache wird der stark strukturierte Geschmack rasch von den vom Holz herrühren-

Côtes du Marmandais

den Tanninen dominiert, die sich abmildern müssen.
➽ SCEA Ch. Saint-Louis, lieu-dit Saint-Louis, 82370 Labastide-Saint-Pierre,
Tel. 05.63.30.19.11, Fax 05.63.30.11.42 ☑ ⌇ n. V.

Lavilledieu AOVDQS

Im Norden des Gebiets von Fronton und auf den Terrassen des Tarn und der Garonne erzeugt das kleine Weinbaugebiet von Lavilledieu Rot- und Roséweine. Die als AOVDQS eingestufte Produktion ist noch sehr gering.

CUVEE DES CAPITOULS 1995
■   30 ha   100 000   ▮♢ -30F

Die Cuvée des Capitouls ist die Frucht einer Partnerschaft zwischen der Confrérie des Capitouls und der Genossenschaftskellerei von La Ville-Dieu-du-Temple. Dieser dunkelrote, leicht ziegelrot verfärbte 95er verführt durch seinen eher diskreten, aber angenehmen und schon entwickelten Geruchseindruck mit Düften von eingemachten Früchten, milden Gewürzen sowie ein paar animalischen und empyreumatischen Noten. Die Ansprache ist klar. Der Wein bietet eine zufriedenstellende, gut verschmolzene Struktur mit Fülle. In dem etwas geradlinigen Abgang findet man den Charakter von reifer Frucht.
➽ Cave de La Ville-Dieu-du-Temple, 82290 La Ville-Dieu-du-Temple, Tel. 05.63.31.60.05, Fax 05.63.31.69.11 ☑ ⌇ n. V.

Côtes du Brulhois AOVDQS

Die im November 1984 von Vins de pays in die Kategorie der AOVDQS hochgestuften Weine werden auf beiden Ufern der Garonne um das Städtchen Layrac herum, in den Departements Lot-et-Garonne und Tarn-et-Garonne, erzeugt. Es sind hauptsächlich Rotweine, die aus den Bordeaux-Rebsorten und den einheimischen Rebsorten Tannat und Cot erzeugt werden. Der größte Teil wird von zwei Genossenschaftskellereien produziert.

CAVE DE DONZAC 1996
◢   k. A.   30 000   ▮♢ -30F

Dieser aus Cabernet franc (80 %) und Tannat (20 %) erzeugte Rosé, der nach kurzer Maischung abgestochen und dann bei einer Temperatur zwischen 16 und 20 °C vergoren worden ist, besitzt eine lachsrosa Farbe mit orangeroten Nuancen. Das Bukett ist eher dünn und frisch, mit einem leichten Duft aufgeblühter Blumen und einem Hauch von Amylalkohohl. Ein sanfter, frischer, recht trockener Rosé, den man sofort trinken kann.
➽ Cave de Donzac, 82340 Donzac,
Tel. 05.63.39.91.92, Fax 05.63.39.82.83 ☑
⌇ Di-Sa 8h-12h 14h-18h

Côtes du Marmandais

Die Côtes du Marmandais werden nicht weit entfernt vom Kiessandgebiet des Entre-Deux-Mers und vom Anbaugebiet von Duras und Buzet erzeugt. Haupterzeuger sind die Genossenschaften von Beaupuy und Cocumont beiderseits der Garonne. Die Weißweine, die aus den Rebsorten Sémillon, Sauvignon, Muscadelle und Ugni blanc hergestellt werden, sind trocken, lebhaft und fruchtig. Die Rotweine, aus Bordeaux-Rebsorten sowie Abouriou, Syrah, Cot und Gamay hergestellt, sind bukettreich und recht sanft. Das Anbaugebiet nimmt rund 1 800 ha ein.

CAVE DE BEAUPUY
Richard Ier Vieilli en fût de chêne 1995★
■   50 ha   150 000   ▮⬚♢ -30F

Vorgestellt wurde diese Cuvée von der ältesten Genossenschaftskellerei des Departements, die 1947 gegründet wurde. Sie besteht aus Merlot, Cabernet, Abouriou und Cot und besitzt eine schöne, klare rubinrote Farbe. Der Duft ist intensiv, fruchtig und zart holzbetont. Die Ansprache ist dicht, dann entwickelt sich der Geschmack voller Rundheit. Sie verbindet fruchtiges Fleisch und Tannine vom Holz, die verschmolzen und fein aromatisch sind. Ein gut gemachter Wein.
➽ Cave de Beaupuy, 47200 Beaupuy,
Tel. 05.53.64.32.04, Fax 05.53.64.63.90 ☑
⌇ Mo-Sa 8h-12h 14h-18h30

CAVE DE COCUMONT
Tap de Perbos Vieilli en fût de chêne 1995★★
■   20 ha   34 000   ⬚♢ 30-50F

Die Winzergenossenschaft Cocumont vereinigt 300 Mitglieder, die 1100 ha Rebflächen haben. Sie präsentiert mehrere sehr gelungene Cuvées. Diese hier ist im Eichenholzfaß ausgebaut worden und verführt durch eine strahlende dunkelrubinrote Farbe mit leicht violettem Schimmer und durch einen intensiven Geruchs-

SÜDWESTFRANKREICH

eindruck, der unter einem angenehmen Holzton Noten von Amylalkohol und Düfte von roten Früchten und Veilchen verbindet. Der Geschmack zeigt eine sanfte Ansprache. Er ist wohlausgewogen und zeichnet sich durch die Reichtum und die Länge seines Aromas und die Samtigkeit seiner Tannine aus. Ein Wein von schöner Ausdruckskraft.

↱ Cave Coop. de Cocumont, La Vieille Eglise, 47250 Cocumont, Tel. 05.53.94.50.21, Fax 05.53.94.52.84 ✓ ♈ n. V.

CH. LA BASTIDE 1995★

| | 5 ha | 15 000 | ⓘ | -30F |

Eine schöne goldgelbe Farbe mit graugrünen Reflexen. Ein Duft von guter Intensität, der durch einen hübschen Holzton unterstützt wird und weiße Blüten, Mandeln, Vanille und Butter mischt. Nach einer klaren Ansprache zeigt sich der Geschmack noch vom Holz dominiert. Die Frucht und die Frische findet man in einem recht säuerlichen Abgang wieder. Angenehm.

↱ Cave Coop. de Cocumont, La Vieille Eglise, 47250 Cocumont, Tel. 05.53.94.50.21, Fax 05.53.94.52.84 ✓ ♈ n. V.

LA VIEILLE EGLISE 1995★★

| ■ | 500 ha | 3 000 000 | ⓘ | -30F |

Ein schönes, klares Rubinrot. Ein intensiver und schon komplexer Geruchseindruck, in dem rote Früchte, aber auch Leder, Unterholz und Veilchen hervortreten. Ein wohlausgewogener, sanfter und geschmeidiger Geschmack voller Nuancen, dessen runde Tannine das Aroma weit tragen. Ein origineller, sympathischer Wein.

↱ Univitis, Les Lèves, 33220 Sainte-Foy-la-Grande, Tel. 05.57.56.02.02, Fax 05.57.56.02.22 ♈ Di-Sa 8h30-12h30 14h-18h

Vins d'Entraygues et du Fel AOVDQS

JEAN-MARC VIGUIER
Cuvée spéciale 1995

| | 1,2 ha | 8 000 | ⓘ | 30-50F |

Dieses Weingut überragt das Lot-Tal und das Tal der Truyère. Chenin-Reben, die auf Schiefer- und Granithängen wachsen, haben diesen blaßgelben, grün schimmernden 95er hervorgebracht, dessen feiner Duft blumig, pflanzlich und fruchtig zugleich ist (Buchsbaum, Zitrusfrüchte). Nach einer lebhaften Ansprache gibt sich der Geschmack direkt und immer noch nervig. Das Aroma setzt den Geruchseindruck fort. Ein recht tonischer Wein.

↱ Jean-Marc Viguier, Les Buis, 12140 Entraygues, Tel. 05.65.44.50.45, Fax 05.65.48.62.72 ✓ ♈ Mo-Sa 9h-12h30 13h30-19h30

Vins d'Entraygues et du Fel AOVDQS

Vins de Marcillac

In einem natürlichen Kessel, dem »Vallon«, der ein günstiges Mikroklima besitzt, verleiht die Rebsorte Mansoi (Fer Servadou) den Rotweinen von Marcillac einen sehr originellen Charakter, der durch eine tanninbetonte Rustikalität und ein Himbeeraroma bestimmt ist. 1990 wurden dieses Streben nach einem typischen Charakter und dieser Wunsch nach Eigenständigkeit durch die Erhebung zur AOC anerkannt. Das Anbaugebiet umfaßt heute 110 ha und erzeugt 4 500 hl von einem Wein, den man unter allen herauskennt.

DOM. DU CROS Lo sang del país 1995★

| ■ | 13 ha | 80 000 | ⓘ | 30-50F |

Dieser erfahrene Winzer, dessen Wein im letzten Jahr zum Lieblingswein gewählt wurde, präsentiert erneut zwei schöne Cuvées : Die eine, die im Faß gereift ist, muß lagern ; die andere mit dem Namen »lo sang del país« hat eine hübsche rote Farbe mit kräftigen violetten Reflexen. Der feine Geruchseindruck verbindet rote und schwarze Früchte mit pflanzlichen (Paprikaschoten) und würzigen Nuancen. Auf die recht klare Ansprache folgt ein süffiger, eher schlanker und sehr fruchtiger Geschmack. Ein Wein, der reich beschenkt.

↱ Philippe Teulier, Dom. du Cros, 12390 Goutrens, Tel. 05.65.72.71.77, Fax 05.65.72.68.80 ✓ ♈ n. V.

LA BARONIE DE MOURET
Réserve 1995★★

| ■ | 2,3 ha | 12 000 | | -30F |

Dieser 95er ist reinsortig aus Fer Servadou erzeugt worden, der auf Terra-rossa-Boden wächst. Er besitzt eine schöne granatrote, fast violette Farbe. Der erste Geruchseindruck ist intensiv und verbindet schwarze Johannisbeeren, Pfeffer und grünen Paprika mit Kakao und Gewürzen. Auf die frische Ansprache folgt ein eher runder und wohlausgewogener Geschmack, der sich über komplexen Nuancen angenehm entwickelt, bis hin zum köstlichen, durch einen Hauch Gewürze intensivierten Abgang.

↱ Francis Costes, La Baronie, 12330 Mouret, Tel. 05.65.69.83.05 ✓ ♈ n. V.
↱ Gabriel Costes

LES VIGNERONS DU VALLON
Cuvée réservée 1995★

| ■ | 18 ha | 65 000 | ⓘ | -30F |

Dieser 95er stammt von Mansois-Trauben, die in einem speziellen Anbaugebiet, dem Vallon, wachsen. Er hat eine sehr jugendliche, sehr dunkle Farbe mit purpurvioletten Nuancen. Der recht spürbare Duft entfaltet sich zu einem Cocktail aus schwarzen Früchten (Brombeeren, schwarze Johannisbeeren und Burlat-Kirschen), der durch exotische Gewürze und Paprika verstärkt wird. Die Ansprache ist klar. Der ziemlich

konzentrierte Geschmack mit den runden, würzigen Tanninen wird durch eine gute Frische unterstützt. Die würzige Note findet sich im Abgang wieder. Interessant.
🍇 Les Vignerons du Vallon, RN 140, 12330 Valady, Tel. 05.65.72.70.21, Fax 05.65.72.68.39 ✅ 🍷 Mo-Sa 9h-12h 14h-18h

🍇 Cave des Vignerons des Gorges du Tarn, rue du Colombier, 12520 Aguessac, Tel. 05.65.59.84.11, Fax 05.65.59.17.90 ✅
🍷 Mo-Sa 8h15-12h 14h-18h15

Côtes de Millau AOVDQS

Die Appellation AOVDQS Côtes de Millau wurde am 12. April 1994 anerkannt. Die Produktion liegt bei etwa 1 500 hl. Die Weine werden aus den Rebsorten Syrah und Gamay noir sowie zu einem geringen Anteil aus Cabernet Sauvignon und Fer Servadou zusammengestellt.

LES VIGNERONS DES GORGES DU TARN 1996

	k. A.	k. A.	-30 F

Ein strahlendes, klares Rosarot, ein unaufdringlicher Duft nach Erdbeersirup, eine gute Ausgewogenheit im Geschmack und eine leicht säuerliche Kante am Ende der Verkostung kennzeichnen diesen guten Rosé der Côtes de Millau.
🍇 Cave des Vignerons des Gorges du Tarn, rue du Colombier, 12520 Aguessac, Tel. 05.65.59.84.11, Fax 05.65.59.17.90 ✅
🍷 Mo-Sa 8h15-12h 14h-18h15

LES VIGNERONS DES GORGES DU TARN 1995*

	k. A.	k. A.		-30 F

Schöne tiefrote Farbe. Der komplexe, sich entwickelnde Geruchseindruck enthüllt ein Tresteraroma, danach sehr reife, sogar gekochte Früchte und endet mit einer deutlich würzigen Note. Im Geschmack überdecken leicht pflanzliche, noch ein wenig rohe, aber angenehme Tannine nicht die gute Ausgewogenheit. Das deutlich würzige Aroma, das man über den Rachenraum wahrnimmt, geht einem harmonischen Abgang voraus. In jeder Hinsicht ein sehr gelungener Wein.
🍇 Cave des Vignerons des Gorges du Tarn, rue du Colombier, 12520 Aguessac, Tel. 05.65.59.84.11, Fax 05.65.59.17.90 ✅
🍷 Mo-Sa 8h15-12h 14h-18h15

LES VIGNERONS DES GORGES DU TARN 1996

	k. A.	7 400	-30 F

Ein 96er, dessen sehr blasse gelbe Farbe klar und strahlend ist. Das ziemlich zurückhaltende Aroma setzt sich aus weißen Blüten und einem Hauch von Haselnüssen zusammen. Der klare, lebhafte Geschmack ist ziemlich kurz, mit dominierender Säure, aber in technischer Hinsicht gut gemacht. Für Muscheln reservieren.

Béarn

Béarn

Die Weine des Béarn dürfen in drei getrennten Anbaugebieten erzeugt werden. Die beiden ersten fallen mit den Anbaugebieten des Jurançon- und des Madiran-Weins zusammen. Die ausschließlich auf das Béarn beschränkte Anbauzone umfaßt die Gemeinden, die um Orthez und Salies-de-Béarn herum liegen. Das ist der Béarn-Wein von Bellocq.

Das nach der Reblauskrise wiederhergestellte Weinbaugebiet nimmt die Hügel der Vorpyrenäen und das Kiessandgebiet des Gave-Tals ein. Als rote Rebsorten werden Tannat, Cabernet Sauvignon und Cabernet franc (Bouchy) sowie die alten Sorten Manseng noir, Courbu rouge und Fer Servadou verwendet. Die Weine sind körperreich und generös und passen gut zu Garbure, einem einheimischen Suppeneintopf, und gebratener Ringeltaube. Die Roséweine von Béarn, die besten Weine dieser Appellation, sind lebhaft und zart; sie haben das feine Aroma der Cabernet-Traube und eine gute geschmackliche Struktur.

DOM. GUILHEMAS 1995

	3 ha	17 000		30-50 F

Tannat (50 %), Cabernet franc (30 %) und Cabernet Sauvignon (20 %) ergeben diese Cuvée mit der klaren granatroten Farbe und dem ausdrucksvollen Duft, der fruchtig und würzig zugleich ist. Die Ansprache ist klar. Der runde, sanfte Geschmack zeigt sich aromatisch und gut strukturiert, mit schönen Tanninen.
🍇 EARL Pascal Lapeyre, 52, av. des Pyrénées, 64270 Salies-de-Béarn, Tel. 05.59.38.10.02, Fax 05.59.38.03.98 ✅ 🍷 Mo-Sa 9h-12h 14h-20h

DOM. LARRIBERE 1995

	5 ha	30 000		-30 F

Die intensive Farbe ist dunkelrot. Der zurückhaltende Geruchseindruck scheint konzentriert zu sein. Nach einer klaren Ansprache enthüllt der Geschmack einen sehr festen Körper. Die recht dichten Tannine verleihen dem Ganzen eine große Einheitlichkeit. Der Abgang ist schlaffer, aber es fehlt ihm nicht an Frische. Solider typischer Charakter.

Irouléguy

🕿 Les Vignerons de Bellocq, 64270 Bellocq, Tel. 05.59.65.10.71, Fax 05.59.65.12.34 ☑ ⌁ n. V.

DOM. NIGRI 1995★★

| ■ | 0,5 ha | 4 000 | 🍶 | 30-50F |

Jean-Louis Lacoste, der auch Jurançon-Weine erzeugt, präsentiert hier eine ausgezeichnete Cuvée von sehr intensiver, dunkler Farbe, deren ausdrucksvoller und dichter Duft an ein Kompott aus roten und schwarzen Früchten erinnert. Die Frucht kommt ständig in einem fülligen, runden Geschmack wieder, der einen schönen Körper enthüllt. Die feinen Tannine betonen einen bemerkenswerten Abgang. Ein Wein voller Persönlichkeit.

🕿 Jean-Louis Lacoste, Dom. Nigri, Candeloup, 64360 Monein, Tel. 05.59.21.42.01, Fax 05.59.21.42.01 ☑ ⌁ Mo-Sa 8h30-12h 13h30-19h30 ; So n. V.

Irouléguy

Als letzter Überrest eines einstmals großen baskischen Weinbaugebiets, dessen Spur man bis ins 11. Jh. zurückverfolgen kann, zeigt der Irouléguy (ähnlich wie auf der spanischen Seite der Chacolí, daß die Winzer hier die uralte Tradition der Mönche von Ronceveaux fortführen wollen. Das Anbaugebiet erstreckt sich auf die Ausläufer der Pyrenäen in den Gemeinden Saint-Etienne-de-Baïgorry, Irouléguy und Anhaux.

Die Rebsorten von früher sind nach und nach verschwunden ; an ihre Stelle sind Cabernet Sauvignon, Cabernet franc und Tannat bei den Rotweinen und Courbu, Gros Manseng und Petit Manseng bei den Weißweinen getreten. Fast die gesamte Produktion wird von der Winzergenossenschaft von Irouléguy hergestellt, aber es entstehen neue Weingüter. Der Rosé hat eine kirschrote Farbe ; er ist lebhaft, bukettreich und leicht. Man trinkt ihn zu Piperade (baskisches Omelett mit Paprikaschoten, Tomaten, Zwiebeln und Knoblauch sowie Fleisch- und Thunfischstükken) und Wurstgerichten. Der rote Irouléguy ist ein duftiger, bisweilen recht tanninreicher Wein, der zu Confit (in Schmalz eingelegtes Fleisch) paßt.

DOM. ABOTIA 1996

| ◢ | 4,36 ha | 16 000 | 🍶 | 30-50F |

Man mußte nicht weniger als 30 km Bankette errichten, um diesen 8 ha großen Weinberg anzulegen, der den schwindelerregend steilen Hang an der Südseite des Arradoy einnimmt. Auch wenn die Reben hoch droben wachsen, haben sie einen Rosé hervorgebracht, der leicht zugänglich ist. Die Farbe ist ein zartes Rosa fast ohne lachsrosa Nuancen. Der ziemlich lebhafte Geruchseindruck erinnert mit seinen mineralischen Noten an den Boden. Die Ansprache ist noch lebhaft, gefolgt von einem frischen und recht sanften Geschmack.

🕿 Jean-Claude Errecart, Dom. Abotia, 64220 Ispoure, Tel. 05.59.37.03.99, Fax 05.59.37.23.57
☑ ⌁ Mo-Sa 8h-12h 14h-19h ; So n. V.

DOM. ARRETXEA 1995★

| ■ | 2,5 ha | 12 000 | 🍶 | 30-50F |

Dieser kleine Betrieb hat sich von der Tierzucht auf den Weinbau mit biologischen Anbaumethoden umgestellt. Die beiden vorgestellten Cuvées sind sehr gelungen. Diese hier hat eine recht deutliche kirschrote Farbe und bietet einen angenehmen Duft nach überreifen und eingemachten Früchten, den Gewürze verstärken. Die ziemlich sanfte Ansprache zeigt eine gute Intensität. Der ausgewogene, berauschende Geschmack besitzt seidige Tannine. Ein guter Stil, der im typischen Charakter bleibt.

🕿 Michel Riouspeyrous, Dom. Arretxea, 64220 Irouléguy, Tel. 05.59.37.33.67, Fax 05.59.37.33.67 ☑ ⌁ Mo-Sa 9h-12h 14h-19h ; So n. V.

DOM. BRANA 1995★

| ■ | 11 ha | 20 000 | 🍶 | 50-70F |

Das Gut hat uns an ausgezeichnete Cuvées gewöhnt. Dieser 95er besitzt eine recht kräftige, an Cœur-de-Pigeon-Kirschen erinnernde Farbe und zeigt einen weinigen Duft, der einen Geruch von Früchten in Alkohol und empyreumatische Noten mischt. Im Mund zeigt er sich sanft. Dieser geschmeidige, großzügige Wein, der sich auf milde Tannine stützt, besitzt einen wunderbar aromatischen Nachgeschmack, der zum Schluß vom Alkohol getragen wird.

🕿 Jean et Adrienne Brana, 3 bis, av. du Jaï-Alaï, 64220 Saint-Jean-Pied-de-Port, Tel. 05.59.37.00.44, Fax 05.59.37.14.28 ☑ ⌁ n. V.

GORRI D'ANSA 1995

| | k. A. | 60 000 | 🍶 | 30-50F |

Rubinrote Farbe von mittlerer Intensität. Der erste Geruchseindruck ist moschusartig. Dann entdeckt man nach der Belüftung Gewürze und ein paar rote Gewürze. Der Geschmack verstärkt sich, unterstützt vom Alkohol und von einer Grundlage aus festen Tanninen.

🕿 Cave Coopérative vins d'Irouléguy, 64430 Saint-Etienne-de-Baïgorry, Tel. 05.59.37.45.50, Fax 05.59.37.47.76 ☑
⌁ Mo-Fr 9h-12h 14h-18h

DOM. ILARRIA 1996★

| ◢ | 2,15 ha | 8 000 | | 30-50F |

Ein hübscher Rosé von schillernd roter Farbe, mit einem intensiven, recht fruchtigen Duft, der eine Note Amylalkohol enthält. Er ist in der Ansprache sanft und süffig und zeigt sich rund

und wohlausgewogen. Eine leichte Säuerlichkeit verleiht ihm bis zum Abgang eine gute Haltung.
🞂 Dom. Ilarria, 64220 Irouléguy,
Tel. 05.59.37.23.38, Fax 05.59.37.23.38 ☑ ⚲ n. V.

Jurançon und Jurançon sec

Colette schrieb über ihn: »Als junges Mädchen machte ich die Bekanntschaft eines Prinzen, der feurig, herrisch und heimtückisch wie alle großen Verführer war: des Jurançon.« Berühmt, seitdem die Lippen des späteren Königs Heinrich IV. mit einem Tropfen davon bei der Taufe benetzt worden waren, wurde der Jurançon zum Wein für die Zeremonien des französischen Herrscherhauses. Man findet hier die ersten Vorstellungen von einer geschützten Herkunftsbezeichnung, denn es war untersagt, ausländische Weine einzuführen, und sogar Ideen eines Cru und einer Klassifizierung, denn alle Parzellen wurden entsprechend ihrem Wert vom Parlament von Navarra in ein Register aufgenommen. Ähnlich wie die Weine von Béarn wurde der Jurançon, damals ein Weiß- oder Rotwein, bis Bayonne transportiert - um den Preis einer manchmal waghalsigen Fahrt mit dem Schiff auf dem Gave. Da ihn die Holländer und Amerikaner sehr schätzten, gelangte er zu Starruhm, der erst mit der Invasion der Reblaus ein Ende fand. Die Wiederherstellung des heutigen Anbaugebiets (680 ha) wurde mit den alten Anbaumethoden und Rebsorten durchgeführt; den Anstoß dazu gaben die Genossenschaftskellerei von Gan sowie einige treu gebliebene Weingutbesitzer.

Mehr als in anderen Weinbaugebieten ist hier der Jahrgang von entscheidender Bedeutung, insbesondere bei den lieblichen Jurançon-Weinen, die spät gelesene, überreife Trauben erfordern, die am Rebstock rosinenartig eingeschrumpft sind. Die traditionellen Rebsorten, ausschließlich weiße, sind Gros Manseng, Petit Manseng und Courbu. Die Reben werden in Hochkultur erzogen, damit sie den Frösten entgehen. Nicht selten zieht sich die Traubenlese bis zu den ersten Schneefällen hin.

Der trockene Jurançon, der 75 % der Produktion ausmacht, ist ein Blanc de Blancs, ein Weißwein aus weißen Trauben, der eine schöne, helle Farbe mit grünlichem Schimmer besitzt, sehr aromatisch ist und Honignoten enthüllt. Er paßt gut zu Forelle und Lachs aus dem Gave. Die lieblichen Jurançon-Weine haben eine schöne goldgelbe Farbe und ein komplexes Aroma von exotischen Früchten (Ananas und Guaven) und Gewürzen (wie etwa Muskatnuß und Zimt). Ihre Ausgewogenheit zwischen Säure und likörartiger Süße macht sie zu einem hervorragenden Begleiter für Stopfleber. Diese Weine können sehr lang altern und große Weine abgeben, die man zu einer ganzen Mahlzeit trinkt, vom Aperitif über Fischgerichte mit Sauce und Schafkäse aus dem Ossau-Tal bis zum Nachtisch. Die besten Jahrgänge: 1970, 1971, 1975, 1981, 1982, 1983, 1987, 1989, 1990, 1995. Mitte der 90er Jahre lag die durchschnittliche Produktion bei 32 000 hl.

Jurançon

DOM. BELLEGARDE
Sélection DB 1995★★

| | 1,3 ha | 1000 | ⏸ +200 F |

Pascal Labasse, ein Winzer der neuen Generation, hat diesen 95er mit der strahlenden, intensiven gold- bis strohgelben Farbe erzeugt. Der kräftige, komplexe Duft bietet eine verschwenderische Fülle kandierter Früchte, aber auch Honig, Vanille und Noten von getoastetem Brot. Die Ansprache ist likörartig. Der Wein füllt den Mund gut aus. Der Geschmack ist füllig und dicht, mit einem Hauch von Frische und vor allem mit einer Entladung von Aromen, die in einem völlig milden Abgang lang anhalten. Ein rassiger, gehaltvoller Jurançon.
🞂 Pascal Labasse, quartier Coos, 64360 Monein, Tel. 05.59.21.33.17, Fax 05.59.21.44.40 ☑ ⚲ Mo-Sa 10h-12h 14h-19h

DOM. BORDENAVE Cuvée Savin 1995★

| | 1 ha | k. A. | ⏸ 70-100 F |

Die erste Flaschenabfüllung stammt von 1991, und bereits der 92er wurde im Weinführer lobend erwähnt! Der 95er mit der frischen strohgelben Farbe ist sehr harmonisch. Der Duft zeigt sich zuerst blumig, dann kommen über einem Butter- und Vanillearoma exotische Früchte und ein paar Rosinennoten zum Vorschein. Nach einer runden, flügeligen Ansprache entdeckt man einen voluminösen Geschmack, der voller Frucht ist. Der liebliche Gesamteindruck wird durch eine klare Lebhaftigkeit unterstützt. Der gut ver-

Jurançon

schmolzene Holzton betont einen angenehmen Abgang.
☛SARL Pierre et Gisèle Bordenave, quartier Ucha, 64360 Monein, Tel. 05.59.21.34.83, Fax 05.59.21.37.32 ☑ ☒ tägl. 8h-22h

DOM. BRU-BACHE L'Eminence 1995★★

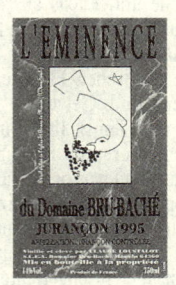

	k. A.	k. A.	ⅰⅡ +200F

Man muß sich erst daran gewöhnen : Claude Loustalot ist ebenso gut wie Georges Bru-Baché - er findet das zweite Jahr hintereinander die einmütige Zustimmung der Oberjury mit dieser Cuvée, die eine strahlende, kräftige goldgelbe Farbe hat. Ein subtiler Duft mischt Zitrusfrüchte, Aprikosen, Bananen und getrocknete Früchte mit Holznoten und einem Tropfen Harz. Die Ansprache ist füllig. Dem köstlichen, vollkommen ausgewogenen Geschmack fehlt es weder an Frische noch an Fülle. Der Stoff zeigt sich voluminös und wohlschmeckend zugleich und entfaltet seine ganze Frucht.
☛Dom. Bru-Baché, rue Barada, 64360 Monein, Tel. 05.59.21.36.34, Fax 05.59.21.32.67 ☑ ☒ Mo-Fr 9h-12h 14h-18h ; Sa n. V.
☛Claude Loustalot

DOM. DE CABARROUY
Cuvée Sainte Catherine Fût de chêne 1995

	2,5 ha	5 500	ⅰⅡ 50-70F

Dieser 95er hat eine hübsche zitronengelbe Farbe mit goldgrünem Schimmer. Der ziemlich intensive Geruchseindruck, der durch einen Holzton mit Harz- und Gewürzdüften geprägt ist, läßt einige Zitrusnoten sowie Bergamotteschalen und einen Hauch von Sternanis erkennen. Der Geschmack ist geschmeidig, durch eine deutliche Lebhaftigkeit gewürzt und von einem intensiven Holzton bis zu einem tonischen, köstlichen Abgang getragen. Ein adretter, ein wenig verführerischer Jurançon. (Flaschen mit 50 cl Inhalt.)
☛Patrice Limousin et Freya Skoda, Dom. de Cabarrouy, 64290 Lasseube, Tel. 05.59.04.23.08, Fax 05.59.04.21.85 ☑ ☒ n. V.

DOM. CAUHAPE
Quintessence du Petit Manseng 1995★★★

	2 ha	2 000	ⅰⅡ +200F

Die Quintessence du Petit Manseng ist einer der größten Weine der Welt geworden ! Der 95er hat eine herrliche, klare Bernsteinfarbe. Der intensive Duft bietet einen Korb kandierter Früchte : Rosinen, Ananas, Mangos, Aprikosen - das Ganze von Pralinen umhüllt und mit einem Hauch Ingwer gewürzt. Nach einer sehr fülligen Ansprache entdeckt man einen überaus köstlichen Geschmack, der eine starke, sehr fruchtige likörartige Süße enthält und immer komplexer wird, von großer Sanftheit und außergewöhnlicher Länge.
☛Henri Ramonteu, Dom. Cauhapé, quartier Castet, 64360 Monein, Tel. 05.59.21.33.02, Fax 05.59.21.41.82 ☑ ☒ n. V.

DOM. DU CINQUAU
Elevé en fût de chêne 1995★★

	3,5 ha	7 000	ⅰⅡ 70-100F

Das Gut baut seit 1985 wieder Wein an, was der Eigensinnigkeit von Pierre Saubot zu verdanken ist. Es präsentiert einen funkelnden goldgelben 95er mit grauen Reflexen. Der intensive, kraftvolle Duft bietet zusammen mit getrockneten und kandierten Früchten ein zärtliches Vanillearoma und eine milde Butternote. Der Geschmack enthüllt eine große Fülle und einen herrlichen Körper. Nach einer lebhaften Ansprache vereinigen sich Frische und milde Süße zu einem sich steigernden Abgang, der durch einen sehr hübschen Holzton geprägt ist. Ein Jurançon von großer Ausdruckskraft.
☛SCEA Dom. du Cinquau, Cidex 43, 64230 Artiguelouve, Tel. 05.59.83.10.41, Fax 05.59.83.12.93 ☑ ☒ tägl. 9h-12h 14h-19h
☛Pierre Saubot

COLLECTION ROYALE
Premières Neiges 1996★

	k. A.	k. A.	ⅰ♦ 50-70F

Dieser 96er mit der strahlenden hellgelben, golden schimmernden Farbe zeugt vom Talent dieses Weinhändlers. Der auf angenehme Weise überraschende, recht frische Geruchseindruck verbindet mineralische, fruchtige und würzige Noten mit einem dominierenden Blütenduft (Akazien). Die Ansprache ist klar. Man findet die Frische im Geschmack wieder, der eine herrliche Ausgewogenheit und eine bemerkenswerte aromatische Palette besitzt. Die Lebhaftigkeit gewinnt in einem recht pikanten Abgang die Oberhand über den lieblichen Charakter. Ein gefälliger, origineller Jurançon.
☛Etienne Brana, 3 bis, av. du Jaï-Alaï, 64220 Saint-Jean-Pied-de-Port, Tel. 59.37.00.44, Fax 59.37.14.28 ☑ ☒ Mo-Fr 9h-12h 14h-18h

CLOS GUIROUILH 1995★

	7,5 ha	k. A.	ⅰⅡ♦ 50-70F

Ein 95er von schöner, kräftiger goldgelber Farbe. Der Duft ist deutlich wahrnehmbar, frisch

Jurançon

und vorwiegend fruchtig. Er erinnert an Zitrusfrüchte und exotische Früchte. Die Ansprache ist lebhaft, voller Feinheit. Der Geschmack zeigt sich ziemlich füllig, immer noch frisch. Die durch Lebhaftigkeit geprägte Ausgewogenheit harmoniert perfekt mit dem Aroma von weißfleischigen Früchten, das sich im Abgang fortsetzt. Die Leichtigkeit dieses Jurançon schmälert in keiner Weise seinen typischen Charakter.
Jean Guirouilh, rte de Belair, 64290 Lasseube, Tel. 05.59.04.21.45, Fax 05.59.04.22.73 n. V.

CH. JOLYS Vendanges tardives 1994*
| | 1 ha | 3 000 | | 150-200 F |

Das Weingut wurde seit 1964 völlig neu angelegt und ausschließlich mit Manseng-Reben bestockt. Dieser 95er hat eine intensive goldgelbe Farbe. Der Duft bietet eine hübsche fruchtige Reihe, die von Honig und getoastetem Brot sowie einer frischen Minzenote begleitet wird. Der reichhaltige, füllige und sehr honigartige Geschmack kulminiert in einem schönen Abgang mit zartem Holzton, voller Frucht und Lebhaftigkeit. Schöner Charakter.
Sté Dom. Latrille, Ch. Jolys, 64290 Gan, Tel. 05.59.21.72.79, Fax 05.59.21.55.61 Mo-Fr 8h30-12h30 13h30-17h30

CLOS LACABE Petit manseng 1995
| | 1,5 ha | 5 000 | | 50-70 F |

Eine intensiv gelbe Cuvée mit kupferfarbenem Schimmer. Der ausdrucksvolle Duft verbindet weiße Blüten und Honig mit einem Korb getrockneter oder kandierter Früchte. Die Ansprache ist sanft. Der klare, recht milde und immer noch fruchtige Geschmack entwickelt sich ganz in Zuckersüße, wie ein langes Malzbonbon. Ein Wein zum Naschen.
Riuné, 64360 Cuqueron, Tel. 05.59.21.30.92, Fax 05.59.21.28.61 Mo-Sa 9h-12h 13h30-19h ; So n. V.

CRU LAMOUROUX 1994*
| | 6 ha | 35 000 | | 50-70 F |

Hauptsächlich Petit Manseng (95 %) sowie 5 % Gros Manseng, im November gelesen, haben diese Cuvée mit der sehr blassen gelben Farbe geliefert. Der frische, zarte Geruchseindruck verbindet blumige, pflanzliche und fruchtige Düfte. Die Ansprache ist klar, der immer noch fruchtige Geschmack relativ konzentriert. Die Entwicklung ist angenehm, recht schwungvoll, durch ein Aroma von Blüten und Früchten mit weißem Fleisch unterstützt. Ein ehrlicher Wein.
Ziemek-Chigé, La Chapelle-de-Rousse, 64110 Jurançon, Tel. 05.59.21.74.41 Mo-Sa 8h-12h 13h30-19h

DOM. LARREDYA
Dernière trie Elevé en fût de chêne 1995*
| | 1 ha | 2 000 | | 100-150 F |

Jean-Marc Grussaute bestätigt sein Talent mit diesem 95er, der im Aussehen an frisch geschnittenes Stroh erinnert. Der Geruchseindruck enthüllt eine starke Überreife ; unter einem Holzton verbindet er Düfte von Vanille, Hefegebäck, Nüssen und Trauben in Rum. Die Ansprache ist likörartig, der Geschmack vollkommen geschmeidig, füllig und fett. Die freigebige Entwicklung bekräftigt einen klaren Holzton, der sich in einem Abgang mit dem Aroma von Eingemachtem fortsetzt. Ein rustikaler, aber ausdrucksvoller Wein.
Jean-Marc Grussaute, La Chapelle-de-Rousse, 64110 Jurançon, Tel. 05.59.21.74.42, Fax 05.59.21.76.72 n. V.

DOM. LARROUDE Lou Mansengou 1995
| | 1 ha | 2 000 | | 70-100 F |

Diese Cuvée von schöner, tiefer goldgelber Farbe mit grünen Reflexen ist reinsortig aus Petit Manseng erzeugt worden, der auf einem lehmig-kieseligen Boden wächst. Der intensive Geruchseindruck wird von einem Holzton dominiert, der durch Nuancen von Röstgeruch, Harz und Vanille geprägt ist, läßt aber einige Noten von vollreifen Früchten erkennen. Der volle, voluminöse Geschmack entwickelt sich über einem Honigaroma. Die Säure ist erstklassig und läßt unter dem Holzmantel eine recht konzentrierte Frucht zu Wort kommen. Ein gut gemachter Wein.
Christiane et Julien Estoueigt, Dom. Larroudé, 64360 Lucq-de-Béarn, Tel. 05.59.34.35.92, Fax 05.59.34.35.92 n. V.

DOM. DE MALARRODE
Cuvée Prestige petit manseng Fût chêne 1995*
| | 2 ha | 6 000 | | 50-70 F |

Diese Cuvée Prestige stammt ausschließlich von Petit-Manseng-Reben, die auf einem Feuersteinboden angebaut werden. Die Farbe bietet goldene und bernsteingelbe Nuancen. Ein dichter, bezaubernder Duft, der kandierte Früchte, Weinbergspfirsiche, Zitrusfrüchte, einen Tropfen Honig und eine Mentholnote vereint. Die Ansprache ist klar. Der ziemlich füllige, recht frische und anhaltende fruchtige Geschmack zeigt sich gefällig bis zum köstlichen Abgang. Der Archetyp des Jurançon, dem es nicht an Eleganz mangelt.
Gaston Mansanné, 64360 Monein, Tel. 05.59.21.41.83, Fax 05.59.21.44.27 n. V.

DOM. DE SOUCH Cuvée Paul Mirat 1995*
| | 5 ha | 6 700 | | 70-100 F |

Jean de Souch, zur Zeit des Ritters Gaston Phœbus (14. Jh.) Verwalter der »Rebenzüchter«, hat seinen Namen diesem Gut hinterlassen. Es präsentiert eine Cuvée, deren kräftige goldgelbe Farbe vor Jugendlichkeit strahlt. Der recht entfaltete und konzentrierte Duft bringt eine sehr reife Frucht mit Noten von Bananen und kandierten Aprikosen zum Ausdruck. Die Ansprache ist ganz rund und noch fruchtig. Der Geschmack enthüllt einen harmonischen, frischen und füllingen Körper. Ein Vorbild an typischem Charakter.
Yvonne Hegoburu, Dom. de Souch, 64110 Laroin, Tel. 05.59.06.27.22, Fax 05.59.06.51.55 tägl. 9h-20h

CLOS THOU Délice de Thou 1995**
| | 0,5 ha | 1 500 | | 70-100 F |

Dieses Gut präsentiert einen 95er von großartiger strohgelber Farbe mit kupferfarbenen Reflexen. Ein intensiver, komplexer Geruchsein-

SÜDWESTFRANKREICH

druck verbindet über einem leicht rauchigen Aroma Düfte von Aprikosen, getrockneten Früchten, Hefegebäck und Honig mit ein paar Gewürzen. Nach einer sanften und zugleich lebhaften Ansprache zeigt sich der Geschmack voluminös, füllig und gut umhüllt. Seine breite aromatische Palette enthüllt den gelungenen Ausbau im Holzfaß. Seine Nachhaltigkeit vervollständigt die Beschreibung eines großen Jurançon.

Henri Lapouble-Laplace, chem. Larredya, 64110 Jurançon, Tel. 05.59.06.08.60, Fax 05.59.06.08.60 Mo-Sa 9h-12h 14h-19h

Jurançon sec

CLOS BELLEVUE 1996

| | 3,8 ha | k. A. | | -30F |

Dieser Familienbetrieb hat seit 1789 immer Wein erzeugt. Sein blaßgoldener, grün schimmernder 95er bietet einen klaren Duft von mittlerer Intensität, der an weiße Blüten und rosa Pampelmusen erinnert. Nach einer milden Ansprache entwickelt sich der Geschmack ruhig über einer guten Ausgewogenheit bis zu einem warmen Abgang, der durch einen Hauch von Bitterkeit geprägt ist. Ein guter geringer Preis.

Jean Muchada, Clos Bellevue, 64360 Cuqueron, Tel. 05.59.21.34.82, Fax 05.59.21.34.82 n. V.

DOM. CASTERA 1996*

| | 1,5 ha | 13 000 | | -30F |

Dieser im 18. Jh. entstandene Cru bietet einen trockenen 96er, dessen lebhafte Farbe an frisches Stroh erinnert. Der klare, intensive Duft vereint rosa Pampelmusen und grüne Zitronen mit zarten Noten von weißen Blüten und frischer Butter. Die Ansprache ist recht klar: Man beißt in die Frucht. Der beständige, füllige und frische Geschmack wird durch einen recht pikanten, lebhaften und aromatischen Abgang »aufgeweckt«. Überraschend wie sanfte Gewalt!

Christian Lihour, quartier Uchaa, 64360 Monein, Tel. 05.59.21.34.98, Fax 05.59.21.46.32 Mo-Sa 9h-12h 14h-19h

CHARLES HOURS Cuvée Marie 1995**

| | 2 ha | 12 000 | | 50-70F |

Beim trockenen wie lieblichen Wein verführt Charles Hours immer die Weinliebhaber. Diese Cuvée Marie mit der leuchtenden goldenen Farbe war nicht weit von der Wahl zum Lieblingswein entfernt. Der kräftige Geruchseindruck ist von großer Komplexität und entfaltet einen Duft von weißen Blüten und exotischen Früchten, der sich mit Noten von Vanille und getoastetem Hefegebäck vermischt. Die Ansprache ist kraftvoll. Der Geschmack enthüllt eine schöne Struktur, die von einem wunderbaren Volumen, einer vollkommenen Ausgewogenheit und einem intensiven, nachhaltigen Aroma unterstützt wird.

Charles Hours, quartier Trouilh, 64360 Monein, Tel. 05.59.21.46.19, Fax 05.59.21.46.90 n. V.

CLOS LAPEYRE Cuvée Vitatge Vielh 1995*

| | 1,5 ha | 8 000 | | 50-70F |

Jean-Bernard Larrieu, ein authentischer Vertreter seiner Appellation, hat uns an Cuvées von großer Qualität und mit ausgeprägtem Charakter gewöhnt. Diese hier, das Ergebnis eines Verschnitts der beiden Manseng-Rebsorten und der Courbu-Rebe, schmückt sich mit Gold und Licht. Der intensive, kraftvolle Duft vereint Honig, kandierte Früchte, Vanille, Mandelgebäck und getoastetes Brot. Nach einer runden und zugleich lebhaften Ansprache zeigt sich der Mund füllig, köperreich und wohlschmeckend. Der lange Abgang wird durch einen deutlich spürbaren Holzton unterstützt. Ein Wein, der unterhalten kann.

SARL Jean-Bernard Larrieu, La Chapelle-de-Rousse, 64110 Jurançon, Tel. 05.59.21.50.80, Fax 05.59.21.51.83 Mo-Sa 10h-12h 14h-18h; So n. V.

CH. DE NAVAILLES 1996

| | k. A. | k. A. | | 30-50F |

Diese Genossenschaftskellerei bietet erstklassige Cuvées, bei den lieblichen Weinen ebenso wie bei den trockenen. Diese hier hat eine schöne goldgelbe Farbe und zeigt einen ausgeprägten Duft, der weiße Blüten und Akazienhonig entfaltet. Auf die sanfte Ansprache folgt ein runder Geschmack mit leichter Struktur, der durch eine belebende Säuerlichkeit und hübsche aromatische Noten unterstützt wird.

Cave des producteurs de Jurançon, 53, av. Henri-IV, 64290 Gan, Tel. 05.59.21.57.03, Fax 05.59.21.72.06 Mo-Sa 8h-12h30 13h30-19h30

Francis Paul

DOM. DE NAYS-LABASSERE 1996*

| | 2 ha | 6 000 | | 30-50F |

Das Gut präsentiert bei den trockenen und bei den lieblichen Weinen seriöse und hübsche Cuvées. Dieser trockene Jurançon zeigt blaßgoldene Reflexe und ein paar leichte Perlen. Der feine Duft erinnert an weiße Blüten, Narzissen und Früchte mit weißem Fleisch: Äpfel und Birnen. Die Ansprache ist recht klar, man findet darin die Frucht mit mehr Intensität wieder. Der Geschmack ist angenehm strukturiert. Der intensive Abgang wird durch eine Mentholnote unterstützt. Eine betörende Frische.

Dom. de Nays-Labassère, La Chapelle-de-Rousse, 64110 Jurançon, Tel. 05.59.21.70.57, Fax 05.59.21.70.67 tägl. 8h-12h 14h-19h

DOM. NIGRI 1996

| | 2 ha | 8 000 | | 30-50F |

Das 300 Jahre alte Gut wird seit 1993 von Jean-Louis Lacoste, einem Önologen, geführt. Sein 96er besitzt eine blaßgelbe Farbe mit leichtem Perlen. Der ehrliche, recht entfaltete Geruchseindruck ist blumig und fruchtig zugleich. Nach der sanften Ansprache bietet der Geschmack eine gute Haltung und zeigt Konzentration. Ein warmer Gesamteindruck mit einem Abgang, der durch Zitrusfrüchte und einen Hauch von Bitterkeit betont wird. Ein gut gemachter Wein.

Madiran

☙ Jean-Louis Lacoste, Dom. Nigri, Candeloup, 64360 Monein, Tel. 05.59.21.42.01, Fax 05.59.21.42.01 ☑ ⏃ Mo-Sa 8h30-12h 13h30-19h30 ; So n. V.

Madiran

Der Madiran, dessen Ursprünge in die galloromanische Zeit zurückreichen, war lange Zeit der Wein der Pilger, die auf dem Jakobsweg nach Santiago de Compostela zogen. Die Gastronomie im Departement Gers und ihre Ableger in der Hauptstadt bieten diesen Pyrenäenwein an. In dem 1 200 ha großen Anbaugebiet dominiert die Rebsorte Tannat ; sie liefert einen Wein, der in seiner Jugend herb und sehr farbintensiv ist und ein Primäraroma von Himbeeren besitzt. Der Wein entfaltet sich erst nach einer langen Alterung. Als weitere Rebsorten kommen Cabernet Sauvignon und Cabernet franc (oder Bouchy) sowie Fer Servadou (oder Pinenc) hinzu. Die Reben werden halbhoch erzogen.

Der Wein von Madiran ist der Inbegriff eines »männlichen« Weins. Wenn er entsprechend vinifiziert wird, kann man ihn jung trinken, so daß man in den Genuß seiner Fruchtigkeit und seiner Sanftheit kommt. Er paßt zu Gänseconfit (in Schmalz eingelegtes Gänsefleisch) und Entenmagret (rosa gebratene Scheiben vom Brustfilet). Die traditionellen Madiran-Weine, die einen hohen Tannat-Anteil haben, vertragen den Ausbau im Holzfaß sehr gut und müssen ein paar Jahre altern. Die alten Madirans sind sinnlich, fleischig und kräftig gebaut und entfalten ein Aroma von getoastetem Brot ; sie passen gut zu Wild und zu Schafkäse aus den Hochtälern.

CH. D'AYDIE 1995*

	k. A.	80 000	50-70 F

Wenn man in Madiran auf die Laplaces hinweist, erfährt man etwas über die Rolle, die sie in der AOC spielen, und wie ihr Engagement Früchte getragen hat. Dieser 95er zeichnet sich durch eine tiefe, intensive Farbe aus. Sein eleganter, komplexer Duft verbindet unter einem hübschen, recht vanilleartigen Holzton eingemachte Früchte und Gewürze. Auf die recht füllige Ansprache folgt ein solider Geschmack, der sich auf ein starkes, holzbetontes Gerüst mit dichtem Gefüge stützt. Ein schöner Wein.

☙ GAEC Vignobles Laplace, 64330 Aydie, Tel. 05.59.04.01.17, Fax 05.59.04.01.53 ☑ ⏃ tägl. 8h30-13h 14h-19h

CH. BARREJAT
Cuvée des Vieux Ceps Fût de chêne 1995*

	k. A.	k. A.	30-50 F

Dieser Weinbaubetrieb bewahrt eine 200 Jahre alte Parzelle, die mit Tannat bestockt ist. Das Durchschnittsalter der Rebstöcke, die diese Cuvée geliefert haben, beträgt *nur* 90 Jahre. Die Farbe ist tief, wie Burlat-Kirschen. Der Geruchseindruck mit animalischen und kandierten Nuancen wird durch Gewürze und Geröstetes intensiviert. Nach einer klaren Ansprache entdeckt man einen vollmundigen, immer noch würzigen Geschmack, der durch dicht verwobene, im Abgang ein wenig strenge Tannine unterstützt wird. Ein seriöser, typischer Wein, den man lagern kann.

☙ Denis Capmartin, Ch. Barréjat, 32400 Maumusson, Tel. 05.62.69.74.92, Fax 05.62.69.77.54 ☑ ⏃ Mo-Sa 8h-12h 14h-19h

DOM. BERTHOUMIEU
Cuvée Charles de Batz Fût de chêne 1994

	5 ha	30 000	30-50 F

Diese zu 90 % aus Tannat hergestellte Cuvée besitzt eine tiefe, sehr dunkelrote Farbe. Der noch verschlossene Geruchseindruck läßt Noten von Früchten, Vanille und Geröstetem erkennen. Nach einer guten, recht fetten Ansprache erscheint der Geschmack rund, füllig und körperreich. Er klingt mit einer Empfindung von sehr reifen Früchten und noch strengen Tanninen aus. Man muß diesen Wein belüften, damit er sich vollständig entfaltet.

☙ Didier Barré, Dutour, 32400 Viella, Tel. 05.62.69.74.05, Fax 05.62.69.80.64 ☑ ⏃ tägl. 8h-12h 14h-19h ; dim. 15h-19h

CH. BOUSCASSE 1995***

	45 ha	300 000	30-50 F

Der Lagerkeller unter dem Garten des Weinguts beherbergt die Eichenholzbarriques, in denen die Weine ausgebaut werden. Dieser 95er ist superb mit seiner kräftigen Farbe, die schöne violette Reflexe zeigt. Der ebenso intensive und komplexe Geruchseindruck entwickelt sich über einem Duft von guter Konfitüre, der mit Kakaonoten und Gewürzen vermischt ist. Der Geschmack entfaltet viel Frucht und Fülle, die eine elegante Struktur mit verschmelzenden Tanninen umhüllt. Der Abgang intensiviert sich noch, gestützt auf einen eleganten Holzton. Eine großzügige Reife. Ein sehr großer Madiran.

☙ Alain Brumont, Ch. Bouscassé, 32400 Maumusson, Tel. 05.62.69.74.67, Fax 05.62.69.70.46 ☑ ⏃ Mo-Sa 9h-12h 14h-19h

DOM. CAPMARTIN Tradition 1995**

		15 000	-30 F

Die im Gärtank oder im Holzfaß ausgebauten Weine des Guts sind von bemerkenswerter Qualität. Die Jury begrüßte die Aufrichtigkeit dieser Cuvée Tradition. Schönes Rubinrot mit granatrotem Schimmer. Sehr klarer und lang anhaltende

Madiran

fruchtiger Duft : ein Korb von kleinen roten Früchten mit Lakritze- und Gewürznoten. Man findet die Früchte in einem lebhaften, solide gebauten, ausgewogenen Geschmack wieder, der durch ein Fundament aus dichten, lakritzeartigen Tanninen verstärkt wird und ein angenehm nachhaltiges Aroma besitzt. Ein reiner, unverfälschter Madiran !

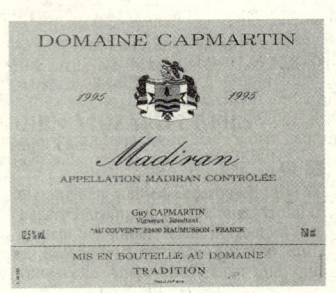

⌐ Guy Capmartin, Le Couvent, 32400 Maumusson, Tel. 05.62.69.87.88, Fax 05.62.69.83.07 ▨ ⊺ n. V.

DOM. DU CRAMPILH
Cuvée Baron 1995*

| ■ | 6 ha | 30 000 | ◗ | 30-50 F |

Ein schönes Gut, das man unbedingt besuchen muß, wegen seines Gebäudes ebenso wie wegen seiner Weine. Diese ausschließlich aus Tannat erzeugte Cuvée hat eine tiefrote Farbe mit lebhaften Reflexen. Der zunächst an Röstgeruch erinnernde Duft entfaltet sich mit Noten von eingemachten roten Früchten sowie einigen Gewürzen. Nach einer klaren Ansprache entdeckt man einen sehr konsistenten Stoff, der durch im Abgang ein wenig strenge Tannine stark unterstützt wird.

⌐ SCEA Oulié Père et Fils, Dom. du Crampilh, 64350 Aurions-Idernes, Tel. 05.59.04.00.63, Fax 05.59.04.04.97 ▨ ⊺ Mo-Fr 8h-12h 14h-19h ; Sa, So n. V.

CAVE DE CROUSEILLES
Carte d'Or 1995*

| ■ | 150 ha | 1 000 000 | ▮ | -30 F |

Tannat und Cabernet sind jeweils zur Hälfte an der Herstellung dieser Cuvée beteiligt. Die dunkle rote Farbe bietet ein paar Nuancen von Entwicklung, ebenso wie der Duft. Er ist kräftig und besteht aus reifen Früchten und diskreten würzigen Noten, die deutlicher den Geschmack mit Pfeffer- und Süßholzakzenten prägen. Runde Tannine harmonieren mit der Fülle und dem Reifearoma. Ein gut gemachter Wein.

⌐ Cave de Crouseilles, 64350 Crouseilles, Tel. 05.59.68.10.93, Fax 05.59.68.14.33 ⊺ tägl. 9h-12h 14h-18h ; Gruppen n. V.

DOM. DAMIENS
Cuvée vieillie en fût de chêne 1994

| ■ | k. A. | 10 000 | ◗ | 30-50 F |

Eine geringe Sauerstoffzufuhr und eine Wärmeregulierung tragen zur Verbesserung der Qualität bei. Das Gut setzt diese Techniken vernünftig ein. Sein 94er verdient eine lobende Erwähnung mit seiner herrlichen, tiefen roten Farbe und seinem klaren, intensiven Duft nach sehr reifen schwarzen Früchten. Die Ansprache ist mild. Der Geschmack, der den Geruchseindruck gut widerspiegelt, ist eher linear, von mittlerer Extraktion und mit dichten Tanninen im Abgang.

⌐ André Beheity, Dom. Damiens, 64330 Aydie, Tel. 05.59.04.03.13, Fax 05.59.04.02.74 ▨
⊺ Mo-Fr 9h-12h30 14h30-19h ; Sa, So n. V.

DOM. DE DIUSSE 1995*

| ■ | 2,5 ha | 16 000 | ▮ | 30-50 F |

Dieses Beschäftigungszentrum erzeugt Weine von großer Qualität, wie diesen 95er, dessen rote Farbe an vollreife Burlat-Kirschen erinnert. Der volle, klare und kräftige Duft bietet Noten von reifen Früchten und Gewürzen. Die Ansprache ist sanft. Der runde, füllige Geschmack, der von der Wärme und den Gewürzen dominiert wird, ist so gut entwickelt mit seinen Nuancen von gekochten Früchten und Kakao. Dieser Wein ist in voller Reife und kann schon jetzt mit Genuß getrunken werden.

⌐ Dom. de Diusse, 64330 Diusse, Tel. 05.59.04.02.83, Fax 05.59.04.05.77 ▨ ⊺ n. V.

DOM. DE GRABIEOU
Cuvée Prestige 1995**

| ■ | 2 ha | 8 000 | ▮ | 50-70 F |

René Dessans präsentiert eine ausschließlich aus Tannat hergestellte Cuvée, die eine intensive rote, fast schwarze Farbe besitzt. Der tiefe, aber noch verschlossene Geruchseindruck läßt Noten von kleinen schwarzen Früchten (schwarze Johannisbeeren und Brombeeren), Lakritze und Gewürzen erkennen. Der Geschmack steigert sich : voll und fleischig. Das Gerüst ist ausgebildet und ausgewogen. Die Tannine unterstützen einen langen Abgang mit schwarzen Johannisbeeren. Ein großartiger Ausdruck des Anbaugebietes und der Tradition.

⌐ René et Frédéric Dessans, GAEC Dom. de Grabieou, 32400 Maumusson-Laguian, Tel. 05.62.69.74.62, Fax 05.62.69.73.08 ▨ ⊺ tägl. 8h-20h

DOM. LABRANCHE LAFFONT
Vieilles vignes 1994*

| ■ | 1,5 ha | 9 500 | ◗ | 30-50 F |

Christine Dupuy hat dieses Gut nach ihrem Önologiestudium an der Universität Toulouse übernommen. Die Farbe dieses 94ers ist sehr dunkel, ein intensives Purpurrot. Der Geruchseindruck ist zunächst durch reife Früchte geprägt. Dann kommen Holz-, Röst- und Rauchnoten zum Vorschein. Nach einer eher sanften Ansprache entwickelt sich der Geschmack über die Fruchtigkeit. Er besitzt eine elegante Struktur mit runden, würzigen Tanninen und wird durch einen Hauch von Säuerlichkeit unterstützt. Der Abgang ist lang und vielversprechend.

⌐ Christine Dupuy, 32400 Maumusson, Tel. 05.62.69.74.90, Fax 05.62.69.76.03 ▨ ⊺ n. V.

Madiran

CH. LAFFITTE-TESTON
Vieilles vignes Vieilli en fût de chêne 1994*

■ 6 ha 40 000 ▮▮ 30-50 F

Laffitte-Teston, ein berühmtes Gut, sollte man unbedingt besuchen, seiner Keller wegen ebenso wie aufgrund seiner Weine. Dieser hier besitzt eine strahlende tiefrote Farbe. Der entwickelte, intensive Geruchseindruck von großer Feinheit erinnert an Unterholz, Vanille, gerösteten Kaffee, Kakao und Kokosnuß. Die Ansprache ist kraftvoll, der Geschmack ist füllig und fett, vor allem im Mittelbereich. Er klingt angenehm mit milden Tanninen aus, die schon recht geschmeidig geworden sind.

🖝 Jean-Marc Laffitte, 32400 Maumusson, Tel. 05.62.69.74.58, Fax 05.62.69.76.87 ▼ 🍷 Mo-Sa 8h-12h 14h-19h

DOM. LAFFONT
Elevé en fût de chêne 1994*

■ 1,5 ha 10 800 ▮▮▮ 30-50 F

Pierre Speyer, der das Gut seit 1993 führt, hatte im letzten Jahr mit der gleichen Cuvée einen bemerkenswerten Einstand : Wahl zum Lieblingswein. Der 94er mit der kräftigen, recht dichten roten Farbe bietet einen konzentrierten, zwischen der Frucht und dem Holzton ausbalancierten Duft mit Röst- und Gewürznoten. Die Ansprache ist sanft, recht klar. Der zunächst runde, kandierte Geschmack wird dann deutlich spürbar und klingt mit dichten Tanninen aus, die verschmelzen müssen. Ein charaktervoller Wein.

🖝 Pierre Speyer, Dom. Laffont, 32400 Maumusson, Tel. 05.62.69.75.23, Fax 05.62.69.80.27 ▼ 🍷 n. V.

CH. DE LA MOTTE 1995
■ 10 ha 60 000 ▮▮ 30-50 F

Tannat (60 %), Fer Servadou (30 %) und Cabernet franc (10 %) ergeben diese sehr klare Cuvée mit dem intensiven Duft nach roten Früchten, Gewürzen sowie geröstetem Kaffee und Kakao. Der Wein hat eine milde Ansprache und umhüllt dann gut den Gaumen. Ein ausgewogener Madiran in einem leichten Stil, mit sanften Tanninen.

🖝 Michel et Ghislaine Arrat, Ch. de la Motte, 64350 Lasserre, Tel. 05.59.68.16.98, Fax 05.59.68.26.83 ▼ 🍷 tägl. 9h-12h 14h-18h

DOM. LAOUGUE 1995*
■ 3 ha 9 000 ▮▮ 30-50 F

Ein schönes, kräftiges Rubinrot mit bläulichroten Nuancen. Der Geruchseindruck betont zuerst die Frucht, dann kommen einige mineralische Noten zum Vorschein. Nach einer klaren Ansprache enthüllt der Geschmack Fülle, aber auch dichte Tannine. Ein typischer, gut gemachter Madiran.

🖝 EARL Pierre Dabadie, rte de Madiran, 32400 Viella, Tel. 05.62.69.90.05, Fax 05.62.69.71.41 🍷 tägl. 8h-12h 14h-18h

CAVE DU MADIRANAIS
Cuvée Grand Terroir 1995

■ k. A. 10 000 ▮▮ -30 F

Die Wiederbelebung dieser Kellerei, die fünfzehn kleine Erzeuger vereinigt, findet ihren Ausdruck in einer lobenden Erwähnung für diese Cuvée mit der kräftigen, klaren rubinroten Farbe. Der lebhafte, intensive Duft bietet eine verschwenderische Fülle von roten Früchten und Gewürzen. Der Geschmack zeigt eine sanfte, fast seidige Ansprache und wird dann rund. Die leichte Struktur wird durch einen Hauch von Säuerlichkeit und würzige Tannine in einem pfeffrigen Abgang verstärkt. Ein angenehmer Gesamteindruck, der gefallen kann.

🖝 Cave coop. du Madiranais, 65700 Castelnau-Rivière-Basse, Tel. 05.62.31.96.21 ▼ 🍷 Di-Sa 9h-12h 14h-18h

DOM. DU MOULIE 1995*
■ 2 ha 12 000 ▮ 30-50 F

Dieser 95er stammt von einem Gut, das schon vor der Französischen Revolution bestand. Er hat eine schöne, dunkle rote Farbe. Der Geruchseindruck verrät Anzeichen von Entwicklung mit Nuancen von reifen oder gekochten Früchten und animalischen Noten. In einem sanften, runden Geschmack findet man das Aroma der Nase wieder, mit einem Hauch von Lakritze verbunden. Ein Madiran von leichtem Stil, aber typisch.

🖝 Michel Charrier, Dom. du Moulié, 32400 Cannet, Tel. 05.62.69.77.73, Fax 05.62.69.83.66 ▼ 🍷 Mo-Sa 8h-20h

LE COUVENT DE CHATEAU PEYROS 1995**
■ 8 ha 40 000 ▮▮ 50-70 F

Im 16. Jh. wurden die Weine dieses Guts bis nach Holland und England exportiert. Dieser hier hat eine sehr schöne dunkelrubinrote Farbe und bietet einen kräftigen, rassigen Geruchseindruck mit einem Holzton, der ein fruchtiges Aroma (Holunder und schwarze Johannisbeeren) unterstützt. Er ist sehr konzentriert, um einen reichen, harmonischen und lang anhaltenden Körper herum, und hinterläßt einen recht körperreichen Gesamteindruck. Tannine von ausgezeichneter Qualität verlängern einen prächtigen geschmacklichen Ausklang. Ein vornehmer Wein.

🖝 Denis de Robillard, ch. Peyros, 64350 Corbère-Abères, Tel. 05.59.02.45.90, Fax 05.59.84.06.71 ▼ 🍷 n. V.

DOM. DE PIERRON 1995**
■ 11 ha 80 000 ▮ -30 F

In der Genossenschaftskellerei von Saint-Mont gelingen die Madiran-Weine wirklich sehr gut. Dieser hier mit der tiefen granatroten Farbe verführt durch einen Geruchseindruck von großer Intensität, der aus empyreumatischen Noten (Röstgeruch) und Gewürzen (Vanille, Zimt) besteht. Auf die klare Ansprache folgt ein voller, komplexer Geschmack. Die erstklassigen Tannine enthüllen eine sorgfältige Extraktion der Trauben und des Holzfasses und verlängern auf angenehme Weise den Abgang. Eine sehr schöne Harmonie.

🖝 Cave de Saint-Mont, 32400 Saint-Mont, Tel. 05.62.69.66.76, Fax 05.62.69.64.42 ▼ 🍷 n. V.

SÜDWESTFRANKREICH

PRESTIGE DE GASCOGNE
Elevé en fût de chêne neuf 1994★★★

■ 100 ha 60 000 ◧ 30-50 F

Eine Reihe von bemerkenswerten Weinen und die Wahl des angesehensten zum Lieblingswein : Die Farbe dieses 94ers ist tief purpurrot, fast schwarz. Der intensive Duft entfaltet sich mit Nuancen von kandierten Früchten und Gewürzen, die durch eine Note Kakaobutter betont werden - ein Eindruck, den man in der Ansprache wiederfindet. Der Geschmack ist angenehm füllig, kräftig gebaut, vollkommen ausgewogen, köstlich und aromatisch. Der Abgang räkelt sich auf einem Satinlaken. Unbestreitbarer Charme.
☛ Vignobles de Gascogne, 32400 Riscle, Tel. 05.62.69.62.87, Fax 05.62.69.61.37 ☑ ℐ n. V.

DOM. SERGENT 1995★★
■ 7 ha 56 000 ■ -30 F

Dieser 95er besitzt eine verführerische Farbe : ein dunkles Rot mit intensiven bläulichroten Reflexen. Kräftiger, rassiger Duft mit Noten von roten Früchten in Alkohol und pikanten Gewürzen. Der füllige, recht körperreiche Geschmack, der voller reifem Stoff ist, enthüllt eine solide Struktur und deutlich spürbare Tannine. Der Abgang ist lang und aromatisch. Ein typischer Madiran von schöner Ausdruckskraft.
☛ EARL Gilbert Dousseau, Dom. Sergent, 32400 Maumusson, Tel. 05.62.69.74.93, Fax 05.62.69.75.85 ☑ ℐ Mo-Sa 8h-20h

DOM. TAILLEURGUET
Cuvée vieillie en fût de chêne 1994★

■ k. A. 4 000 ▣ 30-50 F

Diese Cuvée zeigt eine hübsche, intensive Farbe, die sehr strahlend ist. Der Duft entfaltet sich mit roten Früchten, Kokosnuß und Röstgeruch. Nach einer sehr kräftigen Ansprache wird der Geschmack rund, nimmt an Intensität zu und klingt dann besonnener aus.
☛ EARL Tailleurguet, 32400 Maumusson, Tel. 05.62.69.73.92, Fax 05.62.69.83.69 ☑ ℐ Mo-Sa 9h-19h
☛ Bouby

CH. DE VIELLA Cuvée Fût de chêne 1994
■ 3 ha 6 000 ◧ 30-50 F

Das Gut stammt aus dem Verkauf des Schlosses der Grafen von Viella im Jahre 1952. Sein im Holzfaß gereifter 94er verdient eine lobende Erwähnung mit seiner jugendlichen Farbe, einem dichten, dunklen Rot, und mit seinem schönen, fruchtigen Duft, der mit milden Gewürzen und Röstnoten vermischt ist. Auf die füllige Ansprache folgt ein frischer, kräftig gebauter Geschmack mit Tanninen von mittlerer Dichte, der mit einer leichten Bitterkeit ausklingt.
☛ Ch. de Viella, Alain et Christine Bortolussi, 32400 Viella, Tel. 05.62.69.75.81, Fax 05.62.69.79.18 ☑ ℐ Mo-Sa 8h30-12h30 14h-19h

Pacherenc du Vic-Bilh

Dieser im selben Anbaugebiet wie der Madiran erzeugte Weißwein stammt von einheimischen Rebsorten (Arrufiac, Manseng, Courbu) und Bordeaux-Rebsorten (Sauvignon, Sémillon). Diese Zusammenstellung verleiht ihm eine extrem reichhaltige aromatische Palette. Je nach den klimatischen Bedingungen des Jahrgangs sind die Weine trocken und duftig oder lieblich und lebhaft. Ihre Feinheit ist dann bemerkenswert ; sie sind füllig und kraftvoll und besitzen ein Aroma, das Mandeln, Haselnüsse und exotische Früchte vereint. Sie geben ausgezeichnete Aperitifweine ab und passen, wenn sie lieblich sind, perfekt zu Gänseleber in der Terrine.

CH. D'AYDIE 1995★
□ k. A. k. A. ◧ 50-70 F

Das Gut hat einen lieblichen Wein hergestellt, dessen hübsche goldgelbe Farbe reizvoll ist. Sein feiner, recht lebhafter Duft besteht aus weißen Blüten und Zitrusfrüchten. Nach einer milden Ansprache entdeckt man einen Geschmack, dessen Volumen, Fülle und Wärme den langen Abgang zusätzlich verstärken.
☛ GAEC Vignobles Laplace, 64330 Aydie, Tel. 05.59.04.01.17, Fax 05.59.04.01.53 ☑ tägl. 8h30-13h 14h-19h

DOM. BERTHOUMIEU
Moelleux Symphonie d'automne Fût 1995★

□ k. A. 8 000 ◧ 50-70 F

Daniel Barré, ein begeisterter Winzer, erzeugt Weine wie diesen lieblichen Wein, der eine goldgelbe Farbe mit hübschen Reflexen besitzt. Der feine, noch zurückhaltende Duft enthüllt einige Noten von roten Früchten, begleitet von einem Hauch von Vanille. Die Ansprache ist sanft. Der warme, fruchtige Geschmack ist ausgewogen und klingt mit einem leichten Röstaroma aus.
☛ Didier Barré, Dutour, 32400 Viella, Tel. 05.62.69.74.05, Fax 05.62.69.80.64 ☑ ℐ Mo-Sa 8h-12h 14h-19h ; So 15h-19h

Pacherenc du Vic-Bilh

DOM. CAPMARTIN
Moelleux Cuvée du Couvent 1995*

| | k. A. | 4 000 | 🍷 | 50-70 F |

Ein stroh- bis goldgelber Wein, der ausschließlich aus Petit Manseng hergestellt worden ist. Der noch schüchterne Duft entfaltet sich zu einem schönen Früchtekorb, den man in der Ansprache wiederfindet. Der füllige, lange, volle Geschmack hält sich in vollkommener Ausgewogenheit.

🍇 Guy Capmartin, Le Couvent, 32400 Maumusson, Tel. 05.62.69.87.88, Fax 05.62.69.83.07 ✉ 🍷 n. V.

DOM. DU CRAMPILH 1995*

| | 2 ha | 8 000 | 🍷 | 30-50 F |

Dieses Gut hat gerade einen Barriquekeller und einen Degustationssaal gebaut. Seine liebliche Cuvée mit der hübschen goldgelben Farbe ist besonders interessant wegen ihres intensiven, reichhaltigen Geruchseindrucks, der Noten von Überreife und einen erstklassigen Holzton verbindet. Der ebenso kraftvolle Geschmack ist lieblich und angenehm honigartig. Er vereinigt das Holz und die Frucht zu einem nachhaltigen Gesamteindruck. (Flaschen mit 50 cl Inhalt.)

🍇 SCEA Oulié Père et Fils, Dom. du Crampilh, 64350 Aurions-Idernes, Tel. 05.59.04.00.63, Fax 05.59.04.04.97 ✉ 🍷 Mo-Fr 8h-12h 14h-19h ; Sa, So n. V.
🍇 Alain Oulié

FOLIE DE ROI Moelleux 1995**

| | 6 ha | 12 000 | 🍷 | 30-50 F |

Diese immer gut bewertete Winzergenossenschaft, die in der Appellation stark vertreten ist, hat die Jury mit dieser Cuvée bezaubert, die ein schönes, klares Goldgelb zeigt. Der betonte, warme Duft verführt durch eine reiche aromatische Palette, die überreife Früchte (Ananas, Quitten und Zitrusfrüchte) mit Röstnoten verbindet. Nach einer milden Ansprache bietet ein kräftiger, fülliger, warmer und keineswegs zu süßer Geschmack Früchte in Likör. Ein hübscher Holzton und eine säuerliche Spitze beleben den Abgang. Eine süße »Verrücktheit«, der man gern nachgibt.

🍇 Cave de Crouseilles, 64350 Crouseilles, Tel. 05.59.68.10.93, Fax 05.59.68.14.33 ✉ 🍷 tägl. 9h-12h 14h-18h ; Gruppen n. V.

CH. LAFFITTE-TESTON
Moelleux Elevé en fût de chêne 1995*

| | 2 ha | 12 000 | 🍷 | 30-50 F |

Erinnern wir uns, daß der Teston die Münze von Béarn und von Navarra war, die in Pau geschlagen wurde und das Bildnis von Jeanne d'Albret und Heinrich IV. trug. Dieses Gut fand oft für seine Pacherenc-Weine Beachtung. Dieser liebliche 95er ist klar und goldgelb und bietet einen intensiven, betäubenden Duft, der sich entfaltet ist und reife und zu Mus verarbeitete Früchte, Haselnüsse und Lebkuchen bietet. Die Ansprache ist sanft. Der üppige, füllige und sehr warme Geschmack ist im Abgang ganz von Nougat umhüllt.

🍇 Jean-Marc Laffitte, 32400 Maumusson, Tel. 05.62.69.74.58, Fax 05.62.69.76.87 ✉ 🍷 Mo-Sa 8h-12h 14h-19h

DOM. LAOUGUE 1995**

| | 4 ha | 8 000 | 🍷 | 30-50 F |

Eine zu 80 % aus Manseng und zu 20 % aus Courbu hergestellte Cuvée, die ein leicht bernsteinfarbenes Goldgelb zeigt und einen intensiven, ziemlich komplexen Duft nach sehr reifen Früchten, Lebkuchen und Geröstetem entfaltet. Der Geschmack enthüllt viel Fülle und Volumen. Auch wenn sich die Struktur als leicht erweist, ist das Aroma von exotischen Früchten und Zitrusfrüchten deutlich spürbar und hält im Abgang lang an. Ein großer Wein.

🍇 EARL Pierre Dabadie, rte de Madiran, 32400 Viella, Tel. 05.62.69.90.05, Fax 05.62.69.71.41 ✉ 🍷 tägl. 8h-12h 14h-18h

LE PIAU D'ESTALENS Moelleux 1995**

| | 15 ha | 100 000 | 🍷 | 30-50 F |

Wie im letzten Jahr ist eine der Cuvées dieser Genossenschaftskellerei von der Oberjury ausgezeichnet worden. Ein großartiges Goldgelb mit bernsteinfarbenem Schimmer verführt zunächst das Auge. Dann verwöhnt ein intensiver Duft den Verkoster mit Noten von fast kandierten Früchten, von einem reichen Holzton umhüllt. Die Ausgewogenheit ist superb. Die Empfindung von Milde bleibt lang spürbar. Bravo !

🍇 Plaimont Producteurs, 32400 Saint-Mont, Tel. 05.62.69.62.87, Fax 05.62.69.61.68 ✉ 🍷 n. V.

CH. MONTUS Sec 1996**

| | 6 ha | 35 000 | 🍷 | 50-70 F |

Der beste Weißwein laut der Oberjury. Er ist zu 95 % aus Petit Courbu hergestellt worden und besitzt eine schöne goldgelbe Farbe mit grünen Reflexen. Sein sehr hübscher, frischer und zarter Duft erinnert an Blüten, danach an Zitrusfrüchte. Der Geschmack bietet eine verschwenderische Fülle von mehr oder weniger kandierten Früchten. Er zeigt sich die gesamte Weinprobe über füllig und wohlausgewogen. Ein hübsches Concerto.

🍇 Alain Brumont, Ch. Bouscassé, 32400 Maumusson, Tel. 05.62.69.74.67, Fax 05.62.69.70.46 ✉ 🍷 Mo-Sa 9h-12h 14h-19h

SAINT-MARTIN Moelleux 1995**

| | 10 ha | 50 000 | 🍷 | 50-70 F |

Dieser kluge Verschnitt aus Gros und Petit Manseng, Petit Courbu und Arrufiac, deren Trauben mehrmals ausgelesen worden sind, hat die Jury verführt, in einem Maße, daß er nicht weit von der Wahl zum Lieblingswein entfernt war. Alles an diesem 95er gefällt : seine schöne

strohgelbe Farbe, sein intensiver, recht entfalteter Duft, der reife Früchte mit Holznoten verbindet, und sein einschmeichelnder, sehr fülliger Geschmack, der honigartig, fruchtig und leicht geröstet ist. Ein ausgewogener Wein, der seine Präsenz spüren läßt. »Bezaubernd« - um das Wort eines Verkosters aufzugreifen.
🕭 Vignobles de Gascogne, 32400 Riscle, Tel. 05.62.69.62.87, Fax 05.62.69.61.68 ☑ ⚔ n. V.

DOM. SERGENT
Doux Cuvée fût de chêne 1995*

| ☐ | 1 ha | 5 000 | ◐ | 30-50 F |

Die spät gelesenen Petit-Manseng-Trauben haben hier erstklassige liebliche Weine hervorgebracht. Der aus dieser Rebsorte erzeugte 95er hat eine ansprechende, helle Farbe mit goldgrünem Schimmer. Der frische, entfaltete Geruchseindruck bietet blumige und fruchtige Düfte mit ein wenig Röstgeruch. Auf die milde Ansprache folgt ein fülliger, frischer, recht fruchtiger Geschmack, den im Abgang eine säuerliche Note würzt. Der aus Gros Manseng erzeugte trockene Weißwein verdient ebenfalls Beachtung.
🕭 EARL Gilbert Dousseau, Dom. Sergent, 32400 Maumusson, Tel. 05.62.69.74.93, Fax 05.62.69.75.85 ☑ ⚔ Mo-Sa 8h-20h

Tursan AOVDQS

Das Weinbaugebiet von Tursan, das einst im Besitz von Eleonore von Aquitanien war, erzeugt Rot-, Rosé- und Weißweine. Am interessantesten sind die Weißweine, die von einer originellen Rebsorte, der Baroque-Rebe, stammen. Der weiße Tursan ist trocken und nervig und bietet einen unnachahmlichen Duft; er paßt zu Alse, Glasaal und gebratenem Fisch.

BARON DE BACHEN 1995

| ☐ | 7 ha | 24 000 | ◐ | 50-70 F |

1983 restaurierte der Gastronom Michel Guérard das Schloß von Bachen (1235); danach renovierte er 1988 die alten Keller. Er präsentiert einen 95er mit einem milden Geruchseindruck, in dem sich Holznoten, Verbranntes und würzige Gerüche sowie Düfte von Blüten und exotischen Früchten vermischen. Die Ansprache ist sanft. Der Geschmack enthüllt Fülle und Frische sowie einen erstklassigen Holzton, der aufgrund seines Aromas und seiner feinen Tannine bis zum säuerlichen Abgang deutlich spürbar bleibt.
🕭 SA Michel Guérard, Cie fermière et thermale d'Eugénie-les-Bains, 40800 Duhort-Bachen, Tel. 05.58.71.76.76, Fax 05.58.71.77.77 ☑ ⚔ n. V.

LES VIGNERONS DE TURSAN
Paysage 1995*

| ■ | k. A. | 200 000 | ■ ⚐ | -30 F |

Die Cuvée Paysage hat eine intensive rote Farbe mit braunen Reflexen. Der warme Duft erinnert an rote Früchte in Alkohol und Unterholz. Nach einer klaren Ansprache zeigt sich der Geschmack füllig und großzügig; das Gerüst ist leicht, die Tannine sind gut verschmolzen. Der Wein klingt mit Frische und Früchten und einem Hauch von Bitterkeit aus. Ein guter bodentypischer Wein.
🕭 Les Vignerons de Tursan, 40320 Geaune, Tel. 05.58.44.51.25, Fax 05.58.44.40.22 ☑ ⚔ n. V.

Côtes de Saint-Mont AOVDQS

Die Côtes de Saint-Mont, die Verlängerung des Weinbaugebiets von Madiran, sind die jüngste der Pyrenäen-Appellationen von Weinen gehobener Qualität (1981). Die rote Hauptrebsorte ist hier ebenfalls Tannat, während als weiße Rebsorten Clairette, Arrufiac, Courbu sowie Gros und Petit Manseng angebaut werden. Den größten Teil der Produktion erzeugt die tatkräftige Vereinigung der Genossenschaftskellereien Plaimont. Die Rotweine sind farbintensiv und körperreich; sie werden schnell rund und gefällig. Man trinkt sie zu Grillgerichten und gascognischer Garbure, einem ländlichen Suppeneintopf. Die Roséweine sind fein und besitzen ein angenehm fruchtiges Aroma. Die Weißweine haben einen ausgeprägten Bodengeruch und sind trocken und nervig.

BASTZ D'AUTAN
Vieilli en fût de chêne 1995**

| ☐ | 45 ha | 320 000 | ◐ | -30 F |

Der »Bastz d'Autan« ist beim Weiß- wie beim Rotwein ein Wein, der von den besten Cuvées dieser Genossenschaftskellerei stammt, die mit der von Plaimont vereinigt ist. Diesem 95er mangelt es nicht an Frische: Er besitzt eine hübsche, frische strohgelbe Farbe und ein feines Bukett mit angenehmer Holznote, das reich ist an Aromen von weißen Blüten und Früchten, begleitet von ein wenig Honig und Vanille. Der runde, füllige und volle Geschmack ist vollkommen ausgewogen und setzt sich in einem liebenswerten, harmonisch verschmolzenen Eindruck fort. Eine schöne Vereinigung von Faß und Wein.
🕭 Vignobles de Gascogne, 32400 Riscle, Tel. 05.62.69.62.87, Fax 05.62.69.61.68 ☑ ⚔ n. V.

Weine der Dordogne

CH. DE LA ROQUE 1994**

| | 12 ha | 40 000 | | 50-70 F |

Eine sehr tiefe Farbe : ein dunkles Rubinrot, fast schwarz. Ein ausdrucksvoller Geruchseindruck mit feinen Düften, der ein angenehmes Aroma von verbranntem Holz mit leicht kandierten Früchten verbindet. Die Ansprache ist sanft und hat ein gutes Volumen. Der Geschmack ist rund, voll und recht konzentriert. Die Tannine verstärken eine schöne Struktur, die sich am Ende des Geschmackseindrucks unter einem spürbaren, komplexen Holzton ausdehnt. Dieser 94er bietet eine interessante Lagerfähigkeit.

Ch. de La Roque, 32290 Aignan,
Tel. 05.62.69.62.87, Fax 05.62.69.61.68 n. V.

LES HAUTS DE BERGELLE
Vieilli en fût de chêne 1995*

| | 100 ha | 800 000 | | -30 F |

Die Genossenschaftskellerei von Plaimont vinifiziert die Rebsorten Tannat, Cabernet Sauvignon und Cabernet franc sowie Pinenc getrennt und verschneidet sie danach. Dieser 95er von intensivem Granatrot bietet einen ziemlich weinigen Geruchseindruck, der sich mit eher pflanzlichen Noten entfaltet, begleitet von Vanille und Röstgeruch. In einem länglichen Geschmack erlebt man, wie die Wärme und die Gewürze zunehmen. Alles ist ausgewogen und stützt sich auf ein solides Gerüst holzbetonter Tannine. Ein gut ausbalancierter Wein !

Plaimont Producteurs, 32400 Saint-Mont,
Tel. 05.62.69.62.87, Fax 05.62.69.61.68 n. V.

PLAIMONT TRADITION 1996*

| | 60 ha | 560 000 | | -30 F |

Ziemlich blasse Farbe mit grünem Schimmer. Ein eher intensiver Duft nach Früchten mit weißem Fleisch (Pfirsiche), der teilweise exotische Noten (Pampelmusen und Ananas) enthält. Der füllige und immer noch fruchtige Geschmack sorgt auf seiner gesamten Länge für eine Empfindung von Frische und bietet im Abgang säuerliche Bonbons. Ein gefälliger, aromatischer und recht tonischer Wein.

Plaimont Producteurs, 32400 Saint-Mont,
Tel. 05.62.69.62.87, Fax 05.62.69.61.68 n. V.

Die Weine der Dordogne

Das Weinbaugebiet der Dordogne bildet die natürliche Fortsetzung des Anbaugebiets von Libourne, von dem es nur durch eine Verwaltungsgrenze getrennt ist. Das Anbaugebiet des Périgord, in dem die klassischen Rebsorten der Gironde angebaut werden, ist durch eine sehr vielfältige Produktion und eine Vielzahl von Appellationen charakterisiert. Es breitet sich terrassenförmig an den Ufern der Dordogne aus.

Die regionale Appellation Bergerac umfaßt Weiß-, Rosé- und Rotweine. Die Côtes de Bergerac sind liebliche Weißweine mit feinem Bukett und kräftig gebaute, runde Rotweine, die man zu Geflügel und Fleischgerichten mit Sauce trinkt. Die Appellation Saussignac steht für ausgezeichnete liebliche Weißweine, die eine perfekte Ausgewogenheit zwischen Lebhaftigkeit und Süße besitzen ; sie sind Aperitifweine, die zwischen dem Bergerac und dem Monbazillac stehen. Montravel, unweit von Castillon gelegen, ist das Weinbaugebiet von Montaigne ; die Produktion verteilt sich hier auf den trockenen weißen Montravel, dem die Sauvignon-Rebe einen sehr typischen Charakter verleiht, und auf die Côtes de Montravel und Haut-Montravel, liebliche, elegante und rassige Weine, die ausgezeichnete Dessertweine abgeben. Der Pécharmant ist ein Rotwein, der von den Hügeln des Gebiets von Bergerac kommt ; die eisenreichen Böden dort verleihen ihm einen sehr typischen Bodengeschmack. Er ist ein lagerfähiger Wein mit einem feinen, subtilen Bukett, der zu den klassischen Gerichten der Périgord-Küche paßt. Der Rosette ist ein lieblicher Weißwein, der von den gleichen Rebsorten wie die Bordeaux-Weine stammt und in einer kleinen Anbauzone auf dem rechten Ufer der Dordogne rund um Bergerac erzeugt wird.

Der seit dem 14. Jh. bekannte Monbazillac ist einer der berühmtesten »Süßweine«. Sein Anbaugebiet liegt nach Norden auf lehmigkalkhaltigen Böden. Das Mikroklima, das hier herrscht, ist besonders günstig für die Entwicklung einer speziellen Form des Botrytis-Pilzes, der Edelfäule. Die Monbazillac-Weine haben eine goldgelbe Farbe und ein Aroma von Wildblumen und Honig. Da sie im Geschmack sehr lang sind, kann man sie als Aperitif oder zu Stopfleber, Roquefort und Schokoladendesserts trinken. Sie sind füllig und kraftvoll und reifen bei der Alterung zu großen süßen Weinen, die einen »Bratengeschmack« annehmen.

Bergerac

Die Weine können im gesamten Arrondissement Bergerac erzeugt werden, das 12 633 ha umfaßt. Der frische, fruchtige Rosé stammt häufig von der Cabernet-Rebe; der aromatische, sanfte Rotwein ist ein Verschnitt der traditionellen Rebsorten.

CH. BINASSAT 1995*
■ 2 ha k. A. 🍷 30-50F

Das Gut hat seinen Sitz in einem Bau, der aus der Zeit der Tempelritter stammt und sich an die Kirche des alten Schlosses anlehnt, mitten in dem Dorf Saint-Nexans gelegen. Bei diesem 95er dominieren im Duft vor allem schwarze Früchte und ganz besonders schwarze Johannisbeeren, von einer angenehmen Vanillenote begleitet. Dem im Geschmack fleischigen und fülligen Wein mangelt es noch an Rundheit, aber in ein bis zwei Jahren wird er vollkommen ausgewogen sein.
☎ Jeante, Le Bourg, 24520 Saint-Nexans, Tel. 05.53.58.56.59, Fax 05.53.58.56.59 ✓ ⚲ n. V.

CH. GRAND MARSALET
Cuvée Prestige Elevée en fût de chêne 1995**
■ 4 ha 18 000 🍷🍷 30-50F

Mit mehr als 100 ha Reben hat sich dieses Gut, das gleichzeitig seine Weinberge, aber auch seinen Keller und seine Vinifizierung verbessert, sowohl beim Weiß- als auch beim Rotwein der Qualität verschrieben. Der Ausbau in Barriquefässern aus neuem Eichenholz, der bei diesem 95er gut gelungen ist, ermöglicht eine subtile Vereinigung von reifer Frucht und Vanille. Ein im Geschmack wohlausgewogener, fülliger und runder Wein, den man mindestens drei Jahre aufheben muß, um seine ganze Fülle genießen zu können.
☎ SCEA du Grand Marsalet, Le Marsalet, 24100 Saint-Laurent-des-Vignes, Tel. 05.53.57.30.59, Fax 05.53.61.37.49 ✓ ⚲ Mo-Fr 8h-12h 14h-18h
☎ Nadal-Ode

RESERVE DU CH. GRINOU 1995**
■ 6 ha 26 000 🍷 30-50F

Diese Réserve ist eine ausschließlich aus Merlot hergestellte Cuvée; sie hat einen einjährigen Ausbau im Eichenholzfaß durchlaufen. Der stark vom Holz geprägte Geruchseindruck läßt hinter dem Vanille- und Gewürzduft ein Aroma von reifen Früchten erahnen. Volumen, Fett und Fülle kennzeichnen den Geschmack. Das Holz ist noch sehr spürbar und muß verschmelzen. Ein gelungener Wein, den man altern lassen muß. Der Saussignac von Château Grinou ist von der Jury lobend erwähnt worden.
☎ Catherine et Guy Cuisset, Ch. Grinou, rte de Gageac, 24240 Monestier, Tel. 05.53.58.46.63, Fax 05.53.61.05.66 ✓ ⚲ n. V.

CH. HAUT BURET 1995*
■ 1,5 ha 10 000 🍷 -30F

Dieser Verschnitt enthält viel Cabernet, der aber auf einem für Montravel typischen lehmig-kalkhaltigen Boden wächst, wo er 1995 seine volle Reife erlangen konnte. Der Duft ist stark von roten Früchten geprägt und enthält Noten von Backpflaumen. Volumen zeigt sich im Geschmack, wo die Tannine recht deutlich zu spüren sind. Ein für die Appellation Bergerac typischer Wein.
☎ Dino Moro, Pagnon, 24230 Vélines, Tel. 05.53.27.10.72, Fax 05.53.27.56.00 ✓ ⚲ n. V.

DOM. DU HAUT MONTLONG
Merlot 1995**
■ k. A. 8 000 🍷 30-50F

»Diese Cuvée aus reinem Merlot ist ein schöner Erfolg, aber sie hätte noch besser sein können, wenn sie mit einem guten Cabernet verschnitten worden wäre«, notierte ein Juror, der trotzdem nicht wußte, daß er einen reinsortigen Wein probierte. Beglückwünschen wir ihn, aber denken wir daran, daß dieser 95er bemerkenswert ist. Große Stärke, ein durch ein Aroma von schwarzen Früchten, Kirschen und Brombeeren charakterisierter Geruchseindruck. Der Geschmack besitzt viel Volumen, Stoff und Konzentration. Im Abgang kehren die Früchte zurück. Ein Wein, den man bald trinken kann.
☎ Alain et Josy Sergenton, Dom. du Haut Montlong, 24240 Pomport, Tel. 05.53.58.81.60, Fax 05.53.58.09.42 ✓ ⚲ Mo-Fr 9h-12h 13h30-19h30 ; Sa, So n. V.

JULIEN DE SAVIGNAC 1996**
■ k. A. 18 000 🍷 30-50F

Diese Cuvée ist die Frucht der Begegnung von zwei Weinbegeisterten, Patrick Montfort, Weinhändler in Bugue, und Hugh Ryman, dem *flying winemaker* der Firma Joubert in Colombier. Das Aroma von roten Früchten und Brombeeren dominiert in der Nase. Dieser im Geschmack sehr kräftige, fleischige Wein bietet in der Ansprache Früchte und entfaltet sich mit runden, vollen Tanninen. Er ist im Abgang nachhaltig und besitzt ein ausgezeichnetes Lagerpotential. Der sehr frische und sehr fruchtige, durch schwarze Johannisbeeren geprägte Rosé, der ebenfalls dieser Zusammenarbeit entstammt, wurde von der Jury lobend erwähnt.
☎ Julien de Savignac, av. de la Libération, 24260 Le Bugue, Tel. 05.53.07.10.31, Fax 05.53.07.16.41 ✓ ⚲ Mo-Sa 9h-12h30 14h30-19h30

DOM. DE LA BOISSIERE
Vieilli en fût de chêne 1995*
■ 1 ha 4 000 🍷 30-50F

Ein traditionelles Rezept für einen Wein, bei dem die Cabernet-Sorten dominieren, hergestellt mittels langer Maischegärung und zehn Monate lang im Eichenholzfaß ausgebaut. Der Geruchseindruck wird vom Vanille- und Gewürzaroma beherrscht. Die Ansprache ist gefällig. Unter einem recht spürbaren, aber ziemlich verschmolzenen Holzton zeigen sich Stärke und Stoff. Der Abgang hinterläßt einen etwas strengen Eindruck. Dieser 95er muß noch ein Jahr lagern.

Bergerac

🍷 Serge Lagarde, Dom. du Vigneaud, 24240 Monestier, Tel. 05.53.58.80.54, Fax 05.53.24.88.56 ✓ 🍷 tägl. 10h-19h

CH. LA BRIE
Cuvée Prestige Elevée en fût de chêne 1995**

■   6 ha   3 200   🍷 30-50 F

Nachdem Château La Brie von der Genossenschaftskellerei von Monbazillac vinifiziert worden war, ist es heute von der Fachoberschule für Weinbau übernommen worden. Der Wein wird in einem perfekt ausgerüsteten Lehrkeller hergestellt und ausgebaut. Der Geruchseindruck dieses 95ers ist sehr komplex, aber darin dominieren vor allem das Aroma von roten Früchten (schwarze Johannisbeeren) und ein Hauch von Veilchen. Die Ansprache ist füllig, aber die recht spürbaren, umhüllten Tannine zeigen sich sanft. Der gefällige, nachhaltige Abgang hinterläßt einen guten Eindruck. Ein harmonischer Wein, der zwei bis drei Jahre altern muß.

🍷 Ch. La Brie, Lycée viticole, Dom. de la Brie, 24240 Monbazillac, Tel. 05.53.74.42.42, Fax 05.53.58.24.08 ✓ 🍷 Mo-Sa 10h-19h; Jan. geschlossen

CH. DE LA COLLINE 1995***

■   5,69 ha   24 231   🍷 -30 F

Charles Martin, ein großer Rugbyliebhaber, kann den Sieg der französischen Mannschaft feiern, die die englische Mannschaft keine Punkte machen ließ. Der Geruchseindruck dieses 95ers ist sehr kräftig mit einem Aroma von Leder, Gewürzen, Geröstetem und Holz sowie sehr reifen roten Früchten. Die Ansprache im Mund bestätigt den Duft. Die komplexen Empfindungen zwischen Holz und Frucht zeugen von einem reichhaltigen, vollen und ausgewogenen Wein. Der nachhaltige Abgang hinterläßt einen Eindruck von Vanille und Samt. Ein ausgezeichneter Wein, den man noch ein paar Jahre altern lassen muß.

🍷 Charles R.L. Martin, Ch. de La Colline, Les Pigniers, 24240 Thénac, Tel. 05.53.61.87.87, Fax 05.53.61.71.09 ✓ 🍷 n. V.
🍷 B.K. Timms et Sons

DOM. L'ANCIENNE CURE
Cuvée Abbaye 1995*

■   2 ha   13 000   🍷 30-50 F

Die Cuvée Abbaye von Christian Roche ist ein Wein, der einen zwölfmonatigen Ausbau im Eichenholzfaß durchläuft. Die Verbindung zwischen Wein und Holz ist perfekt gelungen. In der Nase vermischen sich die roten Früchte und das Aroma von Vanille und Leder. Im Geschmack sind die Tannine deutlich spürbar, aber mit dem Holzton gut verschmolzen. Viel Struktur und Länge für einen gefälligen, harmonischen Wein, der altern muß. Weisen wir beim selben Erzeuger auf einen Rosé hin, der sehr angenehm nach Erdbeeren duftet.

🍷 Christian Roche, L'Ancienne Cure, 24560 Colombier, Tel. 05.53.58.27.90, Fax 05.53.24.83.95 ✓ 🍷 Mo-Sa 9h-12h 14h-19h; So u. feiertags n. V.

Gebiet von Bergerac

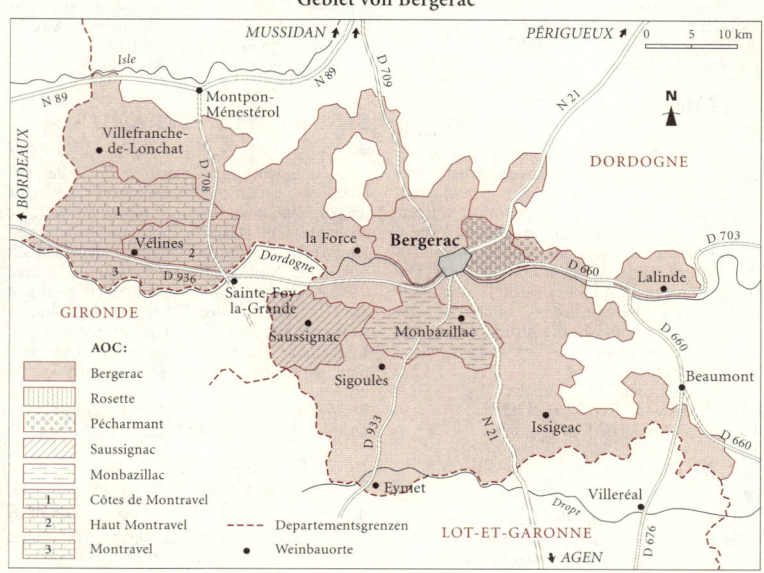

Bergerac

CH. LA RAYRE Cabernet 1995*

■ 8 ha 25 000 ᵢ⸺ 30-50F

In diesem Wein findet man mehr einen Ausdruck der Rebsorte als einen bodentypischen Charakter, aber das Ergebnis ist interessant. Schon beim ersten Riechen weiß man, daß man einen Cabernet vor sich hat mit seinem typischen, besonders kräftigen Paprikaaroma. Der Geschmack bestätigt den Geruchseindruck und zeigt immer noch viel Fruchtigkeit, Feinheit und Eleganz. Sollte jung getrunken werden.
➥ Jean Revol, La Rayre, 24560 Colombier, Tel. 05.53.58.32.17, Fax 05.53.24.55.58 ☑ ϒ n. V.

CH. LA VAURE 1995

■ 13 ha 93 000 ᵢ⸺ 30-50F

La Vaure, früher Domaine und seit 1993 Château, ist eines der Schmuckstücke der Kellerei von Le Fleix. Die Qualität dieses getrennt vinifizierten Weins enttäuscht nie. Der Geruchseindruck dieses 95ers ist eher weinig und bietet viel Frucht und Reife. Der ebenfalls weinige Geschmack entwickelt sich über etwas strengen Tanninen, die zu einem leicht adstringierenden Abgang führen. Ein Jugendfehler, der mit der Zeit vergehen wird.
➥ Union vinicole Bergerac-Le Fleix, 24130 Le Fleix, Tel. 05.53.24.64.32, Fax 05.53.24.65.46 ☑ ϒ n. V.

CH. LE PAYRAL 1995*

■ 4 ha 14 000 ᵢ⸺ -30F

Thierry Daulhiac, der sich hier 1992 niedergelassen hat, bietet auf dem Gut seine Weine und seine Gästezimmer an. Der Geruchseindruck seines 95ers zeigt eine leichte Oxidationsnote, aber im Geschmack ist es ein konzentrierter Wein, in dem die Tannine ihre ganze Stärke und ihre Rundheit zum Ausdruck bringen. Er ist sehr dicht und sehr wuchtig und beweist im Abgang viel Eleganz und Länge.
➥ Thierry Daulhiac, 24240 Razac-de-Saussignac, Tel. 05.53.22.38.07, Fax 05.53.27.99.81 ☑ ϒ n. V.

CH. MIAUDOUX 1995**

■ 2 ha 12 000 ⸺ 30-50F

In dieser Cuvée gibt es fast ausschließlich Merlot. Der Wein hat eine lange Gärdauer und einen Ausbau im Eichenholzfaß durchlaufen. Der Geruchseindruck wird vom Holz dominiert und läßt kräftige Noten von Geröstetem, Vanille und Gebranntem erkennen, begleitet von einem Aroma von reifen Früchten und Wildbret. Die füllige Ansprache bietet viel Stoff über verschmolzenen, harmonischen Tanninen. Der Holzton hält sich im Abgang zurück, so daß sich das Fruchtaroma entfalten kann. In fünf Jahren ein guter Wein.
➥ Gérard Cuisset, Les Miaudoux, 24240 Saussignac, Tel. 05.53.27.92.31, Fax 05.53.27.96.60 ☑ ϒ n. V.

CH. MONDESIR 1995

■ 4 ha 20 000 ᵢ⸺ -30F

Dieser von der Cave des Deux Vignobles in Villefranche-de-Lonchat hergestellte Wein wird von der Gruppe Univitis verkauft. Der ziemlich entfaltete Duft bietet Noten von roten Früchten und roten Johannisbeeren. Der Geschmack zeichnet sich durch seine Feinheit und Eleganz aus. Die nicht übermäßig vielen Tannine sind sehr sanft und samtig. Ein Bergerac vom Primeur-Typ, fruchtig und süffig. Sollte ziemlich bald getrunken werden.
➥ Univitis, Les Lèves, 33220 Sainte-Foy-la-Grande, Tel. 05.57.56.02.02, Fax 05.57.56.02.22 ☑ ϒ Di-Sa 8h30-12h30 14h-18h

DOM. MOULIN DES DAMES 1996**

■ 4,5 ha 20 000 ᵢ⸺ 50-70F

Ein Wein, auf den man sich verlassen kann, wie er Jahr für Jahr bestätigt. Erinnern wir uns daran, daß der 94er drei Sterne erhielt. Der Geruchseindruck dieses 96ers bietet eine holzbetonte Röstnote, aber auch viel rote Früchte. Der Geschmack überrascht durch seine Tanninhaltigkeit, aber es sind recht reife, anmutige Tannine. Der Abgang ist gegenwärtig durch eine leichte Bitterkeit geprägt, die sich mit dem Alter verflüchtigen wird, denn es ist ein bemerkenswert vinifizierter Wein, der über eine große Lagerfähigkeit verfügt.
➥ SCEA de Conti, Tour des Gendres, 24240 Ribagnac, Tel. 05.53.57.12.43, Fax 05.53.58.89.49 ☑ ϒ n. V.

CH. POULVERE 1995*

■ 21,44 ha 33 400 ᵢ⸺ 30-50F

Der Weinberg, der seit vier Jahren im Besitz der Familie Borderie ist, liegt auf einem erstklassigen Boden zu Füßen des Schlosses von Monbazillac. Er hat einen 95er hervorgebracht, dessen etwas verschlossener und nicht sehr kräftiger Geruchseindruck bei der Belüftung Noten von roten Früchten enthüllt. Im Geschmack wird man durch eine schöne, runde und klare Ansprache überrascht. Die Tannine, die zusammen mit viel Stoff deutlich zu spüren sind, müssen verschmelzen. Ein Wein, der sich entfalten wird.
➥ GFA Vignobles Poulvère et Barses, Poulvère, 24240 Monbazillac, Tel. 05.53.58.30.25, Fax 05.53.58.35.87 ☑ ϒ n. V.

SEIGNEURS DU PERIGORD 1996*

■ k. A. k. A. ᵢ⸺ -30F

Es ist angenehm, bei einem Weinhändler, der überdies in der Gironde beheimatet ist, einen für die Appellation vollkommen typischen Bergerac zu entdecken. Das sehr spürbare Aroma von Himbeeren und roten Johannisbeeren lädt sich in der Nase ebenso wie im Mund, wo man dank vollreifer Tannine viel Rundheit, Sanftheit und Harmonie findet. Ein schon angenehmer, süffiger Wein, der drei bis fünf Jahre altern kann. Eine andere Marke des Hauses Mau, Commanderie de Valmusée, wurde von der Jury lobend erwähnt.
➥ SA Yvon Mau, B.P. 1, 33190 Gironde-sur-Dropt, Tel. 05.56.61.54.54, Fax 05.56.61.54.61

ROSE DE SIGOULES
Elevé en fût de chêne 1995**

■ k. A. 12 000 ⸺ 30-50F

Nach einem Stern im letztjährigen Weinführer zwei vollauf verdiente Sterne für diesen 95er, der

in der Nase sehr holzbetont ist. Die Vanille überdeckt noch das Aroma des Weins. Der erste Eindruck im Geschmack ist ganz ähnlich, mit nachhaltigen Holznoten. Die Tannine zeichnen sich jedoch durch ihre Rundheit und ihre Sanftheit aus. Dieser Wein wird in drei Jahren ausgewogen sein.
🕭 Cave Producteurs de Montravel et Sigoulès, 24240 Mescoules, Tel. 05.53.58.40.18, Fax 05.53.58.49.07 ✔ ⏱ Mo-Sa 8h-12h30 14h-18h30

CH. SINGLEYRAC
Cuvée Tradition 1996★★

| ■ | 15 ha | 52 000 | 🍷♨ -30F |

Die Herstellung dieser Cuvée ist zwar deutlich traditionell, aber der Boden und das Können sind ebenfalls an den beiden Sternen beteiligt. Vor allem reife Früchte (schwarze und rote Johannisbeeren) beherrschen mit guter aromatischer Intensität den Geruchseindruck. Man findet diese Früchte im Geschmack wieder, über einem besonders ausgewogenen und harmonischen Tanninuntergrund. Man sollte ihn in höchstens zwei bis drei Jahren trinken, um die Feinheit und die Fruchtigkeit zu genießen. Der liebliche 96er Côtes de Bergerac, der fruchtig und frisch ist, wurde von der Jury lobend erwähnt.
🕭 SCEA Ch. Singleyrac, Le Bourg, 24500 Singleyrac, Tel. 05.53.58.41.98, Fax 05.53.58.37.07 ✔ ⏱ n. V.

CH. TOUR DE GRANGEMONT 1996★

| ■ | k. A. | 40 000 | 🍷♨ -30F |

Wenn man alle Auszeichnungen aufzählen müßte, die dieses Château erhalten hat, würde eine Buchseite nicht ausreichen. Auf einem sehr eigentümlichen Boden, wo wenig Weinbau getrieben wird, stellt Christian Lavergne interessante Erzeugnisse her. Der Geruchseindruck dieses 96ers verbindet das Aroma von grünem Paprika und Gewürzen mit dem Duft von kandierten Früchten und Backpflaumen. Im Geschmack bietet dieser sehr körperreiche, fleischige und kräftig gebaute Wein Reichtum und Stärke und bezeugt mit seinen vollreifen Tanninen eine gute Extraktion des Stoffes. Je länger Sie ihn lagern, desto mehr werden Sie ihn genießen.
🕭 Lavergne, 24560 Saint-Aubin-de-Lanquais, Tel. 05.53.24.32.89, Fax 05.53.24.56.77 ✔ ⏱ n. V.

CH. VARI 1996

| ■ | 1 ha | 7 500 | 🍷♨ -30F |

Nach einem bemerkenswerten 95er (zwei Sterne) sind die Jestins ein weiteres Mal vertreten, nämlich mit diesem 96er. Während es dem Duft nach roten Früchten und Paprika gegenwärtig vielleicht ein wenig an Stärke mangelt, ist die Ansprache sehr gefällig und zeigt erneut Früchte. Der ein wenig strenge Abgang enthüllt eine in keiner Weise optimale Reife. Dieser Wein sollte altern und belüftet werden.
🕭 Vignobles Jestin, Ch. Vari, 24240 Monbazillac, Tel. 05.53.24.97.55, Fax 05.53.24.97.55 ✔ ⏱ n. V.

Bergerac rosé

DOM. DU BOIS DE POURQUIE 1996★★

| ◢ | 2 ha | 6 600 | 🍷♨ -30F |

Die Familie Mayet besitzt einen modernen, gut ausgerüsteten Keller. Sie präsentiert einen klassischen Rosé, der aus den beiden Cabernet-Sorten hergestellt worden ist. Auch wenn die Verkostung ein wenig Restzucker enthüllt, so entlädt sich das Aroma von Erdbeeren, Kirschen und schwarzen Johannisbeeren in der Nase. Dieser Wein zeigt sich füllig und lang mit jener zarten Note, die mit dem Zucker im geschmacklichen Ausklang verbunden ist. Ach, man sollte ihn gut gekühlt im Schatten einer Gartenlaube trinken !
🕭 Marlène et Alain Mayet, EARL du Bois de Pourquié, 24560 Conne-de-La-Barde, Tel. 05.53.58.25.58, Fax 05.53.61.34.59 ✔ ⏱ tägl. 8h-19h

CH. CALABRE 1996★

| ◢ | 3 ha | 20 000 | 🍷♨ -30F |

Dieser aus Cabernet Sauvignon hergestellte Rosé, der von einem großartigen lehmig-kalkhaltigen Boden stammt, hat vor der Gärung eine Hülsenmaischung bei niedriger Temperatur durchlaufen. Intensive, elegante rote Früchte (Erdbeeren, Feigen, schwarze Johannisbeeren) bestimmen den Geruchseindruck. Im Geschmack macht sich ein schöner Körper mit viel Lebhaftigkeit bemerkbar. Daniel Hecquet präsentiert Ihnen auch den roten Château Puy Servain. Er beginnt sich zu entfalten, so daß ihn die Jury lobend erwähnen wollte.
🕭 SCEA Puy-Servain, Calabre, 33220 Port-Sainte-Foy, Tel. 05.53.24.77.27, Fax 05.53.58.37.43 ✔ ⏱ Mo-Fr 8h-12h 14h-18h ; Sa n. V.
🕭 Hecquet

DOM. DU CASTELLAT 1996

| ◢ | 0,3 ha | 2 000 | 🍷♨ -30F |

Dieses Gut hat im vergangenen Jahr zwei Sterne für seinen roten 95er Bergerac erhalten. Diesmal hat der Rosé die Aufmerksamkeit der Jury auf sich gezogen. Die blaßrosa Farbe ist schillernd. Der Duft nach Früchten (Himbeeren und schwarze Johannisbeeren) enthüllt die gute Reife der Cabernet-Trauben. Dieses Aroma findet sich im Geschmack wieder, der viel Rundheit besitzt. Sein säuerlicher Abgang ist erfrischend.
🕭 Jacques und Jean-Luc Lescure, Le Castellat, 24240 Razac-de-Saussignac, Tel. 05.53.27.08.83, Fax 05.53.27.08.83 ✔ ⏱ Mo-Sa 8h-19h30 ; So n. V.

CH. LA RESSAUDIE 1996

| ◢ | 1,5 ha | 10 000 | 🍷♨ -30F |

Château La Ressaudie, das auf einem großartigen Tonsandboden über dem Tal der Dordogne liegt, verdient dieses Jahr eine lobende Erwähnung für seinen Rosé. Dieser Wein hat eine ziemlich kräftige, frische Farbe und bietet einen etwas verschlossenen Geruchseindruck, der sich nach der Belüftung mit roten Früchten entfaltet. Der Geschmack zeigt sich angenehm und sanft, mit einem Aroma von Granatäpfeln.

Bergerac rosé

🍷 Jean Rebeyrolle, Ch. La Ressaudie, 33220 Port-Sainte-Foy, Tel. 05.53.24.71.48, Fax 05.53.58.52.29 ☑ ⚜ n. V.

CH. LAULERIE 1996★★

| | k. A. | 100 000 | 📦 -30 F |

Mit Hilfe eines Ausbaus auf feiner Hefe ist es Serge Dubard gelungen, aus der Frucht das Äußerste herauszuholen. Der Duft bietet ein komplexes Aroma von schwarzen Johannisbeeren und Erdbeeren, aber auch von Buchsbaum, Zitrusfrüchten, Nelken und Unterholz. Der geschmeidige, sanfte und runde Geschmack wird durch eine ausgeprägte Frische unterstützt. Ein Rosé, der sicher ein muß und dann perfekt zu gebratenem Fleisch paßt.

🍷 Vignobles Dubard Frère et Sœur, Le Gouyat, 24610 Saint-Méard-de-Gurçon, Tel. 05.53.82.48.31, Fax 05.53.82.47.64 ☑ ⚜ Mo-Sa 8h-13h 14h-20h ; So n. V.

CLOS LE JONCAL 1996★

| | 3 ha | 1 200 | 📦 -30 F |

Die kirschrote Farbe mit dem bläulichroten Schimmer zeigt sofort, daß dieser Rosé eher einem Clairet nahesteht und daß er dank seiner Struktur zahlreiche Gerichte begleiten kann. Schwarze Johannisbeeren, rote Früchte und Himbeeren zeugen im Duft von einer guten Reife. Im Geschmack sind ihm durch seine Sanftheit und seine Rundheit bestimmt. Er klingt mit einem Hauch von angenehmer Frische aus.

🍷 SCEA Le Joncal, le Bourg, Saint-Julien, 24500 Eymet, Tel. 53.61.84.73, Fax 53.61.84.73 ☑ ⚜ tägl. 9h-12h 14h30-18h

🍷 Tatard

CH. LES HEBRAS 1996

| | k. A. | 2 500 | 📦 -30/-50 F |

In diesem Anbaugebiet, das wegen seiner Produktion von süßen Weinen bemerkenswert ist, kann man auch erstklassige Rosé erzeugen, wie diesen hier, dessen dunkelrote Farbe Ähnlichkeit mit der eines Clairet hat. Der noch ein wenig verschlossene, vielversprechende Geruchseindruck erinnert an Zitrusfrüchte. Der Geschmack angenehme und wohlausgewogene Wein überrascht durch seine Struktur, die mehr die eines Rotweins ist. Man sollte ihn gekühlt probieren, zu exotischer Küche.

🍷 Eric et Pascale de Bazin, 24240 Pomport, Tel. 05.53.63.44.40, Fax 05.53.61.37.32 ☑ ⚜ n. V.

DOM. DE MAISONNEUVE
Cuvée tradition 1996★

| | 2 ha | 3 000 | 📦 -30 F |

Das ist die erste Lese, die Bénédicte und Patrick Geneste auf diesem Gut vinifiziert haben : Das Ergebnis ist vielversprechend mit diesem klassischen, durch »Saignée« (Abstich nach kurzer Maischung) hergestellten Rosé, in dem Cabernet dominiert. Der eher diskrete Geruchseindruck erinnert an pürierte Erdbeeren. Der fruchtige Charakter kommt stärker im Geschmack zum Ausdruck, der eine gewisse Sanftheit und eine gute Länge enthüllt. Trotz leichter Farbveränderung ein intensiver, recht schwungvoller Wein.

🍷 Bénédicte Geneste, EARL Dom. du Petit Paris, 24240 Monbazillac, Tel. 05.53.58.30.41, Fax 05.53.58.35.63 ☑ ⚜ tägl. 9h-18h

🍷 GAEC de Maisonneuve

CH. PETITE BORIE 1996

| | k. A. | 20 000 | 📦 -30 F |

Im vergangenen Jahr wurde der Rosé von Court-les-Mûts lobend erwähnt ; dieses Jahr ist es der Château Petite Borie - beide ein Ergebnis des Könnens, der Kellertechnik und der Begeisterung, die Pierre-Jean Sadoux und Henry Mondié antreibt. Schwarze Johannisbeeren, Buchsbaum, Zitrusfrüchte, Pampelmusen. Wohlgemerkt, die Cabernet-Rebe entfaltet das Aroma. Dieser in der Ansprache sanfte, runde 96er hat viel Fülle im Geschmack. Der Abgang ist ein wenig lebhaft. Ein recht typischer Rosé aus Bergerac.

🍷 SCEA Vignobles Pierre Sadoux, Ch. Court-les-Mûts, 24240 Razac-de-Saussignac, Tel. 05.53.27.92.17, Fax 05.53.23.77.21 ☑ ⚜ Mo-Fr 9h-11h30 14h-17h30 ; Sa n. V.

PEYBOUQUET 1996★

| | 3 ha | 10 000 | 📦 -30 F |

Diese Cuvée hatte im letzten Jahre zwei Sterne für den vorangegangenen Jahrgang erhalten. Der 96er zeigt eine intensive, dunkle Farbe. Das Aroma von roten Früchten, vor allem Himbeeren, dominiert in der Nase ebenso wie im Mund. Dieser Wein ist für einen Rosé sehr strukturiert und besitzt eine gute Länge. Der fruchtige Abgang ist ziemlich lebhaft.

🍷 Union vinicole Bergerac-Le Fleix, 24130 Le Fleix, Tel. 05.53.24.64.32, Fax 05.53.24.65.46 ☑ ⚜ n. V.

CH. DU PRIORAT 1996★★

| | 4 ha | 30 000 | 📦 -30 F |

Man verändert eine siegreiche Mannschaft ebensowenig wie ein funktionierendes Rezept - und schon hat man drei Jahrgänge hintereinander, die jeweils zwei Sterne erhalten haben. Immer noch intensives Aroma von Früchten, unter denen man Erdbeeren, Kirschen sowie schwarze und rote Johannisbeeren erkennt. Der Geschmack bestätigt den Geruchseindruck mit einer sanften Ansprache, danach mit einem Aroma von Früchten, das sich entfaltet. Ein rassiger, eleganter Wein, der durch ein wenig Kohlensäure betont wird.

🍷 GAEC du Priorat, 24610 Saint-Martin-de-Gurson, Tel. 05.53.80.76.06, Fax 05.53.81.21.83 ☑ ⚜ Mo-Sa 8h-12h 14h-19h

CH. THEULET 1996★

| | k. A. | k. A. | -30 F |

Pierre Alard, der eher für die Qualität seiner Weißweine bekannt ist, beweist, daß er auch sympathische Rosés herstellen kann. Dieser hier ist im Aussehen zart und ansprechend. Man riecht Himbeeren und Fruchtdrops. Im Geschmack entlädt sich am Gaumen eine Empfindung von Frische und Frucht, die durch die Kohlensäure hervorgehoben wird. Gut gekühlt kann dieser Bergerac einen Aperitifwein abgeben.

⊷ SCEA Alard, Le Theulet,
24240 Monbazillac, Tel. 05.53.57.30.43,
Fax 05.53.58.88.28 ✓ ⊺ Mo-Fr 8h-12h 14h-18h ;
Sa, So n. V.

CH. VEYRINES Cuvée Estivale 1996*

| | 0,5 ha | 2 400 | | -30F |

Im Rahmen einer beruflichen Umschulung haben Monsieur und Madame Lascombes dieses Gut übernommen, nachdem sie eine Weinbauausbildung absolvierten. Diese Cuvée Estivale ist ein Saignée-Rosé (nach kurzer Maischung abgestochen), der Restzucker enthält. Der für vollreife Cabernet-Trauben typische Erdbeerduft ist ziemlich zurückhaltend. Die Struktur ist interessant, von einem Aroma von Äpfeln, schwarzen Johannisbeeren und Erdbeeren umgeben. Dieser wohlausgewogene Wein bietet einen nachhaltigen Abgang.

⊷ Eric Lascombes, Veyrines, 24240 Ribagnac, Tel. 05.53.73.01.34, Fax 05.53.73.01.34 ✓ ⊺ n. V.

Bergerac sec

Die Vielfalt der Böden (Kalkstein, Kiessand, Lehm) führt zu unterschiedlichen Aromen. In ihrer Jugend sind die Weine fruchtig und elegant und haben einen Hauch von Nervigkeit. Wenn sie im Holzfaß ausgebaut worden sind, müssen sie ein bis zwei Jahre altern, damit sie den bodentypischen Ausdruck entfalten.

CH. BELINGARD
Tête de cuvée Blanche de Bosredon 1996*

| | 5 ha | 13 000 | ◫ | 30-50F |

Die Cuvée Blanche de Bosredon stammt von Trauben, die eine Auswahl der besten Anbaugebiete darstellen. Sie sind danach im Barriquefaß vinifiziert und zehn Monate lang ausgebaut worden, um einen lagerfähigen Wein zu liefern. Das Aroma von frischen Früchten (Birnen) verbindet sich bei diesem 96er mit einem kräftigen Holzton. Dennoch besitzt der runde, wohlausgewogene Geschmack eine Lebhaftigkeit, die die Zukunft dieses Bergerac sicherstellt. Ein schöner Wein, der noch größer wird. Die gleiche Cuvée fand beim 95er Monbazillac eine lobende Erwähnung.

⊷ SCEA Comte de Bosredon, Belingard, 24240 Pomport, Tel. 05.53.58.28.03, Fax 05.53.58.38.39 ✓ ⊺ n. V.

CH. DU BLOY 1996

| | 5 ha | 20 000 | | -30F |

45 % Muscadelle - eine Rebsorte, die bei einem trockenen Bergerac selten vertreten ist. Dennoch dominiert Sauvignon. Der Geschmack ist rund und leicht säuerlich. Ein facettenreicher Wein, der ein paar Monate altern muß, damit sich die Muscadelle-Rebe entfalten kann.

⊷ Guillermier Frères, Bonneville,
24230 Velines, Tel. 05.53.27.50.59,
Fax 05.53.27.54.36 ✓ ⊺ Mo-Sa 9h-12h 14h-18h

DOM. DU CANTONNET
Tête de cuvée Sauvignon 1996*

| | 2 ha | 12 000 | | 30-50F |

Ein intensives, komplexes Aroma, das an Ginster und rote Johannisbeeren erinnert. Ein runder, fruchtiger Geschmack, der nicht mehr aufhört. Dank einem außergewöhnlichen Anbaugebiet und einer avantgardistischen Kellertechnik, bei der nichts dem Zufall überlassen wird, hier ein Sauvignon, der perfekt die Frucht zum Ausdruck bringt.

⊷ EARL Vignobles Jean-Paul Rigal, Le Cantonnet, 24240 Razac-de-Saussignac, Tel. 05.53.27.88.63, Fax 05.53.23.77.11 ✓ ⊺ n. V.

CARAVELLE Sauvignon 1996*

| | 10 ha | 30 000 | | -30F |

Seit 1995 vinifiziert die Genossenschaftskellerei von Le Fleix ihre trockenen Weißweine. Dieser 96er ist unter der Anleitung ihres neuen Önologen, Monsieur Lavergne, hergestellt worden. Der Sauvignon ist in der Nase unverkennbar. Er ist hier übrigens reinsortig vertreten. Der Geschmack ist komplex, ausgewogen und nachhaltig. Ein schöner Erfolg.

⊷ Union vinicole Bergerac-Le Fleix, 24130 Le Fleix, Tel. 05.53.24.64.32, Fax 05.53.24.65.46 ✓ ⊺ n. V.

CH. LA BRIE
Sauvignon Cuvée spéciale élevé sur lies 1996

| | 4,5 ha | 30 000 | | -30F |

Der von der landwirtschaftlichen Fachoberschule hergestellte Sauvignon hat eine schöne zitronengelbe Farbe. Die Früchte sind vollreif. Der Geschmack bringt die Merkmale der Rebsorte zum Ausdruck. Man könnte sich vorstellen, daß ein Verschnitt etwas mehr Länge bringen könnte. Dennoch ist dieser Wein sehr gelungen. Er paßt zu Krustentieren.

⊷ Ch. La Brie, Lycée viticole, Dom. de la Brie, 24240 Monbazillac, Tel. 05.53.74.42.42, Fax 05.53.58.24.08 ✓ ⊺ Mo-Sa 10h-19h ; Jan. geschlossen

CH. DE LA COLLINE 1996

| | 8,2 ha | 67 547 | | -30F |

Charles Martin zögert nicht, die Hemisphäre zu wechseln, damit er das Vergnügen hat, im selben Jahr zweimal Weine herzustellen. Für die Vinifizierung seiner trockenen Weißweine verwendet er die australische Kellertechnik : Das Aroma der Sauvignon-Traube (10 %) wird von Zitrusfrüchten und erfrischendem Pfirsichen begleitet. Der Sémillon (70 %) ist für die Struktur da, die rund und nervig zugleich ist. Damit man diesen hier schätzen kann, ist es vorteilhaft, wenn man etwas lebhafte Weine mag.

⊷ Charles R.L. Martin, Ch. de La Colline, Les Pigniers, 24240 Thénac, Tel. 05.53.61.87.87, Fax 05.53.61.71.09 ✓ ⊺ n. V.

⊷ B.K. Timms et Sons

Côtes de Bergerac

CH. LA RAYRE 1996**

| | 11 ha | 60 000 | | 30-50 F |

Jean Revol ist berühmt dafür, daß ihm das Aroma seiner Weine gelingt, ob es sich nun um rote oder weiße handelt. Seit langem schafft er es, zu den ausgewählten Erzeugern unseres Weinführers zu gehören (in Bergerac standen 285 Weine zur Auswahl). Dieser 96er explodiert förmlich in der Nase : Buchsbaum, grüne Erbsen und reife Früchte erscheinen bunt durcheinander gewürfelt und mit großer Intensität. Der ebenfalls kraftvolle und reiche Geschmack entfaltet eine Frucht, die nicht mehr aufhört. Ein freundlicher Wein.
• Jean Revol, La Rayre, 24560 Colombier, Tel. 05.53.58.32.17, Fax 05.53.24.55.58 n. V.

CH. LA TOUR DES VERDOTS
Elevé et vieilli en fût neuf 1995

| | 0,5 ha | 1 500 | | 30-50 F |

Dieser 95er hat etwas Mühe, sich inmitten der 96er zu behaupten. Dennoch ist dieser trockene Bergerac ein lagerfähiger Wein. Seine Struktur hält ein paar Jahre aus. Der Holzton ist nicht vollständig verschmolzen, aber die Zukunft ist gesichert. Man sollte ihn ein bis zwei Jahre sorgsam im Keller aufbewahren.
• GAEC Fourtout et Fils, Les Verdots, 24560 Conne-de-La-Barde, Tel. 05.53.58.34.31, Fax 05.53.57.82.00 Mo-Sa 9h-19h30 ; So n. V.

CH. LE MAYNE 1996*

| | 18 ha | 25 000 | | -30 F |

Heute verwendet Jean-Pierre Martrenchard seine gesamte Zeit auf die 70 ha Rebflächen, nachdem er zahlreiche Verbandsämter ausgeübt hatte. Er bietet einen schönen trockenen Bergerac, der reinsortig aus Sauvignon hergestellt und sehr typisch ist. Zitrusfrüchte und Blüten gehen einem lebhaften, frischen Geschmack mit Mandarinen im Abgang voraus. Warum sollte man ihn nicht als Aperitif probieren, ganz für sich allein ?
• Les Vignobles du Mayne, 24240 Sigoulès, Tel. 05.53.58.40.01, Fax 05.53.24.67.76 Mo-Fr 8h-12h 14h-18h
• Martrenchard

CH. LES MIAUDOUX 1996*

| | k. A. | 90 000 | | -30 F |

Sehr sauvignontypisch - erstaunlich für einen Wein, der nur 30 % davon enthält, aber das ist nicht alles ! Ein wenig Pfirsich und viel Zitrusfrüchte. Der frische Geschmack ist recht vollmundig. Eine gelungene Vinifizierung für einen komplexen Wein, der fast keine Begleitung benötigt. Man kann ihn richtig beißen !
• Gérard Cuisset, Les Miaudoux, 24240 Saussignac, Tel. 05.53.27.92.31, Fax 05.53.27.96.60 n. V.

MOULIN DES DAMES 1996**

| | 4,5 ha | 20 000 | | 30-50 F |

Zwei Weine von Luc de Conti sind für die Wahl zum Lieblingswein vorgeschlagen worden. Was für ein Erfolg für diesen Erzeuger, auf den man sich im Gebiet von Bergerac fest verlassen kann. Die Gewissenhaftigkeit, die er bei der Pflege des Weinbergs und bei der Vinifizierung an den Tag legt, erklärt seinen Erfolg. Dieser Wein mit dem feinen Aroma von Vanille, Mandeln und kandierten Früchten bietet eine herrliche Struktur, in der die nachhaltige Frucht perfekt von einer leichten Säure unterstützt wird. Ein 96er von großer Klasse.

• SCEA de Conti, Tour des Gendres, 24240 Ribagnac, Tel. 05.53.57.12.43, Fax 05.53.58.89.49 n. V.

DOM. POMAR 1996*

| | 2,5 ha | 12 000 | | -30 F |

Wieviel ist seit 1972, dem Zeitpunkt, als das Gut entstand, für die Meisterung des Anbaus und der Vinifizierung erreicht worden ! Dieser trockene Bergerac ist von großer Qualität. Sein Feigen- und Mirabellenaroma rührt von vollreifen Sémillon-Trauben her. Der frische Geschmack zeigt sich im Abgang mit einer schönen aromatischen Nachhaltigkeit. Ein sehr hübscher Wein, der mühelos einige kochte Gerichte verträgt.
• SCEA Pomar-Lagarde, 24100 Saint-Christophe, Tel. 05.53.57.71.62, Fax 05.53.24.69.02 Mo-Sa 14h-18h

CH. TOURMENTINE 1996

| | 8 ha | 600 000 | | -30 F |

Château Tourmentine war im Mittelalter ein Hospital. Aber die verordneten Behandlungen waren sicherlich weniger angenehm als das charakteristische Aroma dieses Sauvignon. Der Geschmack ist ebenfalls recht aromatisch, auch wenn er ein wenig füllig ist. Dieser Wein ist mittels Hülsenmaischung und Aufrühren des Hefesatzes hergestellt worden ist.
• Armelle et Jean-Marie Huré, Ch. Tourmentine, 24240 Monestier, Tel. 05.53.58.41.41, Fax 05.53.63.40.52 n. V.

Côtes de Bergerac

Diese Bezeichnung legt kein Anbaugebiet, sondern strengere Bedingungen für die Traubenlese fest, die es ermöglichen sollen, gehaltvolle, kräftig gebaute

Côtes de Bergerac

Weine zu erhalten. Sie sind wegen ihrer Konzentration und ihrer längeren Alterungsfähigkeit begehrt.

DOM. DE BEAUREGARD
Vieilli en fût de chêne 1995

| ■ | 2 ha | 3 300 | 🍷 | -30 F |

Die Domaine de Beauregard, die im sehr schönen Anbaugebiet von Villefranche-de-Lonchat, unweit von Saint-Emilion, liegt, hat einen für die Appellation typischen Wein erzeugt. Die Farbe, ein ausgeprägtes Rubinrot, ist strahlend. Das Aroma ist das von vollreifen Früchten. Der sanfte, fleischige, auf elegante Tannine gegründete Geschmack gibt viel Befriedigung. Diesen Wein kann man schon jetzt genießen.
🍷 Jean-Marie Teillet, Dom. de Beauregard, 24610 Villefranche-de-Lonchat,
Tel. 05.53.80.76.34, Fax 05.53.80.76.34 ☑ 🍷 n. V.

CH. BELINGARD
Tête de cuvée Blanche de Bosredon 1995★★

| ■ | 6 ha | 30 000 | 🍷 | 30-50 F |

Château Belingard verdient aus mehreren Gründen, daß man hier verweilt. Der Empfang hier ist perfekt, das Gebäude, das die Weinberge überragt, ist prächtig, und selbstverständlich sind die Weine ausgezeichnet. So wie dieser 95er mit der kräftigen Farbe. Seine vollkommene Ausgewogenheit verbindet Körper, Eleganz und eine außergewöhnliche Länge. Sie können ihn noch in zehn Jahren genießen. Paßt zu Wild.
🍷 SCEA Comte de Bosredon, Belingard, 24240 Pomport, Tel. 05.53.58.28.03, Fax 05.53.58.38.39 ☑ 🍷 n. V.

CH. BRAMEFANT 1995

| ■ | 6 ha | 48 000 | 🍷 | 30-50 F |

Der Château Bramefant wird vom berühmten Château Court-les-Mûts erzeugt. Die Farbe ist die eines jungen Weins, mit bläulichroten Noten. Das leichte, frische Aroma erinnert an schwarze Johannisbeeren und Veilchen. Der Geschmack ist schlicht, von mittlerer Konzentration. Ein angenehmer Wein, den man sogar ein wenig gekühlt trinken kann.
🍷 SCEA Vignobles Pierre Sadoux, Ch. Court-les-Mûts, 24240 Razac-de-Saussignac,
Tel. 05.53.27.92.17, Fax 05.53.23.77.21 ☑
🍷 Mo-Fr 9h-11h30 14h-17h30 ; Sa n. V.

CH. HAUT BERNASSE 1995★★

| ■ | 6 ha | 14 000 | 🍷 | 30-50 F |

Jacques Blais, der in seiner Freizeit Cello spielt, ist ein echter Weinprofi. Berühmt ist er vor allem für seinen Monbazillac, aber er erzeugt auch ausgezeichnete Rotweine. Dieser 95er ist sogar bemerkenswert. Er präsentiert sich in einer tintenschwarzen Robe und bietet viel Frucht und eine kräftige, wohlausgewogene Struktur. Die ein wenig festen Tannine verlangen zwei Jahre Geduld. Ein roter Côtes de Bergerac, der den guten Ruf des Jahrgangs bestätigt.
🍷 Jacques Blais, Le Haut Bernasse, 24240 Monbazillac, Tel. 05.53.58.36.22, Fax 05.53.61.26.40 ☑ 🍷 n. V.

CH. LA BARDE-LES-TENDOUX
Vieilli en fût de chêne 1995★★

| ■ | 7,34 ha | 24 600 | 🍷 | 30-50 F |

Auf diesem 130 ha großen Gut, auf dem man Pferde herumspringen sehen kann, sind sieben Hektar für diesen wegen seines Bodens außergewöhnlichen Weinberg reserviert. Erster Auftritt in unserem Weinführer und schon zwei Sterne von der Jury zuerkannt, die die tiefe rubinrote Farbe und das feine, intensive Aroma von roten Früchten, Lakritze und milden Gewürzen sehr schätzte. Die Struktur ist kräftig, auf ein starkes Gerüst gestützt. Man sollte diesen Wein, dessen Zukunft nur glänzend sein kann, besser ein wenig aufheben.
🍷 J.-P. Marmin SOCAV, La Barde, 24560 Saint-Cernin-de-Labarde,
Tel. 05.53.57.63.61, Fax 05.53.58.08.12 ☑ 🍷 n. V.

VIGNOBLES LA GRANDE BORIE
1995★

| ■ | 4 ha | 20 000 | 🍷 | -30 F |

Dieses 30 ha große Gut besitzt einen lehmigkalkhaltigen Boden, der sich perfekt für die Reife der Merlot-Rebe eignet. Dieser 95er besteht zu 60 % aus Merlot. Der Geruchseindruck ist fruchtig, der Geschmack herrlich, mit einem sehr feinen Holzton und seidigen Tanninen. Insgesamt ein gutgebauter Wein, der für die Côtes de Bergerac repräsentativ ist.
🍷 EARL des Vignobles Lafon-Lafaye, La Grande Borie, 24520 Saint-Nexans,
Tel. 05.53.24.33.21, Fax 05.53.24.97.74 ☑ 🍷 n. V.
🍷 Claude Lafaye

CH. LAROQUE 1995★★

| ■ | 6 ha | 23 000 | 🍷 | 30-50 F |

Dieses 1800 entstandene Gut ist in mehr als nur einer Hinsicht berühmt, denn schon General de Gaulle hielt sich hier auf. Es präsentiert einen bemerkenswerten 95er, dessen rubinrote Farbe wunderbar ist. Der Geruchseindruck ist reich und komplex und besteht aus roten Früchten und Gewürzen. Der Geschmack zeigt sich ebenfalls vollständig und ist sanft und kräftig zugleich. Ein sehr schöner Wein zum Genießen.
🍷 Jacques de La Bardonnie, Ch. Laroque, 24230 Saint-Antoine-de-Breuilh,
Tel. 05.53.24.81.43, Fax 05.53.24.13.08 ☑ 🍷 n. V.

CH. LA TOUR DES VERDOTS
Les Verdots selon David Fourtout 1995

| ■ | 2,05 ha | 9 730 | 🍷 | 70-100 F |

Ein Wein mit starker Persönlichkeit, für den sein Schöpfer ohne Zögern seinen Namen auf dem Etikett hergibt. Dieser Côtes de Bergerac ist reinsortig aus Merlot erzeugt und in neuen Barriquefässern ausgebaut worden. Er ist dafür gedacht, daß man ihn zu den Entrecotes trinkt, die die auf dem Gut gezüchteten Rinder liefern ! Im Augenblick ist eine gute Belüftung notwendig, damit sich das Aroma und die Struktur zeigen. Zwei bis drei Jahre altern lassen oder vier bis fünf Stunden lang in einer Karaffe Sauerstoff ziehen lassen, wenn man ihn schon jetzt trinken will.

SÜDWESTFRANKREICH

Côtes de Bergerac

☛ GAEC Fourtout et Fils, Les Verdots,
24560 Conne-de-La-Barde, Tel. 05.53.58.34.31,
Fax 05.53.57.82.00 ■ ☥ Mo-Sa 9h-19h30 ; So n. V.

CH. LE BONDIEU Cuvée Gabriel 1995*

■   1,5 ha   6 200   ⦿ 30-50 F

Didier Feytout erzeugt auch Montravel, für den er eine lobende Erwähnung erhält. Er hat die Merlot-Rebe, die im Verschnitt dieses Weins 75 % ausmacht, sehr gut genutzt. Die Farbe ist ein tiefes Rubinrot. Das Fruchtaroma verbindet sich gut mit dem Aroma der Barrique. Der füllige, tanninbetonte Geschmack besitzt eine leichte Säuerlichkeit. Die Jury versichert uns, daß dieser 95er die Jahre (fünf bis sechs) schadlos überstehen wird.

☛ Didier Feytout, Le Bondieu, 24230 Saint-Antoine-de-Breuilh, Tel. 05.53.58.30.83, Fax 05.53.24.38.21 ■ ☥ n. V.

CH. LE CHABRIER
Elevé en fût de chêne 1995*

■   12,85 ha   18 000   ▮⦿♦ 30-50 F

Pierre Carle hat vor sechs Jahren dieses Château aus dem 17. Jh. erworben, das über dem Tal der Dordogne aufragt. Er ist sehr bedacht auf die Qualität der Trauben und erntet sehr niedrige Erträge. Das Aroma dieses 95ers ist intensiv (schwarze Johannisbeeren und Heidelbeeren). Die dichte, kräftig gebaute Struktur bleibt dank der ausgezeichneten Tannine sanft. Dieser Wein bildet ein harmonisches Ganzes, das in zwei bis drei Jahren seine volle Ausdruckskraft entfalten wird.

☛ Pierre Carle, Ch. Le Chabrier, 24240 Razac-de-Saussignac, Tel. 05.53.27.92.73, Fax 05.53.23.39.03 ■ ☥ n. V.

CH. LE RAZ Vieilli en fût 1995*

■   4 ha   25 000   ▮⦿ 30-50 F

Man benötigt gute Trauben, um guten Wein herzustellen. Auf Château Le Raz wird alles getan, um erstklassige Trauben zu erhalten : Auslichten des Fruchtbehangs und des Laubes, Überprüfung der Reife. Die Vinifizierung und der Ausbau erledigen den Rest. Der hübsche 95er mit der kirschroten Farbe zeugt von der Qualität der durchgeführten Arbeit. Die Früchte sind klar und intensiv, mit einer zart holzigen Note. Die wohlausgewogene Struktur besitzt feste Tannine und Frucht. Ein Wein zum Genießen, der altern kann.

☛ Vignobles Barde, Le Raz, 24610 Saint-Méard-de-Gurçon, Tel. 05.53.82.48.41, Fax 05.53.80.07.47 ■ ☥ Mo-Fr 8h30-12h30 14h-19h ; Sa n. V.

CH. LES MARNIERES
Cuvée Valentin 1995*

■   2 ha   8 000   ⦿ 30-50 F

Die 95er Cuvée Valentin ist zu Ehren des Ankunft des in jenem Jahr geborenen Kindes geschaffen worden. Die kräftige Struktur und der Alkohol dominieren im Augenblick ein wenig. Doch bei Erscheinen unseres Weinführers dürfte die Entwicklung beachtlich sein. In fünf bis acht Jahren wird dieser Wein seinen gesamten Reichtum enthüllen. So werden Sie auf die Gesundheit von Valentin anstoßen, aber er wird noch zu jung sein, um ihn zu schätzen !

☛ GAEC des Brandines, Alain et Christophe Geneste, Les Brandines, 24520 Saint-Nexans, Tel. 05.53.58.31.65, Fax 05.53.73.20.34 ■ ☥ Mo-Sa 9h-20h30 ; So n. V.

CH. DE PANISSEAU
Cuvée Tradition Elevé en fût de chêne 1995*

■   6 ha   40 000   ⦿ 30-50 F

Dieses sehr schöne Gut verwendet 70 ha für den Weinbau ; die Hälfte davon ist mit roten Rebsorten bestockt. Das ebenfalls wunderschöne Château besitzt mit Holz verkleidete Mauern. Dieser für die Appellation typische 95er läßt seinen femininen Ausbau im Barriquefaß nicht zu stark hervortreten. Das von einer Mentholnote begleitete Gewürzaroma ist fein. Der Geschmack ist sanft, dabei aber recht körperreich ; er klingt mit viel Eleganz aus. Man kann ihn ab 1998 trinken.

☛ Panisseau SA, Ch. de Panisseau, 24240 Thénac, Tel. 05.53.58.40.03, Fax 05.53.58.94.46 ■ ☥ n. V.

CH. SINGLEYRAC
Cuvée Adeline Elevé en fût de chêne 1995

■   5 ha   11 970   ⦿ 30-50 F

Die Cuvée Adeline, nach dem Vornamen der Tochter von Thierry Bernard, trägt ihren Namen zu Recht, denn ihre Eleganz macht sie zu einem sehr femininen Wein : kirschrote Farbe und sehr feines Aroma von Früchten, nicht sehr kräftig gebautes Gerüst, aber viel Rundheit. Er wird bald trinkreif sein.

☛ SCEA Ch. Singleyrac, Le Bourg, 24500 Singleyrac, Tel. 05.53.58.41.98, Fax 05.53.58.37.07 ■ ☥ n. V.

CH. THEULET Cuvée spéciale 1995**

■   k. A.   k. A.   30-50 F

Diesen Château Theulet kann man blind kaufen. Die vorgestellten Weine haben den Einzug in den Weinführer geschafft. Ausgewogenheit ist das Schlüsselwort, das den Erzeuger leitet, und dieser 95er bezeugt es. Die runde, samtige Struktur läßt zu, daß das Aroma von Himbeeren und Vanille zum Ausdruck kommt. Er ist von großer Feinheit und wird verführen. Der Bergerac-Rosé hat einen Stern erhalten : für heiße Sommer und Grillgerichte reservieren.

☛ SCEA Alard, Le Theulet, 24240 Monbazillac, Tel. 05.53.57.30.43, Fax 05.53.58.88.28 ■ ☥ Mo-Fr 8h-12h 14h-18h ; Sa, So n. V.

CH. TOUR DE GRANGEMONT
Elevé en fût de chêne 1995**

■   k. A.   30 000   ⦿ 30-50 F

Christian Lavergne, der von seinem Sohn Fabien unterstützt wird, repräsentiert hier die Tradition. Er kann ein schwieriges Anbaugebiet nutzen, das erstklassige Weine liefert. Eine fast schwarze Farbe eröffnet den Beginn der Verkostung. Dann erinnert das intensive Aroma an rote Früchte und Leder. Der Geschmack ist ein Leckerbissen : voll, fleischig, sanft und lebhaft zugleich - er besitzt alle Merkmale eines gascognischen Weins und hat Rasse. Er verkörpert ein

Côtes de Bergerac moelleux

wenig die Aristokratie des Oberlandes. Ein Wein, auf den man sich verlassen kann.

🍇 Lavergne, 24560 Saint-Aubin-de-Lanquais, Tel. 05.53.24.32.89, Fax 05.53.24.56.77 ▼ ⊺ n. V.

CH. TOUR DES GENDRES
Cuvée La Gloire de mon père 1995**

| ■ | 10 ha | 60 000 | ⏻ ⬤↓ | 30-50 F |

Luc de Conti setzte seine »ständige Suche nach dem Neuen im Dienste des Besten« fort. Dieser Côtes de Bergerac ist sicherlich untypisch aufgrund der Dichte seiner Farbe, aber dies ist nur ein Vorgeschmack auf die Verkostung. Der Geruchseindruck ist explosiv, mit schwarzen Früchten, Vanille und einer mentholartigen Frische. Der dichte, kräftig gebaute Geschmack enthüllt eine gewaltige, aber nicht aggressive Struktur. Ein vielversprechender Wein, der die Farben von Bergerac weit tragen wird. Bei der Oberjury für die Wahl zum Lieblingswein kam er auf den zweiten Platz.

🍇 SCEA de Conti, Tour des Gendres, 24240 Ribagnac, Tel. 05.53.57.12.43, Fax 05.53.58.89.49 ▼ ⊺ n. V.

Côtes de Bergerac moelleux

Verwendet werden die gleichen Rebsorten wie bei den trockenen Weißweinen. Da aber die Trauben in überreifem Zustand gelesen werden, kann man daraus diese lieblichen Weine herstellen, die wegen ihres Aromas von kandierten Früchten und wegen ihrer Sanftheit gesucht sind.

CLOS DES VERDOTS
Cuvée Bacchus 1996*

| □ | 3,5 ha | 13 500 | ■↓ | 30-50 F |

Für die Herstellung dieser erstklassigen Cuvée griff die Familie Fourtout auf die manuelle Lese zurück, um die besten Trauben auszuwählen. Das Aroma von getrockneten Früchten und Honig zeugt von einer guten Konzentration des Traubenguts. Dieser im Geschmack sehr fette und vollkommen ausgewogene Wein steht einem süßen Wein näher. Man sollte ihn zwei bis drei Jahre altern lassen.

🍇 GAEC Fourtout et Fils, Les Verdots, 24560 Conne-de-La-Barde, Tel. 05.53.58.34.31, Fax 05.53.57.82.00 ▼ ⊺ Mo-Sa 9h-19h30; So n. V.

CONFIT DE LA COLLINE 1995**

| □ | 0,83 ha | 3 200 | ⏻ | 50-70 F |

Die Trauben mit der Hand gelesen, im Eichenholzfaß ausgebaut – dieser Wein ist so außergewöhnlich, daß ihn Charles Martin nur in halben Flaschen verkauft. Der Name dieser Cuvée ist perfekt gewählt, denn der Duft ist durch kandierte Früchte geprägt, mit einer Holznote. Dieser Wein ist sehr füllig und kräftig und besitzt einen etwas dominierenden Holzton, der verschmelzen muß. In zwei Jahren ist er trinkreif. Dann kann er manche Nachbar-Crus für süße Weine vor Eifersucht erblassen lassen!

🍇 Charles R.L. Martin, Ch. de La Colline, Les Pigniers, 24240 Thénac, Tel. 05.53.61.87.87, Fax 05.53.61.71.09 ▼ ⊺ n. V.
🍇 B.K. Timms et Sons

CH. LADESVIGNES 1996

| □ | 3 ha | 12 000 | ■↓ | 30-50 F |

Nach einer Hülsenmaischung ermöglichte es eine Vinifizierung bei niedriger Temperatur, daß dieser 96er sein gesamtes Aroma zum Ausdruck bringt. In der Nase dominieren eher blumige Aromen, mit Honig- und Wachsnoten. Dieser im Geschmack ziemlich füllige Wein bietet einen runden, milden Abgang.

🍇 Ch. Ladesvignes, 24240 Pomport, Tel. 05.53.58.30.67, Fax 05.53.58.22.64 ▼ ⊺ tägl. 9h-12h 14h-19h
🍇 Monbouché

VIGNOBLE DE LA GRANDE BORIE 1995*

| □ | 2 ha | 7 000 | ■↓ | -30 F |

Man kann sich die Frage stellen, warum die Coteaux de Saint-Nexans nicht in der AOC Monbazillac sind, obwohl der Boden und das Klima für die Erzeugung süßer Weine günstig sind. Nehmen Sie diesen hier, dessen komplexer Duft an das Aroma von getrockneten Früchten, Aprikosen, aber auch von Lindenblüten, Honig und altem Wachs erinnert. Dieser im Geschmack runde und kräftige 95er bietet eine vollkommene Ausgewogenheit zwischen Zucker und Alkohol und hat mehr Ähnlichkeit mit einem süßen als mit einem lieblichen Wein!

🍇 EARL des Vignobles Lafon-Lafaye, La Grande Borie, 24520 Saint-Nexans, Tel. 05.53.24.33.21, Fax 05.53.24.97.74 ▼ ⊺ n. V.
🍇 Claude Lafaye

CH. DE LA MALLEVIEILLE 1996*

| □ | 1 ha | 4 000 | ■↓ | -30 F |

Obwohl das Anbaugebiet von Monfaucon nicht das beste für die Erzeugung von lieblichen Weinen ist, präsentiert Philippe Biau einen originellen Wein aus Sémillon- und Sauvignon-Trauben. Zu den frischen Noten von Früchten kommt ein Aroma von Zitronen und Pampelmusen hinzu. Im Geschmack ist dieser Wein somit

Monbazillac

nicht aufdringlich. Er bietet vor allem eine sehr große Frische mit einem Hauch von Säuerlichkeit. Er ist wohlausgewogen und durstlöschend und kann zum Aperitif serviert werden.
🍷 Philippe Biau, La Mallevieille,
24130 Monfaucon, Tel. 05.53.24.64.66,
Fax 05.53.58.69.91 ◪ ☰ tägl. 9h-19h

CH. TOURMENTINE 1996*

	4 ha	30 000	🍷 🥂 -30 F

Jean-Marie Huré, der aus ausgelesenen Trauben süße Saussignac-Weine herstellt, beweist hier, daß er auch gute liebliche Weine erzeugen kann. Dieser hier stammt von reifen Trauben und bietet in der Nase Noten von Zitrusfrüchten, Aprikosen, Pfirsichen und Pampelmusen. Er ist im Geschmack elegant und fein, wohlausgewogen, sehr großzügig und warm. Ein Wein zum Genießen.
🍷 Armelle et Jean-Marie Huré, Ch. Tourmentine, 24240 Monestier,
Tel. 05.53.58.41.41, Fax 05.53.63.40.52 ◪ ☰ n. V.

DOM. DU VIGNEAUD 1996*

	6 ha	39 000	🍷 🥂 30-50 F

Die starke Präsenz der Rebsorte Muscadelle (20 %) in diesem Verschnitt ist etwas ziemlich Seltenes. Der sehr aromatische und komplexe Geruchseindruck liefert Düfte von Pfirsichen, Ananas, schwarzen Johannisbeeren, Zitronen und Muskat. Im Geschmack findet man viel Eleganz wieder, mit einem Fruchtaroma um eine schöne Ausgewogenheit herum und mit großer Frische im Abgang. Dieser Wein sollte besser altern, aber man kann ihn schon jetzt trinken.
🍷 Serge Lagarde, Dom. du Vigneaud,
24240 Monestier, Tel. 05.53.58.80.54,
Fax 05.53.24.88.56 ◪ ☰ tägl. 10h-19h

Monbazillac

Das 2 500 ha große Monbazillac-Weinbaugebiet erzeugt gehaltvolle Weine, die von edelfaulen Trauben stammen. Der lehmig-kalkhaltige Boden verleiht ihnen ein intensives Aroma sowie eine komplexe, kräftige Struktur. 1995 - dieser Jahrgang wurde verkostet - wurden 51 748 hl erzeugt.

CH. CAILLAVEL 1995

	17 ha	4 500	◫ 30-50 F

Dieses Château aus dem Jahre 1712 verdient einen Besuch. Sein 95er Monbazillac ist ein Klassiker. Sein Aroma erinnert an überreife Früchte. Der Geschmack bietet eine mittlere Süße. Vielleicht zu einem kräftigen Käse ?
🍷 GAEC Ch. Caillavel, 24240 Pomport,
Tel. 05.53.58.43.30, Fax 05.53.58.20.31 ◪ ☰ n. V.
🍷 GFA Lacoste

CH. FONMOURGUES 1995**

	4 ha	5 000	◫ 70-100 F

Muscadelle ist eine Rebe, die Dominique Vidal ganz besonders schätzt. Sie sorgt für Fruchtigkeit, Eleganz und Komplexität. Man findet diese Merkmale in diesem 95er wieder, der zu 40 % aus Muscadelle erzeugt worden ist und ätherisch bleibt, was bei einem süßen Wein von solchem Reichtum selten der Fall ist. Was für eine Pracht !
🍷 Dominique Vidal, Ch. Fonmourgues,
24240 Monbazillac, Tel. 05.53.63.02.79,
Fax 05.53.27.20.32 ◪ ☰ n. V.

GRANDE MAISON 1995***

	5 ha	5 000	◫ 70-100 F

Thierry Després, dessen 92er schon zum Lieblingswein gewählt wurde, wiederholt die Leistung mit diesem 95er Grande Maison, den er als »Ungeheuer« bezeichnet. Die Reben werden gemäß den Regeln des biologischen Anbaus gezogen. Die Trauben werden Beere für Beere gepflückt. Der extreme Reichtum dieses Monbazillac verbirgt noch ein wenig das Fruchtaroma hinter einem vanilleartigen Holzton. Der Geschmack bleibt elegant, mit einer würzigen Frische, die den Wein dieses großen Winzers kennzeichnet. Was für ein Wunder ! Eine Investition, die ihren Wert nicht verlieren wird.
🍷 Thierry Després, Grande Maison,
24240 Monbazillac, Tel. 05.53.58.26.17,
Fax 05.53.24.97.36 ◪ ☰ Mo-Sa 8h-19h

CH. GRAND MARSALET
Cuvée Prestige Elevée en fût de chêne 1995*

	8 ha	13 500	◫ 70-100 F

Zwei von diesem Erzeuger vorgestellte Monbazillac-Weine haben einen Stern erhalten, der Château Bel-Air - als 95er Cuvée Exception - und dieser Château Grand Marsalet. Der Unterschied rührt vor allem vom Ausbau her, wobei der erste im Gärbehälter und der zweite in der Barrique reift. Die beiden sind angenehm fruchtig. Die Struktur bleibt ziemlich lebhaft. Eine gute Gelegenheit für eine vergleichende Weinprobe. Man darf dabei nicht vergessen, diese Weine vorher zu belüften.
🍷 SCEA du Grand Marsalet, Le Marsalet,
24100 Saint-Laurent-des-Vignes,
Tel. 05.53.57.30.59, Fax 05.53.61.37.49 ☰ Mo-Fr 8h-12h 14h-18h

Monbazillac

CH. HAUT BERNASSE 1995*

| | 19 ha | 38 000 | 🍷 | 100-150 F |

Jacques Blais ist sicherlich ein glücklicher Winzer. Er pflügt seine Rebflächen um und hat eine Vertikalpresse erworben, um bei den Mosten die bestmögliche Qualität zu erhalten. Die Vergärung führt er im Barriquefaß durch. Sein 95er ist voller Früchte, in erster Linie kandierte, und bietet viel Fett und Fülle. Man kann ihn zum Dessert oder als Aperitif servieren.

🍇 Jacques Blais, Le Haut Bernasse, 24240 Monbazillac, Tel. 05.53.58.36.22, Fax 05.53.61.26.40 ✅ 🍷 n. V.

DOM. DU HAUT MONTLONG 1995

| | k. A. | k. A. | 🍷 | 30-50 F |

Der Sémillon ist die Hauptrebsorte des Monbazillac. In diesem Wein ist sie mit 100 % vertreten. Trotz einiger Oxidationsnoten im Geruchseindruck zeigt sich die Nase noch schüchtern. Der Geschmack dagegen ist durch kandierte Zitrusfrüche geprägt. Passabler, angenehmer, sympathischer Gesamteindruck.

🍇 Alain et Josy Sergenton, Dom. du Haut Montlong, 24240 Pomport, Tel. 05.53.58.81.60, Fax 05.53.58.09.42 ✅ 🍷 Mo-Fr 9h-12h 13h30-19h30 ; Sa, So n. V.

CH. LA BORDERIE
Vieilli en barrique Cuvée Prestige 1995*

| | k. A. | 25 000 | 🍷 | 70-100 F |

Der gute Ruf von Château La Borderie ist allgemein bekannt. Und dieser 95er, eine numerierte Cuvée, bestätigt sein Ansehen. Er ist ein süßer Wein, wie man ihn mag, mit einem Aroma von Honig und kandierten Früchten. Den Ausbau im Holzfaß riecht man, aber ganz fein. Der Geschmack ist wohlausgewogen. Die Struktur dominiert die milde Süße. Dieser Wein hat mindestens zehn Jahre vor sich, wenn nicht sogar mehr.

🍇 SCI La Borderie Vidal, Ch. La Borderie, 24240 Monbazillac, Tel. 05.53.57.00.36, Fax 05.53.63.00.94 ✅ 🍷 n. V.

CH. LA BRIE
Elevé en fût de chêne Cuvée Prestige 1995**

| | 19,6 ha | 12 000 | 🍷 | 70-100 F |

Die Schüler der Domaine de la Brie können diesen Wein zum Vorbild nehmen, um sich die Kenntnisse der Traubenlese, der Vinifizierung und des Ausbaus anzueignen. Sicherlich dominiert der Holzton noch ein wenig in diesem 95er, aber die Struktur und die Früchte sind ebenfalls vorhanden. Ein herrlicher Wein, der in drei bis vier Jahren wahrscheinlich unvergeßlich sein wird.

🍇 Ch. La Brie, Lycée viticole, Dom. de la Brie, 24240 Monbazillac, Tel. 05.53.74.42.42, Fax 05.53.58.24.08 ✅ 🍷 Mo-Sa 10h-19h ; Jan. geschlossen

CH. LADESVIGNES
Cuvée Automne Elevée en fût de chêne 1995

| | 10 ha | 7 487 | 🍷 | 70-100 F |

Was für ein Vergnügen, wenn man im Schatten dieser 200 Jahre alten Zeder steht, die das Tal der Dordogne und die kleine Stadt Bergerac überragt ! Diese 95er Cuvée Automne erfüllt die Luft mit Honignoten. Die Frucht und die Milde im Geschmack erledigen den Rest. Ein Augenblick, den man nicht versäumen darf.

🍇 Ch. Ladesvignes, 24240 Pomport, Tel. 05.53.58.30.67, Fax 05.53.58.22.64 ✅ 🍷 tägl. 9h-12h 14h-19h

🍇 Monbouché

DOM. DE L'ANCIENNE CURE
Cuvée Abbaye 1995**

| | k. A. | 8 000 | 🍷 | 70-100 F |

Christian Roche hat sein Gut renoviert, wobei seine ganze Sorgfalt dem Keller galt : Sein Monbazillac ist ganz neu ! Er besitzt eine schöne altgoldene Farbe. Das noch sehr jugendliche Aroma braucht ein wenig Zeit, um sich zu entfalten. Der Geschmack jedoch ist schon wunderbar und wird sich noch verbessern. Die komplexe, reiche und kräftige, aber überhaupt nicht schwere Struktur wird von einem Aroma von Akazienblüten, Vanille, Honig und kandierten Früchten begleitet. Ein wahres Feuerwerk.

🍇 Christian Roche, L'Ancienne Cure, 24560 Colombier, Tel. 05.53.58.27.90, Fax 05.53.24.83.95 ✅ 🍷 Mo-Sa 9h-12h 14h-19h ; So u. feiertags n. V.

CUVEE LA SERAINE
Elevée en fût de chêne 1995**

| | 2,5 ha | 3 150 | 🍷 | 70-100 F |

Außer dem Weinbau haben Alain und Marlène Mayet noch eine Leidenschaft für die Jagd, insbesondere auf Ringeltauben. Ihr goldfarbener Monbazillac hat vierzehn Monate im Barriquefaß verbracht. Der Holzton ist nicht vollständig verschmolzen, aber an der Luft setzen sich die kandierten Früchte durch. Ein sehr schöner Wein, der eine bemerkenswerte Ausgewogenheit zwischen Lebhaftigkeit und likörartiger Süße erreicht.

🍇 Marlène et Alain Mayet, EARL du Bois de Pourquié, 24560 Conne-de-La-Barde, Tel. 05.53.58.25.58, Fax 05.53.61.34.59 ✅ 🍷 tägl. 8h-19h

CH. LE FAGE 1995*

| | 22 ha | 56 000 | 🍷 | 50-70 F |

Dieses Château besteht aus einer Chartreuse (abgeschiedenes, kleines Landhaus) und einem Weinberg, bei dem zwei Drittel der Reben über siebzig Jahre alt sind. Es genießt einen hohen Ruf und erzeugt weiterhin schöne Weine, wie diesen 95er, dessen Konzentration durch sein Aroma durchscheint. Der Geschmack bestätigt nur noch die gute Ausgewogenheit, mit einer kräftigen Süße, so daß er sich mit der Zeit bewähren kann. Man empfiehlt ihn zu Jakobsmuscheln mit kandiertem Ingwer. Der trockene 96er Bergerac ist von einer anderen Jury lobend erwähnt worden.

🍇 François Gérardin, Ch. Le Fagé, 24240 Pomport, Tel. 05.53.58.32.55, Fax 05.53.24.57.19 ✅ 🍷 Mo-Fr 9h-12h30 13h45-20h ; Sa, So n. V.

Monbazillac

CH. LES HEBRAS 1995★

| | 12,75 ha | 6 000 | 🍷 70-100 F |

Eine erste Erwähnung in unserem Weinführer für Château Les Hébras, mit einem 95er, der dank einer sehr strahlenden goldgelben Farbe voller Licht ist. Das klassische Aroma von kandierten Früchten ist reich und vielfältig. Die Struktur ist von vollkommener Ausgewogenheit. Ein eindrucksvoller Auftritt !
↪ de Bazin, Les Hébras, 24240 Pomport,
Tel. 05.53.63.44.40, Fax 05.53.61.37.32 ✉ ☎ n. V.

CH. MONBAZILLAC 1995★

| | 20,82 ha | 70 000 | 🍷 70-100 F |

Das Schloß von Monbazillac ist sicherlich der meistbesuchte Ort in der Gegend von Bergerac. Nachdem man das Museum besichtigt hat, kann man die Weine der Genossenschaftskellerei probieren, die hier ihren Sitz hat. Mit diesem 95er wird das Vergnügen in ein bis zwei Jahren vollständig sein, denn alles ist vorhanden, was einen großen Wein ausmacht. Die Harmonie muß sich nur noch vervollkommnen.
↪ Cave coop. de Monbazillac, rte de Mont-de-Marsan, 24240 Monbazillac, Tel. 05.53.63.65.00, Fax 05.53.63.65.09 ✉ ☎ n. V.

DOM. DE PECOULA 1995★★★

| | 17 ha | 9 300 | 🍽 50-70 F |

Bei der Oberjury für die Wahl zum Lieblingswein, die lang und leidenschaftlich debattierte, bevor sie ihre Entscheidung traf, kam dieser herrliche Wein auf den dritten Platz. Denn dieser 95er hatte Anhänger ! Er ist nämlich weder im Barrique vinifiziert noch darin ausgebaut worden. Deshalb findet man Frucht und nochmals Frucht, mit einer Konzentration, die fast die Vorstellungskraft übertrifft. Sie müssen sich beeilen, um ihn ganz hinten in Ihren Keller zu legen. Denn einen solchen Schatz muß man verbergen.
↪ GAEC de Pécoula, 24240 Pomport,
Tel. 05.53.58.46.48, Fax 05.53.58.82.02 ✉ ☎ n. V.
↪ GFA Labaye

DOM. DU PETIT MARSALET
Cuvée Tradition Elevée en fût de chêne 1995★

| | 1 ha | k. A. | 🍷 70-100 F |

Die Parzelle Faget Bas, die für diesen Wein ausgewählt worden ist, hat eine gute Lage, um erstklassige edelfaule Trauben zu erhalten, zumal die Bestockung 40 % Muscadelle enthält. Das ergibt einen sehr gut gemachten Wein, der reich an Frucht- und Blütenaromen ist. Im Geschmack überdeckt der Holzton nicht die recht nachhaltigen Noten von kandierten Früchten. Was für eine Eleganz !
↪ Pierre Cathal, Le Petit Marsalet, 24100 Saint-Laurent-des-Vignes, Tel. 05.53.57.53.36 ✉
☎ tägl. 8h-12h 14h-19h

DOM. DU PETIT PARIS
Grains nobles Elevé en fût de chêne 1995

| | 3,5 ha | 10 000 | 🍷 70-100 F |

Die Cuvée Grains nobles braucht Zeit. Der sehr likörartige Geschmack ist noch streng. Alles muß sich noch entwickeln. Warum sollte man nicht einmal dorthin fahren, um ihn zu probieren und zu entdecken, wie er sich entwickelt hat, zumal der Empfang sehr gut ist ?
↪ EARL Dom. du Petit Paris,
24240 Monbazillac, Tel. 05.53.58.30.41,
Fax 05.53.58.35.63 ✉ ☎ tägl. 9h-18h ; Gruppen n. V.
↪ Geneste

CH. POULVERE Cuvée Prestige 1995★

| | 48,6 ha | 5 800 | 🍽 50-70 F |

Poulvère liegt zu Füßen des Schlosses von Monbazillac, von dem es eine Nebengebäude war. Der Monbazillac, der hier erzeugt wird, ist sehr klassisch. Dieser 95er besitzt ein Aroma von Mandeln, Haselnüssen, Gewürzen und getrockneten Früchten. Der Geschmack ist nicht sehr konzentriert, aber dennoch angenehm.
↪ GFA Vignobles Poulvère et Barses, Poulvère, 24240 Monbazillac, Tel. 05.53.58.30.25,
Fax 05.53.58.35.87 ✉ ☎ n. V.

CH. THEULET Cuvée Prestige 1995★

| | k. A. | k. A. | 70-100 F |

Pierre Alard hat den Vorsitz des Monbazillac-Verbands aufgegeben und widmet sich ganz seinem Betrieb. Er wird die Person bleiben, die den Neubeginn dieser Appellation ermöglichte, indem er am Zustandekommen des neuen Erlasses beteiligt war, der eine mehrmalige Auslese der Trauben mit der Hand vorschreibt. Sein 95er besitzt bereits ein feines, intensives Aroma von kandierten Früchten. Der Geschmack ist von sehr großer Milde. Deshalb sollte man ihn auch besser als Aperitif reservieren oder ihn zu einem Roquefort mit starker Persönlichkeit trinken. Der trockene 96er Bergerac hat ebenfalls einen Stern erhalten. Man kann hier wirklich blind kaufen.
↪ SCEA Alard, Le Theulet,
24240 Monbazillac, Tel. 05.53.57.30.43,
Fax 05.53.58.88.28 ✉ ☎ Mo-Fr 8h-12h 14h-18h ; Sa, So n. V.

CH. TIRECUL LA GRAVIERE 1995★★★

| | 8,61 ha | k. A. | 🍷 150-200 F |

Zum dritten Mal innerhalb weniger Jahre Wahl zum Lieblingswein. Claudie und Bruno Bilancini können die Auszeichnungen dies- und jenseits des Atlantiks kaum noch zählen. Ihr Anbaugebiet ist außergewöhnlich. Bruno, der Önologe, widmet seine Zeit diesem schönen Gut. Er strebt bei diesem grandiosen Wein mit dem spürbaren, aber maßvollen Holzton nach Konzentration und Qualität der Früchte. Man findet Noten von kandierten Aprikosen, die auf eine

sehr gute Edelfäule hinweisen. Man muß die Flasche ein bis zwei Stunden vorher öffnen. Die Cuvée Madame hat einen Stern erhalten.
☛ Claudie et Bruno Bilancini, ch. Tirecul la Gravière, 24240 Monbazillac,
Tel. 05.53.57.44.75, Fax 05.53.24.85.01 ✓ ⏃ n. V.

CH. VARI Réserve du Château 1995**

| | 3 ha | 10 000 | 🍷 | 50-70F |

Die Réserve du Château Vari ist eine Sondercuvée, die von den süßesten Auslesen stammt. Sie wendet sich an die Verbraucher, die nach sehr gehaltvollen und üppigen Weinen suchen. Deswegen hat die Jury diesen süßen Wein mit den recht deutlichen Botrytis-Noten gewürdigt. Der Château Vari, der Hauptwein, wurde lobend erwähnt : Er ist etwas weniger konzentriert und wird die Freunde leichterer Süßweine zufriedenstellen.
☛ Vignobles Jestin, Ch. Vari,
24240 Monbazillac, Tel. 05.53.24.97.55,
Fax 05.53.24.97.55 ✓ ⏃ n. V.

Montravel

Das auf Hügeln liegende Montravel-Anbaugebiet, das von Le Fleix bis über Saint-Michel-de-Montaigne hinausreicht, erzeugt auf einer Rebfläche von 1 200 ha trockene und liebliche Weißweine, die sich immer durch ihre Eleganz auszeichnen.

CH. DAUZAN LA VERGNE
Elevé en fût de chêne 1995*

| | 2 ha | k. A. | 🍷 | 30-50F |

Sémillon macht hier 60 % aus. Eine Hülsenmaischung wurde durchgeführt, um das Aroma der Sauvignon- und Muscadelle-Trauben zu extrahieren. Die Noten von getrockneten Früchten und Geröstetem, die von mittlerer Intensität sind, kommen bei der Belüftung zum Vorschein. Der Geschmack bringt die gleichen Nuancen zurück. Der Gesamteindruck ist harmonisch, ohne Aggressivität. Ein Weißwein, der dekantiert werden sollte.
☛ Philip und Marianne Mallard, Ch. Pique-Sègue, Ponchapt, 33220 Port-Sainte-Foy,
Tel. 05.53.58.52.52, Fax 05.53.63.44.97 ✓ ⏃ n. V.

LA TOUR SAINT VIVIEN 1996

| | 2,5 ha | 20 000 | 🍷 | -30F |

Die Genossenschaftskellerei von Saint-Vivien, die sich seit 1935 im Land von Montaigne befindet, verfügt über die geeigneten Mittel zur Vinifizierung der Weiß- und Rotweine. Der ausschließlich aus Sauvignon erzeugte Montravel ist bei niedriger Temperatur hergestellt worden, damit er sein Aroma zum Ausdruck bringen kann. Der überwiegend blumige Duft dieses 96ers ist von mittlerer Intensität. Dieser im Geschmack eher fruchtige Wein bietet eine gute allgemeine Harmonie. Ein Klassiker.
☛ Les Viticulteurs réunis de Saint-Vivien et Bonneville, 24230 Saint-Vivien,
Tel. 05.53.27.52.22, Fax 05.53.22.61.12 ✓
⏃ Mo-Sa 8h-12h 14h-18h30

CH. LAULERIE 1996*

| | 20 ha | 140 000 | 🍷 | -30F |

Dieser Montravel ist das Ergebnis eines Verschnitts von zwei Rebsorten zu gleichen Teilen. Die Sauvignon-Rebe bringt ihr Aroma ein, während der Sémillon für die Haltung im Geschmack da ist. Der Ausbau findet auf feiner Hefe statt. Das Sauvignon-Aroma kommt in Zitrusfrüchten, grünen Früchten und Buchsbaum zum Ausdruck. Der Geschmack ist reich und komplex, mit einer ziemlich starken Säure und einem Hauch von Bitterkeit im Abgang. Ein gut gemachter, ziemlich klassischer Wein.
☛ Vignobles Dubard Frère et Sœur, Le Gouyat, 24610 Saint-Méard-de-Gurçon,
Tel. 05.53.82.48.31, Fax 05.53.82.47.64 ✓
⏃ Mo-Sa 8h-13h 14h-20h ; So n. V.

CH. LE RAZ Cuvée Grand Chêne 1995

| | 2 ha | 11 500 | 🍷 | 30-50F |

Nach einem bemerkenswerten 94er befindet sich der 95er in einem Stadium des Ausbaus, in dem er sich nicht voll entfalten kann. Der vom Holz getragene Geruchseindruck vereint Röstnoten und fruchtige und blumige Aromen. Der Geschmack ist ein wenig streng, vom Barriquefaß dominiert, so daß sich der Wein nicht gut ausdrücken kann. Muß ein wenig altern.
☛ Vignobles Barde, Le Raz, 24610 Saint-Méard-de-Gurçon, Tel. 05.53.82.48.41,
Fax 05.53.80.07.47 ✓ ⏃ Mo-Fr 8h30-12h30 14h-19h ; Sa n. V.

CH. MOULIN CARESSE
Cuvée sur lies 1995*

| | 1 ha | 4 500 | 🍷 | 30-50F |

Ein charaktervoller Montravel, den man vorzugsweise zu gekochtem Fisch oder hellem Fleisch in Sauce trinkt, denn er ist im Barriquefaß auf der Hefe ausgebaut worden. Der Duft verbindet ein Blütenaroma mit einem feinen Röstgeruch und einer kleinen Note von weißen Früchten. Die Ansprache ist ziemlich voll und ähnelt dem Geruchseindruck. Der lebhafte, frische Geschmack läßt in einem guten Rückaroma von Früchten eine leichte Bitterkeit erkennen, die auf das Holz zurückgeht und die die Zeit mildern wird.
☛ EARL S. et J.-F. Deffarge-Danger, Ch. Moulin Caresse, 24230 Saint-Antoine-de-Breuilh, Tel. 05.53.27.55.58,
Fax 05.53.27.07.39 ✓ ⏃ Mo-Sa 9h-12h 15h-19h ;
So n. V.

DOM. DE PERREAU 1996

| | 3 ha | 14 000 | 🍷 | -30F |

Perreau ist ein Weiler aus dem 16. Jh., der unweit der »Bibliothek« von Montaigne liegt. Dieser war der berühmteste Winzer der Gemeinde und sprach in seinen *Essais* sehr viel über seine Weine. Dieses Gut präsentiert einen Montravel mit dem Aroma von Aprikosen und

Côtes de Montravel

weißfleischigen Pfirsichen. Grüne Früchte und Zitronen dominieren im Geschmack, unterstützt von einer sehr kräftigen Säure. Ein Wein, den man für Meeresfrüchte reservieren sollte.
🠺 Jean-Yves Reynou, 24230 Saint-Michel-de-Montaigne, Tel. 05.53.58.67.31, Fax 05.53.73.07.68 ◪ 𝕀 Mo-Sa 8h-12h 14h-18h

CH. ROQUE-PEYRE 1996

| □ | 15 ha | 100 000 | 🍷♦ | -30 F |

Große Sorgfalt, bei der Lese ebenso wie während der Vinifizierung, wird auf diesen Wein verwendet, um eine gute Struktur und ein ausreichendes aromatisches Potential zu erhalten. Die Sauvignon-Traube kommt hier in einem Buchsbaumaroma zum Ausdruck. Der ziemlich volle Geschmack ist in der Ansprache durch eine ziemlich kräftige Säure geprägt. Ein erfrischender Montravel für die bedingungslosen Anhänger von Sauvignon.
🠺 GAEC de Roque-Peyre, Ch. Roque-Peyre, 33220 Fougueyrolles, Tel. 05.53.61.36.87, Fax 05.53.24.77.98 ◪ 𝕀 n. V.

CH. LE BONDIEU Cuvée Gabriel 1995*

| □ | 1,5 ha | 4 200 | 🍷 | 50-70 F |

Der 94er hatte drei Sterne erhalten. Der 95er ist zu jung, um seine Qualitäten zum Ausdruck zu bringen. Nach peinlich genauen Auslesevorgängen erreichte dieser süße Wein einen natürlichen Alkoholgehalt von fast 20°. Im Augenblick wird er von einem vielleicht ein wenig langen Ausbau im Holzfaß beherrscht. Er ist sehr fein, wohlausgewogen und komplex und wird in ein paar Jahren bezaubern. Hingewiesen sei beim selben Erzeuger auf einen trockenen Montravel, der sehr sauvignontypisch und sehr erfrischend ist. (Flaschen mit 50 cl Inhalt.)
🠺 Didier Feytout, Le Bondieu, 24230 Saint-Antoine-de-Breuilh, Tel. 05.53.58.30.83, Fax 05.53.24.38.21 ◪ 𝕀 n. V.

CH. PUY-SERVAIN TERREMENT 1995***

| □ | 4 ha | 8 000 | 🍷 | 100-150 F |

Die Überreife und die Konzentration auf den Hängen des Puy-Servain machten es möglich, einen großen Süßwein zu erzeugen, für den die Trauben in drei Auslesedurchgängen mit der Hand gepflückt und acht Monate lang im Barriquefaß vinifiziert und ausgebaut worden sind. Der Duft ist von großartiger Komplexität und erinnert an Quitten, Honig und kandierte Früchte. Im Geschmack entfaltet dieser Wein seine ganze Kraft und seinen Reichtum. Er ist bemerkenswert füllig, mit Honignoten. Ein Vorbild.
🠺 SCEA Puy-Servain, Calabre, 33220 Port-Sainte-Foy, Tel. 05.53.24.77.27, Fax 05.53.58.37.43 ◪ 𝕀 Mo-Fr 8h-12h 14h-18h ; Sa n. V.

Côtes de Montravel

CH. PIQUE-SEGUE 1996*

| □ | 10 ha | 13 000 | 🍷♦ | 30-50 F |

Die Trauben für diesen Côtes de Montravel sind mit der Hand gepflückt worden, was eine peinlich genaue Auslese des Traubenguts ermöglichte. Der Duft ist sehr fruchtig, mit Noten von Zitrusfrüchten, Pfirsichen und grünen Zitronen, die ein wenig an Sauvignon erinnern, obwohl es in diesem Verschnitt keine Sauvignon-Trauben gibt. Viele Früchte auch im Geschmack, begleitet von Fülle und einem schönen Volumen. Das Ganze ist ausgewogen und im Abgang lang. Paßt als Aperitif.
🠺 Philip et Marianne Mallard, Ch. Pique-Sègue, Ponchapt, 33220 Port-Sainte-Foy, Tel. 05.53.58.52.52, Fax 05.53.63.44.97 ◪ 𝕀 n. V.

Haut-Montravel

DUC DE MEZIERE 1995**

| □ | 5 ha | 6 000 | 🍷 | 30-50 F |

Dieser Wein wurde von der Jury sehr geschätzt. Der Geruchseindruck entfaltet Noten von Zitrusfrüchten und kandierten Früchten. Der Geschmack ist harmonisch und von großer Länge. Dieser 95er ist schon trinkreif ; er kann aber auch mehrere Jahre lagern. Auch die Bouteille Bleue des Montravel wird Sie nicht unbewegt lassen : Dieser recht klassische Sauvignon wurde von der Jury lobend erwähnt.
🠺 Cave coop. de Port-Sainte-Foy, 78, rte de Bordeaux, 33220 Port-Sainte-Foy, Tel. 05.53.24.75.63, Fax 05.53.57.69.59 ◪ 𝕀 Mo-Sa 9h-12h 14h-19h

Pécharmant

Dieser »Pech«, ein 300 ha großer Hügel nordöstlich von Bergerac, liefert ausschließlich Rotweine, die sehr gehaltvoll sind und altern können. Der hier oft praktizierte Ausbau im Barriquefaß verleiht ihnen Komplexität und Feinheit.

DOM. BRISSEAU-BELLOC 1995**

| ■ | 4,8 ha | 20 000 | 🍷 | 30-50 F |

Die Cuvée Brisseau-Belloc, die mehr Merlot als der Vieux Sapin (siehe weiter unten) enthält, ist ebenfalls in der Genossenschaftskellerei von Bergerac-Le Fleix vinifiziert worden. Die Jury würdigte einstimmig die Frische des Dufts und des Geschmacks, wobei ersterer ein Minze- und Lakritzearoma bietet und letzterer eine leichte Säuerlichkeit zeigt, die die Früchte und die geschmackliche Nachhaltigkeit zur Geltung bringt. Ein sehr hübscher Wein, der zwei Jahre lagern muß. Die Cuvée Etiquette noire wurde lobend erwähnt.

Pécharmant

🍇 Union vinicole Bergerac-Le Fleix, 24130 Le Fleix, Tel. 05.53.24.64.32, Fax 05.53.24.65.46 ☑ 🍷 n. V.

CH. CHAMPAREL 1995*

| ■ | 6,42 ha | k. A. | 🍷 30-50 F |

Dieses Weingut, das sich auf dem Gipfel des Hügels von Pécharmant in Südlage befindet, ist bestimmt hinsichtlich der Reife seiner Trauben begünstigt. Françoise Bouché kann das Traubengut perfekt nutzen, wie dieser sehr gelungene 95er mit der fast schwarzen Farbe zeigt. Das Aroma von intensiven Früchten ist gut mit dem Toastgeruch des Holzes verbunden. Die Struktur ist kräftig, ohne rustikal zu sein. Die strenge Note im Abgang wird sich mit dem Alter sicherlich verflüchtigen. Drei bis fünf Jahre altern lassen.

🍇 Françoise Bouché, Pécharmant, 24100 Bergerac, Tel. 05.53.57.34.76, Fax 05.53.73.24.18 ☑ 🍷 n. V.

DOM. DES COSTES 1995

| ■ | 10 ha | 26 600 | 🍷 30-50 F |

Der 95er Domaine des Costes, der seit dem Jahrgang 1991 regelmäßig in unserem Weinführer vertreten ist, war am Tag der Weinprobe nicht in Bestform. Das feine, elegante Aroma bietet Noten von Kirschen und Vanille, aber der Geschmack bleibt noch zurückhaltend. Man muß warten, bis das Holz verschmilzt.

🍇 Nicole Dournel, Les Costes, 24100 Bergerac, Tel. 05.53.27.32.42, Fax 05.53.61.69.08 ☑ 🍷 n. V.
🍇 Lacroix

DOM. DU GRAND JAURE
Elevé et vieilli en fût de chêne 1995

| ■ | 1,8 ha | 6 500 | 🍷 30-50 F |

Man mußte bis Ende September warten, damit die Trauben die beste Reife erreichten, aber dank dieser Geduld ist heute der Wein sehr gefällig, mit einem Aroma von kandierten roten Früchten und einer sanften, wohlausgewogenen Struktur. Man kann ihn in ein bis zwei Jahren trinken.

🍇 GAEC Baudry, Dom. du Grand Jaure, 24100 Lembras, Tel. 05.53.57.35.65, Fax 05.53.57.10.13 ☑ 🍷 Mo-Sa 9h-20h ; So n. V.

DOM. DU HAUT PECHARMANT
1995**

| ■ | 23 ha | 100 000 | 🍷 50-70 F |

Michel Roches bleibt ein glühender Verfechter des traditionellen Pécharmant. Er bezieht sich auf die Flaschen, die seine Mutter machte, und hat ihr zu Ehren eine Cuvée Veuve Roches geschaffen, die wir nicht probiert haben. Seine Hauptcuvée dagegen ist voller Schönheit. Die Wahl zum Lieblingswein erkennt an, daß das Anbaugebiet zur Geltung gebracht wird. Es handelt sich um einen der schönsten und ausgewogensten Wein der gesamten Weinprobe. Seine außergewöhnliche Frucht setzt sich sehr lang fort. Man muß ihn sorgsam mehrere Jahre ganz hinten in seinem Keller aufheben, um seinen Reichtum zu entdecken.

🍇 Michel Roches, Peyrelevade, 24100 Bergerac, Tel. 05.53.57.29.50, Fax 05.53.24.28.05 ☑ 🍷 tägl. 8h-12h 14h-19h ; Gruppen n. V.

CH. LA TILLERAIE
Vieilli en fût de chêne 1995

| ■ | 5,6 ha | 35 000 | 🍷 30-50 F |

Dieses 5,5 ha große Gut, das in der Nähe von Bergerac liegt, wird auf bemerkenswerte Weise von Régis Lansade geführt, der Önologe, aber auch Krankenpfleger der Ärzte ohne Grenzen ist. Nach einer fortwährenden und intensiven Pflege werden die Trauben in ihrem Reifezustand gelesen. Dieser 95er mit der angenehmen Farbe besitzt einen hübschen, fruchtigen Duft, in dem man die Cabernet-Traube an ihrer charakteristischen, an Knospen schwarzer Johannisbeeren erinnernden Note erkennt. Der Geschmack ist leicht, mit runden Tanninen. Man kann ihn in einem bis zwei Jahren trinken.

🍇 Bruno et Dominique Fauconnier, Ch. La Tilleraie, Pécharmant, 24100 Bergerac, Tel. 05.53.57.86.42, Fax 05.53.57.86.42 ☑ 🍷 n. V.

DOM. PUY DE GRAVE 1995*

| ■ | 2 ha | 8 000 | 🍷 70-100 F |

Der Puy de Grave bleibt ein reinsortiger Merlot, was im Gegensatz zu dem Appellationserlaß steht, der mindestens drei Rebsorten vorschreibt. Das ändert nichts daran, daß dieser 95er sehr vornehm ist. Die Farbe ist dunkel. Das Aroma von Lakritze und vollreifen Früchten ist sehr angenehm. Die Ansprache ist ebenfalls gefällig, aber kaum erkennt man ihre Stelle die Tannine, die noch zu jung sind, um sie heute zu würdigen. Man muß diesen Wein lagern, der sich in zwei bis drei Jahren exzellent zeigen wird.

🍇 SARL Dom. La Métairie, Pommier, 24380 Creyssensac-et-Pissot, Tel. 05.53.80.09.85, Fax 05.53.80.14.72 ☑ 🍷 n. V.

VIEUX SAPIN 1995**

| ■ | 8 ha | 40 000 | 🍷 30-50 F |

Die Cuvée Vieux Sapin der Genossenschaftskellerei von Bergerac braucht man nicht mehr eigens vorzustellen, so groß ist ihre Bekanntheit. Die Trauben kommen von dem Gut, das Christian Casenille gehört, und liefern bemerkenswerte Weine von tiefer Farbe. Der hier mit 55 % beteiligte Cabernet wurde von der Jury erkannt, die seine Reife würdigte. Die Struktur ist rund, sanft und seidig zugleich. Ein sehr hübscher Wein, der drei bis vier Jahre lagern kann.

🍇 Union vinicole Bergerac-Le Fleix, 24130 Le Fleix, Tel. 05.53.24.64.32, Fax 05.53.24.65.46 ☑ 🍷 n. V.

Rosette

In einem bogenförmigen Hügelgebiet nördlich von Bergerac, auf einem Lehm- und Kiesboden, ist Rosette die am wenigsten bekannte Appellation der Region.

CH. COMBRILLAC 1996*

| | 3 ha | 17 000 | ▮ ⅲ ♦ | 30-50 F |

François Eckert ist ein leidenschaftlicher Winzer : Macht er es sich nicht zur Aufgabe, die AOC Rosette neu erstehen zu lassen, deren Produktion von 6 500 hl im Jahre 1955 auf null im Jahre 1981 fiel ? Manuelle Auslese der Trauben in kleinen Körben, teilweise Vergärung im neuen Barriquefaß, sechsmonatiger Ausbau im Holzfaß - nichts ist versäumt worden, um einen großen Wein herzustellen. Diese Anstrengungen waren von Erfolg gekrönt, denn dieser Wein ist gehaltvoll, kräftig, sehr füllig und sehr fein, mit einem intensiven Aroma von Früchten. Perfekt als Aperitif, zu Stopfleber oder zum Dessert.

⌁ François Eckert, Gravillac,
24130 Prigonrieux, Tel. 05.53.24.69.83,
Fax 05.53.24.13.26 ▮ ⅼ n. V.

DOM. DE COUTANCIE 1996

| | 2 ha | 10 000 | ▮ ♦ | -30 F |

Die Domaine de Coutancie, ein ehemaliges Haus der Generalsteuerpächter, genießt eine außergewöhnliche Aussicht auf das Tal der Dordogne. Ihr 96er Rosette zeigt eine schöne Komplexität mit einem Aroma von gerösteten Mandeln und Zitrusfrüchten. Die Frucht ist im Geschmack recht ausgeprägt. Der Abgang ist noch nicht ausgereift, dürfte sich aber in ein paar Jahren verbessern.

⌁ Odile Brichèse, Dom. de Coutancie,
24130 Prigonrieux, Tel. 05.53.58.01.83,
Fax 05.53.58.57.76 ▮ ⅼ n. V.

Saussignac

Dieses Weinbaugebiet, das im 16. Jh. von Pantagruel, einer von dem Dichter François Rabelais erfundenen Figur, gerühmt wurde und inmitten einer wunderschönen Landschaft aus Hochebenen und Hügeln liegt, bringt große liebliche und süße Weine hervor.

DOM. DU CANTONNET
Cuvée Prestige 1995***

| | 4 ha | 3 000 | ⅲ | 70-100 F |

Die alte Vertikalpresse, die auf dem Etikett abgebildet ist, steht im Keller : Es ist die beste Vorrichtung, um edelfaule Trauben zu keltern. Dieser 95er, der sich von den anderen Saussignac-Weinen unterscheidet, läßt das Blütenaroma (Akazienblüten, Orangenblüten, Lindenblüten) dominieren, während sich der Honig und die Vanille stärker zurückhalten. Im Geschmack ragt die Komplexität des Blütenaromas hervor. Der sehr harmonische Gesamteindruck ist fein, kräftig und elegant. Ein Wein zum Genießen, der bei der Oberjury auf den zweiten Platz kam.

⌁ EARL Vignobles Jean-Paul Rigal, Le Cantonnet, 24240 Razac-de-Saussignac,
Tel. 05.53.27.88.63, Fax 05.53.23.77.11 ▮ ⅼ n. V.

DOM. DE LA COMBE 1995*

| | 1 ha | 2 500 | ⅲ | 50-70 F |

Peinlich genaue Auslese der mit der Hand gepflückten Trauben, Vinifizierung und Ausbau im Barriquefaß sind das Rezept für die Herstellung dieses Ausnahmeweins. Kandierte Früchte, Honig und Akazienblüten umschmeicheln angenehm die Nase. Nach einer guten Ansprache nimmt man viel Fülle, Rundheit, einen eleganten Holzton, eine gute Länge und einen nervigen Abgang wahr. Ein guter Süßwein, den man einige Zeit in seinem Keller aufheben muß.

⌁ Claude Sergenton, Dom. de La Combe,
24240 Razac-de-Saussignac, Tel. 05.53.27.86.51,
Fax 05.53.27.99.87 ▮ ⅼ n. V.

CH. RICHARD Cuvée Tradition 1995*

| | 3 ha | 1 600 | ⅲ | 70-100 F |

Die Vergärung im Barriquefaß hat Richard Doughty einige Sorgen bereitet, weil sie im Juli beendet war. Er ist ein Verfechter des biologischen Anbaus und bewirtschaftet auch Château des Parcs, das der Sängerin Kiri Te Kanawa gehört. Der Geruch dieses 95ers vereinigt sich ganz eng mit dem Aroma von kandierten Früchten und Honig. Der sanfte Wein hat im Geschmack viel Fülle und Fett. Der Abgang ist durch das Holz geprägt - ein Jugendfehler, der mit der Zeit vergehen wird.

⌁ Richard Doughty, La Croix-Blanche,
24240 Monestier, Tel. 05.53.58.49.13,
Fax 05.53.61.17.28 ▮ ⅼ tägl. 9h30-12h30 14h30-19h

CH. DE THENON 1995*

| | 2 ha | 6 800 | ⅲ | 30-50 F |

Die Originalität dieses Saussignac beruht vielleicht auf der Tatsache, daß es im Verschnitt Sauvignon gibt, was auf diese Weise zu einem eigentümlichen Aroma führt und dem Ganzen einen etwas leichteren, leicht zu trinkenden Charakter verleiht. Der ein wenig verschlossene Geruchseindruck läßt die Vanille erahnen. Der Geschmack hat eine gute Struktur und eine gute Ausgewogenheit und ist durch Frische und Lebhaftigkeit bestimmt. Ein recht angenehmer, süffiger Wein. (Flaschen mit 50 cl Inhalt.)

⌁ Joël Evandre, 24240 Razac-de-Saussignac,
Tel. 05.53.27.82.99, Fax 05.53.27.36.74 ▮ ⅼ n. V.

CH. TOURMENTINE
Chemin Neuf 1995**

| | 1 ha | 6 000 | ⅲ | 70-100 F |

Dies ist ein derart bemerkenswertes und seltenes Erzeugnis, daß Sie es nur in Flaschen mit 50 cl Inhalt finden können. Aber was für ein

Leckerbissen ! Der sehr intensive Duft erinnert an Haselnüsse, kandierte Früchte, Zitrusfrüchte und Honig. Der sehr ausdrucksvolle, kräftige Geschmack besitzt eine gute Ausgewogenheit zwischen Alkohol und Zucker und zeigt sich im Abgang ohne Aggressivität. Ein sehr großer Süßwein, den die Zeit nur verbessern kann.
🔸 Armelle et Jean-Marie Huré, Ch. Tourmentine, 24240 Monestier, Tel. 05.53.58.41.41, Fax 05.53.63.40.52 ✓ ⊺ n. V.

CLOS D'YVIGNE
Vendanges tardives 1995★★★

| ☐ | 1,8 ha | k. A. | 🍷 | 100-150 F |

Drei Sterne für den 94er und jetzt die Wahl zum Lieblingswein, die die ausgezeichnete Arbeit von Patricia Atkinson krönt, die 1990 aus England kam. Der komplexe Geruchseindruck ist nicht sehr entfaltet ; zum Ausdruck kommen nur kandierte Früchte und Honig. Der Geschmack überrascht durch seinen außergewöhnlichen Reichtum : Fülle, likörartige Süße und Länge. Die Ausgewogenheit ist eher zum Zucker hin orientiert. Der Abgang hinterläßt über einem verschmolzenen, eleganten Holzton einen Eindruck von Milde und Samt. Ein großer Wein, den man mindestens fünf Jahre lagern kann.
🔸 Patricia Atkinson, Le Bourg, 24240 Gageac-Rouillac, Tel. 05.53.22.94.24, Fax 05.53.23.47.67 ✓ ⊺ tägl. 9h-12h 14h-18h

Côtes de Duras

Die Côtes de Duras kommen aus einem 2 000 ha großen Weinbaugebiet, das die natürliche Fortsetzung der Hochebene des Entre-Deux-Mers darstellt. Nach der Aufhebung des Edikts von Nantes ließen sich die aus der Gascogne ausgewanderten Hugenotten angeblich den Wein von Duras bis in ihr holländisches Exil nachschicken ; die Rebzeilen, die sie für sich reservierten, ließen sie mit einer Tulpe kennzeichnen.

Auf Hügeln, die von der Dourdèze und ihren Nebenflüssen zerschnitten werden, wachsen auf lehmig-kalkhaltigen Böden natürlich die Bordeaux-Rebsorten. Bei den weißen Rebsorten werden Sémillon, Sauvignon und Muscadelle verwendet, bei den roten Cabernet franc, Cabernet Sauvignon, Merlot und Malbec. Zusätzlich findet man hier Chenin, Ondenc und Ugni blanc. Der Ruhm von Duras beruht auf seinen Weißweinen : geschmeidigen lieblichen Weinen, aber vor allem trockenen Weißweinen aus Sauvignon-Trauben, die wirklich gelungen sind. Diese Weine, die rassig und nervig sind und ein eigentümliches Bukett besitzen, passen wunderbar zu Meeresfrüchten und Meeresfischen. Die Rotweine, die oft nach Rebsorten getrennt vinifiziert werden, sind fleischig und rund und haben eine schöne Farbe.

DOM. DES ALLEGRETS
Moelleux Cuvée Marthe Carrier 1995★★

| ☐ | 0,8 ha | 1 500 | 🍷 | 100-150 F |

Francis und Monique Blanchard feiern eine bemerkenswerte Rückkehr in unserem Weinführer : eine lobende Erwähnung für einen wohlausgewogenen, frischen Rosé, der mittels Saignée (Abstich nach kurzer Maischung) hergestellt worden ist und ein Aroma von schwarzen Johannisbeeren besitzt, und einen Stern für einen im Holzfaß gereiften Rotwein, der eine kräftige Tanninstruktur und ein Aroma von kandierten Früchten und Vanille besitzt. Einige Mitglieder der Jury hätten diesen lieblichen oder süßen Wein gern zum Lieblingswein gewählt. Der Honig und die Vanille entladen sich in der Nase. Im Geschmack kommt ein Aroma von kandierten Früchten, getoastetem Brot, Aprikosen und Pfirsichen hinzu. Ein harmonischer, runder und füllliger Wein, der im Geschmack besonders lang ist. Obwohl Duras kein Anbaugebiet für süße Weine ist, kann eine gewissenhafte Arbeit sowohl im Weinberg als auch im Keller zu einem schönen Erfolg führen.
🔸 SCEA Francis et Monique Blanchard, Dom. des Allegrets, 47120 Villeneuve-de-Duras, Tel. 05.53.94.74.56, Fax 05.53.94.74.56 ✓ ⊺ n. V.

CH. BELLEVUE HAUT ROC 1995★★

| ■ | 4,5 ha | k. A. | 🍷 | -30 F |

Eine Cuvée, die in den letzten Jahren regelmäßig Sterne erhalten hat. Der 95er wird durch einen sehr weinigen Geruchseindruck, der an reife Trauben erinnert. Nach einer Ansprache von erstaunlicher Sanftheit lassen erst runde Tannine ihre Anwesenheit spüren. Dieser solide gebaute Wein von ausgezeichneter Ausgewogenheit bietet einen langen Abgang, der im positiven Sinne des Wortes ein wenig »gekocht« ist.
🔸 Bruno Rossetto, Bellevue, 47120 Esclottes, Tel. 05.53.83.78.11 ✓ ⊺ n. V.

BERTICOT Sauvignon 1996★

| ☐ | 26 ha | 200 000 | 🍷 | -30 F |

Die Genossenschaftskellerei Berticot präsentiert erneut eine Cuvée für anspruchsvolle Ver-

Côtes de Duras

braucher. Der Geruchseindruck des Sauvignon zeichnet sich mehr durch seine Feinheit und seine Eleganz aus als durch seine Stärke, aber die Noten von Zitrusfrüchten sind deutlich spürbar. Im Geschmack ist es ein komplexer, fülliger, vollkommen ausgewogener und nachhaltiger Wein. Der Sauvignon Cave de Berticot bietet ein ähnliches Profil, aber sein Abgang ist säuerlicher. Der rote Privilège de Berticot schließlich zeigt ein Aroma von reifen Früchten über recht fülligen Tanninen.

☛ Cave coop. Berticot, rte de Sainte-Foy-la-Grande, 47120 Duras,
Tel. 05.53.83.71.12, Fax 05.53.83.82.40
Mo-Sa 8h-12h 14h-18h

DOM. DES COURS Sauvignon 1996*

| □ | 5 ha | 15 000 | ▪ ♦ | -30 F |

Duras : D für delikat, U für unvergleichlich, R für rar, A für angenehm und S für subtil - das sind die Adjektive, die man für diesen trockenen Weißwein verwenden kann. Das Aroma der Sauvignon-Trauben ist in der Nase intensiv. Der Geschmack überrascht durch seine Fülle und seine Rundheit ; er bietet etwas muskatartige Noten. Dieser Wein ist nicht sehr nervig und paßt eher zu weißem Fleisch. Der Rosé ist lobend erwähnt worden.

☛ EARL Lusoli, Sainte-Colombe, 47120 Duras,
Tel. 05.53.83.74.35, Fax 05.53.83.63.18 n. V.

DOM. DE FERRANT
Elevé en fût de chêne 1995*

| | 1 ha | 3 500 | | 30-50 F |

Die Familie Salesse, die übrigens Château de Gourdon in der AOC Bordeaux bewirtschaftet, stellt Weine her, die im Hachette-Weinführer regelmäßig erwähnt werden. Beim Rotwein bietet die im Holzfaß ausgebaute Cuvée einen harmonischen, reizvollen Duft nach roten Früchten, Vanille und Lakritze. Die Struktur ist angenehm, mit sanften, runden Tanninen, die ein wenig durch das Holz geprägt sind. Die klassische Struktur, die eine leichtere Struktur besitzt, verdient ebenso eine lobende Erwähnung wie der Sauvignon, dessen sortentypisches Aroma besonders ausgeprägt ist.

☛ Salesse et Fils, SCEA Dom. de Ferrant, 47120 Esclottes, Tel. 05.53.83.73.46,
Fax 05.53.83.82.80 Mo-Fr 9h-12h 14h-18h30 ; Sa, So n. V.

DOM. DU GRAND MAYNE 1996*

| ◢ | 2 ha | 17 000 | ▪ ♦ | -30 F |

Dieses Weingut lag brach, als es Andrew Gordon vor drei Jahren kaufte. Es ist zu einem sehr zuverlässigen Erzeuger der Appellation geworden und wird von den Briten sehr geschätzt. Sein ausschließlich durch Vermaischung von Cabernet-Trauben hergestellter Rosé bietet einen kräftigen Duft nach roten Früchten und (selbstverständlich !) »englischen« Fruchtdrops. Vom selben Gut verdienen der trockene Wein, der wohlausgewogen ist, und der Rotwein mit den verschmolzenen Tanninen eine lobende Erwähnung.

☛ Andrew Gordon, Le Grand Mayne, 47120 Villeneuve-de-Duras, Tel. 05.53.94.74.17, Fax 05.53.94.77.02 n. V.

JEAN DE NAVARRE Sauvignon 1996**

| □ | 10 ha | 10 000 | ▪ ♦ | -30 F |

Die Genossenschaftskellerei von Landerrouat besitzt einen neuen Keller, der modern und zweckmäßig ist. Nach einer Hülsenmaischung werden die Weißweine auf der feinen Hefe ausgebaut. Der Geruchseindruck dieses 96ers ist für die Sauvignon-Traube typisch : sehr blumig, mit dem Duft von Buchsbaum. Nach einer schönen Entfaltung im Geschmack klingt der Wein mit Noten von Zitrusfrüchten und exotischen Früchten und mit einem Hauch von Säuerlichkeit aus, die durch die Kohlensäure verstärkt wird. Unter derselben Marke stellt die Kellerei einen fruchtigen, nervigen Rosé her, der eine lobende Erwähnung verdient.

☛ Cave coop. Les Peyrières, rte des Vignerons, 33790 Landerrouat, Tel. 05.56.61.31.21, Fax 05.56.61.40.79 n. V.

CH. LA MOULIERE
Vendange triée 1995**

| □ | 1 ha | 3 000 | | 100-150 F |

1995 und 1996 waren im Südwesten große Jahrgänge für die süßen Weine. Die Brüder Blancheton haben eine Spitzencuvée hergestellt, die in neuen Barriques reifte, nachdem die Trauben dafür ausgelesen worden waren. Der komplexe Duft verbindet Aprikosen und getrocknete Früchte. Die Ansprache im Geschmack ist großartig, mit Backpflaumen- und Vanillenoten. Ein Wein von seltener Großzügigkeit, der sehr füllig, sehr likörartig und vollkommen ausgewogen ist. Weisen wir noch auf einen frischen, fruchtigen Rosé hin, der einen Stern erhält.

☛ EARL Blancheton, Ch. La Moulière, 47120 Duras, Tel. 05.53.83.70.19,
Fax 05.53.83.37.92 n. V.

DOM. DE LA SOLLE 1995*

| ■ | 3 ha | 6 000 | ▪ ♦ | 30-50 F |

Dieser aus dem Departement Loire-Atlantique stammende Winzer hat sich vor zwei Jahren im Gebiet von Duras niedergelassen. Er präsentiert uns einen guten 95er, der im Duft durch vollreife rote Früchte geprägt ist. Der Geschmack ist wohlausgewogen, mit deutlich spürbaren Tanninen und ein wenig Lebhaftigkeit im Abgang. Der sehr säuerliche und sehr ausgeprägte Rosé vom selben Gut verdient eine lobende Erwähnung.

☛ Roger Visonneau, Boussinet, 47120 Saint-Jean-de-Duras, Tel. 05.53.83.07.09,
Fax 05.53.20.10.54 n. V.

DOM. DE LAULAN
Cuvée Emile Chariot Vieilli en fût 1996*

| □ | 0,5 ha | 4 500 | | 30-50 F |

Diese Cuvée wurde im letzten Jahr zum Lieblingswein gewählt. Mit diesem 96er beweist Gilbert Geoffroy, daß er die Methode der Vinifizierung der trockenen Weißweine im Eichenholzfaß beherrscht. Vanille und Zitrusfrüchte vermischen sich ganz eng in einem Geruchseindruck, der viel Komplexität und Stärke zeigt. Der elegante Geschmack ist ebenso komplex ; das Holzaroma dominiert. Der etwas lebhafte Abgang dürfte sich in ein paar Monaten beruhigen. Das Angebot des Guts ist um einen lieblichen Wein erweitert wor-

Côtes de Duras

den, der reich und konzentriert ist und ein Aroma von Honig und getrockneten Früchten besitzt. Er verdient eine lobende Erwähnung.
↪ EARL Geoffroy, Dom. de Laulan, 47120 Duras, Tel. 05.53.83.73.69, Fax 05.53.83.81.54 ☑ ⊥ n. V.
↪ Gilbert Geoffroy

DOM. LES BERTINS
Moelleux Cuvée des Demoiselles 1995*

| | 3 ha | 17 666 | | -30 F |

Ein sympathischer, angenehmer, lieblicher Wein. In der Nase entfalten sich Honignoten. Der vom Zucker geprägte Geschmack ist ziemlich rund und kräftig und enthüllt ein sehr charakteristisches Aroma von getrockneten Früchten und Aprikosen. Paßt perfekt als Aperitif oder zu einem Schimmelkäse.
↪ Dominique Manfé, Les Bertins, 47120 Saint-Astier-de-Duras, Tel. 05.53.94.77.34, Fax 05.53.94.76.64 ☑ ⊥ tägl. 8h-12h30 13h30-19h

DOM. DU PETIT MALROME
Elevé en fût 1995**

| | 0,5 ha | 2 500 | | 30-50 F |

Auf diesem Gut werden die Trauben ausschließlich mit der Hand gepflückt, was eine Auslese der besten Trauben erlaubt. Im Geruchseindruck liefert dieser im Holzfaß ausgebaute Rotwein Noten von roten Früchten, Vanille und geröstetem Kaffee. Der reiche, ausgewogene Geschmack, der deutlich spürbare, runde Tannine besitzt, bietet einen langen, angenehmen Abgang. Bei der Oberjury ist dieser Wein auf den zweiten Platz gekommen. Die klassische Cuvée, die ziemlich ähnliche Merkmale aufweist, hat einen Stern erhalten. Der recht holzbetonte liebliche Wein schließlich verdient eine lobende Erwähnung.
↪ Alain Lescaut, 47120 Saint-Jean-de-Duras, Tel. 05.53.89.01.44, Fax 05.53.89.01.44 ☑ ⊥ tägl. 9h-12h 14h-20h

DOM. DU VIEUX BOURG
Cuvée Ste-Anne Vieilli en fût de chêne 1995**

| | 2,5 ha | 12 000 | | 30-50 F |

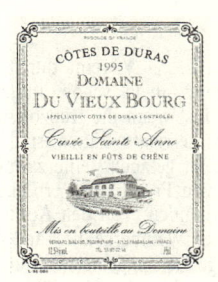

Der Geruchseindruck ist sehr komplex : von Vanille- und Lakritzenuancen bis zu Noten von roten Früchten. Der elegante Geschmack enthüllt viel Volumen. Er verbindet auf glückliche Weise Frucht- und Holzaromen. Der Abgang ist nachhaltig. Ein harmonischer, vielversprechender Wein. Der trockene Weißwein des Guts, der nicht sehr stark durch Sauvignon geprägt, aber wohlausgewogen ist, hat ebenfalls zwei Sterne erhalten.
↪ Bernard Bireaud, Le Vieux-Bourg, 47120 Pardaillan, Tel. 05.53.83.02.18, Fax 05.53.83.02.37 ☑ ⊥ n. V.

TAL DER LOIRE UND MITTELFRANKREICH

Vereint durch einen Fluß, der königlich genannt wird und diese Bezeichnung allein schon aufgrund seines majestätischen Charakters rechtfertigen würde, selbst wenn die französischen Könige nicht mit Vorliebe an seinen Ufern ihre Residenzen errichtet hätten, sind die vielfältigen Landschaften der Loire in ein einzigartiges Licht getaucht, eine zarte Vereinigung von Himmel und Wasser, die hier den »Garten von Frankreich« erblühen läßt. Und in diesem Garten ist natürlich auch der Wein vorhanden. Von den Ausläufern des Zentralmassivs bis zur Mündung der Loire durchsetzen Weinberge die Landschaft entlang dem Strom und zehn seiner Nebenflüsse. Das riesige Gesamtgebiet wird unter dem Namen »Tal der Loire und Mittelfrankreich« zusammengefaßt; es reicht über das eigentliche Loire-Tal hinaus, das seinen zentralen Teil bildet. Deshalb gibt es hier einen vielfältigen Fremdenverkehr, der kulturelle, gastronomische und önologische Motive hat. Die Straßen, die den Fluß auf den Uferdämmen begleiten, und die anderen Straßen, die ein wenig abseits davon verlaufen und Weinberge und Wälder durchqueren, sind Routen für unvergeßliche Entdeckungsreisen.

Garten Frankreichs, königliche Residenz, Land der Künste und der Literatur, Wiege der Renaissance - diese Region ist der Ausgewogenheit, der Harmonie und der Eleganz geweiht. Die Loire, bald ein schmaler, gewundener Wasserlauf, bald ein lebhafter, rauschender Fluß, bald ein imposanter und majestätischer Strom, ist das einigende Band. Aber dennoch sollte man auch auf die Unterschiede achten, vor allem wenn es die Weine betrifft.

Tal der Loire

Von Roanne bzw. Saint-Pourçain bis Nantes bzw. Saint-Nazaire nehmen die Reben die Hänge am Ufer ein und trotzen dabei der Beschaffenheit der Böden, den klimatischen Unterschieden und den von Menschen entwickelten Traditionen. Auf einer Länge von fast 1 000 km erzeugen über 50 000 ha - mit großen Schwankungen - rund 3 000 000 hl. Gemeinsam sind den Weinen aus diesem riesigen Gebiet die Frische und die Zartheit ihres Aromas, die vor allem auf die nördliche Lage der meisten Anbaugebiete zurückzuführen sind.

Trotz alledem wäre es ein wenig kühn, all diese Weine mit einem einzigen Wort beschreiben zu wollen ; denn obwohl man die Anbaugebiete als nördlich bezeichnet, liegen einige davon auf einem Breitengrad, auf dem im Rhône-Tal der Einfluß des mediterranen Klimas spürbar wird ... Mâcon befindet sich auf demselben Breitengrad wie Saint-Pourçain, Roanne auf demselben wie Villefranche-sur-Saône. Somit beeinflußt hier die Oberflächengestalt das Klima und beschränkt die Auswirkungen der Luftströmungen : Die atlantischen Luftmassen strömen von Westen nach Osten in den Korridor, den die Loire bildet, und werden dann allmählich schwächer, wenn sie auf die Hügel von Saumur und der Touraine treffen.

Einheitliche Weinbaugebiete bilden somit die Region von Nantes, das Anjou und die Touraine. Aber es kommen noch die Anbaugebiete des Haut-Poitou, des Berry, der Côtes d'Auvergne und der Côtes Roannaises hinzu ; am besten faßt man sie zu einem großen Gebiet zusammen, wobei »Tal der Loire« der naheliegendste Oberbegriff ist, sowohl in geographischer Hinsicht wie auch im Hinblick auf die erzeugten Weintypen. Aus Gründen der Übersichtlichkeit erscheint es deshalb notwendig, vier große Regionen festzulegen : die drei zuerst genannten sowie Mittelfrankreich.

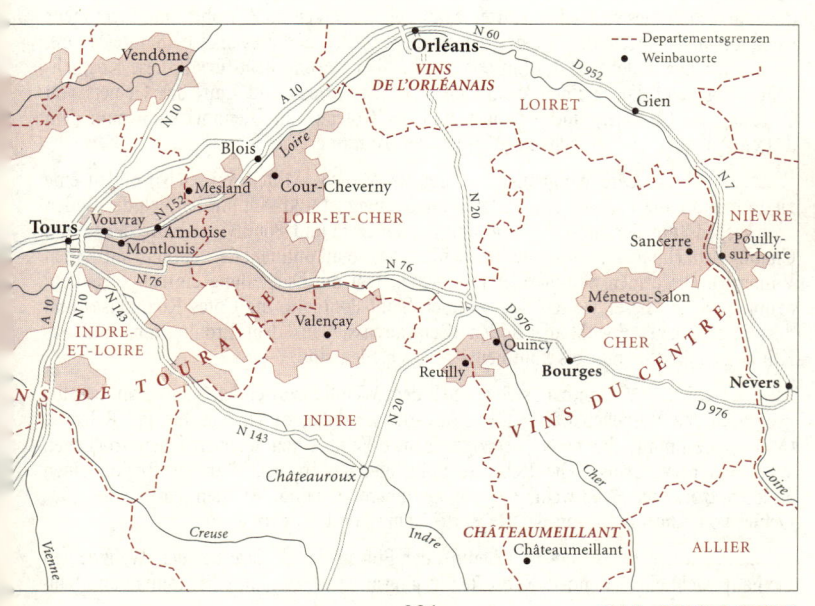

Im unteren Tal der Loire liegen der Anbaubereich des Muscadet und ein Teil des Anjou auf dem Armorikanischen Gebirge, das aus Schiefer, Gneis und anderen Sediment- oder Eruptivgesteinen des Erdaltertums besteht. Die Böden, die sich auf diesen Formationen entwickelt haben, sind sehr günstig für den Anbau von Reben ; die hier erzeugten Weine sind somit von exzellenter Qualität. Dieses immer noch als Region von Nantes bezeichnete erste Weinbaugebiet, das westlichste des Loire-Tals, zeigt eine nicht sehr ausgeprägte Oberflächengestalt, denn das harte Felsgestein des Armorikanischen Gebirges wird unvermittelt von kleinen Flüssen durchschnitten. Die schroffen Täler haben nicht zugelassen, daß Hänge entstanden sind, auf denen man Reben anbauen könnte ; die Reben wachsen deshalb auf den Hügelkuppen der Hochebene. Das Klima ist ozeanisch und das ganze Jahr über ziemlich einheitlich, weil der Einfluß des Meeres die jahreszeitlichen Schwankungen abmildert. Die Winter sind nicht sehr streng, die Sommer warm und oft feucht ; die Sonneneinstrahlung ist gut. Dennoch können die Frühjahrsfröste bisweilen die Produktion beeinträchtigen.

Das Anjou, eine Übergangslandschaft zwischen der Region von Nantes und der Touraine, umfaßt aus historischen Gründen das Gebiet von Saumur. Dieses Weinbaugebiet gehört nahezu ganz zum Departement Maine-et-Loire ; doch geographisch sollte man das Saumurois eher der westlichen Touraine zurechnen, mit der es mehr Ähnlichkeit hat, hinsichtlich der Böden ebenso wie beim Klima. Die Ablagerungsschichten aus dem Pariser Becken bedecken übrigens von Brissac-Quincié bis Doué-la-Fontaine als Transgression die paläozoischen Formationen des Armorikanischen Gebirges. Das Anjou läßt sich in mehrere Untergebiete aufteilen : die Coteaux de la Loire (als Fortsetzung der Region von Nantes) mit nicht sehr steilen Hängen in Nordlage, wo die Reben den Rand der Hochebene einnehmen, die Coteaux du Layon mit Schieferhängen, die Coteaux de l'Aubance und die Übergangszone zwischen dem Anjou und der Touraine, in der sich das Anbaugebiet der Roséweine entwickelt hat.

Das Gebiet von Saumur ist im wesentlichen durch Kreidetuff gekennzeichnet, auf dem die Rebstöcke wachsen. Darunter wetteifern die Weinflaschen mit Zuchtchampignons (30 % der französischen Produktion) darum, die leicht zu grabenden Stollen und Keller zu besetzen. Die etwas höheren Hügel halten die Westwinde ab und begünstigen die Entstehung eines Klimas, das halb ozeanisch und halb kontinental ist. Gegenüber dem Gebiet von Saumur findet man auf dem rechten Ufer der Loire das Weinbaugebiet von Saint-Nicolas-de-Bourgueil, auf dem Hügel von Tours gelegen. Weiter östlich, hinter Tours, aber noch auf dem gleichen Hügel teilt sich das Anbaugebiet von Vouvray mit Chinon - als Verlängerung des Gebiets von Saumur auf den Hügeln der Vienne - das Ansehen der Touraine-Weine. Azay-le-Rideau, Montlouis, Amboise, Mesland und die Coteaux du Cher vervollständigen die Reihe der Namen, die man sich in diesem reichen Garten Frankreichs merken muß, wobei man nicht mehr weiß, ob man wegen der Weine, der Schlösser oder der Ziegenkäse (Sainte-Maure, Selles-sur-Cher, Valençay) dorthin reisen soll. Aber warum nicht für all diese Köstlichkeiten zugleich ? Die kleinen Weinbaugebiete der Coteaux du Loir, des Gebiets von Orléans, von Cheverny und Valençay und der Coteaux du Giennois kann man dem dritten Anbaubereich zurechnen, nämlich der Touraine.

Die Weinbaugebiete des Berry (bzw. Mittelfrankreichs) bilden eine vierte Region, die von den drei anderen unabhängig ist und sich hinsichtlich der Böden - vorwiegend aus der Juraformation und bei Sancerre und Pouilly-sur-Loire denen von Chablis benachbart - ebenso wie hinsichtlich des semikontinentalen Klimas mit kalten Wintern und warmen Sommern unterscheidet. Um die Darstellung einfach zu halten, nehmen wir zu dieser vierten Region noch Saint-Pourçain, die Côtes Roannaises und das Forez hinzu, obwohl die Böden (Zentralmassiv aus dem Erdaltertum) und das Klima (semikontinental bis kontinental) verschieden sind.

Wenn man sich speziell dem Weinbau zuwendet, wählt man dieselbe geographische Vorgehensweise. Der Muscadet ist dabei durch eine einzige Rebsorte (Melon) bestimmt, die einen »einzigartigen« Wein, einen unersetzlichen trockenen Weißwein hervorbringt. Die Rebsorte Folle blanche erzeugt in dieser Region einen anderen trockenen Weißwein, der von geringerer Qualität ist, den Gros-Plant. Das Gebiet von Ancenis ist von der Rebsorte Gamay noir erobert worden.

Im Anjou ist Chenin oder Pineau de la Loire bei den Weißweinen die hauptsächlich verwendete Rebsorte ; in jüngster Zeit hat man Chardonnay und Sauvignon hinzugenommen. Die Chenin-Rebe erzeugt große süße oder liebliche Weine sowie - gemäß der Entwicklung des Geschmacks - hervorragende trockene Weine und Schaumweine. Als rote Rebsorte, die früher einmal sehr weit verbreitet war, sei Grolleau noir genannt. Er liefert traditionell halbtrockene Roséweine. Cabernet franc, früher »Breton« genannt, und Cabernet Sauvignon erzeugen feine, körperreiche Rotweine, die eine gute Alterungsfähigkeit besitzen. Ähnlich wie die Menschen spiegeln auch die Weine die »Milde des Anjou« wider oder tragen dazu bei : Zu einer Lebhaftigkeit, die auf eine kräftige Säure zurückzuführen ist, kommt häufig ein milder Geschmack hinzu, der von dem Vorhandensein von Restzucker herrührt. Die Weine werden in hoher Menge erzeugt, mit einer etwas verwirrenden Vielfalt.

Im Westen der Touraine sind die Hauptrebsorten die Chenin-Rebe im Gebiet von Saumur, in Vouvray und Montlouis oder in den Coteaux du Loir, Cabernet franc in Chinon, Bourgueil und Saumur-Gebiet sowie die Grolleau-Rebe in Azay-le-Rideau. Gamay noir beim Rotwein und Sauvignon beim Weißwein bringen im östlichen Teil der Region fruchtige, angenehme Weine hervor. Der Vollständigkeit halber seien noch die Rebsorten Pineau d'Aunis, eine in den Coteaux du Loir wachsende Rebe mit pfeffriger Note, und Gris meunier im Gebiet von Orléans genannt.

Im mittelfranzösischen Weinbaugebiet ist Sauvignon (beim Weißwein) die wichtigste Rebsorte in Sancerre, Reuilly, Quincy und Menetou-Salon sowie in Pouilly, wo sie auch Blanc-Fumé genannt wird. Er teilt sich dort das Anbaugebiet mit einigen noch übriggebliebenen Weinbergen, die mit der Chasselas-Rebe bestockt sind und nervige, trockene Weißweine liefern. Beim Rotwein spürt man die Nachbarschaft zum Burgund, denn in Sancerre und Menetou-Salon erzeugt man die Rotweine aus Pinot noir.

Um das Thema erschöpfend abzuhandeln, sollte man noch ein paar Bemerkungen zum Weinbaugebiet des Haut-Poitou hinzufügen, das bei den Weißweinen für seinen Sauvignon mit lebhaften, fruchtigen Weinen und für seinen Chardonnay mit körperreichen Weinen sowie bei den Rotweinen für seine leichten, robusten Weine von den Rebsorten Gamay, Pinot noir und Cabernet bekannt ist. Mit seinem semiozeanischen Klima bildet das Haut-Poitou den Übergang zwischen dem Loire-Tal und dem Bordelais. Zwischen Anjou und Poitou erzeugt das Weinbaugebiet von Thouarcé (AOVDQS) nur eine geringe Weinmenge. Das Weinbaugebiet der Fiefs Vendéens, eines als AOVDQS eingestuften Gebiets, dessen Weine früher als »Vins des Fiefs du Cardinal« (Weine der Lehnsgebiete des Kardinals) bezeichnet wurden, erstreckt sich entlang der Atlantikküste ; seine bekanntesten Weine sind die Roséweine von Mareuil, die von den Rebsorten Gamay noir und Pinot noir stammen. Eine Kuriosität dieser Gegend stellt der »widerliche« Wein (Vin de »ragoutant« oder de »dégoutant«) dar, der aus der Rebsorte Négrette hergestellt wird und nur schwer zu finden ist.

Tal der Loire

Tal der Loire

Rosé de Loire

Es handelt sich um Weine einer regionalen Appellation, die seit 1974 als AOC eingestuft ist. Sie dürfen innerhalb der Grenzen der regionalen Appellationen Anjou, Saumur und Touraine erzeugt werden. Hergestellt werden diese trockenen Roséweine aus den Rebsorten Cabernet franc, Cabernet Sauvignon, Gamay noir à jus blanc, Pineau d'Aunis und Grolleau.

CH. DU BREUIL 1996*

| | 3 ha | 14 000 | | -30F |

Bei Château du Breuil denkt man an die süßen Weine der Coteaux du Layon. Dennoch darf man die anderen Weine des Guts nicht unterschätzen, wie etwas diesen Rosé de Loire, der ganz fruchtig ist mit Noten von Himbeeren, roten Johannisbeeren und Erdbeeren. Sehr schöne Frische im Geschmack. Das Richtige, um eine Weinprobe auf diesem Gut zu beginnen, das angenehme Erinnerungen hinterlassen wird !
➤ SCEA Ch. du Breuil, 49750 Beaulieu-sur-Layon, Tel. 02.41.78.32.54, Fax 02.41.78.30.03 ☑ ⊺ n. V.
➤ Marc Morgat

DOM. COUSIN-LEDUC 1996*

| | 3 ha | 20 000 | | -30F |

Ein altes Weingut in der Gemeinde Martigné-Briand, das 1987 von Olivier Cousin übernommen wurde. Er präsentiert diesen Rosé de Loire, dessen Farbe durch ihre Intensität überrascht (ein durch rote Farbtöne verstärktes Orange). Sein Aroma erscheint fast heftig (Birnen, Pfirsich). Der Eindruck im Geschmack ist der von Stärke. Dieser erstaunliche Wein wird zweifellos uneingeschränkte Anhänger haben.
➤ Olivier Cousin, 7, rue du Colonel-Panaget, 49540 Martigné-Briand, Tel. 02.41.59.49.09, Fax 02.41.59.69.83 ☑ ⊺ n. V.

DOM. DULOQUET 1996*

| | 0,5 ha | 1 500 | | -30F |

Ein traditioneller Weinbaubetrieb des Anjou, der mit der Ankunft von Hervé Duloquet 1991 seinen Stil deutlich geändert hat. Ein sehr schöner Erfolg ist dieser Rosé de Loire, der aus sehr reifen Trauben hergestellt und gut vinifiziert worden ist. Die intensive Farbe, ein an Granatäpfel erinnerndes Rosa, das mit Noten von roten und schwarzen Früchten verbundene Aroma von Amylalkohol und der intensive, frische Geschmack machen ihn zu einem Wein mit starker Persönlichkeit.
➤ Dom. Duloquet, Les Mousseaux, 49700 Les Verchers-sur-Layon, Tel. 02.41.59.17.62, Fax 02.41.59.37.53 ☑ ⊺ n. V.

DOM. DE FRESCHE 1996*

| | 1 ha | 4 000 | | -30F |

Dieses regelmäßig in unserem Weinführer erwähnte Gut bietet eine Produktion von großer Qualität. Sein Rosé de Loire trägt ein orange- bis rosarotes Kleid. Seine Noten von reifen Früchten und sein harmonischer, frischer Geschmack werden ein bis zwei Jahre lang verführen.
➤ EARL Boré, Dom. du Fresche, 49620 La Pommeraye, Tel. 02.41.77.74.63, Fax 02.41.77.79.39 ☑ ⊺ Mo-Sa 8h-12h 14h-19h

DOM. DES HAUTES VIGNES 1996*

| | 3 ha | 6 000 | | -30F |

Distré ist eine zum Hang der Turon-Stufe gehörende Gemeinde, die typisch ist für das Weinbaugebiet von Saumur. Ein eigentümlicher Kalkboden, der sich in diesem Wein in Form von zarten, fruchtigen Noten und seiner »Zartheit« im Geschmack wiederfindet. Aufgrund seiner Feinheit und Leichtigkeit zu empfehlen.
➤ SCA Fourrier et Fils, 22, rue de la Chapelle, 49400 Distré, Tel. 02.41.50.21.96, Fax 02.41.50.12.83 ☑ ⊺ n. V.

LES VIGNES DE L'ALMA 1996

| | | 5 000 | | -30F |

10 ha Rebflächen umgeben den Sitz des Weinbaubetriebs, dessen Gebäude vom Ende des 19. Jh. stammen. Die Gemeinde Saint-Florent-le-

Tal der Loire

Vieil, eine Hochburg der Vendée-Kriege, ist auch bekannt wegen seiner Abteikirche, die das Tal der Loire überragt. Dieser Rosé besitzt eine schöne blaßrosa Farbe. Seine Blütennoten machen ihn frühlingshaft. Dennoch besitzt er noch eine leichte Adstringenz im Abgang.
☛ Roland Chevalier, L'Alma, 49410 Saint-Florent-le-Vieil, Tel. 02.41.72.71.09, Fax 02.41.72.63.77 ✓ ⊥ n. V.

DOM. DE LA VIAUDIERE 1996*

| | 2 ha | 10 000 | | -30 F |

Ein 30 ha großes Anbaugebiet in der Gemeinde Champ-sur-Layon. Dieser erstaunliche Rosé verbindet Stärke und Eleganz. Seine große aromatische Intensität mit den intensiven Noten von reifen Früchten und seinem reichhaltigen Stoff machen ihn zu einem Wein, den man zu Grillgerichten trinkt.
☛ EARL Vignoble Gelineau, La Viaudière, 49380 Champ-sur-Layon, Tel. 02.41.78.86.27, Fax 02.41.78.60.45 ✓ ⊥ Mo-Sa 9h-19h

CH. DE PASSAVANT 1996*

| | 3,5 ha | 26 000 | | 30-50 F |

Ein Rosé de Loire, den der Glanz und die Zartheit seiner Farbe, sein aromatischer Reichtum (blumige und fruchtige Noten) und seine Frische im Geschmack typisch machen. Er erweckt den Eindruck, als würde man frische Früchte (Zitrusfrüchte, Himbeeren, Sauerkirschen) zerbeißen. Unbestreitbar gelungen.
☛ SCEA David-Lecomte, Ch. de Passavant, 49560 Passavant-sur-Layon, Tel. 02.41.59.53.96, Fax 02.41.59.57.91 ✓ ⊥ n. V.

DOM. DU PETIT CLOCHER 1996*

| | 2 ha | 15 000 | | -30 F |

Jedes Jahr wartet man auf die Rotweine der Domaine du Petit Clocher, die auf diesem Gebiet vorbildlich geworden ist. Ohne darüber die anderen Weine zu vergessen, wie etwa diesen Rosé de Loire, der den Eindruck erweckt, als würde man in frische Früchte beißen, und durch seine Eleganz und seine Zartheit verführt. Sehr schöne, intensive rosa Farbe, die orangerote Nuancen enthält.
☛ GAEC du Petit Clocher, 3, rue du Layon, 49560 Cléré-sur-Layon, Tel. 02.41.59.54.51, Fax 02.41.59.59.70 ✓ ⊥ n. V.
☛ A. et J.-N. Denis

DOM. DU PRIEURE 1996

| | 1,1 ha | 4 000 | | 30-50 F |

Jean Gallard hat eine Passion für seine Coteaux du Layon, aber er vernachlässigt deswegen nicht seine anderen Appellationen. Bei diesem Wein hier ist die Farbe ein Orangerosa. Das blumig-fruchtige Aroma kündigt den ausgewogenen, harmonischen Geschmack an. Der Inbegriff eines Weins, mit dem man einen Abend beginnt und möglicherweise auch beendet !
☛ Jean Gallard, rue du Prieuré, 49560 Passavant-sur-Layon, Tel. 02.41.59.58.23, Fax 02.41.59.59.62 ✓ ⊥ n. V.

Crémant de Loire

RESERVE DES VIGNERONS 1996**

| | 20 ha | 50 000 | | -30 F |

Die Genosenschaftskellerei der Saumur-Winzer stellt ihre Weine aus Trauben her, die von Rebstöcken stammen, die hauptsächlich auf dem Hang der Turon-Stufe des Pariser Beckens wachsen. Dieser Kalksteinboden verleiht den Rosé-de-Loire-Weinen einen eigentümlichen Stil : Zartheit der orangerosa Farbe, Komplexität und aromatische Feinheit (blumige Noten von Rosen und fruchtige Pfirsichnoten), leichter, durststillender Geschmack. Ein Wein, der von der Degustationsjury als bemerkenswert beurteilt wurde.
☛ Cave des Vignerons de Saumur, 49260 Saint-Cyr-en-Bourg, Tel. 02.41.53.06.06, Fax 02.41.53.06.10 ✓ ⊥ Mo-Sa 9h-12h 14h-18h ; Okt.-April geschlossen

Crémant de Loire

Auch hier darf die regionale Appellation für Schaumweine verwendet werden, die innerhalb der Grenzen der Appellationen Anjou, Saumur, Touraine und Cheverny erzeugt werden. Die traditionelle Methode der Flaschengärung liefert wunderbare Ergebnisse, so daß die Produktion dieser Festtagsweine ständig steigt (über 30 000 hl). Zahlreiche Rebsorten finden dafür Verwendung : u. a. Chenin bzw. Pineau de Loire, Cabernet Sauvignon und Cabernet franc, Pinot noir und Chardonnay. Der größte Teil der Produktion besteht zwar aus Weißweinen, aber man findet auch einige Roséweine.

ACKERMAN Privilège***

| ○ | k. A. | k. A. | 30-50 F |

Schon im frühen Mittelalter grub man Keller in den Hügel von Saint-Hilaire-Saint-Florent. 1811 hatte Jean Ackerman die Idee, sie für die Herstellung von Weinen nach der Methode von Dom Pérignon zu nutzen. Ackerman ist der größte Schaumweinproduzent in Saumur. Hinsichtlich der Qualität steht die Firma ebenfalls

Tal der Loire — Crémant de Loire

ganz vorn, wenn man nach dieser prächtigen Cuvée urteilt. Ein sehr feiner Schaum steigt aus dem hübschen goldfarbenen Kleid hervor. Das subtile Bukett verbindet Vanille- und Briochenoten, die einen leichten Holzton enthalten und die man mit viel Genuß im Geschmack wiederfindet. Ein eleganter, gut hergestellter Wein voller Harmonie.

🍇 Ackerman-Laurance, rue Léopold-Palustre, 49400 Saint-Hilaire-Saint-Florent, Tel. 02.41.53.03.20, Fax 02.41.53.03.29 ✓ 🍷 n. V.

ANNE DE LA GRESILLE 1994★

| ○ | 6 ha | 40 000 | 📖 | 30-50 F |

Diesem 56 ha großen Gut, das 1990 entstand, ist sein 94er Crémant gut gelungen : angenehm im Aussehen mit hübschen goldenen Reflexen, die ins Grüne gehen. Dieser hier bietet eine beachtliche aromatische Komplexität mit Rauch- und Briochenoten. Der Geschmack ist rund, lang und nachhaltig.

🍇 SCEA de Concourson, Les Touches, 49700 Concourson-sur-Layon, Tel. 03.26.97.91.13, Fax 03.26.97.94.25 ✓
🍇 Sacy

BAUMARD Carte Corail

| ○ | 5 ha | 13 000 | 📖 | 30-50 F |

Florent Baumard trat 1992 die Nachfolge von Jean an. Er hat Talent, wenn man nach diesem Crémant urteilt. Das Kleid zeigt ein intensives Rosa und einen feinen, schönen, üppigen Schaum. Die komplexe aromatische Palette bietet Noten von roten Früchten, die man mit viel Genuß im Geschmack wiederfindet.

🍇 Florent Baumard, Dom. des Baumard, 8, rue de l'Abbaye, 49190 Rochefort-sur-Loire, Tel. 02.41.78.70.03, Fax 02.41.78.83.82 ✓ 🍷 Mo-Fr 10h-12h 14h-18h ; Sa n. V.

CELLIER BEAUJARDIN 1992

| ○ | k. A. | 22 000 | 📖 | 30-50 F |

Die Genossenschaftskellerei von Bléré-Athée, die sich im unteren Tal des Cher befindet, vinifiziert die Trauben von rund 200 ha. Dieser silbern schimmernde Crémant bietet eine liebenswürdige Ausgewogenheit, die einen guten Geschmackseindruck hinterläßt. Paßt eher zum Ende einer Mahlzeit.

🍇 Cellier du Beaujardin, 32, av. du 11-Novembre, 37150 Bléré, Tel. 02.47.30.33.44, Fax 02.47.23.51.27 ✓ 🍷 Mo-Sa 8h-12h 14h-18h30

BOUVET Excellence★★

| ○ | k. A. | 50 000 | 📖 | 50-70 F |

Diese Firma besitzt eine Degustationsschule und Empfangsräume, die ständig modernisiert werden, aber vor allem gehört sie zu den Vorreitern der Qualität, insbesondere auf dem Gebiet der Schaumweine. Dieser hier verlockt durch seinen feinen Schaum und seinen strahlende blaßgelbe Farbe mit den grünen Reflexen. Der Geruchseindruck ist zart und zeigt einen fruchtigen Duft. Der frische, runde, freigebige Geschmack hinterläßt einen Eindruck von vollreifen Früchten. Ein sehr einschmeichelnder Crémant, den man sofort trinken kann.

🍇 Bouvet-Ladubay, 1, rue de l'Abbaye, 49400 Saint-Hilaire-Saint-Florent, Tel. 02.41.83.83.83, Fax 02.41.50.24.32 ✓ 🍷 n. V.

FRANÇOIS CAZIN 1994★

| ○ | 1 ha | 4 667 | 📖 | 30-50 F |

Ein Winzer, der auch für seine Produktion von Cheverny und Cour-Cheverny bekannt ist. Sein 94er Crémant bietet einen schönen Schaum mit zarter Krone. Der Duft ist intensiv und blumig. Der Geschmack zeichnet sich durch seine Rundheit und Eleganz aus.

🍇 François Cazin, Le Petit Chambord, 41700 Cheverny, Tel. 02.54.79.93.75, Fax 02.54.79.27.89 ✓ 🍷 n. V.

DELHUMEAU★

| ○ | k. A. | 8 000 | | 30-50 F |

Dieser Crémant wird in der Domaine de Brizé hergestellt, deren Weine im Weinführer regelmäßig erwähnt werden. Ein sehr verführerisches Erzeugnis mit seiner blaßgoldenen Farbe, seinem feinen Schaum und seinem aromatischen, nachhaltigen Geschmack, der durch Sauerkirschen und vollreife Früchte geprägt ist.

🍇 SCEA Marc und Luc Delhumeau, Dom. de Brizé, 49540 Martigné-Briand, Tel. 02.41.59.43.35, Fax 02.41.59.66.90 ✓ 🍷 n. V.

DOM. DUTERTRE Cuvée Saint-Gilles★

| ○ | 3 ha | 19 000 | 📖 | 30-50 F |

Dieser bei Amboise gelegene Weinbaubetrieb hat 1989 damit begonnen, Crémant herzustellen. Die Jury hat diese Cuvée Saint-Gilles geschätzt, die je zur Hälfte aus hellen und dunklen Trauben erzeugt wurde. Sie besitzt eine goldgelbe Farbe und duftet nach Hefebrot, bevor sie im Geschmack Noten von exotischen Früchten enthüllt. Schöne Ausgewogenheit.

🍇 Dom. Dutertre, 20-21, rue d'Enfer, pl. du Tertre, 37530 Limeray, Tel. 02.47.30.10.69, Fax 02.47.30.06.92 ✓ 🍷 Mo-Sa 8h-12h30 14h-18h30 ; So n. V.

MICHELE ETCHEGARAY-MALLARD

| ○ | k. A. | k. A. | | 30-50 F |

Dieser Familienbetrieb präsentiert einen strohgelben Crémant, dem es nicht an Reizen mangelt. Das Aroma ist recht spürbar mit fruchtigen und sogar butterigen Noten. Der Geschmack verführt durch seine Ausgewogenheit zwischen Säure und Bitterkeit. Ein typischer, überraschender, sehr angenehmer Wein !

🍇 Michèle Etchegaray-Mallard, Dom. des Matines, 31, rue de la Mairie, 49700 Brossay, Tel. 02.41.52.25.36, Fax 02.41.52.25.50 ✓ 🍷 Mo-Fr 8h-12h 14h-19h ; 10. Aug.-15. Sept. geschlossen

DOM. DE FIERVAUX 1994

| ○ | 2 ha | 8 000 | 📖 | 30-50 F |

In den mittelalterlichen Kellern reihen sich eindrucksvoll die Fässer auf. Dieser blaßgelbe Crémant mit den grünlichen Reflexen verführt durch die Feinheit seiner Bläschen und sein Blütenaroma, das von einem leichten Röstgeruch begleitet wird. Seine schöne Länge hinterläßt eine bezaubernde Note.

Tal der Loire — Crémant de Loire

🍷 SCEA Cousin-Maitreau, 255, rue du Château-d'Oiré, 49260 Vaudelnay, Tel. 02.41.52.20.67, Fax 02.41.38.89.23 ☑ 🍴 n. V.

GRATIEN ET MEYER Cuvée Royale

| ○ | k. A. | 349 804 | 🍾 | 30-50 F |

Eine 1864 gegründete Firma in Saumur. Die in den Kalktuff gegrabenen Keller erstrecken sich auf 10 km lange Stollen. Dieser Crémant ist einschmeichelnd: hübsche goldene Reflexe, leichter Schaum, Aroma von weißen Blüten, runder, fülliger und langer Geschmack. Ein Wein, den man sofort trinken kann.

🍷 Gratien et Meyer, rte de Montsoreau, B.P. 22, 49401 Saumur Cedex, Tel. 02.41.83.13.30, Fax 02.41.83.13.49 ☑ 🍴 n. V.

DOM. DE LA BESNERIE 1995

| ○ | 0,77 ha | 4 900 | 🍾 | 30-50 F |

Dieser 17 ha große Familienbetrieb stellt auch Touraine-Mesland her. Man wird sich deshalb nicht darüber wundern, daß die Rebsorte Chenin in dem Verschnitt, aus dem dieser blaßgelbe Crémant besteht, den Hauptbestandteil bildet. Wenig Schaum im Glas, aber diese Cuvée macht sich im Geschmack bemerkbar mit Noten von weißen Blüten. Für einen trockenen Wein angemessene Dosage.

🍷 François Pironneau, Dom. de La Besnerie, rte de Mesland, 41150 Monteaux, Tel. 02.54.70.23.75, Fax 02.54.70.21.89 ☑ 🍴 n. V.

DOM. DE LA GABILLIERE**

| ○ | 4 ha | 20 000 | 🍾 | 30-50 F |

Das Übungsgut der Fachoberschule für Weinbau in Amboise zeichnet sich einmal mehr mit diesem Crémant aus, dessen intensives Bukett Hefebrot, Honig und kandierte Früchte verbindet. Ein sehr reifer, gehaltvoller Wein, der durch seine Weinigkeit erstaunt und vier Jahre gereift ist. Er klingt sehr sanft mit exotischen Früchten aus. Sofern sich die Lagerbestände nicht zu schnell erschöpfen!

🍷 Dom. de La Gabillière, 46, av. Emile-Gounin, 37400 Amboise, Tel. 02.47.23.35.51, Fax 02.47.57.01.76 ☑ 🍴 Mo-Fr 8h-12h 13h30-17h30

DOM. DU LANDREAU Préférence 1993

| ○ | 7 ha | 30 000 | 🍾 | 30-50 F |

Dieses 50 ha große Gut stellt Weine verschiedener Anjou-Appellationen her: Crémant, Coteaux du Layon, Anjou-Villages etc. Die Qualität seiner Produktion zeigt einen großen Respekt gegenüber dem Traubengut. Dieser Crémant hinterläßt einen guten Eindruck mit seiner hübschen blaßgelben Farbe und seinem feinen, leichten Schaum. Der Geschmack entfaltet ein Honigaroma, das eine Note von Sauerkirschen begleitet.

🍷 Raymond Morin, Dom. du Landreau, 49750 Saint-Lambert-du-Lattay, Tel. 02.41.78.30.41, Fax 02.41.78.45.11 ☑ 🍴 Mo-Sa 9h-13h 14h-19h ; So n. V.

LOUIS DE GRENELLE

| ○ | k. A. | 60 000 | | 30-50 F |

Die 1859 gegründeten Caves de Grenelle, die sich heute auf die traditionelle Flaschengärung spezialisiert haben, bieten einen Crémant mit bernsteinfarbenem Schimmer und feinem, schönem, üppigem Schaum. Trotz eines Aromas, das noch nicht sehr intensiv ist, zeigt sich im Geschmack lebhaft, seidig, voll und lang.

🍷 SA Caves de Grenelle, 20, rue Marceau, B.P. 206, 49415 Saumur Cedex, Tel. 02.41.50.17.63, Fax 02.41.50.83.65 ☑ 🍴 n. V.

DOM. MICHAUD*

| ○ | 1,5 ha | 13 000 | 🍾 | 30-50 F |

Ein Gut, daß im äußersten Osten der Touraine liegt, an den Grenzen zum Berry. Zwei Fünftel dunkle Trauben gehen in diese Cuvée ein. Sie besitzt einen schüchternen Schaum, entfaltet aber ein Bukett von Zitrusfrüchten, Hefebrot und Butter, die man auch im Geschmack wiederfindet. Geschmeidigkeit und Eleganz.

🍷 EARL Michaud, Les Martinières, 41140 Noyers-sur-Cher, Tel. 02.54.32.47.23, Fax 02.54.75.39.19 ☑ 🍴 n. V.

DOM. DE NERLEUX

| ○ | 3 ha | k. A. | 🍾 | 30-50 F |

Aus der vielfältigen Produktion des Anbaugebiets kann man diesen Crémant probieren, der ein hübsches Gelb mit grünlichem Schimmer und einen feinen, zarten Schaum bietet. Der Geruchseindruck enthüllt intensive, fruchtige Nuancen, die sich im Geschmack harmonisch verstärken. Gute Gesamtausgewogenheit.

🍷 SARL Régis Neau, Dom. de Nerleux, 4, rue de la Paleine, 49260 Saint-Cyr-en-Bourg, Tel. 02.41.51.61.04, Fax 02.41.51.65.34 ☑ 🍴 n. V.

DOM. DU PETIT CLOCHER 1993**

| ○ | 1 ha | 8 000 | 🍾 | 30-50 F |

Die Brüder Denis, die dieses 51 ha große Gut leiten, präsentieren Weine mit außergewöhnlichem Aroma. Dieser im Aussehen gefällige Crémant verführt durch den Reichtum seines Dufts, der Röstnoten mit leicht animalischen Nuancen vermischt. Der Geschmack ? Frisch, üppig, rund, von schöner Länge. Bemerkenswerter Gesamteindruck !

🍷 GAEC du Petit Clocher, 3, rue du Layon, 49560 Cléré-sur-Layon, Tel. 02.41.59.54.51, Fax 02.41.59.59.70 ☑ 🍴 n. V.

🍷 A. et J.-N. Denis

CH. DE PUTILLE 1995

| ○ | 4 ha | 30 000 | 🍾 | -30 F |

An der kleinen Straße, die sich mitten durch die Rebflächen windet und zu Château de Putille führt, überraschen verfallene Ziegelöfen den Besucher. Dieser kann hier einen Crémant von schöner blaßgelber Farbe probieren, der fein schäumt. Der intensive, aromatische Geschmack erinnert an Sauerkirschen und Brombeeren.

🍷 Pascal Delaunay, EARL Ch. de Putille, 49620 La Pommeraye, Tel. 02.41.39.02.91, Fax 02.41.39.03.45 ☑ 🍴 Mo-Sa 8h-12h30 14h-20h

Region Nantes

CAVE DES VIGNERONS DE SAUMUR Cuvée de la Chevalerie 1993*

○ 30 ha 200 000 ■ ♦ 30-50 F

Mit ihren riesigen Stollen, die in den Kalktuff gegraben sind, ist diese Genossenschaftskellerei einen Besuch wert. Jedes Jahr erscheinen mehrere von ihr hergestellte Cuvées in unserem Weinführer. Dieser Crémant mit den goldenen Reflexen verführt durch die Feinheit seiner Bläschen und die Intensität seines sehr fruchtigen Aromas (gelbfleischige Pfirsiche), das man mit Genuß im Geschmack wiederfindet, vermischt mit Röst- und Rauchnoten. Eine schöne Länge verleiht diesem Wein eine ausgezeichnete Gesamtharmonie.

⌐ Cave des Vignerons de Saumur, 49260 Saint-Cyr-en-Bourg, Tel. 02.41.53.06.06, Fax 02.41.53.06.10 ■ ⊥ Mo-Sa 9h-12h 14h-18h ; Okt.-April geschlossen

VEUVE AMIOT*

○ k. A. k. A. 30-50 F

Veuve Amiot ist eine 1884 angemeldete Marke. Die Firma, deren Sitz sich in Saint-Hilaire-Saint-Florent befindet, stellt auch Saumur-Schaumweine nach der traditionellen Methode der Flaschengärung her. Ein feiner Schaum kennzeichnet diesen Crémant, der im Glas funkelt und goldene Reflexe wirft. Das angenehme Blütenaroma verstärkt sich harmonisch im Geschmack. Die Nachhaltigkeit macht ihn zu einem genußvollen Wein, den man sofort trinken kann.

⌐ CFVM Veuve Amiot, 19, rue Ackerman, 49426 Saint-Hilaire-Saint-Florent, Tel. 02.41.83.14.14, Fax 02.41.50.17.66 ■ ⊥ n. V.

Region Nantes

Die römischen Legionen brachten die Reben vor 2 000 Jahren in die Region von Nantes, d. h. in das Gebiet zwischen Bretagne, Vendée, Loire und Atlantik. Nach einem schrecklichen Winter im Jahre 1709, als das Meer entlang den Küsten zufror, war das gesamte Weinbaugebiet vernichtet. Es wurde danach in erster Linie mit Gewächsen der Rebsorte Melon wiederhergestellt, die aus Burgund stammte.

Der Anbaubereich für die Weine der Region Nantes umfaßt heute 16 500 ha und erstreckt sich in geographischer Hinsicht südlich und östlich von Nantes, wobei er ein wenig über die Grenzen des Departements Loire-Atlantique hinausgeht, in Richtung Vendée und Maine-et-Lore. Die Reben werden auf sonnenreichen Hängen angebaut, die dem Einfluß der ozeanischen Luftströmungen ausgesetzt sind. Die eher leichten, steinigen Böden bestehen aus alten Schichten, die mit Eruptivgestein vermischt sind. Das Weinbaugebiet der Region Nantes erzeugt vier AOC-Weine : Muscadet, Muscadet des Coteaux de la Loire, Muscadet de Sèvre-et-Maine und Muscadet Côtes de Grand-Lieu, sowie die AOVDQS-Weine Gros-Plant du Pays Nantais, Coteaux d'Ancenis und Fiefs Vendéens.

Die AOCs Muscadet und Gros-Plant du Pays Nantais

Der Muscadet ist ein trockener Weißwein, der seit 1936 eine AOC besitzt. Erzeugt wird er aus einer einzigen Rebsorte, der Melon-Rebe. Die Anbaufläche umfaßt etwa 13 500 ha, während die durchschnittliche Produktion bei 700 000 hl pro Jahr liegt. Nach ihrer geographischen Lage unterscheidet man vier Appellationen : Muscadet de Sèvre-et-Maine, der allein 11 000 ha und 550 000 hl ausmacht, Muscadet Côtes de Grand-Lieu (400 ha mit 22 000 hl), Muscadet des Coteaux de la Loire (330 ha) und Muscadet (2 270 ha mit 125 000 hl). Der 1954 als AOVDQS eingestufte Gros-Plant du Pays Nantais ist ebenfalls ein trockener Weißwein. Er stammt von einer anderen Rebsorte, der Folle Blanche, und wird auf einer Anbaufläche von rund 2 700 ha erzeugt. Die Produktion liegt durchschnittlich bei 180 000 hl pro Jahr.

Die Flaschenabfüllung direkt von der Hefe ist in der Region Nantes ein traditionelles Verfahren, das einer genau festgelegten, 1994 verschärften gesetzlichen Regelung unterliegt. Um in den Genuß der Bezeichnung »sur lie« (auf der Hefe) zu kommen, dürfen die Weine nur einen Winter lang im Gärbehälter oder in Fässern gereift sein und müssen sich zum Zeitpunkt der Flaschenabfüllung noch auf ihrer Hefe und im Keller ihrer Vinifizierung befinden. Die Flaschenabfüllung darf nur in bestimmten Zeiträumen vorgenommen werden, keinesfalls vor dem

Region Nantes

Muscadet des Coteaux de la Loire

März; der Verkauf ist erst ab dem dritten Donnerstag im März erlaubt. Diese Methode ermöglicht es, die Frische, die Feinheit und das Bukett der Weine zu betonen. Von Natur aus ist der Muscadet ein trockener Wein, der aber nicht herb ist und ein entfaltetes Bukett besitzt. Er ist ein Wein für alle Gelegenheiten. Er paßt hervorragend zu Fisch, Muscheln und Meeresfrüchten und gibt außerdem einen ausgezeichneten Aperitif ab. Man sollte ihn gekühlt, aber nicht eiskalt servieren (mit 8 bis 9°C). Der Gros-Plant ist der ideale Wein zu Austern.

CH. HAYE BOTTEREAU Sur lie 1996

☐ 2,5 ha 11 000 · 30-50 F

Der sehr ausgewogene Muscadet ist rund und geschmeidig und hat ein Aroma von weißen Früchten mit einer Haselnußnote im Duft. Er ist das Ergebnis einer gut durchgeführten Vinifizierung.

Serge Saupin, Le Norestier, 44450 Chapelle-Basse-Mer, Tel. 02.40.06.31.31, Fax 02.40.03.60.67 ☑ ☥ n. V.

Muscadet

AUBERT FRERES Sélection 1996

☐ 2,5 ha 32 000 · -30 F

Nicht sehr lang, aber nervig. Dieser aus Anjou stammende Muscadet entfaltet ein Aroma von getrockneten Früchten, das sich zu Bittermandeln und danach zu einer Zitronennote hin entwickelt.

SA Maison Aubert Frères, Le Mirleau, 49270 La Varenne, Tel. 02.40.98.50.02, Fax 02.40.98.50.44 ☥ Mo-Fr 9h-12h 14h-17h

Muscadet des Coteaux de la Loire

DOM. DU BUISSON 1996*

☐ 3,95 ha 28 350 · -30 F

Wir befinden uns hier an der Ostgrenze des Appellationsbereichs. Ein charaktervoller, vom Boden geprägter 96er mit kräftigem, typischem, ein wenig entwickeltem Duft und lebhaftem Geschmack. Hinweisen wollen wir außerdem auf den von der Jury lobend erwähnten Château de La Baronnière, dessen schöne, extrem blasse Farbe einen Duft von großer Feinheit ankündigt, in dem sich mineralische Noten, geröstete getrocknete Früchte und Blüten vermischen. Der Geschmack ist genauso lebhaft wie der des Buisson.

Pays Nantais

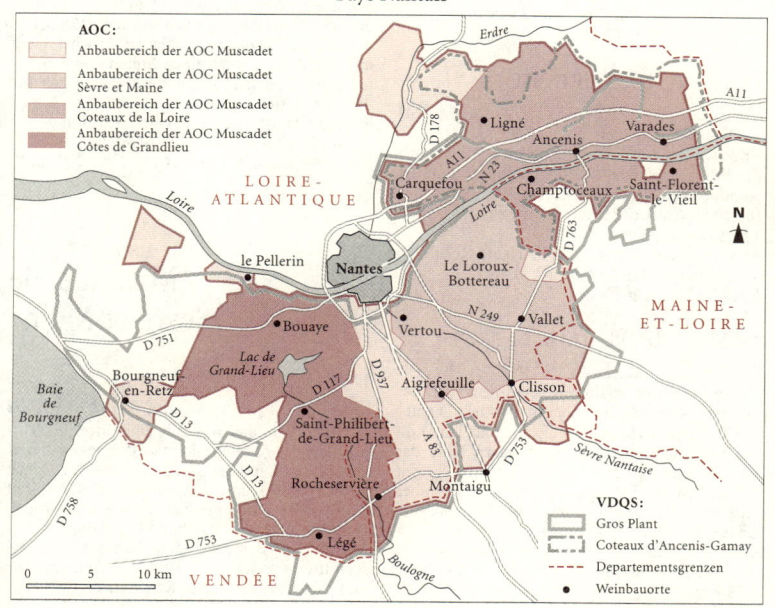

AOC:
- Anbaubereich der AOC Muscadet
- Anbaubereich der AOC Muscadet Sèvre et Maine
- Anbaubereich der AOC Muscadet Coteaux de la Loire
- Anbaubereich der AOC Muscadet Côtes de Grandlieu

VDQS:
- Gros Plant
- Coteaux d'Ancenis-Gamay
- Departementsgrenzen
- Weinbauorte

TAL DER LOIRE

Region Nantes

🍇 GAEC Bernard et Michel Sécher, Le Buisson, 49410 La-Chapelle-Saint-Florent, Tel. 02.41.72.89.52, Fax 02.41.72.77.13 ■ ♈ n. V.
🍇 SCI du Buisson

DOM. DES GENAUDIERES
Sur lie 1996*

| ☐ | 5 ha | 30 000 | ■ | -30F |

Dieses Gut befindet sich in idyllischer Lage am Fuße eines Hangs, der ganz nach Süden geht und die Loire überragt. Sein 96er Muscadet des Coteaux de la Loire spaltete die Weinkoster. »Zu technisch«, meinte der eine aufgrund eines Bananenaromas, das den drei anderen gefiel. Aber alle erkennen einmütig die Schönheit seines Aussehens, seine gute Ausgewogenheit und seine Länge an.
🍇 EARL Athimon et ses Enfants, Dom. des Génaudières, 44850 Le Cellier, Tel. 02.40.25.40.27, Fax 02.40.25.35.61 ■ ♈ n. V.

JACQUES GUINDON Sur lie 1996

| ☐ | 4 ha | 24 000 | ■ ♦ | 30-50F |

Dieser originelle, typische 96er besitzt eine hübsche, strahlende Farbe mit grünen Reflexen. Sein Bukett ist von schöner Feinheit und verbindet die pflanzlichen und mineralischen Noten, die für die AOC charakteristisch sind, mit einem Aroma von feinen Backwaren. Ein wohlausgewogener Wein. Wir weisen sollte man auch auf seinen Zwillingsbruder, der mittels Hülsenmaischung hergestellt worden ist. Er besitzt einen kräftigen, sehr mineralischen Duft mit einer fruchtigen Nuance (Zitrusfrüchte) und ist im Geschmack rund und lang. Der erstgenannte Wein bevorzugt Muscheln, während der zweite einen Lachs wählt.
🍇 Jacques Guindon, La Couleuverdière, 44150 Saint-Géréon, Tel. 02.40.83.18.96, Fax 02.40.83.29.51 ■ ♈ n. V.

DOM. DE HAUTE ROCHE 1996

| ☐ | 12 ha | 25 000 | ■ ♦ | -30F |

Dieser 96er spaltete die vier Weinkoster. Die einen warfen ihm einen Mangel an Feinheit vor; die anderen rühmten die Reichhaltigkeit und die Rundheit seines mineralischen Geschmacks, der für die Coteaux de la Loire sehr typisch ist. Eine Frage der Schule?
🍇 Yves Clarac-Terrien, Ch. de Haute Roche, 44150 Oudon, Tel. 02.40.83.68.88, Fax 02.40.83.69.26 ■ ♈ n. V.

DOM. DE LA PLEIADE Sur lie 1996*

| ☐ | 3 ha | 12 000 | ■ ♦ | -30F |

Ein literarischer Hinweis bei diesem 96er, der aus dem »kleinen Liré« kommt, das dem Dichter Du Bellay am Herzen lag. Er ist sehr klar und entfaltet einen intensiven, komplexen Duft, der aus mineralischen, blumigen und fruchtigen Noten besteht. Er ist ziemlich rund, besitzt aber eine ausreichende Säure und außerdem eine gute Länge. Der ebenfalls sehr gelungene 96er Coteaux d'Ancenis Gamay vom selben Gut, der sanft und gehaltvoll ist, erinnert an kandierte rote Früchte.

Muscadet de Sèvre-et-Maine

🍇 Bernard Crespin, Dom. De La Pléiade, 49530 Liré, Tel. 02.40.09.01.39, Fax 02.40.09.07.42 ■ ♈ Mo-Sa 9h-12h30 14h-19h

DOM. DE LA VALLEE 1996*

| ☐ | 1 ha | 6 000 | ■ ♦ | -30F |

Ein Coteaux de la Loire, der aus dem linken Flußufer kommt. Dieser Muscadet bietet einen komplexen Duft mit exotischen Nuancen und einer Note von warmen Steinen. Er ist gehaltvoll und rund und wird im Geschmack von einem Pampelmusenaroma dominiert, das sich abmildern dürfte.
🍇 Marie-Ange Allard, La Tranchaie, 49530 Liré, Tel. 02.40.09.06.88, Fax 02.40.09.03.04 ■ ♈ Mo-Sa 8h-12h30 14h-19h

DOM. DE L'OUCHE-GUINIERE
Sur lie 1996**

| ☐ | 1,05 ha | 7 000 | ■ | -30F |

Dieses nicht weit von der prähistorischen Stätte der Pierres Meslières entfernt liegende Gut hat einen 96er Muscadet des Coteaux de la Loire erzeugt, dessen kräftiger Duft mineralisch und blumig zugleich ist. Nicht sehr lebhaft, aber rund, füllig und seidig im Geschmack, wo er einen sehr deutlichen mineralischen Charakter zeigt.
🍇 Joseph Toublanc, Le Pré-Haussé, Dom. de L'Ouche-Guinière, 44150 Saint-Géréon, Tel. 02.40.83.17.50, Fax 02.40.98.85.62 ■ ♈ Mo-Sa 9h-12h 14h-19h

CH. MESLIERES Sur lie 1996

| ☐ | 3,5 ha | 10 000 | ■ ♦ | -30F |

»Meslières« kommt von »meulières« (kieseliger Kalkstein), einem Namen, den man jenen Steinen gegeben hat, die seit uralten Zeiten in den Steinbrüchen gewonnen wurden. Dort befindet sich dieses Gut. Sein lebhafter, frischer Wein mit dem Aroma von weißen Blüten und gerösteten getrockneten Früchten ist recht typisch für die Appellation.
🍇 Jean-Claude Toublanc, Dom. des Grandes Pierres Meslières, 44150 Saint-Géréon, Tel. 02.40.83.23.95, Fax 02.40.83.23.95 ■ ♈ n. V.

Muscadet de Sèvre-et-Maine

DOM. A. BARRE 1996*

| ☐ | k. A. | 100 000 | ■ ♦♦ | 30-50F |

Dieses Gut, das im Besitz eines großen Weinhändlers des Anbaugebiets von Nantes ist, liefert einen Muscadet de Sèvre-et-Maine, der nach weißen Blüten und exotischen Früchten duftet und eine Mentholnote bietet. Im ausgewogenen Geschmack ist er frisch und nachhaltig. Der Muscadet de Barré, der stolz darauf ist, ein Verschnittwein zu sein, reizt aufgrund seiner Frische und seines aromatischen Reichtums.

Region Nantes — Muscadet de Sèvre-et-Maine

🍇 Barré Frères, Beau-Soleil, 44190 Gorges, Tel. 02.40.06.90.70, Fax 02.40.06.96.52 ✓

BARRE-JAUFFRINEAU
Sur lie Sélection du Champ Coteau 1996

| | 4 ha | 10 000 | 🍾 | 30-50 F |

Dieser Sèvre-et-Maine kommt von einem Gut, wo der Weinbau mindestens schon seit 1648 belegt ist. Er hat eine blasse Farbe mit einem feinen Geschmack und ist recht typisch für die Appellation.

🍇 GAEC Jauffrineau Boulanger, Bonne Fontaine, 44330 Vallet, Tel. 02.40.36.22.79, Fax 02.40.36.34.90 ✓ 🍷 n. V.

DOM. DE BEAULIEU
Sur lie Cuvée Prestige 1996*

| | 1 ha | 5 000 | 🍾 | 30-50 F |

Dieses Gut zwischen Vallet und Mouzillon erzeugt einen perlmuttartig schimmernden Wein, dessen klarer, hochfeiner Zitronenduft eine mineralische Note enthält. Er ist im Geschmack sehr lebhaft und fein und wird in ein paar Monaten sein gesamtes Potential entfalten.

🍇 GAEC Travers Fils, La Fosse, 44330 Vallet, Tel. 02.40.33.91.58, Fax 02.40.33.91.58 ✓ 🍷 n. V.

DOM. DE BEAUREPAIRE Sur lie 1996**

| | 2,26 ha | 13 600 | 🍾 | -30 F |

Dieses östlich von Mouzillon gelegene Gut erzeugt einen Wein mit einem angenehmen Duft nach reifen Früchten und Honig. Harmonisch, mit einem Hauch von Bodencharakter, einschmeichelnd und recht repräsentativ. Außerdem besitzt er ein schönes Entwicklungspotential.

🍇 Jean-Paul Bouin-Boumard, La Recivière, 44330 Mouzillon, Tel. 02.40.36.35.97, Fax 02.40.33.90.37 ✓ 🍷 tägl. 8h-19h ; Gruppen n. V.

L'ORIGINAL DE BEDOUET VIGNERON Sur lie 1996**

| | 1 ha | 6 000 | 🍾 | 30-50 F |

Die Originalität, die hier in Anspruch genommen wird, ist die eines Granitbodens, der mit schon alten Rebstöcken bepflanzt ist. Ansonsten ist dieser Wein ein recht typischer Muscadet mit seiner sehr blassen Farbe, seinem feinen Duft mit den Bodennoten und seiner lebhaften Ansprache. Der frische, strukturierte Geschmack ist ebenfalls temperamentvoll. Man findet darin charaktervolle mineralische und fruchtige Nuancen.

🍇 Michel Bedouet, Le Pé-de-Sèvre, 44330 Le Pallet, Tel. 02.40.80.97.30, Fax 02.40.80.40.68 ✓ 🍷 n. V.

DOM. DE BELLEVUE Sur lie 1996*

| | 2 ha | 12 000 | 🍾 | -30 F |

Das von der Straße von Nantes nach Montaigu (die Medizinstudenten werden es zu schätzen wissen) gut liefert einen Wein mit einem kräftigen Zitrusduft, einer frischen, säuerlichen Ansprache und einem feinen, frischen, langen Geschmack, dessen Zitronennoten gut zu Austern passen werden.

🍇 Jean-Yves Templier, Dom. de Bellevue, 44140 Aigrefeuille-sur-Maine, Tel. 02.40.03.86.90, Fax 02.40.03.86.90 ✓ 🍷 n. V.

CLOS DES BOIS GAUTIER 1996*

| | k. A. | k. A. | | -30 F |

Dieses nahe bei Mouzillon liegende (wenn zu Vallet gehörende) Gut liefert einen goldfarbenen Wein mit einem feinen, subtilen Duft und einem runden, reichhaltigen Geschmack nach reifen Früchten. Der Sèvre-et-Maine Seigneurie de Bois-Benoist, der aus einem Anbaugebiet bei Vallet stammt, ist in dieser Hinsicht typischer und verdient eine lobende Erwähnung.

🍇 Christian et Pascale Luneau, Bois-Braud, 44330 Mouzillon, Tel. 02.40.33.93.76, Fax 02.40.36.22.73 ✓ 🍷 n. V.

CLOS DU BON CURE 1996*

| | 4,5 ha | 25 000 | 🍾 | -30 F |

Die Kirche verändert sich : Der Clos du Bon Curé wird seit 1995 von einer jungen Winzerin bewirtschaftet. Ihre alten Rebstöcke liefern einen Wein mit einem guten Duft, der im Geschmack gehaltvoll und lang ist und ein Aroma von reifen Früchten entfaltet. Man kann ihn drei bis vier Jahre aufheben.

🍇 Caroline Barré, Montifault, 44330 Le Pallet, Tel. 02.40.80.40.62, Fax 02.40.80.43.17 ✓ 🍷 n. V.

CH. DE BRIACE Sur lie 1996

| | k. A. | 30 000 | 🍾 | -30 F |

Fachoberschule für Weinbau - Château de Briacé muß man nicht mehr eigens vorstellen. Es ist auch ein Erzeuger : Sein Sèvre-et-Maine mit der lebhaften Ansprache und dem säuerlichen Abgang ist durch seine Frische und Feinheit gekennzeichnet.

🍇 Ch. de Briacé, Lycée agricole de Briacé, 44330 Le Landreau, Tel. 02.40.06.43.33, Fax 02.40.06.46.15 ✓ 🍷 n. V.

DOM. DE CHANTEGROLLE
Sur lie 1996**

| | 12 ha | 63 000 | 🍾 | 30-50 F |

Dieses Gut liegt gegenüber Saint-Fiacre, auf der anderen Seite der Maine. Es erzeugt einen Wein, dessen schöne Reflexe gut den Duft mit der Weißdornnote und die klare Ansprache ankündigen. Recht typisch, strukturiert und angenehm mineralisch. Dieser ausgezeichnete 96er hält sich mühelos zwei bis drei Jahre. Derselbe Erzeuger präsentiert eine sehr gelungene Cuvée des Vieilles vignes (ein Stern), die perfekt zum Ausdruck kommt.

🍇 Jean Poiron et Fils, Dom. de Chantegrolle, 44690 Château-Thébaud, Tel. 02.40.06.56.42, Fax 02.40.06.58.02 ✓ 🍷 n. V.

CH. DE CHASSELOIR
Comte Leloup Ceps centenaires Sur lie 1996**

| | 5 ha | 30 000 | 🍾 | 30-50 F |

Rebstöcke, die wirklich hundert Jahre alt sind, liefern einen Wein mit einem einschmeichelnden Duft, der Röst- und Zitronennoten enthält. Fein und lang im recht festen Geschmack, der auf eine große Zukunft hinweist. Vom selben Erzeuger und auf dem gleichen Niveau (zwei Sterne) erwähnt werden muß der bemerkenswerte Châ-

Region Nantes — Muscadet de Sèvre-et-Maine

teau de l'Oiselinière de La Ramée, »Grande vinée de l'aigle d'or« (das Haus Chéreau spart nicht bei den Marken), ein recht typischer Muscadet.
➥ Bernard Chéreau, La Mouzière-Portillon, 44120 Vertou, Tel. 02.40.54.81.15, Fax 02.40.54.81.70 ⓥ 𝒴 n. V.

VIGNOBLE DU CHATEAU DES ROIS 1996★

| | 6 ha | 15 000 | | -30 F |

Unter einem wirklich »königlichen« Etikett von purpurroter und goldener Farbe dieser Muscadet, der auf traditionelle Weise hergestellt worden ist. Er ist sehr repräsentativ für die Appellation und bezaubert durch seine Rundheit und seine Nachhaltigkeit. Der ebenfalls sehr gelungene Sèvre-et-Maine Clos du Moulin (ein Stern) entfaltet ein gutes Aroma von reifen Früchten. Eine lobenswerte Erwähnung verdient schließlich noch der Gros-Plant Clos du Moulin.
➥ Gilbert Ganichaud et Fils, 9, rte d'Ancenis, 44330 Mouzillon, Tel. 02.40.33.93.40, Fax 02.40.36.38.79 ⓥ 𝒴 Mo-Sa 8h-12h30 14h-19h ; So n. V.

CH. DU CLERAY Sur lie 1996★

| | 23 ha | 120 000 | | -30 F |

Dieses an den Grenzen der Anbauzone der Appellation gelegene Schloß gehörte einem Kardinal-Erzbischof von Paris und ist heute im Besitz einer Familie wohlbekannter Winzer und Weinhändler. Dieser sehr klare Wein bietet einen schönen, feinen, frischen Geschmack, in dem das Aroma von weißen Früchten durch eine angenehme Zitronennote aufgemuntert wird. Er ist schon trinkreif, aber mit ein paar Monaten Lagerung dürfte sich sein typischer, aber diskreter Duft besser entfalten.
➥ SCE Sauvion et Fils, Ch. du Cléray, B.P. 3, 44330 Vallet, Tel. 02.40.36.22.55, Fax 02.40.36.34.62 ⓥ 𝒴 n. V.

CLOS SAINT VINCENT DES RONGERES Vieilles vignes Sur lie 1996★

| | 1 ha | 6 000 | | -30 F |

Dieser Sèvre-et-Maine stammt von einem einzigen Hektar mit Rebstöcken, die nahezu ein halbes Jahrhundert alt sind. Er hat einen guten Bodencharakter und zeigt sich im Geschmack füllig, fruchtig und lang.
➥ Yves Provost et Fils, Le Pigeon-Blanc, 44330 Le Landreau, Tel. 02.40.06.43.54, Fax 02.40.06.47.10 𝒴 n. V.

DOM. DU COUVENT Sur lie 1996

| | 8 ha | 50 000 | | -30 F |

Dieser Sèvre-et-Maine macht vor allem durch seine schöne Ansprache auf sich aufmerksam, die dank einer leichten Säure voller Frische ist. Aromatisch, kraftvoll, ziemlich blumig - ein gelungener 96er. Ebenfalls erwähnt werden sollte der Gros-Plant Château La Touche, der ein typisches Bukett besitzt und einen leichten Bodenschmack bietet.
➥ SCA L. Boullault et Fils, La Touche, 44330 Vallet, Tel. 02.40.33.95.30, Fax 02.40.36.26.85 ⓥ 𝒴 n. V.

DOM. DU FAY D'HOMME
Cuvée Prestige Sur lie 1992★★

| | k. A. | 6 000 | | 30-50 F |

Der Muscat ist nicht generell ein lagerfähiger Wein, aber es gibt schöne Erfolge, sogar in einem so schwierigen Jahrgang wie 1992, wie diese Cuvée bezeugt. Sie besitzt ein harmonisches Aroma von reifen exotischen Früchten und erstaunt durch ihre unversehrte Kraft und eine Persönlichkeit, die bald ihren Höhepunkt erreicht. Nicht darüber vergessen darf man den 96er Domaine Le Fay d'Homme, der geschmeidig und elegant ist und ein gefälliges, recht typisches Aroma besitzt, und den 96er Gros-Plant gleichen Namens, der recht ausgewogen ist. Beide sind sehr gelungen (ein Stern).
➥ Vincent Caillé, 2, rue du Fief-Seigneur, Le Fay-d'Homme, 44690 Monnières, Tel. 02.40.54.62.06, Fax 02.40.54.64.20 𝒴 n. V.

DOM. DES FEVRIES Sur lie 1996★

| | 2 ha | 8 000 | | -30 F |

La Févrie überragt die Sèvre (auch wenn der Marktflecken Maisdon in Wirklichkeit in der Nähe der Maine liegt). Dieser Wein mit dem hochfeinen Duft nach Efeu, Chlorophyll und Zitronen enthüllt im Geschmack Rundheit und eine gute Länge. Er besitzt Körper, aber auch Feinheit. »Ein Wein zum Genießen«, notierte ein Weinkoster.
➥ Guy Branger, La Févrie, 44690 Maisdon-sur-Sèvre, Tel. 02.40.36.90.41, Fax 02.40.36.90.41 ⓥ 𝒴 n. V.

FIEF DE LA CHAPELLE Sur lie 1996★

| | 3 ha | 12 000 | | 30-50 F |

Dieser Sèvre-et-Maine verdankt seinen Namen einer Kapelle, die dem hl. Martin von Tours geweiht ist und auf dem Anwesen steht. Mit seiner blassen Farbe, seinem Perlen, seinem Duft nach grünen Äpfeln, seinem säuerlichen Charakter und seiner Feuersteinnote ist er typisch für einen guten Muscadet mit Bodengeschmack.
➥ Anne et Joseph Babin, Saint-Martin, 44115 Haute-Goulaine, Tel. 40.54.93.14 ⓥ 𝒴 n. V.

FLEUR DE SAINT FIACRE Sur lie 1996

| | 4 ha | 24 000 | | -30 F |

1991 übernahm eine junge Frau die Leitung des Familienguts, dessen Weinberg auf einem Gneisboden liegt. Dieser lebhafte, fröhliche Sèvre-et-Maine, dessen Fruchtigkeit nicht sehr spürbar ist, entfaltet jedoch ein subtiles Bukett von guter Länge. Dieser 96er kann ein wenig lagern ; er wird sich öffnen und zu einer Ausgewogenheit finden, die sich gut ankündigt.
➥ Nelly Marzelleau, Les Grands Presbytères, 44690 Saint-Fiacre-sur-Maine, Tel. 02.40.54.80.73, Fax 02.40.36.70.78 ⓥ 𝒴 Mo-Sa 8h-21h

CH. DE FROMENTEAU Sur lie 1996★★

| | 14 ha | 60 000 | | -30 F |

Vom Schloß des Marquis de Fromenteau, das während der Französischen Revolution zerstört wurde, sind nur die Gewölbekeller und der Weinberg erhalten. Aber was für ein Weinberg !

Region Nantes — Muscadet de Sèvre-et-Maine

Er liefert einen perlenden, sehr harmonischen Sèvre-et-Maine mit einem gehaltvollen, klaren Geschmack, der sehr typisch ist. Erwähnt werden soll noch sein Gros-Plant, der auf nur einem Hektar erzeugt wird und einen klaren Duft und Geschmack besitzt.
- Christian Braud, Fromenteau, 44330 Vallet, Tel. 02.40.36.23.75, Fax 02.40.36.23.75 n. V.

GADAIS PERE ET FILS
La Grande Réserve du Moulin Sur lie 1996**

	7,75 ha	57 000		30-50 F

Dieser Wein stammt von Reben, die rund um die Mühle von Faubretière wachsen. Er hat einen ansprechenden Duft und bezaubert im Geschmack durch seine ausgezeichnete Harmonie und sein komplexes Aroma von reifen Früchten. Ein wirklich schöner Wein.
- Gadais Frères, 16 bis, rue du Coteau, 44690 Saint-Fiacre-sur-Maine, Tel. 02.40.54.81.23, Fax 02.40.36.70.25 n. V.

DOM. DES GRANDES VIGNES
Sur lie 1996*

	1,9 ha	12 000		-30 F

Dieses Gut liegt ganz nahe bei einem Strandsee, der zu einem Erholungsgebiet umgewandelt worden ist. Es erzeugt einen Wein mit hübschen grünen Reflexen, der nach leicht kandierten Quitten duftet und im Geschmack ein wenig streng, aber gut strukturiert ist.
- EARL Daniel et Hermine Métaireau, Coursay, 44690 Monnières, Tel. 02.40.54.60.08, Fax 02.40.54.65.73 n. V.

DOM. DU GRAND FERRE Sur lie 1996*

	4 ha	20 000		-30 F

Le Grand Ferré, das unterhalb von Château de La Noë liegt, ist eine der berühmtesten Reblagen der Region. Sie liefert einen gehaltvollen, komplexen Wein mit schönen grünen Reflexen, der im Duft an weiße Blüten und im Geschmack an reife exotische Früchte erinnert.
- Jean-Paul et Monique Douillard, Les Laures, 44330 Vallet, Tel. 02.40.33.95.92, Fax 02.40.33.95.92 n. V.

CH. DES GUERCHES Sur lie 1996*

	32 ha	180 000		-30 F

Dieses schöne Gebäude, das stromabwärts von Monnières an der Sèvre überragt, erzeugt einen für die Appellation repräsentativen Sèvre-et-Maine, der wohlausgewogen ist zwischen einem klaren Duft und einem stattlichen Geschmack. (Der Wein wird von Drouet Frères vertrieben.)
- GAEC Chéneau, 8, bd du Luxembourg, 44330 Vallet, Tel. 02.40.36.65.20, Fax 02.40.33.99.78 n. V.

CH. DU HALLAY Sur lie 1996**

	9 ha	50 000		-30 F

Das Schloß selbst wurde vor etwa 50 Jahren zerstört. Geblieben ist ein schönes, von Mauern umgebenes Gut, das 35 ha umfaßt. Es erzeugt einen sehr eleganten, strahlenden Muscadet de Sèvre-et-Maine mit einem intensiven Duft (Lindenblüten, leichter Hauch von Minze) und einem langen, fülligen Geschmack, der nach der Belüftung an Weite gewinnt. Die Jury hat besonders die große Kontinuität dieses Weins bei der Verkostung geschätzt. Der Domaine de la Cognardière vom selben Erzeuger verdient eine lobende Erwähnung.

- SCEA Dominique et Vincent Richard, La Cognardière, 44330 Le Pallet, Tel. 02.40.80.42.30, Fax 02.40.80.44.37 n. V.

DOM. DES HAUTES NOELLES
Sur lie Vieilles vignes 1996

	10,5 ha	65 000		-30 F

Goldgrün, zitronenartig, erfrischend - dieser sanfte Wein bietet eine gute aromatische Intensität.
- Pierre Bertin, Dom. des Hautes-Noëlles, 44430 Le Landreau, Tel. 02.40.06.44.06, Fax 02.40.98.96.70 n. V.

DOM. DU HAUT-PLANTY
Sur lie Clos des Yonnières 1988**

	2 ha	12 000		50-70 F

1988, ein undankbarer Jahrgang, hat trotzdem hier einen ausgezeichneten Botschafter gefunden. Dieser elegante Wein, der im Duft ebenso wie im Geschmack kräftig und gehaltvoll ist, hat seine ganze Frische und seine Feinheit bewahrt, die für die Appellation typisch sind. Er überstrahlt ein wenig die 96er Sélection Domaine du Haut-Planty, die man dennoch aufgrund ihrer schönen Farbe mit den grünen Reflexen und ihres sehr aromatischen Charakters (englische Fruchtdrops zusätzlich mit einer Note Röstgeruch in der Nase) lobend erwähnen kann.
- GAEC Couillaud Père et Fils, Dom. du Haut-Planty, 44430 Le Landreau, Tel. 02.40.06.42.76, Fax 02.40.06.48.13 n. V.

DOM. DES HAUTS PEMIONS
Sur lie Sélection 1996

	4 ha	25 000		30-50 F

Ein traditioneller Familienbetrieb von 16 ha Größe. Dieser Wein, eine Sondercuvée des Guts, entfaltet einen aromatischen Duft und nach einer nervigen Ansprache einen ausgewogenen, langen, feinen Geschmack.
- Joseph et Christophe Drouard, La Hallopière, 44690 Monnières, Tel. 02.40.54.61.26, Fax 02.40.54.65.32 n. V.

DOM. DE LA BAZILLIERE Sur lie 1996*

	1,3 ha	10 000		-30 F

Dieser Weinbaubetrieb, der auf den Südhängen von Le Landreau auf einem Schiefer- und Gneisunterboden liegt, liefert einen gehaltvollen,

Region Nantes — Muscadet de Sèvre-et-Maine

langen, kräftigen Wein, an dem man seine gute Fruchtigkeit schätzt. Paßt zu Fisch in leichter Sauce mit Zitrone.

🍇 Jean-Michel Sauvêtre, La Bazillière, 44430 Le Landreau, Tel. 02.40.06.40.14, Fax 02.40.06.47.91 ✉ ☎ n. V.

DOM. DE L'ABBAYE DE SAINTE-RADEGONDE Sur lie 1996★★★

	28 ha	k. A.	🍴🥂	-30F

Diese ehemalige Abtei, deren Überreste ein Weinbaumuseum beherbergen, verdient einen Besuch. Sie erzeugt einen schönen, klaren Sèvre-et-Maine mit einem zarten Blütenduft. Gehaltvoll, füllig und lang im Geschmack, ohne jegliche Schwere. Dieser vollständige Wein bezaubert durch seine ausgezeichnete Harmonie.

🍇 SCEA Jean Guilbeault, Abbaye de Sainte-Radegonde, 44430 Le Loroux-Bottereau, Tel. 02.40.03.74.78, Fax 02.40.03.79.91 ✉ ☎ n. V.

CH. LA BERRIERE Sur lie 1996★

	28 ha	195 000	🍴	-30F

La Berrière, das nach den Vendée-Kriegen im Directoirestil wiederaufgebaut wurde, bewahrt eine herrschaftliche Atmosphäre. Sein sehr stilvoller Sèvre-et-Maine mit dem kräftigen Zitrus- und Ananasduft zeigt sich im Geschmack ausdrucksvoll und füllig. Zu empfehlen zu Fisch und Gerichten mit Sauce.

🍇 SCEA La Berrière, Ch. de La Berrière, 44450 Barbechat, Tel. 02.40.06.34.22, Fax 02.40.03.61.96 ✉ ☎ n. V.

CH. DE LA BLANCHETIERE Sur lie 1996★

	4 ha	25 000	🍴🥂	-30F

Dieser von einer der großen Firmen des Weinbaugebiets von Nantes vertriebene Wein ist halb Engel, halb Teufel. Er besitzt einen feinen Duft nach Blüten, Mandeln und getrockneten Früchten und zeigt sich im Geschmack körperreich. Aus demselben Jahrgang kann man die Sèvre-et-Maine noch weitere Weine probieren : den sehr gelungenen Domaine de Bégrolle (ein Stern), der einen Bodengeruch besitzt, blumig und mineralisch duftet und im Geschmack körperreich und stattlich ist, den Domaine du Château de l'Hyvernière, der ebenfalls einen Bodencharakter besitzt und ausgewogen ist, mit einem Hauch von Aggressivität, und den Clos des Orfeuilles, der einen runden Geschmack besitzt. Die beiden letztgenannten werden hier ohne Stern berücksichtigt.

🍇 Joël Dugast, Ch. de La Blanchetière, 44330 La Chapelle-Heulin, Tel. 02.40.06.73.76 ☎ n. V.

CH. DE LA BOURDINIERE
Cuvée Tradition Sur lie 1996★★

	20 ha	100 000	🍴🥂	30-50F

Dieses prächtige Schloß, das sich im Besitz von hohen Herren des Herzogtums Bretagne befand, liefert einen sehr typischen Sèvre-et-Maine, der lang, fruchtig und elegant ist, gewürzt durch ein wenig Säure. Großartige Harmonie.

🍇 SCEA Pierre et Chantal Lieubeau, La Croix de la Bourdinière, 44690 Château-Thébaud, Tel. 02.40.06.54.81, Fax 02.40.06.51.08 ✉ ☎ n. V.

DOM. DE LA BRETONNIERE Sur lie 1996★★

	3 ha	15 000	🍴🥂	-30F

Das blumengeschmückte Dorf La Bretonnière, das zwischen Saint-Fiacre und Maisdon liegt, bietet einen Wein voller Eleganz, der einen reichhaltigen, leicht rauchigen Duft entfaltet. Er ist im Geschmack fein und fleischig und wird sich problemlos ein bis zwei Jahre halten.

🍇 GAEC Joël et Bertrand Cormerais, La Bretonnière, 44690 Maisdon-sur-Sèvre, Tel. 02.40.54.83.91, Fax 02.40.36.73.45 ✉ ☎ tägl. 8h-20h

DOM. DE LA BRETONNIERE Sur lie 1996★

	15 ha	35 000	🍴🥂	-30F

Dieser Wein kommt von den Westhängen von Le Landreau, die zu den Sümpfen von Goulaine hin abfallen. Er hat einen nervigen, ausdrucksvollen, mineralischen Geruch und eine klare Ansprache und ist für die Appellation typisch. Das Gut erzeugt auch einen Gros-Plant (lobend erwähnt), der im Geschmack lang ist und durch ein leichtes Perlen aufgemuntert wird.

🍇 GAEC Charpentier-Fleurance, La Bretonnière, 44430 Lè Landreau, Tel. 02.40.06.43.39, Fax 02.40.06.44.05 ✉ ☎ n. V.

DOM. DE LA CHAPELLIERE Sur lie 1996★★★

	12,61 ha	77 000	🍴🥂	-30F

Die überzeugende Veranschaulichung einer geographischen Realität : Es gibt auch Muscadets aus dem Anjou. Sicherlich nicht vom Rand. Dieser hier bezaubert durch seine außergewöhnliche Harmonie, seine Länge und seinen einschmeichelnden Charakter, die von einer schönen Meisterschaft seitens des Erzeugers zeugen - den ein glücklicher Weinkoster mit dem Titel eines »verdienstvollen Weinmachers« ehrte, so sehr ist hiermit seine Wissenschaft in den Rang einer Kunst erhoben worden.

🍇 GFA Dom. de La Chapellière, 65, rue du Pont-Neuf, 49230 Tillières, Tel. 02.41.70.45.93, Fax 02.41.70.43.74 ✉ ☎ n. V.

CH. LA CHEVALERIE Sur lie 1996★★

	17 ha	113 300	🍴🥂	-30F

Dieser Wein kommt aus einem berühmten Anbaugebiet in der Nähe von Vallet. Er ist sehr klar und enthüllt in der Nase zarte mineralische Nuancen. Seine Harmonie und seine Kraft

Region Nantes — Muscadet de Sèvre-et-Maine

machen diesem Muscadet »sur lie« alle Ehre. Bei den Juroren war man auch der Meinung, daß er »angenehm zu trinken« sei.
- Mme Marcelle Rousseau, La Chevalerie, 44330 Vallet, Tel. 02.41.72.89.52, Fax 02.41.72.77.13 ☑ ☒ n. V.

GRAND FIEF DE LA CORMERAIE
Sur lie Grande réserve du Commandeur 1996★

	5 ha	k. A.		30-50 F

Dieser Muscadet de Sèvre-et-Maine kommt von einem angesehenen Schloß, dessen Anbaugebiet heute zerstückelt ist. Er hat einen typischen Geruchseindruck und einen mineralischen, gut strukturierten Geschmack und muß ein paar Monate lagern, damit sich seine Harmonie vollendet.
- Véronique Günther-Chéreau, Ch. du Coing, 44690 Saint-Fiacre-sur-Maine, Tel. 02.40.54.81.15, Fax 02.40.54.81.70 ☑ ☒ n. V.

CH. DE LA CORMERAIS Sur lie 1996★

	2 ha	10 000		-30 F

La Cormerais, eine ehemalige Seigneurerie aus dem Mittelalter, wird gegenwärtig restauriert. Sie liefert einen typischen 96er mit sehr entfaltetem Duft nach Farnkraut und weißen Früchten, der im Geschmack frisch und üppig ist.
- Thierry Besnard, La Cormerais, 44690 Monnières, Tel. 02.40.06.95.58, Fax 02.40.06.50.76 ☑ ☒ n. V.

DOM. DE LA FERTE Sur lie 1996★★

	17 ha	10 000		-30 F

Dieser Muscadet, der 1997 einen »Goldenen Stechheber« (eine der begehrtesten Auszeichnungen des Weinbaugebiets von Nantes) erhielt, enthüllt einen kräftigen Blüten- und Haselnußduft. Er ist im Geschmack frisch und lang und zeigt einen vollkommen typischen Bodencharakter.
- Jérôme et Rémy Sécher, GAEC de La Ferté, 44330 Vallet, Tel. 02.40.33.95.54 ☑ ☒ Mo-Sa 8h-13h 14h-20h

DOM. DE LA FOLIETTE Sur lie 1996★

	10 ha	50 000		-30 F

Dieses Gut erinnert an die früheren »Lustschlößchen« (Landhäuser) der Reeder von Nantes. Sein Sèvre-et-Maine mit dem kräftigen Duft zeigt im Geschmack eine gute Ausgewogenheit mit Frucht und ein wenig Kohlensäure, die ihm Frische verleiht. Der Clos de La Fontaine Vieilles vignes vom selben Gut ist ebenfalls sehr gelungen (ein Stern) und vielversprechend.
- Dom. de La Foliette, 35, rue de la Fontaine, La Foliette, 44690 La Haie-Fouassière, Tel. 02.40.36.92.28, Fax 02.40.36.98.16 ☑ ☒ Mo-Fr 10h-12h30 14h-19h ; Sa n. V.
- Brosseau, Hervouet, Vincent

CH. DE LA GALISSONNIERE
Sur lie Cuvée Prestige 1996★

	12 ha	70 000		-30 F

Das Schloß war im 18. Jh. berühmt wegen seines Arboretums (Versuchsbaumschule), angelegt von einem botanikbegeisterten Admiral, aber es überstand nicht die Kämpfe von 1793. Seine Reben liefern einen Wein von großer Persönlichkeit, den aber sein intensives Bukett recht untypisch macht. Er ist füllig und fruchtig und wird gut zu Fisch passen. Vom selben Gut erwähnen wir lobend die Cuvée Philippe, die aromatisch, sanft und fruchtig ist, aber unverzüglich getrunken werden muß.
- Vignobles Lusseaud, Ch. de La Galissonnière, B.P. 6, 44330 Le Pallet, Tel. 02.40.80.42.03, Fax 02.40.80.90.27 ☑ ☒ Mo-Sa 8h30-12h30 13h30-19h ; So n. V.

DOM. DE LA GARNIERE Sur lie 1996★★

	10 ha	40 000		-30 F

Dieser schöne, lagerfähige Wein stammt von den Hängen der Moine (nicht zu verwechseln mit der Maine), die bei Clisson in die Sèvre fließt. Er ist lang, fruchtig und frisch und wird hervorragend Meeresfrüchte begleiten.
- GAEC Camille et Olivier Fleurance, La Garnière, 49230 Saint-Crespin-sur-Moine, Tel. 02.41.72.89.52, Fax 02.41.72.77.13 ☑ ☒ n. V.

DOM. DE LA GAUTRONNIERE
Sur lie 1996

	3 ha	12 000		-30 F

Zwei Sterne im letzten Jahr für den 95er. Dieses Gut präsentiert uns einen 96er, der den Mund gut ausfüllt. Der Geschmack zeigt sich dennoch etwas schwerer, als es der elegante, leicht mentholartige Duft erwarten lassen würde. Ein Wein zum Essen.
- Alain Forget, La Gautronnière, 44330 La Chapelle-Heulin, Tel. 02.40.06.75.84 ☑ ☒ Mo-Sa 9h-19h ; So n. V.

LE R DU DOM. DE LA GRANGE
Vieilles vignes Sur lie 1996★

	5 ha	20 000		-30 F

Dieses für seine Sorge um die Qualität wohlbekannte Gut präsentiert einen hübschen Wein mit recht ausgeprägtem Geruchseindruck, mit Birnenduft und pflanzlichen Noten. Er ist im Geschmack frisch, klar und aromatisch und zeigt ein gutes Entwicklungspotential. Erwähnen wir außerdem noch den Grand R de La Grange : reichhaltig, stattlich und perlend, reizvoll wegen seines ausdrucksvollen Bodengeruchs. Der Gros-Plant des Guts ist sehr gelungen (ein Stern).
- Rémy Luneau, La Grange, 44430 Le Landreau, Tel. 02.40.06.45.65, Fax 02.40.06.48.17 ☑ ☒ Mo-Fr 9h-12h 14h-19h ; Sa, So n. V.

DOM. DE LA HARDONNIERE
Sur lie 1996★

	1,2 ha	7 360		-30 F

Unweit von Schloß Goulaine, westlich der gleichnamigen Sümpfe gelegen, erzeugt La Hardonnière einen Muscadet, der aufgrund seiner ansprechenden Säuerlichkeit, seiner Feinheit und seines fruchtigen Charakters sehr typisch ist.
- Jean-Michel Bouyer, La Hardonnière, 44115 Haute-Goulaine, Tel. 02.40.54.93.16 ☑ ☒ n. V.

DOM. LA HAUTE FEVRIE
Sur lie Excellence Cuvée vieilles vignes 1996★

	4 ha	22 000		30-50 F

Dieses Gut im Departement Sèvre-et-Maine greift auf 50 Jahre alte Rebstöcke zurück, um

Region Nantes Muscadet de Sèvre-et-Maine

diese Cuvée mit der prächtigen Farbe und dem freigebigen Duft zu erzeugen. Sie enthüllt ein Aroma von grünen Früchten, aber vor allem eine Länge und einen Charakter, die bemerkenswert sind. Ebenfalls sehr gelungen (ein Stern) ist der im Eichenholzfaß ausgebaute 95er Clos Joubert, in dem sich der Holzton perfekt mit dem Bodencharakter verbindet. Er kann noch lagern, damit man ihn richtig würdigt.
🕭 Claude Branger, Dom. La Haute Févrie, 44690 Maisdon-sur-Sèvre, Tel. 02.40.36.94.08, Fax 02.40.36.96.69 ☑ ⊥ n. V.

DOM. DE LA HOUSSAIS Sur lie 1996★

	7 ha	25 000	■ ♦ -30 F

Am Fuße der Hänge von Le Landreau erzeugt La Houssais einen sehr angenehmen Sèvre-et-Maine, dessen schöne Struktur eine günstige Entwicklung verspricht. Vom selben Erzeuger gibt es noch den ebenfalls sehr gelungenen Clos du Bien-Aimé (ein Stern) und einen völlig klassischen Gros-Plant.
🕭 Bernard Gratas, Dom. de La Houssais, 44430 Le Landreau, Tel. 02.40.06.46.27, Fax 02.40.06.47.25 ☑ ⊥ n. V.

CH. DE L'AIGUILLETTE Sur lie 1995★

	1,5 ha	6 000	Ⅲ -30 F

Der Ausbau im Holzfaß wird im Weinbaugebiet von Nantes nicht immer geschätzt. Dennoch ist es ein interessanter Weg, den seit einigen Jahren um die Qualität besorgte Winzer gehen. Dieser Wein wäre übrigens besser beurteilt worden, wenn er länger gereift hätte, denn der Holzton ist noch nicht vollständig verschmolzen. Er wird von Röstnoten beherrscht. Aber seine Struktur und der Umfang seines Geschmacks sind vielversprechend.
🕭 Patrice et Vincent Grégoire, Ch. de L'Aiguillette, 44330 Mouzillon, Tel. 02.40.33.95.52, Fax 02.40.36.23.74 ☑ ⊥ Sa 8h30-12h30 14h-19h

DOM. DE LA JOCONDE Sur lie 1996★

	20 ha	k. A.	■ -30 F

Er kommt aus Le Pé-de-Sèvre, einem malerischen Dorf mit zwanzig Steintreppen. Ein sehr femininer Wein, dessen blaße Farbe und dessen Duft nach Blüten und Heckenrosen einen sehr zarten Geschmack ankündigen.
🕭 Yves Maillard, Le Pé-de-Sèvre, 44330 Le Pallet, Tel. 02.40.80.43.29, Fax 02.40.80.43.29 ☑ ⊥ Mo-Sa 10h-12h 15h-18h30

DOM. DE LA LEVRAUDIERE
Sur lie prestige de la Levraudière 1996★

	5 ha	20 000	■ ♦ -30 F

La Levraudière ist ein Bauwerk aus dem 12. Jh., das von dem bretonischen Grafen Hoël errichtet wurde, von dem La Chapelle-Heulin seinen Namen hat. Es präsentiert einen Wein mit einem kräftigen Duft nach reifen Früchten, der im Geschmack eine gute Ausgewogenheit zwischen Fruchtigkeit und Struktur enthüllt.
🕭 Bonnet-Huteau, Dom. de La Levraudière, 44330 La Chapelle-Heulin, Tel. 02.40.06.73.87, Fax 02.40.06.77.56 ☑ ⊥ Mo-Sa 8h-19h30 ; So n. V.

CH. DE LA MERCREDIERE
Sur lie 1989★★

	36 ha	40 000	■ ♦ 30-50 F

Ein echter Wein zum Einlagern bei einer Appellation, die nicht sehr viel Erfahrung damit hat (aber der 89er war zugegebenermaßen ein großer Jahrgang). Voller Feinheit, sehr typisch für das Anbaugebiet und die Rebsorte. Dieser harmonische Wein mit der ausgezeichneten aromatischen Ausdruckskraft hat viel Frische bewahrt. Der 96er verdient eine lobende Erwähnung. Er ist frisch und fein, mit einem Zitronenaroma, und zeigt noch ein wenig Herbheit, aber auch ein großes Potential.
🕭 Futeul Frères, Ch. de La Mercredière, 44330 Le Pallet, Tel. 02.40.54.80.10, Fax 02.40.54.89.79 ☑ ⊥ n. V.

DOM. DE LA PEPIERE Sur lie 1996★

	5 ha	25 000	■ ♦ -30 F

La Pépière, das oberhalb des rechten Ufers der Maine liegt, bietet einen Wein von ausgezeichneter Ausgewogenheit, der im Geschmack lang ist und durch etwas Kohlensäure unterstützt wird. Eine lobende Erwähnung verdient außerdem der 92er Clos des Briords vieilles vignes, den man recht man bald trinken muß.
🕭 Marc Ollivier, La Pépière, 44690 Maisdon-sur-Sèvre, Tel. 02.40.03.81.19, Fax 02.40.06.69.85 ☑ ⊥ n. V.

DOM. DE LA QUILLA Sur lie 1996★

	12,68 ha	60 000	■ ♦ -30 F

Der eine erledigt den Anbau, der andere die Vinifizierung - dieses große »doppelköpfige« Gut wird von zwei Brüdern geleitet. In ihrem angenehmen Muscadet, der sanft und lang ist, erahnt man im Geschmack eine fruchtige Note. Eine lobende Erwähnung verdienen außerdem Domaine des Ratelles und der Clos de La Houssaie, weitere Sèvre-et-Maine-Weine von La Quilla.
🕭 Daniel et Gérard Vinet, La Quilla, 44690 La Haye-Fouassière, Tel. 02.40.54.88.96, Fax 02.40.54.89.84 ☑ ⊥ n. V.

CH. DE LA RAGOTIERE Sur lie 1996★

	15 ha	80 000	■ ♦ -30 F

Dieses Gebäude aus dem 14. Jh. gehörte einem Gefährten von Jeanne d'Arc. Dieser Sèvre-et-Maine ist probierenswert aufgrund seines schönen Ausdrucks von überreifen Trauben und Wachs. Er zeigt viel Fülle und Ausgewogenheit im Geschmack. »Man könnte glauben, daß man in Trauben beißt«, sagte ein Verkoster, der seine Länge schätzte. Der von der gleichen GAEC erzeugte Château La Morinière erhält eine lobende Erwähnung : Dieser mehr »kommerzielle« Wein ist sehr gefällig.
🕭 Couillaud Frères, GAEC de la Grande Ragotière, 44330 La Regrippière, Tel. 02.40.33.60.56, Fax 02.40.33.61.89 ☑ ⊥ n. V.

DOM. DE LA RENOUERE
Sur lie 1996★★★

	3 ha	14 000	■ ♦ -30 F

Durch die Anrufung des hl. Vinzenz, des Schutzpatrons der Winzer, erhielt dieser Winzer einen außergewöhnlichen Jahrgang ! Die Farbe

Region Nantes — Muscadet de Sèvre-et-Maine

ist perfekt. Der Duft zeigt einen fruchtigen und mineralischen Charakter, der völlig typisch ist. Sehr vielversprechend. Die von einer großen Frische begleitete Ausgewogenheit ist schon angenehm, aber dieser Wein verdient es, daß man ihn am 1. Januar 2000 trinkt !
- Vincent Viaud, La Renouère, 44430 Le Landreau, Tel. 02.40.06.43.05 ☑ ⊥ n. V.

DOM. DE LA ROCHE RENARD
Sur lie 1996★★

	k. A.	60 000	■ ♦ -30F

Dieser Wein stammt von einem Granit- und Schieferboden, der für eine frühe Lese günstig ist. Er ist recht typisch, sehr aromatisch, mit einem ausdrucksvollen Bodencharakter, aber auch von der Rebsorte geprägt. Er dürfte in ein paar Jahre Lagerung aushalten. Die Cuvée sélectionnée La Roche Renard ist aus den gleichen Gründen ebenfalls bemerkenswert (zwei Sterne).
- EARL Isabelle et Philippe Denis, Les Laures, 44330 Vallet, Tel. 02.40.36.63.65, Fax 02.40.36.23.96 ☑ ⊥ tägl. 10h-19h

DOM. DE LA ROCHERIE Sur lie 1996

	10 ha	15 000	■ ♦ -30F

Dieses 1 km von den Sümpfen von Goulaine entfernte Gut umfaßt etwa 20 ha. Sein perlender, grün schimmernder Muscadet de Sèvre-et-Maine entfaltet ein komplexes Bukett von kandierten Früchten. Er ist geschmeidig und schon trinkreif. Ebenfalls lobend erwähnt werden kann vom selben Winzer ein robuster, noch ein wenig verschlossener Gros-Plant.
- Daniel Gratas, Dom. de La Rocherie, 44330 Le Landreau, Tel. 02.40.06.41.55, Fax 02.40.06.48.92 ☑ ⊥ n. V.

LA SABLETTE Sur lie 1996★★

	30 ha	150 000	■ ♦ -30F

Die verschnittenen Muscadets können bestes Niveau haben. Dieser hier beweist es mit seinem stattlichen Duft, seiner Länge und seiner aromatischen Intensität. Obwohl für den Geschmack der Puristen auch Bananennoten erscheinen, die vom »Normalen« abweichen, ist er unbestreitbar gut gemacht. Bei den von Vinival vertriebenen Weinen weisen wir noch hin auf den frischen, gut strukturierten Côtes de Grandlieu Clos des Berteries sowie den harmonischen Gros-Plant Champ Baron, die beide einen Stern verdienen.
- Vinival, La Sablette, 44330 Mouzillon, Tel. 02.40.36.66.25, Fax 02.40.33.95.81

DOM. DE LA SAULZAIE Sur lie 1996★★

	k. A.	80 000	■ ♦ -30F

Dieser von einem der großen Weinhändler des Weinbaugebiets von Nantes vorgestellte Wein ist recht typisch und enthüllt hinter seiner schönen gelbgrünen Farbe einen ausgewogenen Charakter mit aromatischem Bodengeruch und schöner Länge. Lobend erwähnt wird vom selben Erzeuger der Sèvre-et-Maine Château de la Cassemichère.
- Sté Donatien Bahuaud, B.P. 1, 44330 La Chapelle-Heulin, Tel. 02.40.06.70.05, Fax 02.40.06.77.11 ⊥ n. V.

DOM. DE LA SENSIVE Sur lie 1996★

	9 ha	52 000	■ ♦ -30F

Dieser Weinbaubetrieb, der zwei Schwestern gehört, befindet sich am Rand des Ballungsraums von Nantes. Er präsentiert einen Wein mit einem eleganten, sehr typischen Duft nach Äpfeln und Quitten. Er ist gut strukturiert und bringt den gesamten mineralischen Charakter eines guten Bodens zum Ausdruck. Dieser 96er von guter Länge dürfte sich günstig entwickeln. Ebenfalls Berücksichtigung findet der 96er Domaine du Landreau-Village, der drei Monate im Barriquefaß gereift hat, reich an mineralischen Noten und getrockneten Früchten ist und sich elegant zeigt.
- GFA Dom. de La Sensive, Le Landreau-Village, 44330 Vallet, Tel. 02.40.36.65.20, Fax 02.40.33.99.78 ☑ ⊥ n. V.
- A. Drouet et H. Bonhomme

LA TOUR DU FERRE Sur lie 1996★

	0,6 ha	4 800	■ -30F

Der Turm ist zwar modern, doch Le Ferré gehört zu den großen traditionellen Anbaugebieten des Muscadet. Dieser Wein mit dem komplexen Duft, in dem Äpfel und Quitten dominieren, erscheint im Geschmack noch ein wenig verschlossen. Er wird gern ein paar Monate warten, bevor er einen Fisch mit weißer Buttersauce begleitet.
- Philippe Douillard, La Champinière, 44330 Vallet, Tel. 02.40.36.61.77, Fax 02.40.36.38.30 ☑ ⊥ n. V.

DOM. DE LA TOURLAUDIERE
Sur lie 1996★

	15 ha	40 000	■ ♦ -30F

Eine Heiratsurkunde bezeugt es : Schon vor 1740 war diese Familie auf dem Gut ansässig. Dieses liefert einen Wein mit einer blassen Farbe, der korpulent und sehr aromatisch ist, mit einer ausgeprägten Briochenote im Duft. Von denselben Erzeugern verdient ein weiterer Sèvre-et-Maine eine lobende Erwähnung : der kräftig gebaute, sehr lebhafte Clos des Marzelles.
- EARL Petiteau-Gaubert, Dom. de la Tourlaudière, 44330 Vallet, Tel. 02.40.36.24.86, Fax 02.40.36.29.72 ☑ ⊥ tägl. 9h-12h30 14h-19h
- Roland Petiteau

CH. DE L'AUBERDIERE Sur lie 1996★★

	23 ha	k. A.	■ ♦ -30F

Dieses Château, das am linken Ufer der Loire aufragt, liefert einen Sèvre-et-Maine mit komplexem, frischem Duft. Dieser im Geschmack fruchtige Wein wirkt dank einer herben Note, die für einen »sur lie« typisch ist, jugendlich. Warum sollte man ihn nicht zu einem Flußfisch trinken ?
- GAEC Morille Luneau, L'Auberdière, 44450 La Chapelle Basse Mer, Tel. 02.40.06.34.09, Fax 02.40.06.33.14 ☑ ⊥ n. V.

DOM. DES LAURES Sur lie 1996★

	5 ha	20 000	■ ♦ -30F

Da Gut liegt unterhalb des berühmten Schlosses La Noë, nordwestlich von Vallet, und erzeugt einen Muscadet mit grünen Reflexen und einem eleganten Duft, der perlt und im Geschmack

Region Nantes

Muscadet de Sèvre-et-Maine

recht spürbar ist. Zu einer Platte mit Meeresfrüchten bestimmt.

🍇 Marcel Laurent, Les Laures, 44330 Vallet, Tel. 02.40.33.90.67 ◪ ⏳ n. V.

DOM. DE L'ECU Sur lie 1996*

| | 10 ha | 60 000 | 🍾♨ | -30F |

Dieser Muscadet kommt von einem Gut, das seit mehr als 20 Jahren biologische Anbaumethoden und seit drei Jahren biodynamische Methoden verwendet. Er hat eine strahlende Farbe und enthüllt im Duft ein Aroma von grünen Äpfeln. Kräftig gebaut und kraftvoll. Er wird sich ab Oktober 1997 entfalten.

🍇 Guy Bossard, La Bretonnière, 44430 Le Landreau, Tel. 02.40.06.40.91, Fax 02.40.06.46.79 ◪ ⏳ n. V.

LE FIEF COGNARD Sur lie 1996**

| | k. A. | k. A. | 🍾♨ | -30F |

Dieses Gut am linken Ufer der Maine erzeugt einen schönen Wein mit reichhaltigem Zitronenduft. Vollkommen typisch für die Appellation und den Jahrgang. Er ist noch ein wenig unreif und wird in einem Jahr seine beste Qualität erreichen. Erwähnenswert ist außerdem eine im Eichenholzfaß ausgebaute Cuvée, deren kräftiger Geschmack sich nach der Belüftung entfaltet.

🍇 Dominique Salmon, Les Landes de Vin, 44690 Château-Thébaud, Tel. 02.40.06.53.66, Fax 02.40.06.55.42 ◪ ⏳ n. V.

LE FIEF DUBOIS
Sur lie Cuvée Sélection Fief du Breil 1996*

| | 2 ha | 16 000 | 🍾♨ | -30F |

Dieser aus dem berühmten Anbaugebiet Fief du Breil stammende Sèvre-et-Maine hat eine strahlende Farbe mit wirklich grünen Reflexen und entfaltet einen eleganten, komplexen Duft. Er ist in der Ansprache lebhaft und enthüllt im Geschmack einen allgegenwärtigen mineralischen Charakter. In diesem Herbst wird er perfekt sein. Eine gute Entwicklung kann man für die 95er Cuvée Tradition Vieilles vignes vom selben Erzeuger anzeigen, die stattlich und duftig ist.

🍇 Bruno Dubois, La Févrie, 44690 Maisdon-sur-Sèvre, Tel. 02.40.36.93.84, Fax 02.40.36.98.87 ◪ ⏳ n. V.

DOM. LE MOULIN DES BOIS
Sur lie 1996**

| | 8 ha | 15 000 | 🍾♨ | -30F |

Die seit 1925 nicht mehr genutzte und 1961 durch einen Brand beschädigte Windmühle Les Bois ist heute ein Aussichtspunkt über das Anbaugebiet. Ihr recht typischer, ausgewogener Wein bezaubert durch seinen lebhaften, fröhlichen Duft, seine angenehme Ansprache und seine zitronenartige Frische.

🍇 Gilles Savary, Les Bois, 44330 La Chapelle-Heulin, Tel. 02.40.06.76.86, Fax 02.40.06.74.68 ◪ ⏳ Mo-Sa 8h-20h ; So n. V.

DOM. LE ROSSIGNOL Sur lie 1996*

| | 17 ha | k. A. | 🍾♨ | 30-50F |

Auf einem Gut, das von seinen Vorfahren vor dem Aufkommen des Muscadet bewirtschaftet wurde, erzeugt Jérôme Batard einen Sèvre-et-Maine mit einem entfalteten, fruchtigen Duft und einem ausgewogenen Geschmack, in dem sich das Aroma von reifen Früchten mit dem von Zitronen und Menthol vermischt.

🍇 Jérôme Batard, La Bigotière, 44690 Maisdon-sur-Sèvre, Tel. 02.40.06.62.61, Fax 02.40.06.68.56 ◪ ⏳ n. V.

LES CORBEILLERES Sur lie 1996*

| | 15 ha | 20 000 | 🍾♨ | -30F |

Dieser sehr typische Wein, der von den Hängen der Sanguèze (des dritten Flusses des Sèvre-et-Maine) stammt, bietet einen kraftvollen, langen Geschmack, der durch einen angenehmen Hauch von Säure unterstützt wird.

🍇 EARL Dominique Guérin, Les Corbeillères, 44330 Vallet, Tel. 02.40.36.26.37, Fax 02.40.36.27.37 ◪ ⏳ Mo-Sa 8h-20h ; So n. V.

DOM. LES DEUX MOULINS
Sur lie 1996**

| | 12 ha | 12 000 | 🍾🍷♨ | -30F |

Olivier Crémet ist seit 1991 in einem erstklassigen Anbaugebiet ansässig, mit über 40 Jahre alten Rebstöcken. Er stellt seine Weine auf traditionelle Weise her. Er hat sich hier nicht geirrt. »Die Ausgewogenheit ist perfekt zwischen der Ansprache des Geschmacks und dem Abgang, der sich verlängert«, resümierte einer der Verkoster hinsichtlich dieses Weins, der zwischen zwei bemerkenswerten Mühlen, der von La Justice und der von La Bidière, erzeugt wird. Die aromatische Subtilität ist bemerkenswert. Ein Wein, der eine ganze Mahlzeit begleiten kann, angefangen von Meersfrüchten bis hin zu weißem Fleisch.

🍇 Olivier Crémet, La Hallopière, 44690 Monnières, Tel. 02.40.54.66.54 ◪ ⏳ n. V.

LES SENSONNIERES Sur lie 1996**

| | 3 ha | 10 000 | 🍾♨ | -30F |

Nordwestlich von La Haye-Fouassière liefert das Dorf Sainte-Germaine mit dem Sensonnières einen kräftigen Wein, der nach getrockneten Früchten und grünen Äpfeln duftet und im Geschmack recht frisch ist. Der ausgewogene, elegante, sogar rassige Geschmack ist von ausgezeichneter Nachhaltigkeit und muß einfach verführen.

🍇 Michel Ripoche, 8, rue de la Torrelle, Sainte-Germaine, 44690 La Haie-Fouassière, Tel. 02.40.36.91.95, Fax 02.40.36.73.19 ◪ ⏳ n. V.

PRESTIGE DE L'HERMITAGE
Sur lie 1996**

| | 5 ha | 30 000 | 🍾♨ | -30F |

Dieser Sèvre-et-Maine, der nahe der südwestlichen Grenze des Anbaubereichs der Appellation erzeugt worden ist, erinnert aufgrund seines Jod- und Salzaromas an einen Spaziergang am Meer. Er ist rund, kraftvoll und ausgewogen und verspricht zudem eine schöne Entwicklung.

🍇 GAEC Moreau Frères, La Petite Jaunaie, 44690 Château-Thébaud, Tel. 02.40.06.61.42, Fax 02.40.06.69.45 ◪ ⏳ n. V.

Region Nantes — Muscadet de Sèvre-et-Maine

MICHEL LIBEAU
Sur lie Vieilles vignes 1996★

| ☐ | 1,5 ha | 8 000 | 🍾♦ -30 F |

Das westlich von Le Loroux gelegene Gut La Landelle, das man an einer Mühle erkennt, liefert diesen sehr klaren Wein mit dem Zitrus- und Gewürzduft. Dieser fruchtige, feste, saubere 96er mit dem nachhaltigen Abgang besitzt ein Lagerungspotential.

☙ Michel Libeau, La Landelle, 44430 Le Loroux-Botterau, Tel. 02.40.33.81.15, Fax 02.40.33.85.37 ✓ 🍷 n. V.

CHRISTOPHE MAILLARD
Sur lie Cuvée Camille 1996★

| ☐ | 0,4 ha | 2 000 | 🍾♦ -30 F |

Dieser Wein mit der schönen, kristallklaren Farbe kommt aus dem sympathischen Weiler Le Pé, der sich an den Hang der Sèvre klammert. Er ist recht ausgewogen und erinnert vor allem an grüne Früchte. Der Geschmack ist leicht. Lobend erwähnen kann man vom selben Erzeuger einen säuerlichen Gros-Plant, der gut zu Austern passen wird.

☙ Christophe Maillard, Le Pé-de-Sèvre, 44330 Le Pallet, Tel. 02.40.80.44.92, Fax 02.40.80.44.92 ✓ 🍷 n. V.

CH. DU MAILLON Sur lie 1996★★

| ☐ | 40 ha | 150 000 | 🍾♦ -30 F |

Dieser aus dem Angebot eines bedeutenden Weinhändlers ausgewählte Wein entfaltet einen komplexen Aprikosen- und Pampelmusenduft, der einen herrlichen, aromatischen, süffigen Geschmack ankündigt. Der von derselben Firma vertriebene Sèvre-et-Maine Clos de La Sablette, der sehr gelungen ist (ein Stern), zeugt mit seinen Bananennoten im Duft und den exotischen Früchten im Geschmack von einer intensiven Vinifizierung. Lobend erwähnen werden sollen noch die Sèvre-et-Maine-Weine Domaine Bois Perron, lebhaft und von guter aromatischer Intensität, Domaine de La Morillère, der für einen »technologischen« Muscadet charakteristisch ist, und Domaine de l'Eaudière, kräftig und säuerlich. Alle stammen aus dem Jahrgang 1996.

☙ Vinival, La Sablette, 44330 Mouzillon, Tel. 02.40.36.66.25, Fax 02.40.33.95.81

MANOIR DE LA GRELIERE
Sur lie Cuvée Palmarès 1996★★

| ☐ | 14 ha | 90 000 | 🍾♦ -30 F |

Der Palmarès, die Spitzencuvée eines ehemaligen Nebengebäudes des Guts der Herzöge der Bretagne, ist ein schöner Wein mit einem ausdrucksvollen, mineralischen Duft. Nach einer lebhaften Ansprache ist er im Geschmack reichhaltig und zitronenartig und zeigt sich aufgrund seiner Nachhaltigkeit vielversprechend.

☙ R. Branger et Fils, Manoir de la Grelière, 44120 Vertou, Tel. 02.40.05.71.55, Fax 02.40.31.29.39 ✓ 🍷 n. V.

DOM. DES MORTIERS GUIBOURG
Sur lie 1996★★★

| ☐ | 1 ha | 6 000 | 🍾 -30 F |

Dieser außergewöhnliche Wein, der ganz im Süden des Anbaubereichs Sèvre-et-Maine erzeugt worden ist, bietet einen feinen Duft mit einem Hauch von weißen Blüten (Birnbaum, Lilien). Dieser kündigt einen geschmeidigen Geschmack mit einem nachhaltigen Aroma von frischen Früchten an. Unschlagbares Preis-Leistungs-Verhältnis!

☙ Damien Cormerais, Les Bas Mortiers, 44190 Gorges, Tel. 02.40.06.98.57 ✓ 🍷 n. V.

DOM. DU MOULIN DE LA MINIERE
Elevé en fût de chêne 1995★★

| ☐ | k. A. | k. A. | 🛢 -30 F |

Dieses Gut, auf das eine alte Windmühle hinweist (in Monnières gibt es viele davon), baut einen Teil seiner Produktion im Eichenholzfaß aus. Der 95er ist in dieser Hinsicht ein Erfolg mit seinem schönen, eleganten Duft, der den Ausdruck des Anbaugebiets mit einem verfeinerten Holzton verbindet, und seinem ausgewogenen Geschmack, der eine klare Ansprache besitzt. Ein im Gärbehälter auf der Hefe ausgebauter 96er Sèvre-et-Maine, der klassischer und sogar typisch ist, ganz im Jahrgang, und ein hochfeines, fruchtiges Aroma und einen ausgewogenen Geschmack besitzt, ist sehr gelungen (ein Stern). Lobend erwähnt werden soll noch eine Cuvée Prestige.

☙ SC Ménard-Gaborit, La Minière, 44690 Monnières, Tel. 02.40.54.61.06, Fax 02.40.54.66.12 ✓ 🍷 n. V.

VINS DE MOUZILLON Sur lie 1996★

| ☐ | 6 ha | 25 000 | 🍾♦ -30 F |

Diese von etwa zehn Jahren entstandene GAEC führt eine 1860 begründete Familientradition fort! Sie bietet einen Wein mit einer strahlenden Farbe und einem sehr typischen Duft. Dieser gehaltvolle, mineralische, nachhaltige 96er paßt gut zu Meeresfrüchten.

☙ GAEC Michel Luneau et Fils, 3, rte de Nantes, 44330 Mouzillon, Tel. 02.40.33.95.22, Fax 02.40.33.95.22 ✓ 🍷 n. V.

DOM. DES NOELLES DE SEVRE
Sur lie 1996★

| ☐ | 15 ha | 35 000 | 🍾♦ -30 F |

Dieser Muscadet, der die administrativen Abgrenzungen verschmäht, die Nantes in das Land der Loire verlegt haben, zeigt auf seinem Etikett seine bretonische Treue! Obwohl er aufgrund seines diskreten Haselnußdufts, einer frischen Ansprache und seiner fruchtigen Seite schon angenehm ist, ist es wert, noch ein wenig gelagert zu werden, damit er alle seine Qualitäten enthüllen kann.

☙ EARL Rémi Chéreau, 19, rue de la Poste, 44690 Monnières, Tel. 02.40.54.64.73, Fax 02.40.54.67.13 ✓ 🍷 Mo-Fr 9h-20h; Sa, So n. V.

Region Nantes

Muscadet de Sèvre-et-Maine

EXCELLENCE NOUET Sur lie 1996★

| | 3,5 ha | 12 000 | | -30 F |

Diese Cuvée mit der weißen Farbe kommt von einem Gut, das sich zwischen den Verkehrsachsen Nantes-Clisson und Nantes-Cholet befindet. Sie zeigt einen milden Hauch von Mandeln und läßt an die Reize und Verheißungen eines aufblühenden jungen Mädchens denken.
➥ Jean-Claude et Pierre-Yves Nouet, La Cognardière, 44330 Le Pallet,
Tel. 02.40.80.41.72, Fax 02.40.80.41.72 ■ ▼ n. V.

OPUS N°7 Sur lie 1996★

| | 1 ha | 2 400 | | 30-50 F |

Diese Spitzencuvée der Domaine des Vignes Saint-Vincent entfaltet einen reichhaltigen und tiefen Duft von reifen Früchten, mit einer Röstnote, die vom Faß stammt. Sie ist im Geschmack fast moschusartig und enthüllt ein schönes Potential. Der ebenfalls sehr gelungene Gros-Plant des Guts gefällt aufgrund seines sehr fruchtigen Dufts und seiner Fülle. Lobend erwähnen kann man außerdem den 92er Sèvre-et-Maine »sur lie« Cuvée Harmonie, der einen ausgeprägten Bodencharakter besitzt.
➥ Michel Delhommeau, La Huperie, 44690 Monnières, Tel. 02.40.54.60.37, Fax 02.40.54.64.51 ■ ▼ n. V.

LAURENT PERRAUD
Sélection les Egards Sur lie 1996★★

| | 2 ha | 8 000 | | -30 F |

Diese Sélection stammt von 50 Jahre alten Rebstöcken. Ihre strahlende Farbe und ihr feiner Blütenduft bezaubern sofort. Sie ist im Geschmack zuerst ein wenig eckig und enthüllt dennoch einen reichen Körper, eine vollkommene Ausgewogenheit und einen eleganten Abgang. Der Domaine de La Vinçonnière verdient aufgrund seines sehr für die Appellation repräsentativen Charakters einen Stern. Die im Eichenholzfaß ausgebaute 95er Cuvée Amphora schließlich, die sehr gelungen ist (ein Stern), zeigt ein erstaunliches aromatisches Ungestüm, das es rechtfertigt, sie ein wenig zu lagern.
➥ Laurent Perraud, La Vinçonnière, 44190 Clisson, Tel. 02.40.03.95.76,
Fax 02.40.03.96.56 ■ ▼ Mo-Fr 8h-12h30 14h-19h ; Sa, So n. V.

CH. PLESSIS-BREZOT Sur lie 1996★

| | k. A. | k. A. | | -30 F |

Dieses zauberhafte Château, das über dem Tal der Sèvre aufragt, erzeugt einen nicht weniger bezaubernden Sèvre-et-Maine mit einem zarten Zitronenaroma und einem eleganten Geschmack, den man ohne Wartezeit trinken sollte. Sein ebenfalls sehr gelungener Gros-Plant ist reizvoll aufgrund seiner Eleganz und seiner Harmonie. Dieses Gut bietet Gästezimmer an.
➥ SCEA Ch. Plessis-Brézot, 44690 Monnières, Tel. 02.40.54.63.24, Fax 02.40.54.66.07 ■ ▼ n. V.
➥ Calonne

CH. DU POYET Sur lie 1996★

| | 14 ha | 80 000 | | -30 F |

Dieses Gut liegt am »Zusammenfluß« des Poyet und des Gueubert, die die Sümpfe von Goulaine speisen. Es erzeugt einen vielverspre-chenden Wein, der sich nach der Belüftung entfaltet und eine gute Haltung im Geschmack und ein feines Aroma von guter Länge enthüllt.
➥ SCI Ch. du Poyet, 44330 La Chapelle-Heulin, Tel. 02.40.06.74.52,
Fax 02.40.06.77.57 ■ ▼ Mo-Sa 8h30-12h30 14h-19h ; So n. V.

DOM. DES REBOURGERES
Sur lie 1996★

| | 6,5 ha | 50 000 | | -30 F |

Dieses Familiengut, das seit mehr als zwei Jahrhunderten von Generation zu Generation weitergegeben worden ist, erzeugt einen Muscadet de Sèvre-et-Maine, der nach Äpfeln und blühenden Birnbäumen duftet. Ebenso gefällig ist dieser gut strukturierte Wein im Geschmack dank seines Aromas, das vom Faß nicht erdrückt wird. Der ebenfalls sehr gelungene 93er Sèvre-et-Maine Clos du Moulin de La Gustais ist fein und elegant und respektiert vollkommen den Boden und die Rebsorte.
➥ Jean Lebas, La Rebourgère, 44690 Maisdon-sur-Sèvre, Tel. 02.40.54.60.78,
Fax 02.40.54.66.59 ■ ▼ Mo-Sa 8h-20h ; So n. V.

DOM. DES RIGOLES DU PIN 1996★

| | k. A. | k. A. | | -30 F |

Dieser aus drei verschiedenen Parzellen stammende Muscadet repräsentiert gut das Anbaugebiet von Mouzillon. Sein lebhafter Duft erinnert an eine Palette frischer Früchte (Zitronen, Pampelmusen, Quitten). Im Geschmack zeigt sich dieser Wen harmonisch und von guter Länge. Den Domaine des Perrières vom selben Erzeuger kann man übrigens lobend erwähnen.
➥ Xavier Gouraud, Le Pin, 44330 Mouzillon, Tel. 02.40.36.62.85, Fax 02.40.36.39.95 ■ ▼ n. V.

CLOS DES ROCHES GAUDINIERES
Sur lie 1996★★

| | 5 ha | k. A. | | -30 F |

Dieser Sèvre-et-Maine stammt von einem Gabbroboden, einem für die Gegend typischen Eruptivgestein. Unter einer sehr hellen Farbe entfaltet er ein subtiles, komplexes Aroma und bezaubert durch seine Feinheit.
➥ Dom. Chiron, La Morandière, 44330 Mouzillon, Tel. 02.40.80.41.43, Fax 02.40.80.46.54 ■ ▼ n. V.

DOM. PATRICK SAILLANT
Sur lie 1996★★

| | 6 ha | 6 000 | | -30 F |

Region Nantes

Die Wahl zum Lieblingswein bietet die Gelegenheit, das Porträt von Monsieur Saillant, dem Vater, abzubilden. Aber man wird sich noch mehr darüber freuen, wenn man diesen rassigen Sèvre-et-Maine mit dem feinen, ausdrucksvollen Duft probiert, der im Geschmack deutlich sein bodentypisches Aroma enthüllt. »Musikalisch«, notierte eine Weinkosterin erstaunlich intuitiv (es handelte sich um eine Blindprobe). Ein klassischer Wein, strukturiert und lang.

🍇 EARL Saillant-Esneu, La Grenaudière,
44690 Maisdon-sur-Sèvre, Tel. 02.40.03.80.10,
Fax 02.40.03.80.10 ☑ ⚜ Mo-Sa 8h-19h

CH. SALMONIERE
Sur lie Vieilles vignes 1996*

| ☐ | 10 ha | 50 000 | 🍷♦ -30F |

Diese alte, im 15. Jh. von den Templern errichtete Festung am Rand der Sèvre liefert einen Sèvre-et-Maine, der mit seinem Duft nach weißen Blüten und von seinem süffigen Geschmack ohne eine Spur von Aggressivität eine gute Abstammungslinie zeigt. Von derselben Familie, die Gilbert Chon und Sohn repräsentieren, erwähnen wir den 96er Gros-Plant, der erstklassig ist, aber einen Hauch von Aggressivität nicht verschleiert. Er trägt den Namen Château de La Jousselinière.

🍇 Xavier Chon, Ch. de La Salmonière,
44120 Vertou, Tel. 02.40.54.11.08,
Fax 02.40.54.19.90 ☑ ⚜ Mo-Sa 10h-12h 14h-18h

DOM. DES TROIS VERSANTS
Sur lie Cuvée Vieilles vignes 1996*

| ☐ | 1,5 ha | k. A. | 🍷♦ -30F |

Dieser Wein stammt aus einer Rebfläche, die 1923 auf weniger als zwei Hektar angepflanzt wurde und deren Trauben mit der Hand gelesen werden. Er entfaltet einen frühlingshaften Duft, der blumig und pflanzlich zugleich ist. Fein und lang im Geschmack er muß allen gefallen. Der Gros-Plant Domaine des Trois Versants vom selben Winzer ist ebenfalls sehr gelungen. Er ist lang, besitzt einen Bodengeschmack und zeigt eine schöne Ausgewogenheit.

🍇 Yves Bretonnière, La Févrie,
44690 Maisdon-sur-Sèvre, Tel. 02.40.54.89.27,
Fax 02.40.54.86.08 ☑ ⚜ n. V.

DOM. DU VERGER Sur lie 1996*

| ☐ | 2 ha | 15 000 | 🍾 30-50F |

Dieser Sèvre-et-Maine stammt aus dem westlichen Teil des Anbaubereichs der Appellation. Er ist gut strukturiert (der Winzer übrigens ist ebenfalls »gut gebaut«), mit einer guten Ausgewogenheit zwischen Zucker und Säure, und dürfte sich im Laufe der nächsten Monate gut entwickeln. Lobend erwähnt werden soll noch ein Gros-Plant, der ein wenig »grün«, aber angenehm ist.

🍇 Léon Dollet, 1 bis, rue Melrose, Le Verger,
44690 La Haie-Fouassière, Tel. 02.40.36.90.19,
Fax 02.40.54.86.19 ☑ ⚜ n. V.

Muscadet Côtes de Grand Lieu

Muscadet Côtes de Grand Lieu

CH. DE LA GRANGE Sur lie 1996*

| ☐ | 15 ha | 90 000 | 🍷♦ -30F |

In diesem angesehenen Schloß flehte der einheimische Adel die Herzogin von Berry an, auf ihre geplante Erhebung zu verzichten. Man weiß, was daraus wurde ... Dieser Muscadet Côtes de Grand Lieu, der recht typisch für die Appellation ist, enthüllt im Geschmack ein elegantes Aroma, aber auch Frische und Länge. Das Château ist auch ein wichtiger Erzeuger von Gros-Plant. Der kraftvolle 96er mit der kristallklaren Farbe verdient eine lobende Erwähnung.

🍇 Comte Baudouin de Goulaine, Ch. de La Grange, 44650 Corcoué-sur-Logne,
Tel. 02.40.26.68.66, Fax 02.40.26.61.89 ☑ ⚜ n. V.

DOM. DE LA LANDE Sur lie 1996

| ☐ | 5 ha | 20 000 | 🍷♦ -30F |

Am 1. September 1996 ließ sich Didier Malidain auf dem Mitte des 19. Jh. entstandenen Familiengut nieder. Es war somit hier seine erste Lese, die am 20. September stattfand. Ein schöner Erfolg, denn er gehört zu den wenigen ausgewählten Erzeugern. Sein 96er Muscadet Côtes de Grand Lieu mit dem Duft nach weißen Blüten und der guten, säuerlichen Ansprache ist noch ein wenig verschlossen, aber wohlausgewogen und zeigt sich frisch und fein.

🍇 EARL Didier Malidain, Grossève,
44650 Corcoué-sur-Logne, Tel. 02.40.05.95.95,
Fax 02.40.05.80.99 ☑ ⚜ n. V.

LES VIGNERONS DE LA NOELLE
Sur lie 1996*

| ☐ | 22 ha | 120 000 | 🍷♦ -30F |

Sicherlich läßt der Name dieser großen Erzeugervereinigung eher an die Coteaux de la Loire oder den Sèvre-et-Maine denken. Trotzdem macht dieser Muscadet Côtes de Grand Lieu mit dem Aroma von weißen Blüten und exotischen Früchten, der säuerlich und ausgewogen ist und die beste Note der von dieser Vereinigung präsentierten Weine erhielt, seinem Ansehen alle Ehre. Um auf die Coteaux de la Loire zurückzukommen : Der 96er der Vignerons de La Noëlle, hier unter der Marke Les Folies Siffait, verdient aufgrund seines leichten, sehr aromatischen Charakters eine lobende Erwähnung. Weiterhin erwähnenswert sind in diesem bemerkenswerten Angebot wegen ihrer sanften Ansprache und ihres fruchtigen Charakters der rote und der rosé Coteaux d'Ancenis Gamay sowie der La Pierre Couvretière, ein noch junger, aber schon vielversprechender Coteaux d'Ancenis Gamay.

🍇 Les Vignerons de La Noëlle, B.P. 155,
44150 Ancenis, Tel. 02.40.98.92.72,
Fax 02.40.98.96.70 ☑ ⚜ n. V.

CLOS DE LA SENAIGERIE
Sur lie 1996**

| ☐ | 6,3 ha | 35 000 | 🍷♦ 30-50F |

Dieser reichhaltige, gut gemachte 96er, der von einem der vorbildlichen Güter der jungen Appellation Muscadet Côtes de Grand Lieu

Region Nantes

erzeugt worden ist, zeigt eine schöne Ausgewogenheit und eine gute aromatische Intensität. Ihm fehlte nur eine Stimme an der Wahl zum Lieblingswein ! Der Clos de la Fine, ein anderer, sehr gelungener (ein Stern) Ableger des Guts, ist typisch für die Appellation, ebenso wie der (lobend erwähnte) Domaine des Herbauges, der sich in der unteren Preisgruppe befindet. Ein Stern auch für den 95er Le Légendaire, der einen sauberen Duft nach Hefebrot und getoastetem Brot besitzt. Als Kontrapunkt zu dieser schönen Reihe von Muscadets der bemerkenswerte Gros-Plant Domaine des Herbauges (zwei Sterne), der blumig, lebhaft und lang ist. Dieses Gut bestätigt die Qualität seiner Produktion.

🍷 Luc et Andrée-Marie Choblet, Dom. des Herbauges, 44830 Bouaye, Tel. 02.40.65.44.92, Fax 02.40.32.62.93 ✉ ⚑ Mo-Sa 9h-12h 14h-18h30

DOM. LES COINS Sur lie 1996*

	5 ha	35 000	🍷 ❄ -30F

Dieses Gut liegt nahe der Logne, die zusammen mit der Boulogne und dem Ognon den Grandlieu-See im Osten speist, und erzeugt einen strahlenden Muscadet mit recht vollem Geschmack, in dem das fruchtige Aroma eine Nuance von getoastetem Brot enthält. Und da es nicht weit davon entfernt in Le Petit Coin auch Gros-Plant gibt, weisen wir darauf hin, daß der 96er desselben Guts, der im Geruchseindruck sehr klassisch und leicht duftig ist, von der Jury lobend erwähnt wurde.

🍷 Jean-Claude Malidain, Le Petit Coin, 44650 Corcoué-sur-Logne, Tel. 02.40.05.86.46, Fax 02.40.05.80.99 ✉ ⚑ n. V.

DOM. LES HAUTES NOELLES
Sur lie 1996

	5 ha	k. A.	🍷 ❄ -30F

Ein guter Duft nach Blüten und Zitrusfrüchten mit einer leichten Röstnote, die man nach einer sanften Ansprache im Geschmack wiederfindet : Diesem Muscadet Côtes de Grand Lieu mangelt es nicht an Harmonie.

🍷 Serge Batard, La Haute Galerie, 44710 Saint-Léger-les-Vignes, Tel. 02.40.31.53.49, Fax 02.40.04.87.80 ✉ ⚑ n. V.

Gros-Plant AOVDQS

Der Gros-Plant du Pays Nantais ist ein trockener Weißwein, seit 1954 als AOVDQS eingestuft. Er stammt von einer einzigen Rebsorte : der Folle blanche, einer Rebe, die aus dem Charente-Gebiet stammt und hier Gros-Plant heißt. Das Anbaugebiet umfaßt rund 3 000 ha, während die durchschnittliche Produktion bei 200 000 hl pro Jahr liegt. Ebenso wie der Muscadet kann der Gros-Plant direkt von der Hefe auf Flaschen abgezogen werden. Als trockener Weißwein paßt er hervorragend zu Meeresfrüchten ganz allgemein und zu Muscheln im besonderen. Man sollte ihn ebenfalls gekühlt, aber nicht eiskalt servieren (mit 8 bis 9 °C).

DOM. BEL-AIR Sur lie 1996**

	2,5 ha	k. A.	🍷 ❄ -30F

Dieses Gut hat auf einem Feuerstein- und Lehmboden einen Gros-Plant erzeugt, der einen feinen, ausgewogenen Duft und ein langes, verschmelzendes Aroma besitzt - insgesamt ein sehr harmonischer 96er. Ebenfalls empfehlenswert ist ein sehr gelungener Muscadet (ein Stern), der recht geradlinig ist. Er ist sehr typisch aufgrund seiner sehr lebhaften Ansprache, die in einem Aroma von gerösteten Haselnüssen entfaltet, und paßt hervorragend zu Krustentieren.

🍷 Jean-Luc Audrain, 26, rue de la Caillaudière, 44690 La Haye-Fouassière, Tel. 02.40.54.84.11, Fax 02.40.36.91.36 ✉ ⚑ Mo-Sa 8h-20h

DOM. DE BEL-AIR Sur lie 1996*

	4,9 ha	3 000	🍷 ❄ -30F

Dieser klare Gros-Plant stammt von mehr als 40 Jahre alten Rebstöcken, die auf einem kieselsteinhaltigen Sandboden über grünem Gestein angepflanzt sind. Er besitzt einen aromatischen Duft und enthüllt im Geschmack eine Frucht und eine Frische, die ihm wirkliche Eleganz verleihen. Ein langer, ausgewogener 96er Muscadet Côtes de Grandlieu wurde von der Jury lobend erwähnt.

🍷 EARL Bouin-Jacquet, Dom. de Bel-Air, Bel-Air de Gauchoux, 44860 Saint-Aignan-de-Grand-Lieu, Tel. 02.51.70.80.80, Fax 02.51.70.80.79 ✉ ⚑ n. V.

DOM. DU BOIS-JOLY 1996*

	1,2 ha	1 500	🍷 ❄ -30F

Dieses Gut, das auf halbem Wege zwischen Nantes und Clisson liegt, hat einen 96er mit einem Duft erzeugt, der den Bodengeruch nicht verbirgt. Dieser im Geschmack wohlausgewogene, nicht sehr kraftvolle, aber angenehme Wein bildet eine gute Einführung für den Gros-Plant. Lobend erwähnt wird außerdem der Muscadet Sèvre-et-Maine »sur lie« Cuvée Harmonie, dessen hübscher Duft durch eine geringe Präsenz des Holzes geprägt ist. Nach ein paar Monaten Lagerung dürfte er seinen Namen vollauf verdienen.

🍷 Henri et Laurent Bouchaud, Le Bois-Joly, 44330 Le Pallet, Tel. 02.40.80.40.83, Fax 02.40.80.45.85 ✉ ⚑ Mo-Sa 9h-12h30 14h30-19h ; So n. V.

JACKY BORDET 1996*

	0,5 ha	2 000	🍷 ❄ -30F

Dieser auf einer ganz kleinen Rebfläche angebaute Gros-Plant ist recht typisch mit seiner klaren Farbe, seinem feinen Duft und seinem langen Geschmack, den eine gute Säurenote würzt.

🍷 EARL Jacky Bordet, La Rouaudière, 44330 Mouzillon, Tel. 02.40.36.22.46 ⚑ n. V.

Region Nantes — Gros-Plant AOVDQS

DOM. DES BOUTINARDIERES
Sur lie 1996★★

| | 2 ha | 10 000 | ■ | -30F |

Dieses zwischen Clisson und Mouzillon gelegene Gut, das bekannter ist für seinen Muscadet, hat einen einschmeichelnden 96er Gros-Plant erzeugt, der eine mustergültige Farbe zeigt und im Duft ebenso wie im Geschmack sehr aromatisch ist. Der Château Elget, benannt nach einem Phantasieschloß (Elget wie L.G.), aber einer der seriösesten Sèvre-et-Maine-Weine, ist recht typisch für eine Abfüllung direkt von der Hefe, blumig, gehaltvoll und ausgewogen. Er hat einen Stern erhalten.

🕭 Gilles Luneau, Les Forges, 44190 Gorges, Tel. 02.40.54.05.09, Fax 02.40.54.05.67 ▼
🍴 Mo-Fr 8h-13h 14h-20h ; Sa, So n. V.

DOM. DU CHAMP CHAPRON
Sur lie 1996★

| | 3 ha | 20 000 | ■ | -30F |

Le Champ Chapron liegt nicht weit entfernt vom Pont Trubert. Auf dieser Brücke, die die Bretagne mit dem Anjou verbindet, nahm Margarete von Clisson im Jahre 1420 den Herzog Johann V. fest. Das Gut liefert einen Gros-Plant mit einem feinen, blumigen Duft, der im Geschmack sanft und rund ist und eine Rosennote enthält.

🕭 SCA Ollivier Suteau, Dom. du Champ-Chapron, 44450 Barbechat, Tel. 02.40.03.65.27, Fax 02.40.33.34.43 ▼ 🍴 Mo-Sa 9h-20h

MARQUIS DE GOULAINE
Cuvée du Marquisat Sur lie 1996★★

| | k. A. | 20 000 | ■ | -30F |

An Goulaine kommt man nicht vorbei. Das angesehenste Schloß des Weinbaugebiets, das seit 1000 Jahren in Familienbesitz ist, erzeugt auch Gros-Plan. Dieser 96er, der einen ausgezeichneten Duft besitzt und vollkommen ausgewogen und lang ist, zeigt auch eine gute Herbheit. Austern werden zu ihm passen.

🕭 SA de Goulaine, Ch. de Goulaine, 44115 Haute-Goulaine, Tel. 02.40.54.91.42, Fax 02.40.54.90.23 ▼ 🍴 n. V.

DOM. DU HAUT BOURG Sur lie 1996

| | 6 ha | k. A. | ■ | -30F |

Dieser im Duft wie im Aussehen tadelloses Gros-Plant aus der Gegend des Grandlieu-Sees enthüllt im Geschmack eine spürbare Säure, die ein Zeichen für eine ausgezeichnete Reintönigkeit ist.

🕭 Michel et Hervé Choblet, SCEA Dom. du Haut-Bourg, 11, rue de Nantes, 44830 Bouaye, Tel. 02.40.65.47.69, Fax 02.40.32.64.01 ▼ 🍴 n. V.

DOM. DE LA BLANCHETIERE
Sur lie 1996

| | 4 ha | 4 000 | ■ | -30F |

Dieser 96er mit den grünen Reflexen und dem typischen Geruchseindruck zeigt im Geschmack eine gewisse Sanftheit. Er klingt mit einer salzigen Jodnote aus.

🕭 Christophe Luneau, Dom. de La Blanchetière, 44430 Le Loroux-Bottereau, Tel. 02.40.06.43.18, Fax 02.40.06.43.18 ▼ 🍴 n. V.

CH. LA CARIZIERE 1996

| | 2 ha | 10 000 | ■ | -30F |

Man mußte bis zum Ende der Saison warten, bis eine Woche nach dem Muscadet, bevor man diesen Gros-Plant lesen konnte, der eine gute Haltung zeigt und durch das Vorhandensein von Kohlensäure geprägt ist. Aber das Château erzeugt auch (und vor allem) einem Muscadet de Sèvre-et-Maine mit einer runden Ansprache und einer guten Struktur, der sicherlich noch sehr jung ist, aber von der Jury ebenso wie in der höheren Preisgruppe der Clos du Château La Carizière - aromareich, lobend erwähnt worden ist.

🕭 Bernard Landron, Ch. La Carizière, 44690 La Haye-Fouassière, Tel. 02.40.36.96.89, Fax 02.40.36.96.89 ▼ 🍴 n. V.

LA FOSSE AUX LOUPS Sur lie 1996★★

| | 7,2 ha | 28 000 | ■ | -30F |

[Etikett: LA FOSSE AUX LOUPS Sur lie — Gros-Plant du Pays Nantais — MIS EN BOUTEILLE AU DOMAINE — PASCAL CORELLEAU, Vigneron, 44430 Le Loroux-Bottereau - France]

Dieser angenehme, wohlausgewogene 96er kommt von einem schlickigen Boden, in sich der kleinste Bach tief einschneidet. Er hat eine klare Farbe, ist im Duft aromatisch und im Geschmack zart und lang und zeigt sich im besten Sinne des Wortes kommerziell. »Um über die Zukunft des Gros-Plant zu meditieren«, notierte ein Weinkoster.

🕭 Pascal Corelleau, La Masure, le Landreau, 44430 Le Loroux-Bottereau, Tel. 02.40.06.42.66 🍴 n. V.

CH. DE LA GUIPIERE Sur lie 1996★★

| | 4 ha | 6 000 | ■ | -30F |

Dieses Château, ein sehr altes Weingut des Anbaugebiets von Nantes, ist sicherlich bekannter für seine Muscadets. Aber sein 96er Gros-Plant ist deutlich mehr als eine Kuriosität. Er zeigt im Geschmack viel Harmonie und typischen Charakter. Um auf die Sèvre-et-Maine-Weine desselben Erzeugers zurückzukommen - der 96er Clos des Morinières ist besonders gelungen (ein Stern) : Er ist recht typisch und lebhaft in der Ansprache und entfaltet im Geschmack ein Aroma von Früchten und Haselnüssen.

🕭 GAEC Charpentier Père et Fils, Ch. de La Guipière, 44330 Vallet, Tel. 02.40.36.23.30, Fax 02.40.36.38.14 ▼ 🍴 n. V.

DOM. DE L'AIGUILLETTE
Sur lie 1996★★

| | 0,75 ha | 1 996 | ■ | -30F |

»Pierre Gaborit 1759« - diese Inschrift auf einer Mauer des Kellers bezeugt, daß die Familie

TAL DER LOIRE

Region Nantes

schon sehr lang auf dem Gut lebt. Ihr sehr harmonischer 96er Gros-Plant verführt durch seine strahlende Farbe und entfaltet einen guten Bodengeruch. Ausgewogen und reich an interessanten Aromen. Er gefällt aufgrund seiner Länge.
🖝 EARL Gérard et Michel Gaborit, L'Aiguillette, 44330 Mouzillon, Tel. 02.40.33.91.18, Fax 02.00.00.00.00 ⓥ Ⴥ n. V.

DOM. DE LA MOMENIERE
Sur lie 1996★★

| | 4 ha | 15 000 | 🍷🥂 -30 F |

Die Domaine de La Momenière, die sich oberhalb eines der »Zuflüsse« zu den Sümpfen von Goulaine befindet, hat einen recht typischen 96er Gros-Plant erzeugt. Der feine Duft nach Zitrusfrüchten und Unterholz enthält eine empyreumatische Note, die sich im Geschmack in Richtung Backwaren und warme Steine entwickelt.
🖝 EARL Audouin, Dom. de La Momenière, 44430 Le Landreau, Tel. 02.40.06.43.04, Fax 02.40.06.47.89 ⓥ Ⴥ tägl. 8h-19h

CH. DE LA ROULIERE Sur lie 1996★

| | 8,5 ha | 10 000 | 🍷🥂 -30 F |

Dieses Schloß ist, wie so viele andere in der Gegend, 1973 abgebrannt. Seine Weinberge haben einen 96er Gros-Plant geliefert, der sehr typisch bei der Appellation im Duft wie auch im Geschmack mit einer säuerlichen Note im Abgang. Warum sollte man ihn nicht zu gegrillten Sardinen versuchen ?
🖝 René Erraud, Ch. de La Roulière, 44310 Saint-Colomban, Tel. 02.40.05.80.24 ⓥ Ⴥ tägl. 9h-12h 15h-19h

DOM. DES OUCHES Sur lie 1996★

| | 1,2 ha | 5 000 | 🍷🥂 -30 F |

Dieser auf einer kleinen Anbaufläche erzeugte Gros-Plant kommt aus Le Pallet, wo man voller Interesse das Museum des Weinbaugebiets von Nantes besuchen wird. Er zeigt eine schöne Harmonie des Aussehens, des Geschmacks und des Dufts.
🖝 Léone Loiret, Brétigné, 44330 Le Pallet, Tel. 02.40.80.98.60, Fax 02.40.80.48.11 ⓥ Ⴥ n. V.

DOM. DU PARC Sur lie 1996★★★

| | 18 ha | 80 000 | 🍷🥂 -30 F |

Auf den Amphibolitböden der Hänge der Logne, ganz im Süden des Departementes Loire-Atlantique gelegen, hat dieses Gut einen 96er Gros-Plant erzeugt, der einen kräftigen Duft und einen runden, langen, fruchtigen Geschmack besitzt.
🖝 Pierre Dahéron, Le Parc, 44650 Corcoué-sur-Logne, Tel. 02.40.05.86.11, Fax 02.40.05.94.98 ⓥ Ⴥ n. V.

DOM. DES PETITES-COSSARDIERES
Sur lie 1996★

| | 1,5 ha | 9 000 | 🍷🥂 -30 F |

Dieses Gut an der »Straße der Mühlen« bestätigt die Qualität seines Gros-Plant, der vor zwei Jahren in unserem Weinführer Lieblingswein war. Dieser 96er zeigt eine schöne Klarheit und ist wohlausgewogen und fruchtig, im Geschmack vollkommen.

Fiefs Vendéens AOVDQS

🖝 Jean-Claude Couillaud, 17, rue de la Loire, 44430 Le Landreau, Tel. 02.40.06.42.81 ⓥ
Ⴥ Mo-Fr 9h-12h30 14h-20h ; Sa, So n. V. ; 8.-21. Aug. geschlossen

HENRI POIRON ET FILS 1996★★

| | 2,43 ha | 24 000 | 🍷🥂 -30 F |

Dieses große Gut, das in der Mitte zwischen Sèvre und Maine liegt, erzeugt auch Gros-Plant-Weine. Dieser hier ist ein eloquentes Beispiel mit seinem aromatischen Duft und seinem strukturierten Geschmack, der die ideale Begleitung für Meeresfrüchte bilden wird. Vom selben Erzeuger erwähnte die Jury lobend den 96er Château des Grandes Noëlles, einen Sèvre-et-Maine mit einem Duft, den eine Vanillenote erwärmt, einer milden Ansprache und einem Aroma von frischen Früchten.
🖝 SA Henri Poiron et Fils, Dom. des Quatre Routes, 44690 Maisdon-sur-Sèvre, Tel. 02.40.54.60.58, Fax 02.40.54.62.05 ⓥ Ⴥ n. V.

DOM. DU RAFOU
Clos de Bejarry Sur lie 1996★

| | 1 ha | 6 000 | 🍷🥂 -30 F |

Zwei Brüder sind Winzer, der dritte Önologe : Die Einheit macht die Stärke aus. Ihr schöner, klarer 96er Gros-Plant ist interessant wegen seiner Ansprache und seines Blütenaromas. Er ist nicht sehr lang, bietet jedoch eine gute Ausgewogenheit.
🖝 Marc et Jean Luneau Frères, Dom. du Rafou, Tillières, 49230 Montfaucon, Tel. 02.41.70.68.78 ⓥ Ⴥ n. V.

CLOS DES ROSIERS Sur lie 1996

| | 2 ha | 3 000 | 🍷🥂 -30 F |

Ein kristallklarer Gros-Plant mit leicht zitronenartigem Duft, der im Geschmack geschmeidig ist und einen säuerlichen Abgang hat.
🖝 Philippe Laure, Les Rosiers, 44330 Vallet, Tel. 02.40.33.91.83, Fax 02.40.36.39.28 ⓥ Ⴥ n. V.

Fiefs Vendéens AOVDQS

Die Bezeichnung »Anciens Fiefs du Cardinal« (ehemalige Lehnsgüter des Kardinals) ruft die Vergangenheit dieser Weine in Erinnerung, die Richelieu schätzte, nachdem sie im Mittelalter einen Neubeginn erlebt hatten - wie so oft auf Betreiben der Mönche. Die Bezeichnung AOVDQS wurde 1984 gewährt, was das nicht nachlassende Qualitätsstreben in diesem 380 ha großen Anbaugebiet bestätigte.

Aus den Rebsorten Gamay, Cabernet und Pinot noir erzeugt die Region von Mareuil feine Rosé- und Rotweine, die duftig und fruchtig sind ;

Region Nantes Fiefs Vendéens AOVDQS

Weißweine werden erst in geringer Menge produziert. Das nicht weit vom Meer entfernte Weinbaugebiet von Brem liefert trockene Weißweine aus den Rebsorten Chenin und Grolleau gris, aber auch Rosé- und Rotweine. In der Umgebung von Fontenay-le-Comte werden trockene Weißweine aus den Rebsorten Chenin, Colombard, Melon, Sauvignon hergestellt; Rosé- und Rotweine (aus Gamay und Cabernet) kommen aus den Gebieten von Pissotte und Vix. Man trinkt diese Weine jung, zu den Gerichten, mit denen man solche Weine üblicherweise kombiniert.

LA FERME DES ARDILLERS
Mareuil Collection 1996★★

| | 3,5 ha | 28 000 | 🍾 -30F |

Ausgebaut wird dieser sehr schöne 96er aus Chardonnay- und Chenin-Trauben an den Ufern des Lay, des Hauptflusses in einem Departement, das viele Flüsse besitzt. Er entfaltet im Duft ein Aroma von grünen Äpfeln und Menthol, das auf einen reichhaltigen, blumigen, frischen Geschmack von schöner Länge hindeutet. Der rote Mareuil desselben Guts ist von der Jury lobend erwähnt worden, aber er ist sehr tanninreich und kann ein wenig lagern.

🍷 Jean Mourat und Jean Larzelier, Ferme des Ardillers, 85320 Mareuil-sur-Lay,
Tel. 02.51.97.20.10, Fax 02.51.97.21.58 ✓ ⚐ n. V.

XAVIER COIRIER
Pissotte Cuvée Mélusine 1996★★

| | 2,5 ha | 10 000 | 🍾 30-50F |

In der Gegend von Mervent kommt man um die Figur der Melusine, der sagenhaften Nixe, selbstverständlich nicht herum. Dieser sehr schöne, fast schwarze 96er mit dem kräftigen Duft zeigt sich im Geschmack lang und körperreich, mit Tanninen, die den Stoff nicht überdecken. Er ist noch verschlossen und kann ein wenig altern, bevor man ihn zu einer Ente mit weißen Rübchen trinkt. Vom selben Erzeuger ein sehr gelungener Weißwein (ein Stern) namens La Petite Groie, der nach grünen Äpfeln duftet und eine gute Ausgewogenheit zwischen Frucht und Lebhaftigkeit besitzt.

🍷 Xavier Coirier, La Petite Groie, 15, rue des Gélinières, 85200 Pissotte, Tel. 02.51.69.40.98,
Fax 02.51.69.74.15 ✓ ⚐ n. V.

DOM. DES DAMES
Mareuil Les Aigues marines 1996★

| | 3 ha | 8 000 | 🍾 -30F |

Dieses Gut verdankt seinen Namen der Tatsache, daß es seit mindestens fünf Generationen von Frauen weitergegeben wird. Dieser einschmeichelnde Rosé, der Gamay und Pinot ausbalanciert, hat einen guten Blütenduft und verdient es, daß man ihn sofort zu einem Challans-Hähnchen trinken sollte. Knapp darunter der rote 96er Domaine des Dames, dessen Sanftheit und Rundheit eine lobende Erwähnung verdienen.

🍷 GAEC Vignoble Daniel Gentreau, Follet, 85320 Rosnay, Tel. 02.51.30.55.39,
Fax 02.51.28.22.36 ✓ n. V.

DOM. DE LA CHAIGNEE Vix 1996★

| | 7 ha | 50 000 | 🍾 -30F |

Dieses große Gut erzeugt sehr sorgfältig hergestellte Weine. Dieser hier, der nach der Hülsenmaischung bei niedriger Temperatur vinifiziert worden ist, verbindet Chenin, Sauvignon und Chardonnay. Er ist vor allem im Geruchseindruck aromatisch, mit einer dominierenden Blütennote, und erstaunt durch seine geschmackliche Fülle und Rundheit. Ein gefälliger Wein zu einem nördlichen Teller mit Räucherlachs. Der nicht weniger gewissenhaft hergestellte rote Domaine de La Chaignée (lobend erwähnt) läßt dennoch aufgrund seiner Tannine an eine trügerische Rustikalität denken. Aber der Stoff ist erstklassig, so daß man den Wein zu einer Taube mit Kraut trinken kann.

🍷 Vignobles Mercier, La Chaignée, 85770 Vix, Tel. 02.51.00.65.14, Fax 02.51.00.67.60 ✓
⚐ Mo-Sa 9h-12h 13h30-17h30

DOM. DE LA VIEILLE RIBOULERIE
Mareuil 1996★

| | 2 ha | 7 600 | 🍾 -30F |

Dieser aromatische, sanfte 96er mit den feinen Tanninen, eine Kombination aus Gamay (60 %) und Cabernet franc (40 %), entfaltet im Geschmack Noten von roten Früchten. Zu Grillgerichten im Familienkreis.

🍷 Hubert Macquigneau, Le Plessis, 85320 Rosnay, Tel. 02.51.30.59.54,
Fax 02.51.28.21.80 ✓ ⚐ n. V.

DOM. DE LA VRIGNAIE Mareuil 1996

| | 8 ha | 30 000 | 🍾 -30F |

Ein sympathischer 96er mit einem aromatischen, ein wenig modernen Duft, der sich in Richtung Fruchtigkeit entwickelt. Er kombiniert Gamay und Pinot noir.

🍷 GAEC Dom. de La Vrignaie, La Noue, 85310 Le Tablier, Tel. 02.51.31.90.74
🍷 Daviet et Brisson

JEAN-PIERRE RICHARD
Brem Rosé d'une Nuit 1996

| | 2 ha | 8 000 | 🍾 -30F |

Ein schöner Sommer- oder Herbstwein, der im Geschmack lebhaft ist. Er ist in jeder Hinsicht sehr typisch, ebenso der weiße 96er desselben Guts, der nach Sauvignon schmeckt (obwohl die

TAL DER LOIRE

Region Nantes

Sauvignon-Rebe nur mit 10 % in seiner Komposition Eingang findet).
- Jean-Pierre Richard, 5, imp. Richelieu, 85470 Brem-sur-Mer, Tel. 02.51.90.56.84 ⓥ
- n. V.

CH. DE ROSNAY
Mareuil Vieilles vignes 1996*

	10 ha	50 000		-30 F

Der Keller dieses Châteaus ist in ein Museum umgewandelt worden, das die traditionellen Werkzeuge des Winzers zeigt. Das Gut hat einen 96er Rosé erzeugt, in dem Pinot dominiert. Er ist rund und ausgewogen und wird schon in diesem Herbst trinkreif sein. Erwähnen wollen wir auch seine Cuvée Elégance, einen trockenen Weißwein, der im Geschmack aufgrund seiner Frucht und seiner Mentholnote sehr gefällig ist.
- EARL Ch. de Rosnay, 85320 Rosnay, Tel. 02.51.30.59.06, Fax 02.51.28.21.01 ⓥ
- Mo-Sa 9h-18h30 ; So n. V.
- Jard

DOM. SAINT NICOLAS
Brem Cuvée Prestige 1996**

	4 ha	25 000		30-50 F

Dieses Gut, das seit 1996 organische Anbaumethoden nach biodynamischen Prinzipien verwendet, hat einen 96er Rot mit himbeerroter Farbe erzeugt, in dessen Duft sich Bodengeruch und reife Früchte harmonisch vereinen. Er ist gehaltvoll und ausgewogen und hat eine gute Haltung im Geschmack. Er ist perfekt vinifiziert und in keiner Weise das, was man als technologischen Wein bezeichnet ! Die rote 95er Cuvée Prestige ist sehr gelungen (ein Stern), angenehm und frisch und hat ihre ganze Jugendlichkeit bewahrt. Beim ebenfalls sehr gelungenen weißen 96er verspricht sie viel, muß aber noch ein wenig altern.
- Patrice Michon et Fils, 11, rue des Vallées, 85470 Brem-sur-Mer, Tel. 02.51.33.13.04, Fax 02.51.33.18.42 ⓥ n. V.

Coteaux d'Ancenis AOVDQS

Die Coteaux d'Ancenis sind seit 1954 als AOVDQS eingestuft. Man erzeugt davon vier Typen, alles reinsortige Weine : Gamay (80 % der Gesamtproduktion), Cabernet, Chenin und Malvoisie. Die Anbaufläche liegt bei 300 ha, die durchschnittliche Produktion bei 10 000 hl pro Jahr. Der Coteau d'Ancenis-Gamay wird aus der Rebsorte Gamay noir à jus blanc erzeugt ; er ist ein leichter, trockener und fruchtiger Wein, je nach Vinifizierung ein Rosé oder Rotwein. Er begleitet auf angenehme Weise Vorspeisen, Wurst- und Fleischgerichte. Man kann ihn leicht gekühlt oder bei Zimmertemperatur trinken.

DOM. DES CLERAMBAULTS 1996*

	3 ha	10 000		-30 F

Dieses Anjou-Gut, das gegenüber dem bretonischen Ancenis auf dem linken Ufer der Loire liegt, erhebt Anspruch auf eine »zweifache Nationalität«. Sein Gamay mit der intensiven Granatfarbe entfaltet im Duft ein elegantes Aroma von Kirschen, Erdbeeren und Himbeeren, das sich im Geschmack zu kandierten Früchten hin entwickelt. Er ist sanft und rund und repräsentiert gut den Jahrgang. Lobend erwähnt wurde von der Jury außerdem ein noch ein wenig verschlossener Muscadet Coteaux de la Loire, der aber mit seinem schlichten Aroma (mineralisch und feines Backwerk) und seinem ausgewogenen Geschmack typisch ist.
- EARL Pierre Terrien, Dom. des Clérambaults, 30, rue de Verdun, 49530 Bouzillé, Tel. 02.40.98.15.38, Fax 02.40.98.11.45 ⓥ n. V.

DOM. DE SAINT MEEN
Terroir Le Cellier Gamay 1996**

	2 ha	6 000		-30 F

Pierre Luneau-Papin hat mit seiner Ansiedelung auf dem rechten Ufer der Loire eine perfekte Standortwahl getroffen, als er dieses Gut vor ein paar Jahren übernahm. Dieser schöne dunkelgranatrote 96er mit der kraftvollen Ansprache erinnert an kandierte Früchte, Kirschen, Brombeeren und Heidelbeeren. Er ist zudem im Geschmack sanft und von guter Länge. Der Erzeuger präsentiert auch einen Muscadet Coteaux de la Loire (ohne Stern berücksichtigt), der aufgrund seines intensiven und sehr eigentümlichen Aromas von Zitrusfrüchten und Ginster ein wenig untypisch ist. Auf der anderen Seite der Loire muß man den 96er Gros-Plant Domaine Pierre de La Grange Cuvée du Terroir de Landreau beachten, der vielleicht ein wenig sanft ist.
- Pierre Luneau-Papin, Dom. Pierre de La Grange, 44430 Le Landreau, Tel. 02.40.06.45.27, Fax 02.40.06.46.62 ⓥ n. V.

Anjou-Saumur

An der nördlichen Grenze der Weinbauzonen erstrecken sich die Weinbaugebiete von Anjou und Saumur in einer vom atlantischen Klima geprägten Region, mit nicht sehr ausgeprägter Oberflächengestalt und von vielen Flüssen durchzogen. Es liegt im Departement Maine-et-Loire und greift ein wenig auf den Norden der Departements Vienne und Deux-Sèvres über.

Die Reben werden schon von jeher auf den Hängen der Loire, des Layon, der Aubance, des Loir und des Thouet angebaut. Ende des 19. Jh. erreichte die bestockte Anbaufläche ihre größte Ausdehnung. In einem Bericht für das Landwirtschaftsministerium führte Dr. Guyot damals 31 000 ha im Departement Maine-et-Loire auf. Wie überall verwüstete die Reblaus auch hier die Weinberge. Die Wiederanpflanzung wurde zu Beginn des 20. Jh. durchgeführt; in den Jahren 1950-60 dehnte sich die Anbaufläche ein wenig aus, ging danach aber wieder zurück. Heute umfaßt das Anbaugebiet rund 14 500 ha, die je nach Jahrgang zwischen 400 000 und 1 Million hl erzeugen.

Die Böden ergänzen selbstverständlich in sehr hohem Maße die klimatischen Bedingungen und prägen gemeinsam mit ihnen den typischen Charakter der Weine dieser Region. Deswegen muß man deutlich unterscheiden zwischen den Weinen, die im »blauen Anjou«, d. h. auf Böden aus Schiefer und anderem Urgestein des Armorikanischen Gebirges, erzeugt werden, und den Weinen, die im »weißen Anjou« oder im Saumurois produziert werden, d. h. auf Ablagerungen aus dem Pariser Becken, bei denen Kreidetuff dominiert. Die Flüsse spielten ebenfalls eine relativ wichtige Rolle für den Handel; noch heute findet man am Layon Spuren kleiner Verladehäfen. Die Pflanzdichte liegt bei 4 500 bis 5 000 Rebstöcken pro Hektar; der Rebschnitt, bei dem vorzugsweise der Gobelet- und der Eventail-Schnitt Anwendung fand, hat sich zum Guyot-Schnitt hin entwickelt.

Das Ansehen des Anjou beruht auf den lieblichen Weiß- und Roséweinen, von denen die bekanntesten die Coteaux du Layon sind. Die Entwicklung geht jedoch künftig in Richtung halbtrockene und trockene Weine und Erzeugung von Rotweinen. Im Gebiet von Saumur sind letztere die geschätztesten Weine, zusammen mit den Schaumweinen, deren Produktion vor allem dank der Appellationen Saumur-Mousseux und Crémant de Loire stark angestiegen ist.

Anjou

Das geographische Gebiet dieser regionalen Appellation, das insgesamt aus fast 200 Gemeinden besteht, umfaßt alle anderen Appellationen. Man findet hier Weißweine (71 000 hl) sowie Rot- und Roséweine (391 000 hl). Für viele ist der Anjou-Wein zu Recht gleichbedeutend mit einem süßen oder lieblichen Weißwein. Als Rebsorte wird Chenin bzw. Pineau de la Loire verwendet, aber die Veränderung des Verbrauchergeschmacks hin zu trockenen Weinen hat die Erzeuger dazu gebracht, Chardonnay oder Sauvignon bis zu einem Höchstanteil von 20 % beizumischen. Die Rotweinproduktion ist dabei, das Image der Region zu verändern; als Rebsorten finden Cabernet franc und Cabernet Sauvignon Verwendung.

Die überaus großen qualitativen Anstrengungen sind durch die Einführung einer Appellation Anjou-Villages belohnt worden. Die besten Weine werden in der Aubance und in den Gebieten am Layon und an der Loire erzeugt: Eine schöne rubinrote Farbe, ein an rote Früchte erinnerndes Aroma und Tannine, die eine Lagerung ermöglichen, sind die Hauptmerkmale. Im Laufe der Alterung entwickeln sich diese zu einem wilderen Aroma hin, so daß man sie je nach Alter zu rotem Fleisch oder Wild servieren kann.

PASCAL AUDIO 1996*

	2 ha	3 000	🍷	-30 F

Nach praktischen Lehrgängen bei einem Winzer entdeckte Pascal Audio, der ursprünglich Milcherzeugung gelernt hatte, 1986 in sich eine echte Leidenschaft für den Wein. Zehn Jahre präsentiert er einen 96er von hübscher gelber Farbe, der ein noch diskretes, angenehmes, nachhaltiges Aroma bietet. Der runde, ausgewogene

Anjou-Saumur — Anjou

Geschmack zeigt eine schöne aromatische Kontinuität.
➤ Pascal Audio, La Roche Airault,
29190 Saint-Aubin-de-Luigné,
Tel. 02.41.78.74.30, Fax 02.41.78.89.03 ☑
Ⴤ Mo-Sa 9h-13h 14h30-19h ; So n. V.

CH. DU BEUGNON 1996**

■ 6 ha 15 000 ■♨ -30F

Ein Mitte des 19. Jh. angelegter Weinberg, der mit der Rebsorte Chenin sowie mit der Rebsorte Grolleau für die Produktion von Roséweinen bepflanzt wurde. Cabernet wurde erst 1945 eingeführt. Dieser sehr schöne 96er ist geschmeidig und enthüllt einen fruchtigen Charakter. Die intensive rubinrote Farbe, das Aroma von roten Früchten und Geräuchertem, das für vollreifes Traubengut charakteristisch ist, und der opulente Geschmack sorgen schon jetzt für sehr viel Genuß beim Essen.
➤ Jean-Marie Humeau, Ch. du Beugnon,
49540 La Fosse-de-Tigné, Tel. 02.41.59.40.82,
Fax 02.41.59.99.71 ☑ Ⴤ n. V.

CH. DE BROSSAY 1996*

■ 10 ha 6 000 ■♨ -30F

In einem prächtigen Keller aus dem 15. Jh. werden Sie von den Brüdern Deffois empfangen. Sie haben sich entschlossen auf eine Qualitätspolitik von hohem Niveau eingelassen. Dieser aus reichem Lesegut hergestellte 96er bietet einen sehr schön aromatischen Ausdruck von zu Mus verarbeiteten roten Früchten (Johannisbeeren, Brombeeren) und Blüten (Iris, Pfingstrosen). Der Geschmack wird sich in ein paar Monaten ausgleichen.
➤ Raymond et Hubert Deffois, Ch. de Brossay,
49560 Cléré-sur-Layon, Tel. 02.41.59.59.95,
Fax 02.41.59.58.81 ☑ Ⴤ Mo-Sa 8h-12h 14h-20h

DOM. CADY 1996*

■ 3 ha 8 000 ■♨ -30F

Natürlich werden die Weinliebhaber die süßen Weine der Domaine Cady im Kopf haben, wenn Sie dieses Gut besuchen. Aber ein freundschaftlicher Ratschlag : Sie sollten die Weinprobe mit diesem roten Anjou anfangen, der viel Charakter hat, wie das konzentrierte Aroma von reifen Früchten bezeugt, das von pflanzlichen (Schlehen) und blumigen (Veilchen) Noten begleitet wird. Der Geschmack erweckt einen Eindruck von Rundheit, die sich auf eine schöne Tanninstruktur gründet. Ein leckerer, gehaltvoller Wein zum Genießen.
➤ Dom. Cady, Valette, 49190 Saint-Aubin-de-Luigné, Tel. 02.41.78.33.69,
Fax 02.41.78.67.79 ☑ Ⴤ n. V.
➤ Philippe Cady

DOM. DE CHAMPIERRE 1996*

□ k. A. k. A. ■ -30F

Der in einer Gemeinde des Departements Deux-Sèvres, im Südteil des Anjou-Weinbaugebietes, gelegene Weinbaubetrieb präsentiert einen Wein von sehr schöner granatroter Farbe, der ein zartes Aroma von roten Früchten und Röstgeruch entfaltet. Dieser im Geschmack recht spürbare 96er erweckt keinen Augenblick lang einen Eindruck von Härte - genau das, was man von dieser Appellation erwartet.
➤ Jean Volerit, 11, rue des Tilleuls,
79290 Saint-Pierre-à-Champ,
Tel. 05.49.96.81.05, Fax 05.49.96.30.66 ☑ Ⴤ n. V.

DOM. DES CHARBOTIERES 1996

■ 1 ha 6 500 ■♨ -30F

Die Domaine des Charbotières wurde 1989 von Françoise und Paul-Hervé Vintrou übernommen. Für die Bodenarbeiten im Weinberg und den Anbau der Reben werden biodynamische Methoden verwendet. Dieser rote Anjou ist kraftvoll und besitzt eine kräftige Farbe und intensive aromatische Noten. Er ist im Abgang noch adstringierend und muß ein paar Jahre altern.
➤ Paul-Hervé Vintrou, Dom. des Charbotières, Clabeau, 49320 Saint-Jean-des-Mauvrets,
Tel. 02.41.91.22.87, Fax 02.41.91.22.87 Ⴤ n. V.

DOM. CHUPIN 1996

□ 6,65 ha 50 000 ■♨ -30F

Ein großer Weinbaubetrieb in Champ-sur-Layon, der über 65 ha umfaßt. Dieser trockene weiße Anjou hat eine hübsche gelbe Farbe. Der sehr feine, frische Duft enthüllt ein angenehmes Blütenaroma. Der sanfte, gut strukturierte Geschmack bietet eine schöne aromatische Kontinuität.
➤ SCEA Dom. Chupin, 8, rue de l'Eglise,
49380 Champ-sur-Layon, Tel. 02.41.78.86.54,
Fax 02.41.78.61.73 ☑ Ⴤ n. V.
➤ SA Guy Saget

DOM. DES CLOSSERONS 1996

□ 2,78 ha 12 000 ■♨ -30F

Dieser Wein erfreut das Auge durch seine strahlende Farbe und seine schönen grünen Reflexe. Der intensive, stattliche Duft bietet ein Aroma von weißfleischigen Früchten (Äpfel, Birnen), das man in einem fleischigen Geschmack wiederfindet. Ein Wein, den man lagern können muß.
➤ GAEC Jean-Claude Leblanc et Fils, Dom. des Closserons, 49380 Faye-d'Anjou,
Tel. 02.41.54.30.78, Fax 02.41.54.12.02 ☑ Ⴤ n. V.

DOM. DITTIERE 1996**

■ 5 ha 12 000 ■♨ -30F

Die Domaine Dittière hat bei Rotweinen einen soliden Ruf. Die Söhne Joël und Bruno führen erfolgreich das väterliche Werk fort. Ihr 96er verkörpert alles, was man von diesem Weintyp erwartet hinsichtlich des Aromas mit seinen intensiven Noten von frischen Früchten, die während der gesamten Verkostung spürbar sind. Sehr schöne, verschmolzene Tannine. Ein vorbildlicher Wein der Appellation, den man nicht versäumen sollte.
➤ GAEC Dittière Père et Fils, 1, chem. de La Grouas, 49320 Vauchrétien, Tel. 02.41.91.23.78,
Fax 02.41.54.28.00 ☑ Ⴤ Mo-Sa 8h-12h 14h-19h

DOM. DULOQUET 1996*

□ 5 ha 2 400 ■♨ -30F

Das Kleid zeigt ein hübsches Goldgelb. Der Duft ist angenehm, mit einem diskreten, aber gefälligen Aroma. Der Wein bietet uns eine

Anjou-Saumur — Anjou

schöne Kontinuität im Geschmack, in dem man Noten von getrockneten Früchten wiederfindet. Die Länge ist harmonisch. Sollte jetzt getrunken werden.
• Dom. Duloquet, Les Mousseaux, 49700 Les Verchers-sur-Layon, Tel. 02.41.59.17.62, Fax 02.41.59.37.53 ☑ ☒ n. V.

F. DE FESLES 1996

| | 1,5 ha | 12 500 | 🟥 30-50 F |

Château de Fesles war seit vier Generationen im Besitz der Boivins. Im April 1991 überließ man es Gaston Lenôtre, bevor es im Frühjahr 1996 an Bernard Germain verkauft wurde. Dieser Wein mit der kräftigen goldgelben Farbe zeigt einen schönen aromatischen Ausdruck mit Noten von Zitrusfrüchten (Pampelmusen) und exotischen Früchten (Ananas), die man auf angenehme Weise im Geschmack wiederfindet.
• SA de Fesles, Ch. de Fesles, 49380 Thouarcé, Tel. 02.41.68.94.00, Fax 02.41.68.94.01 ☑ ☒ n. V.
• Bernard Germain

DOM. DU FRESCHE
Moulin de la Roche Evière 1996**

| | 2 ha | 10 000 | -30 F |

Ein sehr schöner Erfolg, dieser strukturierte, elegante Wein, der ein hübsches, kräftiges Gelb besitzt. Er bietet eine erstaunliche aromatische Palette mit Blütennoten, die für vollreifes Traubengut typisch sind. Der gleiche Reichtum im Geschmack, der eine lange aromatische Nachhaltigkeit zeigt. Mit Alain bleibt die Kompetenz der Borés auf dem Gebiet des Weinbaus und der Vinifizierung lebendig.
• EARL Boré, Dom. du Fresche, 49620 La Pommeraye, Tel. 02.41.77.74.63, Fax 02.41.77.79.39 ☑ ☒ Mo-Sa 8h-12h 14h-19h

CH. DU FRESNE 1996**

| | 20 ha | 6 000 | ▪ -30 F |

Ein großartiges Gebäude aus dem frühen 15. Jh. Ein riesiger Lagerkeller enthält einen prächtigen Gewölbekeller, in dem eine große Anzahl von Flaschen altert. Ein Besuch genügt, um davon überwältigt zu werden. Die Farbe dieses 96ers ist ein schönes blasses Gelb, klar und strahlend. Während der Duft gegenwärtig noch zurückhaltend ist, besitzt der Geschmack eine sehr gute Ansprache. Sie ist rund, fruchtig und von beachtlicher Länge.
• Robin-Bretault, Ch. du Fresne, 49380 Fayé-d'Anjou, Tel. 02.41.54.30.88, Fax 02.41.54.17.52 ☑ ☒ n. V.

Anjou und Saumur

[Karte: Weinbaugebiete Anjou und Saumur mit Legende: Anjou, Coteaux de l'Aubance, Anjou-Coteaux de la Loire, Savennières, Coteaux du Layon, Saumur, Saumur-Champigny, 1 Bonnezeaux, 2 Quarts de Chaume, Departementsgrenzen, Weinbauorte]

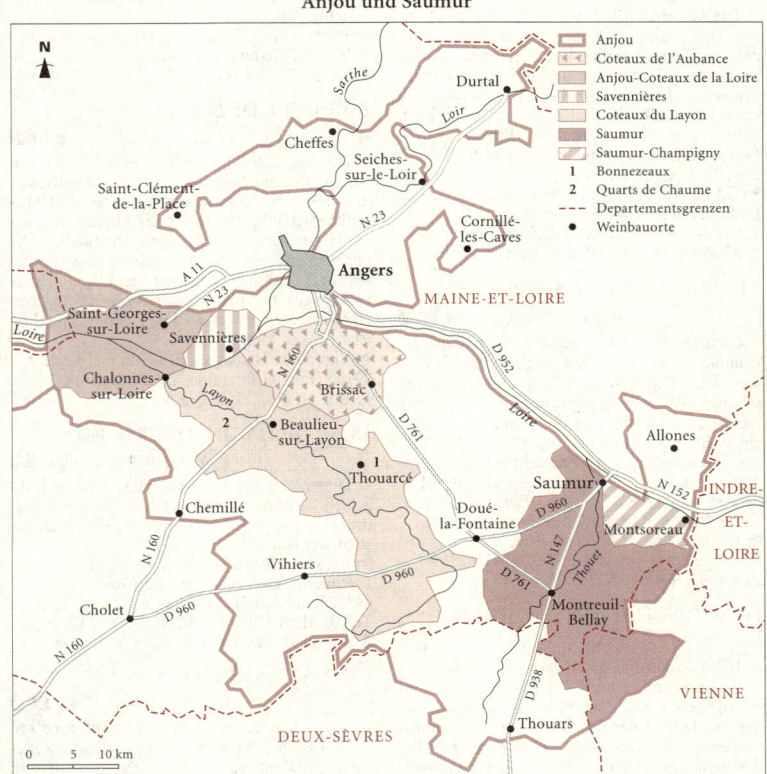

TAL DER LOIRE

Anjou-Saumur — Anjou

DOM. GAUDARD Les Paragères 1996

| | 10 ha | 10 000 | |

Pierre und Janet Aguilas haben einen riesigen Probiersaal eingerichtet. Dieser Paragères trägt ein blaßgelbes Kleid. Der Duft ist zwar noch diskret, aber die Ansprache ist lebhaft. Im Geschmack zeigt sich in einer guten Gesamtausgewogenheit ein fruchtiges, sehr angenehmes Aroma.
🢒 Pierre Aguilas, Dom. Gaudard, rte de Saint-Aubin, 49290 Chaudefonds-sur-Layon, Tel. 02.41.78.10.68, Fax 02.41.78.67.72 Mo-Sa 9h-12h 14h-19h ; So n. V.

PHILIPPE GILARDEAU 1996*

| | 3,5 ha | k. A. | |

Ein traditionelles Weingut, das in diesem Jahr von Philippe Gilardeau übernommen worden ist. Der brandneue Lagerkeller wurde ein paar Tage vor der Lese fertiggestellt. Hier ein sehr schlichter Anjou, dem es ein wenig an Körper mangelt, der aber sehr aromatisch ist und von besonders angenehmen Himbeernoten dominiert wird. Ein leichter, leckerer Wein, den man im Laufe des Jahres trinken sollte.
🢒 EARL Philippe Gilardeau, Les Noues, 49380 Thouarcé, Tel. 02.41.54.32.15 n. V.

DOM. DES GRANDES VIGNES 1996*

| | 4,5 ha | 6 000 | |

Die Anziehungskraft des Gutes beruht auf seinem unterirdischen Keller. Dieser hier, der in den tertiären Muschelsand gegraben wurde, besitzt einige Stollen, in denen die Weine unter den besten Bedingungen altern. Der 96er hat eine schöne blaßgelbe Farbe. Der Geruch enthüllt ein Aroma von weißen Früchten (Birnen, Äpfel). Dieser Wein ist von guter Länge und wird mit der Zeit intensiver werden.
🢒 GAEC Vaillant, Dom. des Grandes Vignes, La Roche Aubry, 49380 Thouarcé, Tel. 02.41.54.05.06, Fax 02.41.54.08.21 Mo-Sa 8h-13h 14h-19h30 ; So n. V.

CH. HAUT DE LA GARDE 1995**

| | 10 ha | 20 000 | |

Château Pierre-Bise genießt einen außergewöhnlichen Rundblick auf die berühmten Hänge des Layon. Dieser Wein verführt aufgrund seiner schönen gelben, leicht goldenen Farbe und seines intensiven Dufts mit den Hefebrotnoten, die mit einem Blüten- und Fruchtaroma verbunden sind. Im Geschmack zeigt er eine sehr schöne Kontinuität. Als Ergebnis einer langen Gärung ist er bemerkenswert ausgewogen. Ein »Wein zum Genießen«, der für seinen Boden typisch ist.
🢒 Claude Papin, Ch. Pierre-Bise, 49750 Beaulieu-sur-Layon, Tel. 02.41.78.31.44, Fax 02.41.78.41.24 n. V.

DOM. DES HAUTES OUCHES 1996***

| | 10 ha | 10 000 | |

Joël Lhumeau sammelt Auszeichnungen und ist zu Recht stolz darauf. Ein Rosé d'Anjou und ein in diesem Jahrgang 1996 als außergewöhnlich beurteilter roter Anjou wurden zu Lieblingsweinen gewählt. Ein neues bedeutendes Jahr für diesen Winzer ! Dieser Inbegriff eines genußvollen Weins zeigt sich in einer strahlend roten Farbe mit einem Aroma von roten Früchten, Iris und Pfingstrosen. Der volle, zarte Geschmack sorgt für eine Explosion fruchtiger Noten (Kirschen, Himbeeren). Von prächtiger Frische und Harmonie.
🢒 EARL Joël et Jean-Louis Lhumeau, 9, rue Saint-Vincent, 49700 Brigné-sur-Layon, Tel. 02.41.59.30.51, Fax 02.41.59.31.75 n. V.

DOM. JOLIVET 1996

| | 2 ha | 3 000 | |

Dieser Anjou mit dem hellen, klaren Blaßgelb bietet einen ansprechenden, noch diskreten Duft. Der Geschmack hingegen ist angenehm, aromatisch und von guter Nachhaltigkeit im Abgang.
🢒 Dom. Jolivet, 31, rue Rabelais, 49750 Saint-Lambert-du-Lattay, Tel. 02.41.78.30.35, Fax 02.41.78.45.34 n. V.

PIERRE JUTEAU 1996*

| | 2 ha | 4 000 | |

Pierre Juteau konnte dem Familiengut in den letzten Jahren zu neuem Schwung verhelfen. Seinem roten Anjou gelingt das Kunststück, daß man ihn schon jetzt genußvoll trinken oder ihn ein paar Jahre vorteilhaft aufheben kann. Sein Aroma mischt konzentrierte Früchte, Knospen schwarzer Johannisbeeren und Veilchen mit einer leicht animalischen Note. Der opulente Geschmack besitzt eine verschmolzene Tanninstruktur.
🢒 Pierre Juteau, 2, rue du Commerce, 49290 Chaudefonds-sur-Layon, Tel. 02.41.78.16.66 n. V.

LA CUVEE DE SOPHIE 1996**

| | 4 ha | 6 600 | |

Die Vignobles Touchais, die 150 ha Rebflächen umfassen, besitzen große Lagerkeller, die in den tertiären Muschelsand gegraben sind. Dieser 96er ist aufgrund seiner Leichtigkeit und seiner Harmonie typisch für seine Appellation. Die purpurrote Farbe, das Aroma von roten Früchten und Lakritze und der gefällige, frische Geschmack mit den verschmolzenen Tanninen ergeben einen leckeren Wein, den man schon jetzt trinken kann.
🢒 Vignobles Touchais, 25, av. du Gal-Leclerc, 49700 Doué-la-Fontaine, Tel. 02.41.59.14.06, Fax 02.41.59.96.27 n. V.

DOM. DE LA DUCQUERIE 1996*

| | k. A. | 10 000 | |

Dieser 96er mit der strahlenden, klaren strohgelben Farbe bietet einen schönen blumigen Ausdruck. Seine gute Länge muß eigens herausgestellt werden.
🢒 EARL Cailleau et Fils, Dom. de la Ducquerie, 2, chem. du Grand-Clos, 49750 Saint-Lambert-du-Lattay, Tel. 02.41.78.42.00, Fax 02.41.78.48.17 Mo-Sa 8h-12h 14h-18h ; So n. V.

CH. LA FRANCHAIE 1996**

| | k. A. | 3 600 | |

Ein Anjou, der recht typisch ist aufgrund seiner blaßgelben Farbe mit den grünlichen Reflexen, seines intensiven fruchtigen Aromas und

Anjou-Saumur — Anjou

seines sanften, harmonischen, ausgewogenen Geschmacks von interessanter Länge. Ein eleganter, sehr gefälliger Wein.
• SCEA Ch. La Franchaie, Dom. de La Franchaie, 49170 La Possonnière, Tel. 02.41.39.18.16, Fax 02.41.39.18.17 n. V.
• Chaillou

DOM. DE LA GRETONNELLE 1996
2,5 ha   1000   -30 F

Ein schönes Gebäude aus dem späten letzten Jahrhundert. Die gesamte Anlage zeugt von einer engen Verbundenheit dieser Familie mit den Traditionen. Der Duft dieses 96ers bietet ein komplexes, nachhaltiges Aroma, das man auch im Geschmack wiederfindet. Die Ausgewogenheit ist gelungen.
• EARL Charruault-Schmale, Les Landes, 79290 Bouille-Loretz, Tel. 05.49.67.04.49, Fax 05.49.67.12.52 n. V.

CH. DE LA MULONNIERE 1996*
15 ha   30 000   30-50 F

Château de La Mulonnière liegt am Fuße des Layon, gegenüber dem Hang von La Mulonnière, der dafür berühmt ist, daß er süße Weine hervorbringt. Dieser Anjou besitzt einen sehr schönen Stoff, eine rubinrote Farbe, ein komplexes Aroma und einen kräftigen Geschmack, der durch Noten von schwarzen Früchten (schwarze Johannisbeeren) und Gewürzen beherrscht wurde. Seine Tanninstruktur ist imposant, fast zu sehr für diesen Weintyp. Ein paar Jahre lagern.
• Ch. de La Mulonnière, La Mulonnière, 49750 Beaulieu-sur-Layon, Tel. 02.41.78.47.52, Fax 02.41.78.63.63 n. V.
• G. Marchal

DOM. LA PETITE CROIX 1996**
32 ha   k. A.   -30 F

Die Domaine de La Petite Croix ist bekannt für ihre Produktion von Bonnezeaux-Weinen. Aber dieses Gut verdient auch Aufmerksamkeit für ihre anderen Weine, wie etwa diesen roten Anjou, der leicht und ausgewogen ist und ein fruchtig-empyreumatisches Aroma bietet. Der zarte, frische Geschmack besitzt gut verschmolzene Tannine.
• SCEA Vignoble Alain Denechère, Dom. de La Petite Croix, 49380 Thouarcé, Tel. 02.41.54.06.99, Fax 02.41.54.06.99 tägl. ohne So 9h-12h30 14h-19h ; Sa n. V.

DOM. DE LA SAUGOURDE 1996
4 ha   4 000   -30 F

Ein 40 ha großes Gut in der Gemeinde Les Verchers-sur-Layon. Sein erstaunlich leichter roter Anjou (hellrote Farbe) ist sehr ausdrucksvoll, auch wenn er etwas ungewöhnliche Noten zeigt (ein Aroma von Amylalkohol, das an englische Fruchtdrops und Erdbeeren erinnert). Die frische Empfindung im Geschmack macht ihn zu einem temperamentvollen Wein.
• EARL Letheuil, rte de Doué, 49700 Les Verchers-sur-Layon, Tel. 02.41.59.17.60 n. V.

DOM. DE LA VILLAINE 1996*
4,5 ha   5 000   -30 F

Die Cabernet-Reben, die auf sandig-kalkhaltigen Böden aus tertiärem Muschelsand wachsen, liefern besondere Rotweine. Nachdem der erste Eindruck von Zurückhaltung (sogar Verschlossenheit) vorüber ist, offenbart dieser 96er sehr schnell sein Potential und erweckt den Eindruck, als würde man in rote Früchte beißen. Sehr ausgewogen, mit seidigen Tanninen. Dieser elegante Wein kann zwei bis drei Jahre gelagert werden.
• GAEC Poupard et Lehy, La Villaine, 49540 Martigné-Briand, Tel. 02.41.59.43.60 n. V.

DOM. DE L'ECHALIER 1996
3 ha   8 000   30-50 F

Ein Weingut, das 1990 von einem jungen Paar begeisterter Winzer übernommen wurde. Beide sind Önologen und hatten im letzten Jahr mit einem Anjou-Villages einen Lieblingswein. Ihr roter Anjou ist einfacher und trotz einer leichten Struktur angenehm. Sein Aroma von Knospen schwarzer Johannisbeeren und seine würzigen Noten sind charakteristisch für die Rebsorte Cabernet Sauvignon. Sollte im Laufe des Jahres getrunken werden.
• SCEA I. et F. Lorent-Bureau, 24, Grande-Rue, 49750 Rablay-sur-Layon, Tel. 02.41.78.32.82, Fax 02.41.78.64.38 n. V.

DOM. LEDUC-FROUIN
La Seigneurie 1996**
7 ha   20 000   -30 F

Die Seigneurie gehörte dem Marquis de Becdelièvre und wurde seit 1873 von der Familie Leduc bewirtschaftet, die 1933 Eigentümer davon wurde. Nach einer Heirat wurde der Name zu Leduc-Frouin. Dieser sehr schöne Wein, der voller Frucht und Rundheit ist, hat fast den Gipfel erklommen. Es mangelt ihm nur ein wenig an Fleisch ! Aber unsere anspruchsvollen Weinkoster haben ihn wegen seiner verschmolzenen, subtilen Tannine und der Komplexität seines Aromas sehr geschätzt.
• Dom. Leduc-Frouin, Sousigné, 49540 Martigné-Briand, Tel. 02.41.59.42.83, Fax 02.41.59.47.90 n. V.

LE LOGIS DU PRIEURE 1996*
5 ha   8 000   -30 F

Dieser rote Anjou bietet Noten von roten Früchten. Dieser Wein wird bei Erscheinen des Weinführers lecker schmecken.
• SCEA Jousset et Fils, Le Logis du Prieuré, 49700 Concourson-sur-Layon, Tel. 02.41.59.11.22, Fax 02.41.59.38.18 n. V.

LES GRANDS CAVEAUX DE FRANCE Cuvée des Lys 1995
k. A.   4 100   -30 F

Eine 1991 von Paul Froger geschaffene Firma. Die Farbe dieses 95ers ist ein schönes Strohgelb. Das Aroma ist sehr fruchtig und überaus angenehm. Der sanfte, runde und harmonische, wenn auch ein wenig kurze Geschmack bietet eine fruchtige Empfindung.

TAL DER LOIRE

Anjou-Saumur — Anjou

🍷 Les Grands Caveaux de France, 5, La Grossinière, 79150 Saint-Maurice-la-Fougereuse, Tel. 05.49.65.94.77, Fax 05.49.80.31.87 ✓ 🍷 n. V.
🍷 Paul Froger

LES TERRIADES 1996*

□	k. A.	40 000	🍷	-30F

Die 1951 geschaffene Genossenschaftskellerei hat sich bis heute vergrößert; gegenwärtig produziert sie 210 000 hl. Sie präsentiert einen Anjou von blaßgelber Farbe, der im Geruch ein noch diskretes Aroma weißer Früchte (wie etwa Birnen) enthüllt. Der Geschmack ist angenehm, fruchtig und nachhaltig.
🍷 Les caves de La Loire, rte de Vauchrétien, 49320 Brissac-Quincé, Tel. 02.41.91.22.71, Fax 02.41.54.20.36 ✓ 🍷 Mo-Fr 8h-12h30 14h-18h30

MANOIR DE VERSILLE 1996

■	4 ha	20 000	🍷	-30F

Das Manoir de Versillé ist ein schönes architektonisches Ensemble aus dem 17. Jh. Es besteht aus zwei Hauptgebäuden, die durch einen quadratischen Treppenturm miteinander verbunden und von einem französischen Garten umgeben sind. Das 96er Traubengut war sehr reif (aromatische Noten von schwarzen Früchten) und lieferte einen kraftvollen Wein, den man ein paar Jahre aufheben muß, bevor man ihn zu Wild serviert.
🍷 Colette Berthe, Manoir de Versillé, 49320 Saint-Jean-des-Mauvrets, Tel. 02.41.45.34.00, Fax 02.41.45.77.75 ✓ 🍷 n. V.

VIGNOBLE DU MARTINET 1996

□	1 ha	k. A.	-30F

Dieser Wein hat eine schöne, ziemlich leichte Farbe und einen angenehmen, gegenwärtig noch diskreten Duft. Der aromatische Geschmack ist ausgewogen und gut strukturiert. Man kann ihn schon jetzt zu Fisch trinken.
🍷 GAEC Bertrand, 1, rue du Martinet, 49750 Beaulieu-sur-Layon, Tel. 02.41.78.36.18, Fax 02.41.78.69.34 ✓ 🍷 n. V.

DOM. MATIGNON 1996*

■	2 ha	k. A.	🍷	-30F

Ein Weinbaubetrieb mitten in Martigné-Briand, einem Dorf mit alten Steinhäusern. Dieser Wein, der kräftigen Stoff enthält, dürfte bei Erscheinen des Weinführers interessant sein. Probieren.
🍷 EARL Yves Matignon, 21, av. du Château, 49540 Martigné-Briand, Tel. 02.41.59.43.71, Fax 02.41.59.92.34 ✓ 🍷 Mo-Sa 9h-18h

DOM. DE MIHOUDY 1996**

□	2 ha	10 000	🍷	30-50F

Dieses Gut, mit seinem roten 95er einer der Stars im Weinführer 1997, verdient erneut großes Lob. Das sehr schöne Potential dieses weißen 96ers kommt schon beim ersten Blick zum Vorschein. Danach machen ihn das intensive, gefällige Aroma, die klare Ansprache, der harmonische Geschmack und die schöne Länge zu einem ganz und gar angenehmen Wein.
🍷 Jean-Paul Cochard, Dom. de Mihoudy, 49540 Aubigné-sur-Layon, Tel. 02.41.59.46.52, Fax 02.41.59.68.77 ✓ 🍷 n. V.

CH. DE MONTGUERET 1996*

■	k. A.	100 000	🍷	-30F

Ein 1987 von Dominique Lacheteau übernommenes Gut, der seine Ausbildung im Handelshaus Castel absolvierte. Sein weißer 96er erhielt die gleiche Note wie dieser rote Anjou, der leicht und sehr angenehm ist. Man darf in diesem Wein nicht nach der Struktur suchen, findet aber darin die Frische und die Klarheit des Aromas von roten Früchten. Im Laufe des Jahres zu trinken.
🍷 SCEA Ch. de Montgueret, 49560 Nueil-sur-Layon, Tel. 02.41.59.59.19, Fax 02.41.59.59.02 ✓ 🍷 n. V.
🍷 Dominique Lacheteau

LE CLOS DES MOTELES
Cuvée du Toarcien 1995**

■	1 ha	4 500	⏹	-30F

Die Cuvée du Toarcien hat ihren Namen von einem Weinberg, auf den sich die geologischen Schichten des zur Juraformation gehörenden Toarcium beziehen. Dieser gut vinifizierte 95er bringt das hohe Potential des Traubenguts zum Ausdruck. Der Ausbau im Barriquefaß ist gut gemeistert worden. Das Aroma verbindet auf harmonische Weise holzige (Vanille, Kokosnuß) und fruchtige Noten. Die geschmackliche Struktur ist relativ leicht. Man kann ihn schon jetzt zum Vergnügen trinken. Die im Gärbehälter vinifizierte Hauptcuvée des Guts, die ebenfalls zwei Sterne erhalten hat, bietet denselben erstklassigen Stoff. Der weiße 96er erhielt einen Stern.
🍷 Basset-Baron, GAEC Le Clos des Motèles, 42, rue de la Garde, 79100 Belleville-de- Sainte-Verge, Tel. 05.49.66.05.37, Fax 05.49.66.37.14 ✓ 🍷 n. V.

DOM. DES NOELS 1996**

■	2,5 ha	5 000	🍷	30-50F

Die Domaine des Noëls wurde von J.-M. Garnier, dem Schwiegersohn der Familie Touret, übernommen. Er ist Önologe und verfügt über eine solide Erfahrung; dieses Jahr wurde er zum Vorsitzenden des Verbands der Coteaux du Layon gewählt. Sein Rotwein ist aufgrund seiner Sanftheit und seines reichhaltigen, von roten Früchten (Himbeeren) dominierten Aromas sehr repräsentativ für diese Appellation. Der frische, durststillende Geschmack erweckt in keinem Augenblick eine Empfindung von Härte. Dieser 96er wird perfekt zu Geflügel und Schweinefleisch passen, mit Äpfeln und roten Johannisbeeren zubereitet.
🍷 SCEA dom. des Noëls, Les Noëls, 49380 Faye-d'Anjou, Tel. 02.41.54.18.01, Fax 02.41.59.61.98 ✓ 🍷 n. V.
🍷 Garnier-Touret

DOM. OGEREAU 1996*

■	3 ha	12 500	🍷	30-50F

Ein Gut, das qualitativ zu den regelmäßigsten im Anjou gehört. Vincent Ogereau gilt wegen seiner Gewissenhaftigkeit und seines Könnens als großer Winzer. Sein sehr schöner roter Anjou

Anjou-Saumur — Anjou

war am Tag der Weinprobe noch verschlossen. Dennoch deutet die harmonische und reichhaltige Struktur im Geschmack auf einen hohen Reifegrad des Traubenguts hin, was der Abgang mit einer sinnlichen Empfindung von roten Früchten und Gewürzen bestätigt.

🍇 Vincent Ogereau, 44, rue de la Belle-Angevine, 49750 Saint-Lambert-du-Lattay, Tel. 02.41.78.30.53, Fax 02.41.78.43.55 ☑ 🍷 n. V.

CH. DE PASSAVANT 1996*

| □ | 1,5 ha | 8 000 | 🍴 | 30-50 F |

Dieser blasse, strahlende, seidige Wein erfreut das Auge. Das feine, komplexe Aroma erinnert an exotische Früchte. Der lange, intensive, gut strukturierte Geschmack bietet eine schöne Nachhaltigkeit. Harmonischer Gesamteindruck.

🍇 SCEA David-Lecomte, Ch. de Passavant, 49560 Passavant-sur-Layon, Tel. 02.41.59.53.96, Fax 02.41.59.57.91 ☑ 🍷 n. V.

CH. PIEGUE 1996*

| ■ | 7 ha | 20 000 | 🍴 | 30-50 F |

Château de Piégüe wurde 1840 von Monsieur Moron, einem Notar, errichtet. Seinem Sohn sind die ersten Anpflanzungen mit Pinien zu verdanken, die dem Gut eine mediterrane Atmosphäre verleihen. Der sehr schöne Stoff dieses Weins war am Tag der Weinprobe nicht »verschmolzen«, hinterläßt aber im Geschmack einen Eindruck von Reichtum mit einem Aroma von schwarzen Früchten. Der noch ein wenig strenge Abgang lädt dazu ein, diesen Wein mehrere Jahre zu lagern, damit die Tannine milder werden.

🍇 Ch. Piégüe, Piégüe, 49190 Rochefort-sur-Loire, Tel. 02.41.78.71.26, Fax 02.41.78.75.03 ☑ 🍷 n. V.
🍇 Van Der Hecht

DOM. DU PRIEURE 1996

| □ | 2,2 ha | 4 000 | 🍴 | 30-50 F |

Dieser 96er bietet ein schönes, klares Gelb. Der intensive Duft entfaltet ein Aroma von exotischen Früchten, die man im Geschmack zusammen mit einem Hauch von Bitterkeit wiederfindet. Man kann ihn schon jetzt trinken.

🍇 Jean Gallard, rue du Prieuré, 49560 Passavant-sur-Layon, Tel. 02.41.59.58.23, Fax 02.41.59.59.62 ☑ 🍷 n. V.

CH. DE PUTILLE 1996*

| ■ | 10 ha | 15 000 | 🍴 | -30 F |

Pascal Delaunay setzt viel Hoffnung in die Rotweine des Anjou. Sein Engagement im Verband zielt darauf ab, dieser Produktion zu Ansehen zu verhelfen. Er bietet außerdem einen Rotwein, der aufgrund seiner intensiven rubinroten Farbe, seines Aromas von Früchten und Gewürzen, die für vollreifes Traubengut charakteristisch sind, und seines vollen, verschmolzenen, harmonischen Geschmacks vollkommen repräsentativ für die Appellation und den Jahrgang 1996 ist. Man kann ihn schon jetzt trinken oder mehrere Jahre aufheben.

🍇 Pascal Delaunay, EARL Ch. de Putille, 49620 La Pommeraye, Tel. 02.41.39.02.91, Fax 02.41.39.03.45 ☑ 🍷 Mo-Sa 8h-12h30 14h-20h

DOM. DES QUATRE ROUTES 1996

| □ | k. A. | 2 800 | -30 F |

Die Klarheit und die Brillanz betonen die schöne strohgelbe Farbe. Obwohl das Aroma noch diskret ist, besitzt der Wein eine gute Länge und wird mit der Zeit an Intensität gewinnen.

🍇 Jean Poupard, Dom. des Quatre-Routes, 49540 Aubigné-sur-Layon, Tel. 02.41.59.44.44, Fax 02.41.59.49.70 ☑ 🍷 Mo-Fr 8h-20h, Sa, So n. V.

DOM. RICHOU Les Rogeries 1996*

| □ | 5 ha | 8 000 | 🍴 | 50-70 F |

Eine Urkunde, die sich auf »Maurice Richou, Doktor der Medizin, praktischer Arzt des Königs, Winzer« bezieht, bezeugt die lange Verbindung der Familie Richou mit dem Winzerhandwerk. Die Farbe dieses 96ers ist ein klares Blaßgelb, das im Glas von einer funkelnden Scheibe umgeben ist. Der erste Geruchseindruck ist holzbetont, macht dann aber einem angenehmen Aroma von weißen Blüten Platz. Der lebhafte, strukturierte Geschmack ist angenehm, fruchtig und nachhaltig. Sehr gute Gesamtharmonie.

🍇 Dom. Richou, Chauvigné, 49610 Mozé-sur-Louet, Tel. 02.41.78.72.13, Fax 02.41.78.76.05 ☑ 🍷 n. V.

CH. DES ROCHETTES 1996

| ■ | 12 ha | 40 000 | 🍴 | 30-50 F |

Die Domaine des Rochettes ist seit langem mit Reben bestockt. 1469 verkaufte der Herr von Les Rochettes, »Thomas de Cierzay«, Ludwig XI. das Lehen mit seinen Ländereien, Weinbergen und Wäldern als Stiftung für die Kirche von Béhuard. Dieser rote Anjou besitzt großartigen Stoff, der noch nicht verschmolzen ist, sich aber innerhalb von ein paar Monaten entwickeln dürfte. Er ist kraftvoll und schon reizvoll wegen seiner forschen roten Farbe.

🍇 Jean Douet, Ch. des Rochettes, 49700 Concourson-sur-Layon, Tel. 02.41.59.11.51, Fax 02.41.59.37.73 ☑ 🍷 n. V.

CLOS DES SAULAIES
Vieilles vignes 1996*

| ■ | 5,17 ha | 6 800 | 🍴 | -30 F |

Ein Weingut, das die Großeltern von Joël Rochard zu Beginn des Jahrhunderts erwarben und das damals 5 ha groß war. Heute umfaßt es rund 13 ha. Die intensive rubinrote Farbe dieses Anjou, das reichhaltige Aroma, das für vollreifes Traubengut charakteristisch ist (schwarze Früchte, Lakritze), und der üppige Geschmack, der ohne Rauheit ist, haben unsere Weinkoster verführt. Man kann diesen 96er schon trinken oder ein paar Jahre aufheben.

🍇 Joël Rochard, Le Clos des Saulaies, 49190 Saint-Aubin-de-Luigné, Tel. 02.41.78.37.76 ☑ 🍷 n. V.

SAUVEROY Cuvée Iris 1996***

| ■ | 4,7 ha | 32 000 | 🍴 | 30-50 F |

Pascal Cailleau, der Letztgeborene einer Familie mit acht Kindern, hat das Gut im Alter von neunzehn Jahren übernommen. Der Weinbaubetrieb, der 1947 mit knapp einem Hektar

Anjou-Saumur

begann, gehört heute zu den schönsten des Anjou. Dieser Wein ist in jeder Hinsicht erstaunlich : aufgrund seiner intensiven purpurroten Farbe, seines Aromas von sehr reifen und zugleich frischen Trauben und seines fleischigen Geschmacks mit den seidigen Tanninen. Ein gehaltvoller 96er, der köstlich bleiben kann. Ganz besonders zu gebratenem Kleinwild, sogar zu einem Rehschlegel zu empfehlen.

🔻 EARL Pascal Cailleau, Dom. du Sauveroy, 49750 Saint-Lambert-du-Lattay, Tel. 02.41.78.30.59, Fax 02.41.78.46.43 ✅
🍷 Mo-Sa 9h-12h30 14h-18h30

SECHET 1996

4 ha	k. A.		-30 F

Ein traditionelles Gut im speziellen Anbaugebiet von Maligné, das schon im 18. Jh. Erwähnung fand. Dieser 96er befand sich am Tag der Weinprobe nicht in Bestform. Eine erst kurz vorher vorgenommene Flaschenabfüllung benachteiligte ihn. Dennoch weisen seine intensive rote Farbe und seine harmonische Struktur im Geschmack auf einen hübschen Wein hin. Man sollte ihn bei Erscheinen des Weinführers nochmals probieren.
🔻 Séchet-Carret, Maligné, 49540 Martigné-Briand, Tel. 02.41.59.43.40,
Fax 02.41.59.47.64 ✅ 🍷 n. V.

DOM. DES TROTTIERES 1996

2,7 ha	18 000		-30 F

Das 1905 entstandene Gut nimmt eine Fläche von 110 ha in einem Stück ein, davon 78 ha Reben in dieser Appellation. In letzter Zeit wurden umfangreiche Modernisierungsarbeiten vorgenommen. Dieser recht harmonische Wein erschien am Tag der Weinprobe fast entwickelt. Dank seines schönen aromatischen Ausdrucks von gekochten Früchten und Knospen schwarzer Johannisbeeren kann man ihn schon jetzt recht genußvoll trinken.
🔻 SCEA Dom. des Trottières, Les Trottières, 49380 Thouarcé, Tel. 02.41.54.14.10, Fax 02.41.54.09.00 ✅ 🍷 n. V.
🔻 Lamotte

Anjou-Gamay

Ein Rotwein, der aus der Rebsorte Gamay noir erzeugt wird. Sie wächst hier auf den schieferhaltigsten Böden der Anbauzone. Wenn der Gamay gut vinifiziert worden ist, kann er einen ausgezeichneten Karaffenwein abgeben. Einige Weinbaubetriebe haben sich auf diesen Typ spezialisiert, der keinen anderen Ehrgeiz hat, als im ersten Jahr nach seiner Lese zu gefallen. Seine Produktion liegt bei 21 000 hl.

DOM. DE BABLUT 1996

k. A.	15 000		-30 F

Die Daviaus, deren Winzertradition bis 1546 zurückreicht, empfangen Sie in einer alten Mühle aus dem 12. Jh. Ihr Weinbaugebiet ist durch das Aufeinandertreffen von Kalkstein aus dem Pariser Becken und Schiefer des Armorikanischen Massivs entstanden. Hier ein 96er, der trotz einer eher schwachen aromatischen Ausdruckskraft für seine Appellation recht repräsentativ ist. Der Geschmack ist leicht, durststillend und fruchtig - was man von diesem Weintyp erwartet.
🔻 SCEA Daviau, Dom. de Bablut, 49320 Brissac-Quincé, Tel. 02.41.91.22.59, Fax 02.41.91.24.77 ✅ 🍷 Mo-Sa 9h-12h 14h-18h ; So n. V.

DOM. DES BONNES GAGNES 1996**

2 ha	5 000		-30 F

Der Name le Bonnes Gagnes bezeichnet das Land, das das umfriedete Gut überragt. Es erinnert an den »guten Gewinn«, den seine Besitzer daraus zogen. Im Jahre 1020 wurde es an die Mönche der Abtei Ronceray verpachtet, die es mit Reben bepflanzten. Mehr als 1900 Jahre später erzeugt dort Jean-Marc Héry erstklassige Weine, wie diesen hier, der ein schönes, tiefes Rubinrot und ein intensives Aroma von schwarzen Früchten und Gewürzen besitzt. Der kräftige, durstlöschende Geschmack zeigt deutlich, daß dieser Wein aus sehr reifen Trauben hergestellt worden ist.
🔻 Jean-Marc Héry, Orgigné, 49320 Saint-Saturnin-sur-Loire, Tel. 02.41.91.22.76 ✅
🍷 n. V.

CH. DES BOUILLONS 1996

0,85 ha	6 500		-30 F

Château des Bouillons befindet sich an einem besonderen Ort. Das Gestein besteht nämlich aus zusammengebackenem tertiärem Muschelsand von gelber Farbe. Das Gestein läßt sich leicht bearbeiten und wird in hohem Maße zum Bauen verwendet. Dieser Boden liefert hier einen Anjou-Gamay, der leicht, süffig und fruchtig ist. Er hat eine intensive rubinrote Farbe und ein Aroma von Kirschen und anderen roten Früchten sowie Gewürzen. Der harmonische Geschmack macht es möglich, daß man ihn schon im Herbst 1997 zu einer ganzen Mahlzeit serviert.
🔻 C. Motheron, 102, rue d'Anjou, 49540 Martigné-Briand, Tel. 02.41.59.42.78, Fax 02.41.59.45.60 ✅ 🍷 n. V.

DOM. DE PIERRE BLANCHE 1996*

5 ha	20 000		30-50 F

Ein Gut, das im Laufe von 200 Jahren schon neun Jacques Lecointres aufeinanderfolgen sah.

Heute ist Vincent - der Sohn natürlich von Jacques ! - für die Leitung verantwortlich. Er präsentiert einen sehr angenehmen Wein mit einem Geschmack voller Frucht. Frische, Eleganz und Reichtum - das Richtige, um damit eine sehr schöne Zeit zu verbringen.
➤ Vignoble Lecointre, 49380 Champ-sur-Layon, Tel. 02.41.78.86.34,
Fax 02.41.78.61.60 ✓ ⍾ Mo-Fr 9h-19h ; Sa n. V.

DOM. DE PUTILLE 1996*

	k. A.	1 000		

Die Domaine de Putille gehört zu den jungen Weingütern, die Bewegung in das Gebiet der Coteaux de la Loire bringen. Dieser sehr schöne 96er verkörpert mit seinem Aroma von Kirschen und Gewürzen den Typ der Appellation. Der Geschmack ist frisch, durststillend und fruchtig. Der Wein gegen den Durst schlechthin.
➤ Dom. de Putille, 49620 La Pommeraye, Tel. 02.41.39.80.43, Fax 02.41.39.81.91 ✓ ⍾ n. V.
➤ Pierre Sécher

Anjou-Villages

CH. DE BROSSAY 1995

	5 ha	5 000		

Ihr 95er Anjou-Villages besitzt eine schöne, klare rote Farbe. Sein Aroma erinnert an rote Früchte. Seine Rundheit und seine gute Länge verleihen ihm eine gute Harmonie.
➤ Raymond et Hubert Deffois, Ch. de Brossay, 49560 Cléré-sur-Layon, Tel. 02.41.59.59.95, Fax 02.41.59.58.81 ✓ ⍾ Mo-Sa 8h-12h 14h-20h

DOM. DES CHARBOTIERES
Les Tuloires 1995**

	1,5 ha	6 200		

Eine sehr schöne granatrote Farbe mit dicken »Tränen«. Komplexer blumig-fruchtiger Duft : schwarze Johannisbeeren, Brombeeren, Heidelbeeren. Prächtige Ansprache, die ein intensives Aroma von Backpflaumen sowie eine elegante, diskrete Unterholznote entfaltet. Gefälliger Abgang mit sehr seidigen Tanninen. Das sind die Kommentare unserer Weinkoster, die von diesem großen Wein verführt worden sind.
➤ Paul-Hervé Vintrou, Dom. des Charbotières, Clabeau, 49320 Saint-Jean-des-Mauvrets, Tel. 02.41.91.22.87, Fax 02.41.91.22.87 ✓ ⍾ n. V.

DOM. PIERRE CHAUVIN 1995

	2,5 ha	3 300		

Dieser 95er präsentiert sich in einem schönen, intensiven Rubinrot. Der Duft bietet ein Aroma von Unterholz und Röstgeruch mit leichter Vanillenote. Der Geschmack ist sanft, aber im Augenblick vom Holz dominiert. Ein Wein, den man lassen muß.
➤ GAEC Chauvin-Cesbron, 45, Grande-Rue, 49750 Rablay-sur-Layon, Tel. 02.41.78.32.76, Fax 02.41.78.32.76 ✓ ⍾ n. V.

DOM. CHUPIN 1995*

	2,08 ha	12 800		

Auf der Domaine Chupin, die Monsieur Guy Saget, einem Weinhändler in Pouilly, gehört, versteht man es, Sie mit diesem gut gemachten Anjou-Villages an den Vergnügungen der Weinprobe teilhaben zu lassen. Der Geruch bietet ein erstklassiges Aroma von roten Früchten und eine holzbetonte Vanillenote. Der Geschmack ist sanft, aber noch vom Holz beherrscht. Wenn man ihn abwarten kann, wird dieser 95er sein ganzes Potential entfalten.
➤ SCEA Dom. Chupin, 8, rue de l'Eglise, 49380 Champ-sur-Layon, Tel. 02.41.78.86.54, Fax 02.41.78.61.73 ✓ ⍾ n. V.
➤ Guy Saget

DOM. DES CLOSSERONS 1995*

	0,8 ha	5 000		

Diese Winzer kümmern sich mit Hingabe um ihre Reben. Ihr 95er Anjou-Villages ist angenehm und kann schon jetzt getrunken werden. Die Farbe ist ein intensives Rubinrot. Das Aroma zeigt sich sehr fruchtig, mit einem Hauch von Vanille. Der Geschmack ist voll und von großer Sanftheit. Die Nachhaltigkeit hinterläßt einen sehr angenehmen Eindruck.
➤ GAEC Jean-Claude Leblanc et Fils, Dom. des Closserons, 49380 Faye-d'Anjou, Tel. 02.41.54.30.78, Fax 02.41.54.12.02 ✓ ⍾ n. V.

DOM. DELAUNAY PERE ET FILS 1995

	k. A.	k. A.		

Schönes Rubinrot mit bläulichroten Reflexen. Das feine, ausdrucksvolle Aroma erinnert an rote Früchte, mit Nuancen von Paprika und Lakritze. Der Geschmack ist von großer Sanftheit, aber die noch ein wenig strengen Tannine raten dazu, ihn noch ein bis zwei Jahre altern zu lassen.
➤ Dom. Delaunay Père et Fils, Daudet, B.P. 37, 49570 Montjean-sur-Loire, Tel. 02.41.39.08.39, Fax 02.41.39.00.20 ✓ ⍾ Mo-Fr 8h-12h30 13h30-18h30 ; Sa, So n. V.

DOM. DES DEUX ARCS 1995**

	3 ha	7 000	

Die Roséweine machen das Ansehen der Gemeinde Martigné-Briand aus, aber man kann hier auch schöne Rotweine finden, wie diesen 95er, dessen sehr dunkle Farbe ins Purpurrote spielt. Die gute aromatische Komplexität setzt sich aus roten Waldfrüchten zusammen. Im Geschmack spürt man die Intensivierung des Aromas. Danach folgt der lange, lange Abgang, der von seidigen, strukturierten Tanninen begleitet wird. Dieser Anjou-Villages mit der ausgezeichneten Gesamtharmonie ist den Umweg wert.
➤ Michel Gazeau, 11, rue du 8-Mai-1945, 49540 Martigné-Briand, Tel. 02.41.59.47.37, Fax 02.41.59.49.72 ✓ ⍾ n. V.

DOM. DES EPINAUDIERES 1995**

	2 ha	10 000		

1966 nahm Roger Fardeau das Gut in Halbpacht ; 1975 pachtete er es. 1991 schloß er sich

Anjou-Saumur / Anjou-Villages

mit seinem Sohn Paul zusammen. Beide sind die Schöpfer dieses bemerkenswerten Anjou-Villages, der sich in einer durch ihre Intensität überraschenden Farbe präsentiert. Das Aroma ist charakteristisch und erinnert an rote Früchte. Der Geschmack ist kraftvoll und von großer Komplexität, noch ein wenig tanninreich im Abgang. Ein bis zwei Jahre aufheben.
🍇 SCEA Fardeau, Sainte-Foy, 49750 Saint-Lambert-du-Lattay, Tel. 02.41.78.35.68, Fax 02.41.78.35.50 ☑ ⏰ n. V.

CH. DE FESLES 1995

| | 1,5 ha | 6 500 | 🍷 | 30-50 F |

Die Farbe dieses 95ers ist tief und zeigt rubinrote Reflexe. Der Geruchseindruck ist noch ein wenig schüchtern, aber dennoch sehr fruchtig. Dieses Aroma findet man in einem sanften Geschmack wieder, der noch sehr spürbare Tannine enthält.
🍇 SA de Fesles, Ch. de Fesles, 49380 Thouarcé, Tel. 02.41.68.94.00, Fax 02.41.68.94.01 ☑ ⏰ n. V.
🍇 Bernard Germain

DOM. DE GATINES 1995★★★

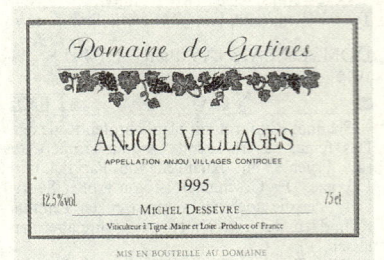

| | 2 ha | 3 000 | 🍷 | 30-50 F |

[Etikett: Domaine de Gatines, ANJOU VILLAGES, APPELLATION ANJOU VILLAGES CONTROLEE, 1995, 12,5% vol, 75 cl, MICHEL DESSEVRE, Viticulteur à Tigné, Maine et Loire, Produce of France, MIS EN BOUTEILLE AU DOMAINE]

Dieser Besitz war früher einmal ein Pfarrhaus. Seine 95er Cuvée Domaine de Gatines ist mit seiner tiefen rubinroten Farbe und seinem intensiven Aroma von schwarzen Früchten, die mit ein paar mineralischen Noten vermischt sind, ein großer Wein. Der Geschmack ist sanft und gleichzeitig kraftvoll und sehr fruchtig. Die Tannine sind lang, lang ... Das Richtige, das man sich mehrere Jahre lang schmecken lassen kann.
🍇 Michel Dessevre, 12, rue de la Boulaie, 49540 Tigné, Tel. 02.41.59.41.48, Fax 02.41.59.94.44 ☑ ⏰ Mo-Sa 8h-20h

DOM. DES GRANDES VIGNES 1995★

| | 5,25 ha | 30 000 | 🍷 | 30-50 F |

Ein Anjou-Villages, der aufgrund seiner intensiven rubinroten Farbe, seines leicht holzbetonten Aromas von roten Früchten und seines sanften, runden Geschmacks, der eine gute Präsenz im Abgang zeigt, recht repräsentativ für die Appellation ist.
🍇 GAEC Vaillant, Dom. des Grandes Vignes, La Roche Aubry, 49380 Thouarcé, Tel. 02.41.54.05.06, Fax 02.41.54.08.21 ☑ ⏰ Mo-Sa 8h-13h 14h-19h30 ; So n. V.

DOM. DES HAUTES OUCHES 1995★★

| | 5 ha | 20 000 | 🍷 | 30-50 F |

Dieser Weinbaubetrieb erlebt Jahr für Jahr einen beträchtlichen Aufschwung. Er besitzt gegenwärtig 42 ha Rebflächen, davon 5 ha für Anjou-Villages. Dieser harmonische, ausgewogene 95er ist eine schöne dunkelrubinrote Farbe. Das Aroma erinnert an rote Früchte mit einem Hauch von Geräuchertem. Der Geschmack ist rund, angenehm und von guter Nachhaltigkeit. Ein Wein, den man sofort trinken sollte !
🍇 EARL Joël et Jean-Louis Lhumeau, 9, rue Saint-Vincent, 49700 Brigné-sur-Layon, Tel. 02.41.59.30.51, Fax 02.41.59.31.75 ☑ ⏰ n. V.

DOM. DE LA BERGERIE
Chant du Bois 1995★

| | 1,8 ha | 9 000 | 🍷 | 30-50 F |

Yves Guégniard gehört zu den Winzern, die in den letzten Jahren die größten Fortschritte gemacht haben. Sein 95er Anjou-Villages beweist es durch seine Fülle, seine Struktur und seine Harmonie. Die Farbe ist ein schönes Purpurrot. Der intensive Geruchseindruck bietet ein Unterholzaroma. Der ausgewogene Geschmack wird von schwarzen und roten Früchten beherrscht. Ein Wein zum Genießen.
🍇 Yves Guégniard, Dom. de La Bergerie, 49380 Champ-sur-Layon, Tel. 02.41.78.85.43, Fax 02.41.78.60.13 ☑ ⏰ Mo-Sa 9h-12h30 14h-19h ; So n. V.

DOM. DE LA BOUGRIE
Vieilli en fût de chêne 1995★

| | 1 ha | 3 000 | 🍷 | 30-50 F |

Dieser Wein enthüllt viel Körper und Ausgewogenheit. Das prächtige Kleid zeigt ein intensives Purpurrot. Das Aroma von roten Früchten ist leicht holzbetont und enthält eine leicht animalische Note. Der sanfte, gefällige Geschmack bietet eine gute Nachhaltigkeit.
🍇 GAEC Goujon, La Bougrie, 49380 Champ-sur-Layon, Tel. 02.41.78.86.21, Fax 02.41.78.63.45 ☑ ⏰ n. V.

DOM. DE LA GRETONNELLE 1995★

| | 1,2 ha | 1 800 | 🍷 | -30 F |

Ein wunderschönes Gebäude vom Ende des letzten Jahrhunderts, errichtet aus Kalktuff, der aus Le Puy-Notre-Dame stammte. Hier ein mit seinen Holznoten sehr gut ausgebauter Anjou-Villages. Rubinrote Farbe. Der frische, ausdrucksvolle Duft erinnert an rote Früchte. Der Geschmack ist sanft und zeigt eine gute fruchtig-aromatische Präsenz.
🍇 EARL Charruault-Schmale, Les Landes, 79290 Bouillé-Loretz, Tel. 05.49.67.04.49, Fax 05.49.67.12.52 ☑ ⏰ n. V.

DOM. DE LA PETITE CROIX
Vieilles vignes 1995★

| | 2 ha | 4 000 | 🍷 | 30-50 F |

Ein harmonischer Anjou-Villages. Schönes, lebhaftes Rot mit bläulichrotem Schimmer. Der Geruchseindruck enthüllt ein angenehmes fruchtig-blumiges und sogar lakritzeartiges Aroma, das man im Geschmack zusammen mit einer

Anjou-Saumur

Anjou-Villages

leichten Bitterkeit im Geschmack wiederfindet. Noch ein paar Monate altern lassen.
- SCEA Vignoble Alain Denechère, Dom. de La Petite Croix, 49380 Thouarcé,
Tel. 02.41.54.06.99, Fax 02.41.54.06.99
Mo-Fr 9h-12h30 14h-19h ; Sa n. V.

CH. LA VARIERE La Chevalerie 1995*

2 ha	12 000		30-50 F

Das Gut von Jacques Beaujeau genießt eine wunderbare Aussicht auf das Schloß Brissac, das von großen Rebflächen umgeben ist. Dieser 95er präsentiert eine rubinrote Farbe mit bläulichroten Reflexen und ein feines, subtiles Aroma, das an rote Früchte erinnert und eine rauchige und mentholartige Note enthält. Man sollte ihn ein wenig lagern, damit die Tannine Zeit haben, harmonisch zu verschmelzen.
- Ch. La Varière, 49320 Brissac,
Tel. 02.41.91.22.64, Fax 02.41.91.23.44
Mo-Sa 10h-12h30 14h-18h
- Jacques Beaujeau

DOM. LEDUC-FROUIN
La Seigneurie 1995**

1 ha	5 000		30-50 F

Ein harmonischer, ausgewogener Anjou-Villages in einem sehr dunklen Kleid mit rubinroten Reflexen. Der Duft entfaltet Aromen von schwarzen Früchten und Unterholz. Der Geschmack ist voll, rund und harmonisch. Wenn die Tannine einmal gut verschmolzen sind, wird dies ein wunderbarer Tropfen ein !
- Dom. Leduc-Frouin, Sousigné,
49540 Martigné-Briand, Tel. 02.41.59.42.83, Fax 02.41.59.47.90 n. V.

LE PETIT CLOS 1995**

1 ha	5 000		30-50 F

Dieser Villages ist recht typisch für die Appellation : ziemlich kräftige granatrote Farbe, intensives Aroma von vollreifen Früchten mit einer Veilchennote. Der Geschmackseindruck ist komplex und reichhaltig. Dieser 95er ist von ausgezeichneter Gesamtharmonie und wird sich mit der Zeit bemerkenswert entwickeln.
- Vignoble Musset-Roullier, Le Pélican,
49620 La Pommeraye, Tel. 02.41.39.05.71, Fax 02.41.77.75.72 n. V.

LES SYLPHIDES 1995

20 ha	100 000		-30 F

Dieser Anjou-Villages mit dem schönen, tiefen Rubinrot ist gut gemacht. Der sehr interessante Duft verbindet sehr reife rote Früchte mit intensiven Blütennoten. Nach einer lebhaften, klaren Ansprache kommen ausgewogene Tannine zum Vorschein, die diesem 95er einen Eindruck von angenehmer Frische verleihen.
- Les Vignerons de La Noëlle, B.P. 155,
44150 Ancenis, Tel. 02.40.98.92.72,
Fax 02.40.98.96.70 n. V.

DOM. MATIGNON 1995*

2 ha	4 000		30-50 F

Dieser 95er zeigt ein schönes Kirschrot mit violetten Schattierungen. Das intensive Aroma ist das von roten Früchten : Erdbeeren, schwarze Johannisbeeren, dazu ein leichter Holzton. Der voluminöse, klare Geschmack entfaltet Noten von Unterholz. Man muß warten, bis die Tannine verschmelzen.
- EARL Yves Matignon, 21, av. du Château,
49540 Martigné-Briand, Tel. 02.41.59.43.71, Fax 02.41.59.92.34 Mo-Sa 9h-18h

CH. DES NOYERS 1995*

6,21 ha	4 800		50-70 F

Von den 20 ha des Guts sind sechs für die Produktion von Anjou-Villages reserviert. Die Gebäude aus dem 16. Jh. stehen unter Denkmalschutz. Die Farbe dieses 95ers ist ein schönes Rubinrot. Das Aroma ist sehr fruchtig. Der Geschmack hinterläßt dank seiner Sanftheit und seiner Leichtigkeit, die mit einer bemerkenswerten Nachhaltigkeit verbunden ist, einen angenehmen Eindruck.
- SCA Ch. des Noyers, Les Noyers,
49540 Martigné-Briand, Tel. 02.41.54.03.71, Fax 02.41.92.63.84 n. V.

DOM. OGEREAU 1995*

4 ha	18 000		30-50 F

Dieser Anjou-Villages entfaltet im Geruch ein ansprechendes Aroma von roten Früchten : Kirschen, Himbeeren. Der Geschmack ist lebhaft und fruchtig, mit einer sehr angenehmen Backpflaumen-Lakritze-Note. Dieser 95er verfügt über ein sehr schönes Potential und muß zwei Jahre altern.
- Vincent Ogereau, 44, rue de la Belle-Angevine, 49750 Saint-Lambert-du-Lattay,
Tel. 02.41.78.30.53, Fax 02.41.78.43.55 n. V.

CH. PERRAY-JOUANNET 1995**

6 ha	15 000		30-50 F

Dieser Anjou-Villages gilt als Vorbild an Harmonie ! Seine rubinrote Farbe hat ihre Jugendlichkeit bewahrt. Der sehr aromatische Duft entfaltet Noten von schwarzen Johannisbeeren und Erdbeerkonfitüre. Der Geschmack ist frisch und elegant und besitzt eine schöne Länge, die eine angenehme Empfindung hinterläßt. Unverzüglich trinken. Wirklich ein Erfolg ! Der Côtes Rousses aus demselben Jahrgang erhält einen Stern.
- Vignobles Laffourcade, L'Echarderie,
49190 Rochefort-sur-Loire, Tel. 02.41.78.42.14, Fax 02.41.78.41.59 n. V.

DOM. DU PETIT CLOCHER 1995

5 ha	15 000		30-50 F

Dieser 95er zeigt ein Kleid mit einem schönen rubinroten Glanz und ein charakteristisches Bukett, das an frische Früchte und Waldfrüchte mit einer würzigen Note erinnert. Die Ansprache ist klar und bietet eine gute aromatische Kontinuität mit einem würzigen Abgang.
- GAEC du Petit Clocher, 3, rue du Layon,
49560 Cléré-sur-Layon, Tel. 02.41.59.54.51, Fax 02.41.59.59.70 n. V.
- A. et J.-N. Denis

CH. DE PUTILLE 1995**

5 ha	15 000		-30 F

Ein schöner 95er Anjou-Villages : Die klare, strahlende, dunkle Farbe zeigt schöne purpurrote Reflexe. Das feine, subtile Aroma erinnert an

TAL DER LOIRE

Anjou-Villages

rote Früchte mit einer Lakriznote, die sich harmonisch in einem nachhaltigen Geschmack entfaltet. Pascal Delaunay wird zu einem wahren Goldschmied auf seinem Gebiet !
- Pascal Delaunay, EARL Ch. de Putille, 49620 La Pommeraye, Tel. 02.41.39.02.91, Fax 02.41.39.03.45 ☑ ☒ Mo-Sa 8h-12h30 14h-20h

DOM. DE PUTILLE 1995**

| | k. A. | 2 500 | -30 F |

In diesem 95er Anjou-Villages mit der schönen dunklen granatroten Farbe steckt viel Können. Das Bukett ist von großer Reichhaltigkeit und enthält blumige (Veilchen) und fruchtige Noten und einen Hauch von Lakritze. Der lebhafte, klare, sanfte Geschmack enthüllt verschmolzene Tannine und eine gute Nachhaltigkeit. Ein schöner Wein, den man schon jetzt trinken kann.
- Dom. de Putille, 49620 La Pommeraye, Tel. 02.41.39.80.43, Fax 02.41.39.81.91 ☑ ☒ n. V.
- Pierre Sécher

DOM. DES QUARRES 1995*

| | 4 ha | 10 000 | 30-50 F |

Der Hang ist terrassiert und bietet einen bemerkenswerten Rundblick : Von hier aus sieht man rund zwanzig Kirchtürme. Dieser 95er ist sehr gelungen. Seine Farbe ist dunkel und zeigt intensive kirschrote Reflexe. Der aromatische Ausdruck erinnert an Unterholz und rote Früchte, die man in einem angenehmen, runden Geschmack mit seidigen Tanninen wiederfindet. Schöne Gesamtausgewogenheit.
- Vignoble Alfred Bidet, 36 bis, rue de la Roche, 49750 Rablay-sur-Layon, Tel. 02.41.78.36.00, Fax 02.41.78.62.58 ☒ n. V.

DOM. RICHOU Les Vieilles vignes 1995*

| | 5 ha | 18 000 | 30-50 F |

Dieser 95er stellt einen schönen Erfolg dar ! Hübsche, klare, strahlende, dunkle Farbe mit bläulichroten Reflexen. Typisches, fruchtigblumiges Aroma. Der Geschmack ist frisch und rund. Der leicht bittere Abgang ist sehr gefällig.
- Dom. Richou, Chauvigné, 49610 Mozé-sur-Louet, Tel. 02.41.78.72.13, Fax 02.41.78.76.05 ☑ ☒ n. V.

DOM. DES ROCHELLES
Croix de Mission 1995*

| | 5 ha | 10 000 | 30-50 F |

Dieser 95er zeigt eine schöne dunkelrote Farbe mit hellrotem bis rosa Schimmer und ein intensives Aroma von roten Früchten mit einer Lakriznote. Der Geschmack ist kräftig und gut strukturiert. Ein gut gemachter Anjou-Villages, den man schon jetzt probieren kann.
- EARL J.-Y. A. Lebreton, Dom. des Rochelles, 49320 Saint-Jean-des-Mauvrets, Tel. 02.41.91.92.07, Fax 02.41.54.62.63 ☑ ☒ n. V.

CH. DES ROCHETTES 1995*

| | 2 ha | 6 500 | 30-50 F |

Dieser für die Appellation charakteristische 95er präsentiert sich in einer intensiven Farbe. Das sehr spürbare Aroma verbindet rote Früchte, rauchige Noten und Nuancen von Geröstetem. Der Geschmack ist geschmeidig und kräftig gebaut und zeigt eine interessante aromatische Kontinuität.
- Jean Douet, Ch. des Rochettes, 49700 Concourson-sur-Layon, Tel. 02.41.59.11.51, Fax 02.41.59.37.73 ☑ ☒ n. V.

DOM. SAINT ARNOUL
Cuvée vieillie en fût de chêne 1995

| | 1 ha | 6 000 | -30 F |

Dieser 95er ist durch eine schöne, klare rubinrote Farbe und ein Aroma von roten Früchten gekennzeichnet. Ein ein wenig kurze Geschmack ist trotzdem rund, fruchtig und gefällig.
- EARL Poupard et Fils, Dom. Saint Arnoul, 49540 Martigné-Briand, Tel. 02.41.59.43.62, Fax 02.41.59.69.23 ☑ ☒ n. V.

DOM. DE SAINTE-ANNE 1995*

| | 2 ha | 10 000 | -30 F |

Das Gut liegt auf der höchsten lehmigkalkhaltigen Kuppe der Gemeinde Saint-Saturnin. Dieser Anjou-Villages mit der sehr lebhaften Farbe und dem intensiven Aroma roter Früchte ist gut gemacht, aber leicht adstringierend. Man muß ihn ein bis zwei Jahre aufheben, damit er seine Harmonie enthüllen kann.
- Dom. de Sainte-Anne, EARL Brault, 49320 Brissac-Quincé, Tel. 02.41.91.24.58 ☑ ☒ Mo-Sa 9h-12h 14h-19h

SAUVEROY Cuvée Antique 1995

| | 2 ha | 13 000 | 30-50 F |

Dieser junge Winzer wird Sie auf eine angenehme Weise empfangen und dabei über die verschiedenen Vinifizierungsmethoden sprechen. Hier ein für seine Appellation charakteristischer Anjou-Villages. Die Farbe ist ein intensives Granatrot. Der noch ein wenig diskrete Geruchseindruck bietet ein Bukett roter Früchte. Der Geschmack ist sanft, füllig und leicht holzbetont. Ein gefälliger Wein, den man ein wenig altern lassen sollte.
- EARL Pascal Cailleau, Dom. du Sauveroy, 49750 Saint-Lambert-du-Lattay, Tel. 02.41.78.30.59, Fax 02.41.78.46.43 ☑ ☒ Mo-Sa 9h-12h30 14h-18h30

DOM. DES TROTTIERES 1995

| | 2,2 ha | 14 000 | -30 F |

Die Farbe dieses 95ers ist zwar nur von mittlerer Intensität, aber das Aroma ist angenehm und klar, stark durch rote Früchte und Waldfrüchte bestimmt. Der Geschmack ist rund und sanft. Trinkreif zu weißem Fleisch.
- SCEA Dom. des Trottières, Les Trottières, 49380 Thouarcé, Tel. 02.41.54.14.10, Fax 02.41.54.09.00 ☑ ☒ n. V.
- Lamotte

Anjou-Saumur

Rosé d'Anjou

Mit einer Produktion, die je nach Jahrgang zwischen 140 000 und 195 000 hl beträgt, ist dies mengenmäßig die größte Anjou-Appellation. Nachdem er im Export sehr erfolgreich war, verkauft sich dieser halbtrockene Wein nur noch schwer. Grolleau, die Hauptrebsorte, die früher im Gobelet-Schnitt erzogen wurde, erzeugte leichte Roséweine, die man »rougets« (leicht gerötet) nannte. Er wird heute zunehmend als leichter Rotwein vinifiziert (Tafel- oder Landwein).

DOM. DES HAUTES OUCHES 1996★★

1,3 ha — 7 000 — -30 F

Die Wahl zum Lieblingswein zeichnet dieses Jahr eine Appellation aus, die selten zu Ehren kommt, aber es mit diesem Wein verdient, entdeckt oder wiederentdeckt zu werden. Orangerotes Rosa, zartes Himbeeraroma, durststillender Geschmack mit erstaunlicher fruchtiger Nachhaltigkeit. Eine Weinüberraschung !
↘ EARL Joël et Jean-Louis Lhumeau, 9, rue Saint-Vincent, 49700 Brigné-sur-Layon, Tel. 02.41.59.30.51, Fax 02.41.59.31.75 ☑ ⚒ n. V.

DOM. DE LA PETITE CROIX 1996★

7 ha — 10 000 — -30 F

Selbstverständlich ist die Domaine de La Petite Croix für die Produktion ihres Bonnezeaux bekannt. Aber verpassen Sie nicht die anderen Weine, vor allem diesen Rosé d'Anjou, der vor fruchtigen Noten überfließt. Er wird sich am besten bei Erscheinen des Weinführers präsentieren und ein getreues Abbild der Weine dieser Appellation geben.
↘ SCEA Vignoble Alain Denechère, Dom. de La Petite Croix, 49380 Thouarcé, Tel. 02.41.54.06.99, Fax 02.41.54.06.99 ☑ ⚒ Mo-Fr 9h-12h30 14h-19h ; Sa n. V.

DOM. LEDUC-FROUIN
La Seigneurie 1996★

7 ha — 5 000 — -30 F

Die Produktion von Rosé d'Anjou spielt auf diesem Gut eine wichtige Rolle : Sie erreicht ein Viertel der erzeugten Weine. Intensives orangerotes Rosa, zartes Fruchtaroma, Frische und Harmonie des Geschmacks. Ein zarter, fruchtiger Wein - genau das, was man von dieser Appellation erwartet.
↘ Dom. Leduc-Frouin, Sousigné, 49540 Martigné-Briand, Tel. 02.41.59.42.83, Fax 02.41.59.47.90 ☑ ⚒ n. V.
↘ Mme Georges Leduc

DOM. DE TERREBRUNE 1996

8 ha — 40 000 — -30 F

Ein neu strukturiertes Gut, das heute von zwei Partnern geführt wird, Patrice Lauverdeau, dem Weinmacher, der auch Vizepräsident des Weinbauverbands ist, und Alain Bouleau, der für den Anbau verantwortlich ist. Dieser Wein ist recht repräsentativ für seine Appellation mit seiner lachsrosa Farbe, seinem fruchtigen Aroma und seiner Frische im Geschmack. Bei Erscheinen des Weinführers wird er trinkreif sein.
↘ Dom. de Terrebrune, La Motte, 49380 Notre-Dame-d'Allençon, Tel. 02.41.54.01.99, Fax 02.41.54.09.06 ☑ ⚒ n. V.

Cabernet d'Anjou

In dieser Appellation findet man halbtrockene Roséweine, die von den Rebsorten Cabernet franc und Cabernet Sauvignon stammen. Wenn sie bukettreich sind und wenn man sie gekühlt serviert, kann man sie ohne große Probleme mit Speisen kombinieren, mit Melone als Vorspeise oder zu einigen nicht zu süßen Nachspeisen. Bei der Alterung nehmen sie einen ziegelroten Farbton an und eignen sich dann als Aperitif. Die Produktion liegt bei 130 000 hl. Auf den tertiären Muschelsandböden in der Gegend von Tigné und im Layon werden die angesehensten Weine erzeugt.

CH. DE BELLEVUE 1996★★

k. A. — 4 000 — -30 F

Im Park von Château de Bellevue findet jedes Jahr das Fest der süßen Jahrgangsweine der Region statt. Hier ein sehr schöner Wein, der kräftig und fleischig ist und im Geschmack eine Empfindung von Fülle erweckt. Man beißt in eine Mischung aus roten und weißen Früchten, die jeweils Fleisch und Frische mitbringen. Paßt wunderbar zu Nachspeisen.
↘ EARL Tijou et Fils, Ch. de Bellevue, 49190 Saint-Aubin-de-Luigné, Tel. 02.41.78.33.11, Fax 02.41.78.67.84 ☑ ⚒ Mo-Sa 9h-12h 14h-19h
↘ Jean-Paul Tijou

TAL DER LOIRE

Anjou-Saumur — Cabernet d'Anjou

DOM. MICHEL BLOUIN 1996*

| 1 ha | 4 000 | | |

Dieser Cabernet d'Anjou ist recht repräsentativ für seine Appellation mit seinem orangerotem Rosa, seinem fruchtigen und blumigen Aroma und seinem zarten, erfrischenden Geschmack. Sollte im Laufe des Jahres getrunken werden.
• Dom. Michel Blouin, 53, rue du Canal-de-Monsieur, 49190 Saint-Aubin-de-Luigné, Tel. 02.41.78.33.53, Fax 02.41.78.67.61 n. V.

CLOS DU MOULIN DE SAINTE-CATHERINE 1996**

| 1 ha | 3 500 | | |

Die 1725 errichtete Moulin de Sainte-Catherine überragt an einem einzigartigen, für Touristen reizvollen Ort das Tal der Loire : dem Felssims des Anjou. Frank Perrault hat 1993 das Familiengut übernommen. Dieser erstaunliche Cabernet d'Anjou erweckt den Eindruck, als wäre er aus sehr reifem Traubengut hergestellt worden, und bleibt trotzdem ganz zart ! Er entfaltet natürlich ein Aroma von roten Früchten, aber auch von Zitrusfrüchten (Mandarinen). Lebhaft zu empfehlen.
• Franck Perrault, Clos du Moulin de Sainte-Catherine, 49190 Rochefort-sur-Loire, Tel. 02.41.78.70.86 n. V.

DOM. DITTIERE 1996*

| 3,5 ha | 3 000 | | |

Die Domaine Dittière genießt ein besonderes Ansehen für ihre Rotweine. Die anderen Weintypen sollte man dennoch nicht vernachlässigen, wie dieser Cabernet d'Anjou bezeugt, dessen Aroma von Zitrusfrüchten und roten Früchten durch seine Feinheit erstaunt. Erfrischende Empfindung im Geschmack und sehr schöne Gesamtharmonie.
• GAEC Dittière Père et Fils, 1, chem. de La Grouas, 49320 Vauchrétien, Tel. 02.41.91.23.78, Fax 02.41.54.28.00 Mo-Sa 8h-12h 14h-19h

DOM. DES EPINAUDIERES 1996**

| 5 ha | 6 600 | | |

Roger und Paul Fardeau haben den Cabernet d'Anjou in gleichem Maße wie die süßen Weine und die lagerfähigen Rotweine zu ihrem Zugpferd gemacht. Dieser hier ist zum Aperitif bestimmt, so originell ist er mit seinem orangeroten Rosa, seinem Aroma roter Früchte und seinem sehr zarten Geschmack. Ein Wein, der von der Degustationsjury einmütig als bemerkenswert beurteilt wurde.
• SCEA Fardeau, Sainte-Foy, 49750 Saint-Lambert-du-Lattay, Tel. 02.41.78.35.68, Fax 02.41.78.35.50 n. V.

CH. DU FRESNE 1996*

| 4,5 ha | 20 000 | | |

Dieses 75 ha große Weingut wird von den Familien Robin-Bretault bewirtschaftet. Ihr im 15. Jh. errichtetes Château besitzt eine hölzerne Wendeltreppe. Dieser Rosé ist sehr gut vinifiziert, auch wenn er nicht aufgrund seiner Leichtigkeit im Geschmack sehr repräsentativ für den Jahrgang 1996 ist. Die Farbe und das Aroma dagegen besitzen eine schöne Ausdruckskraft.
• Robin-Bretault, Ch. du Fresne, 49380 Faye-d'Anjou, Tel. 02.41.54.30.88, Fax 02.41.54.17.52 n. V.

DOM. DE HAUTE PERCHE 1996*

| 2 ha | 5 000 | | |

Christian Papin gilt heute im Weinbaugebiet der Aubance als kluger Winzer. Deshalb war er sich schuldig, ein Beispiel zu geben, was ihm mit diesem Cabernet d'Anjou aus dem Jahrgang 1996 vollauf gelungen ist. Die blaßrosa Farbe, das intensive Aroma von roten und schwarzen Früchten und der reichhaltige, durststillende Geschmack tragen zur Eleganz dieses sehr schönen Weins bei, der mehrere Jahre lagern kann.
• EARL Agnès et Christian Papin, 9, chem. de la Godelière, 49610 Saint-Melaine-sur-Aubance, Tel. 02.41.57.75.65, Fax 02.41.57.75.42 n. V.

DOM. JOLIVET 1996**

| 1 ha | 4 000 | | |

Auf die Domaine Jolivet kann man sich in Anjou verlassen. Sie verkörpert Gewissenhaftigkeit und ein gewisses Maß an Tradition. Was für ein herrlicher Wein mit seiner orangeroten bis rosa Farbe und sinem zarten Aroma, das an rote Früchte und Blüten erinnert ! Der Geschmack ist beeindruckend aufgrund seiner Struktur, die mit einer für die Loire-Weine charakteristischen Frische verbunden ist. Das Finale ist ein Strauß von Eindrücken, die an Erdbeeren, Himbeeren und kandierte Orangen erinnern.
• Dom. Jolivet, 31, rue Rabelais, 49750 Saint-Lambert-du-Lattay, Tel. 02.41.78.30.35, Fax 02.41.78.45.34 n. V.

DOM. DE LA BOUGRIE 1996

| 4 ha | 4 000 | | |

Dieses 25 ha große Gut in der Gemeinde Champ-sur-Layon bietet einen interessanten, wenn auch bei der Weinprobe noch verschlossenen Cabernet d'Anjou. Seine schöne Ausgewogenheit im Geschmack und sein Abgang mit vollreifen Früchten garantieren ihm ein gutes Potential.
• GAEC Goujon, La Bougrie, 49380 Champ-sur-Layon, Tel. 02.41.78.86.21, Fax 02.41.78.63.45 n. V.

DOM. DE LA GRANDE VARANE 1996

| 1,67 ha | 5 000 | | |

Claude Buchet, ein ehemaliger Schüler der Önologieschule in Montpellier, hat 1968 das Familiengut übernommen, das 15 ha Rebflächen

Anjou-Saumur — Cabernet d'Anjou

in der Gemeinde Faveraye-Machelles umfaßt. Sein Vater, Winzer und Maler, hat das Logo des Guts entworfen. Dieser Cabernet d'Anjou ist leicht in seinem blaßrosa Kleid. Das fruchtige Aroma sorgt für einen erfrischenden Geschmack. Ein leicht zugänglicher Wein, den man im Laufe des Jahres zu Wurstgerichten trinken kann.
↝ Claude Buchet, Dom. de La Grande Varane, 49380 Faveraye-Machelles, Tel. 02.41.54.14.66, Fax 02.41.54.02.49 ✓ ⚑ n. V.

CH. DE LA ROCHE BOUSSEAU 1996

| | 25 ha | k. A. | -30 F |

François Régnard erweckt den Eindruck, als würde er das Leben voll genießen : begeisterungsfähig, an eine Figur von Rabelais erinnernd. Er führt ein großes Weingut in der Gemeinde Trémont, die vor kurzem zum Anbaubereich der AOC Coteaux du Layon zugelassen wurde. Sein Cabernet d'Anjou ist nicht sehr strukturiert, besitzt aber einen schönen aromatischen Ausdruck : fruchtig und blumig.
↝ Régnard, Ch. de La Roche Bousseau, 49310 Trémont, Tel. 02.41.59.43.03, Fax 02.41.59.69.43 ✓

VIGNOBLE DU MARTINET 1996★★

| | 3 ha | k. A. | -30 F |

Die GAEC Bertrand vereint seit 22 Jahren zwei Brüder und ihre Ehefrauen. Und das funktioniert ! Ihr Cabernet d'Anjou mit der schönen rosa Kupferfarbe bietet eine sehr schöne aromatische Qualität mit Noten von reifen Früchten und weißen Blüten. Man hat den Eindruck, als würde man in rote Früchte beißen. Wenn man ihn als Aperitif serviert, wird dieser Wein angenehm überraschen.
↝ GAEC Bertrand, 1, rue du Martinet, 49750 Beaulieu-sur-Layon, Tel. 02.41.78.36.18, Fax 02.41.78.69.34 ✓ ⚑ n. V.

DOM. MATIGNON 1996

| | 3 ha | 5 000 | -30 F |

Ein gut gemachter, angenehmer Cabernet d'Anjou, der für einen Wein des Jahrgangs 1996 ziemlich gut ist. Die rosa Farbe ist nicht sehr kräftig. Das Aroma geht mehr in Richtung Blüten als Früchte. Ein erfrischender Wein, den man im Laufe des Jahres trinken muß.
↝ EARL Yves Matignon, 21, av. du Château, 49540 Martigné-Briand, Tel. 02.41.59.43.71, Fax 02.41.59.92.34 ✓ ⚑ Mo-Sa 9h-18h

CH. MONTBENAULT 1996

| | 2 ha | k. A. | -30 F |

Die Familie Leduc lebt seit 1920 auf diesem wunderschönen Anwesen. Während das orange Rosa und das fruchtig-rauchige Aroma dieses Cabernet d'Anjou verführen, zeigt der Geschmack eine Lebhaftigkeit, die für einen Wein des Jahrgangs 1996 ungewöhnlich ist. Recht schöne Gesamtharmonie.
↝ Yves et Marie-Paule Leduc, Ch. Montbenault, 49380 Faye-d'Anjou, Tel. 02.41.78.31.14, Fax 02.41.78.60.29 ✓ ⚑ tägl. 9h-12h 14h-19h

LE CLOS DES MOTELES 1996★

| | 1 ha | 2 000 | -30 F |

Das an der Südgrenze des Anjou-Weinbaugebiets im Departement Deux-Sèvres gelegene Gut bildet so etwas wie eine Eingangspforte für die Entdeckungsreise in dieses Anbaugebiet. Bei seinem Cabernet d'Anjou könnte man an ein Vinifizierungsaroma (Noten von Amylalkohol) und eine Überreife des Trauberguts (reife Früchte und Gewürze) denken. Der Geschmack erweckt einen Eindruck von Samt, während man im Abgang das Gefühl hat, als würde man in frische Früchte beißen. Kann problemlos mehrere Jahre lagern.
↝ Basset-Baron, GAEC Le Clos des Motèles, 42, rue de la Garde, 79100 Belleville-de Sainte-Verge, Tel. 05.49.66.05.37, Fax 05.49.66.37.14 ✓ ⚑ n. V.

CH. DE PASSAVANT 1996★★

| | 1,5 ha | 6 000 | 30-50 F |

Dieses auf einem Felsvorsprung errichtete Schloß überragt den Lauf des Layon. Es wurde im 11. Jh. von Foulque Nerra erbaut, um die Südgrenze des Anjou zu verteidigen, und im 13., 14. und 17. Jh. umgebaut, ehe es während der Französischen Revolution abbrannte. Dieser Cabernet d'Anjou ist von der Degustationsjury zur Wahl für den Lieblingswein vorgeschlagen und von der Oberjury nicht ausgewählt worden. Dennoch ist er elegant und kraftvoll. Er wird einen hervorragenden Aperitif abgeben und paßt auch sehr gut zu Ente mit Orangenscheiben. Den Weinliebhabern besonders empfohlen.
↝ SCEA David-Lecomte, Ch. de Passavant, 49560 Passavant-sur-Layon, Tel. 02.41.59.53.96, Fax 02.41.59.57.91 ✓ ⚑ n. V.

DOM. DU PETIT VAL 1996★

| | 2,5 ha | 3 000 | -30 F |

Bei der Domaine du Petit Val denkt man an die Appellation Bonnezeaux. Aber bevor Sie die süßen Weine dieses Cru probieren, versuchen Sie diesen Cabernet d'Anjou, der ganz fein und frisch ist und an frische Früchte und Kirschen erinnert. Ein Wein gegen den Durst, um eine schöne Stunde einzuläuten.
↝ EARL Denis Goizil, Dom. du Petit Val, 49380 Chavagnes, Tel. 02.41.54.31.14, Fax 02.41.54.03.48 ✓ ⚑ n. V.

DOM. ROBINEAU CHRISLOU 1996

| | 1,3 ha | k. A. | -30 F |

Ein 18 ha großes Gut in der Gemeinde Saint-Lambert-du-Lattay. Sein gefälliger Wein hat einen guten Ausdruck von roten Früchten, insbesondere roten Johannisbeeren. Er ist recht repräsentativ für die Appellation Cabernet d'Anjou.
↝ Dom. Robineau Chrislou, 14, rue Rabelais, 49750 Saint-Lambert-du-Lattay, Tel. 02.41.78.42.65, Fax 02.41.78.42.65 ✓ ⚑ n. V.

DOM. SAINT-ARNOUL 1996★

| | 5 ha | 20 000 | -30 F |

Das Gut befindet sich in einer Gemeinde, die auf tertiärem Muschelsand liegt. Zahlreiche Keller und Höhlenhäuser sind hier in den Fels gegra-

Anjou-Saumur

ben (die Kapelle Saint-Arnoul steht unter Denkmalschutz) und bilden einen malerischen Weiler. Hier ein schöner Wein mit einer intensiven rosa Farbe und einem kräftigen, fruchtigen Aroma, während man im Geschmack eine spürbare Gerbsäure findet. Dieser Cabernet d'Anjou besitzt ein großes Potential : Man muß ihn mehrere Jahre einkellern.
↘ EARL Poupard et Fils, Dom. Saint Arnoul, 49540 Martigné-Briand, Tel. 02.41.59.43.62, Fax 02.41.59.69.23 ☑ ☍ n. V.

DOM. DE SAINTE-ANNE 1996*

| | k. A. | 3 000 | | -30 F |

Das seit sechs Generationen bewirtschaftete Gut liegt auf der höchsten lehmig-kalkhaltigen Kuppe der Gemeinde Saint-Saturnin-sur-Loire. Ein besonderes Anbaugebiet, ein origineller Wein. Dieser hier hat viel Feinheit und Elganz mit einem Eindruck von Leichtigkeit und Zartheit im Geschmack, die für Kalksteinböden charakteristisch sind. Natürlich sollte man ihn als Aperitif oder zu Nachspeisen mit Zitrusfrüchten servieren.
↘ EARL Brault, Dom. de Sainte-Anne, 49320 Brissac-Quincé, Tel. 02.41.91.24.58, Fax 02.41.91.25.87 ☑ ☍ Mo-Sa 9h-12h 14h-19h

SECHET 1996*

| | 3 ha | 3 000 | | -30 F |

Das Gut hatte bereits mit diesem Weintyp einen Lieblingswein. Jedes Jahr werden seine Weine von den Kennern erwartet. Ein intensives Rosa, ein zartes Aroma von roten Früchten und ein ausgewogener Geschmack mit Noten von schwarzen Johannisbeeren und Brombeeren im Abgang sind die Merkmale dieses 96ers. Zu empfehlen als Aperitif oder zu warmen Rillauds (in Schmalz gekochte Schweinefleischwürfel).
↘ Séchet-Carret, Maligné, 49540 Martigné-Briand, Tel. 02.41.59.43.40, Fax 02.41.59.47.64 ☑ ☍ n. V.

DOM. DES TROTTIERES 1996*

| | 2,6 ha | 18 000 | | -30 F |

Dieses Gut besitzt einen Kiessandboden, der besonders günstig ist für die Produktion von Roséweinen. Mit ihnen hat es auch ein hohes Ansehen erworben. Wie üblich ist sein Cabernet d'Anjou sehr fruchtig und erweckt im Geschmack den Eindruck, als würde man in Himbeeren beißen. Schöne Gesamtausgewogenheit.
↘ SCEA Dom. des Trottières, Les Trottières, 49380 Thouarcé, Tel. 02.41.54.14.10, Fax 02.41.54.09.00 ☑ ☍ n. V.
↘ Lamotte

Coteaux de l'Aubance

Der kleine Fluß Aubance wird von Schieferhängen gesäumt, auf denen alte Chenin-Rebstöcke wachsen.

Aus ihren Trauben wird ein lieblicher Weißwein erzeugt, dessen Qualität sich bei der Alterung verbessert. Die Produktion liegt bei rund 3 000 hl, wobei 1990 mit 4 046 hl eine Rekordmenge erzielt wurde. Vor kurzem hat sich diese Appellation entschlossen, ihre Erträge streng zu begrenzen. In diesem dynamischen Anbaugebiet, das zehn Gemeinden umfaßt, hat die Cabernet-Rebe nach und nach den Chenin abgelöst ; sie liefert gute Rotweine, die bei einem alljährlichen Wettbewerb in Brissac-Quincé vorgestellt werden.

DOM. DE BABLUT Grandpierre 1995**

| | 4 ha | 7 000 | | 70-100 F |

Christophe Daviau, ein Önologe, ist der junge Vorsitzende der AOC Coteaux de l'Aubance. Man kann zumindest sagen, daß er eine heilsame Erneuerungspolitik verfolgt. Dieser sehr schöne Wein, der konzentriert und frisch ist, repräsentiert sehr gut den Typ der Appellation : Sein intensives und angenehmes Aroma erinnert an kandierte Früchte, Minze und weiße Blüten.
↘ SCEA Daviau, Dom. de Bablut, 49320 Brissac-Quincé, Tel. 02.41.91.22.59, Fax 02.41.91.24.77 ☑ ☍ Mo-Sa 9h-12h 14h-18h ; So n. V.

DOM. DE BABLUT Vin Noble 1995***

| | 9 ha | 5 000 | | 100-150 F |

Die Beerenauslese ist mit Weinen verbunden, die aus Trauben mit einem potentiellen Alkoholgehalt von mehr als 17,5° hergestellt werden. Die Empfindung von Fett (Glyzerin und Alkohol) und Konzentriertheit dominieren die Verkostung. Holzbetonte Noten (Kokosnuß, Vanille) vereinigen sich elegant einem Aroma von kandierten Früchten (Papayas, Mangos). Und ständig jene Frische im durstlöschenden Geschmack. Superb !
↘ SCEA Daviau, Dom. de Bablut, 49320 Brissac-Quincé, Tel. 02.41.91.22.59, Fax 02.41.91.24.77 ☑ ☍ Mo-Sa 9h-12h 14h-18h ; So n. V.

DOM. DE HAUTE PERCHE 1995*

| | 3 ha | 2 000 | | 50-70 F |

Wer kennt im Anjou nicht die Domaine de Haute Perche und ihren Besitzer, Christian Papin ? Und auch wenn seine Rotweine eine Vorrangstellung auf diesem Gut haben, so gesellen sich doch die trockenen und die süßen Weißweine nach und nach auch zu den Großen ! Dieser hier versteckt sein Potential nicht. Bei der Alterung wird er noch mehr Fülle und Eleganz hinzugewinnen. Der konzentrierte, frische Geschmack ist charakteristisch für die Appellation. Sehr schöne Gesamtharmonie !
↘ EARL Agnès et Christian Papin, 9, chem. de la Godelière, 49610 Saint-Melaine-sur-Aubance, Tel. 02.41.57.75.65, Fax 02.41.57.75.42 ☑ ☍ n. V.

Anjou-Saumur

DOM. DE MONTGILET
Le Tertereaux 1995**

| | 2,5 ha | 3 437 | | 100-150 F |

Victor und Vincent Lebreton setzen seit zehn Jahren entschieden auf die süßen Weine. Die Wahl der 95er Cuvée du Clos Prieur zum Lieblingswein belohnte diese Entscheidung. Die 95er Auslese aus der Reblage le Tertereaux ist als bemerkenswert beurteilt worden. Reichhaltigkeit mit einer Bitterkeit im Abgang, die für dieses Anbaugebiet charakteristisch ist. Die intensive Goldfarbe zeigt schon auf den ersten Blick an, daß es sich um einen großen Wein handelt.
↪ Victor et Vincent Lebreton, Dom. de Montgilet, 49610 Juigné-sur-Loire, Tel. 02.41.91.90.48, Fax 02.41.54.64.25 ☑ ⌘ Mo-Sa 9h-12h 14h-19h

DOM. RICHOU La Sélection 1996*

| | 10 ha | 16 000 | | 30-50 F |

Es stimmt, daß die Familie Richou ihren Namen in der Geschichte der Rotweine des Anjou verewigt hat (ihrem Vater, Henri Richou, ist die Geburt der Appellation Anjou-Villages zu verdanken). Das bedeutet aber nicht, daß die Weißweinproduktion dieses Guts uninteressant wäre. Ganz im Gegenteil : Dieser Wein hier bietet uns eine beeindruckende aromatische Palette, die Noten von Minze und Kokosnuß verbindet. Seien Sie geduldig, und warten Sie zehn Jahre, bevor Sie ihn dann auf seinem Höhepunkt als Aperitif servieren.
↪ Dom. Richou, Chauvigné, 49610 Mozé-sur-Louet, Tel. 02.41.78.72.13, Fax 02.41.78.76.05 ☑ ⌘ n. V.

Anjou-Coteaux de la Loire

Diese Appellation ist Weißweinen vorbehalten, die aus der Rebsorte Pinot de la Loire erzeugt werden. Die Produktionsmenge ist recht gering (1 500 hl) im Verhältnis zur Anbaufläche, die ein Dutzend Gemeinden umfaßt und ausschließlich auf den Schiefer- und Kalksteinböden von Montjean liegt. Wenn die Trauben ausgelesen werden und Überreife erreichen, zeichnen sich diese Weine gegenüber den Coteaux du Layon durch eine intensivere grüne Farbe aus. Es sind zumeist halbtrockene Weine. Auch in dieser Region stellt sich die Weinproduktion nach und nach auf Erzeugung von Rotweinen um.

Anjou-Coteaux de la Loire

DOM. DU FRESCHE
Clos du Chalet 1995**

| | 1,5 ha | 4 000 | | 50-70 F |

Dieses im Weinführer regelmäßig erwähnte Gut präsentiert erneut einen bemerkenswerten Wein, der in jedem Augenblick den Reichtum des Traubenguts enthüllt. Dieser goldgelbe 95er besteht im Duft ganz aus reifen und getrockneten Früchten und zeigt im Geschmack eine erstaunliche Konzentration. Ein prächtiger Wein.
↪ EARL Boré, Dom. du Fresche, 49620 La Pommeraye, Tel. 02.41.77.74.63, Fax 02.41.77.79.39 ☑ ⌘ Mo-Sa 8h-12h 14h-19h

GILLES MUSSET ET SERGE ROULLIER Sélection de grains nobles 1995*

| | 2 ha | 2 500 | | 100-150 F |

Ein Weinbaubetrieb, den man besichtigen sollte. Dieser Wein wurde schon in der vorangegangenen Ausgabe des Weinführers berücksichtigt, als er noch ausgebaut wurde. Die Jury hat auf ihn gesetzt ! Nun, die Wette ist gewonnen ! Die Verkoster haben seinen Stern bestätigt und seine sehr schöne, intensive Goldfarbe und sein konzentriertes Fruchtaroma (getrocknete, exotische und reife Früchte) geschätzt. Der Geschmack gibt uns eine Empfindung von beindruckender Fülle. Ein Wein, der den sehr großen Weinen nahe kommt. Die Leser, die ihn im letzten Jahr gekauft haben, dürften ihr Geld gut angelegt haben.
↪ Vignoble Musset-Roullier, Le Pélican, 49620 La Pommeraye, Tel. 02.41.39.05.71, Fax 02.41.77.75.72 ☑ ⌘ n. V.

DOM. DE PUTILLE
Cuvée des Claveries 1996*

| | k. A. | 1000 | | 30-50 F |

Wenn sich die Region der Coteaux de la Loire voll im Umbruch befindet, so ist der Grund dafür in der Tätigkeit einer Gruppe junger Winzer zu suchen, zu denen natürlich auch Pierre Sécher gehört. Diese Cuvée des Claveries ist recht typisch mit einem zarten, leichten aromatischen Ausdruck : Noten von reifen Früchten, Quitten und weißen Blüten. Sehr schöne Gesamtharmonie.
↪ Dom. de Putille, 49620 La Pommeraye, Tel. 02.41.39.80.43, Fax 02.41.39.81.91 ☑ ⌘ n. V.
↪ Pierre Sécher

DOM. DE PUTILLE
Sélection de grains nobles 1995**

| | k. A. | 2 000 | | 50-70 F |

Diese Cuvée ist aus streng ausgelesenem Traubengut hergestellt worden, dessen potentieller Alkoholgehalt über 20 ° lag. Sie wurde aufgrund ihrer Ausgewogenheit und Zartheit als bemerkenswert beurteilt. Die Empfindung von Konzentration wird nämlich von Frische und Leichtigkeit begleitet : all das, was man von den großen Weinen des Loire-Tals erwartet (Flaschen mit 50 cl Inhalt).
↪ Dom. de Putille, 49620 La Pommeraye, Tel. 02.41.39.80.43, Fax 02.41.39.81.91 ☑ ⌘ n. V.

M. VOISINE-HARPIN
Coteau Saint-Vincent 1996*

| | 1 ha | 3 000 | -30 F |

Ein junger, 1992 entstandener Betrieb. Zwei späte Auslesen ermöglichten die Herstellung dieses gut vinifizierten 96ers. Er erweckt einen Eindruck von Leichtigkeit, der charakteristisch ist für diese Appellation, mit einem zarten Aroma von weißen Blüten, Lindenblüten und Eisenkraut.

🖃 Michel Voisine, Coteau Saint-Vincent, 49290 Chalonnes-sur-Loire, Tel. 02.41.78.18.26 ✓ ⚓ n. V.

Savennières

Dies sind trockene Weißweine, die von der Rebsorte Chenin stammen und hauptsächlich in der Gemeinde Savennières erzeugt werden. Die purpurroten Schiefer- und Sandsteinböden verleihen ihnen einen besonderen Charakter, was dazu führte, daß man sie lange Zeit als Crus der Coteaux de la Loire beschrieb ; doch sie verdienen einen ganz eigenen Platz. Diese Appellation dürfte sich behaupten und weiterentwickeln. Ihre Weine sind voller Kraft und ein wenig nervig und passen wunderbar zu gekochtem Fisch. Die Produktion der 89 bepflanzten Hektar liegt bei durchschnittlich 3 500 hl.

DOM. DES BAUMARD 1995**

| | 12 ha | 70 000 | 50-70 F |

Eine Familie aus Angers, die seit 1634 in Rochefort-sur-Loire, auf dem dem Anbaubiet der AOC gegenüberliegenden Ufer, ansässig ist. Dieser Weinbaubetrieb auf dem linken Ufer war der erste, der 1968 »die Brücke« überschritt und in Savennières Wein anbaute. Andere folgten nach, vor allem seit 1985. Dieser Wein ist sehr repräsentativ für die Appellation. Er ist kräftig und strukturiert und dennoch zart mit seinen mineralischen, blumigen und fruchtigen Noten. Ein rassiger 96er, der von einem großartigen Boden kommt und gut vinifiziert worden ist.

🖃 Florent Baumard, Dom. des Baumard, 8, rue de l'Abbaye, 49190 Rochefort-sur-Loire, Tel. 02.41.78.70.03, Fax 02.41.78.83.82 ✓ ⚓ Mo-Fr 10h-12h 14h-18h ; Sa n. V.

BECHERELLE 1995***

| | k. A. | k. A. | 70-100 F |

Becherelle ist ein Nachbar der Hänge, die die AOC Coulée de Serrant bilden, und überragt die Loire. Kann man von einem mysteriösen Wein sprechen ? Jedenfalls ist dies der Ausdruck, den die Degustationskommission gewählt hat. Das strenge, mineralische Aroma entfaltet sich bei der Belüftung und entwickelt sich zu fruchtigen Noten hin. Der Geschmack ist von recht außergewöhnlicher Ausgewogenheit und verbindet Frische und lieblichen Charakter. Der volle, intensive, fast überschwenglich Abgang bestätigt die außergewöhnliche Qualität dieses betörenden Weins.

🖃 Nicolas Joly, Ch. de La Roche-aux-Moines, 49170 Savennières, Tel. 02.41.72.22.32, Fax 02.41.72.28.68 ✓ ⚓ Mo-Sa 8h30-12h 14h-18h

DOM. DU CLOSEL 1996**

| | 8 ha | 35 000 | 50-70 F |

Die Domaine du Closel zeugt mit ihrem Schloß, ihrem Park und ihrem Gemüsegarten von einer ruhmreichen, farbenfrohen Vergangenheit des Weinbaugebiets von Savennières. Seine Besitzer, die »Damen von Le Closel«, verleihen ihm einen besonderen Glanz. Füllig und kraftvoll, aus sehr reifen Trauben hergestellt (was für ein schönes Jahr doch dieser Jahrgang 1996 war !). Trotzdem bietet dieser großartige Wein eine Strenge und Herbheit, die allen großen Savennières-Weinen eigen ist. Ein köstlicher, geheimnisvoller Wein. Ein bemerkenswerter Erfolg !

🖃 EARL Mesdames de Jessey, Dom. du Closel, Les Vaults, 1, pl. du Mail, 49170 Savennières, Tel. 02.41.72.81.00, Fax 02.41.72.86.00 ✓ ⚓ Mo-Sa 9h-12h30 14h-18h30 ; So n. V.

CLOS DE COULAINE 1995*

| | 4,5 ha | 13 000 | 30-50 F |

Die Besonderheit des Clos de Coulaine ist, daß er sandige Böden bietet, die sich auf einem Schieferuntergrund befinden (äolische Sande der Loire, die sich im Quartär abgelagert haben). Bewirtschaftet wird er von Claude Papin, einer Persönlichkeit dieses Weinbaugebiets. Sein Savennières erstaunt durch seine Sanftheit (die Ansichten der Weinkoster waren in diesem Punkt geteilt mit lobenden und differenzierten Kommentaren). Er hinterläßt einen sehr guten Gesamteindruck. Ein Wein, der seine uneingeschränkten Anhänger haben wird.

🖃 Claude Papin, Ch. Pierre-Bise, 49750 Beaulieu-sur-Layon, Tel. 02.41.78.31.44, Fax 02.41.78.41.24 ✓ ⚓ n. V.

CH. D'EPIRE 1995*

| | 9 ha | 35 000 | 50-70 F |

Der Ursprung des Anbaugebiets von Château d'Epiré reicht ins Mittelalter zurück. Der Keller des Guts befindet sich in der alten romanischen Kirche des Dorfs. Dieses Gut ist seit dem 17. Jh. nicht verkauft worden. Dieser Wein ist aufgrund seiner bitteren Note und seiner Frische charakteristisch für seine Appellation. Obwohl es sich um einen 95er handelt, ist er noch jung, aber er hat Charakter und muß mehrere Jahre gelagert werden. Seine Zukunft ist durch seine gelungene Struktur gesichert.

🖃 SCEA Bizard-Litzow, Chais du château d'Epiré, 49170 Savennières, Tel. 02.41.77.15.01, Fax 02.41.77.16.23 ✓ ⚓ Mo-Sa 9h-12h30 14h-18h

Anjou-Saumur

Savennières Roche-aux-Moines

DOM. DES FORGES
Clos des Mauriers 1996*

| | 1,5 ha | 10 000 | | 30-50 F |

Das Ansehen der Domaine des Forges und seines Besitzers, Claude Branchereau, ist wohlbegründet dank der Produktion von süßen Weinen auf dem anderen Ufer der Loire. Das Gut beginnt sich auch einen Namen zu machen mit seinem Savennières. Dieser hier erstaunt auch in diesem Jahr wieder durch Blütennoten (der Wein stammt von jungen Rebstöcken). Der Reichtum und der Charakter werden mit der Zeit kommen.
➽ EARL Branchereau, Dom. des Forges, Les Barres, 49190 Saint-Aubin-de-Luigné, Tel. 02.41.78.33.56, Fax 02.41.78.57.51 ✓ ⌶ n. V.

MOULIN DE CHAUVIGNE 1996

| | 0,7 ha | 1 200 | | 50-70 F |

Die Mühle von Chauvigné wurde 1750 errichtet. Sie blieb im Besitz ein und derselben Familie, bis sie 1882 von Sylvie Termeau erworben wurde. Sie steht auf dem Sims des Anjou, an einem Ort, wo sich das gesamte Tal der Loire öffnet, von Angers bis Montjean-sur-Loire. Dieser 96er ist noch jung: kristallklares, blasses Gelb, blumiges und fruchtiges Aroma, mineralischer, frischer Geschmack. Ein vielversprechender Wein, den man fünf Jahre lagern kann.
➽ Sylvie Termeau, Le Moulin de Chauvigné, 49190 Rochefort-sur-Loire, Tel. 02.41.78.86.56, Fax 02.41.78.86.56 ✓ ⌶ n. V.

CLOS DU PAPILLON
Cuvée d'Avant Moelleux 1995**

| | 1 ha | k. A. | | 70-100 F |

Die Cuvée des Clos du Papillon stammt von Trauben, die ausgelesen wurden und einen potentiellen Alkoholgehalt von 14 bis 16,5° hatten. 50 % der Trauben waren am Rebstock rosinenartig eingeschrumpft, 50 % von Edelfäule befallen. Blaßgoldene Farbe, intensives Aroma von kandierten Früchten und Vanillenoten, die vom Ausbau im Faß herrühren, nachhaltiger, ausgewogener Geschmack mit einem Abgang, der durch reife Früchte geprägt ist. Man sollte ihn fünf Jahre aufheben, damit sich das Barriquefaß mit dem Wein vereinen kann.
➽ Pierre Soulez, Ch. de Chamboureau, 49170 Savennières, Tel. 02.41.77.20.04, Fax 02.41.77.27.78 ✓ ⌶ n. V.

Savennières Roche-aux-Moines, Savennières Coulée-de-Serrant

Diese beiden Reblagen lassen sich schwer voneinander trennen: Sie haben eine besondere Einstufung erhalten, weil sie sich in ihren Merkmalen und in ihrer Qualität so ähnlich sind. Das flächenmäßig kleinere Coulée de Serrant (6,85 ha) liegt beiderseits des Tals des Flüßchens Serrant. Der größte Teil davon befindet sich an Steilhängen, die nach Südwesten liegen. Diese Appellation, die sich im Alleinbesitz der Familie Joly befindet, hat aufgrund ihrer Qualität wie auch hinsichtlich ihres Preises das Ansehen der französischen Grands crus erreicht. Nach fünf bis zehn Jahren entfalten sich die Qualitäten ihrer Weine vollständig. Das Anbaugebiet Roche aux Moines gehört mehreren Besitzern und nimmt eine angemeldete Fläche von 19 ha ein, die nicht völlig bestockt ist und im Durchschnitt 600 hl produziert. Es ist zwar weniger einheitlich als die obige Lage, aber man findet hier Cuvées, die ihr in nichts nachstehen.

Savennières Roche-aux-Moines

CHEVALIER BUHARD
Cuvée d'Avant Doux 1995**

| | 1 ha | 3 300 | | 100-150 F |

Château de Chamboureau bezeugt durch seine Erhabenheit und seinen Charakter deutlich das Ansehen dieses Weinbaugebiets. Die Cuvée du Chevalier Buhard ist durch eine drei- bis viermalige Auslese der Trauben hergestellt worden, deren potentieller Alkoholgehalt jeweils über 17 ° lag. Die Gärung vollzog sich mehr als ein Jahr lang in Eichenholzbarriques. Daran schloß sich ein sechsmonatiger Ausbau auf der Hefe an. Das Ergebnis ist ein sehr schöner süßer Wein mit Noten von kandierten reifen Früchten und einem Eindruck von Honig im Abgang. Er wird die ideale Begleitung zu Stopfleber und Obstdesserts sein.
➽ Pierre Soulez, Ch. de Chamboureau, 49170 Savennières, Tel. 02.41.77.20.04, Fax 02.41.77.27.78 ✓ ⌶ n. V.

CLOS DE LA BERGERIE 1995**

| | k. A. | k. A. | 100-150 F |

Nicolas Joly ist, ohne es zu wissen, einer der Päpste der Biodynamik. Ein harter Kampf in unseren rationalen Zeiten, aber was bedeutet das schon - er besitzt Zuversicht und kann andere Winzer in Appellationen überzeugen, die zu den angesehensten von Frankreich gehören. Während das Aroma dieses Weins an Milde denken läßt (sanfte Noten von sehr reifen Pflaumen, Eindruck von Honig), erstaunt der Geschmack durch seine Frische und seine Bitterkeit im Abgang. Dieser komplexe 95er illustriert perfekt das einzigartige Verhalten der Rebsorte Chenin auf einem großartigen Boden, der Weine liefert,

Anjou-Saumur

die reichhaltig, kraftvoll, frisch und durststillend zugleich sind.
☛ Nicolas Joly, Ch. de La Roche-aux-Moines, 49170 Savennières, Tel. 02.41.72.22.32, Fax 02.41.72.28.68 ✓ ⊺ Mo-Sa 8h30-12h 14h-18h

DOM. AUX MOINES 1995**

| ☐ | 8 ha | 30 000 | 🍾 | 50-70 F |

Dieser Savennières Roche-aux-Moines aus dem Jahrgang 1995 beginnt seine Persönlichkeit zu enthüllen. Seine klare goldgelbe Farbe, sein Aroma von Blüten und kandierten Früchten und sein eleganter Geschmack verleihen diesem Wein viel Klasse. Er hat eine große Zukunft vor sich.
☛ SCI Madame Laroche, La Roche-aux-Moines, 49170 Savennières, Tel. 02.41.72.21.33, Fax 02.41.72.86.55 ✓ ⊺ n. V.

Savennières Coulée-de-Serrant

CLOS DE LA COULEE DE SERRANT 1995*

| ☐ | 6,85 ha | k. A. | | 150-200 F |

Nicolas Joly setzt sich mit seiner ganzen Leidenschaft dafür ein, seine Anbaumethoden bekanntzumachen. Bei seiner Vinifizierung versucht er, dieses großartige Anbaugebiet zu verstärken. Der 95er ist ein erstaunlicher Wein mit entwickelten Noten (an Walnüsse erinnerndes Aroma). Der runde, üppige Geschmack mit dem nachhaltigen Abgang zeigt viel Stärke. Die Feinheit wird später zum Ausdruck kommen.
☛ Nicolas Joly, Ch. de La Roche-aux-Moines, 49170 Savennières, Tel. 02.41.72.22.32, Fax 02.41.72.28.68 ✓ ⊺ Mo-Sa 8h30-12h 14h-18h

Coteaux du Layon

An den Hängen von 25 Gemeinden, die an den Ufern des Layon liegen, erzeugt man von Nueil bis Chalonnes rund 48 000 hl halbtrockene, liebliche oder süße Weine. Als einzige Rebsorte wird Chenin verwendet. Mehrere Dörfer sind berühmt : Am bekanntesten ist Chaume (Rochefort-sur-Loire) mit einer durchschnittlichen Produktion von 2 100 hl, die auf 78 ha erzeugt werden. Sechs weitere Namen dürfen der Appellation hinzugefügt werden : Rochefort-sur-Loire, Saint-Aubin-de-Luigné, Saint-Lambert-du-Lattay, Beaulieu-sur-Layon, Rablay-sur-Layon und Faye-d'Anjou. Es sind hochfeine Weine von goldgrüner Farbe in Concourson, eher gelbe und kraftvollere Weine flußabwärts. Sie bieten ein Aroma von Honig und Akazienblüten, das von überreifen Trauben herrührt. Ihre Alterungsfähigkeit ist erstaunlich.

DOM. D'AMBINOS
Sélection de grains nobles 1995*

| ☐ | 11 ha | k. A. | | 100-150 F |

Die Trauben sind in vier Durchgängen ausgelesen und dann vier Jahre lang im Eichenholzfaß vinifiziert worden. Das Ergebnis ist ein klassischer Wein, der für die Appellation vollkommen repräsentativ ist. Intensiv goldene Farbe, für überreifes Traubengut charakteristisches Aroma (Noten von konzentrierten, exotischen Früchten), harmonischer Geschmack, der reichhaltig und frisch zugleich ist. Dieser Wein ist verführerisch. Man sollte ihn zu einem Bleu d'Auvergne (Edelpilzkäse) trinken.
☛ Jean-Pierre Chéné, 3, imp. des Jardins, 49750 Beaulieu-sur-Layon, Tel. 02.41.78.48.09, Fax 02.41.78.61.72 ✓ ⊺ n. V.

DOM. DES BARRES
Saint-Aubin de Luigné grains nobles 1996**

| ☐ | 1 ha | 2 500 | | 70-100 F |

Dieses Familiengut ist hauptsächlich auf die Erzeugung von süßen Weinen ausgerichtet. Die Cuvée Le Paradis aus demselben Dorf und Jahrgang erhält aufgrund ihres guten Potentials einen Stern. Die 96er Cuvée Grains Nobles ist bemerkenswert. Die intensive Goldfarbe funkelt im Glas. Der kräftige, komplexe Duft bietet Noten von kandierten und getrockneten Früchten. Der üppige Geschmack gibt die für die großen süßen Weine charakteristische Empfindung, als würde man in Korinthen beißen. Dieser Wein wird sich bei der Alterung noch stärker entfalten ! Aber werden Sie seinem jetzigen Charme widerstehen können ?
☛ Patrice Achard, Dom. des Barres, 49190 Saint-Aubin-de-Luigné, Tel. 02.41.78.33.26, Fax 02.41.78.68.37 ✓ ⊺ n. V.

CHARLES BEDUNEAU
Saint Lambert Cuvée Prestige 1995*

| ☐ | 8 ha | 1 500 | | 50-70 F |

Das Gut liegt mitten in dem Dorf Saint-Lambert-du-Lattay. Der Stoff ist recht spürbar in diesem Wein. Der aromatische Reichtum (Noten von exotischen Früchten, Bananen und kandierten Früchten) zeigt ebenfalls die Reife des Traubenguts. Ein Wein, der in ein paar Jahren sehr viele Weinliebhaber erstaunen wird. Servieren Sie ihn in der Karaffe.
☛ Charles Beduneau, 18, rue Rabelais, 49750 Saint-Lambert-du-Lattay, Tel. 02.41.78.30.86, Fax 02.41.74.01.46 ✓ ⊺ n. V.

DOM. DES BOHUES Saint Lambert 1996*

| ☐ | 4,2 ha | 1 500 | 🍾 | 70-100 F |

Ein 16 ha großes Gut, das 1933 von Victor Retailleau gekauft wurde. Dieser 96er ist natürlich noch verschlossen, aber er besitzt echtes

Anjou-Saumur

Coteaux du Layon

Potential. Hergestellt aus edelfaulen Trauben, die ausgelesen worden sind. Er muß mindestens ein paar Jahre altern : Dann dürfte er eine sehr angenehme Überraschung bereithalten.
🕭 Joseph et Denis Retailleau, Les Bohues, 49750 Saint-Lambert-du-Lattay, Tel. 02.41.78.33.92, Fax 02.41.78.34.11 ☑ 🍷 n. V.

CH. DE BOIS-BRINÇON
Faye d'Anjou Sélection de grains nobles 1995*

| | 4 ha | 3 000 | 🎶 100-150 F |

Dieses Gut, das bis zur Französischen Revolution der Kirche gehörte, wurde 1981 Eigentum der Familie Cailleau. Der einfache 95er Coteaux du Layon Faye d'Anjou erhält eine lobende Erwähnung ; er ist ein wenig leicht, aber angenehm. Natürlich ist der Eindruck von Konzentration viel stärker bei der Sélection de grains nobles (die Trauben hatten bei der Lese einen Alkoholgehalt von rund 20°). Die aromatischen Wahrnehmungen sind komplex, mit fruchtigen, empyreumatischen (Räucher- und Röstgeruch) und vanilleartigen Noten.
🕭 Xavier Cailleau, Le Bois Brinçon, 49320 Blaison-Gohier, Tel. 02.41.57.19.62, Fax 02.41.57.10.46 ☑ 🍷 n. V.

CH. DE BROSSAY
Sélection de grains nobles 1996***

| | 3 ha | 2 000 | 🎶 50-70 F |

Dieses Gut ist seit ein paar Jahren als ein Vorbild auf dem Gebiet der süßen Weine bekannt. Sein 94er wurde zum Lieblingswein gewählt. Und der 96er erhält erneut drei Sterne. Dieser aus sehr reifen Trauben hergestellte Wein ist sehr gut vinifiziert worden (die Weinbereitung und der Ausbau im Barriquefaß sind perfekt gemeistert worden). Die Ausgewogenheit im Geschmack ist wunderbar und verbindet auf ideale Weise Frische und Reichhaltigkeit. Ein großer süßer Wein aus dem Tal der Loire.
🕭 Raymond et Hubert Deffois, Ch. de Brossay, 49560 Cléré-sur-Layon, Tel. 02.41.59.59.95, Fax 02.41.59.58.81 ☑ 🍷 Mo-Sa 8h-12h 14h-20h

DOM. CADY
Saint-Aubin Cuvée Eléonore Grains nobles 1995***

| | 21 ha | 5 000 | 🎶 100-150 F |

Die Domaine Cady ist den Liebhabern von Coteaux-du-Layon-Weinen sicherlich wohlbekannt. Aber eine Cuvée auf diesem Niveau vorzustellen (einstimmiges Urteil der Oberjury) kommt einem Kunststück gleich und kann nur erstaunen lassen (die großen Weine haben etwas Magisches an sich). Wie soll man einen solchen Wein beschreiben ? Macht man ihn unvollkommen, wenn man an kandierte Früchte und getrocknete Früchte (Feigen) und an die wunderbare Ausgewogenheit zwischen Struktur und Frische des Geschmackes erinnert ? Ein 95er, der ganz einfach außergewöhnlich ist.
🕭 Dom. Cady, Valette, 49190 Saint-Aubin-de-Luigné, Tel. 02.41.78.33.69, Fax 02.41.78.67.79 ☑ 🍷 n. V.
🕭 Philippe Cady

DOM. DE CLAYOU Saint Lambert 1996*

| | 1,1 ha | 5 300 | 🎶 30-50 F |

Ein Gut, das sich seit drei Generationen vergrößert hat. Ein Wein, der am Tag der Weinprobe schwer zu beurteilen war, so jung war er. Doch das Potential ist vielversprechend. Das Aroma von Honig und Früchtekompott, das auf einen hohen Reifegrad des Traubenguts hinweist, wird in ein paar Jahren voll zum Ausdruck kommen.
🕭 Jean-Bernard Chauvin, 18 bis, rue du Pont-Barre, 49750 Saint-Lambert-du-Lattay, Tel. 02.41.78.42.84, Fax 02.41.78.48.52 ☑ 🍷 n. V.

DOM. DES CLOSSERONS
Vieilles vignes 1996**

| | 10,5 ha | 6 500 | 🎶 30-50 F |

Erneut ein schöner Erfolg : prächtige, intensive goldene Farbe. Das Aroma erinnert an getrocknete Früchte und weiße Früchte (Birnen). Der Geschmack ist kraftvoll, bleibt dabei aber erfrischend (das ist der Zauber der Rebsorte Chenin in ihren Anbaugebieten im Loire-Tal). Dieser Wein läßt sich problemlos mehrere Jahre lagern. Eilige Feinschmecker können ihn auch schon jetzt trinken. Ausgezeichnetes Qualitäts-Preis-Verhältnis.
🕭 GAEC Jean-Claude Leblanc et Fils, Dom. des Closserons, 49380 Faye-d'Anjou, Tel. 02.41.54.30.78, Fax 02.41.54.12.02 ☑ 🍷 n. V.

DOM. COUSIN-LEDUC
Sélection de grains nobles 1995**

| | 2 ha | 2 000 | 🎶 70-100 F |

König Ludwig XI. verglich die Anjou-Weine mit Goldtropfen. Die Sélection de grains nobles aus dem Jahrgang 1995 hätte ihn begeistert aufgrund ihrer gelbroten Farbe, die einem alten Wein ähnlich ist, und seines sehr schönen aromatischen Ausdrucks im Geschmack mit Noten von Aprikosen und kandierten Früchten und einer Empfindung von erstaunlicher Konzentration. Königlich.
🕭 Olivier Cousin, 7, rue du Colonel-Panaget, 49540 Martigné-Briand, Tel. 02.41.59.09.09, Fax 02.41.59.69.83 ☑ 🍷 n. V.

DOM. DESMAZIERES
Beaulieu Grains nobles 1996**

| | 8 ha | 3 000 | 🎶 50-70 F |

Marc Godeau hat sich hier 1987 niedergelassen und es sich in den Kopf gesetzt, charaktervolle Weine zu erzeugen. Das kann die Weinliebhaber nur freuen. Dieser sehr schöne 96er, ein feiner und zugleich gehaltvoller Wein, ist besonders typisch für seine Appellation. Mit seiner intensiven gelben Farbe, seinem für überreifes Traubengut charakteristischen Aroma und seinem kraftvollen, frischen Geschmack, in dem

TAL DER LOIRE

Anjou-Saumur / Coteaux du Layon

man im Abgang Zitrusnoten entdeckt, ist er sehr verführerisch.

☛ Marc Godeau, Dom. Desmazières, 27, rue Saint-Vincent, 49750 Beaulieu-sur-Layon, Tel. 02.41.78.41.64, Fax 02.41.78.63.35 ☑ ⅄ n. V.

DOM. DULOQUET
Sélection de grains nobles Quintessence 1996★★★

| ☐ | 5 ha | 1 500 | 🍶🍷 | 100-150 F |

Hervé Duloquet kam 1991 auf das Gut und führt den Familienbetieb fort. Seine sehr deutlich ausgeprägte Ausrichtung hin zu »Spitzenerzeugnissen« wurde beim 95er mit der Wahl zum Lieblingswein belohnt, in diesem Jahr für die gleiche Sélection de grains nobles (Jahrgang 1996) durch die Vergabe von drei Sternen, die als außergewöhnlich beurteilte Weine anerkennen. Was für eine Intensität und was für eine Konzentration im Geschmack nach dem Duft, in dem man ein Aroma von kandierten Früchten und Quitten findet ! Was für eine Empfindung von Opulenz ! Die Cuvée Prestige aus demselben Jahrgang wurde als sehr gelungen und recht repräsentativ für die Appellation beurteilt (ein Stern).

☛ Dom. Duloquet, Les Mousseaux, 49700 Les Verchers-sur-Layon, Tel. 02.41.59.17.62, Fax 02.41.59.37.53 ☑ ⅄ n. V.

DOM. DULOQUET
Cuvée Corentin 1995★★

| ☐ | 5 ha | 2 680 | 🍶🍷 | 70-100 F |

Die Cuvée Corentin ist aus Trauben hergestellt worden, die bei der Lese einen potentiellen Alkoholgehalt von 18,5 ° hatten. Ein Wein, der von schönem Traubengut stammt (Aroma von überreifen Trauben, Konzentration im Geschmack) und ist sehr gut vinifiziert worden, mit einem achtmonatigen Ausbau im Barriquefaß. Für die Ungeduldigen ist er schon trinkreif, aber es empfiehlt sich, daß man ihn aufhebt, denn in ein paar Jahren wird er viel besser sein !

☛ Dom. Duloquet, Les Mousseaux, 49700 Les Verchers-sur-Layon, Tel. 02.41.59.17.62, Fax 02.41.59.37.53 ☑ ⅄ n. V.

DOM. DES EPINAUDIERES
Saint Lambert 1995★

| ☐ | 1 ha | 5 000 | 🍶🍷 | 30-50 F |

Roger Fardeau schloß sich 1991 mit seinem Sohn Paul zusammen. Ihr sehr schöner Betrieb hat Charakter. Die Auslese von konzentriertem Traubengut ist auf diesem Gut kein leeres Versprechen : Dieser 95er bezeugt es durch seine intensive goldene Farbe, sein Aroma von Honig, Wachs und weißen Blüten und seinen imposanten, kraftvollen und dennoch frischen Geschmack. Ein Wein, der seine Appellation sehr gut repräsentiert. Die Cuvée Prestige erhält ebenfalls einen Stern.

☛ SCEA Fardeau, Sainte-Foy, 49750 Saint-Lambert-du-Lattay, Tel. 02.41.78.35.68, Fax 02.41.78.35.50 ☑ ⅄ n. V.

DOM. FARDEAU
Cuvée Stéfy Sélection grains nobles 1996★

| ☐ | 1 ha | 2 400 | 🍶🍷 | 100-150 F |

Das Familiengut, auf dem sich Stéphanie (die die vierte Generation der Familie Fardeau verkörpert) vor kurzem niederließ. Die Spitzencuvée des Guts heißt natürlich Cuvée »Stéfy«. Die Farbe ist goldgelb. Das Aroma erinnert an überreife Trauben und getrocknete Früchte. Der erste Geschmackseindruck ist schön, jedoch mit einem leichten Anflug von Alkohol. Dann kommt alles ins rechte Lot. Ein paar Jahre altern lassen.

☛ Michel Fardeau, Les Hauts Perrays, 49290 Chaudefonds-sur-Layon, Tel. 02.41.78.67.57, Fax 02.41.78.68.78 ☑ ⅄ tägl. 9h-12h30 13h30-19h30

DOM. DES FORGES
Chaume Les Onnis 1996★★

| ☐ | 4 ha | k. A. | 🍶🍷 | 70-100 F |

Dieses Jahr beweist Claude Branchereau erneut sein Können. Er präsentiert drei Weine in der Appellation Coteaux-du-Layon Chaume. Alle drei sind ausgewählt worden. Es ist richtig, daß Claude Branchereau auch der sehr effiziente Vorsitzende der AOC ist. Die Cuvée Les Onnis wurde als bemerkenswert beurteilt. Der sehr schöne Stoff kommt in einer großartigen Konzentration und Nachhaltigkeit im Geschmack zum Ausdruck. Man kann diesen sehr schönen Wein recht bald trinken oder noch viele Jahre aufheben. Das 95er Hauptcuvée beim Coteaux du Layon Chaume hat einen Stern erhalten : »Sie ist nicht weit davon entfernt, ein großer Wein zu sein«, notierte ein Verkoster.

☛ EARL Branchereau, Dom. des Forges, Les Barres, 49190 Saint-Aubin-de-Luigné, Tel. 02.41.78.33.56, Fax 02.41.78.57.51 ☑ ⅄ n. V.

DOM. DES FORGES
Chaume Sélection grains nobles 1996★★★

| ☐ | 4 ha | k. A. | 🍶🍷 | 100-150 F |

Die Sélection de grains nobles stammt von Traubengut, das bei der Lese einen potentiellen Alkoholgehalt von mehr als 17,5 ° hatte. Sie hat die Degustationsjury buchstäblich begeistert, die von der Empfindung von Kandiertem im Geschmack beeindruckt war. Seine sehr schöne aromatische Palette dreht sich um Noten von Honig, Wachs, rosinierten Trauben und konzentrierten Früchten. Ein großer Herr ...

☛ EARL Branchereau, Dom. des Forges, Les Barres, 49190 Saint-Aubin-de-Luigné, Tel. 02.41.78.33.56, Fax 02.41.78.57.51 ☑ ⅄ n. V.

CH. DU FRESNE
Faye La Butte des Chevriottes 1996★

| ☐ | 1 ha | 4 000 | 🍶🍷 | 50-70 F |

Die Fundamente dieses im 18. Jh. umgebauten Châteaus stammen von 1430. Das Herrenhaus bewahrt ein Türmchen, in dem sich eine Wendeltreppe nach oben schraubt. Die Liebhaber alter Steine werden sich von seinem Charme verführen lassen. Die Weinliebhaber können dort diesen intensiv goldenen Wein entdecken, der leicht holzbetont ist. Der Geschmack hat eine ziemlich leichte Struktur und hinterläßt einen guten Eindruck. Dieser 96er wird Ende des Jahres trinkreif sein.

☛ Robin-Bretault, Ch. du Fresne, 49380 Faye-d'Anjou, Tel. 02.41.54.30.88, Fax 02.41.54.17.52 ☑ ⅄ n. V.

Anjou-Saumur — Coteaux du Layon

DOM. GAUDARD Cuvée Claire 1996*

| | 3,5 ha | 4 000 | | 70-100 F |

Pierre Aguilas, der brillante Vorsitzende des Weinbauverbandes von Anjou und Saumur, ist in der Welt des französischen Weinbaus wohlbekannt : Sein Temperament und sein Eifer, mit dem er sich für die Winzer einsetzt, verleihen ihm wirklich Stimme. Die nicht professionell mit dem Wein Befaßten werden ihn kennenlernen, wenn sie seine Weine probieren (1995 war ein Coteaux-du-Layon von ihm Lieblingswein). Das Gold im Glas, das blumig-fruchtige Aroma, das für vollreif gelesenes Traubengut charakteristisch ist, und der Eindruck von Konzentration im Geschmack tragen zur ausgezeichneten Gesamtharmonie bei.

🕿 Pierre Aguilas, Dom. Gaudard, rte de Saint-Aubin, 49290 Chaudefonds-sur-Layon, Tel. 02.41.78.10.68, Fax 02.41.78.67.72 Ⓥ
🍷 Mo-Sa 9h-12h 14h-19h ; So n. V.

DOM. DES GRANDES VIGNES
Sélection de grains nobles 1996*

| | 3,75 ha | k. A. | | 70-100 F |

Dieses wohlbekannte Gut zeigt sich bei seiner gesamten Produktion (Rotwein, trockener Weißwein, süßer Wein) leistungsfähig. Zum Beweis dafür die regelmäßige Wahl zum Lieblingswein in jeder Weinkategorie in unseren früheren Ausgaben. Dieser 96er ist ein Klassiker der Appellation. Er hat eine kräftige goldene Farbe und zeigt ein komplexes Aroma von kandierten Früchten und einen konzentrierten und zugleich frischen Geschmack, der im Augenblick noch nicht entwickelt ist. Diese Empfindung, als würde man in kandierte Trauben beißen, ist das Kennzeichen der großen süßen Weine der Loire-Tals - geben Sie sich keiner Täuschung hin.

🕿 GAEC Vaillant, Dom. des Grandes Vignes, La Roche Aubry, 49380 Thouarcé, Tel. 02.41.54.05.06, Fax 02.41.54.08.21 Ⓥ
🍷 Mo-Sa 8h-13h 14h-19h30 ; So n. V.

DOM. SERGE GROSSET
Rochefort Sélection de grains nobles 1995**

| | k. A. | 2 000 | | 70-100 F |

Die Sélection de grains nobles des Jahrgangs 1995 erweckt einen Eindruck von großem Reichtum (die Trauben wurden mit einem potentiellen Alkoholgehalt von rund 20° gelesen). Sie zeigt eine sehr schöne aromatische Palette, die Noten von Lindenblüten, Gewürznelken, konzentrierten Früchten und Zitronen vermischt. Der Geschmack verbindet auf angenehme Weise Empfindungen von Frische und Konzentration. Die 96er Cuvée Motte à Bury erhält einen Stern.

🕿 Dom. Serge Grosset, 60, rue René-Gasnier, 49190 Rochefort-sur-Loire, Tel. 02.41.78.78.67, Fax 02.41.78.79.79 Ⓥ 🍷 n. V.

DOM. DES HARDIERES 1996

| | 3 ha | 15 000 | | -30 F |

Ein Weingut, das von der Handelsfirma der Brüder Aubert bewirtschaftet wird. Sein Wein ist angenehm, leicht und süffig, auch wenn er keinen großen Charakter besitzt. Er ist kommerziell und wird zu einem Preis verkauft, der außer jeder Konkurrenz steht und dennoch ein gutes Bild von der AOC Coteaux du Layon gibt.

🕿 Aubert Frères, Dom. des Hardières, 49750 Saint-Lambert-du-Lattay, Tel. 02.40.98.50.02, Fax 02.40.98.54.66 Ⓥ

CUVEE PIERRE JUTEAU
Sélection de grains nobles 1995**

| | 5 ha | 1000 | | 70-100 F |

Ein traditioneller Familienbetrieb, der sich dem Trend der Erzeugung von Beerenauslesen angeschlossen hat. Und er hat nicht schlecht daran getan ! Die Cuvée, die den Namen des Gründers des Guts trägt, erweckt einen großartigen Eindruck von Konzentration im Geschmack. Seine sehr reichhaltige aromatische Palette verbindet Noten von kandierten Früchten, exotischen Früchten, Vanille und Geräuchertem (gut durchgeführter Ausbau im Barriquefaß). Und um Ihnen alles zu verraten : Dieser Wein wurde für die Wahl zum Lieblingswein vorgeschlagen und erst im Finale ausgeschlossen, denn die Zahl der Lieblingsweine ist beschränkt.

🕿 Pierre Juteau, 2, rue du Commerce, 49290 Chaudefonds-sur-Layon, Tel. 02.41.78.16.66 Ⓥ 🍷 n. V.

DOM. DE LA BERGERIE
Cuvée Fragrance 1995**

| | 2,5 ha | 4 000 | | 100-150 F |

Ein Gut, das in den letzten Jahren bekannt geworden ist und - ein Zeichen seines Erfolges - seit einigen Jahren Rebflächen in der berühmten Appellation Quarts de Chaume hat. Das gesetzlich vorgeschriebene Etikett ist schwarz, das Rückenetikett golden - passend zu diesem sehr schönen Wein, der konzentriert und harmonisch ist. Er erstaunt aufgrund seines Aromas von sehr reifen Birnen und kandierten Früchten. Bemerkenswerte Gesamtharmonie.

🕿 Yves Guégniard, Dom. de La Bergerie, 49380 Champ-sur-Layon, Tel. 02.41.78.85.43, Fax 02.41.78.60.13 Ⓥ 🍷 Mo-Sa 9h-12h30 14h-19h ; So n. V.

CH. DE LA GENAISERIE
Saint-Aubin-de-Luigné Les Simonnelles 1995*

| | 1,5 ha | 6 000 | | 70-100 F |

Yves Soulez ist ein Purist. Er präsentiert süße Weine erst ein Jahr nach dem Ausbau. Dieser sehr schöne Wein, der mit seinen Noten von kandierten Früchten und Zitrusfrüchten voller Eleganz ist, gibt ihm recht. Der Stoff verbindet sich mit einer echten Empfindung von Frische - was man von den süßen Weinen der Loire erwartet. Derselbe Erfolg mit der 95er Cuvée La Roche.

🕿 SC Ch. de La Génaiserie, 49190 Saint-Aubin-de-Luigné, Tel. 02.41.78.33.22, Fax 02.41.78.67.78 Ⓥ 🍷 n. V.

DOM. DU LANDREAU
Chaume Sélection de grains nobles 1995*

| | 5 ha | 3 000 | | 70-100 F |

Diese am 20. Oktober 1995 gelesene Sélection de grains nobles überrascht durch die Intensität ihrer Farbe und durch ihre aromatische Stärke (Noten von Honig, Wachs und kandierten Früchten). Der Geschmack erscheint weniger üppig und ist vom Faß geprägt.

TAL DER LOIRE

Anjou-Saumur — Coteaux du Layon

🍷 Raymond Morin, Dom. du Landreau,
49750 Saint-Lambert-du-Lattay,
Tel. 02.41.78.30.41, Fax 02.41.78.45.11 ▼
☕ Mo-Sa 9h-13h 14h-19h ; So n. V.

DOM. DE L'ECHALIER
Vendanges tardives 1995*

| ☐ | 1 ha | 3 000 | 🍷 70-100 F |

Im letzten Jahr gehörte ein Anjou-Villages zu den Lieblingsweinen. Dieses junge Paar präsentiert hier einen Wein, der durch seine Leichtigkeit und Feinheit erstaunt. Sein zartes Aroma von weißen Blüten und Gewürzen wird noch leicht von Holznoten überdeckt, aber der Geschmack ist schon erfrischend, charakteristisch für den Kiessandboden von Rablay-sur-Layon.
🍷 SCEA I. et F. Lorent-Bureau,
24, Grande-Rue, 49750 Rablay-sur-Layon,
Tel. 02.41.78.32.82, Fax 02.41.78.64.38 ▼ ☕ n. V.

DOM. LEDUC-FROUIN
Sélection de grains nobles
Cuvée Yu-Hsin 1996**

| ☐ | 1,5 ha | 1000 | 🍷 100-150 F |

Dieser eindrucksvolle, sehr reichhaltige 96er hat eine goldene Farbe und ein Aroma, das für edelfaule Trauben charakteristisch ist. Die Entfaltung eines sehr großen Weins konnte er am 29. April 1997 erst erahnen lassen. Sein voluminöser Geschmack und seine lange Nachhaltigkeit sind einem ausgezeichneten Jahrgang angemessen.
🍷 Dom. Leduc-Frouin, Sousigné,
49540 Martigné-Briand, Tel. 02.41.59.42.83,
Fax 02.41.59.47.90 ▼ ☕ n. V.

LE LOGIS DU PRIEURE
Cuvée Marianne 1996*

| ☐ | 7 ha | 6 000 | 🍷 50-70 F |

In den örtlichen Archiven hat man Hinweise auf die Anpflanzung von Reben im 15. Jh. gefunden. Schon damals stand geschrieben, daß man streben müsse nach »... schönen und guten, vollreifen Trauben, um guten Wein zu machen ...« Diese hier, die am 25. Oktober gelesen wurden, entsprechen dem vor fünf Jahrhunderten formulierten Wunsch. Goldgelbe Farbe, Aroma von getrockneten Früchten (Korinthen), kraftvoller, geschmeidiger Geschmack - ein Wein, der sich mit den Jahren verbessern wird.
🍷 SCEA Jousset et Fils, Le Logis du Prieuré,
49700 Concourson-sur-Layon,
Tel. 02.41.59.11.22, Fax 02.41.59.38.18 ▼ ☕ n. V.

LES GRANDS CAVEAUX DE FRANCE
Cuvée Royale 1991*

| ☐ | k. A. | 700 | 🍷 70-100 F |

»Les Grands Caveaux de France« ist eine 1991 gegründete Firma, die originellerweise Weine vertreibt, deren Herstellung ihr Geschäftsführer von der Lese bis zur Flaschenabfüllung überwacht. Dieser 91er läßt sein Alter erkennen und zeigt Merkmale, die mit der Alterung verbunden sind : strohgelbe bis goldene Farbe, entwickeltes Aroma von Wachs und Quitten, angenehmer, frischer, wohlausgewogener Geschmack. Ein klassischer Wein, der aus einem guten Jahrgang stammt.

🍷 Les Grands Caveaux de France,
5, La Grossinière, 79150 Saint-Maurice-la-Fougereuse, Tel. 05.49.65.94.77,
Fax 05.49.80.31.87 ▼ ☕ n. V.

DOM. DE MIHOUDY
Clos des Marchais 1996*

| | 2 ha | 8 000 | 🍷 30-50 F |

Ein traditioneller Weinbaubetrieb des Anjou, dessen gesamte Produktion (Rotweine, Rosés, süße Weine) interessant ist. Dieser sehr schöne Vertreter der AOC macht durch sein Ausgewogenheit auf sich aufmerksam : Er ist weder zu stark strukturiert noch zu leicht. Die goldene Farbe mit den grünen Reflexen, das Aroma von kandierten Früchten im Duft und in der Geruchswahrnehmung über den Rachenraum und der kräftige und zugleich durststillende Geschmack, der von guter Länge ist, kennzeichnen einen Wein, der ein paar Jahre altern muß.
🍷 Jean-Paul Cochard, Dom. de Mihoudy,
49540 Aubigné-sur-Layon, Tel. 02.41.59.46.52,
Fax 02.41.59.68.77 ▼ ☕ n. V.

CH. MONTBENAULT
Faye d'Anjou Clos de la Herse 1996

| ☐ | 2 ha | k. A. | 🍷 70-100 F |

Die Familie Leduc lebt seit 1920 auf diesem großartigen Gut. Ihr 96er ist sehr ausdrucksvoll und hat eine leichte Struktur. Das Blütenaroma, das Nuancen reifer Früchte enthält, ist zart. Der Geschmack hinterläßt einen Eindruck von Herbheit, der mit dem Alter verschwinden wird.
🍷 Yves et Marie-Paule Leduc, Ch. Montbenault, 49380 Faye-d'Anjou,
Tel. 02.41.78.31.14, Fax 02.41.78.60.29 ▼ ☕ tägl. 9h-12h 14h-19h

CH. DES NOYERS
Réserve Vieilles vignes 1996***

| ☐ | 6,36 ha | 4 000 | 🍷 70-100 F |

Château des Noyers und die angrenzenden Gebäude stammen aus dem 15. und 16. Jh. und stehen unter Denkmalschutz. Sie wurden für militärische Zwecke errichtet, was dem Gut eine Atmosphäre von Nüchternheit, Stärke und Eleganz verleiht. Dieser großartige Wein vereint Kraft und Frische, Reichtum und Feinheit. Das Aroma erinnert an getrocknete Früchte und Orangen (Überreife, die auf den Einfluß der Edelfäule zurückgeht) sowie an Vanille und getoastetes Brot (Ausbau im Barriquefaß). Ein sehr schöner Erfolg.
🍷 SCA Ch. des Noyers, Les Noyers,
49540 Martigné-Briand, Tel. 02.41.54.03.71,
Fax 02.41.92.63.84 ▼ ☕ n. V.
🍷 Carlo

DOM. OGEREAU
Saint Lambert Clos des Bonnes Blanches 1996**

| ☐ | 2 ha | 2 500 | 🍷 150-200 F |

Auf die Domaine Ogereau kann man sich verlassen ; sie ist ein Synonym für Gewissenhaftigkeit und Professionalität. Gewohntermaßen ist ihr Wein, der von sehr schönem Traubengut stammt, perfekt vinifiziert (Vinifizierung und Ausbau im Holzfaß). Seine reichhaltige aromatische Palette verbindet Nuancen von reifen,

Anjou-Saumur — Coteaux du Layon

konzentrierten Früchten und Holznoten (Kokosnuß, Vanille). Voller Reichtum und Ausgewogenheit - ein wirklich grandioser 96er.
☞ Vincent Ogereau, 44, rue de la Belle-Angevine, 49750 Saint-Lambert-du-Lattay,
Tel. 02.41.78.30.53, Fax 02.41.78.43.55 ✓ ⌥ n. V.

DOM. DU PETIT BEAUVAIS
Saint Aubin de Luigné 1996

| | 2 ha | 3 300 | ■ ♦ | 30-50 F |

Dieser traditionelle Weinbaubetrieb des Anbaugebiets Coteaux-du-Layon präsentiert einen Wein, der im Abgang einen Eindruck von Wärme hinterläßt, der auf eine ziemlich starke Vergärung des Traubenzuckers zurückgeht (was im Weinbaugebiet der Coteaux-du-Layon lang der Fall war). Das Aroma ist würzig, aber man findet darin auch reife Früchte (Pfirsiche, Aprikosen) und Anis.
☞ Jacky Merlet, Dom. du Petit Beauvais, 49190 Saint-Aubin-de-Luigné,
Tel. 02.41.78.52.81, Fax 02.41.78.52.81 ✓ ⌥ n. V.

DOM. DU PETIT METRIS
Chaume 1996**

| | 4 ha | k. A. | ⦀ | 70-100 F |

Ein Gut, das regelmäßig mit der Wahl zum Lieblingswein ausgezeichnet wird, wenn es sich um Weißweine handelt, ob es nun trockene oder süße Weißweine sind. Die Struktur dieses Coteaux du Layon Chaume ist nicht unbedingt außergewöhnlich, aber was für eine Eleganz und was für eine Feinheit ! Ebenso ein schöner Eindruck von Leichtigkeit im Geschmack, der perfekt Frische und Konzentration verbindet ! Ein verfeinerter Wein, dessen Lagerfähigkeit beeindruckend ist.
☞ GAEC Joseph Renou et Fils, Le Grand Beauvais, 49190 Saint-Aubin-de-Luigné,
Tel. 02.41.78.33.33, Fax 02.41.78.67.77 ✓ ⌥ n. V.

DOM. DU PETIT METRIS
Saint-Aubin 1996*

| | 5 ha | k. A. | ⦀ | 50-70 F |

Ebenfalls ein sehr schöner Wein beim Coteaux du Layon Saint Aubin. Der Körper ist weniger imposant und weniger dicht. Die Reife der Trauben vollzog sich durch eine rosinenartige Einschrumpfung der Trauben am Rebstock (eine Konzentrierung der Trauben, die nicht durch die Wirkung der Edelfäule herbeigeführt wird). Das Aroma von Lakritze, kandierten Früchten und Zitrusfrüchten ist charakteristisch für diesen Reifetyp.
☞ GAEC Joseph Renou et Fils, Le Grand Beauvais, 49190 Saint-Aubin-de-Luigné,
Tel. 02.41.78.33.33, Fax 02.41.78.67.77 ✓ ⌥ n. V.

CH. PIERRE-BISE
Beaulieu Les Rouannières 1996**

| | 4 ha | 10 000 | ■ ⦀ | 70-100 F |

Wer kennt nicht Château de Pierre-Bise und seinen Besitzer Claude Papin ! Der 95er war im letzten Jahr Lieblingswein. Der 96er ist aus außergewöhnlichem Traubengut hergestellt worden, was seine gesamte Verkostung belegt. Gelbrote Farbe, für Edelfäule charakteristisches Aroma, prächtiger, kraftvoller Geschmack mit einer erstaunlichen Nachhaltigkeit im Abgang. Es ist ein so reichhaltiger und konzentrierter Wein, daß er am Tag der Verkostung noch nicht in persönlicher Bestform sein konnte. Aber alles deutet darauf hin, daß er seinen dritten Stern im Jahre 2006 gewinnen wird ! »Heute«, notierte ein Verkoster, »ist es ein Wein für eine professionelle Weinprobe, zu jung, um ihn auf den Tisch zu bringen. Aber morgen oder am 1. Januar 2000 wird er seinen Platz bei einer Stopfleber finden.«
☞ Claude Papin, Ch. Pierre-Bise, 49750 Beaulieu-sur-Layon, Tel. 02.41.78.31.44, Fax 02.41.78.41.24 ✓ ⌥ n. V.

DOM. JEAN-LOUIS ROBIN
Rochefort Clos du Cochet 1996

| | 3 ha | 4 500 | ■ | 50-70 F |

Jean-Louis Robin war viele Jahre lang der Vorsitzende des mächtigen Verbands der AOC Coteaux du Layon Rochefort. Der 96er war noch verschlossen, aber bei der Belüftung entfalteten sich zarte aromatische Noten (reife Früchte und weiße Blüten). Der Geschmack ist von schöner Harmonie und erweckt den Eindruck, daß man einen Wein probiert, dessen Potential sich mit der Zeit bestätigen wird.
☞ Jean-Louis Robin-Diot, Les Hauts Perrays, 49290 Chaudefonds-sur-Layon,
Tel. 02.41.78.68.29, Fax 02.41.78.67.62 ✓ ⌥ tägl. 9h-13h 14h-19h

DOM. JEAN-LOUIS ROBIN
Rochefort Sélection de grains nobles 1996**

| | 3 ha | 4 000 | ⦀ | 70-100 F |

Die Sélection de grains nobles desselben Jahrgangs verbindet wunderbar Empfindungen von Frische und Konzentration, das Kennzeichen der großen süßen Weine des Loire-Tals. Man muß diesen Wein etwa zehn Jahre altern lassen, wird er wahrscheinlich nie für lang vorher getrunken ! Die 95er Sélection de grains nobles, die als sehr gelungen beurteilt worden ist, wird weiterhin von Holznoten dominiert, besitzt aber ein Potential, das dem 96er entspricht.
☞ Jean-Louis Robin-Diot, Les Hauts Perrays, 49290 Chaudefonds-sur-Layon,
Tel. 02.41.78.68.29, Fax 02.41.78.67.62 ✓ ⌥ tägl. 9h-13h 14h-19h

MICHEL ROBINEAU
Saint Lambert Sélection de grains nobles 1995***

| | k. A. | k. A. | ⦀ | 70-100 F |

Michel Robineau, der seit 1990 einen 7 ha großen Weinbaubetrieb leitet, hat sich dafür ent-

Anjou-Saumur / Coteaux du Layon

schieden, nur Weine von sehr starker Persönlichkeit herzustellen. Ein schwieriger Weg, aber was für Ergebnisse ! Diese 95er Sélection de grains nobles ist außergewöhnlich aufgrund der Empfindung, die sie auslöst : als würde man in kandierte Trauben beißen. Und niemals Schwere, immer Zartheit und Eleganz ! Ein großer Klassiker, den man für die Kenner reservieren sollte.

🕿 Michel Robineau, 16, rue Rabelais,
49750 Saint-Lambert-du-Lattay,
Tel. 02.41.78.34.67 ✔ ⚊ n. V.

CH. DES ROCHETTES
Sélection de grains nobles Cuvée Folie 1996★★★

| ☐ | 2 ha | 2 000 | 🍷 70-100 F |

J.-L. Douet bringt frischen Wind in die Gruppe der Winzer, die süße Weine mit der Bezeichnung »Sélection de grains nobles« erzeugen. Er strebt somit auch zu Spitzenerzeugnissen, wie dieser 96er Coteaux du Layon zeigt, der zum Lieblingswein gewählt wurde - wegen seiner intensiven goldgelben Farbe und seines komplexen Aromas von Geröstetem, kandierten Früchten und getrockneten Früchten (Korinthen). Der kraftvolle, ausgewogene und nachhaltige Geschmack macht ihn zu einem sehr intensiven Wein für einen besonderen Anlaß.

🕿 Jean Douet, Ch. des Rochettes,
49700 Concourson-sur-Layon,
Tel. 02.41.59.11.51, Fax 02.41.59.37.73 ✔ ⚊ n. V.

CH. DES ROCHETTES
Vieilles vignes 1996★★

| ☐ | 8 ha | 15 000 | 🍷 50-70 F |

Die Cuvée Vieilles vignes hat praktisch immer das gleiche Niveau, mit weniger Konzentration als die Sélection de grains nobles, aber mit einer eleganten Feinheit. Ihr Aroma von getoastetem Brot, Gewürzen und reifen Früchten sowie Vanillenoten (Ausbau im Barriquefaß) und ihr stattlicher, harmonischer Geschmack erwecken einen Gesamteindruck von Zartheit. Ein bemerkenswerter Wein, nur zwei Fingerbreit von einem Lieblingswein entfernt.

🕿 Jean Douet, Ch. des Rochettes,
49700 Concourson-sur-Layon,
Tel. 02.41.59.11.51, Fax 02.41.59.37.73 ✔ ⚊ n. V.

DOM. DES SABLONNETTES
Rablay Quintessence d'Erables 1996★★★

| ☐ | k. A. | k. A. | 🍷 100-150 F |

Der 95er von Joël Ménard wurde im letzten Jahr zum Lieblingswein gewählt. Dieser 96er ist ebenfalls bemerkenswert aufgrund seines sehr schönen Geschmacksausdrucks. Die Empfindung von Reichtum ist erstaunlich - fast zu sehr, notierte ein Weinkoster, der sich fragte : »Muß man nach so konzentriertem Traubengut streben ?« Einmütig war die Jury hingegen im Hinblick auf die großartige aromatische Palette, die Noten von reifen, sogar eingemachten Früchten und weißen Blüten verbindet und reizvoll wegen ihrer Frische ist.

🕿 Joël et Christine Ménard, 60, Grande-Rue,
49750 Rablay-sur-Layon, Tel. 02.41.78.40.49,
Fax 02.41.78.61.15 ✔ ⚊ n. V.

DOM. DES SAULAIES
Faye d'Anjou Sélection de grains nobles 1996★

| ☐ | 1 ha | 1 100 | 🍷 100-150 F |

Die Rückkehr des Sohnes Pacal auf das Gut, mit dem in Libourne erworbenen Diplom in der Tasche, brachte eine Neuausrichtung der Produktion mit sich : Verringerung der Rebfläche und der Vorsatz, Weine von hohem Niveau herzustellen. Eine sehr strenge Auslese der Trauben ermöglichte die Erzeugung dieser Sélection de grains nobles, die eine schöne goldene Farbe besitzt. Die aromatische Intensität ist charakteristisch für einen gehaltvollen Wein. Den gleichen Eindruck findet man im Geschmack wieder, der sich konzentriert und frisch zeigt - Kennzeichen der großen süßen Weine. Die im Eichenholzfaß vergorene Cuvée Vieilles vignes ist ebenfalls konzentriert, enthüllt aber etwas weniger Frische. Sie wird hier lobend erwähnt.

🕿 EARL Philippe et Pascal Leblanc, Dom. des Saulaies, 49380 Faye-d'Anjou,
Tel. 02.41.54.30.66, Fax 02.41.54.17.21 ✔ ⚊ n. V.

SAUVEROY
Saint Lambert Cuvée Nectar 1996★

| ☐ | 1,35 ha | 4 600 | 🍷 70-100 F |

Pascal Cailleau erweist sich Jahr für Jahr als einer der großen Winzer des Anjou. Er unternahm viele Anstrengungen für diese Cuvée Nectar, die aus ausgelesenen, konzentrierten Trauben (mit einem natürlichen Zuckergehalt, der einem potentiellen Alkoholgehalt von 19 bis 21 ° entspricht) hergestellt worden ist und deren Vergärung sich langsam im Barriquefaß vollzogen hat. Dieser sehr schöne Wein erweckt den Eindruck, daß er sich leicht trinken lasse ! Diese scheinbare Leichtigkeit ist das Kennzeichen der großen süßen Weine des Loire-Tals, die auf harmonische Weise Struktur und Frische verbinden.

🕿 EARL Pascal Cailleau, Dom. du Sauveroy,
49750 Saint-Lambert-du-Lattay,
Tel. 02.41.78.30.59, Fax 02.41.78.46.43 ✔
⚊ Mo-Sa 9h-12h30 14h-18h30

Anjou-Saumur

CH. SOUCHERIE
Beaulieu Cuvée de la Tour 1995*

☐   4 ha   5 000   🍾 70-100 F

Dieses Gut überragt majestätisch die Hänge des Layon. Pierre-Yves Tijou hat 1995 einen Turm errichtet und danach seine Cuvée Beaulieu benannt, deren holzbetonter Charakter zum Zeitpunkt der Verkostung den Ausdruck ein wenig überdeckte. Dieser Wein enthüllt dennoch eine reizvolle Feinheit, die sich in ein paar Jahren voll entfalten wird.

➤ Pierre-Yves Tijou, Ch. Soucherie,
49750 Beaulieu-sur-Layon, Tel. 02.41.78.31.18,
Fax 02.41.78.48.29 ✓ ⏱ n. V.

DOM. DE TERREBRUNE 1996*

☐   2,5 ha   7 000   🍾 30-50 F

Die Domaine de Terrebrune wurde 1995 umstrukturiert. Sie wird von zwei Partnern geführt: Patrice Laurendeau, der die Vinifizierung besorgt und außerdem Vizepräsident des Weinbauverbands ist, und Alain Bouleau, der für den Anbau verantwortlich ist. Ihr 96er ist gut gemacht, erzeugt aus vollreifen, aber nicht sehr konzentriertem Traubengut, so daß er ziemlich leicht bleiben kann. Ein Wein, wie man ihn in der AOC gern öfter finden würde.

➤ Dom. de Terrebrune, La Motte, 49380 Notre-Dame-d'Allençon, Tel. 02.41.54.01.99,
Fax 02.41.54.09.06 ✓ ⏱ n. V.

DOM. DES TROIS MONTS 1996

☐   2,5 ha   5 000   🍾 30-50 F

Das Anbaugebiet von Trémont befindet sich auf drei Hügeln und ist vor kurzem in den benedieten Anbaubereich der Coteaux du Layon aufgenommen worden. Sein hübscher Wein ist ziemlich leicht. Bei der Belüftung und im Rachenraum kommt ein fruchtiges Aroma zum Vorschein, das sich auch im Abgang entfaltet. Man sollte ihn recht bald trinken und in einer Karaffe servieren.

➤ SCEA Hubert Guéneau, 1, rue Saint-Fiacre,
49310 Trémont, Tel. 02.41.59.45.21,
Fax 02.41.59.69.90 ✓ ⏱ n. V.

Bonnezeaux

Dies sei ein unnachahmlicher Dessertwein, behauptete Dr. Maisonneuve im Jahre 1925. Damals trank man die großen süßen Weine in erster Linie zu den Nachspeisen oder am Nachmittag unter Freunden. Heute dagegen genießt man diesen Grand cru eher als Aperitif. Der Bonnezeaux ist ein sehr duftiger Wein voller Kraft, der alle seine Qualitäten dem außergewöhnlichen Anbaugebiet verdankt: ganz nach Süden liegend, auf drei kleinen, steilen Schieferhängen oberhalb des Dorfs Thouarcé (la Montagne, Beauregard und Fesles).

Die jährliche Produktionsmenge der 75 ha Rebfläche schwankt zwischen 700 und 2 000 hl. Der Anbaubereich, der bestockt werden kann, umfaßt insgesamt 130 ha. Dank des guten Preis-Leistungs-Verhältnisses kann man diesen Wein bedenkenlos kaufen.

DOM. DES GAGNERIES
Cuvée Benoît 1996**

☐   2 ha   k. A.   🍾 70-100 F

Dieses 1890 von den Rousseaus erworbene Gut präsentiert eine 96er Cuvée des Hauts Fleuris, die aufgrund der Feinheit und Eleganz ihres Aromas von exotischen Früchten und Akazienblüten einen Stern erhielt, sowie diese Cuvée Benoît, die einen großartigen Eindruck von Fülle und Üppigkeit erweckt. Seine schöne aromatische Palette erinnert an getrocknete und exotische Früchte, zu denen Holznoten hinzukommen. Ein Bonnezeaux, der das Spitzenniveau der Appellation repräsentiert.

➤ EARL Christian et Anne Rousseau, Le Petit Bonnezeaux, 49380 Thouarcé,
Tel. 02.41.54.00.71, Fax 02.41.54.02.62 ✓
⏱ Mo-Sa 8h-12h30 14h-19h

PHILIPPE GILARDEAU 1996*

☐   2 ha   k. A.   🍾 50-70 F

Philippe Gilardeau, der sich dieses Jahr hier niedergelassen hat (der Keller wurde ein paar Wochen vor der Lese fertiggestellt), hatte einen verheißungsvollen Start, um sich im Weinbaugebiet des Anjou einen Namen zu machen. Die Feuertaufe ist mehr als zufriedenstellend. Dieser sehr junge 96er erweckt einen Eindruck von Konzentration und Frische, die für die Appellation typisch sind. Die nächsten Jahre dürften seinen großen Charakter bestätigen.

➤ EARL Philippe Gilardeau, Les Noues,
49380 Thouarcé, Tel. 02.41.54.32.15 ✓ ⏱ n. V.

DOM. DES GRANDES VIGNES 1996*

☐   k. A.   k. A.   🍾 70-100 F

Ein im Weinführer regelmäßig erwähntes Gut (ein 95er Coteaux du Layon wurde zum Lieblingswein gewählt), bei dem man seine gesamte Produktion hervorheben muß. Dieser Bonnezeaux kommt aus einer Parzelle, die im Besitz der Gemeinde Thouarcé ist. Dieser 96er besitzt ein sehr schönes Potential und wird sich in ein paar Jahren entfalten. Im Augenblick wird er von Holznoten (Vinifizierung und Ausbau im Holzfaß) überdeckt. Aber seine Konzentration im Geschmack, seine Frische und seine aromatische Intensität weisen auf einen großen Wein hin. Geduld!

➤ Dom. des Grandes Vignes, GAEC Vaillant, La Roche Aubry, 49380 Thouarcé,
Tel. 02.41.54.05.06, Fax 02.41.54.08.21 ✓ ⏱ tägl. 8h-13h 14h-19h30 ; So n. V.

TAL DER LOIRE

Anjou-Saumur

DOM. DE MIHOUDY 1996*

| | 0,71 ha | 2 200 | 🍾 | 100-150 F |

Die Domaine de Mihoudy hat die Bronzene Weintraube des Hachette-Weinführers 1997 für einen roten 95er Anjou erhalten. Sie präsentiert zum ersten Mal einen Bonnezeaux. Diese Feuertaufe ist gelungen : Die Verkoster beurteilten diesen 96er als rassig und charaktervoll. Das Faß sorgt für Vanille- und Lakritzenoten, die die Frucht doch überdecken. Seine Länge erreichte am 29. April zehn Caudalien. All das weist auf eine bemerkenswerte Alterung hin : Dieser 96er wird sich in ein paar Jahren voll entfalten.
➥ Jean-Paul Cochard, Dom. de Mihoudy, 49540 Aubigné-sur-Layon, Tel. 02.41.59.46.52, Fax 02.41.59.68.77 ◪ ⋎ n. V.

CH. PERRAY JOUANNET
Les Menus Clos 1995*

| | 2,5 ha | 5 500 | 🍾 | 150-200 F |

Ein schöner 95er, der aus sorgfältig ausgelesenen Trauben hergestellt worden ist. Er ist gut vinifiziert, wie die gut verschmolzenen Holznoten zeigen. Das im Geruch und im Geschmack spürbare Aroma von kandierten Früchten ist für die Appellation charakteristisch.
➥ Vignobles Laffourcade, Le Perray, 49380 Chavagnes, Tel. 02.41.54.14.06 ◪ ⋎ n. V.

DOM. DES PETITS QUARTS
Le Malabé 1996**

| | 3 ha | k. A. | 🍾 | 70-100 F |

Ein neuerlicher Erfolg für die Domaine des Petits Quarts, die 1995 und 1996 Lieblingsweine verzeichnete. Aber wer wird sich darüber wundern ? Dieser sehr schöne 96er erweckt zur gleichen Zeit einen Eindruck von Konzentration und von Frische. Der Inbegriff der Loire-Weine. Seine große aromatische Palette reicht von Noten von konzentrierten Früchten und Zitrusfrüchten bis zu Rhabarbernoten. Wirklich prachtvoll ! Der 96er Beauregard erhält einen Stern. Die Zukunft lacht ihm ebenfalls.
➥ Godineau Père et Fils, Dom. des Petits Quarts, 49380 Faye-d'Anjou, Tel. 02.41.54.03.00, Fax 02.41.54.03.00 ◪ ⋎ Mo-Sa 8h-12h 14h-18h30

DOM. DU PETIT VAL
La Montagne 1996*

| | 2,5 ha | 4 000 | 🍾 | 70-100 F |

Die Domaine du Petit Val ist den Weinliebhabern wohlbekannt. Sie bietet mit ihren süßen Weinen immer gute Überraschungen. Dieser 96er ist sehr reichhaltig, kraftvoll und erstaunlich aufgrund seines aromatischen Ausdrucks (Noten von getrockneten Früchten und Zitrusfrüchten) und ihres Geschmacks, der von der Empfindung kandierter Früchte und dann im Abgang von Bitterkeit dominiert wird. Möglichst lang aufheben.
➥ EARL Denis Goizil, Dom. du Petit Val, 49380 Chavagnes, Tel. 02.41.54.31.14, Fax 02.41.54.03.48 ◪ ⋎ n. V.

DOM. RENE RENOU
Les Melleresses 1996

| | 7,36 ha | 3 000 | 🍾 | 100-150 F |

René Renou ist wirklich ein Mann, auf den man setzen kann. Nachdem er sich zehn Jahre lang mit zwei anderen Winzern zusammengeschlossen hatte, ließ er sich 1995 auf ein neues Abenteuer ein, mit einem rund 7,5 ha großen Gut, das seine gesamten Rebflächen in der Appellation Bonnezeaux hat. Das Ausgangspotential ist vorhanden, und die Empfindung, die den Weinkoster beherrscht, ist deutlich die des Reichtums der Trauben. Die Vinifizierung, die teilweise im Holzfaß erfolgte, ist noch nicht zur Geltung gekommen. Ein paar Jahre altern lassen.
➥ Dom. René Renou, pl. du Champ-de-Foire, 49380 Thouarcé, Tel. 02.41.54.11.33, Fax 02.41.54.11.34 ◪ ⋎ Mo-Fr 8h30-12h30 14h-17h30 ; Sa, So n. V.

Quarts de Chaume

Der Lehnsherr sicherte sich ein Viertel der Produktion : Er behielt den besten Teil, d. h. den Wein aus der besten Lage. Die Appellation, die 40 ha (31 ha im Jahre 1990) umfaßt und zwischen 600 bis 800 hl erzeugt, befindet sich auf der Kuppe eines Hügels, der ganz nach Süden liegt, rund um Chaume in der Gemeinde Rochefort-sur-Loire.

Die Rebstöcke sind zumeist alt. Das Zusammentreffen mehrerer Faktoren : das Alter der Rebstöcke, die Lage und die Fähigkeiten der Chenin-Rebe, führt zu oft geringen Produktionsmengen, die von großer Qualität sind. Bei der Ernte werden die Trauben ausgelesen. Die Weine sind lieblich, kraftvoll und nervig und haben eine gute Alterungsfähigkeit.

DOM. DES BAUMARD 1995

| | 6,3 ha | 14 000 | 🍾 | 150-200 F |

Der Sitz des Guts befindet sich in dem Haus la Giraudière, einem alten Gebäude aus dem späten 17. Jh., das während der Vendée-Kriege als Hauptquartier diente. Dieser frische, komplexe Wein mit der recht leichten Struktur besitzt ein schönes Aroma von getrockneten Früchten und

Anjou-Saumur — Saumur

Zitronen und einen intensiven, zarten Geschmack von guter Harmonie.
◆ Florent Baumard, Dom. des Baumard, 8, rue de l'Abbaye, 49190 Rochefort-sur-Loire, Tel. 02.41.78.70.03, Fax 02.41.78.83.82 ▣ ☩ Mo-Fr 10h-12h 14h-18h ; Sa, So n. V.

CH. BELLERIVE Quintessence 1995*

| ☐ | 12 ha | 6 400 | ◖◗ | 150-200 F |

Im Mittelalter war es Brauch, daß der Lehnsherr ein Viertel der Ernte als Bezahlung für den Zehnten nahm. »Es ist nicht das geringste Viertel der herabhängenden Trauben an den Rebstökken, die sich auf der Rückseite des Südhangs befinden.« Dieser zarte, wohlausgewogene Wein, der einen Eindruck von Leichtigkeit erweckt, wird seinen Platz während einer Mahlzeit behaupten (zusammen mit einem Perlhuhn mit Roquefort, einem Hähnchen in Sahnesauce oder einem grünblau geäderten Schimmelkäse) oder als Aperitif serviert werden.
◆ SARL Ch. Bellerive, 49190 Rochefort-sur-Loire, Tel. 02.41.78.33.66, Fax 02.41.78.68.47 ▣ ☩ n. V.
◆ Malinge

Saumur

Der Anbaubereich (2 735 ha) erstreckt sich auf 36 Gemeinden. Man erzeugt hier von denselben Rebsorten wie in den Anjou-Appellationen nervige, trockene Weißweine (30 000 hl) und Rotweine (40 000 hl). Sie haben eine gute Alterungsfähigkeit.

Die Weinberge nehmen die Hänge der Loire und des Thouet ein. Die Weißweine von Turquant und Brézé waren einst die berühmtesten ; die Rotweine von Le Puy-Notre-Dame, Montreuil-Bellay, Tourtenay und anderen Orten haben sich einen guten Ruf erworben. Aber viel bekannter ist die Appellation für Schaumweine (14 Millionen Flaschen), deren qualitative Entwicklung es verdient, daß sie besonders hervorgehoben wird. Die Hersteller, die alle ihren Sitz in Saumur haben, besitzen in den Tuffstein gegrabene Keller, die man besichtigen sollte.

CH. DE BEAUREGARD
Méthode traditionnelle 1994

| ○ | 8 ha | 40 000 | | -30 F |

Ein 40 ha großes Gut, aber in den Kellern werden auch Champignons gezüchtet. Um ein gelbes, golden schimmerndes Kleid herum entwickeln sich viele feine, regelmäßige Bläschen. Der Duft entfaltet ein intensives Aroma von reifen und kandierten Früchten. Er wird durch einen fleischigen, strukturierten Geschmack von sehr guter Ausgewogenheit verstärkt.
◆ Ch. de Beauregard, 4, rue Saint-Julien, 49260 Le Puy-Notre-Dame, Tel. 02.41.52.24.46, Fax 02.41.52.39.96 ▣ ☩ n. V.
◆ Ph. et A. Gourdon

DOM. DU BOURG NEUF 1996

| ■ | 6 ha | k. A. | ▮☩ | 30-50 F |

Christian Joseph ist nach seiner Rückkehr zum Weinbau und zum Wein Gärtanks installiert, ohne bei der Vinifizierung den Keller und die Holzfässer seiner Vorfahren zu vernachlässigen. Dieser 96er bietet eine sehr schöne rote Farbe mit rubinroten Reflexen. Der Duft ist intensiv und entfaltet ein angenehmes Aroma von roten Früchten, die man voller Genuß im Geschmack wiederfindet, auch wenn es ihm ein wenig an Nachhaltigkeit mangelt.
◆ Christian Joseph, 12, rue de la Mairie, 49400 Varrains, Tel. 02.41.52.94.43, Fax 02.41.52.94.53 ▣ ☩ n. V.

CH. DE BREZE 1996*

| ☐ | 4,78 ha | 30 000 | ▮☩ | 30-50 F |

Château de Brézé bildet zusammen mit den Wirtschaftsgebäuden und der Schmiede (17. Jh.) ein recht außergewöhnliches Ensemble. Es ist ganz von einem Wassergraben umgeben, der kein Wasser mehr enthält und seiner Tiefe nach der gewaltigste von Europa ist. Ein Saumur mit einer klaren Ansprache, der leicht perlt und im Geschmack sehr frisch ist. Ein Wein von großem Reichtum und schöner aromatischer Intensität, den man mehrere Jahre aufheben kann. Die gleiche Note belohnt den sehr schönen, vielversprechenden 96er, dessen Frucht recht spürbar ist und eine große aromatische Komplexität begleitet.
◆ Bernard de Colbert, Ch. de Brézé, 49260 Brézé, Tel. 02.41.51.62.06, Fax 02.41.51.63.92 ▣ ☩ Mo-Fr 8h-12h 13h30-16h30 ; Sa, So n. V.

CADRE NOIR
Méthode traditionnelle Brut*

| ○ | k. A. | k. A. | | 30-50 F |

Ein sehr angenehmer Schaumwein mit anhaltenden, feinen Bläschen, die eine schöne gelbe Farbe mit grünen Reflexen schmücken. Er bezaubert durch sein intensives Bukett, das fruchtig ist und leicht an getoastetes Brot erinnert. Nuancen davon findet man im Geschmack mit guter Nachhaltigkeit wieder. Ein »Wein zum Genießen«, den man zu einer ganzen Mahlzeit trinken kann.
◆ Compagnie française des vins mousseux, B.P. 67, 49426 Saint-Hilaire-Saint-Florent, Tel. 02.41.83.14.14, Fax 02.41.50.17.66 ▣ ☩ n. V.

DOM. DU CAILLOU 1996**

| ☐ | 1 ha | k. A. | ▮◖◗ | -30 F |

Ein weißer Saumur, der aus Trauben von 50 Jahre alten Rebstöcken hergestellt worden ist und durch seine Ausgewogenheit erstaunt. Zarte blaßgoldene Farbe mit grünen Nuancen, Aroma von reifen Früchten (Quitten) und Frühlingsblumen, harmonischer, durststillender Geschmack,

TAL DER LOIRE

Anjou-Saumur — Saumur

der dennoch nachhaltig ist. Diesen Wein kann man schon jetzt trinken oder ein paar Jahre lagern.

☛ Régis Vacher, 1, rue des Déportés, 49730 Turquant, Tel. 02.41.38.11.21 ✓ ⟙ n. V.

DOM. DES CHAMPS FLEURIS 1996*

| ☐ | 3 ha | 7 000 | ■ 🍷 ♨ 30-50 F |

Die Domaine des Champs Fleuris ist berühmt für ihre Rotweine der Appellation Saumur-Champigny. Sie beweist hier ihr Können bei den Weißweinen: Die Trauben wurden mit der Hand ausgelesen; ein Teil wurde in Barriquefässern vinifiziert. Dieser Wein verführt aufgrund seines Potentials und seines kräftigen Aromas von Wachs, Honig und Aprikosen. Bei Erscheinen des Weinführers sollte man ihn genauer im Auge behalten.

☛ Retiveau-Retif, 50-54, rue des Martyrs, 49730 Turquant, Tel. 02.41.51.48.97, Fax 02.41.51.75.33 ✓ ⟙ n. V.

DOM. DES CLOS MAURICE 1996*

| ☐ | 1 ha | 4 000 | ■ 🍷 -30 F |

Die Domaine des Clos Maurice ist eine Empfehlung bei Saumur-Champigny. Die bislang nicht sehr große und ein wenig vernachlässigte Weißweinproduktion gewinnt an Interesse, was mit der Ankunft des Sohns auf dem Gut zusammenfällt. Dieser 96er hat eine schöne blaßgoldene Farbe mit grünen Reflexen. Sein aromatischer Ausdruck erinnert an weiße Blüten und exotische Früchte. Der Geschmack ist angenehm und zeigt im Abgang eine recht große Lebhaftigkeit.

☛ Maurice Hardouin, 10, rue du Ruau, 49400 Varrains, Tel. 02.41.52.93.76, Fax 02.41.52.44.32 ✓ ⟙ n. V.

DOM. ARMAND DAVID
Vieilles vignes 1996

| ■ | 2 ha | 12 000 | ■ 🍷 -30 F |

Ein traditionelles Haus, das somit einen freundlichen Empfang bietet. Die Keller in Kalktuff sind nicht uninteressant. Eine dunkelrote Farbe von schöner Intensität umhüllt diesen Wein mit den fruchtigen Nuancen. Der Geschmack ist rund, angenehm und harmonisch. Das Potential läßt eine schöne Entwicklung voraussagen.

☛ Dom. Armand David, Messemé, 49260 Vaudelnay, Tel. 02.41.52.20.84 ✓ ⟙ tägl. 10h-20h; Okt. geschlossen
☛ Denis David

DOM. DUBOIS 1996*

| ■ | 1,3 ha | 10 000 | ■ -30 F |

Die kalkhaltigen Sandböden unweit von Champigny wirken bei den Dubois Wunder. Die Farbe dieses 96ers ist schön, klar und lebhaft. Hier spricht ein vollreifer Cabernet: Das Aroma ist von großer Intensität und reichhaltiger Komplexität. Der Geschmackseindruck ist ausgewogen, rund und fruchtig.

☛ GAEC Dubois, 8, rte de Chacé, 49260 Saint-Cyr-en-Bourg, Tel. 02.41.51.61.32, Fax 02.41.54.95.29 ✓ ⟙ n. V.

DOM. DE FIERVAUX
Elevé en fût de chêne 1996*

| ■ | 2 ha | 10 000 | ⟙ -30 F |

Hier ist alles Harmonie, Schönheit und Qualität. Die Keller sollen aus dem 12. Jh. stammen; die Reihe der Fässer ist beeindruckend. Dieser 96er bietet ein großartiges, sehr tiefes Kirschrot und ein Aroma mit fruchtigen, sogar ein wenig animalischen Noten. Der Geschmack verführt aufgrund seiner Rundheit, seiner Fülle und seiner Länge. Schöne Zukunft.

☛ SCEA Cousin-Maitreau, 255, rue du Château-d'Oiré, 49260 Vaudelnay, Tel. 02.41.52.20.67, Fax 02.41.38.89.23 ✓ ⟙ n. V.
☛ Georges Cousin

GRATIEN ET MEYER
Cuvée Flamme Brut*

| ○ | | k. A. | 160 000 | ■ 🍷 50-70 F |

Ein 1864 gegründetes Haus, das in Familienbesitz geblieben ist. Die gegenwärtigen Leiter (die Familie Seydoux) sind Nachkommen von Jean Meyer. Dieser Schaumwein mit der blaßgelben Farbe verführt durch die Leichtigkeit und die Feinheit seiner Bläschen. Er bietet ein zartes Honigbukett mit Aprikosennoten. Rund und füllig im Geschmack - ein Wein, den man sofort probieren kann.

☛ Gratien et Meyer, rte de Montsoreau, B.P. 22, 49401 Saumur Cedex, Tel. 02.41.83.13.30, Fax 02.41.83.13.49 ✓ ⟙ n. V.

DOM. DES HAUTES VIGNES 1996

| ☐ | 2 ha | 8 000 | ■ 🍷 30-50 F |

Ein 40 ha großes Gut im Gebiet von Saumur, das in der Gemeinde Distré liegt. Der weiße 96er Saumur ist schlicht, angenehm und erfrischend, aufgrund seines aromatischen Ausdrucks (Noten von weißen Blüten und frischen Früchten) und seiner Lebhaftigkeit im Geschmack. Der 95er, der fülliger ist und ein Aroma von getrockneten und kandierten Früchten hat, wurde als genauso gelungen und repräsentativ für die Appellation beurteilt.

☛ SCA Fourrier et Fils, 22, rue de la Chapelle, 49400 Distré, Tel. 02.41.50.21.96, Fax 02.41.50.12.83 ✓ ⟙ n. V.

DOM. DES HAUTS DE SANZIERS
Méthode traditionnelle 1993**

| ○ | 10 ha | 40 000 | ■ 30-50 F |

Obwohl sich das Gut in den letzten Jahren vergrößert hat und jetzt 50 ha umfaßt, ist die Qualität bei den Tessiers immer vorhanden. Ihr 93er Brut zeigt eine schöne blaßgelbe Farbe und zahlreiche feine, anhaltende Bläschen. Der Geschmack entfaltet ein feines, blumig-fruchtiges Aroma, dessen Seidigkeit harmonisch den Gaumen überzieht. Ein schöner Erfolg. Beachten Sie, daß der rote 96er dieses Guts einen Stern erhielt; eine Lektüre, so daß Sie ihn zu einem Essen im Familienkreis servieren können.

☛ Tessier, 12, rue Saint-Vincent, Sanziers, 49260 Le Puy-Notre-Dame, Tel. 02.41.52.26.75, Fax 02.41.38.89.11 ✓ ⟙ n. V.

Anjou-Saumur — Saumur

CH. DU HUREAU 1995★★

| | 3 ha | 10 000 | 50-70 F |

Jedes Jahr wird die Saumur-Champigny-Produktion von Château de Hureau mit Spannung erwartet. Das gilt aber auch für dies trockenen und süßen Weißweine. Der Preis für die Bekanntheit ist eine Wette, die nur schwer zu halten ist : nämlich, daß es jedes Jahr besser wird. Hier ist das bemerkenswert beurteilter 95er, der in jedem Augenblick der Verkostung den Reichtum des Traubenguts zum Ausdruck bringt, von der strahlend goldgelben Farbe über das Aroma von kandierten Früchten und Geröstetem bis zur Nachhaltigkeit des Geschmacks. Er wird wunderbar zu Fisch in Sauce passen.
- Philippe et Georges Vatan,
49400 Dampierre-sur-Loire, Tel. 02.41.67.60.40,
Fax 02.41.50.43.35 n. V.

DOM. JOULIN Fût 1996★★

| | 0,8 ha | k. A. | -30 F |

Philippe Joulin ist ein junger Winzer, der sich hier 1989 niedergelassen hat. Zwei weiße Saumur-Weine aus dem Jahrgang 1996 wurden von der Degustationsjury berücksichtigt. Der erste ist mit einer klassischen Vinifizierung im Gärbehälter verbunden : hergestellt aus Trauben, deren potentieller Alkoholgehalt bei der Lese 13,5° betrug. Ein angenehmer, fruchtiger und leicht zugänglicher Saumur, der mit einem Stern bewertet wurde. Der zweite, der im Barriquefaß vinifiziert wurde, erstaunt aufgrund seiner Stärke und des Eindrucks von konzentrierten Früchten im Geschmack. Er wurde als bemerkenswert beurteilt.
- Philippe Joulin, 58, rue Emile-Landais,
49400 Chacé, Tel. 02.41.52.41.84,
Fax 02.41.52.41.84 n. V.

CLOS DE L'ABBAYE 1996★

| | 24 ha | 50 000 | 30-50 F |

Eines der schönsten Anbaugebiete des Saumurois : Der Kalksteinboden hier ist arm an Spurenelementen. Der Rebstock »leidet« und gibt den Weinen, vor allem den Rotweinen, einen typischen Charakter von weißem Saft mit. Der riesige Keller ist günstig für die Alterung. Dieser 96er zeigt eine schöne, kräftige Farbe. Obwohl der Geruchseindruck im Augenblick ein wenig verschlossen ist, entfaltet sich im wohlausgewogenen, harmonischen Geschmack ein angenehmes Aroma mit einer reizvollen Nachhaltigkeit.
- Jean-François Aupy, Clos de l'Abbaye,
49260 Puy-Notre-Dame, Tel. 02.41.52.26.71,
Fax 02.41.52.26.71 n. V.

CH. DE LA DURANDIERE
Méthode traditionnelle★

| | 4,06 ha | 30 000 | 30-50 F |

Ein schönes Château im Empire-Stil, dessen Park den Weingarten beherbergt. Das kräftige Orangerot dieses Schaumweins wird von schönen, feinen Bläschen begleitet. Der nuancierte Duft enthüllt ein hochfeines Blütenaroma. Der Geschmack bezaubert durch seine Lebhaftigkeit und seine lange Nachhaltigkeit. Ein ausgezeichneter Ferienwein.
- SCEA Bodet-Lheriau, Ch. de La Durandière, 51, rue des Fusillés, 49260 Montreuil-Bellay, Tel. 02.41.52.31.36, Fax 02.41.38.72.30 n. V.
- Hubert Bodet

DOM. DE LA GUILLOTERIE 1996★★

| | k. A. | k. A. | 30-50 F |

Dieser Familienbetrieb vergrößerte sich in den 80er Jahren erheblich. Dieser 96er ist unbestreitbar ein Erfolg. Er hat eine klare Farbe und bietet ein intensives Aroma von roten Früchten. Der Geschmack ist strukturiert und fleischig. Die komplexe Nachhaltigkeit trägt zu dem sehr schönen Gesamteindruck bei, in dem die Reife der ausgelesenen Trauben zum Vorschein kommt. Der weiße 96er erhält einen Stern : Er ist trinkreif.
- GAEC Duveau Frères, 42, rue de La Paleine, 49260 Saint-Cyr-en-Bourg, Tel. 02.41.51.62.78, Fax 02.41.51.63.14 n. V.

YVES LAMBERT 1996

| | 12 ha | 50 000 | -30 F |

Diese Cuvée hat eine intensive purpurrote Farbe. Das beim ersten Riechen schüchterne Aroma von roten Früchten entfaltet sich harmonisch. Der Geschmack ist angenehm und kräftig gebaut. Gefälliger Gesamteindruck.
- SCEA Yves Lambert, Saint-Just-sur-Dive,
49260 Montreuil-Bellay, Tel. 06.07.27.07.78,
Fax 06.31.96.49.73 n. V.

DOM. DE LA MONGEAIS
Cuvée Vieilles vignes 1996

| | 13 ha | 10 000 | -30 F |

1992 bedeutete für dieses Gut den Beginn des Direktverkaufs. Heute werden 20 % der Produktion über den Einzelhandel verkauft. Schöne Farbe von intensivem, lebhaftem Rot. Der Geruchseindruck ist fruchtig und angenehm. Der Geschmack ist sanft und nötigt zu einem raschen Verbrauch.
- GAEC Desnouhes, 78, rue des Caves,
49260 Vaudelnay, Tel. 02.41.52.20.73,
Fax 02.41.52.31.57 n. V.

DOM. LANGLOIS-CHATEAU
Vieilles vignes 1995★★

| | 3 ha | 18 000 | 50-70 F |

Die 1855 gegründete Firma Langlois-Château bewirtschaftet heute mehrere Güter und Châteaux im Loire-Tal. Dieser weiße Saumur ist aus Trauben hergestellt worden, die in zwei Durchgängen mit der Hand gelesen und im Barrique-

TAL DER LOIRE

Anjou-Saumur
Saumur

faß vinifiziert wurden (sechsmonatige Gärung mit Aufrühren des Hefesatzes). Dieser Wein stammt unbestreitbar von reichhaltigem Traubengut. Er wird seine Qualitäten in ein paar Jahren entfalten, wenn sein Holzton verschmolzen ist. Er bietet bereits ein wahres aromatisches Festival mit Noten von Früchten (Quitten, Aprikosen), Zitrusfrüchten, Gewürzen und Vanille.
- SA Langlois-Château, 3, rue Léopold-Palustre, 49400 Saint-Hilaire-Saint-Florent, Tel. 02.41.40.21.40, Fax 02.41.40.21.49 ☑ ▼ n. V.

DOM. LANGLOIS-CHATEAU
Vieilles vignes 1995

| ■ | 3 ha | 20 000 | ■ | 50-70 F |

Ein harmonischer, ausgewogener Saumur in einem purpurroten Kleid mit bläulichroten Reflexen. Der intensive Geruchseindruck bietet uns Vanille- und Holznoten, die im Augenblick die Frucht überdecken. Frischer, voluminöser Geschmack, der aber vom Holz dominiert wird. Man sollte ihn in drei bis vier Jahren trinken, damit er enthüllt, was in ihm steckt.
- SA Langlois-Château, 3, rue Léopold-Palustre, 49400 Saint-Hilaire-Saint-Florent, Tel. 02.41.40.21.40, Fax 02.41.40.21.49 ☑ ▼ n. V.

DOM. DE LA PALEINE
Méthode traditionnelle Brut*

| ○ | 8 ha | 15 000 | | 30-50 F |

Feine Bläschen begleiten die blaßgelbe Farbe. Die Intensität des Aromas von sehr reifen Früchten und weißen Blüten (Akazie, Weißdorn) trägt zu einem frischen, nervigen, stattlichen, nachhaltigen Wein bei. Ein schöner Erfolg.
- SA Dom. de la Paleine, 9, rue de la Paleine, 49260 Le Puy-Notre-Dame, Tel. 02.41.52.21.24, Fax 02.41.52.21.66 ☑ ▼ n. V.
- Joël Levi

DOM. DE LA PERRUCHE
Méthode traditionnelle 1994**

| ○ | 1,7 ha | k. A. | ■ | 30-50 F |

Eine alte Winzerfamilie, die eine traditionelle Anbauweise beibehalten hat, um Weine mit Bodencharakter herzustellen. Diese Cuvée mit der strahlenden Farbe und den feinen, leichten Bläschen bezaubert aufgrund ihres komplexen Buketts mit Noten von weißen Blüten und der Frische, Geschmeidigkeit und Nachhaltigkeit des Geschmacks.
- Alain Rouiller, Dom. de La Perruche, 29, rue de la Maumenière, 49730 Montsoreau, Tel. 02.41.51.73.36, Fax 02.41.38.18.70 ☑ ▼ Mo-Sa 9h-12h30 13h30-19h30

DOM. DE LA PETITE CHAPELLE
Elevé en fût de chêne 1996**

| □ | 7 ha | 2 000 | ◐ | 30-50 F |

Um den Vinifizierungskeller der Domaine de la Petite Chapelle zu erreichen, muß man in den Kellern, die in den Kreidetuff gegraben sind, 300 m weit gehen. Die Vergärung und der Ausbau dieses weißen Saumur werden in Barriquefässern durchgeführt. Die starke Reife des Traubenguts macht sich in jeder Phase der Verkostung bemerkbar: Intensität der gelbgrünen Farbe, aromatische Stärke, Empfindung von Fülle im Geschmack. Ein bemerkenswerter Wein.

- EARL Laurent Dézé, 4, rue des Vignerons, 49400 Souzay-Champigny, Tel. 02.41.52.41.11, Fax 02.41.52.93.48 ☑ ▼ n. V.

DOM. DE LA RENIERE
Coulée de la Cerisaie 1996*

| □ | 3,5 ha | 20 000 | ■ ◐ | 30-50 F |

Dieser aus vollreifem Traubengut hergestellte Wein hat einen sehr schönen typischen Charakter. Das Aroma erinnert an weiße Früchte (Birnen), Wachs und Honig und ist charakteristisch für die Rebsorte Chenin, wenn ihre Trauben in optimalem Zustand gelesen werden. Der 96er Clos de La Renière Vieilles vignes erhält die gleiche Note.
- René-Hugues Gay, Dom. de la Renière, Les Caves, 49260 Le Puy-Notre-Dame, Tel. 02.41.52.26.31, Fax 02.41.52.24.62 ☑ ▼ n. V.

CLOS DE LA TRONNIERE
Méthode traditionnelle

| ○ | k. A. | k. A. | ■ ◐ | 30-50 F |

Das von feinen, anhaltenden Bläschen durchzogene Kleid zeigt ein schönes blasses Gelb. Das fruchtige Aroma mit Noten von Geröstetem bestätigt sich in einem klaren Geschmack, der jedoch ein wenig füllig ist. Man muß ihn noch ein paar Monate altern lassen.
- Michel Géron, 14, rte de Thouars, 79290 Brion-près-Thouet, Tel. 05.49.67.73.43 ☑ ▼ n. V.

LOUIS DE GRENELLE
Méthode traditionnelle**

| ◐ | k. A. | 50 000 | | 30-50 F |

1859 wurde die Cave de Grenelle gegründet, die heute auf die Champagner-Methode spezialisiert ist. Sie wurde von Graf de Colbert (von Château de Brézé) und von Hubert Bodet in Montreuil übernommen. Dieser Schaumwein vereint Charme und Eleganz. Die Feinheit seiner rosa Farbe mit orangeroten Farbschattierungen und ihre Bläschenkrone, sein klarer, sehr aromatischer Duft mit dem rauchigen Charakter, der rote Früchte enthüllt, sowie die Lebhaftigkeit, die Üppigkeit und die Ausgewogenheit des Geschmacks machen ihn zu einem großartigen Erfolg. Probieren und andere probieren lassen.
- SA Caves de Grenelle, 20, rue Marceau, B.P. 206, 49415 Saumur Cedex, Tel. 02.41.50.17.63, Fax 02.41.50.83.65 ☑ ▼ n. V.

LOUIS DE GRENELLE
Méthode traditionnelle**

| ○ | k. A. | 300 000 | | 30-50 F |

Dieser Saumur zeigt eine sehr schöne blaßgoldene Farbe mit einem zarten Schaum. Der Duft

Anjou-Saumur — Saumur

und der Geschmack bieten ein zartes Aroma von Honig, Akazienblüten und Zitronen. Die exzellente Gesamtharmonie macht ihn zu einem Wein, den man zum Essen serviert und der für seine Appellation recht repräsentativ ist.

🍇 SA Caves de Grenelle, 20, rue Marceau, B.P. 206, 49415 Saumur Cedex, Tel. 02.41.50.17.63, Fax 02.41.50.83.65 ✓ 🍷 n. V.

DOMINIQUE MARTIN
Vieilles vignes 1996**

| ■ | 1,3 ha | 5 000 | ▪ | -30 F |

Im Schatten des bedeutenden Château de Brézé hat Dominique Martin das alte Gut übernommen, dessen 21 ha mit Chenin und Cabernet bepflanzt sind. Die Kalktuffkeller eignen sich wunderbar für die Reifung der Weine. Dieser sehr charaktervolle Saumur ist großartig, in seinem Tiefrot mit dem bläulichroten Schimmer. Das Aroma ist klar und zeigt pflanzliche Noten. Der Geschmack, den eine sehr feine Entfaltung des Aromas begleitet, ergibt einen leckeren, eleganten Wein. Der weiße 96er Saumur ist von erstaunlicher Kraft und Feinheit. Er hat Stil und erhält einen Stern.

🍇 Dominique Martin, 20, rue du Puits-Aubert, 49260 Brézé, Tel. 02.41.51.60.28, Fax 02.41.51.60.28 ✓ 🍷 n. V.

DOM. DES MATINES Brut**

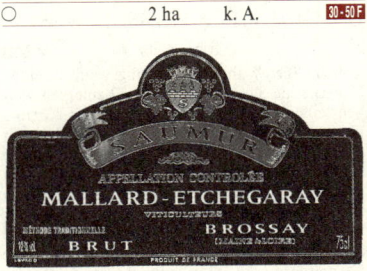

| ○ | 2 ha | k. A. | 30-50 F |

Diese Cuvée bietet viele feine Bläschen, die leicht und anhaltend sind und von einem Aroma reifer Früchte begleitet werden. Der harmonische, runde Geschmack und die lange Nachhaltigkeit sorgen für echten Genuß, den man sich sofort gönnen kann. Der weiße 96er erhält einen Stern, ebenso wie der rote 96er Cuvée Vieilles vignes. Ein bemerkenswerter Erfolg für dieses Gut.

🍇 Michèle Etchegaray-Mallard, Dom. des Matines, 31, rue de la Mairie, 49700 Brossay, Tel. 02.41.52.25.36, Fax 02.41.52.25.50 ✓ 🍷 Mo-Fr 8h-12h 14h-19h ; 10. Aug.-15. Sept. geschlossen

CH. DE MONTGUERET 1996**

| □ | k. A. | 40 000 | ▪ | -30 F |

Ein typischer weißer Saumur, der sehr gut vinifiziert und aus vollreifem Traubengut hergestellt worden ist. Er hat viel Frische und Intensität im Aroma, das an weiße Früchte (Birnen) erinnert. Man kann ihn problemlos mehrere Jahre lang aufheben.

🍇 SCEA Ch. de Montgueret, 49560 Nueil-sur-Layon, Tel. 02.41.59.59.19, Fax 02.41.59.59.02 ✓ 🍷 n. V.

🍇 Lacheteau

LYCEE VITICOLE DE MONTREUIL-BELLAY 1996**

| □ | 1,5 ha | 6 000 | ▪ | -30 F |

Die Fachoberschule für Landwirtschaft in Montreuil-Bellay ist eine öffentliche Einrichtung, um die Winzer und die im Weinbau Beschäftigten des Loire-Tals auszubilden. Dieser weiße Saumur ist das Ergebnis eines Verschnitts von 20 % Chardonnay und 80 % Chenin. Der Duft wurde von der Degustationsjury als prächtig und freigebig beurteilt. Der Geschmack ist ihrer Meinung nach sehr ausgewogen und zart. Versuchen Sie ihn zu einem Fisch aus der Loire (Zander oder Hecht) in weißer Buttersauce. Außerdem hat der rote Saumur (ohne Cuvéenamen) aufgrund seiner seidigen Tannine und seines guten aromatischen Ausdrucks einen Stern erhalten.

🍇 LPA de Montreuil-Bellay, rte de Méron, 49260 Montreuil-Bellay, Tel. 02.41.40.19.20, Fax 02.41.52.38.55 ✓ 🍷 Mo-Fr 9h-12h 14h-17h ; Gruppen n. V.

DOM. DU MOULIN 1996*

| ■ | 5 ha | 36 000 | ▪ | -30 F |

Die aus dem 14. Jh. stammende Mühle der Domaine du Moulin wurde während der Französischen Revolution beschädigt und zu Beginn des letzten Jahrhunderts wiederaufgebaut. 1985 restauriert, dient sie heute als Probierkeller und Empfangsraum. Dieser 96er Saumur hat eine schöne, intensive Farbe und bietet eine echte aromatische Komplexität mit fruchtigen Noten, die sich im Geschmack verstärken. Ein gefälliger Wein.

🍇 SCEA Marcel Biguet, 5, pl. de la Paleine, 49260 Le Puy-Notre-Dame, Tel. 02.41.52.26.68, Fax 02.41.38.85.64 ✓ 🍷 n. V.

NEMROD Méthode traditionnelle

| ○ | 3 ha | 10 000 | ▪ | 30-50 F |

Seit sehr langer Zeit wird hier Wein angebaut. Heute erzeugt man einen Wein mit einem schönen Schaum über einem hübschen gelben, grün schimmernden Kleid. Ein feiner, eleganter Duft bietet ein subtiles Honigaroma. Die Frische, die Nachhaltigkeit und die Ausgewogenheit des Geschmacks verleihen diesem Wein eine ansprechende Persönlichkeit.

🍇 Jean Douet, Ch. des Rochettes, 49700 Concourson-sur-Layon, Tel. 02.41.59.11.51, Fax 02.41.59.37.73 ✓ 🍷 n. V.

DOM. DE NERLEUX 1996*

| □ | 8 ha | 30 000 | ▪ | -30 F |

Régis Neau leitet die Domaine de Nerleux, die durch die Persönlichkeit des Vaters geprägt ist. Er ist auch der Vorsitzende des Verbands für den süßen Weißwein Coteaux de Saumur. Dieser Saumur ist aus überreifem Traubengut hergestellt worden. Sein starkes Potential erweckt fast einen Eindruck von Schwere, der bei Erscheinen des Weinführers verschwunden sein wird. Er wird dann sehr viele Weinfreunde überraschen.

Anjou-Saumur — Saumur

🕮 SARL Régis Neau, Dom. de Nerleux,
4, rue de la Paleine, 49260 Saint-Cyr-en-Bourg,
Tel. 02.41.51.61.04, Fax 02.41.51.65.34 ▥ ⏲ n. V.

DE NEUVILLE
Louis François Méthode traditionnelle★★

○   k. A.   k. A.   30-50 F

Goldene Reflexe begleiten einen feinen, üppigen Schaum. Der sehr angenehme Duft bietet Nuancen von kandierten Früchten, die man im Geschmack zusammen mit einer Lakritzenote wiederfindet. Seine gute Harmonie sorgt für eine schöne Zukunft!

🕮 De Neuville, rue Léopold-Palustre,
49400 Saint-Hilaire-Saint-Florent,
Tel. 02.41.53.03.30, Fax 02.41.53.03.39

DOM. DES RAYNIERES 1996★

■   k. A.   k. A.   -30 F

Schöne, neue Gärkeller, aber auch große und kleinere Holzfässer in den Lagerkellern. Man kann dieses Gut besichtigen und dabei den nicht versiegen wollenden Witz von Jean-Pierre Rebeilleau genießen. Dieser 96er hat eine schöne granatrote Farbe. Der im Augenblick noch schüchterne Duft bietet ein Aroma von roten Früchten und Lakritznoten, die man in einem runden, harmonischen und ausgewogenen Geschmack wiederfindet.

🕮 SCEA Jean-Pierre Rebeilleau, Dom. des Raynières, 33, rue du Ruau, 49400 Varrains,
Tel. 02.41.52.95.17, Fax 02.41.52.48.40 ▥ ⏲ n. V.

DOM. RECLU 1996★

■   30 ha   k. A.   ▯   -30 F

Für Jean-Marie Reclu ist der Wein ein Kunstwerk. Die Palette dieses 96ers ist der eines großen Malers würdig. Das Kleid zeigt nämlich ein schönes Rubinrot. Der noch ein wenig schüchterne Geruchseindruck bietet uns eine Komplexität von schwarzen Früchten (Brombeeren und Heidelbeeren). Im Geschmack sind die Tannine deutlich spürbar, aber seidig. Schöne Gesamtharmonie.

🕮 Jean-Marie Reclu, 532, bd Paul-Painlevé,
49260 Montreuil-Bellay, Tel. 02.41.52.43.47,
Fax 02.41.52.42.91 ⏲ tägl. 7h-19h

DOM. SAINT-JEAN 1996

□   k. A.   18 000   ▯   30-50 F

Die Familie Anger baut seit dem Ende des 19. Jh. in der Gemeinde Turquant Wein an. Man beachte, daß sie im letzten Jahr in der AOC Saumur-Champigny einen Lieblingswein hatte. Dieser 96er ist ein angenehmer, leichter Wein, der im Geschmack recht frisch ist. Er ist reizvoll aufgrund seiner aromatischen Noten, die an weiße Blüten wie etwa Akazienblüten erinnern. Man sollte ihn zu Meeresfrüchten servieren.

🕮 SCEV Jean-Claude Anger, Dom. Saint-Jean,
16, rue des Martyrs, 49730 Turquant,
Tel. 02.41.38.11.78, Fax 02.41.51.79.23 ▥ ⏲ n. V.

CAVE DES VIGNERONS DE SAUMUR Les Médaillés 1996★★

■   k. A.   50 000   ▯   30-50 F

Die beeindruckenden Keller besichtigt man im Auto. Aufgrund der Anlagen, des überwältigenden Charakters, der ungewöhnlichen Umgebung und der Qualität der Weine ist diese Kellerei ideal für eine Gruppenbesichtigung. Wie dieser 96er bezeugt, dessen tiefe Farbe wie schwarze Kirschen schimmert. Der noch ein wenig schüchterne Duft ist vielversprechend und bietet uns ein großartiges Aroma von sehr reifen schwarzen Früchten. Der runde, samtige Geschmack mit seinen gut verschmolzenen Tanninen schließlich beendet einen sehr harmonischen Gesamteindruck. Ein großer Erfolg.

🕮 Cave des Vignerons de Saumur, 49260 Saint-Cyr-en-Bourg, Tel. 02.41.53.06.06,
Fax 02.41.53.06.10 ▥ ⏲ Mo-Sa 9h-12h 14h-18h;
Okt.-April geschlossen

RESERVE DES VIGNERONS DE SAUMUR 1996★

□   150 ha   100 000   ▯   -30 F

Die Cave des Vignerons de Saumur vinifiziert 150 ha weißen Saumur. Dieser angenehme, gut gemachte Wein wird - wie Puristen sagen werden - von einem Vinifizierungsaroma dominiert. Die Vergärung bei niedriger Temperatur führte nämlich zu aromatischen Noten, die an Bananen, exotische Früchte und englische Fruchtdrops erinnern.

🕮 Cave des Vignerons de Saumur, 49260 Saint-Cyr-en-Bourg, Tel. 02.41.53.06.06,
Fax 02.41.53.06.10 ▥ ⏲ Mo-Sa 9h-12h 14h-18h;
Okt.-April geschlossen

DOM. DU VIEUX PRESSOIR 1996★★

□   3,5 ha   11 000   ▯   -30 F

Beim 96er Wahl zum Lieblingswein für einen Cabernet de Saumur und ein als bemerkenswert beurteilter Saumur - ein unbestreitbarer Erfolg für die Domaine du Vieux Pressoir, die Jahr für Jahr Mustergültiges hervorbringt. Eine leichte blaßgoldene Farbe mit grünen Farbschattierungen, ein vorwiegend pflanzliches Aroma, das an blühenden Ginster erinnert, und ein runder Geschmack, der einen Eindruck von Fülle erweckt. Dieser Wein besitzt eine sehr schöne Gesamtharmonie. Man kann ihn im Laufe des Jahres trinken oder genausogut ein paar Jahre aufheben. Beachten Sie, daß die rote 96er Cuvée Céline Vieilles vignes aufgrund ihrer eleganten Ausgewogenheit einen Stern erhält und der 95er Saumur brut, ein genußvoller Schaumwein, lobend erwähnt wird.

🕮 Bruno Albert, 235, rue du Château-d'Oiré,
49260 Vaudelnay, Tel. 02.41.52.21.78,
Fax 02.42.38.85.83 ▥ ⏲ n. V.

DOM. DU VIEUX TUFFEAU 1996

■   3 ha   18 000   ▯   -30 F

Dieses Gut besitzt gewaltige, rätselhafte Keller, die sich sehr gut für die Lagerung und den Ausbau von Kalktuffweinen eignen. Der schöne aromatische Ausdruck dieses 96ers bietet sehr intensive Noten von roten Früchten. Der Geschmack ist angenehm und zeigt eine schöne Kontinuität.

🕮 Christian Giraud, Les Caves, 212, rue de la Cerisaie, 49260 Le Puy-Notre-Dame,
Tel. 02.41.52.27.41, Fax 02.41.52.26.07 ▥
⏲ Mo-Sa 8h-13h 14h-20h; Gruppen n. V.

Anjou-Saumur

CH. DE VILLENEUVE 1996★★★

| | 5 ha | 30 000 | | 30-50 F |

Château de Villeneuve steht zusammen mit seinem Leiter, J.-P. Chevallier, für Gewissenhaftigkeit (siehe den Abschnitt zum Saumur-Champigny). Die Trauben sind ausgelesen worden. Die Vinifizierung im Gärbehälter ist traditionell. Das ergibt eine sehr schöne zitronengelbe bis goldene Farbe und einen großen aromatischen Reichtum mit vor allem Noten von Wachs und weißen Blüten. Der Eindruck von Kraft und Fülle im Geschmack verstärkt sich in einem besonders angenehmen Lakritzeabgang.
➤ SCA Chevallier, Ch. de Villeneuve, 3, rue Jean-Brevet, 49400 Souzay-Champigny, Tel. 02.41.51.14.04, Fax 02.41.50.58.24
Mo-Sa 9h-12h 14h-18h

Cabernet de Saumur

Obwohl die Appellation Cabernet de Saumur nur eine geringe Menge herstellt, behauptet sie durchaus ihre Stellung; zu verdanken ist dies der Feinheit dieser Rebsorte, die auf kalkhaltigen Böden angebaut und als Rosé vinifiziert wird.

DOM. DE LA PALEINE 1996★

| | 2 ha | 6 000 | | 30 F |

Joël Lévi, ein Werbefachmann, hat 1990 die Domaine de La Paleine übernommen und verschafft sich nach und nach einen festen Platz in der Welt des Weins. Er präsentiert mit diesem Cabernet de Saumur einen zarten, leichten Wein, der aber voller Fröhlichkeit und erfrischend ist. Die Noten von roten Früchten kommen auf milde Weise zum Vorschein. Am Ende des Geschmacks behält man den Eindruck, als hätte man in frische Früchte gebissen.
➤ SA Dom. de La Paleine, 9, rue de la Paleine, 49260 Le Puy-Notre-Dame, Tel. 02.41.52.21.24, Fax 02.41.52.21.66 n. V.
➤ Joël Lévi

DOM. DE LA PERRUCHE 1996

| | 1 ha | 7 400 | | 30 F |

Ein schönes Weingut in der Gemeinde Montsoreau, an der Grenze des Stammes der Andekaver, die das Anjou bewohnten, und dem der Turonen, die in der Touraine lebten. Eine aus Kalktuff errichtete mittelalterliche Festung, die durch ihre Vornehmheit beeindruckt, wachte über den Verkehr, der sich zwischen diesen beiden Regionen auf dem Flußweg abspielte. Dieser Cabernet de Saumur ist reizvoll aufgrund seiner Frische im Geschmack, die jedoch für einen Wein des Jahrgangs 1996 sehr ausgeprägt ist. Sehr schöne lachsrosa Farbe.
➤ Alain Rouiller, Dom. de La Perruche, 29, rue de la Maumenière, 49730 Montsoreau, Tel. 02.41.51.73.36, Fax 02.41.38.18.70
Mo-Sa 9h-12h30 13h30-19h30

DOM. DES SANZAY 1996★

| | 0,3 ha | 2 000 | | 30 F |

Bei der Domaine des Sanzay denkt man selbstverständlich an die Appellation Saumur-Champigny. Dennoch darf man nicht die anderen Weine vergessen, wie etwas diesen Cabernet de Saumur, der voller Fruchtigkeit und Frische ist. Das Richtige, um seinen Gaumen zu erfrischen, bevor man die restliche Produktion dieses sympathischen Guts probiert.
➤ Dom. des Sanzay, 93, Grand-Rue, 49400 Varrains, Tel. 02.41.52.91.30, Fax 02.41.52.45.93 n. V.

DOM. DU VIEUX PRESSOIR 1996★★

| | k. A. | k. A. | | 30 F |

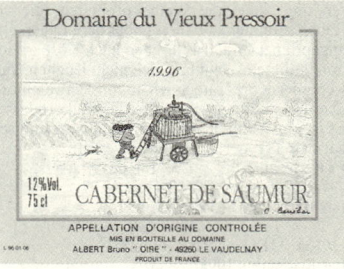

Ein Weingut im Saumurois, das wohlbekannt ist wegen der hier erzeugten Weine (ein weißer Saumur war 1994 Lieblingswein) ebenso wie wegen der Persönlichkeit des Besitzers. Sein Wein bietet all das, was man von einem Cabernet de Saumur erwartet: Feinheit, Komplexität (Noten von frischen Früchten, rote Johannisbeeren, Himbeeren) und »Zartheit« im Geschmack. Ein von der Degustationsjury lebhaft empfohlener Wein, den man ein bis zwei Jahre aufheben kann.
➤ Bruno Albert, 235, rue du Château-d'Oiré, 49260 Vaudelnay, Tel. 02.41.52.21.78, Fax 02.42.38.85.83 n. V.

DOM. DU VIEUX TUFFEAU 1996★

| | 0,8 ha | 5 000 | | 30 F |

Ein für das Saumurois typisches Weingut mit seinem in den Kreidetuff gegrabenen Keller. Die Erzeugung von Cabernet de Saumur gewinnt auf diesem Gut immer mehr an Bedeutung und verzeichnet einen lebhaften Erfolg. Die zarte rosa Farbe zeigt gelbrote Reflexe. Der noch recht verschlossene Geruchseindruck dürfte sich in ein paar Monaten entfalten. Der Geschmack ist auf-

TAL DER LOIRE

Anjou-Saumur

grund seiner Zartheit und seiner Fruchtigkeit recht repräsentativ für diese Appellation.
↶ Christian Giraud, Les Caves, 212, rue de la Cerisaie, 49260 Le Puy-Notre-Dame, Tel. 02.41.52.27.41, Fax 02.41.52.26.07 ✓
☿ Mo-Sa 8h-13h 14h-20h ; Gruppen n. V.

Coteaux de Saumur

Ihr Ansehen haben sie früher erworben. Die Coteaux de Saumur, im Gebiet von Saumur das Gegenstück zu den Coteaux du Layon im Anjou, werden reinsortig aus der Chenin-Rebe hergestellt, die auf Kreidetuff angebaut wird.

DOM. DES CHAMPS-FLEURIS 1995*

| □ | 3 ha | 3 600 | ◫ | 70-100 F |

Im Probierkeller, dessen Mittelpunkt ein gewaltiger offener Rundkamin bildet, können sich die Besuchergruppen ein Kotelett grillen lassen und dabei die Weine probieren, die von Reben stammen, die direkt über dem Lagerkeller angepflanzt sind. Das Streben nach Körperreichtum in diesem Wein läßt sich nicht leugnen, auch wenn der Körper noch leicht von Schwefelnoten überdeckt wird. Zwei bis drei Jahre altern lassen. Es ist ein Wein, der frisch bleiben wird und sehr gut den Typ der Appellation vertritt.
↶ Retiveau-Retif, 50-54, rue des Martyrs, 49730 Turquant, Tel. 02.41.51.48.97, Fax 02.41.51.75.33 ✓ ☿ n. V.

DOM. DE LA PERRUCHE
Les Rotissants 1996*

| □ | k. A. | 11 000 | ▮ ↓ | 50-70 F |

Der Name der Reblage les Rotissants (»die Bratenden«) verrät die Qualitäten eines Anbaugebiets, das die Überreife der Chenin-Rebe erlaubt, deren Beeren von der Sonne »gebraten« werden. Dieser sehr zarte Wein entfaltet Noten von Hefebrot und Zitrusfrüchten und vereint im Geschmack Leichtigkeit und Feinheit. Der Gesamteindruck ist sehr harmonisch.
↶ Alain Rouiller, Dom. de La Perruche, 29, rue de la Maumenière, 49730 Montsoreau, Tel. 02.41.51.73.36, Fax 02.41.38.18.70 ✓
☿ Mo-Sa 9h-12h30 13h30-19h30

DOMINIQUE MARTIN
Saveurs d'Automne Récolté par tries 1996

| □ | 1,5 ha | 3 000 | ▮ ↓ | 50-70 F |

Ein Familiengut mit einem in den Kreidetuff gegrabenen Keller, der für das Weinbaugebiet von Saumur charakteristisch ist. Dieser wohlgewogene, gefällige Wein ist aufgrund seines Aromas von Bananen und weißen Blüten recht repräsentativ für seine Appellation. Der durstlöschende Geschmack zeigt eine schöne Gesamtharmonie.
↶ Dominique Martin, 20, rue du Puits-Aubert, 49260 Brézé, Tel. 02.41.51.60.28, Fax 02.41.51.60.28 ✓ ☿ n. V.

DOM. DU VAL BRUN 1996**

| □ | 1,5 ha | 1000 | ◫ | 70-100 F |

Dieses Gut erstaunt immer wieder durch die Qualität seiner süßen Weine. Zugegebenermaßen setzen Jean-Pierre und Eric Charrauau alles daran, Erfolg zu haben, und führen vor allem eine strenge Auslese des Traubenguts durch. Ihr Wein offenbart in jedem Augenblick den Reichtum der Trauben und wird bei der Alterung an Fülle gewinnen. Sein Aroma von weißen Früchten (Birnen), Zitrusfrüchten und kandierten Trauben ist schon sehr intensiv und wirklich prächtig.
↶ Charruau et Fils, 74, rue Val-Brun, 49730 Parnay, Tel. 02.41.38.11.85, Fax 02.41.38.16.22 ✓ ☿ Mo-Sa 8h-12h 14h-18h

Saumur-Champigny

Wenn Sie in den Dörfern des Saumur-Gebiets mit ihren schmalen Straßen umhergehen, werden Sie auch das Paradies der Tuffsteinkeller betreten, die zahlreiche alte Flaschen enthalten. Dieses Weinbaugebiet hat sich zwar erst in jüngster Zeit vergrößert (1 300 ha), doch die Rotweine von Champigny sind seit mehreren Jahrhunderten bekannt. Sie werden in neun Gemeinden aus der Rebsorte Cabernet franc bzw. Breton erzeugt und sind leichte, fruchtige, süffige Weine. Die Produktion liegt bei 60 000 bis 80 000 hl. Die Genossenschaftskellerei der Winzer von Saint-Cyr-en-Bourg ist an der Entwicklung des Anbaugebiets nicht ganz unbeteiligt.

DOM. DU BOIS MOZE 1996*

| ■ | 5,5 ha | 8 000 | ▮◫↓ | -30 F |

Ein 1955 von den Eltern von Patrick aufgebautes Weingut, die 1994 ganz übernommen hat. Ein sehr schönes, tiefes Rubinrot umhüllt den Wein. Das Aroma erinnert an vollreife rote Früchte. Der Geschmack ist voll und rund. Die

Anjou-Saumur — Saumur-Champigny

spürbaren, aber gut verschmolzenen Tannine tragen zu einem schönen Gesamteindruck bei.
- Patrick Pasquier, 9, rue du Bois-Mozé, 49400 Chacé, Tel. 02.41.52.42.50 ☑ ⚑ n. V.

DOM. DU BOURG NEUF 1996

| ■ | 14 ha | k. A. | ■⚐ 50-70 F |

Dieser 96er trägt ein schönes, klares Kleid von tiefem Granatrot. Das Bukett enthüllt ein Aroma von großer Komplexität, das an rote Früchte und Backpflaumen erinnert. Der Geschmack ist klar und gut strukturiert. Die leicht säuerliche Note ist sehr angenehm.
- Christian Joseph, 12, rue de la Mairie, 49400 Varrains, Tel. 02.41.52.94.43, Fax 02.41.52.94.53 ☑ ⚑ n. V.

DOM. DU CAILLOU 1996

| ■ | k. A. | k. A. | ■ 30-50 F |

Ein mit seiner intensiven rubinroten, bläulich schimmernden Farbe und seinem Aroma von roten Früchten klassischer Saumur-Champigny. Der Geschmack ist ausgewogen und verbindet leichte Tannine mit einem guten fruchtigen Ausdruck.
- Régis Vacher, 1, rue des Déportés, 49730 Turquant, Tel. 02.41.38.11.21 ☑ ⚑ n. V.

DOM. DES CHALONGES 1996

| ■ | 2 ha | 66 600 | ■⚐ 30-50 F |

Das Kleid hat eine schöne rote Farbe. Das noch diskrete Aroma ist das von vollreifen Früchten. Der Geschmack ist rund und gefällig. Ein Wein, den man schon jetzt trinken kann.
- Bernard Patural, 27, rue des Maisons-Neuves, 49400 Souzay-Champigny, Tel. 02.41.52.95.94, Fax 02.41.52.47.33 ☑ ⚑ n. V.

DOM. DES CHAMPS FLEURIS 1995*

| ■ | 20 ha | 6 000 | ■⚐ 30-50 F |

Ein gewaltiger offener Rundkamin im Verkaufskeller ermöglicht es, auf Rebenholz Grillgerichte zuzubereiten. Dieser 95er kann sie mühelos begleiten. Er besitzt eine recht intensive Farbe und eine große aromatische Komplexität mit Noten von Backpflaumen und Unterholz. Der sanfte Geschmack beruht auf Tanninen, die spürbar, aber nicht aufdringlich sind. Schöne Gesamtharmonie.
- Retiveau-Retif, 50-54, rue des Martyrs, 49730 Turquant, Tel. 02.41.51.48.97, Fax 02.41.51.75.33 ☑ ⚑ n. V.

CLOS DES CORDELIERS
Cuvée Prestige 1996*

| ■ | 4,5 ha | 20 000 | ■▥ 30-50 F |

Die Weine von Les Cordeliers werden seit 1828 geschätzt. Es sind große, klassische Saumur-Champigny-Weine, die verfeinert und vornehm sind. Der 96er verführt aufgrund seiner rubinroten Farbe mit den purpurroten Reflexen und seiner aromatischen Komplexität mit Noten von schwarzen Johannisbeeren und kandierten Früchten. Voll und rund, fruchtig und frisch, mit seidigen Tanninen. Dieser schöne Wein wird sich mit der Zeit bestätigen.
- Ratron Frères, Clos des Cordeliers, 49400 Souzay-Champigny, Tel. 02.41.52.95.48, Fax 02.41.52.99.50 ☑ ⚑ tägl. 8h-12h 14h-19h

CLOS CRISTAL 1995*

| ■ | k. A. | 53 000 | ■⚐ 30-50 F |

Der Clos Cristal ist ein echtes historisches Denkmal : Den von einer Mauer umgebenen Weinberg hat der legendäre Winzer Cristal 1919 angelegt. Dieser 95er Saumur-Champigny ist überraschend ! Seine tiefrote Farbe zeigt ziegelrote Schattierungen. Das sehr intensive Aroma hat einen animalischen Charakter, sogar einen »Wildbretcharakter«, und verstärkt sich in einem entwickelten, wohlausgewogenen Geschmack. Er ist bereits trinkreif ! Die Cuvée »Les Clos«, die von den Reben stammt, die entlang der Umfriedungsmauer wachsen, erhält für ihre Gesamtharmonie die gleiche Note.
- Clos Cristal, 49400 Souzay-Champigny ☑ ⚑ n. V.
- Hospices de Saumur

DOM. FILLIATREAU
Jeunes vignes 1996**

| ■ | 20 ha | 150 000 | ■⚐ 30-50 F |

Die auf Saumur-Champigny spezialisierte Domaine Filliatreau ist gleichzeitig in Chaintres, auf Château Fouquet in Brezé an der angesehenen Stätte La Vignollé in Turquant vertreten, wo man ihre Weine probieren kann. Wunderbares Loire-Tal, das Weine wie diesen hier präsentiert ! Die granatrote Farbe zeigt die blaue Farbnuance der Jugend. Der sehr intensive Duft bietet Noten von Veilchen, Brombeeren und schwarzen Johannisbeeren. Nach einer nervigen, klaren Ansprache macht die aromatische Kontinuität (frische Früchte) Noten von Backpflaumen und Unterholz Platz. Von sehr großer Eleganz. Dieser Wein ist eine Schleckerei.
- Paul Filliatreau, Chaintres, 49400 Dampierre-sur-Loire, Tel. 02.41.52.90.84, Fax 02.41.52.49.92 ☑ ⚑ Mo-Fr 8h-12h 14h-18h ; Sa, So n. V.

DOM. PATRICE FOUET 1996*

| ■ | 10 ha | 20 000 | ■ 30-50 F |

Die Keller und Lager von Patrice Fouet befinden sich fast gegenüber der Kirche von Saint-Cyr. Sein »Champigny« bringt gut den kalkhaltigen Boden von Saint-Cyr zum Ausdruck. Die Farbe dieses 96ers besitzt eine schöne Intensität mit violetten Reflexen. Das noch diskrete Aroma erinnert an rote Früchte. Der Geschmack ist sanft, rund und elegant. Schöne Gesamtharmonie.

TAL DER LOIRE

Anjou-Saumur — Saumur-Champigny

📞 Patrice Fouet, 3, rue de la Judée,
49260 Saint-Cyr-en-Bourg, Tel. 02.41.51.61.61,
Fax 02.41.51.60.52 ☑ 🍷 tägl. 10h-12h 14h-19h

DOM. DES HAUTES VIGNES 1996★★

	2,6 ha	20 000		30-50 F

Die Farbe ist tief, das zarte Aroma das von roten Früchten, mit einer Note »Röstkaffee«. Der gut strukturierte Geschmack bietet eine sehr gefällige aromatische Nachhaltigkeit. Man muß jedoch den Tanninen Zeit geben, sich abzurunden.

📞 SCA Fourrier et Fils, 22, rue de la Chapelle,
49400 Distré, Tel. 02.41.50.21.96,
Fax 02.41.50.12.83 ☑ 🍷 n. V.

CH. DU HUREAU Cuvée Lisagathe 1996★★

	3 ha	15 000		50-70 F

»Hureau« bezeichnete früher den alten Keiler. Er ist das Wahrzeichen des Châteaus, das die Loire überragt und auf dessen Wetterfahne der Kopf eines Keilers zu sehen ist. Die Saumur-Champigny-Weine haben hier schon immer den Ruf, daß sie kräftig gebaut und füllig sind. Dieser hier besitzt große Klasse in seinem Kleid von intensiver, tiefer granatroter Farbe. Er verströmt ein Röst- und Fruchtaroma. Der Geschmack ist rund und gehaltvoll und stützt sich auf feine, harmonische Tannine. Ein schöner, lagerfähiger Wein, der Charakter hat und Ihre Freunde erfreuen wird. Die 96er Grande Cuvée hat einen Stern erhalten.

📞 Philippe et Georges Vatan,
49400 Dampierre-sur-Loire, Tel. 02.41.67.60.40,
Fax 02.41.50.43.35 ☑ 🍷 n. V.

CH. DU HUREAU
Cuvée des Fevettes 1996★★★

	3 ha	15 000		50-70 F

Dieses Gut erntet wirklich alles Lob. Seine Cuvée des Fevettes ist von großer Verführungskraft. Die sehr schöne rote Farbe zeigt einen leicht ins Violette spielenden Schimmer. Der Geruchseindruck ist opulent mit Noten von vollreifen Kirschen. Der Geschmack ist sanft, stattlich und reichhaltig, mit einer überraschenden aromatischen Nachhaltigkeit. Den Weinliebhabern besonders empfohlen!

📞 Philippe et Georges Vatan,
49400 Dampierre-sur-Loire, Tel. 02.41.67.60.40,
Fax 02.41.50.43.35 ☑ 🍷 n. V.

DOM. JOULIN 1996

	2 ha	6 000		-30 F

Ein schon trinkreifer Wein. Die Farbe zeigt ein schönes Rubinrot. Der Duft bietet ein schönes aromatisches Potential. Der fruchtige Geschmack mit den leichten Tanninen schließt einen eher süffigen Gesamteindruck ab.

📞 Philippe Joulin, 58, rue Emile-Landais,
49400 Chacé, Tel. 02.41.52.41.84,
Fax 02.41.52.41.84 ☑ 🍷 n. V.

DOM. DE LA BESSIERE 1996★

	k. A.	80 000		-30 F

Der Keller in Souzay befindet sich in einer Höhle am Fuße eines Hangs, den das im Renaissancestil errichtete Herrenhaus Margaretes von Anjou überragt. Er ist eine »Kathedrale« aus Kalktuff, in der Gärbehälter und Fässer mit Saumur-Champigny lagern. Der 96er ist harmonisch und ausgewogen. Sein zartes Aroma erinnert an rote Früchte. Der Geschmack ist gut strukturiert, sanft und leicht tanninhaltig im Abgang. Ein bis zwei Jahre lagern.

📞 Thierry Dézé, Dom. de la Bessière,
49400 Souzay-Champigny, Tel. 02.41.52.42.69,
Fax 02.41.38.75.41 ☑ 🍷 n. V.

DOM. LA BONNELIERE
Cuvée des Poyeux 1996★

	2 ha	10 000		30-50 F

André Bonneau hat sein Gut 1972 aufgebaut. Sein Saumur-Champigny ist ein Klassiker in seinem schönen, klaren Kleid, dessen Rubinrot sehr intensiv ist. Der Geruchseindruck ist zwar noch schüchtern, aber vielversprechend und bietet ein zartes Aroma von kleinen roten Früchten. Der gut strukturierte Geschmack ist rund, klar und gefällig. Ein gelungener Wein!

📞 André Bonneau, 45, rue du Bourg-Neuf,
49400 Varrains, Tel. 02.41.52.92.38,
Fax 02.41.52.92.38 ☑ 🍷 n. V.

LA BRETONNIERE 1996★

	k. A.	60 000		30-50 F

Langlois-Château, ein 1885 gegründetes Familienunternehmen, hat sich nach und nach vergrößert und kontrolliert heute die Nutzung mehrerer Weingüter und Châteaux im Loire-Tal. Dieser 96er, dessen intensives Granatrot einen schönen Glanz zeigt, besitzt einen recht ansprechenden Duft, der blumig (Rosen) und fruchtig (Walderdbeeren und schwarze Johannisbeeren) zugleich ist. Der Geschmack bietet viel Frische. Das Gewürz- und Lederaroma entfaltet sich bis zum sehr angenehmen Abgang. Sollte jung getrunken werden.

📞 SA Langlois-Château, 3, rue Léopold-Palustre, 49400 Saint-Hilaire-Saint-Florent,
Tel. 02.41.40.21.40, Fax 02.41.40.21.49 🍷 n. V.

DOM. DE LA PERRUCHE
Vieilles vignes 1996★

	4 ha	26 600		30-50 F

Eine alte Winzerfamilie, die eine traditionelle Anbauweise beibehalten hat, um Weine mit Bodencharakter herzustellen. Dieser Wein präsentiert sich in einem intensiven Rubinrot. Er bietet eine sehr gefällige aromatische Palette, die an rote Früchte und Waldfrüchte erinnert. Ein schöner Erfolg!

Anjou-Saumur

⌁Alain Rouiller, Dom. de La Perruche, 29, rue de la Maumenière, 49730 Montsoreau, Tel. 02.41.51.73.36, Fax 02.41.38.18.70 ◨
☉ Mo-Sa 9h-12h30 13h30-19h30

DOM. DE LA PETITE CHAPELLE 1996

| ■ | 22 ha | 35 000 | ■ ♦ | 30-50 F |

Dunkelrote, sogar purpurne Farbe. Der Geruchseindruck ist noch ein wenig verschlossen, aber der Geschmack ist voll, sanft und rund, mit seidigen Tanninen. Ein schöner Gesamteindruck !
⌁EARL Laurent Dézé, 4, rue des Vignerons, 49400 Souzay-Champigny, Tel. 02.41.52.41.11, Fax 02.41.52.93.48 ◨ ☉ n. V.

DOM. LAVIGNE 1996

| ■ | 6 ha | 40 000 | ■ ♦ | 30-50 F |

Schönes, intensives Granatrot mit bläulichem Schimmer an der Oberfläche. Gefälliger, entwickelter Duft nach vollreifen roten Früchten. Die Ansprache ist lebhaft und klar. Das Aroma von Früchten findet sich im Geschmack wieder, der eine angenehme, unmittelbare Empfindung erweckt.
⌁Dom. Gilbert Lavigne, 15, rue des Rogelins, 49400 Varrains, Tel. 02.41.52.92.57, Fax 02.41.52.40.87 ◨ ☉ n. V.

RENE-NOEL LEGRAND
Les Cards 1996*

| ■ | 12 ha | k. A. | ◍ | 30-50 F |

Ein Künstler auf dem Gebiet des Weins ! Er versucht, den Charakter des Jahrgangs wiederherzustellen, der von der Einzellage geprägt ist. Er erzeugt komplexe, vornehme, sehr feine Saumur-Champigny-Weine. In einem reinen, tiefen Rubinrot bietet dieser 96er eine klare aromatische Komplexität mit Noten von roten Früchten (schwarze Johannisbeeren, Himbeeren und Brombeeren) und danach von Backpflaumen. Der Geschmack ist füllig und fleischig. Die spürbaren Tannine dürften sich mit der Zeit abrunden. Schöne Gesamtharmonie !
⌁René-Noël Legrand, 13, rue des Rogelins, 49400 Varrains, Tel. 02.41.52.94.11, Fax 02.41.52.49.78 ◨ ☉ n. V.

LES BEAUMIERS 1996

| ■ | 16 ha | 20 000 | ■ ♦ | 30-50 F |

Das Etikett ist eine richtige Verunstaltung des Weins : Es stellt nämlich die Flasche dar. Was für ein Stoff in diesem konzentrierten, reichhaltigen Wein ! Der Duft ist komplex, mit Noten von Backpflaumen und Kaffee. Die Ansprache ist geschmeidig, und der Geschmack entfaltet ein Aroma von Pilzen, Wildbret und typischen Röstnoten. Ein vielversprechender 96er.
⌁EARL Yves Drouineau, 3, rue Morains, 49400 Dampierre-sur-Loire, Tel. 02.41.51.14.02, Fax 02.41.50.32.00 ◨ ☉ n. V.

DOM. DE NERLEUX
Les Châtains Vieilles vignes 1995*

| ■ | 10 ha | k. A. | ■ ♦ | 30-50 F |

Ein schönes Familienhaus aus dem 17. Jh., erbaut aus Kalktuff, der noch immer im nahen Steinbruch genutzt wird. Die Pilze sind nicht weit davon entfernt. Aber probieren Sie vor allem die

Saumur-Champigny

kräftig gebauten, konzentrierten, harmonischen Saumur-Champigny-Weine von Régis Neau ! Ein schönes Rubinrot mit malvenfarbenen Reflexen umhüllt diesen Wein. Ausdrucksvoller Duft nach vollreifen roten Früchten. Nach einer klaren Ansprache entfaltet sich die aromatische Kontinuität mit Holz- und Gewürznoten und einem leichten Röstaroma im Abgang. Seine Tannine sagen ihm eine schöne Zukunft voraus. Er kann sogar Wild oder jedes andere Fleisch begleiten.
⌁SARL Régis Neau, Dom. de Nerleux, 4, rue de la Paleine, 49260 Saint-Cyr-en-Bourg, Tel. 02.41.51.61.04, Fax 02.41.51.65.34 ◨ ☉ n. V.

DOM. DES RAYNIERES
Vieilles vignes 1996*

| ■ | 2 ha | 15 000 | ■ ♦ | 30-50 F |

Ein gelungener Saumur-Champigny, der von 50 Jahre alten Rebstöcken stammt, die in der Reblage les Marconnets auf einem lehmigkalkhaltigen Boden wachsen. Seine schöne rubinrote Farbe und sein klares Bukett, das von zarten Noten roter Früchte begleitet wird, verführt sofort. Die Ansprache ist klar und wird durch recht spürbare, aber seidige Tannine verstärkt.
⌁SCEA Jean-Pierre Rebeilleau, Dom. des Raynières, 33, rue du Ruau, 49400 Varrains, Tel. 02.41.52.95.17, Fax 02.41.52.48.40 ◨ ☉ n. V.

DOM. DE ROCFONTAINE
Cuvée des Vieilles Vignes 1996

| ■ | 5 ha | 10 000 | ■ | 30-50 F |

Die Farbe ist hier ein intensives, tiefes Granatrot. Das Aroma erinnert an rote Früchte (schwarze Johannisbeeren, Himbeeren) und entfaltet sich im Geschmack auf sehr harmonische Weise, begleitet von gut verschmolzenen Tanninen. Man kann ihn lagern oder schon jetzt trinken.
⌁Philippe Bougreau, 7, ruelle des Bideaux, 49730 Parnay, Tel. 02.41.51.46.89, Fax 02.41.38.18.61 ◨ ☉ n. V.

DOM. DES ROCHES NEUVES
Terres Chaudes 1996*

| ■ | 3 ha | 15 000 | ■ ♦ | 50-70 F |

Das Gut stammt von 1800. Thierry Germain leitet es seit 1991. Das Kleid hat eine schöne tiefrubinrote Farbe mit sehr dunklen bläulichroten Reflexen. Der Geruchseindruck ist klar und enthält sehr ansprechende fruchtige Noten, die sich im Geschmack mit schöner Kontinuität überaus angenehm entfalten. Ein sehr gelungener Wein ! In der unteren Preisklasse kann man die Cuvée Domaine (80 000 Flaschen) recht angenehm während einer Mahlzeit im Familienkreis trinken.
⌁Thierry Germain, Dom. des Roches-Neuves, 56, bd Saint-Vincent, 49400 Varrains, Tel. 02.41.52.94.02, Fax 02.41.52.49.30 ◨
☉ Mo-Sa 8h-19h ; So n. V.

DOM. DU RUAULT 1996

| ■ | | k. A. | 13 000 | ■ ◍ | -30 F |

In den riesigen, tiefen Kellern enthalten die Reihen mit kleinen und großen Fässern ausgeglichene, leckere, rassige Rotweine. Dieser hier

hat eine rubinrote, schwarz schimmernde Farbe und entfaltet ein Aroma von roten Früchten (Himbeeren, rote Johannisbeeren), die die Verkostung prägen und ihm einen frischen, frühlingshaften Charakter verleihen. Schon trinkreif.
- Noël Millon, Dom. du Ruault, 29, rue du Ruau, 49400 Varrains, Tel. 02.41.52.93.80, Fax 02.41.52.46.13 ☑ ⟙ Mo-Sa 8h-12h 14h-20h ; So n. V.

DOM. SAINT JEAN Vieilles vignes 1996**

| | 1,8 ha | 14 000 | | 30-50 F |

Jean-Claude Anger leitet das Familiengut seit 1990. Sein 96er ist ihm bemerkenswert gut gelungen. Die klare tiefrote Farbe mit den ins Violette spielenden Reflexen verführt als Verkoster. Der Duft bietet ein hochfeines, zartes und sehr komplexes Aroma. Der Geschmack ist harmonisch und ausgewogen, mit seidigen Tanninen. Ein Wein zum Genießen. Der 96er les Matinières 96 erhält einen Stern. Diesen Wein muß man sofort trinken.
- SCEV Jean-Claude Anger, Dom. Saint-Jean, 16, rue du Martyrs, 49730 Turquant, Tel. 02.41.38.11.78, Fax 02.41.51.79.23 ☑ ⟙ n. V.

DOM. DE SAINT-JUST 1996*

| | 12 ha | 13 000 | | 70-100 F |

Ein Gut, das seit drei Generationen in Familienbesitz ist. Seit 1996 kümmert sich Denis Duveau um die Vinifizierung. Dieser 96er hat eine sehr tiefe rubinrote Farbe, die an schwarze Kirschen erinnert. Das Aroma ist das von roten Früchten : schwarze und rote Johannisbeeren, dazu eine würzige Note. Der Geschmack mit seinen gut verschmolzenen Tanninen ist sehr harmonisch.
- SCEA Yves Lambert, Saint-Just-sur-Dive, 49260 Montreuil-Bellay, Tel. 06.07.27.07.78, Fax 06.31.96.49.73 ☑ ⟙ n. V.

DOM. SAINT VINCENT
Les Adrialys Vieilles vignes 1996**

| | 3 ha | 10 000 | | 30-50 F |

Kann man sich ein typischeres Weingut vorstellen als die Domaine Saint-Vincent auf den Anhöhen von Saumur, ganz von Cabernet-franc-Rebstöcken umrahmt ? Die Persönlichkeit dieses Saumur-Champigny ist anerkannt : Dieser 96er besitzt eine schöne leicht ziegelrote Farbe. Der Duft entfaltet ein feines, zartes Aroma von roten Früchten. Angenehm aufgrund seiner seidigen Tannine. Er verdient es, daß man ihn ein wenig altern läßt, damit er seinen vollen Charakter erreicht !
- Patrick Vadé, Dom. Saint-Vincent, 49400 Saumur, Tel. 02.41.67.43.19, Fax 02.41.50.23.28 ☑ ⟙ n. V.

DOM. DES SANZAY 1996

| | 10 ha | 30 000 | | 30-50 F |

Dieser 96er Saumur-Champigny ist durch eine intensive, klare rubinrote Farbe und durch ein Aroma von roten Früchten, vor allem von schwarzen Johannisbeere, gekennzeichnet. Der Geschmack ist lebhaft, leicht und fruchtig. Ein »süffiger« Wein, den man schon jetzt trinken kann.
- Dom. des Sanzay, 93, Grand-Rue, 49400 Varrains, Tel. 02.41.52.91.30, Fax 02.41.52.45.93 ☑ ⟙ n. V.

CAVE DES VIGNERONS DE SAUMUR Cuvée Tradition 1996

| | k. A. | 50 000 | | 30-50 F |

Die Farbe ist tiefrot. Das zarte Aroma erinnert an Himbeeren und Erdbeeren. Die geschmackliche Struktur ist ein wenig kurz, aber dennoch harmonisch.
- Cave des Vignerons de Saumur, 49260 Saint-Cyr-en-Bourg, Tel. 02.41.53.06.06, Fax 02.41.53.06.10 ☑ ⟙ Mo-Sa 9h-12h 14h-18h ; Okt.-April geschlossen

CH. DE TARGÉ Cuvée Ferry 1994**

| | 1 ha | 6 000 | | 50-70 F |

Das Weingut bestand schon 1655, dem Jahr, in dem das heutige Château errichtet wurde, das teilweise in den Fels hinein gebaut ist. Dieser 94er mit dem kräftigen, dunklen Rot zieht die Aufmerksamkeit auf sich. Sehr entfaltete Holz- und Fruchtnoten erregen den Geruchssinn. Der Geschmack ist füllig, rund und nachhaltig. Ein schöner Erfolg für den Jahrgang. Die Jury hat auch die 95er Cuvée probiert, die nicht im Holzfaß ausgebaut wurde. Sie erhält einen Stern wegen ihres gefälligen Charakters, der durch die Cabernet-franc-Rebe geprägt ist.
- SCEA Edouard Pisani-Ferry, Ch. de Targé, 49730 Parnay, Tel. 02.41.38.11.50, Fax 02.41.38.16.19 ☑ ⟙ Mo-Sa 8h-12h 14h-18h

DOM. DES VARINELLES
Vieilles vignes 1996

| | 4 ha | 20 000 | | 30-50 F |

Die Domaine des Varinelles (ein bukolischer Name, der an die Wäscherinnen erinnert) hat eine 96er Cuvée Traditionnelle vorgestellt, die fein und rund ist, sowie diesen Vieilles vignes, wobei beide die gleiche Note erhalten. Die letztgenannte Cuvée hat eine strahlende purpurrote Farbe. Das zarte Aroma erinnert an rote Früchte mit einer Röstnote. Die schöne Struktur im Geschmack dürfte sich nach einer Lagerung von zwei bis drei Jahren noch verstärken.
- SCA Daheuiller et Fils, 28, rue du Ruau, 49400 Varrains, Tel. 02.41.52.90.94, Fax 02.41.52.94.63 ☑ ⟙ Mo-Fr 8h-12h 14h-19h ; Sa n. V.

CH. DE VILLENEUVE 1996***

| | 20 ha | 80 000 | | 30-50 F |

Ein Château aus dem 19. Jh., das sich neben einem Renaissancegebäude befindet, ein Park und der Weinberg auf einer Hochfläche - eine Vision von Frieden und Harmonie. Die Reben und die Weine sind fester Bestandteil der Schönheit und der Kultur. Dieser gehaltvolle Wein bildet lange, schöne »Tränen« und zeigt eine intensive granatrote Farbe. Der herrliche erste Geruchseindruck ist komplex und reichhaltig. Der Wein verführt in jeder Phase der Verkostung durch seine schöne Harmonie. Das Aroma von Früchten und Blüten setzt sich in angenehm würzigen Noten und einem schönen Abgang fort, der feine, seidige Tannine enthüllt.

•┐ SCA Chevallier, Ch. de Villeneuve,
49400 Souzay-Champigny, Tel. 02.41.51.14.04,
Fax 02.41.50.58.24 ◪ ⊥ Mo-Sa 9h-12h 14h-18h

Touraine

Die interessanten Sammlungen des Museums der Touraine-Weine in Tours zeugen von der Vergangenheit der Weinbau- und Weinkultur in dieser Gegend. Nicht umsonst schmücken viele Legenden aus dem Leben des hl. Martin, der um 380 Bischof von Tours war, die *Legenda aurea* mit Anspielungen auf den Weinbau und den Wein ... In Bourgueil beherbergten die Abtei und ihr berühmter Weinberg bereits um das Jahr 1000 die Rebsorte »Breton« oder Cabernet franc. Und wenn man die Geschichte weiterverfolgen will, so sollte bald darauf Rabelais erscheinen und wortreich und voller Lebensgenuß eine wunderbare Geschichte erzählen. Eine Geschichte, die entlang den Reiserouten von Mesland bis Bourgueil am rechten Ufer (über Vouvray, Tours, Luynes und Langeais) und von Chaumont bis Chinon am linken Ufer (über Amboise und Chenonceaux, das Tal des Cher, Saché, Azay-le-Rideau und den Wald von Chinon) fortlebt.

Das Weinbaugebiet der Touraine, das somit schon vor sehr langer Zeit berühmt war, erreichte Ende des 19. Jh. seine größte Ausdehnung. Seine Anbaufläche (rund 10 000 ha) bleibt gegenwärtig kleiner als vor der Reblauskrise; es verteilt sich hauptsächlich auf die Departements Indre-et-Loire und Loir-et-Cher und greift im Norden auf das Departement Sarthe über. Verkostungen alter Weine, beispielsweise der Jahrgänge 1921, 1893, 1874 oder sogar 1858, lassen in Vouvray, Bourgueil oder Chinone Merkmale erkennen, die denen der heutigen Weine ziemlich ähnlich sind. Das zeigt, daß trotz der Weiterentwicklung bei den Anbau- und Vinifizierungsmethoden der »Stil« der Touraine-Weine derselbe geblieben ist - vielleicht auch deshalb, weil jede der Appellationen ihre Weine nur aus einer einzigen Rebsorte erzeugt. Das Klima spielt ebenfalls eine Rolle : Das Zusammenspiel von atlantischen und kontinentalen Einflüssen tritt im Charakter der Weine hervor. Die Hänge des Loir bilden dabei einen Schutzschirm gegen die Nordwinde. Außerdem bedingt die von Norden nach Süden erkennbare Abfolge von Flußtälern, die in Ost-West-Richtung verlaufen, nämlich der Täler des Loir, der Loire, des Cher, des Indre, der Vienne und der Creuse, eine Vielzahl von Hängen, deren Kalktuffböden für den Weinbau günstig sind. Das Klima ist abwechslungsreich und sichert eine gesunde Feuchtigkeit. Im Boden der Täler mischt sich Lehm mit Kalkstein und Sand, manchmal auch mit Feuerstein ; an den Ufern der Loire und der Vienne kommt noch Kiessand hinzu.

Diese verschiedenen Merkmale finden sich somit in den Weinen wieder. Jedem Tal entspricht eine Appellation, deren Weine dank der unterschiedlichen klimatischen Bedingungen jedes Jahr einen eigenständigen Charakter besitzen. Die Kombination des Jahrgangs mit den natürlichen Voraussetzungen der Reblage ist von entscheidender Bedeutung.

Im Jahre 1989, einem warmen und trockenen Jahr, waren die Weine reichhaltig und voll und versprachen eine lange Lebensdauer. 1984, in einem Jahr mit später Blüte und schlechterem Wetter, fielen die Weißweine trockener und die Rotweine leichter aus ; sie erreichen heute ihre volle Entfaltung. Auf diese Weise ist es möglich, eine Rangordnung nach dem Reichtum der Weine aufzustellen, eine umfassende Tendenz der letzten Jahrgänge, die wie folgt eingestuft sind : 1989, 1959, 1976, 1985, 1964, 1990, 1982, 1961, 1970, 1969, 1981, 1986, 1983. Aber selbstverständlich muß man eine Feinabstimmung vornehmen zwischen den tanninreichen Rotweinen aus Chinon oder Bourgueil (die geschmeidiger sind, wenn sie von »unten« kommen, und kräftiger gebaut sind, wenn sie von den Hängen stammen) und den leichteren, zumeist als Primeur-Weine verkauften Weinen der Appellation Touraine (Gamay), zwischen den Roséweinen, die je nach Sonneneinstrahlung mehr oder weniger trocken ausfallen, ebenso zwischen den Weißweinen aus Azay-le-Rideau oder Amboise und denen aus Vouvray und Montlouis, deren Produktion von trockenen bis zu lieblichen Weinen reicht und auch Schaumweine beinhaltet.

Touraine

Die Herstellungsmethoden der Weine sind ebenfalls von Bedeutung. Die Kalktuffkeller erlauben zwar eine hervorragende Alterung bei einer konstanten Temperatur von 12 °C, aber die Vinifizierung der Weißweine wird bei niedriger Temperatur durchgeführt. Der Gärvorgang dauert mehrere Wochen, bei den lieblichen Weinen sogar mehrere Monate. Die leichten Rotweine vom Touraine-Primeurtyp sind hingegen das Ergebnis einer ziemlich kurzen Gärdauer, während die Gärdauer in Bourgueil und Chinon lang ist : zwei bis vier Wochen. Die Rotweine durchlaufen zwar eine malolaktische Gärung, aber die Weiß- und Roséweine verdanken ihre Frische ganz im Gegenteil dem Vorhandensein der Apfelsäure. Die Gesamtproduktion nähert sich in guten Jahren 600 000 hl, von denen etwa 60 % über den Weinhandel vertrieben werden. Die Direktverkäufe machen 25 % aus, der Verkauf durch Genossenschaften 15 %.

Touraine

Die regionale Appellation Touraine, die sich auf die gesamte Touraine erstreckt, umfaßt 5 250 ha. Dennoch befindet sich ihr Anbaubereich im wesentlichen zwischen dem Tal der Loire und dem der Indre, auf beiden Seiten des Cher-Tals. Die Sand- und Lehmböden enthalten bisweilen Abschnitte, in denen Kalkstein vorkommt. Sie sind bei den Rotweinen vor allem mit Gamay bepflanzt, zu dem je nach Boden tanninreichere Rebsorten wie Cabernet und Cot hinzukommen. Die leichten, fruchtigen Primeur-Weine werden ausschließlich aus Gamay erzeugt. Die aus zwei oder drei Rebsorten verschnittenen Rotweine (160 000 hl) zeigen sich in der Flasche recht stabil. Die weißen Stillweine, die von den Rebsorten Sauvignon und Chenin blanc (oder Pineau de la Loire) stammen, sind trocken (je nach Jahrgang 100 000 bis 180 000 hl). Ein Teil der Weißweinproduktion (25 000 hl) wird zu Schaum- oder Perlweinen verarbeitet. Die 15 000 hl Roséweine schließlich, die immer trocken, lecker und fruchtig sind, werden aus den roten Rebsorten hergestellt.

In der Nähe von Tours muß man auf die Wiedergeburt eines historischen Weinbaugebiets hinweisen, das trockene Roséweine liefert. Dieser Wein gehört zur Appellation Touraine, aber früher hieß er »Noble joué« und wird auch heute wieder so bezeichnet. Zu seiner Herstellung werden die drei Pinot-Sorten Pinot gris, Pinot meunier und Pinot noir verwendet.

DOM. D'ARTOIS
Sauvignon Les Buttelières 1996

	6 ha	k. A.	

Präsentiert wird dieser Weißwein von einem der Weingüter des Hauses Saget, das im Loire-Tal mehrere Güter besitzt. Der Keller, der ganz mit Edelstahltanks ausgestattet ist, befindet sich mitten zwischen den Weinbergen der Hochfläche von Mesland. Dieser helle 96er mit dem diskreten Duft füllt den Mund gut aus, nämlich mit dem notwendigen »Fett«. Ein für den Jahrgang klassischer Sauvignon.
Dom. d'Artois, La Morandière, 41150 Mesland, Tel. 02.54.70.24.72, Fax 02.54.70.24.72 n. V.
J.-L. Saget

JACKY ET PHILIPPE AUGIS
Tradition 1995

	2 ha	16 000	

Diesen roten 95er stellt ein 1930 entstandenes Gut vor, das mit einem modernen, alleinstehenden Lagerkeller ausgestattet ist und zusätzlich über einen schönen Steinkeller verfügt. Dieser Touraine duftet nach roten Früchten (Kirschen und schwarze Johannisbeeren). Ein Hauch von recht sanfter Gerbsäure kennzeichnet einen Wein von guter Konstitution.
GAEC Jacky et Philippe Augis, Le Musa, rue des Vignes, 41130 Meusnes, Tel. 02.54.71.01.89, Fax 02.54.71.74.15 tägl. 8h-20h ; So 8h-12h

BARONNIE D'AIGNAN 1995*

	8 ha	45 000	

Diese 1961 entstandene Genossenschaftskellerei, der sich schon bald leistungsfähige Winzer anschlossen, hat die Entwicklung im Gebiet von Oisly vorangetrieben. Sie vinifiziert die Trauben von 550 ha. Da die Lagen unterschiedlich sind, kann sie interessante Cuvées zusammenstellen, wie etwa diesen 95er, einen klugen Verschnitt aus vier roten Rebsorten. Mit seinem fruchtigen Aroma und seinen sanften Tanninen ist dieser Wein leicht zu trinken. Es mangelt ihm nicht an Eleganz. Der 96er, ein reinsortiger Gamay, ist ebenfalls vielversprechend.
Confrérie des vignerons de Oisly et Thésée, Le Bourg, 41700 Oisly, Tel. 02.54.79.75.20, Fax 02.54.79.75.29 tägl. 9h-12h 14h-18h

CELLIER DU BEAUJARDIN Côt 1995

	5 ha	35 000	

Die Genossenschaftskellerei von Bléré vinifiziert die Trauben von 200 ha, die auf den beiden Ufern des Cher wachsen. Mit ihrer Tatkraft trägt

Touraine

sie dazu bei, den Weinbau in diesem Winkel der Touraine aufrechtzuerhalten. Der Weinführer empfiehlt diesen sehr dunklen 95er mit der klaren Ansprache und den robusten Tanninen. Er duftet nach Kirschen in Alkohol. Weisen wir außerdem auf die Cabernet-Cuvée aus demselben Jahrgang hin : Sie wird sich ebenfalls gut lagern lassen.

Cellier du Beaujardin, 32, av. du 11-Novembre, 37150 Bléré, Tel. 02.47.30.33.44, Fax 02.47.23.51.27 Mo-Sa 8h-12h 14h-18h30

DOM. BEAUSEJOUR
Vieilles vignes 1995*

5 ha   10 000   -30F

Ein 20 ha großer Familienbetrieb. Er exportiert nicht weniger als 20 % seiner Produktion - bis nach Japan ! Die Nachfolge ist seit der Gründung einer GAEC, mit dem Sohn als Partner, im Jahre 1989 gesichert. Die Jury ist nicht unempfindlich geblieben gegenüber den Reizen dieses Touraine mit der schönen, dunklen Farbe und dem fruchtigen, komplexen Aroma, das den Beginn einer Entwicklung zeigt. Fülle, Kraft und Länge machen ihn zu einem sehr gelungenen Wein, der Fleisch in Sauce begleiten kann.

GAEC Trotignon et Fils, Dom. de Beauséjour, 10, rue des Bruyères, 41140 Noyers-sur-Cher, Tel. 02.54.75.06.73, Fax 02.54.75.06.73 tägl. 8h-19h

DOM. BELLEVUE Gamay 1996

4,5 ha   30 000   -30F

Dieser 20 ha große Familienbetrieb setzt seine gesamte Produktion im Direktverkauf ab. Die Jury hat diesen 96er Gamay berücksichtigt, der fruchtig ist und einen Hauch von Tiergeruch zeigt. Ein solider, ausgewogener, in seiner Jugend gefälliger Wein. Lobend erwähnt werden soll außerdem ein 95er Cabernet, der sich gut entwickelt hat.

EARL Patrick Vauvy, Les Martinières, 41140 Noyers-sur-Cher, Tel. 02.54.75.38.71, Fax 02.54.75.21.89 n. V.

VIGNOBLES DES BOIS VAUDONS
Gamay 1996

6,8 ha   10 000   -30F

Das Dorf Saint-Julien-de-Chédon liegt auf den Hängen des Cher, gegenüber von Montrichard, einer Kleinstadt, die mit ihrem Schloß und ihren hölzernen Fachwerkbauten viele Attraktionen besitzt. Jacky Mérieau bewirtschaftet hier rund 7 ha Weinberge. Sein 96er Gamay stammt wahrscheinlich von vollreifen Trauben. Er bietet würzige Nuancen, die seinen Reiz ausmachen.

Jacky Mérieau, 38, rte de Saint-Aignan, 41400 Saint-Julien-de-Chédon, Tel. 02.54.32.14.23, Fax 02.54.32.14.23 n. V.

Touraine

AOC der Touraine :
1. Bourgueil
2. Saint-Nicolas-de-Bourgueil
3. Chinon
4. Montlouis
5. Vouvray
6. Touraine-Azay-le-Rideau
7. Touraine-Amboise
8. Touraine-Mesland

AOC Coteaux du Loir :
9. Jasnières
10. Coteaux du Loir

Regionale AOC Touraine

AOC Cheverny

AOC Cour-Cheverny

AOVDQS :
11. Coteaux du Vendômois
12. Valençay

--- Departementsgrenzen

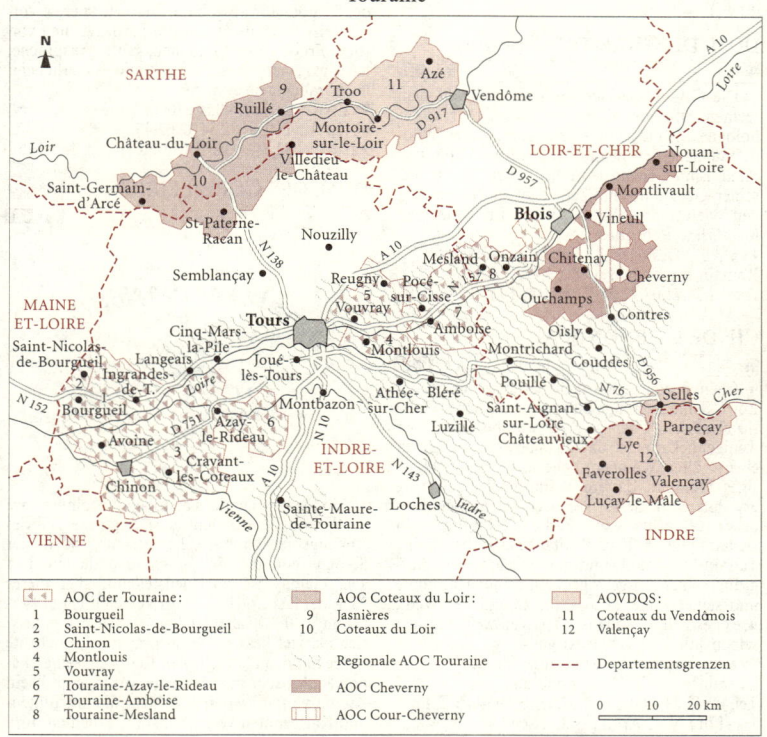

0   10   20 km

Touraine

DOM. PAUL BUISSE Cabernet 1995*

| 3 ha | 15 000 | 30-50 F |

Das Weingut wurde vor zehn Jahren von einem der besten Weinhändler der Touraine angelegt, der noch andere Pläne hat ... Die Ansichten über diesen Cabernet franc sind geteilt : streng für einen der Weinkoster, voller Qualitäten für die anderen, die seine Ausgewogenheit, seine Fruchtigkeit mit Noten von Himbeeren und mit einem Hauch von Lakritze im Rachenraum sowie eine gewisse Länge würdigen.
- Paul Buisse, 69, rte de Vierzon, 41400 Montrichard, Tel. 02.54.32.00.01, Fax 02.54.71.35.78 Mo-Sa 8h-12h 14h-18h

DOM. DES CAILLOTS Cabernet 1995**

| 2 ha | 6 000 | -30 F |

Dieses 16,5 ha große Gut reicht mindestens bis ins 18. Jh. zurück. Der Lagerkeller ist 1992 modernisiert worden. Ein Fünftel der Produktion wird ins Ausland verkauft. Unsere Verkoster haben einen weißen 96er und diesen bemerkenswerten Cabernet mit dem komplexen Bukett von reifen roten Früchten ausgewählt. Im Geschmack kommen rauchige und Röstnoten zum Vorschein, begleitet von Kaffeenoten. Nach einer kraftvollen Ansprache enthüllt der Geschmack einen schönen Stoff und geschmeidige Tannine. Ein rassiger Wein.
- EARL Dominique Girault, Le Grand Mont, 41140 Noyers-sur-Cher, Tel. 02.54.32.27.07, Fax 02.54.75.27.87 tägl. 8h-12h30 14h-19h ; So n. V.

DOM. DU CHAPITRE Cabernet 1995

| 6 ha | 6 000 | -30 F |

Die GAEC Desloges befindet sich auf dem rechten Ufer des Cher, an den Grenzen der Sologne. Sie präsentiert einen 95er, dessen Wildbretnuancen den Beginn einer Entwicklung verraten. Ein aufgrund seiner lebhaften Ansprache, seiner Gerbsäure und seiner guten Nachhaltigkeit vielversprechender Wein. Er verleugnet nicht seine Rebsorte.
- GAEC Desloges, Le Bourg, 41140 Saint-Romain-sur-Cher, Tel. 02.54.71.71.22, Fax 02.54.71.08.21 tägl. 9h-19h

CH. DE CHENONCEAU 1995**

| 14 ha | 67 000 | 30-50 F |

Chenonceau ist das meistbesuchte Schloß der Loire. Seine anmutige Silhouette mit seiner Galerie über dem Cher ist zwar wohlbekannt, aber weniger bekannt ist, daß das Bauwerk auch einen ebenso alten Weinberg beherrscht. Ein erstklassiges Weingut, das im Weinführer regelmäßig erwähnt wird. Sein roter 95er hat großen Eindruck gemacht. Seine Farbe ist kräftig. Sein Bukett fängt an, Komplexität zu erwerben. Seine Tannine sind sanft und gut verschmolzen. Aufgrund seiner Ausgewogenheit, seiner Harmonie und seiner Fülle ist dies ein königlicher Wein, wie er es sich schuldig ist. Der Weißwein aus dem selben Jahrgang schmeckt gut.
- SA Chenonceau-Expansion, Ch. de Chenonceau, 37150 Chenonceaux, Tel. 02.47.23.44.07, Fax 02.47.23.89.91 tägl. 11h-17h ; Nov.-April geschlossen

DOM. DES CHEZELLES Gamay 1996

| 4 ha | 20 000 | -30 F |

Das Gut hat 1969 damit begonnen, seinen Wein in Flaschen zu verkaufen. 1996 hat Alain Marcadet die Nachfolge seines Vaters an der Spitze des Betriebs angetreten. Er präsentiert einen sehr leckeren Wein. Alles an diesem 96er erinnert an rote Früchte : die Farbe, das Aroma und der süffige Charakter.
- EARL Alain Marcadet, Le Grand-Mont, 41140 Noyers-sur-Cher, Tel. 02.54.75.13.62, Fax 02.54.75.44.09 n. V.

DOM. CHUET Côt 1995

| k. A. | 10 000 | -30 F |

Ein junger Erzeuger, der 1994 den Betrieb seiner Eltern übernommen hat. Das Etikett erinnert daran, daß seine Reben auf Feuerstein wachsen. Auf den beiden Ufern des Cher wurde der Feuerstein nämlich vom 16. Jh. bis zum Ende des 19. Jh. genutzt. Eine lobende Erwähnung für seinen Côt mit der lebhaften Farbe, dem interessanten Duft, der aus Tabak und Orangenschalen besteht, und der runden Ansprache.
- Dom. Franck Chuet, rue Debussy, le Bois-Pontois, 41130 Meusnes, Tel. 02.54.71.01.06, Fax 02.54.71.46.82 Mo-Sa 8h-13h 14h-20h

DOM. DU COLOMBIER Gamay 1996*

| 5 ha | 12 000 | -30 F |

Der Wein wird hier in der Stille eines in den Kalktuff gegrabenen Kellers bei gleichbleibender Temperatur ausgebaut. Der rote 96er ist voller Reize : schöne granatrote Farbe, Aroma von roten Früchten und Bananen, sanfte Ansprache, ausgewogener Geschmack mit säuerlichem, leicht rauchigem Abgang.
- EARL Leclair, 48, rte de la Vallée, 41400 Angé, Tel. 02.54.32.02.40, Fax 02.54.32.34.99 Mo-Sa 8h-12h 14h-19h

DOM. DES CORBILLIERES 1995***

| 6 ha | k. A. | -30 F |

Ein Familiengut, das an lobende Kommentare im Weinführer gewöhnt ist. Der größte Teil des Anbaugebiets nimmt die besten Böden der Sologne ein, die viel Kiesand enthalten. Der 96er Gamay ist zufriedenstellend, aber dieser 95er, der das Ergebnis eines Verschnitts ist (40 % Gamay, 30 % Cabernet und 30 % Côt), erweist sich als viel besser : Seine prächtige granatrote Farbe mit den bläulichroten Reflexen, seine phänomenale, aber ausgewogene Struktur und sein Aroma von vollreifen Früchten, die mit Blüten- und Kaffeenoten vermischt sind, haben die Jury

Touraine

begeistert. Was für eine Komplexität ! Ein großer Wein, den man im 21. Jh. trinken kann.
⚑ EARL Barbou, Dom. des Corbillières, 41700 Oisly, Tel. 02.54.79.52.75, Fax 02.54.79.64.89 ▣ ⍳ n. V.

CH. DES COULDRAIES
Cuvée Prestige 1995*

| ■ | 0,75 ha | 1 620 | ■ ♦ | -30 F |

Dieses Herrenhaus, das ein wenig älter als Chenonceau ist, diente als Jagdschlößchen, das die Könige Franz I. und Heinrich II. auch für ihre Liebesabenteuer benutzten. Das Weingut präsentiert einen rubinroten 95er, der nach roten Früchten duftet und sehr klar und süffig ist. Der jugendliche Eindruck dominiert noch. Ein Wein von edler Herkunft ...
⚑ SCI des Couldraies, Ch. des Couldraies, 41400 Saint-Georges-sur-Cher, Tel. 02.54.32.27.42, Fax 02.54.32.40.03 ▣ ⍳ n. V.

DANIEL DELAUNAY Sauvignon 1996**

| □ | 5 ha | 12 000 | ■ ♦ | -30 F |

Ein mittelgroßer Weinbaubetrieb, der in Familienbesitz geblieben ist. Die etwa 20 Jahre alten Rebstöcke wachsen auf einem feuersteinhaltigen Lehmboden. Auch wenn der 96er Gamay erstklassig ist, verblaßt er doch vor dem Weißwein, der die Jury begeistert hat. Eine durchscheinende Farbe und ein klarer, aber eher diskreter Duft. Im Geschmack offenbart er sich : füllig, rund, gut verschmolzen, mit einer Note weißfleischiger Pfirsiche. Die 20 Jahre alten Rebstöcke verleihen einen interessanten Charakter. Ein recht typischer Hangwein.
⚑ Daniel Delaunay, 2, rue de la Bergerie, 41110 Pouillé, Tel. 02.54.14.71.46, Fax 02.54.71.77.34 ▣ ⍳ Mo-Sa 9h-12h30 14h-18h30

DOM. JOEL DELAUNAY Gamay 1996*

| ■ | 8 ha | 40 000 | ■ ♦ | 30-50 F |

Dieses 21 ha große Gut liegt ganz oben im Weiler La Tesnière, in der Nähe des Wasserschlosses - unmöglich, es zu verfehlen. Mit Thierry Delaunay ist hier die fünfte Generation am Werk. Die prächtigen Arbeitsgeräte sind einen Besuch wert. Der Weinfreund kann auf diese Weise diese Cuvée mit der dunkelrubinroten Farbe, dem angenehmen, fruchtigen und recht kräftigen Duft und dem guten Potential probieren. Der 95er Côt vom selben Erzeuger ist lobenswert.

⚑ Dom. Joël Delaunay, 48, rue de la Tesnière, 41110 Pouillé, Tel. 02.54.71.45.69, Fax 02.54.71.55.97 ▣ ⍳ Mo-Sa 8h-12h 14h-19h ; So n. V.

DOM. DESROCHES Gamay 1996*

| ■ | 3 ha | 20 000 | ■ ♦ | -30 F |

Die Gamay-noir-Rebstöcke sind etwa fünfzehn Jahre alt und wachsen hier auf einem sandigen, mit Feuerstein durchsetzten Lehmboden. Ein nur sieben Tage lang gemaischter Wein mit violetten Reflexen, der kräftig und fleischig ist. Die gute Struktur hindert ihn nicht daran, aromatisch zu sein, mit pfeffrigen Nuancen im dominierenden Aroma roter Früchte. Ein schöner Repräsentant dieses erfolgreichen Jahrgangs. Der Weißwein ist fast ebenso gelungen.
⚑ Jean-Michel Desroches, Les Raimbaudières, 41400 Saint-Georges-sur-Cher, Tel. 02.54.32.33.13, Fax 02.54.32.56.31 ▣ ⍳ n. V.

ANTOINE DUPUY Noble Joué 1996*

| ◢ | k. A. | 13 000 | ■ ♦ | -30 F |

Der Noble Joué ist ein Rosétyp, der südlich von Tours auf Hochflächen erzeugt wird, deren Kalksteinboden in unterschiedlichem Maß von Sand bedeckt ist. Dieser hier hat eine blasse orangerote Farbe und einen sehr feinen Duft, der Erdbeeren und reife Früchte mit einem Hauch von Bonbons verbindet. Der recht füllige Geschmack wird durch genau die notwendige Frische ausgeglichen - eine schöne Harmonie.
⚑ EARL Antoine Dupuy, Le Vau, 37320 Esvres-sur-Indre, Tel. 02.47.26.44.46, Fax 02.47.65.78.86 ▣ ⍳ n. V.

DOM. FRISSANT Sauvignon 1996*

| □ | 3 ha | 15 000 | ■ | -30 F |

Mosnes ist ein zauberhaftes Dorf, das 6 km von Amboise entfernt liegt. Man kann hier in den Weinbergen oder an den Ufern der Loire spazierengehen, die gotische Kirche besichtigen und sich im Hotel oder in den Gästezimmern aufhalten. Xavier Frissant, der hier 17 ha bewirtschaftet, präsentiert einen grün schimmernden 96er mit einem intensiven Duft nach exotischen Früchten und einem langen, füllingen und sehr fruchtigen Geschmack (Birnenkompott, Knospen schwarzer Johannisbeeren). Dieser Wein stammt sicherlich aus vollreifen Trauben.
⚑ Xavier Frissant, 1, Chemin-Neuf, 37530 Mosnes, Tel. 02.47.57.23.18, Fax 02.47.57.23.25 ▣ ⍳ Mo-Sa 8h-12h 14h-19h ; So n. V.

GALLAIS PERE ET FILS
Méthode traditionnelle 1995*

| ◒ | 1,2 ha | 6 000 | ■ | -30 F |

Diese in der Appellation Azay-le-Rideau erzeugte »Méthode traditionnelle« stammt von den gleichen Rebsorten wie die Stillweine dieser AOC. Sie enthält 70 % Grolleau, ergänzt durch Côt und Cabernet. Der Schaum hält auf dem gelbroten Kleid an. Das Aroma ist fein und fruchtig, in einem fruchtigen Register. Dieser Wein besitzt ein schönes Volumen und klingt sanft mit einem Hauch von Zitrusfrüchten aus. Interessant.

⌐┐EARL Gallais Père et Fils, 5, Le Hay,
37190 Vallères, Tel. 02.47.45.45.32,
Fax 02.47.45.31.27 ☑ ⚚ n. V.

VIGNOBLE GIBAULT Côt 1995

■ 1 ha 7 000 ■ ⚚ -30F

Ein gut ausgerüsteter Keller im Marktflecken Meusnes, nicht weit vom »Feuersteinmuseum« entfernt. Die Reben wachsen auf Feuerstein. Dieser noch ein wenig lebhafte, durch seine Jugendlichkeit überraschende Wein besitzt eine bläulichrote Farbe und gefällt aufgrund seines Aromas (Pfirsiche, Gewürze). Sein Erzeuger regt an, ihn zu einem *paletcôt* zu servieren, einem luftgetrockneten Würstchen, für dessen Herstellung der gleiche Wein verwendet wird. Der weiße 96er ist sehr gut.

⌐┐EARL Chantal et Patrick Gibault, rue Gambetta, 41130 Meusnes, Tel. 02.54.71.02.63, Fax 02.54.71.58.92 ☑ ⚚ Mo-Sa 8h-19h ; So 9h-12h

DOM. GIBAULT Cabernet 1995**

■ 3 ha 18 000 ■ ⚚ -30F

Pascal und Danielle Gibault, begeisterte Winzer, ließen sich 1988 auf dem Familiengut nieder, nachdem sie ihr Studium auf der Fachoberschule für Weinbau in Amboise abgeschlossen hatten. Die Cabernet-Rebstöcke, die auf dem untersten, ganz nach Süden liegenden Hang der Cher oberhalb des Weilers Les Martinières angepflanzt sind, haben einen 95er mit einem reichhaltigen Bukett geliefert : mineralische, würzige und Röstnoten, die sich im Geschmack zu Himbeeren hin entwickeln. Der Abgang ist lang und lakritzartig. Die Tannine sind interessant. Ein sehr runder, prächtiger Wein.

⌐┐GAEC B. et P. Gibault, Les Martinières, 41140 Noyers-sur-Cher, Tel. 02.54.75.36.52, Fax 02.54.75.29.79 ☑ ⚚ n. V.

DOM. GIBAULT Sauvignon 1996**

□ 10 ha 60 000 ■ ⚚ -30F

Ein Wein, den man nach dem Ratschlag seiner Erzeuger zu einem warmen Ziegenkäse aus Selles-sur-Cher servieren sollte. Vielleicht, aber man wird auch Spaß daran haben, ihn allein zu probieren, denn unter seinem leicht goldfarbenen Kleid bietet er ein prächtiges Bukett : exotische Früchte und Quitten, die sich im Geschmack über Noten von kandierten Früchten entwickeln. Er enthüllt viel Fülle und Fett. Dieser bemerkenswert ausgewogene Sauvignon stammt bestimmt von sehr reifen Trauben.

⌐┐GAEC B. et P. Gibault, Les Martinières, 41140 Noyers-sur-Cher, Tel. 02.54.75.36.52, Fax 02.54.75.29.79 ☑ ⚚ n. V.

DOM. GOUNY Côt 1995

■ 0,4 ha 3 000 ■ ⚚ -30F

Noyers ist einer der seltenen Orte, wo man das Weinbaugebiet der Touraine von einer großen Straße aus sehen kann. Das Gut nimmt Touristen auf, die auf dem Gehöft zelten können. Sein aus Côt erzeugter 95er hat eine schöne rote Farbe mit bläulichen Reflexen und ist eher blumig. In der Ansprache ist er ein wenig hart, zeigt sich dann aber einschmeichelnd. Man wird sein viertes Lebensjahr abwarten.

⌐┐Dom. Michel Gouny, 58, rue de la Gigotière, 41140 Noyers-sur-Cher, Tel. 02.54.75.07.90, Fax 02.54.71.34.37 ☑ ⚚ n. V.

CHRISTIANE GREFFE
Méthode traditionnelle

◯ k. A. 15 000 -30F

Eine 1965 entstandene Firma, die Schaumweine für die Winzer in Vouvray herstellt und ausgewählte Weine für ihre eigene Marke ankauft. Sie präsentiert einen Rosé mit reinem Schaum. Die intensive Frucht und der Geschmackseindruck - alles an ihm erinnert an rote Früchte, vor allem Erdbeeren. Der Geschmack zeichnet sich durch sein Volumen und seine Milde aus. Ein Dessertwein.

⌐┐Christiane Greffe, 35, rue Neuve, 37210 Vernou, Tel. 02.47.52.12.24, Fax 02.47.52.09.56 ☑ ⚚ n. V.

DOM. GUENAULT Gamay 1996

■ 8 ha 40 000 ■ ⚚ -30F

Ein Gut auf den Anhöhen von Saint-Georges-sur-Cher. Die auf einem schlickigen, mit Feuersteinen durchsetzten Lehmboden angepflanzten Reben haben diesen 96er mit der leichten Farbe geliefert, dessen Fruchtigkeit eine Nuance rotes Fleisch bietet. Sein süffiger Charakter macht ihn zu einem »Wein gegen den Durst«, den man in seiner Jugend genießen sollte.

⌐┐SCEA des Hauts-Lieux, Dom. Guenault, 41400 Saint-Georges-sur-Cher, Tel. 02.54.32.31.36, Fax 02.54.71.09.61 ☑ ⚚ n. V.
⌐┐J.-C. Bougrier.

DOM. DE LA BERGERIE
Sauvignon 1996*

□ 6 ha 30 000 ■ ⚚ -30F

Der Weiler La Tesnière vereinigt die meisten Winzer der Gemeinde Pouillé. Die Domaine de la Bergerie präsentiert sehr beachtliche Weine : einen 95er Cabernet und diesen Sauvignon, der für den Jahrgang ausreichend nervig ist. Ein strahlender Wein von blasser Farbe, der ein intensives Aroma von weißen Blüten und Lindenblüten entfaltet und wohlausgewogen ist.

⌐┐François Cartier, 13, rue de la Bergerie, La Tesnière, 41110 Pouillé, Tel. 02.54.71.51.54, Fax 02.54.71.74.07 ☑ ⚚ tägl. 9h-12h 14h-19h ; 24.-31. Aug. geschlossen

DOM. DE LA CEVERIE Gamay 1996

■ 2,4 ha 10 600 ■ ⚚ -30F

Der 12 ha große Familienbetrieb, der auf dem Südufer des Cher liegt, bietet einen interessanten Gamay. Auch wenn die Struktur ein wenig streng ist, mangelt es diesem Wein doch nicht an Trümpfen : granatrote Farbe mit violettem Schimmer, sortentypischer Duft, zufriedenstellende Ausgewogenheit und Länge.

⌐┐Philippe Bougré, La Cèverie, 41110 Saint-Aignan-sur-Cher, Tel. 02.54.71.39.83, Fax 02.54.75.12.26 ☑ ⚚ n. V.

DOM. DE LA CHAISE Gamay 1996

■ 17 ha 10 000 ■ ⚚ -30F

Das 3 km von Chenonceaux entfernte Saint-Georges-sur-Cher ist die am stärksten durch den Weinbau geprägte Gemeinde im Departement

Touraine

Loir-et-Cher. Das Weingut der Familie Davault hat sich zwischen 1981 und 1996 beträchtlich vergrößert und ist von elf auf 46 ha angewachsen. Es hat diesen 96er Gamay geliefert. Einen dunklen Wein, der dennoch nur fünf Tage vergoren wurde. Er ist noch verschlossen und sehr kraftvoll und klingt im Geschmack gut aus.

➛ J.-P. et Ch. Davault, Dom. de La Chaise, 37, rue de la Liberté, 41400 Saint-Georges-sur-Cher, Tel. 02.54.71.53.08, Fax 02.54.71.53.08 ☑ ⊺ n. V.

DOM. DE LA CHAPELLE
Cuvée des Moines 1995

| ■ | 1 ha | 2 000 | ⑾ 30-50F |

Dieses 1935 im Weinbaugebiet der Sologne entstandene Gut, das einen Teil seiner Weinberge in Hanglagen hat, präsentiert einen 95er von dunklem Granatrat mit bläulichem Schimmer. Die Verkoster waren geteilter Meinung über ihn. Die einen beurteilten seinen holzbetonten Charakter als übermäßig, die anderen schätzen seine schöne Struktur. Altern lassen.

➛ EARL Gosseaume, La Chapelle, 41700 Choussy, Tel. 02.54.71.32.43 ☑ ⊺ n. V.

DOM. DE LA CROIX BOUQUIE
Gamay 1996*

| ■ | 4 ha | 20 000 | ■ ⚬ -30F |

Hier wird nichts dem Zufall überlassen : Den Reben und dem Wein gilt die größte Sorgfalt. Der mit Sand bedeckte Lehmboden hat seinen Stempel hinterlassen in diesem violett schimmernden Gamay mit dem fruchtigen Duft und der guten Ansprache. Der Wein zeichnet sich auch durch seine gute Struktur aus, die sich innerhalb von ein bis zwei Jahren abrunden wird.

➛ Christian Girard, 1, chem. de la Chaussée, 41400 Thenay, Tel. 02.54.32.50.67, Fax 02.54.32.74.17 ☑ ⊺ n. V.

CLOS DE LA DOREE Noble Joué 1996*

| ◢ | 1,5 ha | 4 000 | ■ ⚬ -30F |

Einer der Erzeuger, die an der Wiedergeburt des Noble Joué beteiligt waren. Sein intensiver, blumiger, frühlingshafter 96er zeichnet sich durch seine Feinheit, seine Fülle und seine Länge aus. Er befindet sich in keiner farblosen Flasche - schade, denn es handelt sich um einen hübschen Rosé, der lachsrot schimmert.

➛ GAEC Clos de La Dorée, La Guerinière, 37320 Esvres-sur-Indre, Tel. 02.47.26.50.65, Fax 02.47.26.46.46 ☑ ⊺ n. V.

DOM. DE LA GARENNE
Méthode traditionnelle brut 1994*

| ○ | 3 ha | 9 500 | 30-50F |

Ein Weingut auf dem linken Ufer des Cher, fast gegenüber dem Bergfried von Montrichard, zu dessen Füßen ein Probierkeller den Besucher während der warmen Jahreszeit empfängt. Man kann hier eine hübsche »Méthode traditionnelle« entdecken, die eine strahlende Farbe, einen üppigen Schaum und einen sehr frischen, blumigen Duft besitzt. Elegant im Abgang - eine »anregende« Cuvée, wie ein Weinkoster schrieb.

➛ Jacky Charbonnier, 11, rte de la Vallée, 41400 Angé, Tel. 02.54.32.10.06, Fax 02.54.32.60.84 ☑ ⊺ n. V.

DOM. DE LA GARRELIERE
Chenin 1995*

| □ | 2 ha | 6 000 | -30F |

Dieses an der Grenze von Touraine und Poitou gelegene ehemalige Gut von Richelieu ist nur 8 km von der gleichnamigen Stadt entfernt, die von dem Kardinal gegründet wurde. Die Rebstöcke sind auf Böden angepflanzt, in denen der Kalkstein von Sand oder Feuerstein bedeckt ist, und werden nach biodynamischen Prinzipien angebaut. Sie haben diesen blaßgelben Wein mit den silbernen Reflexen hervorgebracht. Blütenaroma, liebenswürdiger, recht klarer Abgang : ein ausgewogener Wein voller Charme und Eleganz.

➛ François Plouzeau, Dom. de la Garrelière, 37120 Razines, Tel. 02.47.95.62.84, Fax 02.47.95.67.17 ☑ ⊺ Mo-Sa 9h-19h

DOM. DE LA GIRARDIERE
Sauvignon 1996**

| □ | 7 ha | 7 000 | ■ ⚬ -30F |

Ein nach dem Krieg vom Großvater Patrick Légers erworbenes Gut, das nicht weit vom vielbesuchten Zoopark entfernt liegt. Die auf einem feuersteinhaltigen Lehmboden angepflanzten Sauvignon-Reben haben 1996 diesen hübschen Wein mit der hellen Farbe geliefert, der aromatisch ist und an Muskat erinnert. Mit seiner Fülle und seiner Rundheit ist dies ein für den Jahrgang typischer, perfekt vinifizierter Wein. Hinweisen kann man auch auf den 96er Gamay, der interessant und fruchtig ist.

➛ Patrick Léger, La Girardière, 41110 Saint-Aignan, Tel. 02.54.75.42.44, Fax 02.54.75.21.14 ☑ ⊺ n. V.

CAVES DE LA GRANDE BROSSE
Gamay 1996**

| ■ | 6 ha | 20 000 | ■ ⚬ -30F |

Der Keller verdient einen Umweg. Ein ehemaliger Steinbruch, der seit dem 10. Jh. genutzt wurde. Einen Teil dieses 40 m unter der Erde liegenden Kellers kann man mieten, um Empfänge zu veranstalten. Dieser rubinrote 96er mit den violetten Reflexen ist nicht weniger bemerkenswert. Sehr fruchtig, mit einer Nuance von Trester. Er hat eine sanfte Ansprache und klingt rund und recht nachhaltig aus. Er wird sich sechs Monate lang günstig entwickeln. Ebenfalls probierenswert ist der 96er Rosé.

➛ Caves de La Grande Brosse, 41700 Chémery, Tel. 02.54.71.81.03, Fax 02.54.71.76.67 ☑ ⊺ n. V.
➛ Oudin

DOM. DE LA MECHINIERE
Gamay 1996*

| ■ | 10 ha | 40 000 | ■ ⚬ -30F |

Ein Teil der Reben, von denen diese Cuvée stammt, wurzeln im Tuffuntergrund. Dieser Umstand hat zusammen mit der guten Reife des Traubenguts einen Rotwein mit einer sehr kräftigen Farbe hervorgebracht. Ein kraftvoller, tanninreicher, sehr runder Wein, der zu dem Zeitpunkt, als wir ihn verkostet haben, noch

TAL DER LOIRE

verschlossen war, aber ausgewogen und vielversprechend ist. In zwei bis drei Jahren wird er seine beste Qualität erreichen.
↬ Thierry Chardon, 41110 Mareuil-sur-Cher, Tel. 02.54.75.21.83, Fax 02.54.75.17.07 ☑ ⊥ n. V.

DOM. DE LA POTERIE Sauvignon 1996*

| □ | 5,7 ha | 8 000 | ▮♦ -30F |

Saint-Aignan-sur-Cher liegt zu Füßen seiner romanischen Stiftskirche und seines im 16. Jh. errichteten Schlosses. In diesem Ort, der ein ganz besonderes Gepräge hat, leben die Brüder Bonsigné. Sie präsentierten einen sehr gelungenen Gamay und diesen Sauvignon von heller, golden schimmernder Farbe, dessen Duft zurückhaltend, aber fein ist. Das Aroma entfaltet sich im Rachenraum (Buchsbaum, Menthol). Ein aufgrund seiner Rundheit für den Jahrgang typischer Wein.
↬ EARL Bonsigné Frères, La Poterie, 41110 Saint-Aignan-sur-Cher, Tel. 02.54.75.16.62 ☑ ⊥ tägl. 8h-12h 14h-19h

DOM. DE LA PRESLE
Pineau d'Aunis 1996**

| ◢ | 2,5 ha | 20 000 | ▮♦ -30F |

Im letzten Jahr wurde ein Gamay zum Lieblingswein gewählt ; ein gutes Viertel der Produktion wird exportiert - alles Hinweise auf die qualitativen Anstrengungen dieses Guts, ein altes Ansehen aufrechtzuerhalten. Dieser Pineau d'Aunis, eine Spezialität des Hauses, ehrt das Gut ! Er hat eine leicht lachsrote Farbe und bezaubert durch sein kräftiges, frühlingshaftes Bukett. Er ist aufgrund seiner Sanftheit und seiner Fülle recht typisch für den Jahrgang und klingt mit einer pfeffrigen Note lang aus. Ein Rosé, der sich mühelos drei Jahre lang halten wird. Bravo ! Der 96er Gamay erhält einen Stern.
↬ Jean-Marie Penet, La Presle, 41700 Oisly, Tel. 02.54.79.52.65, Fax 02.54.79.08.50 ☑ ⊥ tägl. 8h-12h 14h-19h

LES CAVES DE LA RAMEE Côt 1995**

| ◼ | 1,3 ha | 4 000 | ▮ -30F |

Thésée ist wegen seiner imposanten römischen Ruinen bekannt. Weiß man auch, daß seine nach Süden liegenden Hänge zu den besten des Appellationsbereichs gehören ? Der Kalkstein ist nie sehr weit entfernt, und die Rebsorte Côt, von der diese Cuvée stammt, schätzt diesen Bodentyp. Die kirschrote Farbe dieses 95ers verlockt das Auge. Die Intensität des Buketts von Früchten in Alkohol verzaubert die Nase. Der Stoff, der das notwendige Maß an Tanninen und Lebhaftigkeit besitzt, entzückt den Gaumen. Ein Wein mit Bodengeschmack, der die Jahrtausendwende überleben wird.
↬ Gérard Gabillet, 31, rue des Charmoises, 41140 Thésée, Tel. 02.54.71.45.02, Fax 02.54.71.31.48 ☑ ⊥ n. V.

DOM. DE LA RENAUDIE Gamay 1996

| ◼ | 6 ha | 48 000 | ▮♦ -30F |

Ein Ehepaar tatkräftiger, sympathischer Winzer, das 30 % seiner Produktion nach ganz Europa und nach Kanada exportiert. Seine Gamay-Cuvée bietet einen diskreten Duft mit Blütennoten, die sich entfalten müssen. Sie ist in der Ansprache frisch und fruchtig und enthüllt eine gute Struktur.
↬ Patricia et Bruno Denis, Dom. de La Renaudie, 115, rte de St-Aignan, 41110 Mareuil-sur-Cher, Tel. 02.54.75.18.72, Fax 02.54.75.27.65 ☑ ⊥ Mo-Sa 9h-12h 14h-19h ; So n. V.

CH. DE LA ROCHE Gamay 1996**

| ◼ | 15 ha | 120 000 | ▮♦ -30F |

Château de la Roche, eines der beiden Güter der Familie Chainier, stammt aus dem 15. Jh. und überragt die Loire auf dem Südufer, nicht weit von Amboise entfernt. Paul Cézanne hielt sich hier auf. Zwei Weine des Guts sind berücksichtigt worden : ein weißer 96er und vor allem dieser aus Gamay erzeugte Rotwein, der eine elegante, leichte Farbe besitzt. Sehr frischer, ein wenig würziger Duft, Rundheit und Frucht im Geschmack - das ist ein femininer Wein. Er ist perfekt vinifiziert und ist der beste Vertreter seiner Rebsorte.
↬ Dom. Chainier, Ch. de la Roche, 37530 Chargé, Tel. 02.47.57.15.96, Fax 02.47.23.13.36

DOM. DE LA ROCHETTE
Sauvignon 1996

| □ | 12 ha | 60 000 | ▮♦ -30F |

Dieses große Gut (46 ha) erzeugt die gesamte Palette der Touraine-Weine. Die meisten der Rebflächen liegen am untersten Hang des Cher ! Dieser weiße 96er ist sehr hell (wie es sich gehört) und zeichnet sich durch einen kräftigen, frischen, eher pflanzlichen Duft aus. Die Ansprache ist liebenswürdig, der nachfolgende Eindruck ein wenig säuerlich - ein junger, einschmeichelnder Wein. Der Gamay aus demselben Jahrgang ist ebenfalls gelungen.
↬ François Leclair, 79, rte de Montrichard, Dom. de la Rochette, 41110 Pouillé, Tel. 02.54.71.44.02, Fax 02.54.71.10.94 ☑ ⊥ n. V.

CAVES DE LA TOURANGELLE
Gamay 1996*

| ◼ | k. A. | 250 000 | ▮♦ -30F |

Eine Vinifizierungsanlage, die 1995 von der in der Touraine und auch anderswo wohlbekannten Firma Bougrier errichtet wurde. Eine Ausrüstung auf dem neuesten Stand der Technik erlaubt es, die Trauben von rund 40 Erzeugern zu verarbeiten. Dieser 96er Rotwein, der eine violett schimmernde Granatfarbe besitzt, ist ein warmer Wein von guter Struktur und entfaltet ein frühlingshaf-

Touraine

tes Aroma von roten Früchten. Ein schöner Erfolg.
• Caves de La Tourangelle, rue de la Liberté, 41400 Saint-Georges-sur-Cher, Tel. 02.54.32.31.36, Fax 02.54.71.09.61 ⌇ n. V.

LE HAUT CHESNEAU Sauvignon 1996

| | 4,8 ha | 8 000 | | -30 F |

Ein Gut, das in den Kalktuff gegrabene Keller besitzt. Es war um 1789 von einem Kleriker angelegt worden und wurde Mitte des nachfolgenden Jahrhunderts von einem Vorfahren von J.-M. Villemaine gekauft. Sein fast farbloser 96er Weißwein bietet den klassischen Duft der Rebsorte (Ginster, Buchsbaum). Er zeigt eine gute Ausgewogenheit zwischen Körper und Frische.
• Jean-Marc Villemaine, La Ramée, 41140 Thésée, Tel. 02.54.71.52.69 ⌇ n. V.

LES MAITRES VIGNERONS DE LA GOURMANDIERE Gamay 1996*

| | 20 ha | 25 000 | | -30 F |

Eine Genossenschaft, die die Trauben von 500 ha Rebflächen auf beiden Ufern des Cher vinifiziert. Sie wird von einer dynamischen Mannschaft geleitet und hat viel in den Direktverkauf ihrer Erzeugnisse investiert. Die Jury schätzte diesen Wein mit der lebhaften rosa Farbe, dessen Ausgewogenheit die Frische nicht ausschließt. Er ist sehr geradlinig und einschmeichelnd und duftet nach Erdbeeren und Blüten. Ebenfalls interessant ist die Cuvée Bertrand de Grateloup, ein 95er Rotwein von guter Verfassung.
• Les Maîtres Vignerons de la Gourmandière, 14, rue de Chenonceaux, 37150 Francueil, Tel. 02.47.23.91.22, Fax 02.47.23.82.50 ✓
⌇ Mo-Sa 8h-12h 14h-18h ; 1.-8. Jan. geschlossen

LES VIGNERONS DES COTEAUX ROMANAIS
Gamay Cuvée du Manoir 1996**

| | 30 ha | 250 000 | | -30 F |

Eine tatkräftige Genossenschaft, die bis nach Japan Flaschen exportiert. Die Rebflächen der Mitglieder befinden sich auf den beiden Ufern des Cher. Ihr roter 96er ist ein schöner Repräsentant der Appellation : In seinem schönen Karminrot ist er ein solider, recht runder Wein, dessen Aroma von roten Früchten und Unterholz lang anhält. Er ist schon gefällig und wird sich einige Jahre lang verbessern.
• Les Vignerons des Coteaux romanais, 41140 Saint-Romain-sur-Cher, Tel. 02.54.71.70.74, Fax 02.54.71.41.75 ✓ ⌇ n. V.

ANDRE LHOMME 1996*

| | 1 ha | 5 000 | | -30 F |

Ein Dorf im hübschen Tal der Cisse, nicht weit von Blois entfernt. Ein sehr dunkler Rotwein, der von steinigen Böden kommt. Er ist tanninreich und zeigt Nuancen von Paprika. Seine Fülle und seine Vollmundigkeit machen ihn zu einem sehr ansprechenden Wein, der ein paar Jahre Geduld erfordert.
• André Lhomme, 2, chem. de Frottelièvre, 41190 Chambon-sur-Cisse, Tel. 02.54.70.02.40 ✓ ⌇ n. V.

DOM. LOUET-ARCOURT
Sauvignon 1996**

| | 9 ha | k. A. | | -30 F |

Jean-Louis Arcourt hat gerade als Nachfolger seines Schwiegervaters die Leitung des Guts übernommen. Der größte Teil der Rebflächen befindet sich auf einem mit Feuerstein durchsetzten Lehmboden. Dem aus Gamay erzeugten Rotwein mangelt es nicht an Reizen. Dieser Weißwein ist bemerkenswert mit seiner strohgelben Farbe, die grün schimmert, seinem eleganten Duft nach reifen Früchten, aus denen Birnen hervortreten, und seinem runden, füllingen Geschmack, der einen Hauch von Muskat bietet. Ein Wein mit Bodencharakter, der eine große Feinheit besitzt und die Kenner begeistern wird.
• EARL Louet-Arcourt, 1, rue de la Paix, 41120 Monthou-sur-Bièvre, Tel. 02.54.44.15.63, Fax 02.54.44.15.06 ✓ ⌇ n. V.

THIERRY MANDARD Côt 1995*

| | 1 ha | 7 000 | | -30 F |

Côt-Rebstöcke, lehmige Böden mit sog. »cosses« (große Feuersteine) und ein Lagerkeller mit traditioneller Ausstattung haben eine Cuvée von dunkler Farbe geliefert, die den Mund mit Wärme und Rundheit ausfüllt. Der Abgang, den Nuancen von roten Früchten und Zimt prägen, ist sehr gefällig. Ein vornehmer Wein. Der aus Cabernet erzeugte 95er ist 1998 trinkreif !
• Thierry Mandard, EARL du Chardanne, 23, rue du Gauget, 41110 Couffy, Tel. 02.54.75.43.26 ✓ ⌇ n. V.

JEAN-CHRISTOPHE MANDARD
1996*

| | 0,8 ha | 5 000 | | -30 F |

Ein Familienbetrieb auf dem Südufer des Cher. Auch wenn er mit einer Wärmepumpe ausgestattet ist, sind die Lese und die Vinifizierung traditionell. Dieser Rosé mit der Kupferfarbe, der nach Fruchtbonbons duftet, wird im Sommer 1998 perfekt sein. Im Geschmack bietet er Ausgewogenheit, Volumen und genug Körper und Fülle.
• Jean-Christophe Mandard, Le Moulin-Feuillet, 41110 Mareuil-sur-Cher, Tel. 02.54.75.19.73, Fax 02.54.75.16.70 ✓ ⌇ n. V.

DOM. JACKY MARTEAU
Cabernet 1995**

| | k. A. | 20 000 | | -30 F |

Man zählt nicht mehr die Sterne, die an diesen Erzeuger vergeben worden sind, einen der gewissenhaftesten des Weilers La Tesnière in Pouillé. Sein Gärkeller wurde 1995 modernisiert. Seine Rebflächen liegen hauptsächlich am Hang. Mit diesem roten 95er bietet er uns einen großartigen festlichen Wein. Die kirschrote Farbe ist noch sehr lebhaft, der Duft sehr jugendlich und ganz fruchtig (Brombeeren, schwarze Johannisbeeren), die Ansprache rund und der Abgang sehr harmonisch. Was für ein Stoff ! Der 96er Sauvignon ist ein schöner Repräsentant des Touraine-Weins. Er erhält einen Stern.
• Jacky Marteau, 36, rue de la Tesnière, 41110 Pouillé, Tel. 02.54.71.50.00, Fax 02.54.71.75.83 ✓ ⌇ n. V.

Touraine

DOM. DES MENIGOTTES
Sauvignon 1996

☐ 3 ha 15 000 ∎ ⌁ -30 F

Eines der größten Weingüter im Gebiet von Amboise (60 ha), auf dem linken Ufer der Loire. Die Sauvignon-Rebe ist hier auf sandigen Böden angepflanzt. Der 96er ist ein fast weißer, strahlender Wein, der im Duft einschmeichelnd und ziemlich rund und sanft ist.
➤ EARL Plou et ses Fils, 26, rue du Gal-de-Gaulle, 37530 Chargé, Tel. 02.47.30.55.17, Fax 02.47.23.17.02 ☑ Ⲧ tägl. 9h30-13h 15h-19h

DOM. MAX MEUNIER Gamay 1996

∎ 5 ha 20 000 ∎ ⌁ -30 F

Dieses Gut, ein Stammgast unseres Weinführers, liegt nicht weit entfernt vom Campingplatz von Saint-Aignan und von den malerischen Ufern des Cher. Sein Rotwein, der von relativ lehmhaltigen Böden kommt, bietet eine recht gute Ausgewogenheit und ein leicht rauchiges und pfeffriges Aroma. Ein achtbarer Vertreter der Appellation, der recht rund ist und zu einem Grillgericht paßt.
➤ EARL Max Meunier, 6, rue Saint-Gennefort, 41110 Seigy, Tel. 02.54.75.04.33, Fax 02.54.75.39.69 ☑ Ⲧ n. V.

DOM. MICHAUD Gamay 1996

∎ 4 ha 16 000 ∎ ⌁ -30 F

Ein Ehepaar von jungen Winzern, die zu den tatkräftigsten von Noyers gehören. Der sehr gut gelegene Weiler Les Martinières ist von Rebflächen umgeben und überragt den Cher. Die Weine des Guts werden im Weinführer regelmäßig erwähnt. Dieser 96er zeigt ein schönes Granatrot. Ein Wein mit einem kräftigen Aroma, der sanft, vielleicht ein wenig alkoholisch, aber für seinen rechten Jahrgang typisch ist.
➤ EARL Michaud, Les Martinières, 41140 Noyers-sur-Cher, Tel. 02.54.32.47.23, Fax 02.54.75.39.19 ☑ Ⲧ n. V.

J.-M. MONMOUSSEAU
Chenin Les Granges 1995

☐ k. A. 29 875 ∎ 30-50 F

Zwei Weine dieser Firma verdienen die Aufmerksamkeit des Weinfreundes : die Cuvée »J.M.« brut, ein Schaumwein, auf den man sich verlassen kann, und dieser silbern schimmernde Weißwein mit dem Bukett von weißen Blüten und Lindenblüten. Ausgewogen im Typ des »zarten trockenen« Weins. Schöner Stoff.
➤ SA Monmousseau, 71, rte de Vierzon, B. P. 25, 41400 Montrichard, Tel. 02.54.71.66.66, Fax 02.54.32.56.09 ☑ Ⲧ n. V.
➤ Bernard Massard

DOM. DE MONTIGNY
Prestige de Montigny 1995

∎ 1 ha 5 000 ∎ ⌁ -30 F

Dieser Touraine, der 50 % Gamay mit Côt und Cabernet kombiniert, ist in Sassay, im Weinbaugebiet der Sologne, erzeugt worden. Ein Teil der Böden der Gemeinde besteht aus tertiärem Muschelsand. Ein Aroma von überreifen roten Früchten, feine Tannine und eine Ausgewogenheit, die zur Rundheit neigt - ein leicht zu trinkender Wein, der zu rotem Fleisch paßt.
➤ Jean-Marie Corbin, Montigny, 41700 Sassay, Tel. 02.54.79.60.82, Fax 02.54.79.07.51 ☑ Ⲧ n. V.

CH. DE NITRAY
Méthode traditionnelle Brut

○ 5 ha 20 000 ∎ ⌁ 30-50 F

Eines der schönsten Güter an den Ufern des Cher, dessen Renaissancegebäude während der schönen Jahreszeit für die Öffentlichkeit teilweise offenstehen. Es präsentiert eine »Méthode traditionnelle« von strohgelber Farbe, die einen feinen Schaum entwickelt. Nach einer klaren Ansprache zeigt sich der Wein klar, angenehm und recht herb. Man kann mit ihm eine Mahlzeit eröffnen.
➤ Ch. de Nitray, 37270 Athée-sur-Cher, Tel. 02.47.50.29.74, Fax 02.47.50.29.61 Ⲧ tägl. 9h-12h 14h-19h
➤ H. de l'Espinay

DOM. OCTAVIE Gamay 1996

∎ 5,7 ha 30 000 ∎ ⌁ 30-50 F

Ein perfekt ausgerüstetes Weingut, denn die roten Trauben werden in Rotofermentern vinifiziert. Ein Viertel der Produktion wird exportiert. In einem Degustationskeller aus dem 18. Jh. kann der Besucher einen gelungenen 96er Weißwein und diesen Rotwein probieren, dessen strahlende Farbe an Burlat-Kirschen erinnert. Die Ansprache ist lebhaft, während der Abgang Nuancen von roten Früchten zeigt. Ein einfacher, fröhlicher 96er.
➤ Dom. Octavie, SCEA Barbeillon-Roubaullay, 41700 Oisly, Tel. 02.54.79.54.57, Fax 02.54.79.65.20 ☑ Ⲧ Mo-Sa 8h-12h30 14h-19h30 ; So u. Gruppen n. V.
➤ Noé Roubaullay

JAMES PAGET Cuvée tradition 1995*

∎ 1 ha 6 000 ∎ ◫ 30-50 F

Ein Erzeuger der Region von Azay-le-Rideau präsentiert uns einen roten Touraine. Die Trauben dafür wachsen auf einem mit Feuerstein durchsetzten Lehmboden, der sich auf Kalktuff befindet. Dieser 95er von schöner rubinroter Farbe, der einen intensiven Duft (rote Früchte, Gewürze, Holzton) und noch spürbare Tannine besitzt. Dieser ausgewogene Wein wird sich bis 1998 oder 1999 gut entwickeln.
➤ James Paget, 13, rue d'Armentières, 37190 Rivarennes, Tel. 02.47.95.45.02, Fax 02.47.95.45.90 ☑ Ⲧ Di-Sa 9h-12h30 14h30-19h ; Gruppen n. V.

DOM. DES PERRETS Gamay 1996**

∎ 8 ha 30 000 ∎ ⌁ -30 F

La Chaise, ein Weiler von Saint-Georges-sur-Cher, besitzt seine eigene Weinbruderschaft. Einer ihrer tatkräftigsten Organisatoren ist Bruno Bouges. Sein 96er, der von einem mit Feuerstein durchsetzten Lehmboden stammt und im Beaujolais-Stil vinifiziert worden ist, bietet eine lebhafte Farbe, einen kräftigen Bananenduft und eine ausreichende Struktur, die dank ihrer Ausgewogenheit angenehm ist. Er ist einschmeichelnd und wird im Sommer 1998 perfekt sein, ebenso wie der Rosé Prieuré de la Chaise.

Touraine

🍇 Bruno Bouges, Dom. des Perrets, La Chaise, 41400 Saint-Georges-sur-Cher, Tel. 02.54.75.02.95 ✓ ⌛ Mo-Sa 9h-19h

PIERRE PLOUZEAU Renaissance 1995

■ k. A. 9 000 ▪♦ -30F

Dieses Handelshaus, das in Chinon fest etabliert ist, hat diesen Touraine selbst vinifiziert, und zwar aus Trauben, die auf Weingütern angekauft wurden. Es handelt sich um einen Verschnitt. Die Farbe dieses Weins zeigt leicht orangerote Reflexe. Sein Bukett erinnert an Kaffee und Früchte in Alkohol. Ein noch tanninreicher Wein, den man im dritten oder vierten Jahr trinken kann.

🍇 Maison Pierre Plouzeau, 54, fg Saint-Jacques, 37500 Chinon, Tel. 02.47.93.16.34, Fax 02.47.98.48.23 ✓ n. V.

DOM. DU PRE BARON
Prestige des Grands Barons 1995★★

■ 2 ha 10 000 ▪ -30F

Ein glückliches Jahr für die Domaine du Pré Baron, eines der berühmtesten Weingüter von Oisly, im Weinbaugebiet der Sologne. Die Vinifizierung ist hier besonders gewissenhaft. Dieser 95er, der von den vier roten Rebsorten der Touraine stammt, hat eine Fülle von Komplimenten auf sich gezogen : kräftiges Bukett von Früchten (Erdbeeren, Brombeeren), verstärkt durch eine würzige Note, imposante Struktur mit sehr feinen Tanninen, Länge, Ausgewogenheit. »Ausgezeichnet, man würde nicht mehr davon trinken«, schrieb ein Mitglieder der Jury ...

🍇 Guy Mardon, Le Pré Baron, 41700 Oisly, Tel. 02.54.79.52.87, Fax 02.54.79.00.45 ✓ ⌛ tägl. 8h-12h 14h-19h

DOM. DU PRE BARON
Sauvignon 1996★★

☐ 10 ha 40 000 ▪♦ -30F

Ein begeisterndes koloriertes Etikett für die Weine dieses Guts. Dieser hier ist sehr hell und recht trocken, aber es mangelt ihm nicht an Fülle. Sein Aroma von Knospen schwarzer Johannisbeeren und von Litschis wird von leicht jodartigen Noten begleitet. Ein Vorbild an Ausgewogenheit : Eleganz und Rundheit ergänzen sich harmonisch.

🍇 Guy Mardon, Le Pré Baron, 41700 Oisly, Tel. 02.54.79.52.87, Fax 02.54.79.00.45 ✓ ⌛ tägl. 8h-12h 14h-19h

FRANÇOIS ET J.-FRANÇOIS PRIOU
Gamay 1996

■ 2,5 ha 15 000 ▪ -30F

Die Reben sind auf einem mit Feuerstein durchsetzten Lehmboden angepflanzt, der von steinigem Sand bedeckt ist. Die Gamay-Trauben, die im Oktober 1996 vollkommen reif gelesen worden sind, haben einen dunklen Wein mit einem intensiven, aber ein wenig flüchtigen Aroma geliefert. Er ist ausgewogen und besitzt Tannine, die sich abmildern werden. Im guten Durchschnitt derAppellation.

🍇 GAEC Priou Père et Fils, Les Sablons, 41140 Saint-Romain-sur-Cher, Tel. 02.54.71.72.58 ✓ ⌛ n. V.

DOM. DES QUATRE VENTS
Gamay 1996

■ 6 ha 30 000 ▪♦ -30F

In Thenay beginnt das Weinbaugebiet der Sologne mit seinen lehmig-sandigen Böden. José Marteau, ein gewissenhafter Winzer, scheut keine Mühen, um die Appellation zu fördern. Sein 96er hat eine angenehme Ansprache. Er bietet würzige Nuancen, im Duft ebenso wie im Geschmack. Ein gutes Erzeugnis.

🍇 Vins José Marteau, La Rouerie, 41400 Thenay, Tel. 02.54.32.50.51, Fax 02.54.32.18.52 ✓ ⌛ Mo-Sa 8h-12h 14h-19h ; So 8h-12h

CLOS ROCHE BLANCHE Gamay 1996★

■ 10 ha 40 000 ▪♦ -30F

Mit biologischen Anbaumethoden erzogene Reben, Weinberge auf den unteren Hängen des Cher und ein Gut, das für seine »konzentrierten« Weine bekannt ist. Dieser hier entspricht ganz dem Typ : Er ist sehr kräftig und ausgewogen und verbindet seidige Tannine mit einem guten Bukett, das an rote Früchte erinnert. Prächtige Harmonie.

🍇 GAEC du Clos Roche Blanche, 41110 Mareuil-sur-Cher, Tel. 02.54.75.17.03, Fax 02.54.75.17.02 ✓ n. V.

ROUSSEAU FRERES Noble Joué 1996★

◢ 9,5 ha 30 000 ▪♦ -30F

Ein Rosé, der aus den drei Pinot-Rebsorten (Pinot meunier, noir und gris) erzeugt und wie ein Weißwein vinifiziert worden ist, durch sehr langsames Pressen der Trauben. Das Ergebnis ist ein »grauer«, d. h. sehr heller Roséwein, der als Noble Joué bezeichnet wird. Ein eher seltener Wein. Ein Zehntel der Produktion wird zudem außerhalb von Frankreich getrunken. Er ist sehr sanft, lang und füllig und umschmeichelt den Gaumen mit Blütennuancen, denen es nicht an Feinheit fehlt.

🍇 Rousseau Frères, Le Vau, 37320 Esvres-sur-Indre, Tel. 02.47.26.44.45, Fax 02.47.26.53.12 ✓ ⌛ Mo-Sa 8h-12h30 14h-19h

JEAN-FRANÇOIS ROY
Côt Pierre à fusil 1995★

■ 0,5 ha 4 000 ▪♦ -30F

Der Wein wird auf auf dem Feuersteinboden von Meusnes erzeugt, der lange Zeit für die Bedürfnisse der französischen Armee genutzt wurde. Der 95er ist relativ alkoholreich. Er ist gut vinifiziert und zeigt eine gute Gesamtausgewogenheit. Dank seiner Tannine kann er ein wenig altern, obwohl er bereits gefällig mit seiner kirschroten Farbe und seinem Bukett, das an Erdbeeren und rote Johannisbeeren erinnert.

🍇 Jean-François Roy, 3, rue des Acacias, 36600 Lye, Tel. 02.54.41.00.39, Fax 02.54.41.06.89 ✓ n. V.

ALAIN ET PHILIPPE SALLE
Sauvignon 1996★★

☐ 11 ha 60 000 ▪♦ -30F

Dieses 30 ha große Familiengut, das seine Fläche innerhalb von fünfzehn Jahren verdreifacht hat, befindet sich im Weiler Les Martinières, auf

dem ausgezeichneten Hang von Noyers-sur-Cher. Sein weißer 96er ist bemerkenswert: strahlendes Zitronengelb, diskretes, aber feines Aroma (Birnennote), vollkommene Ausgewogenheit, viel Fett und angenehmer Abgang. Er erweckt einen Eindruck von Fülle.
⌐ EARL Alain et Philippe Sallé, Les Martinières, 41140 Noyers-sur-Cher, Tel. 02.54.75.48.10, Fax 02.54.75.39.80 ☑ ⍺ n. V.

J.-JACQUES SARD Noble Joué 1996

	3,6 ha	16 000	📖♨ -30 F

Ein Noble Joué, der zu mehr als 50 % aus Pinot meunier besteht. Die Reben wurzeln im Kalkstein der Hochfläche Esvres, südlich von Tours. Dieser Rosé gefällt aufgrund seiner hübschen lachsroten Farbe und seines recht intensiven, eleganten Dufts. Für den Sommer 1998 zu Wurstgerichten oder weißem Fleisch.
⌐ Jean-Jacques Sard, La Chambrière, 37320 Esvres-sur-Indre, Tel. 02.47.26.42.89, Fax 02.47.26.57.59 ☑ ⍺ n. V.

DOM. SAUVETE Privilège 1995★★★

■	2 ha	6 000	📖♨ 30-50 F

In Monthou-sur-Cher wird der Weinfreund nach einer Besichtigung von Château du Gué-Péan gern die Domaine Sauvète kennenlernen, die sich - nachdem nunmehr zweimal hintereinander ein Wein von ihr zum Lieblingswein gewählt wurde - in der Touraine als sichere Anlage bestätigt. Der Weinberg, dessen Kraft durch eine partielle Begrünung gezähmt worden ist, nimmt die ganz nach Süden liegenden Hänge von Monthou ein. Er hat einen herrlichen Rotwein geliefert, der überwiegend aus Côt erzeugt worden ist. Alles an diesem Wein bezaubert: die intensive Farbe mit den violetten Reflexen, das Bukett von roten Früchten, das Komplexität zu erwerben beginnt, und die schon gut verschmolzenen, eleganten Tannine im Abgang. Ein sehr schöner Wein. Form und Inhalt!
⌐ Dom. Sauvète, La Bocagerie, 41400 Monthou-sur-Cher, Tel. 02.54.71.48.68, Fax 02.54.71.75.31 ☑ ⍺ n. V.

HUBERT SINSON
Vin de Pierre à fusil 1995

■	5 ha	30 000	-30 F

Ein Weingut in den Anbaubereichen der Appellation Touraine und Valençay. Der Winzer ist stolz darauf, daß er hier Berühmtheiten wie die Schauspieler Jean Carmet und Gérard Depardieu oder den Fußballer Michel Platini empfangen konnte. Er präsentiert einen Verschnittwein, dessen Farbe ziegelrote Nuancen anzunehmen beginnt. Ein angenehmer Wein mit ziemlich leichter Struktur, den man im Winter 1998 zu einem Fleischgericht mit Sauce trinken kann.
⌐ Hubert Sinson, rue des Vignes, Le Muza, 41130 Meusnes, Tel. 02.54.71.00.26, Fax 02.54.71.50.93 ☑ ⍺ Mo-Sa 8h-12h 14h-18h

DOM. DES SOUTERRAINS
Gamay 1996★

■	4 ha	25 000	📖♨ -30 F

Wenn man dem Lauf des Cher stromabwärts folgt, trifft man auf Châtillon-sur-Cher, die östliche Pforte des Appellationsbereichs. Der Keller von Jacky Goumin ist für die 96er Lese modernisiert worden. Der Rotwein aus diesem Jahrgang zeigt ein strahlendes Kirschrot. Ein blumiger Wein, der eine sanfte Ansprache besitzt und den Gaumen gut auskleidet. Er bezaubert durch seine Eleganz. Der Weißwein aus demselben Jahrgang ist fast ebenso gut.
⌐ Jacky Goumin, La Haie Jallet, 41130 Châtillon-sur-Cher, Tel. 02.54.71.02.94, Fax 02.54.71.76.26 ☑ ⍺ n. V.

DOM. THOMAS Sauvignon 1996★

□	5 ha	13 000	📖♨ -30 F

Ein Wein von heller Farbe, der nach exotischen Früchten duftet und einen Hauch von schwarzen Johannisbeeren bietet. Im Geschmack ist er ziemlich füllig und lang und besitzt den für den Jahrgang 1996 charakteristischen Reichtum. Er wird sich drei Jahre lang gut halten.
⌐ EARL Thomas, Les Ormeaux, 41110 Saint-Aignan, Tel. 02.54.75.17.00, Fax 02.54.75.33.71 ☑ ⍺ Mo-Sa 8h-12h 14h-20h

DOM. DU VIEUX POIRIER Gamay 1996

■	2,5 ha	k. A.	📖♨ -30 F

Ein seit 1989 wiederhergestelltes Familiengut. In Saint-Romain hat der Sand Sologne die Höhen der Hänge erreicht. Die Jury hat diesen Rotwein mit der kräftigen Farbe ausgewählt. Die Ansprache ist recht rund, aber die Struktur ein wenig leicht. Ein Wein mit einem subtilen Aroma, den man in seiner Jugend genießen sollte.
⌐ Mary, Les Beaussiers, 41140 Saint-Romain, Tel. 02.54.71.72.77, Fax 02.54.71.35.26 ☑ ⍺ n. V.

DOM. DU VIEUX PRESSOIR
Cuvée des Sourdes 1995

■	5 ha	8 000	📖♨ -30 F

Ein Weinbaubetrieb auf den Hängen der Loire, auf dem Südufer zwischen den Schlössern von Amboise und Chaumont. Eine alte Traubenpresse von Anfang dieses Jahrhunderts, die am Eingang des Anwesens steht, hat dem Gut seinen Namen gegeben. Hier eine durch lange Maischegärung hergestellte Cuvée mit einem hochfeinen Aroma von Früchten. Die Tannine sind leicht. Die Sanftheit gleicht die Lebhaftigkeit aus. Ein leckerer Wein.
⌐ Joël Lecoffre, 27, rte de Vallières, 41150 Rilly-sur-Loire, Tel. 02.54.20.90.84, Fax 02.54.20.99.66 ☑ ⍺ tägl. 9h-20h

Touraine-Amboise

Das Weinbaugebiet der Appellation Touraine-Amboise (150 ha) liegt zu beiden Seiten der Loire, über die das Schloß aus dem 15./16. Jh. wacht, nicht weit entfernt vom Landsitz Le Clos-Lucé, wo Leonardo da Vinci lebte und starb. Es erzeugt vor allem Rotweine (rund 8 000 hl) aus der Rebsorte Gamay, die mit Côt und Cabernet verschnitten wird. Es sind volle Weine mit leichten Tanninen; wenn Côt und Cabernet überwiegen, haben die Weine eine gute Alterungsfähigkeit. Dieselben Rebsorten liefern trockene Roséweine, die zart, fruchtig und recht typisch sind (1 000 hl). Außerdem werden 3 000 hl Weißweine erzeugt, die je nach Jahrgang trocken bis halbtrocken sind und eine gute Alterungsfähigkeit besitzen.

PHILIPPE CATROUX 1996*

| | 3 ha | 5 000 | -30 F |

Dieser 15 ha große Familienbetrieb reicht bis Anfang des Jahrhunderts zurück. Die Vinifizierung und der Verkauf finden in dem in den Kalktuff gegrabenen Keller statt. 1997 zeichnete sich das Gut durch zwei hübsche Cuvées aus, die jede einen Stern erhielten. Dieser sehr aromatische Rosé mit der blassen Farbe (»Rotauge«) erinnert an Vanille. Er ist sanft und harmonisch und besitzt eine schöne Länge. Der weiße 95er, dessen strahlende Farbe grün schimmert, bietet einen diskreten Duft mit mineralischen Nuancen und Noten frischer Birnen. Obwohl er ein wenig Restzucker enthüllt, ist er ein aufgrund seiner Feinheit und seiner Frucht interessanter Wein.
↞ Philippe Catroux, 2, rue des Caves-de-Monce, 37530 Limeray, Tel. 02.47.30.13.10, Fax 02.47.30.15.02 ☑ ☒ n. V.

GUY DURAND 1996*

| | 1 ha | 1 000 | -30 F |

Dieses 11 ha große Gut, das sich auf dem linken Ufer der Loire befindet, präsentiert einen 96er, der von den drei Rebsorten der Appellation stammt. Er hat eine ziemlich helle rosa Farbe und erinnert an Gewürze, so daß sein Erzeuger empfiehlt, ihn zu Spargel in Blätterteig mit weißer Butter zu versuchen. Warum nicht? Er ist sehr sanft und hält lang an.
↞ Guy Durand, 11, rue du Chemin-Neuf, 37530 Mosnes, Tel. 02.47.30.43.14, Fax 02.47.30.43.14 ☑ ☒ n. V.

DOM. DUTERTRE Cuvée Prestige 1995

| | 6 ha | 19 000 | 30-50 F |

Vier Mitglieder der Familie Dutertre bewirtschaften diesen Betrieb, der ein Viertel seiner Produktion ins Ausland verkauft. Dieser 95er mit dem dunklen Rubinrot, der zu gleichen Teilen aus Côt und Caberne besteht, ist teilweise im Holzfaß ausgebaut worden. Er bietet einen Duft nach roten Früchten. Dank seiner noch spürbaren Tannine und seiner ausgewogenen Struktur kann er altern.
↞ Dom. Dutertre, 20-21, rue d'Enfer, pl. du Tertre, 37530 Limeray, Tel. 02.47.30.10.69, Fax 02.47.30.06.92 ☑ ☒ Mo-Sa 8h-12h30 14h-18h30 ; So n. V.

JACQUES GANDON 1995

| | 1,5 ha | 8 000 | -30 F |

Die Gemeinde Nazelles befindet sich am Rande des Anbaubereichs der Appellation Vouvray, in der die Chenin-Rebe gedeiht ... Ein Erzeuger, der mit seinen Weißweinen Stammgast im Weinführer ist. Der 93er war Lieblingswein. Sanfte Ansprache, säuerlicher Geschmack, seidige Verlängerung. Ein noch jugendlicher, fruchtiger, gefälliger 95er.
↞ Jacques Gandon, 24 Vauriflé, 37530 Nazelles-Négron, Tel. 02.47.57.31.19, Fax 02.47.57.77.28 ☑ ☒ Mo-Sa 9h-13h 14h-19h ; So n. V.

DOM. DE LA GABILLIERE
Doux 1995**

| | 3 ha | 9 000 | 30-50 F |

Ein Versuchsgut, das mit der Fachoberschule für Weinbau in Amboise verbunden ist. Die Studenten sind hier in einer guten Schule, denn die Weine von La Gabillière werden regelmäßig lobend erwähnt. Die Herstellung dieses lieblichen Weins durch mehrmaliges Auslesen von rosinenartig eingeschrumpften Trauben zeigt die Möglichkeiten der auf diesem Boden angepflanzten Chenin-Rebe. Dieser altgoldene 95er duftet nach Quittenkonfitüre und Lindenblüten. Die Ansprache ist sehr reichhaltig, die Süße gut verschmolzen. Fett, Seide, Sonne - er hat alles ! Die Jury empfiehlt auch die 95er Cuvée François Ier.
↞ Dom. de La Gabillière, 46, av. Emile-Gounin, 37400 Amboise, Tel. 02.47.23.35.51, Fax 02.47.57.01.76 ☑ ☒ Mo-Fr 8h-12h 13h30-17h30

DOM. DE LA GRANDE FOUCAUDIERE Sec 1995*

| | 0,5 ha | 3 000 | -30 F |

Nach fünfzehn Jahren beruflicher Tätigkeit bei der SNCF, der Staatlichen französischen Eisenbahngesellschaft, studierte Daniel Truet an der Fachoberschule für Weinbau in Amboise und trat voller Begeisterung und Begabung in den Dienst des Weins. Auf 8 ha erzeugt er nicht weniger als ein Dutzend Weintypen. Die Jury schätzte seinen 96er Rosé und vor allem diesen goldgelben Wein, der aufgrund seiner Fruchtigkeit (Zitrusfrüchte, Birnen) und seines wohlaus-

gewogenen, eher sanften und fülligen Geschmacks gefällt.
🕿 Lionel Truet, La Grande Foucaudière,
37530 Saint-Ouen-les-Vignes,
Tel. 02.47.30.04.82, Fax 02.47.30.03.55 ☑ ⊥ tägl. 8h-20h

DOM. DE LA PREVOTE
Cuvée François Ier 1995

| ■ | k. A. | 20 000 | ▮ | -30F |

Seit 1990 sind Serge und Pascal Bonnigal für das Familiengut verantwortlich. Sie präsentieren einen Rotwein mit einer schönen rubinroten Farbe, einem Duft, der sich zu entwickeln beginnt, und ein wenig strengen Tanninen. Mit einem Wort : männlich. Der 96er Rosé dagegen ist voller Sanftheit.
🕿 Dom. de La Prévôté, GAEC Bonnigal, 17, rue d'Enfer, 37530 Limeray, Tel. 02.47.30.11.02, Fax 02.47.30.11.09 ☑ ⊥ tägl. 9h-12h 14h-19h

DOM. DE LA RIVAUDIERE 1995

| ■ | | 3 ha | 15 000 | ▮ ♦ | -30F |

Eine Cuvée von 30 Jahre alten Rebstöcken, die auf einem lehmig-sandigen Boden wachsen. Sie besitzt eine rubinrote Farbe und einen diskreten Duft, der aufgrund seiner Frische und Leichtigkeit gefällt. Ein Rotwein, der das Angebot der Vouvray-Weine dieses Guts ergänzt.
🕿 Philippe Perdriaux, Les Glandiers,
37210 Vernou-sur-Brenne, Tel. 02.47.52.02.26, Fax 02.47.52.04.81 ☑ ⊥ n. V.

CH. DE LA ROCHE Sec 1995★

| ☐ | k. A. | 30 000 | ▮ ♦ | -30F |

Château de la Roche, eines der beiden Weingüter des Hauses Chainier, wird von Berühmtheiten besucht. Seinem trockenen Weißwein fehlt es nicht an Reizen : ein komplexes, blumiges Bukett mit einer Entwicklungsnote, eine klare Ansprache und ein sehr fruchtiger Geschmack, der einen Hauch von Lebhaftigkeit zeigt. Ein jugendlicher Wein voller Zukunft.
🕿 Dom. Chainier, Ch. de la Roche,
37530 Chargé, Tel. 02.47.57.15.96,
Fax 02.47.23.13.36

DOM. DE LA TONNELLERIE
Réserve de la Tonnellerie 1995

| ☐ | 0,4 ha | 1 200 | ❚❚ | 30-50F |

Der Name des Guts ist eine Hommage an einen Urgroßvater, der Küfer war. Eine in geringer Stückzahl erzeugte Cuvée, die auf traditionelle Weise in großen Fässern vinifiziert worden ist. Ihr Schöpfer empfiehlt sie zum Dessert. Er hat recht, denn dieser Wein ist durch Fruchtigkeit (Mandeln, Pfirsiche, Zitrusfrüchte) und Süße geprägt.
🕿 Vincent Péquin, 71, rue de Blois,
37530 Limeray, Tel. 02.47.30.13.52 ☑ ⊥ n. V.

DOM. MOREAU 1996

| ◢ | 0,5 ha | 1 000 | ▮ ♦ | 30-50F |

Die Gemeinde Cangey befindet sich an der Grenze zu den Appellationsbereichen Touraine-Amboise und Touraine-Mesland. Ein neues Etikett für diesen Wein, der ausschließlich aus Gamay erzeugt wird, der auf einem lehmig-kieseligen Boden wächst. Er hat eine eher dunkelrosa Farbe mit bläulichroten Reflexen und duftet nach Gewürzen. Er wird bei Tisch gut zu kaltem Fleisch passen.
🕿 Catherine Moreau, Fleuray, 37530 Cangey, Tel. 02.47.30.18.82, Fax 02.47.30.02.79 ☑ ⊥ n. V.

DOMINIQUE PERCEREAU
Cuvée François Ier 1995

| ■ | 4 ha | 10 000 | ▮ | -30F |

Ein 15 ha großes Gut, das ziemlich zerstückelt ist und sich auf mehrere Gemeinden verteilt. Die traditionelle Vinifizierung findet in einem Keller statt, der hinter dem Haus in den Hügel gegraben ist. Eine lobende Erwähnung für diesen Wein, der eine schöne Purpurfarbe besitzt, im Duft an Pflanzen (Tee, Heu) denken läßt und eine leichte Struktur aufweist. Dennoch mangelt es ihm nicht an Vollmundigkeit.
🕿 Dominique Percereau, 85, rue de Blois,
37530 Limeray, Tel. 02.47.30.11.40,
Fax 02.47.30.16.51 ☑ ⊥ n. V.

ROLAND PLOU ET SES FILS
Cuvée François Ier 1995

| ■ | 7 ha | 20 000 | ❚❚ | -30F |

Mit 60 ha eines der größten Weingüter der Appellation, das von den Brüdern Benoît und Bruno Plou gemeinsam geführt wird. Ein Lagerkeller im Dorf und ein Keller, der an der Straße der Vallée des Rois in den Felsen gegraben ist, empfangen den Besucher. Die Jury hat diesen Rotwein mit der ziegelroten Farbe berücksichtigt, der vollmundig und fruchtig ist. Ein 95er von guter Haltung, der sich zu entwickeln beginnt.
🕿 EARL Plou et ses Fils, 26, rue du Gal-de-Gaulle, 37530 Chargé, Tel. 02.47.30.55.17, Fax 02.47.23.17.02 ☑ ⊥ tägl. 9h30-13h 15h-19h

Touraine-Azay-le-Rideau

Die 50 ha dieser Appellation verteilen sich auf die beiden Ufer der Indre. Die Weine hier haben die Eleganz des Schlosses, das sich im Fluß spiegelt ; von ihm haben sie auch ihren Namen. Weißweine überwiegen (1 500 hl) ; sie sind trocken bis zart und besonders fein und altern gut. Erzeugt werden sie aus der Rebsorte Chenin blanc (oder Pineau de la Loire). Die Rebsorten Grolleau (60 % Mindestanteil am Verschnitt), Gamay und Côt sowie Cabernet (10 % Höchstanteil) liefern trockene, sehr leckere Roséweine (1 000 hl).

DOM. DU HAY Grolleau 1996★

| ◢ | 2 ha | k. A. | ▮❚❚ ♦ | -30F |

Seit 1994 vinifiziert die dritte Generation der Gallais in einem schönen, in den Kalktuff gegrabenen Keller, den Sie besichtigen können. Blasses Rosa mit violettem Schimmer. Dieser 96er

besitzt eine Ausgewogenheit, die sich zu einer gewissen Süße hin orientiert. Man sollte ihn zum Essen trinken, zu einem Wurst- oder Grillgericht.
☛ EARL Gallais Père et Fils, 5, Le Hay, 37190 Vallères, Tel. 02.47.45.45.32, Fax 02.47.45.31.27 ▣ ⊥ n. V.

LA CAVE DES VALLEES
Grolleau 1996★★

| | 2,65 ha | 6 000 | | -30 F |

Cheillé ist ein Dorf, das mit dem Leben von Rodin und Camille Claudel verbunden ist, die sich hier mehrmals aufhielten. Das Gut hat seinen Namen von dem gleichnamigen Weiler, der malerische, in den Kalktuff gegrabene Keller besitzt. Marc Badiller ist einer der tatkräftigen Erzeuger der Appellation. Ein perfekt ausgerüsteter, gewissenhafter Winzer. Seine Reben wachsen auf »perruches« (feuersteinhaltiger Lehmboden). Sein Rosé, dessen bonbonfarbenes Rosa violette Reflexe zeigt, verführt aufgrund seines sehr fruchtigen Charakters (Erdbeeren, rote Johannisbeeren). Er ist ziemlich kraftvoll und geschmeidig und schmeckt leicht nach englischen Fruchtdrops. Ein echter Dessert-Rosé, der recht nachhaltig ist. Der weiße 95er erhält einen Stern : Er ist sehr exotisch in seinem Duft und wird gut altern.
☛ Marc Badiller, 29, Le Bourg, 37190 Cheillé, Tel. 02.47.45.24.37, Fax 02.47.45.29.66 ▣ ⊥ Mo-Sa 8h30-12h30 15h-19h

ANDRE MENARD 1995

| | 1 ha | 5 000 | | -30 F |

Ein relativ junges Weingut - die Reben wurden ab 1964 angepflanzt - und ein sehr traditioneller Keller. Sein weißer 95er verdient eine lobende Erwähnung aufgrund seiner strohgelben Farbe und seines diskreten Aromas, das an Zitronen und Geröstetes erinnert. Im Holzfaß ausgebaut - das spürt man. Er hat schöne Jahre vor sich.
☛ René Ménard, Les Ribottières, 10, chem. de la Dîme, 37190 Azay-le-Rideau, Tel. 02.47.45.41.88 ▣ ⊥ n. V.

DOM. DE MORTAISE Grolleau 1996

| | 2,85 ha | 8 000 | | -30 F |

Auch wenn sich Frédéric Hardy hier erst 1990 niedergelassen hat, in der Nachfolge seiner Eltern, so ist der Betrieb doch mehr als eineinhalb Jahrhunderte alt. Er präsentiert einen diskret fruchtigen Rosé in einem lachsroten Kleid, der sich im Geschmack mit Weite entfaltet und mit einer leichten Lebhaftigkeit ausklingt.
☛ Frédéric Hardy, 40, vallée de Mortaise, 37190 Vallères, Tel. 02.47.45.92.55 ▣ ⊥ tägl. 8h30-12h 13h30-19h

JAMES PAGET 1995★

| | 1,5 ha | 7 000 | | 30-50 F |

Ein Gut, das einige Kilometer von den den Schlössern von Azay-le-Rideau, Langeais und Rigny-Ussé entfernt liegt. Die Anlagen sind 1995 renoviert worden, und die Weine des Guts werden im Weinführer regelmäßig lobend erwähnt. Und was ist mit diesem 95er ? Ein »femininer« Wein in einem durchscheinenden Kleid, der nach weißen Blüten duftet und ganz fein ist.

Obwohl er sehr jung ist, mangelt es ihm nicht an Charakter. Der 96er Rosé ist ebenfalls interessant.
☛ James Paget, 13, rue d'Armentières, 37190 Rivarennes, Tel. 02.47.95.54.02, Fax 02.47.95.45.90 ▣ ⊥ Di-Sa 9h-12h30 14h30-19h ; Gruppen n. V.

PASCAL PIBALEAU 1995★

| | 1 ha | 2 500 | | 50-70 F |

Einer der dynamischsten Winzer des Gebiets von Azay : Er exportiert ein Fünftel seiner Produktion. Für diese Ausgabe präsentiert er eine Cuvée, die von überreifen Trauben stammt. Röstgeruch und fruchtiger Duft (Quitten, Zitronen). Der Geschmack ist ziemlich verschmolzen, elegant, sehr lang und von schöner Komplexität. Sehr vielversprechend.
☛ EARL Pascal Pibaleau, 68, rte de Langeais, 37190 Azay-le-Rideau, Tel. 02.47.45.27.58, Fax 02.47.45.26.18 ▣ ⊥ Mo-Sa 8h-12h 14h-19h

N. VERRONNEAU ET FILS 1995

| | 1 ha | 1 000 | | -30 F |

Ein Familienbetrieb und ein traditioneller Keller, der mit verschiedenen Gärbehältern und Fässern ausgestattet ist. Sein weißer 95er ist in der Erscheinung diskret. Im Geschmack enthüllt er sein Aroma : nach einer klaren Ansprache Honig, Zitronen und Röstnoten.
☛ EARL Franck Verronneau, Beaulieu, 37190 Cheillé, Tel. 02.47.45.40.86, Fax 02.47.45.94.82 ▣ ⊥ n. V.

Touraine-Mesland

Das 250 ha große Anbaugebiet der Appellation liegt auf dem rechten Ufer der Loire, nördlich von Chaumont, im äußersten Osten der Touraine. Der größte Teil der Produktion sind Rotweine (8 000 hl), die reinsortig von der Gamay-Rebe stammen oder mit Cabernet und Côt verschnitten werden ; sie sind gut strukturiert und typisch. Wie die Roséweine (1 000 hl) sind auch die Weißweine (1 300 hl ; vorwiegend aus der Rebsorte Chenin erzeugt) trocken.

DOM. DU CHEMIN DE RABELAIS 1996★

| | 15 ha | 30 000 | -30 F |

Ein Gut, das Stammgast im Weinführer ist (man erinnert sich an den 93er Rosé). Fünfzehn von den 21 ha des Guts sind für rote Rebsorten bestimmt. Sie haben diesen hübschen 96er geliefert : einen Wein, der im Glas und in der Nase sehr klar ist. Er ist ausgewogen, noch lebhaft und ziemlich lang und bietet ein interessantes Potential. Nicht versäumen sollte man den Rosé aus demselben Jahrgang, der von der Jury lobend

Touraine — Touraine-Mesland

erwähnt wurde : Er ist aus Gamay hergestellt und besitzt eine blasse lachsrote Farbe, einen Blütenduft und einen lebhaften Geschmack mit Mangonoten.
◦ José Chollet, 23, chem. de Rabelais, 41150 Onzain, Tel. 02.54.20.79.50 ◙ ⊥ n. V.

DOM. CLOSERIE DU VAU DE LALEU 1996*

| ■ | 5,2 ha | 23 000 | 30-50F |

In der Touraine können viele Güter historische Bezüge vorweisen, die als adlige Vorfahren zählen. Dieses hier wurde im 13. Jh. von den Mönchen von Marmoutier gegründet. Das Gut Closerie zeigt sich seiner berühmten Vergangenheit würdig, indem es einen fein gearbeiteten 96er präsentiert. Dennoch sind die Reben eher jung ! Die Cuvée ist trotzdem sehr ausgewogen und aromatisch, mit Lakritzenoten. Echtes Potential.
◦ Closerie du Vau de Laleu, 1, rue de l'Ecrevissière, 41150 Onzain, Tel. 02.54.20.72.99, Fax 02.54.20.87.08 ◙ ⊥ tägl. 10h-12h30 15h-18h30
◦ Chabernaud

CH. GAILLARD 1996*

| ■ | 10 ha | 80 000 | 30-50F |

Auf diesem Gut, das biodynamische Anbaumethoden verwendet, bemüht man sich, die verschiedenen Rebsorten auf den Böden anzupflanzen, wo sie am besten zum Ausdruck kommen : Gamay auf Sand aus dem Miozän, Cabernet und Côt auf Lehm mit Feuerstein. Das Ansehen des Guts nimmt zu (wahrscheinlich läßt die Wahl zum Lieblingswein nicht mehr lang auf sich warten), der Anteil der Exporte ebenfalls (gegenwärtig mehr als die Hälfte). Dieser 96er überrascht durch seinen tanninreichen, aber sehr ausgewogenen Charakter. Sein noch diskretes Bukett erinnert an Unterholz. Man kann ihn bis zum nächsten Jahrtausend aufheben.
◦ Vincent Girault, Ch. Gaillard, 41150 Mesland, Tel. 02.54.70.25.47, Fax 02.54.70.28.70 ◙ ⊥ n. V.

CLOS DE LA BRIDERIE
Vieilles vignes 1995*

| □ | 2,5 ha | 12 000 | 30-50F |

Ein Weingut auf einem mit Feuerstein durchsetzten Lehmboden, vereinzelt auch auf lehmigkalkhaltigen Böden. Es soll bis ins 11. Jh. zurückreichen und zu den Besitzungen der Grafen von Blois gehört haben. Aber weisen wir auf jüngere Erwähnungen im Hachette-Weinführer hin ! In diesem Jahr haben zwei Jahre des Guts einen Stern verdient. Der Weißwein enthält 15 % Chardonnay, im Barriquefaß vinifiziert und mit Aufrühren des Hefesatzes und mit Chenin kombiniert. Blumiger und empyreumatischer Geruchseindruck mit Röst- und Räuchernoten. Eher fruchtiger Geschmack (Pfirsiche, Mangos). Klare Ansprache, füllige, sanfte Fortsetzung, schöne Komplexität : sehr verführerisch. Man sollte auch nicht den Rotwein vernachlässigen ! Ein Verschnitt zu gleichen Teilen aus den drei Rebsorten der Appellation. Ein aromatischer Wein, geprägt durch schwarze Johannisbeeren, süffig und frisch.

◦ J. et F. Girault, Clos de La Briderie, 41150 Monteaux, Tel. 02.47.57.07.71, Fax 02.47.57.65.70 ◙ ⊥ n. V.

LES VAUCORNEILLES
Vieux Terroir 1996

| ■ | 2,2 ha | 12 000 | -30F |

Die Reben sind hier auf einem mit Feuerstein durchsetzten Lehmboden angepflanzt, der von Kiessand bedeckt ist. Die Reblage les Vaucorneilles wurde 1937 von dieser Winzerfamilie erworben. Auf dem »alten Boden« ein junger Wein. Ein 96er mit einer schönen, lebhaften Farbe, der ausgewogen ist und durch seine Leichtigkeit gefällt.
◦ Jean-Louis Darde, 10, rue de l'Egalité, 41150 Onzain, Tel. 02.54.20.72.91, Fax 02.54.20.74.26 ◙ ⊥ Mo-Sa 8h30-19h ; So 10h-12h30

DOM. DE LUSQUENEAU 1996**

| ◢ | 4 ha | 10 000 | -30F |

Ein moderner, geräumiger Keller beherrscht das Dorf Mesland seit 1992, dem Jahr, in dem das Gut von der Familie Latreuille übernommen worden ist. Die Jury empfiehlt lebhaft seinen 96er Rosé : einen hellen lachsroten Wein mit einem frischen, feinen Aroma von Gewürzen und roten Früchten. Er ist gut strukturiert und nicht zu sanft und hinterläßt einen guten Geschmackseindruck. Schöne Harmonie.
◦ SCEA Dom. de Lusqueneau, rue du Foyer, 41150 Mesland, Tel. 02.54.70.25.51, Fax 02.54.70.27.49 ◙ ⊥ n. V.
◦ Latreuille

DOM. DU PARADIS Tradition 1996**

| ■ | 5 ha | k. A. | -30F |

Auf dem rechten Ufer der Loire liegt das Dorf Onzain gegenüber Schloß Chaumont. Die Gründe, warum man dorthin reisen sollte ? Zunächst einmal die imposante Festung mit den eckigen Türmen, dann das paradiesische »Fest der Gärten«, das in ihrem Park bis zum Herbst stattfindet, und schließlich das »Paradies« und sein prächtiger 96er, ein Verschnitt aus den drei Rebsorten der Appellation. Ein purpurroter Wein mit einem sehr klaren und interessanten Duft. Der Geschmack ist ausgewogen und lang, mit wohlschmeckenden Tanninen, die die Fruchtigkeit nicht überdecken. Ein herrliches Potential.
◦ Philippe Souciou, Dom. du Paradis, 39, rue d'Asnières, 41150 Onzain, Tel. 02.54.20.81.86, Fax 02.54.33.72.35 ◙ ⊥ n. V.

Touraine — Bourgueil

DOM. DES TERRES NOIRES 1996★★

■ 1 ha 5 000 ■ ♦ -30F

Seit 1993 haben sich die Brüder Rediguère auf diesem Gut zusammengeschlossen. Warum »die schwarzen Böden« ? Der Boden ist hier lehmigsandig - zum größten Nutzen der Gamay-Rebe, die hier gut zum Ausdruck kommt. Diese Rebsorte ist mit 60 % an dieser bemerkenswert gelungenen Cuvée beteiligt. Das intensive Bukett von kandierten Früchten setzt auf oxidative Noten (Backpflaumen). Im Geschmack gleichen sich Tannine und Frische aus. Der Touraine brut des Guts ist ebenfalls prima.

🍇 GAEC des Terres Noires, 81, rue de Meuves, 41150 Onzain, Tel. 02.54.20.72.87 ☑ ⚊ n. V.
🍇 Rediguère

Bourgueil

Die 60 000 hl Rotweine, die von der Rebsorte Cabernet franc oder Breton stammen und einen sehr ausgeprägten Charakter besitzen, werden im 1 250 ha großen Anbaubereich des AOC Bourgueil erzeugt ; das Anbaugebiet liegt im Westen der Touraine, an den Grenzen zum Anjou, auf dem rechten Ufer der Loire. Sie sind rassig und haben elegante Tannine, die je nach Lage (Hang oder Terrasse) und Boden (Kalkstein und Lehm oder Kies) unterschiedlich markant sind. Sie durchlaufen eine lange Gärdauer und besitzen eine gute Alterungsfähigkeit. Bei den besten Jahrgängen (1979 oder 1989 z. B.) kann ihre Reifung im Keller mehrere Jahrzehnte dauern. Einige hundert Hektoliter (3 %) werden als trockene Roséweine vinifiziert. Hinweisen sollte man noch darauf, daß die Winzer, die Mitglieder der Genossenschaft von Bourgueil sind, ihre Weine zumeist selbst in ihrem eigenen Keller ausbauen.

YANNICK AMIRAULT
Les Quartiers 1995★

■ 1,5 ha 9 000 ⦗⦘ 30-50F

Yannick Amirault, der seinen Betrieb an der Grenze zwischen den Anbaugebieten von Bourgueil und Saint-Nicolas-de-Bourgueil hat, präsentiert Weine aus diesen beiden Appellationen. Sein Bourgueil, Cuvée Les Quartiers, scheint ein sehr schöner, lagerfähiger Wein zu sein, mit feinen Tanninen, die im Abgang noch ein wenig spürbar sind, sich aber mit der Zeit abrunden werden. Das schüchterne Aroma erinnert an rote Früchte, aber auch an Lakritze und Wild. Ein vielversprechender Wein.

🍇 Yannick Amirault, La Coudraye, 37140 Bourgueil, Tel. 02.47.97.78.07, Fax 02.47.97.94.78 ☑ ⚊ n. V.

MAISON AUDEBERT ET FILS 1996

◪ k. A. 16 000 ■ ♦ 30-50F

Eine Firma, die für ihre Weine bekannt ist (sie erscheinen auf den Weinkarten vieler Restaurants) und viel für das Ansehen der Appellation getan hat. Sie präsentiert einen gut strukturierten, frischen 96er Rosé vom soliden Typ, der sich gegenüber einem pikanten Gericht durchsetzen wird.

🍇 Maison Audebert et Fils, 20, av. Jean-Causeret, 37140 Bourgueil, Tel. 02.47.97.70.06, Fax 02.47.97.72.07 ☑ ⚊ Mo-Fr 8h30-12h 14h-18h ; Sa, So n. V.

CAVE DES GRANDS VINS DE BOURGUEIL Les Chevaliers 1995★

■ 150 ha 38 000 ■ ♦ 30-50F

Die Genossenschaftskellerei von Restigné nimmt aufgrund der Größe und der Qualität ihrer Produktion einen wichtigen Platz im Anbaugebiet von Bourgueil ein. Die Cuvée Les Chevaliers verführt durch ihren Duft nach roten Früchten, ihre geschmeidige Struktur, die das Ergebnis einer klugen Maischegärung ist, und durch ihren langen und sehr milden Abgang. Eine andere Cuvée namens Saint-Martin verdient eine lobende Erwähnung. Die erstgenannte hat einen ausgeprägteren Lagercharakter als die zweite, die lecker schmeckt und schon jetzt Vergnügen bereitet.

🍇 Cave des Grands Vins de Bourgueil, Les Chevaliers, 37140 Restigné, Tel. 02.47.97.32.01, Fax 02.47.97.46.29 ☑ ⚊ Mo-Fr 8h-12h 13h30-18h30

PIERRE BRETON Les Galichets 1995★

■ 5 ha 20 000 ■ 30-50F

Seit 1991 verwenden Pierre und Catherine Breton auf ihrem 15 ha großen Gut biologische Anbaumethoden. Das bedingt eine Lese mit der Hand unter Verwendung kleiner Kisten, eine maßvolle Schwefelung und ganz allgemein keine »Verbesserung« des Traubenguts und der Weine. Das Ergebnis ist ein sehr reichhaltiger, weiniger Bourgueil von schöner Ausgewogenheit, bei dem die Extraktion mit Fingerspitzengefühl durchgeführt worden ist. Das Aroma ist einschmeichelnd.

🍇 Catherine et Pierre Breton, Les Galichets, 8, rte du Peu-Muleau, 37140 Restigné, Tel. 02.47.93.30.41, Fax 02.47.97.46.49 ☑ ⚊ n. V.

DENIS BUREAU Les Caillots 1995

■ 2 ha 10 000 ■ ♦ 30-50F

Ein hübscher 95er von klarer, strahlend roter Farbe. Elegantes Bukett mit Noten von roten Früchten, die einen leichten Holzton enthalten. Die Tannine überdecken die Rundheit. Ein klassischer Bourgueil aus Benais, den man noch einkellern muß, bevor man ihn zum Essen serviert.

🍇 Pierre Gauthier, La Motte, 37140 Benais, Tel. 02.47.97.41.06, Fax 02.47.97.47.07 ☑ ⚊ n. V.

Touraine — Bourgueil

CHRISTOPHE CHASLE Tuffeau 1995

■   2 ha   10 000   ■ 30-50 F

Fruchtig, rund, mit feinen Tanninen, lang und von guter Ausgewogenheit - ein Bourgueil, den man unverzüglich im Freundeskreis trinken sollte, zu einem nicht zu reifen Ziegenkäse aus Sainte-Maure.
☛ Christophe Chasle, 28, rue Dorothée-de-Dino, 37130 Saint-Patrice,
Tel. 02.47.96.95.95, Fax 02.47.96.95.95 ▨ ⊥ n. V.

DOM. DU CHENE ARRAULT
Cuvée du Chêne Arrault 1995**

■   1,2 ha   8 000   ■ ↧ 30-50 F

Christophe Deschamps leitet seit 1990 das 12 ha umfassende Gut, dessen Rebflächen auf Kieselböden mit Kalksteinuntergrund liegen. Er hat es von seinen Großeltern väterlicher- und mütterlicherseits geerbt. Er präsentiert einen 95er von erstaunlichem Reichtum des Aromas im Duft. Füllig schon in der Ansprache, kräftig gebaut, mit sanften, reifen Tanninen - ein gut vinifizierter Bourgueil, der eine lange Karriere vor sich hat. Die ein wenig im selben Stil gehaltene Cuvée Vieilles vigne verspricht ebenfalls eine schöne Zukunft.
☛ Christophe Deschamps, 4, Le Chêne-Arrault, 37140 Benais, Tel. 02.47.97.46.71,
Fax 02.47.97.82.90 ▨ ⊥ n. V.

DOM. DES FORGES
Cuvée Les Bezards 1995*

■   3 ha   15 000   ■ ⑪ ↧ 30-50 F

Der Keller von Jean-Yves Billet ist eine richtige Kathedrale. Was für ein schönes Werkzeug, um damit in der reinsten Tradition des Anbaugebietes zu arbeiten ! Dieser 95er ist im Duft nicht sehr offen, aber er entlädt sich im Mund. Die Tannine sind gut verschmolzen, die Fortsetzung des Aromas ist geschmeidig, mit einer ausgeprägten Fruchtigkeit. Dieser Bourgueil ist im Augenblick gefällig, aber dennoch lagerfähig. Die Cuvée Vieilles vignes vom selben Gut ist zart verschmolzen und verdient eine lobende Erwähnung.
☛ Jean-Yves et Sylvie Billet, Dom. des Forges, pl. des Tilleuls, 37140 Restigné,
Tel. 02.47.97.32.87, Fax 02.47.97.46.47 ▨ ⊥ n. V.

DOM. DES FORGES 1995*

◢   2 ha   5 000   ■ ↧ -30 F

Die Farbe ist ein ziemlich kräftiges Rosa, der Duft intensiv und blumig. Der Geschmack erweckt einen Eindruck von Fülle und Rundheit. Ein gefälliger, ziemlich leicht zu trinkender Rosé, der seine Rolle gut ausfüllen wird.
☛ Jean-Yves et Sylvie Billet, Dom. des Forges, pl. des Tilleuls, 37140 Restigné,
Tel. 02.47.97.32.87, Fax 02.47.97.46.47 ▨ ⊥ n. V.

DOM. DES GALLUCHES
Cuvée Ronsard 1995

■   3 ha   15 000   ⑪ 30-50 F

Jean Gambier hatte lange Zeit wichtige Funktionen im Berufsverband und im Gemeindevorstand inne. Er hat davon seine Vorliebe für menschliche Kontakte bewahrt und empfängt seine Besucher immer mit viel Liebenswürdigkeit. Außerdem versteht er es, über sein Anbaugebiet zu sprechen. Seine 95er Cuvée Ronsard erweckt dank ihres reichhaltigen Stoffs sofort einen guten Eindruck im Geschmack. Der Abgang ist lang, aber sehr spürbare Tannine bestimmen diesen Bourgueil für eine Lagerung.
☛ Jean Gambier, Dom. des Galluches, 37140 Bourgueil, Tel. 02.47.97.72.45,
Fax 02.47.97.98.70 ▨ ⊥ n. V.

DOM. DES GESLETS 1995

■   3 ha   15 000   ⑪ 30-50 F

Pierre Grégoire bewirtschaftet ein 17 ha großes Gut unweit der Genossenschaftskellerei von La Chevrette, wo man Station machen kann, um alte Geräte und Traubenpressen zu sehen und den schattigen Picknickplatz zu benutzen. Dieser rubinrote 95er bietet einen Duft nach roten Früchten mit einer leicht animalischen Note. Der sanfte Geschmack mit den feinen Tanninen ist von annehmbarer Länge. Ein Bourgueil, den man zu einem Grillgericht trinkt.
☛ Pierre Grégoire, Les Geslets,
37140 Bourgueil, Tel. 02.47.97.80.01,
Fax 02.47.97.44.96 ▨ ⊥ n. V.

CLOS DE L'ABBAYE 1995

■   6,85 ha   40 000   ■ ⑪ ↧ 30-50 F

Das Weinbaugebiet von Bourgueil entstand vor tausend Jahren hinter den Mauern dieser Abtei. Man wird diese Cuvée mit der strahlend kirschroten Farbe deshalb ehrfürchtig probieren. Der diskrete Duft bietet nach der Belüftung Noten von reifen roten Früchten. In der Mitte des Geschmacks findet man Fülle, aber auch Tannine, die sich bemerkbar machen. Ein komplexer Wein, der mit der Zeit viel gewinnen wird.
☛ SCEA de La Dîme, Clos de L'Abbaye,
37140 Bourgueil, Tel. 02.47.97.76.30 ▨ ⊥ n. V.

DOM. DE LA BUTTE 1995***

■   2 ha   6 000   ■ ⑪ ↧ 30-50 F

Die Domaine de La Butte überragt, wie ihr Name (butte = Anhöhe) schon andeutet, das Weinbaugebiet von Bourgueil. Die Verbindung eines erstklassigen Anbaugebiets (14 ha an einem Hang in Südlage) mit dem Talent von zwei Winzern hat es ermöglicht, traumhafte Weine herzustellen. Der 94er wurde zum Lieblingswein gewählt - eine Auszeichnung, die dieser 95er nur knapp verfehlt hat. Ein Duft nach roten Früchten, begleitet von einem sehr leichten Holzton, ein voller und zugleich eleganter Geschmack mit hohem Alterungspotential und eine sehr rassige Kaffeenote ergeben einen herrlichen Wein.
☛ GAEC Gilbert et Didier Griffon, Dom. de La Butte, 37140 Bourgueil, Tel. 02.47.97.81.30,
Fax 02.47.97.99.45 ▨ ⊥ n. V.

DOM. DE LA CHANTELEUSERIE
Vieilles vignes 1995*

■   3 ha   15 000   ■ ⑪ ↧ 30-50 F

Seit 1822 haben sieben Generationen der Boucards auf dem Gut La Chanteleuserie gearbeitet, das heute 19 ha umfasst. Die Cuvée Vieilles vignes stammt von mehr als 40 Jahre alten Rebstöcken, die auf lehmigen Böden mit Kalksteinuntergrund wachsen. Der Duft erinnert, wenn man das Glas schwenkt, vorzugsweise an Him-

Touraine / Bourgueil

beeren oder schwarze Johannisbeeren. Der runde Geschmack mit Fülle und eleganten Tanninen zeigt eine schöne Länge. Beiseite legen.
🕿 Thierry Boucard, La Chanteleuserie, 37140 Benais, Tel. 02.47.97.30.20, Fax 02.47.97.46.73 ✓ ⊺ n. V.

LA CHARPENTERIE 1995*

| | 3 ha | 15 000 | | 30-50 F |

Nahe bei der Loire ein hübsches, für die Touraine typisches Haus aus weißem Kalktuff. Weit entfernt vom Fluß und seinen Launen 12 ha Reben auf kieselhaltigen Böden. Dieser 96er bietet einen stark durch grünen Paprika geprägten Geruchseindruck, der »bretonniert«, wie man in Bourgueil sagt. Die Ansprache ist sanft. Die gut entfalteten Tannine werden durch einen reichhaltigen Stoff ausgeglichen. Der gefällige Abgang hinterläßt einen Eindruck von Leder und schwarzen Johannisbeeren. Ein Wein, der sich gut entwickeln wird. Der 93er war Lieblingswein.
🕿 Alain Caslot-Bourdin, La Charpenterie, 37140 La Chapelle-sur-Loire, Tel. 02.47.97.34.45, Fax 02.47.97.44.80 ✓ ⊺ n. V.

DOM. DE LA CHEVALERIE
Vieilles vignes 1995★★

| | k. A. | 12 000 | | | | 30-50 F |

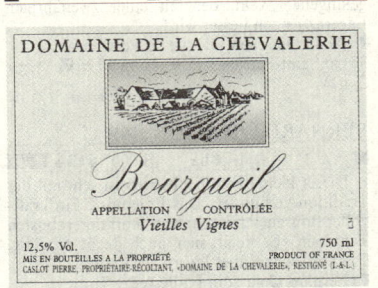

Das gesamte Können, das die seit 1640 auf La Chevalerie lebende Familie Caslot angehäuft hat, steht hinter diesem prächtigen Bourgueil, der durch die Wahl zum Lieblingswein ausgezeichnet wird. Farbe von vollreifen Kirschen und mit bläulichroten Reflexen. Der Geruchseindruck erinnert ein wenig an Rauch, Paprika und Gewürze. Der Geschmack bietet eine Fülle von Aromen. Die Rundheit ist bemerkenswert, die Länge hat ein wenig von »davon möchte man mehr«. Dieser 95er hat sicher eine schöne Zukunft, die man aber kaum erwarten kann !
🕿 Pierre Caslot, Dom. de La Chevalerie, 37140 Restigné, Tel. 02.47.97.37.18, Fax 02.47.97.45.87 ✓ ⊺ Mo-Sa 8h-12h30 14h-19h30 ; So n. V.

DOM. DE LA CROIX-MORTE 1995*

| | 1,38 ha | 2 000 | | | 30-50 F |

Fabrice Samson steht noch am Anfang. Er hat hat 1991 ein kleines Gut (2,5 ha) erworben, das er zu vergrößern versucht. Dieser erste Wein, ein 92er, erschien im Weinführer mit einem lobenden Kommentar. Hier wird das Gut erneut berücksichtigt mit diesem 95er, dessen tiefrote Farbe einen schönen Stoff ankündigt. Der subtile Duft hinterläßt einen Eindruck von Paprika. Im Geschmack überraschen Eleganz und Ausgewogenheit. Die Rundheit folgt danach. Der Abgang ist durch eine Schokoladennote geprägt.
🕿 Fabrice Samson, La Croix-Morte, 37140 Restigné, Tel. 02.47.97.73.70, Fax 02.47.97.73.70 ✓ ⊺ n. V.

DOM. DE LA GAUCHERIE 1995★★

| | 10 ha | 15 000 | | | 30-50 F |

Mit seinen beeindruckenden, komplett ausgerüsteten Gebäuden bleibt die Domaine de La Gaucherie nicht unbemerkt, wenn man aus Richtung Tours in das Anbaugebiet von Bourgueil kommt. Die Rebflächen, die hier die unteren Terrassen der Loire mit warmen, kräftigen Kiesböden einnehmen, haben einen leichten, fruchtigen, leckeren 95er geliefert, der nicht zu tanninreich ist und schon heute bei einer Mahlzeit einen Leckerbissen darstellt.
🕿 Régis Mureau, La Gaucherie, 37140 Ingrandes-de-Touraine, Tel. 02.47.96.93.07.60, Fax 02.47.96.93.43 ✓ ⊺ n. V.

DOM. DE LA LANDE Cuvée Prestige 1995

| | 2 ha | 10 000 | | | | 30-50 F |

Marc und François Delaunay, Vater und Sohn, bilden auf diesem 14 ha großen Gut eine fest zusammengeschweißte Mannschaft. Sie bleiben Verfechter der traditionellen Methoden mit Unterstoßen der festen Bestandteile während der Gärung und mit einem Ausbau in großen Holzfässern. Ihr 95er ist ein vom Typ her leichter Wein mit angenehmen Tanninen, der eine gute Nachhaltigkeit besitzt und wohlausgewogen ist. Er ist dazu bestimmt, daß man ihn jetzt trinkt.
🕿 EARL Delaunay Père et Fils, Dom. de La Lande, 37140 Bourgueil, Tel. 02.47.97.80.73, Fax 02.47.97.95.65 ✓ ⊺ n. V.

DOM. DE LA VERNELLERIE 1995

| | 4 ha | 6 000 | | | | -30 F |

Gebäude aus dem 16. Jh., ein Keller, der 1995 renoviert wurde, und das Ganze von 14 ha Weinbergen umgeben - ein schönes Gut, das viele Trümpfe hat. Dasselbe kann man über seinen 95er sagen, der einen recht offener Duft an rote Beeren und Unterholz erinnert. Der sanfte Geschmack besitzt einen guten Körper und feine Tannine und ist im Abgang ein wenig streng. Man müßte in zwei bis drei Jahren nochmals über ihn sprechen.
🕿 Camille Petit, Dom. de La Vernellerie, 37140 Benais, Tel. 02.47.97.31.18 ✓ ⊺ n. V.

DOM. LE PONT DU GUE 1995

| | 1,1 ha | 3 500 | | 30-50 F |

Selten sind die 95er, die man nicht ein wenig altern lassen sollte. Dieser hier ist im Geruchseindruck ziemlich animalisch und zeigt sich im Geschmack ausgewogen, mit genug Rundheit und Reichtum, aber seine Tannine werden erst nach einer Ruhezeit von rund zwei Jahren ihre Sanftheit finden.
🕿 Eric Ploquin, Le Pont du Gué, 37140 Bourgueil, Tel. 02.47.97.72.71 ✓ ⊺ n. V.

TAL DER LOIRE

Touraine — Bourgueil

DOM. LES PINS Cuvée Clos les Pins 1995*

| | 1,5 ha | 10 000 | | 30-50 F |

Die Cuvée Clos les Pins ist ein kluger Verschnitt aus Weinen, die von den verschiedenen Böden des Anbaugebiets stammen. Die Farbe ist an der Grenze zum Granatroten. Der ein wenig verschlossene Geruchseindruck läßt Knospen schwarzer Johannisbeeren und Lakritze erahnen. Der Geschmack zeigt sich recht tanninhaltig, fruchtig und von guter Länge. Er wird sich mit ein wenig Lagerung beruhigen. Die zweite Cuvée des Guts, die von alten Rebstöcken stammt, ist in einem ähnlichen Stil gehalten. Sie sollte ebenfalls ein wenig altern.
➤ EARL Pitault-Landry et Fils, Dom. Les Pins, 37140 Bourgueil, Tel. 02.47.97.82.89, Fax 02.47.97.98.69 ☑ ☿ n. V.

MICHEL ET JOELLE LORIEUX
Chevrette 1995*

| | 2 ha | 5 000 | | 30-50 F |

Ein sehr angenehmer 95er, der sich mit der Zeit verbessern wird. Feiner, noch zurückhaltender Duft, klarer, ausgewogener, fruchtiger Geschmack. Er hat eine fast feminine Silhouette und paßt zu gebratenem Geflügel.
➤ Michel et Joëlle Lorieux, Chevrette, 37140 Bourgueil, Tel. 02.47.97.85.86 ☿ n. V.

DOM. LAURENT MABILEAU 1995*

| | 4 ha | 25 000 | | 30-50 F |

Ziemlich dichte rote, fast purpurne Farbe, ein Geruch von Paprika und Tabak und ein Geschmack mit runder Ansprache, aber spürbaren Tanninen, die noch verschmelzen werden - ein Bourgueil, der seine Pflicht sehr ehrenhaft erfüllen wird.
➤ Dom. Laurent Mabileau, La Croix du Moulin-Neuf, 37140 Saint-Nicolas-de-Bourgueil, Tel. 02.47.97.74.75, Fax 02.47.97.99.81 ☿ tägl. 8h-20h

DOM. DES MAILLOCHES
Vieilles vignes 1995

| | 1,5 ha | 10 000 | | 30-50 F |

Ein Duft von guter Qualität, in dem rote Früchte dominieren, und ein runder, nachhaltiger Geschmack ergeben einen achtbaren Wein. Was soll man mehr von ihm verlangen außer ein wenig Lagerung?
➤ Jean-François Demont, Dom. des Mailloches, 37140 Restigné, Tel. 02.47.97.33.10, Fax 02.47.97.43.43 ☑ ☿ n. V.

DOMINIQUE MOREAU 1995

| | k. A. | k. A. | | -30 F |

Der Duft zeigt sich intensiv und zugleich von seltener Feinheit. Auf die sanfte Ansprache folgt ein leicht tanninhaltiger Eindruck, den das Aroma von roten Früchten rasch vergessen läßt. Ein nicht sehr komplizierter Wein, der gut in seinem Typ ist. Man kann schon jetzt seine Frucht genießen.
➤ Dominique Moreau, L'Ouche-Saint-André, 37140 Restigné, Tel. 02.47.97.31.93 ☑

NAU FRERES Vieilles vignes 1995*

| | 5,5 ha | 30 000 | | 30-50 F |

Es heißt, daß Karl VIII. nach Ingrandes-de-Touraine kam, um den Wein für seine Heirat mit Anna von der Bretagne auszuwählen. Die Gemeinde liefert dank Winzern wie den Brüdern Nau immer noch schöne Cuvées. Dieser 95er hat einen recht angenehmen Duft nach jungem Cabernet : schwarze Johannisbeeren mit einer Paprikanote. Der Geschmack bietet einen geschmeidigen, fülligen Körper mit feinen, gut umhüllten Tanninen und einer Eingeweidenote. Die Cuvée Les Blottières, die liebenswürdiger ist, dabei aber eine Lagerfähigkeit bietet, hat die gleiche Note erhalten.
➤ Nau Frères, 52, rue de Touraine, 37140 Ingrandes-de-Touraine, Tel. 02.47.96.98.57, Fax 02.47.96.90.34 ☑ ☿ n. V.

ALAIN OMASSON 1995

| | 0,9 ha | 2 000 | | 30-50 F |

Dieser 95er könnte durchaus der erste Wein von Alain Omasson sein, der sich im gleichen Jahr auf dem 3,65 ha großen Gut niedergelassen hat. Der recht offene Duft erinnert an rote Früchte. Der Geschmack ist sanft und weit, mit einem leichten Holzton. Die Tannine sind fein, und dem Abgang mangelt es nicht an Länge. Ein gelungener Wein, der mit einer zweijährigen Lagerung noch besser wird.
➤ Alain Omasson, 21, rue du Port Véron, 37130 Saint-Patrice, Tel. 02.47.96.90.26 ☑ ☿ n. V.

BERNARD OMASSON 1995*

| | 4 ha | 3 000 | | 30-50 F |

Dieser kleine Familienbetrieb ist sehr mit der Tradition verbunden. Das Ergebnis ? Ein kraftvoller Bourgueil mit schönem Stoff und robusten Tanninen. Er zeigt sich auch recht fruchtig. Trinkreif, kann aber lagern.
➤ Bernard Omasson, La Perrée, 37140 Ingrandes-de-Touraine, Tel. 02.47.96.98.20 ☑ ☿ n. V.

DOM. DU PETIT BONDIEU
Cuvée des Couplets 1995

| | 2 ha | 9 300 | | 30-50 F |

Noch einer jener Weine, die sich gut entfaltet haben und erst nach einer gewissen Einkellerung ihren Höhepunkt erreichen. Der Geruchseindruck ist intensiv, der Geschmack rund, aber die Tannine sind kräftig. Man muß ihnen Zeit geben, sich zu besänftigen.
➤ EARL Jean-Marc Pichet, Le Petit Bondieu, 30, rte de Tours, 37140 Restigné, Tel. 02.47.97.33.18, Fax 02.47.97.46.57 ☑ ☿ n. V.

DOM. DU PRESSOIR-FLANIERE 1995

| | 1 ha | 5 000 | | -30 F |

Eleganz dominiert in diesem 95er, der sich auch durch seine Sanftheit und seine aromatische Nachhaltigkeit auszeichnet. Man sollte ihn trinken, ohne zu lang zu warten, damit man all diese schönen Qualitäten des Augenblicks genießen kann.

Touraine

⚲ Gilles Galteau, 48, rue de Touraine,
37140 Ingrandes-de-Touraine,
Tel. 02.47.96.98.95 ☑ ⏵ tägl. 8h-20h

DOM. DU ROCHOUARD 1995**

| 6,96 ha | k. A. | 30-50 F |

Guy Duveau, der mit 2 ha Rebfläche begann, leitet heute ein schönes, 15 ha großes Weingut. Sein Sohn Dominique hat sich ihm 1995 angeschlossen. Nach einer sanften Ansprache kommen gut verschmolzene Tannine zum Vorschein. Das Unterholz dominiert im Duft ebenso wie im Geschmack. Ein 95er, den man ein wenig aufheben kann, der aber dank seines geschmeidigen Charakters schon jetzt sehr gefällig ist.
⚲ GAEC Duveau-Coulon et Fils, rue des Géléries, 37140 Bourgueil, Tel. 02.47.97.85.91, Fax 02.47.97.99.13 ☑ ⏵ n. V.

DOM. THOUET-BOSSEAU
Cuvée Vieilles vignes 1995

| 2,1 ha | 12 500 | 30-50 F |

Eine Winzerfamilie, die seit vier Generationen im Gebiet von Bourgueil ansässig ist und heute ein 7 ha großes Gut bewirtschaftet. Dieser im großen Holzfaß ausgebaute 95er hat eine angenehme Erscheinung. Der Geschmack ist leicht, die Gerbsäure fein. Ein gefälliger 95er, der in seinem Stil wohlausgewogen ist und nicht lagern muß.
⚲ Sylvie Thouet-Bosseau, 13, rue de Santenay, L'Humelaye, 37140 Bourgueil,
Tel. 02.47.97.73.51, Fax 02.47.97.44.65 ☑ ⏵ n. V.

Saint-Nicolas-de-Bourgueil

Die Weine von Saint-Nicolas-de-Bourgueil sind leichter als die Bourgueil-Weine, entsprechen aber den gleichen Eigenheiten bei der Bestockung, der Vinifizierung und dem Ausbau. Auf einer Anbaufläche von 900 ha werden rund 45 000 hl erzeugt.

YANNICK AMIRAULT
Les Malgagnes 1995

| 1,3 ha | 9 000 | 50-70 F |

Les Malgagnes, das ist ein wenig das Lieblingskind von Yannick Amirault. Man findet den Wein regelmäßig im Weinführer. Der 92er war Lieblingswein. Er stammt aus einer gut gelegenen Parzelle. Die Trauben sind mit der Hand gelesen worden, und der Wein wurde gewissenhaft ausgebaut, und neun Monate im Faß lagerte aus. Dieser 95er erweckt sofort einen Eindruck von Solidität. Die Milde kommt danach, mit einem nachhaltigen Aroma von Knospen schwarzer Johannisbeeren. Dieser Wein wird erst nach einer zwei- bis dreijährigen Lagerung im Keller richtig zum Ausdruck kommen.

⚲ Yannick Amirault, La Coudraye,
37140 Bourgueil, Tel. 02.47.97.78.07,
Fax 02.47.97.94.78 ☑ ⏵ n. V.

DOM. DE BEAU-PUY Vieilles vignes 1995

| 4 ha | 6 000 | 30-50 F |

Ein 1722 entstandenes Familiengut, ein Vermächtnis mütterlicherseits, und ein jüngeres Können, das ein Erbe des Vaters ist, haben diesen Saint-Nicolas hervorgebracht, der aufgrund seiner Frische, seiner Fruchtigkeit und seiner Gesamtharmonie interessant ist. Trinkreif.
⚲ Jean-Paul Morin, Le Coudray-la-Lande, 37140 Bourgueil, Tel. 02.47.97.76.92,
Fax 02.47.97.98.20 ☑ ⏵ n. V.

DOM. DES BERGEONNIERES 1995*

| | k. A. | 6 000 | -30 F |

Es gibt in Saint-Nicolas so wenige Roséweine, daß man die Aufmerksamkeit auf diesen hier lenken muß. Obendrein ist er sehr gut gelungen. Der Blütenduft ist trotz eines leicht würzigen Hauchs recht zart. Der Geschmack zeichnet sich durch eine schöne Rundheit aus, die durch eine leichte Lebhaftigkeit gewürzt wird. Der sehr subtile Abgang hinterläßt einen Eindruck von seltener Vornehmheit.
⚲ André Delagouttière, Les Bergeonnières, 37140 Saint-Nicolas-de-Bourgueil,
Tel. 02.47.97.75.87, Fax 02.97.75.48.47 ☑
⏵ Mo-Sa 9h-19h

DOM. DU BOURG Cuvée Prestige 1995

| 2 ha | 13 000 | 30-50 F |

Jean-Paul Mabileau empfängt seine Kunden in einem alten, geschmackvoll eingerichteten Saal. Seine Cuvées sind sehr interessant zu vergleichen : Man erahnt darin immer, wenn man aufmerksam ist, das Ursprungsgebiet. Diese hier ist außerdem sehr stark durch das Holz geprägt. Die Tannine sind spürbar, aber recht sanft, und die Fülle des Geschmacks bleibt nicht unbemerkt. Ein schöner, aromatischer Wein, den man etwas lagern muß.
⚲ EARL Jean-Paul Mabileau, 4-6, rue du Pressoir, 37140 Saint-Nicolas-de-Bourgueil, Tel. 02.47.97.82.02, Fax 02.47.97.70.92 ☑
⏵ Mo-Sa 10h-12h30 15h-19h

ROSELYNE ET BRUNO BRETON 1995*

| 2 ha | k. A. | 30-50 F |

Die Farbe ist zwar nicht sehr intensiv, aber der Geruchseindruck zeugt von großer Feinheit und verbindet Blütenduft mit Unterholz. Auf die sanfte Ansprache folgt eine gute Rundheit. Die Tannine sind spürbar, aber schon verschmolzen. Eine recht ausgeprägte Fruchtigkeit bereichert das Ganze. Der elegante Abgang hinterläßt einen Eindruck von Feminität. Ein schöner Erfolg, den Bruno und Roselyne Breton, die dieses 18 ha große, auf Kiesböden gelegene Gut führen, hier für sich verbuchen können.
⚲ Roselyne et Bruno Breton, EARL du Carroi, 45, rue Basse, 37140 Restigné,
Tel. 02.47.97.31.35, Fax 02.47.97.49.00 ☑ ⏵ n. V.

TAL DER LOIRE

Touraine — Saint-Nicolas-de-Bourgueil

CAVE BRUNEAU DUPUY
Vieilles vignes 1995*

■   5 ha   30 000   ■ 30-50F

Jean Bruneau ist seit über 30 Jahren auf diesem 13-ha-Familiengut, das außergewöhnliche, in den Kalktuff gegrabene Keller besitzt. Diese Erfahrung hat er genutzt, um seine Cuvée Vieilles vignes herzustellen. Der stattliche, reichhaltige, sanfte Geschmack läßt eine ganze Palette roter Früchte erkennen. Ein »echter Wein«, die Frucht eines »echten« Weinbaus, meinte ein Jurymitglied voller Begeisterung. Man kann ihn jetzt mit Genuß trinken.

⌐ Jean Bruneau, La Martellière, 37140 Saint-Nicolas-de-Bourgueil, Tel. 02.47.97.75.81, Fax 02.47.97.43.25 ☑ Ⴕ n. V.

DOM. DU CLOS DE L'EPAISSE
Cuvée des Clos 1995*

■   k. A.   15 000   ■ 30-50F

Schon verführerisch aufgrund seiner strahlenden dunkelrubinroten Farbe und seines würzigen Dufts von großer Feinheit. Er erobert Sie vollkommen im Geschmack mit seinen runden Tanninen und seinem aromatischen Abgang. Für sofort oder später, in zehn Jahren vielleicht ?

⌐ Yvan Bruneau, 50, av. Saint-Vincent, 37140 Saint-Nicolas-de-Bourgueil, Tel. 02.47.97.90.67, Fax 02.47.97.49.45 Ⴕ n. V.

MAX COGNARD-TALUAU
Cuvée des Malgagnes 1995*

■   2 ha   15 000   ■ 30-50F

Das Gut von Max Cognard liegt größtenteils auf den Hängen des Hügels, der das Weinbaugebiet von Saint-Nicolas überragt. Die Böden mit hohem Tonanteil haben den Ruf, daß sie eher solide Weine liefern. Dieser hier bildet keine Ausnahme von der Regel, aber er ist gut »verarbeitet« im Verlauf des Ausbaus und zeigt sich zart und lecker. Seine leichte Lakritznote im Abgang schadet nicht. Man kann ihn schon jetzt genußvoll trinken.

⌐ Max Cognard, Chevrette, 37140 Saint-Nicolas-de-Bourgueil, Tel. 02.47.97.76.88, Fax 02.47.97.97.83 ☑ Ⴕ Mo-Sa 9h-12h 14h-18h

CLAUDE ESNAULT 1995*

■   2 ha   4 000   ■ 30-50F

Ein altmodisches Etikett und traditionelle Arbeitsmethoden - die Esnaults sind konservativ. Aber das hat auch sein Gutes. Hier ein vielversprechender Wein von guter Ausgewogenheit. Reichhaltig, typisch und lang. Er wird einen guten Tropfen abgeben, den man in ein paar Jahren trinkt und dabei über vergangene Zeiten spricht.

⌐ Claude Esnault, Chézelles, 37140 Saint-Nicolas-de-Bourgueil, Tel. 02.47.97.78.45 ☑ Ⴕ n. V.

LE VIGNOBLE DU FRESNE 1995*

■   2 ha   6 000   ■ 30-50F

Die Domaine du Fresne kann fast zwanzig Ernten für sich verbuchen - das ist ein Vorzug, wenn man mit frühlingshaften Weinen Erfolg haben will. Dieser hier ist ein guter Vertreter. Der Duft zeigt sich aufgrund seines primurhaften Charakters und seines Buketts von roten Früchten sehr ansprechend. Auf die milde Ansprache folgt ein stattlicher Geschmack mit frischem Abgang. Ein leichter, ausgewogener Saint-Nicolas, der zu einer zwanglosen Mahlzeit paßt.

⌐ Patrick Guenescheau, 1, Le Fresne, 37140 Saint-Nicolas-de-Bourgueil, Tel. 02.47.97.86.60, Fax 02.47.97.42.53 ☑ Ⴕ n. V.

GÉRARD ET MARIE-CLAIRE GODEFROY
Vieilles vignes 1995*

■   1,9 ha   12 000   ■ 30-50F

Die Domaine de Gérard et Marie-Claire Godefroy befindet sich in einer Reblage namens »La Taille«, die im Quartär eine Insel der Loire war. Man bezeichnet eine solche Reblage auch als »montilles«. Der aus Lehm und Kies bestehende Boden eignet sich perfekt für die Erzeugung erstklassiger Weine. Die Farbe dieses 95ers ist ein dunkles Rubinrot. Der animalische Geruchseindruck entwickelt sich zu einer sehr intensiven Fruchtigkeit hin. Einige Unebenheiten, die man im Geschmack entdeckt, haben nichts Anomales an sich ; sie sind das Kennzeichen eines gut strukturierten Weins, der altern kann.

⌐ Gérard et Marie-Claire Godefroy, 37, rue de la Taille, 37140 Saint-Nicolas-de-Bourgueil, Tel. 02.47.97.77.43, Fax 02.47.97.48.23 ☑ Ⴕ n. V.

DOM. DES GRAVIERS
Vieilles vignes 1995*

■   3 ha   18 000   ■ 30-50F

9 ha, das reicht bei weitem aus, um einen Winzer in Saint-Nicolas zu beschäftigen, insbesondere wenn er so gewissenhaft wie Hubert David arbeitet. Er präsentiert einen ausgewogenen Wein, in dem sich die Tannine bemerkbar machen, ohne sich aufzudrängen. Die aromatische Stärke ist vorhanden, dominiert von roten Früchten. Er ist jetzt ein sehr angenehmer Wein, kann aber altern.

⌐ Hubert David, La Forcine, 37140 Saint-Nicolas-de-Bourgueil, Tel. 02.47.97.86.93, Fax 02.47.97.48.50 ☑ Ⴕ n. V.

VIGNOBLE DE LA CONTRIE 1995*

■   4 ha   25 000   ■ 30-50F

Ein altes Haus, das einen guten Ruf auf dem Gebiete der Gastronomie hat. Sein 95er Saint-Nicolas fand Beachtung aufgrund seines sehr starken Potentials. Die Tannine behaupten ihren Platz, aber in Rundheit und ohne Rauheit. Das Aroma im Geschmack ist kräftig und nachhaltig. Bei einer längeren Lagerung wird er noch besser sein.

⌐ Maison Audebert et Fils, 20, av. Jean-Causeret, 37140 Bourgueil, Tel. 02.47.97.70.06, Fax 02.47.97.72.07 ☑ Ⴕ Mo-Fr 8h30-12h 14h-18h ; Sa, So n. V.

DOM. DE LA COTELLERAIE-VALLEE 1995**

■   15 ha   75 000   ■ 30-50F

Spuren von galloromanischen Landgütern und zahlreiche Überreste des Weinbaus bezeugen das Alter des Weinbaus in La Cotelleraie. Auch wenn sich die Rebsorten seitdem verändert haben, hat der Boden doch seine Bestimmung behalten. Claude Vallée präsentiert hier einen

Touraine — Saint-Nicolas-de-Bourgueil

herrlichen Wein in einem reichhaltigen, fülligen Stil. Von den Tanninen und dem Aroma zahlreicher Früchte geht keinerlei Rauheit aus. Man kann ihn sofort servieren, aber sicherlich gewinnt man, wenn man ihn lagert.
⚇ Claude Vallée, La Cotelleraie, 37140 Saint-Nicolas-de-Bourgueil, Tel. 02.47.97.75.53, Fax 02.47.97.85.90 ☑ ⚇ Mo-Sa 9h-19h

VIGNOBLE DE LA GARDIERE 1995*
■ 2 ha 10 000 ▮⚇ –30 F

Winzer, die ihre Umgebung mit viel Geschmack und Sorgfalt einrichten, können nur die besten Voraussetzungen für die Herstellung der Weine haben. Ihr Saint-Nicolas zeigt sich freigebig und verheißungsvoll. Er wird sich in zwei bis drei Jahren zu entfalten beginnen.
⚇ Bernard David, La Gardière, 37140 Saint-Nicolas-de-Bourgueil, Tel. 02.47.97.81.51, Fax 02.47.97.95.05 ☑ n. V.

VIGNOBLE DE LA JARNOTERIE
Cuvée Concerto Vieilles vignes 1995*
■ 2,5 ha 13 000 ▮◨⚇ 30-50 F

Jean-Claude Mabileau, der ein 20 ha großes Gut dirigiert, ist der begabte Komponist dieser Cuvée Concerto. Sie ist sanft in der Ansprache und geht dann *crescendo*, bleibt dabei aber maßvoll in ihren tanninhaltigen Akzenten und klingt in einem langen, erhabenen *Finale* aus. Die fröhliche Harmonie wird durch eine Fülle fruchtiger Noten erzeugt. Ein Stück, das man jetzt spielen muß.
⚇ Jean-Claude Mabileau, La Jarnoterie, 37140 Saint-Nicolas-de-Bourgueil, Tel. 02.47.97.75.49, Fax 02.47.97.79.98 ☑ ⚇ n. V.

LES HAUTS-CLOS CASLOT 1995**
■ 6 ha 15 000 30-50 F

Ein imposanter Wein mit einer ausgeprägten Alterungsfähigkeit. Nehmen Sie eine schöne aromatische Qualität und einen unerwartet jugendlichen Charakter hinzu, und Sie erhalten ein sehr schönes Exemplar des Saint-Nicolas. Alain Caslot, der ein 12 ha großes Gut auf Sand- und Kiesböden leitet, kann stolz darauf sein.
⚇ Alain Caslot-Bourdin, La Charpenterie, 37140 La Chapelle-sur-Loire, Tel. 02.47.97.34.45, Fax 02.47.97.44.80 ☑ ⚇ n. V.

DOM. LES PINS Les Mauguerets 1995*
■ 1 ha 6 000 ▮⚇ 30-50 F

Die Gebäude stammen aus dem 16. Jh. und befinden sich seit fünf Generationen im Besitz der Familie. Das 17 ha große Gut, das daran angrenzt und von dem sich ein Teil nur auf den Anbaubereich von Saint-Nicolas erstreckt, besitzt einen vor kurzem modernisierten Keller. Der gut entfaltete Duft dieses 95ers ist prächtig mit seinen Nuancen von Gewürzen, Vanille und Wild. Die Tannine sind noch nicht ganz verschmolzen, dominieren aber trotzdem nicht. Mit einer guten Nachhaltigkeit im Geschmack. Ein vielversprechender Wein, der sich mit dem Alter verfeinern wird.
⚇ EARL Pitault-Landry et Fils, Dom. Les Pins, 37140 Bourgueil, Tel. 02.47.97.82.89, Fax 02.47.97.98.69 ☑ ⚇ n. V.

LES QUARTERONS 1995**
■ 13 ha 45 000 ▮◨⚇ 30-50 F

Das rund 24 ha große Gut wurde von Claude Amirault aufgebaut, der sich jetzt im Ruhestand befindet. Sein Sohn Thierry hat es übernommen und zeigt die gleiche Begabung, wie dieser 95er zeigt. Eine vielversprechende Farbe von leuchtendem Granatrot, ein fruchtiger Duft mit einem leichten Hauch von Vanille, ein ausgewogener, runder Geschmack, in dem sich Brombeeren und Backpflaumen bemerkbar machen, und ein stattlicher, langer Abgang, der erneut vom Vanillearoma geprägt ist, ergeben einen bemerkenswerten Wein, der einmütige Zustimmung findet. Die Cuvée Vieilles vignes vom selben Gut hat ebenfalls viel Lob geerntet.
⚇ Clos des Quarterons-Amirault, 37140 Saint-Nicolas-de-Bourgueil, Tel. 02.47.97.75.25, Fax 02.47.97.97.97 ☑ n. V.

PASCAL LORIEUX
Cuvée Agnès Sorel 1995*
■ 0,5 ha 4 000 ▮ 50-70 F

Pascal Lorieux, der vor zehn Jahren mit 2,5 ha begann, besitzt heute ein fast 10 ha großes Gut. Er hat sich mit seinem Sohn Alain zusammengeschlossen, der in Chinon ein anderes Gut bewirtschaftet. Der 95er ist seine erste Cuvée Agnès Sorel. Wünschen wir ihm, daß sie fortbesteht, denn sie bietet viele Qualitäten : kräftige Farbe, intensiver Wildgeruch, sanfte Ansprache, auf die viel Stoff folgt, lange Fortsetzung. Ein Wein für die Liebhaber starker Eindrücke.
⚇ EARL Pascal et Alain Lorieux, Le Bourg, 37140 Saint-Nicolas-de-Bourgueil, Tel. 02.47.97.92.93, Fax 02.47.97.47.88 ☑ ⚇ n. V.

FREDERIC MABILEAU
Les Rouillères 1995*
■ 6 ha 24 000 ▮◨⚇ 30-50 F

Ein frischer Duft über einem Mentholaroma, ein Geschmack mit runder Ansprache, der in einem zarten Stil gut gebaut ist, Tannine, die in einem Abgang verschmelzen, der elegant und nachhaltig zugleich ist - ein ausgewogener Wein, der nur verlangt, daß man ihn sofort genießt. Der 93er war Lieblingswein.
⚇ Frédéric Mabileau, 17, rue de la Treille, 37140 Saint-Nicolas-de-Bourgueil, Tel. 02.47.97.79.58, Fax 02.47.97.45.19 ☑ ⚇ n. V.

TAL DER LOIRE

Touraine

DOM. JACQUES MABILEAU
Vieilles vignes 1995

■   2 ha   9 000   30-50 F

Die Farbe ist von mittlerer Intensität, aber der überaus typische Duft kann seinen Ursprung nicht verleugnen mit seinem Paprikaaroma, das man in der Ansprache wiederfindet. Der Geschmack enthüllt eine breite Tanninbasis über einem Untergrund aus recht reichhaltigem Stoff. Der Abgang zeigt sich männlich. Ein charaktervoller Wein, ein Rebell, den die Zeit unterwerfen wird.

☙ Jacques Mabileau, La Gardière, 37140 Saint-Nicolas-de-Bourgueil, Tel. 02.47.97.75.85, Fax 02.47.97.98.03 ☑ n. V.

LYSIANE ET GUY MABILEAU 1995*

■   1 ha   6 500   ▮ 30-50 F

Ein Winzerpaar, das sich 1989 auf diesem 6,5 ha großen Gut niederließ. Die bescheidene Anbaufläche erlaubt es den beiden, daß sie sich besonders um die Reben und den Wein kümmern. Ihr 95er verführt aufgrund seines Stoffes, seines Aromas und seiner Ausgewogenheit. Er wird im nächsten Herbst trinkreif sein.

☙ Lysiane et Guy Mabileau, La Rodaie, 17, rue du Vieux-Chêne, 37140 Saint-Nicolas-de-Bourgueil, Tel. 02.47.97.70.43 ☑ ☕ n. V.

DOM. OLIVIER
Les Clos Lourioux Vieilles vignes 1995*

■   1,35 ha   5 000   ▮❙❘ 30-50 F

»Wenn Sie durch die Touraine reisen, kommen Sie und haben Sie an unserer Geschichte und unserer Begeisterung für den Wein teil«, schreiben Bernard und Patrick Olivier auf ihrer Einladung, die Erzeugnisse ihres schönen, 26 ha großen Guts kennenzulernen. Ihr 95er präsentiert sich aufgrund seines kräftigen Gerüsts und seines Umfangs sofort als lagerfähiger Wein. Die Ansprache ist breit, der Abgang bleibt in der Tonalität von Vanille und Lakritze. Die gleiche Note für die Cuvée Domaine Olivier, die ein leichteres, aber ebenso interessantes Profil bietet.

☙ GAEC Bernard et Patrick Olivier, La Forcine, 37140 Saint-Nicolas-de-Bourgueil, Tel. 02.47.97.75.32, Fax 02.47.97.48.18 ☑ ☕ tägl. 8h-13h 14h-20h

THIERRY PANTALEON
Coteaux de la Gardière 1995*

■   2 ha   10 000   30-50 F

Thierry Pantaléon besitzt die Gabe, extrem fruchtige Weine herzustellen. Man erinnert sich noch an seinen 93er Coteaux de la Gardière, in dem die Himbeeren dominierten. Dieser hier ist im gleichen Stil. Niemand wird sich darüber beklagen. Der Körper ist geschmeidig, die Tannine sind seidig. Schon jetzt ein garantierter Genuß.

☙ Thierry Pantaléon, La Gardière, 37140 Saint-Nicolas-de-Bourgueil, Tel. 02.47.97.87.26, Fax 02.47.97.87.26 ☑ ☕ n. V.

Chinon

JOEL TALUAU Cuvée du Domaine 1995*

■   5 ha   20 000   ▮ ♨ 30-50 F

Mit Hilfe von Rebstöcken, die die lehmig-kalkhaltigen Hänge des Hügels einnehmen, der das Anbaugebiet von Saint-Nicolas überragt, erzeugt Joël Taluau temperamentvolle Weine, die sich gegenüber den Klassikern der Appellation profilieren. Dieser hier ist sehr aromatisch. Er besitzt eine breite Tanninunterstützung und vielversprechenden Stoff. Die Cuvée Vieilles vignes verdient eine lobende Erwähnung. Diese beiden 95er scheinen ein außergewöhnliches Potential zu besitzen. Einkellern.

☙ EARL Joël et Clarisse Taluau, Chevrette, 37140 Saint-Nicolas-de-Bourgueil, Tel. 02.47.97.78.79, Fax 02.47.97.95.60 ☑ ☕ n. V.

DOM. DES VALLETTES 1995

■   13 ha   100 000   ▮ ♨ 30-50 F

Dieses fast 18 ha große Gut befindet sich an den Grenzen der Touraine und des Anjou, auf den letzten Terrassen der Appellation, die besonders kieshaltig sind. Der Keller ist gerade vollständig renoviert worden. Francis Jamet präsentiert uns einen überaus klassischen Wein: Aroma von roten Früchten im Duft, klare Ansprache im Geschmack, gefolgt von einer einfachen Struktur mit verschmolzenen Tanninen. Der Abgang ist durch einen recht angenehmen Hauch von Kirschen in Alkohol geprägt.

☙ Francis Jamet, Les Vallettes, 37140 Saint-Nicolas-de-Bourgueil, Tel. 02.41.52.05.99, Fax 02.41.52.87.52 ☑ ☕ n. V.

CLOS DU VIGNEAU 1995

■   20,54 ha   45 000   ❙❘ 30-50 F

Der 20 ha große Clos du Vigneau liegt auf Kiesböden. Die Weine hier sind leicht und zart duftig. Dieser hier ist typisch für einen solchen Boden. Der Duft erinnert an Äpfel und Pfirsiche, und der runde, ausgewogene Geschmack hinterläßt einen Eindruck von Lakritze. Ein umgänglicher Wein.

☙ EARL Clos du Vigneau, B.P. 6, 37140 Saint-Nicolas-de-Bourgueil, Tel. 02.47.97.75.10, Fax 02.47.97.98.98 ☑ ☕ n. V.

Chinon

Die AOC Chinon (1 900 hl) liegt in dem Dreieck, das der Zusammenfluß von Vienne und Loire bildet, rund um den mittelalterlichen Ort, dem sie ihren Namen und ihr Zentrum verdankt, im Land von Gargantua und Pantagruel. Sie profitiert von Hängen mit sehr günstiger Südlage. Die Rebsorte Cabernet franc, die hier Breton heißt, liefert durchschnittlich 95 000 hl Rotweine sowie einige hundert Hektoliter trockene Roséweine. Die schö-

Touraine — Chinon

nen Rotweine können es qualitativ mit den Bourgueil-Weinen aufnehmen : rassig, mit eleganten Tanninen und lange lagerfähig. Einige außergewöhnliche Jahrgänge werden mehrere Jahrzehnte alt ! Der nur in geringer Menge (250 hl) erzeugte, aber sehr eigenständige weiße Chinon ist ein eher trockener Wein, der aber je nach Jahrgang auch zart ausfallen kann.

MAISON AUDEBERT ET FILS
Les Perruches 1995*

| 3,6 ha | 22 000 | 30-50 F |

Ein altes, angesehenes Handelshaus. Es hat seinen Sitz in Bourgueil, vernachlässigt aber darüber nicht die Weine von Chinon. Dieser hier kündigt sich durch eine klare, intensive Farbe an. Der Geruchseindruck ist zwar ein wenig verschlossen, aber der Geschmack besitzt genug Stoff und entwickelt sich günstig. Ein sehr typischer Wein, der ein wenig Lagerung verträgt.
🍷 Maison Audebert et Fils, 20, av. Jean-Causeret, 37140 Bourgueil, Tel. 02.47.97.70.06, Fax 02.47.97.72.07 V I Mo-Fr 8h30-12h 14h-18h ; Sa, So n. V.

BERNARD BAUDRY Les Grézeaux 1995

| 2,5 ha | 16 000 | 50-70 F |

Ein gut strukturierter Wein. Der Geschmack ist reichhaltig und stattlich, mit spürbarem Stoff, das Kennzeichen für eine gute Alterungsfähigkeit. Er besitzt ein ausgeprägtes Holzaroma, im Duft ebenso wie im Geschmack. Man muß warten, bis der Wein über das Eichenholz siegt.
🍷 Bernard Baudry, 13, coteau de Sonnay, 37500 Cravant-les-Coteaux, Tel. 02.47.93.15.79, Fax 02.47.98.44.44 V I n. V.

DOM. DES BEGUINERIES
Vieilles vignes 1995

| 6 ha | 15 000 | 30-50 F |

Jean-Christophe Pelletier hat sich vor kurzem auf den 8 ha von Les Béguineries niedergelassen und die Gelegenheit genutzt, den Keller zu renovieren. Er präsentiert einen soliden, gut strukturierten Chinon mit ausgeprägtem Tannincharakter. Die Zeit wird ihm Rundheit verleihen und es ihm erlauben, ein Alterungsaroma zu entfalten, das vermutlich vom animalischen Typ sein wird.
🍷 Jean-Christophe Pelletier, Les Mollières-Saint-Louand, 37500 Chinon, Tel. 06.08.92.88.17, Fax 06.47.93.04.30 V I n. V.

DOM. DES BOUQUERRIES
Cuvée royale 1995*

| 3 ha | 16 000 | 30-50 F |

Nach dem örtlichen Brauch, nämlich weil ein Fleischer hier Böcke (»boucs«) schlachtete, hat diese Lage den Flurnamen Bouquerries erhalten. Gérard und Guillaume Sourdais bevorzugen ihrerseits den Anbau auf diesem schönen, 26 ha großen Gut. Sie präsentieren einen Wein mit gut verschmolzenen Tanninen, der sich nach einer etwas schwachen Ansprache voll entfaltet. Er ist frisch und lebhaft und erinnert an einen jungen Wein. Ganz und gar geeignet zu einer zwanglosen Mahlzeit.

🍷 GAEC des Bouquerries, 4, les Bouquerries, 37500 Cravant-les-Coteaux, Tel. 02.47.93.10.50, Fax 02.47.93.10.50 V I n. V.
🍷 G. et G. Sourdais

PHILIPPE BROCOURT
Vieilles vignes 1995**

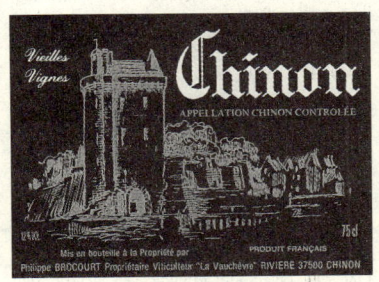

| 1,5 ha | 5 500 | 30-50 F |

Ein recht hohes Durchschnittsalter und ein zwölf Monate langer Ausbau erklären die Qualität dieses 95ers. Der recht offene Geruchseindruck verströmt einen schon entwickelten Duft von Leder und Tabak. Der ausgewogene Geschmack enthüllt verschmolzene Tannine und eine Milde, die einen besonders gefälligen Abgang ergibt. Man kann diesen Wein schon jetzt servieren, aber eine Lagerung im Keller dürfte seine aromatische Stärke noch steigern.
🍷 Philippe Brocourt, 3, chem. des Caves, 37500 Rivière, Tel. 02.47.93.34.49, Fax 02.47.93.97.40 V I n. V.

PASCAL BRUNET 1996*

| 2 ha | k. A. | 30-50 F |

Warum sollte man nach einer Besichtigung von Crissay-sur-Manse, einem Dorf mit Häusern aus dem 15. und 16. Jh., nicht Station bei Pascal Brunet machen, dessen Betrieb 3 km von dieser Gemeinde entfernt liegt ? Sie könnten dort einen ausdrucksvollen Rosé probieren, der Sie erfrischen wird. Sein zarter, fruchtiger Geschmack ist für eine Küche mit Grillgerichten und Salaten bestimmt.
🍷 Pascal Brunet, Etilly, 37220 Panzoult, Tel. 02.47.58.62.80, Fax 02.47.58.62.80 V I n. V.

DOM. CAILLE 1995*

| 2,5 ha | 10 000 | -30 F |

Ein hübscher, zukunftsreicher 95er, man sieht es aber noch nicht anvertraut. Der anfangs verschlossene Geruchseindruck bietet ein Brotaroma. Der Geschmack zeigt einen interessanten, vielversprechenden Stoff. Dieser Wein wird sich in den kommenden drei bis vier Jahren völlig offenbaren.
🍷 Yves Caillé, 18, rue Perrotin, 37220 Crouzilles, Tel. 02.47.58.57.95, Fax 02.47.58.56.60 V I n. V.

DOM. COTON 1995**

| 13 ha | 20 000 | -30 F |

Das Gut war wie viele andere in der Region ein landwirtschaftlicher Betrieb mit Mischkultur, bevor es sich Anfang der 50er Jahre auf den

TAL DER LOIRE

Weinbau ausrichtete. Man kann eine solche Spezialisierung nur begrüßen, die es ermöglichte, daß dieser schöne Chinon das Licht der Welt erblickte : warme Ansprache, geschmeidiger Körper, reife, leichte Tannine, Holznoten - mehr eine Samtigkeit, die im Abgang anhält. Er ist trinkreif, aber warum sollte man ihn nicht aufheben ? Der Entwicklung dürfte es nicht an Reiz mangeln. Nicht weit von der Wahl zum Lieblingswein entfernt.

🡢 Guy Coton, EARL Dom. Coton, La Perrière, 37220 Crouzilles, Tel. 02.47.58.55.10, Fax 02.47.58.55.69 ☑ ⊥ n. V.

CH. DE COULAINE
Clos de Turpenay 1995*

| ■ | 1,3 ha | 7 500 | ⑾ | 30-50 F |

Château de Coulaine ist ein imposantes Bauwerk, das charakteristisch ist für die Bauweise am Ende der Gotik und zu Beginn der Renaissance. Im 16. Jh. kam es in den Besitz der Familie de Bonnaventure. Zu einem Weingut wurde es 1988, als der Sohn Etienne, der gerade sein Diplom in Önologie gemacht hatte, den Betrieb übernahm. Der 95er ist ein solider, sogar ein wenig eckiger Wein. Der Stoff ist schön, aber das Holz ist noch spürbar. Er muß sich unbedingt verfeinern.

🡢 Etienne de Bonnaventure, Ch. de Coulaine, 37420 Beaumont-en-Véron, Tel. 02.47.98.44.51, Fax 02.47.93.49.15 ☑ ⊥ tägl. 10h-12h 14h-19h ; Gruppen n. V.

DOM. DOZON Clos du Saut au loup 1995*

| ■ | 12 ha | 64 000 | ⑾ | 30-50 F |

Das »alte« Ligré, wie man diese Gemeinde in den alten Büchern nannte, die seine Geschichte beschrieben, hat den Ruf, daß es kräftig gebaute Weine erzeugt. Seine lehmig-kalkhaltigen Böden hier haben damit zu tun. Dieser 95er bildet keine Ausnahme von der Regel. Mit seiner gut gezeichneten Tanninkontur ist er für eine gute Lagerung gemacht. Sein aromatischer Ausdruck bevorzugt rote Früchte, was ihn im Augenblick gefällig macht.

🡢 Dom. Dozon, Le Rouilly, 37500 Ligré, Tel. 02.47.93.17.67, Fax 02.47.93.95.93 ☑ ⊥ Mo-Sa 9h-12h 14h-18h

VIGNOBLES GASNIER
Vieilles vignes 1995*

| ■ | 3 ha | 10 000 | ⑾ | -30 F |

Jacky und Fabrice Gasnier, Vater und Sohn, sind nicht zu viele, um dieses 22 ha große Gut zu leiten, auf dem die Rebstöcke ein Durchschnittsalter von 40 Jahren haben. Alte Reben und eine lange Reifung im Faß haben diesen Wein geliefert, der eine schöne Ansprache, einen guten Umfang und gut abgerundete Tannine besitzt. Er kann einen lagerfähigen Wein abgeben oder schon jetzt serviert werden.

🡢 GAEC Jacky et Fabrice Gasnier, Chézelet, 37500 Cravant-les-Coteaux, Tel. 02.47.93.11.60, Fax 02.47.93.44.83 ☑ ⊥ n. V.

HERAULT 1995

| ■ | 15 ha | 4 500 | ▌ | 30-50 F |

Eric Hérault baut im Fels einen ehemaligen Steinbruch aus dem 13./14. Jh aus, der erst vor kurzem wiederentdeckt wurde. Seine Weine reifen hier unter perfekten Bedingungen hinsichtlich Temperatur und Feuchtigkeit. Dieser rote 95er ist sehr elegant : milde Sprache, geschmeidiger Körper, zart im Abgang und von guter Länge. Lakritze beherrscht die Verkostung. Am besten sollte man jetzt von seiner guten Ausgewogenheit und Femininität profitieren. Ein frischer, fruchtiger, harmonischer Rosé hat die gleiche Note erhalten.

🡢 GAEC Eric Hérault, Le Château, 37220 Panzoult, Tel. 02.47.58.56.11 ☑ ⊥ n. V.

CHARLES JOGUET
Les Varennes du Grand Clos 1995

| ■ | 5 ha | 25 000 | ⑾ | 50-70 F |

Charles Joguet hat dazu beigetragen, eine sehr alte Vinifizierungsmethode, das »Unterstoßen«, wieder zu verwenden, indem er sie modernisierte. Wenn man den Tresterhut während der Gärung regelmäßig untertaucht, kann man die Extraktion kontrollieren und Fehler vermeiden. Der Duft dieses 95ers bietet mit seinen roten Früchten, seinem Hauch von Kandiertem und seinen leichten Holzton einen hübschen chinontypischen Ausdruck. Die milde Ansprache, auf die recht sanfte Tannine und ein anmutiger Abgang folgen, beweist ein feminines Temperament. Man kann ihn schon jetzt trinken, denn er ist ein echtes Vergnügen.

🡢 SCEA Charles Joguet, 37220 Sazilly, Tel. 02.47.58.55.53, Fax 02.47.58.52.22 ☑ ⊥ n. V.

DOM. DE L'ABBAYE
Vieilles vignes 1995*

| ■ | 20 ha | 100 000 | ⑾ | 30-50 F |

Schon im 11. Jh. besaß die Domaine de Parilly ausgezeichnete Reblagen. Sie war mit der Abtei Noyers verbunden (die nicht weit von Chinon entfernt lag, aber heute verschwunden ist und eine weite Ausstrahlung hatte). Unter dem Namen Domaine de l'Abbaye bestand das Gut fort. Lehm und Kalkstein, vermischt mit Kieselerde, liefern voluminöse, elegante Weine wie diesen hier, der außerdem einen gut gemeisterten Ausbau im Holzfaß durchlaufen hat. Auf dem Gut baut man auch in neuen Holzfässern aus. Man erhält so einen kräftig gebauten Wein mit dominierendem Vanillearoma, der ebenfalls sehr gut benotet wurde. Aber befindet er sich noch im Chinon-Typ?

🡢 Michel Fontaine, Dom. de l'Abbaye, le Repos-Saint-Martin, 37500 Chinon, Tel. 02.47.93.35.96, Fax 02.47.98.36.76 ☑ ⊥ tägl. 8h-12h 14h-19h ; Gruppen n. V.

CH. DE LA BONNELIERE 1995

| ■ | 7 ha | 30 000 | ▌ | 30-50 F |

Dieses 15 ha große Gut, das seit 1846 der Familie Plouzeau gehört, liegt auf dem linken Ufer der Vienne, d. h. auf lehmig-kalkhaltigen Böden mit Tuff als Unterboden. Der junge Sohn Marc führt es. Sein 95er ist gefällig, von mittlerer Struktur, aber recht fruchtig. Die Tannine dürften sich mit der Zeit abrunden.

🡢 Maison Pierre Plouzeau, Ch. de La Bonnelière, 37500 La Roche-Clermault, Tel. 02.47.93.16.34, Fax 02.47.98.48.23 ☑ ⊥ n. V.

Touraine — Chinon

DOM. DE LA CHAPELLE
Vieilles vignes 1995*

| | 6 ha | 16 000 | | 30-50 F |

Das Gut hat seinen Namen von den Überresten einer alten Kapelle. Philippe Pichard hat die Angewohnheit, zwei Cuvées herzustellen. Die eine, les Caillères, die von jungen Rebstöcken auf einem Kiesboden stammen, ist aromatisch und leicht. Die andere namens Vieilles vignes, die von Böden mit höherem Tonanteil und recht alten Rebstöcken stammt, erscheint robuster und benötigt eine Alterung. Letztere wurde der Prüfung der Jury zugeführt. Der Geruchseindruck dieses 95ers »bretonniert« ; man entdeckt darin Piment und eine animalische Note. Der stattliche Geschmack zeugt von schönem Stoff. Die Tannine sind elegant. Keine Schwere. Ein sehr schöner, lagerfähiger Wein.

⦿ Philippe Pichard, 9, Malvault,
37500 Cravant-les-Coteaux, Tel. 02.47.93.42.35,
Fax 02.47.98.33.76 ■ ▼ Mo-Sa 15h-19h

DOM. DE LA COMMANDERIE
Sélection 1995*

| | k. A. | 25 000 | | 30-50 F |

Sehr beredt in seinem aromatischen Ausdruck - schwarze Johannisbeeren, Brombeeren, Zimt - und ein wenig entwickelt : dieser 95er ist ein echter Leckerbissen. Der Geschmack folgt mit Fülle, Volumen, Eleganz und Sanftheit, das Ganze in den richtigen Proportionen. Dieser Wein ist trinkreif. Die Jury befaßte sich auch mit einem etwas blassen Rosé, der lang und kraftvoll ist und eine lobende Erwähnung verdient.

⦿ Philippe Pain, EARL Dom. de La Commanderie, 37220 Panzoult,
Tel. 02.47.93.39.32, Fax 02.47.98.41.26 ■ ▼ n. V.

CH. DE LA GRILLE 1995*

| | 27 ha | 140 000 | | 70-100 F |

Das Château geht auf das 16. Jh. zurück und wurde im 19. Jh. renoviert. Auf La Grille wird nur eine Cuvée hergestellt, die sechzehn Monate im Faß ausgebaut wird und dann zwei bis drei Jahre in der Flasche altert. Zu den Kunden gehören der Elyséepalast und der dänische Königshof. Der aromatische Ausdruck dieses 95ers ist bemerkenswert, mit Noten von Erdbeeren in Alkohol, schwarzen Johannisbeeren und Quitten. Der Geschmack, rund, ausgewogen und leicht holzbetont, ist zurückhaltender. Ein origineller Wein, der noch lang nicht alles enthüllt hat.

⦿ SC Ch. de La Grille, rte de Huismes,
37500 Chinon, Tel. 02.47.93.45.91 ■ ▼ Mo-Fr 8h-12h 14h-18h ; So n. V.
⦿ L. Gosset

DOM. DE LA HAUTE OLIVE
Vieilles vignes 1995*

| | 4 ha | 24 000 | | 30-50 F |

Die Cuvée Vieilles vignes von Yves und Thierry Jaillais bietet einen Duft voller Feinheit mit Noten von leicht gekochten roten Früchten. Der Geschmack, in dem sich die Tannine bemerkbar machen, ist durch einen leichten vanilleartigen Holzton geprägt. Das Ganze ist einfach und wird ein wenig altern.

⦿ EARL Dom. de La Haute Olive, 38, rue de l'Olive, 37500 Chinon, Tel. 02.47.93.04.08, Fax 02.47.93.99.28 ■ ▼ n. V.
⦿ Yves Jaillais

PATRICK LAMBERT
Vieilles vignes 1995**

| | 2 ha | 9 000 | | 30-50 F |

Patrick Lambert erbte von seinen Eltern ein fast 8 ha großes Gut, das sich in Südlage an den Hang schmiegt und die Vienne überragt. Mit einer guten kellertechnischen Ausrüstung besitzt er alles, was nötig ist, um seriöse Weine herzustellen. Dieser hier wurde für die Wahl zum Lieblingswein vorgeschlagen. Er ist bemerkenswert aufgrund seiner aromatischen Intensität, die an Trauben - bei guter Reife gepflückt - erinnert, seiner Rundheit und seiner Länge. Seine Frische verleiht ihm Leichtigkeit und läßt eine gute Lagerung voraussagen. Ein sehr gut durchgeführter Ausbau.

⦿ Patrick Lambert, 6, coteau de Sonnay,
37500 Cravant-les-Coteaux, Tel. 02.47.93.92.39,
Fax 02.47.93.92.39 ■ ▼ n. V.

DOM. DE LA NOBLAIE 1995**

| | k. A. | 40 000 | | 30-50 F |

Wenn der Gründer dieses Guts, Pierre Manzagol, noch da wäre, würde er es nicht versäumen, seinen Schwiegersohn zu beglückwünschen, der heute das 12 ha große Gut La Noblaie leitet. Der 92er war Lieblingswein - die Domaine de la Noblaie entwickelt sich zu einem der Zugpferde der Region. Ihr 95er verführt aufgrund eines ausdrucksvollen Dufts, in dem sich vollreife rote Früchte entfalten. Der stattliche Geschmack mit den spürbaren, aber seidigen Tanninen ist von großer Länge ; er klingt mit einer Tabaknote aus. Ein Wein, der eine gute Karriere verspricht. Ein frischer, leichter Weißwein vom selben Erzeuger, der nach Zitrusfrüchten und Blüten duftet, verdient eine lobende Erwähnung.

⦿ SCEA Manzagol-Billard, Le Vau-Breton, Dom. de la Noblaie, 37500 Ligré,
Tel. 02.47.93.10.96, Fax 02.47.93.26.13 ■ ▼ n. V.

DOM. DE LA PERRIERE 1995

| | 30 ha | k. A. | | 30-50 F |

Die Baudrys leben seit 1398 auf la Perrière, wie ein Pergamentdokument beweist. Jean und Christophe, Vater und Sohn, bewirtschaften fast 50 ha Rebflächen auf Kiesböden. Ihr 95er hat eine tiefrote Farbe. Der Duft erinnert an vollreife rote Früchte mit einer würzigen Vanillenote. Der kräftige Geschmack besitzt sanfte Tannine und

TAL DER LOIRE

zeigt eine Lebhaftigkeit, die beachtlich bleibt und diesen Wein recht weit bringen wird.
☛ EARL Jean et Christophe Baudry, Dom. de La Perrière, 37500 Cravant-les-Coteaux, Tel. 02.47.93.15.99, Fax 02.47.98.34.57 ✓ ☿ n. V.

DOM. DE LA PERRIERE
Cuvée Marie-Justine 1996*

	k. A.	20 000		30 F

Ein erstklassiger Rosé. Die Fruchtigkeit des Dufts findet sich in einem Geschmack wieder, der gut anhält. Ein angenehmer Wein, den man während der Sommertage zum Picknick trinken kann.
☛ EARL Jean et Christophe Baudry, Dom. de La Perrière, 37500 Cravant-les-Coteaux, Tel. 02.47.93.15.99, Fax 02.47.98.34.57 ✓ ☿ n. V.

VIGNOBLE DE LA POELERIE
Vieilles vignes 1995*

	3 ha	k. A.		30-50 F

Die Familie Caillé lebt seit 200 Jahren auf La Poëlerie. Sie präsentiert diese kirschrote, violett schimmernde Cuvée Vieilles vignes. Der Duft mit den Blütennoten läßt Anzeichen einer Entwicklung erkennen. Der kräftig gebaute, volle Geschmack bietet eine gute Länge über einem Lakritzearoma. Man kann diesen Wein ohne Lagerung trinken.
☛ Guy et François Caillé, Le Grand Marais, 37220 Panzoult, Tel. 02.47.58.53.16, Fax 02.47.58.53.16 ✓ ☿ n. V.

DOM. DE LA POTERNE 1995*

	8 ha	15 000		30 F

Die ersten Delalandes ließen sich 1890 auf La Poterne nieder. Christian hat 1987 die Leitung des Betriebs übernommen; er bewirtschaftet heute über 16 ha Rebflächen. Sein 95er bietet einen offenen, aromatischen, kräftigen Duft. Die Tannine sind vielversprechend. Ein für den Jahrgang typischer Wein, der ein wenig altern sollte.
☛ Christian Delalande, Montet, 37220 L'Ile-Bouchard, Tel. 02.47.58.67.99, Fax 02.47.58.67.99 ✓ ☿ n. V.

DOM. DE LA ROCHE HONNEUR 1996

	1,5 ha	5 000		30-50 F

Eine reintönige, strahlende, klare Farbe und ein feiner, fruchtiger Duft. Der Geschmack ist ein wenig trocken, aber der Gesamtausdruck bleibt ausgewogen. Ein gefälliger Wein, den man im Laufe des Jahres trinken sollte.
☛ Dom. de La Roche Honneur, 1, rue de la Berthelonnière, 37420 Savigny-en-Véron, Tel. 02.47.58.42.10, Fax 02.47.58.45.36 ✓ ☿ n. V.
☛ Stéphane Mureau

L'ARPENTY 1995*

	6 ha	10 000		30-50 F

Einer jener Betriebe, die sich ab den 60er Jahren ausschließlich auf den Weinbau ausrichteten. Heute läßt das 12 ha große Weingut einem jungen Paar, das es führt, keine Ruhepause. Eine Kuriosität, die man bei der Besichtigung nicht versäumen darf, ist ein 135 hl fassender Gärbehälter, der in den Tuff gegraben ist. Ebenfalls reizvoll ist dieser 95er, der einen recht ausgeprägten Duft von roten Früchten entfaltet. Der Geschmack zeigt nach der Ansprache eine angenehme Rundheit. Der Tanninuntergrund reicht aus, um eine gute Lagerfähigkeit zu sichern.
☛ Francis Desbourdes, Arpenty, 37220 Panzoult, Tel. 02.47.95.22.86, Fax 02.47.95.22.86 ✓ ☿ Mo-Sa 8h-12h 14h-17h

CAVES DE LA SALLE 1996

	1 ha	5 000		30 F

Ein Wein, den man zum Vergnügen trinkt, ohne sich den Kopf zu zerbrechen. Zart und fruchtig, mit einem geschmacklichen Ausklang, der an Honig erinnert. Bestimmt wird er Erfolg haben bei den Touristen, die auf den Campingplatz kommen, den Rémi Desbourdes auf seinem Gut eingerichtet hat.
☛ Rémi Desbourdes, La Salle, 37220 Avon-les-Roches, Tel. 02.47.95.24.30, Fax 02.47.95.24.83 ✓ ☿ n. V.

CLOS LA VILLE AU MAIRE
Vieilles vignes 1995*

	2,28 ha	k. A.		30-50 F

Eine Cuvée Vieilles vignes, die von sorgfältig mit der Hand gepflückten Trauben stammt und zwölf Monate lang im Faß ausgebaut worden ist. Ein Wein mit sehr schönen Tanninen und Noten von Früchten und Gewürzen. Das Holz ist noch ein wenig zu spürbar. Eine Lagerung im Keller wird alles ins richtige Lot bringen.
☛ SCEA du Moulin des Sablons, Savigny-en-Véron, 37420 Avoine, Tel. 02.47.57.15.96, Fax 02.47.23.13.36 ✓ ☿ n. V.

CLOS DE L'ECHO 1995

	17 ha	90 000		50-70 F

Diese 1921 entstandene Firma, die sich im Laufe der Generationen vergrößert hat, ist hinsichtlich Ausrüstung und Organisation ein Vorbild. Sie genießt das Privileg, daß sie einen alten Weinberg der Familie von Rabelais besitzt: den Clos de l'Echo, benannt nach dem Echo, das von den hohen Festungsmauern des weiter unten gelegenen Schlosses von Chinon zurückgeworfen wird. Dieser 95er bietet einen kräftigen Duft mit Noten von Rhabarber und roten Früchten. Der Geschmackseindruck wird durch spürbare Tannine ein wenig zusammengepreßt. Ein vielversprechender Wein. Wie so viele jener Chinons, die von einem lehmig-kalkhaltigen Boden kommen, verlangt er ein wenig Geduld.
☛ SCA Couly-Dutheil Père et Fils, 12, rue Diderot, 37500 Chinon, Tel. 02.47.97.20.20, Fax 02.47.97.20.25 ✓ ☿ n. V.

LE MOULIN A TAN
Réserve Stanislas 1995*

	4 ha	20 000		30-50 F

Pierre Sourdais präsentiert eine Cuvée, die in der Linie der vorangegangenen steht. Sie besitzt ein schönes Potential. Die Ansprache ist sanft, die Tannine sind gut verschmolzen. Der recht aromatische Abgang erinnert deutlich an Sauerkirschen. Eine mittellange Lagerung dürfte für ihn angemessen sein.
☛ Pierre Sourdais, Le Moulin-à-Tan, 37500 Cravant-les-Coteaux, Tel. 02.47.93.31.13, Fax 02.47.98.30.48 ✓ ☿ n. V.

Touraine — Chinon

DOM. LES CHESNAIES
Vieilles vignes 1995

■ 2,5 ha 6 500 ▯▯ 30-50 F

Ein robuster Wein von guter Herkunft, der aber sein Wachstum noch nicht abgeschlossen hat. Man sollte ihn im Keller ruhen lassen und dabei seine Entwicklung überwachen ; er dürfte schöne Überraschungen bereithalten.
↱ Pascal et Béatrice Lambert, Les Chesnaies, 37500 Cravant-les-Coteaux, Tel. 02.47.93.13.79, Fax 02.47.93.40.97 ✓ ♀ n. V.

CH. DE LIGRE La Roche Saint Paul 1995

■ 4 ha 20 000 ▯▯▯ 30-50 F

Lassen Sie sich in die Keller dieses schönen Gebäudes aus dem 19. Jh. führen. Mit Begeisterung und Überzeugungskraft wird Pierre Ferrand mit Ihnen über den Chinon sprechen. Dieser hier fließt angenehm. Er ist in seinem Bau bescheiden, aber gefällig und spiegelt gut den Jahrgang wider. Wenn man ihm zwei Jahre Zeit läßt, dürfte er noch verführerischer sein.
↱ Pierre Ferrand, Ch. de Ligré, 37500 Ligré, Tel. 02.47.93.16.70, Fax 02.47.93.43.29 ✓ ♀ Mo-Fr 8h-12h 14h-18h ; Sa, So n. V.

CH. DE LIGRE 1996*

☐ 2,5 ha 20 000 ▯▯ 30-50 F

Die Tische, auf denen die Trauben aussortiert werden, verbreiten sich in Chinon. Sie ermöglichen es, das Traubengut von Blattresten und Rebenholz zu befreien und nicht genügend reife Trauben zu eliminieren. Man gewinnt dadurch an Qualität, und das macht sich bei diesem Weißwein mit den Duftnoten von Karamel und Zitronengras bemerkbar. Der Geschmack ist frisch und liebenswürdig. Ein einschmeichelnder Wein, der nicht zur Alterung geschaffen ist.
↱ Pierre Ferrand, Ch. de Ligré, 37500 Ligré, Tel. 02.47.93.16.70, Fax 02.47.93.43.29 ✓ ♀ Mo-Fr 8h-12h 14h-18h ; Sa, So n. V.

ALAIN LORIEUX Cuvée Thélème 1995

■ 1,5 ha 5 000 ▯ 30-50 F

Pascal und Alain Lorieux, die dieses kleine Gut (fast 7 ha) bewirtschaften, haben begonnen, ihre Politik der Auslese und des Verschneidens von Trauben verschiedener Reblagen zu überdenken. Diese Cuvée Thélème ist somit die erste, und die Ergebnisse sind ermutigend. Der Duft erinnert an Trüffel und Backpflaumen, aber man findet darin auch die klassischen Aromen von roten Früchten und Paprika. Der Geschmack ist von guter Länge, nachhaltig und recht ausdrucksvoll. Ein noch etwas fester Wein, der mit ein wenig Lagerung sanfter werden dürfte.
↱ EARL Dom. Alain Lorieux, Malvault, 37500 Cravant-les-Coteaux, Tel. 02.47.98.35.11, Fax 02.47.98.36.11 ✓ ♀ n. V.

CLOS DU MARTINET 1995

■ 2,8 ha 18 000 ▯▯ 30-50 F

Eine gute Gesamtharmonie ist eines der Merkmale, die man im Wein anstrebt. Das ist der Fall bei diesem hier, aber man findet sie auf einem mittleren Niveau hinsichtlich Struktur und Fülle. Ein Chinon, in dem die Frucht über den Körper dominiert.
↱ Paul Guertin, 111, rue du Véron, Le Carroi-Ragueneau, 37420 Beaumont-en-Véron, Tel. 02.47.58.43.20, Fax 02.47.58.97.55 ✓ ♀ n. V.

DOM. DU MORILLY 1995*

◿ 1 ha 3 000 ▯ -30 F

Auch wenn die kräftige Farbe etwas ziegelrote Reflexe zeigt, bleibt dieser Rosé elegant und lebhaft mit einer guten Nachhaltigkeit und einem Blütenaroma von großer Feinheit. Ein Wein, den man oft auf den Tisch bringen dürfte.
↱ EARL André-Gabriel Dumont, Malvault, 37500 Cravant-les-Coteaux, Tel. 02.47.93.24.93, Fax 02.47.93.24.93 ✓ ♀ tägl. 9h-19h

CLOS DE NEUILLY 1995

■ 3 ha 18 000 ▯▯ 30-50 F

Ein hübsches, für die Touraine typisches Haus aus dem 18. Jh., das innerhalb eines 15 ha großen Weinguts steht. Die Cuvée du Clos de Neuilly, die von lehmig-kieselhaltigen Böden stammt, ist eine Auslese von Trauben alter Rebstöcke. Die Ansprache ist sanft, aber die Tannine erweisen sich als robust. Die Ausgewogenheit ist gut. Ein zukunftsreicher Wein.
↱ Gérard Spelty, Le Carroi-Portier, 37500 Cravant-les-Coteaux, Tel. 02.47.93.08.38, Fax 02.47.93.93.50 ✓ ♀ n. V.

DOM. CHARLES PAIN
Cuvée Prestige 1995*

■ 6 ha 30 000 ▯▯▯ 30-50 F

Diese Cuvée Prestige fand großen Anklang aufgrund ihrer recht sanften, sogar verschmolzenen Tannine, die ihr einen eleganten Charakter verleihen. Man muß auch den aromatischen Ausdruck herausstellen. Man findet darin Birnen und schwarze Johannisbeeren, vermischt mit Kaffee und Gewürzen. Die »Domaine« genannte Cuvée vom Gut ist ein wenig im gleichen Stil gehalten mit ihrer eleganten Seite. Sie hat die gleiche Note erhalten. Der Saignée-Rosé (durch Abstich nach kurzer Maischung hergestellt) ist recht trunkig und trinkt sich sehr leicht. Er wird lobend ohne Stern erwähnt.
↱ EARL Dom. Charles Pain, Chézelet, 37220 Panzoult, Tel. 02.47.93.06.14, Fax 02.47.93.04.43 ✓ ♀ n. V.

PIERRE PLOUZEAU 1995*

◿ k. A. 7 000 ▯ 30-50 F

Ein altehrwürdiges Handelshaus mit Sitz in Chinon. Der Sohn, Marc Plouzeau, hat die Leitung übernommen, um den Ruf dieser Firma aufrechtzuerhalten. Die Jury würdigte einen gutgebauten Rosé mit dem intensiven Duft nach weißen Blüten und Pfirsichen. Der ausgewogene, nachhaltige Geschmack zeigt sich im Abgang ein wenig lebhaft.
↱ Maison Pierre Plouzeau, 54, fg Saint-Jacques, 37500 Chinon, Tel. 02.47.93.16.34, Fax 02.47.98.48.23 ✓ ♀ n. V.

PIERRE PRIEUR 1995**

■ 1 ha 4 500 ▯▯ 30-50 F

Die Reben von Savigny wurzeln in den Sandböden der Vienne. Die Weine hier sind sehr fruchtig. Aber Pierre Prieur hat die Methoden der Vorfahren beibehalten, und man ist immer über

Touraine — Chinon

die Dichte seiner Weine überrascht. Dieser hier zeugt von einer Vinifizierung und einem Ausbau, die peinlich genau durchgeführt worden sind. Die lange Lagerung im Holzfaß hat das Aroma von roten Früchten unangetastet gelassen. Ein schöner lagerfähiger Chinon. Er ist der Oberjury für die Wahl zum Lieblingswein vorgeschlagen worden.
✎ Pierre Prieur, 1, rue des Mariniers, Bertignolles, 37420 Savigny-en-Véron, Tel. 02.47.58.45.08 ✓ ⚘ n. V.

DOM. DU PUY 1995

| | 10 ha | 2 000 | 🍷🍇🍷 | 30 F |

Ein 1820 entstandenes Gut, das heute 24 ha groß ist. Sein 95er ist ein Wein von eher leichtem Typ, was man angesichts des Jahrgangs nicht von ihm erwartet. Sein Reiz liegt in diesem leicht zugänglichen Charakter : fein, ohne Aggressivität und von guter Ausgewogenheit. Es versteht sich von selbst, daß man ihn nicht lagert.
✎ Patrick Delalande, GAEC du Puy, 11, Le Puy, 37500 Cravant-les-Coteaux, Tel. 02.47.98.42.31 ✓ ⚘ n. V.

DOM. DU PUY RIGAULT
Vieilles vignes 1995*

| | 1,5 ha | 6 000 | 🍷 | 30-50 F |

Eine strahlende purpurrote Farbe, ein sehr ausgeprägter Duft nach schwarzen Johannisbeeren und ein Geschmack von schöner Ausgewogenheit, der rund und nicht zu tanninhaltig ist, ergeben einen verführerischen Wein. Einen jener Weine aus dem Gebiet zwischen Loire und Vienne, die weder von Sand- noch von Kalksteinböden stammen.
✎ Michel Page, 6, rue de la Fontaine-Rigault, 37420 Savigny-en-Véron, Tel. 02.47.58.44.46, Fax 02.47.58.99.50 ✓ ⚘ n. V.

DOM. DU RAIFAULT
Les Allets Cuvée Prestige 1995*

| | 4 ha | 25 000 | 🍷🍇🍷 | 30-50 F |

Raifault ist ein feudales Landhaus aus dem 15. Jh., dessen vieleckiger Turm von einem kegelförmigen Burgwart mit merkwürdigen Fensterläden bekrönt ist. Das 30-ha-Weingut erstreckt sich auf sandige Terrassen. Der vor kurzem verstorbene Raymond Raffault war eine Persönlichkeit der Weinbranche. Die Jahrgänge 1992 und 1993 dieser Cuvée wurden zu Lieblingsweinen gewählt. Der 95er präsentiert eine sehr dichte rote Farbe, einen Duft nach Kirschen und schwarzen Johannisbeeren und einen vollen Geschmack mit schöner Struktur und robusten Tanninen. Ein lagerfähiger Wein.
✎ Raymond Raffault, 23-25, rte de Candes, 37420 Savigny-en-Véron, Tel. 02.47.58.44.01, Fax 02.47.58.92.02 ✓ ⚘ Mo-Sa 8h-19h ; So n. V.

DOM. DU RONCEE
Clos des Marronniers 1995

| | 2,5 ha | 10 000 | 🍷 | 30-50 F |

Roncée war eine Burgvogtei, die mit der von Ile-Bouchard verbunden war. Der Clos des Marronniers befindet sich in der Nähe eines sonderbaren Taubenhauses aus dem 15. und 17. Jh. Er hat eine Cuvée hervorgebracht, bei deren tiefer Farbe man spürt, daß die Extraktion gut und die Trauben vollreif waren. Der verschlossene Geruchseindruck läßt einen Hauch von Holz und roten Früchten erahnen. Im Geschmack findet man nicht das angekündigte Volumen, sondern die Ansprache ist mild. Der Abgang kehrt zum Holz zurück und hinterläßt einen Eindruck von Ausgewogenheit.
✎ SCEA Dom. du Roncée, La Morandière, 37220 Panzoult, Tel. 02.47.58.53.01, Fax 02.47.58.64.06 ✓ ⚘ Mo-Fr 9h-12h 14h-18h

DOM. DES ROUET
Cuvée des Battereaux 1995*

| | 3 ha | 13 500 | 🍷 | 30-50 F |

Odette Rouet, die ihr ganzes Leben lang auf ihrem 9 ha großen Weingut gearbeitet hat, überläßt ihrem Sohn Jean-François die Verantwortung für die Vinifizierung. Die Cuvée des Battereaux zeichnet sich durch eine etwas ungewöhnliche Korpulenz aus. Der runde, voluminöse Geschmack enthüllt verschmolzene Tannine und ein Aroma von Sauerkirschen, Kaffee und reifen roten Früchten. Der Rosé vom selben Gut, der fruchtig und erfrischend ist, verdient eine lobende Erwähnung.
✎ Odette Rouet, Dom. des Rouet, Chézelet, 37500 Cravant-les-Coteaux, Tel. 02.47.93.19.41, Fax 02.47.93.96.58 ✓ ⚘ tägl. 9h-19h

WILFRID ROUSSE 1996

| | k. A. | 6 000 | 🍷 | 30 F |

Als sich der weinbegeisterte Wilfrid Rousse hier 1987 niederließ, begann er mit einer 1 ha großen Parzelle. Heute baut er auf fast 11 ha Wein an. Sein Rosé ist harmonisch, trotz einer leichten Lebhaftigkeit, die ihm eine frische Note verleiht, und die in Weinen dieses Typs gesucht ist. Feinheit und Blütenaroma sind vorhanden. Ein recht gefälliger Wein.
✎ Wilfrid Rousse, 19-21, rte de Candé, 37420 Savigny-en-Véron, Tel. 02.47.58.84.02, Fax 02.47.58.92.66 ✓ ⚘ n. V.

FRANCIS SUARD Cuvée Prestige 1995*

| | k. A. | 6 000 | 🍷 | 30-50 F |

Die ersten Parzellen wurden hier 1812 angepflanzt. Heute umfaßt das Gut 10 ha und verfügt über einen außergewöhnlichen Keller, der in den Felsen gegraben ist. Er enthält einen schönen Wein, dessen Herstellung mit großem Geschick durchgeführt worden ist. Die Ansprache ist sanft, die Tannine sind schon gut abgerundet. Ein wenig Lagerung wird dieses gute Ergebnis vollenden.
✎ Francis Suard, 74, rte de Candes, 37420 Savigny-en-Véron, Tel. 02.47.58.91.45 ✓ ⚘ n. V.

CH. DE VAUGAUDRY
Clos du Plessis-Gerbault 1995**

| | 1 ha | 5 000 | 🍷 | 30-50 F |

Das Château, das 1829 auf einer Terrasse am Hang des linken Ufers der Vienne wiedererrichtet wurde, liegt gegenüber der alten Festung von Chinon. Das schon früher große Anbaugebiet ist wiederhergestellt worden und umfaßt 10 ha. Dieser 95er besitzt eine angenehm intensive Farbe und einen freigebigen Duft mit verhaltener Holznote. Das Aroma ist von großer Harmonie und

bietet verschmolzene Tannine, die einen Eindruck von Samt erwecken. Ein schönes Beispiel für eine gelungene Vinifizierung und einen ebenso gelungenen Ausbau. Die Versuchung ist groß, daß man diesen Chinon schon jetzt trinkt.
☛ SCEA Ch. de Vaugaudry, Vaugaudry, 37500 Chinon, Tel. 02.47.93.13.51, Fax 02.47.93.23.08 ☑ ⊥ n. V.
☛ Belloy

Coteaux du Loir

Ein kleines Weinbaugebiet im Departement Sarthe, das auf den Hängen des Tals des Loir liegt. Es erlebt eine Wiedergeburt, nachdem es vor 20 Jahren beinahe verschwunden wäre. Eine interessante Produktion mit fast 1 000 hl eines leichten, fruchtigen Rotweins (aus den Rebsorten Pineau d'Aunis, Cabernet, Gamay oder Cot), 400 hl eines trockenen Weißweins (aus Chenin oder Pineau blanc de la Loire) sowie 100 hl Roséweins.

AUBERT DE RYCKE 1995*

| ■ | 4 ha | 6 000 | 🍷 🍶 -30F |

Ein 1989 von einem jungen Paar gegründetes Gut, das Jahr für Jahr größer geworden ist. Die Keller stehen alle Jahre im September für einen »Tag des Erbes« offen. Das Gut präsentiert einen 95er voller Vorzüge : hübsche, nicht noch lebhafte kirschrote Farbe, Duft nach roten Früchten, feste Ansprache, würzige und im Abgang leicht lakritzeartige Nuancen. Ein schon gefälliger Wein mit schönen Lagerfähigkeiten.
☛ Aubert de Rycke, coteau de la Pointe, 72340 Marçon, Tel. 02.43.44.46.43, Fax 02.43.79.63.54 ☑ ⊥ n. V.

GASTON CARTEREAU 1995**

| ■ | 0,25 ha | 1 730 | 🍶 ♦ -30F |

Ein über ein Jahr lang im Faß ausgebauter 95er. Er stammt reinsortig von der Rebsorte Pineau d'Aunis, was man in seinem Bukett riecht, in dem sich Pfeffer, Minze und Backpflaumen vermischen. Dieser Coteaux du Loir bietet eine leichte Struktur im Geschmack, mit Noten von Zimt, Gewürznelken und Pfingstrosen - was für ein herrlicher Korb von Blumen und Gewürzen ! Eine vollkommene Harmonie zwischen Rebsorte und Anbaugebiet.
☛ Gaston Cartereau, Bordebeurre, 72340 Lhomme, Tel. 02.43.44.48.66 ☑ ⊥ n. V.

DOM. DE CEZIN 1996*

| ⊿ | 0,8 ha | 3 000 | -30F |

Ein Weinbaubetrieb, der seit 1925 vom Vater an den Sohn weitergegeben worden ist. Er ist ein Stammgast in unserem Weinführer. Die Weinberge liegen zu beiden Seiten des Loir-Tals. Sie haben diesen Rosé von der blassen, unaufdringlichen Farbe geliefert, der angenehme Düfte von Gewürzen (Pfeffer, Zimt) mit einem Hauch von Gewürznelken vermischt. Die Rundheit und die Fülle gleichen die Frische aus : ein Wein voller Feinheit. Der weiße 96er ist ebenfalls sehr vielversprechend.
☛ François Fresneau, rue de Cezin, 72340 Marçon, Tel. 02.43.44.13.70, Fax 02.43.44.41.54 ☑ ⊥ n. V.

CHRISTOPHE CROISARD 1996

| ☐ | 2,5 ha | k. A. | 🍷 🍶 -30F |

Die Croisards sind seit vier Generationen Winzer. Der Keller und seine Ausrüstung sind traditionell. Der weiße 96er, den das Gut vorstellt, ist voller fruchtiger (Aprikosen, Bananen) und rauchiger Aromen. Er läßt eher an einen Wein aus vollreifen Sauvignon-Trauben denken. Ein sicherlich untypischer, aber erfrischender und feiner Coteaux du Loir.
☛ Christophe Croisard, La Pommeraie, 72340 Chahaignes, Tel. 02.43.79.14.90 ☑ ⊥ n. V.

DOM. J. MARTELLIERE 1995*

| ■ | 0,45 ha | 2 000 | 🍷 🍶 -30F |

Zu drei Vierteln aus der einheimischen Rebsorte Pineau d'Aunis erzeugt, die hier auf einem feuersteinhaltigen Lehmboden wächst. Die Trauben haben eine lange Maischegärung durchlaufen. Eine Cuvée von schönem Granatrot, dessen prächtiger Duft würzig und fruchtig zugleich ist : Brombeeren, Lakritze, Kaffee ... Ein lagerfähiger Wein, der noch tanninhaltig und voller Stärke ist.
☛ SCEA du Dom. J. Martellière, 46, rue de Fosse, 41800 Montoire-sur-le-Loir, Tel. 02.54.85.16.91 ☑ ⊥ n. V.

JEAN-MARIE RENVOISE
Pineau d'Aunis 1995

| ■ | 2 ha | 10 000 | 🍷 🍶 -30F |

Ein junger Erzeuger, der den Weinberg seiner Großeltern wiederherstellt. Sein roter 95er kündigt sich mit einer leichten, für die Appellation typischen Farbe an. Das Bukett ist subtil, blumig (Rosen), würzig, leicht pfeffrig. Dieser sehr lebhafte Coteaux du Loir wird ideal zu einer ländlichen Mahlzeit passen.
☛ Jean-Marie Renvoisé, 5, rue Bel-Air, 72340 Chahaignes, Tel. 02.43.44.89.37 ☑ ⊥ n. V.

TUFFEAU MONT-VEILLON 1996*

| | 3 ha | 6 000 | | -30 F |

Ein 1991 gegründetes Familienunternehmen, das eine gewisse Zahl von alten Rebstöcken wieder nutzt. Es wird von André Sevault geleitet, der sich für sein Produkt und die Lokalgeschichte begeistert. Dieser 96er hat eine strohgelbe Farbe mit grünem Schimmer und ist sehr ausdrucksvoll mit ihrem Aroma von Pfirsichen und exotischen Früchten. Fülle, gute Ausgewogenheit: ein schöner Wein.

• SCE viticole du Val du Loir, La Tendrière, 50, rue Principale, 72340 Poncé-sur-le-Loir, Tel. 02.43.44.45.27, Fax 02.43.44.91.14 n. V.
• A. Sevault et T. Honnons

Jasnières

Dies ist der Cru der Coteaux du Loir. Er befindet sich deutlich abgegrenzt auf einem einzigen Hang, der ganz nach Süden liegt und 4 km lang und nur einige hundert Meter breit ist. Die Produktion ist recht gering: 600 hl Weißwein, ausschließlich aus der Rebsorte Chenin oder Pineau de la Loire erzeugt, die in großen Jahrgängen erhabene Weine liefern kann. Curnonsky schrieb dazu: »Dreimal im Jahrhundert ist der Jasnières der beste Weißwein der Welt.« Er paßt auf elegante Weise zu »Marmite sarthoise«, einer einheimischen Spezialität, bei der er mit anderen Erzeugnissen dieses Gebiets kombiniert wird: mit fein geschnittenem Geflügel- und Hasenfleisch sowie gedünstetem Gemüse. Ein seltener Wein, den man kennenlernen sollte.

DOM. DE BELLIVIERE
Discours de Tuf 1996

| | 0,4 ha | 950 | | 30-50 F |

Zweite Lese für diesen Winzer und schon in unserem Weinführer vertreten. Die klimatischen Voraussetzungen des Jahres 1996 ließen eine Auslese zu, die diese Cuveé in geringer Stückzahl (in Flaschen mit 50 cl Inhalt) lieferte. Dieser 96er enthüllt viel Stoff und den Beginn einer Entwicklung, mit einem recht ausgeprägten Quittenaroma. Der weiße 96er Coteaux-du-Loir ist ebenso interessant.

• Eric Nicolas, Bellivière, 72340 Lhomme, Tel. 02.43.44.59.97, Fax 02.43.79.18.33 n. V.

GASTON CARTEREAU 1996*

| | 0,75 ha | 4 000 | | 30-50 F |

Eine Parzelle, deren Rebstöcke im Tuffuntergrund wurzeln, sehr vernünftige Erträge und ein erfahrener Winzer: alles Qualitätsfaktoren. Und das Ergebnis? Eine strohgelbe Cuvée mit diskretem Mandelgeruch. Die Frucht entfaltet sich nach einer recht klaren Ansprache. Ein harmonischer Wein, der sich gut halten wird, typisch für die Appellation.

• Gaston Cartereau, Bordebeurre, 72340 Lhomme, Tel. 02.43.44.48.66 n. V.

DOM. DE CEZIN 1996

| | 1,5 ha | 6 000 | | 30-50 F |

Die Rebstöcke sind im Durchschnitt 25 Jahre alt. Die Gärung und der Ausbau finden in kleinen Behältern statt. Dieser 96er, der im Glas funkelt und hübsche Reflexe zeigt, bietet der Nase diskrete fruchtige Nuancen (Aprikosen, Pfirsiche, Mandeln). Der leicht an Hefebrot erinnernde Geschmack enthüllt eine schöne Ausgewogenheit. Ab 1999 trinkreif.

• François Fresneau, rue de Cezin, 72340 Marçon, Tel. 02.43.44.13.70, Fax 02.43.44.41.54 n. V.

PASCAL JANVIER
Cuvée Sainte-Narcisse 1996

| | 1 ha | 1 400 | | 30-50 F |

Die Probe wurde dem Gärbehälter entnommen, und die stark vorhandene Kohlensäure hat einen Teil der Weinkoster gestört. Dieser 96er hat eine goldgelbe Farbe und bietet bereits mineralische Noten und Nuancen von getrockneten Früchten. Sicherlich ein zukunftsreicher Wein.

• Pascal Janvier, La Minée, 72340 Ruillé-sur-Loir, Tel. 02.43.44.29.65, Fax 02.43.79.25.25 n. V.

DOM. DE LALHARRIERE
Clos Saint-Jacques 1996*

| | 2,1 ha | 12 000 | | 30-50 F |

Ein Gut unweit von Poncé-sur-le-Loir, einem Dorf, das wegen seines kunsthandwerklichen Zentrums bekannt ist, am Rande des Flusses gelegen. Sein 96er, für den die Trauben ab dem 20. Oktober gepflückt wurden, ist typisch für diesen sonnenreichen Jahrgang. Er verführt durch einen Duft nach Zitrusfrüchten, der von einem Hauch Menthol begleitet wird, und durch seine schöne Fülle und seine Ausgewogenheit. Er klingt lang auf mineralischen Nuancen aus.

• Joël Gigou, 4, rue des Caves, La Fontaine, 72340 La Chartre-sur-le-Loir, Tel. 02.43.44.48.72, Fax 02.43.44.42.15 n. V.

JEAN-JACQUES MAILLET 1996**

| | 3 ha | 15 000 | | 30-50 F |

Die Reben sind durchschnittlich fünfzehn Jahre alt und wachsen auf einem mit Feuerstein durchsetzten Lehmboden. Nachdem schon der 95er im letzten Jahr zum Lieblingswein gewählt

Touraine — Montlouis

wurde, bestätigt sich dieses Gut als Erzeuger, auf das man sich in der Appellation fest verlassen kann. Der 96er zeigt eine angenehme strahlende Farbe. Das Bukett breitet sich sehr fein aus, wenn man das Glas schwenkt. Mit Jasmin- und Aprikosennoten. Der deutlich fruchtige Geschmack enthüllt ein Aroma von Birnen und Pfirsichen, das Ganze mit dem notwendigen Fett umhüllt. Ein Wein, der gleichzeitig konzentriert und zart ist. Bravo !
- Jean-Jacques Maillet, La Paquerie, 72340 Ruillé-sur-Loir, Tel. 02.43.44.47.45, Fax 02.43.44.35.30 ☑ ☥ n. V.

DOM. J. MARTELLIERE Demi-sec 1996

| | 0,7 ha | 4 000 | ▪ ⦿ 30-50 F |

Das »J« im Namen des Guts ist der Anfangsbuchstabe, der den Vornamen der drei Generationen gemeinsam ist, die sich in den Dienst der Weine des Loir gestellt haben : Jean, Joël, Jean-Vivien und Jasmine. Ihr im Aussehen ziemlich strahlender 96er ist im halbtrockenen Stil gehalten. Ein ausgewogener Wein mit diskreten blumigen Noten (Rosen, Thymian), der sich gut entfalten dürfte.
- SCEA du Dom. J. Martellière, 46, rue de Fosse, 41800 Montoire-sur-le-Loir, Tel. 02.54.85.16.91 ☑ ☥ n. V.

Montlouis

Das Anbaugebiet der Appellation (350 ha) wird im Norden von der Loire, im Osten vom Wald von Amboise und im Westen von den Außenbezirken von Tours begrenzt. Auf lehmig-kalkhaltigen Böden, die mit der Rebsorte Chenin blanc bestockt sind, werden lebhafte Weißweine voller Feinheit erzeugt (18 000 hl). Es sind trockene und süße Weine, Still- und Schaumweine. Wie in Vouvray gewinnen sie an Qualität, wenn sie in den Kalktuffkellern lange Zeit in der Flasche reifen.

PATRICE BENOIT Demi-sec 1995*

| | 1 ha | k. A. | ⦿ -30 F |

Patrice Benoît, der seit zehn Jahren auf einem 8 ha großen Weingut lebt, beweist sein Talent mit diesem hochwillkommenen »halbtrockenen« Wein, der typisch, elegant und von guter Länge ist. Die etwas eckige Ansprache gibt ihm eine frische, appetitanregende Note. Ein schöner, unproblematischer Wein. Eine 94er »Méthode traditionnelle« vom selben Erzeuger kann hier wegen seines Dufts nach Hefebrot und seines zarten Geschmacks lobend erwähnt werden.
- Patrice Benoît, 3, rue des Jardins, Nouy, 37270 Saint-Martin-le-Beau, Tel. 02.47.50.62.46 ☑ ☥ n. V.

CLAUDE BOUREAU
Demi-sec Les Chaumodières 1995*

| | 1 ha | 4 000 | ⦿ 30-50 F |

Dieser »Halbtrockene« erscheint in der Nase wie ein Strauß von Akazienblüten. Die Ansprache ist rund, der Abgang frisch. Auch wenn dieser Montlouis nicht sehr körperreich ist, zeigt er sich ausgewogen. Er wird sich mühelos im Keller halten.
- Claude Boureau, 1, rue de la Résistance, 37270 Saint-Martin-le-Beau, Tel. 02.47.50.61.39 ☑ ☥ n. V.

CLOS DU BREUIL Sec 1995

| | 2,5 ha | 12 000 | ⦿ 30-50 F |

Bei den Weißweinen aus der Chenin-Rebe ist eine lange Gärung bei niedriger Temperatur immer der Schlüssel zum Erfolg gewesen. Eine solche praktiziert François Chidaine in seinen schönen Kellern im Hügel von Husseau. Sein »trockener« ist recht wohlausgewogen und von einer Lebhaftigkeit, die dem Restzucker gegenübersteht. Der Gesamteindruck bleibt sanft und leicht. Ein guter Montlouis zum Einkellern.
- François Chidaine, 5, Grande-Rue, 37270 Montlouis-sur-Loire, Tel. 02.47.45.19.14, Fax 02.47.45.19.08 ☑ ☥ n. V.

THIERRY CHAPUT Demi-sec 1995*

| | 2 ha | 10 000 | ▪ ⦿ ♦ 30-50 F |

In mehreren Etappen hat Thierry Chaput die Leitung des Betriebs seiner Eltern übernommen, der über 17 ha umfaßt. Auf einer Hochebene über der Loire gelegen, hat das Gut die richtige Lage, typische Weine zu erzeugen. Dieser hier besitzt eine strahlende Farbe mit grünen und silbernen Reflexen. Auf die frische, elegante Ansprache folgt eine gute Geschmeidigkeit. Ein wenig Kohlensäure verstärkt den Eindruck von Frische. Diese Flasche kann vier bis fünf Jahre lagern.
- Thierry Chaput, 21, rue des Rocheroux, Husseau, 37270 Montlouis-sur-Loire, Tel. 02.47.50.80.70, Fax 02.47.50.71.46 ☑ ☥ n. V.

DOM. DES CHARDONNERETS
Méthode traditionnelle Brut

| ○ | 2 ha | 11 000 | ▪ 30-50 F |

Daniel Mosny, der sich hier 1970 niederließ, hat Erfolg mit seinen »Méthodes traditionnelles«, wie dieser Wein mit der überaus verlockenden, strahlenden goldgelben Farbe zeigt. Der Geschmack ist ebenfalls recht angenehm, mit einer lebhaften Ansprache, einem geschmeidigen Schaum und einem milden, leicht zitronenartigen Abgang.
- Daniel Mosny, 6, rue des Vignes, 37270 Saint-Martin-le-Beau, Tel. 02.47.50.61.84, Fax 02.47.50.61.84 ☑ ☥ n. V.

FREDERIC COURTEMANCHE
Moelleux Cuvée Vieilles vignes 1995

| | 1 ha | 2 000 | ▪ ♦ 30-50 F |

Ein »lieblicher« Wein, der kräftig und typisch ist und beim ersten Kontakt verunsichern kann. Aber man muß ihm vertrauen und dafür sorgen, daß er sich an einem kühlen Ort entwickelt, wo er sich verfeinern wird, um sich zu offenbaren.

Touraine / Montlouis

🍷 Frédéric Courtemanche, 12, rue d'Amboise,
37270 Saint-Martin-le-Beau,
Tel. 02.47.50.60.89 ◼ ⵏ n. V.

DOM. DELETANG 1995

| | k. A. | 1 800 | 100-150 F |

Über 22 ha Reben an kieselhaltigen Hängen, die sanft zum Cher hin abfallen und in den Genuß einer großzügigen Sonne kommen - das ist das schöne Gut, das vier Generationen Delétangs aufgebaut haben. Es hat diesen lieblichen Wein hervorgebracht, der kräftig gebaut ist und Karamelnoten bietet. Er ist voll und reichhaltig, bietet aber noch nicht das Vergnügen, das man von ihm erwartet. Wenn man die Zeit wirken läßt, wird man nicht enttäuscht sein.

🍷 EARL Deletang, 19, rue d'Amboise,
37270 Saint-Martin-le-Beau, Tel. 02.47.50.67.25,
Fax 02.47.50.26.46 ◼ ⵏ n. V.

CHRISTIAN GALLIOT Moelleux 1995★★

| | 1 ha | 3 300 | 30-50 F |

Der hohe Anteil an Kieselerde in den Böden verleiht dem Wein von Montlouis jene etwas mineralische Seite und jene Leichtigkeit, die ihn kennzeichnen. Die 6 ha, die Christian Galliot seit 1978 bewirtschaftet, befinden sich im Herzen der Appellation, auf den ausgewaschenen Hängen des Cher-Tals. Ein Winzer, der die alten Prinzipien nicht vernachlässigt : Lese mit der Hand durch Aussortieren der Beeren, lange Gärung, Bodenarbeiten ... Das Ergebnis ? Ein »lieblicher« Wein von großer Klasse. Das Aroma des Geruchseindrucks geht von Blüten über Honig zu exotischen Früchten. Der opulente Geschmack ist durch die Edelfäule geprägt mit einer im Abgang vollkommenen Lebhaftigkeit. Das Ganze ist wohlausgewogen. Ein Wein, der eine schöne Karriere machen wird.

🍷 Christian Galliot, 17, rue des Caves, Cangé,
37270 Saint-Martin-le-Beau, Tel. 02.47.50.62.15,
Fax 02.47.50.24.94 ◼ ⵏ n. V.

PHILIPPE GALLIOT Demi-sec 1995★

| | 0,7 ha | 3 500 | 30-50 F |

Philippe Galliot, der seit mehr als zehn Jahren fast 7 ha Rebflächen bewirtschaftet, hängt beim Weinbau stark am Weinbau. Sein »halbtrockener« Wein bietet einen Duft mit Nuancen von grünen Äpfeln. Dieses Aroma findet man in einem sehr ausgewogenen, korpulenten, frischen Geschmack wieder. Das ist der Typ des gut gemachten Montlouis, der immer Erfolg haben wird.

🍷 Philippe Galliot, 97, rue de Tours,
37270 Montlouis-sur-Loire, Tel. 02.47.50.24.24,
Fax 02.47.50.24.94 ◼

CLOS HABERT Demi-sec 1995

| | 1,5 ha | 5 000 | 30-50 F |

Dieser »Halbtrockene« erweckt sofort einen Eindruck von Fülle und Geschmeidigkeit, der auf einen reichhaltigen Stoff zurückgeht, aber der Abgang ist in wenig lebhaft. Das Aroma des Geruchseindrucks läßt an weißfleischige Pfirsiche und Brombeeren denken. Ein Montlouis, der es weit bringen kann.

🍷 François Chidaine, 5, Grande-Rue,
37270 Montlouis-sur-Loire, Tel. 02.47.45.19.14,
Fax 02.47.45.19.08 ◼ ⵏ n. V.

JEAN-PAUL HABERT
Méthode traditionnelle 1994

| ○ | 1,3 ha | 6 000 | 30-50 F |

Die Keller von Jean-Paul Habert gehörten vor der Französischen Revolution der Familie de Beaufort, die in ihren Reihen auch Gabrielle d'Estrées, die Geliebte König Heinrichs IV., hatte. Sie enthalten eine »Méthode traditionnelle« von guter Herkunft, die wohlausgewogen ist und auch am Hof des guten Königs Heinrich hätte auftauchen können.

🍷 Jean-Paul Habert, 3, imp. des Noyers, Le Gros Buisson, 37270 Saint-Martin-le-Beau,
Tel. 02.47.50.26.47 ◼ ⵏ n. V.

ALAIN JOULIN
Moelleux Sélection Vieilles vignes 1995★★

| | 1 ha | 4 000 | 50-70 F |

Ein »lieblicher« Wein, der im Duft elegant fruchtig ist und eine sehr schöne Konstitution besitzt. Er ist stattlich und füllig, mit einem Honigaroma, und enthüllt einen schönen, sehr gesunden Stoff, der bei der Lese leicht überreif war. Er kann lang lagern. Der »trockene« 95er Montlouis erhält einen Stern. Er muß ein paar Monate im Keller verbringen. Fisch und Meeresfrüchte werden ihm dann die richtige Erwiderung geben.

🍷 Alain Joulin, 58, rue de Chenonceaux,
37270 Saint-Martin-le-Beau, Tel. 02.47.50.28.49,
Fax 02.47.50.69.73 ◼ ⵏ Mo-Sa 8h-20h ; So n. V.

DOM. DE LA MILLETIERE
Demi-sec 1995★

| | k. A. | k. A. | 30-50 F |

Seit mehr als 400 Jahren haben die Dardeaus auf diesem Weingut an den Ufern der Loire einander abgelöst. Jean-Christophe hält an der Tradition fest : Er bearbeitet seine Böden, liest die Trauben aus und führt seine Gärung und seinen Ausbau im Faß durch, in Kellern, die 8 m unter der Erde liegen. All diese Praktiken finden sich in diesem charaktervollen »Halbtrockenen« wieder, dessen Geschmack stattlich, kraftvoll und ziemlich strukturiert ist. Das Holz macht sich ebenfalls bemerkbar. Der Wein bleibt harmonisch, aber man wird nichts einbüßen, wenn man ihn lagert.

🍷 Jean-Christophe Dardeau, 14, rue de la Miltière, 37270 Montlouis-sur-Loire,
Tel. 02.47.50.81.71, Fax 02.47.50.85.25 ◼
ⵏ Mo-Sa 9h-12h30 13h30-19h30 ; So n. V.

Touraine — Montlouis

DOM. DE LA TAILLE AUX LOUPS
Moelleux 1995

| | 2 ha | 5 000 | 100-150 F |

Jacky Blot hat 1988 drei kleine Weinberge, die ohne Erben geblieben sind, zusammengefaßt und daraus sein Gut gebildet, das heute 8 ha groß ist. Er hängt an der Qualität und betont die traditionellen Anbau- und Vinifizierungsmethoden, wobei er sich aber auf die Errungenschaften der modernen Önologie stützt. Sein »lieblicher« Wein hat eine gute Konstitution. Aber gegenwärtig dominiert deutlich das Faß, ohne der Gesamtharmonie zu schaden. Für die Liebhaber von holzbetonten Weinen.

• Dom. de La Taille aux Loups, 8, rue des Aitres, Husseau, 37270 Montlouis-sur-Loire, Tel. 02.47.45.51.11, Fax 02.47.45.11.14 tägl. 9h-19h
• Jacky Blot

DOM. DE LA TAILLE AUX LOUPS
Sec 1995*

| | 3 ha | 12 000 | 50-70 F |

Ein »trockener« Wein mit einem kräftigen Geschmack, der Aromen von Honig und Akazienblüten mit holzbetonten Zitrusnoten verbindet und reich an freigebigem Stoff ist. Ein etwas untypischer Montlouis, der aber nicht reizlos ist. Eine Lagerung im Keller wird ihn sehr verführerisch machen.

• Dom. de La Taille aux Loups, 8, rue des Aitres, Husseau, 37270 Montlouis-sur-Loire, Tel. 02.47.45.51.11, Fax 02.47.45.11.14 tägl. 9h-19h

DOM. DE L'ENTRE-CŒURS Sec 1995*

| | 1 ha | 5 000 | -30 F |

Alain Lelarge, der sich erst seit sechs Jahren auf diesem schönen, 16 ha großen Gut befindet, zeichnet sich regelmäßig durch die Qualität seiner Weine aus. Dieser hier, ein »trockener« Wein von kräftiger gelber Farbe, bietet einen stark entfalteten Duft nach Feigen und Quitten und einen sehr stoffreichen Geschmack, dem ein etwas salziger Abgang folgt. Der »halbtrockene« Wein vom selben Gut verdient eine lobende Erwähnung.

• Alain Lelarge, 10, rue d'Amboise, 37270 Saint-Martin-le-Beau, Tel. 02.47.50.61.70, Fax 02.47.50.68.92 n. V.

CLAUDE LEVASSEUR Sec 1995*

| | 2 ha | 8 500 | 30-50 F |

Eine erstklassige Ausrüstung und 12 ha sehr gut gelegene Weinberge auf den Hängen der Loire-Ufer sind die Haupttrümpfe von Claude Levasseur. Er präsentiert einen »trockenen« Wein mit einem intensiven Duft nach getoastetem Brot und Tabak mit einigen Noten von Überreife und mit einem vollen, frischen Geschmack, der an Unterholz erinnert. Eine mehr als zufriedenstellende Gesamtharmonie. Die 94er »Méthode traditionnelle« erhält einen Stern ; sie ist zart, fruchtig und elegant.

• Claude Levasseur, 38, rue des Bouvineries, 37270 Montlouis-sur-Loire, Tel. 02.47.50.84.53, Fax 02.47.45.14.85 n. V.

DOM. DES LIARDS Brut*

| | 10 ha | 50 000 | 30-50 F |

Das Haus Berger ist eine der Säulen der Appellation. Es erzeugt Still- und Schaumweine und hat sich großes Ansehen in Nordfrankreich und Belgien erworben. Die Firma stellt auch Schaum- und Perlweine für Winzer her. Dieser mittels traditioneller Flaschengärung hergestellte »Brut« ist mustergültig aufgrund seiner strahlenden Goldfarbe, seines Dufts nach Hefebrot und leicht gerösteten getrockneten Früchten und seines harmonischen Geschmacks mit der milden Ansprache und dem eleganten Abgang.

• Berger Frères, 70, rue de Chenonceaux, 37270 Saint-Martin-le-Beau, Tel. 02.47.50.67.36, Fax 02.47.50.21.13 n. V.

DOM. DES LIARDS
Demi-sec Vieilles vignes 1995*

| | 4 ha | 15 000 | 30-50 F |

Laurent Berger, der mit seinem Vater und seinem Onkel zusammenarbeitet, übernimmt nach und nach die Verantwortung für das Unternehmen. Ihm verdanken wir diesen sehr schönen »halbtrockenen« Wein, der den Duft von reifen Früchten und Akazienblüten mit Noten von getoastetem Brot vermischt. Die Fülle im Geschmack zeugt von einer ausgezeichneten Reife der Trauben. Dieser Montlouis kann ein wenig lagern.

• Berger Frères, 70, rue de Chenonceaux, 37270 Saint-Martin-le-Beau, Tel. 02.47.50.67.36, Fax 02.47.50.21.13 n. V.

CAVE COOP. DE MONTLOUIS
Sec 1995*

| | k. A. | 30 000 | -30 F |

Ein Großteil der Weine von Montlouis nimmt den Weg über die Genossenschaft : eine gut ausgerüstete Einrichtung, die großartige Keller besitzt und von einem Önologen beraten wird. Dieser Montlouis zeugt von ihrem Können : ein Duft, der sich nur noch ausdrücken muß, ein gut strukturierter Geschmack mit der richtigen Ausgewogenheit und eine Lebhaftigkeit, die Leichtigkeit verleiht. Dieser 95er ist vielleicht noch ein wenig streng und wird mit etwas Lagerung liebenswürdiger. Der »liebliche« Wein verdient eine lobende Erwähnung ; er hat Charakter und wird sich mit dem Alter verbessern. Die 94er Cuvée Réservée ist ein Schaumwein, der Ihre Gäste ehren wird. Sie wurde von der Jury berücksichtigt.

• Cave Coop. des Prod. de vin de Montlouis, 2, rte de Saint-Aignan, 37270 Montlouis-sur-Loire, Tel. 02.47.50.80.98, Fax 02.47.50.81.34 tägl. 8h-12h 14h-18h

D. MOYER Moelleux Vieilles vignes 1995*

| | 1,6 ha | 4 000 | 70-100 F |

Ein 12 ha großes Weingut umgibt das elegante Gebäude, das 1620 vom Herzog de Choiseul erbaut wurde. In diesen Weinen von der Hochfläche von Husseau gibt es immer eine leichte Note Bodengeschmack, die eine Art Kennzeichen, das man in diesem »lieblichen« Wein von guter Statur wiederfindet. Der Geruchseindruck ist ein wenig zurückhaltend : Früchte und Blüten mit einer Note von Brotkruste. Die runde, lange, ausgewogene Geschmack enthüllt einen reichhaltigen Stoff. Man spürt hinter diesem rassigen, sehr typischen Montlouis das Streben nach reifem Traubengut. Unbedingt altern lassen.

↱ Dominique Moyer, 2, rue de la Croix-des-Granges, 37270 Montlouis-sur-Loire, Tel. 02.47.50.94.83, Fax 02.47.45.10.48 ✓
Ⓨ Mo-Sa 8h-12h 14h-19h

DOM. DES SABLONS Sec 1995

| | 1 ha | 4 000 | 📖 | 30-50 F |

Auch wenn Gilles Verley aus Nordfrankreich stammt, hat er dennoch einen unerschütterlichen Winzerglauben. Dieser »trockene« Wein zeichnet sich durch einen sehr feinen Duft aus, der an Blüten und Quitten erinnert. Der mineralische Geschmack ist eher lebhaft. Ein Montlouis, den man lagern muß, damit er an Besonnenheit gewinnt.

↱ Gilles Verley, Les Sablons, 37270 Saint-Martin-le-Beau, Tel. 02.47.50.66.35, Fax 02.47.50.60.50 ✓ Ⓨ n. V.

JEAN-CLAUDE THIELLIN Sec 1995

| | k. A. | 2 000 | 🍷 | -30 F |

Eine jener alten Winzerfamilien, die seit uralten Zeiten in Montlouis leben und die Appellation aufgebaut haben. Jean-Claude Thiellin hat gerade seinen Keller renoviert. Er präsentiert einen »trockenen« Wein, der nach frischem Heu duftet und einen ziemlich vollen, lebhaften Geschmack besitzt. Dieser Montlouis ist ein wenig auf der Suche nach seiner Ausgewogenheit ; er wird sie in ein paar Jahren finden.

↱ Jean-Claude Thiellin, 46, rue des Bouvineries, 37270 Montlouis-sur-Loire, Tel. 02.47.45.02.47 Ⓨ Mo-Sa 8h30-19h ; So n. V.

DOM. DES TOURTERELLES Sec 1995*

| | 1,5 ha | 3 000 | 📖🍷 | 30-50 F |

Seit 1974 hat Jean-Pierre Trouvé sein Gut unaufhörlich vergrößert ; es zählt heute 13 ha Rebflächen, die sehr schöne, steinige Hänge des Cher einnehmen. Er kann stolz sein auf diesen gut vinifizierten »trockenen« Wein mit dem kräftigen Duft, der eine Mentholnote enthält, und dem eher runden, langen Geschmack. Diese zarte Rundheit kann einen Gaumen reizen, der gegenüber zu lebhaften Weinen empfindlich ist. Jean-Pierre hat auch eine glückliche Hand für die nach der traditionellen Flaschengärung hergestellten Schaumweine : Sein 95er ist lobend erwähnt worden.

↱ Jean-Pierre Trouvé, 1, rue de la Gare, 37270 Saint-Martin-le-Beau, Tel. 02.47.50.63.62 ✓ Ⓨ n. V.

Vouvray

Eine lange Reifung im Keller und in der Flasche offenbart alle Qualitäten der Vouvray-Weine. Diese Weißweine werden nördlich der Loire erzeugt, in einem 2 000 ha großen Anbaugebiet, das im Norden an die Autobahn A 10 stößt und von der Brenne durchflossen wird. Die weiße Rebsorte der Touraine, Chenin blanc (oder Pineau de la Loire), liefert hier Stillweine von hohem Niveau (50 000 hl), die eine intensive Farbe haben, sehr rassig sind und je nach Jahrgang trocken oder lieblich ausfallen, und sehr weinige Schaum- oder Perlweine (40 000 hl). Beide Weintypen eignen sich ausgezeichnet für eine lange Lagerung, selbst wenn man die Schaumweine bisweilen recht jung trinkt. Fisch und Käse (Ziegenkäse) passen zu den erstgenannten, feine Gerichte oder leichte Nachspeise zu letzteren, die auch einen ausgezeichneten Aperitif abgeben.

DOM. ALLIAS Sec 1995**

| | 0,4 ha | 5 600 | 📖🍷♦ | 30-50 F |

Ein Gut, dessen Weinberg von Mauern umgeben ist. Hier soll Balzac eine Rast eingelegt haben, um sich inspirieren zu lassen. Es wird heute von Daniel Allias und seinem Sohn Dominique geführt und umfaßt etwa 12 ha, die auf den Anhöhen der Vallée Coquette liegen. Dieser »trockene« 95er ragt hervor durch seinen stattlichen Blütenduft, der sich in Richtung Honig und Unterholz entwickelt, seinen Geschmack, der ein wenig »sauvignoniert« (was nicht mißfallen muß) und seinen ziemlich runden Abgang, der aber aufgrund seiner Säure einen allgemeinen Eindruck von Frische hinterläßt. Der nach der traditionellen Flaschengärung hergestellte Schaumwein (ein Stern) ist sehr gefällig mit seinem Duft nach Äpfeln und Hefebrot und seinem lebhaften Geschmack mit dem ein wenig nervigen Abgang. Er wird einen schönen Aperitifwein abgeben.

↱ GAEC Allias Père et Fils, Clos du Petit Mont, 37210 Vouvray, Tel. 02.47.52.74.95, Fax 02.47.52.66.38 ✓ Ⓨ Mo-Sa 8h-12h 14h-19h ; So n. V.

J.-C. AUBERT Sec 1995*

| | 3 ha | 10 000 | 🍷 | 30-50 F |

Ein 19 ha großes Gut, das nur ein paar Schritte von den Ufern der Loire entfernt ist. Unterstützt von seinem Sohn Didier, präsentiert Jean-Claude Aubert einen »trockenen« Wein mit einem weinigen Duft, der eine klassische Quittennote bietet. Der gut verschmolzene, lange Geschmack spiegelt diesen guten Jahrgang wider. Dieser 95er kann es mit einer anspruchsvollen Küche aufnehmen. Zum Dessert paßt der »liebliche« Wein aus dem gleichen Jahrgang (ebenfalls ein Stern). Mit seinem eleganten Duft nach weißen Blüten und seinem ausgewogenen Geschmack, den eine leicht frische Note bereichert, wird er einen Pflaumenkuchen begleiten.

↱ Jean-Claude Aubert, 10, rue de la Vallée-Coquette, 37210 Vouvray, Tel. 02.47.52.71.03, Fax 02.47.52.68.38 ✓ Ⓨ tägl. 8h-12h 14h-19h ; Gruppen n. V.

Touraine — Vouvray

DOM. DES AUBUISIERES
Le Marigny Moelleux 1995**

| | 1 ha | 2 500 | | 100-150 F |

Bernard Fouquet hat 1983 die Nachfolge seines Vaters angetreten; das 20 ha große Gut liegt auf lehmig-kalkhaltigen Aubuisböden. Sein »lieblicher« Le Marigny war beim 93er Lieblingswein. Der 95er hat diese Auszeichnung knapp verfehlt. Ein Ausnahmewein mit einem kräftigen Duft nach reifen Früchten, stark von der Edelfäule geprägt, und mit einem füllingen Geschmack, der an Honig und kandierte Früchte denken läßt. Er wird eine schöne Karriere machen. Vom selben Winzer können wir einen gut gearbeiteten »trockenen« Wein und einen nach der traditionellen Flaschengärung hergestellten »Brut«, der wegen seiner femininen Seite reizvoll ist, erwähnen.
- Bernard Fouquet, Dom. des Aubuisières, 37210 Vouvray, Tel. 02.47.52.61.55, Fax 02.47.52.67.81 n. V.

DOM. DU BAS ROCHER Sec 1995*

| | 1,5 ha | 8 000 | | 30-50 F |

Das Chartier-Tal wird von Hängen umrahmt, die das alte Bett der Loire überragen, ein Anbaugebiet, das einen guten Ruf genießt. André Boutet-Saulnier hat hier einen »trockenen« Wein erzeugt, der im Augenblick sehr verschlossen ist, sich aber bestimmt entfalten wird, weil er über ein gutes Potential verfügt. Die Ansprache ist mild, und das Quitten- und Birnenaroma setzt den Geruchseindruck fort. Ohne übermäßige Säure - ein hübscher, offener Wein, der sich für viele Gelegenheiten eignet.
- André Boutet-Saulnier, 17, rue de la Vallée-Chartier, 37210 Vouvray, Tel. 02.47.52.73.61, Fax 02.47.52.63.27 n. V.

CLOS BAUDOIN Sec Aigle Blanc 1995

| | 13,5 ha | 43 000 | | 30-50 F |

Pfarrer Baudoin, ein Kirchenmann, der sich für die Rebkunde begeistert, hat seinen Namen dem Gut hinterlassen, das seit drei Generationen im Besitz der Familie Poniatowski ist. Die auf Südhängen sehr gut gelegenen Weinberge haben diesen wohlausgewogenen »trockenen« Wein geliefert, der füllig und sanft ist und schon jetzt gefällt.
- SARL Clos Baudoin Vitifera, 2, rue de la Vallée-de-Nouy, 37210 Vouvray, Tel. 02.47.52.71.02, Fax 02.47.52.60.94 Mo-Fr 8h-12h 13h30-17h30 ; Sa, So n. V.
- Prince Poniatowski

PASCAL BERTEAU ET VINCENT MABILLE Sec 1995

| | 2 ha | 10 000 | | 30 F |

Ein 16 ha großes Gut, das sich auf die Hänge des Tals von Vaugondy erstreckt. Dieses mündet in das Tal der Brenne, durch das sich die Einflüsse der Loire bemerkbar machen. Pascal Berteau und Vincent Mabille haben 1990 zusammengeschlossen, um das Gut zu bewirtschaften. Sie präsentieren einen gut gemachten »trockenen« Wein, der ein wenig schüchtern ist, aber in einer schlichten Rolle einen sehr guten Darsteller abgeben wird. Die »Méthode traditionnelle«, die durch ihre Frische und Fruchtigkeit gefällt, wird Ihnen den Mund leicht und den Geist munter halten.
- Pascal Berteau et Vincent Mabille, GAEC B.M., Vaugondy, 37210 Vernou-sur-Brenne, Tel. 02.47.52.19.55, Fax 02.47.52.03.43 n. V.

JEAN-PIERRE BOISTARD Sec 1995*

| | k. A. | 3 000 | | 30-50 F |

Dieses 10 ha große Weingut ist eines der bestgelegenen in der Gemeinde Vernon. Jean-Pierre Boistard hat hier einen »trockenen« Wein erzeugt, der eher zart ist. Der fruchtige, durch Pfirsiche geprägte Duft bietet als Kontrapunkt eine merkwürdige, aber nicht unangenehme mineralische Note. Vom selben Erzeuger verdienen zwei weitere Erzeuger eine lobende Erwähnung : ein ausgewogener, harmonischer »lieblicher« Wein und ein halbtrockener Perlwein, der hervorragend zu Mürbeteigkuchen paßt.
- Jean-Pierre Boistard, 216, rue Neuve, 37210 Vernou-sur-Brenne, Tel. 02.47.52.18.73 n. V.

DOM. BOURILLON-DORLEANS
Moelleux La Coulée d'Or 1995*

| | 6 ha | 10 000 | | 70-100 F |

Frédéric Bourillon entstammt einer alten Familie aus Rochecorbon, die in diesem kleinen Marktflecken des Vouvrillon ein Haus hat. Seine insgesamt 18 ha Weinberge nehmen die unteren Hänge der Appellation ein, die gute liebliche Weine hervorbringen. Sein 95er Coulée d'Or ist ein Vorbild an Harmonie : Lebhaftigkeit, Zucker und Vollmundigkeit gut verschmolzen, zartes Aroma von Aprikosen, Pfirsichen und Quitten. Hinweisen sollte man auch auf den Prestige Bleu, einen nach der traditionellen Flaschengärung hergestellten »Brut«, der von der Jury lobend erwähnt wird und sich hervorragend als Aperitif eignet.
- Frédéric Bourillon, Dom. Bourillon-Dorléans, rue de Vaufoynard, 37210 Rochecorbon, Tel. 02.47.52.83.07, Fax 02.47.52.82.19 n. V.

MARC BREDIF Demi-sec 1995*

| | k. A. | k. A. | | 30-50 F |

Die 1882 gegründete Firma Marc Brédif besitzt an den Ufern der Loire einen außergewöhnlichen Keller, der modern ausgerüstet ist. Damit verbunden ist ein Weinberg, der die gesamten für die Produktion von Stillweinen notwendigen Trauben liefert. Ein Önologe leitet das Ganze mit Kompetenz. Er präsentiert einen »halbtrockenen« Wein von kräftiger hellgelber Farbe, der nach reifen Früchten duftet und einen runden, ausgewogenen Geschmack besitzt. Wenn er ein wenig altert, wird er perfekt sein. Ebenfalls mit einem Stern berücksichtigt wurde eine »Méthode traditionnelle«, ein Brut ohne Jahrgangsangabe, der aufgrund seiner guten Harmonie verführt.
- Marc Brédif, 87, quai de la Loire, 37210 Rochecorbon, Tel. 02.47.52.50.07, Fax 02.47.52.50.07 n. V.
- De Ladoucette

TAL DER LOIRE

Touraine — Vouvray

VIGNOBLES BRISEBARRE Brut 1990★★

| ○ | k. A. | 6 000 | 🎵 | 30-50 F |

Nach vierzig Jahren im Dienste des Weins verringert Gérard Brisebarre seine Aktivitäten. Er besitzt noch 5 ha auf den Hängen über der Loire und schöne Tuffkeller. Er hat nichts von seinem Talent verloren, wie dieser herrliche, nach der traditionellen Flaschengärung hergestellte »Brut« beweist: kräftig, reichhaltig, mit einem Aroma von Honig, Hefebrot und reifen Früchten. Ein charaktervoller Vouvray, ebenso wie der »trockene« 95er, der ein wenig zart, aber von aromatischer Komplexität ist, mit Noten von Wiesenblumen, Zitronengras und reifen Früchten. Dieser Wein kann sich mit dem Alter nur noch verbessern. Er hat einen Stern erhalten.
✆ Gérard Brisebarre, 34, rue de la Vallée-Chartier, 37210 Vouvray, Tel. 02.47.52.73.17 ✓ ⊺ n. V.

VIGNOBLES BRISEBARRE Sec 1995★★

| □ | 5 ha | 10 000 | ▮🎵♨ | 30-50 F |

18 ha auf den schönsten Hängen von Vouvray und Funktionen im Berufsverband - dies füllt Philippe Brisebarre in hohem Maße aus. Dieser »trockene« Vouvray ist kräftig und reich an Stoff und Aromen, wobei die Palette von Lindenblüten über Birnen und Äpfel bis zu Zitronen reicht. Ein Hauch von Säure macht den Abgang frisch und durststillend. Man muß ihn als lagerfähigen Wein nehmen. Hingewiesen werden kann auch auf einen gelungenen »lieblichen« Wein, der ohne Stern lobend erwähnt wird. Der »Brut« ohne Jahrgangsangabe wird bei den Freunden von Schaumweinen mit ziemlicher Dosage Anklang finden. Seine Noten von weißen Blüten und sein eleganter Abgang machen ihn gefällig. Er hat einen Stern erhalten.
✆ Philippe Brisebarre, rue de la Vallée-Chartier, 37210 Vouvray, Tel. 02.47.52.63.07, Fax 02.47.52.65.59 ✓ ⊺ Mo-Sa 8h-12h30 13h30-19h30 ; Gruppen u. So n. V.

DOM. GEORGES BRUNET Sec 1995

| □ | 2 ha | 5 000 | 🎵 | 30-50 F |

La Croix Mariotte befindet sich im Herzen des Anbaugebiets von Vouvray. Die lehmig-kalkhaltigen Böden, die hier als »aubuis« bezeichnet werden, liefern gutgebaute Weine. Dieser hier, ein »trockener« Wein, zeigt einen sehr entfalteten Duft. Er ist am Anfang mineralisch und entwickelt sich zu Früchten hin. Die Ansprache ist ganz rund, aber der Abgang hinterläßt einen etwas lebhaften Eindruck. Ein guter Vouvray, der ein wenig lagern kann.
✆ Georges Brunet, 12, rue de la Croix-Mariotte, 37210 Vouvray, Tel. 02.47.52.60.36, Fax 02.47.52.75.38 ✓ ⊺ n. V.

GILLES CAREME Demi-sec 1995★

| □ | k. A. | 3 000 | 🎵 | 30-50 F |

Gilles Carême, der sich 1971 auf diesem kleinen Weingut niedergelassen hat, verbessert unaufhörlich seine Ausrüstung und vergrößert die Anbaufläche. Sein Tuffkeller, der eine Traubenpresse aus dem 18. Jh. enthält, ist einen Besuch wert. Hier ein »halbtrockener« Wein von guter Verfassung, dessen intensiver Duft Harz, Akazienblüten und Zitronen erkennen läßt. Am Gaumen wird der wohlschmeckende Eindruck von einer lebhaften Note begleitet. Eine schöne Flasche, die man einige Zeit lagern kann.
✆ Gilles Carême, 23, rte de la Frillière, 37210 Vernou-sur-Brenne, Tel. 02.47.52.60.89, Fax 02.47.52.60.89 ✓ ⊺ n. V.

JEAN-CHARLES CATHELINEAU
Pétillant 1994

| ○ | 2 ha | 8 000 | ▮ | 30-50 F |

Ein Gut aus dem 18. Jh. Man kann hier das in den Felsen gebaute Haus der Vorfahren sowie ein kleines Weinbaumuseum besichtigen. Die Jury schätzte diesen halbtrockenen Perlwein mit dem reichhaltigen Duft, der an getoastetes Brot, Honig, Akazienblüte, Karamel und Haselnüsse erinnert. Der Geschmack verlängert harmonisch den Geruchseindruck. Der ein wenig lebhafte Abgang verleiht diesem 94er Lebhaftigkeit. Ein klassischer Vouvray.
✆ Jean-Charles Cathelineau, 16, rue des Violettes, 37210 Chançay, Tel. 02.47.52.20.61, Fax 02.47.52.20.61 ✓ ⊺ n. V.

CHAMPALOU
Demi-sec Cuvée des Fondraux 1995★★

| □ | 4 ha | 20 000 | 🎵 | 30-50 F |

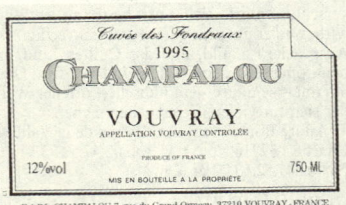

Liebhaber echter halbtrockener Vouvrays, an Eure Gläser ! Eine begeisterte Wahl zum Lieblingswein begrüßt diesen hier, dessen goldgelbe Farbe eine außergewöhnliche Abfolge von Eindrücken ankündigt : einen kraftvollen Duft nach Harz, Heu, blühendem Wein und getoastetem Brot, eine milde Ansprache, auf die ein fülliger lieblicher Geschmack folgt, der kein Bonn nimmt und von Honig und der Edelfäule geprägt ist. Die Jury betont mit Nachdruck : Er wird hundert Jahre alt. Nicht ganz aus demselben Holz geschnitzt, aber von sehr schönem Bau ist der gehaltvolle »liebliche« 95er, der aus ausgelesenen Trauben hergestellt worden ist und eine lobende Erwähnung verdient. Er wird sich mit dem Alter entwickeln. Die »Méthode traditionnelle« hat einen Stern erhalten. Mandeln im Duft ebenso wie im Geschmack, ein wenig Dosage.
✆ Didier Champalou, 7, rue du Grand-Ormeau, 37210 Vouvray, Tel. 02.47.52.64.49, Fax 02.47.52.67.99 ✓ ⊺ n. V.

DOM. DU CLOS DES AUMONES
Brut 1995★

| ○ | 4 ha | 30 000 | ▮♨ | 30-50 F |

Der Clos des Aumônes stützt sich auf den Hang, der das Tal von Vaufoynard überragt, und umfaßt heute 15 ha Reben. Philippe Gaultier hat gerade die vollständige Renovierung des Kellers

Touraine — Vouvray

abgeschlossen. Sein nach der traditionellen Flaschengärung hergestellter 95er hat die Aufmerksamkeit der Jury auf sich gelenkt : durch sein sehr schönes Bukett, das exotische Früchte und Quitten verbindet, und durch seine zarte Rundheit. Der »trockene« Wein aus dem gleichen Jahrgang wird ohne Stern lobend erwähnt. Sein vorwiegend blumiges Aroma ist kräftig, aber er zeigt sich noch ein wenig lebhaft.
🌱 Philippe Gaultier, 10, rue Vaufoynard, 37210 Rochecorbon, Tel. 02.47.54.69.82, Fax 02.47.42.62.01 ☑ ⊤ n. V.

DOM. THIERRY COSME
Demi-sec 1995★★

| | 0,5 ha | 1 500 | ▪ | 30-50 F |

Thierry Cosme, der hier seit fast zehn Jahren ansässig ist, bietet Weine von hoher Qualität. Die Jury lobte diesen »halbtrockenen« Wein für sein Aroma von Honig, getoastetem Brot und Zitrusfrüchten, das überall aufsteigt, und für seinen nervigen Abgang. Warum sollte man ihn nicht zu einem Wurstgericht aus der Touraine versuchen ? Vom selben Erzeuger lobend erwähnen muß man den »lieblichen« 95er mit dem kräftigen, entwickelten Duft, der an getrocknete Früchte erinnert, und dem robusten, langen Geschmack. Ein Wein mit Bodencharakter, der mit der Zeit an Subtilität gewinnen wird.
🌱 Thierry Cosme, 1127, rte de Nazelles, 37210 Noisay, Tel. 02.47.52.05.87, Fax 02.47.52.11.36 ☑ ⊤ n. V.

DOM. COTEAU DE LA BICHE Sec 1995

| | 5 ha | 20 000 | ⅲ | 30-50 F |

Ein zarter »Trockener«, der einem halbtrockenen Wein ähnlich ist : mit einem Duft nach reifen Früchten und einem fülligen, langen Geschmack. Er wird sich gut entwickeln und seine Rolle talentiert spielen.
🌱 EARL Jean-Claude et Christophe Pichot, 32, rue de la Bonne-Dame, 37210 Vouvray, Tel. 02.47.52.72.45, Fax 02.47.52.66.59 ☑ ⊤ n. V.

REGIS CRUCHET
Moelleux Cuvée Anne-Sophie 1995

| | 1 ha | 4 000 | ⅲ | 100-150 F |

Ein »lieblicher« Wein von sehr schöner Verfassung : intensiver Duft nach Früchten und Unterholz, geschmackliche Ansprache, die Honig und getrocknete Früchte verbindet, lebhafter, nachhaltiger Abgang. Ein würdiger Vertreter des Jahrgangs.
🌱 Régis Cruchet, 1361, rte de Nazelles, 37210 Noizay, Tel. 02.47.52.15.80, Fax 02.47.52.19.42 ☑ ⊤ n. V.

MAISON DARRAGON
Moelleux Cuvée Simone Mignot 1995

| | k. A. | 3 000 | | 30-50 F |

Ein »lieblicher« Wein mit leicht würzigem Duft, der an den Boden erinnert. Auf die lebhafte Ansprache folgt eine maßvolle Geschmeidigkeit, die an Honig erinnert. Ein hübscher Vouvray vom leichten Typ, den man bei vielen Gelegenheiten servieren kann.
🌱 Maison Darragon, 34, rue de Sanzelle, 37210 Vouvray, Tel. 02.47.52.74.49, Fax 02.47.52.64.96 ☑ ⊤ n. V.

JEAN-FRANÇOIS DELALEU
Sec Clos de Chaillemont 1995★

| | 0,8 ha | 3 000 | ▪ ⅲ | -30 F |

Diese alte Familie aus Vouvray, die seit neun Generationen in diesem Anbaugebiet ansässig ist, hat viel Können angehäuft. Sie präsentiert einen sehr ausgewogenen »trockenen« Wein, der im Geschmack füllig, voll und lang ist, mit einem Aroma von Blüten und Zitronengras. Er ist leicht säuerlich und hinterläßt einen Eindruck von angenehmer Frische. Er wird sich mehrere Jahre halten.
🌱 Jean-François et Sylvie Delaleu, rue de la Vallée-Chartier, 37210 Vouvray, Tel. 02.47.52.63.23, Fax 02.47.52.69.27 ☑ ⊤ n. V.

LUC DUMANGE 1993

| ○ | 11 ha | 11 000 | ▪ ♦ | 30-50 F |

Ein 14 ha großes Gut auf einer der schönsten Hochflächen des Gebiets von Vouvray, wo man in französischer, englischer, deutscher oder niederländischer Sprache über den Wein reden kann. Es präsentiert diesen nach der traditionellen Flaschengärung hergestellten Vouvray, der frisch und harmonisch ist und an Hefebrot und Zitronengras erinnert. Sie werden ihn mit Vergnügen trinken und hierher zurückkommen.
🌱 Luc Dumange, L'Epinay, 37210 Vouvray, Tel. 02.47.52.61.90, Fax 02.47.52.82.05 ☑ ⊤ Mo-Sa 14h-18h ; Allerheiligen bis Ostern n. V.

REGIS FORTINEAU Sec 1995

| | 1 ha | 3 000 | ⅲ | 30-50 F |

Das Haus ist hübsch, der Empfang sympathisch und der Wein gut. Wir empfehlen Ihnen diesen jungen »trockenen« Wein, dessen blaßgelbe Farbe grün schimmert. Der Duft ist voll und intensiv, der Geschmack aufgrund seiner Frucht und seiner Rundheit. Seine Lebhaftigkeit wird ihm ein langes Leben schenken.
🌱 Régis Fortineau, 4, rue de la Croix-Mariotte, 37210 Vouvray, Tel. 02.47.52.63.62, Fax 02.47.52.69.97 ☑ ⊤ n. V.

DOM. FRANÇOIS VILLON
Blanc de blancs 1994★

| ○ | 10,9 ha | 10 000 | ▪ ♦ | -30 F |

Christian Dumange, der Leiter dieses Handelshauses, hat dem in Rochecorbon so angesehenen Clos des Pentes den Namen des Verfassers der Ballade des pendus gegeben. Hätte er den berühmten Balladendichter gutgeheißen ? Vielleicht, wenn er diesen nach der traditionellen Flaschengärung hergestellten Schaumwein probiert hätte, der daraus stammt : strohgelbe Farbe, feine Bläschen, frischer Duft nach Lindenblüten, ein wenig runder Geschmack mit dem Aroma von Hefebrot. Er muß nicht altern. Der Domaine Pierre de Ronsard vom selben Hersteller verdient eine lobende Erwähnung.
🌱 SA Roger Félicien Brou, 10, rue Vauvert, 37210 Rochecorbon, Tel. 02.47.52.54.85, Fax 02.47.52.82.05 ☑

Touraine — Vouvray

DOM. JEAN-PIERRE FRESLIER
Moelleux Réserve 1995★

| □ | 2,5 ha | 15 000 | 🍷 | 30-50 F |

Die Domaine de Jean-Pierre Freslier umfaßt 10 ha und verteilt sich auf die Anhöhen der Vallée Coquette und die Quarts de Moncontour. Hat diese Reblage nicht den Ruf, »beste Qualität« zu erzeugen, wie man in Vouvray sagt. Der ziemlich kräftige Duft dieses 95ers erinnert an kandierte Früchte oder Honig. Der wohlausgewogene Geschmack läßt an sehr reife oder gekochte Äpfel denken, mit Noten von Edelfäule. Ein sehr gefälliger Wein für sofort oder später.
🍷 Jean-Pierre Freslier, 92, rue de la Vallée-Coquette, 37210 Vouvray, Tel. 02.47.52.76.61 ☑
☥ Mo-Sa 8h-12h 13h-19h ; So n. V. ;
10.-30. Okt. geschlossen

CH. GAUDRELLE
Moelleux Réserve personnelle 1995★

| □ | k. A. | k. A. | | 70-100 F |

Alexandre Monmousseau, der in seiner Arbeit überaus gewissenhaft ist und bei einem Glas vor Humor nur so sprüht, führt dieses schöne, 14 ha große Gut, das von einem alten Gebäude aus dem 16. Jh. beherrscht wird. Diese »Réserve personnelle« ist ein Meisterwerk : Sie ist kräftig und reichhaltig und enthüllt eine vollkommene Ausgewogenheit und ein Aroma von Quitten und getrockneten Früchten. Es wäre schade, wenn sie »persönlich« bliebe und der Weinliebhaber sie nicht beiseite legen würde.
🍷 SCEA A. Monmousseau, Ch. Gaudrelle, 87, rte de Monnaie, 37210 Vouvray,
Tel. 02.47.52.67.50, Fax 02.47.52.67.98 ☑ ☥ n. V.

DOM. GILET Méthode traditionnelle

| ○ | | 8 ha | 120 000 | 🍾♦ | 30-50 F |

Dis Gilets leben seit Anfang des Jahrhunderts in Parçay-Meslay. Sie besitzen hier eine sehr schöne, zweistöckige Kellerei, die in den Felsen gegraben ist. Diese zwei Jahre lang gereifte »Méthode traditionnelle« erstaunt durch ihr Vanillearoma, das im Duft ebenso wie im Geschmack dominiert. Er ist frisch und rund und wird den Appetit von so manchem anregen.
🍷 SCEA Gilet, 20, rue de la Mairie,
37210 Parçay-Meslay, Tel. 02.47.29.14.88 ☑
☥ Mo-Sa 10h-12h 14h-19h

JEAN-PIERRE GILET Pétillant

| ○ | 4 ha | 5 000 | 🍾♦ | 30-50 F |

Die Seigneurie von Parçay war mit der Abtei Marmoutier verbunden, die einen großen Weinberg besaß. Die Mönche erweiterten hier ihre Anpflanzungen und kannten die Fähigkeit dieser Böden, erstklassige Weine hervorzubringen. Jean-Pierre Gilet nutzt diese über tausend Jahre alte Bestimmung, um seine Schaumweine nach der Flaschengärung herzustellen. Dieser halbtrockene Perlwein trinkt sich angenehm aufgrund seiner aromatischen Palette, in der Karamel und Haselnüsse dominieren. Ein harmonischer Festtagswein.
🍷 Jean-Pierre Gilet, 5, rue de Parçay,
37210 Parçay-Meslay, Tel. 02.47.29.12.99,
Fax 02.47.29.07.96 ☑ ☥ n. V.

C. GREFFE Méthode traditionnelle

| ○ | k. A. | 65 000 | | 30-50 F |

Christiane Greffe führt ein 1965 entstandenes Handelshaus, das sich auf die Herstellung von Schaumweinen spezialisiert ist. Sie hat mehrere Cuvées im Angebot. Diese hier, die »C. Greffe« heißt, ist wegen ihres durstlöschenden, angenehmen Charakters berücksichtigt worden. Ein lebhafter, frischer Wein zum Aperitif.
🍷 Christiane Greffe, 35, rue Neuve,
37210 Vernou, Tel. 02.47.52.12.24,
Fax 02.47.52.09.56 ☑ ☥ n. V.

DANIEL JARRY
Méthode traditionnelle Demi-sec 1992★★

| ○ | k. A. | 12 000 | 🍷 | 30-50 F |

Daniel Jarry ist nicht nur ein Spezialist für leere Flaschen ! (Er besitzt davon eine großartige Sammlung unterschiedlicher Formen und Farben.) Seine halbtrockene »Méthode traditionnelle« hat die Wahl zum Lieblingswein knapp verfehlt. Man empfiehlt ihn zum Aperitif oder als Getränk zu den fest knusprigen Mandelplätzchen. Hinweisen wollen wir außerdem auf einen körperreichen »trockenen« Wein, der ein wenig lebhaft ist und gut altern können dürfte. Ohne Stern lobend erwähnt.
🍷 Daniel Jarry, 99, rue de la Vallée-Coquette,
37210 Vouvray, Tel. 02.47.52.78.75,
Fax 02.47.52.67.36 ☑ ☥ tägl. 8h-19h ; Gruppen n. V.

DOM. DE LA BLOTTIERE
Méthode traditionnelle Brut 1994★

| ○ | | 3 ha | 10 000 | 🍾 | 30-50 F |

La Blottière ist eines jener für die Touraine typischen Häuser in der ländlichen Gegend von Vouvray. Es ist ein Ort des Friedens und der Harmonie, umgeben von 8 ha Reben, die auf gut gelegenen Hängen mit lehmig-kalkhaltigen Böden angepflanzt sind. Zwei Weine des Guts sind berücksichtigt worden : dieser »Méthode traditionnelle« mit dem Aroma gerösteter Mandeln und der jugendlichen Frische und ein »lieblicher« Wein, der nach Honig und Quitten duftet und eine gute Gesamtharmonie besitzt (ohne Stern lobend erwähnt).
🍷 Jean-Michel Fortineau, La Blottière,
37210 Vouvray, Tel. 02.47.52.74.24,
Fax 02.47.52.65.11 ☑ ☥ n. V.

DOM. DE LA CROIX DES VAINQUEURS Sec 1995

| □ | 3 ha | 2 500 | 🍷 | 30-50 F |

La Croix des Vainqueurs (das Kreuz der Sieger) - oder auch La Croix des vingt cœurs (das Kreuz der zwanzig Herzen), der Legende nach, die daraus eine Jagdhütte für galante Abenteuer machte - umfaßt 12 ha Reben. Die Gäste werden in einem in den Fels gehauenen Höhlenhaus empfangen, in dem sich die Denis 1740 niedergelassen haben. Zwei lobende Erwähnungen für das Gut. Für diesen »trockenen« Wein mit der kräftigen gelben Farbe, der nach Pampelmusen und Pfeffer duftet und dessen recht voller Geschmack mit einer lebhaften Note ausklingt, und für einen »halbtrockenen« Wein aus dem gleichen Jahrgang : strahlende, klare Farbe, Duft nach Zitrusfrüchten und Ananas, stattlicher

Touraine — Vouvray

Geschmack und lebhafter Abgang, in dem man die Zitrusfrüchte wiederfindet. Ein Wein, den man ein paar Jahre einkellern muß.

☛ Francis Denis, 6, rue de la Bergeonnerie, 37210 Chançay, Tel. 02.47.52.23.31, Fax 02.47.52.23.31 ✓ ⌀ n. V.

DOM. DE LA FONTAINERIE
Sec Coteau la Fontainerie 1995*

| | 0,5 ha | 2 000 | 🍾 | 70-100 F |

Ein hübsches Gut aus dem 15./16. Jh., das sich an den Hang schmiegt und seit mehreren Generationen von der Mutter auf die Tochter übergeht. Einige schöne Parzellen mit guter Lage zur aufgehenden Sonne hin bilden die 5 ha Weinberge. Das Gut präsentiert einen »trockenen« Wein, den seine gut verschmolzenen Holznoten und sein überreifer Charakter, an der Grenze zum halbtrockenen Wein, originell machen. Er wird sicherlich überraschen, aber auf angenehme Weise.

☛ Catherine Dhoye-Deruet, Dom. de La Fontainerie, 64, Vallée-Coquette, 37210 Vouvray, Tel. 02.47.52.67.92, Fax 02.47.52.79.41 ✓ ⌀ n. V.

DOM. DE LA GALINIERE Sec 1995*

| | k. A. | 13 000 | 🍾 | 30-50 F |

Traubenlese mit kleinen Kisten, langes, vorsichtiges Pressen, drei Monate dauernde Gärung im Holzfaß – das ist der Stil von Pascal Delaleu, einem sehr gewissenhaften Winzer. Das Ergebnis ? Ein »trockener« Wein, der fruchtig und von guter Länge ist. Seine Lebhaftigkeit kann überraschen, aber sie wird es ihm ermöglichen, sich wunderbar gegenüber Meeresfrüchten zu behaupten.

☛ Pascal Delaleu, La Galinière ; 45, rue de la Vallée-de-Cousse, 37210 Vernou-sur-Brenne, Tel. 02.47.52.15.92, Fax 02.47.52.19.50 ✓ ⌀ n. V.

JEAN-PIERRE LAISEMENT
Méthode traditionnelle Brut 1994*

| ○ | 2,5 ha | 15 000 | 🍾 | 30-50 F |

Ein Gut, das der Urgroßvater von Jean-Pierre Laisement Anfang des Jahrhunderts aufgebaut hat. Aus ein paar Rebzeilen sind 13 ha geworden. Der gut ausgerüstete Betrieb exportiert einen nicht unwesentlichen Teil seiner Produktion ins Ausland. Seine »Méthode traditionnelle« bietet eine ziemlich kräftige Farbe und einen einschmeichelnden Duft, in dem sich Hefebrot und Blüten vermischen. Der reichhaltige Geschmack hinterläßt einen Eindruck von exotischen Früchten. Ein typischer Vouvray.

☛ Jean-Pierre Laisement, 15 et 22, rue de la Vallée-Coquette, 37210 Vouvray, Tel. 02.47.52.74.47, Fax 02.47.52.65.03 ✓ ⌀ Mo-Sa 8h-12h30 13h30-20h ; So u. Gruppen n. V.

CLOS LA LANTERNE
Moelleux Cuvée Arnaud 1995*

| | 2 ha | 4 000 | 🍾 | 70-100 F |

Der turmartige Aufsatz der im Namen erwähnten »Laterne« ist alles, was von einer Burg übriggeblieben ist, die auf einem Hügel über der Loire errichtet worden war und das Tal gegen Eindringlinge schützte, die auf dem Flußweg kamen. Ein besonders günstiges Anbaugebiet für den Winzer, der von einer außergewöhnlichen Sonneneinstrahlung, einem steinigen Boden und der Loire profitiert, die dem Herbst Feuchte und Milde schenkt. Dieser »liebliche« Wein bietet einen sehr intensiven Duft nach Wachs und frischen Früchten. Die Ansprache im Geschmack überrascht aufgrund ihrer Lebhaftigkeit, aber sie macht rasch einer Vollmundigkeit Platz, die sich stark entfaltet. Das Lebhafte kehrt im Abgang zurück und verleiht dem Wein einen leichten, eleganten Charakter (Flaschen mit 50 cl Inhalt).

☛ Benoît Gautier, Dom. de La Châtaigneraie, 37210 Rochecorbon, Tel. 02.47.52.84.63, Fax 02.47.52.84.65 ✓ ⌀ n. V.

DOM. DE LA LIMACIERE Sec 1995*

| | 1,5 ha | 5 600 | 🍾 | 30-50 F |

Bernard Courson scheint ein Spezialist für trockene Weine zu sein. Ist das der Lage seines 13 ha großen Weinguts zu verdanken, das Hänge über der Loire einnimmt, oder seinen Fähigkeiten als Weinmacher ? Wir erinnern uns an den 92er, der zum Lieblingswein gewählt wurde, und an den sehr gut bewerteten 93er. Der 95er ist sehr sanft ; er bietet Noten von Blüten, Früchten und Honig. Eine maßvolle Lebhaftigkeit verleiht ihm eine schöne Haltung. Der lange Abgang ist sehr aromatisch.

☛ Bernard Courson, Les Patys, 37210 Vouvray, Tel. 02.47.52.73.74 ✓ ⌀ n. V.

DOM. LA SABOTERIE Tendre 1995

| | k. A. | 5 000 | 🍾 | 50-70 F |

Christian Chaussard bewirtschaftet etwas mehr als 3 ha Reben in Rochecorbon, einem kleinen Weinbauort, der sich bis jetzt gegen die Urbanisierung schützen konnte. Sein Vouvray Tendre zeigt einen sehr diskreten, aber feinen Duft. Der Geschmack bietet einen richtigen lieblichen Charakter, mit einer Lebhaftigkeit im Abgang, die ihn ein wenig aufweckt, dabei aber seine Gesamtharmonie bewahrt.

☛ Chaussard, La Saboterie, 37210 Rochecorbon, Tel. 02.47.52.59.46, Fax 02.47.52.82.54 ✓ ⌀ n. V.

DOM. LE CAPITAINE
Moelleux Réserve 1995**

| | 2,5 ha | 5 000 | 🍾 | 70-100 F |

Alain hat dieses Gut gegründet, indem er 1989 mit einer kleinen Parzelle begann. Sein Bruder hat sich ihm später angeschlossen, und heute besitzen sie 17 ha auf sehr schönen Hängen nahe der Loire. Sie sind seit jedes Jahr in unserem Weinführer vertreten und zeichnen sich erneut mit diesem »lieblichen« Wein aus. Er besitzt einen geradlinigen, reichhaltigen Duft, der an reife Birnen, Quitten, Aprikosen und Honig erinnert, und bietet einen strukturierten, korpulenten Geschmack mit einem kräftigen Aroma. Dieser 95er ist von seltener Harmonie und kann sehr lang lagern. Ebenfalls vielversprechend ist der »trockene« Wein des Guts, der einen Stern erhalten hat. Ein klarer Wein, lang im Geschmack, mit der genau richtigen Lebhaftigkeit.

☛ Dom. Le Capitaine, 23, rue du Cdt-Mathieu, 37210 Rochecorbon, Tel. 02.47.52.53.86, Fax 02.47.52.85.23 ✓ ⌀ n. V.

Touraine / Vouvray

DOM. DE L'EPINAY
Méthode traditionnelle Blanc de blancs 1994

| ○ | 6 ha | 20 000 | 🍾♨ 30-50 F |

Der Clos de l'Epinay ist ein alter Weinberg aus dem 17. Jh., der immer noch von seinen Mauern umgeben ist. Die Keller, die sich in Rochecorbon befinden, bedienen sich moderner Vinifizierungsmethoden. Sie bieten einen nach der traditionellen Flaschengärung hergestellten Schaumwein, der gefällig und voller Frische ist.
🍇 Dom. de L'Epinay, Clos de l'Epinay, 37210 Vouvray, Tel. 02.47.52.87.87, Fax 02.47.52.56.34 ✓ ⅋ n. V.

LES LARMES DE BACCHUS
Moelleux 1995★★

| □ | 15 ha | 2 400 | ⅋ 200 F |

Jean-Claude und Christophe Pichot, Vater und Sohn, besitzen Keller mit drei Stockwerken, die über zahlreiche Stollen verfügen und eine alte Traubenpresse aus dem 16. Jh. enthalten. Sie können auf diesen »lieblichen« Wein stolz sein. Der intensive Duft erinnert an Edelfäule mit Noten von Unterholz. Der stattliche Geschmack mit einem ziemlich hohen Zuckergehalt klingt mit Blüten und Quitten aus. Ein sehr schöner Wen, den man schon jetzt vorsetzen kann, der sich aber noch vorteilhaft entwickelt.
🍇 EARL Jean-Claude et Christophe Pichot, 32, rue de la Bonne-Dame, 37210 Vouvray, Tel. 02.47.52.72.45, Fax 02.47.52.66.59 ✓ ⅋ n. V.

BERNARD MABILLE Demi-sec 1993

| ○ | 2 ha | 5 000 | 🍾♨ 30-50 F |

Ein nach der traditionellen Flaschengärung gut hergestellter Schaumwein : Der Geruchsindruck ist reich an blumigen und fruchtigen Düften, der Geschmack ist ausgewogen und eher lang. Ein Vouvray, der zu einer nicht zu süßen Nachspeise paßt.
🍇 Bernard Mabille, 7, rue de la Vallée-de-Vaugondy, 37210 Vernou-sur-Brenne, Tel. 02.47.52.10.94, Fax 02.47.52.07.32 ✓ ⅋ Mo-Sa 8h30-12h 14h-19h

FRANCIS MABILLE Sec 1995★★

| □ | k. A. | 3 200 | 🍾⅋♨ 30-50 F |

Francis Mabille hat sich 1986 auf dem Weingut seiner Eltern niedergelassen ; er führt die Qualitätstradition dieser Familie mit einem klassischen, ausgezeichnet hergestellten »trockenen« Wein fort. Der entfaltete Duft erinnert an Äpfel, Akazienblüten und getrocknete Früchte. Der Geschmack enthüllt einen guten Umfang mit einer leichten, ansprechenden Rundheit und einem charaktervollen Abgang. Ein in seinem Typ guter Vouvray, der sich mühelos lagern läßt. Der »liebliche« Wein des Guts verdient eine lobende Erwähnung. Er wird sich mit dem Alter entwickeln.
🍇 Francis Mabille, 17, rue de la Vallée-de-Vaugondy, 37210 Vernou-sur-Brenne, Tel. 02.47.52.01.87 ✓ ⅋ n. V.

MARC ET LAURENT MAILLET
Méthode traditionnelle Brut 1994

| ○ | 3,55 ha | 12 500 | 🍾⅋ 30-50 F |

Marc und Laurent Maillet haben sich auf den Anhöhen der Vallée Coquette niedergelassen, die Balzac gern durchwanderte. Sie bewirtschaften fast 13 ha Rebflächen und besitzen schöne Felsenkeller, die für die Reifung der Weine wertvoll sind. Die Jury hat diese »Méthode traditionnelle« ausgewählt : lebhaft, durstlöschend, mit einem empyreumatischen Geruchseindruck. Außerdem hat die »lieblichen« 95er, der von ausgelesenen Trauben stammt, Aromen von Honig, Quitten und Gekochtem mischt und einen vollen, langen, ausgewogenen Geschmack besitzt. Ein Wein von mittlerer Lagerfähigkeit.
🍇 Marc et Laurent Maillet, 101, rue de la Vallée-Coquette, 37210 Vouvray, Tel. 02.47.52.76.46, Fax 02.47.52.63.06 ✓ ⅋ tägl. 9h-19h ; Gruppen n. V.

DOM. DU MARGALLEAU
Méthode traditionnelle★

| ○ | k. A. | 10 000 | 🍾♨ 30-50 F |

Jean-Michel Pieaux hat sich 1986 auf einem kleinen Weingut niedergelassen. Vor zwei Jahren hat sich ihm sein Bruder angeschlossen, der das Gut eines Onkels mit einbrachte. In diesem Jahr hat ihnen ihr Vater seine Rebflächen überlassen. Das ergibt insgesamt 22 ha in guter Lage, mit gesunden Reben. Das Gut präsentiert einen nach der traditionellen Flaschengärung hergestellten Schaumwein, der Aromen von Vanille, Äpfeln und exotischen Früchten verbindet und eine sehr gute Ausgewogenheit besitzt.
🍇 GAEC Bruno et Jean-Michel Pieaux, 10, du Clos-Baglin, 37210 Chançay, Tel. 02.47.52.97.27, Fax 02.47.52.25.51 ✓ ⅋ n. V.

MAISON MIRAULT Sec 1995

| □ | k. A. | 5 000 | 🍾⅋ 30 F |

Der gute Ruf des Hauses Mirault rührt von seinem Können auf dem Gebiet der Schaumweinherstellung her. Aber es ragt auch beim Ausbau und der regelmäßigen Qualität der Stillweine hervor. Zeuge dafür ist dieser »trockene« Wein mit dem wohlausgewogenen, recht reichhaltigen und kräftigen Blütenduft, der auch im Geschmack anhält. Er wird eine gute Karriere machen.
🍇 Maison Mirault, 15, av. Brûlé, 37210 Vouvray, Tel. 02.47.52.71.62, Fax 02.47.52.60.90 ✓ ⅋ Mo-Sa 8h-12h 14h-18h ; So n. V.

CH. MONCONTOUR
Méthode tradit. Brut Cuvée Prédilection 1995

| ○ | 21 ha | 160 000 | 🍾♨ 30-50 F |

Balzac begehrte lange Zeit dieses Renaissancegebäude, das die Loire überragt, aber mangels Geld mußte er sich damit begnügen, es zum Rahmen für einen seiner Romane, Die Frau von 30 Jahren, zu machen. Das Gut präsentiert einen nach der traditionellen Flaschengärung hergestellten »Brut« mit einem Vanille- und Mandelaroma, dessen Charme in seiner Ausgewogenheit und Leichtigkeit besteht.

Touraine — Vouvray

- Ch. Moncontour, 37210 Vouvray, Tel. 02.47.52.60.77, Fax 02.47.52.65.50 ☑ ⚲ n. V.
- Feray

CH. DE MONTFORT Sec 1995*

| ☐ | 35 ha | 20 000 | 🍾♦ | 30-50 F |

Château de Montfort geht auf die Anfänge des Erzbistums Tours zurück. Das heutige Weingut umfaßt 35 ha Reben. 1988 wurde es von der Firma Cordier erworben, die mit der deutschen Firma Schlumberger verbunden ist. Sein »trockener« Wein, der im Glas funkelt, zeigt sich eher rund. Sein Duft erinnert an Aprikosen, gelbfleischige Pfirsiche und Birnen. Seine Lebhaftigkeit wird noch ein wenig vom Restzucker gemildert. Zwei Jahre im Keller werden es ihm ermöglichen, seine Harmonie zu vollenden.

- SCI du Ch. de Montfort, La ferme des Quarts, 37210 Noizay, Tel. 02.47.52.14.57, Fax 02.47.52.73.35 ⚲ n. V.

DOM. D'ORFEUILLES Sec 1995*

| ☐ | 2 ha | 8 000 | 🍾🍾🍾 | 30-50 F |

Das Gut erstreckt sich auf die letzten Hänge des Appellationsbereichs. Die Einflüsse der Loire, die über die Brenne spürbar werden, und die mit Feuerstein durchsetzten Böden schaffen ein Anbaugebiet, in dem die Chenin-Rebe oft Wein von großer Ausdruckskraft liefert. Das gilt auch für diesen »trockenen« Wein, den seine Struktur, seine Reichhaltigkeit und seine Harmonie lagerfähig machen. Eine schöne Flasche, die man einkellern kann, ohne Gewissensbisse zu haben. Hinweisen wollen wir vom selben Gut auf einen nach der traditionellen Flaschengärung hergestellten »Brut«, der im Typ leicht ist und von der Jury lobend erwähnt wird.

- Bernard Hérivault, La Croix-Blanche, 37380 Reugny, Tel. 02.47.52.91.85, Fax 02.47.52.25.01 ☑ ⚲ Mo-Sa 8h-19h ; So n. V.

J.G. RAIMBAULT Sec 1995*

| ☐ | 5 ha | 4 500 | 🍾 | 30-50 F |

Ein Familiengut, das von zwei Geschwistern geführt wird. Es besitzt Felsenkeller. Diese führen zum Hügel, von dem aus man Blick auf eine bezaubernde Loire-Landschaft hat. Das Gut präsentiert zwei sehr gelungene Weine, die die gleiche Note erhalten haben. Dieser »trockene« Wein mit der klaren gelben, grün schimmernden Farbe ist von guter Ausgewogenheit und verbindet auf angenehme Weise Sanftheit und Lebhaftigkeit. Man nehme noch den Duft von getoastetem Brot und Äpfeln hinzu, und man erhält eine recht verlockende Flasche für den sofortigen Genuß. Der »halbtrockene« Wein, der ebenfalls durch ein Aroma von getoastetem Brot geprägt ist, verführt aufgrund seines ausgewogenen, vollen Geschmacks mit der lieblichen Ansprache und seines langen Abgangs.

- GAEC Jean et Ghislaine Raimbault, 186, coteau des Vérons, 37210 Noizay, Tel. 02.47.52.00.10, Fax 02.47.52.05.29 ☑ ⚲ n. V.

VINCENT RAIMBAULT Sec 1995

| ☐ | 1,3 ha | 7 000 | 🍾♦ | 30-50 F |

Das 15 ha große Gut liegt auf den Hängen, die die Brenne säumen. Es präsentiert einen goldgrünen »trockenen« Wein mit guter Ansprache, die durch einen Eindruck von Eleganz und Feinheit verlängert wird. Seine leichte Lebhaftigkeit kann gefallen. Vor allem macht sie es möglich, daß er sich gut entwickelt. Ein ebenfalls lobend erwähnter halbtrockener 94er Perlwein hat ein gefälliges Bukett von Birnen, weißen Pfirsichen und Mandeln. Man muß ihn zwei bis drei Jahre reifen lassen, damit er seine Harmonie vollenden kann.

- Vincent Raimbault, 9, rue des Violettes, 37210 Chançay, Tel. 02.47.52.92.13, Fax 02.47.52.24.90 ☑ ⚲ Mo-Sa 10h-18h30

CHRISTIAN THIERRY
Méthode traditionnelle Brut Réserve 1994*

| ○ | k. A. | 4 000 | 🍾♦ | 30-50 F |

Ein Schaumwein von sehr guter Herkunft : feine Bläschen, frischer Duft nach Menthol und Zitronengras, frischer, lebhafter Geschmack, der aber eine gute Ausgewogenheit besitzt.

- Christian Thierry, 37, rue Jean-Jaurès, 37210 Vernou-sur-Brenne, Tel. 02.47.52.18.95, Fax 02.47.52.13.23 ☑ ⚲ n. V.

YVES ET ERIC THOMAS Demi-sec 1995

| ○ | 1 ha | 8 000 | | -30 F |

Yves und Eric Thomas sind seit zwei Jahren auf einem 7 ha großen Gut ansässig, das sich auf kühn gelegene Hänge zwischen Parçay-Meslay und Rochecorbon erstreckt. Ihre im Aussehen ansprechende »Méthode traditionnelle demi-sec« zeigt in einem sehr blassen Kleid feine Bläschenkolonnen. Der Geruchseindruck von mittlerer Intensität. Der recht runde Geschmack hat Birnennoten. Ein harmonischer Schaumwein, der für das Ende einer Mahlzeit zu empfehlen ist.

- GAEC Yves et Eric Thomas, 10, rue des Boissières, 37210 Parçay-Meslay, Tel. 02.47.29.14.94 ☑ ⚲ n. V.

DOM. DE VAUGONDY
Méthode traditionnelle Brut*

| ○ | 10 ha | 80 000 | 🍾♦ | 30-50 F |

Die Hänge, die das Tal von Vaugondy umrahmen, sind ziemlich steil und haben eine hohe Sonneneinstrahlung. Philippe Perdriaux nutzt dies aus und bietet regelmäßig erstklassige Erzeugnisse. Diese ziemlich blasse »Méthode traditionnelle brut« mit den sehr feinen Bläschen zeichnet sich durch ein zartes, empyreumatisches Aroma aus. Der leichte Geschmack ist angenehm fruchtig. Ein Vouvray, der die Appellation gut repräsentiert.

- Philippe Perdriaux, Les Glandiers, 37210 Vernou-sur-Brenne, Tel. 02.47.52.02.26, Fax 02.47.52.04.81 ☑ ⚲ n. V.

DOM. VIGNEAU-CHEVREAU
Moelleux Ch. Gaillard Récolte par tries 1995

| ☐ | 5 ha | 10 000 | 🍾 | 50-70 F |

Ein Erzeuger, der sich neben seiner Funktion im Berufsverband auch um ein 25 ha großes Weingut kümmert. Er bietet einen »lieblichen« Wein von ziemlich kräftiger strohgelber Farbe, der nach Quitten und Honig duftet. Der Geschmack erweckt einen Eindruck von Ausgewogenheit. Ein gutgebauter Wein in einem mittleren Register, der schon trinkreif ist.

Touraine

🍇 EARL Vigneau-Chevreau, 4, rue du Clos-Baglin, 37210 Chançay, Tel. 02.47.52.93.22, Fax 02.47.52.23.04 ☑ ⚘ n. V.

DOM. DU VIKING
Méthode traditionnelle 1993**

| ○ | 6 ha | 6 000 | ▪ 30-50 F |

Aus Liebe zum Wein und zu einer schönen Frau aus dem Gebiet von Vouvray kam Lionel Gauthier von Nantes her - als echter »Wikinger« - die Loire herauf und ließ sich in Reugny nieder. Heute leitet er ein 11 ha großes Gut mit Böden, die reich sind an Kalkschotter und Kieselsteinen. Er hat sich auf Schaumweine spezialisiert, die er möglichst lang auf Lattengestellen lagert. Dieser 93er hat aufgrund seiner Eleganz und seiner Feinheit verführt. Er hat eine kräftige gelbe, fast goldene Farbe. Der Duft ist der eines etwas entwickelten Weins, mit dem Feuer von Honig und Quitten. Der Geschmack mit der frischen, recht langen Ansprache ist ganz zart. Selten findet man einen so gut gebauten Wein, in dem alle Bestandteile genau im richtigen Maß sind.

🍇 Lionel Gauthier, Mélotin, 37380 Reugny, Tel. 02.47.52.96.41, Fax 02.47.52.24.84 ☑ ⚘ n. V.

CLAUDE VILLAIN
Moelleux Cuvée Jim 1995*

| □ | 2 ha | 4 000 | ⚏ 50-70 F |

Dieses Tal von Saint-Georges ist reizvoll mit seiner Kapelle aus dem 11. Jh., seinen alten Bürgerhäusern, seinen Höhlenhäusern und seinen tiefen Kellern. In dem von Claude Villain können Sie diesen »lieblichen« Wein entdecken, dessen ein wenig verschlossener Geruchseindruck Noten von Gewürzen, Honig und Quitten erkennen läßt. Der Geschmack zeigt viel Fülle und Nachhaltigkeit. Dank einer leichten Lebhaftigkeit findet er seine Ausgewogenheit. Honig und Quitten kommen auf angenehme Weise wieder im Abgang zum Vorschein. Lagern oder trinken.

🍇 Claude Villain, 30-32, rue Saint-Georges, 37210 Rochecorbon, Tel. 02.47.52.50.72, Fax 02.47.52.82.48 ☑ ⚘ Mo-Sa 9h-12h 14h-19h

Cheverny

Die 1973 entstandene VDQS-Appellation Cheverny wurde 1993 zur AOC erhoben. In dieser Appellation, deren Anbaugebiet (über 2 000 ha sind abgegrenzt, 400 ha davon bestockt) sich entlang dem linken Flußufer erstreckt, von der Sologne blésoise bis zum Rand der Region von Orléans, werden zahlreiche Rebsorten verwendet. Die Erzeuger haben es geschafft, sie so miteinander zu verschneiden, daß ein eigener »Cheverny-Stil« entstanden ist, wobei der Anteil der einzelnen Sorten je nach Anbaugebiet ein wenig variiert. Die Rotweine (8 000 hl), die aus Gamay und Pinot noir erzeugt werden, sind in ihrer Jugend fruchtig und erwerben, wenn sie reifen, ein an Tiergeruch erinnerndes Aroma - das zu dem Image dieser Region als Jagdgebiet paßt. Die aus Gamay erzeugten Roséweine sind trocken und duftig. Die Weißweine (8 000 bis 10 000 hl), bei denen Sauvignon mit etwas Chardonnay kombiniert wird, sind blumig und fein.

Die Erlasse vom 27. und 28. März 1993 haben die AOC Cheverny (für Rot-, Rosé- und Weißweine) anerkannt. Die Schaumweine, die nicht zur AOC Cheverny zugelassen sind, möchten in den Genuß der AOC Crémant de Loire kommen.

MICHEL CONTOUR 1996*

| ▪ | 3,2 ha | 15 000 | ▪ -30 F |

Ein 7-ha-Gut, das regelmäßig im Weinführer erwähnt wird, auf halbem Wege zwischen Cheverny und Blois gelegen. Es präsentiert einen 96er, dessen Schüchternheit im Duft durch die Ausgewogenheit und die Struktur im Geschmack kompensiert wird. Dieser Wein spiegelt gut den Charakter der Rotweine des Cheverny wider.

🍇 Michel Contour, 7, rue La Boissière, 41120 Cellettes, Tel. 02.54.70.40.03, Fax 02.54.70.36.68 ☑ ⚘ tägl. 8h-20h

MICHEL GENDRIER Le Pressoir 1996**

| ▪ | 2,5 ha | 15 000 | ▪ 30-50 F |

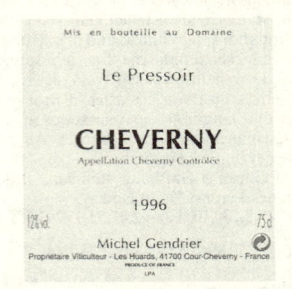

Einstimmige Wahl dieses 96ers zum Lieblingswein. Seine Farbe zwischen Purpur- und Rubinrot ist erstaunlich. Sein komplexer Duft verbin-

Touraine — Cheverny

det rote Früchte mit mineralischen Noten. Reicher Stoff kleidet den Gaumen mit Milde aus. Ein Schmuckstück des Cheverny.
➥ Jocelyne et Michel Gendrier, Les Huards, 41700 Cour-Cheverny, Tel. 02.54.79.97.90, Fax 02.54.79.26.82 ☑ ⊺ n. V.

DOM. DES HUARDS 1996*

| | 7 ha | 35 000 | | 30-50 F |

Dieser 1846 entstandene, rund 25 ha große Familienbetrieb bietet einen blaßgelben Cheverny mit grünen Reflexen, der im Geschmack aufgrund seiner Ausgewogenheit, seiner Geschmeidigkeit und seiner Länge verführt.
➥ Jocelyne et Michel Gendrier, Les Huards, 41700 Cour-Cheverny, Tel. 02.54.79.97.90, Fax 02.54.79.26.82 ☑ ⊺ n. V.

FRANCIS ET PATRICK HUGUET 1996*

| | 2 ha | 6 000 | | -30 F |

Ein Cheverny, der von den Hochflächen über der Loire stammt, mit einem komplexen Duft, aus dem rote Früchte herausragen. Nach einer klaren Ansprache zeigt sich der Geschmack ausgewogen. Die Jury sagt ihm eine schöne Zukunft vorher. Vom selben Gut muß man einen weißen 96er lobend erwähnen, der ein intensives Ginster- und Buchsbaumaroma und einen leichten, frischen Geschmack besitzt. Man kann ihn sofort genießen.
➥ Francis et Patrick Huguet, 12, rue de la Franchetière, 41350 Saint-Claude-de-Diray, Tel. 02.54.20.57.36, Fax 02.54.20.58.57 ☑ ⊺ n. V.

DOM. DE LA DESOUCHERIE
Cuvée du Portail 1996**

| | 6,5 ha | 16 000 | | 30-50 F |

Ein 20 ha großes Gut, das regelmäßig im Weinführer Erwähnung findet. Der 93er Cuvée du Portail war Lieblingswein. Der 96er ist prächtig. Ein rubinroter Wein, der robust, aber elegant und voller Jugendlichkeit ist. Er dürfte sich mit der Zeit noch stärker entfalten.
➥ Christian Tessier, Dom. de La Désoucherie, 41700 Cour-Cheverny, Tel. 02.54.79.90.08, Fax 02.54.79.22.48 ☑ ⊺ n. V.

DOM. DE LA GAUDRONNIERE 1996*

| | 7,48 ha | 20 000 | | 30-50 F |

Dieses 21 ha große Gut hat einen Weißwein erzeugt, dessen strohgelbe Farbe von einer perfekten Vinifizierung zeugt. Die Intensität seines Aromas und die Ausgewogenheit des Geschmacks machen den Charme dieses sehr feinen Cheverny aus. Ebenfalls lobend erwähnen muß man den Rotwein aus dem gleichen Jahrgang. Die Jury schätzte an ihm seine sanften, verschmolzenen Tannine. Ein Wein mit einer schönen Zukunft.
➥ Christian Dorléans, Dom. de La Gaudronnière, 41120 Cellettes, Tel. 02.54.70.40.41, Fax 02.54.70.38.83 ⊺ n. V.

DOM. LE PORTAIL 1996*

| | 2,3 ha | 12 000 | | -30 F |

Dieses Gut hat seinen Sitz in einem alten Kloster. Sein sehr sympathischer Rosé erstaunt uns durch seine geschmackliche Präsenz. Der erfrischende, leicht würzige Abgang bietet eine gute Nachhaltigkeit.
➥ Michel Cadoux, Le Portail, 41700 Cheverny, Tel. 02.54.79.91.25, Fax 02.54.79.28.03 ☑ ⊺ n. V.

MARQUIS DE LA PLANTE D'OR 1996*

| | 2,5 ha | 9 000 | | 30-50 F |

Dieser Cheverny, der von den sandigen Böden der Sologne stammt, überrascht durch seine goldgelbe Farbe und seinen intensiven Duft, in dem das Aroma exotischer Früchte dominiert. Die Ansprache ist sanft, der Geschmack harmonisch.
➥ Philippe Loquineau, La Demalerie, 41700 Cheverny, Tel. 02.54.44.23.09, Fax 02.54.44.22.16 ☑ ⊺ n. V.

DOM. DE MONTCY 1996

| | 3 ha | 22 000 | | 30-50 F |

Dieses 20 ha große Gut, das 1994 von den Simons übernommen wurde, bietet drei von der Jury lobend erwähnte Weine. Der Rotwein zeigt eine lebhafte Farbe. Die Jury schätzte an ihm seinen intensiven Duft nach roten Früchten. Es ist ein süffiger Cheverny. Aus dem gleichen Jahrgang sind zwei Weißweine zu beachten. Die Cuvée Croix des Cendres verführt aufgrund ihres Aromas von weißen Blüten und schwarzen Johannisbeeren und ihres einschmeichelnden Geschmacks mit dem erfrischenden Abgang. Die gleiche Frische besitzt eine andere weiße Cuvée mit Muskatnuancen.
➥ EARL R. et S. Simon, La Porte Dorée, 41700 Cheverny, Tel. 02.54.79.29.98, Fax 02.54.79.90.07 ☑ ⊺ Mo-Sa 10h-12h30 14h-19h

LES VIGNERONS DE MONT-PRES-CHAMBORD 1996*

| | 2 ha | 15 000 | | -30 F |

Diese Genossenschaft erweist sich Jahr für Jahr als Erzeuger, auf den man in der Appellation fest setzen kann. Für diese Ausgabe wurden vier ihrer Weine in den drei Farben der Appellation ausgewählt. Der Rosé zeugt von einer guten aromatischen Intensität; im Geschmack zeigt er sich frisch und süffig. Der Weißwein aus dem gleichen Jahrgang hat zwar nicht die Leistung des 94ers wiederholt (Lieblingswein in der Ausgabe 1996), verdient aber eine lobende Erwähnung aufgrund seines freigebigen Aromas von Knospen schwarzer Johannisbeeren, seiner Ansprache und seiner Gesamtharmonie.
➥ Les Vignerons de Mont-près-Chambord, 816, la Petite-Rue, 41250 Mont-près-Chambord, Tel. 02.54.70.71.15, Fax 02.54.70.70.65 ☑ ⊺ Mo-Sa 8h-12h 14h-18h

LES VIGNERONS DE MONT-PRES-CHAMBORD 1996*

| | 10 ha | 60 000 | | -30 F |

Beim Rotwein haben zwei Cuvées der Winzergenossenschaft jede einen Stern erhalten. Diese hier besteht überwiegend aus Gamay (60 %), ergänzt durch Pinot noir. Die kirschrote Farbe zeigt violette Reflexe. Der komplexe Duft verbindet rote Früchte mit einigen mineralischen Noten. Der Geschmack erweist sich als ausgewo-

Touraine / Cour-Cheverny

gen und lang. Die Cuvée Terroir et Tradition stammt von älteren Rebstöcken (daher ihr höherer Preis, zwischen 30 und 50 Francs) und hat das umgekehrte Verhältnis von Pinot noir zu Gamay. Sie besitzt eine schöne rubinrote Farbe und entfaltet einen Duft nach roten Früchten, begleitet von ein paar Blüten- und Vanillenoten. Die Tannine sind spürbar, aber verschmolzen. Ein Wein, der eine schöne Zukunft verspricht. Lagern.

⌐ Les Vignerons de Mont-près-Chambord, 816, la Petite-Rue, 41250 Mont-près-Chambord, Tel. 02.54.70.71.15, Fax 02.54.70.70.65 ✉ ⌘ Mo-Sa 8h-12h 14h-18h

DOM. DU MOULIN La Bodice 1996***

| | 1 ha | 4 000 | | -30 F |

Dieser Familienbetrieb mit 12 ha Rebflächen ist vor kurzem vom Sohn übernommen worden, der sich bei der Vinifizierung der Tradition verpflichtet zeigt. Mit zwei sehr gut benoteten Weinen, insbesondere diesem hier, liefert er einen Beweis seines Könnens. Diese 96er Cuvée (75 % Sauvignon, 25 % Chardonnay) hat die Degustationskommission entzückt mit ihrer blaßgoldenen Farbe mit den hübschen grünen Reflexen, ihrem Geschmack von sehr großer Sanftheit und vollkommener Ausgewogenheit und ihrem intensiven, komplexen Aroma, das exotische Früchte und schwarze Johannisbeeren verbindet.

⌐ GAEC Villemade, Le Moulin neuf, 41120 Cellettes, Tel. 02.54.70.41.76, Fax 02.54.70.37.41 ✉ ⌘ n. V.

DOM. DU MOULIN 1996**

| | 4 ha | 25 000 | | -30 F |

Die goldenen Nuancen zeigen, daß dieser Wein von vollkommen reifem Traubengut stammt. Der von Zitrusaromen beherrschte Duft ist intensiv und zart. Ein sehr ausgewogener und harmonischer Cheverny.

⌐ GAEC Villemade, Le Moulin neuf, 41120 Cellettes, Tel. 02.54.70.41.76, Fax 02.54.70.37.41 ✉ ⌘ n. V.

DOM. PHILIPPE TESSIER
La Charbonnerie 1996*

| | 2,3 ha | 13 000 | | 30-50 F |

Ein von den Eltern Philippe Tessiers aufgebautes Gut, die es neu bepflanzt haben. Heute umfaßt es 17 ha Rebflächen. Es präsentiert einen Weißwein von klarer blaßgelber Farbe, der ein sehr elegantes Blütenaroma besitzt. Der harmonische Geschmack klingt mit einem Korb exotischer Früchte aus.

⌐ Philippe Tessier, rue Colin, 41700 Cheverny, Tel. 02.54.44.23.82, Fax 02.54.44.21.71 ✉ ⌘ n. V.

DANIEL TEVENOT 1996*

| | 0,35 ha | 2 500 | -30 F |

Dieses 8 ha große Gut bietet einen Rosé mit gelbroten Farbtönen, der einen femininen Eindruck erweckt. Er ist im Duft blumig und enthüllt im Geschmack ein Aroma von roten Früchten. Der Geschmack zeugt von guter Ausgewogenheit.

⌐ Daniel Tévenot, 4, rue du Moulin-à-Vent, Madon, 41120 Candé-sur-Beuvron, Tel. 02.54.79.44.24, Fax 02.54.79.44.24 ✉ ⌘ n. V.

Cour-Cheverny

Die Erlasse vom 27. und 28. März haben die AOC Cour-Cheverny anerkannt. Diese ist Weißweinen vorbehalten, die von der Rebsorte Romorantin stammen und im Anbaubereich der alten AOS Cour-Cheverny Mont Près Chambord und in einigen Nachbargemeinden erzeugt werden, wo sich die Rebsorte erhalten hat.

MICHEL GENDRIER
Vieilles vignes Cuvée François 1er 1996*

| | 2,3 ha | 14 000 | | 30-50 F |

Eine goldgelbe Farbe, die an vollreife Trauben denken läßt, ein bezauberndes, elegantes Aroma von Akazienblütenhonig und ein kräftiger Geschmack ergeben einen Wein voller Verführungskraft.

⌐ Jocelyne et Michel Gendrier, Les Huards, 41700 Cour-Cheverny, Tel. 02.54.79.97.90, Fax 02.54.79.26.82 ✉ ⌘ n. V.

DOM. DES HUARDS Romorantin 1996*

| | 5 ha | 20 000 | | 30-50 F |

Dieser Weißwein von goldgelber Farbe ist sehr typisch für die Appellation. Seine Ausgewogenheit ist ausgezeichnet, und seine leichte Lebhaftigkeit läßt eine schöne Zukunft voraussagen.

⌐ Jocelyne et Michel Gendrier, Les Huards, 41700 Cour-Cheverny, Tel. 02.54.79.97.90, Fax 02.54.79.26.82 ✉ ⌘ n. V.

DOM. DE LA GAUDRONNIERE
1996***

| | 1 ha | 3 333 | | 30-50 F |

Seine schöne goldgelbe Farbe kann nur von sehr reifen Trauben herrühren. Der sehr komplexe Duft verbindet hamonisch Aromen von exotischen Früchten, Honig und Akazienblüten. Seine Stärke im Geschmack spiegelt die Freigebigkeit des Jahrgangs 1996 wider. Das alles ist durchaus die Wahl zum Lieblingswein wert.

Touraine

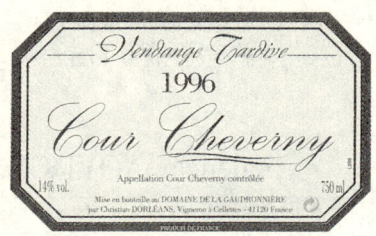

☛ Christian Dorléans, Dom. de La
Gaudronnière, 41120 Cellettes,
Tel. 02.54.70.40.41, Fax 02.54.70.38.83 ✓ ⚏ n. V.

LE PETIT CHAMBORD 1996*

| | 4 ha | 18 000 | 🍷🍾♦ 30-50 F |

Die Traubenlese mit der Hand erlaubte ein Aussortieren der Beeren. Der Winzer stellt daraus einen ausgewogenen Wein her, der Stärke und Feinheit vereint. Beim Cheverny sind zwei Weine des Guts von der Jury ausgewählt worden : dieser rote 96er, der überwiegend aus Pinot noir erzeugt worden ist, eine gute aromatische Intensität besitzt und im Geschmack sehr sanft ist, und ein Weißwein, zu 90 % aus Sauvignon erzeugt. Seine Eleganz, sein Aroma von Zitrusfrüchten und exotischen Früchten und sein frischer, ausgewogener Geschmack verdienen eine lobende Erwähnung.
☛ François Cazin, Le Petit Chambord,
41700 Cheverny, Tel. 02.54.79.93.75,
Fax 02.54.79.27.89 ✓ ⚏ n. V.

DOM. PHILIPPE TESSIER 1996**

| | 2 ha | 8 000 | 🍷♦ 30-50 F |

Erneut ein gutes Jahr für Philippe Tessier, dessen 95er Lieblingswein war. Der blaßgelbe, grün schimmernde 96er bietet im Geschmack den typischen Charakter der Rebsorte Romorantin. Man findet darin Noten von Akazienblüten mit Honignoten vereint. Die Jury ist durch seine Ausgewogenheit und seine Länge verführt worden.
☛ Philippe Tessier, rue Colin, 41700 Cheverny,
Tel. 02.54.44.23.82, Fax 02.54.44.21.71 ✓ ⚏ n. V.

Coteaux du Vendômois AOVDQS

Die Besonderheit dieser Appellation, die einmalig ist in Frankreich, ist der »graue Wein« aus der Rebsorte Pineau d'Aunis. Seine Farbe muß sehr blaß bleiben, das Aroma pfeffrige Noten entfalten. Wie in den benachbarten Appellationen Coteaux du Loir und Jasnières schätzt man hier auch einen aus Chenin-Trauben erzeugten Weißwein.

Coteaux du Vendômois AOVDQS

Seit ein paar Jahren nimmt aufgrund der Nachfrage der Verbraucher die Produktion von Weißweinen zu. Die leicht würzige Nervigkeit der Rebsorte Pineau d'Aunis wird dabei durch die zurückhaltende Gamay-Rebe gedämpft und entweder durch Pinot noir hinsichtlich Feinheit oder durch Cabernet bezüglich des Tanningehalts verstärkt.

Die Produktion in diesem Anbaugebiet, das im Land des Dichters Ronsard, zwischen Vendôme und Montoire, liegt, beläuft sich auf 6 000 bis 7 000 hl. Der Tourist kann die Hügel bewundern, in denen sich zahlreiche Höhlenhäuser und in den Kalktuff gehauene Keller befinden.

LES CAVES BAUDET
Rouge Tradition 1996*

| ■ | 1,8 ha | 6 000 | -30 F |

Dieser Wein mit der sehr kräftigen roten Farbe entfaltet einen Duft von sehr reifen roten Früchten, verbunden mit Noten schwarzer Johannisbeeren. Nach einer guten Ansprache enthüllt der Geschmack eine sehr schöne Ausgewogenheit.
☛ Jacques Noury, Montpot, les Caves Baudet,
41800 Houssay, Tel. 02.54.85.36.04,
Fax 02.54.85.19.30 ✓ ⚏ tägl. 9h-12h 15h-19h ;
Gruppen n. V.

DOM. CHEVAIS 1996*

| ■ | 1,5 ha | 3 000 | 🍷 -30 F |

Die Brüder Chevais, die in ihr Gut ganz in der Nähe der großartigen Burg Lavardin haben, präsentierten einen Rotwein aus dem Gebiet von Vendôme. Er hat eine sehr lebhafte, klare rubinrote Farbe und ein intensives Aroma von Gewürzen und roten Früchten. Der harmonische Geschmack ist sanft und leicht und enthüllt ein paar Tannine.
☛ GAEC Chevais Frères, Les Portes,
41800 Houssay, Tel. 02.54.85.30.34 ✓ ⚏ n. V.

PATRICE COLIN Gris 1996

| ◢ | 6,5 ha | 8 000 | 🍷♦ -30 F |

Dieser für die Appellation sehr charakteristische »graue« Wein überrascht aufgrund seiner Länge und Frische.
☛ Dom. de La Gaudetterie, 41100 Thoré-
La-Rochette, Tel. 02.54.72.80.73,
Fax 02.54.72.75.54 ✓ ⚏ Mo-Sa 8h-12h 14h-19h

PATRICE COLIN Emilien Colin 1996*

| ■ | 2 ha | 5 000 | 🍾 -30 F |

Ein Verschnitt aus Pineau d'Aunis (40 %), Cabernet und Gamay (jeweils 30 %) : ein charaktervoller Wein mit dem Duft von roten Früchten. Die Ansprache ist fest ; die Tannine zeigen sich sehr spürbar, aber seidig. Aussicht auf eine schöne Zukunft.

Touraine

● Dom. de La Gaudetterie, 41100 Thoré-La-Rochette, Tel. 02.54.72.80.73, Fax 02.54.72.75.54 ☑ ☨ Mo-Sa 8h-12h 14h-19h
● Patrice Colin

DOM. DU FOUR A CHAUX 1996

| | 2 ha | 4 500 | ■ ♦ | -30 F |

Claude und Dominique Norguet präsentieren einen sympathischen Weißwein aus Chenin-Trauben, dessen Aroma an exotische Früchte erinnert. Im Geschmack frisch - ein für das Gebiet von Vendôme typischer Wein.
● GAEC Norguet, Berger, 41100 Thoré-la-Rochette, Tel. 02.54.77.12.52, Fax 02.54.77.87.86.18 ☑ ☨ n. V.

DOM. DE LA CHARLOTTERIE
Gris 1996★

| | 0,57 ha | 3 500 | ■ ♦ | -30 F |

Ein sehr blasser »Grauer« mit einem pfeffrigen Aroma, das für die Rebsorte Pineau d'Aunis charakteristisch ist. Er ist im Geschmack sehr frisch und paßt zu allen Grillgerichten.
● Dominique Houdebert, 2, rue du Bas-Bourg, 41100 Villiersfaux, Tel. 02.54.80.29.37, Fax 02.54.73.10.01 ☑ ☨ n. V.

CAVE COOPERATIVE DU VENDOMOIS La Bonne Aventure 1996★★

| | 4 ha | 15 000 | ■ ♦ | -30 F |

Die 1930 entstandene Genossenschaftskellerei des Vendômois verteidigt gut die Farben der Appellation : Vier ihrer Weine sind berücksichtigt worden, vor allem der Rotwein (aus 70 % Cabernet und 30 % Pineau d'Aunis) mit dem kräftigen, funkelnden Rubinrot. Ein Aroma von kleinen roten Früchten umschmeichelt die Nase ebenso wie den Gaumen. Der Geschmack ist dank feiner Tannine gleichzeitig rund gut strukturiert. Die 96er rote Hauptcuvée erhält einen Stern.
● Cave coop. du Vendômois, 60, av. du Petit-Thouars, 41100 Villiers-sur-Loir, Tel. 02.54.72.90.69, Fax 02.54.72.75.09 ☑ ☨ n. V.

CAVE COOPERATIVE DU VENDOMOIS 1996★★

| | 3 ha | 10 000 | ■ ♦ | -30 F |

Nicht außer acht bleibt dieser weiße 96er, der zu 90 % aus Chenin erzeugt worden ist, ergänzt durch Chardonnay. Sein elegantes Aroma von Akazienblüten und Honig und sein ausgewogener, langer Geschmack haben die Jury verführt. Einige Verkoster hätten ihn gern zum Lieblingswein gemacht !

Valençay AOVDQS

● Cave coop. du Vendômois, 60, av. du Petit-Thouars, 41100 Villiers-sur-Loir, Tel. 02.54.72.90.69, Fax 02.54.72.75.09 ☑ ☨ n. V.

Valençay AOVDQS

Am Rande des Berry, der Sologne und der Touraine wechselt der Weinbau mit Wäldern, Getreideanbau und Ziegenzucht. Die Böden sind vorwiegend lehmig-kalkhaltig oder lehmig-schlickig. Das Weinbaugebiet umfaßt beinahe 200 ha. Angebaut werden hier die klassischen Rebsorten, die für das Loire-Tal typische Weine hervorbringen. Zumeist trinkt man sie jung. Die Sauvignon-Rebe liefert aromatische Weine mit Noten von schwarzen Johannisbeeren oder Ginster ; ergänzt wird sie durch Chardonnay. Neben Gamay findet man die Cabernet-Sorten, Côt und Pinot noir.

In dieser Region, durch die Talleyrand reiste, gibt es auch ein Gütezeichen für die Ziegenkäse : »Valençay de l'Indre«. Diese »Pyramiden« passen ebenso gut zu den Rotweinen wie zu den Weißweinen.

JACKY ET PHILIPPE AUGIS 1996★

| | 3 ha | 20 000 | ■ ♦ | -30 F |

Dieser aus Gamay sowie 20 % Côt erzeugte rote Valençay gibt gut den Jahrgang 1996 wieder mit seinem Duft nach roten Früchten und guten Ausgewogenheit zwischen Rundheit und Tanninen. Er ist trinkreif.
● GAEC Jacky et Philippe Augis, Le Musa, rue des Vignes, 41130 Meusnes, Tel. 02.54.71.01.89, Fax 02.54.71.74.15 ☑ ☨ Mo-Sa 8h-20h ; So 8h-12h

JACKY ET PHILIPPE AUGIS 1996★

| | 1 ha | 8 000 | ■ ♦ | -30 F |

Ein Verschnitt aus Sauvignon (75 %) und Chardonnay. Dieser blaßgelbe Valençay mit den grünen Reflexen hat die Jury durch seinen freigebigen Duft mit dem eleganten Aroma, seine sanfte Ansprache und seinen harmonischen Geschmack verführt.
● GAEC Jacky et Philippe Augis, Le Musa, rue des Vignes, 41130 Meusnes, Tel. 02.54.71.01.89, Fax 02.54.71.74.15 ☑ ☨ Mo-Sa 8h-20h ; So 8h-12h

CLOS DU CHATEAU DE VALENCAY 1996★

| | 1,5 ha | 12 000 | ■ | -30 F |

Eine Kombination von Sauvignon (80 %) und Chardonnay (20 %) hat diesen 96er mit der schö-

Poitou

Haut-Poitou AOVDQS

nen blaßgelben, grün schimmernden Farbe und dem frischen, zarten Aroma hervorgebracht. Ein weißer Valençay, der ganz frisch und fein ist.
SCEV Clos du Château de Valençay, c/o Hubert Sinson, 41130 Meusnes,
Tel. 02.54.71.00.26, Fax 02.54.71.50.93 ◼
Mo-Sa 8h-12h 14h-18h

GARNIER Montbail Cuvée Prestige 1996

| | 1,5 ha | 10 000 | | -30F |

Dieser rote Valençay ist das Ergebnis eines Verschnitts, in dem Gamay dominiert (60 %), ergänzt durch Pinot noir (30 %) und Côt. Der noch schüchterne Geruchseindruck ist diskret fruchtig. Der Geschmack zeigt sich ausgewogen und harmonisch. Die im Abgang deutlich spürbaren Tannine dürften sich bald verfeinern.
SCEA Garnier, rue Delacroix, Chamberlin, 41130 Meusnes, Tel. 02.54.00.10.06, Fax 02.54.05.13.36 ◼ n. V.

CHANTAL ET PATRICK GIBAULT 1996

| | 4 ha | 20 000 | | -30F |

Ein rubinroter Valençay mit dem Aroma von roten Früchten. Der Geschmack enthüllt ungestüme Tannine, die dazu anregen, ihn mindestens ein Jahr altern zu lassen.
EARL Chantal et Patrick Gibault, rue Gambetta, 41130 Meusnes, Tel. 02.54.71.02.63, Fax 02.54.71.58.92 ◼ Mo-Sa 8h-19h; So 9h-12h

FRANCIS JOURDAIN
Cuvée Primevère 1996★★★

| | 1,5 ha | 10 000 | | -30F |

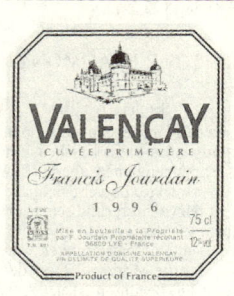

Dieser blaßgoldene 96er mit den grünen Reflexen, ein Wein aus Sauvignon (80 %), ergänzt durch Chardonnay (20 %), hat einmütige Zustimmung gefunden. Er verströmt einen Duft von weißen Blüten und bietet eine vollkommene Ausgewogenheit. Ein Hauch von Kohlensäure verstärkt die abschließende Frische. Bravo !
Francis Jourdain, Les Moreaux, 36600 Lye, Tel. 02.54.41.01.45, Fax 02.54.41.07.56 ◼ tägl. 9h-12h30 14h-19h30

DOM. JACKY PREYS ET FILS 1996★

| | 2 ha | 8 000 | | -30F |

Pineau d'Aunis und Pinot noir sind zu gleichen Teilen an diesem Rosé mit den gelbroten Nuancen beteiligt, der Leichtigkeit und gute Struktur vereint. Eine säuerliche Note verstärkt seine Frische im Abgang.
Dom. Jacky Preys et Fils, Bois Pontois, 41130 Meusnes, Tel. 02.54.71.00.34, Fax 02.54.71.34.91 ◼ Mo-Sa 8h-17h; So 9h-12h; Gruppen n. V.

DOM. JACKY PREYS ET FILS
Cuvée Prestige 1996★

| | 8 ha | 20 000 | | -30F |

Dieser rote Valençay ist das Ergebnis eines Verschnitts von Gamay (45 %), Pinot (45 %) und Côt (10 %). Es ist ein zarter, einschmeichelnder Wein mit dem Aroma von Kirschen und Weichseln.
Dom. Jacky Preys et Fils, Bois Pontois, 41130 Meusnes, Tel. 02.54.71.00.34, Fax 02.54.71.34.91 ◼ Mo-Sa 8h-17h; So 9h-12h; Gruppen n. V.

HUBERT SINSON 1995★

| | 4 ha | 15 000 | | -30F |

Dieser Erzeuger hatte die Jury mit seinem weißen 95er begeistert. Diesem Rotwein, der aus einem Verschnitt von Côt (50 %), Gamay (40 %) und Pinot hervorgegangen ist, mangelt es nicht an Reizen mit seiner intensiven granatroten Farbe und feinen Noten von roten Früchten, bei denen Sauerkirschen dominieren. Der Geschmack enthüllt einen guten Stoff mit Tanninen, die eine günstige Entwicklung voraussagen lassen.
Hubert Sinson, rue des Vignes, Le Muza, 41130 Meusnes, Tel. 02.54.71.00.26, Fax 02.54.71.50.93 ◼ Mo-Sa 8h-12h 14h-18h

CAVE DES VIGNERONS REUNIS DE VALENCAY Terroir 1996

| | k. A. | k. A. | -30F |

Die 1964 entstandene Genossenschaft präsentiert diesen 96er, einen Verschnitt aus Sauvignon (70 %) und Chardonnay. Ein Wein mit originellen Lakritze- und Minzenoten. Die freigebige Sonne hat ihm einen reichhaltigen, kräftigen Geschmack verliehen.
Cave des Vignerons Réunis de Valençay, 36600 Fontguenand, Tel. 02.54.00.16.11, Fax 02.54.00.05.55 ◼ Mo-Sa 8h-12h 14h-18h; Gruppen n. V.

Poitou

Haut-Poitou AOVDQS

Dr. Guyot schrieb 1865 in seinem Bericht, daß das Weinbaugebiet von Vienne 33 560 ha umfasse. Doch heute sind außer dem Anbaugebiet im Norden des Departements, das dem Saumurois zugerechnet wird, nur mehr die Weinberge um die Kantone Neuville und Mirebeau herum von Bedeutung ! Marigny-Brizay ist die Gemeinde mit den meisten unabhängigen Weinbauern. Die übrigen haben sich zur Genossenschaftskellerei Neuville-de-Poitou zusammengeschlossen, die 90 % der insgesamt 30 000 hl Weine des Haut-Poitou erzeugt und auch für das Entstehen dieser Appellation verantwortlich ist.

Die Böden der Hochfläche im Gebiet von Neuville, die sich auf hartem Kalkstein und Marigny-Kreide sowie Mergel entwickelt haben, sind günstig für die verschiedenen Rebsorten der Appellation. Die bekannteste Rebe ist hier Sauvignon (blanc).

DOM. DU CENTAURE Gamay 1996*
| ■ | 1 ha | 6 500 | ■ ♦ -30F |

Die Domaine du Centaure umfaßt 6 ha und präsentiert mit dem Jahrgang 1996 ihre ersten auf dem Gut vinifizierten Weine, und das wenigste, was man sagen kann, ist das, daß es ein Erfolg ist. Dieser Gamay ist ganz im Typ der Appellation mit seinem Erdbeer- und Sauerkirschenaroma. Der Geschmack ist frisch, durststillend und fruchtig. Der Inbegriff eines Weins gegen den Durst.

☛ Gérard Marsault, 4, rue du Poirier, 86380 Chabournay, Tel. 05.49.51.19.39 ▥ ⲧ n. V.

DOM. DU CENTAURE Cabernet 1996**
| ■ | 0,3 ha | 2 000 | ■ ♦ -30F |

Diese aus der Rebsorte Cabernet erzeugte Cuvée ist zwei Fingerbreit von der Wahl zum Lieblingswein entfernt. Sie wurde von der Degustationsjury als bemerkenswert beurteilt. Es gibt nämlich viel Stoff in diesem Wein mit der intensiven granatroten Farbe und dem Aroma von schwarzen Früchten und Gewürzen. Der Geschmack ist kräftig und besitzt Tannine, die recht spürbar sind und als »männlich« bezeichnet wurden. Ein paar Jahre aufheben.

☛ Gérard Marsault, 4, rue du Poirier, 86380 Chabournay, Tel. 05.49.51.19.39 ▥ ⲧ n. V.

DOM. DE LA ROTISSERIE
Cabernet 1996
| ■ | 3 ha | 20 000 | ■ ♦ -30F |

Ein Weinbaubetrieb auf der lehmig-kalkhaltigen Kuppe von Marigny-Brizay. Der »Futuroscope«-Freizeitpark ist ein paar Kilometer entfernt. Dieser Wein muß ausgebaut werden : Sein Aroma, das beim ersten Riechen pflanzlich ist (Paprikaschoten) und bei der Belüftung an rote Früchte erinnert, und sein erfrischender, wohlausgewogener Geschmack fordern dazu auf, daß man ihn zu rotem Fleisch oder zu gebratenem Muskelmagen von Geflügel probiert.

☛ Jacques Baudon, Dom. de La Rôtisserie, 86380 Marigny-Brizay, Tel. 05.49.52.09.02, Fax 05.49.37.11.44 ▥ ⲧ Mo-Fr 8h-12h 14h-19h ; Sa, So n. V.

DOM. LA TOUR BEAUMONT
Chardonnay 1996*
| □ | 1,82 ha | 15 000 | ■ ♦ -30F |

Die lehmig-kalkhaltige Kuppe von Beaumont liefert alle Jahre charaktervolle Weine. Es stimmt, daß die Handschrift von Gilles und Brigitte Morgeau auch damit zu tun hat. Das Gärungsaroma dominiert die Verkostung. Der Geschmack ist komplex mit Noten von weißen Früchten und Zitrusfrüchten, die für die Rebsorte Chardonnay charakteristisch sind. Man sollte ihn zu Süßwasserfisch (Hecht oder Zander in weißer Buttersauce) servieren. Der ohne Stern lobend erwähnte 96er Sauvignon ist einfach und erfrischend.

☛ Gilles et Brigitte Morgeau, 2, av. de Bordeaux, 86490 Beaumont, Tel. 05.49.85.50.37, Fax 05.49.85.58.13 ▥ ⲧ n. V.

DOM. LA TOUR BEAUMONT
Cabernet 1996*
| ■ | 1,6 ha | 11 000 | ■ ♦ -30F |

Der gleiche Erfolg bei den Rotweinen, wie dieser aufgrund seines Sauerkirschen- und Lakritzearomas sehr angenehme Cabernet beweist. Der Geschmack erweckt eine vergleichbare Empfindung : Er ist reizvoll aufgrund seiner Frische und seines Abgangs, der an rote Früchte erinnert. Sollte in diesem Winter getrunken werden.

☛ Gilles et Brigitte Morgeau, 2, av. de Bordeaux, 86490 Beaumont, Tel. 05.49.85.50.37, Fax 05.49.85.58.13 ▥ ⲧ n. V.

Die mittelfranzösischen Weinbaugebiete

Von den Hängen des Forez bis zum Orléanais nehmen die wichtigsten Weinbaugebiete des *Centre* (Mittelfrankreich) die besten Lagen der Hügel oder Hochflächen ein, die die Loire und ihre Nebenflüsse, der Allier und der Cher, im Laufe der Erdgeschichte geformt haben. Die Anbaugebiete, die in den Côtes d'Auvergne, in Saint-Pourçain teilweise oder in Châteaumeillant an den Ost- und Nordhängen des Zentralmassivs liegen, bleiben dennoch zum Becken der Loire hin offen.

Die für den Weinbau genutzten Böden dieser Gebiete, die kieselig oder kalkhaltig sind und immer eine gute Ausrichtung besitzen, tragen im allgemeinen eine begrenzte Anzahl von Rebsorten, von denen bei den Rot- und Roséweinen vor allem die Gamay-Rebe und bei den Weißweinen die Sauvignon-Rebe herausragen. Hier und dort tauchen einige spezielle Rebsorten auf: Tressallier in Saint-Pourçain und Chasselas in Pouilly-sur-Loire für Weißweine, Pinot noir in Sancerre, Menetou-Salon und Reuilly für Rot- und Roséweine, außerdem die zarte Rebsorte Pinot gris im zuletzt genannten Anbaugebiet, und schließlich noch die Rebsorte Meunier, die in der Nähe von Orléans den originellen »Gris meunier« liefert. Insgesamt eine sehr selektive Bestockung.

Alle Weine, die in diesen Anbaugebieten aus den genannten Rebsorten erzeugt werden, haben Leichtigkeit, Frische und Fruchtigkeit gemeinsam, die sie besonders anziehend, ansprechend und gut verträglich machen. Und wie sehr sie doch mit den gastronomischen Spezialitäten der heimischen Küche harmonieren! Die Winzer, gleichgültig ob aus der Auvergne, dem Bourbonnais, dem Nivernais, dem Berry oder dem Orléanais, grünen, friedlichen Regionen mit weiten Horizonten und abwechslungsreichen Landschaften, schaffen es alle, daß ihre Weine, die oft aus kleinen Weinbaubetrieben in Familienbesitz stammen, verdientermaßen geschätzt werden.

Châteaumeillant AOVDQS

Die Gamay-Rebe findet hier Böden, für die sie eine Vorliebe hat, in einem sehr alten Weinbaugebiet, dessen Geschichte ein interessantes Museum nachzeichnet.

Das Ansehen von Châteaumeillant beruht auf seinem berühmten »Grauen«, einem Wein, den man durch unmittelbares Keltern der Gamay-Trauben erhält. Sein Charakter, seine Frische und seine Fruchtigkeit sind bemerkenswert. Die Rotweine (die man jung und gekühlt trinkt) kommen von Böden mit Eruptivgesteinen; sie erinnern an einen berühmten großen Bruder und verbinden Leichtigkeit, Bukett und Süffigkeit. Auf einer Anbaufläche von etwa 100 ha werden jedes Jahr durchschnittlich 4 500 hl von diesen als AOVDQS eingestuften Weinen erzeugt; den größten Teil der Produktion stellt die Genossenschaftskellerei her.

CAVE DES VINS DE CHÂTEAUMEILLANT
Vin gris Prestige des Garennes 1996

	5 ha	40 000	-30 F

Ein helles, »graues« Rosa, wie sein Name andeutet. Dieser Wein bleibt zunächst zurückhaltend. Er öffnet sich auf angenehme Weise im Geschmack und enthüllt ein leichtes Aroma von Früchten und Gewürzen. Dieser frische, trockene Rosé eignet sich für Wurstgerichte und gegrilltes Fleisch.

🕿 Cave du Tivoli, rte de Culan,
18370 Châteaumeillant, Tel. 02.48.61.33.55,
Fax 02.48.21.82.84 🆅 ⵜ tägl. 8h-12h
13h30-17h30 (So von Mai bis Aug.)

CAVE DES VINS DE CHATEAUMEILLANT
Elevé en fût de chêne 1995*

| ■ | 1,5 ha | 9 500 | 🕮 | 30-50 F |

Neben den klassischen Cuvées hat die Kellerei diese Auslese der besten Trauben ausgebaut. Ihr Aroma von vollreifen roten Früchten (schwarze Johannisbeeren) wird durch würzige Noten belebt. Der Geschmack mit dem einschmeichelnden Umfang wird im Abgang durch Tannine geprägt, die sich abrunden dürften. Der Gesamteindruck ist dennoch harmonisch und ausgewogen.

🕿 Cave du Tivoli, rte de Culan,
18370 Châteaumeillant, Tel. 02.48.61.33.55,
Fax 02.48.21.82.84 🆅 ⵜ tägl. 8h-12h
13h30-17h30 (So von Mai bis Aug.)

DOM. DU FEUILLAT 1996

| ◢ | 5 ha | 10 000 | ♦ | 30 F |

Eine anziehende Farbe mit aprikosen- und zwiebelschalenfarbenen Nuancen. Der blumige Duft ist von großer Feinheit und verbindet Rosenblätter mit einem Hauch von Gewürzen. Maurice Lanoix bietet uns einen guten, gefälligen Rosé, den man schon jetzt genießen kann, beispielsweise zu Vorspeisen.

🕿 Maurice Lanoix, Dom. du Feuillat,
Beaumerle, 18370 Châteaumeillant,
Tel. 02.48.61.33.89, Fax 02.48.61.43.43 🆅 ⵜ n. V.

DOM. DES TANNERIES 1996

| ■ | 6,47 ha | 30 000 | ▪♦ | 30-50 F |

Wir haben den vorangegangenen Jahrgang nicht vergessen, der zum Lieblingswein gewählt wurde. Der 96er hat zwar nicht dasselbe Niveau, ist aber angenehm mit seinem leicht zugänglichen Duft, den ein Hauch von Lakritze und Pfeffer würzt. Die Struktur ist frisch und leicht. Ein sympathischer Wein, der zu Coq au vin paßt.

🕿 SCEA Raffinat et Fils, Dom. des Tanneries,
18370 Châteaumeillant, Tel. 02.48.61.35.16,
Fax 02.48.61.44.27 🆅 ⵜ n. V.

DOM. DES TANNERIES 1996

| ◢ | 2,28 ha | 15 000 | ▪♦ | 30-50 F |

Ein »grauer« Wein aus Châteaumeillant, mit einer lebhaften, kräftigen Farbe und einem Duft, der von englischen Fruchtdrops beherrscht wird und Noten von Milchkaramel enthält. Nach einer sanften Ansprache zeigt sich der Geschmack sehr lebhaft.

🕿 SCEA Raffinat et Fils, Dom. des Tanneries,
18370 Châteaumeillant, Tel. 02.48.61.35.16,
Fax 02.48.61.44.27 🆅 ⵜ n. V.

Côtes d'Auvergne AOVDQS

Gleichgültig ob sie aus bergigen Anbaugebieten, wie in der Limagne, oder von den Bergkuppen am Ostrand des Zentralmassivs kommen - die guten Weine der Auvergne stammen alle von der Gamay-Rebe, die hier seit uralten Zeiten angebaut wird. Sie haben seit 1977 Anspruch auf die Bezeichnung AOVDQS. Auf einer Anbaufläche von rund 400 ha werden pro Jahr 20 000 hl erzeugt. Die schelmischen Roséweine und die gefälligen Rotweine (zwei Drittel der Produktion) passen besonders gut zu den berühmten einheimischen Wurstgerichten oder zu den bekannten Gerichten dieser Region. In den Einzellagen können sie überraschend viel Charakter, Fülle und Persönlichkeit gewinnen.

HENRI BOURCHEIX Chardonnay 1996*

| ☐ | 0,66 ha | 4 000 | ▪♦ | 30-50 F |

Seit einigen Jahren wird in der Auvergne wieder die Rebsorte Chardonnay angebaut, aber die Reben bleiben zumeist noch jung, und der Vinifizierungtechnik beim Weißwein mangelt es vielleicht an Abstand. Der hier präsentierte Weißwein ist sehr blaß und bietet im Duft ein Aroma von leicht gerösteten Mandeln, das für die Rebsorte typisch ist. Der Geschmack erscheint fest und ausgewogen mit einer etwas mineralischen Note und fast noch unreifen Aprikosen im Abgang. Recht zufriedenstellend und natürlich in seinem Typ.

🕿 Henri Bourcheix, 4, rue Saint-Marc,
63170 Aubière, Tel. 04.73.26.04.52,
Fax 04.73.27.96.46 🆅 ⵜ n. V.

HENRI BOURCHEIX
Chanturgue Gamay 1996**

| ■ | 1,45 ha | 8 000 | ▪♦ | 30-50 F |

Der Wein wurde selbstverständlich zum Lieblingswein gewählt, bevor seine Identität als Chanturgue - die antike Reblage der gallischen Arverner - enthüllt wurde ! In seinem schönen

Côtes d'Auvergne AOVDQS

Kleid und unter seinem Fenchel- und Marinadenaroma ist der Geschmack voll, ausgewogen, lang und ausgewogen über einem Abgang, der stark an Bigarreau-Kirschen erinnert. Was soll man mehr verlangen ?
Henri Bourcheix, 4, rue Saint-Marc, 63170 Aubière, Tel. 04.73.26.04.52, Fax 04.73.27.96.46 n. V.

CHRISTINE ET PIERRE GOIGOUX
Chanturgue 1996*

| | k. A. | k. A. | | 30-50 F |

Die Goigoux ließen sich hier 1989 nieder und pachteten Parzellen. Dieser Chanturgue besitzt eine helle rubinrote Farbe. Der Duft besteht aus frischem Trester und reifen Kirschen. Auf der Zunge spürt man eine gute Gerbsäure, die gut integriert ist, sowie eine leichte Graphitnote in einem frischen Kontext. Der an Kirschwasser erinnernde Abgang ist leicht. Ein Wein, den man im Auge behalten sollte. Ebenso wie den Châteaugay aus dem gleichen Jahrgang, der lobend erwähnt wird.
EARL Christine et Pierre Goigoux, 22, rue des Caves, 63119 Châteaugay, Tel. 04.73.87.67.51, Fax 04.73.78.02.70 n. V.

ODETTE ET GILLES MIOLANNE
Cuvée Volcane 1996**

| | 2,2 ha | 13 000 | | -30 F |

Halt, Neuankömmlinge in unserem Weinführer, um so besser ! Besonders gelungen ist Odette und Gilles Miolanne diese Cuvée Volcane. Ein schöner Wein von intensiver granatroter Farbe, der nach gepfeffertem Wildbret riecht. Der kräftige Geschmack wird stark kompensiert durch ein Ende der Verkostung durch reife Bigarreau-Kirschen und Cassislikör ausgeglichen. Gar nicht übel. Ihr 96er Rosé kann lobend erwähnt werden wegen seines bernsteinfarbenen Rosa und seines Dufts nach sehr reifen Orangen und Unterholz.
GAEC De La Sardissère, 17, rte de Coudes, 63320 Neschers, Tel. 04.73.96.72.45, Fax 04.73.96.25.79 n. V.

JEAN-PIERRE ET MARC PRADIER
Corent 1996**

| | 6,5 ha | 19 000 | | -30 F |

Die Brüder Pradier bewirtschaften ihre Parzellen sehr gewissenhaft und vinifizieren die Trauben sehr sorgfältig ; ihre drei Weine sind von unserer Jury ausgewählt worden. Bei einem solchen Rosé wird einem bewußt, was die Reblage Corent wirklich ist. Eine blasse graurosa Farbe, ein Duft nach Aprikosen und frischer Butter, eine gewisse Fülle und Fett im Geschmack - ziemlich selten bei einem Rosé - mit Festigkeit und etwas Länge. Im Abgang sehr blumig, an Pfingstrosen erinnernd. Ein Wein, auf den man gern öfter träfe. Der weiße 96er kann übrigens lobend erwähnt werden : Er ist sechs Monate lang im Eichenholzfaß ausgebaut worden und besitzt davon eine dominierende Röstnote. Der rote 96er Tradition erhält einen Stern ; er ist sehr typisch und paßt zu einem Käse aus der Auvergne.
Jean-Pierre et Marc Pradier, 9, rue Saint-Jean-Baptiste, 63730 Les Martres-de-Veyre, Tel. 04.73.39.86.41, Fax 04.73.39.88.17 n. V.

CHRISTOPHE ROMEUF Gamay 1996**

| | 2 ha | 10 000 | | -30 F |

Christophe Romeuf hat den Familienbetrieb 1996 übernommen. Er hat einen 96er Rosé vorgestellt, der nach Aprikosen, roten Johannisbeeren und ein wenig nach Fenchel riecht. Der Geschmack ist stattlich. Er hat auch diesen guten Rotwein aus dem ausgezeichneten Jahrgang 1996 erzeugt : eine sehr kräftige Farbe, Wermutkraut, grüner Paprika und Holzrauch im Geruch, eine gut integrierte, wenn auch ein wenig mineralische Gerbsäure, blühender Rainfarn und Kirschschalen in einer gewissen Feinheit.
Christophe Romeuf, 1 bis, rue du Couvent, 63670 Orcet, Tel. 04.73.84.07.83, Fax 04.73.84.07.83 n. V.

MICHEL ET ROLAND ROUGEYRON
Cuvée Bousset d'or Châteaugay 1996*

| | 10,5 ha | 84 000 | | 30-50 F |

Die Rougeyrons sind seit langem - zusammen mit anderen Familien - mit dem Ansehen der Weine von Châteaugay verbunden, die an einem dafür wie geschaffenen Ort erzeugt werden ! Dieser Rotwein besitzt die schöne Farbe der 96er, einen diskreten Geruch nach Wermutkraut und animalischen Noten, sicherlich Gerbsäure, aber gut kompensiert, Fülle, Nuancen und reife Kirschen. Ein gutes Beispiel für einen Châteaugay. Die weiße 96er Cuvée Bousset d'Or ist von der Jury berücksichtigt worden, aber ohne Stern : Eine Flaschenalterung dürfte ihn reifen lassen.
Michel et Roland Rougeyron, 27, rue de La Crouzette, 63119 Châteaugay, Tel. 04.73.87.24.45, Fax 04.73.87.23.55 n. V.

CAVE SAINT-VERNY
Première cuvée 1995*

| | k. A. | k. A. | | -30 F |

Die einzige Genossenschaftskellerei in der Auvergne, die vor kurzem neu organisiert und modernisiert worden ist. Diese erste Cuvée erscheint gefällig unter ihrer kräftigen, stark vom Jahrgang 1995 geprägten Farbe und ihrem Duft nach Wermutkraut, Rauch und feinem Kaffee. Der Geschmack folgt gut integriert, nuancenreich und recht harmonisch, stark an reife Kirschen und schwarzen Pfeffer erinnernd. Die Cuvée Prestige, die ebenfalls dem Jahrgang 1995 entstammt, aber sechs Monate im Holzfaß ausgebaut worden ist, wurde von der Jury ohne Stern berücksichtigt.
Cave Saint-Verny, rte d'Issoire, B.P. 2, 63960 Veyre-Monton, Tel. 04.73.69.60.11, Fax 04.73.69.65.22 n. V.

SAUVAT
Boudes La Roseraie du Chamaret 1996*

| | 1 ha | 3 000 | | 30-50 F |

Man muß Claude Sauvat und seine Familie nicht mehr vorstellen, die sich entschieden für die Weine von Boudes in der Auvergne einsetzen und ihr Ansehen fördern. Dieser blaßgelbe Weißwein mit den grünen Reflexen riecht nach Phosphor, frischer Butter und gerö-

stetem Mokka. Er ist lebhaft, aber ausgewogen. Etwas Körper verdankt er dem Eichenholz, in dem er ausgebaut worden ist und der ihm einen leichten Hauch von Vanille hinterlassen hat.
• SARL Sauvat, 63340 Boudes,
Tel. 04.73.96.41.42, Fax 04.73.96.58.34 ☑ ☎ n. V.
• Claude Sauvat et Annie Blot

SAUVAT Boudes Collection Prestige 1995*

| ■ | 2 ha | 6 000 | ⓘ | 30-50 F |

Ein sehr günstiges Anbaugebiet, eine gute Rebsorte : Pinot noir, die Meisterschaft ihrer Winzer und ein günstiger Jahrgang - was soll man mehr verlangen ! Eine schöne, kräftige rubin- bis granatrote Farbe ; ein Duft nach Backpflaumen, Kirschen in Alkohol und Leder ; eine spürbare, aber gut eingefügte Gerbsäure, ein guter, harmonischer, aromatischer Abgang: Vanille und gerösteter Kaffee - Zeugen eines Ausbaus im Holzfaß. Er ist reif ! »Les Demoiselles oubliées du Donazat« - der Name der Cuvée, den man gern als Titel auf einem Romanumschlag sehen würde - ist ein 96er Boudes, der zu 100 % aus Gamay erzeugt worden ist. Er ist ohne Stern berücksichtigt worden. Es ist - was Sie hier nicht erwarten würden - ein männlicher Wein.
• SARL Sauvat, 63340 Boudes,
Tel. 04.73.96.41.42, Fax 04.73.96.58.34 ☑ ☎ n. V.

Côtes du Forez AOVDQS

Der Fortbestand dieses schönen und guten Weinbaugebiets (193 ha), das sich auf 21 Gemeinden rund um Boën-sur-Lignon (Departement Loire) erstreckt, ist der Summe umsichtiger und hartnäckiger Anstrengungen zu verdanken.

Fast sämtliche der ausgezeichneten Rosé- und Rotweine, die ausschließlich aus der Rebsorte Gamay erzeugt werden und trocken und lebhaft sind, stammen von Böden aus dem Tertiär im Norden und aus dem Erdaltertum im Süden. Sie werden hauptsächlich von einer hübschen Genossenschaftskellerei hergestellt. Man trinkt diese als AOVDQS eingestuften Weine jung. Sie bewerben sich um die Einstufung als AOC.

LES VIGNERONS FORÉZIENS
Cuvée Tradition 1996

| ■ | 25 ha | 130 000 | ■ ♦ | -30 F |

Die Kellerei ist vor kurzem mit Videogeräten ausgestattet worden, die es ermöglichen, die Geschichte dieses Weins und seiner Region kennenzulernen. Intensive rubinrote Farbe mit schönen violetten Reflexen. Der 96er bietet einen komplexen, frischen Duft, der rote Früchte und blumige Eindrücke (Ginster und Veilchen) verbindet. Die lebhafte Ansprache wird von mineralischen Nuancen begleitet. Keine übermäßige Stärke, sondern ausgewogen, fruchtig und rund - ein angenehmer, vollständiger Wein. Muß in den kommenden beiden Jahren getrunken werden.
• Les Vignerons Foréziens, Le Pont-Rompu, 42130 Trelins, Tel. 04.77.24.00.12,
Fax 04.77.24.01.76 ☑ ☎ n. V.

LES VIGNERONS FORÉZIENS
Cuvée Prestige 1996

| ■ | 18 ha | 100 000 | ■ ♦ | -30 F |

Dieser andere Wein der Kellerei besitzt eine strahlende granatrote Farbe von zufriedenstellender Intensität. Der sehr hübsche Sauerkirschen- und Pfirsichduft wird durch Lakritze- und Backpflaumennoten verstärkt. Die klare Ansprache zeigt die für die Gamay-Rebe charakteristische Frische. Seine gute Vollmundigkeit und seine leichten Tannine befinden sich im Gleichgewicht mit seiner Fruchtigkeit. Dieser Wein ist trinkreif, kann aber ein Jahr lagern.
• Les Vignerons Foréziens, Le Pont-Rompu, 42130 Trelins, Tel. 04.77.24.00.12,
Fax 04.77.24.01.76 ☑ ☎ n. V.

DOM. DE LA PIERRE NOIRE 1996

| ■ | k. A. | 9 000 | ■ ♦ | -30 F |

Das Gut hat seinen Namen von dem vulkanischen Gestein, das dem Boden eine dunkle Farbe verleiht und dem Anbaugebiet seinen Stempel aufdrückt. Es präsentiert einen 96er, dessen kräftige rubinrote Farbe mit den schönen violetten Reflexen an seinen Ursprung erinnert. Der Erdbeerduft ist von mittlerer Intensität und enthält Nuancen von Kirschwasser und Pfingstrosen. Dieser Wein, der eine schöne Ausgewogenheit zwischen Säure, Gerbsäure und Fleisch besitzt, ist durch komplexe Eindrücke geprägt, die auf den Boden zurückgehen. Passable Länge. Er kann ein bis zwei Jahre halten.
• Christian Gachet, Dom. de la Pierre noire, chem. de l'Abreuvoir, 42610 St-Georges Hauteville, Tel. 04.77.76.08.54 ☑ ☎ n. V.

DOM. DU POYET 1996*

| ◢ | 0,3 ha | 2 000 | ■ | -30 F |

Dieses Gut hat gerade eine Kellerei gebaut; vorher vertraute es sein Traubengut der Genossenschaft an. Seine erste Vinifizierung beim Rosé ist ein Erfolg : Die zarte Farbe, Rosenblätter mit leicht lachsroter Nuance, ist von großer Klarheit. Das reichhaltige, feine Aroma erinnert an exotische Früchte, Aprikosen, Mandeln und weiße Blüten. Auf die klare Ansprache, die von guter Lebhaftigkeit ist, folgen Eindrücke von Rundheit und Ausgewogenheit. Sein fruchtiger Abgang ist von mittlerer Nachhaltigkeit. Ein sehr gefälliger Wein. Er ist trinkreif, kann aber mindestens ein Jahr lagern.
• Jean-François Arnaud, Dom. du Poyet, au Bourg, 42130 Marcilly-le-Châtel,
Tel. 04.77.97.48.54 ☑ ☎ n. V.

Coteaux du Giennois AOVDQS

ODILE VERDIER ET JACKY LOGEL
Cuvée des Gourmets 1996*

■　　　3 ha　　20 000　　-30 F

Dieser Weinbaubetrieb ist nicht weit von der Falknerei des Forez entfernt, wo man die Entwicklung von Raubvögeln in Freiheit beobachten kann. Er hat diese klare granatrote Cuvée hergestellt, deren komplexer, ziemlich intensiver Duft mineralische und blumige (Iris, Pfingsrosen) Noten vermischt und Nuancen von Walderdbeeren und einen Hauch von Gewürzen enthält. Die Lebhaftigkeit im Geschmack wird durch eine gute Rundheit kompensiert. Dieser reichhaltige, ausgewogene, frische Wein erweist sich als nachhaltig; er kann zwei bis drei Jahre halten.

•⌐ Odile Verdier et Jacky Logel, La Côte, 42130 Marcilly-le-Châtel, Tel. 04.77.97.41.95 ⓥ ⵗ tägl. 8h-19h

Coteaux du Giennois AOVDQS

Auf den seit langer Zeit berühmten Hängen der Loire, im Departement Nièvre ebenso wie im Departement Loiret, breiten sich kies- oder kalkhaltige Böden aus. Drei traditionelle Rebsorten, Gamay, Pinot und Sauvignon, liefern hier über 7 000 hl als AOVDQS eingestufte Weine, die leicht und fruchtig sind. Die tanninarmen Weine sind der unverfälschte Ausdruck eines eigenständigen Anbaugebiets und können bis zu fünf Jahren altern. Man kann sie zu allen Fleischgerichten trinken.

Die Anpflanzungen gehen im Departement Nièvre immer noch voran, aber sie machen auch im Departement Loiret Fortschritte; dies beweist den guten Zustand dieses Anbaugebiets, das 140 ha erreicht. Die Coteaux du Giennois dürften 1998 als AOC eingestuft werden.

JOSEPH BALLAND-CHAPUIS 1996**

■　　　4 ha　　25 000　　30-50 F

Dieser Winzer hat sich in den 80er Jahren auf den Coteaux du Giennois niedergelassen - zum größten Vergnügen für den Weinfreund. Nehmen Sie nur diese prächtige Cuvée! Intensiver Duft nach roten Früchten mit Nuancen von Kirschwasser, begleitet von einem Hauch von Zitronen. Ein runder Geschmack voller sehr reifer Trauben, verschmolzene Tannine. Was für ein Leckerbissen! Der Weißwein aus dem gleichen Jahrgang hat einen Stern erhalten.

•⌐ Joseph Balland-Chapuis, allée des Soupirs, 45420 Bonny-sur-Loire, Tel. 02.38.31.55.12, Fax 02.48.54.07.97 ⓥ ⵗ n. V.

LYCEE AGRICOLE DE COSNE-SUR-LOIRE 1996*

□　　1,76 ha　　13 000　　-30 F

Seit 1994 hat die Fachoberschule für Weinbau von Cosne-sur-Loire auf diesem Weingut einen pädagogischen Fachbereich eingerichtet. Dieser im Aussehen gefällige 96er mit seiner intensiven granatroten Farbe ist ihr gut gelungen. Das sortentypische Aroma von roten Früchten und Lakritze, das noch Milchsäurenoten enthält, erinnert daran, daß dieser Coteaux du Giennois jung ist. Beim Geschmack zeigt sein wuchtiger Charakter von der guten Reife der Trauben. Die Fachoberschule hat auch einen 96er Rosé präsentiert, der eine lobende Erwähnung wegen seiner Eleganz verdient.

•⌐ Lycée agricole de Cosne-sur-Loire, 58200 Cosne-sur-Loire, Tel. 03.86.26.67.67, Fax 03.86.26.96.05 ⓥ ⵗ n. V.
•⌐ Conseil régional de Bourgogne

GITTON PERE ET FILS
Côtes de Gien La Vigne du Taureau 1996*

□　　　k. A.　　17 000

Die Parzelle le Taureau (feuersteinhaltiger Boden auf Kalkstein der Lud-Stufe) erzeugt ausgezeichnete weiße Coteaux-du-Giennois-Weine. Dieser 96er zeigt während der gesamten Verkostung eine große Reife. Mit seiner goldenen Farbe mit dem grünen Schimmer, seinem komplexen Aroma (Quitten, Ananas, Aprikosen, Lebkuchen), seiner Sanftheit und seiner Fülle, seiner Ausgewogenheit und seiner Harmonie scheint dieser Wein von der Sonne getränkt zu sein.

•⌐ Gitton Père et Fils, 18300 Ménétréol-sous-Sancerre, Tel. 02.48.54.38.84, Fax 02.48.54.09.59 ⓥ ⵗ n. V.

MARCEL GODINOU 1995*

□　　0,63 ha　　2 500　　-30 F

Dieser schöne weiße 95er Giennois hat die ganze Frische seiner Jugend bewahrt. Sein sehr feiner Duft ist blumig geblieben. Der Geschmack ist deutlich und weit. Ein echter Wein mit Bodencharakter in einem hübschen Jahrgang. Vorsicht, die Flaschenzahl reicht nicht für alle aus!

•⌐ Marcel Godinou, Maimbray, 28, rue des Grèves, 45630 Beaulieu, Tel. 02.38.35.80.44 ⓥ ⵗ tägl. 8h-12h 14h-19h

DOM. DE LA GRANGE ARTHUIS
La Chaise 1995*

■　　3,7 ha　　25 000　　30-50 F

Der lehmig-kalkhaltige Boden von la Chaise kommt in dieser gefälligen, interessanten Cuvée gut zum Ausdruck. Der Duft ist von guter Intensität und besteht aus Kirschen, Geröstetem und Gewürzen. Der Geschmack ist sanft. Seine Fruchtigkeit entfaltet sich in einem nachhaltigen Abgang. Ein Stern ist dem roten 95er Les Daguettes sowie dem Weißwein aus der gleichen Reblage zuerkannt worden.

MITTELFRANKREICH

Coteaux du Giennois AOVDQS

🍇 Dom. de La Grange Arthuis, 89170 Lavau, Tel. 03.86.74.06.20, Fax 03.86.74.18.01 ✅ 🍷 n. V.
🍇 Reynaud

LANGLOIS PERE ET FILS 1995

■ 2,5 ha 6 600 🍷♦ 30-50F

Die Langlois, die sich hier 1989 niedergelassen haben, verfolgen eine Qualitätspolitik, die in diesem Jahr erneut in einer lobenden Erwähnung im Weinführer zum Ausdruck kommt. Diese Cuvée bietet ein Aroma, das an kandierte Früchte in Alkohol erinnert - Kennzeichen einer Evolution. Der ausgewogene Geschmack klingt mit Noten von Kirschwasser aus. Ein angenehmer Wein.

🍇 Langlois Père et Fils, Le Bourg, 58200 Pougny, Tel. 03.86.28.06.52, Fax 03.86.28.59.29 ✅ 🍷 n. V.

JEAN-CLAUDE MELLOT 1996*

☐ 0,11 ha 1000 🍷 30-50F

Jean-Claude Mellot ist ein echter Einheimischer aus Gien. Er hat sich 1983 auf den Weinbau eingelassen. Sein weißer 96er verführt durch einen intensiven Geruchseindruck, der ganz fruchtig ist (Aprikosen, weiße Pfirsiche, Ananas). Das Interesse der Jury wurde stark durch die Kraft dieses gutgebauten Weins geweckt. Achtung : Die Stückzahl ist gering.

🍇 Jean-Claude Mellot, rue Paulin-Enfert, Le Petit Parc n°6, 45500 Gien, Tel. 02.38.38.02.97, Fax 02.38.38.02.97 ✅ 🍷 n. V.

JOSEPH MELLOT
Les Champs de Chaume 1996*

■ 0,6 ha 4 000 🍷♦ 30-50F

Der Betrieb wird heute vom Sohn Joseph Mellots, Alexandre, geführt. Er besitzt Weinberge in den AOCs Sancerre, Pouilly-Fumé und Quincy. Seit zwei Jahren hat er seinen Fuß auch auf den Coteaux du Giennois, in der Reblage Les Champs de Chaume. Diese Lage liefert einen Rotwein mit einem erstaunlichen, eleganten Duft, der durch Erdbeeren geprägt ist. Der Geschmack entwickelt sich von Sanftheit zum Fleischigen und klingt mit einer würzigen Gerbsäure aus. Warum sollte man nicht ein paar Flaschen einlagern ?

🍇 SA Joseph Mellot, rte de Ménétréol, B.P. 13, 18300 Sancerre, Tel. 02.48.54.21.50, Fax 02.48.54.15.25 ✅ 🍷 Mo-Fr 8h-19h ; Sa, So n. V.

DOM. DES ORMOUSSEAUX 1996

☐ 3 ha 20 000 🍷♦ -30F

Hubert Veneau, dem sich seine beiden Söhne auf dem Gut angeschlossen haben, kann somit seine Aktivitäten verstärken, die Coteaux du Giennois zu fördern. Er präsentiert zwei Weine, die gute Botschafter der Appellation sein werden. Beim Weißwein einen 96er, der mit seinen Noten von schwarzen Johannisbeeren und seinen pflanzlichen Nuancen sehr sauvignontypisch ist. Er ist im Geschmack angenehm und im Abgang lebhaft und muß sich nur noch entwickeln. Beim Rotwein einen 95er, der durch Lakritze und Gewürze geprägt ist, ziemlich lang, mit deutlich spürbaren Tanninen, die sich abmildern müssen.

🍇 SCEA Hubert Veneau, Les Ormousseaux, 58200 Saint-Père, Tel. 03.86.28.01.17, Fax 03.86.28.44.71 ✅ 🍷 n. V.

ALAIN PAULAT
Gamay Les Têtes de Chats 1995*

■ 1,2 ha 8 000 🍷♦ 30-50F

Dieser im Gärbehälter ausgebaute Rotwein ist in seinem Ausdruck von reifen Sauerkirschen schelmisch versteckt. Man findet die Kirschen im Geschmack wieder, in einem sehr angenehmen Aroma. Dieser sanfte, runde Wein besitzt reichen Stoff. Man muß ein wenig Geduld aufbringen und ihm Zeit lassen, damit er sich öffnet. Alain Paulat hat - und das ist keine Überraschung - mit seiner gesamten Vinifizierung Erfolg, denn zwei andere seiner Weine haben einen Stern erhalten : der 95er und der 96er les Fornasses.

🍇 Alain Paulat, Villemoison, 58200 Saint-Père, Tel. 03.86.26.75.57, Fax 03.86.28.06.78 ✅
🍷 Mo-Sa 8h-12h 14h-19h ; So n. V.

POUPAT ET FILS Rivotte 1996**

☐ 1,8 ha 12 000 🍷♦ -30F

Bei den Poupats folgen die Lieblingsweine wirklich aufeinander. Nach der 95er Cuvée Trocadéro nun die 96er Cuvée Rivotte 96. Sie ist schon intensiv und elegant und zeichnet sich durch eine ausgewogene, wenn auch nervige Jugendlichkeit aus. Diese Lebhaftigkeit ist das Zeichen für ein gutes Alterungspotential. Vom selben Gut verdienen der 96er Rosé und der rote 95 aus der Reblage Trocadéro eine lobende Erwähnung.

🍇 Poupat et Fils, Rivotte, 45250 Briare, Tel. 02.38.31.39.76, Fax 02.38.31.39.76 ✅
🍷 Mo-Sa 9h-12h 14h-19h ; So n. V.

DOM. DE VILLARGEAU 1996*

☐ 2,5 ha 20 000 🍷 30-50F

Dieser 96er ist in einem Keller vinifiziert worden, der sich in einem Gebäude aus dem 18. Jh befindet. Dieser Coteaux du Giennois umschmeichelt die Nase mit einer Palette intensiver, reichhaltiger Aromen, die Zitrusfrüchte, schwarze Johannisbeeren und reife Früchte mischt und eine pflanzliche Note enthält. Der Geschmack ist leicht zugänglich : Er ist sehr sanft und klingt mit subtilen Lebhaftigkeit aus, wobei er dazu neigt zu »muscatieren«. Ein schon jetzt gefälliger Wein.

🍇 GAEC Thibault, Villargeau, 58200 Pougny, Tel. 03.86.28.23.24, Fax 03.86.28.47.00 ✅ 🍷 n. V.

Saint-Pourçain AOVDQS

Das friedliche, fruchtbare Bourbonnais besitzt auf dem Gebiet von 19 Gemeinden auch ein schönes Weinbaugebiet, das südwestlich von Moulins liegt (500 ha ; 25 000 hl).

Die Hänge und die Hochflächen mit Kalkstein- und Kiesböden säumen die bezaubernde Sioule oder liegen in ihrer Nähe. In erster Linie verleiht der Verschnitt der aus Gamay und Pinot noir erzeugten Weine den Rot- und Roséweinen ihren fruchtigen Zauber.

Die bemerkenswerten Weißweine begründeten einst das Ansehen dieses Weinbaugebiets. Der Tressallier, eine eigenständige Rebsorte, wird mit Chardonnay und Sauvignon verschnitten. Die aromatische Originalität dieses Verschnitts, die in den Reblagen von Saint-Pourçain erzeugt wird, verdient mehr als nur eine lobende Erwähnung.

DOM. DE BELLEVUE
Grande réserve 1995*

| | 3,5 ha | 20 000 | -30 F |

Ein traditionelles Können, die Liebe zum Beruf und gut gemachte Arbeit, das findet man ganz allgemein in Saint-Pourçain und im besonderen bei den Pétillats. Dieses Erzeugnis läßt uns hinsichtlich des Jahrgangs zögern, aber trotz einiger Noten, die an ihn erinnern, seiner satten goldenen Farbe und seines ein wenig wachs- und birnenähnlichen Aromas bleibt er fest und lebhaft, während er sich zu kandierten Aprikosen entfaltet.

Jean-Louis Pétillat, Dom. de Bellevue, 03500 Meillard, Tel. 04.70.42.05.56, Fax 04.70.42.09.75 Mo-Sa 8h30-12h30 14h-18h30 ; Gruppen n. V.

DOM. DE BELLEVUE
Cuvée spéciale 1995***

| | 1 ha | 5 400 | 30-50 F |

Wir haben die rote Grande réserve des 96er Jahrgangs probiert, die vielversprechend ist (ein Stern). Doch besonders muß man die Aufmerksamkeit der Weinliebhaber auf diesen roten 95er lenken, einen reinsortigen Pinot, der besonders gelungen ist, das Ergebnis einer Meisterschaft, die sich selten ohne Fehler ertappen läßt. Dieser im Duft stark an Sauerkirschen erinnernde Wein enthüllt eine gute Struktur und eine spürbare, aber feine Gerbsäure. Im Rachenraum zeigt sich das Aroma reichhaltig : Rauch von Rebholz, reife Kirschen und Kirschwasser. Was soll man mehr verlangen ?

Jean-Louis Pétillat, Dom. de Bellevue, 03500 Meillard, Tel. 04.70.42.05.56, Fax 04.70.42.09.75 Mo-Sa 8h30-12h30 14h-18h30 ; Gruppen n. V.

DOM. DES BUTTES 1996*

| | 2 ha | 7 500 | -30 F |

Die von mehreren Freunden gegründete Firma Les Buttes wird von dem aus der Auvergne stammenden Michel Bellard belebt, aber für viele befindet sich Saint-Pourçain in der Auvergne ! In diesem weißgrünen Wein dominiert die Sauvignon-Rebe mit einem Aroma von süßen Paprika und sogar zarten Artischocken über die drei anderen Rebsorten. Lebhaft, aber harmonisch, ohne Trockenheit, aber mit etwas Körper. Er klingt mit grünen Zitronen aus. Wird im Herbst 1997 trinkreif sein.

SCEV Les Buttes, Les Veaux, 03210 Chatillon, Tel. 04.73.62.66.69, Fax 04.73.62.09.22 n. V.

LAURENT Cuvée élevée en fûts 1993

| | 2,3 ha | 3 400 | 30-50 F |

Die Laurents sind Spezialisten für gut abgelagerte Weine, die bei manchen Weinliebhabern gesucht sind, und präsentieren in der Regel nicht nur Erzeugnisse des letzten Jahrgangs. Dieser weiße 93er, der im Eichenholzfaß ausgebaut worden ist und den Stempel davon bewahrt, führt uns drei Jahre zurück : Duft nach Vanille und Mokka mit sehr reifen Orangen, im Geschmack voll, aber ein wenig neutral. Der Holzton scheint in einem sehr mittelmäßigen Jahr über das Anbaugebiet und die Rebsorten zu dominieren.

Famille Laurent, Montifaud, 03500 Saulcet, Tel. 04.70.45.45.13, Fax 04.70.45.60.18 n. V.

LAURENT Cuvée Tradition 1995**

| | 2 ha | 6 500 | -30 F |

Es ist wohl wohlbekannt, daß die Alterung den Rotweinen am besten bekommt, wenn sich der Jahrgang dafür eignet. Das ist der Fall bei diesem granat- bis rubinroten 95er, der nach Wildbret und neuem Leder duftet. Er ist voll, fest und tanninreich, aber gut integriert und besitzt einen Abgang, der deutlich an Pfeffer und schwarze Brombeeren erinnert.

Famille Laurent, Montifaud, 03500 Saulcet, Tel. 04.70.45.45.13, Fax 04.70.45.60.18 n. V.

NEBOUT 1996**

| | 5 ha | 26 000 | -30 F |

Die selbständigen Winzer lassen sich bald an den Fingern von zwei Händen abzählen, aber die Nebout gehören dazu. Unter den Weißweinen, die lang nach ihrem Typ und ihrer Persönlichkeit gesucht haben, ist dieser weißgrüne 96er, der

nach Ringelblumen und Mirabellen duftet. Fest und nervig, kein Mangel an Tiefe. Er bietet die aromatische Nachhaltigkeit, die man vorher in der Nase entdeckt. Aussicht auf einen beachtlichen Wein.
•┐ GAEC Nebout, Les Champions,
03500 Saint-Pourçain-sur-Sioule,
Tel. 04.70.45.31.70 ☑ ☒ n. V.

NEBOUT 1996★★

| | 2 ha | 12 000 | | -30F |

Dieser hübsche Rosé, der in seinem grauen Kleid sehr leicht bernsteinfarben ist, erinnert an einen Spaziergang durch einen Laubwald : ein frischer Duft nach edlen Pilzen und ein lebhafter, voller, fester, ausgewogener Geschmack mit einer Rückkehr des Waldaromas, das an Farnkraut und grünes Moos erinnert. Zu empfehlen für die Brotzeit der Jäger, wenn die Jagdsaison eröffnet wird !
•┐ GAEC Nebout, Les Champions,
03500 Saint-Pourçain-sur-Sioule,
Tel. 04.70.45.31.70 ☑ ☒ n. V.

FRANÇOIS RAY 1996★★

| | 3 ha | 10 000 | | 30-50F |

Noch eine Familie von selbständigen Winzern, die seit langer Zeit in einer bezaubernden Gemeinde im Gebiet von Saint-Pourçais leben. Haselnüsse und grauer Pfeffer - daran erinnert der Duft. Er ist klar und deutlich, im Geschmack verschmolzen und klingt recht angenehm mit Pampelmusen aus. Der ohne Stern berücksichtigte 96er Rosé ist sehr sortentypisch (Gamay), lebhaft und frisch.
•┐ François Ray, Venteuil, 03500 Saulcet,
Tel. 04.70.45.35.46, Fax 04.70.45.64.96 ☑ ☒ n. V.

UNION DES VIGNERONS DE SAINT-POURÇAIN Réserve spéciale 1996★

| | k. A. | 100 000 | | -30F |

Die meisten Saint-Pourçain-Weine stammen aus der Genossenschaftskellerei La Ronde, die in jüngster Zeit große Anstrengungen auf dem Gebiet der Vinifizierungstechnik und der Vermarktung unternommen hat. Die Weißweine von Saint-Pourçain erscheinen zum Zeitpunkt der Frühlingsweinprobe immer jugendlich und lebhaft. Dieser hier ist ein wenig durch die Milchsäure geprägt und duftet über einem leichten Fenchelaroma aus aufgeblühten Rosen, weißen natürlich. Er ist trocken und männlich, aber nicht zu sehr, und erscheint komplex und wohlausgewogen mit reifen Zitronen im Abgang. Zweifellos wird er in der Flasche reifen.
•┐ Union des Vignerons de Saint-Pourçain,
rue Ronde, 03500 Saint-Pourçain-sur-Sioule,
Tel. 04.70.45.42.82, Fax 04.70.45.99.34 ☑ ☒ n. V.

UNION DES VIGNERONS DE SAINT-POURÇAIN Vin gris 1996★

| | k. A. | 70 000 | | -30F |

Grau - dieser Wein ist es wirklich. Er duftet nach reifen Aprikosen und Rosen. Auf der Zunge spürt man ihn voll, aber noch lebhaft und trocken. Man kann ihm zweifellos eine gewisse Zukunft in der Flasche voraussagen. Die rote 95er Cuvée Tradition erhält eine lobende Erwähnung. Sie muß noch altern.

•┐ Union des Vignerons de Saint-Pourçain,
rue Ronde, 03500 Saint-Pourçain-sur-Sioule,
Tel. 04.70.45.42.82, Fax 04.70.45.99.34 ☑ ☒ n. V.

Côte Roannaise

Böden mit Eruptivgestein nehmen die Ost-, Süd- und Südwestlagen auf den Hängen eines Tals ein, das die Loire gegraben hat, als sie noch jung war. Das sind natürliche Voraussetzungen, die ebenfalls nach der Gamay-Rebe verlangen.

Vierzehn Gemeinden, die auf dem linken Ufer des Flusses liegen (164 ha), erzeugen ausgezeichnete Rotweine und seltener frische Roséweine. Selbständige Winzer kümmern sich gewissenhaft um ihre Vinifizierung (insgesamt 9 000 hl) ; sie stellen originelle, charaktervolle Weine her, für die sich sogar die angesehensten Küchenchefs der Region interessieren. Die Erinnerung an die Weinbautradition in diesem Gebiet hält das Forez-Museum in Ambierle wach.

Die Anbaufläche vergrößert sich langsam, aber beständig. Doch am bemerkenswertesten ist das Interesse, das der Handel und der Vertrieb den Weinen der Côtes Roannaises entgegenbringen - eine Bestätigung der Eigenständigkeit und Qualität des Anbaugebiets.

In einigen Parzellen, wenn auch sehr zaghaft, wird die Chardonnay-Rebe angebaut, die hier keine üblen Weine hervorbringt.

ALAIN BAILLON 1996

| ■ | k. A. | 8 000 | -30F |

Die clairetähnliche rote Farbe, die übrigens sehr hell ist, läßt an einen leichten Wein denken. Sein Duft nach Himbeeren, roten Johannisbeeren und Bananen ist in der Tat der eines neuen Weins. Lecker, süffig und frisch. Diesen 96er wird man im Laufe des Jahres schätzen, als Trinkwein an der Theke oder zum Boulespiel.
•┐ Alain Baillon, Montplaisir, 42820 Ambierle,
Tel. 04.77.65.65.51, Fax 04.77.65.65.65 ☑ ☒ n. V.

P. ET J.-P. BENETIERE
Cuvée Vieilles vignes 1996★

| ■ | 0,74 ha | 6 500 | | -30F |

Die Bénetières, die seit sechs Generationen Winzer sind, widmen sich auch dem Korbflechten. Ihre Cuvée Vieilles vignes besitzt eine strahlende Farbe, die so rot wie Samt ist. Sie bietet

Côte Roannaise

einen diskreten Duft, der an rote Johannisbeeren, Himbeeren und getrocknete Blumen erinnert. Der in der Ansprache lebhafte Geschmack verrät Kraft. Er enthüllt ein recht entfaltetes Aroma von roten Früchten und angenehmen Unterholznoten. Ein »erwachter«, gefälliger Wein, dessen Potential auf eine zwei- bis dreijährige Lagerfähigkeit hoffen läßt.
🍷 Paul und Jean-Pierre Bénetière, pl. de la Mairie, 42155 Villemontais, Tel. 04.77.63.18.29, Fax 04.77.63.18.29 ☑ ⊺ n. V.

CH. DE CHAMPAGNY 1996

| | 4 ha | 20 000 | | -30 F |

Die klare rubinrote Farbe läßt ein paar bläuliche Reflexe erkennen. Der unaufdringliche, frische Duft nach roten Früchten und Backpflaumen entfaltet sich im Mund, begleitet von Pfingstrosennoten. Dieser fleischige, kraftvolle Wein, der im Geschmack sehr präsent ist, muß sich noch verfeinern.
🍷 André Villeneuve, Champagny, 42370 Saint-Haon-le-Vieux, Tel. 04.77.64.42.88, Fax 04.77.66.12.55 ☑ ⊺ tägl. 8h-12h 14h-19h

DOM. DE LA PAROISSE 1996**

| | 3,5 ha | k. A. | | -30 F |

Dieser Familienbetrieb reicht bis ins Jahr 1610 zurück. Er präsentiert einen herrlichen Wein, dessen granatrote Fabe bläulich schimmert. Sein komplexer, entfalteter Duft erinnert an Pfeffer, Geröstetes, sehr feine Gewürze und Safran und entwickelt sich dann zu frischeren Noten von roten Früchten. Dieser füllige Wein kleidet den Mund wie mit Samt aus und läßt seine gute Vollmundigkeit, seine Ausgewogenheit, seine runden Tannine und seine Länge erkennen. Er ist trinkreif, kann aber noch zwei bis drei Jahre lagern.
🍷 Cl. Robert Chaucesse, 121, rue des Alloués, 42370 Renaison, Tel. 04.77.64.26.10, Fax 04.77.62.13.84 ☑ ⊺ n. V.

GEORGES PAIRE 1996*

| | 2,5 ha | 15 000 | | -30 F |

Diese zartrote Cuvée verströmt einen Duft nach roten Früchten, in dem Himbeeren dominieren. Sie ist aromatisch und auch ausgewogen und sanft. Mit ihrer guten, frischen, harmonischen Nachhaltigkeit scheint sie wie geschaffen, um den Durst zu löschen. Sollte im Laufe des Jahres getrunken werden.
🍷 Georges Paire, Les Pothiers, 42155 Villemontais, Tel. 04.77.63.15.84 ☑ ⊺ n. V.

DOM. DU PAVILLON 1996

| | 5 ha | 25 000 | | -30 F |

Die aus dem Elsaß stammende Familie Lutz hat sich 1951 in Ambierle niedergelassen. Sie präsentiert eine dunkelrote Cuvée, deren ziemlich diskreter Duft sich in Richtung rote Früchte und Noten von Amylalkohol entwickelt. Die stattliche, fleischige Ansprache ist ebenso einschmeichelnd wie das im Geschmack recht spürbare Aroma. Ausgewogen, vollständig, aber ein wenig kurz. Man sollte diesen Wein innerhalb der nächsten beiden Jahre trinken.
🍷 Maurice Lutz, GAEC Dom. du Pavillon, 42820 Ambierle, Tel. 04.77.65.64.35, Fax 04.77.65.69.69 ☑ ⊺ n. V.

DOM. DU PAVILLON 1996

| | 1 ha | 4 000 | | -30 F |

Klare lachsrosa Farbe, Duft nach Kirschwasser und Steinfrüchten, der originelle Anis- und Kümmelnoten enthüllt, mit dem Fleisch gut verbundene Säure. Ein warmer, ausgewogener Rosé. Er ist trinkreif, kann aber ein Jahr lagern.
🍷 Maurice Lutz, GAEC Dom. du Pavillon, 42820 Ambierle, Tel. 04.77.65.64.35, Fax 04.77.65.69.69 ☑ ⊺ n. V.

JACQUES PLASSE 1996

| | 0,95 ha | 8 000 | | -30 F |

Diese Cuvée mit dem leichten Rubinrot bietet einen hochfeinen Duft nach Himbeeren und roten Johannisbeeren. Der runde, angenehm süffige Wein hat nicht die für die Lagerung notwendige Fülle, sondern zeigt sich aufgrund seiner Frische äußerst gefällig. Eine durststillende Flasche für jetzt.
🍷 Jacques Plasse, Bel-Air, 42370 Saint-André-d'Apchon, Tel. 04.77.65.84.31 ☑ ⊺ n. V.

ROBERT SEROL ET FILS 1996*

| | 5 ha | 40 000 | | -30 F |

Ein Teil der Weinberge wird gemeinsam mit Pierre Troisgros bewirtschaftet. Von diesem im Weinführer regelmäßig erwähnten Gut hat die Jury zwei Cuvées ausgewählt: Diese hier, die ein strahlendes, recht intensives Rubinrot zeigt, bietet einen schönen, harmonischen Duft nach Hyazinthen und roten Früchten, begleitet von pfeffrigen Noten. Er ist stattlich und fleischig, mit verschmolzenen Tanninen, die seine Muskeln stärken, und hält im Geschmack ziemlich lang an. Sein reichhaltiger Stoff läßt eine drei- bis vierjährige Lagerfähigkeit erhoffen. Die Cuvée Vieilles vignes verdient eine lobende Erwähnung.
🍷 Robert Sérol et Fils, Les Estinaudes, 42370 Renaison, Tel. 04.77.64.44.04, Fax 04.77.62.10.87 ☑ ⊺ n. V.

PHILIPPE ET MARCEL VIAL
Saint-Romain Réserve 1996

| | 4 ha | 10 000 | | -30 F |

Das klare Rubinrot mit den dunklen Reflexen ist seriös, ebenso wie der stattliche Geschmack, der voller Kraft ist, aber auch Fleisch besitzt. Sein Duft nach reifen Früchten, schwarzen Johannisbeeren und Pfeffer ist von mittlerer Intensität. Ein ausgewogener Wein, der eine gute Struktur besitzt.

MITTELFRANKREICH

Orléanais AOVDQS

☛ GAEC Philippe et Marcel Vial, Bel-Air,
42370 Saint-André-d'Apchon,
Tel. 04.77.65.81.04, Fax 04.77.65.91.99 ☑ ☒ n. V.

Orléanais AOVDQS

Von den »französischen Weinen« hatten die Weine aus Orléans ihre Glanzzeit im Mittelalter. Auf hübschen Hochflächen (100 ha) zu beiden Seiten des großen Stroms erhalten die Winzer die Tradition aufrecht und sorgen dafür, daß neben den berühmten Gärten, Baumschulen und Obstpflanzungen auch der Wein nicht fehlt.

Die Winzer konnten Rebsorten adaptieren, von denen man seit dem 10. Jh. behauptete, sie stammten aus der Auvergne, die aber in Wirklichkeit mit denen aus Burgund identisch sind : Auvernat rouge (Pinot noir), Auvernat blanc (Chardonnay) und Gris meunier ; zu diesen ist noch die Cabernet-Rebe (auch Breton genannt) hinzugekommen. Die Weine haben vor allem dank der Rebsorte Gris meunier ihre Eigenständigkeit bewahrt. Diese Rebe liefert einen Rosé von kräftiger Farbe, der frisch ist und nach roten und schwarzen Johannisbeeren duftet. Man sollte ihn zu gebratenem Rebhuhn oder Fasan, zu Wildschweinpastete aus der benachbarten Sologne und zu in Asche gereiftem Käse aus dem Gâtinais trinken. Die Rotweinproduktion ist reichlicher ; die Weißweine werden weiterhin nur in geringer Menge erzeugt.

VIGNOBLE DU CHANT D'OISEAUX 1996

| ■ | 3 ha | 15 000 | ■ ♦ | -30 F |

Dieser Orléanais besitzt eine kräftige granatrote Farbe und ist im Duft kraftvoll. Nach einer festen Ansprache zeigt er sich leicht tanninhaltig und rundet sich dann am Ende des Geschmacks ab. Die Jury hat auch einen 96er Rosé lobend erwähnt. Einen Wein, der mit seinem blumigen Aroma und seinem frischen Abgang sympathisch ist.
☛ Jacky Legroux, 315, rue des Muids,
45370 Mareau-aux-Prés, Tel. 02.38.45.60.31,
Fax 02.38.45.62.35 ☑ ☒ n. V.

COVIFRUIT 1996★★

| ☐ | 2 ha | 15 000 | ■ ♦ | -30 F |

Ein 96er mit einer sehr schönen blaßgelben, golden schimmernden Farbe. Der sehr komplexe Duft verbindet auf angenehme Weise das Aroma von Mandarinen, Mandeln und Zitronen. Der Geschmack ist rund und wohlausgewogen. Ein 96er vom selben Erzeuger verdient eine lobende Erwähnung aufgrund seines Aromas von roten Johannisbeeren, seines einschmeichelnden Geschmacks und seines frischen Abgangs.
☛ Covifruit, 613, rue du Pressoir-Tonneau,
45160 Olivet, Tel. 02.38.63.40.20,
Fax 02.38.63.55.94 ☑ ☒ Mo-Sa 9h-12h 14h-17h

LES VIGNERONS DE LA GRAND'MAISON Gris meunier 1996★

| ◢ | k. A. | k. A. | ■ ♦ | -30 F |

Dieser Rosé mit dem lebhaften Lachsrosa überraschte durch die Intensität seiner aromatischen Palette, in der rote Früchte dominieren, und durch seine Ausgewogenheit im Geschmack. Die Genossenschaft präsentiert auch einen roten 96er von der gleichen Rebsorte. Ein für das Anbaugebiet typischer, aromatischer Wein mit noch stürmischen Tanninen, den die Jury ohne Stern lobend erwähnt hat.
☛ Les Vignerons de La Grand'Maison, 550, rte des Muids, 45370 Mareau-aux-Prés,
Tel. 02.38.45.61.08, Fax 02.38.45.65.70 ☑ ☒ Mo-Sa 9h-12h 14h-17h30

SAINT AVIT 1996★★

| ☐ | 1,4 ha | 6 000 | ■ ♦ | -30 F |

Von den Weinen, die dieses Gut vorstellte, hat die Jury diesen Weißwein aus Chardonnay-Trauben bevorzugt, der schöne goldene Reflexe zeigt. Der intensive Duft bietet Röstnoten. Der Geschmack enthüllt eine bemerkenswerte Fülle. Am roten 96er, der von der Rebsorte Cabernet franc stammt, schätzte sie seine Ausgewogenheit und die Sanftheit seiner Tannine. Er wird ohne Stern lobend erwähnt.
☛ Javoy et Fils, 450, rue du Buisson,
45370 Mézières-lez-Cléry, Tel. 02.38.45.61.91,
Fax 02.38.45.69.77 ☑ ☒ Mo-Sa 8h-12h 14h-19h

CLOS SAINT-FIACRE 1996

| ■ | 7,65 ha | 40 000 | ■ ♦ | 30-50 F |

Zwei Weine finden bei diesem Gut Erwähnung : dieser 96er mit der rubinroten Farbe, dessen sehr feiner Duft für die Rebsorte Pinot noir typisch ist. Er verführt aufgrund seiner sanften Ansprache, seiner seidigen Tannine und seiner Länge im Geschmack. Der Rosé aus dem gleichen Jahrgang hat eine schillernde blaßrosa Farbe und bietet einen frischen Duft mit mineralischer Nuance und einen Geschmack von guter Länge.
☛ GAEC Clos Saint-Fiacre, 560, rue Saint-Fiacre, 45370 Mareau-aux-Prés,
Tel. 02.38.45.61.55, Fax 02.38.45.66.58 ☑ ☒ n. V.
☛ Montigny et Fils

Menetou-Salon

Menetou-Salon verdankt seinen Ursprung als Weinbaugebiet der Nähe zu Bourges, das im Mittelalter eine bedeutende Metropole war. Der einflußreiche Kaufmann Jacques Cœur besaß hier im 15. Jh. Weinberge. Im Gegensatz zu vielen einst berühmten Anbaugebieten ist diese Region dem Weinbau treu geblieben; ihr 336 ha großes Anbaugebiet ist erstklassig.

Auf Hängen mit guter Lage teilt sich Menetou-Salon mit seinem berühmten Nachbarn Sancerre günstige Böden und edle Rebsorten : Sauvignon blanc und Pinot noir. Das erklärt seine frischen, würzigen Weißweine, seine zarten, fruchtigen Roséweine und seine harmonischen, bukettreichen Rotweine, die man jung trinkt. Sie sind der Stolz des Weinbaus im Berry und passen wundervoll zu einer klassischen, aber schmackhaften Küche (die Weißweine als Aperitif und zu warmen Vorspeisen, die Rotweine zu Fisch, Kaninchen und Wurstgerichten; sie sollten gekühlt serviert werden). Die Produktion liegt bei 20 000 hl pro Jahr.

DOM. DE BEAUREPAIRE
Clos des Petites Croix 1996

| | 5 ha | 20 000 | | 30-50 F |

Der größte Teil der Weinberge der Gilbons liegt in der Gemeinde Parassy. In diesem Jahr holen Sie erneut das Beste heraus mit diesem milden Wein, der nach kandierten Früchten und Zitrusfrüchten duftet. Er ist in der Ansprache geschmeidig und umschmeichelt den Gaumen mit Blüten- und Honignoten. Zitronenschalen hellen den Abgang auf. Der rote 96er vom selben Gut ist von der Jury lobend erwähnt worden.
↱Cave Gilbon, Beaurepaire, 18220 Soulangis, Tel. 02.48.64.41.09, Fax 02.48.64.39.89 ✓ ⊥ n. V.

DOM. DE CHATENOY
Elevé en fût de chêne 1995*

| | 10 ha | 50 000 | | 50-70 F |

Die Kirschen und die Vanille in der aromatischen Palette zeugen von einer gelungenen Verbindung zwischen dem Wein und dem Holzton. Dennoch wird dieser 95er seinen vollen Charakter erst in ein paar Jahren erreichen, wenn die Tannine vom Holzfaß vollständig verschmolzen sind. Der ebenfalls sehr interessante 96er Weißwein ist aufgrund seiner aromatischen Qualitäten lobend erwähnt worden.
↱SCEA Clément B. et Fils, Dom. de Chatenoy, 18510 Menetou-Salon, Tel. 02.48.64.80.25, Fax 02.48.64.88.51 ✓ ⊥ Mo-Sa 9h-12h 14h-18h

G. CHAVET ET FILS 1996**

| | 7,22 ha | 57 000 | | 30-50 F |

Vom Weinberg bis zum Keller sind die Chavets darauf bedacht, daß sie nichts auslassen, um große Weine herzustellen. Und das Ergebnis ? Ein 95er von dunkler rubin- bis granatroter Farbe, der ein intensives, komplexes Aroma von Bigarreau-Kirschen und Gewürzen mit Vanille- und Kakaonoten entfaltet. Erstklassige Tannine und eine feminine, sehr feine Eleganz garantieren die lange Lebensdauer dieses Weins. Der 96er Weißwein ist nicht ohne Reize. Er wird ohne Stern lobend erwähnt.
↱GAEC des Brangers, G. Chavet et Fils, 18510 Menetou-Salon, Tel. 02.48.64.80.87, Fax 02.48.64.84.78 ✓ ⊥ tägl. 8h-12h 13h30-18h30

DOM. DE COQUIN 1995*

| | 2 ha | 12 000 | | 30-50 F |

Diese Cuvée bringt Reife zum Ausdruck: leicht bernsteinfarbenes Granatrot, Aroma von reifen Bigarreau-Kirschen, Kaffee, Geröstetem und Geräuchertem. Die Gerbsäure muß sich besänftigen. Diese Cuvée ist es wert, daß man noch wartet, bis man sie trinkt. Der weiße 95er des Guts verdient eine lobende Erwähnung aufgrund seiner aromatischen Nachhaltigkeit.
↱EARL Francis Audiot, Dom. de Coquin, 18510 Menetou-Salon, Tel. 02.48.64.80.46, Fax 02.48.64.84.51 ✓ ⊥ Mo-Fr 8h-19h ; Sa, So n. V.

FOURNIER 1996*

| | 6 ha | 40 000 | | 30-50 F |

Der Duft nach Buchsbaum, Zitrusfrüchten und Blumen ist von guter Intensität. Der Umfang und die Rundheit des Geschmacks bilden eine ausgezeichnete Unterstützung für das immer noch vorhandene Gärungsaroma von schwarzen Johannisbeeren und Buchsbaum. Ein erstklassiger Wein. Im Auge behalten.
↱Fournier Père et Fils, Chaudoux, B.P. 7, 18300 Verdigny, Tel. 02.48.79.35.24, Fax 02.48.79.30.41 ✓ ⊥ Mo-Fr 8h-18h ; Sa, So n. V.
↱GFA des Chanvrières

JEAN-PAUL GILBERT 1996***

| | 15 ha | 100 000 | | 30-50 F |

MENETOU-SALON
APPELLATION CONTROLÉE
mise en bouteille à la propriété
Jean-Paul GILBERT - VITICULTEUR - MENETOU-SALON - CHER
12,5 % alc by Vol · produce of France · vol. net 75 cl

Konzentration ist das Kennzeichen dieser herrlichen dunkelgranatroten Farbe mit den purpurroten Reflexen. Der intensive Duft verbindet reife Bigarreau-Kirschen, frischen Trester und

Pouilly-Fumé

Rauch. Die recht spürbaren Tannine, die mit einem sehr reichhaltigen Stoff verschmolzen sind, verleihen diesem Wein eine bemerkenswerte Einprägsamkeit und Männlichkeit. Dieser im Geschmack lange, harmonische 96er hat die Zeit noch vor sich.

🕭 Jean-Paul Gilbert, rte des Aix,
18510 Menetou-Salon, Tel. 02.48.64.80.77,
Fax 02.48.64.82.55 ✓ ⵏ Mo-Sa 8h-19h

LA TOUR SAINT-MARTIN
Morogues 1996★★★

	6,5 ha	35 000	🍷	30-50 F

Erneut ein Glücksjahr für Bertrand Minchin beim Wein. In einem großen Jahrgang sind seine drei Weine für diesen Weinführer ausgewählt worden. Der Rosé und der Rotwein verdienen eine lobende Erwähnung. Aber der Weißwein hat die Jury begeistert. Er vereint Stärke und Feinheit, Frische und Fülle, Blumigkeit und Fruchtigkeit, und das alles mit der Anmut der richtigen Ausgewogenheit. »Man verlangt mehr davon«, schlußfolgerte ein Weinkoster.

🕭 Albane et Bertrand Minchin, La Tour-Saint-Martin, 18340 Crosses, Tel. 02.48.25.02.95,
Fax 02.48.25.05.03 ✓ ⵏ n. V.

LE PRIEURE DE SAINT-CEOLS 1996★

	4 ha	30 000	🍷	30-50 F

Alles in diesem Wein ist Jugendlichkeit: seine blasse goldgrüne Farbe, sein Aroma von exotischen Früchten und Zitrusfrüchten und sein Geschmack, der über einem warmen Untergrund Frische und Lebhaftigkeit verbindet. Der weiße 95er vom selben Gut hat für seine Struktur einen Stern erhalten, während der rote 96er aufgrund seiner aromatischen Qualität lobend erwähnt worden ist.

🕭 Pierre Jacolin, Le Prieuré de Saint-Céols,
18220 Saint-Céols, Tel. 02.48.64.40.75,
Fax 02.48.64.41.15 ✓ ⵏ Mo-Sa 8h-20h, So n. V.

CH. DE MAUPAS 1996

	5 ha	45 000	30-50 F

Dieser Wein trägt den Stempel einer modernen Vinifizierung: sehr blasse Farbe, Aroma von Zitronenschalen, frischen Früchten und Rosen. Nach einer guten Ansprache kommen Zitronennoten zum Vorschein. Man sollte ihn gekühlt als Aperitif oder zu Fisch trinken.

🕭 GAEC la Busardière, Les Terreux,
18220 Morogues, Tel. 02.48.64.22.30,
Fax 02.48.64.22.30 ✓ ⵏ n. V.
🕭 de Maupas

DOM. HENRY PELLE Morogues 1996★

	10 ha	57 000	🍷	30-50 F

Dieser Wein mit der tiefen granatroten Farbe muß sich bestätigen. Er zeigt eine gewisse Zurückhaltung, obwohl man schon deutlich Noten von Kirschen, Bigarreau-Kirschen und schwarzen Johannisbeeren wahrnimmt. Seine reiche, wuchtige Struktur kann sich im Laufe der Monate verfeinern. Ein kräftig gebauter, kraftvoller Pinot von einem lehmig-kalkhaltigen Boden. Man muß ihn altern lassen. Die beiden weißen 96er Cuvées vom selben Gut, darunter der Clos des Blanchais, verdienen eine lobende Erwähnung.

🕭 Dom. Henry Pellé, rte d'Aubinges,
18220 Morogues, Tel. 02.48.64.42.48,
Fax 02.48.64.36.88 ✓ ⵏ n. V.

JEAN TEILLER ET FILS 1996★★

	6,5 ha	35 000	🍷	30-50 F

Jean-Jacques Teiller geht als Nachfolger seines Vaters Jean bei der Qualität keine Kompromisse ein. Er beweist mit dem 96er erneut einen schönen Erfolg. Der Weißwein ist besonders bemerkenswert: intensiver Duft, der kräftig und fein zugleich ist, deutliche Ansprache, fülliger, fruchtiger Geschmack von seltener Nachhaltigkeit. Der Rotwein zeigt sich noch verschlossen; sein Körper muß sich entfalten, aber er ist ein Wein voller Zukunft. Er hat einen Stern erhalten.

🕭 Dom. Jean Teiller et Fils, 13, rte de la Gare,
18510 Menetou-Salon, Tel. 02.48.64.80.71,
Fax 02.48.64.86.92 ✓ ⵏ Mo-Sa 8h-12h 14h-19h

CHRISTOPHE ET GUY TURPIN
Morogues 1996

	5 ha	40 000	🍷	30-50 F

Dieser Weißwein gefällt aufgrund seiner aromatischen Palette, die schwarze Johannisbeeren, Buchsbaum, weiße Blüten und exotische Früchte verbindet. Der Geschmack zeigt eine sanfte Ansprache, wird dann aber nach und nach lebhafter und klingt mit einer bitteren Note aus, die sich während der Reifung verflüchtigen wird. Ebenfalls lobend erwähnt werden der 96er Rosé, der aromatisch und frisch ist, sowie der rote 96er, der im Keller lagern muß, damit sich seine Tannine abrunden.

🕭 GAEC Turpin Père et Fils, 11, pl. de l'Eglise,
18220 Morogues, Tel. 02.48.64.32.24,
Fax 02.48.64.32.24 ✓ ⵏ n. V.

Pouilly-Fumé
und Pouilly-sur-Loire

Das glückliche Anbaugebiet der trockenen Weißweine von Pouilly-sur-Loire ist ein Werk von Mönchen, in erster Linie von Benediktinern! Die Loire stößt hier auf ein Vorgebirge aus Kalkstein, das sie dazu zwingt, nach Nordwesten zu

Pouilly-Fumé

fließen ; doch sein Boden, der dennoch weniger kalkhaltig als in Sancerre ist, dient als günstige Grundlage für das nach Süd-südosten liegende Weinbaugebiet. Man findet dort die Rebsorte Sauvignon »Blanc-Fumé«, die bald die Chasselas-Rebe vollständig verdrängt haben wird. Trotzdem ist die letztgenannte Rebsorte historisch eng mit Pouilly verbunden und bringt einen Wein hervor, der nicht ganz ohne Reize ist, wenn die Rebe auf kiesel-haltigen Böden angepflanzt wird. Pouilly-sur-Loire (50 ha) erzeugt 3 000 hl, während Pouilly-Fumé (950 ha) rund 60 000 hl von einem Wein erzeugt, der die in Kalkstein-böden verborgenen Qualitäten gut zum Ausdruck bringt : eine Frische, die eine gewisse Festigkeit nicht ausschließt, und eine Reihe von Aromen, die für die Reb-sorte eigentümlich sind und durch das Anbaugebiet und die Bedingungen bei der Vergärung des Traubenmostes verfeinert werden.

Auch hier fügen sich die Rebflächen harmonisch in die wunder-schönen Landschaften der Loire ein. Die bezaubernden Namen der Reblagen, wie etwa »les Cornets« (Hörner), »les Loges« (Logen) oder »le Calvaire (Kalvarienberg) de Saint-Andelain«, lassen bereits die Qua-lität ihrer Weine erahnen. Sie passen zu getrocknetem Käse und Meeresfrüchten, sind aber ebenso verführerisch als Aperitif, wenn man sie gut gekühlt serviert.

Pouilly-Fumé

DOM. DE BEL AIR 1996

| | 8 ha | 20 000 | | 30-50 F |

Dieser Pouilly-Fumé mit der kräftigen golde-nen Farbe besitzt eine leichte Struktur, die man an seinem pflanzlichen, an Spargel erinnernden Aroma erahnen kann. Er hinterläßt einen guten Eindruck von Ausgewogenheit, Harmonie und Länge. Ein leicht zu trinkender Wein.
➥ Gérard Mauroy, Le Bouchot, 58150 Pouilly-sur-Loire, Tel. 03.86.39.15.85, Fax 03.86.39.19.52 n. V.

DOM. DES BERTHIERS 1996**

| | 12,5 ha | 95 000 | | 30-50 F |

Harmonie der Düfte : Buchsbaum und schwarze Johannisbeeren, weiße Rose und Gin-ster vereinen sich mit Eleganz. Dieser ebenso bezaubernde wie feminine 96er verbindet Sanft-heit und Anisfrische. Ein prächtiger Pouilly-Fumé voller Einprägsamkeit, in der Linie des 95ers stehend, der im letzten Jahr Lieblingswein war.
➥ SCEA Dom. des Berthiers, B.P. 30, 58150 Saint-Andelain, Tel. 03.86.39.12.85, Fax 03.86.39.12.94 Mo-Fr 9h-17h ; Sa, So n. V.
➥ Jean-Claude Dagueneau

GILLES BLANCHET 1996**

| | 4 ha | 4 000 | | 30-50 F |

Sehr feine Düfte von Akazienblüten und weißen Pfirsichen, durch ein klein wenig Zitrone gewürzt. Dieser Wein ist allgegenwärtig. Er beweist von der Ansprache bis zum Abgang eine ausgezeichnete Ausgewogenheit. Die Fülle und das Fett sind außergewöhnlich, schaden aber in keiner Weise der aromatischen Subtilität und der allgemeinen Eleganz. Man kann ihn von jetzt bis zum Ende des Jahrtausends genießen oder - warum nicht - das nächste Jahrtausend damit beginnen. Die 95er Cuvée Vieilles vignes vom selben Gut erhält einen Stern.
➥ Gilles Blanchet, Les Berthiers, 58150 Saint-Andelain, Tel. 03.86.39.14.03, Fax 03.86.39.00.54 n. V.

BOUCHIE-CHATELLIER
Premier millésime 1996**

| | 1,5 ha | 10 000 | | 50-70 F |

»Erster Jahrgang« oder die erste Cuvée des Jahres. Es handelt sich um eine Auslese der schönsten und reifsten Trauben, die von den Feuersteinböden von Saint-Andelain stammen. Eine körperreiche Cuvée, die sanft, rund und voller Fülle ist und ein Blütenaroma besitzt. Eine Flasche, die man einige Monate oder sogar ein paar Jahre lang im Keller vergessen muß. Bevor man sie trinkt, sollte man mindestens eine halbe Stunde vorher entkorken, damit man den Wein in seiner besten Form genießt.
➥ Bouchié-Chatellier, La Renardière, 58150 Saint-Andelain, Tel. 03.86.39.14.01, Fax 03.86.39.05.18 n. V.

HENRI BOURGEOIS
La Demoiselle de Bourgeois 1996

| | 3,8 ha | 28 000 | | 70-100 F |

Ein großes Gut (60 ha), eine große Familie und berühmte Weine ! Diese noch verschlossene Cuvée läßt ihr Potential durchscheinen : ein ganz feiner Duft von weißen Blüten, Nachthyazinthen und Exotik, von einer schillernden Lebhaftigkeit unterstützt. Die Entwicklung dürfte günstig ver-

MITTELFRANKREICH

Pouilly-Fumé

laufen. Man muß seine langsame Reifung abwerten können.
🕿 Dom. Henri Bourgeois, Chavignol, 18300 Sancerre, Tel. 02.48.78.53.20, Fax 02.48.54.14.24 ◩ ⊺ n. V.

DOMINIQUE BRISSET 1996

| | 2,6 ha | 15 000 | 30-50 F |

Sonderbarerweise ist es der Duft, der bei diesem 96er am meisten spricht : mit Noten von Rosen, Weißdorn und Aprikosen, die eine angenehme pflanzliche Frische aufmuntert. Der Geschmack ist klar und leicht. Ein Wein voller Schlankheit und Feinheit.
🕿 EARL Dominique Brisset, Boisfleury, 18, rue des Levées, 58150 Tracy-sur-Loire, Tel. 03.86.26.16.72, Fax 03.86.26.19.87 ◩ ⊺ n. V.

DOM. A. CAILBOURDIN
Vieilles vignes Vinifié en fûts de chêne 1995★

| | 1 ha | 4 500 | 70-100 F |

Alain Cailbourdin wählt selbst Traubengut von alten Rebstöcken aus, um es im Holzfaß zu vinifizieren. In diesem 95er kommt unter dem Holzton die Stärke der Trauben zum Vorschein. Dennoch ist Geduld notwendig, damit sich die Sauvignon-Trauben in diesem Wein durchsetzen, der zugegebenermaßen für die Lagerung hergestellt worden ist. Während man wartet, kann man die 96er Cuvée de Boisfleury probieren, die von der Jury lobend erwähnt wurde.
🕿 Dom. A. Cailbourdin, Maltaverne, RN 7, 58150 Tracy-sur-Loire, Tel. 03.86.26.17.73, Fax 03.86.26.14.73 ◩ ⊺ n. V.

DOM. CHAUVEAU 1996

| | 1,91 ha | 16 000 | 50-70 F |

Dieser 96er bietet einfache Qualitäten. Das Blütenaroma ist von ausreichender Intensität. Die Struktur stellt zufrieden. Die bittere Note, die man im Abgang feststellt, bedeutet (werden die Spezialisten sagen), daß es nicht eilig damit ist, diese Cuvée zu trinken.
🕿 Claude Chauveau, Les Cassiers, 58150 Saint-Andelain, Tel. 03.86.39.15.42, Fax 03.86.39.18.83 ◩ ⊺ tägl. 8h-12h 14h-20h

GILLES CHOLLET 1996★

| | 1,3 ha | 13 000 | 30-50 F |

1989 trat Gilles Chollet die Nachfolge seines Vaters auf dem Gut an. Sein 96er ist ein Erfolg. Was für ein Vergnügen der Duft verschafft, der Stärke und Zartheit miteinander verbinden kann ! Die Ansprache ist lebhaft, ohne Zugeständnisse zu machen, aber was für eine Fülle folgt danach ! Seidig und nachhaltig, ein guter Pouilly, der selbstverständlich altern kann.
🕿 EARL Gilles Chollet, Le Bouchot, 58150 Pouilly-sur-Loire, Tel. 03.86.39.02.19, Fax 03.86.39.06.13 ◩ ⊺ n. V.

DOM. PAUL CORNEAU
Cuvée Sélection 1996

| | 7 ha | 35 000 | 30-50 F |

Ein Wein, der es mit Kraftaufwand versucht. Der Duft ist intensiv, der Geschmack kräftig, durch eine gewisse Wärme geprägt. Der Bodencharakter macht sich wieder in einem Abgang von schöner Länge bemerkbar. Wenn all diese Elemente verschmelzen, wird dies ein hübscher Wein sein.
🕿 Paul Corneau, Le Bouchot, 58150 Pouilly-sur-Loire, Tel. 03.86.39.17.95, Fax 03.86.39.16.32 ◩ ⊺ n. V.

PATRICK COULBOIS Les Corques 1996

| | 8,3 ha | 40 000 | 30-50 F |

Dieser 96er besteht aus Kontrasten : Aroma von grünen Äpfeln und Honig, nervige Ansprache, gefolgt von Rundheit und Fülle. Der Abgang ist lang und hinterläßt einen Eindruck von Blüten und Buchsbaum. Ein dichter Wein, den man zu Krustentieren oder Muscheln servieren sollte.
🕿 Patrick Coulbois, Les Berthiers, 58150 Saint-Andelain, Tel. 03.86.39.15.69, Fax 03.86.39.12.14 ◩ ⊺ Mo-Sa 8h-12h 13h30-18h30 ; 3. Augustwoche geschlossen

CAVE DES CRIOTS 1996

| | 10 ha | 60 000 | 30-50 F |

Die Nuancen im aromatischen Ausdruck des Sauvignon sind sehr vielfältig. Hier dominiert Spargel über reife Zitrusfrüchte und getrocknete Früchte. Sanfte Ansprache mit einem Hauch von

Die mittelfranzösischen Weine

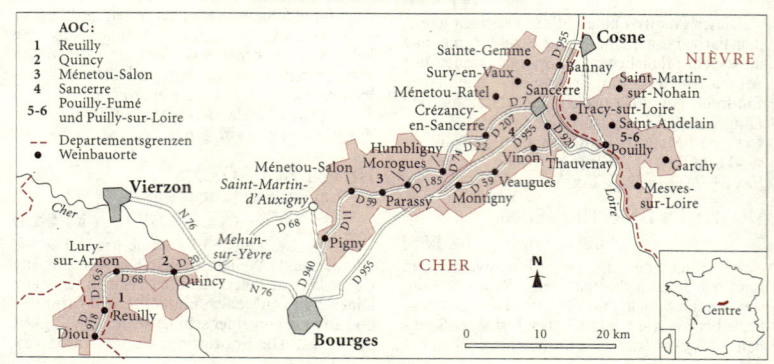

AOC:
1. Reuilly
2. Quincy
3. Ménetou-Salon
4. Sancerre
5-6. Pouilly-Fumé und Puilly-sur-Loire
-- Departementsgrenzen
• Weinbauorte

Pouilly-Fumé

Säure. Man kann diesen Wein zu Muscheln oder einem Fisch aus der Loire servieren.
🠺 Bruno Blondelet, Cave des Criots, Le Bouchot, 58150 Pouilly-sur-Loire, Tel. 03.86.39.18.75, Fax 03.86.39.06.65 ▣ Ⅰ n. V.

DIDIER DAGUENEAU Silex 1995*

| | 2 ha | 10 000 | ⦿ +200F |

Die Sauvignon-Traube ist deutlich vorhanden mit ihrer aromatischen Frische und ihren feinen Blütennuancen. Das Holz hat ebenfalls etwas zu sagen mit seinen Vanille- und Röstnoten. Die Struktur ist klar wie Feuerstein und noch von der Gerbsäure geprägt. Man muß diesem Wein Zeit lassen, seine ganze Fülle zu gewinnen.
🠺 Didier Dagueneau, Le Bourg, 58150 Saint-Andelain, Tel. 03.86.39.15.62, Fax 03.86.39.07.61 ▣ Ⅰ n. V.

CH. FAVRAY 1996*

| | 12,3 ha | 100 000 | 50-70F |

Dieser 96er, der vom Kalksteinboden von Château Favray stammt, enthüllt seine Jugend. Sein kräftiger Duft verbindet mineralische Noten, einen Hauch von Spargel und fruchtige Nuancen. Der Geschmack ist ausgewogen zwischen einer Sanftheit, die sich noch selbst sucht, und einer zitronenartigen Nervigkeit: Er wird erst in Jahren aus sich herausgehen.
🠺 Quentin David, Ch. Favray, 58150 Saint-Martin-sur-Nohain, Tel. 03.86.26.19.05, Fax 03.86.26.11.59 ▣ Ⅰ n. V.

DE LADOUCETTE 1995*

| | k. A. | k. A. | 70-100F |

Dieser Pouilly-Fumé bringt das ganze Ungestüm der Jugend zum Ausdruck: in seinem blassen Goldgrün, in der Frische seines Dufts nach Jasmin und Knospen schwarzer Johannisbeeren und im Geschmack, der eine klare Ansprache hat und eine noch nervige Struktur enthüllt, die die Zeit am Ende zähmen wird. Dieser Wein ist für die Lagerung gemacht.
🠺 De Ladoucette, Ch. du Nozet, 58150 Pouilly-sur-Loire, Tel. 01.47.20.66.62, Fax 01.40.70.95.71 ▣ Ⅰ n. V.

LA MOYNERIE 1995

| | 30,5 ha | 150 000 | 50-70F |

Das Wohnhaus und die Keller wurden an der Stelle eines alten Weinbergs errichtet, den die Mönche von Saint-Andelain bestellten - daher auch der Name des Guts. Es präsentiert einen blaßgoldenen Duft von guter Intensität, der Noten von reifen Früchten bietet, begleitet von einem Hauch von Honig. Im Geschmack macht sich die Sauvignon-Rebe stärker bemerkbar.
🠺 SA Redde et Fils, La Moynerie, 58150 Pouilly-sur-Loire, Tel. 03.86.39.14.72, Fax 03.86.39.04.36 ▣ Ⅰ n. V.

DOM. LANDRAT-GUYOLLOT
Carte noire 1996

| | 0,5 ha | 5 000 | 70-100F |

Die Eloquenz ist mäßig. Trotz der Zurückhaltung kommt eine gute aromatische Komplexität mit Minze- und Geißblattnoten zum Ausdruck. Die Struktur ist mit ihrem Anflug von Lebhaftigkeit einfach - harmonisch ...
🠺 Dom. Landrat-Guyollot, Les Berthiers, 58150 Saint-Andelain, Tel. 03.86.39.11.83, Fax 03.86.39.11.65 ▣ Ⅰ tägl. 9h-19h; Gruppen n. V.

LES CHARMES CHATELAIN 1996*

| | 2 ha | 16 000 | 30-50F |

Dieser Charmes Chatelain kann den Beitrag der Rebsorte und den des neuen Fasses miteinander in Einklang bringen. Die Blumigkeit und eine milchige Fruchtigkeit lassen sich von dem vanilleartigen Holzton in keiner Weise zurückdrängen. Ein lagerfähiger Wein, den man beispielsweise zu Geflügel mit Morcheln servieren kann. Ein anderer Wein, 95er Prestige Chatelain, der sanft und fruchtig ist, hat einen Stern erhalten.
🠺 Dom. Chatelain, Les Berthiers, 58150 Saint-Andelain, Tel. 03.86.39.17.46, Fax 03.86.39.01.13 ▣ Ⅰ n. V.

LES MOULINS A VENT
Cuvée M.V. 1996*

| | k. A. | 40 000 | 50-70F |

Diese Kellerei war recht erfolgreich mit ihrem 96er, denn die drei Weine, die sie vorgestellt hat, sind ausgewählt worden. Die Cuvée M.V. ist von seltener aromatischer Komplexität und verbindet Rosen, Hyazinthen, schwarze Johannisbeeren, Unterholz und Feuerstein. Mit ihrem Anflug von Lebhaftigkeit im Abgang dürfte sie perfekt zu Edelkrebsen oder Fisch mit Sauce sein. Die Cuvées Les Rochettes (ein Stern) und Tinelum (lobend erwähnt) sind ebenfalls trinkreif.
🠺 Caves de Pouilly-sur-Loire, Les Moulins à Vent, 39, av. de la Tuilerie, 58150 Pouilly-sur-Loire, Tel. 03.86.39.10.99, Fax 03.86.39.02.28 ▣ Ⅰ n. V.

DOM. MASSON-BLONDELET
Les Angelots 1996*

| | 3,5 ha | 28 000 | 30-50F |

Jean-Michel Masson setzt den steilen Weg der Qualität fort mit diesem Angelots, den ein Duft von Zitrusfrüchten und Minze umgibt, begleitet von ein wenig Muskat. Dieser Wein erfreut den Mund auf Anhieb mit seiner Fülle, die für Pouilly typisch ist. Schöne Rückkehr des Aromas. Ein harmonischer, vielversprechender 96er. Die Cuvée Villa Paulus ist wegen ihres stark vom Boden geprägten Charakters lobend erwähnt worden.
🠺 Jean-Michel Masson, 1, rue de Paris, 58150 Pouilly-sur-Loire, Tel. 03.86.39.00.34, Fax 03.86.39.04.61 ▣ Ⅰ n. V.

DOM. DIDIER PABIOT 1996*

| | 12,5 ha | 100 000 | 30-50F |

Der 20. Jahrgang von Didier Pabiot: Glückwünsche! Um so mehr, als dieser 96er nicht unbemerkt bleibt. Hinter seinem feinen Duft, der aus schwarzen Johannisbeeren und milchigen Noten besteht, gewinnt nach der Belüftung an Komplexität. Seine große Sanftheit im Geschmack und sein Aroma von aufgeblühten weißen Blumen machen ihn elegant. Klasse und Natürlichkeit. Ein Stern auch für den 95er Pouilly-Fumé.

MITTELFRANKREICH

Pouilly-sur-Loire

🍇 Didier Pabiot, Les Loges, B.P. 5,
58150 Pouilly-sur-Loire, Tel. 03.86.39.01.32,
Fax 03.86.39.03.27 ✓ ⌶ n. V.

DOM. RAIMBAULT-PINEAU ET FILS
La Montée des Lumeaux 1996*

| | 3,3 ha | 27 000 | 🍾 | 50-70 F |

Dieser Pouilly-Fumé bietet einen ausgeprägten, komplexen Duft nach Weißdorn, Pfirsichen und Zitronen mit einem Hauch von Ginster. Hinter seinen sanften Zügen beweist dieser Wein eine große Festigkeit. Er versteht es, ausgewogen und zugleich einschmeichelnd zu erscheinen.
🍇 GAEC Maurice Raimbault-Pineau et Fils, rte de Sancerre, 18300 Sury-en-Vaux,
Tel. 02.48.79.33.04, Fax 02.48.79.36.25 ✓ ⌶ n. V.

GUY SAGET Les Logères 1996

| | k. A. | 120 000 | 🍾 | 50-70 F |

Ein Verführer, der auf Sie zukommt, umgeben von einer an Farnkraut, Akazienblüten und Falschen Jasmin erinnernden Frische. Er umschmeichelt den Gaumen sofort mit seiner Rundheit und seiner kraftvollen Harmonie. Und dann verabschiedet er sich unspektakulär. Er muß gefallen.
🍇 SA Guy Saget, La Castille, 58150 Pouilly-sur-Loire, Tel. 03.86.39.57.75,
Fax 03.86.39.08.30 ✓ ⌶ Mo-Fr 8h-12h 14h-18h;
Sa, So 10h-18h

ANDRE THEVENEAU 1995***

| | k. A. | 6 800 | 🍾 | 30-50 F |

Das Haus ehrt den Pouilly-Fumé mit diesem herrlichen Wein, der in der Appellation einem gewissen Ideal nahekommt. Nach einem intensiven, reichhaltigen Duft zeigt der Geschmack eine große Klasse: geschmeidig, gefüllig, ausgewogen, durch eine nachhaltige Fruchtigkeit geprägt. Er wird durch würzige Noten aufgeweckt.
🍇 André Théveneau, Les Chailloux,
18300 Sancerre, Tel. 02.48.79.09.92,
Fax 02.48.79.05.28 ✓ ⌶ n. V.

DOM. THIBAULT 1996*

| | 12,5 ha | 90 000 | 🍾 | 30-50 F |

Ein weiteres Mal sind wir über einen Wein des Hauses André Dezat und Söhne begeistert. Das Aroma verbindet in einer Palette von weißen Blüten (Weißdorn) und Früchten (Pfirsiche, Aprikosen) Intensität und Feinheit. Die Fülle und die Länge fügen der Fröhlichkeit dieses hübschen, besonders leckeren Weins ihre Note hinzu.
🍇 SCEV André Dezat et Fils, Chaudoux,
18300 Verdigny, Tel. 02.48.79.38.82,
Fax 02.48.79.38.24 ✓ ⌶ Mo-Sa 8h30-12h
14h-18h

F. TINEL-BLONDELET
L'Arrêt Buffatte 1996**

| | 3,5 ha | 25 000 | 🍾 | 50-70 F |

Eine in jeder Hinsicht hervorragende Cuvée: Die Fruchtigkeit (schwarze Johannisbeeren und Pfirsiche) ist mit Buchsbaum und Ginster vermischt. Die Ausgewogenheit zwischen Alkohol und Säure ist vollkommen; sie unterstützt auf zarte Weise das Aroma von weißen Blüten, das man über den Rachenraum wahrnimmt. Muß man noch eigens hinzufügen, daß dieser Wein Rundheit, Fülle und einen Abgang besitzt, dessen Festigkeit seine Zukunft garantiert?
🍇 Annick Tinel-Blondelet, La Croix-Canat,
58150 Pouilly-sur-Loire, Tel. 03.86.39.13.83,
Fax 03.86.39.02.94 ✓ ⌶ Mo-Fr 8h-12h
13h30-18h; Sa, So n. V.

F. TINEL-BLONDELET Genetin 1996**

| | 3 ha | 20 000 | 🍾 | 50-70 F |

Dieser Blanc-Fumé verführt durch eine harmonische Palette des Aromas auf der Grundlage von Buchsbaum und Zitrusfrüchten, begleitet von einem Hauch von Spargel. Die Feinheit, die Fülle und die Länge sind ebenfalls vorhanden. Ein vollständiger Wein, den man als Aperitif oder zu Muscheln trinken kann.
🍇 Annick Tinel-Blondelet, La Croix-Canat,
58150 Pouilly-sur-Loire, Tel. 03.86.39.13.83,
Fax 03.86.39.02.94 ✓ ⌶ Mo-Fr 8h-12h
13h30-18h; Sa, So n. V.

Pouilly-sur-Loire

DOM. DE BEL-AIR 1996

| | 1 ha | 5 000 | 🍾 | -30 F |

Ein sympathischer, origineller Geruchseindruck, der sich aus Gewürzen und Anis zusammensetzt, scheint dem Wein, um diesem Wein seine Frische zu verleihen. Zitrusfrüchte (marokkanische Orangen) dominieren den Geschmack und verleihen ihm ohne Rauheit einen säuerlichen Eindruck, der durch eine leichte, jugendliche Bitterkeit geprägt ist.
🍇 Gérard Mauroy, Le Bouchot, 58150 Pouilly-sur-Loire, Tel. 03.86.39.15.85,
Fax 03.86.39.19.52 ✓ ⌶ n. V.

GILLES BLANCHET 1996

| | 0,8 ha | 3 000 | 🍾 | -30 F |

Zusammen mit einem Aroma von weißen Blüten findet man in diesem 96er die gewohnten Noten von getrockneten Früchten, die an Haselnüsse denken lassen und für Weine von der Chasselas-Rebe charakteristisch sind. Dieses Aroma verblaßt nach und nach im Geschmack und macht einer ausgewogenen Struktur Platz, die noch von säuerlichen Noten geprägt wird.
🍇 Gilles Blanchet, Les Berthiers, 58150 Saint-Andelain, Tel. 03.86.39.14.03,
Fax 03.86.39.00.54 ✓ ⌶ n. V.

DOM. CHAMPEAU 1995

| | 2 ha | 6 000 | 🍾 | -30 F |

Die Chasselas-Weine trinkt man vorzugsweise jung. Die Domaine Champeau präsentiert uns einen 95er, der zum Zeitpunkt der Weinprobe achtzehn Monate alt war und erstaunlich jung geblieben ist. Er ist im Geschmack leicht und hat sein gesamtes blumig-fruchtiges Aroma bewahrt, zusammen mit einem verschmolzenen Holzton. Eine schöne Überraschung.

Quincy

- SCEA Dom. Champeau, Le Bourg, 58150 Saint-Andelain, Tel. 03.86.39.15.61, Fax 03.86.39.19.44 ☑ ☥ tägl. 8h-20h

PATRICK COULBOIS 1996

| ☐ | 0,7 ha | 3 000 | ■ ♦ 30-50 F |

Eine ungewöhnliche Farbe : blaßgolden mit silbernem Schimmer. Der Geruchseindruck ist ganz in diesem Stil gehalten, mit einem Hauch von Reduktionsgeruch, der sich im Laufe des Ausbaus verflüchtigen dürfte. Dieser 96er dürfte sich in der richtigen Richtung entwickeln und bei Erscheinen des Weinführers trinkreif sein.

- Patrick Coulbois, Les Berthiers, 58150 Saint-Andelain, Tel. 03.86.39.15.69, Fax 03.86.39.12.14 ☑ ☥ Mo-Sa 8h-12h 13h30-18h30 ; 3. Augustwoche geschlossen

MARC DESCHAMPS Les Loges 1996*

| ☐ | 0,58 ha | 4 000 | ■ -30 F |

Marc Deschamps, ein würdiger Nachfolger des viel zu früh verstorbenen Paul Figeat, begeistert sich ebenfalls für die Weine aus der Rebsorte Chasselas. Dieser hier präsentiert sich in einem klaren, strahlenden Gold. Der Duft ist vor allem blumig. Der leckere Geschmack erinnert an spanische Orangen ; er hält angenehm lang an.

- Marc Deschamps, Les Loges, 58150 Pouilly-sur-Loire, Tel. 03.86.39.16.79, Fax 03.86.39.06.90 ☑ ☥ n. V.
- Colette Figeat

DOM. LANDRAT-GUYOLLOT
La Roselière 1996*

| ☐ | 1,01 ha | 9 900 | ■ ♦ 30-50 F |

Was für eine starke Ausdruckskraft der Chasselas-Rebe auf den kieselhaltigen Böden von Pouilly-sur-Loire ! Ein Duft voller Feinheit, mit Noten von getrockneten Früchten. Ein voller Geschmack, in dem die Frische der Minze angenehm überrascht. Ein leicht würziger Abgang. Kurz gesagt : ein Wein zum Genießen.

- Dom. Landrat-Guyollot, Les Berthiers, 58150 Saint-Andelain, Tel. 03.86.39.11.83, Fax 03.86.39.11.65 ☑ ☥ tägl. 9h-19h ; Gruppen n. V.

DOM. DE RIAUX 1996*

| ☐ | 0,4 ha | k. A. | ■ -30 F |

Bertrand Jeannot gehört zu den Säulen des Pouilly. Er präsentiert einen 96er, der gerade dabei ist, sich zu entwickeln. Er ist noch verschlossen, bietet aber diskrete Noten von Zitrusfrüchten. Er verführt durch seine Struktur und seinen langen Abgang. Ein vielversprechender Wein, der mit Austern oder Meeresfrüchten harmonieren dürfte.

- GAEC Jeannot Père et Fils, Dom. de Riaux, 58150 Saint-Andelain, Tel. 03.86.39.11.37, Fax 03.86.39.06.21 ☑ ☥ n. V.

GUY SAGET 1996*

| ☐ | k. A. | 40 000 | ■ ♦ 30-50 F |

Ach, wie sehr man doch solche Pouilly-sur-Loire mag ! Der Duft entlädt sich, aus Blüten und exotischen Früchten zusammengesetzt. Der eindrucksvolle Geschmack läßt die Früchte über einem harmonischen Untergrund sprudeln. Der Abgang zeigt sich nachhaltig und erfrischend.

- SA Guy Saget, La Castille, 58150 Pouilly-sur-Loire, Tel. 03.86.39.57.75, Fax 03.86.39.08.30 ☑ ☥ Mo-Fr 8h-12h 14h-18h ; Sa, So 10h-18h

Quincy

An den Ufern des Cher, unweit von Bourges und nahe bei Mehun-sur-Yèvre, Orten, die reich sind an historischen Zeugnissen aus dem 16. Jh., erstrecken sich die Weinbaugebiete von Quincy und Brinay auf 180 ha. Sie liegen auf Hochflächen, die mit Sand und altem Kies bedeckt sind.

Die einzige hier angebaute Rebsorte Sauvignon blanc liefert die Weine von Quincy (rund 7 500 hl), die in einem frischen, fruchtigen Typ eine große Leichtigkeit, eine gewisse Feinheit und Vornehmheit bieten.

Selbst wenn die Rebsorte das Anbaugebiet überdeckt, wie Dr. Guyot im letzten Jahrhundert schrieb, beweist Quincy doch, daß ein und dieselbe Rebsorte in der gleichen Region in unterschiedlichen Weinen zum Ausdruck kommen kann, je nachdem, wie der Boden beschaffen ist. Das ist um so besser für den Weinliebhaber, der hier einen der elegantesten Weine der Loire findet. Man kann ihn ebensogut zu Fisch und Meeresfrüchten wie zu Ziegenkäse trinken.

GERARD BIGONNEAU 1996

| ☐ | 1 ha | 5 000 | ■ ♦ 30-50 F |

Dieser 96er mit der klassischen Farbe versucht Sie nicht zu blenden. Das Aroma ist kräftig, fast heftig ; es ist vom pflanzlichen Typ und erinnert an Ginster und Buchsbaum. Der eher lebhafte Geschmack stört nicht die allgemeine Ausgewogenheit.

- Gérard Bigonneau, La Chagnat, 18120 Brinay, Tel. 02.48.52.80.22, Fax 02.48.52.83.41 ☑ ☥ n. V.

DOM. DES BRUNIERS 1996

| ☐ | 8 ha | 30 000 | ■ ♦ 30-50 F |

Jérôme de la Chaise, der seit 1984 auf einem Gut mit alten Rebstöcken (im Durchschnitt 40 Jahre alt) lebt, ist ein junger Winzer, der sich für den Quincy begeistert. Seine 96er Cuvée

Reuilly

bietet einen unaufdringlichen, aber angenehmen Duft, der an weiße Blüten erinnert. Der Geschmack schafft es, Frische und Fülle zu vereinen, und beweist eine gute Nachhaltigkeit.
🢒 Jérôme de La Chaise, Les Bruniers,
18120 Quincy, Tel. 02.48.51.34.10,
Fax 02.48.51.34.10 Ⅵ Ⅰ n. V.

DOM. DES CAVES 1996*

| | 1,51 ha | 8 500 | 🗍 ⌂ | 30-50 F |

Bruno Lecomte verwendet die modernsten Methoden, um seinen Quincy herzustellen. Das Ergebnis ist interessant. Dieser 96er verführt durch seine Ausgewogenheit, im Duft ebenso wie im Geschmack, mit einem harmonischen Aroma von Zitrusfrüchten, einer klaren Ansprache, Frische und einem angenehmen, langen Abgang. Ein sehr süffiger Wein, der zu Ziegenkäse oder Geflügel paßt.
🢒 Bruno Lecomte, 105, rue Saint-Exupéry,
18520 Avord, Tel. 02.48.69.27.14,
Fax 02.48.69.16.42 Ⅵ Ⅰ n. V.

PIERRE DURET 1996*

| | 6 ha | 30 000 | 🗍 | 30-50 F |

Ein qualitätsbewußtes Weingut - Zeuge dafür ist dieser 96er mit dem ausdrucksvollen Duft von guter Intensität, der ein Aroma von säuerlichen Früchten mit einer pflanzlichen Note verbindet. Der Geschmack zeichnet sich durch eine echte Lebhaftigkeit, die an Zitronen erinnert, und durch eine beachtliche Länge aus. Dieser Quincy dürfte gut zu Spargel oder reifem Obst passen.
🢒 SARL Pierre Duret, rte de Lury,
18120 Quincy, Tel. 02.48.78.05.01,
Fax 02.48.78.05.04 Ⅵ Ⅰ n. V.

DOM. DE LA COMMANDERIE 1996

| | 2 ha | 13 000 | 🗍 ⌂ | 30-50 F |

Die Reben und der Wein sind stark von der Beschaffenheit der Böden abhängig. Wenn deshalb der Winzer Geologe ist, wie dies der Fall ist bei Jean-Charles Borgnat, ist man versucht, ihm einen Besuch abzustatten. Man wird nicht enttäuscht werden durch diesen 96er, der stark »sauvignoniert«, obwohl er noch verschlossen ist. Alles deutet auf eine gute Entwicklung in den kommenden Monaten hin. Dieser Wein dürfte bei Erscheinen des Weinführers trinkreif sein.
🢒 Jean-Charles Borgnat, 27, rue de Jacques-au-Bois, 18120 Preuilly, Tel. 02.48.51.30.16,
Fax 02.48.51.32.94 Ⅵ Ⅰ n. V.

DOM. SORBE Clos de la Victoire 1996

| | 2,3 ha | 6 000 | 🗍 ⌂ | 30-50 F |

Jean-Michel Sorbe gehört zu den Stammgästen unseres Weinführers ! Sein Quincy bietet ein mineralisches Aroma - Ausdruck der Sand- und Splittböden, die ihn hervorgebracht haben. Auf die sanfte Ansprache folgt Fülle, mit einem Hauch von würziger Lebhaftigkeit. Ein idealer Wein zu Fisch.
🢒 Jean-Michel Sorbe, 9, rte de Boisgisson, la Quervée, 18120 Preuilly, Tel. 02.48.51.30.17,
Fax 02.48.51.35.47 Ⅵ Ⅰ n. V.

DOM. DU TREMBLAY 1996

| | 3,6 ha | 27 000 | 🗍 ⌂ | 30-50 F |

Die Domaine du Tremblay, die 1994 von Jean Tatin angelegt wurde, erstreckt sich auf drei Parzellen : les Noujats, les Rimonets und les Coudereaux. Der Verschnitt aus diesen Reblagen bietet ein verschlossenes Aroma, das an blühende Obstbäume und weiße Blüten erinnert. Dieser im Geschmack fruchtige, füllige Wein entspricht ganz dem Typ der Appellation.
🢒 Jean Tatin, Le Tremblay, 18120 Brinay,
Tel. 02.48.75.20.09, Fax 02.48.75.70.50 Ⅵ Ⅰ n. V.

DOM. TROTEREAU 1995

| | 10 ha | 15 000 | 🗍 ⌂ | 30-50 F |

Ein vor fünf Generationen entstandenes Gut, das heute von Pierre Ragon geführt wird. Traditionell beginnt man hier die Lese, nachdem das älteste Mitglied der Familie die Trauben probiert hat. Der 95er zeigt eine diskrete Fruchtigkeit, die vor allem an getrocknete Früchte erinnert. Die entwickelte Seite bestätigt sich im Geschmack, wo man ein Aroma von schwarzen Johannisbeeren entdeckt, das mit Haselnuß- und Butternoten ausklingt.
🢒 Pierre Ragon, rte de Lury, 18120 Quincy,
Tel. 02.48.26.82.58, Fax 02.48.26.82.58 Ⅵ Ⅰ n. V.

Reuilly

Dank seiner steilen, sonnenreichen Hänge und seiner bemerkenswerten Böden war Reuilly wie geschaffen dafür, daß hier Reben angepflanzt wurden.

Die Appellation umfaßt sieben Gemeinden, die in den Departements Indre und Cher liegen, in einer zauberhaften Region, durch die sich die grünen Täler des Cher, des Arnon und des Théols ziehen.

Sauvignon blanc erzeugt den größten Teil der Reuilly-Weine ; es sind trockene, fruchtige Weißweine, die hier eine bemerkenswerte Fülle gewinnen. Pinot gris liefert an einigen Orten einen Rosewein, der durch Keltern der Trauben hergestellt wird und sehr zart, fein und wirklich vornehm ist. Diese Rebsorte läuft aber Gefahr, bald zu verschwinden, weil sie von der Pinot-noir-Rebe verdrängt wird. Aus ihr erzeugt man ebenfalls ausge-

Reuilly

zeichnete Roséweine, die farbintensiver, frisch und süffig sind, aber vor allem Rotweine, die voll, korpulent und immer leicht sind und eine ausgeprägte Fruchtigkeit besitzen.

BERNARD AUJARD Les Varennes 1996*

| ☐ | 2,2 ha | k. A. | 🍾 | 30-50 F |

Ein sehr fein gearbeitetes Schmuckstück, das vor allem mit weißen Blüten, aber auch mit ein paar Früchten verziert ist. Ausgewogenheit und Harmonie sind seine Trümpfe. Man wagt fast nicht, es zu berühren, so rein und zerbrechlich erscheint es. Ein Wein, auf den man sich verlassen kann.

☛ Bernard Aujard, 2, rue du Bas-Bourg, 18120 Lazenay, Tel. 02.48.51.73.69, Fax 02.48.51.73.69 ✓ ⬥ Mo-Sa 8h-12h 14h-18h ; So n. V.

ANDRE BARBIER 1995

| ■ | 1,15 ha | 5 500 | 🍾 | -30 F |

Dieser 95er bildet eine richtige Sammlung von Aromen eines roten Reuilly, der sich in der Entwicklungsphase befindet : Backpflaumen, Lakritze, Noten von altem Leder und Pfeffer. Die Gerbsäure ist noch vorhanden, vor allem im Abgang, schadet aber nicht der guten Haltung im Gesamteindruck. Dieser angenehme Wein kann an Ihrer Tafel eine gut Aufgabe erfüllen.

☛ André Barbier, Le Crot-au-Loup, 18120 Chéry, Tel. 02.48.51.75.81, Fax 02.48.51.72.47 ✓ ⬥ n. V.

GERARD BIGONNEAU
Les Bouchauds 1996*

| ☐ | 3,5 ha | 20 000 | 🍾 | 30-50 F |

Dieser Muskatduft ist merkwürdig. Man findet rasch wieder klassische Düfte, die durch die Sauvignon-Rebe verstärkt werden (Spargel). Sie garantieren die Reichhaltigkeit, die Fülle und die Fruchtigkeit, die im Geschmack zum Ausdruck kommen. Letztlich ein sehr freigebiger Wein, den man sicherlich in ein paar Jahren mit Genuß trinken wird.

☛ Gérard Bigonneau, La Chagnat, 18120 Brinay, Tel. 02.48.52.80.22, Fax 02.48.52.83.41 ✓ ⬥ n. V.

FRANÇOIS CHARPENTIER 1996*

| ☐ | 2,5 ha | 8 000 | 🍾 | -30 F |

François Charpentier glaubt zuerst an die Reben, dann an den Wein : »Gute Reben in gutem Zustand, das ist die Grundlage meines Erfolgs.« Sein weißer 96er bietet einen Kontrast zwischen der Dichte und der Frische des Dufts und der Fülle und der subtilen Feinheit im Geschmack. Ein langer Abgang beschließt die Verkostung auf angenehme Weise.

☛ François Charpentier, Le Bourdonnat, 36260 Reuilly, Tel. 02.54.49.28.74, Fax 02.54.49.29.91 ✓ ⬥ n. V.

CHANTAL ET MICHEL CORDAILLAT 1996

| ☐ | 1,7 ha | k. A. | | 30-50 F |

Dieser 96er nähert sich Ihnen, ohne Komplexe zu haben, mit einem Aroma von Amylalkohol, das sich an der Grenze zu einer gewissen Schwere befindet. Im Geschmack findet man ihn rund. Er bereitet Ihnen einen sehr warmherzigen Empfang. Das ist es, was seinen Charme ausmacht.

☛ Chantal et Michel Cordaillat, Le Montet, 18120 Mereau, Tel. 02.48.52.83.48, Fax 02.48.52.83.09 ✓ ⬥ n. V.

GERARD CORDIER 1996

| ◢ | 1,6 ha | 6 000 | 🍾 | 30-50 F |

Ein komplexer, origineller Rosé, in seinem Aroma ebenso wie in seiner Struktur. Kleine rote Früchte sind auf unaufdringliche Weise mit einem Röstgeruch vermischt. Die Lebhaftigkeit ist mit dem Körper des Weins gut verschmolzen. Ein guter Pinot gris aus Reuilly in einem großen Jahrgang.

☛ Gérard Cordier, 6, imp. de l'Ile-Camus, La Ferté, 36260 Reuilly, Tel. 02.54.49.25.47, Fax 02.54.49.29.34 ✓ ⬥ n. V.

PASCAL DESROCHES
Clos des Varennes 1996*

| ☐ | 3 ha | 15 000 | 🍾 | 30-50 F |

Wäre dieser Reuilly Musik, so wäre er der Wohlklang : im Einklang mit seinem lehmigkalkhaltigen Boden, perfekter Zusammenklang der Geruchs- und Geschmacksempfindungen. Das Aroma von exotischen Früchten harmoniert mit der Feinheit und der Lebhaftigkeit dieses 96ers. Ebenfalls Beachtung bei der Jury fand der zarte Rosé, der ein nachhaltiges Aroma von Walderdbeeren besitzt und einen Stern erhalten hat.

☛ Pascal Desroches, Le Bourg, 13, rte de Charost, 18120 Lazenay, Tel. 02.48.51.71.60, Fax 02.48.51.71.60 ✓ ⬥ n. V.

JEAN-SYLVAIN GUILLEMAIN 1996

| ☐ | 1 ha | 8 000 | 🍾 | 30-50 F |

Ein weißer 96er Reuilly von guter Provenienz, der das Ergebnis einer sorgfältigen Vinifizierung ist. Der zunächst diskrete Geruchseindruck bietet nach der Belüftung einen Duft von weißen Blüten. Dann kommt ein runder, fülliger Geschmack, der an reifes Traubengut denken läßt : Man hat einen Eindruck, als würde man in eine intensiv goldgelbe Sauvignon-Traube beißen.

☛ Jean-Sylvain Guillemain, Le Palleau, 18120 Lury-sur-Arnon, Tel. 02.48.51.73.45, Fax 02.48.51.78.72 ✓ ⬥ n. V.

CLAUDE LAFOND
Les Grandes Vignes 1996**

| ☐ | 3,5 ha | 25 000 | 🍾 | 30-50 F |

Schon die intensive granatrote Farbe versetzt Sie in gute Laune. Der Duft bekräftigt es : Er ist kräftig und fein und bietet eine reiche aromatische Palette mit Noten von roten Früchten, schwarzen Johannisbeeren und Pfeffer. Das gesamte Vergnügen bleibt zum Schluß beim Geschmack. Frische, Rundheit, Fülle - alles

Trümpfe bei diesem bemerkenswerten Reuilly. Der weiße 96er La Raie 96 ist lobend erwähnt worden.

🕾 Claude Lafond, Le Bois-Saint-Denis, rte de Graçay, 36260 Reuilly, Tel. 02.54.49.22.17, Fax 02.54.49.26.64 ▼ ⟆ n. V.

GUY MALBETE Pinot noir 1996*

■   3 ha   18 000   ▮ -30 F

Die ersten Eindrücke erinnern an Kirschen, in der Farbe ebenso wie im Duft. Dann entdeckt man ein Aroma von Walderdbeeren und roten Johannisbeeren. Eine große Leichtigkeit, die in keiner Weise der guten Gesamtausgewogenheit widerspricht. Diesen 96er kann man relativ jung trinken, in zwei Jahren.

🕾 EARL Guy Malbête, 16, chem. du Boulanger, Bois-Saint-Denis, 36260 Reuilly, Tel. 02.54.49.27.87, Fax 02.54.49.27.49 ⟆ n. V.

JACQUES RENAUDAT 1996**

■   2,08 ha   12 000   ▮ 30-50 F

Jacques Renaudat folgt den Spuren seines Vaters, der einer der Pioniere bei der Wiederbelebung des Pinot noir in Reuilly war. Der aus dieser Rebsorte erzeugte 96er ragt heraus aufgrund seines komplexen Aromas von konzentrierten roten Früchten, seiner schönen, stattlichen Struktur und seiner runden, verschmolzenen Tannine, die durch pfeffrige Noten verstärkt werden. Auch wenn man ihn schon jetzt servieren kann, ist dies vor allem ein sehr großer lagerfähiger Wein. Die Jury legte auch Wert darauf, den 96er Weißwein und den 96er Rosé lobend zu erwähnen, die gelungen und typisch sind.

🕾 Jacques Renaudat, Seresnes, 36260 Diou, Tel. 02.54.49.21.44, Fax 02.54.49.30.42 ▼ ⟆ tägl. 8h-19h ; 15.-31. Aug. geschlossen

JACQUES VINCENT 1996

◪   1,11 ha   9 000   ▮ -30 F

Nachdem sein 94er und sein 95er in den beiden letzten Jahren zum Lieblingswein gewählt wurden, ist Jacques Vincent immer da. Der 96er erinnert an die vorangegangenen durch sein sehr ausgeprägtes Erdbeeraroma und seine Noten von kleinen roten Früchten (Himbeeren). Dank der Fülle und der Rundheit, die mit einem auf den Jahrgang zurückgehenden hohen Alkoholgehalt verbunden sind, dürfte sich diese Flasche bei der Alterung gut halten.

🕾 Jacques Vincent, 11, chem. des Caves, 18120 Lazenay, Tel. 02.48.51.73.55, Fax 02.48.51.14.96 ▼ ⟆ n. V.

Sancerre

Sancerre ist zunächst einmal ein prädestinierter Ort, der über der Loire aufragt. Auf dem Gebiet von elf Gemeinden gibt es eine großartige Kette von Hügeln, die sich perfekt für den Weinbau eignen, mit guten, geschützten Lagen, deren kalk- oder kieselhaltige Böden für die Reben günstig sind und zur Qualität der Weine beitragen. Rund 2 400 ha sind bestockt und erzeugen 148 000 hl.

Zwei Rebsorten dominieren in Sancerre : Sauvignon blanc und Pinot noir, beides äußerst edle Rebsorten, die imstande sind, den Geist des Anbaugebiets und der Reblage zum Ausdruck zu bringen, am besten die Qualitäten der Böden auszudrücken, die sich in frischen, jungen und fruchtigen Weißweinen (der größte Teil der Produktion), in zarten, feinen Roséweinen und in leichten, duftigen und korpulenten Rotweinen entfalten.

Aber Sancerre ist vor allem ein Landstrich, in dem besonders fesselnde Menschen leben. Es ist nämlich nicht einfach, aus der Rebsorte Sauvignon einen großen Wein zu erzeugen, denn diese Rebe reift eher spät und wächst hier auf einem Terrain, das nicht weit von der nördlichen Grenze der Weinbauzone entfernt ist, in Höhen von 200 bis 300 m, die das örtliche Klima zusätzlich beeinflussen, und auf Böden, die zu den abschüssigsten in Frankreich zählen. Zudem laufen die Gärvorgänge unter schwierigen Umständen am Ende der späten Jahreszeit ab !

Sancerre

Der weiße Sancerre-Wein wird besonders geschätzt zu getrocknetem Ziegenkäse, wie etwa dem berühmten »Crottin« aus Chavignol, einem Dorf, das selbst Wein erzeugt, aber auch zu Fisch oder zu warmen, wenig gewürzten Vorspeisen. Die Rotweine passen zu Geflügel und lokalen Fleischgerichten.

SYLVAIN BAILLY Les Dumaines 1996
2 ha   k. A.   30-50 F

Ein interessanter Wein mit einem schweren Duft nach reifen Orangen und gespaltenem Holz und einem Geschmack, in dem erneut Orangen dominieren. Sein guter Abgang ist lebhaft und zitronenartig.
• Sylvain Bailly, 71, rue de Venoize, 18300 Bué, Tel. 02.48.54.02.75, Fax 02.48.54.28.41 Mo-Sa 8h-19h ; So n. V.

DOM. JEAN-PAUL BALLAND 1996**
10 ha   65 000   50-70 F

Jean-Paul Balland hat seine gesamten Weinberge in der Gemeinde Bué, wo berühmte Lagen wie »Chêne Marchand« oder »Chemarin« den guten Ruf des Sancerre-Gebiets begründet haben. Dieser von einem Boden mit »Klümpchen« stammende 96er, der nach Bergamotten und reifen Früchten duftet, hat die Mitglieder der Jury bezaubert. Die Ansprache ist sanft und füllig, mit einem Pfirsich- und Zitronenaroma. Danach läßt man sich einlullen durch die Eleganz, die Feinheit und die ausgezeichnete Nachhaltigkeit, die so lang wie ein Sommerabend ist. Einstimmig zum Lieblingswein gewählt.
• SA Dom. Jean-Paul Balland, chem. de Marloup, 18300 Bué, Tel. 02.48.54.07.29, Fax 02.48.54.20.94 n. V.

CEDRICK BARDIN 1996
2,8 ha   k. A.   30-50 F

Auf den ersten Geruchseindruck eines Weins, der noch in den Windeln liegt (Gärungsaroma), folgen sehr reife exotische Früchte, die zu seiner goldgelben Farbe passen. Der Geschmack ist recht leicht, der Abgang erfrischend.
• Cédrick Bardin, 12, rue Waldeck-Rousseau, 58150 Pouilly-sur-Loire, Tel. 03.86.39.11.24 tägl. 8h30-12h30 13h30-19h30

BEAUREGARD 1996**
4,5 ha   20 000   30-50 F

Rebstöcke von beachtlichem Alter, die auf lehmig-kalkhaltigen Böden wachsen, haben diesen bemerkenswerten Wein geliefert, dessen herrschaftliche Robe von tiefem Granatrot ist. Nach dem sortentypischen Duft zeigt sich das Aroma von roten Früchten. Die Ansprache ist sanft und klar. Im Abgang spürt man eine nicht zu starke Tanninnote, die es diesem Wein erlauben wird, mühelos zu altern.
• Dom. Reverdy-Ducroux, 18300 Verdigny, Tel. 02.48.79.31.33, Fax 02.48.79.36.19 n. V.

HENRI BOURGEOIS
La Bourgeoise 1995**
4,3 ha   24 180   70-100 F

Das 60 ha große Gut exportiert 55 % seiner Produktion und hat damit aktiv am guten Ruf des Sancerre teil. Dieser granatrote 95er mit dem fein holzbetonten Duft, in dem der Charakter der Rebsorte hervorsticht, ist voller Kraft. Mit den spürbaren Tanninen verbindet sich ein Aroma von schwarzen Johannisbeeren und Fichten sowie ein wenig Zimt. Ein Wein mit großem Potential, der noch altern muß, bevor man ihn trinkt.
• Dom. Henri Bourgeois, Chavignol, 18300 Sancerre, Tel. 02.48.78.53.20, Fax 02.48.54.14.24 n. V.

HENRI BOURGEOIS
La Bourgeoise 1995*
10 ha   54 000   70-100 F

Dieser 95er ist gut gealtert. Sein Aroma von weißen Blüten und Farnkraut wird im Geschmack auf elegante Weise vom Holz dominiert, so daß sich die Vanillenote hervorhebt. Man spürt eine sichere Beherrschung der Vinifizierungstechnik und eine gelungene Vereinigung mit dem Holz. Die wenig teure 96er Grande Réserve, die ausschließlich im Gärtank ausgebaut worden ist, kann lobend erwähnt werden, so angenehm ist sie (exotisches Aroma). Ein Wein gegen den Durst, wie man es früher erwartete.
• Dom. Henri Bourgeois, Chavignol, 18300 Sancerre, Tel. 02.48.78.53.20, Fax 02.48.54.14.24 n. V.

DOM. HUBERT BROCHARD 1996
35 ha   300 000   50-70 F

Jung, sehr jung - dieser 96er besitzt angenehme Duftnoten, die eine gewisse Komplexität (Weinbergspfirsiche, Ananas) anzukündigen scheinen. Diese dürfte schon im Herbst deutlicher zum Vorschein kommen. Aufgrund der Frische des Geschmacks muß man ihm vertrauen.
• Dom. Hubert Brochard, Chavignol, 18300 Sancerre, Tel. 02.48.54.12.92, Fax 02.48.54.12.58 tägl. 9h-12h 14h-18h

DOM. DES BUISSONNES 1996*
1,9 ha   16 000   30-50 F

Der Domaine des Buissonnes in Sury-en-Vaux ist ein Wein gelungen, der ganz elegant und fein ist. Kirschen und Himbeeren sowie viel Fülle im Geschmack werden ihn im nächsten Frühjahr zu

Sancerre

einer angenehmen Entdeckung machen. Hinweisen sollte man auch auf den Rosé aus dem gleichen Jahrgang, der Zitrusnoten von ausgezeichneter Nachhaltigkeit zeigt.

SCEA des Buissonnes, Maison Sallé,
18300 Sury-en-Vaux, Tel. 02.48.79.35.41,
Fax 02.48.79.34.68 ☑ ☒ tägl. 8h-12h 14h-19h

DOM. DU CARROU 1995*

| | 2,5 ha | 12 000 | | | 30-50F |

Mit Hilfe von alten Rebstöcken, die auf für die Appellation typischen Böden wachsen, ist Dominique Roger dieser hübsche Wein mit der kräftigen Farbe und dem sonnenreichen Duft gelungen. Die kleinen roten Früchte, die über den verschmolzenen Tanninen zu spüren sind, machen ihn zu einem würdigen Vertreter des Sancerre. Aufmerksamkeit verdient außerdem ein ausgezeichneter 96er Weißwein, der strukturiert und erfrischend ist.

Dominique Roger, 7, pl. du Carrou,
18300 Bué, Tel. 02.48.54.10.65,
Fax 02.48.54.38.77 ☑ ☒ Mo-Sa 8h-12h 13h30-19h ; So n. V.

PIERRE CHERRIER ET FILS
Cuvée Grand Picot 1996*

| | k. A. | 6 000 | | | 50-70F |

Diese Cuvée Grand Picot, benannt nach dem Beinamen des Großvaters von Pierre Cherrier und zu seinem Gedächtnis hergestellt, besitzt viel Charme. Der sehr ausdrucksvolle Duft von Buchsbaum und dann von Unterholz früh am Morgen läßt zu, daß sich die Blüten und Früchte harmonisch entfalten. Auf eine lebhafte Ansprache folgen rasch eine Ausgewogenheit und eine Vollmundigkeit, die diesen Wein zu einem würdigen Vertreter des Sancerre machen.

Pierre Cherrier et Fils, Chaudoux,
18300 Verdigny-en-Sancerre,
Tel. 02.48.79.34.93, Fax 02.48.79.33.41 ☑ ☒ tägl. 9h-19h

DANIEL CHOTARD
Le Champ de l'Archer 1995

| | 1 ha | 2 000 | | | 30-50F |

Daniel Chotard, ein Musikliebhaber, konnte gute Noten auf gute Notenlinien setzen. Die schöne rubinrote Farbe umhüllt Noten von roten Früchten, dann animalische Nuancen. Dieser Wein von schöner Ausgewogenheit muß noch ein wenig altern, bevor man ihn trinkt. Weisen wir auch auf einen 96er Rosé hin, der voller Frische und Eleganz ist.

Daniel Chotard, Reigny, 18300 Crézancy-en-Sancerre, Tel. 02.48.79.08.12,
Fax 02.48.79.09.21 ☑ ☒ n. V.

DOM. DU COLOMBIER 1995*

| | 2 ha | 12 000 | | 50-70F |

Roger Neveu und seinen Söhnen ist ein schöner Wein von kräftiger granatroter Farbe gelungen. Die Ansprache ist ausgezeichnet ; danach gewinnen die Tannine die Oberhand (Holzton). Aber der Wein ist ausgewogen und bietet einen angenehmen geschmacklichen Ausklang mit einer Kirschkernnote. Ein Wein, den man drei bis vier Jahre lagern kann.

Roger Neveu et Fils, 18300 Verdigny,
Tel. 02.48.79.40.34, Fax 02.48.79.32.93 ☑ ☒ n. V.

DOMINIQUE CROCHET
Cuvée Prestige Vieilles vignes 1996

| | 0,35 ha | 2 000 | | | 50-70F |

Dieser 96er mit dem starken Ginstergeruch, der eine mineralische Note enthält, besitzt eine ziemlich kräftige strohgelbe Farbe. Ein recht rustikaler Wein mit Bodengeschmack, der eine sanfte Ansprache zeigt. Danach entfaltet sich nach und nach eine Fruchtigkeit, die man im sehr nachhaltigen Abgang wiederfindet. Gar nicht übel. Der rote 95er von Dominique Crochet ist mit der gleichen Note berücksichtigt worden : hübsche kirschrote Farbe, Duft nach Unterholz, Wild und Bigarreau-Kirschen und voller Geschmack mit erstklassigen Tanninen. Dieser Wein ist der Ausdruck gut vinifizierter reifer Trauben.

Dominique Crochet, Venoize, 18300 Bué,
Tel. 02.48.54.19.56, Fax 02.48.54.12.61 ☑ ☒ n. V.

LUCIEN CROCHET
Cuvée Prestige 1995**

| | 3,5 ha | 20 000 | | | 100-150F |

Diese Cuvée Prestige vor Lucien Crochet dürfte zu den Pflichtbesuchen für diejenigen gehören, die das Weinbaugebiet von Sancerre entdecken möchten. Blaßgelbe Farbe mit grünen Reflexen. Sein Holzaroma, das durch Zitrusfrüchte betont wird, seine Feinheit im Geschmack und seine lange Nachhaltigkeit machen ihn zu einem unvergleichlichen Wein.

SA Lucien Crochet, pl. de l'Eglise,
18300 Bué, Tel. 02.48.54.08.10,
Fax 02.48.54.27.66 ☑ ☒ Mo-Fr 8h-12h 14h-18h ; Sa, So n. V.

LUCIEN CROCHET
La Croix du Roy 1995*

| | 5 ha | 35 000 | | | 50-70F |

Lucien und Gilles Crochet haben einen Wein im reinsten Stil der Appellation Sancerre erzeugt, der ein Kirscharoma mit einem leichten Hauch von Tabak entfaltet - das Ganze in einer schönen Ausgewogenheit unter einer dunkelrubinroten Farbe, die sehr angenehm wirkt.

SA Lucien Crochet, pl. de l'Eglise,
18300 Bué, Tel. 02.48.54.08.10,
Fax 02.48.54.27.66 ☑ ☒ Mo-Fr 8h-12h 14h-18h ; Sa n. V.

DOM. ROBERT ET MARIE-SOLANGE CROCHET 1995

| | 2 ha | 12 000 | | | 30-50F |

Ein Gut, das die Hänge le Chêne Marchand und Grand Chemarin bewirtschaftet. Dieser Wein mit der ziegelroten Farbe und dem Wildaroma über animalischen Noten zeigt eine gewisse Entwicklung. Der Geschmack ist lang und wohlausgewogen mit viel Vollmundigkeit. Sein Potential ist noch vorhanden.

Dom. Robert et Marie-Solange Crochet,
Marcigoué, 18300 Bué-en-Sancerre,
Tel. 02.48.54.21.77, Fax 02.48.54.25.10 ☑
☒ Mo-Fr 9h-12h30 14h-19h ; So n. V.

Sancerre

DOM. DAULNY
Le Clos de Chaudenay 1995**

| | 0,6 ha | 4 500 | | 30-50 F |

Etienne Daulny ist ein Stammgast des Weinführers. Dieser bemerkenswerte Wein stammt von alten Rebstöcken, die auf Mergelböden der Kimmeridge-Stufe wachsen, und überrascht durch seine Frische. Der Duft ist aufgrund seiner Unterholz- und Farnkrautnoten an schönem typischem Charakter. Im Geschmack findet man Birnen und Litschis wieder. Dieser sehr ausdrucksstarke 95er kann noch lagern.
Etienne Daulny, Chaudenay,
18300 Verdigny, Tel. 02.48.79.33.96,
Fax 02.48.79.33.39 n. V.

DOM. DELAPORTE 1995

| | 4 ha | 20 000 | | 30-50 F |

Dieser rubinrote Wein mit den bernsteinfarbenen Nuancen befindet sich in einer Übergangsphase. Rote Früchte im Duft. Im Abgang findet man ein Aroma von Bigarreau-Kirschen und animalischen Noten. Der Gesamteindruck ist rund, mit spürbaren Tanninen, die den Mund gut auskleiden. Der 96er Rosé (gleiche Note) ist bei Erscheinen des Weinführers trinkreif.
Vincent et Jean-Yves Delaporte, Chavignol,
18300 Sancerre, Tel. 02.48.78.03.32,
Fax 02.48.78.02.62 Mo-Fr 8h-12h 14h-19h ;
So n. V.

DOM. FOURNIER 1995

| | 3 ha | 20 000 | | 30-50 F |

Ein klassischer Wein, der die Rebsorte Pinot mit seinem Aroma roten Früchten zur Geltung bringt. Er zeigt zu Beginn der Verkostung eine schöne tanninhaltige, fruchtige Struktur und klingt mit einer tanninhaltigen Note aus.
Fournier Père et Fils, Chaudoux, B.P. 7,
18300 Verdigny, Tel. 02.48.79.35.24,
Fax 02.48.79.30.41 Mo-Fr 8h-18h ; Sa, So n. V.
GFA Chanvrières

GITTON PERE ET FILS
Les Montachins 1996

| | 3,8 ha | 27 000 | | 50-70 F |

Das Haus Gitton, das dafür bekannt ist, daß es seine Reblagen getrennt vinifiziert, hat mit dem Montachins offensichtlich einen Sancerre vom dritten Typ hergestellt ! Er besitzt eine kräftige goldene Farbe. Das Aroma verläßt ausgetretene Pfade und verströmt Honig, Quitten und gekochte Früchte. Der Abgang ist aufgrund von Restzucker und einer geringen Säure schwer.
Gitton Père et Fils, 18300 Ménétréol-sous-Sancerre, Tel. 02.48.54.38.84,
Fax 02.48.54.09.59 n. V.

DOM. DES GODONS 1995

| | 2,5 ha | 18 000 | | 50-70 F |

Ein roter Klassiker der Appellation Sancerre mit harmonischen Noten von Holzgeruch und roten Früchten. Die Ansprache ist klar. Dann zeigt sich der Geschmack rund, wobei im Abgang die Tannine wieder zum Vorschein kommen. Der 96er Weißwein bietet ein starkes Potential und dürfte sich schön entwickeln.
GAEC Maurice Raimbault-Pineau et Fils, rte de Sancerre, 18300 Sury-en-Vaux,
Tel. 02.48.79.33.04, Fax 02.48.79.36.25 n. V.

DOM. DES GRANDES PERRIERES
1996

| | 0,32 ha | 10 000 | | 30-50 F |

Dieser kirschrote Rotwein, bei dem sich rote Johannisbeeren mit Sauerkirschen vermischen, wurde von der Jury wegen ihrer spürbaren Säure als »rustikal« beurteilt. Man sollte ihn für Wild vom Typ Wildschwein reservieren. Ein ebenfalls interessanter Weißwein mit schöner Intensität bietet ein Bukett von Zitrusfrüchten über würzigen Noten.
Jérôme Gueneau, Les Grandes-Perrières,
18300 Sury-en-Vaux, Tel. 02.48.79.39.31,
Fax 02.48.79.40.27 tägl. 8h-21h

CAVES DU GUE D'ARGENT 1996*

| | 3 ha | 20 000 | | 30-50 F |

Ein kräftiger Wein mit ausgeprägten Zitrusnoten. Der Geschmack entfaltet das Aroma mit Wärme, klingt aber mit einer gewissen Lebhaftigkeit aus. Ein weißer Sancerre mit schönem Lagerpotential.
Serge Laloue, 18300 Thauvenay,
Tel. 02.48.79.94.10, Fax 02.48.79.92.48 n. V.

ALAIN GUENEAU 1996

| | k. A. | k. A. | | 30-50 F |

Wie ein Seiltänzer versucht dieser 96er mit der leichten Farbe und dem diskreten Duft nach kleinen roten Früchten, nicht zu fallen. Im Geschmack ätherisch. Der Abgang ist ziemlich lang mit pinottypischen Noten.
Alain Gueneau, Maison Sallé, 18300 Sury-en-Vaux, Tel. 02.48.79.30.51,
Fax 02.48.79.36.89 n. V.

DOM. LA CROIX-SAINT-LAURENT
Vieilles vignes 1995*

| | 0,7 ha | 2 900 | | 30-50 F |

Eine Cuvée Vieilles vignes, die dieses Namens würdig ist. Bigarreau-Kirschen, Vanille, mit Schokolade vermischt - ein etwas ungewöhnliches Patchwork. Dieser im Geschmack sanfte und volle 95er ist gut gemacht. Die roten Früchte halten im Abgang an.
Joël et Sylvie Cirotte, 1, imp. de la Grand'Vigne, 18300 Bué, Tel. 02.48.54.30.95,
Fax 02.48.78.02.03 n. V.

DOM. LA GRANDE MAISON 1996*

| | 10 ha | 50 000 | | 30-50 F |

Ein komplexer Wein mit vielversprechender Zukunft. Der leicht jodartige Geruch ist intensiv. In der Ansprache wohlausgewogen, wird er füllig und fett. Er klingt sehr hübsch auf fruchtigen, eine neu säuerlichen Note aus.
Chaumeau-Balland et Fils, 10, rue du Moulin, 18300 Bué, Tel. 02.48.54.27.39,
Fax 02.48.54.03.44 n. V.

DOM. DE LA MERCY-DIEU 1996**

| | 10 ha | 60 000 | | 30-50 F |

Jean-François Bailly präsentiert zwei Weine, einen 96er und einen 95er. Der 96er ist sehr

Sancerre

schön : Zitrusfrüchte, Ananas, Zitronen, klare Ansprache mit viel Tiefe, Ausgewogenheit und Harmonie. Man muß ihn im Keller aufheben. Der 95er, ebenfalls auf Böden mit »Klümpchen« gewachsen, hat eine blaßgoldene Farbe und ein noch jugendliches, mineralisches Aroma. Er ist ein ausgewogener, leichterer, trockener Wein, mit ein Prozent Alkohol weniger als der 96er, und schon trinkreif zu einem Crottin aus Chavignol !
↝ SA Bailly-Reverdy, 43, rue de Vénoize, 18300 Bué, Tel. 02.48.54.18.38, Fax 02.48.78.04.70 ☑ ⏲ n. V.

DOM. LA MOUSSIERE
Génération XIX 1995★★

| ■ | 2 ha | 6 590 | ⦿ | 70-100 F |

Eine der Marken von Alphonse Mellot, die in der Welt Verbreitung gefunden hat, und ein Wein, den die gesamte Jury begrüßt hat. Dieser Génération XIX besitzt Charakter, vor allem weil die Vinifizierung und der Ausbau in neuen Holzfässern gut gelungen sind. Röstnoten und Nuancen von Geröstetem im Geruch und danach eine große Fülle und eine schöne Harmonie machen ihn zu einem echten Erfolg. Die 95er Cuvée Edmond Vieilles vignes wurde von der Jury ebenfalls berücksichtigt, mit einer einfachen lobenden Erwähnung, wie sie als sehr stark vom Holz des Fasses geprägt beurteilt wurde. Aber die Weinfreunde werden natürlich von dem Holzaroma, aber auch von einem Hauch von altem Trester verführt werden. Ein etwas exotischer Wein am Rande der AOC. Höherer Preis als beim Rotwein.
↝ Alphonse Mellot, Dom. La Moussière, 18300 Sancerre, Tel. 02.48.54.07.41, Fax 02.48.54.07.62 ☑ ⏲ n. V.

CELLIERS DE LA PAULINE 1996

| □ | 5 ha | 30 000 | ■ ♦ | 30-50 F |

Zu Füßen von Château de Thauvenay haben die Celliers de la Pauline diesen Weißwein mit dem Bodengeschmack hervorgebracht. Er besitzt mineralische Noten und wird gut von seiner Frische geleitet, wobei sich die Pampelmusen bis zum Abgang fortsetzen.
↝ Eric Louis, Le Bourg, 18300 Thauvenay, Tel. 02.48.79.90.66, Fax 02.48.79.93.48 ☑ ⏲ n. V.

DOM. SERGE LAPORTE 1996

| □ | 3 ha | 20 000 | ■ | 30-50 F |

Früchte, weiße Blüten und eine schöne blaßgoldene Farbe haben bei den Mitgliedern der Jury einen guten Eindruck hinterlassen. Rund im Geschmack - ein gut gemachter Wein, der unverblümt und für die Appellation typisch ist. Die 95er Cuvée des Mages ist vielleicht nicht magisch, aber sie ist sympathisch. Sie erhält die gleiche Note wegen ihrer guten Ausgewogenheit.
↝ Dom. Serge Laporte, Chavignol, 18300 Sancerre, Tel. 02.48.54.30.10, Fax 02.48.54.28.91 ☑ ⏲ Mo-Sa 9h-19h ; So n. V.

DOM. LA TONNELLERIE 1996★

| ■ | k. A. | 20 000 | ■ ♦ | 30-50 F |

Die Thirots, die seit drei Jahrhunderten Winzer sind, präsentieren einen kirschroten 96er. Ein wenig Kirschen im Duft, eine schöne Ausgewogenheit im Geschmack, in dem die Pinot-Rebe ihren jugendlichen Ausdruck wiederfindet, und eine schöne Länge machen diesen Wein zu einem angenehmen Fruchtcocktail, den man schon jetzt trinken kann. Der ebenfalls verkostete 95er erhält die gleiche Note. Er hat achtzehn Monate im Faß gelagert, aber sein Ausbau überdeckt nicht die Qualität des Weins. Der 96er Weißwein ist ebenfalls probierenswert. Ein Gut, das man im Auge behalten sollte.
↝ Gérard Thirot, allée du Chatiller, 18300 Bué, Tel. 02.48.54.16.14, Fax 02.48.54.00.42 ☑
⏲ Mo-Sa 8h-19h

LES CHASSEIGNES 1996

| □ | 8 ha | 30 000 | ■ ♦ | 50-70 F |

Ein klassischer Sancerre von blaßgoldener Farbe. Gewürze über reifen Früchten kennzeichnen den Duft. Im Geschmack findet man über einer schönen Ausgewogenheit würzige und pfeffrige Noten wieder. Der Abgang ist ein wenig kurz, aber der Wein ist klar und paßt perfekt zu Krustentieren.
↝ SA Fouassier Père et Fils, 180, av. de Verdun, 18300 Sancerre, Tel. 02.48.54.02.34, Fax 02.48.54.35.61 ☑ ⏲ tägl. 9h-12h 14h-18h

DOM. RENE MALLERON 1996

| □ | 9,39 ha | 83 445 | ■ ♦ | 30-50 F |

Goldene Farbe mit grünen Reflexen. Dieser 96er mit dem Röstaroma über einem Zitrusuntergrund besitzt eine schöne Harmonie. Seine Noten von gekochten Früchten und Kompott und ein angenehmer Abgang machen ihn zu einem Wein, den man schon jetzt trinken kann.
↝ Dom. René Malleron, Champtin, 18300 Crézancy-en-Sancerre, Tel. 02.48.79.06.90, Fax 02.48.79.06.90 ☑ ⏲ n. V.

JOSEPH MELLOT Le Rabault 1996★★

| | 4,5 ha | 40 000 | ■ ♦ | 50-70 F |

1513 ließ sich hier der erste bekannte Winzer der Familie Mellot nieder. Heute exportiert Alexandre Mellot 10 % seiner Weine nach Belgien. Dieser hier hat eine leichte rote Farbe und überrascht uns mit einer gutgebauten aromatischen Intensität, bei der sich rote Waldfrüchte mit Gewürzen verbinden. Füllig und klar im Geschmack, mit angenehmer Gerbsäure. Dieser Wein wird rotes Fleisch erfolgreich begleiten.
↝ Vignobles Joseph Mellot Père et Fils, rte de Ménétréol, B.P. 13, 18300 Sancerre, Tel. 02.48.54.21.50, Fax 02.48.54.15.25 ☑
⏲ Mo-Fr 8h-19h ; Sa, So n. V.

THIERRY MERLIN-CHERRIER 1995★★

| ■ | 2 ha | 16 000 | ■ ♦ | 30-50 F |

Thierry Merlin, einem jungen Winzer, ist dieser 95er glänzend gelungen. Der Wein trägt ein schönes karminrotes Kleid. Das intensive Aroma von Sauerkirschen findet sich im Duft wie im Geschmack. Die Komplexität der roten Früchte, die sich mit Gewürzen vermischen, führt zu einem wunderbaren Abgang. Schöner Ausdruck eines roten Sancerre.
↝ SA Thierry Merlin-Cherrier, 43, rue Saint-Vincent, 18300 Bué, Tel. 02.48.54.06.31, Fax 02.48.54.01.78 ☑ ⏲ n. V.

Sancerre

DOM. PAUL MILLERIOUX 1996

■ 3,5 ha 12 000 ⅠⅠ 30-50F

Paul Millérioux ist ein Stammgast dieses Weinführers. Dieser 96er mit der rubinroten Farbe wird die Liebhaber von diskret fruchtigen Weinen stärken. Die sanfte Ansprache entfaltet sich mit Rundheit und entwickelt sich zu einem subtilen Abgang.

🍇 Paul Millérioux, Champtin, 18300 Crézancy-en-Sancerre, Tel. 02.48.79.07.12,
Fax 02.48.79.07.63 ☑ ⍋ tägl. 8h-12h 14h-20h

DOM. FRANCK MILLET 1996

■ 3 ha 18 000 ▮ⅠⅠ 30-50F

Ein glückliches, sympathisches Gut, wo man treu France 2 schaut, seitdem dieses Programm anläßlich der Wahl zum Lieblingswein vor zwei Jahren eine wunderbare Reportage gesendet hat. Zwei Weine sind in diesem Jahr ausgewählt worden : Dieser hier hat eine schöne granatrote Farbe mit bläulichroten Reflexen, duftet nach kleinen roten Früchten und besitzt eine lebhafte Ansprache und eine diskrete Fruchtigkeit von kleinen roten Früchten. Der Abgang ist noch ein wenig streng, dürfte sich aber schon im nächsten Herbst freigebiger zeigen. Der weiße 96er ist voller Nuancen von Pampelmusen und Orangen. Die Ansprache ist einschmeichelnd und entfaltet Fülle und Fruchtigkeit.

🍇 Dom. Franck Millet, L'Estérille, 18300 Bué, Tel. 02.48.54.25.26, Fax 02.48.54.39.85 ☑ ⍋ n. V.

DOM. DU NOZAY 1996*

☐ 10 ha 80 000 ▮ 30-50F

Das Château wurde im 19. Jh. auf Überresten aus dem 13. Jh. errichtet ; General Boulanger schenkte es seiner Geliebten ! Dieser Wein mit der schönen Erscheinung zeigt einen kräftigen Duft nach reifen Früchten und Blüten, den Gewürze beleben. Auf die lebhafte Ansprache folgen Reichtum und Fülle mit Noten von exotischen Früchten und Zitrusfrüchten, vor allem Pampelmusen. Er besitzt eine gute Nachhaltigkeit und wurde von der Jury gewürdigt.

🍇 Dom. du Nozay, Ch. du Nozay, 18240 Sainte-Gemme, Tel. 02.48.79.30.23, Fax 02.48.79.36.64 ☑ ⍋ n. V.
🍇 P. de Benoist

DOM. HENRY PELLE
La Croix au Garde 1996*

☐ 7 ha 51 000 ▮⍋ 30-50F

Die Domaine Henry Pellé bewirtschaftet vor allem Parzellen in der AOC Menetou-Salon, hat ihre Erzeugung aber auf den Sancerre in der Gemeinde Montigny erweitert. La Croix au Garde ist eine Reblage im Süden der Appellation Sancerre. Wir verdanken ihr dieses 96er mit den mineralischen, fast feuersteinarigen Noten. Er besitzt im Geschmack einen jugendlichen Charakter, trotz des ersten Eindrucks, den die Fülle erweckt - im Abgang dominiert nämlich die Zitronennote.

🍇 Dom. Henry Pellé, rte d'Aubinges, 18220 Morogues, Tel. 02.48.64.42.48, Fax 02.48.64.36.88 ☑ ⍋ n. V.

CAVES DU PRIEURE
Tradition Vieilli en fût de chêne 1995

■ 3 ha 5 000 ⅠⅠ 30-50F

Ein junger Weinbaubetrieb, der 1971 entstand. 1995 verstärkte der Sohn von Jacques Guillerault, der an der Fachoberschule ein Diplom erworben hatte, die Familienmannschaft. Dieser Wein besitzt eine sehr kräftige Farbe. Röstgeruch und Vanille tauchen im Duft auf, verbunden mit gekochten roten Früchten. Der wohlausgewogene Geschmack mit der ausgeprägten Rundheit klingt mit einem noch strengen Abgang aus - eine Strenge, die sicherlich auf den Ausbau im Eichenholzfaß zurückgeht. Drei bis vier Jahre sollte man warten, damit die Tannine verschmelzen. Ebenfalls probierenswert ist der harmonische 96er Weißwein.

🍇 Jacques Guillerault, Dom. des Caves du Prieuré, Reigny, 18300 Crézancy-en-Sancerre, Tel. 02.48.79.02.84, Fax 02.48.79.01.02 ☑ ⍋ n. V.

PAUL PRIEUR ET FILS 1996*

◢ 1,62 ha 14 000 ▮⍋ 30-50F

Seit mehr als einem halben Jahrhundert verkauft die Familie von Paul Prieur ihre gesamte Lese in Flaschen. Das ist nicht weit von einem Rekord entfernt. Seine Weine sind interessant. Eine hübsche lachsrote Farbe und ein sehr feines Zitrusaroma machen diesen Rosé zu einem Wein mit ausgeprägtem Bodencharakter. Pampelmusen, Frische und Nachhaltigkeit bereichern diese Flasche auf elegante Weise.

🍇 Paul Prieur et Fils, rte des Monts-Damnés, 18300 Verdigny, Tel. 02.48.79.35.86, Fax 02.48.79.36.85 ☑ ⍋ n. V.

PAUL PRIEUR ET FILS 1996***

■ 3,28 ha 27 000 ▮ⅠⅠ⍋ 30-50F

Sancerre
APPELLATION SANCERRE CONTRÔLÉE
Verdigny (Cher)
Paul PRIEUR et Fils
Propriétaires - Viticulteurs
MISE EN BOUTEILLE À LA PROPRIÉTÉ

Unser Herz hat Mühe, nach der Verkostung dieses wunderbaren Rotweins wieder in seinem normalen Rhythmus zu schlagen ! Schweigen um den Tisch herum, auf dem diese schöne Winzerarbeit stand. Das dunkle Rubinrot verströmt ein kräftiges Aroma von schwarzen Johannisbeeren und Vanille. Der Geschmack ist lang wie ein Sommertag, weit und voll. Ein schöner Erfolg.

🍇 Paul Prieur et Fils, rte des Monts-Damnés, 18300 Verdigny, Tel. 02.48.79.35.86, Fax 02.48.79.36.85 ☑ ⍋ n. V.

DOM. DU P'TIT ROY 1996

☐ 6 ha 20 000 ▮⍋ 30-50F

Blaßgolden mit grünen Reflexen. Er besitzt einen diskreten Duft, der an Kirschkerne erin-

MITTELFRANKREICH

Sancerre

nert. In der Ansprache ist er lecker. Dann bleibt die Ausgewogenheit bis zum ein wenig an Zitronenbäume erinnernden Abgang erhalten. Ein Wein zum Einlagern.
🕿 Pierre et Alain Dezat, Maimbray,
18300 Sury-en-Vaux, Tel. 02.48.79.34.16,
Fax 02.48.79.35.81 ✅ ⏰ n. V.

DOM. DES P'TITS PERRIERS
Maulin Bèle 1996*

■ 1 ha   8 000   ■ ⦿ 50-70F

Der Duft dieses Weins mit der dunklen Farbe wird die Reiter an Ausritte auf ihrem edlen Roß im Unterholz erinnern. Ein kräftiges Aroma von Leder und Pilzen geht auf angenehme Weise vom Glas aus. Der Geschmack voller Frucht, Körper und Fülle macht daraus einen Wein, den man lebhaft empfehlen kann. Beim Weißwein entfaltet die 96er Cuvée Les Charmes, die in verschiedenen Reblagen des Gebiets von Sancerre erzeugt worden ist, einen Duft von reifen Früchten, Kennzeichen für eine schöne Reife des Traubenguts. Im Geschmack findet man eher exotische Früchte. Dieser Wein erhält eine lobende Erwähnung.
🕿 André Vatan, Chaudoux, 18300 Verdigny,
Tel. 02.48.79.33.07, Fax 02.48.79.36.30 ✅ ⏰ n. V.

DOM. RAFFAITIN 1996*

■ 1 ha   k. A.   ■ ♦ 30-50F

Machen Sie sich mit diesem ausgezeichneten Wein daran, Waldfrüchte zu sammeln : Sein kräftiger Duft erinnert an Walderdbeeren, Zeichen einer guten Reife des Traubenguts. Dieser 96er hat viel Tiefe, aber auch Sanftheit. Erdbeeren und Vanille kehren im Schlußaroma wieder.
🕿 Jacques Raffaitin, 39, rue Saint-Vincent,
18300 Bué, Tel. 02.48.54.25.62,
Fax 02.48.54.61.87 ✅ ⏰ tägl. 8h-12h 14h-19h

DOM. HIPPOLYTE REVERDY 1996*

■ 2,5 ha   10 000   ■ ♦ 30-50F

Ein probierenswerter roter Wein der Appellation Sancerre, mit einer dunklen Farbe und einer nuancenreichen aromatischen Qualität. Er ist würzig und warm, mit einem ausgeprägten Aroma von roten Früchten, und wird innerhalb von ein oder zwei Jahren trinkreif sein.
🕿 Dom. Hippolyte Reverdy, Chaudoux,
18300 Verdigny-en-Sancerre,
Tel. 02.48.79.36.16, Fax 02.48.79.36.65 ✅ ⏰ n. V.

PASCAL ET NICOLAS REVERDY 1996***

■ 1,5 ha   10 000   ⦿ 30-50F

Außergewöhnlich ! Pascal und Nicolas Reverdy ist mit diesem Rotwein mit der tiefen Farbe und dem intensiven, kräftigen Duft von schwarzen Johannisbeeren über Ledernoten ein zukunftsreicher Wein gelungen. Warm, lang im Geschmack, füllig mit einer Röstnote. Die Weinliebhaber müssen diesen Wein in den Keller legen. Probieren Sie auch den Weißwein aus dem gleichen Jahrgang.
🕿 GAEC Pascal et Nicolas Reverdy,
Maimbray, 18300 Sury-en-Vaux,
Tel. 02.48.79.37.31, Fax 02.48.79.41.48 ✅ ⏰ n. V.

DOM. BERNARD REVERDY ET FILS
1995*

■ 1,38 ha   6 000   ⦿ 50-70F

Rebstöcke von beachtlichem Alter und ein Winzer, der seinen Beruf liebt - das sind die Gründe, die es möglich gemacht haben, diesen schönen 95er mit dem Aroma von reifen Kirschen, der Fülle und der vollkommenen Ausgewogenheit zu erzeugen. Ein ausgezeichneter Vertreter der Appellation ! Der 96er Rosé ist von wirklicher Eleganz und besitzt ein Aroma von Pfirsichen und Zitrusfrüchten, in dem Blutorangen dominieren : Er zeigt sich frisch und fein - und erhält einen Stern.
🕿 SCEV Bernard Reverdy et Fils, Chaudoux,
18300 Verdigny, Tel. 02.48.79.33.08,
Fax 02.48.79.37.93 ✅ ⏰ n. V.

CLAUDE RIFFAULT
Les Boucauds 1996**

☐ 4,8 ha   40 000   ■ 30-50F

Ein großer, charaktervoller Wein, der sehr typisch ist und mit viel Feinheit zum Ausdruck kommt. Auf einen ersten Geruchseindruck von Ginster, der leicht rauchig ist, folgt rasch eine schöne, komplexe Fortsetzung von blumigen und fruchtigen Noten. Im Geschmack entfaltet sich das Aroma sehr allmählich : Die mineralische Seite erleichtert die Vollmundigkeit der Früchte, die man mit großem Appetit verschlingt. Der Weinkellner der Jury empfiehlt feine gekochte Kaisergranate, zubereitet in Sancerre-Wein.
🕿 Claude Riffault, Maison-Sallé, 18300 Sury-en-Vaux, Tel. 02.48.79.38.22,
Fax 02.48.79.36.22 ✅ ⏰ Mo-Sa 8h-19h ; So n. V.

CLAUDE RIFFAULT La Noue 1996*

■ 2,1 ha   17 000   ⦿ 30-50F

Ein schöner Ausdruck des Anbaugebiets von Sancerre ! Die kräftige Farbe, die große Feinheit des komplexen Aromas von roten Früchten (Heidelbeeren, Brombeeren) und der angenehme Geschmack, in dem die noch spürbaren Tannine eine schöne Lagerfähigkeit voraussagen lassen, ergeben diesen sehr gelungenen Wein. Zu einem Hähnchen in Sancerre-Wein ?
🕿 Claude Riffault, Maison-Sallé, 18300 Sury-en-Vaux, Tel. 02.48.79.38.22,
Fax 02.48.79.36.22 ✅ ⏰ Mo-Sa 8h-19h ; So n. V.

DOM. DE SAINT-PIERRE 1995

■ 3 ha   20 000   ■ ⦿ ♦ 30-50F

Die 95er Cuvée Maréchal-Prieur scheint aus Holz geschnitzt - vom Geruchseindruck bis zum Abgang ist sie für Weinfreunde bestimmt, die einen solchen Holzton lieben. Der typischere 96er von der Domaine de Saint-Pierre, der nach Knospen schwarzer Johannisbeeren duftet, ist trinkreif. Wie dieser Rotwein mit dem schönen, klaren, strahlenden Rubinrot und dem intensiven Duft nach Kirschen und Weichseln ist dieser schöne Sancerre mit der ausgewogenen Struktur über einem fülligen, vollen Untergrund ein Klassiker der Appellation. Diese drei Weine erhalten die gleiche Note.

Sancerre

🍷 SA Pierre Prieur et Fils, Dom. de Saint-Pierre, 18300 Verdigny, Tel. 02.48.79.31.70, Fax 02.48.79.38.87 ◩ ☨ Mo-Sa 8h30-12h 14h-18h30 ; So n. V.

LES CELLIERS SAINT-ROMBLE 1996★★

| ☐ | 13,95 ha | 97 000 | 📗 | 30-50 F |

Der »P'tit Dé« und seine Kinder sind im Weinbaugebiet von Sancerre wohlbekannt. Die Jury war beeindruckt von seinem Wein, in dem sich die weißen Blüten des Dufts mit einem Geschmack vereinigen, der vor Zitrusfrüchten und exotischen Früchten übersprudelt. Ein sehr schöner Wein, der würdig ist, daß man ihn zu Edelfischen trinkt.

🍷 SCEV André Dezat et Fils, Chaudoux, 18300 Verdigny, Tel. 02.48.79.38.82, Fax 02.48.79.38.24 ◩ ☨ Mo-Sa 8h30-12h 14h-18h

DOM. DE SAINT-ROMBLE
Grande Cuvée Vieilles vignes 1996★

| ☐ | 1,5 ha | 9 000 | 📗 | 30-50 F |

Ein schöner Wein, der noch jung, aber hoffnungsvoll ist ! Sein bodentypisches Aroma und sein ausgewogener Geschmack mit einem Hauch von Bitterkeit und einem Pampelmusenabgang machen ihn zu einem eleganten Wein, den man bei Erscheinen dieses Weinführers empfehlen kann.

🍷 Paul Vattan, Dom. de Saint-Romble, Maimbray, B.P. 45, 18300 Sury-en-Vaux, Tel. 02.48.79.30.36, Fax 02.48.79.30.41 ◩ ☨ Mo-Fr 8h-12h 14h-18h ; Sa, So n. V.

ANDRE THEVENEAU 1996

| ☐ | k. A. | 20 000 | 📗 | 30-50 F |

Ein sehr typischer Wein mit dem komplexen, eleganten Aroma von Früchten. Der Geschmack ist sehr ausdrucksvoll und fein säuerlich ; Pampelmusen und Zitronen verbinden sich darin auf harmonische Weise. Ein vielversprechender Wein mit ausgeprägtem Charakter.

🍷 André Théveneau, Les Chailloux, 18300 Sancerre, Tel. 02.48.79.09.92, Fax 02.48.79.05.28 ◩ ☨ n. V.

DOM. THOMAS 1995

| ■ | k. A. | 5 000 | 📗 | 50-70 F |

Trotz seiner geringen Farbintensität zieht sich dieser Wein dank eines Aromas von roten Früchten über Röstnoten gut aus der Affäre. Vom Holz geprägt, ist er noch ein wenig tanninhaltig und streng und muß zwei bis drei Jahre warten, bevor er Ihre Lieblingsgerichte begleiten wird.

🍷 Dom. Thomas et Fils, 18300 Verdigny, Tel. 02.48.79.38.71, Fax 02.48.79.38.14 ◩ ☨ tägl. 8h-20h ; So n. V.

DOM. MICHEL THOMAS ET FILS
La Chaume 1996

| ◪ | 2,5 ha | 20 000 | 📗 | 30-50 F |

Ein traditioneller Rosé mit einer klaren, strahlenden Farbe. In der klaren Ansprache dominieren Aprikosen. Die Frische und die Länge machen ihn zu einem ausgezeichneten Wein zum Essen.

🍷 Dom. Michel Thomas et Fils, Les Egrots, 18300 Sury-en-Vaux, Tel. 02.48.79.35.46, Fax 02.48.79.37.60 ◩ ☨ Mo-Sa 8h-12h 14h-20h ; So n. V.

DOM. DES TROIS NOYERS 1996

| ■ | 1,5 ha | 10 000 | 📗 | 30-50 F |

Eine schöne, leicht ins Violett spielende Farbe. Das Aroma schwarzer Johannisbeeren dominiert in einem Geschmack, der trotz der ein wenig strengen Tannine gut strukturiert ist. Der von derselben Kellerei hergestllte Rosé mit dem Aroma von Quittenkonfitüre wurde von der Jury sehr geschätzt, ebenso wie der mineralische Weißwein mit dem frischen Abgang.

🍷 EARL Reverdy-Cadet, rte de La Perrière, 18300 Verdigny, Tel. 02.48.79.38.54, Fax 02.48.79.35.25 ◩ ☨ tägl. 10h-12h30 13h30-19h

DOM. VACHERON Belle Dame 1995★★

| ■ | 1,6 ha | 8 000 | ◫ | 100-150 F |

In den Windungen der unterirdischen Keller, die sich unter dem »Pitou von Sancerre« verbergen, hat die Familie Vacheron diese »Schöne Dame« hergestellt, die man mit Vergnügen entkleidet. Dieser teilweise im Holzfaß vinifizierte Wein mit dem intensiven Aroma von Bigarreau-Kirschen und Veilchen versteht es, gleichzeitig sanft, voll und tanninreich zu sein, mit einer großen aromatischen Nachhaltigkeit.

🍷 Vacheron et Fils, 1, rue du Puits-Poulton, 18300 Sancerre, Tel. 02.48.54.09.93, Fax 02.48.54.01.74 ☨ tägl. 10h-12h 15h-19h

DOM. DU VIEUX PRECHE 1996

| ☐ | 4,88 ha | 30 000 | 📗 | 30-50 F |

Gelbe Farbe mit grünen Reflexen, diskreter Duft (Buchsbaum und Akazienblüten) - der erste Geruchseindruck ist fein. Während der Verkostung intensiviert sich die Nachhaltigkeit, und eine Ausgewogenheit ist zu spüren. Der pflanzliche Charakter findet sich im Abgang wieder. Rustikal, aber typisch. Zu Muscheln.

🍷 SCEV Robert Planchon et Fils, Dom. du Vieux Prêche, 3, rue Porte-Serrure, 18300 Sancerre, Tel. 02.48.54.22.22, Fax 02.48.54.09.31 ◩ ☨ n. V.

DOM. DES VIEUX PRUNIERS 1996

| ■ | 1,5 ha | 7 000 | 📗 | 30-50 F |

Ein roter Sancerre-Wein mit dem »verführerischen« Duft von Brombeeren und schwarzen Johannisbeeren, die mit Himbeeren verbunden

MITTELFRANKREICH

sind. Sanft in der Ansprache, aber füllig. Er klingt mit einer etwas strengen Note aus. Dennoch wird er im Herbst 1997 trinkreif sein.
🕭 Christian Thirot-Fournier, 1, chem. de Marcigoi, 18300 Bué, Tel. 02.48.54.09.40, Fax 02.48.78.02.72 ☑ ☦ tägl. 8h-19h

DOM. DES VILLOTS 1996*

◢   1 ha   6 000   30-50 F

Ein schöner Rosé, den man zu einem Wurstgericht oder Fisch trinken sollte. Seine lachsrote Farbe, sein subtiles Pfirsicharoma, seine sehr gute Gesamtausgewogenheit, seine schöne Struktur und sein frischer Aprikosenabgang machen ihn zu einem bevorzugten Gast von Mahlzeiten, bei denen Umgänglichkeit gefragt ist. Ebenfalls beachten sollte man einen Weißwein von schöner Erscheinung, der im fruchtigen Abgang sehr fruchtig ist, und einen lobend erwähnten 95er Rotwein, der schon an Weihnachten 1997 angenehm zu trinken sein wird.
🕭 Jean Reverdy et Fils, Chaudoux, 18300 Verdigny, Tel. 02.48.79.31.48, Fax 02.48.79.32.44 ☑ ☦ n. V.

TAL DER RHONE

Wild und ungestüm schießt die Rhône in Richtung Südfrankreich, der Sonne zu. An ihren Ufern, in Landstrichen, die der Strom nicht zerteilt, sondern vielmehr verbindet, liegen Weinbaugebiete, die zu den ältesten von Frankreich gehören und hier einen guten Ruf haben, während sie weiter entfernt verkannt sind. Das Rhône-Tal ist hinsichtlich der Produktion nach dem Bordelais das zweitgrößte französische Anbaugebiet für Qualitätsweine; auch qualitativ können einige seiner Crus durchaus mithalten und erregen bei den Weinkennern ebensoviel Interesse wie einige der berühmtesten Bordeaux- oder Burgunderweine.

Doch lange Zeit wurde der Côtes du Rhône geringgeschätzt: Er galt als netter, ein wenig volkstümlicher Zechwein und tauchte nur höchst selten an den eleganten Tafeln auf. Als »Wein einer Nacht«, dem eine sehr kurze Gärdauer einen leichten, fruchtigen und tanninarmen Charakter gab, hatte er Ähnlichkeit mit dem Beaujolais in den Weinlokalen von Lyon. Aber die wahren Weinfreunde schätzten trotzdem die großen Gewächse und genossen einen Hermitage mit der ganzen Ehrfurcht, die man den größten Weinen schuldet. Heute hat sich das Image des Côtes du Rhône angesichts einer ständigen Verbesserung der Qualität erholt; zu verdanken ist dies den Anstrengungen von 12 000 Winzern und ihren Berufsverbänden. Zwar werden sie weiterhin an der Kneipentheke getrunken, aber sie nehmen einen immer bedeutenderen Platz an den besten Tafeln ein. Und da ihre Vielfalt ihren Reichtum ausmacht, werden sie künftig wieder den Erfolg haben, den sie in der Vergangenheit schon einmal hatten.

Wenige Weinbaugebiete können sich nämlich auf eine so glorreiche Vergangenheit berufen. Von Vienne bis Avignon gibt es kein Dorf, das nicht ein paar höchst denkwürdige Seiten aus der Geschichte Frankreichs schildern könnte. Zudem erhebt man in der Umgebung von Vienne Anspruch darauf, eines der ältesten Weinbaugebiete des Landes zu besitzen: Es wurde von den Römern erweitert, nachdem es von den griechischen Phokäern, die von Marseille her das Rhône-Tal hinaufzogen, angelegt worden war. Um das 4. Jh. v. Chr. gab es nachweislich Weinberge im Gebiet der heutigen Appellationen Hermitage und Côte-Rôtie, während man in der Gegend von Die ab dem Beginn der christlichen Zeitrechnung Wein anbaute. Die Tempelritter pflanzten im 12. Jh. die ersten Reben von Châteauneuf-du-Pape an; zwei Jahrhunderte später führte Papst Johannes XXII. ihr Werk fort. Im 17. und 18. Jh. waren die Weine der »Côte du Rhône Gardoise« sehr beliebt.

Heute steht das mittelalterliche Schloß Suze-la-Rousse, das im südlichen Abschnitt des Rhône-Tals auf dem linken Flußufer liegt, ganz im Dienste des Weins: Die »Weinuniversität« hat hier ihren Sitz und organisiert Kurse, eine Berufsausbildung und diverse Veranstaltungen.

Im gesamten Tal der Rhône entlang werden an den beiden Ufern Weine erzeugt, aber manche trennen die Weine vom linken Ufer, die schwerer und alkoholreicher sind, von denen des rechten Ufers, die leichter sind. Etwas allgemeiner unterscheidet man zwei große Abschnitte, die deutlich gegeneinander abgegrenzt sind: das Weinbaugebiet der nördlichen Côtes du Rhône nördlich von Valence und das der südlichen Côtes du Rhône südlich von Montélimar; sie werden durch eine etwa 50 km breite Zone, in der es keinen Weinbau gibt, voneinander getrennt.

Nicht vergessen werden dürfen auch die Appellationen, die sich in der Nähe des Rhône-Tals befinden; sie sind zwar der breiten Öffentlichkeit weniger bekannt, erzeugen aber ebenfalls eigenständige, hochwertige Weine. Es handelt sich dabei um Coteaux du Tricastin im Norden, Côtes du Ventoux und Côtes du Lubéron im Osten und AOVDQS Côtes du Vivarais im Nordwesten. Etwas abseits vom eigent-

Côtes du Rhône

lichen Rhône-Tal liegen drei weitere Appellationen : Clairette de Die und Châtillon-en-Diois im Tal der Drôme, am Rande des Vercors, und AOVDQS Coteaux de Pierrevert im Departement Alpes-de-Haute-Provence. Erwähnen sollte man zum Schluß noch die beiden Appellationen für Vins doux naturels im Departement Vaucluse : Muscat de Beaumes-de-Venise und Rasteau (siehe dazu das Kapitel, das den VDN gewidmet ist).

Hinsichtlich der Boden- und Klimaunterschiede läßt sich das gewaltige Gebiet des Rhône-Tals in drei Bereiche einteilen. Nördlich von Valence ist das Klima gemäßigt mit kontinentalem Einfluß ; die Böden bestehen zumeist aus Granit oder Schiefer und liegen auf sehr steilen Hängen. Die Rotweine werden hier ausschließlich aus der Rebsorte Syrah erzeugt, die Weißweine aus Marsanne und Roussanne ; die Viognier-Rebe bringt den Château-Grillet und den Condrieu hervor. Im Diois, dem Gebiet von Die, wird das Klima durch die bergige Oberflächengestalt beeinflußt ; die kalkhaltigen Böden bestehen aus Geröll vom Fuß der Abhänge. Die Rebsorten Clairette und Muscat haben sich an diese natürlichen Voraussetzungen gut angepaßt. Südlich von Montélimar ist das Klima mediterran. Die sehr vielfältigen Böden verteilen sich auf einen Kalksteinuntergrund (Terrassen mit Geröll, rote lehmig-sandige Böden, Molassen und Sand). Dort wird hauptsächlich die Rebsorte Grenache angebaut, aber die klimatischen Schwankungen zwingen die Winzer dazu, mehrere Rebsorten zu verwenden, damit sie vollkommen ausgewogene Weine erhalten : Syrah, Mourvèdre, Cinsault, Clairette, Bourboulenc und Roussanne.

Nachdem die bestockte Anbaufläche im 19. Jh. deutlich zurückgegangen war, ist das Weinbaugebiet des Rhône-Tals wieder gewachsen und dehnt sich auch heute noch weiter aus. Es umfaßt insgesamt 70 000 ha, die im Durchschnitt 3,2 Millionen hl pro Jahr erzeugen ; fast 50 % der Produktion werden im nördlichen Abschnitt vom Weinhandel vertrieben, während im südlichen Abschnitt 70 % von Genossenschaften verkauft werden.

Côtes du Rhône

Die regionale Appellation Côtes du Rhône wurde 1937 durch Erlaß festgelegt. 1996 modifizierte ein erneuter Erlaß die neuen Bedingungen für die Bestockung, die ab 2000 gelten : Bei den roten Rebsorten muß die Grenache-Rebe dann einen Mindestanteil von 40 % haben, während Syrah und Mourvèdre ihre Stellung behalten sollen. Diese Bedingung gilt natürlich nur für die Anbaugebiete im südlichen Abschnitt, die südlich von Montélimar liegen. Bei den Roséweinen besteht nicht mehr die Möglichkeit, weiße Rebsorten beizumischen. Die AOC erstreckt sich auf sechs Departements : Gard, Ardèche, Drôme, Vaucluse, Loire und Rhône. Auf einer Anbaufläche von 44 000 ha, die sich fast vollständig im südlichen Abschnitt befinden, werden 2 200 000 hl erzeugt. Den Hauptteil der Produktion machen mit 96 % die Rotweine aus ; Rosé- und Weißweine haben jeweils 2 % Anteil. 10 000 Winzer verteilen sich auf 1 610 private Kellereien (35 % der Produktionsmenge) und 70 Genossenschaftskellereien (65 % der Produktion). Von den 300 Millionen Flaschen, die jedes Jahr in den Handel gelangen, werden 45 % zu Hause und 30 % in Restaurants getrunken sowie 25 % exportiert.

Dank der Unterschiede im Mikroklima und dank der Vielfalt der Böden und Rebsorten bringen diese Anbaugebiete Weine hervor, die jeden Geschmack erfreuen können : lagerfähige Rotweine, gehaltvoll, tanninreich und generös, die zu rotem Fleisch passen und in den wärmsten Anbauzonen auf Böden aus der Eiszeit im alpinen Bereich erzeugt werden (Domazan, Estezargues, Courthézon, Orange etc.) ; leichtere Rotweine, die fruchtiger und nerviger sind und von leichteren Böden stammen (Puymeras, Nyons, Sabran, Bourg-Saint-Andéol etc.) ;

Côtes du Rhône

schließlich fruchtige, süffige »Primeur«-Weine, die man sehr jung trinkt, ab dem dritten Donnerstag im November, zu weißem Fleisch oder Wurstgerichten, und die einen nicht nachlassenden wachsenden Erfolg erleben.

Die Wärme des Sommers stattet die Weiß- und Roséweine mit einer Struktur aus, die durch Ausgewogenheit und Rundheit gekennzeichnet ist. Die Sorgfalt der Erzeuger und der Önologen ermöglicht es, ein Höchstmaß an Aroma-

Tal der Rhône (nördlicher Abschnitt)

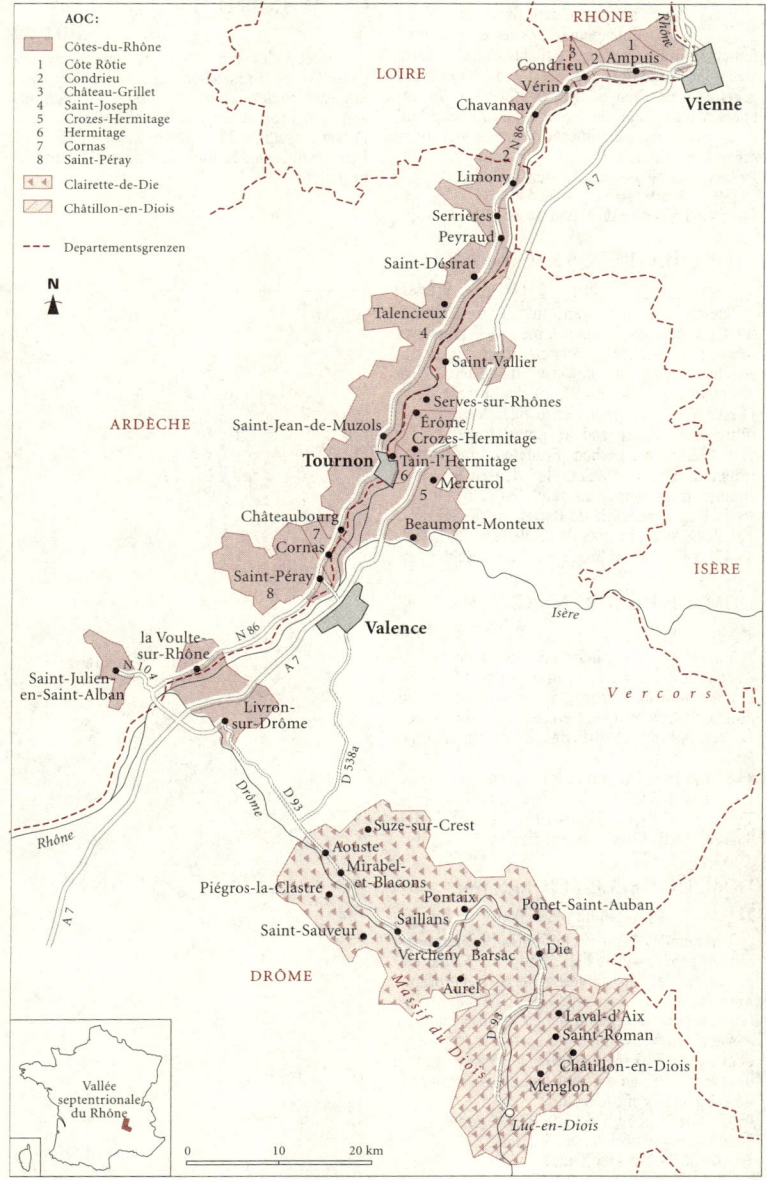

AOC:
- Côtes-du-Rhône
1. Côte Rôtie
2. Condrieu
3. Château-Grillet
4. Saint-Joseph
5. Crozes-Hermitage
6. Hermitage
7. Cornas
8. Saint-Péray

- Clairette-de-Die
- Châtillon-en-Diois
- – – Departementsgrenzen

Vallée septentrionale du Rhône

TAL DER RHONE

Côtes du Rhône

stoffen zu extrahieren und frische, feine Weine herzustellen, nach denen sich die Nachfrage beständig erhöht. Man serviert die Weißweine zu Meeresfischen und die Rosés zu Salaten oder Wurstgerichten.

DOM. D'ANDEZON
Vieilles vignes 1995★★

| ■ | 20 ha | 70 000 | ∎↓ -30F |

Wenn Sie warten können, ist dieser Wein etwas für Sie. Eine bemerkenswerte Harmonie feiner Tannine und roter Früchte enthüllt darin eine Geschmeidigkeit, die widerstandsfähig gegenüber der Zeit ist. Ein deutlich wahrnehmbares Aroma von roten Früchten und Backpflaumen bereichert auf hübsche Weise seinen typischen Charakter.

🕯 Cave des Vignerons d'Estézargues,
30390 Estézargues, Tel. 04.66.57.03.64,
Fax 04.66.57.04.83 ✓ ⍑ Mo-Sa 8h-12h 14h-18h

CH. DE BASTET Cuvée spéciale 1996★

| ☐ | 4 ha | 11 000 | ∎ 30-50F |

Dieses Haus in Sabran, unweit von Bagnols-sur-Cèze gelegen, erzeugt Côtes du Rhône von schöner Würde. Das 1864 inmitten der Reben errichtete Château beweist, daß der Gard-Abschnitt der Côtes du Rhône schon recht alt ist. Dieser Weißwein, ein reinsortiger Viognier, ist füllig und bezaubernd aufgrund seiner Noten von Blüten, exotischen Früchten und Zitrusfrüchten. Der rote 95er, der denselben Cuvéenamen trägt, wurde als gelungen beurteilt.

🕯 EARL Aubert, Ch. de Bastet, 30200 Sabran,
Tel. 04.66.89.69.14, Fax 04.66.39.92.01 ✓ ⍑ tägl.
8h-12h 14h-19h ; während der Lese geschlossen

DOM. DE BEAURENARD 1996

| ◢ | 3 ha | 20 000 | ∎↓ 30-50F |

Ein Rosé von guter Haltung. Obwohl sein Aroma in Richtung Primeur-Wein geht (Amylalkohol und Fruchtdrops), ist er sehr angenehm und paßt hervorragend zu leichten Mahlzeiten. Lecker und rund. Er ist trinkreif zu Wurstgerichten.

🕯 SCEA Paul Coulon et Fils, Dom. de Beaurenard, 84230 Châteauneuf-du-Pape, Tel. 04.90.83.71.79, Fax 04.90.83.78.06 ✓ ⍑ tägl. 8h-12h 13h30-17h30 ; Gruppen n. V.

DOM. DE BELLE-FEUILLE 1995★

| ■ | 40 ha | 25 000 | ∎↓ -30F |

Um dem Weingut ein hübsches Erscheinungsbild zu geben, wurde dieser moderne Keller eingerichtet, der Sie überaus herzlich empfängt. Man kann hier diesen roten Rhône-Wein probieren, der fein, angenehm, lebhaft und elegant ist, sowie einen weißen 96er von schöner Frische, in dem exotische Früchte, Pfirsiche, Pampelmusen und weiße Blüten ein sehr gefälliges Aroma bilden. Ebenfalls ein Stern.

🕯 Gilbert Louche, Dom. de Belle-Feuille,
30200 Venejan, Tel. 04.66.79.22.65,
Fax 04.66.79.22.82 ✓ ⍑ tägl. 8h-19h30

MICHEL BERNARD 1995

| ■ | k. A. | k. A. | ∎▯↓ -30F |

Ein frischer, sehr jugendlicher Wein, der eine schöne Ausgewogenheit besitzt. Sie werden ihn noch mehr schätzen, wenn Sie ihn zu Geflügel trinken, denn sein Aroma ist fein und elegant.

🕯 Domaines Michel Bernard, La Serrière, rte de Sérignan, 84100 Orange, Tel. 04.90.11.86.86, Fax 04.90.34.87.30 ⍑ n.V.

CH. DU BOIS DE LA GARDE 1995★

| ■ | 63 ha | 320 000 | ∎▯↓ -30F |

Château des Fines Roches ist es gewohnt, große Weine herzustellen, und erzeugt hier einen ausgezeichneten Côtes du Rhône, der fein, ausgewogen, aromatisch, angenehm und fruchtig ist. Dieser einschmeichelnde 95er kann mühelos alle Ihre traditionellen und familiären Mahlzeiten begleiten.

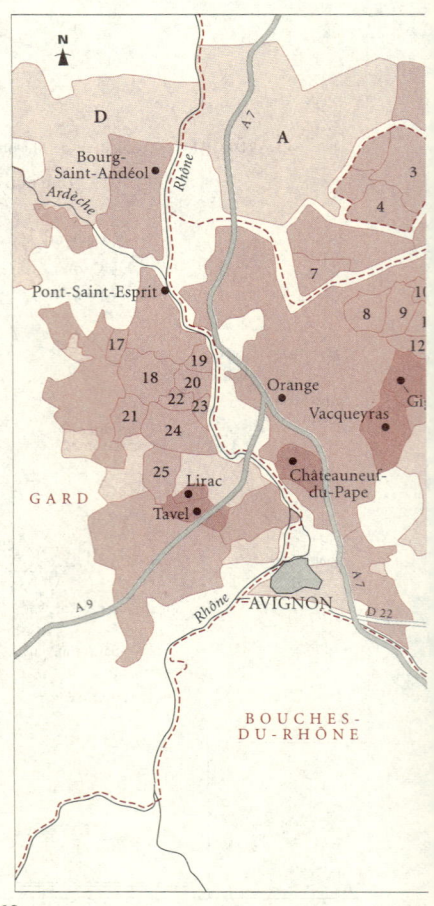

Côtes du Rhône

🍇 SCEA Ch. des Fines Roches, 1, av. Baron-le-Roy, 84230 Châteauneuf-du-Pape, Tel. 04.90.83.70.77, Fax 04.90.83.52.77 ☑ ⍵ n.V.
🍇 Barrot

DOM. DU BOIS DE SAINT-JEAN
1995★★

■　　　10 ha　　7 000　　■ -30 F

Wir laden Sie ein, diesen Côtes du Rhône von Bois de Saint-Jean, unweit von Avignon gelegen, zu probieren. Er kann es mühelos mit vielen Crus der Rhône aufnehmen. Vom Empfang auf dem Gut bis zu dem Vergnügen, das Sie empfinden werden, wenn das Glas auf Ihrem Tisch steht, können Sie das gesamte Bemühen genießen, die Geschmacksknospen des Verbrauchers zu entzücken : schöne, dunkle Farbe, intensiver, würziger Duft, ausgewogener, immer noch würziger Geschmack über einem Aroma roter Früchte. Bravo !

🍇 Vincent Anglès, 126, av. de la République, 84450 Jonquerettes, Tel. 04.90.22.53.22 ☑
⍵ n.V.

DOM. DU BOULAS 1995

■　　　115 ha　　400 000　　■ ♦ -30 F

Die Winzergenossenschaft von Laudun setzt sich in diesem Jahr mit der Domaine du Boulas in unserem Weinführer durch. Die drei Farben fanden die Beachtung und Berücksichtigung von drei verschiedenen Jurys, der 96er beim Weiß- und Roséwein und der 95er beim Rotwein. Diese Weine sind alle drei sehr reintönig und sehr typisch ; sie verdienen einen Platz in Ihrem Keller, vor allem der Rotwein, der eine schöne, tiefe Farbe hat, in der Nase an Tiergeruch erinnert und im Geschmack füllig und seidig ist.
🍇 Les Vignerons de Laudun, 105, rte de l'Ardoise, 30290 Laudun, Tel. 04.66.90.55.20, Fax 04.66.90.55.21 ☑ ⍵ n.V.

Tal der Rhône (südlicher Abschnitt)

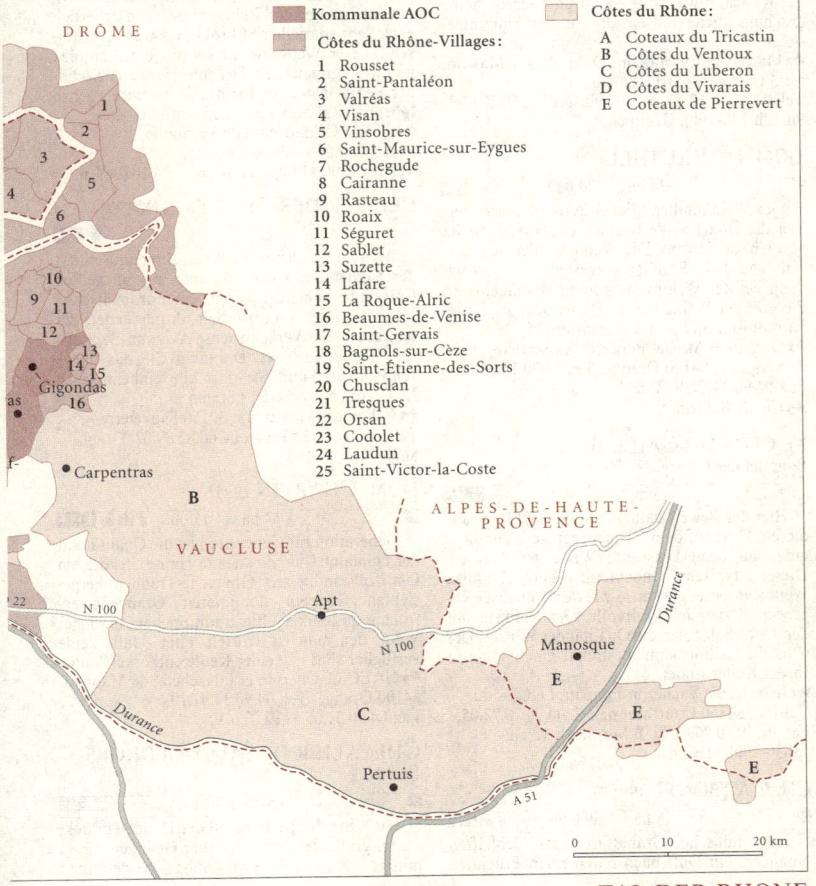

Kommunale AOC

Côtes du Rhône-Villages:

1. Rousset
2. Saint-Pantaléon
3. Valréas
4. Visan
5. Vinsobres
6. Saint-Maurice-sur-Eygues
7. Rochegude
8. Cairanne
9. Rasteau
10. Roaix
11. Séguret
12. Sablet
13. Suzette
14. Lafare
15. La Roque-Alric
16. Beaumes-de-Venise
17. Saint-Gervais
18. Bagnols-sur-Cèze
19. Saint-Étienne-des-Sorts
20. Chusclan
21. Tresques
22. Orsan
23. Codolet
24. Laudun
25. Saint-Victor-la-Coste

Côtes du Rhône:

A Coteaux du Tricastin
B Côtes du Ventoux
C Côtes du Luberon
D Côtes du Vivarais
E Coteaux de Pierrevert

Côtes du Rhône

CH. DE BOUSSARGUES 1996★

| | k. A. | k. A. | | -30 F |

Nachdem man die romanische Kapelle aus dem 12. Jh. und das Château, einst eine Komturei der Tempelritter, bewundert hat, muß man den alten Gerichtssaal aus dem 13. Jh. besichtigen, der in einen Probierkeller umgewandelt worden ist. Vor allem dieser Rosé von bemerkenswerter Frische hat die Jury verführt mit seiner kräftigen, bläulichrot schimmernden Farbe und seinem komplexen, säuerlichen, lebhaften Aroma (Himbeeren und Zitronen), das man im Geschmack wiederfindet. Zwei weitere Weine von Château de Boussargues haben einen Stern erhalten : der rote 95er und der weiße 96er.
➥ Chantal Malabre, Ch. de Boussargues, Colombier, 30200 Sabran, Tel. 04.66.89.32.20, Fax 04.66.79.81.64 ✓ ✗ tägl. 9h-19h

DOM. BRESSY-MASSON 1996

| | 65 ha | 2 500 | | 30-50 F |

Die allgemeine Harmonie dieses Weins geht wahrscheinlich auf die Dominanz der Rebsorte Viognier zurück, die in einem außergewöhnlichen Anbaugebiet ganz in der Nähe der »Villages Rasteau« wächst. Lebhaft und nervig. Seine geschmackliche Präsenz macht ihn sehr angenehm.
➥ Marie-France Masson, Dom. Bressy-Masson, rte d'Orange, 84110 Rasteau, Tel. 04.90.46.10.45, Fax 04.90.46.17.78 ✓ ✗ tägl. 9h-12h 14h-19h ; Gruppen n. V.

DOM. DE BRUTHEL 1996★

| | 24 ha | 20 000 | | -30 F |

Der Weinhändler Michel Bernard präsentiert hier die Domaine de Bruthel, ein Gut im Besitz von Ch. de Serezin. Die Weine werden seit kurzem von J.-F. Ranvier hergestellt. Ein Erfolg, denn bei der Weinprobe kommt er mühelos an die größten Weine heran. Dieser 96er ist füllig, harmonisch und sehr konzentriert.
➥ Domaines Michel Bernard, La Serrière, rte de Sérignan, 84100 Orange, Tel. 04.90.11.86.86, Fax 04.90.34.87.30 ✗ n.V.
➥ Ch. de Serezin

LE CLOS DU CAILLOU
Bouquet des Garrigues 1996★

| | 0,5 ha | 2 400 | 30-50 F |

Hier der Beweis dafür, daß die Nachfolge auf diesem Gut, auf dem Clemenceau gern zur Jagd ging, auf bemerkenswerte Weise gesichert ist. Dieser typische, hochfeine und blumige Weißwein bezeugt ebenso wie der wohlausgewogene und ziemlich kraftvolle 95er Rotwein mit den Unterholznoten die Qualität der Winzer. Der Clos du Caillou kann bestimmt einen Platz in Ihrem Keller finden.
➥ Jean-Denis Vacheron-Pouizin, Le Clos du Caillou, 84350 Courthézon, Tel. 04.90.70.73.05, Fax 04.90.70.76.47 ✓ ✗ Mo-Sa 8h-12h30 13h30-19h30 ; So n. V.

CH. CARBONEL 1995

| | 8 ha | 60 000 | | -30 F |

Eine hübsche Granatfarbe mit lebhaften Nuancen, ein Duft nach reifen roten Früchten, ein paar Noten von Tiergeruch, und eine feine Struktur mit samtigen Tanninen erlauben es diesem Wein, im Weinführer zu erscheinen.
➥ Famille Dupond, 84830 Sérignan-du-Comtat, Tel. 04.90.70.00.10, Fax 04.90.70.09.21 ✓ ✗ Mo, Mi-So 8h-12h 14h-19h

LES VIGNERONS DU CASTELAS 1995

| | k. A. | k. A. | | -30 F |

Die Vignerons du Castelas präsentieren in diesem Jahr einen angenehmen Côtes du Rhône mit spürbaren, aber feinen Tanninen, der von guter Nachhaltigkeit ist. Seine Struktur und sein Aroma von kandierten reifen Früchten machen ihn zu einem gelungenen Wein.
➥ Les Vignerons du Castelas, 30650 Rochefort-du-Gard, Tel. 04.90.31.72.10, Fax 04.90.26.62.64 ✓ ✗ n.V.

CHARTREUSE DE VALBONNE
Terrasses de Montalivet 1996★

| | 1,3 ha | 3 200 | | 50-70 F |

Die Domaine de la Chartreuse de Valbonne, die in diesem Jahr bei ihren drei Farben Beachtung fand, bezaubert uns mit ihren drei Erzeugnissen, die sich einer echten Reblage und auch sicherlich eines sehr speziellen Mikroklimas würdig erweisen. Dieser Weißwein ist subtil, fein, komplex und wohlausgewogen. Der rote 95er ist von schöner Feinheit und jetzt trinkreif. Er wird ebenso lobend erwähnt wie der harmonische Rosé.
➥ ASVMT Chartreuse de Valbonne, 30130 Saint-Paulet-de-Caisson, Tel. 04.66.90.41.00, Fax 04.66.82.76.10 ✓ ✗ n.V.

CELLIER DES CHARTREUX 1996

| | k. A. | k. A. | | -30 F |

Bei seinem Debüt im Weinführer präsentiert der Cellier des Chartreux hier seinen weißen Côtes du Rhône, der wegen seiner aromatischen Intensität interessant ist. Sein Probierkeller, der sehr gut an der Verkehrsachse Avignon-Bagnols-sur-Cèze gelegen ist, empfängt Sie das ganze Jahre über, damit Sie dort alle einheimischen Erzeugnisse probieren können.
➥ Cellier des Chartreux, 30150 Sauveterre, Tel. 04.66.82.53.53, Fax 04.66.82.89.07 ✗ tägl. 8h30-12h 14h-19h

DOM. CHARVIN 1995★

| | 13 ha | 15 000 | | 30-50 F |

Generation für Generation ist die Qualität auf der Domaine Charvin stets zu Hause. Bei diesem fast vollständig aus Grenache-Trauben hergestellten Rotwein dominieren Orangengeleefrüchte das Bukett. Ein traditioneller, südlicher Wein, den man zu Trüffeln oder - falls keine verfügbar sind - zu einer Keule entkorken sollte.
➥ GAEC G. Charvin et Fils, chem. de Maucoil, 84100 Orange, Tel. 04.90.34.41.10, Fax 04.90.51.65.59 ✓ ✗ n.V.

CHEVALIER DE SAINT-GEORGES
1995★

| | 0,5 ha | k. A. | 30-50 F |

100 % Syrah-Trauben, mit der Hand gepflückt - zwei große Trümpfe, die zum Gelingen dieses mittels Kohlensäuremaischung hergestellten

Côtes du Rhône

Côtes du Rhône beigetragen haben. Man findet darin ein Aroma von schwarzen Früchten, Sauerkirschen und Backpflaumen und natürlich viel Stoff. Ein sehr gefälliger Klassiker.
André Vignal, Dom. de Saint-Georges, 30200 Vénéjan, Tel. 04.66.79.23.14, Fax 04.66.79.20.26 n.V.

CLOS DE L'HERMITAGE 1995*

| | 3,5 ha | 6 000 | | 50-70 F |

Hier springt einem das Aroma von Holz, Vanille und kandierten Früchten förmlich in die Nase. Wenn man ihn mag, ist man entzückt, denn bei diesem strukturierten Wein hat der Ausbau Wirkung hinterlassen. Dieser runde, füllige 95er ist im Geschmack lang. »Ein hübscher Côtes du Rhône, wohlausgewogen«, notierte ein Verkoster. Der Clos de l'Hermitage besteht aus den letzten Rebflächen der früheren Domaine de La Chartreuse de Villeneuve-lès-Avignon.
SCEA Henri de Lanzac, rue de la Fontaine, 30126 Tavel, Tel. 04.66.50.22.97, Fax 04.66.50.17.02 n.V.

DOM. DU CORIANÇON 1995*

| | 10 ha | 20 000 | | -30 F |

Recht hübsche Degustationsnotizen: eine dunkle Farbe, ein kräftiges Rubinrot, eine gute aromatische Intensität mit Waldfrüchten und ein paar würzigen Noten, ein erster stärkerer Eindruck mit einem Hauch von Alkohol, dazu noch einmal und noch immer Waldfrüchte und Gewürze im Geschmack. Dieser 95er wird sich bei Tisch gut benehmen.
François Vallot, Dom. du Coriançon, 26110 Vinsobres, Tel. 04.75.26.03.24, Fax 04.75.26.44.67 Mo-Sa 9h-12h 14h-19h

DOM. CORNE-LOUP 1996

| | 2 ha | 10 000 | | -30 F |

Die Winzer von Tavel sind zwar erfahrener in der Herstellung großer Roséweine, können aber auch Weißweine erzeugen! Jacques Lafond beweist es hier mit diesem einschmeichelnden, leicht frischen Wein, der zu Fisch und Muscheln paßt.
Jacques Lafond, Dom. de Corne-Loup, 30126 Tavel, Tel. 04.66.50.34.37, Fax 04.66.50.31.36 n.V.

COSTEBELLE 1996

| | 100 ha | 24 000 | | -30 F |

Ein angenehmer Wein, dem es trotz allem ein wenig an Fülle mangelt. Doch seine Säuerlichkeit ergibt eines Côtes du Rhône, der das Aroma roter Früchte und einen leichten Honiggeschmack deutlich herausstellt.
Cave Costebelle, 26790 Tulette, Tel. 04.75.98.32.53, Fax 04.75.98.38.70 Mo-Sa 8h30-12h 14h-18h30; Gruppen n. V.

COUDOULET DE BEAUCASTEL 1995*

| | 35 ha | 100 000 | | 50-70 F |

Selbstverständlich muß man Coudoulet de Beaucastel nicht mehr eigens vorstellen. Man könnte nun fragen, um was er seine großen Brüder in Châteauneuf überhaupt noch beneiden will! Diese Cuvée ist bemerkenswert aufgrund ihrer Struktur, ihres lang anhaltenden Aromas und ihrer feinen, rassigen Tannine. Ein Wein von großer Persönlichkeit.
Sté fermière des Vignobles P. Perrin, Ch. de Beaucastel, 84350 Courthézon, Tel. 04.90.70.41.00, Fax 04.90.70.41.19 n.V.

COUDOULET DE BEAUCASTEL 1996**

| | 4 ha | 12 000 | | 50-70 F |

Ein merkwürdiger Verschnitt aus Marsanne, Viognier und Bourboulenc ergibt diesen Wein, der durch seine aromatische Intensität überrascht. Er ist sehr nachhaltig und komplex und verbindet eine schöne Rundheit mit viel Fülle, was ihm echte Harmonie verleiht. Er paßt hervorragend zu allen gekochten Fischgerichten.
Sté fermière des Vignobles P. Perrin, Ch. de Beaucastel, 84350 Courthézon, Tel. 04.90.70.41.00, Fax 04.90.70.41.19 n.V.

CH. COURAC 1995**

| | 6 ha | 40 000 | | -30 F |

Die neuen und sehr jungen Besitzer von Château Courac sind sehr darauf bedacht, seinen guten Ruf zu erhalten. Heute mit diesem strahlend roten, violett schimmernden 95er, der nach Veilchen und schwarzen Johannisbeeren duftet und im Geschmack eine schöne Harmonie und feine Tannine zeigt. Er ist ausgewogen, füllig und rund. Er ist prima. Und er ist sogar lang: Die kleinen roten Früchte sorgen für die Nachhaltigkeit.
Frédéric Arnaud, Ch. Courac, 30330 Tresques, Tel. 04.66.82.90.51, Fax 04.66.82.94.27 n.V.

DAME DE FAGE 1995**

| | k. A. | 40 000 | | 30-50 F |

Die Winzer von Chusclan haben uns hier eine großartige Demonstration ihrer Qualität vorgeführt. Lobend erwähnt für ihren 96er Rosé, ist ihr roter 95er fast zum Lieblingswein gewählt worden. Dieser sehr angenehme und sehr harmonische Wein ist fein, elegant, kraftvoll und rassig zugleich.
Cave de Chusclan, 30200 Chusclan, Tel. 04.66.90.11.03, Fax 04.66.90.16.52 tägl. 8h-12h 14h-18h30

CELLIER DES DAUPHINS
Blanc de blancs 1996

| | 75 ha | 500 000 | | -30 F |

Dieser Côtes du Rhône ist der typische Vertreter der Appellation: Er hat eine leicht intensive gelbe Farbe und ist sehr fruchtig. Auch wenn

Côtes du Rhône

er ohnehin recht bekannt ist, verdient er, hier aufgeführt zu werden. Paßt zu Fisch mit Sauce.
🕿 Cellier des Dauphins, B.P. 16, 26790 Tulette, Tel. 04.75.96.20.06, Fax 04.75.96.20.12 🍷 n.V.

DOM. DEFORGE 1995

| ■ | k. A. | 14 000 | 🍷 -30F |

Grenache-Reben, die auf den steinigen Hängen von Châteauneuf-de-Gadagne angebaut werden, haben diesem 95er seine ganze Struktur verliehen. Warm und kraftvoll. Er besitzt den Charakter der Weine aus diesem Anbaugebiet.
🕿 Mireille Deforge, rte de Jonquerettes, 84470 Châteauneuf-de-Gadagne, Tel. 04.90.22.42.75, Fax 04.90.22.18.29 🍷 n.V.

DOM. DE DIEUMERCY 1995

| ■ | 75 ha | 400 000 | 🍷 -30F |

Dieser für die Appellation typische Côtes du Rhône paßt zu rotem Fleisch, Wild und Käse. Er stammt nämlich von der Rebsorte Grenache und ist warm und alkoholreich.
🕿 SCEA des Dom. Jack Meffre et Fils, 84190 Gigondas, Tel. 04.90.65.85.32, Fax 04.90.65.83.46

DOM. DIONYSOS 1995*

| ■ | k. A. | 40 000 | 🍷 -30F |

Wenn man in den Côtes du Rhône eine tadellose Vinifizierungstechnik mit einer klassischen Bestockung aus Grenache, Syrah, Mourvèdre und Cinsault kombiniert, erhält man bestimmt diesen Typ von Wein, der gleichzeitig lecker und kräftig, würzig und fein, füllig und lang ist. Er ist trinkreif, kann aber auch ein bis zwei Jahre lagern.
🕿 Les vins Gabriel Aligne, La Chevalière, 69430 Beaujeu, Tel. 04.74.04.84.36, Fax 04.74.69.29.87 🍷 Mo-Fr 8h-12h 14h-18h

DUC ARNAUD DE CADENET 1996*

| □ | 28 ha | 20 000 | 🍷 -30F |

Wenn Sie diesen aus Roussanne-Trauben hergestellten Weißwein probieren, finden Sie darin ein Aroma vom Typ weiße Blüten. Eine sehr gelungene Cuvée, die Sie aufgrund ihrer Feinheit und ihrer schönen Nachhaltigkeit mit Zitrusnoten verzaubern wird.
🕿 Cave de Chusclan, 30200 Chusclan, Tel. 04.66.90.11.03, Fax 04.66.90.16.52 ☑ 🍷 tägl. 8h-12h 14h-18h30

LES VIGNERONS D'ESTEZARGUES 1995**

| ■ | 100 ha | 70 000 | 🍷 -30F |

Die Genossenschaftswinzer von Estézargues stellen ihr Können mit dieser traditionellen Cuvée unter Beweis. Die klassische Kombination Grenache-Syrah-Mourvèdre macht den Wein sehr einschmeichelnd bei der Weinprobe. Lagerfähig (drei bis vier Jahre).
🕿 Cave des Vignerons d'Estézargues, 30390 Estézargues, Tel. 04.66.57.03.64, Fax 04.66.57.04.83 ☑ 🍷 Mo-Sa 8h-12h 14h-18h

DOM. DES ESTREMIERES 1996***

| ■ | 25 ha | 30 000 | 🍷 -30F |

Man muß es erst einmal schaffen ! Daß es gelingt, in einem so heiklen Jahrgang ein Erzeugnis von dieser Klasse herzustellen, beweist eine Glanzleistung. Die Domaines Michel Bernard verstehen es, in Zusammenarbeit mit ihrem Önologen J.-F. Ranvie alle Qualitäten der südlichen Anbaugebiete zu nutzen. Ein sehr gut vinifizierter Côtes du Rhône von großer Ausdruckskraft, der aromatische Feinheit und erstklassige Tannine vereint.

🕿 Domaines Michel Bernard, La Serrière, rte de Sérignan, 84100 Orange, Tel. 04.90.11.86.86, Fax 04.90.34.87.30 ☑ 🍷 n.V.
🕿 A. Fasolo

DOM. DE FONTAVIN 1996**

| ◢ | 1 ha | 3 000 | 🍷 -30F |

Ganz nah an einem Lieblingswein. Dies ist der beste Rosé, den die Jury verkostet hat. Sie entdeckte darin ein Aroma mit Garriguenoten und Blütennoten (Akazie). Er ist sehr fruchtig im Geschmack, wo seine Fülle einen Eindruck von Süße erweckt. Unverzüglich probieren.
🕿 EARL Michel et Martine Chouvet, Dom. de Fontavin, 1468, rte de la Plaine, 84350 Courthézon, Tel. 04.90.70.72.14, Fax 04.90.70.79.39 ☑ 🍷 n.V.

DOM. DU GOURGET 1996*

| □ | 0,68 ha | 4 000 | 30-50F |

100 % Viognier, 100 % Finesse ! Der sehr schöne geschmackliche Ausdruck dieses 96ers, rund und lebhaft, bestätigt die aromatische Feinheit seines Dufts. Dieser Côtes du Rhône ist gutgebaut und sehr angenehm.
🕿 Mme Tourtin-Sansone, Dom. du Gourget, 26790 Rochegude, Tel. 04.75.04.80.35, Fax 04.75.98.21.21 ☑ 🍷 tägl. 9h-12h 14h-18h30

DOM. DU GRAND BOURJASSOT
Blanc de blancs Fûts neufs 1996**

| □ | k. A. | k. A. | 30-50F |

Dieser Wein beweist ein weiteres Mal, daß man in der AOC Côtes du Rhône Weine aus weißen Rebsorten im neuen Holzfaß vinifizieren kann. Der perfekt gemeisterte Beitrag des Holzfasses entfaltet ein komplexes Aroma von exotischen Früchten mit Vanillenote. Der Geschmack ist sehr füllig und besitzt eine prächtige Struktur sowie eine Note von süßen Orangen und Weinbergpfirsichen. In zwei bis drei Jahren ein wahres Feuerwerk.

Côtes du Rhône

🍇 Pierre Varenne, quartier Les Parties, 84190 Gigondas, Tel. 04.90.65.88.80, Fax 04.90.65.89.38 ☑ 🍷 tägl. 10h-19h

DOM. GRAND VENEUR
Blanc de viognier 1996*

| | 1,3 ha | 6 600 | 🍾 | 50-70 F |

Das Jahr des Viognier ! Dieser hier ist gutgebaut : Seine schöne Ausgewogenheit im Geschmack, seine Fülle, seine Rundheit, sein Honig-, Wachs- und Pfirsicharoma, all das ergibt eine herrliche Palette, die so manchem seine Zunge lösen dürfte ! Anzumerken ist, daß der 96er Rosé ebenfalls nicht übel ist.

🍇 Alain Jaume, Dom. Grand Veneur, rte de Châteauneuf-du-Pape, 84100 Orange, Tel. 04.90.34.68.70, Fax 04.90.34.43.71 ☑ 🍷 n.V.

LOUIS GUY 1995

| | k. A. | 3 600 | 🍾 | 50-70 F |

Laurent Tardieu baut seine sorgfältig ausgewählten Weine an einem außergewöhnlichen Ort aus. Zu der Stärke dieses roten Côtes du Rhône fügt er eine Reifung im neuen Holzfaß hinzu, desen Einfluß noch harmonischer werden muß, bevor man ihn trinkt.

🍇 Tardieu-Laurent, chem. de la Marquette, 84360 Lauris, Tel. 04.90.08.32.07, Fax 04.90.08.41.11 ☑ 🍷 n.V.

CUVEE DES HAUTES TERRES DE POLIDON 1995

| | 7,7 ha | 40 000 | 🍾 | 30-50 F |

Eine gut gelungene Auswahl von Reblagen in hoch gelegenen Parzellen, die vor dem Mistral geschützt sind und einen sehr frühreifen Charakter haben. Diese Cuvée ist aromatisch, fruchtig und angenehm.

🍇 Cave La Gaillarde, av. de l'Enclave-des-Papes, B.P. 95, 84602 Valréas Cedex, Tel. 04.90.35.00.66, Fax 04.90.35.11.38 ☑ 🍷 9h-12h 14h30-19h ; Gruppen n. V.

CH. D'HUGUES Grande Réserve 1995**

| | 2,4 ha | 8 500 | 🍾 | 30-50 F |

Es ist zu einer festen Gewohnheit geworden ! Er kann nicht mehr darauf verzichten, in unserem Weinführer vertreten zu sein. Dieses Jahr präsentiert Château d'Hugues mit seinem Rotwein, der vorwiegend aus nicht entrappten Grenache-Trauben erzeugt worden ist, einen in jeder Hinsicht bemerkenswerten 95er. Farbe, Duft, Länge - er gehört zu den besten !

🍇 Bernard Pradier, Ch. d'Hugues, 84100 Uchaux, Tel. 04.90.70.06.27, Fax 04.90.70.10.28 ☑ 🍷 n.V.

CH. ISAURE 1995*

| | 5,8 ha | 5 000 | 🍾 | 30-50 F |

Die Grenache-Reben, von denen dieser ausgezeichnete Wein stammt, sind leider dazu verdammt, unter dem Druck der Urbanisierung zu verschwinden, hat uns dieser Winzer erzählt. Wie schade ! Denn laut den Notizen der Jury findet man hier eine perfekte Entsprechung von Rebsorte und Anbaugebiet. Ein hübscher, komplexer Duft, in dem sich Gewürze und rote Früchte ergänzen. Ein ausgewogenes Gerüst, Frucht, eine schöne Intensität, die an Backpflaumen erinnert, und Wildbretnoten. Dürfte in ein bis zwei Jahren sehr interessant sein.

🍇 François Vallot, Dom. du Coriançon, 26110 Vinsobres, Tel. 04.75.26.03.24, Fax 04.75.26.44.67 ☑ 🍷 Mo-Sa 9h-12h 14h-19h

🍇 H. Bérard

DOM. JAUME 1996

| | 2 ha | 10 000 | 🍾 | -30 F |

Ein Verschnitt aus edlen Rebsorten mit einem hohen Anteil von Marsanne und Roussanne ergibt diesen 96er mit der blaßgelben Farbe und dem hübschen Duft nach weißen Blüten. Dieser angenehme, für seinen Jahrgang typische Wein ist trinkreif.

🍇 Dom. Claude et Nicole Jaume, 24, rue Reynarde, 26110 Vinsobres, Tel. 04.75.27.61.01, Fax 04.75.27.68.40 ☑ 🍷 tägl. 8h-12h 13h-19h30

CH. JOANNY Tête de cuvée 1995*

| | 20 ha | 30 000 | 🍾 | -30 F |

Die Familie Dupond präsentiert einen weiteren großen Wein. Dieser ganz in der Tradition stehende 95er, der hauptsächlich von den Rebsorten Grenache und Syrah stammt, ist nervig, aber auch sehr rund. Der Bodencharakter entfaltet sich bis hin zum Abgang. Hinweisen sollte man auch auf den 96er, der ohne Stern berücksichtigt worden ist : gelungen und typisch.

🍇 Famille Dupond, 84830 Sérignan-du-Comtat, Tel. 04.90.70.00.10, Fax 04.90.70.09.21 ☑ 🍷 Mo, Mi-So 8h-12h 14h-19h

LA BASTIDE SAINT-DOMINIQUE 1995*

| | 3 ha | 20 000 | 🍾 | 30-50 F |

Bei diesem Wein, der aus einem Anbaugebiet ganz in der Nähe der Châteauneuf-Weine kommt, tritt die sehr robuste Struktur am stärksten hervor. Trotzdem bleibt er recht fruchtig und sehr angenehm. Er besitzt unbestreitbare Qualitäten eines lagerfähigen Weins.

🍇 Gérard Bonnet, La Bastide-Saint-Dominique, 84350 Courthézon, Tel. 04.90.70.85.32, Fax 04.90.70.76.64 ☑ 🍷 tägl. 8h-19h

LA BASTIDE SAINT-VINCENT 1996*

| | 1 ha | 6 000 | 🍾 | 30-50 F |

Ein Landhaus, das in Teilen aus dem 17. Jh. stammt. Guy Daniel präsentiert einen durch Abstich nach kurzer Maischung hergestellten Rosé, der fruchtig und fein duftet, leicht nach Amylalkohol schmeckt und füllig und elegant ist. Er ist in Geschmack sehr lang, was bei einem Rosé nicht häufig vorkommt. »Seine Ausgewogenheit ist vollkommen«, teilt uns die Jury mit.

🍇 Guy Daniel, La Bastide Saint-Vincent, rte de Vaison, 84150 Violès, Tel. 04.90.70.94.13, Fax 04.90.70.96.13 ☑ 🍷 tägl. 8h30-19h ; 1.-15. Jan. und 15. Sept.-15. Okt. geschlossen

DOM. LA CHARADE 1994*

| | 22 ha | k. A. | 🍾 | 30-50 F |

Die 95er Cuvée, die nicht im Holzfaß gereift ist, hat die Jury weniger verführt als dieser 94er, der im Eichenholzfaß ausgebaut worden ist und sich somit von dem im letzten Jahr präsentierten

Côtes du Rhône

Wein unterscheidet. Man kann die Unterschiede am Etikett auf der Rückseite der Flasche erkennen. Die Struktur versetzte diesen Wein in die Lage, einen solchen Ausbautyp zu verkraften. Der Geruchseindruck erinnert leicht an Vanille, mit sich entwickelnden Noten von roten Früchten. Die Tannine sind rund, die Gesamtausgewogenheit ist interessant.

GAEC Jullien, Dom. La Charade,
30760 Saint-Julien-de-Peyrolas,
Tel. 04.66.82.18.21, Fax 04.66.82.33.03
Mo-Sa 9h-12h 14h-19h

DOM. DE LA CHARITE 1995*

| | k. A. | 100 000 | | -30 F |

Er ist gutgebaut, sagt man uns. Die Gesamtharmonie ist gut, mit Geruchsnuancen von Kakao über roten Beerenfrüchten. Im Geschmack hat er eine gute Ansprache. Kurz gesagt, dieser 95er ist ein sehr gelungener Verschnitt aus Grenache und Syrah.

EARL Valentin et Coste, Dom. de La Charité, 5, chem. des Issarts, 30650 Saze, Tel. 04.90.31.73.55, Fax 04.90.26.92.50 n.V.

DOM. DE LA CROIX-BLANCHE 1994

| | 0,5 ha | 3 000 | | 30-50 F |

Daniel Archambault, dessen Gut unweit der Ardèche liegt, hat das Holzfaß gewählt, um seine Weine auszubauen, die der Appellation Côtes du Rhône würdig sind. Mit einem recht intensiven Unterholzaroma ist dieser 94er sehr wenig durch seinen Ausbau geprägt. Er ist süffig und muß schon jetzt serviert werden.

Daniel Archambault, Dom. de La Croix-Blanche, 07700 Saint-Martin-d'Ardèche, Tel. 04.75.04.60.41, Fax 04.75.98.77.25 n.V.

CH. LA CROIX CHABRIERE
Cuvée Prestige 1993

| | k. A. | 5 000 | | 30-50 F |

Ein Weingut, das sich besonders um die Präsentation seiner Weine kümmert : Die stets elegante Flasche ist im Dienste eines gut vinifizierten, reintönigen Erzeugnisses, das sich auf dem Niveau der traditionellen Qualität befindet, die man von einem Côtes du Rhône erwartet.

Ch. La Croix Chabrière, rte de Saint-Restitut, 84500 Bollène, Tel. 04.90.40.00.89, Fax 04.90.40.19.93
tägl. 9h-12h 14h-18h ; Gruppen n. V.

DOM. DE LA CROZE 1996**

| | 1 ha | 6 666 | | -30 F |

Eine besonders lobende Erwähnung für die zwei Weine der Domaine de La Croze, einen Rosé und einen Weißwein, die beide als bemerkenswert beurteilt wurden. Ein großartiger Doppelerfolg für diese 96er, die rassig, angenehm, verschmolzen, gefällig, elegant, fein, harmonisch usw. sind. Die Notizblätter der Verkoster reihen lobende Adjektive aneinander !

Françoise Granier, Dom. de La Croze, 30150 Roquemaure, Tel. 04.66.82.56.73, Fax 04.66.90.23.90 n.V.

LA FAGOTIERE 1995**

| | 12 ha | 15 000 | | -30 F |

Ein Hauch von weißen Trauben in einem klugen Verschnitt aus Grenache, Cinsault und Syrah. Sollte dies das Geheimnis dieses komplexen, strukturierten Weins sein ? Sein Aroma ist kräftig und erinnert an schwarze Früchte und Trüffeln. Sein Geschmack ist sehr vielversprechend : auf Wiedersehen in drei bis vier Jahren ...

SCEA Pierry Chastan, La Fagotière, 84100 Orange, Tel. 04.90.34.51.81, Fax 04.90.51.04.44 Mo-Sa 8h-12h 14h-19h

DOM. DE LA FERME
SAINT-MARTIN Cuvée du Diapir 1995*

| | 1 ha | 3 000 | | 30-50 F |

Der Rat des Weinkellners : Trinken Sie diesen Wein zu einem Wildkaninchen ! Ein solches Gericht mit kräftigem Geschmack kann Ihnen die ganze stattliche Erscheinung dieser Flasche enthüllen, tadellos im Äußeren wie im Inneren, mit einem hochfeinen, einschmeichelnden Vanillearoma und Leder- und Veilchennoten.

Guy Jullien, Dom. de la Ferme Saint-Martin, 84190 Suzette, Tel. 04.90.62.96.40, Fax 04.90.62.90.84 n.V.

DOM. DE LA GRAND'RIBE 1995*

| | 1,75 ha | 2 700 | | 30-50 F |

»Von der Rebe bis zur Flasche, für alle unsere Weine, nie vergebens.« Das ist der Wahlspruch des Guts. Dieser Weißwein ist bewundernswert aufgrund seines fruchtigen und sehr feinen Aromas. Die Fülle und die Rundheit, die von der Jury sehr geschätzt wurden, zeigen die Präsenz von Roussanne- und Marsanne-Trauben mit guter Reife.

Abel Sahuc, 84290 Sainte-Cécile-les-Vignes, Tel. 04.90.30.83.75, Fax 04.90.30.76.12
Mo-Sa 10h-12h 14h30-18h

DOM. DE LA GRAND'RIBE 1996***

| | 3 ha | 12 000 | | -30 F |

Die Kommentare sind beredt und einmütig. Ein sehr guter Rosé Côtes du Rhône, der intensiv nach Früchten (rote Johannisbeeren, frische schwarze Johannisbeeren, Kirschen) duftet. Diese Geruchsnote findet sich im Mund wieder, verstärkt durch eine runde, füllige Ausgewogenheit. »Ein Rosé für die Gastronomie«, meinte einer der Juroren.

Côtes du Rhône

🍷 Abel Sahuc, 84290 Sainte-Cécile-les-Vignes, Tel. 04.90.30.83.75, Fax 04.90.30.76.12 ☑
⌛ Mo-Sa 10h-12h 14h30-18h

DOM. DE LA GUICHARDE
Cuvée Genest 1995**

| ■ | 10 ha | 20 000 | ■ | 30-50 F |

Eine so große Qualität würde man gern in allen Flaschen Côtes du Rhône vorfinden ! Die Appellation kann sehr stolz sein, denn die Intensität dieses Weins, seine aromatische Nachhaltigkeit und seine Klarheit reihen ihn unter die Großen ein.

🍷 Arnaud Guichard, Dom. de La Guicharde, Derboux, 84430 Mondragon, Tel. 04.90.30.17.84, Fax 04.90.40.05.69 ☑
⌛ Mo-Sa 10h-18h

DOM. DE LA JANASSE 1995

| ■ | 5 ha | 18 000 | ◍ | 30-50 F |

Grillgerichte auf dem Speisezettel ? Warum dann nicht den Rosé von La Janasse dazu aufmachen ? Rund, füllig, mit säuerlichem Geschmack - eine sehr gute Wahl. Aber falls Sie rotes Fleisch bevorzugen, sollten Sie sich für den 95er Rotwein entscheiden. Kraftvoll und warm. Er ist sehr charakteristisch für die Weine aus diesem Anbaugebiet.

🍷 EARL Aimé Sabon, 27, chem. du Moulin, 84350 Courthézon, Tel. 04.90.70.86.29, Fax 04.90.70.75.93 ☑ ⌛ Mo-Sa 8h-12h 14h-20h ; So n. V.

DOM. DE LA MORDOREE 1996**

| □ | 2 ha | 7 000 | ■ | 30-50 F |

Im Degustationskeller des Guts können Sie eine Reihe von Spitzenerzeugnissen probieren. Monsieur Delorme, der auch Tavel und Châteauneuf-du-Pape erzeugt, achtet auf seine Côtes du Rhône. Er beweist es hier mit einem Weißwein, der gleichzeitig blumig und fruchtig, rund und füllig und lang im Geschmack ist.

🍷 Dom. de La Mordorée, chem. des Oliviers, 30126 Tavel, Tel. 04.66.50.00.75, Fax 04.66.50.47.39 ☑ ⌛ n.V.
🍷 Delorme

DOM. DE LA MORDOREE 1996**

| ■ | 10 ha | 40 000 | ■ | 30-50 F |

Seine intensive tiefschwarze Farbe läßt eine schöne Verkostung voraussagen. Obwohl er ein wenig verschlossen ist (eine Jugendsünde), beherrschen rote Früchte diesen bemerkenswert ausgewogenen Wein. Er ist noch eckig, aber seine geschmackliche Länge reiht ihn unter die Großen ein.

🍷 Dom. de La Mordorée, chem. des Oliviers, 30126 Tavel, Tel. 04.66.50.00.75, Fax 04.66.50.47.39 ☑ ⌛ n.V.

DOM. DE LA PRESIDENTE
Château de Galliffet 1995

| ■ | k. A. | k. A. | ◍ | 50-70 F |

Mit seinem Vanillegeschmack stark geprägt durch das neue Holz. Dennoch ist die Grundlage gut und sehr kräftig. Dieser 95er ist letztlich gelungen, aber man muß warten, bis sich der Holzton abschwächt. Seine Stärke garantiert seine Zukunft.

🍷 SCEA Max Aubert, Dom. de La Présidente, B.P. 1, 84290 Sainte-Cécile-les-Vignes, Tel. 04.90.30.80.34, Fax 04.90.30.72.93 ☑ ⌛ n.V.

DOM. LA REMEJEANNE
Les Genevriers 1995*

| ■ | k. A. | 17 000 | ■ | 30-50 F |

Es ist allgemein bekannt, daß die Domaine de La Réméjeanne regelmäßig kräftige Weine erzeugt. Aroma von Röstgeruch und Konfitüre aus roten Früchten mit wilden Nuancen und Ledernoten. Das Ganze beruht auf deutlich spürbaren Tanninen.

🍷 EARL Ouahi et Rémy Klein, Cadignac, 30200 Sabran, Tel. 04.66.89.44.51, Fax 04.66.89.64.22 ☑ ⌛ n.V.

DOM. LA REMEJEANNE
Les Eglantiers 1995

| ■ | k. A. | k. A. | ■◍ | 50-70 F |

Er ist leider viel zu jung, um ihn richtig zu bewerten. Dieser reinsortige Syrah ist im Holzfaß ausgebaut worden und hat daraus hübsche Vanillenoten herausgezogen, aber die Tannine sind noch nicht völlig verschmolzen. Man kann ihn problemlos fünf bis zehn Jahre einkellern !

🍷 EARL Ouahi et Rémy Klein, Cadignac, 30200 Sabran, Tel. 04.66.89.44.51, Fax 04.66.89.64.22 ☑ ⌛ n.V.

CH. LA RENJARDIERE 1996*

| ◢ | 80 ha | 140 000 | ■ | -30 F |

Wenn Sie Aïoli (Knoblauchmayonnaise) oder Anchoïade (Sardellenpaste) mögen, werden Sie diesen Rosé bestimmt schätzen, denn er ist das ideale Getränk für diese regionaltypischen Gerichte. Seine nachhaltige Struktur, die durch einen hübschen Waldbeerenduft unterstützt wird, entfaltet ein recht ausgeprägtes Zitrusaroma. Hinweisen sollte man auch auf den ebenfalls sehr gelungenen roten 95er Côtes du Rhône vom selben Château.

🍷 Pierre Dupont, 84830 Sérignan-du-Comtat, Tel. 04.74.65.24.32, Fax 04.74.68.04.14

DOM. DE LASCAMP 1996*

| ■ | 20 ha | 12 000 | ■ | 30-50 F |

Die Imberts bauen hier seit 1767 Wein an. Sie haben zwei schöne Weine vorgestellt, darunter diesen roten 96er, der eine gute Konzentration und eine schöne Ausgewogenheit zeigt und aromatisch ist (intensives Aroma von schwarzen Johannisbeeren und roten Früchten). Die Jury hat auch den Weißwein berücksichtigt, einen echten »Wein gegen den Durst«, der für Krustentiere bestimmt ist.

🍷 EARL du Dom. de Lascamp, Cadignac, 30200 Sabran, Tel. 04.66.89.69.28, Fax 04.66.89.62.44 ☑ ⌛ Mo-Sa 8h-12h 14h-18h
🍷 Imbert

DOM. DE LA SOLITUDE 1996*

| □ | 5 ha | 20 000 | ■ | 30-50 F |

Zeit für den Aperitif : Probieren Sie diesen Weißwein mit den leichten grünen Reflexen. Kräftig und gehaltvoll. Er hat seine volle Entfaltung erreicht. Er ist sehr rund und fleischig und überzieht den Mund mit seinem seidigen, aromatischen »Fleisch«. Sie werden ihn mögen !

TAL DER RHONE

Côtes du Rhône

🍇 SCEA Dom. Pierre Lançon, Dom. de La Solitude, 84230 Châteauneuf-du-Pape, Tel. 04.90.83.71.45, Fax 04.90.83.51.34
☑ ⏰ tägl. 8h-18h

DOM. LA SOUMADE
Cuvée Les Violettes 1995★★

| | 1 ha | 3 000 | | 70-100 F |

Wir befinden uns hier in Rasteau, aber man könnte daran zweifeln, denn dieser 95er bietet einen Charakter, der eher für den Norden typisch ist! Ein Hauch von Viognier über der Syrah-Rebe, das Ganze zwölf Monate lang im Barriquefaß gereift, verleiht diesem Wein seine ganze Rundheit und seine volle Fülle. Sehr aromatisch. Er wird Sie verzaubern.

🍇 André Roméro, Dom. La Soumade, 84110 Rasteau, Tel. 04.90.46.11.26, Fax 04.90.46.11.69 ☑ ⏰ Mo-Sa 8h30-11h30 14h-18h

DOM. DE LA TALADETTE 1995

| | k. A. | 120 000 | | 50-70 F |

Ein sehr klassischer Côtes du Rhône, der den großen Vorteil hat, nicht zu enttäuschen, denn er ist recht typisch für die Appellation. Sein Geruchseindruck ist aromatisch und elegant. Sein Geschmack zeigt sich füllig und vollmundig, würzig und pfeffrig, mit dem Aroma reifer Früchte.

🍇 Gabriel Liogier, 21420 Aloxe-Corton, Tel. 03.80.26.44.25, Fax 03.80.26.43.57

DOM. DE LA TEYSSIERE
Notre Dame Haute 1995★

| | 2,6 ha | 13 000 | | 30-50 F |

»Ein Wein, der Volumen hat«, notierte ein Mitglied der Jury. Logische Folge eines Verschnitts von 90 % Grenache mit 10 % Mourvèdre. Ein diskretes, aber deutlich wahrnehmbares Aroma entfaltet eine im Geschmack nachhaltige und sehr harmonische Ausgewogenheit. Dieser 95er kann problemlos zwei bis drei Jahre altern.

🍇 Jacques Metral, Dom. de La Teyssière, 84110 Buisson, Tel. 04.50.94.10.60, Fax 04.50.94.18.39

DOM. DE LA VALERIANE 1995★★★

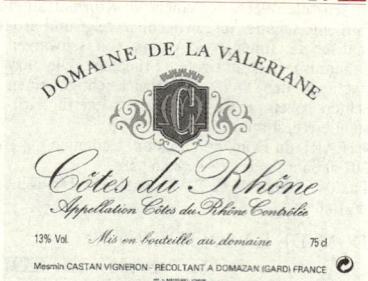

| | k. A. | 4 000 | | -30 F |

Angesichts seiner sehr klaren und kräftigen Farbe könnten Sie schon vermuten, daß Sie einen sehr großen Wein in Ihrem Glas haben. Sogar ohne das Glas zu bewegen, nehmen Sie sein stark entfaltetes Aroma von roten Früchten wahr und später, wenn Sie das Glas schwenken, viel mehr Komplexität. Aber vor allem im Geschmack werden Sie begreifen, warum ihn die Jury zu ihrem Lieblingswein gewählt hat. Ausgewogenheit, Rasse und Länge machen ihn zu einem der besten Vertreter der Côtes du Rhône.

🍇 Mesmin Castan, rte d'Estézargues, 30390 Domazan, Tel. 04.66.57.04.84, Fax 04.66.57.00.07 ☑ ⏰ n.V.

DOM. DE LA VIEILLE JULIENNE 1994

| | 14 ha | 40 000 | | 30-50 F |

Die Ausgewogenheit dieses Weins ist warm! Das ist recht normal, wenn man weiß, daß dieser 94er von Grenache-Reben stammt, die ganz in der Nähe von Châteauneuf-du-Pape wachsen. Dank eines kurzen Ausbau im Holzfaß sind die Tannine vorhanden, aber sie sind recht rund.

🍇 EARL Daumen Père et Fils, Dom. de La Vieille Julienne, Le Grès, 84100 Orange, Tel. 04.90.34.20.10, Fax 04.90.34.10.20 ☑ ⏰ Mo-Fr 9h-12h 14h-19h ; Sa, So n. V.
🍇 Jean-Paul Daumen

LE GRAVILLAS 1996

| | 7,5 ha | 45 000 | | -30 F |

Das Anbaugebiet wird von den Winzern der Cave de Sablet sehr gut genutzt. Der Rosé und der Weißwein, die äußerst gut vinifiziert worden sind, stammen von der Grenache-Rebe. Beide haben eine gute aromatische Intensität und können durch ihre Klarheit überzeugen.

🍇 Cave Le Gravillas, 84110 Sablet, Tel. 04.90.46.90.20, Fax 04.90.46.96.71 ☑ ⏰ n.V.

CH. LES AMOUREUSES
Les Soupirs 1995★★

| | 2 ha | 12 000 | | 30-50 F |

Drei Cuvées beim roten 95er, der Alain Grangaud besonders gut gelungen ist. Diese hier, die den anderen vorgestellten Cuvées weit überlegen ist, stammt aus einem Grenache-Syrah-Verschnitt (je 50 %) und wurde von den Verkostern als bemerkenswert beurteilt. Sie ist würzig und voluminös. Ganz nahe an einem Lieblingswein, eine Cuvée, die man sich merken sollte.

🍇 Alain Grangaud, Ch. Les Amoureuses, chem. de Vinsas, 07700 Bourg-Saint-Andéol, Tel. 04.75.54.51.85, Fax 04.75.54.51.85 ☑ ⏰ tägl. 8h-19h

LES CHARMILLES 1996

| | 4 ha | 26 000 | | -30 F |

Dieser 96er ist das Ergebnis einer Auswahl von weißen Trauben, die aus einem Anbaugebiet mit ziemlich kühlem Klima kommen (Sabran), das für die weißen Rebsorten günstig ist. Die Jury hat sich nicht getäuscht, als sie ihn wegen seines Primäraromas und seiner sehr klaren Ausgewogenheit aussuchte.

🍇 Père Anselme, rte d'Avignon, 84230 Châteauneuf-du-Pape, Tel. 04.90.83.70.07, Fax 04.90.83.74.34 ☑ ⏰ n.V.

DOM. LES HAUTES CANCES 1995★★

| | 0,85 ha | 4 500 | | -30 F |

Sein rustikaler Charakter beeindruckt den Verkoster am stärksten. Sofern es nicht seine

Côtes du Rhône

wilde, fast animalische Seite ist, die eine schöne Komplexität zeigt. Sein Aroma ist intensiv, mit Noten von schwarzen Früchten und Eindrücken von Kakao und Mokka. Ein Wein von großem Wert.
- SCEA Achiary-Astart, quartier Les Travers, 84290 Cairanne, Tel. 04.90.38.65.02, Fax 04.90.38.65.02 ☑ ☨ n.V.

DOM. DE L'OLIVIER 1995

■ k. A. 16 000 -30F

Man muß zwei Jahre warten, um diesen 95er genießen zu können, denn die Jury findet ihn noch zu ungestüm. Seine deutlich spürbaren Tannine und sein animalisches Bukett, das die roten Früchte nicht verbirgt, machen ihn zu einem Wein mit guten Zukunftsaussichten. Der 96er Rosé verdient ebenfalls eine Erwähnung aufgrund seiner Frische und seines Aromas von kleinen roten Früchten.
- EARL Dom. de L'Olivier, Gérant Bastide-Eric, 1, rue de la Clastre, 30210 Saint-Hilaire-d'Ozilhan, Tel. 04.66.37.12.43, Fax 04.66.37.00.46 ☑ ☨ n.V.

DOM. DE L'ORATOIRE SAINT-MARTIN 1995*

■ 7 ha 35 000 ☨ 30-50F

Die Domaine de L'Oratoire schafft sich mit jedem Jahrgang ein schönes Ansehen. Der rote 95er hat einen intensiven Duft von reifen Früchten und einen harmonischen Geschmack mit viel Fülle und einem Steinobstaroma. Die Tannine sind fein. Sehr gelungen.
- Frédéric et François Alary, rte de Saint-Roman, 84290 Cairanne, Tel. 04.90.30.82.07, Fax 04.90.30.74.27 ☑ ☨ Mo-Sa 8h-12h 14h-19h

DOM. DE LUMIAN 1995***

■ 5 ha 30 000 ☨ -30F

Dieser Nektar der Domaine de Lumian konnte den ausgezeichneten Jahrgang nutzen. Ein feiner, rassiger Wein, der ein Veilchenaroma mit hübschen, zusätzlichen Noten entfaltet. Trinkreif, aber mit echter Lagerfähigkeit. Er empfiehlt sich für Ihren Keller. Man sollte ihn zu einer guten Lammkeule trinken.
- Gilles Phetisson, Dom. de Lumian, 84600 Valréas, Tel. 04.90.35.09.70, Fax 04.90.35.18.38 ☑ ☨ tägl. 8h-21h

DOM. DE LUMIAN 1996

☐ 1 ha 5 000 ☨ -30F

Dieser 96er spiegelt recht gut die Qualitäten wider, die man in einem großen Teil der Weißweine der Appellation findet. Er ist durch unmittelbares Keltern der klassischen Traubensorten erzeugt worden. Nervig und kraftvoll. Er paßt hervorragend zu einem guten Ziegenkäse.
- Gilles Phetisson, Dom. de Lumian, 84600 Valréas, Tel. 04.90.35.09.70, Fax 04.90.35.18.38 ☑ ☨ tägl. 8h-21h

DOM. MABY Cuvée Viognier 1996*

☐ 0,75 ha 4 000 ☨ 30-50F

Dieser reinsortige Viognier ist sehr gut gelungen trotz der Jugend der Rebstöcke. Sein Aroma erinnert an Aprikosen und weiße Blüten und wird durch die schöne Frische gut unterstützt. Sollte zu hellem Fleisch oder Geflügel in Rahmsauce getrunken werden.
- Dom. Maby, rue Saint-Vincent, 30126 Tavel, Tel. 04.66.50.03.40, Fax 04.66.50.43.12 ☑ ☨ n.V.

CH. MALIJAY Cuvée de la Tour 1995*

■ k. A. k. A. ☨ -30F

Allein schon wenn man ihn betrachtet, könnte man behaupten, daß es ein lagerfähiger Côtes du Rhône ist. Seine intensive, tiefe Farbe ist nämlich recht beeindruckend. Der komplexe Duft besteht aus schwarzen Früchten (Johannisbeeren, Heidelbeeren). Im Geschmack findet man über würzigen Noten die Frucht als »Mus« wieder. »Roh«, noch ziemlich eckig. Er ist sehr vielversprechend. In zwei bis drei Jahren paßt er angeblich zu einem Salmis (Geflügelragout) aus Drosseln.
- Ch. Malijay, 84150 Jonquières, Tel. 04.90.70.33.44, Fax 04.90.70.36.07 ☑ ☨ n.V.
- SA Dom. Listel

DOM. MARIE-BLANCHE 1995*

■ 10 ha 10 000 ☨ -30F

Marie-Blanche ist der Vorname der Ehefrau von Jean-Jacques Delorme. Die ihr gewidmete Cuvée stammt aus einem Anbaugebiet mit früher Reife, das der Erzeuger vorteilhaft nutzen konnte. Er präsentiert uns hier einen dunkelrubinroten 95er mit dem einschmeichelnden Aroma von gekochten Früchten und Gewürzen. Ein paar Röstnoten über feinen, aber deutlich spürbaren Tanninen machen diesen Wein zu einem traditionellen, lagerfähigen Côtes du Rhône.
- Jean-Jacques Delorme, Dom. Marie-Blanche, 30650 Saze, Tel. 04.90.31.77.26, Fax 04.90.26.94.48 ☑ ☨ n.V.

CH. DE MARJOLET 1995*

■ 10 ha 65 000 ☨ -30F

Bernard Pontaud, ein Spezialist für aromatische Weine, erzeugt ausgezeichnete Primeur-Weine. Er präsentiert hier seinen Côtes du Rhône, der besser als ein Primeur strukturiert und dennoch sehr duftig, leicht würzig, aber immer noch sehr süffig ist.
- Bernard Pontaud, 30330 Gaujac, Tel. 04.66.82.00.93, Fax 04.66.82.92.58 ☑ ☨ n.V.

Côtes du Rhône

DOM. DU MAS RAFFIN 1996

| | k. A. | 3 000 | | -30 F |

Abt Raffin hinterließ seinen Namen den Gebäuden, die sich zu Füßen des Dorfes Castillon, in der Nähe des Pont du Gard, befinden und von Jean-François Folcher übernommen worden sind. Sein Rosé ist recht empfehlenswert wegen seines typischen Charakters : ein Wein aus einem Garrigue-Anbaugebiet, der intensiv duftet und rund und ausgewogen ist. Paßt zum Essen.
• Jean-François Folcher, Mas Raffin, 30210 Castillon-du-Gard, Tel. 04.66.37.39.14 ☑ ☥ n.V.

CH. DE MONTFAUCON
Baron Louis 1995*

| | 3 ha | 10 500 | | 30-50 F |

Das einzige Weingut mit eigener Kellerei in der Gemeinde Montfaucon ist fest entschlossen, alles dafür zu tun, damit es sich erfolgreich entwickelt. Mit diesem 95er konnte es überzeugen. Hübsche Röst- und Mokkanoten in seinem Aroma, viel Volumen, ein leichter Holzton und solide Tannine, um voller Wärme alle Arten von Wildbret und Gerichten mit Sauce zu begleiten.
• Rodolphe de Pins, Ch. de Montfaucon, 30150 Montfaucon, Tel. 04.66.50.37.19, Fax 04.66.50.37.19 ☑ ☥ n.V.

CLOS MONT-OLIVET 1995*

| | k. A. | 20 000 | | -30 F |

Über einem würzigen Veilchenduft enthüllt Ihnen die leuchtendrote Farbe dieses 95ers alle ihre Nuancen. Auf dem Etikett steht »Syrah«. Dieser Wein erlaubt es Ihnen, ein Unterholz zu durchwandern und kleine rote Früchte zu entdecken, die Sie die ganze Mahlzeit hindurch begleiten werden.
• GAEC du Clos Mont-Olivet, 15, av. Saint-Joseph, 84230 Châteauneuf-du-Pape, Tel. 04.90.83.72.46, Fax 04.90.83.51.75 ☥ n.V.
• Les Fils Sabon

CH. MONT-REDON 1996**

| | 2 ha | 6 000 | | 50-70 F |

Überflüssig, eines der angesehensten Güter von Châteauneuf-du-Pape vorzustellen. Hingegen ist es sehr interessant festzustellen, daß es diesen weißen Côtes du Rhône von großer Klasse herstellen konnte. Ein blumiger, eleganter und femininer Wein. In dieser Cuvée steckt Charme und Verführungskraft.
• Ch. Mont-Redon, 84230 Châteauneuf-du-Pape, Tel. 04.90.83.72.75, Fax 04.90.83.77.20 ☑ ☥ n.V.
• Abeille-Fabre

CAVES DES PAPES
Héritage Elevé en foudre 1995

| | k. A. | 120 000 | | 30-50 F |

Ein Syrah-Grenache-Verschnitt, der zwölf Monate lang im großen Holzfaß ausgebaut wurde, ist hier ausgewählt worden. Er ist stark durch rote Früchte geprägt und gehört zu den recht traditionellen Côtes du Rhône.
• Ogier Caves des Papes, 10, av. Louis-Pasteur, B.P. 75, 84230 Châteauneuf-du-Pape, Tel. 04.90.39.32.32, Fax 04.90.83.72.51 ☑ ☥ tägl. 10h-18h

CAVE DE RASTEAU 1995*

| | 45 ha | 30 000 | | -30 F |

Niemand kann bestreiten, daß eine gut durchgeführte Entrappung Feinheit und Ausgewogenheit verleiht. Hier der Beweis dafür. Die Genossenschaftswinzer von Rasteau können stolz sein auf diesen Wein ! Ihr 95er ist fruchtig, angenehm und im Geschmack lang.
• Cave des Vignerons de Rasteau, 84110 Rasteau, Tel. 04.90.10.90.10, Fax 04.90.46.16.65 ☑ ☥ tägl. 8h-12h 14h-18h

CH. REDORTIER 1995

| | 2 ha | 10 000 | | 30-50 F |

Dieses Gut auf den Anhöhen von Beaumes-de-Venise besitzt eine außergewöhnliche Lage. Dieser 95er ist ein Klassiker, recht typisch für die Côtes du Rhône.
• GAEC de Menthon, Ch. Redortier, 84190 Suzette, Tel. 04.90.62.96.43, Fax 04.90.65.03.38 ☑ ☥ n.V.

REINE PEDAUQUE 1996

| | k. A. | k. A. | | 30-50 F |

Dieser weiße Côtes du Rhône von Reine Pédauque ist zwar nicht außergewöhnlich, verdient aber eine lobende Erwähnung, denn er ist typisch für die Appellation, seriös und klar. Ein Wein von schöner Länge, der Persönlichkeit besitzt, heißt es. Beachtenswert ist auch die Cuvée Les Rigaudes derselben Firma : blumig und ebenfalls typisch.
• Reine Pédauque, Le Village, 21420 Aloxe-Corton, Tel. 03.80.25.00.00, Fax 03.80.26.42.00 ☥ tägl. 9h-11h30 14h-17h30 ; im Jan. geschlossen

DOM. RIGOT Cuvée des Garrigues 1995**

| | 12 ha | 30 000 | | 30-50 F |

Die Verkoster sind sich einig : Dieser Wein muß vor oder nach dem Kauf reifen. Seien Sie geduldig, denn seine Stärke ist bemerkenswert. Sein Duft nach roten Früchten, schwarzen Johannisbeeren, Brombeeren, seine sehr feine Textur und seine leicht empyreumatischen und animalischen Noten sind für ewig vorhanden.
• Camille Rigot, Les Hauts Débats, 84150 Jonquières, Tel. 04.90.37.25.19, Fax 04.90.37.29.19 ☑ ☥ Mo-Sa 8h-12h 15h-21h ; So u. feiertags n. V.

DOM. DE ROCHEMOND 1996

| | 4 ha | k. A. | | -30 F |

Ein sehr traditioneller, klassischer Wein, der in diesem Jahr nur lobend erwähnt wird. Er ist typisch und besitzt ein hübsches Aroma von schwarzen Johannisbeeren. Er ist zwar leicht, aber klar und sehr präsent.
• EARL Philip-Ladet, 30200 Sabran, Tel. 04.66.79.04.42, Fax 04.66.79.04.42 ☑ ☥ n.V.

Côtes du Rhône

DOM. DE ROCHEMOND 1995*

| ■ | 4 ha | k. A. | ■ ♦ -30 F |

Frisch, elegant, süffig : ein Rotwein, wie man ihn gern öfter auf dem Tisch hätte. Schöne Farbe, Duft nach frischen Früchten (Kirschen). Sehr angenehm im Geschmack, wo man die kleinen roten Früchte wiederfindet.

✒ EARL Philip-Ladet, 30200 Sabran,
Tel. 04.66.79.04.42, Fax 04.66.79.04.42 ☑ ⏲ n.V.

DOM. DES ROCHES FORTES 1995**

| ■ | 3 ha | 15 000 | ■ ♦ -30 F |

Ein dichtes, tiefes Dunkelrot mit purpurroten Reflexen - die Farbe dieses 95ers leidet nicht unter dem Fortgang der Zeit. Die Verkostung, im Geruch ebenso wie im Geschmack, auch nicht. Dieser 95er ist vielversprechend, mit einem Himbeeraroma und einer kraftvollen, langen Struktur

✒ GAEC Brunel et Fils, Dom. des Roches Fortes, quartier Le Château, 84110 Vaison-la-Romaine, Tel. 04.90.36.03.03, Fax 04.90.28.77.14 ☑ ⏲ tägl. 10h30-12h30 13h30-18h30

DOM. DE ROQUEBRUNE
Cuvée Tradition 1995**

| ■ | 10 ha | 20 000 | ■ ♦ -30 F |

Ein ausgezeichnetes Preis-Leistungs-Verhältnis, wenn man die Größe dieses Weins bedenkt ! Die Farbe ist perfekt. Das Aroma ist kräftig und entfaltet sich vollständig an der Luft. Ein guter Stoff, der mit Sorgfalt und Gewissenhaftigkeit extrahiert worden ist, macht diesen 95er sehr vielversprechend. Die Cuvée Laurence beim weißen 96er Côtes du Rhône kann wegen ihrer Klarheit lobend erwähnt werden. Diese Cuvé, die von ausgelesenen Trauben stammt und nach weißen Früchten duftet, ist ausgewogen und lang.

✒ Pierre Rique, Dom. de Roquebrune, 30130 Saint-Alexandre, Tel. 04.66.39.33.30, Fax 04.66.39.23.85 ☑ ⏲ n.V.

CH. DE RUTH 1996

| □ | 3,5 ha | 18 000 | ■ ♦ 30-50 F |

Christian Meffre sieht seine drei Cuvées von Château de Ruth, weiß, rosé und rot, bei den Côtes du Rhône berücksichtigt. Auch wenn keiner dieser Weine als außergewöhnlich beurteilt worden ist, sind sie doch recht typisch, klar, aromatisch und sehr harmonisch. Die Tendenz geht ein wenig zum Weißwein, der 33 Zehntel mehr erhalten hat !

✒ Christian Meffre, Ch. de Ruth, 84290 Sainte-Cécile-les-Vignes, Tel. 04.90.12.32.42, Fax 04.90.12.32.49 ☑ ⏲ n.V.

DOM. SAINT-CLAUDE 1996*

| ◪ | 2 ha | 7 000 | ■ ♦ -30 F |

Sein deutlich wahrnehmbares Pfirsicharoma reiht diesen Rosé unter die besten Côtes du Rhône ein. Dank eines perfekt gelungenen Saignée-Verfahrens (Abziehen des Mosts nach kurzer Maischung) mit Grenache- und Cinsault-Trauben sowie dank einer schönen Säuerlichkeit können Sie diesen 96er das ganze Jahr über genießen.

✒ Frédéric Armand, Dom. Saint-Claude, quartier Le Palis, 84110 Vaison-la-Romaine, Tel. 04.90.36.23.68, Fax 04.90.36.09.16 ☑
⏲ Mo-Sa 8h-12h 14h-18h

CH. SAINT-ESTEVE D'UCHAUX
Tradition 1996*

| ■ | 20 ha | 120 000 | ■ ♦ 30-50 F |

Der 96er von Château Saint-Estève d'Uchaux hat die Jurys für sich eingenommen. Mit seinem Weißwein, einem reinsortigen Viognier, der strukturiert, aromatisch und lang im Geschmack ist, ebenso wie mit seinem Rotwein, der noch sehr jugendlich erscheint, aber aufgrund seiner Rundheit und seiner Fülle schon sehr groß ist.

✒ Ch. Saint-Estève d'Uchaux, 84100 Uchaux, Tel. 04.90.40.62.38, Fax 04.90.40.63.49 ☑
⏲ Mo-Sa 9h-12h 14h-18h
✒ Gérard et Marc Français

CH. SAINT-ESTEVE D'UCHAUX 1996*

| ◪ | k. A. | 40 000 | ■ ♦ 30-50 F |

Ein vorwiegend aus Grenache erzeugter Rosé, der eine feine Fruchtigkeit mit Fülle verbindet. Gute Länge, zweifellos ein Rosé, den man zum Essen trinkt.

✒ Ch. Saint-Estève d'Uchaux, 84100 Uchaux, Tel. 04.90.40.62.38, Fax 04.90.40.63.49 ☑
⏲ Mo-Sa 9h-12h 14h-18h

DOM. SAINT-ETIENNE 1996*

| ■ | k. A. | k. A. | ■ ♦ -30 F |

Intensive rote Farbe mit violetten Reflexen. Dieser 96er zeigt einen jugendlichen, vielversprechenden Duft, in dem rote Früchte dominieren, und eine schöne Reife im Geschmack, wo man Wärme, Garrigue, Kirschen, Thymian und Trüffel spürt.

✒ Michel Coullomb, Dom. Saint-Etienne, 26, fg du Pont, 30490 Montfrin, Tel. 04.66.57.50.20, Fax 04.66.57.22.78 ☑ ⏲ n.V.

LES VIGNERONS DE SAINT-HILAIRE-D'OZILHAN
Prestige 1994

| ■ | 6 ha | 27 000 | ■ ♦ -30 F |

Die Cuvée Prestige, die das Ergebnis einer sehr strengen Auswahl der Anbaugebiete ist, wurde von den Jurys gewürdigt. Sie ist ein Spiegelbild der Winzer dieses Anbaugebiets. Man kann ihre Samtheit und ihre Milde schätzen.

✒ Les Vignerons de Saint-Hilaire-d'Ozilhan, av. Paul-Blisson, 30210 Saint-Hilaire-d'Ozilhan, Tel. 04.66.37.16.47, Fax 04.66.37.35.12 ☑
⏲ Di-Sa 9h-12h15 14h-18h15

CH. SAINT-MAURICE 1995*

| ■ | 20 ha | 100 000 | ■ ♦ -30 F |

Wenn Sie in diese Gegend kommen, sollten Sie nicht zögern, im Probierkeller von Château Saint-Maurice Station zu machen. Die Umgebung ist großartig, und die Weine hier sind von großer Qualität, insbesondere dieser rote 95er mit dem Weichselduft, der sich geschmeidig zeigt und gut ausklingt.

✒ Christophe Valat, SCA Ch. Saint-Maurice, L'Ardoise, 30290 Laudun, Tel. 04.66.50.29.31, Fax 04.66.50.40.91 ☑ ⏲ n.V.

Côtes du Rhône-Villages

CAVE DE SAINT-VICTOR-LA-COSTE
Vieilli en foudre 1994

| ■ | 75 ha | 10 000 | -30F |

Dieser Wein, der schon zu Beginn kräftig und komplex genug war, konnte mühelos von einem Ausbau im großen Holzfaß profitieren. Er ist wohlausgewogen, strukturiert und lang im Geschmack.
↬ Cave des Vignerons de Saint-Victor-la-Coste, 30290 Saint-Victor-la-Coste, Tel. 04.66.50.02.07, Fax 04.66.50.43.92 ☑ ☥ n.V.

CH. SIMIAN
Saint Martin de Jocundaz 1996**

| □ | 0,75 ha | 3 000 | ■♦ | 50-70F |

Nach einer solchen Weinprobe muß man einfach feststellen, daß die Rebsorte Viognier für das Anbaugebiet der südlichen Côtes du Rhône perfekt geeignet ist. Selbst wenn er ein wenig vom typischen Charakter abweicht, machen die Qualität, die Stärke des Aromas, die Eleganz und die Rundheit diesen Wein zu einem Großen unter den Großen.
↬ Y. et J.-P. Serguier, Ch. Simian, 84420 Piolenc, Tel. 04.90.29.50.67, Fax 04.90.29.62.33 ☑ ☥ Mo-Sa 8h-12h 14h-19h

DOM. DE TOUT-VENT 1995

| ■ | 20 ha | 120 000 | ■ | -30F |

Ein hübscher Rotwein mit angenehmem Duft, in dem man gekochte Früchte und eine Note Tiergeruch findet. Im Geschmack zeigt er sich ein wenig warm, bietet aber eine gute Harmonie des Aromas.
↬ SCEA Dom. Mousset et Dom. de Tout-Vent, Ch. des Fines Roches, 84230 Châteauneuf-du-Pape, Tel. 04.90.83.50.05, Fax 04.90.83.50.78 ☑ ☥ tägl. 8h-19h

CH. DU TRIGNON 1996*

| □ | 3 ha | 18 000 | ■♦ | 30-50F |

Roussanne dominiert in diesem Verschnitt aus weißen Rebsorten. Das erklärt bestimmt die Komplexität des Birnen- und Pfirsicharomas, das über einer bemerkenswerten Rundheit und Fülle deutlich wahrnehmbar ist.
↬ SCEA Ch. du Trignon, 84190 Gigondas, Tel. 04.90.46.90.27, Fax 04.90.46.98.63 ☑ ☥ Mo-Sa 9h-12h 14h-19h ; So n. V.
↬ Pascal Roux

CH. DU TRIGNON
Cuvée Viognier 1996**

| □ | 3 ha | 8 500 | ■♦ | 50-70F |

Sie könnten glauben, daß es mit einem reinsortigen Viognier leichtfällt, einen Wein von dieser aromatischen Qualität zu erhalten. Ja, aber es ist wichtig, über ein gutes Maß an Können zu verfügen, damit der Wein diese Intensität auch zum Ausdruck bringt. Ausgeprägter Aprikosenduft. Er verströmt buchstäblich seinen Duft, sagte uns ein Juror. Er ist sehr ausgewogen und verdient spielend die Wahl zum Lieblingswein.
↬ SCEA Ch. du Trignon, 84190 Gigondas, Tel. 04.90.46.90.27, Fax 04.90.46.98.63 ☑
☥ Mo-Sa 9h-12h 14h-19h ; So n. V.

DOM. DU VIEUX BOUIGARD 1996*

| □ | 2 ha | 6 000 | ■ | 30-50F |

Die Feinheit des Grenache-Aromas wurde von den Verkostern sehr geschätzt. Sie mochten diesen bemerkenswerten Weißwein, der ihnen viel Vergnügen beschert hat. Vermutlich wird er für Sie der gleiche Genuß sein. Deshalb zögern Sie nicht. Der rote 95er, ohne Stern berücksichtigt, ist schon trinkreif. Das Faß ist gut bewältigt und läßt über dem dominierenden Aroma roter Früchte seine Lakritzenoten erkennen. Ebenfalls sehr ansprechend.
↬ SCEA Jean Lafournère, rte de Sérignan, 84100 Orange, Tel. 04.90.11.08.21, Fax 04.90.34.41.71 ☑ ☥ Mo-Sa 9h-19h

DOM. DU VIEUX CHENE
Cuvée de la Haie aux Grives 1995*

| ■ | 10 ha | 40 000 | ■♦ | -30F |

Einmal mehr zwei höchst gelungene Weine, die uns Jean-Claude Bouche hier präsentiert : die 95er Cuvée des Capucines und diese Cuvée de la Haie aux Grives, alle beide sehr harmonisch und komplex. Die Tannine und der Stoff sind deutlich spürbar und lassen nach einer Reifung im Keller schöne Tage voraussehen.
↬ Jean-Claude et Béatrice Bouche, Dom. du Vieux Chêne, rue Buisseron, 84850 Camaret-sur-Aigues, Tel. 04.90.37.25.07, Fax 04.90.37.76.84 ☑ ☥ Mo-Sa 8h-12h 14h-18h

DOM. DU VIEUX COLOMBIER 1995*

| ■ | k. A. | 19 000 | ■♦ | -30F |

Obwohl das Aroma dieses Weins am Anfang zurückhaltend ist, entfaltet es sich rasch, wenn man das Glas schwenkt. Strukturiert, mit recht spürbaren Tanninen, verhältnismäßig rund. Ein 95er von schöner Ausgewogenheit, frisch, aber komplex, lagerfähig.
↬ Jacques Barrière et Fils, Dom. du Vieux Colombier, 30200 Sabran, Tel. 04.66.89.98.94, Fax 04.66.89.98.94 ☑ ☥ n.V.

Côtes du Rhône-Villages

Innerhalb des Anbaubereichs der Appellation Côtes du Rhône haben einige Gemeinden dank ihrer Reblagen eine gute Bekanntheit erworben ; sie erzeugen rund 150 000 hl Weine, deren

Côtes du Rhône-Villages

typischer Charakter und Qualität einmütig anerkannt und gewürdigt werden. Die Produktionsbedingungen dieser Weine unterliegen insbesondere hinsichtlich der Abgrenzung des Anbaugebiets, des Ertrags und des Alkoholgehalts strengeren Kriterien, als sie für die Côtes du Rhône gelten. Man unterscheidet dabei die Côtes du Rhône-Villages, die einen Ortsnamen erwähnen dürfen ; sechzehn Namen sind historisch anerkannt : Chusclan, Laudun und Saint-Gervais im Departement Gard, Beaumes-de-Venise, Cairanne, Sablet, Séguret, Rasteau, Roaix, Valréas und Visan im Departement Vaucluse sowie Rochegude, Rousset-les-Vignes, Saint-Maurice, Saint-Pantaléon-les-Vignes und Vinsobres im Departement Drôme. Sie umfassen 25 Gemeinden mit einer angegebenen Anbaufläche von 3 200 ha.

Auf der anderen Seite stehen die Côtes du Rhône-Villages ohne Ortsname, deren Abgrenzung in den restlichen Gemeinden der Departements Gard, Vaucluse und Drôme innerhalb der Anbaufläche der Côtes du Rhône soeben abgeschlossen worden ist.

Berücksichtigt worden sind 66 Gemeinden. Ein erstes Ziel dieser Abgrenzung war die Erzeugung von begrenzt lagerfähigen Weinen. Gegenwärtig umfaßt die Anbaufläche dafür 1 800 ha.

DOM. D'AERIA
Cairanne Cuvée Prestige 1995***

| | 2 ha | 6 000 | | 30-50 F |

Dieses Gut liegt teilweise auf galloromanischen Überresten. Das zeigt, wie alt der Weinbau hier ist. Die Aufzählung der Adjektive, die von den Verkostern verwendet wurden, paßt nicht in ein paar Zeilen. Deshalb überlassen wir Ihnen das Vergnügen, den Reichtum des Aromas zu entdecken. Wir halten nur ein paar Begriffe fest : Zartheit, Harmonie, Zusammenwirken der Bestandteile, typischer Charakter, Ausgewogenheit. Eine seltene Qualität.

• SCEA Dom. d'Aéria, rte de Rasteau, 84290 Cairanne, Tel. 04.90.30.88.78, Fax 04.90.30.78.38 n.V.

DOM. DANIEL ET DENIS ALARY
Cairanne La Font d'Estévenas 1995*

| | 3 ha | 9 000 | | 30-50 F |

Die Font d'Estévenas bleibt unbestritten der Spitzenwein der Domaine Alary. Der Duft dieses 95ers ist kräftig, fruchtig und würzig und mischt die Gerüche von Garrigue und in Alkohol eingelegten Früchten. Überwiegend Syrah und ein wenig Mourvèdre, seit drei Jahrzehnten auf einem lehmig-kalkhaltigen Boden angepflanzt, liefern einen reichhaltigen Stoff, der nur noch altern muß, damit er sich voll entfaltet.
• Dom. Daniel et Denis Alary, La Font d'Estévenas, rte de Rasteau, 84290 Cairanne, Tel. 04.90.30.82.32, Fax 04.90.30.74.71 Mo-Sa 8h-12h 14h30-19h ; So n. V.

DOM. DANIEL ET DENIS ALARY
Cairanne Réserve du Vigneron 1995*

| | 2 ha | 8 000 | | 30-50 F |

Viel Syrah in dieser Réserve du Vigneron, deren Aroma an Tiergeruch, insbesondere Leder erinnert. Die Tannine sind sehr spürbar, vielleicht ein wenig aggressiv im Augenblick, aber die Länge im Geschmack und die Ausgewogenheit sind eine gute Garantie für die Zukunft. Ein Wein, den man zu Fleisch mit viel Geschmack trinken muß.
• Dom. Daniel et Denis Alary, La Font d'Estévenas, rte de Rasteau, 84290 Cairanne, Tel. 04.90.30.82.32, Fax 04.90.30.74.71 Mo-Sa 8h-12h 14h30-19h ; So n. V.

DOM. DES AMADIEU Cairanne 1995*

| | 2 ha | 6 500 | | 30-50 F |

Ein noch verschlossener 95er, der aber eine ausgezeichnete Entwicklung vorhersehen läßt. Eine schöne Verbindung von Grenache und Mourvèdre, ein 30 Jahre alter Weinberg, dessen Trauben mit der Hand gelesen werden, und ein Ausbau im Eichenholzfaß erklären die Verführungskraft dieses Weins mit der prächtigen, ganz zarten Struktur und der sehr guten Ausgewogenheit. Man muß nur noch Geduld haben !
• Marylène et Michel Achiary, quartier Beauregard, 84210 Cairanne, Tel. 04.90.66.17.41, Fax 04.90.66.01.28 n.V.

JEAN BARONNAT 1995

| | k. A. | k. A. | | 30 F |

Ein ganz kleiner Preis für diesen *Villages*, der im Beaujolais ausgebaut und auf Flaschen abgefüllt wird. Dieser Rotwein bleibt sehr jugendlich mit seiner rubinroten, violett schimmernden Farbe. Der Duft bevorzugt Veilchen, während der Geschmack um rote Früchte kreist und hübsche Tannine bietet.
• Jean Baronnat, Les Bruyères, rte de Lacenas, 69400 Gleizé, Tel. 04.74.68.59.20, Fax 04.74.62.19.21 n.V.

Côtes du Rhône-Villages

DOM. BEAU MISTRAL
Rasteau Sélection Vieilles vignes 1995★★

■ 8 ha k. A. ■◐↓ -30F

Ein Weingut zum Ruhme des Mistral, der auf den Hügeln weht, wo krumme, alte Rebstöcke ihre Wurzeln haben ... Zu der Stärke von in Alkohol eingelegten Früchten und einer würzigen Note, die man im Geschmack wiederfindet, kommt eine sehr gute Ausgewogenheit hinzu, die auf seidigen Tanninen beruht. Seine Eleganz trägt zu seinem schon bemerkenswerten Charme bei.

☙ Jean-Marc Brun, Dom. Beau Mistral, pl. de la Poste, 84110 Rasteau, Tel. 04.90.46.16.90, Fax 04.90.46.17.30 ✔ ⊥ n.V.

DOM. DE BEAURENARD
Rasteau 1995★★

■ 2,5 ha 20 000 ◐ 30-50F

Der pfeffrig-würzige Geruch ist typisch für die Weine aus Rasteau. Die Kombination Grenache-Syrah ist eine klassische Figur, aber die Choreographie betont mehr die Akrobatik : Kraft der Tannine und animalische Noten, die durch die Rundheit und die Fruchtigkeit ausgeglichen werden. Die Orchestrierung ist bemerkenswert, und Sie werden nicht bereit sein, von ihm abzulassen.

☙ SCEA Paul Coulon et Fils, Dom. de Beaurenard, 84230 Châteauneuf-du-Pape, Tel. 04.90.83.71.79, Fax 04.90.83.78.06 ✔ ⊥ tägl. 8h-12h 13h30-17h30 ; Gruppen n. V.

DOM. BOUCHE 1995★

■ 1 ha 5 300 ■↓ 30-50F

Die Achtung gegenüber der Traube und dem Anbaugebiet kommt in diesem *Villages* voll zum Ausdruck. Wenn die gekochten Früchte und die in Alkohol eingelegten Früchte verführt haben, so haben die Rundheit und die Fülle diesem 95er seinen Stern eingebracht. Und das Ganze hält lang an ...

☙ Dominique Bouche, chem. d'Avignon, 84850 Camaret, Tel. 04.90.37.27.19, Fax 04.90.37.74.17 ✔ ⊥ n.V.

DOM. BRESSY-MASSON Rasteau 1995★

■ 2 ha 8 000 ◐ 30-50F

Eine offensichtliche Strenge, aber ein sehr vielversprechender *Villages* : hübscher Lakritze- und Veilchenduft, der im Mund mit einer Ledernote verbunden ist. Die solide Struktur ist schon harmonisch. Ein zweiter, ebenso gut benoteter Wein, die 95er Cuvée Paul Emile, ist durch eine stärkere Präsenz der Syrah-Rebe geprägt. Ein schönes Bukett von reifen Früchten, Gewürzen und Unterholz und vor allem ein leicht würziger Geschmack ergeben einen eleganten Gesamteindruck.

☙ Marie-France Masson, Dom. Bressy-Masson, rte d'Orange, 84110 Rasteau, Tel. 04.90.46.10.45, Fax 04.90.46.17.78 ✔ ⊥ tägl. 9h-12h 14h-19h ; Gruppen n. V.

DOM. BRUSSET
Cairanne Cuvée des Templiers 1995★

■ 2,5 ha 7 500 ■◐↓ 50-70F

Die Templer sollen hier einen Keller mit vielen Fässern besessen haben. Der Kellermeister heute meistert den Ausbau gut, wie diese Cuvée zeigt : Das Aroma von kochten Früchten und Gewürzen dominiert den diskreten Holzton. Die Ansprache ist klar und mild. Danach macht sich im Abgang der Lakritzegeschmack stärker bemerkbar. Die 95er Cuvée Vendange Chabrille kann hier lobend erwähnt werden. Ihre körperreiche Struktur und ihre Länge erlauben es ihr, daß sie ihre Jugendlichkeit noch lang bewahrt.

☙ SA Dom. Brusset, 84290 Cairanne, Tel. 04.90.30.82.16, Fax 04.90.30.73.31 ✔ ⊥ n.V.

DOM. DE CABASSE Séguret 1995

■ 2,5 ha 12 000 ■↓ 30-50F

Die *Casa Bassa* ist im Laufe der Jahrhunderte zu Cabasse geworden ! Das quadratische Etikett gehört zu den originellsten. Lebhaftigkeit, Klarheit : der Inbegriff von jugendlicher Ausdrucksstärke und einer Frische, die an Gebirgsbach erinnert ! Die Ausgewogenheit zwischen Tanninen und Rundheit und die Länge im Geschmack werden mit der Zeit noch zunehmen.

☙ Dom. de Cabasse, 84110 Séguret, Tel. 04.90.46.91.12, Fax 04.90.46.94.01 ✔ ⊥ tägl. 8h-18h ; im Winter Sa, So geschlossen
☙ Alfred Haeni

DOM. DE CABASSE
Séguret Rosé de Marie-Antoinette 1996

◢ 4 ha 17 000 ■↓ 30-50F

Dieser Rosé besteht aus einem gelungenen Verschnitt von fünf Rebsorten, bei denen Grenache und Syrah dominieren. Er ist aromatisch und klar in der Ansprache, angenehm und fruchtig. Der runde und zugleich nervige Wein wird perfekt zu einem schönen Herbstabend passen.

☙ Dom. de Cabasse, 84110 Séguret, Tel. 04.90.46.91.12, Fax 04.90.46.94.01 ✔ ⊥ tägl. 8h-18h

CAVE DE CAIRANNE
Cairanne Cuvée Antique 1994★★

■ 50 ha 25 000 ■◐↓ 50-70F

»Antik« kann bei diesem Wein bedeuten : lange Erfahrung und altüberlieferte Gepflogenheiten, die diesen 94er zu einem Vorbild für die Appellation machen. Kräftiger, feiner, komplexer Konfitürenduft, zu dem über einem hübschen Holzton eine wilde, fast animalische Note hinzukommt. Der Geschmack ist der eines großen Weins, von der Ansprache bis zum sehr langen Abgang. Ein homogener und harmonisch verschmolzener *Villages* : prächtig !

☙ Cave de Cairanne, rte de Sainte-Cécile, 84290 Cairanne, Tel. 04.90.30.82.05, Fax 04.90.30.74.03 ✔ ⊥ tägl. 8h-12h30 14h-18h

DOM. DE CASSAN
Beaumes de Venise 1996★

◢ 16 ha 4 000 ■↓ 30-50F

Der unverfälschte Charakter eines echten Rosé der Côtes du Rhône kommt in dieser Flasche zum Ausdruck. Seine zarte Farbe lockt Sie. Dann verführt Sie die Intensität der Frucht. Der Geschmack schließlich erobert Sie im Verbund mit der Rundheit und der Ausgewogenheit.

☙ SCIA Saint-Christophe, Dom. de Cassan, 84190 Lafare, Tel. 04.90.62.96.12, Fax 04.90.65.05.47 ✔ ⊥ n.V.

Côtes du Rhône-Villages

DOM. CHAMFORT Sablet 1995*

| | 5 ha | k. A. | | 30-50 F |

Ein Gut am Rand des Departements, in einer Reblage namens La Pause - eine der eindeutigsten Einladungen ! Der *Villages* Sablet mit dem kräftigen Duft und dem vollen, aromatischen Geschmack bietet alle Merkmale eines gelungenen Weins, den man schon jetzt trinken kann.
• Denis Chamfort, La Pause, 84110 Sablet, Tel. 04.90.46.95.95, Fax 04.90.46.99.84 ■ ▼ n.V.

DOM. CLAVEL Saint Gervais 1996*

| | 1,8 ha | 6 600 | | 30-50 F |

Ein aromatischer Cocktail aus Früchten (Pampelmusen) und Blüten, danach eine lebhafte Ansprache, die von viel Rundheit abgelöst wird. Ein sehr gelungener *Villages* von schöner Länge im Geschmack. Roussanne und Viognier, zwei fürstliche Rebsorten, liefern diesen Wein, der verdient, daß man ihn für sich trinkt, als Aperitif, und der danach wunderbar zu Meeresfrüchten paßt.
• Denis Clavel, rue du Pigeonnier, 30200 Saint-Gervais, Tel. 04.66.82.78.90, Fax 04.66.82.74.30 ■ ▼ Mo-Sa 9h-12h 14h-19h ; So n. V.

DOM. DES COTEAUX DES TRAVERS
Rasteau Cuvée Prestige 1995

| | 1 ha | k. A. | | 50-70 F |

Die Lagerung im Holzfaß ist noch zu spüren : Die Tannine sind sehr präsent und dürften sich nicht vollständig abrunden. »Ein rustikaler Wein«, notierten die Verkoster. Man muß diesen 95er somit für Wild oder einen Schmorbraten reservieren.
• Robert Charavin, Dom. des Coteaux des Travers, 84110 Rasteau, Tel. 04.90.46.13.69, Fax 04.90.46.15.81 ■ ▼ tägl. 9h30-12h 14h15-18h ; Sept.-Pfingsten So u. feiertags geschlossen

CELLIER DES DAUPHINS
Carte Noire 1995*

| | 65 ha | 350 000 | | 30-50 F |

Diese Carte Noire des Cellier des Dauphins besitzt eine schöne Struktur. Klare, strahlende Farbe, Aroma von roten Früchten und Gewürzen. Die verschmolzenen, aber spürbaren Tannine verleihen diesem guten Wein eine schöne Ausgewogenheit.
• Cellier des Dauphins, B.P. 16, 26790 Tulette, Tel. 04.75.96.20.01, Fax 04.75.96.20.12 ■ ▼ n.V.

DOM. ESTOURNEL Laudun 1996

| | 1 ha | 5 600 | | 30-50 F |

Die aromatische Qualität der Rebsorten Roussanne und Viognier bestätigt sich hier in fruchtigen und zugleich blumigen Düften. Die Frische und der blumige Abgang sind besonders beachtlich bei diesem Côtes du Rhône, der aus einem für Weißweine sehr günstigen Anbaugebiet stammt.
• Rémy Estournel, 13, rue de Plaineautier, 30290 Saint-Victor-la-Coste, Tel. 04.66.50.01.73, Fax 04.66.50.21.85 ■ ▼ tägl. 9h-12h 14h-19h

DOM. DE FENOUILLET
Beaumes de Venise 1995**

| | 2,6 ha | 10 000 | | 30-50 F |

Mit einer Renovierung des Vinifizierungskellers hat sich dieses Gut, dessen Erzeugnisse schon anerkannt sind, noch weiter verbessert. Sein bemerkenswerter *Villages* mit dem kräftigen Duft und dem besonders harmonischen Geschmack erhielt von der Jury den Vorzug. Die zu Ehren des Vaters hergestellte Cuvée Yvon Soard wurde als sehr gelungen beurteilt. Auf edlen Tanninen gegründet, mit einem wohldosierten Holzton. Ein schöner, lagerfähiger Wein.
• GAEC Famille Soard, Dom. de Fenouillet, allée Saint-Roch, 84190 Beaumes-de-Venise, Tel. 04.90.62.95.61, Fax 04.90.62.90.67 ■ ▼ n.V.

DOM. DES GIRASOLS Rasteau 1996*

| | 1,7 ha | 8 500 | | 30-50 F |

Ein durch Abstich (nach kurzer Maischung) hergestellter Rosé, füllig und lang, mit einem Pfirsich- und Quittenaroma. Nur etwa 8 000 Flaschen von diesem lebhaften, nachhaltigen Wein, den man zum Essen trinkt. Den Weinliebhabern empfohlen !
• Paul Joyet, Dom. des Girasols, 84110 Rasteau, Tel. 04.90.46.11.70, Fax 04.90.46.16.82 ■ ▼ n.V.

DOM. DU GOURGET Rochegude 1996

| | 0,42 ha | 3 000 | | 30-50 F |

Diese Clairette mit der schönen goldenen Farbe besitzt viel Persönlichkeit. Der Biss ist wohlausgewogen aufgrund der Rundheit. Man sollte ihn schon jetzt trinken, damit man in den Genuß seiner Frische kommt.
• Mme Tourtin-Sansone, Dom. du Gourget, 26790 Rochegude, Tel. 04.75.04.80.35, Fax 04.75.98.21.21 ■ ▼ tägl. 9h-12h 14h-18h30

GRAND BLANC DU HAUT CLAUD
Laudun 1996

| | 12 ha | 70 000 | | -30 F |

Zwölf der 815 ha, deren Trauben von der Genossenschaftskellerei von Laudun vinifiziert werden, haben diese Cuvée geliefert. Sie beeindruckt beim ersten Riechen durch empyreumatische Nuancen. Dieser Verschnitt aus Grenache und Clairette entfaltet sich danach mit fruchtigen und blumigen Noten. Die Lebhaftigkeit und die Frische sind die Hauptqualitäten. Dieser Wein kommt zur Geltung, wenn man ihn zu Fisch und Krustentieren trinkt.
• Les Vignerons de Laudun, 105, rte de l'Ardoise, 30290 Laudun, Tel. 04.66.90.55.20, Fax 04.66.90.55.21 ■ ▼ n.V.

CH. DU GRAND MOULAS 1995**

| | 8 ha | 30 000 | | 30-50 F |

Es hätte nicht viel daran gefehlt, und der 95er Château du Grand Moulas wäre in den höchst exklusiven Kreis der als außergewöhnlich beurteilten Weine aufgenommen worden ! Reichtum und Komplexität des Dufts, Feinheit, Eleganz und Länge des Geschmacks - keine falsche Note. Die 95er Cuvée de l'Ecu Grande Réserve ist ebenfalls unter die bemerkenswerten Weine gewählt worden.

Côtes du Rhône-Villages

•⊓ Marc Ryckwaert, Ch. du Grand Moulas,
84550 Mornas, Tel. 04.90.37.00.13,
Fax 04.90.37.05.89 ☑ ⊥ n.V.

DOM. DES GRANDS DEVERS
Valréas 1995*

■　　　5 ha　　　15 000　　■　50-70F

Ein schönes Kleid umhüllt diesen *Villages*, der nach Veilchen und Unterholz duftet. Dieser vom Scheitel bis zur Sohle wohlausgewogene 95er, der elegant, fast feminin ist, begleitet gern Wild, beispielsweise einen guten Fasan.
•⊓ SCEA Les René, Dom. des Grands Devers,
84600 Valréas, Tel. 04.90.35.15.98,
Fax 04.90.37.49.56 ☑ ⊥ n.V.
•⊓ René Sinard

CH. D'HUGUES
Vieilli en fût de chêne 1995*

■　　　1 ha　　　5 000　　⑾　30-50F

Die Feinheit des Dufts und die Stärke des Geschmacks ergeben einen recht angenehmen Wein. Die Reifung im Holzfaß hat sich sehr diskret ausgewirkt, denn gekochte Früchte und Gewürze dominieren. Die Tanninstruktur ist schon verschmolzen, ohne daß dieser 95er deshalb ein Wein wäre, den man sofort trinken muß - wie die aromatische Nachhaltigkeit beweist.
•⊓ Bernard Pradier, Ch. d'Hugues,
84100 Uchaux, Tel. 04.90.70.06.27,
Fax 04.90.70.10.28 ☑ ⊥ n.V.

DOM. JAUME Vinsobres 1995

■　　　2 ha　　　6 000　　■⑾　30-50F

Tiefrote Farbe und ein kräftiger, komplexer Duft. Ein schon angenehmer *Villages*, bei dem die roten Früchte im Geschmack noch vorhanden sind. Ein eher sanfter Wein. Der Abgang ist von der Sorte, die Lust machen, mehr davon zu trinken !
•⊓ Dom. Claude et Nicole Jaume, 24, rue Reynarde, 26110 Vinsobres, Tel. 04.75.27.61.01,
Fax 04.75.27.68.40 ☑ ⊥ tägl. 8h-12h 13h-19h30

DOM. LA BOUVAUDE
Rousset les Vignes Fût de chêne 1995

■　　　k. A.　　　5 000　　⑾　30-50F

Wenn Sie ein Liebhaber von Holzfaß sind, ist dieser 95er für Sie bestimmt. Sofort erfaßt Sie der echte, kräftige Barriquegeruch. Danach werden Sie alle Merkmale davon im Geschmack wiederfinden. Die Fülle ist intensiv, die Tannine sind angenehm. Bringen Sie die Geduld auf, ihn aufzuheben.
•⊓ Stéphane Barnaud, Dom. La Bouvaude,
26770 Rousset-les-Vignes, Tel. 04.75.27.90.32,
Fax 04.90.35.21.55 ☑ ⊥ n.V.

LA CHASSE DU PAPE 1995**

■　　　30 ha　　　55 000　　■ ᵻ　-30F

Die strenge Selektion hat ihr Teil geleistet : Alles an diesem 95er ist Genuß. Der Duft ist fruchtig, lakritzig, würzig - mit einem Wort : reichhaltig. Der Geschmack ist harmonischer und eleganter als kraftvoll. Eine schöne Flasche, die man zu vielen Gelegenheiten aufmachen, aber auch unbesorgt in den Keller legen kann : Ihre Zukunft wird göttlich sein.

•⊓ Grands Chais des Papes, 84190 Gigondas,
Tel. 04.90.12.32.42, Fax 04.90.12.32.49

CH. LA COURANÇONNE
Séguret 1995**

■　　　5 ha　　　25 000　　■ ᵻ　30-50F

Da sich ein Reifungsbukett zu entwickeln beginnt, kann man diesen *Villages* Séguret schon würdigen. Er ist vor allem durch Steinobst (wie etwa Backpflaumen) geprägt. Man behält insbesondere den sehr schönen Einfluß der Tannine im Gedächtnis. Der volle, nachhaltige Geschmack veranlaßt uns dazu, ihn noch im Keller aufzubewahren, um den Genuß zu steigern.
•⊓ SCEA Ch. La Courançonne, 84150 Violès,
Tel. 04.90.70.92.16, Fax 04.90.70.90.54 ☑ ⊥ tägl. 8h-12h 14h-18h

DOM. DE LA FERME SAINT-MARTIN
Beaumes de Venise Cuvée Saint-Martin 1994*

■　　　4 ha　　　12 000　　■ ᵻ　30-50F

Obwohl dieser *Villages* ein 94er ist, erscheint er noch verschlossen. Dennoch läßt sich das Potential nicht leugnen : Die dunkle Farbe ist intensiv, der Duft reichhaltig und würzig. Die Struktur mit den harmonisch verschmolzenen Tanninen und die aromatische Nachhaltigkeit lassen für diese Cuvée Saint-Martin eine gute Zukunft voraussagen.
•⊓ Guy Jullien, Dom. de la Ferme Saint-Martin,
84190 Suzette, Tel. 04.90.62.96.40,
Fax 04.90.62.90.84 ☑ ⊥ n.V.

LA FIOLE DU CHEVALIER D'ELBENE Séguret 1996*

□　　　2 ha　　　8 000　　　30-50F

Ein heller Weißwein mit grünen Reflexen, der als besonders repräsentativ für den Jahrgang 1996 beurteilt worden ist. Die Hülsenmaischung hat intensive Noten von weißen Blüten extrahiert, die im Geschmack über einem Vanille- und Fruchtaroma hervortreten. Ein runder, fülliger Wein, der sich der größten Ritter würdig erweist.
•⊓ SCEA Ch. La Courançonne, 84150 Violès,
Tel. 04.90.70.92.16, Fax 04.90.70.90.54 ☑ ⊥ tägl. 8h-12h 14h-18h

CH. LA FONT DE JONQUIER
Séguret 1995

■　　　10 ha　　　52 000　　■⑾ ᵻ　30-50F

Das Traubengut war zweifellos von großer Konzentration und guter Reife : Die Farbe ist sehr intensiv. Das Aroma ist kräftig, von gekochten Früchten dominiert : Sauerkirschen, Steinobst. Eine aromatische Entwicklung, die man im Geschmack (Konfitüre, Früchte in Alkohol) über sehr diskreten Tanninen wiederfindet. Schon jetzt trinkreif.
•⊓ Laurent-Charles Brotte, rte d'Avignon,
84230 Châteauneuf-du-Pape,
Tel. 04.90.83.70.07, Fax 04.90.83.74.34 ☑ ⊥ n.V.

CAVE LA GAILLARDE
Valréas Cuvée des Cordeliers 1995

■　　　k. A.　　　40 000　　■ ᵻ　-30F

Dieser kirschrote 95er entstammt einer Selektion der Anbaugebiete und entfaltet einen Duft

Côtes du Rhône-Villages

von reifen Früchten (immer noch Kirschen), die man im Geschmack wiederfindet. Ein guter Beitrag der Tannine gleicht das Ganze aus. Empfohlen zu Lamm, natürlich aus der Enklave der Päpste !
🕭 Cave La Gaillarde, av. de l'Enclave-des-Papes, B.P. 95, 84602 Valréas Cedex, Tel. 04.90.35.00.66, Fax 04.90.35.11.38 ✓ ☿ 9h-12h 14h30-19h ; Gruppen n. V.

DOM. DE LA PRESIDENTE
Cairanne 1995*

| ■ | k. A. | k. A. | ■ ♦ | 30-50 F |

Schon die dunkle Farbe verrät das Vorhandensein von gutem Stoff. Der fruchtige, angenehme Geschmack besitzt nämlich eine solide, sehr gut abgeschliffene Struktur, die eine gewisse Rundheit besitzt. Die aromatische Nachhaltigkeit vervollständigt den Gesamteindruck zum größten Vergnügen des Verbrauchers.
🕭 SCEA Max Aubert, Dom. de La Présidente, B.P. 1, 84290 Sainte-Cécile-les-Vignes, Tel. 04.90.30.80.34, Fax 04.90.30.72.93 ✓ ☿ n.V.

DOM. DE LA RENJARDE 1995

| ■ | 51 ha | 280 000 | ■ ♦ | 30-50 F |

Dieser sehr klassische Verschnitt aus den fünf Hauptrebsorten der Appellation besitzt eine jugendliche Farbe. Vor allem der Geruchseindruck hat die Aufmerksamkeit der Verkoster erregt mit seinen kräftigen, fruchtigen und würzigen Noten. Harmonisch verschmolzene Tannine und ein recht sanfter, angenehmer Geschmack machen ihn zu einem *Villages*, der jetzt trinkreif ist.
🕭 Dom. de La Renjarde, rte d'Uchaux, 84830 Sérignan-du-Comtat, Tel. 04.90.83.70.11, Fax 04.90.83.79.69 ✓ ☿ n.V.
🕭 Famille Richard

DOM. LA SOUMADE
Rasteau Cuvée Prestige 1995**

| ■ | 7 ha | 20 000 | ◫ | 50-70 F |

Unsere Juroren konnten sich nicht zwischen der Cuvée Prestige und der Cuvée Confiance entscheiden : Die beiden zeigen einen sehr gelungenen Ausbau im Holzfaß. Die erste bietet mehr empyreumatische Noten, während die zweite sehr fruchtig bleibt. Zwei prächtige Weine, die im Geschmack sehr lang sind. Dieses Gut bleibt seiner Qualitätstradition treu !
🕭 André Roméro, Dom. La Soumade, 84110 Rasteau, Tel. 04.90.46.11.26, Fax 04.90.46.11.69 ✓ ☿ Mo-Sa 8h30-11h30 14h-18h

DOM. DE LA VIALLE 1995

| ■ | 8 ha | 45 000 | ■ ♦ | 30-50 F |

Die Frucht ist noch vorhanden in diesem *Villages*, der dennoch seine volle Reife erreicht hat. Sein angenehmer und relativ sanfter Stil paßt gut zu Lammbraten, vorzugsweise nach einem schönen Abend im antiken Theater von Orange.
🕭 Domaines Michel Bernard, La Serrière, rte de Sérignan, 84100 Orange, Tel. 04.90.11.86.86, Fax 04.90.34.87.30 ☿ n.V.
🕭 O. Coseri

CAVE LA VINSOBRAISE
Vinsobres 1995**

| ■ | k. A. | 15 000 | ■ ♦ | -30 F |

Diese Kellerei hat eine schöne Palette von Weinen präsentiert, darunter diesen hier in der Pool Position. Was für eine Stärke ! Die Tannine sind noch sehr jugendlich, aber sie haben echte Klasse. Die Jury hat die Komplexität des Aromas besonders geschätzt.
🕭 Cave La Vinsobraise, 26110 Vinsobres, Tel. 04.75.27.64.22, Fax 04.75.27.66.59 ✓ ☿ tägl. 8h-12h 14h-18h

DOM. CATHERINE LE GŒUIL
Cairanne 1996*

| □ | k. A. | k. A. | ■ ♦ | 30-50 F |

Die Frische von Frühlingsblumen und die seidenweiche Feinheit eines Blattes, das sich fast noch nicht entfaltet hat. Alles an diesem leicht goldgelben Wein ist Harmonie, von der Ansprache bis zum geschmacklichen Abgang. Fülle und gute Länge vervollständigen den sehr gelungenen Gesamteindruck.
🕭 Dom. Catherine Le Gœuil, quartier Les Sablières, 84290 Cairanne, Tel. 04.90.30.82.38, Fax 04.90.30.76.56 ✓ ☿ tägl. 9h-12h 15h-18h

LE GRAVILLAS Sablet 1995*

| ■ | 12 ha | 70 000 | ■ ♦ | -30 F |

Ein 95er, der den Umweg ebenso wert ist wie das malerische Dorf Sablet. Viele gekochte Früchte bestimmen den an Konfitüre erinnernden Duft, der sich in einem lieblichen Geschmack mit Tanninen von schöner Qualität fortsetzt. Man sollte diesen Wein noch einige Zeit aufheben.
🕭 Cave Le Gravillas, 84110 Sablet, Tel. 04.90.46.90.20, Fax 04.90.46.96.71 ✓ ☿ n.V.

CELLIER DE L'ENCLAVE DES PAPES Valréas 1995*

| ■ | 25 ha | 80 000 | ■ ♦ | 30-50 F |

Das Trüffelaroma über den Früchten und Gewürzen ist recht sympathisch. Der Geschmack setzt sich im selben Stil fort, mit einer guten Ansprache und verschmolzenen Tanninen. Die Ausgewogenheit und die Harmonie dieses Weins machen es möglich, ihn schon jetzt zu trinken oder noch zu aufzuheben.
🕭 Cellier de L'Enclave des Papes, B.P. 51, 84600 Valréas, Tel. 04.90.41.91.42, Fax 04.90.41.90.21

DOM. LES HAUTES CANCES
Cairanne Cuvée Vieilles vignes 1994*

| ■ | 0,3 ha | 1 500 | ◫ | 30-50 F |

Was für eine Wärme und Freigebigkeit in diesen alten Reben steckt ! Vollreife rote Früchte im Duft, Gewürze und Steinobst im Geschmack, eine Note Unterholz und ein Hauch von Pfeffer - eine sehr vollständige Palette. Die Praxis des Ausbaus im Holzfaß ist hier sichtlich gemeistert worden : ein Hauch von Vanille und Länge im Geschmack. Bravo !
🕭 SCEA Achiary-Astart, quartier Les Travers, 84290 Cairanne, Tel. 04.90.38.65.02, Fax 04.90.38.65.02 ✓ ☿ n.V.

TAL DER RHONE

Côtes du Rhône-Villages

DOM. DE L'ESPIGOUETTE
Plan de Dieu 1995*

| ■ | 8 ha | 20 000 | ▪️⦅▮⦆⚖ | -30 F |

Primär- und Sekundäraroma vereinen sich elegant in diesem 95er, der auf dem Plan de Dieu erzeugt worden ist. Dieses weite Anbaugebiet, das aus alten Terrassen des Quartärs besteht, liefert hier einen fruchtig-rauchigen Rotwein, der noch ein wenig adstringierend ist, aber mit seinen Ledernoten bald ein besonders verlockendes Bukett entfalten wird.
•┓ Bernard Latour, EARL Dom. de L'Espigouette, 84150 Violès, Tel. 04.90.70.95.48, Fax 04.90.70.96.06 ✔ 🝔 n.V.

LES QUATRE CHEMINS Laudun 1996*

| □ | 4 ha | 20 000 | 30-50 F |

Er hat alles von einem echten *Villages* : die Fülle, die Nachhaltigkeit im Geschmack ... Obwohl er ein Weißwein ist, kann er sogar ein wenig altern. Dieser ausgewogene, elegante Wein besitzt ein intensives, originelles Aprikosen- und Veilchenaroma, das sich am Gaumen lang entfaltet.
•┓ Cave des Quatre-Chemins, 30290 Laudun, Tel. 04.66.82.00.22, Fax 04.66.82.44.26 ✔ 🝔 n.V.

DOM. DE L'ORATOIRE SAINT-MARTIN
Cairanne Réserve des Seigneurs 1995*

| ■ | 8 ha | 35 000 | ▪⚖ | 30-50 F |

Eine Réserve des Seigneurs, die einstimmige Zustimmung fand aufgrund ihres noch jugendlichen Geruchseindrucks und ihres wohlausgewogenen Geschmacks, der eine gute Entwicklung erlauben wird. Der kräftigere, im Holzfaß ausgebaute Haut-Coustices hat auseinandergehende Meinungen hervorgerufen. Geschmackssache ! Aber eines ist sicher : zwei sehr gelungene Weine !
•┓ Frédéric et François Alary, rte de Saint-Roman, 84290 Cairanne, Tel. 04.90.30.82.07, Fax 04.90.30.74.27 ✔ 🝔 Mo-Sa 8h-12h 14h-19h

CH. MONGIN 1995*

| ■ | 6 ha | 15 000 | ⦅▮⦆⚖ | -30 F |

Die Schüler der Fachoberschule für Weinbau können stolz sein auf diesen *Villages* mit dem ziemlich kräftigen fruchtig-pfeffrigen Duft. Der Geschmack ist ebenso angenehm und bietet harmonisch verschmolzene Tannine und einen sehr wirkungsvollen Lakritzabgang. Man kann diesen 95er schon im Herbst zu einem guten Wildpfeffer servieren.
•┓ Lycée viticole d'Orange, 2260, rte du Grès, 84100 Orange, Tel. 04.90.51.48.00, Fax 04.90.51.48.20 ✔ 🝔 n.V.

DOM. DES MONTAGNETTES
Visan 1995*

| ■ | 13 ha | 34 000 | ▪⚖ | 30-50 F |

Ein Gutswein, der der Genossenschaftskellerei der Coteaux de Visan sehr gut gelungen ist. Der Geruchseindruck bietet eine angenehme Fruchtigkeit. Sein Aroma setzt sich im Geschmack mit Noten von Lakritze und getoastetem Brot fort, deren Originalität vielleicht auf einem kleinen Anteil Clairette beruht. Die Tannine sind fein und schon umhüllt. Ein Wein, der sich noch hält, aber schon angenehm trinkt.
•┓ Cave Les Coteaux de Visan, 84820 Visan, Tel. 04.90.28.50.80, Fax 04.90.28.50.81 🝔 n.V.

PASCAL Beaumes de Venise 1995*

| ■ | k. A. | 60 000 | ▪⚖ | -30 F |

Ein sehr eleganter Beaumes de Venise : feine Tannine und Lebhaftigkeit über einem Waldbeeren- und Lakritzearoma. Sie können ihn schon jetzt mit Genuß zu einem Geflügel trinken. Wenn Sie schwerere Weine bevorzugen, sollten Sie sich für den Vinsobres entscheiden, der einen wilderen Geruch bietet und eine bessere Lagerfähigkeit besitzt.
•┓ Ets Pascal, rte de Gigondas, 84190 Vacqueyras, Tel. 04.90.65.85.91, Fax 04.90.65.89.23
•┓ Denis Cheron

CLOS PETITE BELLANE
Valréas Les Terres Vives 1995*

| ■ | 6,5 ha | 33 000 | ▪️⦅▮⦆⚖ | 30-50 F |

Ein Clos »Petite« Bellane, aber ein großer Wein ! Der Geruchseindruck ist reichhaltig : Früchte in Alkohol, Backpflaumen, Gewürze (Zimt) - aber der Erfolg dieses 95ers mit dem interessanten Lagerpotential beruht vor allem auf schönen Tanninen. Eine wunderbare Reblage, die über die Vinifizierungstechnik hinaus zum Ausdruck kommt.
•┓ SARL Clos Petite Bellane, rte de Vinsobres, 84600 Valréas, Tel. 04.90.11.28.59, Fax 04.90.28.11.64 ✔ 🝔 n.V.
•┓ Chamak

DOM. DE PIAUGIER Sablet Ténébi 1995*

| ■ | k. A. | k. A. | ▪⚖ | 50-70 F |

Eine originelle Kombination von Grenache und Counoise zu gleichen Teilen für diese Cuvée Ténébi, die wegen ihres Aromas von Garrigue, Gewürzen und Wildbret geschätzt wurde. Der Bau dieses Weins ermöglicht eine gute Lagerfähigkeit. Manche werden dem 95er Les Briguières den Vorzug geben, in dessen kräftigem, komplexem Duft sich gekochte Früchte, Gewürze und Sauerkirschen vermischen. Auch hier ist das Lagerpotential gesichert.
•┓ Jean-Marc Autran, Dom. de Piaugier, 3, rte de Gigondas, 84110 Sablet, Tel. 04.90.46.96.49, Fax 04.90.46.99.48 ✔ 🝔 n.V.

CAVE DES VIGNERONS DE RASTEAU Rasteau Tradition 1995**

| ■ | 190 ha | k. A. | ▪⚖ | 30-50 F |

Tradition : von den Rebsorten bis zur Vinifizierung. Diese Cuvée trägt ihren Namen zu Recht. Das Ergebnis ist bemerkenswert : ein komplexer Duft von reifen Früchten, die mit Röstnoten vermischt sind, und ein Blüten- und Lakritzegeschmack. Ein Rasteau mit ausgewogener Struktur und feinen Tanninen, vom Typ her schwer. Sie können ihn schon jetzt probieren, aber er wird mit der Zeit noch besser.
•┓ Cave des Vignerons de Rasteau, 84110 Rasteau, Tel. 04.90.10.90.10, Fax 04.90.46.16.65 ✔ 🝔 tägl. 8h-12h 14h-18h

Côtes du Rhône-Villages

DOM. DES ROMARINS 1995*

■ 6 ha 7 000 ■ ♣ 30-50 F

Konzentration der Farbe und des Dufts, in dem sich gekochte Früchte mit Lakritze vermischen. Die ganze Wärme des Anbaugebiets kommt in sehr kräftigen, langen Geschmack zum Ausdruck, der durch eine große Nachhaltigkeit der Syrah-Rebe geprägt ist. Eine sehr schöne Vinifizierung dieses Familienguts.

☛ SARL Dom. des Romarins, Saint-Sylvestre, 30390 Domazan, Tel. 04.66.57.05.84, Fax 04.66.57.14.87 ✓ ⚲ n.V.
☛ Fabre

DOM. SAINTE-ANNE
Cuvée Notre-Dame des Cellettes 1995**

■ 4 ha 20 000 ■ ♣ 50-70 F

Die Steinmaiers sind wirklich außergewöhnliche Winzer : Ihre Cuvées erklimmen jedes Jahr die höchsten Stufen des Siegerpodests. Auch hier spendet die Jury einstimmig Beifall : angenehme Blütennuancen über einem Gewürzduft kündigen einen Wein von prächtiger Rundheit an. Die Länge im Geschmack ist die eines großen Weins. Sie werden auch die typisierte 94er Cuvée Syrah mögen, die eine schöne Zukunft sicher ist. Was für eine Harmonie !

☛ EARL Dom. Sainte-Anne, Les Cellettes, 30200 Saint-Gervais, Tel. 04.66.82.77.41, Fax 04.66.82.74.58 ✓ ⚲ Mo-Sa 9h-11h 14h-18h ; Gruppen n. V. ; 24.-31. Aug. geschlossen
☛ Steinmaier

CH. SAINT-ESTEVE D'UCHAUX
Grande Réserve 1995*

■ 7,5 ha 45 000 ■ ♣ 30-50 F

Dieser rubinrote Villages ist ein klassischer Grenache-Syrah-Verschnitt. Der noch verschlossene Geruchseindruck entfaltet sich nach und nach und verlängert sich im Mund mit einem sehr angenehmen Duft nach Garrigue und Lorbeerblättern. Man füge noch eine gute Ausgewogenheit hinzu, und schon hat man eine kraftvolle Grande Réserve voller Rundheit, kurz gesagt : einen vollständigen Wein.

☛ Ch. Saint-Estève d'Uchaux, 84100 Uchaux, Tel. 04.90.40.62.38, Fax 04.90.40.63.49 ✓
⚲ Mo-Sa 9h-12h 14h-18h
☛ Gérard et Marc Français

DOM. SAINT ETIENNE 1995*

■ 2 ha 10 000 ■ ♣ 30-50 F

Ein recht schöner 95er von einem Geröllboden. Die in Alkohol eingelegten roten Früchte zeigen sich schon beim ersten Riechen. Im Geschmack dominiert die Konzentration über Noten von grünem Kaffee. Es ist offensichtlich, daß dieser 95er eine Zukunft hat.

☛ Michel Coullomb, Dom. Saint-Etienne, 26, fg du Pont, 30490 Montfrin, Tel. 04.66.57.50.20, Fax 04.66.57.22.78 ✓ ⚲ n.V.

DOM. SAINT GAYAN Rasteau 1995

■ 6 ha 10 000 ■ 30-50 F

Dieser 95er ist schon besonders angenehm dank seines intensiven, komplexen Dufts : rote Früchte, Unterholz, Gewürze ... Wegen seines Geschmacks, der durch junge, ein wenig adstringierende Tannine geprägt ist, muß man ihn altern lassen. Die gute Ausgewogenheit im Geschmack und die Präsenz des Mourvèdre, die ein Mindestmaß an Entwicklung verlangt, sind alles Faktoren, die für eine schöne Zukunft günstig sind.

☛ EARL Jean-Pierre et Martine Meffre, Dom. Saint Gayan, 84190 Gigondas, Tel. 04.90.65.86.33, Fax 04.90.65.85.10 ✓
⚲ Mo-Sa 9h-11h45 14h-19h

LES VIGNERONS DE
SAINT-HILAIRE-D'OZILHAN 1995**

■ 15 ha 80 000 ■ ♣ -30 F

Die Armut des Bodens wird hier durch die Klugheit der Winzer kompensiert, die in der Kenntnis ihres Anbaugebiets und in der richtigen Verarbeitung ihres Traubenguts unaufhörlich Fortschritte gemacht haben. Sie werden belohnt durch diesen Villages mit dem komplexen, fruchtigen, mineralischen und blumigen Duft und dem aromatischen Geschmack, der so gebaut ist, daß man jeden Tag davon trinken möchte.

☛ Les Vignerons de Saint-Hilaire-d'Ozilhan, av. Paul-Blisson, 30210 Saint-Hilaire-d'Ozilhan, Tel. 04.66.37.16.47, Fax 04.66.37.35.12 ✓
⚲ Di-Sa 9h-12h15 14h-18h15

ANDEOL SALAVERT Valréas 1995

■ k. A. k. A. -30 F

Dieser Valréas mit der kräftigen Farbe beginnt ein würziges, empyreumatisches Aroma zu entfalten, das mit ein paar Noten Tiergeruch vermischt ist. Die Tannine sind zwar eher vom männlichen Typ, aber verschmolzen und ange-

TAL DER RHONE

nehm. Noch ein wenig Zeit wird nötig sein, damit dieser 95er seinen vollen Ausdruck erreicht.
☛ Caves Salavert, Les Mûres, B.P. 4, 07700 Bourg-Saint-Andéol, Tel. 04.75.54.77.22, Fax 04.75.54.47.91 ◼ ☥ Mo-Fr 8h-12h 13h30-17h30 ; 3.-16. Aug. geschlossen

DOM. DU SEMINAIRE Valréas 1995*

| | 5 ha | 15 000 | | 30-50 F |

»Seminar« bedeutet hier nicht »streng«. Ein Valréas, der zweifellos maskulin ist. Die gute Ansprache wird rasch von der Tanninstruktur dominiert, die auf glückliche Weise mit hübschen, fruchtigen Noten verbunden ist. Die Jury hat auch den blumigen, empyreumatischen und würzigen Duft gewürdigt.
☛ Cellier de L'Enclave des Papes, B.P. 51, 84600 Valréas, Tel. 04.90.41.91.42, Fax 04.90.41.90.21

DOM. DU SOLEIL ROMAIN
Séguret 1995

| | 5 ha | 3 800 | | 30-50 F |

Die granat- bis kirschrote Farbe kündigt die roten Früchte an, die im Duft ohnehin vorhanden sind und sich dann in Richtung gekochte Dörrpflaumen entwickeln. Ein ausgewogener, angenehmer, für einen *Villages* fast zu süffiger Wein, der die Sympathien der Jury durch seine Eleganz erobern konnte.
☛ Bernard Giely, Dom. du Soleil Romain, La Sainte-Croix, 84110 Vaison-la-Romaine, Tel. 04.90.36.12.69, Fax 04.90.28.71.89 ◼ ☥ n.V.

CH. DU TRIGNON Sablet 1995*

| | 12 ha | 56 000 | | 30-50 F |

Verhältnismäßig alte Reben und eine Auslese der mit der Hand gepflückten Trauben kennzeichnen diesen 95er, der sich in einem dunklen Gewand präsentiert, mit einem konzentrierten Geruchseindruck vom animalischen und empyreumatischen Typ. Der Geschmack ist besonders interessant aufgrund seiner Rundheit und seiner zarten Struktur. Länge, Harmonie und Ausgewogenheit, das sind die Erfolgsgrundlagen dieses Sablet.
☛ SCEA Ch. du Trignon, 84190 Gigondas, Tel. 04.90.46.90.27, Fax 04.90.46.98.63 ◼ ☥ Mo-Sa 9h-12h 14h-19h ; So n. V.
☛ Pascal Roux

CH. DU TRIGNON Rasteau 1995*

| | 5 ha | 26 000 | | 50-70 F |

Der Unterschied im Ausdruck des Anbaugebiets zwischen Sablet und Rasteau wird in diesem *Villages* Rasteau durch den hohen Anteil an Mourvèdre verstärkt. Der Duft ist zwar noch verschlossen, aber komplexer und vermischt Gewürze mit mineralischen Noten. Vollmundiger Geschmack, aber dennoch sehr harmonisch verschmolzene Tannine. Eleganz und bestimmt eine Steigerung der Stärke in den kommenden Jahren.
☛ SCEA Ch. du Trignon, 84190 Gigondas, Tel. 04.90.46.90.27, Fax 04.90.46.98.63 ◼ ☥ Mo-Sa 9h-12h 14h-19h ; So n. V.

DOM. DU VIEUX CHENE 1995**

| | k. A. | k. A. | | 30-50 F |

Ein Gut, bei dem man sich freut, daß man es in diesem Jahr wieder vorfindet, so konstant ist seine Qualität. Es präsentiert hier unbestreitbar einen lagerfähigen Wein. Achten Sie darauf, daß Sie ihn belüften, bevor Sie ihn trinken, und Sie werden einen sehr aromatischen, kraftvollen und runden Wein entdecken. Man sollte ihn lieber ein bis zwei Jahre lagern, denn dieser hübsche 95er verspricht eine schöne Zukunft.
☛ Jean-Claude et Béatrice Bouche, Dom. du Vieux Chêne, rue Buisseron, 84850 Camaret-sur-Aigues, Tel. 04.90.37.25.07, Fax 04.90.37.76.84 ◼ ☥ Mo-Sa 8h-12h 14h-18h

Côte Rôtie

Die in Vienne, am rechten Ufer des Flusses gelegene Côte Rôtie ist das älteste Weinbaugebiet der Côtes du Rhône. Ihre Anbaufläche umfaßt 191 ha, die sich auf die Gemeinden Ampuis, Saint-Cyr-sur-Rhône und Tupins-Sémons verteilen. Die Reben werden auf sehr steilen, fast schwindelerregenden Hängen angebaut. Wenn man hier die Côte Blonde von der Côte Brune unterscheidet, so geschieht dies im Andenken an einen gewissen Herrn von Maugiron, der seine Ländereien im Testament zwischen seinen beiden Töchtern, von denen die eine blond und die andere braun war, aufgeteilt haben soll. Weisen wir noch darauf hin, daß die Weine von der Côte Brune die körperreicheren und die von der Côte Blonde die feineren sind.

Der Boden ist der schieferhaltigste der gesamten Region. Hier werden ausschließlich Rotweine erzeugt, die von der Rebsorte Syrah, aber auch von der Viognier-Rebe (Höchstanteil 20 %) stammen. Der Wein der Côte Rôtie hat eine tiefrote Farbe und ein zartes, feines Bukett, in dem Himbeeren und Gewürze dominieren und ein Hauch von Veilchen zum Vorschein kommt. Er ist gut strukturiert, tanninreich und im Geschmack sehr lang. Der Côte-Rôtie-Wein nimmt unbestreitbar einen Spitzenplatz unter den Weinen von der Rhône ein und paßt hervorragend zu den Gerichten, zu denen man große Rotweine trinkt.

Côte Rôtie

GILLES BARGE Cuvée du Plessy 1995**

| 4 ha | 20 000 | 100-150 F |

Gilles Barge hat das Familiengut 1979 übernommen. Seitdem erzeugt er ständig interessante Weine. Nehmen Sie diesen hier, dessen Persönlichkeit ein Verkoster folgendermaßen zusammenfaßt : »Warme Nachhaltigkeit über edlen Tanninen.« Ein anderer spricht von »vollkommen typischem Charakter«. Sehen wir ihn uns genauer an : Die Farbe ist so, wie sie sein muß, tief, intensiv. Die Noten von Lakritze, Rauch, Unterholz und Veilchen entfalten sich in vollkommener Harmonie, im Geruch ebenso wie im Geschmack. Dieser zeigt sich gut gebaut und von schöner Nachhaltigkeit. Ein Wein, der die Jury verführt hat.

Gilles Barge, 8, boul. des Allées,
69420 Ampuis, Tel. 04.74.56.13.90,
Fax 04.74.56.10.98 Mo-Sa 9h-12h 14h-19h ;
So und Gruppen n. V.

GILLES BARGE Côte Brune 1994**

| 1 ha | 5 200 | 100-150 F |

Eine Côte Brune, die ihren Namen zu Recht trägt : sehr kräftige Farbe, Zimtgeruch, von großer Intensität und ausgezeichneter Struktur - »kurz gesagt : ein lagerfähiger Wein«, ein Wein von starker Persönlichkeit«. Die Verkoster sind begeistert.

Gilles Barge, 8, boul. des Allées,
69420 Ampuis, Tel. 04.74.56.13.90,
Fax 04.74.56.10.98 Mo-Sa 9h-12h 14h-19h ;
So und Gruppen n. V.

DE BOISSEYT Côte Blonde 1995

| 0,8 ha | 3 000 | 100-150 F |

Diese Côte Blonde kann beim 200. Geburtstag dieses Guts im Herbst nicht zugegen sein. Die sehr deutlich spürbaren Tannine, der noch verschlossene Geruch und der sehr konzentrierte Geschmack zeigen nämlich, daß man viel Geduld braucht, ehe man sie aufmachen kann.

de Boisseyt-Chol, R.N. 86, 42410 Chavanay, Tel. 04.74.87.23.45, Fax 04.74.87.07.36
Mo-Sa 9h-12h 14h-18h ; 15. Aug.-10. Sept. geschlossen

DOM. DE BONSERINE La Garde 1994

| 0,75 ha | k. A. | 100-150 F |

1970 entschloß sich eine Gruppe amerikanischer Freunde, in dieses aufregende Anbaugebiet zu investieren. Sie schufen dieses Weingut, das heute 10 ha umfaßt. Dieser 94er hat zwanzig Monate im Holzfaß verbracht, aber er betont auch den Boden. Ein schöner Charakter, der trotz seines Gerüsts ziemlich zart ist. Gewürze, rote Früchte, ziemlich klassisch - man hat Lust, etwas Zeit mit ihm zu verbringen.

SA Dom. de Bonserine, 2, chem. de la Viallière ; Verenay, 69420 Ampuis,
Tel. 04.74.56.14.27, Fax 04.74.56.18.13 Mo-Sa 9h-18h

BERNARD BURGAUD 1994**

| 4 ha | 13 000 | 100-150 F |

Im letzten Jahr hatte er die Wahl zum Lieblingswein knapp verfehlt. Diesmal hat er es geschafft. Ein Wein, der ebenfalls einen starken Charakter besitzt. Die tiefe Farbe bildet die Kulisse : von strahlender Klarheit. Er hüllt sich in animalische Gerüche mit Ledernoten. Dieser 94er bietet ein kräftiges Gerüst ohne aggressive Tannine : Der diskrete Holzton begleitet alles. Ein lagerfähiger Wein von vollkommener Ausgewogenheit.

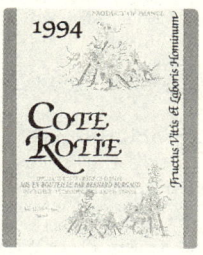

Bernard Burgaud, Le Champin,
69420 Ampuis, Tel. 04.74.56.11.86,
Fax 04.74.56.13.03 n.V.

BERNARD CHAMBEYRON 1994

| 1,63 ha | 4 500 | 70-100 F |

Was die Aufmerksamkeit der Verkoster erregt, ist der würzige Duft (Zimt, Vanille). Beim Geschmack ist das Lob gedämpft : Die Struktur ist nicht voluminös ! Ein Wein, den man bald trinken muß.

Bernard Chambeyron, Boucharey,
69420 Ampuis, Tel. 04.74.56.15.05,
Fax 04.74.56.00.39 n.V.

CUILLERON Coteau de Bassenon 1995

| 1 ha | 5 000 | 70-100 F |

Die tiefe Farbe enthüllt die gesamte Jugendlichkeit dieses Weins. Vermutlich ist die Ansprache deshalb noch sehr tanninbetont. Der Geruchseindruck ist dennoch nicht holzbetont : Noten von Tiergeruch, Nuancen von roten Früchten vermischen sich mit Gewürzen (Gewürznelken, Süßholz). Der Geschmack bleibt klar, vielleicht ein wenig spitz, aber er ist fähig, sich gut zu entwickeln.

Yves Cuilleron, Verlieu, 42410 Chavanay,
Tel. 04.74.87.02.37, Fax 04.74.87.05.62 n.V.

DOM. ANDRE FRANÇOIS 1995

| 3 ha | 7 000 | 70-100 F |

André François hat 1987 die Nachfolge seiner Eltern angetreten. Diese zehn Jahre haben es ihm ermöglicht, das Gut zu vergrößern. Er hat diesen 95er lang im Eichenholzfaß ausgebaut : Die Juroren haben es erkannt, indem sie die Kakao- und Lakritznoten festhielten, die den Hauch von Veilchen dominieren, aber die in Alkohol eingelegten roten Früchte recht nachhaltig zu Wort kommen lassen. Ein gut strukturierter Wein.

André François, Mornas, 69420 Ampuis,
Tel. 04.74.56.13.80, Fax 04.74.56.19.69 n.V.

PIERRE GAILLARD
Côte Brune et Blonde 1995

| 2,5 ha | 10 000 | 100-150 F |

Der Holzton muß die Persönlichkeit des Weins respektieren. Deshalb fragt sich die Jury : Werden die Tannine, wenn sie einmal ver-

Condrieu

schmolzen sind, einem Wein mit typischem Charakter Platz machen ? Im Augenblick ist die Farbe ein intensives Dunkelrot. Der Geruchseindruck ist karamelisiert, mit recht guten Nuancen von roten Früchten. Im Geschmack bewahrt er eine rustikale Seite, bietet aber eine gute, fruchtige Ausgewogenheit. Er zeigt sich ziemlich lang. Alle sind der Meinung, daß das Ganze in drei Jahren soweit ist, daß man diesen 95er zum Essen trinken kann.
➥ Pierre Gaillard, chez Favier, 42520 Malleval, Tel. 04.74.87.13.10, Fax 04.74.87.17.66 ⓥ Ⓨ n.V.

FRANÇOIS GERARD 1994*

| ■ | 3 ha | 8 000 | ⓘ | 70-100 F |

François Gérard hat keine Winzer als Vorfahren. Er hat 1980 mutig ein Gut völlig neu aufgebaut. Heute sind seine Rebstöcke etwa fünfzehn Jahre alt und erzeugen schöne Weine. Nehmen Sie diesen hier : Die Farbe und der Geruchseindruck befinden sich in der guten Mitte. Aber was für eine Überraschung im Geschmack ! Zimt, Pfeffer und Lakritze füllen den Mund aus. Der Geschmack ist ausgewogen und von großer Fülle. Harmonie ist das Schlüsselwort dieser Weinprobe.
➥ François Gérard, Côte Chatillon, 69420 Condrieu, Tel. 04.74.87.88.64, Fax 04.74.87.88.64 ⓥ Ⓨ n.V.

J.-M. GERIN Champin le Seigneur 1995**

| ■ | 4 ha | 15 000 | ⓘ | 100-150 F |

Jean-Michel Gérin, dessen 94er Grandes Places in den letzten Jahr zum Lieblingswein gewählt wurde, stellt diesmal einen 95er Champin le Seigneur im selben Stil vor. Sein Ausbau im Holzfaß wurde hervorragend gemeistert : Die Tanninstruktur ist von bester Qualität, fein und rund, über konzentriertem Stoff. Im Geruch rauchige Noten, aber frische rote Früchte, gefolgt von einer Lakritzenote. Im Geschmack findet man Lorbeerblätter, Zimt, sehr reife Früchte, Minze. Ein Fest der Sinneseindrücke.
➥ Jean-Michel Gerin, 19, rue de Montmain-Vérenay, 69420 Ampuis, Tel. 04.74.56.16.56, Fax 04.74.56.11.37 ⓥ Ⓨ n.V.

LA BROCARDE 1995

| ■ | 0,22 ha | 1 200 | ⓘ | 100-150 F |

Dieser 95er ähnelt dem Chevalier d'Eon (einem Spion Ludwigs XV., der einen Großteil seines Lebens als Frau verkleidet war). Er kommt maskiert : Der Holzton ist allgegenwärtig. Wenn er mit dem Wein verschmilzt, wird es ein schöner Tropfen sein. Gegenwärtig entzückt er die Freunde extrem holzbetonter Weine. Die Jury hofft, daß der Charakter des Côte Rôtie den Sieg davonträgt. Dort befindet sich seine Zukunft.
➥ François Villard, Montjout, 42410 Saint-Michel-sur-Rhône, Tel. 04.74.53.11.25, Fax 04.74.53.38.32 ⓥ Ⓨ n.V.

GABRIEL MEFFRE
Côte Brune et Blonde 1994

| ■ | 0,75 ha | 2 200 | ⓘ | 100-150 F |

Côte Brune oder Côte Blonde ? Dieser Wein müßte mehr Körper zeigen, um seine Persönlichkeit zu zeigen. Geht er vielleicht mehr in Richtung Côte Blonde ? Er hat eine angenehme Eleganz. Jetzt trinkreif.
➥ Gabriel Meffre, 84190 Gigondas, Tel. 04.90.12.32.32, Fax 04.90.12.32.49

DOM. DE ROSIERS 1995*

| ■ | 6,55 ha | 30 000 | ⓘ | 70-100 F |

»Ein Wein von intensivem Vergnügen.« Ist das nicht das schönste Kompliment ? Ein Verkoster hat dies geschrieben. Die Jury präzisiert : eine gute Struktur, ein sehr deutlich spürbarer Holzton, in ein dunkles, strahlendes Purpurgewand gehüllt. Der Geruchseindruck erscheint heute überaus gelungen : Hinter Lakritze und roten Veilchen zeigt sich der Veilchenduft, der für den Côte Rôtie so charakteristisch ist. Warten Sie, bis das Holz verschmilzt.
➥ Louis Drevon, 3, rue des Moutonnes, 69420 Ampuis, Tel. 04.74.56.11.38, Fax 04.74.56.13.00 ⓥ Ⓨ n.V.

Condrieu

Das Weinbaugebiet liegt 11 km südlich von Vienne auf dem rechten Ufer der Rhône. Nur die Weine, die ausschließlich aus der Rebsorte Viognier erzeugt werden, dürfen diese Appellation in Anspruch nehmen. Die Anbaufläche, die sich auf sieben Gemeinden in drei Departements verteilt, ist nur 93 ha groß. Dies trägt dazu bei, daß der Condrieu den Ruf eines sehr seltenen Weins hat. Er ist ein alkoholreicher, fülliger und sanfter Wein, der aber Frische besitzt. Er ist sehr duftig und entfaltet ein blumiges Aroma, in dem Veilchen dominieren, und Aprikosennoten. Ein einzigartiger, außergewöhnlicher und unvergeßlicher Wein, den man jung trinkt (zu Fischgerichten aller Art), der sich aber entfalten kann, wenn er altert. Seit kurzer Zeit gibt es auch eine Spätlese mit mehrmaligem Aussortieren der Beeren (manchmal bis zu acht Auslesedurchgänge pro Ernte).

Condrieu

CAVES DES PAPES La Côte Chéry 1995*
| | 4 ha | 3 000 | 🍷 70-100 F |

Dieser von einem Weinhändler aus Châteauneuf-du-Pape vorgestellte Wein kommt aus Chavanay. »Er repräsentiert sehr gut die AOC Condrieu in ihrer Reife, notieren ein Verkoster. Er besitzt einen großen Klassizismus und zeugt von einem gelungenen Ausbau, der eine hübsche Fülle verleiht. Sein komplexes Aroma kennzeichnet einen Viognier durch und durch !

☞ Ogier, Caves des Papes, 10, av. Louis-Pasteur, BP 75, 84230 Châteauneuf-du-Pape, Tel. 04.90.39.32.32, Fax 04.90.83.72.51 ☑ ☥ tägl. 10h-18h
☞ P. Perret

CAVE DE CHANTE-PERDRIX 1995
| | 0,8 ha | 2 000 | 🍷 70-100 F |

Man könnte sich vorstellen, daß die Madonna von Izeras über das Dorf Chavanay wacht, das neben dem Gut liegt, das diesen Wein hervorgebracht hat - so feminin finden ihn die Verkoster. Er vereint Sanftheit, Zurückhaltung und Harmonie.

☞ Philippe Verzier, Izeras, 42410 Chavanay, Tel. 04.74.87.06.36, Fax 04.74.87.07.77 ☑ ☥ n.V.

GILBERT CHIRAT 1996
| | k. A. | 2 500 | 🍷 70-100 F |

Ein Gefühl von Frische geht von diesem Wein aus. Ein blumiger Charakter kommt zu den traditionellen Birnen- und Pfirsichnoten hinzu. All das ist von einer gewissen Rundheit umgeben.

☞ Gilbert Chirat, Le Piaton, 42410 Saint-Michel-sur-Rhône, Tel. 04.74.56.68.92 ☥ n.V.

YVES CUILLERON La Côte 1996***
| | 3,5 ha | 15 000 | 🍷 100-150 F |

Der prächtige Wein von Yves Cuilleron findet einmütige Zustimmung aufgrund der Fülle, die den Gaumen überflutet und eine ungeheuer genußvolle Empfindung hinterläßt, nachdem man die Noten von gelben Früchten und Blüten wiedergefunden hat, begleitet von einem Holzton, der mit den Röstnoten verschmolzen ist. Ein wahres Feuerwerk.

☞ Yves Cuilleron, Verlieu, 42410 Chavanay, Tel. 04.74.87.02.37, Fax 04.74.87.05.62 ☑ ☥ n.V.

YVES CUILLERON Les Eguets 1996*
| | 1,5 ha | 3 500 | 🍷 +200 F |

Während La Côte ein trockener Condrieu ist, gehört Les Eguets zu den seltenen lieblichen Condrieus, die heute sehr beliebt sind. Diese durch achtmalige Auslesen der Trauben erzeugte Cuvée besitzt eine schöne gelbe Farbe und bietet einen reichhaltigen Duft von reifen und kandierten Früchten, die vom Holz dominiert werden. Der kraftvolle, ausgewogene Geschmack läßt die milde Süße zu Wort kommen.

☞ Yves Cuilleron, Verlieu, 42410 Chavanay, Tel. 04.74.87.02.37, Fax 04.74.87.05.62 ☑ ☥ n.V.

PHILIPPE FAURY 1996*
| | 2,25 ha | 10 000 | 🍷 100-150 F |

10 % neue Fässer, 20 % Fässer von alten Weinen, 70 % Edelstahltanks : Aus einem solchen Ausbau resultiert eine schöne Ausgewogenheit. Man entdeckt ein Aroma von vollreifen gelben Pfirsichen, einen gut verschmolzenen Holzton und Fülle, die mit einer ansprechenden Frische verbunden ist. Eine angenehme Länge beschließt das Ganze.

☞ Philippe Faury, La Ribaudy, 42410 Chavanay, Tel. 04.74.87.26.00, Fax 04.74.87.05.01 ☑ ☥ n.V.

PIERRE GAILLARD 1996*
| | 1 ha | 4 000 | 🍷 100-150 F |

Es besteht kein Zweifel : Dies wird ein hübscher Wein, wenn sich der Holzton abgemildert hat. Das blasse Kleid duftet nach weißen Pfirsichen. Der Geschmack ist »stoffreich«, rund, von schöner Reife, lang.

☞ Pierre Gaillard, chez Favier, 42520 Malleval, Tel. 04.74.87.13.10, Fax 04.74.87.17.66 ☑ ☥ n.V.

DOM. DU MONTEILLET
Grain de folie 1995**
| | k. A. | 600 | 🍷 150-200 F |

Dieser Grain de folie verbirgt eine »Edelbeere« ! In ganz geringer Menge (600 Flaschen) erzeugte Wein ist das Ergebnis von vier im November durchgeführten Auslesen. Er besitzt den ganzen Charme eines Süßweins : Der Winzer hat die Überreife angestrebt, und es ist ihm gelungen. Eine sonnengelbe Farbe, ein Duft von reifen Aprikosen, Ananas, kandierten Orangen und unglaublichen Muskatnoten, ein konzentrierter, fülliger Geschmack. Wer das Glück hat, diesen 95er zu probieren, wird ihn zu einem Wein für gesellige Abende machen.

☞ Antoine Montez, Dom. du Monteillet, Le Monteiler, 42410 Chavanay, Tel. 04.74.87.24.57, Fax 04.74.87.06.89 ☑ ☥ n.V.

DOM. DU MONTEILLET 1995
| | 1,5 ha | 4 500 | 🍷 100-150 F |

Zu 60 % im Barriquefaß und der Rest rostfreien Gärtank ausgebaut. Dieser trockene Condrieu bietet eine schöne Säuerlichkeit, wie der lebhafte, frische Geschmack enthüllt. Das fruchtige Aroma (gelbe Pfirsiche und Aprikosen), Holznoten und der lange, würzige Abgang garantieren den Erfolg dieses Weins.

☞ Antoine Montez, Dom. du Monteillet, Le Monteiler, 42410 Chavanay, Tel. 04.74.87.24.57, Fax 04.74.87.06.89 ☑ ☥ n.V.

DIDIER MORION 1995*
| | 0,7 ha | 1000 | 🍷 70-100 F |

Didier Morion hat seinen Weinbaubetrieb 1993 aufgebaut, indem er Rebparzellen pachtete.

TAL DER RHONE

Château-Grillet

So kann er schon jetzt von etwa fünfzehn Jahren alten Rebstöcken einen sehr gelungenen Wein erzeugen, der durch seine Frische gekennzeichnet ist. Der hübsche, fruchtig-blumige Duft (ein Verkoster entdeckte darin Zitronengras) ist sehr angenehm. Im Geschmack findet man Pfirsiche und Aprikosen. Dieser ist recht konstant und entwickelte sich zur Rundheit hin, bleibt dabei aber frisch.

☛ Didier Morion, Epitaillon, 42410 Chavanay, Tel. 04.74.87.26.33, Fax 04.74.87.26.33 ☑ ☥ n.V.

ANDRE PERRET Coteau de Chéry 1995**

| ☐ | 3 ha | 5 000 | ▮ ◨ ♂ | 100-150 F |

André Perret hat sich 1985 auf dem Familiengut niedergelassen. Er hat seitdem sein Können bewiesen. Um seine zehnjährige glückliche Arbeit zu feiern, erzeugt er einen Wein, den die Verkoster einstimmig komplex finden. Sehen Sie sich ihn ein wenig an : »Reife oder getrocknete Aprikosen, Veilchen, Lakritze, Pfirsiche, Birnen ...« - alles trägt zum Genuß bei. Nehmen Sie das Volumen, die Fülle und die Ausgewogenheit hinzu ...

☛ André Perret, Verlieu, 42410 Chavanay, Tel. 04.74.87.24.74, Fax 04.74.87.05.26 ☑ ☥ n.V.

NIERO PINCHON La Roncharde 1995*

| ☐ | 0,6 ha | 2 500 | ▮ ♂ | 100-150 F |

La Roncharde ist eine Reblage. Die Rebflächen, die sich an den Hügel klammern, liegen nach Südsüdosten. Diese Cuvée ist nicht im Holzfaß ausgebaut worden. Die Jury freute sich über ihren schönen typischen Charakter, ihre klare, golden schimmernde Farbe und ihren Duft nach gelben Früchten (Pfirsiche, Mangos, Quitten) und Veilchen. Der Geschmack steht dem um nichts nach und zeigt Sanftheit, Fülle und eine Ausgewogenheit, die sich zu einem würzigen Finale steigert.

☛ Niero Pinchon, 69420 Condrieu, Tel. 04.90.12.32.42, Fax 04.90.12.32.49

HERVE ET MARIE-THERESE RICHARD La Maraze 1995

| ☐ | 0,9 ha | 2 480 | ▮ ♂ | 70-100 F |

Man findet Sanftheit in diesem Condrieu, in dem das Aroma vorwiegend an gelbfleischige Pfirsiche und Akazienblüten erinnert. Die Farbe ist hell, der Geschmack klar und zart.

☛ Hervé et Marie-Thérèse Richard, Verlieu, 42410 Chavanay, Tel. 04.74.87.07.75, Fax 04.74.87.05.09 ☑ ☥ n.V.

GEORGES VERNAY 1995

| ☐ | 4,36 ha | k. A. | 100-150 F |

Georges Vernay ist eine Persönlichkeit in Condrieu. Unter dieser Marke präsentiert er einen 95er mit zufriedenstellender Struktur, der alle Merkmale der Appellation besitzt : ein Aprikosenaroma, das mit Röstnoten verbunden ist, Lebhaftigkeit und einen würzigen Abgang.

☛ EARL Georges Vernay, 1, rte Nationale, 69420 Condrieu, Tel. 04.74.59.52.22, Fax 04.74.56.60.98 ☑ ☥ Mo-Sa 8h30-12h 14h30-19h ; So n. V.

GEORGES VERNAY
Coteau de Vernon 1994**

| ☐ | 1,69 ha | k. A. | ▥ | 150-200 F |

PRODUIT DE FRANCE
Coteau de Vernon
CONDRIEU
appellation Condrieu contrôlée
1994
13,5% vol   750 ml
Mis en bouteille à la Propriété
EARL Georges VERNAY, Viticulteur à Condrieu (Rhône) FRANCE

Es ist immer wieder eine Freude, die Cuvées dieses Weinguts zu probieren. Dieser Coteau de Vernon entzückt ein weiteres Mal durch seinen Duft nach getrockneten Aprikosen und Vanille, zu dem Lakritznoten hinzukommen. Der Geschmack enttäuscht nicht ; er ist reichhaltig und komplex und bietet Stärke, Fülle und Länge. All das wird Sie freudig erregen.

☛ EARL Georges Vernay, 1, rte Nationale, 69420 Condrieu, Tel. 04.74.59.52.22, Fax 04.74.56.60.98 ☑ ☥ Mo-Sa 8h30-12h 14h30-19h ; So n. V.

J. VIDAL-FLEURY 1995**

| ☐ | k. A. | 3 000 | ▥ | 100-150 F |

Man muß den sehr ausgeprägten Holzton mögen, um diesen Wein zu schätzen. Aber er wird bei jedem eine Reaktion hervorrufen. Nehmen Sie seinen schon runden, aber deutlich spürbaren Körper. Die Guigals, die Besitzer dieses Handelshauses, wissen, was Condrieu bedeutet.

☛ J. Vidal-Fleury, 19, rte de la Roche, 69420 Ampuis, Tel. 04.74.56.10.18, Fax 04.74.56.19.19 ☑ ☥ n.V.

FRANÇOIS VILLARD
Coteaux de Poncins 1995*

| ☐ | 0,85 ha | 2 500 | | 100-150 F |

Eine Vinifizierung im Barriquefaß bei niedriger Temperatur und ein Ausbau mit Aufrühren des Hefesatzes - es ist nicht erstaunlich, daß die Verkoster einen zarten Holzton mit Röstnoten beschrieben haben. Die Frucht fehlt dennoch nicht, im komplexen Bukett ebensowenig wie im Geschmack, in dem sich ein schöner Körper, rund, ausgewogen und füllig, und eine lange Nachhaltigkeit zeigen. Ein sehr gelungener Ausbau im Holzfaß. Ein Wein für die Zukunft : fünf Jahre und länger ...

☛ François Villard, Montjout, 42410 Saint-Michel-sur-Rhône, Tel. 04.74.53.11.25, Fax 04.74.53.38.32 ☑ ☥ n.V.

Château-Grillet

Ein nahezu einmaliger Fall im französischen Weinbau : Diese Appellation wird nur auf einem einzigen Weingut erzeugt ! Mit ihren 3,5 ha ist dies eine der kleinsten AOCs. Das Anbaugebiet befindet sich auf gut gelegenen, windgeschützten Granitterrassen, die abgeschieden in einem Talkessel über dem Rhône-Tal liegen. Diese recht eigentümliche Reblage verleiht ihre gesamte Originalität dem Wein (90 hl). Wie der Condrieu ist er ein Weißwein, der aus der Rebsorte Viognier hergestellt wird. Er ist alkoholreich, füllig und arm an Säure, sehr duftig und von erstaunlicher Feinheit. Man kann ihn jung trinken, doch bei der Alterung gewinnt er an Klasse und Aroma, so daß er zu einem Wein von seltener Qualität wird, der hervorragend zu Fisch paßt.

CHATEAU-GRILLET 1995*

	3,5 ha	8 000	150-200 F

66 68 72 **75 76 78 79** 81 82 85 ⑧⑥ 87 |88| |89| 90 |92| |93| 94 |95|

Viel praktische Arbeit ist nötig, um den Wein zu erzeugen, den alle mit Ungeduld erwarten, denn ein Château-Grillet ist mit keinem anderen Wein zu vergleichen. Ein Spiegelbild, das sich unaufhörlich erneuert ! Nun, wir haben ihn zusammen mit den Condriveus verkostet. Man muß ihn nur ansehen : jung. Dieser 95er muß altern, damit Veilchen die Palette frischer Früchte (Pfirsiche, Aprikosen) bereichern und der Geschmack seine gesamte Originalität zum Ausdruck bringt.

Neyret-Gachet, Château-Grillet,
42410 Vérin, Tel. 04.74.59.51.56,
Fax 04.78.92.96.10 n.V.
Famille Canet

Saint-Joseph

Die auf dem rechten Ufer der Rhône im Departement Ardèche gelegene Appellation Saint-Joseph erstreckt sich auf 26 Gemeinden der Departements Ardèche und Loire und umfaßt knapp 800 ha. Die Weinberge sind schroffe Granithänge, die eine schöne Aussicht auf die Alpen, den Mont Pilat und die Schlucht des Doux bieten. Die roten Saint-Joseph-Weine, die aus der Syrah-Rebe erzeugt werden, sind elegant, fein, relativ leicht und zart und entfalten ein hochfeines Aroma von Himbeeren, Pfeffer und schwarzen Johannisbeeren, das vor allem zu gebratenem Geflügel oder bestimmten Käsesorten zur Geltung kommt. Die Weißweine, die von den Rebsorten Roussanne und Marsanne stammen, erinnern an die Hermitage-Weine. Sie sind füllig und duften zart nach Blumen, Früchten und Honig. Es empfiehlt sich, sie ziemlich jung zu trinken.

M. CHAPOUTIER Les Granits 1995**

	k. A.	5 000	70-100 F

Der Saint-Joseph wird bei den Chapoutiers dem Ansehen dieses Hauses gerecht. Der Cuvée Deschants aus demselben Jahrgang haben ihre Klarheit und ihre Eleganz einen Stern eingebracht. Diese Cuvée Les Granits ist komplexer, nicht nur wegen des Vorhandenseins eines Holztons vom Faß, obwohl der Ausbau hier gut bewältigt worden ist ; sie bietet ein Crescendo an Geruchs- und Geschmacksempfindungen, unterstützt durch eine zarte Vanillenote. Alles ist vollkommen maßvoll.

M. Chapoutier, 18, av. Dr-Paul-Durand,
26600 Tain-l'Hermitage, Tel. 04.75.08.28.65,
Fax 04.75.08.81.70 n.V.

DOM. DU CHENE 1995*

	1,5 ha	4 000	30-50 F

Eine echte Persönlichkeit, noch stark durch das Holz geprägt. Muß man diesen 95er altern lassen ? Er zeigt eine gewisse Frische und klingt mit Honig- und Mandelnoten aus.

Marc et Dominique Rouvière, Le Pêcher,
42410 Chavanay, Tel. 04.74.87.27.34,
Fax 04.74.87.02.70 n.V.

CUILLERON Le Bois Lombard 1996

	0,8 ha	3 000	50-70 F

Noch ein Wein für Holzliebhaber ! Er hat eine kräftige strohgelbe Farbe und bietet ein Aroma von Toast mit Butter sowie von Röstgeruch, das die Frucht verbirgt. Diese kommt besser im Geschmack zum Ausdruck, der über einer mineralischen Note Litschis und andere exotische Früchte entfaltet und sich auf einen dichten Körper stützt. Man hätte mehr Frische erwartet, aber er ist interessant, ziemlich »marginal». Die Harmonie wird sich vermutlich in ein bis zwei Jahren einstellen.

Yves Cuilleron, Verlieu, 42410 Chavanay,
Tel. 04.74.87.02.37, Fax 04.74.87.05.62 n.V.

NOEL ET JOEL DURAND
Les Coteaux 1995

■	4,5 ha	k. A.	50-70 F

Er ist hermetisch verschlossen. Desshalb zögerte die Jury zunächst. Dann entdeckte sie an ihm eine gute Präsenz der Tannine, die ziemlich rasch verschmelzen dürften, denn das Aroma von gekochten Früchten und Konfitüre ist schon zum Vorschein gekommen.

Noël et Joël Durand, GAEC du Lautaret,
imp. de la Fontaine, 07130 Châteaubourg,
Tel. 04.75.40.46.78, Fax 04.75.40.29.77 n.V.

PHILIPPE FAURY 1995

■	4 ha	13 000	50-70 F

Ein Verkoster verglich diesen Wein mit »einem Puppenhaus, das es erlaubt, im Register

Saint-Joseph

des unendlich Kleinen zu spielen«. Alles ist noch winzig. Die Ausdruckskraft dürfte sich entfalten. Man sollte jedoch wissen, daß ein anderes Mitglied der Jury rät, ihn nicht zu lang aufzuheben. Dieser 95er gehört somit zu den Weinen, die man in den Keller legt, wobei man in regelmäßigen Abständen eine Flasche öffnet, um seine Entwicklung zu verfolgen.

🕭 Philippe Faury, La Ribaudy, 42410 Chavanay, Tel. 04.74.87.26.00, Fax 04.74.87.05.01 ▣ ⟟ n.V.

PIERRE GONON Les Oliviers 1995

| | 1,6 ha | 5 000 | 🍾 | 50-70 F |

Die Jury ist sich sicher, daß der Holzton, der im Augenblick dominiert, verfliegen wird. Dieser Wein besitzt nämlich einen schönen Körper. Hinter dem Aroma, das vom Faß stammt, nimmt man bereits Noten von weißen Blüten und Akazienhonig wahr.

🕭 Pierre Gonon, 11, rue des Launays, 07300 Mauves, Tel. 04.75.08.07.95, Fax 04.75.08.45.27 ▣ ⟟ n.V.

BERNARD GRIPA Le Berceau 1995*

| | k. A. | k. A. | ▪🍾↓ | 70-100 F |

Dieser Wein stammt von den ältesten Rebstöcken des Guts, deren Ertrag nur 25 hl/ha erreicht. Er besitzt eine starke Persönlichkeit, die das vom Faßausbau herrührende Vanillearoma nicht verbirgt. Kirschwasser und exotische Früchte bestimmen beide den Geruchseindruck, während im Geschmack frische Butter dominiert. Schöne Gesamtharmonie.

🕭 Bernard Gripa, 5, av. Ozier, 07300 Mauves, Tel. 04.75.08.14.96, Fax 04.75.07.06.81 ▣ ⟟ n.V.

BERNARD GRIPA 1995*

| | k. A. | k. A. | 🍾 | 50-70 F |

Eine dunkle, strahlende Farbe mit bläulichroten Reflexen verrät die Jugend dieses Weins, dessen komplexer Duft Früchte (Kirschen), Noten von Tiergeruch und einen erstklassigen Holzton verbindet. Dieser gut strukturierte 95er besitzt eine gute Nachhaltigkeit und kann sich noch entwickeln. Ein echter Saint-Joseph.

🕭 Bernard Gripa, 5, av. Ozier, 07300 Mauves, Tel. 04.75.08.14.96, Fax 04.75.07.06.81 ▣ ⟟ n.V.

DOM. DE LA GARENNE 1996*

| | 3,05 ha | 17 000 | ▪↓ | 50-70 F |

Dieser von J.-F. Ranvier hergestellte Wein stammt von Reben, die an Spalierpfählen erzogen werden und auf den steilen Hängen über dem Dorf Sarras wachsen. Die Verkoster mochten ihn, ebensosehr wegen seiner intensiven Farbe wie wegen seines für die Appellation charakteristischen Aromas oder wegen seiner umhüllten Tannine in einer schönen Struktur. Selbstverständlich altern lassen.

🕭 Domaines Michel Bernard, La Serrière, rte de Sérignan, 84100 Orange, Tel. 04.90.11.86.86, Fax 04.90.34.87.30 ⟟ n.V.

LA ROCHE PARADIS
Vieilli en fût de chêne 1995

| | 3 ha | 9 000 | 🍾 | 50-70 F |

Seit vierzig Jahren führt Monsieur Combe dieses Gut, dessen Name einen an den Garten Eden oder an Harmonie denken läßt. Dieser Wein paßt dazu : ausgewogen aufgrund von Tanninen, die keine Aggressivität besitzen. Ein gelbroter Streifen im Kleid regt dazu an, ihn nicht lang aufzuheben.

🕭 Combe, Aux Vessettes, 42410 Chavanay, Tel. 04.74.87.26.26, Fax 04.74.87.26.26 ▣ ⟟ n.V.

DOM. DU MONTEILLET
Cuvée du Papy 1995**

| ▪ | 1,5 ha | 5 000 | 🍾 | 50-70 F |

Ein »Papy«, der sich noch sehr gut verteidigt ! Er geht sogar soweit, immer noch lebhaft die Siegespalme zu erringen. Tiefes Karminrot, leichter Tiergeruch in der Nase. Er attackiert diplomatisch, voller Rundheit, und hält sehr lange mit Noten von roten Früchten, Kaffee, Kakao und Gewürzen lang an. Der für die Appellation typische Wein schlechthin.

🕭 Antoine Montez, Dom. du Monteillet, Le Montelier, 42410 Chavanay, Tel. 04.74.87.24.57, Fax 04.74.87.06.89 ▣ ⟟ n.V.

DIDIER MORION 1996*

| | 0,5 ha | 700 | ▪🍾↓ | 30-50 F |

»Wein mit viel Frucht.« Diese lakonische Beschreibung bringt dennoch gut die Empfindungen zum Ausdruck, die die anderen Verkoster wahrnahmen : weißfleischige Pfirsiche, aber auch weiße Blüten, die sich über einem runden, fülligen Körper entfalten. Die sehr blasse gelbe Farbe ist genauso elegant.

🕭 Didier Morion, Epitaillon, 42410 Chavanay, Tel. 04.74.87.26.33, Fax 04.74.87.26.33 ▣ ⟟ n.V.

ANDRE PERRET Les Grisières 1995*

| ▪ | 1 ha | 3 500 | 🍾 | 50-70 F |

André Perret, der sich hier 1981 niederließ, als gerade der französische Staatspräsident sein Amt antrat, beherrscht sein Handwerk gut. Nehmen Sie diesen gut vinifizierten 95er : Auch wenn das Eichenholzfaß im Augenblick mit Röstnoten dominiert, entfaltet dieser Wein dennoch beim zweiten Riechen fruchtige Noten und im Abgang einen eleganten Hauch von Veilchen. Die Struktur ist homogen. Man muß ihm nur Zeit lassen ...

🕭 André Perret, Verlieu, 42410 Chavanay, Tel. 04.74.87.24.74, Fax 04.74.87.05.26 ▣ ⟟ n.V.

Saint-Joseph

HERVE ET MARIE-THERESE RICHARD
La Degoultière Vieilles vignes 1995*

| | k. A. | 4 000 | 30-50 F |

Achtzehn Monate Faßreifung - es ist nicht verwunderlich, daß die Verkoster notierten : »Vom Holz geprägt, dieser Wein muß sich verfeinern.« Wohlverstanden, die Röst- und Räuchernoten dominieren im Augenblick. Die Zeit wird für die Ausgewogenheit sorgen. Der weiße 95er Saint-Joseph verdient eine lobende Erwähnung : Er ist blumig und bleibt die gesamte Weinprobe über konstant.
Hervé et Marie-Thérèse Richard, Verlieu, 42410 Chavanay, Tel. 04.74.87.07.75, Fax 04.74.87.05.09 ⓥ Ⲏ n.V.

DOM. DES ROYES 1994**

| | k. A. | k. A. | 70-100 F |

Erzeugt auf einem steilen Hügel mit Kalksteinboden, entrappt, bei 30 °C vergoren, drei Wochen lang vinifiziert, danach elf Monate im Barriquefaß ausgebaut - dieser Saint-Joseph ist ein sehr schöner Wein. Feurig vielleicht, aber die Extraktion ist gelungen : Der Stoff ist vorhanden, gestützt auf gut umhüllte Tannine. Das Aroma verrät im Augenblick nur die Barrique, aber es ist offensichtlich, daß es sich zur Frucht hin entwickelt und dabei seinen würzigen Lakritzecharakter bewahrt.
Maurice et Dominique Courbis, Les Ravières, 07130 Châteaubourg, Tel. 04.75.40.32.12, Fax 04.75.40.25.39 ⓥ Ⲏ Mo-Sa 9h-12h 14h-18h ; So n. V.

CAVE DE SAINT-DESIRAT
Champ de la Roche 1994*

| | 10 ha | 40 000 | 30-50 F |

Hier ein Weintyp, den man schon jetzt trinken kann, denn seine Struktur ist fein und schon rund. Dennoch erscheint er in sehr dunklen Farben, mit einem Geschmack von Früchten, die sich schon im Duft finden, vermischt mit Zedernholz- und Harznoten.
Cave de Saint-Désirat, c/o Cie Rhodanienne, 30210 Castillon du Gard, Tel. 04.66.37.49.50, Fax 04.66.37.49.51 ⓥ Ⲏ n.V.

DOM. SAINT-JEMMS Sainte Epine 1994*

| | 5 ha | k. A. | 30-50 F |

Ein bezauberndes Etikett, aber der Wein verführt. Sehr frisch für einen 94er. Er läßt Aprikosennoten erkennen. Ein schöner Saint-Joseph.
Robert Michelas, Dom. Saint-Jemms, Bellevue-les-Chassis, 26600 Mercurol, Tel. 04.75.08.33.03, Fax 04.75.08.69.80 ⓥ Ⲏ Mo-Sa 9h-12h 13h30-18h ; So 10h-12h

CAVES SALAVERT 1992

| | k. A. | k. A. | 30-50 F |

Grüner Pfeffer im Geschmack. Ein Wein, der mehr auf Feinheit als auf Kraft setzt. Dies ist ein sanfter, schon harmonisch verschmolzener 92er, den man zu einem Wurstgericht trinken sollte.
Caves Salavert, Les Mûres, B.P. 4, 07700 Bourg-Saint-Andéol, Tel. 04.75.54.77.22, Fax 04.75.54.47.91 ⓥ Ⲏ Mo-Fr 8h-12h 13h30-17h30 ; 3.-16. Aug. geschlossen

CAVE DE TAIN L'HERMITAGE
Les Nobles Rives 1995

| | 62 ha | k. A. | 50-70 F |

Es mangelt ihm nur ein wenig an Stoff, an Fülle. Er ist ein bißchen »technologisch« (d. h. standardisiert), gut gemacht. Man hätte ein schneidigeres Auftreten erwartet. Aber vergessen wird nicht, daß er zu den wenigen Weinen gehört, die unter den 86 Kandidaten dieser Appellation berücksichtigt worden sind.
Cave de Tain-l'Hermitage, 22, rte de Larnage, B.P. 3, 26600 Tain-l'Hermitage, Tel. 04.75.08.20.87, Fax 04.75.07.15.16 ⓥ Ⲏ n.V.

DOM. DE VALLOUIT 1993

| | 2,5 ha | 12 000 | 100-150 F |

Der Jahrgang allein schon rechtfertigt die Kommentare : Leder von Noten, Humus, Backpflaumen, Konfitüre. Über drei Jahre im Eichenholzfaß verleihen ihm einen strengen Charakter. Aber vergessen Sie nicht, daß 1993 ein sehr schwieriges Jahr war. Dieser Wein ist ein Erfolg ! Sollte innerhalb von drei Jahren getrunken werden.
Dom. de Vallouit, 24, av. Désiré-Valette, 26240 Saint-Vallier, Tel. 04.75.23.10.11, Fax 04.75.23.05.58 ⓥ Ⲏ Mo, Di, Do-So 9h30-12h 14h-19h

J. VIDAL-FLEURY 1994*

| | k. A. | k. A. | 50-70 F |

Veilchen, Lakritze und Kirschwasser entfalten sich in einem intensiven Bukett, das im Geschmack durch Garrigue- und Gewürznoten bereichert wird. Dieser ziemlich feurige Wein kann schon rotes Fleisch begleiten.
Dom. J. Vidal-Fleury, 19, rte de la Roche, 69420 Ampuis, Tel. 04.74.56.10.18, Fax 04.74.56.19.19 ⓥ Ⲏ n.V.

FRANÇOIS VILLARD Reflet 1995*

| | k. A. | 1 500 | 100-150 F |

Konnte ein 95er viel Faß vertragen ? Dieser hier ist recht offensichtlich noch sehr tanninbetont, fast ein wenig rustikal, so wild und animalisch ist sein Bukett und so stark vom Holz überdeckt ist sein Geschmack. Die Frucht dürfte in vier bis fünf Jahren zum Vorschein kommen. Dieser Wein ist alterungsfähig gebaut.
François Villard, Montjout, 42410 Saint-Michel-sur-Rhône, Tel. 04.74.53.11.25, Fax 04.74.53.38.32 ⓥ Ⲏ n.V.

TAL DER RHONE

Crozes-Hermitage

Diese Appellation, deren Reblagen nicht so schwierig zu bearbeiten sind wie die in der Appellation Hermitage, erstreckt sich auf elf Gemeinden in der Umgebung von Tain-l'Hermitage. Sie ist das größte Anbaugebiet der Appellationen im nördlichen Abschnitt : 1 100 ha für eine Produktion von 43 000 hl. Die Böden sind reicher als im Hermitage-Gebiet und liefern weniger kraftvolle, fruchtige Weine, die man jung trinkt. Die Rotweine sind recht sanft und aromatisch. Die Weißweine sind trocken und frisch und haben eine leichte Farbe und ein Blütenaroma ; wie die weißen Hermitage-Weine passen sie hervorragend zu Süßwasserfischen.

MICHEL BERNARD 1994

| ■ | k. A. | k. A. | ■ ♦ | 30-50 F |

Zögern Sie nicht, diesen aufgrund seiner Sanftheit und Feinheit ziemlich femininen Wein schon diesen Winter aufzumachen. Das Aroma, das männlicher ist, enthüllt Leder, Tabak und milde Gewürze.
↳ Domaines Michel Bernard, La Serrière, rte de Sérignan, 84100 Orange, Tel. 04.90.11.86.86, Fax 04.90.34.87.30 ☑ ⏳ n.V.

LAURENT-CHARLES BROTTE
La Rollande 1995

| ■ | k. A. | 40 000 | ■ ⑪ ♦ | 30-50 F |

80 % der Weine lagerten sechs Monate lang im großen Holzfaß. Der Rest wurde ausschließlich im Gärtank vinifiziert. Das ergibt einen gutgebauten Verschnitt, der sehr reintönig ist, vielleicht ein wenig schlicht und schwach für die AOC, aber sich nicht unwürdig erweist.
↳ Laurent-Charles Brotte, rte d'Avignon, 84230 Châteauneuf-du-Pape, Tel. 04.90.83.70.07, Fax 04.90.83.74.34 ☑ ⏳ n.V.

CAVE DES CLAIRMONTS 1995

| ■ | k. A. | 93 000 | ■ | 30-50 F |

Eine achttägige Vergärung sorgt für viel Sanftheit bei diesem 95er, der nicht um jeden Preis Struktur, sondern eher Ausgewogenheit und Feinheit anstrebt. Er besitzt genug Rundheit, um schon trinkreif zu sein.
↳ SCA Cave des Clairmonts, 26600 Beaumont-Monteux, Tel. 04.75.84.61.91, Fax 04.75.84.56.98 ☑ ⏳ Mo-Sa 8h-12h 14h-18h ; Gruppen n. V.

DOM. DU COLOMBIER
Cuvée Gaby 1995**

| ■ | 8,5 ha | 8 000 | ⑪ | 50-70 F |

Das ist Gaby der Großartige ! Er gibt sich samtig, voller Feinheit, ist aber unter einer dunklen, intensiven und strahlenden Farbe konzentriert. Er ist ausgewogen und entwickelt sich über eleganten Tanninen, wobei er die Komplexität seines Aromas zeigt. Dieses entlädt sich zum Schluß in einem lodernden Bukett, das rote Früchte, Lakritze und Gewürze verbindet. Erregend, nicht wahr ?
↳ SCEA Viale, Dom. du Colombier, 2 rte Chantemerle-les-Blés, 26600 Tain-l'Hermitage, Tel. 04.75.07.44.07, Fax 04.75.07.41.43 ☑ ⏳ n.V.

CH. CURSON 1996**

| ☐ | 2 ha | 8 000 | ⑪ | 50-70 F |

Die Kellergebäude sind sehr alt, denn sie stammen aus dem 16. Jh. Dieser 96er hingegen ist voller Jugend. Er hat die Verkoster durch seinen Früchtekorb - Pfirsiche, Birnen, Litschis - und eine angenehme Note Amylalkohol verführt.
↳ Dom. Pochon, Ch. de Curson, 26600 Chanos-Curson, Tel. 04.75.07.34.60, Fax 04.75.07.30.27 ☑ ⏳ n.V.

CH. CURSON 1995***

| ■ | 4 ha | 15 000 | ⑪ | 50-70 F |

»Außerordentlich«, rief ein Verkoster aus. Die anderen stimmten zu, denn wenn man ihn betrachtet, ihn riecht, ihn schmeckt, wird der Genuß immer größer. Die Tannine sind erstklassig und begleiten einen reichhaltigen Stoff und ein komplexes Aroma, in dem der Holzton gedämpft ist. Die Jury sagte ihm in ihrer Begeisterung über sechs Jahre Lagerfähigkeit voraus.
↳ Dom. Pochon, Ch. de Curson, 26600 Chanos-Curson, Tel. 04.75.07.34.60, Fax 04.75.07.30.27 ☑ ⏳ n.V.

DELAS FRERES Les Launes 1995**

| ■ | k. A. | 80 000 | ■ ⑪ | 30-50 F |

Eine vierwöchige Maischegärung bestimmte die Herstellung dieses Weins, erklärte der Önologe. Die Jury hätte dies, wenn sie es gewußt hätte, vorbehaltlos geglaubt, so dunkel ist die Farbe, so konzentriert der Stoff. Die Tannine zeigen sich ohne Aggressivität und setzen auf Noten von sehr reifen schwarzen Früchten.
↳ Delas Frères, L'Olivet, 07300 Saint-Jean-de-Muzols, Tel. 04.75.08.60.30, Fax 04.75.08.53.67 ☑ ⏳ n.V.
↳ Roederer

DOM. DES ENTREFAUX 1995*

| ■ | 20 ha | 60 000 | ■ ⑪ ♦ | 50-70 F |

Dieses Weingut, ein Stammgast in unserem Weinführer, enttäuscht nie. Tiefe ? Dieser 95er besitzt sie. Die Weinprobe spielt sich nach einem gut durchdachten Szenario ab, auf Komplexität und Ausgewogenheit gegründet. Und die Kulisse ? Gewürze, rote Früchte und Lakritze.

Crozes-Hermitage

☛ Dom. des Entrefaux, quartier de la Beaume, 26600 Chanos-Curson, Tel. 04.75.07.33.38, Fax 04.75.07.35.27 ☑ ☒ n.V.
☛ Tardy et Ange

DOM. DES ENTREFAUX
Le Dessus des Entrefaux 1995*

| | 0,75 ha | 2 700 | ⦙ 50-70 F |

Ein weißer Crozes-Hermitage, der aus dem Dessus des Entrefaux stammt, der Spitzenwein des Guts. Eine säuerliche Note sorgt für die Frische, die aber keineswegs Fülle, Stoff und ein Pfirsich- und Aprikosenaroma ausschließt. Gut als Aperitif.
☛ Dom. des Entrefaux, quartier de la Beaume, 26600 Chanos-Curson, Tel. 04.75.07.33.38, Fax 04.75.07.35.27 ☑ ☒ n.V.

DOM. LA COMBE DU PUY 1995**

| ■ | 2,5 ha | 13 000 | ⦙ 30-50 F |

Dieser 95er, der von Gabriel Meffre vertrieben wird, hat eine sehr schöne Ausgewogenheit und offenbart sich vor allem im Geschmack mit gut verschmolzenen Tanninen und Noten von Sauerkirschen, Leder und Gewürzen von bemerkenswerter Nachhaltigkeit. Er ist schon angenehm, besitzt aber genug Stärke, um etwa vier Jahre altern zu können.
☛ GAEC Michelas, 26600 Mercurol, Tel. 04.90.12.32.42, Fax 04.90.12.32.49

LES VARONNIERS 1994***

| ■ | k. A. | 9 000 | ⦙ 100-150 F |

Récolte 1994 — "Les Varonniers" — CROZES-HERMITAGE — APPELLATION CROZES-HERMITAGE CONTROLÉE — mis en bouteille par M. CHAPOUTIER, 26600 TAIN (FRANCE) — 750ml RED WINE VIN ROUGE — 12.5% alc./vol

Chapoutier hat erstklassige Weine vorgestellt, alle ausgewählt. So etwa den 95er Les Meysonniers in derselben AOC, der mit einem Stern bewertet wurde und drei Jahre altern sollte, und diesen Varonniers, der nur Komplimente erhielt: »ein großer, zukunftsreicher, außergewöhnlicher Wein, was für eine Konzentration«! Der Stoff verführt durch seine gut umhüllten Tannine. Dieser aromatische Crozes-Hermitage betet einen ganzen Rosenkranz aus Noten, die von schwarzen Johannisbeeren bis zu Röstgeruch reichen und mit einem langen, generösen Abgang endet. Leider ist er auf dem Gut nicht mehr erhältlich; man findet ihn in den besten Weinfachhandlungen.
☛ M. Chapoutier, 18, av. Dr-Paul-Durand, 26600 Tain-l'Hermitage, Tel. 04.75.08.28.65, Fax 04.75.08.81.70 ☒ n.V.

GABRIEL MEFFRE Bois Fardeau 1995**

| ■ | 4 ha | 15 000 | ⦙ 30-50 F |

Zwei von diesem Händler ausgebaute, abgefüllte und vertriebene Crozes-Hermitage-Weine, die sehr geschätzt wurden. Der erste, der 95er Les Murières, bekommt einen Stern. Der zweite, Bois Fardeau, erhält den Vorzug wegen seiner sehr jugendlichen Farbe und seines Gewürz- und Fruchtaromas, das im Geschmack nicht mehr zu enden scheint. Dieser besitzt schöne, sehr vielversprechende Tannine.
☛ Gabriel Meffre, 84190 Gigondas, Tel. 04.90.12.32.32, Fax 04.90.12.32.49

DOM. DES PAILLANCHES 1995*

| ■ | k. A. | 25 000 | ⦙ 30-50 F |

Dieser 95er von sehr intensiver roter Farbe besitzt einen animalischen Geruch. Sein schöner Stoff brachte die Jury dazu, ihn als sehr gelungenen Wein zu beurteilen. Der 95er Les Brummelles 95 vom selben Weinhändler, der zwölf Monate im Holzfaß gereift ist, verdient das gleiche Kompliment. Er ist trinkreif.
☛ Ogier, Caves des Papes, 10, av. Louis-Pasteur, BP 75, 84230 Châteauneuf-du-Pape, Tel. 04.90.39.32.32, Fax 04.90.83.72.51 ☑ ☒ tägl. 10h-18h

PASCAL 1995*

| ■ | k. A. | 12 000 | ⦙ 30-50 F |

Vielleicht hat dieser Wein schon seine volle Reife erreicht. Die Note von in Alkohol eingelegten Früchten, die in seinem Aroma dominiert, widerspricht nicht dieser Hypothese. Er ist freigebig und umarmt Sie, wie ein zutrauliches Kind.
☛ Ets Pascal, rte de Gigondas, 84190 Vacqueyras, Tel. 04.90.65.85.91, Fax 04.90.65.89.23

DOM. PRADELLE 1995

| ■ | 12 ha | 70 000 | ⦙ 30-50 F |

Ein 95er, den das Holz nicht verschleiert, so dezent ist der Holzton. Er setzt auf Schlichtheit, von der schillernden, eher hellen Farbe bis zu seinem Abgang, der rote Früchte erkennen läßt. Ein sanfter Wein, der für Ihre Tafel bereitsteht.
☛ GAEC Pradelle, 26600 Chanos-Curson, Tel. 04.75.07.31.00, Fax 04.75.07.35.34 ☑ ☒ Mo-Sa 8h-12h 14h-18h

DOM. DES REMIZIERES
Cuvée particulière 1995*

| ■ | 5,5 ha | 2 000 | ⦙ 30-50 F |

Eine besondere Cuvée für einen besonderen Tag! Die rote Farbe spielt ins Violette. Das Aroma kann nur vom Orient erzählen, von roten und schwarzen Früchten und mannigfaltigen Gewürzen, mit einem Holzton, der die ganze Erzählung über präsent bleibt. Der Körper ist seriös, das Tête-à-tête bezaubernd.
☛ Cave Desmeure Père et Fils, rte de Romans, 26600 Mercurol, Tel. 04.75.07.44.28, Fax 04.75.07.45.87 ☑ ☒ Mo-Sa 8h-12h 14h-19h; So n. V.

TAL DER RHONE

Hermitage

DOM. ROBIN ET FILS 1996
■　　　　　1 ha　　5 000　　(I) 30-50 F

Der erste Wein von Gilles Robin, dessen Vater Genossenschaftsmitglied war und der sich 1996 entschloß, sein eigener Herr zu sein. Er hat gut daran getan, wenn man danach urteilt, denn das Ergebnis ist vielversprechend : dreiwöchige Vinifizierung und am Ende sanfte Tannine. Alle Verkoster haben die Ausgewogenheit und ein Streben nach Komplexität anerkannt, die ihren besten Ausdruck im Duft findet : rote Früchte, leichter Holzton, milde Gewürze. Was den Geschmack angeht, sollte man noch drei Jahre warten. Es bestehen sehr gute Aussichten.
🕭 Gilles Robin, Les Chassis, 26600 Mercurol, Tel. 06.80.01.28.05 ▼ ⊺ n.V.

DOM. SAINT-JEMMS 1995*
□　　　　　3 ha　　k. A.　　■♨ 80-50 F

Für einen 95er nervig ? Er beginnt mit weißen Früchten (Birnen und Pfirsiche) und beschleunigt dann geradlinig und stetig. Paßt zu einem Ravioliauflauf.
🕭 Robert Michelas, Dom. Saint-Jemms, Bellevue-les-Chassis, 26600 Mercurol, Tel. 04.75.08.33.03, Fax 04.75.08.69.80 ▼
⊺ Mo-Sa 9h-12h 13h30-18h ; So 10h-12h

DOM. DE THALABERT 1995***
■　　　　　35 ha　　k. A.　　(I) 70-100 F

[Etikett: CROZES HERMITAGE, Appellation Crozes Hermitage Contrôlée, Domaine de Thalabert, PAUL JABOULET AÎNÉ]

Dieses Weingut, das im Besitz der Jaboulets ist, gehört zu den berühmtesten im Rhône-Tal. Dieser 95er ist ganz einfach superb. Intensität ist sein dominierender Charakterzug : Farbe von schwarzen Kirschen, Duft nach gekochten Früchten mit einem Hauch von Tiergeruch und ein Geschmack, in dem sich alles wiederfindet, von einer würzigen Note begleitet. Ein Crozes-Hermitage mit umhüllten Tanninen.
🕭 Paul Jaboulet Aîné, Les Jalets, R.N. 7, B.P. 46, 26600 La Roche-de-Glun, Tel. 04.75.84.68.93, Fax 04.75.84.56.14 ▼ ⊺ n.V.

J. VIDAL-FLEURY 1995
□　　k. A.　　k. A.　　(I) 50-70 F

Hellgelbe Farbe mit klaren Reflexen. Ein 95er, der sich auf duftigen Bahnen bewegt, an kandierte Orangen und Quitten erinnernd. 100 % Marsanne - er bietet viel lieblichen Charakter.
🕭 J. Vidal-Fleury, 19, rte de la Roche, 69420 Ampuis, Tel. 04.74.56.10.18, Fax 04.74.56.19.19 ▼ ⊺ n.V.

Hermitage

Der Hermitage-Hügel, der eine sehr gute Südlage hat, befindet sich nordöstlich von Tain-l'Hermitage. Weinbau wurde hier zwar schon im 4. Jh. v. Chr. getrieben ; doch den Namen der Appellation führt man auf den Ritter Gaspard de Sterimberg zurück, der nach der Rückkehr vom Kreuzzug gegen die Albigenser im Jahre 1224 beschloß, sich von der Welt zurückzuziehen. Er errichtete hier eine Einsiedelei (französisch »ermitage«), machte das Land urbar und pflanzte Reben an.

Die Anbaufläche der Appellation umfaßt 126 ha. Das Bergmassiv von Tain besteht im Westen aus Quarzsand, einem idealen Boden für die Erzeugung von Rotweinen (Reblage les Bessards). Im östlichen und südlichen Teil des Hügels, wo Geröll und Löß die Böden bilden, liegen die Anbauzonen, die sich für die Erzeugung von Weißweinen eignen (les Rocoules, les Murets).

Der rote Hermitage ist ein sehr großer Wein, der tanninreich und extrem aromatisch ist ; er muß fünf bis zehn, teilweise sogar zwanzig Jahre altern, bevor er ein Bukett von seltener Reichhaltigkeit und Qualität entfaltet. Es handelt sich bei ihm also um einen großen, lagerfähigen Wein, den man mit einer Temperatur von 16 bis 18 °C zu Wild oder rotem Fleisch mit kräftigem Geschmack serviert. Der weiße Hermitage (aus den Rebsorten Roussanne und vor allem Marsanne) ist ein sehr feiner Wein mit wenig Säure, der geschmeidig, füllig und sehr duftig ist. Man kann ihn schon im ersten Jahr nach der Lese trinken, aber seine volle Entfaltung erreicht er erst nach fünf bis zehn Jahren. Doch die großen Jahrgänge, Weißweine ebenso wie Rotweine, können auch eine Lagerung von 30 bis 40 Jahren verkraften.

LAURENT CHARLES BROTTE 1994
□　　k. A.　　k. A.　　■♨ 100-150 F

War die Jury der Hermitage-Weine sehr streng, oder ist dieser Jahrgang recht heikel ? Dieser Wein hat die Prüfung bestanden, trotz seines heute alkoholischen Charakters, weil die Verkoster der Meinung sind, daß ihm die Alterung guttun wird. Der dominierende Holzton dürfte sich integrieren.

🕭 Laurent-Charles Brotte, rte d'Avignon,
84230 Châteauneuf-du-Pape,
Tel. 04.90.83.70.07, Fax 04.90.83.74.34 ▼ ⊤ n.V.

CHANTE-ALOUETTE 1995**

| □ | k. A. | k. A. | ⦅⦆ 150-200 F |

Sie werden diesen blaßgoldenen Chante-Alouette mit Ungeduld erwarten. Gehaltvoll, frisch, elegant über einem Aroma von Haselnüssen, Früchten und Blüten, nicht zu stark durch das Faß geprägt. Er wird seinem internationalen Ansehen gerecht.
🕭 M. Chapoutier, 18, av. Dr-Paul-Durand, 26600 Tain-l'Hermitage, Tel. 04.75.08.28.65, Fax 04.75.08.81.70 ▼ ⊤ n.V.

DOM. J.-L. CHAVE 1994**

| ■ | k. A. | k. A. | ⦅⦆ 100-150 F |

Sie sind selten, die Weine, deren Herkunft man bei einer Blindprobe erraten kann. Dennoch hat sich die Jury nicht geirrt, als sie die »Handschrift eines Chave« erkannte. Die Konzentration, der animalische Geruch und die Gewissenhaftigkeit, die von diesem 94er ausgehen, tragen die Handschrift des Erzeugers.
🕭 Jean-Louis Chave, 37, av. du Saint-Joseph, 07300 Mauves, Tel. 04.75.08.24.63, Fax 04.75.07.14.21
🕭 Gérard Chave

PASCAL 1993

| ■ | k. A. | 4 000 | ▮⦅⦆⦄ 50-70 F |

Man ist erstaunt über den Preis dieses roten 93er Hermitage. Dennoch ist die Meinung einmütig: Dichte, Eleganz, Fülle, Ausgewogenheit und Fruchtigkeit bei diesem sehr gelungenen Wein, der unter 22 vorgestellten Weinen berücksichtigt wurde.
🕭 Ets Pascal, rte de Gigondas,
84190 Vacqueyras, Tel. 04.90.65.85.91,
Fax 04.90.65.89.23

DOM. DES REMIZIERES 1994*

| □ | 0,6 ha | k. A. | ⦅⦆ 70-100 F |

100 % Marsanne. Dieser Wein zeigt eine interessante Lagerfähigkeit. Er ist beim ersten Riechen sehr zurückhaltend und entfaltet sich dann, nach der Belüftung, mit Honig- und Akazienblütennoten sowie einem verschmolzenen Holzton. Der füllige, ausgewogene Geschmack bietet eine gewisse Komplexität. Der Gesamteindruck garantiert ihm eine gute Benotung.
🕭 Cave Desmeure Père et Fils, rte de Romans, 26600 Mercurol, Tel. 04.75.07.44.28,
Fax 04.75.07.45.87 ▼ ⊤ Mo-Sa 8h-12h 14h-19h ;
So n. V.

CAVE DE TAIN L'HERMITAGE
Les Nobles Rives 1994**

| □ | 31 ha | k. A. | ▮⦄ 70-100 F |

Dieser weiße Hermitage in einem schwierigen Jahrgang bestätigt die Qualität der Genossenschaftskellerei von Tain. Die Jury schrieb : »Hut ab !« So sehr wurde sie verführt von der schönen strohgelben Farbe, dem Honig- und Blütenduft und dem überaus füllingen, runden Geschmack. Man wird noch lange Zeit mehr davon haben wollen ...

🕭 Cave de Tain-l'Hermitage, 22, rte de Larnage, B.P. 3, 26600 Tain-l'Hermitage, Tel. 04.75.08.20.87, Fax 04.75.07.15.16 ▼ ⊤ n.V.

Cornas

Die Appellation (75 ha) erstreckt sich gegenüber von Valence allein auf die Gemeinde Cornas. Die auf ziemlich steilen Hängen liegenden Böden bestehen aus Quarzsand und werden durch kleine Mauern vor dem Abrutschen geschützt. Der Cornas ist ein männlicher, kräftig gebauter Rotwein, der mindestens drei Jahre altern muß (aber manchmal viel länger lagern kann), damit er sein fruchtiges und würziges Aroma zu rotem Fleisch und Wild entfalten kann.

CHAMPELROSE 1995**

| ■ | 1 ha | 4 000 | ⦅⦆ 70-100 F |

Noch einmal die Courbis ! Und diesmal die höchste Belohnung, und das spielend erreicht. Die samtrote Farbe kündigt die in Alkohol eingelegten Früchte des Buketts an. Der leichte, elegante Holzton krönt das Ganze. Der Geschmack ist prächtig, rund und seidig, von bemerkenswerter Länge.
🕭 Maurice et Dominique Courbis, Les Ravières, 07130 Châteaubourg,
Tel. 04.75.40.32.12, Fax 04.75.40.25.39 ▼
⊤ Mo-Sa 9h-12h 14h-18h ; So n. V.

LAURENT COURBIS 1994

| ■ | 1 ha | k. A. | ⦅⦆ 70-100 F |

Ein kleiner Gutsbesitzer, der hier im Weinführer auftaucht, aber das ist kein Zufall, denn man erfährt, daß die GAEC des Ravières die Vinifizierung übernimmt : Familienbande ! Ein Hektar Reben seit 1993, und nun dieser 94er, der sich nicht schlecht präsentiert ! Der Wildgeruch erinnert an das feuchte Fell eines Hasen. Er besitzt eine rustikale Seite mit einem Duft von sonnenverbranntem Schiefer (Meinung des Verkosters !). Sehr schönes Alterungspotential
🕭 Laurent Courbis, Le Village, 07130 Châteaubourg

Cornas

DUMIEN-SERRETTE 1995

■ 1,3 ha 3 500 ⓘ 50-70F

Ein noch etwas zurückhaltender 95er. Schwierig zu sagen, ob er leicht oder robust ist. Seine Farbe ist kräftig, sein Duft weniger intensiv, entfaltet aber dennoch schwarze Johannisbeeren und Himbeeren. Der Geschmack ist ohne Aggressivität, eher rund und stützt sich auf eine hübsche Frucht, ziemlich frisch. Der Holzton dominiert nicht. Ein schon gefälliger Wein. Die Jury fragt sich : Wird er noch größer ?

⚐ Dumien-Serrette, 18, rue du Ruisseau, 07130 Cornas, Tel. 04.75.40.41.91, Fax 04.75.40.41.91 ☑ ⏳ tägl. 9h-19h

NOEL ET JOEL DURAND 1995*

■ 2,5 ha k. A. ■♨ 70-100F

Ein Einstand im letzten Jahr mit einem 94er, den dieser 95er bestätigt : »Auch wenn dieser Wein nicht die Gipfel des Himalaya erklimmt, besteht er doch gut die Prüfung der Weinprobe«, notierte ein Juror. Er besitzt ein Aroma von vollreifen schwarzen Johannisbeeren. Seine sanften Tannine sorgen für eine elegante Ausgewogenheit. Das Auge wird auch nicht enttäuscht.

⚐ Noël et Joël Durand, GAEC du Lautaret, imp. de la Fontaine, 07130 Châteaubourg, Tel. 04.75.40.46.78, Fax 04.75.40.29.77 ☑ ⏳ n.V.

CAVES DU FOURNALET
Les Reillots 1994

■ k. A. 15 000 ⓘ 50-70F

Das 1854 gegründete Haus Ogier fusionierte 1980 mit der Bessac-Gruppe. Obwohl es seinen Sitz in Châteauneuf-du-Pape hat, interessiert es sich für die nördlichen AOCs. Sie hat hier einen Wein ausgesucht, der zwar trinkreif ist, auch wenn ihm sein an »Eingeweide« erinnernder Geruch einen rustikalen Charakterzug verleiht. Die Farbe enthüllt einige Entwicklungsnoten, während sich der Geschmack rund und seidig zeigt.

⚐ Ogier, Caves des Papes, 10, av. Louis-Pasteur, BP 75, 84230 Châteauneuf-du-Pape, Tel. 04.90.39.32.32, Fax 04.90.83.72.51 ☑ ⏳ tägl. 10h-18h

PAUL JABOULET AINE 1995*

■ 80 ha k. A. ⓘ 70-100F

Die Gewissenhaftigkeit dieser Rhône-Firma steht außer Frage. Dieser Cornas zeugt von ihrem Können. Rubinrote Farbe. Daß er achtzehn Monate im Holzfaß verbracht hat, zeigt er durch seinen Röstgeruch über einem Vanillearoma. Seine Jugendlichkeit kommt im Geschmack zum Ausdruck mit einer leicht pflanzlichen Note, die die Jahre beseitigen werden. Gut gebaut.

⚐ Paul Jaboulet Aîné, Les Jalets, R.N. 7, B.P. 46, 26600 La Roche-de-Glun, Tel. 04.75.84.68.93, Fax 04.75.84.56.14 ☑ ⏳ n.V.

LA SABAROTTE 1995*

■ 1 ha 3 500 ⓘ 100-150F

Man findet die Courbis in den verschiedenen Auflagen unseres Weinführers. Sie stellen dieses Jahr eine Cuvée vor, die von alten Rebstöcken mit niedrigen Erträgen stammt, auf einem ostsüdöstlich ausgerichteten Hang angepflanzt. Ein Spitzenwein für die AOC. Dieser Wein präsentiert sich in einem schönen Purpurrot und entfaltet einen Duft von sehr reifen, von der Sonne gekochten roten Früchten (beachten Sie das Bemühen unserer Verkoster um Genauigkeit). Die noch jugendlichen Tannine beeinträchtigen am Ende den Genuß, aber die Harmonie wird sich einstellen.

⚐ Maurice et Dominique Courbis, Les Ravières, 07130 Châteaubourg, Tel. 04.75.40.32.12, Fax 04.75.40.25.39 ☑ ⏳ Mo-Sa 9h-12h 14h-18h ; So n. V.

ROBERT MICHEL
Cuvée des Coteaux 1994

■ 5 ha k. A. ■ⓘ♨ 70-100F

Der Jahrgang verpflichtet. Dieser 94er wurde als leicht, voll in der Entwicklung begriffen beurteilt. Das schmälert in keiner Weise seine Qualitäten : klar, in seiner strahlenden Farbe ebenso wie im Geruch und im Duft. Er besitzt ein paar schöne Trümpfe, darunter eine Mischung animalischer Noten und Nuancen von schwarzen Johannisbeeren.

⚐ Robert Michel, 19, Grande-Rue, 07130 Cornas, Tel. 04.75.40.38.70, Fax 04.75.40.58.57 ☑ ⏳ n.V.

DOM. DE ROCHEPERTUIS 1994

■ k. A. 14 000 ⓘ 70-100F

Für einen Cornas eine leichte Farbe. Die Sanftheit überwiegt. Der Duft nach in Alkohol eingelegten Früchten ist gelungen. Die feinen Tannine veranlassen zu der Ansicht, daß dieser Wein trinkreif ist. Er kann rotes Fleisch begleiten.

⚐ Jean Lionnet, 48, rue de Pied-la-Vigne, 07130 Cornas, Tel. 04.75.40.36.01, Fax 04.75.81.00.62 ☑ ⏳ n.V.

TARDIEU-LAURENT
Vieilles vignes 1995**

■ k. A. 900 ⓘ 150-200F

Für eine Überraschung ist es eine Überraschung. Dieser ganz kleine Weinhändler, der sich als »handwerklicher Betrieb« präsentiert, setzt auf Qualität. Er hat uns diesen holzbetonten, stoffreichen Cornas geliefert. Seine dichte schwarze Farbe und sein sehr animalischer Geruch, der mit der Zeit ein komplexeres Aroma entfalten dürfte, haben unsere Jury verführt, die ihm eine schöne Zukunft voraussagt.

⚐ Tardieu-Laurent, chem. de la Marquette, 84360 Lauris, Tel. 04.90.08.32.07, Fax 04.90.08.41.11 ☑ ⏳ n.V.

Gigondas

J.-L. ET F. THIERS 1994*

| ■ | 0,5 ha | 2 000. | ◨ | 50-70 F |

Für einen 94er besitzt er Körper! Dieser lagerfähige Wein ist kräftig und strukturiert, aber nicht im Übermaß. Sein schönes, seidiges Gerüst umhüllt ein Aroma, das an in Alkohol eingelegte rote Früchte erinnert.
⌬ EARL du Biguet, Cave Thiers,
07130 Toulaud, Tel. 04.75.40.49.44,
Fax 04.75.40.33.03 ✓ ⊥ n.V.

Saint-Péray

Das gegenüber von Valence gelegene Anbaugebiet von Saint-Péray (58 ha) wird von den Ruinen der Burg Crussol überragt. Ein Mikroklima, das kühler als in der Umgebung ist, und Böden, die reicher als in der restlichen Region sind, begünstigen die Erzeugung trockener Weine, die mehr Säure und einen geringeren Alkoholgehalt besitzen und sich bemerkenswert gut für die Herstellung von Blanc-de-Blancs-Schaumweinen nach der traditionellen Methode (Flaschengärung) eignen. Diese Schaumweine machen übrigens den Hauptteil der Produktion der Appellation aus und gehören zu den besten Schaumweinen Frankreichs. In diesem Jahr ist keiner davon ausgewählt worden.

DOM. DE FAUTERIE 1995

| ☐ | 4,5 ha | 10 000 | ■ ♦ | 30-50 F |

Von einem Quarzsandboden stammt dieser Wein mit der etwas kräftigen Farbe und dem Bienenwachsduft, der an die gut eingewachsenen Großmutterschränke erinnert! Lebhaft, aber nicht zu sehr. Er bietet eine schöne Länge.
⌬ Sylvain Bernard, Dom. de Fauterie,
07130 Saint-Péray, Tel. 04.75.40.46.17,
Fax 04.75.81.06.60 ⊥ n.V.

BERNARD GRIPA 1995**

| ☐ | 1 ha | 5 000 | ■◨♦ | 50-70 F |

Die Jury hat einmütig den Erfolg dieses 95ers begrüßt, der teils im Gärtank, teils sechs Monate lang im Holzfaß ausgebaut worden ist. Das Holz hat ihm eine schöne, kräftige gelbe Farbe und gut verschmolzene Vanillenoten verliehen, die während der gesamten Weinprobe anhalten. Fülle, mit einem Hauch von Lebhaftigkeit verbunden. Ein eleganter Wein, den man jetzt trinken sollte.
⌬ Bernard Gripa, 5, av. Ozier, 07300 Mauves,
Tel. 04.75.08.14.96, Fax 04.75.07.06.81 ✓ ⊥ n.V.

CAVE DE TAIN L'HERMITAGE
Les Nobles Rives 1995*

| ☐ | 24 ha | k. A. | ■ ♦ | 30-50 F |

Diesmal kein Schaumwein. Die Jury hat dieses Jahr nur 95er berücksichtigt, die zu Geflügel mit Sahnesauce oder zu Krustentieren passen. Dieser hier bietet einen schönen Eindruck von Harmonie, von der blaßgrünen Farbe über den Duft weißer Blüten und den recht lebhaften Geschmack bis zur langen Nachhaltigkeit. Ein Saint-Péray, der dieses Namens würdig ist.
⌬ Cave de Tain-l'Hermitage, 22, rte de Larnage, B.P. 3, 26600 Tain-l'Hermitage,
Tel. 04.75.08.20.87, Fax 04.75.07.15.16 ✓ ⊥ n.V.

J.-L. ET F. THIERS 1995*

| ☐ | 1 ha | 4 000 | ■ ♦ | 30-50 F |

Die Thiers haben diesen sehr hübschen Wein ausschließlich aus Roussanne-Trauben erzeugt, die am 15. September 1995 gelesen wurden. Die blaßgrüne Farbe und der Duft nach weißen Blüten (Weißdorn) zeigen seine Eleganz. Der Geschmack ist hier alt gehalten, frisch und gutgebaut, sehr jugendlich.
⌬ EARL du Biguet, Cave Thiers,
07130 Toulaud, Tel. 04.75.40.49.44,
Fax 04.75.40.33.03 ✓ ⊥ n.V.

Gigondas

Das berühmte Weinbaugebiet von Gigondas, das am Fuße der erstaunlichen Dentelles de Montmirail liegt, umfaßt lediglich die Gemeinde Gigondas; es wird von einer Reihe von Hügeln und kleinen Tälern gebildet. Der Weinbau ist hier sehr alt, aber seine eigentliche Entwicklung begann im 14. Jh. (Reblagen le Colombier und les Bosquets) auf Betreiben von Eugène Raspail. Gigondas wurde zunächst als Côtes du Rhône und danach 1966 als Côtes du Rhône-Villages eingestuft, ehe es 1971 eine eigene Appellation erhielt, die fast 1 200 ha umfaßt.

Aufgrund der Besonderheiten der Bodenbeschaffenheit und des Klimas sind die Gigondas-Weine (40 000 hl) zum größten Teil Rotweine mit sehr hohem Alkoholgehalt, die kraftvoll, kräftig gebaut

Gigondas

und wohlausgewogen sind, dabei aber ein feines Aroma besitzen, in dem sich Lakritze, Gewürze und Steinobst vermischen. Die gut zu Wild passenden Weine reifen langsam und können ihre Qualitäten viele Jahre lang bewahren. Es gibt auch einige Roséweine, die kraftvoll und alkoholreich sind.

DOM. DES BOSQUETS 1995

	27 ha	106 000		30-50 F

Dieses Gut wechselt alle hundert Jahre den Besitzer ! Und es mußte 350 Jahre warten, bis es seinen eigenen Keller hatte ! Dieser 95er ist somit der erste Jahrgang, der im ganz neuen Keller hergestellt worden ist, ein Keller, der technischen Fortschritt und traditionelles Gepräge verbindet. Das Ergebnis verheißt Gutes : wohlausgewogen, rund und lang im Geschmack. Dieser Wein dürfte sein gesamtes Potential in ein bis zwei Jahren entfalten.
🕿 Sylvette Brechet, Dom. des Bosquets, 84190 Gigondas, Tel. 04.90.83.70.31, Fax 04.90.83.51.97 ✓ ☥ n. V.

DOM. BRUSSET
Les Haûts de Montmirail Fût de chêne 1995*

	7 ha	22 000		70-100 F

Der Weinberg dieses Guts befindet sich auf Terrassen, die nach Süden liegen. Diese Cuvée kommt von den obersten Stufen. Die Wirkung der Zeit dürfte den Einfluß des Holzes verfeinern, das diesen 95er von den Hauts de Montmirail noch sehr stark prägt. Die Farbe ist tief und schimmert bläulichrot. Das feste, noch sehr holzbetonte Gerüst besitzt eine schöne Zukunft.
🕿 SA Dom. Brusset, 84290 Cairanne, Tel. 04.90.30.82.16, Fax 04.90.30.73.31 ✓ ☥ n.V.

DOM. DES ESPIERS
Cuvée Tradition 1995*

	2 ha	9 000		50-70 F

Dieser Wein wurde zu früh bei der Weinprobe vorgestellt, seinem Charakter nach zu urteilen, den das Holz hart gemacht hat. Aber die Jury setzt ihr Vertrauen in ihn, denn das Gerüst ist solide und reichhaltig genug, damit die Tannine vom Holz und vom Wein ihre Ausgewogenheit finden und mit der Zeit einen stärker entfalteten und für die Appellation repräsentativeren Charakter zeigen.
🕿 Philippe Cartoux, Dom. des Espiers, 84190 Vacqueyras, Tel. 04.90.65.81.16, Fax 04.90.65.81.16 ✓ ☥ n.V.

CAVE DE GIGONDAS
Cuvée du Président 1995*

	10 ha	40 000		30-50 F

Die Cuvée Signature, im Holzfaß ausgebaut und deshalb ein wenig teurer, und diese Cuvée du Président, beide von der Genossenschaftskellerei von Gigondas hergestellt, sind von der Jury mit derselben Note bewertet worden. Die Kommentare sind sich ziemlich ähnlich und betonen die Feinheit des Aromas von roten Früchten und die Rundheit der Struktur der beiden schon trinkreifen Gigondas-Weine.
🕿 Cave des Vignerons de Gigondas, 84190 Gigondas, Tel. 04.90.65.86.27, Fax 04.90.65.80.13 ✓ ☥ n.V.

DOM. DU GRAND BOURJASSOT
1995*

	2 ha	k. A.		50-70 F

Dieser bläulichrote 95er bietet ein fülliges, wohlausgewogenes Gerüst mit noch sehr deutlich spürbaren Tanninen. Kirschen, schwarze Johannisbeeren und Feuerstein finden sich in einem reichhaltigen Bukett, aber noch zurückhaltend. Zwei Jahre altern lassen.
🕿 Pierre Varenne, quartier Les Parties, 84190 Gigondas, Tel. 04.90.65.88.80, Fax 04.90.65.89.38 ✓ ☥ tägl. 10h-19h

DOM. DU GRAPILLON D'OR 1994**

	14 ha	35 000		50-70 F

Dieser 94er Gigondas verführt durch seine Feinheit und seine Eleganz. Er läßt zwar nicht die Muskeln spielen, besitzt aber dafür eine sehr ausgewogene Struktur mit einem an Garrigue, Leder, Backpflaumen und Unterholz erinnernden Aroma. Seine Rundheit und seine Länge sind exzellente Vorzeichen, was seine Zukunft betrifft. Man kann ihn trinken oder unbesorgt lagern.
🕿 Bernard Chauvet, le Péage Gigondas, 84190 Gigondas, Tel. 04.90.65.86.37, Fax 04.90.65.82.99 ✓ ☥ tägl. 8h-12h 13h30-18h

LA BASTIDE SAINT-VINCENT 1994**

	6 ha	8 000		50-70 F

Man weiß nicht, wo man bei den Kommentaren der Jury beginnen soll, so sehr hat dieser Wein alle Sinne unserer Verkoster entzückt. Die Farbe ist tief, strahlend. Der Geruch vermischt animalische Noten und Nuancen von Leder und schwarzen Früchten. Der Geschmack ist von beeindruckender Länge und Stärke, mit feinen, vielversprechenden Tanninen. Aber Sie sollten warten können - mindestens fünf Jahre.
🕿 Guy Daniel, La Bastide Saint-Vincent, rte de Vaison, 84150 Violès, Tel. 04.90.70.94.13, Fax 04.90.70.96.13 ✓ ☥ tägl. 8h30-19h ; 1.-15. Jan., 15.-15. Okt. geschlossen

DOM. LA BOUISSIERE 1994

	7,5 ha	10 000		50-70 F

Der 94er der Domaine La Bouïssière ist eher rustikal. Auch wenn der Duft schon von schöner Komplexität ist, mit Noten von Früchten, Gewürzen und Leder, so ist der Geschmack noch sehr stark durch die Tannine geprägt.
🕿 Geneviève Faravel, rue du Portail, 84190 Gigondas, Tel. 04.90.65.87.91, Fax 04.90.65.82.16 ✓ ☥ tägl. 9h-19h

DOM. DE LA DAYSSE 1995**

	15 ha	55 000		50-70 F

Die Domaine de La Daysse, die ihre Anbaufläche lange Zeit zwischen den Reben und den Olivenbäumen aufteilte, hat sich schließlich für den Wein entschieden, und diese Entscheidung war klug. Dieser Wein bezeugt es durch seine füllige, ausgewogene Struktur, die durch ein

Gigondas

kräftiges Aroma von schwarzen Früchten und Gewürzen ergänzt wird.
🍷 SCEA des Domaines Jack Meffre et Fils, 84190 Gigondas, Tel. 04.90.12.32.42, Fax 04.90.12.32.49

LA FONT BOISSIERE 1995*

| | 9 ha | 30 000 | | 50-70 F |

Dieser Wein stammt aus Parzellen, die sich in unterschiedlichen Höhen auf den Hängen der Dentelles de Montmirail befinden. Er besitzt ein sehr interessantes Potential. Das Aroma ist durch die Syrah-Rebe geprägt und enthält Noten von Tiergeruch. Im Geschmack hinterlassen die schon verschmolzenen Tannine einen Eindruck von Fülle.
🍷 Gabriel Meffre, Le Village, 84190 Beaumes-de-Venise, Tel. 04.90.12.32.32, Fax 04.90.12.32.49

MOULIN DE LA GARDETTE
Cuvée Marie-Elisabeth Morawetz 1996

| | 1 ha | 2 400 | | 50-70 F |

Moulin de la Gardette hat uns einen Rotwein und einen Rosé präsentiert, die beide eine lobende Erwähnung der Jury erhalten haben. Der rote 94er besitzt eine schöne, intensive karminrote Farbe und ist ziemlich jugendlich geblieben. Er bietet gut verschmolzene Tannine und Holznoten, zu denen ein Hauch von roten Früchten hinzukommt. Der 96er Rosé hingegen ist sehr feminin mit viel Frische, Feinheit und einem leicht alkoholischen Geruch.
🍷 Jean-Baptiste Meunier, moulin de la Gardette, pl. de la Mairie, 84190 Gigondas, Tel. 04.90.65.81.51, Fax 04.90.65.86.80 ☑ ⏱ n.V.

DOM. DE LA MAVETTE
Cuvée Prestige 1995*

| | 6,35 ha | • | 5 000 | | 50-70 F |

Fest und fleischig, ein lagerfähiger Wein mit dem Aroma von in Alkohol eingelegten Früchten und Backpflaumen, der die Appellation gut vertritt. Lassen Sie ihm die Zeit, sich noch zu entwickeln, und genießen Sie ihn in drei bis fünf Jahren zu einem Wildschwein- oder Rehragout.
🍷 EARL Lambert et Fils, Dom. de la Mavette, 84190 Gigondas, Tel. 04.90.65.85.29, Fax 04.90.65.87.41 ☑ ⏱ n.V.

DOM. DE LA TOURADE
Font des aïeux 1995**

| | 2,5 ha | 12 000 | | 50-70 F |

Ein traditioneller, schwerer Gigondas, der noch schöne Tage vor sich hat. Warm, füllig und lang im Geschmack. Er entspricht ganz dem Stil der Appellation und paßt hervorragend zu Wild und rotem Fleisch.
🍷 EARL André Richard, Dom. de la Tourade, 84190 Gigondas, Tel. 04.90.70.91.09, Fax 04.90.70.96.31 ☑ ⏱ tägl. 9h-19h

DOM. LES GOUBERT
Cuvée Florence 1994**

| | k. A. | k. A. | | 70-100 F |

Die strahlende, tiefe Farbe dieses 94ers verspricht eine schöne Verkostung. Nach einem vierzehnmonatigen Ausbau im Holzfaß dominiert das Aroma von Holz, Leder und Backpflaumen und verschmilzt mit einem noch sehr jugendlichen Gerüst. Eine vier- bis fünfjährige Alterung dürfte es diesem Wein ermöglichen, sich völlig zu entfalten.
🍷 Dom. Les Goubert, 84190 Gigondas, Tel. 04.90.65.86.38, Fax 04.90.65.81.52 ☑ ⏱ Mo-Sa 9h-12h 14h-19h ; So n. V.
🍷 Jean-Pierre Cartier

DOM. LES TEYSSONNIERES 1995*

| | 10 ha | 45 000 | | 30-50 F |

Die Tanninstruktur dieses Weins muß noch verschmelzen, aber sie ist sehr vielversprechend, zumal das Aroma schon da ist, mit Noten von gekochten Früchten und Lakritze.
🍷 Evelyne et Franck Alexandre, GAEC Dom. Les Teyssonnières, 84190 Gigondas, Tel. 04.90.65.86.39, Fax 04.90.65.82.50 ☑ ⏱ n.V.

LES VINS DU TROUBADOUR
Cuvée des Vieilles vignes 1995**

| | k. A. | 15 000 | | 50-70 F |

Diese Cuvée aus alten Grenache- und Syrah-Rebstöcken, die im Eichenholzfaß ausgebaut worden ist, hat die Jury durch ihre granatrote, violett schimmernde Farbe verführt. Seine kräftige, harmonisch verschmolzene Tanninstruktur weist auf gute Lagerfähigkeiten hin.
🍷 Cave des vignerons de Vacqueyras, 84190 Vacqueyras, Tel. 04.90.65.84.54, Fax 04.90.65.81.32 ☑ ⏱ n.V.

CH. DE MONTMIRAIL
Cuvée de Beauchamp 1995*

| | 30 ha | 50 000 | | 50-70 F |

Dieser Wein präsentiert sich gut, mit einer tiefen Purpurfarbe. Der Geruchseindruck bleibt zwar noch ein wenig zurückhaltend, aber der Geschmack ist viel überzeugender, klar und von bemerkenswerter Nachhaltigkeit.
🍷 Archimbaud et Bouteiller, Ch. de Montmirail, B.P. 12, 84190 Vacqueyras, Tel. 04.90.65.86.72, Fax 04.90.65.86.72 ☑ ⏱ Mo-Sa 8h-12h 14h-18h30 ; So n. V.

CH. RASPAIL 1995**

| | 42 ha | 160 000 | | 30-50 F |

Der Verkauf einer griechischen Statue, die in Vaison-la-Romaine gefunden worden war, an das Britische Museum erlaubte es Eugène Raspail, 1866 dieses Château zu bauen. Gehen wir nicht so weit, diesen 95er als Museumsstück zu bezeichnen, aber er ist bemerkenswert aufgrund seiner stattlichen, kräftigen Statur, die sich über einem Aroma ausdehnt, das Noten von Tiergeruch mit sehr reifen Früchten vermischt.
🍷 Christian Meffre, Ch. Raspail, 84190 Gigondas, Tel. 04.90.65.88.93, Fax 04.90.65.88.96 ☑ ⏱ Mo-Fr 8h-12h 13h30-17h30

DOM. RASPAIL-AY 1995

| | 16 ha | 35 000 | | 30-50 F |

Dei Familie Raspail-Ay bewirtschaftet das Gut seit drei Generationen. Es ist überflüssig, mehrere Jahre zu warten, um diesen 95er Gigondas zu genießen, der schon durch seine Rundheit und sein Gewürz- und Lakritzearoma - Hinweise auf einen Ausbau im großen Holzfaß - verführt.

Vacqueyras

🍇 Dominique Ay, Dom. Raspail-Ay,
84190 Gigondas, Tel. 04.90.65.83.01,
Fax 04.90.65.89.55 ✉ ☕ Mo-Sa 9h30-12h30
14h-19h

CH. REDORTIER 1995**

| ■ | 5 ha | 18 000 | 🍾🥂 50-70F |

Die Tannine sind deutlich spürbar, aber edel : Sie verleihen ein interessante Struktur, die sich über einem Aroma von roten Früchten und Gewürzen entwickelt. Warm und voller Rundheit. Diesen hübschen Wein kann man schon servieren, wenn der Weinführer erscheint.

🍇 GAEC de Menthon, Ch. Redortier,
84190 Suzette, Tel. 04.90.62.96.43,
Fax 04.90.65.03.38 ✉ ☕ n.V.

CH. DE SAINT COSME Valbelle 1995**

| ■ | 3 ha | k. A. | 🍷 70-100F |

[Etikett: CHÂTEAU DE SAINT COSME 1995 "Valbelle" GIGONDAS Appellation Gigondas Contrôlée - Mis en Bouteille au Château - EARL BARRUOL Propriétaire-Récoltant à Gigondas 84190 France - Product of France]

Château de Saint-Cosme bietet sehr viele interessante Dinge : eine galloromanische Stätte, eine Kapelle aus dem 12. Jh. und diese 95er Cuvée Valbelle, die von der Jury einstimmig zum Lieblingswein gewählt wurde. Die Kommentare sind beredt : intensive rubinrote Farbe, schon komplexes, würziges, holzbetontes Aroma. Die Tannine sind verschmolzen, die Länge im Geschmack ist bemerkenswert. Der einjährige Ausbau im Eichenholzfaß ist gelungen und dürfte diesem Wein eine harmonische Entwicklung garantieren.

🍇 Ch. de Saint Cosme, Louis Barruol,
84190 Gigondas, Tel. 04.90.65.86.97,
Fax 04.90.65.81.05 ✉ ☕ tägl. 8h30-12h 13h30-19h

DOM. SAINTE ANNE 1995*

| ■ | 5 ha | 23 000 | 🍾 50-70F |

Während der gesamten Weinprobe bestätigt der 95er Domaine Sainte Anne den Eindruck von Stärke, den seine violett schimmernde Granatfarbe erweckt. Füllig und warm, mit einem Aroma von roten Früchten und Gewürzen. Dieser Wein dürfte sich mit der Zeit entfalten.

🍇 Robert Devin, Dom. Sainte-Anne,
84190 Gigondas, Tel. 04.90.12.32.42,
Fax 04.90.12.32.49

DOM. SAINT GAYAN 1993*

| ■ | 16 ha | 50 000 | 🍾 50-70F |

Nach einem dreijährigen Ausbau im großen Holzfaß und im Gärtank und einer gewissenhaften Behandlung sorgt dieser 93er für vielfältigen Genuß : Die Farbe ist noch intensiv und enthält ein paar ziegelrote Reflexe. Die Komplexität des Aromas, mit Röst- und Lakritznoten, setzt sich in einer fülligen, harmonisch verschmolzen Struktur fort. Dem muß man nichts mehr hinzufügen - also hinein damit in Ihr Glas !

🍇 EARL Jean-Pierre et Martine Meffre, Dom.
Saint Gayan, 84190 Gigondas,
Tel. 04.90.65.86.33, Fax 04.90.65.85.10 ✉
☕ Mo-Sa 9h-11h45 14h-19h

DOM. SANTA DUC
Prestige des Hautes Garrigues 1995***

| ■ | 3 ha | 14 000 | 🍷 70-100F |

Der Domaine Santa Duc, deren 94er im letzten Jahr zum Lieblingswein gewählt wurde, fehlte nur wenig an der Wiederholung dieses Erfolgs durch ihre Cuvée Prestige des Hautes Garrigues. Die Jury erkennt ihr jedoch drei Sterne zu, um damit ihr schönes Gerüst und ihre außerordentliche Nachhaltigkeit auszuzeichnen. Dieser Wein stammt aus einem Verschnitt von Trauben alter Rebstöcke, Grenache und Mourvèdre (20 %) und ist noch durch seinen Ausbau im Holzfaß geprägt. Er besitzt ein starkes Potential und verdient, daß man ihn einige Zeit altern läßt.

🍇 EARL Edmond Gras et Fils, Dom. Santa Duc, Les Hautes Garrigues, 84190 Gigondas, Tel. 04.90.65.84.49, Fax 04.90.65.81.63 ✉ ☕ n.V.
🍇 Yves Gras

DOM. DU TERME 1994

| ■ | 11 ha | k. A. | 🍾🍷🥂 30-50F |

Die Grenache-Rebe kommt hier zum Ausdruck und gibt den Ton an mit einem leicht ziegelrot verfärbten Rubinrot, einem Aroma von gekochten Früchten und Backpflaumen und einer warmen, ganz runden Struktur. Dieser im traditionellen Gigondas-Stil gehaltene Wein paßt gut zu Wild und rotem Fleisch.

🍇 Rolland Gaudin, Dom. du Terme,
84190 Gigondas, Tel. 04.90.65.86.75,
Fax 04.90.65.80.29 ✉ ☕ n.V.

CH. DU TRIGNON 1995*

| ■ | 25 ha | 67 000 | 🍾🥂 50-70F |

Das Gut hat seinen Namen von einem kleinen Bach, dem Trignon, der von den Dentelles de Montmirail herabfließt und in die Ouvèze mündet. Wie die kleinen Bäche große Flüsse speisen, so stellt die Domaine du Trignon große Weine her, darunter diesen 95er Gigondas mit dem intensiven Geruch, der würzige und animalische Noten vermischt. Die Tannine, kräftig, füllig und lang im Geschmack, sind dicht und verschmolzen und zeigen einen Holzton.

🍇 SCEA Ch. du Trignon, 84190 Gigondas,
Tel. 04.90.46.90.27, Fax 04.90.46.98.63 ✉
☕ Mo-Sa 9h-12h 14h-19h ; So n. V.

Vacqueyras

Die Produktionsbedingungen für die AOC Vacqueyras sind durch einen Erlaß vom 9. August 1990 festgelegt

Vacqueyras

worden. Sie ist damit die dreizehnte und jüngste der kommunalen Appellationen der Côtes du Rhône.

Sie befindet sich im Departement Vaucluse auf derselben Rangstufe wie Gigondas und Châteauneuf-du-Pape. Ihr Anbaugebiet, das zwischen Gigondas im Norden und Beaumes-de-Venise im Südosten liegt, erstreckt sich auf die beiden Gemeinden Vacqueyras und Sarrians. 870 ha Rebflächen erzeugen etwas mehr als 30 000 hl.

Insgesamt 23 Selbstabfüller, eine Genossenschaftskellerei und drei Weinhändler, die gleichzeitig junge Weine ausbauen, verkaufen 1,5 Millionen Flaschen Vacqueyras-Weine.

Die Rotweine (95 %), die aus den Rebsorten Grenache, Syrah, Mourvèdre und Cinsault erzeugt werden, sind alterungsfähig (drei bis zehn Jahre). Für die Roséweine (4 %) wird ein ähnlicher Rebsatz verwendet. Weißweine gibt es lediglich in geringer Menge ; als Rebsorten werden dafür Clairette, Grenache blanc, Bourboulenc und Roussanne verwendet.

BOUVENCOURT 1994

| | k. A. | 30 000 | | 30-50F |

Auch wenn dieser 94er einige Anzeichen von Entwicklung bietet, bleibt er dennoch sanft und elegant. Die Tannine sind verschmolzen, das Aroma geht in Richtung Lakritze und Lebkuchen. Er ist trinkreif und kann eine Ente mit Oliven begleiten, sagt man uns.
- Laurent-Charles Brotte, rte d'Avignon, 84230 Châteauneuf-du-Pape, Tel. 04.90.83.70.07, Fax 04.90.83.74.34 n.V.

DOM. DES CARBONNIERES 1995

| | 1,7 ha | k. A. | | 30-50F |

Dieser 95er von kräftiger, strahlender Farbe muß schon jetzt getrunken werden : sanft und rund. Er hat einen liebenswürdigen Charakter.
- Domaines Michel Bernard, La Serrière, rte de Sérignan, 84100 Orange, Tel. 04.90.11.86.86, Fax 04.90.34.87.30 n.V.
- F. Chastan

DOM. DE CHANTEGUT 1995

| | 16 ha | 15 000 | | 30-50F |

Der Duft ist ziemlich mitteilfreudig, mit Noten von Gewürzen und gekochten Früchten, aber der Geschmack enthüllt uns auch nicht mehr über die Persönlichkeit dieses 95ers. Dennoch sollte man ihn schon jetzt trinken.
- EARL de Tourreau, 436, bd du Comté-d'Orange, 84260 Sarrians, Tel. 04.90.65.46.38, Fax 04.90.65.33.60 tägl. 9h-12h 14h-19h
- Pierre Marseille

DOM. DE LA CHARBONNIERE 1995

| | 2,7 ha | 14 000 | | 50-70F |

Diesem robusten, soliden Grenache-Syrah-Verschnitt, der ein Jahr lang im großen Holzfaß ausgebaut worden ist, mangelt es an Feinheit. An ihm haben sich die Geister unserer Jury geschieden. Aber wer geduldig ist und körperreiche Weine mag, dürfte hier in gut zwei Jahren auf seine Kosten kommen.
- Michel Maret, Dom. de La Charbonnière, rte de Courthézon, 84230 Châteauneuf-du-Pape, Tel. 04.90.83.74.59, Fax 04.90.83.53.46
 Mo-Sa 9h-12h 14h-19h ; feiertags n. V.

DOM. LA FOURMONE
Cuvée Fleurantine 1996*

| | 1,5 ha | 8 000 | | 30-50F |

Wer ist diese Fleurantine, die dem Weißwein der Domaine La Fourmone ihren Namen gegeben hat ? Wir wissen es nicht, aber dafür irren wir uns mit Sicherheit nicht, wenn wir Ihnen diese Cuvée mit dem Aroma von Blüten und Zitrusfrüchten empfehlen. Ihre Frische und ihre Nachhaltigkeit sind bemerkenswert. Aus demselben Keller kommt die rote Cuvée Trésor du Poète, die von der Jura lobend erwähnt wurde : Ihre rubin- bis leuchtendrote Farbe und ihr Aroma von roten Früchten und roten Johannisbeeren machen diesen Wein zu einem Leckerbissen für fahrende Sänger.
- Roger Combe et Fille, Dom. La Fourmone, rte de Bollène, 84190 Vacqueyras, Tel. 04.90.65.86.05, Fax 04.90.65.87.84 tägl. 9h-12h 14h-18h

DOM. LA GARRIGUE
Cuvée de l'Hostellerie 1994*

| | 2 ha | 7 000 | | 30-50F |

Ein 46 ha großes Gut, das Côtes du Rhône und Gigondas erzeugt. Diese kleine Vacqueyras-Cuvée besitzt eine schöne Persönlichkeit. Die dunkle Farbe weist auf viel Konzentration und Stärke hin. Dieser Eindruck wird im Geschmack durch ein Aroma bestätigt, in dem Tiergeruch dominiert, begleitet von Leder- und Veilchennoten. Das Gerüst ist harmonisch. Die verschmolzenen Tannine halten lang an. Die zweite Cuvée der Domaine La Garrigue hat ebenfalls einen Stern erhalten.
- EARL A. Bernard et Fils, Dom. La Garrigue, 84190 Vacqueyras, Tel. 04.90.65.84.60, Fax 04.90.65.80.79
 Mo-Sa 8h-12h 14h-19h30 ; So n. V.

DOM. DES LAMBERTINS 1995*

| | 14 ha | 50 000 | | 30-50F |

Ein Familiengut, das 40 % seiner Produktion exportiert. Während der Geruch dieses 95ers ein wenig mysteriös ist und wenig Hinweise zu diesem Wein gibt, ist der Geschmack beruhigender und bietet spürbare, seidige Tannine, eine runde, kraftvolle Struktur und einen Abgang, der in Richtung Ledernoten geht.
- EARL Dom. des Lambertins, La Grande Fontaine, 84190 Vacqueyras, Tel. 04.90.65.85.54, Fax 04.90.65.83.38
 Mo-Sa 9h-18h30 ; Gruppen n. V.
- Gilles Lambert

Vacqueyras

DOM. LA MONARDIERE
Réserve des Deux Monardes 1995**

| | 5 ha | 20 000 | | 30-50 F |

Die Domaine La Monardière hat uns an lagerfähige Vacqueyras-Weine gewöhnt. Diese Cuvée des Deux Monardes bildet keine Ausnahme von der Regel. Der Duft ist zurückhaltend, aber der Weinfreund wird darin Noten von Lorbeerblättern, gekochten Früchten und Trüffeln entdecken. Füllig und von schöner Nachhaltigkeit. Zwischen Gerbsäure, Alkohol und Frucht besteht vollkommene Ausgewogenheit. Dieser 95er dürfte sich in zwei bis drei Jahren entfalten.
- Dom. La Monardière, Les Grès, 84190 Vacqueyras, Tel. 04.90.65.87.20, Fax 04.90.65.82.01 tägl. 8h-12h 14h-18h
- Christian Vache

DOM. LA MUSE 1995**

| | 2,5 ha | 10 000 | | 30-50 F |

Die Stärke dieses 95ers ist die Ausgewogenheit zwischen einem kräftigen Aroma mit Noten von reifen Früchten und Unterholz und eleganten, schon gut verschmolzenen Tanninen. Füllig und rund. Er hält im Geschmack an. Er wird sich auch im Keller halten.
- Bernard Ay, 84190 Vacqueyras, Tel. 04.90.12.32.42, Fax 04.90.12.32.49

DOM. LE CLOS DES CAZAUX
Cuvée des Templiers 1995**

| | 6 ha | 24 000 | | 30-50 F |

Die Jury ist einstimmig dafür, die Komplexität des Aromas, die Eleganz der Tannine und die Stärke dieses 95ers als bemerkenswert zu bezeichnen. Clos des Cazaux bleibt einer der Erzeuger, auf den man in dieser Appellation fest bauen kann.
- EARL Archimbaud-Vache, Dom. Le Clos des Cazaux, 84190 Vacqueyras, Tel. 04.90.65.85.83, Fax 04.90.65.83.94 Mo-Sa 9h-12h 14h-18h30

DOM. LE COUROULU Cuvée C.S. 1995*

| | 4 ha | 20 000 | | 30-50 F |

Die achtzehn Monate Faßausbau prägen mit einem tanninbetont-würzigen Stempel diesen Wein, der schon im Duft pfeffrige Aromanuancen und Noten von roten Früchten enthüllt hat. Er schmeckt jetzt schon angenehm, besitzt aber alle Qualitäten, um zwei bis drei Jahre im Keller zu vertragen.
- GAEC Le Couroulu, Cave Guy Ricard, La Pousterle, 84190 Vacqueyras, Tel. 04.90.65.84.83, Fax 04.90.65.81.25 Mo-Sa 9h-18h ; So n. V.

DOM. LE SANG DES CAILLOUX
Cuvée Floureto 1995***

| | k. A. | 15 000 | | 30-50 F |

Reden wir nicht lang um den heißen Brei herum, sondern sagen wir es frei von der Leber weg : Mit dieser Cuvée Floureto hat es die Domaine du Sang des Cailloux zum zweiten Mal hintereinander geschafft, daß ihr Wein aufgrund seines Reichtums und seines Potentials von der Jury einstimmig zum Lieblingswein gewählt worden ist. Ratschlag der Juroren : Haben Sie Geduld, mit der Zeit werden alle ihre Qualitäten wirklich explodieren.

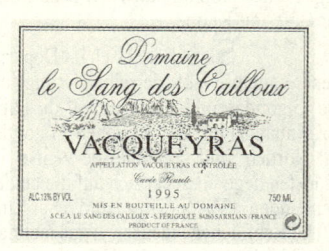

- Dom. Le Sang des Cailloux, rte de Vacqueyras, 84260 Sarrians, Tel. 04.90.65.88.64, Fax 04.90.65.88.75 n. V.
- Férigoule

CH. DE MONTMIRAIL
Cuvée de l'Ermite 1995**

| | k. A. | 13 000 | 50-70 F |

Diese Cuvée de l'Ermite, die in den Anlagen des ehemaligen Thermalbads von Montmirail vinifiziert worden ist, dürfte sehr geschätzt werden, ihres Körpers wegen ebensosehr wie aufgrund ihres Geistes. Das Aroma ist reichhaltig und komplex und hält über einer runden und füllligen Struktur an, die ihm eine sehr schöne Ausgewogenheit und eine strahlende Zukunft schenkt.
- Archimbaud et Bouteiller, Ch. de Montmirail, B.P. 12, 84190 Vacqueyras, Tel. 04.90.65.86.72, Fax 04.90.65.86.72 Mo-Sa 8h-12h 14h-18h30 ; So n. V.

DOM. DE MONTVAC 1995*

| | 15 ha | k. A. | | 30-50 F |

Jean Dusserre, eine markante Persönlichkeit der Appellation, und seine Frau präsentieren eine charaktervolle Cuvée. Das Aroma ist komplex, mit Noten von gekochten Früchten und Gewürzen. Es begleitet lang eine klare, elegante Tanninstruktur. Man kann ihn schon jetzt trinken oder unbesorgt in den Keller legen : Sie werden ihn in zwei bis drei Jahren mit demselben Genuß trinken.
- SCEA M. et J. Dusserre, Dom. de Montvac, 84190 Vacqueyras, Tel. 04.90.65.85.51, Fax 04.90.65.82.38 n.V.

PASCAL 1995*

| | k. A. | 90 000 | | 30-50 F |

Die Firma Pascal kauft Trauben auf und vinifiziert sie in ihren Kellern. Sie hat 1995 einen sehr vielversprechenden Vacqueyras erzeugt, der noch alle seine jugendlichen Merkmale bewahrt, mit deutlich spürbaren Tanninen, die von einem mineralischen Aroma umhüllt sind, intensiviert durch Gewürze, die sich nur noch entfalten müssen.
- Ets Pascal, rte de Gigondas, 84190 Vacqueyras, Tel. 04.90.65.85.91, Fax 04.90.65.89.23
- Denis Chéron

DOM. DU PONT DE RIEU 1995

◼ 6,5 ha   25 000   🍴♨ 30-50 F

»Jugend muß sich austoben.« Dieses Sprichwort illustriert gut die Kommentare der Jury zu diesem 95er, dessen Struktur noch lebhaft ist und deutlich spürbare Tannine besitzt. In zwei bis vier Jahren dürfte er sich abrunden : Er wird dann die willkommene Begleitung zu rotem Fleisch oder Wild sein. Dieser Wein wird von Gabriel Meffre vertrieben.
☛ Jean-Pierre Faraud, 84190 Vacqueyras, Tel. 04.90.12.32.42, Fax 04.90.12.32.49

SEIGNEUR DE FONTIMPLE 1996

◢ k. A.   30 000   🍴♨ 30-50 F

Die Genossenschaftskellerei von Vacqueyras erzeugt mehrere AOCs im Rhône-Tal : Côtes du Rhône, Gigondas und Muscat de Beaume-de-Venise. Sie präsentiert hier einen Vacqueyras-Rosé, der durch seine Rundheit, seine Ausgewogenheit und seine Feinheit bezaubert. Schon trinkreif.
☛ Cave des vignerons de Vacqueyras, 84190 Vacqueyras, Tel. 04.90.65.84.54, Fax 04.90.65.81.32 ☑ n.V.

LES VINS DU TROUBADOUR
Cuvée des Vieilles vignes 1995**

◢ k. A.   15 000   🍷 50-70 F

Ja, diese Cuvée ist bemerkenswert wegen ihres typischen Charakters, ihrer Stärke und ihrer komplexen Struktur. Das elegante Bukett besteht aus Gewürzen, roten Früchten und Unterholznoten. Sie muß ein bis zwei Jahre altern. Ein schöner Erfolg für die Genossenschaftskellerei von Vacqueyras : ein Vorbild für die Appellation !
☛ Cave des vignerons de Vacqueyras, 84190 Vacqueyras, Tel. 04.90.65.84.54, Fax 04.90.65.81.32 ☑ ☒ n.V.

Châteauneuf-du-Pape

Das Anbaugebiet der Appellation, die im Jahre 1931 als erste ihre Produktionsbedingungen gesetzlich festlegte, erstreckt sich fast auf die gesamte Gemeinde, von der sie ihren Namen hat, sowie auf einige Lagen mit derselben Bodenbeschaffenheit in den Nachbargemeinden Orange, Courthézon, Bédarrides und Sorgues (3 200 ha). Dieses Weinbaugebiet liegt auf dem linken Ufer der Rhône, etwa 15 km nördlich von Avignon. Sein eigenständiger Charakter rührt von seinem Boden her : in erster Linie weite, unterschiedlich hohe Terrassen, bedeckt mit rotem Lehm, der mit viel Kiesgeröll vermischt ist. Hier wachsen sehr mannigfaltige Rebsorten, wobei Grenache, Syrah, Mourvèdre und Cinsaut dominieren. Der Höchstertrag liegt bei 35 hl/ha.

Die Châteauneuf-du-Pape-Weine haben immer eine sehr intensive Farbe. Sie schmecken besser, wenn sie etwas altern, wobei die Alterung vom Jahrgang abhängt. Es handelt sich um stattliche, körperreiche und kräftig gebaute Weine, die ein intensives, komplexes Bukett entfalten und gut zu rotem Fleisch, Wild und Schimmelkäse passen. Die Weißweine, die nur in kleiner Menge erzeugt werden, können ihre Stärke hinter ihrem Geschmack und der Feinheit ihres Aromas verbergen. Die Gesamtproduktion liegt bei 100 000 hl.

DOM. PAUL AUTARD 1995

◼ 12 ha   k. A.   🍴🍷♨ 70-100 F

Dieser teils im Gärtank, teils im Holzfaß ausgebaute Wein besitzt eine purpurrote Farbe von mittlerer Intensität. Der Duft ist recht komplex : Rote Früchte, Gewürze, Vanille und Lakritze vereinigen sich harmonisch. Im Geschmack findet man Fülle, aber die Struktur ist schlicht. Ein Abgang, der an Kirschen in Alkohol erinnert, trägt zu seinem Charme bei.
☛ Dom. Paul Autard, rte de Châteauneuf-du-Pape, 84350 Courthézon, Tel. 04.90.70.73.15, Fax 04.90.70.29.59 ☑ ☒ n.V.

DOM. JULIETTE AVRIL 1995

☐ 3,5 ha   14 000   🍴♨ 70-100 F

Die Farbe ist auffällig : strahlendes Gold mit grünen Nuancen. Der stolze, elegante Duft ist blumig und honigartig und entwickelt sich dann zu getrockneten Früchten hin. Dieser für seine schöne Ausgewogenheit gelobte Weißwein besitzt Rundheit und Fülle, die ein Hauch von Lindenblüten zusätzlich bereichert.
☛ Dom. Juliette Avril, 8, av. Pasteur, 84230 Châteauneuf-du-Pape, Tel. 04.90.83.72.69, Fax 04.90.83.53.08 ☑ ☒ n.V.

DOM. DE BABAN 1995

◼ 9 ha   30 000   🍷 70-100 F

Vor dem Krieg war dies einer der Weine für den rumänischen Königshof. Heute zeigt sich dieser 95er mit einer sehr intensiven granatroten Farbe und dem feinen, komplexen, eher fruchtigen Duft recht strukturiert im Geschmack, noch ein wenig hart. Ein Wein, der ein paar Jahre altern muß. Man dürfte nicht enttäuscht werden, denn er ist ein Klassiker der Appellation.
☛ SCEA dom. Riche, 84230 Châteauneuf-du-Pape, Tel. 04.90.12.32.42, Fax 04.90.12.32.49

DOM. LUCIEN BARROT ET FILS 1995*

k. A.   35 000   🍷 50-70 F

Das warme Bukett von Kirschwasser und Gewürzen, durch Ledernoten angereichert, kündigt einen Geschmack von großer Fülle an. Der Körper ist verführerisch, insbesondere dank der

Châteauneuf-du-Pape

feinen, einschmeichelnden Tannine. Ein hübscher Wein, füllig und strukturiert, den man noch ein paar Jahre aufheben sollte.
🕭 Dom. Lucien Barrot et Fils, chem. du Clos, 84230 Châteauneuf-du-Pape,
Tel. 04.90.83.70.90, Fax 04.90.83.51.89 ☑ ⚚ n.V.

CH. BEAUCHENE 1995*

| ■ | 6 ha | 23 000 | ▮◖♦ | 50-70F |

Dieser körperreiche, generöse 95er, der für die Appellation recht typisch ist, besitzt eine kräftige, ziemlich stark ins Violette spielende Farbe und ist tanninreich, mit einem Gewürzaroma und Vanillenoten.
🕭 Ch. Beauchène, 84420 Piolenc,
Tel. 04.90.51.75.87, Fax 04.90.51.73.36 ☑
⚚ Mo-Sa 8h-18h

DOM. DE BOIS DAUPHIN 1996

| ☐ | 2 ha | 9 000 | ▮◖♦ | 70-100F |

Dieser goldgelbe 96er mit dem noch verschlossenen Geruchseindruck zeigt sich sehr klar : Reife Früchte beginnen im Geschmack zum Vorschein zu kommen. Dieser besitzt Fülle und Rundheit. Ein Wein, den man altern lassen muß, bevor man ihn zu Steinbutt mit weißer Butter serviert.
🕭 Jean Marchand, 21, rte d'Orange,
84230 Châteauneuf-du-Pape,
Tel. 04.90.83.70.34, Fax 04.90.83.50.83 ☑
⚚ Mo-Fr 8h-18h

BOISRENARD 1995*

| ■ | 2,5 ha | 10 000 | ◖♦ | 100-150F |

Die Vanillenoten dominieren. Man ist nicht erstaunt darüber, denn dieser 95er hat fünfzehn Monate im Holzfaß verbracht : In so wenig Zeit kann man keinen harmonisch verschmolzenen Wein erhalten. Dennoch ist die Struktur mild und geschmeidig, und die Noten von roten Früchten sind trotz des Lederaromas nicht völlig verschwunden. Schönes Entwicklungspotential.
🕭 SCEA Paul Coulon et Fils, Dom. de Beaurenard, 84230 Châteauneuf-du-Pape,
Tel. 04.90.83.71.79, Fax 04.90.83.78.06 ☑ ⚚ tägl. 8h-12h 13h30-17h30 ; Gruppen n. V.

BOSQUET DES PAPES 1995*

| ■ | k. A. | 55 000 | ▮◖♦ | 50-70F |

Komplexer aromatischer Ausdruck, solide Struktur, Rundheit und Länge : Ein unzweifelhaft typischer Châteauneuf-du-Pape. Der Duft nach reifen Früchten (Backpflaumen, Feigen), begleitet von Vanillenoten, ist sehr gelungen. Die Stärke des Geschmacks paßt wunderbar zu rotem Fleisch oder Wild.
🕭 Maurice Boiron, Dom. Bosquet des Papes, rte d'Orange, 84230 Châteauneuf-du-Pape,
Tel. 04.90.83.72.33, Fax 04.90.83.50.52 ☑ ⚚ n.V.

LAURENT CHARLES BROTTE 1996*

| ☐ | 2 ha | 18 600 | ▮♦ | 70-100F |

Vier Erzeuger haben die Trauben geliefert, die aus verschiedenen Reblagen stammen. Auch hier beweisen sich der Verschnitt und die Qualität des Ausbaus. Die Farbe ist klar, goldgelb mit grünen Reflexen. Der intensive Duft nach Früchten und Blüten zeigt sich sehr komplex. Nach einer ausgezeichneten Ansprache ist der Geschmack zurückhaltender. Die so sehr erwartete aromatische Explosion wird sicher mit der Zeit kommen.
🕭 Laurent-Charles Brotte, rte d'Avignon, 84230 Châteauneuf-du-Pape,
Tel. 04.90.83.70.07, Fax 04.90.83.74.34 ☑ ⚚ n.V.

LAURENT CHARLES BROTTE
Vieilles vignes 1995**

| ■ | 2 ha | 6 600 | ▮◖ | 70-100F |

Ein im großen Holzfaß ausgebauter Châteauneuf von großem Reichtum : Garrigue, Wacholder, Tabak, Kaffee, all das in spürbare, aber nicht aggressive Tannine eingehüllt. Ein ausgewogener Wein von schöner Länge.
🕭 Laurent-Charles Brotte, rte d'Avignon, 84230 Châteauneuf-du-Pape,
Tel. 04.90.83.70.07, Fax 04.90.83.74.34 ☑ ⚚ n.V.

CH. CABRIERES 1996

| ☐ | 5 ha | 7 500 | ▮♦ | 70-100F |

Man kann hier noch den Backofen aus dem 14. Jh. sehen, der das Brot für die umliegenden Bauernhöfe lieferte. Das beweist das Alter des Guts. Beim 96er zeigt der Weißwein eine blasse goldgelbe Farbe und einen angenehmen, ziemlich feinen, fruchtigen Duft. Nach einer sehr guten Ansprache offenbart sich der Geschmack voller Rundheit und Komplexität.
🕭 SCEA Ch. Cabrières, rte d'Orange, CD 68, 84230 Châteauneuf-du-Pape,
Tel. 04.90.83.73.58, Fax 04.90.83.75.55 ☑ ⚚ n.V.

DOM. DE CHANABAS 1995

| ■ | 0,3 ha | 1 300 | ◖ | 50-70F |

Eine kräftige, strahlende Farbe kündigt einen ziemlich verschlossenen Wein an, der dennoch Noten von Früchten und Holz, dann von Unterholz liefert. Von guter Gesamtharmonie, mit einem pfeffrigen Ausklang im Geschmack. Mehr ein Wein für den Alltag als für ein besonderes Ereignis !
🕭 Robert Champ, Dom. de Chanabas,
84420 Piolenc, Tel. 04.90.29.63.59,
Fax 04.90.29.55.67 ☑ ⚚ Mo-Sa 9h-19h00 ; So 9h-12h

DOM. DES CHANSSAUD 1996*

| ☐ | 2,5 ha | 8 000 | | 50-70F |

Seit 1826 bestimmt die Familie Jaume die Geschicke dieses Guts. Weisen wir auf das gute Preis-Leistungs-Verhältnis dieses sehr gelungenen Weins hin, der für die AOC typisch ist. Er verführt im Auge ebenso wie im Duft, der sich ausdrucksvoll zeigt : weiße Blüten (Weißdorn) und Früchte (Birnen). Der harmonische Geschmack ist komplex und kraftvoll.
🕭 Patrick Jaume, Dom. des Chanssaud, quartier Cabrières, 84100 Orange,
Tel. 04.90.34.23.51, Fax 04.90.34.50.20 ☑ ⚚ n.V.

DOM. CHANTE PERDRIX 1996**

| ☐ | 1 ha | 3 500 | ▮ | 50-70F |

Dieses schöne Gut (18 ha) entstand 1896. Hier somit eine Cuvée, die sich »hundertjährig« nennen könnte. Dies ist nicht der Fall, aber dennoch ist der Wein bemerkenswert in seinem sehr klaren blaßgoldenen Gewand. Der komplexe, sehr feine Frucht- und Blütenduft läßt eine Note Akazienblüten hervortreten. Der Geschmack ist rund

Châteauneuf-du-Pape

und angenehm, voller Feinheit und plädiert für Glückwünsche an den Winzer ! Man hat Lust, mehr davon zu trinken !
🠊 Dom. Chante Perdrix, Guy et Frédéric Nicolet, 84230 Châteauneuf-du-Pape, Tel. 04.90.83.71.86, Fax 04.90.83.53.14 ☑ ⏃ tägl. 9h-19h

CHARVIN ET FILS 1995
■   8 ha   10 000   🍷🍶♦ 50-70 F

Die Reblaus hatte diese Winzerfamilie nicht entmutigt, die nach 1910 bestrebt wir, ihren Weinberg wiederherzustellen. Der 95er präsentiert sich in seinem sehr intensiven Rot und mit einem ziemlich kräftigen Duft (Gewürze, Blüten und Leder). Der Geschmack ist wohlausgewogen ; seine Tannine sind vom »Fett« bedeckt. Das Aroma von Früchten dominiert, vermischt mit einem Hauch von Tiergeruch und Holzgeschmack.
🠊 GAEC G. Charvin et Fils, chem. de Maucoil, 84100 Orange, Tel. 04.90.34.41.10, Fax 04.90.51.65.59 ☑ ⏃ n.V.

DOM. DU CHEMIN VIEUX 1995
■   10 ha   40 000   🍶 30-50 F

Eine Firma fabriziert Besen. In den 30er Jahren machte sie Gewinne und entschloß sich, in einen Weinberg zu investieren : So ist das Weingut von Eric Raymond entstanden, dessen Weine heute vom Handel verkauft werden. Sein 95er mit der kräftigen Purpurfarbe bietet einen diskreten Geruch, der an Pilze und animalische Noten erinnert. Im Geschmack zeigt sich der Wein sehr sanft, aber der Holzton dominiert. Altern lassen, damit er sich integriert.
🠊 Les Grandes Serres, rte de l'Islow, 84230 Châteauneuf-du-Pape, Tel. 04.90.83.72.22, Fax 04.90.83.78.77 ☑ ⏃ n.V.
🠊 Eric Raymond

CLOS DES MARQUIS 1994
■   5 ha   10 000   🍷🍶 100-150 F

Jean-Marie Royer, ein berühmter Rugbyspieler, ist auch ein Philosoph, wenn er - darum gebeten, die Geschichte seines Guts zu erzählen - schreibt, daß »sich die Menschen ändern, der Geist aber bleibt«. Hat sein Wein Ähnlichkeit mit ihm ? Er besitzt eine schöne Granatfarbe und läßt in seinem diskreten Bukett überreife Früchte erkennen. Viel Robustheit und Stoff im Geschmack, Lakritzearoma und warmer Abgang. Ein solider 94er, den ein Wild nicht verschmähen wird.
🠊 Jean-Marie Royer, Clos des Marquis, 23, av. Saint-Joseph, 84230 Châteauneuf-du-Pape, Tel. 04.90.83.52.74, Fax 04.90.83.52.75 ☑ ⏃ n.V.

CLOS DES PAPES 1995*
■   28 ha   100 000   🍶 70-100 F

Counoise, Vaccarèse und Muscardin sind mit 8 % am Verschnitt beteiligt. Wir sind unverkennbar in Châteauneuf ! Die hübsche, intensive purpurrote Farbe, der Duft nach kleinen roten Früchten und Gewürzen (Pfeffer) und die schöne, sehr füllige und sehr konzentrierte Ausgewogenheit mit Lakritznoten werden ihn nicht verlassen. Ein Wein, den man aufheben muß.

🠊 Paul Avril, Clos des Papes, 13, av. Pierre-de-Luxembourg, 84230 Châteauneuf-du-Pape, Tel. 04.90.83.70.13, Fax 04.90.83.50.87 ☑ ⏃ n.V.

CH. DES FINES ROCHES 1995*
■   40 ha   170 000   🍷🍶♦ 70-100 F

Dieses neomittelalterliche Schloß, eine Hochburg der provenzalischen Kultur, verführt nicht nur die Fans von Walt Disney. Sein Anbaugebiet befindet sich auf dem berühmten Kiesgeröll der AOC und liefert hübsche Weine, wie etwa den weißen 96er, der mit einem Stern benotet wurde, und diesen hier, dessen ziemlich kräftige Farbe rubinrot schimmert. Der feine Duft nach Haselnüssen, Früchten und Lakritze geht einer schönen Ausgewogenheit im Geschmack voraus, in dem rote Früchte dominieren. Der Abgang ist beachtlich. Diesen Wein kann man schon trinken, aber auch zwei Jahre aufheben.
🠊 SCEA Ch. des Fines Roches, 1, av. Baron-le-Roy, 84230 Châteauneuf-du-Pape, Tel. 04.90.83.70.77, Fax 04.90.83.52.77 ☑ ⏃ n.V.
🠊 Barrot

DOM. DE FONTAVIN 1995
■   10 ha   7 000   🍷🍶♦ 50-70 F

Hélène Chouvet, die Tochter der Besitzer, ist Önologin. Sie war an der Herstellung dieses 95ers nicht beteiligt, weil sie erst seit Oktober 1996 auf dem Gut ist. Dieser Wein, dessen Farbe mit seinen purpur- und granatroten Nuancen eine gute Intensität besitzt, entfaltet einen recht entwickelten Duft (Backpflaumen, Aprikosen, Brombeeren). Im Geschmack noch sehr streng. Er muß lagern.
🠊 EARL Michel et Martine Chouvet, Dom. de Fontavin, 1468, rte de la Plaine, 84350 Courthézon, Tel. 04.90.70.72.14, Fax 04.90.70.79.39 ☑ ⏃ n.V.

DOM. FONT DE MICHELLE
Cuvée Etienne Gonnet 1994***
              k. A.   10 000   🍶 100-150 F

Vor zwei Jahren wurde der 93er dieses Guts zum Lieblingswein gewählt. Hier eine brillante Rückkehr mit dieser 94er Cuvée. Die Farbe ist dunkelpurpurrot, intensiv, geheimnisvoll. Der feine Duft ist zurückhaltend und komplex zugleich, harmonisch. Eine Volute aus neuem Holz verziert einen würzigen (Pfeffer), animalischen Geruch und Noten von Lorbeerblättern. Eine große Eleganz bestimmt den Ausdruck des schönen Stoffs. Die zu einer großartigen Ausgewogenheit verschmolzenen Tannine, die immer noch vorhandene Frucht und der unaufdringliche Holzton wirken wunderbar zusammen. Der

Châteauneuf-du-Pape

nicht faßgereifte weiße 96er kann wegen seiner aromatischen Frische lobend erwähnt werden.
→ EARL Les Fils d'Etienne Gonnet, 14, imp. des Vignerons, 84370 Bédarrides,
Tel. 04.90.33.00.22, Fax 04.90.33.20.27 ☑
⊥ Mo-Fr 8h-12h 13h30-17h30 ; Sa n. V.

DOM. FONT DE MICHELLE 1994

| ■ | k. A. | k. A. | ◨ | 70-100 F |

Wenn die Erscheinung klassisch ist, so ist es das Aroma nicht weniger mit seinen mineralischen und empyreumatischen Noten. Harmonie besteht zwischen der schönen, nicht aggressiven Struktur und der spürbaren Stärke des Alkohols. Man nehme noch ein paar Noten von reifen Früchten und ein Hauch von Verbranntem hinzu, und schon hat man ein fast vollständiges Porträt dieses beachtlichen Weins.
→ EARL Les Fils d'Etienne Gonnet, 14, imp. des Vignerons, 84370 Bédarrides,
Tel. 04.90.33.00.22, Fax 04.90.33.20.27 ☑
⊥ Mo-Fr 8h-12h 13h30-17h30 ; Sa n. V.

CH. FORTIA 1994*

| ■ | 27 ha | 60 000 | ◨ | 70-100 F |

Baron Le Roy de Boiseaumarié, das ist natürlich das Château des Papestes der AOCs. Dieser 94er erweist sich der Ambitionen würdig, die er mit den Appellationen festgelegt hatte. Er besitzt eine dunkelrote Farbe mit granatroten Reflexen. Der Duft nach Früchten in Alkohol wird durch einen holzbetonten Ausklang gekrönt. Der Geschmack, den verschmolzene Tannine ausgleichen, bietet viel Stoff und einen Hauch von tierischem Aroma. Gute Nachhaltigkeit mit kandierten Kirschen im Abgang.
→ SARL Ch. Fortia, 84230 Châteauneuf-du-Pape, Tel. 04.90.83.72.25,
Fax 04.90.83.51.03 ☑ ⊥ tägl. 8h30-11h30 14h30-18h30
→ Bruno Le Roy

DOM. DU GALET DES PAPES 1996

| ☐ | 1 ha | 2 200 | ◨ | 70-100 F |

Ein klares Goldgelb umhüllt diesen Wein. Das Bukett entfaltet sich mit viel Feinheit und Zurückhaltung, ziemlich fruchtig (Zitrusfrüchte). Der Geschmack ist harmonisch, ein wenig warm. Ganz im Stil der Appellation.
→ Jean-Luc Mayard, Dom. du Galet des Papes, rte de Bédarrides, 84230 Châteauneuf-du-Pape, Tel. 04.90.83.73.67, Fax 04.90.83.50.22 ☑
⊥ Mo-Sa 9h-12h 14h-19h

RESERVE DU GRAND COULET 1996

| ☐ | 2 ha | 8 800 | ◨ | 50-70 F |

Der Jury wurden drei weiße 96er Châteauneufs vorgestellt : Alle drei erhielten die gleiche lobende Erwähnung. Clos du Calvaire, Domaine du Père Pape und diese Réserve du Grand Coulet. Goldgelbe Farbe mit grünen Reflexen. Der Duft ist recht reichhaltig, eher reif. Dann kommen die Rundheit, der gute Stoff und die aromatische Stärke zum Vorschein. Ein Wein, den man altern lassen sollte.
→ SCEA Dom. du Père Pape, 24, av. Baron-le-Roy, 84230 Châteauneuf-du-Pape,
Tel. 04.90.83.70.16, Fax 04.90.83.50.47
→ Maurice Mayard

DOM. DU GRAND COULET 1995

| ■ | 17 ha | 74 800 | ◨ | 50-70 F |

Der aromatische Ausdruck dieses 95ers, der durch Röstgeruch geprägt ist, hat noch nicht seine volle Entfaltung erreicht. Dagegen sind die Tannine das beste Stück dieses Rotweins. Sie dominieren vom Hochgehen des Vorhangs bis zum Schlußapplaus. Damit man aber die gesamte Feinheit dieses Weins genießt, sollte man ihn besser ein wenig aufheben.
→ SCEA Dom. du Père Pape, 24, av. Baron-le-Roy, 84230 Châteauneuf-du-Pape,
Tel. 04.90.83.70.16, Fax 04.90.83.50.47

DOM. DU GRAND TINEL 1995*

| ■ | 55 ha | k. A. | ◨ | 70-100 F |

Was für ein Reichtum des Aromas ! Früchte, animalische Noten, Garrigue-, Thymian- und Lorbeerdüfte, ein Hauch von Vanille ... Die Aufzählung ist nicht erschöpfend. Der Geschmack ist ein weiteres Feuerwerk : rote Früchte, Haselnüsse, Lakritze ... Ein Châteauneuf-du-Pape, der verdient, daß man ihn probiert, der guten Qualität seiner Tannine wegen ebenso wie aufgrund seines Charakters.
→ SA Les vignobles Elie Jeune, rte de Bédarrides, 84230 Châteauneuf-du-Pape,
Tel. 04.90.83.70.28, Fax 04.90.83.76.08 ☑ ⊥ n.V.

CUVEE DU HURLEVENT 1995*

| ■ | 4 ha | 17 600 | | 50-70 F |

45 Jahre alte Rebstöcke, entrapptes Traubengut, die Ratschläge von Noël Rabot und gewissenhafte Betreuung in jedem Augenblick sind der Schlüssel zum Erfolg dieser schönen Cuvée mit der tiefen Farbe. Der intensive Duft von reifen roten Früchten und der angenehme, harmonische Geschmack, in dem getrocknete Früchte und Leder zum Ausdruck kommen, sind elegant.
→ Jean Barrot, rte d'Orange,
84230 Châteauneuf-du-Pape,
Tel. 04.90.83.70.16, Fax 04.90.83.50.47

LA BASTIDE-SAINT-DOMINIQUE 1996

| ☐ | 1,3 ha | k. A. | ◨ | 70-100 F |

Strahlende blaßgelbe Farbe und intensiver Duft nach Birnen, Pfirsichen und weißen Blüten. Im Geschmack noch fest. Dieser sehr frische, säuerliche Wein bietet eine gute Schlußnote.
→ Gérard Bonnet, La Bastide-Saint-Dominique, 84350 Courthézon,
Tel. 04.90.70.85.32, Fax 04.90.70.76.64 ☑ ⊥ tägl. 8h-19h

DOM. DE LA CHARBONNIERE 1996*

| ☐ | k. A. | 3 600 | ◨ | 70-100 F |

10 % von diesem 96er sind drei Monate lang im Holzfaß gereift, während der Rest in Edelstahltanks mit Wärmeregulierung bei 18 °C ausgebaut worden ist. Die blaßgelbe Farbe ist strahlend. Der wohlausgewogene, fruchtige Geschmack betont die Frische. Der Abgang ist besonders angenehm.
→ Michel Maret, Dom. de La Charbonnière, rte de Courthézon, 84230 Châteauneuf-du-Pape, Tel. 04.90.83.74.59, Fax 04.90.83.53.46 ☑
⊥ Mo-Sa 9h-12h 14h-19h ; feiertags n. V.

Châteauneuf-du-Pape

DOM. DE LA CHARBONNIERE
Cuvée Vieilles vignes 1995**

■ k. A. 10 000 ❙❙❙ 70-100F

Zwei Verkoster beurteilten ihn als bemerkenswert, der dritte bezeichnete ihn als wahres Vergnügen : Die Jury war entzückt von diesem Wein mit der prächtigen tiefrubinroten Farbe. Der Geruchseindruck ist durch Frische und intensive rote Früchte gekennzeichnet. Der Abgang ist großartig und vielversprechend.

☙ Michel Maret, Dom. de La Charbonnière, rte de Courthézon, 84230 Châteauneuf-du-Pape, Tel. 04.90.83.74.59, Fax 04.90.83.53.46 ✓
⏰ Mo-Sa 9h-12h 14h-19h ; feiertags n. V.

DOM. DE LA CHARBONNIERE
Cuvée Mourre des perdrix 1995**

■ 5,23 ha 24 000 ❙❙❙ 70-100F

Schöne, tiefe Farbe, die mit dem Duft von kleinen roten Früchten und Unterholz, begleitet von Holznoten, harmoniert. Die Ansprache ist sanft und harmonisch, die aromatische Entwicklung seidig und verschmolzen. Der Alkohol macht die aromatische Nachhaltigkeit (Gewürze, Lakritze, Vanille) warm und lang. Man kann ihn jetzt trinken oder in ein paar Jahren, falls etwas davon übrigbleibt !

☙ Michel Maret, Dom. de La Charbonnière, rte de Courthézon, 84230 Châteauneuf-du-Pape, Tel. 04.90.83.74.59, Fax 04.90.83.53.46 ✓
⏰ Mo-Sa 9h-12h 14h-19h ; feiertags n. V.

DOM. DE LA COTE DE L'ANGE 1994

■ 10 ha 10 000 ❙❙❙ 50-70F

Der erste Geruchseindruck ist diskret, mit Noten von Früchten in Alkohol, die von ein paar flüchtigen Nuancen Mandeln und Kerne begleitet werden. Dann steigert sich das Ganze in einer ausgewogenen Entwicklung, bevor der Wein mit Tanninen ausklingt, die sich noch abrunden müssen.

☙ Jean-Claude Mestre, quartier La-Font-du-Pape, 84230 Châteauneuf-du-Pape, Tel. 04.90.83.72.24, Fax 04.90.83.54.88 ✓ ⏰ tägl. 9h-20h

LA FAGOTIERE 1995*

■ 18 ha 25 000 ❙❙❙ 50-70F

Achtzehn Monate im Faß, aber die Herstellung dieses 95ers muß durch einen schönen Ausbau bestimmt gewesen sein : Seine purpurrote Farbe scheint eine große Konzentration zu verraten. Sein Duft nach getoastetem Brot, frischer Butter, Heidelbeeren und Gewürzen ist elegant. Sehr gut strukturiert, noch ein wenig fest. Ein schöner Wein, dessen Abgang mit den roten Früchten angenehm ist. Der Stoff ist vorhanden !

☙ SCEA Pierry Chastan, La Fagotière, 84100 Orange, Tel. 04.90.34.51.81, Fax 04.90.51.04.44 ✓ ⏰ Mo-Sa 8h-12h 14h-19h

LA FIOLE 1995

■ k. A. k. A. 50-70F

Ein Weinhändler, der einen seriösen Wein vorstellt, den man zu nicht sehr typischem rotem Fleisch trinken sollte. Dieser 95er hat eine intensive rote Farbe und duftet nach Gewürzen, reifen Früchten und hellem Tabak. Im Geschmack ist er wohlausgewogen. Gekochte Früchte begleiten die Weinprobe.

☙ Père Anselme, rte d'Avignon, 84230 Châteauneuf-du-Pape, Tel. 04.90.83.70.07, Fax 04.90.83.74.34 ⏰ n.V.

DOM. DE LA FONT DU ROI 1995*

■ 15 ha 60 000 ❙❙❙ 50-70F

Ein echter Châteauneuf, »wie man ihn liebt«, von tiefroter, violett schimmernder Farbe, mit einem deutlich wahrnehmbaren, kräftigen Duft, in dem sich Veilchen und Leder zeigen. Warm, aber wohlausgewogen. Er entfaltet sich mit Noten von Unterholz, Gewürzen und Kakao.

☙ Jacques Mousset, Ch. des Fines Roches, 84230 Châteauneuf-du-Pape, Tel. 04.90.83.73.10, Fax 04.90.83.50.78 ✓ ⏰ tägl. 10h-19h ; Jan. geschlossen

CH. DE LA GARDINE 1995*

■ 46 ha 150 000 ❙❙❙ 70-100F

Einer der Eckpfeiler unter den Rhône-Gütern. Sicherlich ist dieser Wein im Augenblick ein wenig verschlossen, aber man erahnt einen großen Reichtum im noch fruchtigen Duft, mit Noten von Lakritze und getoastetem Brot, das eine diskretes Vanillearoma verrät. Eine meisterliche Beherrschung des Ausbaus im Holzfaß scheint in diesem fülligen, ausgewogenen Châteauneuf mit den eleganten, verschmolzenen Tanninen durch. Die Zukunft dieses 95ers ist gesichert. Man muß ihn nur aufheben können.

☙ Brunel et Fils, Ch. de La Gardine, rte de Roquemaure, 84230 Châteauneuf-du-Pape, Tel. 04.90.83.73.20, Fax 04.90.83.77.24 ✓ ⏰ n.V.

CH. DE LA GARDINE
Cuvée des Générations Gaston Philippe 1995**

■ 5 ha 15 000 ❙❙❙ +200F

Ein sehr großer, lagerfähiger Wein, den Sie mit Genuß regelmäßig probieren werden, um seine Entwicklung zu verfolgen. Er ist offensichtlich durch seine achtzehn Monate Faßreifung geprägt. Dennoch erahnt man eine intensive aromatische Entwicklung hinter der Komplexität und dem Reichtum der Struktur. Das Unterstampfen der festen Bestandteile hat durchaus Anteil an diesen Gesamteindrücken.

☙ Brunel et Fils, Ch. de La Gardine, rte de Roquemaure, 84230 Châteauneuf-du-Pape, Tel. 04.90.83.73.20, Fax 04.90.83.77.24 ✓ ⏰ n.V.

DOM. DE LA JANASSE 1996

☐ 1,5 ha 5 500 ❙❙❙ 70-100F

Diese Cuvée kommt von einem Sandboden mit Nordlage. Der sehr blaßgelbe Wein bietet einen zurückhaltenden, eher blumigen Duft, viel Rundheit im Geschmack, Frucht und einen säuerlichen Abgang.

☙ EARL Aimé Sabon, 27, chem. du Moulin, 84350 Courthézon, Tel. 04.90.70.86.29, Fax 04.90.70.75.93 ✓ ⏰ Mo-Sa 8h-12h 14h-20h ; So n. V.

DOM. DE LA MORDOREE 1995**

■ 3,25 ha 13 000 ❙❙❙ 70-100F

Reichtum und Komplexität des Aromas sind bereits eine Erfolgsgarantie : rote Früchte und Gewürze, verbunden mit sehr harmonischen

Châteauneuf-du-Pape

Vanillenoten, danach Leder, im Geschmack durch Röstnoten abgelöst und ergänzt. Alles in dem ausgewogenen Geschmack ist seidig. Milder, geschmeidiger Abgang und fleischige Entwicklung des Aromas.

🕭 Dom. de La Mordorée, chem. des Oliviers, 30126 Tavel, Tel. 04.66.50.00.75, Fax 04.66.50.47.39 ✓ ⊤ n. V.

🕭 Delorme

CH. LA NERTHE
Clos de Beauvenir 1995★★

| ☐ | 2 ha | 4 100 | ⑾ | 100-150 F |

La Nerthe, dessen Weinberge schon vor langer Zeit angelegt worden sind, hat beim Rotwein eine 94er Cuvée des Cadettes präsentiert, die mit zwei Sternen benotet wurde. Zwei von vier Verkostern schlugen sie für die Wahl zum Lieblingswein vor. Ein sehr schöner Wein von großer Lagerfähigkeit und langem Ausdruck. Die klare, strahlende, golden schimmernde Farbe dieses Clos de Beauvenir kündigt den intensiven, kräftigen, eleganten Duft an, der blumig und fruchtig zugleich ist. Seine außergewöhnliche Rundheit, seine vollkommene Ausgewogenheit, seine frische Ansprache mit der Frucht, ein zart holzbetonter Geschmack und ein nachhaltiger Abgang machen es ihm möglich, in zwei Jahren gekochte Fischgerichte zu begleiten.

🕭 SCA Ch. La Nerthe, rte de Sorgues, 84230 Châteauneuf-du-Pape, Tel. 04.90.83.70.11, Fax 04.90.83.79.69 ✓ ⊤ tägl. 9h-12h 14h-18h

🕭 M. Richard

LA REVISCOULADO 1995★★

| ■ | 1 ha | 5 000 | ⑾ | 70-100 F |

Eine lebhafte, tiefe Farbe mit noch bläulichen Reflexen umhüllt diesen bemerkenswerten Wein, dessen Komplexität im Duft sich in Noten von frischen schwarzen Früchten (Brombeeren und Heidelbeeren) sowie empyreumatischen (getoastetes Brot) und würzigen Nuancen äußert. Die Entwicklung ist die gesamte Weinprobe hindurch einheitlich. Man erkennt eine wirklich meisterliche Beherrschung des Ausbaus im Holzfaß.

🕭 Dom. Philippe Jean-Trintignant, Ch. Jas de Bressy, B.P. 64, 84230 Châteauneuf-du-Pape, Tel. 04.90.83.73.23, Fax 04.90.83.52.30 ✓ ⊤ tägl. 9h-19h

DOM. DE LA VIEILLE JULIENNE
1996

| ☐ | 0,4 ha | 2 000 | ⑾ | 70-100 F |

Dem Auge erscheint er blaßgelb mit grünen Reflexen. In der Nase ist das Aroma von mittlerer Stärke. Der Geschmack wird vom lieblichen Charakter und von der Fruchtigkeit beherrscht, mit einem frischeren Abgang.

🕭 EARL Daumen Père et Fils, Dom. de La Vieille Julienne, Le Grès, 84100 Orange, Tel. 04.90.34.20.10, Fax 04.90.34.10.20 ✓ ⊤ Mo-Fr 9h-12h 14h-19h ; Sa, So n. V.

LE CLOS DU CAILLOU 1995

| ■ | k. A. | 31 000 | 🍷⑾♦ | 50-70 F |

Eine traditionelle Vinifizierung, zwölf Monate im Holzfaß, hat diesen Wein hervorgebracht : Geruch nach altem Holz, mit Nuancen von roten Früchten, dann mit animalischen Noten. Der sehr kräftige Geschmack entfaltet rote Früchte und orientalische Gewürze. Der Abgang ist wärmer. Kann er sich verfeinern ? Die Jury äußert sich nicht dazu.

🕭 Jean-Denis Vacheron-Pouizin, Le Clos du Caillou, 84350 Courthézon, Tel. 04.90.70.73.05, Fax 04.90.70.76.47 ✓ ⊤ Mo-Sa 8h-12h30 13h30-19h30 ; So n. V.

LES GALETS BLANCS 1995★

| ■ | k. A. | 20 000 | 🍷⑾♦ | 30-50 F |

Ein hübscher Händlerwein, der Cuvées von verschiedenen Weingütern kombiniert, in der schönen Tradition des Weinhandels, der junge Weine ausbaut und verschneidet. Seine intensive, strahlende Farbe, sein ausdrucksvoller Duft nach Brombeeren, kandierten Früchten und Leder, seine festen, aber eleganten Tannine und sein Geschmack mit den würzigen Noten und dem warmen Abgang sind am Erfolg dieses Weins beteiligt.

🕭 Les Grandes Serres, rte de l'Islow, 84230 Châteauneuf-du-Pape, Tel. 04.90.83.72.22, Fax 04.90.83.78.77 ✓ ⊤ n.V.

LES TERRES BLANCHES 1995★★

| ■ | 20 ha | 45 000 | 🍷♦ | 70-100 F |

Dieser Terres Blanches zieht die Bezeichnungen auf sich : lang, füllig, ausgewogen, recht reife Tannine, schöne Struktur, Lagerfähigkeit garantiert ... »Bravo !« rief ein Verkoster sogar aus.

🕭 SC des Vignobles de Vaudieu, 84230 Châteauneuf-du-Pape, Tel. 04.90.12.32.42, Fax 04.90.12.32.49

LES TERRES BLANCHES 1996★

| ☐ | 10 ha | 15 000 | 🍷♦ | 70-100 F |

Eine Cuvée, die von den Rebflächen von Vaudieu kommt und nicht im Barriquefaß ausgebaut worden ist. Dieser Wein hat durch seine Farbe, ein strahlendes, sehr klares Gelb, ebenso verführt wie durch seinen intensiven, erstklassigen Duft. Die Komplexität ist vorhanden : Früchte (Birnen), Biskuits ... Der elegante Geschmack besitzt Fülle, eine sehr gute Ausgewogenheit, Frucht und ein Aroma von weißen Blüten.

🕭 SC des Vignobles de Vaudieu, 84230 Châteauneuf-du-Pape, Tel. 04.90.12.32.42, Fax 04.90.12.32.49

Châteauneuf-du-Pape

CLOS DE L'ORATOIRE DES PAPES 1995*

■ 5 ha 130 000 ◗◗ 70-100 F

Dieses Gut erzeugt auf seinen 40 ha alle Sorten von Weinen. Die Jurys haben beim Châteauneuf-du-Pape einen weißen 96er berücksichtigt, der wegen seiner aromatischen Intensität (Pfirsiche, Aprikosen, Ananas) lobend erwähnt wird, sowie diesen hier. Die Grenache-Traube dominiert darin, wie es ein Verkoster gleich erkannt hat. Er präsentiert sich in einem schönen Granatrot und entfaltet einen Gewürz- und Tabakduft. Auf schon runde Tannine gestützt, hinterläßt er einen Eindruck von gekochten Früchten und einem sehr angenehmen Röstgeruch (Kaffee). Ein bis zwei Jahre altern lassen.

☛ Léonce Amouroux, rue Saint-Joseph, B.P. 2, 84230 Châteauneuf-du-Pape,
Tel. 04.90.83.70.19, Fax 04.90.83.51.24 ✓
Ⱶ Mo-Fr 8h-12h 14h-17h30

DOM. LOU FRÉJAU 1996**

□ 1 ha 1 500 ■ ◗◗ 50-70 F

»Lou Fréjau« - das sind im Provenzalischen die Kieselsteine des Anbaugebiets von Châteauneuf. Dort entstehen die schönen Weine, wie dieser blaßgoldene 96er mit dem sehr aromatischen Duft, in dem Pfirsiche dominieren. Der runde, feine Geschmack ist körperreich und füllig und hält lang an.

☛ SCEA Dom. Lou Fréjau, chem. de la Gironde, 84100 Orange, Tel. 04.90.34.83.00, Fax 04.90.34.48.78
☛ Serge Chastan

DOM. LOU FRÉJAU 1995**

■ 8 ha 6 000 ◗◗ 50-70 F

Jugendlichkeit kommt in seinem Aroma von schwarzen Früchten zum Ausdruck. Die Verkostung setzt sich in einer schönen Ansprache fort. Dann macht sich rasch die Struktur bemerkbar und hinterläßt einen vielversprechenden Gesamteindruck. Dieser Wein besitzt eine Komplexität und vor allem einen großen Reichtum, der sich mit der Zeit noch verstärken wird.

☛ SCEA Dom. Lou Fréjau, chem. de la Gironde, 84100 Orange, Tel. 04.90.34.83.00, Fax 04.90.34.48.78

MAS DE BOIS LAUZON 1995

■ 10 ha 8 000 ■ ◗◗ 50-70 F

»Meine Mitverkoster sind strenger als ich«, notierte der Önologe der Jury. Natürlich muß man diesen Wein zehn Jahre im Keller lassen, aber seine Farbe mit den kirschroten Nuancen und sein Duft nach frischen Früchten und Gewürzen, mit entwickelten Noten, haben Charme. Im Geschmack sind die Tannine noch fest. Kandierte Früchte dominieren.

☛ Monique et Daniel Chaussy, quartier Bois Lauzon, 84100 Orange, Tel. 04.90.34.46.49, Fax 04.90.34.46.61 ✓ Ⱶ Mo-Sa 10h-12h 13h-18h ; So n. V.

CH. MAUCOIL 1995

■ 16 ha 72 000 ■ ◗◗ 70-100 F

Dieses im 17. Jh. entstandene Weingut umfaßt heute 16 ha. Sein 95er trägt ein eher leichtes Kleid. Der diskrete Duft entfaltet Noten von gerösteten Früchten und Feuerstein. Im Geschmack zeigt sich dieser Wein ziemlich rund und leicht zu trinken, ohne hervortretende Tannine. Angenehmer Abgang.

☛ Ch. Maucoil, B.P. 07, 84230 Châteauneuf-du-Pape, Tel. 04.90.34.14.86, Fax 04.90.34.71.88 ✓
Ⱶ n.V.
☛ Arnaud-Maimone

CH. MONGIN 1994

■ 2 ha 2 000 ◗◗ 50-70 F

Eine kräftige rubinrote Farbe und ein Duft, in dem sich kandierte Früchte, Backpflaumen und verbranntes Holz vermischen, kennzeichnen diesen ein Jahr lang im Holzfaß ausgebauten 94er. Nach einer sehr runden Ansprache läßt der Geschmack rauhere Tannine zum Vorschein kommen, die auf den generösen Charakter des Weins zurückgehen.

☛ Lycée viticole d'Orange, 2260, rte du Grès, 84100 Orange, Tel. 04.90.51.48.00,
Fax 04.90.51.48.20 ✓ Ⱶ n.V.

CLOS DU MONT-OLIVET 1996**

□ 2,25 ha 9 500 ■ 50-70 F

Die Sabons, die in dieser Appellation fest verwurzelt sind, erhalten regelmäßig einen Sternenregen für ihre Weißweine. Der 96er gehört ebenfalls dazu. Seine blaßgelbe Farbe mit den grünen Reflexen kündigt den hübschen Duft von großer Feinheit an, der an exotische Zitrusfrüchte, weiße Blüten und getoastetes Brot erinnert. Der Geschmack ist intensiv, sehr ausgewogen. Sein Aroma von Mangos, Kiwis und Bananen hält in einem harmonischen Abgang lang an. Der rote 95er ist ebenfalls elegant. Er wird lobend erwähnt.

☛ Les Fils de Joseph Sabon, GAEC du Clos Mont-Olivet, 15, av. Saint-Joseph, 84230 Châteauneuf-du-Pape,
Tel. 04.90.83.72.46, Fax 04.90.83.51.75 ✓ Ⱶ n.V.

CH. MONT-REDON 1995**

■ 82 ha 400 000 ◗◗ 70-100 F

Mont-Redon ist ein historischer Weinberg : Seinen Namen findet man bereits 1334 als »Mourredon« im Abgabenverzeichnis des bischöflichen Guts. Seitdem ist er mit dem kulturellen Leben der Region verbunden. Sein prächtiger 95er kann das Jahr 2000 feiern. Milde Gewürze mit Lakritznote lassen einen leichten, gut bewältigten Holzton zum Vorschein kommen. Das Aroma entfaltet sich auf großartige Weise im Mund. Reichtum und Stärke sind in einem besonders harmonischen Stil vorhanden.

TAL DER RHONE

Châteauneuf-du-Pape

Ein großer Wein, den man zu einem guten Wildpfeffer trinken sollte.
- Ch. Mont-Redon, 84230 Châteauneuf-du-Pape, Tel. 04.90.83.72.75, Fax 04.90.83.77.20 ☑ ☥ n.V.
- Abeille-Fabre

CH. MONT-REDON 1996*

| | 18 ha | 80 000 | | 70-100F |

Das Auge wird durch die goldgrünen Reflexe und die Brillanz verführt. Der kräftige, feine Duft kündigt die Eleganz und den Reichtum dieses Weins an, dessen Aroma an Früchte mit weißem Fleisch erinnert. Der wohlausgewogene Geschmack ist voller Frische und Frucht. Dieser 96er bietet bereits Genuß, aber man sollte ihn lieber noch aufheben !
- Ch. Mont-Redon, 84230 Châteauneuf-du-Pape, Tel. 04.90.83.72.75, Fax 04.90.83.77.20 ☑ ☥ n.V.

DOM. MOULIN-TACUSSEL 1995

| | 8,5 ha | 8 000 | | | 70-100F |

Eine Frau führt dieses Gut seit 1977. Ihr 95er mit der schwarz schimmernden Purpurfarbe bietet einen entwickelten Duft, in dem sich die roten Früchte und der Rosmaringeruch gut vertragen. Der tanninbetonte Geschmack ist ziemlich rauh. Dennoch zeigt sich ein Entwicklungsaroma. Nicht länger als zwei Jahre warten, damit sich die Struktur abrundet.
- SCEA Dom. Moulin-Tacussel, 10, av. des Bosquets, 84230 Châteauneuf-du-Pape, Tel. 04.90.83.70.09, Fax 04.90.83.50.92 ☑ ☥ tägl. 9h-12h 14h30-19h
- Mme Moulin

DOM. FABRICE MOUSSET 1996*

| | 2 ha | 10 000 | | 50-70F |

Er ist den Umweg wert ! Dieser sehr hübsche Weißwein bietet einen Duft von Ginster, Honig und Wachs. Klar, mit einer sehr guten Säure, alkoholreich. Er dürfte eine Bouillabaisse verkraften.
- SCEA Dom. Fabrice Mousset, Ch. des Fines Roches, 84230 Châteauneuf-du-Pape, Tel. 04.90.83.50.05, Fax 04.90.83.50.78 ☑ ☥ tägl. 8h-19h

DOM. DE NALYS 1995*

| | 40 ha | 150 000 | | | 50-70F |

Ein echter Châteauneuf-du-Pape wurde von diesem sehr guten Weingut vorgestellt, auf dem man die dreizehn Rebsorten der Appellation findet. Die Farbe dieses 95ers, ein intensives, tiefes, fast schwarzes Rot, weist auf die außerordentliche aromatische Intensität hin (rote Früchte und Trüffeln). Der reichhaltige, kräftige Geschmack, der sich auf gut verschmolzene Tannine gründet, bietet vorwiegend rote Früchte. Weisen wir auch auf den weißen 96er hin, der wegen seines fruchtig-blumigen Buketts Berücksichtigung fand. Sehr gute Lebhaftigkeit.
- SCI du Dom. de Nalys, rte de Courthézon, 84230 Châteauneuf-du-Pape, Tel. 04.90.83.72.52, Fax 04.90.83.51.15 ☑ ☥ Mo-Fr 8h-12h 13h30-18h ; Sa n. V.

DOM. DE PALESTOR 1994*

| | 3,02 ha | 5 000 | | 50-70F |

Martine Thoumy hat 1985 die Nachfolge ihres Vaters, André Chastan, angetreten. Sie erzeugt seitdem sehr geschätzte Weine. Nach einem mit zwei Sternen bewerteten 93er hier ein recht gelungener 94er. Während seine Farbe eher leicht ist, wird sein Geruchseindruck von Röst- (Kaffee) und Lakritzearomen beherrscht. Im Geschmack wohlausgewogen, mit diskret spürbaren Tanninen und einem Aroma, in dem man kalten Kaffee und Gewürze wiederfindet. Dieser Châteauneuf hinterläßt einen angenehmen Gesamteindruck.
- Martine Thoumy, Dom. de Palestor, rte de Courthézon, Le Grès, 84100 Orange, Tel. 04.90.34.50.96, Fax 04.90.34.69.93 ☑ ☥ n.V.

PASCAL Cuvée Clément V 1995

| | k. A. | 15 000 | | 50-70F |

Die Marke Pascal, die einem Weinhändler aus Vacqueyras gehört, präsentiert diesen tiefrubinroten 95er, der im Geruch Gewürze, gekochte Früchte und Trüffeln verbindet. Nach einer guten Ansprache im Geschmack machen sich die Tannine bemerkbar. Man sollte ihn altern lassen, damit sie verschmelzen (drei bis vier Jahre).
- Ets Pascal, rte de Gigondas, 84190 Vacqueyras, Tel. 04.90.65.85.91, Fax 04.90.65.89.23
- Denis Cheron

DOM. ROGER PERRIN 1996*

| | 2 ha | 10 000 | | | 70-100F |

Diese Cuvée wird erstmals aus 20 % Roussanne hergestellt, die im Barriquefaß mit Aufrühren des Hefesatzes vinifiziert werden, bevor sie mit vier anderen Rebsorten verschnitten wird, die in diesen Wein Eingang finden : Grenache (50 %), Clairette (20 %) und Bourboulenc. Die Farbe ist kräftig, gelb. Der Duft, reif, fruchtig, enthält Holznoten. Viel Körper im Geschmack, Fülle und nochmals eine dominierende Holznote. Ein Wein, den man sechs Monate aufheben muß, bevor man ihn zu einem feinen Fischgericht trinken kann.
- Dom. Roger Perrin, rte de Châteauneuf-du-Pape, 84100 Orange, Tel. 04.90.34.25.64, Fax 04.90.34.88.37 ☑ ☥ Mo-Sa 8h-12h 14h-19h

DOM. PONTIFICAL 1995*

| | 15 ha | 12 000 | | 50-70F |

Schöne Klarheit im Duft, mit würzigen kleinen Früchten. Dieser Wein fand wegen seines besonders feurigen Typs Beachtung. Sein feiner, seidiger Stoff und seine geschmackliche Länge sind auch seine Trümpfe. Seine harmonische Ausgewogenheit macht es möglich, ihn schon jetzt zu genießen.
- SCEA François Laget-Royer, Dom. Pontifical, 19, av. Saint-Joseph, 84230 Châteauneuf-du-Pape, Tel. 04.90.83.70.91, Fax 04.90.83.52.97 ☑ ☥ n.V.

Châteauneuf-du-Pape

DOM. ROGER SABON
Cuvée Prestige 1995★

■ 2 ha k. A. 🍷 70-100F

Intensive purpurrote Farbe, Duft nach Unterholz und Steinobst, mit Vanillenoten vermischt. Diese Cuvée Prestige trägt ihren Namen zu Recht : Die sehr schöne Ansprache ist noch jugendlich. Die Stärke und die Länge sind eines großen Weins würdig.
☛GAEC Dom. Roger Sabon et Fils, av. Impériale, B.P. 57, 84230 Châteauneuf-du-Pape, Tel. 04.90.83.71.72, Fax 04.90.83.50.51 ✓ ⊥ n.V.

CLOS SAINT-ANDRE 1995

■ 4 ha 20 000 🍷 50-70F

Der Clos gehörte im 12. Jh. der Benediktinerabtei Saint-André, die sich auf den Anhöhen von Villeneuve-les-Avignon befindet. Dieser 95er mit der sehr intensiven karminroten Farbe entfaltet ein Bukett von roten Früchten, Kirschwasser und Leder. Im Geschmack sind die Tannine sehr deutlich zu spüren, der Holzton dominiert. Der Abgang ist noch warm. Man muß seine Entwicklung abwarten.
☛EARL Deville et Fils, av. du Gal-de-Gaulle, 84230 Châteauneuf-du-Pape, Tel. 04.90.83.53.85 ✓ ⊥ n.V.

DOM. SAINT-BENOIT Elise 1995★

■ 5 ha 7 000 🍷 50-70F

Hier die Antwort auf unsere Frage vom letzten Jahr : »Elise ist gleichzeitig Name der Mutter und der Schwiegermutter des Besitzers. Es war *political correct*, diesen Vornamen für diese Cuvée zu wählen«, schrieb Monsieur Cellier. Unsere Verkoster haben zwei Cuvées berücksichtigt, von denen die Grande Garde ein Jahr lang im Holzfaß ausgebaut worden ist : Daraus resultieren ein animalischer Geruch mit leichtem Vanillearoma, recht spürbare Tannine, Fülle, Rundheit und eine gute Nachhaltigkeit mit Noten von gekochten Früchten. Wir überlassen Ihnen die Wahl zwischen diesem Wein und der Cuvée Elise, die feiner zu sein scheint, dabei aber sehr alkoholreich ist.
☛ Dom. Saint-Benoit, quartier Les Galimardes, 84230 Châteauneuf-du-Pape, Tel. 04.90.83.51.36, Fax 04.90.83.51.37 ✓ ⊥ n.V.
☛ Cellier

CLOS SAINT-MICHEL 1995★★

■ 10 ha 40 000 🍷 70-100F

Dieses Gut, das im Sorgues-Teil der Appellation liegt, wird seit 1996 von den Söhnen von Guy Mousset geführt. Wir präsentieren somit dieses Jahr noch den Wein des Vaters. Sein Aroma duftet nach der Provence : Garrigue und Lorbeer gehen anderen Noten voraus, wie etwa Leder und hellem Tabak. Was für ein Reichtum ! Alles im Geschmack ist gleichbedeutend mit Komplexität und lädt zum Hedonismus ein. Ein Châteauneuf, der typischen Charakter, Feinheit und Eleganz verbindet.
☛EARL Vignobles Guy Mousset et Fils, le Clos Saint-Michel, rte de Châteauneuf, 84700 Sorgues, Tel. 04.90.83.56.05, Fax 04.90.83.56.06 ✓ ⊥ n.V.

DOM. DES SAUMADES 1996

□ 0,35 ha 2 000 🍷 70-100F

Dieser im Barriquefaß mit Aufrühren des Hefesatzes ausgebaute 96er präsentiert sich in einem grün schimmernden Zitronengelb. Sein eher diskreter Duft bietet blumige Nuancen (weiße Blüten) und Zitrusnoten. Letztere dominieren im kräftigen, runden Geschmack. Gute Nachhaltigkeit.
☛Franck et Murielle Mousset, 20, fg Saint-Georges, 84350 Courthézon, Tel. 04.90.70.83.04 ✓ ⊥ n.V.

CH. SIMIAN 1995★

□ 1 ha 3 500 🍷 70-100F

Dieses seit 1855 bestehende Gut umfaßt heute 24 ha. Es präsentiert dieses Jahr einen hellen goldgelben Wein mit einem Duft nach kandierten reifen Früchten. Der Geschmack bietet viel Fülle und Rundheit. Dicht, sehr ausgewogen, mit einem honigartigen Entwicklungsaroma. Ein sehr gelungener 95er.
☛Y. et J.-P. Serguier, Ch. Simian, 84420 Piolenc, Tel. 04.90.29.50.67, Fax 04.90.29.62.33 ✓ ⊥ Mo-Sa 8h-12h 14h-19h

CH. SIMIAN 1995★

■ 3 ha 17 000 🍷 70-100F

Viel rote Früchte (Erdbeeren, Himbeeren) in einem einschmeichelnden Duft. Ein Wein, der zunächst frisch und sympathisch ist. Die ansteigende Stärke der Tannine und die Fülle bestätigen die ersten Eindrücke : Es handelt sich durchaus um einen Châteauneuf, den man schon jetzt trinken kann.
☛Y. et J.-P. Serguier, Ch. Simian, 84420 Piolenc, Tel. 04.90.29.50.67, Fax 04.90.29.62.33 ✓ ⊥ Mo-Sa 8h-12h 14h-19h

DOM. RAYMOND USSEGLIO 1994★

■ 1 ha 10 000 🍷 50-70F

Dieses Gut, das sich in der Reblage Les Terres Blanches befindet, präsentiert einen 94er mit einer schönen, kräftigen rubinroten Farbe, die ein paar himbeerrote Reflexe zeigt. Der interessante Duft bietet reife Früchte, Backpflaumen und ein Jugendaroma. Voll im Geschmack. Er ist zunächst körperreich und entwickelt sich dann mit verschmolzenen Tanninen. Man findet darin sehr reife Früchte wieder. Gute Länge.
☛Raymond Usseglio, rte de Courthézon, B.P. 29, 84230 Châteauneuf-du-Pape, Tel. 04.90.83.71.85, Fax 04.90.83.50.42 ✓ ⊥ n.V.

DOM. PIERRE USSEGLIO ET FILS 1995★★★

■ 5 ha 18 000 🍷 50-70F

Der aromatische Reichtum ist offensichtlich vorhanden ! Reife Früchte, Noten von Tiergeruch, Leder, Vanille ... Selbstverständlich eine gute Ausgewogenheit und eine schöne Harmonie ! Samtige Tannine, Fülle, Komplexität ... Aber um die höchste Stufe zu erklimmen, braucht es etwas mehr, das hier mit Sicherheit zu finden ist : eine schöne, anziehende Persönlichkeit.

🍷 EARL Pierre Usseglio et Fils, rte d'Orange,
84230 Châteauneuf-du-Pape,
Tel. 04.90.83.72.98, Fax 04.90.83.72.98 ✓ ⏰ n.V.

DOM. DE VALORI 1995*

| ■ | 14 ha | 50 000 | 🍷 | 70-100 F |

Dieser Duft von Früchten und Gewürzen ist sehr ausdrucksvoll. Die Struktur erscheint zwar streng, aber das wird durch die Eleganz des Stoffs und den hübschen Lakritzeabgang sehr gut kompensiert. Ein Wein, den Sie mit viel Genuß nach dem Jahr 2000 wiederfinden werden.
🍷 Jack et Christian Meffre, 84350 Courthézon,
Tel. 04.90.12.32.42, Fax 04.90.12.32.49

CUVEE DU VATICAN 1995**

| ■ | 15 ha | 64 000 | 🍷 | 50-70 F |

Von den 53 ha dieses schönen Familienguts sind fünfzehn für diesen bemerkenswerten Wein bestimmt. Die tiefe Farbe hat bereits die Verkoster inspiriert. Die Vielfalt des Aromas - rote Früchte vermischt mit leicht animalischen Noten über einem Untergrund aus Lakritze und Leder - hat sie verführt. Die ganze Reife kommt schließlich in einer samtigen Harmonie zum Ausdruck. Typischer Charakter und Verführungskraft gehen hier einher.
🍷 SCEA Félicien Diffonty et Fils, rte de Courthézon, 84230 Châteauneuf-du-Pape,
Tel. 04.90.83.70.51, Fax 04.90.83.50.36 ✓ ⏰ n.V.

CUVEE DU VATICAN 1996

| ☐ | 1 ha | 3 900 | 🍷 | 70-100 F |

Junge Rebstöcke haben diese Cuvée hervorgebracht. Sie präsentiert sich in einem leichten Kleid. Der Duft ist schlicht, aber frühlingshaft und elegant. Der noch wenig ausgeprägte Geschmack zeigt Fülle und Säuerlichkeit. Dennoch ist die vollkommene Ausgewogenheit noch nicht vorhanden. Für Muscheln bestimmt.
🍷 SCEA Félicien Diffonty et Fils, rte de Courthézon, 84230 Châteauneuf-du-Pape,
Tel. 04.90.83.70.51, Fax 04.90.83.50.36 ✓ ⏰ n.V.

CH. DE VAUDIEU 1996*

| ☐ | 10 ha | 10 600 | 🍷 | 70-100 F |

Mit seinen 70 ha gehört Château de Vaudieu zu den Weingütern, an denen man im Rhône-Tal nicht vorbeikommt. Es wird wegen der Qualität seiner Weine nicht nur von der breiten Öffentlichkeit, sondern auch von den Automobilbegeisterten geschätzt. Dieser 96er bildet keine Ausnahme von der Regel. Er besitzt eine hübsche blaßgelbe Farbe mit einem fruchtigen und zugleich blumigen Duft, in dem dennoch Birnen, Pfirsiche und Bananen dominieren. Nach einer frischen Ansprache entwickelt sich der Geschmack über einem Zitronen- und Amylalkoholaroma, danach über seiner Fülle. Sehr gute Länge. Weisen wir noch darauf hin, daß der rote 95er wegen der Feinheit seiner Tannine lobend erwähnt werden kann.
🍷 Ch. de Vaudieu, rte de Courthézon,
84230 Châteauneuf-du-Pape,
Tel. 04.90.83.70.31, Fax 04.90.83.51.97 ✓
⏰ Mo-Fr 8h-12h 13h30-17h30
🍷 S. Brechet

DOM. DE VILLENEUVE
Vieilles vignes 1995**

| ■ | 9 ha | 35 000 | 🍷 | 50-70 F |

Viel Leidenschaft und eine bewährte Tradition wurden auf diese Cuvée Vieilles vignes verwendet. Der Duft läßt bereits eine komplexe aromatische Palette erkennen : schwarze Früchte, Lorbeerblätter, Gewürze, Vanille. Das Ganze verschmilzt im Geschmack zu einem Lakritzearoma. Der Stoff ist von erstaunlichem Reichtum und dürfte sich in ein paar Jahren am Gaumen buchstäblich entladen. Ein ausgezeichneter Vertreter der Châteauneuf-du-Pape-Weine.
🍷 Dom. de Villeneuve, rte de Courthézon,
84100 Orange, Tel. 04.90.34.57.55,
Fax 04.90.51.61.22 ✓ ⏰ n.V.

Lirac

Schon im 16. Jh. erzeugte Lirac hochwertige Weine, deren Unverfälschtheit die Magistratsbeamten von Roquemaure beglaubigten, indem sie die Buchstaben »C d R« mit einem glühenden Eisen auf die Fässer aufbrannten. Man findet hier ungefähr dasselbe Klima und den gleichen Boden wie in Tavel, das weiter nördlich liegt. Das Anbaugebiet verteilt sich auf Lirac, Saint-Laurent-des-Arbres, Saint-Geniès-de-Comolas und Roquemaure. Seit der Erhebung von Vacqueyras zur AOC ist Lirac nicht mehr das einzige südliche Anbaugebiet, das auf einer Rebfläche von 480 ha drei Weintypen erzeugt (insgesamt 17 000 hl) : Rosé- und Weißweine, die voller Anmut und sehr duftig sind, sich gut mit den Meeresfrüchten aus dem nahen Mittelmeer vertragen und jung und gekühlt getrunken werden, und Rotweine, die kraftvoll und generös sind, einen ausgeprägten Bodengeschmack haben und hervorragend zu rotem Fleisch passen.

Lirac

DOM. AMIDO 1995★★

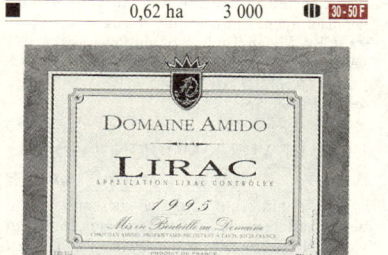

0,62 ha 3 000 30-50 F

Rebsorten, Vinifizierung, Alterung im großen Holzfaß, konstante Überwachung - Christian Amido überläßt nichts dem Zufall, wie dieser bemerkenswerte 95er mit der strahlenden, lebhaften rubinroten Farbe beweist. Die aromatischen Noten sind frisch : rote Früchte, Blüten und Holzton. Der Geschmack ist elegant. Man findet darin wieder die Noten von roten Früchten und dem Holzton über einer Struktur mit verschmolzenen Tanninen. Ein ausdrucksvoller, feiner und nachhaltiger Wein voller Harmonie. Alles sagt ihm ja bei Tisch zu, aber warum sollte man ihn nicht zu gefülltem Geflügel probieren ?
🕭 Dom. Amido, rue des Carrières, 30126 Tavel, Tel. 04.66.50.04.41, Fax 04.66.50.04.41 ✉
⏱ Mo-Fr 8h-12h 14h-18h ; Sa, So n. V. ; 10.-25. Aug. geschlossen

CH. D'AQUERIA 1996

3,5 ha 15 000 50-70 F

Von diesem Château sind bereits Weißweine zu Lieblingsweinen gewählt worden (die Jahrgänge 1992 und 1994). Dieser 96er ist sehr einschmeichelnd, aber man muß ihn trinken, denn er ist trinkreif. Im Duft ist er intensiv und gefällig ; eine Note Akazienblüten dominiert über die Frucht. Im Geschmack ist er sanft und zeigt sich fruchtig, füllig und rund.
🕭 SCA Jean Olivier, Ch. d'Aquéria, 30126 Tavel, Tel. 04.66.50.04.56, Fax 04.66.50.18.46 ✉ ⏱ Mo-Fr 8h-12h 14h-18h ; Sa n. V.

CH. D'AQUERIA 1995

14 ha 45 000 30-50 F

Dieser 95er ist trinkreif, wie sein leicht ziegelrot verfärbtes Rubinrot anzeigt. Der Duft mischt gekochte Früchte, Garriguegerüche und eine kleine, jodierte, mit Vanille verbundene Note. Im Geschmack ist er ganz reif.
🕭 SCA Jean Olivier, Ch. d'Aquéria, 30126 Tavel, Tel. 04.66.50.04.56, Fax 04.66.50.18.46 ✉ ⏱ Mo-Fr 8h-12h 14h-18h ; Sa n. V.

CH. BOUCARUT 1995★

8,8 ha 45 000 30-50 F

Christophe Valat ist Önologe, ausgebildet in Montpellier. Seit 1994 hat sich ihm seine Tochter Sophie auf dem heute sehr großen Familiengut angeschlossen. Dieser Lirac gründet sich auf edle Tannine, die ihre Jugend nicht verbergen. Die Farbe weist auf die Konzentration hin, der Duft ebenfalls : vor allem rote Früchte und Blätter von schwarzen Johannisbeeren, aber auch Fenchel. Im Geschmack findet sich das Aroma inmitten gekochter Früchte wieder. Man muß ein bis zwei Jahre warten, damit dieser sehr schöne Wein einschmeichelnder wird.
🕭 Christophe Valat, B.P. 76, Ch. Boucarut, 30150 Roquemaure, Tel. 04.66.50.26.84, Fax 04.66.50.40.91 ✉ ⏱ n.V.

CH. DE BOUCHASSY 1995★

6 ha 30 000 30-50 F

Der tiefrote Wein von Bouchassy enttäuscht nicht. Leder, gekochte Früchte und geröstete Kaffee dominieren im Geschmack, während die Tannine schon verschmolzen sind. Auf seinem Höhepunkt.
🕭 Gérard Degoul, Ch. de Bouchassy, rte de Nîmes, 30150 Roquemaure, Tel. 04.66.82.82.49, Fax 04.66.82.87.80 ✉ ⏱ Mo-Sa 8h-12h 14h-18h

CH. DE BOUCHASSY 1996★★

1 ha 4 000 30-50 F

Man findet die Rebsorten der AOC in diesem schönen Verschnitt von 30 Jahre alten Rebstöcken wieder. Grüne Reflexe durchziehen das Glas. Die aromatische Stärke ist bemerkenswert : exotische Früchte und Zitrusfrüchte. Dieser füllige, runde 96er ist auch lecker und frisch.
🕭 Gérard Degoul, Ch. de Bouchassy, rte de Nîmes, 30150 Roquemaure, Tel. 04.66.82.82.49, Fax 04.66.82.87.80 ✉ ⏱ Mo-Sa 8h-12h 14h-18h

CH. CANTEGRIL 1996

2 ha 4 000 30-50 F

Grenache, Cinsault und Clairette verbinden sich in diesem blassen Rosé mit dem feinen, eleganten Duft. Er ist im Geschmack füllig und lang, bleibt dabei aber frisch und ausgewogen. Dieser Wein wird sehr angenehm sein, wenn man ihn zu exotischen Gerichten trinkt.
🕭 SARL Antoine Verda et Fils, Ch. Cantegril, 30150 Roquemaure, Tel. 04.66.82.82.59, Fax 04.66.82.83.00 ✉ ⏱ n.V.
🕭 André Verda

DOM. DES CARABINIERS 1995★

15 ha 5 000 30-50 F

Er ist mit Christian Leperchois signiert, und das ist gut so. Die Verkoster sprechen über einen Wein mit individuellem Charakter. Riechen Sie intensiv an ihm : ein erster mineralischer Geruchseindruck, dann zeigen sich kandierte rote Früchte, mit einer Note von Minze, Fenchel und Arnika. Der Geschmack ist elegant und frisch, leicht, trinkreif.
🕭 Christian Leperchois, Dom. des Carabiniers, 30150 Roquemaure, Tel. 04.66.82.62.94, Fax 04.66.82.82.15 ✉ ⏱ Mo-Fr 14h-18h

DOM. DE LA CROZE 1995★

k. A. 2 000 30-50 F

Dieses Weingut, ein alter Besitz, hat einen hübschen Wein hergestellt, dessen Duft die Jury lobt ! Rote Früchte, getoastetes Brot, Kaffee und Kakao dominieren. Der Geschmack ist elegant und ausgewogen über den feinen Tanninen. Ein sehr

TAL DER RHONE

Lirac

gelungener Wein, den man schon jetzt im Familienkreis auf den Tisch bringen kann.
- Françoise Granier, Dom. de La Croze, 30150 Roquemaure, Tel. 04.66.82.56.73, Fax 04.66.90.23.90 ☑ ⏃ n.V.

DOM. LAFOND Roc Epine 1995**

| ■ | 5 ha | 22 000 | ▮⏃⏃ | 30-50 F |

Man findet dieses Weingut in den verschiedenen Ausgaben unseres Weinführers. Dieses Jahr erreicht er den Gipfel mit diesem in jeder Hinsicht tiefen Wein : Das Auge erfreut sich daran, die Nase erfaßt die ganze Komplexität eines großen Lirac, der Geschmack genießt den Reichtum des Stoffs, die angenehm verschmolzenen Tannine und den nachhaltigen Abgang, in dem sich Noten von Früchten, Kaffee und Kakao vermischen.
- Dom. Lafond, rte des Vignobles, 30126 Tavel, Tel. 04.66.50.24.59, Fax 04.66.50.12.42 ☑ ⏃ n.V.

DOM. LA ROCALIERE 1996

| ☐ | 1 ha | 5 400 | ▮ | 30-50 F |

Lebhaft, klar und strahlend. Fein und angenehm in der Nase. Dieser 96er zeigt sich ausgewogen, klar und einschmeichelnd im Geschmack, in dem man Zitrusfrüchte und Steinobst wahrnimmt.
- Dom. La Rocalière, Le Palais Nord, B.P. 21, 30126 Tavel, Tel. 04.66.50.12.60, Fax 04.66.50.12.60 ☑ ⏃ n.V.
- Borrelly-Maby

CH. LE DEVOY MARTINE 1996**

| ☐ | 2,2 ha | 15 000 | ▮⏃ | 30-50 F |

Das Etikett ist ebenso vornehm wie der Wein ! Dieser weiße Lirac ist außergewöhnlich. Und selbst wenn es ihm ein ganz klein wenig an Länge mangelt, verdient er die zwei Sterne. Betrachten Sie die grünen Reflexe, die seine blasse Farbe durchzucken. Genießen Sie sein explosives Honig- und Akazienblütenbukett und seinen ausgewogenen Geschmack, in dem sich die Aromen von Garrigue, Zitronengras und exotischen Früchten harmonisch vereinigen.
- SCEA Lombardo Frères, Ch. Le Devoy Martine, 30126 Saint-Laurent-des-Arbres, Tel. 04.66.50.01.23, Fax 04.66.50.43.58 ☑ ⏃ n.V.

LES QUEYRADES 1994*

| ■ | 3,5 ha | 18 000 | ▮⏃ | 30-50 F |

Dieser 94er wird bei Erscheinen des Weinführers trinkreif sein. Das intensive Rubinrot ist leicht ziegelrot verfärbt. In der Nase entdeckt man gekochte Früchte und getoastetes Brot. Einschmeichelnd im Geschmack, mit verschmolzenen Tanninen. Ein eleganter Wein.
- SCEA Mejan-Taulier, pl. du Président-Le-Roy, 30126 Tavel, Tel. 04.66.50.04.02, Fax 04.66.50.21.72 ☑ ⏃ n.V.
- André Méjan

DOM. LE VIEUX MOULIN 1995**

| ■ | 2,53 ha | 14 200 | ⏃⏃ | 30-50 F |

Eine Lammkeule wird sich diesem 95er mit der lebhaften Farbe (rubinroter Untergrund und violette Reflexe) nicht widersetzen ! Der Duft ist genauso jugendlich und mischt Gewürze, rote Früchte und eine kleine pflanzliche Note. Man findet dieses Aroma im Geschmack wieder, ohne die pflanzliche Nuance, aber dafür mit einem Hauch von Lakritze. Die Tannine sind deutlich zu spüren, aber der Wein ist füllig und rund, von schöner Textur.
- GAEC Les Fils de Gabriel Roudil, rue des Lavandières, 30126 Tavel, Tel. 04.66.50.07.79, Fax 04.66.50.10.02 ☑ ⏃ n.V.

CAVE DES VINS DE CRU DE LIRAC
Tradition 1996*

| ☐ | k. A. | k. A. | | 30-50 F |

Die Genossenschaftskellerei von Lirac vereinigt 568 ha Rebflächen. Sie präsentiert hier einen Teil ihrer sehr gelungenen Produktion mit diesem schönen grün schimmernden Weißwein. Sein sehr clairettetypischer Duft trägt auch den Stempel der Bourboulenc-Rebe (getoastetes Brot). Der Geschmack erreicht dank der Rebsorte Grenache blanc eine schöne Ausgewogenheit zwischen Fülle und Rundheit.
- Cave des vins de cru de Lirac, 30126 Saint-Laurent-des-Arbres, Tel. 04.66.50.01.02, Fax 04.66.50.37.23 ☑ ⏃ tägl. 8h-12h 14h-18h

CAVE DES VINS DE CRU DE LIRAC
Vieilles vignes 1996**

| ▰ | 568 ha | 200 000 | ▮ | 30-50 F |

Sehr gut gemacht : Dieser Rosé zeugt von einer hervorragenden Vinifizierung. Das Aroma von Fruchtdrops, das man in der Nase und im Mund wahrnimmt, kennzeichnet einen Wein, der zwar ein wenig technologisch, aber fein, harmonisch und bemerkenswert ist. Man sollte ihn gekühlt zu Grillgerichten trinken.
- Cave des vins de cru de Lirac, 30126 Saint-Laurent-des-Arbres, Tel. 04.66.50.01.02, Fax 04.66.50.37.23 ☑ ⏃ tägl. 8h-12h 14h-18h

DOM. MABY La Fermade 1996**

| ☐ | 2 ha | 6 000 | ▮ | 30-50 F |

Ein Familiengut, das hier sein Können belohnt sieht. Mit den traditionellen Rebsorten der AOC hat es einen hübschen Lirac hergestellt : grüne Reflexe, kräftiger Duft von weißen Blüten. Ein strukturierter Wein, der altern kann, füllig und lang. Im Abgang zeigt er echte Subtilität.
- Dom. Maby, rue Saint-Vincent, 30126 Tavel, Tel. 04.66.50.03.40, Fax 04.66.50.43.12 ☑ ⏃ n.V.
- Roger Maby

DOM. MABY La Fermade 1995

22 ha 50 000 30-50 F

Was für ein Bukett! Gekochte Früchte, Bergamotte und Minze treffen aufeinander. Der klare, ausgewogene Geschmack zeigt leichte Tannine. Gute Arbeit.
- Dom. Maby, rue Saint-Vincent, 30126 Tavel, Tel. 04.66.50.03.40, Fax 04.66.50.43.12 n.V.

CH. SAINT-ROCH 1995**

40 ha 40 000 30-50 F

Man muß sich gedulden, um diesen großartigen Rotwein zu trinken. Voller, frischer Duft, in dem sich schwarze Johannisbeeren und Erdbeeren, Gewürze und Garrigue vermischen. Was für eine Harmonie im Geschmack! Rote Früchte, Vanille, Thymian und Lorbeer stützen sich auf feine Tannine, die ihm eine schöne Ausgewogenheit verleihen.
- SARL Antoine Verda et Fils, Ch. Saint-Roch, 30150 Roquemaure, Tel. 04.66.82.82.59, Fax 04.66.82.83.00 n.V.
- Jean-Jacques Verda

CH. DE SEGRIES 1996

1,5 ha 6 000 30-50 F

Der rote 95er und der weiße 96er Lirac erhalten dieselbe Note, mit einer leichten Präferenz für diesen hier. Lebhaft und strahlend, angenehm im Aussehen. Seine aromatische Intensität (Akazienblüten), seine Feinheit im Geschmack und seine Säuerlichkeit verleihen ihm eine gute Haltung.
- SCEA Henri de Lanzac, rue de la Fontaine, 30126 Tavel, Tel. 04.66.50.22.97, Fax 04.66.50.17.02 n.V.

DOM. TOUR DES CHENES 1996**

8 ha 40 000 30-50 F

Was für ein Erfolg! Der klassische Rebsatz, je zur Hälfte Grenache und Cinsault, und die gelungene Vergärung liefern diesen Wein mit der klaren kirschroten Farbe und dem feinen, kräftigen Duft von kleinen roten Früchten, der im Geschmack füllig und lang ist.
- Dom. Tour des Chênes, 30126 Saint-Laurent-des-Arbres, Tel. 04.66.50.01.19, Fax 04.66.50.34.69 n.V.
- Jean-Claude Sallin

Tavel

Dieser große Wein der Côtes du Rhône, den viele für den besten Roséwein Frankreichs halten, kommt aus einem Anbaugebiet, das auf dem rechten Flußufer im Departement Gard liegt. Als einzige Appellation des Rhône-Tals erzeugt Tavel auf Böden, die aus Sand, lehmigem Schwemmland oder Geröll bestehen, ausschließlich Roséweine; die 950 ha große Anbaufläche umfaßt die Gemeinde Tavel sowie einige Parzellen in der Gemeinde Roquemaure. Die Produktionsmenge liegt bei 42 0000 hl. Der Tavel ist ein generöser Wein mit einem Bukett, das zunächst blumig, dann fruchtig ist; er paßt zu Fischgerichten in Sauce, Wurstgerichten und weißem Fleisch.

DOM. DE CORNE LOUP 1996**

28 ha 150 000 30-50 F

Leicht rubinrot, leuchtend, sogar strahlend. Er hat sofort verführt. Der Duft ist voller frischer Früchte - rote Johannisbeeren, Erdbeeren und Himbeeren - und läßt auch eine Note Fruchtdrops erkennen, die man im Geschmack zusammen mit Fülle, Rundheit und Ausgewogenheit wiederfindet. Ein sehr schöner Wein. Wird etwas davon bis zum Erscheinen des Weinführers übrigbleiben?
- Jacques Lafond, Dom. de Corne-Loup, 30126 Tavel, Tel. 04.66.50.34.37, Fax 04.66.50.31.36 n.V.

DOM. LAFOND Roc Epine 1996

36 ha 250 000 30-50 F

Dieser Wein entspricht ganz der AOC mit seiner leicht kirschroten Farbe, seinem Duft von kleinen roten Früchten, seiner guten Struktur und seiner Ausgewogenheit. Er ist trinkreif.
- Dom. Lafond, rte des Vignobles, 30126 Tavel, Tel. 04.66.50.24.59, Fax 04.66.50.12.42 n.V.

DOM. DE LA MORDOREE 1996***

8,5 ha 50 000 50-70 F

Beständig im Weinführer vertreten, Lieblingswein im letzten Jahr, außergewöhnlich in diesem Jahr - auf dieses Weingut kann man sich verlassen. Dieser Rosé besitzt eine strahlende Farbe. Sein Duft ist voller Früchte und Blüten. Was für eine Bandbreite im Geschmack! Struktur, Fett, Fülle, Frucht, immer wieder Frucht - insgesamt ein großer Tavel.
- Dom. de La Mordorée, chem. des Oliviers, 30126 Tavel, Tel. 04.66.50.00.75, Fax 04.66.50.47.39 n.V.
- Delorme

DOM. LA ROCALIERE 1996*

23 ha 139 000 30-50 F

Ein gebackenes Auberginenpüree, sagt man uns, würde sich »mit Vergnügen« mit diesem sehr gelungenen Wein vermählen. Dieser Rebsortenverschnitt hat nämlich einen klaren, strahlenden Rosé hervorgebracht, der angenehm blumig ist. Frisch und fein im Geschmack, mit fruchtigen Noten von roten Johannisbeeren. Trinkreif.
- Dom. La Rocalière, Le Palais Nord, B.P. 21, 30126 Tavel, Tel. 04.66.50.12.60, Fax 04.66.50.12.60 n.V.
- Borrelly-Maby

TAL DER RHONE

LE CHEMIN DU ROY 1996

| | 7 ha | 20 000 | | 30-50 F |

Dieser Rosé, der in der Farbe und im Duft ebenso wie im Geschmack durch Kirschen bestimmt wird, besitzt eine schöne Frische. Er ist gut strukturiert, lebhaft und angenehm.
➥ SCEA Henri de Lanzac, rue de la Fontaine, 30126 Tavel, Tel. 04.66.50.22.97, Fax 04.66.50.17.02 ☑ ⏷ n.V.

LES AMARINES 1996*

| | k. A. | k. A. | | 30-50 F |

1973 hat dieses Gut auf 12 ha Garrigueland Reben angepflanzt. Die Rebstöcke haben jetzt ein beachtliches Alter. Sie liefern diesen angenehmen, lebhaften und strahlenden Rosé, bei dem sich die Feinheit im Duft äußert. Die elegante Fruchtigkeit ist intensiv im Geschmack, der dennoch frisch bleibt. Ein hübscher, trinkreifer Rosé.
➥ Christian Amido, 30126 Tavel, Tel. 04.90.12.32.42, Fax 04.90.12.32.49

DOM. MABY La Forcadière 1996**

| | 17,6 ha | 110 000 | | 30-50 F |

Dieser Rosé mit der prächtigen strahlenden und klaren Farbe ist sehr elegant und bietet einen duftigen, vornehmen Geruchseindruck. Seine schöne Ausgewogenheit beruht auf einem guten Verhältnis zwischen Alkohol, Säure und Frucht. Dieser Wein von großer Klasse spiegelt gut die Appellation und die Reblage wider.
➥ Dom. Maby, rue Saint-Vincent, 30126 Tavel, Tel. 04.66.50.03.40, Fax 04.66.50.43.12 ☑ ⏷ n.V.

PRIEURE DE MONTEZARGUES 1996*

| | 34 ha | 100 000 | | 30-50 F |

Prieuré de Montézargues, ein Stammgast in unserem Weinführer, präsentiert diesen sehr schönen Wein mit der blassen, strahlenden rosa Farbe und dem sehr feinen Blütenduft. Gehaltvoll und kräftig, zeigt er sich ausgewogen und nachhaltig. Er paßt ebenso gut zu Fisch wie zu Geflügel.
➥ GFA du Prieuré de Montézargues, 30126 Tavel, Tel. 04.66.50.04.48, Fax 04.66.50.30.41 ☑ ⏷ Mo-Fr 10h-12h 15h-18h ; Gruppen u. Sa, So n. V.
➥ Allauzen

Clairette de Die

Die Clairette de Die gehört zu den am längsten bekannten Weinen der Welt. Das Anbaugebiet nimmt die Hänge am Mittellauf der Drôme zwischen Luc-en-Diois und Aouste-sur-Sye ein. Dieser Schaumwein wird hauptsächlich aus der Rebsorte Muscat (75 % Mindestanteil) hergestellt. Der Gärvorgang hört von selbst in der Flasche auf. Es wird kein »Versandlikör« hinzugefügt. Dies ist die »althergebrachte Methode« von Die.

CLAIRDIE Tradition 1996*

| ○ | k. A. | 500 000 | 30-50 F |

Diese nach der althergebrachten Methode hergestellte Cuvée Tradition ist stets von gleichbleibender Qualität : Ihr Aroma ist nicht zu schwer und zeigt sich sehr angenehm. Der lebhafte, jugendliche Schaum garantiert den Wert dieses Erzeugnisses.
➥ Cave coop. de Die, av. de la Clairette, 26150 Die, Tel. 04.75.22.30.00, Fax 04.75.22.21.06 ⏷ n.V.

DOM. DE MAGORD
Tradition Méthode dioise ancestrale 1996**

| ○ | 6,5 ha | 45 000 | 30-50 F |

Der gute Ruf dieser Clairette ist allgemein anerkannt. Sie wird ausschließlich aus der Rebsorte Muscat hergestellt, was ihr ein recht außergewöhnliches Aroma verleiht. Man beachte den Wahlspruch des Hauses : »Sie gut bedienen, Ihnen Freude bereiten, Sie wiedersehen.« Dieser 96er dürfte dazu beitragen ! Empfohlen wird er zu Pognes de Romans (süße Hefebrote mit Früchten) oder zu Nußkuchen.
➥ Jean-Claude et Jérôme Vincent, GAEC du Dom. de Magord, 26150 Barsac, Tel. 04.75.21.71.43, Fax 04.75.21.72.41 ☑ ⏷ tägl. 8h-20h ; Gruppen n. V.

MARCEL ET MARIEN MAILLEFAUD
Méthode dioise ancestrale 1995

| ○ | k. A. | 70 000 | -30 |

Generöse Ansprache, schöner, recht anhaltender Schaum : Das Erzeugnis ist fein und elegant. Ein paar Blütennoten lösen sich rasch hinter der üppigen Frucht auf. Die Maillefauds, eine alte Winzerfamilie, haben die Angewohnheit, diesen Wein zu einem in Clairette zubereiteten Kaninchen zu servieren.
➥ Marcel et Marien Maillefaud, GAEC des Adrets, rte de Viopis, 26150 Barsac, Tel. 04.75.21.71.77, Fax 04.75.21.75.24 ☑ ⏷ tägl. 8h-18h

ALAIN POULET
Tradition Méthode dioise ancestrale

| ○ | 9 ha | 35 000 | 30-50 F |

Ein halbtrockener Schaumwein, ein echter Dessertwein (zu Apfelkuchen). Die Muscat-Traube besetzt den Gaumen ohne Aggressivität, mit Rosennoten im Abgang.
➥ Alain Poulet, quartier de la Chapelle, 26150 Pontaix, Tel. 04.75.21.22.59, Fax 04.75.21.20.95 ☑ ⏷ n.V.

RASPAIL
Tradition Méthode dioise ancestrale 1995*

| ○ | 3 ha | 23 000 | 30-50 F |

Die Verbindung zwischen Muscat und Clairette ist sehr gelungen. Der kräftige Muscatduft und die sehr feinen Clairettenoten verleihen diesem Wein seine ganze Tugend. Wenn man ihn stark gekühlt serviert, paßt er zu einem Aprikosenkuchen oder zu einer anderen Nachspeise.

Châtillon-en-Diois

❧EARL Georges Raspail, rte du Camping-Municipal, La Roche, 26340 Aurel, Tel. 04.75.21.71.89, Fax 04.75.21.71.89 ☑ ⏳ n.V.

JEAN-CLAUDE RASPAIL
Grande Tradition 1995

| ○ | 2 ha | 9 000 | 🔳 | 30-50 F |

Die Farbnuancen sind sehr blaß, aber der Schaum ist geschmeidig. Man findet jenen subtilen Charakter der alten Methode von Die wieder, in der die Muscat-Traube ihren Part spielt und zart nach Wein duftet. Paßt zu einer Génoise (Kuchen mit »Genueser« Biskuitteig).

❧Jean-Claude Raspail, Dom. de la Mûre, 26340 Saillans, Tel. 04.75.21.55.99, Fax 04.75.21.57.57 ☑ ⏳ tägl. 9h-12h 13h45-18h ; 8.-31. Jan. geschlossen

Crémant de Die

Der Erlaß vom 26. März 1993 erkannte die AOC Crémant de Die an. Dieser Schaumwein wird ausschließlich aus der Rebsorte Clairette nach dem sogenannten Champagner-Verfahren hergestellt, wobei die zweite Gärung in der Flasche verläuft.

CAPELLA Blanc de blancs 1992

| ○ | k. A. | 60 000 | 30-50 F |

Die Cuvée Capella stammt von biologisch angebauten Clairette-Trauben. Die sehr sorgfältig behandelten Rebstöcke haben sicherlich auch dieses Produkt hervorgebracht, das sehr reintönig ist und Ihre kleinen Empfänge begleiten kann.

❧Cave coop. de Die, av. de la Clairette, 26150 Die, Tel. 04.75.22.30.00, Fax 04.75.22.21.06 ☑ ⏳ n.V.

JACQUES FAURE

| ○ | 2 ha | 13 000 | 🔳 | 30-50 F |

Der »letzte Schrei« der Vinifizierungsanlagen ! Das findet man in diesem Wein wieder, den die Jury als »ein modernes und geschmackvoll wirkendes Produkt« beschrieb. Dieser Crémant de Die ist lebhaft und angenehm, mit einem leichten Schaum, der sich mit sehr feinen Bläschen entwickelt.

❧Jacques Faure, R.D. 93, 26340 Vercheny, Tel. 04.75.21.72.22, Fax 04.75.21.71.14 ☑ ⏳ tägl. 9h-12h 14h-19h

DOM. DE MAGORD 1993*

| ○ | 3,5 ha | 12 000 | 🔳 | 50-70 F |

Ein sehr schöner Wein mit feinem, leichtem Schaum. Diese reinsortige Clairette ist der Typ des gelungenen Crémant schlechthin : mit einem deutlich wahrnehmbaren, warmen und kräftigen Aroma von weißen Früchten. Man hat den Eindruck von einer leichten Tanninunterstützung, die das Ganze sehr angenehm macht.

❧Jean-Claude et Jérôme Vincent, GAEC du Dom. de Magord, 26150 Barsac, Tel. 04.75.21.71.43, Fax 04.75.21.72.41 ☑ ⏳ tägl. 8h-20h ; Gruppen n. V.

Châtillon-en-Diois

Das Weinbaugebiet von Châtillon-en-Diois umfaßt 50 ha auf den Hängen des oberen Tals der Drôme, zwischen Luc-en-Diois (550 m hoch) und Pont-de-Quart (465 m). Die Appellation erzeugt Rotweine aus der Rebsorte Gamay, die leicht und fruchtig sind und jung getrunken werden, und Weißweine aus Aligoté und Chardonnay, die ansprechend und nervig sind. Die Gesamtproduktion liegt bei 2 500 hl.

CLOS DE BEYLIERE 1994

| ☐ | 0,54 ha | 3 500 | 🎲 | 30-50 F |

Das erste Aroma dieses ausschließlich aus Chardonnay erzeugten Châtillon-en-Diois wird anfangs etwas von den Holznoten verschluckt, dann gewinnt es seinen ganz speziellen Charakter zurück, insbesondere im Abgang. Ein gut vinifizierter Wein, der seine lobende Erwähnung verdient.

❧Didier Cornillon, 26410 Saint-Roman, Tel. 04.75.21.81.79, Fax 04.75.21.84.44 ☑ ⏳ tägl. 10h-12h30 14h30-19h ; Okt.-April n. V.

DIDIER CORNILLON
Les Gamay d'Antan 1995*

| ■ | 2,3 ha | 12 000 | 🔳 | -30 F |

Didier Cornillon signiert seine Etiketten, und er tut recht daran, denn seine Erzeugnisse haben großes Format. Dieser Gamay beweist es. Er stammt von Rebstöcken mit geringem Ertrag. Sein sehr typisches Aroma ist deutlich wahrnehmbar und verbindet sich perfekt mit seiner Stärke, die für einen Wein, die allein von dieser Rebsorte kommt, außergewöhnlich ist. Rustikal und fast animalisch !

❧Didier Cornillon, 26410 Saint-Roman, Tel. 04.75.21.81.79, Fax 04.75.21.84.44 ☑ ⏳ tägl. 10h-12h30 14h30-19h ; Okt.-April n. V.

UNION DES PRODUCTEURS DE DIE Chardonnay 1996

| ☐ | k. A. | 39 000 | -30 F |

Man sollte diesen 96er jung und gut gekühlt trinken, in seiner Frucht. Aber aufgrund seiner recht körperreichen Struktur kann man eine gute Entwicklung mit der Zeit erwarten. Machen Sie eine Flasche davon zum Aperitif oder zu Fisch auf.

❧Cave coop. de Die, av. de la Clairette, 26150 Die, Tel. 04.75.22.30.00, Fax 04.75.22.21.06 ☑ ⏳ n.V.

Coteaux du Tricastin

Die 2 000 ha dieser Appellation verteilen sich auf 22 Gemeinden auf dem linken Ufer der Rhône ; das Anbaugebiet reicht von La Baume-de-Transit im Süden über Saint-Paul-Trois-Châteaux bis zu Les Granges-Gontardes im Norden. Alte, sehr steinige Schwemmlandböden und sandige Hänge, die sich an der Grenze zum mediterranen Klima befinden, erzeugen rund 100 000 hl Wein.

DOM. DE GRANGENEUVE
Cuvée Tradition 1995*

| ■ | 40 ha | 200 000 | ■ ↓ | 30-50 F |

Ein weiteres Mal beweist uns dieser Stammgast im Weinführer, wenn es überhaupt noch notwendig wäre, das Potential dieser jungen Appellation : ein körperreicher Rotwein mit schönen, würzigen Pfeffernoten. Dieser 95er ist vielversprechend. Ebenfalls berücksichtigt wurde ein 96er Rosé, der für eine Harmonie und seine große Komplexität einen Stern erhielt. Ein Rosé, den man zum Essen trinkt.
☛ O. et H. Bour, Dom. de Grangeneuve, 26230 Roussas, Tel. 04.75.98.50.22, Fax 04.75.98.51.09 ☑ ☒ n. V.

DOM. DE HAUTES CHALERNES 1996

| ◪ | 5 ha | 20 000 | ■ ↓ | -30 F |

Ein angenehmer Rosé mit einer reintönigen, klaren Farbe, einem sehr fruchtigen Duft und einer schönen Ausgewogenheit im Geschmack, in dem man Rundheit und Frucht findet. Paßt zu Lamm mit Kräutern.
☛ Cellier de L'Enclave des Papes, B.P. 51, 84600 Valréas, Tel. 04.90.41.91.42, Fax 04.90.41.90.21

CH. LA CROIX CHABRIERE 1996*

| ◪ | k. A. | 3 000 | ■ ↓ | -30 F |

»Die Liebe ist kirschrot«, verkündet der Sänger. Man findet die Kirschen und die Liebe in diesem Wein wieder, in dem Lebhaftigkeit und Zartheit miteinander konkurrieren. Man wird verführt durch einen Geschmack, der Lust auf mehr macht - einen Geschmack, den man erst einmal beherrschen muß !
☛ Ch. La Croix Chabrière, rte de Saint-Restitut, 84500 Bollène, Tel. 04.90.40.00.89, Fax 04.90.40.00.89 ☑ ☒ tägl. 9h-12h 14h-18h ; Gruppen n. V.

DOM. DE LA SERRIERE 1995*

| ■ | 15 ha | 22 000 | ■ ↓ | -30 F |

Er wird sich gut mit einem Chateaubriand vertragen, dieser lebhaft purpurrote Tricastin, der recht intensiv duftet (Gewürze, gekochte Früchte). Seine Tannine bilden ein schönes Gerüst. Dennoch muß man bis März 1998 warten, bis man beide bei Tisch zusammenbringt.

☛ Domaines Michel Bernard, La Serrière, rte de Sérignan, 84100 Orange, Tel. 04.90.11.86.86, Fax 04.90.34.87.30 ☒ n.V.

DOM. DE MONTINE 1996

| ☐ | 10 ha | 20 000 | ■ ↓ | -30 F |

Drei Farben vorgestellt, drei Weine mit gleichen Noten berücksichtigt : der gut strukturierte rote 95er, der 96er Rosé, der die Tonleiter der strukturierten Roséweine spielt, die für Mahlzeiten bestimmt sind (südliche oder asiatische Küche), und dieser Weißwein mit der schönen Ausgewogenheit. Sein sehr hübscher Duft ist gleichzeitig blumig, fruchtig und leicht honigartig. Die Rundheit seines Geschmacks, seine Fülle und sein fruchtiger, frischer Abgang machen ihn zu einem sehr gefälligen Wein.
☛ Jean-Luc et Claudy Monteillet, Dom. de Montine, La Grande Tuilière, 26230 Grignan, Tel. 04.75.46.54.21, Fax 04.75.46.93.26 ☑ ☒ n.V.

DOM. SAINT LUC 1995*

| ■ | 6 ha | 35 000 | ■ ↓ | -30 F |

Man könnte ihn gut und gern für einen jüngeren Jahrgang als einen 95er halten (für einen 96er), denn seine Struktur umhüllt ein sehr deutlich vorhandenes Aroma von roten Früchten. Die Tannine sind deutlich zu spüren, und die Ausgewogenheit ist wirklich vielversprechend. Ein lagerfähiger Coteaux du Tricastin.
☛ Ludovic Cornillon, Dom. Saint-Luc, 26790 La Baume-de-Transit, Tel. 04.75.98.11.51, Fax 04.75.98.19.22 ☑ ☒ n.V.

DOM. TOUR D'ELYSSAS 1996

| ☐ | 3 ha | 7 000 | ■ | -30 F |

Ein origineller Ort. Dieser Wein ist es nicht weniger, verführerisch schon beim ersten Anblick wegen seiner blaßgelben, grün schimmernden Farbe. Weiße Blüten im Bukett, gute Nervigkeit im Geschmack, in dem man die Blüten wiederfindet.
☛ SCEA Dom. Tour d'Elyssas, B.P. 17, 26290 Les-Granges-Gontardes, Tel. 04.75.98.55.83, Fax 04.75.98.53.30 ☑ ☒ n.V.
☛ Paul Truffaut

Côtes du Ventoux

Am Fuße des Ventoux, eines 1 912 m hohen Kalksteinmassivs, der auch als »Riese des Vaucluse« bezeichnet wird, bilden Ablagerungen aus dem Tertiär die Böden für dieses 6 888 ha große Anbaugebiet, das sich auf 51 Gemeinden zwischen Vaison-la-Romaine im Norden und Apt im Süden erstreckt. Die hier erzeugten Weine sind in erster Linie Rot- und Roséweine. Das Klima, das kälter als das der Côtes du Rhône ist, hat eine spätere Reife der Trauben zur Folge. Die Rotweine haben einen

Côtes du Ventoux

niedrigeren Alkoholgehalt, sind aber in ihrer Jugend frisch und elegant ; in den am weitesten westlich gelegenen Gemeinden (Caromb, Bédoin, Mormoiron) sind sie jedoch kräftiger gebaut. Die Roséweine sind gefällig und müssen jung getrunken werden. Die Gesamtproduktion liegt bei durchschnittlich 280 000 hl.

DOM. JULIETTE AVRIL 1995

| | 3,5 ha | 20 400 | | -30 F |

Ein für die Appellation recht repräsentativer Côtes du Ventoux, den die Domaine Juliette Avril hier präsentiert. Er besitzt eine sehr hübsche rubinrote Farbe, Duftnoten von Unterholz und Gewürzen und eine gute Ausgewogenheit zwischen Tanninen und Alkohol. Man kann ihn schon jetzt zu einer ganzen Mahlzeit servieren.
↬ Dom. Juliette Avril, 8, av. Pasteur, 84230 Châteauneuf-du-Pape, Tel. 04.90.83.72.69, Fax 04.90.83.53.08 ☑ ⊺ n.V.

DOM. BALAQUERE 1994*

| | k. A. | 30 000 | | -30 F |

Diese aus 80 % Syrah und 20 % Grenache hergestellte Cuvée hat eine intensive Farbe mit leicht orangerotem Schimmer und ist im Geruch durch Röst- und Lakritzenoten gekennzeichnet. Das Aroma von Kaffee und in Alkohol eingelegten Früchten ist von mittlerer Ausdrucksstärke. Die Komplexität des Buketts und die Ausgewogenheit und Länge im Geschmack machen ihn dennoch zu einem sehr gelungenen und vielversprechenden Wein. Man kann ihn auch schon jetzt servieren.
↬ Les Vignerons du Mont-Ventoux, quartier de la Salle, 84410 Bédoin, Tel. 04.90.12.88.00, Fax 04.90.65.64.43 ☑ ⊺ tägl. 8h-12h 14h-18h

JEAN BARONNAT 1996*

| | k. A. | k. A. | | -30 F |

Dieses im Beaujolais beheimatete Haus wählt schöne Weine aus, wie etwa diesen Ventoux hier : violett schimmernd, jugendlich, gehaltvoll, angenehm, süffig. Sein Veilchenduft, sein Geschmack von kleinen roten Früchten, seine leichten Tannine und seine große Feinheit machen ihn zu einem einschmeichelnden Wein.
↬ Jean Baronnat, Les Bruyères, rte de Lacenas, 69400 Gleizé, Tel. 04.74.68.59.20, Fax 04.74.62.19.21 ☑ ⊺ n.V.

CANTEPERDRIX 1995

| | k. A. | k. A. | | -30 F |

Eher ein Sommerwein (für den Sommer 1998), den man gekühlt serviert : leicht säuerlich, mit einem Aroma von kleinen roten Früchten. Er wird dann eine ganze Frische bieten.
↬ Les Vignerons de Canteperdrix, rte de Caromb, B.P. 15, 84380 Mazan, Tel. 04.90.69.70.31, Fax 04.90.69.87.41 ☑ ⊺ Mo-Sa 9h-12h 14h-18h

DOM. DE CHAMP-LONG 1996

| | 7 ha | 15 000 | | -30 F |

Maurice Gély, der Vater von Christian, errichtete 1965 die Privatkellerei Domaine de Champ Long, die jetzt eine der ältesten der Appellation ist. Dieser 96er Rosé mit der überaus strahlenden lachsrosa Farbe bietet einen hochfeinen Duft mit Blütennoten sowie einem angenehmen Hauch von Amylalkohol. Er ist im Geschmack fruchtig (rote Johannisbeeren) und wohlausgewogen. Trinkreif. Paßt zu einem provenzalischen Gericht.
↬ Christian Gély, Dom. de Champ-Long, 84350 Entrechaux, Tel. 04.90.46.01.58, Fax 04.90.46.04.40 ☑ ⊺ tägl. 9h-12h 14h-19h

DOM. CHAUMARD 1995**

| | 1 ha | 6 000 | | 30-50 F |

Christine Chaumard, ausgebildete Önologin, hat ihr ganzes Fachwissen bei der Herstellung dieses 95ers angewandt. Intensive, ins Violette spielende Farbe mit bläulichen Reflexen. Das Bukett wird von reifen roten Früchten und Lakritze beherrscht. Ein sehr fülliger, im Geschmack langer Wein, der Fleisch in Sauce begleiten kann. Sollte innerhalb der nächsten beiden Jahre getrunken werden. Der weiße 96er erhält einen Stern für seine fruchtige Harmonie, die ihn zu einem ausgezeichneten Aperitifwein macht.
↬ Gilles Chaumard, rte d'Aubignan, 84330 Caromb, Tel. 04.90.62.43.38, Fax 04.90.62.35.84 ☑ ⊺ n.V.

CLOS FAYARD 1995

| | 2 ha | 8 000 | | 30-50 F |

Der von niedrigen Steinmauern umgebene Clos Fayard erlebt seine dritte Winzergeneration. Diese traditionell vinifizierte Cuvée, die von alten Rebstöcken (im Durchschnitt 30 Jahre alt) stammt, ist durch eine schöne Gesamtharmonie gekennzeichnet, die nach und nach ein sehr angenehmes Aroma von reifen Früchten und Lakritze zum Vorschein kommen läßt. Im Gegensatz dazu steht anfangs der verschlossene Geruchseindruck mit Noten von roten Früchten. Kann zwei Jahre lagern.
↬ Daniel Favetier, rte de Modène, 84330 Caromb, Tel. 04.90.62.34.78, Fax 04.90.62.36.02 ☑ ⊺ n.V.

DOM. DE FENOUILLET 1996*

| | 0,74 ha | 4 500 | | -30 F |

Die Familie Soard bewirtschaftet den Weinberg seit mehreren Generationen, aber die Weine werden erst seit 1989 auf dem Gut vinifiziert. Blaßgelb, sehr strahlend im Glas. Ein einschmeichelnder 96er, der eine ungewöhnlich blumige Stärke (weiße Blüten) entfaltet. Er ist ausgewogen, lang im Geschmack und gefällig. Trinkreif.
↬ GAEC Famille Soard, Dom. de Fenouillet, allée Saint-Roch, 84190 Beaumes-de-Venise, Tel. 04.90.62.95.61, Fax 04.90.62.90.67 ☑ ⊺ n.V.

DOM. DE FONDRECHE
Cuvée Carles Nadal 1995***

| | 3 ha | 12 000 | | -30 F |

Die Domaine de Fondrèche, deren 95er Rosé im letzten Jahr ein Lieblingswein war, wiederholt diesen Erfolg, aber diesmal mit dem roten 95er, der Cuvée Carles Nadal. Im Bukett vermischen sich rote Früchte (schwarze Johannisbeeren) mit Noten von Tiergeruch und Lakritze. Im

TAL DER RHONE

Côtes du Ventoux

Geschmack setzt sich das Aroma von schwarzen Johannisbeeren und in Alkohol eingelegten Kirschen in einem würzigen Abgang fort. Eine fleischige Cuvée voller Persönlichkeit, die sehr verführerisch ist und drei bis vier Jahre altern kann.

🕭 Dom. de Fondrèche, quartier Fondrèche, 84380 Mazan, Tel. 04.90.69.61.42, Fax 04.90.69.61.18 ✔ ⏃ Mo-Sa 8h-12h 14h-19h
🕭 Barthélemy-Vincenti

DOM. DE FONDRECHE 1996***

| | 6 ha | 30 000 | | |

Seit 1995 wurde viel Arbeit geleistet, um die Vinifizierung der Roséweine zu verbessern, insbesondere Versuche mit Kaltmaischung, damit sich die aromatische Komplexität entfaltet. Das Ergebnis ist überzeugend mit dieser 96er Cuvée, die eine außergewöhnliche aromatische Intensität besitzt, blumig und fruchtig zugleich und dabei voller Feinheit. Man kann ihn zu einem Wurst- oder Grillgericht empfehlen.

🕭 Dom. de Fondrèche, quartier Fondrèche, 84380 Mazan, Tel. 04.90.69.61.42, Fax 04.90.69.61.18 ✔ ⏃ Mo-Sa 8h-12h 14h-19h

LA COURTOISE 1996

| | k. A. | 80 000 | | |

Dieser Rosé, der gleichzeitig durch Abstich nach kurzer Maischung und durch unmittelbares Keltern der Trauben hergestellt worden ist, besitzt eine kräftige kirschrote Farbe, einen Blütenduft mit Noten von Amylalkohol und einen recht lebhaften Geschmack. Er ist sehr lecker und muß zu einem Wurst- oder einem Grillgericht getrunken werden.

🕭 SCA La Courtoise, 84210 Saint-Didier, Tel. 04.90.66.01.15, Fax 04.90.66.13.19 ✔ ⏃ tägl. 8h-12h 14h-18h

DOM. DE LA PEYRONNIERE 1995

| | 2 ha | 10 000 | | |

Ein Weingut, von dem einige Parzellen bereits zur Zeit der Französischen Revolution bestockt waren. Diese Cuvée, das Ergebnis einer traditionellen Vinifizierung und Bestockung, besitzt eine ziemlich dunkle Granatfarbe mit malvenfarbenen Reflexen. Sie ist stark durch die Grenache-Rebe geprägt und bietet ein Lakritzearoma sowie pfeffrige Noten. Man kann sie schon jetzt zu Wild und rotem Fleisch trinken, aber auch zwei Jahre lagern.

🕭 Jean Escoffier, Dom. de la Peyronnière, 84570 Mormoiron, Tel. 04.90.61.92.02, Fax 04.90.61.72.60 ✔ ⏃ n.V.

DOM. LA TUILIERE RAVOIRE
Cuvée de Prestige 1995*

| | 3 ha | 12 600 | | |

Albert Ravoire kaufte das Gut 1932 mit 2 ha Rebflächen. 1992 wurde der Keller gebaut. Das Gut ist heute 35 ha groß. Diese Cuvée de Prestige, die aus 50 % Grenache und 50 % Syrah hergestellt ist, besitzt eine strahlende, dunkle Farbe, einen Duft von gekochten Früchten, begleitet von unaufdringlichen Gewürzen, ein entfaltetes Aroma und deutlich spürbare Tannine. Sollte jetzt getrunken werden.

🕭 André Ravoire, Dom. La Tuilière, 84220 Murs, Tel. 04.90.05.78.06, Fax 04.90.05.78.06 ✔ ⏃ n.V.

DOM. DE LA VERRIERE 1995

| | 4 ha | 22 000 | | |

Dieses in der Nähe von Gordes gelegene Gut gehörte im 15. Jh. König René von der Provence, der hier italienische Glasmacher, die Ferris, ansiedelte. Diese Cuvée, die von alten Rebstöcken stammt, traditionell vinifiziert und sechs Monate in alten großen Fässern ausgebaut wurde, ist strukturiert, besitzt aber recht feine Tannine. Der eher animalische Geruchseindruck bietet Gewürz- und Unterholznoten. Das Aroma wird im geschmacklichen Ausklang von Lakritze und gebrannten Mandeln beherrscht. Sie kann zwei Jahre altern. Ebenfalls von der Jury berücksichtigt wurde ein 96er Rosé, der voller roter Früchte steckt und trinkreif ist.

🕭 Jacques Maubert, Dom. de la Verrière, 84220 Goult, Tel. 04.90.72.20.88, Fax 04.90.72.40.33 ✔ ⏃ Mo-Sa 9h-12h 13h30-18h30

DOM. LE MURMURIUM 1995

| | 1,5 ha | 4 000 | | |

Dieser wohlausgewogene, gefällige 95er mit dem exotischen, aber flüchtigen Bukett und dem Vanillearoma zeigt eine gute Nachhaltigkeit und eine interessante Gesamtharmonie. Trinkreif.

🕭 Jean Marot, La Grange Neuve, rte de Flassan, 84570 Mormoiron, Tel. 04.90.61.73.74, Fax 04.90.61.74.51 ✔ ⏃ n.V.

DOM. LE VAN 1995**

| | k. A. | 10 000 | | |

Die Domaine Le Van befindet sich am Fuße des Mont Ventoux, in der Nähe von Château du Barroux, in einer Gegend mit viel Fremdenverkehr. Ein Wein mit einem sehr komplexen Bukett (reife schwarze Früchte, Lakritze), das sich enthüllen und dabei einen bemerkenswerten Charakter entfalten wird. Er kann zwei Jahre altern.

🕭 SCEA Dom. Le Van, rte de Carpentras, 84410 Bédoin, Tel. 04.90.12.82.56, Fax 04.90.12.82.57 ✔ ⏃ tägl. 9h-19h
🕭 Mertens-Sax

CAVE DE LUMIERES
Cuvée Prestige 1996*

| | k. A. | 15 000 | | |

Diese Cuvée Prestige, die mit einem hohen Grenache-Anteil (80 %) durch Abstich hergestellt worden ist, besitzt eine sehr hübsche kirschrote Farbe, ein besonders kräftiges Bukett von roten

Côtes du Ventoux

Früchten und ein Aroma voller Feinheit. Sie ist trinkreif. Der rote 95er erhält dieselbe Note. Seine Ausgewogenheit ist hervorragend.
🌱 SCA Cave de Lumières, 84220 Goult, Tel. 04.90.72.20.04, Fax 04.90.72.42.52 ☑
🍷 Mo-Sa 9h-12h 14h-18h

DOM. PELISSON 1995

| ■ | k. A. | k. A. | ◐ | -30 F |

Dieses Weingut, ein Vorreiter beim biologischen Anbau, beschränkt die Erträge der Rebstöcke. Es erzeugt einen sehr rustikalen Wein von sehr intensiver Farbe, dessen schroffer Charakter noch zugänglicher werden muß.
🌱 Patrick Pelisson, 84220 Gordes, Tel. 04.90.72.28.49, Fax 04.90.72.23.91 ☑ 🍷 n.V.

CH. PESQUIE
Les Hauts du Parandier 1995*

| ■ | k. A. | 80 000 | | -30 F |

Diese 95er Cuvée Les Hauts du Parandier entspricht dem 94er, der in der letzten Ausgabe bewertet wurde, d. h., sie ist strukturiert und kräftig gebaut und braucht eine Alterung von rund zwei Jahren, damit sich ihre Tannine abrunden. Das vorherrschende Aroma sind rote Früchte, begleitet von würzigen Noten. Ein sehr gelungener Wein, den man einmal zu Fleisch mit Sauce servieren wird.
🌱 Ch. Pesquié, 84570 Mormoiron, Tel. 04.90.61.94.08, Fax 04.90.61.94.13 ☑ 🍷 n.V.
🌱 Chaudière-Bastide

CH. PESQUIE 1995*

| ■ | 5 ha | 30 000 | ◐ | 50-70 F |

Alte Grenache- und Syrah-Rebstöcke, die auf einem lehmig-kalkhaltigen Boden wachsen, haben diese von der Syrah-Traube dominierte, leicht holzbetonte dunkelrote Cuvée hervorgebracht. Die Zeit wird ihren Teil dazu beitragen, um die im Augenblick etwas lebhaften Tannine abzurunden. Paßt zu einem Wild. Zwei Jahre lagerfähig.
🌱 Ch. Pesquié, 84570 Mormoiron, Tel. 04.90.61.94.08, Fax 04.90.61.94.13 ☑ 🍷 n.V.

DOM. RIBAS
Cuvée spéciale La Font Dou Téule 1995

| ■ | 8 ha | k. A. | 🍾 | -30 F |

Die Domaine Ribas, La Font Dou Téule, wird seit mehreren Generationen bewirtschaftet. Der Keller wurde 1929 gebaut. Seitdem sind zwei Winzer aufeinandergefolgt, Léon und Augustin Ribas. Die Trauben werden mit der Hand gepflückt und ausgelesen, um nur die zu behalten, aus denen man den besten Wein erzeugen kann. Soweit die Ausführungen von Augustin Ribas. Diese violette Sondercuvée mit den malvenfarbenen Reflexen hat ein Bukett von schwarzen Johannisbeeren und Lakritze und ein Erdbeer- und Himbeeraroma. Sie kann zwei Jahre altern.
🌱 Dom. Ribas, hameau de Serres, 84200 Carpentras, Tel. 04.90.62.50.78 ☑ 🍷 n. V.

ROCHES BLANCHES
Cuvée à l'ancienne 1995**

| ■ | 10 ha | 12 000 | 🍾 | 30-50 F |

Das ist keine prämierte Züchtung, und dennoch wurde dieser Wein von allen Verkostern gelobt. Ein Begriff taucht überall auf: Fülle. Man entdeckt an ihm Noten von Schokolade und sehr reifen roten Früchten. Bravo, Richard Oms !
🌱 Cave Les Roches blanches, 84570 Mormoiron, Tel. 04.90.61.80.07, Fax 04.90.61.97.23 ☑ 🍷 tägl. 8h-12h 14h-18h

CUVEE DU ROI FAINEANT 1995***

| ■ | 2 ha | 10 000 | ◐ | -30 F |

Paul Vendran, ein junger, tatkräftiger Winzer, der keine Anstrengung scheut, um in Richtung Qualität zu gehen, präsentiert einen außergewöhnlichen Wein : schöne, konzentrierte Granatfarbe mit violettem Schimmer, sehr komplexes Aroma von Lakritze und kandierten Früchten. Im Geschmack zeigt sich dieser 95er voluminös und verbindet mit Eleganz den Wein und das Holz. Ein sehr harmonischer Côtes du Ventoux, der zwei bis fünf Jahre lagern kann.
🌱 Paul Vendran, Dom. de la ferme Saint-Pierre, 84410 Flassan, Tel. 04.90.61.80.95, Fax 04.90.61.90.88 ☑ 🍷 n.V.

SAINT-AUSPICE 1993*

| ■ | 3 ha | 17 000 | 🍾 | -30 F |

Diese Cuvée Saint-Auspice besitzt eine hübsche, kräftige Farbe mit orangeroten Reflexen, ein angenehmes, hochfeines Bukett von Sauerkirschen und ein Aroma von reifen roten Früchten, das mit einer Vanillenote ausklingt. Ein wohlausgewogener, strukturierter Wein, den man aber schon jetzt trinken muß.
🌱 Le Vin de Sylla, rte d'Avignon, B.P. 141, 84400 Apt, Tel. 04.90.74.05.39, Fax 04.90.04.72.06 ☑ 🍷 n.V.

CHAPELLE SAINT-HEYRIES
Croix du Coq 1994

| ■ | 4 ha | 6 000 | 🍾 | -30 F |

Dieses Gut, das in der Nähe eines der schönsten Dörfer von Frankreich liegt, bietet ein für den Süden typisches Erzeugnis. Wärme und Ländlichkeit kennzeichnen diesen kräftigen Wein mit dem Aroma von reifen, von der Sonne gekochten roten Früchten.
🌱 E. Imbert, Les Cousins, chapelle Saint-Heyries, 84220 Gordes, Tel. 04.90.72.07.08, Fax 04.90.72.00.53 ☑ 🍷 tägl. 9h-12h 13h-20h

SAINT-MARC 1995

| ■ | k. A. | 60 000 | 🍾 | 30-50 F |

Die Kellerei Saint-Marc wurde 1927 in der Nähe des Kapelle errichtet, die dem Schutzheiligen der Winzer in der Provence geweiht ist. Der Kellermeister, Alain Gerbaud, hat sein gesamtes Fachwissen zur Herstellung dieser Cuvée Saint-Marc aufgewendet. Sie besitzt eine kräftige granatrote Farbe und einen relativ zurückhaltenden Duft, der rote Johannisbeeren mit Harzgeruch verbindet. Ein ausgewogener, einschmeichelnder Wein, der jetzt trinkreif ist.

TAL DER RHONE

Côtes du Luberon

🕮 Cave Saint-Marc, rte de Carpentras, 84330 Caromb, Tel. 04.90.62.40.24, Fax 04.90.62.48.83 ▨ ⊤ tägl. 8h-12h 14h-18h

DOM. DE SAINT-PONS 1995

■　　　　10 ha　　13 000　　🍴 30-50 F

Die Weingüter Le Pont-Julien und Saint-Pons sind unter schwierigen Voraussetzungen renoviert und von Roger und Pierre Clerc übernommen worden. Sie haben sich entschlossen, biologische Anbaumethoden zu verwenden. Diese Cuvée der Domaine Saint-Pons ist gut strukturiert und wird von gekochten Früchten und Lakritze beherrscht. Trinkreif.

🕮 EARL Ch. de Thouramme, plan de Bonnieux, 84480 Bonnieux, Tel. 04.90.75.55.84, Fax 04.90.75.56.04 ▨ ⊤ n.V.

🕮 R. Clerc

CH. SAINT-SAUVEUR 1996*

◢　　　26,85 ha　　14 000　　🍴 -30 F

Ein altes Lehen, das einer adligen Familie aus dem Comtat Venaissin gehörte. Die 1989 restaurierte romanische Kapelle aus dem 11. Jh. dient heute als Probierkeller. Sie ist ein idealer Ort, um die Touristen zu empfangen, die hier den Muscat de Beaumes-de-Venise, Côtes du Rhône und diesen 96er Côtes du Ventoux Rosé probieren können. Exotisches Bukett, sehr lecker. Man sollte ihn gut gekühlt in der Gartenlaube trinken.

🕮 Ch. Saint-Sauveur, Les Héritiers de Marcel Rey, rte de Caromb, 84810 Aubignan, Tel. 04.90.62.60.39, Fax 04.90.62.60.46 ▨ ⊤ Mo-Sa 8h30-12h30 14h15-19h ; So n. V.

🕮 Guy Rey

DOM. DE TARA 1996

■　　　2,7 ha　　7 000　　🍴 -30 F

Anselme Selosse, ein Weingutsbesitzer in der Champagne, ist einer der besten Hersteller von Brut zéro, einem extraherben Champagner, und von Champagner, der im Holzfaß vinifiziert wird. Er kaufte 1991 ein Gut in der AOC Côtes du Ventoux, wo er sich in die ockerfarbenen Felswände von Roussillon verliebte. Er hat sein gesamtes Fachwissen in die Praxis umgesetzt, um diesen roten Tara herzustellen, dessen Bukett von roten Früchten leicht würzig ist und der perfekt zu Fleisch mit Sauce paßt. Trinkreif. Der 96er Rosé - Akazienblüten, Aprikosen und getrocknete Früchte - erhält dieselbe Note. Er hat Charme.

🕮 Dom. de Tara, Les Rossignols, 84220 Roussillon, Tel. 04.90.05.73.28, Fax 04.90.05.71.35 ▨ ⊤ n.V.

🕮 Selosse

CH. UNANG Le Clos Vieilli en fût 1996*

■　　　0,9 ha　　6 000　　🍷 30-50 F

Dieses prächtige Schloß, dessen Ursprünge auf das 9. Jh. zurückgehen, ist mit der Geschichte der Päpste in Avignon verknüpft. Dieser Clos von angenehm lebhafter Farbe, Rubinrot mit violettem Schimmer, bietet einen Veilchen- und Unterholzduft. Gehaltvoll im Geschmack, mit einem Aroma von roten Früchten und Gewürzen. Er gründet sich auf schöne Tannine. Ein hübscher Wein.

🕮 Jean Lefer, Ch. Unang, 84570 Malemort-du-Comtat, Tel. 04.90.69.91.37, Fax 04.90.69.92.80 ▨ ⊤ tägl. 8h-18h

CH. VALCOMBE La Cerisaie 1995*

■　　　2 ha　　8 000　　🍷 30-50 F

Monsieur Fonquerle ist ein sehr dynamischer Mann, der seinen Vinifizierungskeller 1993 gebaut hat und fortfährt, ihn zu verbessern. Seine 95er Cuvée besitzt eine intensive Farbe, einen kräftigen Duft mit Holz- und Vanillenoten und eine sehr gute Harmonie. Sie kann zwei Jahre lagern.

🕮 Claude Fonquerle, Ch. Valcombe, 84330 Saint-Pierre-de-Vassols, Tel. 04.90.62.51.29, Fax 04.90.62.51.47 ▨ ⊤ n.V.

Côtes du Luberon

Die Appellation Côtes du Luberon ist durch Erlaß vom 26. Februar 1988 zur AOC erhoben worden.

Das 36 Gemeinden umfassende Anbaugebiet erstreckt sich auf die Nord- und Südhänge des Kalksteinmassivs des Luberon ; es ist fast 3 000 ha groß und erzeugt durchschnittlich 150 000 hl. Die Appellation liefert gute Rotweine, die durch einen hochwertigen Rebsatz (Grenache, Syrah) und ein eigenständiges Anbaugebiet gekennzeichnet sind. Das Klima, das kühler als im Rhône-Tal ist, und die später stattfindende Lese erklären den hohen Anteil von Weißweinen (25 %) wie auch ihre anerkannte und begehrte Qualität.

DOM. CHASSON
Cuvée Guillaume de Cabestan 1995

■　　　10 ha　　60 000　　🍴 30-50 F

Rufus und Jean Lacouture sind berühmte Besucher der Domaine Chasson : Sie konnten hier auch die ockerfarbenen Felswände von Roussillon, einem malerischen Dorf, das zu den schönsten in Frankreich gehört, bewundern. Dieser granatrote 95er bietet eine gewisse Originalität in seinem Bukett (Schokoladenoten). Man muß ihn schon jetzt zu rotem Fleisch trinken.

🕮 Dom. Chasson, Ch. Blanc, quartier Grimaud, 84220 Roussillon, Tel. 04.90.05.64.56, Fax 04.90.05.72.79 ▨ ⊤ n.V.

CH. CONSTANTIN-CHEVALIER
Cuvée des Fondateurs 1995*

■　　　10 ha　　18 000　　🍷 30-50 F

Dieses Château, ein großes provenzalisches Landhaus aus dem 18. Jh., mußte den französischen Schriftsteller Giono begeistern. Versäumen Sie es nicht, den weißen 96er zu probieren, die

Côtes du Luberon

Cuvée des Fondateurs, die sicherlich noch vom Holz (Noten von gerösteten Kastanien), aber auch von Blüten (Akazie) geprägt ist, und vor allem dieselbe Cuvée beim roten 95er. Tiefe, intensive Farbe und holzbetonter Duft mit Vanille- und Gewürznoten. Die Gesamtharmonie ist interessant. Dank seiner schönen Struktur kann er zwei bis drei Jahre altern. Zu empfehlen zu Rührei mit Trüffeln.
↱ EARL Constantin-Chevalier, Ch. de Constantin, 84160 Lourmarin,
Tel. 04.90.68.38.99, Fax 04.90.68.37.37 ☑ ⊺ tägl. 10h-13h 16h-20h

CH. GRAND CALLAMAND
Elevé en fût de chêne 1995*

| | 14 ha | 25 000 | | 30-50 F |

Diese Cuvée Château Grand Callamand ist sehr gelungen aufgrund der Ausgewogenheit, die zwischen dem Alkohol und den Tanninen besteht. Die Farbe ist kräftig und zeigt bläulichrote Reflexe. Der leicht würzige Duft ist im Augenblick relativ zurückhaltend. Im Geschmack dominiert die Lakritze. Kann zwei Jahre altern.
↱ SCEA Gala, Ch. Grand Callamand, 84120 Pertuis, Tel. 04.90.09.55.44,
Fax 04.90.79.44.38 ☑ ⊺ n.V.
↱ Gamet

HAU COULOBRE
Cuvée des Vignerons 1996*

| | k. A. | 6 000 | | 30-50 F |

Eine sehr einschmeichelnde Cuvée von etwas kräftiger kirsch- bis grenadineroter Farbe, die ein intensives und zugleich feines, fruchtiges Bukett und ein kräftiges Aroma im Geschmack besitzt. Sie ist süffig und angenehm. Jetzt trinkreif.
↱ Cave Lourmarin-Cadenet, montée du Galinier, 84160 Lourmarin, Tel. 04.90.68.06.21, Fax 04.90.68.25.84 ☑ ⊺ Di-Sa 8h-12h 14h-18h

JAS DE LAURE 1996

| | 1,5 ha | 8 000 | | -30 F |

Die Kellerei Sylla lädt uns ein, diesen »Rosé einer Nacht« (d. h. von sehr kurzer Maischegärung) zu probieren : intensive Farbe mit johannisbeerroten Reflexen, komplexes Bukett, in dem Früchte (Sauerkirschen) dominieren. Er ist wohlausgewogen und kann jetzt getrunken werden oder noch zwei Jahre lagern.
↱ Le Vin de Sylla, rte d'Avignon, B.P. 141, 84400 Apt, Tel. 04.90.74.05.39,
Fax 04.90.04.72.06 ☑ ⊺ n.V.

CH. LA CANORGUE 1995**

| | 20 ha | 60 000 | | 50-70 F |

Für die Alterung seiner Rotweine hat Jean-Pierre Margan gerade zehn große Holzfässer gekauft. Er fährt fort, seinen Keller zu verbessern und qualitative Anstrengungen zu unternehmen, indem er seine Methoden regelmäßig überdenkt. Er kann stolz sein auf seine 95er Cuvée, die eine vollkommene Ausgewogenheit zwischen Alkohol und Tanninen besitzt und ein Bukett von roten Früchten und Gewürzen bietet. Sie wird perfekt zu Rebhuhn am Spieß oder zu Pastete mit Trüffeln passen.

↱ EARL J.-P. et M. Margan, Ch. La Canorgue, 84480 Bonnieux, Tel. 04.90.75.81.01,
Fax 04.90.75.82.98 ☑ ⊺ Mo-Sa 9h-12h 15h-17h30

CH. LA CANORGUE 1996*

| | 5 ha | 20 000 | | 30-50 F |

Ein sehr hübscher Weißwein, der aus 90 % Clairette und 10 % Grenache blanc hergestellt worden ist. Sehr fruchtig (Pfirsiche, Pampelmusen, Zitronen), im Geschmack füllig und von sehr schöner Harmonie. Er hat die Verkoster erobert. Man kann ihn zu einer gegrillten Rotbarbe empfehlen.
↱ EARL J.-P. et M. Margan, Ch. La Canorgue, 84480 Bonnieux, Tel. 04.90.75.81.01,
Fax 04.90.75.82.98 ☑ ⊺ Mo-Sa 9h-12h 15h-17h30

DOM. DE LA CAVALE 1996*

| | k. A. | 10 000 | | 30-50 F |

Der weiße 96er der Domaine de La Cavale (ohne Stern) ist gelungen und zeugt von einer guten Arbeit. Dieser Rosé besitzt eine Grenadinefarbe, die an die Kindertage erinnert, und bietet einen säuerlichen Duft nach roten Früchten. Seine Leichtigkeit und seine Lebhaftigkeit verleihen ihm den ganzen Zauber eines Rosés aus dem Süden.
↱ Paul Dubrule, rte de Lourmarin, 84160 Cucuron, Tel. 04.90.77.22.96,
Fax 04.90.77.25.64 ☑ ⊺ n.V.

MAS DE LA CITADELLE 1995

| | 8 ha | 40 000 | | -30 F |

Diese Cuvée Mas de La Citadelle mit der sehr klaren dunkelrubinroten Farbe und dem feinen, eleganten Duft, die eine gute Ansprache im Geschmack hat und im Aroma von roten Früchten und Lakritze bietet, fand einmütige Zustimmung bei den Verkostern. Sie kann zwei Jahre lagern. Der 96er Rosé (selbe Note) ist sehr repräsentativ für die AOC.
↱ Dom. de La Citadelle, 84560 Ménerbes, Tel. 04.90.72.41.58, Fax 04.90.72.41.59 ☑ ⊺ n.V.
↱ Rousset-Rouard

DOM. DE LA ROYERE
Vieilles vignes Elevage en barrique 1995**

| | 2 ha | 6 000 | | 30-50 F |

Ein Weinbaubetrieb, der aus Umstrukturierung eines alten Familienbesitzes (einige Reben sind über hundert Jahre alt) hervorging und seine Weinberge erweiterte. Nachdem das Gut im letzten Jahr zwei Sterne für seinen lagerfähigen 94er

TAL DER RHONE

Côtes du Luberon

erhielt, präsentiert es nun diesen sehr lebhaften, frischen 95er, der noch voller Jugend und Zukunftsaussichten steckt. Er entfaltet eine große Feinheit und viel Harmonie. Mit seinem Aroma von roten Früchten (reife schwarze Johannisbeeren) zeigt er sich sehr ausgewogen und lang im Geschmack. Er kann zwei bis drei Jahre altern.
⚘ Anne Hugues, quartier de La Royère, 84580 Oppède, Tel. 04.90.76.87.76, Fax 04.90.20.85.37 ✓ ⟂ n.V.

CH. DE LA TOUR D'AIGUES 1996★★

| ☐ | 3,8 ha | 8 000 | ■ ⚘ | 30-50 F |

Klar, strahlend, kristallklar, das sind die Adjektive, um die Farbe dieser Cuvée mit der perfekten Erscheinung zu beschreiben. Die Feinheit des Buketts, in dem Blüten dominieren, und ein fruchtiges Aroma machen diesen 96er zu einem gefälligen, harmonischen Wein. Kann ein Jahr lagern.
⚘ Cellier de Marrenon, rue Amédée-Ginies, 84240 La Tour-d'Aigues, Tel. 04.90.07.40.65, Fax 04.90.07.30.77 ✓ ⟂ Mo-Sa 8h-12h 14h-18h; So n. V.

CH. LA VERRERIE 1993★

| ■ | 8 ha | 30 000 | ⫼ | 50-70 F |

»Er steigert sich vom Auge zum Mund«, notierte ein erfahrener Verkoster, nachdem er diesen 93er beurteilt hatte : ein wenig triste Farbe, danach ein leicht verschlossener, holzbetonter Geruchseindruck, trotz einiger Noten von roten Früchten, die unter der Vanille durchspitzen, und schließlich ein sehr harmonischer Geschmack nach roten Früchten. Muß ein bis zwei Jahre altern.
⚘ Ch. La Verrerie, 84360 Puget, Tel. 04.90.08.32.98, Fax 04.90.08.25.45 ✓ ⟂ n.V.
⚘ J-L. et G. Descours

CH. DE L'ISOLETTE 1996

| ☐ | 8 ha | 35 000 | ■ ⚘ | 50-70 F |

Das entlegen inmitten von Pflanzen stehende Château de L'Isolette überragt eine ausgedörrte, wilde und sehr malerische Region. Auf einer prähistorischen Stätte errichtet, ist es im Stil des 18. Jh. gehalten und oft renoviert worden. Luc und Laure Pinatel laden uns ein, diesen weißen 96er zu probieren, der stark durch Zitrusfrüchte (Zitronen, Pampelmusen) geprägt ist und gut zu Hähnchen in Sahnesauce paßt.
⚘ Ch. de L'Isolette, rte de Bonnieux, 84400 Apt, Tel. 04.90.74.16.70, Fax 04.90.04.70.73 ✓ ⟂ Mo-Sa 8h-12h 14h-17h45
⚘ Luc Pinatel

CAVE DE LOURMARIN-CADENET
Vin Passion 1995

| | k. A. | 9 000 | ■ ⚘ | 30-50 F |

Lourmarin, ein Dorf, das dem Schriftsteller Albert Camus sehr am Herzen lag, hat dank der Weinberge und der Obstgärten in der Umgebung seinen Zauber bewahrt. Die Schönheit seiner Landschaft drückt sich in der Qualität seiner Erzeugnisse aus, insbesondere seines Weins. Dem entspricht diese Cuvée Vin Passion mit dem Bukett von roten Früchten (schwarze Johannisbeeren, Kirschen). Typisch für die Appellation und sehr harmonisch. Trinkreif.
⚘ Cave Lourmarin-Cadenet, montée du Galinier, 84160 Lourmarin, Tel. 04.90.68.06.21, Fax 04.90.68.25.84 ✓ ⟂ Di-Sa 8h-12h 14h-18h

CELLIER DE MARRENON 1996★

| ☐ | k. A. | k. A. | ■ ⚘ | -30 F |

Blaßgelb im Glas, sehr strahlend. Ein harmonischer 96er, der genug Säure besitzt, um einen sehr frischen Zitruscharakter zu betonen. Er ist ein sehr gelungener Côtes du Luberon, der laut einem Verkoster bemerkenswert gewesen wäre, wenn er mehr Fülle und Rundheit besäße. Trinkreif.
⚘ Cellier de Marrenon, rue Amédée-Ginies, 84240 La Tour-d'Aigues, Tel. 04.90.07.40.65, Fax 04.90.07.30.77 ✓ ⟂ Mo-Sa 8h-12h 14h-18h ; So n. V.

DOM. DE MAYOL 1995★★

| ■ | 12 ha | k. A. | ■ ⚘ | 30-50 F |

Zwei Weine dieses Hauses haben die gleiche Bewertung erhalten : der im Eichenholzfaß ausgebaute 94er, ein großer Wein, den man vier bis fünf Jahre lagern kann und der einen voluminösen Lakritzegeschmack mit Kaffeenoten besitzt, und dieser 95er, der keine Faßreifung durchgemacht hat. Dieser mittels Kohlensäuremaischung aus 40 % Syrah und 60 % Grenache hergestellte Côtes du Luberon hat die Verkoster durch sein komplexes Bukett von reifen roten Früchten (Erdbeeren) und durch seine harmonische Struktur verführt. Er besitzt eine sehr lange aromatische Nachhaltigkeit.
⚘ Bernard Viguier, Dom. de Mayol, rte de Bonnieux, 84400 Apt. Tel. 04.90.74.12.80, Fax 04.90.04.85.64 ✓ ⟂ Mo-Sa 9h30-12h30 14h30-19h

DOM. DE MAYOL 1996★

| ◢ | 5 ha | 25 000 | ■ ⚘ | 30-50 F |

Dieser Rosé besitzt eine hübsche rubinrot schimmernde Farbe von guter Intensität, einen feinen, eher fruchtigen Duft und ein Sauerkirschenaroma. Er ist sehr typisch für einen Luberon und wird sich in einem Jahr noch besser entfalten.
⚘ Bernard Viguier, Dom. de Mayol, rte de Bonnieux, 84400 Apt, Tel. 04.90.74.12.80, Fax 04.90.04.85.64 ✓ ⟂ Mo-Sa 9h30-12h30 14h30-19h

CH. SAINT ESTEVE DE NERI 1996★

| ◢ | 5,96 ha | 12 000 | ■ ⚘ | -30 F |

Ein sehr altes Landhaus, dessen Anfänge ins 16. Jh. zurückgehen. 1994 wurde es von den heutigen Besitzern erworben. Dieser Rosé hat die Jury verführt. Die Farbe ist sehr blaß. Der Duft jedoch zeigt sich bemerkenswert und von großer Feinheit. Dieser 96er hinterläßt im Geschmack einen sehr guten Eindruck mit Struktur und Länge. Er wird in diesem Winter hervorragend zu Muscheln schmecken.
⚘ SA Ch. Saint Estève de Néri, 84240 Ansouis, Tel. 04.90.09.90.16, Fax 04.90.09.89.65 ✓ ⟂ n.V.
⚘ Roussellier

Coteaux de Pierrevert AOVDQS

CH. VAL JOANIS 1996*

| | 60 ha | 100 000 | 30-50 F |

Dieser durch Abstich nach kurzer Maischung hergestellte 96er Rosé besitzt eine schöne, intensive kirschrote Farbe und entfaltet ein kräftiges Bukett von roten Früchten. Dieser Côtes du Luberon ist imstande, seinen Charakter während einer gesamten Mahlzeit auszudrücken, von den Vorspeisen bis zum roten Fleisch. Kann zwei Jahre lagern.
- Ch. Val Joanis, Famille Chancel,
84120 Pertuis, Tel. 04.90.79.20.77,
Fax 04.90.09.69.52 n.V.
- J. Chancel

Côtes du Vivarais AOVDQS

Die Côtes du Vivarais, die sich an der Nordwestgrenze der südlichen Côtes du Rhône befinden, sind ein 577 ha großes Weinbaugebiet in den Departements Ardèche und Gard. Die Gemeinden Orgnac (berühmt durch ihre Karsthöhle), Saint-Remèze und Saint-Montan dürfen der Appellation ihren Namen hinzufügen. Die Weine, die auf kalkhaltigen Böden erzeugt werden, sind in erster Linie Rotweine aus den Rebsorten Grenache (Mindestanteil 30 %) und Syrah (Mindestanteil 30 %) sowie Roséweine, die durch ihre Frische gekennzeichnet sind und jung getrunken werden sollten.

BEAUMONT DES GRAS 1995

| | k. A. | k. A. | -30 F |

Dieser Rosé hat eine hübsche lachsrosa Farbe und wird Sie ebenso durch seinen lebhaften, fruchtigen Duft verführen. Die Lebhaftigkeit findet sich im Geschmack wieder, ist aber nicht zu stark. Man sollte ihn jetzt zu einem einheimischen Wurstgericht trinken. Wenn Sie ein bedingungsloser Anhänger von Rotweinen sind, wird die gleichnamige 95er Cuvée ebenfalls Ihren Gaumen zufriedenstellen.
- Les Vignerons Ardéchois, B.P. 8,
07120 Ruoms, Tel. 04.75.39.98.00,
Fax 04.75.39.69.48 Mo-Sa 8h-12h 14h-19h

DOM. DE VIGIER 1996

| | k. A. | k. A. | -30 F |

Der hübsche Duft entfaltet ein fruchtigblumiges Aroma. Die Lebhaftigkeit (eine Konstante dieses Jahrgangs), aber auch eine gewisse Rundheit machen diesen Vivarais besonders angenehm.
- Dupré et Fils, Dom. de Vigier,
07150 Lagorce, Tel. 04.75.88.01.18,
Fax 04.75.37.18.79 n.V.

DOM. DE VIGIER 1996*

| | 15 ha | k. A. | -30 F |

Dieser tiefrote 96er ist ein vollständiger Wein, in dem die Syrah-Rebe durch konzentrierte Früchte voll zum Ausdruck kommt. Die Verkoster haben auch die 96er Cuvée der Domaine des Champs de Lierre gewürdigt. Der Umweg bietet sich an zwischen Besichtigungen von Grotten - eine andere Attraktion dieser Region.
- Dupré et Fils, Dom. de Vigier,
07150 Lagorce, Tel. 04.75.88.01.18,
Fax 04.75.37.18.79 n.V.

LES CHAIS DU VIVARAIS
Saint Remèze 1996*

| | 12 ha | 20 000 | -30 F |

Ein 96er, der mit seinen sehr eigentümlichen aromatischen Noten nach Garrigue duftet. Die Lakritzenoten im Geschmack ergänzen diesen relativ sanften Wein auf glückliche Weise. Er paßt sehr gut zu einem Ziegenkäse oder einem anderen Picodon (Frischkäse aus Ziegenmilch) der Ardèche. Falls Sie nicht die im Eichenholzfaß ausgebaute Cuvée bevorzugen !
- Les Chais du Vivarais, 07700 Saint-Remèze,
Tel. 04.75.04.08.56, Fax 04.75.98.47.40
Mo-Sa 8h-12h 14h-18h, So n. V.

Coteaux de Pierrevert AOVDQS

Der größte Teil der Rebflächen, die insgesamt etwa 210 ha einnehmen, befindet sich im Departement Alpes-de-Haute-Provence auf den Hängen des rechten Ufers der Durance (u. a. Corbières, Sainte-Tulle, Pierrevert, Manosque). Das schon rauhe Klima begrenzt den Weinbau auf zehn der 42 Gemeinden, die das Gebiet der Appellation offiziell umfaßt. Die Rot-, Rosé- und Weißweine (10 000 hl) haben einen ziemlich geringen Alkoholgehalt und eine gute Nervigkeit ; sie werden von den Reisenden geschätzt, die diese touristische Region durchqueren.

DOM. LA BLAQUE 1996*

| | 12 ha | 50 000 | -30 F |

Ein in der Farbe leichter Rosé mit einem sehr strahlenden Kleid, das bläulichrote Reflexe zeigt. Die sehr reifen Früchte des Buketts finden sich im Geschmack wieder, der leicht durch Amylalkohol geprägt ist. Paßt zu einem Wurstgericht.
- SCI Châteauneuf, Dom. Châteauneuf,
04860 Pierrevert, Tel. 04.92.72.39.71,
Fax 04.92.72.81.26 Mo-Sa 8h-12h 14h-18h

TAL DER RHONE

Coteaux de Pierrevert AOVDQS

DOM. LA BLAQUE 1996*

| ☐ | 10 ha | 40 000 | ■ ♦ -30F |

Monsieur Delsuc, der Önologe des Guts, hat sein gesamtes Können auf die Herstellung dieses 96ers verwendet. Blasse gelbgrüne Farbe, sehr klar und strahlend. Das Blütenbukett bietet eine gewisse Feinheit. Aroma von leicht kandierten reifen Früchten. Dieser sanfte, ausgewogene Wein paßt zu Muscheln oder einem gebratenen Fisch.
🕭 SCI Châteauneuf, Dom. Châteauneuf, 04860 Pierrevert, Tel. 04.92.72.39.71, Fax 04.92.72.81.26 ✓ ⏵ Mo-Sa 8h-12h 14h-18h

LA SAUNERIE 1996

| ◢ | 15 ha | 20 000 | ■ -30F |

85 % Syrah, der Rest Grenache. Dieser durch Abstich hergestellte Rosé besitzt eine kräftige Farbe mit grenadineroten Nuancen, einen feinen, fruchtigen Duft und ein Aroma von Passionsfrüchten. Trinkreif.

🕭 Cave des Vignerons de Manosque, 38, bd du Temps-Perdu, 04100 Manosque, Tel. 04.92.72.01.46, Fax 04.92.87.63.79 ✓
⏵ Mo-Sa 9h-12h 15h-19h

DOM. DE RÉGUSSE Cuvée Prestige 1996*

| ◢ | k. A. | 30 000 | ■ ♦ -30F |

Der Weinberg der Domaine de Régusse wurde 1972 angelegt ; das Gut war damals verfallen. Seitdem hat es einen weiten Weg zurückgelegt. Die Aufwärtsentwicklung ist konstant, insbesondere mit der letzten Renovierung des Vinifizierungskellers im Jahre 1996. Claude Dieudonné bietet Ihnen in seiner gewohnten Gastfreundlichkeit diese Cuvée Prestige an. Bukett von roten Früchten, sehr strukturiert, harmonisch. Ein schöner Wein, der zwei Jahre lagern kann.
🕭 Dom. de Régusse, rte de la Bastide des Jourdans, 04860 Pierrevert, Tel. 04.92.72.30.44, Fax 04.92.72.69.08 ✓ ⏵ tägl. 8h-12h 14h-19h
🕭 Dieudonné

Banyuls
VINS DOUX NATURELS (GESPRITETE WEINE)

Seit jeher haben die Winzer im Roussillon süße Weine hergestellt, die hohes Ansehen genossen. Im 13. Jh. entdeckte Arnaud de Villeneuve die wunderbare Vereinigung des »Traubenlikörs und seines Branntweins«. Es handelt sich dabei um das Prinzips des »Stummachens«, d. h., in Gärung befindliche Rot- oder Weißweine werden mit Alkohol versetzt, so daß der Gärvorgang abgebrochen wird und eine gewisse Menge an unvergorenem Zucker erhalten bleibt.

Die AOCs für *Vins doux naturels*, die »natürlich süße Weine« heißen, aber eigentlich »gespritete«, d. h. mit Alkohol versetzte Weine sind, verteilen sich auf Südfrankreich, auf die Departements Pyrénées-Orientales, Aude, Hérault, Vaucluse und Corse (Korsika), die alle nicht weit vom Mittelmeer entfernt liegen. Als Rebsorten verwendet werden Grenache (blanc, gris und noir), Maccabéo, Malvoisie du Roussillon, auch Tourbat genannt, Muscat à petits grains und Muscat d'Alexandrie. Für alle ist der kurze Rebschnitt vorgeschrieben.

Die Erträge sind gering; die Trauben müssen bei der Lese einen Zuckergehalt von mindestens 252 g pro Liter Most haben. Die Freigabe für die Ernte erfolgt nach einer bestimmten Zeit des Ausbaus, die je nach Appellation unterschiedlich lang ist. Ihre Zulassung erhalten die Weine nach einer chemischen Überprüfung; sie müssen einen tatsächlichen Alkoholgehalt von 15 bis 18°, einen Zuckergehalt von mindestens 45 g bis über 100 g bei den Muscats und einen Gesamtalkoholgehalt (tatsächlicher Alkoholgehalt plus theoretischer Alkoholgehalt des nicht vergorenen Restzuckers) von mindestens 21,5° haben. Erst nach einer Reifung von ein bis drei Jahren gelangen sie in den Handel. Einige Weine, die auf traditionelle Weise im Holzfaß reifen, d. h. in Fässern ausgebaut werden, deren Flüssigkeitsspiegel konstant gehalten wird, indem sie mit jüngeren Weinen aufgefüllt werden, haben Anspruch auf die Bezeichnung »Rancio« (Firne oder Altersgeschmack).

Banyuls und Banyuls grand cru

Ein ganz außergewöhnliches Weinbaugebiet, wie es nur wenige in der Welt gibt : im äußersten Osten der Pyrenäen gelegen, mit steil zum Mittelmeer hin abfallenden Hängen. Lediglich die vier Gemeinden Collioure, Port-Vendres, Banyuls-sur-Mer und Cerbère kommen in den Genuß der Appellation. Die Rebstöcke (rund 1 600 ha Anbaufläche) klammern sich auf Terrassen fest, die auf Schieferböden angelegt sind ; der felsige Untergrund ist bestenfalls von einer dünnen Schicht Erdreich bedeckt, wenn er nicht sogar offen zutage tritt. Der Boden ist deshalb arm und häufig sauer und läßt nur sehr robuste Rebsorten wie die Grenache-Rebe zu, die äußerst geringe Erträge liefert, oft weniger als 20 hl/ha. Die Produktion der Banyuls-Weine liegt heute bei weniger als 35 000 hl.

Dafür sind die Sonneneinstrahlung, intensiviert durch den Anbau der Reben auf Terrassen (eine schwierige Form des Anbaus, weil der Winzer die Terrassen in Handarbeit aufrechterhalten muß, um das Erdreich davor zu schützen, daß es der kleinste Gewitterregen fortschwemmt), und das Mikroklima, das von

Banyuls

der Nähe zum Mittelmeer profitiert, zweifellos der Grund für die hohe Qualität der Trauben, die sich mit Zucker und Aromastoffen vollgesogen haben.

Als Rebsorte wird Grenache verwendet, wobei hauptsächlich alte Rebstöcke in dem Anbaugebiet wachsen. Für der Herstellung des Weins werden die Trauben vermaischt. Die alkoholische Gärung wird manchmal schon auf der Traubenmaische unterbrochen, was eine lange, mehr als zehntägige Maischegärung ermöglicht; man bezeichnet das als Maischegärung unter Alkohol oder als Stummachen auf den Trauben.

Die Reifung spielt eine wesentliche Rolle. Zumeist versucht man beim Ausbau einen oxidativen Charakter des Weins zu fördern, entweder in großen Holzfässern oder in Glasballonflaschen, die auf den Dächern der Weinlager in der Sonne stehen. Der Kellermeister stellt aus den verschiedenen, auf diese Weise ausgebauten Cuvées mit größter Sorgfalt die vielen Weintypen zusammen, die wir kennen. Manchmal jedoch bemüht man sich ganz im Gegenteil, beim Ausbau die gesamte Fruchtigkeit des jungen Weins zu bewahren, indem man jegliche Oxidation verhindert; man erhält dann ganz andere Weine mit recht deutlichen organoleptischen Eigenschaften: die »rimages«. Hinweisen muß man noch darauf, daß für die Appellation Grand cru eine 30 Monate lange Reifung im Holzfaß vorgeschrieben ist.

Die Weine besitzen eine rubinrote bis rotbraune Farbe und ein Bukett, das an Rosinen, kandierte Früchte, gebrannte Mandeln, Kaffee und Pflaumenschnaps erinnert. Die Rimage-Weine hingegen bewahren ein Aroma von roten Beeren, Kirschen und Kirschwasser. Banyuls-Weine trinkt man, je nachdem, wie alt sie sind, mit einer Temperatur zwischen 12 und 17 ° C; man genießt sie als Aperitif, zum Dessert (gewisse Banyuls-Weine sind die einzigen Weine, die zu einer Schokoladenachspeise passen), zu Kaffee und einer Zigarre, aber auch zu Gänseleber, Ente mit Kirschen oder Feigen und bestimmten Käsesorten.

Banyuls

CLOS CHATART 1991*

1,5 ha 2 000 100-150 F

Nicht weit entfernt von dem Grab des Bildhauers und Graphikers Aristide Maillol ist in den Fels ein Keller gegraben, in dem neben supermoderne Anlagen der Schiefer zutage tritt. Ein 91er, der unter seinen ziegelroten Reflexen noch eine granatrote Farbe zeigt. Das Aroma erinnert an kandierte Kirschen und Schokolade. Ein Leckerbissen mit ausgewogenem, fleischigem Geschmack.

Clos Chatart, 66650 Banyuls-sur-Mer, Tel. 04.68.88.12.58, Fax 04.68.88.51.51 ✓ ⊥ n. V.

DOMINICAIN Vieilli en fût de chêne 1988

k.A. 7 000 50-70 F

Diese Cuvée wurde in einer Kellerei hergestellt, die ihren Sitz in einem ehemaligen Dominikanerkonvent hat, nur ein paar Meter vom Strand entfernt. Sie trägt ein Kleid, das gelbrot und ziegelrot glänzt. Ihr Aroma erinnert an die alten Fässer, in denen die Banyuls-Weine geduldig reifen, während im Geschmack Noten von Kakao und getrockneten Früchten auftauchen.

Cave Coop. Le Dominicain, pl. Orfila, 66190 Collioure, Tel. 04.68.82.05.63, Fax 04.68.82.43.06 ✓ ⊥ n. V.

DOM. DE LA MARQUISE
Cuvée Catherine 1995*

0,5 ha 1 300 50-70 F

Ein Aroma von in Alkohol eingelegten Kirschen in einem schillernden Rubinrot. Genau das richtige Tanningerüst, damit die ganze Frucht der Grenache-noir-Traube zum Ausdruck kommt. Ein jugendlicher Banyuls.

Dom. de La Marquise, 17, rue Pasteur, 66190 Collioure, Tel. 04.68.98.01.38, Fax 04.68.82.51.77 ✓ ⊥ n. V.

Jacques Py

DOM. DE LA RECTORIE
Hors d'âge Cuvée du Docteur Camou

10 ha 30 000 50-70 F

Eine ziegelrote Farbe und ein Aroma von gekochten Früchten, das sich im Mund zusammen mit ein paar Noten Bitterschokolade entfaltet. Dieser kräftig gebaute, kraftvolle Wein bietet dank der Geschmeidigkeit, die die taktilen Empfindungen beherrscht, eine gute Ausgewogenheit.

SCEA Dom. de La Rectorie, 54, av. du Puig-del-Mas, 66650 Banyuls-sur-Mer, Tel. 04.68.88.13.45, Fax 04.68.88.18.55 ✓ ⊥ n. V.

Parcé Frères

DOM. LA TOUR VIEILLE
Tradition 1993*

k.A. 12 000 50-70 F

Christine Campadieu und Vincent Cantié, die das Gut führen, sind in dieser Gegend geboren und in ihre Heimat zurückgekommen, um hier Wein anzubauen. In dieser rubinroten Cuvée kommen hochfeine Gewürznoten zur Ausdruckskraft roter Früchte hinzu. Die Harmonie zwischen den samtigen Tanninen und der Stärke

Banyuls

des Weins läßt an eine harmonische Einheit von Kraft und Milde denken.
🍷 Dom. La Tour Vieille, 3, av. du Mirador, 66190 Collioure, Tel. 04.68.82.42.20, Fax 04.68.82.38.42 ☑ ☖ n. V.
🍷 Cantié et Campadieu

LES CLOS DE PAULILLES
Rimage mise tardive 1994★★

| ■ | 7 ha | k.A. | ◐ | 70-100 F |

Ein Weingut mitten in der kleinen Bucht von Paulilles. Man kann die Weine im gutseigenen Restaurant probieren, im milden Schatten eines Pinienwaldes. Dieser 94er bietet ein komplexes Aroma, das auf eine besondere Ausbauweise zurückzuführen ist : Die Tradition des Ausbaus im Holzfaß wird mit einer Flaschenreifung verbunden, bevor die Flaschen in den Handel gelangen. Man findet darin die Frucht der Grenache-Traube, die orientalischen Gewürze, die mit der Reifung zusammenhängen, und eine feine, fleischige Gerbsäure.
🍷 Les Clos de Paulilles, Ch. de Jau, 66600 Cases-de-Pène, Tel. 04.68.38.90.10, Fax 04.68.38.91.33 ☑ ☖ n. V.

L'ETOILE Select vieux 1979★★★

| ■ | | k.A. | 10 000 | ◐ | +200 F |

In Ballonflaschen oder in großen Fässern, in mittelgroßen Fässern oder in Barriquefässern - in der Genossenschaftskellerei L'Etoile findet man einen wahren Schatz an alten Cuvées, die alle einen außergewöhnlichen Charakter haben.

Dieser 79er entführt Sie sofort in eine aromatische Welt von Röstgeruch, gekochten roten Früchten und Kakao. Einige Feigennoten verleihen diesem Wein zum Schluß einen mediterranen Ausdruck. Er paßt hervorragend zu einer Platte mit getrocknetem Ziegenkäse.

🍷 Sté coop. L'Etoile, 26, av. du Puig-del-Mas, 66650 Banyuls-sur-Mer, Tel. 04.68.88.00.10, Fax 04.68.88.15.10 ☑ ☖ n. V.

L'ETOILE Extra vieux 1983★★

| ■ | | k.A. | 33 000 | ◐ | 70-100 F |

Ein rotgelber bis kupferfarbener Banyuls, der wie Samt wirkt. Sein Aroma erinnert an Kaffee und Schokolade. Ein nachhaltiger und zugleich kraftvoller Wein von erhabener Ausgewogenheit.
🍷 Sté coop. L'Etoile, 26, av. du Puig-del-Mas, 66650 Banyuls-sur-Mer, Tel. 04.68.88.00.10, Fax 04.68.88.15.10 ☑ ☖ n. V.

Vins doux naturels

VINS DOUX NATURELS

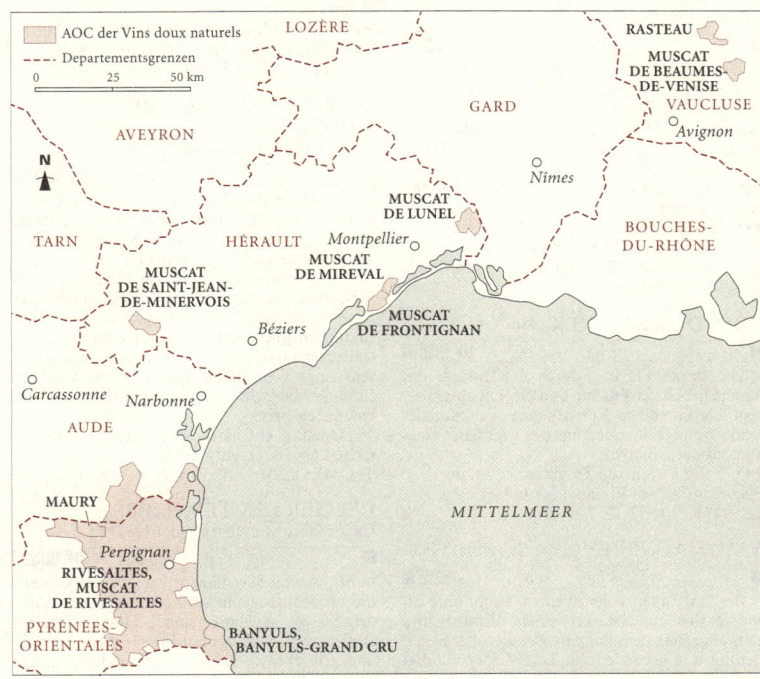

Banyuls grand cru

DOM. DU MAS BLANC
Rimage Cuvée La Coume 1994**

■ 1,1 ha 3 990 ⦿ ♦ 150-200 F

André Parcé begründete das Ansehen der Banyuls- und der ersten Rimages-Weine. Dieser hier zeigt genau die richtige Entwicklung, damit man gleichzeitig die Frucht der Traube und Gewürz- und Röstnoten genießen kann. Eine rotbraune Robe umhüllt noch männliche Tannine, deren Geschmeidigkeit aber ein geschmacklichen Ausklang für eine schöne Harmonie sorgt.
↪ SCA Parcé et Fils, 9, av. du Gal-de-Gaulle, 66650 Banyuls-sur-Mer, Tel. 04.68.88.32.12, Fax 04.68.35.03.95 ☑ ⦿ n. V.

DOM. ET CHATEAUX DU ROUSSILLON
Rimage Cuvée Régis Boucabeille 1991**

■ k. A. 1 062 ⦿ ♦ 70-100 F

Dieser 91er ist ein »Rimage«. Ein Ausdruck, der sich in Katalanischen auf das Alter des Weins bezieht. Die Weine, die diese Bezeichnung tragen, werden ziemlich früh auf Flaschen abgefüllt und machen nicht den traditionellen Ausbau in einer oxidativen Umgebung durch. Das Ergebnis sind eine noch rubinrote Farbe und ein Aroma, das sich in Richtung Gewürz- und Ledernoten entwickelt hat. Die typischen Kakaonoten beginnen gerade erst zum Vorschein zu kommen. Man sollte ihn zu einem Jungwildschweinbraten probieren.
↪ Domaines et Châteaux du Roussillon, rte des Crêtes, 66650 Banyuls-sur-Mer, Tel. 04.68.88.04.12, Fax 04.68.98.36.97

CELLIER DES TEMPLIERS
Rimatge 1995*

■ k. A. 80 982 ♦ 70-100 F

Die *rimatges* ermöglichen es den Liebhabern von Banyuls-Weinen, die ganze Stärke und die Frucht dieser Weine in ihrer Jugendphase kennenzulernen. Dieser rubinrote 95er entfaltet ein Aroma, das beim ersten Riechen an rote Beeren in Alkohol erinnert. Im Geschmack verbinden sich kandierte Kirschen mit eleganten, fleischigen Tanninen.
↪ Cellier des Templiers, rte du Mas-Reig, 66650 Banyuls-sur-Mer, Tel. 04.68.98.36.70, Fax 04.68.98.36.91 ☑ ⦿ tägl. 9h30-12h 14h-18h (1. April-31. Okt.)

DOM. DU TRAGINER 1986

■ 8 ha 5 000 ⦿ 150-200 F

Die starke Prägung durch den Boden, das Aroma gerösteter Früchte und die von alten Fässern herrührenden Noten sowie die dominierende Weinigkeit zeigen uns den Charakter eines altmodischen Banyuls.
↪ J.-F. Deu, Dom. du Traginer, 56, av. du Puig-del-Mas, 66650 Banyuls-sur-Mer, Tel. 04.68.88.15.11 ☑ ⦿ n. V.

VIAL MAGNERES Cuvée Gaby Vial 1985

■ 3 ha 4 000 ♦ 100-150 F

Bernard Sapéras, der in einem Labor tätig ist, widmet sich immer stärker seinem Weinberg und ganz allgemein dem Banyuls, den er voller Begeisterung mit Leben erfüllt. Dieser 85er kündigt sich mit einem recht dunklen Rotbraun an. Das Aroma erinnert an gekochte Backpflaumen und kandierte Sauerkirschen. Die entwickelten Tannine sind von einer geschmeidigen Likörartigkeit umhüllt, die mit der Wärme dieses Weins harmoniert.
↪ Vial-Magnères, 14, rue Edouard-Herriot, 66650 Banyuls-sur-Mer, Tel. 04.68.88.31.04, Fax 04.68.55.01.06 ☑ ⦿ n. V.
↪ Monique Sapéras

Banyuls grand cru

JEAN D'ESTAVEL Prestige*

■ k. A. k. A. ⦿ 50-70 F

Die traditionelle Farbe der Banyuls-Weine mit ziegelroten und rotbraunen Reflexen. Feigen- und Faßnoten prägen den Geschmack, an dem man seine Geschmeidigkeit, Kraft und Nachhaltigkeit schätzt. Ein großer Klassiker.
↪ Sté Destavel, 7 bis, av. du Canigou, 66000 Perpignan, Tel. 04.68.54.67.78, Fax 04.68.54.03.54 ☑

L'ETOILE 1993*

■ k. A. 10 000 ⦿ 70-100 F

Ein Ziegelrot von schöner Ausstrahlung, Noten von Brombeerkonfitüre, verstärkt durch Noten, die von der Reifung in uralten großen Fässern herrühren. Ein Hauch von Kaffee und Kakao begleitet die likörartige Stärke dieses Weins.
↪ Sté coop. L'Etoile, 26, av. du Puig-del-Mas, 66650 Banyuls-sur-Mer, Tel. 04.68.88.00.10, Fax 04.68.88.15.10 ☑ ⦿ n. V.

DOM. ET CHATEAUX DU ROUSSILLON
Cuvée Christian Reynal 1985***

■ k. A. 7 800 ⦿ 150-200 F

Eine lange Maischegärung der Grenache-noir-Trauben, die von alten Rebstöcken stammen, und ein gelungener Ausbau haben diesen Banyuls hervorgebracht: gelbrote und kupferfarbene Reflexe, komplexer, intensiver Geruch, der an Schokolade und arabischen Mokka erinnert. Der Geschmack verführt durch geschmeidige Empfindungen, die durch einen Hauch von Chinarinde verstärkt werden. Dieser im Geschmack sehr lange Wein bildet einen schönen Abschluß für eine Mahlzeit, zusammen mit einer Schokoladennachspeise.
↪ Domaines et Châteaux du Roussillon, rte des Crêtes, 66650 Banyuls-sur-Mer, Tel. 04.68.88.04.12, Fax 04.68.98.36.97

CELLIER DES TEMPLIERS
Cuvée Président Henry Vidal 1982***

■ k. A. 60 000 ⦿ 150-200 F

Mit diesem 82er nähern wir uns den Cuvées, die auf dem Höhepunkt ihrer aromatischen Ausdruckskraft angelangt sind : Orangenschalen, Röstnoten, danach rauchige Noten, Honig und getrocknete Früchte ... Eine denkwürdige

Weinprobe. Ein großer Banyuls, den man nach einer Feinschmeckermahlzeit zu einer Havanna genießen sollte.
🍷 Cellier des Templiers, rte du Mas-Reig, 66650 Banyuls-sur-Mer, Tel. 04.68.98.36.70, Fax 04.68.98.36.91 ✉ 🍴 tägl. 9h30-12h 14h-18h (1. April-31. Okt.)

CELLIER DES TEMPLIERS
Cuvée Amiral François Vilarem 1982**

| ■ | k. A. | 25 000 | 🍷🍽️ | 150-200 F |

Die enge Verbindung zwischen Kaffee und Schokolade findet sich in diesem rotbraunen Wein, der noch recht kräftig gebaut ist und milde, samtige Tannine besitzt. Das Aroma ist nachhaltig und elegant. Er kann einige Leckerbissen am Ende einer Mahlzeit begleiten.
🍷 Cellier des Templiers, rte du Mas-Reig, 66650 Banyuls-sur-Mer, Tel. 04.68.98.36.70, Fax 04.68.98.36.91 ✉ 🍴 tägl. 9h30-12h 14h-18h (1. April-31. Okt.)

DOM. DU TRAGINER 1991**

| ■ | 8 ha | k. A. | 🍷 | 100-150 F |

Der *traginer* mußte in Banyuls das Maultier führen, das bei der Traubenlese die Bütten trug. Das Weingut stellt hier einen erstklassigen Wein vor : rotbraune Farbe, Aroma von gekochten Früchten, bei denen Backpflaumen dominieren, verführerische Wärme, Fülle und Feigennoten. Eine große, traditionelle Cuvée.
🍷 J.-F. Deu, Dom. du Traginer, 56, av. du Puig-del-Mas, 66650 Banyuls-sur-Mer, Tel. 04.68.88.15.11 ✉ 🍴 n. V.

Rivesaltes

Der Produktionsmenge nach ist dies die größte VDN-Appellation (14 000 ha, 264 000 hl). Die Pläne für Rivesaltes sehen eine Umstrukturierung dieses Weinbaugebiets vor, das wirtschaftliche Probleme hat ; 1996 erfroren fast 4 000 ha Reben, so daß die Produktion auf 220 000 hl sank. Das Anbaugebiet befindet sich im Roussillon sowie zu einem ganz kleinen Teil in den Corbières. Die armen, trockenen, heißen Böden begünstigen eine hervorragende Reifung. Vier Rebsorten dürfen verwendet werden : Grenache, Maccabéo, Malvoisie und Muscat. Allerdings ist der Anteil von Malvoisie und Muscat nur sehr gering. Die Weinbereitung wird im allgemeinen wie bei Weißweinen durchgeführt, aber bei der Rebsorte Grenache noir vermaischt man die dunklen Trauben, um möglichst viele Farb- und Gerbstoffe herauszuziehen.

Rivesaltes

Der Ausbau der Rivesaltes-Weine ist von grundlegender Bedeutung für die Festlegung der Qualität. Je nachdem, ob sie im Gärbehälter oder im Holzfaß reifen, entfalten sie nämlich ein recht unterschiedliches Bukett. Außerdem besteht mit der Appellation »Grand Roussillon« die Möglichkeit, die Weine herabzustufen.

Die Farbe der Weine reicht von Bernsteingelb bis Ziegelrot. Das Bukett erinnert an Röstgeruch, getrocknete Früchte sowie Firngeruch (Rancio) bei den am stärksten entwickelten. Die roten Rivesaltes-Weine haben in ihrer Jugend ein Aroma von Kirschen, schwarzen Johannisbeeren und Brombeeren. Man trinkt sie als Aperitif oder zu Nachspeisen ; je nach Alter serviert man sie mit einer Temperatur von 11 bis 15 °C.

PRIVILEGE DU CELLER D'AL MOLI

| ■ | 1 ha | 1 000 | 🍷🍽️ | 50-70 F |

Eine ansprechende Farbe mit ziegelroten Reflexen kündig ein Aroma von roten Früchten, pürierten Erdbeeren und klassischen Kakaonoten an, wie sie bei Grenache-Weinen vorhanden sind, die in einer oxidativen Umgebung gereift sind. Das Tanningerüst verschmilzt mit der Geschmeidigkeit und der likörartigen Stärke.
🍷 Pelou, Celler d'Al Moli, 9, rue de la République, 66720 Tautavel, Tel. 04.68.29.02.21, Fax 04.68.45.90.26 ✉ 🍴 n. V.

ARNAUD DE VILLENEUVE
Hors d'âge 1980***

| ■ | k. A. | 6 500 | 🍷 | 70-100 F |

Arnaud de Villeneuve entwickelte im 13. Jh. das Verfahren des »Stummachens«, das heute bei der Herstellung aller Vins doux naturels Anwendung findet. Der Gelehrte hinterließ seinen Namen dieser Cuvée, die mit ihrer gelbroten Kupferfarbe und einem Aroma von gekochten Früchten und Röstgeruch, das mit einem Hauch von Kakao vermischt ist, ein Vorbild für diesen Weintyp darstellt. Das Tanningerüst verschmilzt mit dem Likör und dem Körper, so daß ein eleganter, nachhaltiger Gesamteindruck entsteht.
🍷 Les Vignobles du Rivesaltais, 1, rue de la Roussillonnaise, 66602 Rivesaltes-Salses, Tel. 04.68.64.06.63, Fax 04.68.64.64.69 ✉ 🍴 n. V.

CH. BELLOCH Vieille Réserve

| ■ | k. A. | k. A. | 🍷 | 50-70 F |

Dieser Rivesaltes stammt aus einem Anbaugebiet zwischen Perpignan und dem Badeort Canet. Er besitzt eine Bernsteinfarbe mit kupferroten Reflexen. Sein Aroma verbindet getrocknete Früchte, Chinarinde und karamelisierten Zukker. Der Geschmack zeigt sich likörartig und stark.

VINS DOUX NATURELS

Rivesaltes

•⌐ SCEA Belloch, rte de Canet, chem. du Mas-Llaro, 66000 Perpignan, Tel. 04.68.50.74.93, Fax 04.68.50.74.93 ⓥ Ⱦ n. V.

VIGNOBLES BOUDAU Vintage 1994*

| ■ | 35 ha | 10 000 | ■ ⌀ | 30-50 F |

Die Kinder des berühmten Handelshauses in Rivesaltes bewirtschaften dieses Weingut, um sich der Weinerzeugung zu widmen. Sie haben diesen Rivesaltes mit der schönen Granatfarbe hergestellt. Sein Aroma von roten Früchten enthält einen Hauch von gekochten Backpflaumen. Ein fleischiger Geschmack umgibt seidige Tannine. Ein Kirschauflauf ist die wohlschmeckende Ergänzung zu diesem Wein.

•⌐ Les Vignobles Boudau, B. P. 60, 6, rue Marceau, 66602 Rivesaltes, Tel. 04.68.64.45.37, Fax 04.68.64.46.26 ⓥ Ⱦ n. V.

•⌐ P. et V. Boudau

CH. DE CALADROY Al vi réal

| ■ | 10 ha | k. A. | ⓘ ⌀ | 30-50 F |

Château de Caladroy, auf Schieferböden gelegen, überragt die Täler der Têt und des Agly. Dieser Rivesaltes besitzt eine gelbrot und bernsteingelb funkelnde Farbe und ein Rancio-Aroma, das an alte Fässer erinnert. Noten von karamelisiertem Zucker beherrschen den Geschmack, der eine gute, likörartige Ausgewogenheit zeigt.

•⌐ SARL Arnold-Bobo, Ch. de Caladroy, 66720 Bélesta, Tel. 04.68.57.10.25, Fax 04.68.57.27.76 ⓥ Ⱦ n. V.

•⌐ Arnold

CASTELL REAL
Doré Hors d'âge Cuvée du cinquantenaire***

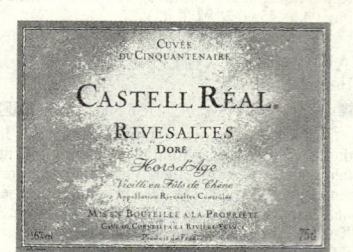

| ☐ | k. A. | 3 000 | ⓘ | 70-100 F |

Ein intensives Bukett, das an kandierte Orangen, Walnüsse und einen Hauch von Röstgeruch erinnert. Likörartige Harmonie, in der Fülle und Nachhaltigkeit dominieren. Was für ein Reichtum !

•⌐ Cave coop. de Corneilla-la-Rivière, 152, rte Nationale, 66550 Corneilla-la-Rivière, Tel. 04.68.57.38.93, Fax 04.68.57.23.36 ⓥ Ⱦ n. V.

DOM. CAZES Ambré 1988**

| ☐ | 5 ha | 12 000 | ⓘ | 50-70 F |

Ein Weingut, auf dem man die ganze Bandbreite der Vins doux naturels und eine schöne Palette an Rivesaltes-Weinen finden kann. Dieser bernsteingelbe 88er mit den grünen Reflexen entfaltet intensive Noten von kandierten Früchten. Das Aroma von Honig und überreifen Trauben setzt sich lang im Geschmack fort, der von vollkommener Geschmeidigkeit ist.

•⌐ Dom. Cazes, 4, rue Francisco-Ferrer, B.P. 61, 66602 Rivesaltes, Tel. 04.68.64.08.26, Fax 04.68.64.69.79 ⓥ Ⱦ n. V.

•⌐ André et Bernard Cazes

DOM. CAZES Vintage 1990*

| ■ | 4 ha | 14 000 | ■ | 50-70 F |

Dieser *vintage* ist frühzeitig auf Flaschen abgefüllt worden, um das jugendliche Aroma des Weins zu bewahren. Eine schon leicht ziegelrote Robe umhüllt kandierte Früchte und milde Gewürze. Der Geschmack mit dem eleganten Aroma bietet genau das richtige Maß an Gerbsäure, um eine gute Lagerfähigkeit zu garantieren.

•⌐ Dom. Cazes, 4, rue Francisco-Ferrer, B.P. 61, 66602 Rivesaltes, Tel. 04.68.64.08.26, Fax 04.68.64.69.79 ⓥ Ⱦ n. V.

DOM. DES CHENES Tuilé 1991*

| ■ | 2 ha | 3 500 | ⓘ | 50-70 F |

Eine außergewöhnliche Reblage, ein Vater, der Winzer ist, und ein Sohn, der sich auf dem Gebiet der Önologie als Forscher betätigt. Und das Ergebnis ? Ein rotbrauner Rivesaltes mit einem Feigen- und Schokoladenaroma. Im Geschmack vermischen sich ein paar Noten kandierter Kirschen mit noch ein wenig markanten Tanninen.

•⌐ Razungles et Fils, Dom. des Chênes, 7, rue du M^{al} Joffre, 66600 Vingrau, Tel. 04.68.29.40.21, Fax 04.68.29.10.91 ⓥ Ⱦ n. V.

CH. DE CORNEILLA Rubis 1985

| ■ | 3 ha | 7 000 | ■ ⓘ ⌀ | 30-50 F |

Ziegelrote Farbe und ein Aroma, das an gekochte Kirschen und altes Faßholz erinnert : ein großer Klassiker unter den Vins doux naturels, die von der Grenache-noir-Rebe stammen und einen langen, oxidativen Ausbau im Gärbehälter und im Faß durchlaufen.

•⌐ EARL Jonquères d'Oriola, Ch. de Corneilla, 66200 Corneilla-del-Vercol, Tel. 04.68.22.73.22, Fax 04.68.22.43.99 ⓥ Ⱦ Mo-Sa 10h-12h 17h-19h30 ; im Winter Mo, Sa 10h-12h

MAS CRISTINE 1993**

| ☐ | 3 ha | 6 000 | ⓘ | 50-70 F |

Das Anbaugebiet des Mas Cristine, der zwischen den Ausläufern der Albères auf den Anhöhen von Argelès liegt, befindet sich beim Anbaugebiet von Banyuls. Es hat einen bemerkenswerten Rivesaltes hervorgebracht. Dieser Wein zeugt von einer Reife, die auf einen gelungenen Ausbau zurückzuführen ist : Jedes Element, Rebsorte, Faß, Boden, spielt seinen Part ohne eine einzige falsche Note. Orangenschalen, kandierte Früchte und Korinthen bilden dabei die Melodie.

•⌐ Mas Cristine, Ch. de Jau, 66600 Cases-de-Pène, Tel. 04.68.38.90.10, Fax 04.68.38.91.33 ⓥ Ⱦ n. V.

DOM BRIAL 1986**

| ☐ | k. A. | 8 000 | ■ ⓘ | 50-70 F |

Wäre Dom Brial, der berühmte Mönch und Genießer, nicht stolz darauf, heute die Spitzenmarke der Weine der Genossenschaftskellerei

Rivesaltes

von Baixas zu sein ? Die bernsteingelben Reflexe der Farbe leiten ganz natürlich zum Aroma von getrockneten Früchten und Honig über. Ein wohlschmeckend likörartiger Rivesaltes.
🍇 Cave des vignerons de Baixas, 14, av. Joffre, 66390 Baixas, Tel. 04.68.64.22.37, Fax 04.68.64.26.70 ✓ ⊥ n. V.

DOM BRIAL Tuilé 1989***

| | k. A. | 15 000 | ▮ ◐ | 30-50 F |

Die Farbe zeigt gelbrote und ziegelrote Reflexe. Das komplexe Aroma - an Kaffee erinnernde Röstnoten, die mit ein paar Nuancen altem Leder verbunden sind - bringen die subtile Reife dieses Weins zum Ausdruck. Stärke und Eleganz befinden sich hier in vollkommenem Einklang.
🍇 Cave des vignerons de Baixas, 14, av. Joffre, 66390 Baixas, Tel. 04.68.64.22.37, Fax 04.68.64.26.70 ✓ ⊥ n. V.

DOM. FONTANEL Vintage 1995**

| | 2 ha | 3 000 | ▮ | 50-70 F |

Eine Kellerei, die unweit des Museums für Vorgeschichte liegt und es verstanden hat, sich zu modernisieren, um ihr erstklassiges Anbaugebiet zur Geltung zu bringen. Dieser Rivesaltes ist ein gutes Beispiel für ihr Können. Eine dunkle Granatfarbe umhüllt ein intensives Aroma von wildwachsenden roten Beeren. Hinzu kommen würzige und pfeffrige Noten, die man gewöhnlich in trockenen Weinen findet. Elegante, recht fleischige Tannine machen Lust, in diesen Wein zu »beißen«.
🍇 Pierre Fontaneil, 25, av. Jean-Jaurès, 66720 Tautavel, Tel. 04.68.29.04.71, Fax 04.68.29.19.44 ✓ ⊥ n. V.

DOM. FORCA REAL Hors d'âge*

| | 4 ha | 5 000 | ▮ ⚬ | 30-50 F |

Ein Rivesaltes ist ein sehr schönes Weingut, das die Ebene des Roussillon überragt, zu Füßen der Einsiedelei Força Réal gelegen. Das gesamte Aroma der bernsteinfarbenen »Hors d'âge« findet sich in diesem Wein : getrocknete Früchte, Honig, kandierte Orangen. Der Geschmack verschafft eine likörartige, geschmeidige Empfindung.
🍇 J.-P. Henriquès, Dom. Força Réal, Mas de la Garrigue, 66170 Millas, Tel. 04.68.85.06.07, Fax 04.68.85.49.00 ✓ ⊥ n. V.

LES VIGNERONS DE FOURQUES
Ambré Hors d'âge**

| | k. A. | 5 000 | ▮ ◐ | 30-50 F |

Der Ausbau im Faß hat sicherlich für die rauchigen Noten gesorgt, die sich mit dem klassischeren Aroma von getrockneten Früchten und Walnüssen verbinden. Ein geschmeidiger, nachhaltiger Rivesaltes mit einer bernsteingelben Farbe, die golden funkelt.
🍇 SCV Les Vignerons de Fourques, 1, av. des Taste-Vin, 66300 Fourques, Tel. 04.68.38.80.51, Fax 04.68.38.89.65 ✓ ⊥ n. V.

LAPORTE Ambré Vieux 1978**

| | 8 ha | 10 000 | ▮ | 70-100 F |

Dieser mit Grenache bestockte Weinberg liegt in der Nähe der vorgeschichtlichen Stätte Ruscino. Seine vor zwanzig Jahren geernteten Trauben haben diesen alten Rivesaltes geliefert. Sein Aroma von getrockneten Früchten verschmilzt nach und nach im Geschmack mit Noten von Bitterorangen zu einer likörartigen, nachhaltigen Empfindung. Man sollte ihn zu getrocknetem Ziegenkäse trinken.
🍇 Laporte, Ch. Roussillon, 66000 Perpignan, Tel. 04.68.50.06.53, Fax 04.68.66.77.52 ✓ ⊥ n. V.

CH. MOSSE Hors d'âge 1976**

| | k. A. | 5 000 | ◐ | 70-100 F |

Dieser in der Nähe des mittelalterlichen Dorfs Castelnou gelegene Weinberg hat einen Rivesaltes von tiefer Bernsteinfarbe hervorgebracht. Das an Orangenkonfitüre und getrocknete Früchte erinnernde Bukett nimmt im Mund Lakritzenoten an. Ein wenig Gerbsäure vollendet in einem likörartigen, warmen Geschmack die Ausgewogenheit.
🍇 Jacques Mossé, 66300 Sainte-Colombe, Tel. 04.68.53.08.89, Fax 04.68.53.35.13 ✓ ⊥ n. V.

DOM. DU MOULIN
Hors d'âge Vieilli en fût de chêne 1985***

| | 2 ha | 5 000 | ◐ | 70-100 F |

Eine Cuvée, die den mythischen Namen Malvoisie trägt. Das ist die Rebsorte der Appellation, die heute fast völlig verschwunden ist. Sie besitzt eine bernsteingelbe Farbe mit gelbroten Reflexen und entfaltet ein Aroma von Walnüssen und kandierten Orangen. Honignoten gleichen im Geschmack ein leicht tanninbetontes Gerüst aus, so daß zwischen Geschmeidigkeit und Festigkeit Harmonie besteht.
🍇 Henri Lhéritier, av. Gambetta, 66600 Espira-de-l'Agly, Tel. 04.68.64.06.52, Fax 04.68.38.54.88 ✓ tägl. 9h-12h 15h-19h

CAVE DE PAZIOLS
Hors d'âge Macabeu Elevé en fût de chêne 1986*

| | k. A. | k. A. | ◐ ⚬ | 100-150 F |

Ein Anbaugebiet in den oberen Corbières, in dem die Rebsorte Macabeu ihre ganze Feinheit zum Ausdruck bringt : intensives Aroma von getrockneten Früchten und Kastanienblütenhonig, dann im Mund von Nußschalen. Ein langer, geschmeidiger und kraftvoller Rivesaltes, dessen Bernsteinfarbe goldgelbe Reflexe zeigt.
🍇 Les Producteurs du Mont Tauch, 11350 Tuchan, Tel. 04.68.45.41.08, Fax 04.68.45.45.29 ✓ ⊥ Mo-Sa 9h-12h 14h-18h

LES VIGNERONS DE PEZILLA
Hors d'âge Ambré*

| | k. A. | 3 000 | ◐ ⚬ | -30 F |

Ein Bukett von Röstnoten und kandierten Orangen und der Stempel, den die alten Fässer bei süßen Weinen hinterlassen. Eine zarte Bitternote gleicht den likörartigen Geschmack aus.
🍇 Les Vignerons de Pezilla, 66370 Pézilla-la-Rivière, Tel. 04.68.92.00.09, Fax 04.68.92.49.91
✓ ⊥ Mo-Sa 8h30-12h30 14h-18h30

Rivesaltes

DOM. PIQUEMAL Ambré 1986*

| | 16 ha | 10 000 | ■ ♦ | 30-50 F |

Bernsteinfarbe mit ein paar grünen Reflexen. Aroma von gerösteten Haselnüssen, Cachou (leicht bittere Lakritze) und Walnüssen im Mund. Empyreumatische Noten dominieren im Geschmack, der eine geschmeidige, nachhaltige Harmonie enthüllt.
↱Dom. Piquemal, 1, rue Pierre-Lefranc, 66600 Espira-de-l'Agly, Tel. 04.68.64.09.14, Fax 04.68.38.52.94 ☑ ⊥ n. V.

CH. PRADAL Elevé en fût de chêne 1994

| | 1,95 ha | 2 000 | ⦿ ♦ | 30-50 F |

Ein Weinberg vor den Toren von Perpignan hat diesen Rivesaltes hervorgebracht, dessen strohgelbe Goldfarbe ein an Kumquat und getrocknete Aprikosen erinnerndes Aroma ankündigt. Die Noten getrockneter Früchte fangen an, sich in einem likörartigen, körperreichen Geschmack zu entfalten.
↱EARL André Coll-Escluse, 58, rue Pépinière-Robin, 66000 Perpignan, Tel. 04.68.85.04.73, Fax 04.68.56.80.49 ☑ ⊥ n. V.

PUJOL Vingt ans d'âge **

| ■ | k. A. | k. A. | ⦿ | 100-150 F |

Das Anbaugebiet reicht in die Eichenwälder der oberen Aspres hinein, von denen die Domaine de La Rourède ihren Namen hat. Bewirtschaftet wird das Gut von J.-L. Pujol. Sein »vingt ans d'âge« (20 Jahre alt) bietet ein Aroma von getrockneten Früchten, Walnüssen und Bitterorangen, umhüllt von bernsteinfarbenen Reflexen. Die likörartige Harmonie ist geschmeidig und köstlich.
↱Jean-Luc Pujol, Dom. La Rourède, 66300 Fourques, Tel. 04.68.38.84.44, Fax 04.68.38.88.86 ☑ ⊥ n. V.

RANCY
Ambré Elevé en fût Cuvée Pauline 1989**

| | 15 ha | k. A. | ■ ⦿ | -30 F |

Die Familie Verdaguer besitzt mehrere Rancios, d. h. Vins doux naturels im alten Stil, bei denen allein die Zeit ein Aroma entstehen läßt. Dieser 89er hat eine rotgelbe Bernsteinfarbe und ein Aroma, das an Kaffee, kandierte Zitrusfrüchte und Walnüsse erinnert. Sehr lang im Geschmack, geschmeidig und likörartig : ein höchst generöser Wein.
↱Jean-Hubert Verdaguer, EARL Rancy, 11, rue Jean-Jaurès, 66720 Latour-de-France, Tel. 04.68.29.03.47, Fax 04.68.29.03.47 ☑ ⊥ n. V.

ROC DU GOUVERNEUR
Tuilé Hors d'âge 1980**

| ■ | k. A. | 5 500 | ⦿ | 70-100 F |

Warum sollte man am Ende einer Besichtigung von Château de Salses nicht auf eine Entdeckungsreise in die Keller der Winzer gehen, um das gesamte Spektrum der Rivesaltes-Weine kennenzulernen ? Sie könnten hier diesen rotbraunen »hors d'âge« probieren, dessen Bukett an gekochte Backpflaumen und kandierte Sauerkirschen erinnert und zarte Holznoten enthält. Ein gut ausgebauter Grenache noir.
↱Les Vignobles du Rivesaltais, 1, rue de la Roussillonnaise, 66602 Rivesaltes-Salses, Tel. 04.68.64.06.63, Fax 04.68.64.64.69 ☑ ⊥ n. V.

ROC DU GOUVERNEUR
Ambré Six ans 1991*

| | k. A. | 4 000 | ⦿ | 30-50 F |

Strohgelbe, leicht bernsteingelbe Goldfarbe, Honig- und Feigenaroma. Ein Hauch von Gerbsäure begleitet die nachhaltige, likörartige Süße mit einer frischen Bitternote.
↱Les Vignobles du Rivesaltais, 1, rue de la Roussillonnaise, 66602 Rivesaltes-Salses, Tel. 04.68.64.06.63, Fax 04.68.64.64.69 ☑ ⊥ n. V.

RENE SAHONET
Signature Hors d'âge 1980**

| | 3,5 ha | 3 000 | ■ ♦ | 70-100 F |

Wir nennen diesen Wein »Signature«, weil der Erzeuger auf seinem Etikett mit »Sahonet« unterschrieben hat. Auf den steinigen Böden der Canterrane wachsen Rebstöcke, die traditionell Vins doux naturels hervorbringen. Dieser hier zeigt in seiner Robe kupferfarbene Reflexe. Rancio-Noten zeugen von einem langen Ausbau. Der reife Geschmack, die Geschmeidigkeit und die Wärme verschmelzen miteinander und halten im Mund nachhaltig an.
↱René Sahonet, 8, rue des Vergers, 66450 Pollestres, Tel. 04.68.56.66.22 ☑ ⊥ n. V.

LES VIGNERONS DE SAINT-HIPPOLYTE
Vieille réserve Cuvée du Dr Banet 1990*

| ■ | 12 ha | 10 000 | ■ ⦿ | 50-70 F |

Dieser mit Grenache bestockte Weinberg, die Gärten der Salanque überragt, liegt auf einer steinigen Terrasse, die traditionell für die Erzeugung von Vins doux naturels bestimmt ist. Dieser hier läßt schon beim ersten Riechen mediterrane Noten erkennen, die an Feigen und Rosinen erinnern, danach - allmählich - einige Rancio-Noten. Die noch festen Tannine sind von einer kräftigen, geschmeidigen, likörartigen Süße gut umhüllt.
↱SCV Saint-Hippolyte, av. Paul-Riquet, 66510 Saint-Hippolyte, Tel. 04.68.28.31.85, Fax 04.68.28.59.10 ☑ ⊥ Mo-Sa 8h30-12h 14h-18h

DOM. SANAC La Santa Espina 1994*

| ■ | 2,3 ha | 4 500 | ■ | 30-50 F |

Diese Cuvée trägt den Namen der berühmtesten Sardana, die den Katalanen sehr am Herzen liegt. Ihre rubinrote Farbe zeigt fast keine ziegelroten Töne. Ihr Aroma erinnert an kandierte Kirschen in Alkohol. Der Geschmack enthüllt eine angenehme Harmonie zwischen der Feinheit der Gerbsäure, der likörartigen Süße und der Wärme.
↱Dom. Sanac, 3, rue Pasteur, 66740 Saint-Genis-des-Fontaines, Tel. 04.68.89.80.61, Fax 04.68.89.86.93 ☑ ⊥ n. V.

DOM. SARDA-MALET Six ans d'âge*

| ■ | 10 ha | 10 000 | | 30-50 F |

Ein schöner Wein aus einem Weinberg vor den Toren von Perpignan, der erfolgreich der Urbanisierung widerstanden hat. Einige kupfer-

Maury

farbene Reflexe in der Bernsteinfarbe zeigen an, daß der Wein aus den verschiedenen Grenache-Sorten hergestellt worden ist : Grenache blanc, gris und noir. Das Aroma von getrockneten Früchten und Backpflaumen entfaltet sich im Mund großzügig innerhalb einer likörartigen Harmonie.
• Dom. Sarda-Malet, Mas Saint-Michel, chem. de Sainte-Barbe, 66000 Perpignan,
Tel. 04.68.56.72.38, Fax 04.68.56.47.60 ☑ ☥ n. V.
• Suzy Malet

TORRE DEL FAR 1993***

| ■ | k. A. | 15 000 | ◖◗ | 30-50 F |

Der Name dieses Weins bezieht sich auf den Wachturm von Tautavel, dessen Signale die Einwohner im Falle einer Gefahr alarmieren konnten. Der 93er mit der schönen rotbraunen Farbe ist ein prächtiger Rivesaltes mit einem Aroma von gekochten Kirschen, Zimt und Trüffeln. Steinobst dominiert in einem aromatischen Konzert, das den Mund lange Zeit beeindruckt.
• Les Maîtres Vignerons de Tautavel, 24, av. Jean-Badia, 66720 Tautavel, Tel. 04.68.29.12.03, Fax 04.68.29.41.81 ☑ ☥ tägl. 8h-12h 14h-18h

CELLIER TROUILLAS
Ambré Elevé en fût de chêne 1986**

| ☐ | k. A. | 20 000 | ◖◗ | 30-50 F |

Dieses Gut liegt unweit des Mas Deu, wo die Tempelritter Trauben für die Herstellung von Vins doux naturels anbauten. Es präsentiert einen Rivesaltes, dessen schöne Bernsteinfarbe ein Aroma getrockneter Früchte ankündigt. Im Mund kommen ein zarter Holzton und einige Noten von Honig und kandierten Trauben zum Vorschein. Das Können lebt in Trouillas fort.
• SCV Le Cellier de Trouillas, 1, av. du Mas-Deu, 66300 Trouillas, Tel. 04.68.53.47.08, Fax 04.68.53.24.56 ☑ ☥ Mo-Sa 8h-12h 14h-18h

VAQUER Vieux*

| ☐ | 2,5 ha | 2 500 | ■ | 70-100 F |

Die Familie Vaquer war im Roussillon Vorreiter bei Erzeugerabfüllungen. Sie präsentiert diesen bernsteingelben Rivesaltes mit den gelbroten Reflexen, dessen Aroma von Orangenschalen und getrockneten Früchten sich im Mund mit Cachounoten vermischt. Ein leicht tanninbetonter Charakter bringt die Festigkeit dieses angenehm lange reifenden Weins zum Ausdruck.
• Bernard Vaquer, 1, rue des Ecoles, 66300 Tresserre, Tel. 04.68.38.89.53, Fax 04.68.38.84.42 ☑ ☥ n. V.

VILLA PASSANT
Hors d'âge Elevé en fût de chêne 1988*

| ■ | 60 ha | 30 000 | ◖◗ | 30-50 F |

Dunkle Farbe mit rotbraunen Reflexen. Aroma von Röstgeruch und altem Faß, in dem die empyreumatischen Noten die klassischeren Noten von dunkler Schokolade verstärken. Gute Harmonie zwischen dem Körper des Weins und der likörartigen Hülle.
• Les Producteurs du Mont Tauch, 11350 Tuchan, Tel. 04.68.45.41.08, Fax 04.68.45.45.29 ☑ ☥ Mo-Sa 9h-12h 14h-18h

Maury

Das Anbaugebiet (1 630 ha im Jahre 1996) umfaßt die Gemeinde Maury, nördlich des Agly gelegen, und einen Teil der Nachbargemeinden. Auf steilen Hügeln, die mit unterschiedlich stark verwittertem Schiefer der Apt-Stufe bedeckt sind, wurden 1996 47 573 hl von der Rebsorte Grenache noir erzeugt. Bei der Vinifizierung verwendet man oft eine lange Maischegärung. Die Reifung trägt zur Verfeinerung der bemerkenswerten Cuvées bei.

Wenn die Weine jung sind, haben sie eine Granatfarbe ; später nehmen sie eine rotbraune Färbung an. Das Bukett ist zunächst sehr aromatisch und erinnert an rote Beerenfrüchte. Bei den stärker entwickelten Weinen denkt man an Kakao, gekochte Früchte und Kaffee. Maury-Weine trinkt man vorzugsweise als Aperitif und zum Dessert, aber sie können auch zu würzigen und süßen Gerichten passen.

MAS AMIEL Vintage Réserve 1993***

| ■ | k. A. | 3 000 | ◖◗ | 70-100 F |

Ein *Vintage*, der den Ausbau schon gedämpft hat. Sein hübsches Rubinrot zeigt ziegelrote Reflexe. Einige Kakaonoten verschmelzen mit dem Brombeeraroma. Zwischen der Gerbsäure,

Muscat de Rivesaltes

den Holznoten und der likörartigen Reichhaltigkeit besteht vollkommene Harmonie. Der Inbegriff eines samtigen Weins.
✆ SC Charles Dupuy, Mas Amiel,
66460 Maury, Tel. 04.68.29.01.02,
Fax 04.68.29.17.82 ✓ ✗ n. V.

CHABERT DE BARBERA 1981**

| ■ | 2 ha | 2 800 | ⏸ | 100-150F |

Eine Armada von großen und kleinen Fässern birgt zu Füßen von Château de Quéribus hochwertige Schätze, die bereitliegen, um die Verbraucher zu erobern. Wie etwa dieser Maury mit der gelbroten Kupferfarbe. Sein sehr stark entwickeltes Aroma erinnert bereits an Honig, Firngeruch und Bitterschokolade. Die geschmackliche Empfindung ist prächtig. Der Abgang hinterläßt einen guten Eindruck.
✆ SCAV Les Vignerons de Maury, 128, av. Jean-Jaurès, 66460 Maury, Tel. 04.68.59.00.95, Fax 04.68.59.02.88 ✓ ✗ n. V.

CAVE DESIRE ESTEVE Maurydoré 1932

| ■ | 10 ha | k. A. | ⏸ | +200F |

Ein Jahrgang, der eine Geburt in der Familie feiert - und das Spiegelbild mehrerer Generationen. Ein Aroma von altem Faß und Rancio-Noten begleiten diesen alkoholisch schmeckenden Wein. Er hat uns sicherlich viel zu erzählen.
✆ Paule de Volontat, 11200 Conilhac, Tel. 04.68.27.08.14, Fax 04.68.27.40.32 ✓ ✗ n. V.

CAVE JEAN-LOUIS LAFAGE
Rancio Vieilli au soleil et dans le bois 1989*

| ■ | 0,7 ha | 2 100 | ⏸ | 50-70F |

»Rancio« bezieht sich auf die Eigenschaften sehr alter Vins doux naturels, wenn sie nach einem oxidativen Ausbau ein Aroma von Nußschalen annehmen. Diese Nuance findet man im Glas wieder, auf das innigste vereint mit Noten von alten Holzfässern, Kakao und Bitterorangen. Die Gerbsäure ist im Geschmack noch markant.
✆ Jean-Louis Lafage, 13, rue du Dr-Pougault, 66460 Maury, Tel. 04.68.59.12.66, Fax 04.68.59.13.14 ✓ ✗ n. V.

ORPHY Six ans d'âge*

| ■ | 40 ha | 133 000 | ⏸ | 50-70F |

Der berühmte Languedoc-Weinhändler Jeanjean erweitert sein Angebot an Vins doux naturels mit diesem Maury, der eine große Tradition besitzt und »portugiesisch gekleidet« ist. Diese ziegelrote Cuvée mit dem Kakao- und Röstaroma verführt im Geschmack durch ihre Rundheit und Geschmeidigkeit.
✆ SC Charles Dupuy, Mas Amiel,
66460 Maury, Tel. 04.68.29.01.02,
Fax 04.68.29.17.82 ✓ ✗ n. V.

Muscat de Rivesaltes

Wenn die Bestockung zu 100 % aus Muscat-Reben besteht, darf der Winzer im gesamten Anbaugebiet des Rivesaltes-, Maury- und Banyuls-Weine Muscat de Rivesaltes herstellen. Das Weinbaugebiet hat eine Rebfläche von mehr als 4 000 ha und erzeugt fast 140 000 hl. Die beiden zugelassenen Rebsorten sind Muscat à petits grains und Muscat d'Alexandrie. Die erstgenannte Rebsorte, die oft Muscat blanc oder Muscat de Rivesaltes genannt wird, reift frühzeitig und gedeiht in relativ kühlen Gebieten, deren Böden nach Möglichkeit kalkhaltig sein sollten. Die andere Sorte, die man auch als Muscat romain bezeichnet, wird später reif und ist sehr widerstandsfähig gegenüber Trockenheit.

Bei der Weinherstellung werden die Trauben entweder unmittelbar gekeltert oder gären unterschiedlich lang auf der Maische. Der Ausbau muß in einer reduktiven Umgebung stattfinden, um zu verhindern, daß die primären Aromastoffe oxidieren.

Die Weine sind likörartig und enthalten mindestens 100 g Zucker pro Liter. Man trinkt sie jung, mit einer Temperatur von 9 bis 10 °C. Sie passen hervorragend zu Nachspeisen, Zitronen-, Apfel- oder Erdbeerkuchen, Sorbets, Eis, Obst, Mandelkonfekt mit Früchten und Marzipan sowie zu Roquefort.

ARNAUD DE VILLENEUVE 1996***

| □ | k. A. | 15 000 | | 50-70F |

Arnaud de Villeneuve, der Vater der Vins doux naturels, wäre stolz auf diese Cuvée, in der sich blumigere Noten mit einem Aroma von exotischen Früchten vermischen. Am Gaumen entdeckt man diese tropischen Noten im Überfluß, verbunden mit einer herrlich likörartigen Harmonie. Ein Sorbet mit Passionsfrüchten wird diesen herrlichen Muscat zur Geltung bringen.
✆ Les Vignobles du Rivesaltais, 1, rue de la Roussillonnaise, 66602 Rivesaltes-Salses, Tel. 04.68.64.06.63, Fax 04.68.64.64.69 ✓ ✗ n. V.

DOM. BOBE 1996**

| □ | 12 ha | 5 000 | | 30-50F |

Ein ganz zarter Muscat, dessen aromatischer Ausdruck recht weit entfernt ist vom Anbaugebiet, dessen steinige Terrassen nahe bei Perpignan liegen. Dieser blaßgoldene Wein wird schon beim ersten Riechen von Blütennoten

Muscat de Rivesaltes

beherrscht, während sich im Geschmack ein Zitrusaroma von einer harmonischen, likörartigen Süße abhebt.
🕿 Robert Vila, Dom. Bobé, Mas de la Garrigue, 66240 Saint-Estève,
Tel. 04.68.92.66.38, Fax 04.68.92.66.38 ☑ 🍷 n. V.

DOM. BONZOMS 1996

| ☐ | 5 ha | 3 000 | 🍾🍷 30-50F |

Ein Muscat im alten Stil : altgoldene Farbe, aus überreifen Trauben hergestellt. Wie sollte es auch anders sein bei einem Anbaugebiet, das von der Vorgeschichte geprägt ist? Schon beim ersten Riechen zeigen sich Honig, kandierte Früchte und Zitrusfrüchte.
🕿 Frédéric Bonzoms, 2, pl. de la République, 66720 Tautavel, Tel. 04.68.29.40.15 ☑ 🍷 n. V.

VIGNOBLES BOUDAU 1996*

| ☐ | 20 ha | 20 000 | 🍾🍷 30-50F |

Dieser Muscat trägt eine goldene, grün schimmernde Livree und entfaltet ein erfrischendes Rosen- und Fruchtaroma. Im Geschmack zeigt er sich nervig und likörartig, mit ausgeprägteren Zitrusnoten.
🕿 Les Vignobles Boudau, B. P. 60, 6, rue Marceau, 66602 Rivesaltes, Tel. 04.68.64.45.37, Fax 04.68.64.46.26 ☑ 🍷 n. V.
🕿 Véronique et Pierre Boudau

CH. DE CALADROY 1996*

| ☐ | 3 ha | 11 000 | 🍾🍷 30-50F |

Château de Caladroy, das hoch oben zwischen dem Tal des Agly und dem Tal der Têt liegt, überblickt ein Anbaugebiet mit Schieferböden. Es präsentiert einen goldfarbenen Muscat, dessen Grapefruit- und Zitronenbaumaroma ist in Noten frischer Trauben vermischt ist. Im Geschmack bewirkt eine wohlschmeckende Frische, die die likörartige Stärke ausgleicht, eine nachhaltige Verführung.
🕿 SARL Arnold-Bobo, Ch. de Caladroy, 66720 Bélesta, Tel. 04.68.57.10.25,
Fax 04.68.57.27.76 ☑ 🍷 n. V.
🕿 Arnold

DOM. CAZES 1995*

| ☐ | 32 ha | 80 000 | 🍾🍷 50-70F |

Die Brüder Cazes gehörten zu den ersten, die den Muscat de Rivesaltes in der ganzen Welt bekannt machten. Sie präsentieren einen 95er, der sich mitten in der Entwicklung befindet. Noten von frischen Früchten und Zitrusfrüchten verblassen nach und nach und weichen Eindrükken von kandierten Früchten, Zitruskonfitüre und Honig.
🕿 Dom. Cazes, 4, rue Francisco-Ferrer, B.P. 61, 66602 Rivesaltes, Tel. 04.68.64.08.26,
Fax 04.68.64.69.79 ☑ 🍷 n. V.

DOM. DES CHENES 1995**

| ☐ | 3,13 ha | 7 000 | 🍾🍷 30-50F |

Ein großartiges Anbaugebiet und ein brillanter Önologe - das ist das Geheimnis hinter den Weinen dieses Guts. Dieser goldfarbene Muscat bietet ein Aroma, das an exotische Früchte erinnert, auf köstliche Weise mit der likörartigen Stärke verbunden. Einige frische Noten am Gaumen sichern die Ausgewogenheit und überlassen es den Maracujanoten, diese Verführung zu vollenden.
🕿 Razungles et Fils, Dom. des Chênes, 7, rue du Mal Joffre, 66600 Vingrau,
Tel. 04.68.29.40.21, Fax 04.68.29.10.91 ☑ 🍷 n. V.

CH. DE CORNEILLA 1996*

| ☐ | 6 ha | k. A. | 🍾🍷 30-50F |

Dieses Château überragt majestätisch das Dorf Corneilla-del-Vercol, einige Kilometer vom Kloster Elne entfernt. Es bietet einen Muscat voller Feinheit, dessen schöne Ausdruckskraft über einer geschmeidigen, likörartigen Süße an blühende Zitronenbaumgärten erinnert.
🕿 EARL Jonquères d'Oriola, Ch. de Corneilla, 66200 Corneilla-del-Vercol, Tel. 04.68.22.73.22, Fax 04.68.22.43.99 ☑ Mo-Sa 10h-12h 17h-19h30 ; im Winter Mo, Sa 10h-12h
🕿 Philippe Jonquères d'Oriola

HENRI DESBŒUFS 1996***

| ☐ | 14 ha | 10 000 | 50-70F |

Ist es der Schiefer, der Kalkstein oder doch die Verbindung dieser beiden Böden, die diesem Muscat seine ganze Pracht verleiht ? Von der Eleganz beim ersten Riechen bis zur Stärke des geschmacklichen Abgangs genießt man das Aroma von Zitrusfrüchten und Jasmin. In dem harmonischen Geschmack verleiht die Frische der likörartigen Süße Einprägsamkeit.
🕿 Henri Desbœufs, 39, rue du Quatre-Septembre, 66600 Espira-de-l'Agly,
Tel. 04.68.64.11.73, Fax 04.68.38.56.34 ☑ 🍷 n. V.

DOM BRIAL 1996*

| ☐ | k. A. | 130 000 | 🍷 50-70F |

Dom Brial, Mönch und Genießer, hätte bestimmt einige Leckereien finden können, um sie zu diesem Muscat zu naschen. Unter einer strahlenden Farbe zeugt ein pflanzliches und zugleich blumiges Aroma von einer guten Beherrschung der Vinifizierungstechnik. Die likörartige Süße erhält durch die Nervigkeit im Geschmack einen angenehm erfrischenden Charakter.
🕿 Cave des vignerons de Baixas, 14, av. Joffre, 66390 Baixas, Tel. 04.68.64.22.37,
Fax 04.68.64.26.70 ☑ 🍷 n. V.

DOM. FONTANEL L'Age de pierre 1996**

| ☐ | 3 ha | 7 000 | 🍾🍷 30-50F |

Lieblingswein im letzten Jahr. Dieses Gut hält mit dieser Probe an der Qualität fest. Empfindungen von Geschmeidigkeit, likörartiger Süße und Nachhaltigkeit begleiten in vollkommener Ausgewogenheit ein komplexes, elegantes Aroma.

Muscat de Rivesaltes

Exotische Nuancen vereinen sich mit Noten vollreifer Trauben, zu denen ein Hauch von Menthol hinzukommt.
➥ Pierre Fontaneil, 25, av. Jean-Jaurès, 66720 Tautavel, Tel. 04.68.29.04.71, Fax 04.68.29.19.44 ✓ ⟂ n. V.

DOM. FORCA REAL 1996★

| ☐ | 10 ha | 40 000 | 30-50 F |

Reben und Olivenbäume wachsen nebeneinander auf den steilen Schieferhängen von Força Réal. Es überrascht deshalb auch nicht, wenn man im Glas ein mediterranes Aroma von Zitrusbäumen, frischen Trauben und Minze entdeckt. Die Frische des Geschmacks entspricht der likörartigen Stärke.
➥ J.-P. Henriquès, Dom. Força Réal, Mas de la Garrigue, 66170 Millas, Tel. 04.68.85.06.07, Fax 04.68.85.49.00 ✓ ⟂ n. V.

CH. DE JAU 1996★★★

| ☐ | 8 ha | 30 000 | 50-70 F |

(Etikett: CHATEAU DE JAU, MUSCAT DE RIVESALTES, 1996, MIS EN BOUTEILLE AU CHATEAU)

Dieses Château beherbergt ein Museum der zeitgenössischen Kunst. Nach einem Besuch der Ausstellung kann man in das kleine Grillrestaurant des Guts gehen und im Schatten eines legendären Maulbeerbaums diesen Muscat probieren. Eine goldene Farbe, ein intensives Aroma von Zitrusfrüchten und frischen Früchten, ein geschmeidiger, nachhaltiger Geschmack und eine prächtige likörartige Süße ergeben einen denkwürdigen Wein.
➥ Ch. de Jau, 66600 Cases-de-Pène, Tel. 04.68.38.90.10, Fax 04.68.38.91.33 ✓ ⟂ n. V.

DOM. JOLIETTE 1995★

| ☐ | | k. A. | 5 000 | 30-50 F |

Dieses Anbaugebiet in den Pinienwäldern von Montpin hat 95er hervorgebracht, dessen altgoldene Farbe das durch Zitrusnoten verstärkte Aroma von Korinthen ankündigt. Diese sehr geschmeidige Cuvée vereint moderne Ausdrucksstärke und traditionelle Qualitäten der Muscat-Weine.
➥ EARL Mercier, Dom. Joliette, rte de Vingrau, 66600 Espira-de-l'Agly, Tel. 04.68.64.50.60, Fax 04.68.64.18.82 ✓ ⟂ Mo-Fr 8h-12h30 14h-19h ; Sa, So n. V.

LE CELLIER DE LA BARNEDE 1996

| ☐ | | k. A. | 8 000 | 30-50 F |

Die Genossenschaftskellerei von Bages, die früher einmal für ihre süßen Alicante-Weine berühmt war, hat sich auf AOC-Weine umgestellt. Die blaßgoldene Farbe dieses Muscat kündigt ein frisches, blumiges Aroma an, das mit Lindenblüten- und Zitrusnoten vermischt ist. Der Geschmack bietet eine gute Ausgewogenheit der likörartigen Süße mit einer angenehmen Bitternote.
➥ SCV Les Producteurs de La Barnède, 66670 Bages, Tel. 04.68.21.60.30, Fax 04.68.37.50.13 ✓ ⟂ n. V.

LAPORTE 1995★★★

| ☐ | | k. A. | 10 800 | 50-70 F |

Dieses Gut, das gewöhnlich für jüngere Muscats mit Sternen ausgezeichnet wird, zeigt mit seinem 95er einen reiferen, aber ebenfalls gelungenen Ausdruck. Noten von kandierten Früchten, die sich schon beim ersten Riechen bemerkbar machen, und ein Aroma von Passionsfrüchten und Trauben, die in der Sonne überreif geworfen sind, ergeben einen mediterranen Charakter. Die Jury lobt die geschmackliche Länge dieses herrlichen Weins.
➥ Laporte, Ch. Roussillon, 66000 Perpignan, Tel. 04.68.50.06.53, Fax 04.68.66.77.52 ✓ ⟂ n. V.

CH. LES FENALS 1996★

| ☐ | 6,1 ha | 17 000 | 30-50 F |

Dieses Château hatte einst einen Neffen von Voltaire als Verwalter. Der berühmte Aufklärer hätte zweifellos diese komplexe Cuvée geschätzt, die voller Esprit und Schlagfertigkeit ist. Zitrusblüten, Grapefruitaroma und Nervigkeit im Geschmack sind nicht die schwächsten seiner Argumente.
➥ Mme Roustan-Fontanel, Les Fenals, 11510 Fitou, Tel. 04.68.45.71.94, Fax 04.68.45.60.57 ✓ ⟂ n. V.

LES MILLE VIGNES 1996★

| ☐ | 0,5 ha | 3 200 | 50-70 F |

Diese Cuvée, die aus einer Parzelle mit 1000 Rebstöcken kommt und am Rand der Etangs de la Palme hergestellt wird, entführt uns zu den Düften der Lese, wenn die Trauben gekeltert werden. Sie hat eine blaßgoldene Farbe und verführt durch ein Zitrusaroma, das im Geschmack zum Vorschein kommt und köstlich mit der likörartigen Süße harmoniert.
➥ Jacques Guérin, Dom. les Mille Vignes, 24, av. St-Pancrace, 11480 Lapalme, Tel. 04.68.48.57.14, Fax 04.68.48.57.14 ✓ ⟂ n. V.

CH. LES PINS 1995★★

| ☐ | | k. A. | 9 000 | 50-70 F |

Château Les Pins, eine Hochburg kultureller Veranstaltungen rund um den Wein, zeichnet sich auch durch die Qualität seiner Cuvées aus. Ein Muscat, in dem die likörartige Pracht ein mediterranes Aroma begleitet. Dieses erinnert an Honig, blühende Zitronen und Korinthen. Paßt zu einer katalanischen Creme.
➥ Cave des vignerons de Baixas, 14, av. Joffre, 66390 Baixas, Tel. 04.68.64.22.37, Fax 04.68.64.26.70 ✓ ⟂ n. V.

DOM. DU MAS CREMAT 1996★

| ☐ | 3 ha | 6 000 | 30-50 F |

Dieser burgundische Winzer hat sich entschieden dem Roussillon und den katalanischen Appellationen zugewandt. Er präsentiert einen sehr modernen Muscat mit Noten von weißen Blüten und Zitronen. Der Geschmack verbindet auf glückliche Weise wohlschmeckende Frische und likörartige Stärke.

Muscat de Rivesaltes

🍷 EARL Jeannin-Mongeard, Mas Crémat, 66600 Espira-de-l'Agly, Tel. 04.68.38.92.06, Fax 04.68.38.92.23 ✓ ⊻ n. V.

DOM. MAS MOUTOU 1996**

| ☐ | 20 ha | 16 000 | 🍷 | 50-70 F |

Dieser blaßgoldene Muscat entfaltet ein intensives, elegantes Blütenaroma. Im Geschmack verbindet er - um Rosen- und Zitrusnoten herum und über einer likörartigen Süße - Frische und Reife und zeigt eine gute Nachhaltigkeit.

🍷 Dom. du Vieux Chêne, Mas Kilo, 66600 Espira-de-l'Agly, Tel. 04.68.38.92.01, Fax 04.68.38.95.79 ✓ ⊻ n. V.

🍷 Denis Sarda

LES VIGNERONS DE MAURY 1996

| ☐ | k. A. | 21 000 | 🍷 | 30-50 F |

Dieses für seinen Grenache noir berühmte Anbaugebiet prägt mit seinem Charakter auch die Muscat-Weine, die von hier stammen. Dieser hier bietet ein Aroma voller Feinheit, das sich vor allem im Mund entfaltet und an Obstgärten mit Zitrusfrüchten und an Rosen sowie eine Mentholnote erinnert.

🍷 SCAV Les Vignerons de Maury, 128, av. Jean-Jaurès, 66460 Maury, Tel. 04.68.59.00.95, Fax 04.68.59.02.88 ✓ ⊻ n. V.

LES PRODUCTEURS DU MONT TAUCH Cuvée Prestige 1995

| ☐ | k. A. | 65 000 | 🍷 | 30-50 F |

Die Genossenschaftskellerei Le Mont Tauch, die mitten im Katharerland liegt, stellt traditionelle Vins doux naturels her, wie diesen schon vollreifen Muscat, der an rosinenartig geschrumpfte Trauben erinnert. Im Mund entfalten sich einige Noten von kandierten Orangen, die eine Bitternote verstärkt. Sollte am Ende einer Mahlzeit getrunken werden.

🍷 Les Producteurs du Mont Tauch, 11350 Tuchan, Tel. 04.68.45.41.08, Fax 04.68.45.45.29 ✓ ⊻ Mo-Sa 9h-12h 14h-18h

DOM. PAGES HURE 1996

| ☐ | 8,11 ha | 3 000 | 🍷 | 30-50 F |

Dieses Anbaugebiet liegt in der Nähe des Klosters Saint-Génis und der kleinen Kapelle Sainte-Colombe-de-Cabanes, die früher der Familie Pagès gehörte. Es hat einen Muscat hervorgebracht, dessen Noten von frischen und vollreifen Trauben sich im Geschmack stärker entfalten, harmonisch eingebettet in eine likörartige Süße. Einige »grüne« Noten verleihen diesem Wein Frische.

🍷 SCEA Pagès Huré, 2, allée des Moines, 66740 Saint-Génis-des-Fontaines, Tel. 04.68.89.82.62, Fax 04.68.89.82.63 ✓ ⊻ n. V.

🍷 Jean-Louis Pagès

DOM. PARCE 1995**

| ☐ | 5 ha | 6 600 | 🍷 | 30-50 F |

Gut durchgeführte Traubenlese und großartige Beherrschung der Kellertechnik. In dieser Cuvée findet man den gesamten Charakter der Muscat-Traube wieder : die Fruchtigkeit zusammen mit einer exotischen Note, für die Mangos sorgen, die Ausgewogenheit zwischen der Fri-

sche und den Empfindungen von likörartiger Süße, die Länge, die mit Feinheit verbunden ist.

🍷 EARL A. Parcé, 21 ter, rue du 14-Juillet, 66670 Bages, Tel. 04.68.21.80.45, Fax 04.68.21.69.40 ✓ ⊻ Mo-Sa 9h30-12h 16h-19h30

LES VIGNERONS DE PEZILLA 1996*

| ☐ | k. A. | 25 000 | 🍷 | 30-50 F |

Das auf steinigen Schieferböden liegende Anbaugebiet von Pézilla besitzt ein unbestreitbares Qualitätspotential, wie dieser goldfarbene Muscat beweist. Ein traditionelles Aroma von kandierten Trauben und Garriguehonig vermischt sich mit dem intensiven Eindruck von frisch gepreßten Trauben. Ein geschmeidiger, nachhaltiger Geschmack voller Harmonie.

🍷 Les Vignerons de Pézilla, 66370 Pézilla-la-Rivière, Tel. 04.68.92.00.09, Fax 04.68.92.49.91 ✓ ⊻ Mo-Sa 8h30-12h 14h-18h30

DOM. PIETRI-GERAUD 1995*

| ☐ | 3,4 ha | 2 700 | 🍷 | 30-50 F |

Dieses Weingut in Collioure erstreckt sich zur Ebene des Roussillon hin, bis zu den Mauern vom Kloster Elne. Es bietet einen sehr verführerischen Wein : Geschmeidigkeit im Geschmack, Aroma von Zitrusfrüchten und Guaven, Blütennoten im Geruch ... Ein Früchtekorb innerhalb einer harmonischen likörartigen Süße.

🍷 Maguy Piétri-Géraud, 22, rue Pasteur, 66190 Collioure, Tel. 04.68.82.07.42, Fax 04.68.98.02.58 ✓ ⊻ n. V.

DOM. PIQUEMAL 1996

| ☐ | 7,5 ha | 20 000 | 🍷 | 30-50 F |

Ein Anbaugebiet, in dem die beiden Rebsorten der Appellation gut gedeihen. Dieser blaßgoldene Muscat bietet beim ersten Riechen einen sehr feinen Duft. Dieses Aroma entfaltet sich im Geschmack länger. Man kann die Harmonie zwischen der likörartigen Stärke und der Kraft dieses Weins genießen.

🍷 Dom. Piquemal, 1, rue Pierre-Lefranc, 66600 Espira-de-l'Agly, Tel. 04.68.64.09.14, Fax 04.68.38.52.94 ✓ ⊻ n. V.

🍷 Pierre Piquemal

ROC DU GOUVERNEUR 1996*

| ☐ | k. A. | 15 000 | 🍷 | 30-50 F |

Die große Kellerei von Salses, die früher für ihre traditionellen Vins doux naturels bekannt war, vollzieht unter dem Einfluß ihres Önologen Fernand Baixas einen Wandel. Diese neue Ausrichtung erklärt sicherlich den sehr modernen aromatischen Ausdruck dieses Muscat, in dem die Noten von weißen Blüten, die alkoholischen Nuancen und das Zitrusaroma einen schönen Part innerhalb dieser likörartigen Symphonie spielen.

🍷 Les Vignobles du Rivesaltais, 1, rue de la Roussillonnaise, 66602 Rivesaltes-Salses, Tel. 04.68.64.06.63, Fax 04.68.64.64.69 ✓ ⊻ n. V.

DOM. DE ROMBEAU 1996

| ☐ | 11 ha | 15 000 | 🍷 | 30-50 F |

Ein Duft vollreifer Trauben wird im Geschmack durch eine likörartige, kraftvolle

Muscat de Frontignan

Harmonie abgelöst. Eine angenehme Bitternote beendet die Verkostung.
- Dom. de Rombeau, 66600 Rivesaltes, Tel. 04.68.64.05.35, Fax 04.68.64.64.66 ✓ ⏻ n. V.
- De La Fabrègue

DOM. ROZES 1996★★

| | 13 ha | 15 000 | 30-50 F |

Dieser strahlend goldfarbene Wein verströmt einen Duft von Lindenblüten und frischen Rosen, zu dem alkoholische Noten hinzukommen. Die Trauben finden sich lang anhaltend im Mund, wo sie eine nachhaltige likörartige Süße begleiten.
- Catherine Philip-Fournols, 3, rue de Lorraine, 66600 Espira-de-L'Agly, Tel. 04.68.64.17.78, Fax 04.68.38.51.38

DOM. SAINTE HELENE 1996★★

| | 4,5 ha | 5 000 | 30-50 F |

Ein Anbaugebiet mit großer Ausdruckskraft, in dem die Rebsorte Muscat d'Alexandrie einen Wein voller Jugendlichkeit liefert : Die Trauben scheinen erst am Vortag gekeltert worden zu sein. Die Noten exotischer Früchte schicken Sie auf eine Reise bis in die Tropen.
- Henri Cavaillé, Dom. Sainte-Hélène, 10, rue Moulin-Cassanyes, 66690 Sorède, Tel. 04.68.89.30.30, Fax 04.68.95.42.66 ✓ ⏻ n. V.

DOM. SARDA-MALET 1996

| | 6 ha | 15 000 | 30-50 F |

Eine Cuvée, hergestellt von einem berühmten Weingut, das unmittelbar südlich von Perpignan liegt und voller leidenschaftlicher Hingabe von Suzy Malet geführt wird. Dieser warme, likörartige und zugleich nervige Wein erinnert mit seinem Duft nach frisch gepreßten Trauben daran, daß der Muscat vor allem der Ausdruck der Frucht ist.
- Dom. Sarda-Malet, Chem. de Sainte-Barbe, 66000 Perpignan, Tel. 04.68.56.72.38, Fax 04.68.56.47.60 ✓ ⏻ n. V.
- Suzy Malet

DOM. DES SCHISTES 1995★

| | 6 ha | 8 000 | 30-50 F |

Die Schieferböden sind zwar berühmt für Syrah- und Grenache-Weine, aber sie bringen auch typische Muscat-Weine hervor. Dieser hier macht durch eine verführerische goldene Farbe und Noten von frischen und vollreifen Trauben auf sich aufmerksam. Geschmeidigkeit, Harmonie des Geschmacks, Stärke und geschmackliche Länge sprechen für ihn.
- Jacques Sire, 1, av. Jean-Lurçat, 66310 Estagel, Tel. 04.68.29.11.25, Fax 04.68.29.47.17 ✓ ⏻ n. V.

CELLIER TROUILLAS 1996★★

| | k. A. | 25 000 | 30-50 F |

Diese schon anläßlich eines Rivesaltes erwähnte Genossenschaft präsentiert einen blaßgoldenen Muscat mit einem komplexen Blütenaroma. Im Munde entfalten sich Noten von Passionsfrüchten. Der Eindruck, in frische Trauben zu beißen, hält während der gesamten Weinprobe an.
- SCV Le Cellier de Trouillas, 1, av. du Mas-Deu, 66300 Trouillas, Tel. 04.68.53.47.08, Fax 04.68.53.24.56 ✓ ⏻ Mo-Sa 8h-12h 14h-18h

VAQUER 1995★★

| | 3 ha | 2 500 | 30-50 F |

Einer der ersten berühmten Weißweine aus dem Roussillon wurde von F. Vaquer erzeugt. Dieser von seinen Kindern hergestellte Muscat steht in der Reihe der großen Weine des Guts : Ein schönes goldenes Kleid umhüllt ein Blütenaroma, das gleichzeitig intensiv, komplex und fein ist. Einige alkoholische Nuancen bringen ihre Note von Eleganz in eine vollkommene Ausgewogenheit ein.
- Bernard Vaquer, 1, rue des Ecoles, 66300 Tresserre, Tel. 04.68.38.89.53, Fax 04.68.38.84.42 ✓ ⏻ n. V.

DOM. DU VIEUX CHENE
Haut Valoir 1995★★★

| | 3 ha | 4 000 | 70-100 F |

Die Familie Sarda gestaltet dieses Gut, das die Ebene des Roussillon überragt, nach und nach um. Die auf Schiefer- und Terra-rossa-Böden angepflanzten Rebstöcke wachsen um die alte Eiche herum, von denen das Gut seinen Namen hat. Sie haben einen ungewöhnlichen Muscat hervorgebracht, der im Barrique ausgebaut worden ist. Sein Aroma erinnert an kandierte Trauben, Honig und Mandarinenlikör. Ein ungewöhnlicher Gesamteindruck, der im Gegensatz zu den heutigen Muscat-Weinen steht und alle Möglichkeiten dieser Rebsorten zeigt.
- Dom. du Vieux Chêne, Mas Kilo, 66600 Espira-de-l'Agly, Tel. 04.68.38.92.01, Fax 04.68.38.95.79 ✓ ⏻ n. V.

Muscat de Frontignan

Für die Appellation Frontignan muß man darauf hinweisen, daß sie die Herstellung von Likörweinen zuläßt, wobei der Traubenmost vor der Gärung »stummgemacht« wird. Auf diese Weise entstehen viel zuckerreichere Weine (rund 125 g/l). Bisweilen führt der Ausbau der Muscats in alten großen Holzfässern zu einer leichten Oxidation, die dem Wein einen eigentümlichen Rosinengeschmack verleiht.

COOPERATIVE DE FRONTIGNAN
Cuvée du Président 1996★

| | 60 ha | 100 000 | 30-50 F |

Eine goldfarbene Cuvée, die immer der Qualität und ihrem Erscheinungsbild treu bleibt, das sie seit recht langer Zeit bekannt gemacht hat. Sie besitzt ein Aroma von frisch gepreßten Trauben, das mit ein paar Zitrusnoten vermischt ist,

Muscat de Beaumes-de-Venise

und eine sehr likörartige Stärke. Ein Muscat, den man am Ende einer Mahlzeit genießt.
☛ SCA Coop. de Frontignan, 14, av. du Muscat, 34110 Frontignan, Tel. 04.67.48.12.26, Fax 04.67.43.07.17 ☑ ⚘ n. V.

CH. DE LA PEYRADE
Cuvée Prestige 1996***

| ☐ | k. A. | 30 000 | 🍶 | 80-50F |

Im Château de La Peyrade folgen die Cuvées aufeinander, und immer verkörpern sie den Höhepunkt der Appellation. Diese hier vereint Geschmeidigkeit und Frische, Aroma von Zitrusfrüchten und Passionsfrüchten und Noten von vollreifem Traubengut, wobei das Ganze Eleganz und Kraft ausstrahlt.
☛ Yves Pastourel et Fils, Ch. de La Peyrade, 34110 Frontignan, Tel. 04.67.48.61.19, Fax 04.67.43.03.31 ☑ ⚘ Mo-Sa 9h-12h 14h-18h30

CH. DE MEREVILLE 1995**

| ☐ | 15 ha | 25 000 | 🍶 | 50-70F |

Dieses Château ist mit der Genossenschaft verbunden, die seine Trauben verarbeitet. Sein Muscat besitzt eine strahlend goldene Farbe. Sein Aroma von frischen Früchten erinnert nacheinander an Pfirsiche und Passionsfrüchte. Der Geschmack ist geschmeidig und nachhaltig.
☛ SCA Coop. de Frontignan, 14, av. du Muscat, 34110 Frontignan, Tel. 04.67.48.12.26, Fax 04.67.43.07.17 ☑ ⚘ n. V.

CH. DE STONY
Sélection de vendanges 1996*

| ☐ | 15 ha | 70 000 | 🍶 | 50-70F |

Der Name Stony bezieht sich auf den Felsen, der in diesem Anbaugebiet zutage tritt. Das Weingut präsentiert einen Muscat voller Frische, mit einem sehr jugendlichen Duft von weißen Blüten und einem Hauch reifer Trauben im Mund. Die likörartige Stärke schadet in keiner Weise der Nachhaltigkeit des Aromas.
☛ GAEC du Ch. de Stony, rte de Balaruc, 34110 Frontignan-Lapeyrade, Tel. 04.67.48.85.79 ☑ ⚘ n. V.
☛ Nodet Frères

Muscat de Beaumes-de-Venise

Die Landschaft, die sich nördlich von Carpentras am Fuße der beeindruckenden Dentelles de Montmirail ausbreitet, ist durch grauen Kalkstein und roten Mergel geprägt. Ein Teil der Böden besteht aus Sand, Mergel und Sandstein, während andere Böden zerklüftet sind und Verwerfungen aus der Trias- und Juraformation enthalten. Auch hier wird als einzige Rebsorte Muscat à petits grains angebaut ; doch in einigen Parzellen liefert eine Mutation davon rosa oder rote Trauben. Die Weine müssen mindestens 110 g Zucker pro Liter Traubenmost haben. Sie sind aromatisch, fruchtig und fein und passen ausgezeichnet als Aperitif oder zu bestimmten Käsesorten.

DOM. DE BEAUMALRIC 1996*

| ☐ | 7 ha | 30 000 | 🍶 | 50-70F |

Rosen- und Minzearoma, Zitrusnoten im Mund, mit einem Hauch von Garriguehonig. Die likörartige Ausgewogenheit ist angenehm und harmoniert im Geschmack perfekt mit der Stärke.
☛ EARL Begouaussel, Saint-Roch, 84190 Beaumes-de-Venise, Tel. 04.90.65.01.77, Fax 04.90.62.97.28 ☑ ⚘ n. V.

VIGNERONS DE BEAUMES-DE-VENISE
Carte Or 1996***

| ☐ | 312 ha | 300 000 | 🍶 | 50-70F |

Die Verbindung von Anbaugebiet und gelungener Kellertechnik, von Tradition und Modernität hat diesen herrlichen Muscat hervorgebracht, der schon beim ersten Riechen verführt. Sein Duft erinnert an einen Garten mit Zitronenbäumen und frisch gepreßte Trauben, zu dem ein Hauch von Exotik hinzukommt. Der Geschmack verbindet subtil likörartige Süße und Frische und zeichnet sich durch seine aromatische Nachhaltigkeit aus.
☛ Cave des Vignerons de Beaumes-de-Venise, 84190 Beaumes-de-Venise, Tel. 04.90.12.41.00, Fax 04.90.65.02.05 ☑ ⚘ n. V.

DOM. DE DURBAN 1996***

| ☐ | 24,82 ha | k. A. | ⚘ | 50-70F |

Die Ausnahme scheint die Regel zu sein für dieses Weingut, das Sterne und Auszeichnungen (Wahl zum Lieblingswein) sammelt. Dieser goldfarbene 96er bietet Rosen- und Zitrusnoten, die durch Mentholnoten verstärkt werden. Der Saft der Trauben kommt im Geschmack über einer prächtigen likörartigen Süße voll zum Ausdruck.
☛ Leydier et Fils, Dom. de Durban, 84190 Beaumes-de-Venise, Tel. 04.90.62.94.26, Fax 04.90.65.01.85 ☑ ⚘ tägl. 9h-12h 14h-18h

VINS DOUX NATURELS

Muscat de Lunel

DOM. DE FONTAVIN 1996*

| ☐ | 1 ha | 4 500 | ■ ♣ | 30-50 F |

Eine Tochter, die Önologie studiert und sich dem Weingut und seinem prächtigen Anbaugebiet widmet. Das Ergebnis ? Ein goldfarbener Muscat mit dem Aroma blühender Zitronenbäume, das sich mit ein paar Pfefferminznoten vermischt. Eleganz, Frische und Geschmeidigkeit bilden ein köstliches Trio.
☛ EARL Michel et Martine Chouvet, Dom. de Fontavin, 1468, rte de la Plaine,
84350 Courthézon, Tel. 04.90.70.72.14,
Fax 04.90.70.79.39 ✓ ⊤ n. V.

PAUL JABOULET AINE 1996*

| ☐ | k. A. | 56 000 | ■ | 70-100 F |

Das Haus Jaboulet muß man nicht mehr eigens vorstellen. Sein Muscat verführt durch eine Ansprache mit Kamille über einem würzigen Aroma. Der Rest bleibt im selben Stil, technisch ausgereift, und bietet einen fülligen, langen Geschmack.
☛ Paul Jaboulet Aîné, Les Jalets, R.N. 7,
B.P. 46, 26600 La Roche-de-Glun,
Tel. 04.75.84.68.93, Fax 04.75.84.56.14 ✓ ⊤ n. V.

DOM. DE LA PIGEADE 1996

| ☐ | 9,32 ha | 40 000 | ■ ♣ | 50-70 F |

Diese junge Privatkellerei hat sich für Modernität entschieden und benutzt eine pneumatische Traubenpresse, läßt die Traubenschalen im Most und vergärt die Weine bei niedriger Temperatur. Dieser 96er besitzt eine sehr blasse gelbe Farbe. Er ist zwar aromatisch, aber die Jury hat ihn für einen VDN ein wenig trocken gefunden.
☛ Thierry Vaute, Dom. de la Pigeade,
84190 Beaumes-de-Venise, Tel. 04.90.62.90.00,
Fax 04.90.62.90.90 ✓ ⊤ n. V.

J. VIDAL-FLEURY Réserve 1996

| ☐ | k. A. | 12 000 | ■ | 70-100 F |

Ein von M. Guigal erworbenes Handelshaus, das im Rhônetal zahlreiche Cuvées anbietet. Es präsentiert einen Muscat, dessen sehr dunkle Goldfarbe ein Aroma von vollreifen Trauben ankündigt, begleitet von Noten von kandierten Früchten und Honig. Eine Einladung zum Schlemmen.
☛ J. Vidal-Fleury, 19, rte de la Roche,
69420 Ampuis, Tel. 04.74.56.10.18,
Fax 04.74.56.19.19 ✓ ⊤ n. V.

Muscat de Lunel

Das Anbaugebiet, das um Lunel herum liegt, ist durch rote Schotterböden gekennzeichnet, die sich auf Schwemmlandschichten ausbreiten. Es handelt sich um eine klassische Geröllandschaft auf roten Lehmböden, wo die Weinberge ganz oben auf den Hügeln zu finden sind. Auch hier wird ausschließlich die Rebsorte Muscat à petits grains verwendet. Die Weine müssen mindestens 125 g Zukker pro Liter aufweisen.

CLOS BELLEVUE Cuvée Prestige 1996***

| ☐ | 6 ha | 15 000 | ■ ♣ | 50-70 F |

Eine Cuvée von den ältesten Rebstöcken eines Anbaugebiets, das an der Via Domitia, ganz nahe bei der galloromanischen Stadt Ambrussum, liegt. Schon beim ersten Riechen wird man durch das Aroma von Früchten mit weißen Blüten, kandierten Trauben und blühenden Zitronenbäumen verführt. Die Harmonie zwischen der Stärke und der likörartigen Süße ist vollkommen, der leicht pfeffrige Abgang herrlich.
☛ Francis Lacoste, 34400 Lunel,
Tel. 04.67.83.24.83, Fax 04.67.71.48.23 ✓
⊤ Mo-Sa 9h-20h

CH. GRES SAINT-PAUL 1995

| ☐ | 7,15 ha | k. A. | ■ ♣ | 30-50 F |

Ein Muscat, der mit seiner strohgelben Goldfarbe in voller Reife steht. Rosinen und Garriguehonig dominieren im Geruch und finden sich im Geschmack wieder. Die likörartige Süße wird von einer leichten Bitternote fast überhaupt nicht ausgeglichen. Man sollte ihn zu einem Roquefort probieren.
☛ GFA du Grès Saint-Paul, Ch. Grès Saint-Paul, 34400 Lunel, Tel. 04.67.71.27.90,
Fax 04.67.71.73.76 ✓ ⊤ n. V.

CH. TOUR DE FARGES 1995*

| ☐ | 29,89 ha | 20 000 | ■ | 30-50 F |

Jedem Château seine Cuvée. Der Turm von Farges ist der Überrest eines Gebäudes aus dem 16. Jh. Dieser Muscat besitzt eine sehr helle goldene Farbe. Sein Aroma von weißen Blüten, Zitrusfrüchten und Lindenblüten beginnt im Mund Noten kandierter Früchte Platz zu machen.
☛ SCA du Muscat de Lunel, 34400 Vérargues,
Tel. 04.67.86.00.09, Fax 04.67.86.07.52 ✓ ⊤ n. V.

Muscat de Mireval

Dieses Weinbaugebiet liegt zwischen Sète und Montpellier, auf dem

Muscat Saint-Jean de Minervois

Südhang des Gardiole-Massivs, und wird durch den Etang (Strandsee) de Vic begrenzt. Die Böden stammen aus der Juraformation und bestehen aus alten Geröllanschwemmungen, hauptsächlich Kalkstein. Als einzige Rebsorte wird Muscat à petits grains verwendet.

Der Gärvorgang wird ziemlich früh unterbrochen, denn die Weine müssen mindestens 125 g Zucker pro Liter enthalten. Sie sind lieblich, fruchtig und likörartig.

DOM. DU MAS NEUF 1996***

| | 63,6 ha | 100 000 | | 50-70 F |

Ein Anbaugebiet zwischen dem Strand von Les Aresquiers und dem Etang de Vic. Dort bewirtschaftet die Familie Jeanjean ein großes, mit Muscat-Reben bestocktes Weingut, das sie wiederherstellt. Dieser ganz in Gold gehüllte 96er bietet ein Aroma, das an Lindenblüten, danach an Jasmin und im Mund an Zitrusfrüchte erinnert. Eine gewisse Nervigkeit erfrischt auf angenehme Weise die likörartige Süße und sorgt für eine schöne aromatische Nachhaltigkeit.
☞ Hugues et Bernard Jeanjean, B.P. 1, 34110 Vic-la-Gardiole, Tel. 04.67.78.37.45, Fax 04.67.78.37.46

DOM. DU MOULINAS 1996

| | 14 ha | 50 000 | | 30-50 F |

Intensive goldene Farbe. Aroma von Eisenkraut und verblühten Rosen. Im Mund ein Hauch von überreifen Trauben. Eine leichte Bitternote im Abgang verbindet sich mit der likörartigen Harmonie.
☞ SCA Les Fils Aymes, Dom. du Moulinas, 24, av. du Poilu, B.P. 1, 34114 Mireval, Tel. 04.67.78.13.97, Fax 04.67.78.57.78 ◨ ⊥ n. V.

Muscat Saint-Jean de Minervois

Dieser Muscat stammt aus einem in 200 m Höhe gelegenen Weinbaugebiet, dessen Parzellen sich mitten in einer klassischen Garrigue-Landschaft befinden. Das hat eine späte Traubenlese zur Folge, fast drei Wochen nach den anderen Muscat-Appellationen. Einige Rebflächen liegen auf schieferhaltigen Böden aus dem Erdaltertum, aber die meisten Rebstöcke wachsen auf kalkhaltigen Böden, die an manchen Stellen vom Lehm rot gefärbt sind. Auch hier ist allein die Rebsorte Muscat à petits grains zugelassen. Die daraus erzeugten Weine müssen mindestens 125 g Zucker pro Liter enthalten. Sie sind sehr aromatisch und besitzen viel Feinheit und sehr eigentümliche Blütennoten. Mit einer Produktion von 3 000 hl ist dies die kleinste Muscat-AOC.

DOM. DE BARROUBIO 1996**

| | 13,2 ha | 56 000 | | 30-50 F |

Die stets gut bewerteten Cuvées von Barroubio zeichnen sich durch ihre Eleganz und ihre Stärke aus. Dieser 96er ist ganz im Stil der Muscat-Weine dieses Guts gehalten mit seinem Aroma von Zitrusfrüchten, Mentholnoten und dem leisen Anflug von exotischen Früchten. Er beeindruckt durch seine Länge.
☞ Marie-Thérèse Miquel, Dom. de Barroubio, 34360 Saint-Jean-de-Minervois, Tel. 04.67.38.14.06, Fax 04.67.38.14.06 ◨ ⊥ n. V.

PERNA BATUT 1995

| | 4 ha | 11 000 | | 30-50 F |

Goldene Farbe, Aroma vollreifer Trauben und Noten kandierter Zitronen. Viel likörartige Süße verleiht diesem Muscat eine Geschmeidigkeit, die den Geschmack beherrscht.
☞ Philippe Barthès, 20, av. des Deux-Fontaines, 34460 Cazedarnes, Tel. 04.67.38.02.98, Fax 04.67.38.02.98 ◨ ⊥ n. V.

LES VIGNERONS DE SEPTIMANIE 1996***

| | k. A. | 250 000 | | 30-50 F |

In diesem 96er kommt ein außergewöhnliches Anbaugebiet zum Ausdruck, das auf einem verkarsteten Kalksteinplateau liegt. Nach einer langen Reifung erreicht die Rebsorte Muscat à petits grains eine vollkommene Konzentration der likörartigen Süße und der Aromastoffe. Goldene Farbe, komplexes Aroma von frischen Trauben und blühenden Zitronenbäumen, begleitet von Mentholnoten, beeindruckende likörartige Fülle und lange Länge. Wahl zum Lieblingswein !
☞ Cave coop. Le Muscat, 34360 Saint-Jean-de-Minervois, Tel. 04.67.38.03.24, Fax 04.67.38.23.38 ◨ ⊥ Mo-Fr 8h-12h 14h-18h ; Gruppen n. V.

Rasteau

Dieses ganz im Norden des Departements Vaucluse gelegene Weinbaugebiet breitet sich auf zwei unterschiedlichen Formationen aus : Böden aus Sand, Mergel und Kies im Norden und Terrassen aus alten Anschwemmungen der Rhône (Quartär), die Kiesgeröll enthalten, im Süden. Hier werden überall die Grenache-Rebsorten (Grenache noir, blanc oder gris) angebaut.

DOM. BEAU MISTRAL
Vieilli en fût de chêne 1995*

| □ | 5 ha | 6 000 | ⦙ ♦ | 30-50F |

Ein Weingut, das seine alten Grenache-Rebstöcke bewahren konnte. Es präsentiert einen Rasteau, dessen bernsteingelbe Kupferfarbe die kurze Maischegärung zum Ausdruck bringt. Schon beim ersten Riechen kommt ein Aroma von Feigen, Leder und Backpflaumen zum Vorschein. Der Geschmack zeigt eine gute Ausgewogenheit zwischen dem Gerüst und der Geschmeidigkeit.
☞ Jean-Marc Brun, Dom. Beau Mistral, pl. de la Poste, 84110 Rasteau, Tel. 04.90.46.16.90, Fax 04.90.46.17.30 ☑ ⊥ n. V.

DOM. DIDIER CHARAVIN 1995

| ■ | k. A. | 4 800 | ⦙ | 30-50F |

Das Rubinrot ist tief und strahlend. Fruchtige und würzige Noten erinnern an bestimmte trockene Rotweine. Die Tannine sind elegant, aber noch wenig verschmolzen. Ein Wein, der angesichts der Qualität seiner Struktur voller Verheißungen steckt.
☞ Didier Charavin, rte de Vaison, 84110 Rasteau, Tel. 04.90.46.15.63, Fax 04.90.46.16.22 ☑ ⊥ n. V.

DOM. DES COTEAUX DES TRAVERS 1995

| □ | | k. A. | 3 000 | ⦙♦ | 30-50F |

Die Bernsteinfarbe bringt die Vinifizierung dieses Grenache noir zum Ausdruck : eine Art Blanc de Noirs ! Das Aroma erinnert an frische Trauben. Dann lassen einige elegante Noten an vollreife Aprikosen denken. Ein geschmeidiger, likörartiger Rasteau mit einem guten, ausgewogenen Abgang.
☞ EARL Robert Charavin, Dom. des Coteaux des Travers, 84110 Rasteau, Tel. 04.90.46.13.69, Fax 04.90.46.15.81 ☑ ⊥ tägl. 9h30-12h 14h-18h ; von Sept. bis Pfingsten So und feiertags geschlossen

DOM. LA SOUMADE 1995

| ■ | 5 ha | 16 000 | ⦙ ♦ | 70-100F |

Dieser Rasteau wird wie früher durch Einmaischen im offenen Gärbehälter hergestellt, um die Extrahierung der Farbstoffe und der Tannine zu fördern. Sein schönes Rubinrot umhüllt ein Aroma von roten Früchten. Der Geschmack wird von der Tanninstruktur beherrscht, die die Geschmeidigkeit etwas abschwächt.
☞ André Roméro, Dom. La Soumade, 84110 Rasteau, Tel. 04.90.46.11.26, Fax 04.90.46.11.69 ☑ ⊥ Mo-Sa 8h30-11h30 14h-18h

DOM. LA SOUMADE 1994*

| □ | 3 ha | 8 000 | ⦙ ♦ | 50-70F |

Grenache-Trauben, deren Wein nach kurzer Maischegärung abgestochen worden ist, haben diesen bernsteinfarbenen 94er geliefert. Der Geruchseindruck erinnert an getrocknete Früchte. Dann kommen einige Cachounoten zum Vorschein. Das Aroma von karamelisiertem Zucker dominiert im Geschmack und übertönt die Struktur. Likörartig und geschmeidig.
☞ André Roméro, Dom. La Soumade, 84110 Rasteau, Tel. 04.90.46.11.26, Fax 04.90.46.11.69 ☑ ⊥ Mo-Sa 8h30-11h30 14h-18h

CAVE DES VIGNERONS DE RASTEAU Signature*

| ■ | | k. A. | 10 000 | ⦙ | 50-70F |

Zwei sehr hübsche Vins doux naturels der Genossenschaftskellerei von Rasteau : Diesem hier haben wir den Vorzug gegeben, weil seine Farbe so tief und leuchtend zugleich ist. Er ist kraftvoll und warm und vermittelt das Gefühl, als würde man in Kirschen beißen, die in Alkohol eingelegt waren. Ein schöner Wein.
☞ Cave des Vignerons de Rasteau, 84110 Rasteau, Tel. 04.90.46.10.90.10, Fax 04.90.46.16.65 ☑ ⊥ tägl. 8h-12h 14h-18h

Muscat du Cap Corse

Die Appellation Muscat du Cap Corse ist am 26. März 1993 durch einen Erlaß anerkannt worden. Dieser Erfolg ist den langjährigen Anstrengungen einer Handvoll Winzer zu verdanken, die sich auf den Kalksteinböden von Patrimonio und auf den Schieferböden der AOC Vin de Corse-Coteaux du Cap Corse, d. h. in 17 Gemeinden im äußersten Norden der Insel Korsika, zusammengetan haben.

In Zukunft können nur die Weine, die von der Rebsorte Muscat blanc à petits grains erzeugt werden, den Produktionsbestimmungen der Vins doux naturels entsprechen und mindestens 95 g Restzucker pro Liter enthalten, die Appellation in Anspruch nehmen.

Eine verdiente Anerkennung für diese kleine Produktion von rund 1 200 hl.

Muscat du Cap Corse

DOM. DE CATARELLI 1996*

| ☐ | 2 ha | 4 000 | 🍾 🍷 | 50-70 F |

Stellen Sie sich vor, Sie säßen zum Aperitif in einer traumhaften Landschaft, auf einer schattigen Terrasse mit Blick auf das Meer. Der frische Muscat mit der blaßgelben Farbe tanzt im letzten Widerschein der Sonne. Sein Duft von Zitrusfrüchten, getrockneten Aprikosen und knackigen Trauben verlockt Sie. Der Geschmack ist intensiv, warm, an kandierte Früchte erinnernd.
☙ EARL dom. de Catarelli, Marine de Farinole, 20253 Patrimonio, Tel. 04.95.37.02.84, Fax 04.95.37.18.72 ☑ ⚘ n. V.
☙ Laurent Le Stunff

DOM. GENTILE 1996**

| ☐ | k. A. | 4 500 | 🍾 🍷 | 50-70 F |

Die Rebsorte Muscat à petits grains gedeiht gut auf den lehmig-kalkhaltigen Böden. Hier kümmert sich Dominique Gentile liebevoll um seine Rebstöcke und praktiziert eine Gärung, bei der die Traubenschalen im Most eingeweicht sind. Die Jury hebt das leuchtende Gelb dieses 96ers und sein Aroma von blühenden Orangenbäumen und Rosen sowie einer Lakritznote hervor. Die Lakritze hält im Geschmack an, begleitet von einem Zitrusaroma. Warmer, fülliger Gesamteindruck. Der nervige, stolze Abgang wird Sie im Sturm nehmen.
☙ Dominique Gentile, Olzo, 20217 Saint-Florent, Tel. 04.95.37.01.54, Fax 04.95.37.16.69 ☑ ⚘ tägl. 8h-12h 14h-19h

LAZZARINI FRERES 1996***

| ☐ | 4 ha | 13 000 | 🍾 | 30-50 F |

Lieblingswein 1996. In diesem Jahr setzen sich die Frères Lazzarini erneut durch mit diesem sehr frischen Muscat, dessen blaßgelbe Farbe grüne Reflexe zeigt. Die Ansprache ist intensiv, geprägt von sehr reifen Früchten, mit einer likörartigen Note. Der Geschmack zeigt sich aromatisch, fett und füllig. Der Abgang bleibt sehr frisch mit einer Mentholnote. Fest und frisch zugleich. Dieser Wein ist ein Genuß.
☙ GAEC Lazzarini Frères, 20253 Patrimonio, Tel. 04.95.37.18.61 ☑ ⚘ n. V.

DOM. LECCIA 1996*

| ☐ | 1,7 ha | 6 000 | 🍾 | 50-70 F |

Leccia, ein tatkräftiger und eifriger Verfechter des Muscat du Cap Corse, ist im Weinführer mit einem blaßgelben Wein vertreten, dessen Ansprache frisch und leicht ist. Macchia und Honig bilden sein Aroma, das einem harmonisch verschmolzenen, ausgewogenen Geschmack vorausgeht. Ein Hauch von Kohlensäure betont seine Frische. Der Wein ist voller Feinheit und besitzt einen sehr gelungenen, nervigen Abgang.
☙ GAEC Dom. Leccia, 20232 Poggio-d'Oletta, Tel. 04.95.37.11.35, Fax 04.95.37.17.03 ☑ ⚘ n. V.

CLOS NICROSI Muscatellu 1996**

| ☐ | 4 ha | 6 500 | 🍾 🍷 | 70-100 F |

Luigi, Nicrosi, Rogliano. All diese Namen weisen auf Muscat, Korsika und Seltenheit hin. Kann man behaupten, den Muscat du Cap Corse zu kennen, wenn man nicht ein einziges Mal den Clos Nicrosi probiert hat ? Ein Wein voller Reife und Komplexität : Kandierte Früchte, Zistrosen, Macchia und Zitrusfrüchte vermischen sich. Der Geschmack ist füllig, fett, zitronenartig, geprägt von der Tanninnote, die von rosinenartig geschrumpften Trauben herrührt. Ein charaktervoller Wein, der wunderbar zu Stopfleber paßt.
☙ Jean-Noël Luigi, Clos Nicrosi, 20247 Rogliano, Tel. 04.95.35.41.17, Fax 04.95.35.47.94 ☑

DOM. SAN QUILICO 1996*

| ☐ | 3 ha | k. A. | 🍷 | 50-70 F |

3 ha junge, aber schon sehr vielversprechende Rebstöcke liefern uns diesen Wein, dessen blasse gelbe Farbe hell und klar ist und grüne Reflexe zeigt. Der Geruchseindruck erinnert stark an Lakritze. Eine alkoholische Nuance begleitet Noten von weißen Blüten. Schon in der Ansprache seidig, fein, zart. Ein eleganter Wein. Seine Sanftheit und seine Jugendlichkeit verleihen ihm seine Vornehmheit.
☙ Dom. San Quilico, Morta Majo, 20253 Patrimonio, Tel. 04.95.37.11.38, Fax 04.95.37.14.25 ☑ ⚘ n. V.

SANTAMARIA 1996*

| ☐ | k. A. | k. A. | 🍾 | 30-50 F |

J.-L. Santamaria ist im Weinführer mit einem strahlenden goldgelben Muscat vertreten. Der intensive, blumige Geruchseindruck ist deutlich spürbar und läßt eine Jasminnote erkennen. Der Geschmack ist füllig, gehaltvoll und reif. Der mediterrane Hauch ist unbestreitbar mit einer leichten Bitternote, die im Abgang für Frische sorgt.
☙ Jean-Louis Santamaria, 20232 Poggio-d'Oletta, Tel. 04.95.39.05.16, Fax 04.95.39.07.42 ☑ ⚘ n. V.

VINS DOUX NATURELS

VINS DE LIQUEUR (LIKÖRWEINE)

Die Bezeichnung »Vin de liqueur« (EU-Bezeichnung VLQPRD) galt mit der sehr seltenen Ausnahme einiger Frontignan-Weine nur für den Pineau des Charentes als kontrollierte Ursprungsbezeichnung; zu dieser Likörwein-Appellation sind am 27. November 1990 der Floc de Gascogne und am 14. November 1991 der Macvin du Jura hinzugekommen. Für ein solches Erzeugnis wird in Gärung befindlicher Traubenmost mit Alkohol vermischt, der aus einem Weindestillat hergestellt worden ist. In jedem Fall müssen die auf diese Weise erzeugten Likörweine einen Gesamtalkoholgehalt zwischen 16 und 22 Vol.-% haben. Der Zusatz von Branntwein zum Most wird als »Stummachen« bezeichnet; Branntwein und Traubenmost stammen jeweils aus demselben Weinbaubetrieb.

Pineau des Charentes

Der Pineau des Charentes wird in der Region von Cognac hergestellt; dieses Gebiet bildet eine weite, von Osten nach Westen hin abfallende Ebene, deren maximale Höhe 180 m beträgt und die dann zum Atlantik hin allmählich niedriger wird. Die Oberflächengestalt ist nicht sehr ausgeprägt. Das Klima ist ozeanisch, gekennzeichnet durch eine beachtliche Sonneneinstrahlung und geringe Temperaturunterschiede, die eine langsame Reifung der Trauben begünstigen.

Das Weinbaugebiet, das von der Charente durchflossen wird, befindet sich auf Hängen mit vorwiegend kalkhaltigem Boden. Es umfaßt 83 000 ha, deren Trauben hauptsächlich für die Erzeugung von Cognac bestimmt sind. Der Cognac ist später auch der »(Wein-)Geist« des Pineau des Charentes: Dieser Likörwein entsteht nämlich durch die Kombination von teilvergorenen Traubenmosten aus dem Departement Charente mit Cognac.

Der Sage nach war es ein Zufall, daß ein leicht zerstreuter Winzer im 16. Jh. den Fehler machte, ein kleines Faß, das noch etwas Cognac enthielt, mit Traubenmost aufzufüllen. Als er feststellte, daß in diesem Faß keine Gärung einsetzte, stellte er es in den hintersten Winkel des Kellers. Ein paar Jahre später wollte er das Faß ausleeren und entdeckte dabei eine klare, delikate Flüssigkeit, die süß und fruchtig schmeckte : So soll der Pineau des Charentes entstanden sein. Man greift noch heute auf diese Mischung zurück, bei jeder Traubenlese auf die gleiche handwerkliche Weise, denn der Pineau des Charentes darf nur von Winzern hergestellt werden. Sein Ansehen blieb lange Zeit auf die Region beschränkt, bevor es sich nach und nach in ganz Frankreich und dann auch über die französischen Grenzen hinweg verbreitete.

Die Traubenmoste stammen hauptsächlich von den Rebsorten Ugni blanc, Colombard, Montils und Sémillon für den weißen Pineau des Charentes und von Cabernet franc, Cabernet Sauvignon und Merlot für den Rosé. Die Rebstöcke müssen im kurzen Rebschnitt erzogen werden; für den Anbau darf kein Stickstoffdünger verwendet werden. Die Trauben müssen einen Most liefern, dessen potentieller Alkoholgehalt über 10° liegt. Pineau des Charentes reift mindestens ein Jahr im Eichenholzfaß.

Er darf sein Herkunftsgebiet nur auf Flaschen abgefüllt verlassen. Ähnlich wie beim Cognac ist es nicht üblich, auf dem Etikett den Jahrgang anzugeben. Dagegen findet man häufig eine Altersbezeichnung. Die Angabe »Vieux pineau« besagt, daß der betreffende Pineau über fünf Jahre alt sein muß; »Très vieux pineau« ist für einen Pineau vorbehalten, der älter als zehn

Pineau des Charentes

Jahre ist. In beiden Fällen muß er ausschließlich im Barrique reifen ; außerdem muß die Qualität dieses Reifungsprozesses von einer Prüfungskommission durch Verkosten bescheinigt werden. Der Alkoholgehalt muß zwischen 17° und 18° liegen, während der geforderte Gehalt an unvergorenem Zucker von 125 bis 150 g reicht. Der Rosé ist von Natur aus zumeist süßer und fruchtiger als der weiße Pineau, der nerviger und trockener ausfällt. Durchschnittlich werden pro Jahr mehr als 100 000 hl davon hergestellt : 55 % weißer Pineau und 45 % Rosé. 500 selbständige Winzer und zehn Genossenschaften erzeugen und verkaufen den Pineau des Charentes. 100 Weinhändler machen über 40 % des Verkaufs über den Einzelhandel aus.

Pineau des Charentes, einen Nektar aus Honig und Feuer, hinter dessen wunderbarer Süße sich eine gewisse Heimtücke verbirgt, kann man jung trinken (ab zwei Jahre) ; dann entfaltet er sein ganzes fruchtiges Aroma, das beim Rosé in noch reicherem Maße vorhanden ist. Mit dem Alter nimmt er einen sehr eigentümlichen Rancio- oder Firngeruch an. Traditionell trinkt man ihn als Aperitif oder zum Dessert ; doch zahlreiche Gastronomen haben darauf hingewiesen, daß seine Rundheit zu Gänseleber und Roquefort paßt und daß sein lieblicher Charakter den Geschmack und die Süße bestimmter Früchte, insbesondere von Melonen (aus der Charente), Erdbeeren und Himbeeren, verstärkt. Er wird auch in der Küche zur Zubereitung regionaltypischer Gerichte (Mouclades, d. h. Muscheln in Weißweinsud mit Rahmsauce) verwendet.

JEAN AUBINEAU 1990*

☐ 1,37 ha 10 400 ◧ 50-70 F

Dieses Gut, das der Familie Aubineau seit 1834 gehört, liegt auf den lehmig-kalkigen Hängen der Grande Champagne sowie auf einer Hochfläche mit kalkarmem, steinigem Lehmboden in den Fins Bois. Dieser hellgelbe Pineau mit den strahlenden Reflexen ist sehr blumig und entfaltet ein Aroma, das an Lindenblüten, Wiesenblumen, aber auch an Honig erinnert. Er ist von großer Rundheit und besitzt eine sanfte Ansprache. Im Geschmack bleibt er lang und bietet einen leicht säuerlichen Abgang.

🕿 Jean Aubineau, La Coudraie, 16120 Malaville, Tel. 05.45.97.08.30 ✓ ⚭ Mo-Sa 9h-19h

C. AUDEBERT

◢ 5,5 ha 15 000 ◧ 50-70 F

Die Hänge mit nicht sehr tiefen Lehm- und Kalkböden garantieren eine gute Reife der Trauben, wie dieser rosa bis rubinrote Pineau mit dem intensiven Himbeer- und Cassisaroma beweist. Der Geschmack bestätigt die Qualität vollreifer Trauben.

🕿 Claude Audebert, Les Villairs, 16170 Rouillac, Tel. 05.45.21.76.86, Fax 05.45.96.81.36 ✓ ⚭ n. V.

BARON**

☐ 4 ha 20 000 ◧ 50-70 F

Dieses Gebäude, in der Regierungszeit von Franz I. ein Jagdschlößchen, besitzt einen Portalvorbau aus dem späten 16. Jh. Es überragt das Anbaugebiet der Borderies. Das Gut gehört der Familie Baron seit 1851. Dieses Jahr bietet ihr Pineau, dessen recht kräftiges Goldgelb strohgelb schimmert, ein intensives Aroma von Kernen und Honig und eine sehr angenehme Harmonie. Er ist im Geschmack sehr lang und zeigt eine gewisse Lebhaftigkeit. Ebenfalls von der Jury berücksichtigt wurde ein ausgezeichneter rubinroter Pineau-Rosé, dessen Aroma an leicht kandierte rote Früchte erinnert.

🕿 Michel Baron, Logis du Coudret, 16370 Cherves-Richemont, Tel. 05.45.83.16.27, Fax 05.45.83.18.67 ✓ ⚭ Mo-Sa 14h-18h30

DOMINIQUE BARRIBAUD

◢ 0,8 ha 3 000 ◧ 30-50 F

Die auf den lehmig-kalkigen Hängen der Petite Champagne von Cognac liegenden Weinberge werden auf traditionelle Weise bestellt. Die Trauben werden noch immer mit der Hand gepflückt - Tradition verpflichtet ... Dieser lebhaft rosarote Pineau mit den bernsteingelben Reflexen entfaltet ein Aroma von roten Früchten (Johannisbeeren, Himbeeren) und einen leichten Holzgeruch. Im Geschmack bestätigt er seine aromatischen Qualitäten.

🕿 Dominique Barribaud, 30, rue de la Petite-Champagne, Le Perat, 17520 Saint-Martial-sur-Né, Tel. 05.46.49.50.20 ✓ ⚭ n. V.

CH. BELLEVUE 1994*

◢ 15 ha 80 000 ◧ 50-70 F

Das 1881 von Victor Nicole erbaute Château de Bellevue war damals mit 60 ha eines der größten Weingüter der Charente-Maritime ; heute besitzt es 90 ha. Dieser lebhaft rosarote, leicht bernsteingelb schimmernde Pineau bietet einen sehr komplexen Duft von roten Früchten (Himbeeren, Kirschen, Brombeeren). Der Geschmack ist ähnlich gehalten und zeigt seine Qualitäten durch eine hübsche aromatische Nachhaltigkeit.

🕿 Jean-Guy et Bruno Arrivé SA, Ch. de Bellevue, 17260 Virollet, Tel. 05.46.94.21.39, Fax 05.46.94.51.02 ✓ ⚭ n. V.

BETIZEAU**

◢ k. A. k. A. 50-70 F

Das 1930 entstandene Weingut liegt ein paar Kilometer von Saujon entfernt, unweit der 1136 gegründeten Abtei Sablonceaux. Dieser

VINS DE LIQUEUR

Pineau des Charentes

blaßrosa, leicht bernsteingelbe Pineau entfaltet ein Aroma von roten Früchten, vor allem Himbeeren. Er ist wohlausgewogen und lang im Geschmack : Man genießt seine Leichtigkeit, Feinheit und seinen typischen Charakter. Der weiße Pineau mit dem Blütenaroma wurde von der Jury ebenfalls vermerkt.
 Henri Bétizeau, La Paillerie, 17600 Sablonceaux, Tel. 05.46.94.70.19, Fax 05.46.94.42.15 n. V.

RAYMOND BOSSIS

	4 ha	7 000		50-70 F

Dieses Weingut, das auf den lehmig-kalkigen Hängen über der Gironde liegt, wurde 1924 angelegt. 1957 begann Raymond Bossis mit dem Weinbau und brachte ab 1970 einen Teil seiner Produktion selbst in den Handel. Dieser Pineau mit der kräftigen, klaren Farbe ist aromatisch und im Geschmack sehr lang und besitzt eine gute Ausgewogenheit. Sehr gefällig.
 SCEA Les Groies, 17150 Saint-Bonnet-sur-Gironde, Tel. 05.46.86.02.19, Fax 05.46.70.66.85 Mo-Sa 9h-12h30 13h45-19h30 ; So n. V.
 Raymond Bossis

JACQUES BRARD BLANCHARD
Vieux★★★

	2 ha	4 600		70-100 F

Dieses Weingut liegt auf den Lehm- und Kalksteinhängen an den Ufern der Charente, am Rande von Cognac. Seit 1972 verwendet man biologische Anbaumethoden. Hier erzeugen ausschließlich alte Rebstöcke die für den Pineau verwendeten Traubenmoste. Jacques Brard-Blanchard hat auch einen jüngeren weißen Pineau hergestellt, der gewürdigt wurde. Begeistert hat er die Jury mit diesem »Vieux Blanc«, dessen strohgelbe Farbe bernsteingelb schimmert. Der Geruchseindruck ist komplex. Im Geschmack hält das Aroma von Trockenobst und Passionsfrüchten sehr lang an. Ein alter Pineau, der es verstanden hat, jung und harmonisch zu bleiben.
 Jacques Brard Blanchard, 1, chem. de Routreau, 16100 Boutiers-Saint-Trojan, Tel. 05.45.32.19.58, Fax 05.45.36.53.21 n. V.

DOMINIQUE CHAINIER ET FILS
Vieux★

	3 ha	500		70-100 F

Das Weingut Dominique Chainier liegt im Herzen des Cognac-Gebiets in den besten Anbauzonen, der Grande Champagne und der Petite Champagne. Es umfaßt 37 ha, deren Reben auf traditionelle Weise angebaut werden. Sie können einen Pineau-Rosé wählen, der wegen seines Bukett und seines Aromas von kandierten roten Früchten sehr geschätzt wurde. Oder auch diesen »alten« weißen Pineau von altgoldener Farbe. Er entfaltet ein sehr kräftiges Walnuß- und Rancioaroma. Im Geschmack rund, füllig und elegant. Ein gelungener Pineau.
 Dominique Chainier et Fils, La Barde Fagnouse, 17520 Arthénac, Tel. 05.46.49.12.85, Fax 05.46.49.18.91 n. V.

PASCAL CLAIR 1993★

	0,8 ha	4 000		50-70 F

Dieses in der Petite Champagne liegende Gut in Familienbesitz verkauft seine Erzeugnisse seit 1930 selbst. Die Weinberge, die sich auf Lehm- und Kalksteinböden befinden, werden auf traditionelle Weise bestellt. Nur die besten Trauben, die von den Rebsorten Ugni blanc und Sémillon stammen, werden gelesen. Dieser bernsteingelbe Pineau ist anziehend, sogar verführerisch : zurückhaltendes Aroma von Walnüssen und kandierten Früchten, langer Geschmack mit sehr gelungener Firnnote.
 Pascal Clair, La Genébrière, 17520 Neuillac, Tel. 05.46.70.22.01, Fax 05.46.48.06.77 n. V.

JEAN-NOEL COLLIN★

	0,5 ha	k. A.		50-70 F

Das in der Grande Champagne auf Lehm- und Kalkböden gelegene Gut entstand 1900. Dieser Pineau besitzt eine kräftige rosarote Farbe mit karminroten Reflexen. Er ist sehr aromatisch, sehr fruchtig. Im Geschmack lang anhaltend, bestätigt er die Qualitäten des Mostes, der von den Rebsorten Merlot noir und Cabernet franc stammt.
 Jean-Noël Collin, La Font-Bourreau, 16130 Salles-d'Angles, Tel. 05.45.83.70.77, Fax 05.45.83.66.89 tägl. 8h-20h

DHIERSAT Très Vieux★

	3 ha	10 000		50-70 F

Hier sind die Erzeugnisse hochwertig. Die auf Hängen der Fins Bois gelegenen Weinberge, deren kalkarme Lehmböden noch kleine Kalksteinstücke enthalten, werden auf traditionelle Weise bestellt. Dieser »sehr alte« Pineau, dessen strohgelbe Farbe bernsteingelb schimmert, entfaltet ein überaus begehrtes Aroma, das an Vanille, Honig und angesengtes Holz erinnert. Am Ende des Geschmacks zeigt sich die dominierende, leicht säuerliche Rancionote, die durch eine lange Reifung im Eichenholzfaß erworben worden ist. Ein jüngerer, frischerer weißer Pineau vom selben Gut wurde von der Jury ebenfalls gewürdigt.
 Jean-Claude Dhiersat, Le Breuil, 16170 Rouillac, Tel. 05.45.21.75.75, Fax 05.45.96.52.74 Mo-Sa 9h-12h30 14h-18h

JEAN DOUSSOUX Vieux★★

	5 ha	5 000		70-100 F

In diesem Weinbaubetrieb brennt man seit 1865. Die Destillation geht im Holzfaß vor sich.

Pineau des Charentes

Dieser alte Pineau mit der altgoldenen Farbe verströmt ein Aroma von Dörrobst, Walnüssen, Pflaumen und Mandeln, unter die sich eine Honignote mischt. Im Geschmack findet man die Dörrobstnoten wieder, begleitet von einem sehr geschätzten Rancioaroma. Ein »alter« Pineau von großer Qualität.
🞂 SCEA Doussoux-Baillif, Phiolin,
17800 Saint-Palais-de-Phiolin,
Tel. 05.46.70.92.29, Fax 05.46.70.91.70 ⓥ
🍷 Mo-Sa 8h-12h 14h-19h ; So n. V.

DROUET ET FILS*

| | 1 ha | 4 000 | ⓘ | 50-70 F |

Dieses junge Ehepaar verkörpert die vierte Generation einer alten Winzerfamilie. Es bewirtschaftet ein wunderbares, 23 ha großes Weingut auf Hängen mit Kalkböden. Seit 1968 Eigenbrenner, vertreibt es seit 1991 seine Erzeugnisse selbst. Die goldgelbe Farbe ist ziemlich blaß, aber strahlend. Der Geruchseindruck ist sehr duftig, durch Kamillenoten geprägt. Im Geschmack ziemlich lang, kräftig und ausgewogen. Dieser Pineau repräsentiert gut den typischen Charakter dieses Erzeugnisses.
🞂 Patrick et Stéphanie Drouet, 1, rte du Maine-Neuf, 16130 Salles d'Angles, Tel. 05.45.83.63.13, Fax 05.45.83.65.48 ⓥ 🍷 Mo-Sa 8h-19h ; So n. V.

F. GACON Privilège*

| | 2,8 ha | 10 000 | ⓘ | 50-70 F |

Francis Gacon entstammt einer Winzerfamilie, die seit sechs Generationen auf ein und demselben Weingut lebt. 1976 hat er sich entschlossen, seine Pineau- und Cognac-Produktion selbst zu vermarkten, um die Arbeit seiner Vorfahren zur Geltung zu bringen. Ein wohlausgewogener Pineau mit strahlend strohgelber Farbe. Sein begehrtes Aroma, sein geschmeidiger Geschmack, seine sehr gute Länge wie auch seine Stärke machen ihn zu einem sehr typischen Erzeugnis.
🞂 F. Gacon, 17160 Les Touches-de-Périgny, Tel. 05.46.58.53.27, Fax 05.46.58.63.82 ⓥ 🍷 n. V.

PIERRE GAILLARD***

| | 3 ha | k. A. | ⓘ | 50-70 F |

Ein traditionelles Weingut der romanischen Saintonge (obere Saintonge), deren Traubenmoste zu gleichen Teilen von den Rebsorten Ugni blanc, Colombard, Sémillon und Montils stammen. Dieser Pineau, dessen goldgelbe Farbe leicht bernsteingelb schimmert und sehr strahlend ist, bietet einen sehr angenehmen Duft. Der Geschmack ist ebenso gelungen : honigartig, sehr rund, mit erstklassiger Harmonie, guter Ausgewogenheit zwischen den Geschmacksnoten und bemerkenswerter Länge.
🞂 Pierre Gaillard, Chez Trébuchet,
17240 Clion, Tel. 05.46.70.47.35,
Fax 05.46.70.39.30 ⓥ 🍷 Mo-Sa 9h-19h

GRATEAUD Vieux*

| ◢ | 0,5 ha | 2 300 | ⓘ | 70-100 F |

Die Familie Grateaud, Winzer in den Borderies, einer edlen Anbauzone des Cognac-Gebietes, strebt bei ihrer Pineau-Produktion nur Qualität an, wie dieser »alte« Pineau beweist. Die rosarote Farbe zeigt ziegelrote Reflexe. Das Aroma erinnert an reife rote Früchte, Pflaumen, Backpflaumen und kandierte Früchte. Er schmeckt gut und entfaltet sein Rancioaroma, das er durch seine langjährige Reifung im Eichenholzfaß erworben hat.
🞂 Jean-Pierre Grateaud, Le Maine-Garnier,
17610 Chérac, Tel. 05.46.96.41.97,
Fax 05.46.96.45.69 ⓥ 🍷 n. V.

THIERRY JULLION*

| ◢ | 1,5 ha | k. A. | ⓘ | 50-70 F |

Ein traditionelles Weingut auf Lehm- und Kalksteinböden, die für eine hochwertige Produktion günstig sind. Dieser Pineau ist von besonderer Intensität. Er ist sehr aromatisch mit Cassis- und Himbeernoten. Im Geschmack von guter Länge, mit einer säuerlichen Note, die ihm einen gewissen Charme verleiht.
🞂 Thierry Jullion, Montizeau,
17520 Saint-Maigrin, Tel. 05.46.70.00.73,
Fax 05.46.70.02.60 ⓥ 🍷 n. V.

LA FINE GOULE**

| ◢ | 3 ha | 8 000 | ⓘ | 50-70 F |

Die Entwicklung dieses im 16. Jh. entstandenen Weinguts entspricht der Geschichte des Cognac-Gebiets. Es präsentiert heute einen bemerkenswerten Pineau-Rosé mit schöner dunkelrubinroter Farbe und intensivem Cassis- und Brombeeraroma. Im Geschmack lang, kräftig und komplex. Er verführt durch seine Geschmeidigkeit.
🞂 EARL La Fine Goule, Pimbert,
17520 Arthénac, Tel. 05.46.49.10.14,
Fax 05.46.49.11.21 ⓥ 🍷 n. V.
🞂 de Larquier

JEAN-PIERRE LEONARD Vieux 1990*

| | 2 ha | 4 000 | ⓘ | 50-70 F |

Dieses Weingut liegt in der Grande Champagne - eine echte Qualitätsgarantie ! Dieser alte Pineau mit der überaus brillanten strohgelben Farbe besitzt einen zurückhaltenden, aber feinen Geruch, der eine gute Rancionote erkennen läßt. Im Geschmack ist er sehr ausgewogen. Seine große Länge beruht auf Noten, die an Vanille und Dörrobst erinnern.
🞂 Léonard, Chez Gaury, 16200 Gondeville,
Tel. 05.45.81.13.31, Fax 05.45.85.18.31 ⓥ 🍷 tägl. 9h-20h

CH. DE L'OISELLERIE Gerfaut Rubis**

| ◢ | 5 ha | 22 000 | 🍾ⓘ | 50-70 F |

Auf Schloß Oisellerie pflegte Franz I. gern die Falkenjagd. Das im Herzen der Charente gele-

VINS DE LIQUEUR

gene Gut umfaßt 31 ha, von denen ein Teil für die Produktion von Cognac, von Landwein und von Pineau reserviert ist. Letzterer besitzt eine leicht ziegelrote Farbe und entfaltet ein Kirsch- und Cassisaroma mit einer leicht pfeffrigen Note. Man genießt seinen an Honig und rote Früchte erinnernden Geschmack und die bemerkenswerte aromatische Nachhaltigkeit.
- Lycée agricole et viticole Ch. l'Oisellerie, 16400 La Couronne, Tel. 05.45.67.10.04, Fax 05.45.67.16.51 ☑ ☥ Mo-Sa 8h-12h 13h30-18h

JEAN-PAUL MAURIN*

| | 5 ha | 15 000 | 🍷 | 30-50 F |

Das 22 ha große Weingut, dessen auf traditionelle Weise bestellte Weinberge auf Lehm- und Kalkhängen liegen, gehört der Familie seit 1875. Seit drei Generationen erzeugt man hier Pineau. Dieser sehr strahlende altgoldene Pineau besitzt ein reiches Aroma von Wiesenblumen und Lindenblüten. Der angenehm lange Geschmack zeigt sich leicht säuerlich und enthält eine äußerst geschätzte Rancionote.
- Jean-Paul Maurin, La Grande-Motte, 17240 Saint-Dizant-du-Gua, Tel. 05.46.49.96.28, Fax 05.46.49.47.05 ☑ ☥ n. V.

MENARD Très vieux blanc*

| | k. A. | 5 000 | 🍷 | 100-150 F |

Seit 1946 füllt J.-P. Ménard et Fils die Pineau-des-Charentes von den Cognac »Grande fine champagne« (Premier cru) auf Flaschen ab und verkauft sie auch. Die Familie Ménard gehörte zu den ersten, die den Pineau des Charentes förderten. Dieser »sehr alte« Pineau, dessen altgoldene Farbe leicht orangerote Reflexe zeigt, entfaltet ein Aroma von Honig, Dörrobst und gekochten Äpfeln sowie einen sehr angenehmen Firngeruch. Im Geschmack intensiv und trotz seiner langer Reifung im Eichenholzfaß leicht fruchtig. Diesen Pineau kann man unbesorgt kaufen.
- J.-P. Ménard et Fils, rue de la Cure, 16720 Saint-Même-les-Carrières, Tel. 05.45.81.90.26, Fax 05.45.81.98.22 ☑ ☥ n. V.

MOULIN DE MERIENNE Ruby*

| | 5 ha | k. A. | ▪ | 50-70 F |

Dieses in der Grande Champagne gelegene Gut wird seit 1954 von der Familie Charpentron bewirtschaftet. Warum sollte man diesen Pineau nicht zu einer Melone probieren ? Sein kupferfarbenes Rosa und sein Aroma, die an leicht kandierte rote Früchte erinnert, passen gut dazu. Die gute aromatische Nachhaltigkeit kennzeichnet einen wohlausgewogenen, sehr vielversprechenden Pineau.
- SCA du Clos de Mérienne, 16200 Gondeville, Tel. 05.45.81.13.27, Fax 05.45.81.74.30 ☑ ☥ n. V.
- Cl. Charpentron

ANDRE PETIT Sélection*

| | 3 ha | 10 000 | 🍷 | 70-100 F |

Dieser 14 ha große Familienbetrieb stellt seinen Pineau und seinen Cognac seit 1958 her und verkauft sie auch selbst. Die bernsteingelbe Farbe schimmert altgold bis rosa. Dieser Pineau entfaltet ein Steinobstaroma : Man erkennt darin die Reifung in Eichenholzfässern. Der leicht säuerliche Geschmack besitzt eine gute Länge. Ein Pineau-Rosé wurde wegen seines an rote Früchte erinnernden Aromas sehr geschätzt.
- André Petit et Fils, Au Bourg, 16480 Berneuil, Tel. 05.45.78.55.44, Fax 05.45.78.59.30 ☑ ☥ n. V.
- Jacques Petit

ROBERT POUILLOUX 1994*

| ◢ | 3 ha | k. A. | 🍷 | 50-70 F |

Das Weingut dieser Winzer, die heute 17 ha Rebland haben, entstand im 18. Jh. Dieser vielversprechende Pineau bietet eine intensive rosarote Farbe und ein Aroma von leicht kandierten roten Früchten. Im Geschmack zeichnet er sich durch seine gute Haltung und seine sehr elegante Fruchtigkeit aus. Man kann auch den »alten« weißen Pineau probieren und wird nicht enttäuscht.
- EARL Robert Pouilloux et ses Fils, Peugrignoux, 17800 Pérignac, Tel. 05.46.96.41.41, Fax 05.46.96.35.04 ☑ ☥ tägl.10h-12h 13h-20h

THORIN Privilège**

| | 3 ha | k. A. | 🍷 | 100-150 F |

Ein 37 ha großes Gut in Familienbesitz, das auf Lehm- und Kalksteinböden in der Grande Champagne liegt und seit 1948 Wein und Cognac erzeugt. Dieser Pineau kündigt sich sich mit einem golden schimmernden Bernsteingelb an. Das Aroma von Wiesenblumen und Dörrobst ist mit einem kräftigen Firngeruch verbunden. Die harmonische Verschmolzenheit der Eindrücke ist außerordentlich, von einer vollkommenen Kontinuität, die an den köstlichen Geschmack von Honig erinnert.
- C. Thorin, Chez Boujut, 16200 Mainxe, Tel. 05.45.83.33.46, Fax 05.45.83.38.93 ☑ ☥ Mo-Sa 8h-20h

PAUL VIGIE 1992*

| ◢ | 2 ha | 5 000 | 🍷 | 30-50 F |

Die Familie Vigié bewirtschaftet seit sieben Generation ein 17 ha großes Weingut, das auf Kiesel- und Lehmböden liegt. Die lebhaft rosarote Farbe spielt ins Bernsteingelbe. Dieser Pineau, dessen Aroma an Himbeeren und schwarze Johannisbeeren erinnert, ist sehr ausgewogen. Im sehr lebhaften, langen Geschmack zeigt er die bereits erwähnten fruchtigen Noten.
- Dominique Vigié, Roumignac, 17120 Cozes, Tel. 05.46.90.94.66, Fax 05.46.90.83.69 ☑

Floc de Gascogne

Erzeugt wird der Floc de Gascogne im geographischen Appellationsgebiet Bas-Armagnac, Ténarèze und Haut-Armagnac sowie in allen Gemeinden, die den Bestimmungen des Dekrets

Floc de Gascogne

vom 8. August 1936 entsprechen, die das geographische Gebiet der Appellation Armagnac festlegen. Dieses Weinbaugebiet gehört zu den Vorpyrenäen und verteilt sich auf drei Departements : Gers, Landes und Lot-et-Garonne. Um die Grundlagen ihrer Produktion zusätzlich zu verbessern, haben die Winzer des Floc de Gascogne ein neues Prinzip aufgestellt ; dabei handelt es sich weder um eine Abgrenzung nach Parzellen, wie man sie bei den Weinen findet, noch um ein simples geographisches Gebiet, wie es für die Branntweine gilt. Dies ist das Prinzip der Parzellenlisten, die jedes Jahr vom INAO gebilligt werden.

Die weißen Flocs de Gascogne stammen von den Rebsorten Colombard, Gros Manseng und Ugni, die zusammen mindestens 70 % des Rebsortenbestandes ausmachen müssen ; als zusätzliche Rebsorten werden hauptsächlich Baroque, Folle blanche, Petit Manseng, Mauzac, Sauvignon und Sémillon verwendet. Bei den Rosés sind es Cabernet franc und Cabernet Sauvignon, Cot, Fer Servadou oder Pinenc, Tannat, Merlot und Gamay. Seit der Traubenlese 1996 darf keine Rebsorte einen Anteil von 50 % überschreiten.

Die von den Erzeugern aufgestellten Vorschriften für die Produktion sind streng : 3 300 Rebstöcke/ha, die im Guyot- oder im Cordon-Schnitt erzogen werden ; Beschränkung der angeschnittenen Augen pro Hektar auf weniger als 60 000 ; strenges Verbot einer künstlichen Bewässerung der Reben zu jeder Jahreszeit ; Begrenzung des Grundertrags auf höchstens 60 hl/ha.

Jeder Winzer muß alljährlich die für das INAO bestimmte Absichtserklärung der Herstellung von Floc unterschreiben, damit das INAO die Produktionsbedingungen vor Ort richtig überprüfen kann. Die erzeugten Traubenmoste dürfen nicht weniger als 110 g Zucker pro Liter enthalten. Das Traubengut wird entrappt und in einen Behälter gefüllt, wo der Most nach der Vorklärung zu gären beginnen kann. Fremdstoffe dürfen nicht hinzugefügt werden. Der Gärvorgang wird mit Armagnac gestoppt, der einen Mindestalter von 0 und einen Mindestalkoholgehalt von 52 Volumenprozent hat. Die auf diese Weise hergestellte Mischung wird mindestens neun Monate in Ruhe gelassen. Sie darf die Keller nicht vor dem 1. September des Jahres nach der Traubenlese verlassen. Alle Weinpartien werden verkostet und analysiert. Wegen des uneinheitlichen Charakters, der bei diesem Weintyp stets zu befürchten ist, wird die Zulassung dem auf Flaschen abgefüllten Wein erteilt.

CH. DU BASCOU 1995*

| | 2 ha | 10 000 | | 30-50 F |

Dieser Floc, dessen gelbe Farbe braune Reflexe zeigt, entfaltet einen intensiven, komplexen Duft und ein wohlausgewogenes Aroma. Er ist leicht zu verkosten und zu trinken und bietet ein getreues Abbild seines Floc.
• EARL Ch. du Bascou, 32290 Bouzon-Gellenave, Tel. 05.62.09.07.80, Fax 05.62.09.08.94 ✔ ☿ tägl. 9h-19h
• Robert Rouchon

DOM. DES CASSAGNOLES**

| | 5 ha | 10 000 | | 30-50 F |

Die Domaine des Cassagnoles ist eine Station, an der die Freunde regionaltypischer Erzeugnisse nicht vorübergehen können. Der Empfang hier ist schlicht und herzlich. Die Familie Baumann, die schon immer Perfektion anstrebte, hat einen Rosé mit einer sehr schönen kirschroten Farbe vorgestellt. Das komplexe Bukett, das an rote Früchte und Vanille erinnert, geht auf die Reifung im Holzfaß zurück. Ein kräftig gebauter, intensiver Floc, der im Geschmack reich und nachhaltig ist.
• J. et G. Baumann, Dom. des Cassagnoles, EARL de la Ténarèze, 32330 Gondrin, Tel. 05.62.28.40.57, Fax 05.62.68.23.76 ✔ ☿ n. V.

CH. DE CASSAIGNE***

| | k. A. | k. A. | 30-50 F |

Château de Cassaigne, das bis zur Französischen Revolution im Besitz der Bischöfe von Condom war, stammt aus dem 13. Jh. (1249). Dieses vielbesuchte Schloß (jährlich 45 000 Besucher) besitzt eine bemerkenswerte Küche aus dem 16. Jh. ; die Weinlager befinden sich im ehemaligen Waffensaal. Dieser rubinrote Floc mit dem Aroma kandierter Früchte entlädt einen Duft von Quittenkonfitüre und roten Früchten. Im Geschmack ist er sehr rund und lang. Er bereitet nur Freude.
• Ch. de Cassaigne, 32100 Cassaigne, Tel. 05.62.28.04.02, Fax 05.62.28.41.43 ✔ ☿ tägl. 9h-12h 14h-19h

DOM. DE CAUMONT**

| | 0,9 ha | 2 512 | | 30-50 F |

Dieses Gut in Familienbesitz, das im Herzen des unteren Armagnac liegt, hat einen weißen Floc vorgestellt, dessen gelbe Farbe goldgelbe Nuancen zeigt. Das komplexe Aroma erinnert an frische und kandierte Früchte. Im Geschmack sehr ausgewogen, mit Honig- und Akaziennoten. Dieser Floc ist ein Genuß.
• Roger Bourdens, Dom. de Caumont, 32240 Lias d'Armagnac, Tel. 05.62.09.63.95, Fax 05.62.08.70.14 ✔ ☿ n. V.

VINS DE LIQUEUR

Floc de Gascogne

LES PRODUCTEURS DE LA CAVE DE CONDOM*

| ☐ | 9 ha | k. A. | 🍾♦ | 30-50 F |

Diese 1951 gegründete Genossenschaftskellerei erzeugt Armagnacs und Landweine. Condom, der Hauptort der Ténarèze, und seine Umgebung sind architektonisch recht reizvoll. Dieser weiße Floc mit der schönen gelbgrünen Farbe ist blumig und fruchtig und beschert mit seiner vollkommenen Ausgewogenheit echten Genuß. Natürlich trinkt man ihn zu Gänseleber aus dem Gers.

⚜ Les producteurs de la Cave de Condom en Armagnac, 59, av. des Mousquetaires, 32100 Condom, Tel. 05.62.28.12.16, Fax 05.62.28.23.94 ✉ ☎ Mo-Fr 8h-12h 14h-18h

DUC DE LOUSSAC*

| ☐ | 6 ha | 10 000 | 🍾 | 30-50 F |

Ein Haus, das seine Armagnacs nicht mehr eigens vorstellen muß, so bekannt sind sie auch außerhalb der Gascogne. Sein Besitzer hat einen grünlich schimmernden weißen Floc hergestellt, dessen Aroma (unreife Äpfel) recht intensiv ist. Im Geschmack lebhaft und ziemlich nachhaltig, im Abgang durch einen Armagnac von guter Qualität geprägt.

⚜ SCA Ch. de Laubade, 32110 Sorbets, Tel. 05.62.09.06.02
⚜ Lesgourgues

MICHEL FEZAS***

| ▟ | 4 ha | 15 000 | 🍾🍾♦ | 30-50 F |

Dieses Gut in Familienbesitz liegt im Herzen der Ténarèze, auf den höchsten Hängen der Gascogne, über die der »*chiroula*« (von »chiroulet« = Pfeife) genannte Wind fegt. Man verwendet sehr viel Sorgfalt auf die Produktion der verschiedenen Erzeugnisse. Ein typisch gascognisches Anwesen, auf dem Gäste willkommen sind. Der Floc-Rosé, dessen kräftige Farbe lebhafte, strahlende Reflexe zeigt, bietet ein Aroma von leicht kandierten roten Früchten, das man im Geschmack noch stärker entfaltet findet. Sehr viel Harmonie und sehr harmonisch. Der weiße Floc wurde für seine Fruchtigkeit und Finesse lobend erwähnt.

⚜ Michel Fezas, Dom. de Chiroulet, 32100 Larroque-sur-l'Osse, Tel. 05.62.28.02.21, Fax 05.62.28.41.56 ✉ ☎ n. V.

LA FERME DE GAGNET 1995

| ☐ | 2 ha | k. A. | 🍾🍾 | 30-50 F |

Die Ferme de Gagnet, die auch Gästezimmer besitzt, präsentiert regionaltypische Erzeugnisse: Gänseleber, Confit (eingemachtes Fleisch) und einen weißen Floc, der hellgelb, aromatisch und fein ist und eine gute Haltung hat.

⚜ Maurice Tadieu, Gagnet, 47170 Mézin, Tel. 05.53.65.73.76, Fax 05.53.97.22.04 ✉ ☎ tägl. 8h-22h

DOM. DE LARTIGUE**

| ▟ | 4 ha | 6 600 | 🍾 | 30-50 F |

Der schon mehrmals ausgezeichnete Francis Lacave hat einen sehr guten Rosé von intensiver Farbe erzeugt, der sehr aromatisch ist und leicht nach Lakritze riecht. Er besitzt ein reiches, nachhaltiges Aroma, wirkt aber nicht schwer. All diese Tugenden machen ihn zu einem Floc, der sehr angenehm als Aperitif schmeckt.

⚜ EARL Francis Lacave, Au Village, 32800 Bretagne-d'Armagnac, Tel. 05.62.09.90.09, Fax 05.62.09.79.60 ✉ ☎ n. V.

DOM. DE LAUROUX

| ▟ | 0,5 ha | 2 000 | 🍾 | 30-50 F |

Ein intensiver Rosé mit fruchtigem Aroma, durch den Alkohol geprägt. Im Geschmack lebhaft.

⚜ Rémy Fraisse, EARL de Lauroux, dom. de Lauroux, 32370 Manciet, Tel. 05.62.08.56.76, Fax 05.62.08.57.44 ✉ ☎ n. V.

MICHEL ET RICHARD MAESTROJUAN 1994*

| ▟ | 1,5 ha | 13 500 | 🍾🍾 | 50-70 F |

Die Familie Maestrojuan bleibt sich treu, im herzlichen Empfang ebenso wie hinsichtlich ihrer Kompetenz. Viele ihrer Weine waren in unseren früheren Ausgaben Lieblingsweine. Sie präsentiert hier zwei gutgemachte Erzeugnisse: einen blassen Rosé mit orangeroten Reflexen, dessen Bukett und Aroma an Erdbeeren und Himbeeren erinnern und ihn zu einem sehr wohlschmeckenden Likörwein machen. Der weiße Floc hat eine schöne Farbe mit grünen Reflexen, ist sehr duftig und bietet ein Pfirsicharoma und einen etwas lebhaften Abgang.

⚜ GAEC Bordeneuve-Entras, 32410 Ayguetinte, Tel. 05.62.68.11.41, Fax 05.62.68.15.32 ✉ ☎ n. V.
⚜ Maestrojuan

CH. DE MILLET

| ▟ | k. A. | 5 000 | | 30-50 F |

Dieser Erzeuger, eine markante Persönlichkeit des Armagnac-Gebiets, präsentiert einen strahlenden Floc-Rosé mit leicht würzigem Bukett, fruchtig und süffig.

⚜ Francis Dèche, Ch. de Millet, 32800 Eauze, Tel. 05.62.09.87.91, Fax 05.62.09.78.53 ☎ tägl. 8h30-13h 14h30-19h

CH. DE MONS*

| ▟ | 4 ha | 900 | 🍾 | 30-50 F |

Château de Mons, das aus dem Jahre 1285 stammt und ein großartiges geschichtliches Zeugnis darstellt, ist seit 1963 im Besitz der Landwirt-

schaftskammer des Departements Gers. Es ist eine Versuchsanstalt und eine Ausbildungsstätte für Landwirtschaft und Weinbau. Sein Rosé mit der schönen, strahlenden Farbe bietet ein feines, intensives Bukett mit Weichselnote. Sein gut strukturierter, runder und süffiger Geschmack entfaltet ein Aroma von roten Früchten, das Röstnoten enthält.
• Ch. de Mons, 32100 Caussens, Tel. 05.62.68.30.30, Fax 05.62.68.30.34 ☑ ⚲ n. V.

DOM. D'OGNOAS

| ☐ | 3 ha | 1 200 | ▮ | 30-50 F |

Dieses 540 ha große Gut gehörte früher dem Bischof von Mont-de-Marsan und ist heute im Besitz des Departementes Landes. Es besitzt die älteste Destilliervorrichtung, die aus dem Jahre 1804 stammt. Dieser weiße Floc mit der gelbbraunen Farbe bietet ein sehr harmonisches, vorwiegend blumiges Aroma. Man kann ihn trinken, ohne sich viel Gedanken zu machen.
• Dom. départemental d'Ognoas, 40190 Arthez-d'Armagnac, Tel. 05.58.45.22.11, Fax 05.58.45.38.21 ☑ ⚲ Mo-Fr 9h-12h30 14h-17h30

DOM. DE POLIGNAC**

| ◢ | k. A. | k. A. | 30-50 F |

Ein Rosé, dessen intensive braune Farbe lebhaft rote Nuancen zeigt. Das Aroma erinnert an sehr reife Früchte. Im klaren Geschmack findet man Kirsch- und Pflaumennoten, die perfekt harmonieren. Seine Länge und seine Geschmeidigkeit machen ihn zu einem rassigen Floc mit typischem Charakter.
• EARL J. et M. Gratian, Polignac, 32330 Gondrin, Tel. 05.62.28.54.74, Fax 05.62.28.54.86 ⚲ n. V.

CH. DE SALLES*

| ◢ | 3 ha | 5 000 | 30-50 F |

Château de Salles, wo sich Lamartine aufhielt, liegt gegenüber einer großartigen romanischen Kirche. Es erzeugt ausgezeichnete Armagnacs. Zwei Flocs : ein Rosé, ein weißer. Bewertung ? Für jeden einen Stern. Der Rosé mit den lebhaften roten Reflexen bietet einen intensiven Duft kandierter Früchte und einen füllligen, geschmeidigen Geschmack. Der weiße Floc, strahlendes Strohgelb, blumig, leicht holzbetont, ist wohlausgewogen und durch einen erstklassigen Armagnac geprägt.
• Benoît Hébert, Lagarde, 32370 Salles-d'Armagnac, Tel. 05.62.69.03.11, Fax 05.62.69.07.18 ☑ ⚲ tägl. 9h-12h 14h30-18h30

DOM. SAN DE GUILHEM

| ◢ | 1,74 ha | 16 000 | ▮ ⚬ | 30-50 F |

Der Vorsitzende des Erzeugerverbandes hat einen Rosé vorgestellt, der von guter allgemeiner Ausgewogenheit und im Geschmack frisch und lang ist. Ein gefälliger Floc.
• Alain Lalanne, Dom. San de Guilhem, 32800 Ramouzens, Tel. 05.62.06.57.02, Fax 05.62.06.44.99 ☑ ⚲ tägl. 8h-12h 14h-19h

CH. DU TARIQUET**

| ☐ | 5 ha | k. A. | 30-50 F |

In diesem Gebäude aus dem späten 17. Jh. stellt die Familie Grassa hochwertige Erzeugnisse her. Der Beweis dafür ? Zwei Sterne für den weißen, ein Stern für den Rosé. Strohgelbe Farbe, mit einem intensiven, sehr blumigen Bukett und einem freigebigen, fülligen Geschmack. Dieser weiße Floc ist ein Musterbeispiel an Ausgewogenheit und Frische. Der Rosé, rubinrot mit braunen Farbtönen, bietet ein komplexes, kräftiges Bukett. Er ist fruchtig und geschmeidig und paßt perfekt zu einem Mürbeteigkuchen mit karamelisierten Äpfeln.
• Ch. du Tariquet, 32800 Eauze, Tel. 05.62.09.87.82, Fax 05.62.09.89.49 ☑ ⚲ n. V.
• Famille Grassa

Macvin du Jura

Er hätte ebensogut Galant heißen können, denn dies ist der Name, den er im 14. Jh. trug, als ihn Margarete von Frankreich, Herzogin von Burgund und Gemahlin Philipps des Kühnen, zu ihrem Lieblingswein erkor.

Der Macvin, der wahrscheinlich auf ein Rezept der Äbtissinnen des Klosters Château-Chalon zurückgeht und früher »Maquevin« oder »Marc-vin« hieß, wurde am 14. November 1991 durch Dekret als AOC anerkannt. Im Jahre 1976 unternahm die Société de Viticulture zum ersten Mal einen Vorstoß, um die Anerkennung dieses sehr originellen Erzeugnisses als AOC zu erreichen. Die Enquete dauerte lang, weil man zu einer Übereinkunft über die Verwendung einer einzigen Herstellungsmethode kommen mußte. Im Laufe der Zeit war nämlich der Macvin, zunächst ein gekochter Wein, dem Aromastoffe oder Gewürze zugesetzt worden waren, zu einer Mistella geworden, die man zu einem durch Hitze (Kochen) konzentrierten Most herstellte, danach zu einem Likörwein, der entweder mit Tresterbranntwein oder mit einem Branntwein aus der Franche-Comté »stummgemacht« wurde. Die am häufigsten verwendete Methode wurde schließlich beibehalten : Bei der AOC handelt es sich um einen Likörwein, hergestellt aus Most, der ganz leicht zu gären begonnen hat, und versetzt mit Tresterbranntwein aus der Franche-Comté mit Herkunftsbezeichnung, der aus demselben

Macvin du Jura

Winzerbetrieb wie die Moste stammt. Der Traubenmost muß von Rebsorten und aus einem Anbaugebiet kommen, die Anrecht auf die AOC haben. Der Branntwein muß »rassis« sein, d. h. mindestens 18 Monate lang im Eichenholzfaß gereift sein.

Nach dieser letzten Vereinigung, die ohne Filtrierung vorgenommen wird, muß der Macvin ein Jahr lang im Eichenholzfaß »ruhen«, da er nicht vor dem 1. Oktober des Jahres nach der Lese verkauft werden darf.

Die Produktion steigt und beträgt gegenwärtig rund 1 000 hl. Der Macvin du Jura erlebt eine gute Entwicklung, denn er wird sehr geschätzt, vor allem in der Region. Ein Aperitif für Liebhaber, der - wenn er gut gelungen ist - an die stark vom Bodencharakter beeinflußten Erzeugnisse des Jura erinnert. Er ergänzt das Angebot der Appellationen der Franche-Comté und paßt perfekt zur einheimischen Küche.

BADOZ**

	k. A.	k. A.	70-100 F

Ein Macvin von den besten Sorte, aus einem Traubenmost hergestellt, der ausschließlich von Chardonnay-Trauben stammt. Der Alkohol dominiert im Geruch und läßt dennoch ein paar angenehme Noten von weißen Blüten und Zimt erkennen. Er schmeckt lieblich und bewahrt eine Frische von belebender Jugendlichkeit. Im Abgang beschließt eine Quittenbrotnote elegant diesen fröhlichen Genuß.

Bernard Badoz, 15, rue du Collège, 39800 Poligny, Tel. 03.84.37.11.85, Fax 03.84.37.11.18 tägl. 8h-12h 14h-19h

MARIE ET DENIS CHEVASSU 1994*

	k. A.	1 200	70-100 F

Sehr schöne strohgelbe Farbe mit silbernen Reflexen. Der Tresterbranntwein vermischt sich mit Walnüssen und gedörrten Feigen zu einem eher sehr angenehmen Geruch. Die geschmackliche Ansprache ist gefällig, aber der Alkohol wird rasch dominierend. Obwohl er jetzt noch nicht völlig harmonisch ist, dürfte sich dieser Macin einwandfrei entwickeln.

Denis et Marie Chevassu, Granges Bernard, 39210 Menétru-le-Vignoble, Tel. 03.84.85.23.67 n. V.

DOM. VICTOR CREDOZ*

	0,4 ha	1 500	70-100 F

Ein sehr schöner strohgelber Macvin. Der Geruchseindruck ist klar, aber noch durch den Alkohol geprägt. Die Ansprache im Geschmack ist geschmeidig, aber der Tresterbranntwein gewinnt rasch die Oberhand zurück. Dennoch entdeckt man Zimt- und Rosinennoten, die uns schon tief befriedigen. Dieser noch junge Macvin muß altern, um seine Ausgewogenheit zu erreichen. Angesichts der Qualität der darin vorhandenen Erzeugnisse dürfte das Endergebnis unseren Erwartungen entsprechen.

Dom. Victor Credoz, 39210 Menétru-le-Vignoble, Tel. 03.84.85.26.98, Fax 03.84.44.62.41 tägl. 8h-12h 14h-20h

RICHARD DELAY

	k. A.	k. A.	70-100 F

Ein Modeschöpfer hätte es nicht besser machen können : Das bernsteingelbe Kleid ist prächtig ! Der feine, subtile Duft entfaltet sich angenehm. Im Geschmack zeigt sich dieser Macvin hinsichtlich seines Aromas diskreter und gibt sich sehr likörartig und leicht holzbetont. Der Kontrast zwischen Geruchseindruck und Geschmack ist recht auffällig. Man sollte ihn vorzugsweise zum Dessert servieren.

Richard Delay, rue du Château, 39570 Gevingey, Tel. 03.84.47.46.78, Fax 03.84.43.26.75 n. V.

DANIEL DUGOIS

	k. A.	1 800	70-100 F

Les Arsures, ein paar Kilometer nördlich von Arbois gelegen, ist ein kleines Dorf, das typisch für den Jura ist. Daniel Dugois stellt hier einen Macvin her, der kräftig und intensiv riecht. Der Traubenmost kommt ausschließlich von Chardonnay-Trauben. Er wird ein Hochgenuß zu einem Lebkuchen sein, der auf ebenso traditionelle Weise wie der Macvin hergestellt wird.

Daniel Dugois, 4, rue de la Mirode, 39600 Les Arsures, Tel. 03.84.66.03.41, Fax 03.84.37.44.59 n. V.

RAPHAEL FUMEY ET ADELINE CHATELAIN

	k. A.	250	70-100 F

Der Traubenmost stammt je zur Hälfte von Chardonnay- und Savagnin-Trauben. Die gelbe Farbe ist nicht sehr kräftig. Der vorwiegend blumige Duft hat sich noch wenig entfaltet. Der Geschmack ist angenehm und enthüllt ein Aroma von Mandeln, Rosinen und Äpfeln. Paßt als Aperitif.

Raphaël Fumey et Adeline Chatelain, 39600 Montigny-lès-Arsures, Tel. 03.84.66.27.84 n. V.

DOM. JEAN MACLE*

	k. A.	2 000	100-150 F

In der Abtei Château-Chalon, in Jean Macles Dorf, sollen die Äbtissinnen das Rezept für den Macvin erfunden haben. In den besten Jahren stellt dieser gewissenhafte Erzeuger seinen Macvin mit Hilfe von altem Tresterbranntwein her, den er wunderbar reifen läßt. Sehr feiner Duft. Im Geschmack zeigt sich der Alkohol neben einer hübschen Fruchtigkeit, zu der eine sehr angenehme Honignote hinzukommt.

Jean Macle, rue de la Roche, 39210 Château-Chalon, Tel. 03.84.85.21.85, Fax 03.84.85.27.38 n. V.

Macvin du Jura

HENRI MAIRE 1992

☐ k. A. 7 000 ⦀ 150-200 F

Henri Maire ist der bedeutendste Weinhändler des Jura. Mit 300 ha Rebfläche ist er auch der größte Besitzer von als AOC eingestuften Weinbergen in der Franche-Comté. Sein Macvin ist gut bereitet, aber recht überraschend durch seinen Geruch, der an Trüffeln, Pilze, Dörrobst und Quitten erinnert. Im Geschmack kommen sonderbarerweise Kaffee- und Mokkanoten zum Vorschein.

🕈 Henri Maire, Dom. de Boichailles, 39600 Arbois, Tel. 03.84.66.12.34, Fax 03.84.66.42.42 ☑ ꔛ tägl. 9h-18h

DOM. DE MONTBOURGEAU★★

☐ 0,5 ha 1 500 ⦀ 70-100 F

Ein bernsteingelber Macvin mit bronzefarbenen Reflexen. Der Geruchseindruck ist komplex : Orangenschalen, Dörrobst, Zimt und kandierte Früchte. Der Geschmack ist sehr angenehm, auch wenn eine sehr leichte Bitterkeit vorhanden ist. Im Abgang machen sich Quitten bemerkbar, zu denen eine Röstnote hinzukommt. Er ist schon entwickelt und trinkreif. Einer unserer Verkoster empfiehlt, ihn zu zart angedünsteter Stopfleber zu trinken.

🕈 Jean Gros, Dom. de Montbourgeau, 39570 L'Etoile, Tel. 03.84.47.32.96, Fax 03.84.24.41.44 ☑ ꔛ n. V.

ROLET PERE ET FILS 1994★

☐ 1 ha 5 000 ⦀ 70-100 F

Dieses große Jura-Gut erzeugt seinen Macvin ausschließlich aus der Rebsorte Savagnin. Der Geruch wird zwar vom Alkohol beherrscht, aber der Geschmack ist wohlausgewogen und entfaltet ein exotisches Aroma und eine Karamelnote. Ein Macvin, der noch von seiner Jugend geprägt ist.

🕈 Rolet Père et Fils, 39600 Montigny-lès-Arsures, Tel. 03.84.66.00.05, Fax 03.84.37.47.41 ☑ ꔛ tägl. 9h-12h 14h-19h

CLAUDE ROUSSELOT-PAILLEY 1995★★

☐ k. A. 1 500 ⦀ 70-100 F

Ein gelungener Macvin muß eine vollkommene Symbiose zwischen Traubenmost und Tresterschnaps widerspiegeln. Wir haben hier ein schönes Abbild davon : prächtige Kupferfarbe, komplexer Duft von Quittenbrot, Dörrobst und Karamel. Der Geschmack ist harmonisch verschmolzen, füllig und voller Feinheit. Der Alkohol ist vollständig integriert. Diesen harmonischen Macvin trinkt man mit Genuß.

🕈 Claude Rousselot-Pailley, 140, rue Neuve, 39210 Lavigny, Tel. 03.84.25.38.38, Fax 03.84.25.31.25 ☑ ꔛ n. V.

JACQUES TISSOT

☐ k. A. k. A. ⦀ 70-100 F

Jacques Tissots Macvin war im letzten Jahr einer unserer Lieblingsweine. Dieses Jahr haben unsere Verkoster eine schöne Persönlichkeit vorgefunden. Der Aprikosen- und Honigduft ist intensiv. Im Geschmack jedoch dominiert ein Eindruck von Wärme, der auf den spürbaren Alkohol zurückgeht. Ein wenig Alterung wird ihm sicherlich guttun, so daß er am Ende harmonischer sein dürfte.

🕈 Dom. Jacques Tissot, 39, rue de Courcelles, 39600 Arbois, Tel. 03.84.66.14.27, Fax 03.84.66.24.88 ☑ ꔛ n. V.

VINS DE LIQUEUR

VINS DE PAYS (LANDWEINE)

Der Begriff »Vin de pays« (Landwein) wird zwar seit 1930 verwendet, hat sich aber erst in jüngerer Zeit eingebürgert und bezeichnet offiziell bestimmte »Tafelweine, die die geographische Angabe des Bezirks, der Region oder des Departements tragen, aus dem sie stammen«. Aufgrund des abgeänderten allgemeinen Erlasses vom 4. September 1979 haben nämlich spezielle Vorschriften ihre besonderen Produktionsbedingungen festgelegt, die vor allem die Verwendung bestimmter Rebsorten empfehlen und die Höchsterträge festsetzen. Außerdem wurden Normen für die chemische Analyse aufgestellt, wie etwa für den Alkoholgehalt, die flüchtige Säure oder die Menge erlaubter Zusätze, die es möglich machen, ein Qualitätsniveau zu kontrollieren, das die Landweine unter die besten französischen Tafelweine einreiht, und dies dem Verbraucher auch zu garantieren. Wie die AOC-Weine werden auch die Vins de pays einem strengen Zulassungsverfahren unterzogen, das durch eine spezielle Weinprobe ergänzt wird. Doch während die AOC-Weine unter der Aufsicht des INAO stehen, ist für die Vins de pays das *Office interprofessionnel des vins* (ONIVINS) zuständig. Zusammen mit den zugelassenen Berufsverbänden und den Schutzverbänden für jeden Vin de pays ist das ONIVINS außerdem an der Förderung des Absatzes der Vins de pays beteiligt, in Frankreich ebenso wie auf den Auslandsmärkten, wo sie eine relativ bedeutende Stellung einnehmen konnten.

Es gibt drei Kategorien von Vins de pays, je nach Ausdehnung des geographischen Bereichs, in dem sie erzeugt werden und der ihre Bezeichnung bildet. Die Weine der ersten Gruppe werden mit dem Namen des Departements bezeichnet, in dem sie produziert werden, mit Ausnahme selbstverständlich der Departements, deren Name auch der einer AOC ist (Jura, Savoyen oder Korsika). Die zweite Gruppe umfaßt die Vins de pays einer Anbauzone : Die Weine der dritten Gruppe werden »regionale« Vins de pays genannt ; sie stammen aus vier großen Bereichen, die mehrere Departements zusammenfassen. Bei ihnen sind Verschnitte zugelassen, um einen gleichbleibenden Charakter zu garantieren. Es handelt sich dabei um den Vin de pays du Jardin de la France (Loire-Tal), den Vin de pays du Comté Tolosan, den Vin de pays d'Oc und den Vin de pays des Comtés rhodaniens. Jede Gruppe der Vins de pays unterliegt den allgemeinen Produktionsbedingungen, die durch den Erlaß von 1979 festgelegt wurden. Aber für jeden Vin de pays aus einer Anbauzone und für jeden regionalen Vin de pays gibt es zusätzlich einen speziellen Erlaß, der die strengeren Produktionsbedingungen für diese Weine aufführt.

Die Vins de pays, von denen 7,8 Millionen hl erzeugt werden dürfen, werden in erster Linie von Genossenschaften hergestellt. Zwischen 1980 und 1992 hat sich die bewilligte Produktionsmenge praktisch verdoppelt (von 4 auf 7,8 Millionen hl). Die Vins de pays, die als »Primeur« oder »Nouveau« auf den Markt kommen dürfen, machen heute 200 000 bis 250 000 hl aus. Der Herstellung von Sortenweinen gewinnt ebenfalls stark an Bedeutung. Der größte Teil der Weine (85 %) stammt aus südfranzösischen Anbaugebieten. Es sind schlichte, aber charaktervolle Weine, die keinen anderen Ehrgeiz haben, als ein angenehmes Getränk zu den täglichen Mahlzeiten abzugeben. Oder sie gehören zu den Entdeckungen, die man auf seinen Reiseetappen macht, wenn man in die Gegenden kommt, woher sie stammen ; dort trinkt man sie traditionell je nach Weintyp zu bestimmten Gerichten. Die nachfolgende Darstellung des Gesamtgebiets der Anbauzonen folgt der regionalen Einteilung, wie sie die für die Bezeichnungen der Landweine zuständige Gesetzgebung vorgenommen hat ; diese entspricht nicht der

Tal der Loire — Jardin de la France

Einteilung der AOC- oder AOVDQS-Gebiete. Hingewiesen sei noch darauf, daß der Erlaß vom 4. Mai 1995 die Departements Rhône, Bas-Rhin, Haut-Rhin, Gironde, Côte-d'Or und Marne von den Anbauzonen ausschloß, die Vins de pays erzeugen dürfen.

Tal der Loire

Die Vins de pays du Jardin de la France, eine regionale Bezeichnung, machen gegenwärtig 95 % der im Loire-Tal erzeugten Vins de pays aus - eine riesige Region, die dreizehn Departements zusammenfaßt: Maine-et-Loire, Indre-et-Loire, Loiret, Loire-Atlantique, Loir-et-Cher, Indre, Allier, Deux-Sèvres, Sarthe, Vendée, Vienne, Cher und Nièvre. Zu diesen Weinen kommen die Vins de pays mit Departementsbezeichnung und die Vins de pays mit örtlicher Bezeichnung hinzu, nämlich die Vins de pays de Retz (südlich der Trichtermündung der Loire), Vins de pays des Marches de Bretagne (südöstlich von Nantes) und Vins de pays des Coteaux charitois (in der Umgebung von La Charité-sur-Loire).

Die Gesamtproduktion liegt heute bei 600 000 hl; sie stützt sich auf die traditionellen Rebsorten der Region. Die Weißweine, die 45 % ausmachen, sind trocken und fruchtig und stammen hauptsächlich von den Rebsorten Chardonnay, Sauvignon und Grolleau gris. Die Rot- und Roséweine werden aus den Rebsorten Gamay, Cabernet und Grolleau noir erzeugt.

Im allgemeinen trinkt man die Vins de pays jung. Doch in bestimmten Jahrgängen kann sich der Cabernet verbessern, wenn er altert.

Jardin de la France

DOM. DE BABLUT Chardonnay 1995★★
☐ 2,5 ha 13 000

Dieses Gut im Anjou ist den Lesern des Weinführers wohlbekannt, denn es gehört zu den Weingütern, die regelmäßig ausgewählt werden, bei den AOC-Weinen ebenso wie bei ihren Vins de pays. Dieser hier ist ganz einfach bemerkenswert und harmonisch. Sein Quittenduft, seine lebhafte Ansprache und sein Aroma von sehr reifen Früchten mit Milchsäurenoten haben die Jury verzaubert.

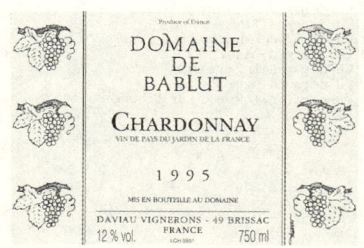

➥ SCEA Daviau, Bablut, 49320 Brissac-Quincé, Tel. 02.41.91.22.59,
Fax 02.41.91.24.77 ✓ ⚭ Mo-Sa 9h-12h 14h-18h; So n. V.

FRANÇOIS DE BLOSSAC Gamay 1996★
■ 45 ha 50 000

Dieser Rotwein mit der bläulichroten Farbe und dem intensiven Duft nach Veilchen und schwarzen Johannisbeeren besitzt im Geschmack ein Aroma von roten Früchten. Er ist harmonisch und verschmolzen. Schon trinkreich. Der Chardonnay dieser Firma wird ebenfalls lobend erwähnt.

➥ François de Blossac, SA Cave du Haut-Poitou, 32, rue A.-Plault, 86170 Neuville-de-Poitou, Tel. 05.49.51.21.65,
Fax 05.49.51.16.07 ✓ ⚭ Mo-Fr 9h-12h 14h-19h; Sa, So n. V.

DOM. DES BONNES GAGNES Sauvignon 1996★
☐ 2 ha 8 000

Dieser Sauvignon mit der hellen Farbe ist sehr intensiv im Duft, wo Ginsternoten dominieren. Der Geschmack ist klar und angenehm. Es macht Spaß, diesen Wein zu trinken, aber natürlich mit Mäßigung.

➥ Jean-Marc Héry, Orgigné, 49320 Saint-Saturnin-sur-Loire, Tel. 02.41.91.22.76 ✓
⚭ n. V.

GILBERT CHON ET FILS Cabernet 1995
■ 0,7 ha 6 000

Dieser Cabernet mit der bläulichroten Farbe entfaltet ein ausdrucksvolles Aroma von kleinen roten Früchten, das man im Geschmack wiederfindet, mit ausgewogenen Tanninen verbunden. Dieser angenehme Wein ist trinkreif.

➥ Gilbert Chon et Fils, Ch. de La Jousselinière, 44450 Saint-Julien-de-Concelles, Tel. 02.40.54.11.08, Fax 02.40.54.19.90 ✓
⚭ Mo-Sa 10h-12h 14h-18h

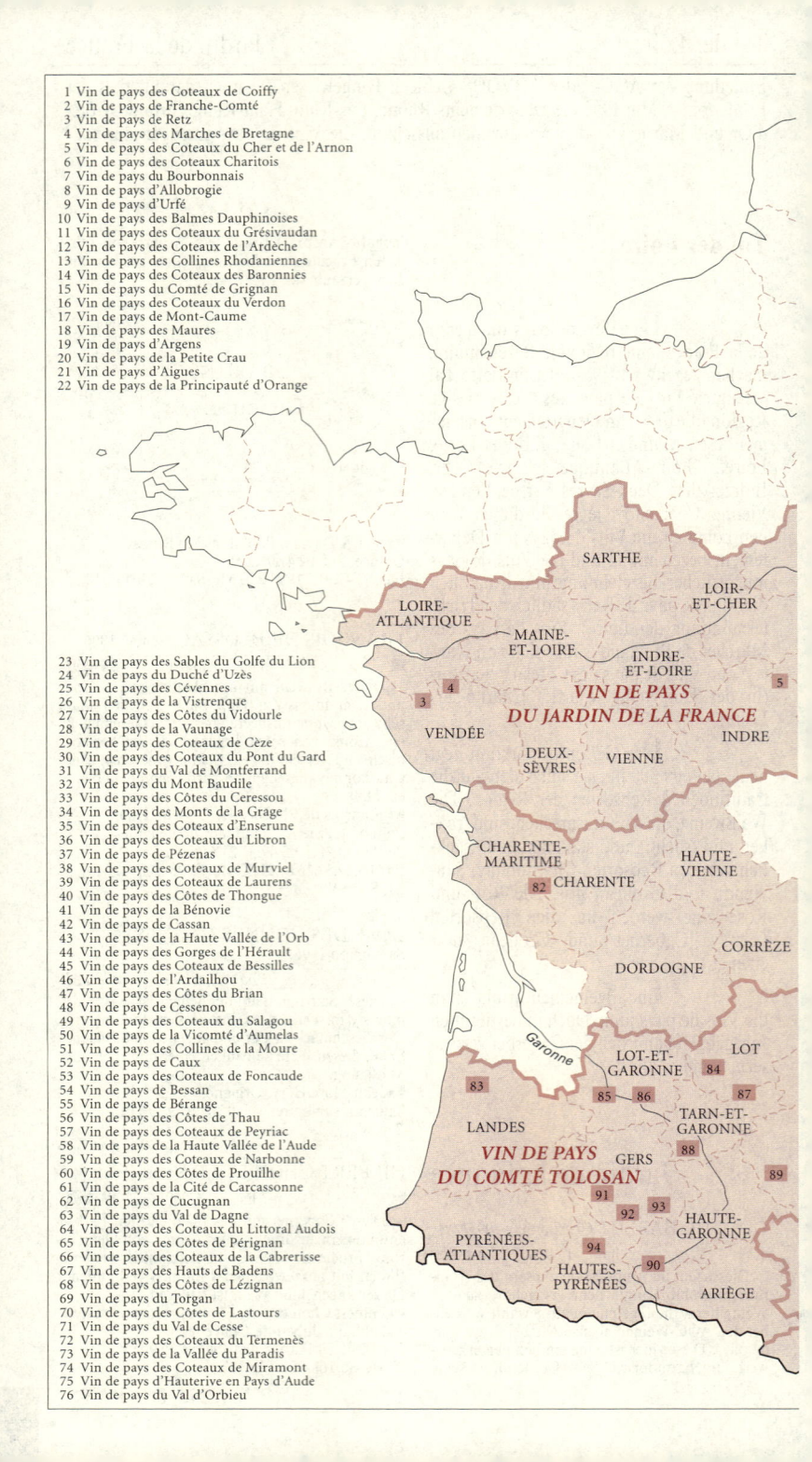

1 Vin de pays des Coteaux de Coiffy
2 Vin de pays de Franche-Comté
3 Vin de pays de Retz
4 Vin de pays des Marches de Bretagne
5 Vin de pays des Coteaux du Cher et de l'Arnon
6 Vin de pays des Coteaux Charitois
7 Vin de pays du Bourbonnais
8 Vin de pays d'Allobrogie
9 Vin de pays d'Urfé
10 Vin de pays des Balmes Dauphinoises
11 Vin de pays des Coteaux du Grésivaudan
12 Vin de pays des Coteaux de l'Ardèche
13 Vin de pays des Collines Rhodaniennes
14 Vin de pays des Coteaux des Baronnies
15 Vin de pays du Comté de Grignan
16 Vin de pays des Coteaux du Verdon
17 Vin de pays de Mont-Caume
18 Vin de pays des Maures
19 Vin de pays d'Argens
20 Vin de pays de la Petite Crau
21 Vin de pays d'Aigues
22 Vin de pays de la Principauté d'Orange

23 Vin de pays des Sables du Golfe du Lion
24 Vin de pays du Duché d'Uzès
25 Vin de pays des Cévennes
26 Vin de pays de la Vistrenque
27 Vin de pays des Côtes du Vidourle
28 Vin de pays de la Vaunage
29 Vin de pays des Coteaux de Cèze
30 Vin de pays des Coteaux du Pont du Gard
31 Vin de pays du Val de Montferrand
32 Vin de pays du Mont Baudile
33 Vin de pays des Côtes du Ceressou
34 Vin de pays des Monts de la Grage
35 Vin de pays des Coteaux d'Enserune
36 Vin de pays des Coteaux du Libron
37 Vin de pays de Pézenas
38 Vin de pays des Coteaux de Murviel
39 Vin de pays des Coteaux de Laurens
40 Vin de pays des Côtes de Thongue
41 Vin de pays de la Bénovie
42 Vin de pays de Cassan
43 Vin de pays de la Haute Vallée de l'Orb
44 Vin de pays des Gorges de l'Hérault
45 Vin de pays des Coteaux de Bessilles
46 Vin de pays de l'Ardailhou
47 Vin de pays des Côtes du Brian
48 Vin de pays de Cessenon
49 Vin de pays des Coteaux du Salagou
50 Vin de pays de la Vicomté d'Aumelas
51 Vin de pays des Collines de la Moure
52 Vin de pays de Caux
53 Vin de pays des Coteaux de Foncaude
54 Vin de pays de Bessan
55 Vin de pays de Bérange
56 Vin de pays des Côtes de Thau
57 Vin de pays des Côtes de Peyriac
58 Vin de pays de la Haute Vallée de l'Aude
59 Vin de pays des Coteaux de Narbonne
60 Vin de pays des Côtes de Prouilhe
61 Vin de pays de la Cité de Carcassonne
62 Vin de pays de Cucugnan
63 Vin de pays du Val de Dagne
64 Vin de pays des Coteaux du Littoral Audois
65 Vin de pays des Côtes de Pérignan
66 Vin de pays des Coteaux de la Cabrerisse
67 Vin de pays des Hauts de Badens
68 Vin de pays des Côtes de Lézignan
69 Vin de pays du Torgan
70 Vin de pays des Côtes de Lastours
71 Vin de pays du Val de Cesse
72 Vin de pays des Coteaux du Termenès
73 Vin de pays de la Vallée du Paradis
74 Vin de pays des Coteaux de Miramont
75 Vin de pays d'Hauterive en Pays d'Aude
76 Vin de pays du Val d'Orbieu

VIN DE PAYS DU JARDIN DE LA FRANCE

VIN DE PAYS DU COMTÉ TOLOSAN

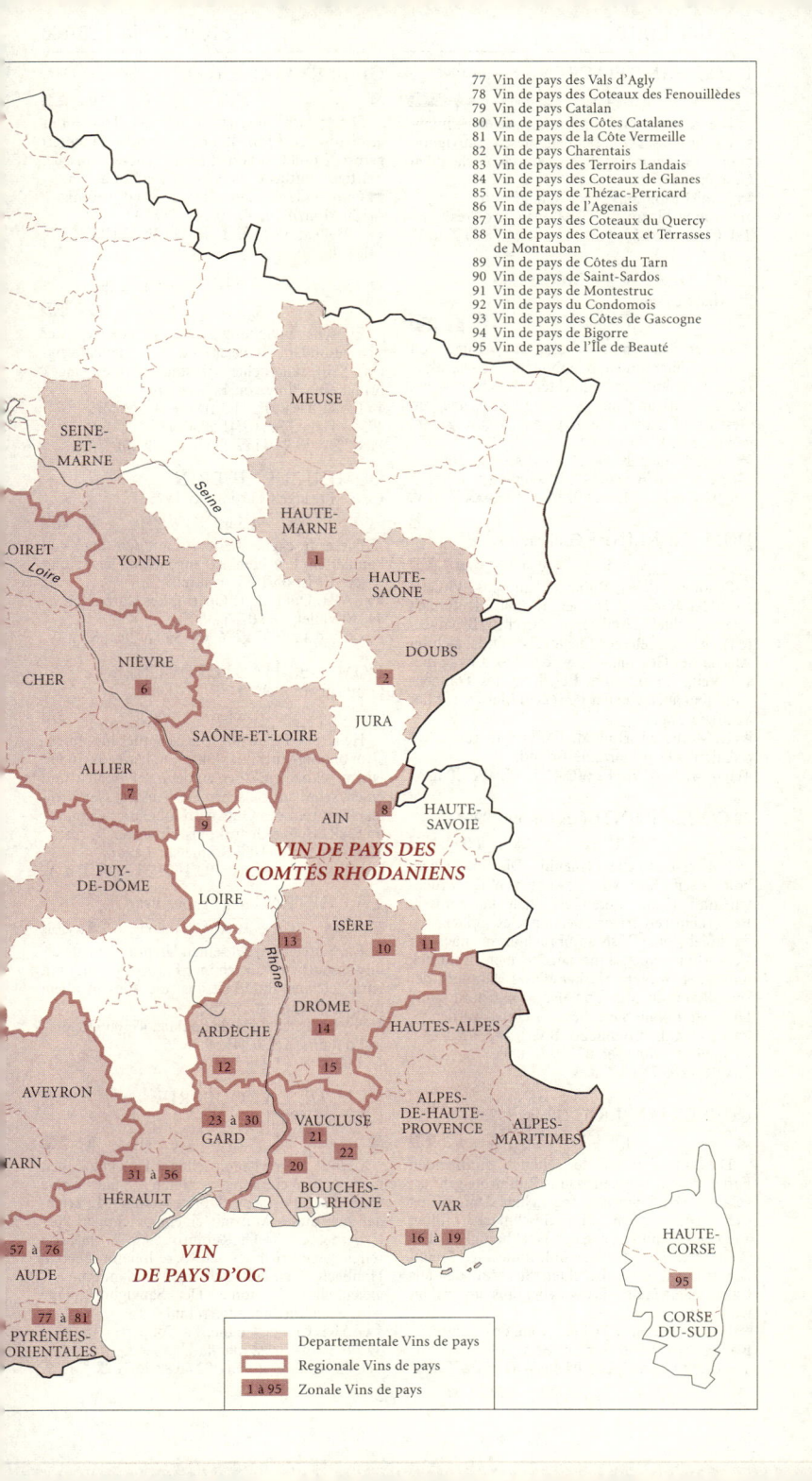

77 Vin de pays des Vals d'Agly
78 Vin de pays des Coteaux des Fenouillèdes
79 Vin de pays Catalan
80 Vin de pays des Côtes Catalanes
81 Vin de pays de la Côte Vermeille
82 Vin de pays Charentais
83 Vin de pays des Terroirs Landais
84 Vin de pays des Coteaux de Glanes
85 Vin de pays de Thézac-Perricard
86 Vin de pays de l'Agenais
87 Vin de pays des Coteaux du Quercy
88 Vin de pays des Coteaux et Terrasses de Montauban
89 Vin de pays de Côtes du Tarn
90 Vin de pays de Saint-Sardos
91 Vin de pays de Montestruc
92 Vin de pays du Condomois
93 Vin de pays des Côtes de Gascogne
94 Vin de pays de Bigorre
95 Vin de pays de l'Île de Beauté

VIN DE PAYS DES COMTÉS RHODANIENS

VIN DE PAYS D'OC

- Departementale Vins de pays
- Regionale Vins de pays
- 1 à 95 Zonale Vins de pays

Tal der Loire / Jardin de la France

CLOS SAINT-FIACRE Sauvignon 1996

| | 1,04 ha | 6 000 | 30-50 F |

Die Klarheit und die Entfaltung eines intensiven Aromas kennzeichnen diesen Sauvignon blanc, der einen fülligen, einschmeichelnden Geschmack bietet.

➥ Daniel Montigny, Clos Saint-Fiacre, 560, rue St-Fiacre, 45370 Mareau-aux-Prés, Tel. 02.38.45.61.55, Fax 02.38.45.66.58 ☑ ⚹ n. V.

DOM. DES DEUX MOULINS
Sauvignon 1996

| | 0,25 ha | 2 400 | -30 F |

Dieser Sauvignon entfaltet ein Aroma von weißen Blüten und Lindenblüten, das charakteristisch ist für einen leichten, frischen Wein. Seine Struktur und seine gute Länge im Geschmack machen ihn zu einem ausgewogenen, gelungenen Wein.

➥ Daniel Macault, Dom. des Deux Moulins, 17, rte de Martigneau, 49610 Juigné-sur-Loire, Tel. 02.41.54.65.14, Fax 02.41.54.67.94 ☑ ⚹ n. V.

DOM. DE FLINES Grolleau 1996**

| | 5 ha | 10 000 | -30 F |

Schönes, tiefes Rubinrot mit ins Violette gehenden Reflexen. Der sehr intensive Duft nach roten Früchten (Himbeeren, Kirschen, Brombeeren), der von seltener Eleganz ist, findet sich im Aroma des Geschmacks wieder. Der Erfolg dieses Weins kommt vom Reichtum des Traubenguts, aber auch von der perfekten Meisterung der Vinifizierung.

➥ C. Motheron, Dom. de Flines, 102, rue d'Anjou, 49540 Martigné-Briand, Tel. 02.41.59.42.78, Fax 02.41.59.45.60 ☑ ⚹ n. V.

JACQUES FONTENE Chenin 1996*

| | 15 ha | k. A. | -30 F |

Ein erstaunlicher Chenin. Die intensiven, komplexen Düfte von Gewürzen, reifen Früchten und Honig vereinigen sich harmonisch. Bemerkenswert ist auch im Geschmack, wo das holzbetonte Röst- und Fruchtaroma nach der Verkostung einen sehr angenehmen Eindruck hinterläßt. Weitere Marken dieses Händlers, der 96er Blanc de Mer und der 96er Chardonnay Diva, sind ohne Stern berücksichtigt worden.

➥ Sté Donatien Bahuaud, B.P. 1, 44330 La Chapelle-Heulin, Tel. 02.40.06.70.05, Fax 02.40.06.77.11 ⚹ n. V.

CUVEE GAM'ERIC Gamay 1996*

| | 0,79 ha | k. A. | -30 F |

Dieser Gamay mit der schönen, strahlenden Farbe, dessen Dunkelrosa ins Rubinrote geht, ist gefällig. Der intensive, angenehme Duft öffnet sich zu roten Früchten. Der Geschmack ist füllig, ausgewogen und von guter Nachhaltigkeit. Ein Wein, den man stark gekühlt und unter Freunden trinken sollte. Beachten Sie, daß der aus Cabernet erzeugte Rotwein ebenfalls ausgewählt worden ist.

➥ SA Henri Poiron et Fils, Dom. des Quatre Routes, 44690 Maisdon-sur-Sèvre, Tel. 02.40.54.60.58, Fax 02.40.54.62.05 ☑ ⚹ n. V.

GILBERT GANICHAUD Cabernet 1996*

| ■ | k. A. | k. A. | -30 F |

Dieser 96er Cabernet ist von bemerkenswerter aromatischer Feinheit und verbindet talentiert geröstete und kandierte Früchte. Dieser typische, kräftige, stattliche Wein ist es wert zu altern.

➥ Gilbert Ganichaud et Fils, 9, rte d'Ancenis, 44540 Mouzillon, Tel. 02.40.33.93.40, Fax 02.40.36.38.79 ☑ ⚹ Mo-Sa 8h-12h30 14h-19h ; So n. V.

DOM. DE GATINES Sauvignon 1996

| | 0,6 ha | 4 500 | -30 F |

Ein sehr sauvignontypischer Vins de pays, der sich besonders für Fisch und Meeresfrüchte eignet. Sein säuerlicher Abgang im Geschmack bringt eine Note von Frische mit.

➥ EARL Dessevre, 12, rue de la Boulaie, 49540 Tigné, Tel. 02.41.59.41.48, Fax 02.41.59.94.44 ☑ ⚹ Mo-Sa 8h-20h

DOMINIQUE GUERIN
Cuvée Prestige Chardonnay 1996

| | 2,5 ha | 8 000 | -30 F |

Dieser trockene Weißwein mit dem Duft von kandierten Früchten ist angenehm, leicht und frisch. Er ist ab 1997 trinkreif.

➥ EARL Dominique Guérin, Les Corbeillères, 44330 Vallet, Tel. 02.40.36.27.37, Fax 02.40.36.27.37 ☑ ⚹ Mo-Sa 8h-20h ; So n. V.

DOM. DES HAUTES OUCHES
Grolleau gris 1996**

| | 4 ha | 2 000 | -30 F |

Hellgraue Farbe mit rosa Schattierung. Intensiver blumig-fruchtiger Duft. Ein klarer Wein mit einem schlichten, aber eindeutigen Aroma und einem sehr harmonischen Geschmack. Der Grolleau-Rotwein des Guts wird lobend erwähnt.

➥ EARL Joël et Jean-Louis Lhumeau, 9, rue Saint-Vincent, 49700 Brigné-sur-Layon, Tel. 02.41.59.30.51, Fax 02.41.59.31.75 ⚹ n. V.

LA CHETEAU Sauvignon 1996*

| | k. A. | 100 000 | -30 F |

Ein Sauvignon, der seinen Ursprung nicht verbirgt : stattlich, von schöner Farbe. Er klingt mit einer leichten Bitterkeit aus, die alles in allem sehr angenehm ist.

➥ SA Lacheteau, Z.I. la Saulaie, 49700 Doué-la-Fontaine, Tel. 02.41.59.26.26, Fax 02.41.59.01.94

DOM. DE LA COUPERIE
Cabernet 1996**

| | 7 ha | 6 000 | -30 F |

Claude Cogné ist mit seltener Regelmäßigkeit in diesem Weinführer vertreten : Seine Weine werden seit 1994 jedes Jahr ausgewählt. Er zeichnet sich dieses Mal mit einem prächtigen 96er Cabernet aus. Tiefes Rubinrot. Sein Aroma von reifen roten Früchten (schwarze Johannisbeeren, Himbeeren) entlädt sich im Mund mit unvergleichlicher Harmonie. Der Sauvignon blanc wird ebenfalls lobend erwähnt.

➥ EARL Claude Cogné, La Couperie, 49270 Saint-Christophe-la-Couperie, Tel. 02.40.83.73.16, Fax 02.40.83.76.71 ☑ ⚹ n. V.

Tal der Loire — Jardin de la France

LA FOSSE AUX LOUPS 1996

| ■ | 0,85 ha | 9 000 | ■ -30F |

Das Rubinrot macht einem intensiven Duft mit Pflanzen- und Röstnoten Platz. Der Geschmack bietet eine gute Ausgewogenheit, Rundheit und eine hübsche Nachhaltigkeit.
🍇 Pascal Corelleao, La Masure-le-Landreau, 44430 Le Loroux-Bottereau,
Tel. 02.40.06.42.66 ✓ ✗ n. V.

DOM. DE LA GACHERE
Cabernet franc 1996★★

| ■ | 1 ha | 8 000 | ■ -30F |

Schöne dunkelrubinrote Farbe. Dieser Cabernet franc bietet einen feinen, fruchtigen Duft. Seine gute Ausgewogenheit, sein aromatischer Geschmack (schwarze Johannisbeeren, Himbeeren) und seine Nachhaltigkeit sind von großer Eleganz.
🍇 GAEC Claude Lemoine, La Gachère, 79290 Saint-Pierre-à-Champ,
Tel. 05.49.96.81.03, Fax 05.49.96.32.38 ✓ ✗ n. V.

LES CAVES DE LA LOIRE
Chardonnay 1996★

| □ | 20 ha | 100 000 | ■ -30F |

Dieser Wein, dessen strohgelbe Farbe grüne Reflexe zeigt, besitzt einen für die Rebsorte typischen Blütenduft. Er ist nervig, rund und wohlausgewogen.
🍇 Les caves de La Loire, rte de Vauchrétien, 49320 Brissac-Quincé, Tel. 02.41.91.22.71, Fax 02.41.54.20.36 ✓ ✗ Mo-Fr 8h-12h30 14h-18h30

DOM. DE LA PIERRE BLANCHE
Chardonnay 1996★

| □ | 3,4 ha | 8 000 | ■ -30F |

Dieser Wein mit der hellgelben Farbe besitzt einen Duft nach Früchten und blühendem Ginster sowie einen geschmeidigen Geschmack. Schon jetzt angenehm zu trinken.
🍇 Gérard Epiard, La Pierre Blanche, 85660 Saint-Philbert-de-Bouaine,
Tel. 02.51.41.93.42, Fax 02.51.41.91.71 ✓
✗ Mo-Sa 9h-12h 14h-18h

DOM. DE LA ROCHE 1996★

| ◪ | 3 ha | 30 000 | ■ -30F |

Die Domaine de La Roche liegt 4 km von Amboise entfernt auf dem Südufer der Loire. Ihr Rosé, der auf lehmig-kieselig-kalkhaltigen Böden erzeugt worden ist, bietet würzige Noten, eine leichte Fruchtigkeit und eine gute Länge im Geschmack.
🍇 Dom. Chainier, Ch. de la Roche, 37530 Chargé, Tel. 02.47.57.15.96,
Fax 02.47.23.13.36

DOM. DE LA ROCHE BLANCHE
Chardonnay 1996

| □ | 7,25 ha | 10 000 | ■ -30F |

Dieser harmonische Wein mit der blaßgelben, grün schimmernden Farbe ist diskret und angenehm und muß noch altern.
🍇 EARL Lechat et Fils, 12, av des Roses, 44330 Vallet, Tel. 02.40.33.94.77,
Fax 02.40.36.44.31 ✓ ✗ n. V.

DOM. DE LA ROUILLERE
Chardonnay 1996★

| □ | 6,5 ha | 75 000 | ■ -30F |

Sanftheit und Rundheit kennzeichnen diesen Wein mit der hübschen goldgelben Farbe. Seine Harmonie und Gesamtausgewogenheit machen ihn schon jetzt zu einem angenehmen Wein.
🍇 GFA de La Rouillère, 53, rue du Pont-Neuf, 49230 Tillières, Tel. 02.41.70.45.93,
Fax 02.41.70.43.74 ✓ ✗ n. V.

DOM. DE LA ROULIERE Gamay 1996

| ■ | 2 ha | 10 000 | ■ -30F |

Man muß ein wenig Geduld haben mit diesem Wein, denn er muß sich entwickeln. Kräftige Purpurfarbe. Sein noch ein wenig verschlossener Duft und Geschmack dürften sich innerhalb der kommenden sechs Monate öffnen.
🍇 René Erraud, La Rouillère, 44310 Saint-Colomban, Tel. 02.40.05.80.24 ✓ ✗ tägl. 9h-12h 15h-20h

LA SAUVIGNOLE 1996★

| □ | 0,7 ha | 7 000 | ■ -30F |

Dieser strukturierte, gehaltvolle Sauvignon mit dem prächtigen Duft bietet eine große Komplexität von Blütenaromen, die sich im Verlauf der Verkostung enthüllen. Ein einschmeichelnder, eleganter Wein.
🍇 Raymond Morin, SARL du Dom. du Landreau, 49750 Saint-Lambert-du-Lattay, Tel. 02.41.78.30.41, Fax 02.41.78.45.11 ✓
✗ Mo-Sa 9h-13h 14h-19h ; So n. V.

CAVES DE LA TOURANGELLE
Sauvignon 1996★

| □ | k. A. | 150 000 | ■ -30F |

Der Weinhändler Jean-Claude Bougrier bietet Weine unter seinem Namen (ein 96er Chenin wurde ohne Stern berücksichtigt) und unter dem der Kellerei an, darunter diesen 96er Sauvignon mit der gelben, grün schimmernden Farbe. Fruchtig, fein und wohlausgewogen. Im Geschmack zeigt er eine angenehme Länge.
🍇 SARL Caves de La Tourangelle, 26 rue de la Liberté, 41400 Saint-Georges-sur-Cher,
Tel. 02.54.32.65.75, Fax 02.54.71.09.61 ✗ n. V.

LE DEMI-BŒUF Cabernet Sauvignon 1996

| ■ | 2 ha | 20 000 | ■ -30F |

Ein Cabernet Sauvignon, der angenehm schmeckt, wenn man ihn jung trinkt. Dieser Wein ist gut strukturiert und sehr harmonisch.
🍇 Michel Malidain, Le Demi-Bœuf, 44310 La Limouzinière, Tel. 02.40.05.82.29,
Fax 02.40.05.95.97 ✓ ✗ n. V.

MADAME G. LEDUC Grolleau 1996

| ■ | 6 ha | 5 000 | ■ -30F |

Zuerst entdeckt man ein Aroma von kandierten kleinen Früchten (Brombeeren, Heidelbeeren), dann im Geschmack eine sanfte Ansprache, eine gute Struktur und eine gute Fruchtigkeit, die diesen Grolleau zu einem sehr angenehmen Wein machen.
🍇 Dom. Leduc-Frouin, Sousigné, 49540 Martigné-Briand, Tel. 02.41.59.42.83,
Fax 02.41.59.47.90 ✓ ✗ n. V.

Tal der Loire — Jardin de la France

LES LIGERIENS Grolleau 1996★★

| | k. A. | 20 000 | -30 F |

Dieser Grolleau ist typisch für die Gegend mit seinem fruchtigen Aroma und seinen Röst- und Gewürznoten. Ein ausgewogener Wein, dessen Feinheit und Länge im Geschmack vollkommen sind. Der Chardonnay der Domaine de la Hallopière ist ebenfalls bemerkenswert und hat zwei Sterne erhalten, während die andere Cuvée aus Chardonnay lobend erwähnt wird.
➤ Les Vignerons de La Noëlle, B.P. 155, 44150 Ancenis, Tel. 02.40.98.92.72, Fax 02.40.98.96.70 ✉ 🍷 n. V.

LES VENDANGES EXCLUSIVES Gamay 1996★★

| | k. A. | k. A. | -30 F |

Ein Wein von Castel-SVF, den man im Großhandel findet. Dieser hübsche, strahlende Rotwein ist von vollkommener Klarheit und schimmert granatrot. Im Geschmack enthüllt er viele fruchtige Nuancen.
➤ S.V.F. Castel Frères, rte de la Guillonnière, 49320 Brissac-Quincé, Tel. 02.41.54.80.60 🍷 n. V.

MANOIR DE L'HOMMELAIS Chardonnay 1996★

| | 3,5 ha | 20 000 | -30 F |

Klare Farbe mit blaßgelben Reflexen. Feiner Duft. Im Geschmack entfaltet dieser Chardonnay ein Mandelaroma. Er wird zu Fisch in Sauce passen.
➤ Dominique Brossard, Manoir de l'Hommelais, 44310 Saint-Philbert-de-Grand-Lieu, Tel. 02.40.78.96.75, Fax 02.40.78.76.91 ✉ 🍷 n. V.

DOM. MORINIERE Chardonnay 1996

| | 18 ha | 120 000 | -30 F |

Der Chardonnay dieses Guts, der 1993 lobend erwähnt und 1995 zum Lieblingswein gewählt wurde, zeichnet sich mit dem 96er erneut aus: Er ist ausgewogen und füllig und bietet ein intensives Aroma von Steinfrüchten.
➤ Couillaud Frères, GAEC de la Grande Ragotière, 44330 La Regrippière, Tel. 02.40.33.60.56, Fax 02.40.33.61.89 ✉ 🍷 n. V.

DOM. DE PAIMPARE Sauvignon 1996

| | k. A. | k. A. | -30 F |

Ein gehaltvoller Sauvignon mit angenehmer Fülle.
➤ Michel Tessier, 25, rue Rabelais, 49750 Saint-Lambert-du-Lattay, Tel. 02.41.78.43.18, Fax 02.41.78.41.73 ✉ 🍷 n. V.

REMY PANNIER Sauvignon 1996★★

| | k. A. | 570 000 | -30 F |

Dieses Handelshaus mit Sitz im Saumurois hat die Jury mit einem Sauvignon verführt! Der Ginsterduft ist sehr charakteristisch für die Rebsorte, die hier keinerlei Aggressivität zum Ausdruck bringt. Der Geschmack ist von großem Reichtum, ausgewogen und füllig und bietet einen hübschen Abgang. Der frische, fruchtige Gamay erhält überdies einen Stern.
➤ Rémy Pannier, rue Léopold-Palustre, 49400 Saint-Hilaire-Saint-Florent, Tel. 02.41.53.03.10, Fax 02.41.53.03.19

DOM. DU PETIT CLOCHER Chardonnay 1996

| | k. A. | k. A. | -30 F |

Ein blasser, klarer Chardonnay, der lebhaft und intensiv ist, hergestellt durch Hülsenmaischung.
➤ A. et J.-N. Denis, GAEC du Petit-Clocher, 3, rue du Layon, 49560 Cléré-sur-Layon, Tel. 02.41.59.54.51, Fax 02.41.59.59.70 ✉ 🍷 n. V.
➤ A. et J.-N. Denis

DOM. DES PRIES Chardonnay★★

| | 3,5 ha | 8 000 | -30 F |

Dieser bemerkenswerte und recht chardonnaytypische Wein besitzt eine blaßgelbe Farbe und einen klaren, zarten Blütenduft. Er ist kraftvoll und nervig, mit einem Aroma von Amylalkohol. Seine solide Struktur macht ihn alterungsfähig.
➤ Gérard Padiou, Dom. des Priés, 44580 Bourgneuf-en-Retz, Tel. 02.40.21.45.16 ✉ 🍷 n. V.

PRIEURE ROYAL SAINT-LAURENT Chardonnay 1996

| | 7 ha | 20 000 | -30 F |

Dieser blaßgelbe Wein mit dem diskreten Pflanzenduft ist recht fein. Man muß ihn innerhalb der kommenden beiden Jahre trinken.
➤ Michel Morilleau, Saint-Laurent, 44650 Legé, Tel. 02.40.26.60.95 ✉ 🍷 n. V.

MICHEL ROBINEAU Sauvignon 1996

| | k. A. | k. A. | -30 F |

Dieser sehr typische Sauvignon bietet einen fülligen ersten Geschmackseindruck und einen intensiven, langen Abgang.

Tal der Loire — La Vendée

🍷 Michel Robineau, 16, rue Rabelais,
49750 Saint-Lambert-du-Lattay,
Tel. 02.41.78.34.67 ☑ ⚲ n. V.

DOM. DE SAINTE-ANNE
Sauvignon 1996

	2 ha	10 000	

Dieses Gut wird vom Hachette-Weinführer regelmäßig ausgewählt. Sein 96er Sauvignon ist ein typischer Wein : Der Duft ist blumig, der Geschmack strukturiert. Sein Fruchtaroma hält an. Er paßt besonders gut zu Austern und Krustentieren.
🍷 EARL Brault, Dom. de Sainte-Anne,
49320 Brissac-Quincé, Tel. 02.41.91.24.58,
Fax 02.41.91.25.87 ☑ ⚲ Mo-Sa 9h-12h 14h-19h

DOM. SAINT-PIERRE Sauvignon 1996

	1 ha	5 000	

Dieses 1950 gegründete, 30 ha große Gut in Familienbesitz befindet sich mitten auf den Hängen des Layon. Um die Tradition fortzuführen, werden die Trauben mit der Hand gepflückt. Dieser helle Sauvignon bietet ein leicht »sauvignonierendes« Aroma von reifen Früchten.
🍷 Antoine et Pierre Renouard, Dom. Saint-Pierre, 49290 Chaudefons-sur-Layon,
Tel. 02.41.78.04.21, Fax 02.41.78.04.26 ☑ ⚲ n. V.

YVES ET YVONNICK SAUVETRE
Cabernet 1995*

	2 ha	5 000	

Ein hübsches Purpurrot umhüllt diesen 95er Cabernet 95. Der harmonische Verschnitt von Cabernet franc und Cabernet Sauvignon verleiht diesem Wein Struktur und ein Aroma von roten Früchten. Die Tannine zeigen ihre Entwicklung an. Der 96er Gamay-Rotwein wurde ohne Stern berücksichtigt.
🍷 Yves et Yvonnick Sauvêtre, La Landelle,
44430 Le Loroux-Bottereau, Tel. 02.40.33.81.48,
Fax 02.40.33.87.67 ☑ ⚲ n. V.

Retz

DOM. DE BEL-AIR Grolleau gris 1996*

	1 ha	4 000	

Von den 25 ha dieses Guts, das nicht weit vom Lac de Grand Lieu entfernt liegt, ist ein Hektar für die Erzeugung dieses weißen Grolleau gris reserviert, der lebhafte Nuancen von Zitrusfrüchten und exotischen Früchten bietet.
🍷 EARL Bouin-Jacquet, Dom. de Bel-Air, Bel-Air de Gauchoux, 44860 Saint-Aignan-de-Grand-Lieu, Tel. 02.51.70.80.80,
Fax 02.51.70.70.79 ☑ ⚲ n. V.

DOM. DES HERBAUGES Grolleau 1996

	2,5 ha	5 000	

Dieser leichte, fruchtige, durststillende 96er paßt gut zu Grill- oder Wurstgerichten. Der rote 96er Gamay ist ebenfalls von der Jury berücksichtigt worden.
🍷 Luc et Andrée-Marie Choblet, Dom. des Herbauges, 44830 Bouaye, Tel. 02.40.65.44.92,
Fax 02.40.32.62.93 ☑ ⚲ Mo-Sa 9h-12h 14h-18h30

DOM. DE LA GUILLAUDIERE
Grolleau Cuvée Prestige 1996**

	6 ha	35 000	

Ein sehr komplexer Wein von außergewöhnlicher aromatischer Stärke : mineralisch, balsamische Noten, Zimt etc. Diese Komplexität findet man im Geschmack wieder. Dieser Grolleau-Rosé ist von großer Harmonie. Der 95er war im letzten Jahr Lieblingswein.
🍷 SA Louis Nogue et Fils, Dom. de la Guillaudière, 44650 Corcoué sur Logne,
Tel. 02.40.54.80.05, Fax 02.40.54.89.56 ☑ ⚲ n. V.

DOM. LES COINS Gamay 1996*

	3 ha	15 000	

Die Farbe ist klar, der Duft rein, angenehm aufgrund seines primeurartigen Aromas. Ein fruchtiger, fröhlicher Wein. Zwei weitere Weine aus diesem Jahrgang werden lobend erwähnt : der Cabernet-Rotwein und der 96er Grolleau-Rosé.
🍷 Jean-Claude Malidain, Le Petit Coin,
44650 Corcoué-sur-Logne, Tel. 02.40.05.95.95,
Fax 02.40.05.80.99 ⚲ n. V.

MOULIN DE LA TOUCHE
Grolleau gris 1996**

	1,6 ha	10 000	

Schöne, klare Farbe mit grauen Reflexen. Der Duft ist fruchtig und blumig. Der wohlausgewogene, lange Geschmack enthüllt ebenfalls ein Aroma von exotischen Früchten. Dieser sehr harmonische Grolleau gris ist zu Grillgerichten zu empfehlen. Der Grolleau-Rosé und der Chardonnay zeichnen sich ebenfalls aus.
🍷 Joël Hérissé, Le Moulin de la Touche,
44580 Bourgneuf-en-Retz, Tel. 02.40.21.47.89,
Fax 02.40.21.47.89 ☑ ⚲ n. V.

DOM. DES TREIZE VENTS
Grolleau 1996*

	4 ha	30 000	

Das intensive, fruchtige Aroma kündigt einen ausgewogenen, strukturierten Wein an. Ein Vergnügen, das man sich schon in diesem Herbst gönnen kann. Der rote 96er Cabernet 96 erhält eine lobende Erwähnung.
🍷 Paul et Pierre Freuchet, Dom. des Treize Vents, 44118 La Chevrolière,
Tel. 02.40.31.30.42, Fax 02.40.04.35.68 ☑ ⚲ tägl. 8h-12h 14h-18h

La Vendée

DOM. DES DEUX LAY 1996*

	1,7 ha	6 500	

Man entdeckt einen wunderbar fruchtigen Duft und einen klaren Geschmack, der ein Aroma von exotischen Früchten entfaltet. Der

VINS DE PAYS

Tal der Loire

96er Verschnitt-Rosé wird ebenfalls lobend erwähnt.
☛ EARL des Deux Lay, 16, rue Marceau, B.P. 41618, 44016 Nantes Cedex 1, Tel. 02.40.47.58.75, Fax 02.40.89.34.33

DOM. DE LA BARBINIERE 1996

	2 ha	5 000		-30F

Ein hübsches Kleid mit grünen Reflexen umhüllt diesen Weißwein, der hauptsächlich aus Chenin sowie aus Chardonnay besteht. Der Duft wie auch der Geschmack enthüllen einen klaren, fruchtigen Wein mit einer leichten Bitterkeit im Abgang. Ein weiterer lobenswert erwähnter Wein ist der 96er Verschnitt-Rosé.
☛ Philippe Orion, La Barbinière, 85110 Chantonnay, Tel. 02.51.34.39.72, Fax 02.52.34.39.72 n. V.

DOM. DE LA PORTELIERE
Cabernet Elevé en fût 1996

	1 ha	4 500		-30F

Seine Farbe ist kräftig, sein Duft komplex (Paprika, exotische Früchte). Im Geschmack ist er sehr aromatisch. Der Ausbau im Holzfaß sorgt für einen Holzton. Er ist es wert, daß man diesen Wein zehn bis zwölf Monate lagert, bevor man ihn trinkt.
☛ Serge Saupin, EARL Clos du Fief, La Portelière, 85440 Poiroux, Tel. 02.51.96.22.06 n. V.

Marches de Bretagne

BOUIN-BOUMARD Cabernet 1996*

	1 ha	10 000		-30F

Dieser Cabernet mit der rubinroten Farbe entfaltet aromatische Nuancen von Toastbrot und roten Früchten. Seine Rundheit und seine Sanftheit machen ihn zu einem harmonischen, typischen Wein.
☛ Jean-Paul Bouin-Boumard, La Recivière, 44330 Mouzillon, Tel. 02.40.36.35.97, Fax 02.40.33.90.37 tägl. 8h-19h ; Gruppen n. V.

BRUNO CORMERAIS 1995

	k. A.	3 000		-30F

Dieser Verschnittwein besitzt eine klare, kräftige rosa Farbe und einen leichten, fruchtigen Duft (Erdbeeren, Grenadine). Im Geschmack ist er voll und füllig, mit einer reizvollen aromatischen Nachhaltigkeit.
☛ Bruno Cormerais, La Chambaudière, 44190 Saint-Lumine-de-Clisson, Tel. 02.40.03.85.84, Fax 02.40.06.68.74 n. V.

DOM. DE LA HOUSSAIS Gamay 1996

	0,6 ha	5 000		-30F

Dieser 96er Gamay-Rosé mit der lachsroten Farbe hinterläßt im Geschmack einen Eindruck von Frische und Lebhaftigkeit. Der 95er Cabernet des Guts wird ebenfalls lobend erwähnt.

Marches de Bretagne

☛ Bernard Gratas, Dom. de La Houssais, 44430 Le Landreau, Tel. 02.40.06.46.27, Fax 02.40.06.47.25 n. V.

MICHEL LUNEAU Gamay 1996*

	1,3 ha	8 000		-30F

Schöne granatrote Farbe mit purpurroten und bläulichroten Nuancen. Der Duft ist komplex und verbindet rauchige Röstnoten (Kaffee) und vollreife Früchte (Erdbeeren, Backpflaumen). Rundheit und Länge kennzeichnen den Geschmackseindruck.
☛ GAEC Michel Luneau et Fils, 3, rte de Nantes, 44330 Mouzillon, Tel. 02.40.33.95.22, Fax 02.40.33.95.22 n. V.

DOM. OLIVIER Cabernet 1996*

	3 ha	6 000		-30F

Strahlende kirschrote Farbe. Der Duft ist stark von der Cabernet-Rebe geprägt. Der ausgewogene, aromatische Geschmack ist von guter Nachhaltigkeit. Ein Wein für Kenner.
☛ GAEC André et Alain Olivier, La Moucletière, 44330 Vallet, Tel. 02.40.36.24.69 n. V.

Cher

CUVEE DE SEGONDET 1996*

	1,5 ha	13 000		-30F

Die schöne, ganz leicht goldene Farbe dieses Verschnitts läßt einen prächtigen Wein erahnen. Der klare Geschmack, der eine Note von exotischen Früchten enthält, bestätigt die Eleganz dieses 96ers.
☛ Cave du Tivoli, rte de Culan, 18370 Châteaumeillant, Tel. 02.48.61.33.55, Fax 02.48.21.82.84 tägl. 8h-12h 13h30-17h30 (So nur von Mai bis Aug.)

A. VATAN
Cuvée La Roncière Pinot noir 1996*

	1 ha	8 000		-30F

Seine leichte granatrote Farbe wirkt sehr schön. Sein Aroma von roten Früchten (Erdbeeren, rote Johannisbeeren, Himbeeren) wird von einer kleinen Zimtnote begleitet. Der leicht samtige Geschmack hinterläßt einen angenehmen Eindruck.
☛ Arielle Vatan, Chaudoux, 18300 Verdigny, Tel. 02.48.79.33.07, Fax 02.48.79.36.30 n. V.

Loire-Atlantique

DOM. DE LA MERCREDIERE
Melon 1996

	6 ha	36 000		-30F

Das Landhaus von La Mercredière mit seiner Kapelle, seiner Wasserfläche und seinen Reitwegen im Unterholz lädt dazu ein, diesen Wein ken-

nenzulernen, der aus der Rebsorte Melon hergestellt worden ist. Sein Kleid ist blaßgelb mit grünen Reflexen und zeigt feine Perlen. Die Ansprache ist leicht, gefolgt von einem ausgeprägten Zitrusaroma.
➥ Futeul Frères, Ch. de La Mercredière, 44330 Le Pallet, Tel. 02.40.54.80.10, Fax 02.40.54.89.79 ◨ ꔷ n. V.

La Vienne

AMPELIDAE Le C 1995*

	1 ha	3 000	◫ 70-100 F

Ampelid& 19Ω, das ist eine ganze Mannschaft, die über 14 ha auf den besten Böden des Kreideriffs von Martigny-Brizay regiert. Der Weinbau verwendet umweltschonende Methoden, die Traubenlese wird mit der Hand durchgeführt. Dieser Chardonnay bietet eine blaßgelbe Farbe und ein Aroma von reifen Früchten, das durch einen Holzton verstärkt wird. Elegant, ausgewogen und von guter Länge - er ist vielversprechend. Der hohe Preis zeigt eine Ambition an : einen Stil zu definieren. Dieser Wein wird im Stil der Zweitweine von Bordeaux hergestellt.
➥ Christian Brochet, SARL Ampelid& 19Ω, La Mailleterie, 86380 Marigny-Brizay, Tel. 05.49.88.18.18, Fax 05.49.52.02.64 ◨ ꔷ n. V.

Coteaux Charitois

LE MONTAILLANT Chardonnay 1996*

	10,5 ha	87 000	◨ ꔷ 30-50 F

Dieser Wein mit der ziemlich kräftigen Farbe und dem komplexen Duft von kandierten Früchten ist rund, füllig und lang im Geschmack, mit einem Aroma von reifen Früchten. Die 95er Cuvée Les Prieurs de Clèves, ebenfalls ein Chardonnay, ist lobend erwähnt worden.
➥ Cave des Hauts de Seyr, 58350 Chasnay, Tel. 03.86.69.20.93, Fax 03.86.69.20.93 ◨ ꔷ n. V.

Deux Sèvres

DOM. DE CHAMPIERRE
Cuvée Florine Merlot 1996*

■	1 ha	k. A.	◨ -30 F

Sicherlich ein lagerfähiger Wein. Dieser Merlot wird mit der Zeit seine Reize enthüllen. Er ist gut strukturiert und sehr gehaltvoll und wird bestimmt zu Fleisch mit Sauce passen.
➥ Jean Volerit, 11, rue des Tilleuls, 79290 Saint-Pierre-à-Champ, Tel. 05.49.96.81.05, Fax 05.49.96.30.66 ◨ ꔷ n. V.

Aquitaine und Charentes

Diese von den Departements Charente und Charente-Maritime, Gironde, Landes, Dordogne und Lot-et-Garonne gebildete Anbauregion umgibt weitläufig das Bordelais. Die Produktion erreicht hier 60 000 hl ; der größte Teil davon wird in der Region Aquitaine erzeugt. Es sind sanfte, duftige Rotweine, die von den im Bordelais gebräuchlichen Rebsorten stammen ; ergänzt werden sie durch einige rustikalere einheimische Rebsorten (Tannat, Abouriou, Bouchalès, Fer). Die Charente-Departements und die Dordogne liefern hauptsächlich weiße Vins de pays, die leicht und fein (Ugni blanc und Colombard), rund (Sémillon, mit anderen Rebsorten verschnitten) oder körperreich (Baroque) sind. Charentais, Agenais, Terroirs landais und Thézac-Perricard sind die subregionalen Bezeichnungen ; Dordogne, Gironde und Landes bilden die departementalen Bezeichnungen.

Charentais

JACQUES BRARD BLANCHARD 1996**

■	1,15 ha	12 200	◨ -30 F

Die Weinberge liegen auf den Hängen über der Charente, unweit von Cognac. Das Gut ist typisch für das Charente-Gebiet. Dieser sanfte, verführerische, im Geschmack runde und volle Wein bietet das für die Rebsorte Merlot typische Aroma, wenn sie ihre volle Reife erreicht hat. Gute Länge im Geschmack.
➥ Jacques Brard Blanchard, 1, chem. de Routreau, 16100 Boutiers, Tel. 05.45.32.19.58, Fax 05.45.36.53.21 ◨ ꔷ n. V.

LES VIGNERONS DE DIDONNE
Colombard 1996*

	6 ha	50 000	◨ ꔷ -30 F

Ein schöner, gut vinifizierter Wein, der eine klare Ansprache und ein anhaltendes, für den Colombard typisches Aroma bietet. Er ist fein genug, daß man ihn bei allen Gelegenheiten trinken kann.
➥ SCA de Cozes-Saujon, Ch. de Didonne, 17120 Sémussac, Tel. 05.46.06.01.01, Fax 05.46.06.92.72 ◨ ꔷ Mo-Sa 9h-12h 14h-18h

ROSE DES DUNES 1996*

◪	40 ha	338 000	◨ ꔷ -30 F

Die Genossenschaft der Winzer der Ile de Ré ist leicht zu erkennen dank ihres weißen Turms, der die Weinberge von Ré überragt. Dieser

runde, trockene und sehr durststillende Wein mit der schönen rosaroten Farbe paßt wunderbar zur gesamten Küche der Insel.
🕿 Coop. des Vignerons de L'Ile de Ré,
17580 Le Bois-Plage-en-Ré, Tel. 05.46.09.23.09,
Fax 05.46.09.09.26 ☑ ⏳ n. V.

JEAN-PIERRE GARDRAT
Colombard 1996**

| ☐ | 1,5 ha | 14 000 | 🍴♨ -30 F |

Ein Weingut in der Nähe der Ufer der Gironde, das sich seit mehr als einem Jahrhundert im Besitz der gleichen Familie befindet. Dieser Colombard, die Rebsorte der Charentes-Departements, ist sehr gut vinifiziert. Er ist aromatisch und fein und dürfte so manchen erfahrenen Weinfreund überraschen. Sehr schöne Länge.
🕿 Jean-Pierre Gardrat, La Touche,
17120 Cozes, Tel. 05.46.90.86.94,
Fax 05.46.90.95.22 ☑ ⏳ Mo-Sa 9h-12h 14h-19h

DOM. DE LA CHAUVILLIERE
Chardonnay 1996**

| ☐ | 7 ha | 50 000 | 🍴♨ 30-50 F |

Eines der ältesten Weingüter in der Gemeinde Sablonceaux, die an der Straße Saintes-Ile d'Oléron liegt. Es hat sich seit fünfzehn Jahren auf die Produktion von Vins de pays charentais spezialisiert und bietet eine schöne Palette von alten Cognacs. Dieser Chardonnay ist im Geschmack fleischig und füllig. Er hat eine schöne blaßgelbe Farbe und entfaltet ein sehr intensives Aroma. Der Abgang ist lang und fruchtig.
🕿 Hauselmann, Dom. de La Chauvillière,
17600 Sablonceaux, Tel. 05.46.94.44.40,
Fax 05.46.94.44.63 ☑ ⏳ tägl. 8h-19h

MOULIN DE MERIENNE Merlot 1996*

| ◢ | 2 ha | 4 500 | 🍴 -30 F |

Die Qualität ist das Leitmotiv dieser Familie, die seit acht Generationen in dieser Gegend lebt. Dieser Rosé aus Merlot ist überraschend und angenehm. Der Merlot bietet einen harmonischen Wein mit einem vollen, gut verschmolzenen Aroma. Er hält sich im Geschmack sehr lang. Trinkreif.
🕿 Claude Charpentron, SCA du Clos de Merienne, B.P. 87, 16200 Gondeville,
Tel. 05.45.81.13.27, Fax 05.45.81.74.30 ⏳ n. V.

SORNIN Cabernet 1996*

| ■ | 10 ha | 60 000 | 🍴♨ -30 F |

Die einzige Genossenschaftskellerei des Charente-Gebiets, die außerhalb der Produktionszone des Cognac liegt, befindet sich am Rande des Departements Charente in Richtung Zentralmassiv. Dieses kleine, sympathische Anbaugebiet ist gerade dabei, dank der Hartnäckigkeit einer Gruppe junger Winzer eine Renaissance zu feiern. Man kann diesen typischen Cabernet schon trinken, aber er wird besser, wenn man ihn noch ein paar Monate aufhebt. Ein »großer« Wein, ein schöner Ausdruck dieses Jahrgangs.
🕿 Cave de Saint-Sornin, 16220 Saint-Sornin,
Tel. 05.45.23.92.22, Fax 05.45.23.11.61 ☑
⏳ Mo-Sa 8h-12h 14h-18h

L'Agenais

THALASSA Sauvignon Cuvée Prestige 1996*

| ☐ | 50 ha | 100 000 | -30 F |

Sechzehn passionierte Winzer haben sich zu dieser landwirtschaftlichen Interessengesellschaft zusammengeschlossen, deren Vinifizierungsanlage sich in dem schönen Städtchen Archiac befindet. Hier ein nicht zu aromatischer Sauvignon. Der gefällige, wohlausgewogene Geschmack bietet einen Abgang von guter Haltung.
🕿 SICA Vinicole Charente Maritime,
23, allée des Marronniers, 17520 Archiac,
Tel. 05.46.49.17.43, Fax 05.46.49.82.93 ☑ ⏳ n. V.

L'Agenais

DOM. DE CAZEAUX 1993**

| ■ | 20 ha | 10 000 | 🍴♨ -30 F |

Hinsichtlich der Farbe ist dieser Wein entwickelt (man erkennt ziegelrote und bernsteinfarbene Schimmer). Der rote 93er der Domaine de Cazeaux bietet einen angenehmen Duft mit Röstgeruch. Schöne Länge im Geschmack, der sich ziemlich rund und aromatisch zeigt, mit einem nachhaltigen Abgang. Der weiße 95er hat aufgrund seiner Harmonie einen Stern erhalten.
🕿 Kauffer, GAEC de Cazeaux, dom. de Cazeaux, 47170 Lannes, Tel. 05.53.65.73.03,
Fax 05.53.65.88.95 ☑ ⏳ tägl. 10h-17h ;
Gruppen n. V.

LOU GAILLOT 1996**

| ■ | 6 ha | 20 000 | 🍴 -30 F |

Dieser harmonische, ausgewogene Wein mit dem strahlenden, tiefen Rubinrot wurde wegen seiner guten geschmacklichen Struktur und wegen der Stärke seines Dufts mit den würzigen Noten geschätzt. Die im Holzfaß ausgebaute 95er Cuvée Réserve erhält einen Stern.
🕿 Josette et Jean-Claude Pons, As Gaillots,
47440 Casseneuil, Tel. 05.53.41.04.66,
Fax 05.53.01.13.89 ☑ ⏳ n. V.

BLANC DES SEPT MONTS 1996***

| ☐ | k. A. | 20 000 | 🍴♨ -30 F |

Der Blanc des Sept Monts zeigt eine schöne Farbe mit blassen Nuancen. Sein rassiger Blütenduft ist typisch für die Sauvignon-Rebe. Aromatisch und lebhaft, ein wohlausgewogener Wein. Der 94er Prince de Monségur erhält zwei Sterne beim Rotwein, der Rosé des Sept Monts einen Stern.

Aquitaine und Charentes — Terroirs Landais

🍷 Cave des Sept Monts, ZAC de Mondésir, 47150 Monflanquin, Tel. 05.53.36.33.40, Fax 05.53.36.44.11 ☑ ⚜ n. V.

Thézac-Perricard

VIN DU TSAR Le Bouquet 1996★★

| ■ | 9 ha | 66 600 | 🍾 | -30 F |

Zar Nikolaus II. von Rußland war als Gast des französischen Präsidenten Fallières so begeistert von dem Wein aus Thézac-Perricard, daß er bald darauf eine große Bestellung in Auftrag gab. Der 96er »Zarenwein« präsentiert sich in einer tiefen, strahlenden Farbe und mit einem klaren, würzigen Duft. Er ist wohlausgewogen und bietet einen fruchtigen Geschmack, der kräftig und rund (wenn auch ein wenig lebhaft) ist und einen angenehmen Abgang hat.

🍷 Les Vignerons de Thézac-Perricard, Plaisance, 47370 Thézac, Tel. 05.53.40.72.76, Fax 05.53.40.78.76 ☑ ⚜ n. V.

Dordogne

DOM. DU PRIORAT 1996★

| ☐ | 2,73 ha | 20 000 | 🍾 | -30 F |

Die Domaine du Priorat präsentiert einen 96er, in dem 20 % Sémillon die Rebsorte Ugni blanc ergänzen. Die strahlende Farbe und der feine, aromatische, angenehme Duft sind verführerisch. Dieser im Geschmack ziemlich füllige Wein ist ausgewogen und lebhaft, mit einem leicht säuerlichen Hauch.

🍷 Maury et Fils, GAEC du Priorat, 24610 Saint-Martin-de-Gurson, Tel. 05.53.80.76.06, Fax 05.53.81.21.83 ☑ ⚜ Mo-Sa 8h-12h 14h-18h

Terroirs Landais

DOM. D'AUGERON Sables Fauves 1996★

| ☐ | 12 ha | 22 000 | 🍾 | -30 F |

Die Domaine d'Augeron - die früher einmal ein Stift war - bietet uns einen 96er, der eine ziemlich blasse gelbgrüne Farbe besitzt. Er ist im Duft fein und zart und im Geschmack harmonisch und frisch, mit einem milden, süßen Abgang. Man sollte ihn eher gekühlt als eiskalt servieren.

🍷 Jean-Claude Bubola, Dom. d'Augeron, 40190 Le Frèche, Tel. 05.58.45.82.30 ☑ ⚜ n. V.

DOM. DE LABAIGT
Coteaux de Chalosse 1996★

| ■ | 3,5 ha | 26 000 | 🍾 | -30 F |

Die Farbe dieses 96ers ist verführerisch. Ein pflanzlicher Duft, der zuerst an Tabak, dann an grasige Noten erinnert, macht einem sanften, runden und fülligen Geschmack voller Wärme Platz, in dem der Cabernet franc dominiert (66 % des Verschnitts, ergänzt durch Tannat).

🍷 Dominique Lanot, Dom. de Labaigt, 40290 Mouscardès, Tel. 05.58.98.02.42, Fax 05.58.98.80.75 ☑ ⚜ Mo-Sa 8h-12h 14h-19h

DOM. DE LABALLE
Sables Fauves 1996★★

| ☐ | 16 ha | 80 000 | 🍾 | -30 F |

Zwei Sterne im letzten Jahr für den 95er, Wahl des 96ers zum Lieblingswein ! Dieses in Bas Armagnac gelegene Gut verführt durch seinen Wein, der von fahlgelben Sandböden stammt : Dieser blaßgelbe, grün schimmernde 96er verströmt einen kräftigen, pflanzlichen Duft (Buchsbaum). Der Geschmack mit dem angenehm nachhaltigen Abgang ist bemerkenswert ausgewogen.

🍷 Noël Laudet, Dom. de Laballe, 40310 Parleboscq, Tel. 05.58.44.33.39, Fax 05.58.44.92.61 ☑ ⚜ tägl. 9h-12h 14h-18h

DOM. DE LACQUY Sables Fauves 1996★

| ☐ | 15 ha | 32 000 | 🍾 | -30 F |

Blaßgelbe Farbe mit grünen Reflexen. Er bietet einen feinen, zarten Duft. Seine Frische verlängert sich harmonisch bis zum milden, süßen Abgang. Man sollte ihn eher gekühlt als eiskalt trinken.

🍷 J.V. de Boisséson, S.E. Ch. de Lacquy, 40120 Lacquy, Tel. 05.58.03.88.22, Fax 05.58.03.18.95 ☑ ⚜ n. V.

DOM. DU TASTET
Coteaux de Chalosse 1996★

| ■ | k. A. | k. A. | 🍾 | -30 F |

Duft von Blüten und Honig, klare und strahlende blaßgelbe Farbe. Ein im Geschmack sanfter, warmer und runder Wein. Seine Rundheit und seine Länge sind gelobt worden.

🍷 Jean-Claude Romain, Dom. du Tastet, 40350 Pouillon, Tel. 05.58.98.28.27 ☑ ⚜ n. V.

VINS DE PAYS

Landes

DOM. D'ESPERANCE 1996*

| ☐ | 14 ha | 25 000 | ∎ ♦ -30 F |

Die Domaine d'Espérance organisiert sechsmal im Jahr Kochseminare, die von einem Meisterkoch geleitet werden. Das Richtige für diesen sehr gelungenen Weißwein mit der strahlenden blaßgelben Farbe und dem kräftigen, aromatischen, fein nuancierten Duft. Im Geschmack ist er lebhaft und wohlausgewogen und entfaltet auf angenehme Weise sein Aroma.
↱Claide de Montesquiou, Dom. d'Espérance, 40240 Mauvezin d'Armagnac, Tel. 05.58.44.68.33, Fax 05.58.44.85.93 ✓ ⊥ n. V.

FLEUR DES LANDES 1996**

| ∎ | 40 ha | 40 000 | ∎ ♦ -30 F |

Strahlende Farbe, ein intensives Rubinrot, ebenso wie die Blüten, die sein Etikett schmücken. Dieser nach roten Früchten duftende 96er entfaltet sich in einem strukturierten, wohlausgewogenen Geschmack, bis zum Abgang, der nicht zu tanninhaltig ist.
↱Vignerons des Coteaux de Chalosse, av. René-Bats, 40250 Mugron, Tel. 05.58.97.70.75, Fax 05.58.97.93.23 ✓ ⊥ n. V.

GAILANDE 1996*

| ∎ | k. A. | k. A. | ∎ ♦ -30 F |

Glänzende rote Farbe. Dieser Wein hat die Jury durch sein Aroma von roten Früchten (kandierte Kirschen) verführt. Er ist kräftig, rund und sanft, trotz eines etwas raschen Abgangs.
↱Les Vignerons de Tursan, 40320 Geaune, Tel. 05.58.44.51.25, Fax 05.58.44.40.22 ✓ ⊥ n. V.

DOM. DE HAUBET 1996*

| ☐ | 13,15 ha | k. A. | ∎ ♦ -30 F |

Philippe Gudolle, dessen 92er 1994 zum Lieblingswein gewählt wurde, präsentiert uns dieses Jahr einen Weißwein mit strahlender blaßgelber Farbe. Der feine Blütenduft (Akazie) geht einem lebhaften Geschmack mit Zitrusnoten voraus, der voller Fülle und Rundheit ist. Trinkreif zu Weinbergschnecken.
↱Philippe Gudolle, EARL de Haubet, 40310 Parleboscq, Tel. 05.58.44.32.82, Fax 05.58.44.95.99 ✓ ⊥ n. V.

Pays de la Garonne

Diese Region, deren Mittelpunkt Toulouse ist, faßt unter der Bezeichnung »Vin de pays du Comté tolosan« (Grafschaft Toulouse) die Departements Ariège, Aveyron, Haute-Garonne, Gers, Lot, Lot-et-Garonne, Pyrénées-Atlantiques und Hautes-Pyrénées, Tarn und Tarn-et-Garonne zusammen. Die subregionalen bzw. örtlichen Bezeichnungen sind: Côtes du Tarn, Coteaux de Glanes (Haut-Quercy, nördlich des Lot; Rotweine, die altern können), Coteaux du Quercy (südlich von Cahors; kräftig gebaute Rotweine), Saint-Sardos (linkes Ufer der Garonne), Coteaux et Terrasses de Montauban (leichte Rotweine), Côtes de Gascogne einschließlich Côtes du Condomois und und Côtes de Montestruc (Produktionsgebiet des Armagnac im Departement Gers; hauptsächlich Weißweine) und Bigorre. Haute-Garonne, Tarn-et-Garonne, Pyrénées-Atlantiques, Lot, Aveyron und Gers sind die departementalen Bezeichnungen.

Das Gesamtgebiet, das äußerst vielfältig ist, erzeugt rund 200 000 hl Rot- und Roséweine sowie 400 000 hl Weißweine in Gers und Tarn. Die Vielfalt der Böden und der klimatischen Bedingungen an der Atlantikküste südlich des Zentralmassivs laden zusammen mit einer besonders breiten Palette von Rebsorten dazu ein, einen Verschnittwein herzustellen, der einen gleichbleibenden Charakter besitzt. Darum bemüht sich seit 1982 der Vin de pays du Comté Tolosan; aber seine Produktion ist noch beschränkt: 30 000 hl in einem Anbaugebiet, das etwa fünfzehnmal soviel produziert.

Comté Tolosan

DOM. DE RIBONNET Cabirol 1994**

| ∎ | 2 ha | 7 000 | ⓘ 30-50 F |

Die Domaine de Ribonnet ist bekannt und geschätzt wegen der Vielfalt ihrer Bestockung, die oft originell ist, und wegen ihrer sorgfältigen Vinifizierung mit perfekt durchgeführtem Ausbau im Holzfaß. Aus diesem reichhaltigen und abwechslungsreichen Angebot, das man unbedingt kennenlernen muß, Rotweine ebenso wie Weißweine, wählen wir diesen 94er Cabirol aus, der eine intensive rote Farbe mit braunen Reflexen besitzt. Das Holz kommt schon beim ersten Riechen zum Vorschein: kräftig, vanilleartig, in Richtung Leder gehend. Der Geschmack, der durch das allgegenwärtige, dominierenden Holzton überraschen kann, vervollständigt diese Entdeckung durch erstklassige Tannine. Für erfahrene Weinliebhaber.
↱Ch. Gerber, SCEA Vallées et Terroirs, Dom. de Ribonnet, 31870 Beaumont-sur-Lèze, Tel. 05.61.08.71.02, Fax 05.61.08.08.06 ✓ ⊥ n. V.

Pays de la Garonne

DOM. DE SAINT-LOUIS
Chardonnay moelleux 1996

| | 0,2 ha | k. A. | |

Wie viele Aromen entdeckt man in diesem Chardonnay, in dem man nacheinander das Holz und dann die Rebsorte entdeckt. Im Geruch ist er bereits voluminös und füllig. Diese ersten Eindrücke bestätigen sich im Geschmack : Der gut verschmolzene und unaufdringliche Holzton läßt zu, daß die Rebsorte zum Ausdruck kommt, das Ganze ergänzt durch einen leicht lieblichen Charakter, der noch zusätzlich zu seiner Harmonie und seiner Ausgewogenheit beiträgt.
• Alain Mahmoudi, SCEA Ch. Saint-Louis, 82370 Labastide-Saint-Pierre, Tel. 05.63.30.13.13, Fax 05.63.30.11.42 n. V.

Côtes du Tarn

DOM. CHAUMET-LAGRANGE 1995*

| | 15 ha | 40 000 | |

Die Côtes du Tarn sind in der Regel süffige Weine, wie etwa dieser 95er Domaine Chaumet Lagrange. Er besitzt eine schöne, dunkle, strahlende Farbe und bietet im Duft ebenso wie im Geschmack ein Aroma von roten Früchten und von kandierten und reifen Früchten. Er ist im füllígen Geschmack immer noch sehr fruchtig und »gleitet« über die Zunge.
• Eric Chaumet-Lagrange, Les Fediès, 81600 Gaillac, Tel. 05.63.57.07.12, Fax 05.63.57.64.12 n. V.

Coteaux du Quercy

DOM. DE CANTEPERDRIX 1994**

| | 3,34 ha | 10 000 | |

Die Kellerei der Vignerons du Quercy stellt über ein Drittel der Weine im Quercy her. Sie bietet somit eine breite Palette an Weinen, die alle sehr geschätzt sind. Der Domaine de Canteperdrix, ein roter 94er, ist trinkreif, obwohl er noch altern kann : Aroma von schwarzen Johannisbeeren und Lakritze, sanfte Tannine. Ebenfalls in dieser Kellerei probieren kann man den 95er Canteperdrix, der jünger ist und altern sollte.
• Vignerons du Quercy, R.N. 20, 82270 Montpezat-de-Quercy, Tel. 05.63.02.03.50, Fax 05.63.02.00.60 n. V.

DOM. DE CAUQUELLE 1995*

| | 10 ha | 20 000 | |

Seine strahlend purpurrote Farbe zeigt dunkelrubinrote Reflexe. Der kräftige Duft läßt uns ein Aroma von Blüten und Früchten zugleich entdecken. Die Ansprache im Geschmack ist angenehm : Die feinen, verschmolzenen Tannine verleihen ihm Fülle und Volumen.

Coteaux du Quercy

• GAEC de Cauquelle, 46170 Flaugnac, Tel. 05.65.21.95.29, Fax 05.65.21.83.30 n. V.

DOM. DE GUILLAU 1996

| | 1 ha | 6 000 | |

Die lachsrosa Farbe macht ihn schon auf den ersten Blick besonders angenehm. Er ist im Duft sehr reichhaltig. All diese günstigen Eindrücke bestätigen sich im Geschmack, der sich harmonisch, kräftig, komplex und rund zeigt.
• Jean-Claude Lartigue, Saint-Julien, 82270 Montalzat, Tel. 05.63.93.17.24, Fax 05.63.93.28.06 n. V.

DOM. DE LAFAGE Tradition 1995*

| | 5 ha | 25 000 | |

Die Domaine de Lafage stellt seit einer Reihe von Jahren sehr farbintensive Weine mit ausgeprägter Gerbsäure her. Dieser 95er weicht nicht von dieser Regel ab ; er hat Charakter : intensive Farbe mit leicht ziegelrotem Schimmer, Duft von reifen Früchten, kraftvolle Tannine. Ein bis zwei Jahre Alterung dürften ihm mehr Sanftheit verleihen.
• Bernard Bouyssou, Dom. de Lafage, 82270 Montpezat, Tel. 05.63.02.06.91, Fax 05.63.02.04.55 n. V.

DOM. DE LA GARDE 1994***

| | k. A. | 9 000 | |

Seine kräftige rote Farbe zeigt rubinrote Nuancen. Im Geruch erahnt man schon die ausgeprägten Tannine. Die Ansprache ist klar, fast seidig, so sanft sie ist. Der lange Abgang mit dem fruchtigen Vanillearoma ist wohlausgewogen. Ähnliche Qualitäten findet man im 95er Domaine de la Garde, der sich nach zwei bis drei Jahren Alterung entfalten wird.
• Jean-Jacques Bousquet, Le Mazut, 46090 Labastide-Marnhac, Tel. 05.65.21.06.59, Fax 05.65.21.06.59 tägl. 8h-20h30

DOM. DU MERCHIEN 1994**

| | 5 ha | 10 000 | |

Dieser Winzer englischer Herkunft präsentiert uns einen Quercy mit einer tiefen rubinroten Farbe, die fast keinen ziegelroten Schimmer zeigt. Dieser fleischige, füllige Wein bietet ein Aroma von roten Früchten und Backpflaumen mit Noten von Tiergeruch. Seine Tannine sind ausgeprägt und von bemerkenswerter Länge.
• David Meakin, Dom. du Merchien, Penchenier, 46230 Belfort du Quercy, Tel. 05.63.64.97.21, Fax 05.63.64.97.21 tägl. 11h-19h

VINS DE PAYS

Pays de la Garonne

Saint-Sardos

DOM. DE CADIS 1994*

| ■ | 5 ha | 12 500 | ■ ♦ | 30-50 F |

Der Vin de pays von Saint-Sardos ist durch seinen Tanninreichtum gekennzeichnet : Dieser hier bezeugt es durch unaufdringliche, feine Tannine, die Rücksicht auf die Struktur nehmen, ihm dabei aber einen fülligen, fleischigen Charakter verleihen. Sein Rubinrot ist leicht ziegelrot verfärbt. Der 93er war schon im Hachette-Weinführer 1997 vertreten ; der 94er Cadis folgt ihm glanzvoll nach. Verweilen muß man auch beim 93er Tucayne, der noch tanninreicher ist und die Palette der Vins de pays dieser Kellerei gut ergänzt.

☛ Cave de Saint-Sardos, Le Bourg, 82600 Saint-Sardos, Tel. 05.63.02.52.44, Fax 05.63.02.62.19 ☑ ⵟ n. V.

Côtes de Gascogne

BORDENEUVE-ENTRAS 1996*

| ◢ | 1,5 ha | 8 000 | ■ ♦ | -30 F |

Das Anbaugebiet von Bordeneuve-Entras erlaubt es den roten Rebsorten der Gascogne, ihren ganzen Reichtum zum Ausdruck zu bringen. Diese Harmonie zwischen Boden und Rebsorten liefert eine Fülle von Rot- und Roséweinen mit deutlich erkennbaren Merkmalen. So begeistert uns dieser Rosé mit dem hübschen Lachsrosa, der im Duft fruchtig und lebhaft ist, mit einem runden, sanften und langen Geschmack.

☛ Maestrojuan, GAEC Bordeneuve-Entras, 32410 Ayguetinte, Tel. 05.62.68.11.41, Fax 05.62.68.15.32 ☑ ⵟ tägl. 9h-18h (im Sommer bis 20h) ; Gruppen n. V.

LA GASCOGNE D'ALAIN BRUMONT
Doux 1996

| ☐ | k. A. | 40 000 | | -30 F |

Einige Weißweine der Gascogne werden als liebliche Weine hergestellt, wie dieser Gros Manseng bei Alain Brumont. Er bringt das Aroma dieser Rebsorte angenehm zur Geltung. Sein Geschmack ist wohlausgewogen, nicht zu lieblich und bewahrt auf diese Weise seine ganze Jugendlichkeit und seine Stärke. Fülle, Volumen und ein feines, diskretes Aroma verleihen diesem Wein unleugbare Qualitäten.

☛ Alain Brumont, Ch. Bouscassé, 32400 Maumusson, Tel. 05.62.69.74.67, Fax 05.62.69.70.46 ⵟ Mo-Sa 9h-12h 14h-19h

DOM. DES CASSAGNOLES
Colombard 1996**

| ☐ | 28 ha | 240 000 | ■ ♦ | -30 F |

Dieser Colombard mit dem kräftigen Duft ist besonders typisch. Er ist im Geschmack fein und füllig und bietet die ganze aromatische Palette von exotischen Früchten und Blüten. Auf diese Weise kann man diese für die Côtes de Gascogne typische Rebsorte kennenlernen. Der 96er Gros Manseng überrascht ebenso durch die Stärke seines Aromas, genau wie der rote 96er : Diese Weine sind recht repräsentativ für die Côtes de Gascogne.

☛ J. et G. Baumann, Dom. des Cassagnoles, EARL de la Ténarèze, 32330 Gondrin, Tel. 05.62.28.40.57, Fax 05.62.68.23.76 ☑ ⵟ n. V.

COUME DE PEYRE 1996**

| ☐ | 250 ha | 200 000 | ■ ♦ | -30 F |

Der Coume de Peyre ist bemerkenswert. Sein Duft ist sehr aromatisch : intensives, nachhaltiges Aroma von Mangos und Passionsfrüchten. Ein Spitzenwein.

☛ Vignobles de Gascogne, 32400 Riscle, Tel. 05.62.69.65.07, Fax 05.62.69.61.68 ☑ ⵟ n. V.

DOM. DE GRACHIES 1996***

| ■ | 9,9 ha | 30 000 | ■ | -30 F |

Leicht ins Violette spielendes Dunkelrot. Ein Verschnitt aus Cabernet, Merlot und Tannat, der einen Wein mit kräftigem, harmonischem, an grünen Paprika erinnerndem Duft ergibt. Seine leichten, feinen Tannine verleihen ihm um animalische Noten herum einen runden, sanften, voluminösen Geschmack. Ein ausgezeichneter Rotwein, auf dem gleichen Niveau wie der weiße Vins de pays, der im selben Keller vinifiziert worden ist : zwei sehr schöne Erfolge.

☛ Jean-Claude Fontan, Dom. de Maubet, 32800 Noulens, Tel. 05.62.08.55.28, Fax 05.62.08.58.94 ☑ ⵟ n. V.

DOM. DU MOURA 1996*

| ◢ | 1 ha | 3 000 | ■ ♦ | -30 F |

Man findet selten einen so angenehmen Rosé. Die intensive rosa Farbe kündigt den kräftigen Duft an, der fruchtig, lebhaft, fast »lebendig« ist. Der sehr ausgewogene Geschmack zeigt sich rund, sanft und füllig genug, um ihm Volumen zu verleihen.

☛ Jean-Pierre Kurcz, Le Moura, 32250 Labarrère, Tel. 05.62.29.43.60, Fax 05.62.29.45.64 ☑ ⵟ tägl. 9h-12h 14h-18h

DOM. SAN DE GUILHEM
Moelleux 1996*

| ☐ | 7 ha | 6 000 | ■ ♦ | -30 F |

Gros Manseng ist zusammen mit Colombard eine der aromareichen Hauptrebsorten der Gascogne. Allerdings muß man die Rebe so gut vinifizieren können wie Alain Lalanne. Man findet in diesem lieblichen Wein die richtige Ausgewo-

Languedoc und Roussillon

genheit zwischen dem Frucht- und dem Blütenaroma, so daß sich jedes von ihnen entfalten kann. Der runde, leicht süße Geschmack bewahrt diese Ausgewogenheit und verleiht ihm seine gesamte Harmonie.

🍇 Alain Lalanne, Dom. San de Guilhem, 32800 Ramouzens, Tel. 05.62.06.57.02, Fax 05.62.06.44.99 ◩ ⅼ tägl. 8h-12h 14h-19h

Lot

CLOS TRIGUEDINA Vin de lune 1996

| | 2 ha | 4 000 | ∎⎯ | 30-50F |

Eine Familie aus Cahors, die durch den Namen des Weins (»Mondwein«) an einen alten Brauch in der Zeit des Ancien Régime erinnert, als die Bauern bei Mondschein die Ernte einbrachten, um den Herren einen Teil der Lese vorzuenthalten. Ein schöner Erfolg für diesen als Rosé vinifizierten Côt. Duft nach grünen Äpfeln, kräftiger Geschmack mit dem Aroma von getrockneten Früchten : Er besitzt Fülle und eine gute Ausgewogenheit. Man kann ihn in diesem Anbaugebiet kennenlernen, das in erster Linie Rotweine herstellt.

🍇 Baldès et Fils, SCEA Clos Triguedina, 46700 Puy-l'Evêque, Tel. 05.65.21.30.81, Fax 05.65.21.39.28 ◩ ⅼ Mo-Sa 9h30-12h 14h-18h ; So n. V.

Coteaux de Glanes

LES VIGNERONS DU HAUT-QUERCY 1995*

| ∎ | 27 ha | 190 000 | ∎ | -30F |

Dieses kleine Anbaugebiet, das hauptsächlich mit Merlot, Gamay und Ségalin bepflanzt ist, liegt im Norden des Departements Lot, insbesondere im Norden des Anbaugebiets von Cahors. Die Genossenschaftskellerei von Haut-Quercy präsentiert einen 95er Glanes, der fruchtig und süffig ist. Sein Aroma erinnert im Duft ebenso wie im Geschmack an rote Früchte.

🍇 Coop. viticole Les Vignerons du Haut-Quercy, 46130 Glanes, Tel. 05.65.39.75.42, Fax 05.65.38.68.68 ◩ ⅼ Mo-Sa 8h-12h 14h-18h

La Corrèze

LES VIGNERONS DE BRANCEILLES
Mille et une pierres 1996*

| ∎ | 15,5 ha | 133 000 | ∎⎯ | -30F |

Dieser »Tausendundein Stein« mit der schönen rubinroten Farbe entfaltet einen recht intensiven Duft. Im Geschmack ist er typisch, ausgewogen und von guter Harmonie. Ein gelungener Wein.

🍇 Cave viticole de Branceilles, le Bourg, 19500 Branceilles, Tel. 05.55.84.09.01, Fax 05.55.25.33.01 ◩ ⅼ Mo-Sa 10h-12h 15h-18h

Coteaux et terrasses de Montauban

DOM. DE MONTELS 1996***

| ∎ | 10 ha | 10 000 | ∎⎯ | -30F |

Die Domaine de Montels hat diesen 96er mit der intensiven kirschroten Farbe sehr gut vinifiziert. Sein kräftiger Duft mit dem Aroma von roten Früchten und Lakritze hält lang an. Der Geschmack ist füllig und rund, mit einer guten Struktur, die im Abgang harmonische Tannine ergänzen. Der rote 95er aus dem gleichen Keller bietet uns dieselben aromatischen Qualitäten, die ein wenig stärker entwickelt sind.

🍇 Philippe et Thierry Romain, Dom. de Montels, 82350 Albias, Tel. 05.63.31.02.82, Fax 05.63.31.07.94 ◩ ⅼ n. V.

Languedoc und Roussillon

Die Region Languedoc-Roussillon, ein riesiger Halbbogen, der zum Mittelmeer hin offen ist, besitzt Anbaugebiete von der Rhône bis zu den katalanischen Pyrenäen.

Mit einer Produktion von fast 80 % der Vins de pays steht diese Region unter den französischen Weinbaugebieten an erster Stelle. Die Departements Aude, Gard, Hérault und Pyrénées-Orientales bilden die vier departementalen Bezeichnungen. Innerhalb davon gibt es sehr viele Weine, die sich auf eine eingeschränktere Anbauzone beziehen. Diese beiden ersten Gruppen machen fast 5,5 Millionen hl aus. Die regionale Bezeichnung Vin de pays d'Oc macht weiter Fortschritte. Die Produktion lag 1996/97 bei 2,6 Millionen hl (60 % Rotweine, 16 % Roséweine und 24 % Weißweine).

Die Vins de pays aus der Region Languedoc-Roussillon, die durch eine getrennte Vinifizierung von ausgewähltem Traubengut hergestellt werden, stammen nicht nur von traditionellen Rebsorten (Carignan, Cinsaut, Grenache und

Syrah für Rotweine und Clairette, Grenache blanc und Macabeu für Weißweine), sondern auch von nicht südfranzösischen Rebsorten : Cabernet Sauvignon, Merlot oder Pinot noir für Rotweine und Chardonnay, Sauvignon und Viognier für Weißweine.

Coteaux de Peyriac

DOM. DES GRANDES MARQUISES
Cuvée Belle Epoque 1996

| | 2 ha | 1 800 | | 30-F |

Unter einer zarten Farbe von Rosenblättern verbirgt sich ein noch verschlossener Duft, der sich entfalten muß, selbst wenn Noten von blühendem Flieder zum Vorschein kommen. Der Geschmack ist frisch und leicht mentholartig und setzt sich in einem Abgang mit Unterholzaroma fort.

Yves Gastou, EARL Dom. des Grandes-Marquises, 11600 Villalier, Tel. 04.68.77.19.89, Fax 04.68.47.35.45 n. V.

Oc

AMABILIS Tempus Amabilis 1995

| | k. A. | 20 000 | | 30-50F |

Dieser von Castel präsentierte Händlerwein erinnert uns mit seinem Etikett daran, daß die Zeit manchmal liebenswert sein kann ! Dieser 95er besitzt eine goldene Farbe mit grünen Reflexen. Der klare, kräftige, säuerliche Duft ist leicht vanilleartig, mit Noten von reifen Früchten und weißen Blüten. Er ist im Geschmack sanft und füllig und klingt mit einem angenehmen, holzbetonten Abgang aus.

Amabilis, Rte de la gare, 11500 Sallèles d'Aude, Tel. 04.68.46.60.00, Fax 04.68.46.89.59

DOM. DES ASPES Viognier 1996*

| | 8 ha | 15 000 | | 50-70F |

Die auch für ihren 96er Chardonnay lobend erwähnte Domaine des Aspes regt uns dazu an, einen Viognier zu probieren, von dem 20 % vier Monate lang im Barriquefaß gereift sind. Er ist sehr gelungen mit einer klaren, strahlenden strohgelben Farbe und einem reichhaltigen, komplexen, fruchtigen Duft, der Noten von Lakritze, getrockneten Aprikosen und kandierten Orangen bietet. Dieses Zitrusaroma findet man in einem runden, fülligen Geschmack wieder, der voller Ausgewogenheit und Harmonie ist.

SNC des Vignobles Roger, Ch. du Prieuré des Mourgues, Pierrerue, 34360 Saint-Chinian, Tel. 04.67.38.18.19, Fax 04.68.41.33.00 n. V.

DOM. DE BACHELLERY
Grenache Elevé en fût 1995**

| | 7 ha | 4 500 | | 30-30F |

Noch jugendliche Farbe, deren Schimmer an reife Kirschen erinnert. Ein Wein, dessen feiner, komplexer Duft Noten von roten Früchten mit einem sehr diskreten Holzton verbindet. Der Geschmack erzählt uns nach einer warmen, milden, samtigen Ansprache die Geschichte einer sehr glücklichen Vereinigung zwischen der Grenache-Traube und einem Ausbau im Barriquefaß ... Der weiße 96er Sauvignon verdient eine lobende Erwähnung.

Bernard Julien, Dom. de Bachellery, 34500 Béziers, Tel. 04.67.62.36.15, Fax 04.67.35.19.38 n. V.

JEAN BARONNAT Sauvignon

| | k. A. | k. A. | | 30-F |

Jean Baronnat präsentiert uns einen Sauvignon ohne Jahrgangsangabe, dessen feiner, diskreter Duft an weiße Pfirsiche und Ananas denken läßt. Die gelbe Farbe zeigt grüne Nuancen. Der Geschmack ist ein wenig alkoholisch im Abgang, aber man schätzt an ihm seine Klarheit.

Jean Baronnat, Les Bruyères, rte de Lacenas, 69400 Gleizé, Tel. 04.74.68.59.20, Fax 04.74.62.19.21 n. V.

DOM. BASCOU Cabernet Sauvignon 1995*

| | 9 ha | 20 000 | | 30-F |

Ein kräftiger, holzbetonter Duft mit würzigen Noten entfaltet sich über dem Purpurrot von strahlender Intensität. In einem runden, fülligen Geschmack zeigen sich gut verschmolzene Tannine. Ausgezeichnete Harmonie. Ebenfalls erwähnenswert ist der 96er Viognier.

Guy et Marie-Claude Bascou, Dom. de la Condamine l'Evêque, 34120 Nézignan-l'Evêque, Tel. 04.67.98.27.61, Fax 04.67.98.35.58 n. V.

BOISSET Cabernet Sauvignon 1996

| | k. A. | k. A. | | 30-50F |

Der burgundische Weinhändler, der seinen Sitz künftig in Montpellier hat, verstärkt seine Aktivitäten. Hier ein rubinroter Wein mit ziegelroten Reflexen, in dem sich der Cabernet Sauvignon sehr stark bemerkbar macht, vor allem durch seinen intensiven, fruchtigen Duft. Der Geschmack ist durchschnittlich strukturiert, hat aber dennoch das Verdienst, daß er frisch ist.

Jean-Claude Boisset, 5, quai Dumorey, 21700 Nuits-Saint-Georges, Tel. 03.80.62.61.61, Fax 03.80.62.37.38

BORIE LA VITARELE La Combe 1995**

| | 2 ha | 5 000 | | 30-50F |

Man möchte die dunkle, konzentrierte Farbe dieses Weins mit dem samtigen, feinen und komplexen Duft, der Noten von Aprikosen, Vanille und milden Gewürzen enthält. Der Geschmack ist schön, stattlich, voller Fülle und Rundheit und entfaltet sich mit einem kräftigen aromatischen Ausdruck. Ausgezeichnete Gesamtharmonie.

Languedoc und Roussillon — Oc

Jean-François Izarn et Cathy Planes, Borie la Vitarèle, chem. de la Vernède, 34490 Saint-Nazaire-de-Ladarez, Tel. 04.67.89.50.43, Fax 04.67.89.50.43 ☑ ⊤ n. V.

LAURENT CHARLES BROTTE
Viognier 1996

| | 11 ha | 40 000 | 30-50 F |

Nach einem klaren, feinen, fruchtigen Geruchseindruck entdeckt man einen sanften, fülligen Geschmack. Sehr aromatisch. Ein feiner, ausgewogener Wein.

Laurent-Charles Brotte, rte d'Avignon, B.P. 1, 84230 Châteauneuf-du-Pape, Tel. 04.90.83.70.07, Fax 04.90.83.74.34 ☑ ⊤ n. V.

DOM. CHARTREUSE DE MOUGÈRES Vermentino 1996**

| | 3,4 ha | 5 000 | 30-50 F |

Ein Duft von Zitrusfrüchten und dann von Walnüssen geht von diesem Vermentino aus, der eine schöne strohgelbe Farbe hat. Im Geschmack ist die Ansprache frisch und blumig, mit milden Rosennoten. Er ist sehr elegant im Abgang. Ein harmonischer, zarter Wein. Der trockene Muscat des gleichen Guts hat ebenfalls zwei Sterne erhalten.

Sareh Bonne Terre, Dom. Chartreuse de Mougères, 34720 Caux, Tel. 04.67.98.40.01, Fax 04.67.98.46.39 ⊤ n. V.

DOM. DE CLAUZONE
Cabernet Sauvignon 1996*

| | k. A. | 50 000 | -30 F |

Harmonischer Gesamteindruck, bestehend aus einer dunkelroten Farbe mit bernsteinfarbenen Reflexen, einem kräftigen, komplexen Duft (Gewürze, rote Früchte) und einem kräftig gebauten, angenehmen Geschmack von guter Länge.

R. Gassier, Ch. de Nages, 30132 Caissargues, Tel. 04.66.38.15.68, Fax 04.66.38.16.47 ☑ ⊤ Mo-Sa 14h-18h

DOM. DE CLOVALLON
Pinot noir 1995**

| | 4 ha | 15 000 | 30-50 F |

Sauerkirschen, Brombeeren, Pfeffer - es gäbe noch viel zu sagen über den sehr ausdrucksvollen Duft dieses bemerkenswerten Pinot noir, der recht typisch für seine Rebsorte ist. Unter einer strahlenden Farbe mit granatroten Reflexen entdeckt man danach einen runden, fleischigen Geschmack, dessen Abgang frisch und durstlöschend ist. Ein schöner Wein.

Catherine Roque, Dom. de Clovallon, 34600 Bédarieux, Tel. 04.67.95.19.72, Fax 04.68.79.16.19 ☑ ⊤ n. V.

LE POT DOM BRIAL 1996**

| | k. A. | 70 000 | -30 F |

Die Farbe dieses bemerkenswerten 96ers ist dunkel und kräftig, mit einer violetten Nuance. Im Duft, der unaufdringlich, aber von feiner Komplexität zeigt sich dieser Wein rund, fruchtig und aromatisch im Geschmack, wo sich die Ausgewogenheit mit der Nachhaltigkeit verbindet. Kompliment den Winzern von Baixas, die aus dem Roussillon stammen. Ihr weißer Pot Dom Brial ist ebenfalls lobend erwähnt worden; ihr Rosé hat einen Stern erhalten.

Cave des Vignerons de Baixas, 14, av. Mal Joffre, 66390 Baixas, Tel. 04.68.64.22.37, Fax 04.68.64.26.70 ☑ ⊤ n. V.

LES VIGNERONS DU PAYS D'ENSERUNE
Cabernet-sauvignon Elevé en fût de chêne 1995*

| | 30 ha | 24 000 | -30 F |

Lorbeer und Eukalyptus verbinden sich im feinen, eleganten Bukett dieses 95ers mit dem schönen, funkelnden Rubinrot. Der Geschmack ist ausgewogen, rund, frisch und von guter Nachhaltigkeit.

Les Vignerons du pays d'Enséruse, 235, av. Jean-Jaurès, 34370 Maraussan, Tel. 04.67.90.09.82, Fax 04.67.90.09.55 ☑ ⊤ n. V.

LOUIS FABRE Chardonnay 1996**

| | 8 ha | 40 000 | -30 F |

Butter, Schalen von Zitrusfrüchten, überreife Bananen ... Dem Duft dieses 96ers mangelt es weder an Komplexität noch an Intensität. Unter seiner strahlenden blaßgoldenen Farbe verbirgt er Stärke und eine bemerkenswerte Länge. Der geschmeidige Geschmack strömt über vor Stoff und ist warm. Bravo!

Louis Fabre, Ch. de Luc, 11200 Luc-sur-Orbieu, Tel. 04.68.27.10.80, Fax 04.68.27.38.19 ☑ ⊤ n. V.

DOM. DES FONTAINES Syrah 1996***

| | 15 ha | 35 000 | 30-50 F |

Zwischen Béziers und Bédarieux dienten die »Fontaines« früher einmal als Haltestation, wo die Pferde getränkt wurden. Man könnte endlos von diesem außergewöhnlichen 96er mit der kräftigen karmin- bis rosaroten Farbe kosten, in dessen Duft sich Erdbeeren und Himbeeren entladen. Er ist im Geschmack füllig und aromatisch und entfaltet Noten von exotischen Früchten. Eine schöne Gesamtharmonie. Die Jury gab die gleiche Note dem 95er Merlot und hat außerdem dem 96er Chardonnay einen Stern zuerkannt.

Bernard Montariol, Dom. des Fontaines, rte de Beparieux, 34290 Lieuran-lès-Béziers, Tel. 04.67.36.38.88, Fax 04.67.36.39.37 ⊤ n. V.

FORTANT DE FRANCE
Sauvignon blanc 1996*

| | k. A. | k. A. | -30 F |

Unter einem schönen, klaren Kleid von blaßgelber, grün schimmernder Farbe bietet uns ein feiner, origineller Duft Noten von Geröstetem und Zitrusfrüchten. Der Geschmack ist ebenfalls aromatisch, mit einer Lebhaftigkeit, die Fülle nicht ausschließt. Gute Länge. Der 96er Cabernet-Rosé und der 95er Cabernet Sauvignon haben ebenfalls einen Stern erhalten. Der 93er Merlot ist immer noch außergewöhnlich.

Robert Skalli Fortant de France, 278, av. du Mal-Juin, B. P. 376, 34204 Sète Cedex, Tel. 04.67.46.70.00, Fax 04.67.43.03.03 ☑ ⊤ n. V.

VINS DE PAYS

Languedoc und Roussillon　　　　　　　　　　　Oc

DOM. DU GRAND CHEMIN
Cabernet Sauvignon 1996★

| | 4 ha | 20 000 | | -30 F |

In seinem schönen, kräftigen Kleid mit den violetten Reflexen ein 96er, der sich im Duft intensiv aromatisch zeigt (Noten von schwarzen Johannisbeeren). Man mag seinen soliden, strukturierten Geschmack, der harmonisch und fleischig ist. Ein sehr gelungener Wein.
EARL Jean-Marc Floutier, Dom. du Grand Chemin, 30350 Savignargues,
Tel. 04.66.83.42.83, Fax 04.66.83.44.46 ☑ ⊥ n. V.

DOM. DE GRANOUPIAC
Clavelière 1996★

| | 1,5 ha | 6 000 | | -30 F |

Eine schöne, strahlende Farbe von hübschem, hellem Lachsrosa. Dieser 96er hat einen Blütenduft, der mit typischen Garrigue- und Eisenkrautnoten vermischt ist. Der in der Ansprache milde Geschmack ist ausgewogen, harmonisch, pflanzlich und frisch.
Claude Flavard, Dom. de Granoupiac, 34725 Saint-André-de-Sangonis,
Tel. 04.67.57.58.28, Fax 04.67.57.95.83 ☑ ⊥ n. V.

DOM. DE LA BAUME Merlot 1995★★★

| | 4,5 ha | 31 000 | | 30-50 F |

Die australische Idee des sortenreinen Weins, gekrönt von einer französischen Jury ! Wahl zum Lieblingswein für diesen feinen, vollständigen Wein von großer Harmonie. Er hat eine schöne, dunkle, sehr kräftige Farbe und entfaltet einen vornehmen, komplexen Duft, in dem sich würzige Noten zeigen. Der kräftig gebaute, stattliche, füllige und aromatische Geschmack ist von beachtlicher Länge. Erwähnen wir außerdem den 96er Sauvignon blanc der Marke Chais Baumière, der einen Stern erhielt.
Dom. de La Baume, RN 113, 34290 Servian,
Tel. 04.67.39.29.49, Fax 04.67.39.29.40 ☑ ⊥ n. V.

DOM. DE LA COLOMBETTE
Chardonnay Vinifié en fût de chêne 1995★★

| | 4 ha | 7 000 | | 50-70 F |

Eine sehr schöne gelbe Farbe, kräftig und strahlend, umhüllt diesen 95er mit dem besonders intensiven, reichhaltigen Duft, der Noten von Geröstetem, getrockneten Früchten und frischer Butter bietet. Sehr schöner Ausdruck im Geschmack, in dem die Ausgewogenheit, das Aroma und die Harmonie bemerkenswert sind.
François Pugibet, Dom. de La Colombette, anc. rte de Bédarieux, 34500 Béziers,
Tel. 04.67.31.05.53, Fax 04.67.30.46.65 ☑ ⊥ n. V.

DOM. DE LA DEVEZE
Roussanne Elevé en barrique de chêne 1996★★★

| | 0,7 ha | 2 000 | | 50-70 F |

Ein Stern für den 96er Viognier, zwei Sterne für die 96er Marsanne - und drei Sterne für diese Roussanne von großer Eleganz, die Stil und Eleganz verbindet. Die goldenen Reflexe der Farbe umrahmen würdig einen fein aromatischen Duft, das hübsche Vorspiel für einen frischen und zugleich runden Geschmack, dessen Ansprache mild bleibt. Ein großer Erfolg.
Laurent Damais, 34190 Montoulieu,
Tel. 04.67.73.70.21, Fax 04.67.73.32.40 ☑ ⊥ n. V.

DOM. LALAURIE Merlot 1995★★

| | 10 ha | 12 000 | | 30-50 F |

Man bezeichnete ihn als sehr vielversprechend ... Unter der dunklen, strahlenden Farbe dieses Weins, der reinsortig aus Merlot hergestellt worden ist, entfaltet sich ein intensiver Duft, dem pflanzliche Noten und Nuancen von Unterholz und Moschus eine interessante Komplexität verleihen. Der Geschmack ist rund, stattlich und kräftig gebaut.
Jean-Charles Lalaurie, 2, rue Le Pelletier de Saint-Fargeau, 11590 Ouveillan,
Tel. 04.68.46.84.96, Fax 04.68.46.93.92 ☑ ⊥ n. V.

DOM. LA PROVENQUIERE
Sémillon 1996★★

| | 4 ha | 1 500 | | -30 F |

Ein sehr typischer Zitrusduft geht von diesem Sémillon, dessen Farbe durch grüne Reflexe leicht intensiviert wird. Gute Ausgewogenheit des runden, lebhaften, aromatischen Geschmacks, der es nicht an Länge mangelt. Nicht vergessen werden sollte auch der 96er Vermentino, den die Jury lobend erwähnte.
Brigitte et Claude Robert, SCEA Dom. de la Provenquière, 34310 Capestang,
Tel. 04.67.90.54.73, Fax 04.67.90.69.02 ☑ ⊥ n. V.

DOM. LE CLAUD Merlot 1995★★

| | 7 ha | 6 000 | | -30 F |

Das Gut wurde seinerzeit von Napoleon III. besucht. Dennoch kein kaiserliches Purpur, aber eine schöne rubinrote Farbe für diesen Wein mit dem kräftigen, warmen, würzigen Duft. Der sanfte, aromatische, kräftig gebaute Geschmack besitzt eine beachtliche Länge. Die 94er Cuvée sélectionnée Comtesse L. de Boisgelin ist von der Jury ebenfalls lobend erwähnt worden.
SCEA de Boisgelin, Dom. Le Claud, 12, rue Georges-Clemenceau, 34430 Saint-Jean-de-Védas, Tel. 04.67.27.63.37,
Fax 04.67.47.28.72 ⊥ n. V.

DOM. DE L'ENGARRAN 1996★★★

| | 2,5 ha | 15 000 | 30-50 F |

Eine schöne goldene Farbe umhüllt diesen außergewöhnlichen Sauvignon von L'Engarran klar und strahlend. Er bietet einen feinen, intensiven, ausdrucksvollen, aromatischen Duft mit Noten von exotischen Früchten und Buchsbaum. Man würdigte seine Ausgewogenheit im Geschmack, der in einem Wein von großer Harmonie Fülle und Frische vereint.

Languedoc und Roussillon Oc

🔗 Grill SCEA du Ch. de L'Engarran,
34880 Laverune, Tel. 04.67.47.00.02,
Fax 04.67.27.87.89 ⓥ ⓣ Mo-Fr 12h-19h ; Sa, So
10h-19h

LES COTEAUX DE FONTANES
Cabernet Sauvignon 1996*

| ■ | k. A. | 8 000 | -30F |

Ein 96er mit einer schönen, strahlenden granatroten Farbe. Die Jury schätzte an ihm seinen würzigen, weinigen, intensiven Duft ebenso wie den runden, strukturierten Geschmack, der eine gute Länge im Abgang zeigt. Man wird von derselben Genossenschaft auch den 96er Vin de pays der Côtes du Vidourle genießen.
🔗 Les Coteaux de Fontanès, 30250 Fontanès,
Tel. 04.66.80.12.25, Fax 04.66.80.12.85 ⓥ
ⓣ Mo-Fr 8h-12h 13h30-16h30

DOM. LES DEUX TERRES
Merlot 1996**

| ■ | 3,08 ha | 7 000 | ■ ♦ | -30F |

Eine hübsche Ausbeute für die Domaine des Deux Terres, die je einen Stern für ihren 96er Viognier und ihren 96er Rosé aus Syrah-Trauben erhalten hat. Dieser Merlot mit der strahlenden rubinroten Farbe zeichnet sich durch einen feinen, kräftigen Duft mit dem Aroma von Pflaumen, Brombeeren und Früchten in Alkohol aus. Der freigebige, komplexe Geschmack krönt das Ganze durch seine Fülle und seine wunderbare Nachhaltigkeit.
🔗 Catherine et Jean-François Prax, Dom. Les Deux Terres, 11700 Azille, Tel. 04.68.91.63.28,
Fax 04.68.91.57.70 ⓥ ⓣ n. V.

LES ENFANTS D'HELENE ARNAUD
Merlot 1996**

| ■ | 2,5 ha | 15 000 | ■ ♦ | -30F |

Ein reinsortiger Merlot, der sich in einem schönen, dunklen, funkelnden Kleid mit violetten Reflexen präsentiert. Vom kräftigen, komplexen Duft bis zum runden, gut strukturierten Geschmack ist der Gesamteindruck harmonisch und von bemerkenswerter Ausgewogenheit.
🔗 Pellegrini, Ch. de Ricardelle, B.P. 422, rte de Gruissan, 11100 Narbonne Cedex,
Tel. 04.68.65.21.00, Fax 04.68.65.21.00 ⓥ ⓣ tägl. 9h-12h 14h-18h

DOM. LES YEUSES Sauvignon 1996**

| □ | 7,5 ha | 5 000 | ■ ♦ | -30F |

Die »Steineichen« (yeuses) sind um die Mitte des 19. Jh. durch Reben ersetzt worden. Und man wird sich nicht darüber beklagen, denn das Ergebnis davon ist dieser blaßgelbe Sauvignon mit den grünen Reflexen. Die Jury würdigte die Intensität und die Eleganz des sehr frischen Mentholdufts mit Noten von blühendem Ginster und Buchsbaum sowie den ausgewogenen Geschmack, in dem auf eine klare Ansprache ein nachhaltiges Aroma folgt. »Bemerkenswert harmonisch«, notierte ein Juror voller Bewunderung.
🔗 Jean-Paul et Michel Dardé, Dom. Les Yeuses, rte de Marseillan, 34140 Mèze,
Tel. 04.67.43.80.20, Fax 04.67.43.59.32 ⓥ
ⓣ Mo-Sa 9h-12h30 15h-20h

DOM. DE L'ISTHME
Cabernet Sauvignon 1996***

| ■ | 9,67 ha | 60 000 | ■ ⓘ ♦ | -30F |

Alles ist hier bemerkenswert : die sehr schöne, violett schimmernde Farbe, der aromatische, intensive Duft mit den blumigen und würzigen Noten, nicht zu vergessen der kräftig gebaute, leckere, sehr einprägsame Geschmack. »Ein prächtiger Ausdruck der Rebsorte in einer mediterranen Lage«, notierte ein Verkoster.
🔗 SCA Les Celliers du Nouveau Monde,
10, rue de la Paix, 11700 Puicheric,
Tel. 04.68.43.70.01, Fax 04.68.43.76.17
🔗 Camman

DOM. DE MAIRAN
Cabernet franc 1995**

| ■ | 3 ha | 25 000 | ■ ♦ | 30-50F |

Unter einem kirschroten Kleid enthüllt dieser Wein einen feinen und zugleich kräftigen Duft von großer Komplexität. Diese bestätigt sich im Geschmack, in dem sich die Rundheit und die Fülle mit der Ausgewogenheit verbinden. Gute Länge. Erwähnen wir noch den 96er Chasan vom selben Gut.
🔗 Jean Peitavy, Dom. de Mairan,
34620 Puisserguier, Tel. 04.67.93.74.20,
Fax 04.67.93.83.05 ⓥ ⓣ n. V.

DOM. DE MALAVIEILLE Chenin 1995*

| □ | 3 ha | 6 000 | ⓘ | 30-50F |

»Venezianisches Gold«, schlug ein Mitglied der Jury vor, um die prächtige funkelnde Farbe dieses 95ers zu charakterisieren. Der komplexe, intensive Duft erinnert an Vanille, Toastbrot und Hefebrot. Viel Fülle im Geschmack, mit einem frischen, aromatischen Abgang.
🔗 Mireille Bertrand, Dom. de Malavieille, 34800 Mérifons, Tel. 04.67.96.00.10,
Fax 04.67.88.06.42 ⓥ ⓣ n. V.

GABRIEL MEFFRE Sauvignon 1996**

| □ | k. A. | k. A. | ■ ♦ | -30F |

Ein sehr sauvignontypischer Gesamteindruck mit einem schönen, klaren Blaßgelb und grünen Reflexen, einem fast aufdringlichen Duft mit Buchsbaum- und Ananasnoten und einem stattlichen, lebhaften, sehr aromatischen Geschmack. Beglückwünschen wir diesen Händler aus Gigondas, dessen 96er Chardonnay, 96er Syrah und 95er Viognier jeder einen Stern erhalten haben.
🔗 Gabriel Meffre, Le Village, 84190 Gigondas,
Tel. 04.90.12.32.32, Fax 04.90.12.32.49

VINS DE PAYS

Languedoc und Roussillon — Oc

DOM. DE MONT D'HORTES
Cabernet Sauvignon 1996**

| ■ | 2,5 ha | 20 000 | ■ ↓ -30 F |

Die Domaine du Mont d'Hortes, ein altes römisches Landgut, war bemerkenswert erfolgreich mit diesem 96er, der eine schöne granatrote Farbe und einen feinen, komplexen, aufgrund seiner würzigen Noten angenehmen Duft besitzt. Sehr gute Struktur im Geschmack, in dem die Eleganz und die Gesamtharmonie dominieren.
☞ J. Anglade, Dom. de Mont d'Hortes, 34630 Saint-Thibéry, Tel. 04.67.77.88.08, Fax 04.67.30.17.57 ✓ ✗ n. V.

MAS MONTEL Cuvée Jéricho 1996*

| ■ | | 3 ha | 15 000 | 80-50 F |

Ein schöner Erfolg, diese lebhaft granatrote Cuvée Jéricho, die einen intensiven, fruchtigen Duft (Noten von exotischen Früchten) bietet. Der Geschmack ist kräftig gebaut und wohlausgewogen, aromatisch und jugendlich. Ebenfalls probierenswert ist die Cuvée Psalmodie vom selben Gut, die auch einen Stern erhalten hat.
☞ EARL Granier, Cellier du Mas Montel, 30250 Aspères, Tel. 04.66.80.01.21, Fax 04.66.80.01.87 ✓ ✗ tägl. 8h30-20h

DOM. DE MONTPEZAT
Elevé en fût de chêne 1995

| ■ | 7 ha | 3 000 | ❶ 30-50 F |

Ein durch einen angenehmen Holzton geprägter Wein mit einer schönen, reintönigen Farbe, einem feinen Duft von Gewürzen und Unterholz und einem ausgewogenen Geschmack, der durch gut verschmolzene Tannine unterstützt wird.
☞ Christophe Blanc, Ch. de Montpezat, 34120 Pézenas, Tel. 04.67.98.10.84, Fax 04.67.98.98.78 ✓ ✗ Mo-Sa 8h-12h 14h-18h

DOM. MONTROSE 1996**

| ◢ | 5 ha | 30 000 | ■ ↓ -30 F |

Im Aussehen blaß, aber strahlend. Ein 96er mit einem feinen, intensiven, aufgrund seiner Noten von Früchten (Pfirsiche) eleganten Duft. Schöne Ausgewogenheit im Geschmack, in dem sich die Länge mit der aromatischen Ausdruckskraft verbindet. Der ebenfalls sehr gelungene 96er Cabernet-Syrah-Verschnitt erhält einen Stern.
☞ Bernard Coste, dom. Montrose, R.N. 9, 34120 Tourbes, Tel. 04.67.98.63.33, Fax 04.67.98.65.27 ✓ ✗ tägl. 9h-12h30 14h-19h

DOM. DU MOULIN DE PERIES
Merlot 1995**

| ■ | 9,5 ha | 46 000 | ■ ↓ 30-50 F |

Dieser strahlend purpurrote 95er zeichnet sich durch seinen feinen, warmen, kräftigen Duft aus, in dem die dominierenden Blüten durch Gewürznoten ergänzt werden. Der runde, füllige, strukturierte Geschmack ist aromatisch und von sehr guter Länge.
☞ J.-J. et Micheline Ortiz-Bernabé, Dom. du Moulin-de-Périés, 34440 Nissan-les-Enserune, Tel. 04.67.37.01.34, Fax 04.67.37.01.34 ✓ ✗ tägl. 8h-20h

L'ENCLOS D'ORMESSONT
Gris de gris Grenache 1996**

| ◢ | k. A. | 10 000 | ■ ↓ 30-50 F |

Die geschichtsträchtige Domaine d'Ormesson präsentiert uns hier einen bemerkenswerten 96er mit einem feinen, kräftigen, fruchtig-blumigen Duft, der sehr typisch für die Rebsorte Grenache ist. Ein ausgewogener, füllier, runder Geschmack entfaltet ein angenehmes, nachhaltiges Aroma, während das Auge von einem prächtigen, strahlenden Kleid von sehr blassem Rosa umschmeichelt wird.
☞ Jérôme d'Ormesson, Ch. de Lézignan, 34120 Lézignan-la-Cèbe, Tel. 04.67.98.29.33, Fax 04.67.98.29.32 ✓ ✗ n. V.

DOM. DES PIERRES PLANTEES 1996

| □ | 1 ha | 4 000 | ■ ↓ 50-70 F |

Sehr junge Viognier-Rebstöcke (sie waren bei der 96er Lese vier Jahre alt) - Vigonier ist die große Rebsorte von Condrieu - haben diesen mit 10 % Chardonnay verschnittenen Domaine de Pierres Plantées geliefert. Es handelt sich um den Zweitwein des Sud de la Cabane de Magnan, wobei letzterer ein reinsortiger Viognier ist. Sie erhalten die gleiche Note. Die blasse, strahlende Farbe kündigt einen feinen, diskreten Duft an, der von Zitrusnoten geprägt ist. Der Geschmack ist ausgewogen und rund. Es wird interessant sein, dieses Gut im Auge zu behalten, wenn die Rebstöcke älter werden.
☞ Gilles Perraudin, chem. des Salines, J. et P. Vignobles EARL, 30600 Vauvert, Tel. 04.66.73.34.08, Fax 04.66.73.34.82 ✓ ✗ n. V.

DOM. DES PLANTADES Merlot 1995*

| ■ | 18,4 ha | 15 000 | ❶ -30 F |

In seinem dunklen, klaren Kleid mit den ziegelroten Reflexen ein 95er mit einem holzbetonten Duft von angenehmer Intensität. Darauf folgt ein Geschmack mit schönem Gerüst, den verschmolzene, aromatische Tannine unterstützen.
☞ Frezouls, 2, rue Marius-Ales, 34130 Lansargues, Tel. 04.67.86.72.11, Fax 04.67.86.72.11 ✓ ✗ n. V.

DOM. DES POURTHIE Chardonnay 1996

| □ | 4 ha | 30 000 | ■ ↓ 30-50 F |

Blaßgelbe Farbe mit grünen Reflexen. Ein 96er, dessen mineralisch-blumiger Duft einem runden, verschmolzenen Geschmack mit frischer Ansprache und fülligem Abgang vorausgeht.
☞ Pourthié, GAF Grange-Rouge, 34300 Agde, Tel. 04.67.94.21.76, Fax 04.67.21.30.50 ✓ ✗ n. V.

LES VIGNERONS DE ROUEIRE
Chardonnay 1995**

| □ | 5 ha | 2 800 | ❶ 50-70 F |

Sein schönes goldfarbenes Kleid verströmt ein Vanillearoma von schöner Intensität. Im Geschmack immer aromatisch, füllig und butterig, harmonisch holzbetont, zeigt er sich elegant und von guter Nachhaltigkeit.
☞ Les vignerons de Puisserguier, 29, rue Georges-Pujol, 34620 Puisserguier, Tel. 04.67.93.74.03, Fax 04.67.93.87.73 ✓ ✗ n. V.

Languedoc und Roussillon — Gard

DOM. SAINT-HILAIRE
Chardonnay Cuvée Prestige 1996*

☐ 28 ha 20 000 ▪︎▫︎♦ 30-50F

Dieses auch für seinen 96er Vermentino lobend erwähnte Gut präsentiert hier einen Chardonnay mit einem intensiven Duft von schöner Ausdruckskraft, der an grüne Äpfel erinnert. Nach einer schönen, aromatischen Ansprache Fülle und Nachhaltigkeit im Geschmack, das Ganze in ein hübsches Kleid von kräftigem, strahlendem Gelb gehüllt. Sehr gelungen.
☛ A. N. Hardy, dom. Saint-Hilaire, 34530 Montagnac, Tel. 04.67.24.00.08, Fax 04.67.24.04.01 ✓ ⚹ n. V.

DOM. SAINT-JEAN-DE-CONQUES
Rolle 1996**

☐ 0,7 ha 3 000 ▪︎♦ -30F

Ein Wein von seltener Eleganz, notierte die Jury. Von seiner schönen blaßgelben Farbe bis zu seinem frischen, aromatischen Geschmack von sehr guter Länge - ein 96er, dessen Duft ein komplexes Aroma von weißen Blüten, Zitrusfrüchten, Lindenblüten und weißen Pfirsichen entfaltet. Der 96er Merlot-Mourvèdre-Verschnitt erhält eine lobende Erwähnung.
☛ F.-R. Boussagol, Dom. Saint-Jean-de-Conques, 34310 Quarante, Tel. 04.67.89.34.18, Fax 04.67.89.35.46 ✓ ⚹ n. V.

DOM. SAINT-MARTIN DE LA GARRIGUE
Chardonnay 1996*

☐ 3,5 ha 8 000 ▫︎ 50-70F

In seinem schönen goldgelben Kleid mit den grünen Reflexen entfaltet dieser 96er einen intensiven Duft mit verschmolzenem Holzton und Röst-, Vanille- und Aprikosennoten. Ein harmonischer, ausgewogener, frischer Wein.
☛ SCEA Saint-Martin de la Garrigue, 34530 Montagnac, Tel. 04.67.24.00.40, Fax 04.67.24.16.15 ✓ ⚹ n. V.

DOM. SIMONET
Gris de gris 1996**

◤ 9 ha 70 000 ▪︎♦ -30F

Mit seiner blassen, sehr leichten Farbe, die einen reintönigen rosa Schimmer zeigt, ein typischer »grauer« Wein. Der Duft ist intensiv und fruchtig. Die Frucht findet sich überströmend in einem zarten, feinen Geschmack wieder, dessen Abgang frisch und angenehm ist.
☛ Christophe Barbier, Les Cabanes-de-Fleury, 11560 Fleury-d'Aude, Tel. 04.68.33.10.23

DOM. DE TERRE MEGERE
Merlot 1996**

■ 3 ha 30 000 ▪︎♦ 30-50F

Ein bemerkenswerter Merlot von schöner, kräftiger, tiefer Farbe. Auf einen intensiven, komplexen Geruchseindruck, der fruchtige und pflanzlische Düfte verbindet, folgt ein aromatischer, sehr kräftig gebauter Geschmack nach, in dem die Tannine spürbar, aber von guter Qualität sind. Lange Nachhaltigkeit.
☛ Michel Moreau, Dom. de Terre Mégère, 34660 Cournonsec, Tel. 04.67.85.42.85, Fax 04.67.85.25.12 ✓ ⚹ n. V.

DOM. TERRES NOIRES
Terroir volcanique Sauvignon 1996*

☐ 7 ha 60 000 ▪︎♦ 30-50F

Die Jury würdigte die schöne, strahlende blaßgoldene Farbe dieses 96ers mit dem intensiven, pflanzlichen Duft (Weißdorn und Ginster). Die klare Ansprache verbindet Lebhaftigkeit und Fruchtigkeit in einem ausgewogenen, runden, frischen Geschmack von guter Nachhaltigkeit.
☛ Dominique Castillon, au Bosc, 34450 Vias, Tel. 04.67.21.73.55, Fax 04.67.21.26.38 ✓
⚹ Mo-Fr 8h-12h 13h30-17h30

VIRGINIE
Cabernet Sauvignon 1995**

■ k. A. 40 500 ▪︎▫︎♦ 30-50F

Dieses Gut zeichnet sich dieses Jahr durch seinen 96er Chardonnay Domaine Saint-Roch und seinen Virginie-la-Grange (ein Stern) sowie durch den 95er Syrah und den 95er Merlot aus, die nicht weniger bemerkenswert sind als dieser Cabernet Sauvignon mit dem schönen, strahlenden Rubinrot. Auf den intensiven, typischen Duft mit den Holz- und Röstnuancen folgt ein eleganter, frischer Geschmack mit einer schönen Struktur. Harmonischer Gesamteindruck mit nachhaltigem Aroma.
☛ SA dom. Virginie, RN 113 - CS 650, 34536 Béziers Cédex, Tel. 04.67.49.85.85, Fax 04.67.49.38.39 ⚹ n. V.

Sables du Golfe du Lion

DOM. DE JARRAS-LISTEL
Gris de gris 1996*

◤ k. A. 500 000 ▪︎♦ -30F

Ein sehr angenehmer Wein mit seiner intensiven, strahlenden graurosa Farbe, mit seinem kräftigen Duft mit den blumigen Noten und vor allem mit der schönen Länge seines frischen, ausgewogenen Geschmacks.
☛ Domaines Listel, Ch. de Villeroy, 34200 Sète, Tel. 04.67.46.84.00, Fax 04.67.46.84.55 ✓ ⚹ n. V.

Gard

LES VIGNERONS DE CARNAS
Cabernet Sauvignon 1995

■ k. A. 27 000 ▪︎ -30F

Unter seinem strahlend purpurroten, leicht ziegelroten Kleid entdeckt man einen aromatischen, fruchtigen Duft. Der Geschmack ist rund und entwickelt, besitzt aber einen frischen Abgang.
☛ SCA Vignerons de Carnas, 30260 Carnas, Tel. 04.66.77.30.76, Fax 04.66.77.14.20 ✓ ⚹ n. V.

VINS DE PAYS

Languedoc und Roussillon

DOM. COSTEPLANE
Cabernet Sauvignon 1995

■ 2,6 ha 17 000 ■ ♨ -30F

Die Reichhaltigkeit eines Geruchseindrucks mit rauchigen, würzigen und balsamischen Noten, die ein Haselnußduft verstärkt. Unter dem strahlenden, tiefen Granatrot dann die Rundheit eines Geschmacks mit gut verschmolzenen Tanninen.

☛ Françoise et Vincent Coste, Mas de Costeplane, 30260 Cannes-et-Clairan, Tel. 04.66.77.85.02, Fax 04.66.77.85.47 ▼ ♈ n. V.

Monts de la Grage

LA RABASSE DES CISTES Merlot 1994*

■ 2 ha 3 000 ▥ 50-70F

Rémy Soulié und Olivier François, die biologische Anbaumethoden verwenden, waren recht erfolgreich mit ihrem 94er, der eine intensive, lebhafte rote Farbe und einen kräftigen, fruchtig-blumigen Duft (Garriguegerüche) besitzt. Der Geschmack ist stattlich und solide gebaut und enthält sehr deutlich spürbare Tannine.

☛ Dom. des Soulié, 34360 Assignan, Tel. 04.67.33.18.95, Fax 04.67.38.19.31 ▼ ♈ n. V.

Coteaux de Bessilles

DOM. SAVARY DE BEAUREGARD
Cuvée Mathilde 1996*

◢ 12 ha 10 000 ■ ♨ -30F

Strahlende blaßrosa Farbe mit karminroten Reflexen. Intensiver Duft : Amylalkohol, Bananen, dann Himbeeren. Dieser im Geschmack füllige Wein entfaltet eine schöne Rundheit mit einem mineralischen Abgang.

☛ Savary, La Vernazobre, 34530 Montagnac, Tel. 04.67.24.00.12, Fax 04.67.24.00.12 ▼ ♈ n. V.

Val de Montferrand

DOM. DE L'HORTUS
Cuvée classique 1996*

□ 4 ha 15 000 ■ ♨ 30-50F

Dieser Wein, der vom Pic Saint Loup (AOC der Coteaux du Languedoc) stammt, enthält 40 % Viognier, eine Rebsorte, die sehr in Mode ist und die man in dieser Gegend einzubürgern versucht. Eine goldene Farbe mit grünen Reflexen umhüllt diesen 96er mit dem kräftigen, aromatischen Duft, in dem man Noten von Zitrusfrüchten und exotischen Früchten entdeckt. Sanft und füllig im Geschmack. Ein ausgewogener, harmonischer Geschmack von guter Länge.

☛ Jean Orliac, Dom. de l'Hortus, 34270 Valflaunès, Tel. 04.67.55.31.20, Fax 04.67.55.38.03 ▼ ♈ n. V.

Collines de la Moure

DOM. DE LA MAGDELAINE 1994**

■ 2,7 ha 1 500 ▥ -30F

Dieser schöne Wein, dessen Etikett eine auf dem Grund des Guts entdeckte Taufkapelle darstellt, zeigt ein dunkles Rot. Der feine, zarte, aromatische Duft kündigt würdig den stattlichen, runden Geschmack an, in dem das Aroma durch ein solides Gerüst und eine gute Länge unterstützt werden.

☛ Catherine Sicard-Géroudet, Dom. de la Magdelaine, 34750 Villeneuve-les-Maguelone, Tel. 04.67.69.49.77, Fax 04.67.69.49.77 ▼ ♈ Mo, Di, Do-Sa 15h-19h

Côtes de Thongue

DOM. LA CROIX BELLE Syrah 1995*

■ 8 ha 13 000 ■ -30F

Diesr 95er zeichnet sich durch einen intensiven Duft von roten Früchten, Gewürzen und Leder aus. Der Geschmack ist kräftig und gut strukturiert, um harmonische Tannine herum. Seine dunkle Farbe zeugt von der majestätischen Präsenz der Syrah-Rebe.

☛ Jacques Boyer, Dom. La Croix-Belle, 34480 Puissalicon, Tel. 04.67.36.27.23, Fax 04.67.36.60.45 ▼ ♈ Mo-Sa 8h-12h 14h-18h

DOM. DE L'ARJOLLE
Cuvée de l'Arjolle 1996

◢ k. A. 40 000 ■ ♨ -30F

Die rosa, orangerot schimmernde Farbe dieser Cuvée mit dem feinen, blumigen Duft (Reseda) enthüllt einen schweren Geschmack mit Anisabgang.

☛ Dom. de L'Arjolle, 46, rue de la Coste, 34480 Poulolles, Tel. 04.67.24.81.18, Fax 04.67.24.81.90 ▼ ♈ Mo-Sa 8h-12h 14h-18h

LES CHEMINS DE BASSAC 1996*

□ 4 ha 6 000 ■ ♨ 50-70F

Das Gut Les Chemins de Bassac, das von einem Ehepaar ehemaliger (aber junger) Geschichtsprofessoren bewirtschaftet wird, präsentiert einen 96er mit schöner, strahlender, klarer goldener Farbe. Der Duft ist fein, kräftig und butterig. Dahinter folgt ein wohlausgewogener, frischer, aromatischer Geschmack mit guter Nachhaltigkeit (32 % Viognier, der Rest Roussanne).

☛ Isabelle et Rémi Ducellier, Les Chemins de Bassac, 9, pl. de la Mairie, 34480 Puimisson, Tel. 04.67.36.09.67, Fax 04.67.36.14.05 ▼ ♈ n. V.

Languedoc und Roussillon — Catalan

DOM. DU PRIEURE D'AMILHAC
Cuvée Artémis Pinot noir 1994★

| ■ | 15 ha | 60 000 | ◐ | 30-50 F |

Dieses an der Stelle eines römischen Landguts errichtete ehemalige Kirchengut (es enthält eine Kapelle aus dem 11. Jh., die man noch besichtigen kann) erzeugt heute einen Wein mit einer schönen, strahlenden kirschroten Farbe, die purpurviolette Reflexe zeigt. Der feine Duft ist noch verschlossen, aber komplex (rote Früchte, Brombeeren, Unterholznote). Spürbare, aber verschmolzene Tannine sind die Garanten für eine harmonische Ausgewogenheit im Geschmack.
☛ SCEA les domaines Caton, Prieuré d'Amilhac, 34290 Servian, Tel. 04.67.39.10.51, Fax 04.67.39.15.33 ✓ ⌶ Mo-Sa 8h-12h 14h-18h

Côtes de Thau

HUGUES DE BEAUVIGNAC
Syrah 1996★

| ◢ | 25 ha | 20 000 | ■ ♦ | -30 F |

Eine Marke der Winzergenossenschaft von Pomerols. Dieser wackere Ritter trägt eine Rüstung von kräftiger rosa Farbe mit orangeroter Note und purpurvioletten Nuancen. Der Duft verbirgt nicht seine Herkunft (100 % Syrah) mit Noten von Lakritze und milder Minze. Der füllige, liebliche Geschmack kennzeichnet einen Wein von schöner Gesamtharmonie.
☛ Cave coop. Les Costières de Pomerols, 34810 Pomerols, Tel. 04.67.77.01.59, Fax 04.67.77.77.21 ✓ ⌶ Mo-Sa 8h-12h 14h-18h

L'Hérault

DOM. COMPS Rosé de Syrah 1996★

| ◢ | 3 ha | 3 000 | ■ ♦ | -30 F |

Ein Rosé aus Syrah-Trauben, der im Geschmack frisch und angenehm ist und einen intensiven, kräftigen, blumigen Duft besitzt. Die Jury hat seine an Rosenblätter erinnernde Farbe mit den bläulichen Reflexen sehr bewundert.
☛ SCEA Martin-Comps, 23, rue Paul-Riquet, 34620 Puisserguier, Tel. 04.67.93.73.15 ✓ ⌶ tägl. 8h-19h

MAS DAUMAS GASSAC
Haute vallée du Gassac 1995★★

| ■ | 18 ha | 68 000 | ◐ | 150-200 F |

Das unterhalb des Larzac gelegene Tal des Gassac besitzt ein geeignetes Anbaugebiet und ein Mikroklima, was die Qualität seiner Weine ausmacht. Dieser 95er, in dem 80 % Cabernet Sauvignon (dessen Reben keine Klone sind) enthalten sind, ist bemerkenswert aufgrund seiner dunklen, strahlenden Farbe mit den bernsteinfarbenen Reflexen. Der intensive, komplexe Duft bietet pflanzliche Noten und Nuancen von Geräuchertem, Früchten, Unterholz und Gewürzen. Der sehr kräftig gebaute Geschmack mit der schönen Fülle ist von langer Nachhaltigkeit - Kennzeichen großer Weine.
☛ Véronique Guibert de La Vaissière, Mas Daumas-Gassac, 34150 Aniane, Tel. 04.67.57.71.28, Fax 04.67.57.41.03 ✓ ⌶ n. V.

DOM. LA FADEZE Sauvignon 1996★

| □ | 4 ha | 15 000 | ■ ♦ | -30 F |

Ein sehr helles Kleid von strahlendem Gold mit grünen Reflexen umhüllt diesen Sauvignon, der im Duft fein, lebhaft und blumig ist. Im Geschmack ist er frisch, ausgewogen, aromatisch und von guter Nachhaltigkeit.
☛ GAEC la Fadaize, 34340 Marseillan, Tel. 05.67.77.26.42, Fax 05.67.77.20.92 ✓ ⌶ Mo-Sa 8h-12h 14h-19h

DOM. DE MOULINES
Cabernet Sauvignon 1995★★★

| ■ | 4 ha | 24 000 | ■ ♦ | -30 F |

Schön dunkle Farbe : ein sehr tiefes Granatrot. Er erstaunt durch die Stärke seines aromatischen Dufts (Johannisbeerkonfitüre und Gewürze). Der konzentrierte, robuste und zugleich verschmolzene Geschmack besitzt eine schöne Länge mit einem angenehmen Abgang von Orangenschalen.
☛ Saumade, Dom. de Moulines, 34130 Mudaison, Tel. 04.67.70.20.48, Fax 04.67.87.50.05 ✓ ⌶ n. V.

DOM. DU POUJOL 1996★

| ■ | 4,5 ha | 30 000 | ■ | 30-50 F |

Die Domaine de Poujol wird von einem Winzer geführt, der seinen Beruf zuerst in Burgund und dann in Kalifornien ausübte. Es präsentiert seinen 96er, dessen tiefe Farbe ziegelrote Reflexe zeigt. Der feine und zugleich intensive Duft ist durch Gewürze geprägt. Gute Struktur und Ausgewogenheit im Geschmack, in dem erneut Gewürznoten dominieren.
☛ Robert Cripps, EARL dom. du Poujol, 34570 Vailhauquès, Tel. 04.67.84.47.57, Fax 04.67.84.47.57 ✓ ⌶ n. V.

Catalan

DOM. PAGES HURE Muscat sec 1996★★

| □ | k. A. | 11 000 | ■ ♦ | -30 F |

Jean-Louis Pagès, eine ehemaliger Apotheker, der sich 1992 auf den Weinbau verlegte, kann sich zu einer Entscheidung beglückwünschen. Sein 96er mit der klaren, strahlenden Goldfarbe, die ein grüner Schimmer betont, hat die Jury verführt : durch seinen sehr typischen, feinen und kräftigen Duft sowie durch einen ausgewogenen, aromatischen und frischen Geschmack. Bravo !
☛ SCEA Pagès Huré, 2, allée des Moines, 66740 Saint-Génis-des-Fontaines, Tel. 04.68.89.82.62, Fax 04.68.89.82.62 ✓ ⌶ n. V.

Côtes catalanes

LES VIGNOBLES BOUDAU
Muscat sec 1996★★

	2 ha	5 000	

Eine vierstündige Hülsenmaischung hat diesen bemerkenswerten trockenen Muscat ergeben, dessen strahlende, sehr leichte Farbe den feinen, aromatischen und intensiven, für die Rebsorte sehr typischen Duft ankündigt. Der ausgewogene, frische, harmonische Geschmack enthüllte eine ausgezeichnete Nachhaltigkeit.
Les Vignobles Boudau, 6, rue Marceau, B. P. 60, 66602 Rivesaltes, Tel. 04.68.64.45.37, Fax 04.68.64.46.26 n. V.

DOM. CAZES Chardonnay 1996

	5 ha	6 000	

Während der Geschmack harmonisch ist, enthüllt dieser Chardonnay vor allem im Duft seine Komplexität : Aroma von weißen Blüten, das sich zu getrockneten Blüten mit Noten von kandierten Orangenschalen entwickelt. Schöne, kräftige goldgelbe Farbe.
Dom. Cazes, 4, rue Francisco-Ferrer, B.P. 61, 66602 Rivesaltes, Tel. 04.68.64.08.26, Fax 04.68.64.69.79 n. V.

DOM. PIQUEMAL
Cuvée Pierre Audonnet 1996★

	4 ha	20 000	

Die strahlende Farbe ist sehr kräftig. Der feine, komplexe Geruchseindruck entfaltet einen Duft nach Unterholz. Die schöne Struktur ruht auf gut verschmolzenen Tanninen. Der Abgang bringt würzige Noten zum Ausdruck.
GAEC Dom. Piquemal, 1, rue Pierre-Lefranc, 66600 Espira-de-l'Agly, Tel. 04.68.64.09.14, Fax 04.68.38.52.94 n. V.

DOM. ROZES Cabernet-Sauvignon 1995★★

	5 ha	5 000	

Eine schöne, kristallklare Farbe von tiefem Granatrot, ein feiner Duft mit dem Aroma von Blüten und Gewürzen, stark verschmolzene Tannine in einem fülligen, stattlichen, kräftig gebauten Geschmack, Länge - das alles ergibt einen Gesamteindruck, an dem unsere Jury die Harmonie bewunderte.
Catherine Philip-Fournols, 3, rue de Lorraine, 66600 Espira de l'Agly, Tel. 04.68.64.17.78, Fax 04.68.38.51.38

Pyrénées-Orientales

MAS CHICHET Merlot 1996★★

	19 ha	92 000	

Unter seinem kräftigen Purpurrot der schöne Ausdruck eines im Duft jungen Merlot mit Noten von roten Früchten und kandierten Früchten. Der köstliche, fleischige Geschmack ist von ausgezeichnetem typischem Charakter, ausgewogen und nachhaltig.
Jacques Chichet, Mas Chichet, 66200 Elne, Tel. 04.68.22.16.78, Fax 04.68.22.70.28 Mo-Sa 8h-12h 14h-18h

Coteaux de Miramont

DOM. MANSENOBLE
Merlot Cabernet 1996★

	6,5 ha	21 000	

Mansenoble, das Gut eines ehemaligen belgischen Versicherungsagenten, dessen Steckenpferd önologische Chroniken waren, hat diesen 96er mit der dunklen, strahlenden, karminrot schimmernden Farbe hergestellt. Der Duft ist aromatisch und frisch, pfeffrig und an Eukalyptus erinnernd, der Geschmack rund und köstlich.
Guido Jansegers, Ch. Mansenoble, 11700 Moux, Tel. 04.68.43.93.39, Fax 04.68.43.97.21 Mo-Sa 9h30-12h 14h30-17h30

L'Aude

JACQUES ET FRANÇOIS LURTON
Gris de Cabernet 1996★★

	k. A.	k. A.	

Ein feiner Duft mit dem Aroma von roten Früchten geht von diesem 96er aus, der eine schöne, kräftige rosarote Farbe besitzt. Die Jury mochte seine lebhafte, klare Ansprache wie auch seine Noten von schwarzen Johannisbeeren und Himbeeren. Der frische Abgang enttäuscht nicht. Der Terret blanc der Brüder Lurton hat einen Stern erhalten. Eine schöne Niederlassung dieser bedeutenden Familie aus Bordeaux im Languedoc.
SARL Jacques et François Lurton, Dom. de Poumeyrade, 33870 Vayres, Tel. 05.57.74.72.74, Fax 05.57.74.70.73

DOM. DE MARTINOLLES
Pinot noir 1996★★

	1,8 ha	8 000	

Der Pinot noir der Domaine de Martinolles besitzt eine hübsche rosa Farbe mit violetten Reflexen und macht durch einen fruchtigen Duft (exotisches Aroma) von schöner Eleganz auf sich aufmerksam. Der harmonische, feine Geschmack ist ebenfalls von einer netten Nachhaltigkeit, die von den Mitgliedern der Jury bewundert wurde.
Vignobles Vergnes, Dom. de Martinolles, 11250 Saint-Hilaire, Tel. 04.68.69.41.93, Fax 04.68.69.45.97 Mo-Sa 8h-12h 14h-19h ; Gruppen n. V.

Provence

Cévennes

DOM. DE GOURNIER 1996*

| | 17 ha | 90 000 | | -30 F |

Unweit eines Templerturms, der zur Zeit der Kreuzzüge errichtet wurde, hat die Domaine de Gournier mit diesem 96er einen hübschen Verschnittwein erzeugt. Sein feiner, aromatischer Duft erinnert an Veilchen. Die rosarote Farbe mit den violetten Reflexen umhüllt einen Geschmack, der voller Frische und Lebhaftigkeit ist und würzige Nuancen enthält. Der Chardonnay desselben Guts verdient eine lobende Erwähnung.
SCEA Barnouin, Dom. de Gournier, 30190 Boucoiran, Tel. 04.66.83.30.91, Fax 04.66.83.31.08 ☒ ☥ n. V.

La Bénovie

DOM. DES HOSPITALIERS
Merlot 1995***

| | 1,5 ha | 4 000 | | 30-50 F |

Das Gut war einst im Besitz der Malteserritter (sie errichteten dort im 12. Jh. ein »Hospital«). Es präsentiert einen 95er mit einer schönen roten Farbe, der kräftig und strahlend ist. Der feine, intensive, komplexe Duft geht einem vollen, kräftig gebauten Geschmack voraus. Sehr schöne, tanninbetonte Ausgewogenheit, die durch einen angenehmen Holzton unterstützt wird.
Martin-Pierrat, Ch. des Hospitaliers, 6 RD Pt du Gal Chaffard, 34400 Saint-Christol, Tel. 04.67.86.01.15, Fax 04.67.86.00.19 ☒ ☥ tägl. 8h-20h

La Haute Vallée de l'Aude
La Haute Vallée de l'Orb

DOM. DE LA CROIX RONDE
Cuvée spéciale 1996*

| | 1,5 ha | 4 000 | | -30 F |

Dieses Gut, das auch für seinen im Holzfaß vinifizierten 95er Chardonnay eine lobende Erwähnung erhielt, hat eine Cuvée spéciale mit einer schönen, sehr jugendlichen rubinroten Farbe erzeugt. Ein feiner, frischer, blumiger Duft (vor allem Veilchen) und ein sanfter, fülliger Geschmack, der durch Rundheit und Frucht beherrscht wird, machen ihn zu einem genußvollen Wein, den man unverzüglich trinken sollte.
François Pottier, dom. de la Croix Ronde, 34260 La Tour-sur-Orb, Tel. 04.67.95.35.05, Fax 04.67.95.35.05 ☥ Mo-Sa 10h-12h 15h-19h ; So n. V.

Coteaux du Salagou

Coteaux du Salagou

MAS DES CHIMERES Carignan 1996

| | 1 ha | 4 000 | | -30 F |

Der 96er des Mas des Chimères hat eine kräftige, tiefe Farbe und entfaltet einen recht intensiven Duft von reifen Früchten, mit einer Kaffeenote. Der Geschmack ist gefällig, rund und ausgewogen.
Guilhem Dardé, Mas des Chimères, 34800 Octon, Tel. 04.67.96.22.70, Fax 04.67.88.07.00 ☒ ☥ n. V.

Provence, unteres Tal der Rhône, Korsika

Die meisten Rotweine in dieser riesigen Anbauzone, nämlich 70 % der insgesamt 700 000 hl, werden in den Departementen der Verwaltungsregion Provence-Alpes-Côte d'Azur erzeugt. Die Roséweine (25 %) stammen in erster Linie aus dem Departement Var, die Weißweine aus dem Departement Vaucluse und dem Nordteil des Departements Bouches-du-Rhône. In diesen Anbaugebieten findet man die Vielfalt der südfranzösischen Rebsorten, aber diese Reben werden selten reinsortig verwendet. Je nach klimatischen Bedingungen und Bodenbeschaffenheit werden sie in unterschiedlichem Anteil mit originelleren Rebsorten verschnitten, die hier entweder schon seit alten Zeiten angebaut werden oder aus anderen Anbaugebieten eingeführt worden sind. Counoise und Roussanne aus dem Var sind Beispiele für die erste Gruppe, während Cabernet Sauvignon oder Merlot, Rebsorten aus dem Bordelais, die zweite repräsentieren. Hinzu kommt die aus dem Rhône-Tal stammende Syrah-Rebe. Die departementalen Bezeichnungen betreffen Vaucluse, Bouches-du-Rhône, Var, Alpes-de-Haute-Provence, Alpes-Maritimes und Hautes-Alpes. Es gibt sieben subregionale bzw. örtliche Bezeichnungen : Principauté d'Orange, Petite Crau (südöstlich von Avignon), Mont Caumes (westlich von Toulon), Argens (zwischen Brignoles und Draguignan im Departement Var), Maures,

Provence

Coteaux du Verdon (im Departement Var), Aigues (im Departement Vaucluse, vor kurzem anerkannt) und Ile de Beauté (Korsika).

Ile de Beauté

A CANTINA 1996*

| | 2 ha | 6 000 | | -30 F |

Ein schönes Anbaugebiet auf Hängen im Tal des Tarava, das nicht einmal fünf Minuten von der prähistorischen Stätte Filitosa entfernt liegt. Dieser lebhafte, grün schimmernde Weißwein mit dem deutlichen Muskataroma ist fein, intensiv und sehr fruchtig. Seine Frische und seine Ausgewogenheit machen ihn sehr angenehm zu allen gebratenen Fischen.
Alain Courrèges, A Cantina, 20123 Cognocoli, Tel. 04.95.24.35.54, Fax 04.95.24.32.31 Mo-Sa 9h-12h 15h30-18h

LES VIGNERONS D'AGHIONE
Merlot 1996**

| | 188 ha | 50 000 | | -30 F |

Die lebhafte rote Farbe ist intensiv. Der Geruchseindruck ist duftig mit angenehmen Noten von Früchten. Im Geschmack sind die Tannine sehr deutlich spürbar, aber der Wein ist dennoch ausgewogen. Man kann ihn zwar schon trinken, aber er verträgt noch ein paar Jahre Alterung.
Coop. vinicole d'Aghione-Samuletto, Samuletto, 20270 Aghione, Tel. 04.95.56.60.20, Fax 04.95.56.61.27 n. V.

DOM. DE LISCHETTO Chardonnay 1996

| | 60 ha | 140 000 | | -30 F |

Dieser Wein mit der sehr schönen strohgelben Farbe und den grünlichen Reflexen verführt durch seinen blumigen Duft und sein fruchtiges Aroma. Seine gute geschmackliche Präsenz und seine schöne Ausgewogenheit machen ihn zu einem Wein, den man zu allen Gelegenheiten trinken kann.
SICA Uval, Lieu-dit Rasignani, 20290 Borgo, Tel. 04.95.58.44.00, Fax 04.95.38.38.10 Mo-Sa 9h-12h 15h-19h

LES VIGNERONS DE PIEVE
Cuvée San Michele Chardonnay 1995**

| | k. A. | 50 000 | | 30-50 F |

Die Genossenschaft La Marana hat für diese Cuvée in den beiden Farben zwei Sterne erhalten : für einen 94er Cabernet Sauvignon, in dem die Rebsorte diesen Wein prägt, dessen Tanninstruktur ausgewogen ist, und für diesen 95er Chardonnay. Beide sind neun Monate im Holzfaß gereift. Man muß sie probieren. Die Jury liebte die strohgelbe, grün schimmernde Farbe dieses Chardonnay und seinen intensiven Duft von exotischen Früchten. Im Geschmack ist er lebhaft und frisch und besitzt eine gute Nachhaltigkeit.

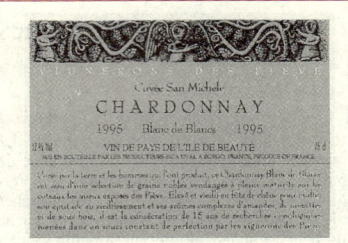

Ile de Beauté

Cave coop. de la Marana, Lieu-dit Rasignani, 20290 Borgo, Tel. 04.95.36.00.38, Fax 04.95.38.38.10 Di, Fr 9h-12h 15h-19h

DOM. DE RIO MAGNO
Cabernet Sauvignon 1995

| | 70 ha | 100 000 | | -30 F |

Schöne purpurrote Farbe. Feiner Duft mit einem komplexen Aroma von roten Früchten und Karamel. Stattlicher, kräftig gebauter Geschmack : ein fülliger, nachhaltiger Wein.
Cave coop. de la Marana, Lieu-dit Rasignani, 20290 Borgo, Tel. 04.95.36.00.38, Fax 04.95.38.38.10 Di, Fr 9h-12h 15h-19h

DOM. DE SALINE Pinot noir 1995

| | 100 ha | 150 000 | | -30 F |

Eine Kuriosität : ein korsischer Pinot noir ! Dieser nicht sehr farbintensive Wein aus Pinot-Trauben wird nicht wirklich durch die Rebsorte geprägt. Sicherlich ist er fruchtig, aber sonderbar würzig, sogar pfeffrig ! Man sollte ihn gekühlt trinken, ohne nach einer geschmacklichen Länge zu suchen.
Cave coop. de la Marana, Lieu-dit Rasignani, 20290 Borgo, Tel. 04.95.38.38.10 Di, Fr 9h-12h 15h-19h

Principauté d'Orange

FONT SIMIAN 1996

| | 1,5 ha | 10 000 | | -30 F |

Dieser Wein hat eine schöne, kräftige Farbe und ist in all seinen Bestandteilen ausgewogen. Er verführt vor allem durch ein originelles Aroma von leicht eingemachten roten Früchten. Ebenfalls lobend erwähnt wird der rote 96er Vin de pays, der die gleiche Qualität besitzt.
Y. et J.-P. Serguier, Ch. Simian, 84420 Piolenc, Tel. 04.90.29.50.67, Fax 04.90.29.62.33 Mo-Sa 8h-12h 14h-19h

DOM. DE LA JANASSE 1996*

| | 3,5 ha | 27 000 | | 30-50 F |

Dieser aus den Rebsorten Syrah und Merlot hergestellte Wein bietet einen empyreumatischen Duft (Kaffee). Im Geschmack zeigt er eine Struktur und eine Konzentration, die Weinliebhaber schätzen werden. Er ist schon trinkreif, kann aber altern, ohne zu enttäuschen.

Provence — Vaucluse

📧 EARL Aimé Sabon, 27, chem. du Moulin, 84350 Courthézon, Tel. 04.90.70.86.29, Fax 04.90.70.75.93 ☑ ☎ Mo-Sa 8h-12h 14h-20h ; So n. V.

LE PIGEOULET 1996*

| ■ | 3 ha | 20 000 | 🍷♦ -30F |

Eine schöne Konstanz im Können, denn der 96er macht sich nach dem Vorbild des 95ers und älterer Jahrgänge durch seine Struktur und seine Länge im Geschmack bemerkbar. Zögern Sie nicht, ihn mit einem Gericht mit Sauce zu kombinieren. Man kann ihn schon jetzt trinken.

📧 Brunier Frères, Dom. La Roquette, 2, av. Louis-Pasteur, 84230 Châteauneuf-du-Pape, Tel. 04.90.33.00.31, Fax 04.90.33.18.47 ☑ ☎ n. V.

Petite Crau

LAURE DE NOVES
Sélection du terroir Cabernet Merlot 1995

| ■ | 8 ha | 30 000 | 🍷 -30F |

Zum Charme des Dorfs Noves kommt der Charme dieses Weins hinzu, der einer zweifachen Auslese (der Rebsorten und des Anbaugebiets) entstammt. Ein hübscher, sehr langer Wein mit gut verschmolzenen Tanninen. Mit einem Leder- und Gewürzaroma im Duft.

📧 Cave des vignerons de Noves, av. Agricol-Viala, 13550 Noves, Tel. 04.90.94.01.30, Fax 04.90.92.94.85 ☑ ☎ Mo-Sa 8h-12h 14h-18h

Mont-Caume

DOM. DU PEY-NEUF 1996

| ◢ | 5 ha | 25 000 | 🍷 -30F |

Strahlende Farbe mit grauen Reflexen. Im Geschmack ist dieser Rosé durch seine Fülle, seine Rundheit und seine Feinheit geprägt.

📧 Guy Arnaud, Dom. Pey-Neuf, 367, rte de Sainte-Anne, 83740 La Cadière-d'Azur, Tel. 04.94.90.14.55, Fax 04.94.26.13.89 ☎ n. V.

Maures

DOM. DE LA GARNAUDE
Cabernet Sauvignon 1996

| ■ | 2,25 ha | 9 300 | 🍷♦ -30F |

Dieser reinsortige Cabernet Sauvignon wird den Erwartungen der Weinfreunde entsprechen. Mögen diese von ihrer Besichtigung des Guts profitieren und das Dorf der Schildkröten kennenlernen, den einzigen natürlichen Ort in der Welt, wo die Griechische Landschildkröte, das am meisten bedrohte Reptil Europas, besonders geschützt wird.

📧 SCEA Martel-Lassechere, Dom. de La Garnaude, rte de Repenti, 83590 Gonfaron, Tel. 04.94.78.20.42, Fax 04.94.78.24.71 ☑ ☎ Mo-Sa 9h-12h 14h-18h ; So n. V.

DOM. DE L'ANGLADE 1996*

| ◢ | 4 ha | 20 000 | 🍷♦ 30-50F |

Ein eleganter Rosé, der das Ergebnis der klassischen Verbindung von Grenache (60 %) und Cinsault (40 %) ist. Der Duft ist durch blumige Noten (blühende Johannisbeersträucher) geprägt. Nerv und Rundheit kennzeichnen den Rosé, den man zu provenzalischer Küche trinkt.

📧 Bernard Van Doren, Dom. de l'Anglade, 83980 Le Lavandou, Tel. 04.94.71.10.89, Fax 04.94.15.15.88 ☑ ☎ n. V.

Vaucluse

DOM. DE LA CITADELLE
Chardonnay 1996*

| □ | 0,55 ha | 5 000 | 🍷🍶♦ 30-50F |

Wir weisen auf eine Kuriosität hin : das Korkenziehermuseum, das über 1000 Ausstellungsstücke, vom 17. Jh. bis zu unseren Tagen, enthält. Seit 1966 ist das Museum mit dem Weinmuseum im japanischen Osaka verbunden. Der vorgestellte Chardonnay ist das für unsere Region perfekte Beispiel einer schönen Meisterung dieser Rebsorte : durch seine Feinheit ebenso sehr wie durch seine Ausgewogenheit.

📧 Dom. de La Citadelle, 84560 Ménerbes, Tel. 04.90.72.41.58, Fax 04.90.72.41.59 ☑ ☎ n. V.

DOM. DE MAROTTE
Le Blanc de Marotte 1996**

| □ | 5 ha | 25 000 | 🍷♦ 30-50F |

Domaine de Marotte
Le Blanc de Marotte
1996
VIN DE PAYS DE VAUCLUSE
WHITE WINE
Mis en bouteille au Domaine
SCEA La Reynarde Serres Carpentras Vaucluse
Alc. 13,5%/Vol.
e 750 ml
17070

Die Domaine de Marotte bestätigt in diesem schönen Jahrgang 1996 auf glänzende Weise die lobende Erwähnung im vorangegangenen Weinführer. Dieser sehr hübsche Wein, der komplex und im Geschmack ausgewogen ist, hat die Wahl zum Lieblingswein verdient.

📧 Dom. de Marotte, Petit Chemin de Serres, 84200 Carpentras, Tel. 04.90.63.43.27, Fax 04.90.67.15.28 ☑ ☎ n. V.

Provence — Bouches-du-Rhône

DOM. DU VIEUX CHENE 1996

3 ha — 20 000 — -30F

Dieser elegante Weißwein ist die Frucht einer klugen Zusammenstellung von sechs Rebsorten, die durch unmittelbares Keltern der Trauben vinifiziert worden sind. Im Duft werden Sie ein Aroma von Zitrusfrüchten und weißen Früchten finden. Vom selben Gut würdigte die Jury auch einen roten 96er Merlot, der sich angenehm abrunden wird, wenn man ihn ein wenig altern läßt.
Jean-Claude et Béatrice Bouche, rte de Vaison, rue Buisseron, B.P. 34, 84850 Camaret-sur-Aigues, Tel. 04.90.37.25.07, Fax 04.90.37.76.84 Mo-Sa 9h-12h 14h-19h

Bouches-du-Rhône

LES VIGNERONS DU GARLABAN
Caladoc 1996

10 ha — 7 000 — -30F

Die Vignerons du Garlaban fangen an, reinsortige Weine zu propagieren. Dieser Rotwein aus der Rebsorte Caladoc konnte die Jury durch seine Ausgewogenheit und seine Länge im Geschmack verführen. Sie werden auch einen Weißwein von der Rebsorte Vermentino (oder Rollé) finden, der ganz und gar empfehlenswert ist.
SCA les Vignerons du Garlaban, 8, chem. Saint-Pierre, 13390 Auriol, Tel. 04.42.04.70.70, Fax 04.42.72.89.49 Mo-Sa 8h-12h30 14h30-18h30

DOM. DU GRAND MAS DE LANSAC 1996**

6,55 ha — 20 000 — -30F

Die 96er Cuvée des Roséweins der Brüder Montagnier ist bemerkenswert. Klare Farbe, Harmonie mit Fülle, Länge im Geschmack, ausgeprägte Noten von roten Früchten und Backwaren und endlich die Wahl der Jury zum Lieblingswein. Ebenfalls probierenswert ist die rote Cuvée Rijésophia, die aus Cabernet Sauvignon hergestellt worden ist.
Jean et Michel Montagnier, Dom. du Grand Mas de Lansac, 13150 Tarascon, Tel. 04.90.91.35.70, Fax 04.90.91.41.18 Di-Sa 9h-12h 14h30-18h

LA COSTE Merlot 1996

5 ha — 25 000 — -30F

Die große Nüchternheit der Ausstattung der Flasche fällt ein wenig aus dem Rahmen; ihre Originalität läßt an eine auf Nachfrage vorgenommene Abfüllung denken. Das Erzeugnis ist sehr gefällig mit gut verschmolzenen Tanninen. Nehmen Sie ein schönes gegrilltes Entrecote hinzu, und Sie werden glücklich sein.
Bordonado, GFA Ch. La Coste, 13610 Le Puy-Sainte-Reparade, Tel. 04.42.61.89.98, Fax 04.42.61.89.41 n. V.

DOM. DE L'ATTILON
Cabernet Sauvignon 1996

11 ha — 45 000 — -30F

Die Gebäude, von denen einige ins 18. Jh. zurückreichen, erheben sich am Rand der Rhône. Die Weine stammen von Reben, die mit biologischen Methoden angebaut werden. Bei der Vinifizierung liegt die Betonung auf der Beherrschung der Temperatur : Das Ergebnis ist ein 96er Wein aus Cabernet Sauvignon mit einem komplexen Duft, der im Geschmack präsent ist und eine recht schöne Erscheinung besitzt. Der 96er Chardonnay, der durch Hülsenmaischung hergestellt worden ist, erhält die gleiche Note.
Comte de Roux, Dom. de L'Attilon, 13200 Arles, Tel. 04.90.98.70.04, Fax 04.90.98.72.30 Mo-Sa 9h15-12h

DOM. DE L'ILE SAINT-PIERRE
Cabernet franc 1996*

30 ha — 50 000 — -30F

Wie in den Jahren vorher und mit einer Konstanz, die man hervorheben muß, sind der Weine der Domaine de l'Ile Saint-Pierre in den drei Farben berücksichtigt worden. Die Jury hat jedoch diesen Rosé aus der Rebsorte Cabernet franc besonders geschätzt. Seine Rundheit und seine Feinheit werden Sie verführen.
Patrick et Marie-Cécile Henry, Dom. de Boisviel Saint-Pierre, Mas-Thibert, 13104 Arles, Tel. 04.90.98.70.30, Fax 04.90.98.74.93 n. V.

DOM. DE LUNARD Réserve 1994*

k. A. — 30 000 — -30F

Diese auf den Hügeln von Miramas erzeugte Cuvée Réserve hat ein bemerkenswertes Preis-Leistungs-Verhältnis, wenn man bedenkt, daß dieser Wein (aus vier Rebsorten) nach einer langen Gärung acht bis fünfzehn Monate lang im großen Holzfaß reift. Dieser 94er hat seine volle Reife erreicht.
François Michel, Dom. de Lunard, 13140 Miramas, Tel. 04.90.50.93.44, Fax 04.90.50.73.27 Di-Sa 9h-12h 15h-19h

MAS DE REY Caladoc 1996*

6 ha — 16 000 — 30-50F

Patrick Mazzoleni versteht es, die Rebsorte Caladoc optimal zu nutzen. Während die Vinifizierung bei Rotwein charaktervolle Weine liefert, ermöglicht die Roséherstellung unmittelbar zugänglichere Weine, in denen Noten von Amylalkohol (englische Fruchtdrops) dominieren.

Provence

Mazzoleni, SCA Mas-de-Rey, Anc. Rte de
St-Gilles-VC144, 13200 Arles,
Tel. 04.90.96.11.84, Fax 04.90.96.59.44 ☑ ⚲ n. V.

MAS DE REY Chasan 1995

| | 5 ha | 16 000 | 30-50 F |

Ein reinsortiger Wein aus der Rebsorte Chasan, der auf der Hefe ausgebaut worden war; 30 % sind im Barriquefaß gereift. Dieser (zwei bis drei Jahre) lagerfähige Weißwein zeigt Noten von exotischen Früchten (Pampelmusen, Kiwis). Kombinieren Sie ihn mit gebratenem Fisch mit fettem Fleisch (Wolfsbarsch, Lachs).

Mazzoleni, SCA Mas-de-Rey, Anc. Rte de
St-Gilles-VC144, 13200 Arles,
Tel. 04.90.96.11.84, Fax 04.90.96.59.44 ☑ ⚲ n. V.

LE GRAND BLANC DE REVELETTE 1995

| | 2,25 ha | 8 000 | 50-70 F |

Dieser Winzer, der 1985 nach Jouques kam, konnte einen Chardonnay voller Feinheit herstellen, der im Barriquefaß gereift ist. Das zarte Aroma lädt dazu ein, ihn schon jetzt zu trinken.

Peter Fischer, Ch. Revelette, 13490 Jouques,
Tel. 04.42.63.75.43, Fax 04.42.67.62.04 ☑ ⚲ n. V.

LES VIGNERONS DU ROY RENE
Caladoc 1996

| | 25 ha | 15 000 | -30 F |

Die Rebsorte Caladoc wird von den Vignerons du Roy René in einer wirklich rustikalen Ausdrucksform hergestellt. Dieser Wein wird sich noch »zivilisieren«, wenn Sie ihn nicht zu bald trinken, so daß seine Struktur mit dem schon sehr aromatischen Duft harmoniert. Besonders empfohlen zu Gerichten mit Sauce.

Les Vignerons du Roy René, R.N. 7,
13410 Lambesc, Tel. 04.42.57.00.20,
Fax 04.42.92.91.52 ☑ ⚲ Mo-Sa 8h-12h 14h-19h

DOM. DE SAINT JULIEN LES VIGNES 1996

| | 6 ha | k. A. | -30 F |

Das Gut liegt südwestlich von Aix-en-Provence. Die traditionelle Produktion widmet sich der AOC Coteaux d'Aix. Aber 6 ha sind für die Erzeugung von Vins de pays reserviert. Dieser Wein mit der hübschen purpurroten Farbe und den purpurvioletten Reflexen bietet eine feine Tanninstruktur. Zum Zeitpunkt der Weinprobe war der Geruchseindruck noch ein wenig verschlossen. Er wird zu gegrilltem rotem Fleisch passen.

Famille Reggio, Dom. St-Julien-les-Vignes,
2495, rte du Seuil, 13540 Puyricard,
Tel. 04.42.92.10.02, Fax 04.42.92.10.74 ☑ ⚲ n. V.

DOM. DE VALDITION
Tête de Cuvée 1996

| | 4 ha | 6 000 | -30 F |

Die 96er Tête de Cuvée, die aus der Rebsorte Chasan hergestellt worden ist, hat aufgrund ihrer Ausgewogenheit und ihrer Rundheit die Aufmerksamkeit erregt. Dieser hübsche Wein steht in der Linie des 95ers (Lieblingswein).

Hubert Somm, GFA dom. de Valdition, rte d'Eygalières, 13660 Orgon, Tel. 04.90.73.08.12, Fax 04.90.73.05.95 ☑ ⚲ Mo-Sa 8h-18h

Var

DOM. DE THUERRY Sémillon 1996

| | 4 ha | 8 000 | 30-50 F |

Ein neuer Besitzer bestimmt seit 1996 die Geschicke des Guts. Anscheinend kehrt man zu traditionellen, umweltschonenden Anbaumethoden zurück. Bei der Verkostung hat dieser Wein mit dem sehr feinen Duft Ausgewogenheit und Harmonie enthüllt.

Ch. Thuerry, 83690 Villecroze,
Tel. 04.94.70.63.02, Fax 04.94.70.67.03 ☑ ⚲ tägl. 8h-19h

Parmentier

DOM. DE TRIENNES
Chardonnay Clos Barry 1995★★

| | 4,5 ha | 25 000 | 30-50 F |

Die Cuvée Les Auréliens (ein 95er Rotwein) hat zwar die Aufmerksamkeit der Jury erregt, aber ihre Glückwünsche gehen vor allem an diesen Chardonnay, dessen Feinheit der Ausbau im Holzfaß perfekt zur Geltung bringen konnte.

Dom. de Triennes, RN 560, 83860 Nans-les-Pins, Tel. 04.94.78.91.46, Fax 04.94.78.65.04 ☑ ⚲ tägl. 8h30-12h 13h30-18h30

Alpes de Haute-Provence

DOM. DE REGUSSE Muscat 1996★

| | k. A. | 9 000 | -30 F |

An diesem Gut kommt man in den Alpes de Hautes-Provence nicht vorbei: Es bietet nämlich eine breite Palette von reinsortigen Weinen. Die Jury schätzte besonders einen Wein von der Rebsorte Muscat à petits grains, der einen feinen Muskatduft zeigt. Im Geschmack entfaltet er ein Aroma von Quittenbrot und eine sehr schöne Länge. Ideal zum Aperitif oder zu Schokoladendesserts.

VINS DE PAYS

☛ Dieudonné, Dom. de Régusse, rte La Bastide-des-Jourdans, 04860 Pierrevert, Tel. 04.92.72.30.44, Fax 04.92.72.69.08 ✓ ✗ tägl. 8h-12h 14h-19h

Alpes-Maritimes

BLANC ROLLE DU BAOU DE SAINT-JEANNET 1996

| | 1,25 ha | 2 650 | ⓘ | 50-70 F |

Dieser Wein von der Rebsorte Rolle wird nur in geringer Stückzahl erzeugt. Er hat eine intensive gelbe Farbe und ist auf angenehme Weise durch seine Reifung im Holzfaß geprägt, so daß er die bedingungslosen Anhänger dse Ausbaus im Holzfaß begeistern wird. Aroma von Honig und Bienenwachs.

☛ Georges et Denis Rasse, Hautes Collines, 800, chem. des Sausses, 06640 Saint-Jeannet, Tel. 04.93.24.96.01, Fax 04.93.24.96.01 ✓ ✗ n. V.

Alpen und Rhône-Gebiet

Diese von der Auvergne bis zu den Alpen reichende Region faßt die acht Departements der Verwaltungsregion Rhône-Alpes und das Departement Puy-de-Dôme zusammen. Die Vielfalt der Böden ist hier somit außergewöhnlich und findet sich im Spektrum der regionalen Weine wieder. Die burgundischen Rebsorten (Pinot, Gamay, Chardonnay) und die südfranzösischen Rebsorten (Grenache, Cinsault, Clairette) treffen aufeinander. Sie wachsen neben den einheimischen Sorten, wie etwa Syrah, Roussanne und Marsanne im Rhône-Tal, aber auch Mondeuse, Jacquère und Chasselas in Savoyen oder auch noch Etraire de la Dui und Verdesse, Raritäten aus dem Tal der Isère. Die Verwendung von Rebsorten aus dem Bordelais (Merlot, Cabernet, Sauvignon) nimmt ebenfalls zu und bereichert zusätzlich die Palette der Weine.

Bei einer weiter steigenden Gesamtproduktion von 400 000 hl tragen vor allem die Departements Ardèche und Drôme dazu bei, daß die Rotweine dominieren. Überall geht die Entwicklung dahin, reinsortige Weine herzustellen. Ain, Ardèche, Drôme, und Puy-de-Dôme sind die vier departementalen Bezeichnungen. Außerdem findet man acht subregionale Bezeichnungen : Allobrogie (Savoie und Ain, 5 000 hl, zum größten Teil Weißweine), Coteaux du Grésivaudan (mittleres Isère-Tal, 2 000 hl), Balmes dauphinoises (Isère, 1 000 hl), Urfé (Loire-Tal zwischen Forez und Roannais, 1 000 hl), Collines rhodaniennes (15 000 hl, hauptsächlich Rotweine), Comté de Grignan (im Südwesten des Departements Drôme, 30 000 hl, Rotweine), Coteaux des Baronnies (im Südosten des Departements Drôme, 30 000 hl, vor allem Rotweine) und Coteaux de l'Ardèche (280 000 hl, Weiß-, Rosé- und Rotweine).

Es gibt auch einen Vin de pays mit regionaler Bezeichnung, der 1989 eingeführt wurde : Comtés rhodaniens (rund 15 000 hl). Die Weine dürfen in den acht Departements der Verwaltungsregion Rhône-Alpes (Ain, Ardèche, Drôme, Isère, Loire, Rhône, Savoie und Haute-Savoie) erzeugt werden und unterliegen einer zweifachen Zulassungsbewilligung.

Allobrogie

LE CELLIER DE JOUDIN
Jacquère 1996*

| | 4 ha | k. A. | ⓘ | -30 F |

Dieses Gut in Familienbesitz, das unweit von Savoyen liegt, macht regelmäßig durch typische Weine auf sich aufmerksam, die Ausdruck eines vollendeten Könnens sind. Die leicht perlende 96er Jacquère erfüllt die Nase mit sehr nervigen mineralischen Noten. Mit einem nervigen Geschmack, dem es nicht an Fülle fehlt, wird sie eine ideale Begleitung zu Fisch und Käsespezialitäten abgeben.

☛ GAEC Le Cellier de Joudin, 73240 Saint-Genix-sur-Guiers, Tel. 04.76.31.61.74, Fax 04.76.31.61.74 ✓ ✗ n. V.

Balmes dauphinoises

DOM. MEUNIER Gamay 1995

| ■ | 1,8 ha | 13 000 | ⓘ | -30 F |

Gilbert Meunier bewahrt die Weinbautradition, die im Departement Isère stark bedroht ist, auf den steinigen Hängen. Er hat sich entschlossen, seinen Gamay altern zu lassen. Er ist deshalb ein charaktervoller Wein, der nach eingemachten Sauerkirschen duftet. Eine Note von Kernen kommt noch zur Originalität dieses Weins hinzu, den man schon jetzt trinken kann.

Alpen und Rhône-Gebiet

🔖 Gilbert Meunier, Le Rochat,
38510 Sermerieu, Tel. 04.74.80.15.81 ☑
👓 Mo-Sa 8h-12h 14h-17h30

Coteaux des Baronnies

DOM. LA ROSIERE Viognier 1996*

| | 3 ha | 10 000 | | 30-50 F |

Serge Liotaud bewirtschaftet voller Glück ein Anbaugebiet, das für ausdrucksvolle Weine günstig ist. Eine sichere Beherrschung der Vinifizierungstechnik hat einen klaren, feinen Viognier hervorgebracht, der jegliche Schwere vermeidet und eine Zitronennote enthält. Die Jury hat auch dem 95er Merlot, der schon verschmolzen ist, aber auch lagern kann, einen Stern zuerkannt.
🔖 Serge Liotaud et Fils, Dom. La Rosière, 26110 Sainte-Jalle, Tel. 04.75.27.30.36, Fax 04.75.27.33.69 ☑ 👓 n. V.

DOM. DU RIEU FRAIS Syrah 1995***

| | 4 ha | 10 000 | | 30-50 F |

Jean-Yves Liotaud hat dieses Gut 1983 mitten in den Baronnies angelegt; er hatte dabei den Ehrgeiz, sortenreine Weine von sehr großer Originalität zu erzeugen, die in diesem Weinführer oft beschrieben werden. Mit der 96er Syrah ist ihm ein Meisterwerk gelungen, indem er in diesem Wein, dessen starker Zimtduft von seltener Länge ist, Feinheit und Kraft vereinte. Hinweisen sollte man auch auf den sehr fleischigen, vollständigen 95er Merlot.
🔖 Jean-Yves Liotaud, Dom. du Rieu Frais, 26110 Sainte-Jalle, Tel. 04.75.27.31.54, Fax 04.75.27.34.47 ☑ 👓 n. V.

Comté de Grignan

CAVE DE LA VALDAINE
Cabernet-sauvignon 1996**

| | 31 ha | 25 000 | | -30 F |

Die Genossenschaft La Valdaine vereinigt Erzeuger der Region Montélimar und führt seit 1987 eine vollständige Erneuerung ihres Anbaugebiets und seiner Keller durch. Kein Zweifel an diesem strahlenden Rosé mit den malvenfarbenen Reflexen. Der Duft nach Süßwaren, der von Himbeeren beherrscht wird, und ein frischer, nachhaltiger und deutlicher Geschmack machen ihn zu einem Wein von starker Persönlichkeit.

🔖 Cave de La Valdaine, av. Marx Dormoy, 26160 Saint-Gervais-sur-Roubion, Tel. 04.75.53.80.08, Fax 04.75.53.93.90 ☑ 👓 Di, Sa 9h-12h 14h-18h

Collines rhodaniennes

DOM. DU CHENE Syrah 1996*

| | 2,5 ha | 32 000 | | -30 F |

Dieses Gut stellt einen Vin de pays aus Syrah her, in der Region, woher diese Rebe stammt, auf Granitböden. Der 96er ist typisch für die Rebsorte und besitzt eine purpurrote, ins Violette spielende Farbe. Der Duft ist eher pflanzlich und mineralisch als fruchtig. Das bestätigt sich im Geschmack, wo Veilchen dominieren, die mit den deutlich spürbaren, aber feinen Tanninen gut harmonieren.
🔖 Marc et Dominique Rouvière, Le Pêcher, 42410 Chavanay, Tel. 04.74.87.27.34, Fax 04.74.87.02.70 ☑ 👓 n. V.

CAVE DE TAIN D'HERMITAGE
Marsanne 1996**

| | k. A. | k. A. | | -30 F |

Die Rebsorte Marsanne befindet sich auf den Hügeln der Drôme in einem bevorzugten Anbaugebiet. Beweis dafür ist die regelmäßige Qualität der Weine, die von der Cave de Tain mit dieser Rebsorte erzeugt werden. Dieses Jahr verführt uns der helle, leicht perlende erneut mit seinem sehr feinen Pfirsichduft und durch seine bemerkenswerte Rundheit.
🔖 Cave de Tain-l'Hermitage, 22, rte de Larnage, B.P. 3, 26600 Tain-l'Hermitage, Tel. 04.75.08.20.87, Fax 04.75.07.15.16 ☑ 👓 tägl. 8h-12h 14h-18h

CUVEE DES VERNES 1996*

| | 1,5 ha | 6 000 | | 30-50 F |

Dieser Weinbaubetrieb, der sich seit über 20 Jahren auf den biologischen Anbau umgestellt hat, stellt traditionelle, fleischige Weine her. Die 96er Syrah macht durch seinen sehr intensiven Duft nach roten Früchten auf sich aufmerksam. Die sehr dunkle, samtige Farbe wird nicht durch das solide Gerüst eines Geschmacks widerlegt,

der von roten Johannisbeeren beherrscht wird. Man kann ihn je nach Laune trinken oder aufheben.
- Emmanuel Barou, Picardel, 07340 Charnas, Tel. 04.75.34.02.13, Fax 04.75.34.02.13 ☑ ⅋ n. V.

Coteaux de l'Ardèche

LES VIGNERONS ARDECHOIS
Viognier Prestige 1996★★★

| | k. A. | k. A. | ▪▯▯ | 30-50F |

Die Vignerons ardéchois fassen 25 Genossenschaftskellereien im Süden der Ardèche zusammen und bieten eine Palette von erstklassigen Weinen, die mit Kunstfertigkeit und Gewissenhaftigkeit hergestellt werden. Der 96er Viognier ist ein sehr großer Erfolg : Er hat eine blaßgelbe Farbe und bietet eine bemerkenswerte Palette von ebenso blumigen wie fruchtigen Sommeraromen, die mit einer bemerkenswerten Rundheit verbunden sind. Der Sauvignon Prestige und der Chardonnay, jeder typisch für seine Rebsorte, sind ebenfalls elegante Weine von großer Feinheit.
- UVICA Vignerons Ardéchois, B.P. 8, 07120 Ruoms, Tel. 04.75.39.98.00, Fax 04.75.39.69.48 ☑ ⅋ tägl. 8h-12h 14h-19h

LES VIGNERONS ARDECHOIS
Syrah Cuvée Privée 1996★

| ▪ | k. A. | k. A. | -30F |

Diese Sondercuvée bietet alle Trümpfe einer eleganten, seidigen und fruchtigen Syrah. Beachten Sie auch die 95er Cuvée privée, die von verschiedenen Rebsorten stammt und die Freunde von Weinen mit holzbetontem, entwickeltem Charakter entzücken wird. Die gleiche Note belohnt den 96er Vin gris aus Cabernet, dessen Lebhaftigkeit durch eine gutmütige Rundheit ausgeglichen wird.
- UVICA Vignerons Ardéchois, B.P. 8, 07120 Ruoms, Tel. 04.75.39.98.00, Fax 04.75.39.69.48 ⅋ tägl. 8h-12h 14h-19h

DOM. DE BOURNET
Merlot Elevé en fût de chêne 1994

| ▪ | 3 ha | 4 000 | ▯▯ | 50-70F |

Dieser Betrieb ist seit drei Jahrhunderten mit der Familie Bournet verbunden. Der im Eichenholzfaß ausgebaute 94er Merlot ist reif. Kupferfarbene Reflexe und ein moschusartiger Backpflaumenduft kennzeichnen einen entwickelten Wein.
- Xavier de Bournet, Dom. de Bournet, 07120 Grospierres, Tel. 04.75.39.68.20, Fax 04.75.39.06.96 ☑ ⅋ n. V.

DOM. DU COLOMBIER Viognier 1996★

| ☐ | 2 ha | 7 100 | ▪▴ | 30-50F |

Dieses Gut in Familienbesitz hat eine ideale Lage im Herzen der Ardèche, ganz in der Nähe der berühmten Schlucht. In seinem Probierkeller, der mit einem Wandbild (Darstellung des Weinbergs) des Schweizer Künstlers Richard Tisserand geschmückt ist, können Sie diesen feinen, eleganten Weißwein kennenlernen, in dem auf angenehme Weise das Aroma von Aprikosen und das Aroma von Veilchen vereint sind.
- Philippe et Alain Walbaum, Dom. du Colombier, 07150 Vallon-Pont-d'Arc, Tel. 04.75.88.01.70, Fax 04.75.88.09.88 ☑ ⅋ n. V.

DOM. DE COMBELONGE
Merlot 1996★★

| ▪ | 1,3 ha | 7 500 | ▪▴ | -30F |

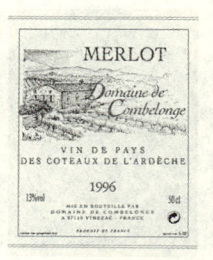

Dieses Gut befindet sich im Herzen eines der seit alter Zeit angesehensten Anbaugebiete der Ardèche, nämlich der Hänge von Vinezac. Bei diesem 96er Merlot lag die Wahl zum Lieblingswein nahe. Dunkles, mattes Rot - ein komplexer, kräftig gebauter Wein, dem es nicht an Rundheit mangelt. Er ist schon einschmeichelnd, wird aber besser, wenn man ihn drei Jahre aufhebt.
- SCEA Dom. de Combelonge, 07110 Vinezac, Tel. 04.75.36.92.54, Fax 04.75.36.99.59 ☑ ⅋ Mo-Sa 9h-18h
- Denis Manent

CAVE COOPERATIVE DE LABLACHERE Gamay 1996★

| ▪ | 15 ha | 48 000 | ▪ | -30F |

Die Gamay-Rebe ist gut aufgehoben auf den Hängen der Cevennen, wo sie oft auf Terrassen angebaut wird. Dieser kirschrote Wein, der das Ergebnis einer sehr gut gemeisterten Kohlensäuremaischung ist, entspricht einem Korb roter Früchte. Er ist fröhlich und süffig und paßt zu einem Essen im Freundeskreis.
- SCV de Lablachère, Lavignolle, 07230 Lablachère, Tel. 04.75.36.65.37, Fax 04.75.36.69.25 ☑ ⅋ tägl. 8h-12h 14h-18h

Ostfrankreich / La Drôme

LOUIS LATOUR
Chardonnay Grand Ardèche 1995**

| ☐ | 40 ha | 110 000 | ⅰⅡ | 30-50 F |

Der im Eichenholzfaß vinifizierte 95er steht in der geraden Linie der Spitzen-Chardonnays, die in der großen Tradition ausgebaut werden. Lebkuchen, Vanille, Honig - diese reichen Düfte harmonieren mit einem runden, kräftigen und sinnlichen Geschmack, um es genau zu sagen.
🍇 Maison Louis Latour, La Teoule, 07400 Alba-la-Romaine, Tel. 04.75.52.45.66, Fax 04.75.52.49.19 ✉ ☎ n. V.

OR BLANC Viognier 1996*

| ☐ | k. A. | 24 000 | ⅰⅡ | 30-50 F |

Georges Dubœuf wollte im Süden der Ardèche das Potential des Viognier, der großen weißen Rebsorte des Rhône-Tals, nutzen. Deshalb entstand 1995 ein moderner Keller. Der 96er zeigt sich einschmeichelnd, lyrisch, mit einem Aroma von Aprikosen, Pfirsichen und Honig, das man im sehr runden Geschmack wiederfindet. Probieren Sie ihn zu Vorspeisen oder Fisch.
🍇 SA Les vins Georges Dubœuf, La Gare, B.P. 12, 71570 Romanèche-Thorins, Tel. 03.85.35.34.20, Fax 03.85.35.34.25 ✉ ☎ n. V.

DOM. DU PRADEL 1995*

| ■ | k. A. | k. A. | ⅰ | -30 F |

Olivier de Serres, ein berühmter Agronom des 16. Jh., wurde Herr von Le Pradel, wo er seine Arbeiten ausführte. In der Tradition ausgewogener Verschnittweine hat die Genossenschaftskellerei von Montfleury gewissenhaft diese 95er Cuvée vinifiziert und ausgebaut. Man kann sie schon jetzt trinken.
🍇 Cave Coop. de Montfleury, Mirabel, 07170 Villeneuve-de-Berg, Tel. 04.75.94.82.76, Fax 04.75.94.89.45 ☎ Mo-Sa 8h-12h 14h-18h

DOM. DES TERRIERS Syrah 1996*

| ■ | 5 ha | 10 000 | ⅰ | -30 F |

Dieses Gut, das vor genau zehn Jahren von Pierre und Franck Roume übernommen wurde, hat sich seitdem auf edle Rebsorten umgestellt. Diese 96er Syrah, die das Ergebnis einer kurzen Maischegärung ist, hat die Freunde offener Weine verführt, die offen und aromatisch (Kirschen, Himbeeren) sind. Hinweisen sollte man auch auf einen 96er Verschnittwein, der von strahlender Farbe und stärker durch Konfitüre geprägt ist.
🍇 GAEC Pierre et Franck Roume, Dom. des Terriers, 07120 Ruoms, Tel. 04.75.93.96.82, Fax 04.75.39.73.96 ✉ ☎ n. V.

DOM. DE VIGIER Syrah 1996**

| ■ | 5 ha | k. A. | ⅰ | -30 F |

Dieses Gut erzeugt regelmäßig solide Weine auf sehr steinigen Böden. Diese 96er Syrah verstößt nicht gegen diese Regel: purpurrote Farbe, kräftiges Aroma, das Früchte und Veilchen vermischt, komplexer Geschmack, in dem sich die Lakritze bemerkbar macht, ein Vorbild an Ausgewogenheit für die Rebsorte. Beachten Sie auch einen 95er Cabernet Sauvignon, der kräftig, würzig und schokoladig ist.
🍇 Dupré et Fils, Dom. de Vigier, 07150 Lagorce, Tel. 04.75.88.01.18, Fax 04.75.37.18.79 ✉ ☎ Mo-Sa 8h-12h 14h-18h ; Gruppen n. V.

La Drôme

DOM. DU CHATEAU VIEUX 1995*

| ■ | 2 ha | 4 927 | ⅰⅡ | -30 F |

Dieses 1994 entstandene Gut erhält die Weinbautradition der Hänge von Triors aufrecht, modernisiert sich dabei aber. Dieser Wein von schöner, dunkler, strahlender Farbe erinnert im Duft an das blühende Unterholz von Veilchen und reifen Früchten. Er ist wohlausgewogen und kann mühelos Gerichte mit rotem Fleisch begleiten.
🍇 Fabrice Rousset, Le Château Vieux, 26750 Triors, Tel. 04.75.45.31.65, Fax 04.75.71.45.35 ✉ ☎ n. V.

Ostfrankreich

Man findet hier originelle Weine in sehr bescheidener Menge. Es sind die Überreste von Weinbaugebieten, die durch die Reblaus vernichtet wurden, aber ihre eigene Blütezeit hatten und dabei von der prestigereichen Nachbarschaft zu Burgund und Champagne profitierten. Übrigens trifft man hier die Rebsorten dieser Region, zusammen mit Rebsorten aus dem Elsaß und dem Jura. Sie werden zumeist einzeln vinifiziert, so daß die Weine den Charakter ihrer Rebsorte haben : Chardonnay, Pinot noir, Gamay oder Pinot gris (für Roséweine). Bei den Verschnittweinen kombiniert man sie bisweilen mit Auxerrois.

Vins de pays de Franche-Comté, Vin de pays de la Meuse oder Vin de pays de l'Yonne - alle sind zumeist fein, leicht, angenehm, frisch und bukettreich. Die Produktion, die vor allem bei den Weißweinen steigt, beträgt bislang erst 3 000 hl.

Ostfrankreich

Saône-et-Loire

VIN DES FOSSILES 1996*

| | k. A. | 3 000 | 〰 | 30-50F |

Jean-Claude Berthillot hat einen Keller aus Hausteinen errichtet, um einige seiner Weine im Holzfaß auszubauen. Der Erfolg krönt seine Anstrengungen. Der »Fossilienwein« trägt diesen Namen zu recht, denn der Boden ist voll davon. Dank der Reben können wir einige Empfindungen herausziehen. Dieser sechs Monate lang im Holzfaß ausgebaute Chardonnay hat sich gut mit dem Holz vereint, so daß ein Wein entstanden ist, in dem sich der Duft mit einem Aroma von weißen Pfirsichen und Aprikosen entlädt. Der Geschmack verbirgt sich noch. Er ist verschlossen, obwohl er schon Vanillenoten erkennen läßt. Der Auxerrois und der Pinot gris, beide aus dem Jahrgang 1996, sind ohne Stern berücksichtigt worden. Sie sind beide sehr ausdrucksvoll.

Jean-Claude Berthillot, Les Chavannes, 71340 Mailly, Tel. 03.85.84.01.23 ✓ ⊥ n. V.

HAUT-BRIONNAIS Gamay 1996

| ■ | k. A. | 15 600 | 📖 | 30F |

Das Haut-Brionnais enthüllt eine Folge von kleinen Tälern, die sich nicht ähneln. Man kann sich darin leicht verlieren und fröhliche Begegnungen machen. Warum sollte man dann nicht Mailly besuchen, wo die Winzer der Kellerei Ihnen ihren recht typischen und wirklich fruchtigen Gamay anbieten werden. Ihr ganzes Herz steckt in ihrem Erzeugnis.

Les Coteaux du Brionnais, Au Bourg, 71340 Mailly, Tel. 03.85.84.01.21 ✓ ⊥ n. V.

Franche-Comté

COTEAUX DE CHAMPLITTE
Pinot noir 1996

| ■ | 12,35 ha | 64 000 | 📖〰 | 30F |

Champlitte war vor der Reblauskrise ein stark durch den Weinbau geprägter Ort, und seine Vergangenheit besitzt eine reiche Geschichte. Obwohl die Stadt klein ist, kann man ein Museum für Volkskunst und Volksbräuche besichtigen. Man wird auch nicht versäumen, einen Halt einzulegen, um die Weine der Hänge von Champlitte zu probieren, die eine schöne Palette verschiedener, vielfältiger Rebsorten bieten. Wir haben den 96er Pinot noir ausgewählt wegen seiner fruchtigen Intensität und seiner schönen Farbe, die auf eine köstliche Zukunft hindeutet.

S.C.P. Les Coteaux de Champlitte, rte de Champlitte-la-Ville, 70600 Champlitte, Tel. 03.84.67.65.09, Fax 03.84.67.69.89 ✓ ⊥ tägl. 8h-18h

VIGNOBLE GUILLAUME
Chardonnay Vieilles vignes 1995

| | 2 ha | 6 000 | 〰 | 30-50F |

Bei den Guillaumes macht der Familiengeist die Stärke aus, und man kann sie zu ihrem Erfolg beglückwünschen. Obwohl sie schon sehr stark in den Bereich der Rebschule investiert haben, besitzen sie einen funktionellen, modernen Keller, um die Qualität der Weine zu sichern, die sie von der Geburt der Pflanze bis zur Flaschenabfüllung begleiten. Dieser ein Jahr lang im Holzfaß gereifte Chardonnay hat eine goldgelbe Farbe und enthüllt einen reichen, weiten Duft (Butter, Honig, weiße Blüten, Thymian) und danach einen Geschmack mit guter Struktur. Man kann ihn schon jetzt trinken.

Vignoble Guillaume, 70700 Charcenne, Tel. 03.84.32.80.55, Fax 03.84.32.84.06 ✓ ⊥ n. V.

La Meuse

E. ET PH. ANTOINE*

| ◢ | 2,5 ha | 20 000 | 📖 | 30F |

Philippe Antoine ist nicht nur Weinbauer, sondern auch einer der letzten Brenner dieser Gegend, in der die Spezialität Mirabellengeist ist. Sein Gris 96 erinnert ein wenig an diese süße Frucht. Im Duft dominieren Zitrusfrüchte, während der Geschmack eine lebhafte, frische Ansprache bietet. Dieser Wein von schöner Harmonie besitzt eine hervorragende Ausgewogenheit. Lobend erwähnen kann man den Weißwein, einen Verschnitt aus Chardonnay und Auxerrois, der exotische und säuerliche Noten enthüllt.

Philippe Antoine, 6, rue de l'Eglise, 55210 Saint-Maurice, Tel. 03.29.89.38.31, Fax 03.29.90.01.80 ✓ ⊥ n. V.

L'AUMONIERE Pinot noir 1996

| ■ | 1 ha | 7 000 | 📖 | 30F |

Die Brüder Blanpied versuchen, aus ihren Pinot-noir-Trauben Stoff und Struktur zu extrahieren, und das ist ihnen auch gelungen. Dieser Wein hat eine schöne Farbe mit dunkelgranatroten Reflexen. Die Rebsorte ist im Duft spürbar, während der Geschmack noch tanninhaltig ist. Zweifellos ist deshalb unsere Note ein wenig streng. Man muß diesen Wein altern lassen, damit seine Ausgewogenheit voll zustande kommt.

GAEC de L'Aumonière, 55210 Vieville-sous-les-Côtes, Tel. 03.29.89.31.64, Fax 03.29.90.00.92 ✓ ⊥ n. V.

DOM. DE MONTGRIGNON 1996**

| | k. A. | 7 300 | 📖 | 30F |

Dieses Gut ist das einzige im Departement Meuse, das mit Pinot gris bepflanzt worden ist, und das ist so etwas wie eine Rückkehr zu den Wurzeln, denn früher einmal war die Rebsorte in dieser Gegend häufig verbreitet. Man muß diesen Verschnitt Pinot gris und Auxerrois

Ostfrankreich

begrüßen, der bemerkenswert ist. Er verbindet nämlich Feinheit und Komplexität : ein schöner Erfolg. Der 96er Vin gris (ein Rosé) dieses Guts hat die Aufmerkamkeit der Jury auf sich gelenkt, die ihn ohne Stern berücksichtigt hat.

🕿 GAEC de Montgrignon Pierson Frères, 9, rue des Vignes, 55210 Billy-sous-les-Côtes, Tel. 03.29.89.58.02, Fax 03.29.90.01.04 ☑ ⏳ n. V.

DOM. DE MUZY Gris 1996*

| | 1,5 ha | 10 000 | | –30 F |

Jean-Marc Liénard bestimmt die Geschicke des Vin de pays de la Meuse : Sein Ehrgeiz ist es, diesem Wein die Zulassung zur VDQS zu verschaffen. Ein schönes Qualitätsbeispiel gibt dieser Rotwein, der aus 96er Pinot noir hergestellt worden ist. Duft, Rundheit und Ausgewogenheit sind vorhanden. In Lothringen muß man unbedingt einen Vin gris trinken, und dieser hier paßt gut zu Schweinernem, lothringischem Eintopf oder Flußfischen. Er ist sehr genußvoll und wird Sie erfrischen. Lobend erwähnt werden kann auch der 96er Chardonnay wegen seiner Fruchtigkeit.

🕿 Jean-Marc Liénard, Dom. de Muzy, 3, rue de Muzy, 55160 Combres-sous-les-Côtes, Tel. 03.29.87.37.81, Fax 03.29.87.35.00 ☑ ⏳ n. V.

Haute Marne

La Haute Marne

LE MUID MONTSAUGEONNAIS
Chardonnay Cuvée Prestige 1995*

| | 0,25 ha | 2 000 | | 30-50 F |

Die Geschichte der Weinberge des Montsaugeonnais soll ins 9. Jh. zurückreichen, als ihr Ansehen weit in die Umgebung ausstrahlte. 1988 wird alles wiedergeboren mit der Anpflanzung von 10 ha. Das Haus des Guts wird Sie empfangen und Sie diese Reichtümer entdecken lassen. Sie können vor allem die ein Jahr lang im Holzfaß gereifte Cuvée Prestige probieren. Die goldgelbe Farbe kündigt den Duft nach getrockneten Früchten und Vanille an. Der Geschmack besitzt Fülle, und man genießt es, im Rachenraum Akazienblütenhonig zu finden. Zu Fisch in Sauce zu empfehlen.

🕿 SA Le Muid Montsaugeonnais, 2, av. de Bourgogne, 52190 Vaux-sous-Aubigny, Tel. 03.25.90.04.65, Fax 03.25.90.04.65 ☑ ⏳ n. V.

SCHWEIZER WEINE

Im Vergleich zu seinen europäischen Nachbarn ist das Schweizer Weinbaugebiet mit seinen 14 900 ha Anbaufläche bescheiden. Es erstreckt sich auf den Beginn von drei großen Flußtälern, die Oberläufe der Rhône im Westen der Alpen, des Rheins im Norden und des Po im Süden dieser Gebirgskette. Deshalb besitzt es eine große Vielfalt an Böden und Klimas, die ebenso viele Anbaugebiete bilden, obwohl sie relativ nahe beieinander liegen. Der Wein, der traditionell auf sonnenreichen Hügeln angebaut wird, an sehr steilen Hängen oder auf Terrassen, formt die Landschaft mit. Man unterscheidet nach den Sprachräumen drei Weinbauregionen. Doch diese sind alles andere als einheitlich. Im Westen umfaßt das Weinbaugebiet der französischsprachigen Schweiz über drei Viertel der Rebfläche des Landes. Es reicht von Genf bis in das Innere der Alpen im Kanton Wallis und verläuft im Kanton Waadt an den Ufern des Genfersees entlang. Weiter nördlich nimmt es auf den Ausläufern des Jura die Ufer des Neuenburgersees, des Murtensees und des Bielersees in Besitz. Das wesentlich stärker aufgesplitterte Weinbaugebiet der deutschsprachigen Schweiz umfaßt 17 % der Rebfläche. Es zieht sich das gesamte Rheintal entlang hin, wo es dem Flußlauf ab Basel stromaufwärts bis in den Osten des Landes folgt. Der Weinbau stößt auch weit ins Landesinnere vor, auf den besten Lagen der Hänge, die zahlreiche Seen und Täler überragen. In der italienischsprachigen Schweiz konzentriert sich der Weinbau auf die südlichen Täler des Tessins und das Misox, wo sich die natürlichen Bedingungen an der Südseite der Alpen deutlich von denen der anderen Weinbaugebiete unterscheiden. Neben einer ganzen Reihe von »Spezialitäten« bevorzugen die Winzer in der französischsprachigen Schweiz die weiße Rebsorte Chasselas. Pinot noir ist hier die am häufigsten angebaute rote Rebe, gefolgt von Gamay. Pinot noir dominiert auch in der deutschsprachigen Schweiz, wo er neben der weißen Müller-Thurgau und verschiedenen einheimischen Rebsorten wächst, die bei Weinfreunden sehr begehrt sind. In der italienischsprachigen Schweiz beruht das Ansehen des Weinbaus auf dem Merlot; weiße Rebsorten sind dort nur in geringem Maße vertreten. Das bedeutendste Ereignis in der Welt des Schweizer Weins ist die »Fête des vignerons« in Vevey. Diese prächtige Veranstaltung, die bis ins Mittelalter zurückreicht und nur alle 25 Jahre abgehalten wird, vereint alle Winzer und zahlreiche Besucher und feiert ihre Arbeit im Weinberg. Das nächste Fest findet im August 1999 statt.

Fast 1 500 Weine sind im Juni 1997 für den Weinführer verkostet worden. Wir bieten Ihnen hier einen Überblick über die Schweizer Weinproduktion.

Kanton Waadt (Vaud)

Im Mittelalter rodeten die Zisterziensermönche einen Großteil dieser Region der Schweiz und schufen das Weinbaugebiet des Waadtlandes. Um die Mitte des letzten Jahrhunderts war das Waadtland zwar der wichtigste Wein erzeugende Kanton vor dem Weinbaugebiet von Zürich, aber die Verwüstungen durch die Reblaus zwangen zu einer vollständigen Wiederherstellung. Heute steht der Kanton Waadt mit 3 850 ha an zweiter Stelle hinter dem Wallis.

Seit mehr als 450 Jahren besitzt das Anbaugebiet der Waadt eine echte Weinbautradition, die ebenso sehr

Waadt

auf seinen Châteaux - es gibt fast fünfzig davon - wie auf der Erfahrung der großen Winzer- und Händlerfamilien beruht.

Die klimatischen Bedingungen legen vier große Anbauzonen fest : Die Ufer des Neuenburgersees und die Ufer der Orbe und des Murtensees liefern leckere Weine mit zartem Aroma. An den Ufern des Genfersees, die zwischen Genf und Lausanne im Norden vom Jura geschützt werden und von der wärmeregulierenden Wirkung des Sees profitieren, entstehen sehr feine Weine. Die Weinberge von Lavaux, zwischen Lausanne und Château-de-Chillon gelegen, mit den terrassierten Weinbergen des Dézaley im Zentrum, profitieren sowohl von der Wärme, die von den kleinen Mauern gespeichert wird, als auch vom Sonnenlicht, das der See zurückwirft ; sie bringen strukturierte, komplexe Weine hervor, die sich oft durch Honignoten und Röstgeruch auszeichnen. Die Weinberge des Chablais schließlich befinden sich nordöstlich des Genfersees und reichen am rechten Ufer das Rhône-Tal hinauf. Die Reblagen sind durch steinige Böden und ein sehr stark durch den Föhn geprägtes Klima gekennzeichnet ; die Weine sind kräftig und haben einen Feuersteingeruch.

Der besondere Charakter des Weinbaugebiets des Waadtlands beruht auf seiner Bestockung. Es ist das Lieblingsgebiet der Chasselas-Rebe (70 % des Rebsortenbestands), die hier zu ihrer vollen Reife gelangt.

Die roten Rebsorten machen 27 % aus (15 % Pinot noir und 12 % Gamay). Deren Trauben werden oft miteinander verschnitten ; der Verschnitt ist unter der AOC *Salvagnin* bekannt.

Die übrigen Rebsorten haben einen Anteil von 3 % an der Weinproduktion : Pinot blanc, Pinot gris, Gewürztraminer, Muscat blanc, Johannisberg (Grüner Silvaner), Auxerrois, Charmont, Mondeuse, Plant-Robert, Syrah, Merlot, Gamaret, Granoir etc.

ABBAYE DE MONT
Mont-sur-Rolle 1996*

Gd cru	13,56 ha	135 000		30-50 F

Die Stadt Lausanne ist seit 1802 Besitzer dieser schon im Jahre 996 belegten Weinberge, der der Abtei Mont, einer Gründung der cluniazensischen Mönche von Romainmôtier, gehörten. Ein 15 ha großes Gut, das auf alkalischen Kalksteinböden mit Chasselas bepflanzt ist. Es bietet einen blumigen, feinen Wein mit milder Ansprache und fruchtigem Abgang.

Ville de Lausanne, au Boscal, case postale 27, 1000 Lausanne 25, Tel. 021.784.39.19, Fax 021.784.39.09 n. V.

AUBETAILLE Morges Rosé de Gamay 1996

	0,7 ha	7 000		30-50 F

Ein himbeerroter Rosé mit dem Duft von Zitrusfrüchten und einer ausgewogener Fruchtigkeit. Sein Preis ist so leicht wie seine Farbe.

Bernard Girardet, rue du Collège 10, 1132 Lully, Tel. 021.801.01.56, Fax 021.801.01.56 n. V.

CAVE D'AUCRET Calamin 1996*

	0,3 ha	3 000		50-70 F

Aulcrêt, Haut Crêt, Aucrêt : 1134 ließen sich die Mönche an diesem Ort nieder und pflanzten hier Wein an. Seit 1578 besitzt die Familie Blanche das Gut. Der Calamin wird »auf der Hefe« vinifiziert : Ein leichtes Prickeln belebt ihn. Im Duft und im Geschmack Reichtum und Komplexität. Nachhaltiger Abgang.

Michel Blanche, Dom. d'Aucret, 1603 Bahyse-sur-Cully, Tel. 021.799.36.75, Fax 021.799.38.14 n. V.

CAVE D'AUCRET Epesses 1996*

	3 ha	25 000		50-70 F

Dieses Gut überragt den Genfersee und erstreckt sich auf 21 ha. Ein paar Bläschen zieren das hellgoldene Kleid dieses Weins. Blüten- und Zitronenaroma. Im Geschmack dominiert die Fruchtigkeit ; der Abgang ist blumig.

Michel Blanche, Dom. d'Aucret, 1603 Bahyse-sur-Cully, Tel. 021.799.36.75, Fax 021.799.38.14 n. V.

CAVE D'AUCRET
Epesses Pinot noir 1996*

	1,2 ha	8 000		50-70 F

Ein sehr junger Pinot, der noch »auf seiner Frucht« ist und nach Erdbeeren und Himbeeren duftet. Er wird durch feine Tannine und die Wärme des Alkohols gestützt.

Michel Blanche, Dom. d'Aucret, 1603 Bahyse-sur-Cully, Tel. 021.799.36.75, Fax 021.799.38.14 n. V.

CLOS DU BOUX Epesses 1996**

Gd cru	1,2 ha	11 000		70-100 F

Ein ausgezeichneter Chasselas aus Epesses, dessen feines, weiniges, blumiges Aroma einen strukturierten, samtigen, frischen und eleganten Geschmack ankündigt. Ein rassiger, eleganter Wein. Die Jury notierte : »Man will mehr davon.«

Luc Massy, Clos du Boux, 1098 Epesses, Tel. 021.799.21.47, Fax 021.799.32.50 n. V.

BOVARD
Dézaley Chasselas roux Médinette 1995*

Gd cru	6 ha	50 000		70-100 F

Die 1995 gegründete Vereinigung »la Baronnie du Dézaley« faßt nur Winzer zusammen,

SCHWEIZER WEINE

Waadt

deren Parzellen im Dézaley grand mindestens eine Pflanzdichte von 7 000 Rebstöcken pro Hektar aufweisen. Dieser 95er ist nicht frei von Kohlensäure. Er ist im Duft und im Geschmack durch mineralische Nuancen und Honignoten gekennzeichnet. Ein reichhaltiger, im Geschmack langer Wein.
🕭 Louis Bovard, La Maison-Rose, Place d'Armes 2, 1096 Cully, Tel. 021.799.21.25, Fax 021.799.23.22 ◪ ⵟ n. V.

BOVARD Dézaley Grande Cuvée 1995*

| ■ Gd cru | 0,7 ha | 5 000 | 📗 70-100 F |

Ein Pinot-noir-Wein aus dem terrassierten Weinberg des Dézaley, den im 12. Jh. die Mönche von Cîteaux anlegten. Seine Farbe ist kräftig; sein Duft nach Kirschen »pinotiert«, während die Kirschen im Geschmack durch Zimt und Gewürznelken verstärkt werden. Dieser gutgebaute 95er mit den feinen, aber dichten Tanninen kann in den nächsten fünf Jahren rotes Fleisch begleiten.
🕭 Louis Bovard, La Maison-Rose, Place d'Armes 2, 1096 Cully, Tel. 021.799.21.25, Fax 021.799.23.22 ◪ ⵟ n. V.

BOVARD
Epesses Terre à boire Chasselas roux 1996

| □ | 6,5 ha | 55 000 | 📗🍶 50-70 F |

Dieses Gut in Familienbesitz umfaßt 17 ha. Sehr hohe Pflanzdichte (12 000 bis 15 000 Rebstöcke pro Hektar) und nicht gerade geringer Ertrag von 90-100 hl/ha. Dieser gelbgraue 96er, der lebhaft, honigartig und blumig ist, muß sich noch öffnen. Seine schöne Ansprache, der gute Charakter seines Geschmacks und seine Länge kennzeichnen einen rassigen Wein mit Bodengeschmack.
🕭 Louis Bovard, La Maison-Rose, Place d'Armes 2, 1096 Cully, Tel. 021.799.21.25, Fax 021.799.23.22 ◪ ⵟ n. V.

DOM. DU BURIGNON Saint-Saphorin

| □ | 5,94 ha | 73 000 | 📗🍶 50-70 F |

Dieser Besitz des Stifts Hautcrêt im 12. Jh. fiel 1802 an die Stadt Lausanne zurück. Dieser 96er ist noch verschlossen. Spürbar blumig. Fruchtigkeit mit einer bitteren Note.
🕭 Ville de Lausanne, au Boscal, case postale 27, 1000 Lausanne 25, Tel. 021.784.39.19, Fax 021.784.39.09 ⵟ n. V.

DOM. DE CHANTEGRIVE
Coteau de Vincy 1996*

| □ Gd cru | 3 ha | 15 000 | 📗🍶 30-50 F |

Der Hang von Vincy befindet sich an der »Côte« zwischen Genf und Lausanne. Dieser Wein, den man als Aperitif oder zu Fisch als Auftaktgericht trinken wird, ist frisch und blumig und im Geschmack stark durch füllige Fruchtigkeit geprägt.
🕭 Alain Rolaz, Dom. de Chantegrive, 1182 Gilly, Tel. 021.824.15.87, Fax 021.824.15.87 ◪ ⵟ n. V.

CH. DE CHATAGNEREAZ
Mont-sur-Rolle 1996*

| □ Gd cru | 12,6 ha | k. A. | 🍷 50-70 F |

Château de Châtagnéréaz, ein 14 ha großes Gut, gehört dem Weinhändler Schenk. Der 96er Chasselas ist ein offener, blumig-mineralischer Wein mit frischer Ansprache, samtigem Geschmack und deutlichem Abgang.
🕭 SA ch. de Châtagnéréaz, 1180 Rolle, Tel. 021.825.14.39 ◪ ⵟ n. V.

CLOS DE CHATONNEYRE
Chardonne 1996*

| □ Gd cru | 2 ha | 20 000 | 📗🍶 70-100 F |

Die Association Vinicole von Corseaux vereinigt 50 Erzeuger, deren Anbaugebiet 16 ha umfaßt. Obwohl die AOC »Chardonne« heißt, handelt es sich nicht um Chardonnay, sondern um Chasselas. Ein kristallklarer Chasselas, der sanft, weinig und fruchtig ist.
🕭 Association Vinicole de Corseaux, rue du Village 20, 1802 Corseaux, Tel. 021.921.31.85, Fax 021.821.31.10 ◪ ⵟ Mo-Fr 8h-12h 14h-18h; Sa 9h-12h

WAADT Weinbaugebiete

FRANKREICH · JURA · Biel-Bienne · BERN · Neuenburg (Neuchâtel) · Bielersee · NEUENBURG (NEUCHÂTEL) · Neuenburgersee · Wully · FREIBURG (FRIBOURG) · Bonvillars · Broye · Côtes-de-l'Orbe · Yverdon · Orbe · Freiburg (Fribourg) · WAADT (VAUD) · Broye · Lausanne · Lavaux · La Côte · Genfersee · Montreux · Chablais · Sitten (Sion) · Mandement · Genf · WALLIS (VALAIS) · Arve-et-Lac · Arve-et-Rhône · GENF (GENÈVE) · Martigny

Waadt

CHEMIN DE FER Dézaley 1996

☐ 3,5 ha 30 000 70-100 F

Dieser Wein verdankt seinen Namen der Umstrukturierung der Parzellen, die durch den Bau der Eisenbahnstrecke im Jahre 1864 notwendig wurde. Der strahlende Chasselas ist sehr ausdrucksvoll, blumig mit einem Hauch von Reife und leichtem Entwicklungscharakter. Der Geschmack ist fruchtig, strukturiert und nachhaltig.

🕿 Luc Massy, Clos du Boux, 1098 Epesses, Tel. 021.799.21.47, Fax 021.799.32.50 ☑ ♆ n. V.

CLOS DES ABBAYES
Dézaley Chasselas 1996★★

☐ Gd cru 4,72 ha 60 000 70-100 F

Das Clos des Abbayes ist zweifellos der berühmteste Weinberg des Lavaux. Es wurde im 12. Jh. von den Zisterziensermönchen von Montheron angelegt. Vier Jahrhunderte später wurde die Stadt Lausanne sein Besitzer. Ein bemerkenswerter Wein, der weinig, blumig, wohlschmeckend, ausgewogen und lang ist. Ein Lieblingswein.

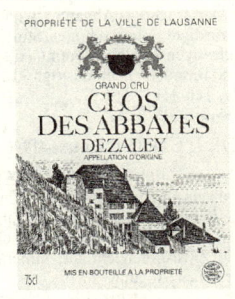

🕿 Ville de Lausanne, au Boscal, case postale 27, 1000 Lausanne 25, Tel. 021.784.39.19, Fax 021.784.39.09 ♆ n. V.

COTES DES ABBAYES Dézaley 1996★

☐ Gd cru 0,6 ha 5 900 70-100 F

Jean-Luc Blondel bewirtschaftet ein 3,5 ha großes Weingut. Sein sehr gelungenes Etikett zeigt die Reben, die an steilen Hängen wachsen, von Mauern umgeben. Ein wenig Kohlensäure verstärkt die Ansprache dieses golden-silbernen Weins mit dem feinen, geschmeidigen Ge-

Schweiz

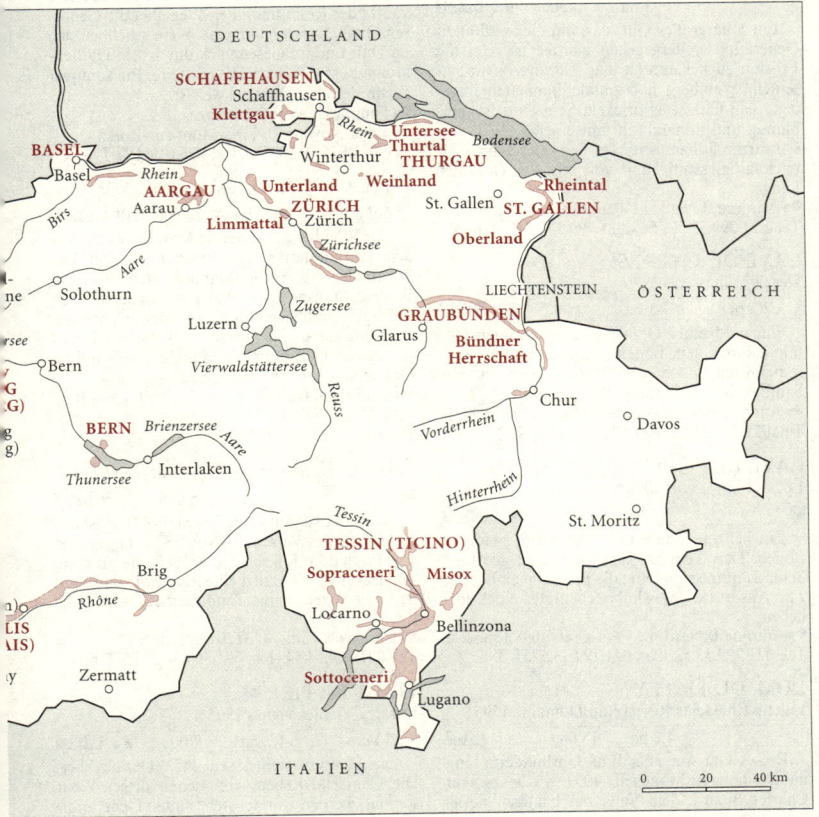

SCHWEIZER WEINE

Waadt

schmack. Der fruchtige Abgang ist nachhaltig. Die Jury würdigte seinen schönen Stoff, der aus einer erstklassigen Reblage kommt.
☛ Jean-Luc Blondel, chem. du Vigny 12, 1096 Cully, Tel. 021.799.31.92, Fax 021.799.21.92 ✓ ✗ n. V.

COUP DE L'ETRIER Epesses 1996★

| ☐ | 10 ha | 70 000 | 🍴 | 70-100 F |

Der Coup de l'Etrier stammt von Chasselas-Reben, die in einem terrassierten Weinberg mit kompaktem Lehmboden wachsen. Frische Weinigkeit, die Zitrusnoten enthält, mineralischer, samtiger, rassiger Abgang.
☛ SA Jean et Pierre Testuz, 1096 Treytorrens-Cully, Tel. 021.799.99.11, Fax 021.799.99.22 ✓ ✗ n. V.

CRET-BAILLI Epesses 1995

| ■ | 1 ha | 6 000 | 🍷 | 70-100 F |

Ein entwickelter hellroter Gamay, der nach Gewürznelken duftet, frisch und süffig ist. Trotz leicht adstringierender Tannine verführt er aufgrund seiner Fruchtigkeit, vor allem im Abgang.
☛ Luc Massy, Clos du Boux, 1098 Epesses, Tel. 021.799.21.47, Fax 021.799.32.50 ✓ ✗ n. V.

CAVE DU CYPRES
Epesses Chasselas 1996★

| ☐ | 3 ha | 4 500 | 🍴 | 100-150 F |

Ein 5 ha großes Gut, das von Generation zu Generation weitergegeben worden ist. Um die Erosion zu bekämpfen, hat Antoine Bovard in seinem Weinberg horizontale Banketten angelegt. Sein Chasselas prickelt. Sein Duft ist fein, blumig und mineralisch, mit einem Hauch von schwarzen Johannisbeeren. Sein Geschmack ist reichhaltig, samtig und von schöner, eleganter Länge.
☛ Antoine Bovard, Le Petit-Crêt, 1098 Epesses, Tel. 021.799.33.52, Fax 021.799.33.52 ✓ ✗ n. V.

CAVE DU CYPRES
Dézaley Chasselas 1996

| ☐ Gd cru | 1 ha | 2 000 | 🍴 | 150-200 F |

Ein goldgelber Dézaley, der von einem lehmig-kalkhaltigen Boden stammt. Blumig und mineralisch, noch verschlossen, von bitterer Samtigkeit. Recht üppig.
☛ Antoine Bovard, Le Petit-Crêt, 1098 Epesses, Tel. 021.799.33.52, Fax 021.799.33.52 ✓ ✗ n. V.

CAVE DES CYPRES
Epesses Pinot noir 1996★

| ■ | 1,5 ha | 1000 | 🍴 | 150-200 F |

Ein hellroter Pinot noir von einem sandigen Boden. Der Wein hat sich noch nicht geöffnet. Seine Tannine sind fein ; die Fruchtigkeit kommt zum Ausdruck, der Alkohol ebenfalls. Noch aufheben.
☛ Antoine Bovard, Le Petit-Crêt, 1098 Epesses, Tel. 021.799.33.52, Fax 021.799.33.52 ✓ ✗ n. V.

DOM. DU DALEY
Villette Chasselas Réserve du Domaine 1996★

| ☐ | 4,8 ha | 15 000 | | 50-70 F |

Dieses Gut war über fünf Jahrhunderte lang im Besitz von Mönchen. 1937 wurde es von Charles Bujard, dem Vater des heutigen Besitzers, erworben. Sein Anbaugebiet ist über 6 ha groß. Der Chasselas bringt durch ein paar Bläschen seine Frische und sein blumiges Aroma zum Ausdruck. Nach einer sanften Ansprache setzt sich die Fruchtigkeit durch.
☛ SA Société foncière du Daley, Dom. du Daley, chem. des Moines, 1095 Lutry, Tel. 021.791.15.94, Fax 021.791.58.61 ✓ ✗ n. V.

DOM. DU DALEY
Villette Pinot noir 1995★

| ■ | 1,1 ha | 4 000 | 🍷 | 50-70 F |

Ein 95er Pinot noir, dessen rubinrote Farbe orangerote Reflexe aufweist. Er wird von der Rebsorte geprägt : Rundheit und Weinigkeit. Seine guten Tannine und seine wohlschmeckende Fruchtigkeit sind nachhaltig. Paßt zu einem Weichkäse.
☛ SA Société foncière du Daley, Dom. du Daley, chem. des Moines, 1095 Lutry, Tel. 021.791.15.94, Fax 021.791.58.61 ✓ ✗ n. V.

DOMAINE DE HAUTECOUR
Mont-sur-Rolle 1995

| ☐ | k. A. | 2 000 | 🍷 | 30-50 F |

Die Familie de Wurstemberger besitzt dieses über 5 ha große Gut seit 1649. Der Wein wird auf dem Gut vinifiziert und danach ausgebaut. Ein Teil dieser Produktion wird hier auch verkauft ; der Rest nimmt den Weg über die Genossenschaft. Dieser goldgelbe Wein zeichnet sich im Duft und im Geschmack durch sein Quittenaroma aus - ein Zeichen von Reife. Ein samtiger Wein, der aber nicht schwer ist.
☛ Famille de Wurstemberger, rte de la Noyère 10, 1185 Mont-sur-Rolle, Tel. 021.826.09.18, Fax 021.826.01.64 ✓ ✗ n. V.

DE LA TOUR Dézaley-Marsens 1995★

| ☐ Gd cru | 2 ha | 20 000 | 🍴🍷 | 70-100 F |

Der Weinberg La Tour de Marsens wurde vor acht Jahrhunderten von Mönchen angelegt. Der Turm, der mitten im Weinberg steht, war ein Beobachtungsposten ; man hat von dort einen außergewöhnlichen Blick auf den Genfersee. Hier ein klassischer, leicht prickelnder Chasselas, der im Duft blumig und mineralisch und im Geschmack sehr fruchtig und rassig ist.
☛ Les Frères Dubois et Fils, Le Petit-Versailles, 1096 Cully, Tel. 021.799.22.22, Fax 021.799.22.54 ✓ ✗ n. V.

DUBARIL Salvagnin du pays de Vaud 1996★

| ■ | 8 ha | 55 000 | | 50-70 F |

Dieser Salvagnin - eine Rotwein-AOC - ist das Ergebnis eines Verschnitts von 85 % Gamay und 15% Pinot noir. Ein rubinroter Wein, der fruchtig und lecker ist. Er besitzt eine leichte Struktur und ist ausgewogen. Feine Tannine machen ihn süffig.
☛ SA Caves Cidis, 1131 Tolochenaz, Tel. 021.804.54.54, Fax 021.804.54.55 ✓ ✗ n. V.

HAUT DE PIERRE
Dézaley Vieilles vignes 1995★

| ☐ Gd cru | 1,2 ha | 7 000 | 🍴 | 100-150 F |

Die Duboux stellen seit 1453 Dézaley her. Die Chasselas-Reben, von denen dieser Wein stammt, werden von der siebzehnten Generation

Waadt

dieser Familie angebaut, die eng mit dem Weinbau verbunden ist. Haut de Pierre hat eine strahlende weißgoldene Farbe. Sein blumiges Aroma zeigt auch eine mineralische Seite. Im Geschmack eine schöne, ausgewogene Struktur.
🍇 Vincent et Blaise Duboux, Creyvavers, 1098 Epesses, Tel. 021.799.18.80, Fax 021.799.38.39 ☑ ⏲ tägl. 8h-13h

HENRI CRUCHON
Morges Pinot Blanc 1996*

| | 0,6 ha | 6 000 | ■ | 50-70 F |

Die Appellation Morges erstreckt sich auf 38 Gemeinden und umfaßt 600 ha Rebfläche. Es ist die größte im Kanton Waadt. Der Pinot blanc ist eine »Spezialität« von Henri Cruchon. Dieser hier bietet einen diskret blumigen Duft und einen rassigen, feinen Geschmack. Ein eleganter, feiner Wein.
🍇 Henri Cruchon, Cave du Village, 1112 Echichens, Tel. 021.801.17.92, Fax 021.803.33.18 ☑ ⏲ n. V.

JACQUES PELICHET
Féchy Mon Pichet 1996*

| | 3 ha | 30 000 | ■ ♦ | 30-50 F |

Dieses 3,5 ha große Gut in Familienbesitz präsentiert einen Chasselas, der sich perfekt als Aperitif eignet, geprägt durch die Frische des Lindenblütenaromas, voller Feinheit und Fröhlichkeit.
🍇 Jacques Pelichet, 1173 Féchy, Tel. 021.808.51.41, Fax 021.808.51.41 ☑ ⏲ n. V.

DOM. LA BOULAZ
Bonvillars Vinatura 1996*

| | 2 ha | 12 000 | ■ | 50-70 F |

Im Laufe von Generationen haben die Bloesch ein fast 5 ha großes Gut aufgebaut. Ein kristallklarer Wein, der zum Aperitif bestimmt ist, voll blumiger Frische - eine Frische, die man nach einer klaren, köstlichen Ansprache im Geschmack wiederfindet.
🍇 Jacques Bloesch, Dom. la Boulaz, 1427 Bonvillars, Tel. 024.436.13.80 ☑ ⏲ n. V.

LA BRAISE D'ENFER Epesses 1996*

| | 4 ha | k. A. | ■ ⏲ ♦ | 50-70 F |

An den Hängen von Epesses hat der Teufel der Sage nach auf den Boden gestampft - daher der Name »Höllenglut«. Tatsächlich schieben sich hier die Lehmschichten übereinander. Dieser Chasselas lagert fünf Monate im Gärbehälter und zwei Monate im Holzfaß. Er ist ausdrucksvoll, köstlich und wohlschmeckend. Hervorragend als Aperitif.
🍇 Les Frères Dubois et Fils, Le Petit-Versailles, 1096 Cully, Tel. 021.799.22.22, Fax 021.799.22.54 ☑ ⏲ n. V.

LA COLOMBE Féchy 1996*

| | 4 ha | 40 000 | ■ ♦ | 30-50 F |

Diese »Taube« erscheint auf dem Wappen der Familie Paccot, die aus Savoyen stammt. Ihr Gut ist 8 ha groß. Dieser Wein, der aus mehreren Parzellen im Gebiet von Féchy stammt, wurde 1991 zum ersten Mal hergestellt. Er ist goldgrün und duftet diskret nach Lindenblüten. Sein Geschmack bietet eine samtige Fruchtigkeit.
🍇 Raymond Paccot, La Colombe, rue du Monastère, 1173 Féchy, Tel. 021.808.66.48, Fax 021.808.52.84 ☑ ⏲ n. V.

LE PETIT CLOS LA COLOMBE
Mont-sur-Rolle 1996**

| | 2 ha | 20 000 | ■ ♦ | 30-50 F |

Dieser Mont-sur-Rolle stammt aus einer lehmigen Parzelle. Sie verleiht diesem Chasselas-Wein mit dem feinen Blütenduft (Linde) Nerv. Der sanfte Geschmack ist ein Vorbild an Ausgewogenheit, der Abgang besonders fruchtig. Bemerkenswertes Preis-Wert-Verhältnis.
🍇 Raymond Paccot, La Colombe, rue du Monastère, 1173 Féchy, Tel. 021.808.66.48, Fax 021.808.52.84 ☑ ⏲ n. V.

LA FAVEUR DES MUSES
Ollon Chasselas 1996

| | 5 ha | 50 000 | ■ ♦ | 50-70 F |

Wenn Fürst Rainier von Monaco in die Schweiz kommt, trinkt er Faveur des Muses, einen Chasselas, der mit seinem Gewürz- und Ananasaroma ins Exotische geht. Er ist rund, lebhaft, fruchtig, lecker und originell.
🍇 Association viticole d'Ollon, rue Demesse, 1867 Ollon, Tel. 024.499.11.77, Fax 024.499.24.48 ☑ ⏲ n. V.

LA FORNELETTE Féchy Chasselas 1996

| | 6 ha | 12 000 | ■ ♦ | 30-50 F |

Eine Appellation de Côte zwischen Genf und Lausanne, 450 m hoch gelegen und nach Südwesten gehend, zum Genfersee hin. Im Laufe von vierzehn Generationen haben die Meylan ein fast 8 ha großes Gut aufgebaut. Die frische Leichtigkeit bestimmt diesen Wein zum Aperitif. Er ist blumig, köstlich und fruchtig zugleich.
🍇 Charles-Henri Meylan, La Fornelette, 1172 Bourg-Villars, Tel. 021.808.60.19, Fax 021.808.60.19 ☑ ⏲ n. V.

LA PERLE Epesses La Perle 1996*

| | 0,5 ha | 5 200 | ■ ♦ | 50-70 F |

Vor acht Jahrhunderten begann man im Gebiet von Epesses Wein anzubauen. Dieser Wein trägt den Namen der Reblage, aus der er stammt. Einige Bläschen durchsetzen sein goldensilbernes Kleid. Seine mineralische Weinigkeit ist durch einen Hauch von schwarzen Johannisbeeren geprägt.
🍇 Jean-Luc Blondel, chem. du Vigny 12, 1096 Cully, Tel. 021.799.31.92, Fax 021.799.21.92 ☑ ⏲ n. V.

L'ARBALETE Dézaley 1996*

| Gd cru | 10 ha | 70 000 | ■ ♦ | 100-150 F |

Seit 1538 findet man Mitglieder der Familie Testuz als Winzer im Dézaley. Dreizehn Generationen später sind die Testuz immer noch im Dézaley. Der 96er Arbalète, der von einem Puddingsteinboden kommt, verbindet Zitrusfrüchte, Blüten und mineralische Noten. Er ist voller Frische. Ein Wein, der »nach mehr schmeckt«, wie man hier sagt.
🍇 SA Jean et Pierre Testuz, 1096 Treytorrens-Cully, Tel. 021.799.99.11, Fax 021.799.99.22 ☑ ⏲ n. V.

SCHWEIZER WEINE

LE CAVISTE OLLON
Ollon Chasselas 1996*

☐ 30 ha 160 000 ■ ♦ 50-70 F

Diese Erzeugervereinigung vinifiziert und vermarktet die Ernte von 47 ha Reben. Die Flaschen dieses Chasselas-Weins der AOC Ollon sind mit einem Etikett aus dem Jahre 1926 geschmückt, dem typischen Bild eines einheimischen Malers. Das Dorf Ollon liegt im Rhône-Tal, bevor der Fluß in den Genfersee mündet. Die Chasselas-Rebe wächst hier auf lehmig-kalkhaltigen Böden, die Gips enthält. Der »Caviste« ist ein mineralischer, an Feuerstein erinnernder Wein mit diskreter Bitterkeit.

✆ Association viticole d'Ollon, rue Demesse, 1867 Ollon, Tel. 024.499.11.77, Fax 024.499.24.48 ☑ ⚷ n. V.

LE CHARDONNERET Chardonne 1996

☐ 2 ha 20 000 ■ ♦ 50-70 F

Der Name dieser Appellation soll von »chardonneret« (Distelfink) kommen, dem Vogel, der das Etikett dieses Weins schmückt. Hier ein guter Chasselas, der sich noch öffnen muß : ein guter, komplexer Duft und ein guter, fülliger, runder Geschmack.

✆ Association Vinicole de Corseaux, rue du Village 20, 1802 Corseaux, Tel. 021.921.31.85, Fax 021.821.31.10 ☑ ⚷ Mo-Fr 8h-12h 14h-18h ; Sa 9h-12h

LES PETOLEYRES
Morges Echichens 1996**

☐ Gd cru 1 ha 7 500 ■ ♦ 30-50 F

Ein Grand cru von Echichens. Der Petoleyres stammt von zwanzig Jahre alten Chasselas-Reben, deren Ertrag auf 50 hl/ha beschränkt ist. Man findet darin Frische, Struktur und eine gute, mineralische Länge. Zu einem großen Fisch aus dem See.

✆ Henri Cruchon, Cave du Village, 1112 Echichens, Tel. 021.801.17.92, Fax 021.803.33.18 ☑ ⚷ n. V.

LES ROUGES TERRES
Bonvillars Chasselas 1996*

☐ 3 ha 28 000 ■ ♦ 30-50 F

Diese 1948 gegründete Winzervereinigung hat 180 Mitglieder, die 100 ha Weinberge bewirtschaften. Vielleicht »rote Böden«, aber es ist ein Weißwein aus Chasselas-Trauben. Ein gut strukturierter, leicht entwickelter 96er, der weinig und fruchtig ist und in dem man ein Quittenaroma entdeckt. Der Inbegriff eines Aperitifweins.

✆ Cave des viticulteurs de Bonvillars, 1427 Bonvillars, Tel. 024.436.04.36, Fax 024.436.04.37 ☑ ⚷ n. V.

LES VITICULTEURS DE BONVILLARS
Bonvillars Œil de Perdrix 1996

◢ 3 ha 25 000 ■ ♦ 30-50 F

»Œil de perdrix« (Rebhuhnauge) bezeichnet die Farbe dieses hellen Roséweins, nach Himbeeren duftend, im Abgang durch einen Hauch von Adstringenz geprägt. Er besitzt Fülle, bleibt aber zurückhaltend. Paßt zu Fischen aus dem See.

✆ Cave des viticulteurs de Bonvillars, 1427 Bonvillars, Tel. 024.436.04.36, Fax 024.436.04.37 ☑ ⚷ n. V.

LE TREILLANT Dézaley 1995*

■ Gd cru 0,2 ha 1 650 ■ ♦ 100-150 F

Ein Rotwein von seltener Zusammensetzung ; mehrere Rebsorten sind daran beteiligt : Pinot noir, Gamay, Syrah, Cabernet (franc), Merlot und ein wenig Diolynoir (eine Rebsorte, die mit dem Pinot Ähnlichkeit hat). Er wird vierzehn Monate lang in kleinen Fässern ausgebaut. Seine Farbe ist intensiv, sein Duft würzig ; das Kirscharoma der Pinot-Traube dominiert. Im Geschmack sorgen die Tannine für die Struktur. Man muß warten, bis sie sich besänftigen, bevor man ihn zu Wild genießt.

✆ Vincent et Blaise Duboux, Creyvavers, 1098 Epesses, Tel. 021.799.18.80, Fax 021.799.38.39 ☑ ⚷ tägl. 8h-13h

PIERRE-LUC LEYVRAZ
Saint-Saphorin Les Blassinges 1996*

☐ 1,8 ha k. A. ■ ♦ 50-70 F

Hier wächst der Chasselas auf einem mehr sandigen als kalkhaltigen Boden. Einige Zitrusnoten ergänzen das Blütenaroma dieses 96ers. Im Geschmack profitiert dieser füllige Wein von einem hübschen, fruchtigen Abgang.

✆ Pierre-Luc Leyvraz, ch. de Baulet 4, 1605 Chexbres, Tel. 021.946.19.40, Fax 021.946.19.45 ☑ ⚷ n. V.

ASSOCIATION VITICOLE DE LUTRY
Lavaux Chardonnay élevé en fût de chêne 1995

☐ k. A. 2 400 ♦ 70-100 F

Der Chardonnay ist eine Neuheit für diese Erzeugervereinigung. Er ist beim Wettbewerb »Chardonnay du Monde 1997« vorgestellt worden und hat eine Bronzemedaille gewonnen. Er wird acht Monate lang im Eichenholzfaß ausgebaut. Man entdeckt darin die goldene Farbe seines Kleids und ein Zitrusaroma (Grapefruit) mit Vanillenote. Im Geschmack beleben die Holznoten die Frucht.

✆ Association viticole de Lutry, chem. Culturaz 21, 1095 Lutry, Tel. 021.791.24.66, Fax 021.791.67.24 ☑ ⚷ n. V.

CH. MAISON BLANCHE Yvorne 1996*

☐ Gd cru 6,47 ha k. A. ♦ 100-150 F

Yvorne ist die erste Appellation, auf die man stößt, wenn man den Genfersee in Richtung Wallis verläßt. Das Château Maison Blanche gibt es, in Gestalt eines weißen Hauses mit Türmchen. Der Wein, der diesen Namen trägt, stammt von der Chasselas-Rebe. Er ist blumig, nach Feuerstein duftend und elegant.

✆ SA ch. Maison Blanche, 1853 Yvorne, Tel. 024.466.32.10 ☑ ⚷ n. V.

DOM. DE MAISON BLANCHE
Mont-sur-Rolle 1996

☐ 3,9 ha 25 000 ■ ♦ 30-50 F

Die Mestrals kamen aus Savoyen und ließen sich 1210 an der Côte nieder. 1520 erwarben ihre Nachkommen das Maison Blanche, ein befestigtes Haus, das sich mitten in diesem 4 ha großen Weingut befindet. Heute begrüßt man den Wein-

Waadt

berg und pflückt die Trauben von Hand. Der Wein wird im Gärbehälter und im großen Holzfaß ausgebaut. Er ist frisch; seine Fruchtigkeit von schwarzen Johannisbeeren und Zitronen gibt ihm Charakter.

🕭 Yves de Mestral, Dom. de Maison Blanche, 1185 Mont-sur-Rolle, Tel. 021.825.44.72, Fax 021.825.44.72 ☑ ⊥ n. V.

DOM. DU MARTHERAY Féchy 1996*

| ☐ Gd cru | 15,93 ha | k. A. | ⫿ 70-100 F |

Die Domaine du Martheray ist eines der bekanntesten Weingüter der AOC Féchy. Sie reicht bis ins 18. Jh. zurück. Hier wird ein feiner, blumiger Chasselas erzeugt. Nach einer frischen Ansprache entfaltet sich der Wein wohlschmeckend; seine Bitterkeit ist gut umhüllt.

🕭 SA dom. du Martheray, 1173 Féchy, Tel. 021.808.52.53 ☑ ⊥ n. V.

PIERRE MONACHON
Dézaley Les Côtes-dessus 1996

| ☐ Gd cru | 0,5 ha | 4 000 | 🍷 100-150 F |

Die Monachons sind seit sechs Generationen Winzer. Sie besitzen 3 ha Reben und stellen Saint-Saphorin und Dézaley her. Dieser hier öffnet sich langsam zu einem blumigen und mineralischen Aroma. Er ist strukturiert; auf seine Samtigkeit folgt ein leicht bitterer Abgang.

🕭 Pierre Monachon, Cave de Peyres-Jeux, 1812 Rivaz, Tel. 021.946.15.97, Fax 021.946.37.91 ☑ ⊥ n. V.

PIERRE MONACHON
Saint-Saphorin Les Manchettes 1996

| ☐ | 2 ha | 20 000 | 🍷 50-70 F |

Das Dorf Saint-Saphorin ist ebenso bekannt für seinen Wein wie für seinen Aussichtspunkt. Man entdeckt ihn am Rand des Sees zwischen Lausanne und Montreux, mitten im Lavaux. Dieser hellgoldene Wein, der offensichtlich auf der Hefe ausgebaut worden ist, beginnt sich zu öffnen. Seine füllige Weinigkeit wird durch eine diskrete Säure unterstützt.

🕭 Pierre Monachon, Cave de Peyres-Jeux, 1812 Rivaz, Tel. 021.946.15.97, Fax 021.946.37.91 ☑ ⊥ n. V.

CAVE DES VITICULTEURS DE MORGES Morges Vieilles vignes 1995

| ☐ | 1,5 ha | 12 000 | 🍷 50-70 F |

Eine 1929 entstandene Winzervereinigung. Dieser »Morges Vieilles vignes« ist ein Chasselas. Ein Quittenaroma zeugt von seiner Entwicklung. Eine leichte, tanninhaltige Bitterkeit unterstützt seinen köstlichen, fruchtigen Abgang.

🕭 SA caves Cidis, 1131 Tolochenaz, Tel. 021.804.54.54, Fax 021.804.54.55 ☑ ⊥ n. V.

NIROSSET Tartegnin 1996*

| ☐ | 1,8 ha | 8 000 | 🍷 30-50 F |

Tartegnin, »im Land der guten Weins«, ist ein Dorf der Côte, das in 500 m Höhe zwischen Genf und Lausanne über dem Genfersee liegt. Die Böden sind unterschiedlich: leichte Böden mit Schwemmland oder schwerere lehmig-kalkhaltige Böden, immer auf Kiesand oder Molasse. Der 96er Nirosset zeigt einen mineralischen Charakter mit Honignote, während im Geschmack Rasse und Reichhaltigkeit auf warme Weise miteinander harmonieren.

🕭 Jean-Jacques Steiner, Sous-Les-Vignes, 1195 Dully, Tel. 021.824.11.22, Fax 021.824.23.38 ☑ ⊥ n. V.

PLAN-JOYEUX Lutry 1996

| ☐ | 2 ha | 15 000 | 🍷 30-50 F |

Diese 1906 gegründete Vereinigung faßt sechzig Winzer zusammen, die über 18 ha Reben anbauen. Der 96er »Plan-Joyeux«, ein auf der Hefe ausgebauter Chasselas, macht durch sein würziges Aroma (u. a. Zimt) aufmerksam, im Duft ebenso wie im Geschmack. Er ist gut strukturiert und hat die Jury zur Bemerkung »leicht exotisch« angeregt. Hervorragend zu einem Barschfilet (aus dem Genfersee), in Weißwein zubereitet, mit Schalotten.

🕭 Association viticole de Lutry, chem. Culturaz 21, 1095 Lutry, Tel. 021.791.24.66, Fax 021.791.67.24 ☑ ⊥ n. V.

PRINCE DES VIGNES Bonvillars 1996*

| ☐ | 1,2 ha | 3 000 | 🍷 30-50 F |

Die Appellation Bonvillars befindet sich zwischen dem zur Waadt gehörenden Ufer des Neuenburgersees und den Ausläufern des Juras. Michel und Nicolas Ryser besitzen 5 ha Weinberge. Der »Prince des Vignes« stammt von Chasselas-Reben, die auf einem Kalksteinboden wachsen. Dieser 96er ist blumig und gewinnt seinen Charakter von Mandelnoten, die man im Duft ebenso wie im Geschmack entdeckt. Eine zitronenartige Samtigkeit ergänzt den Eindruck.

🕭 Michel Ryser et Fils, Sur la Croix, 1425 Onnens, Tel. 024.436.19.90 ☑ ⊥ n. V.

RAISSENNAZ Morges Pinot noir 1996

| ■ Gd cru | 0,33 ha | 1 400 | ⫿ 70-100 F |

Morges ist berühmt für seine Rotweine. Hier einer, der das Ergebnis einer sehr ausgefeilten Vinifizierung ist: sechs Tage Kohlensäuremaischung, Entrappung, vierzehn Tage Maischegärung, Ausbau in mehrfach verwendeten Barriques mit Aufrühren des Hefesatzes und Flaschenabfüllung ohne Filtrierung. Ein roter Pinot mit einer kräftigen, ins Violette spielenden Farbe, der sehr fruchtig und ein wenig streng ist. Ein tanninreicher Wein, der eine schöne Extraktion und Charakter zeigt.

🕭 Henri Cruchon, Cave du Village, 1112 Echichens, Tel. 021.801.17.92, Fax 021.803.33.18 ☑ ⊥ n. V.

CLOS DU ROCHER Yvorne 1996*

| ☐ | 9 ha | 100 000 | ⫿ 70-100 F |

Die Handelsfirma Obrist besitzt das Clos du Rocher, einen 9 ha großen Weinberg, der terrassiert und sehr steil ist. Sein Kiesboden überragt die Ebene des Chablais. Der 96er aus diesem Clos ist blumig und mineralisch. Seine Fruchtigkeit ist ebenso lang wie reichhaltig.

🕭 SA Obrist, av. Reller 26, 1800 Vevey, Tel. 021.921.12.62, Fax 021.921.75.73 ☑ ⊥ n. V.

Wallis

LES FILS ROGIVUE
Saint-Saphorin Les Fosses 1996★★

| | 2 ha | 30 000 | 50-70 F |

Im Laufe von drei Generationen haben die Rogivues ein 9 ha großes Gut aufgebaut. Dieser »Saint-Saph« zeichnet sich durch sein komplexes Aroma von Zitrusfrüchten und seine mineralische Note aus. Im Geschmack ist er weinig, sanft und lang.

Les Fils Rogivue, rue du Cotterd 6,
1605 Chexbres, Tel. 021.794.67.39,
Fax 021.946.32.83 Sa 9h-12h30

LES FILS ROGIVUE
Dézaley Les Embleyres 1996

| Gd cru | 0,5 ha | 7 000 | 70-100 F |

Ein Dézaley von strahlender Goldfarbe, der noch fast nicht entfaltet ist, frisch, weinig, reichhaltig, mit einer gut umhüllten Bitterkeit.

Les Fils Rogivue, rue du Cotterd 6,
1605 Chexbres, Tel. 021.794.67.39,
Fax 021.946.32.83 Sa 9h-12h30

HOIRIE RENE ROLAZ
Coteau de Vincy Pinot blanc 1996

| | 0,3 ha | k. A. | 30-50 F |

Der Hang von Vincy und das Dorf Gilly überragen die Genfersee zwischen Genf und Lausanne (die sogenannte Côte). Man findet hier fluvioglaziale Böden auf einem Kiesuntergrund. Dieser Pinot blanc, eine im Vergleich zum Chasselas äußerst selten angebaute Rebsorte, zeichnet sich durch eine reiche Fruchtigkeit aus. Er ist samtig; seine Bitterkeit ist gut umhüllt. Der 96er Pinot noir Cuvée Galerie Passion erhält die gleiche Note für seine feinen Tannine, seine Weinigkeit und seine leichte Bitterkeit, die die Merkmale der Rebsorte betont.

Jean-Jacques Steiner, Sous-Les-Vignes,
1195 Dully, Tel. 021.824.11.22,
Fax 021.824.23.38 n. V.

MICHEL RYSER ET FILS
Bonvillars Chardonnay 1996★

| | 0,32 ha | 1 200 | 50-70 F |

Der Chardonnay ist in der Schweiz eine »Spezialität«. Dieser hier wurde nach den Vinifizierungstechniken hergestellt, die gerade in Mode sind: achtzehn Stunden Hülsenmaischung und Aufrühren des Hefesatzes. Das Ergebnis ist ein Aroma von Ananas, Pfirsichen, Rosinen und Mandeln, aber auch Fülle, Komplexität und Länge. Ein Wein, den man die nächsten fünf Jahre trinken kann.

Michel Ryser et Fils, Sur la Croix,
1425 Onnens, Tel. 024.436.19.90 n. V.

CLOS DE SAINT-BONNET
Bursinel Pinot noir 1996★

| ■ | k. A. | k. A. | 30-50 F |

Bernard Steiner leitet ein 7 ha großes Gut. Das Clos verdankt seinen Namen Thomas de Saint-Bonnet, der sein Besitzer war. Es scheint aus dem Jahre 1260 zu stammen. Bursinel befindet sich an der Côte, zwischen Genf und Lausanne. Dieser rubinrote Pinot noir verbirgt, von welcher Rebsorte er stammt; seine Fruchtigkeit erinnert an Erdbeeren und Himbeeren. Er besitzt Rundheit; seine feinen Tannine tragen zu seiner Fröhlichkeit bei. Der 96er Pinot gris, reichhaltig, füllig und seidig, wird von der Jury lobend erwähnt.

Bernard Steiner, Saint-Bonnet, 1195 Dully,
Tel. 021.824.16.08, Fax 021.824.16.36 n. V.

CLOS DE SAINT-BONNET
Bursinel Chasselas 1996★

| | k. A. | k. A. | 30-50 F |

Das Aroma dieses 96ers ist komplex: Lindenblüten, Zitronen und Quitten - eine dichte Fruchtigkeit, die man im Geschmack wiederfindet.

Bernard Steiner, Saint-Bonnet, 1195 Dully,
Tel. 021.824.16.08, Fax 021.824.16.36 n. V.

SERREAUX-DESSUS Luins 1996★

| | 6,67 ha | 30 000 | 50-70 F |

Dieses Gut war im 17. und 18. Jh. mit Bern verbunden. Die Familie des heutigen Besitzers erwarb es 1908. Luins ist ein zwischen Lausanne und Genf gelegenes Dorf der Côte. Der Serreaux-Dessus beginnt sich zu öffnen und gewinnt an Komplexität. Im Geschmack eine füllige, reichhaltige, lange Fruchtigkeit.

Hoirie Matringe, Serreaux-Dessus,
1268 Begnins, Tel. 022.366.28.57,
Fax 022.366.28.57 n. V.

SYMPHONIE Bonvillars Chasselas 1996★

| | 0,3 ha | 1 700 | 30-50 F |

Christian Dugon, ein Önologe, ist auch Winzer. Er baut viele Rebsorten an, insbesondere diesen kristallklaren Chasselas mit dem blumigfruchtigen und diskret mineralischen Duft. Der köstliche Geschmack ist nachhaltig. Eine Flasche, die man zu einer Raclette im Freundeskreis trinken sollte.

Christian Dugon, La Grande-Ouche,
1353 Bofflens, Tel. 024.441.35.01 n. V.

Kanton Wallis (Valais)

Das Tal der oberen Rhône, das im Laufe der Jahrtausende durch den Rückzug der Gletscher geformt wurde, ist ein Gebiet der Gegensätze. Die Weinberge wurden an Hängen angelegt, die oft terrassiert sind.

Das Wallis wirkt ein wenig wie die Provence, obwohl es mitten in den Alpen liegt: die Nähe zum ewigen Schnee, die Reben, die neben Aprikosenbäumen und Spargel wachsen. Über vierzig Rebsorten werden im Wallis angebaut; einige davon findet man nirgendwo anders, wie etwa Arvine und Humagne, Amigne und Cornalin. Die Chasselas-Rebe heißt hier Fendant; in einer glücklichen Verbindung ergeben Pinot noir und Gamay den Dôle -

Wallis

beides AOC-Weine, die sich je nach den verschiedenartigen Lagen durch ihre Fruchtigkeit oder ihre Vornehmheit auszeichnen.

Auf dem Pfad der »bisses« (wie die Bewässerungskanäle hier genannt werden) stößt der Wanderer auf Mandelbäume und Adonisröschen, Kastanienbäume und Kakteen, Gottesanbeterinnen, Zikaden und Skorpione; er kann an den Mauern Wermutkraut und Beifuß, Ysop und Thymian finden.

GERALD ET PATRICIA BESSE
Johannisberg Vieilles vignes 1996*

| | 0,23 ha | k. A. | | 50-70 F |

Gérald Besse führt ein 12 ha großes Gut, von dem einige Rebstöcke ein beachtliches Alter (40 Jahre) haben. Dieser Johannisberg (Grüner Silvaner) stammt von einem Schieferboden. Er besitzt die Merkmale eines guten, aromatischen, gut strukturierten Weins. Perfekt zu Käse.
 Gérald et Patricia Besse, Les Rappes, 1921 Martigny-Combe, Tel. 027.7722.78.81, Fax 027.723.21.94 n. V.

ANTOINE ET CHRISTOPHE BETRISEY
Fendant de Saint-Léonard 1996**

| | 0,14 ha | 1 500 | | 50-70 F |

Ein 4 ha großes Weingut und eine Rebschule, 1 km vom unterirdischen Sankt-Leonhard-See entfernt. Seit 1993 stellen die beiden Brüder Bétrisey in ihrem Keller Wein her. Ihr Fendant (erinnern wir daran, daß es sich dabei um einen Chasselas handelt) besitzt einen schönen Duft nach blühenden Reben und Lindenblüten. Er perlt angenehm und zeigt eine gute Ausgewogenheit. Geflügel wird zu ihm passen.
 Antoine et Christophe Bétrisey, rue du Château, 1958 Saint-Léonard, Tel. 027.203.11.26 n. V.

DOM. DE BEUDON
Vignes dans le Ciel Riesling × Sylvaner 1996*

| | 1,6 ha | k. A. | | 50-70 F |

Jacques Granges baut seine Reben mit biodynamischen Prinzipien an. Sie haben einen sehr aromatischen 96er geliefert, der recht fruchtig und voll ist. Schöner Abgang.
 Jacques Granges, Dom. de Beudon, 1926 Fully, Tel. 027.744.12.75, Fax 027.744.12.75 n. V.

VIN DES CHEVALIERS Dôle 1996*

| | k. A. | k. A. | 50-70 F |

Die Firma Mathier-Kuchler besitzt große Weingüter, von denen sich die wichtigsten in Salquenen (Salgesch) befinden, in einer Gemeinde, die berühmt ist für ihren hervorragenden Rotwein. Der Dôle des Chevaliers ist körperreich, füllig und harmonisch. Er verdankt dem Pinot noir sein Temperament und sein Bukett, während ihm die Gamay-Traube ihre Robustheit und ihre Fruchtigkeit verleihen. Der Dôle Chevaliers ist unbestritten einer der großen Weine des Wallis. Der 96er Pinot noir Réserve des Chevaliers besitzt die ganze Subtilität und Eleganz dieser Rebsorte.
 Hoirie Mathier-Kuchler, 3970 Salquenen, Tel. 027.455.14.34

FENDANT DE CLAVOZ 1996*

| | 0,14 ha | 1 973 | | 50-70 F |

Die Kellerei La Drônoise, die Jacques-Alain Dubuis leitet, besteht zwar erst seit 1985, konnte sich aber dennoch rasch einen beneidenswerten Platz in der Weinbaulandschaft des Wallis verschaffen. Der Fendant de Clavoz zeigt seinen jugendlichen Charakter mit einer frischen, prikkelnden Ansprache, einem Aroma, das Früchte und Blüten verbindet, und einem sanften, runden Geschmack.
 Jacques-Alain Dubuis, Cave La Drônoise, Drône, 1965 Saviese, Tel. 027.395.25.23, Fax 027.395.25.33 n. V.

COLLINE DE DAVAL
Malvoisie flétrie élevée en barrique 1995*

| | 0,2 ha | 1 400 | | 100-150 F |

Dieses Gut trägt den Namen eines der Hügel der Rhône-Ebene. Eine Gänseleber wird diesem Pinot gris am besten gerecht. «Am Stock eingeschrumpft» (Flétri ist im Wallis die Bezeichnung für rosinierte, edelfaule Trauben), eine Spätlese vom 24. November 1995. Ein starker, süßer Wein (130° Öchsle). Das Holz fehlt nicht in der aromatischen Palette, aber der Stoff garantiert diesem Wein eine echte Zukunft.
 Bertrand et Monique Caloz-Evéquoz, Cave colline de Daval, 3960 Sierre, Tel. 027.458.45.15, Fax 027.455.79.13 n. V.

DOLE BLANCHE CORBASSIERE
Saillon 1996*

| | 0,3 ha | 2 900 | | 50-70 F |

Eine junge, 1982 entstandene Kellerei mit 6,82 ha Reben. Dieser Dôle blanche, ein heller Rosé, kann zu kalte Gerichte begleiten, beispielsweise einen Salat mit Barschfiletstücken. Seine Farbe ist lachsrot, sein Duft fruchtig (Melone, Zitrusfrüchte), sein Geschmack ausgewogen.
 Cave Corbassière, Fam. J.-L. Cheseaux-Sierro, 1913 Saillon, Tel. 027.744.14.03, Fax 027.744.39.20 n. V.

CORNULUS Uvrier 1996**

| | k. A. | k. A. | 50-70 F |

10 ha werden von zwei Cousins bewirtschaftet, darunter der Weinberg Uvrier. Sein Chasselas ist frisch und reichhaltig zugleich. Eine weitere sehr gelungene Cuvée namens Octoglaive ist aus Païen (Heida oder Savagnin blanc) hergestellt worden, einer ziemlich rustikalen einheimischen Rebsorte, die einen lagerfähigen Wein liefert.
 Stéphane Reynard et Dany Varone, 1965 Savièse, Tel. 027.395.25.45, Fax 027.395.25.45 n. V.

DOM. DES CRETES Sierre 1995*

| | 0,5 ha | 2 000 | | 50-70 F |

Auf fünf Hügeln mit leichten, kalkhaltigen Böden bewirtschaftet dieser Erzeuger 25 ha. Der

Wallis

Jahrgang 1995 hat diesem Ermitage (oder Marsanne blanche) das Beste von sich mitgegeben. Der Wein besitzt einen etwas wilden Duft. Der warme Geschmack entspricht dem Geruchseindruck. Der 95er Dôle du Père Mayor, der Pinot noir und Gamay kombiniert, ist von der Jury ebenfalls berücksichtigt worden.
➥ Joseph Vocat et Fils, 3976 Noës-Sierre, Tel. 027.458.26.49, Fax 027.458.28.49 ✓ ⊥ n. V.

PIERRE ANTOINE CRETTENAND
Fendant 1996*

| □ | 0,3 ha | 3 500 | 🍾♦ | 70-100 F |

Hier ein trinkreifer Fendant, der zu Gerichten mit Käse paßt. Er besitzt die Lebhaftigkeit und den Duft eines hübschen, sehr umgänglichen Weins.
➥ Pierre Antoine Crettenand, 1913 Saillon, Tel. 027.744.29.60 ✓ ⊥ n. V.

DESFAYES-CRETTENAND
Humagne rouge Vieux Plants 1996**

| ■ | 1,5 ha | 12 000 | 🍾 | 70-100 F |

Die Firma Desfayes-Crettenand in Leytron besteht seit 1963 ; sie ist auf den Anbau einheimischer Rebsorten spezialisiert. Die Humagne rouge »Vieux Plants« ist durch eine schöne dunkelrubinrote Farbe gekennzeichnet. In der Nase entfaltet sie einen Veilchenduft. Im Geschmack zeigt sie eine samtige, rassige Struktur und tanninreiche Stärke.
➥ Desfayes-Crettenand, Dormant 23, 1912 Leytron, Tel. 027.306.28.07, Fax 027.306.28.07 ✓ ⊥ n. V.

DON DU PERE Fully Syrah 1996**

| ■ | k. A. | k. A. | 🍾♦ | 70-100 F |

Anny Maret-Bender ist die heutige Besitzerin dieser Firma. Die Syrah ist eine edle Rebsorte, deren Merkmale man durch einen sorgfältigen Ausbau erwecken muß. Das ist der Fall mit diesem Wein, den man einkellern muß, damit er Zeit hat, den Reichtum seines Aromas und seiner körperreichen Struktur zum Ausdruck zu bringen.
➥ Adrien Bender et Fils, rte des Garettes, 1926 Fully, Tel. 027.746.16.55, Fax 027.746.16.55 ✓ ⊥ n. V.

DUBUIS ET RUDAZ
Gewürztraminer d'Ardon 1996*

| □ | 0,4 ha | 4 000 | 🍾♦ | 70-100 F |

Diese im Val d'Hérens gelegene Kellerei besitzt 3,5 ha Reben. Dieser Wein besitzt den ganzen Charme seiner Rebsorte : Rosen, Litschis und andere exotische Früchte begleiten den Verkoster bis zum langen Abgang. Der Geschmack überzeugt durch Ausgewogenheit.
➥ Dubuis et Rudaz, Encaveurs, 1981 Vex, Tel. 027.207.18.03, Fax 027.207.15.84 ✓ ⊥ n. V.

HENRI DUMOULIN
Ermitage Vendange tardive 1996*

| □ | 0,15 ha | 1 500 | 🍾♦ | 70-100 F |

Ein Weinbaubetrieb, der alle Familienmitglieder beschäftigt, vom Anbau bis zur Vermarktung. Dieser Ermitage wurde am 27. November 1996 geerntet, als schon Schnee lag. Man findet die Rebsorten in diesem süßen Wein wieder, der eine sehr gute Ausgewogenheit zwischen Alkohol, Süße und Säure besitzt. Man sollte ihn abends probieren, nachdem man die Schönheiten der Region kennengelernt hat.
➥ Henry Dumoulin, rte de Zambotte, 1965 Savièse, Tel. 027.395.10.60 ✓ ⊥ n. V.

CHARLY EMERY Chenin blanc 1996*

| □ | 0,15 ha | k. A. | 🍾 | 50-70 F |

Dieser Winzer baut seine Weine unter Berücksichtigung der Lagen aus, aus denen sie stammen. Sein Chenin blanc enthüllt unter einem bernsteinfarbenen Kleid einen Körper, der fein und warm zugleich ist, sowie Fülle und Fruchtigkeit mit exotischen Nuancen.
➥ Charly Emery, rte de Valençon, 1978 Lens Valais ✓ ⊥ n. V.

JOHANNISBERG EXCELSUS
Chamoson 1996**

| □ | 0,4 ha | 3 000 | 🍾 | 30-50 F |

Sélection Excelsus, ein 4 ha großer Weinbaubetrieb, wurde 1980 geschaffen. Dieser Wein besteht ausschließlich aus Johannisberg (Grüner Silvaner). Er ist gut gemacht, erinnert an seinen Ursprungsboden und bleibt fruchtig.
➥ Maurice Favre et Fils, 1955 Chamoson, Tel. 027.306.31.03, Fax 027.306.39.11 ✓ ⊥ n. V.

RENE FAVRE ET FILS
Petite Arvine de Chamoson 1996**

| □ | 0,4 ha | 2 500 | 🍾 | 50-70 F |

Diese 1956 gegründete Firma genießt einen guten Ruf. Gold und Grün bilden die Palette des Malers. Die Palette des Duftherstellers setzt auf Blüten und exotische Früchte. Der Geschmack ist fest und lang. Der ebenfalls berücksichtigte 96er Johannisberg bietet die erwartete zarte Bitterkeit.
➥ Favre René et Fils, rte de Collombey 15, 1956 Saint-Pierre-de-Clages, Tel. 027.306.39.21 ✓ ⊥ n. V.

ROUGE NOIR DE LA CAVE FIN BEC
1995**

| ■ | 3 ha | 8 000 | 🍾♦ | 70-100 F |

Mit 25 ha Reben auf dem Hügel von Sion (Sitten) bietet diese Firma eine Assemblage, deren erster Jahrgang der 95er ist. Die Farbe ist purpurrot, der Duft zurückhaltend - eine Jugendsünde. Der Geschmack, der nicht zu tanninreich ist, bestätigt die Lagerfähigkeit.
➥ Cave Fin Bec, Case postale, Dom. de Châtroz, 1962 Pont-de-la-Morge, Tel. 027.346.20.17, Fax 027.346.52.17 ✓ ⊥ n. V.
➥ Michel Clavien

JO GAUDARD Leytron Fendant 1996*

| □ | 0,25 ha | 2 000 | 🍾 | 30-50 F |

Ein kleines Gut (2 ha) und ein lebhafter, munterer Fendant, der typischen Charakter und Bodengeschmack verbindet.
➥ Jo Gaudard, rte de Chamoson, 1912 Leytron, Tel. 027.306.60.69, Fax 027.306.72.18 ✓ ⊥ n. V.

Wallis

CORNALIN DE GOUBING 1996*

■ 0,6 ha 2 000 ■ ♦ 70-100 F

Der 5 ha große Weinberg umgibt das Château Mercier. Es präsentiert einen 96er Pinot noir de Sierre, den man innerhalb der nächsten zwei bis drei Jahre trinken sollte, und diesen Cornalin von schönem typischem Charakter. Gut strukturiert und sehr fruchtig. Er wird Ihre Freunde interessieren, die diese Rebsorte aus dem Wallis kennen.

☛ Denis Mercier, Crêt-Goubing, 3960 Sierre, Tel. 027.455.47.10, Fax 027.455.47.77 ◼ ⏧ n. V.

DOM. DU GRAND-BRULE
Cornalin 1996**

■ 0,7 ha 4 500 ■ ♦ 70-100 F

Ein 1923 auf dem Schwemmkegel der Losentze auf Kiesböden angelegter Versuchsweinberg. 26 Rebsorten, von denen einige nur im Wallis wachsen, werden hier angebaut und vinifiziert. Hier ein Wein von der Rebsorte Cornalin, der ziemlich rustikal ist und fruchtige (Holunder) und blumige (Goldlack) Noten entfaltet. Man muß warten, daß seine Tannine verschmelzen, um den erstaunlichen Charakter dieses lagerfähigen Weins zu entdecken. Ein ebenfalls berücksichtigter Ermitage (oder Marsanne blanche) aus dem Jahrgang 1996 ist rassig und fruchtig.

☛ Etat du Valais, Dom. du Grand-Brûlé, 1912 Leytron, Tel. 027.306.21.05, Fax 027.306.36.05 ◼ ⏧ n. V.

OTTO HUGENTOBLER
Dôle de Salquenen 1995**

■ 1 ha 9 000 ■ ♦ 70-100 F

Eine junge, 1953 gegründete Firma. Der Kalksteinboden von Salquenen (Salgesch) verleiht diesem Dôle, der 88 % Pinot noir mit Gamay kombiniert, einen typischen Charakter. Dieser 95er besitzt Körper, Frische und Fruchtigkeit, die eine Spezialität aus dem Wallis wie etwa getrocknetes Fleisch begleiten können.

☛ Vins Otto Hugentobler, Varenstrasse 50, 3970 Salgesch, Tel. 027.455.18.62, Fax 027.455.18.56 ◼ ⏧ n. V.

HURLEVENT Johannisberg 1996***

☐ 1 ha 5 000 ■ ♦ 50-70 F

Ein Familienunternehmen mit internationalem Ansehen. Dieser Wein kommt von Schieferböden. Der Johannisberg (Grüner Silvaner) drückt sich mit Vornehmheit aus ; er kann eine Forelle blau begleiten. Die Petite Arvine der Cuvée Collection F ist ein körperreicher Wein, der in seiner Männlichkeit ein wenig aggressiv ist ; seine volle Entfaltung wird er nach einer Alterung von drei bis vier Jahren finden.

☛ SA Les Fils de Charles Favre, 29, av. de Tourbillon, 1951 Sion, Tel. 027.327.50.50 ◼ ⏧ n. V.

IMESCH Malvoisie Pinot gris 1995**

☐ k. A. 6 000 ■ ⏧ ♦ 100-150 F

Die Caves Imesch, ein 1989 gegründetes Familienunternehmen, besitzen auch alte Reben. Dieser Pinot gris-Malvoisie stammt von 40 Jahre alten Rebstöcken. Es ist schon auf den ersten Blick ein lieblicher Wein, so sehr funkelt das Gold im Glas. Die Nase findet Noten von Aprikosen, Lebkuchen und Honig. Diesr kräftige, ausgewogene Wein ist einer Gänseleber würdig. Von derselben Firma sind noch ein 96er Pinot noir aus Sierre und eine 96er Petite Arvine ausgewählt worden.

☛ Caves Imesch, place Beaulieu 8, 3960 Sierre, Tel. 027.455.10.65, Fax 027.452.36.89 ◼ ⏧ n. V.

ALEXIS JACQUERIOZ
Gamay de Martigny 1996*

■ 1 ha 10 000 ■ ♦ 30-50 F

Ein Familienunternehmen mit langer Weinbautradition. Martigny eignet sich wegen der Granitböden gut für den Gamay. Dieser hier hat die bläulichrote Farbe, die feinen Tannine und die Fruchtigkeit, die für diese Rebsorte charakteristisch sind.

☛ Alexis Jacquerioz, rue du Simplon 14 B, 1920 Martigny, Tel. 027.722.37.50, Fax 027.722.37.50 ◼ ⏧ n. V.

DOM. DE LA COTZETTE
Fendant de Sion 1996**

☐ 0,85 ha 10 000 ■ ♦ 100-150 F

Dieses Gut ist von hohen Mauern umgeben. Lehm und Schiefer bilden den Boden, von dem dieser Fendant kommt. Er ist lebhaft, wie man es liebt, mineralisch und recht kräftig. Der Domaine du Mont vom selben Erzeuger bietet einen Johannisberg, der von Reben stammt, die in 580 m Höhe wachsen ; er heißt La Porte de Novembre und hat eine schöne Nachhaltigkeit. Eine Cuvée Crinoline, ein reinsortiger Amigne, ist bemerkenswert aufgrund ihrer Kraft und weinigen Rundheit.

☛ Robert Gilliard, rue de Loèche 70, 1950 Sion, Tel. 027.329.89.29, Fax 027.329.89.28 ◼ ⏧ n. V.

LAFNETSCHA 1996**

☐ 1 ha 8 000 ■ ♦ 50-70 F

Der Lafnetscha, ein am Spalier gezogener Wein aus der Gegend von Brigerbad, ist eine Seltenheit. Er ist blaß, ausgewogen, mit einer recht exotischen Komplexität. Ein lagerfähiger Wein mit den schönsten Zukunftsaussichten. Ein Jahrhundert lang ?

☛ Caveau de Salquenen, Unterdorfstrasse 11, 3970 Salgesch, Tel. 027.455.82.31, Fax 027.455.82.24 ◼ ⏧ Mo-Sa 7h45-12h 13h45-17h50

☛ Gregor Kuonen

SCHWEIZER WEINE

Wallis

FENDANT DU DOM. DE LA LIAUDISAZ Fully 1996★★

| ☐ | k. A. | 5 000 | 🍴 | 30-50 F |

Ein Gut, das 1943 von einem Pionier der wirtschaftlichen Entwicklung des Wallis gegründet wurde ; heute wird es von einer Frau geführt, die Önologin und Winzerin zugleich ist. Sein Fendant ist bemerkenswert aufgrund seines Dufts, in dem man Blüten- und Zitrusnoten entdeckt. Ein wenig CO_2 sorgt in einem runden, harmonischen Geschmack für Frische.

➤ Marie-Thérèse Chappaz, chem. de Liaudise, 1926 Fully, Tel. und Fax 027.746.35.37 ✓ ⊥ n. V.

CAVE DE LA MADELEINE
Petite Arvine de Vétroz 1996★★

| ☐ | k. A. | k. A. | 🍴 | 50-70 F |

Diese 1991 entstandene Firma stellt Weine her, die im Stil klassisch und von hoher Ausdruckskraft sind. Die von Schieferterrassen kommende Petite Arvine zeigt sich als Glasmaleriateliers würdig, das sich neben dem Betrieb befindet. Die exotischen Früchte spielen ihren Part. Der Restzucker schadet der Ausgewogenheit nicht. Ebenfalls von der Jury berücksichtigt wurde ein kräftiger, typischer Chasselas.

➤ André Fontannaz, Cave La Madeleine, 1963 Vétroz, Tel. 027.346.45.54, Fax 027.346.45.54 ✓ ⊥ n. V.

LA MOURZIERE
Coteaux de Sierre Dôle 1995★

| ■ | 1 ha | 4 000 | 🍴 | 30-50 F |

Ein Weinberg an den Hängen der Coteaux du Valais, der traditionell auf Terrassen angelegt ist. Pinot noir und Gamay zu gleichen Teilen ergeben diesen Wein, der durch dichte, konzentrierte Tannine strukturiert ist, die die Frucht nicht verbergen. Echte Persönlichkeit.

➤ Cave Fernand et Conrad Caloz, 3972 Miège, Tel. 027.455.22.06, Fax 027.455.22.06 ✓ ⊥ n. V.

LA PRESSEE DU PRODUCTEUR
Savièse Vendange cuvée 1996★

| ■ | 3 ha | 30 000 | 🍴 | 50-70 F |

Hier ist das Klima kontinental. Der Herbst ist warm und trocken. Das ergibt einen fruchtigen, runden Pinot noir, der schon harmonisch genug ist, um ihn zu einem Käse aus dieser Gegend zu servieren, dessen Gerbsäure aber ausreicht, damit man ihn noch aufheben kann.

➤ Candide Bridy, rte de Roumaz, 1965 Savièse, Tel. 027.395.33.34, Fax 027.395.33.39 ✓ ⊥ n. V.

DOM. DE L'ARDEVAZ
Humagne rouge 1995★★

| ■ | 1 ha | 6 000 | 🍴 | 50-70 F |

Dieses 510 m hoch gelegene Gut wurde seinerzeit vom französischen Staatspräsidenten François Mitterrand besucht. Der 95er enthält die gesamte Aromenpalette der großen Weine, Früchte, animalische Noten und Gewürze. Die Tannine sind kräftig und verlangen noch einige Geduld.

➤ Primus Classicus, 1920 Martigny, Tel. 027.722.24.01, Fax 027.722.98.45 ✓ ⊥ n. V.

LA TOURMENTE
Humagne rouge Chamoson 1996★★

| ■ | k. A. | k. A. | 🍴 | 70-100 F |

Man findet die Weine dieses Guts an den besten Tafeln der Schweiz. Der 96er kam in den Genuß eines sehr sonnenreichen Herbstes ; die Lese wurde am 15. November durchgeführt. Die Rebsorte Humagne kommt in diesem Wein zu Wort (man findet animalische und würzige Noten). Die Ausgewogenheit des Geschmacks ermöglicht eine ausgezeichnete Lagerung. In vier Jahren entkorken.

➤ Les Fils et Bernard Coudray, Tsavé, 6, Cave La Tourmente, 1955 Chamoson, Tel. 027.306.18.32, Fax 027.306.35.33 ✓ ⊥ n. V.

CAVE LE BANNERET
Fendant Coteau de Chamoson 1996★

| ☐ | 0,3 ha | 3 000 | 🍴 | 30-50 F |

Dieser für das Wallis charakteristische Fendant bietet über der Frucht eine gute Lebhaftigkeit. Hübsche, zitronenartige Länge. Ein Wein für jede Gelegenheit.

➤ Maye Carlo, Joël et Fils, rue de la Crettaz, 15, 1955 Chamoson, Tel. 027.306.40.51, Fax 027.306.85.55 ✓ ⊥ n. V.

LE GRAND SCHINER
Johannisberg 1996★★

| ☐ | 3 ha | 20 000 | 🍴 | 50-70 F |

Die 1917 entstandene Firma besitzt 12 ha Weinberge. Dieser Johannisberg (Grüner Silvaner) trägt den Namen des ersten Kardinals des Wallis. Er zeichnet sich durch seine Feinheit, seine Eleganz und seinen fruchtigen, körperreichen Charakter aus, den eine Mandelnote ergänzt. Ein charaktervoller Wein.

➤ Albert Biollaz, Les Hoirs, rue du Prieuré 7, 1956 Saint-Pierre-de-Clages, Tel. 027.306.28.86, Fax 027.306.62.50 ✓ ⊥ n. V.

LES FUMEROLLES
Humagne rouge 1996★★

| ■ | 0,3 ha | 2 000 | 🍴 | 70-100 F |

Dieses 1972 entstandene Gut, das in der Nähe der Stadt Sion (Sitten) liegt, präsentiert einen robusten, zugleich wilden, gutgebauten Wein, dessen Aroma an Veilchen erinnert.

➤ SA Cave de Montorge, La Muraz, 1951 Sion, Tel. 027.327.50.60, Fax 027.395.13.60 ✓ ⊥ n. V.

LES LAUDES Muscat du Valais 1996★★

| ☐ | 0,4 ha | 6 000 | | 70-100 F |

Eine der ältesten Kellereien des Wallis, 1889 gegründet. Die Jury wurde von der goldenen Farbe und der Moschusnote des Dufts verführt ; der Geschmack enttäuscht nicht und erweckt den Eindruck, als würde man in eine Traube beißen. Ein schöner, lieblicher Wein.

➤ Les Fils Maye, Rue des Caves, 1908 Riddes, Tel. 027.306.55.86, Fax 027.306.60.92 ✓ ⊥ n. V.

LES PORTELLES
Saillon Vendanges tardives Humagne rouge 1996★★

| ■ | k. A. | 3 000 | 🍴 | 70-100 F |

Diese auf einem schönen, lehmig-kalkhaltigen Boden erzeugte Humagne rouge ist für Liebhaber

Wallis

bestimmt : typisch, auf angenehme Tannine gestützt. Sie kann pikante Fleischgerichte begleiten.
- Paul Briguet, Cave au Clos, 1913 Saillon, Tel. 027.744.11.77, Fax 027.744.39.05 ■ ▼ n. V.

L'OR DU VENT
Les Coteaux de Sierre Muscat 1996*

| | 0,1 ha | 700 | ■ ♦ | 50-70 F |

Zwei Cousins haben sich 1987 zusammengeschlossen, um ein Dutzend Rebsorten anzubauen, darunter diesen recht typischen Muscat, der frisch und aromatisch ist und sich ideal als Aperitif oder zu süßsauren Gerichten eignet.
- Ch. et Bernard Mermoud, chem. des Vendanges, 3968 Veyras, Tel. 027.455.88.20, Fax 027.455.88.20 ■ ▼ n. V.

SIMON MAYE ET FILS
Chamoson Petite Arvine 1996*

| | 0,4 ha | 1 500 | ■ ♦ | 100-150 F |

Das 10 ha große Gut in Familienbesitz, das sich auf dem Schwemmkegel von Chamoson befindet, präsentiert eine Petite Arvine mit dem Aroma von Zitrusfrüchten und Blumen (Veilchen). Ihre gute Säure ermöglicht eine lange Lagerung : Dieser 96er wird seinen vollen Charakter erst in fünf oder vielleicht noch mehr Jahren erreichen.
- Simon Maye et Fils, Collombey 3, 1956 Saint-Pierre-de-Clages, Tel. 027.306.41.81, Fax 027.306.80.02 ■ ▼ n. V.

MITIS Amigne de Vétroz 1995***

| | 3 ha | 15 000 | ◀▶ | +200 F |

Dieser Dessertwein stammt ausschließlich von der Rebsorte Amigne de Vétroz. Es gibt auf der ganzen Welt 19 ha Amigne, davon 12 ha im Anbaugebiet von Vétroz, im Herzen des zentralen Wallis. Der Amigne-Most mit 135° Öchsle wird in Barriques aus neuem, stark erhitztem Eichenholz vergoren und vinifiziert. Der Ausbau dauert zwölf Monate ; der fertige Wein wird weder geschönt noch filtriert. Der Mitis ist ein süßer, lagerfähiger Wein, der wunderbar zu Gänseleber, Schimmelkäse oder einer Nachspeise paßt. Vom selben Erzeuger würdigte die Jury den 96er Fendant des Terrasses und vor allem eine ebenso außergewöhnliche Syrah du Valais mit sinnlichem Lakritzearoma und Noten von schwarzen Beeren. Ein lange lagerfähiger Wein.
- Germanier Bon Père, Balavaud, 1963 Vétroz, Tel. 027.346.12.16, Fax 027.346.51.32 ■ ▼ Do, So 10h30-13h 16h-20h
- Jean-René Germanier

GOUT DU CONSEIL MONT D'OR
1996***

| | 2 ha | 7 000 | ◀▶ | 100-150 F |

2 km westlich von Sion (Sitten) finden Sie dieses über 20 ha große Gut. Die Reben werden auf mehr als 200 Terrassen angebaut, die durch 15 km Trockenmauern abgestützt werden. Der 96er Johannisberg (Grüner Silvaner) kann empfohlen werden, aber der Goût du Conseil, der 35 % Silvaner mit Riesling kombiniert, verführt besonders. Blüten (Rosenblätter) beherrschen die Verkostung. »Am Stock verwelkt« (d. h. eingeschrumpfte, edelfaule Trauben, die spät gelesen werden) - dieser liebliche Wein zeigt sich reichhaltig und rassig. Er ist sehr lang lagerfähig.
- Dom. du Mont d'Or SA, Sion Pont-de-la-Morge, Case Postale 240, 1964 Conthey, Tel. 027.346.20.32, Fax 027.346.51.78 ■ ▼ n. V.

OPALE Le Potier-Chamoson 1995**

| | 50 ha | 1000 | ◀▶ | 100-150 F |

Diese Firma nutzt ihre eigenen Güter. Sie präsentiert eine Cuvée, die aus zwei der ältesten Rebsorten des Wallis zusammengestellt worden ist, Petite Armine und Humagne blanche. Ihre Farbe ist blaß und schimmert grün ; ihr Bukett verströmt Birnen- und Zitrusduft. Dieser gutgebaute Wein bietet im Abgang eine lang anhaltende mineralische Note.
- Jérôme Giroud, Proz-chez-Boz 4, 1955 Chamoson, Tel. 027.306.20.25, Fax 027.306.26.02 ■ ▼ n. V.

PHILIPPOZ FRERES
Leytron Malvoisie flétrié 1996***

| | 0,3 ha | 1 500 | ■ ♦ | 100-150 F |

Seit Jahren sind die Brüder Philippoz bestrebt, Weine von starker Ausdruckskraft zu erzeugen. Dieser hier wird ihrer Ambition gerecht, aufgrund seiner aromatischen Komplexität (weiße Früchte und kandierte Früchte) ebenso wie aufgrund seiner geschmeidigen, sehr typischen Struktur. Probieren Sie ihn zu einem Kuchen mit kandierten Birnen. Wenn Sie einen Wein suchen, der eine Fischpastete begleiten kann, dann wählen Sie ohne Zögern auch den 96er Fendant La Barme dieses Guts.
- Philippoz Frères, rte de Riddes 13, 1912 Leytron, Tel. 027.306.30.16, Fax 027.306.71.33 ■ ▼ n. V.

GERARD RAYMOND
Saillon Petite Arvine 1996*

| | k. A. | k. A. | ■ ♦ | 50-70 F |

Ein Familienunternehmen, das seine Weine seit 1948 ausbaut. Der Jahrgang war günstig für die Rebsorte Petite Arvine. Der Wein ist fein, subtil, zart und vergißt nicht die für die Traubensorte charakteristische Salzigkeit. Hübscher langer Geschmack.
- Gérard Raymond, Le Bourg, 1913 Saillon, Tel. 027.744.30.24 ▼ n. V.

REGENCE-BALAVAUD
Malvoisie Vendanges tardives 1996*

| | k. A. | 1 200 | ■ | 70-100 F |

Zu Beginn des 20. Jahrhunderts war dieses Gut noch eine Umspannstelle für Postkutschen

Wallis

an der Simplonstraße. Dieser Wein stammt von Trauben, die Mitte Dezember gelesen wurden, als schon Schnee lag, und ist von extremer Konzentration. Dieser Malvoisie aus dem Wallis enthüllt eine stattliche, fruchtige Struktur und ein komplexes Aroma, aus dem Noten von Korinthen hervortreten.
☞ SA Régence-Balavaud, rte cantonale 267, 1963 Vétroz, Tel. 027.346.69.40, Fax 027.346.69.70 ⬛ 🍴 n. V.

CAVE DES REMPARTS
Saillon Pinot noir 1996*

| ⬛ | 0,4 ha | 3 000 | 🍷 | 50-70 F |

Yvon Cheseaux, ein Önologe, stellt seit elf Jahren Wein her : Sein Pinot noir ist noch nicht sehr redselig, stützt sich aber auf eine schöne Struktur mit feinen Tanninen. In ein bis zwei Jahren wird er seinem Aroma freien Lauf lassen. Die 96er Douce Folie als Leytron Pinot gris ist bemerkenswert : Kandierte Früchte und holzige Noten begleiten die große Geschmeidigkeit dieses lagerfähigen Dessertweins.
☞ Yvon Cheseaux, Le Bourg, Cave des Remparts, 1913 Saillon, Tel. 027.744.33.76, Fax 027.744.33.76 ⬛ 🍴 n. V.

RESERVE DES ADMINISTRATEURS
Muscat 1996**

| ☐ | k. A. | k. A. | 50-70 F |

Die Jury hat vom gleichen Erzeuger und aus demselben Jahrgang einen schönen Pinot noir verkostet, der noch einige Zeit altern muß, außerdem diesen aromatischen, der recht typisch und ziemlich rund ist.
☞ SA Cave Saint-Pierre, 1955 Chamoson, Tel. 027.306.53.33

RESERVE DES MONZUETTES
Fendant 1996*

| ☐ | 0,4 ha | 4 000 | 100-150 F |

Dieser auf einem Kalksteinboden erzeugte Fendant erscheint leicht und angenehm fruchtig.
☞ Cave Nouveau Saint-Clément, 3978 Flanthey, Tel. 027.458.48.58 🍴 n. V.

RIVES DU BISSE
Pinot blanc Ardon 1996**

| ☐ | 0,75 ha | 7 000 | 🍷 | +200 F |

Die Ufer der »Bisse« von Ardon haben ihren Namen diesem Wein gegeben, der auf den Terrassen eines Steilhangs angebaut wird (die »Bisse« ist im Wallis ein kleiner Bewässerungskanal). Der kalkhaltige Boden hat einen schönen Pinot blanc hervorgebracht, der ausgewogen, diskret aromatisch und typisch ist.
☞ SA Gaby Delaloye et Fils, Vins Rives du Bisse, 1957 Ardon, Tel. 027.306.13.15, Fax 027.306.64.20 ⬛ 🍴 n. V.

ANDRE RODUIT ET FILS
Arvine Première neige 1995*

| ☐ | 0,6 ha | 1 200 | 🍷 | 100-150 F |

Diese Familie besitzt zwischen Rhône und Wald vier Weinberge. Die Jury hat die recht typische 96er Humagne blanche und diese Spätlese (20. November 1995) ausgewählt ; sie war entzückt über die Farbe wie auch über das Bukett von Zitrusfrüchten und Wachs und spendete dem Geschmack Beifall, der aufgrund seiner salzigen Note für die Rebsorte charakteristisch ist.
☞ André Roduit et Fils, rte du Botsa, 1926 Fully, Tel. 027.746.12.59, Fax 027.746.29.56 ⬛ 🍴 n. V.

MARC ROH Chardonnay 1996*

| ☐ | 0,1 ha | k. A. | 🍷 | 70-100 F |

Die nach Süden gelegenen Terrassen sind sehr günstig für die Reife der Trauben. Dieses Gut hat zwei Weine vorgestellt, die die Aufmerksamkeit der Jury erregt haben : einen Cornalin (ein 96er Rotwein), der kräftig gebaut und lagerfähig ist, und diesen Chardonnay, der von Schiefer- und Kalksteinböden stammt und von großer aromatischer Feinheit ist. Gut strukturiert, mit einer angenehm mineralischen Note. Er ist schon jetzt geschmeidig, kann aber noch immer im Keller gelagert werden.
☞ Marc Roh, rue de Conthey 43, 1963 Vétroz, Tel. 027.346.13.63, Fax 027.346.50.53 ⬛ 🍴 n. V.

ROUVINEZ Dôle de Sierre 1996**

| ⬛ | 10 ha | 55 000 | 🍷 | 50-70 F |

Dieses Gut auf dem Hang am rechten Ufer der Rhône baut 35 ha Reben an. Die Jury würdigte den 96er Fendant de Sierre, einen stark durch sein Anbaugebiet geprägten 96er Ermitage, den Château Lichten (einen 96er Arvine 96), der Wohlgeschmack und runde Fruchtigkeit verbindet, und schließlich diesen Dôle. Die Farbe strahlt vor Jugendlichkeit ; die Gamay-Traube spielt ihren Part, während die Pinot-Traube den Körper mitbringt. Ein Wein von schöner Harmonie.
☞ Rouvinez Vins, Colline de Géronde, 3960 Sierre, Tel. 027.455.66.61, Fax 027.455.46.49 ⬛ 🍴 n. V.

SAINT-GUERIN
Pinot noir Capsule dorée 1996***

| ⬛ | 10 ha | 90 000 | 🍷 | 50-70 F |

Diese 1930 gegründete Genossenschaft faßt neun Kellereien des Weinbaugebiets des Wallis zusammen, die 5 400 Traubenproduzenten vereinigen. Die Produktion liegt im Jahresdurchschnitt bei 15 Millionen Tonnen Trauben. Das Angebot ist breit und enthält neunzehn Rebsorten. Empfehlen kann man eine 95er Beerenauslese namens »Ligne Profil« von der Rebsorte Marsanne blanche, einen weiteren 95er Dessertwein mit dem Namen »Grain de Malice du maître de chai«, der im Barriquefaß ausgebaut worden ist, eine 95er Humagne rouge Grand Métral sowie einen einfachen 96er Fendant Corbassière, die alle sehr gelungen sind. Aber vor allem dieser Saint-Guerin hat die Aufmerksamkeit der Jury erregt aufgrund seiner Merkmale, die eine lange Lagerung ermöglichen, der Ausgewogenheit seiner Tannine und seines fruchtigen Aromas.

Genf

 Provins Valais, rue de l'Industrie, 1950 Sion, Tel. 027.328.66.66, Fax 027.328.66.60 ◼ ⊤ n. V.

CAVE SAINT-PHILIPPE
Salgesch Grand cru Pinot noir 1995★

| ◼ | 0,3 ha | 1000 | ◼ ♦ | 100-150 F |

Seit zehn Jahren arbeitet Philippe Constantin, der umweltschonende Anbaumethoden anwendet, als Erzeuger, der auf einem 4 ha großen Gut (dessen Reben durchschnittlich 32 Jahre alt sind) Trauben erntet. Die fruchtigen Noten (schwarze Johannisbeeren, Brombeeren) sind charakteristisch für Pinot noir. Dieser Wein besitzt eine schöne Tanninstruktur, die in keiner Weise der Anmut des Geschmacks schadet. Er wird eine gute Lagerfähigkeit haben. Der 96er Pinot gris namens Fer de lance ist ein lieblicher Wein, dessen Komplexität von Trauben zeugt, von denen es hier heißt, daß sie gut »verwelkt« sind und die einer Spätlese entsprechen. Man kann ihm vertrauen.

 Philippe Constantin, Cave Saint-Philippe, Pachjenstraße 19, 3970 Salgesch, Tel. 021.455.72.36, Fax 021.455.72.36 ◼ ⊤ n. V.

SANS CULOTTE Fendant de Sion 1996★★★

| ☐ | 5 ha | 40 000 | ◼ ♦ | 50-70 F |

Die älteste Firma von Sion (Sitten), die 22 ha Reben besitzt. Dieser »revolutionäre« Chasselas - siehe den Namen ! - zeigt graue Reflexe. Die Fruchtigkeit ist intensiv, begleitet von einer mineralischen Note. Ein lebhafter, frischer Fendant, der seine Stellung gut behauptet. Eine 96er Petite Arvine vom selben Erzeuger ist sehr elegant. Die 96er Cuvée Les Cépages hat durch ihre Stärke und ihre wilden Noten verführt, in denen sich Düfte von Heide und wildwachsenden Beeren vermischen. Ein Wein von berstender Vitalität.

 SA Charles Bonvin Fils, av. Grand-Champsec 30, 1950 Sion, Tel. 027.203.41.31, Fax 027.203.47.07 ◼ ⊤ n. V.

VARONE Amigne de Vétroz 1996★★

| ☐ | 1 ha | k. A. | ◼ ♦ | 70-100 F |

Vier Generationen haben einander auf diesem Gut abgelöst, das einen recht typischen 96er Fendant de Sion Soleil du Valais und diese Amigne präsentiert, die blumig und würzig zugleich ist. Ein Hauch von Restsüße und exotische Noten kennzeichnen den Geschmack dieses lieblichen Weins von guter Länge.

 Vins Frédéric Varone, av. Grand Champsec 30, 1950 Sion 4, Tel. 027.203.56.83, Fax 027.203.47.07 ◼ ⊤ n. V.
 Philippe Varone

CAVE DU VIEUX MOULIN
Vétroz Fendant Amandoleyre Grand cru 1996★

| ☐ | 0,5 ha | 3 000 | ◼ ♦ | 50-70 F |

Dieser Chasselas, den ein zu Beginn des Jahrhunderts entstandenes Gut auf Moränen- und Tonschieferboden erzeugt hat, ist zur gleichen Zeit fruchtig, mineralisch (Feuerstein) und leicht. Der 96er Cornalin de Vétroz ist fruchtig, lang und kräftig und besitzt eine gute Lagerfähigkeit.

 Romain Papilloud, rue des Vignerons 43, 1963 Vétroz, Tel. 027.346.43.22, Fax 027.346.43.22 ◼ ⊤ n. V.

MAURICE ZUFFEREY
Chardonnay de Sierre 1996★

| ☐ | 0,4 ha | 3 000 | | 50-70 F |

Maurice Zufferey ist seit 1963 darauf bedacht, den Charakter der Reblagen herauszustellen ; er ist als einer der besten Weinmacher der Hänge von Sierre bekannt. Sein 96er Pinot noir hat die Aufmerksamkeit der Jury erregt : Er besitzt ein sehr gutes Potential. Dasselbe gilt für diesen Chardonnay, in dem sich Pfirsiche und Aprikosen vereinen. Ein gutgebauter Wein.

 Maurice Zufferey, chemin des Moulins 52, 3964 Muraz-sur-Sierre, Tel. 027.455.47.16, Fax 027.456.35.27 ◼ ⊤ n. V.

Kanton Genf (Genève)

Der Wein, der schon vor der christlichen Zeitrechnung auf dem Boden von Genf wuchs, hat die Widrigkeiten der Geschichte überlebt und entfaltet sich voll seit dem Ende der 60er Jahre dieses Jahrhunderts.

Mit einem Klima, das durch die Nähe des Sees gemildert wird, einer sehr guten Sonneneinstrahlung und einem günstigen Boden verteilt sich das Weinbaugebiet von Genf auf 32 Appellationen. Die Anstrengungen, die man unternommen hat, um das Potential der Genfer Weine durch umweltschonende Anbaumethoden zu verbessern, und die Wahl von Rebsorten, die weniger ertragreich sind und sich für einen zumeist durch einen hohen Kalkgehalt gekennzeichneten Boden eignen, machen es möglich, dem Verbraucher Weine von hohem Niveau zu garantieren. Die in den Gesetzestexten enthaltenen Anforderungen bringen ebenso den Willen der Behörden wie auch die Absicht der

Genf

Berufsverbände zum Ausdruck, Weine auf den Markt zu bringen, die den Vorschriften der AOCs genügen.

Die Palette der Rebsorten hat sich mit der Hinzunahme von speziellen Sorten erweitert. Neben den Hauptgewächsen, die bei den Weißweinen vom Chasselas und beim Rotwein von den Rebsorten Gamay und Pinot noir stammen, haben die sogenannten Spezialitäten wie Chardonnay, Pinot blanc, Aligoté, Gamaret und Cabernet einen deutlichen Erfolg beim erfahrenen Weinliebhaber.

Claude Ramu, 480, rte du Mandement, 1282 Dardagny, Tel. 022.754.15.09 n. V.

DOM. DES ABEILLES D'OR
Chouilly Douce noire Fût de chêne 1995**

| | 1 ha | 6 000 | | 100-150 F |

Die Familie Desbaillets stammt aus dem Dorf Les Baillets, das mitten im Genfer Weinbaugebiet liegt. Der volle Duft bietet ein Aroma von wildwachsenden Früchten (Brombeeren). Der runde, fruchtige, holzbetonte Geschmack ist von guter Ausgewogenheit. Nachhaltiger Abgang.
René Desbaillets, Dom. des Abeilles d'Or, 3, rte du Moulin-Fabry, 1242 Satigny, Tel. 022.753.16.37 n. V.

DOM. D'AMOZ
Bardonnex Gamay Cuvée de l'Etienne 1996

| | 0,5 ha | 3 300 | | 30-50 F |

Ein Gamay von einem Lehmboden, der im Beaujolais-Stil vinifiziert worden ist. Das ergibt einen sehr fruchtigen Wein, der einen leichten, primeurhaften und gut strukturierten Charakter hat.
Pierre Barthassat, Ch. d'Amoz, 1257 Bardonnex, Tel. 022.771.25.13 n. V.

CAVE DE BEAUVENT
Bernex Chasselas 1996

| | k. A. | 35 000 | | 30-50 F |

Ein am 5. Oktober 1996 geernteter Chasselas, der eine schöne Persönlichkeit ist und fein und recht köstlich ist. Sehr hübsche Fruchtigkeit.
Bernard Cruz, 265, rue de Bernex, 1233 Bernex, Tel. 021.757.11.96, Fax 021.757.11.96 Mo-Fr 17h-19h ; Sa 9h-12h

DOM. DU CENTAURE
Dardagny Chardonnay 1996**

| | 1 ha | k. A. | | 30-50 F |

Ein altes Gehöft mitten im Dorf Dardagny beherbergt den Weinbaubetrieb von Claude Ramu, der 1982 die Leitung des Familienguts übernommen hat. Mit seinen 20 ha und seinen fünfzehn Rebsorten erzeugt er eine breite Palette von Weinen. Dieser hier hat die Jury begeistert : Es ist ein sehr großer, kräftiger, sehr runder Wein. Hübsche Fruchtigkeit mit leicht kandierten Merkmalen. Der Lieblingswein der Kommission.

DOM. DES CHARMES
Peissy Pinot noir 1995*

| | 0,77 ha | 4 000 | | 50-70 F |

Man findet auf diesem 10 ha großen Gut acht verschiedene Rebsorten. Sein 95er Pinot noir hat eine hübsche Farbe. Das fruchtige Bukett bietet Noten von Himbeeren und kleinen Früchten. Schöne Präsenz der Tannine. Ein sehr ausgewogener Wein.
Bernard Conne, 11, rte de Credery, Peissy, 1242 Satigny, Tel. 022.753.22.16, Fax 022.753.18.45 n. V.

DOM. DES CHEVALIERES
Genève Les Mordorées Pinot blanc 1996

| | 0,7 ha | 5 000 | | 50-70 F |

Zwölf verschiedene Weine werden von diesem 14 ha großen Gut angeboten. Dieser ausgewogene Wein, der von einem Kalkstein- und Molaseboden kommt, bietet eine schöne Fruchtigkeit mit einem leichten Haselnußduft.
Claude et Gilbert Dupraz, 8, chem. de Placet, 1286 Soral, Tel. 022.756.15.66, Fax 022.756.43.92 n. V.

DOM. DU CREST
Genève Pinot blanc 1996*

| | 0,9 ha | 2 000 | | 50-70 F |

Das 1220 errichtete Château du Crest hat die Wechselfälle der Geschichte überstanden. Hierher flüchtete Agrippa d'Aubigné, nachdem er in Frankreich als Anhänger des Calvinismus verurteilt worden war. Er baute das Schloß 1624 wieder auf. Dieses 3 ha große Gut bietet einen sehr gelungenen Pinot blanc, der für die Rebsorte sehr typisch und ziemlich nervig ist.
Gabriel Béné, Cave du Ch. du Crest, 1254 Jussy, Tel. 022.759.06.11, Fax 022.759.11.22 n. V.

DOM. DES ESSERTS
Dardagny La Tuilière Chasselas 1996

| | 2 ha | k. A. | | 30-50 F |

Der Weinberg liegt 450 m hoch und befindet sich auf einem weichen Molaseboden. Die Reben werden gemäß den Schweizer Normen des biologischen Anbaus kultiviert. Dieser fruchtige Wein ist aus 90 % Chasselas, ergänzt durch Chardonnay, erzeugt worden. Er zeigt sich im Geschmack köstlich. Zum Aperitif bestimmt, um den Appetit anzuregen.

Genf

🍷 Raymond Ramu, 17, chem. de Chafalet, Essertines, 1282 Dardagny, Tel. 022.754.12.47, Fax 022.754.12.47 ✓ ℐ n. V.

DOM. DES FAUNES
Dardagny Aligoté 1996

| | 2 ha | k. A. | | 30-50 F |

Ein Wein, der während des Erntefestes im Jahre 1927 in Vevey auf den Namen »les Faunes« getauft wurde. Der 96er ist im Duft fein, während er im Geschmack eine schöne Stärke besitzt und angenehm rund ist. Echte Eleganz.

🍷 Mistral-Monnier, 18, chem. des Pompes, 1282 Dardagny, Tel. 022.754.14.46, Fax 022.754.19.46 ✓ ℐ n. V.

LA CAVE DE GENEVE
Genève Les Frênes Pinot blanc 1996***

| | 6 ha | k. A. | | 50-70 F |

Eine Aktiengesellschaft sichert die Vinifizierung der Produktion von 150 Winzern des Weinbaugebiets von Genf, die rund 40 % der Rebfläche der Appellation bewirtschaften. Dieser »Frênes« präsentiert sich in einem kristallklaren, leicht goldfarbenen Kleid. Das subtile Weißdornbukett und der fleischige, samtige, lange Geschmack haben Charme. Die ebenfalls mit zwei Sternen berücksichtigte Cuvée La Feuillée, ein reinsortiger Chasselas Premier cru, bietet ein verführerisches Bukett von blühenden Reben, Lindenblüten und Geißblatt.

🍷 SA La Cave de Genève, 140, rte du Mandement, 1242 Satigny, Tel. 022.753.11.33, Fax 022.753.21.10 ✓ ℐ n. V.

DOM. DE LA COTE D'OR
Anières Pinot noir 1995*

| ■ | 1,5 ha | 12 000 | | 50-70 F |

Dieses über 7 ha große Gut, das 500 m vom Genfersee entfernt liegt, erzeugt einen Pinot noir, der von Kiesanschwemmungen stammt, die für den See typisch sind. Dieser Jahrgang hat einen fruchtigen Wein mit einem Aroma von kleinen Früchten hervorgebracht, der gut strukturiert ist und Tannine von großer Feinheit besitzt.

🍷 Jean-Jacques et Pierre Gavillet, 41, rue Centrale, 1247 Anières, Tel. 022.751.19.54, Fax 022.751.06.12 ✓ ℐ Mo-Sa 8h-19h

DOM. DE LA PRINTANIERE
Avully Gamaret 1995*

| ■ | 0,5 ha | 2 700 | | 30-50 F |

Diese Kellerei hat sich 1990 modernisiert und sich mit glasemaillierten Stahltanks ausgerüstet. Dieser Wein aus Gamaret, einer einheimischen Rebsorte, wird hervorragend zu Lamm passen. Er hat eine sehr intensive rote Farbe und ist wohlausgewogen und von großer Feinheit.

🍷 Laurent Dugerdil, Dom. de la Printanière, 104, rte d'Avully, 1237 Avully, Tel. 022.756.25.22, Fax 022.756.28.54 ✓ ℐ n. V.

DOM. DE LA VIGNE BLANCHE
Cology Elevé en fût de chêne 1995*

| ■ | 0,6 ha | 2 000 | ⦙⦙ | 70-100 F |

Dieses an der Straße nach Vandœuvres gelegene Gut La Vigne Blanche, das zehn Minuten von der Genfer Innenstadt entfernt ist, präsentiert einen Rotwein, der im Holzfaß ausgebaut worden ist, und kombiniert zu gleichen Teilen die Schweizer Rebsorte Gamaret mit Cabernet Sauvignon. Es ist der erste auf diese Weise hergestellte Jahrgang. Ein sehr zufriedenstellendes Resultat, wenn man nach diesem rassigen, körperreichen Wein urteilt, in dem die Tannine eine schöne Präsenz zeigen.

🍷 Roger Meylan, 13, rte de Vandœuvres, 1223 Cologny, Tel. 022.736.80.34, Fax 022.700.34.16 ✓ ℐ n. V.

DOM. LES CRETETS Peissy Gamay 1996

| ■ | 2,9 ha | 3 000 | | 30-50 F |

Albert François leitet dieses 8 ha große Gut seit 1977. Versäumen Sie es nicht, seinen Gamay zu probieren, dessen Tannine von großer Feinheit sind und dessen Fruchtigkeit schon jetzt verführerisch ist.

🍷 Albert François, 15, chem. des Crêtets, Peissy, 1242 Satigny, Tel. 022.753.10.97, Fax 022.753.13.30 ✓ ℐ n. V.

DOM. LES CURIADES
Lully Aligoté 1996*

| | 4 ha | 30 000 | | 50-70 F |

Dieses Gut, das sich seit 1909 in Familienbesitz befindet, besitzt 12 ha. Dieser feine, fruchtige Wein, der eine Bananennote enthält, ist wohlausgewogen.

🍷 Jacques et Christophe Dupraz, 49, chem. des Curiades, 1233 Lully, Tel. 022.757.28.15, Fax 022.757.47.85 ✓ ℐ n. V.

DOM. LES HUTINS
Dardagny Gamay 1996*

| ■ | 4 ha | 12 000 | | 30-50 F |

Dieses 1890 entstandene Gut in Familienbesitz umfaßt heute 18 ha. Dieser auf einem Kiessandboden erzeugte Gamay besitzt eine große Feinheit und ist aufgrund seines Anbaugebiets sehr typisch. Im Geschmack zeigt er sich rund und gut strukturiert.

🍷 Pierre et Jean Hutin, Dom. Les Hutins, 8, ch. de Brive, 1282 Dardagny, Tel. 022.754.12.05, Fax 022.754.19.81 ✓ ℐ n. V.

LES PERRIERES Peissy Aligoté 1996*

| | 1,5 ha | 10 000 | | 50-70 F |

Das nicht einmal 10 km von Genf entfernte kleine Dorf Peissy besitzt alte, schöne Häuser. Die Molasse- und Lehmböden haben diesen fruchtigen Aligoté hervorgebracht, der durch eine angenehme Frische geprägt ist.

SCHWEIZER WEINE

⛨ Bernard Rochaix, Les Perrières, 54, rte de Peissy, 1242 Satigny, Tel. 022.753.15.98, Fax 022.753.19.28 ✓ ⚱ n. V.

DOM. DES MENADES
Hermance Chasselas 1996★

| ☐ | 0,33 ha | 3 000 | 🍴 | 50-70 F |

Ein 12,6 ha großes Gut, von dem 33 Ar diesen gut strukturierten, fruchtigen Chasselas hervorbringen.

⛨ Alain Jacquier, 30, rue Centrale, 1247 Anières, Tel. 022.751.20.29, Fax 022.751.20.29 ✓ ⚱ n. V.

DOM. DU PARADIS
Chouilly Chardonnay 1996★

| ☐ | 2 ha | 16 000 | 🍴♦ | 30-50 F |

Das Etikett des »Paradis« ist sehr brav : ein Engel, der einen Regenbogen zu erklimmen scheint. Aber der Keller ist mit Wandbildern geschmückt, wo es der Teufel nicht versäumt, sein Glas zu Ehren des Paradieses zu erheben ! Dieser Wein ist seriös : Er ist kräftig und besitzt schöne Rundheit und große Eleganz.

⛨ Roger Burgdorfer, 275, rte du Mandement, 1242 Satigny, Tel. 022.753.18.55, Fax 022.753.18.55 ✓ ⚱ n. V.

DOM. DES PINS
Dardagny Pinot noir Fût de chêne 1995★

| ■ | k. A. | k. A. | 🍷 | 70-100 F |

Dieser Pinot noir stammt von einem Kiesboden, von Rebstöcken, die ein halbes Jahrhundert alt sind, und ist ein Jahr im Faß gereift. Er ist sehr gut gelungen und verbindet auf elegante Weise die Barrique und die Rebsorte. Füllig und wohlausgewogen dank der Tannine von großer Feinheit. Ein rassiger Wein.

⛨ Eric Ramu et Fils, Clos des Pins, 458, rte du Mandement, 1282 Dardagny, Tel. 022.754.14.57, Fax 022.754.17.23 ✓ ⚱ n. V.

DOM. DES TROIS ETOILES
Peissy Chasselas 1996★

| ☐ | k. A. | 20 000 | 🍴♦ | 30-50 F |

Dieser seit Jahrhunderten bepflanzte Hang wurde 1954 von der Familie Crousaz erworben. Sein Chasselas wird einen Fisch aus dem See mögen. Ein sehr schöner Weißwein von wirklicher Feinheit, der blumig ist und viel typischen Charakter zeigt.

⛨ Jean-Charles Crousaz, 41, rte de Peissy, 1242 Satigny, Tel. 022.753.16.14, Fax 022.753.41.55 ✓ ⚱ n. V.

VILLARD ET FILS
Anières Chardonnay 1996★

| ☐ | k. A. | k. A. | 🍴♦ | 30-50 F |

Die Villards, die seit 1617 in Anières leben, haben mehrere landwirtschaftliche Tätigkeiten ausgeführt, aber Wein wurde auf dem Gut immer angebaut. Seit einiger Zeit haben sie auch eine Rebschule. Dieser Chardonnay kommt von einem Kiesboden mit geringem Kalkgehalt. Er ist von großer Feinheit, mit Noten von Zitrusfrüchten. Er bietet eine schöne Ausgewogenheit.

⛨ Philippe et Pierre Villard, 46, rue Centrale, 1247 Anières, Tel. 022.751.25.56, Fax 022.751.25.56 ✓ ⚱ n. V.

Neuenburg

Kanton Neuenburg (Neuchâtel)

In der Nähe des Sees gelegen, der das Sonnenlicht zurückwirft, und an die ersten Ausläufer des Jura geschmiegt, die ihm eine günstige Ausrichtung ermöglichen, erstreckt sich das Weinbaugebiet von Neuenburg auf einem schmalen, 40 km langen Band zwischen Le Landeron und Vaumarcus. Das trockene, sonnenreiche Klima dieser Region eignet sich ebenso wie die Kalksteinböden aus der Juraformation, die hier überwiegen, gut für den Weinbau. Das bestätigen auch die Historiker, die uns berichten, daß die ersten Reben hier offiziell im Jahre 998 angepflanzt wurden. In Neuenburg ist der Wein somit tausend Jahre alt.

In diesem kleinen Weinbaugebiet (610 ha) dominieren Chasselas und Pinot noir ; es gibt auch einige »Spezialitäten« (Pinot gris, Chardonnay, Gewürztraminer und Riesling × Silvaner), aber sie nehmen kaum 6 % der Anbaufläche ein. Diese scheinbar begrenzte Bestockung verbirgt in Wirklichkeit eine sehr breite Palette von Weinen und unterschiedlichen Geschmacksrichtungen, was dem Können der Winzer und der Vielfalt der Böden zu verdanken ist.

Man wird mit Vergnügen Rotweine probieren, die von der Rebsorte Pinot noir stammen, elegante und fruchtige, oft rassige und lagerfähige Weine, aber auch den sehr typischen Œil de Perdrix, diesen unnachahmlichen Rosé, der ursprünglich aus dem Neuenburger Anbaugebiet stammt, sowie die Perdrix Blanche, die man durch Keltern ohne Maischegärung erhält. Einige Kellereien stellen auch Schaumwein her.

Die Komplexität der Böden des Kantons, von Osten bis Westen, sowie die persönlichen Stile der Weinmacher sind für eine große Vielfalt der Geschmacksrichtungen und Aromen der Weißweine von der Chasselas-Rebe verantwortlich, die dem neugierigen Weinfreund so manche interessante Entdeckung ermöglichen. Zusätzlich findet man noch zwei lokale Spezialitäten : den »Nichtfil-

Neuenburg

trierten«, einen Primeur-Wein, der nicht vor dem dritten Mittwoch im Januar verkauft werden darf, und die Weine auf der Hefe.

Jeder der achtzehn Weinbauorte erzeugt seine eigene Appellation, während die Appellation Neuenburg für die gesamte Produktion der ersten Kategorie des Kantons verwendet werden darf.

CH. D'AUVERNIER Auvernier 1996**

| | 20 ha | 150 000 | | 50-70 F |

Im bezaubernden Marktflecken Auvernier, der wunderbarerweise von modernen Bauten verschont geblieben ist, stehen viele typische Winzerhäuser. Das »Château«, ein schönes Beispiel für ein Winzerlandhaus, ist seit 1603 innerhalb der Familie weitergegeben worden. Thierry Grosjean, der heutige Besitzer, repräsentiert die siebzehnte Generation. Der angenehm nervige und frische Chasselas ist typisch für den Jahrgang 1996. Die Sorgfalt der Vinifizierung kommt hier in einer großen Reinheit des fruchtigen Aromas zum Ausdruck.

🕾 Thierry Grosjean, Ch. d'Auvernier, 2012 Auvernier, Tel. 032.731.21.15, Fax 032.730.30.03 ☑ ♈ n. V.

DOM. DES CEDRES
Cortaillod Pinot noir fût de chêne 1995**

| | 3,5 ha | 12 000 | | 50-70 F |

Die Domaine des Cèdres, ein seit 1858 bestehender Familienbetrieb, ist in Cortaillod ein Synonym für Tradition und Qualität. Eine Gärmethode der Rotweine, bei der der Tresterhut immer wieder nach unten gestoßen wird, und Gärbehälter, die zu 80 % aus Holz bestehen, verleihen allen Weinen dieser Kellerei eine originelle Note und Klasse. Einige Mitglieder der Jury haben die sehr dunkle Farbe dieses Weins betont. Ansonsten waren sich alle darin einig, daß es sich hier um einen lagerfähigen Wein handelt, der eine schöne Entwicklung verspricht.

🕾 A. Porret et Fils, Dom. des Cèdres, rue de la Goutte d'Or 20, 2016 Cortaillod, Tel. 032.842.10.52, Fax 032.842.18.41 ☑ ♈ n. V.

ETAT DE NEUCHATEL
Auvernier Pinot noir 1995**

| | 2,42 ha | 13 000 | | 50-70 F |

Die in Auvernier, im Herzen des Neuenburger Anbaugebiets, vor etwas mehr als einem Jahrhundert, zur Zeit der Reblauskrise, gegründete Versuchsanstalt für Weinbau vereinigt in sich die Aufgaben der Forschung, der allgemeinverständlichen Darstellung und der Verwaltung, denn sie ist gleichzeitig die kantonale Dienststelle für Weinbau. Ihr Direktor, Eric Beuret, leitet auch die Encavage de l'Etat, die neben speziellen Versuchsweinen die klassische Palette der Neuenburger Weine erzeugt. Ihr Pinot noir ist besonders angesehen. Dieser Wein ist im Duft kräftig, mit Noten von kleinen Früchten, und besitzt eine intensive Farbe. Er ist im Geschmack lang und strukturiert, mit sanften, aber deutlich spürbaren Tanninen. Er ist zwar schon heute angenehm zu trinken, aber sicherlich ist er ein schöner lagerfähiger Wein.

🕾 Encavage de l'Etat de Neuchâtel, rue des Fontenettes 37, 2012 Auvernier, Tel. 032.731.21.07, Fax 032.730.24.39 ☑ ♈ n. V.

ANDRE GERBER ET FILS
Champréveyres 1996**

| | 0,28 ha | 2 500 | | 30-50 F |

Seit vier Generationen bewirtschaftet die Familie Gerber in Hauterive ein 7 ha großes Weingut. Der Sohn, der gerade die Leitung des Betriebs übernommen hat, ist ein einfallsreicher junger Winzer, von dem man schöne Erfolge erwarten darf. Unsere Jury wählte diesen besonders feinen und fruchtigen Chasselas zum Lieblingswein. Er ist harmonisch, lebhaft, aber nicht zu sehr, und entfaltet im Abgang eine angenehme Rundheit.

🕾 André Gerber et Fils, imp. Alphonse-Albert 8, 2068 Hauterive, Tel. 032.753.27.53, Fax 032.753.02.41 ☑ ♈ n. V.

GRISONI Neuchâtel Œil de Perdrix 1996**

| | 3 ha | 30 000 | | 50-70 F |

Christian Jeanneret, der Önologe des Hauses, hat vor kurzem die Leitung dieses großen Betriebs in Cressier übernommen, der bis dahin von seinem Schwiegervater Jacques Grisoni geführt worden war. Die Gewissenhaftigkeit seiner Arbeit ist die Garantie für eine Qualität, die sich konstant steigert und dafür sorgte, daß er für seinen Weißwein 1995 die Goldene »Gerle« erhielt. Dieser sanfte, liebliche, weinige Wein ist dennoch durch lebhafte Note im Abgang gekennzeichnet. Man kann ihn zwar auch jetzt angenehm trinken, aber es handelt sich um einen Œil de Perdrix, den man auch im Keller aufheben kann.

🕾 Caves Grisoni, chem. des Devins 1, 2088 Cressier, Tel. 032.757.12.36, Fax 032.757.12.10 ☑ ♈ Mo-Fr 7h-12h 13h15-17h; Sa 9h30-12h

DOM. LA GRILLETTE
Neuchâtel Pinot noir 1995**

| | 2,5 ha | 15 000 | 30-50 F |

Seit 1982 leitet Thierry Luthy mit Sachverstand dieses 1884 von Adrien Ruedin geschaffene Gut. Er ist auch ein versierter und neugieriger Önologe, der nicht zögert, die eingefahrenen Wege zu verlassen. Das rubinrote, sehr leicht bernsteinfarbene Kleid dieses Pinot noir kündigt einen reifen, runden Wein an, der schon angenehm zu trinken ist. Dennoch ist im

SCHWEIZER WEINE

Bern

Abgang noch ein gewisser Tanninreichtum deutlich zu spüren, so daß man eine mehrjährige Lagerung ins Auge fassen kann.

🍷 La Grillette vins, Molondin 2, 2088 Cressier, Tel. 032.758.85.29, Fax 032.758.85.21 ⬛ 🍷 n. V.

LA MAISON CARREE
Auvernier Pinot noir 1995**

| ⬛ | 3,1 ha | 20 000 | 🍷 | 70-100 F |

Die Maison carrée, das ist ein wenig das Gedächtnis von Auvernier, das Refugium der Weinbautradition von Neuenburg. Sie ist nämlich eine der seltenen Kellereien des Kantons, wo die Trauben noch in Gerles (alte neuenburgische Gefäße für die Lese, die früher alljährlich auf 100 l geeicht wurden) geerntet werden und wo man zwei prächtige vertikale Traubenpressen aus Holz bewundern kann. In diesen je 50 hl fassenden Pressen werden noch heute die Trauben für alle Weißweine und Œil-de-Perdrix-Weine des Hauses gekeltert. Diese Tradition schließt jedoch nicht aus, daß Jean-Denis Perrochet, der heutige Besitzer, die modernsten Techniken kennt und sie auch anwendet. Ein freigiebiger Wein mit schönen verschmolzenen Tanninen und einer kräftigen dunkelrubinroten Farbe. Ein lagerfähiger Wein mit ausgeprägtem burgundischem Charakter.

🍷 J.-Jacques et J.-Denis Perrochet, La Maison Carrée, 2012 Auvernier/Neuchâtel, Tel. 038.731.21.06, Fax 038.731.21.26 ⬛ 🍷 n. V.

CAVES DU PRIEURE DE CORMONDRECHE
Neuchâtel Sélection 1996**

| ☐ | 5 ha | 50 000 | 🍷 | 30-50 F |

Die »Caves du Prieuré«, die seit 1940 eine Genossenschaftskellerei sind, haben viele Mitglieder und kellern 4 bis 5 % der Produktion von Neuenburg ein. Aus ihrer interessanten Produktion kann man die Palette der Weine der Domaine de Chambleau in Colombier erwähnen. Dieser strukturierte, rassige Chasselas verbindet in einer subtilen Ausgewogenheit die verschiedenen blumigen Aromen der Rebsorte. Ein Hauch von Säure verstärkt noch die blumige Frische und kennzeichnet den Charakter eines typischen Neuenburger Weins.

🍷 Caves du Prieuré, Grand-Rue 25, 2036 Cormondrèche, Tel. 032.731.53.63, Fax 032.731.56.13 ⬛ 🍷 n. V.

SAINT-SEBASTE
Neuchâtel Œil de Perdrix 1996***

| ◢ | 3,5 ha | 20 000 | 🍷 | 50-70 F |

Bei den Kuntzers wird die Gewissenhaftigkeit in den Rang einer Tugend erhoben, und ihre Weine bringen diese Sorge um das kleinste Detail, die der Vater bewundernswerterweise an den Sohn weitergeben konnte, zum Ausdruck. Unsere Jury hat hier zwar einen 96er Œil de Perdrix ausgewählt, aber hier auch die große Qualität des 95er Pinot noir herausgestellt. Dieser zart bernsteinfarbene, füllige und reichhaltige Œil de Perdrix drückt wunderbar die Qualitäten eines typischen Weins aus Neuenburg aus, in dem sich das ganze zarte Aroma des Pinot noir enthüllt. Kräftig im Duft und lang im Geschmack - das ist in diesem Jahr der Lieblingswein unserer Jury bei den Œil-de-Perdrix-Weinen.

🍷 J.-C. Kuntzer et Fils, succ. J.-Pierre Kuntzer, rue D. Dardel 11, 2072 Saint-Blaise, Tel. 032.753.14.23, Fax 032.753.14.57 ⬛ 🍷 n. V.

VALENTIN
Neuchâtel Œil de Perdrix 1996**

| ◢ | 1,2 ha | 10 600 | 🍷 | 50-70 F |

Diese Firma hat eine lange Tradition, denn es steht fest, daß schon im Jahre 1614 ein Vorfahr der Familie seine Steuern in Form von Krügen Wein zahlte ! Heute empfängt Sie Jean-Paul überaus höflich in seinem Keller, wo die Gärbehälter von seinem Vater Valentin, der auch ein Künstler ist, hübsch verziert worden sind. Dieser im Duft ziemlich diskrete Œil de Perdrix enthüllt im Geschmack seinen gesamten Reichtum mit einem fruchtigen Aroma von großer Feinheit. Ein fülliger, runder und vollkommen eleganter Wein.

🍷 Jean-Paul Ruedin, rte de Troub 4, 2088 Cressier, Tel. 032.757.11.51, Fax 032.757.26.05 ⬛ 🍷 n. V.

Kanton Bern

Das Weinbaugebiet bildet ein Band, das sich entlang dem linken Ufer des Bielersees, am Fuße des Juras, erstreckt. Die Reben klammern sich an den Hang und umgeben die Dörfer, deren Architektur an eine Lebensweise und eine Tradition erinnert, die die Jahrhunderte überdauern konnten. 55 % der Rebfläche nimmt die Chasselas-Rebe ein, 35 % der Pinot noir ; die restlichen 10 % entfallen auf Spezialitäten wie Pinot gris, Riesling × Silvaner, Chardonnay, Gewürztraminer etc. Das vom See gemilderte Klima und der Kalk des Bodens, der in der Regel nicht sehr tief ist, verleihen den Weinen Feinheit und Charakter. Der Chasselas ist ein leichter, prickelnder Weißwein, der sich ideal als Aperitif eignet oder ein Renkenfilet aus dem See begleiten kann. Der

Aargau

Pinot noir ist ein leichter, eleganter, fruchtiger Wein. Die Weingüter sind Familienbetriebe, deren Anbaufläche zwischen 2 und 7 ha liegt; Tradition und moderner Fortschritt harmonieren dort vollkommen. In den übrigen Weinbaukantonen der Deutschschweiz wachsen die Reben in recht nördlichen Breiten. Trotz des rigiden Klimas erzeugen diese Regionen vornehmlich Rotwein mit einem Anteil von 70 %, oft auf der Basis von Pinot noir. Grundlage für den Weißwein ist hauptsächlich Riesling x Sylvaner.

AUBERSON ET FILS
La Neuveville Chardonnay 1996

| | 1,4 ha | k. A. | 50-70 F |

Dieses 10 ha große Gut, das auf den Hängen des Bielersees liegt, wird von der vierten Winzergeneration bewirtschaftet. Das hübsche Kleid dieses Chardonnay öffnet sich zu einem feinen Bukett von Zitrusfrüchten. Diesem Wein von diskretem Charakter mangelt es ein wenig an Stärke, aber er ist elegant und trinkreif.
↪ Auberson et Fils, Tirage 25,
2520 La Neuveville, Tel. 032.751.18.30,
Fax 032.751.53.83 ✓ ⊺ n. V.

LES QUATRE VENTS
La Neuveville Œil de Perdrix 1996*

| | 0,5 ha | 4 000 | | 50-70 F |

Dieses Gut befindet sich auf lehmig-kalkhaltigem Boden und besteht aus 5 ha Reben, die im Guyot-Schnitt erzogen werden und rund 25 Jahre alt sind. Dieser Pinot noir mit der schönen Bernsteinfarbe ist ein leichter Wein, der ein hübsches, recht typisches Aroma von frischen Früchten entfaltet. Im Geschmack bewahrt er die gesamte Frische, unterstützt durch einen diskreten Hauch von Hefe - was Komplexität verspricht.
↪ Jean-Daniel Giauque, Près-Guëtins 1,
2520 La Neuveville, Tel. 032.751.22.93,
Fax 032.751.57.87 ✓ ⊺ n. V.

LES VERGERS
Schafiser Réserve du Petit Château 1996**

| | 0,5 ha | 3 000 | | 50-70 F |

Das Haus dieses Guts wurde 1570 errichtet. Seit 1830 bestellt die Familie Teutsch diesen Weinberg an den Ufern des Bielersees, der gegenwärtig 3 ha groß ist. Dieser strohgelbe und diskret blumige Chasselas ist sehr harmonisch im Geschmack, der an Lindenblüten erinnert. Sehr repräsentativ für die Chasselas-Weine vom Bielersee.
↪ Heinz Teutsch, Schafis/Chavannes,
2514 Ligerz, Tel. 032.315.21.70 ✓ ⊺ n. V.

WALTER LOUIS
Schafiser Pinot noir 1996*

| | 0,8 ha | 4 000 | 50-70 F |

Der vom jungen Johannes Louis übernommene Weinberg, der sich in Steillage auf einem sehr kalkhaltigen Boden befindet, eignet sich besonders gut für die Rebsorte Pinot noir der Weine vom Bielersee. Alle Weine werden im Eichenholzfaß ausgebaut. Dieser sehr vielversprechende Pinot noir hat eine schöne, intensive rubinrote Farbe. Das Bukett ist noch verschlossen, aber die Jury verheißt diesem sehr klaren Wein, von dem schon ein subtiles Himbeeraroma ausgeht, eine schöne Zukunft.
↪ Johannes Louis, Schafisweg 371,
2514 Schafis/Chavannes, Tel. 032.315.14.41 ✓ ⊺ n. V.

PETER SCHOTT-TRANCHANT
Twanner Cuvée sélectionnée 1996*

| | 0,35 ha | 2 500 | | 70-100 F |

Das Gut in Familienbesitz, das seit drei Generationen bewirtschaftet wird, besitzt ein 2 ha großes Anbaugebiet, das sich auf verschiedene Lagen verteilt. Diese diskret perlende Cuvée, die hübsche goldfarbene Reflexe zeigt, ist wohlausgewogen. Man findet darin eine subtile Harmonie von exotischen Früchten und eine Länge im Geschmack, die auf den sechsmonatige Reifung im Eichenholzfaß zurückgehen.
↪ Peter Schott-Tranchant, Dorfgasse 117,
2513 Twann, Tel. 032.315.24.86,
Fax 032.315.24.86 ✓ ⊺ n. V.

Kanton Aargau

AARGAUISCHE STAATSTROTTE
FRICK Fricker Chardonnay 1996**

| | 0,06 ha | 600 | 50-70 F |

Dieses 6 ha große Gut, das im Besitz des Kantons Aargau ist, präsentierte unserer Jury zwei bemerkenswerte Weine : den Fricker Chardonnay mit der intensiven goldenen Farbe, der im Duft kräftig und würzig ist, sich reich und samtig zeigt und im Geschmack eine gute Nachhaltigkeit bietet, und andererseits einen 96er Othmerstrott Fricker Blauburgunder (Pinot noir), der bemerkenswert fruchtig, ebenfalls sehr reichhaltig, gutgebaut und von großer Länge ist. Beide haben zwei Sterne erhalten.
↪ Staatstrotte LBBZ, Ackerstraße, 5070 Frick,
Tel. 062.865.50.33, Fax 062.865.50.38 ✓ ⊺ n. V.

FEHR UND ENGELI
Ueken Barrique Pinot noir 1995**

| | 0,7 ha | 3 600 | | 70-100 F |

Ein 9,5 ha großes Gut, dessen 96er Riesling x Silvaner für seine Frische einen Stern erhält. Der im Gärbehälter ausgebaute Pinot noir erhält ebenfalls einen Stern. Er ist schon sehr harmonisch, kann aber lagern. Vor allem diese in der Barrique ausgebaute Sondercuvée, deren jugendliche Farbe ein wenig blaß ist, verführt aufgrund ihres Vanillegeschmacks, den die Tannine vom Holzfaß verleihen. Stattlich und elegant. Ein Wein von sehr guter Lagerfähigkeit.
↪ Fehr und Engeli, Hauptstraße 33,
5028 Ueken, Tel. 062.871.33.73,
Fax 062.871.56.05 ✓ ⊺ n. V.

Basel

VOSER HERRENBERG Wettingen 1996*

■ 0,9 ha   7 000   ■ 70-100 F

Ein Weingut, das sich seit 1937 in Familienbesitz befindet. Mönche bauten hier bereits im 13. Jh. Wein an. Der dunkelrubinrote Pinot noir mit den violetten Reflexen verführt schon jetzt aufgrund der Eleganz seiner ausgewogenen, harmonischen Struktur.
🖝 Voser AG, Weinkellerei, Dorfstraße 40, 5432 Neuenhof, Tel. 056.406.27.17 ◪ ⊥ n. V.

COOPERATIVE SCHINZNACH
Oberflachser Blauburgunder Großer Fuchs 1996**

■ 1,6 ha   6 000   30-50 F

Diese 1895 gegründete Genossenschaft vereinigt 69 Erzeuger und vinifiziert die Trauben von 42 ha. Drei Cuvées mit Namen von Schmetterlingen sind sehr gelungen. Diese hier hat gesiegt: Sie ist elegant in ihrem dunkelrubinroten Kleid. Ihr intensives Bukett und ihr Geschmack von gekochten Früchten sind typisch für den Blauburgunder (Pinot noir). Ein Wein, der Vergnügen bereitet.
🖝 Weinbaugenossenschaft von Schinznach, Trottenstraße 1B, 5107 Schinznach-Dorf, Tel. 056.443.10.66, Fax 056.443.13.52 ◪ ⊥ n. V.

VOSER RESERVE
Wettinger Pinot gris Barrique 1996**

☐ 0,15 ha   800   ■ ⓘ 100-150 F

Während dieselbe Cuvée beim 95er Pinot noir trinkreif ist (sie erhält einen Stern), kann man diese hier, die von der Rebsorte Pinot gris stammt, noch aufheben. Goldgelbe Farbe, würziges Bukett und diskreter Eichenholzgeschmack. Sie ist im Geschmack reichhaltig und von angenehmer Fruchtigkeit.
🖝 Voser AG, Weinkellerei, Dorfstraße 40, 5432 Neuenhof, Tel. 056.406.27.17 ◪ ⊥ n. V.

Kanton Basel

LIESTALER BEERLIWEIN
Liestaler Blauburgunder (Pinot noir) 1996*

■ 1 ha   6 000   ■ 50-70 F

Dieser strahlende rubinrote 96er Blauburgunder (Pinot noir) bietet einen komplexen Duft und ein würziges Bukett. Er ist im Geschmack reichhaltig, lebhaft und von guter Säure. Er zeigt sich sehr konzentriert. Der 96er Wintersinger erhält die gleiche Note für seine elegante Jugendlichkeit und seine schöne Struktur.
🖝 Siebe-Dupf-Kellerei, Paul Schwob AG, Kasernenstraße 25, 4410 Liestal, Tel. 061.921.13.33, Fax 061.921.13.32 ⊥ n. V.

Kanton Graubünden

COTTINELLI
Maienfelder Marschallgut Pinot noir 1995**

■ 1,42 ha   6 900   ■ 50-70 F

Dieser hellrubinrote 95er hat ein schönes, pinottypisches Bukett mit Himbeernoten. Der ausgewogene Wein mit dem samtigen, reichhaltigen Körper ist im Geschmack von guter Nachhaltigkeit und zeigt sich sehr elegant.
🖝 Weinhaus Cottinelli AG, Karlihof 8E, 7208 Malans, Tel. 081.300.00.30, Fax 081.300.00.40 ◪ ⊥ n. V.

COTTINELLI Churer Chardonnay 1995**

☐ 0,74 ha   3 600   ■ ⓘ 70-100 F

Die Cottinelli, die seit 1868 Winzer sind, leben seit 1948 in Graubünden. Ein strahlender hellgelber Chardonnay mit typischem Duft. Im Mund kommt die Barrique mit feinem Vanillegeschmack zum Ausdruck. Der sehr kräftige, ausgewogene Geschmack zeigt gute Nachhaltigkeit.
🖝 Weinhaus Cottinelli AG, Karlihof 8E, 7208 Malans, Tel. 081.300.00.30, Fax 081.300.00.40 ◪ ⊥ n. V.

Kanton Sankt Gallen

FELIX BÄRTSCH UND SÖHNE
Melser Zehntenwein Blauburgunder Beerli 1996*

■ k. A.   4 000   ■ 30-50 F

Vom selben Erzeuger, der gleichzeitig Winzer und Weinhändler ist, würdigte die Jury einen 95er *Nidberger Schlössliwy* Blauburgunder (Pinot noir), der sehr typisch ist, und diese 96er Cuvée mit der intensiven roten Farbe und dem tiefen, komplexen Bukett, in dem Noten von schwarzen Johannisbeeren dominieren. Wohlausgewogen und von guter Nachhaltigkeit. Man kann diesen Wein einkellern, aber er ist schon gefällig.
🖝 Felix Bärtsch und Söhne, Grofstraße 11, 8887 Mels, Tel. 081.723.10.33, Fax 081.723.67.33 ◪ ⊥ Mo-Fr 8h-12h 13h-18h; Sa 8h-12h

OCHSENTORKEL
Buechberger Eiswein Blauburgunder 1995**

◢ k. A.   1000   150-200 F

Ein von der 1916 gegründeten Genossenschaft von Thal vorgestellter Eiswein. Thal liegt 5 km vom Bodensee entfernt. Es ist ein Blauburgunder (Pinot noir) Rosé mit einer strahlenden lachsrosa Farbe. Seine aromatische Palette besteht aus Noten von Ananas und Zitrusfrüchten, mit einem diskreten Hauch von Holunder. Dieser süße Wein, der füllig ist und eine schöne Ausgewogenheit zwischen Zucker und Säure besitzt, weist eine bemerkenswerte Nachhaltigkeit im Geschmack auf. Der trockene Weißwein ist ein Riesling × Silvaner, der einen Stern erhält. Sein

Muskatbukett macht ihn zu einem charmanten, eleganten Wein.

🍷 Weinbaugenossenschaft Thal, Dorfstraße 7, 9425 Thal, Tel. 071.886.48.26, Fax 071.886.48.20 ✓ ⌧ n. V.

OCHSENTORKEL
Buechberger St. Galler Rheintal 1996**

| ■ | k. A. | 1 500 | ⏸ | 50-70 F |

Diese Auslese von schöner purpurroter Farbe verströmt ein würziges, leicht rauchiges Bukett. Der Körper ist stattlich und konzentriert, mit einer harmonischen Säure und robusten Tanninen. Es ist ein Wein zum Einlagern, wie der noch nervige geschmackliche Abgang bestätigt. Die 95er Spätlese Tante Hedy Wy erhält einen Stern. Helles Rubinrot, Aroma von Sauerkirschen und Beeren. Sie besitzt einen samtigen, alkoholreichen Geschmack.
🍷 Weinbaugenossenschaft Thal, Dorfstraße 7, 9425 Thal, Tel. 071.886.48.26, Fax 071.886.48.20 ✓ ⌧ n. V.

JAKOB SCHMID
Spätburgunder aus Berneck 1995**

| ■ | 1,2 ha | 2 805 | ■⏸⚑ | 50-70 F |

Sehr schöne große Fässer mit geschnitzten Verzierungen schmücken den Keller, aber man kann auch die Lagerkeller und die Flaschenabfüllanlage bewundern. Dieser Spätburgunder hat eine dunkelrubinrote Farbe mit leicht violetten Reflexen. Die ziemlich deutlich spürbaren Tannine vom Holzfaß ergeben einen guten Vanillegeschmack. Der robuste Geschmack enthüllt eine gute Extraktion. Langer Abgang.
🍷 Reben+Wein Jakob Schmid AG, Tramstraße 23, 9442 Berneck, Tel. 071.744.12.77, Fax 071.744.79.12 ✓ ⌧ n. V.

JAKOB SCHMID
Bernecker Pfauenhalde Blauburgunder 1995**

| ■ | 2,1 ha | 17 121 | ■ | 50-70 F |

Neben einem 94er Bernecker Eigenbau, der eine hellrubinrote Farbe und ein feines Bukett (reife Beeren) hat und sehr gelungen und trinkreif ist, hier eine weitere Cuvée, die aus Blauburgunder (Pinot Noir) erzeugt worden ist. Dunkelrote Farbe, kräftiges Bukett. Dieser leicht tanninhaltige Wein, im Geschmack sanft und lang, hat nichts Feminines an sich. Er ist schon sehr gut, kann aber einige Zeit im Keller lagern.
🍷 Reben+Wein Jakob Schmid AG, Tramstraße 23, 9442 Berneck, Tel. 071.744.12.77, Fax 071.744.79.12 ✓ ⌧ n. V.

Thurgau

Kanton Schaffhausen

16 FAHNE-WY
Hallauer Spätlese Pinot noir 1996*

| ■ | 1 ha | 7 500 | ■ | 70-100 F |

Dieser Wein ist sehr gelungen. Intensive rote Farbe mit violetten Reflexen. Er verströmt Brombeer- und Holunderduft. Reichhaltig, ausgewogen und lang - sehr charakteristisch für die Weine der deutschsprachigen Schweiz.
🍷 Hans Schlatter, Weinbau und Kellerei AG, Schöneckstraße 380, 8215 Hallau, Tel. 052.681.32.04, Fax 052.681.29.51 ✓ ⌧ Mo-Sa 8h-12h 13h30-17h30

E. HEDINGER
Wilchinger Selektion Sunneberg 1996*

| ■ | 3 ha | 15 000 | ■ | 50-70 F |

Ein samtiger Körper und eine gute Nachhaltigkeit im Geschmack kennzeichnen diesen Wein mit der intensiven dunkelroten Farbe und dem schönen Bukett, das für die Rebsorte Pinot noir typisch ist: reichhaltig, an Himbeeren erinnernd.
🍷 E. Hedinger Sunneberg Kellerei, Zum Sonnenberg 151, 8217 Wilchingen, Tel. 052.681.25.72, Fax 052.681.43.76 ✓ ⌧ n. V.

Kanton Thurgau

BÜNDNERBANNER
Zizerser Blauburgunder (Pinot noir) 1996**

| ■ | k. A. | 8 000 | | 30-50 F |

Dunkelrote Farbe und kräftiges Bukett. Dieser leicht tanninhaltige Wein, der nach gekochten Früchten schmeckt, besitzt einen männlichen Köper. Seine bemerkenswerte Struktur entspricht seinem langen Abgang. (Das Traubengut stammt übrigens nicht aus dem Kanton Thurgau, sondern aus dem Bündnerland.)
🍷 Rutishauser Weinkellerei AG, Dorfstraße 40, 8596 Scherzingen, Tel. 071.686.88.88, Fax 071.686.88.99 ✓ ⌧ n. V.

SCHLOSS EIGENTHAL
Pinot noir von Berg am Irchel 1996**

| ■ | k. A. | 4 000 | | 30-50 F |

Der zum Zeitpunkt der Weinprobe sehr junge Wein war noch ein wenig verschlossen. Aber man nimmt schon fein fruchtige (Waldbeeren) und mineralische Noten wahr. Er ist frisch, mit ausgeprägtem Fruchtgeschmack, und zeigt sich am Gaumen elegant und feminin.
🍷 Rutishauser Weinkellerei AG, Dorfstraße 40, 8596 Scherzingen, Tel. 071.686.88.88, Fax 071.686.88.99 ✓ ⌧ n. V.

TROTTEHALDER
Niederneunforn Eigenbau Blauburgunder 1996*

| ■ | 1,13 ha | 10 000 | | 30-50 F |

Eine 1886 gegründete Firma. Ein echter Blauburgunder (Pinot noir) von rubinroter Farbe.

SCHWEIZER WEINE

Zürich

Der Duft ist ein wenig zurückhaltend, diskret, aber klar, durch Trauben geprägt. Der Körper ist voluminös, bleibt aber elegant. Die Frucht ist recht spürbar im Geschmack und wird begleitet von Himbeernoten. Dieser sehr ausgewogene Wein ist trinkreif und paßt zu einem Rinderfilet. Der 95er Iselisberg vom selben Erzeuger, der aus der gleichen Rebsorte erzeugt, aber diesmal in der Barrique ausgebaut worden ist, erhält einen Stern. Seine Tannine sind harmonisch. Die Länge garantiert seine Langlebigkeit.
↝ Rutishauser Weinkellerei AG, Dorfstraße 40, 8596 Scherzingen, Tel. 071.686.88.88, Fax 071.686.88.99 ☑ ⟟ n. V.

Kanton Zürich

DACHSENER
Dachsener Blauburgunder (Pinot noir) 1996*

| ■ | 2,3 ha | k. A. | ⟟ | 30-50 F |

Dieser Blauburgunder (Pinot noir) mit der intensiven rubinroten Farbe hat ein Bukett von wilden Brombeeren. Der gut strukturierte Wein ist das Ergebnis einer recht ausgeprägten Extraktion, und der reiche Stoff wird von feinen Tanninen begleitet.
↝ Volg Weinkellereien, Schaffhauserstraße 6, 8400 Winterthur, Tel. 052.264.26.65, Fax 052.264.26.27 ☑ ⟟ n. V.

HERZOG WELF
Iselisberger Blauburgunder (Pinot noir) 1996*

| ■ | 13,82 ha | 25 000 | ⟟ | 30-50 F |

Leicht violette Reflexe in der rubinroten Farbe zeigen die Jugend dieses fruchtigen (reife Beeren), leicht rauchigen Weins. Er ist reichhaltig und hat eine gute Struktur mit sehr feinen, dichten Tanninen.
↝ Volg Weinkellereien, Schaffhauserstraße 6, 8400 Winterthur, Tel. 052.264.26.65, Fax 052.264.26.27 ☑ ⟟ n. V.

MALANSER BARRIQUE
Malans Pinot noir 1995**

| ■ | 0,6 ha | 3 300 | ◁▷ | 70-100 F |

Ein Wein von einem der größten Erzeuger des Deutschschweizer Weinbaugebiets. Dunkles Rubinrot, Duft nach reifen Beeren, diskreter Eichenholzgeschmack (Vanille). Der voluminöse, aber elegante Körper läßt zu, daß sich die Tannine vom Holzfaß auf harmonische Weise in sehr guter Ausgewogenheit ausdrücken.
↝ Volg Weinkellereien, Schaffhauserstraße 6, 8400 Winterthur, Tel. 052.264.26.65, Fax 052.264.26.27 ☑ ⟟ n. V.

Kanton Tessin (Ticino)

Das Weinbaugebiet des Tessins erstreckt sich von Giornico im Norden bis Chiasso im Süden und hat eine Rebfläche von 900 ha. Ein Großteil, nämlich 4 000 Winzer, hat kleine Parzellen, denen die Besitzer ihre ganze Freizeit widmen. Die in diesem Kanton »Prince« genannte Rebsorte ist der aus dem Bordelais stammende Merlot, der zu Beginn des 20. Jahrhunderts im Tessin eingeführt wurde. Gegenwärtig nimmt die Merlot-Rebe 85 % der Anbaufläche des Kantons ein. Merlot ist eine Rebsorte, die es ermöglicht, mehrere Weintypen zu erzeugen : Weiß-, Rosé- und Rotwein. Der rote Merlot, der am meisten verbreitet ist, kann leicht oder recht körperreich und alterungsfähig sein, je nach der Länge der Gärdauer. Einige Qualitäten werden in der Barrique ausgebaut.

AMPELIO Merlot del Ticino 1991*

| ■ | k. A. | k. A. | ◁▷ | 70-100 F |

Das Familienunternehmen Vinicola Carlevaro wurde 1963 gegründet. Der Weinberg befindet sich in der Region Bellinzona, einer Stadt, die man in Frankreich »präfektoral« nannte. Die Farbe dieses 91ers beginnt sich zu entwickeln. Das Bukett enthüllt eine reife Frucht, während im Geschmack verschmolzene Tannine diesen Wein ausgleichen. Er erreicht seinen Höhepunkt.
↝ SA Carlevaro Vinicola, Molinazzo, 6500 Bellinzona, Tel. 091.829.10.44, Fax 091.829.14.56 ☑ ⟟ n. V.

CAMORINO Merlot del Ticino 1994

| ■ | k. A. | k. A. | ◁▷ | 70-100 F |

Diese große, 1929 entstandene Firma vinifiziert die Trauben, die von über 600 Winzern zwischen Bellinzona und Locarno geerntet werden. Der Camorino wird lang vergoren, 21 Tage, und danach eineinhalb Jahre in neuen Barriques und ein weiteres Jahr in der Flasche ausgebaut. Ein sehr farbintensiver Wein mit fruchtig-holzigem Aroma und warmen Tanninen. warm sind. Er ist trinkreif.
↝ Cagi-Cantina Giubiasco, Via Linoleum, 6512 Giubiasco, Tel. 091.857.25.31, Fax 091.857.79.12 ☑ ⟟ n. V.

COMANO Merlot del Ticino 1994**

| ■ | k. A. | 10 300 | ◁▷ | 70-100 F |

Ein großes, 1944 gegründetes Familienunternehmen, das über 40 ha Reben in verschiedenen Gebieten des Tessins besitzt. Der Weinberg Comano befindet sich nördlich von Lugano, in 430 m Höhe, nach Südsüdosten gehend. Sein mäßiger Ertrag erklärt die Qualität des Weins, ebenso die sorgfältige Vinifizierung im Bordeaux-Stil und der Ausbau im Eichenholzfaß. Der Comano ist intensiv rubinrot ; er ist

Tessin

kräftig gebaut und komplex; seine Tannine haben die Rundheit der Reife. Vor 2006 trinken.
🕭 SA Eredi Carlo Tamborini Vini, Via Serta, 6814 Lamone, Tel. 091.945.34.34, Fax 091.945.28.33 ✅ 🍷 n. V.

ENOTECA CONVENTO
Merlot del Ticino 1995*

| ■ | k. A. | 15 000 | 30-50 F |

Ein 1950 geschaffenes Gut in Familienbesitz, das einen Weinberg in den Hügeln des Sopraceneri, in der Nähe von Bellinzona, besitzt. Von dort stammt der Enoteca Convento. Sehr repräsentativ für den Merlot del Ticino. Dieser Wein wird zu einem sehr vernünftigen Preis verkauft. Er hat ein Aroma von kleinen roten Früchten und bietet im Geschmack eine schöne Weinigkeit.
🕭 SA Chiericati vini, Via Convento 10, 6500 Bellinzona, Tel. 091.825.13.07, Fax 091.826.40.07 ✅ 🍷 Mo-Fr 8h-12h 14h-18h

CRESPERINO Merlot del Ticino 1995*

| ■ | k. A. | 20 000 | 🍷 | 50-70 F |

Die Tenuta Bally entstand 1918. 7 ha sind für den Weinbau bestimmt, in erster Linie für die Rebsorte Merlot. Diese »azienda agricola« befindet sich in der Gemeinde Breganzona, in der Nähe von Lugano, einer Stadt, die ebenso wie der gleichnamige See wohlbekannt ist. Der Cresperino wird traditionell vinifiziert, aber sein Ausbau ist eine Besonderheit. Ein Jahr im großen Eichenholzfaß und sechs Monate im Stahltank. Seine Farbe ist sehr jugendlich, ein ins Violette spielendes Rot. Im Geschmack sind seine Tannine kräftig und nachhaltig. Lassen Sie ihn fünf Jahre im Keller.
🕭 Tenuta Bally, Crespera, 6932 Breganzona, Tel. 091.966.28.08, Fax 091.967.53.71 ✅ 🍷 n. V.

IL QUERCETO Merlot del Ticino 1993*

| ■ | k. A. | k. A. | 🍷 | 100-150 F |

Die Firma Terreni alla Maggia erzeugt seit fast einem halben Jahrhundert Wein und bewirtschaftet einen etwa 10 ha großen Weinberg in der schönen Fremdenverkehrsregion von Ascona und Locarno. Die Vinifizierung ist klassisch mit einer siebzehntägigen Vergärung und einem zwölfmonatigen Ausbau in neuen französischen Barriques. Der Querceto verbindet auf subtile Weise Fruchtigkeit und Holzton; seine reifen Tannine unterstützen ein feines Gerüst.
🕭 SA Terreni alla Maggia, Via Muraccio 105, 6612 Ascona, Tel. 091.791.56.14, Fax 091.791.06.54 ✅ 🍷 n. V.

RIFLESSI D'EPOCA
Merlot del Ticino 1994**

| ■ | k. A. | k. A. | 🍷 | 70-100 F |

Die terrassierten Weinberge der Region Mendrisio sind bekannt für die Armut ihrer Kalksteinböden, die für die Merlot-Reben sehr günstig ist. Guido Brivio, der seine Ausbildung in Changins, Bordeaux und Kalifornien absolvierte, baut seinen Wein in neuen Barriques aus, die aus Mittelfrankreich stammen. Der Riflessi d'Epoca hat eine dunkle Farbe. Sein Aroma ist fruchtig und fleischig. Diese Frucht findet man im Geschmack mit Eleganz und Länge wieder.
🕭 SA I Vini di Guido Brivio, Via Vignoo 8, 6850 Mendrisio, Tel. 091.646.07.57, Fax 091.646.08.05 ✅ 🍷 n. V.

RONCAIA Merlot del Ticino 1993*

| ■ | k. A. | k. A. | 🍷 | 50-70 F |

Geschaffen wurde der Betrieb 1985 von Luigi Zanini in Ligornetto, im Süden des Kantons Tessin. Der Roncaia wird lang ausgebaut, achtzehn Monate im Edelstahltank und in der Barrique, danach fünfzehn Monate in der Flasche. Er hat eine kräftige granatrote Farbe und bietet ein komplexes, fruchtiges Bukett, das entwickelt ist. Schöne Präsenz der Tannine.
🕭 SA Vinattieri Ticinesi, Via Comi, 6853 Ligornetto, Tel. 091.647.23.32, Fax 091.647.34.32 ✅ 🍷 n. V.

RONCO DI PERSICO
Merlot del Ticino 1995*

| ■ | k. A. | k. A. | 🍷 | 50-70 F |

Daniel Huber kann sich rühmen, daß sein Merlot bei einer internationalen Weinprobe 1992 mit dem gleichen Ergebnis wie der Petrus abschnitt ! Sein Ronco di Persico wird im großen Holzfaß und in mehrfach verwendeten Barriques ausgebaut. Ein Wein von kräftiger Farbe, mit einem leichten Holzton, einer klaren Ansprache und ausgewogenen Tanninen. Seinen Charakter verdankt er seiner Weinigkeit.
🕭 Daniel Huber, Termine di Monteggio, 6998 Monteggio, Tel. 091.608.17.54, Fax 091.608.17.54 ✅ 🍷 n. V.

ROVERE Merlot del Ticino 1994**

| ■ | k. A. | k. A. | 70-100 F |

Der Weinberg liegt neben Cademario, einem nicht weit von Lugano entfernten, typischen Dorf, das von Künstlern bewohnt wird. Der Rovere stammt von alten Rebstöcken (über 35 Jahre alt). Er wird, wie sein Name vermuten läßt, im Holzfaß ausgebaut (ein Jahr). Hinweisen sollte man auf das schöne Etikett, das von einer Zeichnung im Stile Cocteaus geschmückt wird und alle charakteristischen Vinifizierungstechniken des Weins enthält. Etwas völlig Einmaliges ! Und der Wein ? Ausgezeichnet, füllig, fein holzbetont, Tannine von großer Harmonie und viel Feinheit. Eine eher italienische als französische Ausgewogenheit.
🕭 Cantina Monti, 6936 Cademario, Tel. 091.605.34.75 ✅ 🍷 n. V.

SALEGGI Merlot del Ticino 1993

| ■ | k. A. | 30 000 | 🍷 | 50-70 F |

Angelo Delea ist ein dynamischer Erzeuger, der seine Firma 1983 gegründet hat. Er stellt seinen Saleggi aus Merlot-Trauben her, die er in Losone erntet, nicht weit von Locarno entfernt. Eine Vinifizierung im Bordeaux-Stil und ein Ausbau in französischen, mehrfach verwendeten Barriques. Ein harmonischer Wein voller Feinheit, mit etwas kurzem Abgang.
🕭 Vini & Distillati Angelo Delea, Via Zandone 11, 6616 Losone, Tel. 091.791.08.17, Fax 091.791.59.08 ✅ 🍷 n. V.

SCHWEIZER WEINE

Tessin

CASTEL SAN PIETRO
Merlot del Ticino 1993

■　　　　k. A.　　10 000　　■↓ 30-50 F

Die Erzeugervereinigung von Mendrisio vinifiziert die Trauben, die von mehr als 500 Mitgliedern geerntet werden, und präsentiert mehrere Merlots del Ticino, darunter diesen Castel San Pietro. Man kann eine leichte Entwicklung ebenso im Aussehen wie auch im Duft und im Geschmack entdecken. Ein leichter Wein, der zu einem niedrigen Preis verkauft wird.
↱ Cantina sociale Mendrisio, Via Bernasconi 22, 6850 Mendrisio, Tel. 091.646.46.21, Fax 091.646.43.64 ⊥ n. V.

SASSI GROSSI Merlot del Ticino 1994***

■　　　　k. A.　　10 000　　◧ 70-100 F

Dieses Gut liegt im Norden des Tessins; sein Weinberg hat Südsüdwest-Lage. Der Wein wird mindestens ein Jahr lang in neuen Barriques ausgebaut. Seine intensive Farbe kündigt Konzentration an. Seine kräftige Struktur unterstützt einen hohen Alkoholgehalt (über 13 °), aber das schadet nicht seiner Eleganz.
↱ SA Casa vinicola Gialdi, Via Vignoo 3, 6850 Mendrisio, Tel. 091.646.40.31, Fax 091.645.67.06 ☑ ⊥ n. V.

TREVANO Merlot del Ticino 1995**

■　　　　k. A.　　7 000　　◧ 70-100 F

Die Familie Klausener hat einen 3,5 ha großen Weinberg in Purasca, in der Nähe von Lugano. Der Trevano wird in der Barrique ausgebaut. Er stammt von alten Rebstöcken und ist lang vergoren worden. Das Ergebnis ist ein konzentrierter Wein von dunkelrubinroter Farbe mit violetten Reflexen, dessen typischer Duft fruchtig und elegant ist. Eine Eleganz, die man im Geschmack wiederfindet. Seine harmonische Ausgewogenheit verdient einen besonderen Hinweis. Er wird etwa 2002 trinkreif sein.

↱ Famiglia Klausener, 6989 Purasca, Tel. 091.606.35.22, Fax 091.606.35.22 ☑ ⊥ n. V.

VALSANGIACOMO
Merlot del Ticino Cuvée spéciale 1994**

■　　　　k. A.　　25 000　　◧ 50-70 F

Sechs Generationen haben einander an der Spitze dieses 1831 entstandenen, 22 ha großen Guts abgelöst. Der Weinberg liegt neben Mendrisio, einem stark durch den Fremdenverkehr geprägten Ort, der auch für die Qualität seiner Merlots berühmt ist. Die Vinifizierungsanlagen sind modern; der Wein wird im großen Faß aus slowenischer Eiche ausgebaut. Intensive rubinrote Farbe, frischer, fruchtiger, komplexer Duft, gutgebauter, eleganter, feiner Geschmack. Muß innerhalb der kommenden fünf Jahre getrunken werden.
↱ Filli Valsangiacomo Fu Vittore, Corso San Gottardo 107, 6830 Chiasso, Tel. 091.683.60.53, Fax 091.683.70.77 ☑ ⊥ n. V.

Die in französischen Francs angegebenen Preise entsprechen den Verkaufspreisen im französischen Detailhandel. Sie wurden hier nicht in Schweizer Franken oder deutsche Mark umgerechnet, da der Detailhandel in der Schweiz und in Deutschland nach anderen Prinzipien arbeitet, was zu anderen Nettoverkaufspreisen führt. Im übrigen entsprechen 100 französische Franc im Moment rund 25 Schweizer Franken oder 30 Mark.

INDEX DER APPELLATIONEN

Ajaccio, 767
Allobrogie, 1090
Aloxe-Corton, 508
Alpes de Haute-Provence, 1089
Alpes-Maritimes, 1090
Alsace Gewurztraminer, 90
Alsace grand cru Altenberg de Bergbieten, 108
Alsace grand cru Altenberg de Bergheim, 108
Alsace grand cru Brand, 108
Alsace grand cru Bruderthal, 109
Alsace grand cru Eichberg, 109
Alsace grand cru Engelberg, 110
Alsace grand cru Florimont, 110
Alsace grand cru Frankstein, 110
Alsace grand cru Froehn, 111
Alsace grand cru Furstentum, 111
Alsace grand cru Geisberg, 111
Alsace grand cru Goldert, 112
Alsace grand cru Hatschbourg, 112
Alsace grand cru Hengst, 112
Alsace grand cru Kanzlerberg, 113
Alsace grand cru Kastelberg, 113
Alsace grand cru Kirchberg de Barr, 113
Alsace grand cru Mambourg, 114
Alsace grand cru Mandelberg, 114
Alsace grand cru Marckrain, 115
Alsace grand cru Moenchberg, 115
Alsace grand cru Muenchberg, 115
Alsace grand cru Ollwiller, 115
Alsace grand cru Osterberg, 115
Alsace grand cru Pfersigberg, 116
Alsace grand cru Pfingstberg, 116
Alsace grand cru Praelatenberg, 116
Alsace grand cru Rangen de Thann, 117
Alsace grand cru Rosacker, 117
Alsace grand cru Saering, 118
Alsace grand cru Schlossberg, 119
Alsace grand cru Schoenenbourg, 119
Alsace grand cru Sommerberg, 119
Alsace grand cru Sonnenglanz, 120
Alsace grand cru Spiegel, 120
Alsace grand cru Sporen, 120
Alsace grand cru Steinert, 121
Alsace grand cru Steingrübler, 121
Alsace grand cru Vorbourg, 122
Alsace grand cru Wineck-Schlossberg, 122
Alsace grand cru Winzenberg, 123
Alsace grand cru Zinnkoepflé, 123
Alsace grand cru Zotzenberg, 124
Alsace Klevener de Heiligenstein, 76
Alsace Muscat, 89
Alsace Pinot noir, 104
Alsace Pinot oder Klevner, 78
Alsace Riesling, 82

Alsace Sylvaner, 76
Alsace Tokay-Pinot gris, 98
Anjou, 847
Anjou-Coteaux de la Loire, 863
Anjou-Gamay, 854
Anjou-Villages, 855
Arbois, 664
Auxey-Duresses, 544
Balmes dauphinoises, 1090
Bandol, 749
Banyuls, 1032
Banyuls grand cru, 1034
Barsac, 392
Bâtard-Montrachet, 557
Béarn, 787
Beaujolais, 137
Beaujolais Supérieur, 142
Beaujolais-Villages, 142
Beaune, 526
Bellet, 748
Bergerac, 800
Bergerac rosé, 803
Bergerac sec, 805
Bienvenues-Bâtard-Montrachet, 558
Blagny, 553
Blanquette de Limoux, 690
Bonnes-Mares, 485
Bonnezeaux, 873
Bordeaux, 182
Bordeaux Clairet, 195
Bordeaux Côtes de Francs, 304
Bordeaux rosé, 203
Bordeaux sec, 196
Bordeaux Supérieur, 205
Bouches-du-Rhône, 1088
Bourgogne, 406
Bourgogne Aligoté, 422
Bourgogne Aligoté Bouzeron, 427
Bourgogne Côte Chalonnaise, 573
Bourgogne grand ordinaire, 421
Bourgogne Hautes-Côtes de Beaune, 435
Bourgogne Hautes-Côtes de Nuits, 430
Bourgogne Irancy, 430
Bourgogne Passetoutgrain, 428
Bourgueil, 903
Brouilly, 147
Bugey AOVDQS, 685
Buzet, 781
Cabardès AOVDQS, 720
Cabernet d'Anjou, 859
Cabernet de Saumur, 881
Cadillac, 385
Cahors, 770
Canon-Fronsac, 233
Cassis, 747
Catalan, 1083
Cérons, 391
Cévennes, 1085
Chablis, 447

Chablis grand cru, 458
Chablis premier cru, 453
Chambertin, 473
Chambertin-Clos de Bèze, 473
Chambolle-Musigny, 481
Champagner, 610
Chapelle-Chambertin, 475
Charentais, 1069
Charmes-Chambertin, 475
Chassagne-Montrachet, 558
Château-Chalon, 667
Château-Grillet, 992
Châteaumeillant AOVDQS, 937
Châteauneuf-du-Pape, 1007
Châtillon-en-Diois, 1021
Chénas, 151
Cher, 1068
Chevalier-Montrachet, 557
Cheverny, 930
Chinon, 910
Chiroubles, 153
Chorey-lès-Beaune, 525
Clairette de Bellegarde, 693
Clairette de Die, 1020
Clairette du Languedoc, 693
Clos de la Roche, 479
Clos des Lambrays, 481
Clos de Tart, 480
Clos de Vougeot, 487
Clos Saint-Denis, 480
Collines de la Moure, 1082
Collines rhodaniennes, 1091
Collioure, 731
Comté de Grignan, 1091
Comté Tolosan, 1072
Condrieu, 990
Corbières, 693
Cornas, 999
Corton, 513
Corton-Charlemagne, 516
Costières de Nîmes, 698
Coteaux Champenois, 660
Coteaux Charitois, 1069
Coteaux d'Aix, 754
Coteaux d'Ancenis AOVDQS, 846
Coteaux de Bessilles, 1082
Coteaux de Glanes, 1075
Coteaux de l'Ardèche, 1092
Coteaux de l'Aubance, 862
Coteaux de Miramont, 1084
Coteaux de Peyriac, 1076
Coteaux de Pierrevert AOVDQS, 1029
Coteaux de Saumur, 882
Coteaux des Baronnies, 1091
Coteaux du Giennois AOVDQS, 941
Coteaux du Languedoc, 702
Coteaux du Layon, 866
Coteaux du Loir, 917
Coteaux du Lyonnais, 173
Coteaux du Quercy, 1073

Coteaux du Salagou, 1085
Coteaux du Tricastin, 1022
Coteaux du Vendômois AOVDQS, 933
Coteaux et terrasses de Montauban, 1075
Coteaux Varois, 760
Côte de Beaune, 531
Côte de Beaune-Villages, 573
Côte de Brouilly, 150
Côte de Nuits-Villages, 502
Côte Roannaise, 944
Côte Rôtie, 988
Côtes catalanes, 1084
Côtes d'Auvergne AOVDQS, 938
Côtes de Bergerac, 806
Côtes de Bergerac moelleux, 809
Côtes de Blaye, 220
Côtes de Bourg, 227
Côtes de Castillon, 299
Côtes de Duras, 817
Côtes de Gascogne, 1074
Côtes de la Malepère AOVDQS, 721
Côtes de Millau AOVDQS, 787
Côtes de Montravel, 814
Côtes de Provence, 735
Côtes de Saint-Mont AOVDQS, 798
Côtes de Thau, 1083
Côtes de Thongue, 1082
Côtes de Toul AOVDQS, 129
Côtes du Brulhois AOVDQS, 785
Côtes du Forez AOVDQS, 940
Côtes du Frontonnais, 783
Côtes du Jura, 669
Côtes du Luberon, 1026
Côtes du Marmandais, 785
Côtes du Rhône, 966
Côtes du Rhône-Villages, 980
Côtes du Roussillon, 723
Côtes du Roussillon-Villages, 728
Côtes du Tarn, 1073
Côtes du Ventoux, 1022
Côtes du Vivarais AOVDQS, 1029
Cour-Cheverny, 932
Crémant d'Alsace, 125
Crémant de Bordeaux, 218
Crémant de Bourgogne, 440
Crémant de Die, 1021
Crémant de Limoux, 691
Crémant de Loire, 825
Crémant du Jura, 674
Crépy, 677
Criots-Bâtard-Montrachet, 558
Crozes-Hermitage, 996
Deux Sèvres, 1069
Dordogne, 1071
Echézeaux, 489
Entre-Deux-Mers, 305
Entre-Deux-Mers Haut-Benauge, 307
Faugères, 710
Fiefs Vendéens AOVDQS, 844
Fitou, 712
Fixin, 466
Fleurie, 156
Floc de Gascogne, 1054
Franche-Comté, 1094
Fronsac, 236
Gaillac, 776
Gard, 1081
Gevrey-Chambertin, 467
Gigondas, 1001
Givry, 585
Grands-Echézeaux, 491
Graves, 318

Graves de Vayres, 314
Graves Supérieures, 329
Gros-Plant AOVDQS, 842
Haut-Médoc, 350
Haut-Montravel, 814
Haut-Poitou AOVDQS, 935
Hermitage, 998
Ile de Beauté, 1086
Irouléguy, 788
Jardin de la France, 1061
Jasnières, 918
Juliénas, 158
Jurançon, 789
Jurançon sec, 792
Kanton Aargau, 1117
Kanton Basel, 1118
Kanton Bern, 1116
Kanton Genf (Genève), 1111
Kanton Graubünden, 1118
Kanton Neuenburg (Neuchâtel), 1114
Kanton Sankt Gallen, 1118
Kanton Schaffhausen, 1119
Kanton Tessin (Ticino), 1120
Kanton Thurgau, 1119
Kanton Waadt (Vaud), 1096
Kanton Wallis (Valais), 1104
Kanton Zürich, 1120
L'Agenais, 1070
L'Aude, 1084
L'Etoile, 676
L'Hérault, 1083
La Bénovie, 1085
La Corrèze, 1075
La Drôme, 1093
La Grande Rue, 496
La Haute Marne, 1095
La Haute Vallée de l'AudeLa Haute Vallée de l'Orb, 1085
Lalande de Pomerol, 250
La Meuse, 1094
La Romanée, 496
La Romanée-Conti, 496
Latricières-Chambertin, 474
La Vendée, 1067
La Vienne, 1069
Lavilledieu AOVDQS, 785
Les Baux-de-Provence, 758
Limoux, 692
Lirac, 1016
Listrac-Médoc, 359
Loire-Atlantique, 1068
Loupiac, 387
Lot, 1075
Lussac Saint-Emilion, 288
Mâcon, 590
Mâcon Supérieur, 592
Mâcon-Villages, 593
Macvin du Jura, 1057
Madiran, 793
Maranges, 570
Marches de Bretagne, 1068
Margaux, 362
Marsannay, 463
Maures, 1087
Maury, 1039
Mazis-Chambertin, 476
Mazoyères-Chambertin, 476
Médoc, 340
Menetou-Salon, 947
Mercurey, 580
Meursault, 548
Minervois, 713
Monbazillac, 810
Montagne Saint-Emilion, 291

Montagny, 588
Mont-Caume, 1087
Monthélie, 542
Montlouis, 919
Montrachet, 557
Montravel, 813
Monts de la Grage, 1082
Morey-Saint-Denis, 477
Morgon, 161
Moselle AOVDQS, 130
Moulin-à-Vent, 166
Moulis-en-Médoc, 368
Muscadet, 829
Muscadet Côtes de Grand Lieu, 841
Muscadet des Coteaux de la Loire, 829
Muscadet de Sèvre-et-Maine, 830
Muscat de Beaumes-de-Venise, 1045
Muscat de Frontignan, 1044
Muscat de Lunel, 1046
Muscat de Mireval, 1046
Muscat de Rivesaltes, 1040
Muscat du Cap Corse, 1048
Muscat Saint-Jean de Minervois, 1047
Musigny, 486
Nuits-Saint-Georges, 497
Oc, 1076
Orléanais AOVDQS, 946
Pacherenc du Vic-Bilh, 796
Palette, 754
Patrimonio, 767
Pauillac, 371
Pécharmant, 814
Pernand-Vergelesses, 510
Pessac-Léognan, 329
Petit Chablis, 445
Petite Crau, 1087
Pineau des Charentes, 1050
Pomerol, 239
Pommard, 531
Pouilly-Fuissé, 597
Pouilly-Fumé, 949
Pouilly Loché, 601
Pouilly-sur-Loire, 952
Pouilly Vinzelles, 601
Premières Côtes de Blaye, 220
Premières Côtes de Bordeaux, 307
Principauté d'Orange, 1086
Puisseguin Saint-Emilion, 296
Puligny-Montrachet, 553
Pyrénées-Orientales, 1084
Quarts de Chaume, 874
Quincy, 953
Rasteau, 1048
Régnié, 168
Retz, 1067
Reuilly, 954
Richebourg, 495
Rivesaltes, 1035
Romanée-Saint-Vivant, 496
Rosé d'Anjou, 859
Rosé de Loire, 824
Rosé des Riceys, 661
Rosette, 816
Roussette de Savoie, 683
Rully, 576
Sables du Golfe du Lion, 1081
Saint-Amour, 171
Saint-Aubin, 563
Saint-Chinian, 716
Sainte-Croix-du-Mont, 389
Sainte-Foy-Bordeaux, 316
Saint-Emilion, 256
Saint-Emilion grand cru, 262

Saint-Estèphe, 376
Saint-Georges Saint-Emilion, 298
Saint-Joseph, 993
Saint-Julien, 381
Saint-Nicolas-de-Bourgueil, 907
Saint-Péray, 1001
Saint-Pourçain AOVDQS, 943
Saint-Romain, 547
Saint-Sardos, 1074
Saint-Véran, 602
Sancerre, 956
Santenay, 565
Saône-et-Loire, 1094
Saumur, 875
Saumur-Champigny, 882
Saussignac, 816

Sauternes, 393
Sauvignon de Saint-Bris AOVDQS, 462
Savennières, 864
Savennières Coulée-de-Serrant, 866
Savennières Roche-aux-Moines, 865
Savigny-lès-Beaune, 519
Seyssel, 684
Tavel, 1019
Terroirs Landais, 1071
Thézac-Perricard, 1071
Touraine, 888
Touraine-Amboise, 899
Touraine-Azay-le-Rideau, 900

Touraine-Mesland, 901
Tursan AOVDQS, 798
Vacqueyras, 1004
Val de Montferrand, 1082
Valençay AOVDQS, 934
Var, 1089
Vaucluse, 1087
Vin de Savoie, 678
Vins d'Entraygues et du Fel AOVDQS, 786
Vins de Corse, 763
Vins de Marcillac, 786
Volnay, 537
Vosne-Romanée, 491
Vougeot, 486
Vouvray, 922

INDEX DER WEINERZEUGER

SCE Vignoble **Aberlen**, 282
Patrice **Achard**, 866
Marylène et Michel **Achiary**, 981
SCEA **Achiary-Astart**, 977 986
Achille Princier Diffusion, 613
Ackerman-Laurance, 826
Pierre **Acquaviva**, 764
Dom. Pierre **Adam**, 98
Francis **Adam**, 738
Jean-Baptiste **Adam**, 98
Champagne **Adam-Garnotel**, 613
EARL Christian **Adine**, 450 453 456
SCEA **Adoue-Bel-Air**, 296
Bourgognes Jean-Luc Aegerter, 485 586
SCEA Dom. d' **Aéria**, 981
Coop. d' **Aghione-Samuletto**, 765
Coop. vinicole d' **Aghione-Samuletto**, 1086
EARL **Agrapart et Fils**, 613
Marie-Christine **Aguerre**, 239
Pierre **Aguilas**, 850 869
Cave d' **Aigne**, 714
SCEA du Ch. d' **Aiguilhe**, 299
Stéphane **Aladame**, 589
SCEA **Alard**, 805 808 812
Dom. Daniel et Denis **Alary**, 981
Frédéric et François **Alary**, 977 986
Bruno **Albert**, 880 881
GAEC Jean **Albert et Fils**, 778
Albertini Frères et Fils, 767
Lucien **Albrecht**, 90
GAEC des Vignobles **Albucher**, 309 388
Cave coop. d' **Aléria**, 764 765
Evelyne et Franck **Alexandre**, 1003
Dom. **Alexandre-Compain**, 407
Les vins Gabriel **Aligne**, 158 593 972
Dom. **Aliso-Rossi**, 768
D' **Allaines**, 702
François d' **Allaines**, 431
Marie-Ange **Allard**, 830
SCE Dom. Charles **Allexant et Fils**, 525 531
GAEC **Allias Père et Fils**, 922
Allimant-Laugner, 90 125
Amabilis, 1076
Amart, 294
Yves **Amberg**, 82
Christian **Amido**, 1020
Dom. **Amido**, 17
Dom. Guy **Amiot et Fils**, 559
Dom. Pierre **Amiot et Fils**, 477
Dom. **Amiot-Servelle**, 481
Yannick **Amirault**, 903 907
Dom. **Amouroux**, 723
Léonce **Amouroux**, 1013
Coopérative des Anciens Elèves du Lycée Viticole d'Avize, 655
Danielle **André**, 272
Pierre **André**, 487 505 514
GAEC **Andréani**, 764
Jean-François **Andreoletti**, 699
Arlette et Philippe **Andreotti**, 426
Michel **Angeli**, 764
SCEV Jean-Claude **Anger**, 880 886
J. **Anglade**, 1080
Vincent **Anglès**, 969
GFA du Ch. des **Anneraux**, 250
Vignobles Jean **Anney**, 380
Georges et Roger **Antoine**, 691
Gérard **Antoine**, 719
Philippe **Antoine**, 1094
Antoine Chatelet, 408 497 531
Jean-Marie **Appert**, 154
Chantal **Appert-Coudert**, 157
EARL **Appollot**, 286 292
Joël **Appollot**, 261
Joël **Appollot et F. Tourriol**, 298

EARL **Arbo**, 305
Frédéric **Arbogast**, 91
Fruitière vinicole d' **Arbois**, 665 675
Daniel **Archambault**, 974
Archimbaud et Bouteiller, 1003 1006
EARL **Archimbaud-Vache**, 1006
Les Vignerons **Ardéchois**, 1029
UVICA Vignerons **Ardéchois**, **1092** 1092
Dom. d' **Ardhuy**, 513
Henri **Ardurats et Fils**, 325
Antoine **Arena**, 768
Françoise d' **Arfeuille**, 235
Philippe d' **Argenval**, 408 428 436
Jean-Antoine **Ariston**, 613
Rémi **Ariston**, 613
Dom. **Arlaud Père et Fils**, 475 477 479 480
Ch. d' **Arlay**, 669
Claude **Arlès**, 707
Frédéric **Armand**, 979
Yves **Armand et Fils**, 308 390
SCEA Dom. **Arnal**, 702
Frédéric **Arnaud**, 971
GAEC **Arnaud**, 226
Guy **Arnaud**, 752 1087
Jean-François **Arnaud**, 941
Jean-Yves **Arnaud**, 187 386 388
SARL **Arnaud**, 380
SCEA Vignobles **Arnaud et Marcuzzi**, 312 385
GAEC **Arnaud Frères**, 232
SC du Ch. **Arnauton**, 236
Pierre **Arnold**, 104
SARL **Arnould-Bobo**, 724 729 1036 1041
Michel **Arnould et Fils**, 613
Dom. Robert **Arnoux**, 491 497
Arnoux Père et Fils, 508 519 526
Michel **Aroldi**, 239
Michel et Ghislaine **Arrat**, 795
Jean-Guy et Bruno **Arrivé SA**, 1051
Dom. d' **Artois**, 888
Claude et Alain **Asséso**, 256 268
Carlos **Asseretto**, 327
EARL **Athimon et ses Enfants**, 830
Patricia **Atkinson**, 817
Auberson et Fils, 1117
EARL **Aubert**, 968
Jean-Claude **Aubert**, 923
SCEA Max **Aubert**, 975 985
Vignobles **Aubert**, 194 253 273 295 301
Aubert de Rycke, 917
Aubert Frères, 869
SA Maison **Aubert Frères**, 829
Jean **Aubineau**, 1051
SCEV Champagne L. **Aubry Fils**, 613
Noël **Auceur**, 162
Claude **Audebert**, 1051
Maison **Audebert et Fils**, 903 908 911
Pascal **Audio**, 848
EARL Francis **Audiot**, 947
Dom. Charles **Audoin**, 422 464
EARL **Audouin**, 844
Jean-Luc **Audrain**, 842
GAEC Jacky et Philippe **Augis**, 888 934
Christophe **Auguste**, 408 428
Jean **Auguste**, 586
Bernard **Aujard**, 955
Christian **Auney**, 323
Jean-François **Aupy**, 877
EARL Mas d' **Aurel**, 777
Indivision Ch. **Ausone**, 262
Dom. Paul **Autard**, 1007
Jean-Marc **Autran**, 986
Champagne Autréau-Lasnot, 614
Auvigue-Burrier-Revel, 595
SICA du Vignoble **Auxerrois**, 443 462
Cellier **Avalon**, 694

Gérard **Averseng**, 691
Robert **Avezou**, 260
Lucien **Aviet**, 665
Dom. Juliette **Avril**, 1007 1023
Paul **Avril**, 1009
SCEA Vignobles **Avril**, 201 215
Bernard **Ay**, 1006
Dominique **Ay**, 1004
Champagne **Ayala**, 614
SCA Les Fils **Aymes**, 1047
Cave coop. d' **Azé**, 440 593
EARL Dom. Hervé **Azo**, 445 453
Anne et Joseph **Babin**, 832
Alain **Baccino**, 744
Dom. Bernard **Bachelet et Fils**, 548 559 563 571 **571**
Ch. **Bader-Mimeur**, 559
Marc **Badiller**, 901
Bernard **Badoz**, 669 1058
Claude **Bagnost**, 614
Sté Donatien **Bahuaud**, 837 1064
Jacques **Bailbé**, 725
Fabien **Baillais**, 156
Alain **Baillon**, 944
Guy **Bailly**, 346
Sylvain **Bailly**, 957
SA **Bailly-Reverdy**, 960
Cave des Vignerons de **Baixas**, 724 **730** 1037 **1037** 1041 1042 1077
EARL Denis **Balaran**, 778
Baldès et Fils, 776 1075
SA Dom. Jean-Paul **Balland**, 957
Joseph **Balland-Chapuis**, 941
GFA Jean-Claude et Nathalie **Ballet**, 314
Ballot-Millot et Fils, 549
Tenuta **Bally**, 1121
Patrick **Balvay**, 153
Christian **Bannière**, 614
Laurent **Bannwarth et Fils**, 91
Jean-Philippe **Baptista**, 590 593
SCE Champagne Paul **Bara**, 614 660
Champagne **Barancourt**, 614
EARL Dom. **Barat**, 447 454
Sté Fermière Ch. **Barateau**, 351
Ch. **Barbanau**, 736 748
Jean-Christophe **Barbe**, 192 398
SCE Ch. **Barbe Blanche**, 288
Ch. **Barbeiranne**, 736
Denis et Hélène **Barbelet**, 171
André **Barbier**, 955
Christophe **Barbier**, 1081
EARL **Barbou**, **891**
Vignobles **Barde**, 808 813
SCEA des Vignobles **Bardet**, 282 286 303
Cédrick **Bardin**, 957
Pierre **Bardin**, 701
Pascal **Bardoux**, 614
Gilles **Barge**, 989
Vicomte de **Baritault du Carpia**, 327
Georges **Barjot**, 139
Raymond **Barlet et Fils**, 684
Dom. **Barmès-Buecher**, 116
Stéphane **Barnaud**, 984
Champagne Edmond **Barnaut**, 615
SCEA **Barnouin**, 1085
Michel **Baron**, 1051
Champagne **Baron Albert**, 615
Union de producteurs **Baron d'Espiet**, 199 203 219
SCEA **Baron de Montfort**, 283
Champagne **Baron-Fuenté**, 615
Jean **Baronnat**, 168 755 982 1023 1076
Emmanuel **Barou**, 1092
SCEA des Vignobles Denis **Barraud**, 189 192 259 **278**
Caroline **Barré**, 831
Didier **Barré**, 793 797

Paul **Barre**, 234 237
EARL Vignobles C. **Barreau et Fils**, 188 199 204
Barré Frères, 831
SCEA **Barréjats**, 394
Dominique **Barribaud**, 1051
Jacques **Barrière et Fils**, 980
Jean **Barrot**, 1010
Dom. Lucien **Barrot et Fils**, 1008
Dom. **Bart**, 422 464 485 566
Pierre **Barthassat**, 1112
Vignobles Ph. **Barthe**, 190 201
Philippe **Barthès**, 1047
Dom. Ghislaine **Barthod**, 481
Felix **Bärtsch und Söhne**, 1118
Ch. **Bas**, 755
EARL Ch. du **Bascou**, 1055
Guy et Marie-Claude **Bascou**, 1076
Bassereau, 229
Daniel **Basset**, 724
Basset-Baron, 852 861
Christian **Bastide**, 779
SCEA Vignobles **Bastor et Saint-Robert**, 394
SCEA Vignobles de **Bastor et Saint-Robert**, 328
GAEC Dom. de **Bastorre**, 217
Sylvie **Bataillard**, 171
Jérôme **Batard**, 838
Serge **Batard**, 842
EARL **Baude**, 761
Marcel **Baudier**, 310
SARL Clos **Baudoin Vitifera**, 923
Jacques **Baudon**, 310
Baud Père et Fils, 668 **669** 676
Bernard **Baudry**, 911
EARL Jean et Christophe **Baudry**, 914
GAEC **Baudry**, 815
Michel **Baujean**, 615
J. et G. **Baumann**, 1055 1074
Baumann-Zirgel, 91
Florent **Baumard**, 826 864 875
A. L. **Baur**, 121
Jean-Louis **Baur**, 82 109
François **Baur Petit-Fils**, 98 **109** 109
René **Bauser**, 615 662
Patrick **Bayle**, 196
SA des Vignobles **Bayle-Carreau**, 226
SC Vignobles **Baylet**, 211 213 305
de **Bazin**, 812
Eric et Pascale de **Bazin**, 804
Jean-Noël **Bazin**, 544
SCEA Ch. **Beaubois**, 698
Ch. **Beauchêne**, 1008
Paul **Beaudet**, 408 415 593 604
Ch. **Beauferan**, 755
Herbert **Beaufort**, 615 661
Anne **Beaufour et Michel Audibert**, 756
Cellier du **Beaujardin**, 826 889
Cave coop. **Beaujolaise**, 137
GFA Ch. de **Beaulieu**, 755
SCA Famille **Beaumartin**, 276
Cave des Vignerons de **Beaumes-de-Venise**, 1045
Champagne **Beaumet**, 615
SCE Ch. **Beaumont**, 351
Champagne **Beaumont des Crayères**, 616
Lycée viticole de **Beaune**, 436 526
Cave de **Beaupuy**, 785
Ch. de **Beauregard**, 875
SCEA Ch. **Beauregard**, 240
Dom. Ludovic de **Beauséjour**, 737
SARL **Beauséjour**, 291
SC Ch. **Beauséjour**, 262
Yves **Beautrait**, 616
Cave du **Beau Vallon**, **137**
Cave vinicole de **Beblenheim**, 120 125
EARL Vignobles **Bécheau**, 304
Jean-Yves **Béchet**, 228
Bernard **Becht**, 82 125
Pierre **Becht**, 91
Dom. Jean-Pierre **Bechtold**, 91 110
Jean-Claude **Beck**, 110
Yvette et Michel **Beck-Hartweg**, 104
G. et D. **Bécot**, 263
Michel **Bedouet**, 852 861
Charles **Beduneau**, 866
EARL **Begouassel**, 1045
Dom. **Bègue-Mathiot**, 454

André **Beheity**, 794
GFA des **Beillard**, 147
Jean-Baptiste **Béjot**, 517
Cave des Vignerons de **Bel-Air**, 143
Dom. du Cellier de **Bel-Air**, 685
SARL Dom. de **Bel Air**, 151
Villa **Bel-Air**, 329
SCA du Ch. de **Belcier**, 300
Maison Jules **Belin**, 491 503 537 597
GAEC **Bélis et Fils**, 328
Adrien **Belland**, 566
Jean-Claude **Belland**, 513 517 566
Roger **Belland**, 531 554 558 559 566
SARL Ch. **Bellerive**, 875
SCEA Ch. **Bellerive-Perrin**, 340
Dom. des **Belles Chaumes**, 431
GFA des **Belles Côtes**, 551
Christian **Belleville**, 577
Ch. **Bellevue la Forêt**, 783
SCEA **Belloch**, 875 1036
Les Vignerons de **Bellocq**, 788
Vignobles **Belloc-Rochet**, 319 323
Alain **Bellon**, 760
Ch. **Belvize**, 714
Champagne **Bénard-Pitois**, 616
Frédéric **Bénat**, 160
Adrien **Bender et Fils**, 1106
Gabriel **Béné**, 1112
Paul et Jean-Pierre **Bénetière**, 945
Les Caves de **Bennwihr**, 115
Patrice **Benoît**, 919
SCIEV André **Benoit**, 756
GAEC Michel **Benon et Fils**, 152
Philippe **Bérard**, 346 601
Hervé **Beraud-Sudreau**, 332
Marie-Odette **Bererd**, 145
Christian et Marie **Béréziat**, 149
Anders **Bergengren**, 699
Bernard **Berger**, 196
SCA Ch. **Berger**, 318
Union vinicole **Bergerac-Le Fleix**, 191 317 802 804 805 815
Berger Frères, 121
Dom. François **Bergeron**, 166
GAEC Jean-François et Pierre **Bergeron**, 160
Dom. Gérard **Berger-Rive et Fils**, 438 442 579
SCEA Vignobles Michel **Bergey**, 202
SCEA du ch. **Berliquet**, 263
GAEC **Bernaert**, 408
Régis **Bernaleau**, 367
Christian **Bernard**, 344
Domaines Michel **Bernard**, 968 970 **972** 985 994 996 1005 1022
François **Bernard**, 370
Jean **Bernard**, 145
SCEA des Dom. **Bernard**, 321 393
Sylvain **Bernard**, 1001
EARL A. **Bernard et Fils**, 1005
Jean-Laurent de **Bernard**, 768
Claude **Bernardin**, 137
Yves de **Bernardy de Sigoyer**, 330
SA Ch. de **Berne**, 738
Philippe **Bernède** , 774
Cécile **Bernhard-Reibel**, 91 98
Alain **Bernillon**, 150
SA le Clos des **Bernoux P. Sarrau**, 595
Dom. **Berrod**, 156
Dom. **Bersan et Fils**, 419 430
Dom. **Bertagna**, 480 487 488
Pascal **Berteau et Vincent Mabille**, 923
Vincent et Denis **Berthaut**, 466 **468** 503
Colette **Berthe**, 852
Christian **Berthelot**, 616
SA Paul **Berthelot**, 616
Jean **Berthelot-Chapier**, 616
Dom. **Berthet-Bondet**, 668 669
SCEA Dom. des **Berthiers**, 949
Jean-Claude **Berthillot**, 1094
Denis **Berthollier et Alain Durot**, 680
Cave coop. **Berticot**, 818
Pierre **Bertin**, 833
SCEA **Bertin**, 292
Christian **Bertoni**, 257
GAEC **Bertrand**, 852 861
Gérard **Bertrand**, 698
Jacques **Bertrand**, 264
Jean-Pierre et Maryse **Bertrand**, 148

Mireille **Bertrand**, 1079
Mme Marie **Bertrand**, 318
Patrick **Bertrand**, 580
SCE **Bertrand**, 291
Dom. **Bertrand-Bergé**, **712**
Jacqueline **Bertrand-Descombes**, 268
SC Dom. des **Bertrands**, 736
Thierry **Besnard**, 835
Gérald et Patricia **Besse**, 1105
SARL Christian **Besserat et Fils**, 646
Charles et Pierre du **Besset**, 423 589
André et Jean-Paul **Bessette**, 212 316
Bessières, 774
SA Vignobles **Bessineau**, 297 301
Gérard **Besson**, 145
Xavier **Besson**, 588
Franck **Bessone**, 152
SCEA **Besson Père et Fils**, 146
Vignobles J. **Bessou**, 207 291 296
Alain et Mireille **Bessy**, 137
Jean-Jacques de **Bethmann**, 337 338
Henri **Bétizeau**, 1052
Antoine et Christophe **Bétrisey**, 1105
SC Ch. **Beychevelle**, 381 382
SCEA du Dom. de **Beychevelle**, 206
Maison Emile **Beyer**, 125
SCA **Beyney**, 265
Jean-Marie **Bezios**, 779
Jacques **Bianchetti**, 767
Roger **Biarnès**, 394
Philippe **Biau**, 810
Yves **Bibey**, 345
Bich, 267
Maison Albert **Bichot**, 411 529 549
Vignoble Alfred **Bidet**, 858
EARL Caves **Bienvenu**, 430
D. **Biesbrouck Borde**, 776
Gérard **Bigonneau**, 953 955
GAEC de **Bigorre**, 194
EARL du **Biguet**, 1001
SCEA Marcel **Biguet**, 879
Claudie et Bruno **Bilancini**, **813**
SCEA Dom. Gabriel **Billard**, 408 526 532
Dom. **Billard-Gonnet**, 532
Dom. **Billard Père et Fils**, 436 440 563
SCEA des **Billards**, 171
Dom. **Billaud-Simon**, 454 459
Champagne **Billecart-Salmon**, 616
Jean-Yves et Sylvie **Billet**, 904
Champagne **Binet**, 617
Joseph **Binner**, 89 **99**
Albert **Biollaz**, 1108
Bernard **Bireaud**, 819
Serge **Birot**, 226
Luc **Biscarlet**, 702
Cave de Vignerons de **Bissey-sous-Cruchaud**, 573 **589**
EARL Ch. **Biston-Brillette**, 369
Pierre **Bitouzet**, 517 519 532 580
Vincent **Bitouzet-Prieur**, 526 538
SCEA **Bizard-Litzow**, 865
Dom. **Bizot**, 489 491
SC du Ch. **Blaignan**, 341
Jacques **Blais**, 807 811
Christophe **Blanc**, 1080
Georges **Blanc**, 416 440
SNC **Blanc et Cie**, 699
Dom. Gilbert **Blanc et Fils**, 683
René **Blanchard**, 189
SCEA Francis et Monique **Blanchard**, 817
Michel **Blanche**, 1097
Christian **Blanchet**, 226
Gilles **Blanchet**, 949 952
EARL **Blancheton**, 818
Dom. Paul **Blanck Anc. Comtes de Lupfen**, 104
EARL André **Blanck et Fils**, 99
Dom. **Blard et Fils**, 678
Coop. de **Blasimon**, 200
Blasons de Bourgogne, 445
Cave coop. du **Blayais**, 226
Claude **Bléger**, 91
Henri **Bléger**, 82 105
André **Bleynie et M.-C. Ubald-Bocquet**, 234
SCE du Ch. de **Bligny**, 491 527
SC Champagne H. **Blin et Cie**, 617
Jacques **Bloesch**, 1101

1127 INDEX DER WEINERZEUGER

GAEC **Blondeau et Fils**, 669
Champagne **Blondel**, 617
Jean-Luc **Blondel**, 1100 1101
Bruno **Blondelet**, 951
François de **Blossac**, 1061
Dom. Michel **Blouin**, 860
Guy **Bocard**, 408 550
Jean-Claude **Bocart**, 617
SCEA **Bodet-Lheriau**, 877
Emile **Boeckel**, 77 83
Léon **Boesch** et Fils, 77 123 124
Jean-Noël **Boidron**, 241 266 298
Dom. Jacques **Boigelot**, 538
Eric **Boigelot**, 538 542
SCE du Dom. Albert **Boillot**, 408 550
Dom. Lucien **Boillot** et Fils, 468 497 532 538
Maurice **Boiron**, 1008
La Cave du **Bois de La Salle**, 159
SCEA de **Boisgelin**, 1078
Max **Boisseau**, 377
Boisseaux-Estivant, 519
CAT **Boissel**, 780
J.V. de **Boisséson**, 1071
Jean-Claude **Boisset**, 410 1076
de **Boisseyt-Chol**, 989
EARL **Boissonneau**, 201
Gérard **Boissonneau**, 304
Vignobles **Boissonneau**, 205 212
Jean-Pierre **Boistard**, 923
Jean **Boivert**, 342 347
Champagne **Boizel**, 617 **617**
Christian **Bolliet**, 685
Bollinger, 618
SCEA René **Bon**, 409
Pierre **Bonastre**, 354
Jean **Boncheau**, 189 290
Dom. André **Bonhomme**, 593
Pierre **Boniface**, 684
Champagne **Bonnaire**, 618 632
Catherine et Patrick **Bonnamy**, 191
Etienne de **Bonnaventure**, 912
André **Bonneau**, 884
Joël **Bonneau**, 223
Dom. **Bonneau du Martray**, 513
GAEC **Bonneau** Père et Fils, 312
Champagne F. **Bonnet**, 618
Gérard **Bonnet**, 973 1010
SA Alexandre **Bonnet**, 618
Vignobles Pierre **Bonnet**, 322 327
Aimée-Claude **Bonnetain**, 150
Jacques **Bonnet** et Alain **Azoug**, 573
EARL **Bonnet** et Fils, 229
Bonnet-Huteau, 836
SA **Bonnet** Père et Fils, 662
Champagne **Bonnet-Ponson**, 618
Bonnin Latrille, 324
Champagne Edmond **Bonville**, 618
Champagne Franck **Bonville**, 619
SA Charles **Bonvin** Fils, 1111
Frédéric **Bonzoms**, 1041
SCEA Vignobles **Bord**, 388
SARL Pierre et Gisèle **Bordenave**, 790
Bordenave-Dauriac, 311
GAEC **Bordeneuve-Entras**, 1056
SCEA **Borderie-Plaire**, 388
EARL Vignobles Paul **Bordes**, 288 297
EARL Jacky **Bordet**, 843
Bordonado, 1088
EARL **Boré**, 824 849 863
Jean-Charles **Borgnat**, 954
Régine et Gérard **Borgnat**, 409
Jean-Eugène **Borie**, 382 383
Mme J.-E. **Borie**, 360
Paul-Henri **Borie**, 415 591
Dom. **Borie de Maurel**, 714
Borie Manoux, 183
Daniel **Borliachon**, 300
Thierry **Bos**, 184
Jacques **Bosson**, 217
SCEA Comte de **Bosredon**, 805 807
Guy **Bossard**, 838
Alain **Bosson**, 683
Jean **Bost**, 231
Bott Frères, 99

Dom. **Bott-Geyl**, 111 120
Thierry **Bouard**, 905
Daniel et Françoise **Bouchacourt**, 153
Dom. **Bouchacourt**, 159
GFA des **Bouchacourt**, 153
Dom. Gabriel **Bouchard**, 527 532
EARL Dominique **Bouchard**, 427
Jean **Bouchard**, 422 573
Pascal **Bouchard**, 423 445
SCEA des Vignobles **Bouchard**, 199 310 386
Bouchard Père et Fils, 459 **496** 499 513 517 527 538 550 554 557
Henri et Laurent **Bouchaud**, 842
Dominique **Bouchaud**, 982
Françoise **Bouché**, 815
Jean-Claude et Béatrice **Bouche**, 980 988 1088
SCEA Vignobles **Bouche**, 325
EARL Bernard **Bouche** et Fils, 325
Champagne **Bouché** Père et Fils, 619
Gilbert **Bouchez**, 679
Bouchié-Chatellier, 949
Bernard **Bouchon**, 195 211
Boudat Cigana, 218
Les Vignobles **Boudau**, 1036 1041 1084
Pascal **Boudier**, 510
SCA Vignobles **Bouey**, 310 386
Bruno **Bouges**, 897
Gérard **Bougès**, 354
Philippe **Bougré**, 892
Philippe **Bougreau**, 885
Jean-Paul **Bouin-Boumard**, 831 1068
EARL **Bouin-Jacquet**, 842 1067
Patrick **Bouland**, 162
Raymond **Bouland**, 162
Champagne Raymond **Boulard**, 619
Jean-Marie **Bouldy**, 240
Dom. Jean-Marc **Bouley**, 532 538
Réyane et Pascal **Bouley**, 409 538 547
Jean-Louis **Boulière**, 308
Philippe **Boulière**, 311
GAEC **Boulin** et Fils, 185
SCA I. **Boullault** et Fils, 832
Jean-Paul **Boulonnais**, 619
Bouloumié et Fils, 775
GAEC des **Bouquerries**, 911
O. et H. **Bour**, 1022
Henri **Bourcheix**, 938 939
Geneviève **Bourdel**, 697
Roger **Bourdens**, 1056
Claude **Boureau**, 919
Dominique **Boureaud**, 293
Dom. Henri **Bourgeois**, 950 957
René **Bourgeon**, 409 574 **586** 586
Cave de **Bourg-Tauriac**, 208 230
Cave des Grands Vins de **Bourgueil**, 903
SCEA ch. de **Bourgueneuf**, 254
Frédéric **Bourillon**, 923
Henri **Bourlon**, 297
Comtesse de **Bournazel**, 319 325 398
Xavier de **Bourn**, 1092
EARL Vignobles **Bouron Latour**, 186
Pierre **Bourotte** S.A., 241 289
SCEA **Bourpigaud** et Fils, 264
Champagne Ch. de **Boursault**, 619
Bousquet, 700
Jean-Jacques **Bousquet**, **1073**
F.-R. **Boussagol**, 1081
François-Régis **Boussagol**, 719
Dom. Denis **Boussey**, 542 550
EARL du Dom. Eric **Boussey**, 542
Bouteille Frères, 174
Michel **Boutet**, 271 287
André **Boutet-Saulnier**, 923
Dom. Marc **Bouthenet**, 437 566 571
Jean-François **Bouthenet**, 436 571
Dom. Pierre **Bouthenet** et Fils, 409
Champagne **Boutillez-Guer**, 619
Gilles **Bouton**, 550 554 559 563
Dom. G. et G. **Bouvet**, 679
Bouvet-Ladubay, 826
Dom. Régis **Bouvier**, 464 466 468 477
EARL René **Bouvier**, 409 464
Bouyer, 279
Jean-Michel **Bouyer**, 835
Bernard **Bouyssou**, 1073
EARL **Bouyx**, 318
Jean-Marie **Bouzereau**, 550
Philippe **Bouzereau**, 423 544 550

Vincent **Bouzereau**, 532
Pierre **Bouzereau-Emonin**, 538 550 554
Michel **Bouzereau** et Fils, 550
Antoine **Bovard**, 1100
Louis **Bovard**, 1098
EARL Albert **Boxler**, 77 108 120
GAEC Justin **Boxler**, 110
Jean-Marc **Boyals**, 780
SCE Ch. **Boyd-Cantenac**, 363
SCE ch. **Boyd-Cantenac** et **Pouget**, 367
Jacques **Boyer**, 1082
Jean-Pierre **Boyer**, 753
SA des Vignobles **Boyer**, 192 197 388
Boyer de la Giroday, 190
Yves **Boyer-Martenot**, 423 544 550
Paul **Boyreau**, 326
EARL Simone et Guy **Braillon**, 167
Etienne **Brana**, 790
Jean et Adrienne **Brana**, 788
SAE du Ch. **Branaire-Ducru**, 356 382
Cave viticole de **Branceilles**, 1075
EARL **Branchereau**, 865 868 **868**
SC Dr. du **Branda**, 291 296
GAEC Haute **Brande**, 188
GAEC des **Brandines**, 808
SA J.-F. **Brando**, 748
SCEA du Ch. **Brane-Cantenac**, 363
Claude **Branger**, 836
Guy **Branger**, 832
R. **Branger** et Fils, 839
GAEC des **Brangers**, 947
Jean-Louis **Braquessac**, 380
Jacques **Brard Blanchard**, **1052** 1069
Christian **Braud**, 833
Jean-Francis **Braud**, 226
Françoise **Braud-Coussié**, 322
EARL **Brault**, 862 1067
EARL François **Braun** et Fils, 116 122
Vignobles Camille **Braun** et Fils, 92 116
Jean-Paul **Bravard**, 223
SA Les vins **Bréban**, 738
Charles **Bréchard**, 140
Sylvette **Brechet**, 1002
Marc **Brédif**, 924
Jean-Claude **Brelière**, 577
SARL caves Rémy **Breque**, 218
Mme F. des **Brest-Borie**, 373
Catherine et Pierre **Breton**, 903
Roselyne et Bruno **Breton**, 908
SCEV **Breton** Fils, 619
Yves **Bretonnière**, 841
SCEA Ch. du **Breuil**, 824
Ch. de **Briacé**, 831
Jean **Briançeau**, 313
Odile **Brichèse**, 816
Champagne **Bricout et Koch**, 619
Dom. Michel **Briday**, 577
Jean-Marc **Bridet**, 319
Candide **Bridy**, 1108
Dom. Gilbert et Régine **Brigand**, 440
Paul **Briguet**, 1109
SA Ch. **Brillette**, 369 370
Dom. **Brintet**, 409 580
Dominique **Briolais**, 229 **232**
Les Coteaux du **Brionnais**, 1094
Gérard **Brisebarre**, 924
Philippe **Brisebarre**, 924
EARL Dominique **Brisset**, 950
Gérard **Brisson**, 165
Jean-Claude **Brisson**, 276
SA I Vini di Guido **Brivio**, 1121
Jean-Marc **Brocard**, 427 452 454 463
Dom. Hubert **Brochard**, 957
Christian **Brochet**, 1069
Brochet-Hervieux, **620**
Francis **Brochot**, 620
Marc **Brocot**, 464
Philippe **Brocourt**, 911
GFA Ch. de **Brondeau**, 206
Jean-François **Brondel**, 138
Louis et Michel **Bronzo**, 750
Yves **Broquin**, 206
Dominique **Brossard**, 1066
J.-J. et A.-C. **Brossolette**, 409
Laurent-Charles **Brotte**, 984 996 999 1005 1008 1077
SA Roger Félicien **Brou**, 926
Brouette Petit-Fils, 219
SA **Brouette Petit-Fils**, **690**

1128

SA du Ch. **Brown,** 330
Bernard **Broyer,** 152
SCEA du **Bru,** 185
Dom. **Bru-Baché,** 790
Michel **Brugne,** 166
Brugnon, 620
Guilhem **Bruguière,** 703
Dom. de **Brully,** 481 566
Alain **Brumont,** 793 797 1074
Jean-Marc **Brun,** 982 1048
GFA du Ch. **Brun-Despagne,** 207
Jean **Bruneau,** 908
Yvan **Bruneau,** 908
Brunel et Fils, 1011
GAEC **Brunel et Fils,** 979
GAEC du Dom. de **Brunet,** 703
Georges **Brunet,** 924
Pascal **Brunet,** 911
Champagne Edouard **Brun et Cie,** 620
Brunier Frères, 1087
SCI des Vignobles **Brunot,** 291
Brusina Brandler SA, 365
SA Dom. **Brusset,** 982 1002
Michel **Bruzaud,** 347
Jean-Claude **Bubola,** 1071
Claude **Buchet,** 861
Claude **Buchot,** 669
Paul **Buecher et Fils,** 83 99
Dom. François **Buffet, 539**
Paul **Buisse,** 890
Dom. Henri et Gilles **Buisson, 514** 544
SCEA des **Buissonnes,** 958
Noël **Bulliat,** 162
Cave coop. de **Bully,** 142
Dom. **Bunan,** 751 752
Pierre **Burel,** 760
Bernard **Burgaud,** 989
Jean-Marc **Burgaud,** 162
Roger **Burgdorfer,** 1114
Dom. **Burghart-Spettel,** 92 99
Cellier des **Burgondes,** 583
Dom. Alain **Burguet,** 468
Buri et Fils, 775
Ets Georges **Burrier,** 597 602
Jacques **Busin,** 620
Philippe **Butin,** 670
Jean **Butterlin,** 83 99
Cave des Vignerons de **Buxy,** 429 574 589
Les Vignerons de **Buzet,** 782
Caveau des **Byards,** 670
Dom. de **Cabasse,** 982
François et Isabelle de **Cabissole,** 705
Marie-Claude **Cabot,** 409
Cave des Vignerons de **Cabrières,** 703
SCEA Ch. **Cabrières,** 352
Dom. **Cachat-Ocquidant et Fils,** 431 505 508 510 514
Jacques **Cacheux et Fils,** 410 490 492 498
Champagne Guy **Cadel,** 620
Michel **Cadoux,** 931
Dom. **Cady,** 848 **867**
SCEA Dom. du **Cagueloup,** 703
EARL de **Cahuzac,** 783
Dom. A. **Cailbourdin,** 950
Caillard, 386
GAEC Ch. **Cailvel,** 810
SCEA de **Caillavet,** 308
Guy et François **Caillé,** 914
Vincent **Caillé,** 832
Yves **Caillé,** 911
EARL Pascal **Cailleau, 854** 858 873
Xavier **Cailleau,** 867
EARL **Cailleau et Fils,** 850
Jacques **Cailleux,** 188 192
Champagne **Caillez-Lemaire,** 620
Dom. **Caillol,** 748
Dom. **Caillot,** 532 550
Dominique **Caillot,** 542
SA Ch. du **Caillou,** 319
Cave de **Cairanne,** 982
Ch. **Calissanne,** 755
SCEA Michel **Callement,** 421
SARL Champagne Pierre **Callot,** 620
SCEA Ch. **Calon-Ségur,** 377
SCEA François et Jean **Calot,** 162
Cave Fernand et Conrad **Caloz,** 1108
Bertrand et Monique **Caloz-Evéquoz,** 1105
Calvet SA, 185 190 194 197 200 201 208 228

Sté Fermière du Ch. de **Camarsac,** 185
Jean-Marie **Cambillau,** 326
Ch. **Camensac,** 352
SCEA des vignobles Marc **Caminade,** 188
SCA Ch. de **Campugnet,** 699
Christophe **Camu,** 445 448
Lucien **Camus-Bruchon,** 519
Michel **Canard,** 145
Thierry **Canard,** 143
Canard-Duchêne, 621
Claude **Candia,** 777
Ch. **Canet,** 714
SC ch. **Canon,** 264
GAEC H. **Cante et Fils,** 321
SARL **Cantegraves,** 370
SC Ch. **Cantemerle,** 352
Les Vignerons de **Canteperdrix,** 1023
Cantina Monti, 1121
SCEA **Capdemourlin,** 262 264 295
Capitain-Gagnerot, 508 514 517
Ch. de **Capitoul,** 703
Denis **Capmartin,** 793
Guy **Capmartin,** 794 797
Nicole et Jean-Marie **Capron-Charcousset,** 519
Capuano-Ferreri et Fils, 566
SC du Ch. de **Caraguilhes,** 694
Ch. **Carbon d'Artigues,** 319
SC du Ch. **Carcanieux,** 342
Gilles **Carême,** 924
Louis **Carillon et Fils,** 554
Pierre **Carle,** 808
SCEV du Ch. de **Carles,** 236 237
SA **Carlevaro Vinicola,** 1120
Jean-Yves de **Carlini,** 621
SCA Vignerons de **Carnas,** 704 1082
Dom. **Denis Carré,** 410 437 520 532 544 547
Alain **Carreau,** 225
Georges **Carreau et Fils,** 225
Carreau-Gaschereau, 758
François **Carrel et Fils,** 679
Denis et Colette **Carron,** 138
Michel **Carron,** 138
GAF Ch. **Carsin,** 308 385
Dom. **Cartaux-Bougaud,** 673 677
Gaston **Cartereau,** 917 918
Jean-Marc **Carteyron,** 256
SCEA P. **Carteyron,** 187 196 215
EARL du Château Michel **Cartier,** 679
François **Cartier,** 892
Mme Nicolas **Cartier et ses Fils,** 757
Philippe **Cartoux,** 1002
SA Casa vinicola Gialdi, 1122
SCE **Cascarret,** 250 253
Les Maîtres Vignerons de **Cascastel,** 694
Pierre **Caslot,** 905
Alain **Caslot-Bourdin,** 905 909
SCV les vignerons de **Cassagnes-Bélesta,** 729
Ch. de **Cassaigne, 1055**
GFA P. **Cassat et Fils,** 279 282
Daudier de **Cassini,** 270
SCEA Michel et Nadine **Cassot,** 774
Mesmin **Castan, 976**
Indivision **Castéja-Preben-Hansen,** 286
Les Vignerons du **Castelas,** 970
GAEC Rémy **Castel et Fils,** 227
S.V.F. **Castel Frères,** 1066
Champagne de **Castellane,** 621
Bernadette **Castells,** 257
SCV **Castelmaure,** 694
Ch. **Castéra,** 342
Dominique **Castillon,** 1081
Michel **Castillon,** 700
Vignerons **Catalans,** 726 729 731
EARL dom. de **Catarelli,** 768 1049
Pierre **Cathal,** 812
EARL Philippe **Cathala,** 386
Jean-Charles **Cathelineau,** 924
Sylvain **Cathiard,** 481 492
SCEA les domaines **Caton,** 1083
Philippe **Catroux,** 899
Cattier, 621
Joseph **Cattin,** 112
Théo **Cattin et Fils,** 99 112
GAEC de **Cauquelle,** 1073
Annie **Caussé,** 777
Michel et Marcelle **Causse,** 707

Christian **Caussèque,** 340
Henri **Cavaillé,** 727 1044
Jean-Benoît **Cavalier,** 706
SCEA Ch. **Cavalier,** 738
Cave des Vignerons des Gorges du Tarn, 787
SCEA **Cazade,** 194
Madame Claude **Cazals,** 621
SCEA Dom. de **Cazal-Viel,** 717
Charles de **Cazanove,** 621 661
SCI des Dom. de **Cazeau et Perey,** 185
SCEA Yvette **Cazenave-Mahé,** 206
Mme de **Cazenove,** 207
Dom. **Cazes,** 724 729 1036 1041 1084
Jean-Michel **Cazes,** 206 248 364 372 373 375 **376** 379
François **Cazin,** 826 933
EARL **Cazottes,** 781
CBVO, 192
Vignobles **Celerier-Marcadet,** 297
Cellier des Côtes de Francs, 304
Centre d'aide par le travail, 390
EARL ch. **Certan de May de Certan,** 241
SNC Domaines **C.G.R.,** 344 345 349
Alain **Chabanon,** 704
GAEC André **Chabbert et Fils,** 711
SCI Dom. des **Chaberts,** 760
SARL **Chagneau JPMD,** 271
Vignobles **Chaigne et Fils,** 195 202 215
Dom. **Chainier,** 894 900 1065
Dominique **Chainier et Fils,** 1052
Cave de **Chaintré,** 602
SCEA Dom. **Chaintreuil,** 156
Producteurs réunis **Chais de Vaure,** 195
Grégoire **Chaix,** 737
Isabelle et Patrice **Chaland,** 205 306
Daniel et Pascal **Chalandard,** 668 670 **670**
Franck **Chalmeau,** 410
Mme Edmond **Chalmeau,** 410 448
GAEC **Chaloupin-Lambrot,** 324
Bernard **Chambeyron,** 989
Christian **Chambon,** 168
Denis **Chamfort,** 983
Dom. du Ch. de **Chamirey,** 580
Robert **Champ,** 1008
Union **Champagne,** 648
Jean-Paul **Champagnon,** 157
Didier **Champalou,** 924
EARL **Champart,** 717
SCEA Dom. **Champeau,** 953
SARL Vignobles **Champenois,** 614
Champseix, 254
Maison **Champy Père et Cie,** 481 508 522 527 539 551
Jean-Louis **Chanay,** 143
Emile **Chandesais,** 574 581
Dom. **Chandon de Briailles,** 510 520
Champagne **Chanoine,** 621
Chanson Père et Fils, 410 505 511 527 532
Dom. de **Chantemerle,** 448 454
Dom. **Chante Perdrix,** 1009
Daniel **Chanzy,** 427 577
M. **Chapoutier,** 993 **997** 999
Marie-Thérèse **Chappaz,** 1108
Maurice **Chapuis,** 517
Thierry **Chaput,** 919
SA Champagne **Chapuy,** 622
Didier **Charavin,** 1048
EARL Robert **Charavin,** 1048
Robert **Charavin,** 983
Champagne **Charbaut et Fils,** 622
Claude **Charbonnier,** 671 675
Jacky **Charbonnier,** 893
Roland **Charbonnier,** 228
Claude et Y ves **Chardon,** 368
Thierry **Chardon,** 894
Dom. du **Chardonnay,** 445 448 454
Michel **Chardonnet,** 622
SICA Vinicole **Charente Maritime,** 1070
Champagne Robert **Charlemagne,** 622
Guy **Charlemagne,** 622
Champagne **Charles Collin,** 622
Dom. François **Charles et Fils,** 437 527
Jacques **Charlet,** 164
Maurice **Charleux,** 566
Charlier et Fils, 622
Dom. Philippe **Charlopin,** 465 468 473 475 480
Pierre **Charlot,** 186 316

SCA Ch. **Charmail**, 352
Vignoble **Charmet**, 138
Jacques **Charmetant**, 138
Jean-Louis **Charmolüe**, 379
Ghislain de **Charnacé**, 749
Cave de **Charnay**, 594
François **Charpentier**, 955
Jacky **Charpentier**, 622
GAEC **Charpentier-Fleurance**, 834
GAEC **Charpentier Père et Fils**, 843
Claude **Charpentron**, 1070
Alain **Charrier**, 394
Michel **Charrier**, 795
Charruau et Fils, 882
EARL **Charruault-Schmale**, 851 856
Philippe **Chartogne-Taillet**, 622
Jean-Pierre **Charton**, 410 581
C. **Charton Fils**, 581
ASVMT **Chartreuse de Valbonne**, 970
Cellier des **Chartreux**, 790
Dom. Jean **Chartron**, 410 423 554 557 559
Chartron et Trébuchet, 517 551 557 567 581
GAEC du **Charverron**, 141
Gérard **Charvet**, 153
Ludovic **Charvet**, 162
GAEC G. **Charvin et Fils**, 970 1009
Christophe **Chasle**, 904
SCE Ch. de **Chassagne-Montrachet**, 563
GAEC Vignobles **Chassagnol**, 312 389 391
Xavier **Chassagnoux**, 239
Jean-Gilles **Chasselay**, 138
SA du Ch. **Chasse-Spleen**, 369
Dom. **Chasson**, 1026
Françoise et Benoît **Chastel**, 140
SCEA **Chastel-Labat**, 315
SA ch. de **Châtagnéréaz**, 1098
Clos **Chatart**, 1032
Bernard **Château**, 366
SCEV Clos du **Château de Valençay**, 935
SCI **Châteauneuf**, 1030
GFA Dom. du **Château Royal**, 731
SC de **Châteaux de Quinsac-Village**, 312
Dom. **Chatelain**, 951
Antoine **Chatelet**, 468
Armand et Richard **Chatelet**, 162
Jean-Michel **Chatelier**, 314
Charles **Chatenoud et Fils SCEA**, 288
André **Chatonnet**, 252
Cl. Robert **Chaucesse**, 945
Dom. de **Chaude Ecuelle**, 421 448
Gilles **Chaumard**, 1023
Chaumeau-Balland et Fils, 959
Eric **Chaumet-Lagrange**, 1073
Guy **Chaumont**, 574
Patrick **Chaumont**, 347
Chaussard, 927
Monique et Daniel **Chaussy**, 1013
Claude **Chaussy**, 950
Grands Vins Fins F. **Chauvenet**, 520 547 573
SCE Dom. Jean **Chauvenet**, 498
Chauvenet-Chopin, 498 503
Bernard **Chauvet**, 1002
Champagne **Chauvet**, 623
Champagne Marc **Chauvet**, 623
Damien **Chauvet**, 623
GAEC **Chauvier Frères**, 743
Jean-Bernard **Chauvin**, 867
GAEC **Chauvin-Cesbron**, 855
Jean-Louis **Chave**, 999
Cyrille **Chavy**, 162
Franck **Chavy**, 169
Georges **Chavy**, 163
Louis **Chavy**, 437
Gérard **Chavy et Fils**, 554
Cave Ch. de **Chénas**, 152
Jean-Pierre **Chéné**, 866
GAEC **Chéneau**, 833
Dom. des **Chenevières**, 437 594
SA **Chenonceau-Expansion**, 890
Bourgogne **Chenu**, 431 477 508
Bernard **Chéreau**, 832
EARL Rémi **Chermette**, 840
Dominique **Chermette**, 138
Pierre **Cherrier et Fils**, 958
Yvon **Cheseaux**, 1110
Philippe **Chéty**, 230
Richard **Cheurlin**, 623

SA Champagne Arnaud de **Cheurlin**, 623
Cheurlin-Dangin, 623
SA Champagne **Cheurlin et Fils**, 623 624
GAEC **Chevais Frères**, 933
SC du **Cheval Blanc**, 265
Francis **Chevalier**, 239
Roland **Chevalier**, 825
SC Dom. de **Chevalier**, 331
SCE **Chevalier Père et Fils**, 505 514
Chevaliers de Bellevue, 207 219
Claude et Jean-Louis **Chevallier**, 448
SCA **Chevalier**, 881 887
SARL Ch. **Cheval Noir**, 257
Cheval Quancard, 189 193 197 204 255 308 348 377 378
Denis et Marie **Chevassu**, 670 671 1058
GAEC Vignobles **Chevillard**, 184
SCEV Robert **Chevillon**, 498
Patrice **Chevrier**, 147
EARL **Chevrier-Loriaud**, 221
Dom. **Chevrot**, 571
Cheylan Père et Fils, 758
Dom. Emile **Cheysson**, 153
Jacques **Chichet**, 1084
Dom. Georges **Chicotot**, 498
François **Chidaine**, 919 920
SA **Chiericati vini**, 1121
Michel **Chignard**, 157
Champagne Gaston **Chiquet**, 624
Gilbert **Chirat**, 991
Dom. **Chiron**, 840
Maison des Vignerons de **Chiroubles**, 153
Luc et Andrée-Marie **Choblet**, 842 1067
Michel et Hervé **Choblet**, 843
Chofflet-Valdenaire, 586
Christian **Cholet-Pelletier**, 544
EARL Gilles **Chollet**, 950
Jean-Jacques **Chollet**, 251 255
José **Chollet**, 902
Xavier **Chon**, 841
Gilbert **Chon et Fils**, 1061
Claude **Chonion**, 432 551 577 590
Dom. A. **Chopin et Fils**, 498 503
Daniel **Chotard**, 958
Vignobles **Chouvac**, 325 391
EARL Michel et Martine **Chouvet**, 972 1009 1046
Dom. Franck **Chuet**, 890
SCEA Dom. **Chupin**, 848 855
Cave de **Chusclan**, 971 972
SA caves **Cidis**, 1100 1103
SCEA Dom. du **Cinquau**, 790
Franck **Cinquin**, 168
Paul **Cinquin**, 168
Joël et Sylvie **Cirotte**, 959
SCF du Ch. **Cissac**, 352
Sté Ch. **Citran-Médoc**, 353
Dom. Bruno **Clair**, 465 468 482 520
EARL Françoise et Denis **Clair**, 564 567
Pascal **Clair**, 1052
Pascal **Clairet**, 666
SCA Cave des **Clairmonts**, 996
SCEA Vignobles E. et G. **Claisse**, 305
Michel **Claparède**, 718
Yves **Clarac-Terrien**, 830
Jean-Pierre **Clauzel**, 274 281
SCEA Consorts **Clauzel**, 243
Denis **Clavel**, 983
Dom. Pierre **Clavel**, 704
Dom. Bruno **Clavelier**, 482 492
Maison **Clavelier SA**, 527
Cave vinicole de **Cléebourg**, 79 125
Charles **Clément**, 662
SARL Antoine **Clément**, 163
SCEA **Clément B. et Fils**, 947
Dom. **Clément Père et Fils**, 138
Ch. **Clément-Pichon**, 353
Bernard **Clerc**, 411 421 488 490 553 555 558
Laurent **Clerc**, 410 554
Bourgogne Raoul **Clerget**, 432
Christian **Clerget**, 482 490
S. F. du Ch. **Climens**, 392
SCEA **Clos Bourbon**, 309
EARL **Clos Chaumont**, 309
GFA **Clos du Clocher**, 241
SCEA du **Clos du Roi**, 411
Closerie du Vau de Laleu, 902
Clos Fourtet, 265 279

Dom. du **Clos Frantin**, 469 492 498
SA **Clos La Madeleine**, 275 279
SARL **Clos Petite Bellane**, 986
Dom. du **Clos Saint-Louis**, 466
Dom. du **Clos Saint-Marc**, 174
SCEV Paul **Clouet**, 624
SARL **Cluzel**, 309
Jean-Paul **Cochard**, 852 870 874
John et Véronique **Cochran**, 228
Cave Coop. de **Cocumont**, 786
Dom. **Codem SA**, 199 344 348
Max **Cognard**, 908
EARL Claude **Cogné**, 1065
Cave des Vignerons de **Cogolin**, 739
Pierre **Coillard**, 169
GAEC Bernard **Coillot Père et Fils**, 465 469 503
Xavier **Coirier**, 845
Bernard de **Colbert**, 875
Ch. **Colbert**, 228
Comte Henri de **Colbert**, 704
Cédric **Colemyn**, 346
Yves de **Coligny**, 159
Marc **Colin et Fils**, 564
Rosa **Colinot**, 430
François **Collard**, **701** 701
Jacques **Collard**, 223
EARL André **Coll-Escluse**, 1038
Champagne Raoul **Collet**, 624
Dom. Jean **Collet et Fils**, 445 459
Dom. **Collin**, 690
Jean-Noël **Collin**, 1052
Collin-Bourisset Vins Fins, 160
Bernard **Collonge**, **169**
SARL **Collovray-Terrier**, 597
Dom. du **Colombier**, 446 448 454
SCEA **Colombin**, 315
Pascal **Colvray**, 152
Combe, 994
Roger **Combe et Fille**, 1005
SCEA Dom. de **Combelonge**, 1092
Jean-Michel **Combier**, 590
Claude **Comin**, 210 304
SCEA **Compagnet**, 347
Compagnie des Vins d'Autrefois, 501 549
Compagnie française des vins mousseux, 875
Pierre **Comps**, 717
Comptoir vinicole de Champagne, 645
SCEA de **Concourson**, 826
Chantal **Condamin**, 174
F. et T. **Condemine**, 160
GAEC **Condemine**, 148
Serge **Condemine-Pillet**, 165
Les producteurs de la Cave de **Condom en Armagnac**, 1056
Bernard **Conne**, 1112
Cave coop. de **Conques-sur-Orbiel**, 720
Guy **Constantin**, 354
Philippe **Constantin**, 1111
EARL **Constantin-Chevalier**, 1027
Yvon et Chantal **Contat-Grangé**, 567
SCEA de **Conti**, 802 806 809
Michel **Contour**, 930
SARL Famille L. **Cooreman**, 359
Bruno **Coperet**, 146
Gilles **Coperet**, 169
Jacques **Copinet**, 624
Christian **Coquet**, 662
Christian **Coquillette**, 655
Cave **Corbassière**, 1105
Cellier du Grand **Corbières**, 697
Jean-Marie **Corbin**, 896
Chantal et Michel **Cordaillat**, 955
Domaines **Cordier**, 197 200 212 265 273 379 396
Ets D. **Cordier**, 199
Gérard **Cordier**, 955
Dom. **Cordier Père et Fils**, 590 597 601
EARL François **Cordonnier**, 369
SCEA Pierre **Cordonnier**, 369
Pascal **Corelleao**, 1065
Pascal **Corelleau**, 843
SCEA **Cormeil-Figeac-Magnan**, 266 275 278
Bruno **Cormerais**, 1068
Damien **Cormerais**, **839**
GAEC Joël et Bertrand **Cormerais**, 834
Paul **Corneau**, 950

Cave coop. de **Corneilla-la-Rivière**, 729 **1036**
Didier **Cornillon**, 1021
Ludovic **Cornillon**, 1022
Dominique **Cornin**, 599
Dom. **Cornu**, 511 514
Roland **Cornu**, 138
Pierre **Cornu-Camus**, 432 **437**
Edmond **Cornu** et Fils, 514
Association Vinicole de **Corseaux**, 1098 1102
Dom. **Corsin**, 597 602
Fernand **Corsin**, 160
Thierry **Cosme**, 925
Lycée agricole de **Cosne-sur-Loire**, 941
Frédéric **Cossard**, Denise **Elmerich-Gouachon**, 431 498
Bernard **Coste**, 1080
Françoise et Vincent **Coste**, 1082
Cave **Costebelle**, 971
Dom. **Coste-Caumartin**, 533 547
Edmond **Coste** et Fils, 320
Costes, 772
Francis **Costes**, 786
Michel **Cosyns**, 228
Vignerons des **Coteaux de Chalosse**, 1072
Cave coop. **Coteaux des Hautes Garrigues**, 705
Chantal **Cote** et Guy **Cinquin**, 583
Côtes d'Olt, 775
EARL James **Cot** et Fils, 226
Guy **Coton**, 912
Weinhaus **Cottinelli AG**, 1118
JLC **Coubris**, 370
GAEC de **Coudoulet**, 714
Les Fils et Bernard **Coudray**, 1108
Michel **Coudroy**, 244 253 294
Serge **Coudroy**, 185
SCA Ch. **Coufran**, 353
Jean-Claude **Couillaud**, 844
Couillaud Frères, 836 1066
GAEC **Couillaud** Père et Fils, 833
Patrick **Coulbois**, 950 953
SCI des **Couldraies**, 891
Michel **Coullomb**, 979 987
Eric **Coulon**, 625
SCEA Paul **Coulon** et Fils, 968 982 1008
SCA **Couly-Dutheil** Père et Fils, 914
SCEA **Cunilh** et Fils, 328
Jean-Marie **Courbet**, 668 671
Laurent **Courbis**, 1000
Maurice et Dominique **Courbis**, 995 999 1000
Jean-Michel et Arlette **Coureau**, 260
Patrick de **Cournuaud**, 235
Alain **Courrèges**, 767 1086
Francis **Courrèges**, 311
Christine **Courrian**, 342
Philippe **Courrian**, 346 350
Sté des vignobles Francis **Courselle**, 203 313 387
Bernard **Courson**, 927
Frédéric **Courtemanche**, 920
Arlette **Courty**, 452
Virginie **Courty**, 446
Olivier **Cousin**, 824 867
SCEA **Cousin-Maitreau**, 827 876
SC Ch. **Coutet**, 320 392
Ch. **Coutinel**, 784
Henry **Coutreau**, 342
Alain **Couvreur**, 625
Covifruit, 946
SCA de **Cozes-Saujon**, 1069
Catherine **Craveia-Goyaud**, 399
SCEA Ch. **Cravignac**, 273
Dom. Victor **Credoz**, 668 671 1058
SCEA ch. de **Crémat**, 749
Olivier **Crémet**, 838
SCA **Crespian**, 702
Bernard **Crespin**, 830
Jean-Pierre **Crespin**, 150
Arnaud **Crété**, 348
Roland **Crété** et Fils, 625
Pierre Antoine **Crettenand**, 1106
Robert **Cripps**, 1083
Clos **Cristal**, 883
Mas **Cristine**, 1036
EARL Vignobles **Crocé-Spinelli**, 739
Dominique **Crochet**, 958

Dom. Robert et Marie-Solange **Crochet**, 959
SA Lucien **Crochet**, 958
Christophe **Croisard**, 917
SCEA Ch. **Croix de Mouchet**, 292
Bernard et Odile **Cros**, 423 441
Cellier Charles **Cros**, 694
Pierre **Cros**, 715
Jean-Charles **Crousaz**, 1114
Cave de **Crouseilles**, 794 797
Régis **Cruchet**, 925
Henri **Cruchon**, 1101 1102 1103
Madame Edouard **Cruse**, 224
Mme Henri-François **Cruse**, 359
Bernard **Cruz**, 1112
Cave coop. de **Cruzy**, 717
Vignerons de **Cucugnan**, 697
Yves **Cuilleron**, 989 991 993
Catherine et Guy **Cuisset**, 800
Gérard **Cuisset**, 802 806
Dom. de **Curebeasse**, 739
Dom. **Cyrot-Buthiau**, 533
EARL Pierre **Dabadie**, 795 797
Champagne Lucien **Dagonet** et Fils, 625
Didier **Dagueneau**, 951
Pierre **Dahéron**, **844**
SCA **Daheuiller** et Fils, 886
SA Société foncière du **Daley**, 1100
GFA L Vincent **Dalloz**, 303
Laurent **Damais**, **1078**
Dom. Pierre **Damoy**, 475
Comte A. de **Dampierre**, 625
EARL **Dampt**, 411
Xavier **Dampt**, 411
SCEV Paul **Dangin** et Fils, 625
Patrick **Danglade**, 239
Guy **Daniel**, 973 1002
Philippe **Daniès-Sauvestre**, 319
Guilhem **Dardé**, 1085
Jean-Louis **Darde**, 902
Jean-Paul et Michel **Dardé**, 1079
Jean-Christophe **Dardeau**, 921
Rémy **Dargaud**, 139
Dom. **Darnat**, 411
Maison **Darragon**, 925
SCE des Vignobles **Darribéhaude**, 285
G. **Darriet**, 388
Jean-Luc **Dartiguenave**, 348
Dom. Yves **Darviot**, 527
Jean-Léon **Daspet**, 271
SARL ch. **Dassault**, 266
François **Daubert**, 784
Thierry **Daulhiac**, 802
Etienne **Daulny**, 959
EARL **Daumen** Père et Fils, 976 1012
Cellier des **Dauphins**, 972 983
Dauriac, 267
Dautel-Cadot, 625
Caves Jean et Sébastien **Dauvissat**, 448 454 459
GAEC René et Vincent **Dauvissat**, 446 448 455 459
Jacques et Viviane **Davau**, 238
J.-P. et Ch. **Davault**, 893
SCEA Dom. du Ch. de **Davenay**, 589
SCEA Daviau, 824 862 **862** 1061
Philippe **Daviaux-Quinet**, 626
Bernard **David**, 909
Dom. Armand **David**, 876
EARL vignobles **David**, 226
Hubert **David**, 908
J. **David**, 397
Jean-Luc **David**, 202
Quentin **David**, 951
Champagne Henri **David-Heucq**, 626
SCEA **David-Lecomte**, 825 853 861
E.M. **Davis** et Fils, 397
Jean-Lou **Debart**, **185**
Anne-Sophie **Debavelaere**, 427
Bruno **Debize**, 139
Louis **Decazes**, 211
Francis **Dèche**, 1056
André et Franck **Decrenisse**, 174
Nicole **Dedieu-Benoit**, 353
Dom. Bernard **Defaix**, 449 455
Dom. Daniel-Etienne **Defaix**, 455
EARL S. et J.-F. **Deffarge-Danger**, 813
Raymond et Hubert **Deffois**, 848 855 **867**
Mireille **Deforge**, 972

Jacques **Defrance**, 626
Philippe **Defrance**, 411 463
M. et Mme **Defresne**, 740
Gérard **Degoul**, 1017
Amédée **Degrange**, 152
J.F. **Degregorio**, 187
Paulette **Deguignes**, 739
Diffusion **Dehours**, 626
Dom. Marcel **Deiss**, 108
Josette et Guy **Dejean-de Bortoli**, 214
Déjean Père et Fils, 389
Marie **Delaby-Génot**, 528 534 539 581
André **Delagouttière**, 907
Christian **Delalande**, 914
Patrick **Delalande**, 916
Jean-François et Sylvie **Delaleu**, 925
Pascal **Delaleu**, 927
Roger **Delange**, 411
SA Gaby **Delaloye** et Fils, 1110
Vincent et Jean-Yves **Delaporte**, 959
Anne **Delaroche**, 506
Delas Frères, 996
Daniel **Delaunay**, 891
Dom. Joël **Delaunay**, 891
Pascal **Delaunay**, 828 853 858
Edouard **Delaunay** et ses Fils, 469
Dom. **Delaunay** Père et Fils, 855
EARL **Delaunay** Père et Fils, 905
Richard **Delay**, 671 **671** 1058
SC **Delayat-Chemin**, 342 345
Delbeck, 626
SCEA **Delbos-Bouteiller**, 354 355 358
Daniel **Delclaud**, 710
Vini & Distillati Angelo **Delea**, 1122
EARL **Delétang**, 920
Joël et Marc **Delgoulet**, 772
Michel **Delhommeau**, 840
SCEA Marc et Luc **Delhumeau**, 826
Deliance Père et Fils, 441
EARL vignobles Yves **Delol**, 264 270
SCEA Guy **Delon** et Fils, 380 384
André **Delorme**, 441 578 583 587
Jean-Jacques **Delorme**, 977
Delouvin-Nowack, 626
GAEC **Delpeuch** et Fils, 323
SCEA Gabriel **Demangeot** et Fils, 440 570
Demessey, 411 555
Champagne **Demoiselle**, 627
SCV Cellier des **Demoiselles**, 695
Alice et Jacques **Demonchaux**, 202
Jean-François **Demont**, 906
Dom. Rodolphe **Demougeot**, **520** 533 542
Alain **Démule**, 140
SCEA Vignoble Alain **Denechère**, 851 857 859
A. et J.-N. **Denis**, 1066
EARL Isabelle et Philippe **Denis**, 837
Francis **Denis**, 927
Patricia et Bruno **Denis**, 894
Dom. **Denis** Père et Fils, 520
Dom. Christian et Bruno **Denizot**, 574
Dom. **Denuziller**, **603**
Jacques **Dépagneux**, 161
Jocelyne **Depardon**, 165
Maurice **Depardon**, 164
Olivier **Depardon**, 164
Robert **Depardon** et Michel **Perrier**, 156
Alice **Depaule-Marandon**, 721
Bernard **Depons**, 300
André **Dépré**, 155
Dominique et Catherine **Derain**, 564
Michel **Derain**, 412 574
SA **Deregard-Massing**, 659
GVG **De Rivoyre**, 284
Pierre **Derrieux** et Fils, 779
SARL **Dervin**, 627
René **Desbaillets**, 1112
Henri **Desbœufs**, **1041**
Famille **Desbois**, 299
Francis **Desbourdes**, 914
Rémi **Desbourdes**, 914
Christophe **Deschamps**, 904
Claudine **Deschamps**, 499
Eustache **Deschamps**, 629
Marc **Deschamps**, 953
Michel **Deschamps**, 542
Vins **Descombe**, 778

1131 INDEX DER WEINERZEUGER

Thierry Descombes, 159
Laurent Descorps, 310 386
GAEC Etienne Descotes et Fils, 174
Jean Descroix, 139
Dom. Désertaux-Ferrand, 503
Desfayes-Crettenand, 1106
Véronique et Louis Desfontaine, 428 580
François et Monique Desigaud, 169
GAEC Desloges, 890
Laurent Desmazières, 627
Cave Desmeure Père et Fils, 998 999
SCEA du Ch. Desmirail, 364
Champagne A. Desmoulins et Cie, 627
GAEC Desnouhes, 877
EARL Vignobles Jean-Paul Deson, 258 293
Consorts Despagne, 269
SCEA des Vignobles Despagne, 194 203
SCEV Despagne et Fils, 296
SCEA Despagne-Rapin, 246 **294**
GFA Desplace Frères, 154
Guy Desplat, 294 297
Thierry Després, **810**
Guy Despujols, 396
Jean-François Despujols, 323
Pierrette Despujols, 186 204
Jean-Michel Desroches, 891
Pascal Desroches, 955
René et Frédéric Dessans, 794
Dessastre, 300
EARL M.-A. et J.-C. Dessendre, 442
EARL Dessevre, 1064
Michel Dessevre, **856**
Sté Destavel, 729 1034
Didier Desvignes, 162
Louis-Claude Desvignes, 163
Maison Desvignes, 157 **592**
Propriété Desvignes, 586
Paul Déthune, 627
J.-F. Deu, 1034 1035
SA Champagne Deutz, 627
EARL des Deux Lay, 1068
Dom. des Deux Roches, 591 603
Vignobles Daniel Devaud, 208 214 292 295
Catherine Devers, 409
Jean-Luc Devert, 210
Jean-Yves Devevey, 422 436
EARL Deville et Fils, 1015
Alain et Natacha Devillers-Quénehen, 697
Robert Devin, 1004
Pierre et Alain Dezat, 962
SCEV André Dezat et Fils, 952 963
EARL Laurent Dézé, 878 885
Thierry Dézé, 884
Jean-Claude Dhiersat, 1052
Catherine Dhoye-Deruet, 927
Jean-Pierre Diconne, 545
Champagne Didier-Niceron, 627
Cave coop. de Die, 1020 1021 1022
Michel Dietrich, 304
Robert Dietrich, 76
Dieudonné, 1090
SCEA Félicien Diffonty et Fils, 1016
SA Dom. Clarence Dillon, **333** 333 334 **336** 336 **337**
GAEC Diringer, 124
Jean-Pierre Dirler, 77 120
GAEC Dittière Père et Fils, 848 860
Dom. de Diusse, 794
André et Christian Dock, 76 100 125
Nicole et Frédéric Doermann, 312
SCA Doisy-Védrines, 395
Christian Dolder, 105 126
Gérard Dolder, 77
Léon Dollet, 841
Domaines et Châteaux, 757
Marthe Domec, 368
Pierre Domi, 628
Antoine Donat et Fils, 412
Cave de Donzac, 785
Bernard Donzel, 163
SA Dopff Au Moulin, 109 119 120
Dopff et Irion, 92 119
Doquet-Jeanmaire, 628 639
Christian Dorléans, 931 **933**
SCEA Dorneau et Fils, 235
Sylvain et Nathalie Dory, 145
Baron Christian Double, 755
Bernard Doublet, 328

Bernard et Dominique Doublet, 195 218
Dom. Doudet, 508 511 528
Doudet-Naudin, 432 499 534 568
Etienne Doué, 628
Jean Douet, 853 858 **872** 872 879
Richard Doughty, 816
Jean-Paul et Monique Douillard, 833
Philippe Douillard, 837
Dourdon-Vieillard, 628
Nicole Dournel, 815
Dourthe, 196 258 320 342 364
Groupe CVBG Dourthe-Kressmann, 351
EARL Gilbert Dousseau, 796 798
Patrick Doussoux, 206
SCEA Doussoux-Baillif, 1053
Dom. Dozon, 912
Ch. de Dracy, 412
SCEA Dom. du Dragon, 739
Champagne Drappier, 628
Philippe Dray, 750
Louis Drevon, 990
SCEV Vignobles Drode, 231
Jean-Paul Droin, 455 459
Joseph et Christophe Drouard, 833
Patrick et Stéphanie Drouet, 1053
Joseph Drouhin, 148 460 491 506 521 528 578
Dom. Drouhin-Laroze, 474 482 486 488
Béatrice et J.-Michel Drouin, **598** 598
EARL Yves Drouineau, 885
David Duband, 500
Vignobles Dubard Frère et Sœur, 804 813
SA Les vins Georges Dubœuf, 167 597 1093
Bruno Dubois, 838
Danielle et Richard Dubois, 280 299 303
Didier Dubois, 282
GAEC Dubois, 876
Gérard Dubois, 628
Jean-Jacques Dubois, 234
Jean-Luc Dubois, 521
Michel Dubois, 245
Dom. Dubois d'Orgeval, 521 528
EARL Vignobles Dubois et Fils, 224
Les Frères Dubois et Fils, 1100 1101
R. Dubois et Fils, 428 437 521
Henri Duboscq et Fils, **377 378**
Denis et Florence Dubourdieu, 313 321
EARL P. et D. Dubourdieu, 198 395
GFA vignobles Dubourdieu, 318
Hervé Dubourdieu, 324 393
Domaines Dubourg, 309 318 391
Vincent et Blaise Duboux, 1101 1102
EARL Vignobles Dubreuil, 289
Philippe Dubreuil, **521**
Dom. P. Dubreuil-Fontaine Père et Fils, 412 511 514 521
GVG Louis Dubroca, 186 190 198
Paul Dubrule, 1027
Guy Dubuet, 542
Jacques-Alain Dubuis, 1105
Dubuis et Rudaz, 1106
Dom. des Duc, 172 601
Isabelle et Rémi Ducellier, 1083
Eric Duchemin, 571
René Duchemin, 572
GAEC Duchesne Frères, 423
SCEA Vignobles Ducourt, 183 190 306 305
Gérard Ducroux, 143
Gilles et Ian Ducroux, 144
Mme Jacques Ducroux, 163
Pierre-Louis Dufaitre, 148
Yvonne Dufaitre, 148
Eric Duffau, 184
Jean et Sylvette Duffau, 191
Joël Duffau, 305
SCEA Gérard Duffort, 752
Dom. Guy Dufouleur, 432
Dom. Loïs Dufouleur, 528
Dufouleur Frères, 492
Dufouleur Père et Fils, 467 517 521 539 568
EARL Dufour, 399
Florent Dufour, 170
Lionel Dufour, 415
Champagne Robert Dufour et Fils, 628
Joël Dugast, 834
Laurent Dugerdil, 1113

Daniel Dugois, **665** 1058
Christian Dugon, 1104
M.-L. Dugos, 263
EARL Vignobles M.-C. Dugoua, 321
Michel Dugoua, 323
SC de Duhart-Milon-Rothschild, 372
André Duhau, 349
Dom. Dujac, 480 490
Thierry Dulac, 771
Jean Dulac et Fils, 145
SCEA Dulac et Séraphon, 388 391
Michel Dulon, 187 208
Dulong Frères et Fils, 197 198
Dom. Duloquet, 824 849 **868** 868
Pascal et Caroline Dulugat, 320
Luc Dumange, 925
Champagne J. Dumangin Fils, 629
Dom. Laurent Dumas, 157
Philippe Dumas, 217
SCEA Pierre Dumeynieu, 239
Dumien-Serrette, 1000
François Dumon, 747
EARL André-Gabriel Dumont, 915
Xavier Dumont, 146
R. Dumont et Fils, 629
Henry Dumoulin, 1106
SCEA Dumoutier, 752
SCA Duperrier-Adam, 559 560 564
Dupeuble Père et Fils, 138
Pierre Dupleich, 310 386
Famille Dupond, 970 973
Pierre Dupond, 143 597 975
Michel Dupont-Fahn, 551 555
Claude et Gilbert Dupraz, 1112
Jacques et Christophe Dupraz, 1113
Dupré et Fils, 1029 1093
Gilles Dupuch, 205 217 307
Christine Dupuy, 795
EARL Antoine Dupuy, 891
Huguette Dupuy, 229
SC Charles Dupuy, **1040** 1040
Nicole Dupuy et Benoît Maulun, 203 306
Armand Durand, 704
Dom. C. et J.-M. Durand, 437 534
GFA Durand, 160
Guy Durand, 899
Noël et Joël Durand, 993 1000
Pierre et André Durand, 293
Raymond Durand, 172
Jacques Durand-Perron, 671
Denis Durantou, 247
SARL Pierre Duret, 954
Raymond Dureuil-Janthial, 423 555 578
Vincent Dureuil-Janthial, 578
René Durou, 772
Roger et Andrée Duroux, 249
SA Jean Durup Père et Fils, 446 451 457
Bernard Dury, 551
René Dussauge, 591
SCEA M. et J. Dusserre, 1006
Sylvain Dussort, 412 423 525
André Dussourt, 79
Dom. Dutertre, 826 899
François Dutheil de La Rochère, 746 753
SCEA J.-G et J.-L. Dutraive, 157
Champagne Duval-Leroy, 629
GAEC Duveau-Coulon et Fils, 907
GAEC Duveau Frères, 877
Christian et Joseph Eblin, 83 100
Claude Echallier, 149
François Eckert, 816
Jean-Paul Ecklé et Fils, 79 122
François Edel et Fils, 92
Norbert Egreteau, 253
André Ehrhart et Fils, 92
Nicolas Einhart, 79
H. Van Ekris, 312
Michel Elie, 230
Champagne Ellner, 629
Cave vinicole Les Vignerons d' Elne, 727
Dom. Jean-Yves Eloy, 591 594
Charly Emery, 1106
Dom. Christian et Hubert Engel, 117
GAEC Fernand Engel et Fils, 83 92 126
Les Vignerons du pays d' Ensérune, 718 1077
Dom. des Entrefaux, 997
Dom. d' Eole, 756
Gérard Epiard, 1065

David **Ermel**, 105 118
René **Erraud**, 844 1065
Jean-Claude **Errecart**, 788
SA **Escarelle**, 760
Jean **Escoffier**, 1024
SCEA du Ch. d' **Escot**, 344
Pierre **Escudié**, 726
Claude **Esnault**, 908
Jean-Pierre **Estager**, 244 259 293
G. **Estager et Fils**, 378
Cave des Vignerons d' **Estézargues**, 968 972
SCEA **Estienne**, 750
Christiane et Julien **Estoueigt**, 791
Rémy **Estournel**, 983
Les Vignobles Philippe **Estournet**, 230
Etat du **Valais**, 1107
Michèle **Etchegaray-Mallard**, 826 879
J.-M. **Etienne**, 629
Joël **Evandre**, 816
EARL vignobles **Eymas et Fils**, 224
A. **Fabbro et Fils**, 773
Louis **Fabre**, 695 1077
Sylvain **Fadat**, 702
Henri-Louis **Fagard**, 208
SARL François **Fagot**, 629
Michel **Fahrer**, 92
Maison **Faiveley**, 470 474 500 514 578 581
SCE du Ch. **Faizeau**, 292
Robert **Faller et Fils**, 111
Colette **Faller et ses Filles**, 97 111 119
Faniel-Filaine, 630
H. et P. de **Faramond**, 779
Jean-Pierre **Faraud**, 1007
Geneviève **Faravel**, 1002
Michel **Fardeau**, 868
SCEA **Fardeau**, 856 860 868
Bruno et Dominique **Fauconnier**, 815
EARL J.-H. **Faulkner**, 743
Jacques **Faure**, 1021
Vignobles Alain **Faure**, 189 221 227
François **Faurie**, 256
Philippe **Faury**, 991 994
GAEC **Favereaud Père et Fils**, 227
Daniel **Favetier**, 1023
Paul **Favier**, 726
Gérald **Favre**, 594
Jocelyne et Jean **Favçe**, 144
SA Les Fils de Charles **Favre**, **1107**
Maurice **Favre et Fils**, 1106
Favre René et Fils, 1106
Vignobles Clément **Fayat**, 248 273
Alain et Hervé **Faye**, 192 212
Serge **Faÿe**, 630
Jean-François **Fayel**, 699
Philippe **Fays**, 630
Denis **Fédieu**, 357
Fehr und Engeli, 1118
Feillon Frères, 217
Dom. **Félix**, 412 423 449 463
Pascal **Ferat**, 630
Jacques **Ferrand**, 139
Pierre **Ferrand**, 915
Pierre et Michelle **Ferrand**, 267
SCE du Ch. **Ferrand**, 242 243
P. **Ferraud et Fils**, 154
SA Ch. **Ferrière**, **364** 365
Ch. **Ferry-Lacombe**, 739
Dom. **Féry et Fils**, 437 511
SA de **Fesles**, 849 856
Les Vins Henry **Fessy**, 171
Champagne Nicolas **Feuillatte**, 630
Bernard **Fèvre**, 424 428 545
William **Fèvre**, 450 456 460
Jean **Feytit**, 285
Didier **Feytout**, 808 814
GAEC J.-R. **Feyzeau et Fils**, 210
Michel **Fezas**, 1056
Dom. Francis **Fichet et Fils**, 428 441 591
SA Ch. de **Fieuzal**, 323 332 **332** 332 334
Bernard **Figuet**, 630
SCEA du Ch. **Filhot**, 395
Antoine **Filippi**, 764
Paul **Filliatreau**, 883
Cave **Fin Bec**, 1106
SCEA Ch. des **Fines Roches**, 969 1009
Peter **Fischer**, 758 1089
Cave des Producteurs de **Fitou**, 713
Claude **Flavard**, 704 1078

EARL René **Fleck**, 92
René **Fleith Eschard**, 89 105
François **Flesch**, 100
GAEC Camille et Olivier **Fleurance**, 835
Cave Prod. des Grands Vins de **Fleurie**, 144
Champagne **Fleury**, 630
Jean **Floch**, 147
Myriam et Christian **Florac**, 710
GAEC Henri **Florence et Fils**, 93
EARL Jean-Marc **Floutier**, 1078
Jean-François **Folcher**, 978
Franck **Follin-Arbelet**, 509
Fonchereau, 217
SARL **Fongaban**, 297 301
Michel **Fonné**, 83
Claude **Fonquerle**, 1026
SCI Ch. **Fonréaud**, 369
GAEC **Fonta et Fils**, 323 329
Michel **Fontaine**, 912
Dom. **Fontaine de la Vierge**, 412
GAEC des Vignerons G. **Fontaine et J. Vion**, 412 424
Jean-Claude **Fontan**, **1074**
Pierre **Fontaneil**, 729 1037 1042
André **Fontannaz**, 1108
Roland **Fonteneau**, 373
Vincent **Fonteneau**, 712
SC Ch. de **Fontenille**, 187
SA Caveau des **Fontenilles**, 412
Dom. **Foret**, 666
Les Vignerons **Foréziens**, 940
Forgeot Père et Fils, 424 449
Alain **Forget**, 835
Forget-Chemin Père et Fils, 630
Jeanine **Fornerol**, 503
Annie **Fort et Henri Pradère**, 384
SARL **Ch. Fortia**, 1010
Fortin, 682
Jean-Michel **Fortineau**, 926
Régis **Fortineau**, 925
Fortin et Fils, 293
SCA Les Viticulteurs du **Fort-Médoc**, 353
SA **Fouassier Père et Fils**, 960
Patrice **Fouet**, 884
Dom. Jean-Louis **Fougeray**, 465 **521**
Dom. **Fougeray de Beauclair**, 465 467 486
Fouillet Frères, 601
Bernard **Fouquet**, 923
SCA Ch. **Fourcas-Dumont**, 360
Ch. **Fourcas Dupré**, 360
SC du Ch. **Fourcas-Hosten**, 360 361
SEA Ch. **Fourcas Loubaney**, 361
Dom. du **Fourcon**, 139
Jean **Fourloubey**, 292
Fournaise, 631
Gabriel **Fournier**, 506 551
SEV **Fournier**, 268
Société Agricole **Fournier**, 216
Fournier Père et Fils, 947 959
SCV Les Vignerons de **Fourques**, 725 1037
Dom. **Fourrey et Fils**, 450 455
SCA **Fourrier et Fils**, 824 876 884
GAEC **Fourtout et Fils**, 806 808 809
Rémy **Fraisse**, 1056
Albert **François**, 1113
André **François**, 989
François-Brossolette, 631
Dom. de **Frégate**, 631
Jean-Pierre **Freslier**, 926
François **Fresneau**, 917 918
Champagne **Fresnet-Juillet**, 631
Paul et Pierre **Freuchet**, 1067
Joseph **Freudenreich et Fils**, 126
Robert **Freudenreich et Fils**, 93
Charles et Dominique **Frey**, 105
Louis **Freyburger et Fils**, 93 126
SC des Vignobles **Freylon**, 210
Frey-Sohler, 100
Frezouls, 1080
SCE Dom. Marcel et Bernard **Fribourg**, 432
Pierre **Frick**, **77** 100 121
Xavier **Frissant**, 891
EARL Joseph **Fritsch**, 83 119
EARL Romain **Fritsch**, 105
EARL **Fritz-Schmitt**, 105

SCA Coop. de **Frontignan**, 1045
Cave de **Fronton**, 783
Marie-Madeleine **Frouin**, 235
SCE Ch. de **Fuissé**, 598
Raphaël **Fumey et Fils et Adeline Chatelain**, 666 1058
Michel **Furdyna**, 631
Futeul Frères, 836 1069
François **Gabard**, 218
Gérard **Gabillet**, 894
Mme Véronique **Gaboriaud**, 251
Véronique **Gaboriaud-Bernard**, 279
EARL Gérard et Michel **Gaborit**, 844
Christian **Gachet**, 940
Dom. **Gachot-Monot**, 412 500 503
F. **Gacon**, 1053
Gadais Frères, 833
Dom. **Gadant et François**, 571
Louis **Gaget**, 148
Maurice **Gaget**, 163
Jean **Gagnerot**, 438 555
Luc **Gaidoz**, 631
Gaidoz-Forget, **631** 631
Gaillard, 149
Pierre **Gaillard**, **1053** 990 991
Roger **Gaillard**, 603
GFA Ch. **Gaillarteau**, 208
SCEA **Gala**, 1027
EARL **Gallais Père et Fils**, 892 901
SCEA du Ch. **Galland-Dast**, 309
Jean **Gallard**, 825 853
Michelle **Galley-Golliard**, 482 598
Champagne **Gallimard Père et Fils**, 616 632 662
Christian **Galliot**, 920
Philippe **Galliot**, 920
Dominique **Gallois**, 475
Ch. du **Galoupet**, 739
Gilles **Galteau**, 907
Jean **Gambier**, 904
Gambini, 761
Jacques **Gandon**, 899
Jean-François **Gandrey**, 413 421 470 520
Gilbert **Ganichaud et Fils**, 832 1064
Paul **Garaudet**, 543
Chantal et Serge **Garcia**, 760
Sylviane **Garcin-Cathiard**, 333
Henri **Garde**, 293
Jean-Marie **Garde**, 248
Gardet SA, 632
Dom. **Gardiés**, 730
Mmes du **Gardin et Dumas**, 586
Jean-Pierre **Gardrat**, 1070
Garitey, 207
SCA Les Vignerons du **Garlaban**, 1088
Dom. Joseph et Xavier **Garnier**, 450
GAEC **Garnier**, 738
SCEA **Garnier**, 935
Elisabeth **Garzaro**, 183 196 205 306
Pierre-Etienne **Garzaro**, 241 242
Vignobles de **Gascogne**, 796 798 799 1074
GAEC Jacky et Fabrice **Gasnier**, 912
R. **Gassier**, 701 1077
Yves **Gastou**, 1076
Marie-Hélène **Gau**, 695
Gérard **Gauby**, 730
Jacques et Any **Gauch**, 708
Bernard **Gaucher**, 632
Jo **Gaudard**, 1107
Rolland **Gaudin**, 1004
Jean-Claude **Gaudrie**, 239
Philippe **Gaultier**, 925
Henri und Agnès **Gaussen**, 753
Jean-Pierre **Gaussen**, 751
GAEC Raoul **Gautherin et Fils**, 455
François **Gautherot**, 632
Alain et Georges **Gauthier**, 163
Claude **Gauthier**, 131
EARL Jacky **Gauthier**, 143
EARL Jean-Paul et Hervé **Gauthier**, 157
François **Gauthier**, 320
Gabriel **Gauthier**, 144
Lionel **Gauthier**, 930
Pierre **Gauthier**, 904
Benoît **Gautier**, 927
SCEA R. **Gautier et Fils**, 313
Ch. **Gautoul**, 773
SCEA Jean **Gautreau**, 358
Mme Jacqueline **Gauzy**, **347**

Ch. des **Gavelles**, 756
Dom. Philippe **Gavignet**, 500 504
Jean-Jacques et Pierre **Gavillet**, 1113
Les héritiers de Bernard **Gavoty**, 739
Catherine et Maurice **Gay**, 167
François **Gay**, 506 525 528
Michel **Gay**, 509 525
René-Hugues **Gay**, 878
SCEA Ch. **Gayat**, 314
Alain **Gayrel**, 781
Les Dom. Philippe **Gayrel**, 779
Jean **Gazaniol**, 215
Michel **Gazeau**, 855
Claire et Fabio **Gazeau-Montrasi**, 600
GFA Ch. **Gazin**, 242
Alan et Laurence **Geddes**, 780
Geisweiler, 432 504
Dom. Pierre **Gelin**, 467
EARL Vignoble **Gelineau**, 825
Jocelyne **Gelin-Gonard**, 159
Nicolas **Gélis**, 784
Christian **Gély**, 1023
Jocelyne et Michel **Gendrier**, 931 932
Michel **Geneletti**, 675 676
Bénédicte **Geneste**, 804
Michel **Genet**, 632
Dom. des **Genèves**, 455
Louis **Genillon**, 164
Cave des Vignerons de **Genouilly**, 413 422 424 429 441
Daniel **Genoux**, 680
Mme Alexis **Genoux**, 680
Dominique **Gentile**, 768 1049
GAEC Vignoble Daniel **Gentreau**, 845
Gérard **Genty**, 144
Claude-Vincent **Geoffray**, 151
Arthur **Geoffroy**, 155
Dom. Alain **Geoffroy**, 460
EARL **Geoffroy**, 819
René **Geoffroy**, 632 661
François **Gérard**, 990
François **Gérardin**, 812
Pierre **Gerbais**, 632
Ch. **Gerber**, 1073
André **Gerber et Fils**, 1115
Dom. François **Gerbet**, 492
Jean-Michel **Gerin**, 990
Champagne **Germain**, 633 652
Gilbert et Philippe **Germain**, 424
Pierre **Germain**, 139
SCEA Vignobles Bernard **Germain**, 221
Thierry **Germain**, 885
Vignobles B. **Germain**, 212
Dom. **Germain Père et Fils**, 528 **534**
Germanier Bon Père, 1109
Coop. Vinicole **Germiny-Janvry-Rosnay**, 640 652
Michel **Géron**, 878
Jérôme **Geschickt et Fils**, 123
GAEC **Gianesini**, **720**
Jean-Daniel **Giauque**, 1117
EARL Chantal et Patrick **Gibault**, 892 935
GAEC B. et P. **Gibault**, 892
Olivier **Gibelin** et J.-L.**Vincent**, 700
Maurice et Jean-Michel **Giboulot**, 521
Bernard **Giély**, 1002
Cave des Vignerons de **Gigondas**, 1002
Joël **Gigou**, 918
EARL Philippe **Gilardeau**, 850 873
Jean-Paul **Gilbert**, **948**
Cave **Gilbon**, 947
Jean-Pierre **Gilet**, 926
SCEA **Gilet**, 926
GAEC Armand **Gilg et Fils**, 78 124 126
Gilis et Fils, 775
Dom. Anne-Marie **Gille**, 500
Patrick **Gillet**, 349 391
Philippe **Gillet**, 350
Vignobles Anne-Marie **Gillet**, 310 388
Gillet-Queyrens, 312 387
Robert **Gilliard**, 1107
Walter **Gilpin**, 751
SA Pierre **Gimonnet et Fils**, 633
Gimonnet-Gonet, 633
Dom. de **Gineste**, 778
Maison **Ginestet SA**, 186 187 200 207 218 304
Amalia **Gipoulou**, 320
Christian **Girard**, 893

Hervé **Girard**, 572
Jacques **Girard de Langlade**, 321
Bernard **Giradet**, 1097
Dom. Vincent **Girardin**, **534** 551 560 568 572
Jacques **Girardin**, 568
Yves **Girardin**, 415 535 568
Girard-Vollot et Fils, 522
Christian **Giraud**, 881 882
EARL Vignoble Robert **Giraud**, 352
EARL Vignobles Robert **Giraud**, 212 218
Jean-Claude **Giraud**, 243 253
SA Champagne Henri **Giraud**, 633
SA Robert **Giraud**, 184 196
SCA Vignobles R. **Giraud**, 275
SCA Vignobles Robert **Giraud**, 287
SC des Dom. **Giraud**, 241 265
Sté Familiale Alain **Giraud**, 269
Giraud-Dyens, 745
EARL Dominique **Girault**, 890
J. et F. **Girault**, 902
Vincent **Girault**, 902
Gérard **Giresse**, 228
Jérôme **Giroud**, 1109
SAE Ch. **Giscours**, 364
Ch. **Giscourt**, 355
SA Maison Louis **Gisselbrecht**, 84
Willy **Gisselbrecht et Fils**, 79
Gitton Père et Fils, 941 959
Cagi-Cantina **Giubiasco**, 1120
Ch. du **Glana**, 382
SCE Bernard et Louis **Glantenay**, 534 539
SCE Dom. Georges **Glantenay et Fils**, 424 539
Dom. des **Glauges**, 756 759
Franck **Glaunès**, 398
Gobet, 148
Paul **Gobillard**, 633
J.-M. **Gobillard et Fils**, 633 661
Marc **Godeau**, 868
SCEA du ch. **Godeau**, 269
Gérard et Marie-Claire **Godefroy**, 908
Godineau Père et Fils, 874
Marcel **Godinou**, 941
Champagne Paul **Goerg**, 633
SA A. **Goichot et Fils**, 528 534 555 **560** 568 581 589
EARL Christine et Pierre **Goigoux**, 919
Dom. Anne et Arnaud **Goisot**, 413 450 463
Ghislaine et Jean-Hugues **Goisot**, 413 463
EARL Denis **Goizil**, 861 874
J. **Gonard et Fils**, 594 603
Philippe **Gonet**, 424 432 433 634
Michel **Gonet et Fils**, 633 645
SARL Michel **Gonet et Fils**, 213 314 315
Champagne **Gonet-Sulcova**, 633 634
Les Maîtres Vignerons de **Gonfaron**, 747
Paul **Gonfrier**, 387
GAEC **Gonfrier Frères**, 311
Pascal **Gonnachon**, 159 593
Charles Humbert **Gonnet**, 680
EARL Les Fils d'Etienne **Gonnet**, **1010** 1010
Dom. **Gonon**, 598 603
Pierre **Gonon**, 994
SEV **Gonzalès**, 269
Andrew **Gordon**, 818
Vincent **Gorny**, 130
Anne **Gorostis**, 721
Jean-Pierre **Gorphe**, 231
EARL **Gosseaume**, 893
Champagne **Gosset**, 634
Champagne **Gosset-Brabant**, 634
Dom. Michel **Goubard et Fils**, 574
Michel et Jocelyne **Goudal**, 260
SCEA Héritiers **Goudichaud**, 262
Dom. **Gouffier**, 574 582
Dom. Henri **Gouges**, 500
Françoise **Gouillon**, 149
Arlette **Gouin**, 195 314
Jean-Michel **Goujat**, 141
GAEC **Goujon**, 856 860
Comte Baudouin de **Goulaine**, 841
SA de **Goulaine**, 843
Champagne George **Goulet**, 634
Alain **Goumaud**, 302
Jacky **Goumin**, 839
Dom. Michel **Gouny**, 892
Xavier **Gouraud**, 840

SA Ch. de **Gourgazaud**, 715
GAEC **Gourraud et Fils**, 302
EARL Christian **Gouteyron**, 271
Goutorbe, 634
GAEC Albert **Goyard et Fils**, 594
Dom. Jean **Goyon**, 598
SCEA Dom. de **Graddé**, 778
Cellier de **Graman**, 321
SCEA Ch. du **Grand Bos**, 321
SC des **Grandes Graves**, 330 331 336
Dom. des **Grandes Vignes**, 874
SCEA dom. du **Grand Faurie**, 269
Dom. **Grand Frères**, 671
G. **Grandillon**, 230
Lucien **Grandjean**, **169**
SCEA du **Grand Marsalet**, 800 811
Christophe Jean **Grandmougin**, 580
GAEC du **Grand Moulin**, 200 224
Ch. **Grand Ormeau**, 251
Sté Fermière du Ch. **Grand-Pontet**, 270
SC du Ch. **Grand-Puy Ducasse**, **355** 372 373
SC **Grand-Puy-Lacoste**, 373 374
Grands Chais des Papes, 984
SCEA **Grands Champs**, 302
SCEA ch. **Grands-Champs**, 270
Sté des **Grands Vins de Pomerol**, 249
Cie des **Grands Vins du Jura**, 670
Alain **Grangaud**, 976
Dom. de **Grange Grillard**, 666
Cave coop. de **Grangeneuve**, 198 304
Jacques **Granges**, 1105
EARL **Granier**, 1080
Françoise **Granier**, 974 1018
Nicolas **Granier**, 756
Grappe de l'Alaric, 695
EARL Edmond **Gras et Fils**, **1004**
Bernard **Gratas**, 836 1068
Daniel **Gratas**, 837
Jean-Pierre **Grateaud**, 1053
EARL J. et M. **Gratian**, 1057
Champagne Alfred **Gratien**, 635
Gratien et Meyer, 827 876
Mme **Gratiot-Alphandéry**, 276
SCEA du Ch. **Graulet**, 223
GAEC des **Grauzils**, 775
Robert et Catherine **Gravegeal**, 709
GFA de **Gravelongue**, 347
GAEC **Gravier-Piche**, 751
Christiane **Greffe**, 892 926
Dom. Marc **Greffet**, 598
Greffier, 206
François **Greffier**, 188 207
Marthe **Greffier**, 206 305
SCEA Claude et Bernard **Greffier**, 306
Patrice et Vincent **Grégoire**, 836
Pierre **Grégoire**, 904
Jean-Paul **Grelaud**, 209
Louis **Grelot**, 227
SA Caves de **Grenelle**, 827 878 879
GFA **Grenot-Seneclauze**, 150
GFA du **Grès Saint-Paul**, 704 1046
Dom. André et Rémy **Gresser**, 100
Jackie **Gresta**, 261
Isabelle et Vincent **Greuzard**, 595
Ch. de **Grézan**, 711
GAEC Joël et David **Griffe**, 413 424
GAEC Gilbert et Didier **Griffon**, **904**
Jean **Grima**, 237
Bernard **Gripa**, 994 1001
Caves **Grisoni**, 1115
Dom. Jean **Grivot**, 488
Dom. Robert **Groffier Père et Fils**, 474 482 486
Gromand d'Evry, 355
Christian **Gros**, 500 506 509
Dom. A.-F. **Gros**, 432 490 493 495
Dom. Anne **Gros**, 488 495
Dom. Anne et François **Gros**, 492 495
Henri **Gros**, 433
Jean **Gros**, 1059
Michel **Gros**, 433
SCE **Gros et Fils**, 243 296
Thierry **Grosjean**, 1115
Dom. Serge **Grosset**, 869
Henri **Gross et Fils**, 79 112
Corinne et Jean-Pierre **Grossot**, 450 455
Robert **Grossot**, 143
SARL Françoise **Grossot Sélection**, 147

Ch. Gruaud-Larose, 383
Bourgognes Pierre Gruber, 413 548
SARL champagne Gruet, 635
SEV René Gruet, 322
Dominique Gruhier, 407 442 **451**
Guy Grumier, 635
Jean-Marc Grussaute, 791
Joseph Gruss et Fils, 105
Henri Gsell, 79 84
Joseph Gsell, 84 126
Philippe Gudolle, 1072
Yves Guégniard, 856 869
Alain Gueneau, 959
Jérôme Gueneau, 959
SCEA Hubert Guénean, 873
Patrick Guenescheau, 908
SA Michel Guérard, 798
EARL Dominique Guérin, 838 1064
Jacques Guérin, 1042
Thierry Guérin, 603
Dom. Georges Guérin et Fils, 438
Michel Guerre, 635
SC du Ch. Guerry, 229
Paul Guertin, 915
Georges-Claude Gugès et Fils, 352
Véronique Guibert de La Vaissière, 1083
Arnaud Guichard, 975
Christian Guichard, 316
SCE Baronne Guichard, 250
Héritiers Guigard, 158
J. et P. Guignard, 327
Philippe et Jacques Guignard, 396
Michel Guignier, 157
SCEA Jean Guilbeault, **834**
SCEA Guillard, 470
SCEA Ch. Guillaume, 209
Vignoble Guillaume, 1094
Jean-Sylvain Guillemain, 955
Eric et Florence Guillemard, 438
Franck Guillemard-Clerc, 558
Dom. Pierre Guillemot, 522
Jacques Guillerault, 961
Guillermier Frères, 805
Daniel Guillet, 148
Laurent Guillet, 164
Christophe Guillo, 565
Jean-Michel Guillon, 470
Philippe Guillon, 701
Patrick Guillot, 582
SCEA Guillot de Suduiraut, 195
Henri Guinabert et Fils, 399
GAEC Guinand Frères, 705
Sylvie et Jacques Guinaudeau, 209 245
Jacques Guindon, 830
Claude Guinjard, 253
GFA Ch. Guiot, 699
SCA du Ch. Guiraud, 395
SA Guiraud-Raymond-Marbot, 211
Jean Guirouilh, 791
GFA Corinne et Péby Guisez, 267 300
Romain Guistel, 635
Jean Guiton, 522
Dom. Michel Guitton, 450 455 460
Véronique Günther-Chéreau, 835
Alain Guyard, 465 493
Guy de Forez, 635 662
Guy de Peyre, 717
Antonin Guyon, 509 511 517 539 551
Dom. Dominique Guyon, 433 511
EARL Dom. Guyon, **414** 490 493 525
SCEA DGM Jean Guyon, 368
Dom. Albert et Olivier Guyot, 465 470
Jean-Marie Haag, 93 105
Jean-Paul Habert, 920
GAEC Henri Haeffelin, 84 93
Haegelen-Jayer, 488
Thierry Hamelin, 450 455
Hanappier-Peyrelongue, 189 191
SA Handtmann, 742
Maurice Hardouin, 876
A. N. Hardy, 1081
Frédéric Hardy, 901
Dom. Harmand-Geoffroy, 470
André Hartmann et Fils, **84**
Jean-Paul Hartweg, 100 114
Jean-Noël Haton, 635
Ludovic Hatté, 635
J. Hauller et Fils, 93 126

Jany Haure, 224
Hauselmann, 1070
SA Ch. Haut-Bages Libéral, 373
SCEA Ch. Haut Breton Larigaudière, 213 365
SCEA Ch. Haut Brisey, 344
SCI du Ch. Haut-Canteloup, 344
SA Ch. Haut-Cazevert, 304
SC Ch. Haut-Corbin, 271
Les Vignerons de Haute-Bourgogne, 441
GAEC Haute Brande, 209
SCEA Haute-Fontaine, 695
Les Caves des Hautes-Côtes et de la Côte, 438
Ch. Haut-Gléon, 695
SCEA Haut Gros Caillou, 259
SA Ch. Haut-Lagrange, 334
SCEA ch. Haut Lignières, 705
SCV Les Vignerons du Haut Minervois, 716
SCEA Ch. Haut Nadeau, 209 304
SCEA Ch. Haut Saint Clair, 297
Sté d'Exploitation du Ch. Haut-Sarpe, 259
Cave des Hauts de Gironde, 201 202 203 223 227
Cave des Hauts de Seyr, 1069
SCEA des Hauts-Lieux, 892
SCA Ch. de Haux, 198
Dominique Haverlan, 328 329
Vignobles Patrice Haverlan, 323 324
SCE Vignobles du Hayot, 394 395 398
Benoît Hébert, 1057
Jean-Victor Hebinger et Fils, 126
SCEA Hebrard-de Bouard, 304 305
Jean-Paul Hébrart, 636
Marc Hébrart, 636
E. Hedinger Sunneberg Kellerei, 1119
Yvonne Hegoburu, 791
Charles Heidsieck, 636
Heidsieck et Co Monopole, 636
EARL d' Heilly-Huberdeau, 429 441 574
Léon Heitzmann, 90
D. Henriet-Bazin, 636
J.-P. Henriquès, **725** 730 1037 1042
Henry, 741
Dom. Henry, 705
Dominique et Sonia Henry, 774
Patrick et Marie-Cécile Henry, 1088
GAEC Henry Frères, 414
GAEC Eric Hérault, 912
Didier Herbert, 636
Dom. Heresztyn, 414 470 477
Joël Hérissé, 1067
Bernard Hérivault, 929
Hermouet, 216 236
Albert Hertz, 109 116
SCEA Victor Hertz, 126
Jean-Noël Hervé, 237 239
R. d' Herville, 414 578
Jean-Marc Héry, 854 1061
Emile Herzog, 84
André Heucq, 636
Roger Heyberger et Fils, 121
Jean-Jacques Hias, 311
D. et J.-P. Hirissou, 780
Henning Hoesch, 745
Hoirie Mathier-Kuchler, 1105
Hommes et Terroirs, 186
SCA Dom. des Homs, 772
Honoré Lavigne, 424 429 568
Ernest Horcher et Fils, 100 114 121
Hospices civils de Romanèche-Thorins, 167
Hospices de Beaujeu, 163
Paul Hostein, 362
Michel Hosten, 313
SCEA Ch. Hostens-Picant, 316
Host Glock, 397
SARL Hostomme et Fils, 636
Jean-Luc Houblin, 425
Dominique Houdebert, 934
Charles Hours, 792
B. et G. Hubau, 235 237
Daniel Huber, 1121
SCEA Huber et Bléger, 106
Hubert Somm, 1089
Bernard Hubschwerlin, 637
Alain Hudelot-Noëllat, 488 495 496
Gilles Hue, 345

Hugel et Fils, 85 **93**
Vins Otto Hugentobler, 1107
Jacques Hugot, 452
SCEA Hugot et Michaut, 447
Benoît Huguenot, 637
Dom. Huguenot Père et Fils, 465
Anne Hugues, 1028
Francis et Patrick Huguet, 931
Huilizen, 279
Dom. Humbert Frères, 475
Claude et Georges Humbrecht, 93
Jean-Bernard Humbrecht, 112
Jean-Marie Humeau, 848
Cave vinicole de Hunawihr, **118** 118
Bruno Hunold, 122
Armelle et Jean-Marie Huré, 806 810 817
Champagne Jean-Pierre Husson, 637
Pierre et Jean Hutin, 1113
Jean Huttard, 100 106
Famille André Iché, **716**
IDV France, 187 348
Les Vignerons d' Igé, 414 **425** 441 591 595
Dom. Ilarria, 789
SCEA Ile Margaux, 213
Christian Imbert, 766
E. Imbert, 1025
Caves Imesch, 1107
Cave d' Ingersheim Jean Geiler, 84
Institut Pasteur, 149
Cave Coopérative des vins d' Irouléguy, 788
Ch. d' Issan, 210 365
Jean-François Izarn et Cathy Planes, 1077
Izarn-Planes, 717
Jabiol, 281
Paul Jaboulet Aîné, **998** 1000 1046
Champagne Jacob, 637
Dom. Lucien Jacob, 522
Dom. Robert et Raymond Jacob, 515
Jacob-Frèrebeau, 512 522
Dom. Jacob-Girard et Fils, 522
Hubert Jacob-Mauclair, **425** 438
Pierre Jacolin, 948
Sté Vinicole Jacquart, 637
André Jacquart et Fils, 637
Bertrand Jacqueminet, 631
Alexis Jacquerioz, 1107
Yves Jacques, 431
Alain Jacquier, 1114
EARL Edmond Jacquin et Fils, 684
Maison Louis Jadot, 414 598
Jafflein, 545
Champagne E. Jamart et Cie, 637
Annie et René Jambon, 170
Dominique Jambon, 169
Etienne Jambon, 164
Francis Jamet, 910
Madeleine et Jacques Janin, 172
Marie-Odile Janin, 595
Paul et Eric Janin, 168
Philippe Janisson, 638
Champagne Janisson-Baradon, 638
SARL Janny, 164 415 429 441 591 603
François Janoueix, 243 294
Jean-François Janoueix, 244 271 277
Jean-Philippe Janoueix, 251
SCE Vignobles Albert Janoueix, 281
SC Joseph Janoueix, 244
Guido Jansegers, 696 1084
Pascal Janvier, 918
René Jardin, 638
Daniel Jarry, 926
Ch. de Jau, 730 **1042**
Vignobles Jaubert-Noury, 727
GAEC Jauffrineau Boulanger, 831
Léon Jaumain, 188
Alain Jaume, 973
Dom. Claude et Nicole Jaume, 973 984
Patrick Jaume, 1008
Javoy et Fils, 946
Dom. Guy-Pierre Jean et Fils, 522 548
Hugues et Bernard Jeanjean, 711 **1047**
Champagne Jeanmaire, 638
EARL Jeannin-Mongeard, 726 1043
Jeannin-Naltet Père et Fils, 582
GAEC Jeannot Père et Fils, 953
Jeante, 800
Dom. Philippe Jean-Trintignant, 1012
SCEA du Ch. Jean Voisin, 272

Guillaume de **Jerphanion**, 762
L.G. et E. de **Jerphanion**, 253 293
EARL Mesdames de **Jessey**, 864
Dom. **Jessiaume Père et Fils**, 528
Vignobles **Jestin**, 803 813
SA Les vignobles Elie **Jeune**, 1010
Jean-Claude **Jhean**, 551
Dom. Charles et Rémi **Jobard**, 414 425 543
Dom. Emile **Jobard**, 552
SCEA Charles **Joguet**, 912
Patrick et Michèle **Johann**, 672
Jean-Luc **Joillot**, 529 534
EARL **Joliet Père et Fils**, 467
Jean **Joliot et Fils**, 534 552
Dom. **Jolivet**, 850 860
Jean-Marc **Jolivet**, 307
Hervé **Jolly**, 638
Alain **Joly**, 139
Claude **Joly**, 672 676
Nicolas **Joly**, 864 866
Bernard **Jomain**, 148
Jean-Hervé **Jonnier**, 442 576 578 582
Jonquères d'Oriola, 728
EARL **Jonquères d'Oriola**, 725 1036 1041
SCA Les Vignerons **Jonquères Saint-Vincent**, 699 701
Christian **Joseph**, 875 883
EARL M.-C. et D. **Joseph**, 167
Josmeyer, 101
Jean-Pierre **Josselin**, 638
Gabriel **Jouard**, 560
GAEC Le Cellier de **Joudin**, 1090
Famille **Jouffreau**, 772
SCEA Dom. des **Jougla**, 718
Alain **Joulin**, 920
Philippe **Joulin**, 877 884
Ch. **Joumes-Fillon**, 189
Francis **Jourdain**, **935**
GAEC **Jourdan**, 749
Marie-Hélène **Jourdan**, 704
Jean **Jourdan-Guillemier**, 504
SCEA **Jousset et Fils**, 851 870
Mme Claude **Jouve-Férec**, 750
Jean **Joyet**, 139
Paul **Joyet**, 983
SC Vignobles **Jugla**, 372
Union de producteurs de **Juillac et Flaujagues**, 183
EARL Michel **Juillard**, 172
Dom. Emile **Juillot**, 582
Dom. Michel **Juillot**, 517 582
Julian et Fils, 742
Bernard **Julien**, 1076
Michel **Julien**, 716
Julien de Savignac, 800
Henri **Jullian**, 174
GAEC **Jullien**, 974
Guy **Jullien**, 974 984
Jean-Pierre **Jullien**, 703
Thierry **Jullion**, 855
Dom. Roger **Jung et Fils**, 79
Daniel **Junot**, 414
Cave des producteurs de **Jurançon**, 792
Pierre **Juteau**, 850 869
Dom. **Jux**, 85 106 127
Dom. Robert **Karcher et Fils**, 85 106
Kauffer, 1070
Jean-Charles et Damien **Kieffer**, 127
Cave vinicole de **Kientzheim-Kaysersberg**, 94 101
Antony **King et Andréa Gray**, 300
Famiglia **Klausener**, 1122
EARL Henri **Klée et Fils**, 85 122
Klée Frères, 80
EARL Joseph et Jacky **Klein**, 88 97
EARL Ouahi et Rémy **Klein**, 975
Françoise et Jean-Marie **Klein**, 106
GAEC Raymond et Martin **Klein**, 124
Georges **Klein**, 106
Klein-Brand, 85
Robert **Klingenfus**, 83 109
Klur-Stoecklé, 122
H. et A. **Knapp**, 742
Dom. Pierre **Koch et Fils**, 78
GAEC **Koeberlé Kreyer**, 106
Jean-Claude **Koestel**, 127
Kressmann, 186 205
Dom. **Kressmann**, 335 336 337

Marc **Kreydenweiss**, 113 115
EARL Hubert **Krick**, 113
Krug Vins Fins de Champagne, **638** 639
SA **Kuehn**, 85 110
Romain **Kuentz**, 121
Kuentz-Bas, 116
Sophie **Kumpf**, **80**
J.-C. **Kuntzer et Fils**, succ. J.-Pierre **Kuntzer**, 1116
Jean-Pierre **Kurcz**, 1074
Dom. de **L'Aigle**, 692
SCEA Dom. **L'Aiguelière**, **706**
SCA Ch. de **L'Amarine**, 700
Michel **L'Amouller**, 222
GFA Ch. de **L'Anglais**, 297
Dom. de **L'Arjolle**, 1082
GAEC de **L'Aumonière**, 1094
Cellier de **L'Enclave des Papes**, 985 988 1022
SCEA Ch. **L'Enclos**, 316
Grill SCEA du Ch. de **L'Engarran**, **1079**
SCEA du Ch. de **L'Engarran**, 707
Dom. de **L'Epinay**, 928
SCEA Ch. de **L'Ermitage**, 397
SCEA Ch. **L'Escart**, 212
Encavage de l'Etat de Neuchâtel, 1115
GAEC Ch. de **L'Etoile**, 676
Sté coop. **L'Etoile**, 732 **1033** 1033 1034
L'Héritier-Guyot, 433 478 482 486 487 518 569
SCEA Ch. de **L'Hospital**, 324
Dom. de **L'Idylle**, 680
Coop. des Vignerons de **L'Ile de Ré**, 1070
SCEA Ch. de **L'Ille**, 696
Ch. de **L'Isolette**, 1028
Lycée agricole et viticole Ch. **l'Oisellerie**, 1054
EARL Dom. de **L'Olivier**, 977
Cave de **L'Ormarine**, 704
Dom. de **L'Orme**, 451
Jacques de **La Bardonnie**, 807
SCV Les Producteurs de **La Barnède**, 1042
De Labarre Fourcaud-Laussac, 275
Irène **Labarrère**, 326
Pascal **Labasse**, 789
Cellier de **La Bastide**, 190 199 201
SCEA Ch. **La Bastide**, **696**
Cave de Labastide de Levis, 779
SCEA Dom. de **La Bastide Neuve**, 740
Jean-Claude **Labat**, 322
EARL des vignobles **Labat-Lapouge**, 389
Dom. de **La Baume**, **1078**
Michel **Labbé**, 639
GFA **Labégorce Zédé**, 365
Lisette **Labeille**, 315
SCEA **La Berrière**, 834
Alain **Labet**, 672
Pierre **Labet**, **522**
Dom. **Labet-Dechelette**, 488
SCV de Lablachère, 1093
SCI La Borderie Vidal, 811
Labouré-Gontard, 442
Labouré-Roi, 414 539 552 560
SCA La Braulterie-Morisset, 223
Ch. **La Brie**, 801 805 811
SCEA Ch. **La Brousse**, 223
Dom. A. et B. **Labry**, 545
GAEC **La Busardière**, 948
SCV **La Cadièrenne**, 750
Fondation **La Castille**, 740
EARL Francis **Lacave**, 1056
SA **La Cave de Genève**, **1113**
SARL **La Cave de Nantoux**, 417 439
La Cave du Connaisseur, 425 460
La Chablisienne, 450 456 460
Jérôme de **La Chaise**, 954
SCEA du Ch. **La Chapelle**, 293
GFA Dom. de **La Chapellière**, **834**
Dom. **Lacharme et Fils**, 592 594
Ch. **La Chèze**, 310
Dom. de **La Citadelle**, 1027 1087
La Clairette d'Adissan, 693
Vignobles de **La Cloche**, 761
SCEA du Ch. **La Clotte**, 272
GAEC Lacombe Père et Fils, 315
Ch. **La Commanderie**, 378
Dominique **Lacondemine**, 150

Jérôme **Lacondemine**, 143
Noël **Lacoque**, 164
Francis **Lacoste**, **1046**
Jean-Louis **Lacoste**, 788 793
SCEA Ch. **La Courançonne**, 984
Dom. de **La Courtade**, 740
SCA **La Courtoise**, 1024
GFA Dom. de **La Cressonnière**, 740
François **Lacroix**, 639
Jean **Lacroix**, **639**
SCF Dom. de **La Croix**, 345
Ch. **La Croix Chabrière**, 974 1022
Dom. de **La Croix Jacquelet**, 578 582 583 587
SA **La Croix Merlin**, 192
Dom. de **La Croix Saint Cyprien**, 150
SARL **La Croix Taillefer**, 244
Ch. **Ladesvignes**, 809 811
SARL **La Diligence**, 246
SCEA de **La Dîme**, 904
GAEC Clos de **La Dorée**, 893
De Ladoucette, 951
EARL Ch. **La Dournie**, 718
Philippe **Laduguie**, 784
GAEC dom. **La Fadaize**, 1083
Dom. **Lafage**, 725
Jean-Louis **Lafage**, 1040
Vignobles **Lafaye Père et Fils**, 262 301
Hubert **Laferrère**, 592
Sylvie **Laffargue**, 225
Jean-Marc **Laffitte**, 795 797
Vignobles **Laffourcade**, 857 874
Arnaud de **La Filolie**, 275
EARL **La Fine Goule**, 1053
SC du Ch. **Lafite-Rothschild**, 374 **374**
Champagne Charles **Lafitte**, 639
SCE Ch. **La Fleur Milon**, 374
SC Ch. **La Fleur Saint-Georges**, 253
Dom. de **La Foliette**, 835
Denis **Lafon**, 222
EARL **Lafon**, 190 211
Claude **Lafond**, 956
Dom. **Lafond**, 1018 1019
Jacques **Lafond**, 971 1019
EARL des Vignobles **Lafon-Lafaye**, 807 809
Les Petits-Fils de Benoît **Lafont**, 140 425 593
Jean-Marc **Laforest**, 149
Michel **Laforgue**, 346
Dominique **Lafosse**, 319
Dom. Joseph **Lafouge et Fils**, 425
SCEA Jean **Lafournère**, 980
SCEA Ch. **La Franchaie**, 851
SC de **La Frérie**, 303
Cave de **La Gaillarde**, 973 985
GFA des vignobles Ph. de **Lagarcie**, 221
Roland **Lagarde**, 697
SC du Ch. **La Garde**, 334 335
Serge **Lagarde**, 801 810
SCEA **Lagarde Père et Fils**, 229
SCEA Dom. **La Gaudetterie**, 933 934
SC Ch. de **La Génaiserie**, 869
SCEA François **Laget-Royer**, 1015
Ch. **La Gineste**, 774
SC de **La Gironville**, 354
EARL Dom. de **La Giscle**, 741
Gérard et Jeanine **Lagneau**, 169
SCEA **Lagneaux-Blaton**, 380
SCEA Ch. **La Gorce**, 346
Les Vignerons de **La Grand'Maison**, 946
Caves de **La Grange Brosse**, 893
EARL Vignobles **Lagrange**, 193
Dom. de **La Grange Arthuis**, 942
SCV Dom. de **La Grangerie**, 425 587
Ch. **Lagrange SA**, **383** 383
SCA de **La Grave**, 190
SCA **La Gravette**, 710
SC Ch. de **La Grille**, 913
La Grillette vins, 1116
SA **La Guyennoise**, 216 318
EARL Dom. de **La Haute Olive**, 913
Lahaye Père et Fils, 552
Jean-Pierre **Lahiteau**, 397
Jean-Pierre **Laisement**, 927
André **Laissus**, 164
GAEC de **Laitre Le Thil**, 337
SCIR Dom. de **La Jeannette**, 741

Dom. de **La Juvinière**, 529
Ch. **La Lagune**, 355
GAEC **La Lande de Taleyran**, 195
GAEC **Lalande et Fils**, 322 393
Lalande SCEA du Mirail, 326
Alain **Lalanne**, 1057 1075
Jean-Charles **Lalaurie**, 1078
SARL Dom. de **La Lauzade**, 741
Dom. **Laleure-Piot**, 509 512 515 523
Cave coop. de **La Livinière**, 714
Alain **Lallement**, 639
Les caves de **La Loire**, 852 1065
Serge **Laloue**, 959
SCEA Dom. de **La Madone**, 145
Cave **La Malepère**, 721
SCE Ch. de **La Maltroye**, 560
Michel **Lamanthe**, 561
Dom. François **Lamarche**, 488 490 **493** 497
SCEA Ch. **Lamarche**, 211
SCEA Ch. **Lamarche-Canon**, 235
Dom. de **La Marquise**, 732 1032
SCEA Ch. **Lamartine**, 774
Bruno de **Lambert**, 249
Pascal et Béatrice **Lambert**, 915
Patrick **Lambert**, 913
SCEA Yves **Lambert**, 877 886
EARL **Lambert et Fils**, 1003
EARL Dom. des **Lambertins**, 1006
Lamblin et Fils, 456 460
Dom. des **Lambrays**, 481
GAEC de **La Merlatière**, 144
SARL Dom. **La Métairie**, 815
Dom. de **La Mette**, 327
EARL Dom. de **La Mette**, 207
Yves **Lamiable**, 313
Dom. **La Monardière**, 1006
GFA de **La Mongie**, 200 211
Dom. de **La Mordorée**, 975 1012 **1019**
Hervé et Patrick **Lamothe**, 393 395
SC Ch. **Lamothe**, 355
SCE Clos **Lamothe**, 322
SCEA Dom. de **La Motte**, 446 451 456
Ch. de **La Mulonnière**, 851
Dom. Hubert **Lamy**, 438 **561** 564 569
Dom. **Lamy-Pillot**, 561
SCEA du ch. de **La Nauve**, 275
Fondation **La Navarre**, **742**
Lancelot-Goussard, 639
SCEA Dom. Pierre **Lançon**, 976
GAEC de **Lancyre**, 706
Vignobles **Landeau**, 185
GFA de **Landeron**, 193 203
EARL du **Landeyran**, 718
Dom. **Landrat-Guyollot**, 951 953
EARL **Landreau**, 314
SCEA **Landrodie Père et Fille**, 272
Bernard **Landry**, 843
Marie-Christiane **Landry**, 327
Jean-Marc **Landureau**, 344
SCA Ch. **La Nerthe**, 1012
GFA des Dom. Edmond **Laneyrie**, 595
SA **Langlois-Château**, 878 884
Langlois Père et Fils, 942
SA Ch. **Langoa et Leoville-Barton**, 383 384
SC Ch. **Langoiran**, 311
Sylvain **Langoureau**, 555 561 564
Sté Alain **Lanneau**, 345
Les Vignerons de **La Noëlle**, 841 857 1066
Maurice **Lanoix**, 938
Dominique **Lanot**, 1071
Jean-Marc **Lanoue**, 202
Les Vignerons de la Cave de **Lansac**, 230
Champagne **Lanson**, 639
Jacques et Christophe **Lanson**, 164
J.-S. de **Lanversin**, 761
SCEA Henri de **Lanzac**, 971 1019 1020
EARL **La P'tiote Cave**, 578
SA Dom. de **La Paleine**, 878 881
Les Vignerons de **La Palme**, 713
Jean-Michel **Lapalu**, 345
Cave coop. **La Paroisse**, 355
EARL Pascal **Lapeyre**, 787
Gérard **Lapierre**, 152
Hubert **Lapierre**, 152
Dom. de **La Pinte**, 675
GAEC Vignobles **Laplace**, 793 796
Michel **Laplace**, 161
Yves **Laplace**, 154
SCE Ch. **La Pointe-Pomerol**, 246

Laporte, **725** 1037 **1042**
Dom. Serge **Laporte**, 960
Olivier **Laporte**, 292
Famille **Laporte-Bayard**, 264
Henri **Lapouble-Laplace**, 792
Dom. de **La Poulette**, 501
Dom. de **La Prévôté**, 900
SC du Ch. **La Prioulette**, 190 311 325
Marcelle et Jean-Louis **Lapute**, 170
CDEF de **Laquenexy**, 131
Ch. **Laquirou**, 706
Pierre **Lardennois**, 640
SCEA Dom. de **La Rectorie**, 732 1032
Dom. de **La Renjarde**, 985
SCEA Dom. de **La Reynardière**, 711
EARL J.-L. et G. **Large**, 142
Franck **Large et Suzanne Tomatis**, 147
Daniel **Largeot**, 509 523 **529**
SCEA **La Rivalerie**, 224
SCE du Ch. **Larmande**, 276
EARL Guy **Larmandier**, **640**
Champagne **Larmandier-Bernier**, 640
Larmandier Père et Fils, 640
Dom. **La Rocalière**, 1018 1020
Dom. **Laroche**, 451 456 461
SCI Madame **Laroche**, 866
Dom. de **La Roche Honneur**, 914
SCI Dom. de **La Rochelle**, 167
GAEC **Larochette**, 146
Dom. **Larochette-Manciat**, 595
SC du Dom. de **La Romanée-Conti**, **495** **496** 557
Marcel et Michel **Laroppe**, **130** 130
La Roque, 751
Ch. de **La Roque**, 799
SCV **La Rose Pauillac**, 374
SCEA ch. **La Rose Pourret**, 276
SA Ch. **Larose-Trintaudon**, 356 375
GFA de **La Rouilière**, 1065
SARL S.N.V. Dom. de **La Rouvière**, 742
SCEA Jacques **Larriaut**, 201
SCEA Vignoble **Larriaut**, 319
Daniel **Larrieu**, 390
SARL Jean-Bernard **Larrieu**, 792
SNC du Ch. **Larrivet-Haut-Brion**, 336
Bernard **Lartigue**, 361 370
GAEC **Lartigue**, 354
Jean-Claude **Lartigue**, 1073
Ind. **Lartigue-Coulary**, 357
Dom. **Larue**, 553 555 561 564
SCV **La Saint-Cyrienne**, 753
Le Cellier de **La Sainte Baume**, 761
SCEA ch. **La Salle**, 224
GAEC de **La Sardissère**, 939
EARL du Dom. de **Lascamp**, 975
Michel **Lascaux**, 189
Eric **Lascombes**, 805
SCEA Dom. de **La Seigneurie**, 742
GFA Dom. de **La Sensive**, 837
Cave coop. **La Siranaise**, 715
Dom. de **La Solitude**, 1009
EARL Dom. **La Soufrandise**, 595
Champagne J. **Lassalle**, 640
Roger **Lassarat**, 599 604
Christian **Lassègues**, 274
Dom. de **La Taille aux Loups**, 921
Laurence **Lastaste**, 322
Olivier **Lataste**, 323 392
Vignerons de **La Terrasse**, 784
SA **Lateyron**, 219
Eric et Bernard **Latouche**, 231
Bernard **Latour**, 986
Dom. de **La Tour**, 451
Maison Louis **Latour**, 473 509 518 557 558 589 1093
SCV de Ch. **Latour**, 374 375
Caves de **La Tourangelle**, 895
SARL Caves de **La Tourangelle**, 1065
Ch. **La Tour Blanche**, 397
SVA Ch. **La Tour blanche**, 350
La Tour Blondeau, 167
SCEA Ch. **La Tour Carnet**, 356
Ch. **La Tour de By**, 346
De **La Tour du Fayet Frères**, 270
Dom. Henri **Latour et Fils**, 545
SC Ch. **La Tour Figeac**, 277
EARL **Latour-Laguens**, 211
Dom. **La Tour Vieille**, 732 1033
Sté Dom. **Latrille**, 791

SCA Ch. de **La Tuilerie**, 700
SCA Ch. de **La Laubade**, 1056
Noël **Laudet**, 1071
Les Vignerons de **Laudun**, 969 983
Michel **Laugel**, 78 85
SCA **Laujac**, 380
Patrick **Laur**, 775
SCA Cellier de **Lauran Cabaret**, 716
Philippe **Laure**, 844
Laurencin, 310
Cave coop. de **Laurens**, 712
Dominique **Laurent**, 470 482 535
Eric **Laurent**, 757
Famille **Laurent**, 943
Jean **Laurent**, 641
Marcel **Laurent**, 838
EARL **Laurent-Gabriel (Daniel Laurent)**, 641
Champagne **Laurent-Perrier**, 641
Ville de **Lausanne**, 1097 1098 1099
Claire **Laval**, 243
Cave de **La Valdaine**, 1091
Erick **Lavallée**, 413 424 450
Marc et Yvonne **Lavanceau**, 354
Roland **Lavantureux**, 451
Ch. **La Varière**, 857
EARL Christophe et Marie-Jo **Lavau**, 305
GAEC Jean **Lavau**, 302
Régis **Lavau**, 263
Stéphane **Lavaud**, 425
GAEC Jean **Lavau et Fils**, 266
François de **Lavaux**, 246 249
Ch. de **La Velle**, 529
Lavergne, 803 809
GAF **La Vernède**, 707
Ch. **La Verrerie**, 1028
SCA **La Vézelienne**, 422
SCEA de **La Vieille Croix**, 238
SNC Ch. **La Vieille Cure**, 236 238
GAEC de **La Vieille Fontaine**, 577
Dom. Gilbert **Lavigne**, 885
SCEA **Lavigne**, 259 269 301
EARL du Ch. **Laville**, 397
Jean-Hubert **Laville**, 190
SCEA **Laville-Bertrou**, 715
Cave de **La Ville-Dieu-du-Temple**, 785
Cave **La Vinsobraise**, 985
SCEA Vins Ch. de **La Violette**, 680
Bernard **Lavis**, 157
Hervé de **Lavoreille**, 569
GAEC Dom. de **La Vrignaie**, 845
Bernard **Laydis**, 295
GAEC **Lazzarini Frères**, 768 **1049**
Anne-Marie **Le Barazer**, 312
Jean **Lebas**, 840
Dom. **Le Bercail**, 742
Le Bigot, 747
EARL Philippe et Pascal **Leblanc**, 872
GAEC Jean-Claude **Leblanc et Fils**, 848 855 867
EARL J.-Y. A. **Lebreton**, 858
Victor et Vincent **Lebreton**, 863
Pierre **Lebreuil**, 523
Albert **Le Brun**, 641 661
Sté Coop. Vinicole **Le Brun de Neuville**, 641
EARL **Le Brun-Lecouty**, 709
EARL Gérard **Le Brun-Servenay**, 641
Ch. **Le Caillou**, 247
Georges **Lecallier**, 379
Dom. **Le Capitaine**, 928
Dom. **Le Casot des Mailloles**, 732
GAEC Dom. **Leccia**, 768 769 1049
EARL **Lechat et Fils**, 1065
Dom. Philippe et Vincent **Lécheneaut**, 478 501
EARL **Leclair**, 890
François **Leclair**, 894
GFA **Leclerc**, 210 **216**
Jackie **Leclerc**, 746
Jean **Leclerc**, 641
Champagne **Leclerc-Briant**, 642
Le Clos de l'Yeuse, 709
Dom. **Le Clos du Pavillon**, 535
Joël **Lecoffre**, 898
Mme **Lecointre**, 286
Vignoble **Lecointre**, 855
Bruno **Lecomte**, 954
GAEC **Le Couroulu**, 1006

Cave Coop. **Le Dominicain,** 1032
Ch. **Le Doyenné,** 311
Marie-Noëlle **Ledru,** 642
Yves et Marie-Paule **Leduc,** 861 870
Dom. **Leduc-Frouin,** 851 857 859 870 1066
André **Leenhardt,** 703
Jean **Lefer,** 1026
Olivier **Leflaive,** 426 518 545 552 555 557 558 561 569
Patrick **Léger,** 893
Bernard **Légland,** 446 451 457
Dom. Catherine **Le Gœuil,** 985
Eric **Legrand,** 642
René-Noël **Legrand,** 885
Champagne R. et L. **Legras,** 642
Legras et Haas, 642 662
Cave **Le Gravillas,** 976 985
Ph. et A. **Legrix de La Salle,** 212
Jacky **Legroux,** 946
François **Lehmann,** 94
SCEA **Le Joncal,** 804
SC Ch. **Le Jurat,** 277
Alain **Lelarge,** 921
André et Roland **Lelièvre,** 130
Philippe **Lemaire,** 625
R.C. **Lemaire,** 642
SCEV **Lemaire-Fourny,** 642
Lemaire-Rasselet, 643
Le manoir murisaltien, 583
SCEA Ch. **Le Mayne,** 191
GAEC Claude **Lemoine,** 1065
EARL **Lemoule,** 415
SA **Le Muid Montsaugeonnais,** 1095
Cave coop. **Le Muscat,** 1047
SARL Vignobles **Lenne-Mourgues,** 301
Champagne A.R. **Lenoble,** 643
Gilles **Lenoir,** 593
Eric **Lenormand,** 280
SARL Vignobles Colette **Lenôtre,** 357 366
Léonard, 1053
Ch. **Léoville-Barton,** 383
Ch. **Léoville Poyferré,** 384
Serge **Lepage,** 415
Sté fermière du Ch. **Le Pape,** 337
Christian **Leperchois,** 1017
SCE **Le Pottier,** 216
Louis **Lequin,** 518 558 561 569
René **Lequin-Colin,** 569
SCEA Vignoble Bruno **Le Roy,** 211
Aleth **Le Royer-Girardin,** 535
Dom. **Le Sang des Cailloux, 1006**
GFA Jean **Le Sartre,** 337
SCEV **Les Buttes,** 943
GFA du Ch. **Les Carmes Haut-Brion,** 337
Patrice **Lescarret,** 778
Alain **Lescaut,** 819
Les Caves du Chancelier, 529
Les Celliers du Cabardès, 720
SCA **Les Celliers du Nouveau Monde, 1079**
GFA **Les Charmes-Godard,** 305
Les Clos de Paulilles, 1033
Les Cordeliers, 219
Cave **Les Costières de Pomérols,** 705
Cave coop. **Les Costières de Pomerols, 1083**
SCEA **Les Coteaux de Bellet,** 749
S.C.P. **Les Coteaux de Champlitte,** 1094
Les Coteaux de Fontanés, 1079
Cave des vignerons **Les Coteaux de Pouzols-Minervois,** 715
Cave **Les Coteaux de Visan,** 986
Cave coopérative **Les Coteaux du Pic,** 707
Françoise **Lescoutra,** 361
SC Vignoble du Ch. **Les Crostes,** 743
Dom. Chantal **Lescure,** 415 535
Jacques et Jean-Luc **Lescure,** 803
Dom. **Les Goubert,** 1003
SCI **Les Grandes Murailles,** 277
Les Grandes Serres, 1009 1012
Les Grands Caveaux de France, 852 870
SC **Les Grands Crus Réunis,** 359 366
SCEA **Les Groies,** 1052
Les Maîtres Vignerons de la Gourmandière, 895
EARL Ch. **Les Mangons,** 316
Ch. **Les Palais, 696**
Cave coop. **Les Peyrières,** 306 818
Henri et Jacques **Lespinasse,** 152

SCV de **Lesquerde,** 730
SCEA **Les René,** 984
Cave **Les Roches blanches,** 1025
SCI Ch. **Lestage,** 361 369
SCA **Les Trois Collines,** 309
Cave **Les Vieux Colombiers,** 341 350
Les Vignerons des Coteaux romanais, 895
Coop. viticole **Les Vignerons du Haut-Quercy,** 1075
Champagne **Lété-Vautrain,** 643
EARL **Letheuil,** 851
SCEA Dom. **Le Van,** 1024
Claude **Levasseur,** 921
Yves **Léveillé,** 581
Françoise **Lévêque,** 320 392
Leydier et Fils, 1046
Dominique **Leymarie,** 250
Jean-Pierre **Leymarie,** 334
Jean-Marie **Leynier,** 298
Pierre-Luc **Leyvraz,** 1102
André **Lhéritier,** 578
Henri **Lhéritier,** 730 **1037**
André **Lhomme,** 895
EARL **Joël et Jean-Louis Lhumeau, 850** 856 859 1064
Michel **Libeau,** 839
SCEV **Libebart-Régnier,** 643
Jean-Marc **Liénard,** 643
Cave des Vignerons de **Liergues,** 140
SCEA Pierre et Chantal **Lieubeau,** 834
SARL Ch. **Lieujean,** 375
Lieven, 165
Suzette **Lignères,** 696
Lignier-Michelot, 478
Christian **Lihour,** 792
Georges **Lilbert,** 643
SA Ch. **Lilian Ladouys,** 379
Patrice **Limousin et Freya Skoda,** 790
Gabriel **Liogier,** 976
Jean **Lionnet,** 1000
EARL des Vignobles **Liotard,** 211
Jean-Yves **Liotaud, 1091**
Serge **Liotaud et Fils, 1091**
Cave des vins de cru de **Lirac,** 1018
Dom. **Listel,** 741
Domaines **Listel,** 1081
Cave de vinification de **Listrac-Médoc,** 361
Jean-Jacques **Litaud,** 600
SCEA Ch. **Liversan,** 353 356
Dom. Joseph **Loberger,** 80 118
EARL Jean-Pierre et Paulette **Lobre,** 200
Eric et Philippe **Locret-Lachaud,** 643
SCA Ch. **Loirac,** 348
Léone **Loiret,** 844
SCA **Lombardo Frères,** 1018
Dom. **Long-Depaquit,** 457 461
Jean-Luc et Régine **Longère,** 145
Philippe **Lopez,** 213
Philippe **Loquineau,** 931
SCEV Michel **Lorain,** 416
SCEA I. et F. **Lorent-Bureau,** 851 870
Gustave **Lorentz,** 108
Jérôme **Lorentz,** 101
Sté **Loriene,** 263 266
EARL Pascal et Alain **Lorieux,** 909 915
Michel et Joëlle **Lorieux,** 906
Joseph **Loriot, 643**
E. **Loron et Fils,** 171 599
SCEA **Lorteaud et Filles,** 221
Gilbert **Louche,** 968
EARL **Louet-Arcourt,** 895
SCEA Dom. **Lou Fréjau,** 1013
Eric **Louis,** 960
Johannes **Louis,** 1117
Michel **Louison,** 711
SCE de **Loumède,** 225
Cave **Lourmarin-Cadenet,** 1027 1028
Yves **Louvet,** 643
Loyaux-Goret, 644
Champagne Philippe de **Lozey,** 644
Jacques de **Lucenay,** 415 545
SCA Ch. de **Lucey,** 684
SCV Cave de **Lugny,** 442 595
Union de Producteurs de **Lugon,** 192
Jean-Noël **Luigi,** 765 1049
SCA Cave de **Lumières,** 1025
Dom. François **Lumpp,** 587
Christian et Pascale **Luneau,** 831

Christophe **Luneau,** 843
Gilles **Luneau,** 843
Rémy **Luneau,** 835
GAEC Michel **Luneau et Fils,** 839 1068
Marc et Jean **Luneau Frères,** 844
Pierre **Luneau-Papin,** 847
SCA du Muscat de **Lunel,** 1046
Lupé-Cholet, 416 484 500 561
Dom. Roger **Luquet,** 442 596 604
J.L.G. **Luquot,** 243 266
Comte de **Lur-Saluces,** 395 **399**
Gonzague **Lurton,** 364
Louis **Lurton,** 334 392
SA Ch. Sophie **Lurton,** 330
SARL Jacques et François **Lurton,** 1084
SCEA Vignobles André **Lurton,** 184 204 306 332 **335** 335 338 339
Vignobles André **Lurton,** 188 331
EARL **Lusoli,** 818
SCEA Dom. de **Lusqueneau,** 902
Laurent **Lusseau,** 278
Louis **Lusseau,** 256
Vignobles **Lusseaud,** 835
Association viticole de **Lutry,** 1102 1103
Maurice **Lutz,** 945
A. de **Luze et Fils,** 183 229 259 310 356
Lycée Agricole de Blanquefort, 353
GFA de **Lyon,** 191 200
Dom. Laurent **Mabileau,** 906
EARL Jean-Paul **Mabileau,** 907
Frédéric **Mabileau,** 910
Jacques **Mabileau,** 910
Jean-Claude **Mabileau,** 909
Lysiane et Guy **Mabileau,** 910
Bernard **Mabille,** 928
Francis **Mabille,** 928
Dom. **Maby,** 977 1019 1020
Daniel **Macault,** 1064
Bertrand **Machard de Gramont,** 493
Jean **Macle,** 668 1059
Gaëlle **Maclou,** 743
Marquis de **MacMahon,** 416 545
Lycée viticole de **Mâcon-Davayé,** 604
Maison **Mâconnaise des vins,** 601 602
Hubert **Macquigneau,** 845
Jean-Luc **Mader,** 101 118
Cave coop. du **Madiranais,** 795
Maestrojuan, 1074
Magdeleine, 231
EARL du Ch. **Magence,** 325
Dom. **Magnan,** 757
SCEA Vignobles **Magnaudeix,** 287
Frédéric **Magnien,** 471 475 478
Jean-Paul **Magnien,** 476 478 480 484
Michel **Magnien,** 471 475 479 480
SCEV Ch. **Magondeau,** 238
SGVG **Mähler-Besse,** 194 206 351
Alain **Mahmoudi,** 1073
André et Marie-France **Mahuzies,** 705
Christophe **Maillard,** 839
Yves **Maillard,** 836
EARL dom. **Maillard-Lobreau,** 523
Dom. **Maillard Père et Fils,** 515 523 525 529 573
Michel **Maillart,** 644
Marcel et Marien **Maillefaud,** 1020
Jean-Jacques **Maillet,** 919
Marc et Laurent **Maillet,** 928
Champagne **Mailly Grand Cru,** 644
Henri **Maire, 672** 1059
SA ch. **Maison Blanche,** 1102
Chantal **Malabre,** 970
Dom. des **Malandes,** 451 457 461
Champagne Jean-Louis **Malard,** 644
EARL Guy **Malbête,** 956
Ch. **Malescasse SA,** 356
SCEA Ch. **Malescot-Saint-Exupéry,** 366
M. de Malet **Roquefort,** 274 285
GFA **Malice,** 330
EARL Didier **Malidain,** 841
Jean-Claude **Malidain,** 842 1067
Michel **Malidain,** 1065
Ch. **Malijay,** 977
Danièle **Mallard,** 307 396
Philip et Marianne **Mallard,** 813 814
EARL Michel **Mallard et Fils,** 504 506 509 515
Maison **Mallard-Gaulin,** 515 523
Dom. René **Malleron,** 960

SCEA Mallet Frères, 229
EARL Frédéric Mallo et Fils, 101 118
SCEA Malromé, 196 200 214
Dom. Jean-Pierre Maltoff, 416
Cave des Vignerons de Mancey, 591 596
Jean-Christophe Mandard, 895
Thierry Mandard, 895
Henri Mandois, 644
Dominique Manfé, 819
Dom. Albert Mann, **113**
Thierry Manoncourt, 267
Cave des Vignerons de Manosque, 1030
Gaston Mansanné, 791
Joseph Mansion, 131
SCEA Manzagol-Billard, 913
Maradenne-Guitard, 775
Cave coop. de la Marana, 1086
Maurice Maratray, 506 515 518
EARL Alain Marcadet, 890
Dom. Jean-Philippe Marchand, 433 471
Jean Marchand, 1008
René Marchand, 140
Guy Mardon, 897
Bernard Maréchal, 523
EARL Claude Maréchal, 506 523 535 546
Bernard Maréchal-Caillot, 506 535
Cyril Marès, 700
Michel Maret, 1005 1011
Jean-Luc Marette, 274
Dom. Marey, 433
Pierre Marey et Fils, 416 512 **518**
Toussaint Marfisi, 769 769
SCEV A. Margaine, 644
EARL J.-P. et M. Margan, 1027
SC du Ch. Margaux, **201** 366 367
Jean-Pierre Margerand, 160
EARL Marguet-Bonnerave, 644 661
Vignobles Louis Marinier, 209
Marinot-Verdun, 416 426 429 571
Marne et Champagne, 653
Roland Maroslavac-Léger, 546 556
Jean Marot, 1024
Dom. de Marotte, 1088
Marquis de Saint-Estèphe, 379
SCA Ch. Marquis de Terme, 366
Cellier de Marrenon, 1028
SC du Ch. Marsac-Séguineau, 367
SCEA Marsalette, 337
Ch. de Marsannay, 466
Ch. Marsau, 305
Gérard Marsault, 936
SCEV Marsaux-Donze, 225 230
Jacky Marteau, 896
Vins José Marteau, 897
Champagne G.H. Martel, 645
SCEA Martel-Lassechere, 741 1087
SCEA du Dom. J. Martellière, 917 919
François Martenot, 416 452 471 523 583
Ch. Martet, 316 317
SA dom. du Martheray, 1103
Bernard Martin, 493
Charles R.L. Martin, **801** 806 809
Domaines Martin, 382 384
Dominique Martin, 879 882
Jean-Claude Martin, 457
Jean-Jacques Martin, 172
Jean-Paul Martin, 232
Paul-Louis Martin, 645
Robert Martin, 594 599 603
SCEA Martin-Comps, 1083
GAEC Maurice Martin et Fils, 603
Daniel et Annie Martinot, 592 596
Martin-Pierrat, 705 **1085**
Martung-Desmartis-Labreveux, 308
Mary, 898
Christophe Mary, 552 556
Nelly Marzelleau, 832
GAEC Marzolf, 106 127
Roland Mas, 301 304
GFA Mas Carlot, 693 700
Mas de Grouze, 778
GAEC du Mas de Mortiès, 708
Sylvain Massa, 740
GFA Mas Sainte Berthe, 757 759
SCE Vignobles Massarin, 304
André Massieu, 386
Thierry Massin, 645
Champagne Rémy Massin et Fils, 645
Jean-Michel Masson, 951

Marie-France Masson, 970 982
Nadine Masson, 443
Michel-Pierre Massonie, 253
Masson Regnault, 202 313
Luc Massy, 1097 1099 1100
Alain Mathias, 417
Dom. Béatrice et Gilles Mathias, 417 591
Jean-Marc Mathieu, 141
SCE Champagne Serge Mathieu, 645
Daniel Mathon, 151
SCEA Bernard Mathon, 165
EARL Yves Matignon, 852 857 861
GAEC Daniel et Lilian Matray, 160
GAEC Georges Matray et Fils, 156
Hoirie Matringe, 1104
Matton-Farnet, 743
Jacques Maubert, 1024
SCA Dom. du Ch. Maucaillou, 369 370
SARL Ch. Maucamps, 357
Ch. Maucoil, 1013
Prosper Maufoux, 501 572
Jean et Alain Maufras, 338
EARL Jean-Paul Mauler, 86 101
Alain Maurel, 721
Philippe et Thérèse Maurel, 718
Héritiers Maurèze, 292
Jean-Michel Maurice, 524
Michel Maurice, 131
Jean-Paul Maurin, 1054
Didier Maurin-Jollis, 225
Gérard Mauroy, 949 952
SCAV Les Vignerons de Maury, 1040 1043
Maury et Fils, 1071
Yvon Mau SA, 186
Louis Max, 540 583 589
Jean-Luc Mayard, 1010
Dom. des Mayaudes, 141
Les Fils Maye, 1108
Maye Carlo, Joël et Fils, 1108
Simon Maye et Fils, 1109
Marlène et Alain Mayet, 803 811
Les Vignobles du Mayne, 806
SARL ch. Mayne-Guyon, 225
GAEC du dom. de Mayrac, 692
SC Ch. Mazeyres-Pomerol, 247
Mazilly Père et Fils, 438
Mazoyer Frères et Fils, 576
Mazzoleni, 1089
David Meakin, 1074
Christian Médeville, 397
SCEA Jean Médeville et Fils, 196 197 309 326 385
Compagnie Médocaine des Grands Crus, 200 378
Christian Meffre, 979 1003
EARL Jean-Pierre et Martine Meffre, 987 1004
Gabriel Meffre, 990 997 1003 1080
Jack et Christian Meffre, 1016
SCEA des Domaines Jack Meffre et Fils, 1003
SCEA des Dom. Jack Meffre et Fils, 972
EARL Mège Frères, **220**
Vignobles Méhaye, 350
Gilles Meimoun et Jacques Clotilde, 745
Michel Meistermann, 90 101
Dom. du Meix-Foulot, 584
SCEA Mejan-Taulier, 1018
Pascal Méli, 227
Françoise et Nicolas Melin, 599
Bernard Mélinand, 154
Jean-Jacques et Liliane Melinand, 158
Dom. Mellenotte-Drillien, 583
Alphonse Mellot, 960
Jean-Claude Mellot, 942
SA Joseph Mellot, 942
Vignobles Joseph Mellot Père et Fils, 960
Dom. Menand Père et Fils, 583
Joël et Christine **Ménard**, **872**
René Ménard, 901
SCEA Vignobles Ménard, 201 312 387 388
J.-P. Ménard et Fils, 1054
SC Ménard-Gaborit, 839
Cantina sociale Mendrisio, 1122
Marc Meneau, 417

SCEA des Vignobles Menguin, 191 199 306
GAEC de Menthon, 978 1004
Ch. de Mercey, 438 569 583 584
Champagne Mercier, 646
Denis Mercier, 1107
EARL Mercier, 725 730 1042
Vignobles Mercier, 845
Jacky Mérieau, 889
SCA du Clos de Mérienne, 1054
Cellier de Merinville, 714
Jean Merlaut, 309
Jacky Merlet, 871
SA Thierry Merlin-Cherrier, 961
Ch. et Bernard Mermoud, 1109
Guy Mersiol, 111
Guy Meslin, 276
Robert Meslin, 430
Yves de Mestral, 1103
Jean-Claude Mestre, 1011
GAEC Mestreguilhem, 282
Dom. Mestre-Michelot, 552
Mestre Père et Fils, 569
EARL Daniel et Hermine Métaireau, 833
Jacques Metral, 678 976
Bernard Métrat, 155
Gérard Metz et Successeurs, 94 106 115
Meulnart Père et Fils, 740
EARL Max Meunier, 896
Gilbert Meunier, 1091
Jean-Baptiste Meunier, 1003
Ch. de Meursault, 417 520 535 540 552 556
Benoît Meyer, 306
Denis Meyer, **94** 112
François Meyer, 123
Gilbert Meyer, 102
Xavier Meyer, 95
Dom. René Meyer et Fils, 94 110
Ernest Meyer et Fils, 102
Meyer-Fonné, 95 123
Charles-Henri Meylan, 1101
Roger Meylan, 1113
GAEC des Vignobles Meynard et Fils, 302
Alain Meyre, 360
André et Monique Méziat, 155
Bernard et Véronique Méziat, 167
Gilles Méziat, 155
Pierre Méziat, 154
Méziat Père et Fils, 154
SA Vignobles E.-F. Miailhe, 358
Alain Michaud, 149
EARL Michaud, 827 896
Marc Michaud, 149
Dom. Cédric Michaut, 446
René Micheau-Maillou, 251
Bruno Michel, 646
François Michel, 1088
Guy Michel, 646
Robert Michel, 1000
GAEC Michelas, 997
Robert Michelas, 995 998
Champagne José Michel et Fils, 646
Louis Michel et Fils, 457 461
SCEV Guy Michel et Fils, 646
René Michel et ses Fils, 443
Dom. Michelot, 417 552
Patrice Michon et Fils, 846
Michel Migné, 228
Pierre Mignon, 646
François Mikulski, 552
Champagne Milan, 646
Philippe Milan et Fils, 576 579
Les Vignobles Jean Milhade, 290
SCEV Les Vignobles Jean Milhade, 216 254
Xavier Milhade, 208
SCEA ch. Milhau-Lacugue, 718
Paul Millérioux, 961
Dom. de Millet, 324
Dom. Franck Millet, 961
GAEC Millet, 446
Noël Millon, 876
Albane et Bertrand Minchin, 948
Xavier Minvielle, 268
Marie-Thérèse Miquel, 1047
Yves Mirande, 276
Maison Mirault, 928
Ch. Mire L'Etang, 708
Maison P. Misserey, 501 530

1139 INDEX DER WEINERZEUGER

SC Dom. Paul Misset, 484 501
Mistral-Monnier, 1113
Dom. Mittnacht Frères, 86 118
Vignobles Claude Modet, 312
Jos. Moellinger et Fils, 90 113
Moët et Chandon, 647
Moillard, 472 504 540 548 572
Moillard-Grivot, 507 512 536 556 570
Dom. des Moirots, 426 443 576 587
Dom. Moissenet-Bonnard, 417 443 536
SCEA Molinari et Fils, 326 329
Annie Molinier, 701
Maison Mollex, 684
Mommessin, 158 472 478 **481** 536 570 584 **591**
Pierre Monachon, 1103
Cave coop. de Monbazillac, 812
SA ch. Monbousquet, 279
Ch. Moncontour, 929
Champagne Pierre Moncuit, 647
Dom. Mongeard-Mugneret, 489 490 493
Hubert et Philippe Monin, 685
Champagne Monmarthe, 647
SA Monmousseau, 896
SCEA A. Monmousseau, 926
Marie-Louise Monnet, 160
Dom. René Monnier, 530 536 540 553 556
Edmond Monnot, 572
Ch. de Mons, 1057
SARL Pierre Montagnac, 189
Groupe de Prod. de Montagne, 291
Jean et Michel Montagnier, 1088
Pierre Montange, 139
Jean-Pierre et Philippe Montanié, 695
Bernard Montariol, 1077
Champagne Montaudon, 647
SCEA Ch. de Montauriol, 784
SCI de Montauzan, 142
Dom. C. et B. Montchovet, 439
Dom. du Mont d'Or SA, Sion, **1109**
Jean de Monteil, 72
Jean-Luc et Claudy Monteillet, 1022
Bruno Montels, 780
GAEC J. et B. Monternot, 141
EARL Dom. de Monterrain-Ferret, 592
Vins et Dom. H. de Montesquieu, 326
Claide de Montesquiou, 1072
André Montessuy, 524 584
Antoine Montez, 991 994
Cave Coop. de Montfleury, 1093
SCI du Ch. de Montfort, 929
GAEC de Montgrignon Pierson Frères, 1095
SCEA Ch. de Montgueret, 852 879
EARL de Montignac, 348
Daniel Montigny, 1064
Hubert de Montille, 536
Alain de Montillet, 748
SC Ch. Montlabert, 280
Cave Coop. des Prod. de vin de Montlouis, 921
Dom. de Montmain, 433
GAEC du Clos Mont-Olivet, 978
SA Cave de Montorge, 1108
Dom. de Montpierreux, 417
Les Vignerons de Mont-près-Chambord, 931 932
Cave Producteurs de Montravel et Sigoulès, 803
Ch. Mont-Redon, 978 1014
'LPA de Montreuil-Bellay, 879
Les Vignerons des Monts de Bourgogne, 417
Les Producteurs du Mont Tauch, 713 1037 1039 1043
Vignerons du Mont Tenarel d'Octaviana, 697
Les Vignerons du Mont-Ventoux, 1023
SCA Ch. Montviel, 247
Alice et Olivier de Moor, 426 452
Charles Morazzani, 765
Bernard Moreau, 561 562
Catherine Moreau, 900
Dominique Moreau, 906
Michel Moreau, 277 588 710 1081
J. Moreau et Fils, 461
GAEC Moreau Frères, 839
GAEC Moreau-Naudet, 452 457 461
EARL Albert et Dominique Morel, 159

Pascal Morel, 647 662
Dom. Morel-Thibaut, 672 673
GAEC Jean Moreteaux et Fils, 426 428 572
Sté nouvelle André Morey, 443 472 584
Dom. Michel Morey-Coffinet, 562
Gilles et Brigitte Morgeau, 936
Caveau de Morgon, 165
Michel Morilleau, 1066
GAEC Morille Luneau, 837
Christian Morin, 426
Guy Morin, 237
Jean-Paul Morin, 907
Pascale Morin, 710
Raymond Morin, 827 870 1065
Thierry Morin, 149
Morin Père et Fils, 504 579 584
Didier Morion, 992 994
Morize Père et Fils, 647 662
Pierre Morlet, 647
Suzette et Gilbert Mornand, 595
Dino Moro, 800
Régis Moro, 303 304 305
Dom. Thierry Mortet, 472 484
De Mortillet, 706
Dom. J.A. Mosconi, 765
Sylvain Mosnier, 452
Daniel Mosny, 919
Jacques Mossé, 726 1037
C. Motheron, 854 1064
Isabelle Motte, 254
GAEC Ch. Motte Maucourt, 201
Christian Moueix, 245 273
Ets Jean-Pierre Moueix, 214 233 237 242 245 246 247 **250** 278
SC Bernard Moueix, 285
SC Dom. viticoles Armand Moueix, 247 252 268
SC Vignoble Bernard Moueix, 242 249
Vignobles Jean-Michel Moueix, 273 277
A. Moueix et Fils, 252
SA Antoine Moueix et Fils, 190 249
Ch. du Moulin-à-Vent, 167
GAEC du Moulin Borgne, 220 224
GAEC du Moulin de Courbian, 346
SCEA du Moulin des Sablons, 914
SC du Ch. Moulin du Cadet, 280
Guy Moulinier, 718
SC Ch. du Moulin Noir, **290** 294
Les Vignobles des Moulins à vent, 321
SCEA Ch. des Moulins à Vent, 392
SCEA Dom. Moulin-Tacussel, 1014
Jacques Mouras, 311
Jean Mourat et Jean Larzelier, 845
Mourgout-Lepoutre, 271
Franck et Murielle Mousset, 1015
Jacques Mousset, 1011
SCEA Dom. Fabrice Mousset, 1014
SCEA Dom. Mousset et Dom. de Tout-Vent, 980
EARL Vignobles Guy Mousset et Fils, 1015
SA Champagne Jean Moutardier, 648
Champagne Moutard Père et Fils, 647
Simon Moutier, 573 579
SCEA Gérard Mouton, 588
Daniel Mouty, 249
SCEA des Vignobles Daniel Mouty, 188 208 286
Yvon Mouzon, 648
EARL Mouzon-Leroux, 648
Dominique Moyer, 922
Luc Moynier, 705
Jean Muchada, 792
Denis et Dominique Mugneret, 489 493 495
Jacques-Frédéric Mugnier, 484 486
SARL Henri Mugnier, 426 443
Charles Muller et Fils, 86 95
Dom. Muller-Koeberlé, 107
René Muré, 122
Régis Muraon, 905
SCA de Muret, 357
GAEC des Murgers-Davanture Daniel et Fils, 586
Jean-Frédéric Musset, 260
SA Les Vignobles Jean-Pierre Musset, 251
SC du Ch. Musset-Chevalier, 280
Musset Père et Fils, 284

Vignoble Musset-Roullier, 857 863
Jean et Geno Musso, 429 439
Hubert Musotte, 398
Dom. Lucien Muzard et Fils, 536 568 587
SCEA ch. Mylord, 193 306
Naigeon-Chauveau, 163 504 524 530 543
Ch. Nairac, 393
SCI du Dom. de Nalys, 1014
Roger et Michèle Narjoux, 581 586
Michel Nartz, 95
Michelle Nasles, 756
Dom. Henri Naudin-Ferrand, 429 434 439 504
H. Naudin-Varrault, 523
Nau Frères, 906
Jean-Marie Naulin, 452
SARL la Devèze, Louis Navarro, 705
Dom. de Nays-Labassère, 792
SARL Régis Neau, 827 880 885
GAEC Nebout, 944
Fabrice Néel, 310 **387**
Négrel, 738
Henri Negrier, 357
SCA du Ch. Nenin, 248
France et Jaffar Nétanj, 779
De Neuville, 880
Roger Neveu et Fils, 958
Benoît Neyrand, 596
Neyret-Gachet, 993
Eric Nicolas, 993
Michel Nicoulaud, 259
Henriette Niepce, 577
Pascal Nigay, 145
Dom. P.-M. Ninot, 579
Ch. de Nitray, 896
Ch. Noaillac, 349
SCA Noe, 558
SCEA Dom. Michel Noëllat et Fils, 484 491 493 501
SCEA Noël Père et Fils, 233
SCEA dom. des Noëls, 852
SA Louis Nogue et Fils, 1067
EARL Charles Noll, 114
Jean-Pierre Nony, 270 279
GAEC Norguet, 934
Alain Normand, 592 596
Jean-Claude et Pierre-Yves Nouet, 840
Jacques Noury, 933
EARL Dom. Claude Nouveau, 439
Jean-Jacques Nouvel, 268
Cave des vignerons de Noves, 1087
SCA Ch. des Noyers, 857 **870**
Dom. du Nozay, 961
Dom. Nudant, 507
Dom. André et Jean-René Nudant, 508 515 518
Cave vinicole d' Obernai, 86 127
SA Obrist, 1104
Dom. Octavie, 896
Yves Odasso, 760
EARL Odoul-Coquard, 478
Vincent Ogereau, 853 857 871
Ogier, 991 997 1000
Dom. départemental d' Ognoas, 1057
Confrérie des vignerons de Oisly et Thésée, 888
GAEC André et Alain Olivier, 1068
GAEC Bernard et Patrick Olivier, 910
SCA Jean Olivier, 1017
Olivier Père et Fils, 570
Ollet-Fourreau, 243 252
Alain et Luc Ollier, 712
Marc Ollivier, 836
Association viticole d' Ollon, 1101 1102
Alain Omasson, 906
Bernard Omasson, 906
Héritiers Ondet, 264
Lycée viticole d' Orange, 986 1013
Charles Orban, 648
GFA Pierre et Henri Orenga de Gaffory, 769
Philippe Orion, 1068
Jean Orliac, 707 1082
Dom. des Ormes, 447
Jérôme d' Ormesson, 1080
Jean-Pierre et Jean-François Orosquette, 715
Cave vinicole d' Orschwiller, 85 86
François Orsucci, 766

Patricia **Ortelli**, 761
J.-J. et Micheline **Ortiz-Bernabé,** 1080
Georges **Ortola,** 708
Dom. **Ott,** 753
Champagne **Oudinot,** 648
SCEA **Oulié Père et Fils,** 794 797
Didier **Pabiot,** 952
Raymond **Paccot,** 1101
Gérard **Padiou,** 1066
Michel **Page,** 916
Christophe **Pagès,** 775
SCEA **Pagès Huré,** 1043 1084
James **Paget,** 896 901
Champagne Bruno **Paillard,** 648
Pierre **Paillard,** 648
EARL Dom. Charles **Pain,** 915
Philippe **Pain,** 913
Georges **Paire,** 945
Ch. **Palmer,** 367
Palmer et C, 649
Ch. **Paloumey,** 357
Didier **Panay,** 594
Louis **Pape,** 698
Marie-Louise **Panis,** 715
Panisseau SA, 808
Champagne **Pannier,** 649
Rémy **Pannier,** 1066
Thierry **Pantaléon,** 910
Fabien et Cathy **Paolini,** 764
Ch. **Pape Clément,** 338
Ogier Caves des **Papes,** 978
Romain **Papilloud,** 1111
Claude **Papin,** 850 864 871
EARL Agnès et Christian **Papin,** 860 863
Catherine **Papon,** 303
François **Paquet,** 604
Jean-Paul **Paquet,** 601
Michel **Paquet, 605**
EARL A. **Parcé, 726** 1043
SCA **Parcé et Fils,** 733 1034
François de **Pardieu,** 231
Dom. **Parent,** 530
Dom. J. et A. **Parent,** 536 540 543
Paret, 748
Bernadette **Paret,** 293 296
Dom. **Parigot Père et Fils,** 439 530 536 540
Christophe **Paris,** 145
Marie-Louise **Parisot,** 556 562
Parize Père et Fils, 587
Pascal, 418 484 504
Achille **Pascal,** 751
Ets **Pascal,** 986 997 999 1007 1014
Pascal-Delette, 649
Dom. Jean **Pascal et Fils,** 556
Marc **Pasquet,** 226 229
Patrick **Pasquier,** 883
Charles-Eric **Pasquiers,** 305
Hervé **Passama,** 728
Alain **Passot,** 154
Daniel **Passot,** 152
Jacky **Passot,** 154
Maurice **Passot,** 163
Rémy **Passot,** 170
Yves **Pastourel et Fils, 1045**
Dom. **Pastricciola,** 769
SA Ch. **Patache d'Aux,** 349
SCE du Ch. **Patarabet,** 261
Guy **Patissier,** 172
Eric **Patour,** 649
Denis **Patoux,** 649
Dom. Alain et Christiane **Patriarche,** 418
Patriarche Père et Fils, 418 426 434 474 476 530 536
Bernard **Patural,** 883
Pascal **Pauget,** 592
Caves des **Paulands,** 472 507 509
Alain **Paulat,** 942
Philippe **Paul-Cavallier,** 756 759
Pierre **Paulet,** 649
Clos de **Paulilles,** 733 **733**
SC J. et J. **Pauly,** 394 395
SCEA **Pauvif,** 225
Jean-Marc **Pavelot,** 512 524
SCA Ch. **Pavie Decesse,** 281
Ch. **Pavie Macquin,** 281
SCEA Ch. du **Pavillon,** 388 391
SCAV **Pavillon de Bellevue,** 349
SCA Grands Vins de **Pazac,** 699
Patrick **Péchard,** 170

Joanny **Pecot,** 137
GAEC de **Pécoula, 812**
Georges **Pedeboscq,** 184
Champagne **Péhu-Simonet,** 649
Robert et Dali **Peigneaux,** 140
Jean-Paul **Peillon,** 141
Jean **Peitavy,** 1079
Jacques **Pelichet,** 1101
Patrick **Pelisson,** 1025
Dom. Henry **Pellé,** 948 961
Pellegrini, 1079
Henri **Pelletier,** 588
Jean-Christophe **Pelletier,** 911
Pelon-Ribeiro, 357
Pelou, 1035
Pelvillain et Fils, 776
Ch. **Péneau,** 313
Jean-Marie **Penet,** 894
SCEA Ch. de **Pennautier,** 720
Vincent **Péquin,** 900
Dominique **Percereau,** 900
Philippe **Perdriaux,** 900 929
Père Anselme, 976 1011
SCEA Dom. du **Père Pape,** 1010
Michèle et Jacques **Pérignon,** 761
Champagne Jean **Pernet,** 650
Vignobles **Pernette,** 182 193
GFA de **Perponcher,** 184 196
Jacques **Perrachon,** 160
Pierre **Perrachon,** 166
EARL Paul et Nicole **Perras,** 141
Dom. René **Perraton,** 602
Hubert **Perraud,** 170
Jacques et Marie-Thérèse **Perraud,** 146
Jean-François **Perraud,** 161
Laurent **Perraud,** 840
Gilles **Perraudin,** 1080
Franck **Perrault,** 860
André **Perret,** 992 995
Dom. Marcel **Perret,** 596 599
Gilbert **Perret,** 681
Joseph **Perrier,** 650
Marlyse et Gérard **Perrier,** 146
De **Perrière,** 443
Jean **Perrier et Fils,** 681
Champagne **Perrier-Jouët,** 650
Alain-Dominique **Perrin,** 774
Daniel **Perrin,** 681
Dom. Roger **Perrin,** 1014
Philibert **Perrin,** 334
Robert et Bernard **Perrin,** 141
Sté fermière des Vignobles P. **Perrin,** 971
J.-Jacques et J.-Denis **Perrochet,** 1116
Jacques **Perromat,** 318
Jean-Xavier **Perromat,** 325
SCEA Pierre **Perromat,** 217
Henri **Perrot-Minot,** 476 478 484
Gérard **Persenot,** 418 426 463
Isabelle et Benoist **Perseval,** 650
Dominique **Pertois,** 650
Ch. **Pesquié,** 1025
SA Champagne Pierre **Peters,** 650
Jean-Louis **Pétillat,** 943 **943**
Camille **Petit,** 905
Désiré **Petit,** 667 675
Jean-Michel **Petit,** 666
Vignobles Jean **Petit,** 300 302
Vignobles Marcel **Petit,** 269 300
GAEC du **Petit Clocher,** 825 827 857
EARL **Petiteau-Gaubert,** 837
André **Petit et Fils,** 1054
EARL Dom. du **Petit Paris,** 812
SCEA Ch. **Petit Sonnailler,** 757
SCA Ch. **Petit-Village, 274** 282
SC du Ch. **Petrus, 248**
SARL Ch. **Peyrabon,** 357
SCEA Ch. du **Peyrat,** 313
EARL **Peyraud,** 753
SCEA Ch. **Peyrebon,** 306
SCEA des Ch. **Peyrebon et Roquemont,** 284
Peyrondet, 307
François **Peyrondet,** 389
SCEA des dom. **Peyronie,** 373
Christophe **Peyrus,** 708
Jean-Paul **Pezet,** 781
Les Vignerons de **Pézilla,** 724 727 1038 1043
CVPG **Pfaffenheim,** 102 121

SA Ch. **Phélan Ségur,** 380
Gilles **Phetisson,** 977 977
Maison Denis **Philibert,** 434 472 478 494 501 590
Robert **Philip,** 359
Catherine **Philip-Fournols,** 727 1044 1084
SCEA **Philip Frères,** 702
EARL **Philip-Ladet,** 979
SCE du Ch. **Philippe-le-Hardi,** 439 510 565 584
Champagne **Philipponnat,** 613 **650**
Philippoz Frères, 1109
EARL Pascal **Pibaleau,** 901
Ch. de **Pibarnon,** 752
Louis **Picamelot,** 443 444
Michel **Picard,** 472 530 540 562
Picard Père et Fils, 585
Jean-Christophe **Piccinini,** 716
Philippe **Pichard,** 913
Bernard **Pichet,** 155
EARL Jean-Marc **Pichet,** 906
EARL Ch. **Pichon Bellevue,** 315
SCI **Pichon Longueville Comtesse de Lalande,** 373 376
EARL Jean-Claude et Christophe **Pichot,** 925 928
Georges **Pico,** 447
Gilbert **Picolet,** 153
SCEA Ch. **Picon,** 215
Daniel **Picot,** 396
Gilbert **Picq et ses Fils,** 457
SCI Ch. **Picque Caillou,** 338
GAEC Bruno et Jean-Michel **Pieaux,** 928
Ch. **Piéguë,** 853
Marie-Josée **Pierre-Bravo,** 394
Cave coop. de **Pierrefeu,** 737
SA **Pierrel et Associés,** 646
SCEA **Pierry Chastan,** 974 1011
Champagne **Pierson-Cuvelier,** 651
Dom. de **Pietri,** 766
Maguy **Piétri-Géraud,** 1043
Pignier Père et Fils, 673
SCA Ch. **Pigoudet,** 757
Max **Piguet,** 537 540 546
SCE **Piguet-Girardin,** 546
Dom. Jean-Michel et Laurent **Pillot, 576** 584
Fernand et Laurent **Pillot,** 562
Vignobles **Pilotte-Audier SCEA,** 274
Niero **Pinchon,** 992
Jocelyn **Pinoteau de Rendinger,** 522
Rodolphe de **Pins,** 978
SCEA Dom. **Pinson,** 457 462
GAEC Georges et Thierry **Pinte,** 524
Indivision **Pion,** 142
Piper-Heidsieck, 651
Dom. **Piquemal,** 727 731 1038 1043
GAEC Dom. **Piquemal,** 1084
Jacky **Piret,** 151
Dominique **Piron,** 141
François **Pironneau,** 827
Auguste **Pirou,** 667 673
SCEA Edouard **Pisani-Ferry,** 886
EARL **Pitault-Landry et Fils,** 906 909
Piva Père et Fils, 193
Jean-Charles **Pivot,** 146
SCEA Dom. Château de **Pizay,** 165
SCEA di **Placido,** 761
Les vins de Robert **Plageoles et Fils,** 780
Plaimont Producteurs, 797 799
GAEC de **Plaisance,** 784
SC Ch. **Plaisance,** 215
SCEV Robert **Planchon et Fils,** 963
Les Vignerons de **Planèzes-Rasiguères,** 731
Michel **Planteur,** 222
Daniel **Plantey,** 205 213 223 230
Jacques **Plasse,** 945
Emmanuel **Plauchut,** 740
SCEA Ch. **Plessis-Brézot,** 840
Jean-Claude **Plisson,** 225
Eric **Ploquin,** 906
EARL **Plou et ses Fils,** 896 900
François **Plouzeau,** 893
Maison Pierre **Plouzeau,** 897 913 915
Dom. **Pochon,** 996 **996**
Philippe **Pointillart,** 653
Jean **Poiron et Fils,** 831
SA Henri **Poiron et Fils,** 844 1064

Champagne **Poissinet-Ascas**, 651
EARL André **Poitevin**, 172
Guy de **Poix**, 767
Pol Roger, 651
SCEA **Pomar-Lagarde**, 806
SCEA Ch. **Pomirol le Pin**, 193 205
Jean-François **Pommeraud**, 224
Pommery, 651
Denis **Pommier**, 447 457
Michel **Pommier**, 218 307
GFA des **Pommiers**, 266
EARL Gaëtan **Poncé et Fils**, 706
Pascale **Poncet**, 187
Pierre **Ponnelle**, 477 486
Jacques **Pons**, 711
Josette et Jean-Claude **Pons**, 1070
Ponson-Nicot, 708
Vincent **Pont**, 524 540 546
Comte Jacques de **Pontac**, 398
Jean-François de **Pontac**, 322
Bernard **Pontallier**, 200
Bernard **Pontaud**, 978
GFA du Ch. **Pontet**, 349 350
Michel **Ponty**, 195 198 234
GFA Henri **Ponz**, 221
A. **Porret et Fils**, 1115
Champagne Virgile **Portier**, 651
Cave coop. de **Port-Sainte-Foy**, 814
Dom. **Potinet-Ampeau**, 543
François **Pottier**, 1085
Jean-Louis **Poudou**, 715
Pouey International SA, 318
SCEV Champagne **Pougeoise**, 651
Champagne Roger **Pouillon et Fils**, 652
EARL Robert **Pouilloux et ses Fils**, 1054
GFA de **Pouilly-le-Châtel**, 140
Caves de **Pouilly-sur-Loire**, 951
Alain **Poulet**, 1020
Poulet Père et Fils, 546 584
SCE Dom. **Poulleau Père et Fils**, 510 525 531 540
Claude **Poullet**, 447
GFA Vignobles **Poulvère et Barses**, 802 812
Jean **Poupard**, 853
EARL **Poupard et Fils**, 858 862
GAEC **Poupard et Lehy**, 851
Poupat et Fils, 942
Jacques de **Pourquery**, 369
Claude **Pourreau**, 347
Pourthié, 1080
Patrick **Pouvreau**, 220
SCI Ch. du **Poyet**, 840
Ch. **Pradeaux**, 753
SA **Pradel**, 744
GAEC **Pradelle**, 997
Bernard **Pradier**, 973 984
Jean-Pierre et Marc **Pradier**, 939
Frédéric **Prain**, 446 449
Dom. **Prats**, 379
Domaines **Prats**, 192
SA Dom. **Prats**, 198 377 **378**
Catherine et Jean-François **Prax**, 715 1079
Dom. du Ch. de **Prémeaux**, 418 434 501
Dom. Jacky **Preys et Fils**, 935
Pierre **Prieur**, 916
Dom. **Prieur-Brunet**, 530 541 553 562 570
Caves du **Prieuré**, 1116
GFA du **Prieuré de Montézargues**, 1020
SCA **Prieuré-Lescours**, 282
Paul **Prieur et Fils**, 961 **961**
SA Pierre **Prieur et Fils**, 963
Christian **Prignot**, 652
Primus Classicus, 1108
Dom. **Prin**, 516
GAEC du **Priorat**, 804
GAEC **Priou Père et Fils**, 897
SCEA du **Priourat**, 299
Groupement des Producteurs de **Prissé**, 592 596 604
Eric **Prissette**, 284
Prodiffu, 187
Bernard **Protot**, 504
Provins Valais, 1111
Yves **Provost et Fils**, 832
SCE Henri **Prudhon et Fils**, 565
Dom. Jean-Pierre et Laurent **Prunier**, 543 546
Dom. Michel **Prunier**, 541 546 **546**

Pascal **Prunier**, 530 543 547
Vincent **Prunier**, 546 565
Philippe **Prunier-Damy**, 543 547
Ch. du **Puech-Haut**, 709
GAEC **Pueyo Frères**, 260 263
François **Pugibet**, 1078
Union de producteurs de **Pugnac**, 229
Cave coop. vinicole de **Puisseguin-Lussac Saint-Emilion**, 290 297
Les vignerons de **Puisserguier**, 1081
GAEC du **Puits Fleuri**, 418
Jean-Luc **Pujol**, 1038
José **Pujol**, **726**
GAEC **Pujol et Fils**, 716
SCEA Dom. du Ch. de **Puligny-Montrachet**, 418
Dom. de **Putille**, 855 858 863 864
SCA du Ch. **Puycarpin**, 216
GAEC Jean **Puyol et Fils**, 256
SCEA **Puy-Servain**, 803 **814**
SCEA M. et C. **Quancard**, 354 359
André **Quancard-André**, 199 204 209 214 216 221 294 347 354 372 382
Clos des **Quarterons-Amirault**, 909
Roger **Quartironi**, 719
Cave des **Quatre-Chemins**, 986
SARL Dom. de **Quattre**, 776
André et Michel **Quénard**, 681
Dom. Raymond **Quénard**, 682
Jean-Pierre et Jean-François **Quénard**, 681
Pascal et Annick **Quénard**, 681
EARL Claude **Quénard et Fils**, 682
Daniel **Quentin**, 278
GFA Ch. **Quercy**, 283
Vignerons du **Quercy**, 1073
GFA ch. **Querly**, 270
SCV Jean **Queyrens et Fils**, 313 390
Jean-Michel **Quié**, 352
Cave de **Rabastens**, 779
EARL Vignobles **Rabiller**, 355 379
R. **Rabold et Fils**, 102
Vignobles **Raby-Saugeon**, 281
Denis **Race**, 458 462
Jacques **Raffaitin**, 962
Raymond **Raffault**, 916
SCEA **Raffinat et Fils**, 938
Denis **Rafflin**, 652
Pierre **Ragon**, 954
Dom. **Ragot**, 588
Philippe **Raguenot**, 227
GAEC Jean et Ghislaine **Raimbault**, 929
Vincent **Raimbault**, 929
GAEC Maurice **Raimbault-Pineau et Fils**, 952 959
Didier **Raimond**, 652
SCI **Ramage La Batisse**, 358
Henri **Ramonteu**, **790**
Daniel **Rampon**, 146
Jean-Paul **Rampon**, 170
GAEC Michel **Rampon et Fils**, 165
Claude **Ramu**, 1112
Raymond **Ramu**, 1113
Eric **Ramu et Fils**, 1114
Ch. de **Raousset**, 155
SCEA des héritiers du Comte de **Raousset**, 155
Michel **Raoust**, 764 766
Dom. **Rapet Père et Fils**, 512 516 518
Jean **Raphet et Fils**, 474 476
Michel **Raquillet**, 584
EARL Georges **Raspail**, 1021
Jean-Claude **Raspail**, 1021
Ch. **Rasque**, 744
Georges et Denis **Rasse**, 1090
SCEV **Rasselet Père et Fils**, 652
Cave des Vignerons de **Rasteau**, 978 987 1048
Lucien **Rateau**, 439
SCEA Ch. **Ratouin**, 248 254
Ratron Frères, 883
SCI du **Raux**, 358
Union de producteurs de **Rauzan**, 189 193 197 204
SCA du Ch. **Rauzan-Gassies**, 367
Ch. **Rauzan-Ségla**, 368
Pierre **Ravaille**, 704
Vignobles François **Ravel**, 743

EARL Olivier **Ravier**, 150
Philippe **Ravier**, 682
André **Ravoire**, 1024
François **Ray**, 944
Gérard **Raymond**, 1109
Yves **Raymond**, 362
SC du Ch. de **Rayne Vigneau**, 202 328 396 398
Cave du **Razès**, 721 **721**
Razungles et Fils, 1036 1041
SCEA Ch. **Réal d'Or**, 744
SCEA Jean-Pierre **Rebeilleau**, 880 885
Jean **Rebeyrolle**, 804
Rebourgeon-Mure, 418 541
Daniel **Rebourgeon-Mure**, 537
MSE **Rebourseau**, 473 489
Jean-Marie **Reclu**, 880
SA **Redde et Fils**, 951
Alain **Reder**, 704
Pascal **Redon**, 652
SA **Régence-Balavaud**, 1110
Famille **Reggio**, 1089
Bernard **Réglat**, 322 397
EARL Vignobles Laurent **Réglat**, 314
Guillaume **Réglat**, 385 397
SCEA Yvan **Réglat**, 386
Régnard, 861
Bernard **Regnaudot**, 572
Jean-Claude **Regnaudot**, 572
Dom. de **Régusse**, 1030
Reine Pédauque, 158 472 516 518 978
Dom. Henri et Gilles **Remoriquet**, 429 **434** 502
Dom. des **Remparts**, 430
Dom. Louis **Rémy**, 475 479
SCEA Roger et Joël **Remy**, 524 525
Dom. Jacky **Renard**, 419 427
Pascal **Renaud**, 599
Jacques **Renaudat**, 956
SCEV Champagne R. **Renaudin**, 652
SCEA René **Renon**, 365
Dom. René **Renou**, 874
Antoine et Pierre **Renouard**, 1067
GAEC Joseph **Renou et Fils**, 871
Jean-Marie **Renvoisé**, 918
EARL Clos **Resseguier**, 776
Resses et Fils, 773
Joseph et Denis **Retailleau**, 867
Retiveau-Retif, 876 882 883
Muriel et Patrick **Revaire**, 223
Xavier **Reverchon**, 673
Dom. Hippolyte **Reverdy**, 962
GAEC Pascal et Nicolas **Reverdy**, **962**
Patrick **Reverdy**, 696
EARL **Reverdy-Cadet**, 963
Dom. **Reverdy-Ducroux**, 957
Jean **Reverdy et Fils**, 964
SCEV Bernard **Reverdy et Fils**, 962
Jean-Guy **Révillon**, 172
Jean **Revol**, 802 806
Claude **Rey**, 367
Michel **Rey**, 599
Josianne **Reyes**, 376
Stéphane **Reynard et Dany Varone**, 1105
EARL Vignobles **Reynaud**, 193
Jean-Yves **Reynou**, 814
Dom. **Ribas**, 1025
Cave vinicole de **Ribeauvillé**, 114
Famille **Ribes**, 784
Vignobles **Riboulet**, 287
Bernadette **Ricard**, 391
Ch. de **Ricaud**, 205 389
SCEA Vignobles Y. **Ricaud-Lafosse**, 392
EARL André **Richard**, 1003
Hervé et Marie-Thérèse **Richard**, 992 995
Jean-Paul **Richard**, 317
Jean-Pierre **Richard**, 846
Pierre **Richard**, 673 675
SCEA Dominique et Vincent **Richard**, 833
SCEA Pierre **Richard**, 694
SCEA dom. **Riche**, 1007
Bernard et Christophe **Richel**, 682
Roger **Richez**, 653
Dom. **Richou**, 853 858 863
Dominique **Ricome**, 701
Christophe et Ilse **Rieder**, 744
André **Rieffel**, 80 125
Dom. Joseph **Rieflé**, 121
Pierre et Jean-Pierre **Rietsch**, 86 102

Les Coteaux du **Rieu Berlou**, 717
Sté du Ch. **Rieussec**, **398**
SCV les coteaux de **Rieutort**, 719
Jean **Riffaud**, 356
Claude **Riffault**, 962
EARL Vignobles Jean-Paul **Rigal**, **209** 805 **816**
Camille **Rigot**, 978
Dom. Pascale et Alain **Rigoutat**, 419
SA Dom. de **Rimauresq**, 745
Dom. Armelle et Bernard **Rion**, 489 502
SCE Michèle et Patrice **Rion**, 419
Rios, 227
Michel **Riouspeyrous**, 788
Michel **Ripoche**, 838
Pierre **Rique**, 979
Riuné, 791
Bernard **Rivals**, 280
Jean-Louis **Rives**, 195 199
Les Vignobles du **Rivesaltais**, 723 724 729 **1035** 1038 **1040** 1043
Marie-Claude **Rivière**, 245
Marie-Claude **Robelin et Fils**, 673
Alain **Robert**, 653
Brigitte et Claude **Robert**, 1078
EARL Vignobles **Robert**, 194 203 307
GFA **Robert**, 691 692
Régis **Robert**, 653
Dom. **Robert-Denogent**, **599**
Denis de **Robillard**, 795
GFA André **Robin**, 604
Gilles **Robin**, 998
Guy **Robin**, 462
SCEA Ch. **Robin**, 303
Robin-Bretault, 849 860 869
Jean-Louis **Robin-Diot**, 871
Michel **Robineau**, **872** 1067
Dom. **Robineau Chrislou**, 861
Dom. **Roblet-Monnot**, 537 614
EARL Dom. du **Roc**, 387
Caves **Rocbère**, **698**
SARL **Roc de Boissac**, 289 298
SCEA du Ch. **Roc de Boisseaux**, 283
Bernard **Rochaix**, 1114
Joël **Rochard**, 853
Christian **Roche**, 1093
SCEA des Dom. **Roche**, 772
GAEC du Clos **Roche Blanche**, 897
SC du Ch. **Rocher Bellevue Figeac**, 283
SCEA Vignobles **Rocher-Cap-de-Rive**, 271 285 298
SCEA Vignobles **Rocher Cap de Rive n2**, 304
Michel **Roches**, 815
Dom. des **Roches - Carpi-Gobet**, 596
Joël **Rochette**, 170
Antonin **Rodet**, **419 476** 502 516 562 587
Jacques **Rodet**, 227
Eric **Rodez**, 653
André **Roduit et Fils**, 1110
Dominique **Roger**, 958
SNC des Vignobles **Roger**, 1076
SCEA **Rogerie Père et Fils**, 288
Les Fils **Rogivue**, 1110
Michel **Rogué**, 653
Marc **Roh**, 1110
Cave du **Roi Dagobert**, 108 127
SCEA Ch. **Roland La Garde**, 226
Alain **Rolaz**, 1098
SCA Ch. **Rol de Fombrauge**, 283
SCEA **Rolet Jarbin**, 184 197 306
Rolet Père et Fils, 674 675 1059
Michel et Dany **Rolland**, 236
SCEA Fermière des Dom. **Rolland**, 246 283
Georges **Rollet**, 144
Jean-Pierre **Rollet**, 191
Rollin Père et Fils, 513
Rolly Gassmann, 86 102
Jean-Claude **Romain**, 1071
Philippe et Thierry **Romain**, **1075**
SCEA Ch. **Romanin**, 759
SARL Dom. des **Romarins**, 987
Dom. de **Rombeau**, 727 1044
André **Roméro**, 976 985 1048
Christophe **Romeuf**, 939
Eric **Rominger**, 124
SCEA Dom. du **Roncée**, 916
Dom. des **Ronze**, 146

Ropiteau Frères, 543 553 556
Catherine **Roque**, 1077
Cave Les Vins de **Roquebrun**, 719
GAEC Raymond **Roque et Fils**, 712
Loïc et Diane de **Roquefeuil**, 306
SCE du Ch. de **Roquefort**, 203
GAEC de **Roque-Peyre**, 814
EARL Ch. de **Rosnay**, 846
Bruno **Rossetto**, 817
Nicolas **Rossignol**, 478
Régis **Rossignol**, 531
GAEC **Rossignol-Février**, 541
Rossignol-Jeanniard, 427 541
Dom. **Rossignol-Trapet**, 419 472
Cie vin. Barons E. et B. de **Rothschild**, 204 358 360 370
Baron Philippe de **Rothschild SA**, 182 371 372 **375** 390
Pierre **Roubineau**, 306
GAEC Les Fils de Gabriel **Roudil**, 1018
Vignerons de **Rouëïre**, 719
Odette **Rouet**, 916
Sté du Ch. du **Rouët**, 745
Lycée agricole et viticole de **Rouffach**, 94
Dom. Marc **Rougeot**, 544 548
Michel et Roland **Rougeyron**, 939
René **Rougier**, 754
Alain **Rouiller**, 878 881 882 885
Jean-Louis **Roumage**, 191 213
Roumazeilles Cameleyre, 395
GAEC Pierre et Franck **Roume**, 1093
Dom. Laurent **Roumier**, 484 489
Hervé **Roumier**, 486
Jean-Claude du **Roure**, 600
Wilfrid **Rousse**, 916
Dom. Armand **Rousseau**, 473 480
EARL Christian et Anne **Rousseau**, 873
Mme Marcelle **Rousseau**, 835
Vignobles Jean-Marie **Rousseau**, 252 291
Rousseau Frères, 897
Rousseaux-Batteux, 653
EARL du Ch. de **Rousselet**, 231
Rémy **Rousselot**, 238 253
Claude **Rousselot-Pailley**, 674 676 1059
Daniel **Rousset**, 440
Fabrice **Rousset**, 1093
Domaines et Châteaux du **Roussillon**, 732 **732** 1034 **1034**
Mme **Roustan-Fontanel**, 1042
Marc et Dominique **Rouvière**, 993 1091
SARL **Rouvière-Plane**, 762
Rouvinez Vins, 1110
Alain **Roux**, 234
Claude et Bernard **Roux**, 146
Comte de **Roux**, 1088
Françoise **Roux**, 236 237
Ph. **Roux**, 184
Dom. **Roux Père et Fils**, 487 502 **562** 565
Alain **Roy**, 589
Jean-François **Roy**, 897
Jean-Marie **Royer**, 1009
G. **Royer-Moretti**, 485
Champagne **Royer Père et Fils**, 654
GFA **Roylland**, 284
Les Vignerons du **Roy René**, 758 1089
Jean-Pierre **Rozan**, 756
Paul de **Rozières**, 345
Jean-Paul **Ruedin**, 1116
Michel **Ruelle-Pertois**, 654
Dom. **Ruet Père et Fils**, 149
Ruffin et Fils, 654
Ruhlmann-Dirringer, 86 107
SARL **Ruhlmann-Schutz**, 95 102
Gilbert **Ruhlmann Sté de Fait**, 127
Champagne **Ruinart**, 654
Michel **Rullier**, 236 237
Dom. du Ch. de **Rully**, 579
Dom. de **Rully Saint-Michel**, 579
EARL François **Runner et Fils**, 80 81
Rutishauser **Weinkellerei AG**, 1119 1120
Marc **Ryckwaert**, 984
Michel **Ryser et Fils**, 1103 1104
GAEC **Sabaté Père et Fils**, 301
EARL Aimé **Sabon**, 975 1011 1087
Les Fils de Joseph **Sabon**, 1013
GAEC Dom. Roger **Sabon et Fils**, 1015
Jean-Bernard **Saby**, 284
GAEC du **Sacré-Cœur**, 719
Louis de **Sacy**, 654

Sadi Malot, 654 655
SCEA Vignobles Pierre **Sadoux**, 804 807
SA Guy **Saget**, 952 953
René **Sahonet**, 1038
Abel **Sahuc**, 974 **975**
EARL **Saillant-Esneu**, 841
Cave de Vignerons réunis à **Sain-Bel**, 174
Dom. **Saint-André-de-Figuière**, 745
Coop. vinicole de **Saint-Antoine**, 766
Dom. **Saint-Benoît**, 1015
SCE Dom. **Saint-Charles**, 148
Cave des Vignerons de **Saint-Chinian**, 719
SCIA **Saint-Christophe**, 983
Cave Nouveau **Saint-Clément**, 1110
Ch. de **Saint Cosme**, 1004
Cave de **Saint-Désirat**, 995
Dom. de **Sainte-Anne**, 858
EARL Dom. **Sainte-Anne**, 987
SCEA Ch. **Sainte Catherine**, 387
Ch. **Sainte-Marguerite**, **746** 746
Cave de **Sainte-Marie-La-Blanche**, 541
UDP de **Saint-Emilion**, 258 260 261 264 268 269 275 281 282 287
Sté vinicole **Sainte Odile**, 87 103
C.C. Viticulteurs réunis de **Sainte-Radegonde**, 306
SCEA Ch. **Sainte-Roseline**, 746
Ch. **Saint-Estève**, 762
Ch. **Saint-Estève d'Uchaux**, 979 987
SA Ch. **Saint Estève de Néri**, 1029
Cellier des **Saint-Etienne**, 151
Jacques de **Saint-Exupéry**, 708
La Cave des Vignerons de **Saint-Félix-de-Lodez**, 709
GAEC Clos **Saint-Fiacre**, 946
Cave coop. Les Vignerons de **Saint-Gilles**, 700
Les Vignerons de **Saint-Hilaire-d'Ozilhan**, 979 987
SCV **Saint-Hippolyte**, 1038
SCEA **Saint-Jacques Calon**, 295
Cave **Saint-Jean**, 345 349
SCAV de **Saint-Jean-de-la-Blaquière**, 703
SCEA **Saint-Jean de la Ginestre**, 697
GAEC Dom. **Saint-Jean-le-Vieux**, 762
SA du Ch. **Saint-Lô**, 284
SCEA Ch. **Saint-Louis**, 785
Cave **Saint-Marc**, 1026
Dom. **Saint-Marc**, 570
Celliers **Saint-Martin**, 698
EARL Ch. de **Saint-Martin**, 746
SCEA **Saint-Martin de la Garrigue**, 710 1081
Cave de **Saint-Mont**, 796
Bruno **Saintout**, 349 352 383
SA Cave **Saint-Pierre**, 1110
Les Fouleurs de **Saint-Pons**, 744
Union des Vignerons de **Saint-Pourçain**, 944
Cave de **Saint-Sardos**, 1074
Les Vins de **Saint-Saturnin**, 707
Ch. **Saint-Sauveur**, 1026
Dom. de **Saint-Ser**, 747
Cave de **Saint-Sornin**, 1070
Cave **Saint-Verny**, 939
Cave des Vignerons de **Saint-Victor-la-Coste**, 980
SCEA **Saint-Vincent**, 751
Les Viticulteurs réunis de **Saint-Vivien et Bonneville**, 813
Caves **Salavert**, 988 995
Salesse et Fils, 818
SCEV Ch. de **Salettes**, 781
EARL Alain et Philippe **Sallé**, 898
Uldaric **Sallier**, 758
Dominique **Salmon**, 838
Denis **Salomon**, 655
Salon, 655
Caveau de **Salquenen**, 1108
Salvat Père et Fils, 728
Salzmann-Thomann, 80
Sambardier, 140
Fabrice **Samson**, 905
Dom. **Sanac**, 1038
Jean **Sanders**, 333
Dom. **Sangouard**, 604
EARL Dom. **San Michele**, 766
Dom. **San Quilico**, 769 1049
Jean-Louis **Santamaria**, 769 1049

Bernard Santé, 161
Jean-Pierre Santini, 748
Dom. des Sanzay, 881 886
René de Saqui de Sannes, 750
Jean-Jacques Sard, 898
Dom. **Sarda-Malet**, 728 1039 1044
Charles **Sardou**, 758
Sareh Bonne Terre, 703 1077
SE du Ch. Haut Sarpe SA, 272
Michel Sarrazin et Fils, 427 588
Marco Saulnier, 103
Saumade, 1083
Guy Saumaize, 604
Jacques et Nathalie **Saumaize**, 592
Roger et Christine **Saumaize**, 600
Dom. **Saumaize-Michelin**, 592 605
Cave des Vignerons de Saumur, 825 828 880 886
Serge Saupin, 829 1068
GFA Sautarel, 254
Thierry Sauvaire, 706
SARL Sauvat, 940
Roger Sauvestre, 524 585
Dom. **Sauvète, 898**
Jean-Michel Sauvêtre, 834
Yves et Yvonnick Sauvêtre, 1067
SCE Sauvion et Fils, 832
Savary, 1082
Francine et Olivier Savary, 447 453 458
Gilles Savary, 838
Camille Savès, 655
Christophe Savoye, 155
Dom. René Savoye, 156
Pierre Savoye, 165
René Savoye, 155
Bernard Scarone, 745
Schaeffer-Woerly, 87 111
Vins Schaeflé, 87
Philippe Scheidecker-Zimmerlin, 80 111 121
Bruno Schenck, 695
Michel Scherb, 127
Vignoble A. Scherer, 95
Pierre Schillé et Fils, 128
Weinbaugenossenschaft von Schinznach, 1118
Maison Lucien Schirmer et Fils, 103
Hans Schlatter, 1119
Domaines Schlumberger, 78 80
Reben+Wein Jakob Schmid AG, 1119
André Schneider et Fils, 96 128
Paul Schneider et Fils, 95 109
Albert Schoech, 96 123
Michel Schoepfer, 96
Dom. **Schoffit, 117** 117
Peter Schott-Tranchant, 1117
SA Schröder et Schÿler, 365
EARL Maurice Schueller, 128
Bernard Schwach, 95
EARL Paul Schwach, 87
SCEA François Schwach et Fils, 96 119
Justin et Luc Schwartz, 128
EARL Emile Schwartz et Fils, 103 107
Françoise Sciard, 263 267
SDVF/GVG, 303
Sebodem, 738
GAEC Bernard et Michel Sécher, 830
Jérôme et Rémy Sécher, 835
Séchet-Carret, 854 862
François Secondé, 655
Bruno Secret, 342
Régis et Yves Ségault, 452
Segond, 348
SCEA Ch. Segonzac, 187
Rémi Seguin, 479 494
SC du Ch. de Seguin, 191 217
Pierre Seiglan, 327
Robert Seize, 289
SARL Jean-Michel Selig, 103
EARL Pierre Selle, 783
Jacques Selosse, 655
Albert Seltz, 81 87
Marie-Christine Selves, 191
Ch. Sémeillan-Mazeau, 362
SCA du Ch. Sénailhac, 194
Dom. Comte Senard, 516
Hubert Sendra, 698
SCEA Sendrey Frères et Fils, 396
Ch. Sénéjac, 358

SARL Champagne Cristian Senez, 656
Courrèges, SCEA Dom. du Sens, 191
Cave des **Sept Monts, 1071**
Sérafin Père et Fils, 472 476
Alain et Josy Sergenton, 800 811
Claude Sergenton, 816
Joseph Sergi et Roland Sicardi, 749
Y. et J.-P. Serguier, 980 1015 1086
SCAV les Vignerons de Sérignan, 710
EARL Jean-Marie et Patricia Sermier, 674
Robert Sérol et Fils, 945
Serge Serris, 716
SCE Dom. Marcel Servin, 453 458 462
Rémy Sessacq, 390
Ch. du Seuil, 328
SCE Vignobles Sévenet, 319
Catherine Sicard-Géroudet, 1082
Sichel, 363
Sté Sichel, 194 218
Siebe-Dupf-Kellerei, 1118
EARL Jean Siegler Père et Fils, 103
Bernard Sierra, 261 285
Les Caves du Sieur d'Arques, 690 **692 693** 693
EARL Dom. Siffert, 96 117
Ch. **Sigalas Rabaud, 399**
Hervé Sigaut, 485
SCEA Vignobles **Signé,** 202
La Cave de Sigolsheim, 128
EARL R. et S. Simon, 931
Henry Simon, 717
SCE Charles Simon, 356
Guy Simon et Fils, 434
Mme Jeanne Simon-Hollerich, 131
Simonnet-Febvre et Fils, 419 443 458
SCEA Ch. Singleyrac, 803 808
Hubert Sinson, 898 935
Louis Sipp Grands Vins d'Alsace, 87
Dom. **Sipp-Mack**, 116 118
SC Ch. Siran, 217 368
Pascal Sirat, 205
Jacques Sire, 731 1044
Robert Sirugue, 419 485 494
Patrick Size, 155
Robert Size et Fils, 427 585
Robert Skalli Fortant de France, 1078
SCE du Ch. **Smith Haut Lafitte**, 339 **339** 339
GAEC Famille Soard, 983 1023
J.-P. Marmin SOCAV, 807
GFA Bernard Solane et Fils, 186 204 390
Jean-Michel Sorbe, 954
Bruno Sorg, 116 128
EARL des Vignobles Jean Sorge, 364
Marlène Soria, 709
Jean-Pierre Sorin, 420
Marylène et Philippe Sorin, 420
Dom. **Sorin-Defrance**, 420 427 463
Dom. Sorine et Fils, 570
Jean-Pierre Soubie, 219
Jean-Paul Soucaze, 286
Philippe Souciou, 903
Pierre Soulez, 865
Dom. des Soulié, 1082
SARL Albert Sounit, 444 580
SC Vignoble Roland Sounit, 580
Ch. des Sources, 701
Pierre Sourdais, 915
SCEA du Ch. de Sours, 203 205
Albert de Sousa-Bouley, 420 541 553
Alain Soutiran, 656
SCEA Dom. de Souviou, 747 753
Vincent Spannagel, 123
Paul Spannagel et Fils, 87 123
Maison Pierre Sparr et ses Fils, 88 114 128
Daniel Spay, 161
Georges Spay, 172
GAEC Jean-Paul et Denis Specht, 81
Gérard Spelty, 915
Pierre Sperry Fils, 96
Pierre Speyer, 795
Dom. **Spielmann**, 108 113
Janie Spinasse, 294
Spitz et Fils, 88 128
Staatstrotte LBBZ, 1117
Bernard Staehlé, 88
Bernard Steiner, 1104
Jean-Jacques Steiner, 1103 1104
Stentz-Buecher, 122

Patrice Sterlin, 782
Dom. **Charles Stoeffler**, 88 113 114
Antoine Stoffel, 107 128
GAEC du Ch. de **Stony**, 1045
Jean-Marie **Straub**, 103
Joseph Straub Fils, 94 101 127
Bernard Striffling, 169
Francis Suard, 916
Didier Sublett, 302
Michel Sublett, 298
Georges Subrin, 139
SA Ch. **Suduiraut, 399**
Champagne Sugot-Feneuil, 656
SCEA des Vignobles Sulzer, 272
Hugues et Yves de Suremain, 585
Jean-Paul Suss, 656
SCA Ollivier Suteau, 843
Etienne Suzzoni, 764
Le Vin de Sylla, 1025 1027
GAEC Jean-Paul et Hubert **Tabit**, 420
Bernard Tach, 324
Frédéric Tach, 324
Maurice Tadieu, 1056
Patrice de Taffin, 238
EARL **Tailleurguet**, 796
Les caves **Taillevent**, 656
Cave de **Tain-l'Hermitage**, 995 999 1001 1091
Taittinger, 656
Josette Taïx, 298
Jean-Pierre et Bernadette Taixo, 713
Ch. **Talbot**, 384
Dom. **Talmard**, 596
EARL Joël et Clarisse **Taluau**, 910
SA Eredi Carlo Tamborini Vini, 1121
Jacques Tanneux, 657
Dom. de Tana, 1026
SCA Les Vignerons de Taradeau, 743
SCA Les Vignerons de la **Taradoise**, 742
Tardieu-Laurent, 973 1001
Gilbert Tardy, 682
SCV **Tarérach**, 728
Ch. du **Tariquet**, 1057
Champagne **Tarlant**, 657
Roland Tarroux, 710
SCE Jean et Pierre **Tartois**, 420 537
Jean **Tatin**, 954
Jean Tatoux, 150
Dom. Bernard Tatraux Juillet, 588
Pierre Taupenot, 547
Jean Taupenot-Merme, 476 479 485
Les Maîtres Vignerons de Tautavel, 731 **1039**
Ch. de **Tauziès**, 781
Jean Techenet, 304
Cave de **Técou**, 781
Dom. Jean Teiller et Fils, 948
Jean-Marie Teillet, 807
M. et Mme Jean Teisseire, 231
Champagne de **Telmont SA**, 657
Marc Tempé, 114 119
Jean-Yves Templier, 831
Cellier des **Templiers**, 731 732 **733** 733 1034 **1035** 1035
François Tereygeol, 358
Sylvie Termeau, 865
Claude Terrand, 440
SCV Les Vignerons de **Terrats**, 728
Dom. de **Terrebrune**, 859 873
SCA du Ch. de **Terrefort-Quancard**, 217
SA Terreni alla Maggia, 1121
SCEA Dom. de Terres Blanches, 760
GAEC des **Terres Noires**, 903
EARL Pierre Terrien, 846
Terrigeol et Fils, 225
Terroir de Lagrave, 779
Famille Tesseron, 376 378
Tessier, 877
Christian Tessier, 931
Michel Tessier, 1066
Philippe Tessier, 932 933
SA Jean et Pierre **Testuz**, 1100 1102
Michel Tête, 159
Philippe Teulier, 786
Heinz Teutsch, 1117
Daniel Tévenot, 932
Daniel Texier, 144
EARL Ch. **Teynac**, 384
Ch. **Teyssier**, 285

GFA Ch. **Teyssier,** 295
Jean-François **Tézenas,** 738
Weinbaugenossenschaft Thal, 1119
Theil, 370
Bernard **Therasse,** 783
EARL Vignobles **Thérèse,** 215 306
Jean-Pierre **Théron,** 326
Michel **Théron,** 353
Jacky **Therrey,** 657
André **Théveneau, 952** 963
Jean-Claude **Thévenet,** 420
Laurent **Thévenet,** 165
Michèle **Thévenet,** 657
Martial **Thévenot,** 576
Dom. **Thévenot-Le Brun et Fils,** 434 435
Les Vignerons de **Thézac-Perricard,** 1071
Jean-Pierre **Thézard,** 290
GAEC **Thibault,** 943
Pierre et Jean-Baptiste **Thibaut,** 427
SCEV Guy **Thibaud,** 657
Jean-Marc **Thibert,** 602
Pierre **Thibert,** 526
GAEC du Dom. **Thibert Père et Fils,** 597 600 602
Jean-Claude **Thiellin,** 922
Alain **Thiénot,** 657
Vignobles Alain **Thienot,** 327
Christian **Thierry,** 929
Thomas **Thiou,** 293
Gérard **Thirot,** 960
Christian **Thirot-Fournier,** 964
Gilbert **Thirot,** 150
GAEC Robert et Patrice **Thollet,** 174
Christian **Thomas,** 361 362
EARL **Thomas,** 898
GAEC Yves et Eric **Thomas,** 929
Gérard **Thomas,** 565
Lucien **Thomas,** 442 604
André **Thomas et Fils,** 81 96
Dom. **Thomas et Fils,** 963
Dom. Michel **Thomas et Fils,** 963
Dom. **Thomas-Moillard,** 435 489 494 502 516 524 531
Bernard **Thomassin,** 333
C. **Thorin,** 1054
Maison **Thorin,** 170 600
Dom. du **Thouar,** 743
Sylvie **Thouet-Bosseau,** 907
Martine **Thoumy,** 1014
EARL du Ch. de **Thouramme,** 1026
Jeanne **Thouraud,** 242
Ch. **Thuerry,** 747 762 1089
Jean-Luc **Thunevin,** 286
Ch. **Tigreau,** 225
Pierre-Yves **Tijou,** 873
EARL **Tijou et Fils,** 860
Annick **Tinel-Blondelet,** 952
Jean-Marie **Tinon,** 390
Jean-Luc **Tissier,** 602
André et Mireille **Tissot,** 667
Daniel **Tissot,** 782
Dom. Jacques **Tissot,** 667 1059
Cave du **Tivoli,** 938 1068
Champagne Michel **Tixier,** 657
SCEA **Tobler et Fils,** 194
Françoise **Torné,** 744
Jean-Claude **Toublanc,** 830
Joseph **Toublanc,** 830
Luc **Touchais,** 351
Vignobles **Touchais,** 850
Les Vignerons du **Toulois,** 130
GFA ch. **Tour Baladoz,** 285
SCEA Dom. **Tour d'Elyssas,** 1022
SA Ch. **Tour de Pez,** 380
Dom. **Tour des Chênes,** 1019
Ch. **Tour du Haut-Moulin,** 359
Michèle et Patrick **Tournier,** 231
Jean-Pierre **Tournier,** 248
EARL de **Tourreau,** 1005
SARL Ch. **Tour Saint-Christophe,** 295
Ch. du **Tourte,** 328
Mme **Tourtin-Sansone,** 972 983
René **Tranchand,** 158
Dom. **Trapet Père et Fils,** 473
S.A. **Travers,** 233
GAEC **Travers Foisey,** 831
Bertrand du **Tremblay,** 699
Gérard **Tremblay,** 447 456 460
Dom. **Tremeaux Père et Fils,** 585

Jean **Trésy et Fils,** 674
Coop. Vinicole de **Trets,** 743
Dom. de **Trians, 762**
Champagne **Tribaut-Schlœsser,** 658
Laurent **Tribut,** 453 458
Bernard **Trichard,** 170
Dom. Benoît **Trichard,** 167
Georges **Trichard,** 172
Jacques **Trichard,** 166
Pierre **Trichet,** 658
Robert **Tricoire,** 727
Olivier **Tricon,** 458
Dom. de **Triennes,** 1089
SCEA Ch. du **Trignon,** 980 988 1004
Jean-Louis **Trocard,** 246 252 254 289
J.M. **Trocard,** 252
Charlotte **Troncin,** 720
Ch. **Tronquoy-Lalande,** 381
Ch. **Troquart,** 299
Charles **Trosset,** 680
GAEC **Trotignon et Fils,** 889
SCEA Dom. des **Trottières,** 854 858 862
SCV Le Cellier de **Trouillas,** 728 1039 1044
Frédéric **Trouillet,** 600
Jean-Pierre **Trouvé,** 922
Jean-Pierre **Truchetet,** 502
Lionel **Truet,** 900
Cave de **Turckheim,** 81
GAEC **Turpin Père et Fils,** 948
Les Vignerons de **Tursan,** 798 1072
Uni-Médoc, 342
Union Auboise Prod. de vin de Champagne, 659
Union des Caves, 719
Univitis, 183 263 214 303 786 802
Raymond **Usseglio,** 1015
EARL Pierre **Usseglio et Fils, 1016**
SICA Uval, 1086
Régis **Vacher,** 876 883
Vacheron et Fils, 594
Jean-Denis **Vacheron-Pouizin,** 970 1012 1007
Cave des vignerons de **Vacqueyras,** 1003 1007
Patrick **Vadé,** 886
GAEC **Vaillant,** 850 856 869
André **Vaisse,** 158
EARL P.L. **Valade, 302**
Christophe **Valat,** 980 1017
Dom. du **Val d'Arenc,** 753
SCE viticole du **Val du Loir,** 918
Cave des Vignerons Réunis de **Valençay,** 935
Héritiers **Valent,** 691
Louis **Valentin,** 739
EARL **Valentin et Coste,** 974
Dom. **Valette,** 600
Marc **Valette,** 717
Consorts **Valette SCA,** 272 281
Ch. **Val Joanis,** 1029
Jean-François **Vallat,** 707
Claude **Vallée,** 909
GAEC Jean et Eric **Vallier,** 682
Dom. de **Vallière,** 565
Jean-Claude **Vallois,** 658
Les Vignerons du **Vallon,** 787
François **Vallot,** 971 973
Dom. de **Vallouit,** 995
GAEC **Valpromy,** 317
SCE Ch. **Valrose,** 381
Filli **Valsagiacomo Fu Vittore,** 1122
Bernard **Van Doren,** 1087
Ch. **Vannières,** 754
Thierry **Van Themsche,** 757
Bernard **Vaquer,** 1039 1044
Pierre **Varenne,** 973 1002
Dom. des **Varoilles,** 473 476
Vins Frédéric **Varone,** 1111
André **Vatan,** 962
Arielle **Vatan,** 1068
Philippe et Georges **Vatan,** 877 884 **884**
Paul **Vattan,** 963
Vaucher Père et Fils, 420 502
Ch. de **Vaudieu,** 1016
SC des Vignobles de **Vaudieu,** 1012 1013
Christophe **Vaudoisey,** 547
Henri **Vaudoisey-Creusefond,** 537 547
SCEA Ch. de **Vaugaudry,** 917
Vaurabourg, 396

Dom. de **Vauroux,** 453 458
Thierry **Vaute,** 1046
Famille **Vauthier,** 280
EARL Patrick **Vauvy,** 889
Xavier **Vayron,** 241
Dom. **Vayssette,** 781
Champagne **Vazart-Coquart et Fils,** 658
Cave coop. du **Vendômois,** 934
Paul **Vendran, 1025**
SCEA Hubert **Veneau,** 942
Champagne de **Venoge,** 658
Lina **Venturi-Pieretti,** 766
SARL Antoine **Verda et Fils,** 1017 1019
Jean-Hubert **Verdaguer,** 1017
Dom. Alain **Verdet,** 435
François et Denise **Verdier,** 308
Odile **Verdier et Jacky Logel,** 941
SC Ch. **Verdignan,** 359
Ch. **Verez,** 747
GAEC **Verger Fils,** 299
Vignobles **Vergnes,** 691 1084
SCEV J.-L. **Vergnon,** 658
Verhaeghe et Fils, 772
Gilles **Verley,** 922
Jacques et Marie-Ange de **Vermont,** 147
EARL Georges **Vernay,** 992
Yvonne **Vernus,** 149
Fernand **Verpoix,** 157
Dom. **Verret,** 429 444
EARL Franck **Verronneau,** 901
SCA Cave de **Verzé,** 444
Philippe **Verzier,** 991
Georges **Vesselle,** 659 661
SCEV Alain **Vesselle,** 658
Dom. **Vessigaud Père et Fils,** 600
Veuve Ambal, 444
CFVM **Veuve Amiot,** 828
Veuve Clicquot-Ponsardin, 659
Veuve Fourny et Fils, 659
Eric et Michel **Vezain,** 221
SCEV Champagne Marcel **Vézien et Fils,** 659
GAEC Philippe et Marcel **Vial,** 946
Eric **Vialade,** 691
SCEA **Viale,** 996
GAEC Dom. **Viallet,** 683
SARL Maison Philippe **Viallet,** 683
Vial-Magnères, 733 1034
SCEA Ch. de **Viaud,** 251 254
Vincent **Viaud, 837**
Yves et Jean-Jacques **Viaud,** 260
SCEA Dom. **Vico,** 767
Jean-Philippe **Victor,** 746
Bernard **Vidal,** 711
Dominique **Vidal,** 810
Dom. J. **Vidal-Fleury,** 995
J. **Vidal-Fleury,** 992 998 1046
Cave vinicole du **Vieil-Armand,** 115 129
Ch. de **Viella,** 796
Charles **Vienot,** 435 467 485 494 542
SC du **Vieux Château Certan,** 245 250
Dom. du **Vieux Chêne,** 1043 **1044**
SCE Ch. **Vieux Robin,** 350
Dominique **Vigié,** 1054
Maurice **Vigier,** 252
André **Vignal,** 971
Guy **Vignat,** 142
EARL Clos du **Vigneau,** 910
EARL **Vigneau-Chevreau,** 930
Ch. **Vignelaure,** 758
Champagne **Vignier-Lebrun SA,** 641
Dom. Fabrice **Vigot,** 422 491 494
Madame Roland **Vigot,** 494
Claude **Vigouroux,** 783
Georges **Vigouroux,** 773
Bernard **Vigier,** 1028
Jean-Marc **Viguier,** 786
Robert **Vila,** 1041
Claude **Villain,** 930
A. et P. de **Villaine,** 576 580 585
Henri de **Villamont,** 435 458 548
François **Villard,** 990 992 996
Philippe et Pierre **Villard,** 1114
GAEC **Villemade, 932** 932
Jean-Marc **Villemaine,** 895
André **Villeneuve,** 945
Dom. de **Villeneuve,** 1016
Xavier de **Villeneuve-Bargemon,** 743

Cave pilote de **Villeneuve-les-Corbières,** 696 712 713
SCEA du Ch. de **Villers-la-Faye,** 435
SA **Vinattieri Ticinesi,** 1121
Dom. **Vincent,** 510
Gilles **Vincent,** 151
Jacques **Vincent,** 956
Jean-Claude et Jérôme **Vincent,** 1020 1021
SC Vignobles JBC **Vincent,** 200 204
Vincent-Lamoureux, 660 662
Daniel et Gérard **Vinet,** 836
Vinival, 837 839
Vins et Vignobles, 158
Paul-Hervé **Vintrou,** 848 855
SCE Dom. Louis **Violland, 519** 525 531
Christophe **Violot-Guillemard,** 548
Georges **Viornery,** 150
GFA de **Viranel,** 720
SCA Cave de **Viré,** 444
Liliane **Viré et Joël Durif,** 420
SCEA Dom. **Virely-Rougeot,** 537
GFA Dom. de **Vires,** 710
SA dom. **Virginie,** 1081
Alain **Vironneau,** 214
SCEA des Vignobles **Visage,** 260 298
Roger **Visonneau,** 818
Gérard **Vitteaut-Alberti,** 444
Les Chais du **Vivarais,** 1029
GAEC **Vivier-Merle Frères,** 142

Dom. du Château de **Viviers,** 453
SCV Dom. Emile **Voarick,** 429 585
Joseph **Vocat et Fils,** 1106
Dom. Yvon **Vocoret,** 453
Dom. **Vocoret et Fils,** 458 462
Laurent **Vogt,** 81 129
SCEV Joseph **Voillot,** 542
Michel **Voisine,** 864
Fruitière vinicole de **Voiteur,** 669 674
Jean **Volerit,** 848 1069
Volg **Weinkellereien,** 1120
Elizabeth **Vollereaux,** 660
Champagne **Vollereaux SA,** 660
Paule de **Volontat,** 1040
Voser AG, 1118
Jean **Vullien,** 683
Jean **Wach,** 88 97 115
EARL François **Wackenthaler,** 97
Philippe et Alain **Walbaum,** 1092
André **Wantz,** 81
Jean-Marc **Wantz,** 125
EARL **Warris-Larmandier,** 660
Jean-Paul **Wassler,** 97
Maurice **Wehrlé,** 109
Jean **Weingand,** 97 104
EARL Gérard **Weinzorn et Fils,** 120
Jean-Michel **Welty,** 97
Bernadette **Welty et Fils,** 88
Cave de **Westhalten,** 97

Françoise de **Wilde,** 283
Alsace **Willm,** 88 107
Albert **Winter,** 118
EARL A. **Wittmann et Fils,** 81
Wolfberger, 110 116
Wunsch et Mann, 81
Famille de **Wurstemberger,** 1100
Bernard **Wurtz,** 89 104
GAEC Willy **Wurtz et Fils,** 89 114
EARL Vignobles F. et A. **Xans,** 261 274
Daniel **Ybert,** 287
Bernard **Yon,** 208
Ch. **Yon-Figeac,** 287
EARL Vignobles Albert **Yung,** 208 322
SCEA Pierre **Yung et Fils,** 218
SCEA Pierre **Yung et ses Fils,** 309
GAEC des Vignobles **Zausa,** 326
SARL **Zeyssolff,** 82
GAEC Fernand **Ziegler et Fils,** 89
GAEC Jean-Jacques **Ziegler-Mauler et Fils,** 115 119
Ziemek-Chigé, 791
GAEC A. **Zimmermann Fils,** 98
SARL Paul **Zinck,** 89 90 104
Dom. **Zind-Humbrecht,** 117
Pierre-Paul **Zink,** 129
Maurice **Zufferey,** 1111

INDEX DER WEINE

AARGAUISCHE STAATSTROTTE FRICK, Kanton Aargau, 1117
ABBAYE DE MONT, Kanton Waadt (Vaud), 1097
ABBAYE DE VALMAGNE, Coteaux du Languedoc, 702
DOM. **ABBAYE DU PETIT QUINCY**, Bourgogne, 407
DOM. **DES ABEILLES D'OR**, Kanton Genf (Genève), 1112
ABEL LEPITRE, Champagner, 613
CH. **DES ABELLES**, Collioure, 731
DOM. **ABOTIA**, Irouléguy, 788
A CANTINA, Ile de Beauté, 1086
ACHILLE PRINCIER, Champagner, 613
ACKERMAN, Crémant de Loire, **826**
DOM. **PIERRE ADAM**, Alsace Tokay-Pinot gris, 98
J.-B. **ADAM**, Alsace Tokay-Pinot gris, 98
ADAM-GARNOTEL, Champagner, 613
CHRISTIAN **ADINE**, Chablis premier cru, 453
ADISSAN, Clairette du Languedoc, 693
JEAN-LUC **AEGERTER**,
• Bonnes-Mares, **485** • Givry, 586
DOM. D' **AERIA**, Côtes du Rhône-Villages, **981**
LES VIGNERONS D' **AGHIONE**, Ile de Beauté, 1086
AGNEAU ROUGE, Bordeaux, 182
AGRAPART ET FILS, Champagner, 613
LES VIGNERONS DE LA CAVE D' **AIGNE**, Minervois, 714
CH. D' **AIGUILHE**, Côtes de Castillon, 299
STEPHANE **ALADAME**, Montagny, 589
DOM. **DANIEL ET DENIS ALARY**, Côtes du Rhône-Villages, 981
CLOS D' **ALBIZZI**, Cassis, 747
LUCIEN **ALBRECHT**, Alsace Gewurztraminer, 90
CH. **ALEXANDRE**, Bordeaux, 182
DOM. **ALEXANDRE-COMPAIN**, Bourgogne, 407
GABRIEL **ALIGNE**, Mâcon-Villages, 593
DOM. **ALISO-ROSSI**, Patrimonio, 768
FRANÇOIS D' **ALLAINES**, Bourgogne Hautes-Côtes de Nuits, 431
DOM. **DES ALLEGRETS**, Côtes de Duras, 817
DOM. **CHARLES ALLEXANT ET FILS**,
• Chorey-lès-Beaune, 525 • Pommard, 531
DOM. **ALLIAS**, Vouvray, 922
DOM. **ALLIMANT-LAUGNER**, • Alsace Gewurztraminer, 90 • Crémant d'Alsace, 125
PRIVILEGE DU CELLER D' **AL MOLI**, Rivesaltes, 1035
CLOS D' **ALZETO**, Ajaccio, 767
DOMAINE D' **ALZIPRATU**, Vins de Corse, 764
AMABILIS, Oc, 1076
DOM. **DES AMADIEU**, Côtes du Rhône-Villages, 981
AMBERG, Alsace Riesling, 82
DOM. **AMBINOS**, Coteaux du Layon, 866
DOM. **AMIDO**, Lirac, 1017
MAS **AMIEL**, Maury, **1040**
DOM. **GUY AMIOT ET FILS**, Chassagne-Montrachet, 559
DOM. **PIERRE AMIOT ET FILS**, Morey-Saint-Denis, 477
DOM. **AMIOT-SERVELLE**, Chambolle-Musigny, 481
YANNICK **AMIRAULT**, • Bourgueil, 903 • Saint-Nicolas-de-Bourgueil, 907
DOM. **AMOUROUX**, Côtes du Roussillon, 723

DOM. D' **AMOZ**, Kanton Genf (Genève), 1112
AMPELIDAE, La Vienne, 1069
AMPELIO, Kanton Tessin (Ticino), 1120
DOM. **DES AMPHORES**, • Juliénas, 159 • Mâcon-Villages, 593
DOM. D' **ANDEZON**, Côtes du Rhône, 968
CH. **ANDOYSE DU HAYOT**, Sauternes, 394
PIERRE **ANDRE**, • Clos de Vougeot, 487 • Ladoix, 505
CH. **ANDRON BLANQUET**, Saint-Estèphe, 377
CH. **ANGLADE-BELLEVUE**, Premières Côtes de Blaye, **220**
CH. D' **ANGLUDET**, Margaux, 363
ANNE DE LA GRESILLE, Crémant de Loire, 826
CH. **DES ANNEREAUX**, Lalande de Pomerol, 250
DOM. **DES ANNIBALS**, Coteaux Varois, 760
ANTECH, Crémant de Limoux, 691
CH. **ANTHONIC**, Moulis-en-Médoc, 369
E. ET PH. **ANTOINE**, La Meuse, 1094
ANTOINE CHATELET, • Bourgogne, 408 • Nuits-Saint-Georges, 497 • Pommard, 531
CH. D' **AQUERIA**, Lirac, 1017
FREDERIC **ARBOGAST**, Alsace Gewurztraminer, 91
FRUITIERE VINICOLE D' **ARBOIS**, Arbois, 665
DOM. **DES ARCADES**, Côtes du Roussillon-Villages, 729
CH. D' **ARCHAMBEAU**, Graves, 318
CH. D' **ARCHE**, Haut-Médoc, 351
LES VIGNERONS **ARDECHOIS**,
• Coteaux de l'Ardèche, **1092** • Coteaux de l'Ardèche, 1092
DOM. D' **ARDHUY**, Corton, 513
LA FERME **DES ARDILLERS**, Fiefs Vendéens AOVDQS, 845
ANTOINE **ARENA**, Patrimonio, **768**
PHILIPPE D' **ARGENVAL**,
• Bourgogne, 408 • Bourgogne Passetoutgrain, 428 • Bourgogne Hautes-Côtes de Beaune, 436
CH. D' **ARGUIN**, Graves, 318
JEAN-ANTOINE **ARISTON**, Champagner, 613
ARISTON FILS, Champagner, 613
DOM. **ARLAUD PERE ET FILS**,
• Charmes-Chambertin, 475 • Morey-Saint-Denis, 477 • Clos de la Roche, 479 • Clos Saint-Denis, 480
CH. D' **ARLAY**, Côtes du Jura, 669
CH. D' **ARMAILHAC**, Pauillac, 371
DOM. **ARNAL**, Coteaux du Languedoc, 702
ARNAUD DE VILLENEUVE, • Côtes du Roussillon, 723 724 • Côtes du Roussillon-Villages, 729 • Rivesaltes, **1035** • Muscat de Rivesaltes, **1040**
CH. **ARNAUTON**, Fronsac, 236
PIERRE **ARNOLD**, Alsace Pinot noir, 104
MICHEL **ARNOULD ET FILS**, Champagner, 613
DOM. **ROBERT ARNOUX**,
• Vosne-Romanée, 475 • Nuits-Saint-Georges, 497
ARNOUX PERE ET FILS,
• Aloxe-Corton, 508 • Savigny-lès-Beaune, 519 • Beaune, 526
DOM. **ARRETXEA**, Irouléguy, 788
CH. D' **ARRICAUD**, Graves, 318
CH. **DES ARROUCATS**, Sainte-Croix-du-Mont, 389
ARTHUS, Côtes de Castillon, 299
CH. **ARTIGUES ARNAUD**, Pauillac, 372

DOM. D' **ARTOIS**, Touraine, 888
DOM. **DES ASPES**, Oc, 1076
AUBERSON ET FILS, Kanton Bern, 1117
J.-C. **AUBERT**, Vouvray, 923
AUBERT DE RYCKE, Coteaux du Loir, 917
AUBERT FRERES, Muscadet, 829
AUBETAILLE, Kanton Waadt (Vaud), 1097
JEAN **AUBINEAU**, Pineau des Charentes, 1051
L. **AUBRY FILS**, Champagner, 613
DOM. **DES AUBUISIERES**, Vouvray, 923
DOM. **AUCŒUR**, Morgon, 162
CAVE D' **AUCRET**, Kanton Waadt (Vaud), 1097
C. **AUDEBERT**, Pineau des Charentes, 1051
MAISON **AUDEBERT ET FILS**,
• Bourgueil, 903 • Chinon, 911
PASCAL **AUDIO**, Anjou, 848
DOM. **CHARLES AUDOIN**,
• Bourgogne Aligoté, 422 • vide, 464
DOM. **HONORE AUDRAN**, Coteaux du Languedoc, 702
DOM. D' **AUGERON**, Terroirs Landais, 1071
JACKY ET PHILIPPE **AUGIS**,
• Touraine, 888 • Valençay AOVDQS, 934
CHRISTOPHE **AUGUSTE**,
• Bourgogne, 408 • Bourgogne Passetoutgrain, 428
JEAN **AUGUSTE**, Givry, 586
BERNARD **AUJARD**, Reuilly, 955
DOM. D' **AUPILHAC**, Coteaux du Languedoc, 702
MAS D' **AUREL**, Gaillac, 777
CH. **AUSONE**, Saint-Emilion grand cru, 262
DOM. **PAUL AUTARD**, Châteauneuf-du-Pape, 1007
AUTREAU DE CHAMPILLON, Champagner, 614
AUTREAU-LASNOT, Champagner, 614
CH. D' **AUVERNIER**, Kanton Neuenburg (Neuchâtel), 1115
CELLIER **AVALON**, Corbières, 694
AVERSENG, Crémant de Limoux, 691
DOM. **DES AVEYLANS**, Costières de Nîmes, 698
LUCIEN **AVIET**, Arbois, 665
DOM. **JULIETTE AVRIL**,
• Châteauneuf-du-Pape, 1007 • Côtes du Ventoux, 1023
AYALA, Champagner, 614
CH. D' **AYDIE**, • Madiran, 793 • Pacherenc du Vic-Bilh, 796
CAVE COOPERATIVE D' **AZE**, Mâcon-Villages, 593
CAVE D' **AZE**, Crémant de Bourgogne, 440
BRUT D' **AZENAY**, Crémant de Bourgogne, 440
DOM. **HERVE AZO**, • Petit Chablis, 445 • Chablis premier cru, 453
DOM. **DE BABAN**, Châteauneuf-du-Pape, 1007
DOM. **DE BABLUT**, • Anjou-Gamay, 854 • Coteaux de l'Aubance, 862 • Coteaux de l'Aubance, **862** • Jardin de la France, 1051
DOM. **B. BACHELET ET SES FILS**,
• Meursault, 548 • Chassagne-Montrachet, 559 • Saint-Aubin, 563 • Maranges, 571 • Maranges, **571**
DOM. **DE BACHELLERY**, Oc, 1076
BADOZ, Macvin du Jura, 1058
BERNARD **BADOZ**, Côtes du Jura, 669
CLOS **BAGATELLE**, Saint-Chinian, 717

CH. **BAGNOLS**, Saint-Emilion grand cru, 262
BAGNOST PERE ET FILS, Champagner, 614
DOM. DES **BAGUIERS**, Bandol, 749
FABIEN **BAILLAIS**, Fleurie, 156
DOM. DE **BAILLAURY**, Collioure, 732
ALAIN **BAILLON**, Côte Roannaise, 944
CAVES DE **BAILLY**, Sauvignon de Saint-Bris AOVDQS, 462
SYLVAIN **BAILLY**, Sancerre, 957
CH. **BALAC**, Haut-Médoc, 351
DOM. DE **BALAGES**, Gaillac, 777
DOM. **BALAQUERE**, Côtes du Ventoux, 1023
CH. **BALESTARD LA TONNELLE**, Saint-Emilion grand cru, 262
CLAIRET DE **BALLAN**, Bordeaux Clairet, 195
DOM. JEAN-PAUL **BALLAND**, Sancerre, 957
JOSEPH **BALLAND-CHAPUIS**, Coteaux du Giennois AOVDQS, 941
BALLOT-MILLOT ET FILS, Meursault, 549
CH. **BALOUET**, Graves, 318
CHRISTIAN **BANNIERE**, Champagner, 614
LAURENT **BANNWARTH**, Alsace Gewurztraminer, 91
BLANC ROLLE DU **BAOU DE SAINT-JEANNET**, Alpes-Maritimes, 1090
DOM. DE **BAPTISTE**, Coteaux du Lyonnais, 174
PAUL **BARA**, ● Champagner, 614 ● Coteaux Champenois, 660
BARANCOURT, Champagner, 614
DOM. **BARAT**, ● Chablis, 447 ● Chablis premier cru, 454
CH. **BARATEAU**, Haut-Médoc, 351
CH. **BARBANAU**, Côtes de Provence, 736
CH. **BARBAZAN**, Bordeaux, 183
CH. DE **BARBE BLANCHE**, Lussac Saint-Emilion, 288
CH. **BARBE D'OR**, Bordeaux Supérieur, 205
CH. **BARBEIRANNE**, Côtes de Provence, 736
DENIS ET HELENE **BARBELET**, Saint-Amour, 171
CH. **BARBEROUSSE**, Saint-Emilion, 256
ANDRE **BARBIER**, Reuilly, 955
CEDRICK **BARDIN**, Sancerre, 957
CH. **BARDINS**, Pessac-Léognan, 330
BARDOUX PERE ET FILS, Champagner, 614
GILLES **BARGE**, Côte Rôtie, 989
DOM. **BARMES BUECHER**, Alsace grand cru Pfersigberg, 116
EDMOND **BARNAUT**, Champagner, 615
BARON, Pineau des Charentes, 1051
BARON ALBERT, Champagner, 615
CH. **BARON BERTIN**, ● Bordeaux Supérieur, 205 ● Entre-Deux-Mers, 306
BARON D'ESPIET, Bordeaux rosé, 203
BARON D'ESTIAC, Bordeaux, 183
BARON DE BACHEN, Tursan AOVDQS, 798
BARON DE HOEN, ● Alsace grand cru Sonnenglanz, 120 ● Crémant d'Alsace, 125
BARON DE LUZE, Bordeaux, 183
BARON-FUENTE, Champagner, 615
JEAN **BARONNAT**, ● Régnié, 168 ● Côtes du Rhône-Villages, 982 ● Côtes du Ventoux, 1023 ● Coteaux d'Aix, 755 ● Oc, 1076
BARON NATHANIEL, Pauillac, 372
BARONNE DU CHATELARD, Brouilly, 147
BARONNIE D'AIGNAN, Touraine, 888
BARON PHILIPPE, Sainte-Croix-du-Mont, 390
CH. DU **BARQUE**, Graves, 318
CH. **BARRABAQUE**, Canon-Fronsac, 233
DOM. DU **BARRAIL**, Premières Côtes de Bordeaux, 308
CH. **BARRAIL CHEVROL**, Fronsac, 236
CH. DE **BARRE**, Bordeaux Supérieur, 206

DOM. A. **BARRE**, Muscadet de Sèvre-et-Maine, 831
DOM. **BARREAU-LA GRAVE**, ● Côtes de Blaye, 220 ● Premières Côtes de Blaye, 220
CH. **BARREJAT**, Madiran, 793
CRU **BARREJATS**, Sauternes, 394
BARRE-JAUFFRINEAU, Muscadet de Sèvre-et-Maine, 831
DOM. DES **BARRES**, Coteaux du Layon, 866
CH. **BARREYRE**, Premières Côtes de Bordeaux, 308
DOMINIQUE **BARRIBAUD**, Pineau des Charentes, 1051
DOM. **LUCIEN BARROT ET FILS**, Châteauneuf-du-Pape, 1008
DOM. DE **BARROUBIO**, Muscat Saint-Jean de Minervois, 1047
DOM. **BART**, ● Bourgogne Aligoté, 422 ● vide, 464 ● Bonnes-Mares, 485 ● Santenay, 566
GHISLAINE **BARTHOD**, Chambolle-Musigny, 481
FELIX **BÄRTSCH UND SO..HNE**, Kanton Sankt Gallen, 1118
CH. **BAS**, Coteaux d'Aix, 755
CH. DU **BASCOU**, Floc de Gascogne, 1055
DOM. **BASCOU**, Oc, 1076
DOM. DU **BAS ROCHER**, Vouvray, 923
CH. DE **BASTET**, Côtes du Rhône, 968
BASTIDE DES BERTRANDS, Côtes de Provence, 736
CH. **BASTOR-LAMONTAGNE**, Sauternes, 394
BASTZ D'AUTAN, Côtes de Saint-Mont AOVDQS, 799
DOM. DE **BAUBIAC**, Coteaux du Languedoc, 702
BAUD, ● Château-Chalon, 668 ● Côtes du Jura, 669 ● L'Etoile, 676
CH. **BAUDARE**, Côtes du Frontonnais, 783
LES CAVES **BAUDET**, Coteaux du Vendômois AOVDQS, 933
DOM. DES **BAUDIERS**, Mâcon, 590 ● Mâcon-Villages, 593
CLOS **BAUDOIN**, Vouvray, 923
CH. **BAUDRON**, Montagne Saint-Emilion, 291
BERNARD **BAUDRY**, Chinon, 911
MICHEL **BAUJEAN**, Champagner, 615
BAUMANN ZIRGEL, Alsace Gewurztraminer, 91
DOM. **BAUMANN-ZIRGEL**, Alsace Gewurztraminer, 91
BAUMARD, Crémant de Loire, 826
DOM. DES **BAUMARD**, ● Savennières, 864 ● Quarts de Chaume, 875
A. L. **BAUR**, Alsace grand cru Hatschbourg, 112
FRANÇOIS **BAUR**, Alsace grand cru Brand, **109**
LEON **BAUR**, ● Alsace Riesling, 82 ● Alsace grand cru Eichberg, 109
FRANÇOIS **BAUR PETIT-FILS**, Alsace Tokay-Pinot gris, 98
R. **BAUSER**, ● Champagner, 615 ● Rosé des Riceys, 662
CH. **BAUVAIS**, Côtes de Provence, 737
CH. **BAYARD PITON**, Entre-Deux-Mers Haut-Benauge, 307
JEAN-NOEL **BAZIN**, Auxey-Duresses, 544
CH. **BEARD**, Saint-Emilion grand cru, 262
CH. **BEAUBOIS**, Costières de Nîmes, 698
CH. **BEAUCHENE**, Châteauneuf-du-Pape, 1008
PAUL **BEAUDET**, Bourgogne, **408**
CH. **BEAUFERAN**, Coteaux d'Aix, 755
HERBERT **BEAUFORT**, ● Champagner, 615 ● Coteaux Champenois, 661
CELLIER **BEAUJARDIN**, Crémant de Loire, 826
CELLIER DU **BEAUJARDIN**, Touraine, 889
CH. DE **BEAULIEU**, Coteaux d'Aix, 755
DOM. DE **BEAULIEU**, Muscadet de Sèvre-et-Maine, 831
DOM. DE **BEAUMALRIC**, Muscat de Beaumes-de-Venise, 1045
BEAU-MAYNE, Bordeaux sec, 196

VIGNERONS DE **BEAUMES-DE-VENISE**, Muscat de Beaumes-de-Venise, **1045**
BEAUMET, Champagner, 615
DOM. **BEAU MISTRAL**, ● Côtes du Rhône-Villages, 982 ● Rasteau, 1048
CH. **BEAUMONT**, Haut-Médoc, 351
BEAUMONT DES CRAYERES, Champagner, 616
BEAUMONT DES GRAS, Côtes du Vivarais AOVDQS, 1029
LYCEE VITICOLE DE **BEAUNE**, ● Bourgogne Hautes-Côtes de Beaune, 436 ● Beaune, 526
CH. DE **BEAUPRE**, Coteaux d'Aix, 755
CAVE DE **BEAUPUY**, Côtes du Marmandais, 785
DOM. DE **BEAU-PUY**, Saint-Nicolas-de-Bourgueil, 907
BEAUREGARD, Sancerre, 957
CH. **BEAUREGARD**, Pomerol, 240
CH. DE **BEAUREGARD**, Saumur, 875
DOM. DE **BEAUREGARD**, Côtes de Bergerac, 807
LE BENJAMIN DE **BEAUREGARD**, Pomerol, 240
CH. **BEAUREGARD DUCASSE**, Graves, 318
CH. DE **BEAUREGARD-DUCOURT**, ● Bordeaux, 183 ● Entre-Deux-Mers, 306
DOM. DE **BEAURENARD**, ● Côtes du Rhône, 968 ● Côtes du Rhône-Villages, 982
DOM. DE **BEAUREPAIRE**, ● Muscadet de Sèvre-et-Maine, 831 ● Menetou-Salon, 947
BEAU-RIVAGE, Bordeaux, 183
ARNAUD DE **BEAUROY**, Champagner, 616
CH. **BEAUSEJOUR**, ● Bordeaux, 183 ● Saint-Emilion grand cru, 262 ● Montagne Saint-Emilion, 291 ● Côtes de Castillon, 299
DOM. **BEAUSEJOUR**, Touraine, 889
DOM. **LUDOVIC DE BEAUSEJOUR**, Côtes de Provence, 737
CH. **BEAU-SEJOUR BECOT**, Saint-Emilion grand cru, 263
YVES **BEAUTRAIT**, Champagner, 616
CAVE DU **BEAU VALLON**, Beaujolais, **137**
CAVE DE **BEAUVENT**, Kanton Genf (Genève), 1112
CH. **BECHEREAU**, Montagne Saint-Emilion, 291
BECHERELLE, Savennières, **864**
BERNARD **BECHT**, ● Alsace Riesling, 82 ● Crémant d'Alsace, 125
PIERRE **BECHT**, Alsace Gewurztraminer, 91
DOM. **JEAN-PIERRE BECHTOLD**, ● Alsace Gewurztraminer, 91 ● Alsace grand cru Engelberg, 110
JEAN-CLAUDE **BECK**, Alsace grand cru Frankstein, 110
YVETTE ET MICHEL **BECK-HARTWEG**, Alsace Pinot noir, 104
L'ORIGINAL DE **BEDOUET VIGNERON**, Muscadet de Sèvre-et-Maine, 831
CHARLES **BEDUNEAU**, Coteaux du Layon, 866
DOM. **BEGUE-MATHIOT**, Chablis premier cru, 454
DOM. DES **BEGUINERIES**, Chinon, 911
CH. **BEILLARD**, Brouilly, 147
JEAN-BAPTISTE **BEJOT**, Corton-Charlemagne, 517
CAVE DES VIGNERONS DE **BEL-AIR**, Beaujolais-Villages, 143
CELLIER DE **BEL-AIR**, Bugey AOVDQS, 685
CH. **BEL AIR**, ● Bordeaux sec, 196 ● Puisseguin Saint-Emilion, 296 ● Graves, 318
CH. DE **BEL-AIR**, Lalande de Pomerol, 251
DOM. **BEL-AIR**, Gros-Plant AOVDQS, 842
DOM. DE **BEL-AIR**, ● Chénas, 151 ● Gros-Plant AOVDQS, 842 ● Pouilly-Fumé, 949 ● Pouilly-sur-Loire, 952 ● Retz, 1067

CH. **BELAIR-COUBET**, Côtes de Bourg, 227
CH. **BEL AIR LA ROYERE**, Premières Côtes de Blaye, 221
CH. **BEL AIR MOULARD**, Bordeaux, 183
CH. **BEL-AIR ORTET**, Saint-Estèphe, 377
CH. **BEL AIR PERPONCHER**, Bordeaux, **184**
CH. DE **BELCIER**, Côtes de Castillon, 300
BEL ENCLOS, Premières Côtes de Blaye, 221
CH. DE **BELESTA**, Côtes du Roussillon-Villages, 729
CH. **BEL EVEQUE**, Corbières, 694
CH. **BELGRAVE**, Haut-Médoc, 351
DIANE DE **BELGRAVE**, Haut-Médoc, 351
JULES **BELIN**, ● Vosne-Romanée, 491 ● Côte de Nuits-Villages, 503 ● Volnay, 537 ● Pouilly-Fuissé, 597
CH. **BELINGARD**, ● Bergerac sec, 805 ● Côtes de Bergerac, 807
ADRIEN **BELLAND**, Santenay, 566
JEAN-CLAUDE **BELLAND**, ● Corton, 513 ● Corton-Charlemagne, 517 ● Santenay, 566
ROGER **BELLAND**, ● Pommard, 531 ● Puligny-Montrachet, 554 ● Criots-Bâtard-Montrachet, 558 ● Chassagne-Montrachet, 559 ● Santenay, 566
CH. **BELLECOMBE**, Saint-Emilion, 256
CH. DE **BELLE-COSTE**, Costières de Nîmes, 699
DOM. DE **BELLE-FEUILLE**, Côtes du Rhône, 968
CH. **BELLE-GARDE**, Bordeaux, 184
DOM. **BELLEGARDE**, Jurançon, 789
CH. **BELLEGRAVE**, Pomerol, 240 ● Médoc, 340
CH. **BELLERIVE**, ● Médoc, 340 ● Quarts de Chaume, 875
CLOS **BELLE ROSE**, Saint-Emilion, 256
DOM. **BELLES CHAUMES**, Bourgogne Hautes-Côtes de Nuits, 431
CH. DE **BELLET**, Bellet, 749
CH. DE **BELLEVERNE**, Saint-Amour, 171
DOM. **BELLEVILLE**, Rully, 577
CH. **BELLEVUE**, ● Pineau des Charentes, 1051 ● Côtes de Castillon, 300
CH. DE **BELLEVUE**, ● Lussac Saint-Emilion, 288 ● Cabernet d'Anjou, 860
CLOS **BELLEVUE**, ● Jurançon sec, 792 ● Muscat de Lunel, **1046**
DOM. **BELLEVUE**, Touraine, 889
DOM. DE **BELLEVUE**, Muscadet de Sèvre-et-Maine, 831 ● Saint-Pourçain AOVDQS, **943** ● Saint-Pourçain AOVDQS, **943**
CH. **BELLEVUE HAUT ROC**, Côtes de Duras, 817
CH. **BELLEVUE LA FORET**, Côtes du Frontonnais, 783
DOM. DE **BELLIVIERE**, Jasnières, 918
CH. **BELLOCH**, Côtes du Roussillon, 724 ● Rivesaltes, 1036
CH. **BELLOY**, Canon-Fronsac, 233
CH. **BEL ORME**, Haut-Médoc, 352
CH. **BELREGARD FIGEAC**, Saint-Emilion grand cru, 263
BELVEDERE DES PIERRES DOREES, Beaujolais, 137
CH. **BELVIZE**, Minervois, 714
L. **BENARD-PITOIS**, Champagner, 616
P. ET J.-P. **BENETIERE**, Côte Roannaise, 945
BENNWIHR, Alsace grand cru Marckrain, 115
PATRICE **BENOIT**, Montlouis, 919
MICHEL **BENON ET FILS**, Chénas, 152
CH. DE **BENSSE**, Médoc, 341
DOM. TROPEZ **BERAUD**, Côtes de Provence, 737
DOM. DES **BERGEONNIERES**, Saint-Nicolas-de-Bourgueil, 907
CH. **BERGER**, Graves, 318
DOM. FRANCOIS **BERGERON**, Moulin-à-Vent, 166
CH. **BERLIQUET**, Saint-Emilion grand cru, 263

BERLOUP, Saint-Chinian, 717
DOM. **BERNAERT**, Bourgogne, 408
MICHEL **BERNARD**, ● Côtes du Rhône, 968 ● Crozes-Hermitage, 996
CLOS DE **BERNARDI**, Patrimonio, 768
CLAUDE **BERNARDIN**, Beaujolais, 137
CH. **BERNATEAU**, Saint-Emilion grand cru, 263
CH. DE **BERNE**, Côtes de Provence, 738
PIERRE **BERNHARD**, Alsace Tokay-Pinot gris, 98
CECILE **BERNHARD-REIBEL**, Alsace Gewurztraminer, 91
DOM. **BERROD**, Fleurie, 156
DOM. DES **BERRYS**, Bordeaux, 184
DOM. **BERTAGNA**, ● Clos Saint-Denis, 480 ● Vougeot, 487 ● Clos de Vougeot, 488
PASCAL **BERTEAU ET VINCENT MABILLE**, Vouvray, 923
VINCENT ET DENIS **BERTHAUT**, ● Fixin, 466 ● Gevrey-Chambertin, **468** ● Côte de Nuits-Villages, 503
CHRISTIAN **BERTHELOT**, Champagner, 616
PAUL **BERTHELOT**, Champagner, 616
BERTHELOT-CHAPIER, Champagner, 616
CH. **BERTHENON**, Premières Côtes de Blaye, 221
DOM. **BERTHET-BONDET**, ● Château-Chalon, 668 ● Côtes du Jura, 669
DOM. DU **BERTHIER**, Beaujolais, 137
DOM. DES **BERTHIERS**, Pouilly-Fumé, 949
DOM. **BERTHOUMIEU**, ● Madiran, 793 ● Pacherenc du Vic-Bilh, 797
BERTICOT, Côtes de Duras, 818
DOM. **BERTRAND**, Brouilly, 148
PATRICK **BERTRAND**, Mercurey, 580
DOM. **BERTRAND-BERGE**, Fitou, **712**
BERTRAND DE MONCENY, Meursault, 549
GERALD ET PATRICIA **BESSE**, Kanton Wallis (Valais), 1105
BESSERAT DE BELLEFON, Champagner, 616
FRANCK **BESSONE**, Chénas, 152
ALAIN ET MIREILLE **BESSY**, Beaujolais, 137
BETIZEAU, Pineau des Charentes, 1052
ANTOINE ET CHRISTOPHE **BETRISEY**, Kanton Wallis (Valais), 1105
DOM. DE **BEUDON**, Kanton Wallis (Valais), 1105
CH. DU **BEUGNON**, Anjou, 848
AMIRAL DE **BEYCHEVELLE**, Saint-Julien, 382
CH. **BEYCHEVELLE**, Saint-Julien, 381
DOM. DE **BEYCHEVELLE**, Bordeaux Supérieur, 206
EMILE **BEYER**, Crémant d'Alsace, 125
CLOS DE **BEYLIERE**, Châtillon-en-Diois, 1021
CH. **BEYNAT**, Côtes de Castillon, 300
DOM. DU **BICHERON**, Crémant de Bourgogne, 440
ALBERT **BICHOT**, Meursault, 549
CAVES **BIENVENU**, Bourgogne Irancy, 430
GERARD **BIGONNEAU**, ● Quincy, 953 ● Reuilly, 955
DOM. GABRIEL **BILLARD**, ● Bourgogne, 408 ● Beaune, 526 ● Pommard, 532
BILLARD ET FILS, ● Bourgogne Hautes-Côtes de Beaune, 436 ● Crémant de Bourgogne, 440 ● Saint-Aubin, 563
DOM. **BILLARD-GONNET**, Pommard, 532
DOM. DES **BILLARDS**, Saint-Amour, 171
DOM. **BILLAUD-SIMON**, ● Chablis premier cru, 454 ● Chablis grand cru, 459
BILLECART-SALMON, Champagner, 616
CH. **BINASSAT**, Bergerac, 800
BINET, Champagner, 617
JOSEPH **BINNER**, ● Alsace Muscat, 89 ● Alsace Tokay-Pinot gris, **99**
CH. **BIRE**, Bordeaux Supérieur, 206

CAVE DE VIGNERONS DE **BISSEY**, Montagny, **589**
CAVE DE VIGNERONS DE **BISSEY-SOUS-CRUCHAUD**, Bourgogne Côte Chalonnaise, 573
CH. **BISTON-BRILLETTE**, Moulis-en-Médoc, 369
PIERRE **BITOUZET**, ● Corton-Charlemagne, 517 ● Savigny-lès-Beaune, 519 ● Pommard, 532 ● Mercurey, 580
BITOUZET-PRIEUR, Volnay, 538
VINCENT **BITOUZET-PRIEUR**, Beaune, 526
DOM. **BIZOT**, ● Echézeaux, 489 ● Vosne-Romanée, 491
CH. DE **BLACERET-ROY**, Beaujolais-Villages, 143
CH. **BLAIGNAN**, Médoc, 341
CH. PAUL **BLANC**, Costières de Nîmes, 699
CH. **BLANCAN**, Saint-Julien, 382
DOM. GILBERT **BLANC ET FILS**, Roussette de Savoie, 683
CH. **BLANCHET**, Bordeaux Supérieur, 206
GILLES **BLANCHET**, ● Pouilly-Fumé, 949 ● Pouilly-sur-Loire, 952
DOM. PAUL **BLANCK**, Alsace Pinot noir, 104
CH. DE **BLANES**, Côtes du Roussillon, 724
CH. **BLANZAC**, Côtes de Castillon, 300
BLARD ET FILS, Vin de Savoie, 678
BLASON TIMBERLAY, ● Bordeaux, 184 ● Bordeaux sec, 196
DOM. **CLAUDE BLEGER**, Alsace Pinot oder Klevner, 78
HENRI **BLEGER**, ● Alsace Riesling, 82 ● Alsace Pinot noir, 105
CH. DE **BLIGNY**, ● Vosne-Romanée, 491 ● Beaune, 527
H. **BLIN ET CIE**, Champagner, 617
BLONDEAU ET FILS, Côtes du Jura, 669
TH. **BLONDEL**, Champagner, 617
FRANÇOIS DE **BLOSSAC**, Jardin de la France, 1061
DOM. MICHEL **BLOUIN**, Cabernet d'Anjou, 860
CH. DU **BLOY**, Bergerac sec, 805
CH. DU **BLUIZARD**, Brouilly, 148
DOM. **BOBE**, Muscat de Rivesaltes, 1041
DOM. GUY **BOCARD**, ● Bourgogne, 408 ● Meursault, 550
JEAN-CLAUDE **BOCART**, Champagner, 617
BOECKEL, ● Alsace Sylvaner, 77 ● Alsace Riesling, 83
LEON **BOESCH ET FILS**, ● Alsace Gewurztraminer, 91 ● Alsace grand cru Zinnkoepflé, 123 124
DOM. DES **BOHUES**, Coteaux du Layon, 867
DOM. **ERIC BOIGELOT**, Volnay, 538
ERIC **BOIGELOT**, Monthélie, 542
J. **BOIGELOT**, Volnay, 538
DOM. ALBERT **BOILLOT**, ● Bourgogne, 408 ● Volnay 538
DOM. LUCIEN **BOILLOT ET FILS**, ● Gevrey-Chambertin, 468 ● Nuits-Saint-Georges, 497 ● Pommard, 532 ● Volnay, 538
CH. DE **BOIS-BRINÇON**, Coteaux du Layon, 867
CH. **BOIS CARDINAL**, Saint-Emilion, 256
DOM. DE **BOISCHAMPT**, Beaujolais-Villages, 143
BOIS D'ELEINS, Coteaux du Languedoc, 702
DOM. DE **BOIS D'YVER**, Chablis, 447
DOM. DE **BOIS DAUPHIN**, Châteauneuf-du-Pape, 1008
CH. DU **BOIS DE LA GARDE**, Côtes du Rhône, 969
LA CAVE DU **BOIS DE LA SALLE**, Juliénas, 159
DOM. DU **BOIS DE PURQUIE**, Bergerac rosé, 803
DOM. DU **BOIS DE SAINT-JEAN**, Côtes du Rhône, 969
DOM. DU **BOIS DES DEMOISELLES**, Côtes de Provence, 738
BOIS GALANT, Médoc, 342

CLOS DES **BOIS GAUTIER,** Muscadet de Sèvre-et-Maine, 831
CH. **BOIS GROULEY,** Saint-Emilion, 256
DOM. DU **BOIS GUILLAUME,** ● Bourgogne Aligoté, 422 ● Bourgogne Hautes-Côtes de Beaune, 436
DOM. DU **BOIS-JOLY,** Gros-Plant AOVDQS, 842
DOM. DU **BOIS MOZE,** Saumur-Champigny, 883
BOISRENARD, Châteauneuf-du-Pape, 1008
BOISSEAUX-ESTIVANT, Savigny-lès-Beaune, 519
BOISSET, Oc, 1076
DE **BOISSEYT,** Côte Rôtie, 989
JEAN-PIERRE **BOISTARD,** Vouvray, 923
VIGNOBLES DES **BOIS VAUDONS,** Touraine, 889
BOIZEL, ● Champagner, 617 ● Champagner, **617**
CHRISTIAN **BOLLIET,** Bugey AOVDQS, 685
BOLLINGER, Champagner, 618
DOM. **BON,** Bourgogne, 409
CH. **BONALGUE,** Pomerol, 241
CLOS DU **BON CURE,** Muscadet de Sèvre-et-Maine, 831
DOM. ANDRE **BONHOMME,** Mâcon-Villages, 593
PIERRE **BONIFACE,** Roussette de Savoie, 684
BONNAIRE, Champagner, 618
BONNEAU DU MARTRAY, Corton, 513
DOM. DES **BONNES GAGNES,** ● Anjou-Gamay, 854 ● Jardin de la France, 1061
ALEXANDRE **BONNET,** ● Champagner, 618 ● Rosé des Riceys, 662
F. **BONNET,** Champagner, 618
AIMEE-CLAUDE **BONNETAIN,** Côte de Brouilly, 150
J. **BONNET ET A. AZOUG,** Bourgogne Côte Chalonnaise, 573
BONNET-PONSON, Champagner, 618
DOM. DE **BONSERINE,** Côte Rôtie, 989
EDMOND **BONVILLE,** Champagner, 618
FRANCK **BONVILLE,** Champagner, 619
DOM. **BONZOMS,** Muscat de Rivesaltes, 1041
DOM. **BORDENAVE,** Jurançon, 790
BORDENEUVE-ENTRAS, Côtes de Gascogne, 1074
CELLIER DE **BORDES,** Bordeaux rosé, 204
CHAI DE **BORDES,** Bordeaux sec, 197
CH. DE **BORDES,** Lussac Saint-Emilion, 288
DOM. **BORDET,** Bourgogne, 409
JACKY **BORDET,** Gros-Plant AOVDQS, 843
GERARD ET REGINE **BORGNAT,** Bourgogne, 409
DOM. **BORIE DE MAUREL,** Minervois, 714
BORIE LA VITARELE, ● Saint-Chinian, 717 ● Oc, 1077
MAS DES **BORRELS,** Côtes de Provence, 738
CH. DU **BOSC,** Coteaux du Languedoc, 703
BOSQUET DES PAPES, Châteauneuf-du-Pape, 1008
DOM. DES **BOSQUETS,** Gigondas, 1002
RAYMOND **BOSSIS,** Pineau des Charentes, 1052
BOTT FRERES, Alsace Tokay-Pinot gris, 99
DOM. **BOTT-GEYL,** Alsace grand cru Furstentum, **111** ● Alsace grand cru Sonnenglanz, **120**
DOM. **BOTTIERE-PAVILLON,** Juliénas, 159
CH. **BOUCARUT,** Lirac, 1017
DOM. GABRIEL **BOUCHARD,** ● Beaune, 527 ● Pommard, 532

JEAN **BOUCHARD,** ● Bourgogne Aligoté, 422 ● Côte de Beaune-Villages, 573
PASCAL **BOUCHARD,** ● Bourgogne Aligoté, 423 ● Petit Chablis, 445
BOUCHARD PERE ET FILS, ● Chablis grand cru, 459 ● Meursault, 550 ● Puligny-Montrachet, 554
DOM. **BOUCHARD PERE ET FILS,** ● Corton, 513 ● Corton-Charlemagne, 517 ● Beaune, 527 ● Volnay, 538 ● Chevalier-Montrachet, 557
CH. DE **BOUCHASSY,** Lirac, 1017
DOM. **BOUCHE,** Côtes du Rhône-Villages, 982
BOUCHE PERE ET FILS, Champagner, 619
GILBERT **BOUCHEZ,** Vin de Savoie, 679
BOUCHIE-CHATELLIER, Pouilly-Fumé, 949
LES VIGNOBLES **BOUDAU,** Côtes catalanes, 1084
VIGNOBLES **BOUDAU,** ● Rivesaltes, 1036 ● Muscat de Rivesaltes, 1041
BOUDIER PERE ET FILS, Pernand-Vergelesses, 510
DOM. DE **BOUILLEROT,** Bordeaux, 184
CH. DES **BOUILLONS,** Anjou-Gamay, 854
BOUIN-BOUMARD, Marches de Bretagne, 1068
CH. **BOUISSEL,** Côtes du Frontonnais, 783
DOM. PATRICK **BOULAND,** Morgon, 162
RAYMOND **BOULAND,** Morgon, 162
RAYMOND **BOULARD,** Champagner, 619
DOM. DU **BOULAS,** Côtes du Rhône, 969
DOM. JEAN-MARC **BOULEY,** ● Pommard, 532 ● Volnay, 538
PASCAL **BOULEY,** Volnay, 538
REYANE ET PASCAL **BOULEY,** ● Bourgogne, 409 ● Saint-Romain, 547
JEAN-PAUL **BOULONNAIS,** Champagner, 619
DOM. DES **BOUQUERRIES,** Chinon, 911
CH. **BOUQUET DE VIOLETTES,** Lalande de Pomerol, 251
HENRI **BOURCHEIX,** Côtes d'Auvergne AOVDQS, 938 939
CH. **BOURDICOTTE,** ● Bordeaux, 184 ● Bordeaux sec, 197 ● Entre-Deux-Mers, 306
CLAUDE **BOUREAU,** Montlouis, 919
CH. DU **BOURG,** Fleurie, 156
DOM. DU **BOURG,** Saint-Nicolas-de-Bourgueil, 907
CAPRICE DE **BOURGELAT,** Graves, 319
HENRI **BOURGEOIS,** ● Pouilly-Fumé, 950 ● Sancerre, 957
RENE **BOURGEON,** ● Bourgogne, 409 ● Bourgogne Côte Chalonnaise, 574 ● Givry, **586** ● Givry, 586
DOM. DU **BOURG NEUF,** ● Saumur, 875 ● Saumur-Champigny, 883
CH. **BOURGNEUF-VAYRON,** Pomerol, 241
CAVE DES GRANDS VINS DE **BOURGUEIL,** Bourgueil, 903
DOM. **BOURILLON-DORLEANS,** Vouvray, 923
CH. **BOURNAC,** Médoc, 342
DOM. DE **BOURNET,** Coteaux de l'Ardèche, 1092
CH. DE **BOURSAULT,** Champagner, 619
BOURSEAU, Lalande de Pomerol, 251
DOM. DES **BOUSCAILLOUS,** Gaillac, 777
DOM. **BOUSCASSE,** Madiran, **793**
CH. **BOUSCAUT,** Pessac-Léognan, 330
CH. DE **BOUSSARGUES,** Côtes du Rhône, 970
DENIS **BOUSSEY,** Meursault, 550
DOM. DENIS **BOUSSEY,** Monthélie, 542
ERIC **BOUSSEY,** Monthélie, 542

DOM. JEAN-FRANÇOIS **BOUTHENET,** ● Bourgogne Hautes-Côtes de Beaune, 436 ● Maranges, 571
DOM. MARC **BOUTHENET,** ● Bourgogne Hautes-Côtes de Beaune, 437 ● Maranges, 571
DOM. MAX **BOUTHENET,** Santenay, 566
DOM. PIERRE **BOUTHENET ET FILS,** Bourgogne, 409
BOUTILLEZ-GUER, Champagner, 619
DOM. DES **BOUTINARDIERES,** Gros-Plant AOVDQS, 843
GILLES **BOUTON,** ● Meursault, 550 ● Puligny-Montrachet, 554 ● Chassagne-Montrachet, 559 ● Saint-Aubin, 563
BOUVENCOURT, Vacqueyras, 1005
BOUVET, Crémant de Loire, 826
DOM. G. ET G. **BOUVET,** Vin de Savoie, 679
DOM. REGIS **BOUVIER,** ● Fixin, 466 ● Morey-Saint-Denis, 477
REGIS **BOUVIER,** ● vide, 464 ● Gevrey-Chambertin, 468
RENE **BOUVIER,** ● Bourgogne, 409 ● vide, 464
CLOS DU **BOUX,** Kanton Waadt (Vaud), 1097
DOM. DU **BOUXHOF,** Alsace Gewurztraminer, 92
DOM. JEAN-MARIE **BOUZEREAU,** Meursault, 550
DOM. VINCENT **BOUZEREAU,** Pommard, 532
PHILIPPE **BOUZEREAU,** ● Bourgogne Aligoté, 423 ● Auxey-Duresses, 544 ● Meursault, 550
PIERRE **BOUZEREAU-EMONIN,** ● Volnay, 538 ● Meursault, 550 ● Puligny-Montrachet, 554
MICHEL **BOUZEREAU ET FILS,** Meursault, 550
BOVARD, Kanton Waadt (Vaud), 1098
ALBERT **BOXLER,** ● Alsace Sylvaner, 77 ● Alsace grand cru Brand, 108 ● Alsace grand cru Sommerberg, 120
JUSTIN **BOXLER,** Alsace grand cru Florimont, 110
CH. **BOYD-CANTENAC,** Margaux, 363
YVES **BOYER-MARTENOT,** ● Bourgogne Aligoté, 423 ● Auxey-Duresses, 544 ● Meursault, 550
CH. **BRAMEFANT,** Côtes de Bergerac, 807
DOM. **BRANA,** Irouléguy, 788
CH. **BRANAIRE,** Saint-Julien, 382
CH. **BRANAS GRAND POUJEAUX,** Moulis-en-Médoc, 369
LES VIGNERONS DE **BRANCEILLES,** La Corrèze, 1075
CH. **BRANDA,** Puisseguin Saint-Emilion, 296
CH. **BRANDEAU,** Côtes de Castillon, 300
CH. **BRANDE-BERGERE,** Bordeaux Supérieur, 206
CH. DE **BRANDEY,** Bordeaux, 184
LE BARON DE **BRANE,** Margaux, 363
CH. **BRANE-CANTENAC,** Margaux, 363
CH. **BRANEYRE LES GUNES,** Haut-Médoc, 352
JACQUES **BRARD BLANCHARD,** ● Pineau des Charentes, **1052** ● Charentais, 1069
CAMILLE **BRAUN,** ● Alsace Gewurztraminer, 92 ● Alsace grand cru Pfingstberg, 116
FRANÇOIS **BRAUN,** Alsace grand cru Vorbourg, 122
FRANÇOIS **BRAUN ET SES FILS,** Alsace grand cru Pfingstberg, 116
DOM. DES **BRAVES,** Régnié, 168
LES VINS BREBAN, Côtes de Provence, 738
MARC **BREDIF,** Vouvray, 924
CH. DE **BREGANÇON,** Côtes de Provence, 738
JEAN-CLAUDE **BRELIERE,** Rully, 577
REMY **BREQUE,** Crémant de Bordeaux, 218

DOM. **BRESSY-MASSON**, ● Côtes du Rhône, 970 ● Côtes du Rhône-Villages, 982
CH. **BRETHOUS**, Premières Côtes de Bordeaux, 308
PIERRE **BRETON**, Bourgueil, 903
ROSELYNE ET BRUNO **BRETON**, Saint-Nicolas-de-Bourgueil, 908
BRETON FILS, Champagner, 619
CH. DU **BREUIL**, Rosé de Loire, 824
CLOS DU **BREUIL**, Montlouis, 919
CH. DE **BREZE**, Saumur, 875
CH. DE **BRIACE**, Muscadet de Sèvre-et-Maine, 831
CH. **BRIAND**, Côtes de Castillon, 300
BRICOUT, Champagner, 619
DOM. MICHEL **BRIDAY**, Rully, 577
CH. **BRIDOIRE**, Bordeaux Supérieur, 206
CH. **BRIDOIRE BELLEVUE**, Bordeaux Supérieur, 206
DOM. G. ET R. **BRIGAND**, Crémant de Bourgogne, 440
CH. **BRILLETTE**, Moulis-en-Médoc, 369
DOM. **BRINTET**, ● Bourgogne, 409 ● Mercurey, 580
CH. **BRION DE LALANDE**, Bordeaux, 184
VIGNOBLES **BRISEBARRE**, Vouvray, 924
DOM. **BRISSEAU-BELLOC**, Pécharmant, 815
DOMINIQUE **BRISSET**, Pouilly-Fumé, 950
JEAN-MARC **BROCARD**, ● Chablis premier cru, 454 ● Sauvignon de Saint-Bris AOVDQS, 463
DOM. HUBERT **BROCHARD**, Sancerre, 957
BROCHET-HERVIEUX, Champagner, 620
ANDRE **BROCHOT**, Champagner, 620
MARC **BROCOT**, vide, 464
PHILIPPE **BROCOURT**, Chinon, 911
CH. DE **BRONDEAU**, Bordeaux Supérieur, 206
CH. **BRONDELLE**, Graves, 319
CH. DE **BROSSAY**, ● Anjou, 848 ● Anjou-Villages, 855 ● Coteaux du Layon, 867
J.-J. ET A.-C. **BROSSOLETTE**, Bourgogne, 409
LAURENT CHARLES **BROTTE**, ● Crozes-Hermitage, 996 ● Hermitage, 999 ● Châteauneuf-du-Pape, 1008 ● Oc, 1077
BROUETTE PETIT-FILS, ● Blanquette de Limoux, **690** ● Crémant de Bordeaux, 219
CH. DU **BROUSTARET**, Bordeaux Clairet, 195
CH. **BROWN**, Pessac-Léognan, 330
CH. **BROWN-LAMARTINE**, Bordeaux Supérieur, 206
BERNARD **BROYER**, Chénas, 152
CH. DU **BRU**, Bordeaux, 185
DOM. **BRU-BACHE**, Jurançon, 790
MICHEL **BRUGNE**, Moulin-à-Vent, 166
M. **BRUGNON**, Champagner, 620
MAS **BRUGUIERE**, Coteaux du Languedoc, 703
CH. **BRULESECAILLE**, Côtes de Bourg, 227
DOM. DE **BRULLY**, ● Chambolle-Musigny, **481** ● Santenay, 566
LA GASCOGNE D'ALAIN **BRUMONT**, Côtes de Gascogne, 1074
CH. **BRUN-DESPAGNE**, Bordeaux Supérieur, 207
CAVE **BRUNEAU DUPUY**, Saint-Nicolas-de-Bourgueil, 908
DOM. GEORGES **BRUNET**, Vouvray, 924
MAS **BRUNET**, Coteaux du Languedoc, 703
PASCAL **BRUNET**, Chinon, 911
EDOUARD **BRUN ET CIE**, Champagner, 620
DOM. DES **BRUNIERS**, Quincy, 954
DOM. **BRUSSET**, ● Côtes du Rhône-Villages, 982 ● Gigondas, 1002
DOM. DE **BRUTHEL**, Côtes du Rhône, 970
XAVIER ET CLAUDE **BUCHOT**, Côtes du Jura, 669

PAUL **BUECHER**, Alsace Riesling, 83
PAUL **BUECHER ET FILS**, Alsace Tokay-Pinot gris, 99
DOM. F. **BUFFET**, Volnay, **539**
DOM. PAUL **BUISSE**, Touraine, 890
DOM. DU **BUISSON**, Muscadet des Coteaux de la Loire, 830
DOM. HENRI ET GILLES **BUISSON**, ● Corton, **514** ● Auxey-Duresses, 544
DOM. DES **BUISSONNES**, Sancerre, 958
CH. **BUJAN**, Côtes de Bourg, 227
NOEL **BULLIAT**, Morgon, 162
BU..ND**NERBANNER**, Kanton Thurgau, 1119
DENIS **BUREAU**, Bourgueil, 904
BERNARD **BURGAUD**, Côte Rôtie, 989
JEAN-MARC **BURGAUD**, Morgon, 162
DOM. **BURGHART-SPETTEL**, ● Alsace Gewurztraminer, 92 ● Alsace Tokay-Pinot gris, 99
DOM. ALAIN **BURGUET**, Gevrey-Chambertin, 468
DOM. DU **BURIGNON**, Kanton Waadt (Vaud), 1098
DOM. **BURNOT-LATOUR**, Régnié, 168
GEORGES **BURRIER**, ● Pouilly-Fuissé, 597 ● Saint-Véran, 602
JACQUES **BUSIN**, Champagner, 620
PHILIPPE **BUTIN**, Côtes du Jura, 670
BUTTERLIN, ● Alsace Riesling, 83 ● Alsace Tokay-Pinot gris, 99
DOM. DES **BUTTES**, Saint-Pourçain AOVDQS, 943
CAVE DES VIGNERONS DE **BUXY**, Bourgogne Côte Chalonnaise, 574
LES VIGNERONS DE **BUXY**, Montagny, 589
DOM. DES **BUYATS**, Régnié, 169
LES VIGNERONS DE **BUZET**, Buzet, 782
CAVEAU DES **BYARDS**, Côtes du Jura, 670
CH. **CABANES**, Graves, 319
DOM. DE **CABARROUY**, Jurançon, 790
DOM. DE **CABASSE**, Côtes du Rhône-Villages, 982
MARCEL **CABELIER**, Côtes du Jura, 670
CH. **CABLANC**, Bordeaux, **185**
MARIE-CLAUDE **CABOT**, Bourgogne, 409
CH. **CABRIERES**, ● Coteaux du Languedoc, 703 ● Châteauneuf-du-Pape, 1008
DOM. **CACHAT-OCQUIDANT ET FILS**, ● Bourgogne Hautes-Côtes de Nuits, 431 ● Ladoix, 505 ● Aloxe-Corton, 508 ● Pernand-Vergelesses, 510 ● Corton, 514
JACQUES **CACHEUX ET FILS**, ● Bourgogne, 410 ● Echézeaux, 490 ● Vosne-Romanée, 492 ● Nuits-Saint-Georges, 498
GUY **CADEL**, Champagner, 620
MAS DE **CADENET**, Côtes de Provence, 738
CH. **CADET-BON**, Saint-Emilion grand cru, 263
CH. **CADET GRANGE BRULEE**, Bordeaux, 185
CH. **CADET-PEYCHEZ**, Saint-Emilion grand cru, 263
DOM. DE **CADIS**, Saint-Sardos, 1074
CADRE NOIR, Saumur, 875
DOM. **CADY**, ● Anjou, 848 ● Coteaux du Layon, **867**
CH. **CAGUELOUP**, Bandol, 749
CH. **CAHUZAC**, Côtes du Frontonnais, 783
DOM. A. **CAILBOURDIN**, Pouilly-Fumé, 950
CH. **CAILLAVEL**, Monbazillac, 810
CH. DE **CAILLAVET**, Premières Côtes de Bordeaux, 308
DOM. **CAILLE**, Chinon, 911
CAILLEZ-LEMAIRE, Champagner, 620
DOM. **CAILLOL**, Cassis, 748
DOM. **CAILLOT**, ● Pommard, 532 ● Meursault, 550
DOMINIQUE **CAILLOT**, Monthélie, 542
DOM. DES **CAILLOTS**, Touraine, 890
CH. **CAILLOU**, Sauternes, 394
CH. DU **CAILLOU**, Graves, 319

DOM. DU **CAILLOU**, ● Saumur, 876 ● Saumur-Champigny, 883
LE CLOS DU **CAILLOU**, Côtes du Rhône, 970
DOM. DES **CAILLOUX**, Entre-Deux-Mers, 306
CAVE DE **CAIRANNE**, Côtes du Rhône-Villages, 982
CH. **CALABRE**, Bergerac rosé, 803
CH. DE **CALADROY**, ● Côtes du Roussillon, 724 ● Côtes du Roussillon-Villages, 729 ● Rivesaltes, 1036 ● Muscat de Rivesaltes, 1041
MAS **CAL DEMOURA**, Coteaux du Languedoc, 703
CH. **CALISSANNE**, Coteaux d'Aix, 755
MICHEL **CALLEMENT**, Bourgogne grand ordinaire, 421
PIERRE **CALLOT**, Champagner, 620
CH. **CALON**, Saint-Georges Saint-Emilion, 298
CH. **CALON-SEGUR**, Saint-Estèphe, 377
DOM. **CALOT**, Morgon, 162
DOM. DU **CALVAIRE**, Bordeaux, 185
DOM. DU **CALVAIRE DE ROCHE GRES**, Morgon, 162
CALVET RESERVE, Bordeaux sec, 197
CALVET RESERVE DES BARONS, Bordeaux, 185
DOM. DE **CAMAISSETTE**, Coteaux d'Aix, 756
CH. DE **CAMARSAC**, Bordeaux, 185
CH. **CAMENSAC**, Haut-Médoc, 352
CAMORINO, Kanton Tessin (Ticino), 1120
CH. **CAMPONAC**, Côtes de Bourg, 227
CH. DE **CAMPUONG**, Costières de Nîmes, 699
DOM. **CAMU**, ● Petit Chablis, 445 ● Chablis, 448
CH. **CAMUS**, Graves, 319
DOM. **CAMUS-BRUCHON**, Savigny-lès-Beaune, 519
CANARD-DUCHENE, Champagner, 621
CH. DE **CANCERILLES**, Coteaux Varois, 766
CH. DE **CANDALE**, Saint-Emilion grand cru, 263
CH. **CANDASTRE**, Gaillac, 778
LES EVANGILES DE CH. **CANET**, Minervois, 714
CANET VALETTE, Saint-Chinian, 717
CH. **CANON**, ● Canon-Fronsac, 233 ● Saint-Emilion grand cru, 264
CH. **CANON DE MOUEIX**, Canon-Fronsac, 233
DOM. DES **CANTARELLES**, Costières de Nîmes, 699
DOM. DE **CANTEAU**, Graves, 319
CH. **CANTEGRIL**, Lirac, 1017
CH. **CANTELAUDETTE**, Graves de Vayres, 314
CH. **CANTELAUZE**, Pomerol, 241
CH. **CANTELOUP**, ● Premières Côtes de Blaye, 221 ● Graves de Vayres, 314
CH. **CANTELYS**, Pessac-Léognan, 330
CH. **CANTEMERLE**, Haut-Médoc, 352
CH. **CANTENAC BROWN**, Margaux, 364
CANTEPERDRIX, Côtes du Ventoux, 1023
DOM. DE **CANTEPERDRIX**, Coteaux du Quercy, 1073
DOM. DU **CANTONNET**, ● Bergerac sec, 805 ● Saussignac, **816**
CH. **CANUET**, Margaux, 364
CH. **CAP D'OR**, Saint-Georges Saint-Emilion, 298
CH. **CAP DE FAUGERES**, Côtes de Castillon, 300
CH. **CAP DE MERLE**, Bordeaux Supérieur, 207
CH. **CAP DE MOURLIN**, Saint-Emilion grand cru, 264
CAPELLA, Crémant de Die, 1021
CH. **CAPET BEGAUD**, Canon-Fronsac, 234
CH. **CAPET DUVERGER**, Saint-Emilion grand cru, 264
CAPITAIN-GAGNEROT, ● Aloxe-Corton, 508 ● Corton-Charlemagne, 517
DOM. **CAPITAIN-GAGNEROT**, Corton, 514

CLOS **CAPITORO**, Ajaccio, 767
CH. DE **CAPITOUL**, Coteaux du Languedoc, 703
CUVÉE DES **CAPITOULS**, Lavilledieu AOVDQS, 785
CH. **CAP LEON VEYRIN**, Listrac-Médoc, 360
DOM. **CAPMARTIN**, ● Madiran, 794 ● Pacherenc du Vic-Bilh, 797
CH. **CAPON**, Premières Côtes de Bordeaux, 308
CH. DE **CAPPES**, Bordeaux, 185
NICOLE ET JEAN-MARIE **CAPRON-CHARCOUSSET**, Savigny-lès-Beaune, 519
DOM. **CAPUANO-FERRERI ET FILS**, Santenay, 566
CLOS DES **CAPUCINS**, Bordeaux sec, 197
DOM. DES **CARABINIERS**, Lirac, 1017
CH. DE **CARAGUILHES**, Corbières, 694
CARAMANY, Côtes du Roussillon-Villages, 729
CARAVELLE, Bergerac sec, 805
CH. **CARBON D'ARTIGUES**, Graves, 319
CH. **CARBONEL**, Côtes du Rhône, 970
DOM. DES **CARBONNIERES**, Vacqueyras, 1005
DOM. DE **CARBONNIEU**, Sauternes, 394
CH. **CARBONNIEUX**, Pessac-Léognan, 330 331
CH. **CARCANIEUX**, Médoc, 342
CH. DE **CARDAILLAN**, Graves, 319
CH. **CARDINAL**, Montagne Saint-Emilion, 292
GILLES **CAREME**, Vouvray, 924
LOUIS **CARILLON ET FILS**, Puligny-Montrachet, 554
CH. DE **CARLES**, Fronsac, 236
JEAN-YVES DE **CARLINI**, Champagner, 621
LES VIGNERONS DE **CARNAS**, Gard, 1082
CH. **CAROLINE**, Moulis-en-Médoc, 369
CH. **CARPE DIEM**, Côtes de Provence, 738
DENIS **CARRE**, ● Bourgogne, 410 ● Bourgogne Hautes-Côtes de Beaune, 437 ● Savigny-lès-Beaune, 520 ● Pommard, 532 ● Auxey-Duresses, 544 ● Saint-Romain, 547
FRANÇOIS **CARREL ET FILS**, Vin de Savoie, 679
CLOS **CARREYRES**, Cahors, 771
DENIS **CARRON**, Beaujolais, 138
MICHEL **CARRON**, Beaujolais, 138
DOM. DU **CARROU**, Sancerre, 958
CH. **CARSIN**, ● Premières Côtes de Bordeaux, 308 ● Cadillac, 385
CH. **CARTEAU COTES DAUGAY**, Saint-Emilion grand cru, 264
GASTON **CARTEREAU**, ● Coteaux du Loir, 917 ● Jasnières, 918
MICHEL **CARTIER**, Vin de Savoie, 679
CH. DU **CARTILLON**, Haut-Médoc, 352
DOM. DE **CARTUJAC**, Haut-Médoc, 352
CH. DE **CARY POTET**, ● Bourgogne Aligoté, 423 ● Montagny, 589
LES MAITRES VIGNERONS DE **CASCASTEL**, Corbières, 694
CH. **CASSAGNE HAUT-CANON**, Canon-Fronsac, 234
DOM. DES **CASSAGNOLES**, ● Floc de Gascogne, 1055 ● Côtes de Gascogne, 1074
CH. DE **CASSAIGNE**, Floc de Gascogne, **1055**
DOM. DE **CASSAN**, Côtes du Rhône-Villages, 983
LES VIGNERONS DU **CASTELAS**, Côtes du Rhône, 970
DOM. DE **CASTELL**, Côtes du Roussillon-Villages, 729
CASTELLANE, Champagner, 621
CH. **CASTEL LA ROSE**, Côtes de Bourg, 227
DOM. DU **CASTELLAT**, Bergerac rosé, 803
CASTELL DES HOSPICES, Collioure, **732**
CASTELL REAL, Rivesaltes, **1036**
CASTELMAURE, Corbières, 694

CH. DE **CASTELNEAU**, Entre-Deux-Mers, 306
CH. **CASTENET-GREFFIER**, Bordeaux Supérieur, 207
CH. **CASTERA**, Médoc, 342
DOM. **CASTERA**, Jurançon sec, 792
CH. DE **CASTILLON**, Bandol, 750
DOM. DE **CATARELLI**, ● Patrimonio, 768 ● Muscat du Cap Corse, 1049
JEAN-CHARLES **CATHELINEAU**, Vouvray, 924
SYLVAIN **CATHIARD**, ● Chambolle-Musigny, 481 ● Vosne-Romanée, 492
PHILIPPE **CATROUX**, Touraine-Amboise, 899
CATTIER, Champagner, 621
DOM. JOSEPH **CATTIN**, Alsace grand cru Hatschbourg, 112
THEO **CATTIN ET FILS**, ● Alsace Tokay-Pinot gris, 99 ● Alsace grand cru Hatschbourg, 112
DOM. **CAUHAPE**, Jurançon, **790**
DOM. DE **CAUMONT**, Floc de Gascogne, 1056
DOM. DE **CAUQUELLE**, Coteaux du Quércy, 1073
DOM. DE **CAUSE**, Cahors, 772
DOM. DE **CAUSSE MARINES**, Gaillac, 778
CH. DU **CAUZE**, Saint-Emilion grand cru, 264
CH. **CAVALIER**, Côtes de Provence, 738
DOM. DES **CAVES**, Quincy, 954
CAVES DES **PAPES**, Condrieu, 991
CLAUDE **CAZALS**, Champagner, 621
CAZAL-VIEL, Saint-Chinian, 717
CHARLES DE **CAZANOVE**, ● Champagner, 621 ● Coteaux Champenois, 661
CH. **CAZEAU**, Bordeaux, 185
DOM. DE **CAZEAUX**, L'Agenais, 1070
CH. **CAZEBONNE**, Graves, 319
CH. **CAZELON**, Montagne Saint-Emilion, 292
DOM. DE **CAZENOVE**, Bordeaux Supérieur, 207
DOM. **CAZES**, ● Côtes du Roussillon, 724 ● Côtes du Roussillon-Villages, 729 ● Rivesaltes, 1036 ● Muscat de Rivesaltes, 1041 ● Côtes catalanes, 1084
FRANÇOIS **CAZIN**, Crémant de Loire, 826
CH. DU **CEDRE**, Cahors, 772
DOM. DES **CEDRES**, Kanton Neuenburg (Neuchâtel), 1115
DOM. DE **CENTAURE**, Vin Haut-Poitou AOVDQS, 936 ● Kanton Genf (Genève), 1098
DOM. DU **CERBERON**, Meursault, 551
CH. **CERTAN DE MAY DE CERTAN**, Pomerol, 241
CH. **CERTAN-GIRAUD**, Pomerol, 241
CH. DE **CESSERAS**, Minervois, 714
DOM. DE **CEZIN**, ● Côteaux du Loir, 917 ● Jasnières, 918
CHABERT DE BARBERA, Maury, 1040
DOM. DES **CHABERTS**, Coteaux Varois, 760
LES VITICULTEURS DE **CHABLIS**, Petit Chablis, 445
DOM. DES **CHAFFANGEONS**, Fleurie, 156
DOMINIQUE **CHAINIER ET FILS**, Pineau des Charentes, 1052
CAVE DE **CHAINTRE**, Saint-Véran, 602
DOM. **CHAINTREUIL**, Fleurie, 156
DANIEL ET PASCAL **CHALANDARD**, ● Côtes du Jura, 670 ● Côtes du Jura, **670**
D. ET P. **CHALANDARD**, Château-Chalon, 668
FRANCK **CHALMEAU**, Bourgogne, 410
MADAME EDMOND **CHALMEAU**, ● Bourgogne, 410 ● Chablis, 448
DOM. DES **CHALONGES**, Saumur-Champigny, 883
CH. DE **CHAMBERT**, Cahors, 772
CH. **CHAMBERT-MARBUZET**, Saint-Estèphe, **377**
BERNARD **CHAMBEYRON**, Côte Rôtie, 989

CH. DE **CHAMBOLLE-MUSIGNY**, Musigny, 486
CH. DE **CHAMBRUN**, Lalande de Pomerol, 251
DOM. **CHAMFORT**, Côtes du Rhône-Villages, 983
CH. **CHAMILLY**, ● Bourgogne Passetoutgrain, 428 ● Mercurey, 580
CH. DU **CHAMIREY**, Mercurey, 580
CH. DE **CHAMPAGNY**, Côte Roannaise, 945
CHAMPALOU, Vouvray, 924
CH. **CHAMPAREL**, Pécharmant, 815
MAS **CHAMPART**, Saint-Chinian, 717
DOM. DU **CHAMP CHAPRON**, Gros-Plant AOVDQS, 843
DOM. **CHAMPEAU**, Pouilly-sur-Loire, 953
CHAMPELROSE, Cornas, 999
DOM. DE **CHAMPIERRE**, ● Anjou, 848 ● Deux Sèvres, 1069
CH. **CHAMPION**, Saint-Emilion grand cru, 264
DOM. DE **CHAMP-LONG**, Côtes du Ventoux, 1023
DOM. DES **CHAMPS FLEURIS**, ● Saumur, 876 ● Coteaux de Saumur, 882 ● Saumur-Champigny, 883
DOM. DES **CHAMPS GRILLES**, Saint-Amour, 172
CHAMPS PERDRIX, Bourgogne Côte Chalonnaise, 574
CHAMPY PERE ET CIE, ● Chambolle-Musigny, 481 ● Aloxe-Corton, 508 ● Savigny-lès-Beaune, 520 ● Beaune, 527 ● Volnay, 539 ● Meursault, 551
DOM. DE **CHANABAS**, Châteauneuf-du-Pape, 1008
JEAN-LOUIS **CHANAY**, Beaujolais-Villages, 143
EMILE **CHANDESAIS**, Mercurey, 581
DOM. **CHANDON DE BRIAILLES**, ● Pernand-Vergelesses, 510 ● Savigny-lès-Beaune, 520
CH. **CHANGROLLE**, Lalande de Pomerol, 251
CHANOINE, Champagner, 621
CHANSON PERE ET FILS, ● Bourgogne, 410 ● Ladoix, 505 ● Pernand-Vergelesses, 511 ● Beaune, 527 ● Pommard, 532
DOM. DES **CHANSSAUD**, Châteauneuf-du-Pape, 1008
VIGNOBLE DU **CHANT D'OISEAUX**, Orléanais AOVDQS, 946
CHANTE-ALOUETTE, Hermitage, 999
CH. **CHANTE ALOUETTE**, Premières Côtes de Blaye, 221
DOM. **CHANTE ALOUETTE CORMEIL**, Saint-Emilion grand cru, 264
CH. DE **CHANTEGRIVE**, ● Graves, 320 ● Cérons, 392
DOM. DE **CHANTEGRIVE**, Kanton Waadt (Vaud), 1098
DOM. DE **CHANTEGROLLE**, Muscadet de Sèvre-et-Maine, 831
DOM. DE **CHANTEGUT**, Vacqueyras, 1005
CH. **CHANTELYS**, Médoc, 342
DOM. DE **CHANTEMERLE**, ● Chablis, 448 ● Chablis premier cru, 454
CAVE DE **CHANTE-PERDRIX**, Condrieu, 991
DOM. **CHANTE PERDRIX**, Châteauneuf-du-Pape, 1009
DOM. **CHANZY**, ● Bourgogne Aligoté Bouzeron, 427 ● Rully, 577
CH. DES **CHAPELAINS**, ● Bordeaux, 186 ● Sainte-Foy-Bordeaux, 316
DOM. DU **CHAPITRE**, ● Rully, 577 ● Touraine, 890
M. **CHAPOUTIER**, Saint-Joseph, 993
MAURICE ET ANNE-MARIE **CHAPUIS**, Corton-Charlemagne, 517
THIERRY **CHAPUT**, Montlouis, 919
CHAPUY, Champagner, 622
DOM. DIDIER **CHARAVIN**, Rasteau, 1048
CHARBAUT, Champagner, 622
DOM. DES **CHARBOTIERES**, ● Anjou, 848 ● Anjou-Villages, 855
DOM. **CHARDONNAY**, ● Petit Chablis, 445 ● Chablis, 448 ● Chablis premier cru, 454

DOM. DES **CHARDONNERETS**, Montlouis, 919
CHARDONNET ET FILS, Champagner, 622
GUY **CHARLEMAGNE**, Champagner, 622
ROBERT **CHARLEMAGNE**, Champagner, 622
CHARLES DE FRANCE, Bourgogne, 410
DOM. FRANÇOIS **CHARLES ET FILS**, ● Bourgogne Hautes-Côtes de Beaune, 437 ● Beaune, 527
MAURICE **CHARLEUX**, Santenay, 566
CHARLIER ET FILS, Champagner, 622
PHILIPPE **CHARLOPIN**, Chambertin, 473
DOM. PHILIPPE **CHARLOPIN-PARIZOT**, ● vide, 465 ● Gevrey-Chambertin, 468 ● Charmes-Chambertin, 475 ● Clos Saint-Denis, 480
CH. **CHARMAIL**, Haut-Médoc, 352
DOM. DES **CHARMES**, Kanton Genf (Genève), 1112
LUCIEN ET JEAN-MARC **CHARMET**, Beaujolais, 138
JACQUES **CHARMETANT**, Beaujolais, 138
CAVE DE **CHARNAY-LES-MACON**, Mâcon-Villages, 594
FRANÇOIS **CHARPENTIER**, Reuilly, 955
J. **CHARPENTIER**, Champagner, 622
CH. **CHARRON**, Premières Côtes de Blaye, 221
CH. DU **CHARRON**, Bordeaux sec, 197
CHARTOGNE-TAILLET, Champagner, 622
JEAN-PIERRE **CHARTON**, ● Bourgogne, 410 ● Mercurey, 581
C. **CHARTON FILS**, Mercurey, 581
CHARTREUSE D'HOSTEN, Listrac-Médoc, 360
CHARTREUSE DE MOUGERES, Coteaux du Languedoc, 703
DOM. **CHARTREUSE DE MOUGERES**, Oc, 1077
CHARTREUSE DE VALBONNE, Côtes du Rhône, 970
CELLIER DES **CHARTREUX**, Côtes du Rhône, 970
CLOS DES **CHARTREUX**, Alsace Riesling, 83
DOM. **CHARTRON**, Bourgogne, 410
DOM. JEAN **CHARTRON**, ● Bourgogne Aligoté, 423 ● Puligny-Montrachet, 554 ● Chevalier-Montrachet, 557 ● Chassagne-Montrachet, 559
CHARTRON ET TREBUCHET, ● Corton-Charlemagne, 517 ● Meursault, 551 ● Bâtard-Montrachet, 557 ● Santenay, 567 ● Mercurey, 581
LUDOVIC **CHARVET**, Morgon, 162
DOM. **CHARVIN**, Côtes du Rhône, 970
CHARVIN ET FILS, Châteauneuf-du-Pape, 1009
CHRISTOPHE **CHASLE**, Bourgueil, 904
CH. DE **CHASSAGNE MONTRACHET**, ● Chassagne-Montrachet, 559 ● Saint-Aubin, 563
DOM. **CHASSELAY**, Beaujolais, 138
CH. DE **CHASSELOIR**, Muscadet de Sèvre-et-Maine, 832
CH. **CHASSE-SPLEEN**, Moulis-en-Médoc, **369**
DOM. **CHASSON**, Côtes du Luberon, 1026
DOM. DE **CHASSORNEY**, ● Bourgogne Hautes-Côtes de Nuits, 431 ● Nuits-Saint-Georges, 498
CH. DE **CHATAGNEREAZ**, Kanton Waadt (Vaud), 1098
CH. **CHATAIN PINEAU**, Lalande de Pomerol, 251
CLOS **CHATART**, Banyuls, 1032
DOM. DU **CHATEAU DE LA VALETTE**, Côte de Brouilly, 150
DOM. DU **CHATEAU DE MEURSAULT**, Savigny-lès-Beaune, 520
VIGNOBLE DU **CHATEAU DES ROIS**, Muscadet de Sèvre-et-Maine, 832
CLOS DU **CHATEAU DE VALENCAY**, Valençay AOVDQS, 935

CHATEAU-GRILLET, Château-Grillet, 993
CAVE DES VINS DE **CHATEAUMEILLANT**, Châteaumeillant AOVDQS, 938
DOM. DU **CHATEAU VIEUX**, La Drôme, 1093
CH. DU **CHATELARD**, Beaujolais-Villages, 143
ANTOINE **CHATELET**, Gevrey-Chambertin, 468
ARMAND **CHATELET**, Morgon, 162
DOM. DE **CHATENOY**, Menetou-Salon, 947
CLOS DE **CHATONNEYRE**, Kanton Waadt (Vaud), 1098
DOM. DE **CHAUDE ECUELLE**, ● Bourgogne grand ordinaire, 421 ● Chablis, 448
DOM. **CHAUMARD**, Côtes du Ventoux, 1023
DOM. **CHAUMET-LAGRANGE**, Côtes du Tarn, 1073
GUY **CHAUMONT**, Bourgogne Côte Chalonnaise, 574
DOM. **CHAUVEAU**, Pouilly-Fumé, 950
DOM. JEAN **CHAUVENET**, Nuits-Saint-Georges, 498
F. **CHAUVENET**, ● Savigny-lès-Beaune, 520 ● Saint-Romain, 547 ● Côte de Beaune-Villages, 529
CHAUVENET-CHOPIN, ● Nuits-Saint-Georges, 498 ● Côte de Nuits-Villages, 503
CHAMPAGNE **CHAUVET**, Champagner, 623
MARC **CHAUVET**, Champagner, 623
H. **CHAUVET ET FILS**, Champagner, 623
CH. **CHAUVIN**, Saint-Émilion grand cru, 264
DOM. PIERRE **CHAUVIN**, Anjou-Villages, 855
DOM. J.-L. **CHAVE**, Hermitage, 999
G. **CHAVET ET FILS**, Menetou-Salon, 947
CH. **CHAVRIGNAC**, Bordeaux, 186
CYRILLE **CHAVY**, Morgon, 162
DOM. **CHAVY**, Morgon, 163
FRANCK **CHAVY**, Régnié, **169**
LOUIS **CHAVY**, Bourgogne Hautes-Côtes de Beaune, 437
DOM. GERARD **CHAVY ET FILS**, Puligny-Montrachet, 554
CH. DE **CHELIVETTE**, Premières Côtes de Bordeaux, 308
CHEMIN DE FER, Kanton Waadt (Vaud), 1099
DOM. DU **CHEMIN DE RABELAIS**, Touraine-Mesland, 902
CH. **CHEMIN ROYAL**, Moulis-en-Médoc, 369
DOM. DU **CHEMIN VIEUX**, Châteauneuf-du-Pape, 1009
CH. **CHENAIE**, Faugères, 711
CH. DE **CHENAS**, Chénas, 152
DOM. DU **CHENE**, ● Saint-Joseph, 993 ● Collines rhodaniennes, 1091
DOM. DU **CHENE ARRAULT**, Bourgueil, 904
CH. DE **CHENEPIERRE**, Chénas, 152
DOM. DES **CHENES**, Rivesaltes, 1041 ● Muscat de Rivesaltes, 1041
DOM. DES **CHENEVIERES**, ● Bourgogne Hautes-Côtes de Beaune, 437 ● Mâcon-Villages, 594
CH. DE **CHENONCEAU**, Touraine, 890
MAURICE **CHENU**, ● Bourgogne Hautes-Côtes de Nuits, 431 ● Morey-Saint-Denis, 477 ● Aloxe-Corton, 508
CH. **CHERET-PITRES**, Graves, 320
DOMINIQUE **CHERMETTE**, Beaujolais, 138
PIERRE **CHERRIER ET FILS**, Sancerre, 958
DOM. DE **CHERVIN**, Mâcon-Villages, 594
ARNAUD **CHEURLIN**, Champagner, 623
RICHARD **CHEURLIN**, Champagner, 623
CHEURLIN-DANGIN, Champagner, 623
CHEURLIN ET FILS, ● Champagner, 623 ● Champagner, **624**

DOM. **CHEVAIS**, Coteaux du Vendômois AOVDQS, 933
CH. **CHEVAL BLANC**, Saint-Émilion grand cru, 265
DOM. DE **CHEVALIER**, Pessac-Léognan, 331
CHEVALIER BUHARD, Savennières Roche-aux-Moines, 865
CHEVALIER DE SAINT-GEORGES, Côtes du Rhône, 971
DOM. DES **CHEVALIERES**, Kanton Genf (Genève), 1112
CHEVALIER PERE ET FILS, ● Ladoix, 505 ● Corton, 514
VIN DES **CHEVALIERS**, Kanton Wallis (Valais), 1105
CH. **CHEVALIER SAINT-GEORGES**, Montagne Saint-Émilion, 292
DOM. **CHEVALIERS D'HOMS**, Cahors, 772
CHEVALIERS DE BELLEVUE, ● Bordeaux Supérieur, 207 ● Crémant de Bordeaux, 219
ANCIENNE COUR DES **CHEVALIERS DE MALTE**, Alsace Tokay-Pinot gris, 99
DOM. **CHEVALLIER**, Chablis, 448
CHEVAL NOIR, Saint-Émilion, 257
DENIS ET MARIE **CHEVASSU**, Côtes du Jura, 670 671
MARIE ET DENIS **CHEVASSU**, Macvin du Jura, 1058
DOM. ROBERT **CHEVILLON**, Nuits-Saint-Georges, 498
DOM. **CHEVROT**, Maranges, 571
DOM. **CHEYSSON**, Chiroubles, 153
DOM. DES **CHEZELLES**, Touraine, 890
CH. **CHICANE**, Graves, 320
GEORGES **CHICOTOT**, Nuits-Saint-Georges, 498
MICHEL **CHIGNARD**, Fleurie, 157
MAS DES **CHIMERES**, Coteaux du Salagou, 1085
GASTON **CHIQUET**, Champagner, 624
GILBERT **CHIRAT**, Condrieu, 991
MAISON DES VIGNERONS DE **CHIROUBLES**, Chiroubles, 153
CHOFFLET-VALDENAIRE, Givry, 586
CHRISTIAN **CHOLET-PELLETIER**, Auxey-Duresses, 544
GILLES **CHOLLET**, Pouilly-Fumé, 950
GILBERT **CHON ET FILS**, Jardin de la France, 1071
CLAUDE **CHONION**, ● Bourgogne Hautes-Côtes de Nuits, 431 ● Meursault, 551 ● Rully, 577 ● Mâcon, 590
A. **CHOPIN ET FILS**, ● Nuits-Saint-Georges, 498 ● Côte de Nuits-Villages, 503
DANIEL **CHOTARD**, Sancerre, 958
CH. **CHOUTEAU**, Lussac Saint-Émilion, 288
DOM. **CHUET**, Touraine, 890
DOM. **CHUPIN**, ● Anjou, 848 ● Anjou-Villages, 855
DOM. DU **CINQUAU**, Jurançon, 790
CH. **CISSAC**, Haut-Médoc, 352
CH. **CITRAN**, Haut-Médoc, 353
MOULINS DE **CITRAN**, Haut-Médoc, 353
DOM. BRUNO **CLAIR**, ● vide, 465 ● Gevrey-Chambertin, 468 ● Chambolle-Musigny, 482 ● Savigny-lès-Beaune, 520
DOM. MICHEL **CLAIR**, Maranges, 571
F. ET D. **CLAIR**, Santenay, 567
FRANÇOISE ET DENIS **CLAIR**, Saint-Aubin, 564
PASCAL **CLAIR**, Pineau des Charentes, 1052
CLAIRDIE, Clairette de Die, 1020
CAVE DES **CLAIRMONTS**, Crozes-Hermitage, 996
CH. DE **CLAPIERS**, Coteaux Varois, 760
CH. **CLARETTES**, Côtes de Provence, 739
CH. **CLARKE**, Listrac-Médoc, 360
LE ROSE DE **CLARKE**, Bordeaux rosé, 204
CH. **CLAUSONNE**, Costières de Nîmes, 699
CH. **CLAUZET**, Saint-Estèphe, 377
DOM. DE **CLAUZONE**, Oc, 1077

INDEX DER WEINE

DOM. CLAVEL, ● Coteaux du Languedoc, 704 ● Côtes du Rhône-Villages, 983
DOM. BRUNO CLAVELIER, Chambolle-Musigny, 482
DOM. BRUNO CLAVELIER BROSSON, Vosne-Romanée, 492
CLAVELIER ET FILS, Beaune, 527
FENDANT DE CLAVOZ, Kanton Wallis (Valais), 1105
DOM. DE CLAYOU, Coteaux du Layon, 867
CAVE DE CLEEBOURG, Alsace Pinot oder Klevner, 79
ANTOINE CLEMENT, Morgon, 163
CHARLES CLEMENT, Champagner, 624
DOM. CLEMENT, Beaujolais, 138
CH. CLEMENT-PICHON, Haut-Médoc, 353
DOM. DES CLERAMBAULTS, Coteaux d'Ancenis AOVDQS, 846
CH. DU CLERAY, Muscadet de Sèvre-et-Maine, 832
DOM. LAURENT CLERC, Bourgogne, 410
LAURENT CLERC, Puligny-Montrachet, 554
DOM. HENRI CLERC ET FILS, ● Bourgogne, 411 ● Clos de Vougeot, 488 ● Echézeaux, 490 ● Bâtard, 553 ● Puligny-Montrachet, 555 ● Bienvenues-Bâtard-Montrachet, **558**
EARL DOM. HENRI CLERC ET FILS, Bourgogne grand ordinaire, 421
CH. CLERC MILON, Pauillac, 372
CHRISTIAN CLERGET, ● Chambolle-Musigny, 482 ● Echézeaux, 490
RAOUL CLERGET, Bourgogne Hautes-Côtes de Nuits, 432
CLEROTSTEIN, Crémant d'Alsace, 125
DOM. DES CLOSAILLES, Pouilly Vinzelles, 601
CLOS BOURBON, Premières Côtes de Bordeaux, 309
CH. CLOS CHAUMONT, Premières Côtes de Bordeaux, 309
CLOS DU CLOS DE L'EPAISSE, Saint-Nicolas-de-Bourgueil, 908
CLOS DE L'HERMITAGE, Côtes du Rhône, 971
CLOS-DE-LA-BOULOTTE, Aloxe-Corton, 508
CLOS DES ABBAYES, Kanton Waadt (Vaud), 1099
CLOS DES AMANDIERS, Pomerol, 241
CH. CLOS DE SARPE, Saint-Emilion grand cru, 265
DOM. DU CLOS DES AUMONES, Vouvray, 925
CH. CLOS DES JACOBINS, Saint-Emilion grand cru, 265
CLOS DES MARQUIS, Châteauneuf-du-Pape, 1009
CLOS DES PAPES, Châteauneuf-du-Pape, 1009
CLOS DES VERDOTS, Côtes de Bergerac moelleux, 809
CLOS DU CLOCHER, Pomerol, 241
DOM. DU CLOS DU FIEF, Juliénas, 159
CLOS DU JAUGUEYRON, Haut-Médoc, 353
CLOS DU MEUNIER, Saint-Julien, 382
CLOS DU MONASTERE DU BROUSSEY, Cadillac, 385
CLOS DU MOULIN DE SAINTE-CATHERINE, Cabernet d'Anjou, 860
CH. CLOS DU NOTAIRE, Côtes de Bourg, 228
CLOS DU PETIT MALANDE, Bordeaux Supérieur, 207
DOM. DU CLOS DU ROI, Bourgogne, 411
CLOS DU ROY, Fronsac, 236
DOM. DU CLOSEL, Savennières, 864
DOM. CLOSERIE DU VAU DE LALEU, Touraine-Mesland, 902
CLOS FOURTET, Saint-Emilion grand cru, 265
DOM. DU CLOS FRANTIN, ● Gevrey-Chambertin, 469 ● Vosne-Romanée, 492 ● Nuits-Saint-Georges, 498

CH. CLOS HAUT-PEYRAGUEY, Sauternes, 394
CLOS LANDIS, Côtes de Castillon, 300
DOM. DES CLOS MAURICE, Saumur, 876
CLOS PETIT MAUVINON, Saint-Emilion, 257
CH. CLOS RENON, Bordeaux Supérieur, 207
CLOS SAINT-FIACRE, Jardin de la France, 1064
DOM. DU CLOS SAINT-LOUIS, Fixin, 466
DOM. DU CLOS SAINT-MARC, ● Coteaux du Lyonnais, 174 ● Nuits-Saint-Georges, 499
CLOS SAINT VINCENT DES RONGERES, Muscadet de Sèvre-et-Maine, 832
DOM. DES CLOSSERONS, ● Anjou, 848 ● Anjou-Villages, 855 ● Coteaux du Layon, 867
PAUL CLOUET, Champagner, 624
DOM. DE CLOVALLON, Oc, 1077
CH. CLUZEL, Premières Côtes de Bordeaux, 309
CAVE DE COCUMONT, Côtes du Marmandais, 786
MAX COGNARD-TALUAU, Saint-Nicolas-de-Bourgueil, 908
PIERRE COGNY ET DAVID DEPRES, Rully, 577
CAVE DE COGOLIN, Côtes de Provence, 739
BERNARD COILLOT PERE ET FILS, ● vide, 465 ● Gevrey-Chambertin, 469 ● Côte de Nuits-Villages, 503
CH. DE COINTES, Côtes de la Malepère AOVDQS, 721
XAVIER COIRIER, Fiefs Vendéens AOVDQS, 845
CH. COLBERT, Côtes de Bourg, 228
DOM. DE COLETTE, Beaujolais-Villages, 143
PATRICE COLIN, Coteaux du Vendômois AOVDQS, 933 934
DOM. MARC COLIN ET FILS, Saint-Aubin, 564
ROBERT COLINOT, Bourgogne Irancy, 430
COLLECTION ROYALE, Jurançon, 790
RAOUL COLLET, Champagner, 624
DOM. JEAN COLLET ET FILS, ● Petit Chablis, 445 ● Chablis grand cru, 459
CHARLES COLLIN, Champagner, 624
DOM. COLLIN, Blanquette de Limoux, 690
JEAN-NOEL COLLIN, Pineau des Charentes, 1052
COLLINE DE DAVAL, Kanton Wallis (Valais), 1105
CHRISTIAN COLLOVRAY ET JEAN-LUC TERRIER, Pouilly-Fuissé, 597
CH. DE COLOMBE, Côtes de Castillon, 301
CH. COLOMBE PEYLANDE, Haut-Médoc, 353
DOM. DU COLOMBIER, ● Petit Chablis, 446 ● Chablis, 448 ● Chablis premier cru, 454 ● Touraine, 890 ● Sancerre, 958 ● Crozes-Hermitage, 996 ● Coteaux de l'Ardèche, 1092
CH. COLOMBIER-MONPELOU, Pauillac, 372
DOM. DE COLONAT, Régnié, **169**
COMANO, Kanton Tessin (Ticino), 1121
DOM. DE COMBELONGE, Coteaux de l'Ardèche, 1092
JEAN-MICHEL COMBIER, Mâcon, 590
CH. COMBRAY, Bordeaux Supérieur, 207
CH. COMBRILLAC, Rosette, 816
COMMANDERIE DE LA BARGEMONE, Coteaux d'Aix, 756
DOM. COMPS, ● Saint-Chinian, 717 ● L'Hérault, 1083
COMTE DE GILLAC, Bordeaux, 186
COMTE DE MERINVILLE, Minervois, 714
COMTE DE NEGRET, Côtes du Frontonnais, 783
COMTE DE RUDEL, Bordeaux rosé, 204
CHANTAL CONDAMIN, Coteaux du Lyonnais, 174

CONDEMINE, Brouilly, 148
LES PRODUCTEURS DE LA CAVE DE CONDOM, Floc de Gascogne, 1056
CH. DE CONQUES, Médoc, 342
CH. CONSTANTIN-CHEVALIER, Côtes du Luberon, 1027
Y. ET C. CONTAT-GRANGE, Santenay, 567
MICHEL CONTOUR, Cheverny, 930
ENOTECA CONVENTO, Kanton Tessin (Ticino), 1121
GILLES COPERET, Régnié, 169
JACQUES COPINET, Champagner, 624
CHRISTIAN COQUET, Rosé des Riceys, 662
DOM. DE COQUIN, Menetou-Salon, 947
DOLE BLANCHE CORBASSIERE, Kanton Wallis (Valais), 1105
DOM. DES CORBILLIERES, Touraine, **891**
CH. CORBIN, Saint-Emilion grand cru, 265
CH. CORBIN LA ROSE, Montagne Saint-Emilion, 292
CH. CORBIN MICHOTTE, Saint-Emilion grand cru, 266
CHANTAL ET MICHEL CORDAILLAT, Reuilly, 955
CH. CORDEILLAN-BAGES, Pauillac, 372
CLOS DES CORDELIERS, Saumur-Champigny, 883
CORDIER, Bordeaux sec, 197
GERARD CORDIER, Reuilly, 955
DOM. CORDIER PERE ET FILS, ● Mâcon, **590** ● Pouilly-Fuissé, 597 ● Pouilly Vinzelles, 601
DOM. DU CORIANÇON, Côtes du Rhône, 971
CH. CORMEIL-FIGEAC, Saint-Emilion grand cru, 266
BRUNO CORMERAIS, Marches de Bretagne, 1068
DOM. PAUL CORNEAU, Pouilly-Fumé, 950
CH. DE CORNEILLA, ● Rivesaltes, 1036 ● Muscat de Rivesaltes, 1041
DOM. CORNE-LOUP, Côtes du Rhône, 971
DOM. DE CORNE LOUP, Tavel, 1019
CH. DE CORNEMPS, Bordeaux Supérieur, 207
DIDIER CORNILLON, Châtillon-en-Diois, 1021
DOM. CORNU, ● Pernand-Vergelesses, 511 ● Corton, 514
ROLAND CORNU, Beaujolais, **138**
PIERRE CORNU-CAMUS, ● Bourgogne Hautes-Côtes de Nuits, 432 ● Bourgogne Hautes-Côtes de Beaune, **437**
DOM. EDMOND CORNU ET FILS, Corton, 514
CORNULUS, Kanton Wallis (Valais), 1105
DOM. CORSIN, ● Pouilly-Fuissé, 597 ● Saint-Véran, 602
CH. CORTON-ANDRE, Corton, 514
CLOS DES CORTONS FAIVELEY, Corton, 514
LES PAGODES DE COS, Saint-Estèphe, 377
CH. COS D'ESTOURNEL, Saint-Estèphe, **378**
CH. COS LABORY, Saint-Estèphe, 378
DOM. THIERRY COSME, Vouvray, 925
LYCEE AGRICOLE DE COSNE-SUR-LOIRE, Coteaux du Giennois AOVDQS, 941
CH. COSSIEU-COUTELIN, Saint-Estèphe, 378
PIERRE COSTE, Graves, 320
COSTEBELLE, Côtes du Rhône, 971
DOM. DE COSTEBONNE, Coteaux d'Aix, 756
DOM. COSTE-CAUMARTIN, ● Pommard, 533 ● Saint-Romain, 547
DOM. COSTEPLANE, Gard, 1082
DOM. DES COSTES, Pécharmant, 815
DOM. COTEAU BELLE-VUE, Beaujolais, 138
DOM. DU COTEAU DE BEL AIR, Chiroubles, 154

DOM. **COTEAU DE LA BICHE,** Vouvray, 925
DOM. DU **COTEAU DES LYS,** Morgon, 163
DOM. DU **COTEAU DE VALLIERES,** Régnié, **169**
COTEAUX DE CHAMPLITTE, Franche-Comté, 1094
DOM. DES **COTEAUX DES TRAVERS,** ● Côtes du Rhône-Villages, 983 ● Rasteau, 1048
LA CAVE DES **COTEAUX DU HAUT-MINERVOIS,** Minervois, 714
CH. **COTE MONTPEZAT,** Côtes de Castillon, 301
CH. **COTE PUYBLANQUET,** Saint-Emilion, 257
CH. **COTES DE BELLEVUE,** Côtes de Bourg, 228
COTES DES ABBAYES, Kanton Waadt (Vaud), 1100
CH. **COTES DES CARIS,** Sainte-Foy-Bordeaux, 316
DOM. **COTON,** Chinon, 912
COTTINELLI, Kanton Graubünden, 1118
CH. **COUBET,** Côtes de Bourg, 228
CH. **COUCY,** Montagne Saint-Emilion, 292
CH. **COUDERT-PELLETAN,** Saint-Emilion grand cru, 266
COUDOULET DE BEAUCASTEL, Côtes du Rhône, 971
CH. **COUFRAN,** Haut-Médoc, 353
CH. **COUHINS-LURTON,** Pessac-Léognan, 331
CH. **COUJAN,** Saint-Chinian, 717
CH. **COULAC,** Bordeaux, 186
CH. DE **COULAINE,** Chinon, 912
CLOS DE **COULAINE,** Savennières, 864
PATRICK **COULBOIS,** ● Pouilly-Fumé, 950 ● Pouilly-sur-Loire, 953
CH. DES **COULDRAIES,** Touraine, 891
ROGER **COULON,** Champagner, 625
COUME DE PEYRE, Côtes de Gascogne, 1074
COUP DE L'ETRIER, Kanton Waadt (Vaud), 1100
DOM. DE **COUQUEREAU,** Graves, 320
CH. **COURAC,** Côtes du Rhône, 971
JEAN-MARIE **COURBET,** ● Château-Chalon, 668 ● Côtes du Jura, 671
LAURENT **COURBIS,** Cornas, 1000
CH. DU **COURLAT,** Lussac Saint-Emilion, 289
DOM. ALAIN **COURREGES,** Ajaccio, 767
DOM. DES **COURS,** Côtes de Duras, 818
DOM. DE **COURSAC,** Coteaux du Languedoc, 704
DOM. DE **COURTAL,** Fitou, 712
FREDERIC **COURTEMANCHE,** Montlouis, 920
VIRGINIE **COURTY,** Petit Chablis, 446
DOM. **COUSIN-LEDUC,** ● Rosé de Loire, 824 ● Coteaux du Layon, 867
CH. **COUSTOLLE,** Cadillac, 385
CH. **COUSTOLLE,** Canon-Fronsac, 234
DOM. DE **COUTANCIE,** Rosette, 816
CH. **COUTELIN-MERVILLE,** Saint-Estèphe, 378
CH. **COUTET,** Barsac, 392
VIN SEC DE CH. **COUTET,** Graves, 320
CH. **COUTINEL,** Côtes du Frontonnais, 784
CH. **COUTREAU,** Fronsac, 236
DOM. DU **COUVENT,** Muscadet de Sèvre-et-Maine, 832
ALAIN **COUVREUR,** Champagner, 625
COVIFRUIT, Orléanais AOVDQS, 946
CH. DU **COY,** Sauternes, 394
CH. **CRABITAN-BELLEVUE,** ● Bordeaux, 186 ● Bordeaux rosé, 204 ● Sainte-Croix-du-Mont, 390
DOM. DES **CRAIS,** Saint-Véran, 602
DOM. DU **CRAMPILH,** ● Madiran, 794 ● Pacherenc du Vic-Bilh, 797
DOM. DU **CRAY,** ● Mercurey, 581 ● Givry, 586
DOM. **VICTOR CREDOZ,** ● Château-Chalon, 668 ● Côtes du Jura, 671 ● Macvin du Jura, 1058
CH. DE **CREMAT,** Bellet, 749
CRESPERINO, Kanton Tessin (Ticino), 1121

DOM. DU **CREST,** Kanton Genf (Genève), 1112
CRET-BAILLI, Kanton Waadt (Vaud), 1100
DOM. DU **CRET DES BRUYERES,** Chiroubles, 154
DOM. **CRET DES GARANCHES,** Brouilly, 148
ROLAND **CRETE ET FILS,** Champagner, 625
DOM. DES **CRETES,** ● Beaujolais, 138 ● Kanton Wallis (Valis), 1106
PIERRE ANTOINE **CRETTENAND,** Kanton Wallis (Valis), 1106
CAVE DES **CRIOTS,** Pouilly-Fumé, 951
CLOS **CRISTAL,** Saumur-Champigny, 883
MAS **CRISTINE,** Rivesaltes, 1036
DOMINIQUE **CROCHET,** Sancerre, 958
DOM. **ROBERT ET MARIE-SOLANGE CROCHET,** Sancerre, 959
LUCIEN **CROCHET,** Sancerre, 958
CHRISTOPHE **CROISARD,** Coteaux du Loir, 917
CH. **CROIX-BEAUSEJOUR,** Montagne Saint-Emilion, 292
DOM. **CROIX CHARNAY,** Beaujolais-Villages, 143
CH. **CROIX DE BARILLE,** Bordeaux Supérieur, 208
CH. **CROIX DE CALENS,** Bordeaux Supérieur, 208
DOM. DE **CROIX DE CHEVRE,** Régnié, 169
CH. **CROIX DE METHEE,** Bordeaux Supérieur, 208
CH. **CROIX DE MOUCHET,** Montagne Saint-Emilion, 292
CH. **CROIX DE RAMBEAU,** Lussac Saint-Emilion, 289
CROIX SAINT-LOUIS, Bourgogne, 411
CROIX SAINT-MARTIN, Bordeaux, 186
LES CHARMILLES DU CH. **CROIZET-BAGES,** Pauillac, 372
BERNARD ET ODILE **CROS,** ● Bourgogne Aligoté, 423 ● Crémant de Bourgogne, 441
CH. DU **CROS,** ● Bordeaux sec, 197 ● Loupiac, 388
DOM. DU **CROS,** Vins de Marcillac, 786
PIERRE **CROS,** Minervois, 715
CAVE DE **CROUSEILLES,** Madiran, 794
CH. **CROZE DE PYS,** Cahors, 772
REGIS **CRUCHET,** Vouvray, 925
CH. **CRUSQUET-DE-LAGARCIE,** Premières Côtes de Blaye, 221
CH. **CRUZEAU,** Saint-Emilion grand cru, 266
CH. DE **CRUZEAU,** Pessac-Léognan, 332
LES PRODUCTEURS REUNIS DE **CRUZY,** Saint-Chinian, 717
CH. DE **CUGAT,** Entre-deux-Mers, 306
CUILLERON, ● Côte Rôtie, 989 ● Saint-Joseph, 993
YVES **CUILLERON,** ● Condrieu, **991** ● Condrieu, 991
CLOS **CULUMBU,** Vins de Corse, 764
DOM. DE **CUREBEASSE,** Côtes de Provence, 739
CH. **CURE-BON,** Saint-Emilion grand cru, 266
CH. **CURSON,** ● Crozes-Hermitage, 996 ● Crozes-Hermitage, 996
CAVE DES **CYPRES,** Kanton Waadt (Vaud), 1100
CAVE DU **CYPRES,** Kanton Waadt (Vaud), 1100
DOM. **CYROT-BUTHIAU,** Pommard, 533
DACHSENER, Kanton Zürich, 1120
LUCIEN **DAGONET,** Champagner, 625
DIDIER **DAGUENEAU,** Pouilly-Fumé, 951
CH. **DALEM,** Fronsac, 236
CH. DU **DALEY,** Kanton Waadt (Vaud), 1100
CH. **DALIOT,** Bordeaux sec, 197
CH. **DAMASE,** Bordeaux Supérieur, 208
DAME DE **FAGE,** Côtes du Rhône, 971
DAME DE **LOUIS,** Champagner, 625
DOM. DES **DAMES,** Fiefs Vendéens AOVDQS, 946

DOM. **DAMIENS,** Madiran, 794
DOM. **PIERRE DAMOY,** Chapelle-Chambertin, 475
COMTE A. DE **DAMPIERRE,** Champagner, 625
DOM. **DAMPT,** Bourgogne, 411
PAUL **DANGIN ET FILS,** Champagner, 625
REMY **DARGAUD,** Beaujolais, 139
CH. **DARIUS,** Saint-Emilion grand cru, 266
DOM. **DARNAT,** Bourgogne, 411
MAISON **DARRAGON,** Vouvray, 925
DOM. DES **DARREZES,** Saint-Amour, 172
DOM. DES **DARROUX,** Chénas, 152
YVES **DARVIOT,** Beaune, 527
CH. **DASSAULT,** Saint-Emilion grand cru, 266
DOM. **DAULNY,** Sancerre, 959
MAS **DAUMAS GASSAC,** L'Hérault, 1083
CH. **DAUPHINE RONDILLON,** Loupiac, 388
CELLIER DES **DAUPHINS,** ● Côtes du Rhône, 972 ● Côtes du Rhône-Villages, 983
DAUTEL-CADOT, Champagner, 625
JEAN **DAUVISSAT,** ● Chablis, 448 ● Chablis premier cru, 454 ● Chablis grand cru, 459
RENE ET VINCENT **DAUVISSAT,** ● Petit Chablis, 446 ● Chablis, 448 ● Chablis premier cru, 455 ● Chablis grand cru, 459
CH. **DAUZAN LA VERGNE,** Montravel, 813
DOM. **DANIEL DAVANTURE,** Givry, 586
DOM. DE **DAVENAY,** Montagny, 589
PH. **DAVIAUX-QUINET,** Champagner, 626
CH. **DAVID,** Médoc, 342
DOM. **ARMAND DAVID,** Saumur, 876
HENRI **DAVID-HEUCQ,** Champagner, 626
ANNE-SOPHIE **DEBAVELAERE,** Bourgogne Aligoté Bouzeron, 427
BRUNO **DEBIZE,** Beaujolais, 139
DOM. **BERNARD DEFAIX,** ● Chablis, 449 ● Chablis premier cru, 455
DOM. **DANIEL-ETIENNE DEFAIX,** Chablis premier cru, 455
DOM. **DEFORGE,** Côtes du Rhône, 972
JACQUES **DEFRANCE,** Champagner, 626
JOCELYNE ET PHILIPPE **DEFRANCE,** ● Bourgogne, 411 ● Sauvignon de Saint-Bris AOVDQS, 463
AMEDEE **DEGRANGE,** Chénas, 152
CONFIDENTIELLE DE **DEHOURS,** Champagner, 626
DOM. **MARCEL DEISS,** Alsace grand cru Altenberg de Bergheim, 108
JEAN-FRANÇOIS **DELALEU,** Vouvray, 925
ROGER **DELALOGE,** Bourgogne, 411
DELAMOTTE PERE ET FILS, Champagner, 626
DOM. **DELAPORTE,** Sancerre, 959
ANNE **DELAROCHE,** Ladoix, 506
DELAS FRERES, Crozes-Hermitage, 996
DE LA TOUR, Kanton Waadt (Vaud), 1100
DANIEL **DELAUNAY,** Touraine, 891
DOM. **JOEL DELAUNAY,** Touraine, 891
E. **DELAUNAY ET SES FILS,** Gevrey-Chambertin, 469
DOM. **DELAUNAY PERE ET FILS,** Anjou-Villages, 855
ANDRE **DELAUNOIS,** Champagner, 626
RICHARD **DELAY,** ● Côtes du Jura, 671 ● Côtes du Jura, **671** ● Macvin du Jura, 1058
CH. **DELAYAT R.C.,** Médoc, 342
DELBECK, Champagner, 626
DOM. **DELETANG,** Montlouis, 920
DELHUMEAU, Crémant de Loire, 826
DELIANCE PERE ET FILS, Crémant de Bourgogne, 441
DELICATESSE, Corbières, 694
ANDRE **DELORME,** Crémant de Bourgogne, 441

DELOUVIN NOWACK, Champagner, 626
CH. DELTOUR, Pomerol, 242
DEMESSEY, ● Bourgogne, 411 ● Puligny-Montrachet, 555
DEMOISELLE, Champagner, 627
BLANC DE BLANCS DES DEMOISELLES, Corbières, 695
RODOLPHE DEMOUGEOT, ● Savigny-lès-Beaune, **520** ● Pommard, 533 ● Monthélie, 542
R. DENIS PERE ET FILS, Savigny-lès-Beaune, 520
DOM. CHRISTIAN ET BRUNO DENIZOT, Bourgogne Côte Chalonnaise, 574
DOM. DENUZILLER, Saint-Véran, **603**
DOM. DES DEOUX, Coteaux Varois, 760
DOMINIQUE ET CATHERINE DERAIN, ● Bourgogne, 412
MICHEL DERAIN, ● Bourgogne, 412 ● Bourgogne Côte Chalonnaise, 574
MICHEL DERVIN, Champagner, 627
HENRI DESBŒUFS, Muscat de Rivesaltes, **1041**
DOM. CLAUDINE DESCHAMPS, Nuits-Saint-Georges, 499
M. DESCHAMPS, Monthélie, 542
MARC DESCHAMPS, Pouilly-sur-Loire, 953
THIERRY DESCOMBES, Juliénas, 159
ETIENNE DESCOTES ET FILS, Coteaux du Lyonnais, 174
JEAN DESCROIX, Beaujolais, 139
DESERTAUX-FERRAND, Côte de Nuits-Villages, 503
CH. DES FAURES, Côtes de Castillon, 301
DESFAYES-CRETTENAND, Kanton Wallis (Valais), 1106
FRANÇOIS ET MONIQUE DESIGAUD, Régnié, 169
DOM. DESMAZIERES, Coteaux du Layon, 868
LAURENT DESMAZIERES, Champagner, 627
CH. DESMIRAIL, Margaux, 364
A. DESMOULINS ET CIE, Champagner, 627
DOM. DESROCHES, Touraine, 891
PASCAL DESROCHES, Reuilly, 955
DESSUS-BON-BOIRE, Bourgogne, 412
CH. DESTIEUX, Saint-Emilion grand cru, 267
DESVIGNES, Givry, 586
LOUIS-CLAUDE DESVIGNES, Morgon, 163
DESVIGNES AINE ET FILS, ● Fleurie, 157 ● Mâcon Supérieur, **592**
PAUL DETHUNE, Champagner, 627
DEUTZ, Champagner, 627
DOM. DES DEUX ARCS, Anjou-Villages, 855
DOM. DES DEUX LAY, La Vendée, 1068
DOM. DES DEUX LIONS, Bordeaux rosé, 204
DOM. DES DEUX MOULINS, Jardin de la France, 1064
DOM. DES DEUX ROCHES, ● Mâcon, 591 ● Saint-Véran, 603
CH. DEYREM VALENTIN, Margaux, 364
DHIERSAT, Pineau des Charentes, 1052
DIAPHANE, Blanquette de Limoux, 690
DOM. JEAN-PIERRE DICONNE, Auxey-Duresses, 545
DIDIER-NICERON, Champagner, 627
LES VIGNERONS DE DIDONNE, Charentais, 1069
UNION DES PRODUCTEURS DE DIE, Châtillon-en-Diois, 1022
DIETRICH, Alsace Klevener de Heiligenstein, 76
DOM. DE DIEUMERCY, Côtes du Rhône, 972
CH. DILLON, Haut-Médoc, 353
DOM. DIONYSOS, Côtes du Rhône, 972
DIRINGER, Alsace grand cru Zinnkoepflé, 124
DIRLER, ● Alsace Sylvaner, 77 ● Alsace grand cru Spiegel, 120
DOM. DITTIERE, ● Anjou, 848 ● Cabernet d'Anjou, 860
DOM. DE DIUSSE, Madiran, 794

ANDRE DOCK, ● Alsace Klevener de Heiligenstein, 76 ● Alsace Tokay-Pinot gris, 100 ● Crémant d'Alsace, 125
CH. DOISY DAENE, ● Bordeaux sec, 198 ● Sauternes, 395
CH. DOISY DUBROCA, Barsac, 392
CH. DOISY-VEDRINES, Sauternes, 395
CHRISTIAN DOLDER, ● Alsace Pinot noir, 105 ● Crémant d'Alsace, 126
G. DOLDER, Alsace Sylvaner, 77
DOMAINE DE HAUTECOUR, Kanton Waadt (Vaud), 1100
DOM BRIAL, ● Côtes du Roussillon, 724 ● Rivesaltes, 1037 ● Rivesaltes, **1037** ● Muscat de Rivesaltes, 1041
LE POT DOM BRIAL, Oc, 1077
PIERRE DOMI, Champagner, 628
DOMINICAIN, Banyuls, 1032
CH. DONA BAISSAS, Côtes du Roussillon-Villages, 729
DON DU PERE, Kanton Wallis (Valais), 1106
CH. DU DONJON, Minervois, 715
CAVE DE DONZAC, Côtes du Brulhois AOVDQS, 785
DOM. DONZEL, Morgon, 163
DOPFF AU MOULIN, ● Alsace grand cru Brand, 109 ● Alsace grand cru Schoenenbourg, 119 ● Alsace grand cru Sporen, 120
DOPFF ET IRION, Alsace Gewurztraminer, 92
DOQUET-JEANMAIRE, Champagner, 628
DOM. DOUDET, ● Aloxe-Corton, 508 ● Pernand-Vergelesses, 511 ● Beaune, 528
DOUDET-NAUDIN, ● Bourgogne Hautes-Côtes de Nuits, 432 ● Nuits-Saint-Georges, 499 ● Pommard, 534 ● Santenay, 568
ETIENNE DOUE, Champagner, 628
DOURDON-VIEILLARD, Champagner, 628
LA GRANDE CUVEE DE DOURTHE, ● Saint-Emilion, 258 ● Graves, 320 ● Médoc, 342 ● Margaux, 364
JEAN DOUSSOUX, Pineau des Charentes, 1053
DOM. DOZON, Chinon, 912
CH. DE DRACY, Bourgogne, 412
DOM. DU DRAGON, Côtes de Provence, 739
DRAPPIER, Champagner, 628
JEAN-PAUL DROIN, ● Chablis premier cru, 455 ● Chablis grand cru, 459
DROUET ET FILS, Pineau des Charentes, 1053
JOSEPH DROUHIN, ● Brouilly, 148 ● Chablis grand cru, 460 ● Grands-Echézeaux, 491 ● Ladoix, 506 ● Savigny-lès-Beaune, 521 ● Beaune, 528 ● Rully, 578
DOM. DROUHIN-LAROZE, ● Chambertin-Clos de Bèze, 474 ● Latricières-Chambertin, 477 ● Chambolle-Musigny, 482 ● Bonnes-Mares, 486 ● Clos de Vougeot, 488
DAVID DUBAND, Nuits-Saint-Georges, 500
DUBARIL, Kanton Waadt (Vaud), 1100
GEORGES DUBŒUF, ● Moulin-à-Vent, 167 ● Pouilly-Fuissé, 597
DOM. DUBOIS, Saumur, 876
GERARD DUBOIS, Champagner, 628
JEAN-LUC DUBOIS, Savigny-lès-Beaune, 521
DOM. DUBOIS D'ORGEVAL, ● Savigny-lès-Beaune, 521 ● Beaune, 528
R. DUBOIS ET FILS, ● Bourgogne Passetoutgrain, 428 ● Bourgogne Hautes-Côtes de Beaune, 437 ● Savigny-lès-Beaune, 521
PHILIPPE DUBREUIL-CORDIER, Savigny-lès-Beaune, **521**
DOM. DUBREUIL-FONTAINE PERE ET FILS, Bourgogne, 412
DOM. P. DUBREUIL-FONTAINE PERE ET FILS, ● Pernand-Vergelesses, 511 ● Corton, 514 ● Savigny-lès-Beaune, 521
PRESTIGE DUBROCA, Bordeaux, 186
DUBROCA PRESTIGE, Bordeaux sec, 198

GUY DUBUET, Monthélie, 542
DUBUIS ET RUDAZ, Kanton Wallis (Valais), 1106
DOM. DES DUC, ● Saint-Amour, 172 ● Pouilly Loché, 601
DUC ARNAUD DE CADENET, Côtes du Rhône, 972
CH. DUC D'ARNAUTON, Graves, 321
DUC DE LOUSSAC, Floc de Gascogne, 1056
DUC DE MEZIERE, Haut-Montravel, 814
DUC DE MORNY, Coteaux du Languedoc, 704
DUC DE SEIGNADE, Bordeaux Côtes de Francs, 304
ERIC DUCHEMIN, Maranges, 571
DUCHESNE FRERES, Bourgogne Aligoté, 423
CH. DUCLA, Bordeaux, 186
CH. DUCLUZEAU, Listrac-Médoc, 360
GERARD DUCROUX, Beaujolais-Villages, 143
GILLES ET NEL DUCROUX, Beaujolais-Villages, 144
MADAME JACQUES DUCROUX, Morgon, 163
CH. DUCRU-BEAUCAILLOU, Saint-Julien, **382**
CH. DUDON, Premières Côtes de Bordeaux, 309
DOM. GUY DUFOULEUR, Bourgogne Hautes-Côtes de Nuits, 432
LOIS DUFOULEUR, Beaune, 528
DUFOULEUR FRERES, Vosne-Romanée, 492
DUFOULEUR PERE ET FILS, ● Fixin, 467 ● Corton-Charlemagne, 517 ● Savigny-lès-Beaune, 521 ● Volnay, 539 ● Santenay, 568
ROBERT DUFOUR ET FILS, Champagner, 628
DANIEL DUGOIS, ● Arbois, **665** ● Macvin du Jura, 1058
CH. DUHART-MILON, Pauillac, 372
DOM. DUJAC, ● Clos Saint-Denis, 480 ● Echézeaux, 490
CUVEE D'ALBAN DULONG, Bordeaux sec, 198
DOM. DULOQUET, ● Rosé de Loire, 824 ● Anjou, 849 ● Coteaux du Layon, **868** ● Coteaux du Layon, 868
CH. DULUC, Saint-Julien, 382
LUC DUMANGE, Vouvray, 891
CHAMPAGNE J. DUMANGIN FILS, Champagner, 629
DOM. LAURENT DUMAS ET FILS, Fleurie, 157
DUMIEN-SERRETTE, Cornas, 1000
R. DUMONT ET FILS, Champagner, 629
HENRI DUMOULIN, Kanton Wallis (Valais), 1106
ROSE DES DUNES, Charentais, 1070
DUPERRIER-ADAM, ● Chassagne-Montrachet, 559 560 ● Saint-Aubin, 564
CH. DUPLESSIS FABRE, Moulis-en-Médoc, 369
PIERRE DUPONT, Pouilly-Fuissé, 597
DOM. DUPONT-FAHN, ● Meursault, 551 ● Puligny-Montrachet, 555
ANTOINE DUPUY, Touraine, 891
DOM. C. ET J.-M. DURAND, Bourgogne Hautes-Côtes de Beaune, 437
DOM. CHRISTINE ET JEAN-MARC DURAND, Pommard, 534
GUY DURAND, Touraine-Amboise, 899
NOEL ET JOEL DURAND, ● Saint-Joseph, 993 ● Cornas, 1000
RAYMOND DURAND, Saint-Amour, 172
CH. DURAND-BAYLE, Graves de Vayres, 314
DOM. DURAND-CAMILLO, Coteaux du Languedoc, 704
CH. DURAND-LAPLAGNE, Puisseguin Saint-Emilion, 296
J ET B DURAND-PERRON, Côtes du Jura, 671
DOM. DE DURBAN, Muscat de Beaumes-de-Venise, **1046**
PIERRE DURET, Quincy, 954
RAYMOND DUREUIL-JANTHIAL, ● Bourgogne Aligoté, 423 ● Puligny-Montrachet, 555 ● Rully, 578

1156

VINCENT **DUREUIL-JANTHIAL**, Rully, 578
CH. **DURFORT-VIVENS**, Margaux, 364
BERNARD **DURY**, Meursault, 551
SYLVAIN **DUSSORT**, ● Bourgogne, 412 ● Bourgogne Aligoté, 423 ● Chorey-lès-Beaune, 525
ANDRE **DUSSOURT**, Alsace Pinot oder Klevner, 79
DOM. **DUTERTRE**, ● Crémant de Loire, 826 ● Touraine-Amboise, 899
CH. **DUTRUCH GRAND POUJEAUX**, Moulis-en-Médoc, 369
DUVAL-LEROY, Champagner, 629
EBLIN-FUCHS, ● Alsace Riesling, 83 ● Alsace Tokay-Pinot gris, 100
JEAN-PAUL **ECKLE**, ● Alsace Pinot oder Klevner, 79 ● Alsace grand cru Wineck-Schlossberg, 122
DOM. **EHRHART ET FILS**, Alsace Gewurztraminer, 92
SCHLOSS **EIGENTHAL**, Kanton Thurgau, 1119
EINHART, Alsace Pinot oder Klevner, 79
DOM. D' **ELISE**, ● Petit Chablis, 446 ● Chablis, 449
CH. **ELISEE**, Pomerol, 242
CHARLES **ELLNER**, Champagner, 629
DOM. **ELOY**, Mâcon-Villages, 594
DOM. JEAN-YVES **ELOY**, Mâcon, 591
CHARLY **EMERY**, Kanton Wallis (Valais), 1106
DOM. D' **ENGARDIN**, Coteaux Varois, 760
DOM. **ENGEL**, Alsace grand cru Praelatenberg, 117
FERNAND **ENGEL ET FILS**, ● Alsace Riesling, 83 ● Alsace Gewurztraminer, 92 ● Crémant d'Alsace, 126
LES VIGNERONS DU PAYS D' **ENSERUNE**, Oc, 1077
DOM. DES **ENTREFAUX**, Crozes-Hermitage, 997
CH. D' **ENVAUX**, Juliénas, 159
DOM. D' **EOLE**, Coteaux d'Aix, 756
DOM. DES **EPINAUDIERES**, ● Anjou-Villages, 856 ● Cabernet d'Anjou, 860 ● Coteaux du Layon, 868
CH. D' **EPIRE**, Savennières, 865
E **PROVE**, Vins de Corse, 764
DAVID **ERMEL**, ● Alsace Pinot noir, 105 ● Alsace grand cru Rosacker, 118
ERMITAGE DU PIC SAINT-LOUP, Coteaux du Languedoc, 704
DOM. D' **ESCAUSSES**, Gaillac, 778
CH. D' **ESCOT**, Médoc, 344
CH. LA CHAPELLE D' **ESCURAC**, Médoc, 344
CLAUDE **ESNAULT**, Saint-Nicolas-de-Bourgueil, 908
DOM. D' **ESPERANCE**, Landes, 1072
DOM. DES **ESPIERS**, Gigondas, 1002
DOM. DES **ESSERTS**, Kanton Genf (Genève), 1113
CH. DES **ESTANILLES**, Faugères, 711
CAVE DESIRE **ESTEVE**, Maury, 1040
LES VIGNERONS D' **ESTEZARGUES**, Côtes du Rhône, 972
DOM. **ESTOURNEL**, Côtes du Rhône-Villages, 983
MAITRE D' **ESTOURNEL**, Bordeaux sec, 198
DOM. DES **ESTREMIERES**, Côtes du Rhône, **972**
ETAT DE **NEUCHATEL**, Kanton Neuenburg (Neuchâtel), 1115
MICHELE **ETCHEGARAY-MALLARD**, Crémant de Loire, 826
JEAN-MARIE **ETIENNE**, Champagner, 629
CH. **ETIENNE LA DOURNIE**, Saint-Chinian, 718
EUSTACHE DESCHAMPS, Champagner, 629
JOHANNISBERG **EXCELSUS**, Kanton Wallis (Valais), 1106
LOUIS **FABRE**, Oc, 1077
CH. **FABRE GASPARETS**, Corbières, 695
FRANÇOIS **FAGOT**, Champagner, 629
16 **FAHNE-WY**, Kanton Schaffhausen, 1119
MICHEL **FAHRER**, Alsace Gewurztraminer, 92
CH. DE **FAISE**, Bordeaux Supérieur, 208

FAIVELEY, ● Gevrey-Chambertin, 470 ● Chambertin-Clos de Bèze, 474 ● Nuits-Saint-Georges, 500 ● Rully, 578 ● Mercurey, 581
CH. **FAIZEAU**, Montagne Saint-Emilion, 292
CH. **FALFAS**, Côtes de Bourg, 228
DOM. **ROBERT FALLER ET FILS**, Alsace grand cru Geisberg, 111
FANIEL-FILAINE, Champagner, 630
DOM. **FARDEAU**, Coteaux du Layon, 868
CH. DE **FARGUES**, Sauternes, 395
CH. **FARLURET**, Barsac, 393
CH. **FAUGERES**, Saint-Emilion grand cru, 267
DOM. DES **FAUNES**, Kanton Genf (Genève), 1113
JACQUES **FAURE**, Crémant de Die, 1021
CH. **FAURIE DE SOUCHARD**, Saint-Emilion grand cru, 267
PHILIPPE **FAURY**, ● Condrieu, 991 ● Saint-Joseph, 994
DOM. DE **FAUTERIE**, Saint-Péray, 1001
CH. **FAVRAY**, Pouilly-Fumé, 951
GERALD **FAVRE**, Mâcon-Villages, 594
RENE **FAVRE ET FILS**, Kanton Wallis (Valais), 1106
CLOS **FAYARD**, Côtes du Ventoux, 1023
CH. **FAYAU**, ● Premières Côtes de Bordeaux, 309 ● Cadillac, 385
DOM. DU **FAY D'HOMME**, Muscadet de Sèvre-et-Maine, 832
SERGE **FAYE**, Champagner, 630
PHILIPPE **FAYS**, Champagner, 630
FEHR UND ENGELI, Kanton Aargau, 1118
DOM. **FELINES JOURDAN**, Coteaux du Languedoc, 704
DOM. **FELIX**, Chablis, 449
FELIX ET FILS, ● Bourgogne, 412 ● Bourgogne Aligoté, 423
DOM. **FELIX ET FILS**, Sauvignon de Saint-Bris AOVDQS, 463
DOM. DE **FENOUILLET**, ● Faugères, 711 ● Côtes du Rhône-Villages, 983 ● Côtes du Ventoux, 1023
M. **FERAT ET FILS**, Champagner, 630
CH. **FERNON**, Graves, 321
CH. **FERRAN**, ● Pessac-Léognan, 332 ● Côtes du Frontonnais, 784
CH. **FERRAND**, Pomerol, 242
CH. DE **FERRAND**, Saint-Emilion grand cru, 267
JACQUES **FERRAND**, Beaujolais, 139
CH. **FERRAND LARTIGUE**, Saint-Emilion grand cru, 267
DOM. DE **FERRANT**, Côtes de Duras, 818
CH. **FERRIERE**, Margaux, **364**
CH. **FERRY LACOMBE**, Côtes de Provence, 739
DOM. **JEAN FERY ET FILS**, ● Bourgogne Hautes-Côtes de Beaune, 437 ● Pernand-Vergelesses, 511
CH. DE **FESLES**, Anjou-Villages, 856
F. DE **FESLES**, Anjou, 849
DOM. DU **FEUILLAT**, Châteaumeillant AOVDQS, 938
NICOLAS **FEUILLATTE**, Champagner, 630
DOM. DES **FEUILLEES**, Côte de Brouilly, 150
BERNARD **FEVRE**, ● Bourgogne Aligoté, 424 ● Bourgogne Passetoutgrain, 428 ● Auxey-Duresses, 545
DOM. DES **FEVRIES**, Muscadet de Sèvre-et-Maine, 832
CH. **FEYTIT-CLINET**, Pomerol, 242
MICHEL **FEZAS**, Floc de Gascogne, **1056**
DOM. **FRANCIS FICHET ET FILS**, Mâcon, 591
FRANCIS **FICHET ET FILS**, ● Bourgogne Passetoutgrain, 428 ● Crémant de Bourgogne, 441
FIEF DE LA CHAPELLE, Muscadet de Sèvre-et-Maine, 832
DOM. DE **FIERVAUX**, ● Crémant de Loire, 827 ● Saumur, 876
CH. DE **FIEUZAL**, ● Pessac-Léognan, ● 332 ● Pessac-Léognan, **332**
L'ABEILLE DE **FIEUZAL**, Pessac-Léognan, 332

CH. **FIGEAC**, Saint-Emilion grand cru, 267
BERNARD **FIGUET**, Champagner, 630
CH. **FILHOT**, Sauternes, 395
DOM. **FILIPPI**, Vins de Corse, 764
DOM. **FILLIATREAU**, Saumur-Champigny, 883
ROUGE NOIR DE LA CAVE **FIN BEC**, Kanton Wallis (Valais), 1106
CH. DES **FINES ROCHES**, Châteauneuf-du-Pape, 1009
DOM. DE **FISSEY**, Mercurey, 581
DOM. **FIUMICICOLI**, Vins de Corse, 764
CH. DE **FLAUGERGUES**, Coteaux du Languedoc, 704
RENE **FLECK**, Alsace Gewurztraminer, 92
RENE **FLEITH ESCHARD**, ● Alsace Muscat, 89 ● Alsace Pinot noir, 105
FRANÇOIS **FLESCH**, Alsace Tokay-Pinot gris, 100
CH. **FLEUR CARDINALE**, Saint-Emilion grand cru, 268
CH. **FLEUR DE LISSE**, Saint-Emilion grand cru, 268
FLEUR DE SAINT FIACRE, Muscadet de Sèvre-et-Maine, 832
FLEUR DES LANDES, Landes, 1072
FLEURY, Champagner, 630
DOM. DE **FLINES**, Jardin de la France, 1064
DOM. **HENRI FLORENCE ET FILS**, Alsace Gewurztraminer, 93
CLOS **FLORIDENE**, Graves, 321
FOLIE DE ROI, Pacherenc du Vic-Bilh, 797
FRANCK **FOLLIN-ARBELET**, Aloxe-Corton, 509
CH. **FONBADET**, Pauillac, 373
DOM. DE **FONDRECHE**, Côtes du Ventoux, **1024**
CH. **FONFROIDE**, Bordeaux, 186
CH. **FONGABAN**, ● Puisseguin Saint-Emilion, 297 ● Côtes de Castillon, 301
CH. **FONMOURGUES**, Monbazillac, 810
DOM. MICHEL **FONNE**, Alsace Riesling, 83
CH. **FONPIQUEYRE**, Haut-Médoc, 353
CH. **FONPLEGADE**, Saint-Emilion grand cru, 268
CH. **FONTAINEBLEAU DU VAR**, Coteaux Varois, 761
DOM. **FONTAINE DE LA VIERGE**, Bourgogne, 412
GUY **FONTAINE ET JACKY VION**, ● Bourgogne, 412 ● Bourgogne Aligoté, 424
CH. **FONTAINE ROYALE**, Listrac-Médoc, 360
DOM. DES **FONTAINES**, Oc, **1077**
PREMIER DE **FONTALIERES**, Minervois, 715
DOM. **FONTANEL**, ● Côtes du Roussillon-Villages, 729 ● Rivesaltes, 1037 ● Muscat de Rivesaltes, 1042
CH. **FONTARABIE**, Premières Côtes de Blaye, 221
DOM. DE **FONTAVIN**, ● Côtes du Rhône, 972 ● Châteauneuf-du-Pape, 1009 ● Muscat de Beaumes-de-Venise, 1046
RESERVE DU CH. **FONTBAUDE**, Côtes de Castillon, 301
DOM. **FONT CAUDE**, Coteaux du Languedoc, 704
DOM. DE **FONTCAUDE**, Saint-Chinian, 718
CH. DE **FONTCREUSE**, Cassis, 748
DOM. **FONT DE MICHELLE**, ● Châteauneuf-du-Pape, **1010** ● Châteauneuf-du-Pape, 1010
JACQUES **FONTENE**, Jardin de la France, 1064
CH. **FONTENIL**, Fronsac, 236
CH. DE **FONTENILLE**, Bordeaux, 187
CAVEAU DES **FONTENILLES**, Bourgogne, 412
CH. **FONT-FREYE**, Côtes de Provence, 739
CH. **FONTMARTY**, Pomerol, 242
DOM. DE **FONTRIANTE**, Chiroubles, 154

1157 **INDEX DER WEINE**

FONT SIMIAN, Principauté d'Orange, 1086
CH. FONT-VIDAL, Bordeaux, 187
DOM. DE FONT-VIVE, Bandol, 750
DOM. FORCA REAL, ● Rivesaltes, 1037 ● Muscat de Rivesaltes, 1042
DOM. FORET, Arbois, 666
LES VIGNERONS FOREZIENS, Côtes du Forez AOVDQS, 940
FORGEOT PERE ET FILS, ● Bourgogne Aligoté, 424 ● Chablis, 449
DOM. DES FORGES, ● Savennières, 865 ● Coteaux du Layon, 868 ● Coteaux du Layon, **868** ● Bourgueil, 904
FORGET-CHEMIN PERE ET FILS, Champagner, 630
DOM. JEANINE FORNEROL, Côte de Nuits-Villages, 503
FORTANT DE FRANCE, Oc, 1078
FORT DU ROY, Haut-Médoc, 353
CH. FORTIA, Châteauneuf-du-Pape, 1010
DOM. DES FORTIERES, Beaujolais-Villages, 144
REGIS FORTINEAU, Vouvray, 925
VIN DES FOSSILES, Saône-et-Loire, 1094
DOM. DE FOUCAULD, Côtes de la Malepère AOVDQS, 721
DOM. PATRICE FOUET, Saumur-Champigny, 884
CH. FOUGAS MALDOROR, Côtes de Bourg, 228
DOM. FOUGERAY, ● vide, 465 ● Savigny-lès-Beaune, **521**
DOM. FOUGERAY DE BEAUCLAIR, ● vide, 465 ● Fixin, 467 ● Bonnes-Mares, 486
DOM. DU FOUR A CHAUX, Coteaux du Vendômois AOVDQS, 934
CH. FOURCAS-DUMONT, Listrac-Médoc, 360
CH. FOURCAS DUPRE, Listrac-Médoc, 360
CH. FOURCAS HOSTEN, Listrac-Médoc, 361
CH. FOURCAS LOUBANEY, Listrac-Médoc, 361
DOM. DU FOURCON, Beaujolais, 139
DOM. DE FOURN, Blanquette de Limoux, 691
CH. FOURNAISE-THIBAUT, Champagner, 631
CAVES DU FOURNALET, Cornas, 1000
DOM. DES FOURNELLES, Côte de Brouilly, 150
DOM. DE FOURNERY, Côtes de la Malepère AOVDQS, 721
FOURNIER, Menetou-Salon, 947
DOM. FOURNIER, Sancerre, 959
GABRIEL FOURNIER, ● Ladoix, 506 ● Meursault, 551
LES VIGNERONS DE FOURQUES, ● Côtes du Roussillon, 725 ● Rivesaltes, 1037
DOM. DES FOURQUIERES, Beaujolais-Villages, 144
DOM. FOURREY ET FILS, ● Chablis, 450 ● Chablis premier cru, 455
DOM. DU FRAISSE, Faugères, 711
CH. DE FRANCE, Pessac-Léognan, 333
CH. FRANC GRACE-DIEU, Saint-Emilion grand cru, 268
CH. FRANC JAUGUE BLANC, Saint-Emilion grand cru, 268
CH. FRANC LE MAINE, Saint-Emilion, 258
DOM. ANDRE FRANÇOIS, Côte Rôtie, 989
FRANÇOIS-BROSSOLETTE, Champagner, 631
DOM. FRANÇOIS VILLON, Vouvray, 926
DOM. DE FRANC-PIERRE, Beaujolais-Villages, 144
CH. FRANC PINEUILH, Saint-Emilion, 258
CH. FRANC PIPEAU DESCOMBES, Saint-Emilion grand cru, 268
CH. DE FRANCS, Bordeaux Côtes de Francs, 304 305
CH. DU FRANDAT, Buzet, 782
CH. FRAPPE-PEYROT, ● Bordeaux, 187 ● Cadillac, 386
FREDESTEL, Champagner, 631

CH. FREDIGNAC, Premières Côtes de Blaye, 222
DOM. DE FREGATE, Bandol, 750
CH. FRERE, Bordeaux sec, 198
DOM. DE FRESCHE, Rosé de Loire, 824
DOM. DU FRESCHE, ● Anjou, 849 ● Anjou-Coteaux de la Loire, 863
DOM. JEAN-PIERRE FRESLIER, Vouvray, 926
CH. DU FRESNE, ● Anjou, 850 ● Cabernet d'Anjou, 860 ● Coteaux du Layon, 869
LE VIGNOBLE DU FRESNE, Saint-Nicolas-de-Bourgueil, 908
FRESNET-JUILLET, Champagner, 631
JOSEPH FREUDENREICH, Crémant d'Alsace, 126
ROBERT FREUDENREICH, Alsace Gewurztraminer, **93**
CHARLES FREY, Alsace Pinot noir, 105
LOUIS FREYBURGER ET FILS, ● Alsace Gewurztraminer, 93 ● Crémant d'Alsace, 126
FREY-SOHLER, Alsace Tokay-Pinot gris, 100
DOM. MARCEL ET BERNARD FRIBOURG, Bourgogne Hautes-Côtes de Nuits, 432
PIERRE FRICK, ● Alsace Sylvaner, **77** ● Alsace Tokay-Pinot gris, 100 ● Alsace grand cru Steinert, 121
CH. DE FRIMONT, Bordeaux, 187
DOM. FRISSANT, Touraine, 891
DOM. FRITSCH, Alsace Pinot noir, 105
JOSEPH FRITSCH, ● Alsace Riesling, 83 ● Alsace grand cru Schlossberg, 119
FRITZ-SCHMITT, Alsace Pinot noir, 105
CH. DE FROMENTEAU, Muscadet de Sèvre-et-Maine, 833
COOPERATIVE DE FRONTIGNAN, Muscat de Frontignan, 1045
CH. FUISSE, Pouilly-Fuissé, 598
RAPHAEL FUMEY ET ADELINE CHATELAIN, ● Arbois, 666 ● Macvin du Jura, 1058
MICHEL FURDYNA, Champagner, 631
DOM. DE FUSSIACUS, Pouilly Vinzelles, 601
DOM. GACHOT-MONOT, ● Bourgogne, 412 ● Nuits-Saint-Georges, 500 ● Côte de Nuits-Villages, 503
F. GACON, Pineau des Charentes, 1053
GADAIS PERE ET FILS, Muscadet de Sèvre-et-Maine, 833
DOM. GADANT ET FRANÇOIS, Maranges, 571
CH. GADET TERREFORT, Médoc, 344
LOUIS GAGET, Brouilly, 148
MAURICE GAGET, Morgon, 163
DOM. DES GAGNERIES, Bonnezeaux, 873
JEAN GAGNEROT, ● Bourgogne Hautes-Côtes de Beaune, 438 ● Puligny-Montrachet, 555
LUC GAIDOZ, Champagner, 631
GAIDOZ-FORGET, ● Champagner, **631** ● Champagner, 631
GAILANDE, Landes, 1072
CH. GAILLARD, ● Beaujolais, 139 ● Saint-Emilion-Mesland, 268 ● Touraine-Mesland, 902
PIERRE GAILLARD, ● Pineau des Charentes, 1053 ● Côte Rôtie, 990 ● Condrieu, 991
ROGER GAILLARD, Saint-Véran, 603
CH. GAILLARTEAU, Bordeaux Supérieur, 208
DOM. DU GALET DES PAPES, Châteauneuf-du-Pape, 1010
CUVEE GALIUS, Saint-Emilion grand cru, 269
GALLAIS PERE ET FILS, Touraine, 892
CH. GALLAND-DAST, Premières Côtes de Bordeaux, 309
MICHELLE GALLEY, Pouilly-Fuissé, 598
DOM. GALLEY-GOLLIARD, Chambolle-Musigny, 482
GALLIMARD PERE ET FILS, ● Champagner, 632 ● Rosé des Riceys, 662
CHRISTIAN GALLIOT, Montlouis, 920
PHILIPPE GALLIOT, Montlouis, 920

DOM. DOMINIQUE GALLOIS, Charmes-Chambertin, 475
DOM. DES GALLUCHES, Bourgueil, 904
CH. DU GALOUPET, Côtes de Provence, 739
CUVEE GAM'ERIC, Jardin de la France, 1064
CLOS DE GAMOT, Cahors, 772
JACQUES GANDON, Touraine-Amboise, 899
JEAN-FRANÇOIS GANDREY, ● Bourgogne, 413 ● Bourgogne grand ordinaire, 421 ● Gevrey-Chambertin, 470
RENE GANDREY, Nuits-Saint-Georges, 500
GILBERT GANICHAUD, Jardin de la France, 1064
PAUL GARAUDET, Monthélie, 543
DOM. DE GARBELLE, Coteaux Varois, 761
CH. DES GARCINIERES, Côtes de Provence, 739
CH. GARDET AND CO, Champagner, 632
DOM. GARDIES, Côtes du Roussillon-Villages, 730
DOM. DU GARDIN, Givry, 586
JEAN-PIERRE GARDRAT, Charentais, 1070
CH. GARDUT HAUT-CLUZEAU, Premières Côtes de Blaye, 222
LES VIGNERONS DU GARLABAN, Bouches-du-Rhône, 1088
GARNIER, Valençay AOVDQS, 935
DOM. JOSEPH ET XAVIER GARNIER, Chablis, 450
DOM. DES GAROCHES, Brouilly, 148
VIGNOBLES GASNIER, Chinon, 912
DOM. DE GATINES, ● Anjou-Villages, **856** ● Jardin de la France, 1064
DOM. GAUBY, Côtes du Roussillon-Villages, 730
BERNARD GAUCHER, Champagner, 632
DOM. GAUDARD, ● Anjou, 850 ● Coteaux du Layon, 869
JO GAUDARD, Kanton Wallis (Valais), 1107
CH. DE GAUDOU, Cahors, 772
CH. GAUDRELLE, Vouvray, 926
CH. GAURY BALETTE, Bordeaux Supérieur, 208
RAOUL GAUTHERIN ET FILS, Chablis premier cru, 455
GAUTHEROT, Champagner, 632
CLAUDE GAUTHIER, Moselle AOVDQS, 131
GABRIEL GAUTHIER, Beaujolais-Villages, 144
GEORGES ET ALAIN GAUTHIER, Morgon, 163
GERARD ET JEAN-PAUL GAUTHIER, Beaujolais-Villages, 144
CH. GAUTOUL, Cahors, 773
CH. GAUVRY, Bordeaux, 187
CH. DES GAVELLES, Coteaux d'Aix, 756
DOM. PHILIPPE GAVIGNET, Côte de Nuits-Villages, 504
PHILIPPE GAVIGNET, Nuits-Saint-Georges, 500
DOM. GAVOTY, Côtes de Provence, 739
FRANÇOIS GAY, ● Ladoix, 506 ● Chorey-lès-Beaune, 525 ● Beaune, 528
MICHEL GAY, ● Aloxe-Corton, 509 ● Chorey-lès-Beaune, 525
CH. GAYAT, Graves de Vayres, 314
DOM. GAY-COPERET, Moulin-à-Vent, 167
CH. GAZIN, Pomerol, 242
L'HOSPITALET DE GAZIN, Pomerol, 242
JEAN GEILER, Alsace Riesling, 84
GEISWEILER, Côte de Nuits-Villages, 504
GEISWEILER ET FILS, Bourgogne Hautes-Côtes de Nuits, 432
DOM. PIERRE GELIN, Fixin, 467
JOCELYNE GELIN-GONARD, Juliénas, 159
GELMINGER, Champagner, 632
DOM. DES GENAUDIERES, Muscadet des Coteaux de la Loire, 830

MICHEL GENDRIER, ● Cheverny, 931 ● Cour-Cheverny, 932
DOM. MICHEL GENELETTI, ● Crémant du Jura, 675 ● L'Etoile, 676
MICHEL GENET, Champagner, 632
DOM. DES GENEVES, Chablis premier cru, 455
CH. GENOT-BOULANGER, ● Beaune, 528 ● Pommard, 534 ● Volnay, 539 ● Mercurey, 581
CAVE DES VIGNERONS DE GENOUILLY, ● Bourgogne, 413 ● Bourgogne grand ordinaire, 422 ● Bourgogne Aligoté, 424 ● Bourgogne Passetoutgrain, 429
CAVE DE VIGNERONS DE GENOUILLY, Crémant de Bourgogne, 441
DANIEL GENOUX, Vin de Savoie, 680
MADAME ALEXIS GENOUX, Vin de Savoie, 680
DOM. GENTILE, ● Patrimonio, 768 ● Muscat du Cap Corse, 1049
GERARD GENTY, Beaujolais-Villages, 144
ALAIN GEOFFROY, Chablis grand cru, 460
RENE GEOFFROY, ● Champagner, 632 ● Coteaux Champenois, 661
FRANÇOIS GERARD, Côte Rôtie, 990
PIERRE GERBAIS, Champagner, 632
DOM. DES GERBEAUX, ● Pouilly-Fuissé, 598 ● Pouilly-Fuissé, 598
ANDRE GERBER ET FILS, Kanton Neuenburg (Neuchâtel), 1115
DOM. FRANÇOIS GERBET, Vosne-Romanée, 492
J.-M. GERIN, Côte Rôtie, 990
DOM. GERMAIN, Beaune, 528
GILBERT ET PHILIPPE GERMAIN, Bourgogne Aligoté, 424
HENRI GERMAIN, Champagner, 633
PIERRE GERMAIN, Beaujolais, 139
GERMAIN PERE ET FILS, ● Beaune, 528 ● Pommard, 534
DOM. DES GESLETS, Bourgueil, 904
CH. GESSAN, Saint-Emilion grand cru, 269
CHANTAL ET PATRICK GIBAULT, Valençay AOVDQS, 935
DOM. GIBAULT, Touraine, 892
VIGNOBLE GIBAULT, Touraine, 892
MAURICE ET JEAN-MICHEL GIBOULOT, Savigny-lès-Beaune, 521
CAVE DE GIGONDAS, Gigondas, 1002
PHILIPPE GILARDEAU, ● Anjou, 850 ● Bonnezeaux, 873
JEAN-PAUL GILBERT, Menetou-Salon, 948
CLARET GILBEY, Bordeaux, 187
DOM. GILET, Vouvray, 926
JEAN-PIERRE GILET, Vouvray, 926
ARMAND GILG, ● Alsace Sylvaner, 78 ● Alsace grand cru Zotzenberg, 124 ● Crémant d'Alsace, 126
DOM. ANNE-MARIE GILLE, Nuits-Saint-Georges, 500
PIERRE GIMONNET ET FILS, Champagner, 633
GIMONNET-GONET, Champagner, 633
DOM. DE GINESTE, Gaillac, 778
GINESTET, Bordeaux, 187
DOM. DE GIOIELLI, Vins de Corse, 764
HERVE GIRARD, Maranges, 572
DOM. VINCENT GIRARDIN, ● Pommard, 534 ● Meursault, 551 ● Chassagne-Montrachet, 560 ● Santenay, 568 ● Maranges, 572
JACQUES GIRARDIN, Santenay, 568
DOM. GIRARD-VOLLOT ET FILS, Savigny-lès-Beaune, 522
DOM. DES GIRASOLS, Côtes du Rhône-Villages, 983
HENRI GIRAUD, Champagner, 633
DOM. DES GIRAUDIERES, Mâcon, 591
CH. DE GIRONVILLE, Haut-Médoc, 354
CH. GIRUNDIA, Bordeaux, 187
CH. GISCOURS, Margaux, 364
MAISON LOUIS GISSELBRECHT, Alsace Riesling, 84
W. GISSELBRECHT, Alsace Pinot oder Klevner, 79

GITTON PERE ET FILS, ● Coteaux du Giennois AOVDQS, 941 ● Sancerre, 959
CH. DU GLANA, Saint-Julien, 382
BERNARD ET LOUIS GLANTENAY, ● Pommard, 534 ● Volnay, 539
DOM. GEORGES GLANTENAY ET FILS, ● Bourgogne Aligoté, 424 ● Volnay, 539
DOM. DES GLAUGES, ● Coteaux d'Aix, 756 ● Les Baux-de-Provence, 759
CH. GLEON MONTANIE, Corbières, 695
CH. GLORIA, Saint-Julien, 382
GOBET, Brouilly, 148
PAUL GOBILLARD, Champagner, 633
J.-M. GOBILLARD ET FILS, ● Champagner, 633 ● Coteaux Champenois, 661
CH. GOBLANGEY, Premières Côtes de Blaye, 279
CH. GODEAU, Saint-Emilion grand cru, 269
GERARD ET MARIE-CLAIRE GODEFROY, Saint-Nicolas-de-Bourgueil, 908
MARCEL GODINOU, Coteaux du Giennois AOVDQS, 941
DOM. DES GODONS, Sancerre, 959
PAUL GOERG, Champagner, 633
A. GOICHOT ET FILS, ● Beaune, 528 ● Pommard, 534 ● Puligny-Montrachet, 555 ● Chassagne-Montrachet, 560 ● Santenay, 568 ● Mercurey, 581
CHRISTINE ET PIERRE GOIGOUX, Côtes d'Auvergne AOVDQS, 939
DOM. ANNE ET ARNAUD GOISOT, ● Bourgogne, 413 ● Chablis, 450 ● Sauvignon de Saint-Bris AOVDQS, 463
GHISLAINE ET JEAN-HUGUES GOISOT, ● Bourgogne, 413 ● Sauvignon de Saint-Bris AOVDQS, 463
CH. GOMBAUDE-GUILLOT, Pomerol, 243
J. GONARD ET FILS, ● Mâcon-Villages, 594 ● Saint-Véran, 603
PHILIPPE GONET, ● Bourgogne Aligoté, 424 ● Bourgogne Hautes-Côtes de Nuits, 432
VINCENT GONET, Champagner, 633
MICHEL GONET ET FILS, Champagner, 633
PHILIPPE GONET ET FILS, Champagner, 634
GONET-SULCOVA, Champagner, 634
CHARLES GONNET, Vin de Savoie, 680
DOM. GONON, ● Pouilly-Fuissé, 598 ● Saint-Véran, 603
PIERRE GONON, Saint-Joseph, 994
VINCENT GORNY, Côtes de Toul AOVDQS, 130
GORRI D'ANSA, Irouléguy, 788
GOSSET, Champagner, 634
GOSSET-BRABANT, Champagner, 634
DOM. MICHEL GOUBARD ET FILS, Bourgogne Côte Chalonnaise, 574
CORNALIN DE GOUBING, Kanton Wallis (Valais), 1107
DOM. GOUFFIER, ● Bourgogne Côte Chalonnaise, 574 ● Mercurey, 582
DOM. HENRI GOUGES, Nuits-Saint-Georges, 500
MARQUIS DE GOULAINE, Gros-Plant AOVDQS, 843
GEORGE GOULET, Champagner, 634
HENRY GOULET, Champagner, 634
DOM. GOUNY, Touraine, 892
DOM. DES GOURDINS, Saint-Emilion, 259
CH. DE GOURGAZAUD, Minervois, 715
DOM. DU GOURGET, ● Côtes du Rhône, 972 ● Côtes du Rhône-Villages, 983
DOM. DE GOURNIER, Cévennes, 1085
HENRI GOUTORBE, Champagner, 634
DOM. JEAN GOYON, Pouilly-Fuissé, 598
DOM. DE GRABIEOU, Madiran, 794
DOM. DES GRACHIES, Côtes de Gascogne, 1074
CH. GRADDE, Gaillac, 778

GRAVES GRAMAN RESERVE, Graves, 321
CH. DU GRAND ABORD, Graves, 321
CH. DU GRAND ARC, Corbières, 695
CH. GRAND BARAIL, Montagne Saint-Emilion, 292
CH. GRAND BERT, ● Saint-Emilion, 259 ● Saint-Emilion grand cru, 269
GRAND BLANC DU HAUT CLAUD, Côtes du Rhône-Villages, 983
CH. GRAND BOS, Graves, 321
DOM. DU GRAND BOURJASSOT, ● Côtes du Rhône, 973 ● Gigondas, 1002
CH. GRAND CALLAMAND, Côtes du Luberon, 1027
CH. GRAND CASSAT, Pomerol, 243
CH. DU GRAND CHAMBELLAN, Lalande de Pomerol, 251
DOM. DU GRAND CHEMIN, Oc, 1078
CH. GRAND CLAUSET, Bordeaux, 187
CH. GRAND CORBIN, Saint-Emilion grand cru, 269
CH. GRAND-CORBIN-DESPAGNE, Saint-Emilion grand cru, 269
DOM. DU GRAND COULET, Châteauneuf-du-Pape, 1010
RESERVE DU GRAND COULET, Châteauneuf-du-Pape, 1010
GRANDE MAISON, Monbazillac, 810
GRAND ENCLOS DU CHATEAU DE CERONS, Cérons, 392
CH. GRANDE ROUCHONNE, Saint-Emilion grand cru, 269
DOM. DES GRANDES MARQUISES, Coteaux de Peyriac, 1076
DOM. DES GRANDES PERRIERES, Sancerre, 959
DOM. DES GRANDES VIGNES, ● Muscadet de Sèvre-et-Maine, 833 ● Anjou, 850 ● Anjou-Villages, 856 ● Coteaux du Layon, 869 ● Bonnezeaux, 874
CH. GRAND FAURIE LA ROSE, Saint-Emilion grand cru, 269
CH. DU GRAND FERRAND, vide, 304
DOM. DU GRAND FERRE, Muscadet de Sèvre-et-Maine, 833
DOM. GRAND FRERES, Côtes du Jura, 671
DOM. DU GRAND JAURE, Pécharmant, 815
CH. GRAND JEAN, ● Bordeaux, 187 ● Bordeaux Supérieur, 208
DOM. GRAND LAFONT, Haut-Médoc, 354
CH. GRAND LARTIGUE, Saint-Emilion grand cru, 270
CH. GRAND LAUNAY, Côtes de Bourg, 228
GRAND LISTRAC, Listrac-Médoc, 361
CH. GRAND MARSALET, ● Bergerac, 800 ● Monbazillac, 811
DOM. DU GRAND MAS DE LANSAC, Bouches-du-Rhône, 1088
CH. GRAND MAYNE, Saint-Emilion grand cru, 270
DOM. DU GRAND MAYNE, Côtes de Duras, 818
CH. GRAND MONTEIL, vide, 304
CH. DU GRAND MOUEYS, Premières Côtes de Bordeaux, 309
CH. DU GRAND MOULAS, Côtes du Rhône-Villages, 984
CH. GRAND MOULINET, Pomerol, 243
CH. GRAND ORMEAU, Lalande de Pomerol, 251
CH. DU GRAND PLANTIER, ● Premières Côtes de Bordeaux, 309 ● Loupiac, 388
CH. GRAND-PONTET, Saint-Emilion grand cru, 270
DOM. DE GRANDPRE, Côtes de Provence, 740
CH. DU GRAND PUCH, Bordeaux Supérieur, 208
CH. GRAND-PUY DUCASSE, Pauillac, 373
PRELUDE A GRAND-PUY DUCASSE, Pauillac, 373
CH. GRAND-PUY-LACOSTE, Pauillac, 373
BLANC DE GRAND RENOUIL, Bordeaux sec, 198

CH. **GRAND RENOUIL**, Canon-Fronsac, 234
CH. **GRAND RIGAUD**, Puisseguin Saint-Emilion, 297
DOM. **GRAND ROCHE**, ● Bourgogne, 413 ● Bourgogne Aligoté, 424 ● Chablis, 450
DOM. DES **GRANDS CHAMPS**, Saint-Emilion grand cru, 270
DOM. DES **GRANDS DEVERS**, Côtes du Rhône-Villages, 984
DOM. DES **GRANDS ORMES**, Bordeaux, 188
DOM. DES **GRANDS SILLONS GABACHOT**, Pomerol, 243
DOM. DU **GRAND TINEL**, Châteauneuf-du-Pape, 1010
CH. **GRAND TUILLAC**, Côtes de Castillon, 301
DOM. **GRAND VENEUR**, Côtes du Rhône, 973
CH. **GRAND VILLAGE**, Bordeaux Supérieur, 209
DOM. DE **GRANGE GRILLARD**, Arbois, 666
GRANGENEUVE, ● Bordeaux sec, 198 ● vide, 304
CH. **GRANGE-NEUVE**, Pomerol, 243
DOM. DE **GRANGENEUVE**, Coteaux du Tricastin, 1022
DOM. DU **GRANIT BLEU**, Beaujolais-Villages, 144
DOM. DU **GRANIT DORE**, Beaujolais-Villages, 144
DOM. DE **GRANOUPIAC**, ● Coteaux du Languedoc, 704 ● Oc, 1078
DOM. DU **GRAPILLON D'OR**, Gigondas, 1002
GRATEAUD, Pineau des Charentes, 1053
ALFRED **GRATIEN**, Champagner, 635
GRATIEN ET MEYER, ● Crémant de Loire, 827 ● Saumur, 876
CH. **GRAULET**, Premières Côtes de Blaye, 223
DOM. DES **GRAVAILLAS**, Graves, 321
DOM. DES **GRAVALOUS**, Cahors, 773
CH. **GRAVAS**, Barsac, 393
CH. **GRAVELINES**, Premières Côtes de Bordeaux, 309
CH. **GRAVES DE PEYROUTAS**, Saint-Emilion grand cru, 270
CH. DES **GRAVES DU TICH**, Sainte-Croix-du-Mont, 390
CH. **GRAVETTES-SAMONAC**, Côtes de Bourg, 229
CH. **GRAVEYRON**, Graves, 321
DOM. DES **GRAVIERS**, Saint-Nicolas-de-Bourgueil, 908
C. **GREFFE**, Vouvray, 926
CHRISTIANE **GREFFE**, Touraine, 892
DOM. MARC **GREFFET**, Pouilly-Fuissé, 598
CH. **GRES SAINT-PAUL**, ● Coteaux du Languedoc, 704 ● Muscat de Lunel, 1046
ANDRE ET REMY **GRESSER**, Alsace Tokay-Pinot gris, 100
CH. **GREYSAC**, ● Bordeaux sec, **199** ● Médoc, 344
CH. **GREZAN**, Faugères, 711
JOEL ET DAVID **GRIFFE**, ● Bourgogne, 413 ● Bourgogne Aligoté, 424
CH. **GRILLON**, Sauternes, 395
CH. **GRIMONT**, Premières Côtes de Bordeaux, 309
RESERVE DU CH. **GRINOU**, Bergerac, 800
BERNARD **GRIPA**, ● Saint-Joseph, 994 ● Saint-Péray, 1001
CH. **GRIS**, Nuits-Saint-Georges, 500
GRISONI, Kanton Neuenburg (Neuchâtel), 1115
CLOS DES **GRIVES**, ● Côtes du Jura, 671 ● Crémant du Jura, 675
CH. **GRIVIERE**, Médoc, 344
DOM. JEAN **GRIVOT**, Clos de Vougeot, 488
DOM. ROBERT **GROFFIER PERE ET FILS**, Chambolle-Musigny, 482
ROBERT **GROFFIER PERE ET FILS**, ● Chambertin-Clos de Bèze, 474 ● Bonnes-Mares, 486
ANNE ET FRANÇOIS **GROS**, Vosne-Romanée, 492

CHRISTIAN **GROS**, ● Nuits-Saint-Georges, 500 ● Ladoix, 506 ● Aloxe-Corton, 509
DOM. A.-F. **GROS**, ● Bourgogne Hautes-Côtes de Nuits, 432 ● Echézeaux, 490 ● Vosne-Romanée, 493 ● Richebourg, 495
DOM. ANNE **GROS**, ● Clos de Vougeot, 488 ● Richebourg, 495
DOM. ANNE ET FRANÇOIS **GROS**, Richebourg, 495
HENRI **GROS**, Bourgogne Hautes-Côtes de Nuits, 433
MICHEL **GROS**, Bourgogne Hautes-Côtes de Nuits, 433
HENRI **GROSS**, ● Alsace Pinot oder Klevner, 79 ● Alsace grand cru Goldert, 112
DOM. SERGE **GROSSET**, Coteaux du Layon, 869
JEAN-PIERRE **GROSSOT**, ● Chablis, 450 ● Chablis premier cru, 455
MAS DE **GROUZE**, Gaillac, 778
CH. **GRUAUD-LAROSE**, Saint-Julien, 383
SARGET DE **GRUAUD-LAROSE**, Saint-Julien, 383
PIERRE **GRUBER**, ● Bourgogne, 413 ● Saint-Romain, 548
GRUET ROSE, Champagner, 635
MAURICE **GRUMIER**, Champagner, 635
JOSEPH **GRUSS ET FILS**, Alsace Pinot noir, 105
DOM. DE **GRY-SABLON**, Juliénas, 159
HENRI **GSELL**, ● Alsace Pinot oder Klevner, 79 ● Alsace Riesling, 84
JOSEPH **GSELL**, ● Alsace Riesling, 84 ● Crémant d'Alsace, 126
CH. **GUADET-PLAISANCE**, Montagne Saint-Emilion, 293
CAVES DU **GUE D'ARGENT**, Sancerre, 959
DOM. **GUENAULT**, Touraine, 892
ALAIN **GUENEAU**, Sancerre, 959
CH. DES **GUERCHES**, Muscadet de Sèvre-et-Maine, 833
CH. DE **GUERIN**, Bordeaux, 188
DOMINIQUE **GUERIN**, Jardin de la France, 1064
THIERRY **GUERIN**, Saint-Véran, 603
DOM. **GEORGES GUERIN ET FILS**, Bourgogne Hautes-Côtes de Beaune, 438
P. **GUERRE ET FILS**, Champagner, 635
CH. **GUERRY**, Côtes de Bourg, 229
CH. DES **GUETTES**, Savigny-lès-Beaune, 522
CH. **GUEYROSSE**, Saint-Emilion grand cru, 270
CH. **GUEYROT**, Saint-Emilion grand cru, 270
CH. **GUIBON**, Bordeaux, 188
CH. **GUIBOT LA FOURVIEILLE**, Puisseguin Saint-Emilion, 297
MICHEL **GUIGNIER**, Fleurie, 157
DOM. **GUILHEMAS**, Béarn, 787
S.C. **GUILLARD**, Gevrey-Chambertin, 470
DOM. DE **GUILLAU**, Coteaux du Quercy, 1073
VIGNOBLE **GUILLAUME**, Franche-Comté, 1094
CH. **GUILLAUME BLANC**, Bordeaux Supérieur, 209
JEAN-SYLVAIN **GUILLEMAIN**, Reuilly, 955
DOM. **GUILLEMARD-CLERC**, Bienvenues-Bâtard-Montrachet, 558
DOM. PIERRE **GUILLEMOT**, Savigny-lès-Beaune, 522
DANIEL **GUILLET**, Brouilly, 148
JEAN-MICHEL **GUILLON**, Gevrey-Chambertin, 470
CH. **GUILLOT**, Pomerol, 243
PATRICK **GUILLOT**, Mercurey, 582
CH. **GUILLOT CLAUZEL**, Pomerol, 243
GUINAND FRERES, Coteaux du Languedoc, 705
JACQUES **GUINDON**, Muscadet des Coteaux de la Loire, 830
CH. **GUIOT**, Costières de Nîmes, 699
CH. **GUIRAUD**, Sauternes, 395
CH. **GUIRAUD-CHEVAL-BLANC**, Côtes de Bourg, 229
CLOS **GUIROUILH**, Jurançon, 791

ROMAIN **GUISTEL**, Champagner, 635
CH. **GUITERONDE DU HAYOT**, Sauternes, 395
JEAN **GUITON**, Savigny-lès-Beaune, 522
DOM. MICHEL **GUITTON**, ● Chablis, 450 ● Chablis premier cru, 455 ● Chablis grand cru, 460
CH. **GUITTOT-FELLONNEAU**, Haut-Médoc, 354
LOUIS **GUY**, Côtes du Rhône, 973
ALAIN **GUYARD**, ● vide, 465 ● Vosne-Romanée, 493
GUY DE FOREZ, Champagner, 635 ● Rosé des Riceys, 662
DOM. **GUYON**, ● Bourgogne, 414 ● Echézeaux, 490 ● Vosne-Romanée, 493 ● Chorey-lès-Beaune, 525
DOM. ANTONIN **GUYON**, ● Aloxe-Corton, 509 ● Pernand-Vergelesses, 511 ● Corton-Charlemagne, 517 ● Volnay, 539 ● Meursault, 551
DOM. DOMINIQUE **GUYON**, ● Bourgogne Hautes-Côtes de Nuits, 433 ● Pernand-Vergelesses, 511
DOM. ALBERT ET OLIVIER **GUYOT**, ● vide, 465 ● Gevrey-Chambertin, 470
JEAN-MARIE **HAAG**, ● Alsace Gewurztraminer, 93 ● Alsace Pinot noir, 105
CLOS **HABERT**, Montlouis, 920
JEAN-PAUL **HABERT**, Montlouis, 920
HAEFFELIN, ● Alsace Riesling, 84 ● Alsace Gewurztraminer, 93
HAEGELEN-JAYER, Clos de Vougeot, 488
BERNARD ET DANIEL **HAEGI**, ● Alsace Sylvaner, 78 ● Crémant d'Alsace, 126
CH. DU **HALLAY**, Muscadet de Sèvre-et-Maine, 833
HAMEAU DES BIRANQUES, Coteaux du Languedoc, 705
THIERRY **HAMELIN**, ● Chablis, 450 ● Chablis premier cru, 455
DOM. DES **HARDIERES**, Coteaux du Layon, 869
DOM. **HARMAND-GEOFFROY**, Gevrey-Chambertin, 470
ANDRE **HARTMANN**, Alsace Riesling, 84
JEAN-PAUL **HARTWEG**, ● Alsace Tokay-Pinot gris, 100 ● Alsace grand cru Mandelberg, 114
JEAN-NOEL **HATON**, Champagner, 635
LUDOVIC **HATTE**, Champagner, 635
DOM. DE **HAUBET**, Landes, 1072
HAU COULOBRE, Côtes du Luberon, 1027
HAULLER, ● Alsace Gewurztraminer, 93 ● Crémant d'Alsace, 126
DOM. DU **HAURET LALANDE**, Graves, 322
CH. **HAUT-BADETTE**, Saint-Emilion grand cru, 271
CH. **HAUT-BAGES AVEROUS**, Pauillac, 373
CH. **HAUT-BAGES LIBERAL**, Pauillac, 373
CH. **HAUT-BAILLY**, Pessac-Léognan, 333
CH. **HAUT-BATAILLEY**, Pauillac, 373
CH. **HAUT-BERGERON**, Sauternes, 395
CH. **HAUT-BERGEY**, Pessac-Léognan, 333
CH. **HAUT BERNASSE**, ● Côtes de Bergerac, 807 ● Monbazillac, 811
CH. **HAUT-BERNAT**, Puisseguin Saint-Emilion, 297
CH. **HAUT-BERTIN**, Montagne Saint-Emilion, 293
CH. **HAUT-BOMMES**, Sauternes, 395
DOM. DU **HAUT BOURG**, Gros-Plant AOVDQS, 843
CH. **HAUT BRETON LARIGAUDIERE**, Margaux, 365
CH. **HAUT-BRION**, ● Pessac-Léognan, 333 ● Pessac-Léognan, 333
LE BAHANS DU CH. **HAUT-BRION**, Pessac-Léognan, 334
LES PLANTIERS DE **HAUT BRION**, Pessac-Léognan, 334
HAUT-BRIONNAIS, Saône-et-Loire, 1094

CH. HAUT BRISEY, Médoc, 344
CH. HAUT BURET, Bergerac, 800
CH. HAUT-CADET, Saint-Emilion grand cru, 271
CH. HAUT-CALENS, Graves, 322
CH. HAUT-CANTELOUP, Médoc, 344
CH. HAUT CANTONNET, Bordeaux Supérieur, **209**
HAUT CARLES, Fronsac, 237
CH. HAUT CARMAIL, Haut-Médoc, 354
CH. HAUT-CASTENET, Bordeaux, 188
CH. HAUT-CAZEVERT, vide, 304
CH. HAUT-CHAIGNEAU, Lalande de Pomerol, 252
CH. HAUT CHRISTIN, Coteaux du Languedoc, 705
CH. HAUT-CLAVERIE, Sauternes, 396
CH. HAUT-CORBIN, Saint-Emilion grand cru, 271
CH. HAUT-D'ARZAC, vide, 304
CH. HAUT DE LA GARDE, Anjou, 850
HAUT DE PIERRE, Kanton Waadt (Vaud), 1101
CH. HAUT DU PEYRAT, Premières Côtes de Blaye, 223
LES VIGNERONS DE HAUTE-BOURGOGNE, Crémant de Bourgogne, 441
CH. HAUTE BRANDE, ● Bordeaux, 188 ● Bordeaux Supérieur, **209**
CH. HAUTE FAUCHERIE, Montagne Saint-Emilion, 293
CH. HAUTE-FONTAINE, Corbières, 695
DOM. DE HAUTE PERCHE, ● Cabernet d'Anjou, 860 ● Coteaux de l'Aubance, 863
DOM. DE HAUTE ROCHE, Muscadet des Coteaux de la Loire, 830
DOM. DE HAUTES CHALERNES, Coteaux du Tricastin, 1022
LES CAVES DES HAUTES-COTES DE BEAUNE, Bourgogne Hautes-Côtes de Beaune, 438
CH. DE HAUTE-SERRE, Cahors, 773
DOM. DES HAUTES NOELLES, Muscadet de Sèvre-et-Maine, 833
DOM. DES HAUTES OUCHES, ● Anjou, **850** ● Anjou-Villages, 856 ● Rosé d'Anjou, 859 ● Jardin de la France, 1064
CUVEE DES HAUTES TERRES DE POLIDON, Côtes du Rhône, 973
CH. HAUTES VERGNES, Saint-Emilion, 259
DOM. DES HAUTES VIGNES, ● Rosé de Loire, 824 ● Saumur, 876 ● Saumur-Champigny, 884
CH. HAUT FERRAND, Pomerol, 243
CH. HAUT-GARDERE, Pessac-Léognan, 334
CH. HAUT GARIN, Médoc, 345
CH. HAUT-GARRIGA, ● Bordeaux, 188 ● Bordeaux sec, 199 ● Bordeaux rosé, 204
CH. HAUT GLEON, Corbières, 695
CH. HAUT-GOUJON, Montagne Saint-Emilion, 293
CH. HAUT-GRAVAT, Médoc, 345
CH. HAUT-GRAVIER, ● Côtes de Bourg, 229 ● Graves, 322
CH. HAUT GRELOT, Premières Côtes de Blaye, 223
CH. HAUT GROS CAILLOU, Saint-Emilion, 259
CH. HAUT-GUERIN, Bordeaux, 188
CH. HAUT-GUIRAUD, Côtes de Bourg, 229
CH. HAUT LAGRANGE, Pessac-Léognan, 334
CH. HAUT LA GRENIERE, Lussac Saint-Emilion, 289
CH. HAUT-LA PEREYRE, Bordeaux, 188
CH. HAUT LARIVEAU, Fronsac, 237
CH. HAUT-LAVALLADE, Saint-Emilion grand cru, 271
HAUT LESCASSE, Moulis-en-Médoc, 370
CH. HAUT LIGNIERES, Coteaux du Languedoc, 705
CH. HAUT-LOGAT, Haut-Médoc, 354
CH. HAUT LOUILLEAU, Premières Côtes de Blaye, 223
CH. HAUT-MACO, Côtes de Bourg, 229
CH. HAUT-MAILLET, Pomerol, 244

CH. HAUT-MARBUZET, Saint-Estèphe, 378
CH. HAUT-MAZERAT, Saint-Emilion grand cru, 271
CH. HAUT-MAZERIS, Canon-Fronsac, 234
CH. HAUT-MAZIERES, Bordeaux, 189
CH. HAUT-MEILLAC, Bordeaux Supérieur, **209**
CH. HAUT-MENEAU, Premières Côtes de Blaye, 223
CH. HAUT METHEE, Bordeaux Supérieur, **209**
CH. HAUT-MONDESIR, Côtes de Bourg, 229
DOM. DU HAUT MONTLONG, ● Bergerac, 800 ● Monbazillac, 811
CH. HAUT-MOUSSEAU, Côtes de Bourg, 229
CH. HAUT NADEAU, ● Bordeaux Supérieur, 209 ● vide, 304
CH. HAUT-NOUCHET, Pessac-Léognan, 334
DOM. DU HAUT PECHARMANT, Pécharmant, 815
CH. HAUT-PEYREDOULLE, Bordeaux Supérieur, **209**
CH. HAUT-PLANTEY, Saint-Emilion grand cru, 271
DOM. DU HAUT-PLANTY, Muscadet de Sèvre-et-Maine, 833
CH. HAUT-PONTET, Saint-Emilion grand cru, 271
CH. HAUT-POURRET, Saint-Emilion grand cru, 271
LES VIGNERONS DU HAUT-QUERCY, Coteaux de Glanes, 1075
CH. HAUT-RENAISSANCE, Saint-Emilion, 259
CH. HAUT REYGNAC, Bordeaux sec, 199
CH. HAUT RIAN, vide, 304
CH. HAUT ROCHER, Saint-Emilion grand cru, 272
CH. HAUT SAINT CLAIR, Puisseguin Saint-Emilion, 297
CH. HAUT-SARPE, Saint-Emilion grand cru, 272
LE SECOND DE HAUT SARPE, Saint-Emilion, 259
DOM. DES HAUTS DE SANZIERS, Saumur, 877
CH. HAUT-SEGOTTES, Saint-Emilion grand cru, 272
DOM. DES HAUTS PEMIONS, Muscadet de Sèvre-et-Maine, 833
CH. HAUT-SURGET, Lalande de Pomerol, 252
CH. HAUT-TOUTIFAUT, Bordeaux Supérieur, 210
CH. HAUT-TROPCHAUD, Pomerol, 244
CLOS HAUT TROQUART, Saint-Georges Saint-Emilion, 298
CH. HAUT TUQUET, Côtes de Castillon, 301
CH. HAUT-VEYRAC, Saint-Emilion, 259
DOM. DU HAY, Touraine-Azay-le-Rideau, 901
CH. HAYE BOTTEREAU, Muscadet, 829
HEBINGER, Crémant d'Alsace, 126
JEAN-PAUL HEBRART, Champagner, 636
MARC HEBRART, Champagner, 636
E. HEDINGER, Kanton Schaffhausen, 1119
CHARLES HEIDSIECK, Champagner, 636
HEIDSIECK MONOPOLE, Champagner, 636
PIERRE D' HEILLY ET MARTINE HUBERDEAU, ● Bourgogne Passetoutgrain, 429 ● Crémant de Bourgogne, 441 ● Bourgogne Côte Chalonnaise, 445
LEON HEITZMANN, Alsace Muscat, 90
CH. HELENE, Corbières, 695
CH. HENNEBELLE, Haut-Médoc, 354
HENRI CRUCHON, Kanton Waadt (Vaud), 1101
D. HENRIET BAZIN, Champagner, 636
DOM. HENRY, Coteaux du Languedoc, 705

HENRY FILS, Bourgogne, 414
HERAULT, Chinon, 912
DOM. DES HERBAUGES, Retz, 1067
DIDIER HERBERT, Champagner, 636
DOM. HERESZTYN, ● Bourgogne, 414 ● Gevrey-Chambertin, 470 ● Morey-Saint-Denis, 477
VOSER HERRENBERG, Kanton Aargau, 1118
ALBERT HERTZ, ● Alsace grand cru Eichberg, 109 ● Alsace grand cru Pfersigberg, 116
VICTOR HERTZ, Crémant d'Alsace, 126
CH. HERVE-LAROQUE, Fronsac, 237
DOM. D' HERVILLE, Bourgogne, 414
EMILE HERZOG, Alsace Riesling, 84
HERZOG WELF, Kanton Zürich, 1120
HEUCQ PERE ET FILS, Champagner, 636
ROGER HEYBERGER, Alsace grand cru Steinert, 121
HONORE LAVIGNE, ● Bourgogne Aligoté, 424 ● Bourgogne Passetoutgrain, 429 ● Santenay, 568
HORCHER, Alsace Tokay-Pinot gris, 100
E. HORCHER ET FILS, Alsace grand cru Mandelberg, 114 ● Alsace grand cru Sporen, 121
HOSPICES DE BEAUJEU, Morgon, 163
HOSPICES DE ROMANECHE-THORINS, Moulin-à-Vent, 167
CH. DES HOSPITALIERS, Coteaux du Languedoc, 705
DOM. DES HOSPITALIERS, La Bénovie, **1085**
CH. HOSTENS-PICANT, Sainte-Foy-Bordeaux, 316
M. HOSTOMME ET FILS, Champagner, 636
JEAN-LUC HOUBLIN, Bourgogne Aligoté, 425
CH. HOURBANON, Médoc, 345
CHARLES HOURS, Jurançon sec, 792
DOM. DES HUARDS, Cheverny, 931 ● Cour-Cheverny, 932
HUBER ET BLEGER, Alsace Pinot noir, 106
BERNARD HUBSCHWERLIN, Champagner, 637
ALAIN HUDELOT-NOELLAT, ● Clos de Vougeot, 488 ● Richebourg, 495 ● Romanée-Saint-Vivant, 496
HUGEL, ● Alsace Riesling, 85 ● Alsace Gewurztraminer, **93**
OTTO HUGENTOBLER, Kanton Wallis (Valais), 1107
HUGUENOT PERE ET FILS, vide, 465
HUGUENOT-TASSIN, Champagner, 637
CH. D' HUGUES, ● Côtes du Rhône, 973 ● Côtes du Rhône-Villages, 984
HUGUES DE BEAUVIGNAC, ● Coteaux du Languedoc, 705 ● Côtes de Thau, 1083
FRANCIS ET PATRICK HUGUET, Cheverny, 931
DOM. HUMBERT FRERES, Charmes-Chambertin, 475
HUMBRECHT, Alsace Gewurztraminer, **93**
BERNARD HUMBRECHT, Alsace grand cru Goldert, 112
CAVE VINICOLE DE HUNAWIHR, ● Alsace grand cru Rosacker, **118** ● Alsace grand cru Rosacker, 118
HUNOLD, Alsace grand cru Vorbourg, 122
CH. HURADIN, Cérons, 392
CH. DU HUREAU, ● Saumur, 877 ● Saumur-Champigny, 884 ● Saumur-Champigny, **884**
HURLEVENT, Kanton Wallis (Valais), **1107**
CUVEE DU HURLEVENT, Châteauneuf-du-Pape, 1010
HUSSON, Champagner, 637
JEAN HUTTARD, ● Alsace Tokay-Pinot gris, 100 ● Alsace Pinot noir, 106
LES VIGNERONS D' IGE, ● Bourgogne, 414 ● Bourgogne Aligoté, **425** ● Crémant de Bourgogne, 441 ● Mâcon, 591
DOM. ILARRIA, Irouléguy, 789

INDEX DER WEINE

DOM. DES ILES, • Chablis premier cru, 456 • Chablis grand cru, 460
IL QUERCETO, Kanton Tessin (Ticino), 1121
IMESCH, Kanton Wallis (Valais), 1107
IMPERIAL, Bordeaux, 189
CH. ISAURE, Côtes du Rhône, 973
CH. D' ISSAN, Margaux, 365
MOULIN D' ISSAN, Bordeaux Supérieur, 210
PAUL JABOULET AINE, • Cornas, 1000 • Muscat de Beaumes-de-Venise, 1046
DOM. LUCIEN JACOB, Savigny-lès-Beaune, 522
DOM. ROBERT ET RAYMOND JACOB, Corton, 515
ROBERT JACOB, Champagner, 637
JACOB-FREREBEAU, • Pernand-Vergelesses, 512 • Savigny-lès-Beaune, 522
DOM. JACOB-GIRARD ET FILS, Savigny-lès-Beaune, 522
HUBERT JACOB-MAUCLAIR, • Bourgogne Aligoté, 425 • Bourgogne Hautes-Côtes de Beaune, 438
JACQUART, Champagner, 637
ANDRE JACQUART ET FILS, Champagner, 637
ALEXIS JACQUERIOZ, Kanton Wallis (Valais), 1107
YVES JACQUES, Champagner, 637
JACQUES PELICHET, Kanton Waadt (Vaud), 1101
CH. JACQUET, Bordeaux, 189
EDMOND JACQUIN ET FILS, Roussette de Savoie, 684
LOUIS JADOT, • Bourgogne, 414 • Pouilly-Fuissé, 598
LES VILLAGES DE JAFFELIN, Auxey-Duresses, 545
SELECTION J.M. DE JAMART, Champagner, 637
DOM. JAMBON, Morgon, 163
DOMINIQUE JAMBON, Régnié, 169
PH. JANISSON, Champagner, 638
R. JANISSON, Champagner, 638
JANISSON-BARADON ET FILS, Champagner, 638
JANNY, • Morgon, 164 • Bourgogne Passetoutgrain, 429 • Crémant de Bourgogne, 441 • Mâcon, 591 • Saint-Véran, 603
PASCAL JANVIER, Jasnières, 918
RENE JARDIN, Champagner, 638
DOM. DES JARENTES, Beaujolais, 139
DOM. DE JARRAS-LISTEL, Sables du Golfe du Lion, 1081
DANIEL JARRY, Vouvray, 926
JAS DE LAURE, Côtes du Luberon, 1027
DOM. DE JASSERON, Beaujolais, 139
CH. DE JASSON, Côtes de Provence, 740
CH. DE JAU, • Côtes du Roussillon-Villages, 730 • Muscat de Rivesaltes, 1042
CH. DES JAUBERTES, Graves, 322
DOM. JAUME, • Côtes du Rhône, 973 • Côtes du Rhône-Villages, 984
DOM. DE JAVERNIERE, Morgon, 164
CLOS JEAN, Loupiac, 388
JEAN D'ESTAVEL, Banyuls grand cru, 1034
JEAN DE NAVARRE, Côtes de Duras, 818
CH. JEAN DUGAY, Graves de Vayres, 314
CH. JEAN DU ROY, Cadillac, 386
DOM. GUY-PIERRE JEAN ET FILS, • Savigny-lès-Beaune, 522 • Saint-Romain, 548
CH. JEANGUET-LA-MIANE, Bordeaux Supérieur, 210
CUVEE JEAN LEBRAU, Corbières, 695
JEANMAIRE, Champagner, 638
JEANNIN-NALTET PERE ET FILS, Mercurey, 582
CH. JEAN VOISIN, Saint-Emilion grand cru, 272
DOM. JESSIAUME PERE ET FILS, Beaune, 528
J.-C. JHEAN-MOREY, Meursault, 551
CH. JOANNY, Côtes du Rhône, 973
DOM. CHARLES ET REMI JOBARD, • Bourgogne, 414 • Bourgogne Aligoté, 425 • Monthélie, 543

DOM. EMILE JOBARD, Meursault, 552
CHARLES JOGUET, Chinon, 912
PATRICK JOHANN, Côtes du Jura, 672
JEAN-LUC JOILLOT, • Beaune, 529 • Pommard, 534
CH. JOLIET, Côtes du Frontonnais, 784
PHILIPPE JOLIET, Fixin, 467
DOM. JOLIETTE, • Côtes du Roussillon, 725 • Muscat de Rivesaltes, 1042
DOM. DE JOLIETTE, Côtes du Roussillon-Villages, 730
DOM. JOLIOT, • Pommard, 534 • Meursault, 552
DOM. JOLIVET, • Anjou, 850 • Cabernet d'Anjou, 860
RENE JOLLY, Champagner, 638
ALAIN JOLY, Beaujolais, 139
CLAUDE JOLY, • Côtes du Jura, 672 • L'Etoile, 676
CH. JOLYS, Jurançon, 791
BERNARD JOMAIN, Brouilly, 148
JEAN-HERVE JONNIER, • Crémant de Bourgogne, 442 • Bourgogne Côte Chalonnaise, 576 • Rully, 578 • Mercurey, 582
DOM. JONQUERES D'ORIOLA, Côtes du Roussillon, 725
CH. DE JONQUIERES, Coteaux du Languedoc, 705
CH. JORDY D'ORIENT, • Premières Côtes de Bordeaux, 310 • Cadillac, 386
JOSMEYER, Alsace Tokay-Pinot gris, 101
JEAN JOSSELIN, Champagner, 638
CH. DES JOUALLES, Bordeaux Supérieur, 210
GABRIEL JOUARD, Chassagne-Montrachet, 560
CH. JOUCLARY, Cabardès AOVDQS, 720
LE CELLIER DE JOUDIN, Allobrogie, 1090
DOM. DES JOUGLA, Saint-Chinian, 718
ALAIN JOULIN, Montlouis, 920
DOM. JOULIN, • Saumur, 877 • Saumur-Champigny, 884
CH. JOUMES-FILLON, Bordeaux, 189
FRANCIS JOURDAIN, Valençay AOVDQS, 935
CH. JOURDAN, Premières Côtes de Bordeaux, 310
JOURDAN-GUILLEMIER, Côte de Nuits-Villages, 504
CH. JOUVENTE, Graves, 322
JEAN JOYET, Beaujolais, 139
CH. DU JUGE, • Premières Côtes de Bordeaux, 310 • Cadillac, 386
CH. JUGUET, Saint-Emilion grand cru, 272
DOM. JUILLARD, Juliénas, 160
MICHEL JUILLARD, Saint-Amour, 172
DOM. EMILE JUILLOT, Mercurey, 582
DOM. MICHEL JUILLOT, • Corton-Charlemagne, 517 • Mercurey, 582
DOM. JULIA, Mâcon-Villages, 594
CH. JULIEN, Bordeaux, 211
CH. DE JULIENAS, Juliénas, 160
JULIEN DE SAVIGNAC, Bergerac, 800
THIERRY JULLION, Pineau des Charentes, 1053
DOM. ROGER JUNG ET FILS, Alsace Pinot oder Klevner, 79
DANIEL JUNOT, Bourgogne, 414
CH. JUPILLE CARILLON, Saint-Emilion, 260
CUVEE PIERRE JUTEAU, Coteaux du Layon, 869
PIERRE JUTEAU, Anjou, 850
DOM. JUX, Alsace Riesling, 85 • Alsace Pinot noir, 106 • Crémant d'Alsace, 127
ROBERT KARCHER, • Alsace Riesling, 85 • Alsace Pinot noir, 106
DOM. KEHREN, Alsace grand cru Hatschbourg, 112
DOM. KEHREN - DENIS MEYER, Alsace Gewurztraminer, 94
J.-CH. ET D. KIEFFER, Crémant d'Alsace, 127
CAVE DE KIENTZHEIM-KAYSERSBERG, • Alsace Gewurztraminer, 94 • Alsace Tokay-Pinot gris, 101

CH. KIRWAN, Margaux, 365
LES CHARMES DE KIRWAN, Margaux, 365
HENRI KLEE, • Alsace Riesling, 85 • Alsace grand cru Wineck-Schlossberg, 122
KLEE FRERES, Alsace Pinot oder Klevner, 80
GEORGES KLEIN, Alsace Pinot noir, 106
RAYMOND ET MARTIN KLEIN, Alsace grand cru Zinnkoepflé, 124
KLEIN AUX VIEUX REMPARTS, Alsace Pinot noir, 106
KLEIN-BRAND, Alsace Riesling, 85
ANTOINE ET ROBERT KLINGENFUS, Alsace grand cru Bruderthal, 109
KLUR-STOECKLE, Alsace grand cru Wineck-Schlossberg, 122
KOBUS, Crémant d'Alsace, 127
PIERRE KOCH ET FILS, Alsace Sylvaner, 78
KOEBERLE KREYER, Alsace Pinot noir, 106
JEAN-CLAUDE KOESTEL, Crémant d'Alsace, 127
MARC KREYDENWEISS, • Alsace grand cru Kastelberg, 113 • Alsace grand cru Moenchberg, 115
HUBERT KRICK, Alsace grand cru Hengst, 113
KRUG, • Champagner, 638 • Champagner, 639
KUEHN, • Alsace Riesling, 85 • Alsace grand cru Florimont, 110
R. KUENTZ, Alsace grand cru Steinert, 121
KUENTZ-BAS, Alsace grand cru Pfersigberg, 116
KUGELBERG, Alsace Riesling, 85
KUMPF ET MEYER, Alsace Pinot oder Klevner, 80
CLOS DE L'ABBAYE, • Saumur, 877 • Bourgueil, 904
DOM. DE L'ABBAYE, • Santenay, 568 • Chinon, 912
DOM. DE L'ABBAYE DE SAINTE-RADEGONDE, Muscadet de Sèvre-et-Maine, 834
DOM. DE L'ABBAYE DU PETIT QUINCY, Crémant de Bourgogne, 442
CLOS L'ABEILLEY, Sauternes, 396
CH. L'AGNET LA CARRIERE, Sauternes, 396
DOM. DE L'AIGLE, Limoux, 692
DOM. L'AIGUELIERE, Coteaux du Languedoc, 706
CH. DE L'AIGUILLETTE, Muscadet de Sèvre-et-Maine, 836
DOM. DE L'AIGUILLETTE, Gros-Plant AOVDQS, 844
LES VIGNES DE L'ALMA, Rosé de Loire, 825
CH. DE L'AMARINE, Costières de Nimes, 700
L'AME DU TERROIR, Bordeaux Supérieur, 211
DOM. L'ANCIENNE CURE, Bergerac, 801
DOM. DE L'ANCIENNE CURE, Monbazillac, 811
DOM. DE L'ANCIEN RELAIS, Saint-Amour, 172
DOM. DE L'ANGLADE, Maures, 1087
CH. DE L'ANGLAIS, Puisseguin Saint-Emilion, 297
DOM. DE L'ANTENET, Cahors, 774
L'ARBALETE, Kanton Waadt (Vaud), 1102
DOM. DE L'ARDEVAZ, Kanton Wallis (Valais), 1108
CH. L'ARGENTEYRE, Médoc, 346
DOM. DE L'ARJOLLE, Côtes de Thongue, 1082
CH. L'ARNAUDE, Côtes de Provence, 742
L'ARPENTY, Chinon, 914
DOM. DE L'ATTILON, Bouches-du-Rhône, 1088
CH. DE L'AUBERDIERE, Muscadet de Sèvre-et-Maine, 837
CH. DE L'AUBRADE, Bordeaux sec, 200
CH. DE L'AUCHE, Champagner, 640
L'AUMONIERE, La Meuse, 1094

DOM. DE L'ECHALIER, ● Anjou, 851 ● Coteaux du Layon, 870
CLOS DE L'ECHO, Chinon, 914
DOM. DE L'ECLAIR, Beaujolais Supérieur, 142
DOM. DE L'ECOLE, Alsace Gewurztraminer, 94
DOM. DE L'ECU, Muscadet de Sèvre-et-Maine, 838
DOM. DE L'EGLANTIERE, Chablis premier cru, 457
CH. L'EGLISE-CLINET, Pomerol, 247
CELLIER DE L'ENCLAVE DES PAPES, Côtes du Rhône-Villages, 985
CH. L'ENCLOS, Sainte-Foy-Bordeaux, 316
CH. DE L'ENCLOS, Bordeaux sec, 200
CUVEE DE L'ENCLOS, Graves, 323
L'ENCLOS MAUCAILLOU, Margaux, 366
CH. DE L'ENGARRAN, Coteaux du Languedoc, 707
DOM. DE L'ENGARRAN, Oc, 1079
DOM. DE L'ENTRE-CŒURS, Montlouis, 921
DOM. DE L'EPINAY, Vouvray, 928
CH. L'ERMITAGE, ● Costières de Nîmes, 700 ● Médoc, 347 ● Listrac-Médoc, 361 ● Sauternes, 397
CH. L'ESCADRE, Premières Côtes de Blaye, 225
CH. L'ESCARDERIE, Fronsac, 238
CH. L'ESCART, Bordeaux Supérieur, 212
DOM. DE L'ESPIGOUETTE, Côtes du Rhône-Villages, 986
CH. DE L'ESPLANADE, Bordeaux Clairet, 196
CLOS L'ESQUIROL, Minervois, 715
L'ETOILE, ● Collioure, 733 ● Banyuls, 1033 ● Banyuls, 1033 ● Banyuls grand cru, 1034
CH. L'ETOILE, Graves, 324
CH. DE L'ETOILE, L'Etoile, 676
DOM. DE L'EUROPE, Mercurey, 583
CH. L'EUZIERE, Coteaux du Languedoc, 707
L'EVECHE, Crémant de Limoux, 691
L'HERITIER-GUYOT, ● Bourgogne Hautes-Côtes de Nuits, 433 ● Morey-Saint-Denis, 478 ● Chambolle-Musigny, 482 ● Bonnes-Mares, 486 ● Vougeot, 487 ● Corton-Charlemagne, 518 ● Santenay, 537
DOM. L'HERITIER-GUYOT, Vougeot, 487
DOM. L'HERMITAGE, Bandol, 752
PRESTIGE DE L'HERMITAGE, Muscadet de Sèvre-et-Maine, 839
CH. L'HERMITAGE-LESCOURS, Saint-Emilion grand cru, 278
DOM. DE L'HORTUS, ● Coteaux du Languedoc, 707 ● Val de Montferrand, 1082
CH. L'HOSANNE, Graves de Vayres, 315
CH. L'HOSPITAL, Graves, 324
CH. L'HOSTE-BLANC, Bordeaux Supérieur, 213
DOM. DE L'IDYLLE, Vin de Savoie, 680
LES VIGNERONS DE L'ILE DE BEAUTE, Vins de Corse, 765
DOM. DE L'ILE MARGAUX, Bordeaux Supérieur, 213
DOM. DE L'ILE SAINT-PIERRE, Bouches-du-Rhône, 1088
CH. DE L'ILLE, Corbières, 696
CH. DE L'ISOLETTE, Côtes du Luberon, 1028
DOM. DE L'ISTHME, Oc, 1079
CH. DE L'OISELLERIE, Pineau des Charentes, 1054
DOM. DE L'OISILLON, Beaujolais-Villages, 145
DOM. DE L'OLIVETTE, Bandol, 752
DOM. DE L'OLIVIER, Côtes du Rhône, 977
CLOS DE L'ORATOIRE DES PAPES, Châteauneuf-du-Pape, 1013
DOM. DE L'ORATOIRE SAINT-MARTIN, ● Côtes du Rhône, 977 ● Côtes du Rhône-Villages, 986
L'OR DU VENT, Kanton Wallis (Valais), 1109

DOM. DE L'OREE DU BOIS, Beaujolais-Villages, 145
DOM. DE L'ORME, Chablis, 451
DOM. DE L'OUCHE-GUINIERE, Muscadet des Coteaux de la Loire, 830
CH. LABADIE, ● Côtes de Bourg, 229 ● Médoc, 345
DOM. DE LABAIGT, Terroirs Landais, 1071
DOM. DE LABALLE, Terroirs Landais, 1071
DOM. DE LA BARBINIERE, La Vendée, 1068
CH. LABARDE, Haut-Médoc, 354
CH. LA BARDE-LES-TENDOUX, Côtes de Bergerac, 807
CH. LA BARDONNE, Bordeaux, 189
LE CELLIER DE LA BARNEDE, Muscat de Rivesaltes, 1042
LA BARONIE DE MOURET, Vins de Marcillac, 786
CH. LA BARONNE, Corbières, 696
CLOS DE LA BARONNERIE, Premières Côtes de Blaye, 223
DOM. DE LA BARTHE, Gaillac, 778
CELLIER DE LA BASTIDE, Bordeaux sec, 199
CH. LA BASTIDE, ● Corbières, 696 ● Côtes du Marmandais, 786
LA BASTIDE BLANCHE, Bandol, 750
CAVE DE LABASTIDE DE LEVIS, Gaillac, 779
DOM. DE LA BASTIDE NEUVE, Côtes de Provence, 740
LA BASTIDE-SAINT-DOMINIQUE, ● Côtes du Rhône, 973 ● Châteauneuf-du-Pape, 1010
LA BASTIDE SAINT-VINCENT, ● Côtes du Rhône, 973 ● Gigondas, 1002
CH. LA BASTIDETTE, Montagne Saint-Emilion, 293
CH. LABATUT, Bordeaux Supérieur, 210
CH. LABATUT-BOUCHARD, ● Bordeaux sec, 199 ● Premières Côtes de Bordeaux, 310 ● Cadillac, 386
DOM. DE LA BATISSE, ● Costières de Nîmes, 699 ● Oc, 1078
DOM. DE LA BAZILLIERE, Muscadet de Sèvre-et-Maine, 834
MICHEL LABBE ET FILS, Champagner, 639
CH. LA BECASSE, Pauillac, 373
DOM. DE LA BECHE, Morgon, 164
CH. LABEGORCE ZEDE, Margaux, 365
CLOS DE LA BERGERIE, Savennières Roche-aux-Moines, 866
DOM. DE LA BERGERIE, ● Anjou-Villages, 856 ● Coteaux du Layon, 869 ● Touraine, 892
LA BERLANDE, Margaux, 365
DOM. DE LA BERNARDE, Côtes de Provence, 740
CH. LA BERRIERE, Muscadet de Sèvre-et-Maine, 834
CH. LA BERTRANDE, ● Premières Côtes de Bordeaux, 310 ● Loupiac, 388
DOM. DE LA BESNERIE, Crémant de Loire, 827
CH. LABESSE, Côtes de Castillon, 301
DOM. DE LA BESSIERE, Saumur-Champigny, 884
DOM. DE LA BESSONNE, Coteaux Varois, 761
ALAIN LABET, Côtes du Jura, 672
DOM. PIERRE LABET, Savigny-lès-Beaune, 522
DOM. LABET-DECHELETTE, Clos de Vougeot, 488
CAVE COOPERATIVE DE LABLACHERE, Coteaux de l'Ardèche, 1093
CH. LA BLANCHERIE PEYRET, Graves, 322
CH. DE LA BLANCHETIERE, Muscadet de Sèvre-et-Maine, 834
DOM. DE LA BLANCHETIERE, Gros-Plant AOVDQS, 843
DOM. DE LA BLAQUE, Coteaux de Pierrevert AOVDQS, 1030
DOM. DE LA BLOTTIERE, Vouvray, 926
DOM. DE LA BOISSIERE, ● Costières de Nîmes, 699 ● Bergerac, 801
CH. DE LA BONNELIERE, Chinon, 913
DOM. DE LA BONNELIERE, Saumur-Champigny, 884

CH. LA BONNELLE, Saint-Emilion grand cru, 272
CH. LABORDE, Lalande de Pomerol, 252
CH. DE LABORDE, Bordeaux sec, 199
CH. LA BORDERIE, Monbazillac, 811
CH. LA BORDERIE-MONDESIR, Lalande de Pomerol, 252
CH. LA BOTTE, Bordeaux sec, 189
LABOTTIERE, Bordeaux sec, 199
CH. DE LA BOTTIERE, Juliénas, 160
CH. LA BOUGERELLE, Coteaux d'Aix, 756
DOM. DE LA BOUGRIE, ● Anjou-Villages, 856 ● Cabernet d'Anjou, 860
DOM. LA BOUISSIERE, Gigondas, 1002
DOM. LA BOULAZ, Kanton Waadt (Vaud), 1101
DOM. DE LA BOURDINIERE, Muscadet de Sèvre-et-Maine, 834
LABOURE-GONTARD, Crémant de Bourgogne, 442
LABOURE-ROI, ● Bourgogne, 414 ● Volnay, 539 ● Meursault, 552 ● Chassagne-Montrachet, 560
CH. LA BOURREE, Côtes de Castillon, 302
DOM. LA BOUVAUDE, Côtes du Rhône-Villages, 984
LA BRAISE D'ENFER, Kanton Waadt (Vaud), 1101
DOM. LABRANCHE LAFFONT, Madiran, 795
CH. LA BRANDE, Côtes de Castillon, 302
CH. LA BRAULTERIE DE PEYRAUD, Premières Côtes de Blaye, 223
DOM. DE LA BRESSANDE, Rully, 578
LA BRETONNIERE, Saumur-Champigny, 884
DOM. DE LA BRETONNIERE, Muscadet de Sèvre-et-Maine, 834
CH. LA BRIDANE, Saint-Julien, 383
CLOS DE LA BRIDERIE, Touraine-Mesland, 902
CH. LA BRIE, ● Bergerac, 801 ● Bergerac sec, 805 ● Monbazillac, 811
LA BROCARDE, Côte Rôtie, 990
CH. DE LA BRUNETTE, Côtes de Bourg, 229
CH. DE LA BRUYERE, ● Bourgogne, 415 ● Mâcon, 591
DOM. A. ET B. LABRY, Auxey-Duresses, 545
DOM. DE LA BUTTE, Bourgueil, 904
LA BUXYNOISE, Bourgogne Passetoutgrain, 429
LABUZAN, Bordeaux sec, 199
CH. LA CABANE, ● Pomerol, 244 ● Puisseguin Saint-Emilion, 297
CLOS LACABE, Jurançon, 791
LA CADIERENNE, Bandol, 750
DOM. DE LA CAILLEBOSSE, Bordeaux, 189
CH. LA CALISSE, Coteaux Varois, 761
CH. LA CAMINADE, Cahors, 773
CH. LA CANORGUE, Côtes du Luberon, 1027
CH. LA CAPELLE, Bordeaux Supérieur, 210
CH. LA CARDONNE, Médoc, 345
DOM. DE LA CARESSE, Côtes de Castillon, 302
CH. LA CARIZIERE, Gros-Plant AOVDQS, 843
CH. LA CARRADE, Graves, 322
CH. DE LA CASTILLE, Côtes de Provence, 740
CH. LA CAUSSADE, Médoc, 345
CH. LACAUSSADE SAINT MARTIN, Premières Côtes de Blaye, 223
DOM. DE LA CAVALE, Côtes du Luberon, 1027
LA CAVE DE GENEVE, Kanton Genf (Genève), 1113
LA CAVE DES VALLEES, Touraine-Azay-le-Rideau, 901
LA CAVE DU CONNAISSEUR, ● Bourgogne Aligoté, 425 ● Chablis grand cru, 460
LA CAVE DU PRIEURE, Roussette de Savoie, 684
DE LA CENSE, Champagner, 639

INDEX DER WEINE

DOM. DE **LA CERISAIE**, Beaujolais-Villages, 145
DOM. DE **LA CEVERIE**, Touraine, 892
LA CHABLISIENNE, ● Chablis, 450 ● Chablis premier cru, 456 ● Chablis grand cru, 460
DOM. DE **LA CHAIGNEE**, Fiefs Vendéens AOVDQS, 845
DOM. DE **LA CHAISE**, Touraine, 893
DOM. DE **LA CHAMBARDE**, Beaujolais, 140
DOM. DE **LA CHANTELEUSERIE**, Bourgueil, 905
CH. **LA CHAPELLE**, Montagne Saint-Emilion, 293
DOM. DE **LA CHAPELLE**, ● Touraine, 893 ● Chinon, 913
CH. **LA CHAPELLE BELLEVUE**, Graves de Vayres, 315
LA CHAPELLE DES BOIS, Chiroubles, 154
CLOS DE **LA CHAPELLE DES BOIS**, Fleurie, 157
DOM. DE **LA CHAPELLE DES BOIS**, Fleurie, 157
CH. **LA CHAPELLE MAILLARD**, Bordeaux Supérieur, 210
DOM. DE **LA CHAPELLIERE**, Muscadet de Sèvre-et-Maine, **834**
DOM. DE **LA CHAPONNE**, Morgon, 164
CH. **LA CHARADE**, Côtes du Rhône, 974
DOM. DE **LA CHARBONNIERE**, ● Vacqueyras, 1005 ● Châteauneuf-du-Pape, 1011
DOM. DE **LA CHARITE**, Côtes du Rhône, 974
DOM. DE **LA CHARLOTTERIE**, Coteaux du Vendômois AOVDQS, 934
DOM. **LACHARME**, ● Mâcon Supérieur, 592 ● Mâcon-Villages, 594
LA CHARPENTERIE, Bourgueil, 905
CH. DE **LA CHARRIERE**, ● Bourgogne, 415 ● Pommard, 535 ● Santenay, 568
LA CHASSE DU PAPE, Côtes du Rhône-Villages, 984
DOM. DE **LA CHAUVILLIERE**, Charentais, 1070
CH. **LACHESNAYE**, Haut-Médoc, 354
LA CHETEAU, Jardin de la France, 1064
CH. DE **LA CHEVALERIE**, Muscadet de Sèvre-et-Maine, 835
DOM. DE **LA CHEVALERIE**, Bourgueil, 905
CH. **LA CHEZE**, Premières Côtes de Bordeaux, 310
DOM. DE **LA CITADELLE**, Vaucluse, 1087
MAS DE **LA CITADELLE**, Côtes du Luberon, 1027
CH. **LA CLARE**, Médoc, 345
CH. **LA CLOTTE**, Saint-Emilion grand cru, 272
CH. **LA CLUSIERE**, Saint-Emilion grand cru, 272
CH. **LA CLYDE**, Cadillac, 386
CH. DE **LA COLLINE**, ● Bergerac, **801** ● Bergerac sec, 806
CONFIT DE **LA COLLINE**, Côtes de Bergerac moelleux, 809
LA COLOMBE, Kanton Waadt (Vaud), 1101
LE PETIT CLOS **LA COLOMBE**, Kanton Waadt (Vaud), 1101
DOM. DE **LA COLOMBETTE**, Oc, 1078
DOM. DE **LA COMBE**, Saussignac, 816
DOM. DE **LA COMBE AU LOUP**, Chiroubles, 154
DOM. **LA COMBE DES GRAND VIGNES**, Vin de Savoie, 680
DOM. DE **LA COMBE DU PUY**, Crozes-Hermitage, 997
CH. **LACOMBE-NOAILLAC**, Médoc, 345
CH. **LA COMMANDERIE**, ● Saint-Emilion grand cru, 273 ● Saint-Estèphe, 378
DOM. DE **LA COMMANDERIE**, ● Chinon, 913 ● Quincy, 954
CH. **LA COMMANDERIE DE QUEYRET**, ● Bordeaux Supérieur, 210 ● vide, 304
RESERVE DE **LA COMTESSE**, Pauillac, 373

DOM. DE **LA CONCIERGERIE**, ● Chablis, **450** ● Chablis premier cru, 456
DOM. DE **LA CONSEILLERE**, Juliénas, 160
VIGNOBLE DE **LA CONTRIE**, Saint-Nicolas-de-Bourgueil, 908
GRAND FIEF DE **LA CORMERAIE**, Muscadet de Sèvre-et-Maine, 835
CH. DE **LA CORMERAIS**, Muscadet de Sèvre-et-Maine, 835
LA COSTE, Bouches-du-Rhône, 1088
CH. **LACOSTE**, Côtes de Castillon, 302
DE **LA COSTE**, Coteaux du Languedoc, 705
LACOSTE-BORIE, Pauillac, 374
DOM. DE **LA COTE D'OR**, Kanton Genf (Genève), 1113
DOM. DE **LA COTE DE CHEVENAL**, Juliénas, 160
DOM. DE **LA COTE DE L'ANGE**, Châteauneuf-du-Pape, 1011
DOM. DE **LA COTELLERAIE-VALLEE**, Saint-Nicolas-de-Bourgueil, 909
DOM. DE **LA COTZETTE**, Kanton Wallis (Valais), 1107
CLOS DE **LA COULEE DE SERRANT**, Savennières Coulée-de-Serrant, 866
DOM. DE **LA COUPERIE**, Jardin de la France, 1065
CH. **LA COURANÇONNE**, Côtes du Rhône-Villages, 984
CH. DE **LA COUR D'ARGENT**, Bordeaux, 189
CH. **LACOUR JACQUET**, Haut-Médoc, 354
CH. **LA COURONNE**, Montagne Saint-Emilion, 293
LA COUR PAVILLON, Bordeaux, 189
LA COURTADE, Côtes de Provence, 740
LA COURTOISE, Côtes du Ventoux, 1024
CH. **LA COUSPAUDE**, Saint-Emilion grand cru, 273
CH. **LA COUSTARELLE**, Cahors, 774
CLOS **LA COUTALE**, Cahors, 774
DOM. DE **LACQUY**, Terroirs Landais, 1071
DOM. DE **LA CRESSONNIERE**, Côtes de Provence, 740
LACROIX, Champagner, **639**
CH. **LA CROIX**, Pomerol, 244
CH. DE **LA CROIX**, Médoc, 345
DOM. **LA CROIX BELLE**, Côtes de Thongue, 1082
CH. **LA CROIX BELLEVUE**, Lalande de Pomerol, 252
CH. **LA CROIX BLANCHE**, Lalande de Pomerol, 252
DOM. DE **LA CROIX-BLANCHE**, Côtes du Rhône, 974
LA CROIX BONIS, Saint-Estèphe, 378
CH. **LA-CROIX-BOUEY**, ● Premières Côtes de Bordeaux, 310 ● Cadillac, 386
DOM. DE **LA CROIX BOUQUE**, Touraine, 893
CH. **LA CROIX CARDINAL**, Saint-Emilion grand cru, 273
CH. **LA CROIX CHABRIERE**, ● Côtes du Rhône, 974 ● Coteaux du Tricastin, 1022
CH. **LA CROIX CHAIGNEAU**, Lalande de Pomerol, 252
CH. **LA CROIX D'ANTONNE**, ● Bordeaux Clairet, 195 ● Bordeaux Supérieur, 211
LA CROIX DES MARCHANDS, Gaillac, 779
CH. **LA CROIX DES MOINES**, Lalande de Pomerol, 252
DOM. DE **LA CROIX DES VAINQUEURS**, Vouvray, 927
CH. **LA CROIX DU BREUIL**, Médoc, 346
CH. **LA CROIX DU MOULIN**, ● Bordeaux rosé, 204 ● Lalande de Pomerol, 252
DOM. DE **LA CROIX JACQUELET**, ● Rully, 578 ● Mercurey, 582 583 ● Givry, 587
CH. **LA CROIX-LAROQUE**, Fronsac, 237
DOM. DE **LA CROIX-MORTE**, Bourgueil, 905

DOM. DE **LA CROIX RONDE**, La Haute Vallée de l'AudeLa Haute Vallée de l'Orb, 1085
DOM. DE **LA CROIX SAINT CYPRIEN**, Côte de Brouilly, 150
CH. **LA CROIX SAINT-GEORGES**, Pomerol, 244
CH. **LA CROIX SAINT-JACQUES**, Premières Côtes de Blaye, 223
DOM. **LA CROIX-SAINT-LAURENT**, Sancerre, 959
CH. **LA CROIX SAUNIER**, Beaujolais-Villages, 145
CH. DE **LA CROIX SENAILLET**, Saint-Véran, 603
CH. **LA CROIX TAILLEFER**, Pomerol, 244
CH. **LA CROIX-TOULIFAUT**, Pomerol, 244
LACROIX-TRIAULAIRE ET FILS, Champagner, 639
CH. DE **LACROUX**, Gaillac, 779
DOM. DE **LA CROZE**, ● Côtes du Rhône, 974 ● Lirac, 1018
CH. **LA CURNIERE**, Coteaux Varois, 761
LA CUVEE DE SOPHIE, Anjou, 850
CH. **LA DAUPHINE**, Fronsac, 237
DOM. DE **LA DAYSSE**, Gigondas, 1003
DOM. DE **LA DENANTE**, ● Mâcon-Villages, 594 ● Pouilly-Fuissé, 599 ● Saint-Véran, 603
DOM. DE **LA DESOUCHERIE**, Cheverny, 931
CH. **LADESVIGNES**, ● Côtes de Bergerac moelleux, 809 ● Monbazillac, 811
CH. DE **LA DEVEZE**, Coteaux du Languedoc, 705
DOM. DE **LA DEVEZE**, Oc, **1078**
CH. **LA DOMINIQUE**, Saint-Emilion grand cru, 273
CLOS DE **LA DOREE**, Touraine, 893
DE **LADOUCETTE**, Pouilly-Fumé, 951
DOM. DE **LA DUCQUERIE**, Anjou, 850
CH. DE **LA DURANDIERE**, Saumur, 877
DOM. **LA FADEZE**, L'Hérault, 1083
CAVE JEAN-LOUIS **LAFAGE**, Maury, 1040
DOM. **LAFAGE**, Côtes du Roussillon, 725
DOM. DE **LAFAGE**, Coteaux du Quercy, 1073
LA FAGOTIERE, ● Côtes du Rhône, 974 ● Châteauneuf-du-Pape, 1011
CH. **LAFARGUE**, Pessac-Léognan, 334
CH. **LA FAUCONNERIE**, Montagne Saint-Emilion, 293
CH. **LAFAURIE**, Puisseguin Saint-Emilion, 297
CH. **LA FAURIE MAISON NEUVE**, Lalande de Pomerol, 253
CH. **LAFAURIE-PEYRAGUEY**, Sauternes, 396
LA FAVEUR DES MUSES, Kanton Waadt (Vaud), 1101
DOM. DE **LA FERME BLANCHE**, Cassis, 748
LA FERME DE GAGNET, Floc de Gascogne, 1056
DOM. DE **LA FERME SAINT-MARTIN**, ● Côtes du Rhône, 974 ● Côtes du Rhône-Villages, 984
DOM. DE **LA FERTE**, ● Givry, 587 ● Muscadet de Sèvre-et-Maine, 835
DOM. DE **LA FEUILLARDE**, ● Crémant de Bourgogne, 442 ● Saint-Véran, 604
CH. **LAFFITTE-TESTON**, ● Madiran, 795 ● Pacherenc du Vic-Bilh, 797
DOM. **LAFFONT**, Madiran, 795
LA FINE GOULE, Pineau des Charentes, 1053
LA FIOLE, Châteauneuf-du-Pape, 1011
LA FIOLE DU CHEVALIER D'ELBENE, Côtes du Rhône-Villages, 984
CARRUADES DE **LAFITE**, Pauillac, 374
CH. **LAFITE-ROTHSCHILD**, Pauillac, **374**
CHARLES **LAFITTE**, Champagner, 639
CH. **LA FLEUR**, Pomerol, 245 ● Saint-Emilion grand cru, 273
PENSEES DE **LAFLEUR**, Pomerol, 245

CH. **LA FLEUR CAILLEAU**, Canon-Fronsac, 234
CH. **LA FLEUR CRAVIGNAC**, Saint-Emilion grand cru, 273
CLOS **LA FLEUR FIGEAC**, Saint-Emilion grand cru, 273
CH. **LA FLEUR GARDEROSE**, Saint-Emilion, 260
CH. **LA FLEUR JONQUET**, Graves, 322
CH. **LA FLEUR MILON**, Pauillac, 374
CH. **LA FLEUR PEREY**, Saint-Emilion grand cru, 274
CH. **LA FLEUR PETRUS**, Pomerol, 245
CH. **LA FLEUR PICON**, Saint-Emilion grand cru, 274
CH. **LA FLEUR POURRET**, Saint-Emilion grand cru, **274**
CH. **LA FLEUR SAINT GEORGES**, Lalande de Pomerol, 253
LAFNETSCHA, Kanton Wallis (Valais), 1108
DOM. DE **LA FOLIETTE**, Muscadet de Sèvre-et-Maine, 835
CLAUDE **LAFOND**, Reuilly, 956
DOM. **LAFOND**, ● Lirac, 1018 ● Tavel, 1019
CH. **LA FON DU BERGER**, Haut-Médoc, 354
CH. **LAFON-ROCHET**, Saint-Estèphe, 378
LES PETITS-FILS DE BENOIT **LAFONT**, ● Beaujolais, 140 ● Bourgogne Aligoté, 425 ● Mâcon Supérieur, 593
DOM. DE **LA FONTAINERIE**, Vouvray, 927
LA FONT BOISSIERE, Gigondas, 1003
DOM. DE **LA FONT-CURE**, Brouilly, 149
CH. **LA FONT DE JONQUIER**, Côtes du Rhône-Villages, 984
CH. **LA FONT DU BROC**, Côtes de Provence, 740
DOM. DE **LA FONT DU ROI**, Châteauneuf-du-Pape, 1011
CH. **LAFONT MENAUT**, Pessac-Léognan, 334
JEAN-MARC **LAFOREST**, Brouilly, 149
DOM. DE **LA FORET**, Sauternes, 396
CH. **LA FORET SAINT HILAIRE**, vide, 304
LA FORNELETTE, Kanton Waadt (Vaud), 1101
LA FOSSE AUX LOUPS, ● Gros-Plant AOVDQS, 843 ● Jardin de la France, 1065
DOM. DE **LA FOUDRIERE**, Morgon, 164
DOM. JOSEPH **LAFOUGE ET FILS**, Bourgogne Aligoté, 425
DOM. **LA FOURMONE**, Vacqueyras, 1005
CH. **LA FRANCHAIE**, Anjou, 851
DOM. **LAFRAN-VEYROLLES**, Bandol, 750
CH. **LA FREYNELLE**, Bordeaux, 190
DOM. DE **LA GABILLIERE**, ● Crémant de Loire, 827 ● Touraine-Amboise, 899
CH. **LA GABORIE**, Bordeaux, 190
DOM. DE **LA GACHERE**, Jardin de la France, 1065
CH. **LA GAFFELIERE**, Saint-Emilion grand cru, 274
CAVE **LA GAILLARDE**, Côtes du Rhône-Villages, 985
CH. **LA GALIANE**, Margaux, 365
DOM. DE **LA GALINIERE**, Vouvray, 927
CH. **LA GALISSONNIERE**, Muscadet de Sèvre-et-Maine, 835
CH. **LA GANNE**, Pomerol, 245
CH. **LA GARDE**, Pessac-Léognan, 334 335
DOM. DE **LA GARDE**, Coteaux du Quercy, **1073**
MOULIN DE **LA GARDETTE**, Gigondas, 1003
VIGNOBLE DE **LA GARDIERE**, Saint-Nicolas-de-Bourgueil, 909
CH. DE **LA GARDINE**, Châteauneuf-du-Pape, 1011
CH. **LA GARELLE**, Saint-Emilion grand cru, 274
DOM. DE **LA GARENNE**, ● Touraine, 893 ● Saint-Joseph, 994

DOM. DE **LA GARNAUDE**, ● Côtes de Provence, 741 ● Maures, 1087
DOM. DE **LA GARNIERE**, Muscadet de Sèvre-et-Maine, 835
CH. **LAGAROSSE**, Premières Côtes de Bordeaux, 310
DOM. DE **LA GARRELIERE**, Touraine, 893
CH. **LA GARRICQ**, Moulis-en-Médoc, 370
DOM. **LA GARRIGUE**, Vacqueyras, 1005
MAS DE **LA GARRIGUE**, Côtes du Roussillon-Villages, 730
DOM. DE **LA GAUCHERIE**, Bourgueil, 905
CH. DE **LA GAUDE**, Coteaux d'Aix, 756
DOM. DE **LA GAUDRONNIERE**, ● Cheverny, 931 ● Cour-Cheverny, **933**
DOM. DE **LA GAUTRONNIERE**, Muscadet de Sèvre-et-Maine, 835
CH. DE **LAGE**, Bordeaux, 190
CH. DE **LA GENAISERIE**, Coteaux du Layon, 869
DOM. DE **LA GERADE**, Côtes de Provence, 741
CH. **LA GINESTE**, Cahors, 774
DOM. DE **LA GIRARDIERE**, Touraine, 893
DOM. DE **LA GISCLE**, Côtes de Provence, 741
GERARD ET JEANINE **LAGNEAU**, Régnié, 169
CH. **LA GONTRIE**, ● Bordeaux Clairet, 195 ● Bordeaux sec, 199
CH. **LA GORCE**, ● Premières Côtes de Bordeaux, 310 ● Médoc, 346
CH. **LA GORDONNE**, Côtes de Provence, 741
CH. **LA GORRE**, Médoc, 346
CH. **LA GOURDINE**, Bordeaux, 190
CH. **LA GRACE DIEU LES MENUTS**, Saint-Emilion grand cru, 274
DOM. DE **LA GRAND'COUR**, Fleurie, 157
LES VIGNERONS DE **LA GRAND'MAISON**, Orléanais AOVDQS, 946
DOM. DE **LA GRAND'RIBE**, ● Côtes du Rhône, 974 ● Côtes du Rhône, **975**
VIGNOBLE DE **LA GRANDE BORIE**, Côtes de Bergerac moelleux, 809
VIGNOBLES **LA GRANDE BORIE**, Côtes de Bergerac, 807
CAVES DE **LA GRANDE BROSSE**, Touraine, 893
LA GRANDE CHAPELLE, Bordeaux, 190
CH. DE **LA GRANDE CHAPELLE**, Bordeaux Supérieur, 211
DOM. DE **LA GRANDE FOUCAUDIERE**, Touraine-Amboise, 900
DOM. **LA GRANDE MAISON**, Sancerre, 959
CH. **LA GRANDE MAYE**, Côtes de Castillon, **302**
DOM. DE **LA GRANDE VARANE**, Cabernet d'Anjou, 861
CH. **LAGRANGE**, ● Pomerol, 245 ● Saint-Julien, **383**
CH. DE **LA GRANGE**, Muscadet Côtes de Grand Lieu, 841
LE R DU DOM. DE **LA GRANGE**, Muscadet de Sèvre-et-Maine, 835
LES FIEFS DE **LAGRANGE**, Saint-Julien, 383
DOM. **LA GRANGE ARTHUIS**, Coteaux du Giennois AOVDQS, 942
DOM. DE **LA GRANGE BOURBON**, Beaujolais, 140
DOM. DE **LA GRANGE CHARTON**, Régnié, 170
DOM. DE **LA GRANGERIE**, ● Bourgogne Aligoté, 425 ● Givry, 587
LAGRAVE, Gaillac, 779
CH. **LA GRAVE**, ● Minervois, 715 ● Bordeaux Supérieur, 211 ● Fronsac, 237 ● Sainte-Croix-du-Mont, 390
CH. DE **LA GRAVE**, Côtes de Bourg, 229
DOM. **LA GRAVE**, Bordeaux, 190
CH. **LA GRAVE FIGEAC**, Saint-Emilion grand cru, 274
CH. DE **LA GRAVELIERE**, Graves, 322
LAGRAVE MARTILLAC, Pessac-Léognan, 335

CH. **LAGRAVE PARAN**, ● Bordeaux, 190 ● Bordeaux Supérieur, 211
CH. **LA GRAVE TRIGANT DE BOISSET**, Pomerol, 245
LA GRAVETTE DE CERTAN, Pomerol, 245
CH. **LA GRAVIERE**, Lalande de Pomerol, 253
CH. DE **LA GREFFIERE**, Mâcon-Villages, 595
CH. DE **LA GRENIERE**, Lussac Saint-Emilion, 289
DOM. DE **LA GRENOUILLERE**, Beaujolais, 140
DOM. DE **LA GRETONNELLE**, ● Anjou, 851 ● Anjou-Villages, 856
CH. **LAGREZETTE**, Cahors, 774
CH. DE **LA GRILLE**, Chinon, 913
DOM. **LA GRILLETTE**, Kanton Neuenburg (Neuchâtel), 1116
DOM. DE **LA GROSSE PIERRE**, Chiroubles, 154
CH. **LAGUE**, Fronsac, 237
DOM. DE **LA GUICHARDE**, Côtes du Rhône, 975
CH. DE **LA GUICHE**, Montagny, 589
DOM. DE **LA GUILLAUDIERE**, Retz, 1067
DOM. DE **LA GUILLOTERIE**, Saumur, 877
CH. DE **LA GUIPIERE**, Gros-Plant AOVDQS, 843
CH. **LA GURGUE**, Margaux, 365
CH. **LA HARDONNIERE**, Muscadet de Sèvre-et-Maine, 835
DOM. **LA HAUTE FEVRIE**, Muscadet de Sèvre-et-Maine, 836
DOM. DE **LA HAUTE OLIVE**, Chinon, 913
CH. **LA HAYE**, Saint-Estèphe, 379
LAHAYE PERE ET FILS, Meursault, 552
CH. **LA HOURINGUE**, Haut-Médoc, 355
DOM. DE **LA HOUSSAIS**, ● Muscadet de Sèvre-et-Maine, 836 ● Marches de Bretagne, 1068
CH. DE **LA HUSTE**, Fronsac, 237
JEAN-PIERRE **LAISEMENT**, Vouvray, 927
ANDRE **LAISSUS**, Morgon, 164
CH. **LA JALGUE**, vide, 304
DOM. DE **LA JANASSE**, ● Côtes du Rhône, 975 ● Châteauneuf-du-Pape, 1011 ● Principauté d'Orange, 1087
VIGNOBLE DE **LA JARNOTERIE**, Saint-Nicolas-de-Bourgueil, 909
DOM. DE **LA JEANNETTE**, Côtes de Provence, 741
DOM. DE **LA JOCONDE**, Muscadet de Sèvre-et-Maine, 836
DOM. DE **LA JUVINIERE**, Beaune, 529
CH. **LA LAGUNE**, Haut-Médoc, 355
DOM. DE **LA LAIDIERE**, Bandol, 750
CH. **LALANDE**, Listrac-Médoc, 361
DOM. DE **LA LANDE**, ● Pouilly-Fuissé, 599 ● Muscadet Côtes de Grand Lieu, 841 ● Bourgueil, 905
LALANDE-BORIE, Saint-Julien, 383
CH. **LA LANDE DE TALEYRAN**, Bordeaux Clairet, 195
CH. **LANDOTTE**, Médoc, 346
CLOS **LA LANTERNE**, Vouvray, 927
DOM. **LALAURIE**, Oc, 1078
DOM. DE **LA LAUZADE**, Côtes de Provence, 741
LALEURE PERE ET FILS, ● Pernand-Vergelesses, 512 ● Savigny-lès-Beaune, 523
DOM. **LALEURE-PIOT**, ● Aloxe-Corton, 509 ● Corton, 515
DOM. DE **LA LEVRAUDIERE**, Muscadet de Sèvre-et-Maine, 836
DOM. **LALHARRIERE**, Jasnières, 918
FENDANT DU DOM. DE **LA LIAUDISAZ**, Kanton Wallis (Valais), 1108
DOM. DE **LA LIMACIERE**, Vouvray, 927
CH. DE **LA LIQUIERE**, Faugères, 711
ALAIN **LALLEMENT**, Champagner, 639
LES CAVES DE **LA LOIRE**, Jardin de la France, 1065
CH. **LA LOUBIERE**, Pomerol, 245

1165   **INDEX DER WEINE**

DOM. LA LOUSSIERE, Bourgogne Hautes-Côtes de Nuits, 433
CH. LA LOUVIERE, ● Pessac-Léognan, **335** ● Pessac-Léognan, 335
L. DE LA LOUVIERE, Pessac-Léognan, 335
CAVE DE LA MADELEINE, Kanton Wallis (Valais), 1108
CLOS LA MADELEINE, Saint-Emilion grand cru, 275
DOM. LA MADONE, Beaujolais-Villages, 145
DOM. DE LA MAGDELAINE, Collines de la Moure, 1082
LA MAISON CARREE, Kanton Neuenburg (Neuchâtel), 1116
CH. DE LA MALADIERE, ● Chablis, 450 ● Chablis premier cru, 456 ● Chablis grand cru, 460
CH. DE LA MALLEVIEILLE, Côtes de Bergerac moelleux, 810
CH. DE LA MALTROYE, Chassagne-Montrachet, 560
MICHEL LAMANTHE, Chassagne-Montrachet, 561
CH. LAMARCHE, Bordeaux Supérieur, 211
DOM. FRANÇOIS LAMARCHE, ● Clos de Vougeot, 488 ● Echézeaux, 490 ● Vosne-Romanée, **493** ● La Grande Rue, 497
CH. LAMARCHE CANON, Canon-Fronsac, 235
CH. DE LA MARECHAUDE, Lalande de Pomerol, 253
CH. LAMARGUE, Costières de Nîmes, 699
CH. DE LAMARQUE, Haut-Médoc, 355
DOM. DE LA MARQUISE, ● Collioure, 732 ● Banyuls, 1032
CH. LAMARTINE, ● Côtes de Castillon, 302 ● Cahors, 774
CUVIER DE LA MARTINIERE, Beaujolais Supérieur, 142
CH. LAMARTRE, Saint-Emilion grand cru, 275
CH. LAMARZELLE CORMEY, Saint-Emilion grand cru, 275
CH. DE LA MAVETTE, Gigondas, 1003
DOM. DE LA MAYONNETTE, Côtes de Provence, 742
PATRICK LAMBERT, Chinon, 913
YVES LAMBERT, Saumur, 877
DOM. DES LAMBERTINS, Vacqueyras, 1006
LAMBLIN ET FILS, ● Chablis premier cru, 456 ● Chablis grand cru, 460
DOM. DES LAMBRAYS, Clos des Lambrays, 481
DOM. DE LA MECHINIERE, Touraine, 894
CH. DE LA MERCREDIERE, Muscadet de Sèvre-et-Maine, 836
DOM. DE LA MERCREDIERE, Loire-Atlantique, 1069
DOM. DE LA MERCY-DIEU, Sancerre, 960
DOM. DE LA MILLERANCHE, Juliénas, 160
DOM. DE LA MILLETIERE, Montlouis, 921
CH. LA MIRANDELLE, Bordeaux, 190
CH. LA MISSION HAUT-BRION, ● Pessac-Léognan, **336**
LA CHAPELLE DE LA MISSION HAUT-BRION, Pessac-Léognan, 336
DOM. DE LA MOLLEPIERRE, Bourgogne, 415
DOM. DE LA MOMENIERE, Gros-Plant AOVDQS, 844
DOM. DE LA MONARDIERE, Vacqueyras, 1006
CH. LA MONGEAIS, Saumur, 877
CH. LA MONGIE, ● Bordeaux sec, 200 ● Bordeaux Supérieur, 211
DOM. DE LA MORDOREE, ● Côtes du Rhône, 975 ● Châteauneuf-du-Pape, 1012 ● Tavel, **1019**
CH. LAMOTHE, Sauternes, 396
CLOS LAMOTHE, Graves, 322
CH. LAMOTHE BERGERON, Haut-Médoc, **355**
CH. LAMOTHE-CISSAC, Haut-Médoc, 355

CH. LAMOTHE DE HAUX, Premières Côtes de Bordeaux, 310
CH. LA MOTHE DU BARRY, vide, 305
CH. LAMOTHE GUIGNARD, Sauternes, 396
CH. LAMOTHE VINCENT, ● Bordeaux sec, 200 ● Bordeaux rosé, 204
CH. DE LA MOTTE, Madiran, 795
DOM. DE LA MOTTE, ● Petit Chablis, 446 ● Chablis, 451 ● Chablis premier cru, 456
CH. LA MOTTE DESPUJOLS, Graves, 323
CH. LA MOULIERE, Côtes de Duras, 818
CH. LA MOULINE, Moulis-en-Médoc, 370
CRU LAMOUROUX, Jurançon, 791
LA MOURZIERE, Kanton Wallis (Valais), 1108
DOM. LA MOUSSIERE, Sancerre, 960
LA MOYNERIE, Pouilly-Fumé, 951
CH. DE LA MULONNIERE, Anjou, 851
DOM. LA MUSE, Vacqueyras, 1006
DOM. HUBERT LAMY, ● Bourgogne Hautes-Côtes de Beaune, 438 ● Chassagne-Montrachet, **561** ● Saint-Aubin, 564 ● Santenay, 569
DOM. LAMY-PILLOT, Chassagne-Montrachet, 561
CH. DE LA NAUVE, Saint-Emilion grand cru, 275
CH. DE LA NAUZE, Bordeaux Supérieur, 211
DOM. DE LA NAVARRE, Côtes de Provence, **742**
LANCELOT FILS, Champagner, 639
CH. DE LANCYRE, Coteaux du Languedoc, 706
CH. LANDEREAU, ● Bordeaux Supérieur, 211 ● vide, 305
DOM. DU LANDEYRAN, Saint-Chinian, 718
DOM. LANDRAT-GUYOLLOT, ● Pouilly-Fumé, 951 ● Pouilly-sur-Loire, 953
DOM. DU LANDREAU, Crémant de Loire, 827 ● Coteaux du Layon, 854
CLOS LANDRY, Vins de Corse, 764
CH. LA NERE, Loupiac, 388
CH. LA NERTHE, Châteauneuf-du-Pape, 1012
CH. LANESSAN, Haut-Médoc, 355
CH. LANEYRIE, Mâcon-Villages, 595
CH. LANGE, Sauternes, 396
DOM. LANGEHALD, Alsace grand cru Brand, 109
CH. LANGE-REGLAT, Sauternes, 397
DOM. LANGLOIS-CHATEAU, Saumur, 878
LANGLOIS PERE ET FILS, Coteaux du Giennois AOVDQS, 942
CH. LANGOA BARTON, Saint-Julien, 383
CH. LANGOIRAN, Premières Côtes de Bordeaux, 311
SYLVAIN LANGOUREAU, ● Puligny-Montrachet, 555 ● Chassagne-Montrachet, 561 ● Saint-Aubin, 564
CH. LANIOTE, Saint-Emilion grand cru, 275
DOM. DE LA NOBLAIE, Chinon, 913
CH. DE LA NOBLESSE, Bandol, 751
LES VIGNERONS DE LA NOELLE, Muscadet Côtes de Grand Lieu, 841
DOM. DE LA NOUZILLETTE, ● Côtes de Blaye, 220 ● Premières Côtes de Blaye, 224
LANSON, Champagner, 639
DOM. LAOUGUE, ● Madiran, 795 ● Pacherenc du Vic-Bilh, 797
LA P'TIOTE CAVE, Rully, 578
DOM. LA PAGANIE, Cahors, 774
DOM. DE LA PALEINE, ● Saumur, 878 ● Cabernet de Saumur, 881
LES VIGNERONS DE LA PALME, Fitou, 713
CH. LA PAPETERIE, Montagne Saint-Emilion, 283
LA PAROISSE, Haut-Médoc, 355
DOM. DE LA PAROISSE, Côte Roannaise, 945
CH. LA PATACHE, Pomerol, 246
CELLIERS DE LA PAULINE, Sancerre, 960

DOM. DE LA PEPIERE, Muscadet de Sèvre-et-Maine, 836
LA PERLE, Kanton Waadt (Vaud), 1101
DOM. DE LA PERRIERE, ● Coteaux du Languedoc, 706 ● Bourgogne, 415 ● Chinon, 914
DOM. DE LA PERRUCHE, ● Saumur, 878 ● Cabernet de Saumur, 881 ● Coteaux de Saumur, 882 ● Saumur-Champigny, 885
DOM. DE LA PETITE CHAPELLE, ● Saumur, 878 ● Saumur-Champigny, 885
DOM. LA PETITE CROIX, Anjou, 851
DOM. DE LA PETITE CROIX, ● Anjou-Villages, 857 ● Rosé d'Anjou, 859
DOM. DE LA PETITE GALLEE, Coteaux du Lyonnais, 174
CH. DE LA PEYRADE, Muscat de Frontignan, **1045**
CH. LA PEYRE, ● Haut-Médoc, 355 ● Saint-Estèphe, 379
CLOS LAPEYRE, Jurançon sec, 792
DOM. DE LA PEYRONNIERE, Côtes du Ventoux, 1024
CH. LA PEYRUCHE, Cadillac, 386
HUBERT LAPIERRE, Chénas, 152
DOM. DE LA PIERRE BLANCHE, Jardin de la France, 1065
DOM. DE LA PIERRE BLEUE, Côte de Brouilly, 150
DOM. DE LA PIERRE NOIRE, Côtes du Forez AOVDQS, 940
DOM. DE LA PIGEADE, Muscat de Beaumes-de-Venise, 1046
DOM. DE LA PINTE, Crémant du Jura, 675
DOM. DE LA PISSEVIEILLE, Brouilly, 149
DOM. LAPLAGNOTTE BELLEVUE, Saint-Emilion grand cru, 275
DOM. DE LA PLEIADE, Muscadet des Coteaux de la Loire, 830
VIGNOBLE DE LA POELERIE, Chinon, 914
CH. LA POINTE, Pomerol, 246
CH. LA PONTETE, Graves de Vayres, 315
LAPORTE, ● Côtes du Roussillon, **725** ● Rivesaltes, 1037 ● Muscat de Rivesaltes, **1042**
DOM. SERGE LAPORTE, Sancerre, 960
DOM. DE LA PORTELIERE, La Vendée, 1068
DOM. DE LA POTERIE, Touraine, 894
DOM. DE LA POTERNE, Chinon, 914
DOM. DE LA POULETTE, Nuits-Saint-Georges, 501
DOM. DE LA PRESIDENTE, ● Côtes du Rhône, 975 ● Côtes du Rhône-Villages, 985
DOM. DE LA PRESLE, Touraine, 894
DOM. DE LA PRESQU'ILE, Cahors, 775
LA PRESSEE DU PRODUCTEUR, Kanton Wallis (Valais), 1108
DOM. DE LA PREVOTE, Touraine-Amboise, 900
DOM. DE LA PRINTANIERE, Kanton Genf (Genève), 1113
CH. LA PRIOULETTE, ● Bordeaux, 190 ● Premières Côtes de Bordeaux, 311
DOM. DE LA PROSE, Coteaux du Languedoc, 706
DOM. PROVENQUIERE, Oc, 1078
MARCELLE ET JEAN-LOUIS LAPUTE, Régnié, 170
CENTRE DE LAQUENEXY, Moselle AOVDQS, 131
DOM. DE LA QUILLA, Muscadet de Sèvre-et-Maine, 836
CH. LAQUIROU, Coteaux du Languedoc, 706
LA RABASSE DES CISTES, Monts de la Grage, 1082
CH. DE LA RAGOTIERE, Muscadet de Sèvre-et-Maine, 836
CH. LA RAME, Sainte-Croix-du-Mont, 390
LES CAVES DE LA RAMEE, Touraine, 894
CH. LA RAYRE, ● Bergerac, 802 ● Bergerac sec, 806
CH. LA RAZ CAMAN, Premières Côtes de Blaye, 224

L. DU CLOS **LARCIS**, Saint-Emilion grand cru, 275
CH. **LARCIS DUCASSE**, Saint-Emilion grand cru, 276
P. **LARDENNOIS**, Champagner, 640
DOM. DE **LA RECTORIE**, ● Collioure, 732 ● Banyuls, 1032
DOM. **LA REMEJEANNE**, Côtes du Rhône, 975
DOM. DE **LA RENADIERE**, Arbois, 666
CH. **LA RENAISSANCE**, Pomerol, 246
CUVEE DE **LA RENAISSANCE**, Puisseguin Saint-Emilion, 297
DOM. DE **LA RENARDE**, ● Rully, 578 ● Mercurey, 583 ● Givry, 587
DOM. DE **LA RENAUDIE**, Touraine, 894
DOM. DE **LA RENIERE**, Saumur, 878
DOM. DE **LA RENJARDE**, Côtes du Rhône-Villages, 985
CH. **LA RENJARDIERE**, Côtes du Rhône, 975
DOM. DE **LA RENOUERE**, Muscadet de Sèvre-et-Maine, **837**
CH. **LA RESSAUDIE**, Bergerac rosé, 804
LA REVISCOULADO, Châteauneuf-du-Pape, 1012
DOM. DE **LA REYNARDIERE**, Faugères, 711
DANIEL **LARGEOT**, ● Aloxe-Corton, 509 ● Savigny-lès-Beaune, 523 ● Beaune, **529**
CH. **LARIBOTTE**, Sauternes, 397
CH. **LA RIVALERIE**, Premières Côtes de Blaye, 224
DOM. DE **LA RIVAUDIERE**, Touraine-Amboise, 900
CH. **LA RIVIERE**, Sauternes, 397
CH. **LARMANDE**, Saint-Emilion grand cru, 276
GUY **LARMANDIER**, Champagner, **640**
LARMANDIER-BERNIER, Champagner, 640
LARMANDIER PERE ET FILS, Champagner, 640
DOM. DE **LA ROCALIERE**, ● Lirac, 1018 ● Tavel, 1020
DOM. DE **LA ROCASSIERE**, Chiroubles, 154
CH. DE **LA ROCHE**, ● Touraine, 894 ● Touraine-Amboise, 900
DOM. **LAROCHE**, ● Chablis, 451 ● Chablis premier cru, 456 ● Chablis grand cru, 461
DOM. DE **LA ROCHE**, ● Beaujolais, 140 ● Jardin de la France, 1065
DOM. DE **LA ROCHE AIGUE**, Bourgogne Hautes-Côtes de Beaune, 438
DOM. DE **LA ROCHE BLANCHE**, Jardin de la France, 1065
CH. DE **LA ROCHE BOUSSEAU**, Cabernet d'Anjou, 861
CH. **LA ROCHE GABY**, Canon-Fronsac, 235
DOM. DE **LA ROCHE HONNEUR**, Chinon, 914
DOM. DE **LA ROCHELLE**, Moulin-à-Vent, 167
LA ROCHE PARADIS, Saint-Joseph, 994
CH. **LAROCHE PIPEAU**, Fronsac, 237
DOM. DE **LA ROCHE RENARD**, Muscadet de Sèvre-et-Maine, 837
DOM. DE **LA ROCHERIE**, Muscadet de Sèvre-et-Maine, 837
DOM. DE **LA ROCHE THULON**, Beaujolais-Villages, 145
DOM. DE **LA ROCHETTE**, Touraine, 894
DOM. **LAROCHETTE MANCIAT**, Mâcon-Villages, 595
DOM. DE **LA ROMANEE-CONTI**, ● Richebourg, **495** ● La Romanée-Conti, **496** ● Romanée-Saint-Vivant, **496** ● Montrachet, 557
LAROPPE, ● Côtes de Toul AOVDQS, **130** ● Côtes de Toul AOVDQS, 130
LA ROQUE, Bandol, 751
CH. **LAROQUE**, ● Saint-Emilion grand cru, 276 ● Côtes de Bergerac, 807
CH. DE **LA ROQUE**, Côtes de Saint-Mont AOVDQS, 789
CH. **LA ROSE BELLEVUE**, Premières Côtes de Blaye, 224

CH. **LA ROSE COTES ROL**, Saint-Emilion grand cru, 276
CH. **LA ROSE DE FRANCE**, Haut-Médoc, 356
DOM. **LA ROSE DES VENTS**, Coteaux Varois, 761
CH. **LA ROSE DU PIN**, ● Bordeaux, 190 ● vide, 305
LA ROSEE SAINT-MARTIN, Bordeaux rosé, 205
CH. **LA ROSE FIGEAC**, Pomerol, 246
LA ROSE PAUILLAC, Pauillac, 374
CH. **LA ROSE-POURRET**, Saint-Emilion grand cru, 276
CH. **LA ROSE SARRON**, Graves, 323
CH. **LA ROSE TRIMOULET**, Saint-Emilion grand cru, 276
CH. **LAROSE-TRINTAUDON**, Haut-Médoc, 356
DOM. **LA ROSIERE**, Coteaux des Baronnies, 1091
DOM. DE **LA ROTISSERIE**, Haut-Poitou AOVDQS, 936
CH. **LA ROUILLERE**, Jardin de la France, 1065
CH. DE **LA ROULIERE**, Gros-Plant AOVDQS, 844
CH. DE **LA ROULIERE**, Jardin de la France, 1065
CH. **LA ROUSSELLE**, Fronsac, 238
CH. **LA ROUVIERE**, Bandol, 751
DOM. DE **LA ROUVIERE**, Côtes de Provence, 742
MAS DE **LA ROUVIERE**, Bandol, 751
DOM. DE **LA ROYERE**, Côtes du Luberon, 1028
CH. **LAROZE**, Saint-Emilion grand cru, 276
DOM. **LARREDYA**, Jurançon, 791
DOM. **LARRIBERE**, Béarn, 788
CH. **LARRIVET-HAUT-BRION**, Pessac-Léognan, 336
CH. **LARROQUE**, Bordeaux, 190
DOM. **LARROUDE**, Jurançon, 791
CH. **LARRUAU**, Margaux, 366
DOM. DE **LARTIGUE**, Floc de Gascogne, 1056
DOM. **LARUE**, ● Blagny, 553 ● Puligny-Montrachet, 555 ● Chassagne-Montrachet, 561 ● Saint-Aubin, 564
LA SABAROTTE, Cornas, 1000
LA SABLETTE, Muscadet de Sèvre-et-Maine, 837
CH. **LA SABLIERE**, Saint-Emilion, 260
DOM. **LA SABOTERIE**, Vouvray, 927
LE CELLIER DE **LA SAINTE BAUME**, Coteaux Varois, 761
CH. **LA SALARGUE**, Bordeaux Supérieur, 211
CUVEE DE **LA SALETTE**, Collioure, 732
CAVES DE **LA SALLE**, Chinon, 914
CH. DE **LA SALLE**, Premières Côtes de Blaye, 224
DOM. DE **LA SALLE**, Beaune, 529
DOM. DE **LA SAUGOURDE**, Anjou, 851
CH. DE **LA SAULE**, Montagny, 589
LA SAULERAIE, Givry, 587
DOM. DE **LA SAULZAIE**, Muscadet de Sèvre-et-Maine, 837
LA SAUNERIE, Coteaux de Pierrevert AOVDQS, 1030
LA SAUVAGEONNE, Coteaux du Languedoc, 706
LA SAUVIGNOLE, Jardin de la France, 1065
DOM. DE **LASCAMP**, Côtes du Rhône, 975
CH. **LASCAUX**, Coteaux du Languedoc, 706
CH. **LAS COLLAS**, Côtes du Roussillon, 725
CH. DE **LASCOURS**, Coteaux du Languedoc, 707
DOM. DE **LA SEIGNEURIE**, Côtes de Provence, 742
CLOS DE **LA SENAIGERIE**, Muscadet Côtes de Grand Lieu, 842
DOM. DE **LA SENSIVE**, Muscadet de Sèvre-et-Maine, 837
CUVEE **LA SERAINE**, Monbazillac, 811
DOM. DE **LA SERRIERE**, Coteaux du Tricastin, 1022

DOM. DE **LA SINNE**, Alsace grand cru Wineck-Schlossberg, 123
DOM. DE **LA SOLITUDE**, ● Pessac-Léognan, 336 ● Côtes du Rhône, 976
DOM. DE **LA SOLLE**, Côtes de Duras, 818
DOM. **LA SOUFRANDISE**, ● Mâcon-Villages, 595 ● Pouilly-Fuissé, 599
DOM. **LA SOUMADE**, ● Côtes du Rhône, 976 ● Côtes du Rhône-Villages, 985 ● Rasteau, 1048
J. **LASSALLE**, Champagner, 640
DOM. **ROGER LASSARRAT**, Saint-Véran, 604
ROGER **LASSARAT**, Pouilly-Fuissé, 599
CH. **LASSIME**, vide, 305
LES GRAVIERS BLANCS DU CH. DE **LASTOURS**, Gaillac, 779
DOM. **LA SUFFRENE**, Bandol, 751
LA TACCONNIERE, Seyssel, 684
DOM. DE **LA TAILLE AUX LOUPS**, Montlouis, 921
DOM. DE **LA TALADETTE**, Côtes du Rhône, 976
LES VIGNERONS DE LA **TARADOISE**, Côtes de Provence, 742
CH. **LA TENOTTE**, Côtes de Bourg, 230
VIGNERONS DE **LA TERRASSE DE CAMPSAS**, Côtes du Frontonnais, 784
CH. **LA TESSONNIERE**, Médoc, 346
LATEYRON, Crémant de Bordeaux, 219
DOM. DE **LA TEYSSIERE**, Côtes du Rhône, 976
CH. **LA TILLERAIE**, Pécharmant, 815
DOM. DE **LA TONNELLERIE**, Sancerre, 960
DOM. DE **LA TONNELLERIE**, Touraine-Amboise, 900
CH. **LATOUR**, Pauillac, **374**
DOM. DE **LA TOUR**, ● Alsace Gewurztraminer, 94 ● Alsace Tokay-Pinot gris, 101 ● Crémant d'Alsace, 127 ● Chablis, 451
DOM. **LOUIS LATOUR**, ● Chambertin, 473 ● Corton-Charlemagne, 518
LES FORTS DE **LATOUR**, Pauillac, 375
LOUIS LATOUR, ● Bienvenues-Bâtard-Montrachet, 558 ● Coteaux de l'Ardèche, 1093
MAISON **LOUIS LATOUR**, ● Aloxe-Corton, 509 ● Montrachet, 557 ● Montagny, 589
DOM. DE **LA TOURADE**, Gigondas, 1003
CAVES DE **LA TOURANGELLE**, ● Touraine, 895 ● Jardin de la France, 1065
CH. **LATOUR A POMEROL**, Pomerol, 246
DOM. DE **LA TOUR-BAJOLE**, Crémant de Bourgogne, 442
DOM. **LA TOUR BEAUMONT**, Haut-Poitou AOVDQS, 936
CH. **LA TOUR BLANCHE**, Sauternes, 397
LA TOUR BLONDEAU, Moulin-à-Vent, 167
DOM. **LA TOUR BOISEE**, Minervois, 715
CH. **LA TOUR CARNET**, Haut-Médoc, 356
CH. DE **LA TOUR D'AIGUES**, Côtes du Luberon, 1028
CH. DE **LA TOUR DE BESSAN**, Margaux, 366
CH. **LA TOUR DE BY**, Médoc, 346
CH. **LA TOUR DES VERDOTS**, ● Bergerac sec, 806 ● Côtes de Bergerac, 808
DOM. DE **LA TOUR DU BON**, Bandol, 751
LA TOUR DU FERRE, Muscadet de Sèvre-et-Maine, 837
CH. **LA TOUR DU PIN FIGEAC**, Saint-Emilion grand cru, 277
HENRI **LATOUR ET FILS**, Auxey-Duresses, 545
CH. **LA TOURETTE**, Pauillac, 375
CH. **LA TOUR FAUGAS**, Cadillac, 386
CH. **LA TOUR FIGEAC**, Saint-Emilion grand cru, 277
CH. **LATOUR HAUT-BRION**, Pessac-Léognan, 336

1167 **INDEX DER WEINE**

CH. **LATOUR-LAGUENS**, Bordeaux Supérieur, 211
DOM. DE **LA TOURLAUDIERE**, Muscadet de Sèvre-et-Maine, 837
CH. **LA TOUR LEOGNAN**, Pessac-Léognan, 336
CH. **LATOUR-MARTILLAC**, Pessac-Léognan, 336 337
LA TOURMENTE, Kanton Wallis (Valais), 1108
DOM. DE **LA TOURNELLE**, Arbois, 666
DOM. DE **LA TOUR PENET**, Mâcon-Villages, 595
CH. **LA TOUR PLANTADE**, Gaillac, 779
LA TOUR SAINT-MARTIN, Menetou-Salon, **948**
LA TOUR SAINT VIVIEN, Montravel, 813
DOM. **LA TOUR VIEILLE**, ● Collioure, 732 ● Banyuls, 1033
DOM. DE **LA TREILLE**, Fleurie, 157
CH. **LA TREILLE DES GIRONDINS**, Côtes de Castillon, 302
CH. **LATREZOTTE**, Sauternes, 397
CLOS DE **LA TRONNIERE**, Saumur, 878
CLOS DE **LA TRUFFIERE**, Coteaux Varois, 761
CH. DE **LA TUILERIE**, Costières de Nîmes, 700
CH. **LA TUILIERE**, Côtes de Bourg, 230
DOM. **LA TUILIERE RAVOIRE**, Côtes du Ventoux, 1024
CH. **LA TUQUE**, Bordeaux sec, 200
DOM. DE **LA TUQUE**, Buzet, 782
DOM. **LA TUQUE BEL-AIR**, Côtes de Castillon, 302
CH. **LAUBAREDE-COURVIELLE**, Graves, 323
DOM. DE **LAUBERTRIE**, Bordeaux sec, 200
LAUGEL, ● Alsace Sylvaner, 78 ● Alsace Riesling, 85
DOM. DE **LAULAN**, Côtes de Duras, 819
CH. **LAULERIE**, Bergerac rosé, 804 ● Montravel, 813
CH. **LAUNAY**, vide, 305
CH. **DES LAUNES**, Côtes de Provence, 742
CH. **LAUR**, Cahors, 775
LAURE DE NOVES, Petite Crau, 1087
LAURENT, Saint-Pourçain AOVDQS, **943**
DOM. **LAURENT**, Pommard, 535
DOMINIQUE **LAURENT**, ● Gevrey-Chambertin, 470 ● Chambolle-Musigny, 482
JEAN **LAURENT**, Champagner, 641
LAURENT-GABRIEL, Champagner, 641
LAURENT-PERRIER, Champagner, 641
CH. **LAURENT VIDEAU**, Bordeaux, 191
DOM. **DES LAURES**, Muscadet de Sèvre-et-Maine, 838
DOM. DE **LAUROUX**, Floc de Gascogne, 1056
CAVE DE **LA VALDAINE**, Comté de Grignan, 1091
DOM. DE **LA VALERIANE**, Côtes du Rhône, **976**
DOM. DE **LA VALLEE**, Muscadet des Coteaux de la Loire, 830
DOM. DE **LA VALLONGUE**, ● Coteaux d'Aix, 756 ● Les Baux-de-Provence, 759
ROLAND **LAVANTUREUX**, Chablis, 451
CH. **LA VARIERE**, Anjou-Villages, 857
STEPHANE **LAVAUD**, Bourgogne Aligoté, 425
CH. **LA VAURE**, Bergerac, 802
COTE DE **LA VEINNERIE**, Beaujolais, 140
CH. DE **LA VELLE**, Beaune, 529
CH. **LA VERNEDE**, Coteaux du Languedoc, 707
DOM. DE **LA VERNELLERIE**, Bourgueil, 905
CH. **LA VERRERIE**, Côtes du Luberon, 1028
CH. **LA VERRIERE**, ● Bordeaux Supérieur, 212 ● Sainte-Foy-Bordeaux, 316
DOM. DE **LA VERRIERE**, Côtes du Ventoux, 1024

LA VEZELIENNE, Bourgogne grand ordinaire, 422
DOM. DE **LA VIALLE**, Côtes du Rhône-Villages, 985
DOM. DE **LA VIAUDIERE**, Rosé de Loire, 825
CH. **LA VIEILLE CROIX**, Fronsac, 238
CH. **LA VIEILLE CURE**, Fronsac, 238
LA VIEILLE EGLISE, Côtes du Marmandais, 786
CLOS DE **LA VIEILLE EGLISE**, ● Pomerol, 246 ● Côtes de Castillon, 303
DOM. DE **LA VIEILLE FOREST**, Beaujolais Supérieur, 142
CH. **LA VIEILLE FRANCE**, Graves, 323
DOM. DE **LA VIEILLE JULIENNE**, ● Côtes du Rhône, 976 ● Châteauneuf-du-Pape, 1012
DOM. DE **LA VIEILLE RIBOULERIE**, Fiefs Vendéens AOVDQS, 845
CH. DE **LA VIEILLE TOUR**, ● Bordeaux rosé, 205 ● Bordeaux Supérieur, 212
DOM. **LAVIGNE**, Saumur-Champigny, 885
DOM. DE **LA VIGNE BLANCHE**, Kanton Genf (Genève), 1113
LA VIGNIERE, Côtes du Jura, **672**
DOM. DE **LA VILLAINE**, Anjou, 851
CH. **LAVILLE**, ● Bordeaux Supérieur, 212 ● Sauternes, 397
CLOS **LA VILLE AU MAIRE**, Chinon, 914
CH. **LAVILLE-BERTROU**, Minervois, 715
CH. **LAVILLE HAUT-BRION**, Pessac-Léognan, **337**
CAVE **LA VINSOBRAISE**, Côtes du Rhône-Villages, 985
CH. DE **LA VIOLETTE**, Vin de Savoie, 680
BERNARD **LAVIS**, Fleurie, 157
DOM. DE **LA VIVONNE**, Bandol, 751
HERVE DE **LAVOREILLE**, Santenay, 569
CH. **LA VOULTE-GASPARETS**, Corbières, **696**
CH. **LA VOUTE**, Saint-Emilion grand cru, 277
DOM. DE **LA VRIGNAIE**, Fiefs Vendéens AOVDQS, 845
LAZZARINI FRERES, ● Patrimonio, 768 ● Muscat du Cap Corse, **1049**
CAVE **LE BANNERET**, Kanton Wallis (Valais), 1108
DOM. **LE BERCAIL**, Côtes de Provence, 742
CH. **LE BOCAGE**, Bordeaux Supérieur, 212
CH. **LE BONDIEU**, ● Côtes de Bergerac, 808 ● Haut-Montravel, 814
CH. **LE BONNAT**, Graves, 323
CH. **LE BON PASTEUR**, Pomerol, 246
CH. **LE BORY ROLLET**, Bordeaux, 191
CH. **LE BOURDIEU**, Médoc, 346
CH. **LE BOURDILLOT**, Graves, 323
CLOS **LE BREGNET**, Saint-Emilion, 260
PIERRE **LEBREUIL**, Savigny-lès-Beaune, 523
CH. **LE BREUIL RENAISSANCE**, Médoc, 346
ALBERT **LE BRUN**, ● Champagner, 641 ● Coteaux Champenois, 661
PAUL **LEBRUN**, Champagner, 641
LE BRUN DE NEUVILLE, Champagner, 641
LE BRUN-SERVENAY, Champagner, 641
CH. **LE CAILLOU**, ● Pomerol, 247 ● vide, 305
DOM. **LE CAPITAINE**, Vouvray, 928
CH. **LE CARILLON**, Pomerol, 247
LE CASOT DES MAILLOLES, Collioure, 732
CH. **LE CASTELOT**, Saint-Emilion grand cru, 277
LE CAVISTE OLLON, Kanton Waadt (Vaud), 1102
DOM. **LECCIA**, ● Patrimonio, **768** ● Patrimonio, 769 ● Muscat du Cap Corse, 1049
CH. **LE CHABRIER**, Côtes de Bergerac, 808
LE CHAI DES BURGONDES, Mercurey, 583

LE CHAI DES MOULINS, Vin de Savoie, 680
LE CHARDONNERET, Kanton Waadt (Vaud), 1102
CH. **LE CHEC**, Graves, 323
LE CHEMIN DU ROY, Tavel, 1020
DOM. **FERNAND LECHENEAUT ET FILS**, ● Morey-Saint-Denis, **478** ● Nuits-Saint-Georges, 501
DOM. **LE CLAUD**, Oc, 1078
JEAN **LECLERC**, Champagner, 641
LECLERC-BRIANT, Champagner, 642
LE CLOS DES BERNOUX, Mâcon-Villages, 595
DOM. **LE CLOS DES CAZAUX**, Vacqueyras, 1006
LE CLOS DU CAILLOU, Châteauneuf-du-Pape, 1012
LE CLOS DU CHATEAU, Mâcon-Villages, 595
DOM. **LE CLOS DU PAVILLON**, Pommard, 535
DOM. **LE COTOYON**, Juliénas, 160
DOM. **LE COUROULU**, Vacqueyras, 1006
LE DEMI-BŒUF, Jardin de la France, 1065
CH. **LE DEVOY MARTINE**, Lirac, 1018
CH. **LE DOYENNE**, Premières Côtes de Bordeaux, 311
MARIE-NOELLE **LEDRU**, Champagner, 642
MADAME G. **LEDUC**, Jardin de la France, 1066
DOM. **LEDUC-FROUIN**, ● Anjou, 851 ● Anjou-Villages, 857 ● Rosé d'Anjou, 859 ● Coteaux du Layon, 870
CH. **LE FAGE**, Monbazillac, 822
LE FIEF COGNARD, Muscadet de Sèvre-et-Maine, 838
LE FIEF DUBOIS, Muscadet de Sèvre-et-Maine, 838
OLIVIER **LEFLAIVE**, ● Bourgogne Aligoté, 426 ● Corton-Charlemagne, 518 ● Auxey-Duresses, 545 ● Meursault, 552 ● Puligny-Montrachet, 555 ● Chevalier-Montrachet, 557 ● Bâtard-Montrachet, 558 ● Chassagne-Montrachet, 561 ● Santenay, 569
LE GALANTIN, Bandol, 751
CH. **LE GARDERA**, Bordeaux Supérieur, 212
CH. **LE GAY**, Pomerol, 247
DOM. **DES LEGERES**, Bourgogne, 415
DOM. **CATHERINE LE GŒUIL**, Côtes du Rhône-Villages, 985
ERIC **LEGRAND**, Champagner, 642
RENE-NOEL **LEGRAND**, Saumur-Champigny, 885
CH. **LE GRAND BOIS**, Lussac Saint-Emilion, 289
LE GRAND CROS, Côtes de Provence, 743
CH. **LE GRAND MOULIN**, ● Bordeaux sec, 200 ● Premières Côtes de Blaye, 224
LE GRAND SCHINER, Kanton Wallis (Valais), 1108
LE GRAND THOUAR, Côtes de Provence, 743
CH. **LE GRAND TRIE**, Premières Côtes de Blaye, 224
CH. **LE GRAND VERDUS**, Bordeaux Supérieur, 212
R. ET L. **LEGRAS**, Champagner, 642
LEGRAS ET HAAS, ● Champagner, 642 ● Rosé des Riceys, 662
LE GRAVILLAS, ● Côtes du Rhône, 976 ● Côtes du Rhône-Villages, 985
LE HAUT CHESNEAU, Touraine, 895
FRANCOIS **LEHMANN**, Alsace Gewurztraminer, 94
CH. **LEHOUL**, ● Graves, 323 ● Graves Supérieures, 329
LE JARDIN DES RAVATYS, Brouilly, 149
CLOS **LE JONCAL**, Bergerac rosé, 804
CH. **LE JURAT**, Saint-Emilion grand cru, 277
ANDRE ET ROLAND **LELIEVRE**, Côtes de Toul AOVDQS, 130
LE LOGIS DU PRIEURE, ● Anjou, 851 ● Coteaux du Layon, 870
LE LUCIAN, Coteaux du Languedoc, 707

HENRI LEMAIRE, Champagner, 642
R.C. LEMAIRE, Champagner, 642
LEMAIRE-FOURNY, Champagner, 642
LEMAIRE-RASSELET, Champagner, 643
CH. LE MANOIR, Lalande de Pomerol, 253
LE MANOIR MURISALTIEN, Mercurey, 583
CH. LE MAYNE, ● Bordeaux, 191 ● Bergerac sec, 806
CH. LE MENAUDAT, Premières Côtes de Blaye, 224
LE MONTAILLANT, Coteaux Charitois, 1069
DOM. LEMOULE, Bourgogne, 415
LE MOULIN A TAN, Chinon, 915
LE MOULIN COUDERC, Faugères, 712
DOM. LE MOULIN DES BOIS, Muscadet de Sèvre-et-Maine, 838
LE MOULIN DU PONT, Mâcon-Villages, 595
CH. LE MOULIN DU ROULET, Bordeaux, 191
LE MUID MONTSAUGEONNAIS, La Haute Marne, 1095
DOM. LE MURMURIUM, Côtes du Ventoux, 1024
LE MUST, Costières de Nîmes, 700
A.R. LENOBLE, Champagner, 643
JEAN-PIERRE LEONARD, Pineau des Charentes, 1053
CH. LEOVILLE-BARTON, Saint-Julien, **383**
RESERVE LEOVILLE-BARTON, Saint-Julien, 384
CH. LEOVILLE POYFERRE, Saint-Julien, 384
SERGE LEPAGE, Bourgogne, 415
CH. LE PAPE, Pessac-Léognan, 337
CH. LE PAYRAL, Bergerac, 802
LE PETIT CHAMBORD, Cour-Cheverny, 933
LE PETIT CLOS, Anjou-Villages, 857
DOM. LE PETIT QUINCY, Chablis, **451**
CH. LE PEUY-SAINCRIT, Bordeaux Supérieur, 212
CH. LE PEY, Médoc, 347
CH. LE PIAT, Côtes de Bourg, 230
LE PIAU D'ESTALENS, Pacherenc du Vic-Bilh, 797
LE PIGEOULET, Principauté d'Orange, 1087
DOM. LE PONT DU GUE, Bourgueil, 906
DOM. LE PORTAIL, Cheverny, 931
LE PRIEURE DE SAINT-CEOLS, Menetou-Salon, 948
DOM. LOUIS LEQUIN, Bâtard-Montrachet, 558
LOUIS LEQUIN,
● Corton-Charlemagne, 518
● Chassagne-Montrachet, 561
● Santenay, 569
RENE LEQUIN-COLIN, Santenay, 569
CH. LE RAZ, ● Côtes de Bergerac, 808 ● Montravel, 813
CH. LE REYSSE, Médoc, 347
CH. LE ROC, Côtes du Frontonnais, 784
CH. LE ROC DE TROQUARD, Saint-Georges Saint-Emilion, 298
LE ROSE COSTA SERENA, Vins de Corse, 764
DOM. LE ROSSIGNOL, Muscadet de Sèvre-et-Maine, 838
DOM. ALETH LE ROYER-GIRARDIN, Pommard, 535
CH. LE SABLE, Saint-Emilion, 260
LES AMARINES, Tavel, 1020
CH. LES AMOUREUSES, Côtes du Rhône, 976
DOM. LE SANG DES CAILLOUX, Vacqueyras, **1006**
CH. LES ARROMANS, Bordeaux, 191
CH. LE SARTRE, Pessac-Léognan, 337
LES BEAUMIERS, Saumur-Champigny, 885
DOM. LES BERTINS, Côtes de Duras, 819
CH. LES BERTRANDS, Premières Côtes de Blaye, 224
CH. LES BILLAUDS, Premières Côtes de Blaye, 225
CH. LES BOUYSSES, Cahors, 775
CH. LES CANELLES, Premières Côtes de Blaye, 225

CH. LES CARMES HAUT-BRION, Pessac-Léognan, 337
LES CAVES DU CHANCELIER, Beaune, 529
LES CELLIERS DU CABARDES, Cabardès AOVDQS, 720
CH. LES CHALETS, Médoc, 347
LES CHARMES CHATELAIN, Pouilly-Fumé, 951
CH. LES CHARMES-GODARD, Bordeaux Côtes de Francs, 305
CH. LES CHARMILLES, Côtes du Rhône, 976
CH. LES CHARMILLES, Bordeaux Supérieur, 213
LES CHASSEIGNES, Sancerre, 960
LES CHEMINS DE BASSAC, Côtes de Thongue, 1083
CH. LES CHENES DU MAGNAN, Bordeaux Supérieur, 213
DOM. LES CHESNAIES, Chinon, 915
CH. LES CLAUZOTS, Graves, 324
LES CLOS DE PAUILLES, Banyuls, 1033
DOM. LES COINS, ● Muscadet Côtes de Grand Lieu, 842 ● Retz, 1067
LES CORBEILLERES, Muscadet de Sèvre-et-Maine, 838
LES CORDELIERS, Crémant de Bordeaux, 219
LES COTEAUX DE BELLET, Bellet, 749
LES COTEAUX DE FONTANES, Oc, 1079
LES COTEAUX DU PIC, Coteaux du Languedoc, 707
CH. LES COUZINS, Lussac Saint-Emilion, 289
DOM. LES CRETETS, Kanton Genf (Genève), 1113
CH. LES CROSTES, Côtes de Provence, 743
CH. LESCURE, Sainte-Croix-du-Mont, 390
DOM. CHANTAL LESCURE, ● Bourgogne, 415 ● Pommard, 535
DOM. LES CURIADES, Kanton Genf (Genève), 1113
DOM. LES DEUX MOULINS, Muscadet de Sèvre-et-Maine, 838
DOM. LES DEUX TERRES, ● Minervois, 715 ● Oc, 1079
CH. LES DONATS, Premières Côtes de Blaye, 225
LES ENFANTS D'HELENE ARNAUD, Oc, 1079
CH. LE SENS, ● Bordeaux, 191 ● Premières Côtes de Bordeaux, 311
CH. LE SEPE, Bordeaux, 191
LES FAITIERES, Alsace Riesling, 86
CH. LES FENALS, Muscat de Rivesaltes, 1042
LES FLEURS DE GRAVILLE, Graves, 324
CH. LES FOUGERES, Saint-Emilion, 260
LES FUMEROLLES, Kanton Wallis (Valais), 1108
LES GALETS BLANCS, Châteauneuf-du-Pape, 1012
DOM. LES GOUBERT, Gigondas, 1003
CH. LES GRANDES MURAILLES, Saint-Emilion grand cru, 277
LES GRANDS CAVEAUX DE FRANCE, ● Anjou, 852 ● Coteaux du Layon, 870
CH. LES GRANDS CHENES, Médoc, **347**
CH. LES GRANDS THIBAUDS, ● Bordeaux rosé, 205 ● Bordeaux Supérieur, 213 ● Côtes de Bourg, 230
CH. LES GRAUZILS, Cahors, 775
CH. LES GRAVES, Premières Côtes de Blaye, 225
CH. LES GRAVIERES, Saint-Emilion grand cru, **278**
DOM. LES HAUTES CANCES, ● Côtes du Rhône, 977 ● Côtes du Rhône-Villages, 986
DOM. LES HAUTES NOELLES, Muscadet Côtes de Grand Lieu, 842
LES HAUTS-CLOS CASLOT, Saint-Nicolas-de-Bourgueil, 909
LES HAUTS D'AZENAY, Bourgogne, 416
LES HAUTS DE BERGELLE, Côtes de Saint-Mont AOVDQS, 799

LES HAUTS DE FORÇA-REAL, Côtes du Roussillon, **725**
CH. LES HAUTS DE GRANGES, Côtes de Castillon, 303
CH. LES HEBRAS, ● Bergerac rosé, 804 ● Monbazillac, 812
DOM. LES HUTINS, Kanton Genf (Genève), 1113
CH. LES IFS, Cahors, 775
CH. LES JUSTICES, Sauternes, 397
LES LARMES DE BACCHUS, Vouvray, 928
LES LAUDES, Kanton Wallis (Valais), 1108
LES LIGERIENS, Jardin de la France, 1066
LES MAITRES VIGNERONS DE LA GOURMANDIERE, Touraine, 895
CLOS LES MAJUREAUX, Graves, 324
CH. LES MANGONS, Sainte-Foy-Bordeaux, 316
CH. LES MARNIERES, Côtes de Bergerac, 808
CH. LES MERITZ, Gaillac, 779
CH. LES MESCLANCES, Côtes de Provence, 743
CH. LES MIAUDOUX, Bergerac sec, 806
CH. LES MILLE VIGNES, Muscat de Rivesaltes, 1042
CH. LES MOINES, ● Premières Côtes de Blaye, 225 ● Médoc, 347
LES MOULINS A VENT, Pouilly-Fumé, 951
LES MOULINS DU HAUT-LANSAC, Côtes de Bourg, 230
CH. LES ORMES DE PEZ, Saint-Estèphe, 379
CH. LES ORMES SORBET, Médoc, 347
CH. LE SOULEY-SAINTE-CROIX, Haut-Médoc, 356
CH. LES PALAIS, Corbières, **696**
CH. LESPARRE, ● Bordeaux Supérieur, 213 ● Graves de Vayres, 315
CH. LESPAULT, Pessac-Léognan, 337
LES PERRIERES, Kanton Genf (Genève), 1114
LES PETOLEYRES, Kanton Waadt (Vaud), 1102
CH. LES PINS, ● Côtes du Roussillon-Villages, **730** ● Muscat de Rivesaltes, 1042
DOM. LES PINS, ● Bourgueil, 906 ● Saint-Nicolas-de-Bourgueil, 909
LES PORTELLES, Kanton Wallis (Valais), 1109
LES QUARTERONS, Saint-Nicolas-de-Bourgueil, 909
LES QUATRE CHEMINS, Côtes du Rhône-Villages, 986
LES QUATRE VENTS, Kanton Bern, 1117
LESQUERDE, Côtes du Roussillon-Villages, 730
LES QUEYRADES, Lirac, 1018
CH. LES RIGALETS, Cahors, 775
CH. LES RIVES DE GRAVELONGUE, Médoc, 347
DOM. LES ROCHES BLEUES, Côte de Brouilly, 150
CH. LES ROCHES DE FERRAND, Fronsac, 238
DOM. LES ROCHES DES GARANTS, Fleurie, 157
CH. LES ROQUES, Loupiac, 388
LES ROUGES TERRES, Kanton Waadt (Vaud), 1102
LES ROUGIAN, Côtes de Provence, 743
LES SENSONNIERES, Muscadet de Sèvre-et-Maine, 838
LES SYLPHIDES, Anjou-Villages, 857
CH. LESTAGE, ● Montagne Saint-Emilion, 293 ● Listrac-Médoc, 361
CH. LESTAGE-DARQUIER, Moulis-en-Médoc, 370
CH. LESTAGE-SIMON, Haut-Médoc, 356
LES TERRES BLANCHES, Châteauneuf-du-Pape, 1012 1013
DOM. LES TERRES BLANCHES, Blanquette de Limoux, 691
LES TERRIADES, Anjou, 852
DOM. LES TEYSSONNIERES, Gigondas, 1003
CH. DE LESTIAC, Premières Côtes de Bordeaux, 311

LES TOURELLES DE LONGUEVILLE, Pauillac, 375
CH. LESTRILLE, Bordeaux, 191
CH. LESTRILLE CAPMARTIN, Bordeaux Supérieur, 213
LES TROIS CLOCHERS, Bordeaux, 191
CH. LES TUILERIES, Médoc, 348
CH. LES TUILERIES DU DEROC, Graves de Vayres, 315
LES VARONNIERS, Crozes-Hermitage, 997
LES VAUCORNEILLES, Touraine-Mesland, 902
LES VENDANGES EXCLUSIVES, Jardin de la France, 1066
LES VERGERS, Kanton Bern, 1117
LES VEYRIERS, vide, 306
CH. LES VIEILLES TUILERIES,
● Bordeaux, 191 ● vide, 306
CH. LES VIEUX MAURINS, Saint-Emilion, 260
LES VIGNERONS DES COTEAUX ROMANAIS, Touraine, 895
LES VIGNERONS DES GORGES DU TARN, Côtes de Millau AOVDQS, 787
LES VINS DU TROUBADOUR, Gigondas, 1003
LES VITICULTEURS DE BONVILLARS, Kanton Waadt (Vaud), 1102
DOM. LES YEUSES, Oc, 1079
CH. LE TEMPLE, Médoc, 348
DOM. LE TERRAIN ROUGE, Morgon, 164
CH. LE TERTRE DE LEYLE, Côtes de Bourg, 230
LETE-VAUTRAIN, Champagner, 643
CH. LE THIL COMTE CLARY, Pessac-Léognan, 337
CH. LE TREBUCHET, Bordeaux Clairet, 196
LE TREILLANT, Kanton Waadt (Vaud), 1102
LE VALLON HANAPPIER, Bordeaux, 191
DOM. LE VAN, Côtes du Ventoux, 1024
CLAUDE LEVASSEUR, Montlouis, 921
LE VIEUX DOMAINE, Moulin-à-Vent, 167
DOM. LE VIEUX MOULIN, Lirac, 1018
CH. DE LEYNES, Beaujolais-Villages, 145
DOM. DE LEYRE-LOUP, Morgon, 164
PIERRE-LUC LEYVRAZ, Kanton Waadt (Vaud), 1102
DOM. ANDRE LHERITIER, Rully, 578
ANDRE LHOMME, Touraine, 895
DOM. DES LIARDS, Montlouis, 921
MICHEL LIBEAU, Muscadet de Sèvre-et-Maine, 839
CH. LIDEYRE, Côtes de Castillon, 303
LIEBART-REGNIER, Champagner, 643
CAVE DES VIGNERONS DE LIERGUES, Beaujolais, 140
LIESTALER BEERLIWEIN, Kanton Basel, 1118
CH. LIEUJEAN, Pauillac, 375
CH. LIGASSONNE, Premières Côtes de Bordeaux, 311
LIGNIER-MICHELOT, Morey-Saint-Denis, 478
CH. DE LIGRE, Chinon, 915
LILBERT FILS, Champagner, 643
CH. LILIAN LADOUYS, Saint-Estèphe, 379
CH. LION BEAULIEU, ● Bordeaux, 191
● Bordeaux sec, 200
CH. LION PERRUCHON, Lussac Saint-Emilion, 290
CH. LIOT, Sauternes, 397
CAVE DES VINS DE CRU DE LIRAC, Lirac, 1018
DOM. DE LISCHETTO, Ile de Beauté, 1086
LISENNES, Crémant de Bordeaux, 219
CH. LISTRAN, Médoc, 348
CH. LIVERSAN, Haut-Médoc, 356
LOBERGER, ● Alsace Pinot oder Klevner, 80 ● Alsace grand cru Saering, 118
LOCRET-LACHAUD, Champagner, 643
CH. LOIRAC, Médoc, 348
CH. LONDON, Mâcon-Villages, 595
CH. LONG-DEPAQUIT, Chablis premier cru, 457

DOM. LONG-DEPAQUIT, Chablis grand cru, 461
DOM. LONGERE, Beaujolais-Villages, 145
DOM. DE LONG-PECH, Gaillac, 779
DOM. DU LOOU, Coteaux Varois, 761
MICHEL LORAIN, Bourgogne, 416
LORENTZ, Alsace grand cru Altenberg de Bergheim, 118
JEROME LORENTZ ET FILS, Alsace Tokay-Pinot gris, 101
ALAIN LORIEUX, Chinon, 915
MICHEL ET JOELLE LORIEUX, Bourgueil, 906
PASCAL LORIEUX, Saint-Nicolas-de-Bourgueil, 909
JOSEPH LORIOT-PAGEL, Champagner, 643
E. LORON ET FILS, Pouilly-Fuissé, 599
LOU BASSAQUET, Côtes de Provence, 743
CH. LOUDENNE, Médoc, 348
DOM. LOUET-ARCOURT, Touraine, 895
DOM. LOU FREJAU, Châteauneuf-du-Pape, 1013
LOU GAILLOT, L'Agenais, 1070
WALTER LOUIS, Kanton Bern, 1117
LOUIS DE GRENELLE, ● Crémant de Loire, 827 ● Saumur, 878 879
CH. LOUMEDE, Premières Côtes de Blaye, 225
CAVE DE LOURMARIN-CADENET, Côtes du Luberon, 1028
CH. LOUSTEAUNEUF, Médoc, 348
CH. LOUSTEAU-VIEIL, Sainte-Croix-du-Mont, 390
YVES LOUVET, Champagner, 643
LOYAUX-GORET, Champagner, 644
PHILIPPE DE LOZEY, Champagner, 644
CH. LUBAT, Graves, 324
JACQUES DE LUCENAY, ● Bourgogne, 416 ● Auxey-Duresses, 545
CH. DE LUCEY, Roussette de Savoie, 684
CH. DE LUCQUES, Bordeaux, 192
CH. LES LUCQUES, Graves, 324
DOM. DES LUCQUES, Graves, 324
CH. LUDEMAN LES CEDRES, Graves Supérieures, 329
CAVE DE LUGNY, ● Crémant de Bourgogne, 442 ● Mâcon-Villages, 595
DOM. DE LUMIAN, ● Côtes du Rhône, 977 ● Côtes du Rhône, 977
CAVE DE LUMIERES, Côtes du Ventoux, 1025
FRANÇOIS LUMPP, Givry, 587
DOM. DE LUNARD, Bouches-du-Rhône, 1088
MICHEL LUNEAU, Marches de Bretagne, 1068
CLOS DE LUPE, Bourgogne, 416
LUPE-CHOLET, ● Chambolle-Musigny, 484 ● Chassagne-Montrachet, 561
DOM. ROGER LUQUET, ● Crémant de Bourgogne, 442 ● Mâcon-Villages, 596 ● Saint-Véran, 604
JACQUES ET FRANÇOIS LURTON, L'Aude, 1084
DOM. DE LUSQUENEAU, Touraine-Mesland, 902
CH. LUSSEAU, Saint-Emilion grand cru, 278
ASSOCIATION VITICOLE DE LUTRY, Kanton Waadt (Vaud), 1102
MICHEL LYNCH, Bordeaux sec, 200
CH. LYNCH-BAGES, Pauillac, 375
CH. DE LYNE, Bordeaux, 192
CH. LYONNAT, Lussac Saint-Emilion, 290
DOM. DE LYS, Morgon, 164
DOM. JACQUES MABILEAU, Saint-Nicolas-de-Bourgueil, 910
DOM. LAURENT MABILEAU, Bourgueil, 906
FREDERIC MABILEAU, Saint-Nicolas-de-Bourgueil, 910
LYSIANE ET GUY MABILEAU, Saint-Nicolas-de-Bourgueil, 910
BERNARD MABILLE, Vouvray, 928
FRANCIS MABILLE, Vouvray, 928
DOM. MABY, ● Côtes du Rhône, 977 ● Lirac, 1019 ● Tavel, 1020
CH. MACALAN, Premières Côtes de Bordeaux, 311

BERTRAND MACHARD DE GRAMONT, Vosne-Romanée, 493
DOM. JEAN MACLE,
● Château-Chalon, 668 ● Macvin du Jura, 1059
MARQUIS DE MAC MAHON, Bourgogne, 416
MAISON MACONNAISE DES VINS,
● Pouilly Loché, 601 ● Pouilly Vinzelles, 602
MADER, ● Alsace Tokay-Pinot gris, 101 ● Alsace grand cru Rosacker, 118
CAVE DU MADIRANAIS, Madiran, 795
MICHEL ET RICHARD MAESTROJUAN, Floc de Gascogne, 1056
CH. MAGDELAINE, Saint-Emilion grand cru, 278
CH. MAGENCE, Graves, 325
CH. MAGNAN, ● Saint-Emilion grand cru, 278 ● Coteaux d'Aix, 757
CH. MAGNAN LA GAFFELIERE, Saint-Emilion grand cru, 279
CH. MAGNEAU, Graves, 325
DOM. MICHEL MAGNIEN,
● Charmes-Chambertin, 475 ● Clos de la Roche, 479 ● Clos Saint-Denis, 480
FREDERIC MAGNIEN,
● Gevrey-Chambertin, 471
● Charmes-Chambertin, 475
● Morey-Saint-Denis, 478
JEAN-PAUL MAGNIEN,
● Charmes-Chambertin, 476
● Morey-Saint-Denis, 478 ● Clos Saint-Denis, 480
● Chambolle-Musigny, 484
MICHEL MAGNIEN, Gevrey-Chambertin, 471
CH. MAGONDEAU, Fronsac, 238
CH. MAGONDEAU BEAU-SITE, Fronsac, 238
DOM. DE MAGORD, ● Clairette de Die, 1020 ● Crémant de Die, 1021
MARQUIS DE MAC MAHON, Auxey-Duresses, 545
CH. MAHON-LAVILLE, Bordeaux, 192
CHRISTOPHE MAILLARD, Muscadet de Sèvre-et-Maine, 839
DOM. MAILLARD-LOBREAU, Savigny-lès-Beaune, 523
DOM. MAILLARD PERE ET FILS,
● Corton, 515 ● Savigny-lès-Beaune, 523 ● Chorey-lès-Beaune, 525
● Beaune, 529 ● Côte de Beaune-Villages, 573
M. MAILLART, Champagner, 644
MARCEL ET MARIEN MAILLEFAUD, Clairette de Die, 1020
CH. DES MAILLES, Sainte-Croix-du-Mont, 390
JEAN-JACQUES MAILLET, Jasnières, 919
MARC ET LAURENT MAILLET, Vouvray, 928
DOM. DES MAILLETTES, Saint-Véran, 604
DOM. DES MAILLOCHES, Bourgueil, 906
CH. DU MAILLON, Muscadet de Sèvre-et-Maine, 839
MAILLY GRAND CRU, Champagner, 644
CH. MAINE GAZIN, Premières Côtes de Blaye, 225
CH. MAINE-TIGREAU, Premières Côtes de Blaye, 225
DOM. DE MAIRAN, Oc, 1079
HENRI MAIRE, Macvin du Jura, 1059
CH. MAISON BLANCHE, ● Montagne Saint-Emilion, 294 ● Kanton Waadt (Vaud), 1102
DOM. DE MAISON BLANCHE, Kanton Waadt (Vaud), 1103
CH. DE MAISON NEUVE, Montagne Saint-Emilion, 294
DOM. DE MAISONNEUVE, Bergerac rosé, 804
MAITRE D'ESTOURNEL, Bordeaux, 192
CH. MAJUREAU-SERCILLAN, Bordeaux Supérieur, 214
CH. MALAGAR, Bordeaux sec, 200
DOM. DES MALANDES, ● Chablis, 451
● Chablis premier cru, 457 ● Chablis grand cru, 461

MALANSER BARRIQUE, Kanton Zürich, 1120
JEAN-LOUIS MALARD, Champagner, 644
DOM. DE MALARRODE, Jurançon, 791
DOM. DE MALAVIEILLE, Oc, 1079
GUY MALBETE, Reuilly, 956
CH. MALESCASSE, Haut-Médoc, 356
CH. MALESCOT SAINT-EXUPERY, Margaux, **366**
CH. DE MALIGNY, • Petit Chablis, 446 • Chablis, 451
CH. MALIJAY, Côtes du Rhône, 977
DOM. MICHEL MALLARD ET FILS, • Ladoix, 506 • Aloxe-Corton, 509
MICHEL MALLARD ET FILS, • Côte de Nuits-Villages, 504 • Corton, 515
MAISON MALLARD-GAULIN, • Corton, 515 • Savigny-lès-Beaune, 523
CH. DE MALLE, Sauternes, 398
M. DE MALLE, Graves, 325
CH. DE MALLERET, Haut-Médoc, 356
DOM. RENE MALLERON, Sancerre, 960
MALLO, Alsace grand cru Rosacker, 118
FREDERIC MALLO ET FILS, Alsace Tokay-Pinot gris, 101
CH. MALMAISON, Moulis-en-Médoc, 370
CH. MALROME, • Bordeaux Clairet, 196 • Bordeaux sec, 200 • Bordeaux Supérieur, 214
JEAN-PIERRE MALTOFF, Bourgogne, 416
CAVE DES VIGNERONS DE MANCEY, • Mâcon, 591 • Mâcon-Villages, 596
CH. MANDAGOT, Coteaux du Languedoc, 707
JEAN-CHRISTOPHE MANDARD, Touraine, 895
THIERRY MANDARD, Touraine, 895
HENRI MANDOIS, Champagner, 644
ALBERT MANN, Alsace grand cru Hengst, **113**
MANOIR DE L'HOMMELAIS, Jardin de la France, 1066
MANOIR DE LA GRELIERE, Muscadet de Sèvre-et-Maine, 839
MANOIR DE MERCEY, • Bourgogne Hautes-Côtes de Beaune, 438 • Crémant de Bourgogne, 442 • Rully, 579
MANOIR DE VERSILLE, Anjou, 852
DOM. MANOIR DU CARRA, Beaujolais, 140
CH. MANOS, Cadillac, **387**
CH. MANSENOBLE, Corbières, 696
DOM. MANSENOBLE, Coteaux de Miramont, 1084
J. MANSION-WELFERINGER, Moselle AOVDQS, 131
CH. MARAC, Bordeaux Supérieur, 214
MAURICE MARATRAY, • Ladoix, 506 • Corton, 515 • Corton-Charlemagne, 518
CH. MARBUZET, Saint-Estèphe, 379
DOM. DE MARCAULT, Petit Chablis, 446
DOM. JEAN-PHILIPPE MARCHAND, Gevrey-Chambertin, 471
JEAN-PHILIPPE MARCHAND, Bourgogne Hautes-Côtes de Nuits, 433
RENE MARCHAND, Beaujolais, 140
DOM. DE MARCHANDISE, Côtes de Provence, 743
BERNARD MARECHAL, Savigny-lès-Beaune, 523
CLAUDE MARECHAL, • Ladoix, 506 • Savigny-lès-Beaune, 523 • Pommard, 535 • Auxey-Duresses, 546
BERNARD MARECHAL-CAILLOT, • Ladoix, 506 • Pommard, 535
DOM. MAREY, Bourgogne Hautes-Côtes de Nuits, 433
PIERRE MAREY ET FILS, • Bourgogne, 416 • Pernand-Vergelesses, 512 • Corton-Charlemagne, **518**
CLOS MARFISI, Patrimonio, 769 • Patrimonio, **769**
A. MARGAINE, Champagner, 644
DOM. DU MARGALLEAU, Vouvray, 928

CH. MARGAUX, Margaux, **366**
DOM. JEAN-PIERRE MARGERAND, Juliénas, 160
MARGUET-BONNERAVE, • Champagner, 644 • Coteaux Champenois, 661
CLOS MARIE, Coteaux du Languedoc, 708
DOM. MARIE-BLANCHE, Côtes du Rhône, 977
MARIE STUART, Champagner, 645
MARINOT-VERDUN, • Bourgogne, 416 • Bourgogne Aligoté, 426 • Bourgogne Passetoutgrain, 429
CH. DE MARJOLET, Côtes du Rhône, 978
ROLAND MAROSLAVAC-LEGER, • Auxey-Duresses, 546 • Puligny-Montrachet, 556
DOM. DE MAROTTE, Vaucluse, 1088
TRADITION DU MARQUIS, Saint-Estèphe, 379
CH. MARQUISAT DE BINET, Montagne Saint-Emilion, 294
MARQUIS D'ABEYLIE, Bordeaux Supérieur, 214
MARQUIS D'ORIAC, Gaillac, 779
MARQUIS DE CHASSE, Bordeaux sec, 200
CH. MARQUIS DE LA CROIX LANDOL, Saint-Emilion grand cru, 279
MARQUIS DE LA PLANTE D'OR, Cheverny, 931
MARQUIS DE LUGON, Bordeaux, 192
MARQUIS DE SADE, Champagner, 645
DOM. MARQUIS DES PONTHEUX, Chiroubles, 154
CH. MARQUIS DE TERME, Margaux, 366
MARQUIS DE VILLECOR, Corbières, 696
DOM. DES MARRANS, Fleurie, 158
CELLIER DE MARRENON, Côtes du Luberon, 1028
DOM. DU MARRONNIER ROSE, Beaujolais-Villages, 145
DOM. DES MARRONNIERS, • Petit Chablis, 446 • Chablis, 451 • Chablis premier cru, 457
CH. MARSAC SEGUINEAU, Margaux, 367
CLOS MARSALETTE, Pessac-Léognan, 337
CH. DE MARSAN, Cadillac, 387
CH. DE MARSANNAY, vide, 466
CH. MARSAU, Bordeaux Côtes de Francs, 305
CH. MARSOLE, Pomerol, 247
DOM. JACKY MARTEAU, Touraine, 896
G. H. MARTEL ET CO, Champagner, 645
DOM. J. MARTELLIERE, • Coteaux du Loir, 917 • Jasnières, 919
FRANÇOIS MARTENOT, • Bourgogne, 416 • Chablis, 452 • Gevrey-Chambertin, 471 • Savigny-lès-Beaune, 523 • Mercurey, 583
CH. MARTET, Sainte-Foy-Bordeaux, 316 317
DOM. DU MARTHERAY, Kanton Waadt (Vaud), 1103
DOM. DE MARTIALIS, Saint-Emilion grand cru, 279
BERNARD MARTIN, Vosne-Romanée, 493
DOMINIQUE MARTIN, • Saumur, 879 • Coteaux de Saumur, 882
DOM. JEAN-CLAUDE MARTIN, Chablis premier cru, 457
JEAN-JACQUES ET SYLVAINE MARTIN, Saint-Amour, 172
PAUL-LOUIS MARTIN, Champagner, 645
CH. MARTINAT, Côtes de Bourg, 230
CLOS DU MARTINET, Chinon, 915
VIGNOBLE DU MARTINET, • Anjou, 852 • Cabernet d'Anjou, 861
DOM. DE MARTINOLLES, • Blanquette de Limoux, 691 • L'Aude, 1084
CHRISTOPHE MARY, • Meursault, 552 • Puligny-Montrachet, 556

MARZOLF, • Alsace Pinot noir, 106 • Crémant d'Alsace, 127
DOM. MAS BAZAN, Côtes du Roussillon, 726
DOM. DU MAS BLANC, • Collioure, 733 • Coteaux d'Aix, 757 • Banyuls, 1034
DOM. DU MAS CARLOT, • Clairette de Bellegarde, 693 • Costières de Nîmes, 700
MAS CHICHET, Pyrénées-Orientales, 1084
DOM. DU MAS CREMAT, • Côtes du Roussillon, 726 • Muscat de Rivesaltes, 1043
MAS DE BOIS LAUZON, Châteauneuf-du-Pape, 1013
MAS DE GOURGONNIER, Coteaux d'Aix, 757
MAS DE REY, Bouches-du-Rhône, 1089
MAS DES BRESSADES, Costières de Nîmes, 700
DOM. MAS MOUTOU, Muscat de Rivesaltes, 1043
CH. MAS NEUF, Costières de Nîmes, 700
DOM. DU MAS NEUF, Muscat de Mireval, **1047**
DOM. DU MAS RAFFIN, Côtes du Rhône, 978
DOM. DU MAS ROUS, Côtes du Roussillon, **726**
MAS SAINTE BERTHE, • Coteaux d'Aix, 757 • Les Baux-de-Provence, 759

THIERRY MASSIN, Champagner, 645
REMY MASSIN ET FILS, Champagner, 645
MADAME MASSON, Crémant de Bourgogne, 443
DOM. MASSON-BLONDELET, Pouilly-Fumé, 951
CH. DES MATARDS, Premières Côtes de Blaye, 225
CH. MATHEREAU, Premières Côtes de Bordeaux, 311
DOM. MATHIAS, • Bourgogne, 417 • Mâcon, 591
JEAN-MARC MATHIEU, Beaujolais, 141
SERGE MATHIEU, Champagner, 645
DOM. MATIGNON, • Anjou, 852 • Anjou-Villages, 857 • Cabernet d'Anjou, 861
DOM. DU MATINAL, Moulin-à-Vent, 167
DOM. DES MATINES, Saumur, 879
CH. MATRAS, Saint-Emilion grand cru, 279
CH. MATRAY, Juliénas, 160
CH. MAUCAILLOU, Moulis-en-Médoc, 370
CH. MAUCAMPS, Haut-Médoc, 357
CH. MAUCOIL, Châteauneuf-du-Pape, 1013
PROSPER MAUFOUX, • Nuits-Saint-Georges, 501 • Maranges, 572
JEAN-PAUL MAULER, • Alsace Riesling, 86 • Alsace Tokay-Pinot gris, 101
CH. DE MAUPAS, Menetou-Salon, 948
DOM. DU MAUPAS, Chénas, 152
CH. MAUREL FONSALADE, Saint-Chinian, 718
MICHEL MAURICE, Moselle AOVDQS, 131
JEAN-PAUL MAURIN, Pineau des Charentes, 1054
LES VIGNERONS DE MAURY, Muscat de Rivesaltes, 1043
CH. MAUTRET, Premières Côtes de Bordeaux, 311
DOM. DE MAUVAN, Côtes de Provence, 743
CH. DE MAUVES, Graves, 325
CH. MAUVEZIN, Saint-Emilion grand cru, 279
LOUIS MAX • Volnay, 540 • Mercurey, 583 • Montagny, 589
DOM. DES MAYAUDES, Beaujolais, 141
SIMON MAYE ET FILS, Kanton Wallis (Valais), 1109
CH. DU MAYNE, Graves, 325
LES PLANTES DU MAYNE, Saint-Emilion grand cru, 279

CH. MAYNE-BLANC, Lussac Saint-Emilion, 290
CH. MAYNE D'IMBERT, Graves, 325
CH. MAYNE DE COUTUREAU, Graves, 325
CH. MAYNE-GUYON, Premières Côtes de Blaye, 225
CH. MAYNE LALANDE, Listrac-Médoc, 361
CH. MAYNE LE PRIEURE, Bordeaux sec, 201
DOM. DE MAYOL, Côtes du Luberon, 1028
DOM. DE MAYRAC, Limoux, 692
CH. DE MAYRAGUES, Gaillac, 780
CH. MAZARIN, Loupiac, 388
CH. MAZERIS, Canon-Fronsac, 235
CH. MAZEYRES, Pomerol, 247
DOM. MAZILLY PERE ET FILS, Bourgogne Hautes-Côtes de Beaune, 438
DOM. DE MAZOU, Gaillac, 780
MAZOYER FRERES ET FILS, Bourgogne Côte Chalonnaise, 576
JEAN MEDEVILLE ET FILS, Bordeaux Clairet, 196
GABRIEL MEFFRE, ● Côte Rôtie, 990 ● Crozes-Hermitage, 997 ● Oc, 1080
MEISTERMANN, ● Alsace Muscat, 90 ● Alsace Tokay-Pinot gris, 101
DOM. DES MEIX, Saint-Aubin, 565
CELLIER MEIX GUILLAUME, Rully, 579
CH. MELIN, Premières Côtes de Bordeaux, 312
DOM. BERNARD PAUL MELINAND, Chiroubles, 154
DOM. MELLENOTTE-DRILLIEN, Mercurey, 583
JEAN-CLAUDE MELLOT, Coteaux du Giennois AOVDQS, 942
JOSEPH MELLOT, ● Coteaux du Giennois AOVDQS, 942 ● Sancerre, 960
CH. MEMOIRES, ● Bordeaux sec, 201 ● Premières Côtes de Bordeaux, 312 ● Cadillac, 387 ● Loupiac, 388
DOM. DES MENADES, Kanton Genf (Genève), 1114
DOM. MENAND PERE ET FILS, Mercurey, 583
MENARD, Pineau des Charentes, 1054
ANDRE MENARD, Touraine-Azay-le-Rideau, 901
MARC MENEAU, Bourgogne, 417
DOM. DES MENIGOTTES, Touraine, 896
CH. DE MERCEY, ● Bourgogne Hautes-Côtes de Beaune, 438 ● Santenay, 569 ● Mercurey, 583 584
DOM. DU MERCHIEN, Coteaux du Quercy, 1074
MERCIER, Champagner, 646
CH. MERCIER, Côtes de Bourg, 230
CH. DE MEREVILLE, Muscat de Frontignan, 1045
CHAMPAGNE DE MERIC, Champagner, 646
THIERRY MERLIN-CHERRIER, Sancerre, 961
CH. MERLIN FRONTENAC, Bordeaux, 192
GUY MERSIOL, Alsace grand cru Frankstein, 111
CH. MESLIERES, Muscadet des Coteaux de la Loire, 839
ROBERT MESLIN, Bourgogne Irancy, 430
CH. MESTE JEAN, Bordeaux, 192
MESTRE-MICHELOT, Meursault, 552
MESTRE PERE ET FILS, Santenay, 569
CH. MESTREPEYROT, Premières Côtes de Bordeaux, 312
CH. METHEE, Bordeaux sec, 201
JACQUES METRAL, Crépy, 678
BERNARD METRAT, Chiroubles, 155
GERARD METZ, ● Alsace Gewurztraminer, 94 ● Alsace Pinot noir, 106 ● Alsace grand cru Muenchberg, 115
DOM. MEUNIER, Balmes dauphinoises, 1091
DOM. MAX MEUNIER, Touraine, 896
MEURGIS, Crémant de Bourgogne, 443
CH. DE MEURSAULT, Meursault, 552

DOM. DU CHATEAU DE MEURSAULT, ● Bourgogne, 417 ● Volnay, 540 ● Puligny-Montrachet, 556
DOM. DU CH. DE MEURSAULT, Pommard, 535
FRANÇOIS MEYER, Alsace grand cru Winzenberg, 123
GILBERT MEYER, Alsace Tokay-Pinot gris, 102
RENE MEYER, ● Alsace Gewurztraminer, 94 ● Alsace grand cru Florimont, 110
XAVIER MEYER, Alsace Gewurztraminer, 95
ERNEST MEYER ET FILS, Alsace Tokay-Pinot gris, 102
MEYER-FONNE, ● Alsace Gewurztraminer, 95 ● Alsace grand cru Wineck-Schlossberg, 123
CH. MEYNEY, Saint-Estèphe, 379
CH. MEYRE, Haut-Médoc, 357
ANDRE MEZIAT, Chiroubles, 155
BERNARD ET VERONIQUE MEZIAT, Moulin-à-Vent, 167
CH. MIAUDOUX, Bergerac, 802
CH. MICALET, Haut-Médoc, 357
ALAIN MICHAUD, Brouilly, 149
DOM. MICHAUD, ● Crémant de Loire, 827 ● Touraine, 896
MARC MICHAUD, Brouilly, 149
DOM. CEDRIC MICHAUT, Petit Chablis, 446
DOM. B. MICHEL, Bourgogne Aligoté, 426
G. MICHEL, Champagner, 646
J.B. MICHEL, Champagner, 646
ROBERT MICHEL, Cornas, 1000
GUY MICHEL ET FILS, Champagner, 646
JOSE MICHEL ET FILS, Champagner, 646
LOUIS MICHEL ET FILS, ● Chablis premier cru, 457 ● Chablis grand cru, 461
DOM. RENE MICHEL ET SES FILS, Crémant de Bourgogne, 443
MICHELOT, Meursault, 552
DOM. MICHELOT, Bourgogne, 417
PIERRE MIGNON, Champagner, 646
MIGNON ET PIERREL, Champagner, 646
DOM. DE MIHOUDY, ● Anjou, 852 ● Coteaux du Layon, 870 ● Bonnezeaux, 874
FRANÇOIS MIKULSKI, Meursault, 552
JEAN MILAN, Champagner, 646
PHILIPPE MILAN, Rully, 579
PHILIPPE MILAN ET FILS, Bourgogne Côte Chalonnaise, 576
CH. MILARY, Bordeaux Supérieur, 214
CLOS MILELLI, Vins de Corse, 765
CH. MILHAU-LACUGUE, Saint-Chinian, 718
DOM. DE MILHOMME, Beaujolais, 141
CH. DES MILLE ANGES, Premières Côtes de Bordeaux, 312
DOM. PAUL MILLERIOUX, Sancerre, 961
CH. DE MILLET, Floc de Gascogne, 1056
DOM. FRANCK MILLET, Sancerre, 961
CH. MILON, Saint-Emilion grand cru, 279
CH. MILOUCA, Haut-Médoc, 357
MINUTY, Côtes de Provence, 743
ODETTE ET GILLES MIOLANNE, Côtes d'Auvergne AOVDQS, 939
MAISON MIRAULT, Vouvray, 928
CH. MIRE L'ETANG, Coteaux du Languedoc, 708
P. MISSEREY, ● Nuits-Saint-Georges, 501 ● Beaune, 530
DOM. PAUL MISSET, ● Chambolle-Musigny, 484 ● Nuits-Saint-Georges, 501
MITIS, Kanton Wallis (Valais), 1109
DOM. MITTNACHT FRERES, ● Alsace Riesling, 86 ● Alsace grand cru Rosacker, 118
JOS. MOELLINGER ET FILS, ● Alsace Muscat, 90 ● Alsace grand cru Hengst, 113
MOET ET CHANDON, Champagner, 647

MOILLARD, ● Gevrey-Chambertin, 472 ● Côte de Nuits-Villages, 504 ● Volnay, 540 ● Saint-Romain, 548 ● Maranges, 572
MOILLARD-GRIVOT, ● Ladoix, 507 ● Pernand-Vergelesses, 512 ● Pommard, 536 ● Puligny-Montrachet, 556 ● Santenay, 570
CAVES DES MOINES, Savigny-lès-Beaune, 523
DOM. AUX MOINES, Savennières Roche-aux-Moines, 866
DOM. DES MOIROTS, ● Bourgogne Aligoté, 426 ● Crémant de Bourgogne, 443 ● Bourgogne Côte Chalonnaise, 576 ● Givry, 587
MOISSENET-BONNARD, ● Crémant de Bourgogne, 443 ● Pommard, 536
DOM. MOISSENET-BONNARD, Bourgogne, 417
MAISON MOLLEX, Seyssel, 684
CH. MOLY, Puisseguin Saint-Emilion, 297
MOMMESSIN, ● Fleurie, 158 ● Gevrey-Chambertin, 472 ● Morey-Saint-Denis, 478 ● Clos de Tart, 481 ● Pommard, 536 ● Santenay, 570 ● Mercurey, 584 ● Mâcon, 591
PIERRE MONACHON, Kanton Waadt (Vaud), 1103
CH. MONBAZILLAC, Monbazillac, 797
CH. MONBOUSQUET, Saint-Emilion grand cru, 279
CH. MONBRISON, Margaux, 367
BERTRAND DE MONCENY, Nuits-Saint-Georges, 501
CH. MONCETS, Lalande de Pomerol, 253
CH. MONCONTOUR, Vouvray, 929
PIERRE MONCUIT, Champagner, 647
CH. MONDESIR, Bergerac, 802
CH. MONDESIR-GAZIN, Premières Côtes de Blaye, 226
CH. MONDION, Bordeaux, 192
DOM. MONGEARD-MUGNERET, ● Clos de Vougeot, 489 ● Echézeaux, 490 ● Vosne-Romanée, 493
CH. MONGIN, ● Côtes du Rhône-Villages, 986 ● Châteauneuf-du-Pape, 1013
CH. MONGRAVEY, Margaux, 367
CH. MONIER-LA FRAISSE, Bordeaux sec, 201
DOM. MONIN, Bugey AOVDQS, 685
CH. MONLOT CAPET, Saint-Emilion grand cru, 280
MONMARTHE ET FILS, Champagner, 647
J.-M. MONMOUSSEAU, Touraine, 896
DOM. M.-L. MONNET, Juliénas, 160
DOM. RENE MONNIER, ● Beaune, 530 ● Pommard, 536 ● Volnay, 540 ● Meursault, 553 ● Puligny-Montrachet, 556
EDMOND MONNOT, Maranges, 572
DOM. DE MONREPOS, Bordeaux Supérieur, 214
CH. DE MONS, Floc de Gascogne, 1057
CH. DU MONT, ● Graves, 325 ● Sainte-Croix-du-Mont, 391
DOM. DES MONTAGNETTES, Côtes du Rhône-Villages, 986
CH. DE MONTAIGU, Mercurey, 584
CH. MONTAIGUILLON, Montagne Saint-Emilion, 294
CH. MONTAIGUT, Côtes de Bourg, 231
CH. DE MONTALBA, Côtes du Roussillon, 726
CH. MONTAUD, Côtes de Provence, 743
MONTAUDON, Champagner, 647
CH. MONTAURIOL, Côtes du Frontonnais, 784
CH. MONTBENAULT, ● Cabernet d'Anjou, 861 ● Coteaux du Layon, 870
MONTBOISIE, Crémant du Jura, 675
DOM. DE MONTBOURGEAU, Macvin du Jura, 1059
DIDIER MONTCHOVET, Bourgogne Hautes-Côtes de Beaune, 439
CH. DE MONTCLAR, Côtes de la Malepère AOVDQS, 721
DOM. DE MONTCY, Cheverny, 931
DOM. DE MONT D'HORTES, Oc, 1080
GOUT DU CONSEIL MONT D'OR, Kanton Wallis (Valais), 1109

DOM. DU MONTEILLET, ● Condrieu, 991 ● Saint-Joseph, 994
MAS MONTEL, Oc, 1080
CH. MONTELS, Gaillac, 780
DOM. DE MONTELS, Coteaux et terrasses de Montauban, **1075**
DOM. H. MONTERNOT ET FILS, Beaujolais, 141
DOM. DE MONTERRAIN, Mâcon, 592
HENRY BARON DE MONTESQUIEU, Graves, 326
ANDRE MONTESSUY, ● Savigny-lès-Beaune, 524 ● Mercurey, 584
CH. DE MONTFAUCON, Côtes du Rhône, 978
CH. MONTFOLLET, Premières Côtes de Blaye, 226
CH. DE MONTFORT, Vouvray, 929
MONTFORT BELLEVUE, Médoc, 348
DOM. DE MONTGILET, Coteaux de l'Aubance, 863
DOM. DE MONTGRIGNON, La Meuse, 1095
CH. DE MONTGUERET, ● Anjou, 852 ● Saumur, 879
CH. DU MONTHIL, Médoc, 348
DOM. MONTIFAUT, Graves de Vayres, 315
PIERRE DE MONTIGNAC, Médoc, 348
DOM. DE MONTIGNY, Touraine, 896
HUBERT DE MONTILLE, Pommard, 536
DOM. DE MONTINE, Coteaux du Tricastin, 1022
CH. MONTJOUAN, Premières Côtes de Bordeaux, 312
CH. MONT-JOYE, Sauternes, 398
CH. MONTLABERT, Saint-Emilion grand cru, 280
DOM. DE MONTLAUR, Côtes de la Malepère AOVDQS, 721
CAVE COOP. DE MONTLOUIS, Montlouis, 921
DOM. DE MONTMAIN, Bourgogne Hautes-Côtes de Nuits, 433
CH. DE MONTMIRAIL, ● Gigondas, 1003 ● Vacqueyras, 1006
CLOS MONT-OLIVET, Côtes du Rhône, 978
CLOS DU MONT-OLIVET, Châteauneuf-du-Pape, 1013
DOM. DE MONTPEZAT, Oc, 1080
DOM. DE MONTPIERREUX, Bourgogne, 417
LES VIGNERONS DE MONT-PRES-CHAMBORD, Cheverny, 931 932
CH. MONT-REDON, ● Côtes du Rhône, 978 ● Châteauneuf-du-Pape, 1014
DOM. DE MONT REDON, Côtes de Provence, 744
LYCEE VITICOLE DE MONTREUIL-BELLAY, Saumur, 879
CH. MONTROSE, Saint-Estèphe, **379**
DOM. MONTROSE, Oc, 1080
LES VIGNERONS DES MONTS DE BOURGOGNE, Bourgogne, 417
LES PRODUCTEURS DU MONT TAUCH, Muscat de Rivesaltes, 1043
CH. MONTUS, Pacherenc du Vic-Bilh, 797
DOM. MONTVAC, Vacqueyras, 1006
CH. MONTVIEL, Pomerol, 247
ALICE ET OLIVIER DE MOOR, ● Bourgogne Aligoté, 426 ● Chablis, 452
DOM. MOREAU, Touraine-Amboise, 900
DOM. BERNARD MOREAU, Chassagne-Montrachet, 561 562
DOMINIQUE MOREAU, Bourgueil, 906
DOM. MICHEL MOREAU, Givry, 588
DOM. MOREAU ET FILS, Chablis grand cru, 461
MOREAU-NAUDET ET FILS, ● Chablis, 452 ● Chablis premier cru, 457 ● Chablis grand cru, 461
MOREL PERE ET FILS, ● Champagne, 647 ● Rosé des Riceys, 662
DOM. MOREL-THIBAUT, Côtes du Jura, 672 673

SELECTION JEAN MORETEAUX, ● Bourgogne, 417 ● Bourgogne Hautes-Côtes de Beaune, 439
JEAN MORETEAUX ET FILS, ● Bourgogne Aligoté, 426 ● Bourgogne Aligoté Bouzeron, 428 ● Maranges, 572
A. MOREY, Mercurey, 584
ANDRE MOREY, ● Crémant de Bourgogne, 443 ● Gevrey-Chambertin, 472
MICHEL MOREY-COFFINET, Chassagne-Montrachet, 562
CAVE DES VITICULTEURS DE MORGES, Kanton Waadt (Vaud), 1103
CAVEAU DE MORGON, Morgon, 165
CLOS DES MORIERS, Fleurie, 158
DOM. DE MORILLY, Chinon, 915
MORIN, ● Côte de Nuits-Villages, 504 ● Rully, 579 ● Mercurey, 584
CHRISTIAN MORIN, Bourgogne Aligoté, 426
THIERRY MORIN, Brouilly, 149
DOM. MORINIERE, Jardin de la France, 1066
DIDIER MORION, ● Condrieu, 992 ● Saint-Joseph, 994
MORIZE PERE ET FILS, ● Champagner, 647 ● Rosé des Riceys, 662
CHAMPAGNE PIERRE MORLET, Champagner, 647
CH. MORNON, Premières Côtes de Blaye, 226
DOM. DE MORTAISE, Touraine-Azay-le-Rideau, 901
DOM. THIERRY MORTET, ● Gevrey-Chambertin, 472 ● Chambolle-Musigny, 484
DOM. DES MORTIERS GUIBOURG, Muscadet de Sèvre-et-Maine, **839**
MORTIES, Coteaux du Languedoc, 708
DOM. MOSCONI, Vins de Corse, 765
SYLVAIN MOSNIER, Chablis, 452
CH. MOSSE, ● Côtes du Roussillon, 726 ● Rivesaltes, 1037
LE CLOS DES MOTELES, ● Anjou, 852 ● Cabernet d'Anjou, 861
CH. MOTTE MAUCOURT, Bordeaux sec, 201
DOM. DES MOUILLES, Juliénas, 161
DOM. DU MOULIE, Madiran, 795
DOM. DU MOULIN, ● Côtes du Roussillon-Villages, 730 ● Premières Côtes de Bordeaux, 312 ● Saumur, 879 ● Cheverny, **932** ● Cheverny, 932 ● Gaillac, 780 ● Rivesaltes, **1037**
DOM. DES MOULINAS, Muscat de Mireval, 1047
CH. DU MOULIN-A-VENT, Moulin-à-Vent, 167
DOM. DU MOULIN BERGER, Juliénas, 161
CH. MOULIN CARESSE, Montravel, 813
CH. MOULIN DE BLANCHON, Haut-Médoc, 357
MOULIN DE CHAUVIGNE, Savennières, 865
CH. MOULIN DE CORNEIL, Premières Côtes de Bordeaux, 312
DOM. DU MOULIN DE DUSENBACH, Alsace Gewurztraminer, 95
CH. MOULIN DE FERRAND, Bordeaux sec, 201
DOM. DU MOULIN DE LA MINIERE, Muscadet de Sèvre-et-Maine, 839
CH. MOULIN DE LA ROSE, Saint-Julien, 384
MOULIN DE LA TOUCHE, Retz, 1067
CH. MOULIN DE LAUNAY, vide, 306
MOULIN DE MERIENNE, ● Pineau des Charentes, 1054 ● Charentais, 1070
DOM. DU MOULIN DE PERIES, Oc, 1080
CH. MOULIN DE PONCET, Bordeaux sec, 201
CH. MOULIN DE RAYMOND, Bordeaux, 192
CH. MOULIN DES COMBES, Bordeaux Supérieur, 214
MOULIN DES COSTES, Bandol, 752
MOULIN DES DAMES, Bergerac sec, 806
DOM. MOULIN DES DAMES, Bergerac, 802

CH. MOULIN DES GRAVES, ● Côtes de Bourg, 231 ● Saint-Emilion, 260
CH. MOULIN DE TRICOT, Margaux, 367
CH. MOULIN DU CADET, Saint-Emilion grand cru, 280
DOM. DE MOULINES, L'Hérault, **1083**
CH. MOULINET, Pomerol, 247
CH. MOULINET-LASSERRE, Pomerol, 248
DOM. DU MOULIN FAVRE, Brouilly, 149
CH. MOULIN HAUT-LAROQUE, Fronsac, 239
G. MOULINIER, Saint-Chinian, 718
CH. DU MOULIN NOIR, ● Lussac Saint-Emilion, **290** ● Montagne Saint-Emilion, 294
CH. MOULIN PEY-LABRIE, Canon-Fronsac, 235
CH. MOULIN RICHE, Saint-Julien, 384
CH. DU MOULIN ROUGE, Haut-Médoc, 357
CH. MOULIN SAINT-GEORGES, Saint-Emilion grand cru, 280
CH. DES MOULINS A VENT, Cérons, 392
CH. MOULIN-TACUSSEL, Châteauneuf-du-Pape, 1014
CH. DU MOULIN VIEUX, Côtes de Bourg, 231
CH. MOULIN-VILLET, Saint-Emilion grand cru, 280
DOM. DU MOURA, Côtes de Gascogne, 1074
CH. MOURGUES DU GRES, ● Costières de Nîmes, **701** ● Costières de Nîmes, 701
DOM. FABRICE MOUSSET, Châteauneuf-du-Pape, 1014
CH. DE MOUSSEYRON, Bordeaux sec, 201
MOUTARD, Champagner, 647
JEAN MOUTARDIER, Champagner, 648
SIMON MOUTIER, ● Côte de Beaune-Villages, 573 ● Rully, 579
GERARD MOUTON, Givry, 588
CH. MOUTON ROTHSCHILD, Pauillac, **375**
CH. MOUTTE BLANC, Bordeaux Supérieur, 214
VINS DE MOUZILLON, Muscadet de Sèvre-et-Maine, 839
Y. MOUZON-LECLERE, Champagner, 648
PH. MOUZON-LEROUX, Champagner, 648
D. MOYER, Montlouis, 922
DENIS MUGNERET ET FILS, ● Clos de Vougeot, 489 ● Vosne-Romanée, 493 ● Richebourg, 495
HENRI MUGNIER, ● Bourgogne Aligoté, 426 ● Crémant de Bourgogne, 443
JACQUES-FREDERIC MUGNIER, Chambolle-Musigny, 484
CHARLES MULLER ET FILS, ● Alsace Riesling, 86 ● Alsace Gewurztraminer, 95
DOM. MULLER KOEBERLE, Alsace Pinot noir, 107
CH. MURET, Haut-Médoc, 357
DOM. DE MUSOLEU, Vins de Corse, 765
DOM. DE MUSSET, Lalande de Pomerol, 253
CH. MUSSET-CHEVALIER, Saint-Emilion grand cru, 280
GILLES MUSSET ET SERGE ROULLIER, Anjou-Coteaux de la Loire, 863
DOM. JEAN ET GENO MUSSO, ● Bourgogne Passetoutgrain, 417 ● Bourgogne Hautes-Côtes de Beaune, 439
LUCIEN MUZARD ET FILS, ● Pommard, 536 ● Santenay, 570
DOM. DE MUZY, La Meuse, 1095
CH. MYLORD, ● Bordeaux, 193 ● vide, 306
CH. MYON DE L'ENCLOS, Moulis-en-Médoc, 370
CH. DE MYRAT, Sauternes, 398
CH. DE NAGES, Costières de Nîmes, 701

INDEX DER WEINE

NAIGEON-CHAUVEAU, ● Côte de Nuits-Villages, 504 ● Savigny-lès-Beaune, 524 ● Beaune, 530 ● Monthélie, 543
CH. NAIRAC, Barsac, 393
DOM. DE NALYS, Châteauneuf-du-Pape, 1014
CH. NARDIQUE LA GRAVIERE, ● Bordeaux Supérieur, 215 ● vide, 306
NARTZ, Alsace Gewurztraminer, 95
DOM. HENRI NAUDIN-FERRAND, ● Bourgogne Passetoutgrain, 429 ● Bourgogne Hautes-Côtes de Nuits, 434 ● Bourgogne Hautes-Côtes de Beaune, 439 ● Côte de Nuits-Villages, 504
CH. NAUDONNET PLAISANCE, Entre-Deux-Mers Haut-Benauge, 307
NAU FRERES, Bourgueil, 906
DOM. JEAN-MARIE NAULIN, Chablis, 452
CH. DE NAVAILLES, Jurançon sec, 792
DOM. DE NAYS-LABASSERE, Jurançon sec, 792
NEBOUT, Saint-Pourçain AOVDQS, 944
NEMROD, Saumur, 879
CH. NENIN, Pomerol, 248
DOM. DE NERLEUX, ● Crémant de Loire, 827 ● Saumur, 880 ● Saumur-Champigny, 885
CLOS DE NEUILLY, Chinon, 915
DE NEUVILLE, Saumur, 880
CLOS NICROSI, ● Vins de Corse, 765 ● Muscat du Cap Corse, 1049
DOM. DE NIDOLERES, Côtes du Roussillon, 726
DOM. NIGRI, ● Béarn, 788 ● Jurançon sec, 793
CH. NINON, vide, 306
P.-M. NINOT, Rully, 579
NIROSSET, Kanton Waadt (Vaud), 1103
CH. DE NITRAY, Touraine, 896
CH. NOAILLAC, Médoc, 349
DOM. DU NOBLE, Loupiac, 389
CH. NODOZ, Côtes de Bourg, 231
NOE, Bienvenues-Bâtard-Montrachet, 558
DOM. MICHEL NOELLAT ET FILS, ● Chambolle-Musigny, 484 ● Echézeaux, 491 ● Vosne-Romanée, 493 ● Nuits-Saint-Georges, 501
DOM. DES NOELLES DE SEVRE, Muscadet de Sèvre-et-Maine, 840
DOM. DES NOELS, Anjou, 852
CHARLES NOLL, Alsace grand cru Mandelberg, 114
ALAIN NORMAND, ● Mâcon, 592 ● Mâcon-Villages, 596
CH. NOTRE-DAME DU QUATOURZE, Coteaux du Languedoc, 708
EXCELLENCE NOUET, Muscadet de Sèvre-et-Maine, 840
CH. NOURET, Médoc, 349
DOM. CLAUDE NOUVEAU, Bourgogne Hautes-Côtes de Beaune, 439
DOM. DU NOUVEAU MONDE, Coteaux du Languedoc, 708
NOUVELLE CONQUETE, Sainte-Foy-Bordeaux, 317
CH. DES NOYERS, ● Anjou-Villages, 857 ● Coteaux du Layon, 870
DOM. DU NOZAY, Sancerre, 961
CH. NOZIERES, Cahors, 775
DOM. ANDRE ET JEAN-RENE NUDANT, ● Ladoix, 507 ● Corton, 515 ● Corton-Charlemagne, 518
CAVE D' OBERNAI, Alsace Riesling, 86
OCHSENTORKEL, Kanton Sankt Gallen, 1119
DOM. OCTAVIE, Touraine, 896
ODOUL-COQUARD, Morey-Saint-Denis, 478
DOM. OGEREAU, ● Anjou, 853 ● Anjou-Villages, 857 ● Coteaux du Layon, 871
DOM. D' OGNOAS, Floc de Gascogne, 1057
CH. OLIVIER, Pessac-Léognan, 337 338
DOM. OLIVIER, ● Saint-Nicolas-de-Bourgueil, 910 ● Marches de Bretagne, 1068
OLIVIER PERE ET FILS, Santenay, 570
DOM. OLLIER TAILLEFER, Faugères, 712

ALAIN OMASSON, Bourgueil, 906
BERNARD OMASSON, Bourgueil, 906
OPALE, Kanton Wallis (Valais), 1109
OPUS N7, Muscadet de Sèvre-et-Maine, 840
CHARLES ORBAN, Champagner, 648
OR BLANC, Coteaux de l'Ardèche, 1093
ORENGA DE GAFFORY, Patrimonio, 769
DOM. ORENGA DE GAFFORY, Patrimonio, 769
DOM. D' ORFEUILLES, Vouvray, 929
CH. ORISSE DU CASSE, Saint-Emilion grand cru, 280
CLOS D' ORLEA, Vins de Corse, 766
DOM. DES ORMES, Petit Chablis, 447
L'ENCLOS D' ORMESSONT, Oc, 1080
DOM. DES ORMOUSSEAUX, Coteaux du Giennois AOVDQS, 942
CUVEE ORPALE, Champagner, 648
ORPHY, Maury, 1040
DOM. DES OUCHES, Gros-Plant AOVDQS, 844
OUDINOT, Champagner, 648
CH. D' OUPIA, Minervois, 716
DOM. DU P'TIT ROY, Sancerre, 962
DOM. DES P'TITS PERRIERS, Sancerre, 962
DOM. DIDIER PABIOT, Pouilly-Fumé, 952
DOM. PAGES HURE, ● Muscat de Rivesaltes, 1043 ● Catalan, 1084
JAMES PAGET, ● Touraine, 896 ● Touraine-Azay-le-Rideau, 901
DOM. PAILLANCHES, Crozes-Hermitage, 997
BRUNO PAILLARD, Champagner, 648
PIERRE PAILLARD, Champagner, 648
DOM. DE PAIMPARE, Jardin de la France, 1066
DOM. CHARLES PAIN, Chinon, 915
GEORGES PAIRE, Côte Roannaise, 945
DOM. DE PALESTOR, Châteauneuf-du-Pape, 1014
PALMER & CO, Champagner, 649
CH. PALMER, Margaux, 367
CH. PALOUMEY, Haut-Médoc, 357
DOM. DES PAMPRES D'OR, Beaujolais, 141
CH. PANCHILLE, Bordeaux rosé, 205
CH. DE PANISSEAU, Côtes de Bergerac, 808
PANNIER, Champagner, 649
REMY PANNIER, Jardin de la France, 1066
THIERRY PANTALEON, Saint-Nicolas-de-Bourgueil, 910
CH. PAPE CLEMENT, Pessac-Léognan, 338
CAVES DES PAPES, Côtes du Rhône, 978
CLOS DU PAPILLON, Savennières, 865
FRANÇOIS PAQUET, Saint-Véran, 604
CH. DU PARADIS, Saint-Emilion grand cru, 281
DOM. DE PARADIS, Coteaux d'Aix, 757
DOM. DU PARADIS, ● Touraine-Mesland, 903 ● Kanton Genf (Genève), 1114
DOM. PARAN JUSTICE, Saint-Emilion grand cru, 281
DOM. DU PARC, Gros-Plant AOVDQS, 844
DOM. PARCE, ● Côtes du Roussillon, 726 ● Muscat de Rivesaltes, 1043
CH. PARDAILLAN, Premières Côtes de Blaye, 226
CH. DE PARENCHERE, Bordeaux Supérieur, 215
PARENT, Beaune, 530
DOM. A. PARENT, ● Pommard, 536 ● Volnay, 540
DOM. J. PARENT, Monthélie, 543
DOM. PARIGOT PERE ET FILS, ● Bourgogne Hautes-Côtes de Beaune, 439 ● Beaune, 530 ● Pommard, 536 ● Volnay, 540
CHRISTOPHE PARIS, Beaujolais-Villages, 145
MARIE-LOUISE PARISOT, ● Puligny-Montrachet, 556 ● Chassagne-Montrachet, 562
CH. DE PARSAC, Montagne Saint-Emilion, 294

PASCAL, ● Chambolle-Musigny, 484 ● Côte de Nuits-Villages, 504 ● Côtes du Rhône-Villages, 986 ● Crozes-Hermitage, 997 ● Hermitage, 999 ● Vacqueyras, 1007 ● Châteauneuf-du-Pape, 1014
PASCAL-DELETTE, Champagner, 649
DOM. JEAN PASCAL ET FILS, Puligny-Montrachet, 556
CH. PASCAUD, ● Bordeaux sec, 201 ● Bordeaux Supérieur, 215
CH. PASCOT, Premières Côtes de Bordeaux, 312
DOM. PASQUET, Bordeaux, 193
CH. DE PASQUETTE, Saint-Emilion grand cru, 281
CH. DE PASSAVANT, ● Rosé de Loire, 825 ● Anjou, 853 ● Cabernet d'Anjou, 861
DANIEL PASSOT, Chénas, 152
DOM. PASSOT LES RAMPAUX, Régnié, 170
DOM. PASTRICCIOLA, Patrimonio, 769
CH. PATACHE D'AUX, Médoc, 349
CH. PATARABET, Saint-Emilion, 261
DOM. DU PATERNEL, Cassis, 748
GUY PATISSIER, Saint-Amour, 172
ERIC PATOUR, Champagner, 649
DENIS PATOUX, Champagner, 649
PATRIARCHE, ● Bourgogne, 418 ● Bourgogne Aligoté, 426 ● Bourgogne Hautes-Côtes de Nuits, 434 ● Chambertin-Clos de Bèze, 474 ● Charmes-Chambertin, 476 ● Beaune, 530 ● Pommard, 536
ALAIN ET CHRISTIANE PATRIARCHE, Bourgogne, 418
DOM. PASCAL PAUGET, Mâcon, 592
CAVE DES PAULANDS, Gevrey-Chambertin, 472
CAVES DES PAULANDS, ● Ladoix, 507 ● Aloxe-Corton, 509
ALAIN PAULAT, Coteaux du Giennois AOVDQS, 942
HUBERT PAULET, Champagner, 649
LES CLOS DE PAULILLES, ● Collioure, 733 ● Collioure, 733
JEAN-MARC PAVELOT, ● Pernand-Vergelesses, 512 ● Savigny-lès-Beaune, 524
CH. PAVIE, Saint-Emilion grand cru, 281
CH. PAVIE DECESSE, Saint-Emilion grand cru, 281
CH. PAVIE MACQUIN, Saint-Emilion grand cru, 281
CH. DU PAVILLON, Sainte-Croix-du-Mont, 391
DOM. DU PAVILLON, Côte Roannaise, 945
PAVILLON BLANC, Bordeaux sec, 201
PAVILLON DE BELLEVUE, Médoc, 349
CH. PAVILLON FIGEAC, Saint-Emilion grand cru, 281
PAVILLON ROUGE, Margaux, 367
CH. DU PAYRE, Premières Côtes de Bordeaux, 312
CAVE DE PAZIOLS, Rivesaltes, 1037
DOM. DU PECH, Buzet, 782
DOM. TANO PECHARD, Régnié, 170
CH. PECH-CELEYRAN, Coteaux du Languedoc, 708
CH. DE PECH REDON, Coteaux du Languedoc, 708
CH. PECONNET, Premières Côtes de Bordeaux, 312
DOM. DE PECOULA, Monbazillac, 812
PEHU-SIMONET, Champagner, 649
DOM. DES PEIRECEDES, Côtes de Provence, 744
CH. PELAN BELLEVUE, Bordeaux Côtes de Francs, 305
CLOS DE PELIGON, Bordeaux, 193
DOM. PELISSON, Côtes du Ventoux, 1025
DOM. HENRY PELLE, ● Menetou-Salon, 948 ● Sancerre, 961
DOM. HENRI PELLETIER, Givry, 588
CH. PENEAU, Premières Côtes de Bordeaux, 313
CH. PENIN, ● Bordeaux Clairet, 196 ● Bordeaux Supérieur, 215
DOM. DU PENLOIS, Beaujolais-Villages, 146

CH. DE PENNAUTIER, Cabardès AOVDQS, 720
DOM. COMTE PERALDI, Ajaccio, 767
DOMINIQUE PERCEREAU, Touraine-Amboise, 900
DOM. DE PERDRYCOURT, Chablis, 452
DOM. DES PERELLES,
● Beaujolais-Villages, 146 ● Pouilly Vinzelles, 602
CH. PEREY-GROULEY, Saint-Emilion, 261
DOM. DU PERIER, Médoc, 349
PERLE DES MERS, vide, 306
PERNA BATUT, Muscat Saint-Jean de Minervois, 1047
JEAN PERNET, Champagner, 650
CH. DE PERONNE, Mâcon-Villages, 596
DOM. RENE PERRATON, Pouilly Vinzelles, 602
JACQUES ET MARIE-THERESE PERRAUD, Beaujolais-Villages, 146
JEAN-FRANÇOIS PERRAUD, Juliénas, 161
LAURENT PERRAUD, Muscadet de Sèvre-et-Maine, 840
CH. PERRAY JOUANNET,
● Anjou-Villages, 857 ● Bonnezeaux, 874
DOM. DE PERREAU, Montravel, 814
ANDRE PERRET, ● Condrieu, 992 ● Saint-Joseph, 995
DOM. MARCEL PERRET,
● Mâcon-Villages, 596
● Pouilly-Fuissé, 599
DOM. DES PERRETS, Touraine, 897
DOM. PERRIER, Beaujolais-Villages, 146
GILBERT PERRIER, Vin de Savoie, 681
JOSEPH PERRIER, Champagner, 650
DE PERRIERE, Crémant de Bourgogne, 443
JEAN PERRIER ET FILS, Vin de Savoie, 681
PERRIER-JOUET, Champagner, 650
DOM. DANIEL PERRIN, Vin de Savoie, 681
DOM. ROGER PERRIN, Châteauneuf-du-Pape, 1014
CH. PERRON, Lalande de Pomerol, 253
DOM. HENRI PERROT-MINOT,
● Charmes-Chambertin, 476
● Morey-Saint-Denis, 478
● Chambolle-Musigny, 484
CH. PERRY, Coteaux du Languedoc, 708
DOM. GERARD PERSENOT,
● Bourgogne, 418 ● Bourgogne Aligoté, 426 ● Sauvignon de Saint-Bris AOVDQS, 463
PERSEVAL-FARGE, Champagner, 650
PERTOIS-MORISET, Champagner, 650
CH. PESQUIE, Côtes du Ventoux, 1025
CH. PESSAN, Graves, 326
PIERRE PETERS, Champagner, 650
ANDRE PETIT, Pineau des Charentes, 1054
DESIRE PETIT, Crémant du Jura, 675
DOM. DU PETIT BEAUVAIS, Coteaux du Layon, 871
CH. PETIT BOCQ, Saint-Estèphe, 380
DOM. DU PETIT BONDIEU, Bourgueil, 906
CH. PETIT BOUQUEY, Saint-Emilion, 261
DOM. DU PETIT CLOCHER, ● Rosé de Loire, 825 ● Crémant de Loire, 827 ● Anjou-Villages, 857 ● Jardin de la France, 1066
CH. PETIT CLOS DU ROY, Montagne Saint-Emilion, 298
CH. PETIT CLOS FIGEAC, Saint-Emilion grand cru, 281
CLOS PETITE BELLANE, Côtes du Rhône-Villages, 986
CH. PETITE BORIE, Bergerac rosé, 804
DOM. DES PETITES-COSSARDIERES, Gros-Plant AOVDQS, 844
DESIRE PETIT ET FILS, Arbois, 667
CH. PETIT-FAURIE-DE-SOUTARD, Saint-Emilion grand cru, 282
CH. PETIT-FIGEAC, Saint-Emilion grand cru, 282
CH. PETIT FREYLON, Bordeaux, 193

DOM. DE PETIT FROMENTIN, Coteaux du Lyonnais, 174
DOM. DU PETIT GLEIZE, Beaujolais, 141
DOM. DU PETIT MALROME, Côtes de Duras, 819
DOM. DU PETIT MARSALET, Monbazillac, 812
DOM. DU PETIT METRIS, Coteaux du Layon, 871
CH. PETIT MOULIN, Bordeaux sec, 202
DOM. DU PETIT PARIS, Monbazillac, 812
DOM. DU PETIT-PEROU, Morgon, 165
DOM. DU PETIT PRESSOIR, Côte de Brouilly, 151
PETIT PRETAN, Givry, 588
DOM. DU PETIT PUITS, Chiroubles, 155
CH. PETIT ROC, Sainte-Foy-Bordeaux, 317
CH. PETIT SONNAILLER, Coteaux d'Aix, 757
DOM. DES PETITS QUARTS, Bonnezeaux, 874
DOM. DU PETIT VAL, ● Cabernet d'Anjou, 861 ● Bonnezeaux, 874
CH. PETIT VILLAGE, Pomerol, 248
PETRUS, Pomerol, **248**
PEYBOUQUET, Bergerac rosé, 804
CH. PEYNAUD, Bordeaux Supérieur, 215
DOM. DU PEY-NEUF, ● Bandol, 752 ● Mont-Caume, 1087
CH. PEYRABON, Haut-Médoc, 357
CRU PEYRAGUEY, Sauternes, 398
CH. PEYRAT, Graves, 326
CH. DU PEYRAT, Premières Côtes de Bordeaux, 313
CH. PEYREBON, vide, 306
CH. PEYREDON LAGRAVETTE, Listrac-Médoc, 362
CH. PEYRE-LEBADE, Haut-Médoc, 358
DOM. DE PEYRELONGUE, Saint-Emilion grand cru, 282
DOM. PEYRE ROSE, Coteaux du Languedoc, **709**
DOM. DU PEYRIE, Cahors, 775
LE COUVENT DE CHATEAU PEYROS, Madiran, 795
CH. PEYROT-MARGES, ● Loupiac, 389 ● Sainte-Croix-du-Mont, 391
CH. PEYROU, Côtes de Castillon, 303
CH. PEYRUCHET, Cadillac, 387
LES VIGNERONS DE PEZILLA,
● Côtes du Roussillon, 727 ● Rivesaltes, 1038 ● Muscat de Rivesaltes, 1043
LES VIGNERONS DE PFAFFENHEIM ET GUEBERSCHWIHR, ● Alsace Tokay-Pinot gris, 102 ● Alsace grand cru Steinert, 121
CH. PHELAN SEGUR, Saint-Estèphe, 380
DENIS PHILIBERT,
● Gevrey-Chambertin, 472
● Morey-Saint-Denis, 478
● Vosne-Romanée, 494
● Nuits-Saint-Georges, 501
● Montagny, 590
DOM. DENIS PHILIBERT, Bourgogne Hautes-Côtes de Nuits, 434
CH. PHILIPPE-LE-HARDI,
● Bourgogne Hautes-Côtes de Beaune, 439 ● Aloxe-Corton, 510
● Saint-Aubin, 565 ● Mercurey, 584
PHILIPPONNAT, Champagner, **650**
PHILIPPOZ FRERES, Kanton Wallis (Valais), **1109**
CH. PIADA, Barsac, 393
DOM. DE PIAUGIER, Côtes du Rhône-Villages, 986
PASCAL PIBALEAU, Touraine-Azay-le-Rideau, 901
CH. DE PIBARNON, Bandol, 752
CH. PIBRAN, Pauillac, 375
CH. DE PIC, ● Bordeaux sec, 202
● Premières Côtes de Bordeaux, 313
PICAMELOT, Crémant de Bourgogne, 443
PICARD PERE ET FILS,
● Gevrey-Chambertin, 472 ● Beaune, 530 ● Volnay, 540
● Chassagne-Montrachet, 562
DOM. PICCININI, Minervois, 716
BERNARD PICHET, Chiroubles, 155

CH. PICHON BELLEVUE, Graves de Vayres, 315
CH. PICHON-LONGUEVILLE BARON, Pauillac, **376**
CH. PICHON LONGUEVILLE COMTESSE DE LALANDE, Pauillac, 376
DOM. GILBERT PICOLET, Chénas, 153
LES GRAVES DE CH. PICON, Bordeaux Supérieur, 215
PICOT BELLEVUE, Bordeaux, 193
GILBERT PICQ ET SES FILS, Chablis premier cru, 457
CH. PICQUE CAILLOU, Pessac-Léognan, 338
CH. PIEGUE, Anjou, 853
DOM. PIERETTI, Vins de Corse, 766
CH. PIERRAIL, Bordeaux sec, 202
CH. PIERRE-BISE, Coteaux du Layon, 871
DOM. DE PIERRE BLANCHE, Anjou-Gamay, 855
DOM. DE PIERREFAIT, Brouilly, 149
DOM. DES PIERRES, Saint-Amour, 172
DOM. DES PIERRES PLANTEES, Oc, 1080
DOM. DE PIERRON, Madiran, 796
PIERSON-CUVELIER, Champagner, 651
DE PIETRI, Vins de Corse, 766
DOM. PIETRI-GERAUD, Muscat de Rivesaltes, 1043
LES VIGNERONS DE PIEVE, Ile de Beauté, 1086
CH. PIGNATEL, Bandol, 753
PIGNIER PERE ET FILS, Côtes du Jura, 673
CH. PIGOUDET, Coteaux d'Aix, 757
DOM. MAX PIGUET, Auxey-Duresses, 546
MADAME PIERRE PIGUET, Auxey-Duresses, 546
MAX PIGUET, ● Pommard, 537
● Volnay, 540
DOM. DES PILLETS, Morgon, 165
FERNAND ET LAURENT PILLOT, Chassagne-Montrachet, 562
JEAN-MICHEL ET LAURENT PILLOT, ● Bourgogne Côte Chalonnaise, **576** ● Mercurey, 584
NIERO PINCHON, Condrieu, 992
CRU DU PIN-COPIES, Sainte-Croix-du-Mont, 391
CH. PINET LA HOUSSAIE, Premières Côtes de Blaye, 226
CH. PINEY, Saint-Emilion grand cru, 282
CH. DU PIN-FRANC, Premières Côtes de Bordeaux, 313
DOM. DES PINS, Kanton Genf (Genève), 1114
CH. PINSAN, Graves, 326
DOM. PINSON, ● Chablis premier cru, 457 ● Chablis grand cru, 462
GEORGES ET THIERRY PINTE, Savigny-lès-Beaune, 524
CH. PIPEAU, Saint-Emilion grand cru, 282
PIPER-HEIDSIECK, Champagner, 651
DOM. PIQUEMAL, ● Côtes du Roussillon, 727 ● Côtes du Roussillon-Villages, 731 ● Rivesaltes, 1038 ● Muscat de Rivesaltes, 1043 ● Côtes catalanes, 1084
CH. PIQUE-PERLOU, Minervois, 716
CH. PIQUE-SEGUE, Côtes de Montravel, 814
JACKY PIRET, Côte de Brouilly, 151
CH. PIRON, Graves, 326
DOMINIQUE PIRON, Beaujolais, 141
AUGUSTE PIROU, ● Arbois, 667
● Côtes du Jura, 673
DOM. DE PISSE-LOUP, ● Petit Chablis, 447 ● Chablis, 452
CH. DE PITRAY, Côtes de Castillon, 303
JEAN-CHARLES PIVOT, Beaujolais-Villages, 146
CH. DE PIZAY, Morgon, 165
VIN DE VOILE DE ROBERT PLAGEOLES, Gaillac, 780
PLAIMONT TRADITION, Côtes de Saint-Mont AOVDQS, 799
CH. PLAIN-POINT, Fronsac, 239

INDEX DER WEINE

CH. PLAISANCE, ● Bordeaux Supérieur, 215 ● Saint-Emilion grand cru, 282 ● Côtes du Frontonnais, 784
CH. PLANERES, Côtes du Roussillon, 727
DOM. DES PLANES, Côtes de Provence, 744
PLAN-JOYEUX, Kanton Waadt (Vaud), 1103
DOM. DES PLANTADES, Oc, 1080
CH. PLANTAT, Graves, 326
DOM. DES PLANTES, Saint-Véran, 604
CH. DE PLASSAN, Premières Côtes de Bordeaux, 313
JACQUES PLASSE, Côte Roannaise, 945
CH. PLESSIS-BREZOT, Muscadet de Sèvre-et-Maine, 840
ROLAND PLOU ET SES FILS, Touraine-Amboise, 900
PIERRE PLOUZEAU, ● Touraine, 897 ● Chinon, 915
DOM. DU POETE, Saint-Véran, 604
DOM. DU POINT DU JOUR, Morgon, 165
HENRI POIRON ET FILS, Gros-Plant AOVDQS, 844
POISSINET-ASCAS, Champagner, 651
DOM. DE POLIGNAC, Floc de Gascogne, 1057
POL ROGER, Champagner, 651
DOM. POMAR, Bergerac sec, 806
POMARIN, Côtes de Provence, 744
CH. POMIROL LE PIN, ● Bordeaux, 193 ● Bordeaux rosé, 205
POMMERY, Champagner, 651
DENIS POMMIER, ● Petit Chablis, 447 ● Chablis premier cru, 457
CH. POMYS, Saint-Estèphe, 380
CH. PONCET, Bordeaux sec, 202
DOM. DES PONCETYS, Saint-Véran, 604
CH. PONCHARAC, Bordeaux Supérieur, 216
CAVE DE PONCHON, Régnié, 170
DOM. DE PONCIE, Fleurie, 158
DOM. PIERRE PONNELLE, ● Mazoyères-Chambertin, 477 ● Musigny, 486
VINCENT PONT, ● Savigny-lès-Beaune, 524 ● Volnay, 540 ● Auxey-Duresses, 546
CH. PONTAC MONPLAISIR, Pessac-Léognan, 338
CH. PONT DE BRION, Graves, 326
DOM. PONT DE GUESTRES, Lalande de Pomerol, 253
CH. PONT DE PIERRE, Lussac Saint-Emilion, 290
DOM. DU PONT DE RIEU, Vacqueyras, 1007
CH. PONTET BAGATELLE, Coteaux d'Aix, 757
CH. PONTET-CANET, Pauillac, 376
CH. PONTET-FUMET, Saint-Emilion grand cru, 282
DOM. PONTEY, Médoc, 349
DOM. PONTIFICAL, Châteauneuf-du-Pape, 1015
CH. PONTOISE-CABARRUS, Haut-Médoc, 358
CH. DU PORT, Cahors, 776
CH. DE PORTETS, Graves, 326
VIRGILE PORTIER, Champagner, 651
DOM. POTINET-AMPEAU, Monthélie, 543
CH. POUCHAUD-LARQUEY, Bordeaux, 193
CHARLES POUGEOISE, Champagner, 651
CH. POUGET, Margaux, 367
ROGER POUILLON ET FILS, Champagner, 652
ROBERT POUILLOUX, Pineau des Charentes, 1054
CH. POUJEAUX, Moulis-en-Médoc, 370
DOM. DU POUJOL, L'Hérault, 1083
ALAIN POULET, Clairette de Die, 1020
POULET PERE ET FILS, ● Auxey-Duresses, 546 ● Mercurey, 584
DOM. POULLEAU PERE ET FILS, ● Aloxe-Corton, 510 ● Chorey-lès-Beaune, 525 ● Volnay, 540
DOM. MICHEL POULLEAU PERE ET FILS, Côte de Beaune, 531

CAVE MICHELE ET CLAUDE POULLET, Petit Chablis, 447
DOM. DU POULLET, Chiroubles, 155
CH. POULVERE, ● Bergerac, 802 ● Monbazillac, 812
POUPAT ET FILS, Coteaux du Giennois AOVDQS, 942
CH. DE POURTEAU, Lussac Saint-Emilion, 290
DOM. DES POURTHIE, Oc, 1080
CH. POUYANNE, Graves, 326
DOM. DU POYET, Muscadet de Sèvre-et-Maine, 840
DOM. DU POYET, Côtes du Forez AOVDQS, 941
CH. PRADAL, Rivesaltes, 1038
CH. PRADEAUX, Bandol, 753
DOM. DU PRADEL, Coteaux de l'Ardèche, 1093
IMPERIAL PRADEL, Côtes de Provence, 744
DOM. PRADELLE, Crozes-Hermitage, 997
JEAN-PIERRE ET MARC PRADIER, Côtes d'Auvergne AOVDQS, 939
DOM. DE PRAPIN, Coteaux du Lyonnais, 174
CH. DE PRE BARON, Touraine, 897
CH. DE PREMEAUX, ● Bourgogne, 418 ● Bourgogne Hautes-Côtes de Nuits, 434 ● Nuits-Saint-Georges, 501
DOM. DE PRE-NESME, Chiroubles, 155
PRESIDENT, Champagner, 652
PRESSOIR DUCAL, Bourgogne, 418
DOM. DU PRESSOIR-FLANIERE, Bourgueil, 907
PRESTIGE DE GASCOGNE, Madiran, 796
PRESTIGE DES SACRES, Champagner, 652
PREVOST, Bordeaux Clairet, 196
DOM. JACKY PREYS ET FILS, Valençay AOVDQS, 935
DOM. DES PRIES, Jardin de la France, 1066
PIERRE PRIEUR, Chinon, 916
DOM. PRIEUR-BRUNET, ● Beaune, 530 ● Volnay, 541 ● Meursault, 553 ● Chassagne-Montrachet, 562 ● Santenay, 570
CAVES DU PRIEURE, Sancerre, 961
DOM. DU PRIEURE, ● Savigny-lès-Beaune, 524 ● Rosé de Loire, 825 ● Anjou, 853
CH. PRIEURE BORDE-ROUGE, Corbières, 697
DOM. DU PRIEURE D'AMILHAC, Côtes de Thongue, 1083
CAVES DU PRIEURE DE CORMONDRECHE, Kanton Neuenburg (Neuchâtel), 1116
PRIEURE DE MONTEZARGUES, Tavel, 1020
PRIEURE DE SAINT-JEAN DE BEBIAN, Coteaux du Languedoc, 709
CH. PRIEURE-LESCOURS, Saint-Emilion grand cru, 282
CH. PRIEURE LES TOURS, Graves, 327
PRIEURE ROYAL SAINT-LAURENT, Jardin de la France, 1066
PRIEURE SAINT-ANDRE, Saint-Chinian, 718
CH. PRIEURE SAINTE-ANNE, Premières Côtes de Bordeaux, 313
PAUL PRIEUR ET FILS, ● Sancerre, 961 ● Sancerre, 961
CH. PRIEURS DE LA COMMANDERIE, Pomerol, 248
CHRISTIAN PRIGNOT, Champagner, 652
DOM. PRIN, Cahors, 516
PRINCE DES VIGNES, Kanton Waadt (Vaud), 1103
CH. PRINCESSE LIEVEN, Morgon, 165
CH. DU PRIORAT, Bergerac rosé, 804
DOM. DU PRIORAT, Dordogne, 1071
FRANÇOIS ET J.-FRANÇOIS PRIOU, Touraine, 897
GROUPEMENT DE PRODUCTEURS DE PRISSE, Saint-Véran, 604
GROUPEMENT DES PRODUCTEURS DE PRISSE, ● Mâcon, 592 ● Mâcon-Villages, 596
BERNARD PROTOT, Côte de Nuits-Villages, 504

HENRI PRUDHON ET FILS, Saint-Aubin, 565
DOM. JEAN-PIERRE ET LAURENT PRUNIER, ● Monthélie, 543 ● Auxey-Duresses, 546
DOM. VINCENT PRUNIER, ● Auxey-Duresses, 546 ● Saint-Aubin, 565
MICHEL PRUNIER, Volnay, 541 ● Auxey-Duresses, 546 ● Auxey-Duresses, 546
PASCAL PRUNIER, ● Beaune, 530 ● Monthélie, 543 ● Auxey-Duresses, 547
PRUNIER-DAMY, ● Monthélie, 543 ● Auxey-Duresses, 547
CH. PUECH-HAUT, Coteaux du Languedoc, 709
DOM. DU PUITS FLEURI, Bourgogne, 418
PUJOL, Rivesaltes, 1038
DOM. PUJOL, Minervois, 716
DOM. DU CHATEAU DE PULIGNY-MONTRACHET, Bourgogne, 418
CH. DE PUTILLE, ● Crémant de Loire, 828 ● Anjou, 853 ● Anjou-Villages, 858
DOM. DE PUTILLE, ● Anjou-Gamay, 855 ● Anjou-Villages, 858 ● Anjou-Coteaux de la Loire, 863 864
DOM. DU PUY, Chinon, 916
CH. PUYANCHE, Bordeaux Côtes de Francs, 305
CH. PUY BARDENS, Premières Côtes de Bordeaux, 313
CH. PUYCARPIN, Bordeaux Supérieur, 216
DOM. PUY DE GRAVE, Pécharmant, 815
CH. PUYFAVEREAU, Bordeaux Supérieur, 216
CH. PUY LABORDE, Bordeaux Supérieur, 216
CH. PUY-LANDRY, Côtes de Castillon, 303
CH. PUY RIGAUD, Montagne Saint-Emilion, 294
DOM. DU PUY RIGAULT, Chinon, 916
CH. PUY-SERVAIN TERREMENT, Haut-Montravel, 814
DOM. DES QUARRES, Anjou-Villages, 858
CH. QUARTIRONI DE SARS, Saint-Chinian, 719
DOM. DES QUATRE ROUTES, Anjou, 853
CELLIER DES QUATRE TOURS, Coteaux d'Aix, 758
DOM. DES QUATRE VENTS, ● Touraine, 897 ● Cassis, 748
CH. QUATTRE, Cahors, 776
ANDRE ET MICHEL QUENARD, Vin de Savoie, 682
DOM. RAYMOND QUENARD, Vin de Savoie, 682
JEAN-PIERRE ET JEAN-FRANCOIS QUENARD, Vin de Savoie, 681
PASCAL ET ANNICK QUENARD, Vin de Savoie, 681
CLAUDE QUENARD ET FILS, Vin de Savoie, 682
CH. QUERCY, Saint-Emilion grand cru, 283
CH. QUEYRET-POUILLAC, vide, 306
CH. QUINCARNON, Graves, 327
CH. QUINSAC-BELLEVUE, Bordeaux Supérieur, 216
QUINTET, Bordeaux sec, 202
CH. DE QUINTIGNY, ● Côtes du Jura, 673 ● L'Etoile, 677
R. RABOLD ET FILS, Alsace Tokay-Pinot gris, 102
CH. DE RABOUCHET, Bordeaux Supérieur, 216
DENIS RACE, ● Chablis premier cru, 458 ● Chablis grand cru, 462
DOM. RAFFAITIN, Sancerre, 962
CH. RAFFET, Côtes de Castillon, 303
SERGE RAFFLIN, Champagner, 652
DOM. DU RAFOU, Gros-Plant AOVDQS, 844
DOM. RAGOT, Givry, 588
CH. RAHOUL, Graves, 327
DOM. DU RAIFAULT, Chinon, 916
J.G. RAIMBAULT, Vouvray, 929
VINCENT RAIMBAULT, Vouvray, 929

DOM. **RAIMBAULT-PINEAU ET FILS**, Pouilly-Fumé, 298
DIDIER **RAIMOND**, Champagner, 652
RAISSENNAZ, Kanton Waadt (Vaud), 1103
CH. **RAMAFORT**, Médoc, 349
CH. **RAMAGE LA BATISSE**, Haut-Médoc, 358
DANIEL **RAMPON**, Beaujolais-Villages, 146
JEAN-PAUL **RAMPON**, Régnié, 170
MICHEL **RAMPON ET FILS**, Morgon, 165
RANCY, Rivesaltes, 1038
CH. DE **RAOUSSET**, Chiroubles, 155
DOM. **RAPET PERE ET FILS**,
● Pernand-Vergelesses, 512 ● Corton, 516 ● Corton-Charlemagne, 518
JEAN **RAPHET ET FILS**,
● Chambertin-Clos de Bèze, 474
● Charmes-Chambertin, 476
MICHEL **RAQUILLET**, Mercurey, 584
RASIGUERES, Côtes du Roussillon-Villages, **731**
RASPAIL, Clairette de Die, 1021
CH. **RASPAIL**, Gigondas, 1003
JEAN-CLAUDE **RASPAIL**, Clairette de Die, 1021
DOM. **RASPAIL-AY**, Gigondas, 1004
CH. **RASQUE**, Côtes de Provence, 744
RASSELET PERE ET FILS, Champagner, 652
CAVE DE **RASTEAU**, Côtes du Rhône, 978
CAVE DES VIGNERONS DE **RASTEAU**, ● Côtes du Rhône-Villages, 987 ● Rasteau, 1048
LUCIEN **RATEAU**, Bourgogne Hautes-Côtes de Beaune, 439
CH. **RATOUIN**, Pomerol, 248
CH. DU **RAUX**, Haut-Médoc, 358
CH. **RAUZAN DESPAGNE**, ● Bordeaux, 193 ● vide, 307
CH. **RAUZAN-GASSIES**, Margaux, 367
R. **RAUZAN RESERVE**, Bordeaux, 193
CH. **RAUZAN-SEGLA**, Margaux, 368
PHILIPPE **RAVIER**, Vin de Savoie, 682
DOM. DES **RAVINETS**, Saint-Amour, 172
FRANÇOIS **RAY**, Saint-Pourçain AOVDQS, 944
GERARD **RAYMOND**, Kanton Wallis (Valais), 1109
DOM. **RAYMOND ROQUE**, Faugères, 712
CH. DE **RAYNE VIGNEAU**, Sauternes, 398
GEMME DE **RAYNE VIGNEAU**, Bordeaux sec, 202
DOM. DES **RAYNIERES**, ● Saumur, 880 ● Saumur-Champigny, 885
CH. **REAL D'OR**, Côtes de Provence, 744
CH. **REAL MARTIN**, Côtes de Provence, 745
CH. **REBOUQUET LA ROQUETTE**, Premières Côtes de Blaye, 226
REBOURGEON-MURE, Volnay, 541
DOM. **REBOURGEON-MURE**,
● Bourgogne, 418 ● Pommard, 537
DOM. DES **REBOURGERES**, Muscadet de Sèvre-et-Maine, 840
DOM. **HENRI REBOURSEAU**,
● Chambertin, 473 ● Clos de Vougeot, 489
DOM. **RECLU**, Saumur, 880
CH. **RECOUGNE**, Bordeaux Supérieur, 216
PASCAL **REDON**, Champagner, 652
CH. **REDORTIER**, ● Côtes du Rhône, 978 ● Gigondas, 1004
REGENCE-BALAVAUD, Kanton Wallis (Valais), 1110
CLOS **REGINU**, Vins de Corse, 766
BERNARD **REGNAUDOT**, Maranges, 572
JEAN-CLAUDE **REGNAUDOT**, Maranges, 572
DOM. DE **REGUSSE**, ● Coteaux de Pierrevert AOVDQS, 1030 ● Alpes de Haute-Provence, 1090
REINE PEDAUQUE, ● Fleurie, 158
● Gevrey-Chambertin, 472 ● Corton, 516 ● Corton-Charlemagne, 518
● Côtes du Rhône, 978
CH. **RELAIS DE LA POSTE**, Côtes de Bourg, 231

CLOS DES **RELIGIEUSES**, Puisseguin Saint-Emilion, 298
DOM. DES **REMIZIERES**,
● Crozes-Hermitage, 998 ● Hermitage, 999
DOM. HENRI ET GILLES **REMORIQUET**, Nuits-Saint-Georges, 502
DOM. H. ET G. **REMORIQUET**, Bourgogne Passetoutgrain, 429
HENRI ET GILLES **REMORIQUET**, Bourgogne Hautes-Côtes de Nuits, **434**
CAVE DES **REMPARTS**, Kanton Wallis (Valais), 1110
DOM. DES **REMPARTS**, Bourgogne Irancy, 430
DOM. LOUIS **REMY**,
● Latricières-Chambertin, 475 ● Clos de la Roche, 479
ROGER ET JOEL **REMY**,
● Savigny-lès-Beaune, 524
● Chorey-lès-Beaune, 525
CUVEE **RENAISSANCE**, Lussac Saint-Emilion, 290
DOM. **JACKY RENARD**, ● Bourgogne, 419 ● Bourgogne Aligoté, 427
CH. **RENARD MONDESIR**, Fronsac, 239
PASCAL **RENAUD**, Pouilly-Fuissé, 599
JACQUES **RENAUDAT**, Reuilly, 956
R. **RENAUDIN**, Champagner, 652
RENCONTRE, Champagner, 653
DOM. **RENE RENOU**, Bonnezeaux, 874
JEAN-MARIE **RENVOISE**, Coteaux du Loir, 918
CH. **REPIMPLET**, Côtes de Bourg, 231
RESERVE DES ADMINISTRATEURS, Kanton Wallis (Valais), 1110
RESERVE DES MONZUETTES, Kanton Wallis (Valais), 1110
RESERVE DES VIGNERONS, Rosé de Loire, 825
CH. DE **RESPIDE**, Graves, 327
CLOS **RESSEGUIER**, Cahors, 776
DOM. DU **REVAOU**, Côtes de Provence, 745
LE GRAND BLANC DE **REVELETTE**, Bouches-du-Rhône, 1089
LE GRAND ROUGE DE **REVELETTE**, Coteaux d'Aix, 758
XAVIER **REVERCHON**, Côtes du Jura, 673
CH. **REVERDI**, Listrac-Médoc, 362
DOM. **HIPPOLYTE REVERDY**, Sancerre, 962
PASCAL ET NICOLAS **REVERDY**, Sancerre, 962
DOM. **BERNARD REVERDY ET FILS**, Sancerre, 962
DOM. DU **REVEREND**, Corbières, 697
MICHEL **REY**, Pouilly-Fuissé, 599
CH. **REYNAUD**, Fronsac, 239
CH. **REYNON**, Premières Côtes de Bordeaux, 313
DOM. DE **RIAUX**, Pouilly-sur-Loire, 953
DOM. DE **RIBAS**, Côtes du Ventoux, 1025
CAVE VINICOLE DE **RIBEAUVILLE**, Alsace grand cru Mandelberg, 114
DOM. DE **RIBONNET**, Comté Tolosan, 1073
CH. DE **RICAUD**, ● Bordeaux rosé, 205 ● Loupiac, 389
DOM. DE **RICAUD**, Bordeaux sec, 202
CH. **RICHARD**, Saussignac, 816
DOM. PIERRE **RICHARD**, Crémant du Jura, 675
HERVE ET MARIE-THERESE **RICHARD**, ● Condrieu, 992
● Saint-Joseph, 995
JEAN-PIERRE **RICHARD**, Fiefs Vendéens AOVDQS, 846
PIERRE **RICHARD**, Côtes du Jura, 673
DOM. **RICHEAUME**, Côtes de Provence, 745
BERNARD ET CHRISTOPHE **RICHEL**, Vin de Savoie, 682
ROGER **RICHEZ**, Champagner, 653
DOM. **RICHOU**, ● Anjou, 853
● Anjou-Villages, 858 ● Coteaux de l'Aubance, 865
RIEFFEL, Alsace grand cru Zotzenberg, 125
ANDRE **RIEFFEL**, Alsace Pinot oder Klevner, 80
RIEFLE, Alsace grand cru Steinert, 121

PIERRE ET JEAN-PIERRE **RIETSCH**,
● Alsace Riesling, 86 ● Alsace Tokay-Pinot gris, 102
DOM. DU **RIEU FRAIS**, Coteaux des Baronnies, **1091**
CH. **RIEUSSEC**, Sauternes, 398
GRANDE RESERVE **RIEUTORT**, Saint-Chinian, 719
DOM. **RENE RIEUX**, Gaillac, 780
CLAUDE **RIFFAULT**, Sancerre, 962
RIFLESSI D'EPOCA, Kanton Tessin (Ticino), 1121
CH. **RIGAUD**, Puisseguin Saint-Emilion, 298
DOM. DES **RIGOLES DU PIN**, Muscadet de Sèvre-et-Maine, 840
DOM. **RIGOT**, Côtes du Rhône, 978
DOM. **RIGOUTAT**, Bourgogne, 419
RIMAURESQ, Côtes de Provence, 745
DOM. DE **RIO MAGNO**, Ile de Beauté, 1086
ARMELLE ET BERNARD **RION**,
● Clos de Vougeot, 489
● Nuits-Saint-Georges, 502
MICHELE ET PATRICE **RION**, Bourgogne, 419
CH. **RIPEAU**, Saint-Emilion grand cru, 283
CH. DE **RIQUEWIHR**, Alsace grand cru Schoenenbourg, 119
CH. **RIVALS**, Cabardès AOVDQS, 720
RIVES DU BISSE, Kanton Wallis (Valais), 1110
MARIE-CLAUDE **ROBELIN ET FILS**, Côtes du Jura, 673
ROBERT, Crémant de Limoux, 692
ALAIN **ROBERT**, Champagner, 653
ROBERT-ALLAIT, Champagner, 653
DOM. **ROBERT-DENOGENT**, Pouilly-Fuissé, **599**
CH. **ROBIN**, Côtes de Castillon, 303
DOM. **JEAN-LOUIS ROBIN**, Coteaux du Layon, 871
GUY **ROBIN**, Chablis grand cru, 462
MICHEL **ROBINEAU**, ● Coteaux du Layon, **872** ● Jardin de la France, 1067
DOM. **ROBINEAU CHRISLOU**, Cabernet d'Anjou, 861
DOM. **ROBIN ET FILS**, Crozes-Hermitage, 998
DOM. **ROBLET-MONNOT**,
● Pommard, 537 ● Volnay, 541
SIR DE **ROC'BRUN**, Saint-Chinian, 719
DOM. DU **ROC**, Cadillac, 387
CH. **ROC DE BOISSAC**, Puisseguin Saint-Emilion, 298
CH. **ROC DE BOISSEAUX**, Saint-Emilion grand cru, 283
CH. **ROC DE CALON**, Montagne Saint-Emilion, 295
CH. **ROC DE CAYLA**, Bordeaux sec, 202
ROC DU GOUVERNEUR, ● Rivesaltes, 1038 ● Muscat de Rivesaltes, 1043
DOM. DE **ROCFONTAINE**, Saumur-Champigny, 885
CLOS **ROCHE BLANCHE**, Touraine, 897
DOM. DE **ROCHEBRUNE**, Beaujolais-Villages, 146
DOM. DE **ROCHE COMBE**, Fleurie, 158
CH. DE **ROCHEFORT**, Sauternes, 398
DOM. **ROCHE-GUILLON**, Beaujolais-Villages, 146
DOM. DES **ROCHELLES**, Anjou-Villages, 858
DOM. DE **ROCHEMOND**, Côtes du Rhône, 979
CH. DE **ROCHEMORIN**, Pessac-Léognan, 338 339
DOM. DE **ROCHE NOIRE**, Chénas, 153
DOM. DE **ROCHEPERTUIS**, Cornas, 1000
CH. DU **ROCHER**, Saint-Emilion grand cru, 283
CLOS DU **ROCHER**, Kanton Waadt (Vaud), 1104
CH. **ROCHER BELLEVUE FIGEAC**, Saint-Emilion grand cru, 283
CH. **ROCHER-BONREGARD**, Pomerol, 248
CH. **ROCHER LIDEYRE**, Côtes de Castillon, 303
CH. DES **ROCHERS**, Lussac Saint-Emilion, 291

INDEX DER WEINE

DOM. DES **ROCHES**, Mâcon-Villages, 596
DOM. DE **ROCHE SAINT-JEAN**, Morgon, 165
ROCHES BLANCHES, Côtes du Ventoux, 1025
DOM. DES **ROCHES FORTES**, Côtes du Rhône, 979
CLOS DES **ROCHES GAUDINIERES**, Muscadet de Sèvre-et-Maine, 840
DOM. DES **ROCHES NEUVES**, Saumur-Champigny, 885
JOEL **ROCHETTE**, Régnié, 170
CH. DES **ROCHETTES**, ● Anjou, 853 ● Anjou-Villages, 858 ● Coteaux du Layon, **872** ● Coteaux du Layon, 872
DOM. DU **ROCHOUARD**, Bourgueil, 907
CH. **ROC LA LONGUERE**, Bordeaux, 194
CH. **ROC MEYNARD**, Bordeaux Supérieur, 216
CH. DES **ROCS**, Bordeaux sec, 202
A. **RODET**, Bourgogne, **419**
ANTONIN **RODET**, ● Nuits-Saint-Georges, 502 ● Corton, 516
CAVE PRIVEE D'ANTONIN **RODET**, ● Mazis-Chambertin, **476** ● Chassagne-Montrachet, 562
ERIC **RODEZ**, Champagner, 653
ANDRE **RODUIT ET FILS**, Kanton Wallis (Valais), 1110
LES FILS **ROGIVUE**, Kanton Waadt (Vaud), 1104
MICHEL **ROGUE**, Champagner, 653
MARC **ROH**, Kanton Wallis (Valais), 1110
CAVE DU **ROI DAGOBERT**, Crémant d'Alsace, 127
LA CAVE DU **ROI DAGOBERT**, Alsace grand cru Altenberg de Bergbieten, 108
CUVEE DU **ROI FAINEANT**, Côtes du Ventoux, **1025**
CH. **ROLAND LA GARDE**, Premières Côtes de Blaye, 226
HOIRIE RENE **ROLAZ**, Kanton Waadt (Vaud), 1104
CH. **ROL DE FOMBRAUGE**, Saint-Emilion grand cru, 283
ROLET PERE ET FILS, ● Côtes du Jura, 674 ● Crémant du Jura, 675 ● Macvin du Jura, 1059
CH. **ROLLAND**, Premières Côtes de Bordeaux, 313
CH. **ROLLAN DE BY**, Médoc, 349
CH. **ROLLAND-MAILLET**, Saint-Emilion grand cru, 283
ROLLIN PERE ET FILS, Pernand-Vergelesses, 513
ROLLY GASSMANN, ● Alsace Riesling, 86 ● Alsace Tokay-Pinot gris, 102
CH. **ROL VALENTIN**, Saint-Emilion grand cru, 284
DOM. **ROMANIN**, Les Baux-de-Provence, 759
DOM. DES **ROMARINS**, Côtes du Rhône-Villages, 987
CH. **ROMASSAN-DOMAINES OTT**, Bandol, 753
DOM. DE **ROMBEAU**, ● Côtes du Roussillon, 727 ● Muscat de Rivesaltes, 1044
CH. **ROMER DU HAYOT**, Sauternes, 398
CHRISTOPHE **ROMEUF**, Côtes d'Auvergne AOVDQS, 939
ERIC **ROMINGER**, Alsace grand cru Zinnkoepflé, 124
RONCAIA, Kanton Tessin (Ticino), 1121
DOM. DU **RONCEE**, Chinon, 916
DOM. DES **RONCIERES**, Chablis, 452
RONCO DI PERSICO, Kanton Tessin (Ticino), 1121
CH. DES **RONTETS**, Pouilly-Fuissé, 600
DOM. DES **RONZE**, Beaujolais-Villages, 146
ROPITEAU, Monthélie, 543 ● Meursault, 553 ● Puligny-Montrachet, 556
CH. DE **ROQUEBRUNE**, Lalande de Pomerol, 253
DOM. DE **ROQUEBRUNE**, Côtes du Rhône, 979
CH. **ROQUEFORT**, Bordeaux sec, 203

CH. DE **ROQUEMONT**, Saint-Emilion grand cru, 284
CH. **ROQUE-PEYRE**, Montravel, 814
CH. DE **ROQUES**, Puisseguin Saint-Emilion, 298
ROQUE SESTIERE, Corbières, 697
CH. **ROQUES-MAURIAC**, Bordeaux Supérieur, **216**
CHATEAU FORT DE **ROQUETAILLADE**, Graves, 327
CH. **ROQUETAILLADE LA GRANGE**, Graves, 327
CH. **ROSE D'ORION**, Montagne Saint-Emilion, 295
CLOS DES **ROSIERS**, Gros-Plant AOVDQS, 844
DOM. DE **ROSIERS**, Côte Rôtie, 990
DOM. DES **ROSIERS**, ● Chénas, 153 ● Premières Côtes de Blaye, 226
CH. DE **ROSNAY**, Fiefs Vendéens AOVDQS, 846
NICOLAS **ROSSIGNOL**, Morey-Saint-Denis, 478
REGIS **ROSSIGNOL-CHANGARNIER**, Beaune, 531
ROSSIGNOL-FEVRIER PERE ET FILS, Volnay, 541
CH. **ROSSIGNOL-JEANNIARD**, ● Bourgogne Aligoté, 427 ● Volnay, 541
DOM. **ROSSIGNOL-TRAPET**, ● Bourgogne, 419 ● Gevrey-Chambertin, 472
ALFRED **ROTHSCHILD ET CIE**, Champagner, 653
DOM. DE **ROTISSON**, Beaujolais, 141
CH. **ROUBAUD**, Costières de Nîmes, 701
ROUCAILLAT, Coteaux du Languedoc, 709
DOM. DE **ROUDENE**, Fitou, 713
CH. **ROUDIER**, Montagne Saint-Emilion, 295
DOM. DU **ROUDIER**, Montagne Saint-Emilion, 295
ROUDON MERE ET FILS, Beaujolais, 141
LES VIGNERONS DE **ROUEIRE**, Oc, 1081
CH. **ROUET**, Fronsac, 239
CH. DU **ROUET**, Côtes de Provence, 745
DOM. DE **ROUET**, Chinon, 916
HUBERT DE **ROUEYRE**, Saint-Chinian, 719
CH. DE **ROUGEON**, Bourgogne Aligoté, 427
DOM. **ROUGEOT**, Saint-Romain, 548
DOM. MARC **ROUGEOT**, Monthélie, 544
CH. **ROUGET**, Pomerol, 249
MICHEL ET ROLAND **ROUGEYRON**, Côtes d'Auvergne AOVDQS, 939
DOM. **ROUIRE-SEGUR**, Corbières, 697
CH. **ROULLET**, Canon-Fronsac, 235
CH. **ROUMAGNAC LA MARECHALE**, Fronsac, 239
DOM. DU **ROUMANI**, Collioure, **733**
CH. **ROUMANIERES**, Coteaux du Languedoc, 709
HERVE **ROUMIER**, Bonnes-Mares, 486
LAURENT **ROUMIER**, ● Chambolle-Musigny, 484 ● Clos de Vougeot, 489
CH. **ROUMIEU**, Sauternes, 399
CH. **ROUMIEU-LACOSTE**, Barsac, 393
CH. **ROUQUETTE-SUR-MER**, Coteaux du Languedoc, 709
DOM. DU **ROURE DE PAULIN**, Pouilly-Fuissé, 600
WILFRID **ROUSSE**, Chinon, 916
ROUSSEAU FRERES, Touraine, 897
DOM. A. **ROUSSEAU PERE ET FILS**, Chambertin, 473
DOM. ARMAND **ROUSSEAU PERE ET FILS**, Clos de la Roche, 480
ROUSSEAUX-BATTEUX, Champagner, 653
CH. DE **ROUSSELET**, Côtes de Bourg, 231
CLAUDE **ROUSSELOT-PAILLEY**, ● Côtes du Jura, 674 ● Crémant du Jura, 676 ● Macvin du Jura, 1059
CH. **ROUSSET**, Côtes de Bourg, 231
DOM. ET CHATEAUX DU **ROUSSILLON**, ● Banyuls, 1034 ● Banyuls grand cru, **1034**

DOM. **ROUSTIT**, Sainte-Croix-du-Mont, 391
CH. **ROUTAS**, Coteaux Varois, 762
ROUVINEZ, Kanton Wallis (Valais), 1110
DOM. DU **ROUVRE**, Côtes du Roussillon-Villages, 731
CH. DE **ROUX**, Côtes de Provence, 745
CLAUDE ET BERNARD **ROUX**, Beaujolais-Villages, 146
ROUX PERE ET FILS, Nuits-Saint-Georges, 502
DOM. **ROUX PERE ET FILS**, ● Vougeot, 487 ● Chassagne-Montrachet, **562** ● Saint-Aubin, 565
DOM. DE **ROUZAN**, Vin de Savoie, 682
ROVERE, Kanton Tessin (Ticino), 1121
JEAN-FRANÇOIS **ROY**, Touraine, 897
DOM. **ROYER-MORETTI**, Chambolle-Musigny, 485
ROYER PERE ET FILS, Champagner, 654
DOM. DES **ROYES**, Saint-Joseph, 995
CH. **ROYLLAND**, Saint-Emilion grand cru, 284
LES VIGNERONS DU **ROY RENE**, ● Coteaux d'Aix, 758 ● Bouches-du-Rhône, 1089
DOM. **ROZES**, ● Côtes du Roussillon, 727 ● Muscat de Rivesaltes, 1044 ● Côtes catalanes, 1084
CH. **ROZIER**, Saint-Emilion grand cru, 284
DOM. DU **RUAULT**, Saumur-Champigny, 886
RUELLE-PERTOIS, Champagner, 654
DOM. DE **RUERE-LENOIR**, Mâcon Supérieur, 593
DOM. **RUET**, Brouilly, 149
RUFFIN ET FILS, Champagner, 654
RUHLMANN, ● Alsace Gewurztraminer, 95 ● Alsace Tokay-Pinot gris, 102
G. **RUHLMANN**, Crémant d'Alsace, 127
RUHLMANN-DIRRINGER, ● Alsace Riesling, 86 ● Alsace Pinot noir, 107
RUINART, Champagner, 654
DOM **RUINART**, Champagner, 654
CH. DE **RULLY**, Rully, 579
DOM. DE **RULLY SAINT-MICHEL**, Rully, 579
DOM. **RUNNER**, ● Alsace Pinot oder Klevner, 80 ● Alsace Riesling, 87
CH. DE **RUTH**, Côtes du Rhône, 979
MICHEL **RYSER ET FILS**, Kanton Waadt (Vaud), 1104
DOM. DES **SABINES**, Lalande de Pomerol, 254
DOM. DU **SABLE**, Saint-Emilion, 261
CH. **SABLIERE FONGRAVE**, Bordeaux Supérieur, 217
DOM. DES **SABLONNETTES**, Coteaux du Layon, **872**
DOM. DES **SABLONS**, Montlouis, 922
DOM. **ROGER SABON**, Châteauneuf-du-Pape, 1015
DOM. DU **SACRE-CŒUR**, Saint-Chinian, 719
LOUIS DE **SACY**, Champagner, 654
SADI MALOT, Champagner, 654 655
GUY **SAGET**, ● Pouilly-Fumé, 952 ● Pouilly-sur-Loire, 953
RENE **SAHONET**, Rivesaltes, 1038
DOM. PATRICK **SAILLANT**, Muscadet de Sèvre-et-Maine, 841
CAVE DE **SAIN-BEL**, Coteaux du Lyonnais, 174
CH. **SAINT-AGREVES**, Graves, 327
CLOS **SAINT-ANDRE**, ● Pomerol, 249 ● Châteauneuf-du-Pape, 1015
CH. **SAINT-ANDRE CORBIN**, Saint-Georges Saint-Emilion, 299
DOM. **SAINT ANDRE DE FIGUIERE**, Côtes de Provence, 745
DOM. **SAINT ANDRIEU**, Coteaux du Languedoc, 709
CH. **SAINT-ANGEL**, Cabardès AOVDQS, 720
CH. **SAINT-ANTOINE**, Bordeaux, 194
DOM. **SAINT-ARNOUL**, ● Anjou-Villages, 858 ● Cabernet d'Anjou, 862
DOM. **SAINT-AUBIN DU PLA**, Fitou, 713
SAINT-AUSPICE, Côtes du Ventoux, 1025
SAINT AVIT, Orléanais AOVDQS, 946

DOM. **SAINT-BENOIT**, Châteauneuf-du-Pape, 1015
CLOS DE **SAINT-BONNET**, Kanton Waadt (Vaud), 1104
CHAMPAGNE **SAINT-CHAMANT**, Champagner, 655
CH. **SAINT-CHRISTOPHE**, Médoc, 349
DOM. **SAINT-CLAUDE**, Côtes du Rhône, 979
CH. **SAINT-CLERC**, Premières Côtes de Blaye, 226
CH. DE **SAINT COSME**, Gigondas, 1004
DOM. **SAINT-DENIS**, Mâcon, 592
CAVE DE **SAINT-DESIRAT**, Saint-Joseph, 995
CH. **SAINTE-ANNE**, ● Côtes de Provence, 746 ● Bandol, 753
CLOS **SAINT ANNE**, ● Pomerol, 249 ● Premières Côtes de Bordeaux, 313 ● Cadillac, 387
DOM. **SAINTE ANNE**, ● Côtes du Rhône-Villages, 987 ● Gigondas, 1004
DOM. DE **SAINTE-ANNE**, ● Anjou-Villages, 858 ● Cabernet d'Anjou, 862 ● Jardin de la France, 1067
DOM. DE **SAINTE BARBE**, Côtes du Roussillon, 727
LARMES DE **SAINTE CATHERINE**, Cadillac, 387
DOM. **SAINTE CLAIRE**, ● Bourgogne Aligoté, 427 ● Chablis, 452
DOM. **SAINTE-COLOMBE ET LES RAMEAUX**, Costières de Nîmes, 701
CH. DE **SAINTE-GEMME**, Haut-Médoc, 358
DOM. **SAINTE HELENE**, ● Côtes du Roussillon, 727 ● Muscat de Rivesaltes, 1044
"M" DE CH. **SAINTE-MARGUERITE**, ● Côtes de Provence, 746 ● Côtes de Provence, 746
CH. **SAINTE MARIE**, ● Bordeaux rosé, 205 ● Bordeaux Supérieur, 217 ● vide, 307
CAVE DE **SAINTE-MARIE-LA-BLANCHE**, Volnay, 541
DOM. DE **SAINT-ENNEMOND**, Brouilly, 149
CLOS **SAINTE ODILE**, ● Alsace Riesling, 87 ● Alsace Tokay-Pinot gris, 103
DOM. **SAINTE-ROSELINE**, Côtes de Provence, 746
CH. **SAINT-ESTEPHE**, Saint-Estèphe, 380
CH. **SAINT-ESTEVE**, Coteaux Varois, 762
CH. **SAINT-ESTEVE D'UCHAUX**, ● Côtes du Rhône, 979 ● Côtes du Rhône-Villages, 987
CH. **SAINT ESTEVE DE NERI**, Côtes du Luberon, 1029
CELLIER DES **SAINT-ETIENNE**, Côte de Brouilly, 151
DOM. **SAINT ETIENNE**, ● Côtes du Rhône, 979 ● Côtes du Rhône-Villages, 987
DOM. DE **SAINT FERREOL**, Coteaux Varois, 762
CLOS **SAINT-FIACRE**, Orléanais AOVDQS, 946
CH. **SAINT-FLORIN**, vide, 307
DOM. **SAINT GAYAN**, ● Côtes du Rhône-Villages, 987 ● Gigondas, 1004
CH. **SAINT-GEORGES**, Saint-Georges Saint-Emilion, 299
SAINT-GUERIN, Kanton Wallis (Valais), 1111
DOM. DE **SAINT-GUILHEM**, Côtes du Frontonnais, 784
CHAPELLE **SAINT-HEYRIES**, Côtes du Ventoux, 1025
DOM. **SAINT-HILAIRE**, Oc, 1081
LES VIGNERONS DE **SAINT-HILAIRE-D'OZILHAN**, ● Côtes du Rhône, 979 ● Côtes du Rhône-Villages, 987
LES VIGNERONS DE **SAINT-HIPPOLYTE**, Rivesaltes, 1038
CH. **SAINT-IGNAN**, Bordeaux Supérieur, 217
SAINT-JACQUES, Coteaux du Languedoc, 709

CH. **SAINT-JACQUES**, Bordeaux Supérieur, 217
DOM. **SAINT-JACQUES**, Rully, 580
CH. **SAINT-JACQUES CALON**, Montagne Saint-Emilion, 295
CAVE **SAINT-JEAN**, Médoc, 349
CH. **SAINT-JEAN**, Coteaux d'Aix, 758
DOM. **SAINT-JEAN**, ● Saumur, 880 ● Saumur-Champigny, 886 ● Côtes de Provence, 746
CH. **SAINT-JEAN D'AUMIERES**, Coteaux du Languedoc, 710
CH. **SAINT-JEAN DE CONQUES**, Saint-Chinian, 719
DOM. **SAINT-JEAN-DE-CONQUES**, Oc, 1081
SAINT-JEAN DE LA GINESTE, Corbières, 697
CH. **SAINT-JEAN DE LAVAUD**, Lalande de Pomerol, 254
DOM. **SAINT-JEAN-LE-VIEUX**, Coteaux Varois, 762
DOM. **SAINT-JEMMS**, ● Saint-Joseph, 995 ● Crozes-Hermitage, 998
CH. **SAINT-JEROME**, Graves, 327
DOM. DE **SAINT JULIEN LES VIGNES**, Bouches-du-Rhône, 1089
DOM. DE **SAINT-JUST**, Saumur-Champigny, 886
CLOS **SAINT-LANDELIN**, Alsace grand cru Vorbourg, 122
MAS **SAINT-LAURENT**, Coteaux du Languedoc, 710
CH. **SAINT-LO**, Saint-Emilion grand cru, 284
CH. **SAINT-LOUIS**, Côtes du Frontonnais, 785
DOM. DE **SAINT-LOUIS**, Comté Tolosan, 1073
DOM. **SAINT LUC**, Coteaux du Tricastin, 1022
CH. **SAINT-MAMBERT**, Pauillac, 376
SAINT-MARC, Côtes du Ventoux, 1026
DOM. **SAINT-MARC**, Santenay, 570
SAINT MARCELLIN, Minervois, 716
SAINT-MARTIN, Pacherenc du Vic-Bilh, 798
CH. **SAINT MARTIN**, Côtes du Roussillon, 727
CH. **SAINT-MARTIN**, Côtes de Provence, 746
CH. **SAINT-MARTIN DE LA GARRIGUE**, Coteaux du Languedoc, 710
DOM. **SAINT-MARTIN DE LA GARRIGUE**, Oc, 1081
CH. **SAINT-MAURICE**, Côtes du Rhône, 980
DOM. DE **SAINT MEEN**, Coteaux d'Ancenis AOVDQS, 847
CLOS **SAINT-MICHEL**, Châteauneuf-du-Pape, 1015
CUVEE **SAINT-MICHEL**, Collioure, 733
DOM. **SAINT NICOLAS**, Fiefs Vendéens AOVDQS, 846
DOM. **SAINT-PAUL COLLINE**, Coteaux du Languedoc, 710
CH. DE **SAINT-PEY**, Saint-Emilion grand cru, 284
DOM. **SAINT-PHILIBERT**, Pouilly Loché, 601
CAVE **SAINT-PHILIPPE**, Kanton Wallis (Valais), 1111
CH. DE **SAINT-PHILIPPE**, Côtes de Castillon, 304
CH. **SAINT-PIERRE**, ● Pomerol, 249 ● Saint-Emilion grand cru, 284 ● Saint-Julien, 384 ● Côtes de Provence, 746
DOM. **SAINT-PIERRE**, Jardin de la France, 1067
DOM. DE **SAINT-PIERRE**, Sancerre, 963
DOM. DE **SAINT-PONS**, Côtes du Ventoux, 1026
UNION DES VIGNERONS DE **SAINT-POURÇAIN**, Saint-Pourçain AOVDQS, 944
DOM. **SAINT-PRIX**, ● Bourgogne, 419 ● Bourgogne Irancy, 430
DOM. DE **SAINT-QUINIS**, Côtes de Provence, 747
CH. **SAINT-ROBERT**, Graves, 328
CH. **SAINT-ROCH**, Lirac, 1019

DOM. DE **SAINT-ROMBLE**, Sancerre, 963
LES CELLIERS **SAINT-ROMBLE**, Sancerre, 963
CH. **SAINT-SAUVEUR**, Côtes du Ventoux, 1026
SAINT-SEBASTE, Kanton Neuenburg (Neuchâtel), 1116
DOM. DE **SAINT-SER**, Côtes de Provence, 747
CLOS **SAINT-THEOBALD**, ● Alsace grand cru Rangen de Thann, 117 ● Alsace grand cru Rangen de Thann, 117
CAVE **SAINT-VERNY**, Côtes d'Auvergne AOVDQS, 939
CAVE DE **SAINT-VICTOR-LA-COSTE**, Côtes du Rhône, 980
CH. **SAINT-VINCENT**, ● Bordeaux Supérieur, 217 ● Fronsac, 239
CLOS **SAINT-VINCENT**, Bellet, 749
DOM. **SAINT VINCENT**, Saumur-Champigny, 886
ANDEOL **SALAVERT**, Côtes du Rhône-Villages, 988
CAVES **SALAVERT**, Saint-Joseph, 995
SALEGGI, Kanton Tessin (Ticino), 1122
CH. DE **SALES**, Pomerol, 249
DOM. DES **SALETTES**, Gaillac, 781
DOM. DES **SALETTES**, Bandol, 753
DOM. DE **SALINE**, Ile de Beauté, 1086
CH. **SALITIS**, Cabardès AOVDQS, 721
ALAIN ET PHILIPPE **SALLE**, Touraine, 898
CH. DE **SALLES**, Floc de Gascogne, 1057
DOM. DE **SALMES**, Gaillac, 781
CH. **SALMONIERE**, Muscadet de Sèvre-et-Maine, 841
DENIS **SALOMON**, Champagner, 655
SALON, Champagner, 655
DOM. **SALVAT**, Côtes du Roussillon, 728
SALZMANN, Alsace Pinot oder Klevner, 80
CH. **SAMONAC**, Côtes de Bourg, 231
DOM. **SANAC**, Rivesaltes, 1038
SAN-CERI, Bandol, 753
SAN DE GUILHEM, ● Floc de Gascogne, 1057 ● Côtes de Gascogne, 1075
DOM. **SAN MICHELE**, Vins de Corse, 766
CASTEL **SAN PIETRO**, Kanton Tessin (Ticino), 1122
DOM. **SAN QUILICO**, ● Patrimonio, 769 ● Muscat du Cap Corse, 1049
COMTE DE **SANSAC**, Bordeaux sec, 203
SANS CULOTTE, Kanton Wallis (Valais), 1111
DOM. **SANTA DUC**, Gigondas, 1004
SANTAMARIA, Muscat du Cap Corse, 1049
DOM. **SANTA MARIA**, Patrimonio, 769
BERNARD **SANTE**, Juliénas, 161
DOM. DES **SANZAY**, ● Cabernet de Saumur, 881 ● Saumur-Champigny, 886
CH. **SARANSOT-DUPRE**, Listrac-Médoc, 362
J.-JACQUES **SARD**, Touraine, 898
DOM. **SARDA-MALET**, ● Côtes du Roussillon, 728 ● Rivesaltes, 1039 ● Muscat de Rivesaltes, 1044
MICHEL **SARRAZIN ET FILS**, ● Bourgogne Aligoté, 427 ● Givry, 588
SASSI GROSSI, Kanton Tessin (Ticino), 1122
CH. DE **SAU**, Côtes du Roussillon, 728
CLOS DES **SAULAIES**, Anjou, 853
DOM. DES **SAULAIES**, Coteaux du Layon, 872
SAULNIER, Alsace Tokay-Pinot gris, 103
DOM. DES **SAUMADES**, Châteauneuf-du-Pape, 1015
JACQUES ET NATHALIE **SAUMAIZE**, Mâcon, 592
DOM. **SAUMAIZE-MICHELIN**, ● Mâcon, 592 ● Pouilly-Fuissé, 600 ● Saint-Véran, 605

INDEX DER WEINE

CAVE DES VIGNERONS DE SAUMUR, ● Crémant de Loire, 828 ● Saumur, 880 ● Saumur-Champigny, 886
RESERVE DES VIGNERONS DE SAUMUR, Saumur, 880
CH. SAUVAGNERES, Buzet, 783
DOM. GUY DE SAUVANES, Faugères, 712
SAUVAT, Côtes d'Auvergne AOVDQS, 940
SAUVEROY, ● Anjou, 854 ● Anjou-Villages, 858 ● Coteaux du Layon, 873
ROGER SAUVESTRE, ● Savigny-lès-Beaune, 524 ● Mercurey, 585
CH. SAUVETAT, Bordeaux Supérieur, 217
DOM. SAUVETE, Touraine, 898
YVES ET YVONNICK SAUVETRE, Jardin de la France, 1067
DOM. DES SAVARINES, Cahors, 776
FRANCINE ET OLIVIER SAVARY, ● Petit Chablis, 447 ● Chablis, 453 ● Chablis premier cru, 458
DOM. SAVARY DE BEAUREGARD, Coteaux de Bessilles, 1082
CAMILLE SAVES, Champagner, 655
SAVEURS OUBLIEES, Côtes du Roussillon-Villages, 731
CHRISTOPHE SAVOYE, Chiroubles, 155
DOM. RENE SAVOYE, Chiroubles, 156
PIERRE SAVOYE, Morgon, 165
RENE SAVOYE, Chiroubles, 155
SCHAEFFER-WOERLY, ● Alsace Riesling, 87 ● Alsace grand cru Frankstein, 111
E. SCHAEFLE, Alsace Riesling, 87
SCHEIDECKER, ● Alsace Pinot oder Klevner, 80 ● Alsace grand cru Froehn, 111 ● Alsace grand cru Sporen, 121
MICHEL SCHERB, Crémant d'Alsace, 127
SCHERER, Alsace Gewurztraminer, 95
PIERRE SCHILLE, Crémant d'Alsace, 128
COOPERATIVE SCHINZNACH, Kanton Aargau, 1118
SCHIRMER, Alsace Tokay-Pinot gris, 103
DOM. DES SCHISTES, ● Côtes du Roussillon-Villages, 731 ● Muscat de Rivesaltes, 1044
DOM. SCHLUMBERGER, ● Alsace Sylvaner, 78 ● Alsace Pinot oder Klevner, 80
JAKOB SCHMID, Kanton Sankt Gallen, 1119
PAUL SCHNEIDER, ● Alsace Gewurztraminer, 95 ● Alsace grand cru Eichberg, 109
ANDRE SCHNEIDER ET FILS, ● Alsace Gewurztraminer, 96 ● Crémant d'Alsace, 128
ALBERT SCHOECH, ● Alsace Gewurztraminer, 96 ● Alsace grand cru Wineck-Schlossberg, 123
MICHEL SCHOEPFER, Alsace Gewurztraminer, 96
PETER SCHOTT-TRANCHANT, Kanton Bern, 1117
MAURICE SCHUELLER, Crémant d'Alsace, 128
PAUL SCHWACH, Alsace Riesling, 87
FRANÇOIS SCHWACH ET FILS, ● Alsace Gewurztraminer, 96 ● Alsace grand cru Schoenenbourg, 119
SCHWARTZ, Crémant d'Alsace, 128
EMILE SCHWARTZ ET FILS, ● Alsace Tokay-Pinot gris, 103 ● Alsace Pinot noir, 107
SECHET, ● Anjou, 854 ● Cabernet d'Anjou, 862
FRANÇOIS SECONDE, Champagner, 655
SEGLA, Margaux, 368
CUVEE DE SEGONDET, Cher, 1068
CH. DE SEGRIES, Lirac, 1019
CH. DE SEGUIN, Bordeaux Supérieur, 217
REMI SEGUIN, ● Morey-Saint-Denis, 479 ● Vosne-Romanée, 494
CH. SEGUR DE CABANAC, Saint-Estèphe, 380

SEIGNEUR DE FONTIMPLE, Vacqueyras, 1007
SEIGNEUR DE QUERIBUS, Corbières, 697
SEIGNEUR DES ORMES, Crémant de Bordeaux, 219
SEIGNEURS DU PERIGORD, Bergerac, 802
CH. DE SEIZE, Bordeaux, 194
SELIG, Alsace Tokay-Pinot gris, 103
JAQUES SELOSSE, Champagner, 655
ALBERT SELTZ, ● Alsace Pinot oder Klevner, 81 ● Alsace Riesling, 87
CH. SEMEILLAN MAZEAU, Listrac-Médoc, 362
DOM. DU SEMINAIRE, Côtes du Rhône-Villages, 988
CH. SENAILHAC, Bordeaux, 194
DOM. COMTE SENARD, Corton, 516
CH. SENEJAC, Haut-Médoc, 358
CRISTIAN SENEZ, Champagner, 656
LES VIGNERONS DE SEPTIMANIE, Muscat Saint-Jean de Minervois, 1047
BLANC DES SEPT MONTS, L'Agenais, 1071
SERAFIN PERE ET FILS, Gevrey-Chambertin, 472
DOM. SERAFIN PERE ET FILS, Charmes-Chambertin, 476
CH. SERGANT, Lalande de Pomerol, 254
DOM. SERGENT, ● Madiran, 796 ● Pacherenc du Vic-Bilh, 798
DOM. DE SERMEZY, Beaujolais-Villages, 147
PATRICIA ET JEAN-MARIE SERMIER, Côtes du Jura, 674
ROBERT SEROL ET FILS, Côte Roannaise, 945
SERREAUX-DESSUS, Kanton Waadt (Vaud), 1104
DOM. SERVIN, ● Chablis, 453 ● Chablis premier cru, 458 ● Chablis grand cru, 462
CH. DU SEUIL, ● Graves, 328 ● Coteaux d'Aix, 758
SEXTANT, Corbières, 697
J. SIEGLER, Alsace Tokay-Pinot gris, 103
SIEUR D'ARQUES, Crémant de Limoux, 692
SIFFERT, ● Alsace Gewurztraminer, 96 ● Alsace grand cru Praelatenberg, 117
CH. SIFFLE MERLE, Premières Côtes de Blaye, 226
CH. SIGALAS RABAUD, Sauternes, 399
DOM. HERVE SIGAUT, Chambolle-Musigny, 485
FRANÇOIS DE SIGOLD, Crémant d'Alsace, 128
ROSE DE SIGOULES, Bergerac, 803
CH. SIMIAN, ● Côtes du Rhône, 980 ● Châteauneuf-du-Pape, 1015
CH. SIMON, Sauternes, 399
CH. SIMONE, Palette, 754
DOM. SIMONET, Oc, 1081
GUY SIMON ET FILS, Bourgogne Hautes-Côtes de Nuits, 434
JEANNE SIMON-HOLLERICH, Moselle AOVDQS, 131
SIMONNET-FEBVRE, ● Bourgogne, 419 ● Crémant de Bourgogne, 443 ● Chablis premier cru, 458
CH. SINGLEYRAC, ● Bergerac, 803 ● Côtes de Bergerac, 808
HUBERT SINSON, ● Touraine, 898 ● Valençay AOVDQS, 935
CH. SIPIAN, Médoc, 350
LOUIS SIPP, Alsace Riesling, 87
SIPP-MACK, ● Alsace grand cru Osterberg, 116 ● Alsace grand cru Rosacker, 118
CH. SIRAN, Margaux, 368
SIRIUS, Bordeaux, 194
DOM. ROBERT SIRUGUE, ● Bourgogne, 419 ● Chambolle-Musigny, 485 ● Vosne-Romanée, 494
DOM. ROBERT SIZE, Mercurey, 585
PATRICK SIZE, Mercurey, 585
ROBERT SIZE ET FILS, Bourgogne Aligoté, 427
LES HAUTS DE SMITH, Pessac-Léognan, 339
CH. SMITH HAUT LAFITTE, ● Pessac-Léognan, 339 ● Pessac-Léognan, 339

CH. SOCIANDO-MALLET, Haut-Médoc, 358
DOM. DU SOLEIL ROMAIN, Côtes du Rhône-Villages, 988
DOM. SORBE, Quincy, 954
BRUNO SORG, ● Alsace grand cru Pfersigberg, 116 ● Crémant d'Alsace, 128
JEAN-PIERRE SORIN, Bourgogne, 420
PHILIPPE SORIN, Bourgogne, 420
DOM. SORIN-DEFRANCE, ● Bourgogne, 420 ● Bourgogne Aligoté, 427 ● Sauvignon de Saint-Bris AOVDQS, 463
SORINE ET FILS, Santenay, 570
SORNIN, Charentais, 1070
DOM. SORTEILHO, Saint-Chinian, 719
DOM. DE SOUCH, Jurançon, 791
CH. SOUCHERIE, Coteaux du Layon, 873
DOM. DES SOUCHONS, Morgon, 165
CH. SOUDARS, Haut-Médoc, 358
ALBERT SOUNIT, ● Crémant de Bourgogne, 444 ● Rully, 580
VIGNOBLE SOUNIT, Rully, 580
CH. DES SOURCES, Costières de Nimes, 701
CH. DE SOURS, ● Bordeaux sec, 203 ● Bordeaux rosé, 205
DE SOUSA-BOULEY, ● Bourgogne, 420 ● Volnay, 541 ● Meursault, 553
DOM. DES SOUTERRAINS, Touraine, 898
PATRICK SOUTIRAN, Champagner, 656
DOM. DE SOUVIOU, ● Côtes de Provence, 747 ● Bandol, 753
PAUL SPANNAGEL, ● Alsace Riesling, 87 ● Alsace grand cru Wineck-Schlossberg, 123
VINCENT SPANNAGEL, Alsace grand cru Wineck-Schlossberg, 123
PIERRE SPARR, ● Alsace Riesling, 88 ● Alsace grand cru Mambourg, 114 ● Crémant d'Alsace, 128
DANIEL SPAY, Juliénas, 161
JEAN-PAUL ET DENIS SPECHT, Alsace Pinot oder Klevner, 81
PIERRE SPERRY FILS, Alsace Gewurztraminer, 96
DOM. JEAN-MARTIN SPIELMANN, ● Alsace grand cru Altenberg de Bergheim, 108 ● Alsace grand cru Kanzlerberg, 113
SPITZ ET FILS, ● Alsace Riesling, 88 ● Crémant d'Alsace, 128
BERNARD STAEHLE, Alsace Riesling, 88
STENTZ-BUECHER, Alsace grand cru Steingrübler, 122
CHARLES STOEFFLER, Alsace grand cru Kirchberg de Barr, 113 114
DOM. CHARLES STOEFFLER, Alsace Riesling, 88
ANTOINE STOFFEL, ● Alsace Pinot noir, 107 ● Crémant d'Alsace, 128
CH. DE STONY, Muscat de Frontignan, 1045
STRAUB, Alsace Tokay-Pinot gris, 103
FRANCIS SUARD, Chinon, 916
CH. SUDUIRAUT, Sauternes, 399
SUGOT-FENEUIL, Champagner, 656
DOM. DE SUREMAIN, Mercurey, 585
JEAN-PAUL SUSS, Champagner, 656
SYMPHONIE, Kanton Waadt (Vaud), 1104
HUBERT ET JEAN-PAUL TABIT, Bourgogne, 420
CH. DE TABUTEAU, Lussac Saint-Emilion, 291
CH. DU TAILLAN, Haut-Médoc, 359
CH. TAILLEFER, Pomerol, 249
DOM. TAILLEURGUET, Madiran, 796
TAILLEVENT, Champagner, 656
CAVE DE TAIN D'HERMITAGE, Collines rhodaniennes, 1091
CAVE DE TAIN L'HERMITAGE, ● Saint-Joseph, 995 ● Hermitage, 999 ● Saint-Péray, 1001
TAITTINGER, Champagner, 656
CH. TALBOT, Saint-Julien, 384
DOM. TALMARD, Mâcon-Villages, 596
JOEL TALUAU, Saint-Nicolas-de-Bourgueil, 910
DOM. DES TANNERIES, Châteaumeillant AOVDQS, 938

TANNEUX-MAHY, Champagner, 657
DOM. DE TARA, Côtes du Ventoux, 1026
TARDIEU-LAURENT, Cornas, 1001
GILBERT TARDY, Vin de Savoie, 682
LES VIGNERONS DE TARERACH, Côtes du Roussillon, 728
CH. DE TARGE, Saumur-Champigny, 886
CH. DU TARIQUET, Floc de Gascogne, 1057
TARLANT, Champagner, 657
JEAN ET PIERRE TARTOIS, ● Bourgogne, 420 ● Pommard, 537
CH. DE TASTE, Côtes de Bourg, 232
DOM. DU TASTET, Terroirs Landais, 1071
DOM. J. TATOUX, Brouilly, 150
DOM. BERNARD TATRAUX JUILLET, Givry, 588
DOM. DU TAUCH, Fitou, 713
PIERRE TAUPENOT, Auxey-Duresses, 547
DOM. TAUPENOT-MERME, ● Charmes-Chambertin, 476 ● Morey-Saint-Denis, 479 ● Chambolle-Musigny, 485
LES MAITRES VIGNERONS TAUTAVEL, Côtes du Roussillon-Villages, 731
CH. DE TAUZIES, Gaillac, 781
CH. TAUZINAT L'HERMITAGE, Saint-Emilion grand cru, 285
CH. TAYAT, Premières Côtes de Blaye, 227
CAVE DE TECOU, Gaillac, 781
JEAN TEILLER ET FILS, Menetou-Salon, 948
J. DE TELMONT, Champagner, 657
MARC TEMPE, ● Alsace grand cru Mambourg, 114 ● Alsace grand cru Schoenenbourg, 119
DOM. TEMPIER, Bandol, 753
CELLIER DES TEMPLIERS, ● Banyuls, 1034 ● Banyuls grand cru, **1035** ● Banyuls grand cru, 1035
CLOS DES TEMPLIERS, Lalande de Pomerol, 254
DOM. DU TERME, Gigondas, 1004
CLAUDE TERRAND, Bourgogne Hautes-Côtes de Beaune, 440
CH. TERRASSON, Bordeaux Côtes de Francs, 305
TERRASSOUS, Côtes du Roussillon, 728
TERRA VINEA, Corbières, **698**
CH. TERRE BLANCHE, Côtes de Castillon, 304
DOM. DE TERREBRUNE, ● Rosé d'Anjou, 859 ● Coteaux du Layon, 873
CH. TERREFORT, Loupiac, 389
CH. TERREFORT-BELLEGRAVE, Côtes de Bourg, **232**
CH. DE TERREFORT-QUANCARD, Bordeaux Supérieur, 217
DOM. DE TERRE MEGERE, ● Coteaux du Languedoc, 710 ● Oc, 1081
DOM. DE TERRES BLANCHES, Les Baux-de-Provence, 760
DOM. DES TERRES DESSUS, Beaujolais-Villages, 147
DOM. TERRES NOIRES, Oc, 1081
DOM. DES TERRES NOIRES, Touraine-Mesland, 903
TERRES ROUGES, Mâcon Supérieur, 593
CH. TERREY-GROS-CAILLOUX, Saint-Julien, 384
DOM. DES TERRIERS, Coteaux de l'Ardèche, 1093
DOM. DES TERRISSES, Gaillac, 781
DOM. DU TERROIR DE JOCELYN, ● Mâcon, 592 ● Mâcon-Villages, 596
CH. TERTRE CABARON, Bordeaux Supérieur, 217
CH. TERTRE DAUGAY, Saint-Emilion grand cru, 285
CH. TERTRE DE CASCARD, Bordeaux, 194
CH. PHILIPPE TESSIER, ● Cheverny, 932 ● Cour-Cheverny, 933
CH. DE TESTE, Premières Côtes de Bordeaux, 314
DANIEL TEVENOT, Cheverny, 932
CH. TEYNAC, Saint-Julien, 384

CH. TEYSSIER, ● Saint-Emilion grand cru, 285 ● Montagne Saint-Emilion, 295
DOM. DE THALABERT, Crozes-Hermitage, **998**
THALASSA, Charentais, 1070
CH. DE THENON, Saussignac, 816
JACKY THERREY, Champagner, 657
CH. THEULET, ● Bergerac rosé, 805 ● Côtes de Bergerac, 808 ● Monbazillac, 812
ANDRE THEVENEAU, ● Pouilly-Fumé, **952** ● Sancerre, 963
JEAN-CLAUDE THEVENET, Bourgogne, 420
LUCIEN THEVENET, Champagner, 657
MARTIAL THEVENOT, Bourgogne Côte Chalonnaise, 576
DOM. THEVENOT-LE BRUN ET FILS, Bourgogne Hautes-Côtes de Nuits, 434 435
DOM. THIBAULT, Pouilly-Fumé, 952
GUY THIBAUT, Champagner, 657
JEAN-BAPTISTE ET PIERRE THIBAUT, Bourgogne Aligoté, 427
CH. THIBEAUD-MAILLET, Pomerol, 249
PIERRE THIBERT, Chorey-lès-Beaune, 526
DOM. THIBERT PERE ET FILS, ● Mâcon-Villages, 597 ● Pouilly-Fuissé, **600** ● Pouilly Vinzelles, 602
JEAN-CLAUDE THIELLIN, Montlouis, 922
ALAIN THIENOT, Champagner, 657
CHRISTIAN THIERRY, Vouvray, 929
J.-L. ET F. THIERS, ● Cornas, 1001 ● Saint-Péray, 1001
CH. THIEULEY, Bordeaux sec, 203
CH. THIVIN, Côte de Brouilly, 151
CUVEE JEANNE THOMAS, Crémant de Bourgogne, 444
DOM. THOMAS, ● Touraine, 898 ● Sancerre, 963
GERARD THOMAS, Saint-Aubin, 565
YVES ET ERIC THOMAS, Vouvray, 929
ANDRE THOMAS ET FILS, ● Alsace Pinot noir et Klevner, 91 ● Alsace Gewurztraminer, 96
DOM. MICHEL THOMAS ET FILS, Sancerre, 963
DOM. THOMAS-MOILLARD, ● Bourgogne Hautes-Côtes de Nuits, 435 ● Clos de Vougeot, 489 ● Vosne-Romanée, 494 ● Nuits-Saint-Georges, 502 ● Corton, 516 ● Savigny-lès-Beaune, 524 ● Beaune, 531
THORIN, ● Pineau des Charentes, 1054 ● Pouilly-Fuissé, 600
CLOS THOU, Jurançon, 792
DOM. THOUET-BOSSEAU, Bourgueil, 907
CH. THUERRY, ● Côtes de Provence, 747 ● Coteaux Varois, 762
DOM. DE THUERRY, Var, 1089
DOM. DE THULON, Régnié, 170
CH. DU TICH, Sainte-Croix-du-Mont, 391
CH. TIMBERLAY, Bordeaux Supérieur, 218
F. TINEL-BLONDELET, Pouilly-Fumé, 952
CH. TIRECUL LA GRAVIERE, Monbazillac, **813**
ANDRE ET MIREILLE TISSOT, Arbois, 667
DOM. JACQUES TISSOT, Arbois, 667
JACQUES TISSOT, Macvin du Jura, 1059
PHILIPPE TISSOT, Arbois, 667
MICHEL TIXIER, Champagner, 657
CH. TOINET FOMBRAUGE, ● Saint-Emilion, 261 ● Saint-Emilion grand cru, 285
DOM. TOMATIS, Beaujolais-Villages, 147
CH. TONNERET, Saint-Emilion, 261
TOQUES ET CLOCHERS, ● Limoux, **693** ● Limoux, 693
DOM. DE TORRACCIA, Vins de Corse, 766
TORRE DEL FAR, Rivesaltes, **1039**

LES VIGNERONS DU TOULOIS, Côtes de Toul AOVDQS, 130
CH. TOUMALIN, Canon-Fronsac, 235
CH. TOURANS, Saint-Emilion grand cru, 285
CH. TOUR BALADOZ, Saint-Emilion grand cru, 285
CH. TOUR BLANCHE, Médoc, 350
DOM. TOUR D'ELYSSAS, Coteaux du Tricastin, 1022
CH. TOUR DE BIGORRE, Bordeaux, 194
CH. TOUR DE CALENS, Graves, 328
CH. TOUR DE CLUCHON, Graves, 328
CH. TOUR DE FARGES, Muscat de Lunel, 1046
CH. TOUR DE GOUPIN, Sainte-Foy-Bordeaux, 317
CH. TOUR DE GRANGEMONT, ● Bergerac, 803 ● Côtes de Bergerac, 809
CH. TOUR DE GRENET, Lussac Saint-Emilion, 291
CH. TOUR DE MARCHESSEAU, Lalande de Pomerol, 254
CH. TOUR DE MIRAMBEAU, ● Bordeaux, 194 ● Bordeaux sec, 203
CH. TOUR DE PEZ, Saint-Estèphe, 380
DOM. TOUR DES CHENES, Lirac, 1019
CH. TOUR DES COMBES, Saint-Emilion grand cru, 285
CH. TOUR DES GENDRES, Côtes de Bergerac, 809
CH. TOUR DES GRAVES, Côtes de Bourg, 232
CH. TOUR DES TERMES, Saint-Estèphe, 380
CH. TOUR DU HAUT-MOULIN, Haut-Médoc, 359
CH. TOUR-DU-ROC, Haut-Médoc, 359
CH. TOUR GRAND FAURIE, Saint-Emilion grand cru, 285
CH. TOUR HAUT-CAUSSAN, Médoc, 350
CH. TOUR HAUT VIGNOBLE, Saint-Estèphe, 380
CH. TOURMENTINE, ● Bergerac sec, 806 ● Côtes de Bergerac moelleux, 810 ● Saussignac, 817
DOM. DE TOURMILOT, Graves, 328
CH. TOUR MUSSET, Montagne Saint-Emilion, 295
CH. TOURNEFEUILLE, Lalande de Pomerol, 254
CH. TOUR RENAISSANCE, Saint-Emilion grand cru, 286
CH. TOUR ROBERT, Pomerol, 250
CH. TOUR SAINT FORT, Saint-Estèphe, 380
CH. TOUR SAINT-JOSEPH, Haut-Médoc, 359
CH. TOUR SAINT PAUL, Bordeaux Supérieur, 218
CH. TOUR SERVAN, Bordeaux, 194
CH. DU TOURTE, Graves, 328
CH. TOURTEAU CHOLLET, Graves, 328
DOM. DES TOURTERELLES, Montlouis, 922
CH. DES TOURTES, Premières Côtes de Blaye, 227
CH. TOUR VACHON, Saint-Emilion grand cru, 286
DOM. DE TOUT-VENT, Côtes du Rhône, 980
TRADITION DES COLOMBIERS, Médoc, 350
DOM. DU TRAGINER, ● Banyuls, 1034 ● Banyuls grand cru, 1035
DOM. TRAPET PERE ET FILS, Chambertin, 473
DOM. DES TREIZE VENTS, Retz, 1067
DOM. DU TREMBLAY, Quincy, 954
GERARD TREMBLAY, Petit Chablis, 447
DOM. TREMEAUX PERE ET FILS, Mercurey, 585
DOM. DE TREMONT, Chénas, 153
TRESMOULIS, Corbières, 698
JEAN TRESY ET FILS, Côtes du Jura, 674
TREVANO, Kanton Tessin (Ticino), 1122
CH. TRIANON, Saint-Emilion grand cru, 286
CH. TRIANS, Coteaux Varois, **762**

TRIBAUT-SCHLŒSSER, Champagner, 658
DOM. **LAURENT TRIBUT,** Chablis premier cru, 458
LAURENT TRIBUT, Chablis, 453
BERNARD ET MARIE-CLAIRE TRICHARD, Régnié, 170
DOM. **BENOIT TRICHARD,** Moulin-à-Vent, 167
JACQUES TRICHARD, Morgon, 166
TRICHET-DIDIER, Champagner, 658
DOM. **OLIVIER TRICON,** Chablis premier cru, 458
CH. **TRICOT,** Montagne Saint-Emilion, 296
DOM. DE **TRIENNES,** Var, 1089
CH. DU **TRIGNON,** ● Côtes du Rhône, 980 ● Côtes du Rhône-Villages, 988 ● Gigondas, 1004
CLOS **TRIGUEDINA,** ● Cahors, 776 ● Lot, 1075
CLOS **TRIMOULET,** Saint-Emilion grand cru, 286
CH. **TRISTAN,** Pomerol, 250
CH. DES **TROIS CHARDONS,** Margaux, 368
DOM. DES **TROIS ETOILES,** Kanton Genf (Genève), 1114
DOM. DES **TROIS FILLES,** Fitou, 713
DOM. DES **TROIS MONTS,** Coteaux du Layon, 873
DOM. DES **TROIS NOYERS,** Sancerre, 963
DOM. DES **TROIS PIERRES,** Costières de Nîmes, 701
DOM. DES **TROIS TERROIRS,** Régnié, 170
DOM. DES **TROIS VERSANTS,** Muscadet de Sèvre-et-Maine, 841
CH. **TRONQUOY-LALANDE,** Saint-Estèphe, 381
CH. **TROQUART,** Saint-Georges Saint-Emilion, 299
CH. **TROTANOY,** Pomerol, **250**
DOM. **TROTEREAU,** Quincy, 954
TROTTEHALDER, Kanton Thurgau, 1120
CH. **TROTTE VIEILLE,** Saint-Emilion grand cru, 286
DOM. DES **TROTTIERES,** ● Anjou, 854 ● Anjou-Villages, 858 ● Cabernet d'Anjou, 862
LES VINS DU **TROUBADOUR,** Vacqueyras, 1007
CELLIER TROUILLAS, ● Côtes du Roussillon, 728 ● Rivesaltes, 1039 ● Muscat de Rivesaltes, 1044
FREDERIC TROUILLET, Pouilly-Fuissé, 600
JEAN-PIERRE TRUCHETET, Nuits-Saint-Georges, 502
VIN DU TSAR, Thézac-Perricard, 1071
TUFFEAU MONT-VEILLON, Coteaux du Loir, 918
DOM. DES **TUILERIES,** Brouilly, 150
CH. **TURCAUD,** ● Bordeaux, 194 ● Bordeaux sec, 203 ● vide, 307
CAVE DE TURCKHEIM, Alsace Pinot oder Klevner, 81
CHRISTOPHE ET GUY TURPIN, Menetou-Salon, 948
LES VIGNERONS DE **TURSAN,** Tursan AOVDQS, 798
TUTIAC, Bordeaux sec, 203
EXCELLENCE DE TUTIAC, Premières Côtes de Blaye, 227
CH. **UNANG,** Côtes du Ventoux, 1026
U SANT'ANTONE, Vins de Corse, 766
DOM. **RAYMOND USSEGLIO,** Châteauneuf-du-Pape, 1015
DOM. **PIERRE USSEGLIO ET FILS,** Châteauneuf-du-Pape, **1016**
DOM. **VACHERON,** Sancerre, 963
ANDRE VAISSE, Fleurie, 158
CH. DE **VALANDRAUD,** Saint-Emilion grand cru, 286
VIRGINIE DE VALANDRAUD, Saint-Emilion grand cru, 286
DOM. DES **VALANGES,** Saint-Véran, **605**
DOM. DU **VAL BRUN,** Coteaux de Saumur, 882
CLOS **VAL BRUYERE,** Cassis, 748
CH. **VALCOMBE,** Côtes du Ventoux, 1026

CH. DE **VALCOMBE,** Costières de Nîmes, 701
CH. DE **VAL D'ARENC,** Bandol, 753
CH. DU **VAL D'OR,** Saint-Emilion grand cru, 286
DOM. DE **VALDITION,** Bouches-du-Rhône, 1089
CAVE DES VIGNERONS REUNIS DE **VALENCAY,** Valençay AOVDQS, 935
VALENTIN, Kanton Neuenburg (Neuchâtel), 1116
DOM. **VALETTE,** Pouilly-Fuissé, 600
CH. **VAL JOANIS,** Côtes du Luberon, 1029
DOM. DES **VALLETTES,** Saint-Nicolas-de-Bourgueil, 910
JEAN ET ERIC VALLIER, Vin de Savoie, 682
DOM. DE **VALLIERE,** Saint-Aubin, 565
JEAN-CLAUDE VALLOIS, Champagner, 658
LES VIGNERONS DU **VALLON,** Vins de Marcillac, 787
DOM. DE **VALLOUIT,** Saint-Joseph, 995
DOM. DE **VALORI,** Châteauneuf-du-Pape, 1016
CH. **VALROSE,** Saint-Estèphe, 381
VALSANGIACOMO, Kanton Tessin (Ticino), 1122
CH. **VANNIERES,** Bandol, 754
VAQUER, ● Rivesaltes, 1039 ● Muscat de Rivesaltes, 1044
CH. **VARI,** ● Bergerac, 803 ● Monbazillac, 813
DOM. DES **VARINELLES,** Saumur-Champigny, 886
DOM. DES **VAROILLES,** ● Gevrey-Chambertin, 473 ● Charmes-Chambertin, 476
VARONE, Kanton Wallis (Valais), 1111
A. **VATAN,** Cher, 1068
CUVEE DU **VATICAN,** Châteauneuf-du-Pape, 1016
VAUCHER PERE ET FILS, ● Bourgogne, 420 ● Nuits-Saint-Georges, 502
CH. DE **VAUCLAIRE,** Coteaux d'Aix, 758
CH. DE **VAUCOULEURS,** Côtes de Provence, 747
CH. DE **VAUDIEU,** Châteauneuf-du-Pape, 1016
CHRISTOPHE VAUDOISEY, Volnay, 541
VAUDOISEY-CREUSEFOND, ● Pommard, 537 ● Auxey-Duresses, 547
CH. DE **VAUGAUDRY,** Chinon, 917
DOM. DE **VAUGONDY,** Vouvray, 929
CH. DE **VAURE,** Bordeaux, 195
DOM. DE **VAUROUX,** ● Chablis, 453 ● Chablis premier cru, 458
CH. DE **VAUX,** Beaujolais-Villages, 147
DOM. DE **VAYSSETTE,** Gaillac, 781
VAZART-COQUART ET FILS, Champagner, 658
CAVE COOPERATIVE DU **VENDOMOIS,** Coteaux du Vendômois AOVDQS, 934
DE **VENOGE,** Champagner, 658
CH. **VENTENAC,** Cabardès AOVDQS, 721
ALAIN VERDET, Bourgogne Hautes-Côtes de Nuits, 435
DOM. **ALAIN VERDET,** Bourgogne Hautes-Côtes de Nuits, 435
ODILE VERDIER ET JACKY LOGEL, Côtes du Forez AOVDQS, 941
CH. **VERDIGNAN,** Haut-Médoc, 359
CH. DE **VERDUN,** Médoc, 350
CH. **VEREZ,** Côtes de Provence, 747
DOM. DU **VERGER,** Muscadet de Sèvre-et-Maine, 841
CH. DES **VERGERS,** Régnié, 171
DOM. DES **VERGERS,** Régnié, 171
J.-L. **VERGNON,** Champagner, 658
VERMEIL DU CRES, Coteaux du Languedoc, 710
GEORGES VERNAY, Condrieu, 992
CUVEE DES **VERNES,** Collines rhodaniennes, 1092
DOM. **VERNIERES FAU,** Saint-Chinian, 719
DOM. DE **VERONNET,** Vin de Savoie, 683

DOM. **VERRET,** ● Bourgogne Passetoutgrain, 429 ● Crémant de Bourgogne, 444
N. **VERRONNEAU ET FILS,** Touraine-Azay-le-Rideau, 901
CUVEE DE **VERTHEUIL,** Sainte-Croix-du-Mont, 391
CAVE DE **VERZE,** Crémant de Bourgogne, 444
ALAIN VESSELLE, Champagner, 658
GEORGES VESSELLE, ● Champagner, 659 ● Coteaux Champenois, 661
DOM. **VESSIGAUD PERE ET FILS,** Pouilly-Fuissé, 600
VEUVE A. DEVAUX, Champagner, 659
VEUVE AMBAL, Crémant de Bourgogne, 444
VEUVE AMIOT, Crémant de Loire, 828
VEUVE CLICQUOT-PONSARDIN, Champagner, 659
CHAMPAGNE **VEUVE FOURNY ET FILS,** Champagner, 659
VEUVE MASSING, Champagner, 659
CH. **VEYRAN,** Saint-Chinian, 719
CH. **VEYRINES,** Bergerac rosé, 805
MARCEL VEZIEN, Champagner, 659
PHILIPPE ET MARCEL VIAL, Côte Roannaise, 946
DOM. **VIALLET,** Vin de Savoie, 683
MAISON PHILIPPE VIALLET, Vin de Savoie, 683
VIAL MAGNERES, ● Collioure, 733 ● Banyuls, 1034
CH. DE **VIAUD,** Lalande de Pomerol, 254
LES DAMES DE **VIAUD,** Lalande de Pomerol, 254
DOM. DE **VIAUT,** Bordeaux Supérieur, 218
DOM. **VICO,** Vins de Corse, 767
VICOMTE DE MORLY, Bordeaux Supérieur, 218
J. **VIDAL-FLEURY,** ● Condrieu, 992 ● Saint-Joseph, 995 ● Crozes-Hermitage, 998 ● Muscat de Beaumes-de-Venise, 1046
CH. **VIDAL LA MARQUISE,** Minervois, 716
DOM. **VIDONNEL,** Beaujolais, 142
VIEIL ARMAND, Alsace grand cru Ollwiller, 115
CAVE DU **VIEIL ARMAND,** Crémant d'Alsace, 129
DOM. DES **VIEILLES PIERRES,** Pouilly-Fuissé, 600
CH. **VIEILLE TOUR,** ● Bordeaux, 195 ● Premières Côtes de Bordeaux, 314
CH. **VIEILLE TOUR LA ROSE,** Saint-Emilion grand cru, 287
CH. DE **VIELLA,** Madiran, 796
CHARLES VIENOT, ● Bourgogne Hautes-Côtes de Nuits, 435 ● Fixin, 467 ● Chambolle-Musigny, 485 ● Vosne-Romanée, 494 ● Volnay, 542
CH. **VIEUX BONNEAU,** Montagne Saint-Emilion, 296
DOM. DU **VIEUX BOUIGARD,** Côtes du Rhône, 980
DOM. DU **VIEUX BOURG,** Côtes de Duras, 785
LA MOULINE DU CH. **VIEUX BRANEYRE,** Haut-Médoc, 359
CH. **VIEUX CARREFOUR,** Bordeaux Supérieur, 218
CH. **VIEUX CASTEL-ROBIN,** Saint-Emilion, 261
VIEUX CHATEAU CALON, Montagne Saint-Emilion, 296
VIEUX CHATEAU CERTAN, Pomerol, 250
VIEUX CHATEAU CHAMBEAU, Lussac Saint-Emilion, 291
VIEUX CHATEAU CHAMPS DE MARS, Côtes de Castillon, 304
VIEUX CHATEAU DE NOAILLES, Côtes de Castillon, 304
VIEUX CHATEAU GAUBERT, Graves, 328 329
VIEUX CHATEAU HAUT BEARD, Saint-Emilion grand cru, 287
VIEUX CHATEAU LANDON, Médoc, 350
VIEUX CHATEAU PELLETAN, Saint-Emilion grand cru, 287

DOM. DU **VIEUX CHENE**, ● Côtes du Rhône, 980 ● Côtes du Rhône-Villages, 988 ● Muscat de Rivesaltes, **1044** ● Vaucluse, 1088
CH. **VIEUX CHEVROL**, Lalande de Pomerol, 254
VIEUX CLOS CHAMBRUN, Lalande de Pomerol, 255
DOM. DU **VIEUX COLOMBIER**, Côtes du Rhône, 980
CH. **VIEUX DUCHE**, Lalande de Pomerol, 255
CH. **VIEUX L'ESTAGE**, Bordeaux sec, 203
CH. **VIEUX LABARTHE**, Saint-Emilion, 261
CH. **VIEUX LARMANDE**, Saint-Emilion grand cru, 287
CLOS DES **VIEUX MARRONNIERS**, Beaujolais, 142
CAVE DU **VIEUX MOULIN**, Kanton Wallis (Valais), 1111
DOM. DU **VIEUX MOULIN**, Fitou, 713
CH. DU **VIEUX PARC**, Corbières, 698
DOM. DU **VIEUX POIRIER**, Touraine, 898
CH. **VIEUX POURRET**, Saint-Emilion grand cru, 287
CH. DU **VIEUX PRECHE**, Sancerre, 963
DOM. DU **VIEUX PRESSOIR**, ● Maranges, 572 ● Saumur, 880 ● Cabernet de Saumur, 881 ● Touraine, 898
CH. **VIEUX PREZAT**, Médoc, 350
DOM. DES **VIEUX PRUNIERS**, Sancerre, 964
DOM. DU **VIEUX RELAIS**, Costières de Nimes, 701
CH. **VIEUX ROBIN**, Médoc, 350
VIEUX SAPIN, Pécharmant, 815
DOM. DU **VIEUX TUFFEAU**, ● Saumur, 881 ● Cabernet de Saumur, 882
PAUL **VIGIE**, Pineau des Charentes, 1054
DOM. DE **VIGIER**, ● Côtes du Vivarais AOVDQS, 1029 ● Coteaux de l'Ardèche, 1093
CLOS DU **VIGNEAU**, Saint-Nicolas-de-Bourgueil, 910
DOM. **VIGNEAU-CHEVREAU**, Vouvray, 930
DOM. DU **VIGNEAUD**, Côtes de Bergerac moelleux, 810
LA SOURCE DE **VIGNELAURE**, Coteaux d'Aix, 758
CH. **VIGNE-LOURAC**, Gaillac, 781
DOM. DES **VIGNES DES DEMOISELLES**, ● Bourgogne Hautes-Côtes de Beaune, 440 ● Santenay, 570
DOM. DES **VIGNES DU TREMBLAY**, Moulin-à-Vent, 168
DOM. DES **VIGNES HAUTES**, Coteaux du Languedoc, 710
DOM. DES **VIGNES-SOUS-LES-OUCHES**, Mercurey, 585
CH. **VIGNOL**, ● Bordeaux, 195 ● Bordeaux Supérieur, 218
DOM. **FABRICE VIGOT**, ● Bourgogne grand ordinaire, 422 ● Echézéaux, 491 ● Vosne-Romanée, 494
DOM. **MADAME ROLAND VIGOT**, Vosne-Romanée, 494
JEAN-MARC VIGUIER, Vins d'Entraygues et du Fel AOVDQS, 786
DOM. DU **VIKING**, Vouvray, 930
VILLA BEL-AIR, Graves, 329
CLAUDE **VILLAIN**, Vouvray, 930
A. ET P. DE **VILLAINE**, ● Bourgogne Côte Chalonnaise, 576 ● Rully, 580 ● Mercurey, 585
HENRI DE **VILLAMONT**, ● Bourgogne Hautes-Côtes de Nuits, 435 ● Chablis premier cru, 458 ● Saint-Romain, 548

VILLA PASSANT, Rivesaltes, 1039
FRANÇOIS **VILLARD**, ● Condrieu, 992 ● Saint-Joseph, 996
VILLARD ET FILS, Kanton Genf (Genève), 1114
DOM. DE **VILLARGEAU**, Coteaux du Giennois AOVDQS, 943
CH. **VILLARS**, Fronsac, 239
CH. DE **VILLECLARE**, Côtes du Roussillon, 728
CH. **VILLEFRANCHE**, Sauternes, 399
CH. DE **VILLEGEORGE**, Haut-Médoc, 359
DOM. DE **VILLEMAJOU**, Corbières, 698
CH. **VILLEMAURINE**, Saint-Emilion grand cru, 287
CH. DE **VILLENEUVE**, ● Saumur, **881** ● Saumur-Champigny, **887**
DOM. DE **VILLENEUVE**, ● Coteaux du Languedoc, 710 ● Châteauneuf-du-Pape, 1016
CH. **VILLEPREUX**, Bordeaux Supérieur, 218
CH. **VILLERAMBERT JULIEN**, Minervois, 716
CH. DE **VILLERS-LA-FAYE**, Bourgogne Hautes-Côtes de Nuits, 435
CH. DU **VILLOTS**, Sancerre, 964
BERNADETTE ET GILLES **VINCENT**, Côte de Brouilly, 151
CH. **VINCENT**, Margaux, 368
DOM. **VINCENT**, Aloxe-Corton, 510
JACQUES **VINCENT**, Reuilly, 956
VINCENT-LAMOUREUX, ● Champagne, 660 ● Rosé des Riceys, 662
VINS ET VIGNOBLES, Fleurie, 158
LOUIS **VIOLLAND**, ● Corton-Charlemagne, **519** ● Savigny-lès-Beaune, 525 ● Beaune, 531
CHRISTOPHE **VIOLOT-GUILLEMARD**, Saint-Romain, 548
GEORGES **VIORNERY**, Brouilly, 150
CH. **VIRAMIERE**, Saint-Emilion grand cru, 287
CH. **VIRANEL**, Saint-Chinian, 720
CH. **VIRANT**, Coteaux d'Aix, 758
CAVE DE **VIRE**, Crémant de Bourgogne, 444
LILIANE **VIRE-DURIF**, Bourgogne, 420
DOM. **VIRELY-ROUGEOT**, Pommard, 537
CH. DE **VIRES**, Coteaux du Languedoc, 710
VIRGINIE, Oc, 1081
CLOS **VIROLLE**, Bordeaux, 195
L. **VITTEAUT-ALBERTI**, Crémant de Bourgogne, 444
LES CHAIS DU **VIVARAIS**, Côtes du Vivarais AOVDQS, 1029
VIVIER-MERLE FRERES, Beaujolais, 142
CH. DE **VIVIERS**, Chablis, 453
DOM. **VOARICK**, Bourgogne Passetoutgrain, 429
DOM. **EMILE VOARICK**, Mercurey, 585
DOM. **YVON VOCORET**, Chablis, 453
DOM. **VOCORET ET FILS**, ● Chablis premier cru, 458 ● Chablis grand cru, 462
LAURENT **VOGT**, ● Alsace Pinot oder Klevner, 81 ● Crémant d'Alsace, 129
JOSEPH **VOILLOT**, Volnay, 542
M. **VOISINE-HARPIN**, Anjou-Coteaux de la Loire, 864
FRUITIERE VINICOLE DE **VOITEUR**, ● Château-Chalon, 669 ● Côtes du Jura, 674
VOLLEREAUX, Champagne, 660
ELIZABETH **VOLLEREAUX**, Champagne, 660

VOSER RESERVE, Kanton Aargau, 1118
DOM. DU CHATEAU DE **VOSNE-ROMANEE**, La Romanée, **496**
CH. **VRAI CAILLOU**, ● Bordeaux Supérieur, 218 ● vide, 307
CH. **VRAI-CANON-BOUCHE**, Canon-Fronsac, 236
CH. **VRAY CROIX DE GAY**, Pomerol, 250
DOM. **JEAN VULLIEN**, Vin de Savoie, 683
JEAN **WACH**, ● Alsace Riesling, 88 ● Alsace Gewurztraminer, 97 ● Alsace grand cru Moenchberg, 115
WACKENTHALER, Alsace Gewurztraminer, 97
CH. **WAGENBOURG**, ● Alsace Riesling, 88 ● Alsace Gewurztraminer, 97
ANDRE **WANTZ**, Alsace Pinot oder Klevner, 81
DOM. **JEAN-MARC WANTZ**, Alsace grand cru Zotzenberg, 125
WARIS-LARMANDIER, Champagner, 660
JEAN-PAUL **WASSLER**, Alsace Gewurztraminer, 97
MAURICE **WEHRLE**, Alsace grand cru Eichberg, 105
DOM. **WEINBACH**, ● Alsace Gewurztraminer, 97 ● Alsace grand cru Furstentum, 111 ● Alsace grand cru Schlossberg, 119
JEAN **WEINGAND**, ● Alsace Gewurztraminer, 97 ● Alsace Tokay-Pinot gris, 104
GERARD **WEINZORN**, Alsace grand cru Sommerberg, 120
JEAN-MICHEL **WELTY**, Alsace Gewurztraminer, 97
BERNADETTE **WELTY ET FILS**, Alsace Riesling, 88
CAVE DE **WESTHALTEN**, Alsace Gewurztraminer, 97
CUVEE **EMILE WILLM**, ● Alsace Riesling, 88 ● Alsace Pinot noir, 107
ALBERT **WINTER**, Alsace grand cru Rosacker, 118
A. **WITTMANN ET FILS**, Alsace Pinot oder Klevner, 81
WOLFBERGER, ● Alsace grand cru Florimont, 110 ● Alsace grand cru Pfersigberg, 116
WUNSCH ET MANN, Alsace Pinot oder Klevner, 81
BERNARD **WURTZ**, ● Alsace Riesling, 89 ● Alsace Tokay-Pinot gris, 104
W. **WURTZ**, ● Alsace Riesling, 89 ● Alsace grand cru Mandelberg, 114
CH. **YON-FIGEAC**, Saint-Emilion grand cru, 287
CH. D' **YQUEM**, Sauternes, **399**
CLOS D' **YVIGNE**, Saussignac, **817**
ZEYSSOLFF, Alsace Pinot oder Klevner, 82
FERNAND **ZIEGLER**, Alsace Riesling, 89
ZIEGLER-MAULER, ● Alsace grand cru Mandelberg, 115 ● Alsace grand cru Schlossberg, 119 ● Alsace Muscat, 90
ZIMMERMANN, Alsace Gewurztraminer, 98
DOM. P. **ZINCK**, Alsace Tokay-Pinot gris, 104
DOM. **PAUL ZINCK**, ● Alsace Riesling, 89 ● Alsace Muscat, 90
DOM. **ZIND-HUMBRECHT**, Alsace grand cru Rangen de Thann, 117
PIERRE-PAUL **ZINK**, Crémant d'Alsace, 129
MAURICE **ZUFFEREY**, Kanton Wallis (Valais), 1111

Projektleitung des Weinführers Frankreich 1998: Catherine Montalbetti

Zu diesem Buch haben beigetragen:
Christian Asselin, INRA, *Unité de recherche vigne et vin;* Jean-François Bazin; Richard Bertin, *Önologe;* Pierre Bidan, *Professor an der ENSA von Montpellier;* Jean Bisson, ehemaliger Direktor der Weinbaustation am INRA; Pierre Casamayor; *Oberassistent an der Faculté des Scienes von Toulouse;* Béatrice de Chabert, *Önologin;* Robert Cordonnier, *Forschungsleiter am INRA;* Jean-Pierre Deroudille; Michel Dovaz; Michel Feuillat, *Professor an der Faculté des Sciences von Dijon;* Bernard Grandchamp, *Ingenieur-Agronom;* Pierre Huglin, *Forschungsleiter am INRA;* Robert Lala; *Önologe;* Antoine Lebègue; Jean-Pierre Martinez, *Chambre d'agriculture de Loir-et-Cher;* Mariska Pezzutto, *Önologin;* Jacques Puisais, *Ehrenpräsident der Union française des œnologues;* Charles Quittanson, *Inspecteur général honoraire de la Direction de la Qualité et de la Répression des Fraudes;* Pascal Ribéreau-Gayon, *Direktor am Institut d'œnologie de l'université de Bordeaux II;* André Roth, *Landwirtschaftsingenieur;* Alex Schaeffer, INRA, *Leiter der Station recherche vigne et vin;* Bernard Thévenet, *Landwirtschaftsingenieur;* Pierre Torrès, *Leiter der Station vitivinicole du Roussillon.*

Zudem: Robert Barrachina; Christiane Bordet-Matulic; Sarah Boulanger; Nicole Chatelier; Hervé Cloâtre; Nicole Crémer; Anne-Marie David; Jean-Luc Fleury; Laurent Gourdon; André Gouzon; Anne Le Meur; Michel Le Seac'h; Corinne Malinge; Micheline Martel; François Meveilleau; Diane Meur; Annabel Miron; Dominique Montembault; Martine Percheron; Evelyne Werth.

Sekretariat der französischen Ausgabe: Christine Cuperly

Verlagsinformatik: Marie-Line Gros-Desormeaux; Catherine Julhe; Marie-Françoise Poullet; Béatrice Windsor; Pascale Ocherowitch; Sylvie Clochez; Martine Lavergne

Hachette dankt verbindlich: den 800 Mitgliedern der Verkostungskommissionen, die sich eigens für die Ausarbeitung dieses Buch konstituiert haben und die traditionsgemäß in der Anonymität verbleiben. Dank gebührt auch den Gremien, die dieses Werk unterstützt oder Beiträge zu seinen Dokumentationen geliefert haben: dem *Institut National des Appellations d'Origine, INAO;* dem *Institut National de la Recherche Agronomique, INRA;* der *Direction de la Consommation et de la Répression des Fraudes;* dem *Office National interprofessionnel des Vins und seinen regionalen Delegationen, ONIVINS;* der *SOPEXA;* der *Fédération Nationale des Vins délimités de qualité supérieure;* den *Comités, Conseils, Fédérations et Unions interprofessionnels;* dem *Institut des Produits de la Vigne de Montpellier* und dem *ENSAM;* der Universität Paul Sabatier von Toulouse; den Weinbaugenossenschaften und Weinbauvereinigungen; den *Unions et Fédérations de Grands Crus;* den *Syndicats des Maisons de négoce;* der *Confédération des Caves Particulières* und seinen regionalen Föderationen; der *Confédération nationale des Caves coopératives;* den Landwirtschaftskammern; den departementalen Analyselabors, den Landwirtschaftsschulen von Amboise, Blanquefort, Bommes, Montage-Saint-Emilion und Montreuil-Bellay; der Hotelfachschule von Tain l'Hermitage, dem *CFPPA* von Hyères; den *Maisons des Vins;* der *Union française des œnologues* und den *Fédérations régionales d'œnologues;* den *Syndicats des Courtiers de vins;* der *Union de la Sommellerie française* und den *Associations régionales de Sommeliers;* der *Chartreuse de Villeneuve-lès-Avignon;* der Stadt Epernay und dem Theater Gabrielle Dorziat; und für das Kapitel Schweiz dem Bundesamt für Landwirtschaft, der Eidgenössischen Kommission für die Kontrolle des Weinhandels sowie den Verantwortlichen der kantonalen Weinbauämter, OVV, OPAV und OPAGE.

Verlagsleitung Hachette: Jean Arcache

ÄRMELKANAL

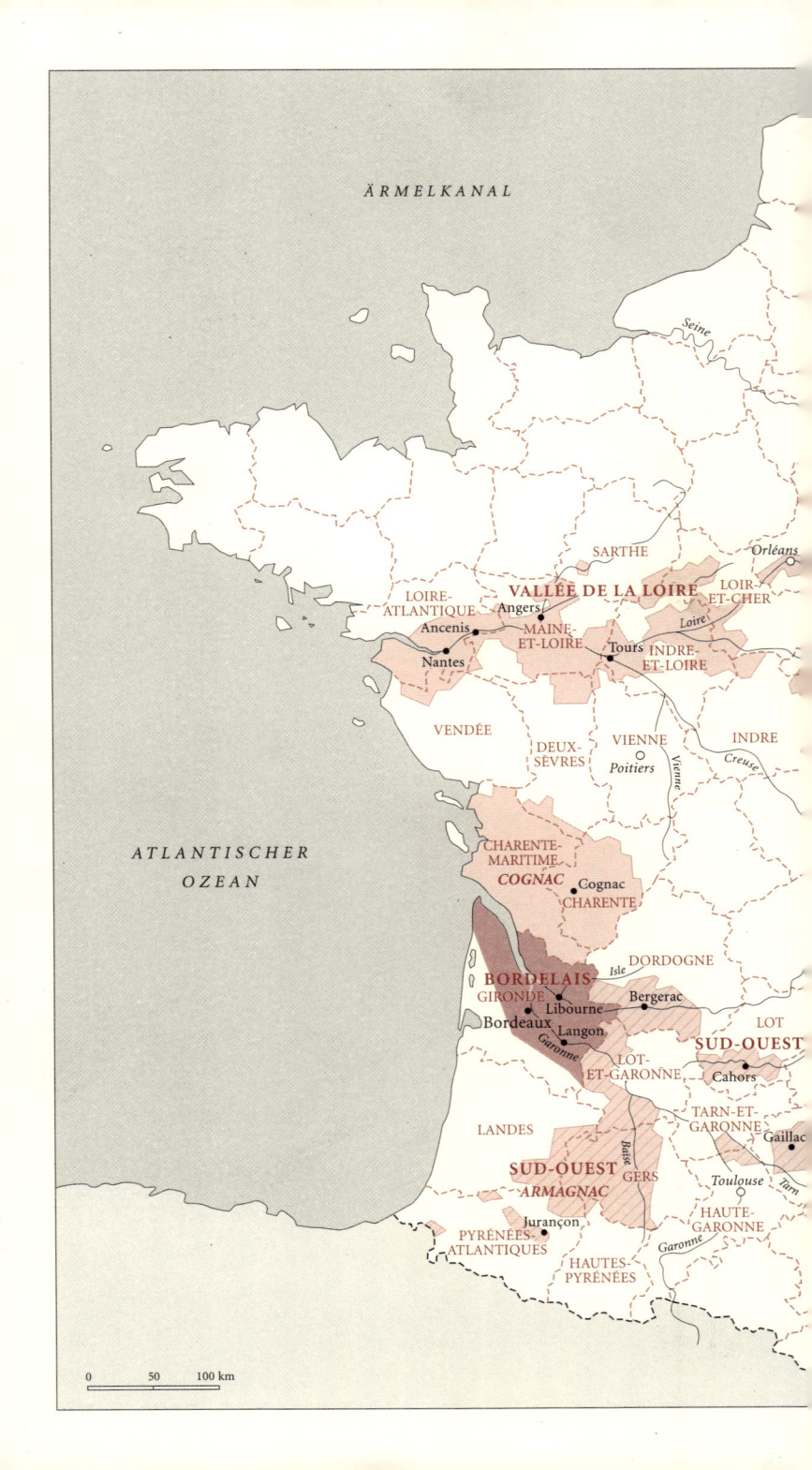

SARTHE
Orléans

VALLÉE DE LA LOIRE
LOIRE-ATLANTIQUE
Angers
LOIR-ET-CHER
Ancenis
MAINE-ET-LOIRE
Loire
Tours
INDRE-ET-LOIRE
Nantes

VENDÉE
DEUX-SÈVRES
VIENNE
INDRE
Poitiers
Vienne
Creuse

ATLANTISCHER OZEAN

CHARENTE-MARITIME
COGNAC
Cognac
CHARENTE

DORDOGNE
Isle
BORDELAIS
GIRONDE
Libourne
Bergerac
Bordeaux
Langon
LOT
Garonne
SUD-OUEST
LOT-ET-GARONNE
Cahors

LANDES
TARN-ET-GARONNE
Gaillac
Baïse
SUD-OUEST
ARMAGNAC
GERS
Toulouse
Tarn
HAUTE-GARONNE
Jurançon
PYRÉNÉES-ATLANTIQUES
Garonne
HAUTES-PYRÉNÉES

0   50   100 km